Rudolf Tippelt · Aiga von Hippel (Hrsg.)

Handbuch Erwachsenenbildung/Weiterbildung

Rudolf Tippelt
Aiga von Hippel (Hrsg.)

Handbuch Erwachsenenbildung/ Weiterbildung

5. Auflage

VS VERLAG

Bibliografische Information der Deutschen Nationalbibliothek
Die Deutsche Nationalbibliothek verzeichnet diese Publikation in der Deutschen Nationalbibliografie; detaillierte bibliografische Daten sind im Internet über <http://dnb.d-nb.de> abrufbar.

1. Auflage 1994
2. Auflage 1999
3., überarbeitete und erweiterte Auflage 2009
4., durchgesehene Auflage 2010
5. Auflage 2011

Lektorat: Stefanie Laux

VS Verlag für Sozialwissenschaften ist eine Marke von Springer Fachmedien.
Springer Fachmedien ist Teil der Fachverlagsgruppe Springer Science+Business Media.
www.vs-verlag.de

Umschlaggestaltung: KünkelLopka Medienentwicklung, Heidelberg
Satz: format absatz zeichen, Susanne Koch, Niedernhausen
Druck und buchbinderische Verarbeitung: Stürtz GmbH, Würzburg
Gedruckt auf säurefreiem und chlorfrei gebleichtem Papier
Printed in Germany

ISBN 978-3-531-18428-9

Inhalt

Institutionelle, finanzielle, rechtliche und personelle Grundlagen

Bereiche der Erwachsenenbildung/Weiterbildung

Adressaten, Teilnehmer und Zielgruppen

Rudolf Tippelt | Aiga von Hippel

Vorwort zur dritten überarbeiteten, aktualisierten und erweiterten Auflage

Fünfzehn Jahre nach dem ersten Erscheinen des Handbuchs Erwachsenenbildung/Weiterbildung ist eine gründlich überarbeitete und erweiterte Neuauflage erforderlich geworden. Die starke Nachfrage der interessierten Fachöffentlichkeit aber auch die fachinterne Rezeption hat dieses Handbuch für den Bereich der Erwachsenenbildung/Weiterbildung zu einem Standardwerk werden lassen. In dieser dritten Auflage wurden die Verfasser der Artikel gebeten, den aktuellen und internationalen Diskussionsstand zum jeweiligen Thema einzuarbeiten. Mehrere Autoren haben grundlegende Veränderungen und Neukonzeptionen ihres Beitrags vorgenommen, andere haben ihren Beitrag aktualisiert, nur wenige Artikel erscheinen unverändert. Um die Verbindung zu Nachbardisziplinen weiter zu stärken, aber auch um dem sich kontinuierlich verändernden Feld der Erwachsenenbildung/Weiterbildung gerecht zu werden, wurden mehrere neue Artikel aufgenommen; die Themen der Internationalität, der Organisations- und Personalentwicklung, der Vernetzung, der Teilnehmer- und Milieuorientierung wurden weiter verstärkt. Die Veränderungen verschiedener Artikel und die Aktualisierung der Beiträge sind einerseits der Dynamik des Bereichs der Erwachsenenbildung/Weiterbildung geschuldet. Andererseits wurden Änderungen durch die stärkere Internationalisierung der Weiterbildung, die Hinwendung zu Markt- und Kundenorientierung, die Aspekte der Vernetzung, die stärkere Berücksichtigung der Konzepte des lebenslangen Lernens und die Betonung von Bildungsprozessen in der Lebensspanne, aber auch durch die Weiterentwicklung der empirischen Forschung im Bereich der Erwachsenenbildung/Weiterbildung erforderlich.

Allen Autorinnen und Autoren, die an diesem Handbuch mitgearbeitet haben und die sich teilweise erneut der Aufgabe der Aktualisierung ihrer Beiträge gewidmet haben, ist an dieser Stelle sehr für ihre wertvollen Beiträge und die gute Zusammenarbeit zu danken. Ihre produktive Mitarbeit hat bewirkt, dass – wie wir meinen – der wichtige Band zur Orientierung im Arbeitsfeld Erwachsenenbildung/Weiterbildung weiterentwickelt werden konnte, der erneut aktuell einen zuverlässigen Überblick zum Wissensstand in der Erwachsenenbildung gibt.

Auch wenn das vorliegende Handbuch sich von der ersten Fassung von 1994 stark weiterentwickelt hat – weil sich das Feld der Erwachsenenbildung verändert hat – gilt unser Dank auch den Kollegen Ekkehard Nuissl, Erhard Meueler und Jochen Kaltschmid, mit denen damals das Grundkonzept des Handbuchs diskutiert wurde.

Unser aktueller Dank geht an jene Personen, die Vorschläge und inhaltliche Optimierungen anregten. Dies sind neben mehreren KollegInnen am Lehrstuhl für Allgemeine Pädagogik und Bildungsforschung der LMU München insbesondere Dr. Bernhard Schmidt und Jutta Reich-Claassen. Für die organisatorische Unterstützung möchten wir uns bei der Lehrstuhlsekretärin Gundula Bernhardt bedanken. Der redaktionellen Textarbeit widmeten sich vor allem Christina Buschle, Lena Hummel und Claudia Müller. Sie – und weitere studentische Mitarbeiter, die hier nicht alle genannt werden können – haben mit großem Engagement die Manuskripte formal überarbeitet und damit für das korrekte Schriftbild gesorgt.

Zu danken ist auch Frau Stefanie Laux vom VS-Verlag, die eine dritte aktualisierte Auflage des Handbuchs anregte und kompetent begleitete.

München, Winter 2008

Rudolf Tippelt
Aiga von Hippel

Rudolf Tippelt | Aiga von Hippel

Einleitung

Dieses Handbuch will in einer systematischen Darstellung die Geschichte, die theoretischen Ansätze, die Forschungsstrategien und -methoden, die wichtigsten Bereiche, Institutionen und rechtlichen Grundlagen, Adressaten- und Teilnehmerforschung sowie Erkenntnisse zum Lehren und Lernen in der Erwachsenenbildung und Weiterbildung behandeln.

Das Handbuch eignet sich sowohl für die Nutzung im Forschungs- und Lehrbereich als auch für MitarbeiterInnen in Institutionen und Bildungseinrichtungen, die einen zuverlässigen und schnellen Über- und Einblick in Wissensbereiche ihres Fachs bzw. ihrer Tätigkeit erhalten wollen.

Zum Themenbereich Erwachsenenbildung/Weiterbildung sind in den letzten 30 Jahren im deutschsprachigen Raum mehrere Sammelbände und eine Vielzahl von einführenden Monographien und Literaturberichten erschienen (siehe die Auswahl in der Literaturliste). Ein interessantes internationales Sammelwerk, das auch die ursprüngliche Konzeption dieses Handbuchs anregte (siehe Titmus 1989) ist nur in englischer Sprache zugänglich und enthält den deutschen Diskussionsstand zum Themenbereich nicht. Eine aktuelle umfassende Darstellung des Wissens- und Forschungsstandes zur Erwachsenenbildung/Weiterbildung mit Lehrbuchcharakter gab es beim ersten Erscheinen dieses Bandes jedoch nicht. Durch die Aktualisierungen, die internationale Perspektive und die gegenüber dem Ersterscheinen deutlichen Erweiterungen und Vertiefungen wird die besondere Bedeutung des Bandes für Lehre, Praxis und Forschung deutlich.

Einleitend ist darauf hinzuweisen, dass bereits im Titel dieses Handbuchs zum Ausdruck kommt, dass sowohl der Begriff „Erwachsenenbildung“ als auch der Begriff „Weiterbildung“ verwendet wird (vgl. zur begrifflichen Unterscheidung Weinberg 2000, S. 15). In den meisten Artikeln werden die Begriffe synonym, in einzelnen Artikeln additiv gebraucht. Für die Herausgabe des Handbuchs ist der gesamte Bereich der Erwachsenenbildung/Weiterbildung interessant – zumal berufliche und allgemeine Weiterbildung u.a. aufgrund der sich weiter entwickelnden Kompetenzdebatte nicht nur bei der bildungsstatistischen Indikatorisierung schwer zu unterscheiden sind. Dennoch werden in den Teilkapiteln die jeweils besonderen Aspekte bearbeitet und sichtbar gemacht.

1 Aufgaben und Probleme der Erwachsenenbildung/Weiterbildung

Obwohl die Erwachsenenbildung/Weiterbildung in den letzten Jahrzehnten breite Zustimmung erfuhr und mit Hinweisen auf die Entwicklung der Demokratie, der Wohlfahrt, der Technik und der Kultur in unserer Gesellschaft lange Zeit klare expansive Trends festzustellen waren, sind wir nach wie vor weit davon entfernt, die in den breit akzeptierten Begriffen „life-longlearning“ oder „éducation permanente“ enthaltenen Ansprüche für alle sozialen Schichten und Milieus realisiert zu haben. Versteht man unter Erwachsenenbildung bzw. Weiterbildung die „Fortsetzung oder Wiederaufnahme organisierten Lernens nach Abschluß einer unterschiedlich ausgedehnten ersten Bildungsphase“ (Deutscher Bildungsrat 1972, S. 197), so kann zwar eine durchgehende Hochschätzung von Lernen und Bildung konstatiert werden, gleichzeitig ist man aber damit konfrontiert, dass nach wie vor eine große Diskrepanz zwischen Wertschätzung der Erwachsenenbildung und der tatsächlichen Bildungsaktivität von Erwachsenen besteht. Zwei Drittel der Bevölkerung partizipieren an den expandierenden Angeboten der organisierten Erwachsenenbildung in der fortgeschrittenen Industrie- und Dienstleistungsgesellschaft auch heute nicht. Es muss nachdenklich stimmen, dass diese bereits Anfang der 1990er Jahre formulierte Feststellung auch aktuell zutreffend ist. Der soziale Wandel in unserer Gesellschaft führt offenbar keineswegs naturwüchsig dazu, dass alle Personen und sozialen Gruppen gleichmäßig von der Erwachsenenbildung profitieren. Aus ökonomischer Sicht scheint der Weiterbildungsmarkt nicht ausgeschöpft, aus pädagogischer Sicht ist der Bedarf der TeilnehmerInnen noch nicht hinreichend zufrieden gestellt. In der realen Weiterbildungsbeteiligung offenbaren sich nach wie vor gegebene Defizite der Weiterbildungsversorgung, die für die in diesem Feld Tätigen als Herausforderung angesehen werden müssen.

Blickt man auf die Ziele und Inhalte der Erwachsenenbildung, so ist festzustellen, dass der soziale Wandel in der Gesellschaft zu deutlichen Problemverschiebungen und Rückbelastungen in einzelnen Teilbereichen der Erwachsenenbildung geführt hat, so dass es eine der Fragen dieses Handbuchs ist, wie darauf rational zu reagieren ist. Dabei sind drei Aufgaben traditionell von zentraler Bedeutung: die qualifizierende, die sozial integrierende und die kulturell bildende Aufgabe der Erwachsenenbildung.

Die *qualifizierende* Aufgabe ist mit dem Anspruch auf ein selbstgestaltetes Leben in Verbindung zu sehen. Auf der *Sonnenseite* der qualifizierenden Erwachsenenbildung geht es darum, die an inhaltlich anspruchsvoller Arbeit interessierten Individuen in ihrem Gestaltungswillen zu unterstützen. In mehreren Artikeln werden die neuen Trends und Probleme des Zusammenhangs von Arbeitsentwicklung, Personalentwicklung und Weiterbildung thematisiert. Die *Schattenseite* des ökonomisch-technischen Wandels zeigt sich in den dringenden Erfordernissen der Qualifizierung der „Opfer des Arbeitsmarkts“.

Zwei grundlegende Probleme sind im Kontext der qualifizierenden Aufgaben hervorzuheben: Das *erste Problem* besteht darin, dass kein direkter, kausaler Zusammenhang zwischen Weiterbildung und beruflicher Sicherheit bzw. beruflichem Aufstieg festzustellen ist. Waren in einer zurückliegenden Zeit für ein kleineres Publikum Wettbewerbsvorteile durch qualifizierende Weiterbildung selbstverständlich, so wird Weiterbildung nach der Phase der Expansion und Institutionalisierung heute zur notwendigen, aber nicht immer hinreichenden Bedingung für berufliche und soziale Integration. Das *zweite Problem* ergibt sich, weil sich qualifizierende Weiterbildung manchmal auf eine rein spezialisierende, verengte Fachschulung beschränkt, die auf das von Max Weber ambivalent beschriebene Fachmenschentum vorbereitet. Die Aufsätze in diesem Handbuch plädieren demgegenüber für eine Verflechtung und komplexe Interdependenz von den manchmal nur aus analytischen Gründen auseinandergehaltenen Aspekten der fachlichen, allgemeinen, kulturellen und politischen Bildung.

Die *sozial integrierende* Aufgabe ist heute u.a. auf den Trend der „Individualisierung“ in modernen Gesellschaften zu beziehen. In der sozialwissenschaftlichen Diskussion wird dieser Trend auf die gewachsenen neuen Kontingenzerfahrungen des Einzelnen zurückgeführt, die u.a. aus der Schwächung von traditionellen Bindungen und der starken Ausdifferenzierung von Rollenanforderungen herrühren. Erwachsenenbildung kann in diesem Prozess die Handlungs- und Reflexionsmöglichkeiten des Einzelnen herausfordern, die weitere Entwicklung der individuellen Urteilskraft begünstigen und die Offenheit für neue Erfahrungen und Ideen fördern. Die Vermittlung von neuen Kenntnissen, Fähigkeiten und Fertigkeiten kann die individuellen Handlungs- und Entscheidungsspielräume – auch in bislang dem Einzelnen nicht zugänglichen Welten, beispielsweise der Wissenschaft oder der Kunst – erweitern. Auf der anderen Seite ist die „Steigerung von Individualität" mit den Erfordernissen der sozialen Integration in Einklang zu bringen. Wenn es stimmt, dass dem Gewinn an individueller Autonomie ein Verlust an sozialen und kulturellen Bindungen gegenübersteht, dann entstehen hieraus immer auch Anforderungen an die Institutionen der Erwachsenenbildung. Aus der Perspektive des sozialen Wandels ist die Feststellung, dass Lernende hinsichtlich ihrer Interessen, Werthaltungen, Einstellungen, Krisenerfahrungen, Lebensstile, weltanschaulichen Bekenntnisse usw. verschieden sind, geradezu trivial. Entscheidend ist, wie auf die Heterogenität und Individualität der TeilnehmerInnen in der Erwachsenenbildung reagiert wird. Es gibt dafür keine Rezepte, aber es lassen sich Orientierungen formulieren, so dass diese Problemstellung in mehreren Artikeln aufgegriffen wird.

Eine im Geist kommunikativer Offenheit und Toleranz konzipierte Erwachsenenbildung leistet aber auch unmittelbar einen Beitrag zur sozialen Integration in einem Gemeinwesen. Wenn Einrichtungen der Erwachsenenbildung bei ihren Veranstaltungen sehr verschiedene Menschen zusammenbringen, gehört es zum „hidden curriculum", dass die gemeinsame Beschäftigung mit Kulturgütern und Wissensbeständen Ausgrenzungen von sozialen Gruppen und Personen entgegenwirkt. Erwachsenenbildung bietet in den solidarischen Lerngruppen „Gemeinschaftserlebnisse". Diese Gemeinschaftserlebnisse in Lerngruppen lassen sich als Gegenwelt zur nervösen mobilitäts- und konkurrenzorientierten Alltagswelt beschreiben. Die traditionalen Formen der Gemeinschaft leben dennoch nicht wieder auf, denn die Teilnehmerinnen und Teilnehmer haben ein vergleichsweise lockeres Verhältnis zu diesen punktuellen Lerngruppen, sind nur kurzfristig gebunden und können diese Art der Gemeinschaft jederzeit freiwillig verlassen, um sich anderen Gruppen anzuschließen. Die Rolle des Lernenden in den Institutionen der Erwachsenenbildung ist nur eine von mehreren Lernrollen und selbstverständlich stellt die organisierte Erwachsenenbildung nur einen möglichen Ort der Information und Reflexion dar. Jeder einzelne hat heute mit mannigfachen, sich teilweise ergänzenden und teilweise widersprechenden Informations- und Wissensquellen zu tun, so dass jede Person ihre Lernerfahrungen individuell gewichten und koordinieren muss.

Die *kulturell bildende* Aufgabe der Erwachsenenbildung zeigt sich darin, dass sie versucht, die Menschen für die eigene Geschichte und für andere Völker, Kulturen und Sprachen aufzuschließen. Es wird Verständnis für andere Menschen, auch jenseits der nationalen Grenzen geweckt, für deren Lebenswelten, Landschaften und Sitten. Der soziale Wandel fordert Kooperation heraus, und dabei zielt ein zentrales Strukturmerkmal von Kooperation auf die *Internationalisierung* unseres Lebens. Die im Prozess des sozialen Wandels gewachsene gesellschaftliche Komplexität, die wachsende Bürokratisierung und zunehmende Unüberschaubarkeit und Pluralisierung haben die Menschen aus festen Solidaritätsstrukturen und zweifelsfreien Normensystemen herausgelöst. Sehnsucht nach Geborgenheit und Sicherheit signalisieren emotionale Defizite und ein „Unbehagen an der Moderne". Gleichzeitig hat eine noch nie dagewesene internationale wirtschaftliche Verflechtung, haben existentielle grenzübergreifende Probleme des Umweltschutzes, des Informationsaustauschs und der internationalen Sicherheit die „idyllischen" Vorstellungen von nationaler Abgeschlossenheit überholt. Kooperation macht nicht an den Grenzen von nationalstaatlichen Integrationssystemen halt, sondern Zusammenarbeit erfordert eine wachsende Orientierung an der universalen Gemeinschaft. Institutionen der Erwachsenenbildung können durch vielfältige pädagogische Maßnahmen mit dazu beitragen, dass kulturelle, soziale und politische Lebensbezüge der anderen (der Nachbarn in anderen Ländern, der Migranten und der Deutschen) wirklich begriffen werden und dass so eine tragfähige Basis für eine grenzüberschreitende organische Solidarität geschaffen wird. Diese Solidarität gründet auf der Bereitschaft, voneinander zu lernen.

Dies sind wichtige ausgewählte Aufgaben und Trends, mit denen sich die Artikel im Handbuch implizit und explizit auseinandersetzen. Angesichts der wichtigen Aufgaben der Erwachsenenbildung in unserer Gesellschaft ist der Versuch naheliegend, den Wissensstand in dieser Disziplin aktuell in einem Kompendium zusammenzufassen. Allerdings ist auch darauf hinzuweisen, dass die Herausgabe eines Handbuchs im Gebiet der Erwachsenenbildung und Weiterbildung ein Wagnis war und ist. Dies liegt daran, dass die Arbeits- und Forschungsgebiete der an Wenden reichen Erwachsenenbildung bzw. Weiterbildung zwar an Kontur gewonnen haben, aber dennoch keineswegs jene institutionelle Identität und Festigung erreicht haben, die es erlauben würden, von einem klar abgrenzbaren und in sich *eindeutig* differenzierten Bereich zu sprechen.

Die zentralen Ordnungsgrundsätze der Erwachsenenbildung bzw. Weiterbildung, wie das Subsidiaritätsprinzip, der Träger- und Angebotspluralismus, die Flächendeckung und die Allgemeinzugänglichkeit der Angebote, die Freiwilligkeit der Teilnahme sowie die öffentliche Verantwortung beruhen auf einem breiten Konsens. Aber die mit dem sozialen Wandel sich rasch verändernden Problemlagen, die in der Erwachsenenbildung immer wieder feststellbaren Konjunkturen von Themen und Zielgruppen verändern das Gebiet relativ rasch. In der Debatte um das lebenslange Lernen haben darüber hinaus gerade aus internationaler Sicht die sich ergänzenden Bereiche des formalen, non-formalen und informellen Lernens an Bedeutung eher gewonnen. Sie unterscheiden sich nach dem Grad ihrer organisationalen Einbettung und Strukturierung sowie in der Vergabe von anerkannten Zertifikaten.

Hinzu kommen einige interne Probleme der Erwachsenenbildungsforschung, die die Wissensproduktion in diesem Bereich prägen:

Erstens beschäftigen sich mit dem Gegenstand der Erwachsenenbildung verschiedene Fachdisziplinen (u.a. Erziehungswissenschaft, Soziologie, Psychologie, Geschichte, zunehmend auch die Betriebswirtschaft), die sich aber noch nicht hinreichend aufeinander beziehen, so dass kooperative Strukturen weiter ausbaubedürftig sind. Eine grundlegende Theorie der Erwachsenenbildung ist nicht in Sicht, vielmehr werden aus den jeweiligen Bezugswissenschaften intensiv verschiedene Partialtheorien in das Gebiet der Erwachsenenbildung/Weiterbildung transferiert. Der Stand der Theoriebildung ist entsprechend plural.

Zweitens ist noch immer eine deutliche Theorie-Empirie-Diskrepanz zu beobachten. Dies hat u.a. damit zu tun, dass die Erwachsenenbildung unter dem unkomfortablen Erwartungsdruck einer ungeduldigen Öffentlichkeit steht. Es werden praxisnahe Deutungen von pädagogischen und sozialen Problemen sowie anwendungsfreundliche Handlungsstrategien erwartet. Die verständliche Erwartungshaltung der die Erwachsenenbildung mitfinanzierenden Öffentlichkeit und der Druck, der von Teilnehmererwartungen ausgeht, sollte aber nicht dazu führen, dass die Fortentwicklung der Forschungsmethodologie und die kontinuierliche empirische Prüfung von Deutungen und Theorien vernachlässigt wird. Selbstkritisch muss dieses Problem aber eingestanden werden. Die zu geringe kontinuierliche Forschungsförderung und auch kurzfristige Interessen von Auftraggebern verstärken das Problem noch.

Drittens gibt es hinsichtlich der methodischen und methodologischen Grundlagen keinen allgemeinen Konsens. Mittlerweile wird aber in der Weiterbildungsforschung immer deutlicher und breiter anerkannt, dass qualitative und quantitative Methoden komplementär gelagert sind und beide Untersuchungsstrategien zur Erkenntnisgewinnung in der Erwachsenenbildung/Weiterbildung beitragen können.

2 Zur Konzeption des Handbuchs

Das Handbuch kann aufzeigen, dass sich in den letzten Jahren in verschiedenen Teilbereichen die Diskussion deutlich fortentwickelt hat. Es soll den aktuellen Erkenntnisstand der Erwachsenenbildung/Weiterbildung in der Bundesrepublik Deutschland mit internationalen Bezügen repräsentieren. Fast achtzig ausgewiesene Fachleute aus verschiedenen Disziplinen (u.a. Pädagogik, Psychologie, Soziologie, Recht, Politologie, Geschichte, Betriebswirtschaft), die mit insgesamt mehr als sechzig Beiträgen an diesem Projekt mitgewirkt haben und die anschaulich, differenziert, aktuell und kompetent über ihre Arbeits- und Forschungsgebiete berichten, tragen dazu bei, dem interdisziplinären Charakter der Erwachsenenbildung gerecht zu werden. Es konnten zur Bearbeitung dieses Bandes sowohl etablierte Wissenschaftler und (noch) weniger bekannte Nachwuchswissenschaftler als auch Persönlichkeiten aus der Weiterbildungspraxis zur Mitarbeit gewonnen werden. Dadurch konnte die angestrebte Theorie-, Empirie- und Praxisorientierung des Bandes umgesetzt werden. Im Folgenden wird ein Überblick über die Bereiche des Handbuchs und die einzelnen Beiträge gegeben. Dabei sind die Bereiche inhaltlich stark verknüpft, was auch daran sichtbar wird, dass manche Artikel auch anderen Kapiteln hätten zugeordnet werden können.

Im ersten Teil „*Geschichte der Erwachsenenbildung*" thematisieren drei Artikel die Geschichte der Erwachsenenbildung, zunächst die Anfänge und die frühe Entfaltung mit interessanten Details (Hans Tietgens), die Zerschlagung einer demokratisch orientierten Erwachsenenbildung während des Nationalsozialismus (Hildegard Feidel-Mertz), die Erwachsenenbildung in ihrer Entwicklung in der Bundesrepublik Deutschland, einschließlich der Herausforderungen und Folgen, die sich aus der Vereinigung der deutschen Staaten ergeben (Horst Siebert). In diesen Artikeln werden Intentionen, Kontinuitäten, aber auch Brüche, Krisen und Konflikte der Entwicklung der Erwachsenenbildung sichtbar.

Im zweiten Teil „*Theoretische Ansätze der Erwachsenenbildung/Weiterbildung*" wird die Theoriedebatte in der Erwachsenenbildung aufgegriffen. Es zeigt sich, dass heute stärker interdisziplinäre Perspektiven betont werden, beispielsweise wenn die Erwachsenenbildungsforschung an biografietheoretische Ansätze anschließt (Dieter Nittel), konstruktivistische Ansätze diskutiert (Jochen Gerstenmaier/Heinz Mandl), wenn auf sozialökologische Theorieansätze zurückgegriffen wird (Ursula Reck-Hog/Thomas Eckert), wenn mit Kategorien der systemisch-organisationstheoretischen Analyse Zusammenhänge in der Erwachsenenbildung rekonstruiert und reflektiert werden (Harm Kuper/Katrin Kaufmann), Wissenstheorie diskutiert wird (Jochen Kade/Wolfgang Seitter/Jörg Dinkelaker), zeittheoretische Implikationen für die Erwachsenenbildung analysiert werden (Sabine Schmidt-Lauff) oder wenn die Ergebnisse der sozialwissenschaftlichen Lebenswelt-, Lebensstil- und Lebenslagenforschung auf Probleme der Erwachsenenbildung bezogen werden (Heiner Barz/Rudolf Tippelt). Der das Theoriekapitel einleitende sozialisationstheoretische Aufsatz referiert nicht mehr alle theoretischen Positionen zur Erklärung von Erwachsenensozialisation der letzten Jahrzehnte, sondern diskutiert u.a. die Differenz von Fragen der Erwachsenensozialisation und der Erwachsenenbildung sowie metatheoretische Implikationen dieser Unterscheidung (Hartmut Griese). Der traditionsreiche bildungstheoretische Ansatz wird unter Berücksichtigung von geschichtlichen Entwicklungen der Erwachsenenbildung behandelt (Paul Röhrig). Ausgewählt wurden diese Theorieansätze, weil sie die grundlagentheoretische Diskussion in der Erwachsenenbildung in den letzten Jahren prägten und weil von einigen Ansätzen weitere Impulse auf die Erwachsenenbildungsforschung der nächsten Jahre ausgehen könnten. Die Beiträge zur Theoriediskussion bemühen sich, die zentralen Begriffe des jeweiligen Paradigmas zu klären, die historischen Entwicklungslinien des Ansatzes zu skizzieren und die Beziehung zu Problemen der Erwachsenenbildung explizit darzustellen. Berührungspunkte, aber auch Abgrenzungen zu den jeweils anderen Ansätzen werden implizit deutlich.

Im dritten Teil *„Forschungsstrategien und Methoden"* werden zentrale forschungsmethodische Strategien dargestellt. Es wurde darauf verzichtet, einen systematischen Überblick zu Erhebungs- und Auswertungsverfahren zu geben, da sich entsprechende Informationen in den einschlägigen Lehrwerken der empirischen Bildungs- und Sozialforschung finden. Stattdessen wird in einem Abriss der Erwachsenenbildungsforschung (Armin Born) einleitend deren Differenzierung historisch nachgezeichnet und für eine Rekonstruktion problemorientierter und theoriegeleitet explanativer Forschungsansätze plädiert. Dann werden qualitativ und eher quantitativ orientierte Forschungsansätze (in Verbindung mit theoretischen Ansätzen und realisierter Forschung) in ihren Grundannahmen und methodischen Vorgehensweisen diskutiert. Die Stärken und Schwächen der jeweiligen Ansätze werden herausgearbeitet.

Dabei wird in diesem Handbuch ein vermittelnder, methodenpluralistischer Ansatz unterstützt, der davon ausgeht, dass es Fragestellungen gibt, die nur auf der Basis repräsentativ erhobener Daten beantwortet werden können (Dieter Gnahs; Thomas Eckert), beispielsweise wenn die Partizipation von Teilgruppen in bestimmten geografischen Räumen oder Bildungsinstitutionen untersucht werden, dass es aber andererseits Studien zur Entwicklung von Erwachsenen und zur Erwachsenendidaktik gibt, die auf qualitativen Verfahren basieren müssen (Olaf Dörner/Burkhard Schäffer). Darüber hinaus werden Programmanalysen als Methode diskutiert (Sigrid Nolda) sowie auf die aktuelle Diskussion um die Messung und Zertifizierung von Kompetenzen eingegangen (Doris Edelmann).

Der vierte Teil behandelt die *institutionelle, finanzielle, rechtliche und personelle Verankerung* der Erwachsenenbildung/Weiterbildung in Deutschland. Die Erläuterungen der Ordnungsgrundsätze (Ekkehard Nuissl), der rechtlichen Entwicklung (Anke Grotlüschen/Erik Haberzeth/Peter Krug), der finanziellen Grundlagen (Reinhold Weiß), der Professionalisierung (Wiltrud Gieseke), der Berufsfelder (Susanne Kraft), des Weiterbildungsmanagements (Klaus Meisel) und des Marketings (Ingrid Schöll) geben einen Einblick in die organisatorischen Voraussetzungen und die Handlungsmöglichkeiten von Weiterbildungsinstitutionen. Nach einem Überblick über den Stand der Institutionenforschung (Rudolf Tippelt) werden ausgewählte wichtige Institutionen mit ihrer Geschichte, ihren Zielen und aktuellen Aktivitäten in jeweils knapper Form beschrieben. Die Institutionen werden von Autoren vorgestellt, die sich über lange Zeit mit ihnen beschäftigt haben und die in besonderer Nähe zu ihnen stehen, die aber gleichzeitig in der Lage sind, über sie in einer bestimmten Distanz zu reflektieren. Charakterisiert und beschrieben werden Volkshochschulen (Rita Süssmuth/Rolf Sprink), kirchliche Bildungseinrichtungen (Hermann Josef Heinz), gewerkschaftliche Bildungseinrichtungen (Karin Derichs-Kunstmann), Bibliotheken (André Schüller-Zwierlein/Richard Stang), Museen

(Doris Lewalter/Annette Noschka-Roos), Hochschulen (Gernot Graeßner/Ursula Bade-Becker/Bianca Gorys) und als wichtige, informelle Instanzen, die Selbsthilfegruppen (Peter Alheit). Weiterhin wird auf Vernetzung in der Weiterbildung am Beispiel der Lernenden Regionen eingegangen (Andrea Reupold/Claudia Strobel/Rudolf Tippelt).

Die Arbeit der Institutionen der Erwachsenenbildung ist im Kontext des sozialen Wandels schwieriger geworden, wobei drei Aspekte besonders hervorzuheben sind:

Erstens müssen Institutionen auf die gewachsene Pluralität der Lebenslagen in der Bevölkerung reagieren. Eine einheitliche Beschreibung der Lebensverhältnisse der Erwachsenen ist nicht möglich, weil sich moderne Gesellschaften regional, sozial und kulturell stark ausdifferenziert haben. Institutionen können sich daher heute nicht mehr auf einheitliche Bevölkerungsmilieus konzentrieren, und sie haben es schwerer, traditionelle Gestaltungsansprüche durchzusetzen (dies trifft insbesondere für weltanschaulich ausgewiesene Träger zu). Zweitens müssen die Institutionen auf die Individualisierung der Lebensverläufe der Teilnehmerinnen und Teilnehmer reagieren. Erwachsene suchen sich aus einem Bildungsangebot das in ihre Biografie und aktuelle Lebenssituation passende Angebot aus und beziehen sich auf das gewählte Bildungsangebot in je individueller Weise (siehe oben). Drittens müssen die Institutionen dem Anspruch der Universalität entsprechen, d.h. sie müssen sich – zwar differentiell – auf die Lernansprüche potenziell aller gesellschaftlichen Mitglieder beziehen.

Die beiden abschließenden Artikel dieses Kapitels thematisieren die internationale Perspektive: Die internationale Bildungspolitik im Bereich Erwachsenenbildung (Christine Zeuner) und das Engagement der Erwachsenenbildung in Entwicklungsländern unter der spezifischen und angesichts der in vielen Ländern schwieriger werdenden Situation der im Bildungssektor immer dringlicheren Frage der Alphabetisierung (Volker Lenhart).

Im fünften Teil werden *Bereiche der Erwachsenenbildung/Weiterbildung* unterschieden, wobei die notwendige analytische Trennung der Bereiche nicht dazu verführen soll, tatsächlich Grenzen zwischen diesen Bereichen aufzurichten. In der Realität, bei konkreten Kursangeboten, kommt es zu komplexen Interdependenzen und einer Verflechtung der hier unterschiedenen Bereiche. Angestrebt ist die integrative Darstellung des Zusammenhangs von Weiterbildung und Kultur (Erhard Schlutz), Politik (Helle Becker/Thomas Krüger), Beruf (Rolf Arnold/Henning Pätzold), Technik (Peter Faulstich), Medien (Aiga von Hippel), Umwelt (Maya Kandler/Rudolf Tippelt), Gesundheit (Ruth Hoh/Heiner Barz) sowie Beratung (Christiane Schiersmann). Diese Artikel enthalten Informationen zu den jeweiligen historischen Entwicklungen, zu aktuellen Trends und Problemlagen, zu organisatorischen Besonderheiten des jeweiligen Bereichs und beziehen (teilweise) die bereichsspezifischen Veränderungen auf Tendenzen des differenziert auftretenden sozialen Wandels. Gemeinsam scheint den Auffassungen in den Artikeln dieses Teilkapitels zu sein, dass nicht von einer eindeutigen Richtung des Wandels, in die die Erwachsenenbildung lediglich eingebettet wäre, ausgegangen werden kann. Erwachsenenbildung ist vielmehr unter Berücksichtigung sich wandelnder Bedingungen historisch jeweils neu zu planen. Um dies wiederum leisten zu können, ist eine zuverlässige Kenntnis der bereichsspezifischen Zusammenhänge notwendig.

Im sechsten Teil *„Adressaten, Teilnehmer und Zielgruppen"* werden aus der Perspektive der Adressatenforschung und Teilnehmerorientierung besondere Ziel- und Adressatengruppen mit ihren jeweils spezifischen Bildungswünschen und -erfahrungen vorgestellt. Einleitend widmen sich zwei Beiträge der Weiterbildungsbeteiligung und ihren Einflussfaktoren (Jürgen Wittpoth; Horst Weishaupt/Oliver Böhm-Kasper). Darauf folgend wird ein Überblick über Adressaten-, Teilnehmer- und Zielgruppenforschung gegeben (Aiga von Hippel/Rudolf Tippelt). Daran anschließend diskutieren Kenner der jeweiligen Zielgruppen, die sich über viele Jahre in Praxis und Forschung mit diesen Gruppen beschäftigten, deren Lebenssituation und Problemlagen sowie die Erfahrungen mit den diversen Bildungskonzeptionen. Die große Zahl der Ziel- und Adressatengruppen in der Erwachsenenbildung machten eine Auswahl erforderlich. Behandelt werden vor allem Gruppen, die in den letzten Jahren in der Weiterbildung an Bedeutung gewannen oder die noch nicht allgemein beachtet zur innovativen Konzeption von neuen Bildungsarrangements herausfordern: Behinderte (Ulrich Heimlich/Isabel Behr), ältere Menschen (Andreas Kruse), Frauen (Hannelore Faulstich-Wieland), Männer (Ekkehard Nuissl), Familien und Eltern (Beate Minsel), Strafgefangene (Heinz Müller-Dietz), Migranten (Franz Hamburger), Analphabeten (Ellen Abraham/Andrea Linde), Arbeitslose (Rainer Brödel), Arbeitnehmer (Rolf Dobischat/Karl Düsseldorff; Knut Diekmann), Führungskräfte (Lutz von Rosenstiel).

Die Heterogenität dieser Gruppen unterstreicht eine wichtige Erkenntnis der Weiterbildungsforschung. Das Rollenkonzept des Erwachsenen selbst hat sich verändert. Die Lernanforderungen und die Lernbereitschaft von Erwachsenen bei der Bewältigung neu auftauchender Situationen, neuer Gruppenzugehörigkeiten, neuer Berufsrollen oder Berufsaufgaben, bei der Übernahme neuer Rollen (Partner-, Eltern-, Altersrollen etc.) sind enorm gewachsen. Lernen, Entwicklung und persönliche Veränderung sind heute keine nur an die Jüngeren, die Bildungsgewohnten oder Privilegierten gerichteten Erwartungen, sondern allgemein anerkannte Normen für alle Alters- und Sozialgruppen.

Der siebte Teil ist dem *Lehren und Lernen in der Erwachsenenbildung/Weiterbildung* gewidmet. Ein einleitender orientierender Beitrag arbeitet das Besondere der Bildungsarbeit mit Erwachsenen heraus und trennt deutlich zwischen Schul- und Erwachsenendidaktik (Erhard Meueler). Die Erwachsenenbildung erfordert „keinen neuen Käfig", sondern ein hohes Maß der Selbststeuerung, Selbstorganisation und Reflexivität der Lernenden und Lehrenden. Die Bildungsarbeit erfordert keine Einschränkung der Autonomie und der Handlungsspielräume von Lernenden – und würde auch auf keine Akzeptanz bei den Teilnehmern stoßen –, sondern pädagogisch-organisatorische Arrangements, die die Optionen von Erwachsenen fördern und gleichzeitig die Qualität des Angebots sichern. Die didaktischen Prämissen und die Erfordernisse des Lehrens und Lernens werden in den Beiträgen über Programmplanung und -organisation (Markus Höffer-Mehlmer), Angebotsplanung und -gestaltung (Jutta Reich-Claassen/Aiga von Hippel), Mediengestützte Lehr-, Lern- und Trainingsansätze für die Weiterbildung (Ingo Kollar/Frank Fischer), Wissensmanagement (Gabi Reinmann/Heinz Mandl) sowie über Evaluation und Evaluationsforschung (Matthias Wesseler) konkretisiert.

Im abschließenden achten Teil gibt eine *kommentierte Linkliste* einen Überblick über für die Erwachsenenbildung/Weiterbildung interessante Internetadressen (Axel Kühnlenz/Doris Hirschmann). Diese Linkliste ist – ständig aktualisiert – auch auf der Verlagshomepage und dem Deutschen Bildungsserver zu finden.

Wendet man den Blick abschließend den Handlungsmöglichkeiten der professionellen Erwachsenenbildner zu, so ist einzugestehen, dass die Erwachsenenbildung und Weiterbildung – wie die Pädagogik insgesamt – unter einem systematischen handlungstechnologischen Defizit leiden. Die Ausgangsbedingungen für pädagogisches Handeln sind so komplex, dass Ziele nicht durch pädagogische Handlungen kausal bewirkt werden können. Sicherheit im Weiterbildungsbereich erwächst daher nur selten aus der eindeutigen Zurechnung von pädagogischen Handlungsstrategien auf Lernerfolge oder Lernmisserfolge.

Der Schlüssel zum Erfolg der Erwachsenenbildung liegt vielmehr in den allgemeinen Handlungskompetenzen der dort tätigen Mitarbeiterinnen und Mitarbeiter. Ihre pädagogische Ausstrahlung, ihr persönliches Engagement und nicht zuletzt ihr fachliches Wissen, das sie situationsadäquat einsetzen können müssen, entscheiden über den Erfolg. Es ist zu hoffen, dass das nun überarbeitete und erweiterte Handbuch durch die breite und synthetisierende Darstellung des Wissensstandes im Gebiet der Erwachsenenbildung die Aneignung dieses fachlichen Berufs- und Organisationswissens weiter fördern kann.

Ausgewählte Sammelwerke und Überblick vermittelnde Monographien

Arnold, R./Gieseke, W. (Hrsg.) (1999): Die Weiterbildungsgesellschaft, Bd. 1: Bildungstheoretische Grundlagen und Analysen, Bd. 2: Bildungspolitische Konsequenzen (Grundlagen der Weiterbildung). Neuwied/Kriftel: Luchterhand.

Arnold, R. (2001[4]): Erwachsenenbildung: eine Einführung in Grundlagen, Probleme und Perspektiven. überarb. Auflage. Baltmannsweiler: Schneider-Verl. Hohengehren.

Arnold, R./Nolda, S./Nuissl, E. (Hrsg.) (2001): Wörterbuch Erwachsenenpädagogik. Bad Heilbrunn: Klinkhardt.

Arnold, R. (Hrsg.) (2003): Berufs- und Erwachsenenpädagogik. Baltmannsweiler: Schneider-Verl. Hohengehren.

Arnold, R./Siebert, H. (2006[5]): Konstruktivistische Erwachsenenbildung: von der Deutung zur Konstruktion von Wirklichkeit. unveränd. Auflage. Baltmannsweiler: Schneider-Verl. Hohengehren.

Arnold, R./Siebert, H. (2006): Die Verschränkung der Blicke: konstruktivistische Erwachsenenbildung im Dialog. Baltmannsweiler: Schneider-Verl. Hohengehren.

Barz, H./Tippelt, R. (Hrsg.) (2007[2]): Weiterbildung und soziale Milieus in Deutschland, 2 Bde. DIE spezial. Bielefeld: Bertelsmann.

Becker, S./Veelken, L./Wallraven K.-P. (Hrsg.) (2000): Handbuch Altenbildung. Theorien und Konzepte für Gegenwart und Zukunft. Opladen: Leske + Budrich.

Bender, W./Groß, M./Heglmeier, H. (Hrsg.) (2004): Lernen und Handeln: eine Grundfrage der Erwachsenenbildung. Schwalbach/Taunus: Wochenschau-Verlag.

Born, A. (1991): Geschichte der Erwachsenenbildungsforschung. Eine historisch-systematische Rekonstruktion der empirischen Forschungsprogramme. Theorie und Praxis der Erwachsenenbildung. Bad Heilbrunn.

Bundesministerium für Bildung und Forschung (Hrsg.) (2006): Berichtssystem Weiterbildung IX. Integrierter Gesamtbericht zur Weiterbildungssituation in Deutschland. Berlin: BMBF.

Deutscher Bildungsrat (1972[4]): Empfehlungen der Bildungskommission. Strukturplan für das Bildungswesen. Stuttgart: Klett.

Deutsches Institut für Erwachsenenbildung (Hrsg.) (2008): Trends der Weiterbildung. DIE-Trendanalyse 2008. Bielefeld: Bertelsmann.

Dewe, B./Frank, G./Huge, W. (1988): Theorien der Erwachsenenbildung. München: Hueber.

Döring, O. (1995): Strukturen der Zusammenarbeit von Betrieben und Weiterbildungsinstitutionen in der beruflichen Weiterbildung. Aachen: Shaker.

Döring, K.W. (1998[2]): Die Praxis der Weiterbildung. völlig überarb. Auflage. Weinheim: Dt. Studien-Verlag.

Faulstich, P./Döring, O./Teichler, U. (1996): Bestand und Entwicklungsrichtungen der Weiterbildung in Schleswig-Holstein. Weinheim: Dt. Studien-Verlag.

English, L.M. (Hrsg.) (2005): International encyclopedia of adult education. Basingstoke u.a.: Palgrave Mcmillan.

Faulstich, P./Wiesner, G./Wittpoth, J. (2000): Internationalität der Erwachsenenbildung: Analysen, Erfahrungen und Perspektiven. Bielefeld: Bertelsmann.

Faulstich, P./Zeuner, C. (2006[2]): Erwachsenenbildung: eine handlungsorientierte Einführung in Theorie, Didaktik und Adressaten. aktual. Auflage. Weinheim/München: Juventa.

Forneck, H.J./Wrana, D. (2005): Ein parzelliertes Feld. Einführung in die Erwachsenenbildung. Bielefeld: Bertelsmann.

Franz-Balsen, A./Stadler, M. (2002): Erwachsenenbildung als Multiplikator für die Kommunikation sozial-ökologischer Forschung in die Gesellschaft: Expertise des Deutschen Instituts für Erwachsenenbildung (DIE). Frankfurt/M.: Institut für Sozial-ökologische Forschung.

Friedenthal-Haase, M. (2002): Ideen, Personen, Institutionen: kleine Schriften zur Erwachsenenbildung als Integrationswissenschaft. München/Mering: Hampp.
Friedenthal-Haase, M./Koerrenz, R. (2005): Martin Buber: Bildung, Menschenbild und Hebräischer Humanismus : mit der unveröffentlichten deutschen Originalfassung des Artikels Paderborn/München u.a.: Schöningh.
Friedrich, K./Meisel, K./Schuldt, H.-J. (2005[3]): Wirtschaftlichkeit in Weiterbildungseinrichtungen. überarbeitete Auflage. Bielefeld: Bertelsmann.
Gieseke, W. (Hrsg. (2003): Institutionelle Innensichten der Weiterbildung. Bielefeld: Bertelsmann.
Hoerning, E.M. (Hrsg.) (1991): Biographieforschung und Erwachsenenbildung. Bad Heilbrunn: Klinkhardt.
Hufer, K.-P. (Hrsg.) (1999): Lexikon der politischen Bildung, Bd. 2: Außerschulische Jugend- und Erwachsenenbildung. Schwalbach: Wochenschau-Verlag.
Jarvis, P. (Hrsg.) (2001[2]): Twentieth CenturyTthinkers in Adult & Continuing Education. London u.a.: Kogan Page.
Jarvis, P. (2002): International dictionary of adult and continuing education . London: Kogan Page.
Jarvis, P. (2004[3]): Adult and continuing education. Theory and practice. London u.a.: RoutledgeFarmer.
Jarvis, P. (2006): From adult education to the learning society: 21 years from the International journal of lifelong education. London u.a.: Routeledge.
Kade, J./Nittel, D./Seitter, W. (2007[2]): Einführung in die Erwachsenenbildung, Weiterbildung. überarb. Auflage. Stuttgart u.a.: Kohlhammer.
Kaiser, A. (1990[2]): Handbuch zur politischen Erwachsenenbildung: Theorien, Adressaten, Projekte, Methoden. München: Olzog.
Kaiser, A./Lambert, A./Uemminghaus, M. (2003): Praxis selbstregulierten Lernens: metakognitiv fundiertes Lehren und Lernen in der Erwachsenenbildung. Recklinghausen: Bitter.
Knoll, J.H. (Hrsg.) (1993): Erwachsenenbildung zwischen Aufklärung und Qualifizierung: Herausforderung im nationalen und internationalen Kontext. Köln u.a.: Böhlau.
Knoll, J.H. (Hrsg.) (1998): Hochschuldidaktik der Erwachsenenbildung. Bad Heilbrunn: Klinkhardt.
Knoll, J.H. (Hrsg.) (2003): Erwachsenenbildung in Südosteuropa. Köln: Böhlau.
Knoll, J.H. (Hrsg.) (2007): Migration und Integration als Gegenstand der Erwachsenenbildung. Köln u.a.: Böhlau.
Lenz, W. (Hrsg.) (2000): Brücken ins Morgen: Bildung im Übergang. Innsbruck/Wien/München: Studien-Verlag.
Lenz, W. (Hrsg.) (2005): Weiterbildung als Beruf: „wir schaffen unseren Arbeitsplatz selbst!“. Münster: Lit-Verlag.
Ludwig, J./Zeuner, C. (Hrsg.) (2006): Erwachsenenbildung 1990–2022: Entwicklungs- und Gestaltungsmöglichkeiten; Festschrift für Peter Faulstich zum 60. Geburtstag. Weinheim/München: Juventa-Verlag.
Macha, H./Fahrenwald, C. (Hrsg.) (2007): Gender Mainstreaming und Weiterbildung – Organisationsentwicklung durch Potentialentwicklung. Opladen u.a.: Budrich.
Mark, R. (Hrsg.) (2004): Adults in Higher Education learning from Experience in the New Europe. Oxford: Lang.
Meier-Gantenbein, K.F./Späth, T. (2006): Handbuch Bildung, Training und Beratung zehn Konzepte der professionellen Erwachsenenbildung. Weinheim/Basel: Beltz.
Meueler, E. (2001): Lob des Scheiterns: Methoden- und Geschichtenbuch zur Erwachsenenbildung an der Universität. Baltmannsweiler: Schneider Verlag Hohengehren.
Kruse, A. (Hrsg.) (2008): Weiterbildung in der zweiten Lebenshälfte multidisziplinäre Antworten auf Herausforderungen des demografischen Wandels. Bielefeld: Bertelsmann.
Nolda, S./Pehl, K./Tietgens, H. (1998): Programmanalysen: Programme der Erwachsenenbildung als Forschungsobjekte/Deutsches Institut für Erwachsenenbildung. Frankfurt/M.: DIE.
Nuissl, E. (1995): Erwachsenenbildung in Deutschland. Frankfurt a. M.: DIE.
Nuissl, E. (1999): Bildung und Lernen von Erwachsenen in Europa: Evaluation der Aktion Erwachsenenbildung im Rahmen des SOKRATES-Programms; Abschlussbericht des Projekts „MOPED“ – Monitoring of projekts: Evaluation as dialogue. Frankfurt/Main: DIE.
Nuissl, E. (2000): Einführung in die Weiterbildung, Neuwied: Luchterhand.
Nuissl, E. (Hrsg.) (2006): Vom Lernen zum Lehren: Lern- und Lehrforschung für die Weiterbildung. Bielefeld: Bertelsmann.
Nuissl, E. (Hrsg.) (2008): 50 Jahre für die Erwachsenenbildung: das DIE, Werden und Wirken eines wissenschaftlichen Service-Instituts. Bielefeld: Bertelsmann.
Olbrich, J. (2001): Geschichte der Erwachsenenbildung in Deutschland. Opladen Leske + Budrich.
Pöggeler, F. (Hrsg.) (1974f.): Handbuch der Erwachsenenbildung, 8 Bde. Stuttgart u.a.: Kohlhammer.
Rummler, M. (2006): Interkulturelle Weiterbildung für Multiplikator/innen in Europa. Frankfurt/M. u.a.: Lang.
Sauer-Schiffer, U. (2000): Biographie und Management : eine qualitative Studie zum Leitungshandeln von Frauen in der Erwachsenenbildung. Münster/München: Waxmann.
Schlutz, E. (Hrsg.) (2002): Innovationen in der Erwachsenenbildung – Bildung in Bewegung. Deutsches Institut für Erwachsenenbildung. Bielefeld: Bertelsmann.

Siebert, H. (2006[5]): Didaktisches Handeln in der Erwachsenenbildung : Didaktik aus konstruktivistischer Sicht. Überarb. Auflage. Augsburg: ZIEL.

Siebert, H. (2006[2]): Theorien für die Praxis. Bielefeld: Bertelsmann.

Seitter, W. (2007): Geschichte der Erwachsenenbildung eine Einführung. Bielefeld: Bertelsmann.

Strzelewicz, W. (1980): Wissenschaft, Bildung und Politik. Theorie und Praxis der Erwachsenenbildung. Braunschweig.

Tenorth, H./Tippelt, R. (2007): Lexikon Pädagogik. Weinheim: Beltz.

Tietgens, H. (1992): Didaktische Dimensionen der Erwachsenenbildung. Frankfurt/M.: Pädagogische Arbeitsstelle, Dt. Volkshochschulverband (DVV).

Tietgens, H. (2001): Ideen und Wirklichkeiten der Erwachsenenbildung in der Weimarer Republik: ein anderer Blick. Essen: Klartext-Verl.

Tight, M. (2002[2]): Key concepts in adult education and training. London: RouteledgeFarmer.

Tippelt, R./Reich, J./Hippel, A. von/Barz, H./Baum, D. (2008): Weiterbildung und soziale Milieus Band III. Milieumarketing implementieren. Bielefeld: Bertelsmann.

Tippelt, R./Schmidt, B. (2009): Handbuch Bildungsforschung. Wiesbaden: VS-Verlag.

Titmus, C.J. (Hrsg.) (1989): Lifelong Education for Adults. An International Handbook. Oxford et.al.: Pergamon.

Venth, A. (2006): Gender-Porträt Erwachsenenbildung diskursanalytische Reflexionen zur Konstruktion des Geschlechterverhältnisses im Bildungsbereich. Bielefeld: Bertelsmann.

Weinberg, J. (2000): Einführung in das Studium der Erwachsenenbildung (überarb. Neuaufl.). Bad Heilbrunn: Klinkhardt.

Weisser, J. (2002): Einführung in die Weiterbildung. Weinheim: Beltz.

Wittpoth, J. (2006[2]): Einführung in die Erwachsenenbildung. Opladen: Leske+Budrich.

Wohlfart, U. (2006): Kooperation und Vernetzung in der Weiterbildung Orientierungsrahmen und Praxiseinblicke. Bielefeld: Bertelsmann.

Geschichte der Erwachsenenbildung

Hans Tietgens

Geschichte der Erwachsenenbildung

1 Sichtung und Gewichtung

Wer immer eine Geschichte der Erwachsenenbildung darzustellen unternimmt, steht vor der Frage ihrer Abgrenzung. Indes wird die Vergangenheit je nach Sichtweise immer unterschiedlich gewichtet werden. Dass bewusst oder unbewusst Selektives dabei herauskommt, lässt sich nicht vermeiden. Umso wichtiger ist es, die gewählte Perspektive, von der das vermittelte Geschichtsbild bestimmt ist, deutlich zu benennen.

Wenn Einschränkungen unumgänglich sind, dann wird sich dies auch auf die Frage der zeitlichen Abgrenzung beziehen, also darauf, wie weit in die Vergangenheit zurückgegangen wird. Im Falle eines einleitenden Überblicks, wie er hier für ein Handbuch zu geben ist, liegt es nahe, sich an die Aufmerksamkeitsschwerpunkte der Sekundärliteratur zu halten. Diese aber fragt, wenn nicht besondere Forschungsinteressen vorliegen, nach den Kontinuitätslinien und nach den Widersprüchen zur gegenwärtigen Situation. Darin ist es begründet, dass die Auseinandersetzung der Erwachsenenbildung mit ihrer Geschichte gemeinhin bis in die zweite Hälfte des 18. Jahrhunderts zurückreicht. Zwar bleibt damit Bedeutendes aus der Bildungsgeschichte ausgespart, aber mit dem Aufkommen einer bürgerlichen Kultur war eine sozialgeschichtliche Konstellation gegeben, mit der ein in die Breite wirkendes Anregungspotential für die Bildung Erwachsener entstand. Für sie sind die dreifach gerichteten und miteinander verflochtenen Intentionen der Aufklärung – qualifizierte Arbeitsbewältigung, kulturelle Selbstfindung, gesellschaftliche Mitgestaltung – bis auf den heutigen Tag maßgebend geblieben. Daran haben veränderte Lebensbedingungen und kontroverse Diskussionen über Aufgabenverständnisse nichts geändert.

Sich auch hier an den üblich gewordenen Anfangszeitpunkt zu halten, gebietet allein schon der für diesen Aufriss zur Verfügung stehende Raum. So zu verfahren erscheint aber auch im Hinblick auf die Funktion des Beitrags angebracht. Er soll ja für die folgenden Darstellungen zur aktuellen Lage eine historische Folie bieten. Es kann also nicht um das Herausstellen des Eigenwerts einzelner geschichtlicher Erscheinungen gehen, sondern um ihren Beitrag für das Verständnis des Gewordenseins. Damit ist immer die Gefahr verbunden, Geschichte für aktuelle Zwecke zu instrumentalisieren[1]. Im Falle der Erwachsenenbildung war die Neigung stark

1 Es ist vor allem H. Dräger, der die in der Erwachsenenbildung weit verbreitete Neigung zur „normativ orientierten Gegenwartsdienlichkeit" kritisiert (vgl. Dräger 1984, S. 89). So vorzugehen hat eine Tradition, die in der publizistischen Dichte begründet ist, die Erwachsenenbildung in den 1920er Jahren erfahren hat. Das dabei entstandene Geschichtsbild vom Wandel und Werden ist bis in unsere Tage weitergetragen worden. Dies gilt selbst schon für den ersten großen, als grundlegend hingestellten Gegensatz zwischen „alter" und „neuer" Richtung nach dem man vergeblich sucht, wenn man Johann Tews als Repräsentanten der alten Richtung wieder liest. Es müssen sehr spezifisch zeitbedingte Konstellationen gewesen sein, die einen Gegensatz provoziert haben, der zwar bei der Lektüre der Sekundärliteratur nachvollziehbar ist, der sich aber für die minimiert, die Originaltexte zur Hand nehmen. Ebenso ist auch der Gegensatz von „Berliner und Thüringer Richtung" in den 1920er Jahren von den unmittelbar Betroffenen überspitzt worden (vgl. dazu: Buchwald 1992, S. 308-402). Der nachträgliche Beobachter

verbreitet, die jeweils jüngste Vergangenheit mit zurechtgerückten Gegenbildern zu verstellen. Generell allerdings lässt sich sagen, dass zu keiner Zeit der Stellenwert von Erwachsenenbildung, der bei gesellschaftlichen Analysen und in programmatischen Äußerungen hervorgehoben wird, in der politischen Realität anerkannt worden ist. Wovon berichtet werden kann, verstand sich nie von selbst, obwohl von denen, die sich für die veranstaltete Bildung Erwachsener engagierten, diese immer als Antwort auf eine gesellschaftliche Lage, als Herausforderung in einem historischen Prozess verstanden worden ist.

Mit diesem Selbstverständnis ist zugleich eine Orientierungskategorie für die Darstellung geschichtlicher Zusammenhänge der Bemühungen um Erwachsenenbildung genannt. Das Denkmuster von Frage und Antwort erscheint so als problemangemessener Zugang für das Aufarbeiten ihrer Vergangenheit. Dabei trägt die Quellenlage dazu bei, das organisierte gegenüber dem mitgängigen Lernen zu betonen. Ein gewisser Ausgleich soll dafür im Folgenden mit dem Berücksichtigen des Lesens als Lern- und Bildungsprozess geboten werden. Indes steht auch dieser Akzent im Kontext dessen, was durch Forschung bislang geleistet ist. Im Übrigen wird die gemeinsame Grundlage und die Ausdifferenzierung der drei vorab genannten Bildungsmotive bei der folgenden historischen Skizze zu berücksichtigen sein. Dabei lässt der Blick auf die genannte Zeit eine Wellenbewegung des Aufschwingens und Abklingens erkennen. So endeten die Impulse der Aufklärung teils in den Wirren der Französischen Revolution, teils in der Epoche der Restauration. Neue Höhepunkte sind in der Zeit des Vormärz und zur Jahrhundertwende vor dem 1. Weltkrieg zu beobachten. Nach diesem, in der Weimarer Republik, zeigte sich wieder, wie sehr Erwachsenenbildung an Demokratisierungstendenzen gebunden ist.

Der hier angedeutete Wechsel des Expansiven und des Regressiven erscheint geeignet, als Gliederungsgesichtspunkt für die folgende Darstellung zu dienen. Bei den zeitbedingten Wellenbewegungen lassen sich durchaus Gemeinsamkeiten erkennen. Es ist das Thematisieren von gesellschaftlichen und mentalen Veränderungen, was Erwachsenenbildung den Auftrieb gibt. Von den Umbruchzeiten ist deshalb oft die Rede. Jedoch war das, was für Erwachsenenbildung Engagierte erreichen wollten, immer weitreichender als das, was sich realisieren ließ. Lange Zeit ist dies mit den Widerständen begründet worden, die von den herrschenden Kräften ausgingen. Je gründlicher aber die letzten beiden Jahrhunderte erforscht wurden, umso mehr tritt auch die Zurückhaltung der Adressaten zu Tage. Zu anspruchsvoll erweisen sich oft die Angebote und zwar unabhängig davon, ob es sich um kulturelle, qualifizierende oder emanzipierende gehandelt hat.

Als Gliederungsmuster dienen im Folgenden Zeiteinheiten. Damit ist am ehesten dem Verzweigten des Gemeinsamen in der Erwachsenenbildung gerecht zu werden. Am häufigsten sind in der Literatur ideengeschichtliche und damit stark personenorientierte Darstellungen zu finden. Über die Rezeption dieser Ideen wissen wir schon weniger, die Geschichte des Lernens ist ein weithin unbearbeitetes Feld. Kurzdarstellungen, wie die hier vorgelegte, müssen mittlere Wege zu finden versuchen. Dafür könnte der rote Faden eines Leitgedankens hilfreich sein. Indes lenkt er von dem Bemühen ab, die Intentionen und Absichten einer Zeit aus dem geschichtlichen Zusammenhang selbst heraus zu verstehen. Deshalb wird hier der Versuch von „Epochenportraits“ unternommen. Dies erscheint vertretbar für die Zeit der Aufklärung, des Vormärz, der Jahrhundertwende und der Weimarer Republik, wenn die Zwischenzeiten nicht

---

stellt jedenfalls auch innerhalb der Zunft eine penetrante Neigung fest, Divergierendes zu sehen und Konvergierendes zu ignorieren. Diese Einstellung steht im Widerspruch zu eigenen Theorien, ist Zeichen für einen Mangel an professionellem Bewusstsein und hat es dem NS-Regime erleichtert, die Weimarer Volksbildung auszuschalten (vgl. hierzu auch Tietgens 1994).

völlig ausgeblendet werden. Zugleich kann dabei versucht werden, nicht nur die relativ gut dokumentierte Ideengeschichte zusammenzufassen, sondern auch an Beispielen deutlich zu machen, wie der Erwachsenenbildungsalltag jeweils ausgesehen hat.

2 Die Spannweite der Aufklärung

Die Vorleistungen für eine grundlegende Reflexion der Bildungsarbeit Erwachsener, wie sie beispielsweise mit dem Nominalismus des Spätmittelalters, dem humanistischen Persönlichkeitskonzept des Erasmus von Rotterdam oder den Prozessentwürfen eines Comenius erbracht wurden, können hier nur genannt, nicht näher ausgeführt werden[2]. Wenn in diesem Beitrag das nähere Eingehen mit der Zeit der Aufklärung im epochengeschichtlichen Sinn als mentale Grundhaltung beginnt, so geschieht dies allerdings nicht nur, weil in dieser Zeit versucht wurde, einer „Erziehung des Menschengeschlechts" eine breitere Grundlage in der Bevölkerung zu verschaffen. Für die Wahl des Ausgangszeitpunkts an dieser Stelle sprach vielmehr auch, dass die gegenwärtige Diskussion zeigt, wie wenig aufgeklärt wir über die Aufklärung sind. Sie wird einerseits zwar noch mit idealistischer Verve im Munde geführt, andererseits wird sie ständig denunziert. „Verkopfung" ist dafür das in der Bildungsliteratur häufigste Reizwort. Demgegenüber ist an ihre ursprüngliche Komplexität zu erinnern, an die unterschiedlichen Antriebsmomente, die mit Selbstbestimmung und Gemeinwohl, Nützlichkeit und Geselligkeit, mit dem Ziel einer Einheit von Vernunft und Tugend wohl am treffendsten gekennzeichnet sind. Damit ist zugleich die vielschichtige Motivationsstruktur für die Bildungsarbeit Erwachsener signalisiert.

Es kann hier nicht der Frage nachgegangen werden, warum es immer wieder zu vereinseitigenden Auslegungen der Aufklärung gekommen ist. Sie haben aber mit beigetragen, dass Erwachsenenbildung im Laufe der zwei Jahrhunderte zu keinem fundierten Selbstbewusstsein gekommen ist. Der Keim der Zersplitterung ist in der Aufklärungszeit schon erkennbar. Es erwies sich als schwierig, die Einsicht zu verbreiten, dass Persönlichkeitsentwicklung ein lebensgeschichtlicher Prozess ist und die Verwirklichung von Humanität ein Zusammenspiel von pragmatischer Überlegung, kommunikativer Probierbewegung und Bereitschaft zur kritischen Selbstreflexion erfordert. Ideengeschichtlich wurden gerade für das letzte Kennzeichen denkerische Voraussetzungen aus unterschiedlicher Perspektive geschaffen. Herder und Lessing werden in diesem Kontext immer wieder zitiert. Sie erinnern mit ihren Schriften daran, wie die Ausprägung der Individualität Menschlichkeit gewährleisten kann, wie die Arbeit des Menschen an sich selbst in einer Weise, die über das Naturwesen erhebt, Rationalität und Moral zur Deckung zu bringen vermag. Gesehen wurde auch, dass damit die Erziehungsaufgabe eine bisher ungewohnte Bedeutung erlangte. Dem kam eine außergewöhnliche Expansion vor allem der Zeitschriftenliteratur entgegen, und dem entsprachen auch neue Organisationsformen des Zusammenlebens, die so genannten „Gesellschaften", in denen die Standesbindungen abgelegt wurden. Damit waren strukturelle Voraussetzungen für eine diskursive Kenntniserweiterung, für eine Selbstaufklärung durch gemeinsame Kommunikation gegeben, wie sie von Kant und Garve gedacht war und kommentiert wurde (vgl. Ruppert 1981, S. 76f., S. 149ff.). Es erscheint

2 Einen knappen aber informativen Überblick gibt Heinrich Kanz in den Kapiteln 2.2. und 2.3 in dem von F. Pöggeler herausgegebenen Band 4 des Handbuchs der Erwachsenenbildung ‚Geschichte der Erwachsenenbildung'.

daher auch recht plausibel, wenn 1794 gesagt wurde: „Wäre der gemeine Mann in Frankreich nur eine Stufe mehr gebildet gewesen, es hätte wahrscheinlich die Revolution dieses Landes einen anderen und besseren Gang genommen“ (Böning 1989, S. 154).

Inwieweit abstrakt-ideengeschichtlichen Perspektiven eine lerngeschichtliche Realität entsprach, kann für uns am ehesten am Beispiel des Lesens deutlich werden. Im Hinblick darauf ist zuerst einmal das bemerkenswert, was als ‚Leserrevolution‘ bezeichnet wird. Damit ist nicht nur die außerordentliche Expansion der Bucherscheinungen und der Erweiterung des Lesepublikums im 18. Jahrhundert gemeint, sondern vor allem auch der Wandel der Lesegewohnheiten. So stellt P. Engelsing den Übergang vom intensiven zum extensiven Lesen heraus. Während vorher das Immer-Wieder-Lesen eines Buches (etwa der Bibel) das Übliche war, wurde nun ständig nach Neuem gegriffen. Hier setzt potentiell das ein, was bis auf den heutigen Tag als Motiv und Ziel bezeichnet wird, die Horizonterweiterung und zugleich auch das, was lange Zeit als Kritik an der ‚Lesewut‘ in der Diskussion blieb. Damit drängt sich aber die Frage auf, wie denn was von wem gelesen wurde.

Die erste Frage nach dem Wie führt auf eine Erscheinung der Aufklärungszeit, die als frühe Institutionalform der Erwachsenenbildung bezeichnet werden kann: die Lesegesellschaften. „Sie waren die eigentliche Bildungsinstitution des 18. Jahrhunderts (...) Es werden zu Ende des 18. Jahrhunderts in Deutschland über 430 Einzelgesellschaften gezählt. Ihre fast sprunghafte Verbreitung mit zunehmender Dominanz unter den Aufklärungsgesellschaften seit den 70er Jahren bedarf der Erklärung“ (van Dülmen 1988, S. 82). Sie führt auf einen doppelten epochenspezifischen Antrieb. Zum einen wird zu dieser Zeit in breiteren Kreisen das Lesen als Lebensform erkannt, und um es sich leisten zu können, bot sich der Zusammenschluss zu Abonnentengemeinschaften und die Einrichtung von Leihorganisationen an. Das zugleich damit verbundene Kommunikationsbedürfnis gab den Anstoß, dazu auch Bibliotheks- und Klubräume zu schaffen, in denen über das Gelesene gesprochen werden konnte. Diese Informations- und Diskussionsmöglichkeit zu bieten wurde erleichtert, weil es der allgemeinen Tendenz zur Gründung von „Sozietäten“ entgegenkam (vgl. Im Hof 1982, S. 218ff.). Diese zugleich lockere und formal zeittypische Organisationsform ist für uns wegen ihrer Verbindung von Spontaneität und Disziplin schwer nachvollziehbar. Die damit hergestellten traditionsüberwindenden Kontakte kamen indes der allmählichen Formierung eines Bürgertums zugute, wobei darin in örtlich unterschiedlichem Maße auch die Keimzelle eines republikanischen Selbstverständnisses gesehen wurde. Immerhin gab es auch damals schon Polemik gegen „Aufklärerei“. Politischer Druck, die Ernüchterung durch den Verlauf der französischen Revolution und spontane Bedürfnisse, alle drei Faktoren trugen dazu bei, dass um die Jahrhundertwende die Mehrzahl der Lesegesellschaften von „Harmoniegesellschaften“ oder „Museumsgesellschaften“ abgelöst wurden, die zwar vielfach noch den Universalitätsgedanken der Aufklärung aufrecht erhielten, praktisch aber doch die Ziele der Unterhaltung und der Nützlichkeit getrennt verfolgten. Ähnliches ist beim Zeitschriftenwesen zu beobachten, wenn es mit Beginn des neuen Jahrhunderts Titel wie „Zeitung für die elegante Welt“ gab.

Wer waren nun die Mitglieder der gut organisierten Lesegesellschaften, und was wurde mit ihrer Hilfe gelesen? Sie als Bildungsinstitution zu bezeichnen erscheint vor allem deshalb berechtigt, weil keine formellen Abgrenzungen die Mitgliedschaft bestimmten. Voraussetzung war nur ein gewisses Maß an freier Zeit und die Bereitschaft, diese für Lektüre und Gespräch zu nutzen. Beteiligungsfilter waren allein das Informationsinteresse, die Verarbeitungsfähigkeit und die finanzielle Beitragsleistung. Da die Gesellschaften allerdings eine Organisationsform hatten, die eine Einübung in demokratische Verfahrensweisen beinhaltete, konnte auch diese als Filter wirken. Es waren in erster Linie, lokalspezifisch gewichtet, das mittlere und gehobene Bürgertum, das angesprochen wurde, wozu insbesondere Beamte, Juristen, Professoren, Geistliche, Buchhändler, Ärzte gehörten. Dazu kamen durchaus auch Kaufleute und gelegentlich Handwerker, aufgeklärte Adelige, Künstler, Militärs. Frauen hingegen waren ausgeschlossen. Daran wird deutlich, dass sich keineswegs nur über die Sozietäten die Lesekultur der damaligen Zeit entfaltet hat. Denn diese war immerhin in starkem Maße durch die Beteiligung von mittelständischen Frauen an der Leserschaft mitbestimmt. Sie griffen „zum Buch, um sich zu behaupten und der bürgerlichen Familie, von deren Geltung die ihre abhing, den rechten Platz im sozialen Leben zu verschaffen. (...) Die Bildung wurde zur Basis ihrer sozialen Stellung“ (Engelsing 1974, S. 307). Dies konnte so weit gehen, die Frauen „zu Hüterinnen der wahren Autorität“ zu erklären, von ihnen das Ideal der „Einheit von Herz und Verstand“ verwirklicht zu sehen. Realiter war es immerhin so, dass Erziehungsthemen in der Literatur breiten Raum einnahmen. Aber darüber hinaus war die Lektüre so breit gestreut, dass die zum Teil mokant verstandene Redewendung von den „gelehrten Frauenzimmern“ aufkam.

Für die Lesegesellschaften selbst durfte die außerordentliche Expansion des Zeitschriftenwesens im 18. Jahrhundert ein entscheidendes Entstehungsmoment gewesen sein. Die Organisationsform diente als Medium, sich Überschaubarkeit zu bewahren. Dabei gab es die unterschiedlichsten Typen, von den moralischen Wochenschriften über die literarischen Zeitschriften, Frauenzeitschriften bis zu den politischen Zeitschriften, die das kritische Potential gegenüber religiösen Dogmatismen und gesellschaftlichen Privilegien förderten. Aber auch mit den anderen Ausprägungen wurde etwas zur „Sensibilisierung des Publikums für soziale und moralische Probleme erreicht“ (Kaiser 1989, S. 20). Gegenüber der hohen Ansprüchlichkeit, wie sie mit der „Versittlichung des Menschen“ und der „Verbesserung seiner selbst und der Welt“ gegeben war, trat aber das Denken an unmittelbaren Nutzen nicht zurück. Für die ökonomischen und beruflichen Interessen gab es im Hinblick auf gesellschaftliche Veränderungen, technische Innovationen und neue Arbeitsorganisation entsprechenden Lernstoff in Avisen, Journalen und Reiseberichten, die dem Kalkül bei Produktion und Handel dienten. Eine gewisse Relation zwischen Lektürewahl und sozialem Status ist für das letzte Drittel des 18. Jahrhunderts auch erkennbar. Ohne dass es trennscharf gewesen wäre, gab es doch für die unteren aber lesefähigen Schichten, an Stelle der Lesegesellschaften die Leihbibliotheken. Hier fanden sich dann im verstärkten Umfang Almanache, Kalender, Reiseschilderungen und Romane, aber auch, um ein Beispiel für die Landbevölkerung zu nennen, „das Noth- und Hilfsbüchlein“ von 1785, das etwas bringt, „was sich auf die Seelennoth der Landleute beziehet“, aber auch „Hausmittel für kleine Unpäßlichkeiten“, „Verbesserungsvorschläge, welche die Mitglieder einer Dorfgemeinde durch gemeinschaftliche Arbeit ausführen können“ (Kaiser, S. 340). Es gehört schließlich auch zur Aufklärung, zu lesen „was man bey tollen Hunden zu tun und zu lassen habe“ (ebd., S. 343).

3 Die Widersprüche im Vormärz

Was immer an Initiativen im Sinne einer Bildung Erwachsener im letzten Drittel des 18. Jahrhunderts entfaltet wurde, will in seinem gesellschaftlichen Zusammenhang gesehen sein, auch wenn hier nur mit Stichworten darauf verwiesen werden konnte. Aufklärung war ein Versuchsunternehmen, das seinen Spielraum nach verschiedenen Seiten ausloten konnte, aber auch immer wieder auf seine politischen und psychologischen Grenzen stieß. Diese Grenzen wurden in der Folgezeit eher noch enger. Darüber kann der Höhenflug des Allgemeinbildungskonzepts Humboldtscher Prägung nicht hinwegtäuschen, ebenso wenig wie der differenzierte Entwurf dialektischer Annäherungsmöglichkeiten, wie ihn Schleiermacher vorgelegt hat. Es wurde daraus „nur" ein Argumentationsschatz für die Zukunft und das heißt noch für unsere Gegenwart. Ein Gesamtbildungsplan, wie ihn Stephani 1805 entwickelt hatte, wurde, obwohl er alles Revolutionsverdächtige vermied, in die Vergessenheit gedrängt. Erst recht gilt dies für ein durchdachtes System zur Verwirklichung des Rechts auf Bildung für alle, mit dem Condorcet an die Öffentlichkeit getreten war. Selbst Pestalozzis gedanklicher Beitrag zur Bildung Erwachsener wirkte irritierend und blieb bis in unsere Tage unbesprochen (vgl. Dräger 1989). Für die Selbsterkenntnis der „Thiernatur", das Transparentmachen der „Schelmenordnung" und für den Widerstand gegen die Übertölpelung war kein Interesse zu gewinnen. Was den Machthabern als eine Gefahr erschien, galt der Mehrheit derer, die aus dem Recht auf Bildung für alle Urteilsfähigkeit als Basis einer Verbesserung ihrer Lage erwerben sollten, als zu anstrengend. Die „Vervollkommnungsfähigkeit" erwies sich als begrenzt, denn das ebenso allseits propagierte „Angenehme" erwies sich als entlastend aber auch ablenkend. So war dann „die ganze Lektüre (...) solche elenden Scharteken, die auf allen Jahrmärkten verkauft wurden, arme Sünder- und Liebeslieder, Wunderhistorien von verwünschten Schlössern und Prinzessinnen" (Zerrenner 1786 in Kaiser 1989, S. 311). Immerhin wurden auch die „Volks-Ergötzlichkeiten" wo möglich per kürfürstlichen Erlass begrenzt (Kaschuba 1988, S. 109).

Wenn in der ersten Hälfte des 19. Jahrhunderts neue Impulse zur Bildung Erwachsener bemerkbar wurden, so sind dafür zwei Antriebsmomente zu nennen. Zum einen war es die ökonomische, technische Entwicklung, die mit dem Aufkommen der Maschinenwelt neue Anforderungen stellte, und zum anderen regten sich gegen die mit der Zeit immer mehr verengende Restauration doch Widerstände, mit denen die Erweiterung der Bildung angesprochen war. Dabei hatte der Bildungsbegriff auch in der Breite den der Erziehung abgelöst, und alsbald wurde mit ihm auch die „soziale Frage" verbunden. Bezeichnend ist aber, dass eine erste gründliche Ausfaltung dieser Problematik in dem Aufsatz von Rodbertus „Die Forderungen der arbeitenden Klassen" 1839 noch nicht vollständig an die Öffentlichkeit gelangten, sondern erst 1872. Auch eher vermittelnde Stellungnahmen, wie die des westfälischen Unternehmers Friedrich Harkort, der sich für eine staatliche Arbeitsgesetzgebung einsetzte und über „die Hindernisse der Qualifikation und Emanzipation der unteren Klassen" schrieb, blieben ohne Resonanz (vgl. Balser 1959, S. 140). Zeittypisch war vielmehr, wenn im seit 1833 erscheinenden „Pfennig-Magazin", das mit neuen Produktions- und Vertriebsmethoden nach einem Jahr über 100.000 Abonnenten erreichte, immer erneut die Rede davon war, dass „weise Erziehung Übel ertragen" lässt, „Mäßigkeit" als Ideal, „Sparen als Sittlichkeit" hingestellt wurde[3]. So entwickelten sich „Erziehung zur Industrie" und liberale Bildungsbemühungen zur Emanzipation getrennt voneinander. Dabei blieben beide, so wichtig sie waren, Randerscheinungen. Auf der einen Seite waren es eben die „Sonntags-Gewerbeschulen", auf der anderen blieben Zensur und polizeiliche Eingriffe ständige Gefahr und Beeinträchtigung. Darin kam die konservative, teil-

3 Immerhin finden sich darin auch gemäßigte Formen der Aufklärung wie die folgende: „Bei der unparteiischen Prüfung der Sitten und Gebräuche verschiedener Völker werden wir vermuthlich finden, daß kein Volk so roh ist, daß es nicht einige Spuren von Bildung besitze und keine so gebildet, daß nicht einzelne Überbleibsel von Rohheit bei ihm anzutreffen wären" (Das Pfennigmagazin der Gesellschaft zur Verbreitung gemeinnütziger Kenntnisse, S. 454).

weise kirchlich gestützte Präferenz für „Ständebildung" zum Ausdruck und das heißt Beschränkung auf die Vermittlung notwendiger Kenntnisse für die im jeweiligen Stand zu leistende nützliche Arbeit und Abwehr dessen, was man „überspannten Bildungsdrang" nannte.

Im Zuge der Entwicklung des Vereinslebens waren auch Handwerkervereine und Handwerkerbildungsvereine entstanden. Ihre Rolle war aber eher eine defensive, weil die damals aufkommende liberale Wirtschaftspolitik die Bedeutung der Zünfte gefährdete. Immerhin lag es bei Vereinigungen von Berufsgenossen nahe, sich um berufliche Fortbildung zu kümmern. Von den technischen Neuerungen war aber auch die Landwirtschaft betroffen. Schon im vorausgehenden Jahrhundert hatte Ph.E. Lüders die Bildung als den Weg des Bauern zur Freiheit bezeichnet und das didaktische Experiment als Medium der Aufklärungsarbeit und als erkenntnisbezogene Steuerung des Erfahrungsaustauschs (vgl. Dräger 1979). Sein Plan für eine Acker-Schule, für den er sich durch Schriften über agrartechnische Probleme, einschließlich der Witterungs- und Bodenlehre, legitimiert hatte, wurde indes nicht realisiert. Mehr als 60 Jahre danach (1842) konnte mit viel Kompromissentscheidungen die „Höhere Volksschule" in Rendsburg ihre Arbeit aufnehmen, deren Gründung vielfach als exemplarisch hingestellt wird (vgl. Laack 1960). Ebenso ist aber auch ihr Ende exemplarisch, das Abschlaffen nach einem ambitionierten Anlauf, hier stark bedingt durch interne Zerwürfnisse. Was sich in diesem Fall in den fünf Jahren des Bestehens zeigte, wiederholte sich in vielen Fällen nur in etwas längeren Zeiträumen. Für die Entwicklungskurve typisch war das Zurückstecken ursprünglicher Selbstansprüche. Bei der geringen Forschungsintensität ist dieser Sachverhalt lange Zeit verdeckt geblieben. Historische Anfänge haben begreiflicherweise immer mehr Aufmerksamkeit auf sich gezogen als Enden.

Was aufgrund dieser Perspektivenkonzentration übersehen wird, das ist die Realität einer Entwicklungsbeschränkung, die nicht auf politischen Gegendruck, sondern auf die Zurückhaltung der Adressaten, denen Bildungsangebote gemacht wurden, zurückgeht. Dies konnte selbst dann geschehen, wenn nicht Bildungsideale, sondern handfeste Überlegungen der Nützlichkeit angesprochen wurden. Gerade die Handwerkerfortbildung im Vormärz liefert dafür ein Beispiel beträchtlicher Renitenz. Obwohl die ökonomische Lage und die gefährdete Marktstellung ein Weiterlernen nahelegen, fanden entsprechende Angebote, wie die Untersuchungen von Axmacher und Huge zeigen, im Königreich Hannover nicht die erwartete Resonanz. Dabei war es offensichtlich nicht die verlangte zusätzliche Anstrengung, die zur Verweigerung veranlasst hat. Dahinter stehen vielmehr eine höchst komplexe Motivationsstruktur und ein vitaler Abwehrmechanismus, die in mancher Hinsicht exemplarisch sind für die Realisierungsprobleme von Erwachsenenbildung. Sie machen sich vor allem dann bemerkbar, wenn grundlegende Veränderungen für das Lebensverhalten aufgrund der gesellschaftlichen Entwicklung anstehen. Es geht dann nicht nur um das Hinzulernen konkreter Fähigkeiten, vielmehr will das Erwachsenenbildungsangebot einer grundlegenden Umstellungsnotwendigkeit gerecht werden. Wie weit diese unvermeidlich ist oder nur von bestimmten mächtigen Gruppierungen gewollt wird, kann zeitweilig noch umstritten sein. Und so richtet sich der Widerstand nicht so sehr gegen das einzelne Lernangebot, sondern gegen die Veränderungen der Lebensverhältnisse generell, denen in Mentalität und Verhalten nur zögernd gefolgt wird.

Man könnte pointiert resümieren: langfristig herangebildetes „gewachsenes Alltagswissen" wehrt sich gegen synthetisch erzeugtes Wissenschaftswissen, und es wird daran deutlich, inwiefern hier ein immer wieder auftretendes Problem identifiziert ist. Es gibt dann verschiedene Möglichkeiten zu reagieren. Huge nennt empirisch gestützt vier Varianten im Umgang mit neuem Wissen. Er unterscheidet die generelle Ablehnung, die sich auf nichts einlässt; die Abschirmung, die eine partielle Einlagerung neuen Wissens erlaubt, ohne dass das vorhandene Alltagswissen gestört wird; das Umfunktionieren von Bestandteilen des neu eingelagerten Wissens und schließlich die produktive Integration. Allein diese führt zur Umstrukturierung der Wahrnehmungs- und Relevierungsfilter, die das Ergebnis von produktiven Lernprozessen ist. Sie kommen aber deshalb oft nicht zustande, weil sich mit der Tradition nicht nur ein im Lebensprozess erworbenes Wissen angesammelt hat, sondern dies auch moralisch und emotional positiv besetzt ist. Dass deren Bindekraft unterschiedlich stark ist, erklärt die unterschiedliche Reaktion der im konkreten Fall untersuchten Bereiche, aber auch generell die unterschiedlichen historischen Erfahrungen mit der Resonanz auf Bildungsangebote. Diese Einzelstudie hier stärker herauszustellen, erscheint darum gerechtfertigt, weil mit ihr etwas bewusst werden kann, was sonst in geschichtlichen Untersuchungen und selbst in Gegenwartsanalysen selten thematisiert wird. Es ist weithin üblich, Lernen und Bildung von vornherein als ein Prozess der Bereicherung anzusehen. Dabei wird allzu leicht vergessen, dass es gilt, auch zu lernen, mit den dabei eintretenden Verlusten umzugehen.

Dies erscheint bei denen nicht relevant, die nichts zu verlieren haben, und als solche gelten gemeinhin die, die mit dem Vorzeichen der Arbeiterbildung angesprochen werden. Sie musste sich ihre Impulskraft und ihre Erfahrung aus dem Ausland, von zeitweilig Emigrierten holen (vgl. Rückhäberle 1983) und ebenso Grundgedanken wie die des „Rechts auf Bildung" nicht zuletzt als Voraussetzung für das Realisieren von Produktionsgenossenschaften. Hier hat Louis Blanc beispielsweise auf Stefan Born gewirkt und damit auf die „Arbeiterverbrüderung". Ebenso engagierten sich große Teile der liberalen Demokraten zu dieser Zeit für die „arbeitenden Klassen" und ihr „Recht auf Bildung", ja, es war dies sogar Anlass zur Spaltung der liberalen Oppositionsbewegung. Die Arbeiterverbrüderung wiederum hat den ursprünglichen Wahlspruch von „Wohlstand, Bildung, Freiheit" in „Bildung, Wohlstand, Freiheit" umgewandelt. Dahinter stand ein Selbstbewusstsein, das ohne allen revolutionären Gestus auskam, umso nachhaltiger aber seinen Anspruch auf Mitsprachemöglichkeit und dafür auf unentgeltliche Bildungsmöglichkeiten anmeldete. Bedenken muss man allerdings, dass die Mitglieder der Arbeiterverbrüderung in der großen Mehrheit Handwerker waren und zu einem geringeren Teil Fabrikarbeiter. So konnte es im Juni 1848 in der von Stefan Born herausgegebenen Zeitschrift „Das Volk" heißen: „Die geselligen Handwerkervereine, welche überall ins Leben getreten sind, haben sich bewährt als Pflanzstätten des Hochgefühls, des Rechtsbewußtseins und der Bruderliebe, als Pflanzstätte der Bildung und des veredelten Menschentums" (Balser 1959, S. 200). Die letzte Formulierung zeigt die Nähe zur Bürgerlichkeit, und sie ist auch nicht ohne Bodenhaftung, wie sich an örtlichen Formulierungen für Satzungen von Arbeiterbildungsvereinen zeigt.[4]

---

4 So heißt es z.B. in der „Ordnung des Bildungsvereins für Arbeiter in Mainz aus dem Jahre 1848": „Der Zweck des Vereins ist die möglichste Verbesserung des materiellen, geistigen und sittlichen Zustandes der arbeitenden Klassen herbeizuführen und auf diese Weise den Erzeugern der menschlichen Produkte ihre gebührende Stellung in der menschlichen Gesellschaft zu verschaffen" (Keim u.a., S. 16).

4 Teilhabe und Zähmung um die Jahrhundertwende

Für die Zeit des Vormärz war nicht nur Unterdrückung der freien Meinung und der Opposition kennzeichnend, sondern auch ein außerordentliches Maß bürokratischer Gängelung im Interesse dessen, was als Sittlichkeit ausgegeben wurde. So ist etwa von „Ruhe und Lebensglück" als Ziel in der Einleitung zu einem „Noth und Hilfsbuch für Städtebewohner aller Klassen, die da Bürger sind oder werden wollen" mit dem Titel „Der Bürgerfreund" 1839 die Rede. Dass es auch anders ging, ließ sich bei dem bestehenden Kleinstaatensystem allerdings auch beweisen, so etwa im Herzogtum Sachsen-Coburg-Saalfeld und Gotha, wo es zu einem zwar gelegentlich gespannten, aber doch produktiven Dialog zwischen monarchischer Bürokratie und Repräsentanten der liberalen Bürgerschaft kam. In einem Dokument des Jahres 1849 findet sich schon die aktuell klingende, wenn auch nicht unbedingt bildungsverständige Formulierung „Kein Capital trägt demnach mehr Zinsen als dasjenige, welches auf die Verbesserung und Erweiterung des Volksunterrichts verwendet wird" (Dietze 1978, S. 106). Insgesamt aber war das Bildungsklima stickig, und die herrschenden Kreise blieben uneinsichtig. Hinzu kam, dass die Haltung der Opposition vielfach verwirrend war. In den Revolutionstagen etwa standen die Vorstellungen, die auf Demokratisierung abzielten und solche, die mehr die Einheit der Nation im Auge hatten, nebeneinander und gelegentlich gegeneinander. Damit deuteten sich aber auch schon die Antriebsmomente an, die für die zweite Hälfte des 19. Jahrhunderts kennzeichnend wurden.

Wenn in dieser Zeit Gedanken auf das Weiterlernen Erwachsener gerichtet wurden, so geschah es durchweg mit der Perspektive der so genannten sozialen Frage oder/und der nationalen Frage. Die zwar noch regional beschränkte, aber sozial unaufhörliche Ausbreitung der Industrie hatte Armutserscheinungen in Ballungsgebieten unübersehbar gemacht und zugleich zu einem Arbeiterbewusstsein geführt, das gegenüber Lernaufforderungen aufgeschlossen machte. In den 1960er Jahren wurde dies an den Erklärungen der Arbeitervereinstage deutlich, wenn auch 1863 und 1864 das Nachholen an elementaren Kenntnissen und Fähigkeiten im Vordergrund stand und betont wurde, „einen höheren moralischen Boden in der bürgerlichen Gesellschaft" zu erwirken (Feidel-Mertz 1964, S. 38). Der Anspruch der Teilhabe war hier also mit Integrationsbereitschaft verknüpft, und die Gedanken liefen noch keineswegs auf „Funktionärsbildung" oder „Bildung zum Klassenkampf" hinaus. Dennoch setzten sich in den gesellschaftsbestimmenden Kreisen Ängste fest, die an Zähmungsmöglichkeiten denken ließen. Wenn daher nach der Reichsgründung 1871 die Frage anstand, wie die formalstaatlich hergestellte Einheit Gemeinsamkeiten im Leben bewirken könnte, wurde nicht die Einheitlichkeit der Lebensverhältnisse angezielt, sondern eine Geschlossenheit der Stimmungen. Nationale Integration sollte dabei zwar die Teilhabe des ganzen Volkes an den traditionellen Kulturgütern einschließen, aber doch in einer dosierten Form, die eine Beruhigung der Gemüter bewirkt.

Eine solche Interpretation des Verständnisses von Volksbildung im Kaiserreich legt die Erklärung zur Gründung der „Gesellschaft für Verbreitung von Volksbildung" 1871 nahe (vgl. Dräger 1975, S. 50-55). Man kann deren Intentionen nach dem Gründungstext auch als Versuch bezeichnen, eine Differenzierung der „Massen" durch Bildung zu erreichen. Der Begriff der „Masse" taucht hier jedenfalls zum ersten Mal auf, der noch bis in die 1950er Jahre unseres Jahrhunderts als Gegenbegriff zur Bildung genutzt worden ist. Die „Masse" gilt es durch „mannigfache Bildungsmittel über ihr jetziges Niveau emporzuheben". Ein solches Emporheben sah einer der Initiatoren der Gesellschaft, Fritz Kalle, darin, „die Wahrheiten, welche unsere großen

Philosophen entdeckten, zum Gemeingut zu machen" (Dräger 1975, S. 55). Wenn indes ein anderer Mitinitiator, Franz Leibing, für die Gesellschaft fünf Punkte heraushebt:

„1. die Verbreitung allgemeiner, geistiger und sittlicher Bildung bei allen Mitgliedern;
2. Gelegenheit zur Ausbildung in einzelnen wissenschaftlichen oder technischen Lehrfächern;
3. Herstellung von Volksbibliotheken;
4. die Veranstaltung von geselligen Vergnügen und Unterhaltungsabenden;
5. die Vermittlung der persönlichen Berührung zwischen den verschiedenen Klassen" (ebd., S. 60);

so zeigt ein Blick auf die Realität, dass vornehmlich der 3. und 4. Punkt verwirklicht werden konnte. Der Rückzug der idealistischen Ansprüche auf die Wirklichkeit des Unterhaltungsbedürfnisses wurde im Vergleich der Zeit von den Anfängen bis zum Ausbruch des 1. Weltkrieges jedenfalls offensichtlich. Daran änderte die besondere Intensität, mit der seit 1895 der neu berufene Generalsekretär Johannes Tews an die Arbeit ging, nichts, auch wenn die Jahrhundertwende als eine Zeit des Höhepunkts bezeichnet werden kann. Gerade aber in der Konfrontation mit anderen aufkommenden Erwachsenenbildungsbestrebungen zeigte sich, dass das programmatische Plädoyer der „Gesellschaft" für die Förderung eines selbständigen Denkens von der Fehleinschätzung ausging, „der Arbeiterstand sei durch falsche Propheten irregeleitet" (ebenda, S. 62). Da auch weiterhin die Vorstellung vom Veredeln durch Unterhalten vertreten wurde, und es nicht zu einer wirklichen Offenheit kam, blieben Sozialisten und „Ultramontane" in ihrer eigenen Arbeit unberührt.

Wenn der Blick auf den historischen Prozess im Falle der Volksbildung hier mit besonderer Aufmerksamkeit auf die Jahrhundertwende gerichtet wird, gibt es dafür zwei äußere Anhaltspunkte, die sowohl die Grenzen der „Gesellschaft für Verbreitung" anzeigen als auch symptomatisch sind für allgemeine Tendenzen oder zumindest für eine Problemkonstellation zweier Jahrzehnte. Gemeint ist hier nicht, dass bei der „Gesellschaft für Verbreitung" zum ersten Mal über „den Gebrauch von Bildwerfern" Vorträge gehalten werden, sondern die Gründung des „Volksvereins für das katholische Deutschland" 1890 und die Einrichtung der „Allgemeinen Arbeiterbildungsschule Berlin" 1891. Der Volksverein hatte eine ähnlich lockere Organisationsstruktur wie die „Gesellschaft für Verbreitung", nur dass über die Glaubensgemeinschaft eine Bindekraft besonderer Art gegeben war. Zudem hatte er in einem der Initiatoren, Franz Hitze, eine Persönlichkeit vorzuweisen, die für die damaligen Verhältnisse eine ungewöhnliche Kombination von Einstellungen und Fähigkeiten besaß. Hitze verband eine Kritik am Kapitalismus mit hohem moralischen Anspruch, aber auch mit der einschneidenden didaktischen Einsicht, dass „Bildungsbestrebungen zweckmäßig an das anknüpfen, was dem Vorstellungs- und Erfahrungskreis des Arbeiters am nächsten liegt" (Hitze 1971, S. 101). Eine solche Einsicht vermittelte einen beträchtlichen Vorsprung für die Bildungsarbeit. Indes zeigten sich beim Volksverein alsbald entwicklungshindernde Erscheinungen. Es erwies sich zum einen als schwierig, geeignete Mitarbeiter in großer Zahl zu finden, die dem didaktischen Grundsatz zu folgen vermochten. Zum anderen trat im Laufe der Zeit das auf, was wir heute als den Konflikt zwischen Einrichtung und Rechts- bzw. Unterhaltsträger bezeichnen. Hier war es der mit dem Episkopat über die Mündigkeit der Laien und die Einschätzung der Arbeiterschaft (vgl. Gröenefeld 1989). So hemmte der Streit zwischen „Modernisten" und „Integralisten" (vgl. Grothmann 1991) die Verbandsarbeit.

Die Berliner Arbeiterbildungsschule startete vehement mit einem Gründungsreferat von Wilhelm Liebknecht, der ihr die Aufgabe, Arbeiter für den Kampf zur Befreiung des Proletariats vorzubereiten, zuwies. Das tatsächliche Konzept sah auch immerhin eine Balance von Elementarfächern, berufsbildenden Fächern und der politischen Bildung vor. Die zur politischen Bildung gehörigen Themen traten aber mit den Jahren immer mehr in den Hintergrund. So wurde eine Ersatzberufsschule daraus, die es ermöglichte, einen elementaren Nachholbedarf zu befriedigen. Als das Ruder dann 1906 im Schatten des Mannheimer Parteitages, der in außergewöhnlichem Maße der Bildungsfrage gewidmet war, gedreht wurde, geschah dies zu einem Zeitpunkt, zu dem mit der Gründung der Parteischule und von Gewerkschaftsschulen eine Hochzeit der Bildung zum Klassenbewusstsein angezeigt schien. Es kamen dabei aber auch interne Kontroversen zum Ausdruck. Gerade am Anfang dieses Jahrhunderts und bis zum Kriegsausbruch war das Schwanken zwischen Funktionärsschulung und Massenarbeit, zwischen Revolutionsglaube und Reformhoffnung, zwischen Theorieanspruch und Praxisnähe, zwischen Nachqualifizierung und der Entwicklung arbeiterangemessener Freizeitkultur auffällig. Hier konnten die seit 1907 angestellten wissenschaftlichen Wanderlehrer, die immerhin pro Jahr in mehr als 100 Orten tätig waren, stabilisierend wirken. Aber aus der Distanz betrachtet, versackte das Klassenbewusstseinspathos in der „Fülle der Vereinsfeste“, die Käthe Duncker unter dem Thema „Bildungsbestreben und Sozialdemokratie“ schon 1901 drastisch beschreibt. Gegenüber der „Tingeltangelzweideutigkeit“ (Olbrich 1982, S. 75) ist es dann bemerkenswert, wenn die „Arbeiterunterrichtskurse“, wie sie von freien Studentenschaften in den Universitätsstädten angeboten wurden, bemerkenswerte Resonanz fanden (vgl. Schoßig 1987). Insgesamt ist wohl kaum ein Teilbereich der Erwachsenenbildung so gut dokumentiert wie die Arbeiterbildung, so dass hier im Folgenden noch auf andere Epochenerscheinungen hingewiesen werden soll.

Um die Jahrhundertwende trat der Beitrag der Universitäten zur Volksbildung besonders in Erscheinung. Während vorher öffentliche wissenschaftliche Vorträge auf Einzelpersönlichkeiten zurückgingen, kam es zwischen 1895 und 1904 in fast allen Universitäten und Technischen Hochschulen der deutschsprachigen Länder zu Vereinen, Ausschüssen oder Gesellschaften für volkstümliche Hochschulkurse. Zwar konnte eine staatliche Förderung nicht erlangt werden, aber das Angebot von Vortragsreihen mit der Intention einer Popularisierung von Wissenschaft hatte doch beträchtliche Resonanz. Auch das Ziel, proletarische Schichten anzusprechen, konnte teilweise in bemerkenswerten Umfang erreicht werden. Die Statistiken legten darauf jedenfalls immer besonderen Wert[5]. Es war vor allem das Bekanntmachen mit naturwissenschaftlichen Erkenntnissen und technischen Folgen, was anzog. In geringerem Umfang aber tendenziell mit höherer Beteiligung war der kulturelle Bereich vertreten (Beispiel: Philosophie 3 Vortragsreihen, 2.000 Hörer; Naturwissenschaften 12 Vortragsreihen, 400 Hörer). Wohl zu unterscheiden wusste man offenbar zwischen der Vermittlung medizinischen Wissens und einer Gesundheitsbildung im heutigen Verständnis. Keineswegs ausgeklammert, wenn auch nicht umfangreich, war das Angebot gesellschaftshistorischer, ökonomischer und rechtlicher Themen. Die Intentionen von Teilhabe und Zähmung wurden lokal unterschiedlich ausbalanciert.

Mit Teilhabe war weniger die an politischen Entscheidungen als vielmehr die an der kulturell-künstlerischen Tradition gemeint. Inwieweit dies gelungen ist, erscheint zumindest zweifelhaft. Immerhin ist anzunehmen, dass „die literarische Qualität der Volksbibliothek in bedeutendem

5 Obwohl die Aktivitäten der Universitätsausdehnung vergleichsweise gut statistisch im Zentralblatt für Volksbildungswesen und im Volksbildungsarchiv erfasst sind, wurden sie meist unterschätzt, weil sie weder zu den Vorstellungen einer klassenbewussten Arbeiterbildung noch zu den Maßgaben einer intensiven arbeitsgemeinschaftsorientierten Erwachsenenbildung passten.

Umfang vom Publikumsgeschmack her geprägt worden ist“ (Dräger 1975, S. 194). Das wird bestätigt, wenn im Jahresbericht der „Gesellschaft für Verbreitung“ 1905 zu lesen ist: „Wenn man die Liste der meistgelesenen Bücher überblickt, so begegnet man leider manchem weniger wertvollen Buch in der ersten Reihe“ (a.a.O., S. 195). Es fehlten hier die „Bibliothekare als Volkslehrer“. Im Falle des Theaters ist das Interesse an „Klassikern“ vor dem 1. Weltkrieg rückläufig, allerdings hält sich das an „gehaltvollen Gegenwartswerken“. Die Diskrepanz zwischen dem klassischen Anspruch und der Wirklichkeit wird jedenfalls offensichtlich. Eine besondere Situation scheint allerdings bei Frauen gegeben. Während an den studentischen Arbeiterunterrichtskursen durchschnittlich über 10% Frauen teilgenommen haben, waren es bei den oben genannten Philosophiekursen knapp 60%, bei den naturwissenschaftlichen 15%. Auf diesem Hintergrund ist das besondere Engagement für eine proletarische Frauenbildung zu sehen. Mit ihr wurde eine Einheit von Agitation und Bildung angestrebt. Ein nicht zu unterschätzendes Medium war dabei die Zeitschrift „Gleichheit“. In ihr erschienen durchaus auch kritische Beiträge zu didaktisch-methodischen Fragen, was wiederum zur Kritik an dem „hohen Niveau“ führte. Dennoch konnte die Zahl der Abonnenten von 28.700 im Jahre 1905 auf 125.000 erhöht werden. Mit der „Aufhebung des preußischen Vereinsgesetzes von 1908 hatte sich allerdings auch die Zahl der weiblichen Parteimitglieder verdoppelt. Das gab den Anstoß zu einer „sozialdemokratischen Frauenbibliothek“, in der regelmäßig Broschüren erschienen, die als Grundlage von Lese- und Diskussionsabende dienen konnten (Olbrich 1982, S. 303ff.).

Wenn die Zeit der Jahrhundertwende hier mit „Teilhabe und Zähmung“ gekennzeichnet wurde, so sollte damit gesagt sein, dass die Funktion der Bildung in der politischen Zähmung durch kulturelle Teilhabe gesehen wurde. Dahinter stand die Vorstellung der Einheit von Staat und Volk, ohne gesellschaftlich Wesentliches zu ändern. Dagegen profilierte sich eine proletarische Bildung, die auf den Klassenkampf vorbereiten und zu einer eigenen Arbeiterkultur führen sollte. Dass auch ein Mittelweg denkbar und praktizierbar war, zeigte um die Jahrhundertwende das Beispiel des Frankfurter Ausschusses für Volksvorlesungen seit 1890 (vgl. Seitter 1990) und der Rhein-Mainische Verband für Volksbildung seit 1899 (vgl. Vogel 1959). In Frankfurt war dies möglich durch das „langjährige Bündnis, das die leistungsorientierte Beamtenschaft, das sozialliberale Handelsbürgertum und die reformistisch eingestellte Arbeiterbewegung miteinander eingingen“ (Seitter 1990, S. 135). Die sozialethischen Impulse, die der Arbeit zugrunde lagen, waren von der Vorstellung der Gleichberechtigung der sozialen Schichten bestimmt. Das erforderte eine allgemeine ‚Reform der Denkart‘, die Adolf Mannheimer als theoretischer Kopf begründete und konkretisierte. Die vielzitierte Neutralität wurde dabei nicht als Verzicht auf Behandlung weltanschaulicher und politischer Fragen verstanden, sondern als gleichberechtigte Darstellung verschiedener Positionen und Auffassungen. Zu der Vielfalt der Inhalte gehörte dann auch eine Differenzierung der Angebotsformen. An dem Anfang des Jahrhunderts beginnenden publizistischen Streit zwischen verbreitender und gestaltender Volksbildung, zwischen alter und neuer Richtung beteiligte man sich in Frankfurt aus realistischer Einsicht nicht (vgl. Henningsen 1960; Tews 1981). Denn wenn Erwachsene sich ihr Urteil selbst bilden sollen und wollen, verlangt das zwar Diskussion und Aussprache, schließt aber die Vorträge nicht aus. Es war dies eine Variante zu der Zielvorstellung von Johannes Tews „Jedem das Seine zu geben und doch das Ganze zu pflegen“ (Tews 1981, S. 47).

5 Die Einheit und die Zerrissenheit in der Weimarer Republik

Der gesellschaftliche und der mentale Einschnitt, den der 1. Weltkrieg mit sich brachte, war tiefgreifender als alle Veränderungen der 200 Jahre vorher. Dennoch blieben für die Erwachsenenbildung die Grundaufgaben und Probleme die gleichen. Was kann Bildung zu einer Integration beitragen, die sowohl die Stellung und Leistung des einzelnen fördert als auch die Handlungsfähigkeit des Gemeinwesens gewährleistet? Diese Frage hatte sogar noch ein größeres Gewicht bekommen, weil die Traditionsbindungen ihre Funktion weitgehend verloren hatten, und umgekehrt mit dem Ausbau demokratischer Strukturen die Eigeninitiative und das gesellschaftliche Handeln von Gruppen gefordert waren. Diese veränderte Lage hat eine Vielfalt neuer Aktivitäten ausgelöst, aber ebenso zu einem früher nicht gekannten Umfang literarischer Auseinandersetzung mit der Problematik geführt. Während für die davor liegende Zeit schwer an die Realität der Erwachsenenbildung heranzukommen ist, weil das vorhandene Quellenmaterial begrenzt ist, wird für die Weimarer Republik die Realität den Nachkommenden durch eine zahlreiche, eher begründende als beschreibende Literatur verstellt.[6] Dabei stand vor allem am Anfang der Weimarer Zeit die Frage, wie etwas dafür getan werden kann, dass die Bürger befähigt sind, in der neu entstandenen Republik ihre Rechte und Pflichten wahrnehmen zu können.

Dafür waren in der vorausgegangenen Zeit begrenzt Vorleistungen erbracht worden. Sie konnten aber nach 1918 nicht in dem erhofften Maße ausgeweitet werden. Dies gilt sowohl für die Kirchen als auch für die Arbeiterbewegung In beiden Fällen behinderten interne Kontroversen ihre Wirkung. Im ersten war die Republiktreue umstritten. Im zweiten gab es zwischen der Funktionärsschulung, die für das Wahrnehmen der neuen betrieblichen und sozialen Rechte im Arbeitnehmerinteresse wichtig war und den marxistischen Arbeiterschulen, in denen das Lernen von Kampfparolen gesteuert wurde, zwar eine mittlere Linie, die jedoch wiederum über die Frage mit oder ohne Volkshochschule gespalten erschien[7]. Vor diesem Hintergrund kam dem Engagement der Gemeinden und des Staates besondere Bedeutung zu. Ihnen war auch, wenigstens teilweise, bewusst, dass es zur Demokratie gehört, Erwachsenenbildung als ihre Angelegenheit anzusehen und zu fördern. Dementsprechend haben viele Gemeinden für die Einrichtung von Volkshochschulen gesorgt. Nicht alle haben die Inflationskrise und ihre politisch-mentalen Folgen überstanden. Immerhin waren 1927 230 Volkshochschulen statistisch

6 In der Literatur zur Geschichte der EB der Weimarer Republik findet man immer wieder die Person Robert von Erdberg und den Hohenrodter Bund als Institution genannt. Es ist dies einer ideengeschichtlichen Betrachtungsweise geschuldet. Ich habe in den Dokumentationen der Realität nichts vom sogenannten Hohenrodter Geist entdecken können. Auch die vom Hohenrodter Bund initiierte Deutsche Schule für Volksforschung und EB hat sich im Laufe der Jahre mit den regional bezogenen „Arbeitswochen“ von den Vorstellungen ihrer Gründer gelöst. Hingegen hat von Erdberg als zuständiger Ministerialbeamter mit seinen überzogenen Zielvorstellungen verhindert, dass der Art. 148 der Weimarer Verfassung „Das Volksbildungswesen, einschließlich der Volkshochschulen soll in Reich, Länder und Gemeinden gefördert werden“ auf überörtlicher Ebene in die Realität umgesetzt wurde.

7 Eine deutliche Annäherung von SPD und VHS vollzog sich erst 1931 bei einer Tagung des Reichsausschusses für sozialistische Bildungsarbeit in Bad Grund, kurz nachdem die VHS bei ihrer Tagung in Prerow zu einer realitätsnahen Erklärung gekommen waren. Es will hier bedacht sein, dass die gewerkschaftliche Bildungsarbeit mit den Konsequenzen des Betriebsrätegesetzes von 1920 voll in Anspruch genommen war, denn immerhin waren es 50.000 Kollegen, die auf die Interessenvertretung vorzubereiten waren. Ansonsten sollte nicht übersehen werden, was die Arbeiterkulturarbeit beispielsweise durch die Sprechchöre, das Theater oder die sozialdemokratische und linkssozialistischen Zeitungen mit beträchtlichem Niveau gerade auch des Feuilletons an Bildungsarbeit geleistet haben. Auch die mittlere Linie, die Gustav Radbruch mit seiner Kulturlehre des Sozialismus vertrat, blieb nicht ohne Resonanz über den Tag hinaus (van de Will 1982). Beachten sollte man auch, dass Hermann Heller für die Leipziger Richtung, die häufig als die profilierteste zitiert wird, mit dem Begriff der Gemeinschaft operiert.

erfasst. Eine Stütze dafür war die vom Reichsinnenminister angeregte Reichsschulkonferenz von 1920 und deren Aufgabenbeschreibung: „Die Volksbildungsarbeit der Gegenwart hat durch die seelische, geistige und sittliche Not unseres Volkes besondere Bedeutung gewonnen. Dabei kann es sich nicht bloß um Weitergabe von Kenntnissen handeln, sondern in erster Linie darum, eine Hilfe zur geistigen Selbständigkeit dazureichen" (Braun-Ribbat 1985, S. 210).

Damit ist ein Selbstverständnis signalisiert, wie es in dieser Zeit in zahlreichen Varianten zum Ausdruck kam, bei denen die „seelische Begabung" für wichtiger gehalten wurde als das „zweckhafte Wissen" (Weitsch 1919, S. 11). Zugleich wird damit verständlich, warum und wie Neutralität vertreten wurde, nach der Volkshochschule „erstens zeigen soll, was überhaupt Weltanschauung ist, wie Weltanschauung zustande kommt, zweitens einen Überblick über die verschiedenen in unserer Zeit und unserem Volk vorhandenen Weltanschauungen geben und drittens dartun, wie der Kampf der Weltanschauungen zu führen ist" (Mulert 1921, S. 13). Dahinter steht zum einen, „das Wesen der Freiheit (...) in der sorgfältig gepflegten Fähigkeit" zu sehen, „sich in jedem Augenblick die eigene Meinung als ‚Hypothesen' denken zu können und sie ohne ‚Privileg' dem Kreuzfeuer der übrigen mit ehrlichen Willen zur Wahrheit auszusetzen" (Angermann 1928, S. 137). Es geht damit um das Bewusstmachen der Relativität der Bezugssysteme (S. 144) und um „das Zusammenwirken der Kräfte, das dem Ganzen am besten dient" (S. 175). Zum anderen steht dahinter die Vorstellung von einer ‚Polyphonen Volksgemeinschaft' (vgl. Buchwald 1992, S. 234; S. 416). Die Hoffnung darauf war dem Schützengrabenerlebnis des Krieges entsprungen. Hier war, so der leitende Gedanke, eine konkrete Gemeinschaft erlebt worden, womit die geistige und kulturelle Krise, die dieser Krieg mit sich gebracht hatte, überwunden werden konnte. Das Missliche war indes, dass es in der Erwachsenenbildungsliteratur weithin üblich war, Legitimation und Verfahrensvorschläge von einer Geistes- bzw. Kulturkrise abzuleiten, während in der Bevölkerung, die man ansprechen wollte, in erster Linie eine soziale Krise erlebt wurde. Lässt Gegenwärtiges unzufrieden, und ist seine kognitive Verarbeitung nicht früh geübt, bleibt nur die emotionale Erhebung ins Ganzheitliche, und wenn dies nicht mehr beruhigt, ins Totalitäre. Eben damit ist ein Trend angedeutet, der gegen Ende der Weimarer Republik an der Erwachsenenbildung vorbei lief. Ihr Entwurf ging dahin, das Unterschiedliche und Gemeinsame in Keimzellen kleiner Gruppen zu reflektieren. Die „sauerteigliche Wirkung", wie Eduard Weitsch, einer der Vordenker dieser Zeit, formuliert hat, ging indes zwischen kurzschlüssigen Konfrontationen und dem Sog zur gedankenlosen Volksgemeinschaft unter (vgl. ebd. 1919, S. 15).

In der Erwachsenenbildungsliteratur findet sich immer wieder Tönnies Denkmodell der Gegenüberstellung von Gemeinschaft und Gesellschaft. Damit verbunden war ein Unbehagen am Organisatorischen. So kam es erst 1927 zur Gründung des Reichsverbandes der Volkshochschulen. Deren Veranstaltungsangebot war in Inhalt und Arbeitsweise vielfältiger und differenzierter[8] als die zahlreichen Publikationen (vgl. Anm. 6), an denen sich auch an den Universitäten Tätige durch die Entfaltung eines gesellschaftlich mentalen Begründungszusammenhangs für die Volkshochschulen beteiligten. In ihnen sahen sie die Möglichkeit, die Autonomie der Bildung zu realisieren und eine Einheit in der Mannigfaltigkeit zu repräsentieren, wenn die Wechselwirkung von Intention und Arbeitsstil bedacht wurde. Indes war die Mannigfaltigkeit eine Zerrissenheit und die integrierende Funktion zu erfüllen, wurde angesichts der sich radikalisierenden Stimmungslage im Laufe des Jahres immer unmöglicher. In diesem sozialpsychologischen und gesellschaftli-

8 Vorgeschichte ist da genauso vertreten wie Sprechtechnik, die französische Revolution ebenso wie der Kleingartenbau oder Gymnastik, um das Beispiel einer mittelstädtischen Volkshochschule (Dessau) zu nennen.

chen Kontext noch die erwachsenenpädagogische Arbeitsgemeinschaft als Modellfall für Demokratie oder auch nur als Einigungsmöglichkeit dafür anzusehen, erwies sich als illusionär. Das Gemeinsame interessierte nicht mehr, oder die es zu vertreten behaupteten, verlangten die Unterwerfung aller anderen. Auf die Anerkennung des anderen und der anderen aber legte die Volksbildungstheorie der Weimarer Zeit besonderen Wert. Jedoch waren die Vorstellungen über „Gebundenheitskultur“, wie es Paul Honigsheim, der später emigrierte Max Weber-Schüler und Volkshochschulleiter von Köln nannte, zu verschieden (vgl. Honigsheim 1991, S. 77). Es war so 1931 nur eine Anpassung an schon bestehende Praxis, wenn in der so genannten ‚Prerower Formel‘ das Unterrichtliche als Kennzeichen der Volkshochschulen betont wurde.

Auch hier zeigt sich wieder die Entwicklungsbewegung von Aufschwung und Ernüchterung. Besonders deutlich wird dies an dem Versuch, eine Eigenständigkeit gegenüber Schule und Wissenschaft hervorzukehren. Dieses Streben nach eigenem Profil durch Angebotsform und Arbeitsweise ist das, was die Darstellungen der Erwachsenenbildung aus der Weimarer Zeit von vorausgegangenen unterscheidet. Die Intention der Eigenständigkeit aber verlangt von der Inhaltsorientierung abzurücken, auch nicht der Sachsystematik der Wissenschaftler zu folgen, sondern eine eigene Form der Vermittlung zu suchen, die an den Teilnehmenden orientiert ist. An ihren „Denkmotiven“, wie es Alfred Mann (1984), der nachdenklichste der Volkshochschulleiter dieser Zeit, genannt hat, anzusetzen. Die tolerant gesteuerte Arbeitsgemeinschaft sollte das Spezifikum der Erwachsenenbildung sein. Mit Denkmotiven waren nicht nur die Anstöße zum Denken, sondern auch die Verfahrensweisen beim Denken gemeint. Da aber Denkungsart und Verarbeitungsstil schwer zu identifizieren sind und da auch die Teilnehmenden eine solche entgegenkommende Vorgehensweise nicht gewohnt waren, konnte dem hohen Anspruch nur selten genügt werden, und die Praxis verblieb im Informierenden und Unterrichtenden oder verlegte sich auf spielerische Aktivitäten. In dieser Angebotsmischung von Sprach-, Gymnastik- und Literaturkursen konnte die VHS Thüringen auch im ländlichen Raum tätig werden.

Die Rezeption der Erwachsenenbildung der Weimarer Zeit jedoch hebt als historische Leistung ihre didaktisch-methodische Profilierung hervor, obwohl die dafür gewonnenen Erfahrungen meist aus der Arbeit der Heimvolkshochschulen stammen (vgl. Olbrich 1973)[9]. In deren zeitweiliger Einheit von Lerngemeinschaft und Lebensgemeinschaft entstand die Kommunikationsdichte, die für die angestrebte didaktische Einfühlung und methodische Beweglichkeit Voraussetzung ist. Hier war es möglich, die Vorstellungswelten der Teilnehmenden, ihre „Ich-Gesichtswinkel“ (Mann 1948, S. 42) zu erkennen, die Deutungsmuster, wie wir heute sagen würden. Auf der institutionellen Ebene aber begann etwas anderes, was Langzeitwirkung haben sollte, der „direkte Vorstoß der Industrieunternehmerschaft in die pädagogische Provinz“ (vgl. Michel 1930). Dafür war 1925 das „Deutsche Institut für technische Arbeitsgestaltung“ eingerichtet worden. Von der Werkgemeinschaft zu reden passte zu dem Geist der Zeit, auch wenn er für betrieblich-ökonomische Zwecke manipuliert wurde. In gleichem Sinne entwickeln sich bündische Arbeitslager aus den Anfängen, die von der Jugendbewegung geprägt waren, und bei denen unter anderem eine „biographische Methode“ erprobt wurde, zum freiwilligen Arbeitsdienst in institutionalisierter Form, Reaktion auf die Arbeitslosigkeit durch die Weltwirtschaftskrise[10]. Hier wurde schrittweise eine Anpassung an die Verhältnisse gelernt. In den

9 Es war dies wohl die zeittypischste Form, die auch für die gewerkschaftliche und bäuerliche Bildungsarbeit in mehr oder weniger langfristigen Kursen genutzt wurde. Die hier mögliche Intensität der Arbeit kompensierte ihren Inselcharakter, wenn auch nicht die Breitenwirkung der dänischen und schwedischen Vorbilder erreicht wurde.

10 Abendvolkshochschulen haben schon 1931 durchschnittlich von 20% (Mittelstädte) bis 25% (Großstädte) Arbeitslose in ihrem normalen Kursprogramm gemeldet (vgl. Tuguntke 1988).

Selbstdarstellungen der städtischen Volkshochschulen dagegen war noch viel von „Geistigem", vom Individuellen, von menschlicher Persönlichkeit die Rede, so dass sie aus nazistischer Sicht als suspekt, humanistisch und sozialistisch verseucht erschienen. Deshalb setzte bald nach dem 30.1.1933 die Gleichschaltung ein. Durch die Regierungsbeteiligung der NSDAP 1930 in Thüringen, konnten dort schon zwei Jahre vorher Erfahrungen, wie die Entlassung eines der Initiatoren der Gründung des Reichsverbandes der Volkshochschulen, Reinhard Buchwald, gemacht werden. Er nahm das Schicksal vieler anderer vorweg. Exemplarisch dann, wie Bernhard Merten in Freiburg Ende 1932 eine Veranstaltung der Volkshochschule „Sowohl als auch – statt entweder oder" ankündigt und dieser im Mai 1933 durch den „Kampfbund der Deutschen Kultur" ersetzt wird (vgl. Bader 1985). Unabhängig vom Streit mancher „Gliederungen der Partei" um die Zuständigkeit in Fragen der Volksbildung, unabhängig auch von statistischen Zahlen auf der Basis moralischer Zwangsteilnahme an den Veranstaltungen, wurde alles überwölbt von „Volksaufklärung und Propaganda" und der Erzeugung von „Kraft durch Freude" dafür. So steckt in der ‚Reise nach Madeira' viel schlechte Erfahrung der Erwachsenenbildung.

Literatur

Angermann, F. (1928): Die freie Volksbildung. Jena: Diederichs.

Axmacher, D. (1990): Widerstand gegen Bildung. Weinheim: Dt. Studien Verlag.

Bader, R. (1982): Die Entwicklung der Freiburger Volkshochschule von 1919-1982. Unveröffent. Dipl.-Arbeit. Freiburg/Br.

Balser, F. (1959): Die Anfänge der Erwachsenenbildung in Deutschland. Stuttgart: Klett.

Bolewski, H. (1984): Neue Richtung, Industrie und Industriepädagogik. In: Schepp, H.H. (Hrsg.): Zum Demokratieverständnis der neuen Richtung. Frankfurt: PAS.

Brand, Th. (1839): Der Bürger-Freund. Glogau: o.V.

Böning, H. (1989): Volksaufklärung und Volkserziehung in Deutschland nach 1789. In: Zeitschrift für Pädagogik. Beiheft 24. S. 149-162.

Braun-Ribbat, D. (1985): Reichsschulkonferenz – eine vergessene Stadition der Erwachsenenbildung. In: Tietgens, H. (Hrsg.): Zugänge zur Geschichte der Erwachsenenbildung. Bad Heilbrunn: Klinkhardt.

Buchwald, R. (1992): Miterlebte Geschichte. Lebenserinnerungen 1984-1930. Köln: Böhlau.

Das Pfennigmagazin der Gesellschaft zur Verbreitung gemeinnütziger Kenntnisse 1834. Neu verlegt bei Franz Greno 1985, S. 454.

Daum, A. (1998): Wissenschaftspopularisierung im 19. Jahrhundert. München: Oldenbourg.

Dietze, K. (1978): Ansätze der Erwachsenenbildung im Herzogtum Sachsen-Coburg und Gotha. Unveröffentl. Diplomarbeit, Bamberg.

Dräger, H. (1975): Die Gesellschaft für Verbreitung von Volksbildung. Stuttgart: Klett.

Dräger, H. (1979): Volksbildung in Deutschland im 19. Jahrhundert, Bd. 1. Braunschweig: Westermann.

Dräger, H. (1984): Historeographie und Geschichte der Erwachsenenbildung. In: Schmitz, E./Tietgens, H. (Hrsg.): Erwachsenenbildung. Bd. 11 der Enzyklopädie Erziehungswissenschaft. Stuttgart: Klett-Cotta.

Dräger, H. (1989): Pestalozzis Idee von der Einheit der Erziehung. Frankfurt a.M.: o.V.

Dudek, P. (1988): Erziehung durch Arbeit. Arbeitslagerbewegung und freiwilliger Arbeitsdienst 1920-1935. Opladen: Leske + Budrich.

Dülmen, R. v. (1988): Die Gesellschaft der Aufklärer. Frankfurt a.M.: Fischer Taschenbuch Verlag.

Engelsing, R. (1974): Der Bürger als Leser. Stuttgart: Metzler.

Feidel-Mertz, H. (1964): Zur Ideologie der Arbeiterbildung. Frankfurt a.M.: Europ. Verl.-Anst.

Freiesleben, H. (1998): Erwachsenenbildung in Deutschland während der Manufakturperiode. Köln: Pahl-Rugenstein.

Friedenthal-Haase, M. (Hrsg.) (1998): Lebensführung und Selbstbildung in Medien des 18. und 19. Jahrhunderts. Jena: Friedrich-Schiller-Univ.

Groenefeld, M. (1989): Arbeiterbildung als politische Praxis. Köln: Ketteler.

Grothmann, D. (1991): Der Volksverein für das katholische Deutschland 1890-1933. In: Ibw Journal 29, H. 7, S. 3-12.
Henningsen, J. (1960): Die neue Richtung in der Weimarer Zeit. Stuttgart: Klett.
Hitze, F. (1971): Ziele und Wege der Arbeiterbildung In: Benning, A. (Hrsg.): Quellentexte katholischer Erwachsenenbildung. Paderborn: Schöningh.
Honigsheim, P. (1987): Menschenbildung und Industriepädagogik. In: Silbermann, A./Röhrig, B. (Hrsg.): Kultur, Volksbildung und Gesellschaft. Frankfurt a.M.: Lang.
Honigsheim, P. (1991): Orientierung in der Moderne. Bad Heilbrunn: Klinkhardt.
Huge, W. (1989): Handwerkerfortbildung im 19. Jahrhundert. Bad Heilbrunn: Klinkhardt.
Im Hof, R. (1982): Das gesellige Jahrhundert. München: Beck.
Kaiser, A. (Hrsg.) (1989): Gesellige Bildung. Bad Heilbrunn: Klinkhardt.
Kaschuba, W. (1988): Volkskultur zwischen feudaler und bürgerlicher Gesellschaft. Frankfurt a.M.: Campus-Verlag.
Keim, A.M./Müller, H./Schütz, F./Wiedenroth, W. (o.J.): 150 Jahre Volksbildung in Mainz. Volkshochschule Mainz (Hrsg.).
Laack, F. (1960): Auftakt freier Erwachsenenbildung. Stuttgart: Klett.
Laack, F. (1984): Das Zwischenspiel freier Erwachsenenbildung. Bad Heilbrunn: Klinkhardt.
Mann, A. (1984): Denkendes Volk, volkhaftes Denken. Braunschweig: o.V.
Mattmüller, H.P. (1975): Der Begriff der geistigen Krise in der Erwachsenenbildung. Stuttgart: Klett.
Michel, E. (1930): Arbeitswoche für Erwachsenenbildung und Industriepädagogik im Rheinland. In: Jahrbuch für Erwachsenenbildung, 2. Folge, S. 48-62.
Mulert, H. (1921): Die Aufgabe der Volkshochschule gegenüber den Weltanschauungsgegensätzen in unserem Volk. Langensalza: o.V.
Nuissl, E./Tietgens, H. (Hrsg) (1995): Mit demokratischem Auftrag. Deutsche Erwachsenenbildung seit der Kaiserzeit. Bad Heilbrunn: Klinkhardt.
Olbrich, J. (1972): Konzeption und Methodik der Erwachsenenbildung bei Eduard Weitsch. Stuttgart: Klett.
Olbrich, J. (1982): Arbeiterbildung nach dem Fall des Sozialistengesetzes (1890-1914). Braunschweig:Westermann.
Oppermann, D. (1986): Von der Lesegesellschaft zur Erwachsenenbildung. In: Claußen, B./Heitmeyer, W./Michalka, W./Oppermann, D. (Hrsg.): Politische Bildung in der Forschungsdiskussion. Stuttgart: Steiner.
Pöggeler, F. (Hrsg.) (1975): Geschichte der Erwachsenenbildung. Stuttgart: Kohlhammer.
Rückhaberle, H.J. (Hrsg.) (1983): Bildung und Organisation in den deutschen Handwerksgesellen- und Arbeitervereinen in der Schweiz. Tübingen: o.V.
Ruppert, W. (1981): Bürgerlicher Wandel. Frankfurt a.M.: Campus-Verlag.
Schoßig, B. (1987): Die studentischen Arbeiterunterrichtskurse in Deutschland. Bad Heilbrunn: Klinkhardt.
Seitter, W. (1990): Volksbildung als Teilhabe. Frankfurt a.M.: Lang.
Tews, J. (1913): Bedeutung und Stand der freiwilligen Bildungsarbeit. In: Gesellschaft für Verbreitung von Volksbildung: Volksbildungsfragen der Gegenwart. Berlin: o.V.
Tews, J. (1981): Geistespflege in der Volksgemeinschaft mit einem Essay von Horst Dräger. Stuttgart: Klett-Cotta.
Tietgens, H. (1969): Erwachsenenbildung zwischen Aufklärung und Romantik. Göttingen: Vandenhoeck & Ruprecht.
Tietgens, H. (1983): Teilnehmerorientierung in Vergangenheit und Gegenwart. Pädagogische Arbeitsstelle des DVV. Frankfurt a.M.: Deutscher Volkshochschulverband.
Tietgens, H. (1985): Zugänge zur Geschichte der Erwachsenenbildung. In: Tietgens, H. (Hrsg.): Zugänge zur Geschichte der Erwachsenenbildung. Bad Heilbrunn: Klinkhardt.
Tietgens, H. (1994): Zwischenpositionen in der Erwachsenenbildung seit der Jahrhundertwende. Bad Heilbrunn: Klinkhard.
Tuguntke, H.J. (1988): Demokratie und Bildung. Erwachsenenbildung im Ausgang der Weimarer Republik. Frankfurt a.M.: Haag + Herchen.
Veraguth, H.P. (1976): Erwachsenenbildung zwischen Religion und Politik. Stuttgart: Klett.
Vogel, M.R. (1959): Volksbildung im ausgehenden 19. Jahrhundert. Stuttgart: Klett.
Weitsch, E. (1919): Zur Sozialisierung des Geistes. Jena: o.V.
Wiese, L. v. (Hrsg.) (1921): Soziologie des Volksbildungswesens. München/Leipzig: Dunker & Humblot.
Will, W. van de (1982): Arbeiterkulturbewegung in der Weimarer Republik. Frankfurt a.M. u.a.: Ullstein.
Wolgast, G. (1996): Zeittafel zur Geschichte der EB. Neuwied: Luchterhand.
Wolgast, G./Knoll, J.H. (Hrsg.) (1986): Biographisches Handwörterbuch der Erwachsenenbildung. Stuttgart/Bonn: Burg-Verlag.

Hildegard Feidel-Mertz

Erwachsenenbildung im Nationalsozialismus

Die Frage, ob es im Nationalsozialismus überhaupt Erwachsenenbildung noch gegeben hat und geben konnte oder ob ein entscheidender Bruch eingetreten ist, lässt sich nicht pauschal beantworten, sondern bedarf einer differenzierten Untersuchung. Zunächst wurde einerseits (vgl. Keim/Urbach 1976) davon ausgegangen, dass sich zwischen 1933 und 1945 ein grundlegender und weitreichender ‚Kontinuitätsbruch' ereignete, von Erwachsenenbildung im eigentlichen Sinne in Theorie und Praxis unter nationalsozialistischer Herrschaft kaum noch die Rede sein kann und lediglich einige ihrer Ansätze punktuell in ‚Nischen' überlebten; zum anderen ist die These vertreten worden, dass im Faschismus Erwachsenenbildung als nachschulische Sozialisationsinstanz zunehmende Bedeutung bei der Stabilisierung von Herrschaft erlangt und somit ein ernstzunehmendes Zwischenglied im historischen Prozess der Entwicklung zur heutigen Weiterbildung darstellt (vgl. Fischer 1981). Inzwischen wird – auf dem Hintergrund erst seit den 1990er Jahren zunehmend erschienener Untersuchungen zum Verhältnis von Pädagogik und Nationalsozialismus allgemein – auch speziell die Erwachsenenbildung „zwischen Anpassung und Widerstand" neu verortet und durch „Ambivalenzen" charakterisiert (Olbrich 2001, S. 221ff.).

Noch immer fehlt es jedoch – trotz beachtlicher individueller und institutionalisierter Ansätze dazu – an einer zulänglichen Aufarbeitung und Dokumentation der Erwachsenenbildung im Nationalsozialismus, die sowohl detaillierte Studien zu einzelnen Persönlichkeiten, Gruppierungen und Institutionen im jeweiligen sozialgeschichtlichen Kontext umfassen als auch ideen- und sozialgeschichtliche Zusammenhänge aufdecken müsste, die räumlich und zeitlich das nationalsozialistische Deutschland übergreifen. Im Folgenden wird die gängige Betrachtung wie schon in der l. Auflage um zwei Aspekte ergänzt und nunmehr zum Teil beträchtlich angereichert, die in der Geschichtsschreibung der Erwachsenenbildung lange – wenn überhaupt – nur beiläufig erwähnt worden sind.[1]

Ausgangs- und Schwerpunkt der Darstellung bildet die 1933, „verdrängte Erwachsenenbildung", wobei zuerst Stoßrichtung und Umfang des Verdrängungsprozesses sowie die Leistungen der ins Exil getriebenen Erwachsenenbildner umrissen werden. Dieses Kapitel wurde vor allem durch Hinweise auf Resultate der interdisziplinär und international organisierten Exilforschung erweitert. Ein weiterer Abschnitt gilt alsdann der jüdischen Erwachsenenbildung, die unter nationalsozialistischer Herrschaft zumindest zeitweilig einen beträchtlichen Bedeutungs-

1 1990 wurde in Bielefeld erstmals überhaupt auf einer Tagung der Deutschen Gesellschaft für Erziehungswissenschaft im Vorfeld der ‚Wende' die Auseinandersetzung mit dem Nationalsozialismus in der Pädagogik ein zentrale Thema und damit zusammenhängend auch Widerstand und Emigration durch die Einbeziehung einer von mir von auf der Basis einer umfangreichen Sammlung erstellten, von 1986 bis dahin an 10 Orten präsentierten Ausstellung zur Pädagogik im Exil. Olbrich hat 2001 in seine „Geschichte der Erwachsenenbildung" inhaltlich einige Passagen aus diesem Handbuch-Beitrag zum Exil und dem Begleitbuch zur Ausstellung „Pädagogik im Exil" (Feidel-Mertz 1990) übernommen und darauf verwiesen, sowie ebenfalls ein Kapitel der jüdischen Erwachsenenbildung in der NS-Zeit gewidmet.

zuwachs erfuhr und sogar als „geistiger Widerstand“ interpretiert werden konnte (Simon 1959; Bühler 1986). Anschließend wird pointiert herausgestellt, was an die Stelle des Widerständigen und Verdrängten trat.[2]

1 Verdrängung – Exil – Remigration

Durch die Absetzung und vielfach nachfolgende Emigration ihrer Leiter/Innen und Mitarbeiter/Innen, die Liberale, Sozialisten und/oder Juden waren, wurden sowohl Einrichtungen der konfessionell oder politisch gebundenen wie der von Kommunen getragenen Erwachsenenbildung in ihrer personellen Substanz beeinträchtigt und teilweise zur Schließung gezwungen. Solche repressiven Maßnahmen betrafen einmal eine Reihe von städtischen Abend-Volkshochschulen wie Breslau, wo Alfred Mann letztlich nach anfänglichen Anpassungsversuchen (vgl. Olbrich 2001) 1934 als Jude für die Leitung nicht mehr tragbar war. Die Akten des gleichgeschalteten Volkshochschulverbandes übergab er dem Begründer der Sozialen Arbeitsgemeinschaft Ost und der mit ihr verbundenen Volkshochschule Ulmenhof Friedrich Siegmund-Schultze, der sie bei seiner Emigration nach Schweden in Sicherheit brachte. In Dresden schied Franz Mockrauer aus und ging über Dänemark nach Schweden. In Leipzig wurde die von Gertrud Hermes, Hermann Heller und Paul Hermberg aufgebaute Arbeiterbildung zerschlagen, Gertrud Hermes entlassen, Hermberg und Heller, die 1933 zwar nicht mehr in Leipzig lehrten, anderenorts aber ebenso wie die Leipziger VHS-Dozenten Fritz Borinski und Wolfgang Seyferth ins Exil getrieben. In Köln verlor Paul Honigsheim mit seiner Professur zugleich die Leitung der Volkshochschule (vgl. Friedenthal-Haase 1991), Theodor Lessing musste die Arbeit an der VHS in Hannover, die er mit seiner Frau Ada als Geschäftsführerin viele Jahre nachhaltig geprägt hatte (vgl. Wollenberg 2001), aufgeben und in die Tschechoslowakei fliehen, wo er wenige Monate danach einem Mordanschlag zum Opfer fiel (vgl. Marwedel 1987). In Frankfurt am Main büßte der Bund für Volksbildung die fruchtbaren Kontakte mit zahlreichen, nun entlassenen und zur Emigration gezwungenen Hochschullehrern ein; aber auch der Sozialpädagoge Karl Wilker konnte seine hier im Rahmen der Volkshochschule betriebene Arbeit mit Strafgefangenen und jungen Arbeitslosen nicht länger fortsetzen und floh bei Nacht und Nebel vor der drohenden Verhaftung in die Schweiz. In Nürnberg erhielten neben dem Leiter Eduard Brenner die Volkshochschuldozenten Theo Malkmus als Kommunist und Anna Steuerwald-Landmann, die Sozialistin und jüdischer Herkunft war, gleichermaßen Berufsverbot. An der Stuttgarter Volkshochschule wurde durch die Entlassung der jüdischen Dozentin Carola Blume-Rosenberg, die auch im Hohenrodter Bund aktiv gewesen war, die von ihr aufgebaute spezifische Bildungsarbeit mit Frauen zunichte gemacht (vgl. Recknagel 1999, 2002). Stellvertretend für die Wissenschaftler von Rang, die sich vor 1933 vielfach in der Erwachsenenbildung engagierten, soll zum einen auf den Kunsthistoriker Max Raphael verwiesen werden, der ein Jahrzehnt an der VHS Groß-Berlin kunstgeschichtliche Themen auf marxistischer Grundlage an die Arbeiterschaft heranzutragen versuchte und 1955 im Exil durch Selbstmord endete, zum anderen

2 Am Begriff der „Verdrängung“ wird festgehalten, weil er in der von mir seit Beginn der siebziger Jahre kontinuierlich betriebenen vielseitigen Erforschung der „pädagogisch-politischen Emigration“ (Feidel-Mertz/Schnorbach 1998) durchgängig sowohl die faktische Verdrängung durch den Nationalsozialismus als auch deren – anhaltende – Verdrängung aus dem Bewusstsein der Deutschen meint und sich damit von dem Faktum und Begriff der Vertreibung als Folge nationalsozialistischer Politik eindeutig unterscheidet (vgl. Häntzschel 2001).

auf die Frauenrechtlerin, Sexualreformerin und Pazifistin Helene Stöcker, die bis zu ihrer Emigration 1933 Dozentin an der Berliner Lessing-Hochschule war (vgl. Wickert 2001).

Mehr noch als die Abend-Volkshochschulen wurden Heimvolkshochschulen wie Dreißigacker (vgl. Reimers 2003) und Prerow, die schon gegen Ende der Weimarer Republik schwer zu kämpfen hatten, nun endgültig in ihrer Existenz bedroht bzw. umfunktioniert, zumal wenn sie dem religiösen Sozialismus nahestanden wie der Habertshof und der zur Sozialen Arbeitsgemeinschaft (SAG) gehörende Ulmenhof in Berlin, den Heiner Pröschold (vgl. Feidel-Mertz/Schnorbach 2001) bis zu seiner Flucht mit einer Gruppe jüdischer Kinder nach Dänemark geleitet hatte. Franz Angermann, seit 1926 Leiter der Heimvolkshochschule Sachsenburg, wurde 1933 von den Nationalsozialisten entlassen und betätigte sich danach bis zu seinem frühen Tod 1939 als freier Schriftsteller (vgl. Olbrich 2001).

Während die kirchliche, insbesondere katholische Bildungsarbeit meist erst zu einem späteren Zeitpunkt behindert wurde (vgl. Dust 2007), fielen die eigenen Bildungsstätten der Arbeiterbewegung, die zum Teil auch baulich deren gewachsenes Selbstbewusstsein und pädagogisches Konzept zum Ausdruck brachten, sogleich und total der Vernichtung anheim: So etwa die Bundesschule des Allgemeinen Deutschen Gewerkschaftsbundes in Bernau bei Berlin und der Arbeiter-Turn- und Sportbund in Leipzig, die zentrale Bildungs- und Erholungsstätte der Sozialistischen Arbeiterjugend in Tännich, die von der Rätebewegung ins Leben gerufene sozialistische Heimvolkshochschule Schloß Tinz, die Akademie der Arbeit an der Universität Frankfurt am Main und die Marxistische Arbeiterschule in Berlin. Mit der Zerschlagung der Institutionen wurden auch zahlreiche haupt- und nebenamtliche Bildungsarbeiter der Arbeiterbewegung wie auch der Jugend- und Kulturorganisationen ihrer Funktionen beraubt. Für die vielen, die – weil besonders gefährdet – alsbald oder nach zeitweiliger illegaler Arbeit außer Landes gehen mussten, seien hier nur stellvertretend Willi Strzelewicz und Walter Fabian genannt (vgl. Oppermannn 1999; Tietgens 1999).

Dass der Internationale Sozialistische Kampfbund (ISK) bereits 1931 seine in der – 1933 dann gänzlich geschlossenen – Walkemühle bei Melsungen betriebene ‚Kaderschulung' junger Erwachsener einstellte, um stattdessen den ihm vordringlicher erscheinenden Kampf gegen den erstarkenden deutschen Faschismus aufzunehmen, darf in diesem Zusammenhang nicht unerwähnt bleiben. Die Mitgliedschaft des ISK stellt daher einen besonders hohen Anteil in Widerstand und Emigration. „Widerstand aus dem Exil" (so von Olbrich 2001 zu verallgemeinernd formuliert) kostete im Zusammenwirken mit den Alliierten zumindest ISK-Mitglied Hilde Monte noch kurz vor Kriegsende das Leben (vgl. Konopka 1996, S. 274f.).

Ob und in welchem Maße auch innerhalb der nach 1933 in Deutschland fortbestehenden Erwachsenenbildung Widerstand geleistet bzw. unterstützt worden ist, wie gelegentlich vermutet wird (vgl. Keim/Urbach 1976; Fischer 1981), erscheint zweifelhaft. Trotz Bildung einiger relativ unpolitischer „Inseln" war sie insgesamt „Teil der NS-Ideologie" (so auch Olbrich 2001). Das ‚Boberhaus', dessen einstige Mitarbeiter Anspruch auf Widerstand erheben, verhielt sich eher typisch „ambivalent" (Greiff 1985). Selbst der „späte Widerstand" des „nationalen Sozialisten" Adolf Reichwein, der 1933 vom Hochschul- zum Dorfschullehrer wurde und durch seine Zugehörigkeit zum „Kreisauer Kreis" sein Leben verlor, ist neuerdings in seiner bislang eindeutig erscheinenden Darstellung und Bewertung relativiert worden (Hohmann 2007).

Ist also die Erwachsenenbildung mehr noch als Berufs-, Schul- und Sozialpädagogik, woraus sie damals einen Großteil ihres überwiegend nebenamtlich tätigen Personals rekrutierte, in der Praxis von der Verdrängung dieses demokratisch-liberalen Potentials betroffen worden, so konnte ihre universitäre Vertretung nur insoweit angegriffen werden, als sie an den Hochschulen seinerzeit überhaupt institutionell etabliert war. Institute für Erwachsenenbildung gab es 1933 lediglich in Leipzig und Frankfurt am Main, ohne dass hier damit freilich zunächst eine spezielle Professur verbunden gewesen wäre. Erst 1932 wurde W. Sturmfels auf eine solche berufen und bereits 1933 wieder daraus entlassen. Allerdings vertraten seit 1930 in Frankfurt am Main Paul Tillich, Hans Weil und vor allem Carl Mennicke, der sich auf eine 10-jährige vielseitige Praxis in der Berliner Erwachsenenbildung stützen konnte, eine seinerzeit singuläre erziehungswissenschaftliche Position, die auch die Volks- bzw. Erwachsenenbildung einschloss (vgl. Feidel-Mertz/Lingelbach 1994). In Leipzig und Frankfurt wie zuvor schon in Jena bei Adolf Reichwein bestanden jeweils enge Verbindungen der ‚Kathederpädagogik' zu Einrichtungen der sozialistischen Arbeiterbildung. Es überrascht daher nicht, dass insbesondere in Frankfurt diese zukunftsweisende, mit der kritischen Sozialwissenschaft vernetzte Universitätspädagogik durch die Verdrängung aller ihrer Repräsentanten ins Exil umfassend und dauerhaft um ihre sich gerade erst entfaltende Wirkung gebracht wurde. Carl Mennicke übernahm im niederländischen Exil nach anfänglicher Vortragstätigkeit in Volkshochschulen die Leitung der „Internationale School voor Wijsbegeerte", einer einzigartigen Bildungsstätte für Erwachsene, die auf hohem Niveau grundlegende philosophisch orientierte Veranstaltungen zu zentralen Lebens- und Fachfragen anbot. Dazu gehörte auch eine Reihe von Tagungen, die – wie er gerade – ihrer Ämter in Nazideutschland enthobene Hochschulkollegen zur Verarbeitung des Erfahrenen zusammenführten. Er selbst wurde 1941 von der deutschen Besatzung in das KZ Sachsenhausen mit an die zweijährige Haft anschließender Zwangsarbeit deportiert. Erst nach Kriegsende konnte er zu seiner Familie in die Niederlande und schließlich auch wieder an die alte Arbeitsstätte in Amersfoort zurückkehren. 1954 wurde er wie schon vor 1933 als Professor für Soziologie an das Berufspädagogische Institut in der Frankfurter Universität berufen und nahm darüber hinaus in den wenigen Jahren bis an sein Lebensende im November 1959 eine Honorarprofessur für Sozialgeschichte in der Philosophischen Fakultät wahr. Wie einst ist er mit dem, was er zu sagen hatte, vor allem bei den Studierenden ‚angekommen', weniger zunächst jedoch bei der eigenen Zunft. Inzwischen wurde seine bereits vor 1933 entwickelte, sozial-politisch begründete theoretische Konzeption (nicht nur) der Sozialpädagogik in ihrer aktuellen Bedeutung angemessen gewürdigt (Mennicke 1995, 1999, 2002; Feidel-Mertz 1999; Böhnisch/Schröer/Thiersch 2005).[3]

Hochschullehrer, die sich in der Weimarer Republik theoretisch und praktisch für die Erwachsenenbildung einsetzten, waren in der Regel nicht Erziehungswissenschaftler, sondern von Haus aus Juristen, Nationalökonomen, Soziologen, Philosophen oder Theologen. Das entsprach dem damaligen Selbstverständnis und Entwicklungsstand der Erwachsenenbildung wie auch der Pädagogik als wissenschaftlicher Disziplin allgemein. Diese Wissenschaftler haben zwar im Exil zum Teil noch an den dort gegründeten Freien Hochschulen und Volkshochschulen mitgewirkt, weil sie ihnen ein Forum für die Verbreitung und Diskussion ihres Fachwissens boten, entwickelten sich jedoch notgedrungen zunehmend wieder zu Vertretern ihrer jeweili-

---

3 Dass die im Exil auf Niederländisch erschienenen drei Hauptwerke Mennickes – ‚Sozialpsychologie', ‚Sozialpädagogik' und die bis 1945 reichende, Zeitgeschehen widerspiegelnde Autobiographie – erst von 1995 bis 2002 in deutscher Sprache zugänglich wurden, hat seine Rezeption als ‚Klassiker' wie in den Niederlanden hierzulande sicherlich partiell, aber nicht allein erschwert. Die Kommunikation mit den in Deutschland verbliebenen Kollegen war erheblich belastet, wie aus seinen im Familienbesitz befindlichen privaten Tagebüchern hervorgeht. Der wissenschaftliche Nachlass von Mennicke wurde dem Exilarchiv der Deutschen Nationalbibliothek in Frankfurt am Main übergeben.

gen Disziplin, die sich schließlich entweder überhaupt nicht mehr oder nur am Rande noch der Erwachsenenbildung widmeten.

Eugen Rosenstock-Huessy beispielsweise, ursprünglich Rechtshistoriker und Soziologe und in der Erwachsenenbildung der Weimarer Republik vielseitig innovatorisch tätig, orientierte sich nach seiner Emigration in die USA bewusst völlig neu und legte sogar freiwillig den Vorsitz im Weltbund für Erwachsenenbildung nieder. Zeitweilig lehrte er in Harvard und am Dartmouth College Theologie und Sozialphilosophie und nahm Einfluss auf die Entstehung der weltweiten „Friedensdienste“, in deren „work camps“ die von ihm einst vertretene Idee der gemeinschaftsstiftenden „Arbeitslager“ für junge Arbeiter, Bauern und Studenten aus den zwanziger Jahren eine modifizierte Fortsetzung findet. Ab 1950 kam er – wie andere auch – gelegentlich zu Gastvorlesungen nach Westdeutschland und folgte 1952 einem Ruf nach Bayern, um in einigen Schulungswochen einen neuen Stab von Volksbildnern auszubilden, die als kleine Lebensgemeinschaften organisiert waren (Rosenstock-Huessy 1965, 1968). In der Hauptsache aber setzte er in seiner wissenschaftlichen und außerwissenschaftlichen Arbeit im Exil andere Schwerpunkte. Er machte Ernst mit seinem von ihm selbst früher paradigmatisch formulierten Prinzip, wonach die Erwachsenenbildung sich geradezu als ‚Exil‘ verstehen sollte, von dem aus der Aufbruch zu neuen Ufern jenseits beruflicher und familiärer Zwänge stets offen zu halten sei. Nach 1933 wurde die Erwachsenenbildung in der Tat vielen Emigranten in diesem Sinne zum Ort, an dem sie sich selbst permanent weiterqualifizieren, aber auch als ‚Laien‘ ihre eigenen Kenntnisse nutzbringend anderen vermitteln konnten.

Im Zusammenhang mit der von Emigranten getragenen Kulturarbeit – Vortragswesen, Musik- und Theateraufführungen, Herausgabe von Zeitschriften – entstanden in Paris, Kopenhagen, Stockholm, London und Shanghai „Freie deutsche Volkshochschulen“[4], mitunter auch mit „Freien Hochschulen“ verbunden, deren Programme freilich nicht immer wie angekündigt realisiert werden konnten. Bemühungen um eine kontinuierliche Vorlesungs- und Seminartätigkeit bekannter Wissenschaftler begannen in Paris schon in den ersten Exiljahren. Im Juli 1934 wurde eine „Notgemeinschaft der verfolgten deutschen Wissenschaft, Kunst und Literatur, Sitz Paris“ gebildet, deren Ziel – unter Ausschluss von Politik! – die „Förderung geistiger Menschen“ war, die in Deutschland keine Arbeitsmöglichkeiten mehr hatten. Im September des gleichen Jahres erschien ein Vorlesungsverzeichnis der Notgemeinschaft, das etwa 200 Vorträge aus 16 Wissensgebieten anbot; 30 Gelehrte, Schriftsteller und Künstler wurden als Dozenten genannt. Im Februar 1934 veröffentlichte das „Pariser Tageblatt“ den Aufruf eines Komitees, das eine „Deutsche Emigrantenschule“ als geistiges Forum der Emigration ins Leben gerufen hatte; die ersten Vorträge lassen von der Themenwahl her erkennen, dass an Traditionen der Berliner Marxistischen Arbeiterschule angeknüpft wurde. Von deren ehemaligem Leiter, dem kommunistischen Wirtschaftswissenschaftler Johann Lorenz Schmidt, wurde 1935 in Paris eine „Deutsche Volkshochschule“ begründet und mit der Freien Deutschen Hochschule vereint, die 1936 mit Vorlesungen und Übungen von Fachwissenschaftlern wie z.B. Paul Honigsheim, Gottfried Salomon und Veit Valentin über Philosophie, Soziologie, Geschichte, Ökonomie, Rechts-, Literatur- und Kunstwissenschaft sowie Statistik begann. Die Freie Deutsche Hochschule gab 1938 auch die „Zeitschrift für Freie Deutsche Forschung“ heraus, die sowohl einen repressionsfreien wissenschaftlichen Diskurs ermöglichen wie über Arbeitsmöglichkeiten für deutsche Wissen-

4 Um mögliche Missverständnisse zu vermeiden, ist hier darauf hinzuweisen, dass es im Exil keine von Emigranten gegründeten „Freideutschen (!) Volkshochschulen“ gab, (wie es fälschlich einleitend bei Olbrich 2001, S. 227 heisst). In den von ihm aus dem folgenden Text übernommenen Passagen ist alsdann richtig von „Freien deutschen Volkshochschulen und Freien deutschen Hochschulen“ die Rede.

schaftler im Ausland informieren sollte. Im gleichen Jahr erschien „Ein Sammelbuch aus der Emigration. Freie Wissenschaft“, für das E.J. Gumbel verantwortlich zeichnete. Neben Friedrich Wilhelm Foerster ist darin Anna Siemsen mit einem grundsätzlichen Beitrag zum „Problem der Erziehung“ vertreten. Die Zusammenarbeit von Intellektuellen aus unterschiedlichen politischen Lagern entsprach zunächst dem Geist der seinerzeit propagierten „Volksfront“. 1938 wurde aber bereits im Zuge einer gegenläufigen Entwicklung von dem Österreicher Julius Deutsch, unterstützt von Erika Mann, der Plan einer eigenen „Volkshochschule Paris“ an Friedrich Stampfer vom Vorstand der SOPADE, der Exil-Sozialdemokratie, herangetragen. (Feidel-Mertz 1990, S. 180ff.)

Die 1942 dem Freien Deutschen Kulturbund angegliederte Freie Deutsche Hochschule in London nahm ausdrücklich Ansätze der 1940 beim Einmarsch der Deutschen zerschlagenen Institution gleichen Namens in Paris auf. Sie stand unter der Leitung der Professoren Alfred Meusel und Artur Liebert und setzte sich zum Ziel, die Tradition der freien deutschen Forschung und des Unterrichts zu erhalten, einen lebhaften Kontakt und Meinungsaustausch zwischen freien deutschen und britischen Wissenschaftlern zu entwickeln sowie die deutsche Flüchtlingsjugend im Geiste der internationalen Verständigung zu erziehen. Die Kurse wurden in deutscher und englischer Sprache abgehalten; eine Vortragsreihe in Englisch behandelte 1942 den antifaschistischen Widerstand in Deutschland. Sommerkurse für britische Germanistikstudenten sollten Kenntnisse der deutschen Sprache und Kultur vermitteln. In Arbeitsgruppen, von denen eine sich mit Fragen der Pädagogik befasste, untersuchten Mitglieder der Hochschule die Situation der Wissenschaft im deutschen Faschismus und zogen daraus Schlüsse für die Zukunft (vgl. Brinson 2007).

In Kopenhagen wurde am 4.1.1937 eine „Freie Volkshochschule Deutscher Emigranten“ eröffnet. Nur ein kleiner Teil der im ersten Quartal angekündigten Veranstaltungen konnte durchgeführt werden, weil die dänischen Emigrantenkommissionen das als Tagungsort dienende Emigrantenheim grundlos bekämpften. Dem früheren Volkshochschuldozenten in Kiel und Hamburg Walter Schirren trug die Ankündigung seiner Mitarbeit die Aberkennung der deutschen Staatsbürgerschaft und des Doktortitels ein, weil sie der Gestapo als Beweis für seine fortgesetzte deutschfeindliche Tätigkeit galt. In Schweden, wo in Stockholm ebenfalls von Emigranten Kulturarbeit betrieben wurde, setzten außerdem Arbeiterbildungsvereine Flüchtlinge als Lehrkräfte in Sprachkursen ein. Die wenig bekannte Emigration in Shanghai, die als eine der härtesten gilt und bis etwa 1949 existierte, hat dennoch unter der Leitung des Orientalisten W.Y. Tonn auch den Versuch einer jüdischen Volkshochschule, „Asia Seminar“ genannt, unternommen. Der Besuch dieser Einrichtung ließ jedoch offenbar – im Gegensatz zu Fortbildungskursen für jüdische Jugendliche – zu wünschen übrig, was mit den wirtschaftlichen Sorgen und dem beschränkten Bildungsniveau vieler erwachsener Emigranten erklärt worden ist. (Feidel-Mertz 1990, S. 186f.)

Gegen Kriegsende bildeten vor allem zuerst in Schweden, in der Schweiz und ansatzweise in Großbritannien Emigranten gemeinsam mit Einheimischen vorsorglich rückkehrwillige junge Flüchtlinge in Kurzkursen als Schulhelfer und Sozialarbeiter aus, da in diesen Bereichen ein großer Bedarf unterstellt wurde, um politisch belastete Kräfte zu ersetzen. Vorbehalte von deutscher und alliierter Seite haben indessen die Realisierung dieses Angebots zumindest in Westdeutschland vielfach verhindert (vgl. Feidel-Mertz 1990; Friedrich 2003; Specht 2005; Scholz 2003).

Bereits während ihrer eigenen Internierung bei Kriegsbeginn in französischen, britischen und italienischen Lagern hatten Emigranten Erfahrungen darin gesammelt, Bildungs- und Kulturarbeit als eine hilfreiche Strategie zu gebrauchen, die zum Überleben verhalf. Fritz Borinski gründete z.B. in Australien als Internierter eine Lageruniversität. Mit diesem Erfahrungshintergrund beteiligten sich Emigranten auch – allerdings mehr in der Planung als in der Durchführung – an der Bildungsarbeit mit deutschen Kriegsgefangenen in den Lagern der Alliierten. Insbesondere in Großbritannien ermöglichte dies den Emigranten nach langer Zeit wieder den direkten Kontakt mit Sprache und Denkweise der deutschen Bevölkerung unter dem NS-Regime. Zugleich ließen sich bei dieser Gelegenheit die erarbeiteten Vorstellungen über einen neuen Anfang im Deutschland nach Hitler überprüfen. Emigranten gestalteten Rundfunksendungen und Zeitungen für Kriegsgefangene und unterstützten durch umfangreiche Buchspenden die kulturelle und politische Arbeit der Kriegsgefangenen-Ausschüsse, die selbst als Bestandteil des Programms einer Umerziehung zu demokratischem Verhalten galt. Neben Gewerkschaftlern hatte die aus deutschen Emigranten und englischen Freunden 1942 begründete Gruppierung ‚German Educational Reconstruction' vor allem nach 1945 an der Bildungsarbeit mit Kriegsgefangenen wesentlichen Anteil. In dem vom Foreign Office errichteten und bis 1977 von dem emigrierten Historiker Heinz Koeppler geleiteten Umschulungslager Wilton Park bestand der Lehrkörper großenteils aus deutschen Emigranten, die Teilnehmer setzten sich zuerst aus jungen Flüchtlingen und ausgewählten Kriegsgefangenen zusammen. Später entwickelte sich Wilton Park zu einer Internationalen Bildungs- und Begegnungsstätte. Einem Bericht über die Lagerhochschule St. Denis in Frankreich zufolge scheint die Besatzungsmacht dem 1933 in die Schweiz zurückgekehrten Emil Blum, früherer Leiter der Heimvolkshochschule Habertshof, bei seiner Betreuung der Kriegsgefangenen erhebliche Schwierigkeiten bereitet zu haben. In der Sowjetunion wurde im Rahmen des Nationalkomitees Freies Deutschland eine intensive schulpolitische und pädagogisch ausgerichtete Arbeit unter den kriegsgefangenen Lehrern betrieben, in die auch Emigranten wie der bekannte Erziehungstheoretiker und Organisator der kommunistischen Kinderarbeit in der Weimarer Republik Edwin Hoernle einbezogen waren (vgl. Feidel-Mertz 1990; Uhlig 1998; Mussijenko/Vatlin 2005).

In den Kriegs- und Nachkriegsjahren erarbeiteten Emigranten in verschiedenen Ländern einzeln oder in Gruppen konzeptionelle Beiträge auch insbesondere für die Gestaltung der zukünftigen Erwachsenenbildung im vom Nationalsozialismus befreiten Deutschland, wobei sie sich vor allem an angelsächsischen und skandinavischen Vorbildern orientierten, vielfach aber ebenso an eigenen positiven Erfahrungen mit der „Kulturarbeit",die in den bisher ermittelten mehr als 20 Heim-Schulen im Exil ein wesentliches völkerverbindendes Element war (vgl. Feidel-Mertz 1990).

Remigranten konnten nach 1945 an sich eher als in anderen Bereichen des Erziehungs- und Bildungswesens solche Erfahrungen in der Erwachsenenbildung praktisch umsetzen, da diese damals noch nicht wie heute in das Gesamtsystem von Erziehung und Bildung integriert war. Sie bot daher auch denen ein Arbeitsfeld, die als Lehrer bei ihrer Rückkehr nicht mehr den Laufbahnbestimmungen im öffentlichen Dienst entsprechen konnten. Aber nicht viele kehrten ganz nach (West-)Deutschland zurück, das sich bei frühen Kontakten oft als nicht sehr aufnahmebereit erwies (vgl. Feidel-Mertz 2000). Franz Mockrauer vermittelte daher nur besuchsweise, über Veröffentlichungen und Einladungen von deutschen VHS-Mitarbeitern nach Schweden, konkrete Vorstellungen von der schwedischen Volkshochschule. Erst nach längerem Zögern folgte Willi Strzelewicz dem Ruf von Heiner Lotze nach Göttingen zum Aufbau universitärer Seminarkurse und nahm entscheidenden Einfluss auf die Nachkriegs-Erwachsenenbildung. Wie er versuchten auch andere Emigranten dazu beizutragen, dass die zunächst die Erwachsenenbildung bestimmende politische Bildung als eine Möglichkeit verstanden werden konnte, Bildung und Gesellschaft zu demokratisieren (vgl. Tietgens 1999). Institutionen wie „Haus Schwalbach“ in Hessen, wo die aus England zurückgekehrte Magda Kelber gruppenpädagogische Methoden in der außerschulischen Jugend- und Erwachsenenbildung verbreitete, hatten dabei zunächst eine wichtige initiierende Funktion (vgl. Bussiek 2001; Frey 2003), deren dauerhafte Effizienz jedoch von Kelber wie von Konopka, deren bereits seit 1946 hierzulande als Gastprofessorin engagiert praktizierte Gruppenpädagogik mit Mädchen und Frauen sozialpädagogisch begründet war, gleichermaßen skeptisch beurteilt wurde (vgl. Feidel-Mertz 2001).

Die emigrierten Erwachsenenbildner kehrten zurück, weil sie es selbst wünschten – und soweit man sie rief, vor allem nach Niedersachsen, Hessen, Bremen, Hamburg und Berlin, wo frühere Freunde aus der politischen und pädagogischen Arbeit zum Teil in einflussreiche Stellungen gelangt waren. So kam z.B. Fritz Borinski relativ bald in die Heimvolkshochschule Göhrde, dann an die Bremer VHS und schließlich als Professor für politische Bildung an die Freie Universität Berlin, wodurch insbesondere seine Remigration für die Professionsentwicklung bedeutsam wurde (vgl. Friedenthal-Haase 1999, S. 23) und er im Institut für Sozialpädagogik und Erwachsenenbildung das Interesse an den Traditionen der Arbeiterbildung wach hielt. Das uneingelöste Potential dieses Traditionsstrangs hat immer wieder neue Bemühungen um eine theoretische und praktische Verwirklichung herausgefordert (vgl. Faulstich/Zeuner 2001). Ausgespart wurde freilich zunächst das in Leipzig und Jena erprobte Modell der gemeinsamen Wohnheime für junge Arbeiter und Intellektuelle, das von Paul Röhrig in Erinnerung gerufen und in Köln mehrfach erneut zu realisieren versucht wurde.

Die von vornherein sehr an einer Intervention in Nachkriegsdeutschland interessierten Mitglieder des ehemaligen ISK, die sich nun der SPD angeschlossen hatten, fanden Zugang zur Lehrerbildung und Lehrerfortbildung (Grete Henry in Bremen, Gustav Heckmann in Hannover, Ada Lessing in Schloß Schwöbber), betätigten sich als Leiterinnen eines Landerziehungsheims (Minna Specht) oder einer Heimvolkshochschule (Erna Blencke), in der Kulturverwaltung sowie den Medien. Auch die gewerkschaftliche Bildungsarbeit, insbesondere die Gewerkschaftspresse war nach 1945 lange von solchen politischen Remigranten in leitenden Funktionen geprägt. Die ehemaligen Angehörigen des ISK konnten ihre erklärte Absicht, die „sokratische Methode“ in Schule, Hochschule und Erwachsenenbildung als Mittel einer auf Vernunft gegründeten gesellschaftlichen Neuordnung einzuführen, zumindest in begrenztem Umfang über Veranstaltungen und Publikationen der Philosophisch-Politischen Akademie e.V. durchaus wirksam realisieren. Das einstige Bildungszentrum des ISK, die Walkemühle, wurde nicht mehr als solches wieder belebt.

2 Jüdische Erwachsenenbildung als „geistiger Widerstand“ unter nationalsozialistischer Herrschaft

Nach 1933 nahm die jüdische Erwachsenenbildung – wie überhaupt das eigenständige jüdische Bildungswesen – einen ungewöhnlichen Aufschwung. Ernst Simon hat in diesem Erneuerungsprozess, zu dem die Voraussetzungen schon in der Weimarer Republik angelegt worden waren, einmal die Bewahrung wesentlicher Elemente des die Erwachsenenbildung damals prägenden Geistes von „Hohenrodt“, zum anderen und vor allem aber eine Form des „geistigen Widerstandes“ gegen die entwürdigenden Maßnahmen der Nationalsozialisten gesehen. Wieweit die jüdische Erwachsenenbildung tatsächlich diesem Anspruch gerecht wurde, ist umstritten. Ihren besonderen Stellenwert erhielt die jüdische Erwachsenenbildung als ein Medium, das viele der dem Judentum entfremdeten Menschen wieder mit seinen Werten und Inhalten vertraut und darüber hinaus auch im Hinblick auf zunehmende Berufsverbote und die sich verstärkt abzeichnende Perspektive der Auswanderung bzw. Einwanderung insbesondere nach Palästina eine berufliche Neuorientierung notwendig und möglich machte (vgl. Simon 1959).

1920 hatte der Philosoph und Pädagoge Franz Rosenzweig in Frankfurt am Main das ‚Freie Jüdische Lehrhaus' gegründet, als einen Versuch, durch neues partnerschaftliches Lernen wie es ähnlich in der Erwachsenenbildung jener Jahre allgemein erprobt wurde, zwischen der jüdischen Tradition und den ihr vielfach fern stehenden Menschen, zu denen auch Nichtjuden gehören konnten, zu vermitteln. Die nach Rosenzweigs Tod nicht fortgeführte Einrichtung wurde 1933 von Martin Buber, der zuvor schon an ihr mitgearbeitet hatte, wieder eröffnet (ohne den Zusatz „Frei") und bis zu seiner Emigration nach Palästina im Frühjahr 1938 geleitet.

Martin Buber rief außerdem eine „Mittelstelle für Erwachsenenbildung" ins Leben, die sich vor allem zum Ziel setzte, die Lehrerschaft, der wie den jüdischen Kindern ein Verbleiben in deutschen Schulen nicht länger möglich war, für die ihnen nunmehr in den jüdischen Schulen gestellten Aufgaben weiterzubilden. Das geschah in mehrtägigen „Lernzeiten", die jeweils an unterschiedlichen Orten stattfanden und sich teilweise auch speziell an die in jüdischen Jugendorganisationen engagierten Funktionäre und an Frauen aus dem Jüdischen Frauenbund wandten. Grundlegend für die Arbeit der ‚Mittelstelle' war eine im Mai 1934 im Jüdischen Landschulheim Herrlingen veranstaltete „Konferenz über Fragen der jüdischen Erwachsenenbildung", die als das „Hohenrodt" der „Mittelstelle" bezeichnet worden ist (vgl. Sandt 1976).

Während in Herrlingen das Heim zunächst bis 1939 unbehelligt blieb, wurde das von der Sozialpädagogin Gertrud Feiertag 1931 gegründete „Jüdische Kinder- und Landschulheim Caputh" bei Potsdam sowie die seit 1918 bestehende jüdische Internatsschule von Herrmann Hirsch in Coburg jeweils im Morgengrauen des 10. November 1938 von „Räubern in Nazi-Uniform" (so eines der Kinder in Caputh) überfallen und verwüstet.[5] In allen Heimen wurden „Lernzeiten" zur Lehrerfortbildung veranstaltet, in denen eine „doppelte Identität" durch Erziehung zum Überleben und zum geistigen Widerstand vermittelt wurde.

Die „Berufsumschichtung" und Vorbereitung auf die Einwanderung nach Palästina, die auch bereits vor 1933 begann, betraf zwar zunächst nur Jugendliche, gehörte jedoch Ernst Simon zufolge selbst dann zur Erwachsenenbildung, weil die Jugendlichen durch die allen gemeinsamen Lebensprobleme frühzeitig zu Erwachsenen wurden. Die Erwachsenen wiederum wurden beim vollen Ausbruch der Krise zwangsweise zu Jugendlichen, die erneut erziehungsbedürftig waren (vgl. Simon 1959, S. 20). Jugendliche wie Erwachsene eigneten sich Fertigkeiten für eine Tätigkeit in Haus- und Landwirtschaft, Gartenbau, und/oder verschiedenen Handwerksberufen an, desgleichen hebräische oder andere Sprachkenntnisse, die ihnen bei der Auswanderung von Nutzen sein konnten. Die Erwachsenenkurse umfassten ein breites Spektrum von Ausbildungsmöglichkeiten als Fotograf, Schaufensterdekorateur, Schneider, Buchbinder, Automechaniker, Kindergärtnerin, Uhrmacher, Modezeichnerin usw., erreichten aber nur einen Bruchteil der jüdischen Bevölkerung. Die zionistische Bewegung unterhielt eine Reihe eigener Schulen, Lager und Heime, in denen insbesondere Jugendliche nicht allein für manuelle Arbeit qualifiziert, sondern auch zu einem neuen jüdischen Menschentyp geformt werden sollten. Insgesamt

5 Anlässlich des 70. Jahrestages der „Vertreibung aus dem Paradies" im Zusammenhang mit dem Pogrom im November 1938 in Caputh und Coburg wird in Caputh das in der DDR bisher nach Anne Frank benannte Heim in „Jugendhilfezentrum Gertrud Feiertag" umbenannt (vgl. Feidel-Mertz/Paetz 2009).

konnten etwa zehntausend junge Juden durch die „Jugend-Alijah" (=Aufstieg) nach Palästina unter allerdings beträchtlichen Schwierigkeiten vor der drohenden Deportation gerettet werden. Noch bis 1943 gehörte Bildungsarbeit zur Überlebensstrategie jüdischer Jugendgruppen im Berliner Untergrund.

Der in Berlin gegründete „Jüdische Kulturbund", der in den größeren deutschen Städten und Regionen Zweigverbände hatte, ließ eine alternative kulturelle Szene erstehen, die jüdischen Künstlern und Intellektuellen vielfältige Gelegenheiten zu der ihnen ansonsten verwehrten Ausübung ihrer Berufe bot. Allerdings sprach das Publikum nicht immer wie erwartet auf die Vortragsveranstaltungen, Konzerte und Theateraufführungen an, die eine Auseinandersetzung und Identifikation mit dem eigenen kulturellen ‚Erbe' anzuregen beabsichtigten. Die Nachfrage richtete sich eher auf weniger spezifische Angebote mit unterhaltendem Charakter, so dass kritisch dagegen eingewandt worden ist, diese Kulturarbeit habe mehr zur Ablenkung von der bedrohlichen Realität als zur notwendigen Identitätsbildung beigetragen.

3 Nationalsozialistische Volks- und Erwachsenenbildung

Zunächst einmal haben einige der maßgebenden Vertreter der Erwachsenenbildung in der Weimarer Republik nach 1933 sich sogleich entschieden von den seinerzeit angeblich vorherrschenden marxistischen und liberalen Tendenzen ausdrücklich distanziert und darauf hingewiesen, inwiefern sie früher schon, indem sie etwa die „Volksbildung als Volk-Bildung" propagierten, Zielsetzungen der Erwachsenenbildung im Nationalsozialismus vorweggenommen hätten. Solche Äußerungen lassen sich bei Theodor Bäuerle, Fritz Laack, Werner Picht und Eduard Weitsch finden; der Hoffnung auf eine Einlösung der eigenen, in der Weimarer Republik nicht voll verwirklichten Vorstellungen durch den Nationalsozialismus ist jedoch teilweise bald eine gewisse Ernüchterung gefolgt.

Die Relativierung der Funktion von Erwachsenenbildung im ursprünglichen Sinne wird durch die zuerst erfolgende administrative Einbindung in den allgemeinen Bereich der Kulturpflege innerhalb übergreifender „Ämter" im Reichswissenschaftsministerium demonstriert. Eine neu errichtete Institution, die Hauptstelle für Volkshochschulen am Zentralinstitut für Erziehung und Unterricht in Berlin, sollte die Aufgaben der 1933 aufgelösten Organisationen wie der Reichsarbeitsgemeinschaft und des Reichsverbandes deutscher Volkshochschulen übernehmen. Ein Erlass vom 19. September 1933 sah die „Hauptaufgabe" des Volkshochschulwesens „nicht darin, das nationalsozialistische Gedankengut verstandesmäßig zu übermitteln, sondern die Willenshaltung des deutschen Volkes zu fördern", und zwar dadurch, „daß der Wille zur Wehrhaftigkeit, zur völkischen Selbstbehauptung, zum Bekenntnis von Blut und Boden und zur Einordnung in die Volksgemeinschaft verstärkt wird" (Keim/Urbach 1976, S. 18). Diesen zentralen Richtzielen waren die Volkshochschulen von nun an unterworfen, auch wenn vorläufig die Träger der VHS-Arbeit noch weiterhin Länder, Provinzen und Gemeinden blieben.

1934 wurde das Volkshochschulwesen zentralisiert und dem nationalsozialistischen „Kulturwerk" dienstbar gemacht, indem es dem Reichsschulungsamt der NSDAP und der Deutschen Arbeitsfront als deutsches Volksbildungswerk angeschlossen wurde, um alle Volkshochschulen im Geiste der nationalsozialistischen Weltanschauung „durchzuorganisieren". Die entsprechend zu schulenden „Anstaltsleiter" sollten „einerseits gediegene Fachleute, andererseits zuverlässige Nationalsozialisten" sein; auch die Volkshochschulen waren nach dem „Führerprinzip" zu gestalten und durch die Partei zu überwachen. Gegen die beschlossene Umstellung und Umbenennung der Volkshochschulen in „Volksbildungsstätten" gab es offenbar hinhaltenden Widerstand bei den Kommunen, die vielfach noch auf ihrer Eigenständigkeit und dem alten Namen beharrten. Immerhin waren bis 1937 220 anerkannte „Volksbildungsstätten" neuen Typs entstanden, von denen mitunter einige am gleichen Ort neben einer Volkshochschule koexistierten (Keim/Urbach 1976, S. 22, 207; Fischer 1981, S. 72).

Um der andauernden Zersplitterung und Uneinheitlichkeit zu begegnen, wurde 1937 eine „Reichsarbeitsgemeinschaft für Erwachsenenbildung" gegründet, die Richtlinien für die „planmäßige" Zusammenarbeit der beteiligten Dienststellen von Partei, Staat und Gemeinden erarbeitete. Diese 1939 in einem Runderlass des Reichsinnenministeriums verabschiedeten Richtlinien legten die alleinige Zuständigkeit der NSDAP für die weltanschauliche Schulung fest; als gemeinsame Aufgabe von Partei, Staat und Gemeinden wurde definiert, durch Einrichtungen der Erwachsenenbildung die geistigen und politisch-weltanschaulichen Kenntnisse der Bevölkerung zu erweitern und zu vertiefen und die Bevölkerung zu eigenem geistigen und künstlerischen Schaffen in der Freizeit anzuregen. Nur noch staatliche Einrichtungen durften als Volks- oder Erwachsenenbildung firmieren; die – ohnehin schon stark eingeschränkte – private und konfessionelle Erwachsenenbildung war nicht mehr zulässig. Die gesamte Erwachsenenbildung wurde nunmehr offiziell dem Amt Volksbildungswerk in der NS-Gemeinschaft „Kraft durch Freude" als alleinigem Träger und somit der Deutschen Arbeitsfront unterstellt (vgl. Keim/Urbach 1976).

Die traditionelle Volkshochschularbeit, die damals wie heute oft mit der Erwachsenenbildung schlechthin gleichgesetzt wird, verlor also im Nationalsozialismus weitgehend Autonomie und Einfluss, bis sie schließlich wie die Volks- bzw. Erwachsenenbildung insgesamt zum Instrument der Kriegsführung umfunktioniert wurde. Damit erweist es sich zugleich als notwendig, das umfangreiche und komplexe Gesamtsystem der bewusstseinsmäßigen und emotionalen Beeinflussung von Erwachsenen durch den Nationalsozialismus wenigstens in seinen Grundzügen anzudeuten und die spezifischen inhaltlichen Schwerpunkte, Organisationsformen und Medien zu benennen, über die sich dieser ideologische Transfer vollzog. Erwachsenenbildung im Nationalsozialismus ist nämlich dadurch gekennzeichnet, dass sie sich jenseits der klassischen Bildungseinrichtungen ansiedelt und massenhaft wirkt. Das kommt exemplarisch zum Ausdruck

- in der Ausweitung der Bildungs- und Kulturarbeit auf dem Lande,
- in der Verstärkung der von den Nationalsozialisten so genannten ‚wirtschaftsberuflichen Erwachsenenerziehung',
- in der Besetzung des Freizeitverhaltens durch einen im Rahmen der Deutschen Arbeitsfront unter dem Zeichen ‚Kraft durch Freude' organisierten Massentourismus,
- in der systematischen Nutzung der Massenmedien, zu denen neben Film, Presse, Rundfunk auch Großveranstaltungen wie Aufmärsche, sportliche Wettkämpfe und Demonstrationen, Freilichtaufführungen und Schauprozesse zu rechnen sind,
- in der verordneten politischen Schulung und Formationserziehung für einzelne Alters-, Berufs- und sonstige Bevölkerungsgruppen, die jeweils den ganzen Menschen beanspruchte,
- in der Erwachsenenbildung in den unterworfenen Gebieten vor allem im Osten.

Die Ausweitung ländlicher Bildungs- und Kulturarbeit ging mit einer Aufwertung des Bauerntums einher, in die auch die Landfrauen einbezogen waren. Als ein Mittel, der Landflucht entgegenzuwirken und die Verbundenheit mit der „Scholle" zu stärken, diente die Beschäftigung mit der Orts- und Heimatgeschichte, die Pflege dörflicher Bräuche und Kultur. In von der Dorfgemeinschaft zu erarbeitenden „Dorfbüchern" sollte die Überlieferung festgehalten werden. Der Lehrerschaft auf dem Lande wurde hierbei eine tragende Rolle zugewiesen, für die sie eigens zu „schulen" war. 1938 hatte das „Dorfbuch" bereits in 3.500 Gemeinden seinen Einzug gehalten.

Dem Nationalsozialismus vorgearbeitet hatten während der Weimarer Republik die „völkisch" ausgerichteten Heimvolkshochschulen, die Bruno Tanzmann nach dem in Deutschland freilich nur selektiv rezipierten Beispiel des dänischen Volksbildners Grundtvig gegründet und durch zahlreiche Veröffentlichungen mit großer Breitenwirkung begleitet hat. Tanzmanns frühzeitige enge Zusammenarbeit mit den Nationalsozialisten ließ nach 1933 sein Modell der „Bauernhochschule" zum organisatorischen Vorbild für die entsprechenden nationalsozialistischen Einrichtungen werden (Keim/Urbach 1976, S. 348ff.).

Die von den Nationalsozialisten so genannte „wirtschaftsberufliche Erwachsenenerziehung" sollte sowohl fachliche Qualifikationen wie „ethische Haltungen" vermitteln. Sie wurde hauptsächlich durch die Deutsche Arbeitsfront, in der Arbeitgeber und Arbeitnehmer zusammengefasst waren, organisiert und schloss auch die betriebsgebundenen Maßnahmen ein, für die sogar verschiedentlich „Betriebsvolksbildungsstätten" eingerichtet wurden. Darüber hinaus gab es 270 überbetrieblich organisierte „Berufsbildungswerke" aller Berufssparten. Jährlich sollen nach 1936 über zwei Millionen Erwerbstätige an weiterbildenden Veranstaltungen teilgenommen haben. Einen nicht zu unterschätzenden Anreiz vor allem für junge Arbeitnehmer/Innen stellten die „Reichsberufswettkämpfe" dar, bei denen neben der Prüfung von fachlichem und sportlichem Können auch 30 Fragen zu Weltanschauung und Politik beantwortet werden mussten. Dass bei der Qualifizierung für das berufliche Vorwärtskommen Bestandteile der NS-Ideologie „mitgelernt" wurden, macht angesichts der hohen Teilnehmerzahl verhängnisvolle Folgewirkungen wahrscheinlich. Sie wurden außerdem durch eine offenbar zu verzeichnende personelle Kontinuität in der beruflichen Aus- und Weiterbildung zwischen 1930 und 1960 zusätzlich langfristig verstärkt (vgl. Fischer 1981; Seubert 1977).

Die NS-Gemeinschaft „Kraft durch Freude" in der Deutschen Arbeitsfront wurde zunehmend zum organisatorischen Rahmen für alle Freizeitaktivitäten auch außerhalb des darin integrierten Deutschen Volksbildungswerkes, das die allgemeine und fachliche Erwachsenenbildung umfasste. Thesenhaft hieß es bereits 1936 eindeutig, dass die Reproduktion der Arbeitskraft als eines Stücks deutschen Volksvermögens eine „nationale Pflicht" sei, die Freizeit also der Erhaltung der Volksgesundheit zu dienen habe. Dazu gehörte auch eine erheblich verbesserte Urlaubsregelung. „Kulturfahrten" sollten zunächst einmal die „Kulturgüter" und Sehenswürdigkeiten der engeren und weiteren deutschen Heimat in ihrer historischen Bedeutung erschließen, „um aus dem Wissen um die Vergangenheit die Gegenwart verstehen und die Zukunft gestalten" zu können (Keim/Urbach 1976, S. 216f.). Vor allem aber stand die Bezeichnung „Kraft durch Freude" für den staatlichen Massentourismus des „Amtes Reisen, Wandern, Urlaub", der erstmals auch der Arbeiterschaft „Urlaubsreisen" wie z.B. Kreuzfahrten in die norwegischen Fjorde oder nach Madeira zu erschwinglichen Preisen ermöglichte. „KdF" entwickelte sich zur beliebtesten und propagandistisch wirksamsten NS-Organisation, die im In- und Ausland als Symbol des Hitler-Regimes galt. Der behaupteten „Demokratisierung" des Freizeitkonsums entsprach die Wirklichkeit allerdings nur beschränkt (vgl. Spode 1980). Nach und nach bemächtigte sich der Mittelstand der primär für die Arbeiterschaft geschaffenen Einrichtung.

Unter den systematisch für die Propagierung nationalsozialistischen Gedankenguts genutzten Massenmedien dürfte der Rundfunk mit seiner „nationalsozialistischen Grundhaltung" mehr noch als die gleichgeschaltete Presse große Teile der Bevölkerung erreicht haben. 1936 erfasste er etwa 8 Millionen Besitzer von „Deutschen Volksempfängern“, wie das Standardgerät seinerzeit hieß; man rechnete mit ca. 30 Millionen Hörern (vgl. Mosse 1978). Die Programme wurden auch während der Arbeitspausen und in der Öffentlichkeit ausgestrahlt. Im Film wie in Theater und Literatur bevorzugte auch das anspruchsvollere Publikum die scheinbar unpolitischen Produkte gegenüber ausgesprochenen propagandistischen Machwerken. Auf die nicht zu unterschätzende Reichweite und Intensität funktionaler Sozialisation durch NS-Bauten und die in ihnen stattfindenden, geschickt inszenierten Großveranstaltungen muss in diesem Zusammenhang wenigstens hingewiesen werden (vgl. Petsch 1976).

Die politische Schulung als integrierter, aber selbständiger Bestandteil der Erwachsenenbildung im Nationalsozialismus betraf insbesondere die Heranbildung der nationalsozialistischen Führungskräfte durch unterschiedliche Instanzen des Herrschaftsapparates in eigenen Einrichtungen wie z.B. den vom „Führer“ der Arbeitsfront Robert Ley geplanten und nur zum Teil realisierten „Ordensburgen“ (vgl. Arntz 1986) oder der „Wewelsburg“, der zentralen Kult-, Schulungs- und schließlich Terrorstätte der SS (vgl. Hüser 1982). Kompetenzstreitereien und der Ausbruch des Krieges verhinderten den vollen Ausbau des angestrebten Systems ideologischer Zwingburgen. Nach einer viel zitierten Devise Adolf Hitlers sollte außerdem jeder und jede Deutsche von Kindheit an bis zum Lebensende niemals mehr freigelassen, sondern durch die Mitgliedschaft in aufeinander folgenden NS-Formationen geschult und „erzogen“ werden. Wichtigstes Medium einer solchen „flächendeckenden“ Formationserziehung war das Schulungs-„Lager“. Dafür hatte es in der Weimarer Republik Vorbilder auf freiwilliger Basis wie etwa das des „Arbeitsdienstes“ für Männer und Frauen gegeben, der aber im Nationalsozialismus zur Pflicht gemacht und seiner ursprünglichen sozialpädagogischen und -politischen Intentionen beraubt worden ist (vgl. Dudek 1988). Schulungslager waren auch zu absolvieren als Voraussetzung für die Ausbildung und Berufstätigkeit z.B. der künftigen Akademiker, sowie von bestimmten Funktionsträgern und insbesondere auch der Lehrerschaft (vgl. Kraas 2004), ferner mit geschlechtsspezifischer Ausrichtung durch die NS-Frauenorganisationen.

Neben die militärische Okkupation trat Erwachsenenbildung in den unterworfenen Gebieten nicht nur, wenn auch vor allem des Ostens als ein Instrument kultureller Hegemonie. Schon vor und erst recht nach 1933 war etwa in Schlesien gezielt aggressive „Grenzlandarbeit“ über eigens dazu eingerichtete Heimvolksschulen betrieben worden. In Österreich wurden gleich nach der Annektion „Volksbildungsstätten“ eingerichtet, 1939 etablierte sich das Deutsche Volksbildungswerk im Protektorat Böhmen und Mähren und eröffnete demonstrativ in Prag eine „vorbildliche“ Volksbildungsstätte, die u.a. die weltanschaulichen Grundlagen der deutschen Sozial- und Wirtschaftspolitik und das nationalsozialistische Arbeitsrecht sowie völkische und rassistische Vorstellungen vermitteln sollte (vgl. Keim/Urbach 1976). Im besetzten Polen fiel der nationalsozialistischen Kulturpolitik die Aufgabe zu, über die Aneignung deutscher Sprache und Kultur aus Reichsdeutschen und Umsiedlern insbesondere im traditionslosen „Wartheland“ den seines Deutschtums bewussten „Wartheländer“ zu formen. Gleichzeitig wurde die polnische Intelligenz mit größter Brutalität verfolgt (vgl. Lesser 1988) und den Polen als künftigem „Sklavenvolk“ generell nur ein Minimum an elementarer Bildung noch zugestanden. Im besetzten Westeuropa konzentrierte sich die nationalsozialistische Erwachsenenbildung mehr auf die Betreuung der deutschen Besatzungstruppen.

Diese versuchte und zweifellos auch – wie sich an den bis in die Gegenwart reichenden Nachwirkungen zeigt – zumindest unterschwellig gelungene Totalität des Zugriffs auf den Menschen ist stets im Blick zu behalten. Erst die Gesamtheit aller Anstrengungen, produktive und reproduktive Kräfte des Menschen „in den Griff“ zu bekommen, macht aus, was – auf dem Hintergrund des Verdrängten und Widerständigen – im Nationalsozialismus Volks- und Erwachsenenbildung heißt.

Literatur

Adler-Rudel, S. (1974): Jüdische Selbsthilfe unter dem Naziregime 1933-39. Tübingen: J.C.B. Mohr (Paul Siebecke).

Arntz, H.-D. (1986): Ordensburg Vogelsang. 1934-1945. Erziehung zur politischen Führung im Dritten Reich. Euskirchen: Verlag Landpresse.

Bollmus, R. (1980): Zum Projekt einer nationalsozialistischen Alternativ-Universität. Alfred Rosenbergs „Hohe Schule“. In: Heinemann, M. (Hrsg.): Erziehung und Schulung im Dritten Reich. Teil 2: Hochschule, Erwachsenenbildung. Stuttgart: Ernst Klett Verlag, S. 125-152.

Borinski, F. (Hrsg.) (1969): Gesellschaft, Politik, Erwachsenenbildung. Villingen: Neckar-Verlag.

Böhnisch,L./Schröer,W./Thiersch,H. (2005): Sozialpädagogisches Denken. Wege zu einer Neubestimmung. Exkurs: Sozialpädagogik im Exil. Weinheim: Juventa, S. 81-86.

Brinson, Ch. (2007): „Die letzte Zitadelle freier deutscher Forschung und Wissenschaft in Europa“: Die Freie Deutsche Hochschule in London 1942-1946. In: Exil. Forschung – Erkenntnisse – Ergebnisse 27, H. 1, S. 62-72.

Buchholz, W. (1976): Die Nationalsozialistische Gemeinschaft „Kraft durch Freude“. Freizeitgestaltung und Arbeiterschaft im Dritten Reich: unveröffentlichte Diss. München.

Bühler, M. (1986): Erziehung zur Tradition – Erziehung zum Widerstand. Ernst Simon und die jüdische Erwachsenenbildung in Deutschland. Berlin: Selbstverlag Institut Kirche und Judentum.

Bussiek, B. (2001): Magda Kelber. Erwachsenenbildung im Geiste des Quäkertums. Biographie einer Grenzgängerin. In: Hessische Blätter für Volksbildung, 51. Jg., H. 1, S. 56-68.

Courtade, F./Cadars, P. (1975): Geschichte des Films im 3. Reich. München/Wien: Hanser.

Dust, M. (2007): „Unser Ja zum neuen Deutschland“. Katholische Erwachsenenbildung von der Weimarer Republik zur Nazi-Diktatur. Frankfurt/M.: Peter Lang Verlag.

Dudek, P. (1988): Erziehung durch Arbeit. Arbeitslagerbewegung und Freiwilliger Arbeitsdienst. Opladen: Westdeutscher Verlag.

Faulstich, P./Zeuner, Ch. (2001): Erwachsenenbildung und soziales Engagement. Historisch-biographische Zugänge. Bielefeld: W. Bertelsmann Verlag.

Feidel-Mertz, H. (1975): Erwachsenenbildung seit 1945. Ausgangsbedingungen und Entwicklungstendenzen in der Bundesrepublik. Köln: Kiepenheuer & Witsch Verlag.

Feidel-Mertz, H. (1988): Sisyphos im Exil. Die verdrängte Pädagogik 1933 bis 1945. In: Keim, W. (Hrsg.): Pädagogen und Pädagogik im Nationalsozialismus. Ein unerledigtes Problem der Erziehungswissenschaft Frankfurt/M.: Peter Lang Verlag, S. 161-178.

Feidel-Mertz, H. (1990): Pädagogik im Exil nach 1933. Erziehung zum Überleben. Bilder und Texte einer Ausstellung. Frankfurt/M.: dipa-Verlag.

Feidel-Mertz, H. (1995): Zur Remigration und Wirkungsgeschichte von Carl Mennicke nach 1945. Nachwort. In: Mennicke, C.: Zeitgeschehen im Spiegel persönlichen Schicksals. Ein Lebensbericht. Hrsg. von Hildegard Feidel-Mertz. Weinheim: Beltz Verlag. S. 346-362

Feidel-Mertz, H. (1997): Die „dritte Generation“ der Frauenbewegung. Pädagoginnen und Sozialarbeiterinnen im Exil. In: Ariadne. Archiv der deutschen Frauenbewegung. 22. Jg., H. 32, S. 36-43.

Feidel-Mertz, H.. (1999): Carl Mennicke (1887-1959) und die Erwachsenenbildung in den Niederlanden. In: Otto, V./Schlutz, E. (Hrsg.): Erwachsenenbildung und Emigration. Bonn: Deutscher Volkshochschulverband, S. 28-33.

Feidel-Mertz, H. (2000): Schwierige Rückkehr aus dem Exil. In: Eierdanz, J./Kremer, A. (Hrsg.): „Weder erwartet noch gewollt“. Kritische Erziehungswissenschaft im Kalten Krieg. Hohengehren: Schneider-Verlag, S. 47-68.

Feidel-Mertz, H.. (2001): Frauen und Mädchen als Zielgruppen der Gruppenpädagogik von Gisela Konopka. In: Ciupke, P./Derichs-Kunstmann, K. (Hrsg.): Zwischen Emanzipation und ‚besonderer Kulturaufgabe der Frau‘. Frauenbildung in der Geschichte der Erwachsenenbildung. Essen: Klartext Verlag, S. 237-249.

Feidel-Mertz, H. (2002): „In erster Linie Sozialpädagoge“. Zum erziehungswissenschaftlichen Selbstverständnis von Carl Mennicke. Nachwort. In: Mennicke, C.: Sozialpädagogik. Grundlagen, Formen und Mittel der Gemeinschaftserziehung. Hrsg. von Hildegard Feidel-Mertz. Weinheim: Beltz Verlag. S. 207-214.

Feidel-Mertz, H./Paetz, A. (2009): Das jüdische Kinder- und Landschulheim Caputh. Das verlorene Paradies. 3. erw. Aufl. Bad Heilbrunn: Verlag Julius Klinkhardt.

Feidel-Mertz, H./Schnorbach, H. (1998): Die pädagogisch-politische Emigration. In: Krohn, C.-D. u.a. (Hrsg.): Handbuch der deutschsprachigen Emigration. Darmstadt: Wissenschaftliche Buchgesellschaft, S. 584-594.

Feidel-Mertz, H./Schnorbach, H. (2001): Der Blick fürs Ganze. (Porträts J. Spangenberg/H. Pröschold). In: Hess. Blätter für Volksbildung, 51. Jg., H. l, S. 8-24.

Fischer, G. (1981): Erwachsenenbildung im Faschismus. Bensheim: päd.extra. buchverlag.

Fischer, G./Scholtz, H. (1980): Stellung und Funktion der Erwachsenenbildung im Nationalsozialismus. In: Heinemann, M. (Hrsg.): Erziehung und Schulung im Dritten Reich. Teil 2: Hochschule, Erwachsenenbildung. Stuttgart: Ernst Klett Verlag, S. 153-169.

Friedenthal-Haase, M. (1991): Erwachsenenbildung im Prozess der Akademisierung. Frankfurt a.M.: Peter Lang Verlag.

Friedenthal-Haase, M.: (1999): Emigration und Remigration. Beobachtungen zur deutschen Fachgeschichte der Erwachsenenbildung im 20.Jahrhundert. In: Otto, V. /Schlutz, E. (Hrsg.): Erwachsenenbildung und Emigration. Bonn: Deutscher Volkshochschulverband, S. 18-27.

Friedrich, O. (2003): Der Zaun ums Wissen. Eine Geschichte des Bildungsmonopols. Hrsg. und eingeleitetet von H. Feidel-Mertz. Bd.1 der Reihe Schriften des Exils zur Bildungsgeschichte und Bildungspolitik. Frankfurt/M.: Peter Lang.

Frey, K. (2003): Die Gruppe als der Mensch im Plural. Die Gruppenpädagogik Magda Kelbers. Vorwort v. Pöggeler. Frankfurt a.M.: Peter Lang Verlag.

Geiger, Th. (1984): Erwachsenenbildung aus Distanz und Verpflichtung. Bad Heilbrunn: Verlag Julius Klinkhardt.

Greiff, W. (1985): Das Boberhaus in Löwenberg/Schlesien 1933-1937. Selbstbehauptung einer nonkonformen Gruppe. Sigmaringen: Jan Thorbecke.

Häntzschel, H. (1999): Die Konkurrenz um „die wahre deutsche Kultur". Vertriebene kulturelle Eliten aus dem nationalsozialistischen Deutschland. In: Schulz, G. (Hrsg.): Vertriebene Eliten. München: Harald Boldt im Oldenbourg Verlag, S. 89-102.

Hohmann, Ch. (2007): Dienstbares Begleiten und später Widerstand. Der nationale Sozialist Adolf Reichwein im Nationalsozialismus. Bad Heilbrunn: Verlag Julius Klinkhardt.

Hüser, K. (1982): Wewelsburg 1933-45 – Kult- und Terrorstätte der SS. Paderborn: Bonifatius-Druckerei.

Jelich, F.J./Haußmann, R. (2000): Fritz Borinski. Zwischen Pädagogik und Politik – ein historisch-kritischer Rückblick, Bd. 12 Geschichte und Erwachsenenbildung. Essen: Klartext.

Keim, H./Urbach, D. (Hrsg.) (1970): Bibliographie zur Volksbildung 1933-1945. Braunschweig: Westermann Verlag.

Keim, H./Urbach, D. (1976): Volksbildung in Deutschland 1933-1945. Einführung und Dokumente. Braunschweig: Westermann Verlag.

Keim, W. (1990): Erziehung im Nationalsozialismus. Ein Forschungsbericht. Beiheft 1990 zur „Erwachsenenbildung in Österreich". Wien.

Klafki,W./Brockmann, J.L. (2002): Geisteswissenschaftliche Pädagogik und Nationalsozialismus. Herman Nohl und seine „Göttinger Schule". Weinheim: Beltz Verlag.

Kipp, M./Miller-Kipp, G. (1995): Erkundungen im Halbdunkel. Einundzwanzig Studien zur Berufserziehung und Pädagogik im Nationalsozialismus. Frankfurt/M.: Verlag der Gesellschaft zur Förderung arbeitsorientierter Erziehung und Bildung.

Kraas, A. (2004): Lehrerlager 1931-1945. Politische Funktion und pädagogische Gestaltung. Bad Heilbrunn: Verlag Julius Klinkhardt.

Krohn, C. D. u.a. (2006): Exilforschung. Ein internationales Jahrbuch, Bd. 24. Kindheit und Jugend im Exil – ein Generationenthema. München: Ernst Boorberg.

Knebel, H. J. (1960): Soziologische Strukturwandlungen im modernen Tourismus. Stuttgart: Enke-Verlag.

Konopka, G. (1996): Mit Mut und Liebe. Eine Jugend im Kampf gegen Ungerechtigkeit und Terror. Hrsg. mit Nachwort von H. Feidel-Mertz. Weinheim: Beltz Verlag.

Lesser, G. (1988): Leben als ob. Die Untergrunduniversität Krakau im Zweiten Weltkrieg. Freiburg/Br.: Treffpunkt Deutsch-Polnischer Verlag.

Mennicke, C. (1995): Zeitgeschehen im Spiegel persönlichen Schicksals. Ein Lebensbericht. Hrsg. von Hildegard Feidel-Mertz. Weinheim: Beltz Verlag.

Mennicke, C. (1999): Sozialpsychologie. Die allgemeinen Grundlagen und deren Anwendung auf die gesellschaftlichen und politischen Erscheinungen vor allem der gegenwärtigen Zeit. Hrsg. von Hildegard Feidel-Mertz. Weinheim: Beltz Verlag.

Mennicke, C. (2002): Sozialpädagogik. Grundlagen, Formen und Mittel der Gemeinschaftserziehung. Hrsg. von Hildegard Feidel-Mertz. Weinheim: Beltz Verlag.

Marwedel, R. (1987): Theodor Lessing. 1872-1933. Eine Biographie. Darmstadt: Luchterhand.
Mussijenko, N./Vatlin, A. (2005): Schule der Träume. Die Karl-Liebknecht-Schule in Moskau (1924-1938). Vorwort: H. Feidel-Mertz. Band 10 der Schriftenreihe Reformpädagogik im Exil. Neue Folge der Schriftenreihe Pädagogische Beispiele. Hrsg. Feidel-Mertz/Hansen-Schaberg. Bad Heilbrunn: Julius Klinkhardt.
Mosse, G. L. (1978): Der nationalsozialistische Alltag. So lebte man unter Hitler. Königstein/Ts.: Athenäum.
Nuissl, E./Tietgens,H. (Hrsg,) (1995): Mit demokratischem Auftrag. Deutsche Erwachsenenbildung seit der Kaiserzeit. Bad Heilbrunn: Verlag Julius Klinkhardt.
Olbrich, J. unter Mitarbeit von Horst Siebert (2001): Geschichte der Erwachsenenbildung in Deutschland. Opladen: Verlag Leske und Budrich.
Oppermann, D. (1999): Walter Fabian – ein deutscher Sozialist und Erwachsenenbildner in der Schweiz. In: Otto, V./ Schlutz, E. (Hrsg.): Erwachsenenbildung und Emigration. Bonn: Deutscher Volkshochschulverband, S. 69-86.
Petsch, J. (1976): Baukunst und Stadtplanung im Dritten Reich. München: C. Hanser.
Radde, G. (1999): Fritz Karsen. Ein Berliner Schulreformer der Weimarer Zeit. Erw. Neuausgabe. Die Arbeiter-Abiturientenkurse. Frankfurt a.M.: Peter Lang, S. 160-177.
Recknagel, A.-Ch. (1999): „Ich will da leben, wo ich gebraucht werde." Carola Rosenberg-Blume – Emigrantin in den USA. In: Otto, V./Schlutz, E.: (Hrsg.): Erwachsenenbildung und Emigration. Bonn: Deutscher Volkshochschulverband, S. 34-45.
Recknagel, A-Ch. (2002): „Weib, hilf dir selber!" Leben und Werk der Carola Rosenberg-Blume. Stuttgart-Leipzig: Hohenheim.
Reichel, P. (1993): Der schöne Schein des Dritten Reiches. Faszination und Gewalt des Faschismus. Frankfurt a.M.: Fischer.
Reimers, B.J. (2003): Die neue Richtung der Erwachsenenbildung in Thüringen. 1919-1933. Geschichte der Erwachsenenbildung, Bd. 16. Essen: Klartext.
Rosenstock-Huessy, E. (1965): Dienst auf dem Planeten. Stuttgart: Kohlhammer.
Rosenstock-Huessy, E. (1968): Ja und Nein. Autobiographische Fragmente. Heidelberg: Lambert Schneider.
Sandt, R.v.d. (1976): Martin Bubers bildnerische Tätigkeit zwischen den beiden Weltkriegen. Ein Beitrag zur Geschichte der Erwachsenenbildung. Stuttgart: Ernst Klett Verlag.
Scholz, M. (2003): Skandinavische Erfahrungen erwünscht? Nachexil und Remigration aus Schweden in die SBZ. Stuttgart: Franz Steiner.
Seitter, W. (2000): Geschichte der Erwachsenenbildung. Bielefeld: Bertelsmann.
Seubert, R. (1977): Berufserziehung und Nationalsozialismus. Das berufspädagogische Erbe und seine Betreuer. Weinheim: Beltz Verlag.
Simon, E. (1959): Aufbau im Untergang. Jüdische Erwachsenenbildung im nationalsozialistischen Deutschland als geistiger Widerstand. Tübingen: C.B. Mohr.
Specht, M. (2005): Gesinnungswandel. Beiträge zur Pädagogik im Exil und zur Erneuerung von Erziehung und Bildung im Nachkriegsdeutschland. Hrsg. und eingeleitet von I. Hansen-Schaberg. Vorwort: H. Feidel-Mertz. Band 2 der Reihe Schriften des Exils zur Bildungsgeschichte und Bildungspolitik. Frankfurt/M.: Peter Lang.
Spode, H. (1980): „Der deutsche Arbeiter reist". Massentourismus im Dritten Reich. In: Huck, G. (Hrsg.): Sozialgeschichte der Freizeit. Wuppertal: Peter Hammer, S. 281-306.
Tietgens. H. (1994): Zwischenpositionen in der Geschichte der Erwachsenenbildung seit der Jahrhundertwende. Dokumentationen zur Geschichte der Erwachsenenbildung. Bad Heilbrunn: Verlag Julius Klinkhardt.
Tietgens, H. (1999): Positionen der Aufklärung aus skandinavischer Emigration: Theodor Geiger – Willi Strzelewicz – Franz Mockrauer. In: Otto, V./Schlutz, E. (Hrsg.): Erwachsenenbildung und Emigration. Bonn: Deutscher Volkshochschulverband. S. 9-17.
Urbach, D. (1975): 1933-1945. Epoche des Nationalsozialismus. In: Pöggeler, F. (Hrsg.): Geschichte der Erwachsenenbildung, Bd. 4. Stuttgart: Kohlhammer, S. 78-95.
Uhlig: Ch. (1998): Rückkehr aus der Sowjet-Union. Politische Erfahrungen und pädagogische Wirkungen. Emigranten und ehemalige Kriegsgefangene in der SBZ und frühen DDR. Bad Heilbrunn: Verlag Julius Klinkhardt.
Wickert, Ch. (1991): Helene Stöcker. 1969-1943. Bonn: Dietz-Verlag.
Wollenberg, J. (2001): „14 Jahre Volkshochschularbeit ... das lasse ich nicht aus der Geschichte Hannovers löschen." Ada Lessing als Geschäftsführerin der VHS Hannover 1919-1933. In: Ciupke, P./Derichs-Kunstmann, K. (Hrsg.): Zwischen Emanzipation und ‚besonderer Kulturaufgabe der Frau'. Frauenbildung in der Geschichte der Erwachsenenbildung, Bd. 13. Essen: Klartext, S. 133-148.
Ziegler, Ch. (2001): Reeducation und politische Frauenbildung. Der Beitrag Magda Kelbers. In: Ciupke, P./Derichs-Kunstmann, K. (Hrsg.): Zwischen Emanzipation und ‚besonderer Kulturaufgabe der Frau'. Frauenbildung in der Geschichte der Erwachsenenbildung Bd. 13. Essen: Klartext, S. 215-236.

Horst Siebert

Erwachsenenbildung in der Bundesrepublik Deutschland – Alte Bundesländer und neue Bundesländer

Eine umfassende Historiographie der deutschen Erwachsenenbildung seit 1945 steht noch aus. Diese Lücke ist kein Zufall. Je mehr sich der Betrachter der Gegenwart nähert, desto unübersichtlicher und heterogener erscheint der Forschungsgegenstand.

Erwachsenenbildung umfasst einen formalen (prüfungsorientierten), nonformalen und informellen Bereich. Zur Erwachsenenbildung wird auch die Bildungsarbeit gerechnet, die in den 1940er und 1950er Jahren noch als „Volksbildung“ und seit den 1980er Jahren als „Weiterbildung“ bezeichnet wird. Um der Kontinuität willen, halten wir an der Definition fest: „Erwachsenenbildung ist die organisierte, zielgerichtete Fortsetzung des Lernprozesses neben oder nach einer Berufstätigkeit“ (Siebert 1972, S. 10). Vernachlässigt werden an dieser Stelle Entwicklungen des Fernunterrichts, des Bildungsfernsehens, des universitären Kontakt- und Ergänzungsstudiums, spezielle berufsständische Fortbildungen, innerbetriebliche Qualifizierungen, das Lernen in Selbsthilfegruppen und Bürgerinitiativen, das autodidaktische und selbstorganisierte Lernen.

Da die Theorieansätze in anderen Beiträgen dargestellt werden, konzentriert sich dieser Artikel auf bildungspolitische und bildungspraktische Entwicklungen. Ostdeutsche Entwicklungen werden berücksichtigt, auch wenn eine gründliche Evaluation der Erwachsenenbildung in der DDR hier nicht geleistet werden kann.

1 Wiederaufbau nach 1945

1945 war das Jahr des militärischen Zusammenbruchs und der Befreiung von der Naziherrschaft. Zwar war die Zeit der Bombenangriffe und der Konzentrationslager vorüber, aber der Überlebenskampf war noch keineswegs beendet.

Obwohl das Bildungswesen erst allmählich wiederaufgebaut wurde, war vielleicht keine Epoche der deutschen Geschichte so lernintensiv wie diese Nachkriegszeit. Es war eine Zeit des Überlebenlernens, des Identitätlernens, des interkulturellen Lernens. Gelernt wurde, aus Kartoffeln und Rüben ein schmackhaftes Essen zuzubereiten, aus Bucheckern Öl herzustellen, alle Reste wiederzuverwenden. Erlernt werden musste eine neue politische und kulturelle Identität, verlernt werden mussten rassistische, faschistische, biologistische und autoritäre Deutungsmuster. Gelernt wurde die Verständigung mit den Soldaten der Alliierten, das Zusammenleben mit Flüchtlingen, das Verhandeln auf dem Schwarzmarkt. Die Frauen lernten, ohne Unterstützung der Männer Steine zu klopfen, Kinder zu versorgen und kriegsverletzte Männer zu pflegen.

1.1 Bildungspolitik

Der Wiederaufbau der Erwachsenenbildung nach 1945 ist wesentlich von den Initiativen der Alliierten geprägt. Die Briten gründeten bereits 1943 eine Arbeitsgruppe zur „German Educational Reconstruction" (GER), die den Aufbau eines demokratischen Bildungssystems nach Kriegsende plante. Zu dieser Gruppe gehörte auch Fritz Borinski, der vor 1933 in der Volkshochschulbewegung aktiv war und nach 1945 zu den Initiatoren der westdeutschen Erwachsenenbildung gehörte. Diskutiert wurden in der britischen Militärverwaltung zwei Konzepte:

a) eine Reeducation, d.h. eine politische Umerziehung der Deutschen, und
b) das Konzept einer „educational Reconstruction", d.h. die Unterstützung eines neuen demokratischen Bildungssystems, das aber möglichst bald in die Verantwortung der Deutschen übergehen sollte.

Einig waren sich die Alliierten darin, dass flächendeckend Volkshochschulen wiederaufgebaut werden sollten. Dafür gab es drei Gründe: 1. Die Volkshochschule war schon in der Weimarer Republik die weitverbreitetste Institution der Erwachsenenbildung. 2. Sie war als demokratische Einrichtung politisch unverdächtig. 3. Viele Volkshochschulleiter (meist Männer) standen auch nach 1945 mit ihren organisatorischen Erfahrungen zur Verfügung.

Noch im Jahr 1945 wurden in allen vier Sektoren Berlins Volkshochschulen eröffnet. Im April 1946 fand in Hannover die erste Volkshochschultagung für die britische Zone statt, auf der 32 Volkshochschulen, darunter auch einige Heimvolkshochschulen vertreten waren.

In Arbeitsgruppen wurden u.a. folgende Fragen diskutiert:

1. „Wie kommen wir an die Jugend zwischen 18 und 25 Jahren heran?"
2. „Vorschläge für Lehrmittel (Broschüren, Bücher), die wir brauchen, unter Berücksichtigung der Papierknappheit"
3. „Woher nehmen wir die Lehrer, wie bilden wir sie fort?"
4. „Vermag die Volkshochschule zur politischen Verantwortlichkeit zu erziehen und wie?"
5. „Was vermag die Volkshochschule für die Evakuierten und Flüchtlinge zu tun?" (Lotze 1948, S. 196)

Ein weiteres Thema lautete „Frau und Volkshochschule".

1946 fand die erste und zugleich letzte Tagung von Volkshochschulleitern aller vier Besatzungszonen in Berlin statt. Zwar bestanden weiterhin persönliche Kontakte, aber die Volkshochschulen der SBZ entwickelten sich in eine andere Richtung als die der „Westzonen". Bereits 1946 hatte die Sowjetische Militäradministration die Volkshochschule der staatlichen Aufsicht unterstellt und ein „Statut" erlassen, das u.a. die „Erziehung der Bevölkerung zum Antifaschismus" und einen „einheitlichen Lehrplan" für alle Volkshochschulen verordnete. Auch die Freiwilligkeit der Teilnahme wurde eingeschränkt: Für einige Betriebs- und Oberschullehrgänge galt das „Delegierungsprinzip". Aus diesen Betriebskursen entwickelten sich bald Volkshochschulaußenstellen in Betrieben und später selbstständige Betriebsakademien. Die Oberschullehrgänge wurden 1949 z.T. zu „Arbeiter- und Bauern-Fakultäten" ausgebaut.

Diese Verstaatlichung und Verschulung der Erwachsenenbildung verlief nicht ohne Widerspruch, doch solche Einwände wurden als bürgerlich und idealistisch abgetan. Das erste Volkshochschulgesetz wurde am 5.12.1947 vom brandenburgischen Landtag verabschiedet.

Die Volkshochschule hatte „1. die Hörer zu aktiven Teilnehmern am demokratischen Wiederaufbau Deutschlands zu erziehen; 2. über die Berufs- und Fachausbildung hinaus der schulentwachsenen Bevölkerung eine gediegene wissenschaftliche, künstlerische und politische Weiterbildung zu ermöglichen; 3. interessierten Werktätigen den Erwerb der zum Studium an einer Hochschule erforderlichen Kenntnisse ohne Unterbrechung ihrer Berufstätigkeit zu erleichtern." (Statut der Volkshochschulen in der SBZ, zit. nach Siebert 1970, S. 26)

Auch in Niedersachsen wurde zu dieser Zeit ein Volkshochschulgesetz diskutiert. Der Gesetzentwurf fand jedoch weder den Beifall des englischen Zonenerziehungsrates noch der meisten Volkshochschulleiter, denen die staatliche Einflussnahme zu weit ging. Der 1947 gegründete Landesverband der Volkshochschulen legte 1949 einen eigenen Gesetzentwurf vor, der die Selbstverwaltung der Volkshochschule betonte. Doch jetzt formierte sich der Widerstand der Kirchen, Gewerkschaften und Bauernverbände gegen eine Monopolstellung der Volkshochschule. So dauerte es noch mehr als zwei Jahrzehnte, bis tatsächlich in Niedersachsen eine gesetzliche Regelung wirksam wurde.

Bildungspolitisch bedeutungsvoll ist ferner die – umstrittene – Entscheidung der Gewerkschaften, keine gesonderte sozialistische Arbeiterbildung zu institutionalisieren, sondern mit den Volkshochschulen zu kooperieren. Es überwog die Auffassung, dass die demokratische Entwicklung eine klassenkämpferische gewerkschaftliche Bildungsarbeit überflüssig mache. So wurde im Oktober 1948 in Celle zwischen den Volkshochschulen und dem Deutschen Gewerkschaftsbund beschlossen, in Volkshochschulen Sonderabteilungen „Arbeit und Leben" zur beruflichen, politischen und allgemeinen „Arbeitnehmerbildung" zu schaffen. Solche Arbeitsgemeinschaften wurden in der Folgezeit in allen westlichen Bundesländern – außer in Baden-Württemberg – eingerichtet. Der Versuch, einen ähnlichen Kooperationsvertrag mit den Bauernverbänden abzuschließen, scheiterte.

1.2 Aufgabenverständnis

Die Erwachsenenbildung von 1945 bis 1949 war geprägt von dem Interesse der Militärverwaltungen an einer politischen Umerziehung einerseits und andererseits dem Interesse der Weimarer VolksbildnerInnen, die reformpädagogischen Ideen der „Neuen Richtung" wieder aufleben zu lassen. Die Umerziehungsversuche scheiterten an der Politikverdrossenheit der Deutschen nach dem Krieg, an ihrem Misstrauen gegenüber jeglicher Belehrung, auch an dem latenten Widerstand der deutschen Volksbildner. So gründeten die Amerikaner bald ihre eigenen „Amerika-Häuser" und die Briten ihre Kulturhäuser „Die Brücke".

PädagogInnen, die bereits vor 1933 in der Volksbildung mitgearbeitet hatten, z.B. E. Weitsch, H. Lotze, T. Bäuerle, F. Laack, A. Grimme und W. Flitner, entfalteten eine erstaunliche publizistische Aktivität, indem sie u.a. die traditionsreichen Zeitschriften „Denkendes Volk" und „Freie Volksbildung" erneut veröffentlichten. In der SBZ wurde eine neue Zeitschrift „Volkshochschule" publiziert.

Diese „Weimarer" versuchten den „Hohenrodter-Bund", die Ideenwerkstatt der Weimarer Volksbildung, wiederzubeleben. Auf Einladung von T. Bäuerle – später Kultusminister in Baden-Württemberg – trafen sich 1948 zahlreiche Volksbildner auf der Comburg bei Schwäbisch-Hall. Doch verlief dieser Versuch eher enttäuschend.

Immer deutlicher wurde der Generationenkonflikt zwischen den „Lebensreformbewegten" und den Pragmatikern. So tritt Eduard Weitsch 1947 als Herausgeber der „Freien Volksbildung" zurück, die damit ihr Erscheinen einstellt. In seinem Leitartikel des letzten Heftes fragt Weitsch wehmütig: „Gibt es heute eine Volkshochschulbewegung in Deutschland?“ und er kritisiert das „Überwuchern der Nützlichkeiten in den Lehrplänen“ (Weitsch 1949, S. 242f.).

In der SBZ wurden die Volkshochschulen in das staatliche Bildungssystem integriert. Sie sollten 1. die sozialistische Umerziehung forcieren, 2. einen zweiten Bildungsweg für junge Arbeiter und Bauern anbieten und 3. eine betriebsnahe berufliche Ausbildung organisieren. 1949 wird aus Sachsen berichtet, dass in fast allen Kreisen hauptamtlich geleitete Volkshochschulen und 58 Betriebsaußenstellen eingerichtet wurden, dass in 21 Volkshochschulen Lehrgänge zur „Aktivistenbewegung“ angeboten wurden, dass 588 TeilnehmerInnen Oberschullehrgänge und 1.957 Erwachsene Kurse zum „wissenschaftlichen Sozialismus“ belegt haben und dass die meisten DozentInnen sich in Arbeitsgemeinschaften über „Grundlagen des wissenschaftlichen Sozialismus“ informierten. Die Spaltung zwischen den westdeutschen und den ostdeutschen Volkshochschulen war also schon vor Gründung der BRD und DDR vollzogen.

Eine selbstreflexive Auseinandersetzung mit der jüngsten faschistischen Vergangenheit war in den westlichen Zonen kaum ein Thema. Die Auffassung, es gäbe jetzt Wichtigeres zu tun als zurückzublicken, war auch unter den Erwachsenenbildnern weit verbreitet.

Joachim Dikau charakterisiert die Phase des Neubeginns wie folgt: „Wurden trotz dieser veränderten Ausgangssituation weitgehend die Vorstellungen der Weimarer Zeit sowohl hinsichtlich der politischen als auch der bildungstheoretischen Konzeptionen übernommen, wurden dabei doch mindestens in zweierlei Hinsicht neue Akzente gesetzt: Zum einen trat an die Stelle der Dominanz des nationalen Gedankens die Betonung der internationalen Verständigung und die Förderung internationaler Beziehungen, zum anderen wurde der stets für faschistoide Tendenzen in Anspruch genommene Volksgemeinschaftsaspekt durch eine Pflege des Partnerschaftsgedankens ersetzt“ (Dikau 1980, S. 34).

2 Die 1950er Jahre: Pluralismus und wirtschaftlicher Aufschwung

Für die BRD sind die 1950er Jahre politisch die Zeit der Restauration, ökonomisch des „Wirtschaftswunders“, kulturell der Amerikanisierung. Ehemalige Nationalsozialisten besetzen wieder Schlüsselpositionen. Für die DDR sind es wirtschaftliche und damit auch politische Krisenzeiten. Die hohen Reparationszahlungen an die Sowjetunion lähmen die Wirtschaft, die Abwanderung qualifizierter Arbeitskräfte in den Westen ist kaum zu verkraften. Gemeinsam ist beiden deutschen Staaten der „Kalte Krieg“ und die Frontstellung in dem globalen Ost-West-Konflikt.

Die BRD orientiert sich politisch, ökonomisch, wissenschaftlich und kulturell an den USA, die DDR ebenso einseitig an der Sowjetunion: „Von der Sowjetunion lernen, heißt siegen lernen“.

Thomas Ziehe hat die Mentalität der Westdeutschen in den 1950er Jahren beschrieben: Nach den chaotischen 40er Jahren werden nun Korrektheit, Anstand und Sauberkeit großgeschrieben. Unbewusst soll damit auch die nationalsozialistische Vergangenheit „bereinigt“ werden. Auch die Erziehung hat vor allem Ordnung und eine „saubere Haltung“ zum Ziel.

In der DDR wurde weiterhin Sollerfüllung im Beruf bei gleichzeitigem Konsumverzicht im Privaten gefordert. Auf einen Trabi musste man 12 Jahre warten. Materielle Wunscherfüllung wurde auf eine ferne kommunistische Zukunft vertagt. Die Askese der Kriegs- und Nachkriegszeit sollte mit veränderten Vorzeichen fortgesetzt werden. Zur Kompensation wurde die Glorifizierung des neuen „sozialistischen Menschen", des neuen Arbeiters und Bauern, der berufstätigen Frau, der „Traktoristin" angeboten.

Propagiert wurde eine sozialistische Kulturrevolution. Die bürgerliche Hochkultur sollte durch eine sozialistische Arbeiterkultur ersetzt oder zumindest ergänzt werden. Der Arbeiter sollte nicht nur zum Konsumenten, sondern auch zum Produzenten kultureller Güter ausgebildet werden. Der ökonomische Vorsprung des kapitalistischen Westens sollte durch eine kulturelle Schrittmacherrolle der DDR wettgemacht werden: „Der sozialistische Realismus", „die sozialistische nationale Volkskultur" galt als „Prototyp der zukünftigen Kultur des wiedervereinigten Deutschlands".

Diese „Kulturrevolution" wurde auf der ersten Bitterfelder Konferenz und der III. Parteikonferenz der SED „beschlossen", und dieser „Bitterfelder Weg" sollte durch den 1956 verabschiedeten zweiten Fünfjahresplan realisiert werden. Die Klub- und Kulturhäuser organisierten nach der Aktion „lesender Arbeiter" nun die „Bewegung" „Greif zur Feder, Kumpel" (Siebert 1970, S. 158ff.).

2.1 Bildungspolitik

In den 1940er Jahren gab es in Ost und West Bestrebungen, die Volkshochschule zur zentralen öffentlichen Bildungseinrichtung auszubauen. Die Bildungsinteressen einzelner Gruppen sollten durch „Sonderabteilungen" in der Volkshochschule – z.B. „Arbeit und Leben" – oder in der SBZ – z.B. als „VHS-Betriebsaußenstellen" – Berücksichtigung finden. Die ersten Gesetze und Gesetzentwürfe – 1946 in Niedersachsen, 1947 in Brandenburg, 1953 in Nordrhein-Westfalen – waren „Volkshochschulfinanzierungsgesetze". Doch je mehr sich die gesellschaftlichen „Großgruppen" in Verbänden organisierten, desto größer wurde ihr Interesse an einer eigenen, staatlich subventionierten Erwachsenenbildung und damit der Widerstand gegen eine Monopolstellung der kommunalen Volkshochschule.

In der BRD entfaltete sich Anfang der 1950er Jahre ein institutioneller Pluralismus, durch den sich dieser „vierte Bildungssektor" von dem einheitlichen Schul- und Hochschulsystem unterscheidet. In den Kirchenleitungen war die Gründung eigenständiger Erwachsenenbildungsverbände durchaus nicht unumstritten, da die Ziele kirchlicher Bildungsarbeit keineswegs immer mit denen der Verkündigung identisch waren.

In der DDR war der 17. Juni 1953 auch eine einschneidende Zäsur für die Entwicklung der Erwachsenenbildung. Mit der Erziehung zu systemkonformen sozialistischen DDR-BürgerInnen war die Volkshochschule offenbar überfordert, so dass diese Aufgabe neuen Institutionen übertragen wurde. Neu gegründet wurden vor allem Klub- und Kulturhäuser, die nach sowjetischem Vorbild eine sozialistische Freizeitgestaltung organisieren sollten. Dazu gehörten „Zirkel schreibender Arbeiter", Theatergruppen, Neuererbewegungen, „Tage des fröhlichen Lebens", „Tage des sowjetischen Neuerers", „Tage des guten Buches", Fotozirkel, Ballettgruppen, Zirkel für Schiffsmodellbau, „Olympiaden für junge Mathematiker".

Anfang der 50er Jahre wurden bereits mehr als 1.000 solcher Klub- und Kulturhäuser – teils in Betrieben, teils kommunal, teils in der Regie des „Freien Deutschen Gewerkschaftsbunds (FDGB)" – gezählt. 1954 wurde die „Gesellschaft zur Verbreitung wissenschaftlicher Kenntnisse" gegründet, die sich z.T. an dem Vorbild der früheren deutschen „Gesellschaft zur Verbreitung von Volksbildung", z.T. an der sowjetischen „Allunionsgesellschaft" orientierte.

Aufgabe dieser Gesellschaft, die später in „Urania" umbenannt wurde, war nicht nur die Verbreitung neuer wissenschaftlicher Erkenntnisse, sondern auch die politische Propaganda und die Vermittlung der SED-Politik. Die Gesellschaft war regional organisiert und in verschiedene Sektionen gegliedert, z.B. Philosophie, Technik, Militärpolitik und Internationale Fragen.

Das vorrangige bildungspolitische Interesse galt weiterhin dem Auf- und Ausbau eines einheitlichen, staatlich gelenkten betrieblichen Qualifizierungssystems. Die Betriebsvolkshochschulen wurden 1953 in Technische Betriebsschulen, später in Betriebsakademien und Betriebsschulen umgewandelt. Sie arbeiteten mit den örtlichen Volkshochschulen vor allem bei der Durchführung von Oberschullehrgängen zusammen. Ansonsten wurde die Volkshochschule in der beruflichen Qualifizierung nur subsidiär tätig, nämlich dort, wo keine Betriebsakademie vorhanden war.

In diesen betrieblichen Einrichtungen wurde eine systematische Lohngruppenqualifizierung durchgeführt. Entsprechend dem Prinzip der „materiellen Interessiertheit" sollte die Lohngruppe primär von dem Qualifikationsniveau abhängig gemacht werden. Da diese Koppelung von Qualifizierung und Entlohnung in der Praxis jedoch nicht generell zu verwirklichen war, wurde sie 1959 revidiert.

Die Lohngruppen orientieren sich jetzt stärker an den Anforderungen, die Qualifizierung wurde mehr nach didaktischen als nach betriebswirtschaftlichen Kriterien geplant, die Spezialisierung wurde zugunsten einer breiten Grundbildung reduziert.

Ende der 1950er Jahre hatte die Erwachsenenbildung in der BRD und der DDR im Wesentlichen ihre bis 1989 gültige Struktur angenommen. In der BRD war der Pluralismus der Verbände zwar zu keiner Zeit unumstritten, aber doch weitgehend stabil; außerdem entsprach die starke Stellung der Landesverbände dem westdeutschen Kulturföderalismus. Die Erwachsenenbildung der DDR dagegen ist zentralisiert, staatlich kontrolliert und der sozialistischen Ideologie verpflichtet. Professionalisierung und Institutionalisierung sind zu dieser Zeit in der DDR ausgeprägter als in der BRD. Analog zum Schulwesen existiert ein flächendeckendes System von hauptamtlich geleiteten Volkshochschulen, Betriebs- und Dorfakademien, Klub- und Kulturhäusern und Regionalbüros der „Urania".

2.2 Aufgabenverständnis

Die bildungspolitische Debatte über „Freiheit" und „Bindung" spiegelt den bildungspolitischen Konflikt zwischen den „freien" Volkshochschulen und den weltanschaulich „gebundenen" Einrichtungen wider. An der „Basis" dominieren zivilisationskritische und kulturpessimistische Positionen, die in den wissenschaftlichen Veröffentlichungen nur indirekt aufscheinen. Die Volkshochschule war „in ihrer Ausstrahlung nach außen betont antiindustriell, antiorganisatorisch und antibürokratisch. Mochten die Volkshochschulen praktisch auch damals schon nüchterne und nützliche Arbeit leisten, das Bild, das man von ihnen nach außen hervorkehrte, war zivilisationskritisch gefärbt" (Tietgens 1968b, S. 188).

Die Erwachsenenbildner widersetzten sich einem angeblichen „Kulturverfall" und einer „Vermassung". Viele von ihnen waren stolz darauf, nur eine „kleine Zahl", eine „aktive Minderheit" zu erreichen. Es wurde befürchtet, dass das Fernsehen einen Rückgang der Teilnehmerzahlen verursachen würde. Die Versuche, durch medienpädagogische Seminare zu einer verringerten Nutzung des Fernsehens zu animieren, waren nicht sonderlich erfolgreich. Vor allen wurde vermutet, dass das Fernsehen einer Vernachlässigung kultureller Eigenaktivität Vorschub leisten würde.

Erstaunlich aus heutiger Sicht ist das große Interesse an philosophischen Themen, Buchstudienkreisen und anderen literarischen Veranstaltungen, die auf ein großes kulturelles Nachholbedürfnis nicht nur der Intellektuellen verweisen.

Insgesamt war die erwachsenenpädagogische Theoriediskussion idealistisch geprägt. „Gegenüber dieser gesellschaftlichen Entwicklung erwies sich die Theorie der Erwachsenenbildung (...) weitgehend als hilflos: Sie fiel in eine gesellschaftsferne, philosophisch-anthropologische Erörterung ihres ‚Wesens' und ihrer ‚eigentlichen' Aufgabe zurück" (Dikau 1980, S. 20).

Obwohl zahlreiche Hochschullehrer sich mit Fragen der Erwachsenenbildung beschäftigten, kann von einer ernstzunehmenden empirischen Forschung noch nicht die Rede sein. Die erste „paradigmatische" Untersuchung stammt von W. Schulenberg, der 1955 in Hildesheim 63 Gruppendiskussionen mit TeilnehmerInnen und NichtteilnehmerInnen der Erwachsenenbildung durchführte. Schulenberg wies nach, dass Bildung in allen Bevölkerungsgruppen ein hohes Ansehen genießt, dass unter Bildung nicht nur Wissen, sondern auch eine Einsicht in Zusammenhänge verstanden wird. Doch dieser Wertschätzung entspricht nicht unbedingt eine aktive Weiterbildungsbeteiligung. Als Gründe für eine Bildungsabstinenz wurden Zeitmangel, berufliche Überbeanspruchung und konkurrierende Freizeitangebote genannt. Den meisten Befragten erschien Erwachsenenbildung als ein nützliches Angebot für die, „die es nötig haben" (vgl. Schulenberg 1957).

Diese Hildesheim-Studie ist weniger interessant wegen ihrer Ergebnisse als wegen des Versuchs, moderne sozialwissenschaftliche Forschungsmethoden auf die Erwachsenenbildung anzuwenden. Außerdem wurde diese Untersuchung zur Pilotstudie für die spätere mehrstufige bildungssoziologische Göttinger Studie von W. Strzelewicz, H.D. Raapke und W. Schulenberg (1966).

3 Die 1960er Jahre: realistische Wende und Planungseuphorie

Das Modell einer nivellierten Massengesellschaft wird allmählich ersetzt durch das einer differenzierten Leistungsgesellschaft, das sozialen Aufstieg und Wohlstand durch Qualifizierung verspricht. Ein Merkmal dieser Gesellschaft ist Mobilität, und zwar als berufliche Karriere, als Wohnort- und Arbeitsplatzwechsel, als Flexibilität bei wechselnden beruflichen Anforderungen, auch Mobilität durch Individualverkehr und Reiselust.

Bis zum August 1961 hatten viele hochqualifizierte FacharbeiterInnen die DDR verlassen und zum wirtschaftlichen Aufbau der BRD beigetragen. Dieser „brain drain" wurde nun jäh beendet. Die westdeutsche Wirtschaft warb jetzt Gastarbeiter aus Südeuropa an, die jedoch über ein niedrigeres Qualifikationsniveau verfügten. Außerdem trug der beschleunigte technische Wandel dazu bei, dass die in der Schule erworbenen Qualifikationen schnell veralteten, man registrierte eine hohe „Verfallsrate" des Wissens. Zum dritten verschärfte sich der Konkurrenzkampf auf dem Weltmarkt, nicht zuletzt durch die Exporte aus Japan. Die Umstellung der Energiewirtschaft auf Öl führte zu Massenentlassungen im Kohlebergbau. Der Sputnik-Schock beunruhigte auch westdeutsche Politiker. Georg Picht prophezeite eine Bildungskatastrophe, falls die BRD ihre Bildungsausgaben nicht drastisch steigern würde.

Diese Rezession hatte eine Aufwertung der Erwachsenenbildung als flexibles Instrument der Sozial- und Wirtschaftspolitik zur Folge: Ein ausgebautes System der Weiterbildung sollte durch einen Zweiten Bildungsweg zur „Ausschöpfung von Begabungsreserven" und durch ein berufliches Fortbildungsangebot zur Modernisierung des gesellschaftlichen Qualifikationsniveaus beitragen.

Parallel dazu artikulierte sich eine außerparlamentarische Kritik an der kapitalistischen Ellenbogengesellschaft, an der Vietnam-Politik der USA, an der Aufrüstung und den geplanten Notstandsgesetzen, an der Restauration autoritärer Strukturen, an neonazistischen Tendenzen, an dem Profit- und Konsumdenken. Vor allem Journalisten, Schriftsteller, Kabarettisten und „Liedermacher", dann aber auch StudentInnen bildeten den Kern der APO, deren Widerstand zunächst friedfertig und gesetzeskonform verlief und dennoch die zur Ruhe und Ordnung erzogenen BürgerInnen verschreckte. Mehr und mehr prägte marxistisches Denken die intellektuelle Szene.

Gleichzeitig verschärfte sich der Kalte Krieg zwischen BRD und DDR. Antikommunistische Erziehung hüben und antikapitalistische Erziehung drüben entwickelten sich komplementär. Eine Auswertung der Schulbücher beider deutscher Staaten ergab, dass das jeweils andere System als asozial, inhuman, ausbeuterisch dargestellt wurde, dass die Schuld für die deutsche Teilung ausschließlich dem anderen System angelastet wurde, dass das andere Deutschland jeweils als Handlanger der Großmächte diffamiert wurde, dass das andere System als zum Scheitern verurteilt dargestellt wurde, dass für das andere System eine unüberbrückbare Kluft zwischen Regierung und Bevölkerung behauptet wurde, dass das eigene System nach der Verfassungsidee, das andere nach der Verfassungswirklichkeit bewertet wurde, dass jedes System für sich die Sympathie des Auslands in Anspruch nahm, dass die Wiedervereinigung allein von der Bereitschaft des anderen Systems abhängig erschien.

3.1 Bildungspolitik

Das vielleicht wichtigste Dokument zur Erwachsenenbildung der letzten Jahrzehnte ist das Gutachten des Deutschen Ausschusses für das Erziehungs- und Bildungswesen, an dem Bildungspolitiker, Bildungspraktiker und Hochschullehrer mitgearbeitet haben. In diesem 1960 erschienenen Gutachten wird die humanistische Tradition der deutschen Erwachsenenbildung mit den Anforderungen der modernen Arbeitswelt verbunden. Es hält an der Aufklärungsidee fest und warnt zugleich vor einer kognitivistischen Verengung. Klassisch geworden ist der Bildungsbegriff:

„Gebildet im Sinne der Erwachsenenbildung wird jeder, der in der ständigen Bemühung lebt, sich selbst, die Gesellschaft und die Welt zu verstehen und diesem Verständnis gemäß zu handeln (...) Diese Helle des Bewußtseins darf nicht als abgesonderte Rationalität mißverstanden werden. Gebildet ist nicht der Kopf, sondern der Mensch. Obwohl Bildung der Bücher bedarf und nicht ohne Anstrengung des Denkens entsteht, beruht sie doch wesentlich auf den unvertauschbaren eigenen Erfahrungen" (zit. nach Knoll/Siebert 1967, S. 28f.).

Wenn man unter Modernität die Ausdifferenzierung gesellschaftlicher Subsysteme mit einer Eigenlegitimation und eigenständigen Kriterien, mit rationalen Strukturen und demokratischen Kontrollmöglichkeiten sowie mit einem qualifizierten Personal versteht, markiert dieses Gutachten die Wende zu einer modernen Erwachsenenbildung. Erfolgte Erwachsenenbildung bisher überwiegend okkasionell und personabhängig, so wird sie jetzt langfristig geplant. In nahezu allen westdeutschen Bundesländern löst das Gutachten Gesetzesinitiativen und Planungsaktivitäten aus.

Mitte der 1960er Jahre wird die Institutionalisierung und Professionalisierung der Erwachsenenbildung, insbesondere der Volkshochschulen, beschleunigt. Die ersten Lehrstühle, die sich schwerpunktmäßig mit Erwachsenenbildung beschäftigen, werden an der FU Berlin (Prof. Borinski) und an der Ruhr-Universität Bochum (Prof. Knoll) gegründet. 1969 wird eine Diplomprüfungsordnung für Erwachsenenbildung in mehreren Bundesländern verabschiedet, so dass Erwachsenenbildung als neue erziehungswissenschaftliche Disziplin anerkannt wird.

Das wichtigste bildungspolitische Dokument der DDR ist das 1965 verabschiedete „Gesetz über das einheitliche sozialistische Bildungssystem". Es schließt den Prozess der Verstaatlichung und Zentralisierung der Erwachsenenbildung und ihre Integration in das öffentliche Bildungssystem ab. Der Zugang zur Hochschule über die Volkshochschule wird als vollwertiger Bildungsweg anerkannt. Auch die Betriebsakademien werden staatlich gelenkt und kontrolliert: „Die Aus- und Weiterbildung der Werktätigen wird nach einheitlichen staatlichen Grundsätzen durchgeführt" (§ 35, 2). Besonders betont wird die Frauenbildung. Mit diesem Gesetz ist die strukturelle Entwicklung der Erwachsenenbildung in der DDR im Wesentlichen abgeschlossen.

Dies gilt auch für das Fern- und Abendstudium. 43 Hochschulen und 234 Fachhochschulen bieten solche Studienmöglichkeiten für Berufstätige an. Jede/r vierte HochschulabsolventIn ist FernstudentIn. In den technischen Wissenschaften, Wirtschafts- und Kulturwissenschaften übersteigt die Zahl der FernstudentInnen die der DirektstudentInnen. Die Erfolgsquote im Fernstudium beträgt durchschnittlich 70%, was sicherlich auch auf das flächendeckende Netz an Konsultationsstellen zurückzuführen ist. Eine befristete Freistellung bei Lohnfortzahlung wird später arbeitsgesetzlich geregelt. Vor allem qualifizierten FacharbeiterInnen soll auf diese Weise ein beruflicher Aufstieg ermöglicht werden. In den 1980er Jahren erfüllt das Fernstudium vor allem die Funktionen einer wissenschaftlichen Weiterbildung, z.B. in Mikroelektronik, Robotertechnik und Fremdsprachen.

3.2 Aufgabenverständnis

Wurde die Erwachsenenbildung der BRD in den 1950er Jahren noch überwiegend als ein Ort kulturvoller und zweckfreier Freizeitgestaltung definiert, so wird sie jetzt politisch aufgewertet und in die staatliche Wirtschafts- und Sozialpolitik einbezogen. Die verbesserte finanzielle Ausstattung war mit hohen Erwartungen an ökonomische Effizienz verbunden. Dennoch ist die „realistische Wende" mehr als eine berufliche „Qualifizierungsoffensive" (vgl. Tietgens 1968b, S. 195). Es ging generell um mehr längerfristige, systematisch geplante, abschlussbezogene Bildungsangebote. Auch das Funkkolleg und das Bildungsfernsehen (z.B. Telekolleg) sowie der programmierte Unterricht wurden in die Bildungsarbeit einbezogen.

Diese Umorientierung wurde durch moderne erziehungswissenschaftliche Tendenzen – lerntheoretische Didaktik, Unterrichtstechnologie, Curriculumforschung, lernzielorientierte Tests u.ä. – unterstützt. Die geisteswissenschaftliche Pädagogik wird von einer erfahrungswissenschaftlichen, empirischen Erziehungswissenschaft abgelöst.

D. Axmacher hat die Veränderung der Programmstruktur der Volkshochschulen untersucht. Die i.e.S. berufsfördernden Kurse nehmen in den 60er Jahren in Rheinland-Pfalz nur von 15,1% auf 16,2% der Belegungen zu. Bezieht man alle Fremdsprachen und Naturwissenschaften mit ein, so stieg der Anteil von 33,8% auf 40,7%. Schulische Abschlusskurse stiegen von 0,6% auf 4,1% des Gesamtangebots. Das kaufmännische und gewerblich-technische Kursangebot nahm geringer zu, als es das Schlagwort der realistischen Wende vermuten lässt. Auffälliger sind die Veränderungen der Lehrgangsdauer: „1. Von 1966 bis 1969 hat sich der Anteil der langfristigen Kurse über mindestens ein dreißigwöchiges Unterrichtsjahr erheblich erhöht. 1966 noch kaum vertreten, fallen 1969 bereits 38% aller Kurse unter diese Kategorie. 2. Die Lernbereiche sind systematisiert worden (...) 3. Mehr als die Hälfte aller berufsbezogenen Kurse von 1969 behandelt gegenüber 1966 neue Inhalte“ (z.B. neue Technologien) (Axmacher 1974, S. 161).

In gewisser Weise vollzog die westdeutsche Erwachsenenbildung, insbesondere die Volkshochschule, eine curriculare Systematisierung und Rationalisierung, wie sie in der DDR bereits ein Jahrzehnt vorher erfolgt war. Gleichzeitig begann eine sozialkritische Wende:

Ende der 1960er Jahre setzte ein erster „Professionalisierungsschub“ mit zahlreichen jungen pädagogischen MitarbeiterInnen ein. Diese neue Generation identifizierte sich mehrheitlich mit dem reformerischen Denken der Studentenbewegung. Die Modernisierung der Erwachsenenbildung wurde als Anpassung an Systemzwänge, als technokratische Tendenz und als Entpolitisierung kritisiert. Sie forderten eine Rückbesinnung auf die Ideale der Arbeiterbewegung und eine emanzipatorische politische Bildung. Propagiert wurde Zielgruppenarbeit für benachteiligte Gruppen, eine Integration politischer und beruflicher Bildung, ein bezahlter Bildungsurlaub für ArbeitnehmerInnen.

Der „technokratischen“ wie der „emanzipatorischen“ Fraktion war eins gemeinsam: ein unerschütterlicher Fortschritts- und Planungsoptimismus. Der „Vergesellschaftung“ der Bildungspraxis entsprach eine „Versozialwissenschaftlichung“ der Bildungsforschung (Weymann 1980, S. 20). Wenn „lebenslanges Lernen“ für alle nicht nur aus humanistischen Gründen, sondern auch sozial- und arbeitsmarktpolitisch wünschenswert wurde, war es für die Bildungsplanung wichtig, Genaueres über die Weiterbildungsbeteiligung, über die Akzeptanz der Bildungsangebote, über Bildungsmotive und Teilnahmebarrieren zu erfahren. Von den zahlreichen bildungssoziologischen und motivationspsychologischen Untersuchungen war die Göttinger Studie über „Bildung und gesellschaftliches Bewußtsein“ (1966) die umfassendste. Aus der Fülle bemerkenswerter Ergebnisse seien nur zwei hervorgehoben: 1. Die Weiterbildungsbeteiligung erwies sich als primär abhängig vom Schulbildungsniveau, so dass sich tendenziell durch Erwachsenenbildung die soziale Bildungsschere weiter öffnete. 2. Von den Einrichtungen der Erwachsenenbildung wurden weniger humanistische Bildungsangebote als praktisch verwertbare und karriererelevante Qualifizierungsangebote erwartet. Wenn die Erwachsenenbildung also nicht nur die bürgerliche Mittelschicht ansprechen wollte, musste sie ihr Konzept der zweckfreien Bildung überprüfen und „nützliche“ Kurse mit Zertifikaten anbieten. So unterstützen und bestätigen W. Strzelewicz, H.D. Raapke und W. Schulenberg mit ihren Forschungsergebnissen die Politik der „realistischen Wende“.

Die erste empirische Untersuchung zur Erwachsenenbildung der DDR war die 1966 erschienene Dissertation von Erdmann Harke über „pädagogische und psychologische Probleme“. E. Harke untersuchte Unterschiede zwischen jugendlichen und erwachsenen „Schülern“ von Oberschullehrgängen, und er wies einen Zusammenhang zwischen dem allgemeinbildenden Niveau und der Arbeitsleistung nach (Harke 1966, S. 155).

Die wichtigste lernpsychologische Veröffentlichung der damaligen Zeit stammt von dem Leipziger Psychologen Hans Löwe. Löwe kritisiert die bisherigen biologistischen Erklärungen, denen zufolge die Lernfähigkeit Erwachsener kontinuierlich abnimmt (Adoleszenz-Maximum-Kurve). Auf marxistischer Grundlage entwickelt Löwe einen milieutheoretischen Ansatz, bei dem soziokulturelle Bedingungsfaktoren maßgeblich das Lernverhalten beeinflussen. Durch eigene experimentelle Untersuchungen in der Erwachsenenbildung versucht er nachzuweisen, dass vor allem Motivation und Aktivität den Lernerfolg fördern und abnehmende Gedächtnisleistungen kompensieren. (vgl. Löwe 1970)

4 Die 1970er Jahre: Verrechtlichung und Zielgruppenorientierung

Die 1970er Jahre sind das Jahrzehnt einer Bildungsexpansion unter sozialdemokratischer Regierung. Gesamtschulen und Gesamthochschulen werden gegründet. Während 1960 ca. 6% eines Jahrgangs das Abitur erreichten, erwerben zwei Jahrzehnte später ca. 30% die Hochschulreife. Bildungsbenachteiligungen der unteren Sozialschichten werden deutlich reduziert. Mehr denn je werden aber auch die internationalen Verflechtungen und Abhängigkeiten bewusst. Während der Olympischen Spiele in München überfallen Terroristen die israelische Mannschaft. Die Ölkrise macht deutlich, dass Energie kostbar ist und die fossilen Brennstoffe begrenzt sind und dass die BRD von den ölexportierenden Ländern abhängig ist.

Trotz sozialdemokratischer Reformen wächst die Gesellschaftskritik. K. Ottomeyer belegt, wie die menschlichen Beziehungen durch die ökonomischen Zwänge des Systems beeinflusst werden (Ottomeyer 1977, S. 245). In der westdeutschen Gesellschaft entsteht eine neue Jugendbewegung – zunächst unter den StudentInnen, später auch unter den Schülern und Lehrlingen – die in allen Bereichen – nicht zuletzt im Bildungs- und Hochschulsystem – autoritäre Hierarchien und Verhaltensweisen aufdeckt und antiautoritäre Alternativen vom Kindergarten bis zum selbstorganisierten Universitätsseminar erprobt. Kritisiert werden die bürgerliche Moral und das bürgerliche Wertsystem, neue Lebensformen (z.B. in Wohngemeinschaften) werden praktiziert.

Die Elterngeneration ist durch diese Subkultur verunsichert und irritiert, hält aber im Wesentlichen an dem bürgerlich-konsumorientierten Lebensstil fest. Die „Freßwelle" wird ergänzt durch eine „Modewelle" und eine „Reisewelle". Die Freizeit wird überwiegend von den Massenmedien geprägt. Die Demoskopen registrierten unter den beliebtesten Freizeitbeschäftigungen in den 1950er Jahren „aus dem Fenster sehen" an 6. Stelle. Dieses Fenster zur Außenwelt wird jetzt vollständig durch den Bildschirm ersetzt. Infolge des „Pillenknicks" gingen die Geburtenraten rapide zurück, gleichzeitig war inzwischen in den meisten Wirtschaftsbereichen die 5-Tage-Woche eingeführt worden. Es mehrte sich also die frei verfügbare Zeit, und es expandierten die Freizeitindustrie, der Tourismus, aber auch die Erwachsenenbildung.

Die DDR erlebte in den 1970er Jahren einen relativen politischen und ökonomischen Aufschwung. E. Honecker, der 1971 mit sowjetischer Unterstützung W. Ulbricht abgelöst hatte, verkündete das neue Programm der „entwickelten sozialistischen Gesellschaft". Das Qualifizierungssystem wurde noch konsequenter in die Wirtschafts- und Arbeitsmarktplanung integriert. Außenpolitisch wurde die DDR mehr und mehr anerkannt. 1972 wurde sie als vollwertiges Mitglied in die UNESCO, 1973 in die UNO aufgenommen. Kulturell erfolgte eine begrenzte Liberalisierung, auch gegenüber der westlichen Kultur und dem westdeutschen Fernsehen. Der „sozialistische Realismus" wurde pluralistischer und phantasievoller interpretiert.

Aufgrund der Kulturpropaganda, aber auch mangels anderer attraktiver Freizeitangebote waren kulturelle Veranstaltungen gut besucht, die Bibliotheken verzeichneten steigende Ausleihzahlen, das Lesen von Büchern war eine beliebte Freizeitbeschäftigung.

4.1 Bildungspolitik

Die sozialdemokratischen Regierungen räumen dem Bildungssystem eine Schlüsselfunktion für den sozialen Wandel, insbesondere für Chancengleichheit und Mitbestimmung ein. Die staatlichen Ausgaben für das Bildungssystem werden deutlich erhöht:

Bildungsausgaben Bund/Länder/Gemeinden in Mio. DM

Jahr	Bildung insgesamt	Weiterbildung
1965	15.676	293
1970	27.608	576
1980	77.117	2.126

Der Appell „Schickt Eure Kinder auf höhere Schulen" zeigte auch bei den „unteren" Sozialschichten Wirkung. Die Erneuerung des Bildungssystems erfolgte auf drei Ebenen:

a) strukturell: Von modernen, differenzierten Bildungseinrichtungen wie Gesamtschule, Gesamthochschule und Weiterbildungszentrum wird eine größere Leistungsfähigkeit erwartet.
b) curricular: Neue Rahmenrichtlinien, Lehrpläne und Unterrichtsfächer sollen die Modernitätsrückstände unseres Bildungssystems reduzieren. In der Erwachsenenbildung werden „Baukastensysteme" konzipiert.
c) kommunikativ: Partnerschaftliche Sozialformen und Umgangsstile sollen die autokratischen „Erzieher-Zögling-Verhältnisse" ersetzen.

Insgesamt ist diese sozialdemokratische Bildungspolitik durch einen großen Planungsoptimismus gekennzeichnet. Für die Erwachsenenbildung sind die 70er Jahre die Zeit der gesetzlichen Verankerung und Verrechtlichung. 1970 traten drei Gesetze in Kraft, nämlich in Niedersachsen, im Saarland und in Hessen. Niedersachsen und Saarland entschieden sich für eine pluralistische Lösung: Bei vergleichbaren Leistungen werden öffentliche und freie Träger gleich gefördert.

In der Folgezeit wurden in allen anderen Bundesländern (außer Schleswig-Holstein, Hamburg, Berlin) Erwachsenenbildungsgesetze verabschiedet oder novelliert. Diese Gesetze förderten eine Professionalisierung und Institutionalisierung der Erwachsenenbildung, eine Flächendeckung und „Verstetigung" der Programmangebote, eine finanzielle Planungssicherheit und eine gesellschaftliche Aufwertung dieses Bildungssektors.

Alle Gesetzgeber respektierten die pädagogische Autonomie der Einrichtungen, dennoch veränderten die Finanzierungsmodalitäten auch die Angebote und Veranstaltungsformen. Innovative, integrative, kooperative Seminare „passten" oft nicht zu den Förderungsbedingungen und wurden deshalb gelegentlich vernachlässigt. Angeboten wurde bevorzugt das, was problemlos zu finanzieren war. Die finanzielle Absicherung war außerdem mit einem wachsenden bürokratischen Aufwand verbunden.

1970 verabschiedete die Bundesregierung ihren „Bildungsbericht '70", in dem der Weiterbildung eine zentrale Bedeutung eingeräumt wurde. Gleichfalls 1970 erschien der Strukturplan des Deutschen Bildungsrates, der die Weiterbildung – dieser Terminus sollte den älteren Begriff Erwachsenenbildung ablösen – zum gleichwertigen vierten Sektor des Bildungswesens aufwertete. In dem Kapitel „Weiterbildung als Prinzip" heißt es: „Der Begriff der ständigen

Weiterbildung schließt ein, daß das organisierte Lernen auf spätere Phasen des Lebens ausgedehnt wird und daß sich die Bildungsmentalität weitgehend ändert... Es ist notwendig, die institutionalisierte Weiterbildung als einen ergänzenden nachschulischen, umfassenden Bildungsbereich einzurichten" (Dt. Bildungsrat 1970, S. 51). Auch wenn „Weiterbildung" per definitionem berufliche und allgemeine Bildung umfasst, so dominiert in diesem Strukturplan doch das instrumentelle Qualifizierungslernen. Insgesamt stehen also Überlegungen der Effizienz und Verwertbarkeit im Vordergrund. In dem Bildungsgesamtplan von 1973 wurde dann die erforderliche Personalstruktur mit den entsprechenden Kosten errechnet und prognostiziert. Doch dieser Gesamtplan – und damit das gesamte Konzept der Institutionalisierung – blieb Utopie, denn die wirtschaftliche Rezession der 1970er Jahre verhinderte die Durchführung. So ist die Expansion der Erwachsenenbildung im Vergleich zu den „gesetzlosen" 1960er Jahren zwar imponierend, im Vergleich zu den bildungspolitischen Planzielen jedoch enttäuschend.

Umstrittener als die Erwachsenenbildungsgesetze waren die Bildungsurlaubsgesetze der 1970er Jahre. Symptomatisch ist, dass das niedersächsische Bildungsurlaubsgesetz Anfang 1974 novelliert wurde, bevor es überhaupt in Kraft getreten war. Die erste Fassung sah nämlich eine Arbeitgeberabgabe vor, durch die die Bildungsurlaubsseminare finanziert werden sollten. Inzwischen hatten jedoch Landtagswahlen stattgefunden, und in den Koalitionsvereinbarungen setzte die FDP auf Drängen der Arbeitgeberverbände die Streichung dieses „Bildungsfonds" durch. Deshalb werden die Bildungsurlaubsseminare überwiegend durch das Erwachsenenbildungsgesetz finanziert.

An den Bildungsurlaubsseminaren, insbesondere denen mit politischer Thematik, nehmen mehr ArbeitnehmerInnen teil als an dem „Normalangebot" der Erwachsenenbildung, insgesamt aber ist die Nutzung dieses Rechts auf Weiterbildung hinter den Erwartungen zurückgeblieben. Unterrepräsentiert sind erneut Ungelernte, Frauen, Ältere, Beschäftigte aus Klein- und Mittelbetrieben und ausländische ArbeitnehmerInnen. Dennoch ist es durch den Bildungsurlaub gelungen, „bildungsferne" Gruppen zur Weiterbildung zu animieren. Vor allem für Heimvolkshochschulen bedeutet der Bildungsurlaub einen Aufschwung und einen didaktisch-methodischen Innovationsschub.

Auch die Erwachsenenbildung an den Universitäten organisierte sich. 1970 wurde der „Arbeitskreis universitäre Erwachsenenbildung" gegründet, dem die Kontaktstellen für wissenschaftliche Weiterbildung, aber auch die meisten Lehrstühle für Erwachsenenbildung angehören. Innerhalb der Deutschen Gesellschaft für Erziehungswissenschaft etablierte sich eine eigene Kommission Erwachsenenbildung.

Das Weiterbildungssystem der DDR war in den 1970er Jahren weitgehend konsolidiert, strukturelle Veränderungen wurden kaum noch vorgenommen. 1970 verabschiedete die Volkskammer die „Grundsätze für die Aus- und Weiterbildung der Werktätigen", in denen die bisherige schematische Stufenqualifizierung durch ein flexibleres, betriebsnäheres Qualifizierungssystem ersetzt wurde. Außerdem wurden die „Institute für sozialistische Wirtschaftsführung" in das Weiterbildungssystem eingegliedert.

1977 erschien das neue Arbeitsgesetzbuch, in dem ein Kapitel der Erwachsenenbildung gewidmet war und das u.a. die Freistellung für die Teilnahme an Qualifizierungskursen und Fernstudien regelte. 1979 fassten die Regierungen und der Vorstand des FDGB einen gemeinsamen Beschluss „Für ein höheres Niveau der Erwachsenenbildung". Der Erwachsenenbildungsbegriff wurde wieder aufgewertet; außerdem wurden die besonderen Aufgaben der Weiterbildung durch die Automatisierung betont, da Honecker die DDR in der Mikroelektronik an die „Weltspitze" führen wollte.

4.2 Aufgabenverständnis

So heterogen wie die gesellschaftliche Entwicklung war das Aufgabenverständnis der westdeutschen Erwachsenenbildung. Einerseits wurde die curriculare Systematisierung der Bildungsangebote insbesondere an den Volkshochschulen fortgesetzt. Das bundeseinheitliche Volkshochschulzertifikatprogramm entwickelte sich bald zu einem Markenzeichen dieser Einrichtung. Ausgebaut wurden auch die Formen des Zweiten Bildungswegs – insbesondere die Hauptschulabschlusskurse – sowie eine berufsbezogene Zielgruppenarbeit, z.B. Sekretärinnenkurse.

Die konzeptionelle Diskussion wurde vor allem geprägt von der Frage nach einer emanzipatorischen politischen Bildungsarbeit. War die Polarität „Freiheit vs. Bindung" charakteristisch für die 1950er Jahre, so dominierten jetzt Begriffspaare wie „Affirmation vs. Kritik", „Systemstabilisierung vs. Systemveränderung", „Technokratie vs. Emanzipation", „kritische Theorie vs. kritischer Rationalismus", „bürgerliche vs. marxistische Theorie". Didaktisch wurden vor allem drei reformerische Konzepte diskutiert: Zielgruppenarbeit, Integration beruflicher und allgemeiner Bildung sowie Erfahrungsorientierung.

In der DDR dominierte – entsprechend der materialistischen Weltanschauung und Erkenntnistheorie – ein materialer, an wissenschaftlicher Objektivität und Parteilichkeit orientierter Bildungs- und Erziehungsbegriff. Demzufolge wird Erfahrung zwar als motivationaler Anknüpfungspunkt akzeptiert, nicht aber als didaktisches Prinzip, das – so wurde befürchtet – einem Subjektivismus Vorschub leisten würde. Ähnliches gilt für die Zielgruppenarbeit: Zwar wurden spezielle Kurse für Frauen und NVA-Angehörige angeboten, allerdings nicht mit der Absicht, Benachteiligungen aufzuheben, da sozialstrukturelle Ungleichheiten im Sozialismus geleugnet wurden. Die Integration beruflicher, politischer und allgemeiner Bildung verfügt dagegen über eine lange sozialistische Tradition – beginnend mit K. Marx' Anmerkungen zur polytechnischen Bildung. Die „Einheit von (fachlicher) Bildung und (ideologischer) Erziehung" wird als Charakteristikum sozialistischer Erwachsenenbildung ebenso häufig beschworen wie die mangelnde Realisierung kritisiert wird.

Generell sind für das Selbstverständnis der DDR-Erwachsenenbildung integrative Prinzipien maßgebend, z.B. die

- Einheit von Persönlichkeits- und Produktivkraftentwicklung
- Einheit von Lernen und beruflicher Arbeit
- Einheit des sozialistischen Bildungssystems
- Einheit der Interessen von Individuum, Staat, Gesellschaft
- Einheit von Kollektivität und Individualität
- Einheit von Wissenschaft und Ideologie

Die Erwachsenenbildungsforschung entwickelt sich in den 1970er Jahren in beiden deutschen Staaten unterschiedlich. Nachdem das Leipziger Institut für Erwachsenenbildung 1969 aufgelöst worden war, werden in der DDR – abgesehen von kleinen betriebspädagogischen Untersuchungen – kaum noch empirische Forschungsprojekte durchgeführt. In der BRD wuchs mit der Einführung des Diplomstudiums und der Einrichtung von Lehrstühlen für Erwachsenenbildung die Zahl der Dissertationen und der aus Drittmitteln finanzierten Forschungen deutlich.

Einerseits wurden die bildungssoziologischen und motivationspsychologischen Untersuchungen über Weiterbildungsbeteiligung und Lernmotive fortgesetzt. So wurden die „Hildesheim-Studie“ und die „Göttinger-Studie“ durch eine „Oldenburg-Studie“ (vgl. Schulenberg et al. 1979) ergänzt, so dass eine Langzeituntersuchung über Weiterbildungsinteressen von den 50er bis in die 70er Jahre entstand. Andererseits entwickelte sich allmählich eine erwachsenenpädagogische Lehr-Lernforschung, die sich nicht mit Befragungen der Lehrenden und TeilnehmerInnen begnügte, sondern im Praxisfeld Beobachtungen durchführte. Dabei bemühte sich die Hannover-Studie um eine – den damaligen Standards empirischer Unterrichtsforschung entsprechende – standardisierte quantifizierende Rekonstruktion institutionalisierter Lehr-/Lernprozesse (vgl. Siebert/Gerl 1975).

Die Heidelberger „Arbeitsgruppe für empirische Bildungsforschung“ versuchte, durch ausführliche Unterrichtsprotokolle den Verlauf von Bildungsurlaubsseminaren qualitativ zu erfassen (vgl. Kejcz et al. 1979). In diesem umfangreichen „Bildungsurlaubs-Versuchs- und Entwicklungsprogramm“ (BUVEP) konnten unterschiedliche didaktische „Typen“ des Bildungsurlaubs verdeutlicht, unterschiedliche „Problemfelder“ identifiziert und divergierende Deutungsmuster von Lehrenden und Lernenden dokumentiert werden.

Mit der Aufnahme der BRD und der DDR in die UNESCO sowie der Expansion supranationaler Gremien und Kongresse wuchs auch das deutsche Interesse an der Erwachsenenbildung im Ausland. Vor allem J. H. Knoll hat durch die Herausgabe des „Internationalen Jahrbuchs für Erwachsenenbildung“ (seit 1969) und durch zahlreiche vergleichende Veröffentlichungen zur Erweiterung der Perspektive und zur Verdeutlichung globaler Entwicklungen beigetragen und gleichzeitig die deutsche Erwachsenenbildung international bekannt gemacht.

5 Die 1980er Jahre: Modernisierung und Krisenstimmung

Typisch für die 1980er Jahre ist die „neue Unübersichtlichkeit“ (vgl. Habermas), die „Risikogesellschaft“ (vgl. Beck 1986), die „Erosion“ traditioneller Werte und Institutionen (vgl. Negt 1968), die „Gleichzeitigkeit des Ungleichzeitigen“. Einerseits nimmt die technische Modernisierung ihren Lauf: Verkabelung, Videogeräte, Computerisierung nicht nur der Arbeitswelt, sondern auch der privaten Haushalte, Gentechnik, Weltraumforschung, neue Kernkraftwerke. Andererseits gerät die moderne Konsum- und Industriegesellschaft in eine Krise, der industrielle Fortschritt beginnt kontraproduktiv zu werden. Ökologische Katastrophenmeldungen häufen sich: Waldsterben, saurer Regen, Robbensterben, Luft-, Wasser- und Bodenvergiftung, Artensterben, Zerstörung des tropischen Regenwaldes, Atommüll, Krankheiten durch Umweltverschmutzung, Ozonloch, drohende Klimakatastrophe ...

Der Nord-Süd-Konflikt verschärft sich trotz der Entwicklungshilfe. Für die „Dritte Welt“ sind die 1980er Jahre ein „verlorenes Jahrzehnt“. Neben der Ökologiebewegung entfaltet sich eine „Dritte-Welt-Bewegung“. Die Kritik an einer kolonialistischen Politik der Großmächte und an einem eurozentristischen Denken nimmt zu. In den westlichen Industriestaaten mehren sich die Anzeichen für einen „Wertewandel“ von materialistischen zu postmaterialistischen Orientierungen. Die Karriere- und Leistungsorientierung scheint gegenüber Werten der Selbstverwirklichung und Geselligkeit an Bedeutung zu verlieren. Allerdings werden Ende der 1980er Jahre auch Anzeichen für einen umgekehrten Trend festgestellt. Die neue Frauenbewegung verändert das kulturelle und politische Klima.

Die Soziologen registrieren

a) einen Individualisierungsschub, verbunden mit mehr Wahlmöglichkeiten, aber auch mehr Verunsicherungen und Identitätskrisen, zumal sich die Normalbiographie mehr und mehr auflöst,
b) eine Pluralisierung der Lebensstile, so dass auf ein und derselben Ebene sozialer Schichtung unterschiedliche kulturelle Milieus entstehen,
c) einen Bedeutungsverlust sozialer Stützsysteme wie Familie, Betriebsgemeinschaft, Kirche, Gewerkschaft.

Die Einsicht, dass wir in einer multikulturellen Gesellschaft und in einem Einwanderungsland leben, wächst. Die deutsche Wirtschaft ist ohne ausländische Arbeitskräfte nicht mehr denkbar. „Interkulturelles Wissen" wird zu einer wichtigen beruflichen Schlüsselqualifikation.

In der DDR nehmen nach einer Phase des wirtschaftlichen Aufschwungs die Versorgungsprobleme wieder zu. Die Mikroelektronik wird nicht zum erhofften Exportschlager. Der Loyalitätsverlust insbesondere der jungen Generation gegenüber dem System ist unverkennbar. Innerhalb der SED verschärfen sich die Auseinandersetzungen um Gorbatschows Reformkurs. Nach außen setzen sich die Kritiker von Glasnost und Perestroika durch. Angesichts der Liberalisierung und Demokratisierung in den anderen sozialistischen Staaten artikuliert sich der Protest in friedlichen – großenteils kirchlichen – Widerstandsgruppen. Gleichzeitig flüchten zahlreiche, vor allem junge DDR-BürgerInnen in den Westen. Unmittelbar nach dem 40. Jahrestag der DDR erfolgt die „Wende" und der Zusammenbruch des sozialistischen Systems. Die Schlichtung des Ost-West-Konflikts hat eine Verschärfung des Nord-Süd-Konflikts zur Folge. Im Ausland werden Ängste vor einer Großmacht Deutschland wiederbelebt.

5.1 Bildungspolitik

Bildungspolitisch sind in der BRD eine Reduzierung der öffentlichen Verantwortung, eine Betonung marktwirtschaftlicher Konkurrenz und eine verstärkte Funktionalisierung der Weiterbildung für arbeitsmarktpolitische Erfordernisse erkennbar. Einige Erwachsenenbildungsgesetze werden novelliert mit dem Ziel, die öffentlichen Ausgaben für Erwachsenenbildung zu begrenzen. Die Erwachsenenbildungsgesetze verlieren als Finanzierungsinstrument an Bedeutung, der Anteil der mit Drittmitteln und Zuschüssen der Arbeitsverwaltung finanzierten Bildungsangebote und des befristet eingestellten pädagogischen Personals nimmt zu. In Niedersachsen verhandeln Verbände mit 7 Ministerien gleichzeitig über Projektförderungen. Durch diese Zerfaserung wird eine langfristige Personal- und Programmplanung erschwert, außerdem wächst der bürokratische Aufwand für die Beantragung und Abrechnung der Projektmittel.

Mitte der 1980er Jahre propagiert die Bundesregierung mit Unterstützung der Arbeitgeberverbände eine „Qualifizierungsoffensive", die einerseits eine Anpassung der Qualifikationen an die Anforderungen der neuen Technologien erleichtern und andererseits Probleme der Arbeitslosigkeit mindern soll. Dementsprechend steigert die Bundesanstalt für Arbeit die Ausgaben für Fortbildung und Umschulung von 2,5 Mrd. DM (1980) auf 8,1 Mrd. DM (1988). Allerdings wuchs bald auch das Defizit der Arbeitsverwaltung auf 6 Mrd. DM (1989), so dass durch die 9. Novelle des AFG 1989 die Rechtsansprüche und die Zuschüsse reduziert wurden. Von dieser Novellierung profitierten vor allem kommerzielle „Billiganbieter" in der Erwachsenenbildung.

P. Faulstich spricht von einem „gemischtwirtschaftlichen“ System der Erwachsenenbildung: „Teile in staatlicher Trägerschaft; Teile, die öffentlich subventioniert werden; einen schmalen Sektor, der tatsächlich marktmäßig organisiert ist, und einen großen Bereich, der intern in den Unternehmen und Verwaltungen läuft“ (Faulstich 1992, S. 263).

Die Angebote und Teilnehmerzahlen steigen kontinuierlich, aber es entwickelt sich nicht unbedingt ein eigenständiger 4. Bildungssektor, sondern Weiterbildung wird zunehmend zum Bestandteil der Arbeitsmarktpolitik und Personalentwicklung. Nach Faulstichs Berechnungen „wurden in der alten Bundesrepublik 1988 53 Mrd. DM für die Weiterbildung ausgegeben. Davon geben die Arbeitgeber der gewerblichen Wirtschaft als Aufwendungen 26,7 Mrd. an, die Landwirtschaft, freie Berufe, Kirchen, Gewerkschaften, Verbände u.a. 12,2 Mrd. Die Bundesanstalt für Arbeit brachte 8,1 Mrd. auf und Länder und Gemeinden 2,9 Mrd. Nach dieser Statistik wurden von den Weiterbildungsteilnehmern 2,5 Mrd. DM bezahlt“ (Faulstich 1992, S. 263).

Die Finanzierungspolitik spiegelt sich auch in den Teilnahmestatistiken wider. „Infratest Sozialforschung“ untersucht seit 1979 im Auftrag des BMBW die Weiterbildungsbeteiligung in der BRD. Wenn man einige methodische Mängel und Unschärfen außer Acht lässt, steigerte sich die Weiterbildungsbeteiligung von 23% der Erwachsenen (1979) auf 35% (1988). Diese Expansion betrifft jedoch vor allem die berufliche Weiterbildung (von 10% der Erwachsenen 1979 auf 18% 1988), in geringerem Maße die allgemeine Weiterbildung (von 12% auf 18%) und gar nicht die politische Bildung (von 2% auf 1%). In der Allgemeinbildung ist das steigende Interesse an Sprach- und Gesundheitskursen auffällig. Die Zahl der Teilnehmenden an AFG-Maßnahmen steigt von 209.429 (1979) auf 596.354 (1987), darunter waren 1979 43%, 1987 64% Arbeitslose.

Die soziale Struktur der Weiterbildungsbeteiligung verändert sich zugunsten der älteren Erwachsenen, der Frauen und der Teilnehmenden mit höheren Schulabschlüssen. Auch von der Qualifizierungsoffensive profitieren also am wenigsten die Un- und Angelernten. In der DDR sind in den 1980er Jahren keine strukturellen Veränderungen erkennbar, abgesehen von der Aufwertung des „learning by doing“ am Arbeitsplatz, das vermutlich aus Kostengründen intensiviert wurde.

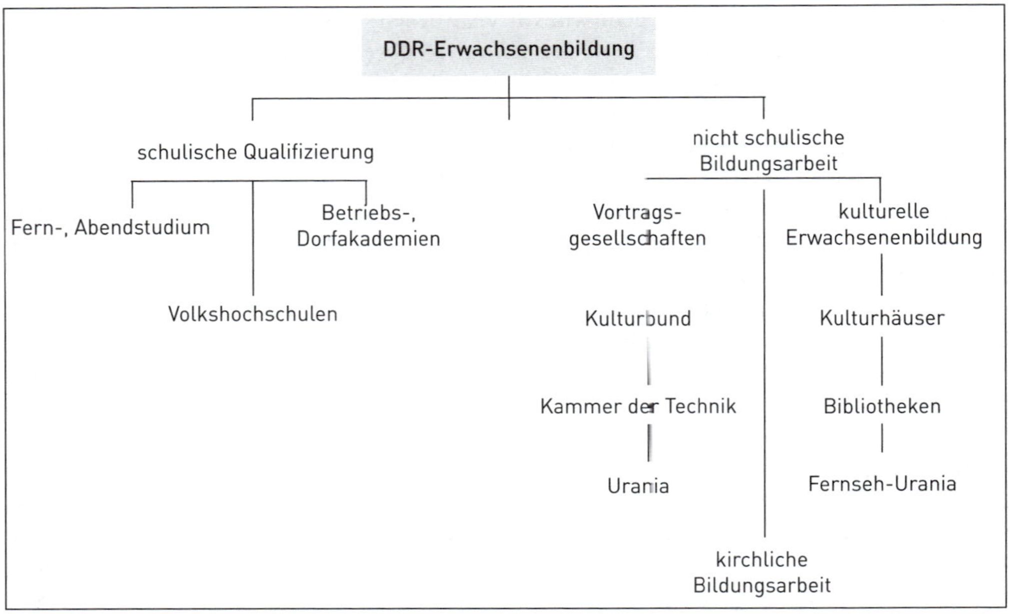

	1969/70	1979/80	1984/85
Ausgewählte Bereiche	**Teilnehmer**	**Teilnehmer**	**Teilnehmer**
Oberschullehrgänge	45.270	5.671	4.198
Fremdsprachen	41.793	45.659	63.211
Gesellschaftswissenschaften	8.571	12.565	31.377
Mathematik/Naturwissenschaften/Technik	8.075	6.573	18.151
Kultur/Kunst	6.291	27.584	32.145
Steno/Maschinenschr.	65.190	44.951	36.611
andere allgemeinbildende Lehrgänge	50.782	94.944	74.045

In: Statistisches Jahrbuch der DDR. Berlin 1970ff.

In den Volkshochschulen der DDR macht sich die Steigerung des Schulbildungsniveaus bemerkbar, so dass die Oberschullehrgänge, die eine kompensatorische Funktion erfüllen, an Bedeutung verlieren. Demgegenüber wächst das Interesse an Sprachkursen, EDV-Kursen und freizeitorientierten Angeboten.

Vor der Wende existierten in der DDR 220 Volkshochschulen mit ca. 1.000 hauptberuflichen und 10.000 nebenberuflichen Lehrkräften, ferner 754 Betriebsakademien und 593 Abteilungen für Weiterbildung an Betriebsschulen mit 4.000 haupt- und 70.000 nebenberuflichen Lehrenden. 1965 wurden 45,2% aller Facharbeiterabschlüsse in der Erwachsenenbildung erworben, 1975 waren es 33,1%, 1988 noch 21,3%.

5.2 Aufgabenverständnis

Die Programmstrukturen lassen unterschiedliche Schwerpunkte erkennen, die die ambivalenten Modernisierungsprozesse widerspiegeln. Der Amerikaner J. Naisbitt spricht von einem „high tech-high touch-Syndrom", d.h., mit den neuen Technologien und der damit verbundenen Vereinzelung wächst das Bedürfnis nach emotionaler Nähe. Die Erwachsenenbildung reagiert auf beide Herausforderungen als Qualifizierungsinstanz und als neues soziales Stützsystem.

a) Nahezu alle betrieblichen, kommerziellen und öffentlichen Bildungseinrichtungen bieten Kurse zu den neuen Informationstechniken an. Dabei entsteht ein breites Spektrum von Organisationsformen: von „EDV-Schnupperkursen" in kirchlichen Einrichtungen bis zum motorisierten „EDV-Mobil" auf dem Lande.
b) Gleichzeitig werden durch Zuschüsse der Arbeitsverwaltung Motivierungs- und Umschulungskurse für die „Rationalisierungsverlierer", insbesondere für Arbeitslose, gefördert. Während die Zielgruppenarbeit in den 1970er Jahren eine systemkritische Reformstrategie war, wird die öffentliche Erwachsenenbildung jetzt vom Staat ermuntert, die Benachteiligten des technischen Fortschritts zu integrieren und zu „pazifizieren" und damit Konfliktpotentiale abzubauen.
c) Komplementär zu der „Qualifizierungsoffensive" wächst die Nachfrage nach Kursen zur psychosomatischen Gesundheit, wozu auch Tanz-, Yoga-, Meditations-, Diät- und Selbsterfahrungskurse gehören. Dabei werden die Grenzen zwischen Bildungsarbeit, Beratung und Therapie immer fließender.
d) Zwischen dem Identitäts- und dem Qualifizierungslernen scheint die politische Bildung zu verschwinden. Zumindest werden die traditionellen Politikthemen in den seminaristischen Arbeitsformen kaum noch nachgefragt. Andererseits sickern politische Inhalte in scheinbar unpolitische Kurse ein, z.B. in Frauengesprächskreise, Ökologiekurse und Schreibwerkstätten.

Die „neuen sozialen Bewegungen", die sich in den 1980er Jahren auch als „Bildungsbewegung" institutionalisieren und in die staatliche Förderung einbezogen werden, konzentrieren sich – z.T. in Kooperation mit den etablierten Veranstaltern – auf diese neuen Politikfelder. Energiekrise, Risiken der Kernkraft, Umweltzerstörung, Nord-Süd-Konflikt, Waffenhandel, Rassismus, geschlechtsspezifische Benachteiligungen, neue Lebensstile – dies sind die Themen, die sich unter dem „ÖKOPAX-Syndrom" subsumieren lassen.

Die „hot topics" der westdeutschen mikrodidaktischen Diskussion sind Schlüsselqualifikationen und Deutungsmuster. Der Begriff der Schlüsselqualifikation wurde von D. Mertens Mitte der 1970er Jahre geprägt und hat eine lange bildungsgeschichtliche Tradition (formale-materiale Bildung, funktionale-extrafunktionale Qualifikationen, „neue Allgemeinbildung").

Dem Deutungsmusteransatz liegt weniger ein berufliches Verwertungsinteresse als ein politisch-emanzipatorischer Anspruch zugrunde. Erwachsenenbildung ist nicht nur funktionale Qualifizierung, sondern auch Verständigung und Selbstreflexion in Lerngruppen, d.h. in „symbolischen Interaktionen". Lernen ist nicht nur die Aneignung neuen Wissens, sondern auch die Vergewisserung, Überprüfung und Modifizierung vorhandener Deutungen.

Paradigmatisches Dokument für die Erwachsenenbildung dieser Zeit ist ein Gutachten, das im Auftrag der Landesregierung von Baden-Württemberg erstellt und 1984 veröffentlicht wurde. Die Kommission versucht, den Qualifikationsanforderungen der Informationsgesellschaft gerecht zu werden, ohne eine „an Werten und Normen orientierte Erziehung“ zu vernachlässigen.

Die Verbindung zwischen beruflicher Funktionalität und persönlicher Sinnfindung soll durch Schlüsselqualifikationen hergestellt werden. Von politischer Weiterbildung ist nur noch indirekt die Rede.

Die Kommission beschreibt eine Weiterbildung, die modern, zweckrational und technologisch ist.

Auch in der DDR sollte die Erwachsenenbildung für die neuen „Schlüsseltechnologien“ qualifizieren und zugleich die gefährdete Loyalität der Bevölkerung zu dem System stabilisieren. Die Natur- und Technikwissenschaftler der URANIA sollten die politisch-ideologischen Ziele wissenschaftlich untermauern. Doch mehr und mehr erfüllten Einrichtungen wie die URANIA oder auch die Volkshochschulen eine Ventilfunktion, indem dort Versorgungsengpässe, die Einschränkung individueller Rechte und Widersprüche des DDR-Sozialismus kritisiert wurden. Solange diese Kritik auf die „Kleingruppen“ der Erwachsenenbildung beschränkt blieb, wurde sie auch geduldet. 1987/88 häuften sich jedoch Veranstaltungen zur Friedenspolitik, Ökologie und zur „sozialistischen Perspektive“, so dass einige Referenten und kritische Themen – insbesondere die sowjetische Perestroika-Politik – verboten wurden. Solche dirigistischen Eingriffe der Funktionäre erwiesen sich jedoch einige Monate vor der Wende als immer wirkungsloser.

War nun die Erwachsenenbildung der DDR Propagandainstrument der SED oder „Nische“ für oppositionelle Querdenker? Sicherlich beides. Doch vor allem wollten und sollten die „Werktätigen“ sich qualifizieren; politisch-ideologisches Beiwerk wurde von ihnen meist als störend empfunden und auch ironisiert. Zweifellos wurde in den Veranstaltungen auch Kritik geübt – an der SED-Politik oder an der Versorgungslage. Ein politischer Widerstand artikulierte sich jedoch – von Ausnahmen abgesehen – nicht in der formalen Erwachsenenbildung, sondern in informellen, insbesondere kirchlichen Gruppen.

Vereinfacht gesagt dominierte in den 1970er Jahren das soziologische, systemtheoretische Forschungsinteresse. In den 1980er Jahren überwiegen psychologische (identitätstheoretische und sozialpsychologische) Fragestellungen. Jetzt wird primär nach Ursachen und Bewältigungen von kritischen Lebensereignissen und nach psychosozialen Funktionen der Erwachsenenbildung gefragt. Eine solche Forschung kann sich nicht auf quantifizierende, analytische Methoden der empirischen Sozialforschung beschränken, sondern benötigt qualitative, hermeneutische Verfahren. Dementsprechend erfolgt ein „Paradigmenwechsel“ von einem „normativen“ zu einem „interpretativen“ Paradigma. Die erwachsenenpädagogische Biographieforschung löst die statistische Sozialforschung weitgehend ab.

Auch in der Lernpsychologie werden vergessene Konzepte wiederentdeckt, z.B. der Weisheitsbegriff. Unverkennbar ist die Unzufriedenheit mit der empirischen, experimentellen Lern- und Intelligenzforschung. Generell stagniert in den 1980er Jahren in Ost- und Westdeutschland die erwachsenenpädagogische Forschung. Für theorieorientierte Grundlagenforschungen werden kaum noch Forschungsmittel zur Verfügung gestellt. Von den wissenschaftlichen Begleituntersuchungen staatlich geförderter Modellversuche werden öffentlichkeitswirksame Erfolgsberichte erwartet. Der Transfergehalt dieser Projektevaluationen und der wissenschaftliche Erkenntniszuwachs sind meist gering.

Angesichts eines weitverbreiteten Pragmatismus wächst das Desinteresse an erwachsenenpädagogischer Theorie und Forschung vor allem dann, wenn kein unmittelbares Verwertungsinteresse erkennbar ist.

6 Die 1990er Jahre: Internationalisierung und Postmoderne

Die Prognosen für die Jahrtausendwende sind eher düster. Der Club of Rome prognostiziert in seinem „Bericht 1991", dass wir uns nach der agrarischen und der industriellen Epoche an der Schwelle zu einer dritten Phase der Menschheitsgeschichte, nämlich einer „neuen Weltgesellschaft" befinden. Diese ist gekennzeichnet durch eine Bevölkerungsexplosion im Süden, durch Störungen des Weltklimas, durch Krisen der Nahrungsmittelversorgung, durch Energieknappheit und geopolitische Veränderungen. Nach Schlichtung des Ost-West-Konflikts verschärfen sich die Spannungen zwischen dem reichen Norden und dem armen Süden, Nationalismus und Stammesdenken leben wieder auf. Die Migrationsbewegungen nach Westeuropa werden sich verstärken, Rassismus und Fremdenfeindlichkeit in Europa nehmen zu. Immer mehr Staaten verfügen über ABC-Waffen, die Militärausgaben steigen vor allem in Lateinamerika, im Nahen Osten und in Afrika. Die vorhandenen Demokratien scheinen mit der Lösung dieser Probleme überfordert zu sein und sind in vielen Staaten gefährdet, die Megastädte werden unregierbar. Diese Trends sind für den Club of Rome nicht nur eine politische Aufgabe, sondern auch eine globale Lernherausforderung. Nicht nur Individuen, sondern die Industriegesellschaften insgesamt müssen umlernen, umdenken, ihre Wertsysteme und Strukturen revidieren. Die Chancen für einen solchen globalen Lernprozess sind jedoch gering, da die menschliche Lernkapazität damit überfordert zu sein scheint. Die Menschheit steht ihren eigenen technischen Errungenschaften immer ohnmächtiger gegenüber.

In Deutschland sind die 1990er Jahre außerdem von den Folgen der Vereinigung geprägt. Der Einigungsprozess vollzieht sich viel langsamer als erwartet, vielfach scheinen die Verständigungsprobleme eher zu – als abzunehmen. Das wirtschaftliche Gefälle zwischen Ost und West ist unvermindert groß und wird durch den „brain drain" von den neuen in die alten Bundesländer noch vergrößert. Doch auch für die Wirtschaft der alten BRD wird ein Nullwachstum vorausgesagt. Die wirtschaftliche Misere und die hohe Arbeitslosigkeit erweisen sich als ein Nährboden für Sozialneid, Rechtsextremismus und Fremdenfeindlichkeit. Die Vision einer friedfertigen multikulturellen Gesellschaft rückt in eine weite Ferne.

Seit dem Herbst 1989 findet in der ehemaligen DDR ein tiefgreifender Lernprozess statt. Dieses „Lernen im Alltag" reicht von der Korrektur ethischer Werte bis zum Erlernen neuer Straßenschilder. Es schließt biographisches Identitätslernen ebenso ein wie eine neue Sicht der DDR-Geschichte, es beinhaltet aber auch eine Vielfalt alltagspraktischer Kenntnisse und Verhaltensweisen. Dieser komplexe Lernprozess erfordert ein Verlernen des Gewohnten, eine Umdeutung und einen Perspektivenwechsel, ein Probedenken und Probehandeln, eine permanente „Suchbewegung". Ein solches Lernen benötigt Zeit, und – auch gutgemeinte – Ratschläge aus dem Westen sind oft eher störend als hilfreich.

Die westdeutsche Gesellschaft hat sich in diesem Einigungsprozess eher als lernresistent erwiesen. Der offenkundige Bankrott des Sozialismus schien eine kritische Bilanz des westlichen Systems und Lebensstils überflüssig zu machen. Die Auswirkungen des EU-Binnenmarkts auf das Weiterbildungssystem und die Qualifikationsanforderungen sind z.Zt. erst in Teilbereichen einzuschätzen. In vielen Berufen müssen deutsche Arbeitskräfte mit einer höher-qualifizierten ausländischen Konkurrenz rechnen. An den Universitäten wird bereits über eine „EU-Fähigkeit" als interdisziplinäre Schlüsselqualifikation diskutiert. Die Verbände der Erwachsenenbildung müssen mit konkurrierenden Anbietern aus EU-Ländern, z.B. im Sprachunterricht, rechnen. „Native speaker" werden sich zunehmend in deutschen Schulen und Volkshochschulen als Sprachlehrer bewerben.

Der philosophisch-sozialwissenschaftliche Diskurs der 1990er Jahre wird von dem Streit um die Postmoderne beherrscht. Die meisten Experten konstatieren eine Krise der Industriegesellschaft, des ungezügelten technischen Fortschritts, der ideologischen Systeme, der optimistischen Utopien.

6.1 Bildungspolitik

Nachdem politisch die deutsche Einigung als Anschluss der östlichen an die westlichen Bundesländer beschlossen war, wurde auch das DDR-Bildungssystem aufgelöst und nach westdeutschem Vorbild umstrukturiert. Das galt auch für die Erwachsenenbildung. Nahezu alle Betriebsakademien wurden geschlossen. Die meisten Kulturhäuser wurden zu Kaufhäusern umgebaut. Die Volkshochschulen wurden von westdeutschen Partnervolkshochschulen und Landesverbänden unterstützt und in den Deutschen Volkshochschulverband eingegliedert. Trotz zahlreicher Entlassungen haben sie deshalb die „Wende" überstanden. Sie haben sich aber in ihrer Organisationsstruktur und in ihrem Programmangebot weitgehend an die westdeutschen Vorbilder angepasst. Regional unterschiedlich hat sich die URANIA entwickelt. In Sachsen-Anhalt ist sie als förderungswürdig durch das Erwachsenenbildungsgesetz anerkannt worden. Fast alle westlichen Erwachsenenbildungsverbände – Volkshochschulen, kirchliche, gewerkschaftliche, ländliche Verbände – haben in den neuen Bundesländern „Außenstellen" eingerichtet. Außerdem ist ein dichtes Netz an privaten, kommerziellen Bildungsanbietern insbesondere zur beruflichen Umschulung entstanden. Die pädagogische Qualität dieses Bildungsmarkts ist vielfach kritisiert worden, und viele Einrichtungen haben ihre Arbeit inzwischen wieder eingestellt.

Neu für die ehemalige DDR sind die Heimvolkshochschulen. Zwar ist es vorerst nicht gelungen, die traditionsreiche Heimvolkshochschule „Dreißigacker" (Thüringen) wieder einzurichten, dennoch werden in allen neuen Bundesländern mit westdeutscher Unterstützung solche Bildungsstätten aufgebaut. Im Grenzbereich zwischen Arbeitsmarkt- und Weiterbildungssystem sind zahlreiche neue Einrichtungen mit Unterstützung der Arbeitsverwaltung entstanden. Dazu gehören z.B. mehr als 400 „Beschäftigungs- und Qualifizierungsgesellschaften" mit ca. 200.000 Teilnehmern. Die TeilnehmerInnen werden – z.T. auf der Grundlage von AB-Verträgen – befristet beschäftigt – z.B. in Recycling, Umweltschutz, Tourismus, Altstadtsanierung – und gleichzeitig qualifiziert. Die Gesellschaften werden öffentlich gefördert und arbeiten gemeinnützig. Sie sollen die regionale Infrastruktur und das Qualifikationsniveau verbessern. Die Nachfrage nach diesen Angeboten ist groß, obwohl die Beschäftigungschancen nach solchen „Maßnahmen" weiterhin ungewiss sind.

In Brandenburg ist die Anzahl der hauptamtlichen pädagogischen Kräfte in den 43 Volkshochschulen von 252 auf 135 (1992) zurückgegangen. Ähnliches gilt für Mecklenburg-Vorpommern: Dort waren 1992 130 hauptamtliche Leiter und pädagogische MitarbeiterInnen beschäftigt. In Sachsen arbeiten 49 Volkshochschulen in kommunaler Trägerschaft, die VHS Dresden ist eingetragener Verein. Übrigens wurden in Dresden 670 verschiedene „Weiterbildungsanbieter" gezählt. Sachsen-Anhalt hat ein Erwachsenenbildungsgesetz nach niedersächsischem Vorbild verabschiedet, ein Bildungsurlaubsgesetz wurde jedoch von der CDU und FDP abgelehnt. Auch in Thüringen ist ein Erwachsenenbildungsgesetz in Kraft, das eine 100%ige Finanzierung des pädagogischen Personals vorsieht.

Damit verschärft sich die Konkurrenzsituation für die öffentliche Erwachsenenbildung:

- Großbetriebe werden ihr betriebliches Bildungsangebot weiter ausbauen und auch allgemeinbildende Kurse (z.B. Fremdsprachen) durchführen.
- Schulische Einrichtungen (z.B. Berufs- und Fachschulen, aber auch Gymnasien) werden – bei rückläufigen Schülerzahlen – Veranstaltungen für Erwachsene anbieten.
- Kommerzielle Unternehmen werden sich verstärkt in der Weiterbildung engagieren, und zwar nicht nur private Sprach- und EDV-Schulen, sondern auch Krankenkassen, Hobbymärkte, Reisebüros u.ä.
- Aufgrund der neuen Informationstechnologien wird das massenmediale Bildungsangebot erweitert und – z.B. durch Telefax, Videokassetten, Fernsehkonferenzschaltungen u.ä. – perfektioniert.
- Vor allem die jüngere Generation befriedigt ihre Bildungsbedürfnisse zunehmend in außerinstitutionellen, informellen Gruppen (z.B. Ökologiegruppen, Selbsthilfegruppen).
- An Bedeutung gewinnen die Universitäten als Einrichtungen wissenschaftlicher Weiterbildung. Auch als Stätte allgemeiner Weiterbildung wird die Universität wieder attraktiv, wie es das Interesse an einem Seniorenstudium belegt.

Verschärfen wird sich der Streit um staatliche Zuschüsse, das Finanzvolumen wird vermutlich nicht größer, aber auf mehr Antragsteller verteilt.

Nicht nur das Geld, auch die Freizeit wird knapp. Beides könnte dazu führen, dass sich sowohl der Staat als auch die Bevölkerung auf die Bildungsangebote konzentrieren, die unmittelbar verwertbar sind.

Doch nicht nur eine Verschärfung der Konkurrenz, sondern auch neue Kooperationsformen zeichnen sich ab. Exemplarisch sei auf die Kooperationsvereinbarung zwischen dem Städtischen Krankenhaus, der Allgemeinen Ortskrankenkasse und der Volkshochschule Hildesheim hingewiesen. Vereinbart wurden „Bildungsangebote an Patienten und Mitarbeiter des Krankenhauses, an die Mitglieder und Mitarbeiter der AOK" sowie öffentliche Programme zur Gesundheitsbildung.

Durch den europäischen Integrationsprozess wird die Internationalisierung der Erwachsenenbildung beschleunigt werden, zumal durch Aktionsprogramme der Europäischen Union im Rahmen der „Task Force Humanressources" Kooperations- und Innovationsprojekte gefördert werden.

Eine didaktische Leitidee der Zukunft ist alt und zugleich aktuell: Erwachsene zum Selberlernen befähigen (self-directed-learning), so dass sie autodidaktische Phasen, Lernen in informellen Gruppen, institutionelle Bildungsbeteiligung und individuelle Beratung selbstständig kombinieren.

Dabei dürfen diejenigen nicht aus dem Blick geraten, die mit einer solchen selbstgesteuerten Lernplanung noch überfordert sind. Um einer weiteren Öffnung der Bildungsschere gegenzusteuern, sind neue Formen der „aufsuchenden Bildungsarbeit" für bildungsbenachteiligte Gruppen erforderlich. Dazu können auch Angebote der „soziokulturellen Animation" in den Wohnvierteln gehören.

Zu bedenken ist ferner, dass die junge Generation, die in der Regel über eine längere und bessere Schulbildung verfügt als die Elterngeneration, an die Erwachsenenbildung der Zukunft höhere didaktisch-methodische Ansprüche stellt. Der traditionelle dozentenorientierte Unterricht wird kaum noch attraktiv sein. Die Erwachsenenbildung wird sich um neue anregende Lernorte und Veranstaltungsformen bemühen müssen. Dazu gehört auch eine zeitgemäße „Lernökologie", d.h. eine interessante Lernumgebung, bei der Form und Inhalt übereinstimmen. So achten viele junge Erwachsene darauf, ob die Bildungsstätten, die ökologische Themen anbieten, auch umweltfreundlich organisiert sind.

In vielen Einrichtungen und Themenbereichen sind Frauen bereits jetzt überrepräsentiert, und dieser Trend scheint sich fortzusetzen, so dass die Didaktik und Methodik der zukünftigen Erwachsenenbildung mehr und mehr von weiblichen Denkstilen, Umgangsformen und Deutungsmustern geprägt wird. Konkurrenzverhalten und Positionsbehauptungen, Dominanzen und dualisierendes Denken werden vermutlich abnehmen zugunsten verständnisvoller, „ganzheitlicher" Lehr-Lernprozesse – zumindest in der außerberuflichen Bildungsarbeit.

Lernaktivitäten mithilfe multimedialer Programme nehmen deutlich zu. Die Qualität des „computer-based learning" verbessert sich, insbesondere durch neue interaktive Möglichkeiten. Dennoch sind die Auffassungen über Stärken und Schwächen, Vorteile und Nachteile sowie über Zukunftsperspektiven des computergestützten Lernens noch kontrovers.

Erheblich an Bedeutung gewonnen hat das „organisationale Lernen". Viele Veröffentlichungen erörtern Konzepte der Organisationsentwicklung von „lernenden Organisationen". „Total Quality Managment" ist dabei nur ein Element innovativer Unternehmensstrukturen. Auch Bildungseinrichtungen (Schule, Volkshochschule, Universität) müssen sich auf ihre Lernfähigkeit hin überprüfen lassen.

In ökonomischer Hinsicht interessiert auch die Funktion der Weiterbildung für die Regionalentwicklung. Ein hochwertiges regionales Bildungsangebot gilt als Standortfaktor und Wettbewerbsvorteil.

6.2 Aufgabenverständnis

Unverkennbar sind postmoderne Tendenzen in der Erwachsenenbildung. Der Vernunft- und Bildungsoptimismus der Aufklärung hat kaum noch eine bildungspraktische Relevanz. Nicht eine Bildungsidee und ein Bildungskanon bestimmen primär das Programmangebot, sondern die Nachfrage und die finanziellen Zuschüsse. Eine Rangordnung der Themen und Ziele wird überwiegend abgelehnt. Der Verfall der traditionellen politischen Bildung verweist auf Entwicklungen zum „Infotainment" auch in der Erwachsenenbildung.

Eine postmoderne Erwachsenenbildung verzichtet auf Eigenständigkeit und Eigenlegitimation und wird Bestandteil der Gesundheitsförderung, der Arbeitsmarktpolitik, des staatlichen Krisenmanagements, des Freizeit- und Kulturbetriebes.

Schlüsselbegriffe der 1990er Jahre sind Differenz und Pluralität. In der sozialwissenschaftlichen Diskussion konkurrieren unterschiedliche Zeitdiagnosen miteinander (Risiko-, Erlebnis-, Multioptionsgesellschaft; Postmoderne; reflexive Moderne; Globalisierung...). In der empirischen Sozialforschung werden unterschiedliche Milieus und Lebensstile erforscht. Diese Pluralisierung der Milieus wirkt sich unmittelbar auf Angebot und Nachfrage der Weiterbildung aus, z.B. als milieuspezifische Differenzierung der Lernmotive, Lernstile, Umgangsformen, alltagsästhetischen Vorlieben, Erwartungen an das „Ambiente" der Bildungsstätten u.ä. Die traditionelle Didaktik verliert an Bedeutung zugunsten der ganzheitlichen „Erlebnisqualität" von Bildungsangeboten. Hinzu kommt eine zunehmende Multikulturalität der Themen und Teilnehmergruppen.

Ein zentrales bildungspolitisches Thema der 1990er Jahre sind Qualitätsstandards und Qualitätssicherungen der Bildungsarbeit. Dabei sind nicht nur organisatorische, sondern auch didaktisch-methodische Kriterien zu berücksichtigen. Eine Evaluations- und Wirkungsforschung hat nicht nur in der beruflichen Qualifizierung, sondern auch in der allgemeinen Erwachsenenbildung persönlichkeitsbildende Effekte und gesellschaftliche Wirkungen – z.B. auf dem Arbeitsmarkt, aber auch in der politischen Partizipation – zu überprüfen.

Der „symbolische Interaktionismus“ und in jüngster Zeit vor allem der „Konstruktivismus“ haben auf die lebensgeschichtliche Prägung sowie auf die Individualität und Originalität des erwachsenen Lernens aufmerksam gemacht. Erwachsene eignen sich nicht lediglich vorgegebenes Wissen an, Lernen ist nicht nur eine Reaktion auf Lehre nach dem Input-Output-Schema, sondern Erwachsene bahnen sich ihre eigenen Lernwege, und sie beschaffen sich die Kenntnisse und Fähigkeiten, die sie benötigen. Eine Unterrichtsforschung nach dem Sender-Empfänger-Schema wird diese aktiven Lernprozesse nur unzureichend erfassen.

7 Trends und Tendenzen

Ob man von einem Fortschritt der Erwachsenenbildung seit 1945 sprechen kann, ist eine offene Frage. Jedenfalls kann man ein kontinuierliches Wachstum registrieren: Erwachsenenbildung ist in den meisten sozialen Schichten zu einer Normalität geworden, auch wenn der Prozentsatz der NichtteilnehmerInnen noch überwiegt. Dennoch ist Erwachsenenbildung strukturell nicht zu einem vollwertigen „quartären Sektor“ des öffentlichen Bildungssystems ausgebaut worden. Dies hängt nicht nur mit finanziellen Restriktionen zusammen. Das Spektrum der Anbieter ist vielfältiger, pluralistischer, bunter geworden. Erwachsenenbildung hat sich „entstrukturiert“ und ist in benachbarte Subsysteme „eingesickert“: in das Arbeitsmarkt- und Gesundheitssystem, in den Tourismus und die neuen sozialen Bewegungen. Innerhalb der öffentlichen Erwachsenenbildung nehmen die Entgrenzungen zur Sozialarbeit, Lebensberatung und Therapie zu. Auch aus Sicht der Individuen hat sich nicht das Phasenmodell der „recurrent education“ durchgesetzt, demzufolge sich zeitlich eindeutig terminierte Arbeits- und Bildungsphasen ablösen. Vielmehr sind „vermischte“ Lebensläufe zur Regel geworden: Die 35-jährige Hausfrau und Mutter studiert „nebenher“.

Auch das Lernen in Institutionen und in lernzielorientierten Kursen ist selbstorganisiert, autopoietisch, lebensgeschichtlich geprägt und nicht lediglich eine Reaktion auf die Lehre. Gesellschaftliche Individualisierungsprozesse spiegeln sich im Lernverhalten wider, und gerade deshalb wird der Kontakt mit Gleichgesinnten gesucht.

Die Verberuflichung der Erwachsenenbildung hat sich fortgesetzt, nicht aber ihre Professionalisierung. Die Zahl der hauptamtlich – wenn auch häufig befristetet – in der Erwachsenenbildung Beschäftigten ist stetig gewachsen. Allerdings hat sich – im Sinne einer Profession – kein unverwechselbares Berufsbild mit einem spezifischen Qualifikationsprofil und einer gesellschaftlich anerkannten beruflichen Identität entwickelt, Erwachsenenbildung ist (wieder?) zum Zweitberuf geworden. Dies hängt u.a. mit der o.g. Entstrukturierung zusammen. Dementsprechend hat sich die Wissenschaft der Erwachsenenbildung zwar an vielen Universitäten etabliert, aber ihre Entwicklung stagniert. Es gibt zwar in der „scientific community“ einen Basiskonsens, z.B. über Erfahrungs- und Lebensweltorientierung, aber kein einheitliches Theorie- und Forschungsparadigma mit disziplinspezifischen Kategorien, Fragestellungen und Untersuchungsmethoden. Es dominiert weiterhin ein „Import“ von Legitimationen, Theoremen und Erkenntnissen aus den Bezugswissenschaften. Erwachsenenpädagogische Forschung ist selten theoriegeleitete Lehr-Lernforschung, sondern überwiegend wissenschaftliche Begleitung und Bestätigung von Modellprojekten.

Die Theoriediskussion hat nicht zur Profilierung einer Theorie, sondern zu einem pluralistischen Spektrum von Theorieansätzen geführt. Dem entspricht die didaktisch-methodische Vielfalt der Bildungspraxis. Traditionelle „Buch- und Kreide-Seminare" sind nicht mehr der dominante Veranstaltungstyp; kreative, körperorientierte, meditative, gruppendynamische, erlebnisbezogene, biographische Angebote setzen sich auch in der „Provinz" durch. Lernmittel mit Symbolgehalt sind Overhead-Projektor, Collage und Wolldecke.

Von dem 40jährigen sozialistischen Modernisierungsexperiment auf deutschem Boden ist auch in der Erwachsenenbildung nicht viel übrig geblieben. Während die westdeutsche Erwachsenenbildung stets ein ambivalentes, gebrochenes Verhältnis zur Moderne hatte und durch ihren Pluralismus auch „postmodern" gezeichnet war, wies die sozialistische Erwachsenenbildung alle – von der Postmoderne als gescheitert behaupteten – Merkmale der Modernität auf: ein geschlossenes Weltbild mit utopischen Versprechungen, ein dogmatisch verordnetes neues Menschenbild, ein unerschütterlicher technischer Fortschrittsoptimismus, ein einheitliches Bildungs- und Erziehungskonzept, eine zentralistische Planung und politische Kontrolle der Bildungsarbeit, eine bürokratische Übersteuerung der Erwachsenenbildung, die Überzeugung der Planbarkeit und Organisierbarkeit individuellen Bewusstseins, ein verbindlicher Lehrplan und Bildungskanon, ein Übergewicht zweckrationaler dozentenorientierter kognitivistischer Methoden.

Dieses Paradigma galt nach der „Wende" schlagartig als überholt: Entmonopolisierung, Pluralität, Marktorientierung, Dezentralisierung, Relativierung von Wahrheiten, Selbststeuerung, spielerische Lernmethoden, aber auch das modernistische Repertoire von Coaching, Consulting, Marketing, Controlling setzten sich in kurzer Zeit durch. Zu den Verlusten der „Wende" gehört möglicherweise ein „Kulturverfall". „Kulturvolle Freizeitgestaltung" wurde in der DDR staatlich gefördert. Theaterbesuche, die Lektüre „schöngeistiger" Literatur, Musik und Laienspielgruppen waren weit verbreitet. In den Buchhandlungen ist die Belletristik weitgehend durch Comics im amerikanischen Stil und alltagspraktische Ratgeberliteratur ersetzt worden.

In der empirischen Bildungsforschung zeichnet sich ein wachsendes Interesse an interpretativen, z.T. konstruktivistisch inspirierten Studien ab, z.T. als bildungsbiographische Interviews, z.T. als inhaltsanalytische Rekonstruktion von Seminarsequenzen (z.B. Arnold u.a. 1998). Dabei erweisen sich Interpretationen solcher Protokolle aus verschiedenen Perspektiven („Leseartenvergleich") als ergiebig. Repräsentative bildungssoziologische Befragungen sind selten geworden; aufschlussreiche Daten über die Bildungsnachfrage liefert das periodisch erscheinende „Berichtssystem Weiterbildung".

Literatur

Arnold, R. u.a. (1998): Lehren und Lernen im Modus der Auslegung. Baltmannsweiler: Schneider Verlag.
Axmacher, D. (1997): Erwachsenenbildung im Kapitalismus. Frankfurt a.M.: Fischer.
Beck, U. (1986): Risikogesellschaft. Frankfurt a.M.: Suhrkamp.
Club of Rome (1992): Die globale Revolution. Aus: King, A./Schneider, B. (Hrsg.): Die globale Revolution. Ein Bericht des Rates des Club of Rome. Erschienen als: Spiegel-Spezial Nr. 2/1991, S. 9.
Deutscher Ausschuß für das Erziehungs- und Bildungswesen (1960): Zur Situation und Aufgabe der deutschen Erwachsenenbildung. Stuttgart: Klett.
Deutscher Bildungsrat (1970): Strukturplan für das Bildungswesen. Stuttgart: Klett.
Dikau, J. (1980): Die Erwachsenenbildung und ihre Theorie im Zusammenhang der deutschen Nachkriegsentwicklung. In: Beinke, L. u.a. (Hrsg.): Zukunftsaufgabe Weiterbildung. Weil: Lexikon Verlag, S. 25-60.
Faulstich, P. (1992): Situation und Perspektiven der Weiterbildung in den alten und neuen Bundesländern. In: Gewerkschaftliche Bildungspolitik, H. 11, S. 262-266.
Flitner, W. (1982): Erwachsenenbildung. Paderborn: Schoeningh.
Harke, E. (1966): Pädagogische und psychologische Probleme der Erwachsenenbildung. Leipzig: VEB Verlag.
Kejcz, Y. u.a. (1979): Lernen an Erfahrungen. Frankfurt a.M.: Paedag. Arbeitsstelle des DVV.
Knoll, J.H./Siebert, H./Wodraschke, G. (1967): Erwachsenenbildung am Wendepunkt. Heidelberg: Quelle+Meyer Verlag.
Knoll, J.H. (Hrsg.) (1969ff.): Internationales Jahrbuch der Erwachsenenbildung. Köln: Böhlau.
Löwe, H. (1970): Einführung in die Lernpsychologie des Erwachsenenalters. Berlin: VEB Verlag.
Lotze, H. (Hrsg.) (1948): Bausteine der Volkshochschule. Braunschweig: Westermann.
Negt, O. (1968): Soziologische Phantasie und exemplarisches Lernen. Frankfurt a.M.: Europäische Verlagsanstalt.
Nolda, S. (Hrsg.) (1996): Erwachsenenbildung in der Wissensgesellschaft. Bad Heilbrunn: Klinkhardt.
Olbrich, J. (2001): Geschichte der Erwachsenenbildung in Deutschland. Opladen: Leske+Budrich.
Ottomeyer, K. (1977): Ökonomische Zwänge und menschliche Beziehungen. Reinbek b. Hamburg: Rowohlt.
Schulenberg, W. (1957): Ansatz und Wirksamkeit der Erwachsenenbildung. Stuttgart: Enke.
Schulenberg, W. u.a. (1979): Soziale Lage und Weiterbildung. Braunschweig: Westermann.
Siebert, H. (1970): Erwachsenenbildung in der Erziehungsgesellschaft der DDR. Düsseldorf: Bertelsmann.
Siebert, H. (1972): Erwachsenenbildung. Düsseldorf: Bertelsmann.
Siebert, H./Gerl, H. (1975): Lehr- und Lernverhalten bei Erwachsenen. Braunschweig: Westermann.
Strzelewicz, W./Raapke, H.D./Schulenberg, W. (1966): Bildung und gesellschaftliches Bewußtsein. Stuttgart: Enke.
Tietgens, H. (Hrsg.) (1968a): Bilanz und Perspektive. Braunschweig: Westermann.
Tietgens, H. (1968b): Zum Aufgabenverständnis der Erwachsenenbildung. In: Tietgens, H. (Hrsg.): Bilanz und Perspektive. Braunschweig: Westermann, S. 185–210.
Tietgens, H. (Hrsg.) (1985): Zugänge zur Geschichte der Erwachsenenbildung. Bad Heilbrunn: Klinkhardt.
Weitsch, E. (1949): Gibt es heute noch eine Volkshochschulbewegung? In: Freie Volksbildung, H. 7, S. 241–246.
Weymann, A. (Hrsg.) (1980): Handbuch für die Soziologie der Weiterbildung. Darmstadt: Luchterhand.
Ziehe, T. (1991): Zeitvergleiche. Weinheim/Basel: Juventa.

Theoretische Ansätze der Erwachsenenbildung/Weiterbildung

Hartmut M. Griese

Sozialisationstheorie und Erwachsenenbildung

1 Allgemeine Vorbemerkungen zur Sozialisationstheorie/-forschung

„Zweifellos ist die Sozialisationsforschung in den letzten Jahren zum interdisziplinären Treffpunkt der Sozial- und Humanwissenschaften geworden und hat entscheidend zu der stärker sozial- und erfahrungswissenschaftlichen Orientierung der Erziehungswissenschaft beigetragen" – so lautete vor ca 30 Jahren mein Beginn einer „exemplarischen Diskussion" von Einführungstexten in die Sozialisationstheorie (Griese 1978, S. 471). Diese neue Forschungsrichtung hatte innerhalb weniger Jahre, etwa von Mitte der 1960er Jahre an (vgl. exemplarisch die wegweisenden Publikationen von Wurzbacher 1963, 1968; und dann vor allem Habermas 1968 – als Raubdruck mit ungeheurer Wirkung) bis Mitte der 1970er Jahre (vgl. als Beispiele aus der Flut der Publikationen Griese 1976b; Bilden 1977; Geulen 1977), zu dem geführt, was später „Paradigmenwechsel" („sozialwissenschaftliche Wende") oder sogar „Sozialisationswissenschaft" in der Pädagogik genannt wurde. Die Etablierung der Sozialisationstheorie im Schnittfeld von Soziologie, Psychologie und Pädagogik/Erziehungswissenschaft in den 1970er Jahren lässt sich auch an den zunehmenden Sammelbänden und Studienführern dazu ablesen (vgl. exemplarisch Hurrelmann 1976; 1986). Die Schwerpunkte der damaligen Diskussion lagen

a) im sog. *Theorienvergleich* (Darstellung und Kritik der unterschiedlichen Ansätze aus der Psychoanalyse, der Lerntheorie, der strukturell-funktionalen und interaktionistischen Rollentheorie, der materialistischen Perspektive usw. oder der Klassiker wie eben Freud, Lewin, Piaget, Durkheim, Mead, Parsons) und
b) in der *schichtenspezifischen* Sozialisationsforschung („Familienerziehung, Sozialschicht und Schulerfolg", „Sozialisation und Auslese durch die Schule", „Sprache und soziale Herkunft", die Diskussion um „Chancengleichheit und Bildungsbarriere" etc.) mit überwiegend pädagogischer und politischer Zielsetzung („kompensatorische versus emanzipatorische Erziehung").

Rückblickend betrachtet ist aus dem Theorienvergleich ein eklektisches Theoriebasteln in pädagogischer Absicht geworden, während die schichtenspezifische Sozialisationsforschung im Anschluss an die PISA-Studien ab 2001 eine Art Renaissance und Erweiterung (z.B. durch die Habitus- und Kapitaltheorie von Bourdieu) erfahren hat und mit Blick auf die frühen Sozialisationsprozesse (Relevanz des Kindergartens) und die Selektionsmechanismen des dreigliedrigen Bildungssystems wieder Einfluss auf die allgemeine Bildungsforschung genommen hat.

„Höhepunkt", aber m.E. auch gleichzeitig tendenzielles Ende der kontroversen, aber eben auch äußerst fruchtbaren sozialisationstheoretischen Diskussion, war dann das „*Handbuch der Sozialisationsforschung*" (vgl. Hurrelmann/Ulich 1980), welches eine interdisziplinäre (eklektische?), praxisorientierte (normative?) und auch integrative (diffuse?) Sicht von Sozialisation zu vermitteln versucht. Ursache für diese, m.E. Harmonisierung der Diskussion um Sozialisation, war die vorausgegangene „*Pädagogisierung*" der ursprünglich sozialwissenschaftlichen Sozialisationsforschung und -theorie. Diese Tendenz wird deutlich im mittlerweile zum Standardwerk avancierten Handbuch und in weiteren Ansätzen einer „Bestandsaufnahme und Kritik in pädagogischer Perspektive" (vgl. Hamann 1981), die aber m.E. dem ursprünglichen Ansinnen der (empirisch-sozialwissenschaftlichen) Sozialisationsforschung nicht mehr gerecht werden kann. Und hiermit ist das Grundproblem der Sozialisationstheorie und -forschung angesprochen: das Spannungsverhältnis zwischen Sozialwissenschaft und Pädagogik bzw. zwischen theoretischer Analyse und Deskription empirisch gefundener Ergebnisse einerseits und normativen Aspekten und Zielen der Persönlichkeitsentwicklung andererseits; zwischen theoretischen Erkenntnissen und Praxisforderungen/-folgerungen – oder eben zwischen Sozialisation und Erziehung/Bildung (vgl. dazu ausführlich Griese 1991).

Während die allgemeine Pädagogik/Erziehungswissenschaft bereits eine deutliche sozialisationstheoretische Perspektive eingenommen hatte, war die *Erwachsenenbildung* in Forschung und Theorie Mitte der 1970er Jahre davon noch relativ unberührt, obwohl Fragen der ungleichen (vorangegangenen) Sozialisation und (Aus-)Bildung der (Kurs-)Teilnehmer als durchaus relevant erkannt wurden. Es gab aber keine typisch sozialisationstheoretische Perspektive in der Theoriediskussion um Erwachsenenbildung. Dazu kam es erst auf dem Umweg über eine Perspektivenveränderung/-erweiterung in der allgemeinen Sozialisationsdiskussion, konkret durch eine vor allem in der Soziologie aufkommende Diskussion zu Fragen und Problemen der „*Erwachsenensozialisation*" (vgl. Griese 1976a; 1979; Nave-Herz 1981), des „*Lebenslaufs*" (vgl. Hurrelmann 1976; Kohli 1978) und des *Erwachsenenalters* (vgl. Pieper 1978; Rosenmayr 1978), die von der Psychologie (vgl. exemplarisch Oerter 1978; Oerter/Montada 1982) ebenfalls aufgenommen wurde. In Psychologie und Soziologie hatte sich Ende der 1970er Jahre die Auffassung allgemein durchgesetzt, dass Sozialisation ein *lebenslanger* Prozess der Anpassung und Auseinandersetzung eines Individuums mit seiner sozio-kulturellen Umwelt darstellt.

Die entscheidende Publikation für diese Sichtweise war sicher die deutsche Übersetzung von Brim/Wheeler („*Erwachsenensozialisation*", 1974), die dann später auch in der Erwachsenenbildung diskutiert wurde. Kurz danach erschien meine Monographie mit gleichlautendem Titel (vgl. Griese 1976a). Die m.E. wichtigsten, bis dahin verstreut vorliegenden Aufsätze zur „Sozialisation im Erwachsenenalter" wurden dann 1979 in einem Sammelband (Griese 1979a) publiziert. Im gleichen Jahr erschien der erste zusammenfassende Handbuchartikel zur „Erwachsenensozialisation" (Griese 1979b) im „Taschenbuch der Weiterbildung" (Siebert 1979), d.h. das neue Thema hatte die Erwachsenenbildung erreicht. Wenig später (vgl. Lenz 1982) wurde „Erwachsenensozialisation" bereits als „Grundbegriff der Weiterbildung" gehandelt und im Band 11 („Erwachsenenbildung") der „Enzyklopädie der Erziehungswissenschaften" ausführlich diskutiert (vgl. Kohli 1984). Von einem sozialisationstheoretischen Ansatz in der Erwachsenenbildung konnte aber noch keine Rede sein, vielmehr galten die Erkenntnisse und Theoreme der Erwachsenensozialisationsforschung als eine Art Basiswissen und Orientierungspunkt für die Theorie und Praxis der Erwachsenenbildung. Beleg dafür soll die Zusammenfassung sein, die Kohli (1984, S. 124) zu seinem Handbuchartikel verfasst hat und welche den damaligen Erkenntnisstand einerseits und die intendierte Ausrichtung an Erwachsenen-/Weiterbildung andererseits anzeigt:

> „Die stärkere Hinwendung zum Erwachsenen, die in der Sozialisationsforschung seit kurzer Zeit zu verzeichnen ist, wird hier aus soziologischer Perspektive dargestellt. Nach einem Überblick über den Forschungsstand wird das Erwachsenenalter als Teil des sozial verfassten Lebenslaufs behandelt (...) Ein weiterer Abschnitt gilt den Lebensbereichen (wie Arbeit, Familie, Massenmedien). Im Schlussabschnitt wird die These vertreten, dass die politische Gestaltung von Erwachsenensozialisation weniger durch die Bildungsinstitutionen erfolgen kann als durch eine Bezugnahme auf den Alltag der Erwachsenen" (Kohli 1984, S. 124).

Die Grundfrage für die Erwachsenenbildung – aus der Sicht der Erwachsenensozialisationsforschung – lautet daher: „*Welche Chancen haben Bildungsprozesse gegenüber der sozialisierenden Wirkung der gesellschaftlichen Bedingungen*?" (Lenz 1982, S. 80) – und zwar vor und während der bildnerischen Bemühungen im Erwachsenenalter, denn: „Der Erwachsene erfährt sich als Handelnder in der Welt. Erwachsenensozialisation geschieht durch Erfahrungen. Bildung umfasst die Vorgänge, in denen die Erfahrung für das Handeln verarbeitet werden (...) Weiterbildung versteht sich dann als kritische Instanz und Anlass zur Reflexion" (ebd., S. 81). Mitte der 1980er Jahre war die Erwachsenensozialisationsforschung sozusagen ein kritisch-reflexives Korrelat zur erstarrten Theoriediskussion in der Erwachsenenbildung, welches die Grenzen des pädagogisch-bildnerisch Möglichen aufzeigen konnte, Informationen und Erkenntnisse zum Erwachsenen lieferte und insgesamt eine stärker sozialwissenschaftliche Perspektive in die Diskussion brachte. Damit einher ging eine lebenswelt-/alltagsorientierte Didaktik sowie eine *Lebenslauf- bzw. Biografieorientierung* in der Erwachsenenbildung. Siebert (1981) nennt diese Phase der Erwachsenenbildung ab etwa Ende der 1970er Jahre die *„sozialanthropologische Phase"*, in der neben der Basistheorie des „Symbolischen Interaktionismus" und der „neomarxistischen Persönlichkeitstheorie" (als quasi Überbleibsel der „gesellschaftskritischen Phase" im mikrotheoretischen Gewand) die „Sozialisationstheorie" die Diskussion in der Erwachsenenbildung bestimmt(e).

Mitte der 1980er Jahre kann man wohl eine starke Hinwendung der Theoriediskussion in der Erwachsenenbildung auf Sozialisation konstatieren, obwohl gleichzeitig festgehalten wird: „Jedoch kann von einer Theorie der Erwachsenensozialisation, verstanden als integrales Moment einer umfassenden Sozialisationstheorie, zur Zeit noch nicht gesprochen werden" (Rosewitz 1985, S. 105). Eine explizit *„sozialisationstheoretische Begründung von Erwachsenenbildung"* forderte m.E. zuerst Frank (1982). Es waren danach vor allem zwei Publikationen, die zum Durchbruch dessen geführt haben, was hier näher beschrieben und analysiert werden soll: „*Erwachsenensozialisation und Erwachsenenbildung*. Aspekte einer sozialisationstheoretischen Begründung von Erwachsenenbildung" (vgl. Arnold/Kaltschmid 1986) und dann das Handbuch *„Theorien der Erwachsenenbildung"* (vgl. Dewe/Frank/Huge 1988), in dem eigens ein Kapitel den „sozialisationstheoretischen Ansätzen der Erwachsenenbildung" (vgl. ebd. S. 140ff.) gewidmet ist.

Von daher lässt sich zusammenfassen: Während sich die allgemeine Sozialisationstheorie in den 1960er Jahren in der deutschsprachigen sozialwissenschaftlichen Diskussion etabliert hatte, erlebte diese in den 1970er Jahren eine Hinwendung zur Pädagogik, zu interdisziplinär-integrativen Überlegungen und zu einem Konzept der *lebenslangen* Sozialisation, wobei das Konstrukt *„Erwachsenensozialisation"* die Brücke dazu bildete. Damit war auch der Weg frei für eine Einarbeitung der neuen theoretischen Erkenntnisse in die Theorie der Erwachsenenbildung, welche jedoch anfangs mehr ein Basis-, Korrektur- und Reflexionswissen darstellten und erst ab Mitte der 1980er Jahre zu dem führte, was dann *„sozialisationstheoretische Begründung"* bei Arnold und Kaltschmid oder *„sozialisationstheoretische Ansätze"* (Plural!) bei Dewe, Frank und Huge („rollentheoretisch-funktionalistisch", „symbolisch-interaktionistisch", „strukturalistisch") in der Erwachsenenbildung genannt wurde.

In den 1990er Jahren wurde es stiller in der Diskussion um eine (erwachsenen)sozialisatorische Begründung und Fundierung der Erwachsenenbildung und wegweisende Publikationen dazu erkenne ich nicht. In meiner Aufsatzsammlung (vgl. Griese 1991c) habe ich dann versucht, die Thematik aus verschiedenen Perspektiven anzugehen, um zu grundsätzlichen Fragen und Problemen vorzudringen (vgl. Kap. 3). Was aktuelle Publikationen zu unserem Thema betrifft, fällt mir nur Weymann (2004) ein, der Erwachsenensozialisation im Schnittfeld von individueller Biografie einerseits sowie Institutionen und Gesellschaft andererseits diskutiert.

2 Erwachsenensozialisation und Erwachsenenbildung

Arnold und Kaltschmid (1986) beginnen die Einleitung zu ihrem Sammelband wie folgt:

> „Anfang der 80er Jahre bahnte sich in der Erwachsenenbildungsdiskussion ein Paradigmenwechsel an, der sich zur Zeit sehr ‚geräuschvoll' vollzieht (...) so spricht man seit Beginn dieses Jahrzehnts von einer ‚reflexiven Wende' (Schlutz 1982) im Sinne einer Hinwendung zum Teilnehmer und seiner Lebenswelt (...) Was bedeutet Teilnehmerorientierung der Erwachsenenbildung angesichts der gesellschaftlichen Erfahrungen des Erwachsenen in der heutigen Zeit? (Damit sind) Fragen nach dem Verhältnis von Erwachsenensozialisation und Erwachsenenbildung (...) (bzw.) von gesellschaftlicher und lebensweltlicher Erfahrung und Lernen im Lebenslauf des Erwachsenen"

angesprochen (ebd. S. 5ff.). In großen Teilen der Erwachsenenbildungsdiskussion hatte sich die Erkenntnis bzw. Auffassung durchgesetzt, dass Bildung einen „lebensweltbezogenen Erkenntnisprozess" (Schmitz) darstellt, dass Bildung mehr sein muss als Qualifikation oder Wissensaneignung durch institutionelles Lernen und dass die Erwachsenenbildung daher wesentlich mehr von den individuellen Erfahrungen und Prägungen ihrer Teilnehmer wissen muss. Das damit geäußerte Interesse an den „Deutungsmustern der Teilnehmer", ihren „lebensgeschichtlichen Erfahrungen (und Deformierungen)" und ihren „subjektiv-biographischen Krisen" usw. blieb jedoch, so Arnold und Kaltschmid (1986),

> „zumeist vage (...). Die didaktisch-methodische Konkretisierung teilnehmerorientierter Erwachsenenbildung scheitert zur Zeit immer noch an der unzureichenden sozialisationstheoretischen und empirischen Analyse der Lebensbedingungen der Adressaten von Erwachsenenbildung (...) Erforderlich ist vielmehr ein umfassender sozialisationstheoretischer Zugang, wobei sich jedoch kaum auf empirisches Material zurückgreifen lässt, denn der Sozialisationsprozess von Erwachsenen ist noch wenig erforscht" (ebd., S. 7).

Die für die Erwachsenenbildung in Theorie und Praxis relevanten Fragen „Wie weit verändern sich Erwachsene (noch)? Wie weit sind sie (noch) lernfähig?" (Dewe/Frank/Huge 1988, S. 143) sind empirisch schwer überprüfbar und theoretisch nur vage diskutiert. Daran hat sich m.W. bis heute wenig geändert. Als Grundfragen und -probleme bleiben damit bestehen:

- Wie ist das (Spannungs-)Verhältnis von (Erwachsenen-)Sozialisation und (Erwachsenen-) Bildung, der jeweils den Konzepten zugrunde liegenden Theorien und der dahinterstehenden wissenschaftlichen Basisdisziplinen zu interpretieren und/oder zu überwinden?
- Lässt sich eine anspruchsvolle Theorie der Erwachsenenbildung (erwachsenen-)sozialisatio nstheoretisch begründen bzw. lässt sich ein sozialisationstheoretischer Ansatz für die Theorie der Erwachsenenbildung entwickeln?
- Welches wären die wissenschaftstheoretischen (Erkenntnistheorie) und anthropologischen Prämissen (Menschenbild) zur Realisierung eines solchen Anspruchs?

In der gegenwärtigen Diskussion um (Erwachsenen-)Sozialisation und Erwachsenenbildung können nach wie vor folgende konsensfähige Grundannahmen formuliert werden:

- Sozialisation ist Vergesellschaftung, ein lebenslanger Prozess der Anpassung und Auseinandersetzung eines Individuums mit seiner sozio-kulturellen und natürlichen Umwelt, in dem sich Identität/Persönlichkeit, Einstellungen und Verhaltensmuster entwickeln, verfestigen und verändern;
- Erwachsenenbildung kann nur dann adressatengerecht genannt werden, wenn sie die vorangegangene Sozialisation (biografische Erfahrung, sozio-kulturelle Herkunft/Milieu), die gegenwärtige gesellschaftliche Situation (Alltag und Lebenswelt, Familie, Beruf, Freizeit etc.) und die spezifische Identität (Deutungsmuster, Handlungskompetenz, Zukunftsperspektive usw.) ihrer Teilnehmer berücksichtigt und reflektiert;
- Die Erwachsenenbildung benötigt „einen soziologischen Begriff vom Erwachsenen und seiner Entwicklung" (Dewe/Frank/Huge 1988, S. 140), d.h. von seiner Subjektivität und interaktiven Einbettung in die Gesellschaft, welcher die Unterschiede zu Kindheit und Jugend und der in diesen Lebensphasen ablaufenden Sozialisationsprozesse verdeutlicht;
- Erwachsenenbildung als tertiärer quartärer? Bereich des Bildungswesens ist gegenüber allen anderen Teilen dadurch charakterisiert, dass ihre „erwachsenen Teilnehmer potentiell in der Lage sind, das ihnen angebotene Wissen und die Normen in ihrer Bedeutung für ihre Lebenspraxis zu reflektieren" (Dewe/Frank/Huge 1988, S. 146);
- Die Erwachsenensozialisationsforschung/-theorie liefert dann innerhalb dieses Orientierungsmodells das für die (Theorie der) Erwachsenenbildung notwendige Wissen, stellt also den „obligatorischen Rahmen für eine Theorie pädagogischen Handelns mit Erwachsenen dar" (Arnold/Kaltschmid 1986, S. 10);
- Erwachsenenbildung ist weniger als Erwachsenensozialisation, muss davon also eindeutng unterschieden werden (so wie eben Sozialisation wesentlich mehr ist als Erziehung und Bildung);
- Erwachsenenbildungstheorie, die den Anspruch hat, sich auf (Erwachsenen-)Sozialisation zu beziehen oder sich darüber theoretisch zu begründen, ist in erster Linie einer mikro- bzw. handlungstheoretischen Perspektive verpflichtet, muss jedoch makrotheoretische Aspekte permanent reflektieren (Motto: In welcher Gesellschaft leben bzw. lernen wir eigentlich? vgl. dazu Pongs 1999, 2001, 2007);
- „Die sozialisationstheoretische Fundierung der Erwachsenenbildung (geht) von der Einsicht aus, dass unter der Voraussetzung der analytischen Trennung von Sozialisation und Bildung die Theorie der Entwicklung des Subjekts den theoretischen Bezugspunkt für die Theorie pädagogischen Handelns abgibt, eine Erwachsenenbildungstheorie sich also nur

im Zusammenhang einer Sozialisationstheorie entwickeln lässt" (Dewe/Frank/Huge 1988, S. 142);

- Erwachsenenbildung in diesem sozialisationstheoretischen, d.h. biografisch-historischem Verständnis, ist *politische Bildung,* biografisch-„lebensweltbezogener Erkenntnisprozess" „und nicht in erster Linie als Qualifikation bzw. ‚Halbbildung'" zu bezeichnen (Arnold/Kaltschmid 1986, S. 6);
- Ein (erwachsenen-)sozialisationstheoretischer Ansatz in der Erwachsenenbildung ist nach Dewe, Frank und Huge (1988, S. 219) „in weitreichendem Maße *praxiserhellend*", da er geeignet ist, die „laufend im Alltag und teilweise unterstützt durch die Erwachsenenbildung stattfindenden Transformationen" (Veränderungen, soziale Einbettungen) der Teilnehmer wissenschaftlich verständlich zu machen;
- Denn auch für die „Vermittlung technisch-instrumenteller Qualifikationen oder für die Lösungen neuer lebenspraktischer Probleme (Erziehung, Rechtsprobleme usw.)" kann davon ausgegangen werden, dass Wissensaneignung und Lernen „nicht nach einem universellen Muster, das für alle Teilnehmer in der Erwachsenenbildung gleichermaßen gilt" erfolgt, sondern *subjektiv* „nach Maßgabe der jeweils biographisch und aus dem Erfahrungshaushalt der sozialen Bezugsgruppen entstandenen Deutungsmuster und Habitusformen" (ebd., S. 219f.);
- Zentrale *Begriffe* der Erwachsenenbildung und ihrer Theorie, wie z.B. Wissen, Lernen, Qualifikation, Bildung, Kompetenz, Motivation, Teilnehmer(-interessen) usw., erhalten durch eine sozialisationstheoretische Reflexion bzw. Begründung erst ihre (sozial-)wissenschaftlich notwendige Schärfe, die es wiederum erlaubt, Theorie und Praxis der Erwachsenenbildung zu analysieren, zu kritisieren und zu verändern.

3 Wissenschaftstheoretische und ethische Fragen und Probleme im Kontext von Sozialisationstheorie und Erwachsenenbildung

Die folgenden Ausführungen beziehen sich auf frühere Überlegungen, die ich in einem Sammelband zum Thema „Sozialisationstheorie und Erwachsenenbildung", publiziert habe (vgl. Griese 1991c). Es geht hierbei m.E. um zentrale Probleme bzw. Fragen hinsichtlich des Verhältnisses von Sozialwissenschaften und Pädagogik – konkretisiert am Beispiel der Sozialisationstheorie und -forschung (als ursprünglich sozialwissenschaftliches Unternehmen) einerseits sowie der Bildungstheorie und -forschung (speziell in der Erwachsenenbildung mit pädagogisch-normativer Zielsetzung), insbesondere der Frage nach einer Forschungsethik, andererseits:

a) Wie verhalten sich empirisch gewonnene sozialwissenschaftliche Erkenntnisse und ihre theoretische Interpretation zu pädagogischen Zielsetzungen und normativen Forderungen bzw.
b) Inwieweit beeinflussen normative Überlegungen die sozialwissenschaftlichen Analysen (Neuauflage des „Werturteils- bzw. Positivismusstreits")?
c) Wie weit darf die empirisch-verstehend-qualitative Biografie- bzw. Sozialisationsforschung in ihrem Erkenntnisdrang hinsichtlich der Ausforschung der Subjekte gehen, bzw. welche ethisch-moralische Verantwortung hat der Forscher seinen Probanden gegenüber?

Bei den ersten Fragestellungen gehe ich davon aus, dass es sich um unvereinbare Perspektiven handelt. Die – im idealtypischen Sinne – *sozialwissenschaftliche* Sichtweise bedeutet die möglichst objektive, vom jeweiligen Forscher unabhängige empirische Untersuchung von real ablaufenden Sozialisationsprozessen ohne die Absicht ihrer Beeinflussung oder Bewertung, sowie die daraus ableitbaren Prognosen oder neuen Hypothesen, die allein dem weiteren wissenschaftlichen Erkenntnis- und Forschungsprozess zu dienen haben.

Die – im idealtypischen Sinne – *pädagogische* Sichtweise bedeutet eine interessengeleitete und von daher ideologieabhängige Erforschung konkreter Sozialisationsprozesse mit dem Ziel ihrer Beeinflussung und Veränderung im Sinne normativer Zielsetzungen sowie die Postulierung pädagogischer Handlungsweisen, die geeignet sind, in die Sozialisationsprozesse zu intervenieren, damit die Probanden sich zukünftig anders verhalten, anders denken und anderen Wert- und Orientierungsmustern folgen.

Ich will diese idealtypische Demonstration der Unvereinbarkeit zweier grundverschiedener Perspektiven in der Sozialisationstheorie/-forschung an zwei Beispielen verdeutlichen:

a) Die sozialwissenschaftliche „Handlungstheorie" versucht (vgl. dazu deren Mitbegründer Max Weber 1988, S. 429 bzw. m.E. die am häufigsten zitierte Definition der Soziologie), „soziales Handeln deutend zu verstehen und dadurch in seinem Ablauf und seinen Wirkungen ursächlich zu erklären", wobei es in keiner Weise auf eine Beeinflussung oder Veränderung dieses sozialen Handelns ankommt, während eine pädagogische „Handlungstheorie" Handlungsanweisungen entwickelt und formuliert, warum und wie auf andere Menschen (Klienten, Probanden, Zöglinge!) Einfluss im Sinne einer Persönlichkeitsveränderung (Lernen, Wissensaneignung usw.) genommen werden soll und kann.
b) „Soziales Handeln" in soziologischer Sicht (vgl. wiederum Max Weber ebd.) „aber soll ein solches Handeln heißen, welches seinem von dem oder den Handelnden gemeinten Sinn nach auf das Verhalten anderer bezogen wird und daran in seinem Ablauf orientiert ist". Art und Inhalt der Orientierung spielen für das, was mit „sozial" (hier: zwischenmenschlich) gemeint ist, keine Rolle, während „soziales Handeln" in pädagogischer Sicht ein Verhalten darstellt, das nach normativen Setzungen einer pädagogischen Handlungs- oder Persönlichkeitstheorie (Aussagen darüber, wie sich jemand anderen gegenüber zu verhalten hat und wie man dieses Verhalten beurteilen und beeinflussen kann) gemäß seiner Art und seinem Inhalt nach als „positiv" bzw. wünschenswert bezeichnet wird. „Sozial" bezieht sich in beiden Fällen/Definitionen auf vollkommen unterschiedliche Sachverhalte bezüglich des menschlichen Handelns/Verhaltens, ist einmal beschreibend-analytische Kategorie für das Zwischenmenschliche schlechthin, zum anderen wertend-normative Kategorie für das (nicht) Wünschenswerte (Wer als Soziologe Pädagogikstudenten im Fach Soziologie ausbildet, kann zu diesem Problem mannigfache Beispiele für Missverständnisse anführen).
   Max Weber, um beim Klassiker des Themas zu bleiben, hat dieses Grundproblem einer Rollenschizophrenie in seinen berühmten Reden *„Wissenschaft als Beruf"* und *„Politik als Beruf"* abgehandelt. Der als *„Werturteilsstreit"* oder später als *„Positivismusstreit"* in die Geschichte der Sozial- und dann auch Erziehungswissenschaften eingegangene Grundkonflikt scheint bis heute ungelöst, ist wahrscheinlich auch nicht lösbar, und bestimmt m.E. vor allem jene Disziplin oder jenen Bereich, der mit *Sozialisation* umschrieben wird. Dabei wird deutlich, dass Pädagogik im reinen (normativ-handlungsanweisenden) Verständnis in diesem Sinne keine wissenschaftliche Disziplin darstellt und eine pädagogisch orientierte oder interdisziplinäre Sozialisationsforschung als Integration von Sozialwissenschaften und

Pädagogik einen unglücklichen Zwitter verkörpert, der a priori eine Fehlkonstruktion ist. Dasselbe gilt dann auch für den Diplomstudiengang Erwachsenenbildung (oder auch Sozialpädagogik, Sonderpädagogik), der den „(sozial-)*wissenschaftlich ausgebildeten Praktiker*" (vgl. Lüders 1987) zum Ziel hat.

Eine Konsequenz davon ist: „Erwachsenenbildung als Wissenschaft ist relativ jung. Als wissenschaftliche Disziplin steht sie noch vor kaum lösbaren Gegensätzen" (Dewe/Frank/Huge 1988, S. 7). Diese sind (vgl. ebd.) ihre belegte oder bestrittene *„Wissenschaftlichkeit"*, ihr mehr pädagogisch-normatives oder mehr sozialwissenschaftlich-analytisches *„Selbstverständnis"*, die *Praxisferne* ihrer Theorie(n) und die *Theorielosigkeit* ihrer Praxis/Praktiker. Meine These ist nun, dass diese Widersprüche letztlich das Ergebnis des oben beschriebenen Grundkonfliktes darstellen. Was vor mehr als 30 Jahren als Etablierung der Diplomstudiengänge eine sinnvolle Perspektive war (was aber auch bezweifelt werden kann), kann heute und zukünftig unter veränderten (neoliberal-globalisierten) Gesellschafts-, Berufsfeld- und Studienbedingungen (Bologna-Prozess bzw. Zwangseinführung von BA und MA) zum Problemfall werden. Die gegenwärtig überdimensionale Orientierung und Ausrichtung der (Theorie und Praxis der) Erwachsenenbildung am ökonomischen Paradigma offenbart von daher nicht nur eine Reaktion auf arbeits- und berufsbedingte Sachzwänge, sondern auch ein diffuses bzw. weiches eigenes Selbstverständnis (Identität!) der Disziplin, was sich auch am terminologischen, aber andererseits programmatischen (wegweisenden) Wandel von einer sich politisch-bildend-aufklärerisch verstehenden Erwachsenenbildung zur beruflichen Weiterqualifikation (dann ,Weiterbildung' genannt) im Sinne eines lebenslangen (lebenslänglichen) Lernens ablesen lässt.

Die Folge davon ist: Nach wie vor ist „keineswegs eindeutig geklärt, was unter ,Theorie' der Erwachsenenbildung zu verstehen ist und was nicht" (Dewe/Frank/Huge 1988, S. 11). Eine „im Vorfeld notwendige wissenschaftstheoretische Diskussion" ist von daher unumgänglich und quasi als „Dauerreflexion zu institutionalisieren". Ferner gilt für die Erwachsenenbildung als empirische Wissenschaft, was Max Weber gesagt hat: „Eine empirische Wissenschaft vermag niemanden zu lehren, was er soll, sondern nur, was er kann, und – unter Umständen – was er will" (Dewe/Frank/Huge 1988, S. 25). (Erwachsenen-)Sozialisationstheorie kann für die (Theorie und Praxis der) Erwachsenenbildung nur vermitteln, was diese in ihrer eigenen Praxis zu reflektieren hat, wie auftretende Probleme zu deuten und zu interpretieren sind und welche Voraussetzungen z.B. die Teilnehmer mitbringen. Sie kann keine Handlungsanweisungen geben oder gar angeben, was richtig oder falsch, positiv oder negativ, gut oder schlecht ist. Theorie dient vor allem der Reflexion der Praxis (hier: der Erwachsenenbildung), ist also Bestandteil des notwendigen Diskurses über Selbstverständnis, Identität, Situation, Möglichkeiten und Grenzen der Erwachsenenbildung angesichts der biografischen Erfahrungen und der lebensweltlichen Einbettung ihrer Zielgruppen, aber auch angesichts veränderter gesellschaftlicher (politisch-ökonomisch-ökologisch-kultureller) Verhältnisse.

Exkurs Forschungsethische Fragen und Probleme

Eine zentrale und m.E. ungelöste Problematik im Kontext von Biografie- bzw. Sozialisationsforschung einerseits und Erwachsenenbildung(sforschung) andererseits, die ich nur kurz anreißen kann, ist *forschungsethischer* Natur; die Frage, ob das gegenwärtig dominierende hermeneutisch-interpretative Paradigma eine Forschungsethik braucht – und wenn ja – wie diese auszusehen hat.

Eine (erwachsenen-)sozialisationstheoretische Begründung oder Fundierung der Erwachsenenbildung hat ihre forschungsmethodische Konsequenz in der Anwendung dessen, was verstehend-hermeneutische Sozialforschung mittels überwiegend qualitativer Forschungsmethoden (wie vor allem Interviewtechniken, Gruppendiskussionen etc. mit biografisch-narrativer Orientierung) genannt werden kann. Meine These ist nun (vgl. Griese 1991a, S. 259ff.), dass gerade eine am Subjekt und dessen biografischen Erfahrungen orientierte qualitative Sozialforschung mit Erkenntnisinteressen an der methodischen Erfassung und theoretischen Interpretation von Deutungsmustern, Bewusstseinsstrukturen, Wissen und Wirklichkeitskonstruktionen der empirischen Subjekte einer forschungsethischen Diskussion über ihre Forschungspraxis und deren eventuellen Folgen bedarf.

Forschungsethik bezieht sich wissenschaftshistorisch betrachtet bisher überwiegend auf den technisch-naturwissenschaftlichen Bereich (Gentechnologie, Atomphysik, Medizin, Biochemie usw.). In den Sozial- und Erziehungswissenschaften spielen ethische Fragen und Reflexionen oder Forschungsethik bisher jedoch kaum eine Rolle (allerdings gibt es neuerdings einen „Ethik-Codex"). In der Erwachsenenbildung liegen sporadische Ansätze einer (forschungs)ethischen Reflexion vor (vgl. Gieseke/Meueler/Nuissl 1991, S. 2f.): „Unter dieser (ethischen) Perspektive (nahmen wir) Fragen nach der Verantwortlichkeit erwachsenenpädagogischen Handelns auf (...) Für was und wem gegenüber sind die Erwachsenenbildungs-Träger, -Einrichtungen und die in ihnen tätigen Personen verantwortlich? Wie steht es um die individuelle Verantwortlichkeit des Erwachsenenpädagogen (...) worauf konzentrieren sich *forschungsethische* Fragen?" Dieser letzte Punkt scheint mir – vor allem angesichts der Hinwendung der Erwachsenenbildung zur empirischen und theoretischen (Erwachsenen-) Sozialisationsforschung und der damit verbundenen qualitativ-hermeneutischen Methodologie – besonders wichtig (ausführlich siehe dazu Griese 1991a).

Ausgangspunkt sollten sein die „allgemeineren Fragen nach den grundsätzlichen ethischen Grenzen unseres wissenschaftlichen Handelns: Sind alle Forschungen erlaubt (...) oder haben wir unserem Wissensdrang Schranken zu setzen, die im Namen der *Humanität* zu beachten sind?" (Schwemmer 1989, S. 37). Weiter hat sich eine sozialwissenschaftliche Forschungsethik zu befassen mit Fragen der *Mitbestimmung* der Forscher über die (Art und Weise der) Anwendung (den Missbrauch) ihrer Erkenntnisse in der Praxis (der Pädagogik, der Politik, in den Medien) und mit Themen wie Fremdbestimmung, Instrumentalisierung und Legitimationsbeschaffung durch Forschung(sergebnisse).

Eine Diskussion dieser Fragen ergibt (Griese 1991a, S. 147): „Das qualitativ-hermeneutische Paradigma benötigt sowohl für seine Forschung als auch für seine (Bildungs-)Praxis eine Forschungsethik ", denn die verfeinerten, an der Sozialisation/Biografie und am Alltag/der Lebenswelt orientierten qualitativen Forschungstechniken ermöglichen in letzter Instanz den „gläsernen Menschen" (vgl. dazu „Der gläserne Fremde", Griese 1984) und „Verstehen als Methode tendiert als Wille zum Wissen zum Auslöschen dessen, der verstanden werden soll" (Brumlik 1984, S. 26). Die forschungsethische Problematik in den Humanwissenschaften ist grundsätzlicher Natur: Je interessanter und erkenntnisgewinnender die Methoden und Forschungstechniken (Begriff!) sind, vor allem die verschiedenen Formen des (biografischen) Interviews (Tiefeninterview, Problemzentrierung, Fokussierung, Verhörsituation), umso ethisch-moralisch verwerflicher können diese in ihren Folgen für die Probanden wirken. Biografische Forschung kann alte (vernarbte, d.h. verdrängte) Wunden aufbrechen, kann die Psyche der Probanden destabilisieren, kann zu Identitätskrisen führen.

Zurück zu den Klassikern?
Die hier diskutierten Probleme einer sozialisationstheoretischen und d.h. empirisch-sozialwissenschaftlichen Begründung und/oder Fundierung der Erwachsenenbildung in wissenschaftstheoretischer und/oder forschungsethischer Hinsicht lassen sich wahrscheinlich am ehesten überwinden durch eine Neubesinnung auf die theoretisch-methodologischen Grundlagen der dafür maßgeblichen Theorien/Methodologien der Klassiker des „Symbolischen Interaktionismus" und einer „verstehenden Soziologie". George Herbert Mead und Max Weber haben m.E. die dafür notwendigen Prinzipien – zumindest vom Denkansatz her – sowohl in wissenschaftstheoretischer als auch in forschungsethischer Hinsicht formuliert (vgl. die verständigungstheoretischen, „erkenntnisanthropologischen" und ethischen Aussagen, Überlegungen und Fragmente im Werk von Mead, vor allem 1968, S. 429ff.; 1969a; vgl. dazu auch Griese 1991b sowie die Debatten und Argumente im „Werturteilsstreit" und auf das Verhältnis von „Gesinnungsethik" und „Verantwortungsethik" bei Weber 1928; 1938).

Ich kann also zusammenfassen: Die tendenzielle Ausrichtung der Erwachsenenbildung an der am Lebenslauf orientierten Sozialisationsforschung/-theorie in den letzten Jahren (Teilnehmerorientierung, Lebenswelt-/Alltagsbezug, reflexive Wende, Orientierung am Subjekt, Deutungsmusteranalyse, Biografieinteresse, Identitätslernen usw. als terminologische Begleitphänomene oder theoretisch-methodologisch-praktische Postulate) hat zur Versozialwissenschaftlichung der Erwachsenenbildung in Richtung „interpretatives Paradigma" und dessen Forschungsmethodologie geführt. Dadurch entstanden/entstehen neuartige Probleme und Fragen nach dem Wissenschafts- und Selbstverständnis der Erwachsenenbildung, ihrer theoretisch-methodologischen Basis, dem Verhältnis von empirischer Forschung, sozialwissenschaftlicher Theoriebildung und pädagogischer Praxis sowie der Notwendigkeit einer (neuen) Forschungs- und Praxisethik. Diese an die Substanz und Identität der Disziplin gehenden Fragen und Probleme können m.E. am sinnvollsten nur durch eine Neubesinnung unter Heranziehung der Klassiker Mead und Weber befriedigend diskutiert und vielleicht teilweise beantwortet oder gelöst werden.

4 Was gibt es Neues im Kontext von „Sozialisation und Erwachsenenbildung"?

4.1 „Interdisziplinäre Sozialisationsforschung", „Selbstsozialisation", „Sozialisation durch Zufall"

Nach wie vor existieren Versuche, eine „Sozialisationstheorie interdisziplinär" (so der Titel bei Geulen/Veith 2004; vgl. dazu bereits 1976 Ehrhardt u.a.: „Interdisziplinäre Sozialisationsforschung") zu entwickeln. Nach wie vor gehen diese Versuche von der Feststellung aus, dass Sozialisationsforschung „kaum über einen (...) verbindenden, gesicherten und konsensuellen theoretischen Hintergrund verfügt, geschweige denn über eine Theorie" (ebd., S. VII). Gerade wenn man konstatiert, dass das Feld der Sozialisationsforschung immer komplexer wird und sich enorm ausdifferenziert (z.B. Lebenslauf- und Biografieforschung, Kindheitsforschung, Soziologie und Psychologie der Jugend, Sozialisation durch Medien, Entwicklungspsychologie, schicht- und geschlechtsspezifische Sozialisation, Familiensoziologie, Bildungsforschung usw.) und dass neue Wissenschaftsdisziplinen die Diskussion stark beeinflussen (vor allem die

Gehirnforschung), müsste m.E. allmählich die Einsicht gewinnen, dass es eine „konzeptübergreifende oder integrierende Theorie" der Sozialisation (so das Ziel von Geulen/Veith und der meisten pädagogisch orientierten Forscher) nie geben wird. Ein überkomplexer Gegenstand wie Sozialisation, noch dazu als lebenslanger Prozess, lässt sich nur perspektivisch oder in Teilprozessen, niemals als Ganzes, empirisch oder gar theoretisch, erfassen. Allerdings gilt: Die Einzelerkenntnisse sollten dann auf das Ganze bezogen und diskutiert werden. Und dieses Ganze ist die (globalisierte Welt-)Gesellschaft. Aber auch hier gibt es keinen Konsens mehr, und die Zeit der „großen Theorien" ist vorbei (vgl. 1968 das Thema des Soziologentages: „Spätkapitalismus oder Industriegesellschaft?"). Dagegen wird heute eher die Frage gestellt: „In welcher Gesellschaft leben wir eigentlich?" (Pongs 1999, 2001, 2007) – und es werden Dutzende von jeweils recht klugen Antworten gegeben. Konsens gibt es aber nicht.

Fazit: Von den Versuchen, eine interdisziplinäre Sozialisationstheorie zu entwickeln, wird die Erwachsenenbildung wenig Anregungen erhalten oder gar theoretisch profitieren. Interessanter und wegweisender scheinen mir zwei neue Ansätze in der Diskussion um Sozialisation, die genuin aus dem Erwachsenenbereich kommen, aber bisher dort kaum wahrgenommen oder gar theoretisch verarbeitet wurden. Ich meine das Konzept der „Selbstsozialisation" sowie die Perspektive „Sozialisation durch Zufall".

Während der Blickwinkel „Sozialisation durch Zufall" noch vollkommen unausgereift ist – m.W. existieren dazu nur mein Essay (vgl. Griese 2003), etliche philosophische und naturwissenschaftliche Abhandlungen am Rand des Themas (vgl. Klein 2004; Hampe 2006) sowie empirische Erkenntnisse aus einem bisher nicht publizierten studentischen Forschungsprojekt (vgl. Lilje/Schnurre/Hartmann 2008) – aber vielversprechende theoretische Anschlussmöglichkeiten für die Theorie und Praxis der Erwachsenenbildung offeriert, z.B. zum Konzept der „kritischen Lebensereignisse" (vgl. Filipp 1995) oder zu meinem Modell der „Schaltstellen" (vgl. Griese 1979a; 1979b), was hier alles nicht dargestellt oder diskutiert werden kann, liegt im Konzept der „Selbstsozialisation" ein im Grunde genommen erwachsenenpädagogischer Ansatz vor. Der Terminus „Selbstsozialisation" wurde von Zinnecker (2000) (wieder!) in die pädagogische Diskussion eingeführt, geht aber m.E. zurück u.a. auf die Theorie der Erwachsenensozialisation bei Brim (1974), der von „selbstinitiierter Erwachsenensozialisation" spricht (vgl. Griese 1976; 2001 mit Bezug zu Zinnecker oder das Themenheft „Selbstsozialisation" der ZSE 2002) sowie auf jugendtheoretische Überlegungen zur „Sozialisation in eigener Regie" (Tenbruck 1962; vgl. Griese 2007, S. 116ff.).

Das Konzept bzw. Theorem der „Selbstsozialisation" leitet dann auch m.E. konsequent über zu der gegenwärtig vorherrschenden Theorieperspektive sowohl zu „Sozialisation" als auch zur „Erwachsenenbildung". Gemeint ist der „Konstruktivismus", wobei der Kreis nunmehr scheinbar geschlossen und die Zukunftsaufgaben für eine auf Sozialisation beruhende Theorie und Praxis der Erwachsenenbildung vorgezeichnet zu sein scheint?

4.2 Konstruktivistische Sozialisationsforschung und Erwachsenenbildung

Die Diskussion um eine angemessene Theorie der Erwachsenenbildung wird seit nunmehr einem Dutzend Jahren vom *„Konstruktivismus"* dominiert (vgl. exemplarisch Arnold/Siebert 1995; Siebert 1999, 2008). Nur scheint es dieses Mal so zu sein, dass nicht die Sozialisationsforschung die Erwachsenenbildung beeinflusst hat, sondern der (radikale) Konstruktivismus wurde zur aktuellen Basis(erkenntnis)theorie der Sozialisationsforschung. Der Konstruktivismus, vor allem in seiner radikalen Version als Erkenntnistheorie (im Gegensatz zum älteren Sozialkonstruktivismus als wissenschaftliche Theorie – vgl. dazu Berger/Luckmann 1969 sowie meine Diskussion in Griese 2000) hat dann der Pädagogik auch ihre naturwissenschaftlichen Weihen verliehen, was aber andererseits genau wieder zu jenen allgemeinen Problemen der Pädagogik/Erwachsenenbildung führte, die ich oben angesprochen habe: Das Verhältnis von analytischer Theorie bzw. amoralischer Erziehungswissenschaft einerseits und moralischer Pädagogik als normative Handlungsanweisungen andererseits sowie der neu aufgelegte „Werturteilsstreit" (vgl. oben), nunmehr als nach wie vor offene Frage: „Braucht Erwachsenenbildung Ethik?" (vgl. Berzbach 2005).

Es sieht gegenwärtig (2008) – optimistisch formuliert – so aus, als könnte eine am „Konstruktivismus orientierte Sozialisationsforschung" und eine „konstruktivistische Erwachsenenbildung" (vgl. exemplarisch Grundmann 1999; Sutter 2004; Arnold/Siebert 1995) zueinander finden, um sich (wieder) gegenseitig fruchtbar für die Theoriebildung und empirische Forschung anzuregen. Dass Bewegung in diese Diskussion kommt, zeigt zuletzt der Versuch von Beer (2007), eine *„erkenntniskritische Sozialisationstheorie"* zu entwerfen, in der die klassischen Theorien der Sozialisation ebenso ihren Platz finden wie aktuelle erkenntnistheoretische und allgemeintheoretische Überlegungen (radikaler Konstruktivismus, konstruktivistischer Interaktionismus, Selbstsozialisation, Intersubjektivismus) – und auch ein Bezug zur Gesellschaftstheorie, allerdings (noch) nicht zur Erwachsenenbildung, hergestellt werden soll.

Geblieben ist aber m.E.: In letzter Instanz sind die Erkenntnisse der Sozialisationsforschung immer in Bezug zu setzen zur Totalität der (Welt-Migrations-)Gesellschaft bzw. zu Gesellschaftskonstrukten, ist Sozialisationstheorie immer auch Gesellschaftstheorie, nunmehr Theorie über herrschenden Gesellschaftsbilder und deren Einfluss auf Sozialstruktur und Sozialisation. Wenn die Theorie und Praxis der Erwachsenenbildung sich am Konzept der (lebenslangen, Erwachsenen-, aktiven Selbst-)Sozialisation der Subjekte orientiert, wird auch sie (wieder) gesellschaftstheoretisch(er) und damit selbstkritisch(er) und reflexiv(er). Angesichts zunehmender Ökonomisierung aller Bereiche der Gesellschaft und insbesondere der Erwachsenenbildung wären (selbst-)kritisch-reflexive Prozesse dieser Art nur zu begrüßen.

Literatur

Arnold, R./Gieseke, W./Nuissl, E. (Hrsg.) (1999): Erwachsenenpädagogik. Zur Konstitution eines Fachs. Festschrift für Horst Siebert zum 60. Geburtstag. Hohengehren: Schneider.

Arnold, R./Kaltschmid, J. (Hrsg.) (1986): Erwachsenensozialisation und Erwachsenenbildung. Zur sozialisationstheoretischen Begründung von Erwachsenenbildung. Frankfurt: Diesterweg.

Arnold, R./Siebert, H. (1995): Konstruktivistische Erwachsenenbildung. Von der Deutung zur Konstruktion von Wirklichkeit. Baltmannsweiler: Schneider.

Beer, R. (2007): Erkenntniskritische Sozialisationstheorie. Kritik der sozialisierten Vernunft. Wiesbaden: VS.

Berger, P./Luckmann, T. (1969): Die gesellschaftliche Konstruktion der Wirklichkeit. Eine Theorie der Wissenssoziologie. Frankfurt: Fischer.

Berzbach, F. (2005): Die Ethikfalle. Pädagogische Theorierezeption am Beispiel des Konstruktivismus. Bielefeld: Bertelsmann/DIE.

Bilden, H. (1977): Das unhistorische Subjekt. Zur Kritik sozialisationstheoretischer Grundkonzepte. Weinheim/Basel: Beltz.

Brim, O./Wheeler, S. (1974): Erwachsenensozialisation. Stuttgart: ENKE/dtv.

Brumlik, M. (1984): Fremdheit und Konflikt. Programmatische Überlegungen zu einer Kritik der verstehenden Vernunft in der Sozialpädagogik. In: Griese, H.M. (Hrsg.): Der gläserne Fremde. Opladen: Leske + Budrich, S. 21-31.

Dewe, B./Frank, G./Huge, W. (1988): Theorien der Erwachsenenbildung. Ein Handbuch. München: Max Hueber.
Ehrhardt, K.J./Frey, H.-P./Langenheder, W./Schlottmann, U./Seel, H.-J. (1976): Interdisziplinäre Sozialisationsforschung. Ansätze und Probleme. Stuttgart: Enke.
Filipp, S.-H. (1995): Kritische Lebensereignisse. Weinheim: Beltz.
Frank, G. (1982): Zur sozialisationstheoretischen Begründung von Erwachsenenbildung. In: Axmacher, D. u.a. (Hrsg.): Beiträge zur sozialwissenschaftlichen Begründung von Bildungstheorie. Osnabrück: Univ. Osnabrück, S. 65-84.
Geulen, D. (1977): Das vergesellschaftete Subjekt. Zur Grundlage der Sozialisationstheorie. Frankfurt/M.: Suhrkamp.
Geulen, D./Veith, H. (Hrsg.) (2004): Sozialisationstheorie interdisziplinär. Aktuelle Perspektiven. Stuttgart: Lucius & Lucius.
Gieseke, W./Meueler, E./Nuissl, E. (Hrsg.) (1990): Nur gelegentlich Subjekt? Beiträge der Erwachsenenbildung zur Subjektkonstitution. Heidelberg: o.V.
Gieseke, W./Meueler, E./Nuissl, E. (Hrsg.) (1991): Ethische Prinzipien der Erwachsenenbildung. Kassel: o.V.
Griese, H.M. (1972): Einige Aspekte zu einer Theorie der Erwachsenensozialisation. In: Neue Praxis, Jhrg. 2, H. 3/4, S. 395-402 und S. 452-459.
Griese, H.M. (1976a): Erwachsenensozialisation. München: Raith.
Griese, H.M. (1976b): Soziologische Anthropologie und Sozialisationstheorie. Weinheim/Basel: Beltz.
Griese, H.M. (1978): Einführungen in die Sozialisationstheorie und -forschung. Eine exemplarische Diskussion dreier Bücher. In: Zeitschrift für Pädagogik, Jhrg. 24, H. 3, S. 471-486.
Griese, H.M. (Hrsg.) (1979a): Sozialisation im Erwachsenenalter. Ein Reader zur Einführung in ihre theoretischen und empirischen Grundlagen. Weinheim/Basel: Beltz.
Griese, H.M. (1979b): Erwachsenensozialisationsforschung. In: Siebert, H. (Hrsg.): Taschenbuch der Weiterbildungsforschung. Baltmannsweiler: Schneider, S. 172-210.
Griese, H.M. (Hrsg.) (1984): Der gläserne Fremde. Bilanz und Kritik der Gastarbeiterforschung und Ausländerpädagogik. Opladen: Leske + Budrich.
Griese, H.M. (1988): Verständigung über Perspektiven. Zur Diskussion um die Didaktik politischer Bildung. In: Materialien zur Politischen Bildung, 4. S. 18-25.
Griese, H.M. (1990): Subjekt oder Sozialität? Der Klassiker G.H. Mead und seine Bedeutung für die (Theorie der) Erwachsenenbildung. In: Gieseke, W./Meueler, E./Nuissl, E. (Hrsg.): Nur gelegentlich Subjekt? Beiträge der Erwachsenenbildung zur Subjektkonstitution. Heidelberg: o.V., S. 168-175.
Griese, H.M. (1991a): Benötigt das qualitative Paradigma eine Forschungsethik In: Gieseke, W./Meueler, E./Nuissl, E. (Hrsg.) (1991): Ethische Prinzipien der Erwachsenenbildung. Kassel: o.V., S. 143-154.
Griese, H.M. (1991b): G.H. Mead und seine (Fragmente zu einer) Theorie der Ethik. In: Gieseke, W./Meueler, E./Nuissl, E. (Hrsg.) (1991): Ethische Prinzipien der Erwachsenenbildung. Kassel: o.V., S. 30-31.
Griese, H.M. (1991c): Sozialisationstheorie und Erwachsenenbildung. Soziologische Überlegungen zu einem Spannungsverhältnis. Hannover: Uni-Verlag.
Griese, H.M. (2000): Sozialwissenschaftliche Vorläufer und Kritik des Konstruktivismus. In: Arnold, R./Gieseke, W./Nuissl, E. (Hrsg.): Erwachsenenpädagogik. Zur Konstitution eines Fachs. Festschrift für Horst Siebert zum 60. Geburtstag. Hohengehren: Schneider, S. 103-123.
Griese, H.M. (2001): Das neue Paradigma heißt Selbstsozialisation. In: E & W, H. 9, S. 31-34.
Griese, H.M. (2003): Sozialisation durch Zufall – essayistische Fragen und Überlegungen zur Biographieforschung. In: Böttger, A. (Hrsg.): Vom Weber bis Euklid. Hamburg: edition zebra, S. 56-61.
Griese, H.M. (2007): Aktuelle Jugendforschung und klassische Jugendtheorien. Ein Modul für erziehungs- und sozialwissenschaftliche Studiengänge. Münster: LIT.
Grundmann, M. (Hrsg.) (1999): Konstruktivistische Sozialisationsforschung. Frankfurt: Suhrkamp.
Habermas, J. (1973): Stichworte zur Theorie der Sozialisation. In: Habermas, J. (Hrsg.): Kultur und Kritik. Verstreute Aufsätze, Frankfurt/M: Suhrkamp, S. 118-194.
Hamann, B. (1981): Sozialisationstheorie auf dem Prüfstand. Bestandsaufnahme und Kritik in pädagogischer Perspektive. Bad Heilbronn: Julius Klinkhardt.
Hampe, M. (2006): Die Macht des Zufalls. Vom Umgang mit Risiken. Berlin: wjs.
Hurrelmann, K. (Hrsg.) (1976): Sozialisation und Lebenslauf. Empirie und Methodik sozialwissenschaftlicher Persönlichkeitsforschung. Reinbek: Rowohlt.
Hurrelmann, K. (1986): Einführung in die Sozialisationstheorie. Über den Zusammenhang von Sozialstruktur und Persönlichkeit. Weinheim/Basel: Beltz.
Hurrelmann, K./Ulich, D. (Hrsg.) (1980): Handbuch der Sozialisationsforschung. Weinheim/Basel: Beltz.
Klein, S. (2004): Alles Zufall. Die Kraft, die unser Leben bestimmt. Reinbek: Rowohlt.
Kohli, M. (Hrsg.) (1978): Soziologie des Lebenslaufs. Darmstadt und Neuwied: Luchterhand.

Kohli, M. (1984): Erwachsenensozialisation. In: Schmitz, E./Tietgens, H. (Hrsg.): Enzyklopädie Erziehungswissenschaft, Band 11: Erwachsenenbildung. Stuttgart: Klett, S. 124-142.
Lenz, W. (1982): Grundbegriffe der Weiterbildung . Stuttgart: Kohlhammer.
Lilje, J./Schnurre.S./Hartmann, E.-M. (2008): Projektbericht „Sozialisation durch Zufall". Hannover. o.V.
Lüders, C. (1987): Der ‚wissenschaftlich ausgebildete Praktiker' in der Sozialpädagogik – zur Notwendigkeit der Revision eines Programms. In: Zeitschrift für Pädagogik, Jhrg. 33, H.5, S. 635-653.
Mead, G.H. (1968): Geist, Identität und Gesellschaft. Aus der Sicht des Sozialbehaviorismus. Frankfurt/M.: Suhrkamp.
Mead, G.H. (1969): Philosophie der Sozialität. Aufsätze zur Erkenntnisanthropologie. Frankfurt/M.: Suhrkamp.
Nave-Herz, R. (Hrsg.) (1981): Erwachsenensozialisation. Ausgewählte Theorien und empirische Analysen. Weinheim/Basel: Beltz.
Oerter, R. (Hrsg.) (1978): Entwicklung als lebenslanger Prozess. Aspekte und Perspektiven. Hamburg: Hoffmann und Campe.
Oerter, R./Montada, L. (1982): Entwicklungspsychologie. Ein Lehrbuch. München/Wien/Baltimore: U & S.
Pieper, M. (1978): Erwachsenenalter und Lebenslauf. Zur Soziologie der Altersstufen. München: Kösel.
Pongs, A. (1999, 2001, 2007): In welcher Gesellschaft leben wir eigentlich? 3 Bände. München: Dilemma.
Rosenmayr, L. (Hrsg.) (1978): Die menschlichen Lebensalter. Kontinuität und Krisen. München: Piper.
Rosewitz, R. (1985): Weiterbildungssystem und Erwachsenensozialisation. Weinheim/Basel: Beltz.
Schwemmer, O. (1989): Brauchen wir eine neue Forschungsethik? In: Bundeszentrale für Politische Bildung (Hrsg.): Prinzip Fortschritt. Bonn: o.V.
Siebert, H. (Hrsg.) (1979): Taschenbuch der Weiterbildungsforschung. Baltmannsweiler: Schneider.
Siebert, H. (1981): Theoriebildung und empirische Forschung in der Erwachsenenbildung. In: Bildung und Erziehung, Jhrg. 34, H. 3, S. 309-321.
Siebert, H. (1999): Pädagogischer Konstruktivismus. Eine Bilanz der Konstruktivismusdiskussion für die Bildungspraxis. Neuwied: Luchterhand.
Siebert, H. (2008): Konstruktivistisch lehren und lernen. Augsburg: Ziel.
Sutter, T. (2004): Sozialisation als Konstruktion subjektiver und sozialer Strukturen. In: Geulen, D./Veith, H. (Hrsg.): Sozialisationstheorie interdisziplinär. Aktuelle Perspektiven. Stuttgart: Lucius & Lucius, S. 93-115.
Tenbruck, F.H. (1962): Jugend und Gesellschaft. Freiburg i. Br.: Rombach.
Weber, M. (1988, 1922): Gesammelte Aufsätze zur Wissenschaftslehre. Tübingen: J.C.B. Mohr.
Weymann, A. (2004): Individuum – Institution – Gesellschaft. Erwachsenensozialisation im Lebenslauf. Wiesbaden: VS Verlag für Sozialwissenschaften.
Wurzbacher, G. (Hrsg.) (1963): Der Mensch als soziales und personales Wesen. Stuttgart: Enke.
Wurzbacher, G. (Hrsg.) (1968): Sozialisation und Personalisation. Stuttgart Enke.
Zeitschrift für Soziologie der Erziehung und Sozialisation (ZSE) (2002): Schwerpunkt: SelbstSozialisation, Jhrg. 22, H. 2.
Zinnecker, J. (2000): Selbstsozialisation – Essay über ein aktuelles Konzept. In: ZSE, Jhrg. 20, H. 3, S. 272-290.

Dieter Nittel

Biographietheoretische Ansätze in der Erwachsenenbildung

1 Definition und Abgrenzung

Während in der Soziologie seit circa 30 Jahren eine klare Arbeitsteilung zwischen der quantitativ ausgerichteten, verteilungstheoretischen Lebenslaufforschung (vgl. Blossfeld/Huinink 2001) und der qualitativ orientierten, rekonstruktiven Biographieforschung (vgl. Sackmann 2007) existiert, hat sich in der erziehungswissenschaftlichen Subdisziplin der Erwachsenenbildung bislang ausschließlich die Biographieforschung als ausdifferenzierter Forschungszusammenhang mit einem theoriegenerierenden Potential herausbilden können (vgl. Nittel/Seitter 2005). Die Lebenslaufforschung operiert primär mit Panel- sowie Ereignisdaten- und Kohortenanalysen. Dem gegenüber stützt sich die Biographieforschung primär auf narrative Daten und/oder andere persönliche Quellen (Tagebücher, Briefserien). Unter biographietheoretischen Ansätzen in der Erwachsenenbildung werden Aktivitäten zur Datenerhebung und Datenauswertung aus dem Umkreis der qualitativen erziehungs- und sozialwissenschaftlichen Forschung verstanden, die langfristige Prozesse des Handelns und des Erleidens rekonstruieren, hierbei insbesondere Phänomene der Bildung, der Erziehung, der Sozialisation und des Lernens im Kontext der Lebensspanne in den Blick nehmen und i.d.R. gegenstandsbezogene Theorien mittlerer Reichweite generieren. Dabei gilt es die Kategorie „Lebensgeschichte“ als Synonym für die subjektiv-sinnhafte Organisation des biographischen Erfahrungsstroms vom Begriff „Lebensverlauf“ zu unterscheiden. Dieser zielt auf objektivierbare Lebensereignisse, Karrieremuster, Statuspassagen und erwartbare Einschnitte im Lebenszyklus. Das Konzept Biographie inkorporiert sowohl die subjektive als auch die objektive Seite des Lebensablaufs. Als Instrumente der Datenerhebung werden in der erwachsenenpädagogischen Biographieforschung offene lebensgeschichtliche Interviews (vgl. Kade/Seitter 1996) und autobiographisch-narrative Interviews, aber auch andere persönliche Quellen mit lebensgeschichtlichem Aussagewert genutzt. Bei der Auswertung spielen die einschlägigen Verfahren der hermeneutisch ausgelegten Textanalyse eine Rolle, wobei hier u.a. die objektive Hermeneutik (vgl. Oevermann u.a. 1979), die Grounded Theory (vgl. Corbin/Strauss 1996; Strauss 1991), die aus der Grounded Theory entwickelte sozialwissenschaftliche Erzähl- und Biographieforschung (vgl. Schütze 1983; Riemann 1987; Reim 1993; Nittel 1989) und die qualitative Inhaltsanalyse (vgl. Mayring 2007) zu nennen wären. In den letzten Jahren scheint es verstärkte Versuche zu geben, computerunterstützte Auswertungs- und Codiertechniken im Prozess der Datenauswertung zu nutzen (vgl. Kuckartz 1999).

2 Grundlagentheoretische Begründung für die „Wahlverwandtschaft" zwischen Erwachsenenbildungsforschung und Biographieforschung

Da der Mensch im Gegensatz zum Tier primär kein instinktgesteuertes Lebewesen ist und gleichsam „unfertig" auf die Welt kommt, bedarf es der Erziehung und Bildung, um ihn handlungs- und überlebensfähig zu machen und zu einer sozialen und personalen Einheit zu formen. Während in der frühen Phase der Menschheitsgeschichte nur vergleichsweise wenig Lebenszeit reserviert werden musste, um die nachwachsende Generation mit dem jeweils erreichten technischen und kulturellen Zivilisationsstand vertraut zu machen, findet im Zuge der Gattungsgeschichte seit dem Eintritt in die Moderne eine langsame, dann aber immer rasantere Transformation statt. Seit der Spätantike, dem Übergang zur Christianisierung, über das frühe, mittlere und späte Mittelalter bis hin zur Renaissance und zum Barockzeitalter hat sich – was die Verteilung der Erziehungszeit über die gesamte Lebensspanne angeht – im Grunde zunächst wenig geändert: Die Kinder waren und blieben lange Zeit zentrale Adressaten der Erziehung. Erst im Übergang von der Aufklärung zum Industriezeitalter fand eine immer stärkere formale Inklusion weiterer Bevölkerungsteile und anderer Altersgruppen in das sich in dieser Zeit konstituierende Erziehungs- und Bildungswesen statt. Im augenblicklich sich anbahnenden Wandel von der Industrie- in die Wissensgesellschaft rücken peu à peu immer mehr Sequenzen des Lebenslaufs in den Zuständigkeitsbereich pädagogischer Ämter, Berufe und Institutionen. Gleichzeitig tragen die Fortschritte im Gesundheitswesen und die Veränderungen in der Arbeitswelt zur Verlängerung der durchschnittlichen Lebenserwartung bei. Mit der empirisch nachweisbaren Durchsetzung der Maxime des lebenslangen Lernens sind das Erwachsenenalter und das hohe Alter endgültig in den Fokus pädagogischer Bemühungen gerückt, so dass manche Erziehungswissenschaftler sogar von der Universalisierung des Pädagogischen sprechen (vgl. Kade/Seitter 2007). Wie erziehungswissenschaftliche Zeitdiagnosen eindrucksvoll gezeigt haben, stehen wir heute vor der Situation, dass der gesamte Lebenslauf, ja sogar die Zeit vor der Geburt (Elternbildung) bis hin zur Sterbebegleitung, zum potentiellen Gegenstand pädagogischer Arbeit avanciert sind (vgl. Fatke/Merkens 2006).

Diese schlichten Hinweise auf den demographischen Wandel und die zunehmende Überformung dieses Lebensalters durch pädagogische Angebote liefern bereits eine erste Begründung für die Affinität zwischen dem Gegenstandsbereich „das Lernen von Erwachsenen" und biographischen Forschungszugängen. Der sowohl diachron als auch „ganzheitlich" ausgerichtete Forschungsansatz der Biographieforschung vermag den säkularen Prozess der Entgrenzung des Pädagogischen im Lebenslauf mit Blick auf die Gesamtgesellschaft, wie auch mit Blick auf das betroffene Individuum einer wissenschaftlichen Analyse zugänglich zu machen. Biographische Zugänge können die zeitliche Ausdehnung des Erwachsenenlebens in seiner Breite sowie die Tiefenstruktur der jeweiligen Identitätsformation erfassen, sie sind in der Lage, die filigranen Verästelungen lebensgeschichtlicher Lern- und Bildungsprozesse zu rekonstruieren und der Prozess- und Kontextabhängigkeit des Alterns gerecht zu werden. Durch die extensive Übernahme fremder Perspektiven im Zuge des Forschungsprozesses bedienen sie darüber hinaus den großen Bedarf der Berufskultur, pädagogisches Verstehen auf systematischer und methodisch gesicherter Grundlage zu vollziehen. Eine weitere Begründung, warum biographische Ansätze sich in der Erwachsenenbildungsforschung als instruktiv erwiesen haben, leitet sich aus dem Umstand ab, dass der Besuch von Veranstaltungen in der Erwachsenenbildung, anders als in der schulischen Erziehung, nicht obligatorisch oder gar juristisch verpflichtend ist. Aus dem Zugzwang, dass bei der Rekrutierung von Teilnehmern der organisierten Weiterbildung immer auch die Bedürfnis- und Interessenslage der potentiellen Besucher berücksichtigt werden muss, leitet sich ein nie versiegender Bedarf an Adressatenuntersuchungen und Zielgruppenerhebungen ab. Und sofern diese Erhebungen nicht nur etwas über die Oberflächenschicht der Motivstrukturen für die Teilnahme bzw. Nichtteilnahme aussagen sollen, ist die diesbezügliche Forschung immer auch auf die Aufdeckung und Beschreibung lebensgeschichtlicher Handlungsdispositionen angewiesen.

3 Geschichte der Biographieforschung im Kontext der Erwachsenenbildung

Die eben angedeutete Affinität zwischen Gegenstandsbereich und Methode hat zu einem nachhaltigen Interesse der Weiterbildungsforschung an biographischen Zugängen beigetragen. Auf welche weiteren wissenschaftlichen und außerwissenschaftlichen Einflüsse kann die gesteigerte Aufmerksamkeit gegenüber der Biographieforschung seit Anfang der 1980er Jahre zurückgeführt werden? In nahezu allen Geistes- und Kulturwissenschaften hat man sich in dieser Zeitspanne verstärkt dem Eigensinn und den Objektivationsformen des Alltagslebens zugewandt. Zugleich wurden in der Soziologie phänomenologische und interaktionalistische Ansätze in der Tradition der Chicagoer Schule (vgl. Thomas/Znaniecki 1958) neu entdeckt und für die Rekonstruktion von Handlungsabläufen, sozialen Welten sowie individuellen und kollektiven Identitäten nutzbar gemacht. In der Politik zeichnete sich eine Aufwertung des „subjektiven Faktors" und eine stärkere Berücksichtigung der Mentalitätsstrukturen ab; und in der Geschichtswissenschaft avancierte das Lebensschicksal des so genannten kleinen Mannes und dessen Verstrickung in den Nationalsozialismus zu einem ernstzunehmenden Forschungsgegenstand (Oral-History). All diese Entwicklungen wurden durch die verstärkte Resonanz der Frauen-, Friedens- und Ökologiebewegung im Wissenschaftsbetrieb begleitet. Die hier angedeuteten Tendenzen schlugen sich in der Erwachsenenbildung in unterschiedlicher Weise nieder, stellt Biographie ja nicht nur die (vergangenheitsbezogene) Ressource für das Lernen von Erwachsenen dar, sondern bestimmt neben den aktuellen Lernwegen, Lernwiderständen und Aneignungsmodi auch die (zukünftigen) Lernziele und Perspektiven des Lernenden. So sollte etwa der Deutungsmusteransatz im mikro- und makrodidaktischen Handeln dazu beitragen, biographisch aufgeschichtetes Vorwissen und die Mentalitätsstrukturen der Teilnehmer systematisch in die Gestaltung von Lernprozessen einzubeziehen – die Teilnehmer gleichsam dort abzuholen, wo sie tatsächlich stehen. Mit der Zielgruppenarbeit verbanden die Entscheidungsträger die Hoffnung, den Adressatenkreis der Erwachsenenbildung systematisch zu erweitern und so dafür zu sorgen, dass auch bildungsferne oder sozial benachteiligte Schichten an Weiterbildungsveranstaltungen partizipieren können. Und das Identitätslernen schließlich sollte zur Revitalisierung des Bildungsgedankens unter den unübersichtlichen Bedingungen der Moderne beitragen. Die Biographieforschung hat sich gegenüber all den genannten Entwicklungen als anschlussfähig erwiesen und die jeweiligen Diskurse bereichert. Eine nicht zu unterschätzende Rolle spielte in diesem Prozess des Populärmachens der Biographieforschung der Vorläufer des heutigen Deutschen Instituts für Erwachsenenbildung (DIE). In der Pädagogische Arbeitsstelle (PAS) erschienen unter der Federführung von Hans Tietgens zahlreiche Publikationen (vgl. Siebert 1985 a und b; Buschmeyer 1987; Kade, 1983; Tietgens 1983, 1986), welche eine starke Strahlkraft auf die universitäre Erwachsenenbildung ausübten und die Themen- und Aufmerksamkeitsrichtung des akademischen Personals stark beeinflussten. Im Zuge dieses Aufschwungs der Biographieforschung zeichnete sich eine kurze Koinzidenz zwischen der Biographieforschung als Forschungsansatz und als didaktisch-methodisches Vorgehen ab (vgl. Mader 1989). Doch die damit verbundenen Erwartungen einer wechselseitigen Befruchtung von pädagogischer Forschung und andragogischer Praxis haben sich nicht erfüllt und keine nachhaltigen Spuren hinterlassen, wenngleich sich handlungsorientierte biographische Methoden außerhalb der Erwachsenenbildung in den 1990er Jahren sehr wohl zu elaborierten Ansätzen entwickelt haben (Pflegebereich). Im Hinblick auf die Nutzung des Biographiekonzeptes als didaktisch-methodischer Ansatz existiert ein interessanter Vorläufer in der Weimarer Volksbildungs-Bewegung: Von Trotha und Eugen Rosenstock Huessy (vgl. Rosenstock/Throtha 1931) haben unter dem Eindruck bitterer Armut und einer großen Arbeitslosigkeit mit Beteiligung von Studenten, Arbeitern und Bauern so genannte Arbeitslager eingerichtet, in denen die Teilnehmerinnen und Teilnehmer ihre sozialpsychologisch begründete Fremdheit und soziale Distanz in der Weise bearbeiteten (und teilweise auch überwanden), indem sie unter Anleitung wechselseitig ihre Lebensgeschichte erzählten. Das so entstandene „Material" war dann Gegenstand pädagogisch flankierter Prozesse diskursiver Selbstaufklärung. Die Grundidee, biographisches Erzählen als Medium der Verständigung zu nutzen, wurde in der Erwachsenenbildung in der Zeit der deutschen Wiedervereinigung im Rahmen eines größer angelegten Projektes der politischen Bildung wieder aufgegriffen (vgl. Behrens-Cobet/Schaefer 1984; Behrens-Cobet/Reichling 1997), ohne dass die damit verbundenen durchaus positiven Erfahrungen im kommunikativen Gedächtnis der Berufskultur oder der wissenschaftlichen Disziplin nennenswerte Spuren hinterlassen hätten.

Im Gegensatz zu vielen anderen Forschungsansätzen kann die Biographieforschung lebensweltliche Wurzeln vorweisen. Formen der biographischen Selbst- und Fremdverständigung im Alltag, wie etwa das biographische Gespräch zwischen zunächst fremden und dann immer vertrauteren Menschen, liefern nämlich die elementarste Erfahrungsfolie, um die auf Verstehen fremder Sichtweisen angelegte kommunikative Rationalität auf detachiertere Formen des biographischen Verstehens im Wissenschaftssystem zu beziehen. Ebenso wie im Alltagsverkehr die geballte und intensive Weitergabe von biographischem Wissen eine wesentlich präzisere Vorstellung von dem vermittelt, wer eine Person ist, was und warum sie so und nicht anders denkt und handelt und wie die Gefühlswelt eines Individuums beschaffen ist, trägt auch im Kontext der Erwachsenenbildung die Weitergabe von biographischem Wissen zur gesteigerten Perspektivenübernahme und zu mehr Transparenz bei der Perzeption persönlicher Identitäten bei. Der Nachweis, dass in vielen Situationen der Weiterbildung (von der Vorstellungsrunde über die Lernberatung bis hin zum informellen Kneipengespräch nach einem Kurs) biographisches Wissen vermittelt und angeeignet wird, verleiht der sonst üblichen Theorie-Praxis-Dichotomie in der Forschung eine andere Prägung, ohne sie gänzlich negieren zu können (vgl. Nittel 1983).

4 Lokale Forschungsmilieus

Was die Forschungskultur der Biographieanalyse in der Erziehungswissenschaft als Ganzes angeht, so sind punktuelle oder breiter ausdifferenzierte Forschungszusammenhänge in nahezu allen Bundesländern und vielen deutschen Hochschulen zu finden, so dass die Suche nach einer wie auch immer gestalteten Systematik auf dieser Ebene wenig Sinn machen würde. Mit dem verengten Blick auf die Erwachsenenbildung sind jedoch sehr wohl lokale Forschungsmilieus identifizierbar, deren Beschreibung einen ersten Eindruck von der Pluralität der Themen und der Produktivität ihrer Protagonisten vermitteln. So hat Peter Alheit zunächst in Bremen und später in Göttingen einen dicht gestaffelten Forschungszusammenhang aufgebaut, der eine große Nähe zur soziologischen Biographieforschung mit stark zeitdiagnostischer Ausrichtung aufweist. Peter Alheit kombiniert verschiedene Theorieelemente miteinander, wie etwa den Habitus-Ansatz von Pierre Bourdieu, das modernitätstheoretische Konzept von A. Giddens und das sozialhistorische Konzept von Norbert Elias, greift auf die einschlägigen biographieanalytischen Verfahren der Datenerhebung und der Datenauswertung zurück und schafft dadurch wissenschaftliche Synergieeffekte. Neben erkenntnisreichen Arbeiten zu anderen Themen sind Studien zum lebenslangen Lernen (vgl. Alheit u.a. 2000), Arbeiterbiographien (vgl. Alheit 1983) und zur Verschränkung von individuellen und kollektiven Lernprozessen (vgl. Alheit/Bast-Haider/Drauschke 2004) entstanden. Die Studie von Heidrun Herzberg (2004) z.B. zum Rostocker Werftarbeitermilieu kann der erwachsenenpädagogischen Adressatenforschung zugerechnet werden, weil es hier am Beispiel von Werftarbeiterkindern der Geburtsjahrgänge 1955 – 1961 gelingt, zwei grundlegende Lernhabitusmuster zu identifizieren, die einen unmittelbaren Bezug zu Phänomenen des kollektiven Lernens im Kontext der deutsch-deutschen Wiedervereinigung aufweisen: die entwicklungsorientierte und die bewahrende Variante.

Auch an der Universität Duisburg/Essen werden Forscherinnen und Forscher in ihren Bemühungen unterstützt, ihre wissenschaftlichen Qualifikationen auf dem Gebiet der Erhebung und Auswertung biographischer Daten im Kontext der Weiterbildungsforschung zu nutzen. Anne Schlüter (vgl. Schlüter/Schell-Kiehl 2004) betreut hier zahlreiche Diplomarbeiten und Dissertationen sowie eine eigene wissenschaftlichen Buchreihe zum Themenbereich „Weiterbildung und Biographie“. Thematische Schwerpunkte sind hier Beratung, Gesundheit und Geschlechterforschung.

Die enge Allianz zwischen Frauen- und Biographieforschung wie sie sich in Duisburg/Essen abzeichnet ist auch an einem anderen Standort zu registrieren. So hat Heide von Felden in Mainz einen Arbeitszusammenhang etabliert (vgl. von Felden 2008, 2007a/b, 2003), dessen Programm die Weiterentwicklung bildungstheoretischer und methodologischer Positionen vorsieht. Die thematische Bandbreite der Qualifikationsarbeiten erstreckt sich auf den Zusammenhang von Krankheit, biographischen Krisen und Lernprozessen, sowie auf Studien zur Professionalisierung und zur Medienpädagogik. Astrid Seltrecht (vgl. Seltrecht 2006) hat in der Untersuchung mit dem Titel „Lehrmeister Krankheit“ das alltagsweltliche Vorurteil revidiert, dass eine Krebserkrankung per se ein kritisches Lebensereignis ist, gleichsam zur „Spitzengruppe“ denkbarer Leidensprozesse zählt und aus sich selbst heraus quasi eine Fülle von Lernprozessen generiert. Die Verfasserin kann sehr präzise aufzeigen, welche biographischen Bedingungen dafür verantwortlich sind, damit eine lebensbedrohliche Erkrankung nicht nur im Umgang mit neuem Wissen und im alltäglichen Verhalten, sondern auch auf der Ebene der Identitätsveränderung nachhaltige Lernprozesse auslöst.

Auch in Frankfurt am Main, deren Universität über eine lange Tradition in der qualitativen Sozialforschung verfügt (man denke hier an die Entwicklung des Gruppendiskussionsverfahrens), zählt die Biographieforschung zum Profil des Standortes. Hier sind Arbeiten über die lebensgeschichtlichen Entstehungsbedingungen des Analphabetismus (vgl. Egloff 1997; Dijanovic 2005) entstanden, eine innovative Arbeit über die fachkulturellen Unterschiede im erziehungswissenschaftlichen und medizinischen Studium (vgl. Egloff 2002) und eine Vielzahl nicht-publizierter Diplom- und Magisterarbeiten. Jochen Kade hat bereits in seiner Habilitationsschrift den Zusammenhang von Identität und Bildung behandelt (vgl. Kade 1989), gemeinsam mit Wolfgang Seitter eine theoretisch ergiebige Studie zum lebenslangen Lernen erstellt und hierbei die Bildungsbiographien langjähriger Nutzer des Funkkollegs untersucht (vgl. Kade/Seitter 1996). Im Moment wird, bezogen auf die Figur prekärer Bildungsgestalten, die Idee der Längsschnittstudie für die Biographieforschung nutzbar gemacht. Mit Blick auf den Frankfurter Arbeitskontext wird eine enge Kooperation mit der Phillips-Universität in Marburg und dem dort tätigen Wolfgang Seitter gepflegt, der eine Studie im Überschneidungsbereich von interkultureller Pädagogik und der Organisationsforschung (vgl. Seitter 1999) vorgelegt hat. Zum Frankfurter Profil gehört die enge Verbindung von Professions- und Biographieforschung, was etwa in einer Studie über Berufsverläufe von in der Privatwirtschaft tätigen Pädagogen (vgl. Nittel/Marotzki 1996) und Berufskarrieren freiberuflich Tätiger zum Ausdruck kommt (Nittel 2000). Darüber hinaus liegen Arbeiten über die Nutzung biographischer Quellen für die Zwecke der Fortbildung von pädagogischem Personal mit dem Instrument der Interpretationswerkstatt vor (Nittel 1998).

5 Exemplarische Darstellung einschlägiger Studien

Aus dem Umstand, dass die erwachsenenpädagogische Biographieforschung eine ungemein breite Palette an Frage- und Themenstellungen bearbeitet, resultiert sowohl ihre Stärke als auch ihre Schwäche. Ihre Stärke leitet sich aus den vielfältigen Einsatz- und Anschlussmöglichkeiten ab, denn überall dort, wo prozessbezogene Fragestellungen bearbeitet werden sollen, Hypothesen überprüfende Verfahren deplatziert erscheinen und Einblicke in die Relation von subjektiver Wahrnehmung und kollektiven Wandlungsprozessen erforderlich sind, können biographietheoretische Ansätze ihre Vorteile zur Geltung bringen. Gleichzeitig erweisen sich die multiplen Nutzungsmöglichkeiten der Biographieforschung auch als Schwäche, weil es sich vielfach um hybride Themen handelt und das interdisziplinär angelegte Ausloten und Verstehen von Einzelfällen im modernen Wissenschaftsbetrieb nicht positiv sanktioniert wird. Im Gegensatz zur quantitativen Sozialforschung, die eher auf die Erklärungen von Wirkungszusammenhängen setzt, ist es der auf das Verstehen komplexer Zusammenhänge fixierten qualitativen Forschung bislang nicht gelungen, mit den Forschungsergebnissen konkrete Handlungsempfehlungen zu verbinden.

Was die *Organisationsforschung* angeht, so sticht die Publikation von Stefani Hartz (2004) hervor. Unter dem etwas missverständlich klingenden Titel ‚Biographizität und Professionalität" untersucht sie die „Bedeutung von Aneignungsprozessen in organisatorischen Modernisierungsstrategien" (Hartz 2004). Sie verbindet organisations-, biographie- und interaktionstheoretische Zugänge und geht am Beispiel der Einführung von Gruppenarbeit in einem Traditionsbetrieb der Stahlbranche der Frage nach, in welcher Weise sowohl auf individueller wie auf organisatorischer Ebene dieser einschneidende Eingriff in die Arbeitsorganisation zu pädagogisch relevanten Prozessen der Differenzbildungen führt. Grundlagentheoretisch interessant ist vor allem die Frage nach der Grenzziehung und dem wechselseitigen Bedingungsverhältnis von Person und Organisation. Im Konzept der mentalen Mitgliedschaft, das als „Produkt der personengebundenen Abgrenzungs- und Aneignungsprozesse“ (ebd., S. 20) verstanden wird, kann Hartz dieser Verschränkung und Wechselwirkung von Person und Organisation eine neue Note abgewinnen. Mentale Mitgliedschaft ist nicht nur die berufsbiographisch überformte Summe der Reaktionen von Organisationsmitgliedern auf die Tatsache ihrer Organisationsmitgliedschaft, sondern aktives Gestaltungselement der Organisation, das in der Kommunikation ständig prozessiert wird und dadurch die Basis des organisationalen Geschehens bildet. Der Betrieb wird als „Ort organisierter Aneignung“ (ebd., S. 62), aber auch als Ort biographischer Prozessierung, durch die ständige interaktive Aktualisierung mentaler Mitgliedschaften bestimmt. „Die Organisation drängt sich den Akteuren und die Akteure drängen sich mit dem Produkt ihrer Aneignungsprozesse der Organisation auf. Dabei beeinflussen sich Individuum und Organisation wechselseitig, ohne dass sie ihre jeweilige Eigenständigkeit verlieren“ (ebd., S. 66). Ohne dass dies ausdrücklich erwähnt werden würde, kann das Konzept der mentalen Mitgliedschaft das genuin rollenförmige Handeln in Organisationen präziser bestimmen.

Auf dem der Organisationsforschung gleichsam benachbarten Terrain der Professionsforschung sind ebenfalls eine Reihe biographieanalytischer Untersuchungen entstanden. Eine von Ursula Sauer-Schiffer erstellte, stark an der tiefenpsychologischen Biographieforschung angelehnte Studie widmet sich den Karriereverläufen sowie dem Leitungshandeln von Frauen mit Führungsaufgaben in der Erwachsenenbildung. Die Verfasserin hat Leiterinnen von Volkshochschulen für ein dialogförmiges Erhebungs- und Auswertungsverfahren gewinnen können. Dabei ist es ihr vor allem um die genaue Beschreibung subjektiver Wahrnehmungsmuster und die Einbettung des beruflichen Handelns in den Lebensstil der Befragten gegangen. Insgesamt hat Sauer-Schiffer bei den untersuchten Frauen fünf Leitungstypen lokalisieren können, wobei Leiten zum einen als Artefakt eines allgemeinen sozialen Interesses und zum anderen Ausdruck einer entweder rebellischen oder selbstbezüglichen biographischen Disposition fungieren kann. Im beruflichen Leitungshandeln können sich aber auch vorsichtige Suchbewegungen und ein auf gesteigerter Initiative beruhendes Handlungsmodell manifestieren. Die Verfasserin stützt sich bei der Generierung ihrer Typologie ausschließlich auf die Paraphrase der Selbstdeutungen, ohne diese rekonstruktiv auf die Bedingungsfaktoren der durchleuchteten Phänomene hin zu analysieren. Ein wichtiges Ergebnis dieser Arbeit ist, dass Frauen in Führungsfunktionen ausgesprochen durchsetzungsstark und zielgerichtet handeln, obgleich sie ihre funktionsspezifische Macht nicht offensiv nutzen, sondern eher einen an Konsens orientierten Führungsstil präferieren (vgl. Sauer-Schiffer 2000).

Mit Blick auf das lebenslange Lernen dürfte die Studie über *„Biographische Prozessstrukturen, Generationslagerung und lebenslanges Lernen/Nichtlernen“* (vgl. Wagner 2004) nicht zuletzt deshalb interessant sein, weil hier erstmals die Unterscheidung Lernen/Nichtlernen systematisch für die empirische Forschung nutzbar gemacht worden ist. Mit diesem keineswegs trivialen Umstand reagiert die Autorin darauf, dass in der erziehungswissenschaftlichen Theoriebildung bislang kein explizites Differenzschema zum lebenslangen Lernen ausformuliert worden ist. Karin Wagner bewegt sich in ihrer Studie im Spannungsfeld von biographieanalytischer Generationsforschung, Lehr-/Lernforschung und Geschlechterforschung. Es wird das Portrait einer generationsübergreifenden männlichen Alterskohorte der Jahrgänge 1930 bis 1939 entworfen. Erziehungswissenschaftlich ist diese Männergruppe deswegen interessant, weil es sich hier um die Aufbaugeneration handelt, die in den Veranstaltungen der Weiterbildung allerdings unterrepräsentiert ist. Die Autorin kann generationsspezifische Lernmodi, Lerndimensionen, Lernorte und Lernstrategien rekonstruieren. Überzeugend erbringt sie den Nachweis, dass bei allen Befragten die wegweisenden Dispositionen für das lebenslange Lernen bereits lange vor Eintritt in das Erwachsenenalter gelegt worden sind. Mit Blick auf die biographischen Dispositionen unterscheidet Wagner zwischen fünf Grundmustern: Während einige Akteure die Handlungsorientierung des sozialen Aufstiegs als Reaktion auf die Erfahrung des familiären Statusverlustes im Zuge des Zweiten Weltkrieges entwickeln, kommt es bei einer anderen Gruppe zur Entwicklung kreativer Potentiale als Reflex auf die kriegsbedingte Erfahrung des „geschenkten Lebens". Bei einer dritten Gruppe von Männern zeichnet sich schon in Kindheit und Jugend ab, dass die Primärsozialisation durch negative kollektiv-historische Ereignisse überformt wurde, die dann schließlich in Prozesse der sozialen Überanpassung einmünden. Eine vierte Gruppe macht die „Erfahrung des ungelebten Lebens", wobei sich in späteren Phasen der hartnäckige Fortbestand biographischer Suchbewegungen und diesbezüglicher Lernformen abzeichnet. Die fünfte Gruppe sammelt extrem widersprüchliche Erfahrungen während des Zweiten Weltkrieges, die zu kognitiven Dissonanzen und zur Aufschichtung reflexiver Potentiale führen.

In Bezug auf die *erwachsenenpädagogische Historiographie* haben Dieter Nittel und Cornelia Maier als Ergebnis einer Zusammenarbeit mit dem Hessischen Staatsarchiv eine Studie sowohl zur Zeitzeugenforschung „von oben" (mit prominenten Erwachsenenbildnern) als auch „von unten" (mit weniger prominenten Weiterbildnern) vorgelegt (vgl. Nittel/Maier 2006). Dieses Projekt weicht von der bisherigen Forschungspraxis vor allem unter dem Aspekt der Nachhaltigkeit der Untersuchung und der beachtlichen Größe des Samples ab: So sind in dem Vorhaben 143 autobiographisch-narrative Interviews mit Praktikern in ein auf Dauer gestelltes *Lebensgeschichtliches Archiv der hessischen Erwachsenenbildung* überführt worden, welches für die weitere wissenschaftliche Nutzung interessierten Forschern aus allen wissenschaftlichen Disziplinen zugänglich ist (vgl. Nittel 2001, 2004). Die „Totalerfassung" aller Berufsrollen wurde in der Weise realisiert, indem Interviews mit frei- und nebenberuflichen Dozenten, Kursleitern und Trainern und mit fest angestellten, mikro- und makrodidaktisch tätigen Praktikern geführt wurden. Eine auch für die überregionale Geschichtsschreibung der Erwachsenenbildung relevante Entdeckung ist, dass der sozialwissenschaftliche Terminus „(kollektive) Professionalisierung", der auf die Einheit von Verberuflichung und Akademisierung hinweist, zu kurz greift und durch die Kategorie *„individuelle Professionalisierung"* ergänzt werden muss. Diese Prozessstruktur bezieht sich auf einen Prozess der persönlichen Reifung, des wissenschaftlichen Kompetenzerwerbs und der beruflichen Qualifizierung, der jenseits der Universität durchlaufen wird und im späteren Berufsleben unter den Bedingungen von Handlungsdruck und Entscheidungszwang dennoch ein gewisses Maß an Reflexivität und Professionalität ermöglicht. Als weiterer überraschender Befund zeichnet sich die Beobachtung ab, dass nicht die Sinnwelt der Erwachsenenpädagogik und das diesbezügliche Handlungstableau den faktischen Fluchtpunkt ihrer beruflichen Identität darstellen, sondern dass die Akteure in ihren berufsbiographischen Karrieremustern und den entsprechenden Orientierungsstrukturen beständig zwischen Erwachsenenbildung und anderen Sinnwelten (Politik, Wissenschaft, Kultur) oszillieren. Diese Beobachtung und das aus der Professionsforschung hinlänglich bekannte Fehlen eines Zentralwertbezugs der „Bildung des Erwachsenen" korrespondieren mit dem Phänomen, dass ein kommunikatives Gedächtnis der hessischen Erwachsenenbildung, welches die verschiedenen Segmente übersteigt und ein Wir-Gefühl der Praktiker stiftet, schlicht nicht identifizierbar war. Zwar kann den einzelnen Bildungsmilieus (Gewerkschaften, Kirchen) und institutionellen Kontexten (berufliche und öffentliche Bildung) in Ansätzen ein kommunikatives Gedächtnis attestiert werden, aber nicht der hessischen Erwachsenenbildung als Ganzes.

6 Länderübergreifende Kooperation und internationaler Forschungsstand

Die häufig vertretene These, die internationale Ausrichtung in der deutschen Erwachsenenbildungswissenschaft sei unterentwickelt, mag auf die allgemeine Situation, aber mit Sicherheit nicht auf die besondere Lage biographieorientierter Ansätze in der Erwachsenenbildung zutreffen. Unter den deutschen Protagonisten der erwachsenenpädagogischen Biographieforschung, die sich durch eine dezidiert internationale Ausrichtung auszeichnen, befindet sich auch Wilhelm Mader, der den kanadischen Ansatz der Guides Autobiography in Deutschland bekannt gemacht hat (vgl. Mader 1989). Martha Friedenthal-Haase war federführend an einer internationalen Tagung beteiligt, auf welcher der biographische Zugang als ein für die Erwachsenenbildung angemessener Modus der Geschichtsschreibung präsentiert wurde (vgl. Friedenthal-Haase 1998). Im Grenzbereich von interkultureller Pädagogik, Frauenbildung und der Existenzgründungsforschung hat Ursula Apitzsch international angelegte Untersuchungen durchgeführt (vgl. Apitzsch 2000, 2006). Besonders Peter Alheit hat sich als Mentor einer länderübergreifenden Kooperation zwischen Biographieforschern profiliert und entsprechende Netzwerke knüpfen können, wobei er den Rahmen erwachsenenpädagogischer Themen- und Fragestellungen deutlich erweitern konnte. Seine englischsprachigen Publikationen beziehen sich u.a auf das Problem der Arbeitslosigkeit unter Jugendlichen (vgl. Alheit 1994), methodische Fragen der Biographieforschung (vgl. Alheit/Bergamini 1996) und mentalitätstheoretische Untersuchungen über eine deutsche, polnische und tschechische Grenzregion (vgl. Alheit u.a. 2007). Im deutschsprachigen Ausland gibt es insbesondere in Österreich ein lebhaftes Interesse an einer erwachsenenpädagogisch akzentuierten Biographieforschung; hier sind z.B. die Arbeiten von Rudolf Egger (1992) zu nennen, der eine „biographieorientierte Lern- und Bildungsweltforschung“ zu entwickeln gedenkt (vgl. Egger 1992).

Als international aufgestellte Gesellschaft im Bereich der Erwachsenenbildung hat die ESREA (die European Society for Research on the Education of Adults) der Biographieforschung in den letzten Jahren überdurchschnittlich viel Aufmerksamkeit geschenkt. Mehrere Tagungen boten Forschern die Gelegenheit zum Austausch über didaktisch-methodische und theoretische Themen im Zusammenhang mit biographischen Zugängen. Zu den Ländern mit einer vergleichsweise starken biographieanalytischen Ausrichtung gehören Polen, die Niederlande, Schweden, Österreich und die USA, wenngleich sich diese Aufzählung keineswegs auf das Fach Pädagogik bzw. die Erziehungswissenschaft beschränkt, sondern auch auf andere sozial- und kulturwissenschaftliche Disziplinen erweitert werden müsste. In den meisten anderen Ländern hat sich die Biographieforschung im interdisziplinären Kontext der qualitativen Sozialforschung entwickelt. Obgleich als globaler Trend eine gewisse Angleichung in den methodischen Standards registriert werden kann, kann in Bezug auf die Datenerhebung und die Datenauswertung der deutschen Biographieforschung ein besonders hoher Standard attestiert werden. Insbesondere das narrationstheoretische Vorgehen nach Fritz Schütze und seinen Schülern stößt in vielen anderen Ländern auf ein großes Interesse, vor allem was Polen und England angeht.

In diesem Kontext ist eine Studie erschienen, die sich mit der konstruktiven Leistung von Kulturvermittlern bei der Tradierung der indianischen Kultur und der Bearbeitung der Folgen einer unkontrollierten Modernisierung in Mexiko beschäftigt (vgl. Appel 2001).

Der in der erwachsenenpädagogischen Traditionslinie der Biographiearbeit stark verankerte reformpädagogische und emanzipatorische Impetus setzt sich interessanterweise im Kontext der (internationalen) Biographieforschung fort. So stoßen etwa die Aktivitäten des Israeli Dan Bar-On weit über Israel hinaus auf eine lebhafte Resonanz. Ihm gelingt es im Überschneidungsbereich von Friedenspädagogik, politischer Bildung und Biographieforschung einen Beitrag zur Völkerverständigung zu leisten. Bar-On und seine mittlerweile zahlreichen Mitstreiter haben das vordergründig triviale Medium des „Storytellings" unter Maßgabe der dabei erforderlichen aufwändigen organisatorischen Rahmenbedingungen in ein psychologisch gut begründetes didaktisch-methodisches Setting transformieren können. Bar-On nimmt die altehrwürdige Weisheit „das Geheimnis der Versöhnung heißt Erinnerung" beim Wort und trägt mit dem Ansatz „To Reflect and Trust" dazu bei, dass Menschen aus verfeindeten Gruppen ins Gespräch miteinander kommen (Bar-On 2000, 2004) und Stück für Stück lernen, persönliche Betroffenheit und die Orientierung an universellen moralischen Standards zu verknüpfen. Dieser biographieorientierte Ansatz, der zur deutsch-jüdischen, jüdisch-palästinensischen und zur nordirischen Verständigungsarbeit eingesetzt wird und vielfältige Parallelen zur Tradition der Begegnungspädagogik und Dialogarbeit aufweist, wird von der soziologischen Biographieforschung viel stärker als von der (politischen) Erwachsenenbildung zur Kenntnis genommen. Allein dieses Phänomen zeigt, dass in den biographietheoretischen Ansätzen der deutschen Erwachsenenbildung viel ungenutztes Potential steckt.

Mit Blick auf die Zukunft der Biographieforschung in der Erwachsenenbildung ist zu sagen, dass vor dem Hintergrund der vielen bedeutenden – und auch von anderen Disziplinen zur Kenntnis genommenen – Einzeluntersuchungen die Erstellung einer so genannten Leitstudie wünschenswert wäre. Diese hätte weniger die Funktion eines wissenschaftspolitischen „Leuchtturms", als vielmehr die Aufgabe, etwas mehr Licht in die nach wie vor unklaren Standards in Bezug auf die Datenerhebung und Datenauswertung zu bringen und exemplarisch vorzuführen, wie methodisch kontrolliertes Fremdverstehen auf der Basis persönlicher Dokumente funktioniert und welche Schritte zu beachten sind, damit verallgemeinerbare Erkenntnisse generiert werden können.

Literatur

Alheit, P. (1983): Alltagsleben. Zur Bedeutung eines gesellschaftlichen ‚Restphänomens', Frankfurt a.M.: Campus.

Alheit, P. (1984): Biographieforschung in der Erwachsenenbildung. In: Literatur- und Forschungsreport Weiterbildung (Jahrgang 4), H. 13, S. 40-54

Alheit, P. (1994): Taking the Knocks. Youth Unemployment and Biography – A Qualitative Analysis. London: Continuum Intl Pub Group.

Alheit , P. (1994): Zivile Kultur. Verlust und Wiederaneignung der Moderne. Frankfurt a.M/New York: Campus.

Alheit, P. (2001): ‚Social Capital', ‚Education' and the ‚Wider Benefits of Learning'. New Perspectives of ‚Education' in Modernised Modern Societies. International Yearbook of Adult Education. 28/29. S. 97-120

Alheit, P. (2002): Biographieforschung und Erwachsenenbildung. In: Kraul, M./Marotzki, W. (Hrsg.): Biographische Arbeit. Perspektiven erziehungswissenschaftlicher Biographieforschung. Opladen: Leske+Budrich, S. 211-240.

Alheit, P./Beck, J./Kammler, E./Taylor, R./Olesen, H.S. (Hrsg.) (2000): Lifelong Learning Inside and Outside Schools. 2 Vol´s. Second European Conference on Lifelong Learning, Bremen, 25.-27.02.1999. Roskilde: u.a. (2000): Lifelong Learning Inside and Outside Schools, Roskilde University, Universität Bremen & University of Leeds.

Alheit, P./Bergamini, St. (1996): Storie di vita. Metodologia di ricerca per le scienze sociali. Milano: Guerini.

Alheit, P./Dausien, B. (1985): Arbeitsleben. Eine qualitative Untersuchung von Arbeiterlebensgeschichten. Frankfurt/M./New York: Campus Verlag GmbH.

Alheit, P./Dausien, B. (Hrsg.) (2002): The ‚Double Face' of Lifelong Learning: Two Analytical Perspectives on a ‚Silent Revolution' Studies in the Education of Adults 34, H. 1, S. 3-22.

Alheit, P./Bast-Haider, K./Drauschke, P. (2004): Die verspätete Gesellschaft. Eine Mehrgenerationenstudie zur Mentalitätsentwicklung in Ostdeutschland. Frankfurt a.M.: Campus.

Alheit, P./Kurcz, Z./Zich, F. (2007): Changing Mentalities in a Central European Borderline Region. A Comparative Study on Cultural Identities in East Germany, Northern Czechia und West Poland. Prag. (Im Druck).

Apitzsch, U.(2000): Biographical Analysis. A German School? In: Chamberlayne P./Bornat J./Wengraf T. (Hrsg.):The Turn to Biographical Methods in Social Science. London: Routledge, S. 54-70.

Apitzsch, U. (2006): Interkulturelle Arbeit: Migranten, Einwanderungsgesellschaft, interkulturelle Pädagogik. In: Krüger H.H./Rauschenbach, Th. (Hrsg.): Einführung in die Arbeitsfelder des Bildungs- und Sozialwesens. Opladen: Budrich, S. 283-298.

Appel, M. (2001): Indianische Lokalkultur und gesellschaftlicher Wandel in Mexiko. Autobiographisch-narrative Interviews mit Kulturmittlern der Otomi. Opladen: Leske + Budrich.

Bar-On, D. (Hrsg.) (2000): Den Abgrund überbrücken. Mit persönlichen Geschichten politischen Feindschaften begegnen. Hamburg: Körber Stiftung.

Bar-On, D. (2004): Erzähl dein Leben! Meine Wege zu Dialogarbeit und politischer Verständigung. Hamburg: Körber Stiftung.

Behrens-Cobet, H./Reichling, N. (1997): Biographische Kommunikation. Lebensgeschichten im Repertoire der Erwachsenenbildung. Neuwied: Ziel.

Behrens-Cobet, H./Schaefer, A. (1994): Geteilte Erfahrungen. Ein deutsch-deutscher Dialog – Projekt zur Geschichte nach 1945. Münster: agenda Verlag.

Blossfeld, H.-P./Huinink, J. (2001): Lebenslaufforschung und sozialwissenschaftliche Forschungsperspektive. In: BIOS 14, H. 2, S. 5–31.

Buschmeyer, H. (1988): Erwachsenenbildung im lebensgeschichtlichen Zusammenhang. Frankfurt/M: Päd. Arbeitsstelle des DVV.

Corbin, J./Strauss, A. (1996): Grundlagen qualitativer Sozialforschung. Weinheim: Beltz.

Dijanovic, S. (2005): Biographisch situierte Beweggründe zur Überwindung des Analphabetismus. Eine qualitative Studie auf der Grundlage autobiographisch-narrativer Interviews mit Frauen aus dem arabisch-islamischen und dem deutschen Kulturkreis. Unveröffentlichte Diplomarbeit. Frankfurt a.M.

Egger, R. (1992): Biographie und Bildungsrelevanz. Eine empirische Studie über Prozeßstrukturen moderner Bildungsbiographien. München/Wien: Profil-Verl.

Egloff, B. (1997): Biographische Muster „funktionaler Analphabeten". Eine biographieanalytische Studie zu Entstehungsbedingungen und Bewältigungsstrategien von „funktionalem Analphabetismus". Frankfurt a.M.: DIE.

Egloff, B.(2002): Praktikum und Studium. Diplom-Pädagogik und Humanmedizin zwischen Studium, Beruf, Biographie und Lebenswelt. Opladen: Leske + Budrich.

Erpenbeck, J./Heyse, V. (1999): Die Kompetenzbiographie. Strategien der Kompetenzentwicklung durch selbstorganisiertes Lernen und multimediale Kommunikation. Münster: Waxmann.

Fatke, R./Merkens, H. (Hrsg.) (2006): Bildung über die Lebenszeit. Wiesbaden: VS Verlag für Sozialwissenschaften.

Friedenthal-Haase, M. (1998): Personality and Biography: Proceedings of the Sixth International Conference on the History of Adult Education. Vol. I: General, Comparative and Synthetic Studies, Vol. II: Biographies of Adult Educators from Five Continents. Frankfurt a.M.: Peter Lang Publishing.

Hartz, S. (2004): Biographizität und Professionalität. Eine Fallstudie zur Bedeutung von Aneignungsprozessen in organisatorischen Modernisierungsstrategien. Wiesbaden: VS Verlag für Sozialwissenschaften.

Herzberg, H. (2004): Biographie und Lernhabitus. Eine Studie im Rostocker Werftarbeitermilieu. Frankfurt a.M./New York: Campus.

Kade, J. (1989): Erwachsenenbildung und Identität. Weinheim: Beltz.

Kade, J. (1997): Riskante Biographien und die Risiken lebenslangen Lernens. In: REPORT (1997), H. 39, S. 112-124

Kade, J./Seitter, W. (1996): Lebenslanges Lernen. Mögliche Bildungswelten. Opladen: Leske + Budrich.

Kade, J./Nittel, D. (1997): Biographieforschung – Mittel zur Erschließung von Bildungswelten Erwachsener. In: Friebertshäuser, B./Prengel, A. (Hrsg.): Handbuch qualitative Forschungsmethoden in der Erziehungswissenschaft. München: Juventa, S. 618-631

Kade, S. (1981): Der Beitrag der biographischen Methode zu einer Erläuterung der Teilnehmerinteressen an Hauptschulabschlusslehrgängen unter besonderer Berücksichtigung der Situation ausländischer Jugendlicher im Hinblick auf die Verwertbarkeit für pädagogische Maßnahmen (Materialien zu Hauptschulabschlusslehrgängen – Projekt Ausländer). Frankfurt a.M.: PAS.

Kade, S. (1983): Methoden des Fremdverstehens. Bad Heilbrunn/Obb.: Klinkhardt.

Kade J./Seitter W. (2007) (Hrsg.): Umgang mit Wissen. Recherchen zur Empirie des Pädagogischen, Bd. 1: Pädagogische Kommunikation. Opladen: Barbara Budrich.

Kuckartz, U. (1999): Computergestützte Analyse qualitativer Daten. Eine Einführung in Methoden und Arbeitstechniken. Opladen: Westdeutscher Verlag.

Mader, Wilhelm (1989): Autobiographie und Bildung – Zur Theorie und Praxis der ‚Guides Autobiography'. In: Hoerning, E.M./Tietgens, H. (Hrsg.): Erwachsenenbildung. Interaktion mit der Wirklichkeit. Bad Heilbrunn/Obb.: Klinkhardt, S. 145- 154.

Marotzki, W./Bauer, W. (Hrsg.) (1996): Magdeburger Bibliographie zur Biographieforschung. Magdeburg: Universitäts-Verlag.

Mayring, Ph. (2007): Qualitative Inhaltsanalyse. Grundlagen und Techniken. Weinheim: Beltz.

Nittel, D. (1991): Report: Biographieforschung. Bonn/Frankfurt a.M.: PAS.

Nittel, D. (1994): Zur Relevanz des biographischen Erzählens in der Altenbildung. In: Kade, S. (Hrsg.): Älterwerden und Individualisierung. Bad Heilbrun: Klinkhardt, S. 45-66.

Nittel, D. (1989): Report: Alternsforschung. Reihe Berichte, Materialien, Planungshilfen. Frankfurt a.M.: Pädagogische Arbeitsstelle des Deutschen Volkshochschul-Verbandes.

Nittel, D. (1998): Die Interpretationswerkstatt – ihr Beitrag zur Qualitätssicherung des didaktischen Handelns. In: Knoll J.H. (Hrsg.): Grundlagen der Weiterbildung. Neuwied: Luchterhand, S. 1-16.

Nittel, D. (2000): Freiberuflichkeit als Zukunftsmodell für Diplom-Pädagoginnen und Diplom-Pädagogen. In: Der Pädagogische Blick. Zeitschrift für Wissenschaft und Praxis in pädagogischen Berufen (2000), H. 3, S. 137- 149.

Nittel D. (2001): ‚100 Lebensgeschichten – eine Geschichte?' Die Entwicklung der hessischen Erwachsenenbildung aus der Sicht von Zeitzeugen. Eine Projektskizze. In: Hessische Blätter für Volksbildung 51, H. 1, S. 69-83.

Nittel D. (2004): Berufliche Selbstbeschreibungen und Biografie: Über die Kongruenz erwachsenenpädagogischer Ansprüche und deren Verwirklichung. In: Bender, W. (Hrsg.): Lernen und Handeln. Schwalbach, Taunus: Wochenschau-Verl., S. 343-358.

Nittel, D./Marotzki, W. (Hrsg.) (1996): Berufslaufbahn und biographische Lernstrategien. Eine Fallstudie über Pädagogen in der Privatwirtschaft. Baltmannsweiler: Schneider Verlag GmbH.

Nittel, D./Maier, C. (2006): Persönliche Erinnerung und kulturelles Gedächtnis. Einblicke in das lebensgeschichtliche Archiv der hessischen Erwachsenenbildung. Opladen: Budrich.

Nittel, D./Seitter, W. (2005): Biographieanalysen in der Erwachsenenbildungs-Forschung: Orte der Verschränkung von Theorie und Empirie. In: Zeitschrift für Pädagogik. 51, H. 4, S. 513–528.

Oevermann, U./Allert, T./Konau, E./Krambeck, J. (1979): Die Methodologie einer „objektiven Hermeneutik" und ihre allgemeine forschungslogische Bedeutung in den Sozialwissenschaften. In: Soeffner, H.-G. (Hrsg.): Interpretative Verfahren in den Sozial- und Textwissenschaften. Stuttgart: Metzler, S. 352-434.

Reim, Th. (1993): Die Weiterbildung zum Sozialtherapeutenberuf. Bedeutsamkeit und Folgen für Biographie, professionelle Identität und Berufspraxis. Eine empirische Unterstützung von Professionalisierungstendenzen auf der Basis narrativ-autobiographischer Interviews. Dissertation. Universität/Gesamthochschule Kassel.

Riemann, G. (1987): Das Fremdwerden der eigenen Biographie. Narrative Interviews mit psychiatrischen Patienten. München: Wilhelm Fink Verlag.

Rosenstock, E./von Throtha, C.D. (1931): Das Arbeitslager. Berichte aus Schlesien von Arbeitern, Bauern und Studenten. Jena: Verlag.

Sackmann, R. (2007): Lebenslaufanalyse und Biographieforschung. Eine Einführung. Wiesbaden: VS Verlag für Sozialwissenschaften.

Sauer-Schiffer, U. (2000): Biographie und Management. Eine qualitative Studie zum Leitungshandeln von Frauen in der Erwachsenenbildung. Münster: Waxmann.

Schlüter, A./Schell-Kiehl, I. (Hrsg.) (2004): Erfahrung mit Biographien. Bielefeld: Bertelsmann.

Schütze, F. (1983): Biographieforschung und narratives Interview. In: Neue Praxis. 13, H. 3, S.283-293.

Seitter, W. (1999): Riskante Übergänge in der Moderne. Vereinskulturen, Bildungsbiographien, Migranten. Opladen: Leske+Budrich.

Seitter, W./Kade, J. (2002): Biographie – Institution – Wissen. Theoriebildung und Forschungsprojekte der neueren Erwachsenenbildung. In: Kraul, M./Marotzki, W. (Hrsg.): Biographische Arbeit: Perspektiven eruiehungswissenschaftlicher Biographieforschung. Opladen: Leske+Budrich. S. 241-269

Seltrecht, A. (2006): Lehrmeister Krankheit? Eine biographieanalytische Studie über Lernprozesse von Frauen mit Brustkrebs. Opladen: Budrich.

Siebert, H. (1985a): Lernen im Lebenslauf. Zur biographischen Orientierung der Erwachsenenbildung. Frankfurt a.M.: Pädagog. Arbeitsstelle Dt. Volkshochschul-Verband.

Siebert, H. (1985b): Identitätslernen in der Diskussion. Frankfurt a.M.: Pädagogische Arbeitsstelle des deutschen Volkshochschulverbands.

Strauss, A. (1991): Grundlagen qualitativer Sozialforschung. München: Fink.

Theile, E. (2004): Die „Schreibwerkstatt" als Möglichkeit des biographischen Lernens. In: Der pädagogische Blick 12. S. 195-206.

Thomas, W./Znaniecki, F. (1918): The Polish Peasant in Europe and America. 5 Vol's., 1918-1920. Urbana: Univ. of Illinois Press.

Tietgens, H (1983): Zur Psychologie der Lebensspanne. In: Hessische Blätter für Volksbildung, H. 4, S. 263-269.

von Felden, H. (2003): Bildung und Geschlecht zwischen Moderne und Postmoderne. Zur Verknüpfung von Bildungs-, Biographie- und Genderforschung. Opladen: Leske + Budrich.

von Felden, H. (2007a): Biographieforschung und Lerntheorie: Bausteine einer Lerntheorie in biographietheoretischer Rahmung. In: Forneck, H./Wiesner, G./Zeuner, Ch. (Hrsg.): Empirische Forschung und Theoriebildung in der Erwachsenenbildung. Baltmannsweiler: Schneider Verlag GmbH, S. 76-88.

von Felden, H. (Hrsg.) (2007b): Methodendiskussion in der Biographieforschung. Klassische und innovative Perspektiven rekonstruktiver Forschung. Mainz: logophon.

von Felden, H. (Hrsg.) (2008): Aktuelle Perspektiven der Biographieforschung. Wiesbaden (im Druck).

Wagner, K. (2004): Biographische Prozessstrukturen, Generationslagerung und lebenslanges Lernen/Nichtlernen. Eine biographieanalytische Studie auf der Grundlage autobiographisch-narrativer Interviews mit Männern der Alterskohorte 1930 – 1939.

Wolf, H.K. (1985) Diss. Frankfurt a.M.: Bildung und Biographie. Der zweite Bildungsweg in der Perspektive des Bildungslebenslaufs. Weinheim/Basel: Beltz.

Heiner Barz | Rudolf Tippelt

Lebenswelt, Lebenslage, Lebensstil und Erwachsenenbildung

1 Lebenswelt – Zur sozialwissenschaftlichen Karriere eines philosophischen Begriffs

In der Erwachsenenbildung hat das Paradigma der Lebensweltorientierung seit Beginn der 1980er Jahre verstärkt Beachtung gefunden. Es gilt als Korrektiv sowohl verhaltenstheoretisch orientierter als auch subjektivistisch verkürzter Theoriemodelle, indem es die kollektiv vorgeprägten, der individuellen Veränderung jedoch prinzipiell zugänglichen Deutungsmuster der sozialen Wirklichkeit ins Zentrum des Interesses rückt. In fast synonymer Begriffsverwendung wird unter Verweis auf die phänomenologische Tradition von „Teilnehmerorientierung", „Deutungsmusteransatz" (vgl. Arnold 1996), „Lebensweltbezug" oder „Lebensweltorientierung" gesprochen. Müller (1986) versucht eine Abgrenzung der Begrifflichkeit und will Teilnehmerorientierung als die „bescheidenere" Alternative verstanden wissen, nämlich als bloßes Mitbeteiligungsangebot an die Teilnehmer hinsichtlich der Themenauswahl und der didaktischen Entscheidungen. Davon abgehoben unterscheidet er den Lebensweltbezug, zunächst in einer „instrumentellen Sichtweise" als Berücksichtigung der Lernvoraussetzungen, Lernfähigkeiten, Lernbarrieren und Erwartungshorizonte der Teilnehmer. Als eine zweite „instrumentelle Sichtweise" beschreibt er den Lebensweltbezug als Auswahlprinzip für die Kursinhalte. Lebensweltbezug wäre demnach ein Konkurrenzprinzip zu systematischem Wissenserwerb, der sich an den Vorgaben gesellschaftlicher Qualifikationen für die Arbeitswelt oder an der Systematik des wissenschaftlichen Wissens orientiert. Von all dem abgesetzt will Müller jedoch von echter Lebensweltorientierung nur dann sprechen, wenn Erwachsenenbildung zu einem „neuen Verständnis erwachsenenpädagogischen Handelns" (ebd. 1986, S. 233) findet und sich als Hilfe bei der deutungsmustergeleiteten Realitätsbewältigung versteht, die bisherige Muster in Frage stellt oder sogar sprengt und auch für Krisenerfahrungen sorgt, in denen Identitäten aus den ehemals festgefügten Fugen geraten können.

Das Paradigma der Lebenswelt wurde auch insofern in der Philosophie des 20. Jahrhunderts wichtig, als Husserl (1859-1938) das in der philosophischen Tradition seit jeher beargwöhnte Alltagsbewusstsein rehabilitierte. War dieses seit Platons Höhlengleichnis als dem Urbild aller Kritik des Alltags stets nur die „verachtete Doxa" (Waldenfels), so zeigt Husserl, dass das Alltagsbewusstsein das eigentlich Erste, das Fundament, die Evidenz- und Bewährungsquelle für alle anderweitige Erkenntnis liefert. Indem somit die Verdrängung des Subjektiven, des Relativen, des Vorgeometrischen, Inexakten von Husserl in kritischer Absicht zum Thema gemacht wurde, darf man ihn wohl mit Recht als einen der wichtigsten Vertreter der sogenannten

Lebensphilosophie bezeichnen[1]. Deren gemeinsamer Kampf galt generell der Aufwertung des „Erlebens", des Emotionalen, des Intuitiven, der Betonung des Anschaulichen.

Vielfach aufgegriffen wurde weiter (z.B. in der aktuellen Lebensstilforschung) seine phänomenologische Methode als ein Verfahren, sich ausschließlich mit der differenzierend-beschreibenden Darstellung der Tatsachen oder Gegebenheiten eines bestimmten Sachbereichs zu befassen – im Gegensatz zu allen theoretischen und interpretativen Erklärungsversuchen. Insofern Husserls Philosophie eine Brücke schlägt zwischen „strengem" analytisch-naturwissenschaftlichem Denken und der Kritik an der Anmaßung dieser Denktradition, die einzig wahre Erkenntnis der Welt zu leisten, kommt ihr heute unabgegoltene Bedeutung zu. Nicht der Gegensatz zwischen der Welt der natürlichen Einstellung und der Welt der Wissenschaft war Husserls Thema, sondern deren gegenseitige Verschränkung, die sich u.a. auch darin zeigt, dass exakt-abstrakte Wahrheiten in die konkrete Lebenswelt einströmen und sie bereichern können. Der Anschauung als Fundament der Lebenswelt, in der sich durchaus Sonderwelten, etwa die der Wissenschaft, herausbilden können, gebührt jedoch immer das letzte Recht.

Auf dem Weg von der „Phänomenologie der Lebenswelt" (vgl. Husserl 1986) als philosophischer Disziplin zum Alltagswissen als sozialwissenschaftlichem Forschungsgegenstand und Objekt pädagogischen Handelns markiert der Name Alfred Schütz (1899-1959) die wohl wichtigste Etappe. Die Schützsche (vgl. Schütz 1974) bzw. Schütz/Luckmannsche Sozialphilosophie des Alltagslebens lässt sich in der gebotenen Kürze anhand einiger Schlüsselbegriffe skizzieren. Als Alltagswissen werden die von den Mitgliedern einer Gesellschaft für selbstverständlich erachteten Kenntnisse, Erfahrungen, Werte und Kulturtechniken verstanden. Dieser gesellschaftliche Wissensvorrat geht dem Individuum stets voraus, der Einzelne entnimmt ihm im Zuge seiner Sozialisation die für seine spezifische Subjektivität konstitutiven Elemente. Freilich unterscheiden sich die konkreten Ausprägungen des Alltagswissens von Individuum zu Individuum, sie variieren je nach biografischer und sozialer Lage etwa auch nach Milieuzugehörigkeit (vgl. Grathoff 1989). Weiter lassen sich verschiedene Sinnbereiche innerhalb des Gesamtsinnzusammenhangs einer Gesellschaft ausmachen. Als in sich abgeschlossene, mannigfaltige „Sinnprovinzen" („provinces of meaning") stehen neben dem „Jedermann-Wissen" der Welt des Alltags Formen des Spezial- und Sonderwissens – etwa das Professionswissen oder das wissenschaftliche Wissen. Allen Formen des Wissens gemeinsam ist ihre innere Verfasstheit, die Schütz mit den Begriffen Typik und Relevanz als den entscheidenden Faktoren jedweder Sinnbildung zu fassen sucht. In der mannigfaltigen, amorphen Überfülle an Erfahrungspotentialen, die die Wirklichkeit für uns ist, orientieren wir uns mittels Typisierungen. Schütz greift hier auf die Webersche Konzeption der Idealtypen zurück und sieht das gesamte Alltagswissen durch strukturierende Typenbildungen geprägt. Die Welt, in die wir hineingeboren werden, ist von dieser umgangssprachlich vermittelten Typik stets schon „vorsortiert". Verschiedene Klassifikationssysteme können nebeneinander bestehen, sich ergänzen oder auch konkurrieren. Über die konkrete Anwendung bzw. die spezifische Bevorzugung einzelner der latent im Überangebot vorhandenen Typisierungen entscheiden also Relevanzstrukturen, die in verschiedenen Kontexten unterschiedlich beschaffen sein können:

> „Durch Typisierung entsteht eine Welt des Vertrauten. Doch das Atypische ist beiseitegesetzt, aber nicht ein für allemal ausgeschieden; es ist das Unvertraute, das sich in kritischen

---

1 Für gewöhnlich wird der Begriff der Lebensphilosophie auf Friedrich Schlegels „Vorlesung über die Philosophie des Lebens" von 1828 zurückgeführt (vgl. Bergmann 1981). Unter ihn werden Denker wie Schopenhauer, Nietzsche, Dilthey, Bergson, Simmel, Spengler und Klages subsumiert.

> Erfahrungen und Krisensituationen zu Wort meldet und neue Antworten provoziert. Die Relevanz kommt ins Spiel, sofern jede typisierende Deutung selektiv ist, eine Bevorzugung ausspricht und dadurch Bedeutsames von Nichtbedeutsamem absondert; dies verweist auf Interessen, die sich in den Selektionsprozessen ausdrücken. Auch hier ist das Irrelevante, das – mit Aron Gurwitsch zu reden – am ‚Rande' des Bewusstseinsfeldes angesiedelt ist, nichts definitiv Ausgeschiedenes. Die Relevanzstrukturen können sich umbilden bei entsprechender Umgruppierung des Erfahrungsfeldes" (Waldenfels 1985, S. 159).

Ein weiteres wichtiges Begriffspaar bilden „das fraglos Gegebene" und „das Problematische" (Schütz/Luckmann 1990, S. 30ff.). Während sich die Menschen in unproblematischen Alltagssituationen weitgehend an routinisierte Denk- und Verhaltensschemata halten, stellen insbesondere „Grenzsituationen" (Berger/Luckmann 1970, S. 103) diese in Frage. Es kommt zu mehr oder weniger weitreichenden „Wirklichkeitskrisen" (Schmitz 1984, S. 108ff.), in denen eventuell für das Individuum neue Typifikationen innerhalb neuer Relevanzstrukturen bedeutsam werden. Das Handeln im Alltag steht dabei immer unter einem doppelten Zwang: Einmal gilt es, aktuell Entscheidungen zu treffen, zum anderen diese auch subjektiv stimmig zu begründen. Während die pragmatische Bewältigung des Alltags zumeist wenig Zeit zur Begründung lässt, der Entscheidungszwang also den Begründungszwang klar überwiegt, können insbesondere Krisen der Wirklichkeit, die Konfrontation mit Neuem, Außeralltäglichem und Unbekanntem größere Spielräume der Muße geradezu erzwingen. Im Programm der Schütz/Luckmannschen „Protosoziologie" (Luckmann 1990, S. 12) scheint uns ein bislang noch wenig ausgereiztes Theoriemodell gerade auch zum Verständnis der Bildungsprozesse im Erwachsenenalter zu liegen.

Auf die Problematik, dass sich der Begriff des Alltags in eine Vielzahl möglicher Bedeutungen auffächert, haben Elias (1978) und Bergmann (1981) hingewiesen. Anstelle des wenig erfolgversprechenden Versuchs, dieser babylonischen Sprachverwirrung Herr zu werden[2], möchten wir noch einmal auf die spezifisch phänomenologische Begriffsverwendung hinweisen, in der Alltag die „Sphäre des Handelns und Erlebens, die allen anderen Sphären zugrundeliegt", das „lebensweltliche Apriori" Husserls meint.

Hatten schon Schütz/Luckmann (1990, S. 27f., S. 47) den Akzent der „ausgezeichneten Wirklichkeit" („Paramount Reality") von der Wissenschaft auf die gesamte Wirklichkeit des Alltagslebens, auf die Lebenswelt in ihrer Totalität als Natur- und Sozialwelt verschoben, so geht die sozialphilosophische Debatte inzwischen noch einen Schritt weiter. Kiwitz (1986) schreibt der „Sinnprovinz Alltagsleben" eher die Rolle des Ferments als die des Fundaments zu. Und auch Hitzler (1988) bestreitet, dass sich angesichts der „zersprungenen Einheit" der „modernen Zeiten", die in ein System von teilzeitlichen Sonderwelten aufgefächert sind, noch sinnvoll nach einer übergreifenden Orientierung suchen lässt. Das Leben des einzelnen innerhalb verschiedener Sinnprovinzen erzwinge vielmehr das ständige Sinn-Basteln an individuellen Teilidentitäten. An die Stelle der emphatischen Letztbegründungsgeste tritt die Einsicht in die Vieldeutigkeit und Offenheit der Sinnbildungsprozesse: Die „Kette sich überlagernder Sonderwelten" (Kiwitz 1986, S. 133), die in Spannung zueinander und nicht in einer hierarchischen Schichtung stehen, konstituieren die eine Lebenswelt. Von daher kommt Kiwitz zur Neubestimmung heutiger Lebenskunst als Kunst des Balance-Haltens zwischen den gleichbe-

---

2 Bergmann (1981) listet nicht weniger als zwölf verschiedener Bedeutungsnuancen des Begriffs „Alltag" und acht Bedeutungsvarianten des Begriffs „Lebenswelt" auf..

rechtigten Sonderwelten etwa der Alltagsroutinen, der Wissenschaft, der Kunst, der Religion, der Philosophie etc.

Kritiker des Lebensweltkonzepts sehen darin eher ein Symptom der heutigen Krise der Weiterbildung als ein Mittel zu deren Überwindung. Alheit etwa vermisste angesichts des Booms von „Stadtteilarbeit", „Kulturarbeit" oder auch „soziokultureller Animation" schon in den 1980er Jahren (ebd. 1983, S. 166) den aktiven politischen Gestaltungswillen. Gegen die Tendenz der Entpolitisierung fordert er Lebensweltorientierung als „Repolitisierung der Erwachsenenbildung". Ähnlich kritisch sieht Rolf Arnold (1996) Lebensweltorientierung als eine schleichende Therapeutisierung der Weiterbildung. Die Teilnehmer würden um ein Bildungserlebnis betrogen, weil ihnen statt neuer Perspektiven, neuem Wissen nur das Stehenbleiben bei der eigenen Erfahrung offeriert werde.

Trotz dieser Kritik hat sich der Anspruch des Lebensweltbezugs in der Praxis der Erwachsenenbildung fast als Selbstverständlichkeit etabliert – vor allem als Berücksichtigung von Voraussetzungen, Lernfähigkeiten und Erwartungshorizonten der Teilnehmer im Hinblick auf Didaktik und Auswahl der Kursinhalte.

2 Neuere Forschungsansätze und -ergebnisse zur sozialen Ungleichheit

Während der Ansatz der „Lebensweltorientierung" vor allem die Begründung erwachsenenpädagogischen Handelns zum Thema hat, erhält das Paradigma der Lebenswelt noch in einer zweiten Hinsicht einige Relevanz für die Erwachsenenbildung. Dann nämlich, wenn nach den durch die jeweils bestimmte Position in der Sozialstruktur bedingten Weiterbildungsaspirationen gefragt wird. Denn dass die sozialen Deutungsmuster sich nicht nur aus dem gesellschaftlich verfügbaren „Wissensvorrat" speisen, sondern gerade auch schichtspezifisch, milieuspezifisch, lebenslagenspezifisch und lebensstilspezifisch tradiert und weiterentwickelt werden, muss in Erwachsenenbildungsmaßnahmen Berücksichtigung finden.

Die in allen Gesellschaften und zu allen Zeiten vorfindbaren Unterschiede zwischen Menschen, durch die einzelne Individuen oder Gruppen als „besser- oder schlechter-, höher- oder tiefergestellt, bevorrechtigt oder benachteiligt" (Bolte/Hradil 1988, S. 11) erscheinen, werden in der Sozialstrukturanalyse traditionell mit dem Begriff der „sozialen Ungleichheit" gefasst. Bezog sich die Erwachsenenbildung auf diese Analysen, tat sie das lange ausschließlich mit dem Anspruch, etwas zum Chancenausgleich, zu mehr Gerechtigkeit in einer Gesellschaft mit sozialer Ungleichheit beitragen zu wollen. Denn dass dem Bildungssystem eine wichtige Funktion in der Reproduktion sozialer Ungleichheit zukam, stand außer Zweifel.

Sowohl die fachwissenschaftliche Debatte als auch die öffentliche bildungspolitische Diskussion wurden seit den 1960er Jahren maßgeblich vom Thema der ungleichen Bildungspartizipation geprägt. „Demokratisierung und Erwachsenenbildung" (Strzelewicz 1973) lautete das Motto einer ganzen Generation von Bildungsarbeitern, das vor allem im Programm der Zielgruppenarbeit verwirklicht werden sollte. Bis Ende der 1970er Jahre standen sich zwei dominante Paradigmen der Lebenslagenforschung gegenüber: die Klassen- und die Schichtungsforschung. Unter Lebenslagen verstehen wir in unserem Zusammenhang das Ensemble der Lebensbedingungen von Gesellschaftsmitgliedern, das ihnen im Vergleich zu anderen Menschen Vor- oder Nachteile bringt. Während der Klassenbegriff aus der klassischen englischen Nationalökonomie stammt und vor allem von der marxistischen Gesellschaftstheorie aufgegriffen wurde, kommt der Begriff der „sozialen Schichtung" aus der kulturanthropologischen amerikanischen Soziologie der 1940er Jahre. Dabei handelt es sich jedoch nicht um alternative Konzepte, sondern um unterschiedliche Sichtweisen desselben Gegenstandes, nämlich der Produktion von gesellschaftlicher Ungleichheit und deren symbolische Repräsentation im Lebensstil auf der Basis der durch die jeweilige soziale Lage bestimmten Lebensbedingungen (vgl. Kleining 1991). Gemeinsame Annahme und theoretischer Kern der Klassen- und Schichtungsforschung war, dass die Lebenslage wesentlich durch das Einkommen, das Prestige und die Bildung von Menschen bestimmt sei. Die klassentheoretische Forschung führte Ungleichheit insbesondere auf die „objektive" Besitz- und Machtstellung im Produktionssystem zurück und ging konflikttheoretisch von „objektiv" unvereinbaren Interessen aus. Die Schichtungsforschung beachtete demgegenüber nicht dichotomisch gegenüberstehende, sondern abgestufte Lebens- und Handlungsbedingungen, argumentierte integrationstheoretisch und betonte den sozialen Wettstreit gesellschaftlicher Gruppen.

Aus der jeweiligen Position in der Lebenslage- und Sozialstrukturanalyse ergaben sich jeweils besondere Forderungen und Folgerungen für die Erwachsenenbildung. Nahezu alle äußeren Lebensbedingungen wie Arbeits-, Wohn- und Sozialisationsbedingungen oder soziale Sicherheit und alle inneren Haltungen, die auch für die Aus- und Weiterbildung relevant sind, wie Bildungswünsche, Bereitschaft zur politischen Partizipation, Kirchenbindung, Sprachstil oder Freizeitinteressen wurden im Zusammenhang mit der Sozialstrukturanalyse diskutiert.

In der Erwachsenenbildungsforschung wurde die soziale Ungleichheit beispielsweise explizit in zwei klassischen empirischen Studien thematisiert – der von Strzelewicz, Raapke und Schulenberg durchgeführten Göttinger Studie (1966) und der Nachfolgestudie von Schulenberg (1978). In diesen zu Recht als „Leitstudien" (vgl. Schlutz 1992, S. 40) bezeichneten empirischen Untersuchungen wurde dem Zusammenhang von Bildungsvorstellungen, gesellschaftlichem Bewusstsein und sozialer Herkunft von Bevölkerungsgruppen nachgegangen. Als ein wichtiges Ergebnis wurde hervorgehoben, dass bildungsbenachteiligte Bevölkerungsgruppen ein Gefühl des Ausgeschlossenseins entwickeln: Bildung haben Gruppen, denen man selbst nicht angehört; die eigene Bildungsbenachteiligung wird nicht auf Begabungsmängel, sondern auf soziale Bedingungen zurückgeführt. Die repräsentative Oldenburger Nachfolgeuntersuchung zeigt, dass Weiterbildung zwar bei allen Bevölkerungsgruppen sehr geschätzt wird, aber doch mit zunehmender Schul- und Ausbildung und begünstigter sozialer Herkunft immer häufiger und länger besucht wird. Schulenberg prägt das bis heute gültige Bild von der Weiterbildungsschere, das u.a. besagt, dass die Aktivitäten in der Weiterbildung mit besserer Schulbildung und höherem sozialen und beruflichen Status stark zunehmen, benachteiligte Gruppen aber deutlich unterrepräsentiert sind. Die Autoren der Göttinger-Studie heben als zentrale Aussage hervor, dass „im Hinblick auf Bildung jedenfalls viel weniger von der Realisierung eines Ausgleichs oder einer nivellierten Mittelstandsgesellschaft die Rede sein kann als häufig angenommen" (Strzelewicz/Raapke/Schulenberg 1966, S. 577).

Die neue Debatte um soziale und gesellschaftliche Strukturen seit Mitte der 1980er Jahre wird zentral durch die Individualisierungsthese und die Habitustheorie geprägt. Auf der einen Seite verweist die Diskussion um die Individualisierungsthese Ulrich Becks (1983; 1986) und die Pluralisierung der Lebensstile auf die vermeintliche Entstrukturierung der geschichteten Gesellschaft, auf einen allgemein gestiegenen Lebensstandard und auf individuelle Optionen im Lebenslauf. Die dadurch veränderten Formen der Selbstwahrnehmung und der Gruppenbildung in hoch entwickelten Gesellschaften haben Gerhard Schulze (1992) veranlasst, von einem neuen Typus von Gesellschaft zu sprechen: der Erlebnisgesellschaft. In der Erlebnisgesellschaft würden sich die Handlungsspielräume des einzelnen derart erweitern, dass das Leben nach eigenen Präferenzen und eigenen Neigungen gestaltet werden könne. Der Übergang von der „Gesellschaftsbildung durch Not“ zu einer „Gesellschaftsbildung des Überflusses“ führte dazu, dass jeder lernen müsse, sich auf den Modus des Wählens zu beziehen. Der oberste Zweck der Lebensführung sei nicht die Orientierung an materiellen Überlebenszielen, sondern eine Orientierung an der Steigerung der inneren Erlebnisse. Jeder Mensch neige allerdings zur inneren Gewohnheitsbildung und entwickle darum eine überschaubare Menge stabiler Wünsche und Absichten; außerdem wollen sich Menschen an soziale Gruppen anlehnen und streben nach Austausch mit gleichgesinnten Interaktionspartnern. Die Wahl des Musters einer bestimmten Erlebnisorientierung, das „Erlebnismilieu“, wird in diesem Ansatz nicht als durch die Stellung im Produktionsprozess oder die Höhe des Einkommens diktiert gesehen, sondern der Lebensstil eines Menschen, der wiederum auf die Zugehörigkeit zu bestimmten Milieus schließen lässt, ist stark vom Bildungsgrad und vom Lebensalter abhängig (vgl. Schulze 1988). Durch die jeweils individuelle Kombination von alltagsästhetischen Möglichkeiten kreiert jeder einzelne sein eigenes Muster der Erlebnisorientierung und seinen eigenen Lebensstil.

Schulze gelingt es, durch die Einbeziehung der Alltagsästhetik als Komponente der Sozialstruktur und durch die Berücksichtigung von kulturellen Erfahrungsformen – dem Trivialschema (Wunscherfüllung durch Harmonie und Gemütlichkeit, Ablehnung von stilistischer Exzentrik), dem Spannungsschema (Erlebnis von Action, Distinktion vom Konventionellen, Esoterik) und dem Schema der Hochkultur (Genuss als Kontemplation, Abgrenzung von Rohheit und vom Barbarischen, Idee der lebensgeschichtlichen Perfektion) – in hoch entwickelten Gesellschaften verschiedene typische Erlebnismilieus zu unterscheiden: Das „Integrationsmilieu“ strebt nach Konformität, das traditionell bildungsbürgerliche „Niveaumilieu“ baut auf kulturellen Rang, das primär aus Arbeitern bestehende „Harmoniemilieu“ will vor allem Geborgenheit, das „Unterhaltungsmilieu“ stimuliert sich nervös durch dauernde Abwechslung, das „Selbstverwirklichungsmilieu“ schließlich entdeckt avantgardistisch und mit experimentellen Methoden die innere Persönlichkeit (vgl. Schulze 1990, S. 422f.).

Die Erwachsenenbildung in der Erlebnisgesellschaft ist vor allem im Kontext der individuellen sozialen Mobilität als Möglichkeit zur Reflexion von individuell biografischen Entscheidungen oder als Mittel der Ästhetisierung der Lebenswelt zu thematisieren. In den Hintergrund rücken alle ökonomisch motivierten Weiterbildungsmaßnahmen, seien es solche, die aus (beruflicher) Not oder solche, die aus fixiertem Karriere- und Erfolgsstreben besucht werden.

Auf der anderen Seite hat die der Individualisierungsthese entgegen gesetzte Habitustheorie Pierre Bourdieus dazu angeregt, die Vermittlung von objektiven Lebenslagen und subjektiven Einstellungen und Lebensstilen neu zu überdenken[3]. In seinem Buch „Die feinen Unterschiede“ geht Bourdieu (1982) davon aus, dass alle Handlungen, auch die scheinbar interesselosen und zweckfreien, letztlich auf die Maximierung materiellen und symbolischen Gewinns gerichtet sind. Diese Hypothese führt Bourdieu zu der Überzeugung, dass unterschiedliche Lebensstile und Geschmacksurteile sozialer Gruppen nicht nur ein plurales buntes Bild der Massengesellschaft erzeugen, sondern in letzter Konsequenz den Konkurrenzkampf gegensätzlicher Gruppen um Macht und Einfluss ausdrücken. Eine zweidimensionale Vorstellung des sozialen Raumes führt

3 Zur erziehungswissenschaftlichen Relevanz Bourdieus siehe z.B. das Themenheft der Neuen Sammlung (v. Liebau et al 1985) oder Tippelt (1990). Zur Bedeutung von Bourdieus Habitus-Konzept speziell für die Erwachsenenbildung siehe Dewe, Frank und Huge (1988) und Wittpoth (1995); zur allgemeinen sozialwissenschaftlichen Rezeption in der BRD siehe den Reader von Eder (1989).

Bourdieu dazu, die soziale Position von Subjekten in der Sozialstruktur aus dem verfügbaren ökonomischen Kapital, das im Wesentlichen das produktive und unproduktive Geldvermögen beinhaltet und dem verfügbaren kulturellen Kapital, das er im Zuge seiner empirischen Analyse als Menge und Qualität erworbener Bildungstitel fasst, abzuleiten. Es ergeben sich bei ihm in horizontaler Differenzierung drei herrschende Gruppen, die sich entweder durch Bildungsbesitz oder durch ökonomischen Geldbesitz oder durch eine mittlere Verteilung von beiden Ressourcen definieren. Diese horizontale Differenzierung lässt sich auch in vertikaler Richtung bis zu den unteren sozialen Schichten verfolgen. In den so abgesteckten Raum sozialer Positionen werden die Daten seiner empirischen Lebensstil-Untersuchung eingetragen. Bourdieu versucht damit, kulturelle Vorlieben, Sportarten, Bildungsbedürfnisse, Lesegewohnheiten, Speise- und Wohnvorlieben den sozialen Positionen systematisch zuzuordnen. Vor dem Hintergrund seiner Analyse werden die Konturen einer Drei-Klassen-Gesellschaft sichtbar: Die herrschenden Gruppen versuchen durch „Distinktion" dem eigenen Lebensstil die Aura der Höherwertigkeit und der Legitimität zu verleihen, die mittleren Gruppen des Kleinbürgertums wollen den ökonomisch oder kulturell überlegenen Gruppen nacheifern, und die Arbeiterschaft entfaltet einen eigenen Lebensstil und Geschmack, die dem Diktat der Notwendigkeit unterworfen sind.

Für Bourdieu ist der Erwerb von Bildungstiteln prinzipiell ein Weg zum sozialen Aufstieg. Allerdings steht er sowohl der Institution Schule als auch den anderen expandierenden Bildungseinrichtungen äußerst skeptisch gegenüber:

> „Die bloße Tatsache, im weiterführenden Schulwesen (oder in der Fort- und Weiterbildung – d.A.) Fuß gefasst zu haben, lässt die neu aufgerückten Klassen von diesem erwarten, was es früher, als sie noch praktisch ausgeschlossen waren, tatsächlich auch erfüllte. Doch häufig genug, und manchmal auch rascher als gedacht, werden diese Hoffnungen und Erwartungen, die zu einer anderen Zeit und für ein anderes Publikum vollkommen realistisch waren, da sie tatsächlichen objektiven Chancen entsprachen, von den gegenläufigen Sanktionen des Bildungs- oder des Arbeitsmarktes Lügen gestraft" (ebd. 1982, S. 242).

Es muss bezweifelt werden, dass Weiterbildung mangelnde Bildungsvoraussetzungen ausgleichen, vor dem Verlust des Arbeitsplatzes schützen und zu mehr sozialer Gerechtigkeit führen kann. Zwischen Weiterbildung und beruflicher Sicherheit besteht jedenfalls kein kausaler Zusammenhang. Weiterbildungsleistungen haben die Qualität von Vorleistungen, die Arbeitnehmer ohne die Gewissheit einer Gegenleistung wie berufliche Sicherheit, berufliche Einmündung oder Statusverbesserung erbringen (vgl. Noll 1987). Wettbewerbsvorteile durch Weiterbildung, wie sie in zurückliegender Zeit realistisch waren, verringern sich mit zunehmender Weiterbildungsbeteiligung, denn Weiterbildungserfahrung wird schlicht als selbstverständlich vorausgesetzt, allerdings kann sie bei Personalentscheidungen als informelles Plus wirken. Folgt man Bourdieus Spuren, wird Weiterbildung in dieser Situation nahezu paradox nicht zur hinreichenden, aber in jedem Fall zur notwendigen Bedingung für berufliche und soziale Integration (vgl. Tippelt 1993). In einer Zeit, in der persönliche Anstrengungen, die sich zum Bildungskapital anhäufen, nur bedingt gesellschaftlich belohnt werden, erfährt nach Bourdieu das soziale Kapital eine besondere Aufwertung. Unter sozialem Kapital versteht der französische Bildungstheoretiker die sozialen Beziehungen, über die, ein Individuum oder besser, seine Herkunftsfamilie, verfügt.

Bourdieus eigenwillige Lebenslagen- und Milieuforschung lässt sich kaum in eine theoretische Schablone bringen. Zwar bleibt er durch die Betonung des ökonomischen Kapitals der traditionellen Klassen- und Schichtanalyse treu, durch seinen kulturtheoretischen Zugang zum Thema allerdings erweitert er die klassischen sozialstrukturellen Modelle und kann die starke Ausdifferenzierung von Lebensstilen erfassen. Seine zentralen theoretischen Begriffe wie „Habitus", „Raum sozialer Positionen" und „Distinktion" haben die sozialstrukturelle Analyse stark angeregt.

In Auseinandersetzung mit der Individualisierungsthese einerseits und der Habitustheorie andererseits hat sich eine neue, für die Erwachsenenbildung wichtige Sozialstrukturdebatte etabliert, die sich mit sozialen Milieus und Lebensstilen in der Bevölkerung beschäftigt. Die anfängliche Beliebigkeit der Begriffsdefinitionen ist heute überwunden, und es zeigt sich immer deutlicher die Leistungsfähigkeit der neuen Sozialstrukturanalyse, ein detailliertes Lagerungs-, System- und Mentalitätsbild der Gesellschaft zu entwerfen, an das die Erwachsenenbildung anknüpfen kann. Auch die neue Sozialstrukturanalyse hält an der traditionellen Aufgabe fest, die ungleiche Verteilung von knappen und begehrten Ressourcen wie Einkommen, Bildung, Macht und Status in einer Gesellschaft zu beschreiben und insbesondere ihre hierarchische Anordnung zu analysieren (vgl. Müller 1992).

Nach der eher hilflosen Phase, in der der Zusammenhang von sozialstrukturellen Entwicklungen und individuellen Lebensweisen durch die Formel „neue Unübersichtlichkeit" belegt wurde, wurde begonnen, der Diagnose von der entschichteten und restlos biografisch-individualisierten Gesellschaft entgegenzutreten. Die neuen Ansätze, die sogenannten neuen sozialen Ungleichheiten zu analysieren, ergeben einen ersten Überblick über aktuelle Disparitäten, mit denen die Erwachsenenbildung konfrontiert ist:

In neueren Arbeiten über die Gesamtstruktur gesellschaftlicher Lebenslagen wird sowohl über rein vertikale Klassen- und Schichtvorstellungen wie auch über die Herausbildung bestimmter neuer benachteiligter Gruppen hinausgegangen. Man versucht, der gesellschaftlichen Ausdifferenzierung und schnellen Veränderung sozialer Lagen und der damit gegebenen wachsenden Verschiedenartigkeit und Unbeständigkeit sozialer Prägung Rechnung zu tragen. Begriffe wie Milieu, Subkultur und Lebensstil erfahren eine Renaissance. Die empirische Milieu- und Lebensstilforschung hat seit den 1980er Jahren einen starken Aufschwung erfahren. Insbesondere haben sich auch die Grundbegriffe der neuen Sozialstrukturanalyse verstetigt (vgl. Hradil 1992), so z.B. die Begriffe

Lebensbedingungen: die äußeren Voraussetzungen alltäglichen Handelns (Wohnbedingungen, Arbeitsbedingungen, Freizeitbedingungen, Umweltbedingungen, finanzielle Ressourcen, Bildungsressourcen, Status etc.).

Lebensformen: die Struktur des unmittelbaren Zusammenlebens mit anderen Menschen (in einer Familie, als Single, in einer nichtehelichen Lebensgemeinschaft etc.).

Milieu: die gruppentypische individuell prägende Art der Wahrnehmung, Interpretation und Nutzung der jeweiligen sozialen Umwelt und menschlichen Mitwelt (siehe unten).

Lebensstil: ein mehr oder minder frei gewähltes, gesellschaftlich typisches Muster des Alltagsverhaltens und der Selbstdarstellung (Kleidung, Konsumgewohnheiten, kulturelle Partizipation), oft in besonderer Kennzeichnung und Absetzung von anderen Stilen.

Lebensführung: die typische Gestaltung des Alltags nach bestimmten Werten und Normen, besonders im Hinblick auf den künftigen Lebensweg (planend, spontan, situativ).

Subkultur: ein gruppentypisches Syndrom von Werten und Normen, das sich von dominierenden Kulturen deutlich, oft konflikthaft unterscheidet.

Seit Mitte der 1990er Jahre scheint – teilweise in expliziter Opposition gegenüber den genannten neueren Ansätzen der Lebensstilforschung – das „alte" Paradigma der Schichttheorie wieder einflussreicher zu werden (vgl. Hermann 2004). Jedenfalls erscheinen wieder Arbeiten, die Sozialisations- und Ausleseeffekte beispielsweise der Schule in den „klassischen" Kategorien der Klassen- und Schichtforschung beschreiben. (vgl. z.B. zusammenfassend Meulemann 1998). Prototypisch formuliert Rainer Geißler die Einwände gegenüber dem neuen Paradigma der Milieuforschung:

> „Mit der unkritischen Fokussierung auf die dynamische Vielfalt der Lagen, Milieus und Lebensstile wird der kritische Blick für weiterhin bestehende vertikale Ungleichheitsstrukturen getrübt. Es besteht die Tendenz, dass vertikale Strukturen wegdifferenziert, wegpluralisiert, wegindividualisiert und wegdynamisiert werden" (Geißler 1996, S. 323, im Original hervorgehoben).

Demgegenüber hat Manfred Lüders darauf verwiesen, dass die Unterstellung der gesellschaftspolitischen Indifferenz unzutreffend ist, insofern „die Lebensstil- und Milieuforschung weit davon entfernt ist, die Ungleichheitsfrage zu einer Frage bloßer sozialer Differenzierung zu neutralisieren" (Lüders 1997, S. 318). Ihr Anliegen ist es vielmehr, neben den immer unschärfer werdenden vertikalen Differenzierungskriterien der traditionellen Klassen- und Schichtforschung weitere, auf die subjektive Lebensdeutung und Lebensstilausprägung bezogene Indikatoren der horizontalen Differenzierung einzubeziehen. Lüders hat die Forderung erhoben, die traditionelle Ungleichheitsforschung von ihrer Fixierung auf Klassen und Schichten zu lösen und nach milieuspezifischen Bildungskarrieren und Bildungsaspirationen zu fragen: „Wie stellen sich die verschiedenen Lebensstilgruppierungen und sozialen Milieus auf die Strukturen des Bildungssystems ein?" (Lüders 1997, S. 317).

3 Ein Konzept der Lebensstil- und Milieuforschung

Eine der einflussreichsten deutschen Forschungstraditionen zur Lebensstil- und Milieuforschung stellt die von Sinus-Sociovision seit 1980 betriebene Lebenswelt-Forschung dar. Mit dem dort verwendeten Milieubegriff gehen neben der sozialen Lage grundlegende Wertorientierungen ebenso wie Alltagsroutinen, Alltagsästhetik, Wunsch- und Leitbilder, Ängste und Zukunftserwartungen sowie Konsumpräferenzen in die Sozialstrukturanalyse ein. Soziale Milieus fassen Menschen zusammen, die sich in Lebensstil und Lebensführung zumindest ähneln, also in gewisser Weise Einheiten innerhalb der Gesellschaft bilden. Die Milieus sind einerseits nach Berufsstatus und Einkommen hierarchisch geordnet, stehen andererseits aber auch horizontal nebeneinander, wenn man sich auf die Lebensstile und die kommunikativ herzustellenden Erlebnisziele der verschiedenen Milieus konzentriert. In einer Reihe von Studien zur Erwachsenenbildung kam und kommt dieses Milieumodell zur Anwendung:

- Soziale Milieus und Politische Bildung (Friedrich-Ebert-Stiftung 1993)
- Arbeitnehmermilieus und Bildungsurlaub („Hannover Studie“: Bremer/Lange 1997; Bremer 1999)
- Soziale Milieus und Bildungsinteressen („Freiburger Studie“: Tippelt/Eckert/Barz 1996; Barz 2000)
- Weiterbildungsinteressen in einer Metropole („Münchener Studie“: Tippelt/Weiland/Panyr/Barz 2003; Barz/Panyr 2004)
- Soziale Milieus und Weiterbildung in Deutschland („BMBF-Studie“: Barz/Tippelt 2004)
- Implementierung von Milieumarketing (Projekt „ImZiel“: Tippelt/Reich/von Hippel/Barz/Baum 2007)
- Kompetenzentwicklung und Fortbildungsbedarf des Weiterbildungspersonals („KomWeit“-Studie; 2007-2009)
- Weiterbildung im Kontext von Migrantenmilieus (Weiterbildung, Migration, Milieu; in Vorbereitung)

Die folgende Übersicht charakterisiert die SINUS-Milieus in der Mitte 2008 gültigen Fassung (vgl. www.sinus-milieus.de) und skizziert die Ergebnisse der genannten Untersuchungen zu Weiterbildungsverhalten und -interessen:

Gesellschaftliche Leitmilieus

Etablierte – ***Das statusbewusste Establishment*** –
Soziale Lage: Überwiegend leitende Funktionen, Selbstständige, hohe und höchste Einkommen.
Lebensstil/Lebensziele: Selbstbewusste gesellschaftliche Elite: Kennerschaft, Qualitätsbewusstsein, Stilsicherheit. Hohe erfolgsorientierte Leistungsbereitschaft und Statusdenken im Beruf. Machbarkeitsdenken, Führungs- und Gestaltungsfreude: entscheiden, führen, Verantwortung übernehmen. Aufgeschlossenheit gegenüber neuen Technologien bei intensiver beruflicher Nutzung.
Bildung/Weiterbildung: Überdurchschnittlich hohes Bildungsniveau, selbstverständliche Integration von Lernen in den Arbeitsalltag. Affinität zu informeller Weiterbildung: umfassendes politisches, wirtschaftliches und literarisches Interesse, Tagungen, Kongresse. Hohe Ansprüche an Ambiente und Stil des Veranstaltungsortes. Selbstbewusste Auswahl privater Anbieter, hohe Kosten sprechen für Qualität.

Postmaterielle – *Das aufgeklärte Post-68er-Milieu* –
Soziale Lage: Größtenteils Freiberufler/innen, Selbstständige, gehobene Angestellte und Beamte, gehobene Einkommen.
Lebensstil/Lebensziele: Verkörperung postmaterieller Werte: Selbstverwirklichung, Selbstbestimmung und Persönlichkeitsentfaltung. Umwelt- und Gesundheitsbewusstsein sowie hoher Stellenwert sozialer Gerechtigkeit. Trotz hohem Lebensstandard: Aversion gegen Standesdünkel und Statussymbole (Understatement). Kritische Betrachtung der Globalisierungsfolgen, eher abwartende Haltung gegenüber neuen Technologien.

Bildung/Weiterbildung: hohe und höchste Bildungsabschlüsse, selbstverständliche Integration des Lernens in den Alltag. Hohe Akzeptanz genießen Angebote der Persönlichkeitsentwicklung und Gesundheitsbildung, vergleichsweise häufiger Besuch von Weiterbildungsinstitutionen auch im privaten Bereich – kritische und informierte Auswahl. Bevorzugung eines „natürlichen", stimmigen Ambientes.

Moderne Performer – ***Die junge, unkonventionelle Leistungselite*** –
Soziale Lage: Häufig Selbstständige, Freiberufler/innen, teilweise noch in Ausbildung; gehobene Einkommen. *Lebensstil/Lebensziele*: Junge, unkonventionelle und Trend setzende Leistungselite. Großer Ehrgeiz und Leistungsbereitschaft im Beruf. Ausgeprägte Lust, sich selbst zu erproben und eigene innovative und kreative Ideen zu verwirklichen. Ablehnung von Reglementierungen und Vorgaben im privaten und beruflichen Bereich. Intensive und selbstverständliche Nutzung neuer Kommunikations- und Informationstechnologien. Idealtypus: Start-Up-Unternehmer.
Bildung/Weiterbildung: hohes Bildungsniveau, z.T. noch Schüler/innen oder Studierende mit Nebenjobs. Hoher Stellenwert von Lernen („nicht stehen bleiben"), insbesondere informeller Art. Hohe Expertise im Bereich von Informations- und Kommunikationstechnologien, kaum Teilhabe an organisierter Weiterbildung.

Traditionelle Milieus

Konservative – ***Das alte deutsche Bildungsbürgertum*** –
Soziale Lage: Hoher Anteil von Rentnern und Pensionären; früher leitende Angestellte, Beamte, Selbstständige; Frauen meist zu Hause; häufig materieller Besitz.
Lebensstil/Lebensziele: Wertschätzung von Traditionen, Konventionen; Wahren einer humanistischen Pflichtauffassung. Kritik am Verfall von Werten und Umgangsformen. Selbstbewusstsein als gesellschaftliche Elite: Verantwortungsübernahme und Pflichterfüllung. Teilhabe am kulturellen und gesellschaftlichen Leben; ehrenamtliches Engagement. Wertschätzung von Dezentem, Echtem, qualitativ Hochwertigem. Ablehnung von „Neumodischem": anderen Lebensstilen, Lebensgemeinschaften, aber auch von technologischen Neuerungen.
Bildung/Weiterbildung: Akademische Abschlüsse, aber auch einfache Schulbildung (insbesondere bei Frauen). Hoher Stellenwert selbstgesteuerten Lernens („Selbsterziehungsethos"). Interessen im hochkulturellen Bereich (Kulturgeschichte, Literatur). Wertschätzung von Parteien, Stiftungen, kirchlichen Trägern. Ablehnung privater, nicht etablierter Anbieter und esoterischer Inhalte. Festhalten an eher traditionellen Lehr- und Lernformen. Pragmatismus hinsichtlich der Ausstattung des Veranstaltungsortes.

Traditionsverwurzelte – ***Die Sicherheit und Ordnung liebende Kriegsgeneration*** –
Soziale Lage: Viele Rentner, kleinere Angestellte, Arbeiter/innen und kleinere Beamte. Kleinere bis mittlere Einkommen.
Lebensstil/Lebensziele: Sehr sicherheitsorientiert. „Bewahren" statt steigern: den Status Quo, den erarbeiteten Lebensstandard, traditionelle Werte wie Disziplin, Ordnung. Bescheidenheit statt hochgesteckter Ziele und unrealistischer Wunschträume. Geringe Integration von Neuem und Fremdem in die eigene Lebensführung: in Arbeit und Freizeit Rückzug auf Bewährtes. Eingebundenheit in soziale Netzwerke: Kinder, Enkel, Nachbarn und teilweise Vereinsaktivitäten.

Bildung/Weiterbildung: Niedrige bis mittlere Bildungsabschlüsse. Weiterbildung als Möglichkeit der Status-quo-Sicherung. Bevorzugt werden schulisch orientierte Lernformen mit dem Ziel des Erwerbs konkreter Handlungskompetenz. Geringes Bewusstsein über informelle Lernprozesse. Keine besonderen Ansprüche an Räumlichkeit und Veranstaltungsort.

DDR-Nostalgische – ***Die resignierten Wende-Verlierer*** –
Soziale Lage: Früher häufig leitende Positionen, heute oft arbeitslos oder einfache Angestellte und Arbeiter/innen; hoher Anteil von Beziehern von Altersübergangsgeld oder Rente, kleine bis mittlere Einkommen.
Lebensstil/Lebensziele: Teilweise erzwungene Abstriche im Lebensstandard werden als Konsumaskese verbrämt. Verklärung der Vergangenheit: Wertschätzung „preußisch-sozialistischer" Werte, des sozialistischen Gesellschaftsmodells, der sozialen Verantwortung des Staates und der mitmenschlichen Solidarität. Skepsis gegenüber Globalisierungs- und Technologisierungsfolgen. Wertschätzung von Zwecktauglichem und Schlichtem als Stilprinzip.
Bildung/Weiterbildung: Einfache bis mittlere Bildung, auch Hochschulabschluss. Interesse an informeller Weiterbildung: politisches Interesse, Aktualität. Ablehnung von Kursen zur Persönlichkeitsentwicklung, häufig Umschulungen. Wertschätzung vertrauter, schulischer Lernformen.

Mainstream-Milieus

Bürgerliche Mitte – ***Die Status-quo-orientierte, konventionelle Mitte*** –
Soziale Lage: Größtenteils einfache und mittlere Angestellte, Beamte, mittlere Einkommen.
Lebensstil/Lebensziele: Status-quo-orientierter Mainstream: Etablierung in der Mitte der Gesellschaft; Ziel: gesicherte berufliche Position, Wahren eines angemessenen Lebensstandards. Familie und Kinder als Lebensmittelpunkt; hoher Stellenwert des Zuhauses. Ausgeprägtes Sicherheitsstreben: Pflichterfüllung in der Arbeit, kontrollierter Konsum, ausgeglichene Freizeitaktivitäten. Grundsätzliche Leistungsbereitschaft und Zielstrebigkeit im Beruf; auf lange Sicht wird allerdings eine Balance von Arbeit, Familie und Freizeit angestrebt. Toleranz gegenüber anderen sozialer Gruppen und Lebensgemeinschaften. Jüngere Milieuangehörige: intensive Nutzung neuer Medien.
Bildung/Weiterbildung: Mittlere Reife mit Lehre, Abitur mit Lehre, z.T. auch akademische Abschlüsse. Lernen als Notwendigkeit, um aktuell zu bleiben. Zentrales Ziel ist das Erlernen konkreter Handlungskompetenz für den (Berufs-)Alltag. Überdurchschnittlich viele VHS-Besucher. Geringe Ansprüche an Räumlichkeit und Ambiente von Veranstaltungen, v.a. der kompetente Dozent ist von Bedeutung.

Konsum-Materialisten – ***Die stark materialistisch geprägte Unterschicht*** –
Soziale Lage: Häufig an- und ungelernte Arbeiter/innen, viele Arbeitslose, untere Einkommensklassen.
Lebensstil/Lebensziele: Lebenslage häufig durch familiäre und soziale Probleme charakterisiert. Abgrenzung gegen gesellschaftliche Randgruppen („Assis", „Penner"). Anschlusshalten an Standards der breiten Mittelschicht; Orientierung an „bürgerlicher Normalität". Anlehnung an traditionelle Werte und Rollenbilder im partnerschaftlichen und familiären Bereich (v.a. Männer). Rasches Aufgreifen von Moden und Trends: Wert wird auf Prestigeträchtiges und so-

zial Sichtbares gelegt. Unbekümmerter Umgang mit Geld: häufig Leben über die Verhältnisse, Verschuldung, Ratenzahlungen.
Bildung/Weiterbildung: kein oder formal niedriger Bildungsabschluss, häufig abgebrochene Ausbildungen. Meist gebrochenes Verhältnis zu Bildungsinstitutionen, hohe Schwellenängste. Oft Besuch vermittelter Weiterbildungsveranstaltungen über Bundesagentur für Arbeit. Weiterbildung wird assoziiert mit schulischem Lernen und Stress; Lernen bildet eine zusätzliche Belastung zum problematischen Alltag. Zentrales Kriterium ist der Verwertungsaspekt einer Weiterbildung.

Hedonistische Milieus

Experimentalisten – *Die extrem individualistische neue Bohème –*
Soziale Lage: Viele Schüler/innen und Studierende; oft in freien Berufen tätig; überdurchschnittliches Einkommen.
Lebensstil/Lebensziele: Ablehnung von Reglementierungen und starren Hierarchien in allen Lebensbereichen. Voraussetzung jeder Handlung ist die Übereinstimmung mit der persönlichen Individualität: „Authentisch sein". Selbstverwirklichung und Persönlichkeitsentwicklung statt Karrierestreben. Großes Interesse für fremde Länder und Kulturen. Ausprobieren, Erfahrungen sammeln: häufig gebrochene Karriereverläufe und Patchworkbiografien.
Bildung/Weiterbildung: Häufig gehobene Bildungsabschlüsse, Schüler und Studierende. Weiterbildung und Lernen als Bestandteil der individuellen Selbstverwirklichung. Im Milieuvergleich größte Bandbreite der Weiterbildungsinteressen. Selbstverständliche Integration selbstgesteuerter Lernformen in den Lebensalltag. Wichtig ist ein passendes, harmonisches Ambiente der Weiterbildungsveranstaltung.

Hedonisten – *Die Spaß-orientierte moderne Unterschicht –*
Soziale Lage: Oftmals Schüler und Azubis, kleinere Angestellte und Arbeiter/innen. Niedrige bis mittlere Einkommen.
Lebensstil/Lebensziele: Bewahren der inneren Freiheit, Unabhängigkeit und Spontaneität trotz äußerer Zwänge. Bewegen in subkulturellen Gegenwelten: Szenen, Clubs, Fangemeinden als Abgrenzung zum Arbeitsalltag. Teilweise Stilprotest und Unangepasstheit. Arbeit als Instrument zur Finanzierung des Lebensmittelpunkts Freizeit. Teilweise rigide Abgrenzung nach oben („Bonzen") und nach unten („Sozialschmarotzer").
Bildung/Weiterbildung: Niedrige bis mittlere, teilweise auch gehobene formale Bildungsabschlüsse. Akzeptanz von Umschulungen / Weiterbildungen eng verbunden mit Antizipation finanziellen Nutzens. Kaum intrinsisches Interesse an organisierten Formen der Weiterbildung. Aufgrund der steigenden Bedeutung des Internets als Fun-Medium könnte auch das informelle, netzbasierte Lernen und Informieren an Bedeutung gewinnen.

4 Diskussion der Lebensstil- und Milieuforschung

Als Problem des Milieu-Ansatzes notieren Schiersmann/Tippelt (1994, S. 64), dass mit der Orientierung an Milieus die Ausrichtung auf die alltagskulturelle Ästhetisierung der Lebensweisen (Lifestyle) in den Vordergrund von Planungsüberlegungen der Erwachsenenbildung rücke. Ökonomisch motivierte Weiterbildungsmaßnahmen, seien sie durch berufliche Not oder durch Karriere- und Erfolgsstreben motiviert, würden damit in den Hintergrund treten.

Schon Hradil (1987) hatte auf ungeklärte Problemstellungen im Zusammenhang des Milieumodells aufmerksam gemacht (vgl. Hartmann 2002). Der entscheidende Kritikpunkt betrifft die rein deskriptive Gewinnung der Milieubeschreibungen. Ihnen wohne zwar unbestreitbar phänomenologische Evidenz und Plausibilität inne, die theoretische Erklärung der spezifischen Faktoren, die in die Milieuabgrenzungen implizit eingehen, unterbleibe jedoch (vgl. Rössel 2006). Zur Genese der milieutypischen Handlungsziele, sowohl auf individueller wie auf kollektiver Ebene, liegen bislang ebenfalls keine erklärenden Theorien vor. Ein weiterer Kritikpunkt betrifft die „Milieumobilität“: Übergänge von einem Milieu in „angrenzende“ Milieus werden zwar grundsätzlich eingeräumt und durch die lebensgeschichtliche soziale Mobilität auch nahegelegt. Konkretisiert würden die Übergangswahrscheinlichkeiten für den Wechsel eines Individuums aus einem Milieu in ein anderes aber bisher nicht. Auch fehlten Untersuchungen zur intergenerationellen Milieukontinuität. Eine andere Schwachstelle sehen Hofmann und Rink (1996) in der fehlenden Identifikation der sozialkohäsiven Kräfte, die für die Integration der Milieus und deren erhöhte Binnenkommunikation ausschlaggebend sein könnten. Nicht zuletzt fehle, so wiederum Hofmann/Rink „die Beschreibung der institutionellen Kerne, ohne die sich soziale Milieus nicht zu bilden vermögen“ (ebd., S. 189).

Auch die Frage von Konstanz und Wandel des gesamten Milieugefüges einer Gesellschaft wurde problematisiert. Müller-Schneider hat in einer zeitvergleichenden Klassifikationsanalyse der These widersprochen, dass der Ausdifferenzierung des Milieumodells eine real in bundesdeutschen Lebenswelten sich vollziehende Pluralisierung entspreche: „Die Grundstruktur der Milieulandschaft ist im Beobachtungszeitraum [1985-1998] offensichtlich äußerst stabil geblieben“ (Müller-Schneider 2003, S. 792).

Ein weiterer Kritikpunkt betrifft die Dimension des Geschlechterverhältnisses. Also die Frage, ob die Beschreibungen von milieutypischen Lebensstilen gleichermaßen für Männer wie für Frauen Gültigkeit haben. Oder ob nicht für jedes Geschlecht gleichsam eine eigene Milieutopografie mit geschlechtsspezifischen Milieugrenzen und Milieudeskriptionen erstellt werden müsste (vgl. Müller/Weihrich 1990; Pokora 1994).

Ansatzweise sind einige der angeführten offenen Fragen mittlerweile einer Beantwortung näher gerückt. So haben Vester u.a. den Versuch unternommen, „Mentalitäten im Generationenwechsel“ (vgl. Vester u.a. 1993, S. 183-206), sowie die „Mentalitäten neuer sozialer Milieus“ (vgl. ebd., S. 207-244) aufgrund empirischer Daten zu beschreiben. Hradil (1994) bilanziert die neueren Studien so, dass die „unübersehbare Öffnung der sozialen Räume für die Bevölkerungsmehrheit seit den 60er Jahren“ durch die neuere, milieuspezifische Sozialisationsforschung besser als durch die alte, ausschließlich auf die objektiven, äußeren Bedingungen bezogene Sozialisationsforschung abzubilden sei:

„Es liegen bereits empirische Befunde vor, die belegen, dass milieuspezifische Mobilität nicht nur in Form von Thesen und Kategorien, sondern auch in der Realität existiert“ (Hradil 1994, S. 110).

Petra Stein hat am Beispiel der Neigung zum Hochkulturschema die Frage untersucht, ob dem sozialen Status des Herkunftsmilieus oder ob Anpassungen an die erworbene soziale Position die stärkere Prägekraft auf den Lebensstil zukommt. Durch individuelle soziale Mobilität – so Steins Fazit – verringert sich der Einfluss der Herkunft – ohne jedoch zu verschwinden: „Personen orientieren sich stärker an der Statusgruppe, in die sie hineingewechselt sind als an ihrer sozialen Herkunftsklasse" (Stein 2005, S. 225).

Das Projekt „Klasse und Geschlecht", das Petra Frerichs und Margareta Steinrücke am Kölner Institut zur Erforschung sozialer Chancen (ISO) von 1991 bis 1996 durchgeführt haben, war der Frage gewidmet, ob der Kategorie Geschlecht im Vergleich zur Kategorie Klasse die größere Bedeutung für die Erklärung individueller Lebensstile zukommt (vgl. Frerichs 1997).

Steinrücke und Frerichs problematisieren in ihrem Projekt die implizit der bisherigen Forschung zu Klassen und Lebensstilen zugrunde liegende Annahme, wonach „der Haushalt die Basiseinheit des Lebensstils bilde". Diese Annahme, so der kritische Ansatzpunkt der Wissenschaftlerinnen, unterschlage, „dass die Mehrzahl der Haushalte keine homogenen Gebilde sind (...), sondern sich i.d.R. aus mindestens zwei Erwachsenen verschiedenen Geschlechts mit z.T. unterschiedlicher Herkunft, unterschiedlich viel kulturellem Kapital etc. zusammensetzen" (Steinrücke 1996, S. 203). Auf der Basis von exemplarischen Fallanalysen lassen sich die Anteile der Partner am jeweils gemeinsamen Lebensstil in einer anregenden phänomenologischen Deskription herausarbeiten. Im Ergebnis kann diese minutiöse Rekonstruktion des weiblichen und männlichen Einflusses auf die Kreation eines gemeinsamen Lebensstils – dies ist die von den Autorinnen als erstaunlich beschriebene Quintessenz – eine strukturierende Wirkung der Geschlechtszugehörigkeit *nicht* bestätigen. Denn das Material erbrachte „*keine* Hinweise darauf, dass es bei der Produktion des Lebensstils irgendwelche *durchgängig den Frauen* oder durchgängig *den Männern*, quer durch die Klassen, zugewiesene Aufgaben gibt. [...] Eher als für einen allgemeinen Einfluss der Geschlechtszugehörigkeit auf den Anteil von Mann und Frau an der Produktion eines gemeinsamen Lebensstils spricht manches für die These, dass immer die- oder derjenige den *bestimmenderen Einfluss auf die Stilbildung* nimmt, die oder der von ihrer/seiner Herkunft her das *Mehr an kulturellem Kapital* mitgebracht hat" (Steinrücke 1996, S. 216f., Hervorhebungen im Original).

Zwar werden in den einzelnen Paarbeziehungen durchaus auch Unstimmigkeiten und Auseinandersetzungen über den aus einem komplizierten Zusammenspiel von ökonomischen Möglichkeiten, ideologischen Prägungen und ästhetischen Vorlieben resultierenden gemeinsamen Lebensstil sichtbar. Als Fazit jedoch bleibt das Erstaunen, dass „letztendlich doch jedes der Paare einen so weitgehend homogenen Lebensstil hervorbringt und lebt" (Steinrücke 1996, S. 218).

Auch hinsichtlich der grundlegenden Orientierungen und Wertmusterpräferenzen kommen die Forscherinnen zu dem Ergebnis, dass die Ähnlichkeiten aufgrund von Klassenzugehörigkeit ein deutliches Übergewicht aufweisen: „Es gibt zwar eine Reihe geschlechtsspezifischer Gemeinsamkeiten (...), aber das Gros der Ähnlichkeiten auf der Ebene des Habitus scheint doch durch die gemeinsame Klassenzugehörigkeit bedingt zu sein" (Frerichs 1997, S. 123)[4].

4 Der Befund, dass bezogen auf grundlegende Wertorientierungen „die Nähe zwischen den jeweils als Paar zusammenlebenden Männern und Frauen in weiten Teilen sehr viel größer als der von Frau zu Frau oder von Mann zu Mann über die Klassengrenzen hinweg" ist (Frerichs 1997, S. 123f.), bedeutet natürlich nicht, dass es keine geschlechtsspezifische Überformung der durch die soziale Lage bedingten Grundorientierungen gäbe.

Auch wenn die neuere Lebensstilforschung noch immer auf einige theoretische Fragen keine endgültig befriedigenden Antworten liefern kann, wird ihr Erklärungspotential heute vielfach anerkannt. In der Marktforschung (vgl. Diaz-Bone 2003) ebenso wie für Bildungs- und Erziehungsfragen (vgl. zuletzt z.B. Liebenwein 2008; Merkle/Wippermann 2008). „Die Befunde deuten stark darauf hin, dass der Lebensstilansatz nicht als Alternative, sondern als *Ergänzung* zu anderen Sozialstrukturkonzepten zu betrachten ist. (…) Die Forschung steht vor der Aufgabe, die *Bedingungen* zu konkretisieren, unter denen Lebensstilansätze ertragreich sind“ (Otte 2005, S. 22; Hervorhebungen im Original).

Insbesondere für den Bereich des Milieumarketings in der Weiterbildung (vgl. Tippelt/Reich/von Hippel/Baum/Barz 2008) dürfte die Fruchtbarkeit der Lebensstilforschung mittlerweile außer Frage stehen. Faulstich (2005) etwa resümiert, dass „ein wesentlicher Schritt zur empirischen Durchdringung des Weiterbildungsbereichs gelungen [sei], der sehr hoch einzuschätzen ist. (…) Zweifellos ist dies für die Institutionen der Weiterbildung ein wichtiges Instrumentarium“ fehlt: Seitenzahl . Auch in den Stellungnahmen von Svenja Möller, Jürgen Wittpoth und Rainer Brödel in der Rubrik „Das Buch in der Diskussion“ des „Report“ (Nr.28, 3/2005) werden die Stärken des „Praxishandbuchs Milieumarketing“ (Barz/Tippelt 2004a) in der unbestrittenen Praxisrelevanz, der Anschaulichkeit und Plausibilität der Befunde, dem Detailreichtum und dem Anregungsgehalt für die Angebotsentwicklung in der Erwachsenenbildung gesehen.

Kritische Anmerkungen der breiten Diskussion des Milieumarktingkonzeptes von Barz und Tippelt in der Erwachsenenbildung gelten

- der Theorieabstinenz,
- der Gefahr der Reifikation,
- der Grobrasterung der sozialen Wirklichkeit,
- der Gefahr der Überstrapazierung der Erträge der Teilnehmer- und Adressatenforschung.

Jenseits der weiterhin kontroversen wissenschaftsimmanenten Diskussion über den Status und die Validität des Milieukonzeptes belegt die Rezeption in den Praxisfeldern der Weiterbildung den hohen heuristischen Nutzen dieser Forschungslinie:

> „Für die Weiterbildungsinstitutionen sind sie in jeder Hinsicht eine Fundgrube, um ihre potenzielle und existierende Teilnehmerschaft besser zu verstehen und entsprechend beim Lernen unterstützen zu können. Das Runterbrechen auf die eigenen Begebenheiten muss nun jede Institution für sich lösen“ (Möller 2005, S. 66).

Ohne die Notwendigkeit einer Vertiefung und Verbreiterung der theoretischen Bezüge und Implikationen in Abrede zu stellen, löst das Lebensstilkonzept in der Weiterbildungsforschung für viele Beobachter eine wichtige Forderung ein: „Wissenschaftliche Forschung soll sich nicht mehr mit der bloßen Rhetorik von Praxisdienlichkeit begnügen“ (Brödel 2005, S. 68).

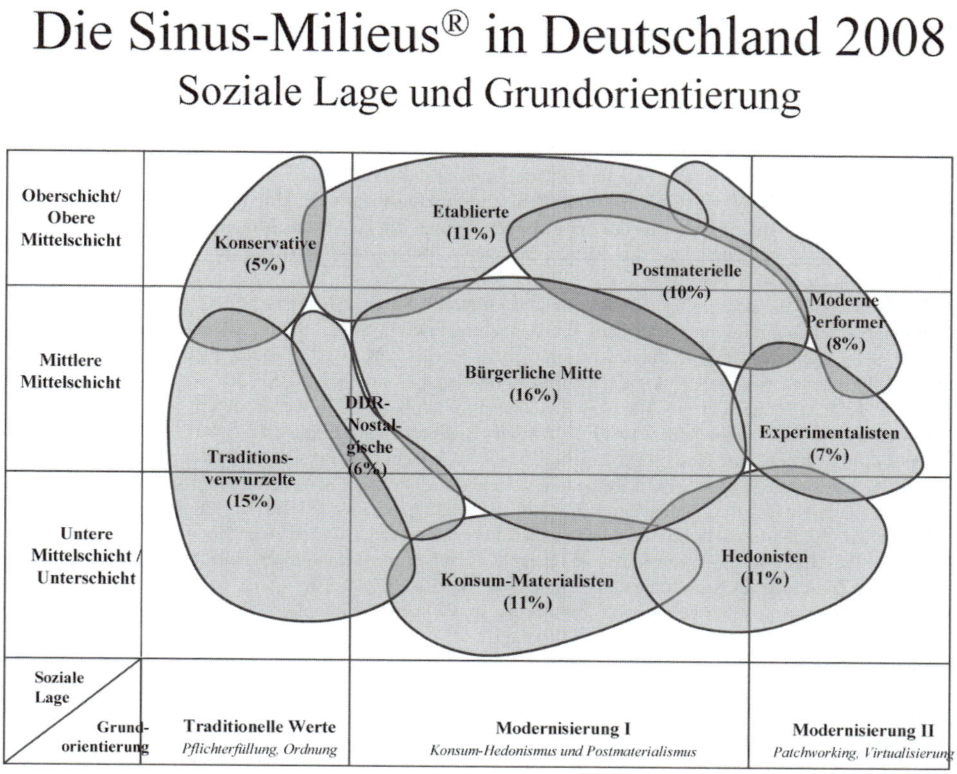

Abbildung 1: Die sozialen Milieus in Westdeutschland nach SINUS 2008

Literatur

Alheit, P. (1983): „Lebensweltorientierung" – Symptom einer Krise in der Weiterbildung? In: Schlutz, E. (Hrsg.): Erwachsenenbildung zwischen Schule und sozialer Arbeit. Bad Heilbrunn: Klinkhardt , S. 155-167.

Arnold, R. (1996[3]): Erwachsenenbildung. Eine Einführung in Grundlagen, Probleme und Perspektiven. Hohengehren: Schneider.

Barz, H. (2000): Weiterbildung und soziale Milieus. Neuwied: Luchterhand.

Barz, H./Panyr, S. (2004): Lernkulturen und Kompetenzentwicklung aus milieutheoretischer Sicht. In: Wiesner, G./ Wolter, A. (Hrsg.): Die lernende Gesellschaft. Lernkulturen und Kompetenzentwicklung in der Wissensgesellschaft. Weinheim/München: Juventa, S. 61-78.

Barz, H./Tippelt, R. (2004a): Weiterbildung und soziale Milieus in Deutschland, Bd. 1: Praxishandbuch Milieumarketing. Bielefeld: Bertelsmann.

Barz, H./Tippelt, R. (2004b): Weiterbildung und soziale Milieus in Deutschland, Bd. 2: Adressaten- und Milieuforschung zu Weiterbildungsverhalten und -interessen. Bielefeld: Bertelsmann.

Beck, U. (1983): Jenseits von Stand und Klasse? In: Kreckel, R. (Hrsg.): Soziale Ungleichheiten. Soziale Welt, Sonderbd. 2. S. 35-74.

Beck, U. (1986): Risikogesellschaft. Auf dem Weg in eine andere Moderne. Frankfurt a.M.: Suhrkamp.

Berger, P.L./Luckmann, T. (1970; amerik. 1966): Die gesellschaftliche Konstruktion der Wirklichkeit. Eine Theorie der Wissenssoziologie. Frankfurt a.M.: Fischer.

Bergmann, W. (1981): Lebenswelt, Lebenswelt des Alltags oder Alltagswelt? Ein grundbegriffliches Problem „alltagstheoretischer" Ansätze. In: Kölner Zeitschrift für Soziologie und Sozialpsychologie 33. S. 50-72.

Bolte, K.M./Hradil, St. (1988): Soziale Ungleichheit in der Bundesrepublik Deutschland. Opladen: Leske + Budrich.

Bourdieu, P. (1982): Die feinen Unterschiede. Kritik der gesellschaftlichen Urteilskraft. Frankfurt a.M.: Suhrkamp.

Bremer, H. (1999): Soziale Milieus und Bildungsurlaub. Angebote, Motivationen und Barrieren der Teilnahme am Programm von Arbeit und Leben Niedersachsen e.V. Hannover.

Bremer, H./Lange, A. (1997): „Inhaltlich muss was 'rüberkommen" oder „'n bisschen Bildung ist okay"? Mentalität und politische Weiterbildung am Beispiel des Bildungsurlaubs. In: Geiling, H. (Hrsg.): Integration und Ausgrenzung. Hannoversche Forschungen zum gesellschaftlichen Strukturwandel. Hannover: Offizin, S. 181-204.

Brödel, R./Möller, S./Wittpoth, J. (2004): Das Buch in der Diskussion: Barz, Heiner/Tippelt, Rudolf (Hrsg.): Weiterbildung und soziale Milieus in Deutschland. 2 Bände. In: Report 28, H. 3,. S. 65-69.

Dewe, B./Frank, G./Huge, W. (1988): Die strukturalistische Bildungstheorie des Habitus. Mit einem Kommentar von B. Krais. In: Dies. (Hrsg.): Theorien der Erwachsenenbildung. Ein Handbuch. München: Hueber, S. 199-216.

Diaz-Bone, R. (2003): Milieumodelle und Milieuinstrumente in der Marktforschung. In: Sozialwissenschaften und Berufspraxis 26, H. 4, S. 365-380.

Eder, K. (Hrsg.) (1989): Klassenlage, Lebensstil und kulturelle Praxis. Theoretische und empirische Beiträge zur Auseinandersetzung mit Pierre Bourdieus Klassentheorie. Frankfurt a.M.: Suhrkamp.

Elias, N. (1978): Zum Begriff des Alltags. In: Hammerich, K./Klein, M. (Hrsg.): Materialien zur Soziologie des Alltags. Kölner Zeitschrift für Soziologie und Sozialpsychologie, Sonderheft 20, S. 22ff.

Faulstich, P. (2005): Rezension zu „Barz, Heiner/Tippelt, Rudolf (Hrsg.): Weiterbildung und soziale Milieus in Deutschland. 2 Bände. Bielefeld: wbv". In: Hessische Blätter für Volksbildung 55. S. 376-379.

Frerichs, P. (1997): Klasse und Geschlecht 1. Arbeit. Macht. Anerkennung. Interessen. Opladen: Leske + Budrich.

Friedrich-Ebert-Stiftung (Hrsg.) (1993): Lernen für Demokratie. Politische Weiterbildung für eine Gesellschaft im Wandel, Bd. I: Analysen, Aufgaben und Wege. Bd. II: Zielgruppenhandbuch. Bd. III: Empirische Untersuchungen, Materialien. Bd. IV: Empirische Untersuchungen, Materialien: neue Bundesländer. Bonn.

Geißler, R. (1996): Kein Abschied von Klasse und Schicht. Ideologische Gefahren der deutschen Sozialstrukturanalyse. In: Kölner Zeitschrift für Soziologie und Sozialpsychologie 48. S. 319-338.

Grathoff, R. (1989): Milieu und Lebenswelt. Einführung in die phänomenologische Soziologie und die sozialphänomenologische Forschung. Frankfurt a.M.: Suhrkamp.

Hartmann, P. (2002[2]): Lebensstilgruppe und Milieu. In: Endruweit, G./Trommsdorff, G. (Hrsg.): Wörterbuch der Soziologie. Stuttgart: Lucius, S. 317-321.

Hermann, D. (2004): Bilanz der empirischen Lebensstilforschung. In: Kölner Zeitschrift für Soziologie und Sozialpsychologie 56. S. 153-179.

Hitzler, R. (1988): Sinnwelten. Ein Beitrag zum Verstehen von Kultur. Opladen: Westdeutscher.

Hofmann, M./Rink, D. (1996): Milieukonzepte zwischen Sozialstrukturanalyse und Lebensstilforschung. Eine Problematisierung. In: Schwenk, O. (Hrsg.): Lebensstil zwischen Sozialstrukturanalyse und Kulturwissenschaft. Opladen: Leske + Budrich, S. 183-199.

Hradil, S. (1987): Sozialstrukturanalyse in einer fortgeschrittenen Gesellschaft. Von Klassen und Schichten zu Lagen und Milieus. Opladen: Leske + Budrich.

Hradil, S. (1992): Alte Begriffe und neue Strukturen. Die Milieu-, Subkultur- und Lebensstilforschung der 80er Jahre. In: Hradil, S. (Hrsg.): Zwischen Bewußtsein und Sein. Die Vermittlung „objektiver" Lebensbedingungen und „subjektiver" Lebensweisen. Opladen: Leske + Budrich, S. 15-55.

Hradil, S. (1994): Sozialisation und Reproduktion in pluralistischen Wohlfahrtsgesellschaften. In: Sünker, H./Timmermann, D./Kolbe, F.-U. (Hrsg.): Bildung, Gesellschaft, soziale Ungleichheit. Internationale Beiträge zur Bildungssoziologie und Bildungstheorie. Frankfurt a.M.: Suhrkamp, S. 89-119.

Husserl, E. (1986): Phänomenologie der Lebenswelt. Stuttgart: Reclam.

Kiwitz, P. (1986): Lebenswelt und Lebenskunst. Perspektiven einer kritischen Theorie des sozialen Lebens. München: Fink.

Kleining, G. (1991): Soziale Klassen, soziale Schichten, soziale Mobilität. In: Roth, L. (Hrsg.): Pädagogik. Handbuch für Studium und Praxis. München : Ehrenwirt, S. 204-209.

Liebau, E./Huber, L.(Hrsg.) (1985): Bourdieu und die Bildungstheorie. Themenheft der Neuen Sammlung 25, H. 3.

Liebenwein, S. (2008): Erziehung und soziale Milieus. Elterliche Erziehungsstile in milieuspezifischer Differenzierung. Wiesbaden: VS Verlag für Sozialwissenschaften.

Luckmann, T. (1990): Lebenswelt: Modebegriff oder Forschungsprogramm. In: Grundlagen der Weiterbildung, 1. S. 9-13.

Lüders, M. (1997): Von Klassen und Schichten zu Lebensstilen und Milieus. Zur Bedeutung der neueren Ungleichheitsforschung für die Bildungssoziologie. In: Zeitschrift für Pädagogik 43. S. 301-320.

Merkle, T./Wippermann, C. (2008): Eltern unter Druck. Selbstverständnisse, Befindlichkeiten und Bedürfnisse von Eltern in verschiedenen Lebenswelten. Stuttgart: Lucius & Lucius.

Meulemann, H. (1998): Soziale Ungleichheit durch Bildung – Fortbestand und Wiederentdeckung (Sammelbesprechung). In: Zeitschrift für Soziologie der Erziehung und Sozialisation 18. S. 82-86.

Müller, H.-P. (1992): Sozialstruktur und Lebensstile. Der neuere theoretische Diskurs über soziale Ungleichheit. Frankfurt a.M.: Suhrkamp.
Müller, H.-P./Weihrich, M. (1990): Lebensweise – Lebensführung – Lebensstile. Eine kommentierte Bibliographie. Forschungsberichte der Universität der Bundeswehr. München.
Müller, K.R. (1986): Teilnehmerorientierung und Lebensweltbezug im sozialisations-theoretischen und bildungspraktischen Zusammenhang. In: Arnold, R./Kaltschmid, J. (Hrsg.): Erwachsenensozialisation und Erwachsenenbildung. Aspekte einer sozialisationstheoretischen Begründung von Erwachsenenbildung. Frankfurt/M./Berlin/München: Diesterweg, S. 229-256.
Müller-Schneider, T. (2003): Differenzierung des Milieugefüges? Eine zeitvergleichende Klassifikationsanalyse. In: Kölner Zeitschrift für Soziologie und Sozialpsychologie 55. S. 782-794.
Noll, H.-H. (1987): Weiterbildung, Beschäftigungsstruktur und Statusdistribution. In: Soziale Welt. Sonderbd. 5. S. 141-172.
Otte, G. (2005): Hat die Lebensstilforschung eine Zukunft? Eine Auseinandersetzung mit aktuellen Bilanzierungsversuchen. In: Kölner Zeitschrift für Soziologie und Sozialpsychologie 57, H. 1, S. 1-31.
Pokora, F. (1994): Lebensstile ohne Frauen? Die Konstruktion von Geschlecht als konstruktives Moment des Lebensstils. In: Dangschat, J./Blasius, J. (Hrsg.): Lebensstile in den Städten. Konzepte und Methoden. Opladen: Leske + Budrich, S. 169-178.
Rössel, J. (2006): Kostenstruktur und Ästhetisierung? Zur Erklärungskraft von Lebensstilen. In: Kölner Zeitschrift für Soziologie und Sozialpsychologie 58. S. 453-467.
Schiersmann, C./Tippelt, R. (1994): Forschungsentwicklung in der Erwachsenenbildung/Weiterbildung. In: Erziehungswissenschaft 5., H. 10, S. 51-69.
Schlutz, E. (1992): Leitstudien zur Erwachsenenbildung. In: Gieseke, W./Meueler, E./Nuissl, E. (Hrsg.): Empirische Forschung zur Bildung Erwachsener. Frankfurt a.M., S. 39-55.
Schmitz, E. (1984): Erwachsenenbildung als lebensweltbezogener Erkenntnisprozeß. In: Schmitz, E./Tietgens, H. (Hrsg.): Erwachsenenbildung. Enzyklopädie Erziehungswissenschaft, Bd. 11. Stuttgart: Klett-Cotta, S. 95-123.
Schulenberg, W./Loeber, H.D./Loeber-Pautsch, U./Puhler, S. (1978): Soziale Faktoren der Bildungsbereitschaft Erwachsener. Eine empirische Untersuchung. Stuttgart: Klett-Cotta.
Schulze, G. (1988): Alltagsästhetik und Lebenssituation. Eine Analyse kultureller Segmentierungen in der Bundesrepublik Deutschland. In: Soeffner, H.-G. (Hrsg.): Kultur und Alltag. Soziale Welt, Sonderbd. 6. Göttingen, S. 71-92.
Schulze, G. (1990): Die Transformation sozialer Milieus in der Bundesrepublik Deutschland. In: Berger, P.A./Hradil, S. (Hrsg.): Lebenslagen, Lebensläufe, Lebensstile. Soziale Welt, Sonderbd. 7. Göttingen, S. 409-432.
Schulze, G. (1992): Die Erlebnisgesellschaft. Kultursoziologie der Gegenwart. Frankfurt a.M.: Campus .
Schütz, A./Luckmann, T. (1990f.): Strukturen der Lebenswelt. 2 Bde. (Bd. 1: amerik. 1973, dt. Erstaufl. 1975; Bd. 2: dt. Originalausg. 1984). Frankfurt a.M.: UTB.
Schütz, A. (1974): Der sinnhafte Aufbau der sozialen Welt. Eine Einleitung in die verstehende Soziologie. Frankfurt a.M. (Wien 1932): Suhrkamp.
Stein, P. (2005): Soziale Mobilität und Lebensstile. Anwendung eines Modells zur Analyse von Effekten sozialer Mobilität in der Lebensstilforschung. In: Kölner Zeitschrift für Soziologie und Sozialpsychologie 57. S. 205-229.
Steinrücke, M. (1996): Klassenspezifische Lebensstile und Geschlechterverhältnis. In: Schwenk, O. (Hrsg.): Lebensstil zwischen Sozialstrukturanalyse und Kulturwissenschaft. Opladen: Leske + Budrich, S. 203-219.
Strzelewicz, W. (1973): Demokratisierung und Erwachsenenbildung. Braunschweig: Westermann Schul-buchverlag.
Strzelewicz, W./Raapke, H.-D./Schulenberg, W. (1966): Bildung und gesellschaftliches Bewußtsein. Eine mehrstufige soziologische Untersuchung in Westdeutschland. Stuttgart: Enke.
Tippelt, R. (1990): Bildung und sozialer Wandel. Eine Untersuchung von Modernisierungsprozessen am Beispiel der Bundesrepublik Deutschland seit 1950. Weinheim: Deutscher Studienverlag.
Tippelt, R. (1993): Der gespaltene Weiterbildungsmarkt und Anforderungen der Arbeitswelt – Anmerkungen aus qualifikations- und segmentationstheoretischer Sicht. In: Friebel, H. u.a. (Hrsg.): Weiterbildungsmarkt und Lebenszusammenhang. Bad Heilbrunn: Klinkhardt, S. 71-88.
Tippelt, R./Eckert, Th./Barz, H. (1996): Markt und integrative Weiterbildung. Zur Differenzierung von Weiterbildungsanbietern und Weiterbildungsinteressen. Bad Heilbrunn: Klinkhardt.
Tippelt, R./Reich, J./Hippel, A. von/Barz, H./Baum, D. (2008): Weiterbildung und Soziale Milieus in Deutschland. Bd. 3: Milieumarketing implementieren. Bielfeld: Bertelsmann .
Tippelt, R./Weiland, M./Panyr, S./Barz, H. (2003): Weiterbildung, Lebensstil und soziale Lage in einer Metropole: Studie zu Weiterbildungsverhalten und -interessen der Münchner Bevölkerung. Bad Heilbrunn: Klinkhardt.
Vester, M./Oertzen, P. von/Geiling, H./Hermann, T./Müller, D. (1993): Soziale Milieus im gesellschaftlichen Strukturwandel. Zwischen Integration und Ausgrenzung. Köln: Bund.

Waldenfels, B. (1985): In den Netzen der Lebenswelt. Frankfurt a.M.: Suhrkamp.

Wittpoth, J. (1995): Sozialstruktur und Erwachsenenbildung in der Perspektive Pierre Bourdieus. In: Derichs-Kunstmann, K./Faulstich, P./Tippelt, R. (Hrsg.): Theorien und forschungsleitende Konzepte der Erwachsenenbildung. Beiheft zum Report des DIE, S. 73-78.

Ursula Reck-Hog | Thomas Eckert

Der sozialökologische Ansatz in der Erwachsenenbildung

Mit dem Begriff „sozialökologisch" (griech.: Oikos = Haus) werden im vorliegenden Zusammenhang theoretische Konzepte und empirische Studien charakterisiert, die das Verhältnis von Individuum sowie sozialer und dinglicher Umwelt zu erfassen suchen[1].

Die sozialökologische Perspektive fand in den 1970er Jahren Eingang in die Erziehungswissenschaft. Anstöße hierfür gaben die damalige Kritik an der undifferenzierten Erfassung von Umwelt über globale Indikatoren, wie etwa soziale Schichtung, Stadt-Land-Unterschiede sowie die Diskussion ökologisch orientierter Ansätze in den Nachbardisziplinen Psychologie und Soziologie, an die angeknüpft werden konnte.

Im Unterschied zu den Bereichen Kinder-, Jugend- und Schulforschung[2] wurde diese neue theoretische und methodische Orientierung in der Weiterbildungsdiskussion bislang jedoch erst punktuell aufgegriffen.

Mit dem vorliegenden Beitrag soll deshalb in erster Linie auf den sozialökologischen Ansatz aufmerksam gemacht und dazu angeregt werden, die Fruchtbarkeit einer ökologischen Perspektive in der Erwachsenenbildung unter theoretischen, methodischen und interventionsbezogenen Aspekten zu prüfen.

1 Traditionen und Grundmerkmale der sozialökologischen Orientierung

Es gibt eine Vielzahl ökologischer Ansätze in den Sozialwissenschaften (vgl. Stokols/Altman 1987; Kruse et al. 1990; Wolf 1995), über deren heterogene historische Wurzeln in der Biologie des vorletzten Jahrhunderts (vgl. Haeckel 1886), der deutschen Psychologie der Jahrhundertwende (vgl. Hellpach), der amerikanischen Human Ecology der 1920er Jahre und der gestalttheoretischen Tradition der 1930er Jahre (Koffka, Lewin, Brunswik) ausführliche Darstellungen vorliegen (vgl. Lüscher et al. 1985; Kruse et al. 1990, S. 4ff.).

Diese heterogene Forschungsrichtung weist trotz unterschiedlicher Traditionen, theoretischer Konzepte und Themen eine Reihe von Gemeinsamkeiten auf. Im Folgenden werden drei zentrale Grundsätze ökologisch orientierter Ansätze im Bereich der Sozialwissenschaft herausgestellt und näher erläutert (vgl. Kaminski 1979, S. 106f.; Baacke 1989, S. 90-93; Wahl/Oswald 2005, S. 211):

---

1 vgl. Schulze 1983, S. 264; Zott 1981, S. 265f. Die unterschiedlichen Bedeutungen des Begriffs Ökologie und seine Geschichte erläutern Walter (1980) und Miller (1998).

2 vgl. zu ökologischen Ansätzen in der Kinder-, Jugend- und Schulforschung Schulze (1983), Dreesmann (1993), Tippelt et al. (1986), Kruse/Graumann (1987), Vaskovics (1988), Baacke (1988), Oerter (1995), Grundmann/Lüscher (2000), Schmidt-Peters/Buchmann (2000) und Ditton (2006).

1. Hinwendung zu Alltagsumwelten: Charakteristisch für ökologische Ansätze ist die Hinwendung zu den spezifischen Umwelten, in denen Menschen leben und handeln. Dabei wird versucht, Person-Umweltbezüge unter natürlichen Bedingungen ganzheitlich aufzuklären. Die Thematisierung von Alltagsumwelten impliziert eine enge Verbindung zwischen Theorie und Praxis, da bei Untersuchungen praxisrelevante Problemstellungen Berücksichtigung finden.
2. Erweiterte Umweltvorstellung: Im Rahmen ökologisch orientierter Ansätze wurden Konzepte erarbeitet, die es erlauben, Umwelt als konkrete Lebenswelt in ihrer Vielschichtigkeit zu begreifen. So werden räumlich-regionale, materiale, soziale und historisch-kulturelle Aspekte von Umwelt berücksichtigt und mit unterschiedlicher Schwerpunktsetzung in Umweltmodellen zu integrieren versucht (vgl. Kap. 2). Die menschliche Entwicklung wird dabei als wechselseitige Beeinflussung von Person und Umwelt interpretiert und nicht einseitig das Individuum oder die unmittelbare Umwelt als „Reizkonstellation" in den Vordergrund gestellt.
3. Naturalistisches Methodenverständnis: Das Ziel sozialökologisch orientierter Forschung besteht darin, zu ökologisch validen Aussagen zu gelangen. Unter ökologisch validen Untersuchungen wird verstanden, dass „die von den Versuchspersonen (...) erlebte Umwelt die Eigenschaften hat, die der Forscher voraussetzt" (Bronfenbrenner 1981, S. 46). Damit ist gemeint, dass gültige Aussagen nur dann vorliegen, wenn sie auch in Situationen gelten, die nicht für Forschungszwecke beeinflusst wurden. Da nun insbesondere Befunde aus Laborexperimenten nur bedingt auf die weit komplexere Lebenswirklichkeit übertragbar sind, bevorzugen ökologisch orientierte Forscher Untersuchungen von Menschen in ihrer natürlichen Umgebung, wobei sowohl qualitative Verfahren als auch quantitative Untersuchungstechniken zum Einsatz kommen.

2 Gegenwärtige Ansätze und Forschungsfelder

Die im Bereich der Erwachsenenbildung rezipierten sozialökologischen Ansätze, welche die Umweltbezogenheit des Menschen in den Vordergrund stellen, lassen sich in zwei Hauptgruppen systematisieren: Zum einen sind hier Konzepte zu nennen, die schwerpunktmäßig die räumlich-regionale und materiale Perspektive in das Zentrum ihrer Betrachtungen stellen. Davon abgehoben werden können Ansätze, die das Verhältnis zwischen Person und Umwelt ganzheitlich zu erfassen suchen und mit komplexeren Umweltmodellen arbeiten[3].

2.1 Räumlich-regionale und materiale Perspektive der Sozialökologie

Aus der Gruppe von Ansätzen, die schwerpunktmäßig die Beschaffenheit des menschlichen Lebensraums im Hinblick auf physikalische, räumlich-regionale und materielle Aspekte analysieren, werden im folgenden exemplarisch drei sozialökologische Forschungsfelder herausge-

---

3 Im vorliegenden Beitrag sind die von Siebert (1993) als ökologische Position in der Erwachsenenbildung hervorgehobenen Ansätze eines lebensweltorientierten, ganzheitlichen Lernens verbunden mit alternativer Bildungsarbeit, die auf einem „holistischen Wissenschaftsverständnis" basieren, nicht berücksichtigt. Siehe hierzu den Beitrag Umwelterziehung (Kandler/Tippelt) in diesem Handbuch.

griffen. Im Einzelnen werden zunächst Umwelttaxonomien vorgestellt und im Anschluss daran die Problembereiche „Ökologie des Lernortes“ sowie „Ökologie des Alterns“ thematisiert.

2.1.1 Umwelttaxonomien: der Soziotopenansatz, soziale Milieus

Blinkert (2000) zeigte im Rahmen von Studien zur Situation von Vorschul- und Grundschulkindern, dass die „Lebensqualität und die Entwicklungschancen von Kindern nicht nur von sozialen, sondern auch von räumlichen Bedingungen“ abhängen. In welchem Ausmaß sich die Trends zur „Verhäuslichung“, zur „Medienkindheit“ sowie zur „organisierten Kindheit“ manifestieren, hängt seinen Studien zufolge bei dieser Altersgruppe auch von der Art des jeweiligen Wohnumfeldes ab.

Er legte neben einem Elternfragebogen ein Wohnumfeldinventar vor (u.a. Belastungen durch den fließenden und ruhenden Verkehr, Quantität und Qualität der Freiflächen, Beschaffenheit des Hauseingangsbereichs), das die Aktionsraumqualität (Zugänglichkeit, Gefahrloses Bewegen, Möglichkeiten der Gestaltung, Antreffen anderer Kinder) durch Beobachtung zu dokumentieren erlaubt. Mit dem „Freiburger Soziotopentest“ lässt sich das Ausmaß ermitteln, in dem ein Wohnquartier „Bedingungen eines kinderfreundlichen Wohnumfeldes“ erfüllt.

Bargel u.a. entwickelten ihr Konzept der Soziotope zur Klassifizierung von Gebietseinheiten unter sozialisatorischer Perspektive (vgl. Bargel et al. 1981, 1982; Kuthe et al. 1979). Dabei charakterisieren sie Soziotope als „abgrenzbare sozial-ökologische Einheiten (...), in denen jeweils spezifische Bündel von Faktoren jeweils andersartige Grundmuster sozialer Situationen und Probleme erzeugen“ (Kuthe et al. 1979, S. 29).

Sie unterscheiden 15 Soziotope (vgl. Kuthe et al. 1979, S. 34f.), denen unterschiedliche sozialisatorische Qualität zugesprochen wird:

> Acht Typen von städtischen Vierteln (Areal sozialer Randgruppen, Viertel der Industriearbeiterschaft, Wohnviertel moderner Arbeiterschaft, Viertel der kleinbürgerlichen Angestelltenschaft, Cityring, Städtische Mietwohnsiedlung, Wohnviertel der gehobenen Mittelklasse, Viertel von Besitz und Bildung), Kleinstädte (Gewerbliche Kleinstadt und Dienstleistungszentrum) sowie sechs Typen von Landgemeinden (Traditionelle ländliche Kleingemeinde, Ländliche Pendlergemeinde, Arbeiterpendlergemeinde, Industrialisierte Landgemeinde, Gewerbliche Landgemeinde, Verstädternde Wohndörfer).

Zur Bestimmung und Abgrenzung der Soziotope werden Merkmale herangezogen, die der amtlichen Statistik zu entnehmen sind (z.B.: Wohnbevölkerung, Ausländeranteil, Berufsstruktur, Bildungsstand der erwachsenen Bevölkerung, Verteilung der Schüler auf Schularten; vgl. Kuthe et al. 1979, S. 41-55). Bei der Klassifizierung von Umwelten wird also ausschließlich von objektiven Umweltbedingungen ausgegangen, subjektive Bezüge bleiben ausgeklammert.

Das Konzept der Soziotope ermöglicht eine sozialökologische Strukturbestimmung und Typisierung vorfindbarer Gebietseinheiten (z.B. Einzugsbereiche von Erwachsenenbildungseinrichtungen, Umwelten von Familien und älteren alleinstehenden Menschen) für Zwecke wie die Bildungs- und Programmplanung sowie vergleichende Analysen menschlicher Entwicklungsbedingungen.

Im Bereich der Erwachsenenbildung wurde der Soziotopenansatz von Baacke (1995) erprobt und konzeptionell weiterentwickelt:

Zur Beschreibung von Lebenswelten unterscheidet Baacke idealtypisch folgende drei komplementäre Dimensionen: Sieben städtische Soziotope (Areale sozialer Randgruppen, Industriearbeiterareal, Areal moderner Arbeiterschaft, Gemischtes Arbeiter-Angestellten-Areal, Areal gehobener Mittelschicht, Areal von Besitz und Bildung und Areal ländlicher Prägung), fünf Milieus (alternatives Milieu, avantgardistisches Milieu, konservatives Milieu, proletarisches Milieu, subkulturelles Milieu) sowie fünf idealtypische Lebensstile (asketischer Lebensstil, altruistischer Lebensstil, distinguierter Lebensstil, hedonistischer Lebensstil, pflichtbewusster Lebensstil).

Die Erkundung von Lebenswelten durch Soziotop- und Milieubegehung sowie Interviews (10 Fallstudien) nach den drei dargestellten Dimensionen soll dazu beitragen, Erwachsenenbildung zu planen und zielgruppennah zu gestalten.

Eine ähnliche Intention, aber eine unterschiedliche Begründung sozialer Milieus wird im Zusammenhang mit der neueren Milieu-Forschung in der Weiterbildung verfolgt (vgl. Barz/Tippelt, 2004). Während Milieus bei Baacke als sozial-kommunikative Dimension der Lebenswelterkundung begriffen werden (1995, S. 14), leitet sich der Milieu-Begriff, wie ihn Barz und Tippelt verwenden, direkt aus der Lebensweltforschung ab (vgl. Barz 1996; Barz/Tippelt in diesem Band).

Als Lebenswelt wird die alltägliche Praxis verstanden, die jede Person als gegeben vorfindet. In aktiver Auseinandersetzung mit Personen, Gegenständen und Ereignissen dieser Praxis formt sich das Alltagswissen als Grundlage von Handlungsroutinen sowie als selbstverständlich erachteter und fraglos akzeptierter Werte und Normen. Neben diesen Routinen entstehen Schemata, nach denen die Umwelt bewertet und geordnet wird; allen voran ästhetische Schemata. Geschmack und Handlungsroutinen sind damit zwar ein Ergebnis von Sozialisationsprozessen, bedingen sie aber auch gleichzeitig, weil sie das Verhalten und damit auch (weitere) Erfahrungsmöglichkeiten steuern. Ästhetische Vorstellungen lassen sich nicht beliebig miteinander kombinieren, sondern stellen bestimmte, voneinander abgrenzbare, in sich stimmige Argumentationsfiguren dar, die – bringt man sie in Zusammenhang mit verschiedenen sozialen Lagen – als soziale Milieus bezeichnet werden können.

Das SINUS-Institut, an das sich Barz und Tippelt (2004) in ihrer Studie anlehnen, unterscheidet zehn soziale Milieus (z.B. Konservative, Bürgerliche Mitte, Postmaterielle, Konsum-Materialisten oder Experimentalisten), bei denen sehr verschiedene Teilnahmequoten an allgemeiner oder beruflicher Weiterbildung zu beobachten sind. So nahmen etwa 27% der Personen aus dem konservativen Milieu an allgemeiner Weiterbildung teil, dagegen 58% der Experimentalisten (S. 15). Darüber hinaus zeigt sich, dass zwischen den Milieus Unterschiede bezüglich der Art der bevorzugten Weiterbildung bestehen oder der Anbieter (vgl. Barz 1996). Außerdem existieren verschiedene Vorbehalte gegenüber Weiterbildung. So formulieren Traditionsverwurzelte oder DDR-Nostalgische eher Ängste gegenüber einer Weiterbildung und hatten – zusammen mit Konservativen – die größten Vorbehalte gegenüber einem Nutzen von Weiterbildung (vgl. Tippelt u.a. 2004, S. 93). Zwar zeigen multivariate Analysen, dass die Teilnahmequoten an beruflicher und auch an allgemeiner Weiterbildung am stärksten von der Erwerbstätigkeit bzw. vom Alter beeinflusst werden (vgl. Kuwan u.a. 2004, S. 83f.), aufgrund ihrer Anschaulichkeit und der internen Konsistenz der den Milieus zugrunde gelegten Schemata eignen sich diese gut als Heuristiken für die Einleitung von Maßnahmen zur Ansprache und Motivation bestimmter Zielgruppen bzw. zu einer bedürfnisgerechten Gestaltung von Weiterbildungsveranstaltungen. So zeigen z.B. Tippelt u.a. (2008) wie sich auf der Grundlage einer Milieuanalyse ein zielgruppenspezifisches Weiterbildungsmarketing entwickeln lässt, bei dem sowohl die Veranstaltungsinhalte, die organisatorische und didaktische Planung wie auch das Ansprechen der Teilnehmer auf je bestimmte Milieus hin ausgerichtet sind und sich damit die Teilnehmerzahl erhöhen bzw. die Teilnehmerzufriedenheit verbessern lässt.

2.1.2 Ökologie des Lernortes: Räumlich-materiale Aspekte von Lehr-Lernprozessen

In der Erwachsenenbildung wird seit den 1990er Jahren die Bedeutsamkeit der räumlichen Umwelt für die Förderung und Beeinträchtigung von Entwicklungsprozessen im Weiterbildungsbereich verstärkt herausgestellt (vgl. Müller 1991; Siebert 1991; Nuissl 1992).

Einen Überblick über die Vielfalt von Lernorten ermöglicht Nuissl (1992). Er legte eine Systematisierung von Lernorten nach drei Feldern vor: 1. Die institutionalisierte Weiterbildung mit Lernorten wie dem VHS-Zentrum, der Tagungsstätte oder dem Selbstlernzentrum; 2. Das Feld von Arbeitsplatz und Betrieb; 3. Das Alltagsleben mit Orten des Weiterlernens wie Museum, Stadtteilprojekt, Begegnungsstätte, Sportplatz oder Kneipe.

Im Bereich der informellen Bildung entwickelten sich neben traditionellen Formen (z.B. Museum, Zoo) vielfältige erlebnisorientierte Lernorte (Science Center, Themenpark, Funpark, Brandland, Urban Entertainment Center) als Teil einer neuen „pädagogisierten" Lernkultur (vgl. Freericks 2006). Gleichzeitig ermöglichten technologische Entwicklungen neue, selbstgesteuerte Lernoptionen in Form multimedialer Lernumgebungen. Hierbei sind Lern- und Lehrorte nicht mehr identisch.

Mit dem Kunstwort „Lernökologie" soll nach Nuissl (1992) zum Ausdruck gebracht werden, „dass der Lernort, seine Umgebung und der Zugang zu ihm für die Lernenden und für das Lernen wichtig sind. Und es soll sagen, dass der Ort, an dem man lernt, viel damit zu tun hat, was und wie man es lernt" (ebd., S. 92).

Siebert (1991) diskutiert unter dem Begriff „Lernökologie" die „Beziehung des lernenden Erwachsenen zu seiner Lernumgebung": „Nicht nur die Lernziele und Inhalte, der Lehrstil und die Gruppe beeinflussen den Lernprozess, sondern auch das räumlich-gegenständliche ‚Feld', der Lernort" (ebd., S. 64).

Zur Lernumgebung, dem „ökologischen Feld", zählt er „die geographische Lage des Lernortes, die Ausstattung der Seminarräume, die optischen und akustischen Stimuli und die Umweltverträglichkeit der Bildungsveranstaltung" (ebd., S. 68).

Die Frage der optimalen Gestaltung von Bildungsräumen für Zwecke der Erwachsenenbildung wird von Müller (1991) thematisiert. Er formuliert Thesen zum Wechselwirkungsprozess zwischen Subjekt und Bildungsraum und zeigt Handlungsperspektiven für KursleiterInnen auf. Besonders hervorgehoben werden soll seine Unterscheidung zwischen Bildungsräumen als objektiver Wirklichkeit und als Wahrnehmungs- und Handlungsraum. Unter Bezugnahme auf Bronfenbrenner (1980) führt er aus, dass objektiv gegebene Elemente der Ausstattung von Bildungsräumen (z.B. Raumgröße, Farbgebung, Beleuchtung, Raumklima, Einrichtungsgegenstände) ihre Wirkung nicht direkt entfalten, sondern entscheidend ist, wie die Subjekte diese Umwelt wahrnehmen und verarbeiten. Daraus folgert er, dass Bildungsräume nicht nur im Hinblick auf ihre objektive Struktur beschrieben werden sollten, sondern auch zu fragen ist, „wie Bildungsräume von den Beteiligten sowohl gedanklich als auch real konstituiert, definiert und strukturiert werden und was dies letztlich für den Umgang mit Bildungsräumen als ‚Determinanten des Bildungsprozesses' bedeutet" (Müller 1991, S. 8).

Dreesmann (1993) legte eine Systematisierung ökologischer Dimensionen von Lernumwelten vor, die er in Anlehnung an Moos (1973) entwickelt und am Beispiel ausgewählter pädagogischer Umwelten verdeutlicht hat (vgl. Tab. 1).

Tab.1: Ökologische Dimensionen in pädagogisch-psychologischen Feldern in Anlehnung an Dreesmann (1993, S. 458f.)

Ökologische Dimensionen	Familie	Schule	Organisationen/ Betriebe	Institutionalisierte Erwachsenenbildung
Physikalische, dingliche und architektonische Dimensionen	- Wohnungs- und Zimmergröße - Wohnungseinrichtung - Spielzeug, Bücher	- Schulort - Ausstattung der Klassen mit Lernmaterial - Starre vs. flexible Raumgestaltung	- Betriebsinternes bzw. externes Bildungszentrum - Ausstattung mit Lernmaterial - Lärmbelästigung der Seminarräume	- Lage der Einrichtung - Größe - Ausstattung der Räume
Behavior settings	- Kinderzimmer - Bastelraum - Leseecke	- Große Schule / kleine Schule - Klassenzimmer	- Bildungszentrum - Lehrwerkstatt - Qualitätszirkel	- Volkshochschule - Tagungsstätte - Selbstlernzentrum
Dimensionen der Organisationsstruktur	- Familiengröße - Familientyp (Groß-/Kleinfamilie) - Dominanz-Verhältnis	- Schulart - Disziplinarische Vorschriften - Klassenverband/ Kurse	- Regelung für Freistellung bei Fortbildung - Schriftliche Empfehlungen und Regeln für Besuch von Fortbildungen	- Träger der Einrichtung - Organisations- und Personalstruktur - Kosten
Psychosoziales Klima	Erlebte - Offenheit von Gefühlen - Konfliktfähigkeit - Zusammengehörigkeit	Erlebte - Kooperation zwischen Lehrern und Schülern - Kameradschaft - Erfolgsaussicht	Erlebte - Förderung der eigenen Entwicklung - Anerkennung - Aufgabenorientiertheit	Erlebte - Lernfortschritte - Gemeinschaft - Möglichkeit zur Selbstverwirklichung
Funktionale Dimensionen	- Straf- bzw. Sanktionstechniken - Belohnung und Unterstützung - Modell- und Identifikationsmöglichkeiten	- Sanktionsmaßnahmen Lob, Tadel etc. - Prämien für Leistungen - Notensystem	- Konsequenzen für bestimmte Verhaltensweisen - Beförderungen nach Fort- und Weiterbildung - Versetzungen	- Bewertung von Weiterbildung durch Partner/ Freunde/ Kollegen - Unterstützung von Freizeitaktivitäten - Zertifikate

In jüngster Zeit werden im Rahmen der Lernortdiskussion verstärkt Lernortkombinationen thematisiert (Nuissl 2006). Im Bereich der formellen Bildung verknüpfen Anbieter je nach Zielgruppe, Lernzielen und Inhalten unterschiedliche Lernorte und beziehen diese aufeinander. Bei Ausbildungen von Naturführern/innen werden beispielsweise Lernorte wie VHS-Seminarraum, Bauernhof, Museum und Natur kombiniert, bei internetbasierten Lehr-Lernsystemen

(Teleakademie FHS Furtwangen) Lernorte wie Platz des Lernenden vor seinem heimischen PC sowie Schulungsraum des Kursanbieters für ergänzende Präsenzveranstaltungen.

Abschließend sei im vorliegenden Zusammenhang auch auf das Netzwerkkonzept verwiesen (Nuissl 2006, S. 80f.; Tippelt u.a. 2006, S. 280ff.), welches Lernortkooperationen und Lernortverbünde impliziert.

2.1.3 Ökologie des Alterns: Analyse altersspezifischer Umgebungen

Seit den 1970er Jahren werden umweltorientierte Fragestellungen in der deutschsprachigen Gerontologie verstärkt diskutiert. So wurde herausgestellt, dass das Erleben und Verhalten älterer Menschen nicht nur biologisch bedingt ist, sondern auch sozialen und ökologischen Einflussfaktoren unterliegt (vgl. Lehr 1987, S. 321; Neumann/Baltes 1990).

Für Entwicklungsprozesse im höheren Lebensalter erlangen Umweltfaktoren eine zentrale Bedeutung, zumal diese die Lebensqualität und die Aufrechterhaltung von Selbständigkeit bei vorliegenden Einschränkungen (z.B. Sehen, Hören, Bewegungsfähigkeit, Abbau der kognitiven Leistungsfähigkeit) in entscheidender Weise fördern und begrenzen (vgl. Oswald 2005, S. 211).

Hierbei erwies sich die Unterscheidung zwischen einem dritten Lebensalter (junge Alte, ca. 60 bis 80 Jahre) und einem vierten Lebensalter (Hochaltrige, ab ca. 80 Jahren) als bedeutsam, zumal der Stellenwert räumlich-sozialer Umwelten entsprechend vorliegender, altersbedingter Einschränkungen variiert (zunehmende Bedeutsamkeit der Unterstützungs- und Schutzfunktion der Umwelt für Hochaltrige).

Im Vordergrund von Studien zur Bedeutung von Umweltbedingungen für Entwicklungsprozesse im Alter (vgl. Saup 1993; Wahl/Saup 1994; Wahl/Oswald 2005) standen neben globalen, regional-räumlichen Faktoren (z.B.: Stadt-Land-Unterschiede, Wohnlage und Wohnungsgröße) empirische Analysen zu Wohnformen im Alter (vgl. Saup 1993; Oswald 1996; Wahl/Oswald 2005).

Von Martin (2005) werden unter sozial-ökologischer Perspektive Studien vorgestellt, die sich auf räumliche und soziale Entwicklungskontexte stationärer und häuslicher Pflegeinstitutionen beziehen. Diese Analysen tragen dazu bei, die Person-Umwelt-Passung zu optimieren und Empfehlungen für die Gestaltung von Umweltkontexten (Wohnbereich, Wohnumfeld, soziale Einbettung) zu formulieren.

Als Beispiel für die Praxisrelevanz sowie die Notwendigkeit einer weiteren Vertiefung dieser Analysen sei auf den Befund verwiesen, dass kognitiv nicht beeinträchtigte BewohnerInnen stationärer Pflegeeinrichtungen von einer räumlichen Trennung zwischen dementen und nicht dementen BewohnerInnen profitieren. Bei räumlicher Nähe zeigen sich bei orientierten BewohnerInnen „stärkere Verluste in kognitiver Leistung und im emotionalen Wohlbefinden" (vgl. Martin 2005, S. 217).

Trotz des Trends zu spezifisch konzipierten Einrichtungen und Umwelten für dementiell Erkranke (Eigene Wohnbereiche für Demente in stationären Einrichtungen; spezialisierte Pflegeeinrichtungen für demente BewohnerInnen; Wohngemeinschaften für Demente) sind in stationären Pflegeeinrichtungen nach wie vor gemischte Wohnbereiche anzutreffen. Neben grundsätzlichen Vorbehalten einer Segregation gegenüber sowie der Hoffnung, dass orientierte BewohnerInnen nicht orientierte BewohnerInnen mit unterstützen, spielen hierbei auch die Wünsche von Angehörigen (ohne Information werden von Angehörigen dementer BewohnerInnen in der Regel gemischte Gruppen bevorzugt), organisatorische sowie wirtschaftliche Gesichtspunkte eine Rolle (Verlegung innerhalb des Hauses problematisch, kontinuierliche Auslastung bei homogenen Gruppen erschwert).

Was relevante zukünftige Forschungsfelder sozialökologischer Analysen des Alterns anbelangt, verweisen Wahl/Oswald (2005) auf folgende Themenfelder: „Übergang in den Ruhestand", „Verwitwung", „neue Technologien" (z.B. Sensortechnik zur Überwachung des Gesundheitszustandes), „unterstützende Wohnumwelten für dementiell Erkrankte" sowie „Orte des Sterbens".

Unter der Perspektive der Erwachsenenbildung sind systematische sozialökologische Analysen bildungsbezogener Angebote, die in allen stationären Einrichtungen stattfinden sowie begleitend zur häuslichen Pflege angeboten werden (z.B. bildungsbezogene Angebote in Tagespflegeeinrichtungen) ein weiteres Forschungsdesiderat. Nicht zuletzt wären Längsschnittstudien zur präventiven Wirkung bildungsbezogener Angebote im Alter von gesellschaftlichem Interesse.

2.2 Ökologie im Sinne einer Analyse von Mensch-Umweltinteraktion

Im Folgenden werden die Grundgedanken der sozialökologischen Konzeption von Bronfenbrenner kurz vorgestellt. Dieser sozialisationstheoretisch orientierte Ansatz interpretiert Entwicklung als lebenslangen Prozess. Die von Bronfenbrenner erarbeitete differenzierte Konzeption von Umweltkontexten wird für die Erwachsenenbildungstheorie und -praxis als weiterführend erachtet.

Der amerikanische Psychologe Urie Bronfenbrenner (1917-2005) hat seine Theorie der „Ökologie der menschlichen Entwicklung" in den 1970er Jahren systematisch formuliert und in der Folge weiter ausgearbeitet und modifiziert (vgl. Bronfenbrenner 1981, 1990, 1994).

Im Folgenden werden Bronfenbrenners Verständnis von Entwicklung[4] skizziert und sein Umweltmodell kurz vorgestellt. Im Anschluss daran wird auf die Rezeption seines Ansatzes im Bereich der deutschsprachigen Erwachsenenbildungsdiskussion verwiesen, die im Unterschied zur Kinder-, Jugend- und Schulforschung erst in Ansätzen erfolgt ist. Dies hängt vermutlich damit zusammen, dass Bronfenbrenner selbst sich schwerpunktmäßig mit der ökologischen Untersuchung der Entwicklung von Kindern befasst hat und in seinen theoretischen Arbeiten aufgrund der defizitären Forschungslage nur spärliche Hinweise auf erwachsenenspezifische Entwicklungsbedingungen zu finden sind.

Die von Bronfenbrenner konzipierte Ökologie der menschlichen Entwicklung

> „befaßt sich mit dem Studium der fortschreitenden gegenseitigen Anpassung zwischen dem aktiven, sich entwickelnden, hochkomplexen Menschen – charakterisiert durch ein spezifisches Ganzes von in Wechselbeziehung stehenden, sich entwickelnden, dynamischen Fähigkeiten für Denken, Fühlen und Handeln – und den wechselnden Eigenschaften seiner unmittelbaren Lebensbereiche während der gesamten Lebensspanne. Dieser Prozeß wird

4 In späterer Zeit hat Bronfenbrenner (1990, 1994) seine Theorie der menschlichen Entwicklung erweitert und dabei auf die Person bezogene entwicklungsrelevante Charakteristika formuliert.

fortlaufend von den Beziehungen dieser Lebensbereiche untereinander und den größeren Kontexten beeinflusst, in die sie eingebettet sind"[5].

Die für die individuelle Entwicklung bedeutsame Umwelt begreift er als „ineinandergeschachtelte Anordnung konzentrischer, jeweils von der nächsten umschlossener Strukturen" (1981, S. 38), die er als Mikro-, Meso-, Exo-, Makro- und Chronosysteme bezeichnet. Eine ansprechende grafische Darstellung dieses Systems findet sich in Grundmann und Lüscher (2000, S. 28):

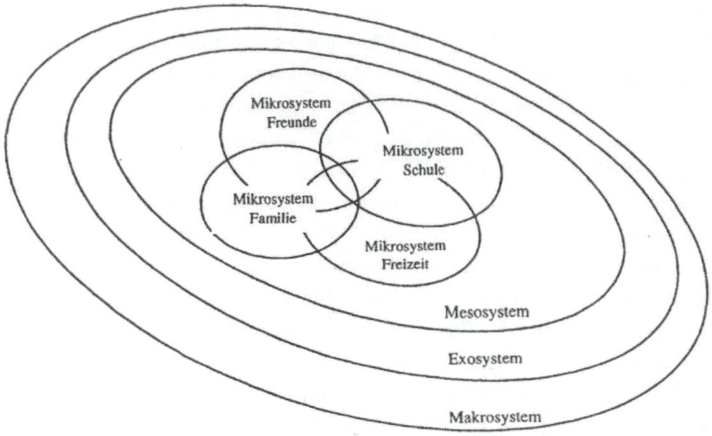

Abb. 2: Die Struktur der ineinandergeschachtelten Umweltsysteme der sozialökologischen Theorie Bronfenbrenners (Grundmann/Lüscher 2000, S. 28)

a) Der Begriff Mikrosystem bezieht sich auf „ein Muster von Tätigkeiten und Aktivitäten, Rollen und zwischenmenschlichen Beziehungen, die die in Entwicklung begriffene Person in einem gegebenen Lebensbereich mit dem ihm eigentümlichen physischen und materiellen Merkmalen sowie anderen Personen mit spezifischen Charakteristika von Temperament, Persönlichkeit und Glaubenssystemen erlebt" (1981, S. 38; 2005/1992, S. 148). Entscheidend ist hierbei nicht nur, wie die unmittelbare Umgebung (z.B. Familie, Weiterbildungseinrichtung, Arbeitsplatz), an der eine Person aktiv beteiligt ist, subjektiv wahrgenommen wird. Vielmehr wird der Analyse objektiver Bedingungen, Ereignisse und Prozesse die gleiche Priorität zugesprochen (1994, S. XIV). Für Untersuchungen von Mikrosystemen stellt sich die Aufgabe, diejenigen physischen, sozialen und symbolischen Elemente eines Lebensbereiches zu identifizieren, welche Aktivitäten und schrittweise komplexer werdende Interaktionen mit der unmittelbaren Umgebung anregen und fördern oder erschweren und unterbinden (vgl. Bronfenbrenner 1990, S. 106f.).
b) Das Mesosystem „umfasst die Wechselbeziehungen zwischen den Lebensbereichen, an denen die sich entwickelnde Person aktiv beteiligt ist" (1981, S. 41). Als Beispiele eines Mesosystems für Erwachsene können die Beziehungen zwischen Familie, Arbeit,

---

5 Der Text wurde aus dem Englischen ins Deutsche übertragen (Bronfenbrenner 1990, S. 102), wobei soweit möglich die auf einer früheren Definition beruhende deutsche Fassung (ebd. 1981, S. 37) beibehalten wurde. Die von Bronfenbrenner 1992 vorgenommenen Ergänzungen seiner Definitionen wurden kursiv gesetzt und ins Deutsche übersetzt.

Verein und Freundeskreis oder im Falle einer Weiterbildung zwischen Familie, Weiterbildungseinrichtung, Arbeit sowie Freundes- und Bekanntenkreis genannt werden. Eine Untersuchung, die auf dem Mesosystemmodell gründet und den wechselseitigen Einfluss von Familien- und Arbeitsplatzsituation verdeutlicht, wurde von Mortimer u.a. (1982) durchgeführt. Nach den Befunden dieser Längsschnittstudie zeigt sich bei Männern, die nach ihrem Ausbildungsabschluss heirateten im Vergleich zu solchen, die ledig blieben, eine größere Stabilität in der Berufslaufbahn, ein höheres Einkommen und ein höheres Ausmaß an Arbeitsautonomie sowie Arbeitszufriedenheit.

c) Als Exosystem werden Lebensbereiche definiert, „an denen die sich entwickelnde Person nicht selbst beteiligt ist, in denen aber Ereignisse stattfinden, die beeinflussen, was in ihrem Lebensbereich geschieht, oder die davon beeinflusst werden" (ebd. 1981, S. 42). Aus der Perspektive eines Kindes stellt z.B. der Arbeitsplatz der Mutter oder ihre Teilnahme an einer Umschulung ein Exosystem dar, an dem es nicht direkt beteiligt ist, das jedoch indirekt über die Mutter-Kind-Interaktion Einfluss auf die kindliche Entwicklung ausübt. Steht demgegenüber die Entwicklung der Mutter im Zusammenhang mit einer Umschulung im Vordergrund, stellen staatliche Hilfen (z.B. finanzieller Art), die Arbeitsplatzsituation des Ehemannes (z.B. Schichtarbeit) oder die vorhandenen Kinderbetreuungseinrichtungen Exosysteme dar. Diese Beispiele verdeutlichen, dass die Zuordnung eines konkreten Lebensbereiches zu einer bestimmten Systemart jeweils nur in Abhängigkeit von der Fragestellung einer Untersuchung getroffen werden kann (vgl. Bronfenbrenner/Crouter 1983). In der deutschsprachigen Sekundärliteratur bleibt diese dynamische Komponente der Umweltkonzeption von Bronfenbrenner in der Regel unberücksichtigt.

d) Der Begriff Makrosystem „bezieht sich auf die grundsätzliche formale und inhaltliche Ähnlichkeit der Systeme niedrigerer Ordnung (Mikro-, Meso- und Exo-), die in der Subkultur oder der ganzen Kultur bestehen" (ebd. 1981, S. 42). Einbezogen sind hierbei die entwicklungsinitiierenden Weltanschauungen, Ressourcen, Risiken, Lebensstile und der soziale Austausch, welche in den übergreifenden Systemen verankert sind (ebd. 1990, S. 109). Da makrosystemspezifische Unterschiede bei Entwicklungsprozessen vorliegen, empfiehlt Bronfenbrenner (1990, S. 112), in ein Forschungsdesign von Beginn an kulturelle Aspekte mit einzubeziehen.

e) In den 1980er Jahren führte Bronfenbrenner unter Bezug auf Studien von Elder die zeitliche Perspektive in sein ökologisches Konzept mit ein. Der Begriff „Chronosystem" bezieht sich auf den Wandel bzw. die Kontinuität im Hinblick auf Charakteristika der Person sowie der Umgebung, in welcher diese Person lebt (1994, S. 1646). Die zeitliche Dimension im Lebensverlauf wird prototypisch durch „Lebensübergänge" beschreibbar, wie beispielsweise Schuleintritt, Heirat, Pensionierung (normative Übergänge) sowie Scheidung, Krankheit, Umzug, Emigration, Arbeitslosigkeit, Umschulung, Berufswechsel (nicht normative Übergänge) oder eine „Kette von Übergängen", die sich über einen längeren Zeitraum erstrecken. Ökologische Übergänge werden von Bronfenbrenner als Folge wie als Anstoß von Entwicklungsprozessen interpretiert. Als Beispiel für die Untersuchung einer Folge von kritischen Lebensübergängen wird in der Literatur häufig eine Analyse der Auswirkungen der Wirtschaftskrise (Great Depression) in den 1930er Jahren auf die weitere Entwicklung der damals betroffenen Familienmitglieder in Kalifornien genannt (vgl. Elder 1974). Diese Studie zeigte, dass sich sozialer Wandel (Wirtschaftskrise) in Abhängigkeit von Alter und Geschlecht von Kindern und

Jugendlichen unterschiedlich auf den weiteren Lebensverlauf auswirken kann. So wurde jüngeren Jungen, die während der ökonomischen Krise ein bis acht Jahre alt waren, das größte Risiko einer Entwicklungsschädigung zugeschrieben. Insofern ist die zeitliche Verortung, das „Timing" sozialer Veränderungen und Entwicklungsverläufe bei der Analyse von Person-Umweltbezügen zu berücksichtigen (vgl. Elder 2000, S. 178).

Nachdem nun Bronfenbrenners Umweltkonzeption erläutert worden ist, wird im Folgenden auf die Rezeption seines Ansatzes eingegangen. Wie bereits erwähnt, wird in der deutschsprachigen Erwachsenenbildungsdiskussion auf die Position Bronfenbrenners erst vereinzelt und mit unterschiedlicher Akzentuierung Bezug genommen.

Röchner (1987, S. 80ff.) bezieht sich in einer Untersuchung von Determinanten weiterbildungsbezogener Einstellungs- und Verhaltensmuster auf theoretische Grundgedanken Bronfenbrenners: Angesichts der Vernachlässigung von Umweltkomponenten in vorliegenden Ansätzen zur Adressatenforschung stellt Röchner heraus, dass Weiterbildungsprozesse sich im Zusammenspiel von personenspezifischen Dispositionen mit situativen Komponenten unterschiedlicher Umweltsysteme entwickeln. Weiterhin betont er die Notwendigkeit, objektive Umweltbedingungen daraufhin zu analysieren, wie sie individuell-subjektiv erlebt werden.

Pourtois (1985, S. 24-47) ordnet und bewertet neuere Forschungsbefunde im Bereich der Familienerziehung „unter dem Aspekt der Familie als Ökosystem der Erziehung", wobei er in Anlehnung an Bronfenbrenner fünf Teilsysteme (Mikro-, Endo-, Meso-, Exo- und Makrosystem) unterscheidet. Sein Vorgehen verdeutlicht die Fruchtbarkeit eines sozialökologischen Bezugsrahmens für die systematische Darstellung und Bewertung vorliegender Studien.

Filipp (1990) legte ein Modell für die Analyse kritischer Lebensereignisse vor, in das Bronfenbrenners Konzeption von Umwelt zur Beschreibung von Kontextmerkmalen Eingang gefunden hat.[6] Sie verspricht sich von der Erforschung kritischer Lebensereignisse unter anderem auch eine Konkretisierung und Weiterentwicklung von Konzeptionen der Interaktion zwischen Individuum sowie bio- und soziokulturellem Kontext.

Miller (1998, S. 156ff.) systematisiert in Anlehnung an Bronfenbrenner Forschungsbefunde zu Bedingungsfaktoren für die Gesundheit in Gemeinden.

Prenzel u.a. (1997, S. 31ff.) haben Bronfenbrenners Unterscheidung ökologischer Systeme auf die Analyse von Aufgaben und Zielen der Erwachsenenbildung übertragen und mit didaktischen Handlungs- und Zielebenen verknüpft, um konkrete Lebensbedingungen und Perspektiven der TeilnehmerInnen von Lehr-Lernveranstaltungen systematischer in den Blick zu bekommen: Die aktuelle Lernsituation („Kommunikation in Lehr-Lernprozessen") wird als Mikrosystem beschrieben, wobei die Perspektiven, welche die TeilnehmerInnen einbringen, auf der Ebene des Mesosystems (Beruf, Familie, Freizeit) verortet werden. Als Exosysteme, die Einfluss auf die Lernsituation haben, werden „Institutionelle Bedingungen und Organisationsformen der Erwachsenenbildung" (Erarbeitung übergeordneter Konzepte) und die „Didaktik der Erwachsenenbildung" (Erarbeitung von Lernbereichen, Unterrichtskonzepten und Unterrichtseinheiten) genannt. Das Makrosystem wird als Bereich gefasst, in dem „gesellschaftliche Funktionen und bildungspolitische Bedingungen des Erwachsenenlernens" beschrieben werden.

6 In ihrem Modell unterscheidet sie die Analyse der vorauslaufenden und konkurrenten Bedingungen (Person-Kontextmerkmale), die Beschreibung des Lebensereignisses, die Untersuchung der Prozesse und Effekte der Auseinandersetzung mit dem entsprechenden Lebensereignisses sowie seiner Bewältigung.

Zusammenfassend soll festgehalten werden, dass der sozialökologische Ansatz von Bronfenbrenner Anregungen für neue praxisrelevante Forschungsstrategien in der Weiterbildung bietet und die in der Praxis Tätigen dafür sensibilisieren kann, ihr eigenes Arbeitsfeld und die Wirkungen, die sie erzielen können, im Kontext weiterer Umwelten und ihrer Wechselbeziehungen zu sehen. Angesichts der Popularität, die dieser Ansatz im Rahmen der Sozialisationsforschung (vgl. Grundmann 2000) oder der Jugendforschung (vgl. Engelbert/Herlth 2002) genießt und auch angesichts der Anerkennung, die der wissenschaftlichen Leistung Bronfenbrenners entgegengebracht wird (vgl. Ditton, 2006; Lüscher 2006), ist die Zahl an empirischen Studien im Bereich der Erwachsenen-/Weiterbildung, die sich explizit auf den sozial-ökologischen Ansatz Bronfenbrenners berufen, überraschend klein. Das betrifft nach unseren Recherchen übrigens nicht nur den deutschsprachigen Raum, sondern auch den englischsprachigen. Überraschend ist ebenfalls, dass die Methode der Mehrebenenanalyse, die in den letzten Jahren vor allem im Zusammenhang mit den international vergleichenden Schulleistungsstudien Verwendung fand (vgl. Köller/Baumert 2004; Baumert/Stanat/Watermann 2006; Rüesch, 1998), im Bereich der empirischen Weiterbildungsforschung kaum Anwendung findet. Sie steht zwar in keinem direkten Zusammenhang zum sozialökologischen Ansatz Bronfenbrenners, jedoch liegt eine Verbindung aufgrund der Hervorhebung hierarchisch strukturierter Realität nahe. Im Rahmen von Mehrebenenanalysen lassen sich Gruppen- und Individualmerkmale wie auch deren Interaktion in einer gemeinsamen Analyse untersuchen und die Höhe der jeweiligen Effekte bestimmen. ‚Klassisch' sind Studien, in denen die Auswirkung von Leistungsdifferenzierungen untersucht werden. Dabei zeigt sich, dass Schülerinnen und Schüler mit gleicher Leistung ihre eigenen Fähigkeiten in denjenigen Gruppen als besser wahrnehmen, in denen insgesamt ein niedrigeres Niveau vorherrscht (vgl. Köller/Baumert, 2004). Baumert, Stanat und Watermann (2006, S. 102) weisen zwar darauf hin, dass dieser Effekt im gegliederten Schulsystem durch das unterschiedliche Renomé einzelner Schulen wieder verloren gehen kann, zitieren dabei allerdings Studien, die belegen, dass der Effekt des Schulsystems geringer ist als der der Differenzierung.

Das hier nur sehr kurz wiedergegebene Beispiel aus der Schulforschung veranschaulicht nicht nur das grundlegende Rationale der Mehrebenenanalyse, es zeigt auch, dass die Ergebnisse durchaus von erheblicher praktischer Bedeutung sein können. Ähnliche Studien sucht man im Bereich der Erwachsenen-/Weiterbildung allerdings vergeblich. Artelt, Baumert, Julius-McElvany und Peschar (2004) verwenden in ihrer Analyse von PISA-Daten zum Lebenslangen Lernen diese Methode lediglich zur Absicherung der Messqualität der Skalen zu Lernstrategien auf individueller und kollektiver Ebene (vgl. ebd, S. 99f.). Stephan und Gerlach (2003) untersuchen aus der Sicht der Humankapitaltheorie unter anderem Ertragsraten von Schulbildung und Berufserfahrung unter mehrebenenanalytischer Perspektive. Aus sozialökologischer Sicht wären Studien nahe liegend, die die Bedeutung betriebsbezogener Merkmale oder regionaler Umwelten für die Teilnahme an Weiterbildung oder informellem Lernen analysieren. Auch die Qualität von Lernumwelten ließe sich mehrebenenanalytisch untersuchen, ebenso wie die Bedeutung der Weiterbildung zur erfolgreichen Bewältigung von Übergängen. Eine Ursache für die geringe Zahl mehrebenenanalytischer Studien dürfte sicherlich darin liegen, dass das Weiterbildungssystem im Vergleich zum Schulsystem weniger hierarchisch strukturiert ist und darin, dass kaum Daten über die kognitive Leistungsfähigkeit von Erwachsenen erhoben werden. Möglicherweise ergeben sich im Anschluss an das derzeit in Planung befindliche ‚Programme for the International Assessment of Adult Competencies' (PIAAC) neue Möglichkeiten zu entsprechenden Analysen (vgl. Gnahs 2007; ebd. in diesem Band).

3 Perspektiven einer sozialökologisch orientierten Erwachsenenbildungsforschung

Der sozialökologische Ansatz trägt im Bereich der Erwachsenenbildung bislang noch weitgehend programmatischen Charakter. Notwendig wären empirische Studien, die auf dem Hintergrund eines sozialökologischen Bezugsrahmens entwicklungsrelevante Umweltbedingungen von Erwachsenen zu identifizieren suchen und diese mit Charakteristika der Person verbinden.

Für die Weiterbildung verspricht eine Berücksichtigung der sozialökologischen Perspektive als Bezugsrahmen für Forschungsvorhaben nicht nur Anregungen für innovative Forschungsstrategien, sondern auch praktisch und sozialpolitisch bedeutsame Befunde für Aufgabenbereiche wie die Begründung, Planung und Evaluation von Weiterbildungsmaßnahmen sowie die Weiterbildungsberatung. Nicht zuletzt lassen sich handlungsrelevante Erkenntnisse über die Vielfalt und Vernetzung von Lernorten sowie die erwachsenengerechte Gestaltung von Lernumwelten für einzelne Zielgruppen gewinnen.

Die Grenzen des sozialökologischen Ansatzes sind in erster Linie darin zu sehen, dass zwar Umweltgegebenheiten differenziert in den Blick kommen, entsprechende innerpsychische Prozesse bislang jedoch vernachlässigt wurden und erst in jüngster Zeit stärkere Beachtung finden.

Literatur

Artelt, C./Baumert, J./Julius-McElvany, N./Peschar, J. (2004): Das Lernen lernen. Voraussetzungen für Lebensbegleitendes Lernen. Paris: OECD. Verfügbar unter: http://www.mpib-berlin.mpg.de/pisa/LearnersForLife_GER.pdf (20.02.2008).

Baacke, D. (1988): Sozialökologische Ansätze in der Jugendforschung. In: Krüger, H.-H. (Hrsg.): Handbuch der Jugendforschung. Opladen: Leske + Budrich, S. 71-94.

Baacke, D./Schäfer, E./Volkmer, I. (1995): Aspekte sozialökologischer Lebenswelterkundung. Umweltbezogene Wahrnehmungsprozesse und ihre Relevanz für Bildungsprozesse. Opladen: Westdeutscher Verlag.

Bargel, T./Fauser, R./Mundt, J. (1981): Soziale und räumliche Bedingungen der Sozialisation von Kindern in verschiedenen Soziotopen. In: Walter, H. (Hrsg): Region und Sozialisation, Band 1. Stuttgart: Frommann-Holzboog, S. 186-260.

Bargel, T./Fauser, R./Mundt, J. (1982): Lokale Umwelten und familiale Sozialisation: Konzeptualisierung und Befunde. In: Vaskovics, L.A. (Hrsg.): Umweltbedingungen familialer Sozialisation. Stuttgart: Enke, S. 204-236.

Barz, H. (1996): Differenzierung von Weiterbildungsinteressen und -einstellungen aus Sicht der sozialen Milieuforschung. In: Tippelt, R./Eckert, T./Barz, H. (Hrsg.): Markt und integrative Weiterbildung. Bad Heilbrunn: Klinkhardt, S. 85-152.

Barz, H./Tippelt, R. (2004): Das Forschungsvorhaben im Überblick. In: Barz, H./Tippelt, R. (Hrsg.): Weiterbildung und soziale Milieus in Deutschland, Band 2: Adressaten- und Milieuforschung zu Weiterbildungsverhalten und -interessen. Bielefeld: Bertelsmann, S. 8-18.

Baumert, J./Stanat, P./Watermann, R. (2006): Schulstruktur und die Entstehung differenzieller Lern- und Entwicklungsmilieus. In: Baumert, J./Stanat, P./Watermann, R. (Hrsg.): Herkunftsbedingte Disparitäten im Bildungswesen: Differenzielle Bildungsprozesse und Probleme der Verteilungsgerechtigkeit. Wiesbaden: Verlag für Sozialwissenschaften, S. 95-188.

Blinkert, B. (2000): Sozialökologische Kinderpolitik als „Raumpolitik“. In: Grundmann, M./Lüscher, K. (Hrsg.): Sozialökologische Sozialisationsforschung. Konstanz: Universitäts-Verlag, S. 289-303.

Bronfenbrenner, U. (1980): Die Ökologie der menschlichen Entwicklung. Stuttgart: Klett-Cotta.

Bronfenbrenner, U. (1982): Ökologische Perspektiven zur Kinder- und Familienpolitik. In: Neue Praxis 13, H. 1, S. 5-13.

Bronfenbrenner, U. (1986): Recent advances in research on the ecology of human development. In: Silbereisen, R.K./ Eyfert, K./Rudinger, G. (Hrsg.): Development as action in context. Berlin: Springer, S. 287-309.
Bronfenbrenner, U. (1988): Foreword. In: Pence, A.R. (Hrsg.): Ecological research with children and families. New York/London: Teachers College Press.
Bronfenbrenner, U. (1990): The ecology of cognitive development. In: Zeitschrift für Sozialisationsforschung und Erziehungssoziologie 10, H. 2, S. 101-114.
Bronfenbrenner, U. (1994): Ecological models in human development. In: Husen, T./Postlethwaite, T.N. (Hrsg.): The International Encyclopedia of education, Vol. 3. Oxford: Pergamon Press, S. 1643-1647.
Bronfenbrenner, U. (2005): Ecological Systems Theory (1992). In: Bronfenbrenner, U. (Hrsg.): Making Human Beings Human. Bioecological Perspektives on Human Development. London: Sage, S. 106-173.
Bronfenbrenner, U./Crouter, A.C. (1983): The evolution of environmental models in developmental research. In: Mussen, P.H. (Hrsg.): Handbook of child psychology, Vol. 1, New York: Wiley, S. 357-414.
Ditton, H. (2006): Der Beitrag Urie Bronfenbrenners für die Erziehungswissenschaft. In: Zeitschrift für Soziologie der Erziehung und Sozialisation 26, H. 3, S. 268-281.
Dreesmann, H. (1993): Zur Psychologie der Lernumwelt. In: Weidenmann, B. (Hrsg.): Pädagogische Psychologie. Weinheim: Beltz, S. 447-491.
Elder, G.H. (2000): Das Lebensverlaufs-Paradigma: Sozialer Wandel und individuelle Entwicklung, In: Grundmann, M./Lüscher, K. (Hrsg.): Sozialökologische Sozialisationsforschung. Konstanz: Universitäts-Verlag, S. 167-199.
Engelbert, A./Herlth, A. (2002): Sozialökologische Ansätze. In: Krüger, H.-H./Grunert, C. (Hrsg.): Handbuch Kindheits- und Jugendforschung. Opladen: Leske + Budrich, S. 99-116.
Filipp, S.-H. (1990): Ein allgemeines Modell für die Analyse kritischer Lebensereignisse. In: Filipp, S.-H. (Hrsg.): Kritische Lebensereignisse. München: Psychologie Verlags Union, S. 3-52.
Freericks, R. (2006): Lernen in Erlebniswelten. In: DIE Zeitschrift für Erwachsenenbildung 4, S. 32-35.
Gnahs, D. (2007): Steuerungswissen durch international vergleichende Kompetenzmessung bei Erwachsenen. In: Eckert, T. (Hrsg.): Übergänge im Bildungswesen. Münster: Waxmann, S. 295-311.
Grundmann, M./Fuss, D./Suckow, J. (2000): Sozialökologische Sozialisationsforschung: Entwicklung, Gegenstand und Anwendungsbereiche. In: Grundmann, M./Lüscher, K. (Hrsg.): Sozialökologische Sozialisationsforschung. Konstanz: Universitäts-Verlag, S. 17-76.
Kaminski, G. (1976) (Hrsg.): Umweltpsychologie. Perspektiven, Probleme, Praxis. Stuttgart: Klett.
Kaminski, G. (1979): Ökologische Perspektiven in pädagogisch-pychologischer Theoriebildung und deren Konsequenzen. In: Brandtstädter, J./Reinert, G./Schneewind, K. (Hrsg.): Pädagogische Psychologie: Probleme und Perspektiven. Stuttgart: Klett-Cotta, S. 105-129.
Köller, O./Baumert, J. (2002): Entwicklung schulischer Leistungen. In: Oerter, R./Montada, L. (Hrsg.): Entwicklungspsychologie. 5. Aufl. Weinheim: Beltz, S. 756-786.
Kruse, L./Graumann C.-F. (1987): Environmental Psychology in Germany. In: Stokols, D./Altman, I. (Hrsg.): Handbook of Environmental Psychology. New York: Wiley, S. 1195-1225.
Kruse, L./Graumann, C.-F./Lantermann, E.L. (1990) (Hrsg.): Ökologische Psychologie. Ein Handbuch mit Schlüsselbegriffen. München: Psychologie Verlags Union.
Kuthe, M./Bargel, T./Nagl, W./Reinhardt, K. (1979): Siedlungsstruktur und Schulstandort. Paderborn: Schönigh.
Kuwan, H./Graf-Cuiper, A./Tippelt, R. (2004): Weiterbildungsnachfrage in Zahlen – Ergebnisse der Repräsentativbefragung. In: Barz, H./Tippelt, R. (Hrsg.): Weiterbildung und soziale Milieus in Deutschland. Band 2: Adressaten- und Milieuforschung zu Weiterbildungsverhalten und –interessen. Bielefeld: Bertelsmann, S. 19-86.
Lüscher, K. (2006): Urie Bronfenbrenner 1917-2005 – Facetten eines persönlichen Portraits. In: Zeitschrift für Soziologie in Erziehung und Sozialisation 26, H. 3, S. 232-246.
Lüscher, K./Fisch, R./Pape, T. (1985): Die Ökologie von Familien. In: Zeitschrift für Soziologie 14, H. 4, S. 13-27.
Martin, M. (2005): Pflegeinstitutionen. In: Filipp, S.-H./Staudinger, U.M. (Hrsg.): Entwicklungspsychologie des mittleren und höheren Erwachsenenalters. Göttingen: Hogrefe, S. 595-622.
Miller, R. (1998): Umweltpsychologie. Stuttgart: Kohlhammer.
Moen, P. (2006): Bronfenbrenner in Context and in Motion. In: Zeitschrift für Soziologie der Erziehung und Sozialisation 26, H. 3, S. 247-261.
Mortimer, J.T./Lorence, J.P./Kumka, D. (1982): Work and family linkages in the transition to adulthood. A panel study of highly-educated men. In: Western Psychological Review 13. S. 50-68.
Müller, K.R. (1991): Bildungsraum. In: Grundlagen der Weiterbildung e.V. (Hrsg.): Grundlagen der Weiterbildung – Praxishilfen. Neuwied: Luchterhand, S. 1-16.
Neumann, E.-M./Baltes, M.M. (1990): Alte Menschen. In: Kruse, L./Graumann, C.-F./Lantermann, E.L. (Hrsg.): Ökologische Psychologie. München: Psychologie Verlags Union, S. 458-464.

Nuissl, E. (1992): Lernökologie – die Bedeutung des Lernortes für das Lernen. In: Faulstich, P./Faulstich-Wieland, H./Nuissl, E./Brokmann-Nooren, Chr./Raapke, H.D. (Hrsg.): Weiterbildung für die 90er Jahre. Weinheim: Juventa, S. 92-110.

Nuissl, E. (2006): Orte und Netze lebenslangen Lernens. In: Fatke, R./Merkens, H. (Hrsg.): Bildung über die Lebenszeit. Wiesbaden: Verlag für Sozialwissenschaften, S. 69-83.

Oswald, F. (1996): Hier bin ich zu Hause. Berlin: Roderer.

Pourtois, J.-P. (1985): Elternerziehung. Ein handlungsorientiertes Förderungsprogramm. Salzburg: Müller.

Prenzel, M./Mandl, H./Reinmann-Rothmeier, G. (1997): Ziele und Aufgaben der Erwachsenenbildung. In: Weinert, F.E./Mandl, H. (Hrsg.): Psychologie der Erwachsenenbildung. Göttingen: Hogrefe, S. 1-44.

Röchner, M. (1987): Personspezifische Aspekte und Determinanten der Weiterbildungsteilnahme. Eine empirische Analyse eines multivariaten Modells. Frankfurt a.M.: Lang.

Rüesch, P. (1998): Spielt die Schule eine Rolle? Schulische Bedingungen ungleicher Bildungschancen von Immigrantenkindern – eine Mehrebenenanalyse. Frankfurt a.M.: Lang.

Sander U./Vollbrecht, R. (1985): Zwischen Kindheit und Jugend. Träume, Hoffnungen und Alltag 13- bis 15jähriger. Weinheim: Juventa.

Saup, W. (1993): Alter und Umwelt. Eine Einführung in die Ökologische Gerontologie. Stuttgart: Kohlhammer.

Schmidt-Peters, A./Buchmann, U. (2000): Die ökologische Perspektive in der Berufsbildung – Eine Einführung. In: Buchmann, U./Schmidt-Peters, A. (Hrsg.): Berufsbildung aus ökologischer Perspektive. Hamburg: Kovac, S. 25-34.

Schulze, Th. (1983): Ökologie. In: Lenzen, D. (Hrsg.): Enzyklopädie Erziehungswissenschaft, Band 1. Stuttgart: Klett-Cotta, S. 262-282.

Siebert, H. (1991): Lernökologie. In: Report 27, S. 64-69.

Siebert, H. (1993): Theorien für die Bildungspraxis. Bad Heilbrunn: Klinkhardt.

Stephan, G./Gerlach, K. (2003): Firmenlohndifferenziale und Tarifverträge: Eine Mehrebenenanalyse. In: Mitteilungen aus der Arbeitsmarkt- und Berufsforschung 36, H. 4, S. 525-538, Verfügbar unter: http://doku.iab.de/mittab/2003/2003_4_MittAB_Stephan_Gerlach.pdf (20.02.2008).

Stokols, D./Altman, I. (1987): Handbook of environmental psychology. New York: Wiley.

Tippelt, R./Kasten, C./Dobischat, R./Federighi, P./Feller, A. u.a. (2006): Regionale Netzwerke zur Förderung lebenslangen Lernens – Lernende Regionen. In: Fatke, R./Merkens, H. (Hrsg.): Bildung über die Lebenszeit. Wiesbaden: Verlag für Sozialwissenschaften, S. 279-290.

Tippelt, R./Krauss, J./Baron, S. (1986): Jugend und Umwelt. Weinheim: Beltz.

Tippelt, R./Reich, J./Hippel, A. von/Barz, H./Baum, D. (2008) (Hrsg.): Weiterbildung und soziale Milieus in Deutschland. Band III: Milieumarketing implementieren. Bielefeld: Bertelsmann.

Tippelt, R./Reich, J./Panyr, S./Eckert, T./Barz, H. (2004): Weiterbildungsverhalten und -interessen in milieuspezifischer Zuspitzung. In: Barz, H./Tippelt, R. (Hrsg.): Weiterbildung und soziale Milieus in Deutschland. Band II: Adressaten- und Milieuforschung zu Weiterbildungsverhalten und -interessen. Bielefeld: Bertelsmann, S. 87-133.

Vaskovics, L.A. (1988): Veränderungen der Wohn- und Wohnumweltbedingungen in ihren Auswirkungen auf Sozialisationsleistungen auf die Familie. In: Nave-Herz, R. (Hrsg.): Wandel und Kontinuität der Familie in der Bundesrepublik Deutschland. Stuttgart: Enke, S. 36-60.

Wahl, H.-W./Oswald, F. (2005): Sozialökologische Aspekte des Alterns. In: Filipp, S.-H./Staudinger, U.M. (Hrsg.): Entwicklungspsychologie des mittleren und höheren Erwachsenenalters. Göttingen: Hogrefe, S. 209-250.

Wahl, H.-W./Saup, W. (1994): Ökologische Gerontologie: Mehr als die Docility-Hypothese? In: Zeitschrift für Gerontologie. S. 447-454.

Walter, H. (1980): Ökologische Ansätze in der Sozialisationsforschung. Eine Problemskizze. In: Hurrelmann, K./Ulich, D. (Hrsg.): Handbuch der Sozialisationsforschung. Weinheim: Beltz, S. 285-298.

Wolf, B. (1995): Brunswik und ökologische Perspektiven in der Psychologie. Weinheim: Deutscher Studien Verlag.

Harm Kuper | Katrin Kaufmann

Systemtheoretische Analysen der Weiterbildung

1 Einleitung – Funktionale Differenzierung als systemtheoretische Leitperspektive

Die gemeinsame Problemstellung vieler Abhandlungen über die Weiterbildung unter den Aspekten von System und/oder Organisation ist die Positionsbestimmung der Weiterbildung innerhalb der Gesellschaft. Es erscheint daher angemessen, die folgenden Ausführungen weitläufig an gesellschaftstheoretische Überlegungen anzulehnen. Unterhalb dieser Gemeinsamkeit dominieren allerdings die Unterschiede. An die Begriffe System und Organisation werden sehr disparate Erwägungen über Weiterbildung geknüpft. Das ist keineswegs auf die Vielfalt der Theoriekonzeptionen zurückzuführen, in denen die Begriffe bestimmt und systematisiert worden sind. Der Variantenreichtum von System- (vgl. Baecker 2005) und Organisationstheorien (vgl. Bonazzi 2008) ist in der Diskussion über Weiterbildung kaum zur Geltung gekommen. Vielmehr erklärt sich die Differenz der Erwägungen aus der Wahl der Standpunkte, von denen aus sie vorgenommen werden.

Luhmann und Schorr (1988) haben – ihrerseits unter Rückgriff auf die Systemtheorie – Standpunkte der Formulierung von Theorien über das Erziehungssystem bestimmt. Das von ihnen entwickelte Schema ist auch geeignet, um die Zugänge zu den Themen System und Organisation der Weiterbildung zu skizzieren; an dieser Stelle bietet es darüber hinaus eine erste Einstimmung auf systemtheoretisches Denken.

Ausgangspunkt der Überlegungen von Luhmann und Schorr ist die „historische Tatsache" (ebd., S. 7) funktionaler Differenzierung der Gesellschaft. Funktionale Differenzierung ist ein konstitutives Merkmal moderner Gesellschaftsordnung (vgl. Luhmann 1997a, S. 745ff.). In ihr spezifizieren sich Systeme, indem sie eine *funktionale Zuständigkeit* für ein sogenanntes Bezugsproblem der Gesellschaft entwickeln. Zu diesen Bezugsproblemen zählen unter anderem Fragen der Gerechtigkeit, der kollektiv bindenden Entscheidung, der Wahrheit und auch der Übermittlung sowie Fortentwicklung von gesellschaftlich akkumuliertem Wissen. Sie fallen in die Zuständigkeit des Rechts-, Politik-, Wissenschafts- sowie Erziehungssystems. Indem die Systeme Monopole für ihre jeweilige Funktion ausbilden, entstehen zwischen ihnen Differenzen und wechselseitige Abhängigkeiten.

Dieser gesellschaftstheoretische Systembegriff steht im Kontext einer komplexen begrifflichen Matrix. Systeme werden von Luhmann relational verstanden, nämlich in der Unterscheidung von *System* und *Umwelt*. Damit wird auf die Abhängigkeit jedes Systems von Bestandsvoraussetzungen in seiner Umwelt verwiesen. Systeme verfügen über *Grenzen*, die Kopplungen zur Umwelt nur in selektiver Form zulassen. Was ein System von seiner Umwelt unterscheidet, sind seine *Operationen,* die ein je besonderes *generalisiertes Kommunikationsmedium* und einen die Kommunikation orientierenden *Code* nutzen. Diese können nicht über die Grenzen hinweg, sondern ausschließlich systemintern verwendet werden. Luhmann etabliert auf dieser

Grundlage den Gedanken der Selbstreferenz von Systemen (vgl. Luhmann 1991a, S. 57ff.). Ihm zufolge konstituieren sich selbstreferentielle Systeme, indem sie ihre Elemente mit den eigenen Operationen reproduzieren. Sie sind dabei auf *Leistungen* aus der Umwelt angewiesen und erbringen selbst Leistungen für die Umwelt, können aber Kontakt zur Umwelt nur durch eigene Operationen, also im „Selbstkontakt“ aufnehmen. Eine spezifische Form der Selbstreferenz ist die Reflexion. In ihr beobachtet sich ein System selbst; über Reflexion werden ein System und seine Relationen zur Umwelt innerhalb des Systems selbst zum Thema. Reflexion ist Selbstvergewisserung von Systemen.

An dieser Stelle kann die Frage nach den Standpunkten, von denen die Diskussion um System und Organisation der Weiterbildung geführt wird, hinreichend beantwortet werden. Sie sind durch die Zugehörigkeit zu den Funktionssystemen definiert. Die Weiterbildung, ihr Systemcharakter und ihre organisatorische Struktur werden von der Wissenschaft, von der Politik, vom Recht aus ebenso thematisiert wie vom Erziehungssystem. Dabei spielen jeweils systemspezifische Erwägungen eine Rolle. Eine Beobachtung der Weiterbildung aus dem Wissenschaftssystem (vgl. Lenzen/Luhmann 1997), erfolgt unter den Prämissen der Geltungsbegründung ihrer Aussagen, der theoretischen Konsistenz ihrer Begriffe und der empirisch-analytischen Tragweite. Aus der Sicht des politischen Systems ist die Weiterbildung ein Gegenstand, der Fragen bildungspolitischer Gestaltung und der Förderung durch kollektive Ressourcen aufwirft. Fluchtpunkt einer Auseinandersetzung mit der Weiterbildung im Erziehungssystem ist die Identitätskonstruktion des Systems durch Selbstthematisierung.

Die Standortgebundenheit der Diskussion(en) um Weiterbildung schließt eine hohe Interdependenz der Positionen und Argumentationslinien nicht aus. Abgrenzen lassen sie sich aber über die Standortbindung hinaus auch durch Argumentationsstile. Wissenschaftliche Auseinandersetzungen mit der Weiterbildung sind kognitiv strukturiert und pflegen einen analytischen Stil; dagegen werden aus einer Innenperspektive der Selbstbeobachtung von Weiterbildung aber auch in politischen Diskussionen oftmals normative Argumentationsstile verfolgt, in denen Maßgaben für die Gestaltung der Weiterbildung und Orientierungshilfen für die in der Weiterbildung Handelnden ausformuliert werden. Diese Dualität der Argumentationsstile schlägt sich auch in der Rezeption der Systemtheorie durch die Weiterbildungswissenschaft nieder. Sie ist durch Ambivalenz gekennzeichnet. Bei dem weitreichenden Allgemeinheitsanspruch der Systemtheorie stellt die Weiterbildung nur ein Analyseobjekt unter vielen dar; gleichzeitig ist die Theorie für das Problem der Selbstvergewisserung ihrer Objekte unempfänglich. Eine Anwendung der Systemtheorie auf die Weiterbildung unterliegt dem Risiko, lediglich ihre Absorbtions- und Abstraktionsfähigkeit an einem weiteren Gegenstand aufzuzeigen, dabei aber wenig „auf einer bestimmten Ebene des Wiederkennens und der Realitätsfindung auszusagen“ (Olbrich 1999, S. 160). Da ihr aber andererseits eine differenzierte begriffliche „Rückbindung und Fundierung“ in Abgrenzung zu den „traditionelle[n] Vorstellungen, Aussagen, Begriffe[n] und Erklärungselemente[n]“ (ebd., S. 160) der erwachsenenpädagogischen Theoriebildung zugestanden wird, spiegelt die Rezeption der Systemtheorie Theorieprobleme der Weiterbildung, die sich aus der oft ungeklärten Frage ergeben, ob die Reflexion vom Standpunkt eines wissenschaftlich neutralen oder eines für die Weiterbildungspraxis verantwortlichen Denkens erfolgt.

Im Folgenden werden bildungspolitische, sozialwissenschaftliche und erziehungswissenschaftliche Positionen vorgestellt, in denen die Struktur und Organisation der Weiterbildung mit Begriffen aus der Systemtheorie analysiert werden. Mit ihnen lässt sich die Frage nach der (funktionalen) Differenzierung der Weiterbildung unter der Maßgabe verfolgen, dass der

Bedeutungsgehalt von System und Organisation sich sowohl auf die absichtsvolle Gestaltung der Weiterbildung als auch auf einen evolutionären Wandel ihrer Formen erstreckt. In den Begriffen System und Organisation bündeln sich somit ebenso Überlegungen zur Reform wie zur ungeplanten Emergenz der Weiterbildung.

2 System als bildungspolitische Metapher für die Ordnung der Weiterbildung

Die 1960er Jahre gelten als die Dekade, in der der Systembegriff für die Weiterbildung hoffähig wurde (vgl. Senzky 1977, S. 76ff.). Er hat bis in die 1970er Jahre hinein die bildungspolitischen Bemühungen um eine Systematisierung der Weiterbildung begleitet. Deren Ausgangspunkt war die Pluralität der Träger von – wie es hieß – Erwachsenenbildung. Die juristische Differenzierung der Träger in privatrechtlich und öffentlich-rechtlich ließ zu Beginn der 1960er Jahre die Divergenz zwischen „gebundener" (an Partikularinteressen orientierter) und „freier" (an die Gesamtheit der Bevölkerung adressierter) Erwachsenenbildung zur ordnungspolitischen Frage werden. Sie beschäftigte den Deutschen Ausschuss für das Erziehungs- und Bildungswesen (1960) in seinem Gutachten mit dem Titel „Zur Situation und Aufgabe der deutschen Erwachsenenbildung" unter der Leitidee enger Zusammenarbeit zwischen der Volkshochschule als öffentlich-rechtlicher Einrichtung und den Einrichtungen, deren Träger privatrechtliche Vereine waren. Die damals aufgeworfenen Diskussionspunkte waren auf die „öffentliche Verfaßtheit, pädagogische Autonomie und Finanzierung" (Oppermann 2000, S. 312) gerichtet.

Zusätzliche Brisanz erhält diese Frage mit weitergehenden bildungsreformerischen Intentionen, die Erwachsenenbildung stärker in die Kontinuität schulischer Bildung zu stellen und sie enger mit beruflicher Bildung zu verzahnen. In diesem Zusammenhang erfolgt die semantische Umstellung auf Weiterbildung und der Systembegriff wird offensiv genutzt. Sowohl in Bezug auf die Lernorganisation (vgl. Schulenberg 1968) als auch in Bezug auf die institutionelle Regelung der Weiterbildung (vgl. Knoll/Siebert/Wodraschke 1967) wird mit dem Systembegriff die Absicht einer stärkeren Einbindung der Weiterbildung in das Bildungssystem markiert. Sie findet einen markanten Ausdruck in den Plänen, über die Weiterbildung Zugänge zu allgemeinbildenden schulischen und berufsqualifizierenden Abschlüssen zu legen.

Der 1970 vom Deutschen Bildungsrat vorgelegte Strukturplan für das Deutsche Bildungswesen lässt etwas von dem Verständnis des Begriffs System in dieser Phase der Bildungsreform erkennen: Der Begriff System ist Ausdruck für die Organisation von Bildung über die Altersstufen hinweg; er hat somit weniger einen theoretischen Gehalt als dass er für eine bestimmte Vorstellung von der Strukturierung und der Positionierung der Weiterbildung in einem einheitlichen Konzept des Bildungswesens steht. System ist zudem der Leitbegriff ordnungspolitischer Auseinandersetzung mit der Weiterbildung. Als eigenständiges System wird die Weiterbildung allerdings im Strukturplan nicht behandelt; wohl aber wird ihr eine Art Schlusssteinfunktion zuerkannt, die sie zu einem maßgeblichen Bestandteil eines übergeordneten Ganzen werden lässt. So führen die Autoren des Gutachtens aus: „Die erste Bildungsphase ist ohne ergänzende Weiterbildung unvollständig. Der Gesamtbereich Weiterbildung ist daher Teil des Bildungssystems; Fortbildung, Umschulung und Erwachsenenbildung gehören in den Rahmen dieses Bereichs" (ebd., S. 199f.). Für die Organisation der Weiterbildung sind vor diesem Hintergrund insbesondere die Übergänge zwischen den lebensaltersgebundenen Phasen der Bildung und die inhaltlich systematische Ergänzung in sich abgeschlossener Weiterbildungsangebote durch ein „Baukastensystem" ausschlaggebend. Der Vorschlag, die Formalisierung und Zertifizierung von Abschlüssen in der Weiterbildung auszubauen, ist eine Konsequenz dieser organisatorischen Gestaltungsprämissen. Die daran anschließenden ordnungspolitischen Vorstellungen des Strukturplans sehen die Pluralität der Träger weiterhin als eine wichtige Eigenschaft der Weiterbildung, insbesondere in Hinblick auf deren Sensibilität für gesellschaftliche Veränderungen; gleichwohl weist der Gestaltungswille in die Richtung einer organisatorischen Konsolidierung der Weiterbildung unter der Führung des Staates.

Die zwischenzeitlich entstandene akademische Repräsentanz der Weiterbildung/Erwachsenenbildung fördert die Reflexion der Weiterbildung und der politischen Bemühungen um ihre Konsolidierung zum System. Senzky (1977) nimmt unmittelbaren Bezug auf das Aufkommen des Systembegriffs im Kontext der Weiterbildungsplanung. Seine Reflexion der Entwicklungen in den 1960er und 1970er Jahren ist mit einem Plädoyer für die Formalisierung der Weiterbildungsorganisation verbunden (vgl. ebd., S. 76ff.). Durchaus im Einklang mit den bildungspolitischen Initiativen sieht er die Herausforderung für die Weiterbildung darin, „erstmals die Frage einer Systembildung überhaupt als Voraussetzung zur Integration in übergreifende Zusammenhänge" (ebd., S. 64) zu bearbeiten. Die bildungspolitische Forderung nach einer Grundversorgung mit Weiterbildungsangeboten habe für diesen Schritt der Differenzierung eines Weiterbildungssystems erst den ausschlaggebenden Impuls gegeben. Unter Rückgriff auf eine frühe Variante der von Luhmann ausgearbeiteten Systemtheorie verschiebt Senzky allerdings die Bedeutung des Systembegriffs in ein abstrakteres sozialwissenschaftliches Verständnis, aus dem er in einem zweiten Schritt normative Maßgaben für eine „Systemorientierung der Erwachsenenbildung" entwickelt. Unterhalb der „Systemorientierung" identifiziert er so die drei Bezugsprobleme der Identifikation, der Interdependenz und der Rationalisierung der Weiterbildung. Hier vermag Senzky der Systemtheorie ein kritisches Potential zu entlocken, mit dem er einen Gegenentwurf zu den staatlichen, an zentraler Organisation ausgerichteten Ordnungsvorstellungen aufstellt. Unter dem Bezugsproblem der Identifikation arbeitet er die vielfältigen Umweltbezüge der Weiterbildung als ausschlaggebend heraus: „Der zentrale Bezugsgesichtspunkt für eine Systemorientierung der Erwachsenenbildung ist (…) nicht deren ‚Ganzes' in sich selbst, sondern ihr strukturell differenzierter Zusammenhang zur Umwelt" (ebd., S. 66). Er sieht daher auch keinen Widerspruch darin, die Autonomie der Weiterbildung in den Interdependenzen zu suchen, die sie als polyzentrisches System an die verschiedenen Akteure in der gesellschaftlichen Umwelt bindet und die eine wechselseitige Abstimmung der Akteure innerhalb des Systems charakterisiert. Rationalisierung schließlich ist für ihn die Formel, die Entscheidbarkeit über Strukturen der Weiterbildung fixiert und „mithin eine zwar nicht bürokratische, gleichwohl aber formale Organisation" (ebd., S. 114) erfordere.

Senzkys systemtheoretische Analyse hält die mit den Varianten des Systembegriffs für die Weiterbildung gegebenen Konfliktlinien fest. Zunächst wird die ordnungspolitische Systemfrage des Verhältnisses der Weiterbildung zu einer pluralen gesellschaftlichen Öffentlichkeit und zu einem über Verrechtlichung sowie Förderung regierenden Staat vom Streitfeld der Bekenntnisse weg in die Analyse geführt. Darüber hinaus wird der Systembegriff durch einen stringenten Bezug auf seine sozialwissenschaftlichen Wurzeln von der Vorstellung einer bestimmten Ordnung der Institutionen abstrahiert. Auf dieser Grundlage kann durchaus gegen institutionelle Monopolbildung und ordnungspolitische Kohärenz in der Regelung argumentiert werden, ohne dabei die Vorstellung eines Weiterbildungssystems aus den Augen zu verlieren.

Die Bilanz der ordnungspolitischen Bemühungen um die Gestaltung eines Weiterbildungssystems fällt insgesamt sehr verhalten aus. Wohl noch eine der günstigeren Einschätzungen nimmt Knoll (1995) vor, der schreibt: „Es handelt sich bei Erwachsenenbildung um ein pluralistisches, subsidiär verfaßtes Teilsystem des Bildungssystems" (ebd., S. 16f.). Hier wird den Reformbestrebungen der 1970er Jahre einerseits Respekt gezollt, indem der Weiterbildung Subsystemcharakter innerhalb des Bildungssystems zugeschrieben wird; andererseits werden die Aspekte der Pluralität und Subsidiarität gleichsam als Zentrifugalkräfte gegen ein all zu starres Systemverständnis gesetzt. Systembildung in der Weiterbildung ist demnach nur um den Preis struktureller Diversität zu erreichen, die allerdings als Stärke ausgelegt werden kann, insofern Weiterbildung auf diese Weise zu einem wichtigen Katalysator für die Auseinandersetzung gesellschaftlicher Interessen wird. In den bilanzierenden Ausführungen Knolls fehlt es entsprechend auch nicht an Hinweisen auf die langwierigen und krisenhaften Auseinandersetzungen in der Konstitution der Weiterbildung zu einem so verstandenen System. Dabei nennt er die Widerstände erwachsenenpädagogischer Reflexionseliten gegen Verschulung und abschlussbezogene Bildung ebenso wie die traditionellen Konflikte um die Abgrenzung gegenüber dem Staat.

Der Begriff System diente der Bildungspolitik als Orientierungsmarke für die Gestaltung eines spezifischen institutionellen Arrangements der Weiterbildung. Die Bilanzierung dieser Initiativen zeigt ein für Reformen typisches Muster (vgl. Luhmann 2000, S. 330ff.). Die im Falle der Weiterbildung mit dem Systembegriff verbundene Poesie der Reform erfährt eine Korrektur durch die Realität der Evolution. Als Hemmnisse des strukturellen Ausbaus der Weiterbildung zu nennen sind die Diffusion der politischen Verantwortung für die Weiterbildung im Föderalismus und den Länderministerien sowie die nach der Emphase der Bildungsreform versiegende Bereitschaft und Möglichkeit der Förderung durch die öffentlichen Haushalte.

Das hat dazu geführt, dass die Kennzeichnung der Weiterbildung als System oftmals in Kombination mit relativierenden Attributen erfolgt oder durch den Gebrauch von Anführungsstrichen Zweifel an der Kohärenz des „Systems" angemeldet werden. Die Entwicklung der Weiterbildung führt nicht zu einer strukturellen Konzentration oder Übersichtlichkeit der Weiterbildung unter der Leitformel der öffentlichen Verantwortung sondern reproduziert die Pluralität, wenn nicht Fragmentierung der Einrichtungen, Träger und Zuständigkeiten. Parallel dazu verschieben sich Semantiken und kehren vormals gängige Beobachtungsmuster um (vgl. Faulstich/Zeuner 1999, S. 180). So werden unter dem Begriff der freien Weiterbildung inzwischen landläufig private Initiativen oder solche von partikularen Gruppen subsumiert; Initiativen mithin, die in der Semantik der Bildungsreform als gebunden galten. Der Begriff der Bindung wiederum wird dagegen eher mit staatlicher Förderung assoziiert. Die Hoffnung auf die regulierende Kraft des Staates weicht einer Skepsis gegenüber staatlicher Inflexibilität.

Die institutionelle, rechtliche und didaktische Formenvielfalt der Weiterbildung kann als sehr adaptiv in Hinblick auf variierende Bildungsbedürfnisse gesehen werden. Wenn im Hintergrund die Vorstellung eines Systems bestehen bleibt, das diese Bildungsbedürfnisse aufnimmt, dann unter einem deutlichen Perspektivenwechsel. Als treibende Kraft der Entwicklung in der Weiterbildung wird nun nicht mehr Ordnungspolitik verstanden, sondern die „Austauschprozesse zwischen lebensweltlichen Lernbedürfnissen und überdauernder systemischer Leistungserbringung" (Forschungsmemorandum 2000, S. 19). Die Aufmerksamkeit stellt sich um von Systemgestaltung auf Systememergenz. Das theoretische Problem wird damit umso sichtbarer. Wie kann ein System der Weiterbildung identifiziert werden, wenn Merkmale organisatorischer Kohärenz fehlen? Lässt sich Weiterbildung angesichts pluraler Funktionen überhaupt als ein

System beschreiben? Angesichts des quantitativen Bedeutungszuwachses der Weiterbildung werfen Feststellungen wie die, Weiterbildung verfüge über „keine hinreichenden gesellschaftlichen Vorstrukturierungen (…), aus denen ein Funktionssystem emergieren könnte“ (Schäffter 1998, S. 83) eher Fragen auf, als dass sie analytische Gewinne aus der Verwendung des Systembegriffs ziehen: Woher nährt sich die Idee, Weiterbildung könne im Format eines Funktionssystems ausdifferenziert werden? Scheitert die Identifikation der Weiterbildung als System daran, dass erhoffte institutionelle („gesellschaftliche“) Strukturmuster empirisch nicht vorhanden sind oder an der Ermangelung theoretischer Begriffe, die ein System definieren, ohne sich dabei auf strukturelle Formen festzulegen?

Unabhängig von den ungelösten Theorieproblemen verfolgt die Reflexion der Weiterbildung unter dem Systembegriff hauptsächlich Strukturfragen. Daraus resultieren für empirische Forschung und politische Beratung gleichermaßen erfolgreiche Strategien. In Hinblick auf Strukturen konkretisierte Systembegriffe erlauben so etwa die Angebotsentwicklung in der Weiterbildung zu verfolgen (vgl. Schlutz/Schrader 1997) oder die Anbieter (vgl. Schrader 2001) zu typisieren. Differenzierungsprozesse der Weiterbildung sind auf der Strukturebene empirisch beschreibbar; so können wichtige Grundlagen für systemtheoretische Analysen der Weiterbildung entwickelt werden.

Ein im theoretischen Anspruch reduzierter, dafür bildungspolitisch aber sehr einschlägiger Systembegriff erlaubt die Formulierung von Gestaltungsprämissen unter Maßgabe der Pluralität der Weiterbildung. Als „mittlere Systematisierung“ (Faulstich/Zeuner 1999, S. 177ff.) werden differente Funktionsbezüge der Weiterbildung, sowie das Nebeneinander privater, partikularer und öffentlicher Initiative als institutionelle Realitätsbeschreibung und weiterbildungspolitische Herausforderung gefasst. Die Formel „mittlere Systematisierung“ bewahrt normative Bezugspunkte der Diskussion um Weiterbildung wie etwa die öffentliche Verantwortung oder die Eigenständigkeit allgemeiner und politischer Bildung und setzt diese in Relation zu dem institutionellen Entwicklungsstand der Weiterbildung.

Die auf Institutionen und Strukturen fokussierte Reflexion nimmt auch Themen auf, die außerhalb der traditionellen Reflexionssemantik der Pädagogik oder Erwachsenenbildung liegen. Dabei wird sehr deutlich, dass sich die Strukturen der Weiterbildung nicht ausschließlich von den primären pädagogischen Tätigkeiten wie Lehren, Beraten oder Helfen ausgehend entwickeln und strukturelle Variationen nicht nur durch pädagogische Ansprüche an Weiterbildung entstehen. Vielmehr bestimmen sekundäre Tätigkeiten der Regulation und Unterstützung die Struktur der Weiterbildung mit. Elemente einer Unterstützungsstruktur wie etwa Information, Qualitätssicherung, Statistik und Analyse werden so als ausdifferenzierte Funktionen in der Weiterbildung behandelt (vgl. Teichler 1997).

All diese auf die Struktur von Weiterbildungsinstitutionen bezogenen Analysen und Reflexionen tragen nicht zur Beantwortung der theoretischen Frage nach einem System der Weiterbildung bei. Sie klären jedoch über empirisch beobachtbare Formunterschiede auf. Da diese hinreichend konkrete Gegenstände für wissenschaftliche und bildungspolitische Erwägungen darstellen, erweist sich die Ablösung von der Systemsemantik nicht als hinderlich. Aktuelle Trends der Bildungspolitik, die Weiterbildung im Kontext von Globalisierung, Internationalisierung und der Einbettung in die Aktivitäten internationaler Organisationen sehen (vgl. Schemmann 2007), kommen ebenfalls ohne den Systembegriff aus. Sie fokussieren von vorn herein Strukturfragen der Weiterbildungsinstitutionen.

3 Systemtheoretische Analyse und ihre Rezeption in der Weiterbildungsforschung

Die soziologische Systemtheorie hat ihren Standpunkt außerhalb der von ihnen beobachteten sozialen Systeme. Systemtheoretische Beobachtung der Weiterbildung ist – in ihrer eigenen Diktion gesprochen – keine Reflexion, sondern sozialwissenschaftliche Analyse. Der zentrale Autor für eine systemtheoretische Analyse des Erziehungssystems im Allgemeinen und der Weiterbildung im Speziellen ist Luhmann. Dessen Auseinandersetzung mit dem Erziehungssystem war nicht von einem „pädagogischen" Interesse getragen; als Autor einer allgemeinen Systemtheorie (Luhmann 1991a), die begriffliche Grundlagen einer Gesellschaftstheorie (vgl. Luhmann 1997a) legt, hat Luhmann Analysen zu mehreren Funktionssystemen der Gesellschaft vorgelegt. Das Erziehungssystem ist aus seiner Perspektive so zunächst ein Analysegegenstand neben anderen.

Entsprechend wird das Erziehungssystem – im Sinne einer Analogie – von ihm unter den gleichen Theoriegesichtspunkten beschrieben, wie andere Funktionssysteme (bspw. Wirtschaft, Recht, Religion) auch. Das formale Theoriemodell bietet eine allgemeine begriffliche Matrix für die Identifikation von Funktionssystemen. Sie wurden in der Einleitung dieses Artikels teilweise bereits benannt. Maßgeblich für den intensiven, in zahlreichen Publikationen dokumentierten Austausch zwischen dem Systemtheoretiker Luhmann und der Pädagogik/Erziehungswissenschaft – der maßgeblich durch den Erziehungswissenschaftler Karl Eberhard Schorr beeinflusst wurde – mag unter anderem gewesen sein, dass es Luhmann nicht leicht gelang, die Begriffe der allgemeinen Systemtheorie in Hinblick auf das Erziehungssystem zu spezifizieren. Als Funktion des Erziehungssystems identifiziert er zunächst Erziehung (vgl. Luhmann/Schorr 1988, S. 36) und nimmt damit eine thematische Engführung auf das frühe Lebensalter und die Institution Schule in Kauf. Später – unter dem Eindruck der Auseinandersetzung mit Weiterbildung – erfolgt eine Ausweitung des Funktionsbegriffs auf die „Formung des Lebenslaufs" (vgl. Luhmann 1997b). Auch bei der näheren Bestimmung der Operationen, des symbolisch generalisierten Kommunikationsmediums und des Codes erfordert das Erziehungssystem gewisse Anpassungsleistungen der Systemtheorie. Die Besonderheit der kommunikativen Operationen des Erziehungssystems besteht in der Interaktionsförmigkeit; sie setzt die Anwesenheit der Beteiligten – bspw. in der Konstellation von Kursleiterin und Kursteilnehmer – voraus und erfolgt somit weitgehend verbal. Nun lässt die Interaktionsförmigkeit der Kommunikation nur bedingt Kodifizierungen oder Generalisierungen zu. Unter anderem deshalb ist die Gründung von Organisationen, die eine strukturelle Bedingung der Verstetigung kommunikativer Operationen in Funktionssystemen ist, für den Fall des Erziehungssystems ein Phänomen, das gesonderter Erklärung bedarf. Für Luhmann ist durchaus offen, wie sich der situations- und personenabhängige Ablauf von Interaktion auf der operativen Ebene des Erziehungssystems und die Bindung der Kommunikation an Entscheidung in Organisationen zueinander verhalten bzw. „wie auf dem Unterbau eines Interaktionssystems Unterricht eine Hierarchie des Entscheidens über Entscheidungsprämissen errichtet werden kann" (Luhmann/Schorr 1988, S. 124). Die starke Bindung der Kommunikation im Erziehungssystem an die Ebene der Interaktion erschwert auch die Bestimmung eines Kommunikationsmediums und eines Codes. So wird das von Luhmann (1991b) vorgeschlagene Medium *Kind* nicht unmittelbar in kommunikativen Operationen verwendet (wie bspw. Geld bei einer Zahlung); das Medium Kind dient vielmehr der Reflexion und Veranlassung von Kommunikation im Erziehungssystem. Auch die Bestimmung des Codes als *besser/schlechter* (vgl. Luhmann 1986) steht in Distanz zu den interaktiven Vollzügen auf der operativen Ebene und betont stattdessen eher die Selektionsfunktion des Erziehungssystems.

Die Feststellung dieser Besonderheiten mündet bei Luhmann (1987) in der Diagnose struktureller Defizite des Erziehungssystems. Diese rührten aus der beständigen Arbeit an der operativ nicht lösbaren Aufgabe der Intentionalisierung von Sozialisation. Der systemtheoretischen Grundannahme von der operativen Schließung folgend sind kommunikative Systeme – wie das Erziehungssystem – und die psychischen Systeme von Schülern, Weiterbildungsteilnehmern und Menschen im Allgemeinen füreinander operativ nicht erreichbar. Sofern Erziehung eine Veränderung des Menschen beabsichtigt, konfrontiert sie sich selbst mit einer Paradoxie. Die Ausdifferenzierung des Erziehungssystems mit all seinen strukturellen Derivaten – der Gründung von Organisationen, Professionalisierung und der Selbstbeobachtung innerhalb des Systems durch Reflexionseliten – sind von diesem Standpunkt aus betrachtet Formen der Bearbeitung dieser Paradoxie.

Die theoretische Leistung Luhmanns – nicht nur in Bezug auf das Erziehungssystem – liegt darin, einen Systembegriff begründet zu haben, der den Bestand eines Systems identifizierbar macht, ohne dabei ein spezifisches Modell seiner strukturellen Ausgestaltung zu Grunde zu legen. So kann die Identität eines Systems trotz strukturellen Wandels und struktureller Variation etwa auf der Ebene seiner Organisationen angenommen werden.

So wie Luhmann mit dem Erziehungssystem einen Fall gefunden hat, der für die Anwendung der Systemtheorie aufgrund seiner Komplikation reizvoll ist, so ist die Erziehungswissenschaft von der Systemtheorie mit einer reizvollen Reinterpretation ihres Gegenstandsbereichs und einer kritischen Bilanzierung ihrer eigenen Theorieleistungen konfrontiert worden. Diese Impulse sind in sehr unterschiedlicher Weise verarbeitet worden. Im Folgenden werden Rezeptionen aus dem Bereich der Erwachsenenpädagogik und Weiterbildungsforschung fokussiert.

In einer Variante der Rezeption wird nach den didaktischen Konsequenzen der Systemtheorie und mithin nach den Möglichkeiten der Intervention in psychische und soziale Systeme gefragt (vgl. Arnold 1995). Dabei steht der Rekurs auf das sehr einschlägige und zudem schlagwortartig verdichtete Argument des *Technologiedefizits* im Mittelpunkt. Unter Technologie verstehen Luhmann und Schorr (1988) die „Gesamtheit der Regeln" unter denen ein Gegenstand auf der „operative[n] Ebene eines Systems (…) durch geordnete Arbeitsprozesse in Richtung auf Ziele verändert wird" (ebd., S. 119). Technologien setzen eine Auflösung komplexer Kausalbeziehungen zwischen den Arbeitsprozessen und der Zielerreichung im Sinne von generalisierbaren Kausalgesetzen voraus. Für die soziale Dimension, zu der die pädagogische Kommunikation zählt, halten die Autoren eine Formulierung generalisierbarer Kausalgesetze jedoch für ausgeschlossen. Sie verweisen dabei auf die *doppelte Kontingenz* jeder Interaktion. Damit ist eine Situation gekennzeichnet, in der Interaktionsteilnehmer beiderseits über das Bewusstsein verfügen, dass sie selbst sowie der jeweilige Interaktionspartner anders handeln könnten und das auch wechselseitig voneinander wissen. Jeder Kommunikation wohnt aufgrund dieser Konstellation eine nicht überwindbare Unsicherheit inne, die auf der Unverfügbarkeit des Kommunikationspartners beruht. Der erst zu einem späteren Zeitpunkt in die Systemtheorie integrierte Begriff der Autopoiesis (in Bezug auf Erziehung vgl. Luhmann 2002, S. 24ff.) bietet eine theoretische Variante zur Analyse dieses Problems, die von der operativen Trennung psychischer und sozialer Systeme ausgeht. Mit den Figuren der doppelten Kontingenz und der Autopoiesis wird das gleiche strukturelle Problem pädagogischen Handelns beschrieben: Es gibt keine Möglichkeit einer operativen, kausalgesetzlich geordneten Einwirkung auf psychische

Systeme, da diese nur aus sich selbst heraus Strukturen aufbauen können. Pädagogische Kommunikation kann somit nicht als kausalgesetzlich wirksame Technologie sondern als Umwelt psychischer Systeme eingerichtet werden. Von dort aus können psychische Systeme zwar beobachtet werden; letztlich kann aber pädagogische Kommunikation ebenfalls nur auf ihre eigene kommunikative Struktur reagieren und bleibt gegenüber der Umwelt psychischer Systeme zwangsläufig unterkomplex.

Arnold unterstreicht mit Bezug auf diese Argumentation noch einmal die Notwendigkeit, die Erwachsenenbildung als professionelle Arbeit zu verstehen, zu deren wichtigsten Merkmalen der Umgang mit Unsicherheit zählt. Die von ihm im Sinne einer „Erwachsenendidaktik des Lebendigen“ (Arnold 1995, S. 608f.) angeführten Ansätze des systemischen Managements bieten Kompensationsstrategien für die Bearbeitung dieser Unsicherheit. Wenn er gegenüber Luhmann den Vorwurf formuliert, die „Folgen“ seiner Systemtheorie seien für die Erwachsenenpädagogik „eigentlich recht unspektakulär“ (ebd., S. 611), so ist dem aus einer didaktischen Perspektive durchaus zuzustimmen; denn die These des Technologiedefizits ist so radikal formuliert, dass sie für eine praktische Lösung keine Spielräume mehr beinhaltet. Nun fragt Luhmann allerdings auch nicht „pädagogisch“, ihm geht es nicht um die praktische Lösung der Folgen eines Technologiedefizits; seine Frage ist statt dessen die theoretisch soziologische nach den Bedingungen der Ausdifferenzierung eines Erziehungssystems *trotz* eines Technologiedefizits auf der operativen Ebene und nach den sozialen Formen der Absorption von Unsicherheit.

Die wissenschaftlich folgenreichere Rezeption der Systemtheorie hat sich auf die soziologische Frage eingelassen und sie für die Weiterbildung spezifiziert. Die mit bildungsreformerischen Absichten geführte Auseinandersetzung um das „System“ Weiterbildung findet hier eine analytische Wendung. In dieser Linie liegen mehrere Varianten einer systemtheoretischen Beschreibung der Weiterbildung vor. Ihr gemeinsamer Bezugspunkt liegt in der Erweiterung des Begriffs *Erziehungssystem* auf Aktivitäten, die das Erwachsenenalter betreffen. Die Einheit eines Erziehungssystems, das Menschen aller Lebensalter inkludiert, finde, so Luhmann (1997b), seine verbindende Symbolik im Medium *Lebenslauf*. Gegenüber dieser Einheitsvermutung, die eine Zugehörigkeit der Weiterbildung zum Erziehungssystem impliziert, sind deutliche Einwände formuliert worden. Sie nutzen ihrerseits systemtheoretische Mittel – und bieten damit Hinweise auf die analytische Variabilität der Systemtheorie.

Wittpoth (1997) artikuliert unter Verweis auf die institutionelle Pluralität der Weiterbildung den Zweifel, ob es nach dem Scheitern der bildungsreformerischen Intention, die Weiterbildung zu einer strukturellen Einheit zu konsolidieren, sinnvoll sei, diese theoretisch als Bestandteil des Erziehungssystems zu beschreiben. Dabei nutzt er vier Elemente eines systemtheoretischen Modells vom Erziehungssystem als Ausgangspunkte für einen Vergleich. Es sind die vollständige *Inklusion* der Bevölkerung durch Schulen; die Selektion als konstitutive *Funktion* des Erziehungssystems; dessen *Leistung* der Qualifikation für Tätigkeit in anderen Systemen und die Absicht zu Erziehen als *Symbol der Einheit* des Systems. Sowohl für die berufliche als auch für die allgemeine Weiterbildung konstatiert Wittpoth deutliche Differenzen in der Ausprägung dieser Elemente. Weiterbildung ist bereits in der Inklusion selektiv und gewinnt teilweise gerade dadurch seine Funktion; in der beruflichen Weiterbildung können Situationen des Erwerbs und der Verwendung von Qualifikationen oft nicht getrennt werden, für allgemeine Weiterbildung ist Verwendung oft nicht maßgeblich; eine Absicht zu Erziehen ist in der Weiterbildung nicht anzutreffen.

Der Versuch, Weiterbildung als Einheit und/oder in Einheit mit dem Erziehungssystem zu beschreiben weckt bei Wittpoth den Verdacht, „normativen pädagogischen Diskurse[n] entgegen[zu]kommen“ und die „‚Ideologie‘ der Weiterbildung zu reproduzieren“ (ebd., S. 93). Demgegenüber erfolgt der wichtige Hinweis, dass die Systemtheorie begriffliche Mittel bereitstellt, mit denen weitaus differenziertere Analysen der „Funktionslogiken einzelner Segmente des Weiterbildungsbereichs“ (ebd., S. 93) erstellt werden können, als es die Suche nach einer Einheitsformel zulässt.

Eine ähnliche Argumentationsstrategie verfolgt Harney (1997). Auch er verneint die Annahme der Einheit eines Weiterbildungssystems und geht sogar noch weiter, indem er die Form der Weiterbildung als „systemwidrig“ (ebd., S. 98) beschreibt. Auch für ihn bildet die Pluralität der institutionellen Formen und insbesondere der Regelungskontexte von Weiterbildung den Ausgangspunkt für seine Überlegungen. Obgleich Harney kein System oder gar Funktionssystem der Weiterbildung identifiziert, unterzieht er die Weiterbildung dennoch einer funktionalen Analyse. Dabei geht er von einem Modus segmentärer Differenzierung der Weiterbildung aus. Weiterbildung emergiert in unterschiedlichen Funktionssystemen ohne selbst einen einheitlichen funktionalen Bezugspunkt zu haben, der Voraussetzung für ein Weiterbildungssystem wäre. Weiterbildung ist demnach funktional und strukturell so unbestimmt, dass sie erst in Verbindung der Funktion und Struktur anderer Systeme spezifizierbar wird. „Der Weiterbildung selbst gibt das den Charakter einer leeren Form für Kopplungen verschiedenster Art, die erst *im Kontext* anderer Funktionssysteme Gestalt annimmt“ (ebd., S. 99). Allenfalls lässt sich Weiterbildung in den Kontexten von Arbeitsmarkt, Beruf und Erwachsenenbildung jeweils als „leere Option für die Produktion struktureller Kopplungen zwischen Systemen und ihrer Personenumwelt“ (ebd., S. 111) kennzeichnen; sie kennt aber „kein funktionales Primat wie andere Funktionssysteme“ (ebd., S. 113). Harney variiert ein Argument von Luhmann und Schorr (1988), demzufolge die Funktionen des Erziehungssystems nicht monopolisiert werden können, sondern in „Überschneidungsbereichen“ wie Familie und Hochschule an „den Primat einer anderen Funktion gebunden“ sind (ebd., S. 53ff.), für die Weiterbildung.

Eine weitere – ebenfalls systemtheorieimmanente – Argumentation entwickelt Kade (1997). Er geht von einer Prämisse und einer Frage aus, die er – die Weiterbildung einschließend – für den Gesamtbereich von Erziehung und Bildung formuliert. Die zentrale Prämisse ist die als „Entgrenzung“ bezeichnete Entwicklung zu einer „Pluralität pädagogischer Realitäten außerhalb der pädagogischen Institutionen und unabhängig von der Steuerung durch pädagogische Professionen“ (ebd., S. 31). Kade geht damit wie Luhmann davon aus, dass pädagogische Kommunikation nicht an bestimmte institutionelle Formen oder Systemstrukturen gebunden ist. Gerade daraus ergibt sich die Frage nach der Identifikation des ‚Pädagogischen“, da ungeklärt ist, „wie die durch zunehmende Pluralität, ja, Beliebigkeit pädagogischer Ziele, durch thematisch-inhaltliche Ausdehnung, massenmediale Erweiterung der Reichweite und die umfassende soziale Inklusion der Bevölkerung gewachsene Komplexität des Pädagogischen theoretisch wieder unter Kontrolle gebracht werden kann“ (ebd., S. 32). Kades Ausführung zu einem Modell pädagogischer Kommunikation und Systembildung nimmt das systemtheoretische Angebot der Identifikation von Funktionssystemen anhand ihres analogen Aufbaus auf. Er setzt als Bezugsproblem der Pädagogik die Vermittlung, als generalisiertes Kommunikationsmedium das Wissen und als Code der pädagogischen Kommunikation die Differenz von vermittelbar/nicht-vermittelbar. Dieses Schema spezifiziert einen Typus pädagogischer Kommunikation, bleibt aber hinreichend generell, um nicht auf strukturelle Formen festgelegt zu sein. Institutionalisierte pädagogische Praxen fallen so als Sonderfall pädagogischer Kommunikation ebenso unter diesen Typus wie in pädagogikferne Institutions- bzw. Systembezüge eingelassene Formen des Pädagogischen. Diese Bestimmung, nach der „das pädagogische System nichts anderes [ist] als die (soziale Praxis der) Beobachtung der Welt mittels der Differenz ‚vermittelbar/nicht-vermittelbar'" (ebd., S. 42), begründet theoretisch die operationale Einheit des Systems. Sie erweist sich als sehr produktiv für empirische Forschung, indem sie eine Referenz zur Ebene sozialer Systeme aufbaut und unter der These der *Universalisierung des Pädagogischen* empirische Rekonstruktionen pädagogischer Kommunikation auch in funktional nicht auf Erziehung spezialisierten Feldern zulässt (vgl. Kade/Seitter 2007). Die theoretische Produktivität dieses begrifflichen Vorschlags liegt u.a. in der Ergänzung um den Begriff der Aneignung, der eine mit der Vermittlung korrespondierende Operation psychischer Systeme kennzeichnet.

4 Organisation – eine Ebene der Systembildung für Weiterbildung

Im systemtheoretischen Modell gesellschaftlicher Evolution sind Organisationen ein eigener Typus sozialer Systeme, dessen Bedeutung für die moderne Gesellschaft eng mit funktionaler Differenzierung verbunden ist. Die Ausbreitung von Organisationen setzt die Spezifikation von Kommunikation durch funktionale Differenzierung voraus und stützt ihrerseits den Modus funktionaler Differenzierung durch ein ungewöhnlich hohes Maß an Steuerbarkeit der Kommunikation.

Auch Organisationen sind soziale, operativ geschlossene Systeme. Ihre Operationen sind miteinander verkoppelte Entscheidungen. Im Netzwerk der Entscheidungen werden Prämissen für folgende Entscheidungen gelegt; hier liegt der Grund für die relativ stabile Erwartungsstruktur von Organisationen, die Mitgliedschaftsregeln und auch Leistungsbeziehungen zur Umwelt definieren.

Auch für die Weiterbildung ist konstatiert worden, dass sie sich „zweifellos auf dem Weg zu einem ‚System' im Sinne einer Ansammlung von Organisationen befindet, die miteinander in einem dauerhaften und systematischen Zusammenhang stehen" (Schrader 2001, S. 233). Wie aus den vorangegangenen Ausführungen zum System der Weiterbildung zu entnehmen ist, kann Weiterbildung aber nicht einem bestimmten Funktionssystem der Gesellschaft zugeordnet werden. Zu unterscheiden sind demnach Weiterbildungsorganisationen im Kontext des Bildungssystems und Weiterbildung im Kontext der Organisationen anderer Funktionssysteme.

In die Innenseite der Organisationen des Bildungssystems, deren Programm am funktionalen Primat der Wissensvermittlung orientiert ist, fallen sowohl die Organisationstätigkeit im Sinne von Management als auch die pädagogische Interaktion (etwa Unterricht). Management ist disponierende Arbeit an der Struktur einer Organisation, auf der Interaktionsebene erfolgt die operative Tätigkeit. Das Verhältnis zwischen Management und Interaktion kennzeichnet Weick (1976) als lose gekoppelt. Aufgrund des strukturellen Technologiedefizits kann die pädagogische Interaktion nicht direkt über Organisation bzw. Management beeinflusst werden. Die Organisation kann Rahmenbedingungen für pädagogische Interaktion schaffen und damit die Wahrscheinlichkeit erhöhen, „*dass* Lernen stattfinden *kann*", sie bestimmt „allerdings nicht, *ob* und *wie* gelernt wird" (Zech 2006, S. 53). Da Lernprozesse nicht direkt steuerbar sind, kann die Organisation nur in der Umwelt des Lernens agieren. Sie verfügt dazu unter anderem über die organisatorischen Mittel der personellen, zeitlichen und programmatischen Planung, der finanziellen Kalkulation und der Evaluation.

In jüngeren Modellen der Qualitätsentwicklung von Weiterbildung wird die Relation der Organisation zu den Lernprozessen unter Bezug auf systemtheoretische Annahmen in veränderter Weise konzipiert. Ein einschlägiges Beispiel ist die Lernerorientierte Qualitätstestierung in der Weiterbildung (LQW). Sie unterscheidet sich von anderen Managementverfahren insbesondere dadurch, dass der Fokus in einer dynamischen Perspektive auf dem „Einüben in *organisationales Lernen* kontinuierlicher und strukturierter Qualitätsentwicklungsprozesse" (ebd., S. 58) liegt und nicht darauf ausgerichtet ist, organisationale Verfahrensweisen festzuschreiben und mit Hilfe von definierten Standards festzulegen. So wird „bei der Definition des Qualitätsbegriffs explizit auf Reflexivität statt Formalität abgezielt." (ebd., S. 19). Für die Qualitätssicherung und -entwicklung in (Weiter-)Bildungseinrichtungen ergibt sich aus dem Technologiedefizit eine „*Paradoxie der Qualitätsentwicklung*" und es stellt sich die Frage nach ihrer „*Entparadoxierung*" (ebd., S. 53). Inwieweit können Veränderungen organisationaler Rahmenbedingungen dazu beitragen, dass auch das Lernen optimiert wird und nicht nur Prozesse der Organisation? In Anlehnung an Luhmann führt Zech den Begriff des „re-entry" (ebd., S. 55) ein, um die Arbeit an dieser Paradoxie zu kennzeichnen: Weiterbildungsorganisationen definieren sich in Abgrenzung zu ihrer Umwelt, zu der die „Lerner" gehören. Diese von der Organisation vorgenommene Unterscheidung ist erforderlich, um Lernen in Relation zu einem Angebot zu initiieren. Gleichzeitig konstituiert sie allerdings die von der Organisation aus operativ nicht zu überbrückende Differenz zwischen der Kommunikation in der Organisation und dem psychischen Ereignis des Lernens. Durch die Einbeziehung dieser von der Organisation selbst getroffenen Unterscheidung in die Organisation erfolgt ein „re-entry". Die Organisation nutzt die „Wiedereinführung dieser System/Umwelt-Differenz als Selbstbeobachtung" (ebd., S. 62). Die Organisation kommuniziert über das „re-entry" ihre eigene Referenz zur Umwelt und sensibilisiert sich damit gegenüber ihrer Umwelt. Im Vordergrund der LQW steht entsprechend dieser System/Umwelt-Differenzierung eine Lernerorientierung, was im Rahmen der LQW zunächst die kommunikative Auseinandersetzung der Organisation mit der Vorstellung eines „gelungenen Lernprozess[es]" (ebd., S. 55) unter Bezugnahme auf die Lernenden bedeutet.

Für die Förderung der Selbststeuerungskräfte der Lernenden im Sinne der Kontextsteuerung ist eine entsprechende Steuerung der Organisation selbst Voraussetzung: Die interne Abstimmungsleistung der (Weiterbildungs-)Organisationen muss so koordiniert sein, dass die unterschiedlichen Teilbereiche und -aufgaben wie „Organisation, Planung und Lehre" (ebd., S. 71) untereinander optimal aufeinander abgestimmt sind, so dass „die systemeigenen Kommunikations-, Informations- und Entscheidungsprozesse stärker unter dem Kriterium von Rückwirkungen der Umwelt (…) gestalte[t] [werden können]." (ebd., S. 70). Als diesbezügliche Qualitätskriterien führt Zech u.a. eindeutige Zuständigkeits- und Tätigkeitsbereiche innerhalb einer Organisation an, die durch festgelegte organisationale Strukturen und Prozessabläufe sowie durch darauf abgestimmte Kommunikations- und Partizipationsstrukturen gestützt werden. Unter organisationalem Lernen versteht Zech in diesem Zusammenhang Entscheidungen, die Entscheidungs*prämissen* bzw. *-programme* unter dem funktionalen Primat der Wissensvermittlung an veränderte System/Umwelt-Relationen anpassen (vgl. ebd., S. 59).

Das LQW-Modell legt den Fokus auf die Referenz zur Umwelt der Lerner und bietet damit ein „internes Qualitätsmanagementverfahren"; es schließt aber auch an die im institutionellen Kontext der Weiterbildung erhobene Forderung einer „externen Qualitätsevaluation für Bildungseinrichtungen" (ebd., S. 7) an, die innerhalb Deutschlands mit einem anerkannten Zertifikat bestätigt wird. Auch in der Kopplung zur institutionellen Umwelt stellt die Fremdbeobachtung im Sinne einer Wiedereinführung der System/Umwelt-Differenz in die Organisation eine wesentliche Voraussetzung dar, damit Organisationen auf Erwartungen der Umwelt und ihre eigene Wirkung in die Umwelt reagieren können. Ein weiteres Ziel der LQW ist die Etablierung von Netzwerken zwischen Weiterbildungsorganisationen, um nicht nur die Qualität einzelner Einrichtungen, sondern im gesamten Weiterbildungsbereich zu fördern.

In ähnlicher Weise verweist Dollhausen (2006) unter dem Stichwort der „Lernkulturentwicklung" auf die Rolle der Organisation von Bildungseinrichtungen: Im Rahmen der Diskussion um die Herausbildung neuer Lern- und Lehrkulturen und der damit einhergehenden Forderung nach der Orientierung pädagogischen Handelns an den Teilnehmern verändere sich die Rolle der Organisation insbesondere dahingehend, *„Unterstützungsstrukturen"* (ebd., S. 9) für selbstgesteuertes Lernen zur Verfügung zu stellen. Die Bedeutung der Kontextsteuerung als Aufgabe der Organisation wird auch in diesem Ansatz offensichtlich.

In der Weiterbildung im Kontext von Organisationen anderer Funktionssysteme überschneidet sich die funktionale Orientierung an Wissensvermittlung mit der funktionalen Orientierung des jeweiligen Systems. Die Wissensvermittlung hat dabei eine aus der primären Funktionsorientierung der Organisationen abgeleitete Funktion. Sehr deutlich tritt dieser Zusammenhang in der betrieblichen Weiterbildung zutage. Ihre „Handlungslogik" (vgl. Harney 1998) erschließt sich über die Einbettung in Betriebe als Organisationen des Wirtschaftssystems. Betriebliche Weiterbildung ist selbst ein Teil der Organisation, der Funktionen für die interne Strukturierung erbringt. Sie unterscheidet sich darin von der beruflichen Weiterbildung, deren funktionaler Bezug in der Reproduktion betriebsübergreifender, auf Arbeitsmärkten tauschbarer Kompetenzmuster liegt (vgl. ebd., S. 112; Kurtz 2002, S. 884).

Innerhalb der Organisation ist die Weiterbildung in mehrfacher Hinsicht an die Merkmale organisierter Kommunikation gekoppelt (vgl. Kuper 2000). Sie ist Bestandteil betrieblicher Personalarbeit und wird in diesem Kontext als Investition bewertet; sie stattet Führungskräfte des mittleren Management mit symbolischem Kapital aus, um die Legitimität ihrer Entscheidungen zu stützen; sie begleitet die Implementation neuer Steuerungsmechanismen in die Organisation; sie mobilisiert berufliche Kompetenzen für die Bearbeitung betrieblicher Aufgaben. In all diesen Funktionen hat sich betriebliche Weiterbildung immer als Äquivalent gegenüber alternativen Lösungen zu behaupten. So steht die Bearbeitung betriebsinterner Bezugsprobleme durch Weiterbildung oft in Konkurrenz zu Möglichkeiten der Bearbeitung, die etwa personelle Umstrukturierungen bieten. Die typischen Selektivitätsmuster betrieblicher Weiterbildung sind nicht zuletzt durch diese Logik der funktionalen Äquivalenz betrieblicher Weiterbildung zu anderen Maßnahmen erklärbar.

5 Ausblick

Die Rezeption der soziologischen Impulse aus der Systemtheorie erweist sich durch die Distanz zu pädagogischen Selbstdeutungen und institutionellen Realitäten als ein produktiver Mechanismus für die Generierung empirischer Forschungsfragen an die Weiterbildung (vgl. Hartz 2005). Sie hat durch die Fokussierung auf theoretische Begriffe wie *Funktion* und *Leistung* maßgeblich dazu beigetragen, die Analyse der Weiterbildung von der Fixierung auf programmatische Standpunkte zu befreien. Dabei zeigt sich freilich vielfach, dass die Systemtheorie keine genuin erziehungswissenschaftliche oder gar am Gegenstand der Weiterbildung ausgerichtete Theorie ist. Es bedarf erheblicher Spezifikationen und Anstrengungen der Integration von Begriffen aus einer (weiter-)bildungswissenschaftlichen Diskussion, um die Systemtheorie für den Gegenstand der Weiterbildung fruchtbar zu machen. Vielfach erweisen sich dabei auch grundlegende Annahmen der Systemtheorie – etwa über die Modalitäten gesellschaftlicher Differenzierungsprozesse – als revisionsbedürftig, weil sie den Gegenstandsbereich der Weiterbildung kaum zu erfassen vermögen. Das Potential wechselseitiger Anregung zwischen Systemtheorie und Weiterbildung kann somit gegenwärtig noch nicht annähernd als ausgelotet gelten.

Literatur

Arnold, R. (1995): Luhmann und die Folgen. In: Zeitschrift für Pädagogik 41, H. 4, S. 599-614.

Arnold, R./Faulstich, P./Mader, W./Nuissl, E/von Rein, E./Schlutz, E. (2000): Forschungsmemorandum für die Erwachsenen- und Weiterbildung (2000). Frankfurt: im Auftrag der Sektion Erwachsenenbildung der DGFE.

Baecker, D. (Hrsg.) (2005): Schlüsselwerke der Systemtheorie. Wiesbaden: VS Verlag.

Bonazzi, G. (2008): Geschichte des organisatorischen Denkens. Wiesbaden: VS Verlag.

Deutscher Ausschuß für das Erziehungs- und Bildungswesen (1960): Zur Situation und Aufgabe der deutschen Erwachsenenbildung. In: Empfehlungen und Gutachten des deutschen Ausschusses für das Erziehungs- und Bildungswesen. 1953 – 1965. Gesamtausgabe. Stuttgart 1966, S. 857-928.

Deutscher Bildungsrat (1970): Strukturplan für das Bildungswesen. Stuttgart: Ernst Klett.

Dollhausen, K. (2006): Neue Lernformen – neue Lehrkultur – organisationales Lernen in Bildungseinrichtungen. Bonn: DIE. texte.online. Verfügbar unter: http://www.die-bonn.de/esprid/dokumente/doc-2006/dollhausen06_01.pdf (14.11.2007).

Faulstich, P./Zeuner, C. (1999): Erwachsenenbildung. Eine handlungsorientierte Einführung in Theorie, Didaktik und Adressaten. Weinheim/München: Juventa.

Harney, K. (1997): Sinn der Weiterbildung. In: Lenzen, D./Luhmann, N. (Hrsg.): Bildung und Weiterbildung im Erziehungssystem. Frankfurt a.M.: Suhrkamp, S. 97-114.

Harney, K. (1998): Handlungslogik betrieblicher Weiterbildung. Stuttgart: Hirzel Verlag.

Hartz, S. (2005): Die Leistungen der Systemtheorie für die Generierung von Forschungsfragen. In: Report: Zeitschrift für Weiterbildungsforschung 1, S. 27-33.

Kade, J. (1997): Vermittelbar/nicht vermittelbar: Vermitteln: Aneignen. Im Prozeß der Systembildung des Pädagogischen. In: Lenzen, D./Luhmann, N. (Hrsg.): Bildung und Weiterbildung im Erziehungssystem. Frankfurt a.M.: Suhrkamp, S. 30-70.

Kade, J./Seitter, W. (2007) (Hrsg.): Umgang mit Wissen. Recherchen zur Empirie des Pädagogischen. Opladen; Farmington Hills: Barbara Budrich.

Knoll, J.H. (1995): Bildungspolitische Autonomie der Erwachsenenbildung auf dem Wege zu einem selbständigen Bereich in den Bildungssystemen der DDR und BRD. In: Jagenlauf, M./Schulz, M./Wolgast, G. (Hrsg.): Weiterbildung als quartärer Bereich. Neuwied/Kriftel/Berlin: Luchterhand, S. 15-28.

Knoll, J.H./Siebert, H./Wodraschke, G. (1967): Erwachsenenbildung am Wendepunkt. Heidelberg: Quelle & Mayer.

Kuper, H. (2000): Weiterbildung im sozialen System Betrieb. Frankfurt a.M.: Peter Lang Verlag.

Kurtz, T. (2002): Weiterbildung zwischen Beruf und Betrieb. Zum Verhältnis von Person, Organisation und Wissen. In: Zeitschrift für Pädagogik 48, H. 6, S. 879-897.

Lenzen, D./Luhmann N. (Hrsg.) (1997): Bildung und Weiterbildung im Erziehungssystem. Frankfurt a.M.: Suhrkamp.

Luhmann, N. (1986): Codierung und Programmierung. Bildung und Selektion im Erziehungssystem. In: Tenorth, H.-E. (Hrsg.): Allgemeine Bildung. München: Juventa, S. 154-182.

Luhmann, N. (1987): Strukturelle Defizite: Bemerkungen zur systemtheoretischen Analyse des Erziehungssystems. In: Oelkers, J./Tenorth, H.-E. (Hrsg.): Pädagogik, Erziehungswissenschaft und Systemtheorie. Weinheim: Beltz, S. 57-75.

Luhmann, N. (1991a): Soziale Systeme. Frankfurt a.M.: Suhrkamp.

Luhmann, N. (1991b): Das Kind als Medium der Erziehung. In: Zeitschrift für Pädagogik 37, S. 19-40.

Luhmann, N. (1997a): Die Gesellschaft der Gesellschaft. Frankfurt a.M.: Suhrkamp.

Luhmann, N. (1997b): Erziehung als Formung des Lebenslaufs. In: Lenzen, D./Luhmann, N. (Hrsg.): Bildung und Weiterbildung im Erziehungssystem. Frankfurt a.M.: Suhrkamp, S. 11-29.

Luhmann, N. (2000): Organisation und Entscheidung. Opladen: Westdeutscher Verlag.

Luhmann, N. (2002): Das Erziehungssystem der Gesellschaft. Frankfurt a.M.: Suhrkamp.

Luhmann, N./Schorr, K.E. (1988): Reflexionsprobleme im Erziehungssystem. Frankfurt a.M.: Suhrkamp.
Olbrich, J. (1999): Systemtheorie und Erwachsenenbildung. In: Tippelt, R. (Hrsg.): Handbuch Erwachsenenbildung/ Weiterbildung. Opladen: Leske + Budrich, S. 157-183.
Oppermann, D. (2000): Ein historischer Blick auf die Trägerproblematik in der Erwachsenenbildung. In: Hessische Blätter für Volksbildung 50, H. 4, S. 308-316.
Schäffter, O. (1998): Weiterbildung in der Transformationsgesellschaft. Berlin: Arbeitsgemeinschaft Qualifikations-Entwicklungsmanagement.
Schemmann, M. (2007): Internationale Weiterbildungspolitik und Globalisierung. Berlin: Bertelsmann.
Schlutz, E./Schrader, J. (1997): Systembeobachtung in der Weiterbildung. In: Zeitschrift für Pädagogik 43, H. 6, S. 987-1008.
Schrader, J. (2001): Auf dem Weg zum System? Institutioneller Wandel in der Weiterbildung seit der Bildungsreform. In: Faulstich, P. et al. (Hrsg.): Wissen und Lernen, didaktisches Handeln und Institutionalisierung – Beiheft zum Report. Bielefeld: Bertelsmann, S. 225-238.
Schulenberg, W. (1968): Plan und System. Zum Ausbau der deutschen Volkshochschulen. Weinheim; Berlin: Beltz.
Senzky, K. (1977): Systemorientierung der Erwachsenenbildung. Stuttgart: Kohlhammer.
Teichler, U. (1997): Der Stellenwert von Unterstützungsstrukturen in der Weiterbildung. In: Hessische Blätter für Volksbildung 47, H. 3, S. 240-251.
Weick, K. (1976): Educational Organizations as Loosely Coupled Systems. In: Administrative Science Quarterly 21, S. 1-19.
Wittpoth, J. (1997): Grenzfall Weiterbildung. In: Lenzen, D./Luhmann, N. (Hrsg.): Bildung und Weiterbildung im Erziehungssystem. Frankfurt a.M.: Suhrkamp, S. 71-93.
Zech, R. (2006): Handbuch Lernerorientierte Qualitätstestierung in der Weiterbildung (LQW). Bielefeld: Bertelsmann.

Jochen Gerstenmaier | Heinz Mandl

Konstruktivistische Ansätze in der Erwachsenenbildung und Weiterbildung

1 Einleitung

Die mit der Effektivität von Maßnahmen in der Erwachsenenbildung, und da vor allem in der betrieblichen Weiterbildung, verbundenen Hoffnungen sind vielfältig: sie reichen von der Kompetenzverbesserung bis hin zu der Erwartung, Chancengleichheit zu verbessern. Der folgende Beitrag bezieht sich in erster Linie auf die Analyse von Prozessen der betrieblichen Weiterbildung, die hier unter einer konstruktivistischen Perspektive beschrieben wird. Im Mittelpunkt der Überlegungen stehen die Untersuchung der Merkmale des Lernens von Erwachsenen und die Anwendung konstruktivistischer Lernprinzipien in der betrieblichen Weiterbildung. Im Anschluss daran soll am Beispiel von Beratungsansätzen in der betrieblichen und beruflichen Weiterbildung gezeigt werden, dass die konstruktivistische Perspektive darüber hinaus auch andere Ebenen umfasst. Damit erfüllt die konstruktivistische Perspektive zumindest ein wichtiges Kriterium: sie ist auf mehreren analytischen Ebenen einsetzbar, auf der Ebene der Lernprozesse ebenso wie auf der Ebene der Organisation und deren Wechselwirkungen mit der individuellen Ebene. Die Erwartungen, die gegenwärtig an die betriebliche Weiterbildung gerichtet werden, sind, wie die folgenden vier Problembereiche zeigen, vielfältig:

- Es stellen sich pädagogisch-psychologische Fragen, die vor allem Prozesse des Wissenserwerbs in der betrieblichen Weiterbildung berühren. Hier ist vor allem die Effizienz des Transfers vom Lern- zum Funktionsfeld bedeutsam, die bislang ein wenig ermutigendes Bild liefert. Zudem zeigen zahlreiche Befunde, dass vor allem ein gut vernetztes, intelligent genutztes inhaltliches Wissen in Verbindung mit starken, d.h. domänorientierten Lernstrategien erfolgreich ist und Experten von Novizen unterscheidet (vgl. Gruber/Mandl 1996). Wie lassen sich diese Befunde für die betriebliche Weiterbildung nutzbar machen?
- Zusätzlich zu diesen pädagogisch-psychologischen stellen sich pädagogische Fragen nach der instruktionalen Förderung von Lernprozessen im Rahmen der betrieblichen Weiterbildung. In jüngster Zeit haben sich hier konstruktivistische Ansätze als besonders vielversprechend für das Lernen im Erwachsenenalter erwiesen, die problemorientiertes, selbstgesteuertes Lernen in kooperativen Gruppen implementieren (vgl. Berryman 1993; Cobb/Bowers 1999; Gräsel 1997). Lernen in dieser Form ist anspruchsvoll und ohne instruktionale Unterstützung im Rahmen geeigneter Lernumgebungen nur schwer realisierbar.
- Weiterhin stellen sich einige bildungssoziologische Fragen. Investitionen in der betrieblichen Weiterbildung werden damit gerechtfertigt, dass sie die Bildungsrendite ihrer Teilnehmer verbessern. Wie Becker und Schömann (1996) zeigen konnten, ist die Wirkung betrieblicher Weiterbildungsmaßnahmen eher kumulativ als kompensativ, da sie durch ein relativ hohes Ausmaß an selbstselektiven Mechanismen gesteuert wird. Sie führt eher zur

Verbesserung guter Bildungsrenditen und verstärkt dadurch eher bestehende Chancenungleichheiten; darüber hinaus konnten Becker und Schömann eine Zunahme selbstselektiver Prozesse bei jüngeren Kohorten feststellen. Insgesamt haben sich jedoch die Renditen der betrieblichen Weiterbildung verringert. Zudem konnten Becker und Schömann in ihrer Studie zeigen, dass nach einer erfolgreichen Weiterbildung nur bei Männern ein innerbetrieblicher Arbeitsplatzwechsel zu einer verbesserten Weiterbildungsrendite führte. Bei Frauen trat dieser Effekt nur auf, wenn sie den Arbeitgeber wechselten. Damit ist auch ein zweiter Effekt der betrieblichen Weiterbildung unwahrscheinlich geworden: die Hoffnung, Passungsprobleme von Bildungs- und Beschäftigungssystemen durch kompensatorische Wirkungen betrieblicher Weiterbildungsmaßnahmen zu beseitigen (vgl. Gerstenmaier/Henninger 1997).
- Dies führt nun zu einem letzten Aspekt, den philosophischen Problemen, die sich mit solchen Ansätzen verbinden. Wie noch zu zeigen sein wird, geht die Konzeption konstruktivistischer Lernumgebungen auf eine liberalisierte Variante des Konstruktivismus zurück, die sich in vielerlei Hinsicht vom radikalen Konstruktivismus unterscheidet und auf die Philosophie des amerikanischen Pragmatismus und auf den Sozialkonstruktivismus zurückgeht (Gerstenmaier/Mandl 1995). Diese Philosophie wendet sich vor allem gegen den wissenschaftlichen Realismus (vgl. Bredo 1994; Cherryholmes 1992; Rorty 1994), ohne dabei die Erkenntnistheorie des radikalen Konstruktivismus zu teilen.

Die hier aufgeführten vier Problembereiche lassen sich gut im Rahmen einer liberalisierten konstruktivistischen Perspektive bearbeiten, die, wie wir im folgenden zeigen wollen, anderen Perspektiven in vielfacher Hinsicht vorzuziehen ist. Wichtig für jede Anwendung konstruktivistischer Prinzipien auf die Analyse von Lernprozessen auch in der Weiterbildung ist ein Kriterium, das insbesondere Gee (1999, S.89) geltend macht: Ein substantieller Beitrag zur Klärung von gegenwärtigen Kontroversen über Lehr-Lern-Prozesse ist nur dann möglich, wenn die zentralen Begriffe trennscharf sind, nicht zu allgemein und immer wieder auf empirische Daten bezogen werden, wenn sie zusammen einen brauchbaren Leitfaden bilden sollen, der durch die empirischen und theoretischen Studien führen soll. Vor allem in dieser Hinsicht haben Ansätze, die sich insbesondere auf den radikalen Konstruktivismus beziehen, ihre Probleme (vgl. Arnold/Siebert 1997; Siebert 1999).

2 Pragmatismus und Kontextualismus bei J. Dewey

Die Vorstellung, dass Lernen im wesentlichen erfahrungsbasiert ist und Wissen und Bedeutungen Ergebnis sozialer Konstruktionsprozesse sind, findet sich bereits bei John Dewey, insbesondere in seiner Schrift über Erfahrung und Natur (vgl. Dewey 1925/1981) und in seiner „Erneuerung der Philosophie“ (vgl. Dewey 1920; dt. 1989). Dewey war davon überzeugt, dass der Erwerb von Wissen durch kooperatives Handeln, durch empirische Untersuchungsmethoden und theoretische Konstrukte gesteuert wird (vgl. Garrison 1994). Seine Kritik der „philosophical fallacy“ (Dewey 1925/1981, S. 34) richtet sich an die Verwechslung antezedenter Strukturen mit Handlungsfolgen, eine Position, an die über sechzig Jahre später Suchman anknüpft, wenn sie zeigt, dass Pläne weniger zur Kontrolle von Handlungen herangezogen werden, sondern vielmehr als Folgen von Handlungen und als deren Rechtfertigungen anzusehen sind (vgl. Suchman 1987).

Gleichwohl war Dewey auch ein „transaktionaler Realist" (vgl. Sleeper 1986), der Realität als Ergebnis von Transaktionen in lokalen Kontexten verstand. Kontexte, Bedeutungen, Wissen und methodische und theoretische „tools" sind konstruiert, aber auch zugleich „real", als sie Bestandteil sozial geteilten Wissens und kooperativer Beziehungen sind. Damit steht Dewey dem sehr viel später folgenden Sozialkonstruktivismus nahe, er vertritt ein kontextualistisches Verständnis von pädagogischer und psychologischer Forschung (vgl. Prawat/Floden 1994), das vor allem im Zusammenhang mit der Diskussion über das situierte Lernen hochaktuell ist (vgl. Bredo 1994).

In einer neueren Publikation nimmt Prawat (1999) den ideenbasierten Konstruktivismus von Dewey und dessen Begriff der Idee als Träger von Bedeutungen zum Ausgangspunkt, die Verknüpfungen von altem mit neuem Wissen genauer darzustellen. Seine Hoffnung ist, dass sich durch die Verwendung von Begriffen wie Idee und Metapher das Problem, wie neues und komplexeres Wissen aus altem, weniger komplexen Wissen entsteht, besser lösen lässt. Deweys Analysen, so Prawat, gehen von konstruktivistischen Prinzipien des Wissenserwerbs aus: Lernen als Prozess aktiver Konstruktion, der zu qualitativen Veränderungen des Wissens führt (vgl. Prawat 1999, S. 48). Mayer (1992) beschreibt das Verhältnis von Pädagogik und Psychologie mit drei Metaphern: Lernen als „response acquisition", Lernen als „knowledge acquisition" und Lernen als „knowledge construction". Die erste Metapher verbindet Mayer mit Thorndike, die dritte mit Dewey, der damit zum Vorläufer eines konstruktivistischen Verständnisses vom Lernen wird (vgl. Popkewitz 1998).

3 Lernprozesse im Erwachsenenalter und in der Weiterbildung

Die demografischen Veränderungen der letzten zehn Jahre in westlichen Industriegesellschaften haben den Bedarf an beruflicher Weiterbildung in beträchtlichem Maße steigen lassen: Lernen im Erwachsenenalter, insbesondere im Rahmen der betrieblichen Weiterbildung, wird als Möglichkeit gesehen, die insbesondere durch die Bildungsexpansion gesunkenen Bildungsrenditen neuerer Alterskohorten zu verbessern, Transfer vom Lern- ins Funktionsfeld zu verbessern und die Passungsprobleme von Bildungs- und Beschäftigungssystem zu mildern[1]. Die Voraussetzung zur Lösung dieser Probleme liegt dabei zweifellos in einer Optimierung der Lernprozesse erwachsener Lerner, insbesondere in der betrieblichen Weiterbildung. Bereits 1987 hatte Resnick eine bessere Abstimmung von Lernen in der Schule und Lernen am Arbeitsplatz gefordert, die sich vor allem durch vier Merkmale unterscheiden:

- Während in der Schule das individuelle Wissen und Denken im Mittelpunkt steht, wird beim betrieblichen Lernen das gemeinsam geteilte Wissen in den Vordergrund gestellt.
- Der rein mentale Wissenserwerb in der Schule kontrastiert mit dem tool-orientierten Lernen im Betrieb.

1 Die Divergenz von Bildungs- und Beschäftigungssystem wird nicht von allen geteilt; zumindest die starke Version einer Entkoppelung beider Systeme voneinander bestreitet Müller (1998). Eine genauere Analyse, so Müller, ergebe kein allgemeines Muster, Differenzierungen fielen „je nach beobachteter Dimension unterschiedlich aus und können nach Segmenten im Bildungs- und Beschäftigungssystem in unterschiedlicher Richtung variieren" (ebd. S. 95).

- Dominiert in der Schule symbolbasierter Wissenserwerb, so ist für das betriebliche Lernen eher ein kontextualisiertes Lernen bedeutsam.
- Dementsprechend wird in der Schule eher auf generalisiertes Lernen, im Betrieb eher auf den Erwerb situationsspezifischer Kompetenzen Wert gelegt.

Die von Resnick monierte Diskrepanz zwischen schulischem und betrieblichem Lernen wird durch zahlreiche Studien belegt (vgl. Berryman 1993; Tannenbaum/Yukl 1992) und als eine wesentliche Ursache für den von vielen als unzureichend eingeschätzten Transfer vom Bildungs- ins Beschäftigungssystem angesehen. Die von Resnick herausgestellten Merkmale betrieblichen Lernens entsprechen zudem eher den Formen des Lernens im Erwachsenenalter, etwa der Orientierung an arbeitsnahen Weiterbildungsmaßnahmen, der Teilnehmerorientierung und Partizipationsmöglichkeiten erwachsener Lerner (vgl. Eigler et al. 1997; v. Rosenstiel 1994) und der Betonung selbstgesteuerten Lernens. Lernen im Erwachsenenalter zeichnet sich damit vor allem durch drei Merkmale aus: es ist aktivitätsorientiert und vorzugsweise selbstgesteuert; es orientiert sich an arbeitsplatznahen kognitiven, sozialen und materiellen Tools und verläuft im wesentlichen situiert. Solche aktivitätsorientierten, selbstgesteuerten Lernprozesse sind oft schwierig und müssen durch instruktionale Hilfen im Rahmen geeigneter Lernumgebungen gefördert werden. Ein wichtiger theoretischer Ansatz zur Entwicklung, Implementierung und Evaluation konstruktivistischer Lernumgebungen ist die Theorie des situierten Lernens, die die Kontextgebundenheit des Wissenserwerbs in den Mittelpunkt stellt.

4 Konstruktivistische Ansätze zum Lernen

Der Ansatz des situierten Lernens wurde von einer Gruppe nordamerikanischer Instruktionspsychologen entwickelt, die sich vor allem für den Erwerb anwendbaren Wissens in alltäglichen Situationen interessierten. Dabei soll an dieser Stelle weniger der Frage nachgegangen werden, ob es sich dabei um eine neue Lerntheorie oder um eine pädagogische Theorie von Lernumgebungen handelt (vgl. hierzu ausführlich Gerstenmaier 1999); wichtiger sind hier die Kernannahmen dieses Ansatzes und seine Anwendung auf die Förderung von Lernprozessen in der Weiterbildung Erwachsener. Die situierte Perspektive unterscheidet sich in einigen Punkten sehr deutlich von kognitiven Ansätzen, die vor allem auf eine Dekomposition des Wissens und dessen systematischer Umsetzung in individuelle Lernprozesse zielen (vgl. Anderson/Reder/Simon 1995/1997). Dagegen ist die situierte Perspektive, wie dies Greeno, Collins und Resnick (1996) ausdrücken, stärker aggregiert und untersucht Aktivitätssysteme, in denen Individuen als Mitglieder sozialer Gruppen und als Bestandteile größerer Systeme partizipieren (vgl. Greeno/Collins/Resnick 1996, S. 40). Lernen aus der Sicht der Situiertheitsperspektive ist der Prozess der Partizipation in Lernumgebungen, der an der Peripherie der Lernaktivitäten beginnt und zunehmend in das Zentrum der Gruppenaktivitäten führt. Greeno, Collins und Resnick (1996) betonen dabei, dass die periphere Partizipation von Novizen in Lerngruppen selbstverständlich und legitim sein muss und durch Lerngelegenheiten, Aktivierungsangebote und durch geleitete Partizipation („apprenticeship") zunehmend zu zentraler Partizipation führt (vgl. ebd., S. 23). Damit ist klar: Die Theorie des situierten Lernens ist keine neue Lerntheorie, die ein neues Paradigma einführt, wie dies bei der kognitiven Wende der Fall war – sie ist im Kern eine Theorie von Lernumgebungen! Die Merkmale des situierten Lernens sind:

- Lernen ist ein aktiver und konstruktiver Prozess (diese Auffassung teilt die situierte Perspektive mit der kognitiven);
- dieser richtet sich auf die Teilhabe des individuellen Lerners an dem in der sozialen Lerngruppe distribuierten Wissen;
- Lernen wird im Rahmen von Lernumgebungen untersucht und als Passung an die Restriktionen und Anregungsgehalte des Kontextes beschrieben;
- solchen Passungen („attunement", vgl. Greeno 1998) liegen Partizipationen der Mitglieder der Lerngruppen zugrunde, die zuerst als periphere, bei zunehmender Expertise dann als zentrale Partizipationen charakterisierbar sind;
- Analysen des situierten Lernens richten sich vorzugsweise auf die Untersuchung effektiver Lernumgebungen und deren Merkmale, etwa beim „cognitive apprenticeship" (vgl. Collins/Brown/Newman 1989), der „kollaborativen Lernkultur" (vgl. Brown 1997) oder dem „authentischen" Lernen (vgl. Bruner 1990).

Damit wird die Theorie des situierten Lernens vor allem als eine Theorie über die Wirkungsweise von Lernumgebungen konzipiert. Sie teilt mit der kognitiven Sichtweise die Auffassung, dass Lernen konstruktiv und wissensbasiert abläuft (vgl. Resnick/Williams Hall 1998). Sie behauptet nicht, dass der individuelle Erwerb systematischen Wissens obsolet sei, sondern konzentriert sich auf die Beziehungen zwischen individuellem und in Gruppen geteiltem Wissen.

Konstruktivistische Lernumgebungen, die dem Konzept des situierten Lernens folgen, begünstigen selbstgesteuerte und kooperative Lernformen, die nach der Einschätzung von Reinmann-Rothmeier und Mandl (1995) dem Lernen im Erwachsenenalter und den Erfordernissen der Arbeitswelt in besonderem Maß gerecht werden, insbesondere durch ihre Möglichkeiten zum selbstgesteuerten, problemorientierten und fallbasierten Lernen (vgl. Reinmann-Rothmeier/Mandl 1997). Ihr Potenzial entfalten solche Lernumgebungen allerdings erst dann, wenn sie mit instruktionaler Förderung verbunden sind. Instruktion und Konstruktion schließen sich in gemäßigt konstruktivistischen Ansätzen nicht aus, sondern sind komplementär. Dies gilt nicht nur für das Lernen, sondern auch für die Beratung in Beruf und Weiterbildung. Bekanntlich fragen vor allem Personengruppen Weiterbildungsangebote nach, die zumeist eher jung, männlich und relativ gut ausgebildet sind und damit die selbstselektive Wirkung der betrieblichen Weiterbildung verstärken (vgl. Becker/Schömann 1996). Es ist also sinnvoll, die beruflichen Karrieren und die diese begünstigenden Weiterbildungsprozesse durch eine angemessene Beratung zu begleiten. Hier hat sich in den letzten zehn Jahren – von der deutschen Erwachsenenbildung relativ unbemerkt – in den Vereinigten Staaten die Theorie und Praxis des *Career Counseling* etabliert, die bei einigen ihrer wichtigsten Varianten eine konstruktivistische Perspektive entwickelt hat.

5 Career Counseling – ein Beispiel für Beratung in Beruf und Weiterbildung

In der Diskussion um die Beratung in Beruf und Weiterbildung werden gegenwärtig eine Reihe von Ansätzen diskutiert, die eine konstruktivistische Perspektive auch beim Career Counseling umsetzen. Savickas (1993, S. 205) bezeichnet es als eine wesentliche „Innovation bei der Beratung von Berufslaufbahnentwicklungen“, die Wechselwirkungen zwischen Individuen und betrieblichen Strukturen unter dem Gesichtspunkt von Konstruktionen zu analysieren, die vom Individuum vorgenommen werden. Gerade unter dem Gesichtspunkt, dass Berufskarrieren zunehmend diskontinuierlich werden (vgl. hierzu auch Berger/Sopp 1992), fordert Savickas beim Career Counseling eine ganzheitliche Perspektive, die die Einbettung von Berufsrollen in die individuelle Lebensperspektive berücksichtigt. Ein ausdrückliches Ziel der Beratung liegt dabei in der Unterstützung der Kompetenz der Klienten, ihre eigenen Berufsrollen zu konstruieren (vgl. hierzu auch Subich 1994, S. 114), eine Forderung, die mit der transaktionalen Sichtweise vieler organisationspsychologischer Ansätze vereinbar ist (vgl. Greif 1994; Kohn/Schooler 1982). Savickas (1995, S. 363) betont dabei, dass inzwischen sehr viele Untersuchungen beruflicher Entwicklungsverläufe „career actions from an epistemological position that views knowledge as socially constructed“ konzeptualisieren und fordert eine Umsetzung dieser Ansätze in entsprechende Beratungskonzepte, die er an einem konstruktivistischen Beratungsmodell bei Problemen von Berufswahlentscheidungen elaboriert (vgl. Savickas 1995, S. 367).

Ein inzwischen weitgehend akzeptierter Ansatz konstruktivistischer Beratung bei Problemen der Berufslaufbahn ist das Modell von Brown und Lent (vgl. Brown/Lent 1996; Lent/Brown 1996; Lent/Brown/Hackett 1994; Longo/Lent/Brown 1992; O’Brien/Heppner 1996; O’Brien/Heppner/Flores/Bikos 1997; Tang/Fouad/Smith 1999), das auf Annahmen der „sozial-kognitiven Berufslaufbahntheorie“ (social cognitive career theory, SCCT) basiert. Im Zentrum dieses Ansatzes steht „die konstruktivistische Sichtweise von dem Individuum als aktiven Konstrukteur seiner Erfahrungen“ (Lent/Brown 1996, S. 319), die in folgenden Postulaten ausgedrückt wird: (1) berufliche Interessen entwickeln sich in erster Linie aus Vorstellungen über die Wirksamkeit eigenen Handelns (self-efficacy) und aus Ergebniserwartungen, die (2) mit Situationsrestriktionen in Beziehung gesetzt werden. Die Aufgabe von Beratern liegt dann in der Unterstützung des Klienten bei der Rekonstruktion seiner Erfahrungen und deren prospektiven Veränderung (vgl. Brown/Lent 1996, S. 355). Wie in anderen konstruktivistischen Trainings liegt das Schwergewicht der Beratung in der Unterstützung des Klienten bei der Analyse der Merkmale des beruflichen Kontextes und in der Art, in der der Klient sein Wissen darüber erzeugt. Inzwischen wurden von der Forschergruppe um Brown und Lent für die wichtigsten Konstrukte Skalen entwickelt, die sie in die Lage versetzten, Prozesse des Career Counseling genauer zu beschreiben (vgl. O’Brien/ Heppner/Flores/Bikos 1997); zudem wurden Module entwickelt, die beim Training von Beratern erfolgreich eingesetzt werden (vgl. O’Brien/Heppner 1996). Erste kulturvergleichende empirische Studien über asiatisch-amerikanische Frauen (vgl. Tang/Fouad/Smith 1999) zeigten zudem, dass die Akkulturation über die Beeinflussung der Selbstwirksamkeit auf die beruflichen Interessen und Karriereplanung einwirkt. Das Ausmaß an Akkulturation definiert nach dieser Studie die Anregungsgehalte beruflicher Kontexte (contextual affordances) und überlagert andere Faktoren wie berufliche Interessen oder Familienhintergrund. Befunde dieser Art zeigen in beeindruckender Weise die Wirksamkeit von kulturell bestimmten Wirklichkeitskonstruktionen in beruflichen Kontexten und ergänzen die Analysen konstruktivistischer Lernumgebungen. Die Anwendung des Modells von Lent, Brown und Hackett (1994) auf die Konzeption von Modellen zum Career Counseling und zur Ausbildung von Beratern zeigt, dass konstruktivistische Ansätze nicht auf die Gestaltung von Lernumgebungen in der Weiterbildung beschränkt bleiben, sondern auch andere Probleme in der Weiterbildung berühren.

6 Resümee

Der Begriff der Weiterbildung ist durch eine insgesamt eher uneinheitliche Verwendung hinsichtlich seines Gegenstandes, der Lernziele und der Untersuchungsmethoden charakterisiert (vgl. Prenzel/Mandl/Reinmann-Rothmeier 1997). Dies gilt auch für die theoretischen Ansätze, die den verschiedenen Publikationen zu diesem Bereich zugrunde liegen: Es finden sich teilnehmerorientierte, bildungssoziologische, bildungsökonomische, psychologische und bildungstheoretische Ansätze, die mit unterschiedlichen theoretischen Rahmenmodellen operieren. Weiterbildungsprozesse lassen sich dabei auf verschiedenen Ebenen konzipieren:

- die Ebene des Wissenserwerbs und der Wissensanwendung, auf die Bestimmung von Basisqualifikationen und *generic skills* (Berryman 1993), auf die Rolle der Erfahrung und der Wissensmodellierung;
- die instruktionale Ebene: Lernumgebungen (setting) und instruktionale Ansätze, die Anwendung kooperativer Lernformen, die Wirkungsweise geteilten und verteilten Wissens;
- die institutionelle Ebene: Anforderungen an die Arbeitsorganisation, Restriktionen und Anregungsgehalte beruflicher Kontexte, die Lernfähigkeit beruflicher Organisationen; und
- die epistemische Ebene: hier werden die wissenschaftstheoretischen und philosophischen Aspekte des Wissenserwerbs im Erwachsenenalter thematisiert, also Fragen der Lernphilosophie.

Alle Ebenen können mit Ansätzen modelliert werden, die aus einer gemäßigt konstruktivistischen Lehr-Lernphilosophie kommen (vgl. Reinmann-Rothmeier/Mandl 1999). Die Wahl dieser Ansätze begründet sich vor allem durch ihre Überlegenheit gegenüber anderen Positionen, da sie die folgenden Kriterien erfüllen:

1. Kriterium: Ausgang ist der aktive Lerner mit der Fähigkeit zur Selbststeuerung verbunden mit einer handlungstheoretischen Orientierung (vgl. Gerstenmaier/Mandl 1999);
2. Kriterium: Mehrebenen-Modelle, insbesondere die Ebene der Analyse und Begründung von Lernzielen, die Ebene der Modellierung von Lernprozessen und die Ebene der Analyse der institutionellen und organisatorischen Bedingungen werden unter einer gemeinsamen Perspektive analysiert. Die Fruchtbarkeit solcher Ebenenmodelle betont auch Scarr in ihrem Plädoyer für eine konstruktivistische Orientierung in der Psychologie: „Hierarchical models of nested theories can account more fully for the behavioral phenomena we cherish... Pitting proximal and distal variables against each other in competing models can enrich our theoretical lives and save us fruitless attempts at intervention“ (Scarr 1985, S. 501).
3. Kriterium: Der Ansatz sollte Aussagen zu wichtigen Teilbereichen der Weiterbildung machen, u.a. zu Professionalisierung, Beratung und Evaluation in der Weiterbildung.
4. Kriterium: Theorien der Weiterbildung sollten neben qualitativen Methoden auch quantitative Modelle einsetzen und bei der Evaluation anspruchsvolle Erfolgsindikatoren verwenden, z.B. neben der Akzeptanz von Maßnahmen auch instruktionale Valenz und Transfer.
5. Kriterium: Theorien der Weiterbildung sollten Grundlage zur Konzeptualisierung innovativer Weiterbildungsprojekte werden und Veränderungsperspektiven aufzeigen.

Diese Kriterien werden besonders gut von gemäßigt konstruktivistischen Ansätzen erfüllt. Ein weiterer Vorzug ist, dass mit dieser Orientierung eine problemorientierte Analyse von Weiterbildungsprozessen möglich ist, insbesondere bei der Analyse der Lernprozesse von Erwachsenen (Prozessmerkmale), der Veränderung von Basisqualifikationen und *generic skills* und dem veränderten Verhältnis von Bildungs- und Beschäftigungssystem.

Literatur

Anderson, J./Reder, L.M./Simon, H.A. (1995): Situated learning and education. In: Educational Researcher 25, H. 4, S. 5-11.

Anderson, J./Reder, L.M./Simon, H.A. (1997): Situative versus cognitive perspectives: form versus substances. In: Educational Researcher 26, H. 1, S. 18-21.

Arnold, R./Siebert, H. (1997): Konstruktivistische Erwachsenenbildung. Hohengehren: Schneider.

Becker, R./Schömann, K. (1996): Berufliche Weiterbildung und Einkommensdynamik. In: Kölner Zeitschrift für Soziologie und Sozialpsychologie 48, H. 3, S. 426-461.

Berger, P.A./Sopp, P. (1992): Bewegtere Zeiten? Zur Differenzierung von Erwerbsverlaufsmustern in Westdeutschland. In: Zeitschrift für Soziologie 21, H. 3, S. 166-185.

Berryman, S. (1993): Learning for the workplace. In: Review of Educational Research 19, S. 343-401.

Bredo, E. (1994): Reconstructing educational psychology: situated cognition and Deweyian pragmatism. In: Educational Psychologist 29, H. 1, S. 23-35.

Brown, A.L. (1997): Transforming schools into communities of thinking and learning about serious matters. In: American Psychologist 52, H. 4, S. 399-413.

Brown, S.D./Lent, R.W. (1996): A social cognitive framework for career choice counseling. In: The Career Development Quarterly 44, S. 354-367.

Bruner, J. (1990): Acts of meaning. Cambridge, MA: Harvard University Press.

Cherryholmes, C.H. (1992): Notes on pragmatism and scientific realism. In: Educational Researcher 21, H. 6, S. 13-17.

Cobb, P./Bowers, J. (1999): Cognitive and situated learning. Perspectives in theory and practice. In: Educational Researcher 28, H. 2, S. 4-15.

Collins, A./Brown, J.S./Newman, S. (1989): Cognitive apprenticeship: Teaching the crafts of reading, writing, and mathematics. In: Resnick, L.B (Hrsg.): Knowing, learning, and instruction. Hillsdale, NJ: Erlbaum, S. 453-494.

Dewey, J. (1925/1981): Experience and nature. In: Boydston, J.A. (Hrsg.): John Dewey: The later works, 1925-1953, Vol. 1. Carbondale: SIU Press, S. 1-326.

Dewey, J. (1920/1989): Die Erneuerung der Philosophie. Hamburg: Junius.

Eigler, G./Jechle, T./Kolb, M./Winter, A. (1997): Berufliche Weiterbildung. In: Weinert, F.E./Mandl H. (Hrsg.): Enzyklopädie der Psychologie, Pädagogische Psychologie Bd. 4. Psychologie der Erwachsenenbildung. Göttingen: Hogrefe, S. 567-610.

Garrison, J. (1994): Realism, Deweyan pragmatism, and educational research. In: Educational Researcher 23, H. 1, S. 5-20.

Gee, J.P. (1999): Review of the „learning paradox" manuscript. In: American Educational Research Journal 36, H. 1, S. 87-95.

Gerstenmaier, J. (1999): Situiertes Lernen. In: Perleth, C./Ziegler, A. (Hrsg.): Grundbegriffe der Pädagogischen Psychologie. Bern: Huber.

Gerstenmaier, J./Henninger, M. (1997): Konstruktivistische Perspektiven in der Weiterbildung.. In: Gruber, H./Renkl, A. (Hrsg.): Wege zum Können. Bern: Huber, S. 178-200.

Gerstenmaier, J./Mandl, H. (1999): Wissen und Handeln in funktionaler und semantischer Perspektive. In: Mandl, H./Gerstenmaier, J. (Hrsg.): Die Kluft zwischen Wissen und Handeln. Göttingen: Hogrefe.

Gerstenmaier, J./Mandl, H. (1995): Wissenserwerb unter konstruktivistischer Perspektive. In: Zeitschrift für Pädagogik 41. S. 867-888.

Gräsel, C. (1997): Problemorientiertes Lernen. Göttingen: Hogrefe.

Greeno, J.G. (1998): The situativity of knowing, learning, and research. In: American Psychologist 53, H. 1, S. 5-26.

Greeno, J./Collins, A./Resnick, L.B. (1996): Cognition and learning. In: Berliner, D.C./Calfee, R.C. (Hrsg.): Handbook of educational psychology. New York: Macmillan, S. 15-46.

Greif, S. (1994): Handlungstheorie und Selbsttheorie und Selbstorganisationstheorien – Kontroversen und Gemeinsamkeiten. In: Bergmann, B./Richter, P. (Hrsg.): Die Handlungsregulationstheorie. Göttingen: Hogrefe, S. 89-114.
Gruber, H./Mandl, H. (1996): Das Entstehen von Expertise. In: Hoffmann, J./Kintsch, W. (Hrsg.): Lernen. Enzyklopädie der Psychologie, Kognition Bd. 7. Göttingen: Hogrefe, S. 583-615.
Kohn, M./ Schooler, C. (1982): Job conditions and personality: a longitudinal assessment of their reciprocal effects. In: American Journal of Sociology 87, H.6, S. 1257-1286.
Lent, R.W./Brown, S.D. (1996): Social cognitive approach to career development: an overview. In: The Career Development Quarterly 44, S. 310-320.
Lent, R.W./Brown, S.D./Hackett, G. (1994): Toward a unifying social cognitive theory of career and academic interest, choice and performance. In: Journal of Vocational Behavior 45, S. 79-122.
Longo, D.A./Lent, R.W./Brown, S.D. (1992): Social cognitive variables in the prediction of client motivation and attrition. In: Journal of Counseling Psychology 39, H. 4, S. 447-452.
Mandl, H./Prenzel, M./Gräsel, C. (1992): Das Problem des Lerntransfers in der betrieblichen Weiterbildung. In:Unterrichtswissenschaft 20, S. 126-143.
Mayer, R.E. (1992): Cognition and instruction: Their historical meeting within educational psychology. In: Journal of Educational Psychology 84, H. 4, S. 405-412.
Müller, W. (1998): Erwartete und unerwartete Folgen der Bildungsexpansion. In: Kölner Zeitschrift für Soziologie und Sozialpsychologie, Sonderheft 38. S. 81-112.
O'Brien, K.M./Heppner, M.J. (1996): Applying social cognitive career theory to training career counselors. In: The Career Development Quarterly 44, S. 367-377.
O'Brien, K.M./Heppner, M.J./Flores, L.Y./Bikos, L.H. (1997): The career counseling self-efficacy scale: instrument development and training applications. In: Journal of Counseling Psychology 44, H. 1, S. 20-31.
Popkewitz, T.S. (1998): Dewey, Vygotsky, and the social administration of the individual: constructivist pedagogy as systems of ideas in historical spaces. In: American Educational Research Journal 35, H. 4, S. 535-570.
Prawat, R.S. (1999): Dewey, Pierce, and the learning paradox. In: American Educational Research Journal 36, H. 1, 1999, S. 47-76.
Prawat, R.S./Floden, R.E. (1994): Philosophical perspectives on constructivist views of learning. In: Educational Psychologist 29, H. 1, S. 37-38.
Prenzel, M./Mandl, H./Reinmann-Rothmeier, G. (1997): Ziele und Aufgaben der Erwachsenenbildung. In: Weinert, F.E./Mandl, H. (Hrsg.): Psychologie der Erwachsenenbildung, Enzyklopädie der Psychologie, Pädagogische Psychologie Bd. 4. Göttingen: Hogrefe, S. 1-44.
Reinmann-Rothmeier, G./Mandl, H. (1995): Lernen als Erwachsener. In: Grundlagen der Weiterbildung 6, H. 4, S. 193-196.
Reinmann-Rothmeier, G./Mandl, H. (1997): Lehren im Erwachsenenalter. Auffassungen vom Lehren und Lernen, Prinzipien und Methoden. In: Weinert, F.E./Mandl, H. (Hrsg.): Psychologie der Erwachsenenbildung, Enzyklopädie der Psychologie, Pädagogische Psychologie Bd. 4. Göttingen: Hogrefe, S. 355-403.
Reinmann-Rothmeier, G./Mandl, H. (1987): Instruktion: Eine Frage der „Lehr-Lernphilosophie"? In: Perleth, C./Ziegler, A. (Hrsg.): Grundbegriffe der Pädagogischen Psychologie. Bern: Hogrefe.
Resnick, L.B. (1987): In school and out. In: Educational Researcher 16, H. 9, S. 13-20.
Resnick, L.B./Williams Hall, M. (1998): Learning organizations for sustainable eduction reform. In: Daedalus 127, H. 4, S. 89-118.
Rorty, R. (1994): Hoffnung statt Erkenntnis. Eine Einführung in die pragmatische Philosophie. Wien: Passagen.
Rosenstiel, L. von (1994): Motivation durch Mitwirkung: Wege und Ziele des Lernens. In: Hofmann, L.M./Regnet, E. (Hrsg.): Innovative Weiterbildungskonzepte. Göttingen: Hogrefe, S. 53-60.
Savickas, M.L. (1993): Career counseling in the postmodern era. In: Journal of Cognitive Psychotherapy: an international quarterly 7, S. 205-215.
Savickas, M.L. (1995): Constructivist counseling for career indecision. In: The Career Develoment Quarterly 43, S. 363-373.
Scarr, S. (1985): Constructing psychology. Making facts and fables for our times. In: American Psychologist 40, H. 5, S. 499-512.
Siebert, H. (1999): Pädagogischer Konstruktivismus. Neuwied: Luchterhand.
Sleeper, R.W. (1986): The necessity of pragmatism. John Dewey's conception of philosophy. New Haven: Yale University Press.
Subich, L.M. (1994): Annual review: practice and research in career counseling and development – 1993. In: The Career Development Quarterly 43, S. 114-151.
Suchman, L. (1987): Plans and situated actions: the problem of human-machine communication. Cambridge: Cambridge University Press.

Tang, M./Fouad, N.A./Smith, L.P. (1999): Asian americans, career choices: a path model to examine factors influencing their career choices. In: Journal of Vocational Behavior 54, S. 142-157.
Tannenbaum, S.I./Yukl, G. (1992): Training and development in work organizations. In: Annual Review of Psychology 43, S. 399-441.

Paul Röhrig

Der bildungstheoretische Ansatz in der Erwachsenenbildung

1 Bildung um der Menschlichkeit willen

In der Geschichte aller Gesellschaften finden wir eine Vielfalt von praktischen Erziehungsvorstellungen, die keiner Theorie bedurften, weil sie sich einem konkreten Bedürfnis der Adressaten verdankten. So verstanden sich etwa die kriegerische Erziehung der jungen Spartaner, die christliche Erziehung im Mittelalter und die berufliche Ausbildung moderner Arbeiter und Angestellten durch ihre Zweckgerichtetheit von selbst. Aber aus den zeitlich primären und gesellschaftlich vorrangig zweckbestimmten Formen des Erziehens und Aufwachsens entstanden in Europa eigenartige pädagogische Gebilde, die sich nur das Ziel setzten, den Menschen zu helfen, wirkliche Menschen zu sein, ein Bild auszufüllen, das man sich von Menschlichkeit und Humanität in langem Nachdenken erarbeitet hatte. Platons Idee der Paideia, wie er sie in dem berühmten Höhlengleichnis entworfen hat, ist ein Muster von Bildungstheorie geworden, insofern hier das Verhältnis des Menschen zur Wahrheit bestimmend für Bildung wird. Aber auch die viel populärere Form griechischer Bildung, die „Enkyklios paideia", beruht auf einer philosophischen Auffassung vom Menschen, insofern dieser ein Teil des Kosmos ist und in einer umfassenden, kreisrunden Paideia die dem Kosmos angemessene Bildung erfährt. Der Gedanke einer solchen allgemeinen Bildung war stark genug, über die Zeit der späten römischen Kaiser und schließlich das hohe Mittelalter hinaus in den „Septem artes liberales" fortzuleben.

Ein Ereignis war nun aber von unabsehbarer Bedeutung: Dass die Kirchenväter Origines und Augustinus die Entscheidung trafen, das griechische und römische Kulturgut nicht zu verwerfen, sondern als Mittel zu benutzen, die christliche Lehre besser verstehen und lehren zu können, so wie die Israeliten seinerzeit die goldenen und silbernen Gefäße der Ägypter mitgenommen und für ihren Gottesdienst verwendet hätten. So wurde das antike Erbe zwar funktionalisiert, aber eben doch aufbewahrt und über viele Jahrhunderte erhalten, bis dann Renaissance und Humanismus die goldenen Gefäße von ihrem christlichen Zweck ablösten und sie formal und inhaltlich zum Höchsten erklärten, was Menschlichkeit repräsentiere und woran sich Menschlichkeit wieder bilden könne.

Man könnte sich viele Textstellen Petrarcas und seiner humanistischen Nachfolger (vgl. Garin 1964; 1966) über die allgemeine Bildung des Menschen als Programm einer modernen Erwachsenenbildung vorstellen, wenn es denn damals eine solche gegeben hätte. Aber die „Studia Humanitatis" waren an die Beherrschung der lateinischen oder griechischen Sprache gebunden. Insofern endete ein solches bildungstheoretisches Programm immer in dem Dilemma, dass nur wenige Menschen wirklich Menschen sein konnten.

In der Zeit des Zweiten Humanismus finden wir den Bildungsgedanken in seiner höchsten Ausprägung. Rousseau hatte das neue Programm auf den Punkt gebracht, als er erklärte, warum Emile keine adelige Standeserziehung erhalte: „Ich aber will ihm einen Rang verleihen, den er nie verlieren kann, einen Rang, der ihn zu allen Zeiten ehren wird – ich will ihn in den Stand des Menschen erheben“ (Rousseau 1963, S. 412). Und Kants Resümee nach der Lektüre von Rousseaus Buch lautet: „Wenn es irgendeine Wissenschaft gibt, deren der Mensch bedarf, so ist es die, so ihn lehret, die Stelle geziehmend zu erfüllen, welche ihm in der Schöpfung angemessen ist, und aus der er lernen kann, was man sein muß, um ein Mensch zu sein“ (Kant 1942, S. 45).

Dies ist praktisch eine Aufforderung, Bildungstheorie als vordringliche Wissenschaft zu betreiben, und außer Kant haben die Geistesgrößen der Zeit wie Herder, Pestalozzi, Schleiermacher, Fichte, Wilhelm v. Humboldt und indirekt natürlich auch Goethe, Schiller oder Hegel diesen Anspruch an sich selbst gestellt.

Herder macht den Versuch, den Begriff „Humanität“, um den es schließlich geht, historisch an seinem Ursprung aufzusuchen.

> „Unter den Römern also, denen das Wort ‚Humanität‘ eigentlich gehört, fand der Begriff Anlaß genug, sich bestimmter auszubilden. Rom hatte harte Gesetze gegen Knechte, Kinder, Fremde, Feinde; die oberen Stände hatten Rechte gegen das Volk u.f. Wer diese Rechte mit größter Strenge verfolgte, konnte gerecht sein, er war aber dabei nicht menschlich. Der Edle, der von diesen Rechten, wo sie unbillig waren, von selbst nachließ, der gegen Kinder, Sklaven, Niedere, Fremde, Feinde nicht als römischer Bürger oder Patrizier, sondern als Mensch handelte, der war ‚humanus‘, ‚humanissimus‘, nicht etwa in Gesprächen nur und in der Gesellschaft, sondern auch in Geschäften, in häuslichen Sitten, in der ganzen Handlungsweise. Und da hierzu das Studium und die Liebe der griechischen Weltweisheit viel tat, daß sie den rauhen, strengen Römer nachgebend, sanft, gefällig, billigdenkend machte, konnte den bildenden Wissenschaften ein schönerer Name gegeben werden, als daß man sie ‚menschliche Wissenschaften‘ nannte?“ (Herder 1953, S. 473)

Gerade die Geschichte verweise hier auf einen universalen Anspruch von Humanität, die „der Schatz und die Ausbeute aller menschlichen Bemühungen, gleichsam die Kunst unseres Geschlechtes“ sei (ebd., S. 470), und die Bildung zu ihr müsse unablässig fortgesetzt werden, sonst versänken wir zur rohen Tierheit, zur Brutalität zurück. Aber Herder polemisiert auch gegen Voltaire und seine Anhänger, dass sie mit einem abstrakten Begriff von „Menschheit“ operierten, der sie zu nichts verpflichte; man sage, man liebe die Menschheit, um nicht wirkliche Menschen lieben zu müssen. Für Herder sind gerade die konkreten Daseinsbedingungen, in denen sich Menschsein nur verwirklichen kann, ganz wesentlich, also die Zugehörigkeit zu einer Sprachgemeinschaft, zu einem Volke, zu einer geschichtlichen Zeit. Und die einzelnen Völker sind für Herder Träger eines je eigenen „Volksgeistes“, der sich vor allem auch in den kulturellen Äußerungen des einfachen Volkes zeigt, wie er es selbst in seiner Sammlung „Stimmen der Völker in Liedern“ demonstriert hat. Alle Völker und Individuen sind Stimmen im großen Konzert der Menschheit, aber in der Idee, auf immer vollkommenere Weise die Menschheit zu repräsentieren, sollten sie ihre universelle Einheit finden.

Ein gelehriger Schüler Herders war der Däne N.F.S. Grundtvig, der national und universal zugleich dachte und zuerst einen bildungstheoretischen Ansatz für die Erwachsenenbildung gefunden hat.

2 Der große bildungstheoretische Auftakt

Anfang der 1830er Jahre gab der dänische Theologe, Historiker und Sprachforscher N.F.S. Grundtvig (1783–1872) auf Kants Frage eine Antwort, die zur Begründung und Blüte einer ganz neuen pädagogischen Institution führte, nämlich der Volkshochschule. Das Problem des Menschen brachte Grundtvig (nach einem langen Prozess des Nachdenkens und bitterer Erfahrungen) auf den Hauptgegensatz von Leben und Tod. Das Geschäft des Todes, einst in Form von Unterdrückung und Vernichtung ganzer Sprachen, Kulturen und Völker durch die Macht Roms betrieben, fand für Grundtvig seine moderne Fortsetzung in den Systemen von Schule und kultureller Machtausübung. Die Lateinschule, zusammen mit der Universität von Grundtvig stets als „tote Schule" tituliert, vermittelte an eine kleine Elite ein steriles, völlig formalisiertes Wissen, und der Staat belohnte die Absolventen dann mit den entsprechenden Ämtern. Andererseits wurden die Kinder der Bauern, Häusler und Handwerker auf den Elementarschulen mit simplem, zusammenhanglosem Wissen traktiert, das in der Regel auswendig zu lernen war. So konzipierte nun Grundtvig eine „Schule für das Leben", der er den Namen „folkelige höjskole" oder „folkehöjskole" gab.

Die wichtigste Wesensbestimmung des Menschen, die Grundtvig ausdrücklich formuliert, ist, dass der Mensch das sprechende Wesen ist, und damit ist nicht abstrakt die Sprache überhaupt gemeint, sondern die Fähigkeit, wirklich miteinander zu reden. Im gesprochenen Wort bewegt sich nach Grundtvig der Geist durch die Völker und Geschlechter, und Bildung vollzieht sich primär im „lebendigen Wort". Das Wort kann natürlich erstarren und beispielsweise im Unterricht wie etwas Totes herumgereicht oder sogar aufgezwungen werden; aber es kann auch im Wechselgespräch hin und her gehen und eine Wechselwirkung hervorrufen (übrigens Grundtvigs wichtigster pädagogischer Begriff), die die Lehrer mit den Schülern und diese untereinander, die Alten mit den Jungen und die Gemeinden und Völker verbindet (zu Grundtvig vgl. Thanning 1972; Bugge 1965; Röhrig 1989; 1991).

In diesem Zusammenhang hat Grundtvig einen ganz eigenständigen Begriff von Aufklärung geprägt, der dann unter den Grundworten „folkelige oplysning" und „livsoplysning", also „volkliche Aufklärung" und „Lebensaufklärung", die skandinavische Volkshochschulbewegung geprägt hat. Man kann vereinfacht sagen, dass es sich hier um die Selbstaufklärung des Volkes handeln sollte und nicht um eine Aufklärung der Ungebildeten durch die Studierten und Gelehrten. Das, was nach Grundtvig aufgehellt werden soll, ist das menschliche Leben selbst, für das es, so weit es das Zeitliche betrifft, nur eine einzige Erkenntnisquelle gibt: die menschliche Erfahrung. Daran sind alle Menschen beteiligt, und alle können im lebendigen Gespräch versuchen, deutlichere und zusammenhängende Erkenntnisse über die Erfahrungen zu gewinnen. Aber man soll nicht den untauglichen Versuch machen, die Erkenntnisse über das Leben schon den Erfahrungen vorauszuschicken, wie es die Kinderschule tut. Deshalb plädiert Grundtvig für ein „wirksam munteres Leben" in Familie und Lebenswelt, ehe in der Erwachsenenbildung, der folkehöjskole, dann darüber nachgedacht werden kann, und er postuliert so einen Vorrang der Erwachsenenbildung vor der Kinder- und Jugendschule.

Die allerwichtigste Quelle der Aufklärung ist für Grundtvig allerdings das, was er „Lebenserfahrung im Großen" nennt, also die Historie. Die Geschichte, die schließlich über einen langen Zeitraum menschliches Fühlen, Denken und Handeln zeigt, offenbart dem Menschen noch am ehesten etwas über das Geheimnis seines Wesens. Vieles hat das Volk selbst noch in seiner Erinnerung, etwa in Form von Liedern, aufbewahrt, vieles verwahrt noch die Volkssprache, aber sehr vieles muss erst durch die historische Forschung und die Beschäftigung mit den alten Texten wieder verlebendigt werden, und schließlich bedarf es der Dichter, um das Historische in poetische Bilder zu fassen und zu deuten. Weil der Mensch sich nach Grundtvig nur geschichtlich verstehen kann, wurden die dänischen Volkshochschulen ausdrücklich „historisch-poetische Schulen“ genannt, und es gab einen harten Konkurrenzkampf mit den utilitaristisch ausgerichteten sog. „Wissensschulen“, aus dem die grundtvigschen Schulen eindeutig als Sieger hervorgingen (Zur Folkehöjskole vgl. Simon 1960; Rördam 1977; Henningsen 1990; Röhrig 1989; 1991). Es ist unbestritten, dass bei Grundtvig und den nachfolgenden Volkshochschulleuten auch pragmatische Ziele und Motive eine Rolle gespielt haben: Die Durchsetzung der Demokratie, die soziale Hebung der Landbevölkerung, teilweise auch der Arbeiter, die Förderung des Genossenschaftswesens und die Emanzipation der Frauen. Aber stets sind diese Ziele eingebettet gewesen in ein größeres Ideal: nämlich die Aufweckung der einfachen Menschen zu selbständiger Geistigkeit, zu wechselseitigem Sprechen und Nachdenken, und vor allem ging es um den historisch gebildeten Menschen, der weiß, woher er kommt und was er seinem Volk, der Menschheit, der Welt oder der Schöpfung schuldig ist. Grundtvig wollte nicht, dass die Menschen blind irgendeiner Sache anhängen, sondern dass sie sich über Lebensfragen besprechen und aufklären, vor allem in den Volkshochschulen, und dass sie dann auch als Einzelne und als Volk eine Identität gewinnen, was er ganz schlicht als „Mut, sich selbst zu gleichen“ bezeichnete (Bugge 1965, S. 306). Es geht ihm also letztendlich immer um Bildung, „folkelige oplysning“ genannt, und deshalb liegt hier ein bedeutender bildungstheoretischer Ansatz vor.

3 Der epigonische neuhumanistische Bildungsgedanke

Die frühen deutschen Ansätze einer Erwachsenenbildung, seien es die stark utilitaristisch orientierten bürgerlichen Lesegesellschaften oder die eher politisch und gewerblich motivierten Arbeiterbildungsvereine, lassen sich kaum mit einem bildungstheoretischen Gedankengang zusammenfügen (vgl. Röhrig 1987). Auch wenn hier schon die Gedanken eines Menschenrechts auf Bildung und einer allgemeinen Menschenbildung hineinspielen, so waren diese auf jeden Fall nicht zentral und auch nicht in einer Bildungstheorie begründet. Näher liegt die Vermutung, dass die große „Gesellschaft für Verbreitung von Volksbildung“, die sich ja, um ihre Unabhängigkeit von allen zwecksetzenden Instanzen zu betonen, „freie Volksbildung“ nannte und auch mit dem Begriff der zweckfreien Bildung operierte, sich einem bildungstheoretischen Ansatz verdankte. Aber schon in ihrem Gründungsaufruf 1871 tritt diese „Gesellschaft“ in einer merkwürdigen Zwiespältigkeit auf. Einerseits wird als Endzweck der Bildung die „Erziehung freier, denkender Menschen“ herausgestellt, aber andererseits werden der Bildung auch die „beispiellosen Taten des deutschen Heeres“ zugeschrieben und der Unbildung „der Erfolg, den wenige gewissenlose Männer mit ihren sozialistischen Bestrebungen hatten“ sowie auch die Wahlerfolge der „ultramontanen Partei“ (Dräger 1984, S. 51-53). Einerseits schreibt der bedeutendste Repräsentant der „Gesellschaft für Verbreitung von Volksbildung“ zum Bildungsbegriff: „Für mich ist Bildung Entwicklung, Entfaltung alles dessen, was groß und gut am Menschen ist.(...) Ein gebildeter Mensch ist für mich ein entwickelter Mensch, in dem sich die Kräfte vergrößert, vervielfältigt haben, der mehr kann, mehr will, mehr denkt und mehr fühlt, der reiner und voller wirkt als der Ungebildete“ (Tews 1913, S. 5). Andererseits wird dann in langen Ausführungen begründet, welchen Nutzen für Staat und Gesellschaft es hätte, wenn durch die Volksbildung alle Menschen an der Bildung beteiligt würden: Rückgang der Kriminalität, Förderung der industriellen Leistungen, Entfaltung und Stützung der militärischen Macht und des Staatsbewußtseins, und er beendet sein Referat mit Sätzen wie diesem: „Eine andere Aufgabe als die, unser Volk größer, reicher, kräftiger zu machen und damit das Vaterland im weitesten Sinne zu fördern, darf ein Bildungsverein nicht aufkommen lassen" (ebd. S. 42).

Für die Verlautbarungen der sog. alten Richtung der Erwachsenenbildung, so weit sie vor allem deren größte Organisation, die „Gesellschaft für Verbreitung von Volksbildung" betrifft, gilt durchgehend die Bemerkung von M.R. Vogel, dass deren Einrichtungen „in einer Beschäftigung mit der Theorie nicht viel mehr erblicken als müßige Zeitverschwendung, die sie angesichts eindeutig und dringlich erscheinender Forderungen nach praktischer Arbeit und ‚Erfolgen' entschieden ablehnen" (Vogel 1959, S. 88).

Nimmt man freilich die spärlich anzutreffenden Äußerungen zur Bildungsfrage ernster als sie anscheinend gemeint sind, dann stößt man auf den großen Widerspruch zwischen neuhumanistischen Wendungen und der praktisch geleisteten Arbeit. Es geht nominell um die neuhumanistisch formulierten Ziele formaler Bildung, also allseitiger oder vielseitiger Bildung der Kräfte, und man bot dazu hauptsächlich Einzelvorträge, dazu noch solche von sog. Wanderrednern, an, die ziemlich wahllos ihre Themen aus den Bereichen Wissenschaft, Kunst und lebenspraktische Belehrung griffen. Dass man glauben konnte, der sporadische Besuch von Vorträgen entwickele die Zuhörer auf all das hin, was groß und gut am Menschen ist, war nur unter der Bedingung einer fast völlig theorielosen Volksbildungsarbeit möglich (vgl. Röhrig 1988; 1991).

4 Humanisierung durch Wissenschaft

Im Rahmen der sog. University Extension (von 1873 an) haben die englischen Universitäten aus ihrer eigenen humanistischen Tradition heraus den Grundzug der englischen (und auch deutschen) Erwachsenenbildung bestimmt, nämlich den Primat der liberal studies oder liberal education, und das bedeutet bis heute, dass nicht ein auf ökonomische oder sonstige Zwecke gerichtetes Wissen ausschlaggebend für das Studium der Erwachsenen sein dürfe. Gewiss hat die Tatsache, dass die Universitäten sich jetzt an ein allgemeines Publikum, insbesondere die Arbeiterschaft wandten, dass soziale, politische und ökonomische Veränderungen dauernd neue Ansprüche und Forderungen stellten, der Idee einer zweckfreien Bildung stark zugesetzt, sie aber niemals ganz verdrängen können. Selbst der so äußerst stark in der sozialen Frage engagierte Canon Barnett, der Begründer der Settlement-Bewegung, schreibt: „History, Literature and Philosophy are distinctly the ‚humane' studies, and, while it may be admitted that scientific teaching might be bent to like ends, it is true that the former subjects are still those which most liberalize the mind and develop the qualities which bind man to man" (Künzel 1974, S. 148).

Und der Altmeister der Wissenschaft von der Erwachsenenbildung, Robert Peers, plädiert in seinem Vorblick auf die Zukunft der adult education engagiert für die Aufrechterhaltung der traditionellen liberal studies, denn:

> „It is with the liberal principles on which our society is based and which are necessary to its survival that adult education must be largely concerned. (...) The key to them lies, not in narrow vocational studies, however necessary they may be and however much they may be made to lead on to larger questions, but in those which concern man as human being and as a

free and responsible member of the larger society of the nation and the world“ (Peers 1972, S. 353).

Bedenkt man, dass liberal adult education noch etwas von der langen Tradition der „septem artes liberales“ in sich trägt, dann ist man erstaunt, wie sehr diese von den englischen Universitäten ausgehende Idee von Erwachsenenbildung noch heute, wenn auch abgewandelt, das humane Verständnis der Menschen in freien Gesellschaften zum Ausdruck bringt.

Ob das von einem humanistischen Bildungsgedanken geleitete „extra mural work“ der englischen Universitäten auch von einem „bildungstheoretischen Ansatz“ getragen ist, hängt davon ab, wie hoch man das Wort „Theorie“ hier bewerten will. Die Hochschullehrer hatten ein vermeintlich klares Ziel vor Augen, das sie mehr oder weniger pragmatisch gemäß neuen Anforderungen und Erfahrungen zu verwirklichen suchten (vgl. Künzel 1974, S. 124ff.). Einer ausgearbeiteten Bildungstheorie bedurfte es dazu anscheinend nicht. Als 1895 die Universität Wien die volkstümlichen Universitätskurse einrichtete und in den folgenden Jahren viele Hochschullehrer sich zum „Verbande für volkstümliche Kurse von Hochschullehrern des Deutschen Reiches“ zusammenschlossen, bewegte man sich zwar auf den Spuren der University Extension, aber nicht, ohne einige Akzente anders zu setzen.

Weil in Deutschland schon die mächtige Gesellschaft für Verbreitung von Volksbildung existierte, gab es Grund, sich gegen die von dort ausgehende Gefahr der Halbbildung abzugrenzen. Dies tat man durch die Ablehnung von Einzelvorträgen und von Vortragsreihen unter fünf Stunden, durch die Festlegung, nur ausgewiesene Hochschullehrer sollten mitwirken, und durch die Einrichtung der „Deutschen Volkshochschultage“, an denen man alle zwei Jahre Fragen der volkstümlichen Hochschulkurse erörterte. Aber genau wie in England wurde auch hier keine eigentliche Bildungstheorie erarbeitet.

Die bildende Wirkung der studia humaniora war an den deutschen Universitäten gewiss noch unbestritten, nicht aber die der vielen neu auf den Plan tretenden Wissenschaften. Wenn jene Institution, die sich einmal Universitas literarum genannt hatte, nicht mehr recht die Einheit ihrer Teile zu begründen wusste, konnte es eigentlich nicht selbstverständlich sein, dass Laien, die nicht einmal eine gemeinsame gymnasiale Vorbildung hatten, von einer vorgetragenen Einführung in ein Wissensgebiet eine Humanisierung erfahren sollten. Formulierungen, die die menschenbildende Intention der volkstümlichen Hochschulkurse benennen, tauchen immer wieder auf. Beispielsweise, „daß etwas im Menschen sich bildet und formt und zu einem eigentümlichen Ganzen zu gestalten strebt, mit keiner anderen Absicht, als dem einzelnen Menschen selbst einen für sich wertvollen geistigen Gehalt zu geben“ (Natorp 1900 in einem Vortrag; Vogel 1959, S. 67).

Es ist bemerkenswert, dass die Bildungsaufgabe der volkstümlichen Hochschulkurse zunächst auf den „Deutschen Volkshochschultagen“ nicht ausdrücklich thematisiert wird. 1906 kommt es zu kurzen Erörterungen, bei denen der Altphilologe H. Diels die treffende Formulierung fand, die Hauptaufgabe der Kurse liege darin, „in dem Arbeiter an irgendeinem Punkte die geistige Selbständigkeit zu wecken, einen Ausgangspunkt, von dem aus es ihm möglich wird, eine eigene Weltanschauung zu gewinnen. Denn das Sehnen der unteren Volkskreise geht dahin, frei zu werden von den Autoritäten, selbständig in die große Welt hineinzuschauen, sie fühlten, daß ihnen das gelinge, wenn sie erst einen Zipfel der gesamten Wissenschaft erfaßt hätten“ (Vogel 1959, S. 66).

Auf dem IV. Deutschen Volkshochschultag wurde dann das Thema „Das Ideal der Volksbildung und unsere Volkshochschulkurse“ zum Thema eines Sitzungstages gemacht. Professor A.

Titius betonte, ganz im Geiste des Deutschen Idealismus, dass es etwas Höheres nicht geben könne als Bildung zum Menschen, Bildung zur Persönlichkeit (Titius 1910, S. 8), und dass Volksbildung kein anderes, vor allem kein geringeres Ideal habe als Bildung überhaupt (ebd., S. 6). Zwar gebe es Differenzen über Bildungsideale, aber „so viel sich auch seit hundert Jahren gewandelt haben mag, das Ideal, das der Weimarer und der Königsberger Kreis, das die um Kant und Goethe aufgestellt haben, dieses Ideal mag wohl einer Ergänzung bedürftig sein, aber seinem Wesen nach ist es bleibend; denn es ist das Ideal, den Menschen selbst zu bilden, und was gibt es Höheres? Es ist das Ideal der Humanität, wie es Herder bezeichnet hat. Es ist das Ideal, individuellste Selbstbildung zu vereinigen mit Universalität des Sinnes und der Aufgeschlossenheit..." (ebd., S. 7).

Es war natürlich sehr schwierig, dieses hohe Ideal auf die bescheidene Wirklichkeit der volkstümlichen Hochschulkurse zurück zu beziehen. Mit Hilfe der Kantischen Erkenntnistheorie gelang es wenigstens in Ansätzen. A. Titius schreibt:

> „Persönlichkeit wird man nur durch eigene Handlung, durch eigene Tat; das ist das Entscheidende, was uns Kant gezeigt hat, daß wir in Wirklichkeit stets tätig sind, daß wir niemals bloß passiv sein können, niemals bloß (...) eine leere Tafel, auf die dies und jenes aufgeschrieben werden kann. (...) Werden können wir nur durch uns selbst, durch eigenes Arbeiten und Erleben. Bildung vermitteln heißt daher Selbstbildung vermitteln, d.h. zur Tätigkeit anregen" (ebd., S. 9).

Damit hatte man einen Punkt gefunden, von dem aus auch kleine Erkenntnisschritte immer Anregung und Anstoß zu einer unendlichen geistigen Selbstbewegung sein können und somit immer auf das große Ideal hinzielen. Daraus ergibt sich nun eine strenge didaktische Konsequenz:

> „Das Ideal ist aber dieses, daß Hochschullehrer ohne Tendenz, ohne die Absicht, Unmündige zu machen, reden, und daß sie eben deshalb nicht bloß Wissen mitteilen, nicht bloß Sätze, die man erarbeitet hat, nicht nur Ergebnisse, (...) sondern daß sie zugleich in etwas zeigen können, wie man Wissenschaft gemacht hat, wie man wissenschaftliche Sätze gefunden hat. Wer nicht Methode zeigen kann, und sei es auch nur in bescheidenem Maße, der soll lieber mit Volksbildungsarbeit gar nicht anfangen" (ebd., S. 11).

Die faktisch von zersplitterten Einzelwissenschaften ausgehende Arbeit der volkstümlichen Hochschulkurse konnte einen gewissen Halt finden im Kosmosgedanken der alten Enkyklios paideia, dass der Einheit der Wissenschaft die Einheit des Kosmos entspreche. Paul Natorp hat in mehreren Vorträgen diesen Einheit stiftenden Gedanken erneuert:

> „Das Gute, d.h. das den Lernenden selbst innerlich und bleibend Fördernde, das muß den Ausschlag geben. Und darum muß der gemeinsame Mittelpunkt, auf den sich alles richtet, der Mensch selbst sein. Wenn irgendwo, so kommt hier das Wort zu seinem Recht, daß des Menschen wahres Studium der Mensch ist. Den Menschen wollen wir bilden; was gehört dazu notwendiger, was überhaupt anders, zunächst von intellektueller Seite, als das Studium des Menschen? Das umfaßt aber wirklich alles; ist doch der Mensch wirklich ein Mikrokosmos, die Welt im kleinen, wie in einem Punkt zusammengezogen" (Natorp 1911, S. 104f.).

In einem kurzen Durchgang durch die wichtigsten Wissenschaftsgebiete versucht Natorp dann zu zeigen, wie alle Humanwissenschaften in die Naturwissenschaften hinüber führen und umgekehrt: „Wie sehr auch Naturwissenschaft humane Wissenschaft ist, das beginnen wir erst seit kurzem ganz zu begreifen, obgleich es schon seit Kant hätte allgemein bekannt sein dürfen“ (ebd., S. 105). Der Hinweis auf Kant erinnert daran, dass nur aus der damals in Deutschland vorherrschenden Philosophie des Neukantianismus, der auch Natorp zugehörte, diese kosmische Einheit noch einmal gedacht werden konnte. Wenn erst der Spontaneität des menschlichen Erkenntnisvermögens die transzendentale Synthesis verdankt wird, die die Dinge der Erscheinungswelt zur Einheit vereinigt, dann besteht ein unmittelbarer Zusammenhang zwischen dem Kosmos der Welt und dem Mikrokosmos des menschlichen Verstandes, der die Kategorien jener Einheit enthält und überhaupt erst die Bedingung für ihr Zustandekommen ist. Die didaktische Konsequenz lautet hier:

> „Die Einheit der Bildungsarbeit liegt nicht in irgendwelcher äußeren Vollständigkeit des Umfangs des Behandelten, sondern in der Tiefe und Festigkeit des inneren Zusammenhanges. Diesen aber erarbeitet man sich vielmehr vom einzelnen Problem oder Problemgebiet her und nicht durch eine unvermeidlich doch an der Oberfläche bleibende enzyklopädische Übersicht über das Ganze. Auf die zentral schaffenden Kräfte der Bildung muß das ganze Bemühen gerichtet sein und nicht bloß auf bestimmte Resultate“ (ebd., S. 105f.).

Wenn man die Mikrokosmos-Makrokosmos-Entsprechung voraussetzt, dann darf man hoffen, dass man von jedem noch so begrenzten wissenschaftlichen Gegenstand aus ein Stück vom Zusammenhang des Ganzen erfassen kann, wenn man nicht an der Oberfläche bleibt, sondern in die Tiefe eindringt. So kann dann auch der Arbeiter von solch punktuellem Eindringen in den Wissenschaftskosmos schließlich geistige Tiefe und eine begründete Weltanschauung gewinnen.

Die von edelmütigem Idealismus getragenen hochfliegenden Ideen der volkstümlichen Hochschulkurse sind damals nicht unter den strengen Anspruch einer Theorie gestellt worden, sie wurden auch nicht wissenschaftlich an der Praxis auf ihre Möglichkeiten hin überprüft und wurden kaum im Dialog mit den Adressaten besprochen und fortentwickelt.

5 Volksbildung als Intensitätsverhältnis zur Kultur

Robert von Erdberg, der bedeutendste Kopf der deutschen Erwachsenenbildung in den ersten drei Jahrzehnten unseres Jahrhunderts, hat als Erster einen beachtlichen Versuch gemacht, die Volksbildung auf ein bildungstheoretisches Fundament zu stellen. Schon seit 1896 in der Berliner Zentralstelle für Arbeiterwohlfahrtseinrichtungen praktisch mit Volksbildung befasst, wagt er im Jahre 1911 mit dem großen Aufsatz „Die Grundbegriffe der Volksbildung“ eine theoretische Klärung der vielschichtigen, bisher sehr praktizistisch orientierten Bemühungen um die Bildung des Volkes (vgl. v. Erdberg 1911). Was Volksbildung sei, könne man erst klären, wenn man wisse, was Bildung ist, und so arbeitet er sich über eine Erörterung der Begriffe Kultur und Zivilisation schließlich zu einer ersten Definition von Bildung durch. – sie sei nämlich das Verhältnis des einzelnen zur Kultur –, um dann aber die darin noch enthaltene Vieldeutigkeit in dem Fundamentalsatz seiner ganzen Bildungstheorie aufzuheben: „Bildung ist das

Intensitätsverhältnis zur Kultur!“ (ebd. 1911, S. 366). Mit dem „Intensitätsverhältnis“ hat von Erdberg ein eindeutig formales Prinzip zum Eckpfeiler der Volksbildung gemacht, was für diese von enormer Tragweite werden sollte.

Ein Jahr später berief sich von Erdberg in einem Vortrag über den gleichen Gegenstand auf seine Übereinstimmung mit dem damals führenden Pädagogen Friedrich Paulsen, den er mit folgenden Worten über den Gebildeten zitiert:

> „Nicht die Masse dessen, was er weiß oder gelernt hat, macht die Bildung aus, sondern die Kraft und Eigentümlichkeit, womit er es sich angeeignet hat, und zur Auffassung und Beurteilung des ihm Vorliegenden zu verwenden versteht. Nicht der Stoff entscheidet über die Bildung, sondern die Form“ (v. Erdberg 1913, S. 202).

Natürlich hatten auch schon die volkstümlichen Hochschulkurse Elemente formaler Bildung betont, wenn sie ihre Hörer auch zu selbständigem Denken erziehen wollten, aber erst jetzt eröffnet v. Erdberg die volle Möglichkeit der Theorie und Praxis der formalen Bildung, so dass Leopold von Wiese in seiner „Soziologie des Volksbildungswesens“ 1921 sagen kann: „Es zeigt sich ein Fortschritt vom Stoff- zum Formprinzipe“ (vgl. v. Wiese 1921, S. 34).

Zunächst waren die Gedanken v. Erdbergs durchaus noch in den Rahmen der volkstümlichen Hochschulkurse einzupassen. Er gibt zu bedenken, dass Einzelvorträge überhaupt nicht, Vortragsreihen nur schwerlich ein intensives Verhältnis zu einem Kulturbereich herstellen können und empfiehlt deshalb die Bündelung mehrerer Vortragsreihen mit sich ergänzenden Themen. Der Wunsch, nun selbst wissenschaftlich zu arbeiten, könne aber nur in Seminaren in kleinen Kreisen durch akademisch gebildete Personen erfüllt werden, und das sei vorläufig wohl nur in den Volksheimen in Hamburg und Wien möglich, jedoch müsse die Gründung gut ausgestatteter Volksuniversitäten als Krönung der freien Volksbildungsarbeit angestrebt werden (vgl. v. Erdberg 1913, S. 206). Bald aber wurde v. Erdberg selbst von der Konsequenz seiner eigenen Grundsatzformulierung über diese Grenze hinausgetrieben. Um seiner eigenen bildungstheoretischen Grundformel treu zu bleiben, musste er bald einen Teil seiner eigenen Volksbildungsarbeit verwerfen. Noch in einer seiner letzten Arbeiten schrieb v. Erdberg:

> „Eine Volkshochschule im Dienst der verbreitenden und eine Volkshochschule im Dienste der gestaltenden Volksbildung sind zwei ganz verschiedene Einrichtungen, die kaum mehr als den Namen und einige äußere Formen gemein haben“ (v. Erdberg 1928, S. 380).

Das Prinzip der Intensität musste folgerichtig das Prinzip der Individualität nach sich ziehen, so wie es der Neuhumanismus schon einmal durchdacht hatte. Ein intensives Verhältnis zwischen Mensch und Kulturgut ist nur denkbar, wenn die Kräfte des Einzelnen durch etwas aktiviert und entwickelt werden können, das seinen Lebensumständen, seinen Bedingungen und vor allem seinem inneren Wesen entspricht. Wie aber ist es möglich, dass aus der grenzenlosen Fülle der Kulturgüter und der unendlichen Vielfalt der Individuen es zu einer Begegnung in gegenseitiger Angemessenheit kommen kann?

> „Die Volksbildungsbewegung kann niemals von vornherein ein Bildungsziel bestimmen, dem jeder einzelne zugeführt werden muß, und die Volksbildung darf nicht mit Massenmitteln arbeiten, wenn sie auf Erfolg rechnen will. (...) Diese Forderungen setzen eine Individualisierung der Bildungsmittel voraus, die immer nur bis zu einem bestimmten Grad möglich

> sein wird. Unter Bildungsmittel verstehen wir die Mittel, durch die in dem einzelnen die Kräfte geweckt und angeregt werden, mittels derer er in ein Intensitätsverhältnis zur Kultur – zunächst natürlich in geringster Extensität – gelangen kann“ (v. Erdberg 1911, S. 382f.).

Im Jahre 1919 schien eine Lösung für das Problem, um das v. Erdberg rang, gefunden zu sein: in der Idee und der Organisationsform der Volkshochschule. Eduard Weitsch schrieb damals in seinem aufrüttelnden Buch „Zur Sozialisierung des Geistes“ (1919), dass sich aus den bisherigen Erfahrungen und der neuen Situation folgende Forderungen an die neue Volksbildungsarbeit ergäben:

> „Sie muß, um es mit einem Worte zu sagen, von der extensiven zur intensiven Arbeit übergehen. Sie muß erstens intensiver arbeiten, was den Stoff, den sie bietet, anbelangt, sie muß los von dem Grundsatz, wer vieles gibt, wird manchem etwas geben. Sie wird im Gegenteil Ernst mit dem Grundsatze machen müssen, daß es nicht auf die Menge des Wissens, sondern auf die Tiefe des Eindringens und Erfassens ankommt“ (Weitsch 1919, S. 14).

Und auch in Bezug auf die Teilnehmer müsse man, was deren Zahl angeht, in die Tiefe statt in die Breite arbeiten; man müsse vom Großbetrieb zum Kleinbetrieb übergehen (ebd., S. 25).

Inzwischen hatte man in Deutschland Hollmanns Buch über die dänische Volkshochschule gelesen, und manche hatten sich davon inspirieren lassen, eine Heimvolkshochschule nach dänischem Muster zu gründen, weil man darin am ehesten die Voraussetzung sah, die neuen bildungstheoretisch begründeten Forderungen nach Intensität und Individualisierung zu verwirklichen. Weitsch meinte, die Volkshochschule solle eine stille Stätte im Lande sein, wo werktätige Jugendliche ein halbes Jahr Zuflucht suchen könnten, „um außerhalb der Tretmühle beruflicher Hast eine kurze Spanne Zeit ihrem reinen Menschentum widmen zu können“ (ebd., S. 22). Allerdings haben die meisten Volksbildner der Neuen Richtung, wie man jetzt sagte, gesehen, dass die realen Möglichkeiten für die Gründung von Heimvolkshochschulen in Deutschland recht begrenzt waren und man mehr auf die neuen Abendvolkshochschulen setzen musste, die für die Realisierung des bildungstheoretischen Ansatzes auch einen neuen Begriff gefunden hatten: die Arbeitsgemeinschaft.

Für den anderen großen Bereich des Volksbildungswesens musste es zwangsläufig zu noch schärferen Kontroversen kommen, sobald man die Volksbücherei nicht mehr als Dienstleistungsbetrieb sah, der neue Bevölkerungsteile mit Lesestoff versorgen sollte, sondern die Bildungsfrage stellte, wie der zweifelsohne originellste Kopf des deutschen Büchereiwesens, Walter Hofmann, es tat. Nicht nur Grundtvig hat große Vorbehalte gegen das geschriebene und damit erstarrte Wort gehabt, sondern auch Platon, wie Gadamer einmal im Zusammenhang mit Vorträgen über Grundtvigs Sprachphilosophie dargelegt hat. Dem gesprochenen Wort bleibt noch die Möglichkeit, Missverständnisse und Irrtümer nachträglich aufzuklären, das geschriebene Wort bleibt allen Missverständnissen ausgeliefert. Längst war man so weit nach den Vorträgen der volkstümlichen Hochschulkurse zumindest Fragestunden, oft aber auch echte Diskussionen anzuregen. Das Buch aber wurde meistens ausgeliehen und wieder eingestellt, ohne dass jemand wusste, welche Bedeutung es für den Leser gehabt hatte.

Beim Aufbau und der Leitung der später weltbekannten Arbeiterbücherei in Dresden-Plauen seit 1905 und von 1913 an in Leipzig, ist Walter Hofmann vor allem die Erfahrung der unendlichen Vielfalt der Individualität bewusst geworden, und eine eigene Untersuchung über die Psyche des Arbeiters bestätigte ihm, dass auch die Arbeiter alles andere als eine einförmige Masse seien. Also stand er vor der schwierigen Frage, wie es zu machen sei, dass das richtige Buch zur richtigen Zeit an den richtigen Menschen komme (vgl. Hofmann 1951, S. 32), denn daran hält er unverbrüchlich fest:

> „Objekt der Volksbibliothek ist nicht das Buch, sondern der Mensch. Nicht Bücherverwaltung, sondern Menschenförderung, das ist hier die Aufgabe. Also steht über aller Arbeit unserer Büchereien der Begriff der Pädagogik; Pädagogik hellsten, freudigsten und lebendigsten Geistes, fernab aller Schulmeisterei und Kathederdürre, aber doch Pädagogik“ (ebd., S. 121).

Das wichtigste pädagogische Prinzip wird nun (neben der Auswahl des Bücherbestandes) die „individualisierende Ausleihe“, worunter zu verstehen ist, dass eine dynamische Vermittlung „an den einzelnen aus dem Leserkreise das seiner besonderen Empfänglichkeit entsprechende Buch“ heranbringt (ebd., S. 32). Hofmann hat dann eine Art dialogisches Verfahren entwickelt, in dessen Verlauf Leser und Bibliothekar bei Ausleihe und Rückgabe im Gespräch annäherungsweise herausbekommen, welches Buch zu welcher Zeit sinnvoll zu lesen wäre.

> „Wir werden uns also den Gang der Vermittlungsarbeit in Wirklichkeit so zu denken haben, daß sie, von der Verhinderung der gröbsten, handgreiflichsten Mißgriffe ausgehend, schrittweise zu immer feineren und lebendigeren Beziehungen zur Leserschaft und zum Einzelleser zu gelangen trachtet, um schließlich in möglichst vielen Fällen das planlose Tasten und Tappen des Einzellesers in ein gemeinsames planmäßiges Suchen zu verwandeln“ (ebd., S. 32).

Walter Hofmann hat aus seinem bildungstheoretischen Ansatz ein damals viel beachtetes und auch im In- und Ausland nachgemachtes System der Bibliotheksarbeit entwickelt und verwirklicht, einschließlich einer entsprechenden Ausbildungsform für Volksbibliothekare. Das Dritte Reich hat dann sein Werk zerstört, und die Nachkriegszeit ist andere, weniger pädagogische Wege gegangen.

6 Laienbildung, Volksbildung, Arbeiterbildung. Die dialektische Aufhebung der Individualisierung

Als Robert v. Erdberg 1911 die Volksbildung direkt mit dem authentischen Neuhumanismus und dessen Qualitätsmerkmalen für Bildung verband, übertrug er ein bis dato nur privilegierten Schichten vorbehaltenes Bildungsziel auf die allgemeine Bevölkerung. Er stellt in gut idealistischer Manier ein hohes Kultur- und Bildungsideal auf, das nicht von einem Inhalt ausgeht, sondern von der formalen Kategorie der „schöpferischen Kraft des Menschen“ als „Erzeugerin der denkbar vollkommensten Werke“ (v. Erdberg 1911, S. 372). Weil die Betätigung dieser Kräfte der Gesamtheit den größten Nutzen erbringt, ist es höchstes Ziel der Gesellschaft, dem Einzelnen diese Betätigung zu ermöglichen, so dass es „keinen höheren Maßstab für die Kultur“ geben kann, „als eine Gemeinschaft, in der jeder Mensch die denkbar größte Möglichkeit zur Erreichung seiner objektiv berechtigten Zwecke hat, d.h. in der jeder einzelne die in ihm liegenden schöpferischen Kräfte im Dienste der Gemeinschaft zur denkbar vollkommensten Entfaltung bringen kann. Das Bildungsideal würde demnach ein umfassendes positives Intensitätsverhältnis zu allen den Äußerungen der Kultur sein, in denen diese Kräfte ihren Ausdruck gefunden haben“ (ebd.).

Eine solche Aufgipfelung idealistischen neuhumanistischen Bildungsdenkens hat der Volksbildung für alle späteren Zeiten ein Qualitätskriterium ins Stammbuch geschrieben: das der Intensität jeder echten geistigen Arbeit. Aber hier wird auch die Verkehrung des antiken Bildungsgedankens im Neuhumanismus deutlich, der nun alles und jedes reflexiv auf das sich bildende Subjekt zurück bezieht, dem dann alles zum Medium seiner eigenen Bildung wird.

Auch v. Erdberg kommt nicht umhin, die Gesellschaft und die Gemeinschaft wenigstens gedanklich als Träger des Kulturideals einzubeziehen. Aber mit dem ersten Weltkrieg und seinem Ausgang drängten sich sowohl von Seiten der neuen Massen wie auch auf der Seite der von den Ereignissen erschütterten einzelnen Personen ganz andere Fragen in die Volksbildung, die die dialektische Bewegung zwischen Individuum und Gemeinschaft auf so heftige Weise in Gang setzten, dass man wohl, Hegel übertreibend, fast von einem bacchantischen Taumel sprechen kann.

Das Kulturgut selbst, im Kaiserreich in seiner Wertschätzung noch kaum erschüttert, verlor seine fraglose Geltung. War es nicht von bestimmten Schichten, etwa den Akademikern und Offizieren oder von der bürgerlichen Klasse hervorgebracht? Waren es nicht die Gleichen, die das Volk vier Jahre lang in den schrecklichen und sinnlosen Krieg geführt hatten? So etwa fragte Eugen Rosenstock. Und wenn das Volk nicht mehr von seinen Führungsschichten aufgeklärt werden will oder soll, muss man dann nicht auf Grundtvig zurückgehen und erklären, volkliche Aufklärung sei die gegenseitige Selbstaufklärung des Volkes? Konnte man der als bedrohlich empfundenen Volkszerstörung und Kulturkrise vielleicht nur dadurch begegnen, dass man von der Individualbildung abließ und die Menschen direkt als Gruppen und Gemeinschaften ansprach und zu bilden versuchte? Wird der Arbeiter nicht sogar Kollektiverziehung und Klassenkampfschulung verlangen? Es ist erstaunlich, dass in dem Wirbel um die Erwachsenenbildung, den manche kritisch auch als „Volkshochschulrummel“ bezeichneten, noch bildungstheoretische Konzepte und Gedankengänge zum Zuge kamen.

Wilhelm Flitners „Laienbildung“ war ein Reflex auf seine Tätigkeit als Leiter der Volkshochschule Jena, enthielt wesentliche Elemente der später so genannten „Thüringer Richtung“ der Volksbildung und war andererseits ein kühner Entwurf für eine Erneuerung der Erwachsenenbildung und des Volkslebens. Am Anfang finden wir die klassische Frage aller bildungstheoretischen Erörterungen, nämlich „was unter Volksbildung zu denken, unter welchen Bedingungen sie möglich ist“, und zwar „Volksbildung in ihrem allerwesentlichsten und umfassendsten Sinne“ (Flitner 1982, S. 29).

Die Antwort, die Flitner im ersten Satz des ersten Kapitels gibt, ist verblüffend neu und zugleich typisch für die veränderte Denkweise: „Der Sachverhalt ‚Volksbildung‘ bedeutet das Enthaltensein eines geistigen Lebens in dem werktätigen und gemeinen drin“ (ebd.). Auch Grundtvig hatte schon gesagt, dass das Volk selbst ein geistiges Leben besitze und nicht erst durch die Akademiker eines bekommen müsse. Aber jetzt hatten viele deutsche Akademiker im Krieg Kontakt zu einfachen Menschen erhalten und dabei ganz neue Erfahrungen gemacht. Wie beispielsweise Herman Nohl und Flitner, die unter flämischen Handwerkern und Landwirten hochgeistige Menschen antrafen und im deutschen Heer unerwartet viele Leute ohne geistige Interessen und ohne eine aufgeklärte Humanität. Im Krieg reifte bei manchen schon der Entschluss, nach Eintritt des Friedens sofort mit Volksbildungsarbeit zu beginnen (vgl. Flitner 1982, S. 321ff.).

Der bildungstheoretische Kern von Flitners Fanfarenstoß ist die Revision des überkommenen Bildungsgedankens. Denjenigen, die bisher die Definitionsmacht über den Begriff von Bildung hatten, wird ihr Privileg streitig gemacht, und sie werden zu einer Umwertung ihrer Werte aufgefordert. Was bisher alleine als Bildung zugelassen und in Ansehen stand, nennt Flitner „priesterschaftliche Bildung", denn sie ist nur auf dem Wege langer und schwieriger Studien zu erreichen und schafft so einen eigenen Stand von Gebildeten. „Zu einer Volksbildung dagegen gehört die leichte, beinahe absichtslos im Leben selbst entspringende Tradition. Dieses ‚im Leben selbst' ist das Kennzeichen einer Volksbildung" (ebd., S. 30).

Das Problem ist nun für Flitner, dass diese beiden Bildungswelten scharf voneinander getrennt sind, dass die volkstümliche Bildung unter industriellen und großstädtischen Bedingungen rasch verkümmert und vielleicht verschwindet, und dass die Menschen der priesterschaftlichen Bildung den Bezug zum realen Leben weitgehend verloren haben. Eine Konservierung volksnaher Lebensformen verwirft Flitner ebenso wie eine esoterische Pflege rein humanistischer Bildung. Vielen der neuen Volksbildner, allen voran Eugen Rosenstock, wurde jetzt klar, wie verhängnisvoll die in der Renaissance erfolgte Abspaltung einer auf antiker Kultur fußenden humanistischen Bildung von der Lebensform der Laien war. Zwar hatte auch das Mittelalter die Aufspaltung in Priester und Laien gekannt, aber der Sinn der Priesterschaft lag eben in der Unterrichtung und Bildung der Laien, während die humanistisch Gebildeten quasi ein freies Reich der Geister, höchstens an die Höfe gebunden, darstellten. Die Zeit schien gekommen, diese Trennung endlich wieder aufzuheben, wie es besonders Eugen Rosenstock in seiner geistvollen Schrift „Das Dreigestirn der Bildung" dargelegt hat.

Flitner hat mit seiner „Laienbildung" eine pädagogische Konstruktion vorgelegt, wie Menschen der Volksbildung, die ja auch über einen geistigen Schatz von Tradition und Erfahrung verfügen, sich mit den Kreisen der höheren Bildung zusammenschließen sollten, um dem volkstümlichen Kulturgut wieder mehr Größe und Tiefe zu geben und das akademische Geistesgut wieder mit dem Leben zu verbinden. Das Ergebnis solcher Bildungsgemeinschaften soll die Heraufführung neuer Lebensformen sein, die dann stark genug sein könnten, der übermächtigen technisch-wissenschaftlichen und industriellen Welt ein humanes Antlitz zu geben. Der Gebildete im Sinne der Laienbildung ist derjenige, der zum Dialog in solchen Bildungsgemeinschaften willens und fähig ist, und insofern erscheint er in diesem und ähnlichen Konzepten kaum noch als einzelner, sondern in Relationen zu Gemeinschaften. Das individualisierende Moment liegt nur darin, dass zu „echter Gemeinschaft", wie M. Buber das nannte, nur Individuen fähig sind und deshalb nur kleine Kreise, wo der einzelne noch zu Wort und zur Geltung kommt, das neue Bildungskonzept realisieren können.

Es ist selbstverständlich, dass Wilhelm Flitner zunächst von den „priesterschaftlich" Gebildeten erwartete, dass sie begriffen, was jetzt zu tun sei und deshalb den ersten Schritt täten, um dem Volk zu begegnen. Georg Koch, Eugen Rosenstock und viele andere sprachen davon, die akademisch Gebildeten müssten wieder „Volk werden". Dies nannte man auch „Volkwerdung". Wer zuerst den Ausdruck „Volksbildung ist Volkbildung" geprägt hat, ist unklar, vermutlich tat es Ernst Michel im Hohenrodter Bund, aber kein Wort hat wohl nach dem Zweiten Weltkrieg durch Irrtum oder Unterstellung die freie Volksbildung der Weimarer Zeit so in ein falsches Licht gerückt wie diese häufig zitierte Redeweise. Es schien dann so, als kulminiere in dem Zitat die ganze Theorie oder Ideologie von Volksbildung, die dann auf Hitlers Volksgemeinschaft zulaufe (vgl. Röhrig 1988, S. 353ff.). Solche Missverständnisse bei dem Schlagwort vielleicht vorausahnend, hat Robert v. Erdberg es damals, wie auch viele andere, verworfen. Gleichwohl war den Erwachsenenbildnern der „Neuen Richtung“ in der Weimarer Zeit eine Ablehnung des ökonomischen Liberalismus und eines anthropologischen und politischen Individualismus Gemeingut. Insofern gab es eine breite Zustimmung, beispielsweise bei allen Hohenrodter Tagungen, zu dem Grundgedanken, dass zwar die Bildung immer nur mit und über die freien Individuen gelingen könne, dass aber letztendlich doch das Volk in erster Linie Subjekt und Objekt der Erwachsenenbildung sein müsse. In einem seiner letzten Beiträge zum freien Volksbildungswesen hat v. Erdberg folgende Formulierung gefunden, die immer noch an seinen Aufsatz von 1911 erinnert, aber dem Volk doch eine positivere und konkretere Bedeutung beimisst, ohne jeden völkischen oder chauvinistischen Beigeschmack:

> „So erhält die Volksbildung ihren tiefsten Sinn in der Deutung einer Bildung zum Volke, einer Bildung, deren letztes Ergebnis das Volk ist. Nur in diesem Sinne kann von Volksbildung überhaupt gesprochen werden. Die Bildung einzelner kann nur in den Rahmen einer Volksbildung gefügt werden, wenn der einzelne durch sie die Formung als ein das Volk erst mitgestaltendes Glied erhält. Damit ist aber auch gesagt, daß alle Erwachsenenbildung, so sehr sie in erster Linie der geistigen und seelischen Formung des einzelnen dienen will und nur dienen kann, diese Aufgabe nur im Hinblick auf das Volksganze lösen kann, in dem für den einzelnen erst die Voraussetzungen seines geistigen und seelischen Lebens gegeben sind“ (v. Erdberg 1928, S. 371).

Innerhalb der Neuen Richtung und des Hohenrodter Bundes spielte sich die dialektische Bewegung zwischen den Polen Individuum und Volk immer nur in den Grenzen differenter Akzentsetzungen, nicht aber prinzipieller Unterschiede ab, denn man hielt daran fest, dass Bildung die zentrale Kategorie sowohl für die emanzipatorische Entwicklung der Individuen als auch des Volkes sei. Das war ganz anders, wo Arbeiterbildung ins Spiel kam, die von einer materialistischen Theorie oder Weltanschauung ausging. Seit Wilhelm Liebknechts berühmtem Vortrag „Wissen ist Macht – Macht ist Wissen“ (1968), waren die Weichen klar gestellt auf eine vorläufige Zurückstellung aller Bildungsansprüche der Arbeiter, soweit sie nicht der Beförderung des politischen Kampfes dienten, während die echte, alle Kräfte entwickelnde Bildung erst nach der Revolution möglich sei. Damit entstand eine große Sparte von Bildungsarbeit für und mit Arbeitern, die einen bildungstheoretischen Ansatz ablehnte und ihre Gegenposition durch Ausdrücke wie Schulung, Zweckbildung u.ä. markierte und vor der Humanitätsduselei der Bildungsvertreter gerne warnte.

Es gab aber eine Gruppe von Sozialisten, die ein sehr gebrochenes Verhältnis zum Materialismus hatten und umso mehr dem Bildungsgedanken verbunden waren. Einen Sonderfall bildeten die Austromarxisten um Max Adler, die sich sowohl auf Marx wie auch auf Kant beriefen, aber doch letztendlich die Bildung funktionalisierten. Der entscheidende Impuls zu einer nicht materialistischen und nicht pragmatisch-zweckhaften Arbeiterbildung kam aus dem religiösen Sozialismus, wobei „religiös“ nicht unbedingt „christlich“, sondern auch „jüdisch“ oder „kosmische Verantwortung“ meinen kann. Hier ist eine Reihe von Namen zu erwähnen, die damals in der Arbeiterbildung viel bedeuteten wie Paul Tillich, Emil Blum, Leonard Ragaz, Adolf Reichwein, Gertrud Hermes, Carl Mennicke, Eugen Rosenstock, Ernst Michel, Fritz Klatt, Paul Honigsheim und Fritz Borinski.

Die religiösen Sozialisten benutzten den Marxismus nur als analytische Erkenntnisquelle zur Aufdeckung von Ursachen sozialen Elends, aber so wie ihr Antrieb zu sozialem Engagement aus dem Glauben, also einem geistigen Prinzip kam, so erwarteten sie Änderungen auch nur aus etwas Ideellem, nämlich der Willensentscheidung der Arbeiter zu solidarischem Kampf für soziale Gerechtigkeit und geistige Emanzipation, so dass die Bildung der Arbeiter eine Schlüsselrolle erhalten musste, und dann „über der Wissensschulung die Übung der seelischen Tragkraft und die Schärfung des persönlichen Willens stehen muß" (Reichwein 1978, S. 66).

Die Erwachsenenbildner der Neuen Richtung führten einen offenen Diskurs mit den nichtorthodoxen Sozialisten, aber es gab dann stets eine wichtige Differenz in der Bildungsfrage. Als beispielsweise der Leiter des Leipziger Volksbildungsamtes, Paul Hermberg, auf der Hohenrodter Tagung von 1928 seine sozialistische Position dargelegt hatte, stellte Flitner heraus, dass Hermberg die pädagogische Arbeit nur als Mittel zum Zweck betrachte. Hier scheide sich sein Weg von dem Hermbergs (vgl. Tagungsberichte 1929, S. 46). Damit ist exemplarisch die Trennungslinie für alle bildungstheoretischen Ansätze markiert: Sobald die Bildungsarbeit zu einem Mittel für andere Zwecke, seien sie politischer oder ökonomischer Art, benutzt wird, trennen sich die Wege (vgl. Röhrig 1988). Emil Blum, der Leiter der Arbeitervolkshochschule Habertshof, hat als letzter noch einmal die Bildungsidee der freien Arbeiterbildung beschworen, als sie faktisch schon untergegangen war (vgl. Blum 1935). Er bindet auch seine Konzeption noch einmal an die klassische Bildungsidee an, und zwar an das allem Humanismus innewohnende Recht, mit dem er sich gegen den Missbrauch des Menschen als Objekt richtet (ebd., S. 9). Indem Blum nun die allgemeine Menschenbildung Rousseaus, Kants oder Humboldts radikal auf die inhumane Wirklichkeit wendet, benutzt er den marxschen Terminus „realer Humanismus", bevorzugt aber wegen der notwendigen scharfen Abgrenzung gegen die reine humanistisch-idealistische Bildungsidee den Ausdruck „existentielle Bildung", mit dem er dann Pestalozzi, christliche und marxistische Arbeiterbildung und alle Humanisten, die bereit sind, ihre Ideen auf den „Erdendreck" dieser Welt anzuwenden, zusammenschließt.

7 Spuren der geisteswissenschaftlichen Pädagogik, die reine Bildungstheorie Ballauffs und die Aufgabe des bildungstheoretischen Ansatzes

Allgemein gilt die geisteswissenschaftliche Pädagogik als fast identisch mit jedwedem modernen bildungstheoretischen Ansatz. Obwohl einige führende Vertreter dieser Pädagogik Volkshochschulen gegründet und geleitet haben (Nohl und Flitner), andere der Erwachsenenbildung zumindest wohlwollend und helfend gegenüberstanden (Th. Litt und E. Spranger), sucht man fast vergeblich nach dezidiert geisteswissenschaftlichen Einflüssen auf die Erwachsenenbildung. Gewiss, liest man Flitners „Plan einer Deutschen Schule für Erwachsenenbildung und Volksforschung" (Flitner 1982, S. 159ff.), so bemerkt man einige Parallelität zur geisteswissenschaftlichen Pädagogik, beispielsweise in der Auffassung von Erziehungswissenschaft.

> „Die wissenschaftliche Reflexion kann das ganze Leben des Menschen nur dadurch erzieherisch sehen, daß Fragestellung und Erfahrung der pädagogisch Verantwortlichen aller Arbeitszweige in ihr vereinigt werden. (...) Die neuentstehende Erziehungswissenschaft ist geradezu darauf angewiesen, daß die Erfahrung derer ihr zuströmt, die in der Erwachsenen-

> bildung von den verschiedensten Seiten her der volkserzieherischen Verantwortung konkret ansichtig werden“ (ebd., S. 171f.).

Die hier zum Ausdruck gebrachte Dignität der Praxis vor der Theorie (vgl. Schleiermacher) und die von Dilthey erhobene Forderung, niemand solle Theorie der Pädagogik betreiben, der nicht auch einmal praktisch dort gearbeitet habe, beides ist vielleicht nirgends so Wirklichkeit gewesen, wie in der Erwachsenenbildung der Weimarer Zeit, wo kaum ein beachtenswertes andragogisches Buch erschienen ist – und deren waren es viele – das nicht von einem Praktiker geschrieben wurde und damit verwirklichte, was Flitner später als hermeneutisch-pragmatische Erziehungswissenschaft verstand: Pädagogik als „Reflexion am Standort der Verantwortung des Denkenden“ (Flitner 1957, S. 18).

Man könnte noch das Prinzip der Autonomie der Erwachsenenbildung nennen, das zwar übereinstimmt mit der geisteswissenschaftlichen pädagogischen Theorie, aber doch selbstständig entwickelt wurde als sinnvolle Möglichkeit, einer Vereinnahmung durch Parteien und Weltanschauungen zu entgehen, indem man einen eigenständigen pädagogischen Gedanken zur Grundlage des Handelns machte, wohl wissend, dass man damit von den gesellschaftlichen Mächten noch keineswegs unabhängig wurde.

Schwer zu verstehen ist, dass die Hermeneutik, die ja als wohl einzige wissenschaftliche Methode einen direkten Bezug zum Alltagsverstehen hat, nicht ausgebaut und reflektiert wurde als vielleicht großartige Möglichkeit einer Vermittlung zwischen Wissenschaft und einem entwickelten volkstümlichen Denken, obwohl in der erwachsenenbildnerischen Praxis diese Verbindung unendlich oft hergestellt worden ist. Alfred Manns „Denkendes Volk – Volkhaftes Denken“ (1928) und Flitner in einigen Aufsätzen (Flitner 1982, S. 215ff.) haben das immerhin zum Thema gemacht.

Nach dem Zweiten Weltkrieg tauchen bildungstheoretische Ansätze wieder auf, aber lediglich als Abwandlungen von Gedanken der Weimarer Erwachsenenbildung. Mit einem ganz neuen und ungewöhnlichen Gedankengang trat Theodor Ballauff 1958 auf den Plan.

Ballauff sucht den Sinn von Erwachsenenbildung dadurch zu ergründen, dass er dem Sinn von Bildung durch die Geschichte hindurch nachgeht, um so zu bedenken, was heute angemessen unter Bildung verstanden werden kann. Es geht also nicht um ein zeitloses, immer gleiches Wesen von Bildung, sondern um das, was heute geschichtlich als Bildung an der Zeit ist. Gerade an dem, heute fast wie selbstverständlich vorausgesetzten Bildungsziel der Persönlichkeit, die sich frei innerhalb der Normen der Gesellschaft entfaltet, setzt Ballauffs Kritik an. Ist überhaupt der wahre Mensch jener, der sich selbst sucht, der Wissen und Können und die Dinge der Welt sich aneignet, um daran zur Persönlichkeit zu werden oder in ihrem Besitz Gewissheit zu haben, selbst etwas zu sein? Hier ist ein Menschenbild maßgeblich, das den Menschen als ein vernunftbegabtes Lebewesen ansetzt, das sich selbst gewinnt, wenn es kraft seines Wissens und Könnens sich die Welt verfügbar macht und so kann, was es will.

Ballauff kann zeigen, dass darin gerade das den Menschen Auszeichnende, das Denken, nicht ernst genug genommen ist und in seiner Ursprünglichkeit gar nicht gesehen wird. Der Mensch ist nicht ein bestimmtes Wesen, das noch zusätzlich des Denkens fähig ist, sondern das Denken lässt ihn überhaupt erst als Menschen hervortreten, und auch das Nicht-Menschliche kann als solches erst im Lichte des Denkens erscheinen. So ist das Denken vorgängiger als der Mensch, nicht er bringt das Denken auf, sondern es lässt ihn erst als Menschen entspringen.

Wenn der Mensch ursprünglich und wesentlich dem Denken zugehört, dann geht es ihm um die Wahrheit der Sachen und Mitmenschen, nicht um sich. Von seinem Wollen muss er sich lösen, seine Selbstsuche hat er aufzugeben, soll er Sachen und Mitmenschen so sehen, wie sie in Wahrheit sind, und soll er ihnen diese Wahrheit, ihr Sein nämlich, zusprechen und bewahren. Aus einer Theorie der Menschlichkeit, sagt Ballauff, habe sich eine grundlegende neue Aufgabenstellung ergeben, und diese umreiße nun einen neuen Sinnhorizont von Bildung, der auch für die Erwachsenenbildung maßgeblich werde. Wenn der gebildete Erwachsene nun nicht mehr als „Persönlichkeit“ bezeichnet wird, sondern als Sachverwalter und Mitmensch, dann lassen sich von diesen Begriffen her Maßgaben, Kriterien und Methoden der Erwachsenenbildung bestimmen. Das ist der Hauptinhalt von Ballauffs Buch (vgl. Röhrig 1986).

Die Zeit war Ballauffs Buch nicht sehr gewogen, denn es bahnte sich damals schon die realistische Wende an. 1960 erschien das berühmte Gutachten des Deutschen Ausschusses „Zur Situation und Aufgabe der deutschen Erwachsenenbildung“ und wurde bereits als das Einläuten dieser Wende interpretiert und gelobt. Ich halte es eher für einen letzten Versuch, den Bildungsgedanken trotz aller neuen Anforderungen an die Erwachsenenbildung zu retten, und der „Strukturplan“ des Deutschen Bildungsrats macht dann zehn Jahre später deutlich, dass nichts mehr zu retten war. Das hat niemand deutlicher gesagt als der Hauptverfasser des „Gutachtens“ von 1960, Fritz Borinski:

> „Das Denken des Bildungsrats ist konsequent auf die rationale Organisation und Planung ausgerichtet. Die Erwachsenenbildung erfüllt für ihn ihren Zweck, wenn sie die größtmögliche Chance für ein allgemeines Weiterlernen gibt und erfolgreich dazu beiträgt, daß die Bundesrepublik in der Konkurrenz der modernen Industriestaaten nicht zurückbleibt. (...) Es gehört zu der eigenen und eigenberechtigten strukturellen Arbeitsweise des Bildungsrates, daß er sich, im Unterschied zum Deutschen Ausschuß, nicht die Mühe gemacht hat, tiefer in das Wesen, in die deutsche und internationale Entwicklung und Problematik der Erwachsenenbildung einzudringen. (...) Da im Strukturplan die Erwachsenenbildung als eigenständiger Bereich mit eigenem Wesen und eigener Aufgabe geleugnet wird, wäre es konsequenter, auch das Wort Erwachsenenbildung zurückzuziehen. (...) Jedenfalls sollte klar sein, daß der Strukturplan die Sache der Erwachsenenbildung aufgibt, liquidiert“ (Borinski 1981, S. 37f., S.41f.).

Nach der langen Zeit der realistischen Wende gab es achtenswerte Versuche, neue Trends zu setzen und zu identifizieren, die dann etwa als „reflexive Wende oder „Identitätslernen“ diskutiert worden sind. Aber alle Versuche sind noch zu sehr den Begriffen von Sozialisation und Lernen verhaftet und noch nicht wieder wirklich zur „Bildung“ durchgestoßen. Inzwischen rufen die bedrohlichen und chaotischen Zustände der Welt ein neues Nachdenken hervor, ob es nicht doch unsere wichtigste Aufgabe sein könnte, zu wissen, was oder wie man sein müsse, um ein Mensch zu sein. Vielleicht war die völlige Aufgabe des Bildungsgedankens in der Erwachsenenbildung verhängnisvoll, und vielleicht ist es uns zur Aufgabe geworden, ihn wieder zu suchen und zu diskutieren.

Literatur

Ballauff, Th. (1958): Erwachsenenbildung. Sinn und Grenzen. Heidelberg: o.V.
Blum, E. (1935): Arbeiterbildung als existentielle Bildung. Bern/Leipzig: o.V.

Borinski, F. (1981): Erwachsenenbildung. Dienst am Menschen, Dienst an der Gesellschaft. In: Kürzdörfer, D. (Hrsg.): Grundpositionen und Perspektiven in der Erwachsenenbildung. Bad Heilbrunn: Klinkhardt, S. 25-43.
Bugge, K.E. (1965): Skolen for Livet. Kobenhavn: o.V.
Deutscher Ausschuß für das Erziehungs- und Bildungswesen (1960): Zur Situation und Aufgabe der deutschen Erwachsenenbildung (Gutachten). Stuttgart.
Dräger, H. (Hrsg.) (1984) : Volksbildung in Deutschland im 19. Jahrhundert, Bd. 2. Bad Heilbrunn: Klinkhardt.
Erdberg, R. v. (1911): Die Grundbegriffe der Volksbildung. In: Volksbildungsarchiv 2. S. 358–387.
Erdberg, R. v. (1913): Volkstümliche Vortragskurse. In: Volksbildungsfragen der Gegenwart. Berlin: o.V., S. 201-222.
Erdberg, R. v. (1928): Freies Volksbildungswesen. In: Handbuch der Pädagogik, Bd. IV. Langensalza: Beltz S. 370-400.
Flitner, W. (1957): Das Selbstverständnis der Erziehungswissenschaft in der Gegenwart. Heidelberg: Quelle + Meyer.
Flitner, W. (1982): Erwachsenenbildung. Gesammelte Schriften, Bd. 1. Paderborn: Schöningh.
Garin, E. (1964/1966): Geschichte und Dokumente der abendländischen Pädagogik. Bd. 1 u. 2. Hamburg: Reinbeck
Henningsen, H. (1990): Höjskolernes Fronter. Askov: o.V.
Herder, J.G. (1953): Werke in 2 Bänden. München: o.V.
Hermes, G. (1926): Die geistige Gestalt des marxistischen Arbeiters und die Arbeiterbildungsfrage. Tübingen: o.V.
Hofmann, W. (1951): Buch und Volk. Köln.: o.V.
Kant, I. (1942): Gesammelte Schriften., Bd. XX. Berlin: Preußische Akademie der Wissenschaften.
Künzel, K. (1974): Universitätsausdehnung in England. Stuttgart: Klett.
Liebknecht, W. (1968): Wissen ist Macht – Macht ist Wissen und andere bildungspolitisch-pädagogische Äußerungen. Berlin: Volk und Wissen.
Mann, A. (1928): Denkendes Volk – Volkshaftes Denken. Frankfurt: o.V.
Natorp, P. (1911): Volkskultur und Persönlichkeitskultur. Leipzig: o.V.
Picht, W. (1950): Das Schicksal der Volksbildung in Deutschland. Braunschweig: Georg Westermann Verlag.
Reichwein, A. (1978): Ausgewählte pädagogische Schriften. Paderborn: Schöningh
Röhrig, P. (1986): Sein-Lassen statt Haben-Wollen. Gedanken beim Wiederlesen von Th. Ballauffs „Erwachsenenbildung“. In: Wirth, J. u.a.: Aufforderung zur Erinnerung. Frankfurt: o.V., S. 74-80.
Röhrig, P. (1988): Geschichte des Bildungsgedankens in der Erwachsenenbildung und sein Verlust. In: Zeitschrift für Pädagogik 34, H. 3, S. 345-368.
Röhrig, P. (1989): Der klassische Bildungsbegriff und die Arbeiterbildung. In: Universität Bremen (Hrsg.): Bildung in der Arbeitsgesellschaft. Bremen: Universität Bremen, S. 152-167
Röhrig, P. (1991): Erwachsenenbildung. In: Handbuch der deutschen Bildungsgeschichte. Bd. III, München: Achims Verlag, S. 333-361, Bd. IV, München: Achims Verlag, S. 441-471.
Röhrig, P. (Hrsg.) (1991) : Um des Menschen willen. Grundtvigs geistiges Erbe als Herausforderung für Erwachsenenbildung, Schule, Kirche und soziales Leben. Weinheim: Deutscher Studien Verlag.
Rördam, Th. (1977): Die dänische Volkshochschule. Kopenhagen: o.V.
Rosenstock, E. (1960): Das Dreigestirn der Bildung. In: Henningsen, J. (Hrsg.): Die Neue Richtung in der Weimarer Zeit. Stuttgart: o.V., S. 61-87.
Rousseau, J. (1963): Emile oder über die Erziehung. Rang, M. (Hrsg.). Stuttgart: o.V.
Simon, E. (1960): Réveil national et culture populaire en Scandinavie. La genèse de la höjskole nordique 1844-1878. Kopenhagen/Stockholm/Oslo/London: o.V.
Tagungsberichte des Hohenrodter Bundes (1929): 2. Bd. Stuttgart: Silberburg.
Tews, J. (1913): Bedeutung und Stand der freiwilligen Bildungsarbeit. In: Volksbildungsfragen der Gegenwart. Berlin, S. 142.
Titius, A. (1910): Das Ideal der Volksbildung und unsere Volkshochschulkurse. In: Bericht über die Verhandlungen des IV. Deutschen Volkshochschultages. Berlin: o.V.
Vogel, M.R. (1959): Volksbildung im ausgehenden 19. Jahrhundert. Stuttgart: Klett.
Volksbildungsfragen der Gegenwart (1913): Vorträge, gehalten auf dem Vortrags- und Übungskursus für freiwillige Volksbildungsarbeit. Berlin: o.V.
Weitsch, E. (1919): Zur Sozialisierung des Geistes. Jena: Diederichs-Verlag.
Wiese, L. v. (Hrsg.) (1921) : Soziologie des Volksbildungswesens. München/Leipzig: Verlag von Duncker & Humblot.

Jochen Kade | Wolfgang Seitter | Jörg Dinkelaker

Wissen(stheorie) und Erwachsenenbildung/ Weiterbildung

1 Erwachsenenbildung/Weiterbildung zwischen Wissen und Bildung

Die moderne Erwachsenenbildung/Weiterbildung, die ihren Ursprung in der Aufklärung Ende des 18. Jahrhunderts hat, verweist auf Wissen *und* Bildung. Zunächst orientiert sie sich vor allem am Wissen, dem Leitbegriff der (frühen) Aufklärung. Ihre weitere Entwicklung ist aber für längere Zeit nicht durch die Orientierung an deren Ideen geprägt, sondern von dem – bereits 10 bis 15 Jahre später (vgl. auch Bollenbeck 1994) – veränderten neuen Verständnis von Aufklärung. Sie wird danach nicht mehr unter primärer Bezugnahme auf Wissen begründet, sondern Aufklärung wird nunmehr als ein Grundprinzip des Denkens verstanden. Entsprechend lässt sich in der Romantik und im Deutschen Idealismus eine „entschiedene Kritik des Wissens als Wissen" (Stichweh 2004, S. 148) beobachten. Die Leitbegriffe heißen nun „Bildung und Selbstdenken" (ebd.). Und es ist gerade der Begriff der Bildung, der sich in der Folge als Leitbegriff der Erwachsenenbildung/Weiterbildung stabilisiert, auch wenn durchgängig ein – wie auch immer ausgeprägter – Bezug auf den Wissensbegriff erhalten bleibt[1].

Gegenüber dem Wissen verschiebt der Bildungsbegriff den Akzent auf eine spezifische *Beziehung zum Wissen*, nämlich auf die „Verknüpfung unseres Ichs mit der Welt". Bildung verlange vom Menschen, „soviel Welt als möglich zu ergreifen, und so eng, als er nur kann, mit sich zu verbinden" (Humboldt 1969, S. 235). Sie bezeichnet die „weitest mögliche ‚Aneignung' von Welt durch das Subjekt". Wobei Aneignung heißt, dass das „Subjekt in der Lage ist, mit der Welt, obwohl sie unerreichbar draußen ist, wie mit etwas Eigenem umzugehen und an der Welt ein eigenes Dasein zu bestimmen" (Luhmann 2002, S. 188; Kade 2008). Das Subjekt wird als bildungsfähig begriffen und Bildung als Aneignung von Welt. Insofern die Aneignung von Welt vornehmlich im Medium von Wissen stattfindet, wird Bildung damit zu einer Form der individuellen Aneignung des Wissens. Bildung stellt sicher, dass das angeeignete Wissen ganz dem individuellen Subjekt „zugehört, dessen Wissen es ist" (Stichweh 2004, S. 149).

Wenn moderne Gesellschaften inzwischen vermehrt als Wissensgesellschaften gedeutet werden, so geht die Relevanz gerade dieser Zeitdiagnose für die Erwachsenenbildung/Weiterbildung und genereller für die Erziehungswissenschaft über die anderer soziologischer Zeitdiagnosen, wie Erlebnis- oder Risikogesellschaft (vgl. den Überblick in Wittpoth 2001), weit hinaus. Das ambivalente Verhältnis, das die Erwachsenenbildung/Weiterbildung gegenüber der Zeitdiagnose Wissensgesellschaft einnimmt, zeigt, dass die Umorientierung von Bildung zu

1 Vgl. etwa als ein Beispiel aus der Erwachsenenbildung die Auseinandersetzung in der Weimarer Republik zwischen verbreitender und intensiver Volksbildung, zwischen Bibliothek und Volkshochschule, oder gegenwärtig zwischen Unterricht und medialer Wissensvermittlung (vgl. Nolda 2002; Seitter 2007).

Wissen als ihren Leitbegriff keineswegs so problem- und folgenlos ist, wie es vielleicht auf den ersten Blick erscheinen mag (vgl. Nolda 2001a; Hof 2001; und bezogen auf das Erziehungssystem insgesamt Thiel 2007). Diese Folgen zeigen sich vor allem dann, wenn man nicht nur den Aspekt der Hervorbringung und Verbreitung des Wissens in den Vordergrund stellt – wie dies ein soziologischer Begriff von Wissensgesellschaft nahe legt –, sondern Wissensgesellschaft auch aus einer Vermittlungs-, Aneignungs- und Überprüfungsperspektive, und damit aus einer erziehungswissenschaftlichen Sicht fokussiert.

2 Wissensgesellschaft aus soziologischer Sicht

Die Ursprünge einer Theorie der modernen Gesellschaft als Wissensgesellschaft liegen Ende der 1960er, Anfang der 1970er Jahre, als von Peter Drucker „The Age of Discontinuity" (1969) und von Daniel Bell „The Coming of Post-Industrial Society" (1973) erscheinen. Wie Bells Buchtitel bereits zum Ausdruck bringt, war damit ein Übergang aus der Güter produzierenden Industriegesellschaft in eine auf Dienstleistungen basierende postindustrielle Gesellschaft prognostiziert. In dieser Gesellschaft, für die Bell auch synonym die Begriffe ‚knowlegde' oder ‚intellectual society' verwendet, tritt das Wissen bzw. die Information ins Zentrum der Wirtschafts- und Sozialstruktur. Zwanzig Jahre später wird diese Analyse noch einmal aufgenommen und erweitert. In der gerade für die deutsche Diskussion lange Zeit maßgeblichen Studie „Eigentum, Arbeit und Wissen" (1994) weist Nico Stehr auf, dass die neue Gesellschaftsformation nicht allein durch ein Vordringen der Wissenschaft in alle gesellschaftliche Bereiche gekennzeichnet ist, sondern vor allem durch den Wechsel ihres Reproduktionsmechanismus. Mit dem Übergang in die Wissensgesellschaft löst das Wissen – und gemeint ist zunächst immer das wissenschaftliche Wissen – die Arbeit als Reichtumsquelle ab. Stehr hebt auch „Verschiebungen im Bereich des Wissens selbst" hervor, die diese „Transformation erst möglich machen" (ebd., S. 41). Neuere Debatten in der Wissenssoziologie aufnehmend, führt er das Verhältnis von Wissenschaft und Alltagswissen, von deklarativem und prozeduralem, sowie – und dieses Thema rückt später in den Mittelpunkt (vgl. Stehr 2000) – von Wissen und Nichtwissen an. Das Aufkommen des „knowledge workers" ist Ausdruck und Folge dieser Entwicklung. Experten, Ratgeber, Berater werden – so Stehr – zu einem Charakteristikum der Wissensgesellschaft.

Die im Kontext der Ausbreitung der neuen Informations- und Kommunikationstechnologien stehende Diskussion zur Wissensgesellschaft seit den 1990er Jahren knüpft vor allem an diesem Gedanken der Verschiebung im Bereich des Wissens an. Ihr Interesse richtet sich auf Veränderungen des Wissens als gesellschaftliche, ökonomische und kulturelle „Reichtumsquelle". Ökonomisch akzentuiert, geht es dabei insbesondere um das Entstehen neuer Wissensindustrien, der sog. „knowledge based economy". In solchen Unternehmen wird Wissen als Ware angeboten, womit eine grundlegende Veränderung der Wissensstruktur verbunden ist. Es gilt nicht mehr das „Falsifikationsschema von wahr und falsch, sondern allein das Innovationsschema von Schließung und Öffnung" (Bude 2002, S. 401), die Frage also, was man mit dem Wissen weiter machen kann. Reflexivität wird so zum Strukturmerkmal des Wissens, es tritt an die Stelle der Referentialität. Kennzeichen der Wissensgesellschaft ist in dieser Sicht die Anwendung von Wissen zur Produktion von (neuem) Wissen. Es entstehen „kumulative Rückkopplungsschleife(n) zwischen Innovation und Nutzung der Innovation" (Müller 2001, S. 1119). In der Folge gewinnt zugleich das Organisationswissen gegenüber dem individuellen

Wissen an Relevanz. Es entwickeln sich Verschränkungen von wissensbasierten „personalen und organisationalen kognitiven Fähigkeiten" (Willke 2002, S. 28).

Die These des Übergangs in eine Wissensgesellschaft ist inzwischen von dem zunächst betonten Bezug auf die Ökonomie abgelöst und generalisiert worden. So plädiert Karin Knorr Cetina (2002) dafür, die für die Wissensgesellschaft kennzeichnende Transformation des Wissens nicht nur auf den Produktionssektor zu beziehen, sondern als ein allgemeines Prinzip moderner Gesellschaften zu begreifen. An einer Untersuchung epistemischer Kulturen zeigt sie das Entstehen einer neuen Wissenskultur. Ihr Kennzeichen ist ein generell veränderter Umgang mit einem als „schöpferische Potenz" (Nolda 2001b, S. 98), mithin als kulturelle Produktivkraft begriffenen Wissen. Insofern ist die Produktion von Wissen ein wesentliches Merkmal der Wissensgesellschaft. „Der Begriff des Wissens löst sich aus der Bindung an Vorstellungen über Tradition. Wissen ist in der Moderne etwas, das unablässig neu produziert wird. Und selbst, wenn es sich um altes Wissen handelt, muß man (...) verstehen, an ihm einen Aspekt von Neuheit sichtbar zu machen" (Stichweh 2006, S. 41; vgl. bereits Whitehead 1962, S. 147).

Unter dem Stichwort der Zukunftsbezogenheit des Wissens wird ein weiterer Aspekt hervorgehoben. Heinz Willke sieht ein wesentliches Merkmal der Wissensgesellschaft darin, dass sich das Wissen von einem Wissen über vergangene Ereignisse zu einem Wissen wandelt, das sich auf Zukunft bezieht. Dieses Zukunftswissen bestehe aus „Permutationen von Komponenten vorhandenen Wissens und Komponenten des Nichtwissens" (Willke 2002, S. 11). Die gegenwärtig zu beobachtenden Strukturprobleme der Gesellschaft resultieren – so Willke – aus der „Unfähigkeit, mit Nichtwissen kompetent umzugehen" (ebd., S. 15); einem Nichtwissen, das sich vor allem auf die (industriegesellschaftlichen) Annahmen über das Prognose- und Steuerungspotential des Wissens bezieht. Im Kern handelt es sich also um eine „Überziehung und Überreizung des im System vorhandenen Wissens" (ebd., S. 29). Das Nichtwissen der Wissensgesellschaft bezieht sich „vor allem auf die Folgen der Emergenz von sozialen und soziotechnischen Systemen, die kein einzelner Akteur mehr überblickt, geschweige denn steuert" (ebd., S. 31). Willke plädiert daher für eine „revidierte Fassung des Wissensbegriffs" (ebd., S. 27), der sich nicht nur am Wissen orientiert, sondern die Seite des Nichtwissens mit einbegreift und damit der (neuen) gesellschaftlich fundamentalen Steuerungs-Ungewissheit Rechnung trägt. Zwar ist Wissen, das dem Umgang mit Ungewissheit dient, immer schon ein zentrales Phänomen moderner Gesellschaften. Neu ist aber der „aktive Umgang und das ‚Rechnen' mit Ungewissheit" (Stichweh 2004, S. 157). In dieser Perspektive lässt sich eine ganze Reihe von Diskussionssträngen einordnen, die in den letzten Jahren Wissen mit Unsicherheit, Ungewissheit, Risiko und Nicht-Wissen in Verbindung bringen und deshalb nicht den festen, sondern den relationalen und Übergangscharakter von Wissen betonen[2]. Wissen wird damit zu einem dynamischen Begriff, der aus kommunikationstheoretischer Sicht immer auf Lernen bezogen ist. Es ist eine „Version von Welt", die „kontinuierlicher Revision, Überprüfung, Konstruktion und Rekonstruktion" unterliegt (Flick 2002, S. 72f.). Es bezeichnet „generalisierte kognitive Erwartungen, die vorläufig festgehalten werden, die aber änderbar sind, weil die Bereitschaft zum Wissenserwerb und zur Modifikation des Wissens und damit die Bereitschaft zum Lernen neuen Wissens erwartet werden kann" (Stichweh 1999, S. 464). Als „kondensiertes Beobachten" (Luhmann 1990, S. 144) ist Wissen „Sediment einer Unzahl von Kommunikationen" (ebd., S. 13). Die Entwicklung des Internets, nicht nur als Wissensspeicher, sondern als Ort

2 Vgl. dazu Kade und Seitter 2003. Zur erziehungswissenschaftlichen Analyse von Ungewissheit und Nichtwissen insgesamt vgl. Helsper, Hörster und Kade 2003.

einer spezifischen Form der gesellschaftlichen Erzeugung von Wissen trägt wesentlich zur gesellschaftlichen Durchsetzung dieses Wissensbegriffs bei.[3]

3 Erziehungswissenschaftliche Bezüge auf die Wissensgesellschaft

Der Facettenreichtum der im soziologischen Diskurs entfalteten Aspekte einer als Wissensgesellschaft begriffenen modernen Gesellschaft stellt jede erziehungswissenschaftliche Bezugnahme auf diese Zeitdiagnose vor erhebliche Probleme; zumal diese Pluralität von Bedeutungen erst im Verlauf der zweiten Hälfte des 20. Jahrhunderts gewissermaßen entdeckt worden ist. Die Wissensgesellschaft ist also keine gegebene, keine feste soziale Realität, keine theoretische Abschlussformel, sie trägt vielmehr alle Spuren der Kontingenz, die ja auch generell für Theorie und Forschung kennzeichnend sind. Sie ist daher nur im Medium von historisch je entwickelter Theorie und durchgeführter Forschung zugänglich. Die soziologische Zeitdiagnose bietet weder für die Pädagogik noch für die Erziehungswissenschaft bereits einen festen Anhaltspunkt außerhalb ihres disziplinären Rahmens. Der soziologische Diskurs zeichnet der Erziehungswissenschaft keine Perspektive des Bezugs auf die Wissensgesellschaft vor. Er gibt keinen Platz, keine Ordnung vor, in die sie sich nur zwanglos einzufügen bräuchte, aus der man quasi begründungslos erziehungswissenschaftlich operieren könnte. Die soziologische Deutung moderner Gesellschaften als Wissensgesellschaften stellt eher so etwas wie ein Anregungs-, ja, Irritationspotential bereit und provoziert damit die Frage, wie aus erziehungswissenschaftlicher Sicht auf die Wissensgesellschaft Bezug zu nehmen ist (vgl. im Bezug auf das Thema Risiko in der Erwachsenenbildung/Weiterbildung auch Kade 2001).

Daher erscheint es wenig fruchtbar zu sein, aus erziehungswissenschaftlicher Sicht umstandslos, theoretisch und empirisch unvorbereitet, eine weitere Lesart der Wissensgesellschaft zu entwickeln. Als Zwischenschritt ist zunächst eine stärker analytische Einstellung zum Thema angebracht. In dieser Perspektive werden im Folgenden drei erziehungswissenschaftliche Bezüge auf das Konzept der Wissensgesellschaft dargestellt: Im ersten Fall eine Kritik der bildungspolitisch motivierten Verengung des Verständnisses von Wissensgesellschaft (3.1); im zweiten Fall dient der Bezug auf die Wissensgesellschaft der Modernisierung des Selbstverständnisses der Erziehungswissenschaft/Erwachsenenbildung (3.2); im dritten Fall wird das Anregungspotential des soziologischen Konzepts der Wissensgesellschaft für empirische Forschung mit dem Ziel eines erziehungswissenschaftlichen Beitrages zur Analyse der Wissensgesellschaft unter dem Stichwort „Umgang mit Wissen“ genutzt (3.3). Während im ersten Fall die Einseitigkeit der Rezeption der Wissensgesellschaft analysiert wird und im zweiten Fall die fehlende erziehungswissenschaftliche Rezeption der soziologischen Diskussion zur Wissensgesellschaft der Kritikpunkt ist, bildet im dritten Fall ein – aus erziehungswissenschaftlicher Sicht bestehendes – Defizit des soziologischen Konzepts der Wissensgesellschaft den Ausgangspunkt.

---

3 Vgl. symptomatisch die Verdrängung der in Buchform erscheinenden Enzyklopädie, z.B. Brockhaus, Meyers, durch die Internet-Enzyklopädien, etwa Wikipedia; im Zusammenhang der Aufgabe der gedruckten Ausgabe des Brockhaus: „Ich glaube, dass das (der Streit um Wissen) den Leser mehr interessiert, als nur das nackte Faktenwissen. (...) Das Internet macht die Erfahrung des Wissens durch die ihm eigene Dynamik und durch sein dialogisches Wesen zu einem Erlebnis“ (Schneider 2008, S. 44).

3.1 Kritik der bildungspolitischen Verengung des Begriffs der Wissensgesellschaft

In den vom Bundesbildungsministerium 1998 veröffentlichten Wissens- und Bildungs-Delphi-Studien wurde die Wissensgesellschaft als Kennzeichen der zukünftigen Gestalt moderner Gesellschaften gesehen. Diese bildungspolitisch begründete, empirisch aufwändige Bezugnahme auf das Konzept der Wissensgesellschaft diente zur Begründung der Reform eines als erstarrt begriffenen Erziehungs- und Bildungssystems und der Konkretisierung erster Perspektiven seiner Reformierung.

Die Ergebnisse dieser Studien sind bekannt: Erwartet wurde ein hohes Tempo der Wissensentwicklung vor allem im technologischen Bereich, ein Bedarf an vernetztem Wissen und Allgemeinwissen sowie Veränderungen von Bildungsinstitutionen und Lernorten, insbesondere was die Zunahme an virtuellen Lehrangeboten angeht. Gefordert wurde vor allem die Abstimmung von Lerninhalten, Lernarrangements und -methoden auf die Erfordernisse der Wissensgesellschaft. Stichworte waren das Lernen des Lernens, das Lebenslange Lernen und die Veränderung der Rollenverteilung zwischen Lehrenden und Lernenden. Qualitätssicherung und Qualitätsmanagement waren weitere genannte Desiderata, um den Herausforderungen der Wissensgesellschaft zu begegnen und deren „Anforderungen (...) auf den Weg bringen" zu können (Prognos/Infratest 1998, S. 79).

Annette Stroß (2001a; b) hat diese Studien einer differenzierten Kritik unterzogen. Sie rekurriert dabei zum einen auf kontroverse Deutungen der Wissensgesellschaft, zum anderen auf erziehungswissenschaftliche Befunde, die in der bildungspolitischen Einschätzung der Zukunft des Erziehungs- und Bildungssystems keine Berücksichtigung gefunden haben. Vor diesem Hintergrund votiert sie für einen erziehungswissenschaftlich aufgeklärten bildungspolitischen Begriff der Wissensgesellschaft, der auch deren in der soziologischen Diskussion formulierte kritische Einschätzung, insbesondere ihrer sozialen Folgen, mit aufnimmt und diese nicht wie die herrschende Bildungspolitik ausblendet, d.h. die die dem „soziologischen Konstrukt sowie den Delphi-Studien inhärente Problematik der Wissensgesellschaft" (Stroß 2001a, S. 89) übergeht.

Stroß zeigt, dass in den Delphi-Studien „über weite Strecken ein positives Bild einer zukünftigen Wissensgesellschaft gezeichnet [wird], welches sich – beim Bildungs-Delphi – indessen primär am Wünschenswerten, weniger an möglichen Befürchtungen bzw. der Skepsis von Experten orientiert" (ebd., S. 88). Damit sei dann zugleich die Entscheidung für einen Begriff von Wissensgesellschaft getroffen, der das „Potential und die Zukunftsfähigkeit der Wissensgesellschaft ebenso betont wie auch die allgemeine Zunahme von Handlungsmöglichkeiten" (ebd.). Die „widerstreitenden Auslegungen, der ambivalente Charakter der Zukunftsperspektiven der Wissensgesellschaft" – so Stroß – kommen demgegenüber „nur selektiv zur Geltung" (ebd., S. 89).

Im Einzelnen kritisiert Stroß das bildungspolitisch vertretene Leitbild ‚Wissensgesellschaft' an sechs Punkten: Sie hebt die – zur soziologischen Zeitdiagnose „quer stehende" (ebd., S. 90) – Normativität des Verständnisses von Wissensgesellschaft hervor, das die Bildungspolitik unausgewiesen vertritt, insofern sie nämlich diesem den „Charakter eines allgemeingültigen Leitbildes zuschreibt" (ebd., S. 89), etwa in der verabsolutierenden Betonung erhöhter Eigenverantwortung, beruflicher Mobilität und Flexibilität.

Der zweite Kritikpunkt betrifft die im Zusammenhang mit der Propagierung des Leitbildes ‚Wissensgesellschaft' erzeugte Illusion der Bildungspolitik, „primärer Akteur gesellschaftlichpolitischer Entwicklungen zu sein" (ebd., S.90). Unter Bezug auf Claus Offe weist Stroß der Bildungspolitik eine „individualistische Problemdefinition" (ebd., S. 91) nach.

Der dritte Kritikpunkt betrifft die Diagnose eines Reformstaus im Bildungs- und Erziehungswesen als Begründung für die Notwendigkeit aktiver Bildungspolitik. Stroß zeigt, dass diese Annahme der langfristigen Entwicklung des Bildungswesens nicht gerecht werde, und zwar weder dessen „langfristiger Eigendynamik" (ebd., 92) noch den positiven Folgen der „langfristigen Bildungsexpansion im 20. Jahrhundert" (ebd., S. 93), insbesondere der breiten „kognitiven Mobilisierung" aller Lebensalter, wie sie bildungshistorisch und soziologisch nachgewiesen worden sind.

Auch was die Neuorientierung von Bildungs- und Lernprozessen angeht, weist Stroß eine problemvereinfachende Ignoranz der Bildungspolitik gegenüber dem erziehungswissenschaftlichen Diskussionstand nach (vgl. auch Stroß 2001b). Das „vermeintlich ‚Neue' an der bildungspolitischen Argumentation" (Stroß 2001a, S. 93) zu Fragen des zukünftigen Umgangs mit Bildung, Wissen und Lernen zeige sich „über weite Strecken als längst bekannt" (ebd.). Dies betrifft Begriffe wie Kernkompetenzen oder Lebenslanges Lernen, die Favorisierung eines Begriffs von Bildung, der diese mit Selbstbildung gleichsetzt – ohne dass deren kognitive und soziale Voraussetzungshaftigkeit bedacht würde – und eine Orientierung an reformpädagogischen Vorstellungen des Lernens – ohne dass deren Relativierung durch neuere lernpsychologische Forschungen zur Kenntnis genommen würde, von denen die Vorteile traditioneller Unterrichtsmethoden wieder ins Blickfeld gerückt wurden.

Problematisch seien die den bildungspolitischen Visionen der Wissensgesellschaft „inhärenten Bildungsvorstellungen" (ebd. 94) auch deshalb, weil sie von einer Unumgänglichkeit der „Anpassung der bildungspolitischen Sprache und Programmatik an bereits laufende" (ebd.) gesellschaftliche Entwicklungen, an „(vermeintliche) Notwendigkeiten" (ebd., S. 95) der Wissensgesellschaft ausgehen, und damit eine „positive Umdeutung" (ebd.) von gesellschaftlichen Entwicklungen, wie dem Abbau des Sozialstaates, implizieren, die von volkswirtschaftlichen Effizienzkriterien bestimmt waren. Die Orientierung der Bildungspolitik am Leitbild der Wissensgesellschaft werde zur Legitimation ihrer „radikalen Umorientierung" (ebd., S. 96) auf die Mechanismen des Marktes genutzt.

Generell kritisiert Stroß schließlich – dabei die strukturellen Vermittlungsleistungen von Zeitdiagnosen allerdings unterschätzend, auch was die Ermöglichung einer bildungspolitisch relevanten Plausibilitätszufuhr angeht – eine Bildungspolitik, die sich an Zeitdiagnosen orientiere. Denn die „Ausgangsbedingungen der Bildungsentwicklung stellen sich komplizierter dar, als es das Leitbild der Wissensgesellschaft unterstellt" (ebd., S. 95). Stroß votiert demgegenüber für eine Bildungspolitik, die sich primär bis ausschließlich an den Ergebnissen der Bildungsforschung orientiert.

3.2 Normative Entzauberung des Selbstverständnisses der Erwachsenenbildung

Anders als Stroß, die die (einseitige) Verwendung des Konzeptes der Wissensgesellschaft kritisch beleuchtet, bildet in den Analysen von Sigrid Nolda die Nichtbezugnahme auf das Konzept der Wissensgesellschaft, und zwar insbesondere von Seiten der Fachdisziplin Erwachsenenbildung, den Ausgangspunkt. Es bestehe – so Nolda – „eher das Problem der Anregungsmöglichkeiten verspielenden Reserviertheit als das der unbedenklichen Übernahme" (Nolda 2001b, S. 92).

Noldas Analysen zielen auf eine intensive Nutzung der Anregungsmöglichkeiten des Konzeptes der Wissensgesellschaft, und zwar einerseits zur Kritik des hergebrachten wissenschaftlichen Verständnisses von Erwachsenenbildung, andererseits zur Begründung und ersten Skizzierung von Konturen eines durch die Wissensgesellschaft aufgeklärten Verständnisses von Erwachsenenbildung jenseits von Emanzipationspädagogik und „fortschrittsgläubiger Wissenschaftspopularisierung" (ebd., S. 110). In dieser Absicht greift Nolda insbesondere auf zwei Thesen zur Wissensgesellschaft zurück, auf die des ‚knowledge workers' und die der ‚Kontingenz des Wissens'.

Betrachtet man vor dem Hintergrund der These des ‚knowledge workers' die Erwachsenenbildung, so verändere sich nicht nur ihre Stellung in der Gesellschaft, sie bekomme auch neue Aufgaben. Weil wissenschaftliches Wissen, verstärkt noch einmal durch die neuen Technologien zur Informations- und Wissensverarbeitung wie -verbreitung, inzwischen in alle Bereiche der Gesellschaft diffundiere, verschwinde die für das traditionelle Verständnis von Erwachsenenbildung konstitutive Kluft zwischen Erwachsenenbildnern und ihren Adressaten. Der Gruppe der ‚knowledge worker' stehe eine „selbstbewusste Klientel" (ebd., S. 95) gegenüber. „Statt von einer Herrschaft der Wissenden über die Unwissenden auszugehen", sind ‚knowledge worker' – wie Nolda unter Bezug auf Stehr sagt – „Übermittler von Expertenwissen an Laien, die aber mit der Übermittlung eine Veränderung von Wissen bewirken und dabei auch neues Wissen produzieren". Sie sind „Mediatoren zwischen Wissensproduzenten und –anwendern". Sie organisieren und kommunizieren Wissen über Wissen und tragen im Idealfall zur Lösung von Konflikten, zur Formierung und Transformierung von Identitäten und zur Bewältigung von Alltagsproblemen" (ebd., S. 94f.) bei.

Wenn gemäß der These der prinzipiellen und umfassenden Wissensbasierung aller Teilbereiche moderner Gesellschaften die von der organisierten Erwachsenenbildung unabhängige Produktion, Distribution, aber auch Rezeption von (wissenschaftlichem) Wissen für immer mehr Menschen eine immer größere Rolle spielen, dann büße die Erwachsenenbildung jeden Monopolanspruch auf die Vermittlung von (wissenschaftlichem) Wissen ein. Ihr Selbstverständnis könne nicht länger mit einem solchen Anspruch begründet, sondern müsse auf einer anderen Basis entwickelt werden.

> „Das Konzept der Wissensgesellschaft legt ein Berufsverständnis nahe, das von der gesellschaftlichen Notwendigkeit der ausgeübten Tätigkeit überzeugt ist, diese aber weder überhöht noch als lediglich vorgegebenes Wissen vermittelnde unterschätzt. (...) Die gesellschaftliche Verbreitung des Wissens und der Wissen verbreitenden Experten und Berater zwingt der Erwachsenenbildung eine nüchterne Betrachtung ihrer realen und möglichen Leistungen in Konkurrenz zu oder in Kooperation mit anderen Anbietern auf" (Nolda 2001b, S. 108).

Den Kern pädagogischer Professionalität begründet Nolda vor diesem Hintergrund dann unter Bezugnahme auf das Kontingentwerden und die Fragilität des Wissens in der Wissensgesellschaft, also unter Bezug auf einen erweiterten, flexiblen und Ungewissheit als Kreativitätsgenerator betonenden Wissensbegriff. Indem die Erwachsenenbildung sich diesem auf allen Ebenen öffne und seiner Verkürzung offensiv gegenübertrete, könne sie dazu beitragen, die „in der Wissensgesellschaft angelegten Demokratisierungschancen zu vergrößern und auch die nach wie vor bestehenden Ungleichheiten in den Zugangsmöglichkeiten zum Wissen auszugleichen". Die Übernahme dieses Wissensbegriffs gebiete es, sich „von der Idee der Vermittlung von Sicherheiten und Orientierung zu verabschieden und stattdessen auf das Bildungsziel des

Umgangs mit unabdingbarem, aber prinzipiell strittigem Expertenwissen und der Bewusstmachung und Beförderung von damit verbundenen Handlungschancen zu setzen“ (ebd., S. 109f.). Nolda plädiert damit insgesamt für ein radikales Auswechseln der bisherigen, von „Elementen des Pathetischen“ (ebd., S. 108) geprägten Selbstbeschreibung der Erwachsenenbildung.

3.3 Rekonstruktion pädagogischer Kommunikation in der Wissensgesellschaft

Während Stroß und Nolda vom Bezug bzw. vom Nichtbezug auf die Wissensgesellschaft, im einen Fall in der Bildungspolitik, im anderen in der Fachdisziplin Erwachsenenbildung, ausgehen, ist in dem letzten nun zu erläuternden Fall die Perspektive gewechselt. Ausgangspunkt ist ein – aus erziehungswissenschaftlicher Sicht erkennbares – Defizit soziologischer Konzepte der Wissensgesellschaft. Diese thematisieren zwar inzwischen auch den Zusammenhang von Wissensgesellschaft und Lernen, von Wissen und Lernen (vgl. Willke 2002), aber die Frage, wie dieses Lernen ermöglicht, wie es wahrscheinlich gemacht werden kann, also die Frage der Pädagogisierung und des Selbstlernens, wird nicht behandelt[4]. Genau an dieser Stelle setzt das Projekt „Umgang mit Wissen“ ein, das am Beispiel von zwei großen Dienstleistungsorganisationen im Profit- und Non-Profitbereich empirische Formen der Institutionalisierung des Pädagogischen in der Wissensgesellschaft – wie etwa Formen der Vermittlung von Wissen, Modi der kommunikativen Bearbeitung von Wissensdefiziten, Invisibilisierung von Lernansprüchen, Darstellung des Lernens in der Kommunikation oder Zertifikatskommunikation – zum Thema hatte[5]. Ausgangspunkte des Projektes ist nicht eine kritische Rezeption einer soziologischen Großdiagnose, sondern die Frage nach der (pädagogischen) Wissenskommunikation in ausgewählten Feldern des Lernens Erwachsener.

Mit Blick auf die Projektbefunde lassen sich unterschiedliche Grundformen und Dimensionen der Wissenskommunikation isolieren. Wissenskommunikation setzt immer Personen voraus, die sich das vermittelte Wissen aneignen. Soweit diese Aneignung in der Kommunikation nicht als ein Problem reflektiert wird, auf das die Vermittlung in bestimmter Weise reagiert, handelt es sich um *einfache Wissensvermittlung*. Soweit sie nicht nur aus der Beobachterperspektive auf Aneignung bezogen stattfindet, sondern diese in der Kommunikation beobachtet wird, handelt es sich um *aneignungsreflektierende Wissenskommunikation*. Ihr Adressat sind als Personen begriffene Menschen. Deren Veränderung ist impliziert, sie wird im Zusammenhang der Wissenskommunikation aber nicht noch einmal eigens und erkennbar reflektiert. Die adressierte Person verändert sich oder verändert sich nicht, beides unbeobachtet durch die Wissenskommunikation.

Von *pädagogischer Kommunikation* im engeren Sinne kann erst dann gesprochen werden, wenn die Veränderung der adressierten Person im Zusammenhang der Wissensvermittlung

4 Zur erziehungswissenschaftlichen Interpretation der Wissensgesellschaft als Lerngesellschaft vgl. Jarvis 2001. Zur Rolle der Erwachsenenbildungswissenschaft bei der Analyse von Prozessen der Wissensgesellschaft vgl. Salling Olesen 2003.

5 In der ersten Projektphase stand die Transformation von Prozessen der Wissensvermittlung in pädagogische Kommunikation im Vordergrund, während in der zweiten Projektphase die unterschiedlichen Institutionalisierungsformen pädagogischen Wissens sowie die verschiedenen individuellen, sozialen, medialen und organisatorischen Formen der Selbstbeobachtung analysiert wurden. In methodischer Hinsicht nutzte das Projekt in der ersten Phase das vielfältige Instrumentarium ethnographischer Feldforschung, wobei – soweit möglich – ein Schwerpunkt in Aufnahmen und Mitschnitten ‚natürlicher‘ Interaktionen im Feld lag. In der zweiten Projektphase standen dagegen Experteninterviews und Gruppendiskussionen im Vordergrund (vgl. zu Fragestellung, Design, Methoden und Ergebnissen der Studie ‚Umgang mit Wissen‘ zusammenfassend Kade/Seitter 2007a).

kommuniziert wird, und zwar unterscheidbar von der Wissenskommunikation, gleichwohl aber nicht losgelöst von ihr. Dies geschieht insbesondere dergestalt, dass zusammen mit der (aneignungsbezogenen) Vermittlung von Wissen der Adressat als defizitär konstruiert wird und diese Defizitkonstruktion als Kern einer personbezogenen Veränderungserwartung kommuniziert wird. In dieser Hinsicht steht nicht die Mitteilung von Wissen, das den Adressaten unbekannt ist, im Vordergrund, also der Informationsaspekt von Kommunikation, sondern das Wissen, das als Neues, näher: als für die Person bedeutsames Wissen vermittelt wird. So wie beim Übergang von der einfachen zur aneignungszentrierten Wissenskommunikation der Vermittlungs- gegenüber dem Mitteilungsaspekt in den Vordergrund tritt, so tritt nunmehr die Wissens- gegenüber der Informationsseite der Kommunikation hervor. Zugleich wird die für Information kennzeichnende Differenz neu/alt – bzw. bezogen auf Wissen: bekannt/unbekannt – durch das Kriterium der Lebenslaufbedeutsamkeit des Wissens ersetzt. Mit Wissensvermittlung wird in diesem Fall also nicht nur eine Aneignungserwartung kommuniziert, sondern darüber hinaus noch eine personbezogene Veränderungserwartung[6]. Strukturell ist eine solche Aneignungs- und Veränderungserwartung vor allem in der Rollenasymmetrie von Leiter/Teilnehmer in Veranstaltungen der Erwachsenenbildung/Weiterbildung verankert. Sie basiert aber auch auf den pädagogisch bedeutsamen Zukunftsversprechen, die in der Wissensgesellschaft mit der Fokussierung auf Wissen – wie oben ausgeführt – verbunden sind. Wissen ist – zumindest aus der Beobachterperspektive – indes immer auch, und dies in gesteigertem Maße im Rahmen pädagogischer Kommunikation, eine wie auch immer gut gemeinte „'Zumutung' für den, der es noch nicht weiß" (Baecker 2003, S. 98). Es gehört zu den Paradoxien pädagogischer Kommunikation, dass auf die daraus sich ergebende „Ablehnungswahrscheinlichkeit von Wissensangeboten" (ebd.) durch die erneute Bekräftigung von Wissensbehauptungen, insbesondere durch Lehrbücher, Curricula, (VHS-)Programme oder etwa auch durch Verweise auf den Expertenstatus der Lehrenden (vgl. Nolda 1996), reagiert wird.

Interessant sind in diesem Zusammenhang auch die unterschiedlichen settings pädagogischer Kommunikation. Am eindeutigsten und offensichtlichsten pädagogisch markiert sind *explizit-intensive* settings, bei denen die Vermittlungsaktivität im Vordergrund steht, Personen für die Vermittlung zuständig sind, ein asymmetrisches Gefälle zwischen Professionellen und Laien herrscht, Individuen in einer Defizitperspektive adressiert werden und Aneignung unter der Perspektive der Einwirkungsabsicht beobachtet und kommuniziert wird. *Hybrid-uneindeutige* settings sind dagegen gekennzeichnet durch die Gleichzeitigkeit bzw. den ständigen Übergang von Wissensvermittlung, Belehrung, Geselligkeit, Unterhaltung, Selbstdarstellung, Kulinarik, Spiel, etc., wobei die Vermittlungsakteure keineswegs die Deutungs- und Steuerungshoheit des settings insgesamt innehaben, sondern sich im Gegenteil – meist – an die durch die Adressaten selbst bestimmte Dynamik anpassen (müssen). *Medial-extensive* settings schließlich lassen sich dadurch charakterisieren, dass sie Vermittlungsprozesse bei Abwesenheit der Adressaten organisieren. Sie nutzen die Möglichkeiten technologisch gestützter Verbreitung von Wissen in expansiver Weise, ohne dabei auf die Anwesenheit von Adressaten Rücksicht nehmen zu müssen, aber auch ohne auf Adressaten direkt Bezug und Einfluss nehmen zu können. Die für pädagogische Kommunikation entscheidende Frage des Aneignungsbezugs von Vermittlungsintentionen wird in den drei settings unterschiedlich gelöst, indem problematische (explizit-intensiv), changierende (hybrid-uneindeutig) und stellvertretende (medial-extensiv)

6 Wenn in der neueren Diskussion vermehrt auf die Erziehungsdimension der Erwachsenenbildung/Weiterbildung hingewiesen wird (vgl. Nittel 2003; Wittpoth 2003), so ist dieser Typ von pädagogischer Kommunikation im Blick.

Aneignungsoptionen mit unterschiedlichen Möglichkeiten der Sichtbarmachung und Vereindeutigung fokussiert werden.

Eine *Variante* pädagogischer Kommunikation liegt dort vor, wo die Vermittlung von Wissen nicht (nur) an soziale Akteure, d.h. Personen, adressiert ist, sondern (auch) an den Adressaten in seiner Bestimmung als einzelner Mensch oder auch als Individuum. Die Person, genauer: ihre Unterscheidung vom Individuum, ist eine „Erfindung der Kommunikation" (Luhmann 2002). Indem die Kommunikation sich an der Person orientiert, basiert ihre Fortsetzung höchstens noch auf einer lockeren Bindung an die bewusstseinsinternen Prozesse der Kommunikationsteilnehmer. Soweit diese aber aus einer die Person transzendierenden Perspektive auf das bewusstseins- und körperbestimmte Individuum beobachtet werden, bleibt Bildung als Fluchtpunkt von Erziehung, wenn auch vielleicht nicht als „Ordnungsformel, sondern als ein zuverlässiger Garant für ein ausreichendes Maß an basaler Anarchie"[7] auch im Rahmen eines systemtheoretisch aufgeklärten Begriffs pädagogischer Kommunikation erhalten (vgl. Kade 2004). Man könnte daher auch von *Bildungskommunikation* sprechen.

Die personenbezogene Veränderungserwartung kann auch losgelöst von den Operationen der Wissenskommunikation kommuniziert werden[8]; d.h. ohne anschließende Methodisierung der Aneignung auf dem Wege der Relationierung von Vermittlung und Aneignung, somit ohne Bezug auf Vermittlungs- und Überprüfungsoperationen. Ein solcher – in der Tradition der Volksbildung liegender – Fall pädagogischer Kommunikation ist etwa dort gegeben, wo an Unternehmensmitarbeiter gerichtete Veränderungsappelle in größeren Foren oder in Unternehmenszeitschriften, insbesondere unter Rückgriff auf das Mittel der Redundanz, ausgesprochen werden (vgl. Seitter 2004) oder wenn im Kontext von Sozialarbeit kommunizierte Veränderungserwartungen weniger auf die Einsicht der Klienten setzen als auf die Wirkung materieller Gratifikationen, auf die Androhung von Sanktionen, aber auch auf die stille Macht von Rhetorik und institutionellen Settings.

Zwar ist Wissenskommunikation innerhalb der Erwachsenenbildung/Weiterbildung immer auf die Veränderung von Personen/Individuen bezogen. Aber eine solche Veränderungserwartung muss nicht zusammen mit den Operationen der Wissenskommunikation kommuniziert werden, sie kann auch nur vom externen Standpunkt der Erziehungswissenschaft beobachtet werden. Empirisch lässt sich ein breites Spektrum von pädagogischer Kommunikation im Zusammenspiel von Akteurs- Adressaten- und Beobachterperspektive nachweisen, das von nur unscheinbar mitlaufenden personbezogenen Veränderungserwartungen bis zu einer starken Verknüpfung der Wissenskommunikation mit Veränderungserwartungen reicht. In letzterem ist sicher die stärkste Verkörperung von Erziehungsansprüchen gerade auch in der Erwachsenenbildung/Weiterbildung zu sehen. Merkmal einer an Erwachsene adressierten Wissenskommunikation, das diese von an Schüler, Jugendliche, Kindern adressierter Kommunikation abhebt, kann also nicht das Fehlen von personbezogenen Veränderungserwartungen sein, wie das Selbstverständnis der Erwachsenenbildung/Weiterbildung als Bildung in Abhebung von Erziehung suggeriert, sondern nur deren *Invisibilisierung*[9].

Prozesse der Wissenskommunikation sind grundsätzlich begleitet von Momenten der Charakterisierung der beteiligten Personen als entweder (schon) Wissende oder (noch) Nicht-Wissende. Mit diesen Zuschreibungsakten wird auf das Problem reagiert, dass das Wissen und

7 Vgl. die entsprechende, von André Kieserling auf die (Bildungs-)Idee der Universität bezogene Formulierung (2004, S. 290).

8 In diesem Sinne die Konzipierung pädagogischer Kommunikation von Dirk Rustemeyer 2005.

9 Vgl. Kade/Seitter 2007c; Nolda 2005; Kade/Nolda 2007.

Lernen von Personen nicht unmittelbar beobachtet werden kann und deswegen im Rahmen von Kommunikation eigens repräsentiert werden muss (vgl. Dinkelaker 2008). Wird die Aneignung von Wissen zum Gegenstand der Kommunikation, so weisen diese Zuschreibungsakte ein charakteristisches Muster auf. Zunächst wird ein Nicht-Wissen konstatiert oder unterstellt – ein Defizit wird diagnostiziert. Dann werden Anlässe einer Überwindung dieses Nicht-Wissens dargestellt – Korrekturen finden statt. Schließlich wird etwas darüber ausgesagt, ob anlässlich dieser Korrekturen neues Wissen erworben wurde oder nicht – der Lernprozess wird evaluiert (vgl. Dinkelaker 2007).

Die unterschiedlichen Formen der Wissensvermittlung und pädagogischer Kommunikation greifen in unterschiedlicher Weise auf diesen Zuschreibungsdreischritt von Diagnose, Korrektur und Evaluation zurück. In welchem Grad die Aneignung des vermittelten Wissens zum Gegenstand der Kommunikation wird, ist dabei davon abhängig, ob das Wissen der Beteiligten unterstellt, behauptet oder überprüft wird. Die einzelnen Momente der Bezugnahme auf Lernen – Diagnose, Korrektur und Evaluation – können im Rahmen von Prozessen der Wissenskommunikation unterschiedlich stark ausgeprägt sein. Im Rahmen von Prozessen der Wissensvermittlung tritt der Moment der *Korrektur* in den Vordergrund. Während ausgedehnte *Diagnosen* in der Erwachsenenbildung/Weiterbildung nur selten vorkommen[10], sind ausführliche *Evaluationen* zunehmend anzutreffen. Im Vordergrund steht dann die Ermittlung und Bewertung des von den Adressaten erworbenen Wissens (vgl. auch Kuper 2005).

Werden die Evaluationsergebnisse darüber hinaus dokumentiert und bescheinigt, geht es primär nicht länger um die Kommunikation von Wissen *an* Personen, sondern um die Kommunikation *über* das Wissen von Personen mithilfe von Zertifikaten. Insofern kann man im Unterschied zur Wissenskommunikation von *Zertifikatskommunikation* sprechen. Ihr Thema ist die Hervorbringung und Mitteilung von Wissen über das Wissen, das die Adressaten von Wissenskommunikation erworben haben, über das sie verfügen. Während der Begriff der Wissenskommunikation den Übergang vom sozialem zu individuellem Wissen fokussiert, geht es bei dem unter dem Titel Zertifikate gefassten Komplex gegenläufig um das Thema der Überführung individuellen in soziales, mithin kommunizierbares Wissen[11]. Während Formen *einfacher Zertifizierung* durch Versprachlichung, interaktive Einbettung, Flüchtigkeit und schwache Sichtbarkeit gekennzeichnet sind, machen Zertifikate mit *gesteigerter Reflexivität* die Ermittlung, Bewertung und Dokumentation von Personenwissen der Kommunikation durch Methodisierung und Verschriftlichung zugänglich (vgl. Kade 2005).

3.4 Synopse

Die dargestellten Studien nehmen einen direkten oder indirekten Bezug auf das Konzept Bildung. Die erziehungswissenschaftlichen Bezüge auf die Wissensgesellschaft, wie sie Stroß (2001a, b) und Nolda (2001b) einnehmen, verhalten sich unter dem Aspekt von Bildung und Wissen komplementär zueinander. Stroß kritisiert den Wissensbegriff vom Bildungsbegriff her und assimiliert letztlich Wissen an Bildung, Nolda kritisiert den Bildungsbegriff vom Wissensbegriff her, Bildung wird durch Wissen ersetzt.

10 Zum Sonderfall der Einstufungsberatung im Bereich des Sprachenlernens vgl. Vielau 1995.

11 Man kann einen solchen Übergang als Teil einer Entwicklung sehen, die Dirk Baecker als Fitmachen für die Wissensgesellschaft (Baecker 2003, S. 52) beschreibt.

Für die von Stroß geleistete Kritik der Bildungspolitik ist der Bildungsbegriff insofern von Bedeutung, als damit ein wesentlicher Maßstab der Kritik benannt ist. Der Bildungsbegriff, auf den Bezug genommen wird, ist vor allem durch die Absetzung von den Prinzipien der Ökonomie und Marktorientierung bestimmt. Was am Bezug der Bildungspolitik kritisiert wird, ist die Orientierung an einem ökonomisch und utilitaristisch determinierten Wissensbegriff. Stroß votiert für eine Orientierung der Bildungspolitik an der Bildungsidee, an der das Moment der Gleichheit besonders akzentuiert wird[12]. Der Zusammenhang von Bildung und Pädagogik kommt insbesondere dort in den Blick, wo Stroß die bildungspolitische Favorisierung der Selbstbildung kritisiert. Sie sieht darin insofern Reste einer reformpädagogischen Verengung des Bildungsgedanken, als ausgeblendet bleibt, dass Selbstbildung individuell und sozial in hohem Maße voraussetzungsvoll ist. Unter Bezug auf neuere lernpsychologische Untersuchungen votiert Stroß demgegenüber für pädagogische Instruktion als Voraussetzung von Bildung.

Nolda kritisiert den Bildungsbegriff der Erwachsenenbildung vom Wissensbegriff der Wissensgesellschaft her. Insbesondere kritisiert sie die Pädagogisierung von Bildung, insofern nämlich die Erwachsenenbildung sich als eine, auch moralisch herausgehobene Institution versteht, die im Namen von Bildung aus einer Verantwortung für die Verbesserung der Gesellschaft und für die individuelle Emanzipation handelt. Nolda votiert für eine Entzauberung des Selbstverständnisses der Erwachsenenbildung. Wissen soll zum professionellen Leitbegriff von Erwachsenenbildnern als knowledge-worker werden. Als Ziel hätte man sich an der Erweiterung individueller Handlungsmöglichkeiten zu orientieren. In dem Sinne steht bei Nolda nicht Gleichheit, sondern Freiheit im Mittelpunkt; auch individuelle Freiheit gegenüber normativen pädagogischen Zumutungen der Erwachsenenbildung. Während Stroß das Wissen der Wissensgesellschaft vom Bildungsbegriff her kritisiert, kritisiert Nolda den Bildungsbegriff der Erwachsenenbildung vom Wissensbegriff der Wissensgesellschaft her[13].

Im Projekt ‚Umgang mit Wissen' steht das Verhältnis von Bildung und Wissen nicht direkt im Mittelpunkt, sondern das Verhältnis von Wissen und Pädagogik, genauer: von Wissen(svermittlung) und pädagogischer Kommunikation[14]. Sein Analysefokus sind die Formen, in denen in modernen Gesellschaften die Vermittlung und Aneignung von Wissen, damit auch Bildung institutionalisiert ist. Bildung und Wissen markieren in diesem Bezugsrahmen also keine konkurrierenden Perspektiven für die Beschreibung des Erziehungssystems. Sie unterscheiden sich auch nicht als optimistische oder pessimistische Zielvarianten individueller und gesellschaftlicher Entwicklung. Ihr Verhältnis ist vielmehr das operativer Relationalität. Bildung und Wissen setzen sich voraus. Bildung bezeichnet eine Form des Bezugs auf Wissen (Aneignung), die dessen Angebotscharakter betont. Sie ist von Erziehung als der unter dem Aspekt der Strukturierung von Aneignung komplementären Form des Bezuges auf Wissen (Vermittlung) unterschieden. Erziehung betont die Zumutung an der Wissensvermittlung (vgl.

---

12 Damit greift Stroß zentrale Themen der erziehungswissenschaftlichen Diskussion über bildungspolitische Aspekte der Wissensgesellschaft auf. Diese organisiert sich über die Gegenüberstellung eines ökonomischen und eines kulturellen Verständnisses von Wissensgesellschaft, von Bildungsmarkt und freiem Zugang zu Wissen, von Standardisierung und Diversität von Wissen (vgl. Cervero 2001, Hargreaves 2003, Bron/Schemmann 2003).

13 In der englischsprachigen Diskussion ist noch eine weitere Variante der Relationierung von Wissen, Bildung, Wissensgesellschaft und Erziehungssystem zu beobachten. Der Wissensbegriff der Wissensgesellschaft wird hier in die Nähe des Bildungsbegriffs gerückt, während dem Erziehungssystem ein Festhalten an einem veralteten Wissensbegriff unterstellt wird (vgl. Gilbert 2005, Bereiter 2002, Fenwick 2004).

14 Nicht von Kommunikationsprozessen her, sondern ausgehend von Prozessen der Konstitution von Wissen, bestimmt Qvortrup (2006) das Verhältnis von Wissen und Pädagogik in der Wissensgesellschaft. Er schlägt aufbauend auf einem systemtheoretischen Wissensbegriff eine Systematik von Wissens-, Lern- und Lehrformen vor.

Luhmann 1997; zur Unterscheidung von angebotenen Zumutungen und zugemuteten Angeboten vgl. Kade 2003).

Für den erziehungswissenschaftlichen Zugang zur Wissensgesellschaft ergibt sich unter den Aspekten Bildung, Wissen und Pädagogik somit – schematisiert – folgende Gesamtordnung:

	Stroß (2001)	Nolda (2001b)	Kade/Seitter(2007a)
Thematisierungs-perspektive	Kritik des Wissens vom Bildungsbegriff her	Kritik des Bildungs-verständnisses vom Wissen her	Rekonstruktion pädagogischer Kommunikation
Kernthema von Bildung	Gegen Markt und Ökonomie, Gleichheit	Handlungsmöglichkeiten des Individuums in der Demokratie	Soziale Kommunikationsfähigkeit, individuelle Freiheit
Institutionalisierungs-form	Bildungs- und Erziehungsinstitutionen	Entpädagogisierung	Pädagogische Kommunikation
Verhältnis von Bildung und Wissen	Wissen an Bildung assimilieren	Bildung durch Wissen ersetzen	Relationalität von Bildung und Wissen im Horizont ungewisser Zukunft

4 Erwachsenenbildung/Weiterbildung unter den Bedingungen der Universalität des Wissensbezugs: Entgrenzung und Respezifizierung

Der Bezug auf Wissensgesellschaft wird – so haben die Ausführungen gezeigt – von der Erziehungswissenschaft/Erwachsenenbildung in unterschiedlicher Weise gelöst: als *normative Engführung*, als *normative Entzauberung* oder als *kommunikationsbezogene Empirisierung*. Diese drei Modi der Bezugnahme können gelesen werden als Versuche, den Gehalt der Zeitdiagnose Wissensgesellschaft für die Erwachsenenbildung auszuloten und damit die Tragfähigkeit von Wissen als Bezugspunkt auch des Lernens Erwachsener auszuloten[15]. Diese Zugänge zum Wissensthema zeigen aber auch den uneindeutigen und ambivalenten Status, den die Zeitdiagnose ‚Wissensgesellschaft' für die Erwachsenenbildung hat. Pointiert formuliert könnte man sagen, dass die heimliche Krise der Erwachsenenbildung seit den 1970er Jahren, die durch ihren Siegeszug als Weiterbildung nur schwach überdeckt wird, im Zusammenhang mit dem Selbstverständnis moderner Gesellschaften als Wissensgesellschaften steht. Die Ubiquität des Wissensbezugs, genauer: des hervortretenden Konnexes von Wissensgenerierung einerseits mit Wissensvermittlung und Wissensaneignung andererseits, höhlt die Erwachsenenbildung/Weiterbildung zunehmend aus und überführt sie in das Lebenslange Lernen als die für die Wissensgesellschaft genuine Institutionalisierungsform des Lernens[16]. Eine eigenständige Kontur erhält die Erwachsenenbildung/Weiterbildung somit nur noch bzw. vor allem über den Bezug

15 Neben diesen drei Modi gibt es selbstverständlich noch weitere Formen der Bezugsnahme und Ausgestaltung. Erwähnenswert sind in diesem Zusammenhang insbesondere die lerntheoretischen – instruktionistischen und konstruktivistischen – Zugänge, welche in einer didaktischen Perspektive Fragen wie Umgebungsgestaltung, Situierung, Inhaltsaufbereitung, etc. diskutieren (vgl. Reinmann-Rothmeier, G./Mandl, H. 1994; 2001; Arnold/Siebert 2006).

16 Vgl. in diesem Sinne das Memorandum der European Commission (2000) zum Lebenslangen Lernen.

auf Bildung und auf Profession, wobei diese jedoch als Jedermanns-Profession (vgl. bereits Wilensky 1964) im Kontext der Individualisierung von Professionalität (vgl. Nittel 2007), der Institutionalisierung von Selbstbeobachtung (vgl. Kade/Seitter 2004) und der Einwanderung pädagogischer Wissensbestände in Organisationen auch bereits ihren Höhepunkt zu überschritten haben scheint. ‚Profession' wird zunehmend zu einem vor allem berufspolitisch motivierten Projekt. Insofern als mit der Ubiquität des Wissens die Ubiquität von Prozessen der Wissensvermittlung, der Wissensaneignung und Wissensüberprüfung einhergeht, zeichnet sich das Lebenslange Lernen als dezentraler, temporalisierter, fragmentierter gleichwohl iterativer, extensivierter und sozial alternierender Modus der wissensbasierten Bezugnahme auf die Welt aus (vgl. Kade/Seitter 2007b). In welcher Weise sich die Erwachsenenbildung als institutionell (re-)spezifizierte Form der Wissenskommunikation in diesem Kontext behaupten kann, ist eine empirisch (noch) offene Frage.

Literatur

Arnold, R./Siebert, H. (2006): Konstruktivistische Didaktik. Von der Deutung zur Wirklichkeit. Hohengehren: Schneider Verlag.

Baecker, D. (2003): Die verlernende Organisation. In: Baecker, D. (Hrsg.): Organisation und Management. Frankfurt am Main: Suhrkamp, S. 179-187.

Bell, D. (1973): The Coming of Post-Industrial Society: A Venture in Social Forecasting. New York: Basic Books.

Bereiter, C. (2002): Education and mind in the knowledge age. Makwah, NJ et al.: Erlbaum.

Bollenbeck, G. (1994): Bildung und Kultur. Glanz und Elend eines deutschen Deutungsmusters. Frankfurt am Main/ Leipzig: Suhrkamp.

Bron, A./Schemmann, M. (Hrsg.) (2003): Knowledge Society, Information Society and Adult Education. Münster: o.V.

Bude, H. (2002): Wissen, Macht, Geld. Zur politischen Ökonomie des futurisierten Kapitalismus. In: Merkur 56, H. 5, S. 393-402.

Cervero, R.M. (Hrsg.) (2001): Power in Practice. Adult education and the struggle for knowledge and power in society. San Francisco: Jossey-Bass.

Commission of the European Communities (2000): A Memorandum on Lifelong Learning: Towards the learning society. Luxemburg.

Dinkelaker, J. (2007): Kommunikation von Lernen. Theoretischer Zugang und empirische Beobachtungen. In: Zeitschrift für Erziehungswissenschaft 10, H. 2, S. 199-213.

Dinkelaker, J. (2008): Kommunikation von (Nicht-)Wissen. Eine Fallstudie zum Lernen Erwachsener in hybriden Settings. Wiesbaden: VS Verlag.

Drucker, P.F. (1969): The Age of Discontinuity. Guidelines to Our Changing Society. New York: Harper+Row.

Fenwick, T. (2004): Learning in Complexity: Work and Knowledge in Enterprise Cultures. In: Kell, P./Shore, S./Singh, M. (Hrsg.): Adult Education @ 21st Century. New York: Lang, S. 253-267.

Flick, U. (2002[6]): Qualitative Forschung. Eine Einführung. Reinbek: Rowohlt.

Helsper, W./Hörster, R./Kade, J. (Hrsg.) (2003): Ungewissheit. Pädagogische Felder im Modernisierungsprozess. Weilerswist: Velbrück Wissenschaft.

Gilbert, J. (2005): Catching the Knowledge Wave? The Knowledge Society and the future of education. Wellington: NZCER Press.

Hargreaves, A. (2003): Teaching in the Knowledge Society. Education in the age of insecurity. Maidenhead and Philadelphia: Open University Press.

Hof, C. (2001): Konzepte des Wissens. Eine empirische Studie zu den wissenstheoretischen Grundlagen des Unterrichtens. Bielefeld: wbv.

Hof, C. (2003): Vermittlung. Zur Differenz von personalen, medialen und strukturalen Formen der Wissensvermittlung. In: Nittel, D./Seitter, W. (Hrsg.): Die Bildung des Erwachsenen erziehungs- und sozialwissenschaftliche Zugänge. Bielefeld: wbv, S. 25-34.

Humboldt, W. v. (1969): Theorie der Bildung. In: Humboldt, W. Von (Hrsg.):. Werke in fünf Bänden, Bd. I. Darmstadt: Wissenschaftliche Buchgesellschaft, S. 234-240.

Jarvis, P. (Hrsg.) (2001): The age of learning. Education and the knowledge society. London: Kogan Page.
Kade, J. (1997): Vermittelbar/nicht vermittelbar: Vermitteln: Aneignen. Im Prozess der Systembildung des Pädagogischen. In: Lenzen, D./Luhmann, N. (Hrsg.): Bildung und Weiterbildung im Erziehungssystem. Frankfurt am Main: Suhrkamp, S. 30-70.
Kade, J. (2001): Risikogesellschaft und riskante Biographien. Zur Wissensordnung der Erwachsenenbildung/Erziehungswissenschaft. In: Wittpoth, J. (Hrsg.): Erwachsenenbildung und Zeitdiagnose. Bielefeld: wbv, S. 9-38.
Kade, J. (2003): Zugemutete Angebote, angebotene Zumutungen – (Politische) Aufklärung unter den Bedingungen von Ungewissheit. In: Helsper, W./Hörster, R./Kade, J. (Hrsg.): Ungewissheit. Pädagogische Felder im Modernisierungsprozess. Weilerswist: Velbrück Wissenschaft, S. 364-389.
Kade, J. (2004): Erziehung als pädagogische Kommunikation. In: Lenzen, D. (Hrsg.): Irritationen des Erziehungssystems. Pädagogische Resonanzen auf die Systemtheorie. Frankfurt/Main: Suhrkamp, S. 199-232.
Kade, J. (2005): Wissen und Zertifikate. Erwachsenenbildung/Weiterbildung als Wissenskommunikation. In: Zeitschrift für Pädagogik 51, H. 4, S. 498-512.
Kade, J. (2008^2): Aneignung – Vermittlung. In: Arnold, R./Nolda, S./Nuissl, E. (Hrsg.): Wörterbuch Erwachsenenpädagogik. Bad Heilbrunn: Klinkhardt. (im Druck)
Kade, J./Nittel, D./Seitter, W. (2007^2): Einführung in die Erwachsenenbildung/Weiterbildung. Stuttgart: Kohlhammer.
Kade, J./Nolda, S. (2007): Das Bild als Kommentar und Irritation. Zur Analyse von Kursen der Erwachsenenbildung/Weiterbildung auf der Basis von Videodokumentationen. In: Friebertshäuser, B./Felden, H. v./Schäffer, B. (Hrsg.): Bild und Text – Methoden und Methodologien visueller Sozialforschung in der Erziehungswissenschaft. Opladen & Farmington Hills: Barbara Budrich, S. 159-178.
Kade, J./Seitter, W. (2003): Jenseits des Goldstandards. Über Erziehung und Bildung unter den Bedingungen von Nicht-Wissen, Ungewissheit, Risiko und Vertrauen. In: Helsper, W./Hörster, R./Kade, J. (Hrsg.): Ungewissheit. Pädagogische Felder im Modernisierungsprozess. Weilerswist: Velbrück Wissenschaft, S. 50-72.
Kade, J./Seitter, W. (2004): Selbstbeobachtung. Professionalität lebenslangen Lernens. In: Zeitschrift für Pädagogik 50, H. 3, S. 326-341.
Kade, J./Seitter, W. (2007a): Umgang mit Wissen. Recherchen zur Empirie des Pädagogischen, Bd. 1: Pädagogische Kommunikation; Bd. 2: Pädagogisches Wissen. Opladen & Farmington Hills: Barbara Budrich.
Kade, J./Seitter, W. (2007b): Lebenslanges Lernen. In: Göhlich, M./Wulf, Chr./Zirfas, J. (Hrsg.): Pädagogische Theorien des Lernens. Weinheim: Beltz, S. 133-141.
Kade, J./Seitter, W. (2007c): Offensichtlich unsichtbar. Die Pädagogisierung des Umgangs mit Wissen im Kontext des lebenslangen Lernens. In: Zeitschrift für Erziehungswissenschaft 10, H. 2, S. 181-198.
Kieserling, A. (2004): Bildung durch Wissenschaftskritik: Universitäten zwischen Selbstbeschreibung und Soziologie. In: Kieserling, A. (Hrsg.): Selbstbeschreibung und Fremdbeschreibung. Beiträge zur Soziologie soziologischen Wissens. Frankfurt am Main: Suhrkamp, S. 244-290.
Knorr-Cetina, K. (2002): Wissenskulturen. Ein Vergleich naturwissenschaftlicher Wissensformen. Frankfurt/Main: Suhrkamp.
Kuper, H. (2005): Evaluation der Aneignung von Wissen in der Erwachsenenbildung/Weiterbildung. In: Kade, J./Seitter, W. (Hrsg.): Pädagogische Kommunikation im Strukturwandel. Beiträge zum Lernen Erwachsener. Bielefeld: wbv, S. 35-46.
Luhmann, N. (1990): Die Wissenschaft der Gesellschaft. Frankfurt am Main: Suhrkamp.
Luhmann, N. (1997): Erziehung als Formung des Lebenslaufs. In: Lensen, D,/Luhmann, N. (Hrsg.): Bildung und Weiterbildung im Erziehungssystem. Frankfurt am Main: Suhrkamp, S. 11-29.
Luhmann, N. (2002): Das Erziehungssystem der Gesellschaft. Frankfurt am Main: Suhrkamp.
Müller, H.P. (2001): Informations- oder Wissensgesellschaft? In: Merkur 55, H. 12, S. 1116-1121.
Nittel, D. (2003): Erziehung: Verbindungsglied zwischen Schule und Erwachsenenbildung. In: Hessische Blätter für Volksbildung 53, H. 1, S. 7-20.
Nittel, D. (2006): Individuelle Professionalisierung. In: Nittel, D./Maier, C. (Hrsg.): Persönliches Erinnerung und kulturelles Gedächtnis. Einblicke in das lebensgeschichtliche Archiv der hessischen Erwachsenenbildung. Opladen: Budrich, S. 370-379.
Nolda, S. (1996): Interaktion und Wissen. Eine qualitative Studie zum Lehr-/Lernverhalten in Veranstaltungen der allgemeinen Erwachsenenbildung. Frankfurt/Main: DIE.
Nolda, S. (2001a): Vom Verschwinden des Wissens in der Erwachsenenbildung. In: Zeitschrift für Pädagogik 47, H. 1, S. 101-120.
Nolda, S. (2001b): Das Konzept der Wissensgesellschaft und seine (mögliche) Bedeutung für die Erwachsenenbildung. In: Wittpoth, J. (Hrsg.): Erwachsenenbildung und Zeitdiagnose, Bad Heilbrunn: wbv, S. 91-117.
Nolda, S. (2002): Pädagogik und Medien. Eine Einführung, Bd. 15. Stuttgart u.a.: Kohlhammer.

Nolda, S. (2005): Fragilität und Sinngebung. Zur Vermittlung von Wissen in Massenmedien. In: Kade, J./Seitter, W. (Hrsg.): Pädagogische Kommunikation im Strukturwandel. Beiträge zum Lernen Erwachsener. Bielefeld: wbv, S. 23-34.

Nolda, S. (Hrsg.) (1996): Erwachsenenbildung in der Wissensgesellschaft. Bad Heilbrunn: Klinkhardt.

Prognos AG/Infratest Burke Sozialforschung (1998): Delphi-Befragung 1996/1998 „Potentiale und Dimensionen der Wissensgesellschaft – Auswirkungen auf Bildungsprozesse und Bildungsstrukturen". Integrierter Abschlussbericht. München/Basel.

Qvortrup, L. (2006): Knowledge, Education and Learning. E-Learning in the Knowledge Society. Frederiksberg: Samfundslitteratur.

Reinmann-Rothmeier, G./Mandl, H. (1994): Wissensvermittlung: Ansätze zur Förderung des Wissenserwerbs. In: Klix, F./Spada, H. (Hrsg.): Enzyklopädie der Psychologie. Themenbereich C: Praxisgebiete. Serie II: Kognition, Bd. 6: Wissen. Göttingen: Hogrefe Verlag für Psychologie, S. 457-500.

Reinmann-Rothmeier, G./Mandl, H. (2001[4]): Unterrichten und Lernumgebungen gestalten. In: Krapp, A./Weidenmann, B. (Hrsg.): Pädagogische Psychologie. Ein Lehrbuch. Weinheim: Beltz, S. 601-647.

Rustemeyer, D. (2003): Kontingenzen pädagogischen Wissens. In: Helsper, W./Hörster, R./Kade, J. (Hrsg.): Ungewissheit. Pädagogische Felder im Modernisierungsprozess. Weilerswist: Velbrück Wissenschaft, S. 73-91.

Rustemeyer, D. (2005): Transformationen pädagogischen Wissens: Pädagogik als Einheit der Differenz von Person und Kultur. In: Kade, J./Seitter, W. (Hrsg.): Pädagogische Kommunikation im Strukturwandel. Beträge zum Lernen Erwachsener. Bielefeld: wbv, S. 13-22.

Salling Olesen, H. (2003): Generating Knowledge about Learning in the Knowledge Society – or Learning about how the Knowledge Society Knows. In: Bron, A./Schemmann, M. (Hrsg.): Knowledge Society, Information Society and Adult Education. Trends, Issues, Challenges. Münster: Lit. Verlag, S. 183-202.

Schneider, U.J. (2008): Unser Wissen lebt nur in den Köpfen, nicht im Regal. In: Frankfurter Allgemeine Zeitung 39. S. 44 (15. Februar).

Seitter, W. (2004): Gegenläufige Innovationspraktiken. Zur Pädagogik des Unternehmens und zum Wissensmanagement von Sozialarbeit. In: Zeitschrift für Erziehungswissenschaft 7, H. 1, S. 71-84.

Seitter, W. (2007[3]): Geschichte der Erwachsenenbildung. Eine Einführung. Bielefeld: wbv.

Stehr, N. (1994): Arbeit, Eigentum und Wissen. Zur Theorie von Wissensgesellschaften. Frankfurt am Main: Suhrkamp.

Stehr, N. (2000): Die Zerbrechlichkeit moderner Gesellschaften. Die Stagnation der Macht und die Chancen des Individuums. Weilerswist: Velbrück Wissenschaft.

Stichweh, R. (1999): Kultur, Wissen und die Theorien soziokultureller Evolution. In: Soziale Welt 50, H. 4, S. 459-470.

Stichweh, R. (2004): Wissensgesellschaft und Wissenschaftssystem. In: Schweizer Zeitschrift für Soziologie 30, H. 2, S. 147-165.

Stichweh, R. (2006): Die Universität in der Wissensgesellschaft: Wissensbegriffe und Umweltbeziehungen der modernen Universität. In: Soziale Systeme 12, H. 1, S. 33-53.

Stroß, A.M. (2001a): Die „Wissensgesellschaft" als bildungspolitische Norm? In: Sozialwissenschaftliche Literatur Rundschau 24, H. 42, S. 84-100.

Stroß, A.M. (2001b): „Wissensgesellschaft" und Reformpädagogik im aktuellen bildungspolitischen Diskurs. Über notwendige Synthetisierungsleistungen der Erziehungswissenschaft. In: Der pädagogische Blick 9, H. 4, S.207-216.

Thiel, F. (2007): Stichwort: Umgang mit Wissen. In: Zeitschrift für Erziehungswissenschaft 10, H. 2, S. 153-170.

Tippelt, R. (2007): Lebenslanges Lernen im Prozess horizontaler und vertikaler gesellschaftlicher Differenzierung. In: Brumlik, M./Merkens, H. (Hrsg.): bildung.macht.gesellschaft. Opladen & Farmington Hills: Barbara Budrich, S. 109-128.

Vielau, A. (1995): VHS-Fremdsprachenkurse. Einstufung und Lernberatung. In: Zielsprache Englisch 25, H. 3, S. 22-25.

Weingart, P. (2001): Die Stunde der Wahrheit? Zum Verhältnis der Wissenschaft zu Politik, Wirtschaft und Medien in der Wissensgesellschaft. Weilerswist: Velbrück Wissenschaft.

Whitehead, A.N. (1962): The Aims of Education and Other Essays. London: Benn.

Wilensky, H. (1965): The Professionalisation of Everyone? In: American Journal of Sociology 71. S. 137-158.

Willke, H. (2002): Dystopia. Studien zur Krisis des Wissens in der modernen Gesellschaft. Frankfurt/Main: Suhrkamp.

Wittpoth, J. (Hrsg.) (2001): Erwachsenenbildung und Zeitdiagnose. Bielefeld: wbv.

Wittpoth, J. (2003): Erziehung – Bildung – lebenslanges Lernen. Zum prekären Status von Absichten in der Erwachsenenbildung. In: Rustemeyer, D. (Hrsg.): Erziehung in der Moderne. Würzburg: Königshausen+Neumann, S. 509-520.

Sabine Schmidt-Lauff

Zeitfragen und Temporalität in der Erwachsenenbildung

1 Zeit – eine temporaltheoretische Größe in den Bildungswissenschaften

Zeit ist nicht nur bedingender Faktor für Bildungsprozesse, sondern wir verhalten uns im und durch Lernen zu ihr in verschiedenster Art und Weise. Wann soll ich lernen, welche Zeit steht mir für meine Weiterbildung zur Verfügung, möchte ich meine Zeit überhaupt mit Lernen verbringen, erlebe ich die lernende Beschäftigung mit Dingen, Aspekten eher als Belastung oder als Muße und so fort? Erstaunlicherweise lassen sich in den Bildungswissenschaften jedoch im Gegensatz zu anderen Disziplinen wie z.B. der Philosophie, Soziologie, Biologie oder Ökonomie keine expliziten zeittheoretischen Forschungslinien oder zumindest eine kontinuierliche theoretische und empirische Beschäftigung mit temporalen Aspekten von Bildung ausmachen. Eine „grundbegrifflich-dimensionale Klärung" (Tenorth 2006) von Zeit über innerdisziplinäre Teilgrenzen der Pädagogik hinweg hat noch nicht stattgefunden. Aufgrund unserer soziokulturellen Sensibilität gegenüber Zeit ist jedoch davon auszugehen, dass sich dies sowohl durch eine zunehmend öffentliche Wahrnehmung der Bedeutung temporaler Aspekte für das Lebenslange Lernen, bildungspolitische Unterstützungsszenarien (vgl. Faulstich 2002) als auch aus der Disziplin heraus z.B. durch grundlagentheoretische Auseinandersetzungen verändert (vgl. Schmidt-Lauff 2008[1]).

Zeit stellt im Erwachsenenalter, anders als in den Phasen von Kindheit und Jugend mit ihren festgelegten *Zeitinstitutionen* (z.B. Schule[2]), eine besondere Herausforderung dar. Trotz des allgegenwärtigen Bekenntnisses zum Lebenslangen Lernen werden in unserer Gesellschaft bislang außerhalb von Schule und Ausbildung keine kollektiven *Lernzeitfenster* vorgehalten. Damit fehlen Signale einer bildungspolitisch nicht nur proklamierten, sondern auch übergreifend getragenen (temporalen) Bildungskultur. Darüber können auch die Bildungsurlaubs- und Freistellungsgesetze in einigen Bundesländern in ihrer vieldiskutierten kritischen Reichweite nicht hinwegtäuschen (vgl. Schmidt-Lauff 2005). Wo Lernen keine festen Zeitinstitutionen in Angebotsstrukturen, rechtlichen Regelungen und begleitender Unterstützung besitzt, werden temporale Aspekte zu machtvollen und einflussreichen Faktoren einer Teilhabe bzw. Nichtteilhabe an Weiterbildung. Im Zusammenhang mit pädagogischer Professionalität stellt sich die

---

1 Eingereicht wurde die Forschungsarbeit, die insgesamt eine systematische Einordnung, theoretische und empirische Fundierung sowie grundbegriffliche Klärung der komplexen Bedeutung von Zeit für (Erwachsenen)Bildung vornimmt, als Habilitationsschrift an der Humboldt-Universität zu Berlin. Sie wird demnächst im Waxmann-Verlag publiziert.

2 Der Begriff der Zeitinstitutionen wird vorrangig in zeitsoziologischen Arbeiten verwendet (vgl. Garhammer 1999), um gesellschaftliche Einbindungen und kollektive Normen, Absprachen, Rahmungen im „Gesellschaftscharakter" von Zeit zu kennzeichnen (Ferien, Feierabend, Öffnungszeiten, Feiertage u.a.).

Frage, wie im Lebenslangen Lernen Entwicklungs- bzw. Lernzeiten zu schaffen und ihre Autonomie vor Übergriffen aus nicht-pädagogischen Zeitregimen (z.B. Arbeitsleben) zu schützen sind.

Im Jahr 2004 hat die Expertenkommission Finanzierung Lebenslangen Lernens temporale Ressourcen gleichauf gesetzt mit monetären Ressourcen und Zeit wird (neben Geld) zum relevanten Kriterium im „Verteilungs- und Umverteilungsspielraum“ (ebd. 2004, S. 13) und zum „zentralen Distributionsproblem“ (Faulstich 2008, S. 34). Auf *europäischer Ebene* wird für ein ‚Engaging individuals in lifelong learning: mobilising resources, time and money‘ forschungsorientiert formuliert: „There is a clear need for more research into the relationship between the motivation to participate in CVET, the ways in which this is translated into real participation, and the impact of time as a resource in this process, both independently and in relation with other resources“ (Sellin/Elson-Rogers 2003, S. 29).

Lebenslanges Lernen als Strukturprinzip setzt voraus, dass „Lernen innerhalb der Zeitstrukturen der Gesellschaft zu organisieren ist“ und erfordert eine Klärung, „wie Lernzeiten im Verhältnis zu anderen Tätigkeitsbereichen in die gesellschaftlichen Formen der Zeitverwendung eingefügt werden können“ (Pruschansky 2001, S. VII). Dabei ist der Begriff des Lebenslangen Lernens als Temporalbegriff selbst „ein noch sehr unstrukturierter“ (Nahrstedt u.a. 1997) und in der begrifflichen Verwendung liegt die Gefahr der Unterstellung, dass Lernen nicht nur jederzeit möglich ist, sondern individuell auch angestrebt und zeitlich realisierbar nur eine Frage von Priorisierung, Management bzw. Organisation sei (vgl. Europäische Kommission 2000).

Die erwartete Verknüpfung individueller und sozial-gesellschaftlicher Interessen im Konzept des Lebenslangen Lernens stellt über das Lernen Verbindungen zwischen der *Sozialzeit* und der *Eigenzeit*, zwischen privatem und öffentlichem Interesse, zwischen *ökonomischen Zeitinteressen* und *pädagogischen Zeitverständnissen* her, die kritisch bis hoch konfliktträchtig sind. Elias hat in seinen zeitsoziologischen Arbeiten auf die soziale Zeit als eine ‚Beziehungsform‘ verwiesen, die in unserer Moderne bis zum ‚Selbstzwang‘ verinnerlicht wird (vgl. Elias 1988). Zeit wirkt sowohl als strukturelle, *instrumentelle* Größe wie auch als reflexive, *interpretative* Komponente für eine Bildungsteilhabe. Die Soziologie akzeptiert ‚Zeit‘ als eigenständige Kategorie, über die im In-Beziehung-Setzen (vgl. Elias 1988) oder als Ausdruck ‚sozialer Interaktion‘ (vgl. Dux 1998) Selektionsmechanismen, Statusdistribuierungen oder gesellschaftliche Diskriminierungen vorgenommen werden („die Langsamen sind die sozial Zurückgelassenen“; Nowotny 1995, S. 34). Im Zusammenhang mit der Nicht-Teilnahme an Weiterbildung oder Lernwiderständen wird Zeit schon jetzt als vorrangiges Ausschlusskriterium (vgl. BMBF 2006; Schiersmann 2006) oder als bedeutsames Kennzeichen milieuspezifischer Hinderungsgründe benannt (vgl. Barz/Tippelt 2004). ‚Keine Zeit‘ bildet als Fluchtkategorie ein Argument, das ein reflexives Hinterfragen kaum mehr nötig erscheinen lässt. Zeitstrukturen sind „kollektiver Natur“ und treten „den Individuen stets in solider Faktizität“ entgegen (Rosa 2005). Das Herstellen von *lernzeitlichen Realitäten* ist aber nicht einfach als eine individuell subjektive Leistung anzunehmen. Zeit ist eine relative Größe, über die wir Entscheidungen treffen, uns nach ihr strukturieren und ausrichten (*‚instrumenteller Zugriff‘*). Das Konstrukt Zeit ist etwas veränderliches, soziokulturell Bedingtes (vgl. Dux 1998) und keine Gegebenheit a priori (vgl. Elias 1988). Gleichzeitig entfalten unsere Auseinandersetzungen um ein Verstehen von Zeit zwischen Erfassen und Messen, zwischen Strukturieren und Erleben eine antagonistische Vielfalt an Denkmotiven (*‚interpretativer Zugriff‘*). Arendt beschreibt unser modernes Zeitwesen als ein „Eingeklemmtsein“ im gegenwärtigen Moment, in dem erst unser kognitives Dazwischentreten und individuell-reflexives Zeitempfinden Zeit als individuell-subjektive Eigenzeit neben der sozialen Weltzeit bewusst werden lässt (vgl. Arendt 1977/1998). Diese Zusammenhänge erkennen und verstehen, bedeutet zukünftig zeitgemäße Strategien für Entwicklungs- und Lernzeiten als pädagogische Verknüpfungsleistung entwickeln zu können.

2 Bildungszeit und Lernzeit aus bildungswissenschaftlicher Perspektive

Zwar lässt sich von einer generellen Zeitvergessenheit innerhalb der Bildungswissenschaften nicht sprechen – eine umfassende zeittheoretische Grundlegung steht jedoch noch aus. Die Integration einzelner temporaler Bezüge findet sich zunächst in Betrachtungen der Allgemeinen Pädagogik (Dolch 1964; Mollenhauer 1981; Neumann 1993; Lüders 1995; de Haan 1996; Benner 2005). Es lassen sich grob drei *Positionen* ausmachen:

a.) Im Rahmen pragmatisch organisierender Fragestellungen (vgl. Lüders 1995; Nahrstedt u.a. 1997; Brinkmann 2000) wird *Zeit als höchstens akzidentiell bedeutsam* für die Pädagogik festgelegt. Es geht meist um die Strukturierung und Organisation von Lernverläufen, die Entwicklung von (schulischen) Curricula oder die Planung von Zeitfenstern für Bildungsangebote in Institutionen.

b.) Andere Positionen (vgl. Dörpinghaus 2003; Benner 2005; Meyer-Drawe 2005) verstehen *Zeit als spezifisch bedeutsam* für pädagogische Prozesse. So betont Dörpinghaus (2003, 2008) die entschleunigende Zielsetzung für pädagogische Prozesse, durch eine spezifische Didaktisierung eines offenen Raums für Irritationen und Fragen. Wichtig für die Erwachsenenbildung ist die Betonung der gegenwartsbezogenen Prozessbedeutung von Lernen als Kontrapunkt zur (auch temporal) entgrenzenden Informalisierung des Lernens oder gar Atemporalisierung im arbeitsintegrierten Lernen. Benner betont das zeitliche ‚Dazwischen' im Lernen in einer „Gleichzeitigkeit von Wissen und Nicht-Wissen, von Können und Nicht-Können", so dass Lernen einer perpetuierenden Bewegung und einer „fortschreitenden Bewegung" gleicht – nicht einem „Nachfolgeverhältnis von ‚schon' und ‚noch nicht'" (Benner 2005, S. 8). Meyer-Drawe benennt darin die Schwere und Anstrengung in Bildungsprozessen, die u.a. im Aushalten dieser Zwischenräume als „Leiden unter unserem Nichtwissen" (Meyer-Drawe 2005, S. 30) entsteht und aus ihrer Sicht zugleich die Beschwörung oder Verheißung unserer Gesellschaft als Wissensgesellschaft relativiert.

c.) Als dritte Position finden sich Arbeiten, die *Zeit als substanziell und grundsätzlich bedeutsam* werten (vgl. Geißler 1985; de Haan 1996). de Haan versteht „Identitäten zunehmend zeitanfällig", weil durch die Überbetonung der Individualisierung und Beschleunigung schützende Lernräume und Bildungszeiten trotz „Generationenverantwortung" verdrängt werden (de Haan 1996, S. 103). Geißler (1985) hingegen fragt in seinen Zeitbeobachtungen nach der Eigenzeit von Entwicklung und Lernen.

Einen, wenn nicht den größten Bereich, bilden *empirisch-analytische Zeitzugänge*, in denen Zeit als quantitativer Maßstab zur Erfassung von Bildungsteilhabe auftaucht. Auf internationaler Ebene sind dies Zeit-*Stunden* in den OECD-Indikatoren für die Bildungsbeteiligung Erwachsener an nicht-formaler, berufsbezogener Fort- und Weiterbildung (ebd. 2007, S. 385).

Hier liegt Deutschland mit knapp 400 zu erwartenden Teilnahmestunden im Mittelfeld, wobei insgesamt „wesentliche Unterschiede“ zwischen den einzelnen Ländern bestehen (von etwa 80 Teilnahmestunden in Italien bis ca. 930 Teilnahmestunden in Dänemark; ebd. 2007, S. 386). Europäische Studien (z.B. CVTS 1 bis 3; vgl. Grünewald u.a. 2003) und nationale Erhebungen (vgl. Zeitbudgetstudien des Statistischen Bundesamtes seit 1990/91; Berichtssystem Weiterbildung seit 1979) erfassen weitaus dezidierter temporale Bedingungen der Bildungsteilhabe, so dass sich Beziehungen von Bildungszeiten zu soziodemografischen und lebensphasenspezifischen Faktoren herstellen lassen. In internationalen Konzepten werden diese Aspekte als ‚life-cycle‘ oder ‚life-course‘ theoretisch und empirisch in Forschungen zu einer „typology of time arrangements and a new organisation of time over (working) life“ (EU Foundation 2003) aufgenommen – jedoch ohne den Blick auf Bildungsfragen zu richten.

In der nationalen erwachsenenpädagogischen Diskussion existieren Arbeiten, die Zeit zumindest implizit mit aufnehmen, bislang entweder auf der *Makroebene*, wo in Anlehnung an obige Richtung vorrangig zeitpolitische Studien (vgl. Dobischat u.a. 2003; Seifert 2003), Studien zu Bildungsurlaubs- (vgl. Wagner 1996; AuL 1999), Tarif- und Betriebsvereinbarungen (vgl. Busse/Heidemann 2005) und zu betrieblichen Lernzeitstrategien bzw. Lernzeit-Arbeitszeitmodellen (vgl. Seifert 2000; Schmidt-Lauff 2003) bestehen. Ebenso finden sich temporale Aspekte auf der *Mesoebene* zu Programmplanung und der institutionellen Schaffung von Lern-Zeit-Fenstern (vgl. Brinkmann 2000; Wolff 2005), wie auch zu Angebotsmustern in der Weiterbildung resp. der Volkshochschule (vgl. Nahrstedt u.a. 1997). Auf der *Mikroebene* schließlich geht es um biographische Bezüge (vgl. Schlüter 2005), Bildungsidentitäten im Verlauf des Lebens (vgl. Friebel u.a. 2000) und Zeit als didaktisches Prinzip (vgl. Geißler 1995; Siebert 1997).

3 Zeittheoretische Implikationen für die Erwachsenenbildung

Zeittheoretische Implikationen lassen sich auf den zwei Ebenen (vgl. Schmidt-Lauff 2008):

- *‚Temporale Grundbezüge‘* (interpretativ-instrumentelle Zugriffe auf Zeit) und
- *‚Selbstverhältnisse zu Zeit‘* (subjektive Bewertungen aus den Erfahrungen dieser Zugriffe) darstellen.

Sie sind angereichert mit *disziplinübergreifenden zeittheoretischen Erkenntnissen* (Philosophie, Soziologie, Ökonomie), *zeitdiagnostischen Beschreibungen aktueller Zeittendenzen* (Virtualisierung, Verdichtung, Beschleunigung etc.) und *empirischen Ergebnissen* einer triangulativen Studie zu Bildung im Erwachsenenalter. Die Ebene der *Temporalen Grundbezüge* stellt interpretativ-instrumentelle Zugänge her und bildet eine zunächst kategoriale Klärung genereller Eigenheiten von Zeit in pädagogischen Bezügen. Durch sie wird das reziproke Verhältnis der Eigenheiten von Zeit als Ergebnis und Ausdruck unseres kollektiven Zeitverständnisses und Auslegens von Zeit abgebildet. *Selbstverhältnisse zu Zeit* drücken sich in subjektiven Bewertungen über das Erfahren ‚Temporaler Grundbezüge‘ aus. Selbstverhältnisse verweisen auf inkorporierte Eigenheiten oder Eigenlogiken von Zeit (z.B. erleben Individuen nicht nur ihr Tun bzw. Lernen unter Flexibilitätszwängen, sondern auch ihr Sein) und sind dabei in ihrer Widersprüchlichkeit und Komplexität zwar erfahrbar, aber schwer fassbar oder verbalisierbar. In den Selbstverhältnissen zu Zeit verbinden sich die sieben temporalen Grundbezüge miteinander.

Die Grundbezüge und Selbstverhältnisse sind nicht eins zu eins aufeinander bezogen und die hier beschriebenen acht Selbstverhältnisse ließen sich für andere (pädagogische) Disziplinen und Felder vielfältig ergänzen.

3.1 Temporale Grundbezüge

3.1.1 Bildung im Wandel der Zeit (Temporaler Grundbezug der *Geschichtlichkeit*)

Die Pädagogik ist historisch geprägt durch das *gesellschaftliche Begreifen von Zeit selbst* (zyklisch, linear, irreversibel, ambivalent etc.; vgl. Wendorff 1980). Bildungseinrichtungen und ihre inneren Strukturen (Lehrpläne, Studiengänge etc.), das Erziehungs- und Bildungsverständnis selbst, Bildungskonzepte, wissenschaftliche Akzente, verantwortliche Akteure bis hin zu Methoden und Medien sind an die „menschliche Geschichtszeit" gebunden (Dolch 1964, S. 364). Auch pädagogische Theorien sind auf die Historizität des Zeitverstehens zurückgeworfen, worauf Zeitdiagnosen für die Erwachsenenbildung verweisen (vgl. Wittpoth 2000).

Erst im Übergang vom passiven Erleben der Zeit und einem ungewissen Schicksal zu einer aktiven Gestaltungseinsicht und moralischen Verpflichtung, entwickeln sich erzieherische Schriften zum verantwortungsvollen Umgang mit der eigenen Lebenszeit (vgl. Neumann 1993). Mit der Ausbreitung des Schulsystems und der Schulpflicht im 19. Jahrhundert sind übergreifende Zeitinstitutionen geschaffen, die sich aus „vergangenheitsbestimmten Bindungen" (Wendorff 1980, S. 341) lösen und die Gestaltung der Zukunft annehmen und fordern. Aktuelle Erwachsenenbildungskonzepte versuchen u.a. aufgrund der Zeittendenz der Flexibilisierung z.B. Lernzeiten und Arbeitszeiten in zeitpolitischen Forderungen (Arbeits-Lernzeit-Konten) oder entsprechenden „Lernarchitekturen" (Forneck/Springer 2005) miteinander zu verknüpfen.

3.1.2 Innere Verlaufsstrukturen im Lernen (Temporaler Grundbezug der *Zeitverläufe*)

Lüders bindet die Frage nach der Strukturierung von Zeitverläufen für Lernen zurück an das pädagogische Grundproblem der ‚Knappheit von Zeit' und neuzeitliche Vorstellungen über *Zeitbedarfskalkulation*, *Sequenzierung* und *Synchronisation* (vgl. Lüders 1995). Auch Dolch bezieht die Zeitfolgen auf eine „gewisse innere Gesetzmäßigkeit von Erziehung" (Dolch 1964, S. 362). Geißler (1995) und andere hingegen verwerfen für ein pädagogisches Denken der Moderne sowohl die Abschließbarkeit als auch die Steuerbarkeit von Bildungsprozessen. Da im Erwachsenenalter die Zeitverläufe in Gestaltungs- und Handlungsprozessen nicht nur auf Erziehung und Unterricht bezogen sein können und keine vorgegebenen Curricula existieren, muss die Kontextualisierung von Lernen zwischen anderen Tätigkeiten explizit eingeflochten werden (vgl. Schmidt-Lauff 2008). Die Schaffung von Zeitverläufen ist geradezu herausfordernd, in formalen Lernarrangements ebenso, wie in informellen und die Selbststeuerung betonenden Lernszenarien. Ein kritischer Bezug zu temporalen Kriterien zeigt für alle Varianten und Grade des ‚selbstregulierten' Lernens (vgl. Faulstich/Zeuner 1999), dass sich die nötige Zeit scheinbar ‚von alleine' einstelle. Lernen (ver)braucht aber Zeit, die sich in Verläufen manifestiert und z.B. im arbeitsprozessbegleitenden Lernen der Gefahr unterliegt zu einem diffusen Element zu geraten, das gegenüber anderen Tätigkeiten kaum mehr abgrenzbar ist (kritisch: Käpplinger/Rohs 2004; Severing 1994). Eine pädagogische Distanz gegenüber der Geschwindigkeitserhöhung und Verdichtung von Lernverläufen ist zu fordern, um nicht verkürzten Annahmen eines (rein pragmatischen) Zeitmanagementproblems zu folgen.

Für institutionalisiertes Erwachsenenlernen und Programmplanung bedeutet die Schaffung von Strukturen und Zeitverläufen *keine chronometrische Gleichschaltung*. Synchronisation für Lernzeiten setzt bei einer „Sinntransformation“ über die *temporale Modularisierung von Ereignissen* an (Schäffter 1993, S. 458). Verlaufsstrukturen bedeuten die Einbettung individueller Eigenzeiten in soziale Rahmungen und generelle gesellschaftliche Tendenzen; dabei schaffen immer Menschen die Zeitstrukturen, so dass eine apersonale zeitliche Konzentration auf Ereignisse und deren Reihung nicht möglich ist (auch wenn in didaktischen Standardisierungen so getan wird).

3.1.3 Bildung und Lernen als Prozess (Temporaler Grundbezug des *Zeitverbrauchs*)

Mit der Entgrenzung und Ausdehnung von Lernprozessen in andere Tätigkeits- und Handlungsfelder hinein, geht meist ein Abbau öffentlicher wie auch betrieblicher Strukturen und Verantwortlichkeiten einher (vgl. Faulstich 2002). Durch die *Vergleichzeitigung von Tätigkeiten* (z.B. Arbeiten und Lernen) wird der Grundbezug des Zeitverbrauchs im Lernprozess zunehmend missachtet. Selektierende Nebenfolgen nehmen zu und spezifische Lebensphasen (Erwerbslosigkeit, Elternschaft) erschweren unter anderem geschlechtsspezifisch (vgl. Friebel u.a. 2000) die Aufwendung von Zeiten für Lernen.

Die Überbetonung zukünftiger Resultate und Verwertungsaspekte fördert die Ignoranz des gegenwärtigen Lernprozesses bzw. -moments (schon bei Schleiermacher (1849): für „jede pädagogische Einwirkung“ gilt die „Aufopferung eines bestimmten Moments für einen zukünftigen“). Über pädagogische Zusammenhänge hinaus bewirkt eine Zeitlogik des kulturellen *Übergehens gegenwärtiger Momente* für das Lernen im Erwachsenenalter prekäre Veränderungen der emotionalen Zeitbezüglichkeit (zu wenig, kaum planbar, drückend). In Reaktion darauf verändert sich die stofflich-inhaltliche Ausrichtung von Bildung und Wissen in ein kurzfristiges Anpassen und Abgreifen knapper Informationen, so dass die prozessbezogene Bewertung von Bildungsvorgängen und Lernen von lästig bis marginalisierend alltäglich vorgenommen wird (vgl. Schmidt-Lauff 2008). Der Gedanke oder die Idee eines *Sich-Verlieren-Könnens im Prozess des Lernens* selbst, ohne ständige Nötigung einer zukünftigen Verwertbarkeit oder reduzierende Anlagerung an andere Tätigkeiten (vgl. Kade/Seitter 2004), eröffnet neue Aspekte für Bildung.

3.1.4 Lernen in unterschiedlichen Lebenszeiten und -phasen (Temporaler Grundbezug der *Biographizität*)

Den Rahmen dieses temporalen Grundbezugs bildet die Biographieforschung, in der sich mit ‚Sozialisation‘ komplexe intertemporale Wechselwirkungen aus subjektiven und objektiven zeitlichen Bedingungen verschränken (vgl. Geulen 2000). Wie verändern sich Temporalverhältnisse über verschiedene Lebensphasen bis ins hohe Alter bezogen auf Bildungsteilnahme oder -interessen? „Biographische Darstellung kommt nicht ohne temporale Strukturierungen aus“ (Schlüter 2005), wenn sie auch meist implizit mit temporalen Aspekten agiert und sich noch kaum auf zeittheoretische Grundlegungen bezieht (vgl. Hoerning u.a. 1991).
Für das Erwachsenenalter lassen sich zwei zeitrelevante Aspekte herausarbeiten:

a.) Lebensphasen sind unter dem Aspekt ihrer (relativen) *Exklusivität von Zeit für Lernen* zu betrachten. Was in Diskussionen um die Notwendigkeit gesetzlicher Rahmungen und Angebote für Lernzeiten im Erwachsenenalter ebenso zu berücksichtigen ist, wie im Umgehen mit strukturellen Zeitkonkurrenzen und der Proklamation ‚Lebenslangen Lernens'.
b.) Lernen im Verlauf des Lebens hat von der entwicklungstheoretischen Annahme eines *„rechten Moments"* (Dolch 1964, S. 368) Abstand zu nehmen. Dazu gehören aus bildungspolitischer Sicht im Konzept des Lebenslangen Lernens die Durchlässigkeit des Bildungssystems und die Akzeptanz des quartären Bildungssektors, ebenso wie lerntheoretische Annahmen über das Erwachsenenalter und die subjektive Sicht auf die eigene Bildungsaspiration (reflexives Zeitbewusstsein). Weniger das ‚Was' im Inhalt des ‚rechten Moments' erscheint relevant, als vielmehr das ‚Wie' geschaffener Lernmomente (vgl. Dörpinghaus 2008).

3.1.5 Zeit als Inhalt von Bildung (Temporaler Grundbezug der *Inhaltlichkeit*)

Gemeint ist die *stoffliche Auseinandersetzung* um Zeit als Inhalt von (Erwachsenen)Bildung. Zumeist reduziert auf die pragmatische Ebene des Zeit- und Selbstmanagements in der Aneignung technokratischer Methoden zur Priorisierung, zum Zeitsparen, zur Effizienzsteigerung und Optimierung von Tätigkeiten und Handlungsverläufen (vgl. Bachmeyer/Faulstich 2002) bleibt in der erwachsenenpädagogischen Debatte bislang die Kommunizierbarkeit dahinter liegender Befindlichkeiten und Introspektionen im Zeiterleben unberücksichtigt. Zeit wird marginalisiert oder optimiert behandelt unter Hinweisen auf ihre verantwortliche (selbststeuernde) Nutzung und flexible Optimierung. Populär sind seit längerem schon Fragen eines ‚sinnvollen Zeitmanagements', mit dem Antworten auf Zeitnot und Zeitdruck gesucht werden. Pädagogische Betrachtungen verweisen aber auf das multiple Erscheinungsbild zeittheoretischer und didaktischer Bearbeitungen, die auf vielfältigste Art und Weise mit gesellschaftlichen Zeittendenzen verschränkt sind (Bildung als Gegenort zum Tempo Welt).

In der stofflich-inhaltlichen Auseinandersetzung um Eigenzeiten des Menschen als Reflexionsfolie für Sozialzeiten, Zeitinstitutionen und Zeitmuster wird das subjektive Erleben jedes Einzelnen berührt, was „zeitlich in ihnen und mit ihnen geschieht" (vgl. Nowotny 1995, S. 5). Die Interaktion und die Kommunikation über soziale Weltzeit und individuelle Eigenzeit (vgl. Dux 1998), das dialektische Verhältnis zwischen *äußerer Zeitstruktur* und *innerem Zeiterleben* im menschlichen Dazwischentreten (vgl. Arendt 1977/1998), zwischen gesellschaftlichen Zeittendenzen bzw. Zeitinstitutionen (z.B. Ausbildungs- und Studienzeiten) und inneren Zeitzwängen (Elias 1988) ist im pädagogischen Zusammenhang Ausdruck eines thematischen Beziehungsversuchs und Bildungsanspruchs.

3.1.6 Trias aus Vergangenheit, Gegenwart, Zukunft (Temporaler Grundbezug der *Zeitdimensionalität*)

In der Trias aus Vergangenheit, Gegenwart und Zukunft erscheint Zeit je unterschiedlich angebunden (vorher, gleichzeitig und nachfolgend). Für das moderne Zeitempfinden kennzeichnend ist ein Leben im bescheunigten und dabei gleichzeitig sowohl überbetonten als auch missachteten *„ausgedehnten Jetzt"* (Rosa 2005), so dass Zeit zunehmend zu einem Negativerlebnis wird. Auf dem Hintergrund der Transformationstheorie und der „Zeitanfälligkeit" von Identitäten entwickelt de Haan die These zunehmend „empfindlicher Irritationen im Zeitbewusstsein" mit ihren Auswirkungen auf die Pädagogik (de Haan 1996, S. 184). Dörpinghaus weist Bildungsprozessen die Aufgabe zu, gewissermaßen Erfahrungen in der „Zeit auf Dauer stellen zu können" (Dörpinghaus 2005, S. 566).

Das „Ineinander von Gegenwärtigem und Zukünftigem" (de Haan 1996, S. 160), die Problematik der Augenblicksorientierung, sowie die Kontinuität und *Zukunftsverantwortung* kommt in der Metapher des ‚Lebenslangen' zum Tragen. Für die Erwachsenenbildung ist aber die Trias der drei Zeitdimensionen zu betonen, da die Bedeutung von Erfahrungen in der Erinnerung als reproduktive Vergegenwärtigung von *Zurückliegendem* sowie protentionale Übertragung auf Erwartetes liegt (vgl. Husserl 1893-1917/1985). Die Initiierung von Erwachsenenlernen liegt in der Balancierung der drei Dimensionen: Vergangenheit (Erfahrungsbezug), Gegenwart (Lebensweltbezug/Deutungsmuster) und Zukunft (Entwicklung).

3.1.7 Flüchtigkeit der Wahrnehmung und Fassbarkeit zeitlicher Strukturen (Temporaler Grundbezug der *Flüchtigkeit*)

Den Schnittpunkt zwischen Temporalen Grundbezügen und ihrem subjektivem Erleben bildet der Aspekt der Flüchtigkeit. Zeit, die Beschäftigung mit ihr und Auseinandersetzungen um sie lässt uns immer wieder verschiedene Grade der Flüchtigkeit von Wahrnehmungen und Phänomenen erkennen (vgl. Husserl 1893-1917/1985). Zeittheorien anderer Disziplinen und analytische Arbeiten zum individuellen Erleben von Zeit verweisen darauf, dass Zeit sich – unabhängig vom disziplinären Bezug – einem allumfassenden Zugriff letztlich entzieht. Wo Zeit als Kategorie selbst flüchtig bleibt, ihre Phänomene vielschichtig erscheinen, wird ihre Erfass- und Beschreibbarkeit zum Problem (vgl. Eco 2000). Schon Augustinus[3] Zeitphilosophie wird als Verständigungsproblem über ein introspektives Zeiterleben und die Mitteilungen darüber gedeutet (vgl. Flasch 1993).

Zeit ist also sowohl *Fluchtkategorie* innerhalb der subjektiven Wahrnehmung, semantischen Erfassbarkeit und ihrer Verbalisierung, als auch *flüchtige Kategorie* in der Fülle ihrer meist ungreifbaren Verschiedenartigkeit der Phänomene (vgl. Augustin 1997). Diese Erkenntnis stellt eine direkte Verbindung zum kommenden Abschnitt des subjektiven Erlebens her.

3.2 Selbstverhältnisse zu Zeit in der Erwachsenenbildung

3.2.1 Selbstverhältnis zu Zeit als *Fluchtkategorie* (Erleben der Vielschichtigkeit zeitlicher Strukturen und Erfahrungen, wie auch der Nichtkommunizierbarkeit temporaler Eindrücke)

Im Zusammenhang mit Zeitstrukturierung, Zeiterfahrung, ihrem Ausdruck und ihrer Reflexion in Lernprozessen ist festzustellen, dass grundsätzlich zwar eine *relative Ausdrucksfähigkeit* von subjektiven Begründungszusammenhängen und Einschätzungen zu Temporalität vorausgesetzt wird, sich gleichzeitig im Austausch über Zeit aber erweist, dass ihre Phänomene flüchtig bleiben und schwer benannt werden können (vgl. Schmidt-Lauff 2008). Hinter dem Ausspruch ‚Ich

3 „Was also ist die Zeit? Wenn niemand mich danach fragt, weiß ich es; wenn ich es jemandem auf seine Frage hin erklären will, weiß ich es nicht" (Augustinus XI. Buch, XIV.17).

habe keine Zeit‘ stecken andere Aspekte, wie die Verantwortung für Familie, eigene Ruhebedürfnisse usw.

Die *Vielschichtigkeit* zeitlicher Erfahrungen zu benennen, drückt meist emotionale Befindlichkeiten aus (Spaß, Ruhe, Erholung, Druck; ebd. 2008). Die Fähigkeit der Kommunizierbarkeit der individuellen Selbstbezüglichkeit zu Zeit wird zukünftig dort für Bildung bedeutsamer, wo es z.B. um Beratung oder die Inanspruchnahme von Bildungszeit geht (kommunikative und interaktive „Zeitkompetenz“; Negt 1988). Die *Nichtkommunizierbarkeit* temporaler Eindrücke liegt, laut Elias (1988), u.a. an dem fehlenden Tätigkeitswort ‚zeiten‘ für bestimmte Vorgänge. Problematischerweise hat die sprachliche Unschärfe in unserem Zeitvokabular langfristig dazu geführt, dass wir meinen von einem objektiven Tatbestand ‚Zeit‘ auszugehen (vgl. Wendorff 1980; Elias 1988; Dux 1998).

3.2.2 Selbstverhältnis einer *temporalen Dimensionsverschränkung* (Lernbegründungen zwischen Vergangenheit, Gegenwart und Zukunft)

In der subjektiven Verschränkung von Vergangenheit, Gegenwart, Zukunft werden im Erwachsenenalter Entscheidungen und Begründungen für Lernen zwischen beruflichen, individuellen und sozialen Impulsen kontextualisiert. *Gegenwartsbezogene Impulsgeber* wie z.B. Rücksicht in der Partnerschaft oder Lernbedürfnisbefriedigung werden mit der Zeitebene der *Vergangenheit* z.B. eine weit zurückliegende Ausbildung, bisherige Lernerfahrungen, vollzogene betriebliche Umstrukturierungen und ebenso mit der *zukünftigen Perspektive* z.B. anstehende Projekte, geplanter Strukturwandel oder befürchteter Arbeitsplatzverlust verknüpft. Das Selbstverhältnis drückt subjektive Zeitbefindlichkeiten gegenüber gegenwärtigen Bedeutungen, zurückliegenden Entwicklungen bzw. Erfahrungen und zukünftigen Relevanzen oder Erwartungen an Bildung aus. Es ordnet Ereignisse den drei Zeitdimensionen aus einer individuellen Sicht und Bildungsaspiration zu. Ansätze zur Reflexivität der Zeit selbst und die im Nachdenken über zeitliche Bezüge stattfindende Verzeitlichung der Zeit (vgl. Pöppel 2000; Rosa 2005) stehen für die Möglichkeit einer *subjektiven Überwindung der Zeitvergessenheit.*

In den erwachsenenpädagogischen Prinzipien der *Erfahrungsorientierung* bzw. des *Anknüpfungslernen* (vergangenheitsbezogen) und des *Lebensweltbezugs* (gegenwartsorientiert) konkretisiert sich das Selbstverhältnis. Persönlichkeitsprägende Wirkungen von Erfahrungen (s.o.) verweisen z.B. in Lernwiderständen auf Signale wirkender Lernprozesse, in denen sich „neues Wissen an alten Gewissheiten reibt“ (Gieseke 2001, S. 83).

3.2.3 Selbstverhältnis *expliziter Zeitanteile* (Suche nach Zeitfenstern für Bildung und Lernen)

Wie bereits mehrfach erwähnt, muss Bildung im Erwachsenenalter nach *expliziten Lernzeitfenstern*, d.h. von anderen Tätigkeiten *freigehaltenen* Zeiten, suchen. Dies betont Lernen in einer spezifischen Form, versieht den Lernprozess selbst mit einer eigenen Bedeutung (zielt nicht allein auf sein Ergebnis) und reduziert die aufnehmenden, verarbeitenden, reflektierenden Momente um Wissen nicht bloß auf kurzfristige Informationsangleichungen. Lernen erhält eine andere Qualität, wenn explizite Zeiträume bestehen, wenn „Ruhe da ist“ und „man abtauchen kann“, entsteht aus Sicht der Lernenden „wertvolle Lernzeit“ (Schmidt-Lauff 2008). Andere *Lern(zeit)qualitäten* entwickeln sich in einem anderen Lernerleben.

Für die Aneignung, Auseinandersetzung und Reflexion von Wissen bedeutet dies eine „temporale Entlastung“ (Schäffter 1995, S. 59), die aus professioneller Sicht eine planvolle pädagogische Verknüpfungsleistung darstellt.

3.2.4 Selbstverhältnis der *flexiblen Kontinuität* (individuelle Flexibilität sowie externe Rahmung und Institutionalisierung als Rhythmisierung und Strukturierung)

Lernen erscheint zugleich als Instrumentarium zur Bewältigung des Wandels bzw. als Ausdruck der geforderten Flexibilität *und* als Teil des Flexibilisierungsgeschehens selbst. Das Modell der beruflichen ‚Patchworkbiographie‘ („wer bei IBM anfängt, kann morgen schon bei Debis landen und übermorgen bei der Telekom“; Faulstich 2008, 32) betont die Offenheit. Mit Sennett (1998) lassen sich zwei Varianten von Flexibilität unterscheiden: eine *‚verbundene Flexibilität‘*, die gekennzeichnet ist durch einen Wandel innerhalb einer konsistenten Entwicklung, der zumindest noch eine erahnenswerte Kontinuität aufweist. Und eine im Gegensatz dazu stehende *‚radikale Flexibilität‘*, die nur noch absolute Veränderungen kennt, so dass jegliche Verbindungen zwischen Gegenwart und Vergangenheit verloren gehen.

Der temporal-eigenverantwortliche Umgang mit Weiterbildung im Erwachsenenalter (vgl. Schmidt-Lauff 2008) geht einher mit der individuellen Bereitschaft zur zeitlichen Flexibilität, stellt jedoch weder ein vollständig autonomes Handeln, noch eine absolute *Zeitsouveränität* dar. Vielmehr bestehen zeitliche Strukturwünsche (in Betrieben z.B. zu welcher Zeit lernen stattfinden soll; wie oft im Jahr Lernen stattfindet und mit welchem zeitlichen Umfang), um kollektiv akzeptierte und gerahmte Optionen für Lernzeiten zu schaffen, so dass neue Formalisierungsbedarfe evident werden (vgl. ebd. 2008). Durch die Formalisierung von ‚Zeitwerten‘ für Lernen (besonders Umfang und Dauer, weniger Häufigkeiten; vgl. ebd. 2008) entstehen *‚flexible Kontinuitäten‘* zur Inszenierung von Lernen. Es geht um eine Integrations- wie auch Synchronisationsleistung der planenden, initiierenden und anbietenden Erwachsenenbildungsinstitutionen und den Bildungsinteressierten: „Das Zusammenspiel zwischen den wechselnden Weiterbildungsangeboten und variantenreichen Formen der Bildungsaneignung strukturiert sich als temporales Netzwerk lose gekoppelter Ereignisse und Eigenzeiten“ (Schäffter 1993, S. 443).

3.2.5 Selbstverhältnis einer *temporalen Formalisierung* (temporale Gegentendenzen zu (De)Institutionalisierung und Selbststeuerung)

Aufgrund der oben geschilderten Anforderungen an Flexibilitäten von Lernzeiten müssen andere Varianten einer Formalisierung als die bislang vorrangig institutionellen, abschlussbezogenen und didaktischen Strukturgeber für Lernen und Bildung gefunden werden. Zeitliche Maßstäbe wie Seriation, Häufigkeit, Dauer, Synchronisation sind *temporale Strukturgeber* in den Verteilungskämpfen um ‚Ressourcen‘ für Lernen. Schäffter verweist darauf, dass die „permanente Synchronisation differenter Temporalstrukturen und individualisierter Eigenzeiten zwischen Anbietern und Teilnehmern der Erwachsenenbildung (…) nicht mehr der Okkasionalität und Aktualität mobilisierender Lernanlässe überlassen bleiben kann“ (Schäffter 1993, S. 445).

Zeitpolitische Forderungen in Tarif- und Betriebsvereinbarungen, erfahren gegenwärtig z.B. über Lebens-Arbeitszeitkonten eine Auslotung kollektiver und individueller Ressourcen.

3.2.6 Selbstverhältnis *struktureller und biographischer Zeitkonkurrenzen* (Zeitverwendung zwischen Sozialzeit und Eigenzeit je Lebensabschnitt)

Im Balancieren der bisher beschriebenen Selbstverhältnisse zwischen Flexibilisierung, Formalisierung, Kontinuität und Explizität im subjektiven Erleben äußerer und innerer Einflussfaktoren auf Zeiten für Lernen und Bildung zeigen sich in bestimmten Lebensphasen spezifische Besonderheiten. Sie werden als Zeitkonkurrenzen bezeichnet, da die Inanspruchnahme von Zeit für Lernen zu *temporalen Entscheidungsdissonanzen* führt. Wegen des temporalen Grundbezugs des Zeitverbrauchs (s.o.) steht Lernen in Konkurrenz zu anderen Tätigkeiten innerhalb der Zeit, die im Erwachsenenalter nicht nur von Faktoren wie Erwerbstätigkeit, Alter und Geschlecht abhängen (*strukturelle* Zeitkonkurrenzen), sondern auf sehr spezifische Weise von der jeweiligen Lebensphase wie z.B. Familiengründung, beruflicher Aufstieg, Erhalt beruflichen Wissens, Verrentung (*biographische* Zeitkonkurrenzen; vgl. Schmidt-Lauff 2008). Bei Entscheidungen über Lernzeiten gerät das Individuum zusätzlich in Auseinandersetzung um gesellschaftliche und soziale Rahmungen, so dass Zeitanteile und Freiräume für Lernen auch zum Ausdruck sozialer Segregation oder Integration werden.

Biographische Beobachtungen zeittheoretisch zu deuten, erweitert subjektbezogene Begründungstheorien (vgl. Holzkamp 1995) oder inhaltsbetonende Motivverortungen von Lernen im Erwachsenenalter um temporale Kategorien. Dazu gehört die Unterscheidung von *temporären* gegenüber *zeitüberdauernden* Aspekten in Bildungsentscheidungen, d.h. von lebensphasenspezifischen gegenüber biographischen Zeitkonkurrenzen (vgl. Schröder u.a. 2004; Schmidt-Lauff 2008).

3.2.7 Selbstverhältnis einer *Ökonomisierung von Lernzeit* (zukünftige Verwertungsausrichtung und effizienzbetonte Prozessgestaltung)

Instrumentelle Zugriffsversuche auf Zeit für Lernen betonen die problematische Effektivitäts- und Effizienzsteigerung von Weiterbildung (mehr Lernen in immer kürzerer Zeit). Dies geschieht in einer doppelten Perspektive: Entweder in der Überbetonung einer zukünftigen Verwertungsfunktion von Lernen, wodurch der Prozess des Lernens selber in seiner gegenwartsbezogenen Wertigkeit vernachlässigt oder gar ignoriert wird. Oder in der Ausrichtung auf eine Effizienzsteigerung des gegenwärtigen Lernprozesses, durch Beschleunigung, Flexibilisierung oder Individualisierung (vgl. Schmidt-Lauff 2008).

Die Betonung der zukünftigen Zeitdimensionen zeigt sich erst im Transfer bzw. die Anwendung bestimmt die Wertigkeit von Lernen. Dabei wird in der *zukunftsgerichteten Verwertungsbezogenheit* das ökonomisch-temporale Selbstverhältnis in prekärer Weise mit inhaltlichen Aspekten vermischt (nur das interessiert noch, was mir auch nützt). Gleichzeitig wird in der zukunftsgerichteten Verwertungsbezogenheit der Lernprozess als *gegenwärtiges Moment* in einer bislang ungeahnten Weise marginalisiert, so dass die Bedeutung des Lernens vollständig außerhalb der Handlung bzw. des Prozesses selbst zum Tragen kommt (Lernen ist nur Mittel zum Zweck (z.B. beruflicher Aufstieg)). Zeitgleich ist zu beobachten, dass unter ökonomischen Prämissen v.a. in der beruflich-betrieblichen Weiterbildung die Zeit im Lernprozess selbst in den Blick gerät und der ökonomische Umgang im Versuch einer Effektivitätssteigerung durch Beschleunigung, d.h. durch eine Steigerung der Zahl von Handlungsepisoden pro Zeiteinheit (vgl. Rosa 2005), mündet. Indem Handlungsepisoden des Lernens selbst beschleunigt werden (z.B. ‚extreme learning – extreme working' in der IT-Branche), indem Pausen oder Leerzeiten verkürzt, auf Wiederholungen verzichtet oder im Sinne eines Multitaskings (z.B. im arbeitsprozessintegrierten Lernen) verdichtet werden, wird das Selbstverhältnis umgangen oder ignoriert. Dies entspricht pädagogisch zweifelhaften Erwartungen einer (ökonomischen) *Disponibilität von Lernen* (vgl. kritisch: Ruhloff 2006; Faulstich 2008).

3.2.8 Selbstverhältnis *temporal divergenter Strukturen* (Bildung und Lernen zwischen widersprüchlichen Zeitordnungen)

Das Bemühen um die *Harmonisierung widersprüchlicher Zeitordnungen und divergierender Strukturlogiken*, z.B. durch die Propagierung von Arbeitszeit-Lernzeitmodellen oder die Ignoranz temporaler Schwierigkeiten in der Verlagerung auf die individuelle Verantwortungsebene der Selbststeuerung birgt Gefahren. Es führt zu einer Überforderung und „Selbstfunktionalisierung" (Faulstich 2008, S. 33) des Einzelnen in der Sorge um die eigene Weiterbildung. Ein allgemeines Unwohlsein und Negativerlebnis von Zeit macht auch vor Lernen nicht Halt, gleichgültig, wie stark das Bildungsinteresse und die Lernwünsche der Einzelnen sind (vgl. Schmidt-Lauff 2008). Neben der mental erlebten Überforderung im Spannungsverhältnis der Ausweitung von Lernaktivitäten unter gleichzeitig erhöhter Bedeutungszuschreibung im Konzept des Lebenslangen Lernens spielt auch die körperliche Überforderung (Zeitstress, Burn-out) eine Rolle. Die im ‚Lebenslangen Lernen' angelegte Entgrenzung von Zeiten birgt aus Sicht der Lernenden neben der Chance zur Entzerrung bzw. Ausdehnung auch die Gefahr physischer und psychischer Überforderungen aufgrund der auf Konstanz (lebenslang und lebensbegleitend) gestellten Zeitnutzung (ebd. 2008). Es scheint der nicht unproblematische Gedanke eines zunächst selbstausbeuterischen Erarbeitens von Zeiten im Erwerbszusammenhang auf, um diese dann - angespart z.B. in (Lebens)Arbeitszeitkonten - in der Zukunft kurativ für Lernen, Weiterbildung oder anderes verwenden zu können (vgl. Hildebrandt 2004; Verlust an *präventivem Zeitverhalten* aufgrund *temporaler Selbstzwänge*; Elias 1988).

Der Umgang mit Zeit im Arbeitsleben, in Betrieben und Organisationen folgt überwiegend einer linearen Grundlegung (vgl. Biervert/Held 1995; Weik 1998) und steigerungsbezogenen Zukunftsausrichtung (vgl. Rosa 2005; Reheis 2006). Das Ziel von Arbeit – bezogen auf Erwerbsarbeit – liegt in der Gewinnmaximierung, so dass *Rationalisierung* das vorherrschende Prinzip ist. Hier gilt die Strukturierung und Koordination (Management und produktive Aufgabenerfüllung), sowie Kontrolle durch sequenzierbare und unterteilbare *Zeitmaße*. Auftretende zeitliche Anforderungen und Konflikte werden durch *Entgrenzung* (Zeitsouveränität und Zielvereinbarung), durch *Verdichtung* (Überstunden und Mehrarbeit) oder durch *Beschleunigung* und *Vergleichzeitigung* (Zeitmanagement oder Multitasking) zu lösen versucht. Auf der anderen Seite erscheint Bildung resistent, wenn nicht gar widerständig gegenüber solchen ökonomischen Zeitmustern und Rationalisierungen. Optimierende Prinzipien haben in gedanklichen Verarbeitungsprozessen (vgl. Pöppel 2000) und in Lern- und Bildungsprozessen deutliche Grenzen (vgl. de Haan 1996; Dörpinghaus 2005; Wolff 2005). Bildung kann nicht als eine fortschreitende oder gar lineare Bewegung angenommen werden. Temporale Effektivitätskriterien und Kriterien zur Bewertung der Güte produktiver Arbeitsprozesse sind nicht gleich denen eines gelungenen pädagogischen Bildungsgeschehens oder nachhaltigen Lernens.

Bemühungen, Zeit als ökonomische Größe in (erwachsenen)pädagogischen Bildungszusammenhängen zu integrieren, lassen sich in Evaluierungsbestrebungen und Qualitätskontrollen unter Zuhilfenahme des Merkmals ‚Menge der Lernzeiten' erkennen, weisen aber temporaltheoretisch kritische Aspekte auf. So liegt die temporale Divergenz zwischen der ökonomischen und der pädagogischen Struktur bzw. Ordnung letztlich in der *zeitlichen Eigenwilligkeit von Bildung*. Die pädagogische Gliederungsordnung ist eben „nicht kompatibel mit den Ordnungsmustern (der ‚Logik') des ökonomischen Zeitregimes" (Ruhloff 2006, S. 3). In der Kontextualisierung von Lernen als Teil des Arbeitsprozesses oder der Einbindung in den Arbeits- und Produktionsprozess selbst scheinen die verschiedenen Zeitordnungen des Arbeitens und Lernens zwar äußerlich überwunden, aber subjektiv kaum mehr leistbar (vgl. Schmidt-Lauff 2008).

4 Ausblick: Zeit als ein interpretativ-instrumentelles Spannungsfeld in der Pädagogik

Zeittheoretische Auseinandersetzungen um (erwachsenen)pädagogische Grundfragen nehmen die Erklärung temporal bedeutsamer Aspekte im Lerngeschehen in den Blick und bieten einen veränderten Ausgangspunkt zur Verständigung über und Gestaltung von Erwachsenenbildung in der Moderne. In der Annahme, dass zeitliche Kategorien bei der Entscheidung und Inanspruchnahme für Bildung und (lebenslanges bzw. lebensbegleitendes) Lernen zukünftig noch an Bedeutsamkeit gewinnen, ergänzt ‚Zeit' bestehende Grundbegriffe der Bildungswissenschaften und erweitert vorhandene Theoriestränge. Mit solchen Ansätzen geht die Integration temporaler Faktoren weit über bisherige Verwendungszusammenhänge wie curriculare Planung, Gestaltung von Lernsequenzen oder statistische Teilnahmeerfassung hinaus.

Umfassende zeittheoretische Auseinandersetzungen bewegen sich zwischen *interpretativen* und *instrumentellen*, verstehenden und messenden, sozial-institutionellen und individuell-bewertenden Zugängen; sie berücksichtigen *temporale Grundbezüge* ebenso wie *Selbstverhältnisse zu Zeit*. In der Folge haben die Bildungswissenschaften mit einer Vielfalt an teilweise *konfligierenden Phänomenen* und Erfahrungen umzugehen. Vereinfachende Polarisierungen und Dichotomien können zwar analytisch bedeutsam sein, um z.B. Widersprüchlichkeiten im Zeiterleben oder gar Unmöglichkeiten im zeitlichen Gestalten zu klären. Um aber das *Spannungsverhältnis* aus den unterschiedlichen Zugängen pädagogisch bearbeitbar zu machen, ist dem polarisierenden Denken ein Verbindendes zur Seite zu stellen.

In diesem Sinne ist die Erkenntnis- und Ausdrucksfähigkeit zu schulen, uns in der Komplexität des modernen Zeitbewusstseins wie auch ihrer Strukturen verstehend bewegen zu können. Schließlich ist der nur akzidentiellen bzw. pragmatisch-instrumentellen Einschätzung der Bedeutung von Zeit in der Pädagogik und ihrer rein funktionalen Bezogenheit als verengendes Moment entschieden entgegenzutreten.

Literatur

Arendt, H. (1998): Vom Leben des Geistes – Das Denken und das Wollen. München: Piper.

Augustin, F. (1997): Unter dem Banner der Zeit. In: Der blaue Reiter: Journal für Philosophie 5. S. 8-12.

Arbeit und Leben (Hrsg.) (1999) Bildungsfreistellung in Europa. Eine Strategie zur Förderung lebenslangen Lernens. Düsseldorf: M. Maas.

Bachmeyer, B./Faulstich, P. (2002): Zeit als Thema in der Erwachsenenbildung. Hamburger Hefte I. Hamburg: Universität Hamburg.

Barz, H./Tippelt, R. (Hrsg.) (2004): Weiterbildung und soziale Milieus in Deutschland, Bd. 1 und 2. Bielefeld: wbv.

Benner, D. (2005): Über pädagogisch relevante und erziehungswissenschaftlich fruchtbare Aspekte der Negativität menschlicher Erfahrung. In: Benner, D. (Hrsg.): Erziehung – Bildung – Negativität. Beiheft der Zeitschrift für Pädagogik 49. S. 7-23.

Biervert, B./Held, M. (1995): Zeit in der Ökonomik. Frankfurt a.M.: Campus.

BMBF (Hrsg.) (2006): Berichtssystem Weiterbildung IX – Integrierter Gesamtbericht zur Weiterbildungssituation in Deutschland. Bonn/Berlin: BMBF.

Brinkmann, D. (2000): Zeitfenster für Weiterbildung. In: Dollase, R. u.a. (Hrsg.): Temporale Muster. Opladen: Leske + Budrich, S. 275-282.

Busse, G./Heidemann, W. (2005): Betriebliche Weiterbildung. Betriebs- und Dienstvereinbarungen. Frankfurt a.M.: Bund-Verlag.

de Haan, G. (1996): Die Zeit in der Pädagogik – Vermittlungen zwischen der Fülle der Welt und der Kürze des Lebens. Weinheim/Basel: Beltz.

Dobischat, R. u.a. (Hrsg.) (2003): Integration von Arbeit und Lernen. Erfahrungen aus der Praxis lebenslangen Lernens. Berlin: Sigma.

Dolch, J. (1964): Die Erziehung und die Zeit. In: Zeitschrift für Pädagogik 10. S. 361-372.

Dörpinghaus, A. (2003): Zu einer Didaktik der Verzögerung. In: Schlüter, A. (Hrsg.): Aktuelles und Querliegendes zur Didaktik und Curriculumentwicklung. Bielefeld: wbv, S. 24-33.

Dörpinghaus, A. (2008): Schonräume der Langsamkeit. In: DIE-Zeitschrift 1. S. 42-43.

Dux, G. (1998): Die Geschichte der Zeit. Frankfurt a.M.: Suhrkamp.

Eco, U. (2000): Kant und das Schnabeltier. Darmstadt: Wiss. Buchgesellschaft.

Elias, N. (1988): Über die Zeit. Baden-Baden: Suhrkamp

Europäische Kommission (2000): Memorandum on Lifelong Learning SEC (2000) 1832, DG Education and Culture. Brussels, 30. November 2000.

European Foundation for the Improvement of Living and Working Conditions (2003): A new organisation of time over working life. Dublin: European Foundation for the Improvement of Living and Working.

Expertenkommission zur Finanzierung Lebenslangen Lernens (2004): Schlussbericht – Der Weg in die Zukunft. Bielefeld: wbv.

Faulstich, P. (Hrsg.) (2002): Lernzeiten. Für ein Recht auf Weiterbildung. Hamburg: VSA.

Faulstich, P. (2008): Temporalstrukturen ‚lebenslangen' Lernens. In: DIE-Zeitschrift 1. S. 32-34.

Flasch, K. (1993): Was ist Zeit? Augustinus von Hippo. Das XI. Buch der Confessiones; historisch-philosophische Studie. Frankfurt a.M.: Klostermann Seminar.

Forneck, H.J./Springer, A. (2005): Gestaltet ist nicht geleitet – Lernentwicklungen in professionell strukturierten Lernarchitekturen. In: Faulstich, P. u.a. (Hrsg.): Lernwiderstand – Lernumgebung – Lernberatung. Bielefeld: wbv, S. 94-163.

Friebel, H. u.a. (2000): Bildungsbeteiligung: Chancen und Risiken. Opladen: Leske + Budrich.

Garhammer, M. (1999): Wie Europäer ihre Zeit nutzen – Zeitstrukturen und Zeitkulturen im Zeichen der Globalisierung. Berlin: Sigma.

Geißler, K.A. (1985): Zeit leben. Weinheim und Basel: Beltz.

Geißler, K.A. (1995): Lernprozesse steuern – Übergänge zwischen Willkommen und Abschied. Weinheim und Basel: Beltz.

Geulen, D. (2000): Zur Kontextualisierung des Verhältnisses von externen und internen Bedingungen im Prozess lebenslanger Sozialisation. In: Hoerning, E.M. (Hrsg.): Biographische Sozialisation. Stuttgart: Beltz, S. 187-208.

Gieseke, W. (2001): Erfahrungsorientierung – Erfahrung. In: Arnold, R. u.a. (Hrsg.): Wörterbuch Erwachsenenpädagogik. Bad Heilbrunn: Klinkhardt, S. 82-83.

Grünewald, U. u.a. (2003): Betriebliche Weiterbildung in Deutschland und Europa. Bielefeld: Bertelsmann.

Hildebrandt, E. (2004): Langzeitkonten und biographische Lebensführung., Berlin: Unveröff. Projektantrag.

Hoerning, E.M. u.a. (1991): Biographieforschung und Erwachsenenbildung. Bad Heilbrunn: Klinkhardt.

Holzkamp, K. (1995): Lernen. Subjektwissenschaftliche Grundlegung. Frankfurt/New York: Campus.

Husserl, E. (1985): Texte zur Phänomenologie des inneren Zeitbewusstseins (1893-1917). In: Bernet, R. (Hrsg.): Phänomenologie des inneren Zeitbewußtseins. Hamburg: Felix Meiner Verlag.

Kade, J./Seitter, W. (2004): Bildung – Risiko – Genuss: Dimensionen und Ambivalenzen lebenslangen Lernens in der Moderne. In: Brödel, R./Kreimeyer, J. (Hrsg.): Lebensbegleitendes Lernen als Kompetenzentwicklung. Bielefeld: wbv, S. 51-59.

Käpplinger, B./Rohs, M. (Hrsg.) (2004): Lernberatung in der beruflichen-betrieblichen Weiterbildung: Ansätze und Praxisbeispiele. Münster: Waxmann, S. 29-43.

Lüders, M. (1995): Zeit, Subjektivität und Bildung. Weinheim: Dt. Studienverlag.

Meyer-Drawe, K. (2005): Anfänge des Lernens. In: Benner, D. (Hrsg.): Erziehung – Bildung – Negativität. Beiheft der Zeitschrift für Pädagogik 49. S. 24-37.

Mollenhauer, K. (1981): Die Zeit in Erziehungs- und Bildungsprozessen – Annäherungen an eine bildungstheoretische Fragestellung. In: Die Deutsche Schule 73. S. 68-78.

Nahrstedt, W. u.a (Hrsg.) (1997): Neue Zeitfenster für Weiterbildung? Bielefeld: IFKA.

Negt, O. (1988): Plädoyer für einen neuen Lernbegriff. In: zwd – Bildung, Wissenschaft, Kulturpolitik 4, H. 21, S. 5-6.

Neumann, N. (1993): Lerngeschichte der Uhrenzeit. Weinheim: Beltz.

Nowotny, H. (1995): Eigenzeit. Frankfurt a.M.: Suhrkamp.

OECD (2007): Bildung auf einen Blick. Bielefeld: wbv.

Pöppel, E. (2000): Grenzen des Bewusstseins. Wie kommen wir zur Zeit, und wie entsteht Wirklichkeit? Frankfurt a.M./Leipzig: Insel Taschenbuch.

Pruschansky, S. (2001): Einleitung ‚LebensLangesLernen'. In: Senatsverwaltung für Arbeit, Soziales und Frauen (Hrsg.): LebensLangesLernen – Expertisen zu Lebenslangem Lernen – Lebensarbeitszeiten – Lebensweiterbildungskonten. Berlin.

Reheis, F. (2006): Entschleunigung – Abschied vom Turbokapitalismus. München: Goldmann

Rosa H. (2005): Beschleunigung – Die Veränderung der Zeitstrukturen in der Moderne. Frankfurt a.M.: Suhrkamp.

Ruhloff, J. (2006): Ökonomisierung von Unterricht – Unveröffentl. Thesen zum Prager Treffen der ‚Internationalen Forschungsgruppe Unterricht'. 25.-27. Mai 2006.

Schäffter, O. (1993): Die Temporalität von Erwachsenenbildung. In: Zeitschrift für Pädagogik 39, H. 3, S. 443-462

Schäffter, O. (1995): Bildung als kognitiv strukturierende Umweltaneignung. In: Beiheft zum Report, H. 4, S. 55-62.

Schiersmann, C. (2006): Profile lebenslangen Lernens. Bielefeld: Bertelsmann.

Schlüter, A. (Hrsg.) (2005): ‚In der Zeit sein …' – Beiträge zur Biographieforschung in der Erwachsenenbildung. Bielefeld: Bertelsmann.

Schmidt-Lauff, S. (2003): Betriebliche Lernzeitstrategien - Empirische Studien zur Umsetzung von Weiterbildung in Betrieben. In: Europäische Zeitschrift für Berufsbildung 29, H. 2, S.71-79.

Schmidt-Lauff, S. (2005): Chancen für individuelle Lernzeiten: Bildungsurlaubs- und Freistellungsgesetze. In: Recht der Jugend und des Bildungswesens, Zeitschrift für Schule, Berufsbildung und Jugenderziehung 53, H. 2, S.221-235.

Schmidt-Lauff, S. (2008): Zeit für Bildung im Erwachsenenalter. Interdisziplinäre und empirische Zugänge. Münster: Waxmann.

Schröder, H. u.a. (2004): Nichtteilnahme an beruflicher Weiterbildung. Bielefeld: wbv.

Seifert, H. (2003): Strukturen von Arbeits- und Lernzeiten sowie Ansätze für Lernzeitkontent. In: Dobischat, R. u.a. (Hrsg.): Integration von Arbeit und Lernen. Erfahrungen aus der Praxis lebenslangen Lernens. Berlin: Sigma, S. 47-82.

Seifert, H. (2000): Zeitkontent: Von der Normalarbeitszeit zu kontrollierter Flexibilität. In: WSI-Mitteilungen 2. S. 84-91.

Sellin, B./Elson-Rogers, S. (2003): Engaging individuals in lifelong learning: mobilising resources, time and money. CEDEFOP working paper, Thessaloniki (GR): o.V.

Sennett, R. (1998): Der flexible Mensch. Berlin: Berlin Verlag.

Severing, E. (1994): Arbeitsplatznahe Weiterbildung: betriebspädagogische Konzepte und betriebliche Umsetzungsstrategien. Neuwied: Luchterhand.

Siebert, H. (1997): Didaktisches Handeln in der Erwachsenenbildung. Neuwied: Luchterhand.

Tenorth, H.-E. (2006): Zeit als Thema der Erziehungswissenschaft. Dissens der Codierung, Desiderata der Thematisierung. In: Bellmann, J./Ruhloff, J. (Hrsg.): Perspektiven einer Allgemeinen Pädagogik. Weinheim/Basel: Beltz, S. 57-76.

Wagner, A. (1996): Teilnahme an Bildungsurlaub – Daten und Tendenzen. In: Hess. Blätter für Volksbildung 1. S. 5-12.

Weik, E. (1998): Zeit, Wandel und Transformation – Elemente einer postmodernen Theorie der Transformation. München/Mering: R. Hampp Verlag.

Wendorff, R. (1980): Zeit und Kultur. Opladen: Westdeutscher Verlag.

Wolff, J. (2005): Zeit für Erwachsenenbildung – Evangelische Erwachsenenbildung zwischen Zeit-Diagnosen und Frei-Zeit-Bedürfnissen. Göttingen: V&R unipress.

Forschungsstrategien und Methoden

Armin Born

Geschichte der Erwachsenenbildungsforschung

Noch vor wenigen Jahrzehnten wurde die empirische Forschung in der Erwachsenenbildung nur als eine Randerscheinung betrachtet. Eine grundlegende Änderung ihrer Einschätzung erfolgte erst mit der „realistischen Wende" Mitte der 1960er Jahre. Im Laufe der letzten 30 Jahre hat sich die empirische Forschung als ein unverzichtbarer Bestandteil einer sich als relativ eigenständig verstehenden Wissenschaft von der Erwachsenenbildung etabliert. Strittig geblieben ist, sieht man von wenigen Ausnahmen ab, die Bewertung des Umfangs und der Qualität der vorliegenden Forschungsprojekte. Einhellig gefordert werden dagegen verstärkte Forschungsbemühungen.

Über der Tatsache, dass die empirische Forschung innerhalb der Erwachsenenbildung erst verhältnismäßig spät allgemeine Anerkennung fand, darf nicht vergessen werden, dass ihre Anfänge im deutschsprachigen Raum bis zur Jahrhundertwende zurückreichen. Damit kann man in diesem Wissenschaftsbereich immerhin schon auf eine fast 100 Jahre andauernde Forschungstradition zurückblicken.

1 Die Anfänge

Der Beginn der empirischen Forschung in der Erwachsenenbildung wird unterschiedlich datiert. In der Literatur findet man Angaben, die vom Anfang des Jahrhunderts bis hin zu den 1920er Jahren reichen (vgl. Strzelewicz 1978; Tietgens 1981; Weinberg 1984). Diese Angaben sind abhängig davon, was man der empirischen Forschung noch zurechnet. Versteht man darunter auch die statistische Erfassung der Teilnehmer und die Auswertung dieser „Hörerstatistiken", dann kann man sogar bis zur Mitte der 90er Jahre des vorletzten Jahrhunderts zurückgehen.

Die Einsicht in die Nützlichkeit oder gar Notwendigkeit von empirischer Forschung darf man innerhalb der damaligen „Volksbildung" nicht als selbstverständlich voraussetzen. Eine solche Einschätzung setzte sich nur äußerst langsam und nur in Teilbereichen durch. Voraussetzung dafür war, dass man neben pragmatischen Gründen auch durch den theoretischen Bezugsrahmen, durch Denk- und Erklärungsmuster die Grundlage für eine Sensibilität gegenüber Fragenkomplexen schuf, die nur mit Hilfe empirischer Forschung zu lösen sind. Dies konnte sich erst entwickeln, als man begann, die einseitige Orientierung am Bildungsgut in Frage zu stellen und dem Teilnehmer im Bildungsgeschehen ein größeres Gewicht einzuräumen. Das zentrale Forschungsinteresse bestand so anfangs auch darin, mehr über den Teilnehmer, den „Hörer" zu erfahren.

Untersucht man die Hauptrichtungen, die in der Erwachsenenbildung um und nach 1900 im deutschsprachigen Raum bestanden, so entdeckt man erste Ansätze einer empirischen Forschung vor allem in der Universitätsausdehnungsbewegung, in den studentischen Arbeiterunterrichtskursen und im Bibliothekswesen. Gleichzeitig sind in dieser Hinsicht jedoch extreme Unterschiede zwischen den einzelnen, jeweils örtlich organisierten Vereinen und Einrichtungen bzw. zwischen deren jeweiligen Vertretern erkennbar.

Erstmals wurden 1895 von Ludo Hartmann, dem Geschäftsführer des Wiener Ausschusses für volkstümliche Universitätsvorträge, die Teilnehmer in systematischer Weise in einer Hörerstatistik erfasst. Mit ihrer Hilfe wollte er zum einen den politischen Entscheidungsgremien Rechenschaft über die geleistete Bildungsarbeit geben und finanzielle Unterstützungsleistungen absichern. Zum anderen versuchte er, die statistischen Berichte als Orientierungshilfe beim Ausbau der Bildungseinrichtung zu benutzen. Mit dieser Absicht vertrat Hartmann eine konträre Position zur damals vorherrschenden Meinung. Die Mehrheit der Vertreter der Universitätsausdehnungsbewegung ging davon aus, dass die Wissenschaften und die Kultur in verbindlicher Weise einen Kanon von Bildungsgütern vorgaben, in die das gewöhnliche Volk einzuführen sei. Hartmann wollte sich dagegen bei seiner Bildungsarbeit auch am Teilnehmer orientieren und dessen Bedürfnisse und Interessen berücksichtigen. So versuchte er zunächst, aus den Hörerstatistiken Schlüsse in Bezug auf Motive zu ziehen, die zum Besuch von Vorträgen geführt hatten. In einem zweiten Schritt führte er im Vortragsjahr 1903/04 eine Befragung der Teilnehmer durch. Die Erhebung, die 498 Hörer erfasste, erfragte neben Geschlecht, Alter, Vorbildung, Wohnbezirk, Berufszweig und -stellung vor allem die Gründe, aus welchen die Vorträge besucht wurden und den Nutzen, der aus ihnen gezogen worden war (vgl. Hartmann/Penck 1904).

Diese erste Teilnehmerbefragung bildete den Auftakt zu weiteren, ähnlich konzipierten Erhebungen, die noch vor dem 1. Weltkrieg u.a. in Wien, Hamburg und Berlin von unterschiedlichen Bildungseinrichtungen durchgeführt wurden (vgl. Lampa 1904; Graf 1909; Apel 1920). Am aufschlussreichsten war die in den Berliner studentischen Arbeiterunterrichtskursen vorgenommene Hörerbefragung, die im Zeitraum von 1904 bis 1908 3.197 Arbeiter erfasste. Ziel dieser Erhebung war es, erstmals in quantitativer Form detaillierte Auskünfte über das Bildungsniveau, den literarischen Geschmack und die geistigen Interessen der befragten Arbeiter zu geben (vgl. Graf 1909).

In Bezug auf die Hörerstatistik wollte man 1912 auf dem 5. Volkshochschultag in Frankfurt Verbesserungen in die Wege leiten. Unter maßgeblicher Mitwirkung von Ludo Hartmann wurde der Versuch unternommen, die Hörerstatistiken zu vereinheitlichen, um eine Vergleichbarkeit und Verallgemeinerungsfähigkeit der Daten zu gewährleisten. Um sowohl über den Gesamtstand als auch über für die praxisrelevanten Zusammenhänge gesicherte Erkenntnisse zu bekommen, sollten in einem Stichjahr bei möglichst vielen Organisationen der Erwachsenenbildung bestimmte Merkmale bei den Teilnehmern erfasst werden. Der Ausbruch des 1. Weltkrieges verhinderte dann aber diese umfassende Erhebung.

Neben Ludo Hartmann leistete in der Vorkriegszeit besonders Walter Hofmann einen entscheidenden Beitrag bei der Einführung der empirischen Forschung im Bereich der Erwachsenenbildung. Sein Verdienst bestand vor allem in der Begründung der Notwendigkeit der Forschung und der relativ ausführlichen Erörterung der Möglichkeiten in der forschungsmethodischen Vorgehensweise (vgl. Hofmann 1910). Dieser bahnbrechende und wegweisende Aufsatz von Hofmann wurde selbst noch am Ende der Weimarer Zeit als die umfassendste Abhandlung über die anstehenden Forschungsprobleme angesehen (vgl. Buchwald 1934).

Hofmann hielt es für die Konzeption der Bildungsarbeit für unerlässlich, zunächst zwei Fragen zu beantworten: 1. Wie sieht das Menschenmaterial aus, an das wir uns wenden wollen? 2.

Wohin wollen wir diese Menschen führen? Erst wenn dies geschehen ist, können Überlegungen darüber angestellt werden, wie angesichts der Voraussetzungen bei den Teilnehmern die Methode aussehen muss, um das angestrebte Bildungsziel erreichen zu können.

Aufgabe der Forschung sollte es dementsprechend sein, die Frage nach den „geistigen Lebensregungen und dem geistigen Kräftestand" (Hofmann 1910, S. 228), mit dem die Volksbildungsarbeit bei den Teilnehmern zu rechnen hatte, zu beantworten. Eine solche Grundlagenforschung hatte sich besonders auf die unteren Schichten, auf das industrielle und städtische Proletariat zu konzentrieren, da die Unkenntnis bezüglich dieser Bevölkerungsgruppe am größten war. Sein Ziel war es, ein vollständiges Gesamtbild von der „Psyche des Proletariats" (Hofmann 1910, S. 229), von all seinen geistigen Eigenschaften, Vorstellungsinhalten und Empfindungsqualitäten zu erstellen.

Hofmann arbeitete im Bibliothekswesen, das damals als integrierter Bestandteil des Volksbildungswesens angesehen wurde. So lag es für ihn nahe, nachdem er Vor- und Nachteile unterschiedlicher Forschungsmethoden (u.a. auch der Feldstudie) gegeneinander abgewogen hatte, sich für die Auswertung von Ausleih- und Hörerstatistiken als praktikabelsten und angemessensten Forschungsweg zu entscheiden. Nach seiner Ansicht registrieren diese Statistiken die Spuren, die bei gewissen Formen der geistigen Betätigung hinterlassen werden. Leseanstalten und Bildungseinrichtungen werden so zu „differenzierten Apparaten" (Hofmann 1910, S. 257), mit denen man die Psyche des Volkes abtasten kann.

Als Forschungsergebnis bei der Auswertung des Ausleihverhaltens konnte er zum einen feststellen, dass weder das Proletariat noch das Bürgertum eine homogene Masse darstellen, sondern dass jeweils vielfältige und auf individuelle Weise ausgeformte Interessen bestehen. Damit lieferte er erstmals eine empirische Begründung für eine „individualisierende Methode" (Hofmann, 1910, S. 290) in der Bildungsarbeit und wird damit ein Wegbereiter der Neuen Richtung. Zum anderen glaubte er, von bestimmten Formen der Kombination von Themenbereichen und von bestimmten Verläufen und Tendenzen in der Entwicklung des Leseverhaltens auf gewisse Gesetzmäßigkeiten in der geistigen Entwicklung schließen zu können.

Nach dem ersten Weltkrieg bestand in der Erwachsenenbildung zunächst wenig Interesse an empirischer Forschung. In teilweise euphorisch übersteigerter Weise versuchte man in einem wahren Gründungsboom neue Bildungseinrichtungen aufzubauen. In finanzieller, aber auch in personeller Hinsicht wurde dadurch ein Großteil der Mittel und Möglichkeiten ausgeschöpft, die damals der Erwachsenenbildung zur Verfügung standen. Auf theoretischer Ebene stand der Richtungskampf zwischen Alter und Neuer Richtung im Mittelpunkt des Interesses. Innerhalb der Neuen Richtung sah man aber nunmehr davon ab, die individualisierende Methode durch empirische Forschungsergebnisse zu begründen. Es wurde im Gegenteil nicht mehr als nötig erachtet, vorab die unterschiedlichen Einstellungen, Interessen und Ansichten bei den Teilnehmern zu erkunden, da gerade diese als unerlässlicher Bestandteil und charakteristisches Kennzeichen der Arbeitsgemeinschaft vorausgesetzt wurden.

Erst Mitte der 1920er Jahre, nach einer Phase der Konsolidierung und einer Wende zu einer realistischeren Vorstellung über die Bildungsarbeit, richtete sich die Aufmerksamkeit wieder zunehmend auf konkrete Forschungsfragen, die sich wiederum auf die Erkundung des Teilnehmers bezogen. Der Hauptanteil der Forschungsarbeit wurde dabei im Umfeld der Leipziger Richtung geleistet. Günstig wirkte sich hier aus, dass Walter Hofmann seit 1913 in Leipzig tätig war. Hinzu kam, dass ab 1925 mit Paul Hermberg ein Wirtschafts- und Sozialstatistiker das dortige Volksbildungsamt und die Volkshochschule leitete. Hermberg war es vor allem zu verdanken, dass die Leipziger Volkshochschule die zunächst einzige systematisch ausgebaute Teilnehmerstatistik besaß.

Auch in Leipzig wollte man sich – wie schon zuvor Ludo Hartmann – beim Ausbau des Bildungsangebots an den Interessen und Wünschen der Bevölkerungsgruppe ausrichten, auf die man mit seiner Arbeit abzielte. Da die Arbeiterschaft im Vordergrund der Bildungsbemühungen stand, bezogen sich die Forschungsprojekte ausschließlich auf diese Gruppe. Große (1932) versuchte so, mit Hilfe der Teilnehmerstatistik die Bildungsinteressen des großstädtischen Proletariats zu bestimmen. Er ging dabei von der Annahme aus, dass die Anzahl bzw. die gruppenmäßige Zusammensetzung der Teilnehmer an Veranstaltungen zu einem bestimmten Themengebiet Aufschluss über das Ausmaß und die Verteilung der Bildungsinteressen an der jeweiligen Gesamtgruppe geben.

Obwohl es die am häufigsten eingesetzte Methode war (vgl. auch Engelhardt 1926; Hofmann 1931), blieb das Verfahren, mit Hilfe der Hörer- bzw. Ausleihstatistik die Bildungsinteressen von Bevölkerungsgruppen zu bestimmen, nicht unumstritten. Kritisch mit diesem Auswertungsmodus setzte sich vor allem Buchwald (1934) auseinander. Lotte Radermacher (1932), eine Schülerin des Soziologen Paul Lazarsfeld, versuchte es zu verbessern und setzte bei der Auswertung der Hörerstatistiken erstmals statistische Rechenverfahren ein, um die Ergebnisse gegen Zufallseinwirkungen abzusichern.

Einen anderen Weg schlug Gertrud Hermes ein. Mit Hilfe einer Befragung von 1250 Teilnehmern an Veranstaltungen dreier Leipziger Bildungseinrichtungen versuchte sie, die geistige Vorstellungswelt der Arbeiter zu erkunden. Einzigartig für die damalige Zeit war, dass sie ihr Forschungsprojekt auf eine ausführliche theoretische Grundlagenreflexion aufbaute. Trotz erheblicher Mängel und Ungereimtheiten, die sowohl im theoretischen als auch im methodischen Bereich erkennbar sind, besteht ihr besonderer Verdienst vor allem darin, dass sie erstmalig ausdrücklich das „Verstehen“ in den Mittelpunkt ihrer Forschungsbemühungen stellte und darauf abzielte, Vorstellungsinhalte und -motive und deren Einbettung in Orientierungs- und Erklärungsmuster aufzudecken. Bei ihren Begriffen der „geistigen Gestalt“ (Hermes 1926, S. 104) und der „geistigen Aktgruppen“ (Hermes 1926, S. 128) zeigen sich Ähnlichkeiten und Bezüge zu den aktuell benutzten Begriffen des „Alltagswissens“ bzw. der „Deutungsmuster“. Hermes verwirklichte damit das erste qualitativ-interpretativ ausgerichtete Forschungsprojekt innerhalb der Erwachsenenbildung.

In der Literatur findet man die Deutsche Schule für Volksforschung und Erwachsenenbildung als zweiten zentralen Ort, an dem in der Weimarer Zeit Forschung betrieben wurde. Obwohl dies als Aufgabe bei der Gründung der Einrichtung vorgesehen war, wurden weder Forschungsprojekte durchgeführt, noch konnten die Absichtserklärungen eine geeignete Grundlage für eine empirische Forschung abgeben. Die Volksgemeinschaftsideologie verhinderte hier einen rational ausgerichteten Forschungsansatz, da die Forschung noch ganz im Dienste einer „Volkbildung durch Volksbildung“ gesehen wurde. Intendiert war eine „Volksforschung“, die zur „Erkenntnis der Volksaufgabe“ beitragen und Volkstum und Volkscharakter erkunden und ermitteln sollte (Rosenstock 1927, S. 56). Um der „volkserzieherischen Verantwortung“ gerecht werden zu können, zielte man zusätzlich darauf ab, Prozesse der „Volksgestaltung“ aufzudecken (vgl. Flitner 1927, S. 24ff., von Erdberg 1927, S. 6ff.).

2 Die Phase der Etablierung

Einen tiefen Einschnitt stellte die Zeit des nationalsozialistischen Staates dar, in der die empirische Forschung als überflüssig angesehen wurde, da es im Bereich der Erwachsenenbildung nur um die Umsetzung der ideologischen Vorgaben ging. Nach einer 20 Jahre dauernden Unterbrechung wurden die Forschungsbemühungen erst in den 1950er Jahren langsam wieder aufgenommen. Thematisch knüpfte man an die empirischen Arbeiten der Weimarer Zeit an. Im Vordergrund stand wieder, mehr über den Adressaten der Bildungsarbeit zu erfahren und besonders dessen Bildungsinteressen zu ermitteln (vgl. Institut für Arbeiterbildung 1953; Ritz 1957). Letztere wurden zunehmend nicht mehr als ein isoliert zu erfassendes Merkmal betrachtet. Vielmehr sah man die Bildungsinteressen eingewoben in ein Netz von vielfältigen, miteinander verbundenen und aufeinander bezogenen Einstellungen und Meinungen, die wiederum in einem engen Bezug zu den sozialen Lebensverhältnissen stehen (vgl. Institut für Arbeiterbildung 1953; Schulenberg 1957).

Auf methodischem Gebiet fand eine Weiterentwicklung statt, bei der der Stand der empirischen Sozialforschung in den Vereinigten Staaten eine nicht unmaßgebliche Rolle spielte. Neben der Auswertung von Hörerstatistiken (vgl. Ritz 1957) und der Befragung von Teilnehmern wurden nun erstmals auch die teilnehmende Beobachtung (vgl. Institut für Arbeiterbildung 1953), die repräsentative Meinungsbefragung (vgl. Österreichisches Institut für Markt- und Meinungsforschung 1953) und die Gruppendiskussion (vgl. Schulenberg 1957) eingesetzt. Ermittelt werden sollten quantitative (vgl. Ritz 1957), aber auch qualitative Aspekte und Zusammenhänge (vgl. Schulenberg 1957).

Am Ende der 1950er Jahre knüpfte eine äußerst differenzierte Untersuchung an diese Vorarbeiten an. Ziel der Göttinger-Studie von Strzelewicz, Raapke und Schulenberg (1966) war es, in umfassender Weise sowohl die in der westdeutschen Bevölkerung bestehenden Bildungsvorstellungen als auch deren Bezug zu Normvorstellungen, Ansichten und Meinungen über die gesellschaftlichen Zustände zu ermitteln. Im methodischen Bereich wurde ein dreistufiger Forschungsansatz benutzt, der die damals gebräuchlichsten Hauptzugangsweisen umfasste: repräsentative Umfrage, Gruppendiskussion und Intensivinterview. Mit deren Hilfe wollte man nicht nur quantitative Verteilungen bestimmen, sondern auch Auskunft über qualitative Aspekte bekommen. Erreicht wurde dies dadurch, dass die Gruppendiskussion und darauf aufbauend die Intensivinterviews gezielt eingesetzt wurden, um die in der Umfrage gewonnenen Resultate besser interpretieren zu können. Letztlich konnte die Untersuchung so angeben, welche Vorstellungssyndrome zum Bildungsverständnis bestehen und welche konkrete inhaltliche Ausfüllung sie jeweils vorweisen.

Mit ihrem Ansatz überstieg die Göttinger-Studie die Standards der damals eher quantitativ ausgerichteten empirischen Sozialforschung. Auch innerhalb der Erwachsenenbildung erreichten, sieht man von der Hannover-Studie und dem BUVEP-Projekt ab, keine weiteren Untersuchungen vom Aufwand und von der Komplexität des Forschungsdesigns her je wieder den Stand dieser Studie (vgl. Schlutz 1992). Nicht verwunderlich ist es so, dass ihre Ergebnisse im Vergleich mit anderen Forschungsbemühungen am nachhaltigsten und tiefgreifendsten auf die Praxis zurückwirkten. Besonders im Bereich der Volkshochschule lieferten sie unter anderem die empirische Grundlage für einen einschneidenden Wandel im Aufgabenverständnis. Die Göttinger Studie trug auf diese Weise entscheidend zu dem bei, was heute als „realistische Wende" der Erwachsenenbildung bezeichnet wird. Gleichzeitig setzte sich mit ihr eine allgemeine Anerkennung der empirischen Forschung in der Erwachsenenbildung durch.

In den 1960er Jahren gab es neben dieser großen Untersuchung auch weitere kleinere Erhebungen, deren Fragestellung sich wiederum auf den Bildungsadressaten bezog (vgl. Götte 1959; Horst 1964). Ein besonderes Interesse bestand darin, die Vorstellungen zu erkunden, die in der Arbeiterschaft bestehen, der sozialen Teilgruppe, die die öffentlichen Bildungseinrichtungen am wenigsten benutzten. Ermittelt werden sollten unter anderem Meinungen über Bildungsgüter, Erwartungen an und Bewertungen von Bildungseinrichtungen oder Zusammenhänge zwischen Bildungsinteressen und Aufstiegshoffnungen. Hierzu wurden die Befragung und die Gruppendiskussion als Erhebungsinstrumente eingesetzt.

3 Die Auffächerung der Fragestellungen

Seit Anfang der 1970er Jahre setzt eine Auffächerung hinsichtlich der zu erforschenden Problemfelder und Aspekte ein. Siebert kann so 1979 in seinem „Taschenbuch der Weiterbildungsforschung" schon 18 Forschungsbereiche angeben. Obwohl bei der Einteilung noch kein methodologisches Ordnungsprinzip und keine eindeutige Abgrenzungen erkennbar waren, dient es doch als Anzeichen dafür, dass unterschiedlichste Bereiche in der Erwachsenenbildung Gegenstand der Forschung geworden waren bzw. werden sollten.

Während in den 1960er Jahren die Soziologie eine dominierende Stellung einnahm, wuchs Anfang der 1970er Jahre die Bedeutung der Psychologie als Bezugswissenschaft. Eng damit verbunden wurden neue Aspekte relevant wie z.B. Persönlichkeitseigenschaften und Motivationen. Zu deren Erfassung wurden nun verstärkt auch Instrumente aus der Psychologie entliehen oder adaptiert.

Ab Mitte der 1970er Jahre gewann das „interpretative Paradigma" zunehmend an Gewicht. Unter seinem Einfluss wurden Sinn und Deutung zentrale Forschungskomponenten. Ein qualitativ orientierter, interpretativ ausgerichteter Forschungsansatz wurde in den letzten 15 Jahren immer mehr als die angemessenste Zugangsweise zum Forschungsfeld angesehen. Damit einhergehend wurden zum einen innerhalb der bisherigen Fragestellungen neue Aspekte relevant und neue methodische Verfahrensweisen (z.B. das narrative Interview) erforderlich. Zum anderen entwickelten sich neue Forschungsschwerpunkte wie z.B. die „Biographieforschung" (vgl. Faulstich-Wieland 1996).

Für die 1980er Jahre wird häufig ein Abschwung in der Erwachsenenbildungsforschung konstatiert (vgl. Institut für Erwachsenen-Bildungsforschung 1991; Gieseke et al. 1992). Die Verschlechterung der Forschungslage wird vor allem daran festgemacht, dass in diesem Zeitraum kein größeres Forschungsvorhaben durchgeführt wurde und dass finanzielle Mittel, die für eine originäre Erwachsenenbildungsforschung zur Verfügung standen, sich vermindert hatten. Dass der Eindruck abnehmender Forschungsintensität vorherrscht, obwohl in quantitativer Hinsicht ein Zuwachs zu verzeichnen ist, scheint zum einen darin begründet zu liegen, dass die einzelnen Forschungsarbeiten überwiegend in punktueller und recht spezifischer Weise Aspekte aus dem Gesamtforschungsfeld aufgegriffen haben. Zum anderen spiegelt sich hier auch die Forschungssituation insgesamt wider, bei der Kooperation, Kontinuität und Systematik zu bemängeln sind. Beide Sachverhalte führen dazu, dass der erreichte Forschungsstand nur schwer zu erfassen ist und Fortschritte kaum deutlich hervortreten können.

Überblickt man das sich in den Jahren bis 1990 zunehmend mehr ausdifferenzierende und auffächernde Feld der Forschungsaktivitäten im Bereich der Erwachsenenbildung, so kristallisieren sich doch einige zentrale Fragestellungen heraus. Weiterhin war man bestrebt, mehr über die Voraussetzungen bei den Bildungsadressaten zu erfahren. Zum einen knüpfte man an die Untersuchungen der 1960er Jahre an. Im Mittelpunkt standen dabei Fragen nach Bildungsvorstellungen bzw. Bildungsinteressen, die in engem Bezug gesehen wurden mit den Einstellungen und Meinungen zum gesellschaftlichen Bereich und zum Bereich des Arbeitslebens (vgl. Labonté 1973; Buttgereit et al. 1975). Zum anderen wuchs unter dem Einfluss der Psychologie das Interesse an Komponenten wie Lernbereitschaft bzw. Lernmotivation, die ihrerseits in enger Wechselwirkung mit anderen Persönlichkeitseigenschaften gesehen wurden (vgl. Feig 1972; Lehr et al. 1979; Hoffmann 1983).

Als sich die Schere zwischen Bildungsinteresse bzw. Lernmotivation und dem tatsächlichen Bildungsverhalten immer deutlicher abzeichnete, versuchten Forschungsprojekte zunehmend die Frage zu beantworten, wie das Zustandekommen des tatsächlichen Teilnahmeverhaltens zu erklären sei. Ein Weg, den man hierzu beschritt, bestand darin, mit Hilfe quantifizierender Verfahren Erklärungsfaktoren bzw. Determinanten zu erkunden und deren jeweiligen Einfluß zu bestimmen (vgl. Barres 1968; Gänsslen 1968; BMBW 1976; Schulenberg et al. 1979). Im Rahmen dieser quantitativ ausgerichteten Zugangsweise ist seit Anfang der 80er Jahre zusätzlich die Tendenz erkennbar, differenziertere und komplexere Erklärungsmodelle für das Teilnahmeverhalten zu entwickeln, einzusetzen und zu überprüfen (vgl. Ebner 1980; Fallenstein 1984; Röchner 1987). Unter dem Einfluss des interpretativen Paradigmas wird im Rahmen einer zweiten Zugangsweise das Teilnahmeverhalten im lebensgeschichtlichen Zusammenhang erkundet und versucht, den jeweiligen individuellen Bedeutungskontext „verstehend" zu analysieren (vgl. Ebert et al. 1985; Buschmeyer et al. 1987).

Erstmals fing man Anfang der 1970er Jahre innerhalb der empirischen Forschung auch damit an, sich mit dem komplexen Geschehen zu befassen, das sich sowohl innerhalb des einzelnen Erwachsenen als auch zwischen ihnen abspielt, wenn in einem institutionellen Rahmen gelernt und gelehrt wird bzw. Bildungsprozesse stattfinden. Zu diesem zentralen, aber noch wenig bearbeiteten Forschungsgebiet liegen zwei außergewöhnliche Untersuchungen vor, die als „Leitstudien" angesehen werden können. In der Hannover-Studie versuchten Siebert und Gerl das komplexe Feld der Lehr- und Lernsituation im Rahmen einer empirisch-analytischen Vorgehensweise zu erkunden (vgl. Siebert/Gerl 1975; Siebert/Gerl 1977). Mit Hilfe von Befragung und Beobachtung erhoben sie zahlreiche quantitative Einzeldaten zu ausgewählten zentralen Variablen des Unterrichtsgeschehens. Das BUVEP-Projekt dagegen sieht sich mehr dem interpretativen Paradigma verpflichtet und versteht das Lernen als Verständigungsprozess, bei dem unterschiedliche Bedeutungszuschreibungen aufeinander treffen. In einem äußerst aufwendigen Vorgehen wurden vollständige Verlaufsprotokolle von 52 Bildungsurlaubsseminaren erstellt, die anschließend einer qualitativen Analyse unterzogen wurden. Als Ergebnis erhielt man Aussagen darüber, welches Spektrum an unterschiedlichen Auswirkungen vier typische Lehr- und Lernstrategien in vier zentralen Problemfeldern des pädagogischen Handelns hatten und welche Probleme sie jeweils aufwarfen.

In diesen beiden „Leitstudien" werden zum einen die Verschiedenartigkeit und die Komplexität des dynamischen Wechselwirkungszusammenhanges im konkreten Bildungsprozess deutlich. Zum anderen verweisen sie darauf, welch immenser Forschungsaufwand nötig ist, wenn man den Forschungsgegenstand einigermaßen angemessen angehen will. Dies mag ein Hauptgrund dafür sein, dass zu diesem zentralen Forschungsbereich nur noch einige kleinere Untersuchungen zu speziellen Aspekten (vgl. z.B. Siebert et al. 1982; Siebert 1983; Kade 1985; Ebert et al. 1986) vorliegen.

In einem benachbarten, ausschließlich pragmatisch ausgerichteten Forschungsbereich geht es darum, die Entwicklung von Modellseminaren wissenschaftlich zu begleiten (vgl. Schlutz 1991). Hervorgehoben werden kann hier die Sprockhövel-Studie in der Dybowski und Thommsen (1981) Anfang der 1970er Jahre den Deutungsmusteransatz im Rahmen dieser Forschungsbemühungen erstmals in expliziter Form einsetzten. In den letzten 20 Jahren wurden dann immer mehr Untersuchungsberichte veröffentlicht, in denen die Ergebnisse einer solchen Begleitforschung zusammengestellt worden sind (vgl. z.B. Kejcz et al. 1982, Gieseke et al. 1989).

Aus dem Feld von weiteren Arbeiten zu recht unterschiedlichen und teilweise auch recht spezifischen Fragestellungen sei abschließend noch auf zwei abgrenzbare Forschungsbereiche verwiesen, in denen Kontinuität erkennbar ist. In der „drop-out"-For-schung soll ergründet werden, welche Ausmaße der Teilnehmerschwund in Erwachsenenbildungsseminaren annimmt und wie er zu erklären ist (vgl. Schröder 1976; Schrader 1986; Nuissl/Sutter 1979). Seit dem Ende der 1970er Jahre wird im Rahmen einer Mitarbeiterforschung auch der in der Erwachsenenbildung Tätige zum Forschungsgegenstand. Die Untersuchungen beziehen sich sowohl auf haupt- als auch nebenberuflich Tätige. Erkundet wird ein Spektrum von Kennzeichen und Merkmalen, das vom Selbstverständnis und der spezifischen Sichtweise beruflicher Praxis über Motive für die Tätigkeit bis hin zu den typischen Handlungsanforderungen und konkreten Arbeitsbedingungen reicht (vgl. z.B. Busch/Hommerich 1980; Gieseke 1989; Harney et al. 1992).

Betrachtet man das Feld, für das sich die Erwachsenenbildungsforschung zuständig fühlen müsste, so stechen immer noch Lücken ins Auge. Ein besonderes Defizit ist so im Bereich der betrieblichen Weiterbildung erkennbar. Obwohl dieser Bereich sowohl hinsichtlich seiner Bedeutung als auch von seinem Umfang her in den letzten Jahren am meisten zugenommen hat, ist er von der Erwachsenenbildungsforschung noch zu wenig bearbeitet worden. Auch der Bereich der Institutionenforschung insgesamt wird als ein vernachlässigtes Forschungsfeld angesehen (vgl. Strunk 1991). Zu den Fragen nach dem Aufbau und der Arbeitsweise der einzelnen Bildungsinstitutionen, nach deren Auswirkungen auf das pädagogische Handeln und auch nach externen Einflussfaktoren auf die strukturellen Gegebenheiten der jeweiligen Institution liegen noch kaum gesicherte Ergebnisse vor.

4 Plädoyer für eine systematische Rekonstruktion der Forschungsgeschichte

In der Erwachsenenbildungsforschung wird allenthalben beklagt, dass eine Enge und Einseitigkeit in Bezug auf Forschungsansätze und Fragestellungen vorherrsche, dass es an Kontinuität mangele, dass die Forschungsaktivitäten zersplittert bleiben und dass zumeist nicht einmal auf den schon erreichten Forschungsstand aufgebaut wird. Angesichts dieser Defizite erscheint mindestens eine retrospektive Zusammenschau dringend erforderlich zu sein, welche es ermöglicht, die zentralen Strukturen und Entwicklungslinien der Forschungsgeschichte mit Hilfe eines angemessenen Strukturierungsmodells derart zu „rekonstruieren", dass trotz aller Zersplittertheit die Bezogenheit der Forschungsaktivitäten erkennbar wird. Hilfreich für diesen Zweck könnte sich das Konzept der Forschungsprogramme von Theo Herrmann erweisen (vgl. Born 1989; Born 1991). Herrmann (1976; 1979; 1989) stellt zwei Typen von wissenschaftlichen Forschungsprogrammen zur Diskussion. Bei beiden Programmtypen unterscheidet er zwischen invarianten Kern- und variablen Sekundärannahmen. Als identifizierte gemeinsame Bestandteile bilden die Kernannahmen die Grundlage dafür, dass verschiedene empirische Forschungsprojekte – wenn nötig auch erst im nachhinein – miteinander in Beziehung gesetzt und zusammengefasst werden können. Das Konstrukt der „Sekundärannahmen" dagegen erlaubt es, die Unterschiede zu erfassen, die zwischen den einzelnen Untersuchungen bestehen.

Herrmann unterscheidet, ihren invarianten Bestandteilen entsprechend, zwischen „explanativen" und „problemorientierten" Forschungsprogrammen. Bei explanativen Forschungsprogrammen besteht der invariante, gemeinsame Teil aus einer quasiparadigmatischen Theoriekonzeption oder aus einem theoretisch-methodischen Modell, das dann als Erklärungsmittel die Grundlage für die Erforschung unterschiedlicher empirischer Tatbestände bildet. Problemorientierte Forschungsprogramme dagegen werden durch eine gemeinsame zentrale Fragestellung zu einem bestimmten, abgrenzbaren empirischen Tatbestandsbereich zusammengehalten (vgl. Herrmann 1976, S. 29ff., Born 1989, S. 36ff., Born 1991, S. 26ff.)

Blickt man durch diese Rekonstruktionsbrille, so kristallisieren sich im Bereich der Erwachsenenbildung vor allem problemorientierte Forschungsprogramme heraus. Das älteste und für lange Zeit einzige Forschungsprogramm der Erwachsenenbildung zentriert sich so um die Frage nach den relevanten Merkmalen und Eigenschaften der Bildungsadressaten. Erst seit Ende der 1960er Jahre zeichnen sich zu bestimmten Fragestellungen (s.o.) weitere problemorientierte Forschungsprogramme ab. Obwohl die Projekte in den Forschungsprogrammen sich zumeist nicht aufeinander bezogen, ergibt die Zusammenschau ein Mosaik, das zwar immer noch bruchstückhaft ist, das aber trotzdem Konturen und Entwicklungslinien, aber auch Lücken hervortreten lässt.

Die ersten explanativen Forschungsprogramme sind seit Anfang der 1970er Jahre zu identifizieren und gruppieren sich zum Beispiel um das Feldmodell oder um das interpretative Paradigma (vgl. Born 1989). Das letztere erwies sich als das bisher erfolgreichste explanative Forschungsprogramm im Bereich der Erwachsenenbildung. Es hat eine solche Ausdifferenzierung erfahren, dass in einzelnen Forschungsschwerpunkten (z.B. im Bereich „Biographieforschung und Bildungslebenslauf" bzw. im Bereich „organisiertes Lernen als Verständigungsprozess und Umgang mit Deutungsmustern") spezifizierte, am jeweiligen Forschungsgebiet ausgerichtete Erklärungsansätze entwickelt werden konnten (vgl. Born 1991, S. 130ff.).

Literatur

Apel, M. (1920): Der Lebenswert der Volkshochschule. Bekundungen der Hörer. Charlottenburg.

Barres, E. (1968): Zur Motivation des Volkshochschulbesuchs. In: Pädagogische Rundschau, S. 335-348.

Born, A. (1989): Empirische Forschung in der Erwachsenenbildung seit der Jahrhundertwende. Ein Versuch zur systematischen Rekonstruktion der Forschungsgeschichte. Würzburg Universität (Diss.).

Born, A. (1991): Geschichte der Erwachsenenbildungsforschung. Bad Heilbrunn: Klinkhardt.

Buchwald, R. (1934): Die Bildungsinteressen der deutschen Arbeiter. Tübingen: Mohr-Siebeck.

Busch, D./Hommerich, C. (1980): Diplompädagogen in der Weiterbildung. Empirische Befunde einer bundesweiten Untersuchung zur Berufssituation von Diplom-Pädagogen. In: Mader, W. (Hrsg.): Forschungen zur Erwachsenenbildung. Bremen: Univ., Presse- u. Informationsamt, S. 84-143.

Buschmeyer, H./Duka, B./Jochinke, M./Kampe, S. (1987): Erwachsenenbildung im lebensgeschichtlichen Zusammenhang. Frankfurt, Main: Paedag. Arbeitsstelle des DVV.

Buttgereit, M./Deuchert, P./Dieckmann, B./Holzapfel, G. (1975): Berufsgruppenspezifische Weiterbildungsprobleme. Zur Theorie und Methode explorativer Analysen. (Schriftenreihe der Arbeitsgruppe fuer empirische Bildungsforschung; 13). Weinheim: Beltz.

Dybowski, G./Thomssen, W. (1981[1]): Praxis und Weiterbildung. Unters. über Voraussetzungen u. Bedingungen d. Weiterbildung von betrieblichen Interessenvertretern. Bremen: Universität.

Ebert, G./Hester, W./Richter, K. (1986): Subjektorientiertes Lernen und Arbeiten, Bd. 1: Ausdeutung einer Gruppeninteraktion. Bonn: Deutscher Volkshochschul-Verband.

Ebert, G. ./Hester, W./Richter, K. (1985): Weiterbildungsbereitschaft und Lebenswelt, Bd. 2: Narrative Analyse lebensgeschichtlicher Interviews. Bonn: Deutscher Volkshochschul-Verband.

Ebner, H. (1980): Bedingungen der Weiterbildungsbereitschaft. Eine empirische Studie zur vorunterrichtlichen Selektion der Teilnehmerschaft institutionalisierter Erwachsenenbildung. Salzburg: Universität (Diss.).

Egger, R. (1995): Biographie und Bildungsrelevanz. Eine empirische Studie über Prozeßstrukturen moderner Bildungsbiographien. München: Profil-Verlag.

Engelhardt, V. (1926): Die Bildungsinteressen in den einzelnen Berufen. Eine aufgrund des Materials der Volkshochschule Groß-Berlin durchgeführte statistische Untersuchung. Frankfurt/M.

Erdberg, R. von (1927): Einführung. In: Hohenrodter Bund (Hrsg.): Die Deutsche Schule für Volksforschung und Erwachsenenbildung. Das erste Jahr. Stuttgart: Hohenrodter Bund, S. 5-13.

Fallenstein, K. (1984): Sozial-kognitive Determinanten der Weiterbildung. Eine empirische Studie zum Problem unterschiedlich ausgeprägter Bildungsbereitschaft Erwachsener auf der Basis eines lerntheoretischen Modells. München: Profil-Verlag.

Faulstich-Wieland H. (1996): Kommentierte Bibliographie zur erziehungswissenschaftlichen/erwachsenen-pädagogischen Biographieforschung. In: Literatur- und Forschungsreport Weiterbildung, H. 37, S. 116-122.

Feig, R. (1972): Motivations-Strukturen in der Erwachsenenbildung. Bern u.a.: Huber u.a.

Flitner, W. (1927): Plan einer Deutschen Schule für Volksforschung und Erwachsenenbildung. In: Hohenrodter Bund (Hrsg.): Die Deutsche Schule für Volksforschung und Erwachsenenbildung. Das erste Jahr. Stuttgart: Hohenrodter Bund, S. 14-29.

Gänsslen, H.D. (1968): Motive für den Besuch der Volkshochschule. In: Die deutsche Berufs- und Fachschule. 64/1968, S. 341-352.

Gieseke, W./Jankovsky, B./Lüken, A. (1989): Bildungsarbeit mit arbeitslosen jungen Erwachsenen. Eine wissenschaftliche Begleitung von „Arbeiten und Lernen"-Maßnahmen als Beitrag zur didaktischen Lernforschung. Oldenburg: Universität.

Gieseke, W./Meueler, E./Nuissl, E. (Hrsg.) (1992): Empirische Forschung zur Bildung Erwachsener. Frankfurt/M.: Paedag. Arbeitsstelle des DVV.

Gieseke, W. (1985): Fallstudien zur Bildungsarbeit mit Zielgruppen. Frankfurt/M.: Paedag. Arbeitsstelle des DVV.

Gieseke, W. (1989): Habitus von Erwachsenenbildnern. Eine qualitative Studie zur beruflichen Situation. Oldenburg: Universität.

Götte, M. (1959): Volkshochschule in einer Industriestadt am Beispiel der Volkshochschule Dortmund. Dortmund.

Graf, E. (1909): Die Bildung Berliner Arbeiter. In: Zentralblatt für Volksbildungswesen. 9/1909, S. 17-25.

Große, F. (1932): Die Bildungsinteressen des großstädtischen Proletariats. Breslau.

Harney, K. (1992): Zur Typik der Mitarbeiterschaft in der evangelischen Erwachsenenbildung. In: Gieseke, W./Meueler, E./Nuissl, E. (Hrsg.): Empirische Forschung zur Bildung Erwachsener. Frankfurt/M.: Paedag. Arbeitsstelle des DVV, S. 153-15.

Hartmann, L./Penck, A. (1904): Antworten auf die vom Wiener Ausschuß für volkstümliche Universitätsvorträge veranstaltete Umfrage über den Nutzen der Universitätskurse. In: Zentralblatt für Volksbildungswesen. 4/1904, S. 81-102.

Hermes, G. (1926): Die geistige Gestalt des marxistischen Arbeiters und die Arbeiterbildungsfrage. Tübingen: Mohr-Siebeck.

Herrmann, Th. (1979): Die Psychologie als Problem. Stuttgart: Klett.

Herrmann, Th. (1976): Die Psychologie und ihre Forschungsprogramme. Göttingen: Hogrefe.

Herrmann, Th. (1989[2]): Methoden als Problemlösungsmittel. In: Roth, E. (Hrsg.): Sozialwissenschaftliche Methoden. München, Wien: Oldenbourg, S. 18-46.

Hoffmann, R (1983): Psychologisch bedeutsame Determinanten der Weiterbildung. Bonn: Universität (Diss.).

Hofmann, W. (1931): Die Lektüre der Frau. Ein Beitrag zur Leserkunde und zur Leserführung. Leipzig: Quelle &Meyer.

Hofmann, W. (1910): Die Organisation des Ausleihdienstes in der modernen Bildungsbibliothek. In: Volksbildungsarchiv. 1/1910, S. 55-72 u. S. 227–290.

Horst, R. (1964): Ergebnisse einer Befragung des Verbandes Württembergischer Volkshochschulen. Stuttgart.

Institut für Arbeiterbildung Berlin (Hrsg.) (1953): Bildungsinteressen Berliner Arbeiter. Eine Untersuchung zum Problem der Arbeiterbildung. Berlin-Dahlem. (Manuskript).

Institut für Erwachsenen-Bildungsforschung (Hrsg.) (1991): Erwachsenen-Bildungsforschung. Stand und Perspektiven. Bremen: Inst. für Erwachsenen-Bildungsforschung.

Kade, J. (1989): Erwachsenenbildung und Identität. Eine empirische Studie zur Aneignung von Bildungsangeboten. Weinheim: Deutscher Studien-Verl.

Kade, J. (1985): Gestörte Bildungsprozesse. Empirische Untersuchung zum pädagogischen Handeln und zur Selbstorganisation in der Erwachsenenbildung. Bad Heilbrunn: Klinkhardt.

Kejcz, Y. (Mitarb.) (Arbeitsgruppe für empirische Bildungsforschung) (1979f.): Das Bildungsurlaubs-Versuchs- und Entwicklungsprogramm (BUVEP). BUVEP-Endbericht. 8 Bde. Heidelberg: Esprint.

Kejcz, Y./Kolwe-Jung, G./Nuissl, E. (Mitverf.) (1982): Modellversuche in der Weiterbildung. 2 Bde. DGfE. Heidelberg: Esprint.

Labonté, C. (1973): Industriearbeiter und Weiterbildung. Erwartungen und Möglichkeiten außerbetrieblicher beruflicher Weiterbildung. Stuttgart: Enke.

Lampa, A. (1904): Die Vortragstätigkeit des Wiener Volksbildungsvereins während seines siebzehnjährigen Bestandes und die zu Ende der Vortragssaison 1903/04 mit Hörern des Volksbildungsvereins veranstaltete Enquete. In: Zentralblatt für Volksbildungswesen. 4. S. 129-142.

Landesverband der Volkshochschulen von NRW (1965): Zum Verhältnis von Aufstiegshoffnung und Bildungsinteresse. Ergebnisse soziologischer Untersuchungen über Probleme der Erwachsenenbildung am Beispiel der Volkshochschulen in Porz/Rhein und Köln Dortmund.

Lehr, U./Schmitz-Scherzer, R./Quadt, E. (1979): Weiterbildung im höheren Erwachsenenalter. Schriftenreihe des Bundesministeriums für Jugend, Familie und Gesundheit, Bd. 65. Stuttgart/Berlin/ Köln/Mainz: Kohlhammer.

Nuissl, E./Sutter, H. (1979): Dropout in der Weiterbildung. Eine Literaturexpertise empirischer Untersuchungen. Heidelberg: Esprint.

Österreichisches Institut für Markt- und Meinungsforschung: 2. Volksbildungsbefragung. Wien o.J. (1953) (Manuskript).

Radermacher, L. (1932): Zur Sozialpsychologie des Volkshochschulhörers. In: Zeitschrift für angewandte Psychologie. 43/1932, S. 461-486.

Ritz, H.O. (1957): Die Bildungsinteressen der sozialen Schichten. Eine Untersuchung der Hörerschaft der Volkshochschule Wuppertal, unter besonderer Berücksichtigung der Arbeiter und Angestelltenschaft. Köln (Diss.).

Röchner, M. (1987): Personenspezifiche Aspekte und Determinanten der Weiterbildungsteilnahme. Eine empirische Analyse eines multivarianten Modells. Frankfurt/M./Bern/New York/Paris: Lang.

Schlutz, E. (1991): Lehr-Lernforschung für die Erwachsenenbildung. Stand, Schwierigkeiten, Aufgaben. In: Institut für Erwachsenen-Bildungsforschung. Stand und Perspektiven. Bremen: IfEB, S. 30-45.

Schlutz, E. (1992): Leitstudien zur Erwachsenenbildung. In: Gieseke, W./Meueler, E./Nuissl, E. (Hrsg.): Empirische Forschung zur Bildung Erwachsener. Frankfurt/M.: Paedag. Arbeitsstelle des DVV, S. 39-55.

Schrader, J. (1986): Teilnahmeverhalten und Teilnehmerschwund in Volkshochschulen. Bonn: Deutscher Volkshochschul-Verband.

Schröder, H. (1976): Teilnahme und Teilnehmerschwund als Problem der Erwachsenenbildung. Eine empirische Untersuchung zur Soziologie der Erwachsenenbildung. Stuttgart: Klett.

Schulenberg, W. (Mitarb.) (1979): Soziale Lage und Weiterbildung. Braunschweig: Westermann.

Schulenberg, W. (1957): Ansatz und Wirksamkeit der Erwachsenenbildung. Eine Untersuchung im Grenzgebiet zwischen Pädagogik und Soziologie. Stuttgart: Enke.

Siebert, H./Gerl, H. (Hrsg.) (1977): Praxis und Forschung in der Erwachsenenbildung. Opladen: Westdt. Verl..

Siebert, H. (1983): Erwachsenenbildung als Bildungshilfe. Bad Heilbrunn: Klinkhardt.

Siebert, H./Gerl, H. (1975): Lehr- und Lernverhalten bei Erwachsenen. Braunschweig: Westermann.

Siebert, H./Dahms, W./Karl, Ch. (1982): Lernen und Lernprobleme in der Erwachsenenbildung. Paderborn/München/ Wien/Zürich: Schöningh.

Strunk, G. (1991): Institutionenforschung in der Weiterbildung. In: Institut für Erwachsenen-Bildungsforschung (Hrsg.): Erwachsenen-Bildungsforschung. Stand und Perspektiven. Bremen: IfEB, S. 58-74.

Strzelewicz, W. (1968): Erwachsenenbildung. Soziologische Materialien. Heidelberg: Quelle & Meyer.

Strzelewicz, W. (1978): Forschungen über Erwachsenenbildung in Deutschland (1969). In: Schulenberg, W. (Hrsg.): Erwachsenenbildung. Wege der Forschung. Bd. 291. Darmstadt: Wiss. Buchges, S. 242-266.

Tietgens, H. (1981): Die Erwachsenenbildung. München: Juventa.

Weinberg, J. (1984): Stand der Forschung über Erwachsenenbildung. In: Schmitz, E./Tietgens, H./Lenzen, D (Hrsg.): Erwachsenenbildung. Enzyklopädie Erziehungswissenschaft. Bd. 11. Stuttgart: Klett-Cotta, S. 27-42.

Olaf Dörner | Burkhard Schäffer

Neuere Entwicklungen in der qualitativen Erwachsenenbildungsforschung

Einleitung

Wenn es vielleicht auch anachronistisch ist, einen Artikel über qualitative Erwachsenenbildungsforschung zu schreiben, da diese Einteilung von verschiedener Seite als überholt abgetan und weitaus stärker die Unterteilung in hypothesenprüfende versus rekonstruktive Forschung (vgl. Bohnsack 2007) bzw. in „Typen empirischer Untersuchungen" (Schrader 2006, S. 36) favorisiert wird, zeigt die Forschungspraxis in der Disziplin Erwachsenenbildung (vgl. auch Eckert in diesem Band), dass sich entlang der Unterscheidung qualitativ-quantitativ das Feld nach wie vor sinnvoll strukturieren lässt.

Ausgangspunkt unserer Überlegungen ist insofern einerseits die Etablierung qualitativ-empirischer Forschungsarbeiten innerhalb der Erwachsenenbildungsforschung und andererseits die Nutzung eines breiten Methodenspektrums qualitativ-empirischer Sozialforschung. Zu beobachten sind kreative und innovative, in Bezug auf je spezifische Gegenstände der Erwachsenenbildungswissenschaft abgestimmte Einsatzformen von Methoden, ihrer Kombinationen und Entwicklungen. Wenn wir auf neuere Entwicklungen eingehen wollen, dann meinen wir vor allem solche methodischer Art. Jedoch wollen wir in diesem Zusammenhang das Interesse auch darauf richten, dass – bei aller Begeisterung für und Akzeptanz von qualitativen Methoden – die *methodologischen Grundlagen* von Methoden und deren Einsatz für Fragen der Güte und Repräsentanz von qualitativ-empirisch gewonnenen Ergebnissen von wesentlicher Bedeutung sind. Insofern werden wir nach einem Überblick zum Stand qualitativ-empirischer Forschungsarbeiten in der Erwachsenenbildungsforschung (1), auf einige Probleme der methodisch-methodologischen Diskussion in der Erwachsenenbildungswissenschaft eingehen. In diesem Zusammenhang werden wir uns grundlegender Aspekte qualitativ-empirischer Sozialforschung (nochmals) vergewissern sowie den Zusammenhang von Gegenstands- und Grundlagentheorien, Methoden und Methodologien herausarbeiten, da wir davon ausgehen, dass die Berücksichtigung der Einheit dieser Aspekte für die Qualität von qualitativ-empirisch gewonnenen Daten bedeutsam sind (2). Im Anschluss daran werden wir auf Arbeiten eingehen, die methodisch-methodologisch neuere Entwicklungen darstellen (3).

1 Zum Stand qualitativ-empirischer Arbeiten in der Erwachsenenbildungwissenschaft

Ohne auf die Geschichte qualitativer Forschung in der Erwachsenenbildung (vgl. Born 1991) einzugehen, seien zwei klassische Studien erwähnt. In der Hildesheim-Studie (vgl. Schulenberg 1957) wurden mit ausschließlich qualitativen Methoden (Gruppendiskussionen) Bildungsvorstellungen und -aktivitäten von Nicht-Teilnehmern untersucht. In der daran anschließenden Göttinger Studie (vgl. Strezelewicz/Raapke/Schulenberg 1966) wurden quantitative durch qualitative Methoden ergänzt. Letztlich wuchs erst mit der Bedeutungszunahme des interpretativen Paradigmas (vgl. Wilson 1970) in der Erwachsenenbildung die Zahl von Forschungsprojekten, die auf der Ebene von Bedeutungen und Handlungen den Blick auf das ‚Wie' sozialer Phänomene richten und hierfür Verfahren der qualitativen Sozialforschung nutzen (vgl. Kejcz, Y./Nuissl 1979-1981). Angesichts ihrer beträchtlichen Anzahl im Bereich Erwachsenenbildung kann davon ausgegangen werden, dass qualitative Forschungsarbeiten mittlerweile in der Disziplin fest verankert sind.

Erste Ergebnisse aus dem Projekt „Forschungslandkarte Erwachsenenbildung" zeigen, dass sie derzeitig sogar überwiegen (vgl. Ludwig 2008). Vielzahl und Vielfalt erschweren einen systematischen Überblick, sowohl inhaltlich als auch hinsichtlich angewandter Methoden und zugrunde gelegter Methodologien. Überblicke sind etwa bei Kade (1999), Schrader und Berzbach (2005), Egloff und Kade (2006) oder Faulstich und Zeuner (2005) zu finden. Eine Systematisierungsleistung soll hier nicht erbracht werden. Jedoch wird im Folgenden exemplarisch auf einige Arbeiten eingegangen, letztlich auch, um die Vielfalt von Themen und Zugängen ansatzweise zu verdeutlichen. Dabei können eigenen Recherchen (ohne Anspruch auf Vollständigkeit) zufolge inhaltlich zwei zentrale gegenstandstheoretische Bereiche qualitativ-empirischer Erwachsenenbildungsforschung identifiziert werden (vgl. Dörner/Schäffer 2008): Zum einen solche an Lebenslauf, Biographie und Erwachsenensozialisation (1.1) und zum anderen solche an Lernen und Wissensaneignung in Milieus, Institutionen/Organisationen und mittels Medien (1.2) orientierte Arbeiten.

1.1 An Lebenslauf, Biographie und Erwachsenensozialisation orientierte Arbeiten

Hier sind insbesondere Studien zu nennen, die im Rahmen der sich seit den 1980er Jahren entwickelnden Biographieforschung in der Erwachsenenbildung (Überblick bei Nittel 1991; Nittel/Seitter 2005; Alheit/Dausien 2006) durchgeführt wurden (vgl. Alheit/Dausien 1985; Buschmeyer 1995; Herzberg 2004; expl. aus der Reihe Weiterbildung und Biographie: Schlüter 2005). Unter methodisch-methodologischen Gesichtspunkten ist ein von Winfried Marotzki und Dieter Nittel herausgebender Sammelband zu biographischen Lernstrategien hervorzuheben, weil hier ein Interview mit einem Weiterbildner von verschiedenen Biographieforschenden interpretiert wurde (vgl. Marotzki/Nittel 1996). Arbeiten von Jochen Kade, Wiltrud Gieseke, Wolfgang Seitter oder Dieter Nittel stehen für primär analytisch (vs. normativ) ausgerichtete Arbeiten, die im engeren Sinn das Feld der Erwachsenen- und Weiterbildung thematisieren.

Jochen Kade untersuchte in seiner 1989 erschienenen Arbeit zu „Erwachsenenbildung und Identität" die Seite der Teilnehmer von Erwachsenenbildung. Gegenstandstheoretisch ging es darum, in welchem Sinne Erwachsenenbildung in modernen Gesellschaften von Teilnehmern zur Lösung ihrer Identitätsprobleme in Anspruch genommen wird. Grundlagentheoretisch gerahmt wurde die Untersuchung durch identitäts- und aneignungstheoretische Konzepte und mit Bezügen zur Lebensweltperspektive (vgl. Kade 1989, S. 40-45). Die Datenerhebung erfolgte mit Hilfe von offenen, thematisch fokussierten Interviews mit narrativem Charakter, die in Anlehnung an die Methodologie der objektiven Hermeneutik sequentiell fein- bzw. textanalytisch ausgewertet wurden (vgl. ebd., S. 48-51).

In methodisch ähnlicher Weise war eine Studie angelegt, bei der es um die Konstitution von lebenslangem Lernen im Rahmen von Erwachsenenbildung ging (vgl. Kade/Seitter 1996). Gefragt wurde gegenstandstheoretisch danach, welche Bedeutung langjährige Bildungsprozesse für die Lösung von Problemen der Lebensgestaltung im biografischen Zusammenhang haben können. Grundlagentheoretisch wurde diese Frage in der Perspektive möglicher Bildungswelten untersucht, die institutions- und subjektorientierte Zugriffe auf lebenslanges Lernen miteinander verbindet. Konkret ging es um die Aneignung institutioneller Lernkontexte von langjährigen Funkkollegteilnehmern. Auch hier erfolgte die Erhebung der Daten mit Hilfe von offenen, thematisch fokussierten Interviews, die in Orientierung am Konzept der objektiven Hermeneutik (sequentielle Feinanalyse) ausgewertet wurden (vgl. ebd., S. 28).

Die Seite der Erwachsenenbildner thematisierte Wiltrud Gieseke (1989) in ihrer Arbeit zum „Habitus von Erwachsenenbildnern". Sie interessierte sich für Fragen beruflicher Sozialisation von hauptberuflichen Mitarbeitern in der Erwachsenenbildung und untersuchte vor dem Hintergrund professions- und sozialisationstheoretischer Debatten, wie sich Erwachsenenbildner in den Beruf einarbeiten (vgl. ebd., S. 41). Grundlagentheoretisch zieht die Autorin den strukturtheoretischen Ansatz Pierre Bourdieus heran und nutzte in methodisch-methodologischer Hinsicht unterschiedliche Ansätze: Die Daten wurden – orientiert am fokussierten Interview sowie am narrationsstrukturellen Ansatz (Schütze 1981) – mittels Leitfadeninterviews erhoben und in Anlehnung an die Deutungsmusteranalyse und grounded theory ausgewertet (vgl. ebd., S. 108f.).

Ebenfalls in bildungsbiografischer Perspektive untersuchte Wolfgang Seitter (1999) die Gestaltung von Übergängen im Zusammenhang von Migration, Vereinen und selbst organisierten Bildungsveranstaltungen (vgl. ebd., S. 15-21). Er nahm spanische Kulturvereine und (Übergangs-) Biographien von spanischen Migranten in der perspektivischen Verschränkung von erwachsenenpädagogischer Biographieforschung und biographieorientierter Migrations- und Institutionenforschung in den Blick und konzentrierte sich darauf, wie Bildungsbiographien die Aneignung von Erwachsenenbildungsprozessen steuern (vgl. ebd., S. 30). Die Datenerhebung erfolgte mit Hilfe teilnehmender Beobachtung in Orientierung an die Technik der „dichten Beschreibung" von Clifford Geertz (1987) sowie offenen, thematisch strukturierten Interviews. Ausgewertet wurde in Anlehnung an die objektive Hermeneutik (vgl. ebd., S. 47-60).

Um Erwachsenenbildung selbst ging es im Projekt „Persönliche Erinnerung und kulturelles Gedächtnis" von Dieter Nittel und Cornelia Maier (2006). Gegenstand waren Lebensgeschichten, insbesondere berufliches Erfahrungswissen, von Vertretern der hessischen Erwachsenenbildung im Alter von über 60 Jahren, die mit Hilfe autobiografisch-narrativer Interviews erhoben und unter professions- und biographietheoretischen Gesichtspunkten ansatzweise analysiert wurden. Unter der theoretischen Annahme, dass Lebensgeschichten einzelner Akteure „Erfahrungsschnittmengen" (Nittel 2006, S. 29) aufweisen, die Bezüge zum kommunikativen Gedächtnis eröffnen soll, über die Archivierung der Lebensgeschichten ein Beitrag zum kulturellen Gedächtnis geleistet werden (vgl. ebd., S. 25-33).

1.2 An Lernen und Wissensaneignung in Milieus, Institutionen/Organisationen und mittels Medien orientierte Studien

Lehr-Lernverhalten in Erwachsenenbildungsveranstaltungen untersuchte Sigrid Nolda (1996) in der Arbeit „Interaktion und Wissen". Sie richtete ihr Interesse darauf, welche Lösungen Kursleitende und Teilnehmende für das Problem des Umgangs mit einem Wissen finden, dessen Gebrauchswert letztlich vage bleibt. Grundlagentheoretisch waren im Wesentlichen der symbolische Interaktionismus und dessen wissenssoziologische Positionen relevant (vgl. ebd., S. 12f.). Durchgeführt wurden zwei Einzelfallanalysen, deren Ergebnisse jeweils einer Kontrast- und einer Korpusanalyse unterzogen wurden. Die Datenerhebung erfolgte mittels Beobachtung und Aufzeichnung von Kursinteraktionen. Ausgewertet wurde sequenzanalytisch in Anlehnung an die objektive Hermeneutik und die Konversationsanalyse.

Weniger auf das Kursgeschehen als auf Kursleitende fokussiert war eine Studie zu wissenstheoretischen Grundlagen des Unterrichtens von Christiane Hof (2001). Sie untersuchte handlungsleitende implizite und explizite Wissenskonzepte und -theorien von Erwachsenenbildnern (vgl. Hof 2001, S. 11). Grundlagentheoretisch stützte sich die Arbeit auf subjekttheoretische Annahmen, wonach Menschen über relativ überdauernde mentale Strukturen der Selbst- und Weltsicht verfügen (vgl. ebd., S. 20). Die Daten wurden mittels problembezogener narrativer Interviews erhoben und hermeneutisch mit dem Verfahren der qualitativen Inhaltsanalyse ausgewertet. Aus methodologischer Sicht wurde in Anlehnung an die grounded theory theoriegenerierend vorgegangen. Für die Seite der Lehrenden interessiert sich auch Michaela Harmeier (2007) in einer Studie zu Deutungsmustern des Lehrens, indem sie der Frage nachgeht, wie Qualifizierungsmaßnahmen von Kursleitenden angenommen werden. Mit dem Ziel, Deutungsmuster zu analysieren, erfolgte die Datenerhebung mittels problemzentrierter Interviews (Witzel 1982). In einer aufwendigen Studie untersuchte Steffi Robak (2004) Managementhandeln in der Weiterbildung. Mittels teilnehmender Beobachtung, fokussierten und Experteninterviews näherte sie sich arbeitsplatzanalytisch dem Alltagshandeln und handlungsleitenden Konzeptionen von Leitenden unterschiedlicher Weiterbildungseinrichtungen. Die Daten wurden einer empirischen Typenbildung unterzogen.

Etwas entfernter von institutionalisierten Formen der Vermittlung und Aneignung von Wissen ist eine Studie von Sylvia Kade (2000) zu verorten. Mit Blick auf Bildungs- und Lernprozesse untersuchte sie Formen der Selbstorganisation von Alteninitiativen. Datenerhebung und -auswertung erfolgten im Rahmen von Fallstudien mittels teilnehmender Beobachtung in Orientierung an die „dichte Beschreibung" (Geertz 1987). Ebenfalls am Altersthema orientiert war ihre Arbeit „Wissenstransfer im Generationenwechsel" (Kade 2004). In der auf aufwendigen Fallanalysen basierenden Untersuchung ging sie u.a. der Frage nach, woher überhaupt Mitarbeiter des Bildungs- und Sozialbereichs neue Wissensimpulse beziehen.

Im Bereich betrieblicher Weiterbildung ist eine Studie von Joachim Ludwig (2000) zu „Lern- und Bildungschancen in betrieblichen Modernisierungsprojekten" angesiedelt. Er rekonstruierte mit den methodisch-methodologischen Mitteln der objektiven Hermeneutik die Lernwege dreier Mitarbeiter in einem Dienstleistungsunternehmen. Die Ergebnisse wurden im grundlagentheoretischen Kontext subjekttheoretischer Annahmen, in Anlehnung an Klaus Holzkamps Differenzierung von defensivem und expansivem Lernen, interpretiert.

In der Arbeit „Umgang mit Wissen in betrieblicher Praxis" stellt Olaf Dörner (2006) die Frage danach, wie sich kleinere und mittlere Unternehmen angesichts ihrer geringen Beteiligungsquoten an Weiterbildung mit (notwendigem) Wissen versorgen. Welche Formen des Wissenserwerbes gibt es jenseits organisierter Weiterbildungsangebote? Grundlagentheoretisch rahmte der Autor die Frage nach dem Umgang mit Wissen alltags- und relevanztheoretisch sowie praxeologisch (vgl. ebd. S. 49-73). Die Datenerhebung und -auswertung erfolgte mit Hilfe des Experteninterviewverfahrens (vgl. Meuser/Nagel 1989), welches methodologisch auf Prinzipien der grounded theory sowie wissenssoziologischen Annahmen zur Relevanz von Expertenwissen basiert.

Stefanie Hartz (2004) widmete sich ebenfalls dem Bereich Betrieb. Auf der Grundlage thematisch fokussierter Interviews, Gruppendiskussionen, Dokumentenanalysen und teilnehmender Beobachtung sowie orientiert am Konzept der grounded theory ging sie der Frage nach, wie in einem Betrieb der Stahlbranche mit der Einführung der Gruppenarbeit umgegangen wurde. Das von ihr grundlagentheoretisch mit Mead und Giddens herausgearbeitete Konzept der „mentalen Mitgliedschaft" erlaubt es, Beziehungen zwischen Individuum und Organisation und deren gegenseitige Verschränkung zu analysieren.

Im von Jochen Kade und Wolfgang Seitter geleiteten DFG-Projekt zum „Umgang mit Wissen" (Kade/Seitter 2007) wurde der Frage nachgegangen, inwiefern die Wissensgesellschaft von verfügbaren Formen pädagogisch strukturierter Wissensvermittlung abhängt und die Universalisierung des Pädagogischen vorfindbare Produktion und Distribution von Wissen voraussetzt (vgl. ebd., S. 16). Grundlagentheoretisch auf den Zusammenhang von Wissensgesellschaft und Universalisierung des Pädagogischen bezogen (vgl. ebd., S. 15f.) wurde mit Hilfe von Interviews, teilnehmender Beobachtung sowie Dokumentenanalysen untersucht, wie Führungskräfte und Obdachlose mit Wissen in ihren sozialen Welten (Unternehmen, Obdachlosenverein) umgehen. Bei der Auswertung wurde sich an der dokumentarischen Methode sowie am Konzept der Deutungsmusteranalyse orientiert (vgl. ebd., S. 22). In diesem Projektkontext steht auch die Arbeit von Jörg Dinkelaker (2008) „Kommunikation von (Nicht-) Wissen". Sein Interesse war auf den Umgang mit Wissen und Lernen in hybriden Settings im Obdachlosenverein und Unternehmen gerichtet. Datenerhebung und -analyse erfolgten mit Hilfe von Interviews, Gruppendiskussionen und teilnehmender Beobachtung sowie Verfahren der ethnomethodologischen Konversationsanalyse.

Als Beispiel für qualitativ angelegte Arbeiten zu Lern- und Bildungsprozessen im Kontext neuer Medientechnologien dient uns exemplarisch die Arbeit von Anke Grotlüschen (2003). Sie untersuchte grundlagentheoretisch orientiert an Holzkamps Lerntheorie mittels qualitativer Leitfadeninterviews Begründungsmuster zur Abkehr von multimedialen Lerndesigns.

Obwohl der Status der Inhaltsanalyse (vgl. Mayring 2003) als qualitative Forschungsmethode umstritten ist (vgl. Meuser 2003), soll hier auf eine Arbeit von Svenja Möller verwiesen werden, in der nach Import und Produktion wissenschaftlichen Wissens in der Erwachsenenbildung gefragt wird (vgl. Möller 2007). Der qualitative Teil besteht aus einer Inhaltsanalyse der ersten 50 Reporthefte. Als qualitative Überwindung der Inhaltsanalyse verstehen Peter Kossack und Marion Ott die Diskursanalyse. Sie untersuchten Lerndiskurse in Fachzeitschriften aus der allgemeinen Erziehungswissenschaft und der Erwachsenenbildung (vgl. Kossack/Ott 2006).

1.3 Internationale Perspektiven

Auch international betrachtet sind qualitativ-empirische Arbeiten fester Bestandteil der Erwachsenenbildungswissenschaft. Im europäischen Kontext kann hier auf die Aktivitäten der Netzwerkes „Life History and Biographical Research" unter dem Dach der „European Society for Research on the Education of Adults" (ESREA) verwiesen werden. Seit den 1990er Jahren organisieren sich in diesem Netzwerk Biographieforschende zum Thema lebenslanges Lernen und Erwachsenenbildung. Im Fokus der Aktivitäten stehen insbesondere Arbeiten mit Bezug zur Praxis von Erwachsenenbildung, etwa solche zum Biografischen Ansatz (vgl. Alheit/Bron/Brugger/Dominicé 1995; Bron/Kurantowicz/Olesen/West 2005). Um solche geht es auch in der jüngsten Publikation im Kontext des lebenslangen Lernens (formell, informell) in unterschiedlichen Lebensbereichen von Arbeit, Familie, Schule, Hochschule, Gemeinde u.ä., im Kontext von Migration und sozialen Bewegungen (vgl. West/Alheit/Anderson/Merill 2007). Hervorzuheben sind Arbeiten, die im Kontext der „Bochum Studies in International Adult Education" (BSIA) zum Thema Zivilgesellschaft, Bürgerschaft und Lernen entstanden sind (vgl. Bron/Schemmann 2000, 2001). Neben Forschungsprojekten aus Dänemark, Kanada, Großbritannien werden auch Aktivitäten in osteuropäischen Ländern dargestellt; vor allem im Kontext gesellschaftlicher Transformationsprozesse. Das Spektrum der eingesetzten Methoden ist breit und reicht von Medien- und Dokumentenanalysen über teilnehmende Beobachtungen bis zu verschiedenen Interviewformen. Methodologisch, soweit erkennbar, wird auf Ethnographie und grounded theory Bezug genommen.

Der Blick auf die amerikanische Debatte um qualitative Forschung in der Erwachsenenbildungswissenschaft ist insofern interessant, als dass nicht nur eine Zunahme qualitativer Forschung festgestellt wird, sondern auch eine Diskussion über Methoden selbst stattfindet (vgl. Hattke/Kerka/Wonacott 2002). So werden – wenngleich eine einheitliche Definition von dem, was qualitative Forschung ist bzw. sein soll fehlt – zumindest allgemeine Merkmale und Ziele benannt (vgl. dies.). Die Auseinandersetzung bzw. Abgrenzung zu quantitativer Forschung wird wesentlich unter Bezug auf Traditionen bzw. philosophische Grundannahmen qualitativer Forschung geführt (vgl. Onwuegbuzie 2000). Ähnlich wie in der deutschen Debatte stehen letztlich weniger methodisch-methodologische Probleme der Kodifizierung oder Standardisierung im Fokus, vielmehr Probleme der Praxis von Erwachsenenbildung sowie entsprechende Forschungsstrategien (vgl. Quigley 1997). Verstärkt wird pragmatisch in Orientierung an Forschungsgegenständen dafür plädiert, Methoden und Perspektiven zu kombinieren: „these different kinds of investigations make it possible to do justice to the full array of educational questions and the various functions research has to fulfil" (Smeyers 2001, S. 491). Die Frage der Forschung solle demnach die Wahl der Methoden leiten: „The research questions should guide the choice of research methods and techniques" (Hattke/Kerka/Wonacott 2002, S. 2). Gleichwohl werden vor dem Hintergrund der im Vergleich zu quantitativer Forschung fehlenden Standards Fragen der Güte in Form von Leitlinien für qualitative Forschung diskutiert (vgl. ebd., S. 3).

2 Zur methodisch-methodologischen Diskussion in der qualitativen Erwachsenenbildungsforschung

Betrachtet man Dokumente zur Erwachsenenbildungforschung findet man zwar eine methodische (vgl. Gieseke/Meueler/Nuissl 1992; Schiersmann/Iller 2005; Schrader 2006; Arnold 2006), aber keine ausdrücklich methodologisch akzentuierte Diskussion in der Erwachsenenbildung. Das Hauptaugenmerk wird vor allem auf die Ebene des Gegenstandes gerichtet, auf die Bestimmung und Identifizierung von Themen und Problemstellungen der Erwachsenenbildung/Weiterbildung (vgl. etwa Arbeitskreis Strukturplan Weiterbildung 1978; Siebert 1999; Arnold u.a. 2000, 2002). Auch ein Blick auf Forschungs- und Lehrschwerpunkte an universitären Lehrstühlen für Erwachsenenbildung zeigt, dass Forschungsmethoden als *Gegenstand* in der Disziplin kaum eine Rolle spielen (vgl. Faulstich/Graeßner 2002, S. 22 f.; DIE 2007), obwohl wiederholt ein Bedarf methodisch-methodologischer Diskussion diagnostiziert wird (vgl. Tietgens 1990; Schlutz 1991; Faulstich/Zeuner 2005). Dem Bereich der Erwachsenenbildung wird keine eigene Forschungstradition mit kodifizierten und allgemeinen Standards attestiert (vgl. Faulstich/Zeuner 2005; Egloff/Kade 2006), vielmehr entspreche die Diskussion weitestgehend den „Wenden“ von „Theoriemoden“ (Faulstich/Zeuner 2005, S. 130). Daran anschließend wird ein pragmatischer Ansatz favorisiert, wonach angemessene Forschungsstrategien nicht auf der Ebene von Methodologie zu suchen seien, sondern in der Betonung der wissenschaftstheoretisch grundlegenden Einheit von Erkenntnisinteressen, Themenauswahl und Methodeneinsatz (vgl. dazu das Konzept der lernenden Forschungswerkstatt: Grell 2008).

Diese Vorstellung vom Umgang mit Methoden kommt dem nahe, was auch mit Blick auf die „Forschungslandkarte Erwachsenenbildung“ (Ludwig 2008) zu beobachten ist und das Problem der Unübersichtlichkeit letztlich nicht lösen kann, weil sich nicht systematisch der epistemologischen Grundlagen qualitativ-empirischer Forschungsmethoden vergewissert wird. Insofern wäre die Vielfalt qualitativ-empirischer Forschungsprojekte weniger ein systematisches, als ein methodologisches Problem.

Im Grunde geht es dabei um eine Auseinandersetzung über die Akzeptanz epistemologischer Fundamente qualitativer Sozialforschung (vgl. Hitzler 2007, S. 4). Ob Unterscheidungen in elaborierte (grundlagentheoretisch fundierte, theoretisch und methodisch reflexive) und adhoc-Forschung (vgl. Reichertz 2007) oder in anspruchsvolle und nicht anspruchsvolle Methoden (vgl. Bohnsack 2005) der methodologisch-methodischen Diskussion in der Erwachsenenbildungsforschung dienlich sind, sei hier dahin gestellt. Über die heuristische Funktion der Ordnung und Systematisierung hinaus ist diese Auseinandersetzung für Fragen der Güte und Repräsentanz von Ergebnissen relevant. Der seit 2003 jährlich stattfindende Workshop Weiterbildungsforschung der Sektion Erwachsenenbildung und des Deutschen Instituts für Erwachsenenbildung (DIE) (seit 2008 Werkstatt Forschungsmethoden in der Erwachsenenbildung/Weiterbildung) oder Forschungs- und Interpretationswerkstätten (vgl. Egloff/Kade 2006, S. 137; Reim/Riemann 1997) können als vor allem auf Forschungspraxis bezogene Ansätze verstanden werden, methodologisch-methodische Diskussionen im Bereich der Erwachsenenbildungsforschung zu praktizieren bzw. anzuregen.

Im Folgenden werden wir eine Unterscheidung herausstellen, die für die Güte qualitativ empirischer Erwachsenenbildungsforschung von besonderer Relevanz ist: Wir unterscheiden *Grundlagen-* und *Gegenstandstheorien* von darauf bezogenen *Methoden* und *Methodologien* (2.1). Dem folgt eine exemplarische Darstellung von vier Hauptströmungen avancierter Methodologien qualitativer Sozialforschung, die auch in der Erwachsenenbildungsforschung weite Verbreitung finden (2.2).

2.1 Vergewisserung: Gegenstandstheorien und Grundlagentheorien – Methoden und Methodologien

Der ‚Gegenstand' einer empirischen Untersuchung ist das Gebiet, auf dem man sich einen Erkenntnisfortschritt verspricht, etwa das Thema „Habitualisierte Weiterbildungsorientierungen im mittleren Lebensalter". Er wird *gegenstandstheoretisch* konstituiert, d.h. durch mehr oder weniger auf ihn bezogene empirisch abgesicherte Systeme von Aussagen – im Beispiel etwa über psychologische, soziologische oder soziodemographische Theorien zum mittleren Lebensalter. Derartige Gegenstandstheorien werden mittels *grundlagentheoretischer* Begrifflichkeiten metatheoretisch abgesichert. So sind bei dem angesprochen Thema verwendete Bildungs- und Altersbegriffe oder Begriffe wie Identität, Sozialisation und Habitus zu bestimmen (bspw. mit S. Kade 2006; Wittpoth 1994). Dieses anfangs geklärte *Verhältnis von Grundlagen- und Gegenstandstheorien*, also das mittels grundlagentheoretischer Begrifflichkeiten ausformulierte gegenstandstheoretische Interesse (Fragestellung) erleichtert die Entscheidung über eine qualitative, quantitative oder gemischte („mixed methods", vgl. Kelle 2007) Vorgehensweise sowie über die Wahl einer adäquaten Erhebungs- und Auswertungsmethode. *Methoden* erzeugen vor allem bei der Auswertung von empirischem Material eine spezifische, Erkenntnismöglichkeiten und Grenzen enthaltende Selektivität: So kommen mit Interviews (Nohl 2006; Schütze 1983) eher auf das *Individuum* bezogene Ergebnisse, mit Gruppendiskussionen (Loos/Schäffer 2001; Bohnsack/Schäffer/Przyborski 2006) *kollektive Orientierungen* und mit teilnehmender Beobachtung (Nolda 1996, 2000) oder Videographie (Kade/Nolda 2007) *Handlungspraxen* in den Blick.

Ob mit der Methode auch das herausgearbeitet werden kann, was die Ausgangsfragestellung theoretisch impliziert, bedarf schließlich einer *Methodologie*, d.h. einer wissenschaftstheoretischen ‚Logik' der Methode. „Methodologien klären auf über die Bedingung wissenschaftlicher Erkenntnis. Sie schaffen überhaupt erst die Voraussetzung dafür, dass wissenschaftliche Methoden entwickelt werden können, über deren Praktikabilität, Verlässlichkeit oder Güte sich hernach nur vor dem Hintergrund ihrer methodologischen Vorannahmen streiten lässt" (Strübing/Schnettler 2004, S. 9).

Zu unserem Beispiel: Das Thema „Weiterbildungsorientierungen im mittleren Lebensalter" kann mit qualitativen Methoden gut bearbeitet werden, wenn die Fragestellung so formuliert wird, dass die gegenstandstheoretischen Fragen mit den Methoden auch beantwortet werden können. *Da mit qualitativen Methoden das Interesse auf Prozesse und weniger auf quantitative Verteilungen gerichtet ist, wird nach dem ‚Wie', weniger nach dem ‚Was' gefragt.* Von Interesse ist zwar auch, *welche* Erlebnisse und daraus gewonnene Erfahrungen für die Entwicklung habitualisierter Weiterbildungsorientierungen Erwachsener ausschlaggebend sind. Darüber hinaus geht es aber darum, *wie* diese mit Weiterbildung in Beziehung gesetzt werden. Die methodologische Reflektion führt zur Entscheidung, mittels welcher Methode diese prozesshafte, erlebnis- und erfahrungsbezogene Dimension am besten erfasst werden kann. Das narrativ-biographische Interview (Nohl 2006; Schütze 1983) wäre geeignet, da es detaillierte, erfahrungsnahe Erzählungen und Beschreibungen ermöglicht. Die methodologisch begründete Annahme der Methodenwahl ist hierbei, dass anhand von Erzählungen und Beschreibungen biographische Orientierungsaufschichtungen rekonstruiert werden können. *Fazit*: Im Beispielsfall begründen erzähl- und biographietheoretische Überlegungen (=Methodologie) ein Verfahren der Erhebung und Analyse narrativ-biographischer Interviews (=Methode), das es erlaubt, aus Erzählungen von Erlebnissen und Erfahrungen der Informanten auf habituelle und identitätsbezogene Aspekte (grundlagentheoretischer Bezug) von Weiterbildungsorientierungen im mittleren Lebensalter (=gegenstandstheoretischer Bezug) zu schließen.

2.2 Qualitative Methodologien

Aufgrund ihrer unterschiedlichen Traditionen existiert für qualitative Methoden keine einheitliche Methodologie. Allerdings liegt jeder qualitativen Methodologie die Annahme vom „sinnhaften Aufbau der sozialen Welt“ (Schütz 1991) zugrunde. Insofern sind die erzeugten Daten „Konstruktionen zweiten Grades“ (Schütz 1971, S. 6), d.h. Rekonstruktionen der Konstruktionen der im Alltag Handelnden. Zu beobachten sind nun ausdifferenzierte Methodologien wie bspw. „Ethnomethodologie“ (Garfinkel 1967; Weingarten 1976), „dokumentarische Methode“ (Bohnsack/Nentwig-Gesemann/Nohl 2007), „grounded theory“ (Strauss 1991), „hermeneutische Wissenssoziologie“ (Schröer 1994), „objektive Hermeneutik“ (Oevermann u.a. 1979; Wernet 2006) und einige andere (Überblick bei Bohnsack/Marotzki/Meuser 2006). Im Folgenden werden vier in der Erwachsenenbildungforschung häufig genutzte Methodologien kurz vorgestellt.

2.2.1 Grounded Theory

Der Name der grounded theory (vgl. Strauss 1991) ist bereits Programm: Es geht um die überprüfbare Entwicklung und Verankerung neuer Theorien in empirischen Daten, nicht um die Überprüfung von bereits bestehenden Theorien. Anknüpfend an das interpretative Paradigma wird davon ausgegangen, dass überholte Theorien nicht durch Falsifikation, sondern nur durch am jeweiligen Gegenstand entwickelte, neue Theorien ersetzt werden (vgl. Bohnsack 2007, S. 28). Hierzu werden Daten erhoben und mittels „offenen Kodierens“ auf „Konzepte“, d.h. auf für die Fragestellung relevante Ereignisse überprüft. Unter Zuhilfenahme der „Abduktion“ (Reichertz 2003) werden Konzepte hypothesenartig solange generiert, bis der Prozess des „theoretical samplings“ abgeschlossen, das Sample also gesättigt ist. Dem folgt das „axiale Kodieren“, eine strategische Suche nach Verbindungslinien zwischen den verschiedenen Konzepten, um so auf einige wenige, die Fälle übergreifende Kategorien zu reduzieren bzw. zu abstrahieren, ohne jedoch die ‚Gründung‘ in den Daten zu verlieren. Im Schritt des „selektiven Kodierens“ werden die Kategorien um ein oder mehrere Hauptthemen geordnet und nochmals integriert.

2.2.2 Narratives Interview

Mit dem narrativem Interview (vgl. Schütze 1981) als eine theoretisch-analytisch fundierte Variante der grounded theory wird a) weniger das komparative Element und b) spezifisch eine Methode (narrative und narrativ-biographische Interviews) betont. Grundlegend sind zum einen die – sprachsoziologisch und konversationsanalytisch begründeten (vgl. Kallmeyer/Schütze 1977) – erzähltheoretischen Grundlagen des narrativen Interviews, d.h. Aussagen darüber, welchen Regeln lebensgeschichtliches oder anderes Stehgreiferzählen folgt. Dazu gehört auch die Unterscheidung unterschiedlicher Textsorten in einer Stehgreiferzählung (Erzählen, Beschreiben, Argumentieren, Evaluieren, Theoretisieren etc.). Zum anderen sind die biographietheoretischen Grundlagen des narrativen Interviews von Interesse: Es handelt sich vor allem um die Differenz zwischen den intentionalen biographischen Entwürfen der Erzählenden und sog. biographischen „Verlaufskurven“, d.h. von außen und zunehmend auch von den Protagonisten ‚aufgetürmten‘ Erlebnisaufschichtungen, die eine Eigendynamik gewinnen, welche für die Erzählenden nicht mehr steuerbar sind, auch und gerade weil sie ihnen in ihren Eigentheoretisierungen nicht zugänglich sind (vgl. hierzu Bohnsack 2007, S. 91-103).

2.2.3 Objektive Hermeneutik

Von der bedeutungsstrukturierten Regelgeleitetheit sprachlichen und sozialen Handelns ausgehend, wird mit der objektiven Hermeneutik (vgl. Oevermann u.a. 1979) der Blick vor allem auf die Differenz zwischen den objektiv latenten Sinnstrukturen eines Falles und der Ebene der subjektiv-intentionalen manifesten Repräsentanz der zu Erforschenden gerichtet. Am Einzelfall orientiert geht es vorrangig um implizite Regeln von Handlungen (latente Sinnstrukturen). Jedoch ist die Rekonstruktion des Besonderen auf der Folie des Allgemeinen von Interesse. Analyse und Interpretationen erfolgen strikt sequenzanalytisch sowie mittels *gedankenexperimenteller Kontextvariation* von Interaktions- und Kommunikationssequenzen, um das „So-und-nicht-anders-Gewordensein einer Lebenspraxis“ zu erschließen (Wernet 2006, S. 90). Vorausgesetzt wird, dass Interpretierende über allgemein kulturelle Kompetenzen verfügen und keine psychischen Pathologien aufweisen. Insgesamt weist Oevermann der objektiven Hermeneutik einen Status als „Kunstlehre“ zu, die nur im handlungspraktischen Vollzug von Interpretationswerkstätten erlernt werden kann (vgl. hierzu Bohnsack 2007, S. 72-73).

2.2.4 Praxeologische Methodologie der dokumentarische Methode

Hingegen stellt die „praxeologische Methodologie“ der dokumentarischen Methode (Bohnsack 2007, 187ff.) die Standortgebundenheit und Seinsverbundenheit (vgl. Mannheim 1980) jeglicher Interpretation in den Mittelpunkt der methodologischen Reflektionen. Demnach sei weder eine Methodologie aus der Logik deduktiv ableitbar, noch die Forschungspraxis aus der Methodologie (vgl. Bohnsack 2007, S. 189). Vielmehr sei auch die *Forschungspraxis selbst eine Praxis*, die, wie die zu erforschenden Praxen, nur rekonstruktiv zu erschließen sei.

Das Interesse liegt vorrangig auf der Differenz zwischen generalisiert-abstrakten Wissensbeständen auf der immanenten und handlungspraktischen („konjunktiven“) Wissensbeständen auf der dokumentarischen Sinnebene (vgl. Bohnsack/Gesemann/Nohl 2007, S. 14). Konjunktive Wissensformen sind in „konjunktiven Erfahrungsräumen“ (Mannheim 1980, S. 211) verankert, zu denen ein methodisch kontrollierter Zugang gefunden werden muss. Zentrales Problem hierbei ist die Überlappung verschiedener Erfahrungsräume (z.B. der Geschlechts-, Milieu- und Generationszugehörigkeit). Insofern muss jede Analyse im Kontext der dokumentarischen Methode *mehrdimensional* angelegt sein. Analytische Mehrdimensionalität wird durch frühzeitige „komparative Analyse“ (Nohl 2007) erreicht und dadurch schließlich eine die einzelnen Fälle transzendierende *sinn- und soziogenetische Typenbildung* (vgl. Nohl 2006).

2.2.5 Qualitative Methodologien in der Erwachsenenbildungswissenschaft

Die vier genannten Methodologien scheinen momentan das Hauptfeld qualitativer Erwachsenenbildungsforschung abzudecken. Vielleicht gewinnt – im Vergleich mit den anderen – die dokumentarische Methode momentan etwas an Einfluss. So arbeiten Wolfgang Seitter und Jochen Kade in ihrem jüngsten Projekt mit einer Kombination aus objektiver Hermeneutik und dokumentarischer Methode (vgl. Kade/Seitter 2007) und für ein aktuelles biographieanalytisches Projekt wird ebenfalls Bezug auf diese Methodologie genommen (vgl. Hof/Kade 2008). Generell kommt auch im Kontext von Biographieanalysen zunehmend die dokumentarische Methode zum Tragen (vgl. Nohl 2006; Hof/Kade 2008), allerdings ohne die Wurzeln im narrationsstrukturellen Verfahren zu leugnen. Bei den methodischen Innovationen, auf die gleich noch näher eingegangen wird, wird ebenfalls häufig auf sie Bezug genommen – so beim Gruppendiskussions- (vgl. Schäffer 2003), Photogruppendiskussionsverfahren (vgl. Michel 2006; Schäffer/Maes/Dörner 2007), der Gruppenwerkstatt (vgl. Bremer 2004), der Klassendiskussion (vgl. Wittpoth/Giese 2007) und dem Experteninterview (vgl. Dörner 2007). Gleiches gilt auch für den Kontext der neueren Verfahren von Bild- und Videoanalysen, wenngleich gerade hier die objektive Hermeneutik weiterhin prominent vertreten bleibt (vgl. Kade/Nolda 2007; Dinkelaker/Herrle 2008; Herrle 2007; Herrle/Kade/Nolda 2008).

3 Neuere Entwicklungen und Tendenzen

Im Folgenden akzentuieren wir vor allem methodische Innovationen, jedoch nicht ohne auf die anderen drei Elemente des „Vierklanges" von Gegenstands- und Grundlagentheorie, Methodologie und Methode einzugehen.

3.1 Qualitative Längsschnittuntersuchungen

Schon lange ist in der biographischen Forschung in der Erwachsenenbildung eine Tendenz zu beobachten, Fragestellungen zu erweitern bzw. das Konzept Biographie mit anderen Konzepten (bspw. „Organisation", „Profession" und „Generation", vgl. Nittel/Seitter 2005) zu verbinden. Neuerdings werden auch biographisch akzentuierte Längsschnittuntersuchungen in Angriff genommen. In einem Projekt zur prekären Kontinuität lebenslangen Lernens (vgl. Hof/Kade 2008) wird untersucht, wie Subjekte Kontinuität auf der Ebene des individuellen Handelns und der subjektiven Selbstbeschreibung herstellen und welche Rolle dabei Lern- und Bildungsprozesse spielen (vgl. dies., S. 1). Gegenstand der Untersuchung sind subjektiv-biographische Muster des lebenslangen Lernens, die grundlagentheoretisch mit dem Konzept der Bildungsgestalt gerahmt werden. Die Rekonstruktion von Kontinuität birgt das Problem der Zeitlichkeit, das methodisch mit der Längsschnittstudie gelöst werden soll. Interviewt werden Personen, die bereits vor mehr als 20 Jahren interviewt wurden. Die Datensätze werden mit Hilfe der Dokumentarischen Methode analysiert. Somit besteht nicht nur die Möglichkeit fallübergreifender, sondern auch fallinterner Vergleiche. Ebenfalls als Längsschnittstudie angelegt ist eine Arbeit von Ingeborg Schüßler zum Thema Nachhaltiges Lernen Erwachsener (Schüßler 2007). Anhand einer Traineemaßnahme für angehende Führungskräfte untersuchte sie über einen Zeitraum von sieben Jahren die Frage, wie sich Erwachsene möglichst nachhaltig Wissen und Kompetenzen aneignen. Das eingesetzte Spektrum quantitativer und qualitativer Methoden ist breit: Interaktionsprotokolle, schriftliche Befragungen, problemzentrierte Interviews, Gruppendiskussionen, Expertenbefragungen, Onlinebefragungen. Ausgewertet wurde das umfangreiche Datenmaterial in Orientierung an die grounded theory.

3.2 Gruppendiskussionsverfahren, Gruppenwerkstatt und Photogruppendiskussionsverfahren

Das Gruppendiskussionsverfahren wurde aus der Kritik an herkömmlicher, am Individuum als Messgröße orientierter quantitativer Forschung entwickelt (vgl. Loos/Schäffer 2001, S. 15-28). Im Kontext der Erwachsenenbildung erstmals eingesetzt in der „Hildesheim-Studie" und später in der „Göttinger Studie", wird es in jüngerer Zeit wieder stärker als eigenständige Methode akzentuiert und nicht nur in einem explorativen bzw. forschungsökonomischen Sinne verwendet (bspw. von Diesler/Nittel 2002; Hartz 2004; Kade/Seitter 2007). Im methodisch-methodologischen Kontext der dokumentarischen Methode ist die Arbeit von Burkhard Schäffer (2003) zu verorten, der unter Einbezug medien-, bildungs- und techniktheoretischer Ansätze die Rolle der Generationszugehörigkeit beim *Handeln mit neuen Medientechnologien in Weiterbildungskontexten* untersuchte. Zum Einsatz kamen Gruppendiskussionen und biographische Interviews mit Angehörigen dreier Altersgruppen (Jugendliche, mittleres Lebensalter und Senioren).

Neben der Ausdehnung des Verfahrens auf unterschiedlichste Forschungsbereiche (vgl. Bohnsack/Przyborski/Schäffer 2006) sind methodische Innovationen zu verzeichnen. So etwa das im Kontext von Adressaten- und Zielgruppenforschung entwickelte Verfahren der „Gruppenwerkstatt" von Helmut Bremer (2004). Mit diesem Verfahren wird ein Ansatz der „Habitus-Hermeneutik" verfolgt, dessen „Grundprinzip" die „wissenschaftliche Klassifizierung der alltäglichen Klassifizierungen der Akteure" (Bremer 2004, S. 64) darstellt. Da die alltäglichen Klassifizierungen, also die Denk-, Wahrnehmungs- und Handlungsschemata oftmals inkorporiert und insofern bewusstseinsmäßig nicht klar repräsentiert sind, werden Gruppendiskussionen u.a. mit Collagen- und Metaplanarbeiten kombiniert. Bremer und Teiwes-Kügler verfolgen so „einen Zugang zu den Tiefenschichten, d.h. zu den latenten, weniger reflektierten und emotionalen Ebenen des Habitus" zu bekommen (Dies. 2007, S. 85).

Ein ähnliches Ziel wird mit dem „Photogruppendiskussionsverfahren" verfolgt, welches in einem Projekt zur Rekonstruktion von Zusammenhängen impliziter und expliziter Alter(n)s- und Altenbilder mit Weiterbildungsorientierungen der Babyboomergeneration eingesetzt wird (Schäffer/Maes/Dörner 2007). An neuere grundlagentheoretische Entwicklungen der qualitativen Bildrezeptionsanalyse (vgl. Michel 2006) anschließend, werden Photoserien *von Lern- und Bildungssituationen unterschiedlich alter Personenkreise* als Diskussionsanlass für Gruppendiskussionen mit Teilnehmenden unterschiedlicher Altersgruppen (junge, mittleres Erwachsenenalter, Senioren) genutzt. In den Diskussionen dokumentieren sich deutliche Zusammenhänge zwischen Alter(n)s- und Altenbildern und handlungsleitenden weiterbildungsbezogenen Orientierungen (vgl. Schäffer 2008a). Erste Ergebnisse legen nahe, dass diese Zusammenhänge durchaus als „Regulative der Weiterbildungsbeteiligung" (Wittpoth 2006; auch in diesem Band) fungieren.

3.3 Photo- und Videographie als innovativer methodischer Zugang qualitativer Erwachsenenbildungsforschung

Interpretationen von bildhaftem Material im weitesten Sinne gewinnen nicht nur in der allgemeinen Erziehungswissenschaft (vgl. Ehrenspeck/Schäffer 2003; Marotzki/Niesyto 2006; Friebertshäuser/von Felden/Schäffer 2007), sondern auch im Kontext von Erwachsenenbildungsforschung an Bedeutung. Zu nennen sind etwa kleinere Arbeiten zur Photoanalyse von Illustrationen lebenslangen Lernens auf Internetrepräsentanzen von Bildungseinrichtungen, die auf ein nicht spannungsfreies Verhältnis verweisen zwischen der Programmatik lebenslangen Lernens als alle Altersstufen integrierender Prozess auf der einen und dessen bildhafter Repräsentation als verwoben mit spezifischen Alter(n)s- und Altenbildern auf der anderen Seite (vgl. Schäffer 2008b). Während hier eine mediale Produktanalyse im weitesten Sinne betrieben wird verfolgt die in den letzten Jahren in Frankfurt entwickelte „Erziehungswissenschaftliche Videografie“ (Herrle/Kade/Nolda 2008) das Ziel, Kurse in der Erwachsenenbildung unter Zuhilfenahme videographischer Erhebungsverfahren zu interpretieren (vgl. Kade/Nolda 2007). Vor dem grundlagentheoretischen Hintergrund eines systemtheoretisch geprägten Interaktionsbegriffs in Auseinandersetzung mit verschiedenen Methodologien (objektive Hermeneutik, dokumentarische Methode, Konversationsanalyse) wird ein dreistufiges Verfahren der Interpretation entfaltet, das zwischen bild- und textbezogenen Informationsanteilen trennt: Die visuelle Ebene des Videos kann demnach a) als „Kommentar“ oder b) als „Irritation“ des Worttranskripts gefasst oder als „eigenständiges Datum“ herangezogen werden (ebd.; vgl. Dinkelaker/Herrle 2007). Eine jüngst erschienene Monographie von Herrle (2007) unternimmt eine ausführliche Vergewisserung dieses methodisch-methodologischen Zuganges und auch seiner grundlagentheoretischen Einbettung: u.a. geht es um die Ausarbeitung einer „systemtheoretisch informierten objektiven Hermeneutik“ (ebd., S. 65ff.) und eine Auseinandersetzung mit Fragen zu „sozialbezogenen Körperbewegungen“ (ebd., S. 95ff.). Herrle erarbeitet auf diesem Wege ein an der objektiven Hermeneutik orientiertes Verfahren, das er als „selektive Kontextvariation“ (ebd., S. 130ff.) bezeichnet und anhand eines Fallbeispiels – der Interpretation eines 31 Sekunden währenden Videoausschnittes einer Kursinteraktion (ebd., S. 143-232) – demonstriert.

3.4 Mixed Methods oder: zur Triangulation qualitativer und quantitativer Verfahren

In neueren Veröffentlichungen der Erwachsenenbildung kommen auch sog. „mixed Methods“ zum Einsatz, also die Triangulation qualitativer und quantitativer Methoden innerhalb *eines* Untersuchungsdesigns. Dies ist gerade vor dem Hintergrund der historischen Entwicklung nicht ganz unproblematisch, da sich qualitative Methodologien lange Zeit vor allem über die Abgrenzung gegenüber sog. nomologisch-deduktiven Verfahren definiert haben. Die im Anschluss an diesen „Paradigmenstreit“ geführte Debatte zwischen qualitativer und quantitativer Forschung („interpretatives“ versus „normatives“ Paradigma) wurde nicht konsequent ausgetragen und ist vermutlich auch nicht lösbar (vgl. Kelle 2007, S. 25-55). Vielmehr wurden „quantitative“ und „qualitative“ Zugänge parallel weiter entwickelt und werden (vgl. auch Eckert in diesem Band) gerade in jüngerer Zeit pragmatisch miteinander kombiniert. Allerdings werden die methodologischen Implikationen derartiger „mixed Methods“ nur vereinzelt systematisch reflektiert und stellen zukünftig eine erst in Ansätzen geklärte methodologische Herausforderung dar (vgl. Kelle 2007, S. 227-300).

Eine Studie mit repräsentativen Charakter zu sozialen Milieus und Weiterbildung von Heiner Barz und Rudolf Tippelt (2004) ist hier zu nennen. In ihr wurde neben einer quantitativen Bestandsaufnahme mittels Repräsentativerhebung eine, – für qualitative Forschungsprojekte verhältnismäßig – große qualitative Explorationsstudie durchgeführt. Untersucht wurde der Zusammenhang zwischen Milieu und Weiterbildungsverhalten, genauer ging es um die Identifizierung und Beschreibung spezifischer Weiterbildungseinstellungen. Die Daten wurden mittels 160 problemzentrierter Interviews, 14 Gruppendiskussionen sowie zusätzlichen Expertengesprächen und Expertenworkshops erhoben und inhaltsanalytisch ausgewertet. In einer von Rudolf Tippelt mit Bernhard Schmidt-Hertha durchgeführten aktuellen Studie zum Weiterbildungsverhalten der 40- bis 85-Jährigen werden neben einem repräsentativen Teil Tiefeninterviews und ebenfalls wieder Gruppendiskussionen durchgeführt (Schmidt 2007) und unter Zuhilfenahme der dokumentarischen Methode ausgewertet. Schließlich untersuchte Sabine Schmidt-Lauff im Rahmen ihrer Habilitation die Zeit „als anthropogene und soziokulturelle Größe, in ihrer generellen Bedeutsamkeit und komplexen Relevanz für die (Erwachsenen-)Bildung“ (Schmidt-Lauff 2007, S. 222). Ausgehend von einem Spannungsverhältnisses zwischen Zeit und Lernen wandte sie ein triangulatives Verfahren an, bei dem zunächst qualitative (Gruppenbefragungen, teilstandardisierte Interviews) und dann quantitative Instrumente (Befragungen) eingesetzt wurden.

4 Zum Schluss

Die Vielfalt und Fortentwicklung qualitativer Forschungsansätze in der Disziplin Erwachsenenbildung ist evident. Um eine „tragfähige Kultur empirischer Forschung“ (Schrader 2006, S. 34) weiterzuentwickeln, bedarf es im Kontext qualitativer Erwachsenenbildungsforschung einer verstärkten Reflektion des jeweiligen Verhältnisses von Gegenstands- und Grundlagentheorien auf der einen und Methodologien und Methoden auf der anderen Seite. Hierbei sollte in Zukunft u.E. den methodologischen und grundlagentheoretischen Reflektionen mehr Raum als bisher zur Verfügung gestellt werden. Letztlich geht es auch bei qualitativer Forschung in der Erwachsenenbildung immer um die Frage nach Sinngehalten, die sich in Handlungskontexten von Erwachsenenbildung und der Bildung Erwachsener dokumentieren. Sinn kann jedoch nur mit Hilfe epistemologisch begründeter Methodologien und Methoden rekonstruiert werden.

Abschließend sei noch auf eine gewisse „Technikvergessenheit in den Sozialwissenschaften“ (Schäffer 2007, S. 52f.) hingewiesen. Im Kontext von Methodenentwicklung wird gerne ausgeblendet, dass die Möglichkeiten qualitativer Forschung wesentlich auch von der Entwicklung audiovisueller Aufnahmetechniken und deren Weiterverarbeitungsmöglichkeiten abhängig sind. Die Analyse transkribierter Texte ist bspw. nur Dank der elektromagnetischen Tonaufzeichnung möglich, die sekundengenaue Analyse von Lehr-Lernsituationen in beliebigen Kontexten hat ihren Siegeszug erst in dem Augenblick angetreten, als die Videotechnologie handhab- und bezahlbar wurde und die qualitative Bild- und Photointerpretation profitiert extrem von den Möglichkeiten der digitalen Bildspeicherung und -bearbeitung. Insofern muss der Begriff der ‚Erhebung‘ von Daten eigentlich durch den der ‚technischen Konstitution‘ ersetzt werden. Auch die Auswertung wird von technischen Entwicklungen tangiert: Zwar wird die „computerunterstützte Analyse qualitativer Daten“ (Kuckartz 2007) grundlegende hermeneutische Fähigkeiten nie ersetzen können, aber die Möglichkeit, größere Datenmengen zu verarbeiten, wird zumindest erleichtert.

Literatur

Alheit, P./Bron, A./Brugger, E./Dominicé, P. (Hrsg.) (1995): The Biographical Approach in European Adult Education. Vienna: Verband Wiener Volksbildung.

Alheit, P./Dausien, B. (1985): Arbeitsleben. Eine qualitative Untersuchung von Arbeiterlebensgeschichten. Frankfurt: Campus.

Alheit, P./Dausien, B. (2006): Biographieforschung in der Erwachsenenbildung. In: Krüger, H.-H./Marotzki, W.(Hrsg.): Handbuch erziehungswissenschaftliche Biographieforschung. Wiesbaden: VS Verlag, S. 431-457.

Arbeitskreis Strukturplan Weiterbildung (Hrsg.) (1978): Strukturplan für den Aufbau des öffentlichen Weiterbildungssystems in der Bundesrepublik Deutschland. In: Schulenberg, W.: Erwachsenenbildung, Darmstadt: Wissenschaftliche Buchgesellschaft, S. 452-455.

Arnold, R. (2006): Welche Forschung braucht die Praxis? Aspekte einer erwachsenenpädagogischen Beobachtertheorie. In: Meisel, K./Schiersmann, C. (Hrsg.): Zukunftsfeld Weiterbildung, Bielefeld: Bertelsmann, S. 15-24.

Arnold, R./Faulstich, P./Mader, W./Nuissl v. Rein, E./Schlutz, E. (2000): Forschungsmemorandum für die Erwachsenen- und Weiterbildung, Frankfurt/M.: DIE

Arnold, R./Faulstich, P./Mader, W./Nuissl, E./Schlutz, E./Wittpoth, J. (2002): Forschungsschwerpunkte zur Weiterbildung. Frankfurt/M.: DIE.

Barz, H./Tippelt, R. (Hrsg.) (2004): Weiterbildung und soziale Milieus in Deutschland. Bielefeld: Bertelsmann.

Bohnsack, R. (2005): Standards nicht-standardisierter Forschung in den Erziehungs- und Sozialwissenschaften. In: Gogolin, I. (Hrsg.): Standards und Standardisierungen in der Erziehungswissenschaft. Zeitschrift für Erziehungswissenschaft, Beiheft 4, S. 63-81.

Bohnsack, R. (2007[6]): Rekonstruktive Sozialforschung. Einführung in qualitative Methoden. Opladen: UTB.

Bohnsack, R./Marotzki, W./Meuser, M. (Hrsg.) (2006): Hauptbegriffe qualitative Sozialforschung. Ein Wörterbuch. 2. Aufl. Opladen: UTB.

Bohnsack, R./Nentwig-Gesemann, I./Nohl, A.-M. (2007[2]): Die dokumentarische Methode und ihre Forschungspraxis. Grundlagen qualitativer Sozialforschung. Opladen: VS Verlag.

Bohnsack, R./Przyborski, A./Schäffer, B. (2006): Das Gruppendiskussionsverfahren in der Forschungspraxis. Opladen: Budrich.

Born, A. (1991): Geschichte der Erwachsenenbildungsforschung. Bad Heilbrunn: Klinkhardt.

Bremer, H. (2004): Von der Gruppendiskussion zur Gruppenwerkstatt. Ein Beitrag zur Methodenentwicklung in der typenbildenden Mentalitäts-, Habitus- und Milieuanalyse. Münster/Hamburg: Lit-Verlag.

Bremer, H./Teiwes-Kügler, C. (2007): Die Muster des Habitus und ihre Entschlüsselung. Mit Transkripten und Collagen zur vertiefenden Analyse von Habitus und sozialen Milieus. In: Felden, H. von/Friebertshäuser, B./Schäffer, B. (Hrsg.): Bild und Text – Methoden und Methodologien visueller Sozialforschung in der Erziehungswissenschaft. Opladen: Budrich, S. 81-104.

Bron, A./Kurantowicz E./Olesen, H.S./West, L. (Hrsg.) (2005): „Old" and „New" Worlds of Adult Learning. Poland: Wydawnictwo Naukowe DSWE TWP.

Bron, A./Schemmann M. (Hrsg..) (2000): Language-Mobility-Identity. Contemporary Issuses for Adult Education in Europe. Münster/Hamburg/London: Lit Verlag.

Bron, A./Schemmann M. (Hrsg.) (2001): Civil Society, Citizenship and Learning. Münster/Hamburg/London: Lit Verlag.

Buschmeyer, H. (Hrsg.) (1995): Lebensgeschichte und Politik. Erinnern – Erzählen – Verstehen. Soest.

Diesler, P./Nittel, D. (2002): ‚Von Wollen kann keine Rede sein'. Der Prozess der Einführung von Gruppenarbeit aus der Sicht der Betroffenen – und was dies für die pädagogische Berufskultur bedeutet. In: Barthel, C./Harney, K.(Hrsg.): Wissen und Arbeit zwischen öffentlicher Verwaltung und betrieblichem Management. Recklinghausen: Forschungsinstitut Arbeit, Bildung, Partizipation, S. 129-155.

Dinkelaker, J. (2008): Kommunikation von (Nicht-)Wissen. Eine Fallstudie zum Lernen Erwachsener in hybriden Settings. Wiesbaden: VS Verlag.

Dinkelaker, J./Herrle, M. (2007): Rekonstruktion von Kursanfängen auf der Grundlage von mehrperspektivischen Videodokumentationen. In: Forneck, H.J./Wiesner, G./Zeuner, C. (Hrsg.): Empirische Forschung und Theoriebildung in der Erwachsenenbildung. Baltmannsweiler: Schneider Verlag Hohengehren.

Dörner, O. (2006): Umgang mit Wissen in betrieblicher Praxis. Dargestellt am Beispiel kleiner und mittelständischer Unternehmen aus Sachsen-Anhalt und der Region Bern. Bad Heilbrunn: Klinkhardt.

Dörner, O. (2007): Beruf und Betrieb als konstituierende Instanz von Weiterbildungsbedeutungen im Kontext ärztlicher Tätigkeit In: Wiesner, G./Zeuner, C./ Forneck, H.J.(Hrsg.): Empirische Forschung und Theoriebildung in der Erwachsenenbildung. Baltmannsweiler: Schneider Verlag Hohengehren, S.195-206.

Dörner, O./Schäffer, B. (2008): Qualitative Sozialforschung und Erwachsenenbildung. In: Fuhr, T./Gonon, P./Hof, C. (Hrsg.): Handbuch Erziehungswissenschaft, Bd. 4: Erwachsenenbildung/Weiterbildung (i.Dr.). Paderborn: Schöningh.

Egloff, B./Kade, J. (2006²): Erwachsenenbildungsforschung In: Krüger, H.-H./Grunert, C. (Hrsg.): Wörterbuch Erziehungswissenschaften. Opladen/Farmington Hills: UTB.

Ehrenspeck, Y./Schäffer, B. (Hrsg.) (2003): Film- und Fotoanalyse in der Erziehungswissenschaft. Ein Handbuch. Opladen: VS-Verlag.

Faulstich, P./Graeßner, G. (2003): Studiengänge Weiterbildung in Deutschland. Verfügbar unter: www.die-bonn.de (4.5.2008).

Faulstich, P./Zeuner, C. (2005): Entwicklung, Situation und Perspektiven ‚subjektorientierter Erwachsenenbildungsforschung'. In: Zeitschrift für Qualitative Bildung-, Beratungs- und Sozialforschung 6, H.1, S. 129-144.

Felden, H.v./Friebertshäuser, B./Schäffer, B. (Hrsg.) (2007): Bild und Text – Methoden und Methodologien visueller Sozialforschung in der Erziehungswissenschaft. Opladen: B. Budrich.

Friebertshäuser, B./Prengel, A. (Hrsg.)(1997): Handbuch qualitative Forschungsmethoden in der Erziehungswissenschaft. Weinheim: Juventa.

Garfinkel, H. (1967): Studies in ethnomethodology. Englewood Cliffs/N.J: Prentice-Hall.

Geertz, C. (1987): Dichte Beschreibung. Beiträge zum Verstehen kultureller Systeme. Frankfurt/M. Main: Suhrkamp.

Gieseke, W. (1989): Habitus von Erwachsenenbildnern. Eine qualitative Studie zur beruflichen Sozialisation. Oldenburg: BIS-Verlag.

Gieseke, W./Meueler, E./Nuissl, E. (Hrsg.) (1992): Empirische Forschung zur Bildung Erwachsener Dokumentation der Jahrestagung 1991 der Kommission Erwachsenenbildung der Deutschen Gesellschaft für Erziehungswissenschaft, Beiheft zum REPORT, Frankfurt/M: Pädagogische Arbeitsstelle des DVV.

Grell, P. (2008): Forschende Lernwerkstatt. Eine qualitative Untersuchung zu Lernwiderständen in der Weiterbildung. Münster u.a.: Waxmann.

Grotlüschen, A. (2003): Widerständiges Lernen im Web - virtuell selbstbestimmt? Eine qualitative Studie über E-Learning in der beruflichen Erwachsenenbildung. Berlin: Waxmann.

Harmeier, M. (2007): Deutungsmuster des Lehrens – Kursleitende zwischen biographischer Orientierung und institutioneller Anforderung. In: Wiesner, G./Zeuner, C./Forneck, H.J. (Hrsg.): Empirische Forschung und Theoriebildung in der Erwachsenenbildung. Baltmannsweiler: Schneider-Verlag Hohengehren, S. 144-156.

Hartz, S. (2004): Biographizität und Professionalität. Eine Fallstudie zur Bedeutung von Aneignungsprozessen in organisatorischen Modernisierungsstrategien. Wiesbaden: VS-Verlag.

Hattke, S./Kerka, S./Wonacott, M.E. (2002): Qualitative Research in Adult, Career and Career-Technical Education, ERIC Publications Columbus.

Herrle, M. (2007): Selektive Kontextvariation. Die Rekonstruktion von Interaktionen in Kursen der Erwachsenenbildung auf der Basis audiovisueller Daten. Frankfurt: FB Erziehungswissenschaften der Johann-Wolfgang-Goethe-Universität Frankfurt.

Herrle, M./Kade, J./Nolda, S. (2008): Erziehungswissenschaftliche Videografie. In: Friebertshäuser, B./Prengel, A. (Hrsg.): Handbuch Qualitative Forschungsmethoden in der Erziehungswissenschaft. Weinheim: Juventa;im Druck.

Herzberg, H. (2004): Biographie und Lernhabitus. Eine Studie im Rostocker Werftarbeitermilieu. New York: Campus.

Hitzler, R. (2007): Wohin des Wegs? Ein Kommentar zu neueren Entwicklungen in der deutschsprachigen „qualitativen" Sozialforschung. In: Forum Qualitative Social Research, 8 (3), Art. 4. Verfügbar unter: http://www.qualitative-research.net/fqs-texte/3-07/07-3-4-d.htm (6.4.2008).

Hof, C. (2001): Konzepte des Wissens. Eine empirische Studie zu den wissenstheoretischen Grundlagen des Unterrichtens. Bielefeld: Bertelsmann.

Hof, C./Kade, J. (2008): Prekäre Kontinuität. Das lebenslange Lernen aus biographietheoretischer Perspektive im Rahmen einer Follow-up-Studie, Typoskript.

Kade, J. (1989): Erwachsenenbildung und Identität. Eine empirische Studie zur Aneignung von Bildungsangeboten. Weinheim: Beltz.

Kade, J./Nolda, S. (2007): Das Bild als Kommentar und Irritation. Zur Analyse von Kursen der Erwachsenenbildung/Weiterbildung auf der Basis von Videodokumentationen. In: Felden, H. von/Friebertshäuser, B./Schäffer, B.(Hrsg.): Bild und Text – Methoden und Methodologien visueller Sozialforschung in der Erziehungswissenschaft. Opladen: Budrich, S. 159-177.

Kade, J./Seitter, W. (1996): Lebenslanges Lernen. Mögliche Bildungswelten. Erwachsenenbildung, Biographie und Alltag. Opladen: Leske+Budrich.

Kade, J./Seitter, W. (2007): Umgang mit Wissen. Recherchen zur Empirie des Pädagogischen, Bd. 1+2. Opladen: Budrich.

Kade, S. (1999): Qualitative Erwachsenenbildungsforschung. Methoden und Ergebnisse In: Tippelt, R. (Hrsg.): Handbuch Erwachsenenbildung /Weiterbildung. Opladen: VS-Verlag, S. 340-359.

Kade, S. (2000): Selbstorganisiertes Alter. Lernen in „reflexiven Milieus",. Bielefeld: Bertelsmann.

Kade, S. (2004): Alternde Institutionen - Wissenstransfer im Generationenwechsel. Recklinghausen: Klinkhardt.

Kade, S. (2006): Altern und Bildung: eine Einführung. Bielefeld: Bertelsmann.

Kallmeyer, W./Schütze, F. (1977): Zur Konstitution von Kommunikationsschemata der Sachverhaltsdarstellung. Dargestellt am Beispiel von Erzählungen und Beschreibungen. In: Wegner, D. (Hrsg.): Gesprächsanalyse. Hamburg: Buske, S. 159-274.

Kejcz, Y./Nuissl, E./Paatsch, U./Schenk, P. (1979-1981): Bildungsurlaubs-Versuchs- und Entwicklungsprogramm (BUVEP). Endbericht I – VIII. Heidelberg: Esprint-Dr.

Kelle, Udo (2007): Die Integration qualitativer und quantitativer Methoden in der empirischen Sozialforschung: theoretische Grundlagen und methodologische Konzepte. Wiesbaden: VS Verlag für Sozialwissenschaften.

Kossack, P./Ott, M. (2006): Diskursive Diskontinuitäten. Eine Analyse zum Gebrauch des Lernbegriffs in Fachzeitschriften der Weiterbildung In: Forneck, H.J./Wiesner, G./Zeuner, C. (Hrsg.): Empirische Forschung und Theoriebildung in der Erwachsenenbildung. Baltmannsweiler: Schneider Verlag Hohengehren, S. 248-260.

Kuckartz, Udo (2007): Einführung in die computergestützte Analyse qualitativer Daten. Wiesbaden: VS-Verlag.

Loos, P./Schäffer, B. (2001): Das Gruppendiskussionsverfahren: theoretische Grundlagen und empirische Anwendung. Opladen: Leske+Budrich.

Ludwig, J. (2000): Lernende verstehen. Lern- und Bildungschancen in betrieblichen Modernisierungsprojekten. Bielefeld: Bertelsmann.

Ludwig, J. (2008): Die Forschungslandkarte Erwachsenen- und Weiterbildung als neues Steuerungsmedium In: Hessische Blätter für Volksbildung 2, Schneider Verlag Hohengehren, S. 105-113.

Marotzki, W./Niesyto, H. (Hrsg.) (2006): Bildverstehen und Bildinterpretation: Methodische Ansätze aus sozialwissenschaftlicher, kunst- und medienpädagogischer Perspektive. Wiesbaden: VS Verlag für Sozialwissenschaften.

Mayring, P. (2003): Qualitative Inhaltsanalyse. Grundlagen und Techniken. Weinheim/Basel: Beltz-Verlag.

Meuser, M. (2003): Inhaltsanalyse. In: Bohnsack, R./Marotzki, W./Meuser, M. (Hrsg.): Hauptbegriffe qualitativer Forschung. Opladen: Leske+Budrich, S. 89-91.

Meuser, M./Nagel, U. (1989): Experteninterviews – vielfach erprobt, wenig bedacht: ein Beitrag zur qualitativen Methodendiskussion. In. Garz, D./Krämer, K. (Hrsg.): Quantitativ-empirische Sozialforschung. Opladen Leske+Budrich, S. 441-471.

Michel, B. (2006): Bild und Habitus - Sinnbildungsprozesse bei der Rezeption von Photographien. Wiesbaden: VS-Verlag.

Möller, S. (2007): Wissensimport und -produktion in der Erwachsenenbildungswissenschaft In: Forneck, H.J./Wiesner, G./Zeuner, C. (Hrsg.): Empirische Forschung und Theoriebildung in der Erwachsenenbildung. Hohengehren: Schneider, S. 236-247.

Nittel, D. (1991): Report Biographieforschung. Bonn: Deutscher Volkshochschulverband e.V., Pädagogische Arbeitsstelle.

Nittel, D. (2006): Geschichte: Zwischen persönlicher Erinnerung und kulturellem Gedächtnis. In: Nittel, D./Maier, C. (Hrsg.): Persönliche Erinnerung und kulturelles Gedächtnis. Einblicke in das lebensgeschichtliche Archiv der hessischen Erwachsenenbildung. Opladen: Budrich, S. 20-33.

Nittel, D./Seitter, W. (2005): Biographieanalysen in der Erwachsenenbildungsforschung. Orte der Verschränkung von Theorie und Empirie.In: Zeitschrift für Pädagogik 51, H. 4, S. 513-527.

Nittel, D./Marotzki, W. (Hrsg.) (1997): Berufslaufbahn und biographische Lernstrategien. Eine Fallstudie über Pädagogen in der Privatwirtschaft. Baltmannsweiler: Schneider Verlag Hohengehren.

Nittel, D./Maier, C. (Hrsg.) (2006): persönliche Erinnerung und Kulturelles Gedächtnis. Einblicke in das lebensgeschichtliche Archiv der hessischen Erwachsenenbildung. Opladen: Budrich.

Nohl, A.-M. (2006): Interview und dokumentarische Methode. Anleitungen für die Forschungspraxis. Wiesbaden: VS.

Nohl, A.-M.(2007): Komparative Analyse. Forschungspraxis und Methodologie dokumentarischer Interpretation. In: Bohnsack, R./Nentwig-Gesemann, I./Nohl, A.M (Hrsg.): Die dokumentarische Methode und ihre Forschungspraxis. Grundlagen qualitativer Sozialforschung, Opladen: Budrich, S. 255-276.

Nolda, S. (1996): Interaktion und Wissen. Eine qualitative Studie zum Lehr-/Lernverhalten in Veranstaltungen der allgemeinen Erwachsenenbildung. Frankfurt/M: DIE.

Nolda, S. (2000): Interaktion in pädagogischen Institutionen. Opladen: Leske+Budrich.

Oevermann, U./Allert, T /Konau, E./Kramberg, J. (1979): Die Methodologie einer „objektiven Hermeneutik" und ihre allgemeine forschungslogische Bedeutung in den Sozialwissenschaften. In: Soeffner, H.-G. (Hrsg.): Interpretative Verfahren in den Sozial- und Textwissenschaften. Stuttgart/Frankfurt/M.: Suhrkamp, S. 352-434.

Onwuegbuzie, A.J. (2000): Positivists, Post-Positivists, Post-Structuralists, and Post-Modernists: Why Can't We All Get Along? Towards a Framework for Unifying Research Paradigms. Paper presented at the Annual Meeting of the Association for the Advancement of Educational Research. Ponte Vedra, FL.

Quigley, B. A. (1997): The Role of Research in the Practice of Adult Education. New Directions for Adult and Continuing Education 73, S. 3-22.

Reichertz, J. (2003): Die Abduktion in der qualitativen Sozialforschung. Opladen: Leske+Budrich.

Reichertz, J. (2007): Qualitative Sozialforschung – Ansprüche, Prämissen, Probleme. Erwägen Wissen Ethik In: Erwägen – Wissen – Ethik 18, H. 2, S. 1-14.

Reim, T./Riemann, G. (1997): Die Forschungswerkstatt. In: Jakob, G./von Wensierski H.-J. (Hrsg.): Rekonstruktive Sozialpädagogik. Konzepte und Methoden sozialpädagogischen Verstehens in Forschung und Praxis. Weinheim/ München: Juventa Verlag, S. 223-238.

Robak, S. (2004): Management in Weiterbildungsinstitutionen. Hamburg: Dr. Kovac.

Schäffer, B. (2003): Generationen - Medien - Bildung. Medienpraxiskulturen im Generationenvergleich. Opladen: Leske+Budrich.

Schäffer, B. (2007[2]): „Kontagion" mit dem Technischen. Zur dokumentarischen Interpretation der generationsspezifischen Einbindung in die Welt medientechnischer Dinge. In: Bohnsack, R./Nentwig-Gesemann, I./Nohl, A.-M. (Hrsg.): Die dokumentarische Methode und ihre Forschungspraxis. Grundlagen qualitativer Sozialforschung. Opladen: VS Verlag, S. 45-67.

Schäffer, B. (2008a): Abbild – Denkbild – Erfahrungs(Sinn)bild. Methodisch-methodologische Anmerkungen zur Analyse von Alters-, Alterns und Altenbildern. In: Ecarius, J./Schäffer, B. (Hrsg.): Typenbildung und Theoriegenerierung. Methoden und Methodologien qualitativer Bildungs- und Biographieforschung. Opladen: B. Budrich (im Druck).

Schäffer, B. (2008b): Bilder lebenslangen Lernens. Anmerkungen zu einem eigentümlichen Diskurs In: Grotlüschen, A./Ludwig, J./Zeuner, C. (Hrsg.): Strukturen lebenslangen Lernens. Baltmannsweiler: Schneider Verlag Hohengehren (im Druck).

Schäffer, B./Maes, J./Dörner, O. (2007): Weiterbildungsbeteiligung und Altersbilder der Babyboomer (‚WAB'). Zur Bedeutung von Alters-, Alterns- und Altenbildern als Regulative der Weiterbildungsbeteiligung. Typoskript: München.

Schiersmann, C./Iller, C. (Hrsg.) (2005): Forschungsmethoden, REPORT Literatur- und Forschungsreport Weiterbildung, Bielefeld: Bertelsmann.

Schlüter, Anne (Hrsg.) (2005): „In der Zeit sein…". Beiträge zur Biographieforschung in der Erwachsenenbildung. Bielefeld: Bertelsmann.

Schlutz, E. (1991): Lehr-Lern-Forschung In: GdW-Ph 7 Okt., S. 1-25.

Schmidt, B. (2007): Educational behaviour and interests of older adults. In: Lucio-Villegas, E. /Carmen Martrinez, M. del (Hrsg).): Adult Learning and the Challenges of Social and Cultural Diversity: Diverse Lives, Cultures, Learnings and Literacies 1. Proceedings of the 5th ESREA European Research Conference, S. 157-166.

Schmidt-Lauff, S. (2006): Zeit in der Erwachsenenbildung – Erwachsenenbildung in der Zeit In: Forneck, H.J./Wiesner, G./Zeuner, C. (Hrsg.): Empirische Forschung und Theoriebildung in der Erwachsenenbildung. Hohengehren: Schneider, S. 222-235.

Schrader, J. (2006): Welche Forschung braucht die Disziplin? Zur Notwendigkeit empirischer Erwachsenenbildungsforschung. In: Meisel, K./Schiersmann, C. (Hrsg.): Zukunftsfeld Weiterbildung. Bielefeld: Bertelsmann, S. 25-39.

Schrader, J./Berzbach, F. (2005): Empirische Lernforschung in der Erwachsenenbildung/Weiterbildung. In: Internetservice texte.online des Deutschen Instituts für Erwachsenenbildung. Verfügbar unter: www.die-bonn.de/esprid/dokumente/doc-2005/schrader05_01pdf (14.4.2008).

Schröer, Norbert (1994): Interpretative Sozialforschung: auf dem Weg zu einer hermeneutischen Wissenssoziologie. Opladen: Westdt.

Schulenberg, W. (1957): Ansatz und Wirklichkeit der Erwachsenenbildung. Eine Untersuchung im Grenzgebiet zwischen Pädagogik und Soziologie. Stuttgart: Enke.

Schüßler, I. (2007): Nachhaltigkeit in der Weiterbildung. Theoretische und empirische Analysen zum nachhaltigen Lernen von Erwachsenen. Baltmannsweiler: Schneider Verlag Hohengehren.

Schütz, A. (1971): Gesammelte Aufsätze. Bd. 1: Das Problem der sozialen Wirklichkeit. DenHaag: Nijhoff.

Schütz, A. (1991): Der sinnhafte Aufbau der sozialen Welt: eine Einleitung in die verstehende Soziologie. Frankfurt am Main: Suhrkamp.

Schütze, F. (1981): Prozessstrukturen des Lebensablaufs. In: Matthes, J. u.a. (Hrsg.): Biographie in handlungswissenschaftlicher Perspektive, Nürnberg: Verl. d. Nürnberger Forschungsvereinigung, S. 67-156.

Schütze, F. (1983): Biographieforschung und narratives Interview In: Neue Praxis 13, H. 3, S. 283-293.

Seitter, W. (1999): Riskante Übergänge in der Moderne. Vereinskulturen, Bildungsbiographien, Migranten. Opladen: Leske+Budrich.

Siebert, H. (1999): Entwicklungen und Paradigmen der Erwachsenenbildungsforschung In: Knoll, H. J. (Hrsg.): Studienbuch Grundlagen der Weiterbildung, Neuwied: Luchterhand.

Smeyers, P. (2005): Qualitative Versus Quantitative Research Design: A Plea for Paradigmatic Tolerance In: Educational Research. Journal of Philosophy of Education 35, H. 3, S. 477-495.

Strauss, A.-L. (1991): Grundlagen qualitativer Sozialforschung: Datenanalyse und Theoriebildung in der empirischen soziologischen Forschung. München: Fink.

Strübing, J./Schnettler, B. (2004): Klassische Grundlagentexte zur Methodologie interpretativer Sozialforschung In: Dies. (Hg.): Methodologie interpretativer Sozialforschung. Klassische Grundlagentexte. Konstanz: UVK Verlagsgesellschaft mbH, S. 9-16.

Strzrelewicz, W./Raapke, H.-D./Schulenberg, W. (1966): Bildung und gesellschaftliches Bewusstsein. Stuttgart: Enke.

Tietgens, H. (1990): Geschichtsforschung In: GdW-Ph 2, S. 1-14.

Weingarten, E. (1976): Ethnomethodologie: Beiträge zu einer Soziologie des Alltagshandelns. Frankfurt/M.: Suhrkamp.

Wernet, A. (2006[2]): Einführung in die Interpretationstechnik der objektiven Hermeneutik. Wiesbaden: VS Verlag für Sozialwissenschaften.

West, L./Alheit, P./Anderson, A. S./Merill, B. (Hrsg.) (2007): Using Biographical and Life History Approaches in the Study of Adult and Lifelong Learning: European Perspectives. Frankfurt/M.: Peter Lang.

Wilson, T. P. (1970): Normative und Interpretive Paradigms in Sociology. In: Douglas, J.D. (Hrsg.): Understanding Everyday Life. Toward the Reconstruction of Sociological Knowledgde. London: Routledge & Paul, S. 57-79.

Wittpoth, J. (1994): Rahmungen und Spielräume des Selbst. Ein Beitrag zur Theorie der Erwachsenensozialisation im Anschluß an George H. Mead und Pierre Bourdieu. Farnkfurt/M.: Diesterweg.

Wittpoth, J. (2006): Große Fragen, kleine Antworten. Probleme und Perspektiven der Weiterbildungsforschung am Beispiel der Beteiligungsregulation In: Meisel, K./Schiersmann, C. (Hrsg.): Zukunftsfeld Weiterbildung, Bielefeld: Bertelsmann, S.53-68.

Wittpoth, J./Giese J. (2007): Beratung, Qualifizierung und Bildung am Übergang Schule – Beruf. In: DIE – Zeitschrift für Erwachsenenbildung 1. S. 36-39.

Witzel, A. (1982): Verfahren qualitativer Sozialforschung. Frankfurt/M.: Campus Verlag.

Thomas Eckert

Methoden und Ergebnisse der quantitativ orientierten Erwachsenenbildungsforschung

Blickt man im Bildungsbereich auf die international vergleichenden Studien der letzten Jahrzehnte, entsteht der Eindruck, als habe die zum Teil sehr scharf geführte Auseinandersetzung um die wissenschaftstheoretischen Grundlagen sozialwissenschaftlicher Forschung (vgl. Adorno u.a. 1980; Blumer 1980) einer pragmatisch-vermittelnden Position Platz gemacht, wie sie z.B. von Wilson (1982) oder auch Saldern (1995) vorgeschlagen wird. Einer Position, die sich in der empirisch orientierten Erwachsen- bzw. Weiterbildungsforschung bereits seit langem durchgesetzt zu haben scheint. Zumindest legen dies historisch orientierte Übersichten (vgl. Born 1991; Born in diesem Band) nahe, denn in den sog. ‚Leitstudien zur Erwachsenenbildung' (vgl. Schlutz 1991) werden jeweils sowohl qualitativ als auch quantitativ orientierte Erhebungs- und Auswertungsmethoden angewandt und wechselseitig aufeinander bezogen. In jüngeren, repräsentativ angelegten Studien ist dies ebenso der Fall (vgl. Barz/Tippelt 2004). Was zeichnet nun eine quantitativ orientierte (Sozial-)Forschung aus?

Zunächst: weder qualitative noch quantitative Forschungsstrategien sind in sich homogen. Quantitativ orientierte Forschungsstrategien gehen aber in aller Regel davon aus, dass jegliche Wahrnehmung von Erwartungen geleitet wird und damit theoriegeleitet ist (vgl. klassisch hierzu: Popper 1973). Daher muss auch die empirische Forschung zunächst ihre Erwartungen offen legen, die der Datenerhebung (Beobachtungen, Tests, Befragungen) zugrunde liegen. Ein Forschungsdesign muss darum explizit aus einer falsifizierbaren Theorie abgeleitet werden, deren Gültigkeit untersucht werden soll. Es müssen prüfbare Definitionen der zu erhebenden Gegenstände vorliegen, auf deren Grundlage eine Operationalisierung vorgenommen werden kann, aus der wiederum die zu erhebenden Merkmale (Indikatoren) abgeleitet werden. All dies muss festgelegt werden, *bevor* die eigentliche Datenerhebung stattfindet. Diese wiederum bildet die Grundlage für inferenzstatistische Schlüsse. Damit wird gezeigt, dass die behaupteten Zusammenhänge bzw. Unterschiede (Hypothesen) nicht durch Zufall erklärt werden können, sondern ihren Ursprung in den theoretisch postulierten Gründen haben müssen. Quantitativ orientierte Studien zeichnen sich somit dadurch aus, dass sie ihren Aufbau und ihre Hypothesen aus theoretischen Vorüberlegungen ableiten und eine allein erfahrungsbegründete Formulierung von Theorien zwar nicht generell ablehnen, aber aus dem Prozess der wissenschaftlichen Forschung herausdefinieren. Plausibilität erzeugen sie mit Hilfe inferenzstatistischer Argumentationen, d.h. dadurch, dass sie sich auf systematisch gezogene Stichproben beziehen, mit Wahrscheinlichkeitskalkülen argumentieren und dass sie ihre Forschungsgegenstände reliabel, valide und objektiv beobachten. Wissenschaftlich ‚objektive' Erkenntnisse sind dabei weniger die Leistung einzelner Wissenschaftler als die der wissenschaftlichen Gemeinschaft, die in einem kritischen Diskussionsprozess nach und nach diejenigen Hypothesen eliminiert, die sich als falsch erweisen (vgl. Prim/Tilmann 1997, S. 10f.). In diesem Diskussionsprozess muss über die Einhaltung der Gütekriterien empirischer Forschung Rechenschaft abgelegt werden, damit die Befunde intersubjektiv überprüfbar sind.

Verfolgt man diese Position konsequent, findet eine konstruktive wissenschaftliche Diskussion dort ihr Ende, wo die hier sehr kurz skizzierten Grundannahmen quantitativer Forschung in Frage gestellt werden, wie das z.B. die qualitativ orientierte Forschung tut (vgl. Dörner/Schäffer in diesem Band) Pragmatische oder vermittelnde Positionen stellen die strikte Gegensätzlichkeit beider Positionen in Frage, weil die konkret vertretenen wissenschaftstheoretischen Positionen differenzierter als hier skizziert sind und damit weniger widersprüchlich (vgl. Saldern 1995). Sie begreifen entsprechende Schwerpunktsetzungen eher als unterschiedliche Wege der Annäherung an ein Phänomen, die – durchaus in Konkurrenz zueinender stehende – verschiedene Aspekte dessen beschreiben und sich daher gegenseitig validieren können (Triangulation). So können quantitativ orientierte Forschungsstrategien Befunde aus der qualitativ orientierten Forschung auf eine breitere Basis stellen, indem sie die allgemeine Bedeutung und Verbreitung des dort untersuchten Phänomens unterstreichen; umgekehrt ist es mit Hilfe qualitativ orientierter Strategien leichter möglich, pädagogische Handlungsstrategien zu untersuchen und zu begründen. Als Beispiel hierfür mag die Studie von Barz und Tippelt (2004) zur Bedeutung sozialer Milieus für die Weiterbildungsbeteiligung dienen. Mit Hilfe einer repräsentativen Befragung zeigen die Autoren deutliche Unterschiede in der Weiterbildungsbeteiligung, den Teilnahmemotiven wie auch den Weiterbildungsbarrieren auf, die zwischen Angehörigen verschiedener sozialer Milieus bestehen. Mit Hilfe qualitativer Einzelfallstudien entwickeln sie Strategien für Weiterbildungseinrichtungen, wie sie konkrete Milieus mit ihren Veranstaltungen ansprechen können.

Ausgehend von dieser eher vermittelnden wissenschaftstheoretischen Position sollen im Folgenden anhand ausgewählter Beispiele Vorgehensweisen, Forschungsstrategien und Befunde der quantitativ orientierten Erwachsenenbildungsforschung vorgestellt werden. Dabei soll sowohl auf Fortschritte eingegangen werden, die durch den sozialen Prozess gegenseitiger Kritik erzielt wurden, als auch auf Probleme, die z.B. aus theoretischen Defiziten oder aus Veränderungen theoretischer Grundannahmen resultieren. Die Darstellung erfolgt daher auf der Grundlage der oben skizzierten Paradigmen quantitativ orientierter Sozialforschung. Eine entsprechende Darstellung qualitativ orientierter Erwachsenenbildungsforschung liefert Dörner/Schäffer in diesem Band. Eine Integration beider Strategien muss aufgrund dieser Aufteilung und auch aus Platzgründen unterbleiben.

1 Lernen im Erwachsenenalter

Die Eigenständigkeit der Erwachsenen-/Weiterbildung als Teilgebiet der Erziehungswissenschaft lässt sich u.a. damit begründen, dass die Bildung Erwachsener unter anderen Voraussetzungen und Umständen geschieht als die Bildung von Kindern und Jugendlichen (vgl. Schulenberg 1972). Die eigenständige Organisation erwachsenenpädagogischer Bildungsprozesse wird in separaten Beiträgen in diesem Band behandelt (vgl. die Beiträge von Siebert und Nuissl). Zu fragen ist, ob sich die kognitiven Voraussetzungen Erwachsener zum Lernen, ihre Bildsamkeit, von denen bei Kindern und Jugendlichen unterscheiden. Dabei geht es auch um die Frage der Veränderung der Intelligenz über die Lebensspanne. Spätestens seit der Mitte des vergangenen Jahrhunderts wurde diese Frage diskutiert und lange Zeit war die sog. Adoleszenz-Maximum-

Hypothese (Löwe 1970; Lehr 2000, S. 50) populär, die einen engen Zusammenhang zwischen geistigen und körperlichen Abbauerscheinungen postuliert. Danach nimmt die geistige Leistungsfähigkeit der Menschen bis ins dritte Lebensjahrzehnt enorm zu, verändert sich dann bis zum fünften Lebensjahrzehnt nur geringfügig und fällt dann deutlich ab (eine kritische Darstellung liefert Lehr 2000, S. 50).

Bereits früh kamen Zweifel an der Stichhaltigkeit dieser Hypothese auf. So zeigten die verschiedenen Untertests der Bellevue-Wechsler-Intelligenzskala eine unterschiedliche Altersbeständigkeit: während Befunde zum allgemeinen Wissen, dem Wortschatz oder dem Bildergänzen eher konstant blieben, fand man Veränderungen im Sinne der o.g. Hypothese beim rechnerischen Denken, dem Zahlensymbol- oder dem Mosaiktest. Testergebnisse aus verschiedenen Studien, in denen Intelligenztests verwendet wurden, welche auf einem Zwei-Komponenten-Modell beruhen (Cattell/Weiß 1971), machen dies ebenfalls deutlich. Baltes et al. (1998) sprechen in diesem Zusammenhang von den Komponenten der Mechanik und Pragmatik. Erstere bezieht sich auf die Geschwindigkeit, Genauigkeit und Koordination kognitiver Prozesse, Letztere auf wissensbasierte intellektuelle Leistungen (vgl. Lindenberger 2000, S. 136). Während die Wahrnehmungsgeschwindigkeit im hohen Alter (70-103 Jahre) stärker mit körperlichen Merkmalen wie Sehschärfe oder Hörschwelle korreliert, hängt Wissen stärker mit Bildung, sozialer Schicht oder Einkommen zusammen (vgl. Lindenberger 2002, S. 363). Es kann also insgesamt nicht von einem generellen Rückgang der kognitiven Leistungsfähigkeit im Alter ausgegangen werden. Auch hier steht die Entwicklung der Bildung im höheren Alter im Zusammenhang mit der Bildungsbiographie.

Ebenfalls früh stellte sich heraus, dass die Altersunterschiede in den Testleistungen stark zurückgehen, wenn man die Dauer des Schulbesuchs kontrolliert (vgl. Lehr 2000, S.51f.). Das bedeutet, dass Querschnittuntersuchungen wie diejenigen, welche zur Prüfung der Adoleszenz-Maximum-Hypothese herangezogen wurden, keine ausreichend strenge Prüfung der Hypothese erlauben, da die zum Zeitpunkt der Untersuchung älteren Personen (ältere Kohorten) als Jugendliche eine ganz andere bildungsbezogene Sozialisation erfahren haben als die zum Zeitpunkt der Untersuchung jüngeren (jüngere Kohorten). Kohorten- und Alterseffekte überlagern sich derart, dass Veränderungen der geistigen Leistungsfähigkeit im Alter ohne deren Kontrolle im Rahmen von Längsschnittstudien nicht ausreichend geprüft werden können. Wegweisend war hier die Seattle-Längsschnittstudien von Schaie (1983b), bei der er mit Hilfe dreier Sequenzmodelle versuchte, Alters-, Perioden- und Kohorteneffekte, die aufgrund linearer Abhängigkeiten stets konfundiert sind, voneinander zu trennen. Zur Veranschaulichung des Grundgedankens dient die folgende Abb. 1 (vgl. Schaie 1983a, S. 9).

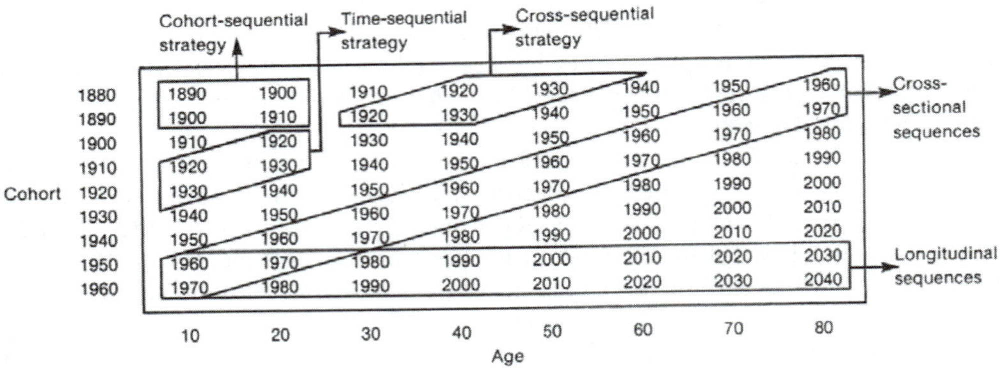

Abb. 1: Sequenzmodelle der Seattle-Längsschnittstudien nach Schaie (1983a, S. 9).

Im Kohortensequenzmodell werden zwei oder mehr Kohorten zu verschiedenen Zeitpunkten, an denen sie gleich alt sind, analysiert. In diesem Modell ist es aber nicht möglich, Periodeneffekte zu identifizieren, da die Kohorten zu jedem Messzeitpunkt unterschiedlich alt sind. Im Periodensequenzmodell werden Querschnitte von zwei oder mehr Altersgruppen zu mindestens zwei Erhebungsperioden gebildet. So lassen sich Alters- wie auch Periodeneffekte bestimmen, aber keine Kohorteneffekte. Im Quersequenzmodell werden analog dazu unterschiedliche Kohorten zu denselben Perioden beobachtet (vgl. ausführlicher Schaie 1983a; Eye 2006, S. 174). Es zeigten sich durchschnittlich niedrige bis mittlere Kohorteneffekte. Vor allem bei den älteren Kohorten waren Steigerungen zu beobachten, die aber bei einzelnen Dimensionen der gemessenen Intelligenz unterschiedlich ausfielen, zum Teil sogar negativ waren (vgl. Schaie 1983b, S. 90ff.). Auch zeigten sich im Vergleich gleicher Geburtsjahrgänge, bei dem der Einfluss gesellschaftlichen Wandels statistisch kontrolliert wurde, von Längsschnittstudien abweichende Ergebnisse insofern, dass dort bei Kontrolle derselben Effekte ein leichter Abfall der kognitiven Leistungsfähigkeit gefunden wurde (vgl. Lindenberger 2000, S. 140). Zurückgeführt wurde das auf Übungseffekte bzw. Stichprobenausfälle, so dass festgestellt werden muss, dass diese nicht unbedingt „zu genaueren Schätzungen der durchschnittlichen Größe von Entwicklungsveränderungen in der Population (führen) als Untersuchungen mit querschnittlichen Erhebungsplänen" (Lindenberger 2000, S. 140).

Sowohl die Befunde zur Dimensionalität kognitiver Leistungsfähigkeit als auch zu deren zeit- und kohortenabhängigen Veränderung weisen darauf hin, dass deren Entwicklung über die Lebensspanne sehr stark beeinflussbar ist und damit auch trainierbar. Übt man z.B. mit alten und jungen Erwachsenen Erinnerungstechniken ein, dann lassen sich bei alten Menschen „erstaunliche Steigerungen ihrer Gedächtnisleistungen erreichen" (Staudinger/Schindler 2002, S. 963), die allerdings nicht an das Potential jüngerer Erwachsener heranreichen.

Wie die Ausführungen in diesem Abschnitt zeigen, profitiert die quantitativ orientierte Erwachsenenbildungsforschung von der methodisch orientierten Grundlagenforschung. Einerseits, indem sie auf differenziertere theoretische Modelle und die darauf aufbauenden Tests zurückgreifen kann, andererseits indem sie sich komplexerer Designs und Auswertungstechniken bedient. Die Befunde sind nicht nur für eine Professionalisierung der Disziplin bedeutsam, sondern auch für didaktisches Handeln im Bildungsprozess Erwachsener.

2 Selbstgesteuertes Lernen

Mit der Etablierung des Lebenslangen Lernens ist ein Paradigmenwechsel verbunden: Die Bedeutung des informellen Lernens, das außerhalb von fremd-organisierten Lernarrangements stattfindet, wird betont (vgl. Dohmen 1996). Informelles Lernen stellt die Eigenständigkeit und Eigenverantwortlichkeit der Lernenden selbst in den Vordergrund. Zentral ist dort die Fähigkeit einer Person zu Selbstgesteuertem Lernen (vgl. Siebert 2001; Nuissl 2002). Zwar gibt es keine einheitliche Definition Selbstgesteuerten Lernens, jedoch können Selbstbestimmung, Eigenverantwortlichkeit, eigener Antrieb und selbst gewählte Zielsetzungen als zentrale Dimensionen angesehen werden (vgl. Kraft 2002). Straka (2001) formuliert ein Modell, das mit den hier genannten Bestimmungsstücken korrespondiert und das vier Dimensionen Selbstgesteuerten Lernens unterscheidet: Lernstrategien, Lernkontrolle, Interesse und Emotionen. Kennzeichnend für quantitative Forschungsstrategien ist die empirische Prüfung der Gültigkeit theoretisch postulierter Modelle. Dabei wird gefragt, ob sich die einzelnen Dimensionen des Modells reliabel messen lassen und ob sich die Beziehung der Dimensionen untereinander empirisch genau so darstellt, wie das theoretisch postuliert wird.

Eine zentrale Dimension Selbstgesteuerten Lernens sind Lernstrategien, die selbst wiederum ein wichtiges Element der Selbstbestimmungstheorie der Motivation darstellen (vgl. Deci/Ryan 1993). Lernstrategien sind z.B. Wiederholen, Elaborieren, oder Organisieren (vgl. Renkl 2002). Wild und Schiefele haben 1994 auf der Basis englischsprachiger Instrumente einen ‚Fragebogen zur Erfassung von kognitiven Lernstrategien im Studium‘ (LIST) erarbeitet, in dem sie insgesamt 11 Strategien voneinander unterscheiden. Jede Strategie wird mit Hilfe verschiedener Fragen (Items) erhoben, die sich zu einer Skala zusammenfassen lassen. Ein wichtiges Gütekriterium für die Skalen ist die Genauigkeit (Reliabilität), mit der der Fragebogen das Merkmal misst, das er zu messen vorgibt. Es existieren verschiedene Methoden, diese Genauigkeit abzuschätzen (vgl. Bühner 2006). Gängig ist eine Schätzung der Reliabilität mit Hilfe des Koeffizienten Cronbach's α, der den Zusammenhang zwischen den einzelnen Items und der Gesamtskala ausdrückt. Im Verständnis der Klassischen Testtheorie ist die Reliabilität eine Maß für die Korrelation einer Skala mit sich selbst. Da keine andere Variable höher mit einem Test korrelieren kann als er selbst, ist die Wurzel aus der Reliabilität der Maximalwert für eine Korrelation der Skala mit einem anderen Merkmal. Oder anders gewendet: Wenn man mit einem Fragebogen keine gute Reliabilität erreicht, findet man keine Zusammenhänge zu anderen Merkmalen, weil die Qualität der Messung zu schlecht ist. Unter Rückgriff auf die Standardnormalverteilung dient der Reliabilitätskoeffizient darüber hinaus dazu, Vertrauensintervalle für einen ‚wahren‘ Wert zu berechnen. Wild und Schiefele (1994) berichten für die Skalen des LIST Reliabilitätskoeffizienten zwischen 0,9 (Konzentration) und 0,71 (Lernumgebung). Wie eine Zusammenfassung weiterer Studien zu diesem Fragebogen zeigt (vgl. Boerner u.a. 2005), kamen weitere Studien ebenso wie die Autoren der Zusammenfassung zu ähnlichen Ergebnissen, so dass dieses Instrument als empfehlenswert angesehen werden kann.

Über die Reliabilität hinaus stellt sich die Frage nach der Validität eines Fragebogens, d.h. danach, ob dieser tatsächlich das misst, was er messen soll. Die Validität kann entweder extern (z.B. mit Hilfe von Außenkriterien) bestimmt werden oder intern, indem man theoretische Postulate über die Zusammenhänge der Skalen aufstellt und dann z.B. mit Hilfe von Faktorenanalysen prüft, ob sich diese durch die Daten abbilden lassen (Konstruktvalidität). Wild und Schiefele (1994) führen getrennte Faktorenanalysen durch und zeigen, dass sich die Skalen auf drei übergeordnete Strategien (kognitive, ressourcenbezogene und metakognitive) reduzieren lassen. Boerner u.a.

(2005) kritisieren diese Vorgehensweise und berechnen eine Faktorenanalyse auf der Grundlage aller Items. Sie können dabei 10 der 11 Skalen des LIST (Ausnahme: Wiederholen) replizieren, erhalten aber auf der übergeordneten Ebene leicht abweichende Befunde. In ihrer drei-faktoriellen Lösung ergibt sich eine andere Verteilung der Skalen als diejenige, die von den Befunden von Wild und Schiefele her zu erwarten gewesen wäre (S. 23f.). Da die Autoren allerdings ausschließlich berufstätige Studierende befragt haben, da sie ergänzende Fragen formulierten (S. 18) und in Zwischenschritten ihrer Auswertung einige Items eliminierten (S. 22) bleibt unklar, wie weit die ermittelten Abweichungen auf methodische Unterschiede zurückzuführen sind.

In der Studie von Straka (2001) wurde nun ein Modell des Selbstgesteuerten Lernens berechnet, das davon ausgeht, dass Interessen und Emotionen eng miteinander zusammenhängen, da eine Bewertung von Gegenständen des Interesses immer auch gefühlsbezogene Beziehungen zum Ausdruck bringt (vgl. Krapp 1993). Entsprechendes gilt für die Beziehung zwischen Interesse und Lernstrategien, da nach der Selbstbestimmungstheorie der Motivation zu erwarten ist, dass „interessengeleitetes Verhalten mit individuellem Erleben von Autonomie, Kompetenz und sozialer Einbindung in Beziehung steht“ (Straka 2001, S. 42). Für die anderen Beziehungen wurden keine bzw. geringe Korrelationen angenommen. Mit Hilfe von Strukturgleichungsmodellen zeigt Straka die Gültigkeit seiner Annahmen (2001, S. 41) und belegt zudem einen Zusammenhang zu Arbeitsplatzbedingungen, die einer Selbstbestimmung förderlich sind. Er entwickelt darauf aufbauend ein Lehrsystem, dessen Eignung er dann mit Hilfe eines Kontrollgruppenexperiments aufzeigt.

Die angeführten Beispiele verdeutlichen die Möglichkeiten der quantitativ orientierten Erwachsenenbildungsforschung, Aussagen über die Genauigkeit ihrer Erhebungen zu machen und damit eventuelle (Mess-)Fehler abzuschätzen. Dabei zeigte sich auch, wie der soziale Prozess des Erkenntnisgewinns mit Hilfe von Replikationsstudien umgesetzt wird und welche praktische Bedeutung aus einer wissenschaftlichen Kooperation erwächst. Denn die Instrumentenentwicklung des einen kann von anderen genutzt werden, um die Gültigkeit theoretisch relevanter Verhaltensmodelle zu prüfen bzw. in praktisch orientierten Experimenten nutzbar zu machen.

3 Beteiligung an Weiterbildung

Gegenwärtig wird der Beteiligung an Bildung auf allen Ebenen nationaler Bildungssysteme eine hohe Bedeutung zugeschrieben. Dies gilt auch für die Weiterbildung. Erstrebenswert ist nicht nur eine hohe Teilnahmequote, sondern – mit Blick auf die Chancengleichheit – auch eine möglichst gleichförmige Verteilung auf relevante Bevölkerungsgruppen. In der empirischen Erwachsenen- bzw. Weiterbildungsforschung wird diesen Fragen bereits seit langem nachgegangen (vgl. Born 1991), unter anderem in der ‚klassischen‘ Studie von Strzelewicz u.a. (1966). Während dort aber noch nach dem Besuch „irgendwelcher Kurse“ nach der Schulzeit gefragt wurde (S. 122), beziehen sich heutige Studien auf einen bestimmten Referenzzeitraum, der in der Regel bis zu 12 Monate vor der Befragung zurück reicht. Es gibt aber auch Studien – wie z.B. das European Labor Force Survey –, die sich auf einen Referenzzeitraum von 4 Wochen beziehen (OECD 1999, S. 142), was den Vergleich der Befunde mit anderen Erhebungen erschwert (s.u.). Die Weiterbildungsbeteiligung lässt sich anhand von drei Indikatoren erheben:

- Der *Teilnahmequote* als dem Anteil an Personen, die innerhalb des gewählten Referenzzeitraums an einer oder mehreren Weiterbildungsveranstaltungen teilgenommen haben,
- den *Teilnahmefällen* (Belegungen) als der Zahl der von einer Person innerhalb des Referenzzeitraums besuchten Veranstaltungen und der
- *Teilnahmedauer* als der Gesamtdauer der im Referenzzeitraum besuchten Veranstaltungen.

Die Indikatoren gehen implizit von einem Weiterbildungsverständnis aus, das der Definition des Deutschen Bildungsrats entspricht, der unter Weiterbildung die „Fortsetzung oder Wiederaufnahme organisierten Lernens nach Abschluss einer unterschiedlich ausgedehnten ersten Bildungsphase" versteht (1970, S. 197). Seit der Etablierung der Konzeption des Lebenslangen Lernens (vgl. Dohmen 1996) erhält das informelle Lernen zunehmend Bedeutung, so dass die Fragen, die sich auf die genannten Indikatoren beziehen, überarbeitet oder ergänzt werden müssen. In den Erhebungswellen des Berichtssystems Weiterbildung (BSW), das in dreijährigem Abstand seit 1979 durchgeführt wird, werden seit 1994 Fragen zum informellen Lernen gestellt (vgl. Kuwan u.a. 2006, S. 10). Aus Platzgründen soll aber hier nicht weiter darauf eingegangen werden (vgl. Ioannidou 2006; Gnahs in diesem Band).

Aufgrund der im Kern gleich bleibenden Konzeption können die Befunde des BSW Auskunft über die zeitliche Entwicklung der Weiterbildungsbeteiligung geben. So ist die Teilnahmequote an Weiterbildung insgesamt von 23% im Jahr 1979 auf 41% im Jahr 2003 gestiegen, allerdings nicht kontinuierlich. Ihren Höhepunkt erreichte sie 1997 mit 48%. Jeweils deutlich mehr als die Hälfte der Weiterbildungsteilnehmer nahm dabei lediglich an einer Veranstaltung teil. Darüber hinaus lassen sich die Daten im Hinblick auf Unterschiede bei Subgruppen analysieren. Bereits Strzelewicz u.a. (1966, S. 126) weisen darauf hin, dass eine „weiterführende Schulbildung generell und weit ins Leben hinein eine stimulierende Wirkung behält", was die Teilnahme an Weiterbildung angeht. So gaben in ihrer Studie 61% der Personen mit Abitur an, an Weiterbildungsveranstaltungen teilgenommen zu haben; 73% der Volksschulabsolventen dagegen verneinten dies. Im BSW lässt sich der Zusammenhang zwischen Schulbildung und Weiterbildungsteilnahme im Zeitverlauf darstellen, was in der folgenden Grafik exemplarisch für die Berufliche Weiterbildung geschieht. Unterschieden wird zwischen niedriger (höchstens Hauptschulabschluss), mittlerer (Mittlere Reife, POS 10. Klasse) und hoher Schulbildung (Abitur).

Die obere Grafik in Abb. 2 zeigt das Verhältnis von Weiterbildungsteilnehmern zu Nicht-Teilnehmern (Odds) der letzten fünf Erhebungswellen des BSW für die drei genannten Stufen der Schulbildung. Es wird deutlich, dass die Verhältnisse cum grano salis über die Jahre leicht gestiegen sind, die Unterschiede zwischen den Personengruppen dagegen blieben gleich. Da die Daten der BSW-Erhebungen über das Zentralarchiv für empirische Sozialforschung in Köln (vgl. http://www.gesis.org/ZA/index.htm) für Sekundäranalysen zur Verfügung gestellt werden, lässt sich dies mit Hilfe eigener Berechnungen statistisch absichern[1]. Eine vom Autor durchgeführte Analyse der Daten ab 1991 zeigte z.B., dass ein (Logit-)Modell, das annimmt, dass bei Personen mit mittlerer Schulbildung das Verhältnis von Teilnehmern zu Nicht-Teilnehmern 2,5 mal so hoch sei wie bei Personen mit niedriger Schulbildung und bei Personen mit hoher Schulbildung 1,3 mal so hoch wie bei Personen mit mittlerer (untere Grafik), die beobachteten Häufigkeiten ausreichend gut beschreibt. (χ^2=11,47, df=9, p=0,25). Es ergibt sich also, dass die Chance einer Weiterbildungsteilnahme mit der Höhe der schulischen Qualifikation steigt.

1 Entsprechenden Sekundäranalysen wurden im Rahmen eines Projekts durchgeführt, das vom Rat für Sozial- und Wirtschaftsdaten unterstützt wurde (vgl. http://www.ratswd.de/download/expertisen2006/Eckert-Schmidt_Abstract.pdf).

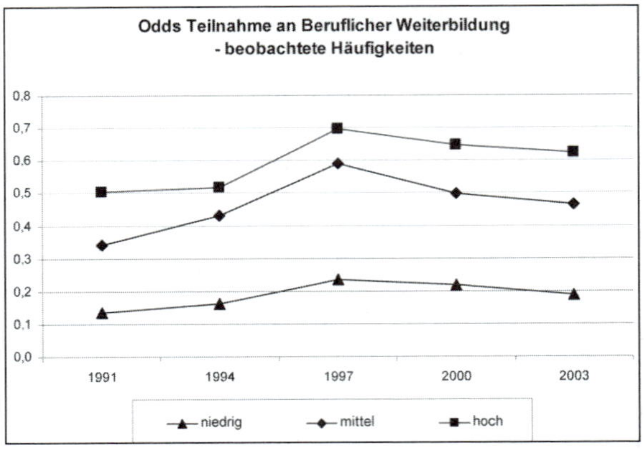

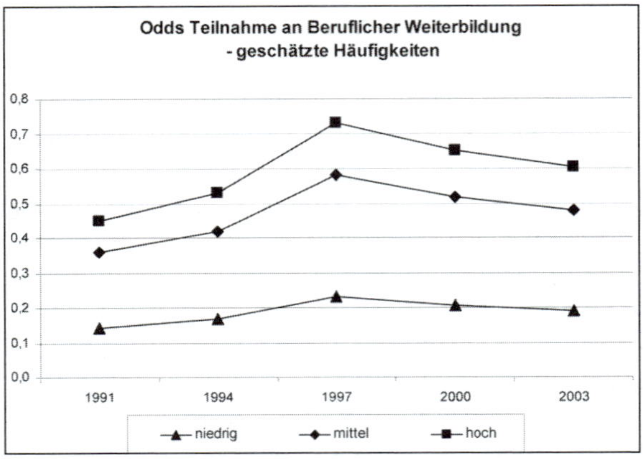

Abb. 2: Teilnahme an Beruflicher Weiterbildung nach Schulbildung (Quelle: Kuwan u.a., 2006. S. 105)

Dabei ist der Unterschied zwischen niedriger und mittlerer Schulbildung etwa doppelt so hoch wie der zwischen mittlerer und hoher. In diesem Zusammenhang wird oft einprägsam vom Matthäus-Effekt (vgl. Merton 1968)[2] gesprochen. Interessant dabei ist, dass sich das Modell nur unwesentlich verbessern lässt, wenn man annimmt, dass sich die Verhältnisse über die Jahre verändern würden. Mit anderen Worten: an der ungleichen Weiterbildungsteilnahme bei Personen mit unterschiedlicher schulischer Ausbildung hat sich zumindest in den vergangenen 20 Jahren nichts geändert. Der Matthäus-Effekt ist gleich geblieben.

Quantitative Analysen der Weiterbildungsteilnahme orientieren sich oft an der Humankapitaltheorie (vgl. Becker/Hecken 2005). Danach ist die Entscheidung für eine Teilnahme an Weiterbildung das Ergebnis einer rationalen Entscheidung, bei der sich die Teilnahme als Investition betrachten lässt, von der eine bestimmte Rendite erwartet werden darf. Düll und Bellmann (1998, 1999) zeigen, dass dabei ein doppelter Selektionsmechanismus wirksam ist: Zum einen sind Personen mit niedriger Schulbildung weniger motiviert, sich selbst um Weiterbildung zu kümmern (Selbstselektion), zum anderen aber ist es für Arbeitgeber weniger attraktiv, in deren Weiterbildung zu investieren, da die Renditechancen geringer sind (Fremdselektion). Biographisch gewendet führt dies zu einer Benachteiligungsspirale im Sinne des beschriebenen Effekts. Dennoch zeigt sich, dass sich die Weiterbildungsteilnahme nicht allein durch rationale, auf ‚Gesetze des Weiterbildungsmarktes bezogene Kalküle erklären lässt (vgl. OECD 1999, S. 137). Die Selbstselektion könnte z.B. auch Folge von Sozialisationseffekten sein, wenn man davon ausgeht, dass frühe Erfahrungen im Zusammenhang mit Bildung und Lernen eine größere Auswirkung auf die Lernmotivation haben als spätere. Dies würde unter anderem bedeuten, dass sich Kohorteneffekte identifizieren lassen, die die Entscheidung für eine Weiterbildungsteilnahme beeinflussen. Auch hierzu lassen sich Sekundäranalysen auf der Basis des BSW durchführen (vgl. Eckert 2007, 2008). In der folgenden Abbildung sind die Befunde einer Analyse nach dem Alter-Periode-Kohorten-Design (A-P-K) (vgl. Fienberg/Mason

2 „Denn wer da hat, dem wird gegeben werden, dass er Fülle habe; wer aber nicht hat, von dem wird auch genommen, was er hat" Mt 25,29

1979) zusammengefasst. Darin wird der Einfluss des Lebensalters, des Erhebungszeitpunkts (Periode) und der Kohorte (Alter zu einem bestimmten Erhebungszeitpunkt) auf die Teilnahme an Beruflicher Weiterbildung untersucht (vgl. Eckert 2008, S. 166).

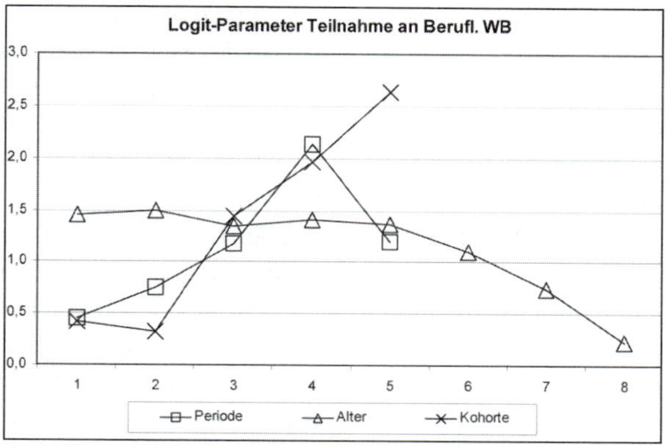

Abb. 3: Logit-Parameter des A-P-K-Modells zur Teilnahme an Beruflicher Weiterbildung (vgl. Eckert 2008, S. 166)

Ohne hier auf die Ergebnisse im Einzelnen eingehen zu können macht die Grafik deutlich, dass – wie aufgrund der Humankapitaltheorie zu erwarten – die Chance auf eine Teilnahme an Beruflicher Weiterbildung mit steigendem Lebensalter abnimmt. Es zeigen sich aber auch deutliche Sozialisationseffekte in der Form, dass Mitglieder jüngerer Kohorten eher an Beruflicher Weiterbildung partizipieren als die älterer. Dies dürfte durch die mit der Bildungsexpansion zusammenhängende längere Schulbildung jüngerer Kohorten (Matthäus-Effekt!) zu erklären sein und dadurch, dass seit den 1960er und 1970er Jahren vermehrt Lehrerinnen und Lehrer mit einer besseren pädagogischen Ausbildung eingestellt wurden. Interessant ist ferner, dass sich verstärkende Kohorteneffekte beobachten lassen, wenn man zusätzlich den Erwerbsstatus (erwerbstätig vs. nicht erwerbstätig) der Personen berücksichtigt. Der in Abb. 3 veranschaulichte Kohorteneffekt schwächt sich dann zwar leicht ab, hinzu kommt aber, dass bei den Erwerbstätigen – im Unterschied zu den Erwerbslosen – nahezu derselbe Effekt noch einmal auftritt. D.h. hier verdoppelt sich der Kohorteneffekt, während er bei Erwerbslosen durch den gegenläufigen Interaktionseffekt aufgehoben wird (vgl. Eckert 2008). Das zeigt, dass unterschiedliche Kohorteneffekte im Bezug auf den Erwerbsstatus einer Person existieren, welche sich auf die Beteiligung an Beruflicher Weiterbildung auswirken und dass somit differentielle Sozialisationseffekte wirksam sind.

Die hier exemplarisch dargestellten Befunde machen deutlich, wie sich im Rahmen der quantitativ orientierten Erwachsenenbildungsforschung der kumulative Effekt der Aus- und Weiterbildung aus verschiedener Perspektive beschreiben und so in seinem Zustandekommen, wie auch in seinen Wirkungen, immer differenzierter erklären lässt. Neben statistisch-methodischen Problemen muss dabei allerdings berücksichtigt werden, dass sich die ermittelten Beteiligungsquoten zwischen verschiedenen Studien teilweise stark unterscheiden können. Je nachdem, ob sie im Rahmen der amtlichen Statistik oder aus Personen- bzw. aus Betriebsbefragungen gewonnen wurden, ergeben sich zum Teil sehr unterschiedliche Befunde. Auch dann, wenn das Frageprogramm und der Referenzzeitraum vergleichbar sind. Seidel (2006, S. 48) vergleicht z.B. die Teilnahmequoten an beruflicher Weiterbildung für Erwerbstätige. Sie stellt fest, dass im BSW 2003 über eine Teilnahmequote von 34% berichtet wurde, im Mikrozensus 2004 dagegen ist eine Quote von 15% angegeben, d.h. weniger als die Hälfte. Für Vollzeit-Berufstätige weicht die kleinste Zahl ebenfalls um mehr als die Hälfte von der größten ab. Dasselbe gilt auch für international vergleichende Studien: während die Europäische Kommission 2002 für Deutschland eine Teilnahmequote an Weiterbildung insgesamt von unter 10% ausweist (vgl. Europäische Kommission 2002, S. 47), berichtet das Eurobarometer 2006 über eine Teilnahmequote von 23% (vgl. Europäische Kommission 2006, S. 37), das BSW (2006, S. 19) nennt dagegen eine Quote von 41%. Das zeigt, dass noch ein erheblicher Abstimmungsbedarf notwendig ist, um die Erhebung von Indikatoren so abzustimmen, dass die Ergebnisse auf internationaler Ebene vergleichbar sind – dasselbe dürfte auch für die Stichprobenziehung gelten. Das Adult Education Survey, welches zum ersten Mal im Jahr 2007 durchgeführt wurde (vgl. Ioannidou, 2006), ist trotz aller Kompromisse das Ergebnis einer solchen Anstrengung. Das derzeit in Planung befindliche Programme for the International Assessment of Adult Competencies (PIAAC) dürfte ein weiteres Ergebnis davon sein (vgl. Gnahs 2007; Gnahs in diesem Band).

In einer Studie der OECD (1999) wurde versucht, die Befunde aus vier verschiedenen Befragungen zur Weiterbildungsbeteiligung, die von der OECD selbst und von Eurostat durchgeführt wurden, durch Harmonisierung der Parameter vergleichbar zu machen. Dabei wurden die Teilnahmequoten mit Hilfe einer z-Standardisierung auf eine einheitliche Skalierung gebracht und dann zusammengefasst. Obwohl diese Methode nicht unproblematisch ist, weil die Ergebnisse auch davon abhängen, welche Staaten an einer Studie überhaupt teilnehmen (vgl. Eckert 2002), ergeben sich vergleichbare Befunde, was die Rangfolge der Länder angeht. In der genannten Studie z.B. erreichte Deutschland den Rangplatz 16 (S. 142); derselbe Rangplatz wurde im Vergleich von Teilnahmequoten in Betrieben ermittelt (vgl. Sachverständigenrat Weiterbildung 2005, S. 4), in den Analysen des Eurobarometers ergab sich Rang 13 (vgl. Europäische Kommission 2006, S. 37). Bezieht man das Weiterbildungsvolumen in die Berechnungen mit ein, lassen sich deutliche Unterschiede in der Weiterbildungspolitik verschiedener Staaten erkennen: So ist z.B. in Finnland die Teilnahmequote an Weiterbildung am höchsten, aber die Teilnahmedauer eher durchschnittlich. Dänemark dagegen weist sowohl eine relativ hohe Teilnahmequote wie auch eine hohe Teilnahmedauer auf. In Deutschland ist die Teilnahmequote unterdurchschnittlich ausgeprägt, während der Indikator für die Teilnahmedauer leicht über dem Durchschnitt liegt und in Portugal z.B. liegen beide Indikatoren deutlich im negativen Bereich (OECD 1999 S. 145).

Insgesamt wird deutlich, dass die quantitativ orientierte Erwachsenenbildungsforschung umfangreiche und differenzierte Informationen liefern kann, um Bildungsplanung und -politik auf eine rationale Grundlage zu stellen. Mit Hilfe geeigneter Indikatoren lässt sich auf nationaler und internationaler Ebene prüfen, in wie weit politisch und gesellschaftlich gesetzte Ziele erreicht wurden bzw. an welchen Stellen eines nationalen Bildungssystems Veränderungsbedarf besteht. Dabei ist es der Forschung möglich, flexibel auf die Veränderung politischer Zielsetzungen einzugehen, andererseits wird dadurch eine vergleichbare Erhebung bedeutsamer Indikatoren über die Zeit unter Umständen erschwert. Problematisch in diesem Zusammenhang ist möglicherweise, dass die Finanzierung größerer, repräsentativer Studien über Ministerien oder ihnen angegliederte Institutionen abgewickelt wird. Allerdings kann man nicht so weit gehen, darin einen Grund für die teilweise großen Unterschiede in den ermittelten Teilnahmequoten zu sehen, denn die Datenerhebungen werden von unabhängigen Institutionen vorgenommen und zu Sekundäranalysen zur Verfügung gestellt, mit deren Hilfe – wie gezeigt – theoretisch relevante Analysen vorgenommen werden können. Unterschiedliche Befunde sind in den Sozialwissenschaften durchaus üblich und machen gerade deutlich, wie wichtig eine gegenseitige konstruktive Kritik ist, da nur so eine Verbesserung der Erhebungsmethoden (z.B. Stichprobenbildung) oder eine international vergleichbare Definition relevanter Indikatoren erreicht werden kann.

4 Weiterbildungserträge

Die hohe Bedeutung, die der Weiterbildung und dem Lebenslangen Lernen zugeschrieben wird, legt es nahe, nach Nutzen und Erträgen zu fragen, die von einer Teilnahme zu erwarten sind. Nun beteiligen sich aber – wie gesehen – Personen mit unterschiedlicher Schulbildung unterschiedlich stark an Weiterbildungsmaßnahmen, was als Eingangsselektivität interpretiert werden kann. Somit können Wirkungen von Weiterbildung nur dann angemessen erfasst werden, wenn man diese Selektivität kontrolliert. Denn wenn die Teilnehmer an Weiterbildung im Durchschnitt leistungsfähiger sind als diejenigen, die nicht teilnehmen, dann könnte z.B. ein höheres Einkommen dieser Gruppe auch auf Unterschiede zurückzuführen sein, die *vor* der Weiterbildung bereits bestanden (vgl. Büchel/Pannenberg 2004, S. 75). Im Rahmen einer statistischen Auswertung lässt sich diese mit Hilfe geeigneter Gewichtungsfaktoren oder durch Auspartialisieren des Einflusses der Vorbildung kontrollieren.

Woran kann man nun den Ertrag von (Beruflicher) Weiterbildung festmachen? Nahe liegend sind aus individueller Sicht zunächst karrierebezogene Kriterien wie eine Gehaltssteigerung, eine höhere Position, mehr Verantwortung oder das Vermeiden von Arbeitslosigkeit (vgl. Büchel/Pannenberg 2004). In Anlehnung daran lassen sich auch aus betriebsbezogener Sicht entsprechende Kriterien definieren (vgl. Hofbauer 1981; Hofbauer/Dadzio 1987) oder auch aus Sicht der Arbeitsmarktpolitik (vgl. Hofbauer/Dadzio 1984; Wingens/Sackmann 2000). Fasst man die Steigerung der Bildungsbeteiligung ähnlich wie Baumert (1991) als Akt kognitiver Mobilisierung auf, können auf gesellschaftlicher Ebene ebenfalls Indikatoren für Weiterbildungserträge definiert werden, wie z.B. eine zunehmende Akzeptanz demokratisch relevanter Werte wie Toleranz oder gesellschaftlicher Beteiligung (vgl. Bynner/Schuller/Feinstein 2003; Feinstein u.a. 2003).

Welchen Einfluss die skizzierte Eingangsselektivität auf die gemessenen Erträge hat, zeigt eine Sekundäranalyse der Daten des Sozioökonomischen Panels von 1984 bis 2001 (vgl. Büchel/Pannenberg 2004). Als Indikator für den Ertrag einer Weiterbildungsteilnahme wurde hier u.a. das Brutto-Einkommen herangezogen. In einem ersten Schritt wurden die Durchschnittseinkommen von Personen mit absolvierter und mit nicht-absolvierter Weiterbildung verglichen. In einem zweiten Schritt wurden die Einkommensveränderungen von Absolventen vor und nach der Weiterbildungsteilnahme verglichen mit der mittleren Einkommensveränderung der anderen Gruppe. Ausgedrückt wurden die Ergebnisse in einem prozentualen Anstieg des Einkommens. Die folgende Tabelle fasst die Befunde beispielhaft für zwei Altersgruppen getrennt nach Geschlechtern zusammen (vgl. Büchel/Pannenberg, 2004, S. 111ff.).

Tabelle 1: Prozentuale Renditen einer Weiterbildungsteilnahme (nach Büchel/Pannenberg 2004, S. 111ff.)

	Vergleich des Einkommens		Vergleich von Einkommensdifferenzen	
	20-44 J.	45-64 J.	20-44 J.	45-64 J.
männl.	21%	32%	n.s.	8%
weibl.	29%	52%	6%	n.s.

Während der Vergleich der Einkommen zwar unterschiedliche, aber recht hohe Renditen einer Weiterbildungsteilnahme nahe legt, zeigt der Vergleich der Einkommensdifferenzen deutlich niedrigere Effekte an, die in zwei Fällen noch nicht einmal signifikant waren. Da bei der Berechnung von Einkommensveränderungen die Eingangsselektivität, die sich in der Höhe des Einkommens vor der Weiterbildungsteilnahme ausdrückt, mitberücksichtigt wird, ist die Verringerung der ermittelten Renditen erwartungsgemäß. In einem weiteren Schritt nehmen die Autoren eine mathematische Modellierung vor, bei der sie für jede Person, die an Weiterbildung teilgenommen hat, mit Hilfe linearer Gleichungssysteme (Regressionsschätzer), welche sich auf eine vergleichbare Gruppierung stützen, einen hypothetischen Ertrag errechnen, der sich ergeben hätte, wenn diese Person nicht an Weiterbildung teilgenommen hätte. Da die Daten längsschnittlich erhoben wurden, lassen sich diese Differenzen für den Zeitpunkt vor und nach dem Eintreten des Ereignisses ‚Teilnahme an Weiterbildung' bilden (vgl. Büchel/Pannenberg 2004, S. 87f.). Diese „Differenz in der Differenz" lässt sich nun in einem geeigneten Modell, in dem u.a. auch weitere Selektionseffekte rechnerisch konstant gehalten werden, kausalanalytisch betrachten. Dabei zeigt sich lediglich ein Vorteil von 4,5% bei den Jüngeren, die Renditen bei älteren Personen sind nicht signifikant. Eine Aufteilung nach Geschlecht unterbleibt (Büchel/Pannenberg 2004, S. 114). In weiteren Modellen, die die Autoren berechnen, werden zusätzlich noch die Teilnahmehäufigkeit und die Weiterbildungsdauer berücksichtigt. Es ergeben sich allerdings nur geringe Veränderungen. Methodisch interessant ist, dass die Autoren auch auf die subjektive Einschätzung des Ertrags von Weiterbildung eingehen. Für die in Tab. 1 aufgeführten Gruppen zeigt sich, dass zwischen 74% und 80% der befragten Absolventen äußern, die Weiterbildungsmaßnahme habe sich ein wenig oder sehr ausgezahlt (vgl. Büchel/Pannenberg 2004, S. 109). Subjektiv ergibt sich demnach ein deutlich höherer Ertrag als der, der sich analytisch auf eine Weiterbildungsteilnahme zurückführen lässt.

In dieser Studie werden zwar Weiterbildungshäufigkeit und -dauer berücksichtigt, aber es wird auf sie lediglich innerhalb eines Rechenmodells Bezug genommen und nicht explizit danach gefragt, ob z.B. das Einkommen mit jeder besuchten Weiterbildungsmaßnahme um einen bestimmten Betrag wächst. Die Frage nach möglichen linearen Effekten der Weiterbildungsteilnahme wurde u.a. in einem britischen Projekt untersucht (Wider Benefits of Learning), das sich für Merkmale des sozialen Zusammenhalts, aktiver Bürgerbeteiligung, aktivem Altern oder einer gesunden Lebensweise interessierte (vgl. Bynner/Schuller/Feinstein 2003; Feinstein u.a. 2003). Hier werden z.B. die Folgen einer Weiterbildungsteilnahme im Alter von 33 bis 42 Jahren untersucht. Gefragt wird danach, ob eine häufigere Weiterbildungsteilnahme die Chance erhöht, dass jemand in dieser Zeit das Rauchen aufgibt, weniger Alkohol trinkt, sich an Wahlen beteiligt oder sich stärker für Politik interessiert (vgl. Bynner/Schuller/Feinstein 2003, S. 353ff.) Ein ordinaler Zusammenhang im genannten Sinne, dass die Teilnahme an einer (weiteren) Weiterbildungsmaßnahme die Chance, das Rauchen aufzugeben, um jeweils denselben Betrag erhöht, konnte in sieben von 12 untersuchten Merkmalen festgestellt werden (vgl. Feinstein u.a. 2003, S. 36); vor allem hinsichtlich einer gesellschaftlichen Partizipation. Zwar waren die beobachteten Effekte klein, wenn man aber in Rechnung stellt, dass zum Teil mehr als 20 Veranstaltungen im angegebenen Zeitraum besucht wurden, dann ergibt sich auch unter praktischen Gesichtspunkten ein bedeutsamer Effekt. Weitere Berechnungen wurden mit gruppierten Teilnahmehäufigkeiten durchgeführt (keine Teilnahme, 1-2 Kurse, 3-10 sowie 11 und mehr). Hier zeigte sich zum einen, dass diese Linearitätsannahme weiter differenziert werden muss, da sich z.B. einige lineare Zusammenhänge bei einer hohen Zahl besuchter Kurse eher abschwächen (autoritäre Einstellungen), andere dagegen verstärken (Lebenszufriedenheit). Auch bei nichtlinearen Zusammenhängen hatte die Teilnahme an Weiterbildung durchaus ihre Bedeutung. Während z.B. der Besuch von 3 bis 10 Kursen die Chance erhöhte, dass jemand das Rauchen aufgibt, ergaben sich keine bedeutsamen Zusammenhänge für den Besuch von weniger oder mehr Kursen (vgl. Feinstein u.a. 2003, S. 38f.). Die Interpretation solcher Befunde ist schwer, weil unklar bleiben muss, ob die Aufgabe des Rauchens von der Weiterbildungsteilnahme abhängt oder umgekehrt. So z.B. ist die Annahme, dass eine häufige Teilnahme an Weiterbildung zu Depressionen führt, wesentlich weniger plausibel als die, dass depressive Personen Kurse zu einem entsprechenden Thema besuchen (vgl. Bynner/Schuller/Feinstein 2003, S. 256). Hier wäre also sowohl der Rückgriff auf Bildungsinhalte wichtig als auch auf Längsschnittdaten, mit deren Hilfe sich der zeitliche Zusammenhang zwischen Weiterbildungsteilnahme und entsprechenden Effekten näher beschreiben lässt.

Es zeigt sich, wie wichtig es ist, theoretisch bedeutsame Zusammenhänge in ein mathematisches Modell zu übersetzen, dessen Gültigkeit nicht nur empirisch geprüft werden kann, sondern das es auch erlaubt, einen Vergleich zu konkurrierenden Modellen anzustellen bzw. Effekte zu quantifizieren. Da theoretisch nicht immer klar ist, ob die Teilnahme an Weiterbildung als Ursache einer Verhaltensänderung aufgefasst werden kann oder als deren Folge, lassen sich hier nur durch komplexere Schätzmodelle Fortschritte erzielen, die allerdings meistens ein aufwändiges Design bei der Datenerhebung voraussetzen. Wie hier beispielhaft gezeigt, können solche Betrachtungsweisen zu Befunden führen, die sich deutlich von einer subjektiven Betrachtungsweise unterscheiden.

5 Schlussbetrachtungen und Ausblick

Insgesamt hat sich die Bedeutung der quantitativ orientierten Erwachsenenbildungsforschung auf unterschiedlichen Ebenen erwiesen: Auf bildungspolitischer Ebene liefert sie relevante und auch international vergleichbare Indikatoren, mit deren Hilfe es möglich ist, eine rationale Diskussion darüber zu führen, ob und in wie weit die von einer nationalen Bildungspolitik gesetzten Ziele erreicht wurden. Auf handlungsbezogener Ebene kann mit Hilfe entsprechender Experimente und Erhebungsverfahren der Erfolg neuer didaktischer Konzepte oder Verfahrensweisen belegt werden. Da Instrumente der quantitativ orientierten Erwachsenenbildungsforschung anderen Personen leicht zur Verfügung gestellt werden können und dabei die Qualität der Verfahren angegeben und sichergestellt werden kann, ist eine Kooperation unter den Wissenschaftlern einfach. Schließlich unterstützt dieser Forschungsstrang auch die Professionalisierung der Erwachsenen- bzw. Weiterbildung, da die eigene Qualität des Lernens Erwachsener belegt werden kann. Auffällig ist allerdings, dass nur relativ wenige quantitativ ausgerichtete Studien auf komplexere, multivariate Analyseverfahren zurückgreifen. Eine gleichzeitige Betrachtung interaktionaler, organisatorischer und struktureller Perspektiven im Rahmen von Mehrebenenanalysen wäre auch in der Erwachsenenbildung sinnvoll, steht aber zumindest im deutschsprachigen Bereich noch aus. Blickt man auf die im Rahmen der quantitativ orientierten Erwachsenenbildungsforschung bearbeiteten Fragestellungen, findet man vor allem dann offene Fragen, wenn man nach Veränderungen in der wahrgenommenen Bedeutung von Bildung für die Personen selbst fragt bzw. nach schwer standardisierbaren Merkmalen (z.B. Deutungsmustern): Welche persönliche Bedeutung jemand der Teilnahme an Weiterbildung beimisst, warum Veranstaltungen abgebrochen werden, wie es jemand erreicht, von Weiterbildung zu profitieren, warum bestimmte Weiterbildungsträger bevorzugt werden oder gemieden usw.. Hier sind andere Forschungsstrategien wichtig, die aber nicht Gegenstand dieses Beitrags sind (vgl. hierzu den Beitrag von Dörner/Schäffer in diesem Band).

Die quantitativ orientierte Erwachsenenbildungsforschung profitiert in den letzten Jahren auch vom Boom der large-scale Assessments, den Studien wie TIMSS, PISA oder IGLU ausgelöst oder zumindest befördert haben. Aber auch die politischen Zielsetzungen auf europäischer Ebene haben unter anderem zur Entwicklung eines Indikatorenprogramms geführt das nur mit Mitteln der quantitativ orientierten Erwachsenenbildungforschung in vergleichbarer Weise europa- bzw. OECD-weit bewältigt werden kann. Die hierarchische Gliederung der Bildungssysteme und ihre sehr ausdifferenzierte Organisation bringt es allerdings mit sich, dass bereits innerhalb eines Staates große Unterschiede in den gesetzlichen, administrativen und förderungspolitischen Bedingungen der Weiterbildung bestehen. Ob es daher in jedem Falle sinnvoll ist, mit Hilfe überregionaler Erhebungsstandards die Vergleichbarkeit (und damit auch die Rangfolge) zwischen den teilnehmenden Staaten herzustellen und damit diese Unterschiede unberücksichtigt zu lassen, muss die Zukunft zeigen. Die Tendenz im Moment scheint in diese Richtung zu weisen (vgl. Kristen u.a. 2005). Wichtig wäre in jedem Fall, der Unterschiedlichkeit einzelner Länder und Regionen durch geeignete Einzelfallstudien oder durch regional beschränkte quantitative Erhebungen Rechnung zu tragen, die sich nicht an internationale Rahmenvorgaben halten müssen und eher der Tradition, den Eigenheiten und den Bestimmungen einer Region gerecht werden können.

Literatur

Adorno, T./Dahrendorf, R./Pilot, H./Albert, H./Habermas, J./Popper, K. (1980[8]): Der Positivismusstreit in der deutschen Soziologie. Neuwied: Luchterhand.

Baltes, P./Lindenberger, U./Staudinger, U. (1998[5]): Life-span theory in developmental psychology. In: Damon, W./ Lerner, R. (Hrsg.): Handbook of child psychology, Vol. I: Theoretical models of human development. New York: Wiley, S. 1029-1143.

Barz, H./Tippelt, R. (Hrsg.) (2004): Weiterbildung und soziale Milieus in Deutschland, Bd. 2. Bielefeld: Bertelsmann.

Baumert, J. (1991): Langfristige Auswirkungen der Bildungsexpansion. In: Unterrichtswissenschaft 19. S. 333-349.

Becker, R./Hecken, A. (2005): Berufliche Weiterbildung – arbeitsmarktsoziologische Perspektiven und empirische Befunde. In: Abraham, M./Hinz, T. (Hrsg.): Arbeitsmarktsoziologie. Wiesbaden: Sozialwissenschaftlicher Verlag, S. 133-168.

Blumer, H. (1980[5]): Der methodologische Standort des Symbolischen Interaktionismus. In: Arbeitsgruppe Bielefelder Soziologen (Hrsg.): Alltagswissen, Interaktion und gesellschaftliche Wirklichkeit. Opladen: Westdeutscher Verlag, S. 80-146.

Boerner, S./Seeber, G./Keller, H./Beinborn, P. (2005): Lernstrategien und Lernerfolg im Studium: Zur Validierung des LIST bei berufstätigen Studierenden. In: Zeitschrift für Entwicklungspsychologie und Pädagogische Psychologie 37, H. 1, S. 17-26.

Born, A. (1991): Geschichte der Erwachsenenbildungsforschung. Bad Heilbrunn: Klinkhardt.

Büchel, F./Pannenberg, M. (2004): Berufliche Weiterbildung in West- und Ostdeutschland. Teilnehmer, Struktur und individueller Ertrag. In: Zeitschrift für Arbeitsmarktforschung 37, H. 2, S. 73-126.

Bühner, M. (2006[2]): Einführung in die Test- und Fragebogenkonstruktion. München: Pearson.

Bynner, J./Schuller, T./Feinstein, L. (2003): Wider Benefits of Education: Skills, Higher Education and Civic Engagement. In: Zeitschrift für Pädagogik 49. H. 3, S. 341-361.

Cattell, R./Weiß, R. (1971): Grundintelligenztest CFT 3 Skala 3. Braunschweig: Westermann.

Deci, E./Ryan, R. (1993): Die Selbstbestimmungstheorie der Motivation und ihre Bedeutung für die Pädagogik. In: Zeitschrift für Pädagogik 39, H. 2. S. 223-238.

Deutscher Bildungsrat (1970[2]): Strukturplan für das Bildungswesen. Stuttgart: Klett.

Dohmen, G. (1996): Das lebenslange Lernen. Leitlinien einer modernen Bildungspolitik. Bonn: bmbw.

Düll, H./Bellmann, L. (1998): Betriebliche Weiterbildungsaktivitäten in West- und Ostdeutschland. In: Mitteilungen aus der Arbeitsmarkt- und Berufsforschung 31. S. 208-225.

Düll, H./Bellmann, L. (1999): Der unterschiedliche Zugang zur betrieblichen Weiterbildung nach Qualifikation und Berufsstatus. In: Mitteilungen aus der Arbeitsmarkt- und Berufsforschung, 32. S. 70-84.
Eckert, T. (2002): Konsequenzen aus internationalen Bildungsstatistischen Studien für eine regionenbezogene Bildungsforschung. In: Bildung und Erziehung 55, H. 1, S. 45-57.
Eckert, T. (2007): Weiterbildungsteilnahme unter biografischer, historischer und sozialisationstheoretischer Perspektive. In: Eckert, T. (Hrsg.): Übergänge im Bildungswesen. Münster: Waxmann, S. 251-264.
Eckert, T. (2008): Ausbildungsfähigkeit und Lebenslanges Lernen unter biographischer und sozialisationstheoretischer Perspektive. In: Schlemmer, E./Gerstberger, H. (Hrsg.): Ausbildungsfähigkeit im Spannungsfeld zwischen Wissenschaft, Politik und Praxis. Wiesbaden: VS Verlag für Sozialwissenschaften, S. 161-173.
Europäische Kommission (Hrsg.) (2002). Bericht über die Qualitätsindikatoren für das Lebenslange Lernen in Europa. Verfügbar unter: http://ec.europa.eu/education/policies/lll/life/report/quality/report_de.pdf (12.4.2007).
Europäische Kommission (Hrsg.) (2006): Europäische Beschäftigungs- und Sozialpolitik. Eurobarometer Spezial 261. Brüssel o.V. Verfügbar unter: http://ec.europa.eu/public_opinion/archives/ebs/ebs261_de.pdf (29.8.2007).
Eye, A. von (2006[3]): Forschungsmethoden. In: Oswald, W./Lehr, U./ Sieber, C./Kornhuber, J. (Hrsg.): Gerontologie. Stuttgart: Kohlhammer, S. 171-177.
Feinstein, L./Hammond, C./Woods, L./Preston, J./Gynner, J. (2003): The Contribution of Adult Learning to Health and Social Capital. Wider Befefits of Learning Report 8. Verfügbar unter: http://www.learningbenefits.net/Publications/ResReps/ResRep8.pdf (20.11.2007).
Fienberg, S.E./Mason, W.M. (1979). Identification and Estimation of Age-Period-Cohort Models in the Analysis of Discrete Archival Data. Sociological Methodology 10. S. 1-67.
Gnahs, D. (2007): Steuerungswissen durch international vergleichende Kompetenzmessung bei Erwachsenen. In: Eckert, T. (Hrsg.): Übergänge im Bildungswesen. Münster: Waxmann, S. 295-311.
Hofbauer, H. (1981): Untersuchungen des IAB über die Wirksamkeit der beruflichen Weiterbildung. In: Mitteilungen aus der Arbeitsmarkt- und Berufsforschung 14. S. 246-262.
Hofbauer, H./Dadzio, W. (1984): Berufliche Weiterbildung für Arbeitslose. In: Mitteilungen aus der Arbeitsmarkt- und Berufsforschung 17. S. 183-200.
Hofbauer, H./Dadzio, W. (1987): Mittelfristige Wirkungen beruflicher Weiterbildung. In: Mitteilungen aus der Arbeitsmarkt- und Berufsforschung 20. S. 129-141.
Ioannidou, A. (2006): Lebenslanges Lernen als bildungspolitisches Konzept und seine Bedeutung für die Bildungsberichterstattung auf europäischer Ebene. In: Feller, G. (Hrsg.): Weiterbildungsmonitoring ganz öffentlich. Bielefeld: Bertelsmann, S. 11-34.
Kraft, S. (2002): Wenn viele vom Gleichen sprechen ... – Annäherungen an die Thematik „selbstgesteuertes Lernen". In: Kraft, S. (Hrsg.): Selbstgesteuertes Lernen in der Weiterbildung. Hohengehren: Schneider, S. 16-30.
Krapp, A. (1993): Die Psychologie der Lernmotivation. Perspektiven der Forschung und Probleme ihrer pädagogischen Rezeption. In: Zeitschrift für Pädagogik 39, H. 2, S. 187-206.
Kristen, C./Römmer, A./Müller, W./Kalter, F. (2005): Längsschnittstudien für die Bildungsberichterstattung – Beispiele aus Europa und Nordamerika. Bonn: bmbf.
Kuwan, H./Bilger, F./Gnahs, D./Seidel, S. (2006): Berichtssystem Weiterbildung IX. Bonn: bmbf. Verfügbar unter: http://www.bmbf.de/pub/berichtssystem_weiterbildung_9.pdf (11.01.2007).
Lehr, U. (2000[9]): Psychologie des Alterns. Wiebelsheim: Quelle & Meyer.
Lindenberger, U. (2000): Intellektuelle Entwicklung über die Lebensspanne: Überblick und ausgewählte Forschungsbrennpunkte. In: Psychologische Rundschau 51, H. 3, S. 135-145.
Lindenberger, U. (2002[5]): Erwachsenenalter und Alter. In: Oerter, R./Montada, L. (Hrsg.): Entwicklungspsychologie. Weinheim: Beltz, S. 350-391.
Löwe, H. (1970): Einführung in die Lernpsychologie des Erwachsenenalters. Berlin: Deutscher Verlag des Wissens.
Merton, R.K. (1968): The Matthew effect in science. Science 159. S. 56-63.
Nuissl, E. (2002): Selbstgesteuertes Lernen in der Weiterbildung. In: Kraft, S. (Hrsg.): Selbstgesteuertes Lernen in der Weiterbildung. Hohengehren: Schneider, S. 9-15.
OECD (1999): Training of Adult Workers in OECD Countries: Measurement and Analysis. In: OECD Employment Outlook June 1999. Paris: OECD.
Popper, K.R. (1973): Kübelmodell und Scheinwerfermodell: zwei Theorien der Erkenntnis. In: Popper, K.R. (Hrsg.): Objektive Erkenntnis. Ein evolutionärer Entwurf. Hamburg: Hoffmann & Campe, S. 369-390.
Prim, R./Tilmann, H. (1997[7]): Grundlagen einer kritisch-rationalen Sozialwissenschaft. Wiesbaden: Quelle & Meyer.
Renkl, A. (2002): Lehren und Lernen. In: Tippelt, R. (Hrsg.): Handbuch Bildungsforschung. Opladen: Leske & Budrich, S. 589-602.
Sachverständigenrat Weiterbildung (2005): Abschlußbericht. Mainz. Verfügbar unter: http://www.mwwfk.rlp.de/downloads/empfehlungen.pdf (29.8.2007).

Saldern, M. von (1995): Zum Verhältnis von qualitativen und quantitativen Methoden. In: König, E./Zedler, P. (Hrsg.): Bilanz qualitativer Forschung, Bd. I: Grundlagen qualitativer Forschung. Weinheim: Deutscher Studien Verlag, S. 331-371.

Schaie, K. (1983a): What Can We Learn from the Longitudinal Study of Adult Psychological Development? In: Schaie, K. (Hrsg): Longitudinal Study of Adult Psychological Development. New York: The Guilford Press, S. 1-19.

Schaie, K. (1983b): The Seattle Longitudinal Study: A 21-Year Exploration of Psychometric Intelligence of Adulthood. In: Schaie, K. (Hrsg): Longitudinal Study of Adult Psychological Development. New York: The Guilford Press, S. 64-135.

Schlutz, E. (1991): Leitstudien der Erwachsenenbildung. In: Gieseke, W./Meueler, E./Nuissl, E. (Hrsg.): Empirische Forschung zur Bildung Erwachsener. Frankfurt: Deutsches Institut für Erwachsenenbildung, S. 39-55.

Schulenberg, W. (1972): Erwachsenenbildung als Beruf. In: Schulenberg, W. (Hrsg.): Zur Professionalisierung der Erwachsenenbildung. Braunschweig: Westermann, S. 7-23.

Seidel, S.(2006): Erhebungen zur Weiterbildung in Deutschland. Pfade durch den Statistikdschungel. In: Feller, G. (Hrsg.): Weiterbildungsmonitoring ganz öffentlich. Bielefeld: Bertelsmann, S. 35-63.

Siebert, H. (2001): Selbstgesteuertes Lernen und Lernberatung. Neuwied: Luchterhand.

Staudinger, U./Schindler, I. (2002[5]): Produktives Leben im Alter I: Aufgaben, Funktionen und Kompetenzen. In: Oerter, R./Montada, L. (Hrsg.): Entwicklungspsychologie. Weinheim: Beltz, S.955-982.

Straka, G. (2001): Selbstgesteuertes Lernen in der beruflichen Weiterbildung – ein Selbstläufer? In: Nuissl, E./Schiersmann, C./Siebert, H. (Hrsg.): Literatur- und Forschungsreport Weiterbildung 48. S. 37-50.

Strzelewicz, W./Raapke, H.-D./Schulenberg, W. (1966): Bildung und gesellschaftliches Bewußtsein. Stuttgart: Enke.

Wild, K.-P./Schiefele, U. (1994): Lernstrategien im Studium: Ergebnisse zur Faktorenstruktur und Reliabilität eines neuen Fragebogens. In: Zeitschrift für Differentielle und Diagnostische Psychologie 15. S. 185-200.

Wilson, T. (1982): Qualitative „oder" quantitative Methoden in der Sozialforschung. In: Kölner Zeitschrift für Soziologie und Sozialpsychologie, Jg. 34, S. 469-486.

Wingens, M./Sackmann, R. (2000): Evaluation AFG-finanzierter Weiterbildung. In: Mitteilungen aus der Arbeitsmarkt- und Berufsforschung 33. S. 39-53.

Dieter Gnahs

Berichts- und Informationssysteme zur Weiterbildung und zum Lernen Erwachsener

1 Bildungspolitische Trends und Datenbedarfe

Die nationale und internationale bildungspolitische Diskussion wird seit einigen Jahren in hohem Maße durch die Befunde empirischer Untersuchungen und statistischer Erhebungen geprägt. Eine solche Faktenorientierung hat es zuletzt in den siebziger und frühen achtziger Jahren des vorigen Jahrhunderts gegeben, als Bildungsplanung ein wichtiges Element der Bildungspolitik war und aktuelle Weichenstellungen sich an den erwarteten Entwicklungen bzw. an den Planvorgaben ausrichteten (vgl. Deutscher Bildungsrat 1970; BLK 1974; Hamacher 1976; Jüchter 1977; KMK 1979; Otto 1981).

Heute stehen allerdings weniger Planungsüberlegungen im Vordergrund, sondern der Gedanke mit dem Zahlenmaterial die Basis für Steuerungs- und Richtungsentscheidungen zu schaffen. Eine herausgehobene Bedeutung wird in diesem Zusammenhang dem internationalen Vergleich eingeräumt, der immer mehr auch von den supra- und internationalen Organisationen wie EU und OECD eingefordert wird. Benchmarkingprozesse mit anderen Staaten und damit auch mit anderen Bildungssystemen sollen spezifische Stärken und Schwächen des nationalen Systems aufdecken helfen und dadurch Anregungen und Impulse für Bildungsreformen liefern (vgl. z.B. Klös/Weiß 2003; Ioannidou 2006; Konsortium Bildungsberichterstattung 2006). Dies ist prototypisch durch die Ergebnisse der PISA-Erhebungen und ihre breite Erörterung in Deutschland geschehen.

Auch die Weiterbildung ist in diesem Zusammenhang ins Blickfeld geraten: Technologische Entwicklungen und Innovationsdruck, verschärfter internationaler Wettbewerb und globalisierte Märkte, wachsende Anforderungen im Alltagsleben sowie gehobene Ansprüche an die Entfaltung der eigenen Individualität verleihen diesem Sektor eine steigende Bedeutung. Im Zeichen dieser Herausforderungen steht der Weiterbildungsbereich unter Ausbaudruck bei gleichzeitig gewachsenen Qualitätsansprüchen. Eine solche Aufgabe kann nur gelöst werden, wenn sie systematisch und fundiert angegangen wird. Dies ist auch ein Hintergrund, vor dem die gewachsenen Informationswünsche über Weiterbildung erklärt werden können: Wer planen und gestalten will, braucht Daten, die Strukturen und Trends deutlich machen und so als Entscheidungsgrundlage dienen können.

Die Präsentation aktueller Daten zur Weiterbildung ist aus mehreren Gründen allerdings nicht unproblematisch. Die vorhandenen Informationsquellen sind untereinander oft gar nicht oder nur schwer vergleichbar. Nur in wenigen Fällen lassen sich die Daten aggregieren. Sie sind im Hinblick auf die zugrunde gelegten Definitionen (z.B. von Weiterbildung, von Teilnahme, von Veranstaltung), auf den räumlichen Einzugsbereich, auf den zeitlichen Bezug, auf die Erhebungstechnik und auf das Auswertungsverfahren nicht kompatibel. Über diese strukturellen Probleme hinaus ist die Erhebung von Weiterbildungsdaten mit grundsätzlichen Problemen konfrontiert: Schwierigkeiten bei der Erfassung (z.B. bei Weiterbildungsprozessen außerhalb des Bildungssystems oder beim selbstgesteuerten Lernen), Abgrenzung zwischen Weiterbildung und anderen Tätigkeiten sowie Bedeutungswandel der Weiterbildung.

2 Funktionen von Weiterbildungsdaten

Wissenschaftliche und statistische Erhebungen sind aufwendig und verursachen erhebliche Kosten. Dieser Aufwand ist nur gerechtfertigt, wenn der Nutzen, den sie stiften, größer ist als die Kosten, also ein Nettoertrag entsteht. Grundsätzlich kann festgestellt werden, dass systematisch, nach bestimmten Regeln gesammelte Daten subjektiven Eindrücken und Erfahrungen überlegen sind. Wahrnehmungsverzerrungen, selektive Beobachtungen und Zufälligkeiten können zumindest stark reduziert werden. Die Güte der Daten ist höher, und somit kann auch eine sichere Diagnose über Sachverhalte gestellt bzw. eine verlässlichere Prognose auf dieser Basis abgegeben werden.

Forschungs- und Statistikdaten liefern so für einzelne Einrichtungen und Betriebe, für Verbände und für die politischen Instanzen wichtige Grundlagen für die Entscheidungsbildung (vgl. Pehl 2007; S. 11-13):

- Sie ermöglichen Bestandsaufnahmen sowie Bilanzierungen und liefern so Zustandsbeschreibungen, die im Hinblick auf ihre mögliche Problemhaltigkeit bewertet werden können.
- Sie geben bei Zeitreihenvergleichen Aufschluss über Entwicklungen und Trends.
- Sie liefern somit die Grundlage für Prognosen, Projizierungen und Trends.
- Sie lassen sich zu Evaluierungszwecken einsetzen, wenn die erhobenen Ist-Werte mit den politischen Vorgaben und Zielgrößen konfrontiert werden.
- Sie bieten die Basis für Planungen und Projektierungen.

Die Gegenstandsbereiche solcher Erhebungen sind sehr vielfältig. Mit Blick z.B. auf die Weiterbildung lassen sich Daten zu den Inputfaktoren (Personal nach Zahl und Struktur, Räume, Ausstattung, Finanzen etc.), zu den Prozessfaktoren (Zahl und Struktur der Teilnehmenden, eingesetzte Methoden, eingesetzte Medien etc.) und zu den Output- bzw. Outcomefaktoren (Zahl der bestandenen Prüfungen, beruflicher Erfolg, Größe des Kenntniszuwachses etc.) gewinnen. Aus bildungspolitischem Blickwinkel besitzen Daten über soziale und regionale Disparitäten sowie über den Grad der Wirksamkeit von Weiterbildungsprozessen besonderen Stellenwert. Ebenso vielfältig wie die Gegenstandsbereiche sind die Funktionen und Verwendungssituationen von Weiterbildungsdaten.

2.1 Benchmarking

In den letzten Jahren hat sich eine Funktion von Statistik in den Vordergrund geschoben: das Benchmarking. Dabei geht es darum, aus dem Vergleich von Einrichtungen, Gruppen und Regionen Aufschluss über die jeweiligen Stärken und Schwächen zu gewinnen. Im nächsten Schritt soll der Benchmarkingprozess Anlass für Ursachenforschung sein, es geht um das Aufspüren der für die Unterschiede verantwortlichen Faktoren. Schließlich mündet das Benchmarking in Steuerungsüberlegungen, in das Konzipieren von Handlungsoptionen und -notwendigkeiten.

Derartige Benchmarkingprozesse sind methodisch sehr anspruchvoll, dies gilt besonders für internationale Vergleiche. Die methodischen Herausforderungen liegen vor allem in den folgenden Aspekten (vgl. auch Klös/Weiß 2003, S. 10):

- die theoretische Fundierung der Untersuchung mit der Explikation der vermuteten Wirkungszusammenhänge
- die Auswahl geeigneter und aussagekräftiger Indikatoren
- die sprachlich und inhaltlich vergleichbare Umsetzung der Itembildung
- die Einheitlichkeit der Erhebungsbedingungen.

2.2 Qualitätsentwicklung/Qualitätsmanagement

Einrichtungen, die einen Mindestanspruch an die Qualität ihrer Bildungsarbeit stellen, müssen diese evaluieren. Dabei geht es darum, die gesetzten Qualitätsstandards bzw. -zielsetzungen auf ihre Einhaltung hin zu überprüfen. So wird z.B. abzuklären sein, welchen Erfolg die Teilnehmerinnen und Teilnehmer bei externen Prüfungen erzielen oder in welchem Maße vormals arbeitslose Teilnehmende nach Abschluss der Weiterbildungsmaßnahme eine Beschäftigung gefunden haben.

Qualitätsmanagement und – als Teilaspekt davon – Evaluierung sind nur möglich, wenn entsprechendes Datenmaterial zur Verfügung steht. So sind vor allem Befragungen bei Teilnehmenden und Dozenten durchzuführen und Leistungskennziffern für die Einrichtung zu errechnen.

Einige Qualitätsmanagementverfahren sind sogar ausgesprochen kennzahlenorientiert. Zu nennen sind hier zum Beispiel das EFQM-Modell oder die Balanced Scorecard (Gehringer/Michel 2000; Wagner 2003). Bei beiden Verfahren werden die Zielvorstellungen der Einrichtung quantifiziert und über Indikatoren zum Ausdruck gebracht. Die kontinuierlich zu leistenden Evaluationen überprüfen dann, in welchem Grade die gesetzten Ziele auch tatsächlich erreicht worden sind.

2.3 Programmplanung

Wenn eine Weiterbildungseinrichtung oder eine Weiterbildungsorganisation mit Hilfe der Weiterbildungsstatistik ihre Arbeit bilanziert, so kann damit sowohl der Umfang als auch die Struktur des realisierten Angebots verdeutlicht werden. Damit wird so etwas wie eine quantitative Visitenkarte geliefert, die es Außenstehenden wie z.B. potentiellen Teilnehmern und Teilnehmerinnen, staatlichen und kommunalen Stellen sowie anderen Einrichtungen und Verbänden erlaubt, die so ausgewiesene Institution einzuschätzen.

Diese Bilanz ist für die Weiterbildungseinrichtungen aber auch noch in anderer Hinsicht bedeutsam: Sie liefert die Ausgangsbedingungen für die Planung des Bildungsangebots. Dabei können z.B. die folgenden Daten hilfreich sein:

- die Entwicklung der Themenstruktur im Zeitablauf in der eigenen Einrichtung,
- die Entwicklung der Themenstruktur im Zeitablauf in anderen Einrichtungen,

- die Teilnehmerstruktur in Veranstaltungen unterschiedlicher Themenbereiche,
- Zahl und Struktur jener Personen, die ein Angebot nachfragten, aber mangels freier Plätze wieder abgewiesen werden mussten, nach Themen,
- Angaben über die Zahl und die Zusammensetzung der Abbrecher/Abbrecherinnen nach Themen.

Neben diesen aus dem realisierten Angebot heraus entwickelten Trends und Tendenzen kann auch versucht werden, über Bedarfsuntersuchungen die Chancen für neue Angebote auszuloten. Dabei spielen vor allem Informationen über die Themenpräferenzstruktur von tatsächlichen und potentiellen Teilnehmern und Teilnehmerinnen eine Rolle, aber auch Angaben von potentiellen Nutzern der zu entwickelnden Kompetenzen wie Betrieben. Von hohem Interesse sind natürlich Daten über die realisierte Nachfrage bei Konkurrenzanbietern.

Bei der Ressourcenplanung geht es um jene Faktoren, die zur Bereitstellung eines Weiterbildungsangebots aufgeboten werden müssen: Räume, Finanzmittel, Personal. Die Erfassung dieser Faktoren erlaubt die Durchführung von Teilplanungen: Raumplanung, Finanzplanung, Personalplanung. So zeigt z.B. die Statistik der für Weiterbildungszwecke genutzten Räume auf, welche Kapazitäten zur Verfügung stehen und welche gegebenenfalls z.B. bei einer Ausdehnung des Angebots zusätzlich beschafft werden müssten. Die Qualität der Räume bzw. ihre Angemessenheit für bestimmte Weiterbildungsprozesse liefert ebenfalls Hinweise für einen entsprechenden Handlungsbedarf (z.B. Neubau, Renovierung, Umbau).

2.4 Monitoring

Im Besonderen die Gebietskörperschaften benötigen für ihre politische Entscheidungsbildung Grundinformationen über die jeweilige Weiterbildungslandschaft, um auf dieser Basis steuernd eingreifen zu können (z.B. durch Setzung von Rahmenbedingungen, Bereitstellung finanzieller Mittel etc.). Dieser Monitoringprozess setzt also voraus, dass zyklisch überprüft werden kann, ob die politischen Zielsetzungen erreicht worden sind bzw. in welchem Grade dies geschehen ist. Im Vordergrund stehen bei derartigen Entscheidungen soziale und regionale Disparitäten.

Existiert eine flächendeckende Weiterbildungsstatistik, so ist es möglich, regionale Versorgungslagen in Bezug auf die Weiterbildung abzuschätzen. Auf dieser Basis können dann zum Beispiel Standortentscheidungen im Hinblick auf den Ausbau eines bestehenden Weiterbildungsangebotes getroffen werden. Dabei gewinnt eine ausreichende statistische Information einen hohen Stellenwert bei der Durchsetzung einer regional ausgeglichenen Versorgung (vgl. Dobischat 1985; Weishaupt/Steinert 1991).

In ähnlicher Weise können Informationen genutzt werden, die die sozio-demographische Zusammensetzung der Teilnehmenden bzw. auch der Nichtteilnehmenden beschreiben (vgl. z.B. das Berichtssystem Weiterbildung Kuwan u.a. 2006). Die Teilnahmestrukturen zeigen auf, welche Gruppen über- oder unterrepräsentiert sind, und verweisen so auf die Problematik der sozialen Exklusion. Auch auf derartige Befunde können die steuernden Instanzen mit gezielten Maßnahmen (Bildungsmarketing, Förderprogramme etc.) reagieren.

3 Nutzerspezifische Datenbedarfe

Nicht jeder am Weiterbildungsgeschehen Beteiligte benötigt das volle Datenspektrum. Die jeweiligen Nutzanwendungen und Datenbedarfe sind, wie die folgende Übersicht zeigt, von Nutzer zu Nutzer sehr verschieden.

Übersicht 1: Informationsbedarfe bei unterschiedlichen Nutzern

Wer?	Wozu?	Was?
Weiterbildungsträger und Weiterbildungseinrichtungen	- Tätigkeitsnachweis - Effektivitätskontrolle/Wirkungsbeobachtung (Evaluation) - Qualitätskontrolle - Benchmarking - Angebotsplanung - Mittelanforderung/Haushaltsplanung - Personalplanung - Weiterbildungsberatung	- Teilnehmerdaten (Alter, Geschlecht usw.) - Daten über potentielle Nachfrage - Veranstaltungsdaten (Thema, Dauer usw.) - Standorte, Kapazitäten und Strukturen anderer Anbieter - Daten über die Wirkungen von Weiterbildungsmaßnahmen
tatsächliche und potentielle Teilnehmerinnen und Teilnehmer	- Orientierung, Auswahl - Entscheidungshilfe - Qualitätshinweise	- Veranstaltungen - Veranstaltungsorte und -bedingungen - Daten über die Wirkung von Weiterbildungsmaßnahmen
Betriebe	- Personalplanung - Qualifikationsbedarfsschätzungen - Planung der betrieblichen Weiterbildung	- Veranstaltungsdaten - Daten über die Effektivität von Maßnahmen
Lehrkräfte in der Weiterbildung bzw. potentielle Lehrkräfte (z.B. Studenten der Erwachsenenpädagogik)	- Wirkungsbeobachtungen/ Effektivitätskontrolle - Angebotsplanung - Orientierung für Fortbildung - Orientierung bei Berufsfindung	- Teilnehmerdaten - Daten über potentielle Nachfrage - Standorte, Kapazitäten und Strukturen von Weiterbildungsträgern - Daten über Lehrkräfte - Daten über Wirkungen von Weiterbildungsmaßnahmen
Staat, Kommunen, Parteien, Verbände	- Wirkungsbeobachtungen/ Effektivitätskontrolle von Gesetzen, Verordnungen usw. - Programmatik - Festlegung von Finanzierungs- und Förderungsregelungen - Operationalisierung von Gesetzen, Verordnungen usw. - Finanzplanung - Weiterbildungsberatung	- Daten über Weiterbildungsträger (Rechtsstatus, Standort usw.) - Veranstaltungsdaten - Teilnehmerdaten - Daten über potentielle Nachfrage - Daten über Lehrkräfte - Daten über Wirkungen von Weiterbildungsmaßnahmen - Daten über die Kosten von Weiterbildungsmaßnahmen
Wissenschaft	- Wissenserweiterung, Erkenntnisfortschritt - Politikberatung - Evaluation	- Teilnehmerdaten - Daten über potentielle Nachfrage - Veranstaltungsdaten - Veranstalter-, Trägerdaten - Daten über Lehrkräfte - Daten über Wirkungen von Weiterbildungsmaßnahmen - Daten über die Kosten von Weiterbildungsmaßnahmen

4 Geschichte der Weiterbildungsstatistik

In der Geschichte der Weiterbildungsstatistik spiegelt sich das Bemühen wider, die aufgezeigten Nutzanwendungen wirksam werden zu lassen. Die Bedeutung der Weiterbildungsstatistik war immer dann besonders groß, wenn sie zur Fundierung politischen Handelns und zur Planung von Bildungsprozessen herangezogen werden sollte.

1970 wird mit dem Strukturplan für das Bildungswesen des deutschen Bildungsrates ein, wie Tietgens sagt, repräsentatives Dokument vorgelegt, das eine weitgehend anerkannte neue Standortbestimmung der Weiterbildung vornimmt (vgl. Tietgens 1975, S. 16). Nach der Fixierung von Ziel und Funktion der Weiterbildung war der Bildungsrat bestrebt, die Ausgangssituation dieses Bereiches zu beschreiben, ein Unterfangen, das fehlschlug. Zusammenfassend wird im Strukturplan dazu festgestellt (vgl. Deutscher Bildungsrat 1970, S. 198): „Ein vollständiger Überblick über die Weiterbildung lässt sich nach dem derzeitigen Informationsstand nicht gewinnen. Über die gesamte Weiterbildung geben die vorhandenen Statistiken und Untersuchungen nur unzureichend Aufschluss". Die Datendefizite veranlassten den Bildungsrat zu der programmatischen Konsequenz, dass für den Bereich der Weiterbildung ein Informationsstand erforderlich sei, der dem anderer Bildungsbereiche mindestens entspreche.

Einen eher pragmatischen Weg ging die Bund-Länder-Kommission für Bildungsplanung. Bei den Beratungen zum Bildungsgesamtplan wurde man schon sehr früh mit dem unbefriedigenden Zustand der Weiterbildungsstatistik konfrontiert. Im 1973 verabschiedeten Bildungsgesamtplan wird eine bundesgesetzliche Regelung für den stufenweisen Aufbau einer Weiterbildungsstatistik gefordert. Es heißt dort dann weiter (BLK 1974, S. 65): „In die Erhebungen sollten die Weiterbildungsinstitutionen, die Veranstaltungsteilnehmer und die Gesamtbevölkerung einbezogen werden. (...) Die Erhebungen müssen sich vor allem auf die Trägergruppen, Veranstaltungen, Lehrinhalte, Abschlüsse, Lehrkräfte, Teilnehmer einschließlich Alter, Vorbildung und Berufsausübung (und Finanzierung) erstrecken".

Nachdem keine entscheidenden Verbesserungen der Datenlage bewirkt werden konnten, ergriff dann Mitte der 1970er Jahre die Kultusministerkonferenz die Initiative. Auf der Basis der in Bayern und Bremen gewonnenen Erfahrungen mit Länderstatistiken wurde ein bundeseinheitliches Minimalprogramm für Datenerhebungen im Bereich der außerberuflichen Weiterbildung entwickelt und beschlossen. Das KMK-Minimalprogramm umfasst ein komplettes Erhebungsinstrumentarium mit definitorischen Erläuterungen, Tabellenprogramm und Mustererhebungsbogen und empfiehlt den Ländern, diese Vereinbarung bei Datenerhebungen im Weiterbildungsbereich zu berücksichtigen (vgl. KMK 1979).

Zu Beginn der 1980er Jahre stand nach weiteren konzeptionellen und methodischen Vorarbeiten (vgl. Gnahs/Beiderwieden 1982) zwar ein brauchbares statistisches Instrumentarium bereit, doch der Einsatz erfolgte eher zurückhaltend. Zwischenzeitlich hatten sich die politischen Prioritätensetzungen verschoben. Auch der Gedanke der gesellschaftlichen Planung hatte an Attraktivität eingebüßt. Hinzu kam, dass mit der Wachstumskrise auch die öffentlichen Haushalte in Engpässe gerieten und durch Sparmaßnahmen, die natürlich auch den Weiterbildungsbereich betrafen, saniert werden sollten. Erst gegen Ende der 1980er Jahre erhielten weiterbildungsstatistische Überlegungen neue Schubkraft.

In dieser Phase wurde im Besonderen auf das Berichtssystem Weiterbildung zurückgegriffen, das sich als verlässliche und kontinuierlich zur Verfügung stehende Datenquelle für den Weiterbildungsbereich durchgesetzt hatte. Es basiert auf der Befragung einer repräsentativen Bevölkerungsstichprobe nach dem Weiterbildungsverhalten. Das Instrument ist nachfrageorientiert und erlaubt so z.B. keine Aussagen über Angebotsstrukturen und regionale Versorgungsgrade. Diese können allenfalls indirekt über die Entwicklung der nachfrageseitigen Angaben erschlossen werden. Das Berichtssystem wird seit 1979 im Drei-Jahres-Turnus durchgeführt und bezieht seit 1991 auch die neuen Länder mit ein (vgl. Kuwan u.a. 2006).

Für die lange Zeit statistisch vernachlässigte betriebliche Weiterbildung wurde Ende der 1980er und dann in den 1990er Jahren, eine Reihe von empirischen Untersuchungen durchgeführt. Die Erhebungen des Instituts der deutschen Wirtschaft (IW) (vgl. Weiß 1990) und des Bundesinstituts für Berufsbildung sowie des Instituts für Entwicklungsplanung und Strukturforschung (vgl. von Bardeleben u.a. 1990) erbrachten erste strukturelle Einblicke in diesen Sektor. Es folgten weitere Studien, von denen die erste Erhebung im europäischen Kontext, die sogenannte FORCE-Erhebung, besondere Erwähnung verdient, weil sie erstmals europaweite Vergleichsdaten zur betrieblichen Weiterbildung generierte (vgl. Schmidt 1995; Grünewald/ Moraal 1996). Die IW-Erhebung und auch die europäische Erhebung wurden auf Dauer gestellt und werden seitdem in mehrjährigem Abstand wiederholt.

Auch die Bundesländer unternahmen in dieser Zeit neue Anstrengungen zur Verbesserung der Datenlage. Etliche Bundesländer haben für die Weiterbildung in ihrem Zuständigkeitsbereich umfangreiche Bestandsaufnahmen durchgeführt und ermöglichten damit differenzierte Einblicke in die Weiterbildungslandschaft (z.B. Baden-Württemberg, Hamburg, Hessen, Niedersachsen). Derartige Berichte blieben aber Momentaufnahmen, weil sie nicht fortgeschrieben worden sind.

Der Informationsstand konnte auch dadurch verbessert werden, dass groß angelegte Mehrthemenerhebungen Fragen zur Weiterbildung einschlossen. Zu nennen sind hier vor allem das Sozioökonomische Panel (SOEP) und das IAB-Betriebspanel. Die Datenmenge zur Weiterbildung hat sich seit den 1990er Jahren deutlich erhöht, aber auch zusätzliche Probleme der Vergleichbarkeit erzeugt, die aus unterschiedlichen definitorischen Abgrenzungen und Erhebungsdesigns resultieren.

5 Datenquellen

Wer sich über die Weiterbildung in der Bundesrepublik informieren will, muss sich sein Bild mosaikartig zusammensetzen. Vor allem unterschiedliche gesetzliche Zuständigkeiten und Regelungen sowie die Pluralität der Träger finden ihre Entsprechung in einer zerklüfteten Weiterbildungsstatistik. Ein Weiterbildungsstatistikgesetz, wie in den siebziger Jahren gefordert, konnte aus den unterschiedlichsten Gründen (Finanzierung, Länderkompetenzen, Widerstände von Trägern usw.) nicht auf den Weg gebracht werden. Die Vorschläge zur Vereinheitlichung – KMK-Minimalprogramm zur außerberuflichen Weiterbildung und Kernprogramm zur Erfassung der allgemeinen bzw. beruflichen Weiterbildung – fanden keinen ausreichenden Widerhall, sodass sie keine hinreichend normierende Ausstrahlung entwickeln konnten.

Die Weiterbildungsstatistik speist sich also aus vielen Datenquellen. Ausführliche Übersichten zu den einzelnen Erhebungssystemen sind in jüngster Zeit an mehreren Stellen gegeben worden (vgl. Kuwan u.a. 2006, S. 3-6). Zentrales Informationsinstrument ist das oben schon erwähnte Berichtssystem Weiterbildung (BSW), welches alle drei Jahre über eine Repräsentativbefragung der Bevölkerung differenzierte Daten zum Weiterbildungsverhalten liefert und auch Einschätzungen zur Anbieter- und Angebotsstruktur zulässt. Neben dieser Gesamtdarstellung gibt es Einzelstatistiken und Erhebungssysteme, die sich auf Teilbereiche der Weiterbildung richten.

So werden die personenbezogenen Informationen des BSW durch Mehrthemen-Befragungen mit Weiterbildungsbezug ergänzt, die auf nationaler und europäischer Ebene stattfinden. Zu nennen sind im nationalen Rahmen vor allem der Mikrozensus (MZ), das Sozioökonomische Panel (SOEP), die Erwerbstätigen-Befragung, die das Bundesinstitut für Berufsbildung (BIBB) und die Bundesanstalt für Arbeitsschutz und Arbeitsmedizin (BAuA) gemeinsam durchführen (BIBB/BAuA), sowie unter EU-Ägide der *Labour Force Survey* (LFS) und die *Harmonised European Time Use Surveys* (HETUS). Zu betonen ist, dass die auf der jeweiligen Datenbasis errechneten Weiterbildungsbeteiligungsquoten stark differieren, weil unterschiedliche Definitionen und Erhebungssettings zur Anwendung kommen.

Informationen über Teilnehmende finden sich vor allem in der SGB III-Statistik der Bundesagentur für Arbeit, die als Geschäftsstatistik Eintritte, Austritte und Bestände an Teilnehmenden in geförderten Maßnahmen der beruflichen Weiterbildung dokumentiert und auch Aussagen zur sozio-demographischen Struktur zulässt. Ähnlich aufschlussreich ist die Statistik der Fortbildungsprüfungen des Statistischen Bundesamts, die die Zahl der Prüflinge und der bestandenen Prüfungen, differenziert nach Art des Abschlusses und sozio-demographischen Merkmalen vollständig erhebt. Darüber hinaus weisen auch einige Träger- bzw. Einrichtungsgruppen-Statistiken wenige Teilnehmermerkmale aus (meist Alter und Geschlecht).

Bei den Informationen über Weiterbildungsanbieter ist die Gruppe der Betriebe am relativ besten erfasst. Immerhin finden auf nationaler (IW-Erhebung) und auf europäischer Ebene (*Continuing Vocational Training Survey* CVTS) regelmäßig spezielle Erhebungen statt, die noch durch Informationen aus anderen Erhebungen mit thematisch breiterem Ansatz ergänzt werden (z.B. IAB-Betriebspanel) können. Bei den außerbetrieblichen Weiterbildungsanbietern stechen die Volkshochschul-Statistik (VHS), die so genannte Verbundstatistik[1], einer von mehreren Weiterbildungsverbänden getragenen Leistungsstatistik, und die Statistiken der Kammern (IHK, HWK, LWK) hervor, weil sie das jeweilige Angebots- und Leistungsspektrum relativ detailliert und als Zeitreihe anbieten können. Das gilt auch für spezielle Anbieter wie die Abendschulen, die Fachschulen und die Fernlehrinstitute, für die jeweils entsprechende Statistiken beim Statistischen Bundesamt erstellt bzw. veröffentlicht werden.

Die meisten Bundesländer liefern zudem Zusammenschauen der Anbieter, die durch die jeweiligen Landesgesetze für Weiterbildung bzw. Erwachsenenbildung gefördert werden. Im Regelfall werden die Zahlen der Teilnahmefälle, der Veranstaltungen und der Unterrichtstunden sowie thematische Strukturen präsentiert. Jene Länder, die über ein Bildungsurlaubs- oder Freistellungsgesetz verfügen, dokumentieren darüber hinaus die Inanspruchnahme dieser Möglichkeit durch die Berechtigten in Form von Bildungsurlaubsberichten, die meist in mehrjährigem Abstand erscheinen. Beide Formen der Statistik erfolgen nach landesspezifischen Vorgaben, sodass ein Ländervergleich oder gar eine Zusammenfassung der Daten erschwert bzw. unmöglich ist.

Die genannten Datenquellen haben ihre eigenen Formen der Veröffentlichung und können somit genutzt werden (vgl. Kuwan u.a. 2006, S. 3-6; Glossar S. i-xxii). Es gibt aber auch

---

1 Es handelt sich um den Arbeitskreis deutscher Bildungsstätten (AdB), den Bundesarbeitskreis Arbeit und Leben (AuL), den Deutschen Volkshochschul-Verband (DVV), die Deutsche Evangelische Arbeitsgemeinschaft für Erwachsenenbildung (DEAE) und die Katholische Bundesarbeitsgemeinschaft für Erwachsenenbildung (KBE). Die Erstellung der Statistik erfolgt durch das Deutsche Institut für Erwachsenenbildung (DIE).

Quellen, die die Einzelinformationen sammeln, bündeln und interpretieren und somit einen erleichterten Zugang verschaffen. Neben dem BSW sind vor allem zu nennen:

- der Berufsbildungsbericht (vgl. BMBF 2007a, S. 223-262)
- der nationale Bildungsbericht „Bildung in Deutschland“ (vgl. Konsortium Bildungsberichterstattung 2006, S. 123-136)
- der OECD-Bericht „Bildung auf einen Blick“ (OECD 2007).

Daneben gibt es noch fallweise und spezialisierte Zusammenstellungen, die einzelne Aspekte des Weiterbildungsgeschehens (z.B. bestimmte Zielgruppen, Inhalte) integriert auswerten. Ein Beispiel für eine solche Quelle ist der 5. Altenbericht, der mit Blick auf diese Zielgruppe das vorhandene Datenmaterial präsentiert und kommentiert (vgl. BMFSFJ 2005, S. 123ff.).

6 Neue Ansätze zur Verbesserung der Datenlage

Im Folgenden werden drei Ansätze vorgestellt, die die Datenlage im Weiterbildungsbereich deutlich verbessern können und aktuell auf den Weg gebracht worden sind.

6.1 Weiterbildungsmonitor (wbmonitor)

Nachdem nicht zuletzt durch das BSW personenbezogene Daten zum Weiterbildungsverhalten in zufriedenstellender Weise erhoben und ausgewertet werden können, bleibt das Hauptproblem der Weiterbildungsstatistik die Erfassung der Anbieter und ihrer Leistungen. Schon 2001 wurde mit dem wbmonitor ein Instrument geschaffen, welches anbieterbezogene Informationen erhob (vgl. Feller 2006). Aus 11000 identifizierten Anbietern beruflicher Weiterbildung fanden sich rund 3000 bereit, jährlich wiederkehrend durch das BIBB zu Strukturen, Entwicklungen und Einschätzungen befragt zu werden. Seither fanden vier Folgebefragungen mit Rücklaufquoten von knapp 30 bis knapp 40% statt. Eine Zusammenfassung der dabei gewonnenen Ergebnisse findet sich bei Feller (2006) und über die Homepage des BIBB (www.bibb.de).

Dieses Verfahren wird nun in Zusammenarbeit mit dem DIE weiter entwickelt. Einbezogen werden auch Einrichtungen der allgemeinen Weiterbildung, die aus einem aktualisierten Bestand der Weiterbildungsanbieter zum Mitwirken bewegt werden sollen. Um die Beteiligungsschwelle möglichst niedrig zu legen, wird die Befragung so einfach wie möglich gehalten: Das Fragenprogramm ist kurz und ohne Recherche zu bewältigen, eine Beantwortung kann online erfolgen und wird durch das Bereitstellen der Ergebnisse belohnt. Zudem wird mit einem wechselnden Schwerpunktthema versucht, das Eigeninteresse der befragten Einrichtungen zu wecken.

Eine weitere Innovation ist die Einführung eines Klimaindex für die Weiterbildung (vgl. Feller 2007). Damit soll in Anlehnung an das Konzept des ifo-Geschäftsklimaindexes für die Wirtschaft ein Indikatorenset entwickelt werden, das sowohl die aktuelle Lagebeurteilung als auch die Zukunftserwartungen der Weiterbildungsanbieter zum Ausdruck bringt. Proberechnungen haben gezeigt, dass damit ein gangbarer Weg beschritten wird (vgl. ebenda, S. 70ff.).

Die Aussagekraft des wbmonitor insgesamt und die des Klimaindexes im Speziellen hängen von der Ausschöpfung der Grundgesamtheit und der Struktur der Stichprobe ab.

Wichtig sind in diesem Zusammenhang auch Überlegungen, den Adressenbestand der Gesamtheit ständig aktuell zu halten und zu pflegen. Dieses Weiterbildungskataster würde dann die Anbieterlandschaft in Deutschland repräsentieren und könnte, als Datenbank angelegt, hilfreich sein: als Basis für die Gewinnung von wbmonitor-Teilnehmern, als Referenz zur Beurteilung der Repräsentativität der Antwortenden und zur Berechnung von Strukturdaten (z.B. regionale Anbieterdichte). Erste Schritte in diese Richtung werden bereits mit einem DIE-BIBB-Projekt getan (vgl. Dietrich 2007, S. 39).

6.2 Adult Education Survey (AES)

Mit dem AES ist vom Europäischen Rat ein Instrumentarium beschlossen worden, das künftig ein umfassendes Bild der Bildungsaktivitäten von Erwachsenen liefern soll. Es handelt sich um eine repräsentative Befragung der Bevölkerung im Alter von 25-64 Jahren im Fünf-Jahres-Zyklus. Für die Jahre 2006/2007 ist eine fakultative Umsetzung des Konzepts in den Mitgliedsstaaten vorgesehen, ab 2011 ist die Erhebung dann verbindlich. Dieses Konzept tritt damit in unmittelbare Konkurrenz zum BSW.

Die zentralen Unterschiede zum BSW liegen vor allem in den folgenden Punkten (vgl. auch Rosenbladt 2007, S. 29ff.; Ioannidou 2006, S. 25ff.):

- Erfasst werden nicht Weiterbildungsaktivitäten, sondern Lernaktivitäten von Personen, die 25 Jahre und älter sind. Nicht einbezogen sind also Weiterbildungsaktivitäten von Jüngeren, gezählt werden aber Lernaktivitäten außerhalb der Weiterbildung (z.B. Studium, Ausbildung).
- Unterschieden werden die Kategorien *„formal education“*, *„non-formal education“* und *„informal education“*, eine Einteilung, die „quer“ zum deutschen Sprachgebrauch liegt.
- Lernaktivitäten werden danach klassifiziert, ob sie beruflich oder privat veranlasst sind, eine Unterscheidung in allgemeine und berufliche Weiterbildung unabhängig von der persönlichen Sicht des Befragten wird nicht vorgenommen.
- Einbezogen werden Dimensionen von Lebensqualität und Selbstverwirklichung wie Arbeitsmarktbeteiligung, Einkommen, sozialer und kultureller Teilhabe.
- Einbezogen sind auch Fragen zur Selbsteinschätzung der eigenen Fähigkeiten/Kompetenzen mit Blick auf Fremdsprachen und EDV.

Eine Piloterhebung und auch die parallele Durchführung von Erhebungen nach BSW- und nach AES-Konzept haben ergeben, dass die Anschlussfähigkeit des AES größer als erwartet ist. Als schwer lösbar hat sich herausgestellt, die Unterscheidung von beruflicher und allgemeiner Weiterbildung durchzuhalten, in allen anderen Hinsichten lassen sich tragfähige Lösungen anbieten, die der Kontinuität der BSW-Erhebung und den deutschen Besonderheiten Rechnung tragen. Noch offen ist die Frage, wie Deutschland im internationalen Vergleich abschneidet, weil noch keine AES-Vergleichsdaten aus anderen europäischen Staaten vorliegen.

6.3 Programme for the International Assessment of Adult Competencies (PIAAC)

Aufbauend auf Vorläufer-Studien wie IALS (*International Adult Literacy Survey*), ALL (*Adult Literacy and Lifeskills Survey*) und natürlich PISA (*Programme for International Student Assessment*) plant die OECD ein erweitertes Vorhaben im Feld der Kompetenz- bzw. Fähigkeitsmessung von Erwachsenen, das *Programme for the International Assessment of Adult Competencies* (PIAAC). Damit werden detaillierte Daten über die Kompetenzprofile von Erwachsenen gewonnen und verknüpfbar mit individuellen und institutionellen Bedingungsfaktoren.

Die konkrete Umsetzung von PIAAC ist 2008 angelaufen. Der im Folgenden wiedergegebene inhaltliche Zwischenstand (vgl. auch Gnahs 2007, S. 107-113) basiert auf der revidierten Fassung des OECD-Strategie-Papiers vom Oktober 2005 (vgl. OECD 2005c; siehe auch 2005a, 2005b) und einem Zwischenbericht über die Entwicklungsarbeiten aus dem Herbst 2006 (vgl. OECD 2006a, 2006b). Neuere Informationen bestätigen diese Grundlinien (vgl. Schleicher 2006):

- PIAAC soll als Haushaltsstudie realisiert werden mit einer repräsentativen Stichprobe der arbeitsfähigen Bevölkerung (16- bzw. 18- bis 64- bzw. 65-jährige). Eingeschlossen sind ausdrücklich auch Nicht-Beschäftigte.
- Es ist eine Querschnittserhebung mit drei Erhebungszyklen im 5-Jahres-Abstand vorgesehen.
- Als Stichprobengröße ist für den Haupttest ein N von 4000 bzw. 5000 pro Land ins Auge gefasst.
- Als Erhebungsjahr für den ersten Zyklus ist 2009/2010 geplant.
- Die Durchführung der Tests und der Befragung soll computerbasiert und mit *paper-and-pencil* erfolgen. Die Wahl der Erhebungsmethode soll situativ so gewählt werden, dass die Ziele der Erhebung möglichst optimal erreicht werden.
- Die Gesamtlänge des Interviews wird mit 90 bis 100 Minuten veranschlagt. Inzwischen sind auch Varianten mit einer Dauer von 60 bzw. 80 Minuten in der Diskussion.
- Als Option wird an ein *Oversampling* von Segmenten der Gesamtstichprobe gedacht (z.B. von Jüngeren, Älteren, ethnischen Minderheiten).
- Der Fokus der direkten Kompetenz- bzw. Fähigkeitsmessung liegt auf *Literacy im Informationszeitalter.* Darunter ist eine Erweiterung des traditionellen *Literacy*-Konzeptes, wie es beispielsweise bei IALS und ALL verwendet wurde, zu sehen. Einbezogen sind Interessen, Einstellungen und Fähigkeiten von Individuen, die es ihnen ermöglichen, auf angemessene Weise am informationstechnisch geprägten Leben teilzuhaben.
- Neben der direkten Messung von Fähigkeiten und Kompetenzen werden auch Optionen erwogen, die durch indirekte Verfahren im Wege der Selbsteinschätzung die Nutzung von Kompetenzen und Fähigkeiten am Arbeitsplatz erfassen (*Job Requirement Approach*).
- Vorgesehen ist ein *Locator*-Test, der eine Filterfunktion erfüllt und die für die Testteilnehmenden jeweils angemessen Testmodule identifiziert. Für Testteilnehmende, die keine minimalen Lesekompetenzen aufweisen, gibt es ein *low-level*-Modul, das basale Komponenten der Lesefähigkeit (z.B. Worterkennung oder Vokabular) misst. Für Testteilnehmende mit mindestens minimalen Lesekompetenzen, jedoch ohne Vertrautheit mit Informations- und Kommunikationstechnologien (IKT), gibt es einen *Paper-and-Pencil-Literacy*-Test. Für Testteilnehmende mit mindestens minimalen Lesekompetenzen und IKT-Vertrautheit kommt ein computerbasierter, adaptiver *ICT-Literacy*-Test zum Einsatz.

- Im Hintergrundfragebogen (*Background Questionnaire*) werden individuelle Kontextvariablen erhoben (demographische Variablen, Bildungshintergrund, berufsbiographische Informationen, Empfangen von Fürsorge-/Sozialleistungen) sowie Variablen, die im Zusammenhang mit dem Arbeitsmarkterfolg stehen (*labour market outcomes*) wie Intensität der Beschäftigung, Lohnhöhe, Hierarchieposition im Betrieb.
- In einem standardisierten Fragebogen für die Regierungen sollen politische Maßnahmen und institutionelle Informationen aus den teilnehmenden Ländern systematisch erhoben werden. Es wird angestrebt, eine gemeinsame Typologie von politischen Maßnahmen und Programmen aufzustellen, um einen Vergleich zwischen den Ländern zu ermöglichen sowie einen direkten Bezug zu Informationen aus den individuellen Fragebögen herzustellen.

Zu betonen ist, dass die PIAAC-Ergebnisse keinen direkten Rückschluss auf die Effizienz des Weiterbildungssystems zulassen würden, wie das bei PISA und dem Schulsystem geschehen ist. Die Entstehung der Erwachsenen-Kompetenzen bzw. -Fähigkeiten ist keinesfalls nur oder überwiegend der organisierten Weiterbildung zuzurechen, sondern speist sich aus vielen Quellen: informelle Lernprozesse, Sozialisation, Lernen „en passant", formale Bildungsprozesse und natürlich auch Weiterbildung. Dennoch ist zu erwarten, dass wie auch immer geartete PIAAC-Resultate auch mit Blick auf das Weiterbildungssystem erörtert würden.

7 Entwicklungslinien und Herausforderungen

Änderungen der Weiterbildungsrealität bzw. des Lernens Erwachsener stellen auch die Datenerhebung vor neue Probleme. Im Besonderen sind folgende Entwicklungen zu nennen:

- Ein großer Teil von Weiterbildungsprozessen findet außerhalb von Weiterbildungseinrichtungen statt. Dies erschwert den Zugang und die Erfassung dieser Bildungsprozesse.
- Ein großer Teil von Bildungsprozessen findet integriert mit anderen Aktivitäten wie z.B. Arbeit und Freizeit statt. In vielen Fällen ist es schwierig, die Weiterbildungsaktivitäten zu isolieren, was Voraussetzung für ihre statistische Erfassung ist.
- Die Ansprechpartner für statistische Erhebungen im Weiterbildungsbereich sind nicht mehr so eindeutig identifizierbar wie früher. Immer mehr Einrichtungen bieten als Nebenfunktion Weiterbildung an.
- Ein weiteres Problem der Weiterbildungsstatistik ist das Vordringen von selbstorganisierten bzw. selbstgesteuerten Lernprozessen. Dies hat zur Folge, dass nur noch Fragmente von Weiterbildungsprozessen in institutionalisierter Form, und damit statistisch leicht erfassbar, stattfinden.

Diese Entwicklungen auf der realen Ebene der Weiterbildung müssen auch ihre Entsprechung in der statistischen Erfassung finden. Es werden Grenzen der Quantifizierung von Weiterbildung deutlich, die nur durch fallstudienbezogenes Vorgehen oder durch eine Individualbefragung einigermaßen in den Griff zu bekommen sind. Insofern bieten Konzepte wie das BSW und der AES Vorteile, weil sie viele der genannten Probleme umgehen. Dennoch sind auch hier Weiterentwicklungen denkbar und werden bereits diskutiert.

Eines dieser Elemente ist die Anlage eines nationalen Bildungspanels, das mittel- bis langfristig die Datenbasis für eine Bildungsberichterstattung liefern soll, die sich am Lebenslauf orientiert. Dabei würden Personen lebenslang in bestimmten Abständen u.a. zu ihren Bildungsanstrengungen, Abschlüssen und Einsatzmöglichkeiten von erworbenen Kompetenzen befragt. Im Besonderen erhoffen sich die Initiatoren dadurch mehr Aufschluss über Bildungsprozesse außerhalb von Institutionen, über die Erfolgsbedingungen von Bildung und über die Relevanz bestimmter Kompetenzen in unterschiedlichen Kontexten (vgl. BMBF 2007b).

Eine andere Herausforderung besteht darin, das lebenslange Lernen statistisch zu erfassen. Erste Schritte sind in der EU schon gegangen worden, indem Lernaktivitäten als abgrenzbare Lernprojekte definiert worden sind (vgl. Gnahs u.a. 2002). Auf dieser Basis ist dann von EUROSTAT eine Klassifikation von Lernaktivitäten erstellt worden, die unter anderem auch das Konzept des AES mit beeinflusst hat (vgl. Ioannidou 2006, S. 23f.).

In eine ganz andere Richtung dagegen weisen Konzepte, die zum Ziel haben, ein regionales Bildungsmonitoring zu ermöglichen. Damit sollen zum Beispiel Kommunen in die Lage versetzt werden, das regionale Bildungssystem indikatorengestützt zu steuern. Im Besonderen im Bereich „Weiterbildung" stoßen solche Ambitionen an Grenzen, weil nur vergleichsweise wenige Daten regionalisiert vorliegen.

Summa summarum zeichnen sich erhebliche Veränderungen für die weiterbildungsbezogenen Daten- und Informationssysteme ab. Zum einen gehen von internationalen Akteuren (EU, OECD) Impulse zu einer erweiterten Nutzung von Daten aus, die sich vor allem auch in internationalen Vergleichen ausdrücken und zur Setzung von Benchmarks führen. Zum anderen wird Weiterbildung immer weniger isoliert betrachtet, sondern in seinen vielfachen Vernetzungen mit anderen Teilsystemen des Bildungswesens oder der Gesellschaft insgesamt. Schließlich stellt sich die Statistik auf die gehobene Bedeutung des informellen Lernens ein und versucht dieses erhebungstechnisch einzubinden.

Literatur

Bardeleben, R. v./Böll, G./Drieling, C./Gnahs, D./Seusing, B./Walden, G. (1990): Strukturen beruflicher Weiterbildung. Analyse des beruflichen Weiterbildungsangebots und -bedarfs in ausgewählten Regionen. Hrsg. vom Bundesinstitut für Berufsbildung. Berlin/Bonn: BIBB: „Berichte zur beruflichen Bildung", H. 114.

BMBF (2007a): Berufsbildungsbericht 2007. Bonn/Berlin: BMBF.

BMBF (2007b): Rahmenprogramm zur Förderung der empirischen Bildungsforschung. Bonn/Berlin: BMBF.

BMFSFJ (2005): Fünfter Bericht zur Lage der älteren Generation in der Bundesrepublik Deutschland. Bericht der Sachverständigenkommission an das Bundesministerium für Familie, Senioren, Frauen und Jugend. Berlin: BMFSFJ.

Bund-Länder-Kommission für Bildungsplanung (Hrsg.) (1974[2]): Bildungsgesamtplan, Bd. 1. Stuttgart: Klett.

Deutscher Bildungsrat (1970): Empfehlungen der Bildungskommission. Strukturplan für das Bildungswesen. Stuttgart: Klett.

Dietrich, S. (2007): Institutionalstruktur von allgemeiner und beruflicher Weiterbildung in Deutschland. In: REPORT 4. S. 32-41.

Dobischat, R. (1985): Einführung in die Statistik der beruflichen Weiterbildung. Kurseinheit 2: Regionale Defizite in der beruflichen Weiterbildung. Fernuniversität-Gesamthochschule Hagen. Hagen: FU Hagen.

Feller, G. (2006): Berufliche Weiterbildung aus Anbietersicht mit dem wbmonitor. In: Feller, G. (Hrsg.): Weiterbildungsmonitoring ganz öffentlich. Entwicklungen und Instrumente zur Darstellung lebenslangen Lernens. Bielefeld: Bertelsmann, S. 103-123.

Feller, G. (2007): Ein Klimaindex für die Weiterbildungslandschaft. In: REPORT 3. S. 61-74.

Gehringer, J./Michel, W.J. (2000). Frühwarnsystem Balanced Scorecard. Regensburg: Metropolitan.

Gnahs, D. (2007): Kompetenzen – Erwerb, Erfassung, Instrumente. Bielefeld: Bertelsmann.

Gnahs, D./Beiderwieden, K. (1982): Weiterbildung in Stichworten. Ein statistischer Leitfaden. Bundesminister für Bildung und Wissenschaft (Hrsg.). Schriftenreihe Bildungsplanung, Bd. 39. Bad Honnef: BMBW.

Gnahs, D./Ioannnidou, A./Pehl, K./Seidel, S. (2002): Harmonised List of Learning Activities. Hannover: IES.

Grünewald, U./Moraal, D. (1996): Betriebliche Weiterbildung in Deutschland. Gesamtbericht. Ergebnisse aus drei empirischen Erhebungsstufen einer Unternehmensbefragung im Rahmen des EG-Aktionsprogramms FORCE. Bielefeld: Bertelsmann.

Hamacher, P. (1976): Entwicklungsplanung für Weiterbildung. Braunschweig: Westermann.

Ioannidou, A. (2006): Lebenslanges Lernen als bildungspolitisches Konzept und seine Bedeutung für die Bildungsberichterstattung auf europäischer Ebene. In: Feller, G. (Hrsg.): Weiterbildungsmonitoring ganz öffentlich. Entwicklungen und Instrumente zur Darstellung lebenslangen Lernens. Bielefeld: Bertelsmann, S. 11-34.

Jüchter, H. T. (1977): Ziele einer Weiterbildungsplanung: Bedarfsgerechtigkeit und Gleichheit. In: Hess. Blätter für Volksbildung 4. S. 277-282.

Klös, H.-P./Weiß, R. (Hrsg.) (2003): Bildungs-Benchmarking Deutschland. Was macht ein effizientes Bildungssystem aus? Köln: Deutscher Instituts-Verlag.

KMK (1979): KMK-Empfehlungen zur Weiterbildungsstatistik. In: Veröffentlichungen der Kultusministerkonferenz. Dokumentationsdienst Bildungswesen. Statistik und Vorausberechnung (Sonderheft) 5. Neuwied: Luchterhand.

Konsortium Bildungsberichterstattung (2006): Bildung in Deutschland. Bielefeld: Bertelsmann.

Kuwan, H./Bilger, F./Gnahs, D./Seidel, S. (2006): Berichtssystem Weiterbildung IX. Integrierter Gesamtbericht zur Weiterbildungssituation in Deutschland, hrsg. vom Bundesministerium für Bildung, Wissenschaft, Forschung und Technologie. Bonn/Berlin: BMBF.

OECD (2005a): The relevance of PIAAC to education policy. Programme for International Assessment of Adult Competencies. EDU/INES/SMG (2005)2. 17 Jan. 2005. Paris: OECD.

OECD (2005b): International Assessment of Adult Skills: Proposed Strategy. COM/DELSA/EDU 4. 27/28 Sept. 2005. Paris: OECD.

OECD (2005c): International Assessment of Adult Skills: Proposed Strategy. COM/DELSA/EDU 4. 24 Okt. 2005. Paris: OECD.

OECD (2006a): Progress with Developmental Work for PIAAC. EDU/EC/CERI(2006)22. 26-Sep-2006. Paris: OECD.

OECD (2006b): Progress with Developmental Work for PIAAC – Background Papers. EDU/EC/CERI 22. 27 Sept. 2006. Paris: OECD.

OECD (2007): Bildung auf einen Blick. Bielefeld: Bertelsmann.

Otto, V. (1981): Geplante Weiterbildung? Möglichkeiten und Grenzen der Entwicklungsplanung öffentlicher Erwachsenenbildung. Frankfurt am Main: Hessischer Volkshochschulverband.

Pehl, K. (2007): Strategische Nutzung statistischer Weiterbildungsdaten. Bielefeld: Bertelsmann.

Rosenbladt, B. v. (2007): Unterscheidung von beruflicher und allgemeiner Weiterbildung in empirischen Erhebungen zu Weiterbildungsteilnahme. REPORT 4. S. 21-31.

Schleicher, A. (2006): PISA-Test für Erwachsene. Jetzt rechnen die Alten. SPIEGEL ONLINE vom 14. Nov. 2006. Verfügbar unter: http://www.spiegel.de/unispiegel/studium/0,1518,448269,00html (letzter Zugriff: 12.09.2008)

Schmidt, B. (1995): Erhebung zur beruflichen Weiterbildung in Unternehmen im Rahmen des EG-Aktionsprogramms FORCE. Ergebnisse der Haupterhebung. In: Wirtschaft und Statistik 12. S. 867-879.

Tietgens, H. (1975): Orientierungsgesichtspunkte zur Weiterbildungsdiskussion. In: Deutscher Bildungsrat. Gutachten und Studien der Bildungskommission, Bd. 46: Umrisse und Perspektiven der Weiterbildung. Stuttgart: Klett.

Wagner, K.W. (2003): PQM – Prozessorientiertes Qualitätsmanagement. München: Hanser.

Weishaupt, H./Steinert. B. (1991): Regionale Disparitäten in Hessen: statistische Merkmale, Bezüge zur Weiterbildung. Gutachten für die Gutachtergruppe „Bestand und Perspektiven der Weiterbildung in Hessen" an der Gesamthochschule Kassel. Frankfurt/M: DIPF.

Weiß, R (1990): Die 26-Mrd.-Investition – Kosten und Strukturen betrieblicher Weiterbildung. Köln: Deutscher Instituts-Verlag.

Sigrid Nolda

Programmanalyse – Methoden und Forschungen

1 Begriffsklärungen

Programme der Erwachsenenbildung/Weiterbildung sind die veröffentlichten Ankündigungen von Lehr-/Lernangeboten und anderen Leistungen (z.B. Mitarbeiterfortbildung oder Beratung). Sie dienen primär der Information über die jeweils aktuellen Angebote bzw. der Kundenwerbung, sekundär der Selbstdarstellung der Anbieter und der Legitimation ihrer Arbeit. Die Pluralität und relative Selbstständigkeit von Anbietern der Erwachsenenbildung spiegelt sich in der Unterschiedlichkeit der Programme: dem unterschiedlichen Umfang, den unterschiedlichen Inhalten, den unterschiedlichen Präsentationsformen und der unterschiedlichen Zugänglichkeit.

In den Programmen sind die Vorstellungen der Anbietenden über die Bildungsbedürfnisse potenzieller Teilnehmer materialisiert, die sie auf der Basis von Erfahrungen, Erkundungen und eigenen Bildungsvorstellungen entwickelt haben. Der Prozess der Programmplanung wird als eher indirekte Wechselwirkung zwischen Angebot und Nachfrage (vgl. Schulenberg 1981), als Antizipation von Suchbewegungen (vgl. Tietgens 1981), als Marketingstrategie (vgl. Möller 2002) oder in Abgrenzung dazu als pädagogisches Programmplanungshandeln (vgl. Gieseke 2003) verstanden.

Programme stellen zunächst Leistungsversprechen dar, d.h. sie sind nicht mit der Realität der tatsächlichen durchgeführten Veranstaltungen identisch. Durchschnittswerte zu den Ausfallquoten lassen aber auf eine eher geringe Differenz schließen. Was Ankündigungen aber nicht leisten, ist eine Beurteilung der tatsächlich abgelaufenen Bildungsveranstaltungen. Während Programme für den Primäradressaten ein in der Zukunft einzulösendes Versprechen darstellen, sind sie als analysierbare Dokumente Belege für in der nahen oder fernen Vergangenheit Geplantes und dann auch (in den meisten Fällen) Stattgefundenes. Sie sind aber auch Zeugnisse, die auf das Bild schließen lassen, das Anbieter von sich haben bzw. vermitteln wollen, und die über die Vorstellungen Auskunft geben, die Anbieter von den Bildungsbedürfnissen und der Ansprechbarkeit ihrer Klientel haben.

Überlegungen zum Programm und zur Programmplanung waren lange Zeit von der Institution Volkshochschule geprägt, die sich durch eine besondere Stabilität, ein umfassendes Bildungsangebot und eine hohe Zugänglichkeit im Bereich der primär non-formalen, öffentlich geförderten Erwachsenenbildung auszeichnet. Andere Anbieter sind dagegen auf ein bestimmtes Segment spezialisiert, auf bestimmte Kreise (Mitglieder oder Milieus) konzentriert oder auf den Bereich der formalen, teilweise auch curricular vorgegebenen, Weiterbildung beschränkt. Daraus folgt, dass Programme lediglich den Bereich der non-formalen und formalen, nach dem Angebotsmodell arbeitenden Erwachsenenbildung, erfassen, nicht aber den von der Erwachsenenbildungsforschung zunehmend wahrgenommenen Bereich der informellen und die um das Agentur- und Aushandlungsmodell zentrierten Erwachsenenbildung. Damit geraten die Fälle aus dem Blick, in denen ausschließlich auf Nachfrage reagiert wird, oder in denen selbst-organisierte Initiativen Angebote situativ entwickeln (vgl. bezogen auf die Alternsbildung Kade

2007, S. 222). Die nach dem Mitgliedschaftsmodell operierende Erwachsenenbildung wird in der Regel nur dann über Programmanalysen erforschbar, wenn deren Anbieter ihre Programme öffentlich zugänglich machen.

Programmforschung wertet Programme aus der Distanz von Beobachtern aus, die sich nachträglich der in diesen enthaltenen Texte bzw. Informationen bedienen, um Erkenntnisse zu gewinnen über das Erwachsenenbildungsangebot einzelner oder mehrerer Träger bzw. einzelner oder mehrerer Einrichtungen; häufig bezogen auf bestimmte Themen bzw. Ziele, Zielgruppen, Organisationsbedingungen und didaktische Arrangements. Die untersuchten Texte haben den Vorteil non-reaktiver, natürlicher Daten, d.h., sie sind nicht eigens durch Forscher erhoben oder durch deren Intervention verzerrt.

Bezogen auf die Programme bzw. Arbeitspläne von Volkshochschulen ist ihre Nutzung als historische Dokumente, als politische Argumentations- und Repräsentationshilfe, als Planungshilfe für künftige Angebote und als Basis für didaktische Überlegungen hervorgehoben worden (vgl. Tietgens 1998, S. 63). Dies gilt auch für die Programme anderer Einrichtungen, erschöpft aber noch nicht alle Möglichkeiten der Programmanalyse. Hinzu kommen beispielsweise die Erfassung des generellen oder speziellen Weiterbildungsangebots in einem bestimmten geographischen Raum und die Rekonstruktion des in Bildungsangeboten enthaltenen Bildungsverständnisses, die mit den oben genannten Nutzungsformen verbunden werden können, aber nicht müssen. Für die erste Variante wäre die Nutzungsform der Früherkennung (vgl. Alt/Borutta/Tillmann 1999), der ‚Systembeobachtung' (vgl. Schlutz/Schrader 1997) bzw. – auch im europäischen Rahmen - des Monitoring zu nennen, bei dem es um die Beobachtung und Steuerung von Prozessen der Angebotsentwicklung geht.

2 Zugang und Zuschnitt von Daten zur Programmanalyse

2.1 Die Institution als Ausgangspunkt

Die Entwicklung und Nutzung der Methode der Programmanalyse geht im Wesentlichen auf entsprechende Arbeiten der 1957 gegründeten Pädagogischen Arbeitsstelle des Deutschen Volkshochschul-Verbands (jetzt: Deutsches Institut für Erwachsenenbildung) zurück. Die dort bis 2004 gesammelten jeweils aktuellen und teilweise auch historischen Programmhefte bzw. Arbeitspläne der Volkshochschulen (seit 1989 auch die aus den neuen Bundesländern) bildeten die Möglichkeit, sich über das bundesweite Angebot der Volkshochschulen aus erster Hand zu informieren und weitergehende Untersuchungen durchzuführen (vgl. Pehl 1998).

Die auf der Basis dieses Programms entstandenen Programmanalysen von Mitarbeitern des Instituts und von externen Interessierten bezogen sich auf Volkshochschul-Angebote für Zielgruppen (Frauen, Sekretärinnen, Ausländer/Immigranten, Aussiedler, Arbeiter, Arbeitslose, Behinderte, alte Menschen, Vorruheständler), auf Themen der politischen, der allgemeinen, darunter der kulturellen, der fremdsprachlichen, der beruflichen, der informationstechnischen, der ökologischen und der Gesundheitsbildung, auf Veranstaltungsformen wie Studienfahrten, Medienverbund-Kurse, Ausstellungen, Schreibwerkstätten, Bildungsurlaube, auf Ziele wie Schulabschlüsse, aber auch auf Aspekte wie die äußere Gestaltung und Gliederung von Arbeitsplänen, auf Gebührensätze, auf das Verhältnis von Weiterbildungsdichte und Angebotsgewichtung, auf den Ausbaugrad der Professionalisierung und die Kursleiterfluktuation, auf die in den Kursen verwendeten Sprachlehrwerke, auf Zeitorganisationsformen, sowie auf die in Programmen enthaltenen Vor- und Grußworte (vgl. a.a.O., S.25ff.). Offensichtlich ist der Zusammenhang mit jeweils aktuell allgemein und/oder fachspezifisch interessierenden Themen, deren Diskussion mit Hilfe der durch Programmanalysen erhobenen Daten fundiert werden soll.

Derartige institutionsspezifische Archive bieten die Möglichkeit, den jeweils aktuellen Stand des Angebots bzw. eines Angebotssegments von Institutionen zu bestimmen, Angebote zu lokalisieren – z.B. um Kooperationspartner zu finden, sowie Entwicklungen zu belegen und zu analysieren. Die projektförmigen Arbeitsbedingungen in der Wissenschaft, der wissenschaftlich interessierten Praxis und den intermediären Instanzen legen eher den Typ der Feststellung eines Status im Sinne einer Momentaufnahme, und weniger den Typ der wegfallende und neu hinzukommende Veranstaltungen erfassenden, arbeitsintensiven *Längsschnittanalyse,* nahe. Gerade für solche Arbeitsvorhaben bieten sich aber Archive geradezu an. Als Beispiel sei eine Untersuchung über die Entwicklung der Volkshochschul-Arbeitspläne von 1948 bis 1963 genannt, die vom damaligen Leiter der Pädagogischen Arbeitsstelle vorgelegt wurde (vgl. Tietgens 1965). Die Analyse konnte belegen, dass der Anteil der Angebote der politischen und der allgemeinen Bildung von 1948 bis 1963 um mehr als die Hälfte zurückging, während ein deutlicher Anstieg bei Sprachkursen, berufsbildenden Fachkursen und Kursen, die Selbsttätigkeit (im hauswirtschaftlichen, sportlich-gesundheitlichen und künstlerischen Bereich) vermittelten, zu verzeichnen war. Die somit belegte Tendenz zur Versachlichung, Konkretisierung und zu personenbezogenen Angeboten stand im Gegensatz zum damals herrschenden bildungsidealistischen Selbstverständnis der Volkshochschulen, das Angeboten zur allgemeinen Orientierung und Bewusstseinsbildung eine besondere Bedeutung zumaß – die Programme erweisen sich so als Korrektiv gegenüber der Programmatik.

Archive wie das Volkshochschul-Programmarchiv ermöglichen auch die Durchführung von *Vollerhebungen*, die die Programme (fast) aller Einrichtungen in einem bestimmten Zeitabschnitt berücksichtigen. Eine solche Vollerhebung liegt beispielsweise in dem Arbeitspapier „Psychologische Fragestellungen im VHS-Programmangebot 1973" (Kallmeyer 1973) vor. Bei dieser Untersuchung konnten 89% der damals bestehenden Volkshochschulen in Städten mit über 20.000 Einwohnern berücksichtigt werden. Von diesen wiesen nur 9% keine für die Untersuchungsfrage einschlägigen Angebote im Programm auf.

Aus arbeitsökonomischen Gründen werden allerdings *Teilerhebungen* bevorzugt. Bei diesen ist die Konstruktion einer repräsentativen Stichprobe nötig. Kriterien für die Auswahl von Volkshochschulen sind die Bundeslandzugehörigkeit, die Größe der Einrichtung und die repräsentative Abbildung des Verhältnisses zwischen städtischen und ländlichen Einrichtungen (vgl. Pehl 1998, S. 38f.): Eine auf das Thema Multimedia bezogene Angebotsanalyse aus dem Jahr 1996 hat sich auf die Programme von 55 Volkshochschulen beschränkt – eine Auswahl, die nach den Kriterien Siedlungsstruktur, Anzahl der Gesamtunterrichtsstunden, größtmögliche Streuung nach Bundesländern sowie Trägerschaft (z.B. Kreis, Gemeinde, e.V.) getroffen wurde. Dabei wurde zusätzlich darauf geachtet, auch ostdeutsche Einrichtungen miteinzubeziehen, obwohl die ostdeutschen Volkshochschulen durch das Auswahlverfahren nach der Größe zunächst nicht berücksichtigt worden waren. Eine weitere Korrektur an der ursprünglichen Auswahl wurde durch die Entscheidung vorgenommen, einige zusätzliche großstädtische Volkshochschulprogramme zu untersuchen, weil die interessantesten Funde in diesem Programmtyp erwartet wurden (vgl. Mader 1998, S. 53). An dieser Stelle brach sich das Prinzip der Repräsentativität mit dem Interesse eines Projekts, das auf sogenannte innovative Angebote in diesem Bereich gerichtet war.

Bei einer *exemplarischen Erhebung* werden nur die Programme einer einzelnen Einrichtung ausgewertet. Dabei wird empfohlen darauf zu achten, dass die ausgewählte Einrichtung nicht Merkmale des Untypischen aufweist. Ansonsten ist die exemplarische Erhebung dann problemlos, wenn die ausgewählte Einrichtung über ein gut geführtes Archiv verfügt oder ihre Programme in einem Zentralarchiv deponiert hat. Hier bieten sich insbesondere Staats- und Stadtarchive an: Eine (unveröffentlichte) Studie zur Entwicklung des Fremdsprachenangebots der Dortmunder Auslandsgesellschaft NRW e.V. zwischen 1955 und 2003 (vgl. Sellke 2003) konnte auf ein hausinternes Archiv zugreifen, eine Studie des Programms der Volkshochschule Dresden in den Jahren 1945 bis 1997 (vgl. Gieseke/Opelt 2003) auf das Sächsische Hauptstaatsarchiv, die Volkshochschule und das Stadtarchiv Dresden. Beide Institutionen sind allerdings nicht wegen ihres Durchschnittscharakters ausgewählt worden, sondern aufgrund der Tatsache, dass sich in dem überregional bekannten Spracheninstitut und in der „Vorzeigevolkshochschule" der DDR zeittypische Entwicklungen besonders deutlich erkennen lassen. Im ersten Fall interessierten u.a. die Auswirkungen der Ostpolitik in den 1960er Jahren und der Zuwanderungspolitik seit den 1980er Jahren, wie sie sich im Angebot osteuropäischer Sprachen einerseits und im Angebot Deutsch als Fremd- bzw. Zweitsprache ausdrückten. Im zweiten Fall war es das Interesse an dem Gestaltungsspielraum von Volkshochschul-Verantwortlichen und -Mitarbeitern in der DDR, soweit dieser sich in dem Programmangebot in der Umbruchszeit nach dem Ende des zweiten Weltkriegs, in der Zeit zwischen 1957 und 1990 und in der Phase nach der Wende nachweisen lässt.

2.2 Der Raum als Ausgangspunkt

Die Heterogenität der jeweils örtlich unterschiedlich strukturierten Weiterbildungsmärkte stellt für die Zugänglichkeit bzw. Beschaffung der entsprechenden Dokumente häufig ein Problem dar: So macht es die Vielzahl von Anbietern auf einem dynamischen, in unzählige Teilmärkte zerfallenden Weiterbildungsmarkt und das Fehlen einer zentralen Sammelstelle fast unmöglich auf alle aktuellen Programme sämtlicher Anbieter in einem Gebiet zurückzugreifen. Eine regionale Ausnahme bildet inzwischen das von der Humboldt-Universität geführte Archiv mit Programmen von ca. 370 Weiterbildungseinrichtungen in Berlin und ca. 200 in Brandenburg, das 1990 eingerichtet wurde (vgl. Käpplinger 2008).

Inzwischen bieten zwar diverse über das Internet benutzbare Datenbanken lokal, regional und bundesweit aktuelle Recherchiermöglichkeiten, ohne allerdings den Anspruch erheben zu können, sämtliche Anbieter zu erfassen. Das Beschaffungsproblem trifft in größerem Ausmaß auf historische Arbeitsvorhaben zu. Es ist deshalb häufig erst die Existenz und Zugänglichkeit von Sammlungen und Archiven, die zur Idee führt, diese für den Dokumentationszweck überschreitende Forschungen zu nutzen.

Regionale und lokale Analysen des Angebots unterschiedlicher Institutionen erfassen in der Regel die jeweils aktuelle Situation, stellen also *Querschnittsanalysen* dar. Hier besteht zunächst die Aufgabe in der Identifizierung der in Frage kommenden Anbieter. Als praktikabel hat sich die Entscheidung herausgestellt, sich auf organisierte, einer größeren Öffentlichkeit bekanntgemachte Angebote für Erwachsene ohne Zugangsberechtigungen zu konzentrieren – so z.B. in einer Untersuchung zum Programmangebot der Erwachsenenbildung in Wien (vgl.

Schmidl/Seliger/Lenz 1975), in einer als Evaluation angelegten Studie zur Weiterbildung in Braunschweig (Gnahs/Griesbach u.a. 1994) oder in einer Programmanalyse zum Weiterbildungsangebot im Land Bremen (vgl. Körber u.a. 1995). Eine Analyse des Weiterbildungsangebots im Raum Freiburg i.Br. (vgl. Eckert 1996) hat sich dagegen auch auf Einzelpersonen oder Praxen bezogen, die entsprechende Inserate veröffentlicht hatten.

Während die Bremer Untersuchung, in der bei 100 Anbietern angeforderte Originalprogramme aus dem Gesamtjahr 1992 ausgewertet wurden, durch einen Teilvergleich (mit Programmen des Frühjahrsemesters 1979 von 11 anerkannten Anbietern) ergänzt wurde, ist eine lokale Untersuchung der wesentlichen Institutionen der der Erwachsenenbildung in Hamburg im Zeitraum von 1945 bis 1972 (vgl. Zeuner 2001) von vornherein als Längsschnittanalyse und somit als Totalvergleich angelegt worden.

Längsschnittanalysen, bei denen von vornherein ein längerer Zeitraum in seiner Entwicklung erfasst wird, sind zu unterscheiden von Analysen, die sich im Abstand von einigen Jahren dem gleichen Angebotssegment widmen. Obwohl auch in einem solchen diachronen Vergleich Entwicklungen sichtbar werden, müssen häufig mehr oder weniger leicht veränderte Fragestellungen, Materialgrundlagen und Auswertungsformen berücksichtigt werden. Als Beispiele seien hier Arbeitsplan-Analysen zur Sprecherziehung bzw. zur Rhetorik (vgl. Weinberg 1965 und Metelerkamp 1995) und zur politischen Bildung (vgl. Tietgens 1972 und Reith/Reitz/Tietgens 1989) genannt.

Neben Querschnitts- und Längsschnittanalysen sind noch synchrone *Vergleichsanalysen* zu erwähnen. Eher tentativ wird in einer Studie vorgegangen, die die Volkshochschul-Angebote zu psychologischen Themen untersucht (vgl. Tietgens 1994) – primär Angebote von Einrichtungen in den westlichen Bundesländern von 1985 bis 1990 und in einem Exkurs Angebote aus den neuen Bundesländern seit 1991, ergänzt durch ausgewählte Ankündigungen aus der Zeit der DDR. Systematischer ist der Vergleich zwischen dem Bildungsangebot in unterschiedlichen Systemen bzw. Ländern in einem umfangreichen Projekt zur kulturellen, in unterschiedlichen Einrichtungen stattfindenden Erwachsenenbildung in Deutschland und Polen bearbeitet worden. Dort wurden die Angebote zur kulturellen Erwachsenenbildung in Berlin/Brandenburg und in einigen ausgewählten Regionen Polens mit Hilfe der gleichen, im deutschen Teilprojekt entwickelten Oberkategorien geordnet und verglichen. Diese Kategorien, hier als Portale im Sinne von Zugangsmöglichkeiten zu kultureller Bildung bezeichnet, erlauben einen auf städtische und ländliche Regionen in den beiden Ländern bezogenen differenzierten Vergleich (vgl. Solarczyk 2005, S. 169).

3 Methoden

3.1 Mittelbare Programmanalysen

Die Analyse von in Programmen konkretisierten Angeboten der Erwachsenenbildung kann auch mittelbar auf dem Wege der *Sekundäranalyse*, also über die Auswertung bereits vorhandener statistischer Erhebungen, oder über *Befragungen* von Programmverantwortlichen erfolgen.

So wurde beispielsweise in dem Gutachten „Bestand und Entwicklungsrichtungen der Weiterbildung in Schleswig-Holstein“ (Faulstich/Teichler/Döring 1996) u.a. auf Daten des Landesarbeitsamts Nord zur AFG-geförderten beruflichen Weiterbildung, der bundesweiten

Volkshochschulstatistik, der Statistiken der Industrie- und Handelskammern sowie des Informationssystems Aus- und Weiterbildung der Bundesanstalt für Arbeit zurückgegriffen und eine frühe Umfrage einer interministeriellen Arbeitsgruppe zur Weiterbildung des Bundeslands zu Rate gezogen. Auch Berichte der Landesministerien zum Bildungsfreistellungs- und Qualifizierungsgesetz und zur politischen Bildung wurden für die Analyse verwertet.

Direkter auf das Programm bezogen sind Befragungen von Weiterbildungsinstitutionen, deren Adressen im Fall der Schleswig-Holstein-Studie durch eine umfangreiche Feldsondierung ermittelt wurden. Auf dieser Basis wurde u.a. folgenden Angaben zum Angebot in Schleswig-Holstein gemacht: zur Weiterbildungsdichte, zur Zahl der Veranstaltungsorte, zur Zahl der durchgeführten Kurse, der Einzelveranstaltungen, der durchgeführten Unterrichtsstunden, zur Zertifizierung von Teilnahme und zur Zahl der Teilnehmer an Kursen und der an Einzelveranstaltungen – und zwar gesondert nach Art der Institution und nach Angebotsbereichen. Eingeteilt wurde das Angebot dabei nach den Bereichen politische, allgemeine, berufliche Weiterbildung sowie nach integrativen, d.h. diese Bereiche verbindenden Maßnahmen (vgl. Faulstich/Teichler/Döring 1996, S. 45-78).

In der Freiburger Studie wurden an die ermittelten Anbieter Fragebogen geschickt, die geschlossene und offene Fragen zu den Themen Rechtsform der Einrichtung, beschäftigte Personen, Finanzierung der Veranstaltungen, Teilnehmergebühren, Räumlichkeiten, Umfang der Veranstaltungen und deren Organisationsform, Abschlusszertifikate, besondere Zielgruppen und Bildungsschwerpunkte sowie zum Selbstverständnis der Anbieter enthielt. Eine geschlossene Frage bezog sich auf die Angebotsschwerpunkte der Einrichtungen. Vorgegeben wurden 11 Antwortmöglichkeiten, die sich an der Gliederung des Angebots der Volkshochschulen orientierten, allerdings um den regional- und zeittypischen Bereich der Esoterik ergänzt wurden. Von den Vorgaben sollten höchstens drei ausgewählt werden. Dem Nachteil nicht vollständiger, eventuell nachlässig gemachter oder verfälschter bzw. geschönter Angaben, steht bei diesem Verfahren die relativ einfache Auswertung und die Erfassung einer relativ großen Menge von Anbietern entgegen.

3.2 Unmittelbare Programmanalysen

Von Erhebungsmodalitäten unbeeinflusste Daten bieten Analysen auf der Basis der gedruckten oder im Internet veröffentlichten Programme, die im übrigen auch zur Kontrolle von Angaben eingesetzt werden können, die im Rahmen von Befragungen gemacht wurden. Bei der – unmittelbaren – Programmanalyse können nicht nur sämtliche Angaben in den einzelnen Ankündigungstexten ausgewertet werden, sondern darüber hinaus auch die graphische und visuelle Gestaltung sowie allgemeine Erläuterungstexte, Vor- bzw. Grußworte und die im Programm eventuell platzierte Werbung.

Das Hauptaugenmerk von Programmanalysen liegt auf den Texten, die Informationen zu einzelnen geplanten Veranstaltungen enthalten, aber auch für sie werben. Je länger und detaillierter diese Texte sind, desto ergiebiger sind sie für unterschiedliche Fragestellungen. Zur Analyse dieser Texte werden in der Regel Varianten der *Inhaltsanalyse* angewendet – und zwar eher quantitativ ausgerichtete oder eher qualitativ ausgerichtete.

Die quantitativ ausgerichtete empirische Inhaltsanalyse ist eine Forschungstechnik, mit der man durch systematische und objektive Identifizierung von Bedeutungsträgern Schlüsse ziehen kann, die über das analysierte Dokument hinaus verallgemeinerbar sein sollen (vgl. Kromrey

2006, S. 319). Solche Bedeutungsträger sind primär schriftliche Texte, die als Indikatoren für externe Sachverhalte angesehen werden, und zwar für Ereignisse oder Situationen (z.B. die Planung oder das Stattfinden von Bildungsveranstaltungen), für Aussageabsichten bzw. Einstellungen der Autoren (z.B. das Selbstverständnis von Anbietern), für Merkmale der angesprochenen Rezipienten (z.B. die Bildungsbedürfnisse der Adressaten) sowie für politische bzw. soziale Kontexte von dokumentierten Ereignissen oder Situationen (z.B. das Ausmaß politischer Einflüsse auf Bildungsangebote). In jedem Fall geht es um die systematische Identifizierung von Aussage-Elementen und deren Zuordnung zu vorher festgelegten Kategorien. Diese Zuordnung soll personenunabhängig erfolgen, was die Erstellung von Zuordnungsregeln und eine, die einheitliche Anwendung der Regeln ermöglichende Einarbeitung nötig macht. Die qualitativ ausgerichtete Inhaltsanalyse bietet darüber hinaus die Möglichkeit, den Kontext von Texten, die latenten Sinnstrukturen, markante Einzelfälle sowie das, was nicht im untersuchten Text vorkommt, zu berücksichtigen, ohne das Verfahren der systematischen Inhaltsanalyse und der vorherigen Festlegung der Analyseaspekte aufzugeben (vgl. Mayring 1996, S. 91).

3.2.1 Kategorisierungen

Im Zentrum der – qualitativ oder quantitativ ausgerichteten – Inhaltsanalyse steht die Entwicklung eines Kategoriensystems, das die Codierung der problemrelevanten Aspekte erlaubt. Kategoriensysteme enthalten gewöhnlich Ober- und Unterkategorien. So wurden in der Studie zum Programmangebot in Wien aus den 1970er Jahren in Anlehnung an die klassische Gegenüberstellung von allgemeiner und berufsbezogener Erwachsenenbildung und unter Berücksichtigung der untersuchten Institutionen die drei Obergruppen Orientierungswissen, Vorbereitungskurse sowie Berufswissen und Berufspraxis (vgl. dagegen die Einteilung in der Schleswig-Holstein-Studie) bestimmt, die dann durch zahlreiche Unterkategorien differenziert wurden.

Für die Studie zum Weiterbildungsangebot der Stadt Bremen im Jahr 1992 wurde ein speziell auf Ankündigungstexte bezogenes Raster entwickelt und anhand einer Stichprobe verifiziert, das neben den Punkten Namen der Einrichtung und Titel der Veranstaltung folgende Angaben erfasst:

- spezieller Weiterbildungsbereich
- Veranstaltungsort
- Beginn, Uhrzeit, Dauer der Veranstaltung
- Teilnehmerzahlen (Mindest-/Höchstzahl)
- Gebühren
- AFG-Förderung
- Zugangsvoraussetzungen
- Abschlüsse
- Zielgruppe(n)
- Veranstaltungsform
- Arbeitsform (vorwiegend rezeptiv oder vorwiegend aktiv)
- Anzahl und Geschlecht der Lehrkräfte (vgl. Körber u.a. 1995, S. 14)

Auch in dieses System sind mehr oder weniger direkt zeittypische Elemente eingegangen – die inzwischen abgeschaffte und mittlerweile durch das Sozialgesetzbuch III geregelte AFG-Förderung einerseits und das durch die Idee der Arbeitsgemeinschaft in der Weimarer Erwachsenenbildung geprägte und durch die Lernpsychologie der 1960er Jahre beförderte Konzept der Aktivierung, das den Unterschied zwischen rezeptiven und aktiven Arbeitsformen hervorheben ließ. Inzwischen würde man vielleicht die Unterscheidung zwischen bzw. die Anteile an Präsenz- und computervermitteltem Lernen berücksichtigen.

Die Autorinnen der Untersuchung über die Dresdener Volkshochschule haben sich für den Zeitraum der Jahre 1990 bis 1997 an dieses hier nur mit den Oberkategorien angeführte System angelehnt, für die Untersuchung der Programme in den Jahren 1946 bis 1989 dagegen ein DDR-spezifisches Raster entwickelt (vgl. Gieseke/Opelt 2003, S. 53). Sie haben darüber hinaus für die Gesamtuntersuchung zusätzliche Kategorien verwendet, mit deren Hilfe der Zugriff auf Wissensinhalte charakterisiert werden sollte, und zwar mit den Oberkategorien Teilnehmer-, Sach- und Erlebnisorientierung (vgl. a.a.O., S. 54ff.). Eine weitere, aber anders geartete Überarbeitung erfuhr das Bremer Raster durch eine dem Abschnitt 1996/1997 gewidmete Folgeuntersuchung, in der mit Hilfe der Programmauswertung auch Fragen nach der Qualität der Programme, nach der Transparenz und dem Informationsgehalt der Ankündigungstexte sowie nach den Marketingstrategien nachgegangen wurde (vgl. Schrader 2000, S. 87f.).

In thematisch eingegrenzten Studien sind meist weniger Ober- und speziellere Unterkategorien nötig. In einer Arbeit über abschlussorientierte und zertifikatsorientierte Angebote (vgl. Käpplinger 2007) wurde mit den Oberkategorien Themengebiete, Einrichtungstyp, Nachweis, Zertifizierer, Zielgruppen, Voraussetzungen, Nutzen/Berechtigungen, Zeitformen, Unterrichtsstunden, Kurskosten, Zertifikatstyp gearbeitet, und eine Kategorie wie „Voraussetzungen“ – in der Bremer Untersuchung nach obligatorisch/erwünscht/nein und bei „Schulabschluss“ nach Hauptschule, Mittlere Bildungsabschluss, Polytechnische Oberschule, Fachhochschulreife, Fachgebundene Hochschulreife, allgemeine Hochschulreife, kein formaler Schulabschluss eingeteilt – wurde hier nach den Unterkategorien Schulabschluss, Hochschulabschluss, berufliche Qualifikation, Berufstätigkeit, bestimmter Status/Stellung, Besuch eines Vorkurses, Arbeitslosigkeit und die Restkategorie „keine Angabe oder nicht zuordenbar“ differenziert (vgl. a.a.O., S. 250).

Kategorien werden meist aufgrund der Fragestellung und der theoretischen Vorannahmen entwickelt, dann aber exemplarisch getestet und aufgrund der Erfahrung solcher Pretest gegebenenfalls modifiziert. Man kann also zwischen einer deduktiven und einer induktiven Kategorienbildung entscheiden. Beide Formen können auch in ein und derselben Untersuchung verwendet werden. In der Zertifikats-Studie wurden die Kategorien Nachweis, Zertifizierer, Voraussetzungen, Nutzen/Berechtigungen induktiv gebildet, während die Kategorien Themengruppe, Einrichtungstyp, Zielgruppe, Zeitform und Zertifikatstyp von einschlägigen Vorarbeiten abgeleitet wurden (vgl. a.a.O., S. 128f.).

Aufgrund der weithin bekannten Gliederung des Angebots der Volkshochschulen nach Fachbereichen ist fast jede Programmanalyse mit der Frage konfrontiert, wie mit diesen Einteilungen umzugehen ist. Das trifft auch auf Untersuchungen zu, die nicht (oder nicht nur) das Angebot von Volkshochschulen analysieren. Verschiedene Lösungen sind hier belegt: In der Freiburger Studie wurde diese Einteilung punktuell ergänzt, in einer Arbeitsplananalyse zur Altersbildung wurde ein komplementäres Vorgehen gewählt, indem das Kursangebot einmal nach Fachbereichen (Gesundheitsbildung, Sprachenbereich, Kulturelle Bildung, Sonstige Fachbereiche) und zum anderen nach Kategorien analysiert wurde, die das Älterwerden im Lebenszusammenhang fokussieren (vgl. Kade 1992). Eine weitere Variante besteht in der Differenzierung, also der Bildung von Unterkategorien zu einer vorgegebenen Oberkategorie – wie im Fall einer Untersuchung zur ökologischen Weiterbildung an Volkshochschulen in Nordrhein-Westfalen, in der die Oberkategorie „Ökologische Bildungsangebote“ durch induktiv gebildete Unterkategorien (18 Themengruppen und 29 darunter subsumierte Themengebiete) differenziert wurde (vgl. Henze 1998). Als Themengruppen wurden dabei bestimmt: Gesundheit, ressourcenschonendes/ökologisches Bauen und Renovieren inkl. Hausgerätekauf, themenübergreifende Angebote zum Bereich Umweltschutz im Haushalt/Alltag, Freizeit, Umwelterziehung in Elternhaus, Kindergarten und Schule, Naturwahrnehmung/Natur- und Landschaftsgefährdung – (praktizierter) Natur- und Biotopschutz, Landwirtschaft, Wirtschaft/Arbeitswelt, Abfall/Abfallwirtschaft, Wasser, Verkehr, Energie, Gefährdung der Erdatmosphäre/Klimaschutz, Kommunalpolitik, Gesellschafts- und Wirtschaftspolitik, Geisteswissenschaften sowie inhaltlich offene und themenübergreifende Angebote zum Bereich Umweltzerstörung/Umweltschutz.

Kategorien müssen trennscharf formuliert werden, also einander ausschließen. In manchen Fällen ist eine Operationalisierung von Kategorien anhand von typischen Beispielen oder die Erstellung zusätzlicher Kodierregeln hilfreich. So wurde beispielsweise in der Studie zur ökologischen Weiterbildung nach Diskussionen in einer studentischen Arbeitsgruppe die Trennungslinie zu Naturkunde, Biologie, Heimatkunde oder Wirtschaft und Politik dadurch gezogen, dass nur Angebote berücksichtigt wurden, die Gefährdungen oder Gefährdungsfaktoren angesprochen und/oder konkrete Umweltschutzmaßnahmen thematisiert haben (vgl. a.a.O., S. 39).

Klassische Inhaltsanalysen, wie sie im Bereich der Kommunikations- und Medienwissenschaften üblich sind, geben Auskunft über Häufigkeiten (z.B. von Themen), über Bewertungsausprägungen wie pro – contra – neutral bzw. Bewertungsintensitäten oder über den Textzusammenhang, in dem ein bestimmtes sprachliches Element steht. Im Fall von quantitativ ausgerichteten Programmanalysen werden meist Häufigkeiten und Verteilungen ermittelt. Es ist also die Variante der Frequenzanalyse, die hier vorherrscht. So ist der Studie von Henze zu entnehmen, dass sich ökologische Weiterbildungsangebote in 98,6% aller Arbeitspläne nordrhein-westfälischer Volkshochschulen im Studienjahr 1992/93 finden, dass ein verstärktes Engagement der Volkshochschulen in Ballungsgebieten sichtbar wird, dass mehr als die Hälfte der Angebote die Bereiche „Naturwahrnehmung/Natur- und Landschaftsgefährdung – (praktizierter) Natur- und Biotopschutz“, „Freizeit“ und „ressourcenschonendes/ökologisches Bauen und Renovieren inkl. Hausgerätekauf“ betrifft, dass die inhaltliche Struktur des Angebots von naturkundlichen Angeboten dominiert wird und dass bei der Zeitorganisationsform die Einzelveranstaltung mit 72,2% dominiert (Autor, Jahresangabe).

Die methodischen Standards der Inhaltsanalyse wurden bisher am konsequentsten von den beiden Bremer Untersuchungen (vgl. Körber u.a. 1995; Schrader 2000), der Studie über die Dresdener Volkshochschule (vgl. Gieseke/Opelt 2003) und von der Untersuchung zu abschlussbezogenen Angeboten (vgl. Käpplinger 2008) befolgt. Die Verfasser haben nach ausdifferenzierten Codeplänen bzw. Codebüchern gearbeitet und Schulungen für die eingesetzten Codierer bzw. wiederholte Teambesprechungen durchgeführt. Die Formalisierung des Verfahrens hat jeweils computerunterstützte quantitative Erfassungen und Auswertungen ermöglicht, die die Basis für ursachenvermutende und teilweise auch Prognosen wagende Interpretationen lieferten.

3.2.2 Interpretationen

Eine Reihe von Programmanalysen beschränkt sich nicht nur auf die Erstellung eines deduktiv und induktiv ermittelten Kategorienrasters und eine darauf basierte Feststellung von Häufigkeiten und Relationen, sondern illustriert und differenziert diese Kategorien durch wortwörtlich wiedergegebene und interpretierte Zitate aus Ankündigungen (vgl. Kade 1992; Nolda 1992; Tietgens 1994), die wiederum zur Entwicklung von Kategorien geführt haben. Das – auch Mehrdeutigkeiten enthaltende – Potential dieser Texte kann auf diese Weise für die jeweiligen Untersuchungsziele nutzbar gemacht werden. Solche textnahen Analysen verdeutlichen das in rein quantitativen Analysen kaum sichtbare Problem des Zuordnungszwangs und machen bewusst, dass Ankündigungen nicht deckungsgleich mit durchgeführten Veranstaltungen, sondern Texte sind, die strukturell den Gesetzmäßigkeiten ihrer Gattung und begrifflich den Konzepten und Moden der Zeit unterliegen.

Bei der qualitativen Inhaltsanalyse, wie sie Mayring (1983) in wiederholt aufgelegten Lehrbüchern beschrieben hat, werden gewissermaßen die Nachteile einer rein quantitativen Analyse durch die Einbeziehung qualitativer Elemente ausgeglichen. Die Konstruktion und Anwendung eines Kategoriensystems bleibt Zentrum der Analyse, es wird aber in einem Wechselverhältnis zwischen der theoretischen Fragestellung und dem konkreten Material entwickelt und während der Analyse überarbeitet und rücküberprüft (vgl. a.a.O., S.5 3).

Qualitative Analysen umfassen Aufgaben wie die Hypothesenfindung z.B. in Form von Pilotstudien, die einen Gegenstandsbereich offen erkunden oder in Form von Einzelfallstudien, die einen einzelnen Fall z.B. ein einziges Programm oder eine einzelne Ankündigung in allen Textelementen und – auch latenten - Bedeutungen beschreiben und interpretieren. Bei quantitativen Analysen sind Klassifikationen eher Ausgangspunkt, bei qualitativen Analysen können sie dagegen – in Form von Typologien – das Ziel darstellen. Generell scheint es mittlerweile müßig zu sein, die eine Richtung gegen die andere auszuspielen. Stattdessen ist es sinnvoller, die Möglichkeiten der Integration qualitativer und quantitativer Methoden zu nutzen (vgl. Kelle 2007). So wie quantitativ erhobene Daten immer auch interpretiert werden (müssen), so kann auch das ursprünglich für quantitative Inhaltsanalysen erhobene Material für weitere textnahe Interpretationen genutzt werden (vgl. Schrader 2003).

Rein qualitativ vorgehende Analysen von Programmen bzw. Programmteilen sind noch selten. Die hierbei in Frage kommenden Zugänge, wie der auch Bildelemente berücksichtigende semiotisch-textanalytischen und der strukturalhermeneutische (vgl. Nolda 1998), sind besonders für kleine Datenmengen geeignet. Sie zielen auf ein Verstehen eher untergründiger, nicht-intentionaler, indirekt zu ermittelnder Aussagen oder Haltungen ab. Diese Ansätze können aber auch in eher quantitative Analysen integriert werden, wie das Beispiel einer Längsschnittanalyse zur Frauenbildung an einer großstädtischen Volkshochschule zeigt, in der u.a. auch die im Programmheft abgedruckten Werbeanzeigen mit ihren verbalen und visuellen Elementen interpretiert wurden (vgl. Köster 2002).

Von den für Programmanalysen in Frage kommenden interpretativen Verfahren dürfte die Diskursanalyse von besonderer Bedeutung sei, die bisher vorwiegend für bildungspolitische und wissenschaftliche Text eingesetzt wurde (vgl. Nicoll/Edwards 2000; Kraus 2001; Wrana 2003; Forneck 2004). Auf Vorworte und Ankündigungstexte in Programmen der Erwachsenenbildung bezogen sind Beiträge zur Sprache der Wende in Arbeitsplänen der ehemaligen DDR (vgl. Nolda 1992), zur institutionellen Selbstbeschreibung von Volkshochschulen in politischen Veränderungssituationen (vgl. Kade/Nittel/Nolda 1993) und zur Frage der Relevanz von Genderaspekten, demonstriert am Beispiel von in Programmen angekündigten Volkshochschulveranstaltungen (vgl. Venth 2006, S. 26-66).

3.2.3 Triangulationen

Programmanalysen – unabhängig von einer mehr quantitativen oder mehr qualitativen Ausrichtung – können selbstständig oder in Kombination mit anderen Untersuchungsmethoden durchgeführt werden. Dabei sind mehrere Triangulationsformen möglich: Wenn das Programm als Ausdruck des Programmhandelns pädagogisch tätiger Mitarbeiter von Weiterbildungseinrichtungen interessiert (vgl. Gieseke 2000), liegt eine Kombination mit der Befragung der Programmplaner bzw. -planerinnen (vgl. z.B. Henze 1998), Arbeitsplatzanalysen (vgl. Gieseke/Gorecki 2000) oder auch die Aufzeichnung und Interpretation von Planungsgesprächen (vgl. Robak 2000) nahe. Werden Programme als Ausdruck institutioneller Entscheidungen oder als Reaktion auf bildungspolitische Äußerungen gesehen, ist die Hinzuziehung entsprechender Dokumente angebracht (vgl. Zeuner 2001). In der Analyse des Angebots der Volkshochschule Dresden wird von den Verfasserinnen ausdrücklich der Mangel von Dokumenten wie Konferenz- und Gremienberichten oder von sogenannten „Brigadetagebüchern" beklagt (vgl. Gieseke/Opelt 2003, S. 59), dafür aber Angaben zur Teilnehmer- und Mitarbeiterstruktur in die Analyse einbezogen. Die Sicht auf Angebote als Spiegel des jeweiligen Zeitgeists macht die Berücksichtigung der entsprechenden Literatur plausibel – bei einer Untersuchung der Behandlung des Themas Nationalsozialismus in der Erwachsenenbildung unterschiedlicher Anbieter von 1946 bis 1989 z.B. die einschlägigen philosophischen, soziologischen und historischen Arbeiten zum Thema (vgl. Ciupke/Reichling 1996).

Bei video- oder tonbandbasierten Analysen, wie sie im Rahmen der Kursforschung durchgeführt werden, können die jeweiligen Ankündigungstexte als zusätzliches Material eingesetzt werden, das aus Interaktionsprotokollen gewonnene Thesen bekräftigt (vgl. Kade 1986) oder das zu Gedankenexperimenten darüber eingesetzt wird, wie ein angekündigter Kurs (anders) hätte ablaufen können (vgl. Dinkelaker/Herrle 2007). Schließlich ist daran zu denken, auch die Seite der Teilnehmer – etwa über Intensivinterviews – zu berücksichtigen bzw. solche Analysen mit der Analyse des die entsprechende Veranstaltung beschreibenden Ankündigungstexts zu verbinden. Häufig werden die entsprechenden Texte zwar im Wortlaut zitiert (vgl. Kade 1989, S. 59), aber in ihrem Potential als Interpretationsquelle nicht ausgeschöpft.

4 Probleme und Desiderata

Generell ist über die Wahrnehmung von Programmen bzw. Ankündigungstexten durch die unmittelbaren Adressaten noch wenig bekannt. Hier wäre an systematische Rezeptionsanalysen zu denken, wie sie über standardisierte Befragungen in Anlehnung an Studien zur Rezeption von Fachzeitschriften (vgl. Müller 2006), aber auch durch Intensivinterviews möglich sind.

Als eher technisch zu bewältigende Herausforderung der nahen Zukunft wird die Erfassung und Analyse von webbasierten Programmen und Ankündigungen die Erwachsenenbildungsforschung beschäftigen. Der Vorteil des ungehinderten Zugriffs auf örtlich entfernte, auch ausländische Angebote muss nämlich (noch) mit dem Nachteil der Flüchtigkeit erkauft werden.

Hier ist eine Fixierung der immer wieder aktualisierten Daten ebenso wie der Einsatz einer Software notwendig, die die Bearbeitung der Texte ermöglicht (vgl. zur Inhaltsanalyse webbasierter Informationsangebote aus kommunikationswissenschaftlicher Sicht Luzar 2004). Die gerade auch in Internetpräsentation festzustellende gehäufte Verwendung von Bildmaterial legt es nahe, auf bildhermeneutische Verfahren zurückzugreifen (vgl. Nolda 2008). Ob die Fixierung von Webinhalten Papier-Archive obsolet macht, ist noch nicht entschieden. Es wäre im Moment aber sicher voreilig, auf diese immer noch zuverlässigste Methode der Aufbewahrung zu verzichten.

Was die Nutzung vorhandener Programmanalysen betrifft, so ist dieser insofern eingeschränkt, als kaum vergleichbare und nach dem gleichen Modell weiterzuführende Untersuchungen vorliegen. Stattdessen findet sich eine Vielzahl von unterschiedlich dimensionierten Analysen zu jeweils aktuell interessierenden Themen. Auch wenn die unterschiedlichen Anlagen und Fragestellungen die dynamische Situation der Erwachsenenbildung in Praxis und Theorie spiegeln, so ist doch auch ein „Desinteresse an den mittleren Lagen" (Tietgens 1993) auszumachen. Das betrifft in geringerem Umfang regionale, das ‚System' der Weiterbildung zu erfassen suchende Studien (vgl. den Überblick in Nuissl/Schlutz 2001).

Allen Untersuchungen aber ist das Problem der Generalisierbarkeit gemein: Die zahlenmäßig immer noch dominierenden Untersuchungen von Volkshochschul-Angeboten lassen nur bedingt Schlüsse auf die Angebotsstruktur der Vielzahl anderer, weniger etablierter Anbieter mit einer anderen Klientel zu. Regionale und lokale Analysen wiederum erfassen zwar die Vielzahl von Anbietern, können aber nur bedingt auf andere Regionen oder auf das gesamte Bundesgebiet übertragen werden. Tatsächlich aber wird dieser in einigen Untersuchungen suggerierte Rückschluss nicht selten durch eine nachlässige Rezeption verbreitet. Hier wäre größere Vorsicht angebracht. Ein ähnliches Problem stellt die Abhängigkeit mancher Untersuchungen von Auftraggebern oder von den eigenen Interessen dar (vgl. Nolda 2003). So dürfte die Idee der Rechtfertigung einer abgeschlossenen oder geplanten Intervention im untersuchten Bereich eine vorurteilsfreie Sicht auf Programme eher behindern. Zu empfehlen ist in diesem Zusammenhang die Offenlegung und Reflexion von Abhängigkeiten oder aber die Durchführung von Programmanalysen durch nicht-involvierte Personen.

Abschließend sei auf den weitgehenden Mangel an internationalen Vergleichen hingewiesen werden. Hier liegen Vorarbeiten im europäischen Rahmen vor, die allerdings eher auf quantitative Erfassungen ‚aus zweiter Hand' abzielen. Eine originaltextbasierte Vergleichsstudie steht – was angesichts der dabei zu überwindenden Sprachprobleme nicht erstaunt – noch aus.

Literatur

Alt, Ch./Borutta, A./Tillmann, H. (1999): Analyse von Weiterbildungsangeboten in ausgewählten Regionen – Vorstudie im Rahmen des Früherkennungssystems Qualifikationsentwicklung. in: Alex, L./Bau, H. (Hrsg.): Wandel beruflicher Anforderungen: Der Beitrag des BIBB zum Aufbau eines Früherkennungssystems Qualifikationsentwicklung, S. 127-173.

Ciupke, P./Reichling, N. (1996): „Unbewältigte Vergangenheit" als Bildungsangebot. Das Thema „Nationalsozialismus" in der westdeutschen Erwachsenenbildung 1946 bis 1989. Frankfurt/M.: Deutsches Institut für Erwachsenenbildung.

Dinkelaker, J./Herrle, M. (1996): Videoanalyse von Kursinteraktionen in Bildungsinstitutionen für Erwachsene. Ms. Frankfurt/M. 2007

Eckert, Th. (1996): Pluralisierung und Segmentierung des Weiterbildungsangebots am Beispiel der Region Freiburg. In: Tippelt, R./Eckert, Th./Barz, H.: Markt und integrative Weiterbildung. Bad Heilbrunn: Klinkhardt, S. 46-84.

Faulstich, P./Teichler, U./Döring, O. (1996): Bestand und Entwicklungsrichtungen der Weiterbildung in Schleswig-Holstein. Weinheim: Deutscher Studien Verlag.

Forneck, H.J. (2004): „Diskurse der Transformation" – Eine diskursanalytische Untersuchung der Entstehung sich verändernder Professionalität. In: Literatur- und Forschungsreport Weiterbildung, 27. Jg., H.1, S. 236-264

Gieseke, W. (2000): Programmplanung und Bildungsmanagement. In: dies. (Hrsg.): Programmplanung und Bildungsmanagement. Qualitative Studie in Perspektivverschränkung. Recklinghausen: Bitter, S. 30-58.

Gieseke, W./Gorecki, C. (2000): Programmplanungshandeln als Angleichungshandeln – Arbeitsplatzanalyse. In: Gieseke, W. (Hrsg.): Programmplanung und Bildungsmanagement. Qualitative Studie in Perspektivverschränkung. Recklinghausen: Bitter, S. 59-114.

Gieseke, W./Opelt, K. (2003): Erwachsenenbildung in politischen Umbrüchen. Programmforschung Volkshochschule Dresden 1945-1997. Opladen: Leske + Budrich.

Gieseke, W. (Hrsg.) (2000): Programmplanung als Bildungsmanagement? Qualitative Studie in Perspektivverschränkung. Recklinghausen.

Gnahs, D./Griesbach, K. u.a. (1994): Strukturen und Entwicklungen der Weiterbildungslandschaft in Braunschweig. Endbericht Teil1. Ms. Hannover: Institut für Entwicklungsplanung und Strukturforschung Hannover.

Henze, Ch. (1998): Ökologische Weiterbildung in Nordrhein-Westfalen. Eine empirische Studie zur Programmplanung und Bildungsrealisation an Volkshochschulen. Münster: Waxmann.

Kade, J. (1986): Lediglich moderieren und auf die Bedürfnisse der Teilnehmer eingehen. In: Ebert, G./Hester, W./Richter, K. (Hrsg.): Subjektorientiertes Lernen und Arbeiten -. Ausdeutung einer Gruppeninteraktion. Frankfurt/M: Pädagogische Arbeitsstelle des deutschen Volkshochschul-Verbandes, S. 110-135.

Kade, J. (1989): Erwachsenenbildung und Identität. Eine empirische Studie zur Aneignung von Bildungsangeboten. Weinheim: Deutscher Studien Verlag.

Kade, S. (1992): Arbeitsanalyse: Altersbildung. Frankfurt/M.: Deutsches Institut für Erwachsenenbildung.

Kade, S. (2007): Altern und Bildung. Eine Einführung. Bielefeld: Bertelsmann.

Kade, S./Nittel, D./Nolda, S. (1993): „Werte Bürgerinnen und Bürger! Liebe Teilnehmerinnen und Teilnehmer!" Institutionelle Selbstbeschreibungen von Volkshochschulen in politischen Veränderungssituationen. In: Zeitschrift für Pädagogik, 39. Jg., H. 3, S. 409-426.

Käpplinger, B. (2007): Abschlüsse und Zertifikate in der Weiterbildung. Bonn: Bundesinstitut für Berufsbildung.

Käpplinger, B. (2008): Programmanalysen und ihre Bedeutung für pädagogische Forschung. In: Forum Qualitative Sozialforschung, 9. Jg., H.1 [http://www.qualitative-research.net/index.php/fqs/article/view/333/728- letztes Aufrufdatum: 24.08.2008].

Kelle, U. (2007): Die Integration qualitativer und quantitativer Methoden in der empirischen Sozialforschung. Theoretische Grundlagen und methodologische Konzepte. Wiesbaden: VS Verlag.

Kallmeyer, G. (1973): Psychologische Fragestellungen im VHS-Programmangebot. PAS- Arbeitspapier Nr: 57. Frankfurt/M.

Körber, K. u.a. (1995): Das Weiterbildungsangebot im Lande Bremen. Strukturen und Entwicklungen in einer städtischen Region. Bremen: Universitätsbuchhandlung.

Köster, Y. (2002): Frauenbild(-ung) im Wandel der Zeit. Programmanalyse von Frauenbildungsangeboten der VHS Dortmund von 1950-2002. Dipl.-Arb. Dortmund.

Kraus, K. (2001): Lebenslanges Lernen - Karriere einer Leitidee. Bielefeld: Bertelsmann.

Kromrey, H. (2006): Empirische Sozialforschung. Modelle und Methoden der standardisierten Datenerhebung und Datenauswertung. Stuttgart: Lucius und Lucius, 11.Aufl.

Luzar, K. (2004): Inhaltsanalyse von webbasierten Informationsangeboten. Framework für die inhaltliche und strukturelle Analyse. Nordersted: Books on Demand.

Mader, A. (1998): Multimedia als Angebot. Programmanalyse ausgewählter Einrichtungen. In: Nispel, A./Stang, R./ Hagedorn, F. (Hrsg.): Pädagogische Innovation mit Multimedia 1. Analyse und Lernorte. Frankfurt/M.: Deutsches Institut für Erwachsenenbildung, S. 51-76.

Mayring, Ph. (1983[8]): Qualitative Inhaltsanalyse. Grundlagen und Techniken. Weinheim: Beltz.

Mayring, Ph. (1996[3]): Einführung in die Qualitative Sozialforschung. Weinheim: Beltz.

Metelerkamp, J. (1995): Sprecherziehung in Arbeitsplänen der Volkshochschulen. In: ders. (Hrsg.): Lernziel: Gesprächsfähigkeit. Theorie und Praxis der Sprecherziehung/Rhetorik in der Erwachsenenbildung. Frankfurt/M.: Deutsches Institut für Erwachsenenbildung 1995, S. 21-26

Möller, S. (2002): Marketing in der Weiterbildung. Eine empirische Studie an Volkshochschulen. Bielefeld: Bertelsmann.

Müller, Ch. (2007): Fachzeitschriften und Scientific Community. Eine Untersuchung über die Nutzung von Fachzeitschriften der Erwachsenenbildung. Dipl.-Arb. Bonn [http://www.die-bonn.de/doks/mueller0602.pdf – letztes Aufrufdatum: 24.08.2008].

Nicoll, K./Edwards, R. (2000): Reading policy texts: lifelong learning as metaphor. In: International Journal of lifelong education,19. Jg., H. 5, S. 459-469

Nolda, S. (1992): Zeitschrift für Pädagogik,. Diskursanalytische Beobachtungen anhand von VHS-Arbeitsplänen der ehemaligen DDR. In: Küchler, F. von/Kade, S. (Hrsg.): Erwachsenenbildung im Übergang. Frankfurt/M.: Deutsches Institut für Erwachsenenbildung 1992, S. 102-111

Nolda, S. (1998): Programme der Erwachsenenbildung als Gegenstand qualitativer Forschung. In: Nolda, S./Pehl. K./Tietgens, H. : Programmanalysen. Programme der Erwachsenenbildung als Forschungsobjekte. Frankfurt/M.: Deutsches Institut für Erwachsenenbildung, S. 139-235.

Nolda, S. (2003): Paradoxa von Programmanalysen. In: Gieseke, W. (Hrsg.): Institutionelle Innensichten der Weiterbildung. Bielefeld: Bertelsmann, S. 212-227.

Nolda, S. (2008): The role of history in the official self-descriptions of national organizations of adult education. A closer look at the websites of WEA, ZNANIE, VÖV, and DVV. In: Bron, M./Reischmann, J. (Hrsg.): Comparative Adult Education. Experiences and examples. Frankfurt/M: Peter Lang (im Druck).

Nuissl, E./Schlutz, E. (Hrsg.) (2001): Systemevaluation und Politikberatung. Gutachten und Analysen zum Weiterbildungssystem. Bielefeld: Bertelsmann.

Pehl, K. (1998): Das Volkshochschul-Programmarchiv nutzen. In: Nolda, S./Pehl. K./Tietgens, H. Programmanalysen. Programme der Erwachsenenbildung als Forschungsobjekte. Frankfurt/M: Deutsches Institut für Erwachsenenbildung, S. 9-59.

Reith, E./Reitz, G./Tietgens, H. (1989): Politische Bildung im Spiegel der Arbeitspläne der Volkshochschule. PAS-Arbeitspapier Nr. 112. Frankfurt/M.

Robak, St. (2000): Reflexion von Ankündigungen - Sequenzanalyse. In: Gieseke, W. (Hrsg.): Programmplanung als Bildungsmanagement? Qualitative Studie in Perspektivverschränkung. Recklinghausen: Bitter, S. 260-303.

Schlutz, E./Schrader, J. (1997): Systembeobachtung in der Weiterbildung. Zur Angebotsentwicklung im Lande Bremen. In: Zeitschrift für Pädagogik, 43. Jg., H. 6, S. 987-1008.

Schmidl, W./Seliger, M./Lenz, W. (1975): Das Programmangebot der Erwachsenenbildung in Wien. Wien: Institut für Stadtforschung.

Schöll, I. (1996): Weiterbildungsmarketing. Frankfurt/M.: Deutsches Institut für Erwachsenenbildung.

Schrader, J. (2000): Systembildung in der Weiterbildung unter den Bedingungen halbierter Professionalisierung. Weiterbildungsprogramme und Weiterbildungsinstitutionen im Wandel. Ms. Bremen.

Schrader, J. (2003): Wissensformen in der Weiterbildung. In: Gieseke, W. (Hrsg.): Institutionelle Innensichten der Weiterbildung. Bielefeld: Bertelsmann.

Schulenberg, W. (1981): Gesellschaftliche Anforderungen an die Weiterbildung – Nachfrage, Angebot und Bedarf. In: Kurzdörfer, K. (Hrsg.): Grundpositionen und Perspektiven in der Erwachsenenbildung. Bad Heilbrunn: Klinkhardt, S. 74-89.

Sellke, M. (2003): Interkulturelles Lernen. Die Entwicklung des Fremdsprachenangebots der Auslandsgesellschaft NRW e.V. als Ort der Erwachsenenbildung im Zeitraum 1955 bis 2003 unter Berücksichtigung von konzeptionellen, didaktischen und gesellschaftspolitischen Einflüssen. Dipl.-Arb. Dortmund.

Solarczyk, H. (2005): Vergleich der kulturellen (Erwachsenen-)Bildung in Polen und Deutschland. In: Depta, H./Kargul, J./Półturzycki J. (Hrsg.): Kulturelle Erwachsenenbildung in Polen am Beispiel Lubuskie, Warschau und Płock. Münster: Waxmann, S. 163-174.

Tietgens, H. (1965): Die Arbeitspläne der Volkshochschulen und ihre Gliederung. PAS-Arbeitspapier Nr.7, Frankfurt/M.

Tietgens, H. (1993): Das Desinteresse an den mittleren Lagen. In: Friebel, H. u.a.: Weiterbildungsmarkt und Lebenszusammenhang. Bad Heilbrunn: Klinkhardt, S. 149-159.

Tietgens, H. (1972): Zur Struktur des Angebots Politischer Bildung in der Volkshochschule. Eine Arbeitsplan-Analyse. PAS-Arbeitspapier Nr. 42. Frankfurt/M.

Tietgens, H. (1981): Die Erwachsenenbildung. München: Juventa.

Tietgens, H. (1994): Psychologisches im Angebot der Volkshochschulen. Frankfurt/M.: Deutsches Institut für Erwachsenenbildung.

Tietgens, H. (1998): Zur Auswertung von Arbeitsplänen der Volkshochschulen. In: Nolda, S./Pehl. K./Tietgens, H. Programmanalysen. Programme der Erwachsenenbildung als Forschungsobjekte. Frankfurt/M.: Deutsches Institut für Erwachsenenbildun, S. 61-138.

Wrana, D. (2003): Lernen lebenslänglich. Die Karriere lebenslangen Lernens. Eine gouvernementalitätstheoretische Studie zum Weiterbildungssystem [www.copyriot.com/gouvernementalitaet/pdf/wrana.pdf- letztes Aufrufdatum: 24.08.2008].

Venth, A. (2006): Gender-Porträt Erwachsenenbildung. Diskursanalytische Reflexionen zur Konstruktion des Geschlechterverhältnisses im Bildungsbereich. Bielfeld: Bertelsmann.

Weinberg, J. (1965): „Sprecherziehung“ in den Volkshochschulen. Eine Analyse der Ankündigungen in den Arbeitsplänen. In: Beilage zur Volkshochschule im Westen, 17. Jg., H. 1, S. 33-36.

Zeuner, Ch. (2001): Erwachsenenbildung in Hamburg 1945-1972. Institutionen und Profile. Hamburg: LIT Verlag.

Doris Edelmann

Messung und Zertifizierung von Kompetenzen in der Weiterbildung aus (inter-)nationaler Perspektive

1 Einleitung

Die Wichtigkeit der Messung und Zertifizierung von Kompetenzen in der Weiterbildung hat in den vergangenen Jahren in nationalen und internationalen Bildungsdebatten an großer Bedeutung gewonnen. Diese Entwicklung steht in engem Zusammenhang mit dem wirtschaftlichen, technologischen und gesellschaftlichen Strukturwandel, der sich auf sämtliche Lebensbereiche auswirkt und zu wesentlichen Veränderungen in der Arbeitswelt führt. Als zentrale Faktoren sind beispielsweise die „Globalisierung der Wirtschaftsaktivitäten, eine beschleunigte Innovationsdynamik, eine zunehmende Konzentration von Wertschöpfungsprozessen und Beschäftigung auf den Dienstleistungssektor, forcierter Einsatz der Informations- und Kommunikationstechnologien und die Vernetzung von Arbeitprozessen" (Schiersmann 2007, S. 9) zu nennen. Sie sind Kennzeichen der heutigen Wissensgesellschaft, in der die Mehrheit aller Funktionsbereiche auf Expertise basiert und eine kontinuierliche Erneuerung von Wissen sowie die Generierung von Innovationen zum ‚kategorischen Imperativ' geworden sind (vgl. Willke 1998; Tippelt/Mandl/Straka 2003).

In diesem Kontext ist die Forderung nach lebensbegleitendem Lernen einzuordnen, wobei zunehmend erkannt wird, dass sich formale, nonformale und informelle Lernprozesse gegenseitig bedingen, wie dies beispielsweise die Kommission der Europäischen Gemeinschaften (2000) in ihrem „Memorandum zum Lebenslangen Lernen" betont. Sie fasst unter die Bezeichnung formales Lernen alle Lernprozesse, die im offiziellen Bildungssystem realisiert werden, daher zu einem anerkannten Abschluss und zur Berechtigung an der Teilnahme weiterführender Bildungsgänge oder zur Ausübung beruflicher Tätigkeiten führen. Als nonformales Lernen bezeichnet sie Bildungsprozesse, die in einem institutionellen Rahmen außerhalb des Regelsystems stattfinden, was sich in einem begrenzten Geltungsbereich der Abschlüsse manifestiert. Als informell versteht sie Lernprozesse, die in einem Zusammenhang mit alltäglichen Tätigkeiten zu Hause, im Beruf oder in der Freizeit erfolgen.

Eine gleichberechtigte Anerkennung dieser Lernprozesse erfordert allerdings, dass sie gemessen und zertifiziert werden können, da es nur so möglich wird, die Durchlässigkeit der Bildungssysteme zu erhöhen, die eingeforderte Verzahnung von Ausbildung, Weiterbildung und Hochschulbildung zu realisieren, traditionelle Arbeitsmarkt- und Bildungszertifikate auszubauen, die internationale Vergleichbarkeit und Mobilität zu fördern und somit letztlich persönliche Lebensziele, Karriereoptionen sowie Weiterbildungschancen für alle bis ins hohe Erwachsenenalter zu fördern (z.B. Bjornavold 2001; Clement 2006; Gnahs 2007; Käpplinger 2007; Schiersmann 2007).

Nachfolgend wird zunächst der Frage nachgegangen, was in Deutschland unter Zertifikaten in der Weiterbildung verstanden wird und worin ihre individuellen sowie gesellschaftlichen

Funktionen liegen. Danach wird aufgezeigt, welche Konzepte ausgewählte europäische Länder zur Messung und Zertifizierung von Kompetenzen ihrer erwachsenen Bevölkerung implementiert haben und welche Initiativen von Seiten der EU unterstützt werden. Abschließend wird auf internationale Untersuchungen verwiesen, die ihren Fokus auf die Messung des Kompetenzpotenzials Erwachsener richten.

2 Zertifikate in der Weiterbildung

Im Gegensatz zum Ausbildungsbereich, der in Deutschland durch ein relativ „einheitliches Zertifizierungssystem mit allgemein bekannten und akzeptierten Bedingungen" (Clement 2006, S. 23) gekennzeichnet ist, weisen die Zertifikate im Bereich der Weiterbildung deutlich dynamischere, komplexere und unübersichtlichere Strukturen auf. In dieser breiten Fächerung spiegelt sich die ausgesprochen heterogene Struktur des deutschen Weiterbildungsbereichs wider, denn „von einer Vereinheitlichung der Abschlussregelungen, die eine Vergleichbarkeit und somit auch die Aufwertung der Weiterbildungszertifikate bewirken würden, ist man noch weit entfernt" (Nuissl 2003, S. 14).

Dass in der Diskussion um die Zertifizierung keine allgemeingültigen Definitionen vorhanden sind, verdeutlicht auch eine aktuelle Analyse des nationalen und internationalen Forschungsstandes über Nachweise in der Weiterbildung (vgl. Käpplinger 2007). Dabei umfasst die Vielfalt nicht nur die Formen und Bezeichnungen von Leistungsnachweisen, sondern auch die Themenfelder, die Inhalte und Dauer von Bildungsmaßnahmen, die Geltungsbereiche sowie die Instanzen, die Zertifizierungen ausstellen (z.B. Moser 2003; Nuissl 2003; Clement 2006; Käpplinger 2007). „Zum Teil ergänzen sich diese Zertifizierungsformen, sie duplizieren und widersprechen sich jedoch in anderen Bereichen und lassen bestimmte andere Kompetenzbereiche letztlich unberücksichtigt" (Clement 2006, S. 12). Nichts desto trotz sind Zertifikate die am weitesten verbreitete Form von Abschlusszeugnissen, die in der Weiterbildung eingesetzt werden (vgl. Nuissl 2003, S. 9).

Die große Vielfalt an staatlichen und privaten Organisationen, Verbänden und Einrichtungen, die in Deutschland für die Vergabe von Zertifikaten im weitesten Sinne ermächtigt sind, kommt besonders prägnant in einer Zusammenstellung von Nuissl (2003, S. 10) zum Ausdruck. Sie verdeutlicht, dass Zertifikate von einzelnen Trägern oder Einrichtungen, bundesweiten Trägerorganisationen wie Bildungswerken der Gewerkschaften oder Wohlfahrtsverbänden, kommunalen Trägern (z.B. Volkshochschulzertifikate), branchenspezifischen Bildungswerken und branchenübergreifenden Zweckverbänden sowie im Kontext wissenschaftlicher Weiterbildung vergeben werden. Weiterhin werden Zertifikate auf der Grundlage öffentlich-rechtlicher Prüfungen und Abschlüsse (z.B. §46 des Berufsbildungsgesetzes), im Rahmen von mehrstufigen Zertifikatssystemen (z.B. Handwerker- oder Computerpass) oder mit fachrichtungsübergreifendem Konzept (z.B. Meisterebene) und im Zusammenhang mit europäischen Qualifizierungsprogrammen (z.B. Kulturwirt) ausgestellt.

Parallel zur Heterogenität der Instanzen, die Zertifizierungen in der Weiterbildung vergeben, zeichnet sich auch eine Vielfalt bezüglich der Regelungen über die Zertifizierung verschiedener Weiterbildungsangebote ab. So können zu den gleichen Studiengängen (z.B. Industriemaster) sowohl von verschiedenen Stellen (z.B. Handelskammer, Bundesministerium für Bildung und Forschung), als auch unterschiedliche rechtliche Regelungen erlassen werden. Es ist folglich auch nicht überraschend, dass bundesweit keine Gesamtübersicht über die Anzahl und Formen von Zertifikaten existiert, die jährlich vergeben werden (vgl. Nuissl 2003, S. 14).

2.1 Begriffliche Heterogenität

Im wissenschaftlichen Diskurs wird der Zertifikatsbegriff sowohl in klarer Abgrenzung, als auch synonym zu konkurrierenden Bezeichnungen wie Abschluss, Teilnahmebescheinigung, Zeugnis, Pass, Leistungsnachweis, Testierung, Validierung oder Bilanzierung verwendet (z.B. Bjornavold 2001; Hofer 2004; Käpplinger 2007).

Eine klare Unterscheidung zwischen Zertifikaten und Abschlüssen trifft hingegen beispielsweise Nuissl (2003, S. 19), indem er Zertifikate als „allgemeine Form einer Leistungsbestätigung“ bezeichnet, die sich „in der Regel auf weniger versäulte und curricular durchstrukturierte Bildungsgänge“ beziehen und „eher kürzerfristige und flexiblere Lernleistungen“ dokumentieren. Von quantitativ geringerer Bedeutung und mit einer eindeutig komplementären Funktion versteht Nuissl (2003, S. 10) dagegen Abschlüsse, die als „formalisierte Schlussprüfungen von länger währenden Ausbildungs- und Fortbildungsgängen“ stärker formalisiert sind, wie beispielsweise „das nachträgliche Ablegen allgemeinbildender Schulabschlüsse (‚zweiter Bildungsweg‘) oder bestimmter Fortbildungsangebote, die eng an bestehende Ausbildungsabschlüsse angebunden sind (z.B. weiterführende Studiengänge, Qualifizierungen in Handwerksberufen oder laufbahnspezifische Qualifizierungen etwa bei Polizei und Bundeswehr)“.

Gnahs (2003) ordnet die Bezeichnungen Zertifizierung, Beurteilung, Selbsteinschätzung und Teilnahmebescheinigung, die für die Dokumentation von Leistungen in der Weiterbildung verwendet werden, in Bezug auf ihre Formalisierung hierarchisch ein. Dabei bezeichnet er Zertifizierungen als „eine schriftlich fixierte Fremdbewertung, die in der Regel auf externen Prüfungen basiert, outputorientiert und an fachlichen Kompetenzen orientiert ist“ (S. 91). Weiterhin betont er, dass eine Zertifizierung „zumeist mit Berechtigungen wie dem weiterführenden Besuch einer Bildungsinstitution oder der Einstufung in ein Gehaltssystem verbunden ist“ (ebd. S. 91). Als Beurteilung versteht er dagegen eine „schriftlich festgehaltene Fremdbewertung“, die durch eine „stark sektorale und damit eingeschränkte Verkehrsgeltung“ gekennzeichnet ist, wie es typischerweise Personalbeurteilungen oder Arbeitszeugnisse sind. Bei der Selbsteinschätzung, so Gnahs (2003), basiert die Bewertung der fachlichen und überfachlichen Kompetenzen einzig auf einem persönlichen Urteil der Lernenden. „Typische Beispiele dafür sind die in den Zertifikaten und Beurteilungen beigelegten Schreiben bei Bewerbungen, Tätigkeitsbeschreibungen und das Lerntagebuch“ (ebd. S. 91). Darüber hinaus kann der Besuch einer Weiterbildung mit einer Teilnahmebestätigung oder einer Bescheinigung dokumentiert werden, die Aussagen über die Dauer und Inhalte, nicht jedoch über den Erwerb von Kompetenzen machen kann.

Faulstich und Vespermann (2003) betonen in der Auseinandersetzung mit Zertifikaten in der Weiterbildung insbesondere ihre Funktion der Koppelung zwischen Bildungs- und Beschäftigungssystem. Sie verstehen Zertifikate als „aggregierte, abstrahierte Beurteilungen und Beschreibungen von Lernleistungen, meistens unter Angabe von Lernzeit (Dauer), prüfenden Institutionen, Inhalten, Noten und ausstellender Institution“ und damit als „Ausdruck von als angeeignet unterstellten Wissensstrukturen“ (S. 6).

Dass sich Zertifikate besonders durch eine längerfristige Wirkung auszeichnen, wird von Moser (2003, S. 54) hervorgehoben, da sie nicht nur Auskunft über vergangene Lernprozesse und den aktuellen Wissenstand, sondern auch über mögliche zukünftige Entwicklungen geben.

So interessieren sich „potenzielle Arbeitgeber nicht nur deshalb für Zertifikate, weil diese das erfolgreiche Absolvieren bestimmter Prüfungen bestätigen, sondern weil Arbeitgeber gedenken, aus den Zertifikaten Schlussfolgerungen für die Zukunft ziehen zu können" (Moser 2003, S. 42).

Viel allgemeiner wird die Diskussion über Zertifizierungen in der Weiterbildung von Bjornavold (2001, S. 28) thematisiert, der darauf verweist, dass sich Leistungsbestätigungen, unabhängig davon, dass sie „viele Formen annehmen können (Zeugnisse, Diplome, Teilnahme- und Prüfungsbescheinigungen)", immer auf die Bilanzierung eines absolvierten Lernabschnitts verweisen, dessen „Zweck darin besteht, den Übergang zwischen verschiedenen Stufen und Bereichen zu erleichtern" oder den „Schutz des Zugangs zu Ebenen, Funktionen und Berufen" (ebd. S. 28) zu gewährleisten.

Zusammenfassend lassen sich auf der Grundlage der bestehenden Auffassungen – zumindest für den deutschsprachigen Diskurs – die folgenden fünf zentralen Merkmale festhalten, die Zertifikate in der Weiterbildung auszeichnen:

- Es handelt sich um schriftlich dokumentierte Nachweise von erbrachten Lernleistungen in der Weiterbildung, die gemessen und damit vergleichbar werden. Festgehalten werden diese Leistungen mit Noten oder analogen Klassifikationssystemen. Damit tragen Zertifikate zu einer gewissen Übersichtlichkeit und Transparenz des Weiterbildungsmarktes bei.
- Die Messung der zertifizierten Lernleistungen kann auf vielfältige Weise, zu verschiedenen Zeitpunkten und von verschiedenen Akteuren durchgeführt werden. „Je nach Kontext können dies die Lehrer, Ausbilder, Vorgesetzten, Seminaranbieter, überbetriebliche Prüfungsausschüsse oder sogar die Zertifizierten selber sein" (Moser 2003, S. 54).
- Es können grundsätzlich unterschiedliche Kompetenzen zu verschiedenen Zeitpunkten des lebensbegleitenden Lernprozesses zertifiziert werden, unabhängig davon, wo und wie sie erworben wurden.
- Zertifikate stellen eine ‚Art Gütesiegel' (vgl. Vespermann/Faulstich 2003) dar, indem sie für Gewissheit und Sicherheit stehen und ihre „Aussagekraft von einer grösseren Zahl von Adressaten akzeptiert" (Moser 2003, S. 54) wird.
- Nicht zuletzt zeichnen sich Zertifikate durch eine summative, formative und prognostische Perspektive aus, indem sie erbrachte Lernleistungen bilanzieren, über den aktuellen Wissensstand informieren und begründet Vermutungen über das Potenzial der Zertifizierten zulassen.

2.2 Zertifikate und ihre Funktionen

Die hohe Attraktivität von Zertifikaten in der Weiterbildung liegt darin begründet, dass sie für verschiedenste Interessensgruppen wichtige Funktionen ausüben: für die Zertifizierten, die zertifizierenden Instanzen, die Nachfragenden wie Arbeitgeber, Behörden oder Bildungseinrichtungen sowie die Gesellschaft respektive einzelne gesellschaftliche Gruppierungen.

Bereits die Tatsache, dass eine Weiterbildungsmaßnahme zertifiziert wird, kann bei den Teilnehmenden zu einer erhöhten Lernmotivation führen, weil sie die mit dem Zertifikat verbundene Berechtigung mit Erfolg erwerben möchten. Kell (1982) spricht in diesem Zusammenhang von einer Lernanreiz- und Disziplinierungsfunktion von Zertifikaten. Zertifikate können bei den Teilnehmenden auch zu einer Selbstvergewisserung führen, was insbesondere von Bedeutung

Kurzbrief

Neu ab 1.4.2014

HUMBOLDT-UNIVERSITÄT ZU BERLIN
Kultur-, Sozial- und
Bildungswissenschaftliche Fakultät
Institut für Erziehungswissenschaften
Abt. Erwachsenenbildung/Weiterbildung
Sitz: Geschwister-Scholl-Str. 7
10099 Berlin

Prof. Dr. Aiga von Hippel

Humboldt-Universität zu Berlin
Philosophische Fakultät IV
Institut für Erziehungswissenschaften
Abt. Erwachsenenbildung/Weiterbildung

Sitz: Geschwister-Scholl-Str. 7 | 10099 Berlin
Tel.: ++49-(0)30/2093-4137 o. 2093-4136
Fax: ++49-(0)30/2093-4175
Email: aiga.von.hippel@hu-berlin.de
Homepage: http://ebwb.hu-berlin.de/

Berlin, den 23.05.2014

Sehr geehrte Frau Marschall,

Frau von Hippel bat mich Ihnen, mit herzlichen Grüßen, die Veröffentlichung „Handbuch EB/WB" zuzusenden.

Mit freundlichen Grüßen

ist, wenn Kompetenzen in informellen Kontexten (z.B. am Arbeitsplatz, in der Freizeit oder im Rahmen der Familienarbeit) erworben werden (vgl. Moser 2003; Clement 2006). Weiterhin können sie zur Identitätsstiftung beitragen, indem sie eine Gruppenzugehörigkeit ermöglichen und sich die Zertifizierten beispielsweise zur Gruppe der Meister, der IT-Experten oder Schulleitenden zählen dürfen (vgl. Faulstich/Vespermann 2003). Darüber hinaus können Zertifikate die Chancen auf dem Arbeitsmarkt verbessern, zur Einteilung in eine höhere Besoldungsgruppe führen und neue Karriereoptionen eröffnen (vgl. Kell 1982; Clement 2006; Käpplinger 2007).

Eine wichtige Informationsfunktion üben Zertifikate auch für diejenigen aus, die sich für die Zertifizierten interessieren, wie beispielsweise potenzielle ArbeitgeberInnen, die aufgrund der Zertifikate Entscheidungen bei Bewerbungs- und Beförderungsverfahren treffen. Zertifikate tragen somit zur Reduktion von Ungewissheit bei, indem sie Vergleichs- und Ausschlusskriterien anbieten und letztlich die Auswahl der BewerberInnen für bestimmte Positionen legitimieren, was Kell (1982) als Allokations- und Selektionsfunktion von Zertifikaten bezeichnet. Ferner wird mittels Zertifizierungen der begrenzte Zugang zu gewissen Berufen und Arbeitsplätzen (Monopolisierungsfunktion) sowie zu höheren Positionen in der betrieblichen Hierarchie (Herrschaftsfunktion) auf eine gewisse Weise legitimiert (vgl. ebd).

Eine Bedeutung haben Zertifikate auch für die Anbieter von Weiterbildungen, wobei die Höhe des Wertes in einem engen Zusammenhang mit der gesellschaftlichen Anerkennung und der Qualität der zertifizierten Bildungsmaßnahme steht. In der Regel ist das Interesse vorhanden, „möglichst exklusiv zu wirken" (Moser 2003, S. 43), was durch geschicktes Marketing und die konsequente Einhaltung von Qualitätsstandards realisierbar wird.

Auf gesellschaftlicher Ebene kommt Zertifikaten vor allem eine ordnungsstiftende Funktion zu, die zu einer gewissen Übersichtlichkeit und Stabilität beitragen kann, denn Zertifikate werden üblicherweise mit der Intention vergeben „ordnungspolitisch und gesellschaftlich auf verfügbare Bildungs- und Karrierechancen Einfluss zu nehmen" und somit gesellschaftliche Zielsetzungen wie „Transparenz, Chancengerechtigkeit oder Durchlässigkeit" (Clement 2006, S. 14) zu unterstützen. Neben der Komplexitätsreduktion trägt dies auch zur Legitimierung gesellschaftlicher Chancen bei. „Wenn also gewisse Zertifikate ganz bestimmte Optionen eröffnen oder verbieten, dann muss es – so erhoffen sich manche – hierüber keine weiterführenden Auseinandersetzungen mehr geben" (Moser 2003, S. 43).

3 Konzepte ausgewählter europäischer Staaten

In den vergangenen Jahren wurden in zahlreichen europäischen Staaten Konzepte zur Messung und Zertifizierung von Kompetenzen in der Weiterbildung implementiert. Eine gemeinsame Zielsetzung dieser Ansätze ist es, insbesondere berufsrelevante Kompetenzen – unabhängig davon, wie und wo sie erworben wurden – sichtbar, einschätzbar sowie vergleichbar zu machen und ihnen damit eine Gleichwertigkeit gegenüber formalen Abschlüssen zuzusprechen. Insgesamt werden durch diese Anerkennungsprozesse individuelle Chancen auf berufliche und gesellschaftliche Partizipation gestärkt und die Bereitschaft zu lebenslangem Lernen gefördert, was sich wiederum positiv auf das Bildungsniveau der gesamten Bevölkerung auswirken kann (vgl. Bjornavold 2001; Clement 2006; Käpplinger 2007). Ein Ländervergleich von Bjornavold (2001, S. 30f.) verdeutlicht, dass in Europa verschiedene Herangehensweisen erkennbar sind, wie einzelne Staaten mit der Zertifizierung auch nicht formal erworbener Kompetenzen umgehen.

So zeichnen sich insbesondere die skandinavischen Länder durch ihr innovatives Vorgehen aus, was die Verbindung von formal und nicht-formal erworbenen Kompetenzen anbelangt. In Finnland wurde beispielsweise bereits in den 1990er Jahren damit begonnen, ein kompetenzorientiertes Anerkennungssystem zu implementieren (=CBQ-System), das die Bereiche Erstausbildung, berufliche Praxis und Weiterbildung miteinander verbindet. Der Grund für diese Neustrukturierung lag vor allem im Qualifizierungsbedarf der finnischen Erwerbsbevölkerung, denn „mit dem Angebot, einen Berufsabschluss unter Anerkennung in der beruflichen Praxis angeeigneter Kompetenzen erwerben zu können, sollte die Zielgruppe gleichzeitig angeregt werden, sich weiter zu qualifizieren“ (Seusing/Back 2003, S. 17).

In Bezug auf die Bewertung und Anerkennung nicht formal erworbener Kompetenzen zählt auch Frankreich zu den fortschrittlichen Ländern. Das staatliche getragene Instrument der „bilan de compétences“ wurde bereits 1985 mit dem Ziel implementiert, „Arbeitgeber und Arbeitnehmer bei der Ermittlung und Bewertung beruflicher Kompetenzen zu unterstützen, um sowohl die Laufbahnentwicklung als auch die innerbetriebliche Nutzung von Kompetenzen zu fördern“ (Bjornavold 2001, S. 31). Gleichzeitig wurde der Zugang zum Berufsbildungssystem auf der Grundlage von Äquivalenzverfahren geöffnet.

Explizit durch einen outputorientierten Ansatz sind das allgemeine und berufliche Bildungssystem Großbritanniens, Irlands und der Niederlande geprägt. Die „allgemeine Akzeptanz des Lernen außerhalb der formalen Bildungs- und Berufsbildungseinrichtungen als gültiger und wichtiger Weg zur Anerkennung von Kompetenzen, ist das Grundmodell dieser Länder“ (Bjornavold 2001, S. 31). Die Berufsbildung basiert auf modularen Strukturen, „ein Faktor, der die schnelle und gross angelegte Einführung von Methoden und Institutionen in dem Bereich zu begünstigen scheint“ (ebd.).

Als eher zögerlich, schätzt Bjornavold (2001) hingegen die deutschsprachigen Länder ein, was er unter anderem damit begründet, dass das berufliche Bildungssystem dieser Länder durch das als erfolgreich ausgewiesene duale Ausbildungssystem geprägt ist. Das Bewusstsein, dass „das bestehende, stark auf die Erstausbildung ausgerichtete System nur teilweise in der Lage [ist], seine Funktion auf die berufliche Weiterbildung und die sehr verschiedenartigen Ausbildungserfordernisse Erwachsener auszudehnen“ (ebd. S. 30), hat jedoch auch in diesen Ländern zur Entwicklung neuer Konzepte geführt.

Nachfolgend werden exemplarisch vier Modelle zur Messung und Zertifizierung von Kompetenzen in der Weiterbildung aus verschiedenen europäischen Staaten erläutert. Es sind dies Ansätze aus Deutschland (ProfilPASS), der Schweiz (CH-Q), Frankreich (‚bilan de compétences‘) und Großbritannien (NVQ), Damit kann beispielhaft verdeutlicht werden, wie die Zielsetzungen den länderspezifischen Strukturen und Entwicklungen entsprechend unterschiedlich umgesetzt werden.

3.1 Länderbeispiel Deutschland: der ProfilPASS

Kennzeichen des deutschen Berufsbildungssystems ist die hohe Formalisierung, die unter anderem in einer Ausbildungsordnung mit anerkannten Zertifikaten für zahlreiche Berufe deutlich wird. Diese Gegebenheit wird als zentraler Grund dafür gesehen, dass in Deutschland die bildungspolitische Auseinandersetzung mit der Implementierung eines Zertifizierungssystems für nicht formal erworbene Kompetenzen während langer Zeit als weniger dringlich erachtet wurde als in anderen europäischen Ländern (vgl. Clement 2006; Gnahs 2007; Käpplinger 2007).

Erst im Mai 2006 wurde das ProfilPASS System eingeführt, das vom Bundesministerium für Bildung und Forschung sowie der Bund-Länder-Kommission für Bildungsplanung und Forschung, basierend auf internationalen Erfahrungen, entwickelt wurde. Mit diesem Verfahren zur Messung und Zertifizierung formal, nonformal und informell erworbener Kompetenzen sollen die Zielsetzungen des lebenslangen Lernens sowie individuelle berufliche und private Lebenschancen von Jugendlichen und Erwachsenen gefördert werden (vgl. DIE/DIPF/IES 2006; Bretschneider/Seidel 2007; Schiersmann 2007). Bislang wurden bundesweit 25 Zentren implementiert und rund 800 Berater/-innen qualifiziert, die den Bilanzierungsprozess mit dem ProfilPASS professionell unterstützen. Die Gesamtorganisation unterliegt der ProfilPASS-Servicestelle, die beim Deutschen Institut für Erwachsenenbildung angesiedelt ist (vgl. Bretschneider/Seidel 2007). Mit dem ProfilPASS wird intendiert, die Gesamtheit aller über die Lebensspanne erworbenen Kompetenzen zu erfassen, die als „Fähigkeiten, Methoden, Wissen, Einstellungen und Werte verstanden [werden], deren Erwerb, Entwicklung und Verwendung sich auf die gesamte Lebenszeit eines Individuums beziehen“ und folglich die Individuen befähigen, in „vertrauten als auch in fremdartigen Situationen handlungsfähig zu sein“ (DIE/DIPF/IES 2006, S. 42). Die Kompetenzerfassung berücksichtigt acht Lernorte respektive Tätigkeitsfelder (vgl. Abb. 1), die sich auf Freizeitbeschäftigungen und persönliche Interessen, Haushalt und Familie, Schule, Berufsbildung, Wehrdienst, Zivildienst und freiwilliges Sozialjahr, bürgerschaftliches und politisches Engagement sowie besondere Lebenssituationen beziehen (vgl. DIE/DIPF/IES 2006, S. 42).

Kompetenzmessung mit dem ProfilPASS

	Orte formalen, nonformalen und informellen Lernens							
	Hobbys und Familie	Haushalt und Familie	Schule	Berufsbildung	Wehrdienst, Zivildienst, freiwilliges Soziales Jahr	Arbeitsleben Praktika Jobs	Politisches und soziales Engagement	Besondere Lebenssituationen
Erfassung	Benennung von Aktivitäten und Beschreibung von Tätigkeiten							
Ermittlung	Umformulierung oder Übersetzung von Tätigkeiten in Fähigkeiten							
Bewertung	Einteilung der Fähigkeiten in Niveaustufen von 1 bis 4							
Bilanzierung	Definition von 8 persönlich relevanten Kompetenzen							
Zielfindung	Entwicklung persönlicher Projekte und Reflexion der Umsetzungsmöglichkeiten							

Abb.1: Prozesse zur Kompetenzbilanzierung mit dem ProfilPASS, Quelle: DIE/DIPF/IES 2006, S. 40ff.; eigene Darstellung

Für den Bilanzierungsprozess werden in einem ersten Schritt Aktivitäten und Tätigkeiten erfasst, die an verschiedenen Lernorten ausgeführt werden bzw. ausgeführt wurden. In einer zweiten Phase werden diese als Fähigkeiten formuliert und danach einer Bewertung auf vier Niveaustufen unterzogen (vgl. DIE/DIPF/IES 2006, S. 44). Abschließend werden die ermittelten Kompetenzen zu einem Profil zusammengeführt. Eine nachfolgende Reflexion dient der Festlegung persönlicher Entwicklungsziele und der Abklärung konkreter Realisierungsmöglichkeiten. Integraler und notwendiger Bestandteil des Prozesses ist ein professionelles Beratungskonzept (vgl. DIE/DIPF/IES 2006).

Eine Evaluation der Erfahrungen von 30 verschiedenen Kooperationspartnern, die vor der bundesweiten Implementierung des ProfilPASS-Systems durchgeführt wurde, verdeutlicht, dass die Zertifizierung mit dem ProfilPASS überwiegend positiv bewertet wird. Die Auswertung zeigt jedoch auch, dass sich Jugendliche, ältere Erwachsene und bildungsferne AnwenderInnen durch die kognitive Ausrichtung des Verfahrens überfordert fühlen können (vgl. Bretschneider/Seidel 2007; Gnahs 2007; Schiersmann 2007).

3.2 Länderbeispiel Schweiz: das Qualifikationsprogramm CH-Q

In der Schweiz gibt es weder ein nationales Bildungsministerium noch eine bundesweite Weiterbildungspolitik, vielmehr sind die Kantone für die allgemeine und der Bund für die berufsorientierte Weiterbildung zuständig. Parallel dazu wird ein grosser Anteil der Angebote von privaten Institutionen getragen, woraus sich „ein Nebeneinander von staatlichen und privaten, gemeinnützigen und gewinnorientierten, betrieblichen und öffentlichen Bildungseinrichtungen" (Schrader-Naef 2005, S. 18) ergibt. Ein gesetzlicher Anspruch auf Weiterbildung, etwa in Form von Bildungsgutscheinen oder -urlauben, besteht nicht.

Vor diesem Hintergrund ist es nicht überraschend, dass in der Schweiz die umfassendste Möglichkeit zur Bilanzierung individueller, nicht formal erworbener Kompetenzen nicht von staatlicher Seite, sondern von einer Non-Profit Organisation getragen wird. Die ‚Gesellschaft CH-Q'[1] wurde 1999 initiiert, basierend auf einem parlamentarischen Vorstoß, bei dem wichtige VertreterIinnen aus den Bereichen Weiterbildung, Berufsberatung und Politik gemeinsam ein durchlässigeres Aus- und Weiterbildungssystem sowie die Anerkennung nicht formal erworbener Kompetenzen einforderten (vgl. Lauterbach/Barth 2003; Calonder Gerster 2007).

Für die breite Akzeptanz des Verfahrens spricht einerseits, dass das Qualifikationsprogramm CH-Q in allen Kantonen angeboten wird, anderseits die Kooperation mit zahlreichen bedeutenden Organisationen, Verbänden und Fachkonferenzen besteht, wie beispielsweise dem Bundesamt für Berufsbildung und Technologie (BBT), dem Arbeitgeber- und Arbeitnehmerverband sowie dem Schweizerischen Verband für Weiterbildung (SVEB). Auf internationaler Ebene kooperiert die Gesellschaft CH-Q unter anderem mit Partnerorganisationen aus Deutschland (Bund-Länder-Projekt ProfilPASS), den Niederlanden und Luxemburg (vgl. Hofer 2004; Haasler/Schnitger 2005; Calonder Gerster 2007).

Die ‚Gesellschaft CH-Q' führt keine Kompetenzmessungen durch, sondern trägt die Verantwortung für die Koordination und Qualitätssicherung des Gesamtkonzepts. Die Zielgruppe sind alle Jugendlichen und Erwachsenen, die eine Bilanzierung ihres Kompetenzpotenzials mit dem Qualifikationshandbuch CH-Q anstreben, sei dies im Kontext der Erst- oder Weiterbildung, Umschulung, Arbeitsuche, des beruflichen Wiedereinstiegs oder eines Äquivalenzverfahrens.

---

1 vgl. Gesellschaft CH-Q / Association CH-Q / Associazione CH-Q unter: http://www.ch-q.ch.

Finanziert wird die Gesellschaft durch Mitgliederbeiträge, Erträge aus dem Verkauf von Produkten (Qualifikationshandbuch und Nachweisdossiers) sowie Gebühreneinnahmen, die im Rahmen des Zertifizierungsprogramms anfallen (vgl. Calonder Gerster 2007).

Der Bilanzierungsprozess verläuft nach einem strukturierten Ablauf, der sich in drei Abschnitte gliedert. Im Zentrum steht die subjektive Bewertung der Teilnehmenden, wobei der Erfassung nicht formal erworbener Kompetenzen eine spezielle Beachtung zugemessen wird. Die Bilanzierung kann selbständig, im Rahmen betrieblicher Angebote oder mit Unterstützung von qualifizierten Berater/-innen durchgeführt werden.

In einem ersten Schritt werden alle formalen und nonformalen Nachweise zusammengestellt, die aus Schulbesuchen, beruflichen und politischen Tätigkeiten, Vereinsarbeiten und bürgerschaftlichem Engagement resultieren. Auf dieser Grundlage wird mittels einer Selbstreflexion oder mit Unterstützung von Berufs- und Laufbahnberatenden das vorhandene, auch informell erworbene Kompetenzpotenzial analysiert. Abschließend wird das individuelle Potenzial in einem Nachweisdossier (=Schweizerisches Qualifikationsbuch CH-Q) festgehalten. Da das Verfahren eine hohe Reflexionsfähigkeit und erhebliche intellektuelle Ansprüche erfordert, ist davon auszugehen, dass es bildungsnahen und sprachlich versierten Personengruppen leichter fällt, mit diesem Instrument umzugehen als anderen (vgl. Haasler/Schnitger 2005; Calonder Gerster 2007).

Zur Qualitätssicherung des Verfahrens trägt bei, dass BeraterInnen, Bildungsträger und Betriebe, die Bilanzierungsprozesse mit dem Qualifikationsbuch CH-Q anbieten, durch die ‚Gesellschaft CH-Q' ausgebildet werden. Darüber hinaus wird die Qualität der Angebote durch eine Kommission zur Qualitätssicherung sichergestellt (vgl. Calonder Gerster 2007). Die umfassenden qualitätssichernden Maßnahmen sind als besonderes Kennzeichnen des CH-Q-Prozesses einzuschätzen. Sie wurden bei der Entwicklung des Profil-Passes in Deutschland, dessen Konzeption sich in weiten Teilen an der Schweizer Version orientiert, nicht übernommen.

3.3 Länderbeispiel Frankreich: die ‚bilan de compétences'

Verglichen mit anderen europäischen und außereuropäischen Staaten verfügt Frankreich über die umfangreichsten und am weitesten entwickelten Verfahren zur Anerkennung nicht formal erworbener Kompetenzen. Mit der ‚bilan de compétences' wurde bereits Mitte der 1980er Jahre ein bedeutender Ansatz zur Messung und Zertifizierung nicht formal erworbener Kompetenzen initiiert. ArbeitnehmerInnen können durch dieses Verfahren bei der Arbeitssuche, beim beruflichen Wiedereinstieg oder im Rahmen einer beruflichen Umorientierung unterstützt werden (vgl. Hofer 2004; Thömmes 2007).

Hintergrund dieser bildungspolitischen Maßnahme war die Tatsache, dass in den 1980er Jahren in Frankreich fast 40% aller ArbeitnehmerInnen keine formalen Abschlüsse hatten. Die ‚bilan de compétences' sollte daher vor allem gering Qualifizierte bei der Bilanzierung ihrer nicht formalen Kompetenzen unterstützen, ihnen den Zugang zu beruflichen Weiterbildungen öffnen und damit die Eigenverantwortung für ihre berufliche Entwicklung stärken. Gleichzeitig wurden mit diesem Instrument die Zielsetzungen des lebenslangen Lernens institutionell verankert (vgl. Bjornavold 2001; Lauterbach/Zettelmeier 2003; Thömmes 2007).

Der kostenlose und freiwillige Bilanzierungsprozess findet jeweils in speziell dafür eingerichteten Zentren statt (‚centres interinstitutionnels de bilan de compétences'). Der Aufbau des Verfahrens ist vergleichbar mit einem Assessment Center. Folglich kommen je nach Zielsetzung des jeweiligen Bilanzierungsprozesses neben einer Lebenslaufanalyse (CV, Zeugnisse, Diplome und Arbeitszeugnisse) unterschiedliche Verfahren wie Interviews (explorativ, biografisch), Fragebögen und psychometrische Tests sowie situative Übungen (Arbeitsproben, Plan- und Rollenspiele) zum Einsatz. Es besteht ein gesetzlicher Anspruch auf Bildungsurlaub, damit an der Bilanzierung teilgenommen werden kann (vgl. Lauterbach/Zettelmeier 2003; Hofer 2004; Thömmes 2007).

Die Erfahrungen zeigen, dass sich unter den Teilnehmenden größtenteils Arbeitssuchende befinden, was zu einem gewissen Stigmatisierungseffekt geführt hat: wer einen Bilanzierungsprozess durchführt hat ‚berufliche Probleme'. Ein weiteres Problem liegt in der Vorgabe, dass die ArbeitgeberInnen zwar weitgehend zur Finanzierung des Bilanzierungsprozesses beitragen, jedoch keinerlei Auskünfte über die Ergebnisse erhalten (vgl. Thömmes 2007, S. 711).

3.4 Länderbeispiel Großbritannien: das NVQ-System

Großbritanniens System der National Vocational Qualifications (NVQ) ist europaweit das prägnanteste Beispiel eines outputorientierten und kompetenzbasierten Ansatzes zur Messung und Zertifizierung von Kompetenzen in der beruflichen Aus- und Weiterbildung. Im NVQ-System werden Kompetenzen verstanden als eine Verbindung von Fertigkeiten und Kenntnissen, die in realen Arbeitssituationen adäquat angewendet werden können. Irrelevant ist es folglich, wann, wo und auf welche Weise die Kompetenzen erworben wurden. Wichtig ist einzig der Nachweis, dass die erforderlichen Kompetenzen beherrscht werden, was in möglichst authentischen simulierten Arbeitssituationen nachgewiesen werden muss (vgl. Tippelt/Edelmann 2007). Das NVQ-System wurde bereits 1989 als politische Gegenmaßnahme zu einer Vielzahl von Anbietern und Zertifikaten initiiert, die damals das berufliche Bildungssystem kennzeichneten. Die gleiche Pluralität bestand in Bezug auf die Angebote in der beruflichen Weiterbildung, weshalb von Seiten der Arbeitgebenden und der Beschäftigten eine mangelnde Transparenz moniert wurde. Gleichzeitig gab es eine hohe Jugendarbeitslosigkeit und eine geringe Quote von Berufsabschlüssen. Die Gesamtverantwortung für das NVQ-System obliegt der ‚Qualification and Curriculum Authority' (Greinert 2000; Kohn/Rützel/Schröter/Ziehm 2000; DIE/DIPF/IES 2006).

Eingeteilt ist das NVQ-System in fünf Leistungsstufen (=Levels), die sich durch eine zunehmende Komplexität der Anforderungen kennzeichnen (vgl. Tab. 1). „Sie reichen von reinen Anlerntätigkeiten über definierte Fachleistungen bis zur Stufe der Anwendung komplexer Techniken im Rahmen eines hohen Maßes an Autonomie und Verantwortung" (Greinert 2000, S. 86). Jede Leistungsstufe besteht aus einer Anzahl von Qualifikationsbausteinen, die von unabhängigen ‚Lead Bodies' unterschiedlicher Wirtschaftssektoren entwickelt werden. Sie beinhalten die Beschreibung der gewünschten Ergebnisse, d.h. Kenntnisse, Fähigkeiten, Fertigkeiten und Verhaltensweisen, die für eine bestimmte berufliche Tätigkeit beherrscht werden müssen. Das Erreichen dieser standardisierten Ergebnisse gilt als Kriterium für den Erfolg des Lernprozesses. Bislang wurden rund 800 standardisierte Kompetenzmodule für 11 verschiedene Berufsrichtungen auf fünf Kompetenzebenen entwickelt. Die erfüllten Qualifikationsbausteine werden in speziellen Prüfungsdokumenten (=Portfolios) festgehalten. Dadurch wird beispielsweise für zukünftige Arbeitgeber sofort ersichtlich, über welche beruflichen Kompetenzen potenzielle ArbeitnehmerInnen verfügen (vgl. Greinert 2000; Kohn u.a. 2000).

Tab. 1: Kompetenzebenen des National Vocational Qualification System (= NVQ)

Level 5	Kompetenzen, die eine Anwendung von grundlegenden Prinzipien und komplexen Techniken in einem weiten und oftmals nicht vorhersehbaren Bereich von Anforderungssituationen bedingen – verbunden mit der Verantwortlichkeit für die Arbeit anderer Personen und die Zuteilung substantieller Ressourcen
Level 4	Kompetenzen in einem weit gefassten Feld von komplexen, technischen oder professionellen Arbeitsaktivitäten in unterschiedlichen Situationen – häufig verbunden mit personeller Verantwortlichkeit und der Zuteilung von Ressourcen
Level 3	Kompetenzen im Rahmen verschiedener Arbeitstätigkeiten in unterschiedlichen Anforderungssituationen, darunter meist komplexe und nicht routinemäßige Arbeitstätigkeiten – häufig verbunden mit der Überprüfung und Führung anderer Personen
Level 2	Kompetenzen im Rahmen einer Vielzahl unterschiedlicher Arbeitstätigkeiten, darunter einige komplexe und nicht routinemäßige Arbeitstätigkeiten – Fähigkeit sowohl eigenständig als auch in Kooperation mit anderen Personen in unterschiedlichen Anforderungssituationen arbeiten zu können
Level 1	Kompetenzen im Rahmen routinemäßiger und vorhersehbarer Arbeitstätigkeiten

(Quelle: Bretschneider/Preißer 2003, S. 22)

Die enge Auffassung von Kompetenzen und die damit einhergehende Partialisierung von Arbeitsprozessen sowie die Tatsache, dass bislang vor allem auf den unteren Niveaus Kompetenzeinheiten entwickelt wurden, stößt innerhalb und außerhalb des Landes auf Kritik. Gleichzeitig wird gewürdigt, dass es Großbritannien mit der Etablierung des NVQ-Systems gelungen ist, die Integration nicht formal erworbener Lernprozesse für den Erweb einer anerkannten beruflichen Qualifikation systematisch zu berücksichtigen (vgl. Bretschneider/Preißer 2003, DIE/DIPF/IES 2006).

4 Messung und Zertifizierung von Kompetenzen: Maßnahmen der EU

Neben der bildungspolitischen Zielsetzung, die „Sicherung von Innovation und Qualität der europäischen Bildungssysteme und Angebote" (BMBF 2007, S. 263) zu gewährleisten, besteht in der EU auch die Intention „berufliche Kompetenzen europaweit ‚wie eine gemeinsame Währung' zu behandeln, damit die Mobilität innerhalb der Bildungssysteme zu fördern, lebensbegleitendes Lernen zu ermöglichen und die Durchlässigkeit zwischen den Bildungssystemen zu erleichtern" (Erpenbeck 2006, S. 9). In diesem Zusammenhang kommt der Vergleichbarkeit und Transparenz von Kompetenzen eine wichtige Rolle zu, unabhängig davon, ob sie auf formale, nonformale oder informelle Weise erworben wurden.

Eine zentrale Rolle bei der Umsetzung dieser bildungspolitischen Anliegen spielt die Kopenhagener Erklärung von November 2002, auf dessen Grundlage drei Konzepte initiiert wurden, die zur Erfassung und Dokumentation sämtlicher über die Lebensspanne erworbener Fähigkeiten, Fertigkeiten und Kenntnisse, beitragen. Es ist dies erstens die Entscheidung des Europäischen Parlaments und Rates, einen Europäischen Qualifikationsrahmen (=EQR) zu entwickeln, der die Vergleichbarkeit beruflicher Qualifikationen ermöglichen soll. Zweitens wurde entschieden, einen EUROPASS zur Förderung der Transparenz individueller Kompetenzen zu implementieren. Und drittens wurde analog zum Leistungspunktesystem der Hochschulen

(=ECTS) die Implementierung eines europäischen Leistungspunktesystems für die berufliche Bildung (=ECVET) beschlossen (vgl. Kommission der Europäischen Gemeinschaften 2006).

Trotz ihrer teilweise divergierenden Zielsetzungen wird bei allen drei Initiativen eine klare Orientierung an den tatsächlich erbrachten Leistungen (=Outputorientierung) deutlich, die es ermöglicht, „einzelne Lernergebnisse, einzelne Kompetenzen und Erfahrungen im Verlauf des eigenen (lebenslangen) Bildungsweges aufzusummieren und auch anerkannt zu bekommen, unabhängig davon, wo und wie gelernt wurde“ (Erpenbeck 2006, S. 7). Obschon die Umsetzung dieser Konzepte für die Mitgliedstaaten grundsätzlich freiwillig ist und die Implementierung jeweils länderspezifisch erfolgt, ist davon auszugehen, dass sie mittelfristig zu einer Angleichung der europäischen Bildungs- und Beschäftigungssysteme beitragen werden (vgl. BMBF 2007).

4.1 Europäischer Qualifikationsrahmen (=EQR)

Auf europäischer Ebene sind die Transparenz und Vergleichbarkeit von Kompetenzen eine wichtige Voraussetzung für die Erleichterung der internationalen Mobilität zwischen den Bildungssystemen und Arbeitsmärkten sowie für die Realisierung der Zielsetzung des lebenslangen Lernens. Vor diesem Hintergrund wurde von der Europäischen Kommission im November 2006 die Entwicklung eines Europäischen Qualifikationsrahmens (=EQR) beschlossen, mit dem alle erworbenen Qualifikationen und Kompetenzen im Kontext der Allgemeinbildung, der beruflichen Bildung und der Hochschulbildung europaweit vergleichbar gemacht werden können (vgl. Kommission der Europäischen Gemeinschaften 2006). Dabei ist es von bildungspolitischer Bedeutung, dass diese Vergleiche die Lernergebnisse (‚outcomes‘) und nicht die Lerninhalte oder Curricula (‚inputs‘) fokussieren, was zu einer Aufwertung nicht formaler Lernprozesse führt. Weiterhin kann dieser gemeinsame Referenzrahmen dazu genutzt werden, „nationale und sektorale Qualifikationsrahmen und -systeme in Bezug zu setzen – womit wiederum die Übertragbarkeit und Anerkennung der Qualifikationen einzelner BürgerInnen erleichtert wird“ (DIE/DIPF/IES 2006, S. 148). Vorgesehen ist, dass alle EU-Staaten bis 2009 einen eigenen nationalen Qualifikationsrahmen entwickeln, was verdeutlicht, dass der EQR nicht nationale Bildungssysteme ersetzen, sondern als gemeinsamer Orientierungsrahmen fungieren wird (vgl. BMBF 2007).

Der EQR besteht aus einer Matrix, die acht Niveaustufen umfasst, die ihrerseits in drei Ergebnisbereiche unterteilt sind. Diese beinhalten die Rubrik ‚Kenntnisse‘, zusammenfassend zu verstehen als Theorie- und/oder Faktenwissen, ‚Fertigkeiten‘ aufzufassen als kognitive und praktische Fähigkeiten sowie ‚Kompetenz‘, in diesem Kontext definiert als die Übernahme von Verantwortung und Selbständigkeit (vgl. Kommission der Europäischen Gemeinschaften 2006; Sellin 2006). Für die möglichst genaue Einschätzung des individuellen Kompetenzniveaus, sind in jedem Matrixfeld die entsprechenden Deskriptoren aufgeführt, wie mit der nachfolgenden Tabelle (vgl. Tab. 2) exemplarisch für die Niveaus 1, 4 und 8 verdeutlich wird:

Tab. 2: Auswahl an Niveaus des Europäischen Qualifikationsrahmens

	Kenntnisse	Fertigkeiten	Kompetenz
Niveau 1 Zur Erreichung von Niveau 1 erforderliche Lernergebnisse	Grundlegendes Allgemeinwissen	Grundlegende Fertigkeiten, die zur Ausführung einfacher Aufgaben erforderlich sind	Arbeiten oder Lernen unter direkter Anleitung in einem vorstrukturierten Kontext
Niveau 4 Zur Erreichung von Niveau 4 erforderliche Lernergebnisse	Breites Spektrum an Theorie- und Faktenwissen in einem Arbeits- oder Lebensbereich	Eine Reihe kognitiver und praktischer Fertigkeiten, um Lösungen für spezielle Probleme in einem Arbeits- oder Lernbereich zu finden.	Selbständiges Tätigwerden innerhalb der Handlungsparameter von Arbeits- und Lernkontexten, die in der Regel bekannt sind, sich jedoch ändern können. Beaufsichtigung der Routinearbeit andere Personen, wobei eine gewisse Verantwortung für die Bewertung und Verbesserung der Arbeits- und Lernaktivitäten übernommen wird.
Niveau 8 Zur Erreichung von Niveau 8 erforderliche Lernergebnisse	Spitzenkenntnisse in einem Arbeite- oder Lernbereich und an der Schnittstelle zwischen verschiedenen Bereichen	Die am weitesten entwickelten und spezialisierten Fertigkeiten und Methoden, einschließlich Synthese und Evaluierung, zur Lösung zentraler Fragestellungen in den Bereichen Forschung und/oder Innovation und zur Erweiterung oder Neudefinition vorhandener Kenntnisse oder beruflicher Praxis	Namhafte Autorität, Innovationsfähigkeit, Selbständigkeit, wissenschaftliche und berufliche Integrität und nachhaltiges Engagement bei der Entwicklung neuer Ideen oder Verfahren in führenden Arbeits- oder Lernkontexten, einschliesslich der Forschung

(Quelle: Sellin 2006, S. 9ff.)

4.2 Der EUROPASS

Der EUROPASS[2] ist ein weiteres Rahmenkonzept zur Förderung der europaweiten Mobilität und des Lebenslangen Lernens, das im Dezember 2004 vom Europäischen Parlament und Rat verabschiedet wurde. Es besteht aus insgesamt fünf Elementen, die eine einheitliche und übersichtliche Darstellung von formalen und nicht formalen Kompetenzen, die im In- oder Ausland erworben wurden, ermöglichen (vgl. DIE/DIPF/IES 2006; Haase 2007). Die Dokumentation kann selbständig durchgeführt und jederzeit ergänzt werden. Durch die europaweite Anerkennung bildet der EUROPASS eine ideale Grundlage für Bewerbungen auf Stellen oder Studienplätze im Ausland. Die Koordination des EUROPASS obliegt in jedem Mitgliedstaat der EU einem Nationalen EUROPASS Center (NEC). In Deutschland wird diese Aufgabe von der ‚Nationalen Agentur Bildung für Europa' beim Bundesinstitut für Berufsbildung wahrgenommen (vgl. BMBF 2007). Der EUROPASS besteht aus den folgenden Dokumenten (vgl. Tab. 3):

2 Vgl. Dokumente und weiterführende Informationen zum EUROPASS unter http://www.europass-info.de.

Tab. 3: Bestandteile des EUROPASS

EUROPASS Lebenslauf Er wird in 31 Ländern verwendet und führt durch seine einheitliche Struktur zu einer Vergleichbarkeit von schulischen und beruflichen Abschlüssen sowie nicht formal erworbener Kompetenzen.
EUROPASS Sprachenpass Mit diesem Instrument werden die individuellen Sprachkompetenzen auf der Basis einer Selbsteinschätzung erfasst. Neben einer Aufstellung aller erworbenen Prüfungen und Zertifikate ist es ebenfalls möglich, informell erworbene Kenntnisse zu dokumentieren.
EUROPASS Mobilitätsnachweis Damit können Ziele, Dauer und Inhalte von Lern- und Ausbildungszeiten im Ausland erfasst werden.
EUROPASS-Diplomzusatz für Hochschulstudierende Er dient dem bessern Verständnis und der Vergleichbarkeit von Abschlüssen im Hochschulbereich. Er gilt jedoch nicht als Ersatz für Originaldiplome und Abschlusszeugnisse.
EUROPASS Zeugniserläuterung Damit können länderspezifische Ergänzungen und Informationen zum Qualifikationsniveau von Abschlüssen in der beruflichen Aus- und Weiterbildung dokumentiert werden.

4.3 European Credit Transfer System (=ECTS)

Im Kontext der Erklärung von Bologna im Jahr 1999 wurde das ‚European Credit Transfer System' (=ECTS) entwickelt, das bis 2010 an allen europäischen Hochschulen implementiert sein soll. Die Zielsetzung besteht darin, die Leistungen und den Zeitaufwand systematisch zu erfassen, die Studierende erbringen müssen, damit sie einen Studiengang abschliessen können. Europaweit wird den Studierenden für 30 Stunden Arbeitsaufwand ein Leistungspunkt (Creditpoint) angerechnet. Dieses System erleichtert die gegenseitige Anerkennung von Studiengängen, es fördert die Durchlässigkeit und trägt damit zur Verbesserung der Qualität und des Umfangs der Studierendenmobilität in Europa bei (vgl. BMBF 2007; Haase 2007).

Dass das ECT-System auch im Rahmen der Weiterbildung eingesetzt werden kann, wird nachfolgend am Beispiel des Weiterbildungskonzepts der Pädagogischen Hochschule Zürich (PHZH[3]) verdeutlicht. An dieser Hochschule besteht für amtierende Lehrpersonen die Möglichkeit, berufsbegleitend einen Master of Advanced Studies (MAS) zu erwerben, indem erworbene Leistungspunkte verschiedener Studiengänge addiert und mit einem speziellen Masterprogramm ergänzt werden. Da die Weiterbildungsangebote an der PHZH modular konzipiert sind (=Pflicht- und Wahlmodule), die jeweils einzeln zertifiziert werden, muss sich eine Lehrperson nicht von Anfang an festlegen, ob sie einen Master erwerben möchte oder nicht und kann sich so in Etappen diesem Bildungsziel annähern.

Die Messung und Zertifizierung von Weiterbildungsleistungen amtierender Lehrpersonen ist eine Errungenschaft der BA/MA-Strukturen in der LehrerInnenbildung, die sich seit 2005 gesamtschweizerisch durchgesetzt haben. Wurde früher eine besuchte Weiterbildung bestenfalls mit einer Bescheinigung bestätigt, so ist es als zeitgemässe Entwicklung einzuschätzen, dass die erworbenen Kompetenzen nun mittels ECTS-Punkte sichtbar, vergleichbar und transferierbar gemacht werden. Darüber hinaus können Lernleistungen, die ausserhalb der PHZH erwor-

3 Vgl. Pädagogische Hochschule Zürich unter www.phzh.ch (→ Weiterbildung).

ben wurden, teilweise angerechnet werden. Welche Auswirkungen sich daraus auf die Motivation und Bereitschaft zur Weiterbildungsteilnahme von Lehrpersonen ergeben wird, kann noch nicht gesagt werden, erste Erfahrungen verweisen jedoch auf eine positive Entwicklung.

4.4 European Credit System for Vocational Education and Training (ECVET)

Analog zum European Credit Transfer System im Hochschulbereich, hat die Europäische Kommission im Oktober 2006 einen Vorschlag für die Realisierung eines europäisches Leistungspunktesystems für die Berufsbildung vorgelegt (vgl. DIE/DIPF/IES 2006; BMBF 2007). Von der Implementierung dieses „European Credit Transfer Systems for Vocational Education and Training" (= ECVET) wird erwartet, dass sie zur Verbesserung der Qualität und Erhöhung der Attraktivität von Berufsbildungen beitragen und darüber hinaus „das gegenseitige Vertrauen zwischen den Akteuren der nationalen Berufsbildungssysteme, zwischen zuständigen Stellen und Trägern der beteiligten Institutionen sowie zwischen den unmittelbar Beteiligten" (BMBF 2007, S. 265) unterstützen wird. Fest steht, dass auch mit dem ECVET der „europaweite Paradigmawechsel hin zu einer stärkeren Outcome-Orientierung im Bildungssystem" unterstützt werden soll, denn „nicht die vermittelten Inhalte, sondern die erworbenen Kompetenzen" (BMBF 2007, S. 266) stehen im Mittelpunkt des Interesses.

5 International vergleichende Kompetenzmessungen bei Erwachsenen

Im Vordergrund international vergleichender Kompetenzmessungen bei Erwachsenen steht nicht die Zertifizierung, sondern vielmehr die Messung des vorhandenen Kompetenzpotenzials. Das grosse Interesse an empirisch gesicherten Erkenntnissen bezüglich der Wirksamkeit von Bildungsprozessen basiert auf der Tatsache, dass Bildung als Humankapital verstanden wird, das für die individuelle und gesellschaftliche Entwicklung sowie die Anschlussfähigkeit im globalen Wirtschaftswettbewerb eine zentrale Ressource darstellt (vgl. Tippelt/Edelmann 2007). Eine der ersten umfassenden internationalen Studien im Bereich der Kompetenzerfassung war die IALS (=International Adult Literacy Survey). Sie wurde zwischen 1994 und 1998 in drei Erhebungswellen durchgeführt, an der sich insgesamt 20 Länder mit repräsentativen Stichproben der erwachsenen Wohnbevölkerung beteiligten (vgl. OECD/Statistics Canada 2005). Die ALL-Studie (=Adult Literacy and Life Skills Survey) wurde als Fortsetzung und Weiterentwicklung von IALS konzipiert. Neben der Lesekompetenz (literacy) wurden auch die mathematische Kompetenz (numeracy), die Problemlösekompetenz (problem solving) sowie die Vertrautheit im Umgang mit Informations- und Kommunikationstechnologien (ICT-literacy) erhoben. Diese Untersuchungen wurden in insgesamt 12 Ländern durchgeführt (vgl. ebd.).

Das aktuellste Projekt zur internationalen Erfassung von Kompetenzen Erwachsener ist die von der OECD geplante Studie „PIAAC" (=Programme for the International Assessment of Adult Competencies), die „umgangssprachlich als ‚PISA für Erwachsene' bezeichnet wird" (Gnahs 2007, S. 107) und auf die beiden vorangehenden Studien (IALS und ALL) aufbaut. Mit der PIAAC-Studie soll einerseits der Einfluss von Kompetenzen auf soziale und ökonomische Entwicklungen in der Gesellschaft, anderseits der Zusammenhang des Kompetenzpotenzials mit der Leistungsfähigkeit nationaler Bildungs- und Weiterbildungssysteme analysiert werden (vgl. OECD 2004).

Bezogen auf die Vorteile einer solchen Untersuchung besteht zwischen den Experten weitgehend Konsens, kontrovers wird hingegen die konkrete Umsetzung diskutiert, die zahlreiche Herausforderungen beinhaltet. Aufgrund der breiten und mehrfach geplanten Erhebung (large-scale assessment) ist es erstens notwendig, dass die Erhebungen mit einem angemessenen Aufwand realisierbar sind. Zweitens gilt es zu entscheiden, welche Kompetenzdomänen und drittens welche Altersgruppen untersucht werden sollen, wobei eine besondere Schwierigkeit darin liegen wird, auch Niedrigqualifizierte und Nicht-Beschäftigte für die Untersuchung zu gewinnen (vgl. Gnahs 2007). Die erste Erhebungsphase ist für 2009/10 geplant. Sie soll auf der Grundlage einer repräsentativen Stichprobe der arbeitsfähigen Bevölkerung (Haushaltsbefragungen) realisiert werden. Auch wenn aufgrund der PIAAC-Ergebnisse keine unmittelbaren Schlussfolgerungen auf die Wirksamkeit unterschiedlicher Weiterbildungssysteme möglich sind, ist davon auszugehen, dass sie die Diskussionen in der (inter-)nationalen Bildungspolitik maßgeblich beeinflussen werden.

6 Ausblick

Fest steht, dass das Thema der Messung und Zertifizierung von Kompetenzen in der Weiterbildung aktuell von einem grossen bildungspolitischen und wirtschaftlichen Interesse gekennzeichnet ist und zukünftig die Bedeutung und der Bedarf an adäquaten Konzepten noch stärker anwachsen werden. Diese Entwicklungen stehen sowohl in einem engen Zusammenhang mit der zunehmenden Pluralisierung individueller Lebensläufe, als auch mit gesellschaftlichen Einforderungen der Durchlässigkeit zwischen Erst- und Weiterbildung, der beruflichen Mobilität sowie der lebenslangen Lernbereitschaft.

Damit eine breite Akzeptanz von Zertifikaten in der Weiterbildung verwirklicht werden kann, ist es unerlässlich, dass Maßnahmen zur Qualitätssicherung und Standardisierung noch stärker gefördert und wissenschaftlich begleitet werden. Ebenso wird vor dem Hintergrund dynamischer Internationalisierungsprozesse eine gewisse Harmonisierung hinsichtlich der Messung und Zertifizierung von Kompetenzen in der Weiterbildung unumgänglich sein, auch wenn Vorgehensweisen zur Anerkennung in erster Linie nationalen Bildungszielen unterliegen.

Nicht zuletzt kann davon ausgegangen werden, dass (inter-)national anerkannte Zertifizierungen dazu beitragen, dass Weiterbildungen allen Beteiligten soziale Aufstiegschancen eröffnen und die Dominanz von Herkunft und Erstausbildung zunehmend ablösen würden.

Literatur

Bjornavold, J. (2001): Lernen sichtbar machen: Ermittlung, Bewertung und Anerkennung nicht formal erworbener Kompetenzen. In: CEDEFOP 22. S. 27-36.

Bretschneider, M./Preißer, R. (2003): Länderstudie im Rahmen des BLK-Verbundprojektes „Weiterbildungspass mit Zertifizierung informellen Lernens“: Großbritannien. Bonn: DIE.

Bretschneider, M./Seidel, S. (2007): Bilanzierung und Anerkennung von Kompetenzen mit dem ProfilPASS-System – Ein Beitrag zur Förderung lebenslanger Lernprozesse. In: Hessische Blätter für Volksbildung 4. S. 345-351.

Bundesministerium für Bildung und Forschung (BMBF) (2007): Berufsbildungsbericht. Bonn.

Calonder Gerster, A.E. (2007²): Das CH-Q Kompetenz Management. In: Erpenbeck, J./Rosenstiel, L. v. (Hrsg.): Handbuch Kompetenzmessung. Erkennen, verstehen und bewerten von Kompetenzen in der betrieblichen, pädagogischen und psychologischen Praxis. Stuttgart: Schäffer-Poeschel, S. 719-736.

Clement, U. (2006): Zertifikate und Standards für die berufliche Bildung. In: Clement, U./Le Mouillour, I./Walter, M. (Hrsg.): Standardisierung und Zertifizierung beruflicher Qualifikationen in Europa. Bonn: Berufsinstitut für Berufsbildung, S. 10-23.

DIE/DIPF/IES (2006): BLK-Verbundprojekt „Weiterbildungspass mit Zertifizierung informellen Lernens" (ProfilPASS): Endbericht der Erprobungs- und Evaluierungsphase. Frankfurt a.M.: DIPF.

Edelmann, D./Tippelt, R. (2003): Bildungs- und Beschäftigungssystem – Erwartungen Höherqualifizierter an die wissenschaftliche Weiterbildung. In: Schäfer, E./Zinkahn, B./Pietsch, K.-D. (Hrsg.): Die Weiterbildung in der Bildungsgesellschaft unter dem ökonomischen Paradigma. Perspektiven für die Ausrichtung der berufsbezogenen wissenschaftlichen Weiterbildung. Jena: IKS Garamond, S. 93-112.

Edelmann, D./Tippelt, R. (2007): Kompetenzentwicklung in der beruflichen Bildung und Weiterbildung. In: Zeitschrift für Erziehungswissenschaft, Sonderheft 8. S. 129-148.

Erpenbeck, J. (2006): Kompetenzbilanzen – Schlüsselmethoden europäischen Kompetenzvergleichs. In: Arbeitsgemeinschaft Betriebliche Weiterbildungsforschung e.V. (Hrsg.). Kompetenzen bilanzieren. Auf dem Weg zur einer europaweiten Kompetenzerfassung. edition QUEM, Bd. 20. Münster: Waxmann, S. 7-22.

Erpenbeck, J./Rosenstiel, L. v. (Hrsg.) (2007²): Handbuch Kompetenzmessung. Erkennen, verstehen und bewerten von Kompetenzen in der betrieblichen, pädagogischen und psychologischen Praxis. Stuttgart: Schäffer-Poeschel.

Faulstich, P./Vespermann, P. (2003): Zertifikate in der Weiterbildung. Ergebnisse aus drei empirischen Explorationen. Berlin: BBJ Verlag.

Gnahs, D. (2003): Zertifizierung informell erworbener Kompetenzen. In: REPORT 4. S. 88-96.

Gnahs, D. (2007): Kompetenzen – Erwerb, Erfassung, Instrumente. Studientexte für Erwachsenenbildung. Bielefeld: Bertelsmann.

Greinert, W.-D. (2000): Organisationsmodelle und Lernkonzepte in der beruflichen Bildung. Analytische Grundlagentexte, GTZ, Bd.16. Baden-Baden.

Haase, E. (2007): Zertifizierungen in der Erwachsenenbildung – Die europäische Dimension von Kompetenznachweisen. In: Hessische Blätter für Volksbildung 2. Jahrgang, H. 4, S. 337-344.

Haasler, B./Schnitger, M. (2005): Kompetenzerfassung bei Arbeitssuchenden – eine explorative Studie unter besonderer Berücksichtigung des Sektors privater Arbeitsvermittlung in Deutschland. ITB-Arbeitspapier Nr. 57. Universität Bremen: Institut Technik und Bildung.

Hofer, S. (2004): Internationale Kompetenzzertifizierung. Vergleichende Analysen und Rückschlüsse für ein deutsches System. Münster: Waxmann.

Käpplinger, B. (2007): Abschlüsse und Zertifikate in der Weiterbildung. Bonn: Bundesinstitut für Berufsbildung (BIBB).

Kell, A. (1982): Das Berechtigungswesen zwischen Bildungs- und Beschäftigungssystem. In: Lenzen, D. (Hrsg.). Erziehungswissenschaft im Übergang, verlorene Einheit, Selbstteilung und Alternativen, Bd. 9/2 (Enzyklopädie Erziehungswissenschaft). Stuttgart: Klett-Cotta, S. 289-320.

Kohn, G./Rützel, J./Schröter, H.-G./Ziehm, S. (Hrsg.) (2000): Compatibility of Vocational Qualification Systems. Berlin: GTZ GmbH.

Kommission der Europäischen Gemeinschaften (2000): A Memorandum on Lifelong Learning. Brüssel.

Kommission der Europäischen Gemeinschaften (2006): Vorschlag für eine Empfehlung des Europäischen Parlaments und des Rates zur Einrichtung eines Europäischen Qualifikationsrahmens für lebenslanges Lernen. Brüssel.

Lauterbach, U./Barth, S. (2003): Länderstudie im Rahmen des BLK-Verbundprojektes „Weiterbildungspass mit Zertifizierung informellen Lernens": Schweiz. Frankfurt a. M.: DIPF.

Moser, K. (2003): Diagnostik beruflicher Kompetenzen. In: Straka, G.A. (Hrsg.): Zertifizierung non-formell und informell erworbener beruflicher Kompetenzen. München: Waxmann, S. 41-55.

Nuissl, E. (2003): Leistungsnachweise in der Weiterbildung. In: REPORT 4. S. 9-24.

OECD (2004): PIAAC Draft Strategy Paper. Policy Objectives, Strategic Options and Cost Implications. Stockholm.

OECD/Statistics Canada (2005): Learning a Living. First Results of Adult Literacy and Life Skills Survey (ALL). Paris.

Schiersmann, Ch. (2007): Berufliche Weiterbildung. Lehrbuch. Wiesbaden: VS-Verlag für Sozialwissenschaften.

Schrader-Naef, R. (2005): Erwachsenenbildung in der Schweiz. Bestandesaufnahme 2004 und neue Empfehlungen. Bericht der Schweizerischen UNESCO-Kommission in Zusammenarbeit mit dem Forum Weiterbildung Schweiz. Bern: Schweizerische UNESCO-Kommission.

Sellin, B. (2006): EQR – Vorschlag der Europäischen Kommission für eine Empfehlung des Europäischen Parlaments und Rates, Bewertung und Fragen im Zusammenhang mit seiner Anwendung. Verfügbar unter: http://bwpat.de/ausgabe11/sellin_bwpat11.pdf (12.12.07).

Seusing, B./Back, H.-J. (2003): Länderstudie im Rahmen des BLK-Verbundprojektes „Weiterbildungspass mit Zertifizierung informellen Lernens“: Finnland. Hannover: IES.

Thömmes, J. (2007²): Bilan de compétences. In: Erpenbeck, J./ Rosenstiel, L. v. (Hrsg.): Handbuch Kompetenzmessung. Erkennen, verstehen und bewerten von Kompetenzen in der betrieblichen, pädagogischen und psychologischen Praxis. Stuttgart: Schäffer-Poeschel, S. 709-718.

Tippelt, R./Edelmann, D. (2007²): DACUM (Developing a Curriculum). In: Erpenbeck, J./ Rosenstiel, L. v. (Hrsg.): Handbuch Kompetenzmessung. Erkennen, verstehen und bewerten von Kompetenzen in der betrieblichen, pädagogischen und psychologischen Praxis. Stuttgart: Schäffer-Poeschel, S. 737-757.

Tippelt, R./Mandl, H./Straka, G.A. (2003): Entwurf und Erfassung von Kompetenz in der Wissensgesellschaft – Bildungs- und wissenstheoretische sowie methodische Perspektiven. In: Gogolin, I./Tippelt, R. (Hrsg.): Innovation durch Bildung. Opladen: Leske + Budrich, S. 349-369.

Willke, H. (1998): Systemisches Wissensmanagement. Stuttgart: Lucius & Lucius.

Institutionelle, finanzielle, rechtliche und personelle Grundlagen

Ekkehard Nuissl
unter Mitarbeit von Liana Druckenmüller und Daniela Jung

Ordnungsgrundsätze der Erwachsenenbildung in Deutschland

Die Erwachsenenbildung/Weiterbildung ist in Deutschland – wie in den meisten anderen industrialisierten Ländern auch – in einem historischen Stadium, in dem sie zwar einerseits quantitativ und qualitativ als eigenständiger Bildungsbereich erkennbar, andererseits aber noch nicht systematisch gestaltet oder geordnet ist. Unter Erwachsenenbildung/Weiterbildung wird heute gemäß der Definition des Deutschen Bildungsrates (1970) die „Fortsetzung oder Wiederaufnahme organisierten Lernens nach Abschluss einer unterschiedlich ausgedehnten ersten Bildungsphase" (ebd, S. 197) verstanden. Weiterbildung umfasst danach ganz unterschiedliche Bereiche wie etwa berufliche und betriebliche Weiterbildung, Fortbildung und Umschulung, politische Bildung, gewerkschaftliche Bildung, Allgemeinbildung und kulturelle Bildung. Erwachsenenbildung umfasst danach Angebote, die von einer einzelnen Abendveranstaltung bis zu mehrjährigen Ausbildungsgängen gehen, Einrichtungen völlig unterschiedlicher Zielrichtung, Rechtsform, Arbeitsweise sowie soziale und personelle Zusammenhänge ganz unterschiedlicher Provenienz. Erwachsenenbildung ist ein gewachsener Bereich, der historisch aus unterschiedlichen Zusammenhängen heraus entstanden, aktuell disparat organisiert und kaum überschaubar ist. Ordnungsgrundsätze für die Erwachsenenbildung gelten jeweils nur für Teilbereiche von ihnen.

Für die deutsche Erwachsenenbildung gilt im Großen und Ganzen, dass sie nicht staatlich organisiert ist, aber nach dem Subsidiaritätsprinzip mehr oder weniger stark staatlich gestaltenden Einflüssen unterliegt. Die Intensität des staatlich gestaltenden Einflusses (und damit auch die jeweilige Gültigkeit der Ordnungsgrundsätze) unterscheidet sich vor allem danach, um welche staatliche Instanz und um welchen inhaltlichen Bildungsbereich es geht. Entscheidend ist dabei das förderalistische Grundprinzip in der deutschen Bildungspolitik und -verwaltung, nach dem Bund, Ländern und Kommunen jeweils spezifische Aufgaben im Bildungsbereich zufallen.

Ebenfalls von großer Bedeutung für die Gültigkeit und Relevanz von Ordnungsgrundsätzen ist die institutionelle Struktur der Erwachsenenbildung in Deutschland und das, was als materielle Grundlage der Erwachsenenbildung erkennbar ist. Von besonderer Bedeutung ist aber die bestehende Pluralität des Weiterbildungsbereichs, weil sie die Existenz einer Vielzahl und Vielfalt von Einrichtungen und Trägern befestigt sowie der Grundsatz, dass Erwachsenenbildung nicht vollständig staatlich finanziert ist.

Ordnungsgrundsätze für die Erwachsenenbildung in der Bundesrepublik Deutschland lassen sich daher anhand von vier Fragen darstellen:

- Welches sind die historisch-gesellschaftlichen Grundlagen der Erwachsenenbildung?
- Welches sind die rechtlichen Grundlagen der Erwachsenenbildung?
- Welches sind die institutionellen Grundlagen der Erwachsenenbildung?
- Welches sind die materiellen Grundlagen der Erwachsenenbildung?

1 Historisch-gesellschaftliche Grundlagen

Ideengeschichtlich liegen in Europa die Wurzeln der Erwachsenenbildung in der Aufklärung, sozialgeschichtlich im Kampf des Bürgertums gegen feudale Zwänge und im Kampf des Proletariats gegen die Unterdrückung. Heute ist der aufklärerische Impetus der Erwachsenenbildung generelles Leitziel vieler PädagogInnen: „Aufklärung ist der Ausgang des Menschen aus seiner selbstverschuldeten Unmündigkeit. Unmündigkeit ist das Unvermögen, sich seines Verstandes ohne Leitung eines anderen zu bedienen. Selbstverschuldet ist diese Unmündigkeit, wenn die Ursache derselben nicht am Mangel des Verstandes, sondern der Entschließung des Mutes liegt, sich seiner ohne Leitung eines anderen zu bedienen. Sapere aude!“ (Kant 1784, S. 481) – so Immanuel Kant im Jahre 1784.

Im Rahmen ihrer jeweiligen Klasseninteressen wurde die Idee der Aufklärung für Bürgertum wie auch für Proletariat im 19. Jahrhundert zur Leitidee organisierter Bildungsbemühungen. So wurden in der ersten Hälfte des 19. Jahrhunderts Lese-, Museums- und Literaturgesellschaften gegründet, die Vorträge, Gespräche und gemeinsame Unternehmungen veranstalteten. Musikalische Vereine, Sonntags- und Abendschulen organisierten das bildungsbürgerliche Element; landwirtschaftliche Vereine und die Handwerkerbildungsvereine dieser Zeit bemühten sich, die Menschen zur Ausübung ihrer neu zu erkämpfenden oder bereits erworbenen bürgerlichen Rechte und beruflichen Aufgaben zu befähigen. Auch konfessionell orientierte Bildungseinrichtungen entstammen diesem Abschnitt bürgerlicher Selbsthilfe im Bildungsbereich; so wurde etwa der von Adolf Kolping geleitete „Katholische Gesellenverein“ Ausgangspunkt des heutigen Kolpingswerkes. 1871 sammelt sich die bürgerlich-liberale Bildungsbewegung in der Gründung der „Gesellschaft für die Verbreitung von Volksbildung“. Diese Gesellschaft entfaltete vielfältige Aktivitäten, um neue Bildungsvereine zu gründen, Volksbibliotheken einzurichten und das öffentliche Vortragswesen auszuweiten. Wichtige Impulse erhielt die Bewegung auch durch die Universitätsausdehnung vor allem in England und Österreich, mit der wissenschaftliches Wissen nach klassischen Bildungsidealen verbreitet wurde. Dieser spezielle Aspekt führte 1899 zur Gründung eines „Verbandes für volkstümliche Kurse von Hochschullehrern des Deutschen Reiches“, der sich von 1904 bis 1912 in Wien, Berlin, Dresden und Frankfurt zu „Volkshochschultagen“ zusammenfand. 1913 waren im Bereich der „Gesellschaft für die Verbreitung von Volksbildung“ etwa 8000 Bildungsvereine registriert, die mehr oder weniger miteinander kooperierten. Sie stellten zu dieser Zeit die größte europäische Vereinigung zur Volksbildung dar.

Bereits sehr frühzeitig hatte sich die Arbeiterbildung von der bürgerlichen Bildung abgespalten; Handwerksgesellen und die rasch wachsende Arbeiterschaft stellten fest, dass Freiheit, Bildung und Wohlstand zunehmend zum Privileg einer Gesellschaftsklasse, des Bürgertums, wurden und Bildung nicht nur zur Befreiung von feudalen Strukturen, sondern auch als Herrschaftsmittel gegenüber der Arbeiterklasse benutzt wurde. Aus dieser Auseinandersetzung entstand die Formulierung eines klassenspezifischen Bildungsbedürfnisses der Arbeiterschaft im Zusammenhang mit deren Organisierung in den 1950er und 1960er Jahren des 19. Jahrhunderts. Linksliberale Strömungen (vgl. Schulze-Delitzsch 1990) hatten sich bereits der Arbeiterbildung angenommen, bevor F. Lasalle explizit das Klassenbewusstsein des Proletariats der bürgerlichen Bildungsidee gegenüberstellte. Er gründete den „Allgemeinen Deutschen Arbeiterverein“ (1863) und formulierte die Erkenntnis, dass die politischen und gesellschaftlichen Ziele der Arbeiterklasse Vorrang haben vor „nur“ pädagogischen Handlungsstrategien. Damit war der Beginn einer Arbeiterbildung im Dienst der politischen Emanzipation der Arbeiterklasse markiert. Bildung als Mittel im Klassenkampf („Wissen ist Macht“) wurde von gewerkschaftlichen und parteilichen Organisationen der Arbeiterklasse bis zum 1. Weltkrieg ausgebaut, intensiviert und verstärkt.

Eine dritte Wurzel für das, was heute unter Erwachsenenbildung subsumiert wird, ist bereits im 19. Jahrhundert feststellbar, auch wenn für sie nicht explizit der Begriff der Aufklärung reklamiert und sie gewöhnlich in historischen Darstellungen zur Erwachsenenbildung nicht mit behandelt wird: Die betriebliche und im weiteren Sinne unmittelbar berufliche Erwachsenenbildung. Anlernprozesse am Arbeitsplatz, Bildungsveranstaltungen für innerbetrieblichen Aufstieg, Fortbildung für Führungskräfte nahmen in dem Maße zu, in dem die kapitalistische Produktionsweise immer größere Betriebe hervorbrachte. Große Konzerne wie etwa Krupp hatten bereits vor dem 1. Weltkrieg Ansätze eines betrieblichen Fortbildungssystems realisiert, die sich in das Bemühen um eine betriebliche Personalfür- und -vorsorge einreihten.

Der 1. wie auch der 2. Weltkrieg bedeuteten auch für die deutsche Erwachsenenbildung einen tiefgreifenden Einschnitt. Noch gravierender wirkte sich das Nazi-Regime aus, das in vielen Bildungsstätten noch heute ein weißer Fleck in der eigenen Geschichte ist. Die Frage, inwieweit die Richtungen der Erwachsenenbildung, wie sie um die Jahrhundertwende bestanden, in der Weimarer Republik und nach dem 2. Weltkrieg kontinuierlich fortgeführt oder aber gebrochen wurden, ist unter Historikern nicht unstrittig. Konsens besteht vor allem über folgende Punkte:

In der Weimarer Republik gewann die Erwachsenenbildung insgesamt einen höheren, aber auch qualitativ veränderten Stellenwert. Erwachsenenbildung ist Bestandteil der Weimarer Verfassung, und 1918-1920 sind die Jahre, in denen ein großer Teil der auch heute existierenden, traditionsreichen Volkshochschulen als eigenständige Einrichtungen des freien Volksbildungswesens (in Anlehnung an dänische Internatsschulen für Erwachsene) gegründet wurden. Die Ansätze der Erwachsenenbildung unterliegen in der Weimarer Zeit unterschiedlichen Bewegungen. Die bürgerlich-liberale Volksbildungsbewegung führt eine heftige Diskussion der „alten“ Richtung der Wissensvermittlung gegenüber der „neuen“ Richtung der vom Menschen ausgehenden individuellen Bildungsarbeit. Insbesondere die Volkshochschulen, 1927 in einem Reichsverband zusammengeschlossen, sind stark in diese Diskussion involviert. Die konfessionellen Volksbildungsbewegungen, eher der bürgerlich-liberalen Richtung zuzuschlagen, verfolgten demgegenüber recht eigenständige konzeptionelle Entwicklungen. Die „alte“ und „neue“ Richtung einigten sich 1931 in Prerow auf einen Kompromiss, in dessen Mittelpunkt vor allem auch berufsbezogene Bildungsinhalte stehen.

Die Arbeiterbewegung verfolgte in der Weimarer Republik sowohl in Verbindung mit dem Parteiapparat als auch mit Gewerkschaften einen eigenständigen institutionellen und theoretischen Aufbau der Erwachsenenbildung, wobei insbesondere die Berliner Gewerkschaftsschule und die Akademie der Arbeit (beide 1921 gegründet) als Haupttypen der institutionellen Arbeiterbildung hervorzuheben sind.

Die betriebliche Erwachsenenbildung führt auch in der Weimarer Republik eine von der öffentlichen Diskussion weitgehend unbeachtete Existenz weiter.

Im Nationalsozialismus wurde versucht, alle unterschiedlichen Strömungen der Erwachsenenbildung „gleichzuschalten“, organisatorische Hilfsmittel waren dabei die nationalsozialistische Gemeinschaft „Kraft durch Freude“ als Trägereinrichtung des „Deutschen Volksbildungswerkes“. Die Gleichschaltung der Erwachsenenbildung erfolgte langsam und gestaltete sich offensichtlich mühsam; erst 1939 wurden reichseinheitliche Richtlinien zur Erwachsenenbildung verabschiedet. Das in der Erwachsenenbildung teilweise angesammelte Widerstandspotential (vgl. Feidel-Mertz 1975, S. 18; siehe auch Feidel-Mertz in diesem Band) trug viel dazu bei, dass in der Rekonstruktion der Erwachsenenbildung nach dem 2. Weltkrieg an vorhandene Linien angeknüpft werden konnte.

Nach dem 2. Weltkrieg wurde Erwachsenenbildung, soweit sie öffentlich diskutiert und gefördert wurde, vor allem unter dem Aspekt der demokratischen Re-Education durch die alliierten Siegermächte vorangetrieben. Dies galt besonders für die Einrichtungen der Volksbildung, die Volkshochschulen, während betriebliche, konfessionelle und gewerkschaftliche Erwachsenenbildung in ihren je eigenen Organisationsbereichen sich um einen konzeptionellen Neuanfang bemühten. In den Blickpunkt einer öffentlichen Diskussion geriet die Erwachsenenbildung erst wieder 1960 mit dem Gutachten des Deutschen Ausschusses für das Erziehungs- und Bildungswesen „Zur Situation und Aufgabe der deutschen Erwachsenenbildung". Hier heißt es unter anderem, dass Bildung im Sinne von „Einsicht und Verständnis" anknüpft „an einen der umstrittensten Bildungsbegriffe der europäischen Geistesgeschichte: denn Erhellung des Bewusstseins ist nur ein anderer Name für das, was man früher Aufklärung nannte" (Deutscher Ausschuss 1960, S. 20f.). Die wesentliche politische Bedeutung des Gutachtens ist die, dass Erwachsenenbildung als Bestandteil der öffentlich zu fördernden und zu gestaltenden Bildungsbereiche zu sehen, Erwachsenenbildung als öffentliche Aufgabe zu betrachten ist.

Nach weiteren 10 Jahren intensiver Diskussionen um die Gestaltung des Bildungssystems („Bildungskatastrophe") markierten schließlich der Strukturplan des Deutschen Bildungsrates von 1970 und der Bildungsgesamtplan der Bund-Länder-Kommission von 1973 die für die Erwachsenenbildung entscheidenden Einschnitte in der Entwicklung zu einem eigenständigen vierten Bildungsbereich. „Die erste Bildungsphase ist ohne ergänzende Erwachsenenbildung unvollständig. Der Gesamtbereich Erwachsenenbildung ist daher Teil des Bildungssystems; Fortbildung, Umschulung und Erwachsenenbildung gehören in den Rahmen dieses Bereiches" (Deutscher Bildungsrat 1970, S. 199f.). Mit der Einführung des Oberbegriffs „Weiterbildung" anstelle des Oberbegriffs „Erwachsenenbildung" wurde nicht nur die Zusammengehörigkeit der bis dahin unverbundenen Bildungsaktivitäten reklamiert, sondern auch ein höheres Maß von Verbindlichkeit der Erwachsenenbildung sowie von staatlicher Verantwortlichkeit betont. Folgerichtig waren auch Begriffe von „Kooperation" und „Koordination" zentrale Begriffe der Strukturpapiere. Eingeführt wurden Gedanken einer „flächendeckenden Versorgung in der Bevölkerung", der „Qualität der Bildungsangebote" sowie der „Professionalisierung der Lehrenden". In der Akzeptanz der gewachsenen und institutionell gefestigten Ansätze von Erwachsenenbildung, wie sie seit dem letzten Jahrhundert nebeneinander bestanden, gingen auch diese Strukturüberlegungen von einer Pluralität der Erwachsenenbildung aus und verfestigten sie damit. Die Weiterbildungsgesetze, die in der Folge – entsprechend der föderalen Struktur der Bundesrepublik – in den meisten Bundesländern verabschiedet wurden, setzten diese Überlegungen gemäß dem Prinzip der Subsidiarität des Staates um (vgl. Kuhlenkamp 2002).

Die „realistische Wende" der Erwachsenenbildung, die Ende der 1960er, Anfang der 1970er Jahre stattfand, stellt Erwachsenenbildung in den Zusammenhang mit anderen Bildungsbereichen, insbesondere der beruflichen Bildung und der allgemeinen Schulbildung, stellt Erwachsenenbildung in die Diskussion gesellschaftlicher Qualifikationsbedarfe und aktiver Arbeitsmarktpolitik und stellt Erwachsenenbildung in weiterem Sinne in den Zusammenhang kultureller und politischer Gesellschaftsperspektiven. Dieser Kontext erreicht in der jüngsten Vergangenheit sogar noch eine neue Dimension, die Erwachsenenbildung in einen globalen ökonomischen Zusammenhang stellt: „Die Strukturen und Systeme von Unternehmen, Märkten und Produkten ordnen sich im weltweiten Maßstab, Konkurrenz ist keine räumlich eingrenzbare Kategorie mehr. Für die Weiterbildung hat dieser Megatrend unmittelbare Konsequenzen, etwa im Bildungsziel der „Employability" oder im zunehmend globalen Wettbewerb von Bildungsdienstleistungen, wie dies aktuell die Diskussionen um GATS zeigen (vgl. z.B. Haslinger/Scherrer 2006)" (DIE 2008, S. 13).

Für die Individuen bedeutet die Globalisierung eine immer größer werdende Eigenverantwortung, die sie im Zuge eines Umbaus des Sozial- und Bildungssystems (verbunden mit einem Rückzug des Staates aus bisher gesellschaftlich verantworteten Teilbereichen) – auch für ihre (Weiter-)Bildung übernehmen müssen (vgl. Zeuner 2006).

Unabhängig davon sind Ordnungsgrundsätze für die Erwachsenenbildung erst seit der „realistischen Wende" in dem Sinne feststellbar, als es erst seitdem eine übergeordnete Instanz – den Staat – gibt, die sich um eine Ordnung der Erwachsenenbildung bemüht. Die Ordnungsgrundsätze der Erwachsenenbildung gehen aber von den gewachsenen Strukturen, von den historischen Ansätzen und institutionellen Möglichkeiten aus. Sie sind vor allem in Form von Gesetzen, von diesen nachgeordneten Verordnungen und zunehmend auch von internationalen (europäischen) Richtlinien und Empfehlungen festgehalten.

2 Rechtliche Grundlagen der Erwachsenenbildung

Als rechtliche Grundlage der Erwachsenenbildung werden meist nur die entsprechenden Gesetze der Länder gesehen. Grundsätzlich ist dabei festzustellen, dass die Erwachsenenbildung in der Bundesrepublik Deutschland durch eine Vielzahl ineinander verschränkter gesetzlicher und anderer Regelungen geordnet wird, die teilweise unterschiedlichen Leitzielen dienen und auch manche Bereiche der Erwachsenenbildung unberührt lassen (s. auch Beitrag „Rechtliche Grundlagen der Weiterbildung" von Grotlüschen/Haberzeth/Krug in diesem Band). Unterschiedliche Ziele verfolgen etwa das für das Bundesgebiet gültige SGB III mit arbeitsmarkt- und strukturpolitisch begründeten Maßnahmen- und Teilnehmerförderungen und die Weiterbildungsgesetze der Länder, die fast ausschließlich Institutionen und Erwachsenenbildungs-Personal fördern. Weitgehend unberührt von öffentlich diskutierten Ordnungssystemen ist die kommerziell betriebene Erwachsenenbildung, die keinerlei staatliche Zuschüsse erhält, und die Erwachsenenbildung in den Betrieben, die im Rahmen der Tarifautonomie zwischen Unternehmensleitungen und Gewerkschaften ausgehandelt wird. Darüber hinaus gibt es eigenständige gesetzliche Bestimmungen für einzelne Personengruppen (auf Bundesebene etwa für Betriebsräte im Rahmen des Betriebsverfassungsgesetzes, auf Landesebene etwa für die Fortbildung von Beschäftigten im öffentlichen Dienst), für einzelne Institutionen (etwa für die Hochschulen auf Bundesebene im Hochschulrahmengesetz, auf Landesebene in den jeweiligen Hochschulgesetzen der Länder) sowie für einzelne Fachressorts (auf Landesebene etwa für Landwirtschaft sowie Handel und Industrie) (vgl. Krug/Nuissl 2004ff.). Hinzu kommen Ländergesetze zur Freistellung von der Arbeit zu Bildungszwecken („Bildungsurlaub", vgl. Schmidt-Lauff 2005), Regelungen und Empfehlungen von Kultusministerkonferenz und Bund-Länder-Kommission für Bildungsplanung, Regelungen im allgemeinen Tarifrecht und – länderspezifisch – zum Nachholen von Schulabschlüssen. Die Vielzahl und Vielfalt von Regelungssystemen für die Erwachsenenbildung entspricht der disparaten Struktur des Bereichs. Ordnungsgrundsätze sind daher, sofern sie detailliert dargestellt werden, immer nur für Teilbereiche gültig. Allerdings sind hier – je nach Bedeutung des Regelungsbereiches – auch Gewichtungen vornehmbar.

Erster und oberster Ordnungsgrundsatz auf der Basis rechtlicher Grundlagen ist, dass Erwachsenenbildung nicht staatlich geordnet sein *muss*. Anders als etwa im Schulbereich unterliegt Erwachsenenbildung im Grundsatz nicht staatlichem Anerkennungszwang. Erwachsenenbildung ist durchführbar auf der Grundlage allgemeiner marktwirtschaftlicher Bestimmungen bis hin zum Verbraucherschutz, Erwachsenenbildung ist durchführbar als unternehmerische Aktivität wie viele andere auch. Eine Ausnahme bildet hier nur der Fernunterricht, für den aufgrund entsprechender Erfahrungen ein gesondertes Fernunterrichtsschutzgesetz (1977, zuletzt geändert 2005) erlassen wurde. Mit der Zunahme des Erwachsenenbildungs-Interesses der Bevölkerung und wachsenden Teilnahmezahlen hat die Bedeutung kommerzieller Erwachsenenbildungs-Anbieter zugenommen, auf kommunaler und regionaler Ebene teilweise den gestaltenden Einfluss öffentlich geförderter Erwachsenenbildungs-Einrichtungen zurückgedrängt. Anders als in den 1970er Jahren geplant sind heute in manchen Angebotsbereichen (etwa Sprachenbereich, EDV-Schulung) Einflüsse der Regelung von Nachfrage und Angebot prägender als staatlich induzierte Ordnungskriterien wie Qualitätssicherung, Kommunalisierung und Allgemeinzugänglichkeit. Dies wird umso bedeutsamer, als auch staatlich finanzierte Bildungsangebote nach dem SGB III nach Marktgesetzen ausgehandelt werden, die teilweise Regelungen der Erwachsenenbildungs-Gesetze der Länder konterkarieren.

Im Bereich der öffentlich verantworteten und gestalteten Erwachsenenbildung ist zu berücksichtigen, dass die entsprechenden Regelungen mit Ordnungsgrundsätzen gestuft sind. In der Verfassung der Bundesrepublik Deutschland ist – anders als in der Weimarer Verfassung – Erwachsenenbildung nicht geregelt. Nach Auffassung von Verfassungsrechtlern ist jedoch auch für die Erwachsenenbildung – wie für andere Bildungsbereiche – aus dem Demokratiegebot, dem Sozialstaatspostulat und dem Gleichheitsgrundsatz eine Verantwortung des Staates für die Erwachsenenbildung abzuleiten (vgl. Bubenzer 1982). Einige Bundesländer haben in ihren Landesverfassungen die Erwachsenenbildung explizit aufgenommen: Baden-Württemberg (Artikel 22: „Die Erwachsenenbildung ist vom Staat, den Gemeinden und den Landkreisen zu fördern"), Bayern (Artikel 139: „Die Erwachsenenbildung ist durch Volkshochschulen und sonstigen mit öffentlichen Mitteln unterstützte Einrichtungen zu fördern"), Bremen (Artikel 35: „Allen Erwachsenen ist durch öffentliche Einrichtungen die Möglichkeit zur Erwachsenenbildung zu geben"), Nordrhein-Westfalen (Artikel 17: „Die Erwachsenenbildung ist zu fördern. Als Träger von Einrichtungen der Erwachsenenbildung werden neben Staat, Gemeinden und Gemeindeverbänden auch andere Träger wie die Kirchen und freie Vereinigungen anerkannt"), Rheinland-Pfalz (Artikel 37: „Das Volksbildungswesen einschl. der Volksbüchereien und Volkshochschulen soll von Staat und Gemeinden gefördert werden. Die Errichtung privater oder kirchlicher Volksbildungseinrichtungen ist gestattet"), Saarland (Artikel 32: „Staat und Gemeinde fördern das Volksbildungswesen, einschl. der Volksbüchereien und Volkshochschulen"), Schleswig-Holstein (Artikel 9, Abs. 3: „Die Förderung der Kultur und der Erwachsenenbildung, insbesondere des Büchereiwesens und der Volkshochschulen, ist Aufgabe des Landes, der Gemeinden und der Gemeindeverbände").

Auf der rechtlich obersten Ebene, derjenigen der Verfassung, wird Erwachsenenbildung dort, wo sie überhaupt erwähnt wird, als staatliche Verpflichtung und teilweise konkreter als kommunale Pflichtaufgabe definiert. Am weitestgehenden ist hier die Verfassungsbestimmung in Nordrhein Westfalen, in der auch Angaben zu den zulässigen Trägern enthalten sind. In den jeweiligen Landkreis- und Gemeindeordnungen der genannten Bundesländer, aber auch in den

Bundesländern, in denen Erwachsenenbildung nicht verfassungsmäßig verankert ist, ist Erwachsenenbildung als Pflichtaufgabe eingeschlossen. Auch in den neuen Bundesländern hat sich diese Regelung im Großen und Ganzen durchgesetzt. Unterschiedlich sind die Bestimmungen darüber, welche Institutionen diese Pflichtaufgabe wahrnehmen.

Für das gesamte Bundesgebiet gelten auch unterhalb der Verfassungsebene keine umfassenden gesetzlichen Regelungen zur Erwachsenenbildung. Ein Bundes-Weiterbildungsgesetz, spätestens seit Anfang der 1970er Jahre immer wieder diskutiert, existiert bis heute nicht. Besonderer Hinderungsgrund für ein Bundesgesetz ist die Zuständigkeit der Länder für die Bildung. Durch die 2006 in Kraft getretene Föderalismusreform entfiel zudem die gemeinsame Bildungsplanung, so dass angesichts vielfach bestehender Länder-Weiterbildungsgesetze eine übergeordnete oder konkurrierende Bundesgesetzgebung ebenso wie etwa im Hochschulbereich umstritten ist. Auch ein bundesweites Bildungsurlaubsgesetz existiert trotz vielfältiger Initiativen in der Vergangenheit nach wie vor nicht, wobei hier vor allem der Widerstand der Arbeitgeber gegenüber entsprechenden Regelungen, der auch auf Landesebene wirksam ist, einen Hinderungsgrund darstellt. Für das Bundesgebiet gesetzlich geregelt ist der Fernunterricht (im Fernunterrichtsschutzgesetz), Erwachsenenbildung als Aufgabe der Hochschulen (im Hochschulrahmengesetz), Erwachsenenbildung für einzelne Personengruppen (etwa Bundesbedienstete) sowie – und dies hat seit den 1970er Jahren immer größere Bedeutung erlangt – im Rahmen der Arbeitsmarktpolitik durch das ehemalige Arbeitsförderungsgesetz (AfG), das seit 1998 als Drittes Buch im Sozialgesetzbuch (SGB III) verankert ist. Dieses regelt, welche Personengruppen in welchen Inhaltsbereichen (durch Fortbildungen und Umschulungen) staatlich gefördert werden; so werden sowohl Maßnahmen als auch Individuen (etwa durch den Einsatz von Bildungsgutscheinen, vgl. §77 SGB III) durch die Bundesagentur für Arbeit (BA) teil- oder vollfinanziert. Das SGB III regelt beispielsweise Dauer, Inhalt und Anspruchsberechtigung bei mehrmonatigen Kursen „Deutsch als Fremdsprache". Seine gestaltende Kraft sowohl für Institutionen als auch für Inhalte und Teilnehmende der Erwachsenenbildung hatte das AfG in der Vergangenheit durch seine hohen Förderungsbeträge erhalten, die in der Summe diejenigen Beträge überstiegen, die auf der Grundlage der Erwachsenenbildungs-Gesetze der Länder vergeben werden (s.u.). Da Maßnahmen nach dem SGB III in der Regel auf dem Markt ausgeschrieben werden, haben sie, trotz staatlicher Finanzierung, zu einer Stärkung des Bereichs der kommerziellen Erwachsenenbildung geführt. Trotz der Novellierungen des Gesetzes seit Beginn der 1990 Jahre, die eine Einschränkung der Förderungssumme vollzogen, übte das SGB III lange einen großen gestaltenden Einfluss in der Weiterbildung aus; seit Ende der 1990er Jahre allerdings hat sich die Förderlogik der BA drastisch nach dem „Minimum-Prinzip" (minimaler Mitteleinsatz zur effizienten Erreichung eines gegebenen Outputs) geändert, womit die öffentliche Förderbeteiligung nach SGB III um mehr als 80% zurückgegangen ist (vgl. DIE 2008, S. 109). Die Richtwerte für SGB III-Maßnahmen in Bezug auf Teilnahme, Dauer, Qualitätsstandards und Abschlüsse haben – über entsprechende Marktmechanismen – auch regulierenden Einfluss auf andere Angebotsbereiche. In verschiedenen Fällen stehen etwa Qualitätsstandards und Anforderungen an Lehrpersonal für Angebote nach dem SGB III in Konkurrenz zu entsprechenden Regelungen in den Erwachsenenbildungs-Gesetzen der Länder.

Ebenfalls oft für das Bundesgebiet gültig ist das Betriebsverfassungsgesetz (BVerfG); es regelt die Freistellung von Betriebsräten für Erwachsenenbildungs-Zwecke und hat große Bedeutung für gewerkschaftliche Bildungsarbeit, die sich aus dem historischen Ansatz der Arbeiterbildung ableitet. Oft bundesweit gültig, wenn auch nicht staatlich induziert, sind schließlich erwachsenenbildungs-relevante Regelungen in Manteltarifverträgen. In ihnen wird etwa festgelegt, welche Personengruppen in den jeweils vom Tarifvertrag betroffenen Betrieben unter welchen Bedingungen an festgelegten Erwachsenenbildungs-Angeboten teilnehmen können. Einige dieser tarifvertraglichen Regelungen gehen über die Bestimmungen des Betriebsverfassungsgesetzes hinaus (vgl. Sutter 1989).

Die wichtigsten gesetzlichen Regelungen zur Erwachsenenbildung auf Landesebene sind die genannten Weiterbildungsgesetze der Länder. Sie sind in der Interpretation des Subsidiaritätsgrundsatzes, also der Gestaltungsabsicht für den Erwachsenenbildungs-Bereich, sehr verschieden (vgl. Kuhlenkamp 2002) und ihre jeweilige Wirkung hängt eng zusammen mit dem Förderungsvolumen, dessen Vergabe an Einrichtungen die Gesetze der Erwachsenenbildung im Lande regeln. Die wichtigsten und in der Regel auch in allen Erwachsenenbildungs-Gesetzen enthaltenen Ordnungsgrundsätze sind:

- Die Sicherung der institutionellen Grundstruktur der Erwachsenenbildung durch institutionelle Förderung, Anerkennung unter bestimmten Aspekten von kontinuierlicher und qualitativ ausgewiesener Arbeit und Grundlinien organisatorisch-rechtlicher Art, insbesondere Zusammenschluss zu Verbänden auf Landesebene.
- Abgrenzung der Bildungseinrichtungen von anderen gesellschaftlichen Organisationen (wie etwa Gewerkschaften, Arbeitgeberverbänden, Kirchen) und Sicherung ihrer Selbständigkeit in der Wahrnehmung der Bildungsaufgabe, Freiheit der Lehrplangestaltung und Unabhängigkeit in der Auswahl der Mitarbeiterinnen und Mitarbeiter.
- Qualifikation der Mitarbeiterinnen und Mitarbeiter sowie deren Fortbildung.
- Kooperation zwischen den Bildungseinrichtungen auf kommunaler und auf Landesebene.
- Offener Zugang der Bildungseinrichtungen für alle Personen und Personengruppen in der Bevölkerung (vgl. Rohlmann 1992; Otto/Winger 1992).

In einigen Bundesländern haben sich diese Ordnungsprinzipien der Erwachsenenbildungs-Gesetze in der Struktur der Erwachsenenbildungs-Einrichtungen im Lande durchgesetzt, ein hoher Institutionalisierungs- und Professionalisierungsgrad ist festzustellen. Insbesondere Nordrhein-Westfalen weist diese Strukturen aus, erkennbare Strukturierungsmerkmale nach Gesetz sind vor allem auch in Niedersachsen, Bremen und Hessen festzustellen. Diese Umsetzung von Ordnungsgrundsätzen der Erwachsenenbildung-Gesetze erfolgt hauptsächlich in den weitgehend kommunal verankerten Volkshochschulen, die vielerorts lokale Zentren für Kultur und Bildung sind, aber auch in Bildungswerken der Kirchen, der Gewerkschaften und der Unternehmensverbände. Unberührt von den Erwachsenenbildungs-Gesetzen bestehen vor allem Angebote der Betriebe, kommerzieller Anbieter, aber auch etwa der Hochschulen. Allerdings lassen sich Berührungspunkte in Bezug auf Qualität von Erwachsenenbildung als auch von Kooperation der Einrichtungen untereinander erkennen. Erwachsenenbildungs-Gesetze gibt es derzeit in 14 der 16 Bundesländer.

Ebenfalls auf Landesebene gültig sind Bildungsurlaubsgesetze (die mit Ausnahme von Baden-Württemberg, Bayern, Sachsen und Thüringen in allen Bundesländern existieren), teilweise auch Freistellungs- oder Arbeitnehmerweiterbildungsgesetz genannt. Sie regeln die bezahlte Freistellung von Arbeitnehmerinnen und Arbeitnehmern zur Teilnahme an Bildungsmaßnahmen, formulieren ein individuelles Anspruchsrecht von in der Regel einer Woche pro Jahr und haben auf die Entwicklung einer spezifischen Angebotsform (ein- und zweiwöchige Seminarveranstaltungen) sowie dazugehöriger Konzeptionen prägenden Einfluss ausgeübt. Nach wie vor sind die Bildungsurlaubs-Gesetze vielerorts noch zwischen Arbeitgebern und Arbeitnehmern umstritten, ihre Inanspruchnahme durch anspruchsberechtigte Beschäftigte ist im bundesweiten Durchschnitt mit etwas mehr als 1% sehr gering – dieser Prozentsatz ist seit vielen Jahren unverändert, die Bildungsurlaubsgesetze blieben also bis heute faktisch ohne nennenswerte Wirkung (vgl. DIE 2008, S. 50). Den wesentlichsten Einfluss haben Bildungsurlaubs-Gesetze ausgeübt auf die Diskussion einer Verbindung von Bildung und Beschäftigungsverhältnis sowie auf die Diskussion einer lebenslangen Verknüpfung von Arbeit und Bildung (vgl. Faulstich 2006). Der ursprüngliche inhaltliche Impetus der Bildungsurlaubs-Gesetze, der anknüpfend an die Arbeiterbildung politische Bildungsinhalte förderte, hat in den 1980er Jahren an Kraft verloren; Bildungsurlaub ist – als Angebot – heute vielerorts in erster Linie berufliche Bildung.

Ganz sicher haben die Erwachsenenbildungs-Gesetze der Länder am stärksten auf die institutionelle Struktur der Erwachsenenbildung Einfluss ausgeübt. Auf ihrer Grundlage sind Bildungseinrichtungen entstanden bzw. haben sich konsolidiert, die in kontinuierlicher Arbeit unter Verpflichtung auf gemeinsame Qualitätskriterien die Maßstäbe für öffentlich verantwortete Erwachsenenbildung setzen. Diese strahlen aus auf kommerzielle Anbieter und Erwachsenenbildungs-Veranstaltungen in Betrieben, auch wenn die Verbindungen nach wie vor eher gering sind.

Kuhlenkamp merkt jedoch an, dass die Weiterbildungsgesetze der Länder an Einfluss verlieren („Kaiser ohne Land"), da die Ressourcen, die sie verteilen, zurückgefahren werden und die Zuständigkeit heute oft in andere Politikfelder abgegeben wird (vgl. Kuhlenkamp 2005, S. 27) oder aber durch Kommunen oder Gebietskörperschaften substituiert werden.

Die EU hat keinerlei rechtliche Kompetenzen, setzt aber natürlich durch Förderung, Empfehlungen und Programme, die thematisch auch national aufgegriffen werden, entsprechende Impulse.

3 Institutionelle Grundlagen der Erwachsenenbildung

Die institutionelle Struktur der Erwachsenenbildung in der Bundesrepublik Deutschland ist außerordentlich heterogen, unübersichtlich und differenziert. Entsprechend dem historischen Stand der Entwicklung dieses Bildungsbereiches gibt es kein einheitliches Raster für die Erwachsenenbildungs-Institutionen. Aufgrund des obersten Ordnungsgrundsatzes der *Pluralität* haben die ideologischen Wurzeln, organisatorischen Bindungen und institutionellen Voraussetzungen der Erwachsenenbildungs-Einrichtungen nach wie vor eine große Bedeutung für das, was an Erwachsenenbildung real getan wird. Allerdings sind institutionelle Strukturen der Erwachsenenbildung – möglicherweise gerade aufgrund der heterogenen und interessenzersplitterten Gesamtsituation – ein nur wenig bearbeitetes Feld der deutschen Erwachsenenbildung.

So kann auch über die Anzahl der Einrichtungen keine genaue Aussage getroffen werden. 2008 wurde eine Zahl von mindestens 17.005 Einrichtungen erhoben (vgl. DIE 2008, S. 84). Erst seit Beginn der 1990er Jahre, seit sich verschärfenden Macht- und Marktkämpfen, gewinnen organisationssoziologische Fragestellungen eine größere Bedeutung.

„Aus der Sicht der Adressaten der Erwachsenenbildung existiert sie in Form von Veranstaltungen", schreibt Hans Tietgens (1984, S. 102):

> „Damit diese stattfinden können, müssen sie organisiert werden. Dafür gibt es Erwachsenenbildungs-*Einrichtungen* mit ihrem mehr oder meist weniger ausgebauten Mitarbeiterstab, der für die disponierenden Aufgaben zuständig ist. Diese Arbeiten und Veranstal-

tungen selbst bedürfen aber der Finanzierung und der formalen Absicherung. Dafür muss ein *Rechts- und Unterhaltsträger* eintreten. Dieser wird für den Adressaten des Angebots häufig kaum sichtbar. Er ist aber der Adressat des Gesetzgebers und der Administration, die mit den Ausführungsbestimmungen befasst ist. Denn allein der *Träger* kann rechtliche Verpflichtungen übernehmen. Er fungiert formal als Entscheidungsinstanz, nicht zuletzt deshalb, weil bzw. dann, wenn es um die Verantwortung öffentlicher Mittel geht."

Die wesentlichste Unterscheidung im institutionellen Strukturgefüge der Erwachsenenbildung ist hier dargelegt: die zwischen Einrichtungen und Trägern. Um die Sache noch komplizierter zu machen: die Träger (und manchmal auch Einrichtungen) sind in der Regel auf Landes- und Bundesebene zu größeren Organisationseinheiten zusammengefasst. Grund dafür sind hauptsächlich gemeinsame Aufgaben und Probleme (etwa bei der Mitarbeiterqualifizierung, der Werbung, der politischen Interessenvertretung), aber auch Auflagen staatlicherseits, wenn es etwa um landesspezifische Vergabe von Fördermitteln oder bundesweite Repräsentanz geht. Jede der unter dem Primat der Pluralität agierenden Erwachsenenbildungs-Einrichtungen steckt also in einem komplizierten innerorganisatorischen Beziehungsgeflecht. Dieses wird noch komplizierter bei denjenigen Einrichtungen, die aus gesellschaftlichen Großorganisationen hervorgingen und in der Regel noch eng an diese angebunden sind (gewerkschaftliche Bildungseinrichtungen, Bildungsstätten der Kirchen, Bildungswerke der Wirtschaft). Jede der Trägerorganisationen ist in sich anders strukturiert, regelt Verantwortlichkeiten und Verbindlichkeiten auf unterschiedlichen Ebenen und mit unterschiedlicher Intensität.

Obwohl die Einrichtungen, Träger und Dachorganisationen von Zahl und Art außerordentlich umfangreich sind, lassen sich die in der – zumindest öffentlichen – Erwachsenenbildungs-Diskussion rasch nennen:

- die berufliche EB, deren Bedeutung seit den 1980er Jahren enorm zunahm – durch das Eindringen der Mikroelektronik, die Internationalisierung und zunehmende Flexibilität;
- die Volkshochschulen als kommunale Einrichtungen, die in Aufgabenverständnis und Arbeitsweise hauptsächlich an die bürgerlich-liberale Wurzel des Volksbildungswesens anknüpfen;
- die gewerkschaftliche EB, die sich in weiten Bereichen auf die Tradition der Arbeiterbildung berufen kann;
- die konfessionelle Erwachsenenbildung insbesondere seitens der katholischen und evangelischen Kirche, die ihren Anfang nahm in der sozialengagierten liberalen Bildungsbewegung der Kirchen im letzten Jahrhundert.

Diese vier großen institutionellen Bereiche der Erwachsenenbildung sind auf regionaler und auf Landes- und Bundesebene weitgehend durchstrukturiert, weisen eigenständige bundesweite Geschäftsstellen auf und organisieren einen wesentlichen Teil der bildungspolitischen und ideologischen Diskussion der Erwachsenenbildung in Deutschland. Sie partizipieren auch alle mehr oder weniger an staatlichen Fördermitteln und orientieren sich mehr oder weniger an deren Vorgaben.

Dies gilt auch für weitere Träger und Trägerverbände der EB, die allerdings weniger verbreitet und weniger durchstrukturiert sind. Zu ihnen zählen etwa die Hochschulen – traditionell mit ihren Einrichtungen der wissenschaftlichen Weiterbildung, aber voraussichtlich auch zunehmend mit den weiterbildungsbezogenen Abschlüssen im angelaufenen konsekutiven Ausbildungssystem (Bachelor/Master-Abschlüsse) –, die Heimvolkshochschulen, die Einrichtungen der ländlichen EB, die Stiftungen, die Kammern, staatliche Einrichtungen (z.B. Lehrerfortbildungsinstitute) und die von Gewerkschaften und Volkshochschulen gemeinsam getragene Bildungsvereinigung „Arbeit und Leben".

Nicht einbezogen in diesen Gesamtzusammenhang einer mehr oder weniger öffentlich verpflichteten und öffentlich diskutierenden Erwachsenenbildung sind:

- die innerbetrieblichen Erwachsenenbildungs-Einrichtungen, insbesondere großer Unternehmen,
- die kommerziellen Einrichtungen und Träger (vgl. Bunke 1992),
- die Fernlehrinstitute (vgl. Ehmann 1986),
- die Medien (insbesondere Rundfunk und Fernsehen) sowie
- die „alternative" EB.

Diese fünf Bereiche sind aus unterschiedlichen Gründen außerhalb der staatlich geförderten Strukturen der Erwachsenenbildung in der Bundesrepublik Deutschland zu sehen. Für die betriebliche Erwachsenenbildung gelten vor allem die Erfordernisse betrieblicher Qualifizierung und Personalpolitik; für die kommerzielle Erwachsenenbildung gelten staatliche subsidiäre Förderungen vor allem als Wettbewerbsverzerrung und Hindernisse auf dem Bildungsmarkt; die Medien, in den 1960er Jahren noch eng mit der Bildungsdiskussion verbunden, folgen mittlerweile gänzlich anderen Paradigmen als die Einrichtungen des Bildungssystems, was sich unter anderem in einem Abbau der medialen Institutionen der organisierten Bildung ausdrückt; viele sogenannten „alternativen" Anbieter von Erwachsenenbildung wehren sich bewusst gegen eine Institutionalisierung, da sie darin eine Pädagogisierung und Entfremdung von Bildungsbemühungen sehen.

Gegen eine Institutionalisierung wird eingewandt, dass sie zur Erstarrung der Strukturen führe, den Lerninteressen der Menschen fremd werden könne, bildungspolitische Akzente in der staatlichen Förderpolitik verhindere. Für die Institutionalisierung wird argumentiert, dass sie Gewähr biete für eine kontinuierliche und qualitativ hochstehende Bildung, für eine flächendeckende Versorgung der Bevölkerung mit Bildungsangeboten und für eine konzeptionelle und systematische Entwicklung pädagogischen Wissens. In den 1970er Jahren hatten vor allem die Argumente *für* eine Institutionalisierung überwogen, in den 1980er Jahren zunehmend diejenigen *gegen* eine solche.

Bedingt durch den Rückgang öffentlicher Mittel (vgl. 4. Finanzielle Grundlagen der Erwachsenenbildung) wandelt sich allerdings die Verantwortung für Erwachsenenbildung/Weiterbildung ohnehin zunehmend von einer öffentlichen zu einer privaten (Kuhlenkamp 2005, S. 27) und zwingt (auch alternative und sogen. öffentliche) Erwachsenenbildungs-Anbieter heute zu deutlich mehr Marktorientierung. Diese ist im nationalen und internationalen Benchmarking unmittelbar verbunden mit dem Nachweis der Qualität des Erwachsenenbildungs-/Weiterbildungs-Angebots (etwa durch Zertifizierungs- und QM-Verfahren), geknüpft an die Einhaltung von Standards (wie z.B. dem Europäischen Qualifikationsrahmen - EQF) und einer ökonomisch-rechtlichen Anpassung an die Gegebenheiten des Weiterbildungs-Marktes; so haben bspw. in den vergangenen Jahren etliche Einrichtungen (allen voran die Volkshochschulen) ihre Rechtsform zu Gesellschaften oder anderen mischfinanzierten Formen umgewandelt; gezielte *Marketing*maßnahmen und ein effizientes *Weiterbildungsmanagement* (siehe dazu die entsprechenden Beiträge von Schöll und Meisel) sind unerlässliche Faktoren im Wettbewerb auf dem Weiterbildungs-Markt geworden.

Im Kontext der Schaffung von „Zugängen" zu (Weiter-)Bildung (Inklusion), ist die Diskussion in jüngster Zeit von solchen Polarisierungen für oder gegen Institutionalisierung abgekommen; Mischformen von selbstgesteuertem Lernen in organisierten Zusammenhängen – wie sie etwa im internationalen Diskurs um „Learning centers" oder „work-based training" (wo es i.d.R. um mehr als die Entwicklung von spezifischen beruflichen Fähigkeiten geht) thematisiert werden – finden immer größere Verbreitung. Politisch macht sich die Reflexion um Inklusion u.a. durch unterschiedliche Möglichkeiten neuer Finanzierungssysteme bemerkbar (vgl. 4. Finanzielle Grundlagen der Erwachsenenbildung).

An den bestehenden Tatsachen der pluralen Struktur von Erwachsenenbildungs-Einrichtungen änderte sich in den letzten Jahrzehnten aber wenig.

Seit der „realistischen Wende" der Erwachsenenbildung, seit dem „Strukturplan für das Bildungswesen" des Deutschen Bildungsrates (1970) wurde in verschiedener Art und Weise versucht, die unübersichtliche Struktur der Erwachsenenbildungs-Einrichtungen in Deutschland zu ordnen. Dabei entstanden vielfältige Ansätze, die sich jeweils danach unterscheiden, was als oberstes Ordnungskriterium verwendet wurde. Als Ordnungskriterien herangezogen wurden:

- Die *Adressaten bzw. der Zugang*; Paul Hamacher (1976) führte auf der Basis dieses Kriteriums die Unterscheidung zwischen *geschlossener* und *offener* Erwachsenenbildung ein. Danach sind Veranstalter geschlossener Erwachsenenbildung etwa der öffentliche Dienst, Betriebe, Verbände, Veranstalter der offenen Erwachsenenbildung vor allem die Volkshochschulen.
- Die *gesellschaftliche Stellung* der Trägerorganisation. Hier wird eine Differenzierung zwischen *öffentlicher* und *freier* Erwachsenenbildung vorgenommen (vgl. Müller 1982). Dabei wird unter öffentlicher Erwachsenenbildung diejenige Erwachsenenbildung verstanden, die von staatlichen oder kommunalen Instanzen gefördert wird, während die von gesellschaftlichen Organisationen und privaten Einrichtungen ausgehenden Angebote unter dem Begriff der freien Erwachsenenbildung subsumiert werden.
- Das *Interesse* der veranstaltenden Einrichtung; danach werden vier Gruppen unterschieden: Einrichtungen mit erwerbswirtschaftlichen Interessen (z.B. Fernlehrinstitute), mit partikularen gesellschaftlichen Interessen (z.B. Kirchen, Gewerkschaften), mit öffentlichen Interessen (z.B. Volkshochschulen) sowie mit organisatorischen Interessen (z.B. Betriebe)(vgl. Müller 1982).
- Die *Zugehörigkeit* einer Einrichtung zu einer anderen Organisation. Danach wird unterschieden zwischen *freien* Einrichtungen und Trägern, die keiner gesellschaftlichen Großorganisation und vor allem Bildungsideologie verpflichtet sind (z.B. Volkshochschulen, kommerzielle Einrichtungen) und den *gebundenen* Erwachsenenbildungs-Einrichtungen, für die dies zutrifft, z.B. Bildungswerke der Wirtschaft, der Gewerkschaften, der Kirchen oder auch Stiftungen von Parteien.
- Die *Rechtsnatur* der Träger. Hier wird unterschieden (vgl. Knoll 1989) zwischen *öffentlichen* Einrichtungen in der Zuständigkeit von *Bund und Ländern* sowie den *öffentlichen* Einrichtungen in der Zuständigkeit der Kommunen, *öffentlich-rechtlichen* Einrichtungen, nicht öffentlichen Einrichtungen in privater Trägerschaft und kommerziellen Einrichtungen. Die Erwachsenenbildungs-Einrichtungen, deren Träger und Verbände sind mittlerweile zudem durch eine Vielfalt von *Rechtsformen* (z.B. GmbH, gGmbH, Verein, Genossenschaft

etc.) gekennzeichnet, die auch die Frage von Zuständigkeiten immer verschwommener werden lässt.
- Schließlich der *Inhaltsbereich* des Erwachsenenbildungs-Angebotes; hier hat sich seit Mitte der 1980er Jahre eine Gliederung verbreitet, die zwischen Einrichtungen der *beruflichen* Erwachsenenbildung und Einrichtungen der *nicht-beruflichen Erwachsenenbildung* unterscheidet (vgl. Klemm 1990).

Die unterschiedlichen Strukturierungsversuche der Einrichtungen und Träger der Erwachsenenbildung verwirren nicht nur durch teilweise identische Begriffe für unterschiedliche Sachverhalte die Diskussion, sondern machen auch die Schwierigkeit deutlich, planvoll-systematische Ordnungsgrundsätze in einer historisch und institutionell pluralen „Weiterbildungslandschaft" durchzusetzen. Auch in verschiedenen Bundesländern, z.B. Hessen und Niedersachsen, per Gesetz verlangte Kooperations-Runden zwischen denjenigen Einrichtungen und Trägern, die von der staatlichen Förderung profitieren, haben nicht zu einer weitergehenden Transparenz und Abstimmung geführt. Sie führen eher zu einem „Closed Shop", einer Abwehr der in der Kooperations-Runde mitarbeitenden Einrichtungen und Träger gegen weitere Partizipanten an öffentlichen Fördermitteln.

Jenseits der Erwachsenenbildungs-Einrichtungen gibt es zunehmend auch Weiterbildungsangebote von Organisationen, deren Hauptzweck eigentlich ein anderer ist (Bibliotheken, Verlage, Beratungsunternehmen). Umgekehrt bieten Einrichtungen der Weiterbildung zunehmend Beratungs- und sonstige Dienstleistungen an (vgl. DIE 2008, S. 85 und S. 89f.). Hierdurch entstehen intern neue Anforderungen an die Personal- und Organisationsentwicklung.

Durch die verstärkte Öffnung der Dienstleistungsmärkte in Europa entwickelt sich ein internationaler Weiterbildungsmarkt, bei dem noch unklar ist, welche Rolle deutsche Anbieter spielen werden (vgl. DIE 2008, S. 92ff.).

4 Finanzielle Grundlagen der Erwachsenenbildung

Erwachsenenbildung fand traditionell auf ideengeschichtlicher und am Menschenbild orientierter Grundlage statt, offensichtlich weniger auf finanzieller. Dies zumindest legt die Tatsache nahe, dass wissenschaftliche und auf die Praxis der Erwachsenenbildung bezogene Analysen zur Finanzierungsstruktur bis in die 1980er Jahre hinein eine Ausnahme blieben. Einige Beschäftigungen mit der Erwachsenenbildungs-Finanzierung (etwa Kuhlenkamp/Schütze 1982; Rohlmann 1989; Brödel 1996) blieben eher Ausnahmen. Einführungen und Handbücher zur Erwachsenenbildung konnten auch in den 1990er Jahren erscheinen, ohne die Finanzierung der Erwachsenenbildung eigenständig zu thematisieren.

Die Gründe dafür sind mehrere: Zum ersten ist in der Tat Erwachsenenbildung stark einer ideengeschichtlichen Grundhaltung verpflichtet, dies auch nach der „realistischen Wende". Die Argumentation mit der Finanzierung von Erwachsenenbildung wurde hauptsächlich aus der Sicht der Betriebe entwickelt und dort auch zu differenzierten, wenn auch nicht unstrittigen Analysen ausgebaut (vgl. Weiß 1991). Der zweite Grund ist die Schwierigkeit einer Analyse der Finanzierung der EB, da sich hier die Unübersichtlichkeit der rechtlichen Ordnungssysteme mit der Unübersichtlichkeit der institutionellen Struktur geradezu potenziert. Zudem beginnt die Finanzierung der Erwachsenenbildung gerade erst – wenn auch noch nicht in ausreichendem Umfang – ins öffentliche Interesse zu rücken und die Politik fängt an zu agieren; erstmalig explizite öffentliche Aufmerksamkeit erfuhr der Aspekt mit dem Gutachten der Expertenkommission zur „Finanzierung Lebenslangen Lernens".

> „Im Zuge der Weiterentwicklung und Anpassung der Bildungssysteme kann [also zwischenzeitlich] durchaus davon gesprochen werden, dass (Weiter-)Bildungspolitik derzeit eine besondere Aufmerksamkeit erfährt. Hinweise hierauf liefern u.a. die Aktivitäten auf der Ebene der EU wie auch die damit verbundenen Initiativen auf nationaler Ebene (...). Auch Aktivitäten wie die angestoßene Gesetzesinitiative zu einem öffentlich geförderten Weiterbildungssparen und der in NRW eingeführte Bildungsscheck deuten darauf hin, dass die Weiterbildung aktuell eine hohe politische Aufmerksamkeit erfährt. Zugleich ist aber auffällig, dass es zwischen der hohen Aufmerksamkeit und dem dafür gesellschaftlichen bereit gestellten Mittelfluss seit Jahren einen erheblichen Widerspruch gibt, da dem vielfach politisch proklamierten Bedeutungszuwachs der Weiterbildung bislang keine entsprechende Ressourcenzuteilung folgt" (DIE 2008, S. 15).

Allerdings ist zu berücksichtigen, dass die öffentlichen Mittel in einem großen Umfang ergänzt werden durch Förderungen und Zuschüsse von gesellschaftlichen Organisationen, zu denen Bildungseinrichtungen zählen, durch finanzielle Aufwendungen der Betriebe, durch gezielte Förderungen der Bundesanstalt für Arbeit (über das SGB III) und schließlich durch erhebliche Aufwendungen der Teilnehmenden selbst. Hinzu kommen Finanzierungen der Erwachsenenbildung über „verdeckte" öffentliche Etats, also etwa Personengruppen spezifische Finanzierungsregelungen in anderen Ressourcen als in der Bildung. Die Ausgaben für Erwachsenenbildung/Weiterbildung insgesamt (direkte und indirekte) bleiben dadurch insgesamt im vergangenen Jahrzehnt weitgehend konstant mit leicht steigender Tendenz seit 2001; in der Relation zum Bruttoinlandprodukt allerdings ist der Ausgabenanteil für Erwachsenenbildung/Weiterbildung in diesem Zeitraum deutlich gesunken (s. Abb. 1):

Gesamtfinanzierungsvolumen für Weiterbildung: direkte und indirekte Ausgaben (in Mrd. Euro) und Anteil am BIP (in Prozent) (1996–2006)

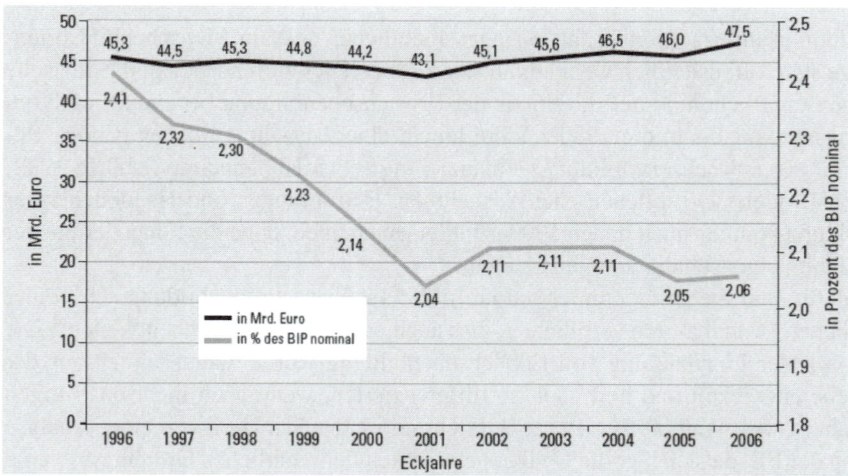

Quelle: eigene Berechnungen auf der Basis von Beicht u. a. 2006; Grund- und Strukturdaten (BMBF), verschiedene Jahrgänge; BLK-Bildungsfinanzberichte, verschiedene Jahrgänge; IW-Kostenstudien, verschiedene Jahrgänge; Geschäftsberichte der BA, verschiedene Jahrgänge; Statistisches Bundesamt a, b; gerundete Werte; vgl. die methodischen Hinweise zur Kalkulation des Gesamtfinanzierungsvolumens

Abbildung 1: Quelle DIE 2008, S. 102

Betrachtet man darüber hinaus die Finanzierungsanteile der oben erwähnten Finanziers von Erwachsenenbildung, wird sichtbar, dass die Mittel heute mehr denn je aus betrieblichen und privaten Quellen stammen, der im Wesentlichen gestaltende und institutionelle strukturenimplementierende Finanzierungsbereich von Bund, Ländern und Gemeinden im Betrachtungszeitraum seit 1996 in etwa gleich geblieben und insbesondere die SGB III-Förderung (Bundesagentur für Arbeit) drastisch zurückgegangen ist (vgl. unten Tab. 1 und 2):

Tabelle 1:

Gesamtfinanzierungsvolumen für Weiterbildung: direkte Ausgaben für ausgewählte Eckjahre (in Mrd. Euro und Prozent)

Jahr	1996		1998		2000		2002		2004		2006	
Finanzier	Mrd. Euro	in %	Mrd. Euro	in %	Mrd. Euro	in %	Mrd. Euro	in %	Mrd. Euro	in %	Mrd. Euro	in %
Öffentliche Hände [a]	1,5	5,4	1,5	5,2	1,6	5,6	1,4	5,1	1,5	6,0	1,4 [b]	6,0
Betriebe [b]	9,6 [d]	34,6	11,6	40,2	10,3 [d]	35,9	9,4 [d]	33,9	9,1	36,2	10,0 [e]	41,3
Individuen [c]	8,7 [f]	31,2	9,4 [f]	32,4	9,9 [f]	34,6	10,3	37,0	10,9 [f]	43,5	11,4 [f]	47,4
BA [g]	8,0	28,8	6,4	22,1	6,8	23,8	6,7	24,1	3,6	14,3	1,3	5,4
Gesamt	27,8	100	28,9	100	28,6	100	27,8	100	25,1	100	24,1	100

Quelle: eigene Berechnungen auf der Basis von Beicht u. a. 2006; Grund- und Strukturdaten (BMBF), verschiedene Jahrgänge; BLK-Bildungsfinanzberichte, verschiedene Jahrgänge; IW-Kostenstudien, verschiedene Jahrgänge; Geschäftsberichte der BA, verschiedene Jahrgänge; gerundete Werte

a: ab 2001 sonstiges Bildungswesen abzüglich der Ausgaben für Einrichtungen der Lehrerausbildung
b: Extrapolation der Daten mit dem BIP-Deflator
c: Angaben des IW für die Gesamtwirtschaft
d: geschätzte Werte durch lineare Interpolation
e: geschätzte Werte durch Extrapolation der Daten mit dem Index für Erzeugerpreise gewerblicher Produkte
f: geschätzte Werte durch Extrapolation der Daten mit dem Verbraucherpreisindex nach Abteilung 10 – Bildungswesen
g: Förderung der beruflichen Weiterbildung als Summe aus Weiterbildungskosten und Unterhaltsgeld; ab Januar 2005 entfallen Leistungen zum Unterhaltsgeld, stattdessen wird Arbeitslosengeld bei Weiterbildung gezahlt.

Quelle: DIE 2008, S. 101

Tabelle 2:

Gesamtfinanzierungsvolumen für Weiterbildung: direkte und indirekte Ausgaben für ausgewählte Eckjahre (in Mrd. Euro und Prozent)

Bezugsjahr	1996		1998		2000		2002		2004		2006	
Finanzier	in €	in %	in €	in %	in €	in %	in €	in %	in €	in %	in €	in %
Öffentliche Hände [a]	1,5	3,3	1,5	3,3	1,6	3,6	1,4	3,1	1,5	3,2	1,4 [b]	3,0
Betriebe [c]	24,2 [d]	53,4	24,8	54,8	22,5 [d]	51,0	23,2 [d]	51,4	26,8	57,6	29,3 [e]	61,7
Individuen	11,6 [f]	25,6	12,6 [f]	27,7	13,2 [f]	30,0	13,8	30,6	14,6 [f]	31,4	15,5 [f]	32,5
BA [g]	8,0	17,7	6,4	14,1	6,8	15,4	6,7	14,9	3,6	7,7	1,3	2,7
Gesamt	45,3	100	45,3	100	44,2	100	45,1	100	46,5	100	47,5	100

Quelle: eigene Berechnungen auf der Basis von Beicht u. a. 2006; Grund- und Strukturdaten (BMBF), verschiedene Jahrgänge; BLK-Bildungsfinanzberichte, verschiedene Jahrgänge; IW-Kostenstudien, verschiedene Jahrgänge; Geschäftsberichte der BA, verschiedene Jahrgänge; gerundete Werte

a: ab 2001 sonstiges Bildungswesen abzüglich der Ausgaben für Einrichtungen der Lehrerausbildung
b: Extrapolation der Daten mit dem BIP-Deflator
c: Angaben des IW für die Gesamtwirtschaft
d: geschätzte Werte durch lineare Interpolation
e: geschätzte Werte durch Extrapolation der Daten mit dem Index für Erzeugerpreise gewerblicher Produkte
f: geschätzte Werte durch Extrapolation der Daten mit dem Verbraucherpreisindex nach Abteilung 10 – Bildungswesen
g: Förderung der beruflichen Weiterbildung als Summe aus Weiterbildungskosten und Unterhaltsgeld; ab Januar 2005 entfallen Leistungen zum Unterhaltsgeld, stattdessen wird Arbeitslosengeld bei Weiterbildung gezahlt

Quelle: DIE 2008, S. 101

Zählt man die indirekten Ausgaben für Erwachsenenbildung noch hinzu, erhöht sich der Finanzierungsanteil durch die Betriebe sogar auf mehr als 60% und die Differenz zu allen anderen Finanziers wird noch deutlich größer (hier ist allerdings zu berücksichtigen, dass öffentliche Mittelgeber aus versch. Gründen keine indirekten Kosten ausweisen können, die absoluten Zahlen der Tab. 1 und 2 bilden dies im Vergleich ab).

Doch selbst wenn man – aufgrund einer anderen Berechnungssystematik, welche beispielsweise Arbeitsausfallkosten miteinrechnet – die Angaben zur Erwachsenenbildungs-Finanzierung aus der privaten Wirtschaft nach unten korrigiert, macht diese Aufstellung deutlich, dass gemessen am Gesamtvolumen der Erwachsenenbildungs-Finanzierung die gestaltende Finanzierung auf der Grundlage öffentlicher Gesetze und Ordnungsgrundsätze einen nur geringen Anteil ausmacht. Dies bedeutet nicht nur, dass der Anteil der beruflichen und berufsbezogenen Erwachsenenbildung in diesen Jahren deutlich angewachsen ist (die Teilnahmedaten aus dem Berichtssystem Weiterbildung IX (vgl. Kuwan u.a. 2006) bestätigen dies nachdrücklich), sondern auch, dass ein wesentlicher Teil der Erwachsenenbildungs-Aktivitäten in einem nicht über staatliche Förderungsregelungen und Ordnungsgrundsätze *materiell* beeinflussten Sektor ablaufen. Nicht zuletzt deshalb ist in der Diskussion der letzten zwei Jahrzehnten von der wachsenden Bedeutung eines *Weiterbildungsmarktes* die Rede.

Auch in den Institutionen, die überwiegend als öffentlich geförderte eingeschätzt werden und auch in ihrem Selbstverständnis öffentliche Verantwortung tragen, existiert längst eine Mischfinanzierung, in der die staatliche Förderung teilweise nur noch einen kleinen Anteil ausmacht. Das wichtigste Beispiel dabei sind die Volkshochschulen, die traditionell eine sogenannte *Drittelfinanzierung* haben: aus Teilnahmegebühren, kommunalen Mitteln sowie Mitteln von Bund und Ländern. Hinter dem Rückgang der öffentlichen Mittelanteile stehen in erster

Linie der zunehmende Rückzug der Länder aus der sogenannten Sockelfinanzierung (in den Ländergesetzen zur Weiterbildung meist verankert) und die fehlenden Mittel aus der SGB III-Förderung, auf die viele Maßnahmen im Angebot der Volkshochschulen ausgerichtet waren. Die Einnahmen aus Teilnahmegebühren sind in den späten 1980er Jahren kontinuierlich gewachsen, sie machen nunmehr durchschnittlich knapp 40% der VHS-Haushalte aus. In vielen Bundesländern, in denen geringe Fördermittel über die Erwachsenenbildungs-Gesetze vergeben werden, liegen die Anteile aus Teilnahmegebühren noch deutlich höher (etwa in Rheinland-Pfalz, Baden-Württemberg und Bayern). Verbunden mit anderen, von der VHS zu erschließenden Finanzierungsquellen liegt vielerorts der Anteil der öffentlichen Mittel am Gesamthaushalt der Einrichtung unter 50%.

In der Diskussion über die Finanzierung der Erwachsenenbildung ist nicht nur von Bedeutung, ob die sozialstaatliche Verpflichtung zur Gewährleistung von Bildungsangeboten für alle durch den zu geringen Anteil öffentlicher Finanzierung gefährdet ist, sondern auch zu berücksichtigen, dass gestalterische Ordnungsgrundsätze wie Offenheit des Zugangs/Partizipation, Qualität des Angebots, Freiheit der Lehre, Professionalisierung – wie sie in den Erwachsenenbildungs-Gesetzen enthalten sind – angesichts dieser Situation eine zunehmend geringere Durchsetzungsfähigkeit haben. Es ist daher nach wie vor erforderlich, in den nächsten Jahren eine Diskussion über Ordnungsgrundsätze zu führen, die sich angesichts bestehender Gestaltungs- und Finanzierungsspielräume durchsetzen können.

Literatur

Bubenzer, R. (1982): Staatsaufgaben im Bereich der Weiterbildung. Köln: o.V.

Brödel, R. (1996): Weiterbildungsförderung von Bund und Ländern. Flensburg: Univ.

Bunke, K. (1991): Strukturen und Institutionen der kommerziellen Träger der Weiterbildung. In: Grundlagen der Weiterbildung – Praxishilfen. Neuwied/Berlin: Luchterhand.

Bund-Länder-Kommission für Bildungsplanung (1873): Bildungsgesamtplan. Stuttgart: Klett.

Deutscher Ausschuss für das Erziehungs- und Bildungswesen (1960): Zur Situation und Aufgabe der deutschen Erwachsenenbildung. Stuttgart: Klett.

Deutscher Bildungsrat (1970): Strukturplan für das Bildungswesen. Stuttgart: Dt. Bildungsrat.

DIE (2008): Trends der Weiterbildung. Bielefeld: Bertelsmann.

Ehmann, C. (1987): Fernunterricht. Köln: Deutscher Institutsverlag.

Expertenkommission „Finanzierung Lebenslangen Lernens" (2004): Schlussbericht der unabhängigen Expertenkommission „Finanzierung Lebenslangen Lernens". Der Weg in die Zukunft. Bielefeld: Bertelsmann.

Faulstich, P./Faulstich-Wieland, H./Nuissl, E./Weinberg, J./Brokmann-Nooren, Ch./Raapke, H.D. (1992): Weiterbildung für die 90er Jahre. Gutachten über zukunftsorientierte Angebote, Organisationsformen und Institutionen Weinheim/München: Juventa.

Faulstich, P. (2006): Zeit zum Lernen öffnen. Bildungsurlaub und zeitgemäße Strategien kompetenzorientierter Arbeitszeitverkürzung. Bielefeld: Bertelsmann.

Feidel-Mertz, H. (1975): Erwachsenenbildung seit 1945. Köln: Kiepenheuer & Witsch.

Hamacher, P. (1976): Entwicklungsplanung für Weiterbildung. Braunschweig: Westermann.

Haslinger, S./Scherrer, C. (2006): Richtig ernst wird es noch. Folgenabschätzung der GATS Verhandlungen für die Weiterbildung. In: DIE 13, H. 2, S. 29-31.

Kant, I. (1784): Berlinische Monatsschrift, S. 481-494.

Klemm, K./Block, R./Boettcher, W./Budde, H./Geiersbach, F.-W./Jost, W./Weegen, M. (1990): Bildungsgesamtplan 1990. Weinheim/München. Juventa.

Krug, P./Nuissl, E. (Hrsg.) (2004f.): Praxishandbuch WeiterbildungsRecht. Fachwissen und Rechtsquellen für das Management von Bildungseinrichtungen. Loseblattsammlung, Grundlagenwerk 2004. München: Luchterhand.

Kuhlenkamp, D. (2002): Rechtliche Rahmenbedingungen in der Erwachsenenbildung. Teil 2: Landesrechtliche Regelungen in der Weiterbildung. Studienbrief Fernstudium Erwachsenenbildung. Kaiserslautern: Univ.

Kuhlenkamp, D. (2005): Ambivalente (De)Regulierung. In DIE 12, H. 3, S. 27-29.

Kuhlenkamp, D./Schütze, H.-G. (Hrsg.) (1982): Kosten und Finanzierung der beruflichen und nichtberuflichen Weiterbildung. Frankfurt a.M.: Diesterweg.

Kuwan u.a. (2006): Berichtssystem Weiterbildung IX. Berlin: BMBF.

Müller, H. (1982): Organisationen der Weiterbildung. In: Nuissl, E. (Hrsg.): Taschenbuch der Erwachsenenbildung. Baltmannsweiler.

Otto, V./Winger, B. (Hrsg.) (1992): Gesetzgebung zur Weiterbildung in den neuen Bundesländern. Bonn: DVV.

Rohlmann, R. (1992): Gesetzgebung zur Weiterbildung. Vergleichende Darstellung aus den alten Bundesländern. Bonn: DVV.

Rohlmann, R. (1989): Strukturanalyse der wirtschaftlichen Bedingungen der allgemeinen Weiterbildung. Baden-Baden: Nomos.

Schmidt-Lauff, S. (2005): Chancen für individuelle Lernzeiten: Bildungsurlaubs- und Freistellungsgesetze. In: Recht der Jugend und des Bildungswesens 53, H. 2, S. 221-235.

Schulze-Delitzsch, H. (1990): Quellen zur Geschichte des Genossenschaftswesens. Frankfurt/Main: Keip.

Sutter, H. (1989): Weiterbildungsregelungen in Tarifverträgen. Bonn: BMBW.

Tietgens, H. (1984): Institutionelle Strukturen der Erwachsenenbildung. In: Ders./Schmitz, E. (Hrsg.): Enzyklopädie Erziehungswissenschaft, Bd. 11: Erwachsenenbildung. Stuttgart: Klett-Cotta.

Weiß, R. (1991): Kostenmäßige Erfahrung der betrieblichen Weiterbildung In: Grundlagen der Weiterbildung – Praxishilfen. 4.50.80, Neuwied/Berlin: Luchterhand, S. 1-12.

Zeuner, Ch. (2006): Gesellschaftliche Bedingungen und Strukturen der Erwachsenenbildung. Manuskript zur Vorlesung „Strukturen der EB" im Herbsttrimester '07. Hamburg: Helmut-Schmidt-Universität. Verfügbar unter: http://www.hsu-hh.de/jagenlauf/index_Mvxo01i69H0nW1jl.html [27.03.2008]

Anke Grotlüschen | Erik Haberzeth | Peter Krug

Rechtliche Grundlagen der Weiterbildung

Es gibt kein einheitliches, in sich geschlossenes Weiterbildungsrecht, das die Weiterbildung in Deutschland bzw. alle weiterbildungsrelevanten Aspekte wie Organisation, Institutionen, Finanzierung, Angebot und Teilnahme, Curriculum, Personal, Qualität und Zertifizierung durch ein einzelnes Gesetz oder wenige Gesetze umfassend und zusammenhängend regelt (vgl. Richter 1993; Füssel 2002). Vielmehr sind die zahlreichen Gesetze, Verordnungen und Satzungen, die Weiterbildungsaktivitäten regeln, stark zersplittert (die Gesetze werden je aktuell im Wortlaut auf CD ROM im Handbuch Weiterbildungsrecht von Krug/Nuissl vorgelegt). Dies liegt sowohl im Trägerpluralismus als auch darin begründet, dass Weiterbildung nicht nur Sache des Bildungsrechts ist, sondern auch in den Zusammenhängen des Arbeits-, Wirtschafts- und Sozialrechts mitgeregelt wird. Außerdem ist das Weiterbildungsrecht aufgrund der bundesstaatlichen Ordnung der Bundesrepublik Deutschland (Föderalismus) und der im Grundgesetz geregelten Kompetenzverteilung bei der Gesetzgebung und Verwaltung zwischen Bund und Ländern sowohl auf Landes- als auch auf Bundesrecht verteilt. Schließlich wird internationales und vor allem europäisches Recht für die Gestaltung der Weiterbildung in Deutschland immer bedeutsamer, wodurch der Gegenstand noch komplexer und unübersichtlicher wird.

Tabelle 1: Gesetzliche Grundlagen der Weiterbildung

Europa/ Internationales	Bund	Länder
Subsidiäres Recht der Bildung und Beschäftigung (internationale Bildungszusammenarbeit und Dienstleistungsabkommen)	Arbeits- und Wirtschaftsrecht (außerschulische berufliche Weiterbildung)	Recht des Bildungswesens (Weiterbildung in Weiterbildungseinrichtungen, Hochschulen, Schulen und Fachschulen)
- Vertrag von Lissabon zur Änderung der zwei nachfolgend notierten Verträge (EU-Reformvertrag) - Vertrag zur Gründung der Europäischen Gemeinschaft (EGV) - Vertrag über die Europäische Union (Vertrag von Nizza) - „Soft Law" - Methode der offenen Koordinierung (MOK) - Europäische Dienstleistungsrichtlinie - General Agreement on Trade in Services (GATS)	- Sozialgesetzbuch (SGB) III u. II - Berufsbildungsgesetz (BBiG)/ Handwerksordnung (HwO) - Fernunterrichtsschutzgesetz (FernUSG) - Hochschulrahmengesetz (HRG) - Aufstiegsfortbildungsförderungsgesetz (AFBG) - Zuwanderungsgesetz - Bundesausbildungsförderungsgesetz (BAföG) - Betriebsverfassungsgesetz (BetrVG) - Allgemeines Gleichbehandlungsgesetz (AGG) - Bundespersonalvertretungsgesetz (BPersVG) Weitere Rechtsgrundlagen: - Gewerbeordnung - Verwaltungsrecht - Beamtenrecht - Soldatengesetz - Tarifrecht	- Weiterbildungs-/Erwachsenenbildungsgesetze - Bildungsurlaubsgesetze - Fachhochschul-/Hochschulgesetze - Schul-/Fachschulgesetze - Landespersonalvertretungsgesetze

Internationales und europäisches Recht ist im Weiterbildungsbereich nicht in Gesetzen, sondern in *Verträgen* und *Abkommen* niedergelegt, weil weder die Europäische Union noch supranationale Organisationen wie die WTO über eine Gesetzgebungskompetenz verfügen, die in die Bildungs- und Kulturhoheit der Nationalstaaten eingreifen dürfte. Die Verträge regeln die Grenzen der Harmonisierung, während die „Methode der offenen Koordinierung“ versucht, die Gleichwertigkeit der Abschlüsse und Systeme herzustellen. Die Handelsabkommen (Dienstleistungsrichtlinie, GATS) regeln den freien Handel mit Dienstleistungen.

In der Bundesrepublik Deutschland haben grundsätzlich die Länder die Gesetzgebungskompetenz für den Bereich Weiterbildung. Aus der Kompetenzregelung des Art. 30 Grundgesetz (GG), nach der für Gegenstände, die nicht ausdrücklich als Kompetenztitel dem Bund zugewiesen werden, die Länder zuständig sind, ergibt sich u.a. die Kulturhoheit der Länder und damit deren primäre Zuständigkeit für das Schul-, Hochschul- und sonstige Bildungswesen. Auch nach der Grundgesetzänderung von 2006 (Förderalismusreform I) kann jedoch der Bund in den Bereichen der außerschulischen beruflichen Weiterbildung (Art. 74 Abs. 1 Nr. 11 Wirtschaftsrecht, Nr. 12 Arbeitsrecht) und der individuellen Ausbildungsförderung für alle Bildungsbereiche unter bestimmten Voraussetzungen konkurrierend tätig werden (vgl. Nagel/Tiedtke 2007, S. 4). Hier werden Ansprüche zur Finanzierung des Lebensunterhalts während der Weiterbildung festgelegt (individuelle Förderung, AFBG und §116 SGB III). Weiterhin wird die Übernahme der Weiterbildungskosten oder eine Angebotsverpflichtung geregelt (z.B. laut Zuwanderungsgesetz und §77 SGB III). Anforderungen der Qualitätssicherung spielen im SGB III und im FernUSG eine Rolle.

Ihre Zuständigkeit auf dem Gebiet der allgemeinen Weiterbildung haben die meisten Bundesländer durch Weiterbildungsgesetze ausgefüllt. Sie gewähren dem Einzelnen zwar keine Leistungsansprüche auf Weiterbildung; für die Erfüllung der „objektiv-rechtlichen Verpflichtung des Staates“ (Richter 1993, S. 13), etwa eine Grundbildung zur Wahrnehmung individueller Grundrechte bereitzuhalten, spielen sie aber eine wesentliche Rolle. Die Weiterbildungsgesetze regeln vor allem das Verhältnis von Staat zu Einrichtungen und Trägern der Weiterbildung. Außerdem haben die meisten Länder Bildungsurlaubsgesetze erlassen, die Arbeitnehmer/inne/n Ansprüche auf Lernzeit gegenüber Arbeitgeber/inne/n gewähren. Darüber hinaus bestehen noch tarifvertragliche und betriebliche Vereinbarungen, die nicht alle Arbeitnehmer/innen erfassen und von daher als Ergänzung zu den gesetzlichen Regelungen zu verstehen sind (vgl. Nagel/Tiedtke 2007).

Tabelle 2: Überblick der in den jeweiligen rechtlichen Regelungen geregelten Rechtsverhältnisse

Rechtliche Regelung	Rechtsverhältnis zwischen Akteuren (mit Beispielen für Regelungsbereiche bzw. -aspekte)
International/Europa	Inländische vs. Ausländische Marktteilnehmende vs. Nationalstaat - Marktzutritt, Inländerbehandlung, Meistbegünstigung (GATS) - Schlichtungsverfahren (GATS) Nationales vs. Europäisches Recht - Subsidiaritätsprinzip, Harmonisierungsgrenzen (EU-Verträge) - Ziele gemeinsamer Bildungspolitik (EU-Verträge) - Förderung europäischer Bildungspolitik (EU-Verträge) - Koordinierung (MOK)
Bundesgesetze	Bildungsanbieter – Staat - Zulassung, Qualitätssicherung, Berichtspflicht (SGB III, FernUSG) Staat vs. Anspruchsberechtigte oder Versicherungsgeber/innen vs. Versicherungsnehmer/in - Kreis der Berechtigten (ZuwG, SGB II/III, AFBG) - Unterhalt, Rückzahlungsanteile (AFBG, BAFöG) - WB-Kostenübernahme (AFBG, SGB II/III, ZuwG)
Weiterbildungsgesetze	Bildungsanbieter/innen (Einrichtungen/Träger) – Staat: - Programmatik, - Organisation, - Finanzierung, - Qualität;
Bildungsurlaubsgesetze	Arbeitgeber/in – Arbeitnehmer/in: - Anspruchsberechtigte und -berechtigung, - Dauer, Übertragbarkeit und Ansparen, - Gewährung durch Arbeitgeber/in etc.; Bildungsanbieter – Staat: - Anerkennungsvorschriften und -verfahren für Bildungsveranstaltungen, - Berichtspflicht;

1 Recht und Steuerung auf europäischer und internationaler Ebene

Die gesamte Europäische Einigung basiert auf vertraglicher Bindung. Daher werden die bildungsrelevanten Aktivitäten auf europäischer Ebene zuweilen als Soft Law (vgl. Bechtel/Lattke 2005) bezeichnet. Die Bezeichnung verführt jedoch dazu, die Durchschlagskraft der Steuerung zu unterschätzen. Die überaus innovative und wirkmächtige „Methode der offenen Koordinierung“ führt dazu, dass weitaus mehr Bereiche der Weiterbildung durch die EU geregelt werden, als es per Landes- oder Bundesrecht je möglich war.

1.1 Vertragswerk und Regelungskompetenz der Europäischen Union

Die Vertreter/innen der Europäischen Union haben 2007 den „*Vertrag von Lissabon* zur Änderung des *Vertrags über die Europäische Union* und des *Vertrags zur Gründung der Euro-*

päischen Gemeinschaft“ (ABl 2007/C 306/01) unterzeichnet (vgl. den Beitrag von Zeuner in diesem Band). Dieses Dokument ersetzt die gescheiterte EU-Verfassung. Es ist jedoch kein eigenständiges Dokument, sondern besteht aus Änderungen der zwei Ausgangsverträge und wird rechtskräftig, wenn die 27 europäischen Staaten ihn ratifiziert haben. Er ändert Regelungen des EGV zur Zuständigkeit der EU. Im Artikel 2a Abs. 5 wird festgelegt, dass die im Bildungsbereich erlassenen verbindlichen Rechtsakte der EU keine Harmonisierung des nationalen Rechts beinhalten *dürfen*. Bei der Wirtschaftspolitik, Sozialpolitik und Beschäftigungspolitik ist das anders, dort gilt die *geteilte Zuständigkeit*. Der Lissabon-Vertrag übernimmt – wie erwartet (vgl. Fahle 2006) – die bisherigen bildungsrelevanten Artikel 149 und 150 aus dem EGV praktisch unverändert.

Art. 149 EGV/Vertrag von Lissabon
(1) Die Gemeinschaft trägt zur Entwicklung einer qualitativ hoch stehenden Bildung dadurch bei, dass sie die Zusammenarbeit zwischen den Mitgliedstaaten fördert und die Tätigkeit der Mitgliedstaaten unter strikter Beachtung der Verantwortung der Mitgliedstaaten für die Lehrinhalte und die Gestaltung des Bildungssystems sowie der Vielfalt ihrer Kulturen und Sprachen erforderlichenfalls unterstützt und ergänzt.
(2) Der zweite Absatz des Artikels 149 EGV weist spezifische Felder aus, in denen die Europäische Union aktiv wird. Dazu gehören Sprachen, Mobilität, Anerkennung von Diplomen und Studienzeiten, Austausch auf allen Ebenen sowie Fernlehre. Zur Zielerreichung des Artikels dürfen zwar Fördermaßnahmen ergriffen werden, aber „unter Ausschluss jeglicher Harmonisierung der Rechts- und Verwaltungsvorschriften der Mitgliedstaaten“ Art. 149 Abs. 4, sinngemäß ebenso im anschließenden Artikel 150 EGV:

Artikel 150 EGV/Vertrag von Lissabon
(1) Die Gemeinschaft führt eine Politik der beruflichen Bildung, welche die Maßnahmen der Mitgliedstaaten unter strikter Beachtung der Verantwortung der Mitgliedstaaten für Inhalt und Gestaltung der beruflichen Bildung unterstützt und ergänzt.
(2) Die Tätigkeit der Gemeinschaft hat folgende Ziele:
- Erleichterung der Anpassung an die industriellen Wandlungsprozesse, insbesondere durch berufliche Bildung und Umschulung;
- Verbesserung der beruflichen Erstausbildung und Weiterbildung zur Erleichterung der beruflichen Eingliederung und Wiedereingliederung in den Arbeitsmarkt;
- Erleichterung der Aufnahme einer beruflichen Bildung sowie Förderung der Mobilität der Ausbilder und der in beruflicher Bildung befindlichen Personen, insbesondere der Jugendlichen;
- Förderung der Zusammenarbeit in Fragen der beruflichen Bildung zwischen Unterrichtsanstalten und Unternehmen;
- Ausbau des Informations- und Erfahrungsaustauschs über gemeinsame Probleme im Rahmen der Berufsbildungssysteme der Mitgliedstaaten.

Besonders die Anerkennungsrichtlinien für berufliche Befähigungen und der daraus erwachsende Europäische Qualifikationsrahmen sorgen für breite Debatten (vgl. Füssel 2005).

Darüber hinaus regeln die Verträge die Weiterbildung der eigenen Organe (Art. 65, 69, 176 EGV/Vertrag von Lissabon). Beispielsweise darf die EU hinsichtlich der justiziellen Zusammenarbeit in Zivil- und Strafsachen für die Weiterbildung von Polizei, Beamten, Richter/inne/n, Staatsanwält/inn/en und Justizbediensteten notwendige Richtlinien erlassen.

Methode der offenen Koordinierung (MOK)
Die EU hat auf bemerkenswerte Weise zu einer Steuerungsform gefunden, die innovativ und erfolgreich ist – aus EU-Perspektive – und mit den Einschränkungen des Subsidiaritätsprinzips eine Balance erreicht. Dabei werden vom *Europäischen Rat* Ziele formuliert, z.B. einen bestimmten Prozentsatz des jeweiligen Bruttoinlandsprodukts für Bildung und Forschung auszugeben. Sie haben den Status von Selbstverpflichtungen der Nationalstaaten. Parallel werden Indikatoren gebildet, die in allen Nationalstaaten gleichermaßen erhoben werden können. Durch ein Monitoring berichtet die *Europäische Kommission* dann regelmäßig über den Stand der Zielerreichung im Vergleich der Länder (Benchmarking). Dieser Stand wird von Rat und Kommission beurteilt und mündet in Empfehlungen. Bei Nichteinhaltung der Empfehlungen sind keine Sanktionen vorgesehen. Das gibt der MOK den Beinamen „Soft Law" – allerdings: „Ihre verblüffende Dynamik schöpft die MOK aus dem psychologischen Element der gegenseitigen Zielerreichungsüberprüfung durch die Ratsmitglieder. Den europäischen Partnern scheint es ganz einfach unangenehm, ihr Land beim ‚Benchmarking' im Leistungsvergleich im unteren Drittel der Rangliste zu sehen" (Bauer/Knöll 2003, S. 2).

Bemerkenswert ist, dass die MOK aus der Beschäftigungspolitik auf die Bildungspolitik übertragen wird. Dort gilt die Koordinierungskompetenz der EU. Im Bildungsbereich hat sie jedoch lediglich eine Förderkompetenz. Während die Beschäftigungspolitischen Leitlinien sich also vollständig im Rahmen der Kompetenzlinien der EU befinden, unterlaufen die MOK-Strategien im Bildungsbereich das Subsidiaritätsprinzip: Sie dienen eben jener Harmonisierung, die im Art 149 Abs. 4 und 150 Abs. 4 explizit ausgeschlossen ist. Entsprechend kritisch äußern sich der deutsche Bundesrat (2005) und die Länder (vgl. Bocklet 2008; Bauer/Knöll 2003, S. 6). Die MOK wirkt aus Perspektive ihrer Kritiker/innen „sogar kompetenzausweitend zu Lasten der Mitgliedstaaten und deren Untergliederungen" (Bauer/Knöll 2003, S. 6; Füssel 2005, S. 187). *Europäischer Rat* und *Europäische Kommission,* die Organe der *Exekutive,* werden faktisch legislativ tätig.

Europäische Dienstleistungsrichtlinie
Von Bedeutung ist auch die Europäische Dienstleitungsrichtlinie vom 27.12.2006 (vgl. DIE 2006). Sie soll keine Anwendung finden für „nicht-wirtschaftliche Dienstleistungen von allgemeinem Interesse" (Art. 2). Die typischerweise mischfinanzierte Weiterbildung fällt jedoch bei *überwiegend privaten* Mitteln in ihren Anwendungsbereich. Im Wesentlichen fordert die Europäische Dienstleistungsrichtlinie die Gleichbehandlung aller EU-Länder in den genannten Gebieten. Die Praxis der Quersubventionierung sowie die bisherige Vergabepraxis an institutionell subventionierte Träger könnte nunmehr als Wettbewerbsverzerrung gegenüber privaten Anbieter/inne/n gewertet werden. Diskutiert wird auch die „Landeskinderregelung", die eine staatliche Subventionierung von Studienzeiten oder Weiterbildungsstunden an Einwohner/innen des jeweiligen Landes beinhaltet. Sie kann nach gegenwärtigem Recht – wegen der bisher *nicht überwiegenden* privaten Finanzierung von Studiengängen an öffentlichen Hochschulen – zwar nicht ausgehebelt werden, wird aber bereits als „diskriminierende Praxis" betrachtet (vgl. Dickhaus/Scherrer 2006, S. 35).

General Agreement on Trade in Services (GATS)

Seit 1995 verhandeln die 70 Staaten der World Trade Organisation (WTO) Erweiterungen der Freihandelsabkommen, u.a. das General Agreement on Trade in Services (GATS). Die EU verhandelt gegenüber den anderen WTO-Partnern als ein Land. GATS wurde 1994 vereinbart und umfasst auch privat finanzierte Bildungsdienstleistungen (Dickhaus/Scherrer 2006, S. 9). Ausgenommen sind „hoheitliche" Dienstleistungen – Weiterbildung fällt jedoch nicht darunter (Blinn 2006, S. 28). Für die verhandelten Bereiche gelten Liberalisierungsabkommen in vier Erbringungsarten (sog. Modes):

1. Grenzüberschreitende Erbringung (z.B. E-Learning, das in einem WTO-Land bereitgestellt und in der EU genutzt wird)
2. Nutzung im Ausland (z.B. Studierende der EU, die das Bildungsangebot im WTO-Ausland nutzen und dort studieren)
3. Kommerzielle Präsenz (z.B. Niederlassung eines WTO-Bildungsanbieters in der EU)
4. Präsenz natürlicher Personen (z.B. WTO-Lehrpersonal an einer EU-Weiterbildungsinstitution)

Das Abkommen ist bei Nichteinhaltung mit Sanktionen verknüpft (vgl. Dickhaus/Scherrer 2006, S. 26). Die allgemeinen Verpflichtungen regeln die so genannte Meistbegünstigung (Art. II), Transparenz (Art. III), Innerstaatliche Regulierung (Art. IV), Öffentliche Auftragsvergabe (Art. XIII) und Subventionen (Art. XV). Spezifische Verpflichtungen betreffen den Marktzugang (Art. XVI) und die Inländerbehandlung (Art. XVII). Letztere bedeuten, dass z.B. die Anerkennungsverfahren von Trägern der Weiterbildung für WTO-Länder und Inländer gleich sein müssen (vgl. Dickhaus/Scherrer 2006, S. 50ff.; Grotlüschen 2002).

Die WTO-Verhandlungen um die weitere Liberalisierung des Dienstleistungsmarktes gerieten 2003 ins Stocken (Stand Februar 2008) – hier sind also kaum Änderungen zu erwarten. Das ist allerdings auch nicht notwendig, da die weiterbildungsrelevanten Elemente schon seit 1994 in Kraft sind. Bereits jetzt gilt für den privatfinanzierten Sektor der Weiterbildung das Prinzip der Meistbegünstigung, sprich: jedes WTO-Land muss auf dem Markt wie das meist begünstigte Land behandelt werden. Allerdings haben Anbieter aus Nicht-EU-Staaten bisher keinen Subventionsanspruch. Eben dieser Anspruch war Teil der gescheiterten Verhandlungen. Werden die Gespräche wieder aufgenommen, könnte der faktische Schutz für europäische Weiterbildungsanbieter fallen. Das bedeutet jedoch nicht, dass die Volkshochschulen keine Subventionen mehr erhalten dürften, sondern es bedeutet, dass jeder Andere nach den gleichen Prinzipien Subventionen erhalten muss. Delikat ist dabei, dass es sich hier keineswegs um gemeinnützige Träger handeln muss: Wie der Subventionsnehmer mit Gewinnen umzugehen hat, und dass Subventionen nicht in Unternehmensgewinne einfließen dürfen, muss der Subventionsvertrag regeln – hier liegt eine wichtige Aufgabe für die Geld gebenden Landesbehörden.

Neu ist seit 2005 der Übergang zu plurilateralen Verhandlungen (Dickhaus/Scherrer 2006, S. 14ff.). Dabei dürfen nunmehr Länder gemeinsam Forderungen an andere Länder richten. Eine der plurilateralen Forderungen vonseiten der Gruppe USA, Neuseeland, Australien, Taiwan und Malaysia bezieht sich auf den privaten Bildungsbereich. Die Gruppe fordert Liberalisierungen der „Sonstigen Bildungsdienstleistungen", etwa Bildungsberatung und Bildungstests. Legt man die wachsende Dynamik von Vergleichsstudien, Zulassungs- und Abschlusstests, Prüfungszentren und E-Assessment-Centers zugrunde, wird die Forderung verständlich: Der gegenwärtig größte Anbieter, Educational Testing Services (ETS) drängt auf neue Märkte (ähnlich Dickhaus/Scherrer 2006, S. 18).

2 Bundesrechtliche Regelungen

Nach der Föderalismusreform untersteht Bildung mehr denn je den Ländern, somit auch die hochschulische Gesetzgebung (HRG). Weiterbildungsrelevant waren die Bestimmungen zur wissenschaftlichen Weiterbildung als Aufgabe der Hochschulen. Diese finden sich nun im Länderrecht, beispielsweise im 2007 neu gefassten Bremischen Hochschulgesetz in §58 (Kontaktstudium) und §60 (Weiterbildung).

Eine noch relativ neue Rechtsnorm des Bundes bezieht sich auf die Gleichbehandlung (AGG), auch beim Zugang zu Weiterbildung (§3 AGG). Ziel ist es u.a., Altersdiskriminierung beim Zugang zu beruflicher Weiterbildung zu unterbinden (vgl. Nagel 2007, S. 34f.). Von Bedeutung sind weiterhin die Mitbestimmung (Weiterbildungsfreistellung laut §36f. BetrVG und BPersVG) sowie die Studienförderung (BAFöG). Es ist zudem zu erwarten, dass unter dem Stichwort „Bildungssparen“ einige Steuergesetzesänderungen vorgenommen werden, um den rechtlichen Rahmen für Sparvermögen zum Zwecke der Weiterbildung sowie zinsgünstige Darlehen zu generieren.

Für diesen Beitrag wurden nur Gesetze berücksichtigt, die expressis verbis Weiterbildung regeln (ausgeklammert sind also Regelungen für Berufsausbildung und Hochschulstudium, für Zeitkonten, die Gleichbehandlung und die Mitbestimmung sowie die Tarifverträge, z.B. der Qualifizierungstarifvertrag des IG Metall und der IGBCE sowie die Sonderurlaubsverordnung nach TVÖD/TV-L).

Sozialgesetzbücher (SGB I, II, III, IX)

Die Sozialgesetzbücher regeln als „integrative sozialpolitische Gesetzgebung“ (Faulstich/Haberzeth 2007, S. 71) die verschiedenen Bereiche der sozialen Sicherheit. Dabei regelt der §3 des SGB I Bildungs- und Arbeitsförderung als allgemeines soziales Recht, das SGB II stellt die Grundsicherung dar (ehemals Sozialhilfe) und das SGB III dient der Arbeitsförderung. Nicht zu vergessen ist das SGB IX zur Rehabilitation und Teilhabe behinderter Menschen, relevant sind insbesondere die berufsbildenden Leistungen an Menschen mit Behinderung, §35, §40 SGB IX.

Das 1969 verabschiedete Arbeitsförderungsgesetz (AFG) wurde 1998 in das Sozialgesetzbuch III überführt und dient der beruflichen Weiterbildung. 2001 folgten Korrekturen durch das Job-AQTIV-Gesetz, das wieder eine stärker präventive Orientierung in die Arbeitsförderung bringen sollte (Nagel 2007, S. 19). Im Jahr 2002 wurden durch die als Hartz-Gesetze bekannt gewordenen „Gesetze für moderne Dienstleistungen am Arbeitsmarkt“ wesentliche Änderungen im SGB II und III beschlossen.

Die Änderungen im SGB II – Grundsicherung für Arbeitssuchende – traten 2006 in Kraft. Das Gesetz klärt das umstrittene Prinzip „Fördern und Fordern“ im ersten Kapitel, gefolgt von Anspruchsvoraussetzungen (Kapitel zwei) und Leistungen (Kapitel drei). Die folgenden Kapitel vier bis elf regeln übergreifende Vorschriften, die Finanzierung, Datenschutz, Statistik, Mitwirkung, Bußgeld, Missbrauchsbekämpfung und Übergangsbestimmungen.

§1 SGB II klärt die Zielsetzung, die in der „Beendigung oder Verringerung der Hilfebedürftigkeit insbesondere durch Eingliederung in Arbeit“ sowie in der „Sicherung des Lebensunterhalts“ besteht. Anders als das SGB III regelt das SGB II keine *Versicherungsleistung*, auf die durch Zahlung von Versicherungsbeiträgen ein Anspruch erworben wird, sondern eine Hilfeleistung, die durch die Zugehörigkeit zu einer Solidargemeinschaft beansprucht werden kann. Das SGB II führt Ansprüche weiter (§16 SGB II), die aus dem SGB III entstehen, sobald der/die Berechtigte aus dem Kreis der SGB-III-Leistungsempfänger fällt. Dabei reduziert sich jedoch das Arbeitslosengeld I zum Arbeitslosengeld II, unrühmlich bekannt als „Hartz IV“.

Das SGB III hat seinerseits gegenüber seinen Vorläufern erheblich an präventiver Kraft eingebüßt (vgl. Faulstich/Haberzeth 2007, S. 69ff.; Kuhlenkamp 2005). Die Evaluation weist zudem auf ungelöste Probleme hin (vgl. Baethge-Kinsky 2007, S. 312). Die Ziele der Arbeitsförderung sind im §1 festgelegt, erreicht werden sollen ein hoher Beschäftigungsstand und eine verbesserte Beschäftigungsstruktur bei Gleichstellung von Frauen und Männern. Angebot und Nachfrage auf dem Arbeitsmarkt sollen ausgeglichen werden, offene Stellen besetzt, individuelle Beschäftigungsfähigkeit gefördert, unterwertiger Beschäftigung entgegengewirkt und die regionale Beschäftigungsstruktur weiter entwickelt werden.

Das Gesetz gliedert sich in zwölf Kapitel. Im dritten Kapitel sind Leistungspflichten der Bundesagentur für Arbeit (BA) niedergelegt, u.a. Beratungs- und Vermittlungsleistungen (§29ff.). Das vierte Kapitel regelt Leistungen an Arbeitnehmer/innen, unterteilt in Förderleistungen (z.B. Beratung §43, Trainingsmaßnahmen §48ff., berufliche Weiterbildung, §77ff.) und Lohnersatzleistungen (z.B. Arbeitslosengeld – ehemals Unterhaltsgeld – bei beruflicher Weiterbildung §116ff.). Das sechste Kapitel legt die Leistungen an Träger von Maßnahmen nieder (§240ff., vgl. Bieback 2006). Zentral ist die Förderung der beruflichen Weiterbildung:

§ 77 SGB III
(1) Arbeitnehmer können bei beruflicher Weiterbildung durch Übernahme der Weiterbildungskosten gefördert werden, wenn

1. die Weiterbildung notwendig ist, um sie bei Arbeitslosigkeit beruflich einzugliedern, eine ihnen drohende Arbeitslosigkeit abzuwenden oder weil bei ihnen wegen fehlenden Berufsabschlusses die Notwendigkeit der Weiterbildung anerkannt ist,
2. vor Beginn der Teilnahme eine Beratung durch die Agentur für Arbeit erfolgt ist und
3. die Maßnahme und der Träger der Maßnahme für die Förderung zugelassen sind. Als Weiterbildung gilt die Zeit vom ersten Tag bis zum letzten Tag der Maßnahme mit Unterrichtsveranstaltungen, es sei denn, die Maßnahme ist vorzeitig beendet worden. (…)

(3) Dem Arbeitnehmer wird das Vorliegen der Voraussetzungen für eine Förderung bescheinigt (Bildungsgutschein). Der Bildungsgutschein kann zeitlich befristet sowie regional und auf bestimmte Bildungsziele beschränkt werden. Der vom Arbeitnehmer ausgewählte Träger hat der Agentur für Arbeit den Bildungsgutschein vor Beginn der Maßnahme vorzulegen.

Der 2002 beschlossene Einsatz von Bildungsgutscheinen wird von vielen Seiten kritisiert, er stellt jedoch nur einen Baustein einer größeren Strategie-Änderung dar. Das Verhältnis der BA zu den Leistungserbringern, in der Regel private oder öffentliche Träger, ist in den §§84f. geregelt, allerdings durch marktförmige Beschaffungsinstrumente flankiert:

„1. Ausschreibung der Leistungen und
2. Private Kontrolle der Qualität der Maßnahme durch ein Verfahren der Zertifizierung und
3. Gutscheine für die nachfragenden Versicherten“ (Bieback 2006, S. XXVII).

Ausschreibungen beinhalten Leistungsfestschreibungen, so dass hier nicht mehr die Qualität, sondern der Preis wettbewerbsentscheidend wird. Die Preiskämpfe in der Vermittlungs- und Weiterbildungslandschaft führten zum Teil direkt in die Insolvenz der Wettbewerbsgewinner (Bieback 2006, S. XXVIII).

Die Qualitätssicherung legt das SGB III durch die §§84ff. fest. Dabei ist der Träger dem Urteil einer „fachkundigen Stelle“ unterworfen. Eine solche Zertifizierung durch Agenturen, die ihrerseits auf Bundesebene akkreditiert sein müssen, stellt eine Neuerung dar. Hierzu erließ das Bundesministerium für Wirtschaft und Arbeit die *Anerkennungs- und Zulassungsverordnung Weiterbildung* (AZWV).

Die Zahl der Teilnehmenden ist zudem seit 2003 von über 300.000 auf rund 100.000 Personen gesunken (vgl. Faulstich/Haberzeth 2007, S. 73). Dieser Prozess, den man volkswirtschaftlich als ruinöse Konkurrenz bezeichnen kann, wird durch die verstärkte Leistungskonkurrenz der Arbeitsagenturen flankiert. Sie verfügen – basierend auf dem §10 (Freie Förderung) – über ein Zehntel ihres Budgets nach eigenem Ermessen und stehen somit im Wettbewerb untereinander um die beste Arbeitsförderung.

Neben den Leistungen, die für die direkten Weiterbildungskosten aufgebracht werden, erhalten Anspruchsberechtigte ein fortlaufendes Arbeitslosengeld (§116 SGB III, §§124 und 124a). Die Rahmenzeit beträgt zwei Jahre. Mehrjährige Phasen lebenslangen Lernens, die nicht durch das SGB III, sondern z.B. nach BAFöG oder AFBG gefördert sind, führen ggf. dazu, dass die Ansprüche nach Abschluss der Fortbildung oder Hochschulstudien verwirkt sind.

Berufsbildungsgesetz (BBiG)

Das Berufsbildungsgesetz in der Fassung vom 23. März 2005 regelt die Berufsbildung von der Berufsausbildungsvorbereitung über die Berufsausbildung bis hin zur Weiterführung in beruflicher Fortbildung und Umschulung (§1). Für die Berufsbildung im Handwerk finden sich die entsprechenden Regelungen in der Handwerksordnung (§§21-44b). Zwar steht die betriebliche Erstausbildung im Mittelpunkt des Gesetzes; es finden sich aber auch einige Regelungen zur Weiterbildung (vgl. Nagel/Tiedtke 2007, S. 24):

In Hinblick auf die berufliche Fortbildung (§§53-57), die dazu dienen soll, die berufliche Handlungsfähigkeit zu erhalten, anzupassen und zu erweitern, werden vor allem die Zuständigkeiten für die Anerkennung von Fortbildungsabschlüssen sowie den Erlass von entsprechenden Prüfungsregelungen festgelegt (Fortbildungsordnung). Der Bund regelt Fortbildungsberufe, wenn ein Bedarf an bundeseinheitlicher Regelung besteht. Andernfalls erlassen die zuständigen Stellen (in der Regel die Kammern) Vorschriften für ihren Zuständigkeitsbezirk. Im Jahr 2005 haben 125.073 Personen an Fortbildungsprüfungen teilgenommen (vgl. BMBF 2007, S. 227). Der beruflichen Fortbildung entsprechende Regelungen finden sich im BBiG auch für berufliche Umschulung (§§58-63), die zu einer anderen als der erlernten beruflichen Tätigkeit befähigen soll. Dem BBiG kommt vor allem eine ordnende und strukturierende Funktion zu, während das Aufstiegsfortbildungsförderungsgesetz finanziell fördert.

Aufstiegsfortbildungsförderungsgesetz (AFBG)

Das Aufstiegsfortbildungsförderungsgesetz (AFBG) von 1996 dient der individuellen Förderung von Teilnehmenden, sofern die gewählte Weiterbildung dem Aufstieg dient (so genanntes Meister-BAFöG). Dazu muss sichergestellt sein, dass sie mindestens 400 Unterrichtsstunden umfasst und dass die Abschlüsse oberhalb der Gesellen-, Kaufmannsgehilfen-, Fachschul- oder Facharbeiterebene liegen. Weder Abschlüsse der beruflichen Erstausbildung noch Abschlüsse des tertiären Bildungssektors (Hochschulen) werden gefördert. Zu den förderfähigen, anerkannten Fortbildungen gehören z.B. Handwerks- und Industriemeister/innen, Fachkaufleute, Betriebswirt/innen, Techniker/innen, Fachkrankenpfleger/innen und Pflegelehrkräfte. Das Spektrum anerkannter Fortbildungen wird durch §§53f BBiG und die Handwerksordnung (HWO) geregelt.

Beantragt werden können Darlehens- und Zuschussanteile zur Deckung der Kursgebühren, des Lebensunterhalts und zur Kinderbetreuung. Die Neuregelung des AFBG zum 1. Januar 2002 hat zu einem deutlichen Anstieg der Förder- und Darlehnssummen geführt, auch die Zahl der Begünstigten stieg von ca. 50.000 auf ca.141.000 Personen pro Jahr (Statistisches Bundesamt, Wiesbaden 2007).

Fernunterrichtsschutzgesetz (FernUSG)

Das Fernunterrichtsschutzgesetz (FernUSG) von 1977, geändert 2005, dient in erster Linie dem Verbraucherschutz. Der Geltungsbereich umfasst entgeltlichen Fernunterricht mit überwiegend räumlicher Trennung der Lehrenden und Lernenden sowie überwachtem Lernerfolg (§1 FernUSG). Solche Angebote sind zulassungspflichtig (§12 FernUSG), wobei gegenwärtig zu bezweifeln ist, dass tatsächlich alle existenten E-Learning-Angebote von der Zentralstelle für Fernunterricht (ZFU) zugelassen sind. Geregelt werden im FernUSG neben der Zulassung von Angeboten auch die Rechte und Pflichten der Vertragspartner. Der Veranstalter hat das Unterrichtsmaterial zu den vereinbarten Zeiten zu liefern, den Lernerfolg zu überwachen und eingesandte Arbeiten in angemessener Zeit sorgfältig zu korrigieren (§2 FernUSG).

Zuwanderungsgesetz

Das 2004 verabschiedete Zuwanderungsgesetz regelt Aufenthalt und Zuzug von Ausländer/innen nach Deutschland. Es enthält ein Kapitel zur Integration, das im Wesentlichen aus einem Grundangebot an Sprachunterricht und der Staatsbürgerkunde besteht (§§43ff.). Es regelt die Kursinhalte sowie die Teilnahmeberechtigung und -verpflichtung.

§ 43 (3) Zuwanderungsgesetz
Der Integrationskurs umfasst einen Basis- und einen Aufbausprachkurs von jeweils gleicher Dauer zur Erlangung ausreichender Sprachkenntnisse sowie einen Orientierungskurs zur Vermittlung von Kenntnissen der Rechtsordnung, der Kultur und der Geschichte in Deutschland. Die erfolgreiche Teilnahme wird durch eine vom Kursträger auszustellende Bescheinigung über den erfolgreich abgelegten Abschlusstest nachgewiesen.
§ 44 Zuwanderungsgesetz regelt die Teilnahmeberechtigung, die im Wesentlichen an den Erhalt einer Aufenthalts- oder Niederlassungserlaubnis gekoppelt ist. §44a regelt darüber hinaus eine Teilnahmeverpflichtung für spezifische Gruppen und die Sanktion bei Nichterfüllung der Teilnahmepflicht. Kritisch diskutieren Köller (2005) und Heinemann (2007) das Gesetz.

3 Länderrechtliche Regelungen

Anders als im Grundgesetz ist Weiterbildung in vielen Landesverfassungen als Grundsatz explizit aufgenommen. Die Verfassungen von Berlin (Art. 20) und Niedersachsen (Art. 4) formulieren allgemeiner ein „Recht auf Bildung"; in der Hamburger und Hessischen Verfassung gibt es keine Bestimmungen zu Weiterbildung. Die vorfindbaren Aussagen zur Weiterbildung sind durchgängig objektiv-rechtlich ausgestaltet (vgl. Ennuschat 2005, S. 193; Füssel 2002). Meist wird für staatliches Handeln programmatisch formuliert, die Erwachsenenbildung sei „zu fördern". Aus diesen Bestimmungen wie auch aus dem Grundgesetz sind jedoch keine subjektiven Leistungsansprüche ableitbar (vgl. Richter 1993); sie wirken als Abwehrrechte (Freiheit zum lebenslangen Lernen) und Teilhaberechte (freier Zugang zu Bildungsangeboten, Grundbildung zur Wahrnehmung individueller Grundrechte). Für die Erfüllung dieser „objektiv-rechtlichen Verpflichtung des Staates" (Richter 1993, S. 13) spielen die Weiterbildungsgesetze und die Hochschulgesetze eine zentrale Rolle (vgl. Graeßner 2006, S. 22). So wurde z.B. das Hochschulgesetz Rheinland-Pfalz neu geregelt, so dass es seit dem 1.9.03 in den §§2 Abs. 3 und 35 die Besonderheit der Wissenschaftlichen Weiterbildung skizziert und dabei auch Weiterbildungskonten einbezieht (www.mbwjk.rlp.de). Zudem sind die Bildungsfreistellungsgesetze der Länder von Bedeutung.

Weiterbildungsgesetze

In 14 Bundesländern gibt es Weiterbildungsgesetze. In Berlin und Hamburg wurden bislang keine eigenständigen Gesetze zur Weiterbildung erlassen; in Berlin finden sich Bestimmungen zur Weiterbildung im Schulgesetz (§123). Das erste Landesgesetz wurde 1969 in Niedersachsen verabschiedet. Zuletzt erhielt Sachsen 1998 ein Gesetz. Seither wurden einige Landesgesetze in den westdeutschen Bundesländern durch Novellierungen verändert (vgl. Kuhlenkamp 2003). Die Gesetze werden meist durch Verordnungen ergänzt und spezifiziert.

Tabelle 3: Weiterbildungsgesetze der Länder (Stand: Februar 2008), eigene Zusammenstellung

Land	Rechtsgrundlage (ohne Verordnungen)
Baden-Württemberg	Gesetz zur Förderung der Weiterbildung und des Bibliothekswesens (Weiterbildungsförderungsgesetz – WBilFöG) v. 11.12.1970 i.d.F.v. 20.3.1980, zuletzt geändert durch Gesetz v. 1.7.2004
Bayern	Gesetz zur Förderung der Erwachsenenbildung (EbFög) v. 1.9.1974, zuletzt geändert durch Gesetz v. 10. 3. 2006
Berlin	kein Weiterbildungsgesetz § 123 Schulgesetz für das Land Berlin v. 26.1.2004 – zuletzt geändert durch Gesetz v. 30.3.2006 – enthält Bestimmungen über die Einrichtung, Aufgaben und Funktion von Volkshochschulen
Brandenburg	Brandenburgisches Weiterbildungsgesetz (BbgWBG) v. 15.12.1993, zuletzt geändert durch Gesetz v. 9. 11. 2006
Bremen	Gesetz über die Weiterbildung im Lande Bremen v. 26.3.1974, zuletzt geändert durch Gesetz v. 18. 12. 2003
Hamburg	kein Weiterbildungsgesetz
Hessen	Hessisches Weiterbildungsgesetz (HWBG) v. 25.8.2001 i.d.F. v. 26.6.2006 (ersetzt: Gesetz zur Förderung von Einrichtungen der Erwachsenenbildung (Erwachsenenbildungsgesetz – EBG) i.d.F. v. 9.8.1978 und Gesetz über Volkshochschulen i.d.F. v. 21.5.1981)
Mecklenburg-Vorpommern	Weiterbildungsgesetz (WBG-M-V) v. 28.4.1994, zuletzt geändert durch Gesetz v. 23. 5. 2006
Niedersachsen	Niedersächsisches Erwachsenenbildungsgesetz (NEBG) v. 17.12.1999 (zuerst 1970, novelliert 1984 und 1996), zuletzt geändert durch Gesetz v. 23.11.2004
Nordrhein-Westfalen	Weiterbildungsgesetz (WbG) v. 14.4.2000 (ersetzt nach dem „Ersten Gesetz zur Modernisierung der Weiterbildung v. 19.10.1999 das „Erste Gesetz zur Ordnung und Förderung der Weiterbildung" v. 13.7.1974), zuletzt geändert durch Gesetz v. 15.2.2005
Rheinland-Pfalz	Weiterbildungsgesetz v. 17.11.1995 (zuerst 1975 „Landesgesetz zur Neuordnung und Förderung der Weiterbildung in Rheinland-Pfalz", Novellierung 30.3.1995), zuletzt geändert durch Gesetz v. 16.12.2002
Saarland	„Weiterbildungs- und Bildungsfreistellungsgesetz" v. 15.9.1994 (Zusammenfassung von Erwachsenenbildungsgesetz v. 8.4.1970 und Bildungsurlaubsgesetz v. 1.4.1990), zuletzt geändert durch Gesetz v. 15. 2. 2006
Sachsen	Weiterbildungsgesetz (WBG) v. 29.06.1998, i.d.F. v. 23.5.2004
Sachsen-Anhalt	Gesetz zur Förderung der Erwachsenenbildung im Lande Sachsen-Anhalt v. 25.5.1992, zuletzt geändert durch Gesetz v. 18. 11. 2005
Schleswig-Holstein	Bildungsfreistellungs- und Qualifizierungsgesetz für das Land Schleswig Holstein (BFQG) v. 7.6.1990, zuletzt geändert durch Gesetz v. 16. 12. 2002
Thüringen	Thüringer Erwachsenenbildungsgesetz (ThEBG) v. 23.4.1992, i.d.F. v. 23.12.2005

Steuerungsbereiche und Regelungsaspekte der Gesetze

Die Weiterbildungsgesetze der Länder verbürgen – anders als die Bildungsurlaubsgesetze, die auch dem Landesrecht zugehören – keine subjektiven Rechtsansprüche. Stattdessen versucht der Staat durch diese Gesetze die Struktur der Weiterbildung zu beeinflussen:

> „In ihnen manifestiert sich das Interesse des Staates an funktionsfähigen Strukturen und leistungsfähigen Bildungsangeboten für Erwachsene (...). Zudem sind die Weiterbildungs-

> gesetze der Länder auch als Versuch des Staates zu werten, Pluralität und Heterogenität von Anbietern und Angeboten in der Weiterbildung zu ordnen, zu strukturieren und zu kanalisieren" (Kuhlenkamp 1997, S. 181f.).

Dies geschieht in den Gesetzen zum einen über rechtliche Normierungen, zum anderen über finanzielle Förderung. Gesetzesgegenstand ist also vor allem das Verhältnis von Staat zu Einrichtungen und Trägern der Weiterbildung. Lernende sind nur insoweit betroffen, als die angestrebten strukturierenden Impulse in institutioneller und personeller Hinsicht auf das Angebot und damit etwa auf die Teilnahmechancen und die Qualität wirken.

Trotz aller Unterschiedlichkeit der Weiterbildungsgesetze lassen sich einige weitestgehend gesetzesübergreifende Regelungsaspekte benennen, die allerdings verschieden gewichtet werden und entsprechend in ihren Wirkungen unterschiedlich weit reichen (vgl. Krug 1994; Rohlmann 1999; Kuhlenkamp 2003). Die Regelungsaspekte lassen sich grob vier Steuerungsbereichen zuordnen (vgl. Faulstich/Haberzeth 2007, S. 57):

- Programmatik,
- Organisation,
- Finanzierung und
- Qualität.

Die Gesetze formulieren Aufgaben, Ziele und Inhalte der Weiterbildung. Zumeist ist diese Programmatik weich formuliert und Ausdruck eines allgemeinen Konsenses. So lautet zum Beispiel §1 Abs. 2 des Weiterbildungsförderungsgesetzes (WBilFöG) von Baden-Württemberg:

> „Die Weiterbildung hat die Aufgabe, dem einzelnen zu helfen, im außerschulischen Bereich seine Fähigkeiten und Kenntnisse zu vertiefen, zu erweitern oder zu erneuern. Sie umfasst auf der Grundlage des Grundgesetzes und der Landesverfassung die allgemeine Bildung, die berufliche Weiterbildung und die politische Bildung. Die Weiterbildung soll den einzelnen zu einem verantwortlichen Handeln im persönlichen, beruflichen und öffentlichen Bereich befähigen und damit der freien Gesellschaft im demokratischen und sozialen Rechtsstaat dienen" (§1 Abs. 2 WBilFöG).

In das Aufgabenfeld einbezogen werden in fast allen Gesetzen die allgemeine, berufliche und politische ebenso wie die kulturelle Bildung (vgl. Krug/Tiggemann 2007). Weiterhin wird in allen Gesetzen die Stellung der Weiterbildung definiert als (eigenständiger) „Teil des Bildungswesens" neben Schule, Hochschule und Berufsausbildung. Die Förderung dieses Lernbereichs wird als „öffentliche Aufgabe" benannt, zum Teil auch spezifischer als kommunale Pflichtaufgabe definiert. Im Hessischen Gesetz lautet der §9 Abs. 1: „Kreisfreie Städte, Landkreise und kreisangehörige Gemeinden mit mehr als 50 000 Einwohnern sind verpflichtet, für ihr Gebiet Einrichtungen der Weiterbildung zu errichten und zu unterhalten."

Die Gesetze zielen auf ein plural gestaltetes Angebot unterschiedlicher Einrichtungen und Träger ab. Mit einer ganzen Reihe von Rechtsnormen werden Anforderungen an die Einrichtungen und Träger der Weiterbildung und deren Organisation gestellt. Vor allem werden Bedingungen für die staatliche Anerkennung definiert, die wiederum Voraussetzung für die finanzielle Förderung aus Staatsmitteln sind (vgl. Kuhlenkamp 2003). So muss etwa eine hauptberufliche Leitung, Planmäßigkeit und Kontinuität sichergestellt sein sowie eine Offenlegung der Finanzierung gegenüber dem Zuschussgeber. Das Bildungsangebot muss offen zugänglich sein, d.h. niemand darf wegen seines Geschlechts, seiner Religionszugehörigkeit, seiner Nationalität oder sonstiger (Nicht-) Zugehörigkeit ausgeschlossen werden. Zudem werden Kooperationsanforderungen erhoben, eine Mitarbeit in Gremien sowie eine Beteiligung an Weiterbildungsentwicklung gefordert. „Die geforderten Anerkennungsvoraussetzungen dienen als Indikatoren, um zugunsten der Nutzer ein Mindestmaß an Qualität, Verlässlichkeit und Kontinuität von Weiterbildungsangeboten und der sie tragenden institutionellen Struktur zu garantieren" (Kuhlenkamp 2003, S. 128).

Die Finanzen und die gesetzlich festgelegten Förderbedingungen sind das zentrale Steuerungsinstrument, um Programmatik und Organisationsanforderungen durchzusetzen. Dabei wird meist der laufende Betrieb bezuschusst z.B. in Form von Förderpauschalen, Personalkostenzuschüssen, anteiliger Förderung von geleisteten Unterrichtstunden etc. (vgl. Faulstich/ Vespermann 2002). Bisweilen werden auch Investitionszuschüsse für Neu- und Umbauten gewährt ebenso wie inhaltliche und zielgruppenspezifische Förderung wie etwa Projektförderung. Die finanzielle Förderung stellt also eine Komplementärfinanzierung zu den eigenen Aufwendungen dar, die aus Trägerressourcen, Teilnahmebeiträgen und anderen Zuschussquellen aufgebracht werden (vgl. Kuhlenkamp 2003). Die Verordnungen spezifizieren die Förderungsgrundsätze in den Gesetzen. Der Umfang der finanziellen Leistungen ist an den jährlichen Landeshaushalt gebunden.

Seit den 1990er Jahren wurden in den Gesetzen verstärkt Bestimmungen zur Qualitätssicherung und Evaluation aufgenommen (vgl. Kuhlenkamp 2003). Dabei spielen Fragen der Einrichtungsqualität eine zentrale Rolle (vgl. zum Folgenden auch: Gnahs 1999; zur Qualitätssicherung in Ländergesetzen und Verordnungen: Krug 2006), die über die staatlichen Anerkennungs- bzw. Förderungsvoraussetzungen sichergestellt werden soll. Die Definition der Veranstaltungsqualität bleibt hingegen unspezifisch und kann lediglich indirekt über die Benennung von Inputfaktoren wie geeignetes Personal, Curricula, etc. erschlossen werden. Darüber hinaus gibt es spezifische qualitätsbezogene Regelungen einzelner Bundesländer zum Teilnehmerschutz, zur Qualitätssicherung als Aufgabe von Beratungsgremien, zur Evaluation und zur Anerkennung ohne Finanzhilfeberechtigung. Zum Teilnehmerschutz lautet §19 Abs. 3 des Gesetzes von Schleswig-Holstein:

> „Die Träger oder Einrichtungen der Weiterbildung, die Weiterbildungsveranstaltungen anbieten, haben diejenigen, die an einer Weiterbildungsveranstaltung teilnehmen wollen, schriftlich zu unterrichten über
>
> 1. die Person der Leiterin oder des Leiters nach Absatz 2,
> 2. das Thema, den Inhalt sowie den Arbeits- und Zeitplan der Veranstaltung,
> 3. die bei Veranstaltungsbeginn vorauszusetzende Vorbildung sowie eine sonst erforderliche oder vorteilhafte Vorbereitung auf die Veranstaltung,
> 4. die Zulassungsvoraussetzungen für eine öffentlich-rechtliche oder anderweitige Prüfung, wenn die Veranstaltung auf eine solche Prüfung vorbereitet,
> 5. die Zertifikate oder anderen Bescheinigungen, die durch die Teilnahme erworben werden können,
> 6. die Gebühren oder Kosten der Veranstaltung." (§ 19 Abs. 3)

Zur Entwicklung und den Auswirkungen der Gesetze

Aus den Entwicklungen der Weiterbildungsgesetze lassen sich einige Tendenzen ableiten (vgl. ausführlich Kuhlenkamp 2003; 2005; Faulstich/Vespermann 2002). Generell ist die finanzielle Förderung unter den Vorbehalt gestellt worden, nach Maßgabe der Landeshaushalte gewährt zu werden (vgl. Rohlmann 1999). Angesichts staatlicher Finanzknappheit werden staatliche Mittelzuweisungen gesenkt. Die Kompensation findet in den Ländern ggf. durch Projekte statt, finanzwirksam sind jedoch eher die Zuflüsse aus Bundesprogrammen (zuletzt der Qualifizierungsoffensive des BMBF) oder der Kofinanzierung durch den Europäischen Sozialfonds.

Während noch in den 1970er und 1980er Jahren die finanziellen Mittel ausgeweitet wurden, sind sie seit 1994 in den westdeutschen und seit 1998 in den ostdeutschen Ländern rückläufig (vgl. Kuhlenkamp 2003). Der Anteil der Landesfinanzierung bei staatlich anerkannten Einrichtungen ist rückläufig, während die Teilnehmerentgelte steigen. Hinzu kommt in einigen Bundesländern eine Entkoppelung von staatlicher Anerkennung und finanzieller Bezuschussung, wodurch die Bezuschussung auch der staatlich anerkannten Einrichtung zu einer Kann-Bestimmung geworden ist. Angesichts dieser Entkopplung und der Reduzierung finanzieller Mittel spricht Kuhlenkamp insgesamt von einer „doppelten Abschwächung" (ebd. 2003, S. 131). Dem Rückgang der Landesfinanzierung folgt ein „Bedeutungsverlust landespolitischer Strukturierungen", da ein zunehmend größer werdender Teil des Bildungsangebots außerhalb der Länderzuständigkeit stattfindet (vgl. ebd. 2005, S. 27). Damit geht eine Verlagerung der Zuständigkeit für die Weiterbildungsförderung in andere, vermeintlich „härtere" Politikfelder einher, wie Wirtschaft, Arbeit oder Bau, die ihrer eigenen Logik folgen. So wird das Maß an Autonomie der Bildungspolitik, das nötig ist, um ihren eigenen bildungsspezifischen Kriterien zu folgen, weiter abgeschwächt (vgl. Wittpoth 2005). Schließlich wurden verstärkt Bestimmungen zur Qualitätssicherung und Evaluation von Weiterbildung in die Gesetze aufgenommen, und es ist eine verstärkte Konzentration auf die Förderung von Innovationsprojekten feststellbar, anstatt die institutionelle Regelföderung weiter auszubauen. Parallel unterliegen die Gesetze Modernisierungen, z.B. Budgetierung, Leistungsbilanzierte Förderung, Outputorientierung, nachfragefinanzierte Finanzierung (vgl. Krug 2000; Krug 2002).

Kuhlenkamp beobachtet daher insgesamt eine Entwicklung der Gesetzeswirkungen „von der Strukturierung zur Marginalisierung" (vgl. ebd. 2003). Faulstich zieht – „bei aller Einschränkung" – eine „zwar relativierte, aber positive Bilanz der Förderung der Weiterbildung durch die Landesgesetze" (ebd. 2004, S. 25). Ähnlich eingeschränkt positiv konstatiert Rohlmann:

> „Die Gesetze haben erreicht, daß eine gewisse Kontinuität in der Planung und Unterbreitung von Bildungsangeboten eingetreten ist. Sie haben allerdings nicht verhindern können, daß der Umfang der jährlichen finanziellen Förderung der konjunkturellen Entwicklung prozyklisch angepaßt wurde" (ebd. 1999, S. 415).

Bildungsfreistellungsgesetze

Leistungsansprüche des Einzelnen gegen den Staat oder private Dritte auf Weiterbildung – z.B. auf kostenfreie Lernangebote, Lernzeiten oder Lerngelder – sind marginal. Eine Ausnahme bilden die Landesgesetze zum Bildungsurlaub. Sie verschaffen dem sozialversicherungspflichtig Beschäftigten verhältnismäßig weit reichende subjektiv-rechtliche Ansprüche auf Weiterbildung, genauer: auf Lernzeit. Unter Bildungsurlaub wird die vom/von der Arbeitgeber/in bezahlte Freistellung des/der Arbeitnehmers/Arbeitnehmerin von Arbeit zur Teilnahme an Weiterbildung verstanden. Es wird ein individueller Anspruch des/der Arbeitsnehmers/Arbeitnehmerin auf Lernzeit – in der Regel fünf Arbeitstage pro Jahr – gesetzlich fixiert; den Arbeitgebern werden Freistellungs- und Fortzahlungspflichten auferlegt. Die gesetzlichen Regelungen zum Bildungsurlaub gehen damit über die Abwehr- und Teilhaberechte hinaus, wie sie von den Rechtsnormen zur Weiterbildung zumeist begründet werden.

Obwohl sich die Bundesrepublik Deutschland im Übereinkommen 140 der Internationalen Arbeitsorganisation (ILO) von 1974 dazu verpflichtet hat, bezahlte Freistellung von Arbeit zu Bildungszwecken einzuführen, ist eine Umsetzung dieser völkerrechtlichen Verpflichtung in Bundesrecht bislang nicht geschehen und auch nicht zu erwarten. Deshalb haben inzwischen zwölf Bundesländer von ihrer konkurrierenden Gesetzgebungskompetenz Gebrauch gemacht (Art. 72 Abs. 1, 74 Nr. 12 GG) und Landesregelungen erlassen. Die Ausnahmen bilden die Länder Baden-Württemberg, Bayern, Sachsen und Thüringen. Angesichts zum Teil heftiger Auseinandersetzung zwischen den Arbeitgeberverbänden und den Gewerkschaften wurde die Verfassungsmäßigkeit der Gesetze vom Bundesverfassungsgericht bejaht; die Pflichten des Arbeitgebers seien durch Gründe des Gemeinwohls gerechtfertigt (vgl. Düwell 2001; Ciupke 1998).

Der Anspruch auf Bildungsurlaub ist in den Bildungsurlaubs- bzw. Bildungsfreistellungsgesetzen geregelt, die durch Verordnungen konkretisiert werden. Zum Teil sind die entsprechenden Bestimmungen Bestandteil der Weiterbildungsgesetze. In Anbetracht der gleichen Zielbestimmung und gleichem Regelungsbedarf besteht eine weitestgehend gesetzesübergreifende Gemeinsamkeit der Regelungsaspekte. Differenzen liegen meist nur im Detail (vgl. Schmidt-Lauff 2005, S. 228). Der Bildungsurlaub dient der politischen und beruflichen Weiterbildung; bisweilen wird auch kulturelle und allgemeine Weiterbildung sowie Qualifizierung für die Wahrnehmung ehrenamtlicher Tätigkeiten einbezogen. Anspruchsberechtigt sind in der Regel Arbeitnehmer/innen, Auszubildende, Heimarbeiter/innen, arbeitnehmerähnliche Personen und Arbeitnehmer/innen in Werkstätten für behinderte Menschen. Die Dauer der Freistellung beträgt in der Regel fünf Arbeitstage im Jahr bzw. zehn Arbeitstage in zwei Jahren. Es bestehen weitere Detailregelungen wie z.B. Übertragbarkeit oder Ansparen des Bildungsurlaubs. Der Rechtsanspruch richtet sich nach den rechtlichen Bestimmungen des Landes, in dem schwerpunktmäßig das Arbeits- bzw. Ausbildungsverhältnis besteht. Die Freistellung von Arbeit kann nur für anerkannte Veranstaltungen erfolgen. Die Arbeitnehmer/innen können den Zeitpunkt und den Inhalt frei wählen, wobei der/die Arbeitgeber/in rechtzeitig informiert werden muss (vier bis acht Wochen vor Beginn der Veranstaltung). Dieser kann nur ablehnen, wenn dringende betriebliche oder dienstliche Belange entgegenstehen (Überschreitung einer bestimmten Freistellungsquote im Betrieb; betriebliche Engpässe aufgrund des Urlaubsanspruchs anderer Arbeitnehmer).

Tabelle 4: Bildungsurlaubsgesetze der Länder (Stand: Januar 2008), eigene Zusammenstellung

Land	Rechtsgrundlage (ohne Verordnungen)
Baden-Württemberg	keine Bildungsfreistellung
Bayern	keine Bildungsfreistellung
Berlin	Berliner Bildungsurlaubsgesetz (BiUrlG) v. 24.10.1990, zuletzt geändert durch Gesetz v. 17.5.1999
Brandenburg	Brandenburgisches Weiterbildungsgesetz – BbgWBG v. 15.12.1993, zuletzt geändert durch Gesetz v. 9.11.2006 (das Weiterbildungsgesetz enthält Bestimmungen zur Bildungsfreistellung)
Bremen	Bremisches Bildungsurlaubsgesetz (BREBiUrlG) v. 18.12.1974, zuletzt geändert durch Gesetz v. 18.12.2003
Hamburg	Hamburgisches Bildungsurlaubsgesetz v. 21.1.1974, zuletzt geändert durch Gesetz vom 16.4.1991
Hessen	Hessisches Gesetz über den Anspruch auf Bildungsurlaub v. 16.10.1984 i.d.F. v. 28.7.1998, zuletzt geändert durch Gesetz v. 18.12.2006
Mecklenburg-Vorpommern	Bildungsfreistellungsgesetz (BfG M-V) v. 7.5.2001, , zuletzt geändert durch Gesetz v. 19.12.2005
Niedersachsen	Niedersächsisches Bildungsurlaubsgesetz (NBildUG) v. 25.1.1991, zuletzt geändert durch Gesetz v. 17.12.1999 (ursprüngliche Fassung v. 5.6.1974)
Nordrhein-Westfalen	Arbeitnehmerweiterbildungsgesetz (AWbG) v. 6.11.1984, zuletzt geändert durch Gesetz v. 5.4.2005
Rheinland-Pfalz	Landesgesetz über die Freistellung von Arbeitnehmerinnen und Arbeitnehmern für Zwecke der Weiterbildung (Bildungsfreistellungsgesetz) v. 30.3.1993, zuletzt geändert durch Gesetz v. 16.12.2002
Saarland	Weiterbildungs- und Bildungsfreistellungsgesetz (SWBG) v. 15.9.1994 (Zusammenfassung von Erwachsenenbildungsgesetz v. 8.4.1970 und Bildungsurlaubsgesetz v. 1.4.1990), zuletzt geändert durch Gesetz v. 15.2.2006
Sachsen	keine Bildungsfreistellung
Sachsen-Anhalt	Gesetz zur Freistellung von der Arbeit für Maßnahmen der Weiterbildung (Bildungsfreistellungsgesetz) v. 4.3.1998, zuletzt geändert durch Gesetz v. 18.11.2005
Schleswig-Holstein	Bildungsfreistellungs- und Qualifizierungsgesetz (BFQG) v. 7.6.1990, zuletzt geändert durch Verordnung v. 12.10.2005
Thüringen	keine Bildungsfreistellung

In Hinblick auf die Entwicklungen der Bildungsurlaubsgesetze ist auf Neuregelungen zu verweisen, die in den letzten Jahren in Kraft getreten sind und u.a. dazu dienen sollen, die Verwaltung zu vereinfachen und die Kosten für die Arbeitgeber/innen zu verringern (vgl. BMBF 2006), um die Akzeptanz auf Arbeitgeberseite zu stärken. Auch wenn sich hierbei noch kein genereller Trend feststellen lässt, so gibt es dennoch Beispiele. So wurde das Saarländische Weiterbildungs- und Bildungsfreistellungsgesetz mit Wirkung zum 1.1.2004 umfangreich geändert. Danach umfasst der Anspruch auf entgeltliche Freistellung für Bildungszwecke statt wie bislang fünf noch höchstens drei Arbeitstage pro Jahr (§23 Abs. 1). Zudem wird die Gewährung in der Regel an die Bedingung geknüpft, dass der/die Arbeitnehmer/in im gleichen Umfang „arbeitsfreie Zeit“ einbringt. Als arbeitsfreie Zeit gilt insbesondere unbezahlter Urlaub, tariflich, einzelvertraglich oder betrieblich vereinbarter Urlaub, arbeitsfreie Samstage oder Freizeitausgleich, der dem/der Arbeitnehmer/in aufgrund geleisteter Überstunden zusteht. Weiterhin wurde die Wartezeit von sechs auf zwölf Monate verlängert (§25). Zudem kann in Betrieben mit bis zu 50

Beschäftigten betriebliche Weiterbildung auf den Freistellungsanspruch angerechnet werden (§26 Abs. 2). In Nordrhein-Westfalen besteht seit 2000 für Arbeitnehmer/innen in einem Betrieb oder einer Dienststelle mit weniger als zehn Beschäftigten kein Freistellungsanspruch (§3 Abs. 7 AWbG). Nach dem relativ jungen Gesetz in Rheinland-Pfalz von 1993 werden Arbeitgeber/inne/n, die weniger als 50 Personen beschäftigen, auf Antrag ein pauschalisierter Anteil des für den Zeitraum der Bildungsfreistellung fortzuzahlenden Arbeitsentgelts erstattet (§8 BFG). Zudem besteht ein Anspruch erst zwei Jahre nach Beginn des Beschäftigungsverhältnisses (§2 Abs. 6). Die Akzeptanz des BFG bei Arbeitgeber/inne/n, Gewerkschaften und Kommunen berichtet Krug (1996).

Die Teilnahme am Bildungsurlaub ist relativ betrachtet gering. Fast 99 von 100 Berechtigten lassen ihren Bildungsurlaub verfallen. Die aktuell auf Grundlage der amtlichen Länderstatistiken ermittelten Teilnahmequoten liegen zwischen 0,1 in Sachsen-Anhalt und 5,0 Prozent in Bremen (vgl. Jäger 2007). Langfristig ist sowohl bei der Anzahl der Veranstaltungen als auch bei der Teilnahme eine eher rückläufige Entwicklung zu beobachten (vgl. BMBF 2006, S. 347). Absolut gesehen eröffnen sich jedoch jährlich für schätzungsweise 200.000 Beschäftigte Chancen auf Bildung (vgl. Faulstich/Vespermann 2002, S. 68). Gleichzeitig wird dabei aber deutlich, dass auch der Bildungsurlaub sozial selektiv wirkt und die Stellung im Beschäftigungssystem eine bedeutende Rolle spielt (vgl. BMBF 2006, Wagner 1995, Jäger 2007). Festzustellen ist zudem ein Trend weg von der politischen hin zur beruflichen Weiterbildung. Schließlich ist die hohe Zahl der Personen auffällig, die Bildungsurlaubsveranstaltungen im Rahmen ihrer Freizeit besuchen und dafür keine Freistellung beantragen (vgl. BMBF 2006, S. 348; Schmidt-Lauff 2005).

Um das Thema Bildungsurlaub ist es in den letzten Jahren ruhig geworden. Weder in politischen noch in wissenschaftlichen Debatten spielt es eine allzu bedeutende Rolle. Dennoch ist „damals wie heute (…) ein zeitpolitischer Ansatz für Lernchancen, der die unterschiedlichen Interessenlagen (zwischen Lernenden, Unternehmen und der öffentlichen Hand; d.V.) ausbalanciert, nötig" (Schmidt-Lauff 2005, S. 235), wenn lebenslanges Lernen nicht nur Eigenverantwortung des Einzelnen meinen soll. Die Bildungsurlaubsgesetze mit ihrem Ansatz einer kombinierten Ressourcenaufbringung könnten dabei eine wichtige Rolle spielen.

4 Fazit

Insgesamt zeigt sich sowohl sektoral als auch föderal eine komplexe Regelungsstruktur, die Faulstich und Haberzeth als „vertikale und horizontale Desintegration" (2007) bezeichnen. Sie wird auf europäischer Ebene vertikal und horizontal fortgesetzt. Seitens der EU scheint ein zunehmender Fokus auf Marktorientierung, berufliche Bildung und ökonomische Verwertung erkennbar, zugleich formuliert die EU Ziele im Bereich Inklusion und Citizenship. Die Ebene der WTO bildet primär die vertikale Desintegration ab, regelt jedoch auch nur noch einen einzigen weiterbildungsrelevanten Bereich, nämlich den Markt.

Es wird zukünftig Aufgabe der internationalen Gremien sein, der Wirtschaftsgesetzgebung eine demokratisch legitimierte Bildungsgesetzgebung folgen zu lassen. Die rechtlichen Regelungen als „geronnene Politik" (vgl. Kuhlenkamp 2003) stehen insofern auf internationaler Ebene noch aus.

Literatur

Baethge-Kinsky, V. (2007): Transformation statt Erosion arbeitsmarktpolitischer Qualifizierung- Lehren aus der Evaluation der Hartz-Gesetze. Schwerpunktheft: Arbeitsmarktpolitik nach Hartz-Probleme und Perspektiven. In: WSI Mitteilungen- Monatszeitschrift des Wirtschafts- und Sozialwissenschaftlichen Instituts in der Hans-Böckler-Stiftung 60. Jahrgang, H. 6, S. 312-319.

Bauer, M. W./Knöll, R. (2003): Die Methode der offenen Koordinierung: Zukunft europäischer Politikgestaltung oder schleichende Zentralisierung? In: Aus Politik und Zeitgeschichte. Beilage zur Wochenzeitung „Das Parlament" B 01/02, Verfügbar unter: http://www.bpb.de/publikationen/4VUBA4.html (15.08.2008):

Bechtel, M./Lattke, S. (2005): Überwiegend „soft law". Instrumente und Grenzen europäischen Bildungsrechts. In: Die Zeitschrift für Erwachsenenbildung 12. Jahrgang, H. 3, S. 30-32.

Bieback, K.-J. (2006[11]): Einführung: SGB III Arbeitsförderung. München: Deutscher Taschenbuchverlag, S. IX–XLVI.

Blinn, H.-J. (2006): Bildung als globale Dienstleistung. Nach der WTO-Konferenz in Hongkong. In: Zeitschrift für Erwachsenenbildung 13, H. II, S. 26-28.

Bocklet, R. (o.J.): Positionspapier zur offenen Koordinierung. Herausgegeben von Bayerische Staatskanzlei. Zuletzt geprüft am 05.02.2008.

Bundesministerium für Bildung und Forschung (2006): Berichtssystem Weiterbildung IX. Integrierter Gesamtbericht. Bonn/Berlin: BMBF.

Bundesministerium für Bildung und Forschung (2007): Berufsbildungsbericht 2007. Bonn/Berlin: BMBF.

Ciupke, P. (1998): Teilnahme am Bildungsurlaub – vom Stillstand zum Rückgang. In: Jelich, F.-J. (Hrsg.): Jahrbuch Arbeit, Bildung, Kultur. Recklinghausen, S. 267-295.

Dickhaus, B./Scherrer, C. (2006): Gutachten zu den potentiellen Auswirkungen der aktuellen GATS-Verhandlungen sowie der europäischen Dienstleistungsrichtlinie auf den Bildungssektor in Deutschland. Max-Traeger-Stiftung: Universität Kassel.

Dokument zum Thema: die Eu-Dienstleistungsrichtlinie (2006). In: Die- Zeitschrift für Erwachsenenbildung 13, H. II, S. 39.

Düwell, F.-J. (2001): Rechtsgeschichte der Bildungsfreistellung. Verfügbar unter: www.saarland.de/dokumente/thema_bildung/Rechtsgeschichte_der_Bildungsfreistellung.pdf (20.01.2008).

Ennuschat, J. (2005): Grundrecht auf lebenslanges Lernen? – Verfassungsrechtliche Rahmenbedingungen für das lebenslange Lernen. In: RdJB 53, H. 2, S. 193-204.

Fahle, K. (2006): Europäische Union. In: Krug, P./Nuissl, E. (Hrsg.): Praxishandbuch Weiterbildungsrecht. München/Unterschleißheim: Luchterhand.

Faulstich, P. (2004): Weiterbildungsförderung: Finanzierung und Freistellung. In: Krug, P./Nuissl, E. (Hrsg.) (2007): Praxishandbuch Weiterbildungsrecht. München/Unterschleißheim: Luchterhand, S. 1-39.

Faulstich, P./Gnahs, D. (2006): Weiterbildungsentwicklung – Beispiel Hessen. In: Hessische Blätter für Volksbildung 56, H. 2, S. 118-126.

Faulstich, P./Haberzeth, E. (2007): Recht und Politik. Studientexte für Erwachsenenbildung. Bielefeld: Bertelsmann.

Faulstich, P./Vespermann, P. (2002): Weiterbildung in den Ländern. Materialen und Analysen zu Situation, Struktur und Perspektiven. Weinheim/München: Juventa.

Füssel, H.-P. (2002): Recht der Weiterbildung – Recht auf Weiterbildung. In: Faulstich, P. (Hrsg.): Lernzeiten. Für ein Recht auf Weiterbildung. Hamburg: VSA, S. 31-46.

Füssel, H.-P. (2005): Mobilität und Anerkennung von Abschlüssen in Europa. In: RdJB- Recht der Jugend und des Bildungswesens 53. Jahrgang, H. 2, S. 186-192.

Gnahs, D. (1999): Schnittmengen und Unterschiede der gesetzlichen Regelungen in den Bundesländern. In: Küchler, F.v./Meisel K. (Hrsg.): Qualitätssicherung in der Weiterbildung. Frankfurt a.M.: DIE, S. 31-43.

Graeßner, G. (2006): Wissenschaftliche Weiterbildung. In: Krug, P,/Nuissl, E. (Hrsg.): Praxishandbuch Weiterbildungsrecht. München/Unterschleißheim: Luchterhand.

Grotlüschen, A. (2002): E-Learning im Weltmarkt der Dienstleistungen-GATS. Globalisierung und Regionalisierung als politische Aufgabe. In: Hessische Blätter für Volksbildung 52. Jahrgang, H. 3, S. 210-222.

Heinemann, M.B. (2007): Zur Integrationswirkung von Integrationskursen. Empirische Erhebung in Integrationskursen einer Bremer Weiterbildungseinrichtung zur Untersuchung ihrer Wirkung auf die gesellschaftliche Integration der TeilnehmerInnen. Unveröffentl. Diplomarbeit: Universität Bremen.

Jäger, C. (2007): Bildungsfreistellung: Individueller Rechtsanspruch im Kontext Lebenslangen Lernens. In: Außerschulische Bildung 38, H. 2, S. 174-179.

Köller, E. (2005): Fehlstart eines Abenteuers. Träger mit Integrationskursen nach Zuwanderungsgesetz unzufrieden. In: Die- Zeitschrift für Erwachsenenbildung, 12, H. III, S. 38-40.

Krug, P. (1994): Weiterbildungsgesetze in Deutschland. In: Kaiser, A./Feuchthofen, J.E./Guettler, R. (Hrsg.): Europahandbuch Weiterbildung. Neuwied u.a.: Luchterhand, S. 1-13.

Krug, P. (1996): Das Bildungsfreistellungsgesetz in Rheinland-Pfalz. Öffnung, Flexibilität und Akzeptanz. In: Hessische Blätter für Volksbildung, 46, H. 1, S. 64-70.

Krug, P. (2000): Öffentliche Förderung der Weiterbildungs-Trends und Perspektiven. In: Hessische Blätter für Volksbildung, 50, H. 3, S. 201-212.

Krug, P. (2002): Zukunftsfähigkeit durch lebenslanges Lernen - die Umsetzung in den Ländern. In: Götz, K. (Hrsg.): Bildungsarbeit der Zukunft. München: Hampp, S. 33-43.

Krug/Nuissl (Hrsg.) (2004): Wissenschaftliche Weiterbildung. Praxishandbuch Weiterbildungsrecht. München/Unterschleißheim: Luchterhand.

Krug, P. (2006): Qualität in der Weiterbildung. In: Krug, P./Nuissl, E. (Hrsg): Praxishandbuch Weiterbildungsrecht. München/Unterschleißheim: Luchterhand, S. 1-123.

Krug, P./Tiggemann, K. (2007): Für die Zukunft unverzichtbar. In: Weiterbildung 18. Jahrgang, H. 1, S. 22-24.

Krug, P. (2004): Lebenslanges Lernen in Deutschland – Bilanz und Perspektiven aus Sicht der Länder: Lebenslanges Lernen in der Wissensgesellschaft. Innsbruck: Studien-Verl., S. 227-237.

Krug, P./Nuissl, E. (Hrsg.) (2006): Praxishandbuch Weiterbildungsrecht. München/Unterschleißheim: Luchterhand.

Küchler, F.v./Meisel, K. (Hrsg.) (1999): Qualitätssicherung in der Weiterbildung. Frankfurt a.M.: DIE.

Kuhlenkamp, D. (1995): Rechtliche Rahmenbedingungen der Erwachsenenbildung. Teil 1: Einführung in das Weiterbildungsrecht. 0501 Studienbrief Erwachsenenbildung,. Kaiserslautern: Zentrum für Fernstudien und Universitäre Weiterbildung Universität Kaiserslautern.

Kuhlenkamp, D. (1995): Rechtliche Rahmenbedingungen der Erwachsenenbildung. Teil 2: Landesrechtliche Regelungen der Weiterbildung. 0502. Studienbrief Erwachsenenbildung. Kaiserslautern: Zentrum für Fernstudien und Universitäre Weiterbildung Universität Kaiserslautern.

Kuhlenkamp, D. (1995): Rechtliche Rahmenbedingungen der Erwachsenenbildung. Teil 3: Bundesrechtliche Regelungen der Weiterbildung. 0503 Studienbrief Erwachsenenbildung. Kaiserslautern: Zentrum für Fernstudien und Universitäre Weiterbildung Universität Kaiserslautern.

Kuhlenkamp, D. (1997): Die Weiterbildungs- und Bildungsurlaubsgesetze der Länder: Grundlagen der Weiterbildung: Praxishilfen. Neuwied: Luchterhand.

Kuhlenkamp, D. (2003): Von der Strukturierung zur Marginalisierung. Zur Entwicklung der Weiterbildungsgesetze der Länder. In: Hessische Blätter für Volksbildung 53, H. 2, S. 127-138.

Kuhlenkamp, D. (2005): Ambivalente (De-) Regulierung. Weiterbildungsrecht der Länder und SGB III. In: Die- Zeitschrift für Erwachsenenbildung 12, H. III, S. 27-30.

Nagel, B./Tiedtke, E. (2007): Das Rechtssystem in der Weiterbildung. In: Krug, P./Nuissl, E. (Hrsg.): Praxishandbuch Weiterbildungsrecht. München/Unterschleißheim: Luchterhand.

Nagel, B./Tiedke, E. (2007): Das Rechtssystem in der Weiterbildung. Praxishandbuch Weiterbildungsrecht. 11. Ergänzungslieferung. Herausgegeben von Krug/Nuissl: Luchterhand, Dezember 2007.

Richter, I. (1993): Recht der Weiterbildung. Baden-Baden: Nomos.

Rohlmann, R. (1991): Gesetzgebung zur Weiterbildung. Vergleichende Darstellung aus den alten Bundesländern. Bonn: DVV.

Rohlmann, R. (1999[2]): Weiterbildungsgesetze der Länder. In: Tippelt, R. (Hrsg.): Handbuch Erwachsenenbildung/Weiterbildung. Opladen: Leske+Budrich, S. 402-417.

Schmidt-Lauff, S. (2005): Chancen für individuelle Lernzeiten: Bildungsurlaubs- und Freistellungsgesetze. In: RdJB 53, H. 2, S. 221-235.

SGB III (2006[11]) Arbeitsförderung. München: Deutscher Taschenbuchverlag.

Statistisches Bundesamt: Fachserie 11, Reihe 8, 1998, 2001, 2004, 2005.

Wagner, A. (1995): Teilnahme am Bildungsurlaub. Daten und Tendenzen. Düsseldorf.

Wittpoth, J. (2005): Autonomie, Feld und Habitus. In: Hessische Blätter für Volksbildung 55, H. 1, S. 26-36.

Reinhold Weiß

Bildungsökonomie und Weiterbildung

Die Bildungsökonomie bildet einen Zweig der Wirtschaftswissenschaften, der sich anhand ökonomischer Begriffe und Theorien, Instrumente und Methoden mit dem Verhalten, mit Prozessen, Ergebnissen, Strukturen, Institutionen und Rahmenbedingungen des Bildungswesens beschäftigt. Dabei stehen Fragen der Finanzierung und des Ressourceneinsatzes, der wirtschaftlichen Steuerung sowie der Bewertung des Outputs und der Erträge von Bildung im Vordergrund. Normatives Grundkonzept der Bildungsökonomie ist die Rationalitätsforderung, mit knappen Ressourcen zu wirtschaften und die Mittelverwendung zu optimieren. Die Formulierung von Bildungszielen wird hingegen weitgehend als exogene, erziehungswissenschaftlich oder bildungspolitisch begründete Vorgabe behandelt (vgl. Edding 1980, S. 2).

Ihren Ursprung hat die Bildungsökonomie als ökonomische Disziplin in den fünfziger und sechziger Jahren des 20. Jahrhunderts. Durch Zeitreihenanalysen konnten statistische Zusammenhänge zwischen der Bildungsbeteiligung bzw. den Bildungsinvestitionen und dem Wirtschaftswachstum identifiziert und damit die Voraussetzung für eine Weiterentwicklung der Wachstumstheorie (vgl. Schettkatt 2002) geschaffen werden. Heute steht demgegenüber die Steuerung des Bildungswesens unter Effizienzgesichtspunkten im Mittelpunkt. Dies findet seinen Ausdruck in Konzepten des Qualitätsmanagements, des Bildungscontrollings, der Autonomie und der dezentralen Ressourcensteuerung. Diesen Konzepten eines New Public Management ist gemein, dass sie den Output bzw. den Outcome von Bildungsprozessen in den Mittelpunkt stellen und die staatliche Steuerung durch marktanaloge oder nachfrageorientierte Instrumente erfolgt (vgl. Weiß 2002). Der Bereich der Weiterbildung spielt dabei eine Vorreiterrolle, denn hier hat das Wettbewerbsmodell eine lange Tradition. Im Kern geht es in der Bildungsökonomie um folgende Grundfragen:

- Wie kann das Humankapital erfasst werden und welchen Wert hat es?
- Welche Bedeutung haben Kosten, Erträge und ökonomische Anreize für das Weiterbildungsverhalten?
- Wer finanziert die Weiterbildung und bringt die Mittel auf?
- Wer trägt letztlich die Kosten, und wer hat den Nutzen?
- Wer sollte Weiterbildung finanzieren, und wie sollten die Finanzierungsanteile zwischen unterschiedlichen Akteuren verteilt sein?
- Welche (allokativen) Wirkungen haben bestimmte Finanzierungsinstrumente oder Programme?
- Welche gesamtwirtschaftlichen Wirkungen haben Humankapitalinvestitionen?

Die Bildungsökonomie orientiert sich somit durchweg an sehr politiknahen Fragen. Unmittelbar oder mittelbar sind bildungsökonomische Theoreme und Modelle daher in zahlreiche Empfehlungen und bildungspolitische Programme eingeflossen. Bildungsökonomisch fundierte

Analysen – bspw. im Rahmen von Wirkungsuntersuchungen – haben darüber hinaus einen hohen Stellenwert in der Politikberatung.

1 Weiterbildungsaufwendungen als Humankapitalinvestition

Aus Sicht der Bildungsökonomie stellen Aufwendungen für Weiterbildung eine Investition in das Humankapital dar. Aus dieser Perspektive werden finanzielle und/oder zeitliche Ressourcen für Weiterbildung eingesetzt, um damit in der Zukunft einen wirtschaftlichen Ertrag zu erzielen. Dies gilt sowohl für das einzelwirtschaftliche Kalkül von Individuen und Unternehmen als auch für politische Entscheidungen. Der Umstand, dass die Teilnahme an Weiterbildung intrinsisch motiviert sein kann oder nicht unmittelbar ökonomische Ziele verfolgt werden, bleibt in der Regel außer acht. Allerdings lassen sich primär ökonomische Ziele in Form von Opportunitätskosten oder -erträgen nicht uneingeschränkt in das ökonomische Entscheidungskalkül übersetzen. Beispielsweise kann der Wert eines freizeitorientierten Lernens durch die investierte Zeit oder die mit durchschnittlichen Stundensätzen bewertete Zeit ausgedrückt werden.

Der bildungsökonomischen Bewertung steht indessen die finanzwirtschaftliche Behandlung von Bildungsaufwendungen entgegen, denn die staatlichen Bildungsausgaben werden in der Volkswirtschaftlichen Gesamtrechnung größtenteils als Konsumausgaben verbucht. Nur ein kleiner Teil, nämlich die Ausgaben für die Erstellung von Gebäuden oder die Anschaffung von Maschinen und Geräten, stellen aus finanzwirtschaftlicher Sicht Investitionen dar. Der größte Teil der Bildungsausgaben, vor allem für das Personal oder die Förderung der Teilnehmer, stellen hingegen eine konsumtive Verwendung dar.

Auch die Aufwendungen für die betriebliche Aus- und Weiterbildung werden buchhalterisch nicht als Investition behandelt. Sie erscheinen größtenteils nicht auf der Aktivseite der Bilanz, sondern gehen als unmittelbarer Aufwand in die Gewinn- und Verlustrechnung ein. Folglich wird auch keine Verteilung der Aufwendungen auf die voraussichtlichen Nutzungsperioden vorgenommen. Dies findet seine Begründung darin, dass Unternehmen durch die von ihnen finanzierte Weiterbildung kein Eigentumsrecht, sondern bestenfalls ein zeitlich begrenztes Nutzungsrecht erwerben (vgl. Persch 2003). Denn der Arbeitnehmer hat die Möglichkeit, das Unternehmen, das seine Weiterbildung finanziert hat, unter Beachtung der Kündigungsfristen zu verlassen. Damit kann die Humankapitalinvestition für den Arbeitgeber mit einem Schlag entwertet werden.

Dennoch macht die Erfassung und Bewertung des Humankapitals betriebswirtschaftlich durchaus Sinn. So bedeutet jeder Weggang eines Mitarbeiters nicht allein eine Kostenreduktion, sondern einen Verlust an betrieblichem Humanvermögen. Zur Berechnung des Humankapitals wurden unterschiedliche bildungsökonomische Verfahren entwickelt (vgl. Brummet 1982). Grundlegend zu unterscheiden ist die Berechnung aufgrund

- der in der Vergangenheit entstandenen Aufwendungen (z.B. für die Aus- und Weiterbildung, die Personalrekrutierung oder die Einarbeitung),
- der aktuellen Kosten, die im Falle einer notwendigen Wiederbesetzung der Position getätigt werden müssten, oder
- der in Zukunft zu erwartenden Erträge, die sich auf Basis der Arbeitsproduktivität und der durchschnittlichen Betriebszugehörigkeit eines Mitarbeiters ermitteln lässt.

Neben Neuinvestitionen sind auch Verringerungen des Kapitalbestands in Rechnung zu stellen, weil zum Beispiel erworbenes Wissen verlernt oder vergessen wird und Kompetenzen aufgrund technischer oder wirtschaftlicher Veränderungen entwertet werden. Dies wird ökonomisch über Abschreibungen erfasst, die technisch auf zweierlei Arten vorgenommen werden können (vgl. Ewerhart 2002). Nach dem Bruttokonzept wird unterstellt, dass Humankapitalinvestitionen über die gesamte Nutzungsdauer eine gleichmäßige Leistung abgeben und sich ihr Wert nicht verringert. Sie werden daher mit dem Ausscheiden des Arbeitsnehmers aus dem Unternehmen, zum Beispiel wegen eines Übergangs in den Ruhestand oder eines Betriebswechsels, ausgebucht. Sinnvoll ist dieses Verfahren bei der Bewertung anerkannter Bildungs- oder Berufsabschlüsse. Im Falle der Weiterbildung hingegen, in der nur in geringem Umfang allgemein verwertbare Abschlüsse erworben werden, bietet sich eher eine kontinuierliche Abschreibung nach dem Nettokonzept an. Dabei wird der Wert des Humankapitalbestands entsprechend der voraussichtlichen Nutzungsdauer in regelmäßigen – entweder linearen oder degressiven – Beträgen abgeschrieben. Dabei gilt der Grundsatz, dass eine spezifische Qualifikation in der Regel eine sehr viel geringere Nutzungsdauer hat als eine allgemeine, anerkannte und transferierbare Qualifikation (vgl. Weiß 2002, S. 189).

Alle Berechungsverfahren können das Volumen des Humankapitals nur sehr grob quantifizieren. Zu unsicher ist die Datenbasis und zu variabel sind die Modellannahmen – etwa zu den Kosten, Abschreibungen, Nutzungszeiten und Erträgen. Immerhin aber gelangen derartige Berechnungen zu erheblichen Größenordnungen. So haben Humankapitalinvestitionen in den neunziger Jahren des 20. Jahrhunderts ein Niveau von etwa 40 Prozent der Sachanlageinvestitionen erreicht (vgl. Henke 2005). Der längerfristige Vergleich macht außerdem deutlich, dass sich die Relation zugunsten des Humankapitals verändert hat. Mit anderen Worten: Investitionen in Maschinen und Anlagen werden zunehmend von Humankapitalinvestitionen begleitet. Das gilt in besonderem Maße für wissensintensive Unternehmen und Branchen. Der Beitrag der organisierten Weiterbildung zum gesamten Humankapital ist indessen relativ gering. Es dominieren die Investitionen aus den Bereichen Schule, Berufsausbildung und Hochschule. Der Anteil der Aufwendungen für den Erwerb von Weiterbildungszertifikaten liegt in einer Größenordnung von lediglich drei Prozent des gesamten Humankapitals (vgl. Ewerhart 2003, S. 39). Dies würde sich ändern, würde auch der Wert informell erworbener Kompetenzen einbezogen. Mangels belastbarer Daten wird darauf in der Regel aber verzichtet.

Für personalwirtschaftliche Zwecke sind die bildungsökonomischen Verfahren zur Berechnung des Humankapitals indessen wenig praktikabel. In der Personalwirtschaft wird Human- oder Wissenskapital daher zumeist auf der Basis erfolgskritischer Kennzahlen und deren Aggregation zu personalwirtschaftlichen Informationssystemen ermittelt. Relevante Daten sind in diesem Zusammenhang beispielsweise die Investitionen in Aus- und Weiterbildung, die Kosten der Personalrekrutierung, die Fluktuationsquoten und Krankheitsraten, die Dauer der Betriebszugehörigkeit oder Indikatoren der Mitarbeitermotivation. Mit Hilfe entsprechender Kennzahlen soll die Relevanz des Produktionsfaktors Humankapital für Managemententscheidungen transparenter und zugleich „steuerbar" gemacht werden. Instrumente in diesem Zusammenhang sind bspw. die „Balanced Scorecard" (vgl. Kaplan/Norton 1997), die „Saarbrücker Formel" (vgl. Scholz/Stein/Bechtel 2006) oder auch „Wissensbilanzen" (vgl. BMWA 2004, S. 11).

2 Staatliche Finanzierung von Weiterbildung

2.1 Begründungen für eine staatliche/private Finanzierung

Die Frage, ob und in welchem Maße der Staat aktiv in der Weiterbildung tätig werden soll, hängt entscheidend davon ab, ob ein Marktversagen vorliegt (vgl. Dicke/Glismann/Siebert 1995, S. 12ff.). Aus ökonomischer Sicht ist dies dann gegeben, wenn die Marktkräfte nicht in der Lage sind, eine ausreichende Versorgung und Finanzierung von (Weiter-)Bildung zu gewährleisten. Dies ist beispielsweise unter folgenden Bedingungen der Fall:

- Arbeitgeber beschränken ihre Humankapitalinvestitionen nach Becker (1993, S. 30ff.) im Wesentlichen auf nicht oder nur schwer in andere Unternehmen transferierbare betriebsspezifische Qualifikationen. Sie sichern dadurch ihr Investitionsrisiko gegen eine Abwanderung der Arbeitnehmer zu anderen Unternehmen ab. Die Finanzierung einer allgemein gültigen und transferierbaren Weiterbildung stellt sich aus dieser Sicht als Aufgabe der Teilnehmer selbst dar. Dies setzt aber voraus, dass die Arbeitnehmer über ein ausreichendes Einkommen oder Vermögen verfügen, um die Weiterbildung zu finanzieren.
- Wenn Teilnehmer Weiterbildung über Kredit finanzieren wollen, sind sie auf einen funktionsfähigen Kapitalmarkt angewiesen, der allen Interessierten in gleicher Weise zugänglich ist. Dies ist in der Realität aber nicht der Fall, denn die von den Banken verlangten Sicherheiten können nur von vermögenden oder solchen Personen geboten werden, die in marktgängige Qualifikationen investieren und von daher eine Gewähr für eine Rückzahlung bieten. Kreditfinanzierte Systeme müssen deshalb mit staatlichen Garantien und Ausfallbürgschaften verbunden sein, um selektive, bestimmte Teilnehmergruppen ausschließende Effekte zu vermeiden.
- Das Rationalitätspostulat der Ökonomie ist in der Realität nur eingeschränkt gewährleistet. Dies liegt zum einen daran, dass die für rationale Entscheidungen benötigten Informationen entweder nicht vorhanden, nicht verfügbar oder ungleich zwischen den Akteuren verteilt sind. So kann ex ante weder die Qualität der Weiterbildung noch der Umfang des Kompetenzzuwachses oder des damit zu erzielenden Nutzens zuverlässig beurteilt werden. Diese Ungewissheit führt – vor allem bei risikoaversen Personen – zu einer Zurückhaltung bei Weiterbildungsinvestitionen. Erst recht gilt das für Investitionen, die mit einem vergleichsweise hohen finanziellen Engagement verbunden sind. Hinzu kommt, dass Individuen, aber auch Institutionen, ihre Entscheidungen nicht allein aufgrund eines ökonomischen Kalküls unter Abwägung von Kosten und Nutzen, Aufwendungen und Erträgen fällen, sondern auch auf Basis gänzlich anderer Motive.

Eine staatliche (Mit-)Finanzierung wird bildungsökonomisch regelmäßig mit externen Effekten gerechtfertigt. Sie liegen dann vor, wenn Dritte aus den durch die Weiterbildung vermittelten Kompetenzen einen Nutzen ziehen, ohne sich finanziell engagiert zu haben. Folglich können die Nachfrager nach (Weiter-)Bildung nicht den gesamten Nutzen als Ertrag für sich vereinnahmen. Da ihr Verhalten – dem ökonomischen Postulat gemäß – von den individuellen Erträgen abhängt, kommt es zu einer Unter-Investition in Weiterbildung. In diesem Fall muss der Staat einspringen, so die Theorie der externen Effekte, um die Lücke zu schließen und ein gesellschaftliches Optimum zu gewährleisten. Unstrittig ist, dass Bildung mit externen Effekten verbunden ist. Strittig ist hingegen, welche Bedeutung ihnen für die Gestaltung der

Bildungsfinanzierung beizumessen ist. Während Vertreter einer auf staatliche Interventionen setzenden Weiterbildungspolitik (Nagel/Jaich 2002, S. 210) die große Bedeutung von externen Erträgen betonen, schätzen Vertreter einer liberalen Weiterbildungspolitik ihre Relevanz für das Entscheidungsverhalten eher gering ein. Van Lith (1985, S. 19) bspw. begründet dies unter anderem damit, dass der Erwerb von Bildung immer eine eigene aktive Auseinandersetzung erforderlich macht und an die freie Entscheidung jedes einzelnen gebunden ist. Außerdem verweist er auf die Möglichkeit, externe Erträge durch individuelle Tauschakte zu individualisieren.

Letztlich kommt es auch auf den Bereich der Weiterbildung an, der in den Blick genommen wird (vgl. Weiß 2006, S. 230ff.). Überall dort, wo Basiskompetenzen erworben, Bildungsabschlüsse nachgeholt werden oder die Sozialisationsfunktion von Bildung dominiert (z.B. in der politischen Weiterbildung), ist eine staatliche (Mit-)Finanzierung geboten. Steht dagegen der Erwerb unmittelbar beruflich verwertbarer Kompetenzen im Vordergrund, erscheint eher eine private Finanzierung angebracht (vgl. Expertenkommission 2004, S. 206). Dies gilt vor allem für die berufliche Weiterbildung und hier vor allem für die Anpassungsweiterbildung, aber auch die eher freizeitorientierte Weiterbildung.

2.2 Systematik der staatlichen Weiterbildungsfinanzierung

Die Aufgabe des Staates ist es aus bildungsökonomischer Sicht, die Rahmenbedingungen für ein funktionsfähiges Marktsystem zu gewährleisten sowie im Falle von Marktversagen für gleiche Partizipationschancen zu sorgen. Dementsprechend konzentriert sich der Staat auf ausgewählte Handlungsfelder. Beispielsweise sorgt er für eine ausreichende Markttransparenz, er sichert den Zugang zu Bildungsangeboten und er regelt Abschlüsse. Außerdem stellt er Ressourcen für eine Grundversorgung bzw. die Finanzierung bestimmter Weiterbildungsmaßnahmen oder die Förderung bestimmter Zielgruppen bereit. Dabei ist der Staat in unterschiedlichen Rollen und Funktionen tätig: Er setzt durch Gesetze und Verordnungen Rahmenbedingungen, er finanziert Weiterbildung und er ist selbst als Anbieter auf Teilmärkten der Weiterbildung aktiv.

Um die öffentliche Finanzierung von Weiterbildung zu systematisieren, gibt es unterschiedliche Kriterien und Ansätze. Möglich ist beispielsweise eine Differenzierung zwischen einer direkten und indirekten Finanzierung. Die direkte Finanzierung erfolgt durch Zahlungen, die entweder an Institutionen (z.B. Bildungsträger) fließen, auf bestimmte Maßnahmen oder Programme ausgerichtet sind oder den Teilnehmenden unmittelbar zugute kommen. Durch die Gestaltung der Förderbedingungen können der Empfängerkreis und die zu fördernden Themen relativ gut abgegrenzt werden. Bei der indirekten Finanzierung hingegen bleibt die Entscheidung über die Art der Weiterbildung weitgehend den Teilnehmern selbst überlassen. Instrumente einer indirekten Förderung sind vor allem Steuererleichterungen (vgl. Arens/Quinke 2003, S. 121ff.), die Vergabe zinsverbilligter oder staatlich verbürgter Kredite und die Förderung des Bildungssparens.

Mackscheidt (1980, S. 22) unterscheidet in Abhängigkeit von der Marktnähe „vier Typen der staatlichen Bildungsfinanzierung". Grundlegend ist bei seiner Systematik die Unterscheidung zwischen einer staatlichen Bildungsfinanzierung und der staatlichen Förderung einer privaten Bildungsfinanzierung.

- Eine staatliche Bildungsfinanzierung kann zunächst ohne Beteiligung privater Nachfrager erfolgen. Weiterbildung wird also komplett aus Steuermitteln finanziert und ist ein weitgehend öffentliches Gut. Die Inanspruchnahme wird allenfalls durch Kapazitätsengpässe, die regionale Erreichbarkeit oder Zulassungsvoraussetzungen eingeschränkt. Ein Beispiel für diesen Typus ist die Finanzierung von Fachschulen aus den Landeshaushalten.

- Eine staatliche Finanzierung mit Beteiligung privater Nachfrager kann äquivalenztheoretisch begründet werden. Entsprechend dem individuellen Nutzen erfolgt eine anteilige Finanzierung durch Gebühren. Ein Beispiel ist die Finanzierung der Erwachsenbildung durch die Bundesländer und Kommunen, die nur einen Teil der Kosten abdeckt.
- Bei einer angebotsorientierten Finanzierung übernimmt der Staat die Finanzierung für bestimmte Weiterbildungsmaßnahmen, deren Durchführung aus weiterbildungs-, arbeits- und strukturpolitischen Gründen für notwendig gehalten wird. Die Förderung erfolgt vor allem durch eine punktuelle Förderung von ausgewählten Maßnahmen und Programmen. Ein Beispiel stellt die Förderung von Weiterbildungsmaßnahmen im Rahmen der Mittelstandsförderung dar oder auch die Förderung der politischen Weiterbildung.
- Ziel einer nachfrageorientierten Finanzierung ist die Erleichterung des Marktzugangs für Individuen oder die Erhöhung der Partizipation bestimmter sozialer Gruppen an Weiterbildung. Typische Instrumente sind Steuererleichterungen, die Förderung des Bildungssparens oder von Bildungskrediten sowie unmittelbare Transferzahlungen, etwa in Form von Gutscheinen, an die Nachfrager. Diesem Typus kann unter anderem die Finanzierung nach dem Aufstiegsfortbildungsförderungsgesetz (sog. „Meister-BAföG") oder die Begabtenförderung in der beruflichen Bildung zugeordnet werden.

Die Finanzierungspraxis der letzten Jahre ist gekennzeichnet durch eine verstärkte Markt- und Nachfrageorientierung. Dies kommt beispielsweise in der Erhöhung der Teilnehmerentgelte in der Erwachsenenbildung, der Einführung von Bildungsgutscheinen im Bereich der Weiterbildung von Arbeitslosen sowie der geplanten Förderung des Bildungssparens nach dem Vermögensbildungsgesetz (vgl. Dohmen/de Hesselle/Himpele 2007) zum Ausdruck. Initiativen zur Verstärkung lenkender Eingriffe, etwa durch eine bundeseinheitlich geregelte Umlage- oder Fondsfinanzierung sowie einheitliche Freistellungsansprüche, haben hingegen keine politischen Mehrheiten erhalten.

2.3 Umfang und Strukturen der staatlichen Weiterbildungsfinanzierung

Zum staatlichen Weiterbildungsbudget tragen Bund und Länder, die Bundesagentur für Arbeit sowie die Europäische Union bei. Die Datenbasis über den Umfang und die Strukturen der öffentlichen Weiterbildungsfinanzierung ist lückenhaft. Darin spiegeln sich nicht zuletzt unterschiedliche Zuständigkeiten wider. So werden im Wesentlichen nur solche Weiterbildungsausgaben statistisch nachgewiesen, die ressortmäßig in die Verantwortung der Kultus-, Bildungs- oder Arbeitsministerien fallen. Darüber hinaus sind Weiterbildungsausgaben aber auch in anderen Ressorts und Haushaltstiteln enthalten (vgl. Berger 2006, S. 175). Von besonderer Bedeutung sind die Programme des Bundes und der Länder im Rahmen der Wirtschafts-, Mittelstands- und Innovationsförderung. Auch über den Umfang der Europäischen Mittel liegen keine zuverlässigen Gesamtdaten vor.

In der Weiterbildungsfinanzierung spielt der Staat nur eine untergeordnete Rolle. Dies findet seinen Ausdruck nicht zuletzt darin, dass die öffentlichen Aufwendungen im Bildungsbudget unter der Position „sonstiges Bildungswesen" (BLK 2006, S. 26) erfasst sind. Insgesamt ist die öffentliche Hand nur mit einem Anteil von 13 Prozent an der gesamten Weiterbildungsfinanzierung beteiligt. Davon entfallen auf die Bundesagentur für Arbeit allein 12 Prozentpunkte. Erst wenn zusätzlich die staatlichen Mindereinnahmen in Form von weiterbildungsbedingten Steuerausfällen eingerechnet werden und bei den indirekten Kosten der Unternehmen produktive Leistungen dagegen gerechnet werden, steigt der Anteil der öffentlichen Hand nennenswert an. Insgesamt entfiele nach dieser Rechnung, die lediglich Größenordnungen identifizieren kann, ein Drittel des gesamten Weiterbildungsbudgets auf den Staat (vgl. Berger 2006, S. 187).

Den wichtigsten Bereich stellt die Weiterbildungsfinanzierung durch die *Arbeitsverwaltung* auf Basis des Sozialgesetzbuches dar. Gefördert wird die berufliche Weiterbildung von Arbeitslosen und von Arbeitslosigkeit bedrohten Arbeitnehmern. In der Förderpolitik, die Teil der aktiven Arbeitsmarktpolitik ist, lassen sich verschiedene Phasen mit jeweils unterschiedlichen Förderphilosophien identifizieren (vgl. Faulstich/Gnahs/Sauter 2004). Generell haben sich die Gewichte von einer prophylaktischen zu einer nachsorgenden, von einer qualifikations- zu einer vermittlungsorientierten Politik verschoben. Dies schlägt sich in veränderten Förderbedingungen, aber auch häufigen Wechseln in der Organisation und Administration sowie einem schwankenden Fördervolumen nieder. Je nach Kassenlage und Konjunktursituation lösten restriktive und expansive Phasen einander ab.

Wichtige Veränderungen bedeuteten vor allem die so genannten Hartz-Reformen. Ihr Ziel war es, die Effektivität der Arbeitsmarktpolitik zu erhöhen und die Wiedereingliederung von Arbeitslosen zu erhöhen. Sie stellen damit eine Abkehr von der sozialpolitischen Ausrichtung dar, wie sie vor allem nach der deutschen Wiedervereinigung praktiziert worden ist. Angesichts einer gestiegenen Arbeitslosigkeit und einer Verfestigung von Arbeitslosigkeit war diese Politik nicht mehr länger finanzierbar. Für die Förderung von Weiterbildung bedeutete dieser Strategiewechsel

- eine drastische Reduktion längerfristiger Weiterbildungsmaßnahmen zugunsten von kurzfristigen Trainingsmaßnahmen,
- die verstärkte Förderung betrieblicher Eingliederungsmaßnahmen,
- eine Akkreditierungspflicht für Lehrgänge und Anbieter,
- die Umstellung auf eine teilnehmerorientierte Finanzierung mit Hilfe von Gutscheinen sowie
- die überregionale Ausschreibung von Fortbildungsmaßnahmen.

Gemessen am Ziel, die Beschäftigungsfähigkeit der Teilnehmer zu verbessern und sie in ein Arbeitsverhältnis zu integrieren, fallen die Erfolge der Weiterbildungsförderung insgesamt enttäuschend aus. Zwar sind die Eingliederungsquoten angestiegen, dies muss aber vor dem Hintergrund einer restriktiven Förderungspraxis gesehen werden, die zu einer Konzentration auf besser Vermittelbare geführt hat (vgl. Kühnlein 2006, S. 19f.). Studien weisen außerdem darauf hin, dass die Integrationschancen durch Weiterbildung im Vergleich zu Nichtteilnehmern kaum wesentlich angestiegen sind. Wegen des „Lock-in"-Effekts haben Teilnehmer unter Umständen sogar schlechtere Chancen als Nicht-Teilnehmer. Nachhaltige Erfolge zeigen sich erst in mittelfristiger Sicht. So konnte nachgewiesen werden, dass Teilnehmer nach vier bzw. sieben Jahren bessere Beschäftigungschancen haben als vergleichbare Gruppen von Nichtteilnehmern (vgl. Lechner/Miquel/Wunsch 2005, S. 38). Dieser Befund macht darauf aufmerksam, dass die Integration in den Arbeitsmarkt mit einem unter Umständen längeren Prozess der Suche verbunden sein kann. Gleichwohl erscheint ein Beschäftigungsgewinn von lediglich 10 bis 15

Prozentpunkten gegenüber Nichtteilnehmern wenig überzeugend. Dies gilt selbst dann, wenn neben dem individuellen Nutzen auch der gesellschaftliche Nutzen in Form erhöhter Steuereinnahmen und Sozialversicherungsbeiträge in Rechnung gestellt wird.

Der *Bund* ist darüber hinaus für die außerschulische berufliche Bildung zuständig. Wichtige Förderbereiche im Geschäftsbereich des Bundesministers für Bildung und Forschung (BMBF) sind in diesem Zusammenhang die Förderung der Aufstiegsweiterbildung über das so genannte „Meister-BAföG" sowie das Programm Begabtenförderung. Vorgesehen ist darüber hinaus die Einführung einer Weiterbildungsprämie, die Förderung des Bildungssparens sowie eines Weiterbildungskredits. Eine strukturbildende Bedeutung kommt den Forschungs- und Entwicklungsprogrammen des BMBF zu, bspw. „Lernende Regionen", „Lernkultur Kompetenzentwicklung", „Arbeiten – Lernen – Kompetenzen entwickeln" oder auch der Weiterentwicklung überbetrieblicher Ausbildungszentren zu regionalen Kompetenzzentren. Auf diese Weise werden innovative Maßnahmen und Modelle mit dem Ziel gefördert, Impulse für eine nachhaltige Entwicklung zu geben.

Der Bundesgesetzgeber trägt schließlich durch die Gestaltung des Steuerrechts zur Finanzierung von Weiterbildung bei. Denn betriebliche Weiterbildungsaufwendungen stellen Betriebsausgaben dar und mindern den zu versteuernden Gewinn. Arbeitnehmer haben die Möglichkeit, private Ausgaben entweder als Sonderausgaben oder Werbungskosten in der Einkommensteuererklärung geltend zu machen. Ahrens und Quinke (2003, S. 203f.) beziffern die bildungsbedingten Steuerausfälle allein durch Werbungskosten auf 0,6 Mrd. Euro jährlich. Dieser Betrag ist weit höher als alle programmbezogenen Ausgaben des Bundes für Weiterbildung zusammen. Noch wesentlich höher sind die Steuerausfälle durch die Abzugsfähigkeit der betrieblichen Weiterbildungsaufwendungen.

Die *Bundesländer* und *Kommunen* finanzieren Weiterbildung auf der Grundlage von Erwachsenenbildungs- oder Weiterbildungsgesetzen. Um eine Grundversorgung zu gewährleisten, erfolgt eine institutionelle Finanzierung anerkannter Träger durch Zuschüsse, deren Höhe vor allem vom hauptamtlichen Personal abhängt. Gesetzlich geregelt ist die Finanzierung dem Grunde nach, nicht aber hinsichtlich der Höhe. In der Praxis ist eine Tendenz zu einem schleichenden Rückzug aus der Finanzierung der Erwachsenenbildung zu konstatieren (vgl. Dohmen 2005, S. 34). Der Anteil der öffentlichen Förderung durch die Länder, Gemeinden und Kreise macht nur noch rund 40 Prozent aus (vgl. Reichart/Huntemann 2007, S. 67). Zunehmende Bedeutung haben die Projektdurchführung, die Akquisition von BA-Mitteln sowie die Tätigkeit für Unternehmen. Steigende Kosten und tendenziell sinkende staatliche Zuschüsse haben außerdem zu einem Anstieg der Teilnehmergebühren geführt. Die Expertenkommission Finanzierung Lebenslangen Lernens (2002, S. 223) hat deshalb gefordert, die Kommunen sollten einen bestimmten Anteil ihres jährlichen Haushalts für Weiterbildung/Erwachsenenbildung reservieren. Dieser Vorschlag hat jedoch keine Resonanz gefunden. Abgesehen davon, ob er politisch umsetzbar ist, erscheint er auch wenig durchdacht, da die Einnahmen der Gemeinden durch die Gewerbesteuer stark konjunkturabhängig sind.

Eine randständige Rolle nimmt die Weiterbildungsfinanzierung durch die *Europäische Union* ein. Sie ist zum einen in der Finanzierung von europäischen Programmen zur Weiterbildung und zum Lebenslangen Lernen aktiv. Relevant sind vor allem die Programme „Leonardo da Vinci" und „Grundtvig". Zum anderen tritt die EU im Rahmen des Europäischen Sozialfonds als Kofinancier nationaler Weiterbildungsprogramme in Erscheinung. Im Einzelfall ist diese Projekt- oder Programmfinanzierung von großer Bedeutung, insgesamt gesehen ist das Volumen aber sehr gering. Daten darüber werden im staatlichen Bildungsbudget nicht ausgewiesen.

3 Private Finanzierung von Weiterbildung

Die privaten Weiterbildungsaufwendungen von Individuen und Unternehmen werden durchweg durch empirische Erhebungen ermittelt. Eine wichtige Datengrundlage stellt das Berichtssystem Weiterbildung – BSW-AES (vgl. Rosenbladt/Bilger 2008) für den Bereich der individuellen Weiterbildung dar. Regelmäßige Daten zur betrieblichen Weiterbildung liefern die europäische Weiterbildungserhebung – CVTS (vgl. Schmidt 2007), die Weiterbildungserhebung der Wirtschaft (vgl. Werner 2006) sowie das IAB-Betriebspanel (vgl. Bellmann 2003, S. 38f.). Die Definitionen, Bezugsfelder und Erhebungsmethoden der verschiedenen Erhebungen sind allerdings unterschiedlich, so dass die Kompatibilität der Daten untereinander und mit denen des öffentlichen Sektors nur eingeschränkt vorhanden ist. So werden für den öffentlichen Sektor Ausgaben erfasst, die Erhebungen für den privaten Sektor hingegen ermitteln Kosten. Von daher können stets nur grobe Schätzungen des gesamten Finanzierungsvolumens und seiner Strukturen vorgenommen werden. Zudem werden die Erhebungen nur in mehrjährigen Abständen durchgeführt.

Die vorliegenden Untersuchungen und Modellrechnungen stimmen – bei aller Unterschiedlichkeit im Einzelnen – darin überein, dass die Weiterbildung überwiegend privat finanziert wird. Insgesamt entfallen rund 87 Prozent der gesamten Aufwendungen für Weiterbildung entweder auf Unternehmen bzw. Arbeitgeber oder Individuen bzw. Arbeitnehmer (vgl. Berger 2006, S. 187). Unterschiedliche Einschätzungen bestehen lediglich hinsichtlich des Umfangs der betrieblichen Aufwendungen für Weiterbildung und denen der Individuen.

3.1 Finanzierung durch die Teilnehmer

Ungeachtet einer hohen Wertschätzung ist die Beteiligung an der Weiterbildung in der Bevölkerung relativ gering, vor allem auch im internationalen Vergleich. Nach den Daten des Berichtssystems Weiterbildung haben im Jahr 2007 nur 43 Prozent der Befragten an Maßnahmen der beruflichen oder allgemeinen Weiterbildung teilgenommen (vgl. Rosenbladt/Bilger 2008, S. 21). Ausschlaggebend für die Nichtteilnahme sind vor allem ein aus subjektiver Sicht fehlender Bedarf sowie ein unzureichendes, auf die Interessen, die Lernzeiten und die Verkehrsanbindungen abgestelltes Angebot (vgl. Expertenkommission 2004, S. 119).

Die Bereitschaft, sich selbst weiterzubilden und sich mit eigenem Geld an der Finanzierung zu beteiligen, ist vor allem bei gering Qualifizierten und Älteren schwach ausgeprägt (vgl. Expertenkommission 2004, S. 116). Für gering Qualifizierte besteht das Problem darin, dass sie eine längere Qualifizierung benötigen, die möglichst mit einem anerkannten Abschluss endet. Befinden sie sich in einem Beschäftigungsverhältnis, scheitert die Teilnahme bereits an der dazu notwendigen Freistellung. Hinzu kommt, dass diese Gruppe weder die Lehrgangskosten einer kostenintensiven Vollzeitmaßnahme aufbringen noch den Lebensunterhalt in dieser Phase finanzieren kann. Ohne eine externe Unterstützung und die Mitwirkung des Arbeitgebers ist eine Weiterbildung, die zu formalen Abschlüssen führt, kaum zu realisieren. Anders stellt sich die Motivlage für Ältere dar. Angesichts geringer Chancen auf einen beruflichen Aufstieg oder einen Arbeitsplatzwechsel sowie der Aussicht auf ein vorzeitiges Ausscheiden aus dem Erwerbsleben, scheinen sich Investitionen in die eigene berufliche Weiterbildung kaum noch zu rentieren.

Im Ergebnis gibt es eine große Gruppe von Personen, die nie an Weiterbildung teilgenommen hat, für sich keinen Weiterbildungsbedarf sieht und auch nicht bereit oder in der Lage ist, dafür Geld auszugeben. Etwa jede achte Person im erwerbsfähigen Alter ist diesem Personenkreis zuzurechnen (vgl. Expertenkommission 2004, S. 148). Allein durch eine finanzielle Unterstützung sind diese Menschen kaum zur Weiterbildung zu motivieren. Notwendig sind vielmehr flankierende Beratungsangebote, Freistellungsmöglichkeiten und eine Integration von Weiterbildung in die Arbeits- und Lebensprozesse.

Nach einer BIBB-Untersuchung haben die Teilnehmer im Jahr 2002 durchschnittlich 501 Euro für ihre Weiterbildung aufgewendet (vgl. Beicht/Krekel/Walden 2006, S. 204). Der größte Teil davon entfällt auf Lehrgangsgebühren, Reisekosten oder Ausgaben für Lernmittel. Unter Umständen fallen zusätzliche Kosten für die Betreuung von Kindern an. Auf indirekte Kosten, das heißt finanzielle Einbußen als Folge der Weiterbildungsteilnahme, entfallen 29 Prozent der Kosten. Die Aufwendungen liegen damit in einer Größenordnung, die bei einem durchschnittlichen Einkommen durchaus vertretbar erscheint. Zu einem Problem wird die Selbstfinanzierung der Weiterbildung im Wesentlichen für zwei Personengruppen. Zur ersten Gruppen sind Menschen zu rechnen, die von staatlichen Transfers leben oder ein so geringes Einkommen haben, dass sie nicht in der Lage sind, nennenswerte Beträge für die Risikovorsorge zurück zu legen. Ihnen bereiten selbst die geringen Kosten Schwierigkeiten, die für Kurse an Volkshochschulen zu entrichten sind. Aber selbst bei dieser Gruppe dürften finanzielle Gründe nicht allein ausschlaggebend sein. Vermutlich wirken mehrere Gründe zusammen, beispielsweise negative Lernerfahrungen in vorauf gegangenen Bildungsphasen, unsichere Verwertungsmöglichkeiten, ungünstige Verkehrsverbindungen und eine Präferenz für den Konsum in der Gegenwart.

Zur zweiten Gruppe sind Menschen zu rechnen, die an einer höherwertigen und in der Regel auch kostenintensiven Weiterbildung interessiert sind. Die Aufwendungen können sich, etwa bei der Teilnahme an einem MBA-Programm, einem Meister-Lehrgang oder einer psychotherapeutischen Fortbildung, auf mehrere zehntausend Euro summieren. Die Bereitschaft, derartige Lasten zu tragen, ist bei den relevanten Gruppen durchaus vorhanden, zumal die Aussicht auf einen attraktiven Arbeitsplatz mit einer besseren Vergütung einen Anreiz darstellt, derartige Lehrgänge nachzufragen. Ergänzend notwendig ist in der Regel aber eine finanzielle Förderung durch den Staat oder den Arbeitgeber.

Generell scheinen die Kosten der Weiterbildung in der Finanzierungsdebatte eher überbewertet zu werden. Empirische Studien zeigen, dass finanzielle Gründe nur von einem guten Drittel der erwachsenen Bevölkerung als Weiterbildungsbarriere genannt werden (vgl. BMBF 2005, S. 95). Ein steigendes Einkommen führt deshalb allein nicht unbedingt zu einer verstärkten Weiterbildungsbeteiligung. Ebenso wichtig ist beispielsweise die Verfügbarkeit über Lernzeiten. Dabei geht es zum einen um betriebliche Freistellungen, zum anderen um ausreichende Lernzeiten in der Freizeit. Weiterbildung steht hier in Konkurrenz zu anderen Möglichkeiten des Zeiteinsatzes. Um latente Potenziale zu erschließen, bedarf es einer Zeitorganisation, die den unterschiedlichen Zielgruppen, beispielsweise Alleinerziehenden, gerecht wird. Desgleichen bedarf es flankierender Angebote der Kinder- oder Altenbetreuung, um Arbeitszeiten, Familienzeiten und Lernzeiten besser in Einklang zu bringen.

3.2 Finanzierung durch die Arbeitgeber

Betriebliche Investitionen in Weiterbildung sind auf die Sicherung und Verbesserung der Wettbewerbsfähigkeit gerichtet. Je nach den strategischen und operativen Zielen des Unternehmens können eher kurzfristige Rationalisierungsgewinne und Effizienzsteigerungen oder die Förderung von Innovationsprozessen und von längerfristig wirksamen Erfolgspotenzialen im Vordergrund stehen. Weiterbildung ist aus dieser Sicht nicht nur ein Instrument zur Aktualisierung des benötigten Wissens, sondern dient beispielsweise auch dazu, qualifizierte Mitarbeiter zu gewinnen und im Unternehmen dauerhaft zu halten. Trotz ihrer großen und von Unternehmensvertretern immer wieder beschworenen strategischen Bedeutung, stagnieren die Weiterbildungsaufwendungen der Betriebe (vgl. Werner 2006; Schmidt 2007) mehr oder weniger. Auch liegen sie zum Teil deutlich unter denen, die Unternehmen in anderen europäischen Ländern tätigen (vgl. Behringer/Moraal/Schönfeld 2008).

In der betrieblichen Realität galt lange Zeit der Grundsatz, dass betrieblich veranlasste oder betriebsnotwendige Weiterbildung vom Betrieb bezahlt wird. Es wird somit implizit unterstellt, dass der Betrieb der alleinige Nutznießer ist. Dies spiegelt sich auch darin wider, dass betriebliche Weiterbildung größtenteils innerhalb der Arbeitszeit stattfindet (vgl. Werner 2006, S. 25). Tatsächlich jedoch profitieren Mitarbeiter vielfach von betrieblichen Weiterbildungsinvestitionen. Dadurch werden ihre Arbeitsplätze gesichert, es eröffnen sich unter Umständen neue Karrierewege und es bieten sich zusätzliche Chancen auf externen Arbeitsmärkten. Dies gilt selbst für zunächst betriebsspezifisch erscheinende Qualifikationen. Bildungsökonomisch kann somit gut begründet werden, dass Mitarbeiter bereit sein müssen, sich an der Finanzierung der betrieblichen Weiterbildung zu beteiligen. Dies gilt umso mehr, je höher der Nutzen ist, der sich dem einzelnen unmittelbar zuordnen lässt, je allgemeingültiger und übergreifend verwertbar die erworbenen Kompetenzen sind und je höher der Marktwert der erworbenen Kompetenzen ist.

Für Arbeitgeber stellt die Freistellung von Mitarbeitern ein zentrales Problem der Weiterbildungsorganisation dar. Denn in dieser Zeit stehen die Mitarbeiter nicht zur Verfügung, Aufträge können nicht abgearbeitet werden und andere Mitarbeiter müssen unter Umständen Überstunden leisten. Überdies sind die Freistellungskosten ein erheblicher Kostenfaktor. Nach den vorliegenden Daten machen diese indirekten Kosten, das heißt die Kosten der Lohnfortzahlung, etwa die Hälfte der gesamten Aufwendungen für Weiterbildung aus (vgl. Schmidt 2007, S. 710). Unternehmen sind daher daran interessiert, die Freistellung möglichst so zu organisieren, dass der Betriebsablauf nicht beeinträchtigt wird. Dies geschieht zum Beispiel durch die Organisation von Weiterbildung in den Abendstunden, an den Wochenenden oder durch die Nutzung des Jahresurlaubs. Empirisch zeigt sich dies in einer kontinuierlichen Zunahme der Weiterbildung, die außerhalb der Arbeitszeit stattfindet (vgl. Weiß 2003, S. 40).

Eine Mitfinanzierung durch die Arbeitnehmer kann auch in der Weise erfolgen, dass Produktivitätssteigerungen als Folge einer Weiterbildung ganz oder überwiegend im Unternehmen verbleiben und nicht in Form von Gehaltssteigerungen an die Mitarbeiter weitergegeben werden (vgl. Weiß 2002, S. 164f.). Relevant als Finanzierungsmodus sind schließlich auch Rückzahlungsklauseln. Darin binden sich Arbeitnehmer für bestimmte Zeiten an das Unternehmen und verpflichten sich, im Falle einer vorzeitigen Kündigung des Arbeitsvertrages die Kosten der Weiterbildung bzw. einen Teil davon zurück zu erstatten (vgl. Alewell 1997, S.149ff.).

Die Aufteilung von Kosten, Lernzeiten und Erträgen ist zunehmend ein Feld für Aushandlungsprozesse. Sie finden zum einen zwischen Arbeitgebern und Arbeitnehmern, etwa in Form von Mitarbeitergesprächen, zum anderen im Rahmen kollektiver Verhandlungen statt. Davon zeugt eine zunehmende Zahl von Betriebsvereinbarungen und Tarifverträgen (vgl. Weiß 2007). Neue Perspektiven, Lern- und Arbeitszeiten besser aufeinander abzustimmen, eröffnen sich im Rahmen einer investiven Arbeitszeitpolitik. Der Grundgedanke ist, (genehmigte) Überstunden auf Langzeitkonten anzusammeln und zu einem späteren Zeitpunkt in Freizeit, vorzeitigen Ruhestand oder in Lernzeiten einzulösen. Auf Lernzeitkonten könnten darüber hinaus die Freistellungsansprüche auf der Basis von Bildungsurlaubsgesetzen oder Tarifverträgen angesammelt werden (vgl. Seifert 2003, S. 66f.). Trotz einer zunehmenden Nutzung von Arbeitszeitkonten in den Unternehmen sind Zeitguthaben für Weiterbildungszwecke noch kaum verbreitet (vgl. Dobischat/Seifert 2001, S. 97). Dies liegt auch an noch ungeklärten Fragen, beispielsweise was die Ansammlung, Nutzung und Übertragung von Zeitguthaben betrifft.

Eine finanzielle Entlastung des investierenden Arbeitgebers könnte auch durch eine tarifvertragliche oder gesetzliche Umlagefinanzierung erfolgen. Dafür gibt es zahlreiche Beispiele im europäischen Ausland (z.B. Frankreich, Belgien). In Deutschland ist dieses Finanzierungsmodell auf einige Branchen (z.B. Textil- und Bekleidungsindustrie) und hier wiederum auf sehr spezifische Anwendungsfelder beschränkt. Ihm kommt deshalb keine große Bedeutung zu (vgl. Weiß 2007). Auch ist keine Bereitschaft der Arbeitgeber zu erkennen, dieses Instrument breiter einzusetzen.

4 Nutzen von Weiterbildung

Es kann kein Zweifel bestehen: eine hochwertige und bedarfsorientierte Weiterbildung ist von hohem Nutzen – für den einzelnen selbst, sein familiäres und berufliches Umfeld, den Betrieb, aber auch die Gesellschaft als Ganzes. Empirische Untersuchungen bestätigen dies. Allerdings lassen sie die Frage nach den Ursachen und Wirkungen unbeantwortet. War die Weiterbildung ursächlich verantwortlich für den Nutzen, etwa die wirtschaftliche Prosperität? Oder können sich wirtschaftlich erfolgreiche Individuen, Unternehmen und Volkswirtschaften ein höheres Niveau an (Weiter-)Bildung leisten? Sowohl die investive wie auch die konsumtive Interpretation sind zulässig und gültig. Sie schließen sich nicht aus, sondern ergänzen sich, denn die Komplexität realer Prozesse verbietet es, mit einfachen Ursache-Wirkungs-Ketten zu argumentieren.

4.1 Individueller Nutzen

Weiterbildung wird aus bildungsökonomischer Sicht so lange und in dem Maß nachgefragt, wie damit ein individueller Nutzen verbunden ist. In einer BIBB-Untersuchung schätzten über die Hälfte der Befragten den individuellen Nutzen als hoch oder sehr hoch ein. Nur etwa jeder Zehnte sah den Nutzen als eher gering an; eine negative Nutzenbewertung nahmen nur 2 Prozent vor (vgl. Beicht/Krekel/Walden 2006, S. 168). Auch im Verhältnis zu den aufgewendeten Kosten ergibt sich nach dieser Untersuchung eine positive Bilanz. Allerdings ist der Anteil derjenigen mit einer neutralen oder sogar negativen Nutzenbilanz erstaunlich hoch. Nur für etwa jeden zweiten Befragten hat sich die Weiterbildung auch in Relation zum Aufwand gelohnt.

Vor allem für geringer Qualifizierte und Arbeitslose hat sich die Weiterbildung subjektiv nicht gelohnt. Von einer Teilnahme sind von daher kaum motivationale Anstöße zu erwarten.

Aus bildungsökonomischer Sicht müsste sich der individuelle Nutzen vor allem in finanziellen Erträgen niederschlagen. Empirische Untersuchungen weisen demgegenüber darauf hin, dass der Nutzen vorrangig in einer persönlichen Weiterentwicklung, einer besseren Handlungs- und Leistungsfähigkeit, der Information über berufliche Entwicklungen und Neuerungen sowie einer größeren Sicherheit vor einem Arbeitsplatzverlust besteht. Erst nachrangig ist für die Teilnehmer ein konkreter wirtschaftlicher Vorteil in Form einer besseren Karriere oder eines höheren Einkommens handlungsleitend (vgl. Beicht/Krekel/Walden 2006, S. 148). Dies belegt einmal mehr, dass Weiterbildung nicht allein aus ökonomischen Motiven nachgefragt wird und das bildungsökonomische Paradigma die Komplexität der Motivstrukturen nicht einfängt. Das gilt vor allem für die allgemeine und politische Weiterbildung. Hier kommen das persönliche Interesse am Thema, der individuelle Zugewinn an Kompetenzen, das Lernen als Teil der Freizeitgestaltung und als Mittel zur Kommunikation als Motive viel stärker zum Tragen.

Ein Grund für die Nachrangigkeit ökonomischer Motive ist auch in den Strukturmerkmalen der beruflichen Weiterbildung zu suchen. Angesichts einer durchschnittlichen Dauer von wenigen Tagen und der Dominanz des Anpassungslernens kann – realistisch gesehen – ein nachhaltiger ökonomischer Zugewinn nicht erwartet werden. Der Nutzen dokumentiert sich daher nicht so sehr in Einkommensvorteilen und Karrierefortschritten, sondern schlichtweg im Erhalt der Beschäftigungsfähigkeit, in der Sicherung des Arbeitsplatzes und der besseren Aufgabenerledigung. Mit anderen Worten: Die Erträge sind entweder marginal, sie werden nicht als solche wahrgenommen oder sie kommen dem Betrieb zugute.

Die insgesamt positive Nutzeneinschätzung aus individueller Sicht muss zudem relativiert werden, je konkreter der Nutzen erfasst wird und je stärker die Daten disaggregiert werden. Die höchsten Nutzenwerte erzielt das informelle Lernen im Arbeitsprozess (vgl. BMBF 2005, S. 107), insbesondere das Lernen durch Beobachtung und Ausprobieren sowie die Unterweisung durch Kollegen. Auffallend ist außerdem, dass die Zustimmung zu den Nutzen-Items im Verlauf der Jahre tendenziell gesunken ist (vgl. BMBF 2005, S. 102). Darin dürfte sich die Entwicklung des Arbeitsmarktes widerspiegeln. Durch die hohe Arbeitslosigkeit um die Jahrtausendwende ist es schwieriger geworden, die erworbenen Qualifikationen adäquat zu verwerten. Dies trifft vor allem auf Arbeitslose zu, deren Hoffnung auf eine Integration in den Arbeitsmarkt sich oftmals nicht oder nur mit größeren Schwierigkeiten realisieren ließ.

Bei der individuellen Nutzenbewertung dominieren generalisierende Nutzenschätzungen. Belastbare Daten über konkrete Wirkungen von Weiterbildung liegen kaum vor. Insbesondere fehlen Berechnungen von Weiterbildungsrenditen. Dies mag auch damit zusammenhängen, dass sich Weiterbildung größtenteils nicht unmittelbar, sondern bestenfalls mittelbar und längerfristig für den Einzelnen auszahlt. Immerhin aber gibt es eine Reihe von Indizien, die einen positiven Zusammenhang zwischen der Teilnahme an Weiterbildung und dem späteren Einkommen, einem verringerten Arbeitslosigkeitsrisiko und besseren Karrierechancen belegen. Darauf weisen sowohl Absolventenbefragungen im Kammerbereich (vgl. DIHK 2004) als auch differenzierte wissenschaftliche Analysen hin. Eine Auswertung von Daten des Sozioökonomischen Panels (SOEP) zeigt beispielsweise, dass die Bruttomonatseinkommen von Teilnehmern an beruflicher Weiterbildung in nahezu allen untersuchten Gruppen signifikant über denen von Nichtteilnehmern liegen. In der Altersgruppe der 20- bis 44-Jährigen erzielen sie einen Einkommensvorsprung in Höhe von 4,5 Prozent (vgl. Büchel/Pannenberg 2004, S. 111ff.). Eine Weiterbildung lohnt sich vor allem für jüngere und weniger qualifizierte Teilnehmer. Für ältere und formal bereits höher qualifizierte Erwerbspersonen ergeben sich danach keine oder deutlich geringere Einkommensanstiege. Wenn gering Qualifizierte dennoch in geringerem Maße an Weiterbildung teilnehmen, müssen andere Faktoren wirksam sein, bspw. die Orientierung an kurzfristigen und nicht an längerfristigen Nutzenaspekten, schlechte Lernerfahrungen, geringe Methodenkompetenzen oder institutionelle Hindernisse.

Analysen des BIBB (vgl. Pfeiffer/Adam/Behringer 2008) zeigen außerdem, dass Teilnehmer betrieblicher Maßnahmen einen höheren Nutzen erzielen als Teilnehmer an einer privat finanzierten Weiterbildung. Sie erreichen höhere Einkommenszuwächse, machen eher Karrierefortschritte und sind seltener arbeitslos. Erklären lässt sich dies mit Selektionseffekten, denn es nehmen vor allem solche Mitarbeiter an betrieblich finanzierten Maßnahmen teil, die als qualifiziert und förderungswürdig eingestuft werden. Hinzu kommt, dass diese Weiterbildung sehr viel genauer auf den betrieblichen Anwendungshintergrund abzielt und sich vermutlich schneller rentiert.

4.2 Betrieblicher Nutzen

Betriebliche Bildungsarbeit ist auf die Realisierung betrieblicher Ziele ausgerichtet. Über die Erreichung von Bildungszielen hinaus geht es um die Wirtschaftlichkeit der Zielerreichung, die Bedeutung der Bildungsziele für das Unternehmen sowie ihren Beitrag zum Unternehmenserfolg. Dementsprechend sind unterschiedliche Betrachtungsebenen und die damit verbundenen Interessenlagen in Rechnung zu stellen. Eine verbesserte Erfolgssteuerung wird vom Einsatz eines Bildungscontrollings erwartet. Darunter kann ein funktionsübergreifendes Steuerungssystem verstanden werden, das den unternehmerischen Entscheidungs- und Steuerungsprozess durch zielgerichtete Informationen unterstützt (vgl. Weiß 2005, S. 35). Bildungscontrolling bezieht alle Planungsschritte mit ein, angefangen von der Bedarfsanalyse über die Realisierung von Maßnahmen bis zur Erfolgskontrolle und Transfersicherung.

Es gibt eine Reihe von Hinweisen darauf, dass betriebliche Bildungsinvestitionen sich für das Unternehmen lohnen, aber nur wenig empirisch überzeugende Belege. So sind weiterbildungsaktive Unternehmen in der Regel wirtschaftlich erfolgreicher. Ebenso gibt es eine Koinzidenz zwischen der Professionalität der Personalarbeit oder dem Umfang von Bildungsinvestitionen und dem unternehmerischen Erfolg. Zwick (2002, S. 17) stellt bspw. auf der Basis des IAB-Betriebspanels einen positiven statistischen Zusammenhang zwischen der Anzahl der weitergebildeten Mitarbeiter und der Produktivität eines Unternehmen fest. Die Stärke des Zusammenhangs ist dabei im zweiten Jahr nach der Weiterbildung deutlich höher als im Jahr der Weiterbildung. Dies ist ein deutlicher Hinweis darauf, dass Humankapitalinvestitionen eine längere Ausreifungszeit haben. Mit anderen Worten: Sie wirken sich erst verzögert auf die Leistung eines Unternehmens aus. Das ist leicht nachvollziehbar, denn zum Wissen, das im Seminarraum erworben wurde, müssen die beruflichen Praxiserfahrungen hinzu kommen, um erfolgswirksam zu werden.

Eine relativ einfache und in den Betrieben weit verbreitete Methode, um Prozesse zu steuern und ökonomische Erfolge zu ermitteln, besteht in der Ermittlung und Analyse von Kennzahlen (vgl.Weiß, 2005). Anders als im klassischen Berichtswesen geht es unter Controlling-Aspekten nicht mehr allein darum, Vorgänge zu dokumentieren. Im Vordergrund steht vielmehr die Steuerung von Prozessen. Dies kann beispielsweise dadurch geschehen, dass Kennzahlen der Aus- und Weiterbildung oder Personalentwicklung in Beziehung zu strategischen Erfolgsgrößen (z.B. Umsätzen, Deckungsbeiträgen, Produktivitäts-Indikatoren) gesetzt werden. Auch wenn daraus keine unmittelbaren Ursache-Wirkungsbeziehungen abgeleitet werden können, lassen sich aus der Analyse von Zahlenreihen Anhaltspunkte für einen Beitrag zur ökonomischen Performance eines Unternehmens gewinnen. Dies gilt umso mehr, je spezifischer die Kennzahlen aufbereitet werden und je stringenter der Zusammenhang zwischen den Bildungsmaßnahmen und den Indikatoren für den Unternehmenserfolg ist. Soll beispielsweise die Kundenbindung erhöht werden, lässt sich dies durch Kennzahlen abbilden, an denen nicht zuletzt auch der Erfolg oder Misserfolg von Weiterbildungsmaßnahmen ablesbar ist.

4.3 Externer Nutzen und Refinanzierungsmöglichkeiten

Auf den ersten Blick erscheint die Zurechnung von Aufwendungen und Erträgen relativ klar: Wer bezahlt, ist der Financier; wer an Weiterbildung teilnimmt hat den Nutzen. Dies gilt jedoch nur für den Ausgangspunkt. Je weiter der zeitliche Horizont wird, umso schwieriger wird die Zurechenbarkeit von Aufwendungen und Erträgen. So können eigene Aufwendungen oftmals an Dritte weitergereicht oder Refinanzierungsmöglichkeiten genutzt werden. Beispielsweise übernehmen Unternehmen private Weiterbildungsaufwendungen der Mitarbeiter nach einer erfolgreich abgelegten Prüfung oder sie zahlen Prämien dafür. Außerdem versuchen Unternehmen, ihre Weiterbildungsaufwendungen über die Preisgestaltung an ihre Kunden weiterzureichen. Je nach Markt- und Wettbewerbssituation werden sie dazu in der Lage sein oder die Kosten tragen müssen. Schließlich mindern betriebliche wie auch individuelle Aufwendungen die Steuerlast, ein Teil wird somit an die Gemeinschaft der Steuerzahler weitergereicht. Der Umfang, in dem diese Überwälzungsprozesse stattfinden, kann bestenfalls argumentativ, aber kaum zahlenmäßig belegt werden (vgl. Expertenkommission 2002, S. 112ff.).

Über den individuellen Nutzen hinaus ist mit der Weiterbildung – wenn sie erfolgreich gewesen ist – auch ein externer Nutzen verbunden. Selbst dort, wo der individuelle Nutzen dominiert oder vorzuherrschen scheint, ist ein positiver Spill-Over auf andere Personen oder Personengruppen nicht nur nicht ausgeschlossen, sondern grundsätzlich anzunehmen. Die Bildungsökonomie spricht von einer Externalisierung von Erträgen. Externe Nutznießer stammen dabei vor allem aus dem unmittelbaren persönlichen, familiären oder beruflichen Umfeld des Weiterbildungsteilnehmers. Dies begründet in der Regel aber keinen Mitfinanzierungsanspruch, da der externe Nutzen dem individuellen nicht entgegensteht, also keine Rivalität vorliegt. Im Gegenteil: Ein externer Nutzen bei Menschen im sozialen Umfeld schmälert den individuellen Nutzen nicht, sondern steigert ihn möglicherweise aufgrund einer erhöhten Wertschätzung. In der betrieblichen Praxis findet ein Lerntransfer regelmäßig dadurch statt, dass Mitarbeiter erlernte Kenntnisse und Verhaltensweisen auf informellem Wege weitergeben. Betriebe machen sich dies zunutze, in dem sie nur wenige Mitarbeiter zu einer Weiterbildung entsenden und den Transfer systematisch fördern oder ganz einfach darauf vertrauen, dass die weitergebildeten Mitarbeiter ihr Wissen in den Arbeitsprozess einbringen und die Kollegen dadurch lernen.

Über das unmittelbare private und berufliche Umfeld hinaus profitiert auch die Gesellschaft als Ganzes von Humankapitalinvestitionen. Wenn Weiterbildung dazu führt, dass die Produktivität wächst, Einkommen steigen, die Beschäftigung zunimmt bzw. die Arbeitslosigkeit sinkt, schlägt sich dies in Form erhöhter Steuer- und Sozialversicherungsbeiträge und eines Wachstums des Volkseinkommens nieder. Bildungsinvestitionen können folglich nicht nur private Renditen, sondern auch soziale Renditen zur Folge haben. Soziale Erträge sind nicht auf ökonomische oder finanzielle Aspekte beschränkt. Weiterbildung – gerade im Bereich der Erwachsenenbildung – ist regelmäßig mit Sozialisationseffekten verbunden. Die Vermittlung von Werten und Normen, das gemeinsame Lernen und die Kommunikation mit anderen sind geeignet, die soziale Sensibilität und den sozialen Zusammenhalt positiv zu beeinflussen. Auch ist der Zusammenhang zwischen Bildungsniveau und Gesundheitsbewusstsein, politischem Engagement, dem elterlichen Engagement in der Erziehung und einer geringeren Kriminalitätsrate empirisch belegt (vgl. Weiß 2002, S. 187). Darin dokumentierten sich nicht nur soziale, sondern handfeste ökonomische Vorteile, weil eine auf Vertrauen, Partnerschaft und Solidarität gegründete Kultur, ökonomisch gesehen, Transaktionskosten reduziert.

Schwierig und weitgehend spekulativ ist indessen der Nachweis sozialer Renditen. Opportunitätskostenrechnungen stellen ein Instrument dar, um die Kosten einer Bildungsmaßnahme den sozialen Folgekosten gegenüberzustellen, die entstehen könnten, wenn Bildungsmaßnahmen nicht finanziert worden wären. Ein anderes Instrument ist die Berechnung fiskalischer Renditen. Dabei werden den staatlichen Bildungsausgaben die späteren Steuereinnahmen aufgrund gestiegener Einkommen gegenüber gestellt. Berechnungen liegen vor allem für den Hochschulbereich vor (vgl. Dohmen/Ammermüller 2004); für die Weiterbildung sind sie nicht bekannt. Dies liegt sowohl am vergleichsweise geringen staatlichen Finanzierungsvolumen als auch an den Schwierigkeiten einer Ertragsrechnung. Die Fokussierung auf den individuell und betrieblich erfassbaren und zurechenbaren Nutzen hat indessen eine Unterschätzung des Gesamtnutzens zur Folge. Auf diesem Gebiet besteht noch ein erheblicher Forschungsbedarf.

Literatur

Alewell, D. (1997): Die Finanzierung betrieblicher Weiterbildungsinvestitionen. Ökonomische und juristische Aspekte. Wiesbaden: Betriebswirtschaftlicher Verlag Dr. Th. Gabler.

Arens, T./Quinke, H. (2003): Bildungsbedingte öffentliche Transfers und Investitionspotentiale privater Haushalte in Deutschland. Bielefeld: Bertelsmann.

Becker, G.S. (1993[3]): Human Capital. A Theoretical and Empirical Analysis with Special Reference to Education. Chicago: University of Chicago Press.

Behringer, F./Moraal, D./Schönfeld, G. (2008): Betriebliche Weiterbildung in Europa: Deutschland weiterhin nur im Mittelfeld. Aktuelle Ergebnisse aus CVTS3. In: BWP 37, H. 1, S. 9-14.

Beicht, U./Krekel, E.M./Walden, G. (2006): Berufliche Weiterbildung. Welche Kosten und welchen Nutzen haben die Teilnehmenden? Bielefeld: Bertelsmann.

Bellmann, L. (2003): Datenlage und Interpretation der Weiterbildung in Deutschland. Bielefeld: Bertelsmann.

Berger, K. (2006): Öffentliche Ausgaben zur Förderung der beruflichen Weiterbildung. In: Bundesinstitut für Berufsbildung (Hrsg.): Kosten, Nutzen, Finanzierung beruflicher Weiterbildung. Ergebnisse der BIBB-Fachtagung vom 2. und 3. Juni 2005 in Bonn. Bielefeld: Bertelsmann, S. 167-194.

BLK – Bund-Länder-Kommission für Bildungsplanung und Forschungsförderung (2006): Bildungsfinanzbericht 2004/2005. Die aktuelle Entwicklung. Materialien zur Bildungsplanung und Forschungsförderung, H. 137-I, Bonn: BLK.

BMBF – Bundesministerium für Bildung und Forschung (2005): Berichtssystem Weiterbildung IX. Ergebnisse der Repräsentativbefragung zur Weiterbildungssituation in Deutschland, Bonn/Berlin: BMBF.

BMWA – Bundesministerium für Wirtschaft und Arbeit (2004): Wissensbilanz – Made in Germany. Leitfaden 1.0 zur Erstellung einer Wissensbilanz. Dokumentation Nr. 536.

Brummet, R.L. (1982): Die Erfassung des Humankapitals im Unternehmen – Ziele, Aufgaben, Bedeutung. In: Schmidt, H. (Hrsg.): Humanvermögensrechnung, Instrumentarium zur Ergänzung der unternehmerischen Rechnungslegung – Konzepte und Erfahrungen.Berlin/New York: Walter de Gruyter, S. 61-72.

Büchel, F./Pannenberg, M. (2004): Berufliche Weiterbildung in West- und Ostdeutschland: Teilnehmer, Struktur und individueller Ertrag. In: Zeitschrift für Arbeitsmarktforschung (ZAF) 37, H. 2, S. 73-126.

Dicke, H./Glismann, H.H./Gröhn, A. (1995): Der deutsche Markt für berufliche Weiterbildung. In Siebert, H. (Hrsg.): Kieler Studien an der Universität Kiel. Tübingen: J.C.B. Mohr.

DIHK – Deutscher Industrie- und Handelskammertag (2004): Karriere mit Lehre. Fünfte Erfolgsumfrage zu IHK-Weiterbildungsprüfungen 1997 – 2002. Berlin: DIHK.

Dobischat, R./Seifert, H. (2001): Betriebliche Weiterbildung und Arbeitszeitkonten. In: WSI-Mitteilungen 54, H. 3, S. 92-101.

Dohmen, D./de Hessele, V./Himpele, K. (2007): Analyse möglicher Modelle und Entwicklung eines konkreten Konzepts zum Bildungssparen. Berlin: BMBF.

Dohmen, D. (2005): Ökonomisierung und Angebotsentwicklung in der (öffentlichen) Weiterbildung. Köln: DIE.

Dohmen, D./Ammermüller, A. (2004): Private und soziale Erträge von Bildungsinvestitionen. Studie zur Technologischen Leistungsfähigkeit Deutschlands Nr. 1-2004. Köln: Bundesministerium für Bildung und Forschung.

Edding, F. (1980): Bildungsökonomie. In: Albers, W./Born, K.E./Dürr, E./Hesse, H./Kraft, A./Lampert, H./Rose, K./Rupp, H.H./Scherf, H./Schmidt, K./Wittmann, W. (Hrsg.): Handwörterbuch der Wirtschaftswissenschaften (HdWW). Zürich: Vandenhoeck & Ruprecht, S. 2-7.

Ewerhart, G. (2002): Bildungsinvestitionen, brutto und netto. Eine makroökonomische Perspektive. Verfügbar unter: http://www.dipf.de/publikationen/tibi/tibi4_beitrag_ewerhart.pdf (29.1.2008).

Ewerhart, G. (2003): Ausreichende Bildungsinvestitionen in Deutschland? Bildungsinvestitionen und Bildungsvermögen in Deutschland 1992-1999. Beiträge zur Arbeitsmarkt- und Berufsforschung, H. 266, Nürnberg.

Expertenkommission Finanzierung Lebenslangen Lernens (2002): Auf dem Weg zur Finanzierung Lebenslangen Lernens – Zwischenbericht. Bielefeld: Bertelsmann.

Expertenkommission Finanzierung Lebenslangen Lernens (2004): Finanzierung lebenslangen Lernens – der Weg in die Zukunft. Schlussbericht. Bielefeld: Bertelsmann.

Faulstich, P./Gnahs, D./Sauter, E. (2004): Systemqualität der beruflichen Weiterbildung. Fragestellungen, Konsequenzen und Alternativen nach Hartz. Bonn: Friedrich-Ebert-Stiftung.

Henke, C. (2005): Zur Berechnung des Humankapitalbestands in Deutschland. In: IW-Trends 32, H. 1, S. 3-15. Verfügbar unter: http://www.iwkoeln.de/data/pdf/content/trends01-05-1.pdf (29.1.2008).

Kaplan, R.S./Norton, D.P. (1997): Balanced Scorecard. Stuttgart: Poeschel-Verlag.

Kühnlein, G. (2006): Bedeutung der Arbeitsmarktreform für die berufliche Aus- und Weiterbildung. In: Krekel, E./Käpplinger, B. (Hrsg.): Kosten, Nutzen, Finanzierung beruflicher Weiterbildung, Ergebnisse der BIBB-Fachtagung vom 2. und 3. Juni 2005. Bonn: Bertelsmann, S. 12-29.

Lechner, M./Miquel, R./Wunsch, C. (2005): Long-run Effects of Public Sector-Sponsored Training in West Germany (IAB Discussion Paper, No. 3). University of St. Gallen, Department of Economics.

Lith, U. van (1985): Der Markt als Ordnungsprinzip des Bildungsbereichs. Verfügungsrechte, ökonomische Effizienz und die Finanzierung schulischer und akademischer Bildung. München: Oldenbourg.

Mackscheidt, K. (1980): Bildung III: Öffentliche Finanzierung. In: Albers, W./Born, K.E./Dürr, E./Hesse, H./Kraft, A./Lampert, H./Rose, K./Rupp, H.H./Scherf, H./Schmidt, K./Wittmann, W. (Hrsg.): Handwörterbuch der Wirtschaftswissenschaften (HdWW). Zürich: Vandenhoeck & Ruprecht, S.18-30.

Nagel, B./Jaich, R. (2002): Bildungsfinanzierung in Deutschland. Analyse und Gestaltungsvorschläge. Frankfurt am Main/Kassel: Max-Traeger-Stiftung.

Persch, P.-R. (2003): Die Bewertung von Humankapital – eine kritische Analyse. Hochschulschriften zum Personalwesen. In: Rasche, C./Wagner, D. (Hrsg.):Professional Services: Mismanaged Industries – Chancen und Risiken . München: Hampp.

Pfeiffer, H./Adam, T./Behringer, F. (2008): Formalisierte berufliche Weiterbildung – Sekundäranalysen auf Basis des SOEP und anderer international vergleichbarer Erhebungen (BENEFIT). Abschlussbericht zum Forschungsprojekt Nr. 2.3.105. Bonn: Bundesinstitut für Berufsbildung.

Reichart, E./Huntemann, H. (2007): Volkshochschul-Statistik 2006. 45. Folge, Arbeitsjahr 2006,. In: Deutsches Institut für Erwachsenenbildung. Verfügbar unter: http://www.die-bonn.de/publikationen/online-texte/index.asp (17.10.2007).

Rosenbladt, B. von/Bilger, F. (2008): Weiterbildungsbeteiligung in Deutschland – Eckdaten zum BSW-AES 2007. München: BMBF.

Schettkatt, R. (2002): Bildung und Wirtschaftswachstum. In: MittAB 35, H. 4, S. 616-627.

Schmidt, D. (2007): Berufliche Weiterbildung 2005. Methodik und erste Ergebnisse. In: Wirtschaft und Statistik, H. 7, S. 699-711.

Scholz, C./Stein, V./Bechtel, R. (2004): Human Capital Management. Wege aus der Unverbindlichkeit (2. Aufl.). München: Luchterhand.

Seifert, H. (2003): Strukturen von Arbeits- und Lernzeiten sowie Ansätze für Lernzeitkonten. In: Integration von Arbeit und Lernen. Erfahrungen aus der Praxis des lebenslangen Lernens. In: Dobischat, R./Seifert, H./Ahlene, E. (Hrsg.): Berlin: Edition Sigma, S. 47- 82.

Weiß, M. (2002): Stichwort: Bildungsökonomie. In: Zeitschrift für Erziehungswissenschaft 5, H. 2, S. 183-200.

Weiß, R. (2002): Zeit- und Kosten-Sharing in der betrieblichen Weiterbildung. In Becker, M./Schwertner, A. (Hrsg.): Personalentwicklung als Kompetenzentwicklung. München: Hampp, S. 162-186.

Weiß, R. (2003): Betriebliche Weiterbildung 2001 – Ergebnisse der Weiterbildungserhebung der Wirtschaft. In: IW-Trends, Nr. 1, S. 35-44.

Weiß, R. (2005): Bildungscontrolling: Messung des Messbaren. In: Gust, M./Weiß, R. (Hrsg.): Praxishandbuch Bildungscontrolling. Bildungscontrolling für eine exzellente Personalarbeit. Konzepte – Methoden – Instrumente – Unternehmenspraxis. München: USP Publishing, S. 31-52.

Weiß, R. (2006): Weiterbildung: Qualitätssicherung und Nachfrageorientierung. In: Institut der deutschen Wirtschaft (Hrsg.): Bildungsfinanzierung und Bildungsregulierung in Deutschland. Eine bildungsökonomische Reformagenda. Köln: Deutscher Instituts-Verlag, S. 227-265.

Weiß, R. (2007): Betriebliche Weiterbildung. In Krug, P./Nuissl, E. (Hrsg.): Praxishandbuch WeiterbildungsRecht, Loseblattwerk. München: Luchterhand.

Werner, D. (2006): Trends und Kosten der betrieblichen Weiterbildung – Ergebnisse der IW-Weiterbildungserhebung 2005. In: IW-Trends 33, H. 1, S. 17-33.

Zwick, T. (2002): Continuous Training and Firm Productivity in Germany (Discussion Paper No. 02-50). Mannheim: Zentrum für Europäische Wirtschaftsforschung (ZEW).

Wiltrud Gieseke

Professionalisierung in der Erwachsenenbildung/ Weiterbildung

1 Erste begriffliche und theoretische Annäherung

1.1 Merkmale, Kriterien von Professionalität

Professionalität und Professionalisierung stehen für Kompetenzen im individuellen Handeln und für Prozesse, welche die Ausdifferenzierung wissenschaftlich fundierter Berufe betreffen. Professionalisierung meint, beginnend seit den 1960er Jahren, die programmatische Unterstützung einer hauptberuflichen pädagogischen Tätigkeit in der Erwachsenenbildung/Weiterbildung. Professionalität, eingeführt von Tietgens in den 1980er Jahren, beschreibt kompetentes pädagogisches Handeln in der Erwachsenenbildung/Weiterbildung unabhängig vom Einstellungsverhältnis (siehe auch Nittel 2000). Nach Mieg schaffen Professionen Standards der Leistungsbewertung und kontrollieren diese (vgl. Mieg 2006, S. 343). Als Rahmenbedingung für Professionalisierung benennt er: Es gibt 1. einen gesellschaftlich relevanten Problembereich und ein dazu gehöriges Handlungs- und Erklärungswissen, 2. Bezug zu einem gesellschaftlichen Zentralwert, 3. eine akademisierte Ausbildung und 4. einen Berufsverband (vgl. Mieg 2006, S. 343ff.). Dieses formuliert er für die berufliche Bildung. Er unterscheidet den angloamerikanischen Diskurs vom deutschen Diskurs, wobei er beim angloamerikanischen Diskurs die prozesshafte Entwicklung zur entwickelten Profession beschreibt. Selbstbewusstsein und Professionalisierungsgrad sind hier aufeinander bezogen, die Verwissenschaftlichung sagt also etwas über den Professionsgrad aus. Am zutreffendsten ist aus dem angloamerikanischen Bereich die Definition von Rueschmeyer (1986), wonach Professionalisierung eine Form gesellschaftlicher Institutionalisierung von Wissensnutzung in komplexen Situationen ist. Wissenschaftliches Wissen in nutzbarer Form für Handeln ist dann die Vorstufe von Professionalität. Für den medizinischen Bereich ist es – nicht nur nach Stichweh – in idealer Weise gelungen, Forschung und ihre Nutzung für praktisches Handeln in berufliche Sozialisation und Ausbildung zu transferieren (vgl. Stichweh 1994). Noch einmal Mieg: „Professionalisierung ist so gesehen eine wichtige soziale Form der Umsetzung und Praxis-Rückkopplung von hochschulgestützten Wissenssystemen“ (Mieg 2006, S. 350). Für die Weiterbildung bedeutet Professionalität die Fähigkeit, unter einer Leitaufgabe auf hohem wissenschaftlichem und theoretischem Niveau komplexe Probleme zu lösen, die sich jeweils speziell auf den Menschen beziehen. „Um diesen Anforderungen entsprechen zu können, benötigt man ein breites Wissen, das sich auf das gesamte Feld der Weiterbildung bezieht, sowie die Fähigkeit zu genauer Analyse der jeweiligen Situation. Professionalität stützt sich auf Grundlagenwissen, das durch Erfahrungen ausgewertet wird. Sie geht nicht von einem durchgeplanten Ablauf aus, sondern von speziellen Aufgabenlösungen, Deutungen, Interpretationen, Diagnosen, die in individueller Verantwortung zu treffen sind“ und Handlungen nach sich ziehen (Gieseke 2005b, S. 12). Ähnlich formuliert Nittel (2000), der eine umfassende Analyse zur professionellen Entwicklung in der Weiterbildung vorlegt: „Professionalität ist, so kann man zusammenfassend sagen, kein ‚Zustand‘, der errungen oder erreicht werden kann, sondern eine flüchtige, jedes Mal aufs Neue situativ herzustellende berufliche Leistung“ (Nittel 2000, S. 85).

1.2 Professionalisierung als wissenschaftliche Grundlegung

Folgen wir in aller Kürze einigen Argumentationssträngen in der Erwachsenenbildungsdebatte.

Schulenberg versprach sich vom Professionalisierungsprozess Folgendes:

> „Die Erwachsenenbildung wird ihre öffentlichen Funktionen deutlicher artikulieren können und ihrer auch deutlicher bewusst bleiben. Sie wird gegenüber dem Staat ihre Selbständigkeit stärker betonen und bewahren können. Die verschiedenen Gruppen innerhalb der Erwachsenenbildung, wie etwa die Konfessionen, werden zur öffentlichen Erwachsenenbildung eine gemeinsame Basis finden, wenn es bestimmte Normen und Verpflichtungen der wissenschaftlichen Professionen gibt, an die sich alle Hauptberuflichen gebunden fühlen (...) und nicht zuletzt wird die Erwachsenenbildung in einem anderen Maße auch auf die Ausbildung ihres eigenen Nachwuchses Einfluss gewinnen können (...)“ (Schulenberg 1972, S. 18).

Er rezipiert für seine Auslegung von Professionalität die berufssoziologischen Publikationen aus den 1960er Jahren in den USA und Ergebnisse aus den berufssoziologischen Arbeiten der BRD der 1970er Jahre. Wichtig an dieser Rezeption ist, dass Beruf und Profession in der amerikanischen Diskussion einen Ersatz für materielle Werte darstellen sollten. Der gesellschaftliche Vertrauensschwund in die Werte kapitalistischer Gesellschaft sollte so ausgeglichen werden. In der BRD fand besonders das Hartmannsche Modell (1982) Resonanz, wonach Arbeit, Beruf und Profession auf einem Kontinuum liegen. Professionen sind danach Tätigkeits- und Fähigkeitsbündelungen, die einen hohen Grad an Verwissenschaftlichung, sozialer Orientierung und Dienstgesinnung (im Sinne von Berufsethos) aufweisen. Hohe wissenschaftliche Standards im Fach, Tätigkeitsangebote, die für die Gesellschaft von hohem Wert sind, und eigene klientengebundene ethische Codes, die das Verhältnis zwischen Klienten und Professionsträgern regeln, machen einen Beruf zur Profession (so z.B. in den Bereichen Gesundheit und Recht). Dem Gut ‚Bildung‘ wollte man neben der Gesundheit und dem Recht einen gleichen Wert zumessen.

Im allgemeinen Verständnis meint der Begriff Professionalität im Unterschied zur Professionalisierung nicht mehr nur oder vorrangig Verberuflichung, sondern den differenzierten Umgang mit Forschungsbefunden aus der Disziplin, mit interdisziplinärem Wissen zur Deutung von Handlungssituationen mit Handlungsanspruch in einem bestimmten Praxisfeld. Der Begriff umfasst damit die kompetente flexible Anwendung von Wissen im Feld, sowie diagnostisch und flexibel vernetztes Handeln. Dafür ist aber grundlegend, dass wissenschaftlich ein professionsbezogenes Begriffsinstrumentarium zur Beschreibung des Feldes entwickelt wird. Denn die Wissenschaft kann nur die Dinge als Probleme identifizieren, die sie als ihr Untersuchungsfeld markiert und für beschreibungs- und handlungsunterstützend hält. Hier passt Willkes (1998) Vorstellung des Symbolarbeiters, der die Probleme löst, die er für das Feld definiert hat. Für die Erziehungswissenschaften musste man sehr lange von einer theoretischen und empirischen Feldangst und -flucht sprechen. Dieses ist durch inzwischen entwickelte Forschungsfelder in den letzten 15 Jahren angegangen worden (so Programm-, Lehr-/Lern- und Teilnehmerforschung), auch wenn das so gewonnene Wissen noch nicht ausreichend rezipiert und transformiert wird.

Der Band ‚Pädagogische Professionalität' (Combe/Helsper 1996) dokumentiert – nach wie vor gültig – den Forschungsstand: Dadurch, dass der bildungspolitische Impetus, der mit Professionalisierung als Programm in den 1970er Jahren verbunden war, sich seit den 1980er Jahren verloren hat, kann der Verberuflichungsprozess nicht mehr als Durchgangsstadium zur Professionalität betrachtet werden. Der öffentlich wirksame Bedeutungszuwachs der betrieblichen/beruflichen Weiterbildung, bedingt durch hohe finanzielle Investitionen, hat aber keine vergleichbaren Professionsbewegungen freigesetzt.

1.3 Neue Bezugsgruppen für Professionalität – ökonomische Ausrichtung

Theoretische Entwicklungen in der Berufs- und Professionsforschung verändern sich gegenwärtig. Sie konzentrieren sich nicht mehr allein auf wissensbasierte Berufe, die sich unmittelbar auf den Menschen richten und diese Tätigkeit mit zunehmender Autonomie ausstatten und dabei ethische Maßstäbe bedingt durch die besonderen Aufgabenanforderungen in handelnde Praxis umsetzen. Als neue Bezugsdisziplin wirkt die Betriebswirtschaft, begleitet von einem erweiterten Professionsverständnis. Für die zukünftige begriffliche Ausdifferenzierung sind diese Entwicklungen interessant, da sie deutlicher die wissenschaftliche Grundlegung, den Umgang mit Nichtwissen und die Instrumentennutzung und Deutungsanforderungen charakterisieren. Profession kann dabei nicht im Gegensatz zum Referenzraum Wissenschaft gestellt werden (vgl. Kade 2006), denn ohne wissenschaftliche Grundlegung gibt es keine Profession. In solchen Gegenüberstellungen wird eine mangelnde Platzierung von erwachsenenpädagogischer, aber auch erziehungswissenschaftlicher Forschung und ihrer handlungswirksamen Bedeutung sichtbar.

Nur wenn die Erziehungswissenschaften und ihre Teildisziplinen jeweils für ihr Feld eigenständiges pädagogisches wissenschaftliches Wissen zur Verfügung stellen, haben sie eine Chance, sich als Disziplinen zu erhalten, d.h. gehört zu werden und dadurch professionelle Strukturen zu entwickeln. Diese Prozesse werden insofern neu herausgefordert, als sich Organisations- und Institutionalformen in der Erwachsenenbildung/Weiterbildung auch als Folge von veränderten gesellschaftlichen Ansprüchen herausbilden und sich zu neuen Verkoppelungen formieren oder als vernetzte intermediäre Formen entstehen, wobei auch Zeit für Bildung neu auszuhandeln ist (vgl. Schmidt-Lauff 2008; Brödel 2004; Schäffter 2007; Gieseke/Opelt 2003; Gieseke u.a. 2005; Dehnbostel/Dybowski 2000).

1.4 Veränderte Akzentsetzung in der Definition und der theoretischen Rahmung – Individualisierung

Der Rückzug vom staatlichen Gestaltungsanspruch und die Beschreibung der Erwachsenenbildung/Weiterbildung als Dienstleistung (vgl. Schlutz 2003; 2006) reduzieren aber nicht die professionellen Anforderungen, sondern erhöhen eher die Anforderungen an die in solchen fluiden Institutionen wirkenden Individuen. Diese Interpretation ist belegt durch aktuelle Definitionen und Beschreibungen von Professionalität. Nach diesen aktuellen Arbeiten kündigt sich ein erweiterter Professionalitätsbegriff an, der definiert ist durch hohes Wissen auf wissenschaftlichem Niveau, durch begründet entwickelte Kenntnisse und Fertigkeiten, systematisch nach den Regeln der Disziplin zu handeln, durch ein besonderes Arbeits- und Leistungsideal mit ganzheitlicher Problembewältigung sowie umfassendes Verantwortungsbewusstsein. Pfadenhauer (2005) bündelt diesen Anspruch so:

> „Professionelle Kompetenz ist also dadurch gekennzeichnet, dass sich Befähigung (nachgewiesen durch eine meist wissenschaftliche Ausbildung), Bereitschaft (angezeigt durch Leistungsangebote) und Befugnis (beglaubigt durch Zertifikate) in formaler Deckung befinden. Das Prinzip der Zertifizierung ‚regelt' im Rekurs auf besondere und exklusive Wissensbestände die Frage der Zuständigkeit (...) für Probleme und ihre Lösungen" (Pfadenhauer 2005, S. 14).

In dieser Definition, die die wissenschaftlichen Standards und ihre Zertifizierung noch betont, verzichtet man aber auf ein organisiertes professionelles Kollegialitätsprinzip mit verbandrechtlicher Strukturierung und der daran geknüpften professionellen Sozialisation, was Arbeitshaltungen, Stile, sowie gesellschaftlich ausgerichtete Verpflichtung gegenüber den das professionelle Handeln in Anspruch nehmenden Menschen betrifft. Im Blick ist nicht mehr die Orientierung des professionell Handelnden auf den Menschen, sondern er selbst mit seiner professionellen Kompetenz als spezielle Befähigung. Das Professionelle individualisiert sich. Die Veralltäglichung des Professionalitätsbegriffs bestätigt dieses bereits, denn dort meint professionell alles das, was glatt, schnell und stromlinienförmig abläuft.

1.5 Professionalität und Steuerung als Rationalisierung

Professionell ist etwas, wenn es reibungslos gelöst wird und damit unmittelbar auf eine besondere Qualität verweist. Professionalität wird somit in die Steuerungsdiskussion einbezogen. Meuser (2005) beobachtet deshalb eine stärkere Ökonomisierung und forcierte betriebswirtschaftliche Betrachtung. Dieses Steuerungsinteresse ist aber nicht abgeleitet aus dem Glauben an eine wissenschaftliche prozesshaft lineare Steuerung von Bildungs- und Lernverläufen, Programmplanungsprozessen und didaktischen Schrittfolgen für eine begrenzte Zeitstruktur, um Bildungsprozesse zu technologisieren. Auch dieses spielt eine Rolle, aber viel wichtiger ist, dass die Berufe oder Tätigkeitsfelder, die gegenwärtig aus professioneller Perspektive betrachtet werden, sich vor dem Hintergrund der maßgeblich wirkenden alltäglichen Definition erweitert haben und dass vor allem Berufe im Bereich des Ökonomischen beispielhaft untersucht werden. Solche sind: Geldmanagement, Vermögensberatung, Verkaufsoptimierung etc. Meuser schließt daraus, dass das professionelle Handeln sich zu einem Konzept entwickelt und dass eine neue Verbindung zwischen wissenschaftlich fundiertem Wissensstand und der Orientierung am Prinzip der ökonomischen Rationalität entsteht (vgl. Meuser 2005, S. 256f.). Dieses Konzept von Professionalität baut bereits die Rationalisierung, nicht eine erweiterte Professionalisierung mit ein. Professionelle Kompetenz ist auf dem Markt teuer, es wird also permanent danach gefragt, inwiefern die interpretative, auswertende und beziehungsintensive Deutungskompetenz und beratende, vermittelnde Kompetenz in Steuerungssysteme mit Selbstverantwortung (Selbststeuerung) überführt werden kann. Das heißt, der autonome professionelle Prozess steht permanent unter Selbstbeschneidungsanspruch und unter dem Druck, Nichtwissen in Wissen oder vermeintliches Wissen zu überführen und auf Rationalisierung zu überprüfen. Die Qualitätsmanagementsysteme sind gegenwärtig schwerpunktmäßig aus Managementgesichtspunkten auf Organisationsabläufe, nicht auf pädagogische Prozesse gerichtet (vgl. Zech 2006). In der Berufsberatung wird dieser Rationalisierungsprozess bereits aktuell vollzogen und mit den Professionsvertretern ausgehandelt (vgl. Gieseke/Käpplinger/Otto 2007). Neben der überprüfenden Steuerung kann unmittelbar eine in Zahlen transferierbare Überprüfung, ein Controlling stattfinden. Das Handeln der Berater wird so zum bürokratisch-ökonomischen Steuerungshandeln mit Folgen für das Berufsprofil, d.h. auch für die Bezahlung. Beratungs- und Vermittlungsaufgaben als freiberufliche pädagogische Tätigkeiten sind in der Bezahlung breit gefächert (vgl. Endres 2004).

Allerdings sind diese neu als professionell bezeichneten Tätigkeiten an größere Unternehmen gebunden. Die betriebliche Weiterbildung und das Wissensmanagement sind von diesem in den Unternehmen sich herausbildenden Professionsanspruch ebenso betroffen. Professionelle Arbeit steht dabei immer unter folgendem Druck: Die Tätigkeit muss Relevanz besitzen und auf die Erfolgskriterien des Unternehmens zugeschnitten sein, der Komplexitätsreduzierung dienen und proaktiv einsetzbar sein. Dort, wo diese Einbindung von Weiterbildung in eine Organisation mit anderen Aufgaben nicht gegeben ist – und dieses wird in der Beratung und in den Weiterbildungsdienstleistungsinstitutionen sein – wird es darum gehen, dass man ein Programm oder ein Projekt nicht nur bedarfs- und bedürfnisgerecht entwickelt und optimal umsetzt. Vielmehr muss man gleichzeitig dafür sorgen, dass man entsprechend seiner Leistung bezahlt wird. Professionelles pädagogisches Handeln kann dann nur denjenigen zugute kommen, die dieses auch bezahlen können oder wollen, es sei denn, es gibt einen Anspruch auf staatliche Daseinsvorsorge. Das ist besonders für den Bildungsbereich von weit reichender Bedeutung. Denn Bildung kann nicht ohne Folgen als Konsumartikel marktfähig gehandelt werden, da die Folgewirkungen in alle gesellschaftlichen und ökonomischen Bereiche und ihre Gestaltung zurückwirken. Die Weiterbildung wird dabei erneut unterschätzt. Hier wird es dann für den Weiterbildungsbereich darauf ankommen, ob der im Professionskonzept aufgegebene Gemeinwohlanspruch als soziale Daseinsvorsorge für alle den Zugang zur Weiterbildungsberatung und zur Weiterbildung offen hält. An diesem Punkt gibt es dann den Übergang von der Bildungspolitik zur Professionalität. Die an den Professionsgegenstand – in unserem Fall pädagogisches Handeln – speziell gebundene Institutionalisierung, die wissenschaftliche Ausbildung und Sozialisation und eine grundlegende Werteausrichtung, zum Beispiel eine solche: Für alle Erwachsenen soll der Zugang zu lebenslangen Lernen institutionell möglich gemacht werden, bleiben letztlich bildungspolitisch rückgebunden. Diese Wirkung reicht bis zur Forschungsförderung. Allerdings können Profession und Organisation – worauf Nittel (2000) hinweist – nicht vermischt werden. „Professionalität und organisationsspezifische Handlungslogik verhalten sich nicht per se gegensätzlich, sondern stehen im Verhältnis funktionaler Äquivalenz zueinander, denn beide nutzen Macht, welche in dem einen Fall durch Vertrauen und in dem anderen durch die funktionale Logik bürokratischer Verfahrensabläufe konstituiert wird“ (Nittel 2000, S. 223).

1.6 Wissen und Handeln

Nun dominiert nach Meuser der Wissensaspekt gegenüber einer Zentralverantwortung, also wissenschaftliche Kompetenz und ökonomische Rationalität gehen eine neue Verbindung ein. Der Maßstab wissenschaftlicher Befunde und ihre Wertigkeit messen sich in neuer Weise am Nutzen. Aber gerade im Maßstab des Nutzens geht es um das Gelingen. Und hier ist der Ort, wo sich Reflexivität und Erfahrung, das Nichtwissen als dominante Größe neben dem Wissen, die individuelle Kompetenz im Handeln herausbilden. Die reflexive professionelle Kompetenz benötigt einen Spielraum, der organisatorisch und ökonomisch vorzuhalten ist, wenn Wissen und der Fall oder die Situation intelligent verschränkt, gedeutet und diagnostiziert werden sollen. Denn das Entscheidungsverhalten ist in komplexen Situationen nach der Gehirnforschung (vgl. Damasio 2000) von dem Zusammenspiel von Kognitionen und Emotionen abhängig, das situationsspezifisch, wie man sagt intuitiv und reflexiv zu antworten hat. Gerade diese Kompetenz wird in Zukunft hoch bezahlt werden. Sie setzt aber eine komplexe entsprechende Ausbildung und Sozialisationsbegleitung voraus (vgl. Kade 2007b). Integrität und Vertrauen, d.h. verlässliche Beziehungsfähigkeit als Akteurseigenschaften werden zu maßgeblichen Bedingungen des Gelingens von professionellem Handeln (vgl. Laucken 2005; Gigerenzer/Todd 1999; Gieseke 2007b). Der begrenzt operierende Wissensexperte als Daten- und Zahlenvermittler behält dabei die Rolle eines Zulieferers und nicht eines Interpreten. Für Bildungsprozesse mit Erwachsenen wird dieses Zusammenspiel von generellem Wissen und situationsbezogener Analyse in einer wissenschaftlichen professionsorientierten Ausbildung deshalb nicht zu übergehen sein. Hier lässt sich Kurz (2005) heranziehen, der davon spricht, dass „das Expertenwissen der Wissensberufe interpretationsbedürftig, kontingent und im Handeln immer wieder neu zu reproduzieren" (Kurz 2005, S. 244) ist und man könnte hinzufügen: auszulegen und mit anderem Wissen zu verbinden ist.

1.7 Ethische Verantwortung, widersprüchliche Botschaft von Instrumenten, Institutionalveränderungen

Die Sozialorientierung und die ethische Verpflichtung im professionellen Handeln suchen sich neben der Bedeutung von Nichtwissen ebenso neue Wege im veränderten professionstheoretischen Diskurs. Auch große Unternehmen können nicht auf Vertrauen beim Klientel verzichten. Die aktuelle Diskussion zur betriebswirtschaftlich fokussierten Emotionsforschung, im Speziellen auch zur Vertrauensforschung, zeigen, dass Unternehmen und Dienstleistungen den Kunden und seine Bedürfnisse nicht aus den Augen verlieren dürfen (vgl. Laucken 2003; Gieseke 2007a, 2008a). Aber auch bei dieser subtilen Frage haben sich – wiederum interessant – vertrauensbildende Qualitätssicherungssysteme als Steuerungssysteme durchgesetzt, die im Sinne von Rationalisierung und Effizienz auf das Gelingen aus sind und dieses über Prüfsysteme zu sichern vorgeben. Qualitätssicherungssysteme/Qualitätsmanagement verknüpfen ökonomische betriebswirtschaftliche Rationalität mit Ansprüchen an pädagogische Qualität, ohne sie direkt sichern zu können (vgl. Hartz/Meisel 2006; Kraft 2006a; Meisel 2005). Hier liegt die Lücke für einen Positionsbezug von professioneller pädagogischer Kompetenz. Langer (2005) formuliert in diesem Sinne, dass die institutionelle Rahmenordnung die Prämissen für professionelles Handeln und Kommunizieren setzt, die weiterhin durch professionelle Sozialisation zu sichern sind.

> „Unter Rückbezug auf Effizienz können – sich paternalistisch gebende – professionelle Akteure und Institutionen durch drei neue Kriterien einer Legitimationskritik unterzogen werden: (1) Transparente, nachvollziehbare und damit zustimmungsfähige Zielentscheidungen und Wertüberzeugungen, die jeder professionellen Leistung zugrunde liegen. (2) Der schonende Einsatz professioneller Ressourcen (Vermeidung von Effizienzverlusten, Gestaltung und Organisationen und Führungsverantwortung). (3) Die Zustimmung und Zustimmungsfähigkeit der Adressaten zu den professionellen Dienstleistungsangeboten im Rahmen vorgegebener Restriktionen" (Langer 2005, S. 176).

Gegenwärtig verändern sich die Institutional- und Organisationsstrukturen in quasi parallel laufender Weise (vgl. Scott 1986; Hasse-Krücken 1999; Giddens 1997).

1.8 Institutionelle Kontexte und professionelles, individuelles Handeln

Dass die institutionellen Kontexte unabhängig von individueller Selbstinterpretation von weiterreichender Prägung mit Habituswirkungen sind, konnten wir bereits in den 1980er Jahren für Programmplaner an Volkshochschulen beschreiben. Wir haben von habituellen Überformungen gesprochen, die sich in subjektive Sichten einschreiben (vgl. Gieseke 1989). Wie weit biografische Selbstauslegungen wiederum auch rückgekoppelt sind an differente Berufsausbildung/ Wissen und Menschenbilder, zeigt die Untersuchung zum Beratungshandeln in Tiefels (2004) Studie zum Beratungshandeln. Hartz arbeitet vor einem systemtheoretischen Hintergrund die Bedeutung von mentalen Mitgliedschaften heraus. Die Untersuchung ist keine pädagogische Studie, lässt aber hypothetisch aufscheinen, wie wichtig ein erwachsenenpädagogisches Studium und eine sozialisatorische Novizenrolle für qualitätssichernde Professionalität sind, die eben nicht durch absolute Steuerung zu lösen ist, da die Nebeneffekte paradox oder gegenläufig sein können. Hartz (2004) spricht von einer breiten Streuung der Möglichkeiten. Dem subjektiven Akteur kommt also bei gelungenem professionellem Handeln eine gestaltende Rolle zu (vgl. Hartz 2004).

1.9 Qualität und professionelle Identifizierung

Grundlagentheoretisch gilt aber bei aller Rationalisierung und Wissensoptimierung, dass die Verschränkung von Wissenschaft und Praxis im professionellen Handeln unhintergehbar ist. Die Angemessenheit muss immer neu über fallbezogene Reflexionen unter generellen wissenschaftlichen Befunden zusammengeführt werden. Dabei benötigt auch dieses Vorgehen eine wissenschaftliche Analyse. Hinein wirken dann immer Paradoxien, denn menschlicher Eigensinn benötigt seine Freiheit, wenn sich Gesellschaft kreativ weiterentwickeln soll. Menschliche Maschinen garantieren zu wenig Zukunft. Alle Autoren gehen davon aus, dass viel von dem Engagement und der Identifizierung der Professionellen mit ihrer Tätigkeit abhängt. Das gilt im doppelten Sinne, wenn es um Bildung und Kompetenzerwerb geht, da das Individuum nicht im Letzten zu steuern ist. Bildungserfolg ist nur dann zu sichern, wenn Selbstinitiative und Unterstützung das Bildungsinteresse fördern. Wo kein Interesse entfaltet werden kann, vermag Druck zum/r Kurzmotivator/in werden, mehr jedoch nicht (vgl. Schüßler 2007). Dieser Verweis macht auch deutlich, dass vorhandenes Wissen aus Rationalisierungs- oder anderen Interessen nicht ausreichend genutzt wird. Dieses wird auch nicht ohne Folgen bleiben. Deshalb kann man mit Kurz (2005) formulieren, dass relevantes Wissen kontinuierlich zu revidieren, permanent als verbesserungswürdig anzusehen ist, prinzipiell Wissen nicht als Wahrheit, sondern als Ressource zu betrachten ist und dabei immer wiederum an Nichtwissen gekoppelt ist, worin die bleibenden Risiken liegen (vgl. Kurtz 2005, S. 250).

2 Daten zum Weiterbildungspersonal – die faktischen Professionellen

2.1 Fehlende Statistik

Es wäre jetzt für feldspezifische theoretische Überlegungen von großer Wichtigkeit, Daten und Statistiken zur Verfügung zu haben, über die Zahl der Planenden, der Lehrenden, der Beratenden und das allein organisatorisch betreuende Personal in der Weiterbildung. Solche Daten liegen im Überblick nicht vor. In den großen Unternehmen werden Daten zum Personal, aber auch inzwischen zu Programmen sensibel behandelt und sind nicht der Öffentlichkeit zugänglich. Geschäftsinteressen und Entwicklungen, die bildungs- und kompetenzabhängig sind, sind inzwischen sehr eng verflochten. Auch Trägerstatistiken sind spärlich. Als Ausnahme sind die Volkshochschulen zu nennen, die Daten über das Personal erheben und zugänglich machen. Es gibt zwar einen Verbund Weiterbildungsstatistik und auch bestimmte Trägerstatistiken (Wuppertaler Kreis), aber auch diese geben nur ausschnitthaft Daten weiter. Das Deutsche Institut für Erwachsenenbildung (DIE) versucht die wichtigsten Daten zu bündeln und ist daran interessiert, verbandsübergreifende Statistiken zu sichern und auszuwerten. Es fehlt eine gesetzliche Grundlage, die die Bedingungen dafür schafft, den Weiterbildungsbereich deutlicher statistisch auszuweisen.

2.2 Rückgang bei Personal – Rationalisierung

Für alle Träger gilt aber, dass sie hauptberufliches sowie neben- und freiberufliches Personal beschäftigen. Nach den Auswertungen des DIE (2007) stagniert die Zahl der sozialversicherungspflichtig Beschäftigten. Den Zahlen der Träger nach arbeiten aber alle Träger, auch die betrieblichen, überwiegend mit externen Weiterbildnern auf der Basis von Honorarverträgen oder neuer Selbständigkeit. Insgesamt wird besonders bei den Hauptberuflichen von einer hohen Arbeitsverdichtung ausgegangen. Die Zahl der Hauptberuflichen hat abgenommen (siehe Abbildungen 1 und 2).

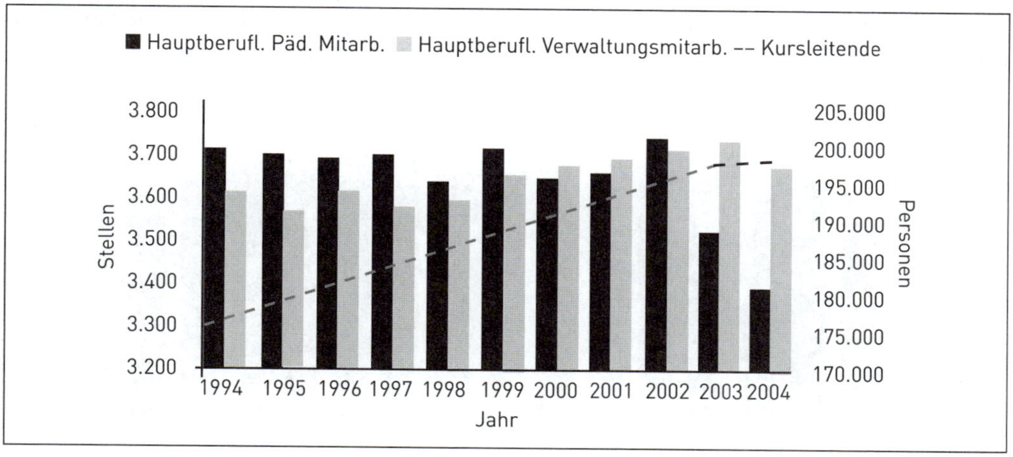

Abb. 1: Personal an Volkshochschulen (Kraft 2006b, S. 3)

Bildungsträger	Beschäftigte 31. Dez. 2002	Beschäftigte 30. Sept. 2004
Deutsche Angestellten-Akademie GmbH	2.050	1.250
Grone-Bildungszentrum Gastronomie	40	25
Stiftung Grone-Schule	180	90
Berufsfortbildungswerk Gemeinnützige Bildungseinrichtung des DGB (bfw)	1.900	1.200
DEKRA Akademie GmbH	1.350	800
Volkshochschule Georgsmarienhütte GmbH	20	15
Bildungswerk Niedersächsischer Volkshochschulen GmbH Hannover	440	320
Berufsförderungszentrum Essen e. V.	370	200
SBB Stiftung berufliche Bildung	180	60
VHS-Bildungswerk-Gruppe Brandenburg	345	250
VHS-Bildungswerk-Gruppe Sachsen-Anhalt	445	315
VHS-Bildungswerk-Gruppe Thüringen	150	140
GESAMT	7.470	4.665

Abb. 2: Arbeitsplatzabbau bei Bildungsträgern, Stand Oktober 2004 (Faulstich 2005)

Vom DIE werden folgende Entwicklungen, auf der gesicherten Basis der Volkshochschulstatistik zusammengefasst:

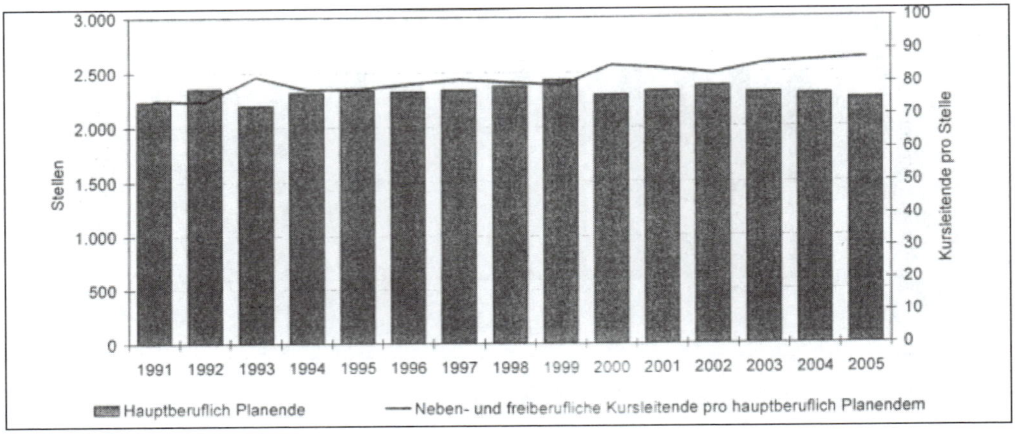

Abb. 3: Hauptberuflich Planende sowie neben- und freiberufliche Lehrende pro hauptberuflich Planendem/r an Volkshochschulen 1991-2005 (DIE 2007, S. 53)

Es hat sich parallel zum Programm des lebenslangen Lernens eine strukturelle und politische Veränderung im Weiterbildungsbereich durchgesetzt. Diese kann man als Weiterbildungsabbau – aufgefangen durch bildungspolitisch finanzierte Projektprogramme – bezeichnen. Die Weiterbildung als private, individuell zu finanzierende Dienstleistung für lebenslanges Lernen zeigt, wie zu erwarten ist, keine Profile.

2.3 Interesse an der Tätigkeit in der Weiterbildung – Bezahlung

Besondere Beachtung verdienen die Freiberuflichen, die in hohem Maße qualifiziert sind und unter prekären Arbeitsbedingungen (vgl. von Rosenbladt/Thebis 2004) arbeiten, aber gleichwohl sich weiterbilden. Befragt wurden in einer vom Bildungsministerium in Auftrag gegebenen Studie 514 Erwachsenenpädagogen aus 10 Institutionen. Diese verteilen sich auf konfessionelle, private Weiterbildungsinstitutionen und auf die Volkshochschulen. 81% waren nebenberufliche Honorarkräfte, 9% hauptberufliche, 6% ehrenamtliche und 6% Angestellte. Der Frauenanteil liegt, außer bei den Angestellten und Ehrenamtlichen, bei über 78%. Ihr höchster Anteil liegt bei den hauptberuflichen Honorarkräften. Dabei sticht hervor: „Je geringer das Haushaltseinkommen, um so bedeutsamer sind die Einkünfte aus der Weiterbildungstätigkeit für die Sicherung des Lebensunterhalts" (von Rosenbladt/Thebis 2004, S. 56). Wir haben also trotz hohem Professionalitätsanspruch in der Weiterbildung eine sich bereits entwickelnde Prekarität (siehe dazu Arabin 1996). Über 86% haben einen Universitäts- oder Fachhochschulabschluss. Im Durchschnitt sind die Befragten 46,8 Jahre alt, und sie sind seit ca. 9 Jahren in den Institutionen tätig. Sie verfügen über eine relativ gute pädagogische Berufserfahrung. Über 66% arbeiten regelmäßig in den Institutionen. Die Motivation tätig zu sein, besteht darin, berufliche Erfahrungen und Kenntnisse weiter zugeben. Für den Professionsdiskurs ist von Bedeutung, dass die Tätigkeit in der Weiterbildung sich nach den Befragten vor allem durch selbstständiges verantwortliches Handeln, einen großen Entscheidungsspielraum auszeichnet.

Dabei ist die Tätigkeit vielseitig und interessant bei einem angenehmen Betriebsklima. Genau dieses sind auch die Erwartungen, die an eine professionelle Tätigkeit geknüpft werden. Nur bei den hauptberuflichen Honorarkräften haben soziale Absicherung, Sicherheit des Arbeitsverhältnisses und Verdienstmöglichkeiten eine höhere Bedeutung, gefolgt von einem angenehmen Betriebsklima. Die Selbstständigkeit bzw. Eigenverantwortlichkeit wird aber von allen hoch bewertet. Nur 13% sind weniger zufrieden und 2% unzufrieden mit ihrer Tätigkeit. Die Tätigkeit in der Weiterbildung ist also von hoher Bedeutsamkeit und inhaltlich sehr befriedigend. Auch im Abgleich mit anderen Beschäftigten ergibt sich eine hohe Gesamtzufriedenheit mit der Tätigkeit in den Weiterbildungsinstitutionen (vgl. von Rosenbladt/Thebis 2004). Besondere Beachtung verdient auch das Verwaltungspersonal, das ebenso grundlegende Kenntnisse im Arbeitsfeld hat und gegenwärtig stärker Support- und Assistenzfunktionen übernimmt (vgl. Dietsche 2006).

2.4 Bedarfe und Nachfragen in der Weiterbildung der Professionellen

In einer Untersuchung zu den Tätigkeits- und Aufgabenfeldern in der Weiterbildung wurden 115 Personen aus der VHS, der katholischen und evangelischen Erwachsenenbildung befragt. Unklar gegenüber dem theoretischen Diskurs sind in dieser Studie die Unterscheidungen nach den Funktionen der Tätigkeiten. Die Tätigkeitsunterscheidungen erfolgen nach Lehre, Beratung, Marketing, Organisation, Verwaltung, Evaluation, Bedarfserhebung, Planung und Konzeptionierung. Die Unterscheidung weist keine erwachsenenpädagogische Systematik auf, auch bündelt sie die Tätigkeiten nicht nach Anstellungsverhältnissen. Die Dominanz der Lehre ergibt sich selbstverständlich aus dem großen Pool der neben- oder freiberuflichen Honorarkräfte. In der Befragung wird der Weiterbildungsbedarf von den Befragten als hoch eingeschätzt, Veränderungen werden vor allem in finanziellen Einsparungen, erweiterten Aufgaben und neuen Marketingstrategien gesehen (vgl. Gruber/Harteis/Kraft 2004). In der Berliner Befragung zum Fortbildungsbedarf wurde eine Erhebung zu Themen des Lehrens und Lernens bei hauptberuflichen Pädagogen von 274 Befragten beantwortet. Die Hauptberuflichen wurden nach ihren eigenen Fortbildungsinteressen befragt, aber auch danach, welchen Bedarf sie für ihre beschäftigten Dozenten sehen, da sie für diese im Sinne des Qualitätsmanagements und der Personalentwicklung Fortbildung zu sichern haben (vgl. Heuer/Gieseke 2006).

Die nachgefragten Weiterbildungsinteressen konnten nach einem vorhandenen Wissensspektrum, welches für das Lehren von und Lernen mit Erwachsenen zur Verfügung steht, geordnet werden. Dadurch wird die Breite der möglichen Qualifikationsbedarfe sichtbar. An den Ergebnissen ist Folgendes auffällig:

1. Es gibt keine einseitig entwickelten thematischen Interessen. Überraschenderweise dominiert das Interesse an speziellen Erwachsenen- und Weiterbildungstheorien. (…)
2. Die im Mittelfeld nachgefragten Themen stellen Anforderungen von außen dar. (…) Die Befragten reagieren damit auf institutionelle, planerische und technische Innovationen. (…)
3. Die thematische Breite in der Nachfrage verweist auf ihre Steuerbarkeit durch bildungspolitische Interventionen. Das Nachfrageverhalten eröffnet aber über ein spezifisches Interesse an theoretischen Themen und teilnehmerbezogenen erwachsenenpädagogischem Bearbeiten von Lehr-/Lernsituationen eine eigenständige professionelle Perspektive. (…)

4. Die Konfliktbearbeitung ist ein neues institutionelles, professionelles Problem (vgl. Gieseke 2005a, S. 39-43).

In den großen Weiterbildungsorganisationen, besonders auch in den Betrieben, hat sich bei den Professionellen in der eigenen Weiterbildung Interesse an ein spezielles Studium gerade auch in Erwachsenenpädagogik durchgesetzt. Der Fernstudiengang in Kaiserslautern und auch der nichtkonsekutive Masterstudiengang an der Humboldt-Universität zu Berlin, auch als der Abschluss noch ein Zertifikatsabschluss war, wurden und werden kontinuierlich nachgefragt. Diese Studiengänge sind besonders für Fachvertreter/innen, also zukünftige Lehrende, aber auch für Planende interessant. Sie machen pädagogische Profile sichtbar. Für erziehungswissenschaftliche Forschungszusammenhänge ist eine sichere Verankerung in den BA- und MA-Studiengängen für Erziehungswissenschaften unumgänglich. Dieser Prozess ist in allen Bundesländern vollzogen worden. Das Interesse an pädagogischem Wissen ist sehr hoch, aber es fehlen in den Universitäten zunehmend ausreichend ausgebaute Abteilungen für Erwachsenenbildung/Weiterbildung. Spezielles Wissen für sehr kleine Gruppen in der Weiterbildung (Leitung oder Beratung) kann nur von zahlungskräftigen Gruppen nachgefragt werden. Dieses ist beobachtbar an selbst finanzierten speziellen Weiterbildungs-Masterstudiengängen wie Beratung und Management. Hieran können allein aus finanziellen Erwägungen nur hauptberuflich Tätige und dann nur in kleiner Anzahl partizipieren. Diese Studiengänge können der Ausdifferenzierung im Tätigkeitsfeld dienen, sie sind nicht Motor für die pädagogische Professionalisierung im Sinne einer qualitäts- und kenntnisreichen Tätigkeit in der Weiterbildung – und bislang liegt keine feste universitäre Institutionalisierung vor.

2.5 Inhaltliches Arbeitsprofil von Erwachsenenpädagog/inn/en

Als Aufgabenfeld für Erwachsenenpädagog/inn/en in der Zusammenstellung von Kraft (vgl. Nuissl 2005; Gieseke 1999; Nittel/Schütz 2005) wird unterschieden zwischen Lehre, Management, Beratung, Programmplanung, Support und Medien. Die hohe Ausdifferenzierung des Tätigkeitsbereichs wird durch folgende Auflistung faktischer Tätigkeiten veranschaulicht:

Aufgabenfelder	Tätigkeiten
Leitung und Management	Organisation und Leitung einer Einrichtung, Zielformulierung für die Organisation, Qualitätsentwicklung/-sicherung, Finanz-/Ressourcenbeschaffung, Koordination unterschiedlicher Arbeits- und Funktionsbereiche, Steuerung, Controlling, Personalentwicklung/-führung/-einsatz, Fortbildungsplanung für das Personal, Marketing, Repräsentanz und Vertretung der Einrichtung
Programmplanung	Bedarfserhebung, Bedarfsanalyse, Zielgruppenanalyse, Programmentwicklung, Angebotsplanung, Programmkonzeption/Angebotserstellung, Kommunikation mit Leitung, Auswahl geeigneter Dozent/inn/en, Koordination und Kommunikation mit Dozent/inn/en, Veranstaltungsorganisation, Projektorganisation, Information und Service nach innen und außen, Ressourcensicherung
Lehre	Unterrichtsvorbereitung, Erstellung von Materialien, Didaktische Planung, Planung Medieneinsatz, Durchführung der Lehre, Moderation, Visualisierung, Lernberatung, Lernerfolgskontrolle, Transfersicherung im Training/Kurs, Gruppenprozesse erkennen, Evaluation, Selbstevaluation
Öffentlichkeitsarbeit	Marketing, Präsentation, Fundraising, Presse- und Funk-/Fernseharbeit

Aufgabenfelder	Tätigkeiten
Beratung	Lernereinstufung, Lerntypenanalyse, Lerncoaching, Weiterbildungsberatung
Verwaltung	Personalsachbearbeitung; Statistik und Berichtswesen, Auswertungen; Datei-/Aktenverwaltung; Organisation und Verwaltung von angegliederten Betrieben und Einrichtungen; Infrastruktur-Management; Informationsbeschaffung; Interne Dienstleistungen; Planung/Organisation von Sonderveranstaltungen

Abb. 4: Aufgabenfelder und Tätigkeiten von Erwachsenen- und Weiterbildner/inne/n (allgemein) (Kraft 2006b, S. 27/28)

3 Zeitgeschichtlicher Nachtrag zur pädagogischen Einführung und Fortbildung im Feld der Erwachsenenbildung/Weiterbildung

Es war vor allen Dingen der Deutsche Volkshochschul-Verband, der in den 1970er Jahren – dann auch unterstützt von den Erwachsenenbildungsgesetzen in den Ländern – die Verberuflichung und die Qualifizierung der Mitarbeiter zu seinem wichtigsten Anliegen machte. Andere Verbände und die Kirchen folgten. Allerdings wurde verbandsintern nicht von Professionalisierung gesprochen. Es ging um den Mitarbeiter/die Mitarbeiterin, seine/ihre Aufgaben, seine/ihre verbandsinterne Qualifizierung, das sukzessive Erreichen von Hauptberuflichkeit. Hans Tietgens, der Leiter der Pädagogischen Arbeitsstelle des Deutschen Volkshochschul-Verbandes bis 1991, benutzte erst 1988 den Begriff Professionalität (vgl. Gieseke 1992, 2008b), hier bezog er sich im Verständnis der heutigen Bedeutung auf kompetentes klientenorientiert verantwortliches Handeln. Tietgens bereitete in seinen Schriften schon seit Ende der 1950er Jahre argumentativ Schritt für Schritt die Verberuflichung vor. Schulenberg (1972) und etwas später Vath (1975, 1984) suchten den Prozess der Verberuflichung mit dem Professionalisierungsanspruch erwachsenenpädagogischen Handelns theoretisch zu erfassen. Den Verbänden ging es in den 1970er und 1980er Jahren zum einen darum, über Selbststudienmaterialien Curricula zur erwachsenenpädagogischen Qualifizierung zu entwickeln und umzusetzen, zum anderen eine Konzeption zur praxisorientierten Qualifizierung zu entwerfen, in der Praxis zu erproben und zu evaluieren. Es gab bei den Curricula der verschiedenen Herausgeber sowohl thematische Überschneidungen als auch verbandsspezifische Akzente. Ein wesentlicher Unterschied besteht darin, ob die Materialien für haupt- oder für nebenberuflich Tätige gedacht sind. Wie unterschiedlich Praxisorientierung interpretiert werden kann, wird bei einem Vergleich der verschiedenen Materialien deutlich:

Das NQ-Material des Arbeitskreises Universitäre Erwachsenenbildung (vgl. Brokmann-Nooren 1994) ist verbandsübergreifend entwickelt und richtet sich vor allen Dingen an Kursleiter/innen. Der Leseeinstieg erfolgt über Fallbeispiele, an denen man kritisch die eigenen Erfahrungen abarbeiten kann, um davon ausgehend die Wissensstruktur zum anstehenden Thema entfalten zu können. Das Fernstudienmaterial der Evangelischen Kirche ist problemorientiert angelegt. Die Praxis ist in Form von Interviews und Werkstattberichten im Text präsent, nicht aber als verdichtetes Kondensat. Praxis bringen die Teilnehmer selbst ein. Das Selbststudienmaterial der PAS (jetzt DIE) (Sestmat) geht von der beruflichen Anforderungsstruktur aus (vgl. Volkshochschule, KGSt-Gutachten). Praxisorientierung meint hier nicht Optimierung einzelner Arbeitshandlungen, sondern vor allem die Erschließung gesellschaftlicher und institutioneller

Zusammenhänge für die Volkshochschul-Praxis. Die aktuellen Studientexte des DIE schließen an Sestmat an, gehen stärker auf die institutionellen Kontexte ein und folgen den aktuellen wissenschaftlichen und bildungspolitischen Entwicklungen.

Bei den freien Trägern gibt es – außer über Qualitätsstandards – noch keine Initiativen zur Verbesserung der Professionalität durch Ausbildung. Dieses ist dem Individuum selbst überlassen. Dadurch begründet sich die aktuelle Nachfrage an die Universitäten. Die Universitäten können hier bisher nur unzureichend ihre Aufgaben wahrnehmen. In Jüttings (1987) ausführlicher Literaturexpertise zum Thema Mitarbeiter in der Erwachsenenbildung/Weiterbildung wird der weiterhin komplexe Forschungsbedarf sichtbar. Besonders die Zusammenarbeit zwischen hauptberuflichen Mitarbeiter/inne/n und nebenberuflichen Kursleiter/inne/n macht eine Reihe von Forschungsaktivitäten nötig, die nicht nur die pädagogische Vernetzung dieser Arbeitsbeziehungen zum Inhalt haben muss. Auch die Studien über Berufswege von Diplompädagogen haben hier ihren Platz. Die Studie von Hommerich (1984) zeigt für Diplompädagogen in der Weiterbildung gute Bedingungen auf. Größerer Handlungsspielraum als bei anderen Trägern, aber auch hohe Loyalitätsanforderungen der Verbände charakterisieren das Arbeitsfeld. Die berufsbiografische Untersuchung von Nittel (1999) über den Berufsweg von Diplompädagogen in der betrieblichen Weiterbildung zeigt auf, dass Studienwahl und späteres Arbeitsplatzhandeln in der Weiterbildung vor allem lebensgeschichtlich vor dem Hintergrund familiärer und schulischer Erfahrungen eine Erklärung finden. Die Zeitschrift ‚Der pädagogische Blick' gibt mit ihren Beiträgen den beruflichen Etablierungsprozessen der Diplompädagog/inn/en wieder. Sie spiegelt damit den faktischen gegenwärtigen Professionsstand von in der Weiterbildung tätigen Erziehungswissenschaftler/inne/n.

4 Schlussbemerkung

Die Verberuflichung ist ein Ziel, das weiterverfolgt werden sollte, wenn die lebensbegleitende Bildung weiterhin ein gesellschaftliches Ziel bleiben soll. Die Bildungspolitik kann die Zukunftsaufgaben in der Bildung der Bevölkerung nicht durch Vorschulerziehung und Bildungsstandards lösen. Denn die Zukunft beginnt nicht in 25 Jahren, sondern jetzt und hat bei der unterstellten Wissensexplosion Auswirkungen auf alle Lebenslagen und -felder bei Erwachsenen im mittleren und älteren Alter. Die Weiterbildung kann nicht nur den Betrieben anheimgestellt werden, ansonsten wird die Strukturbildung auf europäischem Niveau nach unten gefahren.

Literatur

Alisch, L.-M./Baumert, J./Beck, K. (Hrsg.) (1990): Professionswissen und Professionalisierung. Reihe: Braunschweiger Studien zur Erziehungs- und Sozialarbeitswissenschaft, Bd. 28. Braunschweig.

Arabin, L. (1996): Unterrichtende an hessischen Volkshochschulen. Hessische Blätter für Volksbildung. Sonderband 1996. Frankfurt a.M

Archiv, Allgemeines (1928). In: Freie Volksbildung 3, S. 55-57.

Arnold, R. (1983): Pädagogische Professionalisierung betrieblicher Bildungsarbeit. Frankfurt a.M. u.a.: Lang.

Arnold, R./Huge, W. (1991): Was wissen wir über die betrieblichen Weiterbildner oder was glauben wir zu wissen? In: Arnold, R. (Hrsg.): Taschenbuch der betrieblichen Bildungsarbeit. Hohengehren: Schneider, S. 213-223.

Arnold, R./Müller, H.-J. (1992): Berufsrollen betrieblicher Weiterbildner. In: Berufsbildung in Wissenschaft und Praxis 5, S. 36-41.

Baltes, P.B./Hoffmann, A.E. (1975): Berufsfelder des Diplompädagogen. Ein empirischer Beitrag zur Analyse pädagogischer Berufsfelder und ihrer Ausbildungserfordernisse. Heidelberg: Quelle & Meyer.

Barz, H./Tippelt, R. (20072): Weiterbildung und soziale Milieus in Deutschland – Praxishandbuch Milieumarketing. Bielefeld: Bertelsmann.

Bechberger, H. (1990): Freie Mitarbeiter in der außerbetrieblichen beruflichen Weiterbildung: empirische Untersuchungen zur Berufsentwicklung in der Weiterbildung. Frankfurt a.M.: Lang.

Beck U./Brater, M/ Daheim, H. (1980): Soziologie der Arbeit und der Berufe. Reinbek b. Hamburg: Rowohlt.

Beinke, L./Arabin, L./Weinberg, J. (Hrsg.) (1980): Zukunftsaufgabe Weiterbildung. Schriftenreihe der Bundeszentrale für politische Bildung, Bd. 169. Bonn: Lexika Verlag.

Beruflicher Verbleib von Diplom-PädagogInnen des Studienschwerpunktes Erwachsenenbildung und außerschulische Jugendbildung (1989). Reihe: Theorie und Praxis, Bd. 25. Hannover: Univ.

Bollinger, H./Hohl, J. (1981): Auf dem Weg von der Profession zum Beruf zur Deprofessionalisierung des Ärzte-Standes. In: Soziale Welt 32, 4, S. 440-464.

Brödel, R. (Hrsg.) (2004): Weiterbildung als Netzwerk des Lernens. Bielefeld: Bertelsmann.

Brokmann-Nooren, C./Grieb, I./Raapke, H.-D. (Hrsg.) (1994): Handreichung für die nebenberufliche Qualifizierung (NQ) in der Erwachsenenbildung. Weinheim/Basel: Beltz.

Buttler, G./Spitzner, E.-L. (1977): Mitarbeiterfortbildung in der Evangelischen Erwachsenenbildung. Probleme – Materialien – Modelle. Karlsruhe: Deutsche Evangelische Arbeitsgemeinschaft für Erwachsenenbildung

Combe, A./Helsper, W. (1996): Pädagogische Professionalität. Untersuchungen zum Typus pädagogischen Handelns. Frankfurt a.M.: Suhrkamp.

Combe, A./Helsper, W. (2002): Professionalität. In: Otto, H.-U./Rauschenbach, T./Vogel, P. (Hrsg.): Erziehungswissenschaft: Professionalität und Kompetenz. Opladen: Leske und Budrich, S. 29-47.

Daheim, H. (1982): Zu einer Zwischenbilanz der soziologischen Berufsforschung. In: Schmidt, G./Braczyk, H.J./Knesebeck, J. v. (Hrsg.): Materialien zur Industriesoziologie. Sonderheft 24 der Kölner Zeitschrift für Soziologie und Sozialpsychologie. Opladen: Westdt. Verlag, S. 372-384.

Damasio, A.R. (20005): Descartes' Irrtum. Fühlen, Denken und das menschliche Gehirn. München: Deutscher Taschenbuch Verlag.

Dehnbostel, P./Dybowski, G. (Hrsg.) (2000): Lernen, Wissensmanagement und berufliche Bildung. Bielefeld: Bertelsmann.

Deutsches Institut für Erwachsenenbildung (2007): Trends in der Weiterbildung. Vorlage für den Experten-Workshop am 30. Oktober 2007. Manuskript. Bonn: DIE.

Dietsche, B. (2006): Fortbildung für Verwaltungsmitarbeitende in Weiterbildungseinrichtungen. In: Heuer, U./Gieseke, W. (Hrsg.): Pädagogisches Wissen für die Weiterbildung, Fortbildungsbedarf und Personalentwicklung. Reihe: Empirische Studien. Oldenburg: Text Weinberg, S. 185-224.

Ebeling, A./Projektgruppe Verbleibsforschung (1989): „Wir haben einen Fuß in der Tür – immerhin". Zum beruflichen Verbleib von Diplom-PädagogInnen des Studienschwerpunktes Erwachsenenbildung und außerschulische Jugendbildung. Reihe: Theorie und Praxis, Bd. 25. Hannover: Univ.

Endres. G.L. (2004): Im freien Fall. Honorare in der Weiterbildung. In: Frankfurter Rundschau, 23.11.2004.

Erdberg, R. v. (1927): Plan einer Deutschen Schule für Volksforschung und Erwachsenenbildung. In: Hohenrodter Bund (Hrsg.): Die Deutsche Schule für Volksforschung und Erwachsenenbilddung. Das erste Jahr. Stuttgart: Verlag Silberburg GmbH.

Erwachsenenbildung, Weiterbildung (1972): Erster Bericht der Planungskommission Erwachsenenbildung und Weiterbildung des Kultusministers des Landes Nordrhein-Westfalen. Strukturförderung im Bildungswesen des Landes Nordrhein-Westfalen, H. 19. Ratingen u.a.: Aloys Henn Verlag.

Faulstich, P. (2005): Sozialstaaterosion: Weiterbildungsarmut. In: FIAB (Hrsg.): Schwerpunkt: Von der Statussicherung zur Eigenverantwortung? Das deutsche Sozialmodell im gesellschaftlichen Umbruch. Jahrbuch Arbeit, Bildung, Kultur. 23/24. Recklinghausen: FIAB, S. 191-202.

Faulstich, P./Graeßner, G. (2003): Studiengänge Weiterbildung in Deutschland. Grundständige Studiengänge Erwachsenenbildung/Weiterbildung und weiterführende Studienangebote für professionelle Lernvermittler an Hochschulen in Deutschland. Sonderbeilage Report 26. URL: http://www.die-bonn.de/esprid/dokumente/doc-2003/faulstich03_03.pdf (16.6.08)

Friebel, H. et al. (1993): Der gespaltene Weiterbildungsmarkt und die Lebenszusammenhänge der Teilnehmer/innen. In: ders. (Hrsg.): Weiterbildungsmarkt und Lebenszusammenhang. Bad Heilbrunn: Klinkhardt, S. 1-53.

Fuhr, T. (1991): Kompetenzen und Ausbildung des Erwachsenenbildners. Eine Studie zur Professionalisierung der Erwachsenenbildung. Bad Heilbrunn: Klinkhardt.

Generalsekretariat des Zentralkomitees der deutschen Katholiken (Hrsg.) (1992): Erwachsenenbildung in katholischer Trägerschaft – ihr Auftrag in Kirche und Gesellschaft. Bonn: Verfügbar unter: www.zdk.de/data/erklaerungen/pdf/erwachsenenbuldung_1992_1045828319.pdf [20.08.08].

Giddens, A. (19972): Die Konstitution der Gesellschaft. Frankfurt a.M.: Campus Verlag.

Gieseke, W. (1985): Rezeptionsgeschichtliche Anmerkungen zum Erwachsenenbildungsberuf. In: Tietgens, H. (Hrsg.): Zugänge zur Geschichte der Erwachsenenbildung. Reihe: Dokumentationen zur Geschichte der Erwachsenenbildung. Bad Heilbrunn: Klinkhardt, S.163-174.

Gieseke, W. (1989): Habitus von Erwachsenenbildnern. Eine qualitative Studie zur beruflichen Sozialisation. Oldenburg: BIS.

Gieseke, W. (1990a): Professionalisierungsforschung. In: Grundlagen der Weiterbildung. Praxishilfen, 8, 90, Neuwied: Luchterhand, S. 1-18.

Gieseke, W. (1990b): Vier Optionen für das Studium der Erwachsenenbildung. In: Literatur- und Forschungsreport Weiterbildung 25, S. 30-38.

Gieseke, W. (1992): Die „Wende" im Spiegel der Professionsgeschichte. In: Nuissl, E. (Hrsg.): Person und Sache. Reihe: Theorie und Praxis der Erwachsenenbildung. Bad Heilbrunn: Klinkhardt, S. 23-33.

Gieseke, W. (Hrsg.) (2000): Programmplanung als Bildungsmanagement? Qualitative Studie in Perspektivverschränkung. Begleituntersuchung des Modellversuchs „Entwicklung und Erprobung eines Berufseinführungskonzepts für hauptberufliche Erwachsenenbilder/innen" Reihe: EB-Buch, Bd. 20. Recklinghausen: Bitter.

Gieseke, W. (20012): Profession und Professionalität mit interdisziplinären Rückbezügen. In: Roth, L. (Hrsg.): Pädagogik. Handbuch für Studium und Praxis. München: Oldenburg, S. 1234-1248.

Gieseke, W. (2002): Was ist erwachsenenpädagogische Professionalität? In: Otto, H.-U./Rauschenbach, T./Vogel, P. (Hrsg.): Erziehungswissenschaft: Professionalität und Kompetenz. Opladen: Leske und Budrich, S. 197-208.

Gieseke, W. (2005a): Fortbildungsbedarfe bei Planer/inne/n und Dozent/inn/en in der Weiterbildung: In: Report, H. 4, S. 37-46.

Gieseke, W. (2005b): Professionalität – Paradoxien und Widersprüche in der Erwachsenenbildung/Weiterbildung. In: Gutknecht-Gmeiner, M.: Das Richtige richtig tun. Professionalität in der Erwachsenenbildung. Dokumentation der 47. Salzburger Gespräche für Leiterinnen und Leiter in der Erwachsenenbildung. Wien: Verband Österreichischer Volkshochschulen, S. 12-33.

Gieseke, W. (2007a): Emotionen als Inhalte von Bildungsprozessen in der Erwachsenenbildung und für die Personalentwicklung (Kapitel 5). In: Gieseke, W. (Hrsg.): Lebenslanges Lernen und Emotionen. Wirkungen von Emotionen auf Bildungsprozesse aus beziehungstheoretischer Perspektive. Bielefeld: Bertelsmann, S. 135-198.

Gieseke, W. (2007b): Lebenslanges Lernen und Emotionen. Wirkungen von Emotionen auf Bildungsprozesse aus beziehungstheoretischer Perspektive. Bielefeld: Bertelsmann.

Gieseke, W. (2008a): Emotionsregulierung für ein lebenslanges Lernen. Emotionen als Inhalt von Trainings im Bereich Dienstleistung. In: Arnold, R./Holzapfel G. (Hrsg.): Emotionen und Lernen. Die vergessenen Gefühle in der (Erwachsenen-)Pädagogik. Baltmannsweiler: Schneider Hohengehren, S. 243-256.

Gieseke, W. (2008b): Zwischen Verberuflichung und Professionalität: 50 Jahre Support für die Profession Erwachsenenbildung. In: Nuissl, E. (Hrsg.): 50 Jahre für die Erwachsenenbildung. Bielefeld: Bertelsmann, S. 45-62.

Gieseke, W./Käpplinger, B./Otto, S. (2007): Prozessverläufe in der Beratung analysieren – Ein Desiderat. In: Report 30, H. 1, S. 33-42.

Gieseke, W./Opelt, K. (2003): Erwachsenenbildung in politischen Umbrüchen. Programmforschung Volkshochschule Dresden 1945 – 1997. Opladen: Leske und Budrich.

Gieseke, W./Opelt, K./Stock, H./Börjesson, I. (2005): Kulturelle Erwachsenenbildung in Deutschland – Exemplarische Analyse Berlin/Brandenburg. Münster u.a.: Waxmann.

Gieseke, W./Reich, R. (2006): Weiterbildungsinteressen von Weiterbilder/Innen. Ergebnisse einer Befragung. In: Heuer, U./Gieseke, W. (Hrsg.): Pädagogisches Wissen für die Weiterbildung, Fortbildungsbedarf und Personalentwicklung. Reihe: Empirische Studien. München: Oldenburg, S. 35-184.

Gieseke, W./Tietgens, H./Venth, A. (1979): Zur Berufseinführung und Fortbildung für eine pädagogische Tätigkeit in der Erwachsenenbildung. Reihe: Forschung, Begleitung Entwicklung. Heidelberg: Esprint Druckerei und Verlag.

Gieseke, W./Tietgens, H./Schaeffter, O./Venth, A./Mueller/C.W. (1988): Professionalität und Professionalisierung. Reihe: Theorie und Praxis der Erwachsenenbildung. Bad Heilbrunn: Klinkhardt.

Gigerenzer, G./Todd, P.M. and the ABC Research Group (1999): Simple heuristics that make us smart. New York: Oxford University Press.

Gruber, H./Harteis, C./Kraft, S. (2004): Aufgaben- und Tätigkeitsfelder von Weiterbilder/inne/n. Vortrag auf der DIE-Veranstaltung „Situation des Weiterbildungspersonals" in Bonn am 19.11.2004. unveröff. Manuskript.

Harke, D. (1992): Pädagogische Qualifizierung und Verbesserung der Kooperation. Ein Fortbildungskonzept für das Weiterbildungspersonal und seine Evaluierung. In: Grundlagen der Weiterbildung (GdWZ), 3, 5, S. 297-299.

Harke, D./Volk-von Bialy, H. (Hrsg.) (1991): Modellversuch Lernberatung – Fortbildung von Lehrpersonal in der beruflichen Erwachsenenbildung. 4 Bde. Sonderveröffentlichung. Berlin/Bonn: BIBB.

Hartmann, H./Hartmann, M. (1982): Vom Elend der Experten: Zwischen Akademisierung und Deprofessionalisierung. In: Kölner Zeitschrift für Soziologie und Sozialpsychologie. 34, H.2, S. 193-223.

Hartz, S. (2004): Biographizität und Professionalität. Wiesbaden: VS Verlag für Sozialwissenschaften.

Hartz, S./Meisel, K. (2006): Qualitätsmanagement. Bielefeld: Bertelsmann.

Hasse, R./Krücken, G. (1999): Neo-Institutionalismus. Bielefeld: Transcript Verlag.

Heuer, U./Gieseke, W. (Hrsg.) (2006): Pädagogisches Wissen für die Weiterbildung, Fortbildungsbedarf und Personalentwicklung. Reihe: Empirische Studien. Oldenburg: Text Weinberg.

Holzapfel, G. (1975): Professionalisierung und Weiterbildung bei Lehrern und Ausbildern. Eine explorative Studie über Lehrer und Ausbilderweiterbildung in Baden-Württemberg. Weinheim/Basel: Beltz.

Hommerich, C. (1984): Der Diplompädagoge – ein ungeliebtes Kind der Bildungsreform. Frankfurt a.M./New York: Campus Verlag.

Hornstein, W./Lüders, Ch. (1989): Professionalisierungstheorie und pädagogische Theorie. Verberuflichung erzieherischer Aufgabe und pädagogischer Professionalität. In: Zeitschrift für Pädagogik, 35. Jg., H. 6, S. 749-769.

Jütting, D.H. (1987): Die Mitarbeiterfrage in der Erwachsenenbildung. Ein Literatur- und Forschungsbericht. In: Harney, K./Jütting, D.H./Koring, B. (Hrsg.): Professionalisierung der Erwachsenenbildung. Reihe: Studien zur Erwachsenenbildung, Bd. 1. Frankfurt a.M. u.a.: Lang, S. 1-58.

Kade, J. (2006): Kommunikation und Bewusstsein – ein Blick auf das Fach aus systemtheoretischer Perspektive. In: Wiesner, G./Zeuner, C./Forneck, H.J. (Hrsg.) (2006): Empirische Forschung und Theoriebildung in der Erwachsenenbildung. Baltmannsweiler: Schneider Verlag Hohengehren, S. 19-26.

Kade, S. (1990): Handlungshermeneutik. Qualifizierung durch Fallarbeit. Reihe: Theorie und Praxis der Erwachsenenbildung. Bad Heilbrunn: Klinkhardt.

Kade, S. (2007a): Altern und Bildung. Eine Einführung. Bielefeld: Bertelsmann.

Kade, S. (2007b): Novizen zum Berufseinstieg – Tragischer vs. Ironischer Umgang mit Nichtwissen. In: Heuer, U./Siebers, R. (Hrsg.): Weiterbildung am Beginn des 21. Jahrhunderts. Festschrift für Wiltrud Gieseke. Münster u.a.: Waxmann, S. 100-117.

Katholische Bundesarbeitsgemeinschaft für Erwachsenenbildung (KBE) (Hrsg.) (1992): Leitlinien für Qualifikation und Einstellung von hauptberuflichen pädagogischen Mitarbeiterinnen und Mitarbeitern in der katholischen Erwachsenenbildung. Bonn: KBE.

Kemper, M./Klein R. (1998): Lernberatung. Gestaltung von Lernprozessen in der beruflichen Weiterbildung. Baltmannsweiler: Schneider Verlag Hohengehren.

Koring, B. (1987): Erwachsenenbildung und Professionstheorie. Überlegungen im Anschluss an Oevermann. In: Harney, K./Jütting, D./Koring, B. (Hrsg.): Professionalisierung der Erwachsenenbildung. Frankfurt a.M. u.a.: Lang, S. 358-400.

Koring, B. (1989): Eine Theorie pädagogischen Handelns. Theoretische und empirisch-hermeneutische Untersuchungen zur Professionalisierung der Pädagogik. Weinheim: Dt. Studien Verlag.

Koring, B. (1990): Erziehungswissenschaft im Medium des Praxiskontakts. Folgen und Probleme aus professionstheoretischer Sicht. In: Zeitschrift für Sozialisationsforschung und Erziehungssoziologie 10, H. 1, S. 72-90.

Koring, B. (1992): Grundprobleme pädagogischer Berufstätigkeit. Bad Heilbrunn: Klinkhardt.

Kraft, S. (2006a) Aufgaben und Tätigkeiten von Weiterbildner/inne/n – Herausforderungen und Perspektiven einer weiteren Professionalisierung in der Weiterbildung. Verfügbar unter: http://www.die-bonn.de/esprid/dokumente/doc-2006/kraft06_02-pdf [15.04.2006].

Kraft, S. (2006b): Umbrüche in der Weiterbildung – dramatische Konsequenzen für das Weiterbildungspersonal. DIE FAKTEN. Verfügbar unter: http://www.die-bonn.de/esprid/dokumente/doc-2006/kraft06_01.pdf [01.03.2006].

Kurz, T. (2005): Das professionelle Handeln und die neuen Wissensberufe. In: Pfadenhauer, M. (Hrsg.): Professionelles Handeln. Wiesbaden: VS Verlag für Sozialwissenschaften, S. 243-252.

Langer, A. (2005): Professionsethik, Effizienz und professionelle Organisationen. In: Pfadenhauer, M. (Hrsg.): Professionelles Handeln. Wiesbaden: VS Verlag für Sozialwissenschaften, S. 165-178.

Laucken, U. (2003): Zwischenmenschliches Vertrauen und wirtschaftliche Beziehungen. In: Mees, U./Schmitt, A. (Hrsg.): Emotionspsychologie: Theoretische Analysen und empirische Untersuchungen. Oldenburg: Bibliotheks- und Informationssystem der Univ., S. 101-141.

Laucken, U. (2005): Explikation der umgangssprachlichen Bedeutung des Begriffs Vertrauen und ihre lebenspraktische Verwendung als semantisches Ordnungspotential. In: Dernbach, B./Meyer, M. (Hrsg.): Vertrauen und Glaubwürdigkeit. Wiesbaden: VS Verlag für Sozialwissenschaften.

Meisel, K. (2005): Qualitätsentwicklung in der Weiterbildung erfordert Professionsentwicklung. In: Zukunft im Zentrum GmbH (Hrsg.): Kompetenzentwicklung in der Weiterbildung. Neue Herausforderungen an Weiterbildungsanbieter – eine Dokumentation zur Veranstaltungsreihe. Berlin: Eigenverlag, S. 19-28.
Meisel, K. u.a. (1994): Marketing für Erwachsenenbildung? Bad Heilbrunn: Klinkhardt.
Meuser, M. (2005): Professionelles Handeln ohne Profession? In: Pfadenhauer, M. (Hrsg.): Professionelles Handeln. Wiesbaden: VS Verlag für Sozialwissenschaften, S. 253-264.
Mieg, H.A. (20062): Professionalisierung. In: Rauner, F. (Hrsg.): Handbuch Berufsbildungsforschung. Bielefeld: wbv, S. 343-350.
Nittel, D. (1999): Das Erwachsenenleben aus der Sicht der Biographieforschung. In: Krüger, H.H./Marotzki, W. (Hrsg.): Handbuch der Erziehungswissenschaftlichen Biographieforschung. Opladen: Leske+Budrich, S. 301-323.
Nittel, D. (2000): Von der Mission zur Profession. Reihe: Theorie und Praxis der Erwachsenenbildung. Bielefeld: Bertelsmann.
Nittel, D./Schütz, J. (2005): Veränderte Aufgaben und neue Profile. Professionalisierung und Professionalität in der Erwachsenenbildung. In: EB Erwachsenenbildung, H. 2, S. 54-59.
Nuissl, E. (2005): Professionalisierung in Europa. In: Report, H. 4, S. 47-56.
Olk, T. (1986): Abschied vom Experten. Sozialarbeit auf dem Weg zu einer alternativen Professionalität. Weinheim/München: Juventa Verlag.
Pfadenhauer, M. (2005): Die Definition des Problems aus der Verwaltung der Lösung. In: Pfadenhauer, M. (Hrsg.): Professionelles Handeln. Wiesbaden: VS Verlag für Sozialwissenschaften, S. 9-22.
Rosenbladt, B. von/Thebis, F. (2004): Berufliche und soziale Lage von Lehrenden in der Weiterbildung. Berlin: BMBF
Rueschmeyer, D. (1986): Power and the division of labour. Cambridge: Polity Press.
Schach, B. (1987): Professionalisierung und Berufsethos. Reihe: Soziologische Schriften, Bd. 47. Berlin: Duncker und Humblodt.
Schäffter, O. (1998): Weiterbildung in der Transformationsgesellschaft. Zur Grundlegung einer Theorie der Institutionalisierung. Berlin: QUEM.
Schäffter, O. (2007): An unseren Werken wollen wir uns erkennen! Angebote der katholischen Erwachsenenbildung als Ausdruck einer gesellschaftlichen Institutionalform lebenslangen Lernens. In: Katholische Bundesarbeitsgemeinschaft für Erwachsenenbildung (Hrsg.): 50 Jahre KBE. Festschrift. Bonn: KBE.
Schäffter, O./Küchler, F. v. (1993): Pädagogische Fortbildungsberatung als Ansatz zur Organisationsentwicklung in Volkshochschulen. In: Hess. Blätter für Volksbildung 2. S. 109-117.
Schlutz, E. (2004): Dienstleistung oder Selbstbedienung? Zum Aufgaben- und Ideologiewandel in der Weiterbildung. In: Brödel, R. (Hrsg.): Weiterbildung als Netzwerk des Lernens. Bielefeld: Bertelsmann, S. 125-140.
Schlutz, E. (2006): Bildungsdienstleistungen und Angebotsentwicklung. Studienreihe Bildungs- und Wissenschaftsmanagement; Bd. 4. Münster u.a.: Waxmann.
Schlutz, E./Siebert, H. (Hrsg.) (1988): Ende der Professionalisierung? Die Arbeitssituation in der Erwachsenenbildung als Herausforderung für Studium, Fortbildung und Forschung (Tagungsbericht Nr. 17). Bremen: Univ.
Schmidt-Lauff, S. (2008): Zeit für Bildung im Erwachsenenalter. Interdisziplinäre und empirische Zugänge. Habilitation. Berlin: Waxmann.
Schüßler, I. (2007): Nachhaltigkeit in der Weiterbildung. Baltmannsweiler: Schneider Verlag Hohengehren.
Schulenberg, W. (1972): Zur Professionalisierung der Erwachsenenbildung. Braunschweig: Westermann.
Scott, R. (1986): Grundlagen der Organisationstheorie. Frankfurt u.a.: Campus Verlag.
Sievers, H. (1919/20): Der zweite staatliche Kursus zur Ausbildung von Lehrern an Volkshochschulen. In: Die Arbeitsgemeinschaft H. 1, S. 203-206
Stichweh, R. (2004): Wissenschaft, Universität, Professionen. Soziologische Analysen. Frankfurt a.M.: Suhrkamp.
Tiefel, S. (2004): Beratung und Reflexion. Eine qualitative Studie zu professionellem Beratungshandeln in der Moderne. Wiesbaden: VS Verlag für Sozialwissenschaften.
Tietgens, H. (1985): Zur Zukunft eines Studiums der Erwachsenenbildung. In: Zeitschrift für Pädagogik 31, H. 5, S. 597-612.
Tietgens, H. (1988): Professionalität für die Erwachsenenbildung. In: Gieseke, W. (Hrsg.): Professionalität und Professionalisierung. Reihe: Theorie und Praxis der Erwachsenenbildung. Bad Heilbrunn: Klinkhardt, S. 28-75.
Vath, R. (1975): Die Professionalisierungstendenz in der Erwachsenenbildung, Diss. Regensburg.
Vath, R. (1994): Professionalisierung in der Erwachsenenbildung. In: Schmitz, E./Tietgens, H. (Hrsg.): Enzyklopädie Erziehungswissenschaft. Bd. 11: Erwachsenenbildung. Stuttgart: Klett Verlag für Wissen und Bildung, S. 303-315.

Volkshochschule: Bundesminister für Bildung und Wissenschaft (Hrsg.) (1973): Gutachten der Kommunalen Gemeinschaftsstelle für Verwaltungsvereinfachung (KGSt). Schriftenreihe Bildungsplanung, Bd. 3. Bonn: Bundesministerium für Bildung und Wissenschaft.

Weinberg, J. (1985): Perspektiven einer Institutionalgeschichte der Erwachsenenbildung. In: Tietgens, H. (Hrsg): Zugänge zur Geschichte der Erwachsenenbildung. Bad Heilbrunn: Klinkhardt, S. 89-102.

Willke, H. (1998): Systematisches Wissensmanagement. Stuttgart: Lucius&Lucius.

Wittpoth, J. (20062): Einführung in die Erwachsenenbildung. Opladen: Leske + Budrich.

Zech, R. u.a. (2006): Handbuch Lernerorientierte Qualitätstestierung in der Weiterbildung (LQW). Grundlegung – Anwendung – Wirkung. Bielefeld: wbv.

Ziep, K.-D. (1990): Der Dozent in der Weiterbildung. Professionalisierung und Handlungskompetenzen. Weinheim: Dt. Studien Verlag.

Susanne Kraft

Berufsfeld Weiterbildung

1 Weiterbildung – ein heterogener Bereich

In Deutschland und in vielen anderen Ländern ist der Weiterbildungsbereich kein klar strukturierter und abgrenzbarer Bereich. Insbesondere die institutionellen Strukturen sind stark ausdifferenziert. Dies betrifft zum einen die Zahl der Institutionen, die Weiterbildung anbieten: Nuissl und Pehl benennen über 2.000 staatlich anerkannte und öffentlich geförderte Einrichtungen, davon ca. 1.000 Volkshochschulen. Hinzu kommen weitere geschätzte 2000 Weiterbildungseinrichtungen von Unternehmen, Betrieben, Industrie- und Handels- und Handwerkskammern, sowie eine unbekannte Anzahl privater und kommerziell betriebener Weiterbildungseinrichtungen (vgl. Nuissl/Pehl 2004, S. 21). Eine vom BMBF in Auftrag gegebene Studie aus dem Jahr 2006 kam auf insgesamt ca. 18.000 Einrichtungen, die im weiteren Sinne Weiterbildung anbieten (vgl. BMBF 2006, S. 48). Im Projekt Weiterbildungskataster/Monitor (wbmonitor) des Bundesinstituts für berufliche Bildung (BIBB) und des Deutschen Instituts für Erwachsenenbildung (DIE) werden derzeit strukturierende Kriterien erarbeitet, um Weiterbildungseinrichtungen zu klassifizieren (vgl. http://www.die-bonn.de/projekte).

Die Weiterbildungseinrichtungen unterscheiden sich gravierend hinsichtlich ihres rechtlichen Status, der Finanzierung, der inhaltlichen Ausrichtung, und hinsichtlich des eigenen Selbstverständnisses (vgl. Nuissl/Pehl 2004). Die Vielzahl sehr unterschiedlicher Institutionen, die Weiterbildung anbieten, macht deutlich, dass das Berufsfeld in der Weiterbildung ebenfalls breit ausdifferenziert und damit nicht einheitlich und präzise zu beschreiben ist.

Je nach Profil eines Weiterbildungsanbieters und seiner spezifischen Angebote („klassische" Seminare, E-Learning/Blended learning, Beratung und Coaching) aber auch durch unterschiedliche Größe, inhaltliche Ausrichtung, thematische Breite oder Fokussierung sowie Zielgruppenorientierung ergeben sich unterschiedliche Akzentuierungen des Berufsfeldes. Weitere beeinflussende Faktoren sind das formale Beschäftigungsverhältnis (angestellt, freiberuflich), der hierarchische berufliche Status (leitend und/oder planend, ausschließlich lehrend) sowie – z.B. im Bereich der betrieblichen Weiterbildung – die (betriebs-) internen Strukturen (Schnittmengen zwischen Personal- und Weiterbildungsabteilung).

Es korrespondiert mit der Vielfalt und der Unterschiedlichkeit von Weiterbildungsanbietern sowie der Breite des Berufsfeldes, dass sich auch keine einheitliche Berufsbezeichnung durchgesetzt hat. Die Bezeichnungen für das Weiterbildungspersonal sind vielfältig und werden nicht einheitlich verwendet. So finden sich beispielsweise Erwachsenenbildner/in, Weiterbildner/in, Bildungsmanager/in, Dozent/in, Lehrende, Kursleiter/in, Trainer/in, (Lern-)Berater/in, (Lern-) Begleiter/in, Moderator/in, Coach, u.a. Diese genannten unterschiedlichen Titulierungen sind weder präzise definiert noch handelt es sich um geschützte Berufsbezeichnungen.

2 Beschäftigungssituation – Daten und Fakten

Insgesamt liegen über die Beschäftigten in der Weiterbildung bislang nur wenig verlässliche Daten und Zahlen vor. Die Heterogenität der Weiterbildung insgesamt und das breite Berufsfeld machen die Erfassung von Daten und Fakten zum Weiterbildungspersonal schwierig. Je nachdem, wie breit man Weiterbildung fasst, kommen dann auch mehr oder weniger Personen sowie sehr unterschiedliche Beschäftigtengruppen in den Blickwinkel[1]. Zudem handelt es sich bei den in der Weiterbildung Tätigen, um eine sehr heterogene Beschäftigtengruppe. Die Heterogenität bezieht sich auf den Status, die Beschäftigungssituation, die Aufgaben sowie die Motive zur Arbeit in der Weiterbildung. Jedoch hat sich die Datenlage in den letzten Jahren durch einige Statistiken[2] und Studien[3] zumindest für Teilsegmente verbessert, die es ermöglichen einige Zahlen zu benennen (vgl. hierzu auch ausführlicher Kraft 2006 und 2007a/b).

Die Personen, die in der Weiterbildung tätig sind, arbeiten auf Basis unterschiedlicher Beschäftigungsverhältnisse und in unterschiedlichen Funktionen. Eine grobe Differenzierung lässt sich wie folgt vornehmen:

Hauptberufliche pädagogische Mitarbeiter/innen (HPM)
Diese Beschäftigungsgruppe ist in der Regel fest angestellt bei einer Weiterbildungseinrichtung und die meisten davon sind überwiegend planend-disponierend tätig.

Freiberufliche pädagogische Mitarbeiter/innen
Diese arbeiten in der Regel als Selbständige auf Honorarbasis bei einer oder mehreren Weiterbildungseinrichtungen und sind in der Regel überwiegend lehrend tätig.

Nebenberufliche pädagogische Mitarbeiter/innen
Diese haben in der Regel einen anderen Beruf sowie eine andere Arbeitsstelle und arbeiten daneben und zusätzlich noch in der Weiterbildung.

Verwaltungspersonal
Diese Mitarbeiter/innen sind in der Regel fest angestellt und für den Verwaltungs- und Sekretariatsbereich zuständig.

Ehrenamtliche
In einigen Bereichen der Weiterbildung gibt es zusätzlich ehrenamtlich Tätige, die unentgeltlich Kurse anbieten und durchführen.

---

1 Ist der Meister in einem Betrieb, der auch für die Aus- und Fortbildung der Mitarbeiter/innen zuständig ist, ein Weiterbildner? Sind Fahrlehrer oder Sporttrainer Weiterbildner?

2 Am besten ausgebaut ist die Volkshochschulstatistik, die seit 1962 regelmäßig Daten zur Weiterbildung liefert http://www.die-bonn.de/service/statistik/statistik_dvv.asp. Im Verbundprojekt Weiterbildungsstatistik haben sich bundesweit agierende Weiterbildungsorganisationen zusammengeschlossen, um in Kooperation mit dem DIE als Servicezentrum an dem Aufbau einer Weiterbildungsstatistik zu arbeiten. Langfristiges Ziel ist es, unter statistischem Blickwinkel ein Gesamtbild der Erwachsenenbildungspraxis zu gewinnen http://www.die-bonn.de/service/statistik/index.asp.

3 Vgl. beispielsweise die vom BMBF 2006 publizierte repräsentative Studie „Zur beruflichen und sozialen Lage der Lehrenden in der Weiterbildung“ sowie der ebenfalls 2006 von Fritz u.a. publizierte Trendbericht zur empirischen Wirklichkeit der politischen Bildungsarbeit in Deutschland.

2.1 Anzahl der Beschäftigten

Die repräsentative Studie des BMBF 2006 benennt ca. 1.046.000 Beschäftigungsverhältnisse von „Lehrenden" in der Weiterbildung. Darunter finden sich 140.000 sozialversicherungspflichtige Beschäftigungsverhältnisse, ca. 771.000 Honorarkräfte/Selbständige sowie 100.000 Ehrenamtliche (vgl. BMBF 2006, S. 36). Die große Gruppe der Honorarkräfte/Selbständigen setzt sich dabei aus 37% hauptberuflichen und 62% nebenberuflichen Lehrenden zusammen (vgl. ebd., S. 49). Als „Lehrende" wurden dabei alle Personen erfasst, die eine lehrende, beratende oder planende Aufgabe wahrnehmen; das Verwaltungspersonal wurde dabei nicht mitgezählt.

Da die Lehrenden in der Weiterbildung durchschnittlich 2,2 Beschäftigungsverhältnisse wahrnehmen, kommt die Untersuchung auf eine Gesamtzahl von ca. 650.000 beschäftigten Personen in der Weiterbildung (ohne Verwaltungspersonal). Dies liegt etwas unter den früheren „Schätzungen" von ca. 700.000 bis 800.000 Beschäftigten (Kraft 2006a).

Von den Befragten
- hatten 11% unbefristete Arbeitsverträge,
- waren 3% befristet, aber sozialversicherungspflichtig beschäftigt,
- arbeiteten 64% auf der Basis eines Honorar- bzw. Werkvertrags,
- waren 4% ehrenamtlich tätig,
- hatten 11% keine formale Regelung und
- 7% machten keine Angaben.

Nur 14% der Beschäftigungsverhältnisse in der Weiterbildung sind demnach sozialversicherungspflichtig – das ist insgesamt eine sehr niedrige Zahl. Das Einkommen ist für 45% von existenzieller oder von großer Bedeutung, d.h. auch für ein Drittel der Honorarkräfte trägt die Arbeit in der Weiterbildung erheblich zur Sicherung des Lebensunterhalts bei.

Auch die Untersuchung für den Trendbericht zur empirischen Wirklichkeit der politischen Bildungsarbeit (vgl. Fritz/Maier/Böhnisch 2006, S.206) bestätigt diese Situation: Ein Fünftel der befragten Einrichtungen verfügen sogar über gar kein fest angestelltes pädagogisches Personal, knapp 40% der Einrichtungen beschäftigen 0,5 bis 2 Mitarbeiter/innen. Die meisten Bildungsangebote werden deshalb auch in diesem Bereich in hohem Maße mit Honorarkräften realisiert (vgl. ebd., S. 211).

Bezüglich der Honorare lassen sich auch sehr große Differenzen feststellen: So liegen manche Tagessätze einiger weniger freiberuflicher Trainer bei tausend Euro, für die Mehrzahl der Lehrenden liegt die Honorarhöhe in der Regel zwischen fünfzehn und dreißig Euro.

Der Altersdurchschnitt der in der Weiterbildung Beschäftigten beträgt im Durchschnitt 47 Jahre, der Frauenanteil ist mit 53% nur geringfügig höher als der Anteil der Männer (vgl. BMBF 2006, S. 3).

2.2 Qualifizierung der Beschäftigten

Bezüglich des formalen Bildungsabschlusses zeigt sich ein hoher Akademisierungsgrad: 73% verfügen über einen akademischen Abschluss. Interessant ist jedoch, dass der pädagogische Bildungshintergrund sehr heterogen und auch nicht notwendigerweise vorhanden ist: 19% haben ein Lehramtsstudium absolviert, weitere 19% haben einen anderen pädagogischen Abschluss, 21% haben an trägereigenen Fortbildungen teilgenommen, 28% haben eine „andere pädagogische Ausbildung“ absolviert (wobei hier offen bleibt, was das genau ist) und 34% haben keine pädagogische Ausbildung. Der Zugang zu einer Beschäftigung in der Weiterbildung ist nicht formal geregelt, es sind viele Quereinsteiger tätig. Insbesondere bei den Dozent/innen scheint die jeweilige fachspezifische Qualifizierung oftmals ein bedeutsameres Einstellungskriterium zu sein als eine (erwachsenen-)pädagogische Qualifizierung. Im Kontext der neueren Qualitätsdiskussion in der Weiterbildung wird dies teilweise auch sehr kritisch gesehen und (erwachsenen)pädagogische Qualifikationsstandards gefordert (Meisel/Dollhausen 2006; Kraft 2006a, 2007a/b).

3 Tätigkeitsfelder und Aufgaben in der Weiterbildung

Zu den Aufgabenfeldern und Tätigkeiten in der Weiterbildung gibt es nur wenig systematisch erhobene empirische Daten und Befunde. Das Aufgabenfeld in der Weiterbildung ist breit, die Tätigkeiten des Weiterbildungspersonals sind entsprechend vielfältig und unterschiedlich. Folgende Aufgabenbereiche werden gängigerweise benannt und differenziert (vgl. beispielsweise Gieseke 1999; Nittel/Schütz 2005; Nuissl 2005; Kraft 2006a):

- Management
- Marketing und Öffentlichkeitsarbeit
- Programmplanung
- Lehren
- Beratung
- Verwaltung

In der Praxis gibt es jedoch zwischen diesen Tätigkeitsbereichen viele Schnittmengen: In kleineren Weiterbildungseinrichtungen ist die Leitung oftmals auch z.B. für die Programmplanung zuständig, manchmal unterrichtet sie auch noch selbst, während es in größeren Weiterbildungseinrichtungen durchaus mehrere und nach Fachbereichen differenzierte Programmplanende (z.B. für Sprachen, Gesundheit, Berufliche Weiterbildung, Grundbildung) geben kann. Auch das Tätigkeitsfeld der Lehrenden besteht oft nicht nur in der Durchführung von Seminarangeboten, sondern sie haben meist zusätzlich unterschiedliche Beratungsaufgaben (Lern- oder Weiterbildungsberatung). Auch die Tätigkeiten im Verwaltungsbereich haben sich ausdifferenziert und die Grenzen zu pädagogischen Aufgaben werden fließender (z.B. kundenorientierte Beratung). Die folgenden Ausführungen beschreiben somit nur idealtypisch differenziert die Tätigkeitsbereiche und Aufgaben.

3.1 Management

War der „Management“ Begriff im (Erwachsenen-) Bildungsbereich lange Zeit meist verpönt, hat er sich vor dem Hintergrund der immer stärkeren Durchdringung der Weiterbildung durch marktwirtschaftliche Prinzipien etabliert und beschreibt einen Tätigkeitsbereich, dessen professionelle Ausführung für alle Weiterbildungseinrichtungen existenznotwendig geworden ist (Meisel 2001 und Meisel in diesem Band). Veränderte Finanzierungsstrukturen, rückläufige öffentliche Förderung aber auch neue organisationale Anforderungen wie beispielsweise Qualitätsentwicklung erfordern ein über den Kern erwachsenenpädagogischer Kenntnisse hinausgehendes Wissen und entsprechende Kompetenzen. Management umfasst z.B. die

- Organisation und Leitung einer Einrichtung
- Zielformulierung für die Organisation
- Qualitätsentwicklung/-sicherung
- Finanz-/Ressourcenbeschaffung
- Koordination unterschiedlicher Arbeits- und Funktionsbereiche
- Steuerung
- Controlling
- Personalentwicklung/-führung/-einsatz
- Fortbildungsplanung für das Personal
- Projektakquise und Projektmanagement
- Repräsentanz und Vertretung der Einrichtung (lokal und regional)

Die genannten Aufgaben im Management und in der Leitung von Weiterbildungseinrichtungen erfordern in der Regel Qualifikationen, die über ein Studium der Erwachsenenbildung hinausgehen. Fundierte betriebswirtschaftliche Kenntnisse, Wissen über Förderstrukturen und Förderpolitik sowie grundlegende Kenntnisse in Personalführung sind heute unabdingbare Voraussetzungen, um eine Weiterbildungseinrichtung erfolgreich zu führen und zu leiten. Die regionale/lokale Verortung und Verankerung der Weiterbildungseinrichtung erfordert auch einen kompetenten strategischen Umgang mit der Situation vor Ort (Politik, Kooperation und Konkurrenz mit anderen (Weiter-/Bildungs-) Einrichtungen).

3.2 Marketing und Öffentlichkeitsarbeit

Der Markt der Anbieter von Weiterbildung hat sich in den letzten Jahren ausdifferenziert, neue Anbieter haben sich etabliert. Damit sind aber auch neue Formen der Konkurrenz entstanden. Weiterbildungseinrichtungen sind dazu gezwungen, ihr Profil öffentlichkeitswirksam zu präsentieren und um potenzielle Kunden zu werben. Gezieltes Marketing und eine professionelle Öffentlichkeitsarbeit sind deshalb zentrale Instrumente für eine Positionierung einer Weiterbildungseinrichtung auf dem Markt (vgl. von Rein 2000; Möller 2002; siehe auch Schöll in diesem Band). Dieses umfasst:

- Präsentation der Einrichtung
- Pressearbeit
- Internetpräsenz
- Erstellung von Informationsmaterial
- Regionale und lokale Vernetzung/Kontaktpflege
- Kontinuierliche Marktbeobachtung
- Zielgruppenanalyse

Marketing und Öffentlichkeitsarbeit gewinnen zunehmend an Bedeutung, wenn es darum geht, neue oder veränderte Zielgruppen zu erreichen und anzusprechen. Richtungweisend sind hier die Ergebnisse aus der sozialen Milieuforschung von Barz und Tippelt (2004, 2008).

> „Die (herkömmliche) Differenzierung und Segmentierung des Weiterbildungsmarktes nach soziodemographischen Faktoren (…) reichen heute nicht mehr aus, um die Nachfrageseite des Weiterbildungsmarktes hinreichend zu beschreiben. (…) Das Milieumodell gilt als Konzept, das neben traditionellen (und unbestritten für die Weiterbildungsbeteiligung relevanten!) Faktoren auch psychografische Aspekte wie grundlegende Werteorientierungen, Lebensauffassungen und Lebensstile berücksichtigt" (Reich/Tippelt 2008, S. 17).

Obwohl das Aufgabenfeld „Marketing und Öffentlichkeitsarbeit" in der Weiterbildung mittlerweile unbestritten als wichtig gilt, ist es bislang nur wenig verankert in der erziehungswissenschaftlichen/pädagogischen Qualifizierung.

3.3 Programm- und Angebotsplanung

Programm- und Angebotsplanung gelten als ein zentraler Kern professioneller erwachsenenpädagogischer Tätigkeit. Auch wenn die beiden Begriffe häufig synonym verwendet werden, so beziehen sie sich durchaus auf unterschiedliche Dinge (Reich/Tippelt 2008, S. 13f., siehe auch Höffer-Mehlmer und Reich-Claassen/von Hippel in diesem Band): Programmplanungshandeln bezeichnet einen vielschichtigen Vorgang und bewegt sich im Spannungsfeld zahlreicher Bedingungsfaktoren wie z.B. Organisationsziele, gesellschaftlicher Bedarf und Bedürfnisse der Adressaten und wird von finanziellen Ressourcen, Konkurrenzsituation, Personalstruktur, Tradition der Einrichtung bis hin zu Erwartungen von angeschlossenen Gremien beeinflusst. Die Angebotsplanung bezieht sich stärker auf die konkrete Umsetzung von Weiterbildungsangeboten und damit auf die konzeptionelle und mikrodidaktische Ausgestaltung.

Programmplanungshandeln umfasst:

- Bedarfserhebung
- Bedarfsanalyse
- Zielgruppenanalyse
- Programmentwicklung
- Programmkonzeption
- Kommunikation mit der Leitung
- Finanzplanung

Angebotsplanung umfasst:

- konkrete Angebotserstellung
- Auswahl geeigneter Dozent/inn/en
- Koordination und Kommunikation mit Dozent/inn/en
- Veranstaltungsorganisation
- Information und Service nach innen und außen
- Ressourcensicherung

In den Weiterbildungseinrichtungen ist meist das hauptberufliche Personal für die Programm- und Angebotsplanung zuständig. Allerdings gibt es auch hier Schnittstellen in den Aufgabenbereichen sowohl zwischen Leitung und für die Programmplanung Zuständigen sowie diesen und den Kursleitenden/Dozenten.

3.4 Lehren

Lehren ist eine weitere Kernaufgabe in der Weiterbildung. In diesem Bereich sind auch die meisten der Beschäftigten tätig. Neben der jeweiligen fachlichen Expertise, sollte ein in der Erwachsenenbildung Lehrender über ein grundlegendes Wissen über erwachsenenspezifisches Lernen, Didaktik und Methodik sowie Gruppenprozesse verfügen (vgl. Bastian u.a. 2004[2]). Der Begriff des Lehrens wurde in den letzten Jahren insbesondere im Kontext der Diskussionen um selbstgesteuertes Lernen tendenziell abgelöst und ersetzt durch Formulierungen wie beispielsweise „Gestaltung von Lehr-Lern-Arrangements", wobei sich die daraus ergebenden Teilaufgaben nicht grundlegend verändert haben (vgl. kritisch dazu auch Kraft 2006b). Allerdings wurde ein Perspektivwechsel vorgenommen und der Teilnehmer als ein aktiv und selbstgesteuert Lernender in den Fokus gestellt.

Die Teilaufgaben lassen sich wie folgt differenzieren:

- Unterrichtsvorbereitung
- Erstellung von Materialien
- Didaktische Planung
- Planung des Medieneinsatzes
- Durchführung des Seminars/der Veranstaltung
- Moderation
- Visualisierung des Lernstoffs
- Lernberatung
- Lernerfolgskontrolle
- Erkennen und Steuerung von Gruppenprozessen
- Evaluation
- Selbstevaluation

„Lehrtätigkeiten" sind in der Praxis klassische Aufgaben der Dozent/innen bzw. der Kursleitenden. An dieser Stelle wird deutlich, dass die komplexen Aufgaben etwas in Widerspruch zur tatsächlichen Qualifizierung der „Lehrenden" stehen, die – wie die Ergebnisse der BMBF Studie zeigen – häufig keine (erwachsenen-) pädagogische Ausbildung haben. Insbesondere wenn es darum geht, neue Zielgruppen für die Weiterbildung zu gewinnen sowie zielgruppenspezifische Angebote zu entwickeln, besteht hier Entwicklungsbedarf, neben den wichtigen fachlichen auch den erwachsenenpädagogischen Kompetenzen mehr Bedeutung zu geben.

3.5 Beratung

Beratung ist ein Arbeitsfeld, das sich für Weiterbildner/innen in den letzten Jahren nicht nur ausgeweitet, sondern auch ausdifferenziert hat. Gerade durch den bereits beschriebenen Perspektivwechsel auf den selbstgesteuerten und aktiven Lernenden und die Abkehr von der klassischen Vorstellung des Lehrens, hat die Bedeutung von Beratung in der Weiterbildung stark zugenommen (vgl. Klein 2007). Differenziert werden kann dabei in Weiterbildungsberatung, die das Ziel hat, passende Weiterbildungsangebote zu finden (dies kann auch außerhalb konkreter Einrichtungen stattfinden) und Lernberatung, die den Lernenden in ihrem Lernprozess beratend zur Seite steht und in der Regel direkt in den Kursen und vor Ort in den Einrichtungen stattfindet.

Lernberatung umfasst:

- Analyse von Lernzielen
- Lernereinstufung
- Lerntypenanalyse
- Lerncoaching

Weiterbildungsberatung bezieht sich auf die:

- Berufs- oder alltagsbezogene Analyse von Lernbedarfen/-wünschen
- Zusammenarbeit mit Arbeitsagenturen/Argen
- Suche nach passenden Weiterbildungsangeboten

Die in den letzten Jahren von vielen Autor/inne/n postulierten Veränderungen und Verlagerungen in den Aufgabenfeldern für Weiterbildner/inne/n, in dem diese zunehmend die Rolle als Lernbegleiter, Initiator, Coach und Facilitator einnehmen, sind jedoch empirisch nicht hinreichend belegt. Durch die zunehmende Ausdifferenzierung unterschiedlicher Angebotsformen in der Weiterbildung, die Vielfalt von Angeboten und die zunehmende Bedeutung von Abschlüssen und Zertifikaten wächst allerdings der Bedarf an Information und Weiterbildungsberatung sicherlich unbestritten.

3.6 Verwaltungstätigkeiten

Die Tätigkeiten in der Verwaltung haben sich in den letzten Jahren auch im Weiterbildungsbereich verändert: Verschiedene „klassische" Bürotätigkeiten haben sich durch die Verbreitung von Computern vereinfacht oder haben an Bedeutung verloren (z.B. das Abtippen von Briefen und Programmankündigungen). Das Verwaltungspersonal wird zudem immer häufiger zur Schnittstelle zwischen Einrichtung und Kunden/potenziellen Teilnehmer/innen: Sie sind oftmals die ersten Ansprechpartner bei Anrufen und Einschreibungen und übernehmen hier Beratungstätigkeiten. Zudem unterstützen sie zunehmend auch den Bereich der Öffentlichkeitsarbeit (vgl. Dietsche 2002). Meisel spricht bereits von dem neuen Typus der „organisatorisch-pädagogischen Mitarbeiter/innen" (=OPM) – eine Bezeichnung, die die Veränderungen ausgesprochen gut beschreibt (siehe Meisel in diesem Band).

Die Aufgaben des Verwaltungspersonals umfassen:

- Personalsachbearbeitung
- Statistik und Berichtswesen, Auswertungen

- Datei-/Aktenverwaltung
- Organisation und Verwaltung von angegliederten Betrieben und Einrichtungen
- Infrastruktur-Management
- Informationsbeschaffung
- Interne Dienstleistungen
- Planung/Organisation von Sonderveranstaltungen
- Unterstützung der Öffentlichkeitsarbeit
- (telefonische) Beratung bei Einschreibungen und Kursauswahl

3.7 Aktuelle Tendenzen

Es sei hier nochmals betont, dass die differenziert beschriebenen Aufgaben und Tätigkeiten in der Weiterbildung in der Realität mit unterschiedlichen Fokussierungen und Schnittmengen vorzufinden sind.

In den letzten Jahren werden von vielen Autoren/inn/en Veränderungen und Verlagerungen in den Aufgabenfeldern konstatiert: So rückt man seit geraumer Zeit die Gestaltung von Lehr-/Lernsettings in den Mittelpunkt. Selbstgesteuertes Lernen soll unterstützt werden und die Förderung der Eigenaktivität des Lernenden wird zu einem zentralen didaktisch-methodischen Prinzip erhoben. Als weitere Trends werden eine zunehmende Ausdifferenzierung unterschiedlicher Angebotsformen in der Weiterbildung, ein wachsender Bedarf an Information und Beratung, eine ansteigende Integration medial unterstützter Lernorganisationsformen und die wachsende Bedeutung informell erworbener Kompetenzen benannt (vgl. Meisel/Dollhausen 2006, S. 65). Barz ergänzt diese Ausführungen durch eine neue Herausforderung, die er als Performance Improvement bezeichnet (vgl. ebd. 2006, S. 73f.); dabei geht es um eine Leistungsverbesserung durch Optimierung der Arbeitsumgebung, der Ressourcen und der Informationen. Kil und Schlutz unterstützen die Beschreibungen neuer Aufgaben und sprechen von einer zunehmenden Bedeutung von Beratungsformen, Blended oder E-Learning und arbeitsplatzorientierter Weiterbildung (vgl. ebd. 2006, S. 167ff.).

Auch in der betrieblichen Weiterbildung zeichnen sich neue Trends ab. Der Kern zukünftiger Weiterbildungstätigkeit liegt darin, Lernenden in Zukunft zu vermitteln, wie sie sich selbst Kenntnisse und Fähigkeiten aneignen können, Umfeldbedingungen lernfreundlich zu gestalten und Führungskräfte hinsichtlich ihrer pädagogischen Aufgaben zu beraten und zu begleiten. Müller (2003, S. 120) fordert für das Weiterbildungspersonal in der beruflichen Weiterbildung ein Zusammenspiel von Fachlichkeit und pädagogischen Kenntnissen. Barz spricht in diesem Zusammenhang von der neuen Lernkultur „Learning on the job“ (vgl. ebd. 2006, S. 58ff.).

Diese formulierten Trends werden in der Regel jedoch nicht empirisch begründet, denn bislang standen die Aufgaben und Tätigkeiten von Weiterbildner/inne/n nur wenig im Fokus der Forschung. Hier besteht zum einen weiterer Forschungsbedarf, zum anderen zeigt sich auch ein Strukturierungsbedarf: Insbesondere im Hinblick auf die Aus- und Fortbildung von Weiterbildner/inne/n sollten die analytisch differenzierten Aufgaben- und Tätigkeitsfelder von Weiterbildner/inne/n in tätigkeitsbezogene Kompetenzprofile übersetzt und Kompetenzanforderungen für das Berufsfeld Weiterbildung formuliert und beschrieben werden. Eine Beschreibung von Kompetenzen entspricht auch den Anforderungen, die sich aus den Diskussionen und der Entwicklung des europäischen und des nationalen Qualifikationsrahmen ergeben. Für alle Berufe werden derzeit mehrstufige Kompetenzmodelle entwickelt, welche sich nicht an formalen Qualifikationen orientieren und definieren, sondern outcome- bzw. kompetenzbezogen sind.

4 Beschreibung von Kompetenzprofilen für Weiterbildner/innen

Für den Bereich Weiterbildung sind beispielsweise folgende funktionsbezogene Profile beschreibbar: Kompetenzprofil Bildungsmanager/in, Kompetenzprofil Kursleiter/in oder Trainer/in, Kompetenzprofil Bildungsberater/in. Ermöglicht wird damit aber auch zum einen die Beschreibung und Ausarbeitung bereichsspezifischer Kompetenzprofile wie beispielsweise die Beschreibung eines Kompetenzprofil für den/die „betriebliche/r Weiterbildner/in“, zum anderen werden Schnittmengen zwischen den Aufgaben bei den ausgearbeiteten Kompetenzanforderungen deutlicher erkennbar und benennbar. Dies soll an zwei Beispielen illustriert werden.

4.1 Kompetenzprofil Kursleiter/in

Kursleiter/innen sind verantwortlich für die Durchführung von Seminaren und Kursen. Neben dem dafür notwendigen fachspezifischen Wissen ist es unabdingbar, dass sie über *grundlegende erwachsenenpädagogische Kenntnisse über das Lehren und Lernen von und mit Erwachsenen* verfügen. Notwendig ist zudem auch ein Grundlagenwissen über weitere Themenfelder wie *Management* und *Beratung*, um die Arbeit in der Weiterbildung erfolgreich durchführen zu können.

Fachwissen und Fachdidaktik

Erwachsenenpädagogische Grundlagen

Lehr-Lern-Gestaltung
- Planung von Kursen/Seminaren (Angebotserstellung, Organisation von Kursen, Mittelakquise, Öffentlichkeitsarbeit und Selbstvermarktung)
- Durchführung von Kursen/Seminaren (Methodik + Didaktik, Lernen Erwachsener, Qualitätssicherung, Gruppendynamik)
- Evaluation von Kursen/Seminaren
- Zielgruppen- und Adressatenorientierung

Management
- Strukturen und Finanzierung der Weiterbildung
- Struktur der jeweiligen Einrichtung
- Programmplanung
- Drittmittelakquise
- Projektmanagement

Beratung
- Grundlagen der Beratung
- Gesprächsführung
- Zielgruppen- und milieuspezifische Beratung

Diese Aufgaben lassen sich übersetzen in die Formulierung von Kompetenzen:

Tab. 1: Kernkompetenzen Lehr-Lerngestaltung

Aufgabenfelder	Akquise, Entwicklung, Planung	Organisation, Durchführung	Evaluation	Reflexion	Beratung	Zielgruppen und Adressatenorientierung
Kompetenzen	Eigene Kurse planen und ausschreiben	Kursadministration übernehmen Kurse im eigenen Fachgebiet durchführen Gruppendynamische Prozesse erkennen und steuern	Kurse und Lernprozesse (mit vorgegebenen Mitteln) evaluieren	Eigene Stärken und Schwächen einschätzen	Individuelle Lernprozesse unterstützen	Unterschiedliche Zielgruppen und Adressaten differenzieren und erkennen

Tab. 2: Kernkompetenzen Management

Aufgabenfelder	Struktur der Weiterbildung	Programmplanung	Drittmittelakquise	Projektmanagement
Kompetenzen	- Grundverständnis über die Strukturen und Finanzierung der Weiterbildung	- Grundkenntnisse Bedarfsanalyse und Ressourceneinsatz	- Grundkenntnisse Projektakquise (Geldgeber, Projektanträge schreiben)	- Grundkenntnisse über die finanzielle und fachliche Bearbeitung eines Projektes

Tab. 3: Kernkompetenzen Beratung

Aufgabenfelder	Durchführung einer Beratung	Gesprächsführung	Selbstreflexion
Kompetenzen	- Kenntnisse der Grundlagen von Beratung - Spezifität von Lernberatung	- Strukturierung eines Beratungsgesprächs - Rollen annehmen	- die eigene Rolle erkennen und reflektieren - Grenzen der Beratung erkennen

4.2 Kompetenzprofil betriebliche/r Weiterbildner/in

Claudia Sorg-Barth (2000) hat in einer Studie zu den erforderlichen Kompetenzen betrieblicher Weiterbildner/innen auf Basis von Stellenausschreibungen und einer Befragung eine sehr ausführliche Beschreibung eines Kompetenzprofils von Weiterbildner/innen formuliert.

Tab. 4: Kompetenzprofil betriebliche/r Weiterbildner/in (vgl. Sorg-Barth 2000)

Fachliche Kompetenz	- Betriebswirtschaftliches Wissen und Verständnis - Technisches Wissen und Verständnis für unterschiedliche Arbeitsplätze
Methodische Kompetenz	- Kenntnis und Beherrschung von Projekt-, Prozessmanagement- und Moderationsmethoden - Fähigkeit, Interventions-, und Kommunikationsmethoden anzuwenden - Fähigkeit zum Einsatz von Qualitätssicherungs- und Qualitätsmanagementsystemen
Pädagogische Kompetenz	- Konzeptions- und Durchführungsfähigkeiten für qualitativ hochwertige, angebots- und bedarfsorientierte Weiterbildung - Fähigkeit den Lernprozess als Projekt zu initiieren, durchzuführen und zu steuern - Beratungsfähigkeiten - Auswahl von geeigneten Lernmethoden - Fähigkeit zur Nutzung multimedialer Lernsysteme - Pädagogisches Werteverständnis - Fähigkeit eine Lernkultur im Unternehmen zu entwickeln
Persönliche Kompetenz	- Reflexionsfähigkeit - Flexibilität - Ausgeglichenheit - Positives Denken - Innovationsfähigkeit - Systemisches Denken - Bereitschaft zur Selbstverantwortung - Interkulturelle Kompetenz - Sprachliche Kompetenz - Beurteilungsfähigkeit
Soziale Kompetenz	- Fähigkeit zur kooperativen Zusammenarbeit mit den Führungskräften und Mitarbeitern - Kommunikationsfähigkeiten - Zwischenmenschliche Sensibilität im Umgang mit Mitarbeitern - Konfliktfähigkeit - Teamfähigkeit
Unternehmerische Kompetenz	- Fähigkeit, als Unternehmer zu denken - Fähigkeit, Bildungsangebote zu vermitteln - Fähigkeit zum strategischen Denken

Beide Modelle zeigen einen Weg, anhand der Aufgaben und Tätigkeitsfelder die Anforderungen zu benennen und zu konkretisieren und damit funktionsbezogene Kompetenzprofile zu beschreiben. Diese sollen nicht als starres System gesehen werden, sondern bieten die Möglichkeit einer flexiblen Anpassung an neue Herausforderungen, an institutionelle Besonderheiten (strukturell und inhaltlich) sowie an individuelle Profile von Weiterbildner/inne/n.

Insbesondere kann damit zukünftige Aus- und Fortbildung der Weiterbildner/innen kontinuierlich aktualisiert und spezifiziert werden.

5 Aus- und Fortbildung

Während die Berufszugänge in anderen Bildungsbereichen wie Schule und Kindererziehung formal geregelt sind, gibt es für das Berufsfeld Weiterbildung bislang keine standardisierte, verbindliche Qualifizierung und auch keine Rahmenvereinbarungen oder Regelungen über Mindestanforderungen. Die Aus- und Fortbildungswege für Weiterbildner/innen existieren parallel, unsystematisch und uneinheitlich nebeneinander. Es gibt grundständige universitäre Studiengänge mit unterschiedlichen Abschlüssen (Diplom, BA/MA), Aufbau- und Zusatzstudiengänge, träger- und verbandsspezifische Aus- und Fortbildungen sowie eine Vielzahl von Angeboten freier Träger zur Qualifizierung der Beschäftigten in der Weiterbildung. Zudem gibt es neben zahlreichen Einzelangeboten umfangreiche Fortbildungskonzepte mit modularem Aufbau.

5.1 Studiengänge Erwachsenen- /Weiterbildung an Hochschulen

Eine jährlich aktualisierte Zusammenstellung der *Studiengänge Erwachsenen- /Weiterbildung* findet sich unter www.die-bonn.de/service/hochschulen.de.

Zu Beginn 2008 finden sich 90 Studiengänge „Erwachsenenbildung/Weiterbildung“ an 41 Hochschulen. Die Bezeichnungen der Studiengänge sind dabei nicht einheitlich – so finden sich beispielsweise Erziehungswissenschaft mit Schwerpunkt Erwachsenenbildung/Weiterbildung, Bildungsmanagement, European Master Studiengänge, Andragogik u.a. Viele der Studiengänge befinden sich derzeit im Übergang von Diplomstudiengängen zum BA/MA. Während der Bachelor eher generell angelegt ist, findet sich beim MA häufiger eine Profilierung der Erwachsenenbildung/Weiterbildung (vgl. Gräßner/Walber 2007).

Die Hochschulen bieten zudem im Bereich Erwachsenenbildung/Weiterbildung derzeit über 70 Weiterbildungsstudiengänge für den Bereich Erwachsenenbildung/Weiterbildung an (Stand 12/2007). Die folgende Tabelle zeigt die erwachsenenpädagogischen Themenfelder und die Art der Hochschulen, die Angebote bereithalten.

Tab. 5: Weiterbildungsangebote für Weiterbildner/innen an Hochschulen (Kraft/Ballweg 2008)

Art der Hochschule	gesamt	Universität	Fachhochschule	Pädagog. Hochschule	Technische Universität
Allgemeine Erwachsenenbildung	13	9	2	2	-
Trainerausbildung	10	9	-	2	-
Beratung und Supervision	10	6	3	1	-
Organisationsentwicklung und Beratung	9	5	3	1	-
Weiterbildungsmanagement	21	15	1	3	2
Internationalität/ Interkulturalität	4	2	-	-	2
Medien, E-Learning, Kultur, Kunst	4	4	-	-	-
Sprachen	3	3	-	-	-
	74	53 (71%)	9 (12%)	9 (12%)	4 (5%)

(Allgemeine EB 13, Trainer 10, Beratung 10, OE 9, WB-Management 21, Interkulturalität 4, E-Learning/ Medien 4, Sprachen 3)

Die meisten Angebote sind berufsbegleitend (85%) und dauern zwischen zwei und vier Semester. Ca. 60% setzen Berufserfahrung voraus, 70% einen Hochschulabschluss. Auch hier finden sich sehr unterschiedliche Abschlüsse – 34 Hochschul- bzw. Fachbereichszertifikate, 32 Masterabschlüsse und nur 4 Diplom/BA Abschlüsse.

5.2 Fortbildungsanbieter und Fortbildungsangebote für Erwachsenen-/Weiterbildner/innen außerhalb der Hochschulen

Außerhalb der Hochschulen findet sich eine Vielzahl verschiedener Fortbildungsanbieter mit ebenso vielfältigen Fortbildungsangeboten für Erwachsenen-/Weiterbildner/innen. Zur Erhöhung der Transparenz für die Zielgruppe wurde vom Deutschen Institut für Erwachsenenbildung die Datenbank QUALIDAT aufgebaut (www.die-bonn.de/qualidat). QUALIDAT ist eine Datenbank, die sich speziell an die in der Weiterbildung Beschäftigten wendet (Trainer, Kursleiter, Dozenten, Lernbegleiter, Planende, Leitende und Verwaltungspersonal). Für diese Zielgruppe werden Fortbildungsangebote gebündelt und komfortable Recherchemöglichkeiten zur Verfügung gestellt. In QUALIDAT sind derzeit (Anfang 2008) 270 Anbieter registriert, laufend finden sich ca. 700 bis 1000 Fortbildungsangebote[4] zu einem breiten Themenfeld[5] in der Datenbank.

5.3 Themen der Fortbildungsangebote

Die Breite der Aufgabenfelder und Tätigkeiten in der Weiterbildung spiegelt sich auch in der thematischen Vielfalt der Fortbildungsangebote. Eine thematische Analyse der Fortbildungsangebote in QUALIDAT während eines Jahres zeigt folgende Verteilung:

Tab. 6: Fortbildungsthemen

Themen	QUALIDAT Fortbildungsangebote im Zeitraum eines Jahres1
Fremdsprachendidaktik	280
Gesundheitsbildung	192
Didaktik/Methodik	180
Kommunikation/Konfliktlösung	190
Kulturelle Bildungsarbeit	185
Management/Leitung	125
Deutsch als Fremdsprache	75
EDV unterrichten	75
Beratung	73
Verwaltung	73
Alphabetisierung/Grundbildung	72

4 Das Angebot schwankt, da alle nicht mehr aktuellen Fortbildungsangebote auch nicht mehr angezeigt werden. QUALIDAT folgt damit den Anbieterzyklen, die in der Regel 2x jährlich ein Fortbildungsprogramm herausgegeben (z.B. die VHS Verbände).

5 Die Systematik umfasst 24 Themenbereiche (siehe Tab. 5).

Themen	QUALIDAT Fortbildungsangebote im Zeitraum eines Jahres1
Lernen/Lernkultur	70
Elternbildung	55
Interkulturelle Bildungsarbeit	53
Präsentieren	51
Qualitätsentwicklung	48
Moderieren	46
Öffentlichkeitsarbeit	45
Theologische Bildungsarbeit	45
Organisations-/Personalentwicklung	31
Kursplanung/-organisation	31
Gesellschaft und Politik	26
Evaluation	25
Bildungsarbeit mit Senioren	23

Der größte Anteil der Fortbildungsangebote entfällt auf die Bereiche Fremdsprachenunterricht, Gesundheitsbildung, Didaktik/Methodik, Kommunikation/Konfliktlösung sowie kulturelle Bildungsarbeit. Eher weniger Angebote finden sich zu den Themen Gesellschaft/Politik, Evaluation und Bildungsarbeit mit Senioren.

5.4 Anbieterstruktur

In der Datenbank QUALIDAT sind es mit Abstand die Volkshochschulen und ihre Landesverbände, die den quantitativ größten Teil der Veranstaltungen anbieten. Ihnen folgen die konfessionellen Anbieter und die Hochschulen. An vierter Stelle liegen private Institutionen. Weniger relevant sind sonstige öffentlich geförderte Institutionen sowie die gewerkschaftlichen Anbieter. Zu beachten ist, dass die wirtschaftsnahen Anbieter bislang kaum in QUALIDAT vertreten sind – dies kann damit zusammenhängen, dass deren Angebote weniger offen für alle Teilnehmer oder Zielgruppen sind.

Ergänzt man die Daten aus QUALIDAT mit weiteren Internetrecherchen und Analysen (vgl. Kraft/Seitter 2008, im Druck), findet sich mengenmäßig ein großes und vielfältiges Fortbildungsangebot für Weiterbildner/innen. Dies gilt sowohl für Einzelveranstaltungen als auch für modular angelegte und strukturierte Fortbildungskonzepte. Im Gesamtüberblick zeigt sich eine heterogene Anbieterstruktur und ein heterogenes Angebot. Dies ist für eine Orientierung potenzieller Teilnehmer/innen und Kunden schwierig.

Anbieterbezogen zeigen sich die Fortbildungsangebote allerdings deutlich strukturierter, denn Anbieter von Fortbildungen für Weiterbildner/innen profilieren sich in unterschiedlichen Themenfeldern.

5.4.1 Fortbildungsangebote der Volkshochschulverbände und Volkshochschulen

Sowohl bei den Volkshochschulverbänden als auch bei den einzelnen Volkshochschulen finden sich umfangreiche und thematisch differenzierte Fortbildungsprogramme und -angebote für frei- und nebenberufliche Kursleiter/innen sowie für hauptberufliche Mitarbeiter/innen. Die kontinuierliche Fortbildung der Lehrenden wird dabei als wichtiger Bestandteil einer umfassenden Sicherung und Entwicklung von Qualität angesehen. Die inhaltlichen Schwerpunkte der Fortbildungen sind „Grundlagen der Erwachsenenbildung", „Didaktik" sowie fachspezifische Themen wie „Fremdsprachendidaktik", „Grundbildung/Alphabetisierung", „Gesundheitsbildung" und „kulturelle Bildungsarbeit".

Darüber hinaus finden sich in den meisten der 16 Volkshochschul-Landesverbände unterschiedlich gestaltete Angebote zu einer erwachsenenpädagogischen Grundqualifikation für Kursleitende nach bundesweit anerkannten Standards des Deutschen Volkshochschul-Verbandes und der Landesverbände. Diese Fortbildungen haben einige einheitliche Merkmale:

- Die Angebote bestehen aus mehreren Kursen (teilweise benannt als Module oder Bausteine).
- Es besteht die Möglichkeit des Erwerbs eines im VHS-Bereich anerkannten Zertifikates.
- Die Dauer der Angebote bis zu einem bescheinigten Abschluss reicht von 60 bis 80 Unterrichtsstunden.
- Es gibt eine allgemeine inhaltliche Übereinstimmung. Die einzelnen Angebote orientieren sich an den im Rahmenkonzept festgelegten Kompetenzbereichen: 1. Personale Kompetenzen, 2. Soziale Kompetenzen, 3. Didaktische Kompetenzen, 4. Methodische Kompetenzen und 5. Gesellschaftliche und institutionelle Kompetenzen.
- Zulassungsvoraussetzung ist lediglich eine aktuelle oder geplante Kursleitertätigkeit an einer VHS des jeweiligen Bundeslandes. Eine ausreichende fachliche Handlungskompetenz muss allerdings vorhanden sein.
- Die Fortbildungen werden dezentral in den jeweiligen Volkshochschulen durchgeführt.

Ende 2007 wurde – gemeinsam von allen Landesverbänden und getragen durch den Deutschen Volkshochschul-Verband (DVV) – ein Portfolio „Kompetenzprofil für Lehrende" entwickelt, das zum einen als Instrument zur Selbstreflexion aber zum anderen auch zur Personalentwicklung in den Einrichtungen genutzt werden soll (Kompetenzbilanzierung/-reflexion, Kompetenzweiterentwicklung und Fortbildungsplanung, Außendarstellung zur Bewerbung, Leitfaden für Bewerbungs- und Beratungsgespräche). Es enthält Formblätter mit Fragen, Anregungen, Tabellen zu folgenden Bereichen: Lebenslauf, bisherige Tätigkeiten, Kompetenzbilanzierung (Selbsteinschätzung, Entwicklungsbedarfe) und Fortbildungen (www.dvv-vhs.de/servlet/is/42890).

Eine Anbindung an die Hochschulqualifizierung wurde exemplarisch von der VHS Stuttgart in Kooperation mit der Universität Koblenz-Landau entwickelt (vgl. http://www2.vhs-stuttgart.de/kursleiterakademie/ka_frames_1.html).

5.4.2 Fortbildungsangebote der kirchlichen Träger

Die Katholische Bundesarbeitsgemeinschaft für Erwachsenenbildung (KBE) und die Deutsche Evangelische Arbeitsgemeinschaft für Erwachsenenbildung (DEAE) bieten mit verschiedenen ihrer Landeskirchlichen Organisationen bzw. Arbeitsgemeinschaften Fortbildungsangebote für ihr festangestelltes pädagogisches Personal und für frei- und nebenberufliche sowie ehrenamtliche Lehrkräfte an. Die inhaltlichen Schwerpunkte sind „Grundlagen der Erwachsenenbildung", „Beratung/Supervision", „Kommunikation", „Elternbildung" und „theologische Bildungsarbeit". Neben etlichen Kurzzeitangeboten finden sich auch umfangreichere Angebote. Zu nennen sind hier insbesondere die Angebote zur beruflichen Qualifizierung von Erwachsenenbildner/inne/n, die im Rahmen des Projekts „Berufseinführung – Empfehlungen zur beruflichen Qualifizierung von Erwachsenenbildnern" von der KBE und der DEAE entwickelt wurden. Sie sehen in einer ersten Phase eine einjährige zentrale Berufseinführung vor, in einer zweiten Phase ein Baukastensystem von spezialisierten Fortbildungen für unterschiedliche Handlungsfelder. Die erste Phase umfasst vier Seminarbausteine, ergänzt durch eine Praxisberatung, im Umfang von 200 Unterrichtseinheiten zu den Themenfeldern gesellschaftliche und kirchliche Begründungszusammenhänge von Erwachsenenbildung, Programmplanungshandeln, wirksame Kommunikation mit Öffentlichkeiten und Lehr-/Lerngeschehen in der EB.

Die zweite Phase der beruflichen Spezialisierung wird durch Angebote gestaltet, die von regionalen Trägern entwickelt, aber bundesweit zugänglich gemacht werden, mit einem Umfang von 100 Unterrichtseinheiten. Über die Teilnahme an dem Gesamtprogramm oder an einzelnen Bausteinen wird ein Zertifikat ausgestellt. Es enthält einen Hinweis darauf, dass die erbrachten Leistungen den von den beiden Verbänden KBE und DEAE vereinbarten Standards für die berufliche Qualifizierung entsprechen. Aufgrund dieser Standards ist eine Anerkennung des Zertifikates in den Einrichtungen der katholischen und evangelischen Erwachsenenbildung gewährleistet.

Über die Angebote der Verbände hinaus lassen sich zu den Angeboten kirchlicher Träger auch die Studiengänge an den evangelischen und katholischen (Fach-) Hochschulen nennen wie beispielsweise das Fernstudium „Erwachsenenbildung gestalten" der Evangelischen Kirche in Hessen-Nassau, das in Kooperation mit dem Institut für Allgemeine Pädagogik und Berufspädagogik der Technischen Universität Darmstadt angeboten wird (http://www.ekhn-zb.de/daten/fernstudium06lang.pdf). Auch die Evangelische Fachhochschule Nürnberg bietet einen Masterstudiengang „Erwachsenenbildung" an (http://www.evfh-nuernberg.de/ms_ae.html).

5.4.3 Fortbildungsangebote der wirtschaftsnahen Verbände/Einrichtungen

Als Anbieter von Fortbildungen für Weiterbildner/innen finden sich hier insbesondere die Industrie- und Handelskammern und die Bildungswerke der Wirtschaft sowie unternehmensinterne Weiterbildungsabteilungen. Die inhaltlichen Schwerpunkte liegen auf den Themen „Beratung", „Seminargestaltung" und „Lernen Erwachsener". Zielgruppe sind die Mitarbeiter/innen, die in der betrieblichen Aus- und Weiterbildung tätig sind.

Speziell für die Zielgruppe „Lehrende" gibt es drei modular aufgebaute Fortbildungskonzepte, die hier erwähnt werden sollen: Bei den Industrie- und Handelskammern findet sich das Qualifizierungskonzept „Train the Trainer" (100 UE) (http://www.dihk-bildungs-gmbh.de/index.php?id=94) und die Langzeitfortbildung „Berufspädagoge für Aus- und Weiterbildung" (Voraussetzung sind 6 Jahre Berufspraxis) (http://www.ausbilder-weiterbildung.de/start.shtml). Eine Trainerausbildung bietet auch das Bildungswerk der sächsischen Wirtschaft mit den inhaltlichen Modulen „Moderieren", „Persönlichkeit/Gruppendynamik", „Coaching",

„Bedarfserhebung und Konzeptentwicklung“, „Methoden und Medien“ sowie Praxisanteile (http://www.bsw-gmbh-online.de).

Erworben werden Zertifikate der IHK, es gibt aber auch nur innerbetrieblich gültige Zertifikate.

Viele der größeren Unternehmen in Deutschland besitzen zudem eigene Weiterbildungsabteilungen bzw. selbstständige Tochterunternehmen, die zum einen die Aus- und Weiterbildung der eigenen Belegschaft durchführen und zum anderen oft in der Regel auch Angebote für externe (meistens andere Unternehmen) anbieten.

5.4.4 Fortbildungsangebote der Gewerkschaften/gewerkschaftsnahen Einrichtungen

Bei diesen Anbietern finden sich eher kurzfristig angelegte Fortbildungsangebote für Dozenten, Trainer bzw. Erwachsenenbildner/innen in Einrichtungen der Gewerkschaft (z.B. DGB Bildungswerke) Einen großen Anteil nehmen die Fachqualifizierungen für Betriebsratsausbilder ein. Das Bildungswerk ver.di in Niedersachsen bietet in Kooperation mit der Evangelischen Fachhochschule Hannover und dem Bildungsverein Hannover eine berufsbegleitende Weiterbildung mit dem Titel „Train the Trainer“ an. Das Angebot umfasst insgesamt 130 UE und die Module „Planung und Durchführung von Lernprozessen“, „Methoden“, „Moderation“, „Präsentation“ und Selbstpräsentation“ sowie „Management für Trainer“. Es schließt ab mit einem Hochschulzertifikat der Fachhochschule Hannover.

5.4.5 Fortbildungsangebote von kommerziellen/gewerblichen/freien Anbietern

Dieser Anbieterbereich ist derjenige, bei dem sich eine Vielzahl an Fortbildungsangeboten finden lässt. Allerdings ist anzumerken, dass sie sich erheblich in Dauer, Inhalt, Kosten, Abschlüssen unterscheiden und dass es bei vielen Qualifizierungsangeboten nicht sichtbar ist, nach welchen Qualitätsstandards sie konzipiert wurden bzw. ob sie solchen standhalten würden. Der Zugang zu den Angeboten steht in der Regel allen Interessierten offen, einige Angebote richten sich an bestimmte Zielgruppen (z.B. Führungskräfte). Inhaltliche Schwerpunkte liegen bei den Themen „Beratung“, „Didaktik/Methodik“ und „Kommunikation /Konfliktlösung“.

5.4.6 Fazit und Entwicklungsperspektiven

Insgesamt zeigt sich, dass entsprechend der dargestellten heterogenen Anbieterstruktur, eine Vielzahl unterschiedlicher Abschlüsse, Bescheinigungen und Zertifikate existiert, deren Reichweite, Gültigkeit und Marktwert kaum einzuschätzen ist. Auch das Kostenspektrum für Fortbildungen ist extrem groß: In der Datenbank QUALIDAT sind beispielsweise 10% der Angebote kostenfrei, 60% der Angebote kosten weniger als 100 Euro. Auffallend ist, dass sich in den Themenfeldern Beratung, Management, Organisationsentwicklung und Personalentwicklung die teuersten Angebote mit teilweise deutlich über 2.000 Euro finden.

Es fehlen bislang jedoch Qualitätskriterien für die Fortbildungsangebote, die eine Einschätzung durch den Kunden ermöglichen, und es fehlt die Einbindung der Fortbildungsangebote in ein Gesamtsystem zur Qualifizierung für Weiterbildner/innen. Es fällt auf, dass aktuelle Themen zur adressaten- und zielgruppenorientierten Bildungsarbeit weitgehend fehlen.

Für eine weitere Professionalitäts- und Qualitätsentwicklung der Weiterbildung ist die Systematisierung der Qualifizierung (Aus- und Fortbildung) und die Formulierung von Kompetenzprofilen eine dringende Herausforderung. Die (veränderten) Aufgaben und Tätigkeiten müssen beschrieben und die daraus abgeleiteten Anforderungen präzisiert werden. Vorhandene Aus- und Fortbildungsangebote sollten systematisiert und in ein Gesamtsystem eingebunden werden und eine anerkannte und kompetenzorientierte Zertifizierung in einem Netzwerk der Anbieter entwickelt werden. Hierzu müssen Verfahren zur Vergleichbarkeit vorhandener Abschlüsse und Zertifikate sowie Verfahren zur Anerkennung informell erworbener Kompetenzen entwickelt werden.

6 Berufsfeld Weiterbildung – ein Blick in andere Länder

Auch in anderen europäischen Ländern ist das Berufsfeld Weiterbildung wenig strukturiert. Die Vergleichbarkeit der Weiterbildungssysteme ist schwierig, weil Weiterbildung in den Ländern durch die historische Entwicklung, die aktuelle gesellschaftspolitische Situation sowie die ministeriellen Zuordnungen in den Ländern unterschiedlich begründet und jeweils unterschiedlich strukturiert ist (feld- oder bereichsspezifisch): So können in Ländern Nord- und Westeuropas in der Regel institutionelle Abgrenzungen von Anbietern (öffentlich/privat), allgemeine und berufliche sowie inhaltlich spezifizierte (z.B. kulturelle) Weiterbildungseinrichtungen unterschieden werden. Diese nach Institutionen beschreibbare Differenzierung existiert in den Ländern Süd- und Osteuropas praktisch nicht: Dort ist Erwachsenenbildung sozialen Bewegungen, Betrieben, Verbänden und Organisationen angegliedert (vgl. Nuissl 2005).

In allen europäischen Ländern gibt es ein breites Spektrum von Berufsgruppen im Weiterbildungssektor. Die Tätigkeitsbereiche differieren und umfassen unterschiedliche Aufgaben. Eine berufliche „Identität“ als Weiterbildner/in fehlt häufig. Nur eine Minderheit ist in festen institutionellen Kontexten beschäftigt; die Mehrheit arbeitet in tendenziell unsicheren Beschäftigungsverhältnissen (befristet, freiberuflich oder ehrenamtlich).

In den letzten Jahren hat sich die Diskussion zur „Kompetenzentwicklung von Weiterbilder/inne/n“ – in Deutschland wie in anderen europäischen Ländern – intensiviert. Die in den Ländern formulierten Beschreibungen von Kompetenzen/-anforderungen sind jedoch heterogen und nicht aufeinander abgestimmt. Hinzu kommt, dass diese Kompetenzprofile meist auf den Sektor berufliche Bildung (also für Trainer in der beruflichen und betrieblichen Aus- und Weiterbildung) bezogen sind. Auch die rechtlichen Bestimmungen in den europäischen Ländern variieren. In einigen Ländern (Frankreich, Schweiz, Italien) gibt es im Bereich Erwachsenen- und Weiterbildung spezifische Regulationen, in anderen Ländern gibt es eine Bewegung in Richtung eines rechtlichen Rahmens zur Regulierung der Erwachsenenbildung (Polen, Portugal). Rechtliche Bestimmungen für das Berufsfeld professioneller Weiterbildner/innen sind jedoch im Gegensatz zu anderen Berufsfeldern in allen Ländern defizitär und es besteht europaweiter Bedarf zur Etablierung von rechtlichen Rahmenbedingungen (vgl. Nuissl/Lattke 2008).

In keinem Land der EU ist der Zugang zur Tätigkeit in der Erwachsenenbildung/Weiterbildung generell geregelt. Es gibt in den verschiedenen europäischen Ländern unterschiedliche Ausbildungswege sowie Zugangsmöglichkeiten zu Tätigkeitsfeldern in der Erwachsenenbildung/Weiterbildung. Für die Qualifizierung gibt es verschiedene Anbieter in den öffentlichen, privaten und universitären Sektoren. In einigen Ländern dominieren private Anbieter (z.B. in der Schweiz), in anderen überwiegen die universitären Anbieter (z.B. in den Niederlanden und in Serbien), wobei universitären Einrichtungen in anderen Gebieten Europas wiederum immer weniger Relevanz zugemessen wird (z.B. in Polen).

Mit der Fortschreitung des Bologna-Prozesses werden in immer mehr Ländern an Universitäten BA- und MA-Programme eingeführt. Es gibt postgraduale Programme in allen europäischen Ländern, die jedoch nicht zwingend die Bezeichnung „Erwachsenenbildung“ im Titel enthalten. In Portugal werden sie beispielsweise als „kulturelle Bewegung“, „kulturelle Bewegung und Gemeindebildung“, „Bildung mit soziokultureller Anleitung“ oder „soziale Bildung“ angeboten. In Ungarn ist eine dynamische Entwicklung im Bereich Erwachsenenbildung zu beobachten. Dort gibt es MA- und BA-Studiengänge seit 2005.

Die Heterogenität der Aus- und Fortbildungsanbieter und der Qualifizierungswege hat zur Folge, dass es eine Vielzahl unterschiedlicher Zertifikate auf dem Markt gibt (innerhalb eines Landes, aber auch innerhalb Europas). Da es diesbezüglich bisher keine klaren Regelungen gibt, sind sie schwierig einzustufen und nicht transparent. Gleichzeitig steigt der Bedarf nach Standards für die Tätigkeiten in der Weiterbildung aufgrund des anwachsenden Wettbewerbs zwischen den Anbietern und dem Anspruch der Einrichtungen, gegenüber Geldgebern aber auch gegenüber den Kunden und Teilnehmer/inne/n die Qualifizierung des Personals zu belegen. Ein gemeinsames Verständnis bezüglich der Kompetenzen im Bereich Erwachsenenbildung/Weiterbildung erscheint deswegen als dringend notwendig.

In einigen Ländern wurden bereits Modelle und Standards zur Qualifizierung des Personals in der Weiterbildung formuliert. Dabei variiert das Wirkungsfeld der eingeführten Konzepte/Modelle: In Großbritannien wurden Standards für professionelles Handeln auf regionaler Ebene in England und Wales konzipiert[6], in der Schweiz[7] und in Österreich[8] wurden nationale Qualifikationssysteme eingeführt.

7 Ausblick

Weiterbildner/innen nehmen im Prozess des lebenslangen Lernens zunehmend eine Schlüsselrolle ein. Sie haben einen entscheidenden Einfluss auf die qualitative Gestaltung des Lehrens und Lernens in der Weiterbildung. Ihre Aus- und Fortbildung und ihre (erwachsenen)pädag ogischen Kompetenzen standen bislang jedoch wenig im Fokus. Zur weiteren Professionalitätsentwicklung sollte auch in Deutschland ein trägerübergreifendes Zertifizierungs-, Qualifizierungs- und Anerkennungssystem für die (allgemeine, berufliche und betriebliche) Weiterbildung/Erwachsenenbildung entwickelt und etabliert werden, in das bestehende Aus- und Fortbildungsangebote und -konzepte integriert werden können. Ein Modell für Deutschland sollte jedoch anschlussfähig sein an die europäischen Entwicklungen wie sie derzeit z.B. mit dem Europäischen Qualifikationsrahmen und dem Bolognaprozess begonnen wurden (vgl. Kraft/Schmidt-Lauff 2007). Im Rahmen einer Machbarkeitsstudie für das Bundesministerium für Bildung und Forschung wurde ein erstes Referenzmodell entwickelt und Umsetzungsstrategien beschrieben (vgl. Kraft/Seitter 2008).

---

6 http://www.lifelonglearninguk.org/documents/standards/professional_standards_for_itts_020107.pdf
7 http://www.alice.de/
8 http://www.wba.or.at/

Literatur

Bastian, H./Meisel, K./Nuissl, E./von Rein, A. (2004²): Kursleitung an Volkshochschulen. Bielefeld: W. Bertelsmann Verlag.

Barz, H. (2006): Innovation in der Weiterbildung Was Programmverantwortliche heute wissen müssen. Augsburg: Ziel Verlag.

Barz, H./Tippelt, R. (Hrsg.) (2004): Weiterbildung und soziale Milieus in Deutschland, Bd. 1 und 2. Bielefeld: W. Bertelsmann.

Bundesministerium für Bildung und Forschung (BMBF) (Hrsg., 2006): Zur beruflichen und sozialen Lage der Lehrenden in der Weiterbildung. Verfügbar unter: http://www.bmbf.de/pub/berufliche_und_soziale_lage_von_lehrenden_in_weiterbildungseinrichtungen.pdf (letzter Zugriff 01.09.2008).

Dietsche, B. (2002): Bildungskaufmann/Bildungskauffrau – ein neuer Ausbildungsberuf? DIE - Zeitschrift für Erwachsenenbildung 9, H. 2, S.40-41.

Fritz, K./Maier, K./Böhnisch, L. (2006): Politische Erwachsenenbildung. Trendbericht zur empirischen Wirklichkeit der politischen Bildungsarbeit in Deutschland. Weinheim und München: Juventa.

Gräßner, G./Walber, M. (2007): Stichwort BA/MA-Studiengänge zu Erwachsenen- und Weiterbildung. In: DIE Zeitschrift 3, S. 20-21.

Gieseke, W. (1999): Professionalisierung in der Erwachsenenbildung/Weiterbildung. In: Tippelt, R. (Hrsg.). Handbuch Erwachsenenbildung/Weiterbildung. Leske + Budrich: Opladen, S. 372-383.

Kil, M./Schlutz, E. (2006): Dienstleistung Weiterbildung – Feldforschung zu gegenwärtigen Veränderungen und Handlungsspielräumen. In: Meisel, K., Schiersmann, C. (Hrsg.): Zukunftsfeld Weiterbildung. Bielefeld: Bertelsmann Verlag, S. 159-181.

Klein, R. (2007): Veränderungen der Aufgaben und Tätigkeitsfelder der Lehrenden in der Weiterbildung. In DIE Texte-online. Verfügbar unter: http://www.die-bonn.de/doks/klein0601.pdf (26.03.2008).

Kraft, S. (2003): Blended Learning - ein Weg zur Integration von E-Learning und Präsenzlernen. In: Report – Literatur- und Forschungsreport 26. Jahrgang, H. 2, S. 43-51.

Kraft, S. (2006a): Aufgaben und Tätigkeiten von Weiterbildner/inne/n- Herausforderungen und Perspektiven einer weiteren Professionalisierung in der Weiterbildung, DIE Reports zur Weiterbildung. Verfügbar unter: http://www.die-bonn.de/esprid/dokumente/doc-2006/kraft06_02.pdf, (25.03.2008).

Kraft, S. (2006b): Die Lehre lebt. „Lehrforschung" und Fachdidaktiken für die Weiterbildung. Resümee und Forschungsbedarfe. In: Nuissl, E. (Hg.): Vom Lernen zum Lehren. Lern- und Lehrforschung für die Weiterbildung. W. Bertelsmann: Bielefeld, S. 209-216.

Kraft, S. (2007a): Die Herausforderungen der Zukunft professionell bewältigen. Anregungen zur Professionalisierung der (politischen) Bildung. In: Praxis Politische Bildung 11, H. 3, S. 170-178.

Kraft, S. (2007b): Die Situation der Beschäftigten in der Weiterbildung – ein Blick in die Realität und Perspektiven für die Zukunft. In: Außerschulische Bildung 38. Jahrgang, H. 2, S. 188-195.

Kraft, S./Schmidt-Lauff, S. (2007): Der „Qualifikationsrahmen für Lehrende" und das „Kerncurriculum EB/WB" Standbeine der Professionalisierung. In: DIE-Zeitschrift, H. 3, S. 32-35.

Kraft, S./Ballweg, C. (2008): Weiterbildungsangebote für Weiterbildner/innen an Hochschulen. In: Vogt, H./Weber, K. (Hrsg.): Wa(h)re Bildung. Gegenwart und Zukunft wissenschaftlicher Weiterbildung angesichts von Bologna und GATS. Hamburg, DGWF e.V., S. 229-231.

Kraft, S./Seitter, W. (2008): Expertise „Professionalitätsentwicklung des in der Weiterbildung beschäftigten Personals" (bislang unveröffentlichter Abschlussbericht an das BMBF).

Meisel, K. (2001): Managementprobleme in öffentlichen Erwachsenenbildungseinrichtungen. Baltmannsweiler: Schneider-Verl. Hohengehren.

Meisel, K. (2005): Qualitätsentwicklung in der Weiterbildung erfordert Professionsentwicklung. In: Kompetenzentwicklung in der Weiterbildung: Neue Herausforderungen an Weiterbildungsanbieter – Eine Dokumentation zur Veranstaltungsreihe. Berlin: Schmohl & Partner, S. 19-28.

Meisel, K., Dollhausen, K. (2006): Erwachsenenpädagogische Qualität als Ziel des Qualitätsmanagements. In: Qualität des beruflichen Lernens in der Weiterbildung. Baltmannsweiler: Schneider Verlag, S. 57-67.

Möller, S. (2002): Marketing in der Weiterbildung – eine empirische Studie an Volkshochschulen. Bielefeld: W. Bertelsmann.

Müller, U. (2003): Professionalisierung beruflicher Weiterbildung durch pädagogische Qualifizierung der Mitarbeiter. In: Müller, U. (Hrsg.): Weiterbildung der Weiterbildner, Professionalisierung der beruflichen Weiterbildung durch pädagogische Qualifizierung der Mitarbeiter. Hamburg: Verlag Dr. Kovac, S. 95-137.

Nittel, D. (2000): Von der Mission zur Profession., Bielefeld: W. Bertelsmann Verlag.

Nittel, D./Schütz, J.(2005): Veränderte Aufgaben und neue Profile. Professionalisierung und Professionalität in der Erwachsenenbildung. In: EB Erwachsenenbildung 51, H.2, S. 54-59.

Nuissl, E. (2005): Professionalisierung in Europa. In: REPORT 28, H. 4, S. 47-56.

Nuissl, E./Lattke, S. (Hrsg.) (2008): Qualifying professionals for adult learning in Europe. Bielefeld: Bertelsmann.

Nuissl, E./Pehl, K. (2004³): Porträt Weiterbildung Deutschland. Bielefeld: Bertelsmann.

Pichler, M. (2005): Kompetenzen für moderne Trainer. In: Wirtschaft & Weiterbildung, 10, S.40-43.

Reich, J./Tippelt, R. (2008): Milieumarketing – Verortung im bildungswissenschaftlichen Diskurs. In: Tippelt, R./ Reich, J./von Hippel, A./Barz, H./Baum, D. (Hrsg.): Weiterbildung und soziale Milieus in Deutschland, Band 3: Milieumarketing implementieren. Bielefeld: W. Bertelsmann, S. 10-17.

Reitz, G./Reichart, E. (2006): Weiterbildungsstatistik im Verbund 2004 – Kompakt. Verfügbar unter: http://www.die-bonn.de/esprid/dokumente/doc-2006/reitz06_01.pdf (15.08.2008).

Sorg-Barth, C. (2000): Professionalität betrieblicher Weiterbildner. Eine Analyse der erforderlichen Kompetenzen. Hamburg: Verlag: Dr. Kovac.

Tippelt, R./von Hippel, A. (2007): Kompetenzförderung von ErwachsenenbildnerInnen im Bereich Teilnehmer-, Adressaten- und Milieuorientierung als Beitrag zur Professionalität in der Erwachsenenbildung. In: Heuer, U./Siebers, R.: Weiterbildung am Beginn des 21. Jahrhunderts. Münster u.a.: Waxmann, S. 118-129.

Von Rein, A. (2000): Öffentlichkeitsarbeit in der Weiterbildung. Bielefeld: W. Bertelsmann.

Klaus Meisel

Weiterbildungsmanagement

Greift man auf die alltagssprachlichen Bedeutungen des Managementbegriffs mit „leiten“, „zustande bringen“, „geschickt bewerkstelligen“, „organisieren“ zurück, dann kann man auch das Bildungsmanagement als Selbstverständlichkeit ansehen. Gleichwohl löste der Begriff „Weiterbildungsmanagement“ sowohl in der Praxis der öffentlich mitverantworteten Erwachsenenbildung als auch im Diskurs der erziehungswissenschaftlichen Teildisziplin Weiterbildung lange Zeit Irritationen aus. Denn der Begriff war im deutschsprachigen Kulturraum bis vor kurzem vor allem im Bereich der privatwirtschaftlichen Unternehmensführung gebräuchlich, und die Profession der Erwachsenenbildung legte lange Zeit gerade erheblichen Wert darauf, sich von der profitorientierten Erwerbswirtschaft zu unterscheiden (vgl. Nuissl 1998, S. 52). Arnold kennzeichnet das Verhältnis von Pädagogik und Management als eine doppelte Verwerfung (vgl. Arnold 2003). Erstens sind die Theorie und die universitäre Ausbildungspraxis eher durch einen mikrodidaktischen Fokus geprägt, während die spätere Berufspraxis ihrer Absolventinnen eher ein makrodidaktisches Managementhandeln darstellt. Und zweitens ist das Spannungsverhältnis zwischen Theorie und Praxis zumeist eines zwischen pädagogischem und Managementblick.

Unabhängig davon, ob ein Weiterbildungsbetrieb privatwirtschaftlich agiert, unter Nonprofit-Bedingungen arbeitet oder öffentlich gefördert ist, er muss gemanaget werden. Professionelles Personal-, Organisations-, Planungs-, Finanz- und Qualitätsentwicklungsmanagement muss auf die spezifischen Anforderungen des Weiterbildungsbetriebs angepasst werden. Weiterbildung war schon seit jeher darauf angewiesen, dass der gesellschaftliche Bedarf, die individuellen Bedürfnisse und das institutionelle Angebot in eine Passung gebracht wurden. Wenn unter professioneller Kompetenz die „Fähigkeit, zwischen unterschiedlichen, aber für pädagogisches Handeln bedeutungsvollen Diskursbereichen zu wechseln und somit Kompetenzen aus unterschiedlichen Sinnzusammenhängen tätigkeitsbezogen produktiv miteinander zu verknüpfen“ (Schäffter 1992, S. 42) verstanden wird, dann lassen sich daraus auch Anforderungen an das professionelle Management ableiten. Zu erbringen sind ausdifferenzierte Managementleistungen, die sich auf die besondere soziale Dienstleistung der Ermöglichung von Bildung beziehen. Das Weiterbildungsmanagement hat sich mit der Innenkonstitution des Systems, der Rezeption seiner Umwelt und der Grenzschärfung zwischen System und Umwelt zu beschäftigen (vgl. Gütl/Orthey 2006).

Merk hatte bereits 1992 den Versuch unternommen, ein wissenschaftlich-praktisches Fundament für die systematische Leitung von Bildungseinrichtungen sowie für die Planung und Umsetzung von Bildungsangeboten und Beratungen zusammenzustellen (vgl. Merk 1992). Er unterscheidet dabei das strategische, das operative und das funktionale Management als drei miteinander verbundene Prozessebenen.

Beim strategischen Management geht es in erster Linie um die Beeinflussung der Unternehmensziele und die Ausrichtung der Institutionen auf zukunftsträchtige Marktsegmente. Unternehmenszwecke und -ziele, Wachstumsstrategien sowie ein entsprechendes Finanzmanagement werden dabei in einen Handlungszusammenhang gestellt.

Das operative Management beinhaltet Konzept- und Angebotsentwicklung, die Planung und Organisation von Angeboten sowie das Verhältnis von Gesamtangebot und Betriebsorganisation.

Im Bereich des funktionalen Managements wird der Versuch unternommen, Kriterien für das strategische und operationale Management zu definieren. Es umfasst ein „Corporate Identity Management", ein Informations- und Kommunikationsmanagement, ein Entscheidungsmanagement, Planungs- und Organisationsmanagement, ein Motivations- und Lernmanagement sowie Kontroll- und Wirkungsmanagement.

Die Aufzählung verweist bereits darauf, dass es sich bei diesem Versuch, ein Konzept von Weiterbildungsmanagement zu formulieren, um ein zusammengestelltes Arrangement von Theoriestücken aus der Ökonomie, der Organisationssoziologie, wissenschaftlichen Erkenntnissen der Humanwissenschaften und praktischem Handlungswissen der Erwachsenenbildung handelt.

Bezogen auf die Binnenorientierung der Weiterbildungsorganisation lassen sich folgende systematische Managementaufgabenbereiche voneinander unterscheiden (vgl. Meisel 2001):

- das Weiterbildungsmarketing,
- das Finanzmanagement,
- die Organisationsentwicklung,
- das Qualitätsmanagement und
- die Personalentwicklung.

1 Weiterbildungsmarketing

In den letzten Jahren wurde im Rahmen der Auseinandersetzung mit Managementkonzepten für die Weiterbildung insbesondere die Diskussion um ein Weiterbildungsmarketing intensiviert (vgl. Schöll 2005; siehe auch Schöll in diesem Band). Ein ablauflogisches Entscheidungsmodell für ein Marketingmanagement geht von der marketingorientierten Zielformulierung für die Einrichtung aus. Vor der Formulierung der konkreten Marketingziele sind die Marketingvoraussetzungen klar zu beschreiben. Dabei handelt es sich um die sogenannten *Informationsinstrumente* des Marketings. Einerseits sind das die Informationen über die externen Bedingungen. Hierzu zählen zuvorderst die Informationen über die Adressaten sowie die Markt- und Konkurrenzsituation. Andererseits geht es um eine interne Ressourcenanalyse. Hier ist die institutionelle Einbindung ebenso zu berücksichtigen wie die Personalkapazitäten, die finanziellen Ressourcen und die infrastrukturellen Voraussetzungen wie die räumlichen Bedingungen, die Medienausstattung etc. Von besonderer Bedeutung ist auch die Analyse des Angebotsportfolios. Unterschieden werden grob Angebote mit niedrigem Marktanteil und geringem Marktwachstum, Angebote mit noch geringem Marktanteil aber hohem Wachstum, Angebote mit hohem Marktanteil, bei denen aber das Wachstum ausgeschöpft ist und Angeboten, denen man sowohl höhere Marktanteile und gute Wachstumschancen zutraut.

Die Marketingziele werden die Positionierung des Weiterbildungsbetriebes auf dem Weiterbildungsmarkt, das Profil und das Image berücksichtigen. Bei den *Aktionsinstrumenten* spielen die Angebotsgestaltung, die Kommunikationsgestaltung, die Distributionsgestaltung und die sog. Gegenleistungsgestaltung (Preis) die entscheidende Rolle. Hat man in den früheren Jahren auf zielgruppenspezifische Angebotsentwicklung gesetzt, wurde in den letzten Jahren dieser Ansatz durch die Auseinandersetzung mit der Milieuforschung angereichert (vgl. Barz/Tippelt 2004). Da es sich bei den Bildungsangeboten um extrem störanfällige soziale Dienstleistungen handelt, ist ein besonderes Augenmerk auch auf die sog. Produktnebenleistungen zu legen wie zum Beispiel die Beratung (incl. Kompetenzbilanzierung) (siehe auch Schiersmann in diesem Band), der Zugang zu Lernquellen, die Gestaltung der Lernorte, die adressatengerechte Organisation der Serviceleistungen. Zum Service gehört die adressatengerechte Gestaltung der Anmeldemöglichkeiten, die notwendige Klärung von Lernvoraussetzung oder etwa der lernbegleitende Service. Bei der Distributionsgestaltung handelt es sich um die wichtigen Fragen der zeitlichen und räumlichen Angebotspatzierung, bei der sowohl inhaltliche Anforderungen als auch Adressatenperspektiven eine Rolle spielen. Die Preisgestaltung wird neben dem Kostengerüst Faktoren berücksichtigen wie angesprochene Zielgruppe, Nachfrage, Preise der Konkurrenz, öffentlicher Auftrag und privater Nutzen, Angebotsform, notwendige infrastrukturelle Bedingungen Gruppengröße, Preisnachlässe für benachteiligte Bevölkerungsgruppen.

Auch die Kommunikationsgestaltung ist ein vielfältiges, mit den anderen Managementbereichen eng verzahntes Aufgabenfeld. Hierzu gehört übergreifend der ganze Bereich der internen und externen Öffentlichkeitsarbeit. Bei dem Aufgabenbereich Werbung stehen immer noch die Gestaltung und der Vertrieb des Programmheftes im Vordergrund. Hier geht es nur sekundär um drucktechnische Fragen oder „Lay-out-Konzepte", sondern primär um eine adressatengerechte Beschreibung des Angebots, aus der der konkrete Nutzwert deutlich werden muss. Eine immer größer werdende Bedeutung gewinnt die Internetpräsenz, die sich nicht auf die elektronische Wiedergabe des Programms reduziert. Ein medialer Mehrwert lässt sich z.B. durch geeignete Suchprogramme oder Newsletter zur Kundenbindung erreichen. Ergänzend zum Gesamtprogramm als Streuwerbung werden einzelne Programmteile (z.B. Angebote für Betriebe, Bildungsprogramm für Ältere oder Migranten/innen) gesondert zu bewerben sein.

2 Finanzmanagement

Zum Finanzmanagement gehören die Finanzplanung auf der Grundlage des Rechnungswesens und die Finanzsteuerung im Rahmen eines Controllings. Voraussetzung einer kritischen Beobachtung der „Kostentreiber" und einer verantwortbaren Preispolitik ist eine arbeitsökonomisch vertretbare und steuerungspolitisch adäquate Kosten- und Leistungsrechnung, wozu es mittlerweile ausreichend Informations- und Studienmaterial gibt (vgl. Friedrich/Meisel/Schuldt 2005). Als Voraussetzung einer zeitnahen Finanzsteuerung gilt die Kosten- und Leistungsrechnung. Sie hat im Wesentlichen die Aufgabe, Daten über Kostenentstehung und Kostenhöhe für Kontrollzwecke abzubilden und Informationen für Planungs- und Entscheidungsaufgaben zu liefern. In den öffentlich geförderten Einrichtungen wird ein besonderes Interesse darin bestehen, den Kostendeckungsbeitrag (Differenz zwischen zuordenbaren Kosten und Einnahmen) zu erfassen. Ziel eines solchen Informationssystems ist es, Daten bereit zu stellen, die es erlauben, die Kostenstruktur objektiv darzustellen, um Entscheidungen hinsichtlich der Wirtschaftlichkeit auch datengestützt treffen zu können. Das System soll dabei helfen, die Wirtschaftlichkeit der Einrichtung, also das In- und Outputverhältnis unter Berücksichtung der Einrichtungsziele zu optimieren.

Daten aus der Kosten- und Leistungsrechnung dienen auch als Grundlage für die Einführungen einer internen Budgetierung. Definierte Organisationseinheiten einer Einrichtung erhalten für die zu erbringenden Leistungen, die in Zielvereinbarungen dokumentiert sind, ein definiertes Budget, über das die Organisationseinheit eigenständig verfügen kann. Dieses Prinzip der dezentralen Ressourcenverantwortung, bei dem die Fachkompetenz und Ressourcenverantwortung näher zueinander gebracht wird, setzt aber die gemeinsame Festlegung von „Spielregeln“ voraus.

Während die Kosten- und Leistungsrechnung die Aufbereitung der Finanzdaten in das Verhältnis zu den hervorgebrachten Leistungen stellt, wird das damit verbundene Steuerungskonzept, das laufend die entsprechenden Führungsinformationen für das Management aufbereitet, als Controlling bezeichnet. Der aus dem Englischen kommende Begriff des *Controlling*s bedeutet „steuern“ und „lenken“. Darunter wird also eher eine strategisches Agieren verstanden, während Kontrolle mehr ein Reagieren auf vergangene Zustände bezeichnet: „Das Controlling umfasst sämtliche Maßnahmen, die dazu dienen, den Grad der Erreichung der Ziele einer Organisation zu überprüfen und auf dieser Grundlage Steuerungsentscheidungen zu erarbeiten. Es werden Kennziffern und Kennzahlen, sowie inhaltliche Indikatoren definiert, begründet und ermittelt, mit denen die effektive und effiziente Leistungserbringung der Gesamtorganisation sowie einzelner Programm- und Arbeitsbereiche analysiert und bewertet werden können, so dass Konsequenzen gezogen werden können“ (Zech 2004). Wirksam kann ein Controlling aber nur sein, wenn in der Einrichtung bestimmte Anforderungen erfüllt sind:

- eindeutige Zielvorgaben, um einen „Datendschungel“ zu vermeiden,
- Anschlussfähigkeiten für nicht-monetäre Leistungs- und Wirkungsinformationen,
- ein wirtschaftliches Denken und Handeln im Management, das Wirtschaftlichkeit nicht mit Sparen und Kürzen verwechselt,
- Handlungs- und Entscheidungsräume, die dezentrale Steuerung und Ergebnisverantwortung zulassen und
- eine Implementierungsform, die eine wirksame Umsetzung des Controllings als kommunikativen und organisationspolitischen Prozess begreift.

Die „Kunst“ des Controllings besteht darin, sich auf die zentralen steuerungsrelevanten Informationen zu konzentrieren. Dies wird in Controllingkonzepten mit Kennzahlen versucht. Kennzahlen sind quantitative Informationen über zahlenmäßig erfassbare Sachverhalte. Mit Hilfe der Kennzahlen soll sowohl im betrieblichen Innenverhältnis als auch gegenüber externen Stellen ein umfassendes Bild der betrieblichen Aktivitäten und der wirtschaftlichen Situation vermittelt werden. Die Kennzahlen eines Betriebes für eine Rechnungsperiode geben dem Betrachter noch keinen Aufschluss über ihren Bedeutungsgehalt, wenn sie nicht mit anderen gleichartigen Kennzahlen verglichen werden können. Zum Vergleich bieten sich die Kennzahlen einer Einrichtung aus mehreren Zeitabschnitten (Zeitvergleich), die Kennzahlen mehrerer Einrichtungen eines gleichen Zeitabschnittes (Betriebsvergleich) oder die Kennzahlen einer Einrichtung mit Planzahlen für eine zukünftige Rechnungsperiode (Soll-Ist-Vergleich) an. Gute Kennzahlen sind leicht verständlich, führen das Management auf die wichtigen Fragen, ersetzen aber nicht die Notwendigkeit zur Reflexion des Systems, in dem die Einrichtung arbeitet und wirkt. Der fachlich und sachlich angemessene Umgang mit Controllinginstrumenten setzt bei den beteiligten Akteuren ein Bewusstsein voraus, dass eine wirtschaftliche Steuerung immer auch gleichzeitig den Blick auf das erwachsenenpädagogische Referenzsystem werfen muss. Eine besonders geforderte Kompetenz des pädagogischen Managements liegt gerade darin, mit den konkurrierenden Referenzsystemen von Ökonomie und Pädagogik ausgleichend umzugehen. Weiterbildungseinrichtungen sind in der Regel Bildungseinrichtungen, die vorrangig pädagogische und nicht ökonomische Ziele verfolgen. Ohne kompetente Berücksichtigung des Bezugssystems der Wirtschaftlichkeit aber lassen sich deren Existenzbedingungen nicht sichern.

3 Organisationsentwicklung

Im Kontext der gesellschaftlichen Veränderungsdynamik hat sich auch das ökonomische, rechtliche und soziale Umfeld der Bildungseinrichtungen grundlegend verändert. Sie übt also auf die Bildungsorganisationen einen hohen Veränderungsdruck aus. Die Veränderungsanforderungen führen dazu, dass viele Einrichtungen ihre strategische Ausrichtung überdenken und systematische Organisationsentwicklung betreiben. Organisationsentwicklung wird dabei verstanden als langfristig angelegter, nachhaltiger Entwicklungsprozess von Organisationen und der in ihr tätigen Menschen. Die Wirkung dieses Prozesses beruht auf dem gemeinsamen Lernen aller beteiligten Personen durch direkte Mitwirkung bei der Bearbeitung und Lösung betrieblicher und unternehmerischer Probleme. Das Ziel besteht in der Verbesserung der Leistungsfähigkeit und Wirtschaftlichkeit der Organisation (Produktivität) und der Verbesserung der Qualität des Arbeitslebens (Humanität).

Beim ersten Ziel geht es darum, durch langfristig angelegte Veränderungsprozesse die Lernfähigkeit des Systems, die Innovationsbereitschaft und Flexibilität der Organisation zu steigern. Nur eine Organisation, die auf sich schnell verändernde Umweltbedingungen reagieren kann, ist in der Lage, dauerhaft zu bestehen und die eigenen Organisationsziele zu verwirklichen. Das zweite Ziel beinhaltet eine qualitative Verbesserung der Arbeitsbedingungen für die in einer Organisation tätigen Menschen. Unterziele der Organisationsentwicklung, die die Struktur betreffen, können z.B. sein:

- Teamarbeit und Zusammenarbeit als gängige Arbeitsmethoden etablieren (bzw. Verbesserung der bestehenden Teamfähigkeit)
- Steigerung der Kommunikation der horizontalen, vertikalen und diagonalen Hierarchieebenen der Organisation
- Klare Regelungen von Zuständigkeiten und Arbeitsbereichen (beinhaltet auch Stellenbeschreibungen)
- Optimierung der Kundenbeziehungen

Unterziele der Organisationsentwicklung, welche die Menschen in der Organisation betreffen, können sein:

- Stärkung zur Selbstorganisation
- Vertrauensvolles und offenes Arbeitsklima
- Entwicklung von Fähigkeiten und Fertigkeiten der Mitarbeiter.

Idealtypisch verläuft der Organisationsentwicklungsprozess als ein bewusst geplanter und reflektierter Prozess in einem Zyklus aufeinander folgender Phasen ab. Die erste Phase ist die der *Orientierung*. In der Organisation gibt es ein Problembewusstsein, das die Leitung oder die Mitarbeitenden dazu bringt, eine Veränderung anzustreben. Es findet möglicherweise ein erster Kontakt zu einem externen Berater statt. In dieser Phase gibt es Informationsgespräche u.a. zu den Möglichkeiten und Chancen, aber auch zu den Risiken und Grenzen von Organisationsentwicklung und darüber, ob Organisationsentwicklung überhaupt die geeignete Strategie ist, das Problem zu lösen. Der Übergang in die zweite Phase ist wie auch zwischen den anderen fließend. In der Phase der *Fall-Diagnose* geht es nun darum, genau zu klären wie sich die Problem-Situation in der Organisation darstellt. Im Zentrum der Arbeit steht, Daten und Fakten zu sammeln sowie Einstellungs- und Verhaltensmuster der Menschen in der Organisation kennen zu lernen. Der Berater erkundet mit den Adressaten die wahren Probleme und Ursachen. Neben dem Formulieren des Ist-Zustandes werden erste Veränderungsziele benannt.

Diese ersten Veränderungsziele werden in der Phase der *Zielfindung* konkretisiert und gewichtet. Neben dem bereits erstellten Ist-Zustand kommt ein Soll-Zustand dazu, also quasi eine Vision, wie die Organisation in Zukunft aussehen soll. Diese Vision bildet dann die Grundlage für die nächste vierte Phase, die *Maßnahmenplanung*. In dieser Phase wird genau festgelegt, welche Veränderungen, Aktionen oder Entscheidungen zur Problemlösung angestrebt werden. Wichtig ist hier noch einmal die Betonung, dass nicht der Berater alleine Lösungsstrategien vorgibt, sondern die Menschen in der Organisation dazu befähigt werden sollen, selbst Lösungen für ihre Probleme zu finden. Die Lösungen sollen also aus der gleichberechtigten Kooperation von Berater-System und Adressaten-System entstehen. In der Phase der *Durchführung* werden die konkreten Lösungspläne und Maßnahmen zur Organisationsentwicklung umgesetzt. Die vorher formulierten Ziele werden angestrebt. Ob diese erreicht wurden, klärt sich in der *Kontroll- und Evaluationsphase*. Hier wird überprüft und bewertet, inwieweit die gewünschten Veränderungen stattgefunden haben. Sollten bestimmte Ziele nicht oder nur unzulänglich erreicht worden sein, so wird in dieser Phase eine Analyse darüber erstellt, warum die Maßnahmen gescheitert sind und welche sich besser eignen würden. Somit beginnt der Prozess wieder mit der Orientierungsphase, da eine neue Situation entstanden ist und neue Informationen vorliegen.

4 Qualitätsmanagement

Vor dem Hintergrund veränderter Förderbedingungen in der Weiterbildung und der Marktbedingungen, unter denen Weiterbildung arbeitet, betreiben die Weiterbildungseinrichtungen in der Regel ein systematisches Qualitätsmanagement. Hierfür wurden in der Profession im letzten Jahrzehnt zahlreiche Konzepte entwickelt und erprobt. In der Weiterbildungslandschaft haben sich drei überregionale relevante Qualitätsmanagementmodelle etabliert. Erstens das Konzept nach der DIN-EN-ISO 9000 ff. (vgl. Orru 2001), das besonders von Einrichtungen der beruflichen Weiterbildung angewendet wird. Das stark prozessorientierte Verfahren lässt einrichtungsbezogene Ausdeutungen durchaus zu und orientiert sich primär an dem Ziel der externen Zertifizierung. Das Modell basiert auf einem Regelkreis von den Kundenerwartungen bis zur Herstellung von Kundenzufriedenheit, die als zu erreichendes Ziel in diesem Konzept eine zentrale Rolle spielt. Das Modell setzt sich aus fünf Qualitätsmanagement-Elementen zusammen: „Verantwortung der Leitung", „Management und Ressourcen", „Produktrealisierung",

„Messen, Analysieren, Verbessern" und „Kontinuierliche Verbesserung des Qualitätsmanagements". Schwächen des ISO-Ansatzes werden in der Fachwelt in erster Linie darin gesehen, dass eine Bezugsnahme des Konzepts auf die Lehr- Lern-Interaktion äußerst problematisch ist. Das Qualitätsmanagement richtet sich eindeutig auf die Organisation aus (vgl. Hartz/Meisel 2006, S. 66ff.). Zweitens ist das EFQM-Modell in unterschiedlichen Varianten verbreitet, das von einer Selbstbewertung von Befähigerkriterien (Leitung, Mitarbeitende, Profil und Strategie, Ressourcen und Kooperationen, Prozesse) sowie Ergebniskriterien (mitarbeiterbezogene, kundenbezogene und gesellschaftsbezogene Ergebnisse sowie anderen wichtigen betrieblichen Ergebnissen) ausgeht. Dieses Qualitätsmanagementmodell wird häufig in der allgemeinen Weiterbildung angewendet. Zwar setzt das Modell explizit eine intensive Phase der Selbstevaluation voraus, zwischenzeitlich existiert aber auch die Möglichkeit einer externen Zertifizierung. Die Offenheit des Konzepts lässt die Berücksichtigung von einrichtungsbezogenen Besonderheiten zu, was aber die Vergleichbarkeit von Einrichtungen untereinander einschränkt. Das Modell ist stark beteiligungsorientiert und entspricht damit der in den Bildungseinrichtungen häufig vorfindbaren Organisationskultur. Es folgt im Grunde nach der Struktur und inneren Logik von Organisationen im Allgemeinen, aber eben nicht der pädagogischen Qualität im Besonderen (vgl. Hartz/Meisel 2006, S. 78ff.). Das dritte überregional relevante Modell ist das Konzept der ‚Lernerorientierten Qualitätstestierung' (Ehses/Heinen-Tenrich/Zech 2001). Ausgegangen wird von der Anforderung an die Weiterbildungsorganisation für sich selbst ‚gelungenes Lernen' zu definieren. In elf Qualitätsbereichen (Leitbild, Bedarfserschließung, Schlüsselprozesse, Lehr- und Lernprozesse, Evaluation von Bildungsprozessen, Infrastruktur, Führung, Personal, Controlling, Kundenkommunikation, und strategische Entwicklungsziele) werden jeweils Mindestanforderungen beschrieben. In einem Selbstreport muss die Einrichtung nachweisen, dass sie diese erfüllt und was dies dazu beiträgt gelungenes Lernen von Erwachsenen zu ermöglichen. Nach einem Audit werden in einem abschließenden Workshop die Entwicklungsziele herausgearbeitet. Dieses Modell unterscheidet sich insofern von den anderen Ansätzen, als dass es die spezifischen Ziele und Bedingungen von Bildungseinrichtungen explizit berücksichtigt. Zwar ermöglicht es einrichtungsindividuelle Umgangsvarianten; da aber Mindestvoraussetzungen definiert sind, ist auch eine Vergleichbarkeit der Einrichtungen gewährleistet. Das Modell kombiniert Selbst- und Fremdevaluation und entlässt die Einrichtungen zumindest nicht aus der Verantwortung, die Bezüge zwischen organisationaler und pädagogischer Qualität zu bedenken. Bei allen Unterschieden im Detail lassen sich bei den unterschiedlichen Modellen auch Gemeinsamkeiten feststellen. Selbst- und Fremdevaluation werden in unterschiedlicher Reichweite kombiniert. Im Mittelpunkt der Qualitätsanstrengungen steht die Optimierung der organisationalen Bedingungen des Lehrens und Lernens. Die Umsetzung des Qualitätsmanagements wird prozessorientiert angegangen und konzentriert sich auf Schlüsselsituationen des Weiterbildungsmanagements (vgl. Hartz/Meisel 2006 S. 89ff.).

5 Personalwicklung

Personale Entwicklungen zu ermöglichen, ist originäre Aufgabe von Weiterbildungseinrichtungen. Umso erstaunlicher ist die Tatsache, dass sich Aufgaben der Personalentwicklung vor noch nicht allzu langer Zeit fast ausschließlich auf die Gruppe der nebenberuflich Beschäftigten konzentrierte. Hier werden intensivst Fragen der Kursleitergewinnung, programmbereichsbezogene Anforderungen, Angebote zur erwachsenenpädagogischen Grundqualifizierung, fachdidaktische und medienpädagogische Fortbildungen diskutiert. Vernachlässigt wurde in der Vergangenheit eine systematische berufsbegleitende Fortbildung für das hauptberufliche Personal. Wenn eine „lernende Organisation" die strukturelle Antwort auf den Veränderungsdruck in der Weiterbildung ist, dann impliziert dies auch die Förderung der Lernfähigkeit des Personals. In zahlreichen Einrichtungen existieren eine geringe Personalfluktuation und ein hohes durchschnittliches Dienstalter. Gleichzeitig werden an die unterschiedlichen Beschäftigungsgruppen veränderte und zusätzliche Kompetenz- und Qualifikationsanforderungen gestellt.

Es ist deshalb kein Zufall, dass systematische Personalentwicklung zu einem wesentlichen Feld des Weiterbildungsmanagements geworden ist. Zur Personalentwicklung gehören in erster Linie fünf Bereiche: die Personalwahl, die Personalführung, die Fortbildung des Personals, die Arbeitsplatzgestaltung und die Teamentwicklung.

Bei der Fortbildung des Personals werden in der Praxis eine intensivierte „Fortbildung vor Ort", die in der Regel in einem engen Zusammenhang mit den Reorganisationsprozessen der Einrichtungen steht, und berufsbegleitende externe Fortbildungsangebote unterschieden. Neu an externen Fortbildungsangeboten ist der Trend, dass über punktuelle Angebote hinaus zunehmend auch modulare, abschlussbezogene Formen wahrgenommen werden. Die Personalführung gewinnt in den konkreten Veränderungsprozessen etwa bei der Einführung von Budgetierungsformen oder der Umstrukturierung von Programmbereichen an Bedeutung. Zum Einsatz kommen hier Mitarbeitergespräche und Zielvereinbarungen. Die Arbeitsplatzgestaltung spielt besonders im Verwaltungsbereich eine bedeutende Rolle, weil sich hier immer mehr Mischarbeitsplätze mit Formen der pädagogischen Sachbearbeitung entwickeln. Man kann hier von organisatorisch-pädagogischen Mitarbeitern (OPM) sprechen. Aufgaben der Teamentwicklung stellen sich dann nicht nur bei einem veränderten Verhältnis von Verwaltung und Pädagogik, sondern auch bei der Profilierung von fachübergreifenden Programmbereichen.

Die Personalpflege und die Fortbildung des nebenberuflichen Personals haben dabei kaum an Relevanz eingebüßt. Dies hat nicht nur etwas mit der sich verändernden Kursleiterrolle zu tun: neben fachdidaktischen Qualifikationen werden Moderations-, Beratungs- und integrierte mediendidaktische Kompetenzen zunehmend gefordert. Auch hat die Bindungskraft zwischen Institution und den nebenberuflichen Mitarbeitern, die heute öfters an verschiedenen Einrichtungen arbeiten, verloren. Zunehmend in Diskussion kommen Nachweissysteme der Kompetenzen der Erwachsenenbildner (vgl. Kraft 2006; siehe auch Kraft in diesem Band).

6 Perspektiven der Managementdiskussion

Auch wenn in den letzten Jahren zahlreiche Versuche in Theorie und Praxis unternommen wurden, die unterschiedlichen Managementkonzepte den spezifischen Anforderungen einer Weiterbildungsorganisation anzuwandeln, muss auf das Problem verwiesen werden, dass durch die Übernahme betriebswirtschaftlicher Managementvorstellungen die inhaltlichen Dimensionen des Planens und Leitens der Weiterbildungsorganisation ins Hintertreffen geraten können (vgl. Robak 2006, S. 207). Vor dem Hintergrund der bildungspolitischen Strategien zum lebenslangen Lernen, die zur Förderung des Lernens im Lebenslauf auf eine stärkere Kooperationen und Vernetzung im Bildungssystem zielen, stellen sich für das Weiterbildungsmanagement zunehmend auch weitergehende Anforderungen. Weiterbildungsorganisationen vernetzen sich in „lernenden Regionen“ (Mathiesen/Reutter 2003), arbeiten in trägerübergreifenden Modulsystemen zusammen oder betreiben Supportaufgaben wie Information und Beratung im Zusammenwirken mit anderen Akteuren. Weiterbildungseinrichtungen fusionieren nicht nur miteinander, sondern an vielen Orten auch mit anderen Kultureinrichtungen. Eine andere häufig miteinander gekoppelte Vernetzungsvariante liegt in der Stärkung der vertikalen Zusammenarbeit mit der frühkindlichen Erziehung, im Rahmen der Ganztagsschule oder auch mit den Universitäten. Noch lässt sich nicht absehen, wohin dieser Transformationsprozess führt. Das Weiterbildungsmanagement bewegt sich in diesem Prozess im Spannungsfeld zwischen Profilierung der Weiterbildungsorganisation und der Stärkung deren spezifischen Professionalität einerseits und der intensiveren Kooperation oder gar Verzahnung mit anderen Akteuren im Bildungssystem anderseits.

Das Ausmaß, das die Diskussion über Management in der Weiterbildung angenommen hat, lässt auf alle Fälle erahnen, dass sich die Weiterbildung derzeit in einer dynamischen Entwicklung befindet.

Literatur

Arnold, R. (2003): Theoretische Überlegungen und autobiografische Reflexionen zum Bildungsmanagement. In: Giesecke, W. (Hrsg.): Institutionelle Innensicht der Weiterbildung. Bielefeld: Bertelsmann, S. 85-97.

Barz, H./Tippelt, R. (2004): Weiterbildung und soziale Milieus in Deutschland. Bielefeld: Bertelsmann.

Ehses, C./Heinen-Tenrich, J./Zech, R. (2001): Das lernerorientierte Qualitätsmodell für Weiterbildungsorganisationen. Hannover: Expressum.

Friedrich, K./Meisel, K./Schuldt, H. J. (2005): Wirtschaftlichkeit in Weiterbildungseinrichtungen. Bielefeld: Bertelsmann.

Gütl, B./Orthey, F. M. (2006): Differenzen bilden: Bildungsmanagement heute. In: Gütl, B./Orthey, F.M./Laske, S. (Hrsg.): Bildungsmanagement. München/Mering: Hampp, S. 13-56.

Hartz, S./Meisel, K. (2006): Qualitätsmanagement. Studientext Erwachsenenbildung. Bielefeld: Bertelsmann.

Kil, M. (2003): Organisationsveränderungen in Weiterbildungseinrichtungen. Bielefeld: Bertelsmann.

Kotler, P. (1978): Marketing für Nonprofit-Organisationen. Stuttgart: Poeschel.

Küchler, F. von/Schäffter, O. (1997): Organisationsentwicklung in Weiterbildungseinrichtungen. In: DIE Studientexte für Erwachsenenbildung. Frankfurt a.M.: Pädagogische Arbeitsstelle - Deutscher VHS Verband.

Landsberg, G. von/Weiss, R. (Hrsg.) (1992): Bildungscontrolling. Stuttgart: Schaeffer-Poeschel.

Mathiesen, U./Reutter, G. (Hrsg.) (2003): Lernende Region – Mythos oder lebendige Praxis? Bielefeld: Bertelsmann.

Meisel, K. (2001): Managementprobleme in öffentlichen Erwachsenenbildungseinrichtungen. Baltmannsweiler: Schneider.

Meisel, K. (2007): Öffentliche Weiterbildungsorganisationen im Strukturwandel. In: Hessische Blätter für Volksbildung 57. Jahrgang, H. 2, S. 106-116.

Merk, P. (1992): Weiterbildungsmanagement – Bildung erfolgreich und innovativ managen. Neuwied: Luchterhand.
Möller, S. (2003): Marketing in der Weiterbildung. Eine empirische Studie an Volkshochschulen. Bielefeld: Bertelsmann.
Nuissl, E. (2003): Leitung von Weiterbildungseinrichtungen. DIE Studientexte für Erwachsenenbildung. Frankfurt/M.: Pädagogische Arbeitsstelle-Deutscher VHS Verband.
Orru, A. (2001): Qualitätsmanagement und Zertifizierung nach ISO 9000 in der beruflichen Bildung. In: Zeitschrift für Bildungsverwaltung 16. Jahrgang, H. 1-2, S. 65-68.
Robak, S. (2006): Modernes Management, Weiterbildung und organisatorischer Wandel. In: Hessische Blätter für Volksbildung 56. Jahrgang, H. 3, S. 206-214.
Schlutz, E. (2006): Bildungsdienstleistungen und Angebotsentwicklungen. Münster: Waxmann.
Senzky, K. (1974): Management der Erwachsenenbildung – eine Einführung. In: Beckel, A./Senzky, K. (Hrsg.): Management und Recht der Weiterbildung. Stuttgart: Kohlhammer.
Schäffter, O. (1992): Arbeiten zu einer erwachsenenpädagogischen Organisationstheorie. Frankfurt/M.: Pädagogische Arbeitsstelle - Deutscher VHS Verband.
Schöll, I. (2005): Marketing in der öffentlichen Weiterbildung. Studientexte für Erwachsenenbildung. Bielefeld: Bertelsmann.
Zech, R. (2004): Qualität durch Reflexivität. Lernerorientierte Qualitätsentwicklung in der Praxis. Hannover: Expressum.

Ingrid Schöll

Marketing

1 Ausgangssituation

Die Erwachsenenbildung hat Schnittmengen mit anderen Wissenschaftszweigen. Der Blick in Nachbardisziplinen kann inhaltliche wie methodische Anregungen zur Bewältigung neuer oder in anderer Verknüpfung strukturierter Fragestellungen geben. Die modernen Organisationserfordernisse der Weiterbildung bedürfen des interdisziplinären Diskurses mit anderen Wissenschaftsfeldern (vgl. Schöll 2002). Theorie und Praxis der Erwachsenenbildung benötigen nach Jahren heftigen Diskutierens eine neue gemeinsame Selbstvergewisserung in zentralen Management- und Organisationsfeldern und damit auch im Marketing.

Marketing liefert analytisch-strategische Instrumentarien, die es ermöglichen, pädagogisches Handeln in ein Setting handlungsleitender Steuerungselemente einzubetten. Diese Steuerungselemente sollen die Positionsbestimmung auf dem Weiterbildungsmarkt optimieren. Sie sollen dort, wo es auftragsgebunden möglich ist, dazu beitragen, die Wirtschaftlichkeit zu verbessern, und sie sollen helfen, die interne Ablauforganisation erfolgsorientierter zu gestalten.

Nachfolgend wird der Marketingbegriff definiert und in die Diskussion um die Märkte in der Weiterbildung eingebettet. Nach einer kurzen Skizzierung der Geschichte des Marketings in der Erwachsenenbildung wird das ablauflogische Modell mit der Zieldiskussion und den Informations- und Aktionsinstrumenten sowie den Problemen der Marketingkontrolle dargelegt. Der Artikel endet mit einem Blick auf künftige Diskussionsfelder der internationalen Marketingdebatte.

2 Definition des Begriffs Marketing

Marketing kommt aus dem Englischen und bedeutet soviel wie „absetzen, vermarkten“. Ende der 1960er Jahre wurde der Marketingbegriff in die wirtschaftswissenschaftliche Debatte in Deutschland übernommen. Er ersetzte den bis dahin gebräuchlichen Terminus der Absatzwirtschaft (vgl. Möller 2002, S. 18; auch zur Geschichte des Begriffs). In den betriebswirtschaftlichen Lehrbüchern existiert keine einheitliche Erklärung des Begriffs. Den verschiedenen Definitionen gemeinsam ist aber die Tatsache, dass Marketing als eine „strategische Fragestellung“ (Sloane 1997, S. 40) und als eine Führungs- und Handlungskonzeption von Organisationen verstanden wird, die systematisch die Marketinginstrumentarien nutzt. Die meisten Autoren rekurrieren auf den so genannten „entscheidungsorientierten Ansatz, das heißt, dass bei der Lösung von Auswahlproblemen Entscheidungen getroffen werden müssten“ (Möller 2002, S. 18). Marketing ist somit „die Planung, Organisation, Durchführung und Kontrolle sämtlicher Unternehmensaktivitäten, die durch eine Ausrichtung des Leistungsprogramms am Kundennutzen darauf abzielen, absatzmarktorientierte Unternehmensziele zu erreichen“ (Bruhn 1990, S. 13).

Die Marketingziele leiten sich aus dem Unternehmens- respektive Einrichtungsziel ab. Sie müssen mit anderen Teilzielen des Unternehmens (Auftrag, Finanzen etc.) abgeglichen werden. Man unterscheidet marktökonomische Ziele (Umsatz, Marktanteil) und marktpsychologische Ziele (Image, Bekanntheitsgrad). Die Marketinginstrumente zur Erreichung der oben genannten Ziele gliedern sich auf in Informationsinstrumente (Adressaten- und Marktforschung) und Aktionsinstrumentarien (Produkt-, Preis-, Distributions- und Kommunikationspolitik) (s.u.). Die Adressaten des Marketing finden sich auf den Absatzmärkten (Endkunden, das heißt, die Konsumenten resp. Abnehmer des Produkts; in der Weiterbildung: die Teilnehmenden; ggf. Multiplikatoren und Kooperationspartner) und auf den Beschaffungsmärkten (Auftraggeber, Sponsoren etc., für die Weiterbildung: Kommunen, Länder, Drittmittelgeber, Partner in der Wirtschaft). Marketing nimmt die Ziele eines Unternehmens/ einer Einrichtung als Ausgangslage aller Planungsüberlegungen. Auf diesen Zielen basiert die Marketingkonzeption. So muss beispielsweise festgelegt werden, ob eine Organisation primär ökonomische (Erhöhung des Umsatzes oder der Erträge) oder marktpsychologische (Imageverbesserung, Markenetablierung, Bekanntheitsgrad von Produkten) Ziele oder einen Mix aus beiden (befriedigender Bekanntheitsgrad plus gutes Produktimage) erreichen will. Danach greifen die oben genannten Informations- und Aktionsinstrument des Marketings.

3 Unübersichtliche Marktlage

Stagnierenden oder teilweise schrumpfenden Teilnehmermärkten stehen seit einigen Jahren wachsende Angebotsmärkte gegenüber. Tippelt fragt nach der Sinnhaftigkeit regulierender Eingriffe oder kooperativer Strategien (vgl. ebd. 1996, S. 22); gleichzeitig steigt der ökonomische Druck (vgl. Dollhausen 2005). Die gespaltenen Weiterbildungslandschaft scheint sich einer Systematisierung zu entziehen, auch bedingt durch diskontinuierlich fließende Geldströme der nationalen und supranationalen Arbeitsmarktpolitik (vgl. u.a. Faulstich/Haberzeth 2007) Die „mittleren Lagen“ (Tietgens 1993, S. 149) sind kaum oder gar nicht mehr in der Lage, Weiterbildungsangebote eigenständig zu finanzieren. Diese Verwerfungen bestehen bereits mehrere Jahrzehnte (vgl. u.a. Gottmann 1985, Tietgens 1993, Friebel 1993, Tippelt u.a. 2003), ohne dass die Instrumente, die diesem Befund entgegen wirken könnten (Bildungskonten etc.) umgesetzt worden wären (vgl. Balzer/Nuissl 2000; BMBF 2004; BMBF 2008). Statistische Mängel – etwa im Bereich der Erfassung der Bildungsbereitschaft von Menschen mit Zuwanderungshintergrund – verschärfen das Problem (vgl. Bilger 2006). Die Weiterbildung ist seit Jahrzehnten ein Wirtschafts- und Arbeitsmarktfaktor geworden (vgl. Merk 2006). Von einer wachsenden Systematisierungs- und Kooperationsbereitschaft in der Trägerlandschaft kann nicht ausgegangen werden, sieht man einmal von ordnungspolitischen Eingriffen über gesetzliche Maßnahmen bei in der Regel öffentlich verantworteten und mitfinanzierten Einrichtungen ab (vgl. u.a. Hüser/ Epping/Frischkopf 2002; Kuhlenkamp 2003). Auf der Ebene der kollektiven Organisationsstruktur existiert eine Unübersichtlichkeit, die aufgrund ihrer mangelnden Selbsterklärungsfähigkeit und aufgrund der oft subjektiv gefärbten, verzerrten Wahrnehmung durch politische Entscheidungsträger, „destabilisierende Konsequenzen“ (Faulstich 1997, S. 146) zeitigen kann. Mittlere oder höhere Systematisierung in der Bildung (wie in Schule oder Hochschule) zeitigt Wahrnehmungs- und Aufmerksamkeitsgewinne; fehlende Systematisierung schafft Erklärungsnotstände und birgt Gefahren. Die meist diffus strukturierten öffentlichen Debatten zur Relevanz der „vierten Säule“ Weiterbildung verdeutlichen dies.

4 Die Marketingdebatte in Deutschland im Rückblick

Sarges und Haeberlin postulierten in ihrem Grundlagenband „Marketing in der Weiterbildung“: „Die nur technisch-instrumentelle Konzeption und Praxis des kommerziellen Marketing ist zumindest im nicht-kommerziellen Bereich zu konstituieren auf eine die Moral der Tauschbeziehungen umfassende, ethisch-normativ legitimierte Marketing-Konzeption“ (ebd. 1980, S. 21) und konstatierten, dass man nicht umhin kommt „sich einer wirtschafts- und sozialwissenschaftlichen Terminologie zu bedienen, die dann allerdings in einen pädagogischen Bezug einzufügen ist. Diese Terminologie dürfte den meisten Pädagogen wenig geläufig sein und ihnen anfangs vielleicht gewisse Mühsal bereiten. Wir meinen aber, dass eine mögliche Beeinflussung der erziehungswissenschaftlichen Orientierung durch andere Disziplinen es wert sein könnte, diese Gedanken in erziehungswissenschaftliche Reflexionen aufzunehmen“ (ebd.).

In den 1990er Jahren wurde Marketing im Kontext mit Organisationsentwicklung diskutiert (vgl. dazu Kapfer 1991; Schlutz 1994 und 1997; Angermöller/Ehses 1997; Zech 1997; Weber 1995; und später auch Beer 2002). Organisationsentwicklungsforschung und Marketing ergänzten sich in den neunziger Jahren nur selten in der von Senzky (1974) aufgeworfenen Frage des angemessenen Ausgleichs von In- und Umsystem und in der damit verbundenen Anforderung an Komplexitätsreduzierung in der Zielformulierung (eine der Ausnahmen: Angermöller/Ehses 1997; vgl. auch Reupold/Tippelt 2006; Nuissl von Rein 2007).

Bezug nehmend auf eine frühe Forderung von Tietgens (1977) wird der Lebenswelt- und dann erweitert der Milieuansatz in den 1990er Jahren als Distinktionsthema zur Angebotsauswahl aufgegriffen und zwar ausgehend von Projekten der Politischen Bildung und zunächst lokal begrenzt (vgl. u.a. Flaig et al. 1993; Siebert 1995; Barz 1996; Eckert 1996; Tippelt 1996 und 1997; Barz/Tippelt 1999). In Fortführung der unter anderem von Tietgens (1987) thematisierten Problematik widmeten sich zahlreiche Arbeiten den Profilfragen öffentlicher Weiterbildung (vgl. u.a. Nolda 1995; Barz/Tippelt 1999).

Weiterhin finden sich Arbeiten, die aus der Alltagspraxis heraus Bruchstücke der Marketingdiskussion diskutieren, unter anderem Marktforschung, Analysen der Teilnehmendenstruktur und -bedürfnisse, Strategien zur Erreichung von Nicht-Teilnehmenden, teilnehmendenorientierte Programmplanung und -entwicklung und Entwicklungsmöglichkeiten durch veränderte Rechtsformen (vgl. u.a. Pfeiffer 1990, Talanow 1990; Stadt Hagen 1992 und 1997; Schöll 1994; Brödel 1995; Camerer 1997; Foschepoth 1997).

In dieser Zeit erschienen auch die ersten Studientexte am Deutschen Institut für Erwachsenenbildung (vgl. Nuissl/von Rein 1995; Schöll 1996/2005), die eine schon von Sarges/Haeberlin (1980) aufgestellte Forderung nach systematisierender Fortbildung aufgriffen.

Möller (2002) hat die Debatte mit ihren Desideraten zusammen gefasst, Phasen der Marketingrezeption benannt und dabei auch den Versuch einer Kategorisierung unternommen, in dem sie von einer impliziten und expliziten, einer disparaten, einer partiellen und einer bestrittenen Rezeption des Themas in der Weiterbildung spricht (vgl. auch Künzel/Böse 1995, S. 27ff.).

5 Das ablauflogische Modell

Das ablauflogische Modell von Sarges und Haeberlin (1980) ist Grundlage vieler Marketingdiskussionen sowohl im betriebswirtschaftlichen als auch im pädagogischen Kontext. Die wesentlichen Elemente werden im Kurzüberblick vorgestellt. Terminologisch orientiert sich die Betrachtung am betriebswirtschaftlichen Modell, Produkt, Preis, Distribution und Kommunikation, das auch Kotler (1978) seinen Arbeiten zugrunde gelegt hat.

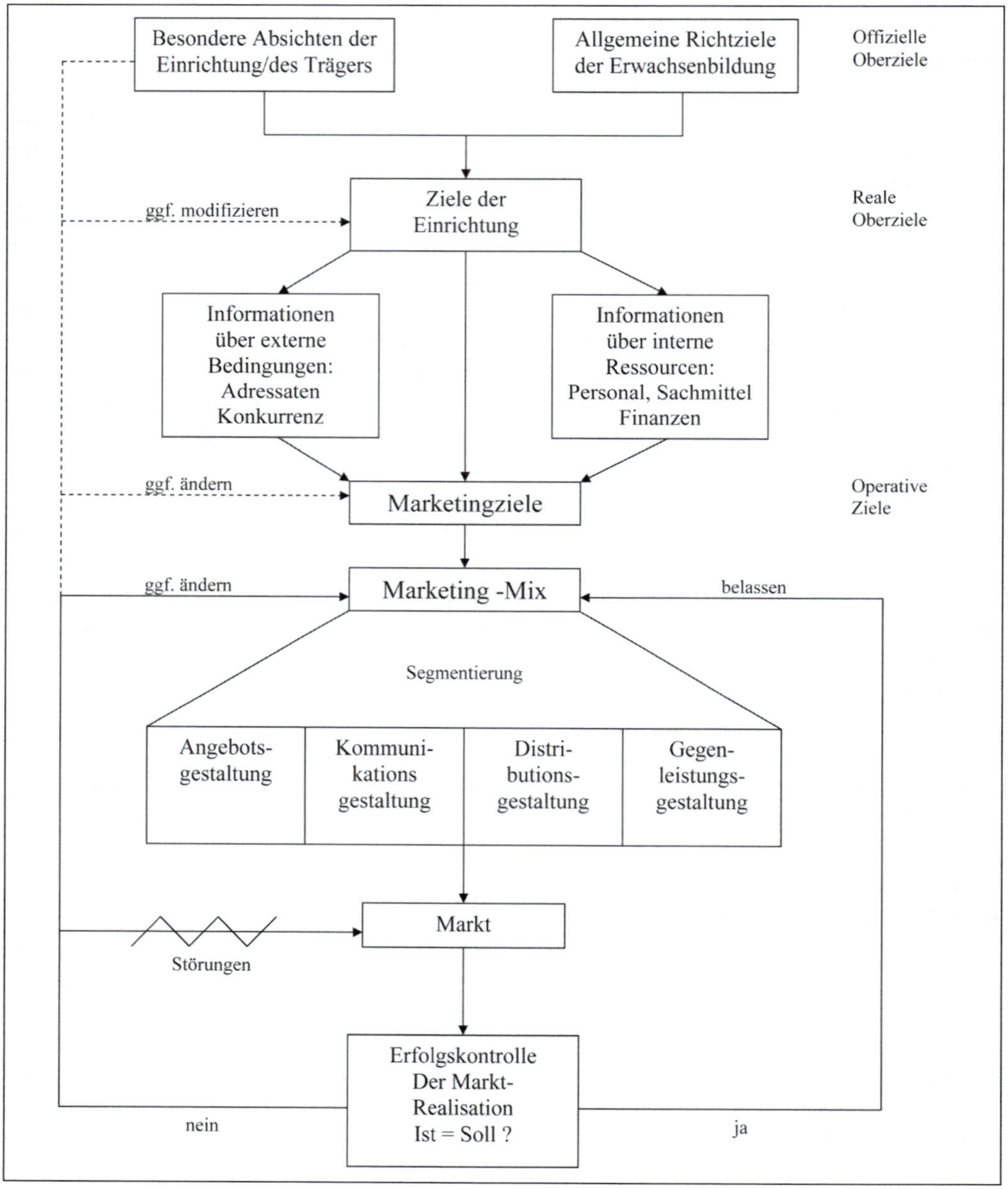

Abbildung: Das ablauflogische Modell (Sarges/Haeberlin 1980, S. 23)

5.1 Ziele im Marketing

Sarges-Haeberlin (1980) gehen in ihrer Zieldefinition von einer dreigliedrigen Stufung aus: Offizielle Oberziele, gefolgt den realen Oberzielen und operativen Zielen. Die Autoren betonen, dass sich „sowohl in der erwachsenenpädagogischen Literatur als auch in den einschlägigen Gesetzen ein breit gefächerter Katalog genereller Zielformulierungen“ (ebd. S. 25) findet und weisen gleichzeitig darauf hin, dass sich offizielle Ziele nur bedingt „für die konkrete Gestaltung der Steuerungs- und Regelungsbeziehungen organisierter und institutionalisierter Erwachsenenbildung“ (ebd.) eignen. „Offiziell“ wird von Sarges/Haeberlin gleichgesetzt mit „generell“. Die realen Oberziele auf der zweiten Stufe der Zielhierarchie sollten mit den „offiziellen Zielen“, also den „allgemeinen Richtzielen der Erwachsenenbildung“, komplementär und in ein stringentes Handlungskonzept eingebunden sein. Ohne das Herausarbeiten umsetzbarer Handlungsempfehlungen, d.h. realer Oberziele, bleiben zugewiesene oder selbst mandatierte Aufgaben, sei es durch Träger, Institutionen, Gesetze oder Eigeninitiative bloße „Zukunftsvorstellungen“ (ebd.). Die offiziellen Oberziele sind der Rahmen, in dem sich die Handlungsoptionen vieler unterschiedlicher Akteure widerspiegeln. Bei aller Unverbindlichkeit wird die Existenz dieses Rahmens und seine Notwendigkeit nicht geleugnet. Deutlich wird, dass man bei der Formulierung offizieller Oberziele, da sie unterschiedlichen Ansprüchen gerecht werden sollen, Gefahr läuft, den angestrebten gesellschaftliche Konsens angesichts partikular diskutierter Subziele aus den Augen zu verlieren und damit zwischen Deklaration und tatsächlicher Handlungsverpflichtung als beliebig empfunden zu werden. Offizielle Oberziele erhalten ihre Orientierungs- und Ordnungsfunktion durch die Konkretisierung auf der realen und operativen Zielebene.

Operative Marketingziele sind Ziele, die aus offiziellen und realen abgeleitet, beschrieben und umgesetzt werden müssen. Vielfach sind diese Fragestellungen dem Aufgabenspektrum eines pädagogisch Verantwortlichen inhärent. Gleichwohl wurde deutlich, dass die Fähigkeit und Bereitschaft, auf einer Mikroebene zu operationalisieren und zu evaluieren, gefördert werden muss. Konfligierende und konkurrierende Zielbeschreibungen müssen vermieden werden (vgl. Bernecker 2001 und Merk 2006).

Immer vorausgesetzt, ein möglichst breites, aber konsensfähiges Gesamtziel liegt vor, können darunter reale und operative Ziele unterschiedlichster Art angesiedelt werden, quantitative, qualitative, ökonomische, pädagogische. Eine Möglichkeit der Operationalisierung ist das Milieumarketing. So kann beispielsweise in der öffentlich verantworteten Weiterbildung verankert sein, bildungsfernen Zielgruppen besondere Beachtung zu widmen. Vor dem Hintergrund der Erkenntnisse des Milieumarketings können dann Ziele festgelegt und operationalisiert werden, die beispielsweise die bildungsfernen Zielgruppen mit Produkten, Preisen, Distributions- und Kommunikationsansprachen konfrontieren, die für diese Zielgruppen adäquat sind (vgl. Barz/Tippelt 2007 und 2007a). Die hierarchisierte Zieldefinition bleibt jedoch das Wesentliche. Die bloße Konzentration auf Milieus ohne Rückbindung an den Auftrag einer öffentlich verantworteten Einrichtung greift zu kurz. Keiner hindert eine privatwirtschaftlich organisierte Bildungseinrichtung daran, Angebote für finanzkräftige und moderne, milieuinteressante Zielgruppen zu unterbreiten. Eine solche Einrichtung muss sich Mittelgebern gegenüber in der Regel nicht verantworten. Im Zielkatalog einer Weiterbildungseinrichtung können auch rein quantitative Ziele verankert sein; hier ist im Falle einer öffentlich verantworteten Einrichtung ebenfalls die auftragsrückgebundene Legitimation notwendig. Je allgemeiner und breiter ein Ziel formuliert ist, desto schwieriger ist die Operationalisierung. Konfligierende oder konkurrierende Zielstellungen erfordern pädagogische, auftragsbezogene und ggf. auch organisatorische Eingriffe.

5.2 Informationsinstrumente im Marketing

Zur Operationalisierung der realen und operativen Marketingziele sind Informationsinstrumente erforderlich. Informationsinstrumente über die externen und internen Bedingungen einer Weiterbildungseinrichtung liefern die Datenbasis für Marketingmaßnahmen auf der Aktionsebene. Die Informationsinstrumente erlauben die Exploration einrichtungs- und umfeldbezogener Daten und ermöglichen die Ableitung der daraus zu generierenden operativen Ziele. Konflikte können auftreten, wenn die jeweils vorgelagerten Ziele nicht ausreichend präzisiert sind.

Informationen über externe und über interne Bedingungen zur Formulierung von Marketingüberlegungen können zum einen über die Methode des Field Research gewonnen werden, das heißt über die Erforschung der Marktgrundlagen beim Endverbraucher. Dies geschieht meist mittels Befragungen. Sie können auch über das Desk Research gewonnen werden, das heißt über die Analyse der in der Literatur, in Statistiken und in der Trendforschung abrufbaren Daten und Informationen (vgl. Schöll 2005).

In den letzten Jahrzehnten gab es eine Vielzahl unterschiedlicher Methoden zur Erfassung der Informationsinstrumente, darunter als bekannteste die allgemeine Teilnehmendenbefragung. Darüber hinaus gibt es ausdifferenzierte Befragungsformen zu Einzelthemen der Weiterbildung in unterschiedlicher wissenschaftlicher Tiefe. Auffällig ist, dass Sekundärmaterial zur Programmplanung selten Eingang in die Marketingdiskussion gefunden hat. Im Bereich der statistischen Auswertungen bietet die vom Deutschen Institut für Erwachsenenbildung (DIE) herausgegebene Statistik des Deutschen Volkshochschulverbandes nicht nur allgemein zugängliches Zahlenmaterial, das im Längs- und Querschnitt verglichen werden kann. Einzelanalysen können darüber hinaus Aufschluss über pädagogische und/oder organisationsbezogene Detailfragen geben. Daten für einen institutionellen Vergleich liefert der neue vom DIE betreute Verbund Weiterbildungsstatistik (vgl. Reichart 2006).

5.3 Aktionsinstrumente des Marketings

Die Aktionsinstrumente des Marketing gliedern sich in: Produkt, Preis, Distribution und Kommunikation. Alle vier werden nachfolgend dargestellt.

Produkte

Das Denken in „Produkten" ist in der pädagogischen Diskussion nicht neu. Kotler hat den Begriff in die US-amerikanische Marketingdiskussion eingebracht. Mit Bezug auf das Non-Profit-Marketing umfasst der Produktbegriff „alles und jedes, das einem Markt zwecks Wahrnehmung, Erwerb oder Konsum angeboten werden kann: konkrete, greifbare Gegenstände, Dienstleistungen, Personen, geographische Orte, Organisationen und Ideen" (Kotler 1978, S.164).

Versucht man, Kategorien der pädagogischen Produktbeschreibung zu finden, so bleibt vorab festzuhalten, dass Produkte immer das Ergebnis menschlicher Arbeit sind. Sie können materieller und immaterieller Natur sein und erfordern eine möglichst stabile Anbieter-Nachfrager-Struktur. Diese Struktur ist umso einfacher herzustellen, je konkreter ein Produkt ist, d.h. je weniger erklärungsbedürftig, je weniger subjektiv geprägt und je weniger von Partizipationsleistungen jedweder Art abhängig. Dass immaterielle Produkte besondere Schwierigkeiten einer überzeugenden Kundenbindung haben, liegt in der Struktur des Produktes und seiner sperrigen, widerständigen „Konsumierbarkeit" begründet (vgl. Bruhn/Tilmes 1989, S. 108 sowie Merk 2006, S. 63).

Im Mittelpunkt eines Produkts steht sein „Leistungskern" (Sarges/Haeberlin 1980, S. 37) oder sein Kernnutzen, also die für den Konsumenten mit der direkten Nutzung erhofften Vorteile, die er sich durch das Buchen eines Produkts „Kurs oder Kursangebote" „Veranstaltungen" erhofft. Ergänzend kommt der Zusatznutzen in Form Produkt begleitender Serviceleistungen hinzu. Der Zusatznutzen ist das Produktumfeld, das notwendig ist, damit der Leistungskern „Kursangebote" möglichst optimal geplant, durchgeführt und kontrolliert werden kann. Damit werden zwei Ebenen der „Produktpolitik" unterschieden:

Es gibt die *Produkthauptleistungen*, „wobei es sich sowohl um einzelne Leistungen (wie z.B. Kurse, Lehrgänge o.Ä.) als auch um Kombinationen dieser Leistungen zu einem Leistungspaket" (Gottmann 1985, S. 175). Nittel spricht in diesem Zusammenhang von Teilnehmerorientierung (vgl. ebd. 1999, S. 181f.).

Es gibt die *Produktnebenleistungen*, auch Zusatznutzen genannt, „wobei es sich um Produkt und Programm begleitende Serviceleistungen handelt, wie z.B. ein nach Teilnehmergruppen differenziertes Anmeldesystem, oder die Ermöglichung eines Kurswechsels" (Gottmann 1985, S. 175). Nittel nennt dies Kundenorientierung (vgl. ebd. 1999, S. 181f.).

Beim Produkt Bildung haben die Teilnehmenden stets eine Doppelfunktion: Sie buchen einen Kurs und sind gleichzeitig am Zustandekommen des Produkts beteiligt. Knoll konstatiert: „Ob aber wirklich ein Lernerfolg entsteht, hängt in hohem Maße von der Mitwirkungen der Teilnehmenden ab. Sie sind also mit-produzierend, denn ein ‚Be-lernt-Werden' gibt es nicht, und ‚Belehrung' ist noch lange nicht ‚Lernen'" (Knoll 2002, S. 91). Für Nuissl entsteht das Produkt Bildung „aus der Eigentätigkeit des Lernenden." (ebd. 2003, S. 176). Angermöller/Ehses sprechen vom Lernenden als „Ko-Produzenten des gesamten Lernprozesses." (ebd. 1997, S. 69). Arnold kommentiert: „Im Unterschied zu anderen Märkten beziehen sich Angebot und Durchführung von Bildungs- bzw. Lernprozessen auf einen Markt, auf dem Anbieter/in und Nutzer/in gemeinsam das ‚Produkt' (z.B. Bildung, Kompetenz) herstellen, weshalb (…) vorgeschlagen wurde, im Bildungsbereich nicht von Konsument/innen, sondern besser von ‚Prosument/innen' zu sprechen." (ebd. 2003, S. 92f.). Auch Schäffter betont, dass die „Wirkung als Ergebnis von pädagogischer Einflussnahme auf erwachsene Lerner (...) daher nicht produkthaft, sondern nur über eine konstitutive Selbstbeteiligung der Adressaten am Bildungsprozess erreichbar" ist. Bildung kann niemals „durch Kauf erworben" werden, sondern nur „als Selbstbildung des Menschen stattfinden." (ebd. 1995, S. 4).

Preis

Hasitschka/Hruschka differenzieren die „mit einer Gegenleistung (Preis oder immateriellem Gut) verbundene Mühe auf Seiten des Abnehmers" in Ausgaben, Zeit und psychische Kosten (ebd. 1982, S. 112). Sarges/Haeberlin stellen neben finanziellen auch zeitlich-örtliche und ausgangsbezügliche Bedingungen als teilnahmerelevant dar (ebd. 1980, S. 43); letztere beinhalten u.a. motivationale, persönliche und milieuspezifische Faktoren. Die finanziellen Bedingungen werden durch Preisfestsetzung definiert. Bernecker spricht in Zusammenhang mit dem Preis von „Kontrahierungspolitik“ und subsumiert darunter alle Vorgänge, die mit dem Preis und den Zahlungskonditionen zusammenhängen (ebd. 2001, S. 214).

Marktwirtschaftliche Preise werden erzielt, wenn eine Weiterbildungseinrichtung auf privatwirtschaftlicher Basis mit Gewinn- bzw. Überschussorientierung arbeitet. In der Regel wird bei Non-Profit-Einrichtungen eine Kostenbeteiligung festgelegt, die sich an den Zielen der Institution orientiert. Decker verweist auf die Risiken, die bei Non-Profit-Einrichtungen in einer nicht investiv, sondern ausschließlich an den Betriebskosten orientierten Preispolitik bestehen (vgl. ebd. 2000, S. 156).

Die terminologischen Unterschiede zwischen Kontrahierungspolitik, Gegenleistungspolitik, Entgelten, Gebühren und Preisen resultieren aus der Marketingdebatte in der Erwachsenenbildung (vgl. u.a. Rogge 1990; Bernecker 2001, S. 241) sowie, bei öffentlichen Einrichtungen, aus den kommunalpolitischen Kontexten.

Weiterbildungseinrichtungen wissen nach wie vor zu wenig über die Kaufkraft und die Zahlungsbereitschaft ihrer Zielgruppen. Die Preisfestlegung war somit für Veranstaltungen der öffentlichen Weiterbildung lange eher eine Frage möglichst optimaler Schätzung und der Anreiz zu Mehreinnahmen war auf Grund des kameralistischen Systems gering (vgl. u.a. Möller 2002, S. 205; Barz/Tippelt 2007, S. 173). Heute verfügen die meisten Weiterbildungseinrichtungen zwar über die betriebswirtschaftlichen Instrumente zur Kostenberechnung (vgl. Bernecker 2001) und können Aussagen zu den tatsächlichen Kosten und zum daraus abzuleitenden Preis eines Kursangebotes treffen, doch korrespondiert die Tatsache, dass dieses Instrument vorliegt, nicht mit Erkenntnissen darüber, wie viel der Einzelne für Weiterbildungsmaßnahmen zu investieren bereit ist. Merk (2006) mutmaßt, dass Bildung im Bewusstsein breiter Bevölkerungsteile immer noch als eine Leistung gilt, die der Staat möglichst kostengünstig oder gar kostenfrei vorzuhalten hat. Er gibt zu bedenken, dass der Investitionsgedanke in der Weiterbildung noch keine große Verbreitung gefunden hat und dass erst ein Bewusstsein dafür geschaffen werden muss, dass Weiterbildung „wie jede andere Dienstleistung auch – einen Preis hat.“ (ebd. S. 71). Die Tatsache, dass der Preis für große Teile der Bevölkerung ein Grund dafür ist, auf die Teilnahme an Weiterbildungsangeboten zu verzichten, stellt besonders für die öffentlich finanzierte Weiterbildung seit geraumer Zeit ein Problem dar (vgl. bereits Gottmann 1985).

Distribution

Distribution umfasst die Terminwahl, die Standortwahl, die Streuung der Angebotsorte, die Kursgröße und die Absatzwege für die Weiterbildung. Es geht wesentlich um die Frage, welche Orte welchen Terminen und Lernformen zugeordnet werden können. Möller ergänzt den Distributionsbegriff um „Öffnungszeiten, Anmeldemodalitäten und Serviceleistungen“ (ebd. 2002, S. 260). Zeitstrukturen dominieren das Weiterbildungsmarketing bei der Mehrzahl der selbst zahlenden Kunden wahrscheinlich mehr als aufgrund der spärlichen Forschungslage bekannt ist. Die nicht-monetären Kosten auf der Ebene der „Preispolitik“ sind die eigentliche Herausforderung für die Weiterbildung (vgl. Schiersmann/Strauß 2006). In Kenntnis der Wertigkeit der psychischen Kosten wächst die Relevanz des Themas Distribution. Individualisierte und flexibilisierte Lernformen tragen dazu bei, dass die Experimente mit Zeitfenstern zunehmen (vgl. Nahrstedt et al 1998; DIE 2008). Zeitkonkurrenzen mit einem dichten Geflecht beruflicher und privater Pflichten und Wünsche der Teilnehmenden können zu Lasten pädagogischer Qualität gehen. Bildung erfordert eine bewusste Zeitentscheidung für ein festes Zeitfenster und erlaubt in der Regel keine Paralleltätigkeiten. Weiterbildungseinrichtungen arbeiten mit

Vormittagsangeboten, Nachmittagskursen (über einen kürzeren, stundenintensiveren Zeitraum als ein komplettes Semester), Wochenendseminaren, Wochenangeboten, verlängerten Wochenendseminaren, Samstagsseminaren, Sonntagsveranstaltungen, Sandwich-Angeboten (zweimal wöchentlich plus einige Samstage/Wochenenden), Ferienseminaren, Frühaufsteherangeboten, Kombiseminaren von Selbstlern- und Gruppenelementen (vgl. Brinkmann 1997; Nahrstedt et al.u.a. 1998; Nuissl 2000; Bernecker 2001, S. 240f.). Die zeitliche Passung des jeweiligen Bildungsangebotes muss sich an den Bedürfnissen der jeweiligen Milieus orientieren. Sie wird zu einem zentralen Bestandteil innerhalb der distributionspolitischen Maßnahmen einer Weiterbildungseinrichtung. Barz/Tippelt stellen fest, dass insbesondere die klassische bürgerliche Mitte und die Traditionsverwurzelten den Seminarbesuch davon abhängig machen „ob ich das irgendwie mit meinen Arbeitszeiten in Verbindung kriege" (Barz/Tippelt 2007, S. 175). Familienorientierte Milieus, die sich mehrheitlich ebenfalls in der oben beschriebenen Gruppe befinden, lehnen die Teilnahme an Wochenendkursen meist ab: „Ich würd' den Kurs schon mal nicht aufs Wochenende legen, da ist mir einfach die Familie zu kostbar" (ebd.). In den Milieus der Modernen Performer, der Experimentalisten und der Postmateriellen dominiert die Zeitökonomie. Effizienz und eine zeitliche Überschaubarkeit führen dazu, dass man Zeiten akzeptiert, die zwar auf der einen Seite familienfeindlich sind, auf der anderen Seite aber keine längerfristige Bindung erfordern. Diese Zielgruppen präferieren „Intensiv- und Blickseminare, in denen man in relativ kurzer Zeit sehr kompaktes Wissen vermittelt bekommt" (ebd.).

Unter ethisch vertretbaren Marketingaspekten muss die Kompatibilität von Inhalt und Zeitstruktur immer wieder überprüft werden, nicht zuletzt deshalb, um ein mögliches Scheitern von Lernprozessen nicht vorschnell mit inhaltlichen Parametern zu begründen. Eine angemessene Ausstattung ist für Weiterbildungseinrichtungen ein Rückversicherungsfaktor, der „sichtbare" Argumente für oder gegen die Solidität des fragilen Produkts „Bildung" liefert:

> „Die Wahrnehmungen des Bildungsnachfragers erstrecken sich auf die Geschäfts- und Unterrichtsräume. Die Gesamtzufriedenheit mit einer Bildungsleistung hängt wesentlich von dieser Dimension ab. Alle Modelle zur Messung der Kundenzufriedenheit erfassen auch diese Dimension (…). Liegt eine akzeptable Raumausstattung vor, dann hat dieser Faktor keinen positiven Einfluss auf die Kundenzufriedenheit. Liegen allerdings Mängel vor, dann beeinflusst die Raumausstattung die Kundenzufriedenheit negativ. Es sollte zusätzlich beachtet werden, dass bedingt durch die Immaterialität der Kernleistung Bildung, der Nachfrager zur Qualitätsbeurteilung Hilfsindikatoren heranzieht. Einer dieser Hilfsindikatoren ist die Raumausstattung des Bildungsanbieters" (Bernecker 2001, S. 238f.).

Kommunikation

Kommunikation bedeutet das umfassende Absichern aller internen und externen Kommunikationsprozesse mit dem Ziel der Bindung und Festigung des Kundenkontakts und der ideellen und materiellen Fundierung der Ziele einer Weiterbildungseinrichtung. Kommunikation weist über die reine Öffentlichkeitsarbeit hinaus und beinhaltet mehr als das Herstellen, Kommunizieren und Verteilen von Seminarprogrammen. Kommunikationspolitik und damit Aufmerksamkeitswert für eine Bildungseinrichtung bezieht sich auf Umwelt und Öffentlichkeit. Für Gottmann (1985) umfasste die Kommunikationspolitik „in erster Linie (…) Öffentlichkeitsarbeit, Werbung und Weiterbildungsberatung." (ebd. S. 8). Decker (2000) unterscheidet vier Kommunikationsinstrumente: Werbung, Öffentlichkeitsarbeit, persönlicher Kontakt, Anreiz-Angebote/Verkaufsförderung (ebd., S. 161). Sarges/Haeberlin (1980, S. 38) sprechen von „Aktionen", statt Anreiz-Angebote/Verkaufsförderung. Dieser Terminus wird hier übernommen. Künzel/Böse (1995) verstehen die Werbung als werbliche Interventionsmöglichkeit in pädagogische Prozesse, betrachten sie als „pädagogisch begründete Kommunikationsform", die eine strukturelle und eine biografische Ebene besitzt (vgl. ebd., S. 8). Diese beinhaltet zum einen das technische Vermögen, Werbung adressatengerecht und professionell herzustellen und zum anderen die Fähigkeit, durch personen- und zielgruppengebundene Ansprachefomen die subjektiv-emotionale Befindlichkeit der Angesprochenen dahingehen zu beeinflussen, dass der Werbebotschaft eine Teilnahme folgt (vgl. auch Möller 2002; von Rein/Sievers 2005).

Öffentlichkeitsarbeit – im Englischen „Public Relations" – wird manchmal fälschlicherweise verkürzt mit Marketing gleichgesetzt. Die Öffentlichkeitsarbeit ist ein nach innen und außen gerichteter Kommunikationsmix mit einer auf Wiedererkennungswert basierenden Werbung. Die Öffentlichkeitsarbeit einer Weiterbildungseinrichtung dient dazu, das Image einer Bildungseinrichtung im Bewusstsein der Öffentlichkeit zu fördern. Kernstück der Öffentlichkeitsarbeit ist die Pressepolitik. Die persönliche Kommunikation erstreckt sich sowohl auf die wichtigen Multiplikatoren einer Weiterbildungseinrichtung (beispielsweise Politik, Sponsoren, Kooperationspartner, Konkurrenten, Firmenkunden, Meinungsträger etc.) als auch auf die Kursleitenden als Mittler zwischen Einrichtung und Kurs sowie die Endverbraucher, die Kunden einer Weiterbildungseinrichtung. Kommunikationszeit ist ein wichtiger Faktor, wenn es um Imagepflege, um Erweiterung von Kooperationsbeziehungen, die Erreichung von Finanzzielen oder um die Verbesserung des Qualitätsmanagements geht. Unter das Aktivitätsspektrum „Aktionen" fallen Initiativen und Kampagnen, die Weiterbildungseinrichtungen initiieren. Nicht alle Milieus sind für die auf textzentrierten Ansprachefomen der Bildungswerbung offen. Viele wollen unverhofft und an Orten, an denen sie nicht damit rechnen, mit Bildungswerbung konfrontiert werden. Bildungsungewohnte oder Bildungsferne sehen in solchen Aktivitäten eine Ansprachefom, die hilft, emotionale oder psychische Barrieren zu überwinden, die einer Teilnahme im Wege stehen (vgl. Barz/Tippelt 2007, S. 168ff.).

5.4 Marketingkontrolle

Marketingkontrolle beinhaltet die Beschreibung der Ziele einer Marketing-Organisation, die Beurteilung möglicher Abweichungen und die daraus resultierenden Konsequenzen. Hasitschka/Hruschka (1982) beschreiben Marketing-Kontrolle als „laufende Gewinnung von Daten über Abweichungen realisierter Zielgrößen von definierten Soll-Werten und Analyse der Abweichungsursachen." (ebd., S. 11). Möller (2002) skizziert die damit verbundenen kostengebundenen Beurteilungsverfahren (vgl. ebd., S. 281). Marketingempfehlungen beziehen sich meist auf Teilsegmente des Angebots (z.B. Erhöhung des Männeranteils einer Bildungseinrichtung, Erhöhung der Teilnehmerzahl insgesamt). Eine wissenschaftlich fundierte und an Messgrößen orientierte Überprüfung der Marketingaktivitäten, die die Kosten für Marketingaktivitäten und ihre (fehlende) Amortisierung mit einbezieht, fehlt in den meisten Fällen. Die Ursachen hierfür sind vielfältig:

Marketing wird immer noch mit Öffentlichkeitsarbeit verwechselt und daher unterkomplex gehandhabt. Die institutionellen Einwirkungsmöglichkeiten auf die verschiedenen Parameter (angebotene Produkte, Preiselastizität, Distributionsmöglichkeiten räumlicher und zeitlicher Art, Werbeumfang etc.) sind in hohem Maße von den Flexibilitäten der Rechtsform einer Weiterbildungseinrichtung abhängig. Marketing-Empfehlungen sind oft temporäre und extern eingekaufte Dienstleistungen. Sie enden meist mit der Zielformulierung; für die Überprüfung der Maßnahmen fehlen nachfolgend die Ressourcen. Notwendige finanzielle Maßnahmen unterbleiben aufgrund der restriktiven Finanzlage. Vorabinvestitionen sind selten möglich.

Auch wenn die meisten Einrichtungen nach wie vor aus unterschiedlichen Gründen überfordert oder handlungseingeschränkt sind: wenn es um die systematische Nutzung des Marketings geht, ermöglicht die präzise Kenntnis der Instrumente die Formulierung von Teilzielen. Wenn beispielsweise der Männeranteil in einer Weiterbildungseinrichtung erhöht werden soll, aber keine akzeptierten Produkte zur Verfügung stehen sind, ist eine solche Zielformulierung illusorisch. Je kleinschrittiger und komplexitätsreduzierter das Ziel, desto besser die Übung im Marketinginstrument.

6 Der Blick in die Zukunft

Nutzungstiefe und Flexibilitätsspielraum bei der Handhabung der Marketinginstrumente im Weiterbildungsbereich und im Bildungsbereich generell hängen künftig mehr denn je vom Auftrag und der Zielstellung der Einrichtungen ab. Eine ausschließlich privat und Dritten gegenüber nicht mittelverantwortliche Einrichtung kann sich eigene Ziele setzen, den Markt mittels der geschilderten Informationsinstrumente analysieren und dann die Aktionsinstrumente einsetzen. Märkte werden analysiert, preis- und distributionspolitische Maßnahmen beispielsweise können regional fokussiert eingesetzt werden. Beispielgebend sind die Kampagnen großer überregionaler Sprachschulen, die in ihren Marktauftritten und ihrer regionalen Streuung seit einiger Zeit gezielt Akzente setzen.

Die Bundesregierung fördert im Zuge der Öffnung der Dienstleistungsmärkte das Engagement international tätiger Bildungseinrichtungen durch gezielte Unterstützung im Bereich der Marktplatzierung und des internationalen Marketing (vgl. Melborg 2006, Ulrich 2006). Die mittelfristige Wirksamkeit dieser Kampagnen muss abgewartet werden. Auf der nationalen Ebene stehen Marketingaktivitäten (oft konzentriert auf Öffentlichkeitsarbeit) im Fokus einiger Förderprogramme und Projekte. So stand im Rahmen des Projekts „Lernende Regionen“ in ausgewählten Feldern ein optimiertes Bildungsmarketing im Fokus (vgl. Reupold/Tippelt 2006), und es werden Projekte zum Milieumarketing mit Blick auf Teilnehmendensegmentierung und Kursleitendenqualifizierung gefördert (vgl. von Hippel/Reich-Claassen/Tippelt 2008; www.imziel.de; www.komweit.de). Praktische Handlungsleitfäden („Milieumarketing implementieren“) sollen die Umsetzung erleichtern helfen (vgl. Tippelt et al. 2008).

Barz/Wolf (2006) attestieren einen „Standortvorteil“ (ebd, S. 36) für die Diskussion des Themas in Großbritannien, den sie unter anderem mit dem regelmäßigen Erscheinen der Zeitschrift „Education Marketing“ (seit 1994 mit drei Heften pro Jahr) begründen. Ein Beispiel für eine konzise, top-down orientierte Arbeit ist seit vielen Jahren das Marketing der Schweizer Migros Schulen (vgl. Weinhold o.J.; Hagenow-Caprez 2003).

Die mittelfristige Transferwirkung des vom Hessischen Volkshochschulverband initiierten europäischen Grundtvig Projekts „Weiterbildungsmarketing in Europa – WIE“ mit den Schwerpunkten: Situation des Weiterbildungsmarketings in den jeweiligen Ländern, Rahmenbedingungen, Marketingtheorie, Benchmarking, Corporate Design, Kundenbindung, Marktforschung sowie Marktdeterminanten beim Aufbau der Wissensgesellschaft (vgl. Barz/Wolf 2006,

S. 37; www.marketing-project.com) muss abgewartet werden. BMBF und EU fordern dazu auf, sich mit dem Bildungsmarketing auf internationalen Märkten auseinanderzusetzen (vgl. u.a. Artur Andersen Managementberatung 2000; 2001). Dies geschieht – anders als im nationalen Kontext, in dem die Auftragsgebundenheit der Einrichtung immer noch determinierend sein kann – vor dem Hintergrund einer liberalisierten Dienstleistungsmarktes (vgl. Grotlüschen 2002; Haslinger/Scherrer 2006; Blinn 2006). Die Frage, ob und in welcher Art im nationalen wie internationalen Kontext auch weiterhin ein Proprium des Öffentlichen anerkannt wird, ist gegenwärtig offen. Sperrige und finanzschwache Bildungsfelder wie Integration und Elementarbildung lassen sich jedoch kaum auf einem liberalisierten Dienstleistungsmarkt kostendeckend anbieten und umsetzen (vgl. Blinn 2006, S. 27). Die Folgen einer möglichen Liberalisierung des Weiterbildungsmarktes für Lehrende, Lernende, Lerninhalte, Rahmenbedingungen und damit auch die Frage, welche Produkte künftig für wen auf welchen Märkten angeboten werden, sind gegenwärtig offen. Die Ergebnisse dieser Diskussion werden die Rahmenbedingungen eines Marketings in der Weiterbildung nachdrücklich beeinflussen. Der ehemalige Bundespräsident Johannes Rau warnte in diesem Zusammenhang: „Eine Gesellschaft, die alle Lebensbeziehungen den Gesetzen des Marktes unterwirft, trägt Anzeichen von totalitärer Ideologie, die lebensgefährlich ist für den Staat" (vgl. ebd., S. 27).

Literatur

Artur Andersen Managementberatung (2000): Studie zum europäischen und internationalen Weiterbildungsmarkt. Im Auftrag des BMBF. Teil 2: Länderrundschau, Stuttgart: Klett-Cotta.

Artur Andersen Managementberatung (2001): Studie zum europäischen und internationalen Weiterbildungsmarkt. Im Auftrag des BMBF. Bonn. Verfügbar unter: www.bmbf.de/pub/gesamtstudie_weiterbildungsmarkt.pdf [16.09.08]

Angermöller, J./Ehses, C. (1997): Marketing als Bildungsprozess. In: Zech, R. (Hrsg.): Pädagogische Antworten auf gesellschaftliche Modernisierungsanforderungen. Bad Heilbrunn: Klinkhardt, S. 63-89.

Arnold, R. (2003): Theoretische Überlegungen und autobiographische Reflexionen zum Bildungsmanagement. In: Gieseke, W.(Hrsg.): Institutionelle Innensichten der Weiterbildung. Bielefeld: Bertelsmann, S. 85-97.

Balzer, C./Nuissl, E. (Hrsg.) (2000): Finanzierung lebenslangen Lernens. Bielefeld: Bertelsmann.

Barz, H. (1996): Differenzierung von Weiterbildungsinteressen und -einstellungen aus Sicht der sozialen Milieuforschung. In: Tippelt, R./Eckert, T./ Barz, H. (Hrsg.): Markt und integrative Weiterbildung. Bad Heilbrunn: Klinkhardt, S.85-152.

Barz, H./Tippelt, R. (1999): Zum Wandel von Nachfragestrukturen - „Bildung" und „Volkshochschule" aus Sicht sozialer Milieus. In: Hessische Blätter für Volksbildung 1: S. 16-27.

Barz, H./Tippelt, R. (Hrsg.) (2007): Weiterbildung und soziale Milieus in Deutschland, Bd. 1 Praxishandbuch Milieumarketing. Bielefeld: Bertelsmann.

Barz, H./Tippelt, R. (Hrsg.) (2007a): Weiterbildung und soziale Milieus in Deutschland, Bd. 2 Adressaten- und Milieuforschung zu Weiterbildungsverhalten und -interessen. Bielefeld: Bertelsmann.

Barz, H./ Wolf, B.S.T. (2006): Noch Neuland. Weiterbildung in internationaler Perspektive. In: DIE – Zeitschrift für Erwachsenenbildung 2. S. 35-38.

Beer, W. (2002): Der andere Blick – Marketingstrategien für die Erwachsenenbildung. In: Bastian, H./Beer, W./Knoll, J. (Hrsg.): Pädagogisch denken – wirtschaftlich handeln. Bielefeld: Bertelsmann, S. 25-43.

Bernecker, M. (2001): Bildungsmarketing. Sternenfels: Verlag Wissenschaft und Praxis.

Bilger, F. (2006): Migranten und Migrantinnen – eine weitgehend unbekannte Zielgruppe in der Weiterbildung. Empirische Erkenntnisse und methodische Herausforderungen. In: Fischer, V. (Hrsg.): Zuwanderung und Migration. Report 2. Bielefeld: Bertelsmann, S. 21-31.

Blinn, H.-J. (2006): Bildung als globale Dienstleitung. In: DIE – Zeitschrift für Erwachsenenbildung 2: S. 26-28.

Bremer, H. (2006): Milieus und soziale Selektivität von Weiterbildung. In: Wiesner, G./Zeuner, C./Forneck, H. J. (Hrsg.): Teilhabe an der Erwachsenenbildung und gesellschaftliche Modernisierung. Dokumentation der Jahrestagung 2005 der Sektion Erwachsenenbildung der DGfE. Baltmannsweiler: Schneider Verlag, S. 36-50.

Brinkmann, D. (1997): Kompakt, flexibel oder just in time. Zwischenergebnisse des Projektes „Neue Zeitfenster in der Weiterbildung“. In: Nahrstedt, W./Brinkmann, D./Kadel, V. (Hrsg.): Neue Zeitfenster für Weiterbildung? Bielefeld: Inst. für Freizeitwiss. und Kulturarb. (IFKA), S. 75-111.

Brödel, R. (1995): Teilnehmerforschung im Überblick – Deutschland als Fallbeispiel. In: Meyer, T. (Hrsg.): Teilnehmerforschung im Überblick. Jahrbuch 1995 der Akademie für Politische Bildung der Friedrich-Ebert-Stiftung. Bonn: o.V., S. 7-19.

Bruhn, M./Tilmes, J. (1989): Social Marketing. Stuttgart: Kohlhammer.

Bruhn, M. (1990): Marketing, Grundlagen, Fallstudien, Problemlösungen. Wiesbaden: Gabler.

Bundesministerium für Bildung und Forschung (Hrsg.) (2004): Schlussbericht der unabhängigen Expertenkommission. Finanzierung Lebenslangen Lernens: Der Weg in die Zukunft. Berlin. Verfügbar unter: www. bmbf.de/pub/schlussbericht_kommission_III.pdf [16.9.08].

Bundesministerium für Bildung und Forschung (Hrsg.) (2008): Aufstieg durch Bildung – Qualifizierungsoffensive der Bundesregierung. Bonn.

Camerer, R. (1997): Vhs vermarkten? oder: Wie die Hamburger Volkshochschule das Bildungsmarketing lernt. In: Geißler, H. (Hrsg.): Weiterbildungsmarketing. Neuwied/Kriftel/Berlin: Luchterhand, S. 244-264.

Decker, F. (20002): Bildungsmanagement für eine neue Praxis. Würzburg: Lexika Verlag.

DIE – Zeitschrift für Erwachsenenbildung, I/2008. Bildung und Zeit.

Dollhausen, K. (2005): Statistische Informationen als Hilfen zur Einschätzung der Ökonomisierung des Weiterbildungsbereichs. Bonn: DIE. Verfügbar unter: www.die-bonn.de/esprid/dokumente/doc.200505_01.pdf [16.09.08].

Dollhausen, K./Nuissl von Rein, E. (Hrsg.) (2007): Bildungseinrichtungen als „lernende Organisationen“? Befunde aus der Weiterbildung. Wiesbaden: Dt. Univ.-Verl.

Eckert, T. (1996): Pluralisierung und Segmentierung des Weiterbildungsangebots am Beispiel der Region Freiburg. In: Tippelt, R./Eckert, T./Barz, H. (Hrsg.): Markt und integrative Weiterbildung. Bad Heilbrunn: Klinkhardt, S. 46-84.

Faulstich, P. (1997): Diffusionstendenzen und Kooperationsstrategien zwischen Unternehmen und Erwachsenenbildungsträgern. In: Geißler, H. (Hrsg.): Weiterbildungsmarketing. Neuwied/Kriftel/Berlin: Luchterhand, S. 141-150.

Faulstich, P./Haberzeth, E. (2007): Recht und Politik. Studientexte für Erwachsenenbildung, herausgegeben vom Deutschen Institut für Erwachsenenbildung. Bielefeld: wbv.

Flaig, B.B./Meyer, T./Ueltzhöffer, J. (1993): Alltagsästhetik und politische Kultur. Zur ästhetischen Dimension politischer Bildung und politischer Kommunikation. Bonn: Dietz.

Foschepoth, J. (1995): Die Modernisierung der Volkshochschule Münster. Über Modernisierung als „Prozess“, die Suche nach einer neuen Identität. Reformen und die „Reform der Reform“. In: DIE - Zeitschrift für Erwachsenenbildung 2: S. 35-38.

Friebel, H. (1993): Der gespaltene Weiterbildungsmarkt und die Lebenszusammenhänge der Teilnehmer/-innen. In: Friebel, H. (Hrsg.): Weiterbildungsmarkt und Lebenszusammenhang. Bad Heilbrunn: Klinkhardt, S. 1-54.

Gieseke, W. (1993): Zentrifugale Kräfte in der Weiterbildung und die Standortfindung einer Wissenschaft von der Erwachsenenbildung. In: Friebel, H. (Hrsg.): Weiterbildungsmarkt und Lebenszusammenhang. Bad Heilbrunn: Klinkhardt, S. 89-100.

Gottmann, G. (1985): Marketing von Volkshochschulen. Frankfurt am Main: Deutsch.

Grotlüschen, A. (2002): E-Learning im Weltmarkt der Dienstleistungen – GATS. In: Hessische Blätter 3. S. 210-222.

Hagenow-Caprez, M. (2003): Im Spannungsfeld zwischen Bildungsauftrag und Bildungsmarkt. In: GdWZ 3. S. 187-190.

Harney, K. (1998): Krise öffentlicher Trägerschaft in der Weiterbildung: Betrieblichkeit als Referenzproblem. In: Brödel, R. (Hrsg.): Lebenslanges Lernen - lebensbegleitende Bildung. Neuwied/Kriftel: Luchterhand, S. 184-195.

Hasitschka, W./Hruschka, H. (1982): Nonprofit-Marketing München: Verlag Franz Vahlen.

Haslinger, S./Scherrer, C. (2006): Folgenabschätzungen der GATS-Verhandlungen für die Weiterbildung. Richtig ernst wird es erst noch. In: DIE Zeitschrift für Erwachsenenbildung 2. S. 29-30.

Hippel, A. von/Reich-Claassen, J./Tippelt, R. (2008): Dozenten sichern Qualität – teilnehmer- und adressatenorientierte Perspektiven auf Kursleitende und Mitarbeiter. In: Hessische Blätter für Volksbildung. Artikel zum Schwerpunkt „Wissenschaft in der Erwachsenenbildung“ in Heft 2/08., S. 145-155.

Hüser, H.W./Epping, R./Frischkopf, A. (2002): Nordrhein-Westfalen. In: Faulstich, P./Vespermann, P. (Hrsg.): Weiterbildung in den Bundesländern. Materialien und Analysen zu Situation, Strukturen und Perspektiven. Weinheim/München:Juventa, S. 229-245.

Kapfer, L. (1991): Marketing - ein Weg zur ganzheitlichen Organisationsentwicklung. In: GdWZ 3. S. 125-130.

Knoll, J. (2002): „...was geschaffen wird und entsteht.“ – Vom Produkt zum Angebot. In: Bastian, H./Beer, W./Knoll, J. (Hrsg.): Pädagogisch denken – wirtschaftlich handeln. Zur Verknüpfung von Ökonomie und Profession in der Weiterbildung. Bielefeld: Bertelsmann, S. 91-95.

Kotler, P. (1978): Marketing für Nonprofit-Organisationen, Stuttgart: o.V.

Künzel, K./Böse, G. (1995): Werben für Weiterbildung. Motivationsstrategien für lebenslanges Lernen. Neuwied: Luchterhand.

Kuhlenkamp, D. (2003): Von der Strukturierung zur Marginalisierung. Zur Entwicklung der Weiterbildungsgesetze der Länder. In: Hessische Blätter für Volksbildung 2. S. 127-138.

Meisel, K. (1995): Volkshochschulen unter Wirtschaftlichkeitsdruck. In: DIE – Zeitschrift für Erwachsenenbildung 2. S. 30-33.

Meisel, K. (2001): Managementprobleme in öffentlichen Erwachsenenbildungseinrichtungen. Baltmannsweiler: Schneider Verlag Hohengehren.

Melborg, S. (2006): Weiterbildung als Exportgut. In: DIE – Zeitschrift für Erwachsenenbildung 2. S. 40-41.

Merk, R. (2006): Weiterbildungs-Management. Augsburg: Ziel.

Möller, S. (2002): Marketing in der Weiterbildung. Bielefeld: Bertelsmann.

Nahrstedt, W./Brinkmann, D./Kadel, V./Kuper, K./Schmidt, M. (1998): Abschlussbericht des Forschungsprojekts: Neue Zeitfenster für Weiterbildung. Temporale Muster der Angebotsgestaltung und Zeitpräferenzen der Teilnehmer im Wandel. IFKA Dokumentation, Band 20 des Instituts für Freizeitwissenschaft und Kulturarbeit e.V Bielefeld.

Nittel, D. (1999): Von der Teilnehmerorientierung zur Kundenorientierung – Zur Bedeutung von systematischen Begriffen für pädagogische Feldanalysen. In: Arnold, R./Gieseke, W. (Hrsg.): Die Weiterbildungsgesellschaft, Bd.1 Bildungstheoretische Grundlagen und Perspektiven. Neuwied/Kriftel: Luchterhand, S. 162-184.

Nolda, S. (1995): Volkshochschule als Metapher. In: Hessische Blätter für Volksbildung 2. S. 107-111.

Nuissl, E. (2000): Erwachsenenbildung und Kommerz. In: Hessische Blätter für Volksbildung 3. S. 213-221.

Nuissl, E. (2003): Kundschaft von Weiterbildung erzeugen. In: GdWZ 4. S. 176-178.

Nuissl von Rein, E. (2007): Das „Lernen“ pädagogischer Organisationen: Eine Reflexion. In: Dollhausen, K./Nuissl von Rein, E. (Hrsg.): Bildungseinrichtungen als „lernende Organisationen“? Befunde aus der Weiterbildung. Wiesbaden: Dt. Univ.-Verl., S. 17-27.

Nuissl von Rein, E./Rein, A. von (1995): Öffentlichkeitsarbeit von Weiterbildungseinrichtungen. Studientexte für Erwachsenenbildung. Frankfurt: Deutscher Volkshochschul-Verb.

Pfeiffer, W. (1990): Adressatenorientierte Programmplanung in der Erwachsenenbildung. Münster:Waxmann.

Reichart, E. (2006): Verbund Weiterbildungsstatistik liefert regelmäßig Institutionendaten zur allgemeinen Weiterbildung. Bonn: DIE. Verfügbar unter: www.die-bonn.de/esprid/dokumente/doc-2006/reichart06_02.pdf [16.9.08].

Rein, A. von/Sievers, C. (2005³): Öffentlichkeitsarbeit und Corporate Identity an Volkshochschulen. Studientexte für Erwachsenenbildung, herausgegeben vom Deutschen Institut für Erwachsenenbildung (1. Auflage 1995; bearbeitet von: Nuissl/von Rein) Bielefeld: Bertelsmann.

Reupold, A./Tippelt, R. (2006): Bildungsmarketing und Bildungsbeteiligung. In: Nuissl, E./Dobischat, R./Hagen, K./ Tippelt, R. (Hrsg.): Regionale Bildungsnetze. Bielefeld: Bertelsmann, S. 180-201.

Rogge, K.I. (1990): Marketing konkret: Der Leistungsmix einer Weiterbildungseinrichtung. In: Die Volkshochschule 6. S. 21-23.

Sarges W./Haeberlin, F. (1980): Marketing für die Erwachsenenbildung. In: Sarges W./Haeberlin, F. (Hrsg.): Marketing für Erwachsenenbildung. Hannover: Schroedel, S. 18-65.

Schäffter, O. (1995): Erwachsenenbildung als Non-Profit-Organisation? In: Erwachsenenbildung 1. S. 3-88.

Schiersmann, C./Strauß, H.C. (2006): Profile lebenslangen Lernens. Weiterbildungserfahrungen und Lernbereitschaft der Erwerbsbevölkerung. Bielefeld: Bertelsmann.

Schlutz, E. (1994): Markt und Bildung. In: Meisel, K. (Hrsg.): Marketing für die Erwachsenenbildung? Bad Heilbrunn: Klinkhardt, S. 181-191.

Schlutz, E. (1997): Zur Entwicklung von Zielgruppen, Veranstaltungsformen und Themen in der Volkshochschule. In: Hessische Blätter für Volksbildung 1. S. 7-15.

Schöll, I. (1994): Die vhs im Blickwinkel des Marketing. Angebots-, Preis-, Distributions- und Kommunikationsgestaltung am Beispiel der Volkshochschule Witten-Wetter-Herdecke. In: Meisel, K. (Hrsg.): Marketing für die Erwachsenenbildung? Bad Heilbrunn: Klinkhardt, S. 59-146.

Schöll, I. (2002): Was erwartet die Berufspraxis von der Institutions- und Organisationsforschung. In: Hessische Blätter für Volksbildung 2. S. 161-170.

Schöll, I. (2005³): Marketing in der öffentlichen Weiterbildung. Studientexte für Erwachsenenbildung, herausgegeben vom Deutschen Institut für Erwachsenenbildung. Bielefeld: Bertelsmann.

Senzky, K. (1974): Management in der Erwachsenenbildung – eine Einführung. In: Pöggeler, F. (Hrsg.): Handbuch der Erwachsenenbildung, Band 2. Stuttgart/Berlin/Köln/Mainz: Kohlhammer, S. 11-70.

Siebert, H. (1995): Milieuorientierung in der Öffentlichkeitsarbeit. In: Hessische Blätter für Volksbildung 2. S. 119-126.
Sloane, P.F.E. (1997): Bildungsmarketing in wirtschaftspädagogischer Perspektive. In: Geißler, H. (Hrsg.): Weiterbildungsmarketing. Neuwied/Kriftel/Berlin: Luchterhand, S. 36-54.
Stadt Hagen (1992): Umfrage zum Image der Hagener Volkshochschule. Hagen.
Stadt Hagen (Hrsg.) (1997): VHS-Umfrage der Städte Hagen und Bochum. In: Zur Stadtentwicklung, Heft 32.
Talanow, J. (1990): Mittelstädtisches vhs-Marketing. In: Die Volkshochschule 6. S. 27-30.
Teichmann, W. (1976): Ökonomismus in der Volkshochschule. In: Volkshochschule im Westen 5. S. 213-214.
Tietgens, H. (1977): Adressatenorientierung in der Erwachsenenbildung. In: Hessische Blätter für Volksbildung, H. 4, S. 283-289.
Tietgens, H. (1987): Anmerkungen zum Image der Volkshochschulen. In: Das Forum, 3, S. 2-7.
Tietgens, H. (1993): Das Desinteresse an den mittleren Lagen. In: Friebel, H. (Hrsg.): Weiterbildungsmarkt und Lebenszusammenhang. Bad Heilbrunn: Klinkhardt, S. 149-159.
Tippelt, R./Eckert, T./Barz, H. (1996): Markt und integrative Weiterbildung. Bad Heilbrunn: Klinkhardt.
Tippelt, R. (1996): Weiterbildungsmarkt: Wandel der Angebotsstrukturen und Lebenslagen. In: Tippelt, R./Eckert, T./Barz, H. (Hrsg.): Markt und integrative Weiterbildung. Bad Heilbrunn: Klinkhardt, S. 13-45.
Tippelt, R. (1997): Soziale Milieus und Marketing der Weiterbildung. In: Geißler, H. (Hrsg.): Weiterbildungsmarketing. Neuwied/Kriftel/Berlin: Luchterhand, S. 187-209.
Tippelt, R. (1998): Expansion und Differenzierung in der Weiterbildung. In: GdWZ 3. S. 130-132.
Tippelt, R./Weiland, M./Panyr, S./Barz, H. (2003): Weiterbildung, Lebensstil und soziale Lage in einer Metropole. Studie zu Weiterbildungsverhalten und –interesse der Münchner Bevölkerung. Bielefeld: Bertelsmann.
Tippelt, R./Reich, J./Hippel, A. von/Barz, H./Baum, D. (2008): Weiterbildung und soziale Milieus in Deutschland. Band 3. Milieumarketing implementieren. Bielefeld: Bertelsmann.
Ulrich, H.E. (2006): Zum Markt hingehen. Erfahrungen eines deutschen Weiterbildungsunternehmens im Reich der Mittel. In: DIE – Zeitschrift für Erwachsenenbildung 2. S. 42-43.
Weber, K. (1995): Weiterbildung und Organisation. In: GdWZ 6. S. 318-321.
Weber, K. (1998): Die Zukunft der Weiterbildung wird ausgehandelt. In: GdWZ 3. S. 107-109.
Weinhold, H. u.a. (o.J.): Marketingkonzept für die integrierte Migrosschule (unveröffentlichtes Manuskript, o.O.)
Zech, R. (1997): Effizienz lernen in Non-Profit-Organisationen des Bildungsbereichs. In: Zech, R. (Hrsg.): Pädagogische Antworten auf gesellschaftliche Modernisierungserscheinungen: Bad Heilbrunn: Klinkhardt, S. 22-63.

Internetadressen

www.imziel.de
www.komweit.de
www.marketing-project.com

Rudolf Tippelt

Institutionenforschung in der Erwachsenenbildung/ Weiterbildung

Die systematische Erforschung der Institutionen der Erwachsenenbildung/Weiterbildung, ihrer internen Strukturen, ihrer Beziehungen zu den jeweiligen (Rechts- und Unterhalts-)Trägern oder ihrer Einbindung in die wirtschaftlichen, kulturellen und politischen Gegebenheiten einer Region hat sich seit der zutreffenden Defizitdiagnose von Strunk aus dem Jahr 1994 eher günstig entwickelt, so dass heute keinesfalls eine nur auf die binneninstitutionelle Problematik verengte Institutionenforschung vorliegt (vgl. Rogge/Schäffter 1991). Der Reduktionismus der auf die binneninstitutionellen Interaktions- und Kommunikationsformen ausgerichteten Forschungsansätze bestimmt das Problembewusstsein in diesem Forschungsfeld heute nicht mehr. Strunk (1999) hatte diesen Reduktionismus scharf kritisiert und gefordert, die außerinstitutionellen Wirkfaktoren auf die binneninstitutionellen Strukturen und die wiederum durch diese beeinflussten Interaktions- und Kommunikationsformen systematisch zu erforschen. Es ist richtig, dass es bei der Institutionenforschung um die „gleichzeitige Erfassung berufsbiographischer und institutioneller Phänomene sowie der Erkundung heteronomer, vom einzelnen nicht beeinflußbarer Systembedingungen" (Nittel 1991, S. 91) geht. Prinzipiell kann Institutionenforschung ihren Einfluss als Basis für die Praxisberatung und auch für die wissenschaftliche Politikberatung (z.B. Faulstich et al. 1992; Nuissl u.a. 2006) ausdehnen und vertiefen, wenn es gelingt die angesprochenen Problemstellungen aufzugreifen und die internationalen institutionen- und organisationstheoretischen Forschungerfahrungen weiter zu erschließen. Dies bedeutet auch die gleichberechtigte Bedeutung von qualitativer und quantitativer Forschungsmethodologie in diesem Forschungsfeld anzuerkennen (vgl. Strunk 1999; Kade 1989; Merkens 2006; Rothwell/Sullivan 2005). Nur so kann es gelingen „die ‚harten' Bedingungen von Arbeit, Qualifikation, Institution, Profession, Expertenwissen, Politik" (Schlutz/Voigt 1990, S. 185) im Blick zu behalten.

Ausgangspunkt der institutionentheoretischen Überlegungen ist auch die Tatsache, dass es keinen umfassenden einheitlichen Wandel von Bildungs- und Erziehungsinstitutionen in modernen Gesellschaften gibt, sondern dass einzelne Tendenzen des sozialen und bildungsbezogenen Wandels oft nur auf Teilbereiche zutreffen, während andere Teilbereiche gegenläufigen Tendenzen folgen. Es ist also von partiellem Wandel und institutionenspezifischen Modernisierungsprozessen auszugehen (vgl. Wehler 1975; Tippelt 1990).

Die Analyse des Wandels von Erwachsenen- und Weiterbildungsinstitutionen muss demnach in den diversen Bereichen auf administrative Rahmenbedingungen und veränderte Ausbildungsvoraussetzungen des jeweiligen pädagogischen Personals, auf spezifische Problemkonstellationen und besondere Handlungskonzepte in den jeweiligen Praxisfeldern eingehen (siehe jeweils spezifische Artikel in diesem Handbuch). Im Folgenden sollen daher lediglich übergreifende Theoreme und Probleme benannt werden, die die jeweils spezifische theoretische und empirische Analyse des Wandels von Erwachsenenbildungs- und Weiterbildungsinstitutionen berücksichtigen muss.

1 Auftrag der Institutionen der Weiterbildung und Theoreme der Institutionenentwicklung

Unter Institution wird im wissenschaftlichen Sprachgebrauch eine Einrichtung (Organisation, Betrieb, Behörde) verstanden, die nach bestimmten Regeln des Arbeitsablaufs und der Verteilung von Funktionen auf kooperierende Mitarbeiter im Rahmen eines größeren Organisationssystems festgelegte Aufgaben erfüllt. Der Begriff der Institution bringt zum Ausdruck, dass Regelmäßigkeiten und Gleichförmigkeiten des gegenseitigen Sichverhaltens von Menschen, Gruppen oder Organisationen nicht einfach determiniert sind, sondern dass diese auch Produkte menschlicher Kultur und Aushandlung sind. Institutionen sind aber immer Formen von Handlungsregelmäßigkeiten oder Gewohnheiten, die öffentlich und sozialhistorisch auf relative Dauer angelegt sind. Allerdings gibt es keine in den Erziehungs- und Sozialwissenschaften allgemein anerkannte Theorie der Institutionen zumal im Kontext der Theorien lebenslangen Lernens neben den Institutionen der Weiterbildung auch die Institutionen frühkindlicher Bildung und die Schulen, die Institutionen der Berufsbildung, die Hochschulen sowie auch die informell wirkenden Institutionen, also die Familien und die Institutionen der Jugendarbeit und Jugendhilfe bearbeitet werden (vgl. Autorengruppe Bildungsberichterstattung 2008; Krüger/ Rauschenbach 1995).

Die Institutionen der Erwachsenen- und Weiterbildung sind historisch mit den Intentionen der Aufklärung – kulturelle Selbstfindung, gesellschaftliche Mitgestaltung, qualifizierte Arbeitsbewältigung – verbunden (vgl. Tietgens 1999). Seit dem Beginn des 20. Jahrhunderts hat sich die bis heute typische institutionelle Pluralisierung durchgesetzt (bürgerlich getragene Volksbildung, kirchliche Erwachsenenbildung, Arbeiterbildungsschulen, Erwachsenenbildung als Universitätsausdehnung). Nachdem es zwischen 1933 und 1945 in Deutschland zu einem grundlegenden „Kontinuitätsbruch" kam, denn Erwachsenenbildung wurde als verordnete politische Schulung und formierte Erziehung des NS-Regimes installiert, führte die Nachkriegsentwicklung in verschiedenen Perioden von der Pluralisierung und Planungseuphorie der 1960er Jahre über die Verrechtlichung und Modernisierung der 1980er und 1990er Jahre bis zur Internationalisierung und reflexiven Moderne heute. Die Institutionen der Weiterbildung haben ihr Angebot im Sinne dieses Auftrags in den letzten Jahrzehnten – trotz einer diskontinuierlichen Entwicklung und im internationalen Vergleich unübersehbaren Problemen der Weiterbildungsteilnahme – enorm verdichten können.

Für die Institutionenanalyse unbrauchbar ist die Annahme, dass evolutionäre Universalien sich notwendig durchsetzen. Dies unterschätzt die Gestaltbarkeit von Organisationskulturen in Weiterbildungseinrichtungen und die Prozesse organisationalen Lernens sowie die Möglichkeiten der intentionalen Vernetzung von Institutionen (vgl. Miner 2006; Cao/Clarke/Lehaney 2004, S. 103f.). Auch darf nicht erwartet werden, dass alle Weiterbildungsinstitutionen im Prozess der Modernisierung und des Wandels eine gleichgerichtete Entwicklung nehmen. Um den Wandel von pädagogischen Institutionen, insbesondere in der Erwachsenenbildung/Weiterbildung, beschreiben zu können, sind aber einige Theoreme der Entwicklung zu berücksichtigen, denn diese Theoreme des Wandels sind orientierend: Expansion, Differenzierung, Pluralisierung, Interdependenz, Integration und Partizipation.

Expansion: Das Grundrecht auf Weiterbildung im Sinne eines Individualrechts wurde erst in den 1970er Jahren eingefordert: „Allen Staatsbürgern soll es möglich sein, den gleichen Anspruch auf Bildung in verschiedenen Formen oder auf verschiedenen Anspruchsebenen zu realisieren. Schule, Berufsbildung und Weiterbildung stehen damit vor neuen Aufgaben." (Deutscher Bildungsrat 1970, S. 30). Vergleicht man die Weiterbildung mit anderen Bildungsbereichen so ist augenscheinlich, dass die Weiterbildung in geringerem Umfang gesellschaftlichen und rechtlichen Regelungen unterworfen ist. Es gibt zwar zahlreiche, für Weiterbildung wichtige Gesetze auf Bundesebene wie das Arbeitsförderungsgesetz, das Berufsbildungsgesetz, das Betriebsverfassungsgesetz, das Bundesausbildungsförderungsgesetz, das Hochschulrahmengesetz, das Fernunterrichtsschutzgesetz u.a., aber nach wie vor sind die Weiterbildungsgesetze der Länder derzeit die wichtigsten Grundlagen für die Gestaltung der öffentlichen Verantwortung von Weiterbildungsinstitutionen (vgl. Rohlmann 1999). Die vielschichtigen rechtlichen Regelungen implizieren keine Weiterbildungspflicht, so dass sich die Expansion der Weiterbildung wesentlich durch eine in den letzten Jahren verstärkte Nachfrageorientierung erklären lässt (siehe von Hippel/Tippelt in diesem Band). Zur Analyse expansiver Trends pädagogischer Institutionen und Bereiche braucht man Indikatoren. Meist werden Teilnehmerzahl, Angebotsstruktur, Bildungsvolumen, Finanzierung oder Mitarbeiterzahl zur Beschreibung herangezogen (vgl. Adult Education Survey 2008; Autorengruppe Bildungsberichterstattung 2008, S. 137f.).

Ein Blick in die Weiterbildungsstatistik zeigt, dass sich die Weiterbildungsbeteiligung seit Ende der 1970er Jahre (1979: 23% auf 2006: 46%) verdoppelt hat (vgl. AES 2008). Seit den Untersuchungen von Strzelewicz u.a. (1966) besagt die Weiterbildungsquote – definiert als der Prozentsatz der Befragten aus einer jeweiligen Grundgesamtheit der nach eigenen Angaben im letzten Jahr an Weiterbildungsmaßnahmen teilnahm –, dass sich insbesondere Bildungs- und Berufsstatus, Alter, Geschlecht und Region auf die Weiterbildungsbeteiligung auswirken. Im Zeitverlauf zeigen sich in der Weiterbildung ähnliche Ergebnisse wie in der allgemeinbildenden Sekundarstufe: es kommt zu einer insgesamt erhöhten Beteiligung und damit einer Expansion der entsprechenden Bildungsinstitutionen, aber nicht zum intendierten Ausgleich zwischen sozialstrukturellen Gruppen.

Pluralität: Für die Institutionen der Weiterbildung sind *Ordnungsgrundsätze* gültig, die auf einem breiten sozialen und gesellschaftlichen Konsens der Verbände und Anbieterinstitutionen beruhen: Subsidiaritätsprinzip, Träger- und Angebotspluralismus, Flächendeckung und Allgemeinzugänglichkeit der Angebote, Freiwilligkeit der Teilnahme sowie öffentliche Verantwortung. In der allgemeinen wie in der beruflichen Weiterbildung hat sich aufgrund der Rechtslage ein äußerst komplexes Geflecht von Institutionen entwickelt. Die pluralistische Träger- und Angebotsstruktur verändert sich durch Privatisierungsprozesse, die von immer neuen privaten Institutionen getragen werden. Die „Entstrukturierung der Weiterbildung" basiert auf dieser stark pluralen Angebotsstruktur der Weiterbildungsinstitutionen und ist ihrerseits eine Reaktion auf die pluralen Lebensstile und die Individualisierung der Lebensläufe in unserer Gesellschaft (vgl. Tippelt u.a. 1996). Insbesondere in den 1980er und 1990er Jahren kam es zu einem Boom an Unternehmensgründungen und zu einer Expansion der bestehenden Weiterbildungsinstitutionen, so dass Anfang dieses Jahrzehnts solide Schätzungen auf der Basis empirischer Studien über 30.000 rechtlich selbstständige Weiterbildungsinstitutionen mit insgesamt über 150.000

fest angestellten Mitarbeitern/-innen und über 600.000 freien Mitarbeitern ausmachen (vgl. Nuissl/Pehl 2000). Die Dynamik der Pluralisierung der Weiterbildungsinstitutionen ist durch mehrere Trends geprägt: stärkere Privatisierung des Weiterbildungsmarktes, intensivere Finanzierung durch Teilnehmer/-innengebühren, zunehmende Spezialisierung neuer Anbieter, hoher Anteil von freien Mitarbeiter/-innen und Teilzeitbeschäftigten sowie die Vermischung von Weiterbildung mit Freizeitangeboten, Wellness Aktivitäten, meditativen Orientierungen etc.

Die sich dynamisch weiterentwickelnde Differenzierung der *Institutionen- und Trägerstruktur* lässt sich wie folgt fassen:

Eine erste Weiterbildungsstruktur umfasst die eher etablierten Institutionen der Weiterbildung, also die verbandsnahen, öffentlichen, gewerkschaftlichen oder kirchlichen Weiterbildungsträger sowie auch die Angebote der Landes- und Bundeszentralen. Nach wie vor wird die Mehrzahl der Weiterbildungsveranstaltungen von dieser ersten Weiterbildungsstruktur angeboten, obwohl die entsprechenden Institutionen nur ein Sechstel der Weiterbildungsinstitutionen insgesamt ausmachen (vgl. Schlutz 1997, S. 229). Diese Institutionenstruktur ist zwar durch Land und Kommune öffentlich subventioniert, aber es zeigt sich ein immer deutlicherer Trend zur privaten Finanzierung durch die erreichten Teilnehmer/-innen, was wiederum die Marketingstrategien der Institutionen stark herausfordert (vgl. Tippelt u.a. 2008).

Eine zweite Weiterbildungsstruktur ist durch betrieblich orientierte und unternehmensnahe Weiterbildungsträger und -institutionen wie Arbeitgeberverbände, Handwerksorganisationen gegeben, die externalen und internalen Weiterbildungsangebote der Betriebe sind die im Vergleich der anbietenden Institutionen die wichtigste Struktur der beruflichen Weiterbildung. Die Anstrengungen der Betriebe im Bereich der Weiterbildung sind durch die permanenten arbeitsorganisatorischen und technischen Veränderungen bedingt und richten sich auf die Vermittlung von Fach-, Methoden-, Sozial- und Mitwirkungs*kompetenzen* (vgl. Edelmann/Tippelt 2007). Verschiedene Formen des informellen und situierten Lernens direkt am Arbeitsplatz verstärken die bildungsspezifischen Effekte der formalen Weiterbildung (vgl. Baethge u.a. 2004).

Eine dritte Weiterbildungsstruktur ist durch zivilgesellschaftliches Engagement geprägt, d.h. neue Initiativen und Selbsthilfegruppen, Vereins- und Bürger/-innenbewegungen tragen zur Solidarität und Integration durch freiwillige, auch ehrenamtliche Dienstleistungen im Bildungsbereich bei. Diese Initiativen sind nicht in allen Fällen institutionalisiert, arbeiten aber mit den Institutionen der Weiterbildung im Kontext lebenslangen und lebensbegleitenden Lernens vielfältig zusammen.

Eine vierte Weiterbildungsstruktur ist durch die *wissenschaftliche Weiterbildung* der Universitäten und Hochschulen geprägt und hat ebenfalls in der beruflichen Weiterbildung, allerdings überwiegend der Führungskräfte, seinen Schwerpunkt. Diese wissenschaftlichen Formen der beruflichen Fortbildung sind gesetzlich verankert, etablieren sich allerdings wegen der drängenden anderen Aufgaben der Hochschulen nur allmählich und langsam.

Die fünfte Weiterbildungsstruktur entfaltet sich in privaten Bildungsunternehmen und bei kommerziellen Anbietern, also meist in kleinen ökonomischen Einheiten, die selten auf öffentliche Subventionen zurückgreifen können. Diese anbietenden Institutionen spielen daher vorrangig in den rentablen Segmenten der Weiterbildung eine Rolle. Die Zahl entsprechender Weiterbildungseinrichtungen steigt rasch, während das Volumen der Angebote und Unterrichtsstunden nur langsam expandiert.

Pluralisierungstendenzen gehen in der Moderne also mit der Herausbildung privater Bildungsinstitutionen parallel und im Bildungssystem lässt sich Privatisierung im Weiterbildungsbereich am deutlichsten beobachten. Dort wurde die damit einhergehende Pluralisierung des Bildungsangebots auch mit geringerer Standardisierung und Transparenz in Verbindung gebracht. Tatsache ist, dass die Weiterbildungsstruktur in Deutschland seit Ende der 1980er Jahre deutlich komplexer wurde, was nicht nur auf Expansion zurückzuführen ist, sondern auch darauf beruht, dass immer neue private Institutionen versuchen, auf die sich rasch wandelnden Weiterbildungsinteressen in den verschiedenen Bevölkerungsgruppen zu reagieren (vgl. Bojanowski u.a. 1991; Tippelt/Eckert 1996). Die starke institutionelle Ausdifferenzierung der Weiterbildungsstruktur hat zur Folge, dass wettbewerbsbestimmende Faktoren wie die Produktivität von Betrieben oder die Profilierung und Innovation von Weiterbildungsinstitutionen an Bedeutung gewinnen. Entsprechend rückt der *Aufbau organisationaler Kompetenz und Qualität* und die optimale Koordination individueller Beiträge innerhalb einer Institution in das Zentrum des Interesses (vgl. Probst u.a. 2000, S. 69). Wichtiges Anliegen wird es, die Wissensbasis der Mitarbeiter durch teamorientiertes Handeln auf gemeinsame Ziele und Zukunftsvorstellungen zu verpflichten und zu integrieren.

Differenzierung: Seit den 1960er Jahren ist eine beschleunigte Ausdifferenzierung besonderer pädagogischer, auf Erziehen, Bilden und Helfen spezialisierter Institutionen und Organisationen nachzuweisen. Der Anteil „persönlich verantworteter, lebensweltlicher" Bildung, Erziehung und Hilfe ist zugunsten „professionell organisierter" pädagogischer Dienstleistungen zurückgedrängt worden (vgl. Luhmann 1973). Ein Effekt dieser Entwicklung ist in den letzten Jahren besonders sichtbar geworden: Professionelle Dienstleistungen finden in hochspezialisierten Organisationen statt und sind ökonomischen Effektivitäts- und Effizienzkriterien unterworfen. Daher sind heute auch pädagogische Institutionen auf permanente Organisations- und Personalentwicklung angewiesen (vgl. Rosenstiel u.a. 1995, S. 311f.). Ohne Zweifel besteht der Vorteil dieser Entwicklung in der wachsenden Zuverlässigkeit einer zu erwartenden pädagogisch-personenbezogenen Dienstleistung. Die Entscheidung zu bilden oder nicht zu bilden, zu erziehen oder nicht zu erziehen, zu helfen oder nicht zu helfen ist nicht mehr

> „Sache des Herzens, der Moral oder der Gegenseitigkeit, sondern eine Frage der methodischen Schulung und der Auslegung des Programms, mit dessen Durchführung man während einer begrenzten Arbeitszeit beschäftigt ist (...) Die Ausführung des Programmes wird durch die Vorteile der Mitgliedschaft in Arbeitsorganisationen motiviert, die Mittel sind weitgehend Geldmittel und werden pauschal beschafft" (Luhmann 1973, S. 43).

Auch die in neueren sozial- oder erwachsenenpädagogischen Analysen aufgezeigte Veralltäglichung professionellen pädagogischen Wissens (z.B. durch Medien) und die Pädagogisierung von außerpädagogischen Institutionen (z.B. den Betrieben) hat zur Steigerung von Reflexivität über pädagogische Tatsachen beigetragen, aber dabei die Expansion und Ausdifferenzierung pädagogischer Institutionen nicht beeinträchtigt (vgl. Merten/Olk 1996, S. 604).

Interdependenz: Dieses Theorem lässt sich an den zunehmenden Tendenzen der Vernetzung und Kooperation von Institutionen am besten verdeutlichen.

Eine institutionell ausdifferenzierte Weiterbildungsstruktur und ein Weiterbildungsmarkt setzen – soll dysfunktionale Konkurrenz vermieden werden – die Kooperation zwischen Bildungsinstitutionen voraus. Bei der gegebenen Pluralität der Institutionen wäre es naiv davon auszugehen, dass sich diese Institutionen immer harmonisch und konfliktlos begegnen. Notwendig ist daher ein *interorganisationales Kompetenzmanagement*, das die Möglichkeiten der Konfliktmilderung und der Kooperationssteigerung explizit berücksichtigt. Sinnvoll ist es, dass bei gemeinschaftlichen Aufgaben wie Beratung, Fortbildung, Weiterbildungswerbung oder Raumnutzung eng zusammengearbeitet wird. Angestrebt wird auch, dass Deutungen und Werte des Gesamtsystems der Weiterbildung verbreitet akzeptiert werden und dass die Institutionen sich bei Einzelprojekten und Programmen intensiv inhaltlich aufeinander beziehen. Diese Form der integrierenden Kooperation wird in *lernenden Regionen* angestrebt: Das Konzept der lernenden Region ist dem Modell der lernenden Organisation verwandt und beinhaltet den Grundgedanken, das Potenzial aller regionalen Akteure so zu bündeln, dass eine umfassende Regionalentwicklung als selbstorganisierter und selbstreflexiver „bottom up-Prozess" initiiert, stabilisiert und institutionalisiert werden kann (vgl. Geldermann u.a. 2000).

Die Idee der Interdependenz, die sich in sozialer Netzwerkarbeit realisiert, ist in dem großen europäischen und deutschen Projekt der „Lernenden Regionen" sehr klar verwirklicht. Organisationales Lernen muss dort durch *interorganisationale Kooperation* ergänzt werden.

In der Situation der Neu- und teilweise Entstrukturierung des Weiterbildungsmarkts wird es zunehmend wichtig, die mikro- und makrodidaktischen Erfahrungen der sich teilweise ergänzenden aber auch konkurrierenden Akteure – der Schulen, der Betriebe, der Berufsschulen, der Einrichtungen der Erwachsenen- und Weiterbildung, der Hochschulen, aber auch der Sozialpartner, der Jugendämter, Arbeitsagenturen und soziokulturellen Einrichtungen einer Region – zu koordinieren und interdependent aufeinander zu beziehen. Dabei sind „vertikale" Vernetzung (also Schule, Berufliche Bildung und Weiterbildung) und „horizontal" vernetzte Institutionen (z.B. verschiedene Träger der Weiterbildung) zu unterscheiden. In jedem Fall aber können die Erfahrungspotenziale von Akteuren gebündelt werden, sodass nicht nur selbstorganisierte und selbstverantwortliche Prozesse initiiert, stabilisiert und später auch institutionalisiert werden, sondern darüber hinaus Synergien entwickelt und Innovationen möglich werden. Unter Synergieeffekten werden dabei positive Wirkungen verstanden, die sich aus dem Zusammenschluss oder der interdependenten Zusammenarbeit von Institutionen im Weiterbildungskontext (von der Programmplanung bis zum Marketing) ergeben (vgl. Brödel 2004; Reich/Tippelt 2004, S. 34).

Integration und Partizipation: Unter Bezugnahme auf Teilprozesse der sozialen und funktionalen Differenzierung in modernen Gesellschaften lässt sich die Notwendigkeit sozialer Partizipation als Forschungsthema gut verdeutlichen. In hochdifferenzierten Gesellschaften entfaltet sich in ausdifferenzierten Teilen eine Eigendynamik, die zu widersprüchlichen Interessen und Wertorientierungen führen kann. Diese Vielfalt muss in das soziale System vermittelt werden, wofür eine zunehmende Partizipation der Individuen in der Bildung und Weiterbildung hilfreich sein kann (vgl. Lepsius 1977, S. 26). Die Wirkungen von Bildungsmaßnahmen sind in diesem Zusammenhang ambivalent zu beurteilen. Aufgrund der bereits angesprochenen Mobilisierung großer Bevölkerungsteile durch Bildungsteilnahme haben pädagogische Institutionen einerseits die Separierung der Generationen verstärkt, andererseits haben sie aber durch Wissens- und

Kompetenzaufbau auch zur Verbesserung der Partizipation von Individuen an Teilprozessen des sozialen Systems und damit einhergehend zur Erhöhung des Selbststeuerungspotenzials von Teileinheiten der Gesellschaft beigetragen. Intergeneratives Lernen in formalen Institutionen wie in informellen Lebenswelten ist angesichts des demografischen Wandels, aber auch der Erfordernisse der Integration eine besondere Herausforderung für eine evaluativ angelegte Institutionenforschung.

2 Ausgewählte Institutionentheorien

Institutionentheorien gründen auf sozialwissenschaftlichen Basistheorien und werden in verschiedenen disziplinären Kontexten konkretisiert: Pädagogisch und weiterbildungstheoretisch relevant sind strukturtheoretische und systemtheoretische (vgl. Olbrich 1999; Kuper in diesem Band), bürokratiekritische und in jüngerer Zeit besonders neoinstitutionalistische Zugänge (vgl. Alban/Scherer 2005, S. 81f.).

2.1 Strukturtheoretische evolutionistische Theorien

Ambivalent beurteilt wurde die als harmonistisch geltende Institutionentheorie T. Parsons (1968), der den Institutionen wegen ihrer Wertevermittlung wichtige regulative und kulturelle Funktionen zuschreibt. Pädagogisch bedeutsam ist Parsons Theorie, weil sie davon ausgeht, dass soziale Normen ihre Persistenz zugleich der Internalisierung im personalen System wie der Institutionalisierung im sozialen System verdanken (vgl. Fend 2006).

An die Theorie sozialer Evolution anknüpfend hat V. Lenhart (1987) herausgearbeitet, dass sich komplexe, auf Erziehung spezialisierte Institutionen, als Dimensionen für den vollzogenen Übergang zu Hochkulturen erweisen. Erst die moderne Gesellschaft kennt eine Vernetzung pädagogisch spezifizierter Institutionen zu einem formalen Erziehungs- und Bildungssystem, dessen einzelne Bereiche aufeinander bezogen bleiben.

2.2 Bürokratiekritische Theorien

Max Weber hat in seiner Typologie der Herrschaft charismatische, traditionale, legale und bürokratische „reine Typen" institutioneller und organisationaler Strukturen unterschieden. Wenngleich die Typen der Herrschaft jeweils in Mischformen auftreten, dominiere in der modernen Gesellschaft – besonders in Deutschland – die legale und insbesondere die rationale und bürokratische Organisationsform.

> „Die beiden äußersten historischen Gegenpole auf dem Gebiet der Erziehungszwecke sind: Erweckung von Charisma (Heldenqualitäten und magische Gaben) einerseits, – Vermittlung von spezialisierter Fachschulung andererseits. Der erste Typus entspricht der charismatischen, der letzte der rational-bürokratischen (modernen) Struktur der Herrschaft" (Weber 1947, S. 408).

Die reine Fachschulung und das resultierende Fachmenschentum wird von Weber ambivalent beurteilt, denn einerseits ist die spezialistische Fachschulung für die Ausübung von Funktionen in hocharbeitsteiligen Institutionen und Organisationen notwendig, andererseits ist im Namen „individueller Freiheit" die als unentrinnbar betrachtete Bürokratisierung von Institutionen zu kritisieren. Im Extremfall kann die nur adaptiv orientierte Fach- und Fortbildung lediglich die Einpassung des Einzelnen in verfestigte Institutionenstrukturen bezwecken.

Aber Weber hebt auch hervor, dass der rationale Grundcharakter bürokratischer Verwaltungen und rational geführter Institutionen auf einer Leitung kraft Wissens beruhe (vgl. Weber 1964, S. 165). In Institutionen der Weiterbildung beruht die Legitimation rationaler Leitung und Führung sicher nicht nur auf der hervorragenden Fachqualifikation „wissenschaftlich geläuteter, zur Herrschaft Berufener", auch die soziale Kompetenz des Führungspersonals und die Fähigkeit die individuellen Erfahrungen mehrerer Akteure – des hauptamtlichen, des nebenamtlichen, des ehrenamtlichen Personals sowie der pädagogischen und administrativen Mitarbeiter/-innen – in Teams zu synthetisieren, gehört zur professionellen Kompetenz (vgl. Tippelt 2008). Hierzu ist „Klarheit und Verantwortlichkeit", aber auch die zweckrationale Fokussierung auf gemeinsame Zwecke, Ziele und Institutionenprofile notwendig.

2.3 Neoinstitutionalistische Theorien

Besonders in neoinstitutionalistischen Theorien wird der kulturelle Rahmen von Institutionen – verstanden als das Herstellen von gemeinsamen Werten, das Konstruieren von gemeinsam anerkannten Normen und die Implementierung einer auf eigenen bewussten Zielen basierenden Praxis – stark betont. Auch der Kerngedanke, dass Institutionen auf Umweltfaktoren nicht kausal reagieren, sondern dass Institutionen multikausal und multikontextuell in komplexe gesellschaftliche Entwicklungen eingebunden sind, ist neoinstitutionalistisch geprägt (vgl. Meyer/Rowan 1977; Senge/Hellmann 2006; Hasse/Krücken 2005). Und selbstverständlich wirken Institutionen auf ihre Region zurück, in dem z.B. der regionale Lernbedarf sich in den Angeboten wieder findet, Bildungsmarketing zielgruppenspezifisch erfolgt und Bildungsberatung die Bildungs- und Berufswege durch transparente Information optimiert.

Ansätze des Neo-Institutionalismus wurden in den 1970er und 1980er Jahren entwickelt (vgl. DiMaggio/Powell 1983; Meyer/Rowan 1977) und auf den institutionellen Bildungs- und Kulturbereich übertragen (vgl. Schaefers 2002; Senge/Hellmann 2006, S. 20). Da der Neoinstitutionalismus in unterschiedlichen Disziplinen wie der Soziologie, Politik- und Wirtschaftswissenschaft sowie der Erziehungswissenschaft angewandt wird, handelt es sich nicht um ein geschlossenes Theoriekonzept. Im Bereich der Erziehungswissenschaft wurden beispielsweise pädagogische Institutionen wie die Schule (vgl. Schaefers 2002; Fend 2006), Weiterbildungseinrichtungen und Weiterbildungsnetzwerke (vgl. Schemmann 2006; Tippelt 2008), Trainingsprogramme in Unternehmen (vgl. Scott/Meyer 1994) sowie die Einführung von Qualitätsmanagementansätzen (vgl. Walgenbach 1999) institutionentheoretisch analysiert.

Institutionen werden nicht als autonome Einheiten fokussiert, es geht um das Verhältnis zwischen Organisation und Umwelt (vgl. Mense-Petermann 2006, S. 63). Mit „Institutionen" sind gesellschaftliche Regeln – wie regelhafte Handlungsmuster, Rollen, Unternehmenskulturen, rechtliche Normen – gemeint, die organisatorische Abläufe in Institutionen beeinflussen (vgl. Senge 2006). Wenn man diese „wichtigen Determinanten von organisationalen Strukturen und Prozessen" (Mense-Petermann 2006, S. 64) berücksichtigt, wird nicht nur das Streben nach

Effizienz, sondern auch das Erreichen von Legitimität handlungsleitend (vgl. Kuper 2001). Legitimität wird erhöht, wenn bestimmte gesellschaftliche Erwartungen erfüllt werden und ist für das Überleben und den Erfolg von Organisationen zentral. Dabei kann es zu Formen sogenannter „loser Kopplung" kommen (vgl. Meyer/Rowan 1977), wenn Organisationskonzepte zwar formal aufgenommen werden, jedoch auf der Aktivitätsstruktur nicht umgesetzt werden (vgl. Hasse 2006, S. 152). „Lose Koppelung" bedeutet aber auch eine Erweiterung von Freiheitsgraden für die jeweiligen organisatorischen Ebenen Normen und Werte nicht statisch umzusetzen, sondern problembezogen und eigenständig zu interpretieren. Dadurch entsteht erst die so wichtige Offenheit für die problem- und erfahrungsbasierte Gestaltung von Organisationen, die reglementierter bürokratischer (manchmal auch verrechtlichter) Erstarrung entgegenwirkt. In der Weiterbildung braucht man eine in diesem Sinne „lose Koppelung" zwischen administrativer und operativer, „pädagogischer" Ebene (vgl. Kuper 2001, S. 92). Eine weitere Form der „losen Koppelung" liegt bei vernetzten (Bildungs-)Einrichtungen vor (vgl. Tippelt u.a. 1996). Lose gekoppelte soziale Netzwerke in Regionen erleichtern nicht nur den wechselseitigen Austausch und stellen einen Zugang zu Informationsquellen dar, sondern ermöglichen darüber hinaus die Koordination von sozialen Einrichtungen, Betrieben und Bildungsanbietern innerhalb von Regionen (vgl. Reupold/Strobel/Tippelt in diesem Band).

Durch die Übernahme von externalen Erwartungen kann es zu Prozessen der Strukturangleichung kommen (vgl. zu polymorphen Organisationsentwicklungen Senge/Hellmann 2006). DiMaggio und Powell (1983) unterscheiden drei verschiedene Strukturangleichungsprozesse aufgrund von erzwungenem, mimetischem und normativem Isomorphismus. Erzwungener Isomorphismus entsteht durch Strukturangleichungsprozesse von Organisationen, die durch staatliche Regelungen und Gesetze entstehen. Mimetischer Isomorphismus tritt bei Unsicherheit auf und meint die Imitierung erfolgreicher Organisationskonzepte, normativer Isomorphismus entsteht durch professionelle Werte und Normen, die durch das jeweilige Personal in einer Organisation geprägt werden.

Zentrale Fragen des Neoinstitutionalismus ergeben sich also durch das Eingehen auf und die Auseinandersetzung mit externalen gesellschaftlichen Erwartungen (vgl. Miner 2006, S. 376). Neoinstitutionalistische Theorien fragen danach, warum sich eine Organisation auf eine bestimmte Art und Weise entwickelt hat (why?) und wie sie sich prozesshaft entwickelt hat (how?) (vgl. Scott 1994, S. 83).

Neoinstitutionalistische Ansätze können dabei sowohl die Makro- wie die Mikroperspektive fokussieren. Der Mikroperspektive sind eher handlungs- und akteurstheoretische Ansätze zuzurechnen (vgl. Mense-Petermann 2006). Sie betrachten Akteure in ihren institutionellen Verflechtungen (vgl. Fend 2006, S. 163), es geht um die Auswirkungen von Institutionen auf konkrete Handlungspraxis (vgl. Meyer/Hammerschmid 2006, S. 160). Die Makroperspektive betrachtet demgegenüber nicht die Handlungs-, sondern die institutionelle Strukturebene. Die „Makroebene, also die institutionelle Umwelt, und die Mikroebene, also die Interpretationen und Wahrnehmungsmuster der einzelnen Akteure, (sind) untrennbar miteinander verbunden" (Meyer/Hammerschmid 2006, S. 162). Institutionen beeinflussen die Wahrnehmungen der Akteure, die Akteure wiederum interpretieren institutionelle Erwartungen, Normen und Werte (vgl. Miner 2006, S. 378) und handeln eigenständig. Selbstverständlich besteht zwischen der Makro- und der Mikroebene eine Interdependenz (vgl. Scott 1994, S. 97), die Trennung von Akteur und Institution ist nur analytisch relevant (vgl. Meyer/Hammerschmid 2006, S. 165; im Weiterbildungskontext siehe von Hippel/Fuchs/Tippelt 2008).

3 Ausgewählte Problemfelder des Wandels von Weiterbildungsinstitutionen

Ausgewählte *wichtige Problemfelder* werden derzeit unter folgenden Stichworten diskutiert:

3.1 Kooperation und didaktische Handlungsfelder

Empirische Untersuchungen zeigen, dass die auf dem Weiterbildungsmarkt agierenden Institutionen deutlich unterscheidbare soziale Gruppen und Milieus ansprechen. Einerseits hängt dies stark mit dem Weiterbildungsangebot der Institutionen selbst zusammen, das jeweils auf bestimmte *Adressatengruppen* zugeschnitten ist, andererseits aber hat dies auch mit dem Image von Institutionen zu tun (vgl. Tippelt u.a. 2003a, S. 125f.; Barz/Tippelt 2004). Die Marktpotenziale einzelner Institutionen können durch gezieltes Marketing und Profilbildung verändert werden. *Marketing* hat in diesem Sinne etwas mit der Ausrichtung am Kundennutzen zu tun und orientiert Planungs- und Entscheidungsprozesse von Institutionen an Anforderungen der Nachfrage. Bei den Marketingstrategien der Institutionen der Weiterbildung geht es vornehmlich um eine Zielplanung von non-profit-Institutionen, die vier Strategien umfasst (vgl. Möller 2002, S. 35; Tippelt u.a. 2008):

Es wird erstens die Durchdringung und Ausschöpfung des Marktes angestrebt, zweitens geht es um Marktausweitung, drittens werden Marktlücken erschlossen und schließlich viertens werden Neuangebote durch Diversifikation von Kursen und Seminaren entwickelt. Diese Marketingstrategien von Weiterbildungsinstitutionen sollen den vorhandenen Teilnehmerstamm an die jeweilige Institution binden und darüber hinaus neue – auch bisher weiterbildungsabstinente – Adressatengruppen für Veranstaltungen gewinnen.

Dabei bleiben die zentralen didaktischen Handlungsfelder der institutionellen Weiterbildung bedeutsam: Programmplanung und Kursgestaltung, Beratung und Evaluation, Zielgruppendefinition, zeitliche Organisation, Werbung und Public relations, Finanzierung und Preisgestaltung, Gestaltung von Lernorten und -räumen, Formulierung von Ankündigungstexten, Dozentenrekrutierung und Mitarbeiterfortbildung.

3.2 Institutionelles formales und informelles Lernen

Seit Jahren ist der Trend einer zunehmenden Beteiligung an der organisierten Weiterbildung zu beobachten. Allerdings werden auch heute über die Hälfte der Erwachsenenbevölkerung von den institutionalisierten Angeboten der Weiterbildung nicht erreicht. Auch wenn das Ansehen von Weiterbildung und der Institutionen der Weiterbildung in der gesamten Bevölkerung sehr hoch ist, sinkt doch die eigene aktive Beteiligung und Partizipation an Weiterbildung in Korrelation mit dem sozialen Status und dem Bildungsabschluss. Es zeigt sich, dass sich diese Bildungsschere in Hinblick auf informelle Lernprozesse, die kein Ersatz für *institutionelles Lernen* sein können, noch ein zweites Mal öffnet: Je geringer die Teilnahmebereitschaft an der institutionalisierten Weiterbildung ist, um so weniger werden auch informelle Formen des Lernens (Lektüre von Fachliteratur, Besuch von Fachmessen und Kongressen, selbst gesteuertes Lernen mit neuen Medien etc.) genutzt (vgl. Tippelt u.a. 2003a). Wer die Bedeutung des lebenslangen Lernens für alle sozialen Gruppen anerkennt, wird daher nicht versuchen, informelles Lernen gegen institutionelles Lernen auszuspielen. Nachhaltiges informelles Lernen profitiert von institutionalisierten Weiterbildungsphasen, wie andererseits auch die Institutionen der Weiterbildung, die in informellen Lernprozessen aufgebauten Kompetenzen bei ihren Veranstaltungen berücksichtigen müssen. Die Institutionen der Weiterbildung in Deutschland, die im internationalen Vergleich trotz expansiver Entwicklungen bislang nur eine durchschnittliche Weiterbildungsbeteiligung ermöglichen (vgl. OECD 2006), sind gehalten, durch verstärkte *Teilnehmerorientierung*, notwendige Zielgruppenarbeit, zeitgemäße adressatenbezogene Programmplanung und eine qualitätsbewusste Profilbildung, ihre pädagogische Wirkung zu steigern.

3.3 Deinstitutionalisierung und selbstorganisiertes Lernen

Die unmittelbare Interaktion und das *face-to-face* Handeln von professionellen Pädagogen erhalten zunehmend Konkurrenz durch weit verbreitete, hoch standardisierte und leicht konsumierbare Formen der Wissensvermittlung, beispielsweise in massenmedialer Form. In pädagogischen Analysen konnte gezeigt werden, dass der Zugriff auf Massenmedien in Formen erfolgt, die zwar leichte Zugänglichkeit beinhalten, denen aber das interaktive und damit rekonstruktive pädagogische Moment fehlt, das für professionelles pädagogisches Handeln in Bildungsinstitutionen charakteristisch ist (vgl. Kade/Lüders 1996, S. 887f.). Die Befürchtung, dass pädagogische Institutionen durch massenmediale Informations- und Wissensvermittlung tatsächlich Konkurrenz erfahren, ist daher zu relativieren (vgl. Combe/Helsper 1996, S. 40). In der Weiterbildung wird aber zunehmend das selbstorganisierte und selbstgesteuerte Lernen im Kontext lebenslangen Lernens ernst genommen; konsequent wird deshalb auch die Rolle der Weiterbildungsinstitutionen und die veränderte Rolle der Lehrenden als Berater und Moderatoren von Lernprozessen analysiert (vgl. Vogel 1998). In mehreren Arbeiten zum lebenslangen Lernen kommt unmissverständlich zum Ausdruck, dass lebenslanges und selbstorganisiertes Lernen nur dann eine verbesserte Lernkultur entwickeln kann, wenn es durch Weiterbildungsinstitutionen initiiert, begleitet und durch Vernetzung von fremd- und selbstorganisiertem Lernen gefördert wird (vgl. Dohmen 1999).

3.4 Probleme der Qualitätssicherung pädagogischer Institutionen

Ein Effekt zunehmender Ausdifferenzierung und Pluralisierung pädagogischer Institutionen bei gleichzeitiger Begrenzung der Bildungsinvestitionen besteht darin, dass die Frage nach der Qualität der pädagogischen Leistung seit geraumer Zeit stark ins Blickfeld des Interesses gerückt ist. Qualitätssicherung, Formen der Evaluation und Bildungscontrolling werden heute fortschreitend in allen pädagogischen Institutionen praktiziert. Die wissenschaftlich abgesicherte Qualitätskontrolle gehört auch in der Erwachsenen- und Weiterbildung mittlerweile zum Standard (vgl. Meisel 1999). Die Effektivität der institutionalisierten Lernvorgänge ist offenbar als Ergebnis eines komplexen Gefüges von Bedingungen auf den Ebenen des Bildungssystems, der Weiterbildungseinrichtung, der didaktischen Qualität des Unterrichts und individuell-personaler Bedingungen zu sehen. Weiterbildungsinstitutionen, die zu organisatorischen Reformen bereit sind, bewirken offenbar auch Verbesserungen in der Qualität des Lehren und Lernens.

3.5 Changemanagement

Die Veränderung und systematische Reform von Weiterbildungsinstitutionen ist den allgemeinen Prozessen des Changemanagements in Organisationen ähnlich: Eine stabile Vertrauensbasis zwischen den Beteiligten ist zu schaffen, klare und begrenzte Veränderungsziele sind zu benennen und ein gemeinsames Informationsniveau über die Projektentwicklung und den Projektverlauf zwischen allen Beteiligten ist herzustellen (vgl. Krüger/Homp 1997). Die jeweils eigenen Erfahrungen eines Akteurs müssen glaubwürdig und offen kommuniziert werden, um Konkurrenzbeziehungen und Misstrauen zu verhindern (vgl. Doppler/Lauterburg 2002). Formalisiert man diese konkreten Aussagen sind für die Implementierung von Veränderungsprozessen in Institutionen also Diagnose-, Kommunikations-, Qualifikations-, Motivations- und Organisationsinstrumente und -strategien erforderlich (vgl. Reiß 1997, S. 102ff.).

3.6 Kooperation und Netzwerkarbeit

Ähnliches ist zu Netzwerkarbeit in der Weiterbildung zu formulieren: Gerade bei dezentralen Organisations- und Vernetzungsprozessen (vgl. Senge 2000) ist eine gemeinsame Kommunikationsbasis zwischen Institutionen, eine Vertrauensbasis zwischen den Initiatoren, sogar ein gemeinsames integrierendes Wertesystem für die Regionalentwicklung zu schaffen. Es sind die aufkommenden Verunsicherungen innerhalb der Mitarbeiterschaft zu bewältigen, ein gemeinsames über die einzelne Institution hinausgehendes regionenbezogenes Problembewusstseins ist zu erarbeiten und selbstverständlich ist ein klares Zeitmanagement und die transparente Planung der zeitlichen Ablaufprozesse zu gewährleisten.

Netzwerkarbeit ist besonders klar in „Lernenden Regionen" (vgl. BMBF 2004; Tippelt et al. 2005b; Matthiesen/Reutter 2003) verankert und die gezielte Ansprache von bildungsfernen und benachteiligten Personen und Milieus, die Förderung der Durchlässigkeit zwischen den verschiedenen Bildungsbereichen, die bessere Verzahnung von allgemeiner, politischer, kultureller und beruflicher Bildung, die Stärkung der Zusammenarbeit zwischen Bildungs-, Beschäftigungs-, Arbeitsmarktpolitik und Wirtschaftsförderung und die Erhöhung der Transparenz der Bildungsangebote in einer Region durch neue Formen der Beratung sind dabei wichtige Ziele von kooperierenden Institutionen. Genauso wichtig ist allerdings die nachhaltige Entwicklung von „regionaler Identität". Es ist offensichtlich, dass diese ehrgeizigen Ziele nicht von einem einzelnen Träger oder einer isolierten Institution zu verwirklichen sind, sondern dass nur im interdependenten Zusammenwirken von Institutionen die „mission" Lernender Regionen realisiert werden kann. Es lässt sich empirisch belegen, dass auch die relativ lose Verzahnung von Institutionen die hohen Anforderungen des lebenslangen Lernens unterstützt (vgl. Tippelt/Mandl/Straka 2003b, S. 349f.). Institutionelle Netzwerke mit dezentralen Organisationsstrukturen arbeiten bewusst nur für einen begrenzten (durchaus auch längeren) Zeitraum zusammen, nehmen dabei auf die Interessen des jeweiligen Partners Rücksicht (vgl. Straus 2002), auch weil sie auf diese Weise ihre eigenen partikularen Ziele besser realisieren können: Dezentrale Netzwerke eröffnen Zugänge zu Adressaten, Räumen, neuen Bildungsprogrammen, zu finanziellen Mitteln und auch zu politischen Entscheidungsträgern (vgl. Tippelt et al. 2005b).

Man kann von *komplementärer Kooperation* sprechen, wenn Weiterbildungsinstitutionen erkennen, dass sie bei bestimmten Zielgruppen klare Stärken entfalten, bei anderen Zielgruppen (z.B. sozialen Milieus, Altersgruppen, Berufs- und Bildungsgruppen, bei ethnischen Gruppen und Migranten) aber die kooperierenden Partner stärker sind. *Supportive Kooperation* meint die gezielte Zusammenarbeit bei der Einwerbung von finanziellen Mitteln, *Integrative Kooperation* ist die wechselseitige Zusammenarbeit bei Projekten und Programmen – ohne allerdings die eigene institutionelle Identität aufzugeben (vgl. Brödel 2004). Diese verschiedenen Formen der Kooperation sind im Kern als Aspekte interorganisationalen Kompetenzmanagements zu sehen (vgl. Probst et al. 2000; Endres 2001; Tippelt/Mandl/Straka 2003b).

4 Aufgaben und Funktionen von Weiterbildungsinstitutionen

Für jede pädagogische Institution können spezielle Funktionen und Aufgaben benannt werden: Qualifikation, soziale Integration und Selektion, kulturelle Reproduktion. Dabei können einzelne Funktionen oder Aufgaben nicht nur einer bestimmten Bildungs- und Weiterbildungsinstitution zugeordnet werden, weil jede Institution in sich so differenziert ist, dass sie mit unterschiedlicher Gewichtung alle Funktionsbereiche bearbeitet. Der Wandel pädagogischer Institutionen konstituiert also einen hoch arbeitsteiligen Prozess, in dem die aufgeführten Funktionen von pädagogisch unterschiedlich qualifizierten Personen an verschiedenen institutionellen Orten in verschiedener Gewichtung wahrgenommen werden. Bezogen auf diese Funktionen lassen sich bestimmte Problembereiche, die den Wandel von Erwachsenen- und Weiterbildungsinstitutionen bestimmen, aufzeigen:

Unter dem *Aspekt der Qualifikation* erscheint der Wandel von Weiterbildungsinstitutionen (insbesondere die expansiven Trends) durchaus funktional für das Beschäftigungssystem. In breiten Arbeitsbereichen fortgeschrittener Wissens-, Industrie- und Dienstleistungsgesellschaften werden besonders solche Tätigkeitsanforderungen wichtiger, die flexible Wissensanwendung und eigene Wissensproduktion verlangen. Wenn Qualifikationen und Kompetenzen wie analytisches, abstraktes und systemorientiertes Denken, die Fähigkeit zum kreativen Problemlösen und selbstständiges Entscheiden in neuen, wenig standardisierten Situationen sowie die Fähigkeit zur Kooperation in Teams in arbeitsteiligen Organisationen an Bedeutung gewinnen und gleichzeitig un- und angelernte Tätigkeiten, die durch tayloristische Arbeitszerlegung massenhaft entstanden waren, rückläufig sind, dann stärkt dies die expansive Entwicklung von Bildungs- und Weiterbildungsinstitutionen (vgl. Tippelt 2000). Da sich berufliche Beschäftigungsstrukturen aber offenbar langsamer verändern, als dies die steigende Zahl der in den Bildungsinstitutionen Höherqualifizierten erforderlich machen und weil überproportional viele Migranten und Personen mit einfachem Bildungsabschluss keinen Zugang zu qualifizierten Berufspositionen haben, kommt es zur Inkongruenz von Bildungs- und Beschäftigungssystem und damit zu einem akuten Bedarf kompensatorischer Weiterbildung von weniger qualifizierten Gruppen und Milieus.

Unter dem *Aspekt sozialer Integration* ist festzuhalten, dass die Expansion sozialpädagogisch konzipierter Weiterbildungsmassnahmen und -einrichtungen signalisiert, dass in modernen Gesellschaften ein wachsender Bedarf sozialintegrativer Leistungen besteht. Dieser Wandel ist nicht nur am quantitativen Bedarf des wissenschaftlich ausgebildeten Personals abzulesen, sondern durch die sozialpädagogisch überformten Dienstleistungen und Krisenangebote für „Benachteiligte" und „Gefährdete" geprägt (vgl. Brüning/Kuwan 2002). Weiterbildungsinstitutionen bieten entsprechende Standardangebote und reaktive präventive Hilfen seit Jahren an (vgl. Merten/Olk 1996, S. 600).

Die soziale Integration ist daher in einigen Bereichen eng an die Selektionsfunktion von Bildungs- auch von Weiterbildungsinstitutionen gekoppelt. Weiterbildung ist im Verdrängungswettbewerb zu einer notwendigen, wenn auch nicht hinreichenden Bedingung für soziale und berufliche Integration geworden. Auch ist in den Forschungen zum lebenslangen Lernen sichtbar geworden, dass Bildungsabschlüsse von Heranwachsenden ihr weiteres soziales und berufliches Schicksal stark beeinflussen (vgl. Bynner u.a. 2003; Tippelt 2007). Lebenslaufsoziologische Analysen des Übergangs vom Bildungs- in das Beschäftigungssystem zeigen, dass nicht nur die Höhe der Bildungsabschlüsse und die Qualität vermittelter Kenntnisse für den Übergang entscheidend sind, sondern dass Kontakte und interdependente wechselseitige Einflussnahmen von Bildung und Betrieben hilfreiche Übergangsstrukturen für Lernende schaffen (vgl. Sackmann 1998; Bourdieu 1982).

Die Differenzierung pädagogischer Institutionen führt auch zu sozio-kulturellen Integrationsproblemen, denn die pädagogischen Institutionen sind vielfältig in das Phänomen der Individualisierung verstrickt. Wenn die Biografien der Individuen immer weniger durch deren dauerhafte Positionierung in gesellschaftlichen Gruppen, z.B. der Familie, geprägt sind, sondern sich individuell durch im Lebenslauf zu treffende Entscheidungen in Auseinandersetzung mit sehr verschiedenen (auch pädagogischen) Institutionen formen (vgl. Nunner-Winkler 1985; Tippelt 1990), dann kann Erwachsenen- und Weiterbildung die Autonomie des Einzelnen stärken. Der Einzelne muss seine Identität hinter den Linien besonderer Rollen und Normen konstituieren und angesichts mit hoher Wahrscheinlichkeit inkompatibler Rollenerwartungen verschiedener Lebensbereiche seine Identität dadurch stabilisieren, dass er im Durchgang durch eine lebensgeschichtliche Folge widersprüchlicher Rollensysteme den Forderungen nach Konsistenz genügt. Die Stabilisierung von Identität als Voraussetzung für soziale Integration ist daher auch eine Aufgabe von Weiterbildungsinstitutionen, heute aber zugleich auch eine individuelle Aufgabe. Weiterbildungsinstitutionen wie pädagogische Institutionen überhaupt können die soziokulturelle Integration der „Menschen in der Moderne", die als besonders reflektiert, differenziert, offen und individuiert beschrieben werden, unterstützen (vgl. Berger u.a. 1975).

Unter *kulturellem Aspekt* ist festzuhalten, dass Erwachsenen- und Weiterbildungsinstitutionen den Werte- und Einstellungswandel in modernen Gesellschaften zumindest fördern. Von Friedeburg (1989) stellte vor zwanzig Jahren fest, dass Forderungen nach Gleichbehandlung, Demokratie, Öffnung der Institutionen für mehr Partizipation und die Autonomie des Einzelnen hohe Priorität erlangen, insbesondere bei Gruppen, die sich länger in Bildungsinstitutionen befinden. Zugleich wächst die Offenheit für neue Ideen und Erfahrungen. Eine Bedeutungsverlagerung von Pflicht- und Akzeptanzwerten zu den sogenannten Selbstentfaltungswerten in den Bereichen Arbeit, Politik, Partnerschaft, Erziehung und Freizeit wird durch Bildungsreformen sicher nicht ausgelöst, aber diese Aspekte „individueller Modernität", die mit der Liberalisierung der Gesellschaft verbunden sind, wurden in der Vergangenheit durch den Wandel der Bildungsinstitutionen zumindest indirekt gefördert und in Weiterbildungsinstitutionen in der Zielgruppenarbeit mit zahlreichen Milieus aufgegriffen. Umso größer ist jene institutionelle Herausforderung, die aus der Fokussierung jener (bildungsarmer) sozialer Gruppen und Milieus resultiert, die keine postmaterialistischen, experimentellen oder selbstentfaltenden Werteprioritäten mitbringen und zudem andere didaktische Orientierungen, Kommunikations- und Lebensstile gewöhnt sind und nachfragen, als dies von dem überwiegend an Selbstentfaltungswerten orientierten Weiterbildungspersonal erwartet wird (vgl. Barz/Tippelt 2004).

5 Differenzierung pädagogischer Institutionen und professionelles Selbstverständnis

Strunk (1999) hatte vor ca. zehn Jahren die desolate Situation in der Institutionenforschung kritisiert und Vorschläge zur Verbesserung formuliert: „Dies scheint mir um so wichtiger, als alle einschlägigen Arbeiten zum Thema – von Senzky (1974) über Büschges (1980) und Tietgens (1984) bis hin zu Schäffter (1987, 1992) und Arnold (1988) auf die Komplexität des Forschungsfeldes aufmerksam machen“ (Strunk 1999). Die Situation in der pädagogischen Institutionenforschung ist heute nicht mehr desolat, aber auch keinesfalls optimal.

Die erziehungswissenschaftliche Forschung konnte aufzeigen, dass bedeutsame Veränderungen pädagogischer Institutionen im Zeitverlauf nicht linear auftreten. Um zum Wandel von pädagogischen Institutionen präzise und informative Aussagen machen zu können, ist ein Bedingungsansatz notwendig, der Bildungs- und Erziehungsforschung dazu verpflichtet, die jeweils existierenden Rahmen- und Ausgangsbedingungen theoretisch und empirisch zu analysieren, um Wandlungstendenzen und Anknüpfungspunkte für innovative praktische Interventionen aufzudecken.

Der Wandel von Weiterbildungsinstitutionen ist von pädagogischen Ideen abhängig, aber sicher wirken die ökonomische Ausgangslage, die ökologischen Bedingungen, die sozio-kulturellen Traditionen und Entwicklungen, die sozialen Milieus und die finanziellen Ressourcen als externe Bedingungen auf intentionale Veränderungen und Wandel ein. In Anlehnung an E. Durkheim (1972, S. 25) ist festzuhalten, dass der Wandel pädagogischer Institutionen ohne die Kenntnis der gesellschaftlichen Bedingungen (der historischen Tatsachen) unverstanden bliebe. Pädagogisches Handeln und Gestaltung pädagogischer Institutionen wird durch gesellschaftliche Bedingungen strukturiert, aber keinesfalls determiniert, so dass auch die pädagogische Institutionenforschung für die Gestaltungsperspektiven von Akteuren besonders sensibel sein muss. Auch wenn präzise Steuerung im sozialtechnologischen Sinne nicht möglich ist (vgl. Albert 1980; Luhmann/Schorr 1979), kann vor dem Hintergrund umfangreicher Evaluationen von Weiterbildungsinstitutionen gesagt werden, dass die Risiken innovativen Handelns kalkulierbarer sowie die Planung pädagogischer Handlungen transparenter werden.

Ein gemeinsames integrierendes Selbstverständnis von Erwachsenenbildnern und professioneller Pädagogen, die in den verschiedensten Institutionen arbeiten und die in staatliche, kirchliche und weltanschaulich diverse Organisationenverbände eingebunden sind, lässt sich heute nicht mehr aus einheitlichen Normen ableiten, sondern ist auf die „Kultur der Kooperation pädagogischer Institutionen“ angewiesen. Nur in differenzierten Strukturen lassen sich die fachtypischen Spezialisierungen und bereichs- und institutionenbezogenen Differenzierungen weiterentwickeln. Institutionenbezogene Selbstverständnisse fachinterner Öffentlichkeiten können durch Kommunikation koordiniert und in bestimmten Fällen auf begrenzte Zielsetzungen verpflichtet werden (vgl. analog Habermas 1986, S. 716). Die Institutionalisierung von Kommunikation, die sich den Verfahren kommunikativer Rationalität unterstellt, ist vermutlich nicht im praktischen Institutionenbereich, sondern im Wissenschaftsbetrieb – trotz aller ökonomisch motivierten Veränderungen – am reinsten verwirklicht. Universalistische Argumentationsformen lassen sich sicher nicht in jeder pädagogischen Institution reproduzieren. Wenn heute für Bildungs- und Weiterbildungsinstitutionen dennoch kommunikative Rationalität reklamiert wird, dann deswegen, weil diese in differenzierten und pluralen Gesellschaften die Möglichkeit eröffnet, die teilweise auseinanderstrebenden Funktionen und Aufgaben der pädagogischen Institutionen aufeinander abzustimmen und zu koordinieren.

Eine Prognose des Wandels pädagogischer Institutionen ist schwierig, aber dennoch sind weder der große normative Bildungsentwurf noch die immer neue kurzfristige Reaktion auf jeweils auftauchende Probleme angemessene Strategien des Umgangs mit Ungewissheit und Unsicherheit. Wenn man auch nicht in der Lage ist, genaue Prognosen zur Zukunft der Bildung und Weiterbildung zu leisten, so lassen sich doch die Konsequenzen vergangener Bildungs- und Lernentwicklungen empirisch aufzeigen. Das Wissen über zurückliegende Entwicklungen kann geeignet sein, im Sinne einer Schadensvermeidungsstrategie, unbeabsichtigte Nebenfolgen heutiger Entwicklungen frühzeitig zu erkennen und zu vermeiden. Auch kommt dezentralen regionalen und lokalen Planungen in einer Ära der Unsicherheit hohe Bedeutung zu. Regionale Planungen haben den Vorteil, dass die konkreten Umweltbedingungen und die Bildungskonzepte der beteiligten pädagogischen Institutionen genauer berücksichtigt werden können.

Es lässt sich abschließend sagen, dass die Rückbesinnung auf die wechselseitige Akzeptanz, auf Solidarität und eine kritische Haltung zur Semantik der Steuerung und Weltbeherrschung geradezu eine Gelingensbedingung kooperativen Handelns von Weiterbildungsinstitutionen ist.

Literatur

AES (2008): Weiterbildungsbeteiligung in Deutschland – Eckdaten zum BSW-AES 2007. München: BMBF. Verfügbar unter: www.bmbf.de/pub/weiterbildungsbeteiligung_in_deutschland.pdf (26.6.08).

Alban, B.T./Scherer, J.J. (2005): On the shoulders of giants: The origins of OD. In Rothwell, W./Sullivan, R. (Hrsg.): Practicing organization development: A guide for consultants. San Francisco: Pfeiffer, S. 81-105.

Arnold, R. (1988): Erwachsenenbildung. Eine Einführung in Grundlagen, Probleme und Perspektiven. Baltmannsweiler: Pädagog. Verlag Burgbücherei Schneider.

Autorengruppe Bildungsberichterstattung (2008): Bildung in Deutschland 2008. Ein indikatorengestützter Bericht mit einer Analyse zu Übergängen im Analyse im Anschluss an den Sekundarberreich I. Bielefeld: Bertelsmann.

Baethge, M./Baethge-Kinsky, V. (2004): Der ungleiche Kampf um das lebenslange Lernen. Münster: Waxmann.

Barz, H./Tippelt, R. (2004): Weiterbildung und soziale Milieus in Deutschland. 2 Bände. Bielefeld: Bertelsmann.

Berger, P.L./Berger, B./Kellner, H. (1975): The Homeless Mind. Modernization and Consciousness. New York 1973; deutsch: Das Unbehagen in der Modernität. Frankfurt/New York: Vintage Books.

Bundesministerium für Bildung und Forschung (BMBF) (2004): Lernende Regionen – Förderung von Netzwerken. Bonn.

Bojanowski, A./Döring, O./Faulstich, P./Teichler, U. (1991): Strukturentwicklung in Hessen: Tendenzen zu einer „mittleren“ Systematisierung der Weiterbildung. In: Mitteilungen aus Arbeitsmarkt- und Berufsforschung. H. 2, S. 291-303.

Bourdieu, P. (1982): Die feinen Unterschiede. Kritik der gesellschaftlichen Urteilskraft. Frankfurt a.M: Suhrkamp.

Brödel, R. (Hrsg.) (2004): Weiterbildung als Netzwerk des Lernens. Bielefeld: Bertelsmann

Brüning, G./Kuwan, H. (2002): Benachteiligte und Bildungsferne – Empfehlungen für die Weiterbildung. Bielefeld.

Büschges, G. (1980): Organisationssoziologische Aspekte der Erwachsenenbildung. In: Weymann, A. (Hrsg.): Handbuch für die Soziologie der Weiterbildung. Darmstadt/Neuwied: Luchterhand, S. 280-293.

Bynner, J./Schuller, T./Feinstein, L. (2003): Wider Benefits of Education: Skills, Higher Education and Civic Engagement. In: Zeitschrift für Pädagogik 49, H. 3, S.341-361.

Cao, G./Clarke, S./Lehaney, B. (2004): The Need for a Systemic Approach to Change Management –A Case Study. Systemic Practice and Action Research 17. S. 103-126.

Combe, A./Helsper, W. (Hrsg.) (1996): Pädagogische Professionalität. Untersuchungen zum Typus pädagogischen Handelns. Frankfurt a.M.: Suhrkamp.

Deutscher Bildungsrat (1970): Strukturplan für das Bildungswesen. Bonn.

DiMaggio, P.J. (1986): Support for the Arts from independent Foundations. In: DiMaggio, P.J. (Hrsg.): Non-profit Enterprise in the Arts. Studies in Mission and Constraint. New York.
DiMaggio, P.J./Powell, W.W. (1983): The Iron Cage Revisited: Institutional Isomorphism and Collective Rationality in Organizational Fields. American Sociological Review 48. S. 147-160.
Dohmen G. (Hrsg.) (1999): Weiterbildungsinstitutionen, Medien, Lernumwelten. Bonn: BMBF.
Doppler, K./Lauterburg, Ch. (2002): Change Management. Frankfurt a.M.: Campus.
Dreeben, R. (1980): On What is Learned in School. Massachusetts et.al. 1968; deutsch: Was wir in der Schule lernen. Frankfurt a.M.: Suhrkamp.
Durkheim, E. (1972): Erziehung und Soziologie. Düsseldorf: Schwann.
Edelmann, D./Tippelt, R. (2007): Kompetenzentwicklung in der beruflichen Weiterbildung. In: Prenzel, M./Gogolin, I./Krüger, H.-H. (Hrsg.): Kompetenzdiagnostik. Zeitschrift für Erziehungswissenschaft. Sonderheft 8. Wiesbaden: Verlag für Sozialwissenschaften. S. 129-146.
Endres, E. (2001): Erfolgsfaktoren des Managements von Netzwerken. In: Howaldt, J./Kopp, R./Flocken, P. (Hrsg.) (2001): Kooperationsverbünde und regionale Modernisierung. Wiesbaden: Gabler, S. 103-117.
Faulstich, P./Faulstich-Wieland, H./Nuissl, E./Weinberg, J./Brokmann-Nooren, Ch./Raapke, H. (1992): Weiterbildung für die 90er Jahre. Gutachten über zukunftsorientierte Angebote, Organisationsformen und Institutionen. Weinheim: Juventa.
Fend, H. (2006): Neue Theorie der Schule. Einführung in das Verstehen von Bildungssystemen. VS-Verlag: Wiesbaden.
Friedeburg v. L. (1989): Bildungsreform in Deutschland. Geschichte und gesellschaftlicher Widerspruch. Frankfurt a. M.: Suhrkamp.
Frymark, H.J. (1977): Kommunalisierung der Volkshochschule: Gefahren der Reglementierung und Verbürokratisierung. In: Bergmann, K./Frank, G. (Hrsg.): Bildungsarbeit mit Erwachsenen. Handbuch für selbstbestimmtes Lernen. Reinbek b. Hamburg: Rowohlt, S. 310-333.
Geldermann, B./Schmalhofer, E. u.a. (2000): Unternehmensnetzwerke durch neues Lernen. Bielefeld: Bertelsmann.
Habermas, J. (1986): Die Idee der Universität – Lernprozesse. In: Zeitschrift für Pädagogik 32. S. 703-717.
Hasse, R. (2006): Der Neo-Institutionalismus als makrosoziologische Kulturtheorie. In: Senge, K./Hellmann, K.-U. (Hrsg.): Einführung in den Neoinstitutionalismus. Wiesbaden: Vs Verlag für Sozialwissenschaften, S. 150-160.
Hasse, R./Krücken, G. (20052): Neo-Institutionalismus. Bielefeld: Transcript Verlag.
Hippel, A. von/Fuchs, S./Tippelt, R. (2008): Weiterbildungsorganisationen und Nachfrageorientierung – neo-institutionalistische Perspektiven. In: Zeitschrift für Pädagogik 54, H. 5, S. 663-678.
Kade, J. (1989): Erwachsenenbildung und Identität. Eine empirische Studie zur Aneignung von Bildungsangeboten. Einheim: Dt. Studien Verlag.
Kade, J./Lüders, C. (1996): Lokale Vermittlung. Pädagogische Professionalität unter den Bedingungen der Allgegenwart medialer Wissensvermittlung. In: Combe, A./Helsper, W. (Hrsg.): Pädagogische Professionalität. Untersuchungen zum Typus pädagogischen Handelns. Frankfurt a.M.: Suhrkamp, S. 887-923.
Klein, R./O'Higgins, M. (Hrsg.) (1985): The Future of Welfare. Oxford.
Krüger, H.-H./Rauschenbach T. (Hrsg.) (1995): Einführung in die Arbeitsfelder der Erziehungswissenschaft. Opladen: Leske + Budrich.
Krüger, W./Homp, Ch. (Hrsg.) (1997): Kernkompetenz-Management. Wiesbaden: Gabler.
Kuper, H. (2001): Organisationen im Erziehungssystem. In: Zeitschrift für Erziehungswissenschaft 4, H. 1, S. 83-106.
Lenhart, V. (1987): Die Evolution erzieherischen Handelns. Frankfurt a.M: Lang.
Lepsius, M.R. (1977): Soziologische Theoreme über die Sozialstruktur der „Moderne" und die „Modernisierung". In: Koselleck, R. (Hrsg.): Studien zu Beginn der modernen Welt. Industrielle Welt, Bd. 20. Stuttgart: Klett Cotta, S. 10-29.
Luhmann, N. (1973): Formen des Helfens im Wandel gesellschaftlicher Bedingungen. In: Otto, H.-U./Schneider, S. (Hrsg.): Gesellschaftliche Perspektiven der Sozialarbeit. Neuwied/Berlin: Luchterhand, S. 21-45.
Luhmann, N./Schorr (1979): Reflexionsprobleme im Erziehungssystem. Frankfurt a.M.: Suhrkamp.
Matthiesen, U./Reutter, G. (Hrsg.) (2003): Lernende Region – Mythos oder Praxis? Bielefeld: Bertelsmann.
Meisel, K. (19992): Weiterbildungsmanagement. In: Tippelt, R. (Hrsg.): Handbuch Erwachsenenbildung/Weiterbildung. Opladen: Leske + Budrich, S. 430-442.
Mense-Petermann, U. (2006): Das Verständnis von Organisation im Neo-Institutionalismus. In: Senge, K./Hellmann, K.-U. (Hrsg.): Einführung in den Neoinstitutionalismus. Wiesbaden: VS Verlag für Sozialwissenschaften, S. 62-74.
Merkens, H. (2006): Pädagogische Institutionen: Pädagogisches Handeln im Spannungsfeld von Individualisierung und Organisation. VS-Verlag: Wiesbaden.

Merten, R./Olk, T. (1996): Sozialpädagogik als Profession. Historische Entwicklung und künftige Perspektiven. In: Combe, A./Helsper, W. (Hrsg.): Pädagogische Professionalität. Untersuchungen zum Typus pädagogischen Handelns. Frankfurt a.M.: Suhrkamp.

Meyer, J.W./Rowan, B. (1977): Institutionalized Organizations: Formal Structure as Myth and Ceremony. In: American Journal of Sociology 83. S. 340-363.

Meyer, J.W./Scott, W.R. (1983): Organizational Environments. Ritual and Rationality. Beverly Hills et al: Sage.

Meyer, R./Hammerschmid, G. (2006): Die Mikroperspektive des Neo-Institutionalismus. In: Senge, K./Hellmann, K.-U. (Hrsg.): Einführung in den Neoinstitutionalismus. Wiesbaden: VS Verlag für Sozialwissenschaften, S. 160-171.

Miner, J.B. (2006): Organizational Behavior 3: Historical origins, theoretical foundations, and the future. Armonk/NY: M.E. Sharpe.

Möller, S. (2002): Marketing in der Weiterbildung. Eine empirische Studie an Volkshochschulen. Bielefeld: Bertelsmann.

Nittel, D. (1991): Wissenschaftlicher Erkenntnisbedarf aus der Sicht der Berufspraxis. In: Institut für Erwachsenen-Bildungsforschung (Hrsg.): Erwachsenenbildungsforschung. Stand und Perspektiven. Bremen, S. 82-96.

Nuissl, E./Pehl, K. (2000): Portrait Weiterbildung: Deutschland. Bielefeld: Bertelsmann.

Nuissl, E./Dobischat, R./Hagen, K./Tippelt, R. (Hrsg.) (2006): Regionale Bildungsnetze. Ergebnisse zur Halbzeit des Programms „Lernende Regionen – Förderung von Netzwerken“. Bielefeld: Bertelsmann

Nunner-Winkler, G. (1985): Identität und Individualität. In: Soziale Welt 36. S. 466-482.

OECD (2006): Education at a glance. Paris: OECD.

Olbrich, J. (1999): Systemtheorie und Erwachsenenbildung. In: Tippelt, R. (Hrsg.): Handbuch Erwachsenenbildung/ Weiterbildung. Opladen: Leske+Budrich. S. 157-183.

Parsons, T. (1968): The Social System. New York/London.

Powell, W.W. (1985): Getting into print. The Decision-Making Process in Scholary Publishing. Chicago/London.

Probst, G./Deussen, A./Eppler, M./Raub, S. (2000): Kompetenzmanagement. Wie Individuen und Organisationen Kompetenz entwickeln. Wiesbaden: Gabler.

Reich, J./Tippelt, R. (2004): Gestaltung didaktischer Handlungsfelder im Kontext der Milieuforschung. In: Hessische Blätter für Volksbildung, H. 1, S. 23-36.

Reiß, M. (1997): Change Management. Programme, Projekte und Prozesse. Stuttgart: Schäffer-Poeschel.

Rogge, K./Schäffter, O. (1991): Im Netz der Weiterbildungsorganisation. In: Volkshochschule 43, H. 6, S. 15-18.

Rosenstiel, L. v./Molt,W./Rüttinger, B. (Hrsg.) (1995[8]): Organisationspsychologie. Stuttgart/Berlin/Köln: Kohlhammer.

Rothwell, W./Sullivan, R. (2005): Organization development. In: Rothwell, W./Sullivan, R. (Hrsg.): Practicing organization development: A guide for consultants. San Francisco: Pfeiffer, S. 9-38.

Sackmann, R. (1998): Stichwort: Wandel der Arbeitsgesellschaft – Folgen für Erziehung und Bildung. In: Zeitschrift für Erziehung (ZfE) 1, H. 4, S. 485-491.

Schäffter, O. (1987): Organisationstheorie und institutioneller Alltag der Erwachsenenbildung. In: Tietgens, H. (Hrsg.): Wissenschaft und Berufserfahrung. Bad Heilbrunn: Klinkhardt, S. 147-171.

Schäffter, O. (1992): Arbeiten zu einer erwachsenenpädagogischen Organisationstheorie. Ein werkbiographischer Bericht. Frankfurt a.M.: Luchterhand.

Schlutz, E. (1997): Enttraditionalisierung, Modernisierung – oder ist die neue Weiterbildung noch die alte? Empirische Aufschlüsse aus der Bremer Untersuchung zum Weiterbildungsangebot. In: Derichs-Kunstmann, K./Faulstich, P./Tippelt, R. (Hrsg.). Enttraditionalisierung der Erwachsenenbildung. Frankfurt a.M.: DIE, S. 217-232.

Schlutz, E./Siebert, H. (Hrsg.) (1986): Stand und Aufgaben der empirischen Forschung zur Erwachsenenbildung. Bremen.

Schlutz, E./Voigt, W. (1990): Die Bedeutung der Erziehungswissenschaft für die Weiterbildung. In: Mader, W. (Hrsg.): Weiterbildung und Gesellschaft. Grundlagen wissenschaftlicher und beruflicher Praxis in der Bundesrepublik Deutschland. Bremen: Univ., S. 161-189.

Scott, W.R. (1994): Institutional analysis: Variance and process theory approaches. In Scott, W.R./Meyer, J.W. (Hrsg.): Institutional environments and organizations. Thousand oaks: Sage, S. 81-99.

Scott, W.R. (1995): Institutions and Organisations. London/New York.

Scott, W.R./Meyer, J.W. (Hrsg.) (1994): Institutional environments and organizations. Thousand oaks: Sage.

Senge, P. (2000): La danza del cambio: Mas alla de la Quinta Disciplina. Como crear organizaciones abiertas al aprendizaje. Madrid.

Senge, K. (2006): Zum Begriff der Institution im Neo-Institutionalismus. In: Senge, K./Hellmann, K.-U. (Hrsg.): Einführung in den Neoinstitutionalismus. Wiesbaden: VS Verlag für Sozialwissenschaften, S. 35-47.

Senge, C./Hellmann, K.-U. (Hrsg.) (2006): Einführung in den Neoinstitutionalismus. Wiesbaden: VS Verlag für Sozialwissenschaften.

Senzky, K. (1974): Management der Erwachsenenbildung. Eine Einführung. Stuttgart: Kohlhammer.

Strunk, G. (1999): Institutionenforschung in der Erwachsenenbildung/Weiterbildung. In: Tippelt, R. (Hrsg.): Handbuch Erwachsenenbildung/Weiterbildung. Opladen: Leske+Budrich. S. 443-454.

Strzelewicz, W./Raapke, H.-D./Schulenberg, W. (1966): Bildung und gesellschaftliches Bewußtsein. Eine mehrstufige soziologische Untersuchung in Westdeutschland. Stuttgart: Enke.

Tietgens, H. (1984): Institutionelle Strukturen der Erwachsenenbildung. In: Schlutz, E.³Ist hier Schmitz, E. gemeint?³/ Tietgens, H. (Hrsg.): Enzyklopädie Erziehungswissenschaft. Erwachsenenbildung, Bd. 11. Stuttgart: Klett Verlag für Wissen und Bildung, S. 287-302.

Tietgens, H. (19992): Geschichte der Erwachsenenbildung. In: Tippelt, R. (Hrsg.): Handbuch Erwachsenenbildu/Weiterbildung. Opladen: Leske + Budrich, S. 25-41.

Tippelt, R. (1990): Bildung und sozialer Wandel. Eine Untersuchung von Modernisierungsprozessen am Beispiel der Bundesrepublik Deutschland seit 1950. Weinheim: Dt. Studien Verlag.

Tippelt, R. (2000): Stichwort: Wandel pädagogischer Institutionen. In: Zeitschrift für Erziehungswissenschaft, 1, S. 7-20.

Tippelt, R. (2004): Institutionen der Weiterbildung. In: Krüger, H.-H. & Grunert, C. (Hrsg.): Wörterbuch für Erziehungswissenschaften. UTB/Leske + Budrich, S.129-134.

Tippelt, R./Eckert, T. (1996): Differenzierung der Weiterbildung. Probleme institutioneller und soziokultureller Integration. In: Zeitschrift für Pädagogik 42, H. 5, S. 667-686.

Tippelt, R./Eckert, T./Barz, H. (1996): Markt und integrative Weiterbildung. Bad Heilbrunn: Klinkhardt.

Tippelt, R./Weiland, M./Panyr, S./Barz, H. (2003a): Weiterbildung, Lebensstil und soziale Lage in einer Metropole. Bielefeld: wbv.

Tippelt, R./Mandl, H./Straka, G. (2003b): Entwicklung und Erfassung von Kompetenz in der Wissensgesellschaft – Bildungs- und wissenstheoretische Perspektiven. In: Gogolin, I./Tippelt, R. (Hrsg.): Innovation durch Bildung. DGfE-Kongressband. Opladen: Leske + Budrich, S. 349-370.

Tippelt, R./Hippel, A. von/Reich, J./Reupold, A. (2005a): Heterogenität, Gerechtigkeit und Exzellenz. Länderbericht Deutschland der OECD/CERI- Seminarreihe „Lebenslanges Lernen in der Wissensgesellschaft". Innsbruck: Studienverlag.

Tippelt, R./Kasten, C./Dobischat, R./Federighi, P./Feller, B. u.a. (2005b): Regionale Netzwerke zur Förderung lebenslangen Lernens – Lernende Regionen. In: Fatke, R./Merkens, H. (Hrsg.): Bildung über die Lebenszeit, DGfE-Kongressband. Wiesbaden: VS Verlag für Sozialwissenschaften, S. 279-290.

Tippelt, R. (2007): Lebenslages Lernen im Prozess vertikaler und horizontaler Differenzierung. In: Brumlik, M./Merkens, H. (Hrsg.): bildung macht gesellschaft. Beiträge zum 20. Kongress der Deutschen Gesellschaft für Erziehungswissenschaft. Opladen: Barbara Budrich. S.109-127.

Tippelt, R./Reich, J./Hippel, A. von/Barz, H./Baum, D. (2008): Weiterbildung und soziale Milieus Band III. Milieumarketing implementieren. Bielefeld: Bertelsmann.

Vogel, N. (Hrsg.). (1998): Organisation und Entwicklung in der Weiterbildung. Bad Heilbrunn: Klinkhardt.

Walgenbach, P. (1999): Institutionalistische Ansätze in der Organisationstheorie. In: Kieser, A. (Hrsg.): Organisationstheorien. Stuttgart: Kohlhammer, S. 319-353.

Wehler, H.-U. (1975): Modernisierungstheorie und Geschichte. Göttingen: Vandenhoeck & Ruprecht.

Rita Süssmuth | Rolf Sprink

Volkshochschule

1 Stellung und Aufgabe der Volkshochschulen im Bildungssystem

1.1 Selbstverständnis und gesellschaftspolitischer Auftrag

Volkshochschulen sind Einrichtungen der Erwachsenenbildung und zugleich Begegnungszentren in der Kommune, oftmals auch auf Kreisebene. Ihre Gründungen sind Teil der Reformpädagogischen Bewegung und stehen zugleich für die Demokratie- und Arbeiterbewegung mit ihrem Anspruch auf Bildung, sei es lebens- und berufsbegleitend oder nachholend. Volkshochschularbeit ist seit ihren Anfängen kommunal und grenzüberschreitend, europäisch und international ausgerichtet. Es ging und geht um weltweiten Austausch und Zusammenarbeit (vgl. Schlutz 2003, S. 7f., S. 118f.). Das zeigen die Dokumente historischer Aufarbeitung wie die aktuellen Positionierungen auf europäischer Ebene (vgl. EAEA – European Association for Education of Adults 2006, S. 3-12, S. 52ff.). Entscheidend waren weitsichtige Führungspersönlichkeiten, die sich wissenschaftlich und bildungspolitisch engagierten.

Volkshochschulen verstehen sich seit der Gründerzeit als öffentliche Weiterbildungseinrichtungen für alle. Es geht um das Menschen- und Bürgerrecht auf Bildung als zwingende Voraussetzung für Persönlichkeitsentwicklung und gesellschaftliche Teilhabe. Lernen umfasst im Verständnis der Volkshochschulen kulturelles, soziales, wirtschaftliches und politisches Lernen, allgemeine und berufsbezogene Kompetenzen. Bildung beinhaltet demnach mehr als lebenslange Lernfähigkeit, Lernbereitschaft und Wissenserwerb. Bildung schließt die personenbezogene Aneignung von weltbezogenen Einstellungen (Haltungen) und Verhaltensweisen (ethischen Positionen) ein. Sprechen wir in stärker sich ausdifferenzierenden – negativ gesprochen: in stärker auseinanderfallenden Gesellschaften – von Armen und Reichen, dann ist Bildung von früher Kindheit bis ins hohe Alter für alle eine Kernvoraussetzung zur Vermeidung und Überwindung von Ausgrenzung und Chance zur Teilhabe.

Leitbild der Volkshochschulen ist „umfassende Offenheit". Der Zugang zur Volkshochschule ist an keine formalen Schulabschlüsse, an keine Mitgliedschaft, keine bestimmte Gesinnung gebunden. Sie sind offen für alle sozialen Schichten, alle Altersgruppen, Deutsche wie Ausländer, unterschiedliche Bedürfnisse der Teilnehmer, für unterschiedliche Ziele und Methoden. Diese Offenheit kann nur durch gesetzliche Bestimmungen eingeschränkt werden, z.B. durch Altersbegrenzung oder einseitige Festlegung auf bestimmte Förderzwecke oder verpflichtende Teilnahme an Sprachkursen für Migranten (vgl. Deutscher Volkshochschul-Verband 1978, S. 7ff.).

Das traditionelle Prinzip ist Freiwilligkeit, nicht Pflicht. Aber es gehört zum Selbstverständnis und zur Selbstverpflichtung, gerade auch die Bildungsfernen und Bildungsbenachteiligten zu erreichen. Das nachholende Lernen spielt eine zentrale Rolle. Volkshochschulen wissen um ihren hohen Anteil an Teilnehmerinnen und Teilnehmern für nachzuholende Schulabschlüsse, Abbau des sekundären Analphabetentums (ca. 4 Millionen Menschen in Deutschland) und

Sprachförderung für Zugewanderte, verbunden mit ganzheitlichen Ansätzen zur Beachtung ihrer kognitiven, emotionalen und sozialen Lernstärken, ihrer unterschiedlichen Problemlösungsansätze, ihrer Partizipation und Zugehörigkeit, ihrer Teilhabe an Arbeit, Einkommen und sozialer Sicherung sowie ihrer Mitarbeit und Mitgestaltung in den Gemeinden.

Volkshochschulen haben noch immer nicht die Stellung und das Ansehen im Bildungswesen und der Gesellschaft, das ihnen angesichts ihrer historischen und aktuellen Relevanz zukommen sollte. Im Vergleich zur Beschäftigung mit der betrieblichen und Hochschulweiterbildung in Wissenschaft, Praxis und Politik nehmen die Volkshochschulen oftmals eine randständige Stellung ein, wenngleich die Nachfrage von Seiten der Bildungsinteressierten anhält. Für die Bildungsfernen ist es sowohl eine prekäre Kostenfrage als auch eine Mentalitätsfrage. Je geringer die positiven Bildungserfahrungen, z.B. die Erhöhung der eigenen Beschäftigungschancen, die Entdeckung der eigenen Potenziale, desto geringer ist oft die Motivation, lernen zu wollen.

Volkshochschulen sind besonders gefordert in Zeiten massiver Umbrüche mit Gewinnern und Verlierern, in Zeiten drohenden Auseinanderbrechens der Gesellschaft in Reiche und Arme, Zugehörige und Ausgegrenzte, Aktive und Ohnmächtige. Die zentrale Frage lautet: Wie nimmt die Gesellschaft möglichst alle – auf unterschiedliche Weise – mit angesichts der unübersichtlichen Veränderungen in fast allen Lebensbereichen? Wie aktiviert und beteiligt sie die Bürger und Bürgerinnen, wie werden sie ein Teil der lernenden Gesellschaft, die zur Lösung der Probleme am Arbeitsplatz, in den Wohnquartieren, in der Freizeitgestaltung und am Abbau von Vandalismus, Drogenproblematik und Gewalt aufgerufen ist.

Selbstverständnis und Auftrag der Volkshochschulen sind ohne ihre historische bildungs- und gesellschaftstheoretische Verankerung nicht zu verstehen und adäquat zu beurteilen. Ihre Forderung, Bildungseinrichtungen für Erwachsene aller Altersgruppen und sozialer Schichten zu schaffen, Bildung des Volkes voranzubringen, basiert auf einem bestimmten Verständnis vom Menschen als lernfähiges und lernbedürftiges Wesen. Der Grad der Lernfähigkeit hängt eben nicht nur von angeborener Begabung oder von sozialer Herkunft ab, sondern von Lernchancen und intensiver Lernförderung. Lernfähigkeit ist nicht auf das Kindes- und Jugendalter beschränkt, sondern hält ein Leben lang an. Lernen geschieht nicht nur durch formale Bildungsprozesse, sondern es erfolgt vielfach informell an verschiedenen Lernorten.

Die Begründung zur Schaffung von Volkshochschulen resultiert entscheidend aus den Persönlichkeits- und Beteiligungsrechten wie auch Verpflichtungen der Menschen, an den öffentlichen Aufgaben mitzuwirken. „Bildung ist Bürgerrecht“, „Demokratie braucht politische Bildung“ – das sind zentrale Grundlagen der Volkshochschulbewegung. Der Abschied von der ständischen Gesellschaft hin zu Bildungschancen für alle und demokratischer Partizipation an der Gestaltung der öffentlichen Angelegenheiten lassen sich nicht abtrennen von wirtschaftlichen und beruflichen Erfordernissen in Zeiten des Umbruchs von der Industriegesellschaft zur Wissens- und Dienstleistungsgesellschaft mit schnell sich veränderndem Wissen, den nötigen fachlichen und sozialen Kompetenzen sowie neuen Berufen.

Es ging und geht um mehr als fachliche Qualifizierung und nachholendes Lernen zur Beschäftigungsfähigkeit. Der Auftrag der Volkshochschulen muss ein ganzheitlicher und integrativer bleiben oder wieder werden. Die Konzentration auf die Weiterbildung für den Beruf unterschätzt die Notwendigkeit, den Menschen in seinen unterschiedlichen Lebenswelten zu berücksichtigen und seiner Selbsteinschätzung, seinem Bedürfnis nach Zugehörigkeit und Teilhabe zu entsprechen. Er will als Subjekt, nicht als Objekt wahrgenommen werden, nicht einseitig eingeordnet in Systemzwänge und als bloßer Erfüller von Funktionen. Unsere Gesellschaft ist angewiesen auf Mitdenkende, auf Eigeninitiative und Verantwortungsübernahme, auf kognitive und soziale Kompetenzen, auf ein Miteinander in multikulturellen Gesellschaften. Interkulturelles Lernen hat zum Kerncurriculum in den verschiedenen Einrichtungen des Bildungswesens zu gehören ebenso wie Fremdsprachenerwerb.

Die aktuelle Debatte, in der die Weiterbildung, das Lernen im Lebenslauf bzw. Lernen ein Leben lang einen zentralen Platz auf der bildungspolitischen Agenda national, europäisch und international einnimmt, ist eine Reaktion auf die lange Zeit versäumte öffentliche Auseinandersetzung mit dem Wert und der Notwendigkeit des Lernens in einer Gesellschaft, die mit tiefgreifenden Veränderungen konfrontiert ist, wie zum Beispiel beschleunigten Zuwächsen an Wissen, einer rasanten Technik- und Technologieentwicklung, der Globalisierung, rasch sich verändernden Beschäftigungsanforderungen, weltweiter Migration und demografischem Wandel (vgl. Forum Bildung 2001, S. 28ff.).

Der Stellenwert und die Notwendigkeit der Weiterbildung im Sinne des lebenslangen Lernens für den einzelnen, für Gesellschaft, Wirtschaft und Politik sind inzwischen national und international unumstritten. Gestritten wird nach wie vor über eine systematische Verankerung im Bildungswesen mit den dazu gehörigen Fragen wie Ziele und Aufgaben, Institutionen und Organisationen, Zuständigkeiten und Kostenträger auf öffentlicher und privater Seite, einschließlich der Eigenbeteiligung der Bürgerinnen und Bürger.

An der Weiterbildung sind viele Akteure beteiligt. Der Staat hat die zentrale Aufgabe, die Rahmenbedingungen für ein lebenslanges Lernen für alle zu schaffen. Verantwortlich sind auch die „Unternehmen, Sozialpartner, Verbände, Bildungsträger und öffentliche Arbeitgeber, aber ebenso die Bürgerinnen und Bürger, die in Zukunft mehr Verantwortung für das selbstständige Weiterlernen im Lebenslauf übernehmen müssen" (Empfehlungen des Innovationskreises Weiterbildung für eine Strategie des Lernens im Lebenslauf 2008, S. 2ff.).

Die Volkshochschulen haben seit ihrem Bestehen Entscheidendes geleistet zur Bildungsbeteiligung und gesellschaftlichen Integration. Sie haben die neuen Herausforderungen angenommen, sei es bei den nachholenden Schulabschlüssen, bei der Integration der Migrant/innen und nicht nur bei der Sprachvermittlung, bei der Alphabetisierungsarbeit, der Frauen- und Seniorenbildung. Erzieher/innen nutzen die Volkshochschulen zur Weiterbildung in vorschulischer Sprachförderung und interkultureller Bildung. Ob Gesundheitsförderung oder Umwelterziehung, musisch-künstlerische Gestaltung oder bürgerschaftliches Engagement – die Volkshochschulen bieten – teilnehmerorientiert – ein breites Bildungsangebot. Was fehlt, ist eine klare Verankerung im Bildungswesen und eine angemessene finanzielle Ausstattung. Die Eigenbeteiligung der Nutzer/innen liegt höher als in allen anderen Bildungseinrichtungen. Auf der Strecke bleiben die Einkommensschwachen und Bildungsbenachteiligten. Die Klärung der offenen Zuständigkeiten und Finanzierungen ist bei aller konzeptionellen und didaktischen Weiterentwicklung eine nicht mehr länger aufschiebbare öffentliche Aufgabe.

1.2 Wandel des Selbstverständnisses in der Geschichte

Unter den wichtigsten Strömungen, die zur Entstehung von Volkshochschulen in Deutschland führten, sind die durch den Theologen Nicolai Grundtvig 1844 in Dänemark begründete Heimvolkshochschul-Bewegung, die Arbeiterbildungsvereine in der zweiten Hälfte des 19. Jahrhunderts sowie Versuche zu nennen, mit öffentlichen Bildungsveranstaltungen an Universitäten ein nichtakademisches Publikum zu erreichen. Da letzteren – u.a. als „Volkstümliche Hochschulkurse“ oder „Studentische Arbeiterunterrichtskurse“ bezeichnet – jedoch wenig Erfolg beschieden war, fanden die ersten Volkshochschulgründungen bereits vor 1914 statt. Die große Gründungswelle nach dem Ersten Weltkrieg – allein 1919 entstanden 139 Volkshochschulen (vgl. Dohmen 1994, S. 407) – ist als Antwort auf die krisengeschüttelte politische, gesellschaftliche und geistige Situation der Zeit zu verstehen. Rechtlich verankert wurde die Förderung des Volksbildungswesens einschließlich der Volkshochschulen für Reich, Länder und Gemeinden im selben Jahr in der Weimarer Verfassung. Begriffe wie „Zeitenwende“, „Erneuerung aller Verhältnisse“, die Suche nach einem „neuen Menschen“ und der „neuen Gemeinschaft“ (Oppermann/Röhrig 1995, S. 15) sowie die Intention, die Menschen zum „Neuaufbau der Gesellschaft“ befähigen zu wollen, markierten den Aufbruch in ein neues Bildungsverständnis, das in der Idee der Volkshochschule das bestgeeignete Medium erblickte. Die zeitgleich Gestalt gewinnende „Neue Richtung“ in der Erwachsenenbildung betonte, dass das Individuum für Erfolg und Gestaltung des Lernvorgangs mitverantwortlich ist und sein selbständiges Denken und Urteilen zu fördern seien. Unter die fortschrittlichsten Aktivitäten in der Erwachsenenbildung der 1920er Jahre des vergangenen Jahrhunderts ist die „Leipziger Richtung“ zu zählen. Ein universeller pädagogischer Impetus, die enge Anbindung der VHS an die Kommune und das „Seminar für freies Volksbildungswesen“, das, an der Universität angesiedelt, Gelegenheit zur Reflexion und Ausbildung pädagogischen Handelns bot, zeichneten sie in besonderer Weise aus. In Volkshochschulheimen, Heimvolkshochschulen und der „Schule der Arbeit“ konnte das neue kooperative Bildungsverständnis in „Arbeitsgemeinschaften“ Gestalt annehmen.

Der Niedergang der Weimarer Republik und nicht zuletzt pädagogische Kontroversen um Bildungsinhalte und -methoden führten in fataler Gemengelage mit Mittelkürzungen nach 1930 in rascher Folge zur vorübergehenden oder vollständigen Schließung der Volkshochschulen. Für Ende 1932 weist eine Zählung noch 216 Abend- und 81 Heimvolkshochschulen aus (vgl. Oppermann/Röhrig 1995, S. 23). Ab Mitte der 1930er Jahre hatten unter der Nazidiktatur die Fichte-Hochschule, die „Deutsche Heimatschule“ und schließlich gleichgeschaltete „Volksbildungsstätten“ mit Themen wie „Geschichte und Politik“, „Wehrhaftes Volk“, „Gesundes Volk“, „Volk an der Arbeit“ u.ä. (Keim 2007, S. 105) die Erwachsenenbildung in Deutschland fest im Griff.

Der demokratischen Tradition der Volkshochschulen vor 1933 ist es zu verdanken, dass die Besatzungsmächte nach dem Zweiten Weltkrieg Neugründungen wieder zuließen. Vielerorts wurde Persönlichkeiten aus der Gründergeneration die Leitung übertragen. Anknüpfend an das Bildungsverständnis der „Neuen Richtung“ gewann die politische Bildung besonderes Gewicht, jedoch nahmen neben der Wiederaufnahme populärwissenschaftlich-allgemeinbildender Konzepte jetzt Fremdsprachen, Mathematik, berufsfördernde Fächer wie Buchführung, Stenografie, Maschineschreiben und Technisches Zeichnen prominente Programmplätze ein und verliehen den Volkshochschulen pragmatischere Züge (vgl. Oppermann/Röhrig 1995, S. 33). Diese keineswegs konfliktfreie Entwicklung vollzog sich zunächst in allen vier Besatzungszonen ähnlich, jedoch spätestens nach der Gründung beider deutscher Staaten mit unterschiedlichen Ausprägungen und Folgen.

In der Bundesrepublik Deutschland – 1953 existierten hier mehr als 1000 Volkshochschulen – bildeten die Zielkonflikte bzw. Konflikte um die programmatische Ausrichtung 1951 und 1956 Gegenstand zweier Volkshochschultage, wobei der am 17. Juni 1953 gegründete Deutsche Volkshochschul-Verband e.V. (DVV), der 1954 gegründete Arbeitskreis großstädtischer Volkshochschulen und die 1957 gegründete Pädagogische Arbeitsstelle des DVV (PAS, heute Deutsches Institut für Erwachsenenbildung – DIE) den Diskussionen um das neue Selbstverständnis entscheidende Impulse verliehen (vgl. Schlutz 2003, S. 37). In den 1960er Jahren fand diese Debatte im Begriff der „realistischen Wende“ sprachlichen Ausdruck. Die „immer größere Aufgeschlossenheit für den gesellschaftlichen Wandel“ (ebenda, S. 38) bewirkte, dass in den Programmen Freizeitaktivitäten und Fremdsprachen für Reise und Beruf sowie eine deutlich stärker akzentuierte aktuell-politische Bildung Einzug fanden.

1963 formulierte der Deutsche Volkshochschul-Verband in der Erklärung „Stellung und Aufgabe der Volkshochschule“ erstmals umfassend sein Selbstverständnis. In der Fassung von 1966 wird hervorgehoben, „die VHS habe Hilfe zu leisten für die Orientierung und Urteilsbildung, für das (systematische) Lernen und für die Eigentätigkeit“ (ebenda, S. 40). Weitere Meilensteine in der Entwicklung des DVV wurden 1969 die Gründung der „Fachstelle für Erwachsenenbildung in Entwicklungsländern“ (des heutigen „dvv international“) und 1973 des aus der Medienarbeitsstelle des DVV hervorgegangenen Adolf Grimme Instituts. Begriffe wie „Lebenslanges Lernen“ und „Professionalisierung“ des hauptberuflichen pädagogischen Personals, schließlich die Weiterbildungsgesetze der 1970er Jahre waren nicht nur Ausdruck der für die Erwachsenenbildung neu sensibilisierten öffentlichen Debatte, sondern versetzten der Profession selbst nachhaltige Schübe. Zwischen 1966 und 1978 hatte sich die Zahl der Kurse und Belegungen mehr als verdoppelt, die der Unterrichtstunden mehr als verdreifacht (vgl. Deutscher Volkshochschul-Verband 1978, S. 43). Der Anteil weiblicher Besucher wuchs bis 1980 auf rund zwei Drittel. Die Leistungsexpansion bis zum Ende der 1980er Jahre dokumentierte sich vorrangig in der massenhaften Zunahme von EDV- und Gesundheitsbildungskursen; Alltagskompetenzen gewannen „auf Kosten“ des Bildungswissens an Bedeutung, wie insgesamt eine stärkere „Hinwendung zum Alltag, zur eigenen Lebenswelt und Person“ (Schlutz 2003, S. 49) die Programminhalte charakterisierten.

Von Anfang an unterlagen in der SBZ und später in der DDR die Volkshochschulen einer staatlichen Reglementierung, und für die einheitlichen Rahmenlehrpläne galt Genehmigungspflicht. Die Anknüpfung an den Geist der „Neuen Richtung“ gelang nicht nur nicht, sondern wurde rigide unterbunden. Neben der Zentralisierung markierten die „Stärkung des schulischen Charakters der Volkshochschule“ sowie die „Schaffung einer neuen sozialistischen Elite“ am eindrücklichsten den Bruch mit der Weimarer Tradition (vgl. Opelt 2004, S. 144 und 152). Vorträge und Kurse, die gesellschaftswissenschaftliche, naturwissenschaftliche und technische Themen beinhalten, sollten mindestens 80% des gesamten Unterrichtsplans der Volkshochschulen umfassen. Kurse und Lehrgänge bereiteten auf das Studium an einer Universität oder Technischen Hochschule vor. In Betrieben und auf dem Land wurden VHS-Außenstellen eingerichtet. Anfang der 1950er Jahre – 1953 bestanden auf dem Gebiet der DDR rund 220 Volkshochschulen – nahmen berufliche Kurse zwischen 40 und 50% des Gesamtangebots ein (vgl. Opelt 2004, S. 174).

Mit dem Fünfjahrplan 1951/55 erfolgte eine Umsteuerung. Die Verantwortung für die berufsbildenden Kurse übernahm der Freie Deutsche Gewerkschaftsbund (FDGB), während im Gegenzug die in den Betrieben angesiedelten allgemeinbildenden Lehrgänge an die Volkshochschulen abgegeben wurden (ebd., S. 187). Die ideologische, kulturelle und Allgemeinbildung erhielt zwar damit ein höheres Gewicht, insgesamt verlor die VHS jedoch ihre bis dahin dominierende Stellung in der Erwachsenenbildung der DDR. Der Ministerratsbeschluss von 1956 leitete eine neuerliche Umprofilierung ein: Volkshochschulen wurden „Abendoberschulen für Erwachsene“. Mit dem Nachholen von Schulabschlüssen der Klassenstufen 8, 9, 10, 11 und 12 übertrug man ihnen die Funktion des „Zweiten Bildungswegs“. Nachdem bis 1970 die Zehnklassenschulpflicht durchgesetzt war, verringerte sich diese Klientel zwangsläufig jedoch wieder. Entsprechend sollten Bildungsangebote, die das „geistig-kulturelle Lebensniveau" erhöhten, wieder zunehmen. „Lehrgänge zur Erweiterung und Vertiefung der Allgemeinbildung, zur Einführung in spezielle Gebiete der Wissenschaft und andere Bereiche des geistig-kulturellen Lebens der Werktätigen" (ebenda, S. 211) gewannen nunmehr die Oberhand, darunter Fremdsprachen, kulturell-ästhetische Themen, Elternfragen und Familienerziehung, Umweltschutz, Gesunde Lebensweise und Familiengründung, ebenso „Sozialistische Menschenführung" und „Sozialistisches Recht". Bis zum Zusammenbruch der DDR behielten Volkshochschulen diese Rolle als „Zentren der allgemeinen Erwachsenenbildung" bei. Die Tatsache, dass allein zwischen 1956 und 1979 an den Volkshochschulen der DDR ca. 250.000 Menschen einen Oberschulabschluss und ca. 60.000 das Abitur erwarben, mag darauf hinweisen, dass hier trotz aller Normierung, Reglementierung und Ideologisierung solide Bildungsarbeit verrichtet wurde. Nach der Friedlichen Revolution 1989 und in den anschließenden Transformations- und Abwicklungsprozessen lautete eine häufig gestellte Frage: „Volkshochschule – gibt es die überhaupt noch?" Engagiertes Aufgreifen der neuen Möglichkeiten und Herausforderungen zeichnete die Volkshochschulen jedoch abermals – genau wie in den alten Bundesländern – als flexibel und lernfähig aus (vgl. Sprink 2007, S. 182).

Schon im Januar 1990 wurden zahlreiche Kontakte zwischen West- und Ost-Volkshochschulen geknüpft und noch im selben Jahr in den neuen Bundesländern fünf neue Landesverbände gegründet. Deren Antrag auf Aufnahme in den DVV entsprach die Mitgliederversammlung in Hamburg am 22. April 1991. Kommunalisierung und Neukonzipierung des Programmangebots bildeten die wichtigsten Maßnahmen in den östlichen Volkshochschulen, wobei die vollständige oder teilweise Eliminierung des „Zweiten Bildungswegs" zu den einschneidendsten Veränderungen gehörte. Herausragende Ereignisse im Verbandsgeschehen waren 1997 die rechtliche Verselbständigung des Deutschen Instituts für Erwachsenenbildung (DIE), die Umwandlung des Adolf Grimme Instituts in eine GmbH sowie die Umwandlung der Prüfungszentrale des DVV in die WBT-Weiterbildungs-Testsysteme GmbH (seit 2006 telc GmbH). In den vergangenen anderthalb Jahrzehnten erfuhren Selbstverständnis und Arbeitsweise abermals erhebliche Modifikationen. Volkshochschulen als „lernende Organisationen" stehen erneut in weitreichenden Veränderungsprozessen ihres Profils, sowohl in der inhaltlichen Orientierung als auch auf den Feldern von Betriebsführung, Professionalisierung, Evaluation und Qualitätssicherung. Die Zukunftsfähigkeit der Volkshochschulen wird davon abhängen, inwieweit es gelingt, „gegenwärtige Entwicklungen zu analysieren, daraus glaubhafte Perspektiven zu entwerfen und für ihre Verwirklichung zu sorgen" (Aengenvoort 2003, S. 118). Als größter und leistungsstärkster Erwachsenenbildungsverband in Europa sind der Deutsche Volkshochschul-Verband e.V., die Landesverbände und jede einzelne Volkshochschule daher veranlasst, ihre Potenziale als moderne Weiterbildungs- und Dienstleistungszentren in der Wissensgesellschaft offensiv an den aktuellen Herausforderungen auszurichten.

2 Angebotsstruktur

2.1 Programmstruktur

Die Statistik weist für das Jahr 2006 in den 974 Volkshochschulen einschließlich Einzelveranstaltungen, Studienreisen und Studienfahrten rund 15,2 Mio. Unterrichtsstunden, 648.000 Veranstaltungen und 8,9 Mio. Belegungen aus. Bezogen allein auf Kursveranstaltungen wurden 557.968 Kurse, 14.874.731 Unterrichtsstunden und 6.499.247 Belegungen gezählt. Nach Programmbereichen verteilen sich die Unterrichtsstunden wie folgt:

Gesellschaft - Politik - Umwelt	4,4%
Kultur - Gestalten	11,3%
Gesundheit	17,8%
Sprachen	41,4%
Arbeit - Beruf	15,7%
Grundbildung - Schulabschlüsse	9,4%

Insgesamt weisen die Werte nach leichten Rückgängen bis zum Jahr 2005 erstmals wieder eine positive Tendenz auf (vgl. Reichart/Huntemann 2007, S. 5f.). Gegliedert nach Programmbereichen fallen jedoch im Vergleich zu den Vorjahren Unterschiede ins Auge: Der Programmbereich Kultur – Gestalten verzeichnet einen geringfügigen Abwärtstrend, leicht zugenommen haben die Unterrichtsstunden in den Programmbereichen Gesundheit sowie Arbeit – Beruf, stärker noch in den Programmbereichen Gesellschaft – Politik – Umwelt, Sprachen und Grundbildung – Schulabschlüsse. Nachdem der Programmbereich Arbeit – Beruf in den letzten Jahren bezogen auf Unterrichtsstunden einen erheblichen Rückgang aufwies, verdankt er den gegenwärtigen leichten Anstieg dem Zuwachs an Auftrags- und Vertragsmaßnahmen. Nach den Sprachen belegt der Gesundheitsbereich seit Jahren den zweiten Platz in der Unterrichtsstunden-Statistik, bzgl. der Belegungen sogar den ersten. Von seiner weiteren positiven Entwicklung kann ausgegangen werden.

Im Blick auf einzelne Städte, Länder und Regionen bilden sich im Programmangebot Unterschiede, Besonderheiten und neue Trends ab. Herausragende Bedeutung gewinnt die zielgruppenspezifische Programmplanung, die durch milieuspezifische Planungsansätze ergänzt wird (vgl. Eckart/May 2007, S. 1). Dabei geraten Angebote für benachteiligte Milieus stärker in den Blick. Beispiele dafür sind das Programm „Zweite Chance (online)" sowie Grundbildungs- und Alphabetisierungskurse. Aktuelle Erfahrungen der Volkshochschulen besagen, dass in der Altersgruppe der 15- bis 30-jährigen das Interesse an nachholenden Schulabschlüssen nicht nur besonders hoch ist, sondern ein deutlicher Nachfrageüberhang besteht (vgl. Stellungnahme des Deutschen Volkshochschul-Verbandes e.V. 2007, S. 6f.). Mit der Übernahme von Projekten der Benachteiligtenförderung Erwachsener stärken Volkshochschulen ihre kommunale Position als Partner und Akteur in der Bildungslandschaft. Im Zunehmen begriffen ist eine wachsende interne Verknüpfung der Programmbereiche mit dem Ziel, ein wichtiges Teilnahmemotiv noch besser bedienen zu können: die Erweiterung der Allgemeinbildung. Dabei treten „Cross-Over-Angebote", so die Kombination aus Sprachen und Kunst, in den Blick (vgl. Eckart/May 2007, S. 2).

2.2 Kooperationen, Netzwerke, Marktorientierung

Die Gesamtzahl der Kurse in Kooperation mit anderen Einrichtungen ist in den letzten Jahren auf rund 23.000 gestiegen. Zuwächse verzeichnen insbesondere Kurse, bei denen eine individuelle Förderung der Teilnehmer/innen im Rahmen des SGB III erfolgt. Hingegen haben Kooperationen mit anderen Erwachsenenbildungseinrichtungen sowie mit Vereinen und Initiativen abgenommen. Im Ansteigen begriffen sind gemeinsam mit Unternehmen und Betrieben durchgeführte Kurse (vgl. Reichart/Huntemann 2007, S. 13).

Stark zugenommen hat die Mitwirkung von Volkshochschulen in regionalen Netzwerken, darunter in Trägerverbünden der Beruflichen Bildung und in den „Lernenden Regionen". Die Mitwirkung in Netzwerken und Kooperationen fordert Volkshochschulen einerseits zu einer klaren Profilbestimmung heraus, andererseits ist sie geeignet, ihre Position auf dem Weiterbildungsmarkt zu stärken. Auch hier kennzeichnen erhebliche Veränderungen das Bild: „Traditionelle", aber auch neue Partner stehen ebenso wie die Volkshochschulen selbst unter Innovationsdruck und in Umbruchsituationen (vgl. Çakir-Wahl/Schnoor 2007, S. 2). „Entgrenzung" wird zu einem zunehmend wichtigen Kennzeichen für den Aufbruch der traditionellen Handlungsfelder.

Treten Drittmittel zur Finanzierung von Projekten hinzu, bringen sich Volkshochschulen in erweiterte Netzwerke mit anderen Trägern und Institutionen ein. Signifikant ist bei vielen Volkshochschulen die deutlich gestiegene Orientierung am Markt, verbunden mit stärker ertragsorientiertem Handeln. Volkshochschulen agieren wie andere Unternehmen auch auf einem immer komplexer werdenden Weiterbildungsmarkt (vgl. Glocker 2007, S. 3). Das Selbstverständnis von Volkshochschulen als Bildungsakteure „mitten in der Stadt" erzeugt weitere Profilspezifika, darunter die Fortbildung städtischer Mitarbeiter/innen sowie ein starkes gesellschaftliches Engagement hinsichtlich kommunaler Gestaltungsprozesse.

2.3 Veranstaltungs- und Zeitformen

Die „klassischen" Veranstaltungsformen in Volkshochschulen sind Abendkurse, mehrmals pro Woche stattfindende Kurse, Tagesveranstaltungen, Wochenendkurse und Einzelveranstaltungen. Aktuell gehen Abendkurse, die einmal pro Woche stattfinden, weiter zurück (z.Z. 41,2%), ebenso einmal in der Woche stattfindende Tageskurse. Abendkurse, sowohl ein- als auch mehrmals pro Woche durchgeführt, umfassen zwar immer noch 48,7% aller Veranstaltungsformen, weisen aber einen deutlich abnehmenden Trend auf. Zuwächse verzeichnen Kurse, die mehrmals pro Woche, vor allem tagsüber durchgeführt werden (18,7%). Tagesveranstaltungen nehmen wieder zu (6%), Wochenendkurse und Wochenkurse dagegen ab. Einmalige Veranstaltungen (15,5%) treten zurück. Auch hier zeigt ein differenzierter Blick auf die Programmbereiche Unterschiede. Während im Programmbereich Gesellschaft – Politik – Umwelt Einzelveranstaltungen dominieren, besitzen im Programmbereich Arbeit – Beruf Wochenend- und Wochenkurse Vorrang.

Befragungen von Teilnehmer/innen in Volkshochschulen zeigen, dass über das ganze Semester verteilte Kurse einem Kompaktkurs vorgezogen werden. Allerdings votiert ein deutlich größerer Anteil unter den jüngeren Teilnehmern für konzentrierte Angebotsformen. Beliebteste Anfangszeiten für Personen bis zu 50 Jahren sind an den Wochentagen 16, 17 oder 18 Uhr. Senioren wählen eher Vormittagszeiten, vornehmlich 10 oder 11 Uhr. Generell ist eine „Flexibilisierung der Zeitfenster" längst Volkshochschul-Praxis geworden (Schöll 2006, S. 174f.).

Die Öffnung über sieben Tage in der Woche sowie eine sich über das ganze Jahr erstreckende Angebotspalette kennzeichnen inzwischen den VHS-Betrieb, und dies mit allen organisatorischen und pädagogischen Konsequenzen.

Veranstaltungsformen stehen in enger Beziehung zu Ziel- und Altersgruppen. Insbesondere im Blick auf „Bildungsferne" und Bürger/innen mit Migrationshintergrund ereignet sich ein Perspektivwechsel von der Komm- zur Gehstruktur, zur aufsuchenden Bildungsarbeit. Als Zentren lebensbegleitenden Lernens besitzen Volkshochschulen eine besondere Chance, ihre „Kernkompetenzen" verstärkt einzubringen: Flexibilität der Programmgestaltung, Zielgruppenarbeit, Kooperationserfahrungen und Netzwerkkompetenz" (Otto 2007, S. 6).

3 Teilnehmer/innen

3.1 Soziologisch-demografische Daten

Auf die insgesamt 6.499.247 Belegungen im Jahr 2006 gliedern sich die Besucheranteile nach Programmbereichen wie folgt auf:

Politik – Gesellschaft – Umwelt	10,5%
Kultur – Gestalten	15,5%
Gesundheit	32,4%
Sprachen	28,7%
Arbeit – Beruf	11,0%
Grundbildung – Schulabschlüsse	1,9%

Der Durchschnitt der Belegungen pro Kurs beträgt 11,6 Teilnehmer/innen, wobei in den Programmbereichen Kultur – Gestalten, Sprachen sowie Arbeit – Beruf geringere, in den Programmbereichen Grundbildung – Schulabschlüsse, Gesundheit und Politik – Gesellschaft – Umwelt höhere Werte erreicht werden (vgl. Reichart/Huntemann 2007, S. 9). Kurse mit geringerer Teilnehmerzahl scheinen generell zuzunehmen.

2006 betrug der Anteil der Frauen unter den Besuchern 73,8%, entsprechend der der Männer 26,2%. Dieses Verhältnis ist typisch für Volkshochschulen und leicht erklärlich: Die „klassischen", am meisten frequentierten Programmbereiche weisen einen besonders hohen Anteil weiblicher Teilnehmer auf, wobei die Programmbereiche Gesundheit und Kultur – Gestalten mit 83,9% bzw. 78,7% die höchste Ausprägung erreichen. Frauen bilden inzwischen in allen Programmbereichen die Mehrheit unter den Teilnehmenden. Betrachtet man jedoch das Weiterbildungsverhalten generell – darunter die Zahl der in den letzten Jahren besuchten Bildungsveranstaltungen sowie Angaben zu der Wahrscheinlichkeit, demnächst Angebote zur Weiterbildung nutzen zu wollen – , so weisen die Befunde keine besondere Weiterbildungsaffinität weiblicher Teilnehmer aus; ein leichter Vorsprung der Frauen scheint jedoch erkennbar zu sein (vgl. Sprink 2007, S. 7). In der Beruflichen Weiterbildung fand über den VHS-Rahmen hinaus in den letzten Jahren eine kontinuierliche Angleichung der Teilnehmerquoten von Frauen und Männern statt. Allerdings differieren die Volumina deutlich: Männer, obgleich an der Gesamtbevölkerung mit 51% beteiligt, belegen 60% der Veranstaltungen (vgl. Nader 2007, S. 30f.).

Während Frauen sich eher von allgemeiner Weiterbildung, wie sie Volkshochschulen vorhalten, ansprechen lassen, votieren Männer insgesamt mehr für berufsbezogene Angebote (vgl. Bastian u.a. 2004, S. 45).

Jüngere Altersgruppen traten in den letzten Jahren zahlenmäßig zurück, dagegen verzeichnen die älteren Jahrgänge Zuwächse. Die größte Gruppe mit 66,5% bilden die ab 35-Jährigen. Der Anteil der 25- bis 35-jährigen sinkt besonders stark u.a. in den Programmbereichen Politik – Gesellschaft – Umwelt und Arbeit – Beruf (vgl. Reichart/ Huntemann 2007, S. 12). Der Anstieg der Älteren korreliert nicht nur mit den demografisch bedingten Zuwächsen dieser Altersgruppe, sondern auch mit ihrer soziostrukturellen Zusammensetzung als Folge der Bildungsexpansion. Regionale Faktoren, die Erhöhung des Renteneintrittsalters sowie die „soziale und kulturelle Ausdifferenzierung des ‚Alters'" (vgl. Meisel/Mikasch-Köthner 2007, S. 1f.) markieren Besonderheiten der demografischen Entwicklung. Soweit Untersuchungen, insbesondere in Form von VHS-Besucherbefragungen vorliegen, zeichnet sich das Gros der Teilnehmer/innen durch hohe Schulabschlüsse und hohe berufliche Qualifikationen aus. Volkshochschulen sprechen überwiegend eine bildungsinteressiertes Klientel an, für das Bildung und Weiterbildung eine Form von Lebensqualität darstellen. Umso dringlicher angezeigt und umso förderungsbedürftiger sind Aktivitäten der aufsuchenden Bildungsarbeit und Projekte für „Bildungsferne".

3.2 Teilnahmemotive

Repräsentative Besucherbefragungen weisen als Hauptmotive für die Einschreibung in einen Kurs der Häufigkeit der Nennung nach aus: Allgemeinwissen erweitern – Spaß am Lernen – berufliche Chancen verbessern – sinnvolle Freizeitgestaltung – kreative Beschäftigung – in der Gruppe lernen – andere Menschen kennen lernen. Mit ihrer vielfältigen Angebotsstruktur und ihrem Anspruch, „offen für alle" zu sein, zeichnet Volkshochschulen ein spezifisches Verständnis von Lernen und Bildung aus, das mehr ist als bloße Wissensvermittlung. „Wissen und mehr" lautet die Wortmarke des Deutschen Volkshochschul-Verbandes e.V. Das insgesamt am häufigsten angegebene „allgemeine" Teilnahmemotiv ist das Interesse, „im beruflichen und außerberuflichen Alltag besser zurecht zu kommen" (Bastian u.a. 2004, S. 37). Bildung stellt im Verständnis der Volkshochschulen einen Teil der Alltags- und Bürgerkultur dar mit dem Ziel, Menschen zu eigenem Urteilsvermögen und selbständigem Handeln zu befähigen. Volkshochschulen tragen zur Ausbildung unterschiedlicher Kompetenzen bei, wobei sozialen und kreativen, musischen und interdisziplinären, Lern-Kompetenzen („das Lernen lernen"), aber auch Problemlösungsfähigkeiten, interkulturellen und mediativen Schlüsselqualifikationen besondere Bedeutung zukommt. Aktuell gewinnt das „Gesundheitslernen" stark an Aufmerksamkeit. Für dieses reich facettierte Bildungsverständnis stellen die Volkshochschulen Möglichkeitsräume zur Verfügung. Angebote, die selbstgesteuertes und selbstorganisiertes Lernen – also ein erhöhtes Maß an Selbstbestimmung – gestatten, besitzen dabei besondere Bedeutung. Kennzeichnend ist ein erfahrungsorientiertes Lernen, das als komplementärer Vorgang zwischen allen Beteiligten verstanden wird (vgl. Knoll 2007, S. 186f.). Der Begriff „Kunde" ist daher nur in Bezug auf den Teilnehmer als „Konsumenten" von Kursangeboten, nicht jedoch auf seine Position als Lern-Partner anwendbar. Erwachsene bereichern sich gegenseitig mit ihrer Kompetenz.

3.3 Zielgruppen und besondere Adressaten-Aspekte

Die Zahl der Kurse, die für besondere Adressaten- bzw. Zielgruppen konzipiert und durchgeführt werden, wächst. Mit 31% bilden Ausländer/innen bei steigender Tendenz den größten Anteil, gefolgt von älteren Menschen (29,5%), Frauen (24,9%), Analphabet/innen (5%), Menschen mit Behinderung (4,8%) und Arbeitslosen (4,7%). Unter den Kursen für Ausländer/innen bildet „Deutsch als Fremdsprache" mit über 95% den weitaus größten Anteil. Die höchsten Ausprägungen der Zielgruppenorientierung weisen die Programmbereiche Grundbildung – Schulabschlüsse, Arbeit – Beruf, Sprachen und Politik – Gesellschaft – Umwelt auf (vgl. Reichart/Huntemann 2007, S. 12f.). Die zielgruppenorientierte Planung erfolgt aktuell vor dem Hintergrund, vermehrt bildungsferne Gruppen, ebenso spezifische soziale Milieus mit ihren besonderen Interessen und Erfahrungen zu gewinnen. Volkshochschulen stehen vor der immer aktuellen Herausforderung, „Themen und Formate zu finden, die mehrere, sozial sehr unterschiedliche Gruppen und Milieus ansprechen" und damit einen Beitrag liefern, die Partizipation und soziale Kohäsion in unserer Gesellschaft zu fördern (vgl. Tippelt 2006, S. 50).

Für Menschen in beruflich definierten Übergängen bilden Volkshochschulen ebenfalls Anlaufstellen. Eine spezielle Zielgruppe sind Jugendliche ohne Schulabschlüsse. Orientierungs- und Qualifizierungskurse verfolgen das Ziel, den Erwerb eines Berufsabschluss zu unterstützen. Um die berufliche und gesellschaftliche Integration von Menschen, die aufgrund von Herkunft und Status von Ausgrenzung bedroht sind, zu stärken, unterbreiten Volkshochschulen Kurs-Kombinationen von Bildungs-, Beratungs- und Beschäftigungsangeboten. Kurse für Grundbildung und Alphabetisierung optimieren Basisqualifikationen zur Erhöhung der Chancen für einen beruflichen Einstieg (vgl. Gummersbach 2007, S. 1ff.). Zunehmend werden auch Weiterbildungsaufgaben für Beschäftigte in Klein- und Mittelbetrieben übernommen (vgl. Stellungnahme des Deutschen Volkshochschul-Verbandes e.V. 2007, S. 5).

4 Mitarbeiter/innen und Dozent/innen

4.1 Mitarbeiter/innen

723 Volkshochschulen, das sind 74,6%, wurden 2006 hauptamtlich geleitet. Die nebenberuflich geleiteten Volkshochschulen weisen in den meisten Fällen weniger als 5.000 Unterrichtsstunden pro Jahr auf. Der Anteil von Frauen an der Leitung von Volkshochschulen beträgt 37,6%. Die Zahl des hauptberuflichen pädagogischen Personals sinkt zahlenmäßig seit mehreren Jahren. Stärker als das befristet angestellte Personal betrifft dies das unbefristet angestellte Personal. Die Stellen mit lehrenden Aufgaben weisen einen stärkeren Rückgang auf als diejenigen mit planenden. Der Frauenanteil im pädagogischen Bereich beträgt 58,4%. Leicht zugenommen hat hingegen die Zahl der Verwaltungsmitarbeiter/innen. Insgesamt beschäftigten die Volkshochschulen 2006 rund 6.900 Mitarbeiter/innen im pädagogischen und Verwaltungsbereich (vgl. Reichart/Huntemann 2007, S. 7f.).

Erwachsenenbildungsgesetze und Förderrichtlinien binden in mehreren Bundesländern die Förderfähigkeit der Einrichtungen bzw. der in ihnen durchgeführten Unterrichtseinheiten an die Zahl der Mitarbeiter/innen mit pädagogischem Hochschulabschluss. Eine weitere Relation formulierte die Kommunale Gemeinschaftsstelle für Verwaltungsvereinfachung (KGSt) im Jahr 1973, wonach für die jährliche Umsetzung von 2.400 Unterrichtsstunden der Einsatz eines hauptamtlichen pädagogischen Mitarbeiters empfohlen wird. Das entspricht etwa 80 Kursen zu je 30 Stunden. Diese Vorgabe verlor jedoch in den 1980er und 1990er Jahren durch die Übernahme einer sogenannten „Agenturfunktion“ durch zahlreiche Volkshochschulen ihre Gültigkeit. 6.500 Unterrichtsstunden bildeten in diesem Zeitraum den Bundesdurchschnitt. Eine realistische Korrelation zwischen der Anzahl der pädagogischen Mitarbeiter/innen und den von ihnen geplanten und realisierten Unterrichtseinheiten herzuleiten, die zudem die Spezifik der Programmbereiche berücksichtigen müsste, stellt eine lohnende Forschungsaufgabe dar (vgl. Schöll 2006, S. 172).

Hauptamtliche pädagogische Mitarbeiter/innen entwickeln sich mehr und mehr zu „Bildungsmanagern“, für die eine zunehmende Arbeitsverdichtung und -spezifizierung kennzeichnend ist. Sie stehen vor der Herausforderung einer fortwährenden Professionalisierung als Lehrende, Lernberater, Lerngestalter, Mediendidaktiker etc. Das Erteilen von Basisinformationen in der Lernberatung, insbesondere aber die wachsende Bedeutung von Supportleistungen, darunter vor allem Teilnehmerservice, Controlling, Raumplanung und Haustechnik, ziehen auch für das Verwaltungspersonal erhebliche Veränderungen im Berufsbild sowie entsprechende Kompetenzanforderungen nach sich (vgl. Meisel o. J., S. 4f.).

4.2 Dozent/innen

Nach erkennbarem Rückgang beträgt die Anzahl der freien Mitarbeiter/innen in der Leitung von Kursen und Lehrgängen rund 195.500 Personen, jedoch bei gestiegenen Kurszahlen. Weiter gesunken – auf 11,2% – ist der Anteil ausgebildeter Lehrer/innen. 64,3% unter den Honorarkräften sind Frauen (vgl. Reichart/Huntemann 2007, S. 8). Volkshochschulen realisieren ihre Angebote größtenteils mit freiberuflichen Lehrkräften. Die rasanten Veränderungen in der Erwachsenenbildung stellen auch an die Dozent/innen ständig neue Anforderungen. Vorausgesetzt wird ein waches Interesse an Fortbildung mit dem Ziel der kontinuierlichen Erhöhung von Professionalitäts- und Qualitätsstandards. Offenheit für Weiterbildung konstituiert regelrecht die „Kultur der Einrichtung“. Zu den gestiegenen Ansprüchen an Dozent/innen gehören insbesondere Kompetenzen im Umgang mit heterogenen Kursgruppen, wie sie für Volkshochschulen typisch sind. Aus unterschiedlichen Teilnehmeransprüchen, Lernerwartungen und Zielsetzungen gilt es, produktive Lernsituationen zu erzeugen (vgl. Bastian u.a. 2004, S. 26f.).

Die rechtliche Stellung der freiberuflichen Dozent/innen wird laut Feststellung des SGB IV als abhängig beschäftigt definiert. Sie müssen daher selbständig für ihre Sozialversicherung, insbesondere die Rentenversicherung aufkommen. Sinkende bzw. stagnierende Honorare – das betrifft den gesamten Weiterbildungsbereich und keineswegs vorrangig Volkshochschulen – problematisieren die soziale Situation freiberuflicher Lehrkräfte zusätzlich („Bildungstagelöhner“). Faktoren, die zur Förderung der Loyalität der Kursleitenden und ihre Bindung an die beschäftigende Institution geeignet sind, kommt daher große Bedeutung zu. Kursleitende an Volkshochschulen sind nicht nur die Hauptakteure im Transfer des zu vermittelnden Wissensstoffs, sondern im Kursgeschehen auch die Repräsentanten der Bildungsstätte und insofern mit verantwortlich für die „Kundenbindung“ (ebd., S. 29 f.).

5 Management, Kursorganisation und Marketing

5.1 Management

Die gesellschaftlichen Veränderungen, die sich in zunehmender Individualisierung, Mobilisierung und Flexibilisierung dokumentieren und die direkten Einfluss auf die professionellen Anforderungen an die haupt- und nebenamtlichen Mitarbeiter/innen besitzen, stellen die Organisation Volkshochschule selbst vor neue Handlungsnotwendigkeiten. Volkshochschulen sind heute viel mehr als früher geprägt von organisatorischen und Wirtschaftlichkeitsfragen (Bastian u.a. 2004, S. 18). Einerseits wächst der Anspruch auf mehr Flexibilität, andererseits der, die Identität zu wahren. Volkshochschulen sind in der Gegenwart Gegenstand und Plattform einer intensiven Professionalitäts- und Qualitätsdebatte (ebd., S. 13f.). Modernes, professionelles Management rückt neben das originär pädagogische Disponieren zunehmend Kategorien wie Kalkulieren und Vermarkten in den Mittelpunkt. Ebenso wie die Programmverantwortlichen tritt die Institution Volkshochschule selbst in neuartige Arbeits- und Kooperationsfelder ein: mit Projektpartnern, Beschäftigungsgesellschaften, Firmen, Zulieferern etc. Für variable Zielgruppen werden unterschiedliche pädagogische Produkte konzipiert, kalkuliert, vermarktet und evaluiert (vgl. Schöll 2006, S. 173). Besondere Bedeutung kommt dabei einem professionellen Controlling zu.

Im Zentrum der von den Volkshochschulen angewandten Qualitätsmanagement-Systeme steht die Evaluierung von Service, Kursen und Veranstaltungen. Bundesweit werden hauptsächlich folgende Qualitätssicherungs-Anerkennungsverfahren praktiziert: LQW (Lernerorientierte Qualitätstestierung in der Weiterbildung), ISO 9000:2000 (International Standardization Organisation), EFQM (European Foundation for Quality Management) und QES^{plus} (QualitätsEntwicklungsSystem Weiterbildung Sachsen). Die Fokussierung auf Kernprozesse sowie auf die Professionalisierung der haupt- und nebenberuflichen Mitarbeiter/innen gewinnen wachsende Bedeutung. QM-Systeme verstehen Volkshochschulen als Impulsgeber für Handlungsoptimierungen in der Organisationsentwicklung. Der anfänglich beargwöhnte Transfer von Instrumenten der Betriebswirtschaftslehre auf das Weiterbildungshandeln ist inzwischen selbstverständlich geworden; betriebswirtschaftliche und pädagogische Prozesse korrespondieren miteinander.

Eine besondere Form der Rückmeldung für die Teilnehmer/innen auf Erfolge im Lernprozess bilden Zertifikate und Prüfungen. Soweit Angaben vorliegen, wurden 2006 fast 71.500 Teilnahmefälle an Prüfungen registriert. 15,2% entfielen auf schulische Prüfungen, davon mehr als die Hälfte auf Prüfungen zum Hauptschulabschluss. Abgenommen haben im nicht-schulischen Bereich Prüfungen bei IHK, Handwerkskammern und Berufsverbänden sowie Sprach-Zertifikatsprüfungen der telc GmbH (vgl. Reichart/Huntemann 2007, S. 13). Unter der Dachmarke „Xpert" des DVV sind verschiedene bundesweit einheitliche Lehrgangssysteme mit standardisierten Lehrgangskonzepten, Lehrgangsmaterialien und Prüfungen zusammengeschlossen. Xpert-Abschlüsse können u.a. zum Europäischen Computer-Pass und in der kaufmännischen Ausbildung erworben werden.

5.2 Kursorganisation

Professionelles Knowhow in der Kursorganisation und Raumplanung bildet ebenso wie die Bereitstellung entsprechender Technik und Medien eine entscheidende Bedingung für Lernerfolg und Teilnehmerzufriedenheit. Diese Voraussetzungen sind sowohl in eigenen als auch in angemieteten oder bei Kooperationspartnern genutzten Räumen zu erfüllen. Typisch für Volkshochschulen ist ihre zentrale und vorrangig im ländlichen Raum auch dezentrale Präsenz. 2006 betrieben Volkshochschulen nahezu 3.000 Außenstellen. Eine wichtige Voraussetzung, um den Lernbedürfnissen und Erwartungen der Bürger/innen zu entsprechen, ist die sogenannte Weiterbildungserreichbarkeit. Diese basiert nicht nur auf vorgehaltenen Kursräumen, sondern mehr noch auf einer intakten Beratungsinfrastruktur vor Ort (vgl. Stellungnahme des Deutschen Volkshochschul-Verbandes e.V. 2007, S. 5). Die flächendeckende Präsenz der Volkshochschulen stellt eines ihrer wichtigsten Alleinstellungsmerkmale dar; sie verkörpert den Anspruch einer wohnortnahen Volkshochschule, einer „Volkshochschule der kurzen Wege".

5.3 Marketing

Volkshochschulen haben in den letzten Jahren unterschiedliche Strategien entwickelt, um sich als leistungsstarke Bildungsinstitutionen zu profilieren. Marketingkonzepte konzentrieren sich nicht nur auf die Vermarktung der Kurse, sondern zielen zugleich auf die Bindung von Stammkunden und die Gewinnung neuer Zielgruppen ab, darunter Jugendlicher, „Bildungsferner" und Männer. Besondere Bedeutung kommt dabei neben einem wirkungsvollen Corporate Design der professionellen Öffentlichkeitsarbeit und engen Kontakten zu den Medien zu. Repräsentative Umfragen einzelner Volkshochschulen wie auch von Volkshochschul-Landesverbänden zeigen, dass Volkshochschulen unter allen Bildungseinrichtungen einen ausgeprägt hohen Sympathiewert und den höchsten Bekanntheitsgrad in Deutschland besitzen. Insbesondere werden in aktuellen Besucherbefragungen ihre flächendeckende Präsenz, ihre Vielfalt, das breite Angebotsspektrum „unter einem Dach" sowie, dank öffentlicher Förderung, ihr günstiges Preis-Leistungs-Verhältnis honoriert.

6 Rechtsformen und Finanzen

6.1 Rechtsformen

In der Trägerstruktur ereignet sich derzeit eine leichte Veränderung zu ungunsten der kommunalen Trägerschaft, jedoch befindet sich noch mehr als die Hälfte der Volkshochschulen in der Trägerschaft einer Gemeinde oder eines Kreises. Eingetragene Vereine haben einen Anteil von 33,5% erreicht. Im Wachsen begriffen – derzeit 2,8% – sind auch die GmbH und weitere private Trägerschaften. 7,5% sind Zweckverbände (vgl. Reichart/Huntemann 2007, S. 7). Nach wie vor gilt, dass die kommunale Trägerschaft der Volkshochschulen sowohl ihren öffentlich-rechtlichen Charakter als auch ihre relative Autonomie sichert (vgl. Deutscher Volkshochschul-Verband 1978, S. 39).

Rechtsformwechsel werden von Volkshochschulen einerseits als richtungsweisend für einen effizienten marktnahen Neuansatz gesehen, andererseits als Gefährdung ihres gemeinwohlorientierten Bildungsauftrags. Häufig ereignen sich Verschiebungen zu einer mehr marktorientierten Profilierung im Zusammenhang mit der Veränderung des kommunalen Selbstverständnisses Richtung „Konzern Stadt". Modernisierungsprozesse sind jedoch nicht zwingend an konkrete Rechtsformen geknüpft. Als zentrale Erfolgsfaktoren gelten weiterhin Entscheidungskompetenz, Ressourcenverantwortung sowie ein modernes Qualitäts- und Markenmanagement in der dienstleistungsorientierten Volkshochschule (vgl. Burggraf/Lorenzen 2007, S. 1).

6.2 Finanzen

2006 belief sich die Finanzierung der Volkshochschulen in Deutschland auf insgesamt 931.795.000 EUR, mit im Gegensatz zu den Vorjahren leicht steigender Tendenz, wobei die Entwicklungen in den Ländern wiederum Unterschiede aufweisen. Die Teilnehmer/innen trugen durchschnittlich mit 39,4% zur Gesamtfinanzierung bei. Auch hier ist ein Plus zu verzeichnen, proportional zu den gestiegenen Belegungen. Allerdings schwankt der Anteil der Teilnehmergebühren zwischen den Ländern erheblich: von 25,9% in Bremen bis 56,9% in Baden-Württemberg. Andere Einnahmen tragen zu 19,2% zur Finanzierung bei, wobei neben „sonstigen Einnahmen“ SGB III-Mittel, Bundes- und EU-Mittel die größten Positionen darstellen. Abermals im Abnehmen begriffen sind die öffentlichen Zuschüsse, die aktuell 41,4% betragen. Meist auf der Grundlage der Weiterbildungsgesetze steuern davon knapp zwei Drittel die Kommunen bei, ein Drittel die Länder (Reichart/Huntemann 2007, S. 6ff.). Während der Weiterbildung in den politischen Verlautbarungen große Bedeutung zugemessen wird, sinkt die öffentliche Förderung bereits über Jahre „teilweise dramatisch“ (Meisel o.J., S. 2), obwohl hinreichend Belege dafür vorhanden sind, dass Unterinvestitionen in die Weiterbildung gravierende Auswirkungen auf Staat, Wirtschaft und Individuen besitzen. Standen den Volkshochschulen seitens der Länder 1995 noch 156 Mio. EUR zur Verfügung, waren es 2005 noch 132 Mio. EUR. Der Ausgleich durch die Kommunen, der derzeit bei 254 Mio. EUR liegt, stagniert. Stattdessen stiegen die Kursentgelte im Vergleichszeitraum pro Unterrichtsstunde um 48% (vgl. Stellungnahme des Deutschen Volkshochschul-Verbandes e.V. 2007, S. 6). Volkshochschulen üben als „non profit“-Einrichtungen ihre Funktion im Rahmen der Daseinsvorsorge aus. Je nach Bundesland erkennen Gesetze bzw. Verordnungen zur Förderung der Weiterbildung den Volkshochschulen unterschiedliche Positionen zwischen Pflichtigkeit und Freiwilligkeit zu. Im Ländervergleich schnitt 2006 das Land Bremen mit einem öffentlichen Zuschuss pro Einwohner von 7,83 EUR am besten ab; Brandenburg nimmt mit 2,07 EUR die letzte Position ein. Der Bundesdurchschnitt betrug 4,68 EUR.

Neben Ermäßigungen, Rabatten, Boni etc., die zum täglichen Marketing-Arsenal der Volkshochschulen gehören, werden Konzepte entwickelt und teilweise bereits praktiziert, die den Zugang zur Weiterbildung erleichtern sollen. So soll die Weiterbildungsbeteiligung durch „Bildungssparen“ gefördert werden. Das Verfahren scheint allerdings wenig geeignet, schwer erreichbare Zielgruppen wie „Bildungsferne“ oder Geringverdienende zu integrieren. Weiter befinden sich Weiterbildungsprämien, Bildungskredite sowie die Weiterbildungsgutscheine der Bundesagentur für Arbeit und des Bundesamtes für Migration und Flüchtlinge in der Diskussion bzw. in Gebrauch. Von Kommunen erlassene Vergünstigungen für einkommensschwache Teilnehmer/innen ziehen für Volkshochschulen einerseits Einnahmeverluste nach sich, halten aber andererseits diesen Personengruppen den Zugang zu Weiterbildung offen.

7 Verbandsstrukturen und Internationalität des DVV

7.1 Verbandsstrukturen

Die Volkshochschulen sind deutschlandweit in 16 Landesverbänden organisiert und im Deutschen Volkshochschul-Verband e.V. (DVV) als Dachverband zusammengeschlossen. Die wichtigste Aufgabe des DVV ist die bildungs- und verbandspolitische Vertretung der Volkshochschulen und der Volkshochschul-Landesverbände auf Bundes- und europäischer Ebene. Der DVV unterstützt die Zusammenarbeit und den Erfahrungsaustausch der Mitglieder, entwickelt Grundsätze und Leitlinien und fördert die Qualität der erwachsenenpädagogischen Arbeit und der internationalen Zusammenarbeit (vgl. Bastian u.a. 2004, S. 15). Die entscheidenden Verbandsgremien sind die Mitgliederversammlung, der Mitgliederrat und der Vorstand. Regelmäßige Bundeskonferenzen veranstalten die regionalen, großstädtischen und mittelstädtischen Volkshochschulen. Am Arbeitskreis der Großstädtischen Volkshochschulen beteiligen sich auch Österreich und die Schweiz. Für Querschnittsthemen, darunter Frauenförderung und Geschlechtergerechtigkeit, Fortbildung und Qualitätsentwicklung, sowie die inhaltlichen Programmbereiche wie Arbeit und Beruf, Sprachen, Kultur etc. existieren Ausschüsse und Arbeitskreise. Die Bundesgeschäftsstelle des DVV hat ihren Sitz in Bonn. Das Budget des DVV umfasste 2006 rund 15 Mio. EUR.

Der Deutsche Volkshochschul-Verband e.V. ist Mitglied des Trägervereins des Deutschen Instituts für Erwachsenenbildung e.V. (DIE) in Bonn, der früheren vom DVV gegründeten Pädagogischen Arbeitsstelle des DVV. Das DIE, in Bonn ansässig, vermittelt u.a. als wissenschaftliches Serviceinstitut zwischen Forschung und Praxis der Erwachsenenbildung, liefert Grundlagen für eine praxisorientierte Forschung und entwickelt innovative Konzepte. Der DVV ist ferner Mehrheitsgesellschafter des vom DVV gegründeten Adolf Grimme Instituts – Gesellschaft für Medien, Bildung und Kultur mbH mit Sitz in Marl. Anliegen des Instituts sind vor allem die Beobachtung, Analyse und Bewertung von Medienangeboten und -entwicklungen sowie der Kompetenz- und Wissenstransfer innerhalb der Gesellschaft. Jährlich wird als bekannter Fernsehpreis der „Adolf Grimme Preis" vergeben. Aus der ehemaligen Prüfungszentrale des DVV ging die WBT Weiterbildungs-Testsysteme GmbH hervor, seit 2006 telc GmbH. Sie ist eine Tochtergesellschaft des DVV. Die telc GmbH besitzt über die Grenzen Deutschlands hinaus herausragende Bedeutung für die Entwicklung von Sprachzertifikaten und Testsystemen. Zur Zeit stehen ca. 40 verschiedene telc-Zertifikate zur Verfügung. Gemeinsam vom DVV und dem Deutschen Gewerkschaftsbund getragen wird der Bundesarbeitskreis ARBEIT UND LEBEN, eine Einrichtung der politischen Jugend- und Erwachsenenbildung. Arbeitsfelder sind die politische, soziale und berufliche Bildung sowie Angebote zum Bildungsurlaub.

7.2 Internationalität

Die Förderung der Internationalität ist Hauptanliegen des Instituts für Internationale Zusammenarbeit des Deutschen Volkshochschul-Verbandes (IIZ/DVV). Unter dem Logo „dvv international" fördert und organisiert das Institut Projekte zum globalen Lernen und zur Unterstützung internationaler Fachkontakte von Volkshochschulen sowie ihrer Verbände und Einrichtungen. Arbeitsschwerpunkte sind insbesondere Grundbildung und berufliche Bildung, Selbsthilfeförderung, nachhaltige Landwirtschaft, politische Bildung und die Ausbildung von Fachkräften (vgl. Aktivitäten 2005/6, S. 10f.).

Im Hinblick auf die europäischen Weiterbildungsziele (EU-Agenda 2010) zeichnet sich für die Volkshochschulen als Trend ab, dass die Politik der Europäischen Union die Weiterbildungspraxis zunehmend stärker beeinflussen wird. In wachsendem Umfang kommen auch Finanzierungsmöglichkeiten aus den europäischen Programmen und dem Sozialfonds zur Wirkung. Ebenfalls wird für Volkshochschulen die Verbreiterung der europäischen Diskussionsplattform in Bezug auf Qualitäts-Entwicklungssysteme und die abschlussorientierte Weiterbildung spürbar (vgl. Meisel o.J., S. 6).

In der internationalen Wahrnehmung der Volkshochschulen erfährt neben den konkreten Projekten und Aktivitäten das Modell der per Gesetz öffentlich geförderten Weiterbildung Interesse und Wertschätzung. Hervorgehoben wird die Bedeutung der Volkshochschulen in ihrer Schlüsselfunktion im Netzwerk der Bildungseinrichtungen sowie als Zentren für die Förderung zivilgesellschaftlichen Engagements.

Literatur

Aengenvoort, U. (2003): Wohin? – Perspektiven der Volkshochschulen. In: Deutscher Volkshochschul-Verband e.V. (Hrsg.): Geschichte-Geschichten-Gesichter. Ein halbes Jahrhundert Deutscher Volkshochschul-Verband e.V. Bonn, S. 118-125.

Bastian, H./Meisel, K./Nuissl, E./von Rein, A. (2004): Kursleitung an Volkshochschulen. Bielefeld: Bertelsmann.

Bundesministerium für Bildung und Forschung (2008): Empfehlungen des Innovationskreises Weiterbildung für eine Strategie des Lernens im Lebenslauf. Bonn: Bertelsmann.

Burggraf, D./Lorenzen, P. (2007): Rechtsform – Chance und Risiko für Profil und Wirtschaftlichkeit. Unveröffentlichtes Thesenpapier für die Tagung des Arbeitskreises Großstädtischer Volkshochschulen. Dresden.

Çakir-Wahl, B./Schnoor, M. (2007): Gesetze und Kooperationen – Herausforderung für Profil und Wirtschaftlichkeit. Unveröffentlichtes Thesenpapier für die Tagung des Arbeitskreises Großstädtischer Volkshochschulen. Dresden.

Deutscher Volkshochschul-Verband (Hrsg.) (1978): Stellung und Aufgabe der Volkshochschule. Bonn.

Dohmen, G. (1994): Volkshochschulen. In: Tippelt, R. (Hrsg.): Handbuch Erwachsenenbildung/Weiterbildung. Opladen: Leske + Budrich, S. 407-413.

EAEA – European Association for Education of Adults (2006): Adult education trends and issues in Europe. Brussels: EAEA.

Eckart, W./May, S. (2007): Die Entwicklung der Fachbereichsprofile in den letzten 10 Jahren. Was hat Bestand, was muss sich ändern? Unveröffentlichtes Thesenpapier für die Tagung des Arbeitskreises Großstädtischer Volkshochschulen. Dresden.

Forum Bildung (Hrsg.) (2001): Materialien des Forum Bildung, Lernen – ein Leben lang. Vorläufige Empfehlungen und Expertenbericht, Bund-Länder-Kommission für Bildungsplanung und Forschungsförderung. Bonn: Arbeitsstab Forum Bildung.

Glocker, S. (2007): Drittmittelprojekte und Benachteiligtenförderung als Herausforderung für die Profilbildung und ggf. für die Wirtschaftlichkeit an der VHS Augsburg. Unveröffentlichtes Thesenpapier für die Tagung des Arbeitskreises Großstädtischer Volkshochschulen. Dresden.

Gummersbach, H.W. (2007): Drittmittelfinanzierte Projekte an der VHS Münster. Unveröffentlichtes Thesenpapier für die Tagung des Arbeitskreises Großstädtischer Volkshochschulen. Dresden.

Institut für Internationale Zusammenarbeit des Deutschen Volkshochschul-Verbandes e.V. (Hrsg.) (2007): Aktivitäten 2005/6. Bonn.

Keim, W. (2007): Leipziger Erwachsenenbildung unter der Nazi-Diktatur – ein vergessenes Kapitel. In: Knoll, J./Lehnert, M.A./Otto, V. (Hrsg.): Gestalt und Ziel. Beiträge zur Geschichte der Leipziger Erwachsenenbildung. Leipzig: Pro Leipzig, S. 97-123.

Knoll, J. (2007): Der Lehrstuhl für Erwachsenenpädagogik an der Universität Leipzig 1993 bis 2006. In: Knoll, J./Lehnert, M.A./Otto, V. (Hrsg.): Gestalt und Ziel. Beiträge zur Geschichte der Leipziger Erwachsenenbildung. Leipzig: Pro Leipzig, S. 184-216.

Meisel, K./Mikasch-Köthner, D. (2007): Demografische Entwicklung – Herausforderung an das lebensbegleitende Lernen. Unveröffentlichtes Thesenpapier für die Tagung des Arbeitskreises Großstädtischer Volkshochschulen. Dresden.

Meisel, K. (o.J.): Zukunftstrends in der allgemeinen Erwachsenenbildung. Unveröffentlichtes Impulsreferat.

Nader, L. (2007): Berufliche Weiterbildung und Geschlechtergerechtigkeit. In: Report. Zeitschrift für Weiterbildungsforschung 30, H. 3, S. 29-38.

Opelt, K. (2004): Volkshochschule in der SBZ/DDR. Historische Quellenanalyse zur Strukturbildung. Opladen: Leske + Budrich.

Oppermann, D./Röhrig, P. (1995): 75 Jahre Volkshochschule. Bad Heilbronn: Verlag Julius Klinkhardt.

Otto, V. (2007): Lernen in neuen Zentren als Zeichen des Systemumbaus der Erwachsenenbildung. In: Hessische Blätter für Volksbildung 57. Jahrgang, H. 2, S. 103-105.

Reichart, E./Huntemann, M. (2007): Volkshochschul-Statistik, 45. Folge, Arbeitsjahr 2006. Hrsg. vom Deutschen Institut für Erwachsenenbildung und Deutschen Volkshochschul-Verband e. V. Bielefeld: Bertelsmann.

Schlutz, E. (2003): Von der Verbandsgründung bis heute – Fünf Jahrzehnte Volkshochschulgeschichte im Zeitraffer. In: Deutscher Volkshochschul-Verband e.V. (Hrsg.): Geschichte-Geschichten-Gesichter. Ein halbes Jahrhundert Deutscher Volkshochschul-Verband e.V. Bonn, S. 34-58.

Schlutz, E. (2003): Internationale Perspektiven der Erwachsenenbildung 39. Bonn: IIZ, DVV.

Schöll, I. (2006): Veränderungsanforderungen an haupt- und nebenberufliche Mitarbeitende in der öffentlichen Weiterbildung. In: Meisel, K./Schiersmann, C. (Hrsg.): Zukunftsfeld Weiterbildung. Bielefeld: Bertelsmann, S. 171-181.

Sprink, R. (2007): Die Volkshochschule Leipzig zwischen 1986 und 1994 – Transformationen einer lernenden Organisation. In: Knoll, J./Lehnert, M.A./Otto, V. (Hrsg.): Gestalt und Ziel. Beiträge und Geschichte der Leipziger Erwachsenenbildung. Leipzig: Pro Leipzig, S. 165-183.

Sprink, R. (2007): Wo bleiben die Männer? Antworten auf eine VHS-Besucherbefragung. In: diskurs. Das Magazin des Deutschen Volkshochschul-Verbandes e.V., 14. Jahrgang, H. 3, 2007. Bonn, S. 4-7.

Stellungnahme des Deutschen Volkshochschul-Verbandes e. V. (DVV) zur Anhörung des Bundestagsausschusses für Bildung, Forschung und Technikfolgeabschätzung am 29. Januar 2007 in Berlin: „Lebenslanges Lernen – Bedarf und Finanzierung“. In: diskurs. Das Magazin des Deutschen Volkshochschul-Verbandes e.V., Beilage zu H. 1, 2007. Bonn.

Tippelt, R. (2006): Adressaten und Adressatenforschung der Erwachsenenbildung. In: Meisel, K./Schiersmann, C. (Hrsg.): Zukunftsfeld Weiterbildung. Bielefeld: W. Bertelsmann, S. 41-52.

Hermann Josef Heinz

Kirchliche Erwachsenenbildung

Mit rund 300.000 Veranstaltungen und 7.000.000 Teilnehmenden pro Jahr gehört die evangelische und katholische Kirche zu den großen Anbietern offener, staatlich geförderter Erwachsenenbildung in Deutschland, die sich an alle Menschen richtet und nicht nur an praktizierende Kirchenmitglieder. Ergänzend zu einer Vielzahl von unterschiedlich strukturierten Bildungseinrichtungen (Akademien, Familienbildungsstätten, Heim- und Landvolkshochschulen, Kreisbildungswerken usw.) mit eigenen Schwerpunkten, gibt es auch auf der Ebene kirchlicher Gemeinden Erwachsenenbildungsangebote. Damit wird eine hohe Flächendeckung erreicht.

Konzeptionell vertreten die Kirchen ein Bildungsverständnis, in dem der Zusammenhang von Lernen, Wissen, Kompetenz, der Entwicklung von Wertebewusstsein und Werthaltungen als Voraussetzung für ein gestalterisches Wirken in den verschiedenen persönlichen und gesellschaftlichen Handlungsfeldern betont wird. Erwachsenenbildung zielt so auf die Entfaltung der Person in ihren vielfältigen sozialen Kontexten und ist in diesem Sinne Erwerb persönlicher, religiöser, sozialer, politischer, beruflicher und geistiger Kompetenzen. Dazu gehört die Suche nach Sinn und Orientierung und das religiöse Fragen im Horizont eines christlichen Daseinsverständnisses. Bildung umfasst auch die Fähigkeit, im Dialog mit Andersdenkenden die eigene Position zu entwickeln und zu klären, Pluralität zu bejahen und sie in der Haltung gegenseitiger Anerkennung und Wertschätzung zu bearbeiten.

Die Kirchen verstehen ihren Beitrag in der Erwachsenenbildung als „kulturelle Diakonie“. Sie basiert auf der Mitverantwortung der Kirchen für ein gelingendes und sinnerfülltes Leben der Menschen und eine freiheitliche und soziale Gesellschaftsordnung. Ihr Ziel ist es, Hilfen für die Entfaltung und Entwicklung der menschlichen Anlagen und Begabungen zu geben und damit Menschen zu befähigen, aktiv an Entscheidungs- und Gestaltungsprozessen in Familie, Beruf, Gesellschaft und Kirche teilzunehmen. Deshalb macht sie Programmangebote zu allen wichtigen Lebensbereichen und beschränkt sich nicht auf religiöse Bildung im engeren Sinne.

1 Zur Geschichte der Erwachsenenbildung der Kirchen

Wer auf das altkirchliche Taufkatechumenat, auf die Einrichtung der sonntäglichen Christenlehre, auf die sich vollziehenden Formen religiösen Lernens in Verkündigung und Predigt (vgl. Seitter 2007, S. 35ff.) blickt, wird feststellen, dass Bildungsarbeit mit Erwachsenen in einem gewissen Sinn von Anfang an zum kirchlichen Handeln gehört. Die Entwicklung der heutigen Strukturen hat sich allerdings im Wesentlichen erst in den beiden vergangenen Jahrhunderten herausgebildet.

1.1 Katholische Kirche

Im 19. Jahrhundert hat sich die katholisch-kirchliche Erwachsenenbildung bzw. katholische Volksbildung als Teil der „gesellschaftlichen Formierung und kollektiven ‚Identitätsarbeit' der deutschen Katholiken" (Englert 1992, S. 29) entwickelt. Als solche war sie Antwort auf die Aufklärung, die soziale Frage, den Liberalismus und Sozialismus und die Unterprivilegierung vor allem der Katholiken im Deutschen Reich. Gründergestalten der katholisch-sozialen Erwachsenenbildung, wie z.B. Johann Michael Sailer (†1832) und der Generalvikar des ehemaligen Bistums Konstanz, Ignaz Heinrich von Wessenberg (†1860), haben in konstruktiver Auseinandersetzung mit einem aufklärerischen Bildungsverständnis wichtige Grundelemente gegenwärtiger kirchlicher Erwachsenenbildung entwickelt. Gegen ein einseitig rationalistisches Bildungsverständnis im Gefolge der Aufklärung forderte Sailer: „Trenne die Bildung des Kopfes nie von der Bildung des Herzens" (Uphoff 1991, S. 82). Wessenberg gründete Bildungszirkel, in denen über praktische und alltägliche ökonomische Zusammenhänge informiert wurde. Sein Ziel war es, die Ergebnisse wissenschaftlichen Forschens einer möglichst breiten Bevölkerungsschicht zugänglich zu machen. Berufliche, personale und religiöse Bildung waren wichtige Teile seines Bildungskonzepts, wobei die berufliche Bildung der Verelendung der Arbeiterschaft entgegenwirken sollte.

Um die Mitte des 19. Jahrhunderts griff Adolf Kolping (1813-1865) diese Tradition auf und stellte die soziale Frage ins Zentrum seiner Konzeption von Bildungsarbeit. Durch die Gründung von Gesellenvereinen für das Handwerkerproletariat bildete er Lerngruppen, in denen durch viele persönliche Kontakte gemeinsame soziale Überzeugungen entstanden. Ziel dieses gemeinsamen Lernens war für Kolping der „tüchtige Bürger", der „tüchtige Christ" und der „tüchtige Geschäftsmann". Der Ansatz einer ganzheitlichen Bildung, der sogenannten „Herzensbildung" (Uphoff 1991, S. 85), wurde von Wilhelm Emmanuel von Ketteler, der 1850 Bischof von Mainz wurde, weiterentwickelt. Arbeiterbildung war für Ketteler nicht nur Aufklärung über ökonomische Tatbestände, sondern immer auch Persönlichkeitsbildung und ein Beitrag zur Schärfung des sittlichen Bewusstseins.

Diese Bildungsbemühungen erfuhren durch die Gründung des „Volksvereins für das katholische Deutschland" 1890 eine starke Institutionalisierung. Er wurde zur ersten großen Massenbildungsorganisation mit einer extensiv orientierten Volksbildungsarbeit. Ein wichtiges Ziel des Verbandes war es, aufgrund der Erfahrungen des Kulturkampfes, den Katholiken eine konfessionelle und politische Identität zu ermöglichen.

Paradigmatisch könnte man an der Frühphase der Entwicklung von Erwachsenenbildung zeigen, dass soziale und politische Umwälzungen mit ihren Krisen verstärkt Bildungsprozesse auslösen, in denen die Menschen eine neue persönliche und gesellschaftliche Identität suchen.

1.2 Evangelische Kirche

Wichtige Grundanliegen der Evangelischen Erwachsenenbildung sind bereits in den Schriften von Jan Amos Comenius (1592-1670) zu finden. Mit der aufklärerischen Idee von der Wiederherstellung der Vernunft und seiner Vorstellung vom ‚Leben als Schule' hat er bereits das Konzept des ‚Lebenslangen Lernens' antizipiert. „Jedes Lebensalter ist zum Lernen bestimmt, und keinen anderen Sinn hat alles Menschenleben- und sterben" (Johann Amos Comenius, Pampaedia, zitiert nach Schäfer 2007, S. 35). Ziel dieses Lernens ist es, dass die Menschen zu mehr Mitmenschlichkeit emporgeführt werden (vgl. Schäfer 2007, S. 45), was auch zu einer

‚Besserung' der ganzen Gesellschaft beitragen soll. Durch Bildung sollen die Menschen fähig werden in einer neuen globalen „Menschengemeinde" friedlich zusammenzuleben. Comenius erweist sich damit bereits auch als ein politisch denkender Pädagoge und verbindet Bildungsprozesse mit der Herstellung friedlicher und vernünftiger Gesellschaftsverhältnisse (vgl. Nipkow 2002, S. 37-48).

Eugen Rosenstock-Huessy hat als einer der ersten Vertreter der evangelischen Kirche 1925 die Notwendigkeit einer breiten Volksbildung gefordert. Dafür ist für die theologische Prämisse leitend, dass der Mensch sich als Ebenbild Gottes erfahren soll und sich von jeder Form der modernen Ketzerei zu distanzieren habe. Revolutionär für seine Zeit waren auch seine Positionen zu den Lehrmethoden, wenn er feststellt: „Fort mit dem Katheder und mit dem Einzelvortrag! Jeder Einzelvortrag ist ernsthaft zu prüfen, ob er nicht unterbleiben kann oder durch einen Kursus zu ersetzen ist. Der Einzelvortrag ist in seiner geistigen Form antikes Heidentum" (Protestantismus und Volksbildung 1925, in: Seiverth 2002, S. 157). Er fordert an der Stelle von Vorträgen Kurse, anstelle von Büchern Zeitschriften und Zeitungen und plädiert für das Konzept der „Arbeitsgemeinschaft".

Mit Ernst Lange (1927-1974) wird die emanzipatorisch-kritische Funktion der Erwachsenenbildung in der Evangelischen Kirche akzentuiert. Er begreift Bildung als „Sprachschule für die Freiheit", die sich im Alltag und in der Gesellschaft bewähren muss. Das Lernen an Konflikten und im Spiel eröffnet Freiheitsräume, die es ermöglichen, die Fremdbestimmungen und gesellschaftlichen Unterdrückungen zu überwinden. Bildung wird zu einem Mittel der Befreiung des Menschen. Er hat sich entscheidend von der Befreiungstheologie des Paolo Freire beeinflussen lassen (vgl. Seiverth 2002, S. 65). Mit seiner Position, dass die Christen sich nicht mit sich selbst beschäftigen sollen, sondern sich für Gerechtigkeit, Frieden und Freiheit im globalen Kontext einsetzen sollen, hat Ernst Lange wichtige Zielsetzungen einer politisch inspirierten Bildungsarbeit geschaffen.

Die Evangelische Kirche hat im 19. Jahrhundert keine vergleichbar große Bildungsbewegung mit Blick auf die soziale Not der Arbeiter entwickelt. Klaus Ahlheim sieht einen Grund dafür im engen Bündnis von „Thron und Altar" (vgl. Ahlheim 1982, S. 3). „Die (...) evangelischen Arbeiter(bildungs)vereine sind durch eine apologetische, die bestehende Lebensordnung konservierende Grundhaltung und durch ihren vaterländischen und erbaulichen Charakter gekennzeichnet" (Wolff 2005, S. 66).

Diese 1882 gegründeten Vereine mit einem Mitgliederstand von 28.000 im Jahre 1900 hatten nicht den Anspruch, politisch wirksame Bildungsarbeit zu betreiben, sondern beschränkten sich in ihrem Bildungsangebot weitgehend auf im engeren Sinn religiöse und allgemeinbildende Themen. Lediglich Johann Hinrich Wichern († 1881) versuchte auf das Massenelend der Arbeiter mit seiner „Inneren Mission" karitativ einzugehen, ohne allerdings eine politisch-emanzipative Perspektive damit zu verbinden.

Erst die religiösen Sozialisten gaben der evangelischen Erwachsenenbildung in der Zeit der Weimarer Republik ein deutliches Profil (vgl. Wolff 2005, S. 86ff.). Da sie ihre Erwachsenenbildungsarbeit aber als Teil der allgemeinen Volksbildung verstanden, war ihnen der Gedanke einer institutionellen Verankerung der Bildungsarbeit in der Kirche fremd. Für Emil Fuchs z.B., der seit 1918 als evangelischer Pfarrer in Eisenach tätig war und fast von Anfang an in der Volkshochschularbeit mitwirkte, waren Volksbildung, Erwachsenenbildung und Klassenkampf nur im Verbund möglich. Ein Hauptanliegen seiner Arbeit war es, alle Stände durch Bildungsmaßnahmen zusammenzuführen (vgl. Ahlheim 1982, S. 70).

1.3 Von der Weimarer Republik bis zur Gründung der Dachorganisationen

In der Weimarer Republik war die Erwachsenenbildung der Kirchen vor allem gekennzeichnet durch die Auseinandersetzungen zwischen der „alten Richtung“ mit ihrer extensiven Bildung der Massen und der „neuen Richtung“, die eine intensiv gestaltende, an der persönlichen Lebenssituation des Menschen orientierte Volksbildung forderte. In dieser heftig geführten Auseinandersetzung wurden wichtige Grundlagen einer persönlichkeitsorientierten Bildungskonzeption für die Zeit nach dem 2. Weltkrieg geschaffen.

Die Zeit des Nationalsozialismus führte durch die Zerschlagung der organisatorischen Strukturen zu einem fast vollständigen Erliegen der kirchlichen Erwachsenenbildung.

Mit viel Energie und Dynamik wurde kurz nach dem Zweiten Weltkrieg der Neuaufbau der kirchlichen Erwachsenenbildung in Angriff genommen. Viele neue Institutionen wie z.B. Akademien, soziale Seminare, Familienbildungsstätten und gemeindliche Bildungseinrichtungen, die von Ehrenamtlichen geleitet wurden, entstanden. Auf evangelischer Seite wirkten nach 1945 zahlreiche evangelische Christen in der Erwachsenenbildungsarbeit der Volkshochschulen mit. Ein Hauptschwerpunkt der evangelischen Erwachsenenbildung lag bei den örtlichen Kirchengemeinden, die Gemeindeseminare im Sinne des kirchlichen Verkündigungsauftrags durchführten. Im Jahr 1957 kam es zum Zusammenschluss aller katholischen Erwachsenenbildungseinrichtungen in der Bundesarbeitsgemeinschaft für katholische Erwachsenenbildung, die 1973 in Katholische Bundesarbeitsgemeinschaft für Erwachsenenbildung (KBE) umbenannt wurde.

Mit der Deutschen Evangelischen Arbeitsgemeinschaft für Erwachsenenbildung e.V. (DEAE) entstand 1961 ein ähnlicher Zusammenschluss wie auf katholischer Seite. Auslöser dafür war das Gutachten des Deutschen Ausschusses für das Erziehungs- und Bildungswesen „Zur Situation und Aufgabe der Deutschen Erwachsenenbildung“ aus dem Jahr 1960. Die in diesem Gutachten getroffene Unterscheidung zwischen „freier“ und „gebundener“ Erwachsenenbildung wurde von beiden Kirchen abgelehnt, weil sie unterstellte, dass die kirchliche Erwachsenenbildung nicht öffentlich sei und nur einen kircheninternen Charakter habe (DEAE, Stellungnahme zur Frage der Erwachsenenbildung, Seiverth 2002, S. 168).

In der Auseinandersetzung um diese Unterscheidung brach die bis in die gegenwärtige Diskussion reichende Problematik der Legitimation kirchlicher Erwachsenenbildung erstmals öffentlich auf. Kirchliche Erwachsenenbildung – so die Position in einem gemeinsamen Papier der DEAE und der KBE „Die Erwachsenenbildung der Kirchen“ von 1985 – versteht sich als gleichberechtigte Partnerin im Gesamtfeld der Erwachsenenbildung mit einem genuinen, öffentlich anerkannten Bildungsbeitrag zur Lösung der großen Lebens- und Sachprobleme im gesellschaftlichen und politischen Raum (Englert 1992, S. 45). Insbesondere der Verdacht, die kirchliche Erwachsenenbildung betreibe Seelsorge und Glaubensverkündigung im engeren Sinn, war es, der eine öffentliche Anerkennung vonseiten staatlicher Organe problematisch erscheinen ließ. Die Auseinandersetzung mit diesen Bedenken und die Klarstellung der eigenen Positionen fanden ihren Niederschlag auch in Grundsatzpapieren beider Kirchen, die im Folgenden kurz dargestellt werden.

2 Grundsätze kirchlicher Erwachsenenbildung

2.1 Ausgewählte Katholische Programmpapiere

Für die katholische Erwachsenenbildung sind die Empfehlungen der Gemeinsamen Synode der Bistümer in der Bundesrepublik Deutschland (1971-1975) wegweisend geworden. Sie bilden auch heute noch teilweise die Basis für ihr Selbstverständnis und einen Orientierungsrahmen für ihr Handeln sowie ihrer Organisationsstrukturen.

Auf der Grundlage institutioneller Eigenständigkeit durch eigene Satzungen und selbständige Haushaltsführung wird den Weiterbildungseinrichtungen in katholischer Trägerschaft empfohlen, „grundsätzlich alle inhaltlichen Bereiche der Weiterbildung (z.B. Familie, Beruf, Freizeit, Theologie, Gesellschaft und Staat) zu berücksichtigen“. Als Leitideen für die Arbeit werden genannt das „Bemühen um

- kritische Offenheit des Menschen für die Gesamtheit seiner Lebensbezüge
- beispielhafte Neuerungen
- Klärung umstrittener Fragen
- ‚Dienst am benachteiligten Menschen‘ (Gemeinsame Synode 1976, S. 547)“.

In der sogenannten „Hirschberger Erklärung“ der KBE von 1992 wird der gesellschaftliche Aspekt der katholischen Erwachsenenbildung noch einmal hervorgehoben. Dialogfähigkeit, Demokratiefähigkeit und Streitkultur werden als zentrale Ziele von Erwachsenenbildung genannt (KBE 1992, S. 5).

Anlässlich des 50jährigen Bestehens der *Katholischen Bundesarbeitsgemeinschaft (KBE)* 2007 wurden die wichtigsten bildungspolitischen Akzente von KBE-Dokumenten von 1969-2004 mit entsprechenden Textauszügen dargestellt. In der Erklärung „Kirchliche Erwachsenenbildung stärken“ von 2004 wird ihr Profil zusammenfassend so beschrieben: Sie bietet Orientierungswissen, Wissens- und Informationszugänge, gesellschaftliche Teilnahmemöglichkeiten, Angebote zur Persönlichkeitsentfaltung, Qualifizierung im persönlichen und beruflichen Bereich und zur verantwortlichen Entscheidungsfreiheit und solidarischen Beziehungsfähigkeit an (vgl. Tolksdorf 2007, S. 131).

In der bildungspolitischen Erklärung des KBE-Vorstandes von 2007 wurden die wesentlichen Arbeitsfelder katholischer Erwachsenenbildung – Theologische Erwachsenenbildung, Familienbildung, Allgemeine Erwachsenenbildung (mit den Bereichen Persönlichkeitsbildung, Medienkompetenz), Politische und Berufliche Bildung – dargestellt und an die Verantwortlichen für Erwachsenenbildung in Politik, Gesellschaft und Kirche appelliert, die Strukturen Katholischer Erwachsenenbildung zu erhalten (KBE 2007, S. 118ff.).

2.2 Ausgewählte Evangelische Programmpapiere

Die Kammer der Evangelischen Kirche in Deutschland (EKD) für Bildung und Erziehung hat in einem Papier von 1983, „Erwachsenenbildung als Aufgabe der Evangelischen Kirche“, deutlich gemacht, dass die Evangelische Erwachsenenbildung sich als Teil des öffentlichen Bildungssystems versteht. Sie sieht dies einmal begründet im Öffentlichkeitscharakter des Evangeliums als Botschaft für alle, zum anderen in der Verfassung der Bundesrepublik, die eine Pluralität freier Bildungseinrichtungen fordert.

Kirchliche Erwachsenenbildung zielt nach diesem Papier auf die Vermittlung von Evangelium und Leben und ist als solche auch Lebenshilfe. Sie geschieht auf verschiedenen Ebenen, in der Ortsgemeinde z.B. in einem Bibelarbeitskreis, einem Elternseminar oder einer Initiativgruppe, auf überörtlicher Ebene etwa in Evangelischen Akademien und Kreisbildungswerken. Die grundlegende Zielbestimmung der Bildungsarbeit als Vermittlung von Evangelium und Leben erfordert den Ausgang von der Lebenswelt des Menschen. Ein solcherart lebensweltorientierter Ansatz führt zur „Erschließung von Sinn- und Wertfragen für den einzelnen, um seine Orientierung in den politischen und gesellschaftlichen Fragestellungen sowie um eine Erweiterung seiner Fähigkeit zu verantwortlichem Handeln“ zu ermöglichen (Kammer der EKD 1983, S. 5).

In der Erklärung der DEAE „Recht auf Bildung für alle. Zu den Grundaufgaben der Bildungspolitik“ von 1991 wurden wichtige bildungspolitische Positionen markiert, die noch heute aktuell sind:

- Bildungsangebote für Bildungsbenachteiligte und bildungsungewohnte Personengruppen
- Konsequenter Ausbau des Weiterbildungssystems zur „4. Säule“ des Bildungswesens
- Gleichwertigkeit von allgemeiner politischer und beruflicher Weiterbildung (vgl. Seiverth 2002, S. 195-199).

1997 hat die EKD in einer Stellungnahme mit dem Titel „Orientierung in zunehmender Orientierungslosigkeit“ deutlich gemacht, dass Erwachsenenbildung „zunehmend als Orientierungsmedium in der Pluralität von Lebensstilen und Wertorientierungen“ dient. Daraus ergibt sich in der Konsequenz die Forderung: „Nur indem sich die EEB auf die allgemeinen Bildungs- und Lernbedürfnisse einlässt, bleibt sie Teil des öffentlichen Erwachsenen- und Weiterbildungssystems.“ In der „Dauerdynamik der Moderne“ ist es keine leichte Aufgabe für sie, „in der Schere zwischen Markt und Bildung, zwischen Nachfrage und Angebot“ (EKD 1997, S. 53) zu den verschiedenen Trends auf der Grundlage des christlichen Menschenbildes kritisch Stellung zu beziehen.

Inhaltlich konzeptionell wird das Evangelische Bildungsverständnis in der Denkschrift „Maße des Menschlichen“ von 2003 ausgeführt. Bildung wird als Zusammenhang von Wissen, Können, Wertebewusstsein, Haltung und Handlungsfähigkeit beschrieben (EKD 2003, S. 71). Sie betrifft den einzelnen Menschen als Person, seine Förderung und Entfaltung als ganzer Mensch und seine Erziehung zu sozialer Verantwortung des Gemeinwesens (ebd., S. 89). Mit diesem subjektorientierten Ansatz wird das Evangelische Bildungsverständnis von eher funktionalen und instrumentellen Aspekten von Bildung abgegrenzt.

Im Zusammenhang der Denkschrift des Rates der Evangelischen Kirche in Deutschland (EKD) „Gerechte Teilhabe“ von 2006 wird auf den Kontext von Bildungspolitik und Sozialpolitik eingegangen (vgl. EKD 2006, S. 53). In diesem Sinne ist mangelnde Bildung ein entscheidender Faktor für Armut. Es wird die Chancengerechtigkeit in der Bildung angemahnt.

3 Zum Profil kirchlicher Erwachsenenbildung

3.1 Religion und Gesellschaft

Ein zentraler Auftrag kirchlicher Erwachsenenbildung ist es, religiöses Wissen in der Gesellschaft präsent zu halten. Dies erfordert die Auseinandersetzung mit postsäkularen Erscheinungsweisen von Religion. Sie ist deshalb darauf angewiesen, religionssoziologische Beobachtungen, wie sie etwa von Hans-Joachim Höhn formuliert worden sind, konstruktiv aufzugreifen (vgl. Höhn 2007, S. 35ff.). Kennzeichnend für die religiöse Signatur der Zeit ist, „dass auf der Bühne moderner Gesellschaften ein Stück aufgeführt wird, das zugleich vom Verschwinden und vom Fortbestand des Religiösen handelt" (Höhn 2007, S. 33). Auf der Grundlage der Dispersionstheorie von Religion (vgl. Höhn 2007, S. 33ff.) geht Höhn davon aus, dass der Verflüssigung der einstmals kirchlich gebundenen religiösen Praxis eine neue Antreffbarkeit im Säkularen entspricht, wie etwa im Kultmarketing oder bei religiösen Großereignissen. Kirchliche Erwachsenenbildung muss sich mit diesen säkularen Erscheinungsweisen von Religion auseinandersetzen und sie als Sehnsucht nach religiösen Gefühlen identifizieren (vgl. Nüchtern 1998, S. 35), um Bildungsangebote zu religiösen Fragen anschlusshaft gestalten zu können. Jürgen Habermas sieht einen Lernprozess gegenüber religiösen Überlieferungen als notwendig an, um sich nicht von wichtigen Ressourcen menschlichen Miteinanders abzuschneiden. Er bezeichnet dies nicht als eine feindliche Übernahme von Religion, sondern begründet dieses gesellschaftliche Interesse mit der Notwendigkeit, der „schleichenden Entropie der knappen Ressource Sinn entgegenzuwirken" (Habermas 2003, S. 261). Als Beispiel für diese notwendigen Transformationsprozesse religiös theologischer Inhalte nennt er die Gottebenbildlichkeit: „Die Übersetzung der Gottebenbildlichkeit des Menschen in die gleiche und unbedingt zu achtende Würde aller Menschen ist eine solche rettende Übersetzung. Sie erschließt über die Grenzen einer Religionsgemeinschaft hinaus den Gehalt biblischer Begriffe einem allgemeinen Publikum von Andersgläubigen und Ungläubigen" (Habermas/Ratzinger 2005, S. 32). Er fordert eine vernunftgemäße Hermeneutik für diese Übersetzung von theologischen Überlieferungen, um sie als ethisches und humanes Kapital in der postsäkularen Gesellschaft erhalten zu können. Die Bürgergesellschaft selbst muss deshalb ein Interesse haben, diese Beschäftigung mit religiösen Überzeugungen dauerhaft zu gewährleisten. Dies kann allerdings nur dann gelingen, wenn die religiösen Ressourcen selbst genügend Artikulationskraft besitzen, um ihre Identität zu bewahren. Dafür kommt, neben den institutionellen Erscheinungsformen der Kirchen, der kirchlichen Bildungsarbeit eine besondere Bedeutung zu. Michael Ebertz sieht in den Erscheinungsweisen der Dispersion des Religiösen eine verborgene Äußerung religiöser Sehnsüchte nach erklärender Weltanschauung in einer unübersichtlichen Welt (vgl. Ebertz 2003, S.67).

3.2 Ökumenische Zusammenarbeit

Trotz der zum Teil unterschiedlichen Programmatik der Herkunftsgeschichte der Bildungseinrichtungen der beiden großen Kirchen ist in den beiden letzten Jahrzehnten eine kontinuierlich stärker werdende Zusammenarbeit in der Erwachsenenbildung zu beobachten. Diese hat sich z.B. in einem gemeinsamen ökumenischen Bildungskongress der beiden großen Kirchen im Jahr 2000 in Berlin dokumentiert. Auch in den gemeinsamen Thesen der kirchlichen Landesarbeitsgemeinschaft für Erwachsenenbildung Baden-Württemberg, in der die evangelische, katholische und methodistische Kirche zusammenarbeiten, ist eine große konzeptionelle Übereinstimmung feststellbar (vgl. Staatsministerium Baden-Württemberg 2002, S. 15ff.).

Dass die Annäherung der Kirchen im Bildungsbereich auch institutionell große Fortschritte macht, zeigt sich an der Errichtung des Ökumenischen Bildungszentrums *sanctclara* in Mannheim. Auf der Basis eines gemeinsamen Bildungsverständnisses und einer gemeinsamen Leitungsstruktur werden alle Erwachsenenbildungsangebote in diesem Zentrum ökumenisch angeboten. Auch auf der Ebene der Kirchengemeinden ist zwischen evangelischen und katholischen Bildungseinrichtungen, die überwiegend ehrenamtlich geleitet werden, eine Intensivierung der Zusammenarbeit festzustellen, die in Ökumenischen Bildungswerken institutionalisiert wird.

3.3 Zur Mitarbeiterstruktur

In der kirchlichen Erwachsenenbildung gibt es neben den hauptberuflichen pädagogischen eine große Anzahl von ehrenamtlichen Mitarbeiterinnen und Mitarbeitern, die zum großen Teil das Erwachsenenbildungsangebot in den Kirchengemeinden organisieren und durchführen. Eine wesentliche Aufgabe des hauptamtlichen Personals besteht darin, diese Mitarbeiterinnen und Mitarbeiter kontinuierlich zu begleiten und Hilfen zur Weiterqualifizierung zu geben (vgl. KBE 1992b, S. 16). Von der Evangelischen Kirche wurden bereits 1970 eigene Fernstudien entwickelt, die auch als Hilfe für die Professionalisierung der Ehrenamtlichen gedacht waren. Aufgrund der unterschiedlichen biographischen Situation und der beruflichen Herkunft verfügen die ehrenamtlichen Mitarbeiter und Mitarbeiterinnen über spezifische Kenntnisse von Zielgruppen, die für die konkrete Veranstaltungsplanung sehr wichtig sind. „Das Zusammenwirken von hauptberuflicher Professionalität und ehrenamtlichem Engagement fördert die Innovation und die Lebensweltbezogenheit und stärkt die intakte Infrastruktur katholischer Erwachsenenbildung“ (KBE 1992a, S. 10).

3.4 Bildung und Werte

Die Wertorientierung der kirchlichen Bildungsarbeit ergibt sich aus ihrem Anspruch, die personale Entwicklung des Menschen auf der Basis eines christlichen Menschenverständnisses zu fördern (vgl. DEAE 2006, S. 79). Dabei geht es in der Praxis zunächst nur darum, die christlichen Werte kognitiv darzustellen, ohne dass damit zwangsläufig auch eine Übernahme und Aneignung durch die Adressaten verbunden sein muss. Wertevermittlung im eigentlichen Sinne geschieht aber erst dann, wenn das einzelne Subjekt diese Werte bejaht und übernimmt. Lineare Prozesse einer problemlosen Vermittlung sind aufgrund der Pluralisierung von Werteinstellungen und eines ständigen Wertewandels kaum mehr möglich (vgl. Inglehart 1995). Es „nützt die beste Wertebildung nichts, wenn der Einzelne sich nicht selbst und frei für bestimmte Wertorientierung entscheidet“ (Thomé 2007, S. 40). Andererseits sind Individuen „laufend mit Situationen konfrontiert, in denen sie selbst herausfinden müssen, was zu tun ist. Wie in der bioethischen Debatte sind ganze Gesellschaften mit Deutungsproblemen konfrontiert, für die ihre Traditionen keine vorgefertigten Antworten bereithalten“ (Joas 2002, S. 72). Damit steigt der Bedarf an Kommunikation und einer Verständigung über wichtige gemeinsame Wertvorstellungen, die für den Zusammenhalt einer Gesellschaft letztlich notwendig sind.

Es geht darum, durch die Kultivierung von Grundhaltungen eine moralische Mindestqualität für unsere freiheitliche Gesellschaft zu sichern. Die kirchliche Erwachsenenbildung ist ein Feld gesellschaftlichen Handelns, in dem über Werte in vielfältiger Weise diskutiert und dazu angeregt wird, Werthaltungen zu entwickeln und sie als Entscheidungsgrundlage für das eigene Handeln zu sehen. Dies geschieht in der Praxis bereits durch Ankündigungstexte für Veranstaltungen, durch die Auswahl entsprechender Referentinnen und Referenten, durch die Fokussierung von Diskussionen (vgl. Bödege-Wolf 2007, S. 63-67) und letztlich auch durch den institutionellen Charakter der Bildungseinrichtungen selbst, die sich in ihren Leitvorstellungen an grundlegende Werte gebunden fühlen.

3.5 Zum Teilnehmerprofil

Die empirischen Untersuchungen über das Profil der Teilnehmenden an kirchlichen Erwachsenenbildungsveranstaltungen haben gezeigt, dass „Traditionsverwurzelte", nicht Erwerbstätige (Rentner – Verwitwete – Frauen) und Personen über 58 Jahren überdurchschnittlich häufig an kirchlichen Veranstaltungen teilnehmen. Unterdurchschnittlich vertreten sind dagegen Personen aus den Milieus der „Hedonisten", „Experimentalisten" sowie Männer und Frauen unter 27 Jahren (von Hippel/Tippelt 2004, S. 166). Diese sogenannte Milieuverengung, die sich auch im generellen Teilnahmeverhalten der Bevölkerung an kirchlichen Veranstaltungen beobachten lässt, ist sicher zum Teil auch auf das Image und den relativ geringen Bekanntheitsgrad (vgl. Barz/Tippelt 1998, S. 63) der kirchlichen Erwachsenenbildung zurückzuführen. Gezielte Implementierung von neuen Marketingstrategien, wie sie im bundesweiten Projekt „ImZiel" auch im Ökumenischen Bildungszentrum *sanctclara* in Mannheim durchgeführt wurden, haben gezeigt, dass auch Neukunden aus anderen Milieus gewonnen werden konnten (Tippelt u.a. 2007, S. 74). Aufgrund des spezifischen kirchlichen Angebotsprofils können sicherlich nicht alle Milieus in gleicher Weise zielgerichtet angesprochen werden. Es gibt jedoch spezifische Erwartungen an Bildungsangebote, z.B. von Experimentalisten und Postmateriellen, die durchaus in den Themenfeldern Persönlichkeitsbildung und Gesundheitsbildung mit dem Angebotsprofil der Kirchen korrespondieren.

3.6 Zusammenschlüsse auf Europäischer Ebene

Auf europäischer Ebene wurden 1963 die „Europäische Föderation für Kath. Erwachsenenbildung (FEECA)" und 1967 die „Evangelische Arbeitsgemeinschaft für Erwachsenenbildung in Europa" gegründet, die sich 1995 in „Ocumenical Assoziation of Adult Education" umbenannt hat.

Von Anfang an war der Aktionskreis dieser Zusammenschlüsse überwiegend auf den deutsch-europäischen Sprachraum beschränkt. Erst in den letzten Jahren entstanden auch Kontakte zu osteuropäischen Ländern, wie z.B. Polen.

Während in den Ländern wie Österreich und der Schweiz – ähnlich wie in Deutschland – die Kirchliche Erwachsenenbildung institutionell und organisatorisch klar in Erscheinung tritt, gibt es in den meisten anderen europäischen Ländern keine verfasste, nach staatlichen Vorgaben arbeitende kirchliche Erwachsenenbildung und deshalb auch wenig Ansprechpartner. So gibt es in Frankreich zwar eine kirchliche „education permanent", die sich aber in ihrem Angebot weitgehend auf kirchliche Themen beschränkt und als Teil der Seelsorge verstanden wird. In den nordwesteuropäischen Ländern arbeiten kirchliche Erwachsenenbildnerinnen und Erwachsenenbildner in außerkirchlichen Institutionen der Erwachsenenbildung mit. Generell kann man davon ausgehen, dass in den meisten europäischen Ländern kirchliche Erwachsenenbildung im Rahmen von katechetischen Veranstaltungen, in denen überwiegend christliche Glaubensfragen behandelt werden, stattfindet (vgl. Kalcsis 2005, S. 50).

Einen Einblick in zurzeit diskutierte Themen der Weiterbildung in zahlreichen europäischen Ländern bietet das Projekt „InfoNet", ein Netzwerk der Zeitschriften zur Erwachsenenbildung in Europa (www.infonet-ae.net) (vgl. Sommer 2006, S. 30-31).

4 Themenbereiche kirchlicher Erwachsenenbildung

4.1 Theologische und religiöse Erwachsenenbildung

Im Spektrum kirchlicher Erwachsenenbildung nimmt die theologische und religiöse Erwachsenenbildung einen besonderen Platz ein. „Gegenstand der theologischen Erwachsenenbildung sind Themen, Methoden und Erkenntnisse der wissenschaftlichen Theologie, die (...) für interessierte Laien didaktisch aufbereitet und vermittelt werden" (Wolff 2005, S. 42).

In früheren, heute überwundenen Positionen wurde sie als Glaubensbildung und als Katechese innerhalb der Gemeinde verstanden. Auch als Antwort auf den Aufbruch des II. Vatikanischen Konzils und im Blick auf den pluralen Kontext der Erwachsenenbildung stellte Franz Pöggeler die Vermittlung neuer theologischer Erkenntnisse in den Vordergrund. Mündigkeit und Mitverantwortung durch sachliche Information sind zentrale Begriffe seines Konzepts (vgl. Pöggeler 1971, S. 224).

Während in den 1950er Jahren theologische Erwachsenenbildung weitgehend noch als Instruktion und Vermittlung von Lehrinhalten verstanden wurde, orientieren sich heutige Konzepte an der Lebenswelt der Menschen und betonen damit die subjektive Aneignung theologischen Wissens. So werden theologische Themen, vor allem wenn sie ethische Fragestellungen implizieren, in individuellen und gesellschaftlichen handlungsrelevanten Kontexten reflektiert und diskutiert. „Die Renaissance religionspädagogischer Publikationen zur Bildungsarbeit mit Erwachsenen korrespondiert dabei mit gesellschaftlichen, kirchlichen und individuellen Veränderungsprozessen und denen sich daraus ergebenden Herausforderungsfeldern und didaktischen Konsequenzen" (Bergold 2007, S. 35).

Die generalisierende Grundfrage heutiger religiöser Erwachsenenbildung ist nach Rudolf Englert die, worin die mögliche Bedeutung der christlichen Tradition für die Identitätskonstitution postmoderner Akteure besteht (vgl. Englert/Leimgruber 2005, S. 105). Dass es hierbei nicht um eine vorschnelle Vermittlung von Sinn und Identität gehen kann, hat die Kritik von Sellmann (2005, S. 70ff.) an den Selbstdarstellungen der katholischen Erwachsenenbildung gezeigt. Deshalb spricht Englert von „Kohärenzsinn", der eine geistige Haltung meint, die die Lebensabläufe mit einer Sinnhaftigkeit verbindet, diese jedoch nicht ein für alle Mal festlegt. Diese Zielsetzung entspricht einer Ermöglichungsdidaktik, die im Sinne eines konstruktivistischen Lernverständnisses die Bedeutung der Subjektivität und Personalität in Bildungsprozessen akzentuiert.

Dazu gehört in der didaktischen Anlage von Veranstaltungen die „Unterbrechung" und das „Innehalten", um existenzielle religiöse Fragestellungen entstehen zu lassen (Bergold 2005, S. 201).

„Theologischer Bildung kommt nicht nur die Aufgabe der Orientierung zu, sondern mehr noch zunächst einmal der Verlangsamung und des Innehaltens, um so die existenziellen Lebensfragen transparent zu machen für das Andere und manchmal Befremdliche christlicher Welt- und Lebensentwürfe“ (Strack 2002, S. 364). Als exemplarisch für dieses Konzept darf der Theologiekurs „Zwischen Himmel und Erde“ der Evangelischen Erwachsenenbildung in Baden und Württemberg gelten. Angesichts religiöser Pluralität, die eine „Rückkehr zur einfachen Formel“ nicht mehr erlaubt, plädiert Thomas Bornhauser mit seinem konstruktivistischen Bildungsansatz für „Respekt“ vor unterschiedlichen Sichtweisen. Er beklagt deshalb, dass kirchliche Bildungsanlässe oft einen autoritären Charakter haben. Gegen missionarische Bildungskonzepte, die auf Bekehrung „zum Einen weg vom Andern“ (Bornhauser 2005, S. 152) ausgerichtet ist, fordert er „ein Repertoire von Sichtweisen im Gepäck zu haben“ (ebd., S. 156).

Ausdrücklich wendet er sich allerdings gegen eine Beliebigkeit, die alles zulässt, und fügt als Ziel von pluralistischer Bildung die Förderung gelingenden Lebens ein, das er als eine Kernkategorie jüdisch-christlichen Denkens sieht. Als Elemente komplementaristisch-konstruktivistischer Bildung nennt er: Sammeln, Ordnen, Konstruieren, Kontextualisierung (ebd., S. 163f.).

Für die konkreten Angebote in der theologischen Erwachsenenbildung ist damit keine Rezeptur verbunden. Diese werden zwischen der Betonung subjektiver religiöser Erfahrungen und der Darstellung von Glaubensinhalten mehr oder weniger changieren. Letztendlich sind die Lernverläufe stark abhängig von den biographischen Erfahrungen der Einzelnen.

Einen festen Stellenwert im Kursangebot haben Veranstaltungen, die sich mit den großen Weltreligionen beschäftigen. Die Förderung der interreligiösen und interkulturellen Bildung ist für eine kirchliche Erwachsenenbildung, die dem Auftrag des Zweiten Vatikanischen Konzils und den Herausforderungen der zunehmenden Globalisierung gerecht werden will, nicht mehr wegzudenken. „Interreligiöse Bildung meint (…) einen reflektierenden Prozess, der sich zwischen Angehörigen verschiedener Religionen in Begegnungen, Gesprächen und durch den Austausch von Erfahrungen ereignet“ (Leimgruber 2003, S. 160).

Eine wachsende Bedeutung gewinnen Veranstaltungen mit spirituellem und meditativem Charakter. Angebote zu christlicher Spiritualität und Mystik werden in ihrer Bedeutung für eine sinnvolle und erfüllende Gestaltung des eigenen Lebens nicht selten neu entdeckt, die von Wellnessangeboten abzugrenzen sind: „Spiritualität ist geradezu Religion unter den Bedingungen der Individualisierung, Wellness dagegen eine Form des Umgangs mit den Belastungen der Individualisierung“ (Nüchtern 2005, S. 41f.).

Auf die „Karriere der Sinnfrage“ und ihre Bedeutung für Erwachsenenbildung im Zusammenhang mit der Konjunktur von Angeboten mit esoterischem Charakter hat Heiner Barz hingewiesen (Barz 2001, S. 78f.).

Zum Grundangebot theologischer Erwachsenenbildung gehören Kurse zur Einführung in den christlichen Glauben, zu Fragen des Gottesbildes, des Weiterlebens nach dem Tod, des Verständnisses von Gnade usw.Besonderes Interesse finden Kurse, die sich mit speziellen biblischen Themen wie z.B. ‚Frau in der Bibel‘ beschäftigen.

4.2 Bildung in der 3. und 4. Lebensphase

Aufgrund der demographischen Entwicklung, dass der Anteil älterer Menschen an der Gesamtbevölkerung stark zunimmt (vgl. Kade 2007, S. 19ff.), bekommt die Bildungsarbeit für das sogenannte 3. und 4. Leben (vgl. Heidenreich 1993, S. 166f.) schon rein quantitativ eine immer größere Bedeutung.

Hinzu kommt, dass die Menschen immer gesünder älter werden, was die gestalterischen Potenziale (vgl. Schmitt 2008, S. 59) in dieser Lebensphase erhöht und lebensbegleitende Bildungsprozesse in einem hohen Maße sinnvoll erscheinen lässt. So wird aufgrund der sogenannten Plastizität des Gehirns das Lernpotential älterer Menschen relativ hoch eingeschätzt und damit das ältere Defizitmodell des Alterns korrigiert. „Wenn wir die Biologie der Plastizität verstehen, haben wir viel über Altern gelernt und werden mutmaßlich neue Ansätze finden, mit seinen Widrigkeiten umzugehen" (Kempermann 2007, S. 49). Es gilt nicht nur, die Kompetenzen für eine selbstbestimmte Lebensweise im Alter zu erhalten und weiterzuentwickeln, sondern auch altersspezifische Lebensthemen, die oft mit religiösen Fragen verknüpft sind, zu bearbeiten. Dabei geht es vor allem darum, sich mit der eigenen Lebensgeschichte auseinanderzusetzen und den eigenen Bezug zur kulturellen und gesellschaftlichen Wirklichkeit zu reflektieren. Bildungsprozesse im 3. und 4. Lebensalter haben nachweislich einen starken Biographiebezug, erschöpfen sich jedoch nicht in der Rekapitulation des eigenen Lebens, sondern stellen einen wesentlichen Beitrag für gesellschaftliche und intergenerative Verständigungsprozesse zu wichtigen Lebensthemen dar.

Für die kirchliche Erwachsenenbildung ist die Würde des Menschen, verstanden als Ebenbild Gottes, lebensphasisch unteilbar, d.h. „das gilt nicht nur für gesunde oder junge, sondern genauso für ältere und hochaltrige Menschen" (Heidenreich 2005, S. 172). Von diesem Prinzip leitet sich auch ab, dass die Bildungsarbeit mit hochaltrigen Menschen partnerschaftlich (vgl. dazu das Projekt „Lernpartnerschaften im 4. Leben") und intersubjektiv angelegt sein muss, damit die Teilnehmenden sich aktiv einbringen können. „Kath. Erwachsenenbildung sieht hier eine Herausforderung, den Blick auf Bedingungen und Chancen der Förderung einer menschenwürdigen und sinnerfüllten Existenz auch in dieser Lebensphase [Viertes Alter, Anm. d. Verf.] zu lenken" (KBE 2002, S. 30).

4.3 Eltern- und Familienbildung

Seit der Gründung der sogenannten Mütterschulen Anfang der 1950er Jahre gehört die Eltern- und Familienbildung zum Kernangebot kirchlicher Erwachsenenbildung, die heute überwiegend in Familienbildungsstätten lokalisiert ist, aber auch von Verbänden und anderen kirchlichen Bildungseinrichtungen betrieben wird. Während in den 1950er und 1960er Jahren in der Familien- und Elternbildung schwerpunktmäßig hauswirtschaftliche Kompetenzen (vgl. Renkel 2003, 65ff.) vermittelt wurden, stehen heute Erziehungsthemen und Fragen der Rollenklärung der erziehenden Elternteile im Vordergrund. Gerade in diesem Bereich differenziert sich das Angebot aufgrund der Vielfalt von Elternformen (z.B. Patchwork- oder Fortsetzungsfamilien) immer stärker.

Erziehungsthemen treten derzeit immer mehr in den Mittelpunkt der Elternbildung, weil gesellschaftliche Einflüsse und soziale Verhältnisse die überkommenen Leitbilder von Erziehung und Elternrolle infrage stellen (vgl. Leinweber 2003, S.9).

Im Fokus der Eltern- und Familienbildung stehen heute Angebote für den Erwerb von Kompetenzen für eine situations- und altersspezifische Erziehungspraxis. Es geht darum, in der Familie einen Raum und ein Milieu zu schaffen, in dem die Kinder in ihrer Persönlichkeitsentwicklung gefördert werden und Zukunftsperspektiven für ihr weiteres Leben entwickeln können. Dazu gehört auch die Entwicklung von wertbezogenen Grundhaltungen und die Beschäftigung mit religiösen Grundfragen als wichtige Bestandteile christlicher Erziehungspraxis. Eine stärkere Aufmerksamkeit findet derzeit die Familie als Bildungsinstitution als ‚inkorporiertes kulturelles Kapital' (als die Summe der wesentlich in der Familie angeeigneten Wissensstände, verinnerlichten Fertigkeiten, Überzeugungen und Einstellungen), das für den Fort- und Weiterbestand der Gesellschaft eine große Bedeutung hat (vgl. Brake/Weber 2006, S. 13). Die Internalisierung von kulturellen Orientierungsmustern, Werthaltungen und Lebensstilen geschieht in der Praxis des Zusammenlebens von Eltern und Kindern in der Familie. Eine besondere Beachtung findet das Thema Familie auch deshalb, weil die Zahl der Problemfamilien wächst, in denen Erziehungsprozesse gefährdet und die Entwicklungs- und Entfaltungsmöglichkeiten der Kinder eingeschränkt sind. Elternbildung schließt deshalb notwendig auch die Reflexion von gesellschaftlichen Entwicklungen ein, die sich negativ auf das Erziehungsumfeld auswirken. Familienbildung und Familienpolitik als Gestaltung der gesellschaftlichen Rahmenbedingungen für Familie lassen sich deshalb in vielen Fällen nicht trennen. Deshalb wird sich die kirchliche Familienbildung auch mit neuen Modellen von unterstützenden Familienbildungseinrichtungen wie Eltern-Kind-Zentren, Familienzentren, Mehr-Generationen-Häusern intensiv auseinandersetzen (vgl. Herre 2005, S. 36).

Weitere wichtige Themenfelder der kirchlichen Erwachsenenbildung sind: Frauen- und Männerbildung, Allgemeinbildung und Politische Bildung.

Das Profil, die Struktur und die Institutionen der kirchlichen Erwachsenenbildung haben sich auf der Basis von Ideen der Aufklärung, einer christlichen Anthropologie und eines christlich-sozialen Gesellschaftsverständnisses im Wesentlichen im 19. Jahrhundert herausgebildet. Ihre konsequente Subjektorientierung im Sinn einer Förderung von Prozessen der Persönlichkeitsentwicklung und -entfaltung, ihr Bezug auf aktuelle soziale gesellschaftliche und wirtschaftliche Entwicklungen und die Orientierung an einem christlichen Werthorizont markieren diese Traditionslinien. Sie will Orientierung in den wichtigen Lebensbereichen ermöglichen und Kompetenzen für persönliche und gesellschaftliche Handlungsfelder vermitteln. Kirchliche Erwachsenenbildung mit ihrem eigenen Profil gehört zu den öffentlichen Trägern des plural strukturierten Weiterbildungssystems. Die Antworten der kirchlichen Erwachsenenbildung richten sich nicht nur an eine kirchliche Kernklientel, sondern prinzipiell an alle gesellschaftlichen Milieus.

Literatur

Ahlheim, K. (1982): Zwischen Arbeiterbildung und Mission. Stuttgart: Alektor-Verlag.

Auer, A. (1995): Geglücktes Altern. Eine theologisch-ethische Ermutigung. Freiburg: Herder.

Barz, H./May, S. (Hrsg.) (2001): Erwachsenenbildung als Sinnstiftung? Zwischen Bildung, Therapie und Esoterik. Bielefeld: Bertelsmann.

Barz, H./Tippelt, R. (1998): Kirchliche Erwachsenenbildung und Lebensstil. Zukunftsorientierung setzt präzise Zielgruppenkenntnis voraus. In: Schuchart, A./Hohmann, R. (Hrsg.): Kirchliche Erwachsenenbildung von „innen" und „außen" betrachtet. Bonn: KBE, S. 61-67.

Barz, H./Tippelt, R. (Hrsg.) (2004): Weiterbildung und soziale Milieus in Deutschland, Bd. 2: Adressaten- und Milieuforschung zu Weiterbildungsverhalten und -interessen. Bielefeld: W. Bertelsmann-Verlag.

Bergold, R. (2005): Stolpern lernen! Zum Unterbrechungsansatz in der theologischen Erwachsenenbildung. In: Englert, R./Leimgruber, S. (Hrsg.): Erwachsenenbildung stellt sich religiöser Pluralität. Gütersloh/Freiburg: Chr. Kaiser/Herder, S. 195-210.

Bergold, R./Bittner, F./Düchs, G./Schuster, E. (Hrsg.) (2005): Geschichte und Perspektiven katholischer Erwachsenenbildung in Europa. Krems: Europäische Föderation für katholische Erwachsenenbildung, S. 47-53.
Bergold, R. (2007): Religionspädagogisch relevante Publikationen zur theologischen Erwachsenenbildung – ein Literaturbericht. In: Forum Erwachsenenbildung (o. Jg.), H. 2, S. 35-39.
Bödege-Wolf, J. (2007): Werte in der Praxis der Erwachsenenbildung. Eine Bestandsaufnahme. In: Erwachsenenbildung 53, H. 2, S. 63-67.
Bornhauser, T. (2005): Respekt und Repertoire. Religiöse Bildung auf der Grundlage von Komplementarismus und Konstruktivismus. In: Englert, R./Leimgruber, S. (Hrsg.): Erwachsenenbildung stellt sich religiöser Pluralität. Gütersloh/Freiburg: Chr. Kaiser/Herder, S. 151-165.
Brake, A./Weber, S. M. (2006): Die familiäre Transmission kulturellen Kapitals. Vergessene Voraussetzungen der Weiterbildung. In: Weiterbildung 17. Jahrgang, H. 1, S. 12-15.
Deutsche Evangelische Arbeitsgemeinschaft für Erwachsenenbildung/Katholische Bundesarbeitsgemeinschaft für Erwachsenenbildung (1985): Die Erwachsenenbildung der Kirchen. In: Erwachsenenbildung 31. S. 101-104.
Diözesane Arbeitsgruppe für Erwachsenenbildung in der Erzdiözese Freiburg (Hrsg.) (2003): Familie ist dran. Anregungen und Informationen zur Familienbildung. Freiburg: Erzdiözese Freiburg.
Ebertz, M. (2003): Aufbruch in der Kirche. Anstöße für ein zukunftsfähiges Christentum. Freiburg: Herder.
Englert, R. (1992): Religiöse Erwachsenenbildung. Stuttgart: W. Kohlhammer.
Englert, R./Leimgruber, S. (Hrsg.) (2005): Erwachsenenbildung stellt sich religiöser Pluralität, Gütersloh und Freiburg: Chr. Kaiser/Gütersloher Verlagshaus/Herder.
Gemeinsame Synode der Bistümer der Bundesrepublik Deutschland (1976): Beschlüsse der Vollversammlung. Freiburg: Herder.
Gruss, P. (Hrsg.) (2007): Die Zukunft des Alterns. Die Antwort der Wissenschaft. München: Verlag C.H. Beck.
Habermas J. (2003): Zeitdiagnosen. Zwölf Essays. Frankfurt a.M.: Suhrkamp-Verlag.
Habermas J./Ratzinger J. (2005): Dialektik der Säkularisierung. Über Vernunft und Religion. Freiburg: Herder.
Heidenreich, H. (2005): Bildung im 4. Alter – eine Aufgabe kirchlicher Erwachsenenbildung. In: Vanderheiden, E. (Hrsg.): Der Mensch lernt niemals aus! Konzepte und Anregungen für eine Bildungsarbeit im 4. Lebensalter. Mainz: Katholische Erwachsenenbildung Rheinland-Pfalz, S. 170-179.
Heinz, H.J. (1993): Kirchliche Erwachsenenbildung im Zeichen neuer Religiösität. In: Lechler, H.H./Schuchart, A. (Hrsg.): Sich einmischen; Engagiert für Gemeinde, Erwachsenenbildung, Gesellschaft. Frankfurt a.M.: Verlag Josef Knecht, S. 148-154.
Hentig , H. v. (2004): Bildung. Ein Essay. Weinheim und Basel: Verlag Beltz.
Herre, P. (2005): Eltern-Kind-Zentren, Familienzentren, Mehrgenerationenhäuser - Neue Strukturen - Konsequenzen für die EEB. In: Forum Erwachsenenbildung (o. Jg.), H. 4, S.36f..
Hippel, A.v./Tippelt, R. (2004): Kirchliche Erwachsenenbildung und ihre Teilnehmer. Empirische Ergebnisse. In: Erwachsenenbildung 50. S. 163-167.
Höhn, H.-J. (2007): Postsäkular. Gesellschaft im Umbruch – Religion im Wandel. Paderborn: Ferdinand Schöningh.
Hungs, F.-J. (1991): Handbuch der theologischen Erwachsenenbildung. München: J. Pfeiffer.
Inglehart R. (1995): Kultureller Umbruch. Wertwandel in der westlichen Welt. Frankfurt/New York: Verlag Campus.
Joas, H. (2002): Wertevermittlung in einer fragmentierten Gesellschaft. In: Killius, N. u.a. (Hrsg.): Die Zukunft der Bildung. Frankfurt a.M.: Suhrkamp, S. 58-77.
Kade, S. (2007): Altern und Bildung, Eine Einführung. Bielefeld: Verlag Bertelsmann.
Kalcsics, K. (2005): Europäische Föderation für Katholische Erwachsenenbildung (FEECA) zwischen Brückenbau und Prophetie. In: Bergold, R./Bittner, F./Düchs, G./Schuster, E. (Hrsg.): Europa lernen. Krems: FEECA, S. 47-53.
Kammer der Evangelischen Kirche Deutschlands für Bildung und Erziehung (1983): Erwachsenenbildung als Aufgabe der evangelischen Kirche – Grundsätze. Gütersloh: Mohn.
Kammer der Evangelischen Kirche Deutschlands für Bildung und Erziehung (1997): Orientierung in zunehmender Orientierungslosigkeit. Evangelische Erwachsenenbildung in kirchlicher Trägerschaft – eine Stellungnahme. Gütersloh: Gütersloher Verlagshaus.
Katholische Bundesarbeitsgemeinschaft für Erwachsenenbildung (Hrsg.) (1992a): Bildungspolitische Grundsätze. Hirschberger Erklärung der KBE. Bonn.
Katholische Bundesarbeitsgemeinschaft für Erwachsenenbildung (Hrsg.) (1992b): Leitlinien für Qualifikation und Einstellung von hauptberuflichen pädagogischen Mitarbeiterinnen und Mitarbeitern in der katholischen Erwachsenenbildung. Bonn: KBE.
Katholische Bundesarbeitsgemeinschaft für Erwachsenenbildung (Hrsg.) (2002): Bildung lebenslang. Leitlinien einer Bildung im dritten und vierten Alter. Bonn: KBE.
Katholische Bundesarbeitsgemeinschaft für Erwachsenenbildung (KBE) (Hrsg.) (2007): Kompetenz braucht Erfahrung. Herausforderungen, Perspektiven und Gestaltungselemente Katholischer Erwachsenenbildung. Bonn: KBE.

Katholische Bundesarbeitsgemeinschaft für Erwachsenenbildung (Hrsg.) (2007): Kompetenz braucht Erfahrung – Erwachsenenbildung braucht tragfähige Strukturen. In: KBE (2007): Kompetenz braucht Erfahrung. Herausforderungen, Perspektiven und Gestaltungselemente Katholischer Erwachsenenbildung, S. 118-121.
Kempermann, G. (2007): Nicht ausgeliefert an Zeit und Welt: Die Plastizität des alternden Gehirns. In: Gruss, P. (Hrsg.): Die Zukunft des Alterns. Die Antwort der Wissenschaft. München: C.H. Beck, S. 35-50.
Kirchenamt der EKD (Hrsg.) (1997): Orientierung in zunehmender Orientierungslosigkeit. Evangelische Erwachsenenbildung in kirchlicher Trägerschaft. Eine Stellungnahme. Gütersloh: Gütersloher Verlagshaus GmbH.
Kirchenamt der EKD (Hrsg.) (2003): Maße des Menschlichen. Evangelische Perspektiven zur Bildung in der Wissens- und Lerngesellschaft. Eine Denkschrift. Gütersloh: Gütersloher Verlagshaus GmbH.
Kirchenamt der EKD (Hrsg.) (2006): Gerechte Teilhabe. Befähigung zur Eigenverantwortung und Solidarität. Eine Denkschrift des Rates der EKD zur Armut in Deutschland. Gütersloh: Gütersloher Verlagshaus.
Kunstmann, J. (2002): Religion und Bildung, Zur ästhetischen Signatur religiöser Bildungsprozesse. Gütersloh und Freiburg: Gütersloher Verlagshaus/Herder.
Killius, N./Kluge, J./Reisch, L. (Hrsg.) (2002): Die Zukunft der Bildung. Frankfurt a.M.: Suhrkamp-Verlag.
Killius, N./Kluge, J./Reisch, L. (Hrsg.) (2003): Die Bildung der Zukunft. Frankfurt a.M.: Suhrkamp-Verlag.
Koerrenz, R./Meilhammer, E./Schneider, K. (Hrsg.) (2007): Wegweisende Werke zur Erwachsenenbildung. Jena: IKS GmbH, Verlag IKS Garamond.
Kruse, A. (Hrsg.) (2008): Weiterbildung in der zweiten Lebenshälfte. Multidisziplinäre Antworten auf Herausforderungen des demografischen Wandels. Bielefeld: Bertelsmann.
Leimgruber, S. (2003): Interreligiöse Bildung. Eine katholische Perspektive. In: Pohl-Patalong, U. (Hrsg.): Religiöse Bildung im Plural. Schenefeld: Eb-Verlag, S. 157-170.
Leinweber, S. (2003): Familie ist vielfältig. Gedanken zu einer Familienbildung in und durch die Katholische Kirche. In: Diözesane Arbeitsgruppe für Erwachsenenbildung in der Erzdiözese Freiburg (Hrsg.): Familie ist dran. Anregungen und Informationen zur Familienbildung. Freiburg: Erzdiözese Freiburg, S. 6-11.
Meueler, E. (1998): Die Türen des Käfigs. Wege zum Subjekt in der Erwachsenenbildung. Stuttgart: Klett-Cotta.
Nipkow, K.E. (2002): Johann Amos Comenius und die Verbesserung der menschlichen Verhältnisse. Aktuelle Herausforderungen eines großen evangelischen Europäers. In: Seiverth, A./DEAE (Hrsg.): Re-Visionen Evangelischer Erwachsenenbildung. Am Menschen orientiert. Bielefeld: Bertelsmann-Verlag, S. 36-48.
Nüchtern, M. (1998): Die unheimliche Sehnsucht nach Religiösem. Stuttgart: Quell-Verlag.
Nüchtern, M. (2005): Sehnsucht nach religiöser Unmittelbarkeit. Was bedeuten Wellness- und Spiritualitätssehnsucht für die religiöse Erwachsenenbildung? In: Englert R./Leimgruber, S. (Hrsg.): Erwachsenenbildung stellt sich religiöser Pluralität. Gütersloh/Freiburg: Chr. Kaiser/Herder, S. 35-44.
Orth, G. (1990): Erwachsenenbildung zwischen Parteilichkeit und Verständigung. Göttingen: Vandenhoeck und Ruprecht.
Orth, G. (2002): Ernst Lange: Zugemutete Erinnerung. Phantasie für die Ökumene – Möglichkeiten für die Erwachsenenbildung. In: Seiverth, A./DEAE (Hrsg.): Re-Visionen Evangelischer Erwachsenenbildung. Am Menschen orientiert. Bielefeld: Bertelsmann-Verlag.
Pohl-Patalong, U.(2003): Religiöse Bildung im Plural, Konzeptionen und Perspektiven. Schenefeld: EB-Verlag.
Pöggeler, F. (1971): Die Kirche und das „Politikum" der Erwachsenenbildung. In: Erwachsenenbildung 17. S. 223-234.
Renkel, M. (2003): Von Windeln und Wandel. Eindrücke aus 50 Jahren katholischer Familienbildung. In: Erwachsenenbildung 49. S. 65-69.
Schavan, A. (Hrsg.) (2004): Bildung und Erziehung. Frankfurt a.M.: Suhrkamp-Verlag.
Schäfer, E. (2007): Die „Pampaedia" (vor 1670) von Johann Amos Comenius. In: Koerrenz, R./Meilhammer, E./ Schneider, K. (Hrsg.): Wegweisende Werke zur Erwachsenenbildung. Jena: Verlag IKS Garamond, S. 35-47.
Seitter, W. (2007): Geschichte der Erwachsenenbildung, Theorie und Praxis der Erwachsenenbildung. Bielefeld: Bertelsmann-Verlag.
Seiverth, A./Deutsche Evangelische Arbeitsgemeinschaft für Erwachsenenbildung (Hrsg.) (2002): Re-Visionen Evangelischer Erwachsenenbildung – Am Menschen orientiert. Bielefeld: Bertelsmann-Verlag.
Sellmann, M. (2005): Die Sinn/er/findung der katholischen Erwachsenenbildung. Eine Analyse aktueller Leitbilder. In: Englert, R./Leimgruber, S. (Hrsg.): Erwachsenenbildung stellt sich religiöser Pluralität. Gütersloh/Freiburg: Chr. Kaiser/Herder, S. 67-82.
Sommer, M. (2006): Das InfoNet Adult Education. In: forum Erwachsenenbildung (o. Jg.), H. 4, S. 30-31.
Staatsministerium Baden-Württemberg (2002): Solidarität und Selbstverantwortung. bilden-leben-gestalten. Gesellschaftliche Herausforderung und kirchliche Erwachsenenbildung. Stuttgart: Staatsministerium Ba.-Wü.
Strack, H. (2002): Sich den Eigenen und dem Anderen öffnen. Zur Bedeutung theologischer Bildung am Beispiel des Theologiekurses der Evangelischen Erwachsenenbildung in Baden und in Württemberg. In: Seiverth, A./DEAE

(Hrsg.): Am Menschen orientiert. Re-Visionen Evangelischer Erwachsenenbildung. Bielefeld: Bertelsmann, S. 363-366.

Theologische Kommission der DEAE (2006): Werte bilden?! Zur Wertedebatte in Kirche und Politik. In: forum Erwachsenenbildung (o. Jg.), H. 4, S. 78-79.

Thomé, M. (2007): Kann die katholische Erwachsenenbildung, Werte vermitteln? In: KBE (Hrsg.) Kompetenz braucht Erfahrung. Herausforderungen, Perspektiven und Gestaltungselemente Katholischer Erwachsenenbildung. Bonn, KBE, S. 38ff..

Tippelt, R./Reich, J./Hippel, A. v./Barz, H./Baum, D. (2008): Weiterbildung und soziale Milieus in Deutschland, Bd. 3: Milieumarketing implementieren. Bielefeld: W. Bertelsmann-Verlag.

Tolksdorf, M. (2007): Bildungspolitische Akzente aus KBE-Dokumenten. In: KBE (Hrsg.): Kompetenz braucht Erfahrung. Herausforderungen, Perspektiven und Gestaltungselemente Katholischer Erwachsenenbildung. Bonn: KBE, S. 126-131.

Uphoff, B. (1991): Kirchliche Erwachsenenbildung. Befreiung und Mündigkeit im Spannungsfeld von Kirche und Welt. Stuttgart: W. Kohlhammer GmbH.

Widl, M. (1994): Sehnsuchtsreligion: Neue religiöse Kulturformen als Herausforderung für die Praxis der Kirchen. Frankfurt a. M./Berlin: Lang.

Wolff, J. (2005): Zeit für Erwachsenenbildung, Evangelische Erwachsenenbildung zwischen Zeit-Diagnosen und Frei-Zeit-Bedürfnissen. Arbeiten zur Religionspädagogik, Bd. 27. Göttingen: V&R unipress.

Karin Derichs-Kunstmann

Gewerkschaftliche Bildungsarbeit

1 Zur Geschichte der gewerkschaftlichen Bildungsarbeit

Untrennbar mit der Geschichte der Arbeiterbewegung in Deutschland verbunden ist die Geschichte der Arbeiterbildung. Innerhalb der bzw. parallel zur sich organisierenden Arbeiterbewegung entstanden seit den 40er Jahren des 19. Jahrhunderts Handwerker- und Arbeiterbildungsvereine. Diese hatten sich die „geistige und sittliche Hebung der Bildung" ihrer Mitglieder zum Ziel gesetzt. Der „Allgemeine Deutsche Arbeiterverein" nannte in seinem Chemnitzer Programm 1866 als eines seiner Ziele die „Hebung der leiblichen, geistigen und sittlichen Volksbildung". Wilhelm Liebknecht prägte 1872 das Motto „Wissen ist Macht – Macht ist Wissen" für die sozialistische Volksbildungsarbeit (vgl. Krug 1980). Neben dem Kampf für die Verbesserung der Bildung für die Angehörigen der arbeitenden Klasse war immer auch die intensive Schulung der Funktionärinnen und Funktionäre Aufgabe der Arbeiterbewegung. Ziel dieser Bildungsbemühungen war es, die abhängig Beschäftigten zur kollektiven Interessenvertretung zu befähigen.

Nach Gründung der Weimarer Republik erhielten die Bildungsbemühungen der Gewerkschaften neue Dimensionen. Nicht nur die Mitgliederzahl und damit auch die Zahl der Funktionäre waren gestiegen, aufgrund des Betriebsrätegesetzes kamen auf die Gewerkschaften völlig neue Aufgaben zu. Die Ortsausschüsse der Gewerkschaften richteten Lehrgänge für Betriebsräte ein, um sie für ihre Aufgaben in den Betrieben zu schulen. Ab Mitte der 1920er Jahre gründeten die einzelnen Gewerkschaften und auch der Allgemeine Deutsche Gewerkschaftsbund (ADGB) Internatsschulen, in denen ein- oder mehrwöchige Lehrgänge durchgeführt wurden. Die Pädagogik dieser Gewerkschaftsschulen wurde von der Neuen Richtung der Volksbildung und der Leipziger Richtung einer proletarisch-sozialistischen Volksbildungsarbeit beeinflusst (vgl. Ciupke/Jelich 1996). Um Menschen in Spitzenfunktionen der Gewerkschaften eine wissenschaftlich fundierte Ausbildung zu ermöglichen, wurden in den 1920er Jahren in Berlin und Düsseldorf Fachschulen für Wirtschaft und Verwaltung und in Frankfurt die Akademie der Arbeit gegründet.

Durch die Zerschlagung der Gewerkschaften 1933 brach die Arbeit der Gewerkschaften ebenso ab wie die gewerkschaftliche Bildungsarbeit. Mit der Neugründung von Gewerkschaftsbünden wurde in den vier Besatzungszonen Deutschlands unmittelbar bei Kriegsende 1945 begonnen. Intensive Bildungsbemühungen, insbesondere zur Schulung der Funktionärinnen und Funktionäre für den Umgang mit den neuen demokratischen Strukturen, waren von Anfang an Bestandteil der gewerkschaftlichen Arbeit. Mit der Gründung der Gewerkschaften und des Deutschen Gewerkschaftsbundes (DGB) 1949[1] nahmen alle Organisationen die systematische Bildungsar-

1 Die für 1945 bis 1989 referierte Geschichte der gewerkschaftlichen Bildungsarbeit bezieht sich lediglich auf die drei Westzonen und die Bundesrepublik Deutschland; die Geschichte der gewerkschaftlichen Bildungsarbeit in der sowjetisch besetzten Zone und des FDGB in der DDR konnte nicht berücksichtigt werden.

beit für ihre Mitglieder und FunktionärInnen auf. Sobald die Internatsschulen wieder in den Besitz der Gewerkschaften gelangten, begannen diese mit umfangreichen Lehrangeboten. Durch das Prinzip der Einheitsgewerkschaft – im Gegensatz zu den Richtungsgewerkschaften der Weimarer Republik – ergaben sich neue Anforderungen an die Bildungsarbeit, da nun Arbeiterinnen und Arbeiter, Angestellte und Beamte, aber auch sozialdemokratische, christliche und (bis zum Verbot der KPD) kommunistische Mitglieder von Gewerkschaften gemeinsam an Seminaren teilnahmen.

2 Lokale, regionale und bundesweite Bildungsarbeit

Die Bildungsarbeit der Gewerkschaften in Deutschland findet auf mehreren Ebenen statt. Die sieben im Deutschen Gewerkschaftsbund (DGB) zusammengeschlossenen Gewerkschaften[2], und der DGB als Dachverband führen auf Orts- bzw. regionaler Ebene sowie auf Landes- und Bundesebene Bildungsveranstaltungen in den unterschiedlichsten Formen durch. Angebotsformen sind Abendveranstaltungen, Tagesseminare, Wochenendseminare sowie ein- und mehrwöchige Seminare[3]. Dabei überwiegen auf den verschiedenen Ebenen durchaus unterschiedliche Angebotsformen. Auf regionaler Ebene können fast alle genannten Angebotsformen vorkommen, schwerpunktmäßig sind hier allerdings die eher kurzzeitigen Angebote zu finden. Auf Landes- wie auf Bundesebene gibt es von allen gewerkschaftlichen Organisationen umfangreiche Programme. Die am häufigsten vorkommende Angebotsform ist das Wochenseminar, zunehmend werden allerdings Angebote von kürzerer Dauer (zwei bis drei Tage) ins Programm aufgenommen. Nur noch wenige Gewerkschaften bieten Seminare von zwei- und mehrwöchiger Dauer an.

Zielgruppen gewerkschaftlicher Seminare sind in der Regel Mitglieder der jeweiligen Gewerkschaft, Funktionärinnen und Funktionäre der eigenen Organisation sowie vor allen Dingen Mitglieder der betrieblichen Interessenvertretungen[4]. Allerdings können auch Personen, die nicht Mitglieder einer Gewerkschaft sind, an deren Seminaren teilnehmen. Zu den Seminaren auf Bundesebene können sich Teilnehmerinnen und Teilnehmer aus allen Bundesländern anmelden.

Noch in den 1990er Jahren gab es drei arbeiterbildende Akademien in Deutschland mit unterschiedlicher formaler Trägerstruktur: die Akademie der Arbeit in Frankfurt, die Sozialakademie in Dortmund und die Hochschule für Wirtschaft und Politik in Hamburg. Diese Akademien boten ein- bis mehrjährige Studiengänge für Erwachsene ohne formelle Hochschulzugangsberechtigung an. Sie hatten eine wichtige Funktion bei der Qualifizierung gewerkschaftlicher FunktionärInnen, insbesondere für die Übernahme hauptamtlicher Funktionen innerhalb der

2 Zu Beginn der 1990er Jahre gab es noch 16 sog. ‚Einzelgewerkschaften'. Seit Mitte der 1990er Jahre haben mehrere Gewerkschaftszusammenschlüsse stattgefunden. Am Beginn des Jahres 2008 gibt es sieben Gewerkschaften, die gemeinsam den Deutschen Gewerkschaftsbund bilden: Industriegewerkschaft Metall, Vereinte Dienstleistungsgewerkschaft ver.di, IG Bergbau, Chemie, Energie (IG BCE), IG Bauen, Agrar, Umwelt (IG BAU), Gewerkschaft Erziehung und Wissenschaft (GEW), Gewerkschaft der Polizei (GdP) und die Gewerkschaft TRANSNET.

3 Aufgrund der Dezentralität der Angebote und der organisatorischen Selbständigkeit der einzelnen Gewerkschaften ist es nicht möglich, einen Überblick über den Umfang der Veranstaltungen auf Orts-, Kreis- und Landesebene zu geben, so dass keine Aussagen über Teilnahmezahlen und Veranstaltungsformen möglich sind.

4 Mitglieder von Betriebsräten, Personalräten (im öffentlichen Dienst) und Mitarbeitervertretungen (in kirchlichen Einrichtungen).

Gewerkschaften. Seit den 1990er Jahren haben erhebliche Veränderungsprozesse stattgefunden, zuerst wurde die Sozialakademie in die Universität Dortmund integriert und verlor dabei ihr Profil; im Jahr 2005 erfolgte die Integration der Hochschule für Wirtschaft und Politik in die Universität Hamburg. Damit haben die arbeiterbildenden Akademien weitgehend ihre Funktion verloren.

In allen sieben Gewerkschaften und im DGB gibt es auf Landes- und auf Bundesebene Bildungssekretariate oder Bildungsabteilungen bzw. eigene Bildungswerke, die selbständige Programme anbieten. Bis auf wenige kleinere Gewerkschaften unterhalten die meisten Gewerkschaften und der DGB Internatsschulen mit umfangreichen Bildungsangeboten. Der DGB hat für Maßnahmen der beruflichen Weiterbildung eine eigene Organisation gegründet, das Berufsfortbildungswerk des DGB GmbH (bfw)[5]. In einigen Bundesländern sowie auf Bundesebene gibt es Bildungswerke in der Trägerschaft von Gewerkschaften, beispielsweise die Deutsche Angestelltenakademie (DAA) oder ver.di Bildung und Beratung GmbH (ver.di b+b). Diese Bildungseinrichtungen bieten Maßnahmen der beruflichen Weiterbildung (Umschulung, Fortbildung) an (DAA), sie machen aber auch Angebote der Funktionärsbildung für Mitglieder betrieblicher Interessenvertretungen (ver.di b+b).

Nicht in direkter Trägerschaft des DGB und seiner Mitgliedsgewerkschaften, sondern als Kooperation zwischen Volkshochschulen und Gewerkschaften gibt es die Arbeitsgemeinschaft „Arbeit und Leben". Nach dem 2. Weltkrieg hatten sich insbesondere in der britischen Zone örtliche Arbeitsgemeinschaften „Arbeit und Leben" gebildet, „die in den 50er und 60er Jahren eine gewisse Vorreiterrolle im Bereich der politischen Arbeiterbildung eingenommen" haben (Weinberg 1989, S. 73). Heute gibt es in fast allen Bundesländern Landesarbeitsgemeinschaften „Arbeit und Leben", deren Angebotsprofil allerdings variiert. Zielsetzung ist „Bildung für die Demokratie, Befähigung zu Mitbestimmung, Mitverantwortung und Interessenvertretung" (Bundesarbeitskreis „Arbeit und Leben" 1989/90). Ein starker Akzent der Arbeit liegt auf der internationalen Ebene, so gibt es Seminarangebote zu europäischer Thematik, Nord-Süd- und Ost-West-Dialog und jugendpolitische Aktivitäten. Es gibt aber auch Bemühungen, in der beruflichen Bildungsarbeit, eine Integration von politischer und beruflicher Bildung zu praktizieren.

Die drei Ebenen gewerkschaftlicher Bildungsarbeit (lokale, regionale und bundesweite Angebote) existieren in den meisten Gewerkschaften und beim DGB selbständig nebeneinander und ergänzen sich gegenseitig, ohne unmittelbar aufeinander aufzubauen. Ähnlich ist das Verhältnis zwischen der Bildungsarbeit der einzelnen Gewerkschaften und der Bildungsarbeit des DGB strukturiert. In einigen Gewerkschaften gibt es einen stufenartigen Aufbau von Lehrgängen (z.B. IG Metall und ver.di). Dieses Stufensystem bezieht sich auf den Aufbau der Lehrgänge untereinander (z.B. Arbeitsrecht 1 und 2 oder Betriebsrätelehrgänge 1 bis 3), d.h. auf Seminare mit eher einführendem Charakter bauen Veranstaltungen mit spezielleren Themenstellungen auf. Diese Strukturen finden sich insbesondere bei den Angeboten der Bildungsarbeit für betriebliche Interessenvertretungen, weniger bei den Angeboten der gesellschaftspolitischen Bildung.

5 Auf die Aktivitäten der Gewerkschaften im Bereich der beruflichen Bildung kann hier nicht weiter eingegangen werden, wir konzentrieren uns auf die politische Bildung bzw. Funktionärsbildung der Gewerkschaften.

3 Inhalte und Konzeptionen gewerkschaftlicher Bildungsarbeit

Gewerkschaftliche Bildungsarbeit versteht sich als emanzipatorische Bildungsarbeit, als eine Bildungsarbeit, deren Ziel individuelle wie kollektive Emanzipation ist. Was darunter zu verstehen sei und wohin die Akzentsetzung gehen sollte, war in der Geschichte der gewerkschaftlichen Bildungsarbeit immer wieder Gegenstand von Diskussionen und konzeptionellen Auseinandersetzungen. Grundgedanke gewerkschaftlicher Bildungsarbeit ist, dass sie Menschen, die in abhängigen Beschäftigungsverhältnissen stehen, dazu befähigen will, die Interessen ihrer Klasse (kollektive Emanzipation) und ihre eigenen Interessen (individuelle Emanzipation) vor allem im Betrieb, aber auch in der Gesellschaft zum Nutzen der abhängig Beschäftigten zu vertreten.

Die Bildungsarbeit der Gewerkschaften in der Nachkriegszeit richtete sich vor allem auf die Schulung der FunktionärInnen für ihre betrieblichen Funktionen, aber auch darauf, über die arbeiterbildenden Akademien „Arbeitern eine wissenschaftliche Ausbildung für die Tätigkeit in den Mitbestimmungsgremien, den Institutionen der Sozialversicherung und der Sozial- und Arbeitsgerichtsbarkeit zu geben“ (Weinberg 1989, S. 72).

Einen entscheidenden konzeptionellen Neuimpuls erhielt die gewerkschaftliche Bildungsarbeit durch das zu Beginn der 1960er Jahre von Oskar Negt und anderen entwickelte exemplarische Prinzip. Die mit dem Buch „Soziologische Phantasie und exemplarisches Lernen“ (Negt 1968) vorgelegte theoretische Grundlegung eines Neuansatzes der Arbeiterbildung war der Versuch, auf der Basis marxscher Kategorien die unmittelbaren Erfahrungen der Teilnehmenden mit der Erkenntnis gesellschaftlicher Strukturen zu vermitteln. Mit Hilfe des Erfahrungsansatzes als didaktischem Prinzip sollte es gelingen, die Erfahrungen der Menschen aus den Betrieben zur Grundlage der Erörterung im Bildungsgeschehen zu machen. Die Theorie des exemplarischen Lernens hat nicht nur die gewerkschaftliche Bildungsarbeit, sondern auch die politische Erwachsenenbildung der ausgehenden 1960er und der 1970er Jahre beeinflusst.

In den 1980er Jahren sah sich die gewerkschaftliche Bildungsarbeit mit neuen Fragestellungen konfrontiert. Seminare zur Auseinandersetzung mit den in die Betriebe vordringenden neuen Informations- und Kommunikations-Technologien, aber auch zu ökologischen Themen wurden zunehmend nachgefragt. Durch die neue Frauenbewegung angeregt hatten schon in den 1970er Jahren Frauen in den Gewerkschaften eine eigenständige Behandlung ihrer Themen verlangt und forderten dies jetzt in den 1980er Jahren verstärkt ein (vgl. Derichs-Kunstmann 1990). In den 1990 Jahren wurden die aus der deutschen Wiedervereinigung entstehenden Fragestellungen, die europäische Integration und immer stärker auch die Auswirkungen der internationalen Globalisierung zu Herausforderungen für die gewerkschaftliche Bildungsarbeit.

Von ihrem Anspruch her ist gewerkschaftliche Bildungsarbeit politische Bildung, wenngleich die Zweckbildung für die Interessenvertretung im Betrieb in den Angeboten der gewerkschaftlichen Bildungsträger im Vordergrund steht. Vom bundesweit tätigen DGB Bildungswerk wird das Konzept folgendermaßen beschrieben[6]: „Unser Auftrag ist es Arbeitnehmerinnen und Arbeitnehmer sowie deren Interessenvertretern Kenntnisse und Kompetenzen zu vermitteln, die sie befähigen, die wirtschaftlichen, rechtlichen, sozialen und politischen Veränderungsprozesse in der Arbeit und Produktion beteiligungs- und handlungsorientiert mitzugestalten und mit zu bestimmen. Die Angebote dienen aber auch der Selbstreflexion und der Motivation sich als Gewerkschafter/in und Bürger politisch zu engagieren.“

6 Quelle, ebenso auch für die folgende Themenübersicht: www.dgb-bildungswerk.de, März 2008

Die im Folgenden dargestellten Themenbereiche und Seminarthemen stehen exemplarisch für die Bildungsarbeit der Gewerkschaften in Deutschland, vergleichbare Angebote kann man in den Bildungsprogrammen der einzelnen Gewerkschaften und ihrer Bildungswerke finden. Das DGB-Bildungswerk e.V. bietet im Jahr 2008 Seminare in folgenden Programmbereichen an: Betriebsratsqualifizierung, Politische Bildung, Migration, Nord-Süd-Netz und Jugendbildung. Die Schwerpunkte im Programmbereich Betriebsratsqualifizierung ergeben sich aus den Aufgabenstellungen der betrieblichen Interessenvertretungen. Es sind daher Seminare wie „Grundlagen der Betriebsratsarbeit", „Betriebsrat und Arbeitsrecht", „Tarifrecht", „Soziale Sicherung I und II" oder „Auswirkungen des europäischen Sozialrechts". Es gibt aber auch Seminare, in denen es um die Beteiligung der Interessenvertretungen an der Gestaltung des Zusammenarbeitens und -lebens im Betrieb geht wie bspw. „Wiedereingliederungsmanagement nach Langzeiterkrankungen" oder „Handicap Familie? Der Betriebsrat gestaltet eine familienbewusste Arbeitswelt".

Mitglieder betrieblicher Interessenvertretungen werden für das Management der Betriebsratsarbeit qualifiziert, ebenso wie für weitere damit verbundene Funktionen und Mandate, z.B. durch Seminare für ArbeitnehmervertreterInnen in Aufsichtsräten oder für ehrenamtliche Arbeits- und Sozialrichter und -richterinnen. Mitglieder betrieblicher Interessenvertretungen können beim DGB Bildungswerk Ausbildungen mit Zertifikat absolvieren, in denen sie zur Fachkraft für Arbeitssicherheit oder zum ‚Disability Manager' ausgebildet werden. Auf die Herausforderungen innerhalb von international tätigen Konzernen und europäischen Betriebsratsgremien werden die Teilnehmenden im Seminar „English for work councillors" vorbereitet.

Im Themenbereich Politische Bildung finden sich Seminare zu gesellschaftspolitischen Themen, zur europäischen Integration, zur Auseinandersetzung mit der Globalisierung und zur Entwicklungszusammenarbeit. Migration und interkulturelle Kompetenz werden ebenso thematisiert wie Computer und neue Medien. Ein weiterer Schwerpunkt sind ökologische Themen und Fragen der betrieblichen Gesundheitsförderung. Innerhalb des Themenbereiches Migration hat sich das DGB Bildungswerk schon seit vielen Jahren mit den Fragen auseinander gesetzt, die sich aus der Tatsache ergeben, dass Deutschland ein Einwanderungsland ist. Die Seminare richten sich sowohl an Migrantinnen und Migranten als auch an Mitglieder betrieblicher Interessenvertretungen. Darüber hinaus führt das DGB Bildungswerk mit deutschen und internationalen Partnern Entwicklungs- und Beratungsprojekte in Ländern Osteuropas und der so genannten Dritten Welt durch.

Das DGB Bildungswerk bietet, ebenso wie die meisten gewerkschaftlichen Bildungseinrichtungen Seminare an, die sich speziell an Jugendliche und junge Erwachsenen richten. Themenstellungen dieser Seminare sind 2008 beispielsweise: „Auf dem Weg in eine diskriminierungsfreie Gesellschaft – antirassistische Jugendbildung", „Neonazis und die soziale Frage", „Gute Arbeit? Schlechte Chancen!", „Videoaktivismus – mit Bildern die Welt verändern", „Gewerkschaftspolitik in der Hauptstadt – Berlin-Seminar", „Aktiv für ein soziales Europa" oder „Globalisierung und ihre Folgen".

Mitglieder betrieblicher Interessenvertretungen haben je nach den gesetzlichen Grundlagen ihrer Funktion[7] das Recht auf bezahlte Freistellung für die Teilnahme an Seminaren, die der

---

7 Die Regelungen sind für Mitglieder von Betriebsräten bundesweit einheitlich nach dem Betriebsverfassungsgesetz geregelt. Für Mitglieder von Personalräten in Betrieben des öffentlichen Dienstes sind diese für Betriebe auf Bundesebene nach dem Bundespersonalvertretungsgesetz geregelt, in den 16 Bundesländern gibt es jeweils eigene Personalvertretungsgesetze. Für Mitglieder der Mitarbeitervertretungen in kirchlichen Einrichtungen wiederum

Qualifizierung für ihre Aufgabe dienen. In einigen Bundesländern gibt es Freistellungsregelungen für ArbeitnehmerInnen (Bildungsurlaub) für die Teilnahme an Bildungsveranstaltungen. Dieser so genannte Bildungsurlaub stellt eine wichtige Grundlage für die Beteiligung an gewerkschaftlichen Seminaren dar, wenn keine andere Freistellungsregelung[8] in Anwendung kommen kann.

4 Aktuelle Probleme gewerkschaftlicher Bildungsarbeit

In den 1990er Jahren sah sich die gewerkschaftliche Bildungsarbeit mit folgenreichen gesellschaftlichen Veränderungen konfrontiert, die Veränderungen der Arbeitsbeziehungen und der gewerkschaftlichen Interessenvertretung zur Folge hatten. Diese Veränderungen setzten sich im 21. Jahrhundert fort. Arbeitslosigkeit, Deregulierung der Arbeitsbeziehungen, diskontinuierliche Erwerbsbiografien, die Prekarisierung der Erwerbsarbeit und damit auch der Lebensverhältnisse, Leiharbeit, die Forderung nach einer Neugestaltung des Geschlechterverhältnisses, der Export von Arbeit und die in alle Lebensbereiche (nicht nur Arbeitstätigkeiten) vordringenden Informationstechnologien stellen die gewerkschaftliche Bildungsarbeit vor immer neue inhaltliche Herausforderungen.

Diese hier nur kurz benannten gesellschaftlich relevanten Veränderungen haben tiefgreifende Wirkungen auch innerhalb der Gewerkschaften und der gewerkschaftlichen Bildungsarbeit. Der zunehmende ökonomische Druck führte bereits seit den 1990er Jahren zu einer zunehmenden Konzentration auf Seminare für betriebliche Interessenvertretungen. Die gesellschaftlichen Veränderungen haben zu einer geringeren Organisationsbereitschaft vor allem junger Erwerbstätiger und damit zu einem erheblichen Mitgliederverlust bei den Gewerkschaften geführt. Dieses war eine der Ursachen für die Zusammenlegungsprozesse von verschiedenen Gewerkschaften in den 1990er Jahren. Gewerkschaften müssen sich neue Organisationsformen überlegen, um potenzielle Mitglieder anzusprechen, und dazu gehören auch Überlegungen zur Neugestaltung der Bildungsarbeit.

In den Gewerkschaften und dem DGB wird seit den 1990er Jahren über eine Neuorientierung der gewerkschaftlichen Bildungsarbeit diskutiert (vgl. u.a. Balkenhohl 2001; Röder/Dörre 2002 u. 2006), Konzepte werden überarbeitet (vgl. ver.di 2007a, 2007b), Jubiläen von gewerkschaftlichen Bildungsstätten und Bildungseinrichtungen gaben Anlass zur Bilanzierung und Neuorientierung (vgl. u.a. Länge/Jelich 2006). Zu den Konsequenzen gehören u.a. die stärkere Übernahme subjektorientierter Methoden sowie die Ausweitung der europäischen Perspektiven der Bildungsarbeit. Dieser Prozess ist keineswegs abgeschlossen. Von allen Beteiligten wird dabei allerdings immer wieder betont, dass der politische Anspruch von gewerkschaftlicher Bildungsarbeit nicht aufgeben werden darf.

---

gelten je nach Landeskirche unterschiedliche Regelungen. Der Umfang des Freistellungsanspruchs je nach gesetzlicher Grundlage der Freistellung ist unterschiedlich. Gemeinsam ist diesen Regelungen der Anspruch auf Weiterzahlung des Arbeitsentgelts während der Teilnahme am Seminar. Außerdem gibt es im unterschiedlichen Umfang eine Kostenübernahme der Seminarkosten (Kostentragungspflicht) durch den Arbeitgeber.

8 Für Beschäftigte im öffentlichen Dienst kann in besonderen Fällen ein Anspruch auf Sonderurlaub für die Teilnahme an Seminaren bestehen.

Literatur

Balkenhol, Ch. (2001): Der Langstreckenlauf zur lernenden Organisation. Die IGBCE und ihre Organisationsentwicklung. In: Gewerkschaftliche Monatshefte 10. S. 576-581.

Ciupke, P./Jelich, F.-J. (Hrsg.) (1996): Soziale Bewegung, Gemeinschaftsbildung und pädagogische Institutionalisierung. Erwachsenenbildungsprojekte in der Weimarer Republik. Essen: Klartext-Verlag.

Derichs-Kunstmann, K. (1990): Gewerkschaftsfrauen in den 80er Jahren. Vom Ende der Bescheidenheit!? In: Beiträge, Informationen, Kommentare 9, Recklinghausen: Forschungsinstitut für Arbeiterbildung , S. 145-182.

Krug, P. (1980): Gewerkschaften und Arbeiterbildung. Gewerkschaftliche Bildungsarbeit von den Anfängen bis zur Weimarer Republik. Köln: Bund-Verlag.

Länge, T.W./Jelich, F.-J. (Hrsg.) (2006): Politische Bildung und gesellschaftliche Teilhabe. 50 Jahre Bundesarbeitskreis Arbeit und Leben. Recklinghausen: FIAB.

Negt, O. (1968): Soziologische Phantasie und exemplarisches Lernen. Zur Theorie der Arbeiterbildung. Frankfurt/M.: Europäische Verlagsanstalt.

Röder, W. J./Dörre, K. (Hrsg.) (2002): Lernchancen und Marktzwänge: Bildungsarbeit im flexiblen Kapitalismus. Münster: Westfäl. Dampfboot.

Röder, W. J./Dörre, K. (Hrsg.) (2006): Das Politische an (in) der Politischen Bildung. Recklinghausen: FIAB.

ver.di – Vereinte Dienstleistungsgewerkschaft (Hrsg.) (2007a): Bildung bewegt. Die ver.di-Bildungskonzeption. Berlin, März, ver.di.

ver.di – Vereinte Dienstleistungsgewerkschaft (Hrsg.) (2007b): Konzept ver.di-Bildungsstätten. Bilanz und Ausblick. Beraten und verabschiedet von der Bundesbildungskommission am 16. Juni. ver.di.

Weinberg, J. (1989): Bildungspolitik und politische Bildungsarbeit der Gewerkschaften. Hinweise zu ihrer historischen Entwicklung. In: Bremes, H.E./Schumacher, M. (Hrsg.): Mit der Vergangenheit in die Zukunft. Felder gewerkschaftlicher Politik seit '45. Münster: Westfäl. Dampfboot, S. 69-88.

André Schüller-Zwierlein | Richard Stang

Bibliotheken als Supportstrukturen für Lebenslanges Lernen

1 Ausgangslage

Wissen und Information sind zu den zentralen Ressourcen gesellschaftlicher und wirtschaftlicher Entwicklung geworden. Mit dem Bedeutungszuwachs der Ressource „Wissen" gehen Prozesse voranschreitender gesellschaftlicher Ausdifferenzierung einher (vgl. Stehr 1994). Die zunehmende Komplexität individueller und milieuspezifischer Ausdrucks- und Kommunikationsformen ist ein konstitutives Moment einer Gesellschaft, die von einer beschleunigten Dynamik technischer Entwicklung geprägt ist.

Diese Veränderungsprozesse stellen eine große Herausforderung für die Gesellschaft und in verstärktem Maße auch für die Wirtschaft dar. Bildung wird zur zentralen Kategorie der Bewältigungsstrategie dieser Herausforderungen. Das Konzept des „Lebenslangen Lernens" ist zum Synonym für die Entwicklung veränderter Bildungsstrukturen geworden. Die Anforderungen, die sich an dieses Konzept richten, wurden im „Memorandum über Lebenslanges Lernen" der Europäischen Union formuliert:

> „Lebenslanges Lernen ist nicht mehr bloß ein Aspekt von Bildung und Berufsbildung, vielmehr muss es zum Grundprinzip werden, an dem sich Angebot und Nachfrage in sämtlichen Lernkontexten ausrichten. (...) Alle in Europa lebenden Menschen – ohne Ausnahme – sollten gleiche Chancen haben, um sich an die Anforderungen des sozialen und wirtschaftlichen Wandels anzupassen und aktiv an der Gestaltung von Europas Zukunft mitzuwirken" (Kommission 2000, S. 3).

Die wichtigsten Herausforderungen bezogen auf die europaweite Umsetzung des Konzepts des Lebenslangen Lernens wurden von der Kommission der EU in sechs Botschaften zusammengefasst (vgl. Kommission 2000, S. 12ff.):

- Botschaft 1: Neue Basisqualifikationen für alle
  Ziel: Den allgemeinen und ständigen Zugang zum Lernen gewährleisten und damit allen Bürgerinnen und Bürgern ermöglichen, die für eine aktive Teilhabe an der Wissensgesellschaft erforderlichen Qualifikationen zu erwerben und zu aktualisieren.
- Botschaft 2: Höhere Investitionen in die Humanressourcen
  Ziel: Investitionen in Humanressourcen deutlich erhöhen und damit Europas wichtigstes Kapital – das Humankapital – optimal nutzen.
- Botschaft 3: Innovation in den Lehr- und Lernmethoden
  Ziel: Effektive Lehr- und Lernmethoden und -kontexte für das lebenslange und lebensumspannende Lernen entwickeln.

- Botschaft 4: Bewertung des Lernens
  Ziel: Die Methoden der Bewertung von Lernbeteiligung und Lernerfolg deutlich verbessern, insbesondere im Bereich des nicht-formalen und des informellen Lernens.
- Botschaft 5: Umdenken in Berufsberatung und Berufsorientierung
  Ziel: Für alle einen leichten Zugang sichern zu hochwertigen Informations- und Beratungsangeboten über Lernmöglichkeiten in ganz Europa und während des ganzen Lebens.
- Botschaft 6: Das Lernen den Lernenden auch räumlich näher bringen
  Ziel: Möglichkeiten für Lebenslanges Lernen in unmittelbarer Nähe (am Wohnort) der Lernenden schaffen und dabei gegebenenfalls IKT-basierte Techniken nutzen.

Das Memorandum griff zwar wichtige Aspekte für eine zukünftige Strategie der Gestaltung von Lernen und Bildung in Europa auf, blieb aber in vielen Punkten unkonkret. Es folgten einige Förderinitiativen, die allerdings bislang nicht zu dem Strategiewechsel geführt haben, der im Memorandum propagiert wurde. Hier wird es in Zukunft weiterer Bemühungen bedürfen, um das Lebenslange Lernen europaweit als Biografiebegleitendes Bildungskonzept zu etablieren.

Auch in Deutschland wurde von der Bund-Länder-Kommission für Bildungsplanung und Forschungsförderung 2004 ein Strategiepapier für Lebenslanges Lernen in der Bundesrepublik Deutschland veröffentlicht (vgl. BLK 2004). Dort wurde das Ziel der Strategie wie folgt formuliert:

> „Ziel der Strategie ‚Lebenslangen Lernens‘ ist es darzustellen, wie das Lernen aller Bürgerinnen und Bürger in allen Lebensphasen und Lebensbereichen, an verschiedenen Lernorten und in vielfältigen Lernformen angeregt und unterstützt werden kann. Lebenslanges Lernen bezieht alles formale, nicht-formale und informelle Lernen ein. Dabei wird ‚Lernen‘ verstanden als konstruktives Verarbeiten von Informationen und Erfahrungen zu Kenntnissen, Einsichten und Kompetenzen.“ (BLK 2004, S. 5)

Als Entwicklungsschwerpunkte wurden dabei unter anderem die Einbeziehung informellen Lernens, Vernetzung und chancengerechter Zugang genannt (vgl. ebd.). In beiden Papieren werden der Zugang zu Lernmöglichkeiten sowie die Förderung der Kompetenzentwicklung in der Breite der Bevölkerung hervorgehoben. Wie im EU-Memorandum und im Strategiepapier der BLK formuliert, geht es dabei nicht mehr nur um eine auf den engen formalen Bildungs- und Berufsbildungskontext eingeengte Perspektive, sondern auch um den Einbezug von nicht-formalen und informellen Lernkontexten. Bei der Unterstützung des Lebenslangen Lernens geraten deshalb europaweit immer stärker Institutionen wie Bibliotheken bei der Diskussion veränderter Bildungsstrukturen – unter anderem im Kontext der Diskussion über Learning Centres – in den Blick (vgl. Stang/Hesse 2006). Gerade Bibliotheken bieten – wie z.B. Einführungsangebote zur Vermittlung von Informationskompetenz – nicht-formale Lernangebote, die freiwillig genutzt werden können, oder mit der Strukturierung von Informationsangeboten nach Wissensthemen wie z.B. „Karriere und Beruf“ informelle Lernangebote. Damit werden unter der Perspektive der Botschaften des Memorandums der EU Angebote für neue Basisqualifikationen zur Verfügung gestellt, veränderte Lehr- und Lernmethoden generiert und durch die Infrastruktur der Bibliotheken das Lernen den Lernenden auch räumlich näher gebracht.

Bibliotheken verstehen sich zunehmend als Supportstrukturen für die Bildung. Zwar dienen sie seit jeher als Reservoirs für die verschiedensten Informationsabsichten (vgl. Jochum

2007). Seit dem 19. Jahrhundert haben sich in Deutschland jedoch Publikum und Bildungsauftrag der Bibliotheken deutlich erweitert (vgl. Thauer/Vodosek 1990; Umlauf 2005). In der großenteils föderalistisch geprägten deutschen Bildungslandschaft haben Bibliotheken heute vielfältige lokale, regionale und überregionale Aufgaben der Informationsversorgung sowie der Aus- und Weiterbildung im Umgang mit Information zu erfüllen, die hier nur kurz skizziert werden sollen; ein ausführlicher Überblick findet sich bei Plassmann u.a. (1999). Die traditionelle Funktionsweise des deutschen Bibliothekswesens – das sich zu einem flächendeckenden Netz entwickelt hat – lässt sich auch im Zeitalter der Globalisierung am klarsten aus den ‚territorialen' Zuständigkeiten seiner Teile und den jeweils adressierten Publika verstehen. Wissenschaftliche Bibliotheken – in Deutschland etwa 630 an der Zahl – richten sich vorrangig an ein wissenschaftlich interessiertes Publikum, bieten jedoch in den allermeisten Fällen auch ein umfassendes Literaturangebot für die spezielle berufliche Fortbildung. Dies ist meist auch bei Hochschulbibliotheken der Fall, auch wenn deren primäres Publikum die Studierenden und Lehrenden der Hochschule sind. Besonders auf die wissenschaftliche und spezialisierte Weiterbildung der Bürger einer (Groß-)Region ausgerichtet sind die Staats- und Landesbibliotheken eines Landes. Während es sich bei den Staatsbibliotheken meist um große Forschungsbibliotheken handelt, wenden sich die Landesbibliotheken vorwiegend an ein breiteres Publikum aus Stadt und Region; sie sammeln neben wissenschaftlicher Literatur auch das gesamte Schrifttum der Region und dienen meist durch Ausstellungen, Konzerte u.a.m. als regionale Kultureinrichtungen. Für die berufliche Weiterbildung spielen schließlich auch die sogenannten Spezialbibliotheken eine wichtige Rolle, meist Firmen- oder Behördenbibliotheken, die mit ihrem auf den Bedarf der Institution abgestimmten Informationsangebot die Grundlage für eine systematische betriebliche Fortbildung darstellen.

Öffentliche Bibliotheken – wie die Volkshochschulen, „Einrichtungen für Bildung, Kultur und soziale Integration" (Umlauf 2005, S. 12) – sind in besonderem Maße der Weiterbildung einer breiten Nutzerschicht verpflichtet. Im Baden-Württembergischen „Gesetz zur Förderung der Weiterbildung und des Bibliothekswesens" beispielsweise heißt es hierzu (§1): „Öffentliche Bibliotheken haben die Aufgabe, durch einen entsprechenden Literatur- und Informationsdienst den Zielen der Weiterbildung (…) zu dienen und der Bevölkerung die Aneignung von allgemeiner Bildung sowie von Kenntnissen für Leben und Beruf zu ermöglichen. Sie bieten allen Erwachsenen und Jugendlichen Bücher, Zeitschriften, Zeitungen, Musikalien und audio-visuelle Medien auf allen Gebieten der Weiterbildung an". Auch international ist die Entwicklung der ‚public libraries' eng mit der Gestaltung der Erwachsenenbildung verknüpft (vgl. Allred 1997). Im UNESCO Public Library Manifesto von 1994 heißt es: „The public library, the local gateway to knowledge, provides a basic condition for lifelong learning, independent decision-making and cultural development of the individual and social groups" (UNESCO 1994). Dies macht sich in ihrer Bedeutung für die jeweilige Gemeinde bemerkbar: Öffentliche Bibliotheken „sind in der Regel diejenigen Kultur- und Bildungseinrichtungen in einer Stadt, die von der Bevölkerung am stärksten frequentiert werden" (Barbian 2007, S. 211).

Zentrale Einrichtungen des öffentlichen Bibliothekswesens sind die jeweiligen Stadtbibliotheken oder -büchereien (alle deutschen Städte über 100.000 Einwohner, aber auch sehr viele kleinere Städte sind mit einer Stadtbibliothek ausgestattet; vgl. Umlauf 2005, S. 119). Sie halten für die jeweilige Stadt und ihre Umgebung ein breites Buch- und Medienangebot für die unterschiedlichsten Interessen bereit, neben Unterhaltungsliteratur vor allem Literatur zur beruflichen und persönlichen Weiterbildung. Öffentliche Bibliotheken wenden sich als Institutionen Lebenslangen Lernens an alle Alters- und Bevölkerungsschichten und bieten oft eine Vielfalt von alters, berufs- und problemspezifischen Veranstaltungen, Informations- und Mediensammlungen an (vgl. Barbian 2007; Stang 2005; Beispiele sind das Angebot ‚Bibliothek interkulturell' der Stadtbibliothek Nürnberg oder die Schulungsangebote für Menschen ab 50 der Stadtbibliotheken Würzburg und Duisburg). Sie stellen ihre Services mehr und mehr auf den demografischen Wandel ein (vgl. z.B. die Schwerpunktveranstaltung „Schritthalten mit dem gesellschaftlichen Wandel? – Demografische Entwicklung und Bildung" auf dem 97. Deutschen Bibliothekartag 2008 in Mannheim). Öffentliche Bibliotheken spielen darüber hinaus eine wichtige Rolle im Bereich der Leseförderung. Durch Bücherbussysteme wird zudem die Vor-Ort-Fortbildung auch in infrastrukturschwachen Regionen ermöglicht (etwa die Hälfte der deutschen Bevölkerung lebt in Orten unter 27.000 Einwohnern; vgl. Umlauf 2005, S. 119). Kleinere lokale Bibliotheken – z.B. gibt es neben den 3500 Öffentlichen Bibliotheken mit hauptamtlichen Personal in Deutschland auch tausende ehrenamtlich betreute – werden von der jeweiligen koordinierenden Landesfachstelle für das öffentliche Bibliothekswesen durch die Auslieferung themengebundener Bücherkisten und Informationspakete unterstützt. Zum System der öffentlichen Bibliotheken gehören schließlich ebenso die zahlreichen Schul- und Pfarrbibliotheken, die eine wichtige Rolle für die lokale Informationsversorgung – und damit für die Entwicklung von Lese- und Recherchegewohnheiten – spielen.

Durch die Digitalisierung von Information und Kommunikation, die Veränderungen in nahezu allen Bereichen des gesellschaftlichen Lebens bewirkt hat, hat sich die traditionelle Rolle der Bibliotheken jedoch noch einmal drastisch erweitert. Die ‚Informationsgesellschaft' – ein Begriff, der sich seit den 1980ern etabliert hat (vgl. Otto/Sonntag 1985) – sieht Information als grundlegendes Gut, auf das jeder Bürger für seine individuelle und gesellschaftliche Entwicklung ein Anrecht hat; der Zugang zu Information soll genauso gesichert werden wie die Informationsfreiheit. Gleichzeitig wird Information jedoch auch als Schlüsselfaktor der wirtschaftlichen Entwicklung eines Landes gesehen; Information und Informationsprodukte sind zur Ware geworden. Die elektronischen Medien haben einerseits eine Überschreitung lokaler und regionaler Grenzen möglich gemacht; andererseits erhalten kommerzielle und urheberrechtliche Bedingungen traditionelle ‚Territorien' oft auch im elektronischen Bereich aufrecht. Dementsprechend haben Bibliotheken umfangreiche elektronische Kooperationsprojekte und Infrastrukturen aufgebaut, die die optimale Nutzung umfassender, national und international vorhandener Informations- und Weiterbildungsangebote ermöglichen: Im Internet verfügbare Verbund- und Metakataloge ermöglichen die landes- und bundesweite Recherche nach benötigten Medien; diese können dann online per Fernleihe bestellt werden. Daneben stehen auch verschiedene Dokumentlieferdienste zur Verfügung. Die Vollständigkeit der in Deutschland verfügbaren Sammlungen wird durch das von der Deutschen Forschungsgemeinschaft begründete System der Sondersammelgebiete gefördert, das für jedes Fachgebiet eine Bibliothek bestimmt, die dieses in besonderer Tiefe sammelt und damit ein umfassendes Medienangebot auch für den Spezialistenbedarf bereitstellt; diese Bibliotheken bieten oft neben eigenen Lieferdiensten auch Orientierung im Internet durch sogenannte Virtuelle Fachbibliotheken an. Alle größeren Bibliotheken verfügen zudem über ein größeres Angebot fachspezifischer elektronischer Medien (Zeitschriften, bibliographische Datenbanken, Fakten- und Volltextdatenbanken), das meist durch landesweit (Konsortien) oder bundesweit (DFG-finanzierte Nationallizenzen) verfügbare E-Medien erweitert wird.

Diese elektronischen Medien stellen mittlerweile eine Kernleistung der Bibliotheken dar: Viele traditionelle Nachschlagewerke und Quellensammlungen sind bereits in elektronische Form überführt und damit besser verfügbar und detaillierter recherchierbar gemacht worden.

Sie stellen ein fachlich und formal qualitätskontrolliertes Informationsangebot dar, dessen Umfang den der im freien Internet verfügbaren Informationen wesentlich übersteigt. Im Gefolge dieser Explosion der elektronischen Medien hat sich der Aufgabenbereich der Bibliotheken noch ein weiteres Mal massiv erweitert.

2 Bibliotheken als Vermittler von Schlüsselkompetenzen für das Lebenslange Lernen

Bis vor etwa einem Jahrzehnt wurden Bibliotheken in Deutschland vor allem als Orte für das selbstgesteuerte Lernen und die informelle Weiterbildung gesehen (vgl. Dohmen 2001, S. 150ff.). Ihre Rolle bestand vornehmlich in der Bereitstellung von Medienbeständen als Grundlage für die eigenständige Weiterbildung und der laufenden Optimierung von Recherche- bzw. Informationsbeschaffungsmöglichkeiten. Ausgehend von internationalen Bestrebungen (z.B. ACRL 2000; Homann 2002; Virkus 2003) und angesichts der beschleunigten technischen Entwicklung hat sich diese Sicht von Bibliotheken in den letzten Jahren tiefgreifend gewandelt: Zu den Kernaufgaben der Bibliotheken gehört nach modernem Verständnis nicht mehr nur die Optimierung der Recherche*möglichkeiten*, sondern auch die Optimierung der Recherche*fähigkeiten* ihrer Nutzer, d.h. die aktive Vermittlung von Informations- und Medienkompetenz (vgl. Franke/Sticht 2004; Lux/Sühl-Strohmenger 2004; Krauß-Leichert 2007; Sühl-Strohmenger 2007c; Schüller-Zwierlein 2007); diese ist für die informelle ebenso wie für die formale Aus- und Fortbildung erforderlich, für den Alltag genauso wie für das Berufsleben. Zur klassisch bibliothekarischen Aufgabe der Literatur- und Informationsversorgung ist die der Schulung des Informationsverhaltens, der Beratung und Orientierung in der sich ständig verändernden Informationswelt hinzugekommen, zur Aufgabe der Bereitstellung von Medien die Vermittlung von Medienkompetenz: „Libraries should always be directed towards the empowerment of the users. (…) [They] are not just service places, but active partners in the educational process" (Häggström 2004, S. 3f.). Nur Bibliotheken, die beide Aspekte berücksichtigen, erfüllen ihren öffentlichen Auftrag, allen Bürgerinnen und Bürgern den Zugang zu Information zu eröffnen (vgl. DBV 2007) und eine umfassende Bildungsbeteiligung zu ermöglichen.

Worum geht es nun bei diesen Schlüsselkompetenzen? „Unter dem Oberbegriff ‚Informationskompetenz' ist die Fähigkeit zu verstehen, (…) Informationen umfassend und systematisch zu suchen, zu finden, zu bewerten und effektiv zu nutzen" (Vogel/Cordes 2005, S. 15; vgl. a. Ingold 2005; ACRL 2000). Angesichts der Informationsflut, der Vielzahl von Informationsquellen und Recherchemedien und des expandierenden Informationsmarkts (vgl. Ballod 2007; Kuhlen/Seeger/Strauch 2004; Stock 2000) gehört sie – auch im Hinblick auf rechtliche und ethische Aspekte – zu den Grundfähigkeiten, die für das moderne Berufsleben erforderlich sind. Inhaltlich überlappend, jedoch eher auf die medialen Bedingungen als auf die informationellen Inhalte bezogen, ist der Begriff der ‚Medienkompetenz', der nach Baacke (1997; vgl. a. Simon 2003; Sühl-Strohmenger 2007c) vier Hauptdimensionen umfasst: die Fähigkeit zur Medienkritik, das Wissen über Mediensysteme (Medienkunde) sowie die Fähigkeiten zur optimalen Mediennutzung und zur sinnvollen Mediengestaltung.

Die Bedeutung der Informations- und Medienkompetenz hat durch die schnellen Technologiezyklen im Bereich der elektronischen Medien noch zugenommen. Die Ubiquität des Internets und die Alltäglichkeit der Internetrecherche – im August 2007 wurden beispielsweise weltweit ca. 61 Milliarden Suchanfragen von etwa 750 Millionen Internetnutzern durchgeführt – haben, wie Studien zeigen (vgl. Klatt u.a. 2001; Franke/Schüller-Zwierlein 2007), nicht zu einer Verbesserung der Recherche- und Verständnisfähigkeit geführt. Im Gegenteil: Die Ergebnislisten gängiger Suchmaschinen suggerieren oft eine Lösung, wo keine ist; vielen Nutzerinnen und Nutzern ist z.B. nicht bewusst, dass

- die Informationen im Internet häufig weder inhaltlich noch formal qualitätskontrolliert sind,
- nicht alle vorhandenen Seiten auch durchsucht werden,
- von den durchsuchten Seiten nicht alle in der Ergebnisliste einsehbar sind,
- die statistisch unterstützte Stichwortsuche keine wirklich inhaltliche Suche darstellt und
- die Mehrzahl der elektronisch vorhandenen Informationen sich außerhalb des Internets befindet.

Es zeigt sich: „Die scheinbar einfachen Bedienungsoberflächen von internetbasierten WWW-Katalogen und Suchmaschinen verleiten (...) zu dem voreiligen Schluss, die modernen Informationsinstrumente zu beherrschen. Wichtige Informationsquellen und die Fähigkeit zur Reflexion von individuellen und kollektiven Informationsprozessen werden damit nicht genutzt." (Homann 2002, S. 625) So wird bei einer Vielzahl von Internetrecherchen zwar das subjektive Informationsbedürfnis gestillt, nicht aber der objektive Informationsbedarf.

Informations- und Medienkompetenz – die Fähigkeiten zur aktiven, selbständigen und kritischen Informationsbeschaffung und -verwertung – sind daher wichtige Voraussetzungen für das Lebenslange Lernen (vgl. Candy 2002; Häggström 2004; Pott 2007). Sie gehört zu den wichtigsten Schlüsselqualifikationen, die in Aus- und Weiterbildungsinstitutionen vermittelt werden (zum Begriff ‚Schlüsselqualifikation' s. Meisel u.a. 1989; Negt 1997; Mertens 1974), und ist die zentrale Schlüsselkompetenz der Informationsgesellschaft (vgl. Bruce 2002, S. 1). Die methodische und fachmännische Vermittlung von Kenntnissen in diesem Bereich ist daher für eine berufsorientierende Ausbildung ebenso wie für die allgemeine Erwachsenenbildung und die betriebliche Weiterbildung unabdingbar.

Wie groß der Bedarf ist, mag ein Beispiel verdeutlichen: Punktuelle Untersuchungen an einer der größten Universitäten Deutschlands, der LMU München, zeigen, dass – selbst bei den bereits vorqualifizierten und scheinbar in der Informationsgesellschaft aufgewachsenen Studierenden – über ein Drittel aller Suchabfragen im Katalog der Universitätsbibliothek keinen Treffer ergeben (die wenigsten hiervon deshalb, weil ein gewünschtes Buch nicht in der Bibliothek vorhanden war) und dass über 20% der Suchen in einer Datenbank nach bereits einem Versuch abgebrochen werden. Eine Analyse der Suchprotokolle zeigt, dass wichtige Suchtechniken kaum bekannt sind und dass daher ein beträchtlicher Teil der Recherchen zu deutlich suboptimalen Ergebnissen führt. Die Vermittlung von Informationskompetenz ist hier wie an vielen anderen Orten noch nicht ausreichend in die Aus- und Weiterbildung integriert.

Diese Auffassung teilen auch die zentralen deutschen Bildungs- und Wissenschaftsgremien. Im Jahre 2001 stellte die sogenannte SteFI-Studie (das Kürzel steht für: Studieren mit elektronischen Fachinformationen) des Bundesministeriums für Bildung und Forschung fest: „Die Informationskompetenz der meisten Studierenden ist unzureichend" (vgl. Klatt u.a. 2001). Auch viele Lehrende beklagten, die Vielfalt der neuen Recherchemedien sei einfach zu groß, als dass man sich ständig auf dem Laufenden halten könne. Der Wissenschaftsrat empfahl daraufhin:

„Die gegenwärtig im Wesentlichen nur autodidaktisch erworbenen Informationskompetenzen der Lehrenden und Studierenden müssen dringend weiterentwickelt werden“ (Wissenschaftsrat 2001, S. 12). Auch die Deutsche Forschungsgemeinschaft schloss sich diesem Urteil an und betonte die Notwendigkeit einer „systematische[n] Entwicklung fachbezogener Übungen zum Recherchieren (...), die verpflichtend in die universitären Curricula integriert werden“; „[ü]ber derartige Kurse“ müsse „die Informationskompetenz gestärkt werden“ (DFG 2006, S. 5). Dementsprechend werden Hochschulbibliotheken in zunehmendem Maße in Bachelor- und Master-Studiengänge, die einen festen Anteil an auf Schlüsselqualifikationen konzentrierten Kursen vorsehen, eingebunden (vgl. Lux/Sühl-Strohmenger 2004; Schüller-Zwierlein 2005; 2006).

Die These, „dass Kultureinrichtungen zunehmend die Einrichtung von Lernarrangements als Bestandteil der Organisationsentwicklung sehen“ (Stang 2005, S. 10), hat sich in den letzten zehn Jahren immer deutlicher auch in Bezug auf Bibliotheken bestätigt (vgl. z.B. Schüller-Zwierlein 2007). Die Vermittlung von Informations- und Medienkompetenz und die Gestaltung von E-Learning-Angeboten ist mittlerweile fester Bestandteil der bibliothekarischen Ausbildung; in vielen Bibliotheken findet zusätzlich die notwendige pädagogisch-didaktische Fortbildung statt (vgl. z.B. Sühl-Strohmenger 2003). Bibliotheken werden immer mehr als ideale Begleiter Lebenslangen Lernens gesehen (vgl. Bertelsmann Stiftung/Bundesvereinigung Deutscher Bibliotheksverbände 2004; Stang 2005; 2007) – über den traditionellen Bereich hinaus bieten viele Bibliotheken auch Schulungen und Informationsveranstaltungen für Schüler, Senioren u.a.m. an.

3 Bibliotheken als Lernorte und Lernzentren

Informations- und Medienkompetenz lässt sich „im Kontext des praktischen Umgangs mit Medien und Informationen am nachhaltigsten entwickeln und fördern“ (Sühl-Strohmenger 2007c, S. 231) – kurz, sie muss trainiert werden. Die deutschen Bibliotheken schaffen daher mehr und mehr die räumlichen und technischen Voraussetzungen, um ihren modernen Bildungsaufgaben gerecht zu werden. Die Lernateliers der Stadtbücherei Stuttgart etwa sind ein erfolgreiches Beispiel dafür, wie in diesem Bereich die Infrastruktur zur Unterstützung des Lebenslangen Lernens systematisch entwickelt und die Bibliothek als gern genutzter Lern- und Weiterbildungsort etabliert wird (vgl. Jouly 1996; Bussmann 1998; Puhl 2001).

Da sich die bibliothekarischen Informations- und Lehrveranstaltungen immer mehr auch auf elektronische Medien beziehen, die spezieller Vermittlungsformen bedürfen, gibt es in vielen Bibliotheken heute bereits spezielle Schulungsräume und Rechnerpools, die über eine entsprechende technische Infrastruktur für aktivierenden und intermedialen Unterricht verfügen (z.B. didaktische Netze oder Präsentationstechnologien wie Interactive Whiteboards). Ihre Beratungs- und Auskunftsfunktion ist an vielen Orten durch ein elektronisches Auskunftssystem gestärkt worden (z.B. QuestionPoint an der Bayerischen Staatsbibliothek München).

Gleichzeitig haben jedoch Untersuchungen gezeigt, dass Bibliotheken gefordert sind, ihr Selbstlernangebot deutlich auszubauen (vgl. Franke/Schüller-Zwierlein 2007). Die digitalen Medien eröffnen hier der Aus- und Weiterbildung neue Chancen (vgl. BMBF 2007). Neben klassischen Selbstlernangeboten, die eine Nutzung der Bibliothek als Lern-/Weiterbildungsort ermöglichen (umfangreiche Präsenzbestände, lange Öffnungszeiten, detaillierte gedruckte Informationsmaterialien), haben sich daher viele Bibliotheken vor allem im E-Learning-Bereich weiterentwickelt (z.B. eTutorials der UB München oder ILIAS der UB Konstanz); vielfach erweist sich hierbei, dass ein Blended-Learning-Angebot, bei dem E-Learning und Präsenzlehre geschickt verzahnt werden, gerade für den Lehrbereich Informations- und Medienkompetenz die effektivste und vom Publikum am besten angenommene Lösung ist (vgl. Pott 2007; zum Begriff des Blended Learning s. Mandl/Kopp 2006). An vielen Bibliotheken wurden sogar spezielle Kompetenz- und Lernzentren aufgebaut (s. z.B. Sühl-Strohmenger 2002, 2005; Frasch 2003; vgl. a. das Lernstudio der Stadtbücherei Würzburg), u.a. gefördert durch das Programm „Medienkompetenzzentren in Büchereien" des Bundesministeriums für Bildung und Forschung. Dies ermöglicht moderne Lehr- und Lernmethoden und macht die Bibliothek zu idealen Lernorten und Lernzentren (zu Lernzentren vgl. Stang/Hesse 2006; zur Bibliothek als Lernort vgl. Umlauf 2001; 2005).

4 Kooperationen von Bibliotheken und Weiterbildungseinrichtungen

Die Kooperation zwischen Bibliotheken und Weiterbildungseinrichtungen – hier besonders Volkshochschulen – ist in den letzten Jahren intensiviert worden. Die Modelle der Zusammenarbeit reichen von der organisatorischen Integration über die räumliche Integration bis hin zur engen konzeptionellen Kooperation und zum Netzwerk bzw. der lockeren Kooperation. Eine der konzeptionell ambitioniertesten Umsetzungen der organisatorischen Integration in Deutschland findet sich in Unna. Im *Zentrum für Information und Bildung (ZIB)*, das im September 2004 eröffnet wurde, sind alle Leistungen der bisherigen Einrichtungen wie Volkshochschule, Stadtbibliothek, Stadtarchiv, Kulturamt und des i-Punktes konzentriert. Als Informations- und Bildungszentrum soll das ZIB eine zentrale Anlaufstation für alle Bürger/innen in Fragen der Information, Beratung, Bildung, Kommunikation und Erlebnis darstellen. Der gemeinsame Informations- und Kommunikationsbereich umfasst Informationsinseln, einen Lesebereich, PC- und Internetarbeitsplätze genauso wie einen Selbstinformationsbereich. Atelier- und Seminarräume ermöglichen die unterschiedlichsten Lernangebote.

Ein zukunftsweisendes und innovatives Konzept der organisationalen Integration von Bibliothek und Volkshochschule ist in Österreich mit dem Wissensturm in Linz realisiert worden. Neben den klassischen Angeboten einer Bibliothek und einer Volkshochschule an einem gemeinsamen Ort wurde ein Medien- und Selbstlernzentrum eingerichtet. Am Servicecenter können auch Bürgerservice-Leistungen der Stadt Linz in Anspruch genommen werden.

Räumliche Integration findet sich unter anderem im Kulturzentrum Gasteig in München oder im Kulturzentrum August Everding in Bottrop. Hier befinden sich Bibliothek und Volkshochschule in einem Gebäude. Eine enge Zusammenarbeit hat sich in den letzten Jahren in vielen Orten in Deutschland ergeben. So haben zum Beispiel die Stadtbüchereien in Würzburg und Stuttgart ihre Lernangebote eng mit den Volkshochschulen vernetzt. Dazu gehört auch, dass gemeinsam über zukünftige Strategien der Entwicklung der Infrastruktur für Lebenslanges Lernen diskutiert wird. Darüber hinaus gibt es eine Fülle von Initiativen, in denen Bibliotheken und Weiterbildungslandschaften punktuell zusammenarbeiten (vgl. Stang 2005).

Diese kleine Auswahl an Beispielen zeigt, dass sich hier eine Infrastruktur für Lebenslanges Lernen entwickelt, in die sowohl Bibliotheken als auch Weiterbildungseinrichtungen ihre spezifischen Kompetenzen einbringen und dadurch Synergieeffekte geschaffen werden, die den Lernenden neue Optionen des Zugangs zu Lernressourcen eröffnen.

5 Ausblick – Entwicklungsbedarf

Bibliotheken sind zentrale Supportstrukturen für das Lebenslange Lernen (vgl. Stang 2005; Häggström 2004; Stang/Puhl 2001; Allred 1997; UNESCO 1994). Um sie dauerhaft als solche zu erhalten, sind vor allem zwei Aspekte von großer Bedeutung:

1. Die laufend aktualisierte Kunden- bzw. Bedarfsorientierung ist ein wichtiger Teil eines erfolgreichen Weiterbildungsangebotes. „We need more research and knowledge about how libraries and the professional profiles of librarians should be designed in order to improve their preparation to meet the new needs and demands directed towards them" (Häggström 2004, S. 3). Dies setzt u.a. eine – nur durch enge Zusammenarbeit von Bibliotheken, Herstellern und Informationswissenschaft erreichbare – Weiterentwicklung der Erforschung des Informationsverhaltens auf anglo-amerikanisches Niveau voraus (vgl. Fisher/Erdelez/McKechnie 2005). Dies gilt insbesondere für das Informationsverhalten von beruflich Tätigen und von verschiedenen sozialen Gruppen, denen eine laufende Weiterbildung ermöglicht werden muss.
2. Die Gleichstellung der Vermittlung von Informationskompetenz zu anderen Bibliotheksbereichen ist eine der wichtigsten Voraussetzungen für eine funktionierende Weiterbildung: Informationskompetenz ist die wichtigste Schlüsselkompetenz des 21. Jahrhunderts – ihre Vermittlung muss durch die verpflichtende Einbindung in Ausbildungsgänge systematisiert, ausreichend finanziert und durch effiziente Kooperationen gesichert werden.

Dass neben lokalen ‚communities of practice', wo verschiedene Bildungseinrichtungen vor Ort zusammenarbeiten, auch regionale Netzwerke etabliert werden müssen (vgl. Stang 2005, S. 11), haben die Bibliotheken früh realisiert. Erfolgreiche Projekte der Zusammenarbeit von Bibliotheken und Weiterbildungseinrichtungen zeigen, dass durch die Bündelung der jeweiligen Kompetenzen und der Ressourcen auch bildungsferne Gruppen besser erreicht werden können. Ein Beispiel eines landesweiten Netzwerks verschiedener Bildungseinrichtungen, in dem auch viele Bibliotheken engagiert sind, ist das Medienkompetenz-Netzwerk NRW (www.mekonet.de). In den letzten Jahren wurden zudem in vielen Bundesländern bzw. Verbundregionen bibliothekarische Arbeitsgemeinschaften gegründet, die sich mit der Vermittlung von Informationskompetenz beschäftigen und diese in ihrer Region koordinieren (die erste wurde 2002 in Nordrhein-Westfalen geschaffen). Um die Zusammenarbeit der regionalen Arbeitsgemeinschaften untereinander zu festigen und ihnen eine Austausch- und Projektplattform zu bieten, wurde als zentrale überregionale Supportstruktur das Portal www.informationskompetenz.de geschaffen (vgl. Schüller-Zwierlein/Franke 2007). Dieses Bildungsportal dient gleichermaßen der beruflichen Fortbildung von Bibliothekar/innen im Bereich Informations- und Medienkompetenz und der Verbesserung der lokalen Informationskompetenz-Lehre – und damit der Vermittlung der zentralen Schlüsselqualifikation der Informationsgesellschaft. Die Bildung und Fortentwicklung solcher translokalen Netzwerke ist eine wesentliche Grundlage für die Etablierung des Lebenslangen Lernens in Deutschland.

In Anbetracht der gesellschaftlichen Herausforderung im Bezug auf das Lebenslange Lernen wird die Bedeutung der Weiterentwicklung von Konzepten, die über Institutionengrenzen hinweg realisiert werden, zunehmen. Für eine innovative Umsetzung bedarf es aber eines Perspektivenwechsels sowohl bei vielen Bibliotheken als auch bei vielen Weiterbildungseinrichtungen. Die Zusammenarbeit ist keine Gefahr für die einzelnen Institutionen, im Gegenteil: Sie schafft Synergieeffekte im Sinne einer verbesserten Bildungsinfrastruktur für alle Bürger. Dass auf diesem Weg noch viele wichtige Schritte zu gehen sind, zeigt die Einschätzung des Bundespräsidenten:

> „Trotz des wichtigen Beitrags der Bibliotheken für die Bildung und das selbstständige Lernen, fehlt in Deutschland – im Gegensatz zu den erfolgreichen PISA-Ländern – die strategische Verankerung der Bibliotheken als Teil der Bildungsinfrastruktur. Durchgängige bildungspolitische Zielsetzungen gemeinsam mit dem Bibliothekswesen sind heute weder auf Länderebene noch in der Politik des Bundes in ausreichendem Maße anzutreffen. Bibliotheken gehören deshalb in Deutschland auf die politische Tagesordnung." (Köhler 2007)

Literatur

ACRL (2000): Information Literacy Competency Standards for Higher Education. Chicago, IL: ACRL.

Allred, J. (1997): Bibliotheken – offen für lebenslanges Lernen. In: Bibliotheksdienst 31, H. 1, S. 36-46.

Baacke, D. (1997), Medienpädagogik. Tübingen: Niemeyer.

Ballod, M. (2007): Informationsökonomie – Informationsdidaktik. Strategien zur gesellschaftlichen, organisationalen und individuellen Informationsbewältigung und Wissensvermittlung. Bielefeld: Bertelsmann.

Barbian, J.-P. (2007): Handy-Poesie, „Hürriyet" und Hochkultur. „Kulturelle Bildung": Chancen und Perspektiven für Öffentliche Bibliotheken. In: BuB. Forum Information und Bibliothek 59, H. 3, S. 207-212.

Bertelsmann Stiftung/Bundesvereinigung Deutscher Bibliotheksverbände (Hrsg.) (2004): Bibliothek 2007. Strategiekonzept. Gütersloh: Bertelsmann Stiftung.

BLK – Bund-Länder-Kommission für Bildungsplanung und Forschungsförderung (2004): Strategie für Lebenslanges Lernen in der Bundesrepublik Deutschland. Bonn: BLK.

BMBF – Bundesministerium für Bildung und Forschung (Hrsg.) (2007): Neue Medien in der beruflichen Bildung. Digitale Medien eröffnen der beruflichen Aus- und Weiterbildung neue Chancen. Bonn/Berlin: BMBF. Verfügbar unter: http://www.bmbf.de/pub/neue_medien_in_beruflichen_bildung.pdf [20.08.08].

Bruce, C. (2002): Information Literacy as a Catalyst for Educational Change: A Background Paper. White paper prepared for UNESCO, the U.S. National Commission on Libraries and Information Science, and the National Forum on Information Literacy. In: Proceedings Information Literacy Meeting of Experts, Prague, The Czech Republic. Verfügbar unter: http://dlist.sir.arizona.edu/300/01/bruce-fullpaper.pdf [20.08.08].

Bussmann, I. (1998): Bibliothek 21 – Modell eines modernen Stützpunkts für das selbstgesteuerte lebenslange Lernen. Verfügbar unter:http://www.stuttgart.de/stadtbuecherei/druck/bussmann_lernen.htm [20.08.08].

Candy, P.C. (2002): Lifelong Learning and Information Literacy. White Paper prepared for UNESCO, the U.S. National Commission on

Libraries and Information Science, and the National Forum on Information Literacy, for use at the Information Literacy Meeting of Experts, Prague, The Czech Republic. Verfügbar unter: http://www.nclis.gov/libinter/infolitconf&meet/papers/candy-fullpaper.pdf [20.08.08].

DBV (2007): Bibliotheken und Volkshochschulen – unverzichtbare kommunale Zentren für Information, Wissen und Weiterbildung. Landesverband Baden-Württemberg im Deutschen Bibliotheksverband e.V.; Volkshochschulverband Baden-Württemberg e.V. Verfügbar unter: http://www.bibliotheksverband.de/lv-baden-wuerttemberg/dokumente/Grundsatzpapier_Bibliotheken-Volkshochschulen.pdf [20.08.08].

DFG (2006): Elektronisches Publizieren im wissenschaftlichen Alltag. Überlegungen zur Integration elektronischer Publikationsformen in die Geisteswissenschaften. Bonn: DFG. Verfügbar unter: http://www.dfg.de/forschungsfoerderung/wissenschaftliche_infrastruktur/lis/download/elektr_publizieren.pdf [20.08.08].

Dohmen, G. (2001): Das informelle Lernen. Bonn/Berlin: BMBF. Verfügbar unter:http://www.bmbf.de/pub/das_informelle_lernen.pdf [20.08.08].

Franke, F./Schüller-Zwierlein, A. (2007): Recherche-Hilfe erwünscht, gerne auch online. Ergebnisse einer aktuellen Studierendenbefragung durch Hochschulbibliotheken in Bayern. In: BuB. Forum Information und Bibliothek 59, H. 11/12, S. 794-798.

Franke, F./Sticht, O. (2004): „Mit weniger Mitteln gezielter vermitteln" – Lehrveranstaltungen zur Vermittlung von Informationskompetenz als Kernaufgabe von Hochschulbibliotheken. In: Bibliotheksforum Bayern 32, H. 1, S. 15-22.

Frasch, G. (2003): Ohne Bibliotheken geht es nicht! Die Entdeckung einer gesellschaftlichen Bedarfslücke: drei Jahre Multimediales Lernstudio der Stadtteilbücherei Stuttgart-Zuffenhausen. In: BuB. Forum für Bibliothek und Information, 55, H. 2. S. 97-100.

Fisher, K.E./Erdelez, S./McKechnie, L. (Hrsg.) (2005): Theories of Information Behavior. Medford, NJ: Information Today, Inc.

Häggström, B.M. (Hrsg.) (2004): The Role of Libraries in Lifelong Learning. Final report of the IFLA project under the Section for Public Libraries. Verfügbar unter: http://www.ifla.org/VII/s8/proj/Lifelong-LearningReport.pdf [20.08.08].

Homann, B. (2002): Standards der Informationskompetenz. Eine Übersetzung der amerikanischen Standards der ACRL als argumentative Hilfe zur Realisierung der „Teaching Library". In: Bibliotheksdienst 36, H. 5, S. 625-638.

Ingold, M. (2005): Das bibliothekarische Konzept der Informationskompetenz. Ein Überblick. Berlin: Institut für Bibliothekswissenschaft der Humboldt-Universität zu Berlin. Verfügbar unter: http://www.ib.hu-berlin.de/~kumlau/handreichungen/h128/h128.pdf [20.08.08].

Jochum, U. (20073): Kleine Bibliotheksgeschichte. verb. u. erw. Aufl. Stuttgart: Reclam.

Jouly, H. (1996): Bibliotheken: Stützpunkte und Ateliers für selbstgesteuertes Lernen. Verfügbar unter: http://www.stuttgart.de/stadtbuecherei/druck/jouly1.htm [20.08.08].

Klatt, R./Gavriilidis, K./Kleinsimlinghaus, K./Feldmann, M. u.a. (2001): Nutzung elektronischer wissenschaftlicher Information in der Hochschulausbildung. Studie im Auftrag des Bundesministeriums für Bildung und Forschung (BMBF). Verfügbar unter: http://www.stefi.de [20.08.08].

Köhler, H. (2007): Festrede von Bundespräsident Horst Köhler anlässlich des Festaktes zur Wiedereröffnung der Anna-Amalia-Bibliothek. 24.10.2007, Weimar. Verfügbar unter: http://www.bundespraesident.de/-,2.641428/Festrede-von-Bundespraesident-.htm [20.08.08].

Kommission der Europäischen Gemeinschaften (2000): Memorandum über Lebenslanges Lernen. Brüssel: Kommission der Europäischen Gemeinschaften. Verfügbar unter: http://www.die-frankfurt.de/esprid/dokumente/doc-2000/EU00_01.pdf [20.08.08].

Krauß-Leichert, U. (Hrsg.) (2007): Teaching Library. Eine Kernaufgabe für Bibliotheken. Frankfurt am Main u.a.: Lang.

Kuhlen, R./Seeger, T./Strauch, D. (Hrsg.) (20045): Grundlagen der praktischen Information und Dokumentation. 2 Bde. München: Saur.

Lux, C./Sühl-Strohmenger, W. (2004): Teaching Library in Deutschland. Vermittlung von Informations- und Medienkompetenz als Kernaufgabe für Öffentliche und Wissenschaftliche Bibliotheken. Wiesbaden: Dinges & Frick.

Mandl, H./Kopp, B. (2006): Blended Learning: Forschungsfragen und Perspektiven. München: Ludwig-Maximilians-Universität, Lehrstuhl für Empirische Pädagogik und Pädagogische Psychologie. Verfügbar unter: http://epub.ub.uni-muenchen.de/archive/00000905/01/Forschungsbericht182.pdf [20.08.08].

Meisel, K./Badura, J./Röder, R. u.a. (1989): Schlüsselqualifikationen in der Diskussion. Frankfurt/M.: Pädagogische Arbeitsstelle des Deutschen Volkshochschulverbands.

Mertens, D. (1974): Schlüsselqualifikationen. Thesen zur Schulung für eine moderne Gesellschaft. In: Mitteilungen aus der Arbeitsmarkt- und Berufsforschung 7, H. 1, S. 36-43. Verfügbar unter: http://doku.iab.de/mittab/1974/1974_1_MittAB_Mertens.pdf [20.08.08].

Negt, O. (1997): Gesellschaftliche Schlüsselqualifikationen. Sechs Kompetenzen zur Gesellschaftsveränderung. In: Widerspruch 17, H. 33, S. 89-114.

Otto, P./Sonntag, P. (1985): Wege in die Informationsgesellschaft. Steuerungsprobleme in Wirtschaft und Politik. München: dtv.

Plassmann, E./Seefeldt, J./Busse, G. von/Ernestus, H. (19993): Das Bibliothekswesen der Bundesrepublik Deutschland. Wiesbaden: Harrassowitz.

Pott, B. (2007): Gestaltung von Blended-Learning-Angeboten für fachlich heterogene Gruppen. In: Information: Wissenschaft und Praxis, 58, H. 5, S. 287-292.

Puhl, A. (2001): Lernateliers – Formen einer zukünftigen Lernunterstützung in Bibliotheken. In: Stang, R./Puhl, A. (Hrsg.) : Bibliotheken und lebenslanges Lernen: Lernarrangements in Bildungs- und Kultureinrichtungen. Bielefeld: Bertelsmann, S. 116-128.

Schüller-Zwierlein, A. (2005): Informationskompetenz-Lehre in der Praxis: Vom Bachelor-Kurs bis zur Einzelbetreuung. Vortrag auf der Informationskompetenz-Fortbildung des VDB-Landesverbands Bayern 2005. Verfügbar unter: http://www.informationskompetenz.de/fileadmin/DAM/documents/Informationskompeten_13.pdf [20.08.08].

Schüller-Zwierlein, A. (Red.) (2006): Die Vermittlung der Schlüsselqualifikation Informationskompetenz an der LMU München. Ein Lagebericht. München: LMU. Verfügbar unter: http://epub.ub.uni-muenchen.de/1349/1/lagebericht.pdf [20.08.08].

Schüller-Zwierlein, A. (2007): Senden auf allen Kanälen. Wie sich die Bibliothek der Ludwig-Maximilians-Universität zur Teaching Library entwickelt. In: BuB. Forum Information und Bibliothek 59, H. 11/12, S. 788-793.

Schüller-Zwierlein, A./Franke, F. (2007): www.informationskompetenz.de: Professionelle Supportstruktur für Bibliotheken. In: Gaiser, B./Hesse, F.W./Lütke-Entrup, M. (Hrsg.): Bildungsportale. Potenziale und Perspektiven netzbasierter Bildungsressourcen. München u.a.: Oldenbourg, S. 155-164.

Simon, E. (Hrsg.) (2003): Medienkompetenz. Wie lehrt und lernt man Medienkompetenz? Berlin: BibSpider.

Stang, R. (2005): Bibliotheken und Lebenslanges Lernen. Kooperationen, Netzwerke und neue Institutionalformen zur Unterstützung Lebenslangen Lernens. Expertise zum aktuellen Stand. Bonn: Deutsches Institut für Erwachsenenbildung. Verfügbar unter: www.die-bonn.de/esprid/dokumente/doc-2005/stang05_02.pdf [20.08.08]

Stang, R. (2007): Bibliotheken und Lebenslanges Lernen. Optionen für die Entwicklung einer zukunftsorientierten Bildungsinfrastruktur. Vortrag auf dem Hessischen Bibliothekstag 2007.

Stang, R./Hesse, C. (Hrsg.) (2006): Learning Centres. Neue Organisationskonzepte zum lebenslangen Lernen in Europa. Bielefeld: Bertelsmann.

Stang, R./Puhl, A. (Hrsg.) (2001):.

Stehr, N. (1994): Arbeit, Eigentum und Wissen. Zur Theorie von Wissensgesellschaften. Frankfurt a.M.: Suhrkamp.

Stock, W.G. (2000): Informationswirtschaft. Management externen Wissens. München u.a.: Oldenbourg.

Sühl-Strohmenger, W. (2002): Lehren und Lernen in der Bibliothek. Das Kompetenz- und Lernzentrum der Universitätsbibliothek Freiburg. In: Raffelt, A. (Hrsg.): Positionen im Wandel. Festschrift für Bärbel Schubel. Freiburg i. Br.: Universitätsbibliothek Freiburg, S. 217-245. Verfügbar unter: http://www.freidok.uni-freiburg.de/volltexte/300/ [20.08.08].

Sühl-Strohmenger, W. (2003): Hochschulbibliothek, Informationskompetenz und pädagogisch-didaktische Qualifizierung. Lehren und Lernen in der Bibliothek – neue Aufgabe für Bibliothekare. In: B.I.T. online 6. S. 317-326.

Sühl-Strohmenger, W. (2005): Bibliothek als Lehr-Lern-Zentrum – Neue Bachelor- und Master-Studiengänge ad portas. Der Bologna-Prozess und die Vermittlung von Informationskompetenz durch Hochschulbibliotheken. In: Enichlmayr, C. (Hrsg.): 28. Österreichischer Bibliothekartag 2004. Generalthema: Bibliotheken – Fundament der Bildung. Tagungsband/21.-25. September, Linz. Linz: Oberösterreichische Landesbibliothek, S. 101-119.

Sühl-Strohmenger, W. (2007c): Medienkompetenz und Bibliotheken in Deutschland. Ein Überblick anlässlich einer öffentlichen Anhörung der Europäischen Kommission. In: Bibliothek. Forschung und Praxis 31, H. 2, S. 230-236.

Thauer, W./Vodosek, P. (1990): Geschichte der öffentlichen Bücherei in Deutschland. 2., erw. Aufl. Wiesbaden: Harrassowitz.

Umlauf, K. (2001): Die Öffentliche Bibliothek als Lernort. Bestandsaufnahme und Perspektiven. In: Stang, R./Puhl, A. (Hrsg.): Bibliotheken und lebenslanges Lernen. Lernarrangements in Bildungs- und Kultureinrichtungen. Bielefeld: Bertelsmann, S. 35-55.

Umlauf, K. (2005): Neue Formen des Lernens und die Öffentliche Bibliothek: Lernorte der Zukunft. Berlin: Institut für Bibliothekswissenschaft der Humboldt-Universität zu Berlin. Verfügbar unter: http://www.ib.hu-berlin.de/~kumlau/handreichungen/h167/h167.pdf [20.08.08].

UNESCO (1994): UNESCO Public Library Manifesto. Verfügbar unter: http://www.fundaciongsr.es/documentos/manifiestos/mani94en.pdf [20.08.08].

Virkus, S. (2003): Information Literacy in Europe. A Literature Review. In: Information Research 8:4, paper no. 159. Verfügbar unter: http://informationr.net/ir/8-4/paper159.html [20.08.08].

Vogel, B./Cordes, S. (Bearb.) (2005): Bibliotheken an Universitäten und Fachhochschulen. Organisation und Ressourcenplanung. Hannover: HIS.

Wissenschaftsrat (2001): Empfehlungen zur digitalen Informationsversorgung durch Hochschulbibliotheken. Bonn: WR.

Doris Lewalter | Annette Noschka-Roos

Museum und Erwachsenenbildung

1 Einleitung

Der Zusammenhang von Bildung und Museum ist in der Gründungsgeschichte von Museen immanent, ein Zusammenhang, der sich auch in der Geschichte der Erwachsenenbildung zeigt: Insbesondere in der Phase der Reformpädagogik und der sie begleitenden Volksbildungsbewegung fand parallel eine Gründungswelle von Museen mit explizitem Bildungsanspruch statt. Dieser ist beispielhaft ausformuliert bei Georg Kerschensteiner in der „Bildungsaufgabe des Deutschen Museums" (1925) oder bei Alfred Lichtwark, der die Förderung des künstlerischen Sehens in den „Museen als Bildungsstätten" (1917) konzipiert (vgl. Hochreiter 1994; Kaldewei 1990). Neben Sammeln, Bewahren, Forschen zählt Bildung zur klassischen Quadriga einer international anerkannten Museumsdefinition, wie jüngst in den ‚Standards für Museen' formuliert: So wird ein Museum definiert als „eine gemeinnützige, ständige, der Öffentlichkeit zugängliche Einrichtung im Dienst der Gesellschaft und ihrer Entwicklung, die zu Studien-, Bildungs- und Unterhaltungszwecken materielle Zeugnisse von Menschen und ihrer Umwelt beschafft, bewahrt, erforscht, bekannt macht und ausstellt" (ICOM, International Council of Museum).

Doch was bedeutet diese Definition bezogen auf das Verhältnis zwischen Museum und Erwachsenenbildung? Diese Frage wird im Folgenden aus verschiedenen Perspektiven analysiert. In einem knappen Rückblick soll zu Beginn das für Fragen der Erwachsenenbildung konstitutive Verhältnis von Besucherorientierung und Museum beleuchtet werden (2), um vor diesem Hintergrund die spezifischen Lernbedingungen im Museum nachzuzeichnen, wie sie sich nach dem gegenwärtigen Stand der Besucher- und Lernforschung darstellen (3). Abschließend werden Bildungsmaßnahmen für Erwachsene (4) vorgestellt sowie Perspektiven der Erwachsenenbildung (5) skizziert.

2 Die Entwicklung der Besucherorientierung an Museen und die Rolle der Erwachsenenbildung

Die Bildungsaufgabe der Museen und damit die der Erwachsenenbildung als institutionalisierte Ausdrucksform mit speziell dafür eingerichteten Personalstellen oder Zentren steht in engem Zusammenhang mit der Bildungsreform. In nahezu allen Museen der alten Bundesländer wurde bis in die 1960er Jahre der Fokus stärker auf den Ausbau, den Erhalt und die wissenschaftliche Bearbeitung der Sammlung und weniger auf die Bildungsaufgabe gerichtet[1]. Treinen (1974)

1 In den neuen Bundesländern bzw. in der damaligen Deutschen Demokratischen Republik zeigte sich ein anderes Bild: Dort galten Museen als Teil eines explizit betonten gesellschaftlichen Erziehungsauftrags (vgl. Patzwall 1988).

konstatierte für die Museen eine ‚relative Autonomie': Der gesellschaftliche Auftrag konzentriere sich auf die Bewahrung und Präsentation des kulturellen Erbes und die Präsentation folge einer wissenschaftlichen Taxonomie, die sich mehr den Experten und weniger den Laien erschließen würde. Diesen Umstand formulierte Treinen in der DFG-Denkschrift, die eine Wende in der Museumspolitik einläutete: Die Öffnung der Museen für eine breitere Öffentlichkeit wurde vor dem Hintergrund der Bildungsreformdebatte eingefordert. Fachwissenschaftlich konzipierte Museen – so die Kritik – richteten sich als ‚Musentempel' lediglich an Experten, denen einfache Beschriftungen zur Identifizierung der Objekte genügten, um das Gesehene ohne weitere Erläuterung einordnen zu können (vgl. ebd. 1974).

Nach der in vielen Fällen vollzogenen Abkehr vom ‚Musentempel' folgten Vermittlungskonzeptionen für das Museum als ‚Lernort'. Um Museen für interessierte Laien zu öffnen, entstanden in vielen Großstädten museumspädagogische Zentren; zudem wurden an zahlreichen Museen museumspädagogische Stellen eingerichtet. Qualitativ neu war somit die Ausdifferenzierung und Spezialisierung der Bildungsaufgabe an Museen. Die gesellschaftliche Bedeutung der Museen wurde als ‚Bildungsstätte' (vgl. Klausewitz 1975) oder als ‚Lernort contra Musentempel' (vgl. Spickernagel/Walbe 1976) mit unterschiedlichen Positionen diskutiert. Diesen Publikationen ist allerdings gemeinsam, dass das Museum, einem demokratischen Selbstverständnis folgend, seine Sammlung für alle und nicht nur für Experten zu präsentieren hat. Das seinerzeit sich entwickelnde Konzept der Besucherorientierung leitete einen Paradigmenwechsel in der museologischen Diskussion ein (vgl. Graf 2003), der sich auch international abzeichnete (Neue Museologie)[2].

Nach wie vor handelte es sich aber meist um fachwissenschaftlich strukturierte Sammlungen, die mit verschiedenen Materialien wie beispielsweise Saalblättern oder speziellen Führungsprogrammen für Laien erschlossen wurden. Als Zielpublikum fungierte theoretisch die demokratische Öffentlichkeit, doch faktisch bildeten vor allem Schüler und Kinder sowie Touristen das Hauptzielpublikum (vgl. Noschka-Roos/Hagedorn-Saupe 1989). Diese Etappe warf neue pädagogische Fragen auf. Denn eine lediglich fachlich konzipierte Sammlung für den Besucher zu übersetzen, bedeutete in manchen Fällen, sich des Systems der Einbahnstraßendidaktik oder der Top-down-Methode zu bedienen, da auf Interessen und Vorkenntnisse der Besucher nicht eingegangen werden konnte. Um über spezifische ‚Lernbedingungen', über Publikumswünsche im Museumskontext Aufklärung zu erhalten, wurden verstärkt Forderungen nach einer Besucherforschung aufgegriffen (vgl. Klein/Bachmayer 1981; Treinen 1974).

Das ‚Erlebnismuseum' gilt als - umstrittener - Leitbegriff der gegenwärtig dritten Etappe. Er entwickelte sich vor dem Hintergrund der ‚betriebswirtschaftlichen Wende' der Museen; die Besucherorientierung gilt nun explizit als Leitziel der Museumsarbeit (vgl. Graf 2003). Diese Entwicklung ist vor allem in den 1990er Jahren aus einer verstärkt marktwirtschaftlichen Perspektive forciert worden, wie es z.B. Siebenmorgen ausführte:

> „Museen sind (…) ein Stück in die Marktwirtschaft getrieben worden, ein Trend, der nach 1989, nach dem Wegfall von verunsichernden Alternativen in politischen und gesellschaftlichen Systemen, allgemein auch vor der Kultur nicht Halt gemacht hat. Sind die Strategien einer neuen Besucherbezogenheit geeignet, das Museum fit zu machen und wird das Kon-

2 Museumspädagoge, Museumspädagogin und Museumspädagogik gelten inzwischen als umstrittene Berufsbezeichnung bzw. „als umstrittener" Begriff, zumal sich das Aufgabenfeld erweitert hat (vgl. Kunz-Ott 2003, S. 77f.). In diesem Beitrag sollen daher alle Bildungsmaßnahmen an Museen unter dem Begriff Besucherorientierung geführt werden.

kurrenzsystem, der Wettbewerb, der dadurch erzeugt worden ist, die Museen zukunftsträchtiger machen?" (Siebenmorgen 2000, S. 21).

Versteht sich das Museum nicht lediglich als ein sich selbst genügender Ort, sondern nimmt seine öffentliche Funktion ernst, die es auch im Hinblick auf seine Vermittlungsaufgaben zu leisten hat, so eröffnet sich mit dem Ökonomisierungsdruck ein neues Spannungsfeld: Gilt Masse oder Klasse? Welche Rolle übernehmen Museen in der Erlebnisgesellschaft (vgl. Bröckers 2007)? Die damit einhergehende stärkere Reflexion der Austauschbeziehungen zwischen Museen einerseits und den Besuchern andererseits rückte die Besucher nicht als Empfänger, sondern als Kunden mit ihren Wünschen, Interessen und Neigungen ins Blickfeld. Schäfer, Gründungsdirektor des Bonner Hauses der Geschichte, hält dazu fest, „dass man Besucherorientierung nicht mit Einschaltquoten verwechseln darf, wie das gelegentlich beim Fernsehen geschieht, um Werbeeinnahmen zu erzielen" (Siebenmorgen 2000, S. 21). Konsequent setzte sich daher das Bonner Haus für die Entwicklung von Bildungsangeboten für Besucher auf der Basis von Ergebnissen der Besucherforschung ein (Haus der Geschichte 1996).

Meist ist das Charakteristikum besucherorientierter Museumskonzepte, dass Ausstellungen nicht mehr nach fachwissenschaftlichen Kategorisierungssystemen, sondern thematisch gegliedert sind, um durch anschauliche Bezüge den Erlebnischarakter von Ausstellungen hervorzuheben. Zudem werden verstärkt Inszenierungen als Ausstellungsmodus eingesetzt, eine seit dem Ende der 1970er Jahre (wieder) neu entwickelte Ausstellungssprache mit unterschiedlichen Typologien, um Objekte in einem neuen argumentativen und anschaulich-sinnlichen Zusammenhang zu präsentieren (vgl. Korff 2002; Scholze 2004). Als weiteres Merkmal lässt sich festhalten, dass in dieser Etappe ein Ausbau an erlebnisorientierten Materialien und Programmen stattgefunden hat, wie beispielsweise die ‚Lange Nacht der Museen' oder die ‚Theatertage in Museen'.

Zusammenfassend ist mit Blick auf das Konzept der Besucherorientierung respektive der Erwachsenenbildung im Museum festzuhalten: Die drei idealtypisch getrennten Etappen sind nicht im Sinne einer genetischen Reihe zu betrachten, in der die letzte das Beste und Einzige darstellt. Alle drei Modelle enthalten konstitutive Elemente für eine besucherfreundliche Vermittlungstätigkeit der Museen, für ein Museum als einen lebendigen Ort der Begegnung und der Bildung. Der Betonung der Sammlung in der ersten Etappe entspricht die Faszination und Einmaligkeit der Objekte, die nach wie vor viele Besucher motivieren, in Museen zu gehen und zu den zentralen Erinnerungsinhalten zählen (vgl. Falk/Dierking 1992). Der Vermittlungsauftrag, der sich in der Diskussion des Museums als Lern- oder Bildungsort in der zweiten Etappe artikulierte, gilt inzwischen vielen als selbstverständliche und gleichberechtigte Funktion; er ist der Bildung und nicht dem Markt verpflichtet. Der mehr empirisch begründete und vielleicht weniger idealisierte Blick öffnete sich in der dritten Etappe, in der Besucher als Partner, Abnehmer oder Nutzer mit Rücksicht auf ihre Wünsche oder Interessen Beachtung finden. Die Beachtung des Dreiklangs von Sammlung/Vermittlungsauftrag/Besucher ist von zentraler Bedeutung, um Misstöne zu vermeiden, die bei einseitiger Betonung der Sammlung, des Auftrags oder der Besucher entstehen: Im ersten Fall würde das Museum nach wie vor als elitäre Stätte für Eingeweihte fungieren; im zweiten Fall könnte die einseitige Vorrangstellung des Vermittlungsauftrags die Sammlung und deren wissenschaftliche Bearbeitung und Pflege vernachlässigen; im dritten Fall läge die Gefahr, marktschreierische Themen aufzugreifen, um ‚Quote zu machen'.

Der knappe Rückblick lässt ein dynamisches und stets neu zu analysierendes Beziehungsgefüge sichtbar werden, in das Erwachsenenbildungsaufgaben im Zuge des Vermittlungsauftrags der Museen eingebunden sind und sich zwischen den Polen Event und Inhalt, Unterhaltung und Bildung bewegen und positionieren müssen (vgl. Bäumler 2004; Commandeur/Dennert 2004). Dabei wird im Rahmen des entwickelten museologischen Verständnisses nicht von der Annahme ausgegangen, „dass Erfahrungen und Forschungstraditionen aus allgemeinen Bildungseinrichtungen auf Museen übertragbar seien" (Waidacher 1996, S. 214). Im Museum gelten andere Lern- oder Bildungsbedingungen, wie im folgenden Abschnitt zur Analyse der spezifischen Lernbedingungen im Museum gezeigt wird.

3 Das Museum als Lernumgebung

Um die spezifischen Besonderheiten von Museen als Lernumgebungen für Erwachsene zu erfassen, sind neben den situativen Merkmalen des Lernorts (vgl. 3.1), Charakteristika der erwachsenen Museumsbesucher (vgl. 3.2) sowie zentrale Kennzeichen des Museumsbesuchs und des Lernens im Museum (vgl. 3.3) zu berücksichtigen.

3.1 Situative Merkmale der Lernumgebung Museum

Betrachtet man charakteristische situative Merkmale von Museen als Lernumgebungen, muss einleitend festgestellt werden, dass eine Vielzahl verschiedener Museen existiert, die sich in insgesamt neun Museumsgattungen zusammenfassen lassen: In den Museumsbesuchsstatistiken des Instituts für Museumsforschung[3] bilden mit nahezu 45 Prozent Volks- und Heimatkundemuseen den weit überwiegenden Teil der Museen, gefolgt von kulturgeschichtlichen Spezialmuseen, naturwissenschaftlichen/technischen Museen und Kunstmuseen mit jeweils ca. 10 bis 15 Prozent. Der Anteil der historisch/archäologischen Museen, naturkundlichen Museen sowie Schloss- und Burgmuseen beträgt jeweils etwa 5 Prozent. Schließlich wurden noch Museumskomplexe mit mehreren Museen und Sammelmuseen mit jeweils ca. 1 Prozent berücksichtigt. Diese Aufführung macht deutlich, dass Museumsbesuchern eine Vielzahl sehr unterschiedlicher Häuser mit sehr verschiedenartigen Inhalten und Präsentationsformen zur Verfügung stehen, die es nur eingeschränkt erlauben, übereinstimmende situative Charakteristika zu identifizieren.

Allen Museumsgattungen gemeinsam ist jedoch, dass die von ihnen angebotene Lernumgebung im Vergleich zu formellen Lernorten wie Schule oder Universität sehr unterschiedlich gestaltet ist (vgl. Lewalter/Geyer 2005). Während im Rahmen der formellen Ausbildung häufig die personale Vermittlung im Vordergrund steht, werden in Museen vor allem nicht-personale Formen der Vermittlung eingesetzt. So soll z.B. in Kunstausstellungen das Exponat ‚für sich sprechen' und bedarf je nach Auffassung der Ausstellungsmacher nur mehr oder weniger differenzierter Zusatzinformationen zu den autonomen Werken.

In naturwissenschaftlich-technischen oder naturhistorischen Museen werden Objekte so präsentiert, dass Besucherinnen und Besucher durch das Arrangement der Objekte und den

3 vormals Institut für Museumskunde; es erfasst bereits seit den 1980er Jahren alljährlich die Anzahl an Museen und die Besuchszahlen an den Museen.

Ausstellungskontext angeregt werden, sich selbstständig damit zu beschäftigen, um das Präsentierte verstehen oder nachvollziehen zu können – und somit zu lernen. Eine Vielfalt an zeitgleich präsentierten Medien wie interaktive Installationen, Bilder, Filme, Texttafeln, Multimedia, Dioramen oder Hands-On dienen dazu, die Objekte ‚lesen' zu können. Pomain (2007) bezeichnet Objekte daher als Semiophoren, da sie ganz unterschiedliche Lesarten zulassen: Eine Dampfmaschine kann zum Beispiel Zeugnis der industriellen Revolution sein, eine Firmengeschichte repräsentieren oder symbolisch auf den beschleunigten Verbrauch fossiler Stoffe und den durch die CO_2-Emission bedingten Klimawandel verweisen (vgl. Hooper-Greenhill 1994; Fayet 2007). Interaktive und manipulierbare Ausstellungselemente, die zum selbstständigen Ausprobieren und Erfahren von Sachverhalten anregen, eröffnen hohe Freiheitsgrade in der Auseinandersetzung mit den dargebotenen Informationen und stellen vielfältige Zugangsmöglichkeiten zur Verfügung, die sich gegenseitig in ihrer didaktischen Funktion ergänzen. Die Darstellung eines Sachverhalts aus multiplen Perspektiven eröffnet zahlreiche Anknüpfungspunkte an eigene Erfahrungen und Wissensbestände. Die hohe Authentizität von Originalobjekten erleichtert es, die Relevanz der dargestellten Inhalte für bestimmte Lebensbereiche oder Praxisfelder zu erkennen und das neu erworbene Wissen flexibel anzuwenden. Durch die Nutzung verschiedener Informationshierarchien können Besucherinnen und Besucher je nach Vorwissen und Interesse selbst entscheiden, wie intensiv sie sich mit einem Thema auseinandersetzen möchten. Darüber hinaus ist ein Museumsbesuch in der Regel ein soziales Ereignis. Meist besuchen Erwachsene Museen zusammen mit Freunden oder Familienmitgliedern und beschäftigen sich dort gemeinsam mit den Ausstellungselementen; diese sind deshalb zum Teil so konzipiert, dass kooperative Lernprozesse angeregt werden. Damit entsprechen die situativen Merkmale der Lernumgebung ‚Museum' wesentlichen Annahmen des gemäßigten Konstruktivismus hinsichtlich der Gestaltung von Lernumgebungen für einen effektiven Lernprozess im Sinne einer aktiven, selbst gesteuerten und konstruktiven Auseinandersetzung mit dem Lerngegenstand (vgl. Hein 1998; Reinmann-Rothmeier/Mandl 1996). So betonen z.B. Gerstenmaier und Mandl (1995) die Bedeutung der Authentizität und Situiertheit von Lernumgebungen und die Berücksichtigung multipler Perspektiven für die flexible Wissensanwendung in verschiedenen Problemstellungen; die Einbettung des Lernens in einen sozialen Kontext, der zum Austausch zwischen den Lernenden einlädt und zum kooperativen Lernen anregt; die Verfügbarkeit von Freiräumen und Wahlmöglichkeiten bei der eigenen Wissenskonstruktion und die Gestaltung des Lernprozesses entsprechend des aktuellen Entwicklungsniveaus des Lernenden (Zone der proximalen Entwicklung), so dass der Lernprozess eine Herausforderung darstellt. Darüber hinaus stellen Museen auch aus motivationstheoretischer Perspektive attraktive Lernumgebungen für eine selbstbestimmte oder interessenbasierte Lernmotivation dar (vgl. Lewalter/Geyer 2005), da sie eine selbstgewählte, interessen- oder neigungsorientierte Auseinandersetzung mit den Exponaten erlauben.

Um nun den Beitrag der Lernumgebung ‚Museum' für die Erwachsenenbildung einschätzen zu können, bedarf es der Berücksichtigung zentraler (lernrelevanter) Charakteristika der Zielgruppe, nämlich des erwachsenen Museumspublikums.

3.2 Museumsbesucher als Lernende

Besucherstrukturanalysen von Museen und Ausstellungen deuten darauf hin, dass Museen etwa die Hälfte der deutschen Bevölkerung erreichen, jedoch zählt nur etwa ein Drittel der Bevölkerung zu den regelmäßigen Museumsbesuchern (vgl. Wersig/Graf 2000). Hinsichtlich des Bildungsgrades des Museumspublikums bestätigt sich die Annahme eines durchgängig relativ hoch gebildeten Museumspublikums nicht. So zeigte eine große Studie von Klein (1990), dass zwar in Kunstmuseen im Vergleich zu anderen Museumsarten ein relativ höher gebildetes Publikum überrepräsentiert ist, dass aber insbesondere in Regional- und Technikmuseen der Anteil von Hauptschulabsolventen mehr als ein Viertel des Publikums beträgt. Dieser Trend wird auch in neueren Studien bestätigt, in welchen u.a. zunehmend milieutheoretische Analysen als Folie dienen (vgl. Institut für Museumsforschung 2007; Kirchberg 2005).

Hinsichtlich lernrelevanter Merkmale kann festgehalten werden, dass erwachsene Lernende keine homogene Gruppe darstellen. Sie unterscheiden sich in vielfältiger Weise, u.a. in ihrer Vorbildung und ihren (Vor-)Erfahrungen. Erwachsene Museumsbesucher besitzen akkumulierte Lebenserfahrung und Wissen, das auf vorausgegangener Bildung, beruflichen Aktivitäten, familiärer Verantwortung, Herausforderungen durch Lebensveränderungen und persönlichen Neigungen beruht (vgl. Gibbs/Sani/Thompson 2006). Sie verfügen über unterschiedliche finanzielle, familiäre, berufliche und gesundheitliche Hintergründe (vgl. Jones 1995).

Dieser heterogene Hintergrund führt zu sehr unterschiedlichen Besuchsmotiven. Moussouri (nach Falk/Dierking 2000) konnte zeigen, dass der Erwerb von Wissen unabhängig vom Museumstyp den am häufigsten genannten Grund für die Besuch darstellt. Darüber hinaus konnte Moussouri fünf weitere Gruppen von Besuchsmotiven auf der Basis von Befragungen identifizieren: So bildet die Erwartung von Freizeitvergnügen und Unterhaltung die am zweithäufigsten genannte Kategorie. Diese beiden Gründe werden in den meisten Besucherbefragungen als Hauptursachen des Besuchs angegeben (vgl. Falk/Moussouri/Coulson 1998). Ebenso kann der Ort des Museums selbst ein Besuchsmotiv darstellen. Der Grund kann aber auch darin liegen, dass der Museumsbesuch symbolisch für eine Lebensphase des Besuchers ist (z.B. Kindheit) oder ein soziales Ereignis ist. Letzteres wird auch durch zahlreiche Befunde zur Begleitsituation von Museumsbesuchen gestützt, die darauf verweisen, dass die weit überwiegende Mehrheit der Besucher in Begleitung kommen (ca. 60% mit Partner, Familie oder Freunden; weitere 20% in organisierten Gruppen; nur ca. 20% kommen allein). Schließlich können auch pragmatische Gründe, wie z.B. schlechtes Wetter oder das vorhandene Zeitbudget der Grund für einen Museumsbesuch sein. Diese vielfältigen Motive führen zu unterschiedlichen Formen des Besucherverhaltens und des Lernens im Museum.

3.3 Besucherverhalten und Lernen im Museum

Museumsbesuche zeichnen sich dadurch aus, dass sich die Besucher dort in erster Linie freiwillig aufhalten. Sie bestimmen Dauer sowie Art und Weise der Besichtigung und entscheiden in der Regel selbst, mit welchen Exponaten sie sich intensiver auseinander setzen möchten. Wenn ihnen ein Lernkontext oder ein Ausstellungselement nicht gefällt, schenken sie ihm einfach keine Beachtung mehr (vgl. Jones 1995). Auch Gibbs, Sani und Thompson (2006) beschreiben die Besuchsgestaltung des erwachsenen Museumspublikums als autonom und selbstbestimmt. Seine Bewegung durch die Ausstellung verläuft meist nicht linear und folgt selten den vorgeschlagenen Besuchspfaden. Vielmehr lassen sich die Besucher visuell leiten und werden hauptsächlich durch Interessen, durch Neugier weckende oder zur Erkundung und Manipulation einladende Elemente, durch Phantastisches oder durch soziale Interaktion gelenkt. Diese von Screven (1988) bereits früh entwickelten Charakteristika des informellen Lernfelds erhalten insbesondere vor der konstruktivistischen Wende in der museumsbezogenen Lernforschung ein neues Gewicht, mit der Lernen als insgesamt selbstgesteuerter Aneignungsprozess begründet wird (s.a. Hein 1998). So wird in konstruktivistischen Ansätzen das Lernen als aktiver, selbstgesteuerter, konstruktiver, emotionaler, situativer und sozialer Prozess angesehen (vgl. Reinmann-Rothmeier/Mandl 1996). Erwachsene Lernende möchten in Museen ihr eigenes Wissen, ihre Erfahrungen und ihre Meinung in den Lernprozess einbringen. Sie schätzen Wahlmöglichkeiten im Lernprozess und möchten nicht bevormundet werden. Ein wesentlicher Unterschied zu Schülerinnen und Schülern besteht darin, dass die meisten erwachsenen Lernenden etwas lernen wollen, weil es sie interessiert, weil es für ihren Beruf oder ihr Privatleben wichtig ist. Die Besucher wählen Inhalte und Ausstellungselemente eher zielorientiert danach aus, ob sie ihnen relevant erscheinen, wobei ihre Zielsetzungen häufig stärker praxisorientiert sind. Daher sind neue Lernaktivitäten am effektivsten, wenn sie an bestehende Erfahrungen und Wissensbestände anknüpfen (vgl. Gibbs/Sani/Thompson 2006). Dabei geht es weniger um das Erlernen von Faktenwissen und um vorgeformte Informationen, als vielmehr um das Explorieren neuer Ideen und Erfahrungen.

Betrachtet man das *Lernen* im Museum, so muss der Lernbegriff im Sinne eines kontextuellen Lernmodells weiter gefasst werden (vgl. Falk/Dierking 2000). Falk und Dierking haben auf Basis zahlreicher Forschungsarbeiten ein solches Modell entwickelt, das acht kontextuelle Schlüsselfaktoren umfasst, die grundlegend für das Lernen im Museum sind: Der persönliche Kontext umfasst die Aspekte (1) Motivation und Erwartungen; (2) Vorwissen, Interessen und Überzeugungen; (3) Wahl und Kontrolle. Der soziokulturelle Kontext beinhaltet die Aspekte (4) soziokulturelle Vermittlung in der (Besuchs-)Gruppe und (5) fördernde Vermittlung durch andere. Der physische Kontext schließlich setzt sich zusammen aus (6) Advanced Organizer und Orientierungshilfen, (7) Design und (8) verstärkenden Ereignissen und Erfahrungen außerhalb des Museums. Mit dieser Darstellung wird deutlich, dass das Museum kein Lernort im klassischen Sinne ist, sondern vielmehr eine Lernumgebung bzw. ein Lernkontext, der durch zahlreiche, sich wechselseitig beeinflussende Aspekte geprägt wird.

In der Folge bedarf auch die Betrachtung der Lernwirkung und der Lernergebnisse eines Museumsbesuchs einer erweiterten Perspektive. Sie sind nur schwer empirisch fassbar und zeigen sich meist nicht unmittelbar nach dem Museumsbesuch, sondern später, bei einem Gespräch mit Freunden oder der Beschäftigung mit themenverwandten Medien wie Zeitschriftenbeiträgen oder Fernsehberichten (vgl. Graf 2003).

Zudem wies Treinen (1981) bereits früh darauf hin, dass im Rahmen von Museumsbesuchen wesentliche Bedingungen erfolgreichen Lernens in formalen Bildungseinrichtungen nicht grundsätzlich gegeben sind, wie u.a. eindeutige Lernziele, Aufgeschlossenheit der Teilnehmer diesen Zielen gegenüber, eigene, auf diese Lernziele ausgerichtete Aktivitäten der Teilnehmer, die Möglichkeit der Rückkoppelung zwischen Teilnehmern, Vermittlern und den dazugehörigen Symbolen, ein durch die Situation geschaffener direkter oder indirekter (wenn auch leichter) Lerndruck, sowie eine der Lernsituation entsprechende didaktisch aufbereitete sachlogische Exponatstruktur. Darüber hinaus fehlt bei Museumsbesuchen eine eindeutige (Lern-)Gruppensituation, in welcher eine personale Ansprache garantiert ist und eine gegenseitige Verstärkung der Teilnehmer mit ähnlicher Vorbildung bzw. Vorbereitung stattfindet. Letztere kann bei strukturierten Besuchergruppen der Fall sein (vgl. 4.1).

Die Lernwirkung von Museen beruht in erster Linie auf Erlebnissen (vgl. Falk/Dierking 2000). Pekarik, Doering und Karns (1999) unterscheiden dabei zwischen objektbezogenen, kognitiven, introspektiven und sozialen Erlebnissen. Objektbezogene Erlebnisse beziehen sich auf Erfahrungen, die man beim Betrachten von z.B. schönen, seltenen, ungewöhnlichen oder wertvollen Objekten macht. Kognitive Erlebnisse beschreiben Prozesse der Erweiterung des eigenen Verständnisses, den Erwerb neuen Wissens. Unter dem Begriff der introspektiven Erlebnisse werden die Reflexion über die Bedeutung des Gesehenen, individuell entwickelte Vorstellungen über andere Zeiten und Orte sowie die Erinnerung an eigene Reisen oder Kindheitserfahrungen zusammengefasst. Hier geht es also um Erfahrungen im Sinne eines wahrgenommenen persönlichen Bezugs und einer individuellen Verbindung zu einem dargestellten Sachverhalt. Die sozialen Erlebnisse beziehen sich schließlich auf Erfahrungen im Zusammensein mit der Familie, Freunden, Kollegen oder anderen Personen während des Ausstellungsbesuchs.

Gibbs, Sani und Thompson (2006) sprechen ausgehend von diesen Überlegungen von einem generischen Lernergebnis, das u.a. folgende Aspekte umfasst: Erweitertes Wissen über bestimmte Inhalte, vertieftes Verständnis spezifischer Ideen und Konzepte, Verbesserung technischer oder anderer Fertigkeiten, Veränderung in Einstellungen und Werten, erkennbare Freude, Inspiration und Kreativität, erkennbare Aktivität, soziale Interaktion und Kommunikation, zunehmendes Selbstbewusstsein, persönliche Entwicklung, Stärkung der Gemeinschaft und Identitätsentwicklung.

Das Lernen im Museum stellt somit einen komplexen Prozess dar, der durch vielfältige Faktoren beeinflusst wird. In welcher Weise das Museum selbst sowohl durch seine ausstellungsbegleitenden Programme als auch durch die Wahl und Gestaltung der ausstellungsintegrierten Medien diesen Bildungsprozess steuern bzw. unterstützen kann, wird im nächsten Abschnitt dargestellt.

4 Bildungsprogramme für Erwachsene

Bildungsprogramme für Erwachsene gelten als Teil des museologischen Vermittlungsauftrags (vgl. 2) und lassen sich in der Planung nach den skizzierten Ergebnissen der Besucher- und Lernforschung (vgl. 3) von folgenden Prämissen leiten:

1. Jedes Museum hat sein spezielles Besucherprofil: Je nach Museumsgattung suchen unterschiedliche und in ihren sozio-demographischen Merkmalen durchaus ‚typische' Besucher das jeweilige Haus auf. Daraus folgt, dass je nach Sammlung das jeweilige potentielle Publikum mit je unterschiedlichen Programmen anzusprechen ist. Untersuchungen des Instituts für Museumsforschung belegen einen Zusammenhang von Museumsart und besucherorientierten Vermittlungsprogrammen (vgl. 4.1).
2. Der Museumsbesuch ist selbstgesteuert und freiwillig: Wenn Lernprozesse aufgrund der offenen Lernsituation in Ausstellungen eher unsystematisch, assoziativ und erlebnisorientiert stattfinden, entsteht die Frage, was das für die Ausstellungsplanung bedeutet. Schon in den 1980er Jahren und verstärkt seit den 1990ern wird insbesondere im angloamerikanischen Raum bei Ausstellungsplanungen das Museumspublikum aufgrund von Kenntnissen aus der Besucherforschung, Pädagogischen Psychologie oder der Kommunikationswissenschaft berücksichtigt (vgl. 4.2).

Die Organisation von Lern- oder Bildungsprozessen für Erwachsene im Museum steht somit vor der zentralen Frage: Wenn Objekte nicht allein für sich sprechen, sondern in einem Ordnungs- und Deutungskontext eingebettet sind, wie wird dieser transparent? Welche ausstellungsbegleitenden Bildungsprogramme und welche ausstellungsintegrierten Medien können zur Transparenz beitragen? Diese Fragen können je nach theoretischem Hintergrund – Museologie, Kommunikationswissenschaft, Pädagogische Psychologie, Lernpsychologie oder Erwachsenenbildung – zu unterschiedlichen Antworten führen. Entscheidend ist die Organisation einer Transparenz: Die Ausstellung und die sie begleitenden Erschließungshilfen sollten verständlich, motivierend und anregend sein. Wie sich allerdings die Besucher selbst eine Ausstellung erschließen, ist stark individualisiert und abhängig vom jeweiligen Wissens- und Interessenniveau. Lernprozesse sollen unterstützt, Lerneffekte jedoch nicht erzielt werden (vgl. Durbin 1999).

Vor diesem Hintergrund erfolgt Erwachsenenbildung in Museen und Ausstellungen auf vielfältige Art und Weise, wobei sowohl die organisierte als auch die nichtorganisierte Bildungsarbeit spezifischen Planungsüberlegungen unterliegen (vgl. Nuissl 2004). Erstere beinhaltet alle Formen der sozialen Steuerung im Museum, sei es durch Führungen oder Kurse und bezieht sich auf ausstellungsbegleitende Bildungsmaßnahmen personaler wie medialer Art (vgl. 4.1). Die zweite Variante setzt sich mit der Organisation der Ausstellung, mit den Objekten und erläuternden Medien wie Texte, Bilder oder Grafiken sowie mit den sich in diesem Ambiente autonom bewegenden Besuchern auseinander (vgl. 4.2).

4.1 Ausstellungsbegleitende Bildungsprogramme

Wie oben (vgl. 3.1) bereits erwähnt, unterscheidet das Institut für Museumsforschung in seiner alljährlichen bundesweiten Erhebung an inzwischen über 6000 Museen neun Museumsgattungen. Diese nur grobe Klassifizierung gibt bereits Hinweise darauf, dass zur thematisch adäquaten Erschließung ein Spektrum unterschiedlicher Vermittlungsmethoden gefragt ist, die von Fachführungen über Demonstrationen bis hin zu Workshops reichen. Eine vergleichende Studie über die Entwicklung besucherorientierter Programme stellte bereits Anfang der 1990er Jahre eine Tendenz zur Differenzierung des Angebots und eine Diversifizierung nach Zielgruppen wie Touristen, ausländische Mitbürger, Familien u.ä. fest. Anzunehmen ist, dass die systematische Erschließung neuer Zielgruppen, die Entwicklung objekt- wie besucherorientierter Materialien, der Ausbau neuer Vermittlungsformen und -inhalte (vgl. Dennert 2001; Noschka-Roos 2004) in der Tendenz weiter steigen wird.

Weitere Befunde legen die Annahme einer steigenden Tendenz in der Ausdifferenzierung besucherorientierter Angebote nahe: Graf (2003) weist in einer Analyse der Entwicklung der Besuchszahlen in einem Zeitraum von 20 Jahren (1981 bis 2000) nach, dass es zwar einen ungebrochenen Museumsboom gab und gibt, die Anzahl der Museumsinteressierten und die Besuchshäufigkeit nach absoluten Zahlen jedoch nicht gewachsen ist. Sie stagniert seit 1990 auf hohem Niveau von ca. 100 Millionen Besuchen. Leere öffentliche Kassen und die Diversifizierung der Museumslandschaft, die stark wachsende Konkurrenz untereinander, vor allem aber mit anderen Freizeitangeboten, erhöht daher den Druck auf Museen besucherorientierte Angebote zu entwickeln und auszubauen (vgl. 2). Zumal Sekundäranalysen die Bedeutung von Sonderausstellungen, Neueröffnungen und besucherbezogenen Aktivitäten für eine Zunahme der Museumsbesuche belegen (vgl. Graf 2003).

Die Programme an Museen für Erwachsene reichen von hoch organisierten und elaborierten Bildungsveranstaltungen wie den ‚Akademie'-Angeboten der Besucherdienste der Staatlichen Museen zu Berlin bis hin zu einmaligen Events wie der ‚Langen Nacht der Museen'. Das Akademieprogramm in Berlin versteht sich als ein Erlebnis- und Bildungsangebot und verweist somit auf das entwickelte produktive Spannungsfeld des Konzepts der Besucherorientierung zwischen Bildung und Unterhaltung (vgl. 2; Wittgens 2005). Das ‚Akademie'-Angebot umfasst hochanspruchsvolle Kurse von Studierenden und Absolventen der Berliner Universitäten, die ihre Forschungsarbeiten über Werke in den Berliner Sammlungen vorstellen sowie eher klassisch zu nennende themenbezogene Kurse mit Führungen, aber auch Kreativprogramme, die Kursteilnehmer zu eigener künstlerischer Aktivität anregen. Das Erlebnis des Kursprogramms liegt in der Begegnung mit Originalen und dem dadurch initiierten sinnlich-ästhetischen Genuss. Eine solche Begegnung zur außergewöhnlichen Zeit bietet auch die ‚Lange Nacht der Museen', ein in vielen Städten inzwischen bekanntes Format, bei dem mehrere Museen gemeinsame Abendöffnungszeiten sowie einen Bus-Shuttle-Service anbieten und mit einem Kombiticket zum Besuch mehrerer Ausstellungen/Museen anregen wollen. Dieses Konzept ist oft mit dem Bildungsanspruch verbunden, museumsferne Besucherschichten für die Institution zu gewinnen und/oder eventuell vorhandene Schwellenängste abzubauen. Allerdings zeigen Untersuchungen, dass solche Veranstaltungen nicht für ein museumsfernes Publikum attraktiv sind, sondern für Museumsbesucher, die die Gelegenheit nutzen, andere, ihnen nicht bekannte Museen kennen zu lernen (vgl. Hagedorn-Saupe u.a. 2003).

Über die Entwicklung eigener Bildungsangebote hinaus arbeiten Museen mit anderen Bildungseinrichtungen wie den Universitäten oder den Volkshochschulen in verschiedenen Kooperationsformen und mit unterschiedlichen Zielsetzungen zusammen. So dienen Museen als meist unentgeltliche Veranstaltungsorte für Kursangebote der Volkshochschulen oder entwickeln mit diesen zusammen Bildungsangebote. Jüngstes Beispiel ist das Multiplikatorenprogramm in Berlin: Das zertifizierte Museums-Moderatorenprogramm richtet sich an Laien, die sich für Geschichte, Kunst, Natur oder Technik interessieren und das im Lehrgang neu erworbene Wissen an andere Besucher vermitteln möchten. Um methodisch den Anspruch der Partizipation und Dialogfähigkeit einzulösen, werden auch Module zur Gesprächsführung, Rhetorik usw. angeboten.

Betrachtet man zusammenfassend die beispielhaft erwähnten Programme für Erwachsene, sei es von den Museen selbst oder in Kooperation mit anderen Bildungseinrichtungen, so ist anzunehmen, dass sich Museen unter dem beschriebenen Ökonomisierungsdruck mit verstärktem Einsatz der Strategien des Kulturmanagements für weitere erwachsene Besucherschichten öffnen werden.

4.2 Bildungsarbeit mit ausstellungsintegrierten Medien

Werden in Ausstellungen besucherorientierte Ziele verfolgt, so impliziert die so genannte nichtorganisierte Bildungsarbeit beim Ausstellungsbesuch (vgl. Nuissl 2004) komplexe Planungsprozesse seitens der Ausstellungsorganisation, insbesondere mit Blick auf die Gestaltung der ausstellungsintegrierten Medien (vgl. McLean 1993). Berücksichtigt man die heterogene Besucherstruktur und die vielfältigen Wahrnehmungsbedingungen bei einem Museumsbesuch so stellen sich jeweils bestimmte Anforderungen an das Informationskonzept einer Ausstellung. Im Kern geht es um die (hermeneutische) Analyse der bei allen Bildungsvorgängen vorliegenden Subjekt-Objekt-Beziehung. An dieser Stelle den Begriff der Bildung und nicht den des Lernens zu wählen, erklärt sich aus der Bildungsphilosophie, die die Analyse dieser Beziehung zum Gegenstand hat. Empirische Kenntnisse über die Besucherstruktur, die Rezeptionsbedingungen in Ausstellungen sowie über die besucherfreundliche Organisation expliziter Inhalte unterstützen das Ziel einer besucherorientierten Bildungsarbeit, wenn die Vermittlungsaufgabe des Museums ein wichtiges Leitziel darstellt.

Eine besucherorientierte Ausstellungsplanung kann aufgrund der extrem heterogenen Anforderungen keinem Standardrezept folgen. Wie unter Abschnitt 3 bereits dargestellt, setzen sich Besucherinnen und Besucher mit dem Informationsangebot der Museen und Ausstellungen entsprechend ihrer persönlichen Vorlieben, Zielsetzungen und ihrer Besuchssituation auseinander. Aufgrund der Vielfalt der Besucherperspektiven und deren eigener Konstruktionen bzw. Bedeutungszuordnungen sind individuelle Deutungen eher wahrscheinlich (vgl. Miles 1987).

Jede Präsentation braucht daher ihr eigenes besucherorientiertes Informationskonzept, wobei fachliche und ästhetische Anforderungen der Objektpräsentation Vorrang haben. Meist werden dabei *implizite* Botschaften, die mit der Auswahl und dem Arrangement der Objekte einhergehen, durch ein *explizites* Informationskonzept ergänzt, das eine verständliche und besucherorientierte Präsentation der Ausstellungsinhalte in Form von Texten oder Neuen Medien bereitstellt.

Für Museen, die dem Konzept der Besucherorientierung folgen, ist Besucherforschung im Sinne eines Evaluationsinstruments zur Planung von Ausstellungen selbstverständlich (vgl. Noschka-Roos 2003). Ergebnisse von Besucherstrukturanalysen können nicht nur dazu dienen, sich offensiv den ‚Gelegenheitsbesuchern' oder ‚Nicht-Besuchern' zuzuwenden. Sie können ebenso dazu beitragen, die Zielgruppen schon außerhalb des Museums besser anzusprechen; intern kann Besucherforschung – nach Festlegung der Ausstellungsziele – als Instrument zur Verbesserung der Ausstellungskommunikation eingesetzt werden (vgl. Hooper-Greenhill 1994, S. 258ff.).

Inzwischen haben sich Kriterien, Instrumente und Techniken herauskristallisiert, die zu einer besucherorientierten Ausstellungsplanung zählen. Zu den *Kriterien* gehören beispielsweise solche, die über die fachwissenschaftliche Ordnung der Objekte hinaus auf Kontexte verweisen und durch Alltags- oder gesellschaftliche Relevanz, durch ästhetische Erfahrung oder durch Verfremdungseffekte zu einer Perspektivenverschränkung führen; diese kann aber auch die Besucher- und Laienperspektive integrieren. D.h., die Objektpräsentation bezieht sich nicht nur auf wissenschaftliche oder ästhetische Begründungen, sondern schließt ebenso Fragen ein, inwieweit die Präsentation Besucherbedürfnissen wie soziale Interaktion, persönliche Begegnung, Erholung, Erinnerung, Phantasie entgegenkommt. Auch Derks (1998) plädiert mit Blick auf das Besuchserlebnis für eine Integration der Besucherperspektiven, um Besucher nicht nur als Abnehmer von Botschaften, sondern als Dialogpartner anzusprechen. Eine solche Integration kann die Besucherforschung mit ihren (Evaluations-)*Instrumenten* unterstützen, die dazu dienen, möglichst nah *am* und nicht *nach* dem Besucher zu planen (vgl. Klein 1991; Treinen 2000; Noschka-Roos 2004). Ebenso stehen inzwischen *Techniken* bereit, die bei der Entwicklung von Interpretationshilfen wie Texten oder Medien – also bei der Ausarbeitung des expliziten Informationskonzepts – Strukturierungs- und Verständlichkeitsregeln an die Hand geben, um sie besucherfreundlich und dem Ausstellungskontext angemessen zu konzipieren (vgl. Noschka-Roos 2001).

5 Perspektiven der Erwachsenenbildung im Museum

Die Darstellung des Zusammenhangs von Erwachsenenbildung und Museum ließ hervortreten, wie die Vermittlungsfunktion – als ein konstitutives Merkmal dieser Institution – in Abhängigkeit von gesellschaftlichen Entwicklungen zu betrachten ist und wie diese die Bildungsprogramme spezifisch prägen: Standen in den 1960er Jahren hauptsächlich Schulen im Mittelpunkt der Bildungsbemühungen, so zeigt sich seit den 1990er Jahren, forciert durch die Transformationsprozesse in der Gesellschaft, ein neuer Trend: der Ökonomisierungsdruck an Museen führte zu Planungsüberlegungen im Rahmen des modernen Kulturmanagements. Mit der Diversifizierung zielgruppenspezifischer Angebote treten – angesiedelt zwischen Event und Bildung – mehr und mehr die erwachsenen Besucher in den Fokus. Darüber hinaus geht mit dem Paradigmenwechsel zur Besucherorientierung eine verstärkte Bereitstellung von Programmen für die Erwachsenenbildung einher. Dies sind nur zwei von zahlreichen aktuellen Strömungen in der heterogenen Museumslandschaft.

Wie dargelegt, werden Museen inzwischen als Lernumgebungen betrachtet, die durch die Freiwilligkeit des Museumsbesuchs spezifischen Rahmenbedingungen unterliegen. Mit Evaluationsinstrumenten der Besucherforschung lassen sich zwar Ausstellungselemente entwickeln und erproben, die für die Ausstellungskommunikation förderlich sind oder das Lernen unterstützen, doch trägt dieser Forschungsansatz nur vereinzelt zur theoriegeleiteten Aufklärung der spezifischen Lernbedingungen bei. Hier zeichnen sich auch in Deutschland neue Forschungsinitiativen ab, die eine theoriebasierte und grundlagenorientierte Analyse der (Lern-)Prozesse anstreben (vgl. Schwan/Trischler/Prenzel 2006; Lewalter/Geyer 2005).

In der aktuellen Diskussion über die Bildungsaufgaben von naturwissenschaftlich-technischen Museen und Science Centern spielen darüber hinaus Ansätze des Public Understanding of Science (PUS) und insbesondere neuere Konzepte des Public Understanding of Research (PUR) eine Rolle, die ein reflektiertes Verständnis für die Prozesse der Forschung in der Öffentlichkeit wecken und den Dialog zwischen Gesellschaft und Wissenschaft fördern sollen (vgl. Nuissl 2004).

Weiter zeichnet sich ab, dass auch der demografische Wandel Auswirkungen auf die Bildungsarbeit der Museen haben wird. Verstärkt werden Programme für Seniorinnen und Senioren aufgelegt, die diese nicht nur als Zielgruppe von kulturellen Angeboten, sondern im Sinne eines bürgerschaftlichen Engagements auch als Akteure für die Vermittlung eine Rolle spielen könnten (vgl. Ermert/Lang 2006).

Darüber hinaus werden in der Museologie Diskussionen zu Fragen der Ausstellungspräsentation und Inszenierung vermehrt geführt. Dabei werden Inszenierungen nicht nur als besucherorientierte Maßnahme betrachtet. Sie gelten als „eine Art von Benutzeroberfläche, ein Interface, ohne das der Zugang zum Objekt, zum Inhalt offenbar schwer zu entschlüsseln ist" (Vogel 2006, S. 71). Komplexe Fragen des Umgangs mit Objekten, der räumlich-ästhetischen Anordnung, der Organisation des Museums als einen sinnlich erfahrbaren Erkenntnisort stehen dabei im Vordergrund und bilden den Gegenstand von Veranstaltungsreihen, die die sinnliche Erfahrung des Lernens thematisieren (vgl. Kilger 2003; Korff 2002; te Heesen/Lutz 2005).

Ohne Frage geht es bei solchen Themen auch um die Organisation von Bildungsprozessen. Die ausstellungsbegleitenden Bildungsmaßnahmen greifen, das zeigen die Ergebnisse jüngster EU-Projekte (vgl. LLML, Gibbs/Sani/Thompson 2006; AEM, MUSAEM und EURODULT, John/Thinesse-Demel 2004), zunehmend auf Ansätze des lebenslangen Lernens zurück und zielen darauf ab, Museen als neue Lernorte zu etablieren, die eine wesentliche Funktion in der

Wissensgesellschaft einnehmen und zur Interessenanregung beitragen. Die genannten Projekte haben zum Ziel, zu einem besseren Verständnis des Lernens von Erwachsenen in Museen beizutragen, Möglichkeiten der Erwachsenenbildung in Museen zu entwickeln und zu stärken. Im Projekt EUROEDULT wurde deshalb ein Qualifizierungsprogramm für Museumsmitarbeiter zum Kulturvermittler entwickelt, das die Planung und Durchführung von lernerorientierten Projekten anstrebt.

Insgesamt zeigt diese Zusammenfassung über Museen und Erwachsenenbildung, dass Museen komplexe Lernumgebungen darstellen, die ein hohes Lern- und Bildungspotential für selbsttätige und organisierte Besuchsabläufe aufweisen. Die heterogene Museumslandschaft sowie ihr heterogenes Publikum erschweren eine systematische Erforschung der in ihnen stattfindenden Lern- und Bildungsprozesse. Gleichwohl liegen in jüngster Zeit entwickelte Ansätze vor, die die Ausstellungsgestaltung, die Organisation des Ausstellungsbesuchs sowie die Bedingungen des Ausstellungsbesuchs systematisch erforschen und zu neuen Lösungen beitragen können. Insbesondere die Organisation des Ausstellungsbesuchs als organisierte oder nichtorganisierte Bildungsarbeit lässt dabei viele Ansatzpunkte zur Erwachsenenbildung erkennen.

Literatur

Bäumler, C. (2004): Bildung und Unterhaltung im Museum. Das museale Selbstbild im Wandel. Münster: LIT Verlag.

Bröckers, H. (2007): Der Museumsbesuch als Event: Museen in der Erlebnisgesellschaft. In: Mitteilungen und Berichte aus dem Institut für Museumsforschung 37. Berlin: Institut für Museumskunde.

Chittenden, D./Farmelo, G./Lewenstein, B. (2004): Creating connection: museum and public understanding of current research. Walnutcreek: AltaMira Press.

Commandeur, B./Dennert, D. (Hrsg.) (2004): Event zieht – Inhalt bindet. Besucherorientierung von Museen auf neuen Wegen. Bielefeld: transcript Verlag.

Dennert, D. (2001): Historisches Lernen oder Erleben? Die Stiftung Haus der Geschichte der Bundesrepublik Deutschland als außerschulischer Lernort. In: Informationen des Sächsischen Museumsbundes e.V. 23. S. 92-98.

Derks, H. (1998): Design oder Nicht-Sein? Bedeutung und Funktion, Möglichkeiten und Grenzen von Ausstellungsgestaltung im Museum. In: Mitteilungsblatt. Museumsverband für Niedersachsen und Bremen e.V. 55. S. 19-30.

Durbin, G. (Hrsg.) (1999): Developing museum exhibitions for lifelong learning. London: Stationery Office Books.

Ermert, K./Lang, T. (2006): Alte Meister - Über Rolle und Ort Älterer in Kultur und kultureller Bildung. Wolfenbüttel: Wolfenbütteler Akademietexte Bd. 25.

Falk, J. H./Dierking, L. D.(1992): The Museum Experience. Washington, D.C.: Howells House.

Falk, J. H./Dierking, L. D. (2000): Learning from Museums: Visitor Experiences and the Making of Meaning. Walnut Creek, CA: AltaMira Press.

Fayet, R. (2005): Ob ich nun spreche oder schweige. Wie das Museum seine Dinge mit Bedeutung versieht. In: Fayet, R. (Hrsg.): Im Land der Dinge. Museologische Erkundungen. Interdisziplinäre Schriftenreihe des Museums zu Allerheiligen Schaffhausen, Bd. 1, Schaffhausen. hier + jetzt, Verlag für Kultur und Geschichte. S. 11–32.

Gerstenmaier, J./Mandl, H. (1995): Wissenserwerb unter konstruktivistischer Perspektive. In: Zeitschrift für Pädagogik 41. S. 867-888.

Gibbs, K./Sani, M./Thompson, J. (2006): Lifelong Learning in Museums. A European Handbook. Bologna: IBC-CLUEB.

Graf, B. (2003): Ausstellungen als Instrument der Wissensvermittlung? Grundlagen und Bedingungen. In: Museumskunde 68, H. 1, S. 73-81.

Hagedorn-Saupe, M./Kleinke, H./Meineke, A./Thänert, S. (2003): Lange Nacht der Museen – eine empirische Untersuchung in Berlin. In: Mitteilungen und Berichte aus dem Institut für Museumskunde 56. Berlin: Institut für Museumskunde.

Haus der Geschichte der Bundesrepublik Deutschland (Hrsg.) (1996): Museen und ihre Besucher. Herausforderungen in der Zukunft. Berlin: Argon Verlag.

Hein, G. E. (1998): Learning in the museum. London: Routledge.
Hochreiter, W. (1994): Vom Musentempel zum Lernort. Zur Sozialgeschichte deutscher Museen 1800–1914. Darmstadt: Wissenschaftliche Buchgesellschaft.
Hooper-Greenhill, E. (1994): The past, the present and the future: museum education from 1790s to the 1990s. In: Hooper-Greenhill, E. (Hrsg.): The Educational Role of the Museum. London: Routledge, S. 258-262.
ICOM: http://icom-deutschland.de (01.09.2008)
Institut für Museumsforschung (2007): Statistische Gesamterhebung an den Museen der Bundesrepublik Deutschland für das Jahr 2006. In: Materialien aus dem Institut für Museumskunde, H. 61, Berlin: Institut für Museumskunde.
John, H./Thinesse-Demel J. (Hrsg.) (2004): Lernort Museum – neu verortet! Ressourcen für soziale Integration und individuelle Entwicklung. Ein europäisches Praxishandbuch. Bielefeld: transcript Verlag.
Jones, D. (1995): The Adult Learner. In: Chadwick, A./Stannett, A. (Hrsg.): Museums and the Education of Adults. Leicester: the National Institute of Adult Continuing Education.
Kaldewei, G. (1990): Museumspädagogik und Reformpädagogische Bewegung 1900-1933: eine historisch-systematische Untersuchung zur Identifikation und Legitimation der Museumspädagogik. Frankfurt/Main: Lang.
Kerschensteiner, G. (1925): Die Bildungsaufgabe des Deutschen Museums. In: Matschoss, C. (Hrsg.): Das Deutsche Museum: Geschichte, Aufgaben, Ziele. Berlin/München: VDI-Verlag. S. 39-50.
Kirchberg, V. (2005): Gesellschaftliche Funktion von Museen. Makro-, meso- und mikro-soziologische Perspektiven. In: Berliner Schriften zur Museumskunde 20. Wiesbaden: Verlag für Sozialwissenschaften.
Klausewitz, W. (Hrsg.) (1975): Museumspädagogik. Museen als Bildungsstätten. Frankfurt/Main: o.V.
Klein, H.-J. (1991): Evaluation für Museen. Grundfragen - Ansätze - Aussagemöglichkeiten. In: Karlsruher Schriften für Besucherforschung 1. S. 3-23.
Klein, H.-J.(1990): Der gläserne Besucher. Publikumsstrukturen einer Museumslandschaft. Berliner Schriften zur Museumskunde 8. Berlin: Staatliche Museen Preußischer Kulturbesitz.
Klein, H.-J./Bachmayer, M. (1981): Museum und Öffentlichkeit. Fakten und Daten – Motive und Barrieren. Berlin: Mann (Gebr.).
Korff, G. (2002): Museumsdinge. Deponieren – Exponieren. Köln: Böhlau.
Kunz-Ott, H. (2003): Museumspädagogik und Öffentlichkeitsarbeit: Wer übernimmt welchen Part? In: Neue Wege der Museumspädagogik. Publikation zu einer internationalen Fachtagung des Arbeitskreises selbständiger Kultur-Institute e.V. im Museumszentrum Lorsch. Bonn.
Lewalter, D./Geyer, C. (2005): Evaluation von Museumsbesuchen unter besonderer Berücksichtigung von Schulklassenbesuchen. In: Zeitschrift für Pädagogik. Themenheft: Lernort Museum 51, H. 6, S. 774-785.
Lichtwark, A. (1917): Museen als Bildungsstätten. In: Lichtwark, A.: Eine Auswahl seiner Schriften, Bd. 2. Hamburg: Ausgewählte Schriften Hans Christians. S. 185-195.
McLean, K. (1993): Planning for People in Museum Exhibitions. In: McLean, K./Pollock, W. (Hrsg.) (2007): Visitor Voices In Museum Exhibitions. Washington D.C. ASTC.
Miles, R. (1987): Museums and the communication of science. In: Evered, D./O'Connor, M. (Hrsg.): Communicating science to the public. New York: John Wiley, S. 114-122.
Noschka-Roos, A. (2001): Bausteine eines besucherorientierten Informationskonzepts. In: Schwarz, U./Teufel, P. (Hrsg.): Handbuch. Museografie und Ausstellungsgestaltung. Ludwigsburg: avedition, S. 88-113.
Noschka-Roos, A. (Hrsg.) (2003): Besucherforschung in Museen. Instrumentarien zur Verbesserung der Ausstellungskommunikation. In: Public Understanding of Science: Theorie und Praxis Band 4. München: Deutsches Museum.
Noschka-Roos, A. (2004): Visitors' Bill of Rights – als Maßstab für die Besucherorientierung. In: Commandeur, B./Dennert, D. (Hrsg.): Event zieht – Inhalt bindet. Besucherorientierung von Museen auf neuen Wegen. Bielefeld: transcript Verlag, S. 159-168.
Noschka-Roos, A./Hagedorn-Saupe, M. (1989): Museumspädagogik in Zahlen, Erhebungsjahr 1988. In: Materialien aus dem Institut für Museumskunde. H. 27. Berlin: Institut für Museumskunde.
Nuissl von Rhein, E. (2004): Erwachsenenbildung im Museum. In: John, H./Thinesse-Demel, J. (Hrsg.): Lernort Museum – neu verortet! Ein europäisches Praxishandbuch. Bielefeld: transcript Verlag, S. 44-52.
Patzwall, K. (1988): Erfreuen und Belehren. Zur Museumspädagogik in der Deutschen Demokratischen Republik. In: Mitteilungen und Materialien der Arbeitsgruppe Pädagogisches Museum 27. S. 5-24.
Pekarik, A.J./Doering, Z.D./Karns, D.A. (1999): Exploring satisfying experiences in museums. Curator 42, H. 2, S. 152-170.
Pomian, K. (2007): Der Ursprung des Museums. Vom Sammeln. Berlin: Wagenbach.
Reinmann-Rothmeier, G./Mandl, H. (1996): Lernen auf der Basis des Konstruktivismus. In: Computer und Unterricht 23. S. 41-44.

Scholze, J. (2004): Medium Ausstellung: Lektüren musealer Gestaltungen in Oxford, Leipzig, Amsterdam und Berlin. Bielefeld: Transcript Verlag.

Schwan, S./Trischler, H./Prenzel, M. (Hrsg.) (2006): Lernen im Museum: Die Rolle von Medien. In: Mitteilungen und Berichte aus dem Institut für Museumsforschung Nr. 38.

Screven, C. (1988): Teaching science to voluntary learners and the role of evaluation. In: Heltne, P.G./Marquardt, L.A. (Hrsg.): Science learning in the informal setting. Chicago: Chicago Academy of Sciences, S. 229-240.

Siebenmorgen, H. (2000): Die Zukunft der Museen – Eine Podiumsdiskussion im Badischen Landesmuseum. In: Museumsblatt 28. S. 21-28.

Spickernagel, E./Walbe, B. (Hrsg.) (1976): Das Museum. Lernort contra Musentempel. Gießen: Anabas Verlag.

te Heesen, A./Lutz, P. (Hrsg.) (2005) Dingwelten. Das Museum als Erkenntnisort. Schriften des Deutschen Hygiene-Museums Dresden Bd. 4. Köln: Böhlau Verlag.

Teichmann, J./Noschka-Roos, A. (2006): Populäre Wissenschaft in Museen und Science Centers. In: Faulstich, P. (Hrsg.): Öffentliche Wissenschaft. Bielefeld: transcript Verlag, S. 87-103.

Treinen, H. (1974): Museum und Öffentlichkeit. In: Deutsche Forschungsgemeinschaft (Hrsg.): Denkschrift Museen: zur Lage der Museen in der Bundesrepublik Deutschland und Berlin (West). Boppard: Boldt, S. 21-38.

Treinen, H. (1981): Museumspädagogik und Besucherverhalten: eine empirische Untersuchung zur Benutzung und Wirkung von Ausstellungen. In: Sozialwissenschaftliche Informationen für Unterricht und Studium 10. S. 213-219.

Treinen, H. (2000): Evaluation von Museumsaustellungen. Konturen eines Beratungsprogramms. In: Handbuch Museumsberatung. Akteure - Kompetenzen - Leistungen. Braunschweig: Transcript, S. 149-160.

Vogel, K. (2006): Die inszenierte Ausstellung – einziger Weg in die Zukunft? In: Eissenhauer, M. (Hrsg.): Museumskunde. Museen gestalten Zukunft – Perspektiven im 21. Jahrhundert. Herausgegeben vom Deutschen Museumsbund 71, H. 2. Berlin: G+H Verlag, S. 69-75.

Waidacher, F. (1996): Handbuch der Museologie (2. Auflage). Wien: Böhlau Verlag.

Wersig, G./Graf, B. (2000): Virtuelle Museumsbesucher – Empirische Studien zur technischen Außenrepräsentanz von Museen. Berlin: Unveröffentlichte Studie des Instituts für Publizistik- und Kommunikationswissenschaft der Freien Universität Berlin und des Instituts für Museumskunde der Stiftung Preußischer Kulturbesitz Staatliche Museen zu Berlin, 1998-2000.

Wittgens, L. (2005): Besucherorientierung und Besucherbindung in Museen. Eine empirische Untersuchung am Fallbeispiel der Akademie der Staatlichen Museen zu Berlin. In: Mitteilungen und Berichte aus dem Institut für Museumskunde Nr. 33.

Gernot Graeßner | Ursula Bade-Becker | Bianca Gorys

Weiterbildung an Hochschulen

1 Aufgabe und Charakter

Weiterbildung durch Hochschulen umfasst berufliche, politische und allgemeine Bildung. Ihre Relevanz ergibt sich aus ihrem Bezug zu ökonomisch, sozial und politisch zu thematisierenden Fragen. In der wissenschaftlichen Weiterbildung geht es „um Perspektiven und Inhalte, die sich im wissenschaftlichen Diskurs zu bewähren haben“ (vgl. Wittpoth 2005, S. 17). Praxisrelevanz, Problemorientierung und Methodenstrenge bezeichnen drei ihrer wesentlichen Voraussetzungen (vgl. Dikau 1993). Die Weiterbildung an Hochschulen hat somit ein breites Gestaltungsfeld, unterliegt andererseits aber auch in starkem Maß dem Wandel politischer und gesellschaftlicher Bewertungen dessen, was als aktuell wichtig, regelungsbedürftig, marktgängig oder förderungswürdig definiert wird. Prinzipiell – so fasst Prokop zusammen – bedient sich wissenschaftliche Weiterbildung der in der Hochschule üblichen Vorgehensweisen:

> „In den Zusammenhängen forschender Erhellung werden subjektive Gesichtspunkte weitgehend ausgeschaltet; verallgemeinernde Systematisierung und immanente Ordnung von Kenntnissen werden ermöglicht (...); wissenschaftliche Qualifizierung geschieht nicht isoliert, sondern begründet im Kontext gesellschaftlicher Rahmenbedingungen und persönlicher Verantwortung (...)“ (Prokop 1990, S. 33).

Dabei ist unverkennbar, dass bestimmte Traditionen wirksam sind, wie sie etwa die Seminarkurse in Niedersachsen darstellen. Diese hatten eine Schrittmacherfunktion für die Entwicklungen in den 1970er Jahren übernommen (vgl. Raapke/Skowronek 1962; Raapke 1978; Schäfer 1988a), indem sie die institutionelle Rolle der Hochschulen für die Erwachsenenbildung deutlich machte und zwar auf der Basis einer rechtlich verbindlichen Verankerung. Traditionell sind Hochschullehrer in Einrichtungen der Erwachsenenbildung und Weiterbildung als Referenten, Lehrende und Berater stark eingebunden und ein Zeichen dafür, dass das Interesse von Bürgern und Institutionen an der Vermittlung von Wissenschaft die Form der Weiterbildung findet. Als eine der Kernaufgaben der Hochschulen – so zeigen neuere Entwicklungen – findet wissenschaftliche Weiterbildung ihren Platz als gleichberechtigte Aufgabe neben der Forschung und wird im Zusammenspiel mit dem grundständigen Studium zu einem selbstverständlichen Teil der akademischen Lehre. Hochschulweiterbildung steht strukturell vor der Herausforderung, ihr Profil zu schärfen, um deutlich herauszustellen, dass sie „ein interessantes und für die Profilierung der Hochschulen überaus reizvolles Feld“ (Hanft/Simmel 2007, S. 9) darstellt.

2 Zugänge und Anforderungen

Die Kultusministerkonferenz (KMK) versteht wissenschaftliche Weiterbildung in ihrem Sachstands- und Problembericht zur Wahrnehmung wissenschaftlicher Weiterbildung an den Hochschulen als

> „die Fortsetzung oder Wiederaufnahme organisierten Lernens nach Abschluss einer ersten Bildungsphase und in der Regel nach Aufnahme einer Erwerbs- oder Familientätigkeit, wobei das wahrgenommene Weiterbildungsangebot dem fachlichen und didaktischen Niveau der Hochschule entspricht. (...) Wissenschaftliche Weiterbildung knüpft in der Regel an berufliche Erfahrungen an, setzt aber nicht notwendigerweise einen Hochschulabschluss voraus" (KMK 2001, S. 2f.).

Die KMK legt damit eine vergleichsweise weit gefasste Definition vor. Diese Definition nimmt auch die Deutsche Gesellschaft für wissenschaftliche Weiterbildung und Fernstudium (DGWF) – als Gesellschaft zur Förderung, Entwicklung, Koordinierung und Repräsentation der von den Hochschulen und hochschulnahen Einrichtungen getragenen wissenschaftlichen Weiterbildung und des Fernstudiums in Deutschland und international – auf (vgl. DGWF 2005a, S. 2).

Das Verständnis von wissenschaftlicher Weiterbildung ist bei den für die Hochschulen zuständigen Bundesländern und ihrer Gesetzgebung keineswegs eindeutig (vgl. Faulstich et al. 2007b, S. 90f.; Bade-Becker 2005, S. 156), so dass eine klare, gemeinsam geteilte Begriffs- und Aufgabendefinition bislang ein Desiderat darstellt.

Es ergeben sich z.B. Abgrenzungsfragen zu Zusatz-, Ergänzungs- und Aufbaustudien sowie postgradualen Studien. Diese knüpfen direkt an vorgängige Studien unmittelbar an, während die „weiterbildenden Studien" sich an Berufstätige (mit und ohne Hochschulabschluss) wenden. Innerhalb der weiterbildenden Studien wird u.a. mit dem Begriff „Kontaktstudium" operiert, welcher teils als juristischer Begriff, teils als Marketing-Label verwendet wird (vgl. Faulstich et al. 2007b, S. 90).

Auch zielgruppenspezifisch bereitet die Abgrenzung Probleme: So werden bspw. die Lehrerfortbildung, die interne Fortbildung des wissenschaftlichen Personals und die Weiterbildung von ÄrztInnen zu FachärztInnen nicht der wissenschaftlichen Weiterbildung zugerechnet (vgl. ebd.).

Mit der Reorganisation des Studiums im Rahmen des Bologna-Prozesses erhält die wissenschaftliche Weiterbildung erstmals einen Platz in der Studienstruktur der Hochschulen: Alle Masterstudiengänge, die nicht dem konsekutiven Modell zuzurechnen sind, können als Weiterbildung definiert werden. Umstritten ist noch, ob auch Bachelorstudiengänge, sofern sie sich explizit an eine berufstätige Zielgruppe richten und ein entsprechend auf diese Zielgruppe abgestimmtes Design aufweisen, als Weiterbildung anerkannt werden können. Dieses ist eine bildungspolitisch zu entscheidende Frage (vgl. Faulstich et al. 2007b, S. 90; KMK 2005).

Derzeit ist in den Hochschulen eine starke Fokussierung auf die Entwicklung von weiterbildenden Masterstudiengängen zu beobachten (vgl. Wolter 2005, S. 57; Wolter 2006, S. 97). Es besteht die Befürchtung, dass die Vielfalt der Programme und Angebotsformen unterhalb des weiterbildenden Masterstudiums, die den bisherigen Schwerpunkt im Angebot an akademischer Weiterbildung bildeten, reduziert wird. Wolter (2006) fordert daher, dass die Hochschule „gerade im Interesse ihres öffentlichen Auftrags unterschiedliche Bedarfe bedienen und deshalb auch differenzierte Angebotstypen vorhalten [muss]. Diese Pluralität ist ein wichtiges

Profilmerkmal der Universität gegenüber außeruniversitären Anbietern, die sich leichter auf eine Zielgruppe und einen Angebotstyp kaprizieren können“ (ebd., S. 97f.).

In ihrem Kommuniqué anlässlich der Bologna-Folgekonferenz 2001 in Prag fixieren die europäischen Hochschulministerinnen und -minister das lebenslange Lernen als ein wichtiges Element des europäischen Hochschulraums (vgl. Prager Kommuniqué 2001, S. 7). Sie fordern im Kommuniqué der Folgekonferenz in 2003 in Berlin dazu auf, die Möglichkeiten für lebenslanges Lernen auf Hochschulebene und die Anerkennung früher erworbener Kenntnisse zu verbessern und unterstreichen die Notwendigkeit, allen Bürgern – je nach ihren Wünschen und Fähigkeiten – lebenslange Lernverläufe hin zur Hochschulbildung und innerhalb der Hochschulbildung zu ermöglichen (vgl. Berliner Kommuniqué 2003, S. 8).

Damit steht nicht nur die Erstausbildung, sondern auch die wissenschaftliche Weiterbildung in ihren vielfältigen Formen im Zeichen des lebenslangen Lernens; lebenslanges Lernen wird zum Leitprinzip wissenschaftlicher Weiterbildung (vgl. Christmann 2007, S 81ff.; Wolter 2005).

Der Wissenschaftsrat fordert demgemäß in seinen Empfehlungen zur künftigen Rolle der Universitäten im Wissenschaftssystem auch die Etablierung von nachfrage- und marktgerechten Weiterbildungsangeboten. Die „Umstellung auf gestufte Studienstrukturen muss so erfolgen, dass sich ihre Vorteile auch für das lebenslange Lernen entfalten können“ (Wissenschaftsrat 2006, S. 65).

Der Zugang zur wissenschaftlichen Weiterbildung hängt zum einen von gesetzlichen Bestimmungen, zum anderen von Satzungen wie z.B. Studien- und Prüfungsordnungen ab. Diese Regelungen sind keineswegs bundeseinheitlich und für potenzielle Teilnehmende kaum transparent.

Nach den Hochschulgesetzen der Länder erhalten in der Regel diejenigen Zugang, die über ein abgeschlossenes Hochschulstudium verfügen bzw. die für eine Teilnahme erforderliche Eignung im Beruf oder auf andere Weise erworben haben.

Für Angebote unterhalb weiterbildender Master-Studiengänge legen die Hochschulen in diesem Rahmen jeweils spezifische Zugangsregeln fest. Der Zugang zu weiterbildenden Master-Studiengängen erfolgt nach den Bestimmungen der KMK (vgl. KMK 2005, S. 5, S. 7): ein berufsqualifizierender Hochschulabschluss sowie eine qualifizierte berufspraktische Erfahrung von i.d.R. nicht unter einem Jahr stellen hierfür die Voraussetzung.

Allgemein stellen die Zulassungsregelungen ein Nadelöhr dar, mit dem die Hochschulen bislang ihre alte Tradition der Exklusivität fortsetzten und die dem Prinzip der Öffnung für solche Personen, die in der Lage und Willens sind, an wissenschaftlicher Weiterbildung zu partizipieren, entgegensteht (vgl. Faulstich et al. 2007b, S. 157).

Bei der Anerkennung von „prior learning“ nimmt Deutschland im internationalen Vergleich bislang noch keine Vorreiterrolle ein (vgl. Wolter 2005, S. 54). Unter den in der Deutschlandstudie per Internetrecherche analysierten wissenschaftlichen Weiterbildungsangeboten (N=7.029) fanden sich in lediglich 3,6% der Fälle Angaben zu einer möglichen Anrechnung von Vorkenntnissen (vgl. Faulstich et al. 2007b, S. 142).

Die Bundesvereinigung der Deutschen Arbeitgeberverbände (BDA), Hochschulrektorenkonferenz (HRK) und Bundesverband der Deutschen Industrie fordern daher, Politik und Hochschulen in ihrem Positionspapier „Wissenschaftliche Weiterbildung im System der gestuften Studienstruktur“ (2007, S. 19) dazu auf, „faire und qualitätsbewusste Alternativen zum Hochschulstudium über Schulabschlüsse“ zu entwickeln.

Im Zuge der Reorganisation des Studiums infolge des Bologna-Prozesses werden gleichfalls die Angebote wissenschaftlicher Weiterbildung zunehmend modularisiert und mit Kreditpunkten – zumeist nach dem European Credit Transfer and Accumulation System (ECTS) – versehen (vgl. Bredl et al. 2006, S. 21f.; Faulstich et al. 2007b, S. 125ff.).

Die Zertifizierung von durch die Teilnehmenden erbrachten Weiterbildungsleistungen kennzeichnet sich durch ein hohes Maß an Uneinheitlichkeit. War die Vergabe von akademischen Graden bislang eher selten, änderte sich dieses mit der Einführung der weiterbildenden Master-Studiengänge. Für die erfolgreiche Teilnahme an Weiterbildungsangeboten unterhalb weiterbildender Master-Studiengänge werden in der Regel Teilnahmebescheinigungen und Zertifikate vergeben (vgl. Faulstich et al. 2007a, S. 98f.). Dass Angebote der Hochschulen eine gute Chance haben, auf Nachfrage zu stoßen, zeigt sich daran, dass die Weiterbildungsbeteiligung von Hochschulabsolventen unter allen Teilnehmergruppen der Bevölkerung am höchsten ist, sowohl im Bereich der formalisierten Weiterbildung als auch im Bereich der „weicheren" Lernformen (vgl. Bundesministerium für Bildung und Forschung 2008, S. 79).

3 Rechtliche und finanzielle Grundlagen

Im Bereich des Bundes wird die wissenschaftliche Weiterbildung durch konkurrierende Gesetzgebung, insbesondere durch das Hochschulrahmengesetz (HRG) – das infolge der Föderalismusreform und des damit verbundenen Rückzugs des Bundes aus der Hochschulrahmengesetzgebung voraussichtlich zum 01.08.2008 aufgehoben werden wird – sowie das Dienst- und das Nebentätigkeitsrecht bestimmt. Wird die Weiterbildungsmaßnahme durch die Arbeitsverwaltung gefördert, kommen zudem die Bestimmungen des Sozialgesetzbuches III (SGB III) zum Tragen. Das Fernunterrichtsschutzgesetz (FernUSG) ist bei Fernstudienangeboten zu beachten, sofern diese Angebote außerhalb der Hochschule in privatrechtlicher Variante realisiert werden. Wird die wissenschaftliche Weiterbildung in hochschulnahen, aber privatrechtlichen Einrichtungen angeboten, ist die für die jeweilige Rechtsträgerstruktur (Vereinsrecht, GmbH-Gesetz etc.) allgemein geltende Rechtslage maßgebend.

Im Fall von Kooperationen (bspw. zwischen Hochschulen oder zwischen privatrechtlicher Einrichtung und Hochschule) sind die entstehenden Rechtsbeziehungen zwischen den Kooperationspartnern z.B. in Fragen des Steuerrechts, des Haushaltsrechts, des Körperschaftsrechts, des Arbeitsrechts oder auch des Haftungsrechts besonders zu beachten (vgl. Faulstich et al. 2007a, S. 92).

Eine Neubestimmung und wesentliche Aufwertung kam der wissenschaftlichen Weiterbildung insbesondere mit der Novellierung des Hochschulrahmengesetzes im Jahr 1998 zu. Sollten die Hochschulen nach §21 HRG alter Fassung lediglich Möglichkeiten der Weiterbildung entwickeln und anbieten, so wird die wissenschaftliche Weiterbildung nach der Novellierung in §2 HRG (1) als Kernaufgabe der Hochschulen neben Forschung, Lehre und Studium bestimmt:

> „[1] Die Hochschulen dienen entsprechend ihrer Aufgabenstellung der Pflege und der Entwicklung der Wissenschaften und der Künste durch Forschung, Lehre, Studium und Weiterbildung in einem freiheitlichen, demokratischen und sozialen Rechtsstaat. [2] Sie bereiten auf berufliche Tätigkeiten vor, die die Anwendung wissenschaftlicher Erkenntnisse und wissenschaftlicher

Methoden oder die Fähigkeit zu künstlerischer Gestaltung erfordern" (Hochschulrahmengesetz 1998; vgl. Bade-Becker 2005, S. 11; vgl. Faulstich et al. 2007a, S. 92f.).

§12 HRG (2007) regelt postgraduale Studiengänge; demnach können für „Absolventen eines Hochschulstudiums (...) zur Vermittlung weiterer wissenschaftlicher oder beruflicher Qualifikationen oder zur Vertiefung eines Studiums, insbesondere zur Heranbildung des wissenschaftlichen und künstlerischen Nachwuchses, Zusatz-, Ergänzungs- und Aufbaustudien (postgraduale Studien) angeboten werden". Postgraduale Studiengänge zählen gemäß der Definition der Hochschulrektorenkonferenz (1993) dann zur wissenschaftlichen Weiterbildung, wenn sie nicht als konsekutives Studium, sondern nach der Aufnahme einer Erwerbs- oder Familientätigkeit begonnen werden (vgl. ebd.1993, S. 3).

In §43 bestimmt das HRG (2007) die dienstlichen Aufgaben der Hochschullehrerinnen und Hochschullehrer: diese „nehmen die ihrer Hochschule jeweils obliegenden Aufgaben in Wissenschaft und Kunst, Forschung, Lehre und Weiterbildung in ihren Fächern nach näherer Ausgestaltung ihres Dienstverhältnisses selbstständig wahr".

Mit dem Professorenbesoldungsreformgesetz (ProfBesReformG 2002) erfolgte eine Novellierung des Bundesbesoldungsgesetzes: Demnach ist es nach §33 (1) ProfBesReformG möglich, Professoren der Besoldungsgruppen W 2 und W 3 für besondere Leistungen in der Weiterbildung durch variable Leistungsbezüge zu honorieren. Mit der Föderalismusreform im August 2006 wurde das Besoldungsrecht für die Landes- und Kommunalbediensteten in die Zuständigkeit der Bundesländer übertragen. Der genannte Passus wurde in die Landesbesoldungsgesetze entsprechend übernommen. Im Weiteren finden sich in den Ländergesetzen jeweils spezifische Ausführungen zur wissenschaftlichen Weiterbildung und deren Ausgestaltung.

Für Teilnehmende an wissenschaftlicher Weiterbildung werden von gesetzlicher Seite keine Fördervoraussetzungen genannt. Diese entstehen jedoch ggf. durch die Art des Programms (z.B. nach SGB III, EU-Programme) oder durch Stipendien (DAAD).

In Einzelfällen ist bei Vorliegen entsprechender Voraussetzungen der teilweise oder volle Erlass von Gebühren und Entgelten möglich. Ein weiterbildungsspezifisches Stipendienwesen ist nicht erkennbar, auch wenn in einzelnen Fällen z.B. Unternehmen, teilweise auch die AnbieterInnen von wissenschaftlicher Weiterbildung, Förderungen individueller Art aussprechen (vgl. Graeßner 2006, S. 48; Faulstich et al. 2007a, S. 93).

Eine interessante Entwicklung zeichnet sich infolge des Förderprogramms der Bundesregierung „Begabtenförderung berufliche Bildung" ab: Besonders begabte Absolventinnen und Absolventen eines anerkannten dualen Ausbildungsberufs können – geknüpft an bestimmte Bedingungen und Voraussetzungen – für Weiterbildungen ein Stipendium beantragen. Seit 2008 wird diesem Personenkreis weiterhin die Möglichkeit eröffnet, auch für die Aufnahme eines berufsbegleitenden Studiums, welches auf der entsprechenden Ausbildung und Berufstätigkeit aufbaut, eine finanzielle Förderung über ein Stipendium zu erhalten[1].

Wesentlichen Einfluss auf die Rahmenbedingungen wissenschaftlicher Weiterbildung an Hochschulen nimmt das Rechtsgutachten von Mestmäcker/Veelken (1990). In dem Gutachten wurde geprüft, inwieweit das Wettbewerbsrecht auf das Angebot wissenschaftlicher Weiterbildung durch die staatlichen Hochschulen anzuwenden ist. Die Antwort ist eindeutig: „Es besteht Konsens darüber, dass die Hochschulen nur wissenschaftliche Weiterbildung anbieten dürfen (Grundsatz der Profiltreue oder Anknüpfung an andere Hochschulaufgaben). Eine Konkur-

1 http://www.begabtenfoerderung.de/fileadmin/templates/images/sbbdaten/favicon.ico (15.01.2008).

renzsituation besteht mithin auch nur zu anderen Anbietern wissenschaftlicher Weiterbildung" (vgl. Mestmäcker/Veelken 1990, S. 8). Weiterhin heißt es: „Soweit es sich bei den Angeboten wissenschaftlicher Weiterbildung um ein marktfähiges Gut handelt, nehmen die Hochschulen mit dem Angebot wissenschaftlicher Weiterbildung mithin am allgemeinen Wirtschaftsverkehr teil" (ebd., S. 51). Damit wird einerseits herausgestellt, dass die Hochschulen hinsichtlich ihrer Weiterbildungsangebote ihrem spezifischen Profil verpflichtet sind und nur in diesem speziellen Segment des Weiterbildungsmarktes agieren sollen (vgl. Wissenschaftsrat 1983, S. 24; BLK 1990). Andererseits sollen die Preise der Weiterbildungsangebote betriebswirtschaftlich begründet sein, sofern es für diese Angebote einen Markt gibt. Es besteht die Schwierigkeit zu unterscheiden, wann ein Angebot als „marktfähig" gilt und wann nicht. Als marktfähig gelten unbestritten die Angebote berufsbezogener wissenschaftlicher Weiterbildung. Anders verhält es sich bei solchen Angeboten, die gesellschafts- oder bildungspolitisch begründet, aber nicht marktfähig im Sinne eines Kostendeckungsprinzips sind (vgl. Faulstich et al. 2007b, S. 94f.).

Wissenschaftliche Weiterbildungsangebote werden bis auf wenige Ausnahmen gegen Gebühren oder Entgelte offeriert. „Gebühren" werden von den Teilnehmenden in Zusammenhang mit öffentlich-rechtlichen Angebotsformen erhoben, „Entgelte" in Zusammenhang mit privatrechtlichen Angebotsformen wie Vereinen, GmbHs etc. (vgl. Graeßner 2007, S. 159).

Die meisten Landesgesetze sprechen Regelungen über Gebühren und Entgelte an, werden jedoch vielfach durch andere einschlägige Gesetze oder Verordnungen ergänzt. Insgesamt betrachtet, zeigen die Landesregelungen ein sehr zersplittertes Bild: Die Eckpfeiler reichen von einer starken Regelung durch entsprechende Maßgaben, wie diese Einnahmen zu verwenden sind, bis dahin, dass den Hochschulen weitgehend überlassen bleibt, wie sie auf diesem Gebiet agieren. Dort, wo von „Kostendeckung" die Rede ist, besteht keine Klarheit darüber, was darunter zu verstehen ist. Allerdings hat sich das Bild in den letzten Jahren dahingehend verändert, dass den Hochschulen zum weitaus überwiegenden Teil die Einnahmen aus Weiterbildung verbleiben.

Die Ausgangspunkte der Finanzierung von weiterbildenden Studien und Studiengängen sind von Land zu Land, teilweise auch von Hochschule zu Hochschule, insgesamt nach wie vor so unterschiedlich, dass von einer Vergleichbarkeit der „Startbedingungen" auf dem Markt der (wissenschaftlichen) Weiterbildung nicht gesprochen werden kann. In der Tendenz ist es jedoch deutlich, dass die Hochschulen die Gestaltung von Gebühren und Entgelten im Bereich der Weiterbildung zunehmend selbst zu regeln haben und auch regeln können (vgl. Faulstich et al. 2007a, S. 97).

4 Institutionelle Varianten der Weiterbildung an Hochschulen

Der Bildungsgesamtplan empfahl in den 1970er Jahren die Einrichtung von Kontaktstellen für wissenschaftliche Weiterbildung, denen insbesondere regionalbezogene Aufgaben zugewiesen wurden (vgl. Bund-Länder-Kommission für Bildungsplanung 1973, S. 53; 60f.). Diese Forderung wurde u.a. von der Enquete-Kommission des Deutschen Bundestages „Zukünftige Bildungspolitik – Bildung 2000" (Deutscher Bundestag 1990, Kap. IV.2.2, Empfehlung 2/67) wiederholt. Nach den Vorstellungen des Arbeitskreises Universitäre Erwachsenenbildung (AUE 1987, jetzt: DGWF), obliegt es den zentralen Einrichtungen,

„in enger Zusammenarbeit mit den jeweils fachlich zuständigen Hochschullehrern den Ausbau wissenschaftlicher Weiterbildung zu gewährleisten. (...) In diesem Zusammenhang leisten sie auch eine Servicefunktion für die Fachbereiche und Institute, bei denen die fachliche Zuständigkeit für das weiterbildende Studium liegt“ (AUE-Beiträge 20 1987, S. 19).

Die Spannbreite der Aufgaben zentraler Einrichtungen für Weiterbildung liegt darin,

- innovative Vorhaben der Weiterbildung anzuregen und modellhaft zu erproben,
- Fachbereiche bei der Planung, Durchführung und Weiterentwicklung von Angeboten zu beraten,
- Forschungs- und Entwicklungsaufgaben in möglichst kooperativer Form mit Fachbereichen und Hochschullehrern durchzuführen,
- für die Koordination und Organisation von fachbereichsübergreifenden Angeboten zur Verfügung zu stehen,
- den Kontakt zu Unternehmen, Verbänden, Bildungseinrichtungen und Weiterbildungsträgern systematisch zu pflegen und damit die Kommunikation über Weiterbildung zwischen Hochschulen und ihrem Umfeld zu erhöhen und
- die Möglichkeiten der Publikation von Weiterbildungsforschungen und relevanten Weiterbildungsaktivitäten bereitzustellen.

In der institutionellen Verortung wissenschaftlicher Weiterbildung sind die Hochschulen in den vergangenen Jahrzehnten unterschiedliche Wege gegangen (vgl. Holtkamp/Kazemzadeh 1989; Hochschulrektorenkonferenz 1991).

Seit dem 1999 begonnenen Bologna-Prozess sind der Stand sowie der künftige Platz der wissenschaftlichen Weiterbildung in Deutschland nicht genau bestimmbar. Verschiedene empirische Studien haben in jüngster Vergangenheit geholfen, ein genaueres Bild der wissenschaftlichen Weiterbildung zu zeichnen: So wurden durch die international vergleichende Studie zur Teilnahme an Hochschulweiterbildung vom Hochschul-Informations-System GmbH (HIS) und dem Deutschen Institut für Erwachsenenbildung (DIE) (Schaeper et al. 2006), die Deutschlandstudie innerhalb der vom BMBF geförderten internationalen Vergleichsstudie zur Struktur und Organisation der Weiterbildung an Hochschulen (Faulstich et al. 2007a) und die von der HRK geförderte trinationale Studie zur wissenschaftlichen Weiterbildung im Kontext des Bologna-Prozesses (vgl. Bredl et al. 2006) Daten und Fakten zusammengetragen.

Im Rahmen der vom BMBF beauftragten und der Universität Oldenburg geleiteten internationalen Vergleichsstudie zur Struktur und Organisation der Weiterbildung an Hochschulen (vgl. Hanft/Knust 2007) erfolgte 2006 eine umfassende Analyse der wissenschaftlichen Weiterbildung in Finnland, Frankreich, Großbritannien, Österreich, USA und Deutschland. In Deutschland wurde zum einen die Systemebene wissenschaftlicher Weiterbildung betrachtet, zum anderen Daten auf der Hochschul- und der Angebotsebene mithilfe eines standardisierten Fragebogens erhoben. Die Fragebogenerhebung erzielte eine Rücklaufquote von 35%. Des Weiteren erfolgte eine detaillierte Recherche im Internet, bei der 333 Hochschulen in Deutschland analysiert und 7.029 Weiterbildungsangebote untersucht wurden. Damit entstand erstmals in diesem Jahrzehnt eine Datenbasis, die es erlaubt, ein genaueres Bild über die wissenschaftliche Weiterbildung zu gewinnen (vgl. Faulstich et al. 2007a, S. 87ff.; S. 104f.).

Es zeigte sich, dass im Untersuchungsjahr ca. 90% sowohl der Universitäten, als auch der Fachhochschulen in Deutschland sowie fast 52% der Kunst- und Musikhochschulen via Internet wissenschaftliche Weiterbildung anboten. Eine Universität offerierte durchschnittlich rund 38, eine Fachhochschule 20 und eine Kunst- und Musikhochschule vier Weiterbildungsangebote. Diese Zahlen beziehen sich jedoch ausschließlich auf die Quantität der Angebote. Wird jedoch z.B. nach der Dauer der Angebote unterschieden, so zeigt sich, dass die Universitäten wesentlich mehr kürzere Angebote (bis zu ein Jahr Dauer) im Internet offerieren als Fachhochschulen, ungefähr gleich viele Angebote mittlerer Länge (zwischen ein und zwei Jahren Dauer), jedoch nur etwa halb so viele langfristige Weiterbildungen (mit mehr als zwei Jahren Dauer).

Im Vergleich der im Internet präsentierten Angebote wissenschaftlicher Weiterbildung nach Bundesländern stellten sich Baden-Württemberg, Nordrhein-Westfalen, Bayern, Hessen und Niedersachsen als diejenigen Bundesländer heraus, die die meisten Weiterbildung anbietenden Hochschulen in Deutschland und zugleich eine hohe Anzahl an Angeboten wissenschaftlicher Weiterbildung aufwiesen. Neben den gesetzlichen Regelungen und dem Willen der jeweiligen Hochschulen zum Engagement in der Weiterbildung, spielen hierbei zahlreiche Faktoren wie Bildungs- und Nachfragestrukturen, regionale Wirtschaftsstrukturen, Bevölkerungsdichte, aber auch die jeweiligen Profile der Hochschulen in den Bundesländern eine Rolle (vgl. Faulstich et al. 2007b, S. 107ff.).

Schäfer (1988b) unterscheidet im Hinblick auf die Organisationsformen zwischen der wissenschaftlichen Einrichtung, die die besten Voraussetzungen für die Wahrnehmung der Weiterbildungsaufgabe schafft, und der zentralen Betriebseinheit, die als organisatorisch selbstständige Einrichtung (ähnlich wie Bibliotheken oder Rechenzentren) wissenschaftliche und sonstige Dienstleistungen für die gesamte Hochschule erbringt (vgl. ebd., S. 228ff.). Diese beiden Formen sind als die „klassischen" institutionellen Lösungen zu bezeichnen. Zudem werden aufgrund der rechtlichen und finanziellen Rahmenbedingungen mit der Gründung von Vereinen, An-Instituten und ähnlichen, organisatorisch getrennten, aber sachlich mit der Hochschule eng verzahnten und von ihr kontrollierten Konstruktionen, neue institutionelle Lösungen gesucht. Von letzteren wird vielfach auch eine höhere Flexibilität erhofft, die freilich auf Kosten der Arbeitsplatzsicherheit der Mitarbeiter und damit der Kontinuität der Arbeit erreicht werden kann. Vielfach begnügen sich Hochschulen mit Lösungen unterhalb institutioneller Verfassungen, indem Rektorats-/Senatsbeauftragte bzw. Stabsstellen geschaffen oder Zuordnungen zu den Aufgaben der Studentensekretariate erfolgen. Institutionen, in denen die Aufgaben der Weiterbildung mit denen des Forschungs- und Technologietransfers miteinander verzahnt sind, finden sich selten, bieten aber unter bestimmten Voraussetzungen hervorragende Entwicklungschancen für außenorientierte Aktivitäten der Hochschulen (vgl. Faulstich 1992). Eine hochschulübergreifende, institutionelle Verankerung von wissenschaftlicher Weiterbildung (vgl. Schäfer 1988b, S. 230) kann zukünftig möglicherweise neue Wege eröffnen. Neue Kooperationsformen zeichnen sich durch Entwicklungen ab, die zu verstärkten Aktivitäten privater Hochschulen auf dem Gebiet der wissenschaftlichen Weiterbildung induziert werden können. Die Ergebnisse der Deutschlandstudie haben bestätigt, dass die Organisation der wissenschaftlichen Weiterbildung bei dem Großteil der Hochschulen zentral erfolgt, wenn auch in sehr verschiedenen Formen wie z.B. wissenschaftlichen Einrichtungen, zentralen Betriebseinheiten, Arbeitsbereichen in der zentralen Verwaltung oder Stabsstellen. Diese zentrale Organisation verdeutlicht den Initial- und Service-Charakter, den die wissenschaftliche Weiterbildung innehat, und erleichtert den Adressatinnen und Adressaten wissenschaftlicher Weiterbildung außerhalb der Hochschulen, Angebote und weiterführende Informationen zu finden. Die Organisations- und Managementformen sind jedoch in hohem Maße unterschiedlich geregelt und die Entwicklungen im Bereich der Bologna-Reform haben sich organisatorisch bislang kaum ausgewirkt. Parallel zu diesen internen Organisationsformen bildeten sich Institute und außerhochschulische Einrichtungen auf meist privatrechtlicher Basis, die weitgehend komplementär und nicht alternativ zu den zentralen Service-Einrichtungen genutzt werden. Dies verdeutlicht die Nähe der Institute zur Hochschule und damit die Einbindung in deren kommunikativen Kontext. Dies wird ebenso bei der Allokation der Finanzierung deutlich: Zwar werden in den Hochschulen die Finanzströme meist unterschiedlich verortet, aber die zentralen Einrichtungen haben insofern eine organisatorisch starke Stellung, als entgeltpflichtige Weiterbildung in mehr als einem Drittel aller Fälle ausschließlich über sie organisiert wird, sogar wenn es sich um Studiengänge handelt, für deren wissenschaftliche Gestaltung Fachbereiche bzw. Fakultäten zuständig sind. Der Grund dafür dürfte darin zu sehen sein, dass die zentralen Einrichtungen Managementstrukturen aufweisen, die in den Fakultäten in dieser Form nicht vorhanden sind (vgl. Faulstich et al. 2007a, S. 111).

Inhaltlich liegen die Aktivitäten der Hochschulen weit auseinander. Naturwissenschaftlich-technisch orientierte Programme finden sich ebenso wie geistes- und sozialwissenschaftliche Schwerpunkte. Fachdisziplinäre Zugänge finden sich ebenso wie multi- oder interdisziplinäre Ansätze. Die thematische Ausrichtung wissenschaftlicher Weiterbildung, so zeigen die Ergebnisse der Deutschlandstudie, erfolgt heute vorwiegend an den wissenschaftlichen Schwerpunkten der durchführenden Hochschule. Insofern werden durch die wissenschaftliche Weiterbildung in erster Linie nur die Stärken im eigenen Kompetenzprofil der jeweiligen Hochschule auf dem Markt positioniert, was durchaus logisch erscheint, müssen die Hochschulen in einem kompetitiven Weiterbildungsmarkt entsprechende Alleinstellungsmerkmale (neben der Möglichkeit der Graduierung) aufweisen. Die Themen der Weiterbildungsangebote sind breit gefächert, lassen sich aber insbesondere den Bereichen Management, Ingenieurwissenschaften sowie Sozial-, Kultur- und Gesundheitswissenschaften zuordnen (vgl. Faulstich et al. 2007a, S. 135).

Zielgruppenorientierung (Berufsgruppen, Frauenstudien, Seniorenstudien etc.) profiliert die wissenschaftliche Weiterbildung (vgl. Malwitz-Schütte 1998). Die aktuellen Studien zeigen eine starke Ausrichtung auf Berufsgruppen mit akademischer Vorbildung und auch auf die Alumni. Andere Zielgruppen wurden bei der Befragung kaum genannt (vgl. Faulstich et al. 2007b, S. 138ff.).

Allgemeine Programme ohne besondere Struktur und Abschlüsse stehen neben Studien, die auf den Erwerb von Zertifikaten bis hin zu berufsqualifizierenden Diplomen ausgerichtet sind. Für Teilnehmer kostenlose Angebote stehen neben Programmen, die auf die höchsten am Markt zu erzielenden Preise ausgerichtet sind.

Aus Sicht der Kundinnen und Kunden wird dem Profil der Lehre ein hoher Stellenwert beigemessen. Die Hochschulen profilieren sich insbesondere durch ihr eigenes Personal. So setzen sämtliche in der Deutschlandstudie Befragte Professorinnen und Professoren der eigenen Hochschule in der wissenschaftlichen Weiterbildung ein, davon 57% bei drei Viertel und mehr der Angebote, und knapp 28% der Befragten greifen bei drei Viertel und mehr ihrer Angebote auf wissenschaftliche Mitarbeiterinnen und Mitarbeiter der eigenen Hochschule als Dozenten zurück. Zudem werden in der Weiterbildung auch die Kompetenzen anderer Hochschulen sowie von Praktikerinnen und Praktikern mit Hochschulabschluss mit einbezogen. Mit dieser Mischung suchen Hochschulen ihr Profil auf dem Gebiet des Lehrangebotes und signalisieren zugleich, dass sie sich als Mittler zwischen Wissenschaft und Praxis verstehen. Externes Personal, insbesondere ohne Hochschulabschluss, nimmt in der wissenschaftlichen Weiterbildung einen verschwindend geringen Anteil unter den Dozenten ein. Die Wissenschaftlichkeit der

Angebote scheint durch den vorrangigen Einsatz von hochschulinternem wissenschaftlichem Personal sichergestellt zu werden (vgl. Faulstich 2007a, S. 112ff.).

Im Hinblick auf die Leitungsstrukturen zeigt sich ein disparates Bild. Der überwiegende Teil der zentralen Einrichtungen wird von Wissenschaftlerinnen und Wissenschaftlern, teils auch von Geschäftsführerinnen und Geschäftsführern geleitet, die in der Hochschule weitere Aufgaben (z.B. in der Lehre) wahrnehmen. Zwar kann dies die Nähe zur Wissenschaft, jedoch auch die Gefahr einer Überbelastung bedeuten und damit, dass notwendige Managementaufgaben im Bereich wissenschaftlicher Weiterbildung nicht wahrgenommen werden können. Dies wird dadurch verstärkt, dass die wissenschaftliche Weiterbildung in nur etwas mehr als einem Viertel der Fälle mit einer hauptberuflichen Geschäftsführung ausgestattet ist. Auf Grund der vorliegenden Zahlen ist ein Professionalitätsdefizit wissenschaftlicher Weiterbildung an Hochschulen unübersehbar (vgl. ebd.).

Die Beteiligung an Qualitätssicherungssystemen, wie sie im quartären Sektor üblich und eingeführt sind, ist sehr gering. Hochschulen verlassen sich weitgehend auf kundenbezogene Zufriedenheitskontrollen, in erster Linie gestützt durch systematische Fragebogenerhebungen (71% der Befragten bei drei Viertel und mehr der Angebote). Organisationsbezogen spielen Akkreditierungsverfahren bisher eine geringe Rolle, vermutlich, weil sich zum Zeitpunkt der Erhebungen weiterbildende Master-Studiengänge vielfach in der Etablierungsphase befanden und verfahrensmäßig bis dahin ein nur eine lose Verknüpfung zwischen konsekutiven Studiengängen und weiterbildenden Studiengängen zu erkennen war.

Es kann erfahrungsgemäß gesagt werden, dass ein profiliertes, quantitativ und qualitativ nennenswertes und von seinen Adressaten akzeptiertes Angebot an Weiterbildung an solchen Hochschulen nachzuweisen ist, die über zentral agierende Einrichtungen verfügen. Diese sind am ehesten geeignet, die Aufgabe der Weiterbildung in Kontinuität zu gewährleisten.

5 Gegenwärtige bildungspolitische Empfehlungen

Wissenschaftliche Weiterbildung wird im Spiegel der bildungspolitischen Stellungnahmen kontinuierlich positiv bewertet, wobei die Betonung der Notwendigkeit dieser Aufgabe der Hochschulen in einem gewissen Kontrast zu der tatsächlichen Wahrnehmung steht. Die empirischen Studien der letzten Jahre haben deutlich gemacht, dass einerseits wissenschaftliche Weiterbildung ein nicht unbeträchtlicher Faktor des Profils von Hochschulen ist, andererseits jedoch auch im internationalen Vergleich (vgl. Hanft/Knust 2007, S. 37ff.) erheblicher Entwicklungsbedarf besteht. In diese Richtung gehen auch die bildungspolitischen Empfehlungen der jüngeren Zeit, z.B. die des Wissenschaftsrates, der darauf abhebt, dass wissenschaftliche Weiterbildung mit dem allgemeinen Lehrbetrieb verkoppelt sein sollte und in das Leitprinzip lebenslangen Lernens einzugliedern wäre. Somit wäre – so der Wissenschaftsrat – zu erwarten, dass von der wissenschaftlichen Weiterbildung positive Auswirkungen auf die Studienreform, den Wissens- und Technologietransfer, die Qualität der Lehre und die Finanzierung der Hochschulen ausgehen (vgl. Wissenschaftsrat 2006, S. 65f.). In diesem Zusammenhang sind die Erwartungen der im Zuge der Deutschlandstudie befragten Expertinnen und Experten interessant, die sich im Hinblick auf die Entwicklungsperspektiven sehr deutlich äußerten: Sie prognostizieren, dass insbesondere das Angebot weiterbildender Master-Studiengänge zunehmen wird (87% halten dies für wahrscheinlich), dass die Bedeutung der Berufsorientierung der Angebote zunehmen wird (94% halten dies für wahrscheinlich) und dass die Nachfrage nach abschlussorientierten Angeboten steigen wird (91% schätzen diese Entwicklung als wahrscheinlich ein) (vgl. Faulstich et al. 2007a, S. 124ff.). Dennoch wird die weitere Entwicklung wissenschaftlicher Weiterbildung nicht unkritisch gesehen. So weist die Deutsche Gesellschaft für Wissenschaftliche Weiterbildung und Fernstudium darauf hin, dass die Bologna-Reform zwar eine Chance für die wissenschaftliche Weiterbildung darstelle, da durch die Reorganisation der Studienstrukturen unverhoffte Möglichkeiten entstehen würden, Verknüpfungen zwischen Erstausbildung und Weiterbildung herzustellen. „Spätestens im Zusammenhang der Diskussion um die Master-Programme ist eine Trennung kaum noch systematisch begründbar. Die Rückkehr an die Hochschulen zur Weiterbildung nach einer zwischenzeitlichen Berufstätigkeit wird selbstverständlich" (DGWF 2005b, S. 2). Andererseits stelle dies jedoch auch ein Risiko dar. Die Standardisierung der Studienorganisation können durch ihre Tendenz zur Verschulung eine Bedrohung für die traditionelle Freiheit von Studium und Lehre darstellen (vgl. ebd.). Allerdings, so kann gefolgert werden, stellt der Bologna-Prozess als für die wissenschaftliche Weiterbildung richtungweisender Impuls eine Herausforderung dar, die im Rahmen der widersprüchlichen Tendenzen eine Vielfalt von Gestaltungsmöglichkeiten wissenschaftlicher Weiterbildung für die Hochschulen bietet (vgl. Faulstich et al. 2007a, S. 152).

Literatur

Arbeitskreis Universitäre Erwachsenenbildung, AUE (Hrsg.) (1987): Ziele und Aufgaben des AUE (Beiträge 20). Hannover (o.V.).

Bade-Becker, U. (2005): Qualitätsmanagement in der wissenschaftlichen Weiterbildung an Hochschulen in Deutschland. Stand – Entwicklungen – Perspektiven. Bielefeld, Oktober 2005. Verfügbar unter: http://bieson.ub.uni-bielefeld.de/volltexte/2007/1094/, (25.05.2007).

Berliner Kommuniqué (2003): Kommuniqué der Konferenz der europäischen Hochschulministerinnen und -minister: Den Europäischen Hochschulraum verwirklichen. 19. September 2003, Berlin. Verfügbar unter: http://www.bologna-berlin2003.de/pdf/communique_dt.pdf, (24.02.2004).

Bredl, K./Holzer, D./Jütte, W./Schäfer, E./Schilling, A. (2006): Wissenschaftliche Weiterbildung im Kontext des Bologna-Prozesses. Ergebnisse einer trinationalen Studie zur Neubestimmung des Verhältnisses von grundständigem Studium und wissenschaftlicher Weiterbildung im Rahmen des Bologna-Prozesses. Jena: ohne Verlag .

Bundesministerium für Bildung und Forschung (Hrsg.) (2008): Weiterbildungsbeteiligung in Deutschland – Eckdaten zum BSW-AES 2007. München: www.bmbf.de/pub/weiterbildungsbeteiligung_in_deutschland.pdf

Bund-Länder-Kommission für Bildungsplanung und Forschungsförderung (1990): Weiterbildung im Hochschulbereich. Materialien zur Bildungsplanung und Forschungsförderung, H. 24, Bonn: o.V.

Bund-Länder-Kommission für Bildungsplanung (1973): Bildungsgesamtplan, Band I. Stuttgart: ohne Verlag

Bundesvereinigung der deutschen Arbeitgeberverbände (BDA) (2007): Bildung schafft Zukunft. Bd. 16: Wissenschaftliche Weiterbildung im System der gestuften Studienstruktur. Berlin, Oktober 2007.Verfügbar unter: http://www.bda-online.de/www/bdaonline.nsf/id/6339B88BB9F25B92C12573C9003B18A3/$file/BsZ_15_Systemmanagement.pdf (15.01.2008).

Bundesvereinigung der Deutschen Arbeitgeberverbände, Hochschulrektorenkonferenz, Bundesverband der Deutschen Industrie: Wissenschaftliche Weiterbildung im System der gestuften Studienstruktur. Berlin, Oktober 2007. O.V. www.bda-online.de

Christmann, B. (2007): Bologna-Prozess und wissenschaftliche Weiterbildung in Deutschland – eine Annäherung. In: Gützkow, F./Quaißer, G. (Hrsg.): Jahrbuch Hochschule gestalten 2006. Denkanstöße zum Lebenslangen Lernen. Bielefeld: Universitätsverlag Webler. S. 81-92.

Deutscher Bundestag (1990): Schlußbericht der Enquete-Kommission „Zukünftige Bildungspolitik-Bildung 2000". Drucksache 11/7820 v. 05.09.1990.

DGWF (2005a): Deutsche Gesellschaft für wissenschaftliche Weiterbildung und Fernstudium: Qualitätssicherung und Akkreditierung wissenschaftlicher Weiterbildung, DGWF- Empfehlungen. Hamburg: o.V.

DGWF (2005b): Deutsche Gesellschaft für wissenschaftliche Weiterbildung und Fernstudium: Perspektiven wissenschaftlicher Weiterbildung in Deutschland aus Sicht der Einrichtungen an Hochschulen, DGWF- Empfehlungen. Wien: o.V.

Dikau, J. (1993): Praxisrelevanz, Problemorientierung, Methodenstrenge drei Voraussetzungen wissenschaftlicher Weiterbildung. In: Hochschule und Weiterbildung 1. (o.V.) S. 7-10.

Faulstich, P./Graeßner, G./Gorys, B./Bade-Becker, U. (2007a): Länderstudie Deutschland. In: Hanft, A./Knust, M. (Hrsg.): Internationale Vergleichsstudie zur Struktur und Organisation der Weiterbildung an Hochschulen. Münster: Waxmann. S. 87-164.

Faulstich, P./Graeßner, G./Gorys, B./Bade-Becker, U. (2007b): Länderstudie Deutschland. In: Hanft, A./Knust, M. (Hrsg.): Internationale Vergleichsstudie zur Struktur und Organisation der Weiterbildung an Hochschulen. Verfügbar unter: http://www.bmbf.de/pub/internat_vergleichsstudiestruktur_und_organisation_hochschulweiterbildung.pdf (01.06.2007).

Faulstich, P. (1992): Wissenschaftstransfer als umfassender Ansatz von Weiterbildung, Beratung und Forschungsförderung. In: AUE-Infodienst 1. S. 6-7.

Graeßner, G. (2006): Wissenschaftliche Weiterbildung. In: Krug, P./Nuissl, E. (Hrsg.): Praxishandbuch WeiterbildungsRecht, München: Luchterhand. S. 1-81.

Graeßner, G. (2007): Preisgestaltung und Finanzierung von Hochschulweiterbildung unter Berücksichtigung rechtlicher Rahmenbedingungen. In: Hanft, A./Simmel, A. (Hrsg.): Vermarktung von Hochschulweiterbildung. Münster: Waxmann. S. 159-174.

Hanft, A./Knust, M. (Hrsg.) (2007): Weiterbildung und lebenslanges Lernen in Hochschulen. Eine Internationale Vergleichsstudie zu Strukturen, Organisation und Angebotsformen. Münster: Waxmann.

Hanft, A./Simmel, A. (2007): Vermarktung von Hochschulweiterbildung, Münster: Waxmann.

Hochschulrahmengesetz (HRG 2007) in der Fassung der Bekanntmachung vom 19. Januar 1999 (BGBl. I S. 18), zuletzt geändert durch Artikel 2 des Gesetzes vom 12. April 2007 (BGBl. I S. 506). Verfügbar unter: http://www.bmbf.de (14.11.2007).

Hochschulrahmengesetz in der Fassung des Vierten Gesetzes zur Änderung des Hochschulrahmengesetzes vom 20. August 1998 (BGBl. I S. 2190). Verfügbar unter: http://www.bmbf.de (15.10.2001).

Hochschulrektorenkonferenz (Hrsg.) (1993): Die wissenschaftliche Weiterbildung an den Hochschulen. Entschließung des 170. Plenums der Hochschulrektorenkonferenz. Dokumente zur Hochschulreform 84. Bonn: www.hrk.de/de/beschluesse/109_492.php.

Hochschulrektorenkonferenz (Hrsg.) (1991): Weiterführende Studien an Hochschulen der Bundesrepublik Deutschland. Bonn: o.V.

Holtkamp, R./Kazemzadeh, F. (1989): Das Engagement der Hochschulen in der Weiterbildung (HIS). Hannover: HIS.

Konferenz der Kultusminister der Länder in der Bundesrepublik Deutschland (2001): Sachstands- und Problembericht zur „Wahrnehmung wissenschaftlicher Weiterbildung an den Hochschulen". Beschluss der Kultusministerkonferenz vom 21.09.2001, Verfügbar unter: http://www.kultusministerkonferenz.de/doc/beschl/wisswei.pdf (26.03.2003).

Kultusministerkonferenz (KMK) (2005): Ländergemeinsame Strukturvorgaben gemäß §9 Abs. 2 HRG für die Akkreditierung von Bachelor- und Masterstudiengängen. Beschluss der Kultusministerkonferenz vom 10.10.2003 i.d.F. vom 22.09.2005. Bonn: o.V.

Malwitz-Schütte, M. (Hrsg.) (1998): Lernen im Alter – Wissenschaftliche Weiterbildung für ältere Erwachsene. Münster: Universität Bielefeld.

Mestmäcker, E.-J./Veelken, W. (1990): Wettbewerb in der Weiterbildung an Hochschulen. Die Anwendung des Wettbewerbsrechts auf das Angebot wissenschaftlicher Weiterbildung durch die staatlichen Hochschulen. – Rechtsgutachten – Reihe Bildung – Wissenschaft – Aktuell 2. Bonn: BMBW.

Prager Kommuniqué (2001): Kommuniqué des Treffens der europäischen Hochschulministerinnen und Hochschulminister: Auf dem Weg zum europäischen Hochschulraum. 19. Mai 2001. Prag. Verfügbar unter: http://www.bologna-berlin2003.de/pdf/prager_kommunique.pdf. (24.02.2004).

Professorenbesoldungsreformgesetz (2002): Bundesgesetzblatt 2002, Teil I, Nr. 11, ausgegeben zu Bonn am 22. Februar 2002.

Prokop, E. (1990): Thesen zur Didaktik wissenschaftlicher Weiterbildung. In: AUE (Hrsg.): Hemmnisse und Desiderate bei der Realisierung wissenschaftlicher Weiterbildung durch die Hochschulen (Beiträge 26). Hannover: o.V.

Raapke, H.-D. (1978): Wissenschaftliche Weiterbildung. In: Krüger, W. (Hrsg.): Universität und Erwachsenenbildung in Europa. Braunschweig: Westermann, S. 62-73.

Raapke, H.-D./Skowronek, H. (1962): Seminarkurse. Die Mitarbeit der Universität an der Erwachsenenbildung. Hannover: Kultusministerium Niedersachen.

Schaeper, H./Schramm, M./Weiland, M/Kraft, S./Wolter, A.: International vergleichende Studie zur Teilnahme an Hochschulweiterbildung. Abschlussbericht. Oktober 2006. O.V. www.bmbf.de/de/349.php

Schäfer, E. (1988a): Historische Vorläufer der wissenschaftlichen Weiterbildung. Opladen: VS Verlag für Sozialwissenschaften

Schäfer, E. (1988b): Wissenschaftliche Weiterbildung als Tranformationsprozeß. Opladen: Leske+Budrich.

Wittpoth, J. (2005): Wissenschaft und Weiterbildung. In: Jütte, W./Weber, K. (Hrsg.): Kontexte wissenschaftlicher Weiterbildung. Münster: Waxmann, S. 17-24.

Wissenschaftsrat (1983): Empfehlungen zur Weiterbildung an Hochschulen. Köln: o.V.

Wissenschaftsrat (2006): Empfehlungen zur künftigen Rolle der Universitäten im Wissenschaftssystem. Verfügbar unter: http://www.wissenschaftsrat.de/texte/7067-06.pdf, Stand: 27.01.2006 (17.08.2006).

Wolter, A. (2005): Lebenslanges Lernen im Bologna-Prozess. In: Leszczensky, M./Wolter, A. (Hrsg.): Der Bologna-Prozess im Spiegel der HIS-Hochschulforschung. HIS-Kurzinformation A6/2005. Hannover: o.V., S. 49-60.

Wolter, A. (2006): Wissenschaftliche Weiterbildung und Bologna-Prozess: Randelement oder Entwicklungschance. In: Cendon, E./Marth, D./Vogt, H. (Hrsg.): Wissenschaftliche Weiterbildung im Hochschulraum Europa. DGWF Beiträge 44. Hamburg: o.V., S. 85-102.

Peter Alheit

Vom kritisch motivierten „Lernen in Selbsthilfe" zum ökonomisch gerahmten „selbstgesteuerten Lernen": Eine symptomatische Karriere?[1]

1 Einleitung

Wir neigen dazu, Selbsthilfekonzepte im Kontext von Bildungsprozessen als reizvolle Randphänomene zu betrachten. Sie scheinen zu jenem diffusen Erfahrungsbereich zu gehören, der im Allgemeinen mit den Etiketten „alternativ" oder „außerinstitutionell" versehen wird (vgl. stellvertretend bereits Killait/Burr 1980; von Werder 1981). Die positive Konnotation des Begriffs „Selbsthilfe" schließt eine Ausgrenzung des von ihm bezeichneten Realitätsfeldes nicht aus, sondern macht sie offensichtlich erst möglich. Diese Spaltung der Bildungswirklichkeit in gleichsam „realitätshaltige" und „marginale" Dimensionen ist jedoch problematisch. Sie verdeckt, dass „Bildung" im Zuge der Modernisierung kapitalistischer Gesellschaften selbst einem Strukturwandel unterliegt und durchaus Marginalisierungsprozessen ausgesetzt ist (vgl. ausführlich Weymann 1987a). Sie ignoriert zudem, dass im Rahmen solcher Veränderungen Selbsthilfekonzepte einen heimlichen Bedeutungszuwachs erfahren und ihrerseits eine Art „Karriere" durchlaufen.

Gerade die Bildungsreformen der 1970er Jahre, die ja zum Abbau sozialer Ungleichheit gedacht waren, zeigen überraschende Spätfolgen: Die reformierten Bildungsinstitutionen erweisen sich keineswegs als kompensatorische Regulatoren struktureller Ungerechtigkeit, sondern erstaunlicherweise sogar als Medien der Kumulation sozialer Differenzen (vgl. ausführlich Berger/Hradil 1990; Mayer 1990). Alle klassischen Ungleichheitsrelationen – soziale Herkunft und Geschlecht zumal – werden im Verlauf moderner Bildungskarrieren deutlich verschärft (vgl. ausführlich Alheit 1993; vor allem jedoch die schockierenden Belege der PISA-Studie; vgl. stellvertretend Artelt/Baumert/Julius-McElvany/Peschar 2003). Hinzu tritt eine durch die Reformen erst produzierte „Schieflage": In den Genuss der neuen Zugangschancen kommt de facto nur die erste Generation von Betroffenen. Nur die „68er Kohorte" kann von der Ausweitung und größeren Durchlässigkeit des Bildungssystems beschäftigungspolitisch profitieren, um damit zugleich die neu geschaffenen Positionen für die nachfolgenden „verlorenen" Kohorten auf lange Sicht zu blockieren (vgl. Weymann 1987b, S. 4).

In diesem Prozess werden Bildungs- und Beschäftigungssystem sukzessive entkoppelt. Der Zugang zu Bildungstiteln für immer breitere Bevölkerungsschichten wird durch eine Entwertung dieser Titel wieder relativiert (vgl. Bourdieu 1988; Alheit 1993). Bildung bekommt zu-

1 Der folgende Beitrag ist die zweite Überarbeitung des 1994 erschienenen Ursprungsartikels („Selbsthilfe in Lernprozessen. Zur ‚Karriere' eines alternativen Konzepts"). Er bekommt unterdessen das reizvolle Format einer Analyse, die die „Ablagerung" von Schichten des kritischen Erkennens transparenter macht. Deshalb habe ich meine Einsichten von 1994, ihre Weiterentwicklung von 1998 nicht einfach modifiziert, sondern aus neuer Perspektive gleichsam „fortgeschrieben".

nehmend – und zynischerweise gerade dort, wo sie als „zweite Chance" verstanden wird – den Charakter einer „luxurierenden" Veranstaltung. Zwischen schulischer Grundausbildung und Erwerbssystem entsteht eine Grauzone intermediärer Bildungs- und Qualifikationsprozesse ohne funktionale Verwertungsperspektiven. Der größte Teil der nicht-betrieblichen Weiterbildungsangebote hat diesen Charakter (vgl. Alheit 1994, S.79ff.).

Bildung erscheint heute als „individuelles Risiko". Jenseits des Abiturs, das sich längst „auf dem Weg zur Mindestqualifikation" befindet (Weymann 1987b, S. 5), sind verlässliche Prognosen kaum mehr möglich. „Selbsthilfe" ist zur ebenso ungeplanten wie unverzichtbaren Basisstrategie im Weiterbildungsbereich geworden. Gleichzeitig hat die programmatische Idee selbstorganisierter Lernprozesse, die die technokratische Bildungsreform konterkarieren wollte (vgl. stellvertretend Dauber/Verne 1976), an Überzeugungskraft verloren. In gewissem Sinn beobachten wir, dass die gesellschaftlichen Resultate einer Bildungsreform „von oben" und die normativen Konzepte einer Bildungsutopie „von unten" sich pragmatisch einander annähern, vielleicht sogar auf eine neue und hochproblematische Weise ineinander übergehen.

Die folgenden Überlegungen sind ein Versuch, den Prozess dieser Annäherung kritisch zu analysieren. Ausgangspunkt ist dabei die „emphatische" Selbsthilfe-Idee in den „alternativen" 1970er Jahren (2); interessanter erscheinen freilich ihre Metamorphosen in den 1980er Jahren: Strategien der Verwissenschaftlichung (3), Prozesse der verdeckten Professionalisierung und Institutionalisierung (4), provokante Kontrastentwicklungen (5) und ein erstaunlicher „Informalisierungseffekt" mit selbstinstrumentalisierenden Konsequenzen, der die aktuelle Situation kennzeichnet (6). Ein knapper Ausblick (7) schließt die Überlegungen ab.

2 Die begrenzte Reichweite der emphatischen Selbsthilfe-Idee

> „Als die Franzosen an jenem Morgen erwachten, fragten sie sich, welche neuen Umwälzungen sie noch erwarteten. Seit den Wahlen und vor dem Regierungswechsel hatten die Betriebsbesetzungen sich vervielfacht. Den jungen Arbeitslosen, die seit zwei Jahren stillgelegte Fabriken besetzt hielten und eine ‚wilde Produktion' verschiedener Gebrauchsartikel organisierten, hatten sich immer mehr entlassene Arbeiter, Rentner und Schüler angeschlossen. Leere Häuser wurden in Kommunen, Produktionsgenossenschaften und ‚wilde Schulen' umgewandelt. In die Schulen brachten die Schüler ihr neues Wissen ein; entweder gemeinsam mit den Lehrern oder ohne sie begannen sie, Kaninchen, Karpfen, Forellen zu züchten sowie Metall- und Holzbearbeitungs-Maschinen aufzustellen (...)" (Gorz 1980, S. 155).

Diese amüsante Passage steht am Anfang einer der meistdiskutierten Utopien der 1970er Jahre, der „dualistischen Utopie" des französischen Publizisten André Gorz. Gorz modernisiert in seinem Entwurf die aristotelisch-kantische Idee der Dichotomie des Lebens in eine „heteronome" und eine „autonome" Sphäre (*bios praktikos* vs. *bios theoretikos*). Bildung hat dabei einen besonderen Stellenwert (vgl. Gorz 1980, S. 157f.). Als „Lernen in Selbsthilfe" ist sie gewissermaßen das Zentrum des autonomen Sektors.

Mit seiner Utopie knüpft Gorz implizit an eine Diskussion im Bildungsbereich an, die zum Zeitpunkt der Veröffentlichung seines Konzepts (1977) bereits im Abklingen begriffen ist: die vor allem von Ivan Illich initiierte „Entschulungsdebatte" (vgl. stellvertretend Illich 1972). Illich ist vom Niedergang des Bildungswesens in westlichen Gesellschaften zutiefst überzeugt und betrachtet seine Ausweitung in den Bildungsreformen der 1960er und 1970er Jahre, besonders den Ausbau des „quartären Sektors" (lifelong learning, recurrent education), als große Gefahr.

> „Für eine Gesellschaft, in der Lernen nur etwas gilt, wenn es das Ergebnis von Erziehung ist, ist ‚Wissen' eine Ware. Es kann produziert, gespeichert, in Umlauf gebracht und vermarktet werden wie jede andere Form von Kapital. Die es erwerben, können sich an ihm aufrichten und ihm mit einem tiefen Gefühl analer Befriedigung die Treue halten und dafür sorgen, daß die technischen Strukturen der Gesellschaft so eingerichtet werden, daß sie voll von ihren Wissensausscheidungen abhängig sind" (Illich 1976, S. 8f.).

Mit dieser Kritik wird er zum Protagonisten des international wohl einflussreichsten Dokuments gegen eine „lebenslange Erziehung", des Manifests von Cuernavaca aus dem Jahr 1974 (vgl. Dauber/Verne 1976, S. 15ff.). Auch dieses Manifest geht von der idealisierten Bipolarität zweier „Lernwelten" aus: Jede institutionalisierte und professionalisierte Organisation des Lernens ist danach schädlich und trägt zur Festigung bestehender Verhältnisse bei. Ausschließlich Lernen in Selbsthilfe und Selbstorganisation kann den Subjekten Nutzen bringen und gesellschaftliche Widersprüche beseitigen. „Wir sind der tiefen Überzeugung", so die zehnte These des Manifests, „daß alle Menschen, welchen Alters auch immer, das Recht haben, selbst zu entscheiden, was sie lernen wollen, wie, wann und wo. Wissen muß darum für jedermann und zu jeder Zeit zugänglich sein. Keine Institution darf Wissen monopolisieren oder seine Verteilung von Prüfungen abhängig machen. Lernen, Leben und Arbeiten sollen ständig miteinander verwoben sein" (Dauber/Verne 1976, S. 17).

Das Problem dieser sympathischen Option ist, dass sie das Ergebnis schwieriger sozialer Lernprozesse, die Autonomie der lernenden Subjekte, unreflektiert bereits vorwegnimmt und zum Ausgangspunkt ihrer Selbstlern-Idee macht. Warum freilich sollte eine Gesellschaft, deren Bildungsinstitutionen vorgeblich mit nichts anderem beschäftigt sind, als Menschen in Abhängigkeit zu halten, autonome und für jede Form von Wissen zugängliche Individuen hervorbringen? Und warum sollte vollends diese von Grund auf verdorbene Gesellschaft Räume zur Selbsthilfe und Selbstorganisation im Bildungsbereich bereithalten?

Die emphatische Selbsthilfe-Idee scheitert an ihrem eigenen Purismus. Sie ist nicht praktikabel. Und alle Modellprojekte, die in ihrem Kontext entstehen (vgl. Dauber/Verne 1976), basieren entweder auf bestimmten Privilegien oder sie machen deutliche Konzessionen an die sozialen Realitäten (vgl. stellvertretend Effinger 1990). Es ist deshalb nicht verwunderlich, dass das normative Konzept hinter dem Manifest von Cuernavaca in der Bundesrepublik nur in der „Aufbruchsphase" alternativer Bildungsreformdiskussionen bis zur Mitte der 1970er Jahre einen gewissen Einfluss besitzt. Für die Diskussion der Folgeperiode wird die Frage entscheidender, unter welchen Bedingungen autonomes Lernen im Alltag gewöhnlicher Leute tatsächlich möglich ist.

3 Verwissenschaftlichungstrends: Das Paradigma „alltäglichen Lernens“

Diese Frage geht in zwei Punkten strukturell über das emphatische Ursprungskonzept hinaus: Sie betrachtet die Autonomie lernender Individuen nicht als unhinterfragt gegeben, sondern als wissenschaftliches Problem. Und sie überwindet – zumindest tendenziell – die ideologische Barriere zwischen institutionalisierter und nichtinstitutionalisierter Bildung (vgl. etwa Runkel 1976; von Werder 1980; zusammenfassend Forneck 1987). Dabei wird das „Paradigma entschulten Lernens“ (von Werder 1980, S. 8) durchaus nicht notwendig preisgegeben (vgl. Alheit 1983a; b). Auch die Berücksichtigung des „Alltagsbewusstseins in der Erwachsenenbildung“ (Forneck 1987) bewahrt sich eine kritische Disposition gegenüber dem institutionellen Durchschnittsangebot (vgl. Alheit 1983b). Die Selbsthilfe-Idee spielt insofern eine zentrale konzeptionelle Rolle, als die lebensweltlichen Wissensressourcen der Lernenden und gerade nicht ein institutionalisierter Wissenskanon Ausgangs- und Zielpunkt des Bildungsprozesses sind (vgl. Runkel 1976).

Diese Grundannahme birgt allerdings eine Aporie, die den praktischen Nutzen der im Übrigen interessanten „Alltagskonzepte“ beträchtlich einschränkt: Wenn das Alltagswissen zumindest implizit über die wesentlichen Problemlösungsressourcen im lebensweltlichen Kontext bereits verfügt, warum ist dann überhaupt „alltägliche Erwachsenenbildung“ notwendig? Wenn aber dieses Wissen „nicht ausreicht“ (von Werder 1980, S. 5), wird dann nicht zwangsläufig die Selbsthilfe-Idee zugunsten kompensatorischer Stützmaßnahmen aufgegeben (vgl. die Kritik bei Kaiser 1981; Alheit 1983a)?

Im Nachhinein lässt sich feststellen, dass die Diskussion um „alltägliches Lernen“ weniger das Selbsthilfekonzept als vielmehr die organisierte Erwachsenenbildung befruchtet hat. Sie hat nämlich zur Sensibilisierung für die Teilnehmerperspektive beigetragen und damit Methoden kontrollierten „Fremdverstehens“ in der Erwachsenenbildung selbstverständlich gemacht (vgl. Kade 1983).

Hier sind zweifellos Symptome jenes bereits angedeuteten Annäherungsprozesses zu erkennen. Die Selbsthilfe-Idee verliert im Zuge ihrer Verwissenschaftlichung gleichsam ihre „Unschuld“ und wird selbstreflexiv. Diese Erfahrung löst sich zwar von der Praxis selbstorganisierter Bildungsprozesse, wird allerdings in der organisierten Weiterbildung aufgegriffen. Deren Institutionen öffnen sich einer Strategie („reflexive Wende“), die die Lernenden verstärkt ins Zentrum rückt.

4 Integrations- und Professionalisierungstendenzen: Selbsthilfe als „Ware“

Die „alternative“ Bildungspraxis macht während der 1980er Jahre eine parallele Karriere. Ihre in subkulturellen Entstehungsphasen erworbene relative Autonomie geht zunehmend verloren. Mit den materiellen Reproduktionszwängen der Aktivisten wächst die Abhängigkeit von markt- bzw. staatsbezogenen Versorgungssystemen. Aus empirischen Untersuchungen wissen wir, dass die Vernetzung selbstorganisierter Bildungsprojekte untereinander zunehmend an Bedeutung verliert und der „Integration in kooperierende und konkurrierende Zusammenhänge mit traditionellen Einrichtungen und Verbänden" Platz macht (Effinger 1990, S. 336). Der objektive Konkurrenzdruck – auch alternativer Projekte untereinander – führt zu einer Differenzierung der Bildungspraxis. Markt und Staat erzeugen anonyme Bedürfnislagen, auf die flexibel reagiert werden muss.

Das aber hat Auswirkungen auf die Professionalisierungsstandards. Die radikale Ablehnung „jede(r) Professionalisierung der Erwachsenenerzieher", wie sie das Manifest von Cuernavaca propagiert (Dauber/Verne 1976, S. 18), muss zugunsten einer Anpassung an die marktüblichen bzw. von den Vergabekriterien öffentlicher Subventionen geforderten Qualitätsmuster aufgegeben werden. Nur die Konsolidierung professioneller Kompetenzen führt zu einer berechenbaren Projektstabilität, die Voraussetzung für die Reproduktionssicherung ist.

Selbsthilfe im Bildungsbereich verliert damit den Charakter einer emphatischen (politischen) Veranstaltung und wird in die Angebotsstruktur eines intermediären Dienstleistungssektors eingebaut (vgl. Alheit 1983a). Dabei verschwinden keineswegs alle Aspekte der radikalen Selbsthilfe-Idee. Die Parität von „Produzenten" und „Konsumenten" im Bildungsprozess überdauert auch die Integration in marktförmige oder staatlich subventionierte Reproduktionsstrategien (vgl. Effinger 1990, S. 342f.) – gerade weil sie den Bedürfnissen einer spezifischen Klientel entspricht. Das aber bedeutet, dass die Selbsthilfe-Idee warenförmige Züge erhält und in der Grauzone zwischen Markt, Staat und privater Reproduktion ein keineswegs „autonomes" Dasein zu fristen beginnt.

5 Kontrastentwicklungen: „Widerstand gegen Bildung"

Dieser Veränderungsprozess offenbart noch ein weiteres Dilemma. Alternative Bildungskonzepte verlieren nicht nur ihre „organisatorische Unschuld", sie verdrängen gezwungenermaßen auch jene „Inklusivitäts-Option" der emphatischen Periode, dass Bildung „für jedermann zu jeder Zeit" verfügbar sein müsse. Stattdessen verschärfen sie das Angebotsgefälle etablierter Bildungsträger und stabilisieren die Privilegien bildungsgewohnter sozialer Gruppen. Die Klientel selbsthilfeinteressierter Bildungsabnehmer unterscheidet sich sozialstrukturell nur minimal von dem gewöhnlichen Weiterbildungspublikum. Das „Nicht-Publikum" (vgl. de Sanctis 1988) – immerhin mehr als drei Viertel der Bevölkerung (vgl. Axmacher 1989, S. 23) – wird gerade durch den „Szenecharakter" alternativer Bildungsangebote eher abgeschreckt.

Solche Beobachtungen haben Dirk Axmacher mit Rückgriff auf Erfahrungen im vormodernen Handwerk zur Propagierung eines ganz gegenläufigen „Selbsthilfekonzepts" geführt: zur Idee eines aktiven „Widerstands gegen Bildung" (vgl. Axmacher 1989). An Handwerkergruppen im deutschen „Vormärz" kann er überzeugend eine strategisch-politische Bildungsresistenz nachweisen (vgl. ebd., S. 24ff.). Und er stellt angesichts dieses Befundes die durchaus plausible Frage, warum Nichtteilnehmer von Bildungsveranstaltungen in der Regel als „Opfer sozialer und psychischer Strukturen" und nicht als soziale Akteure betrachtet werden (ebd., S. 37). Bestätigt wird Axmacher etwa durch die Jugendforschungen des *Centre for Contemporary Cultural Studies* (CCCS) in Birmingham, die zeigen, dass zeitgenössische Jugendliche aus proletarischen Milieus solche aktiven Muster der Bildungsverweigerung ausbilden (vgl. stellvertretend Willis 1979).

Allerdings setzt Axmacher selbst methodische Standards für die Annahme undurchschauter Aktivitäten eines versteckten Renitenzpotentials. Er verlangt, dass solche Widerstandshandlungen abgrenzbar sein müssen, dass sie deutliche kollektive Bezüge haben, dass ihnen bewusste Strategien unterliegen und dass schließlich eine sozialstrukturelle Verursachung nachgewiesen werden kann (vgl. Axmacher 1989, S. 32f.). Es ist gewiss kein Risiko zu prognostizieren, dass diese exklusiven Kriterien nur auf eine sehr kleine Minderheit der Nichtteilnehmer von Weiterbildung tatsächlich zutreffen. Damit gilt auch für die renitente Selbsthilfe-Idee, dass sie keineswegs „jedermann zu jeder Zeit" zur Verfügung steht.

6 Die schleichende „Informalisierung" von Lernprozessen und die „selbsttechnologischen Effekte" des Lifelong-Learning-Diskurses

Erstaunlich ist nun, dass in der zurückliegenden Dekade die heimliche Prominenz der Idee selbstorganisierten Lernens noch einmal zugenommen hat. Den Ausschlag dafür gibt vermutlich nicht der prominente UNESCO-Report *„Learning: The Treasure Within"* unter der Federführung Jacques Delors, der die Bedeutung informellen Lernens beispielhaft herausarbeitet (vgl. dazu Dohmen 1996), sondern eher die Dynamik eines deregulierten und flexibilisierten Arbeitsmarktes, der auch die Abnehmer von Qualifikationen zu neuen Rekrutierungsstrategien zwingt, mit anderen Worten: der zumindest in Deutschland höchst eigenwillige Diskurs um „lebenslanges Lernen".

Man sollte, um die Pointe zu verstehen, eine Idee aus dem Spätwerk Foucaults nutzen, die das Diskursgeschehen um lebenslanges Lernen durchaus transparenter macht: das Konzept der „Gouvernementalität". Diese Idee geht auf einen Foucaultschen Vorlesungszyklus am Collège de France aus den Jahren 1977/78 zurück und stellt gleichsam eine Korrektur seiner eigenen Architektur des Macht-Wissens-Komplexes dar, die er etwa in *„Überwachen und Strafen"* (Foucault 1976) oder in *„Der Wille zum Wissen"* (Foucault 1977) entwickelt hatte. Thema der Vorlesungsreihe ist die „Genealogie des modernen Staates", den er nicht als eine neue und funktional konsistente institutionell-administrative Struktur begreift, sondern, wie er sich ausdrückt, als „eine verwickelte Kombination von Individualisierungstechniken und Totalisierungsverfahren" (Foucault 1987, S. 248).

Ähnlich wie übrigens Elias (1969) interessiert sich Foucault für den langfristigen Prozess der gleichzeitigen Herausbildung moderner Staatlichkeit und neuzeitlicher Subjektivität. Und wie bei Elias das Konzept der Zivilisation gewissermaßen Subjektwerdung und Staatsformierung zugleich erfasst, so bei Foucault der Begriff der „Regierung". Im Unterschied zu Elias, der durchaus eine gewisse Entwicklungslogik unterstellt, konzentriert sich Foucault auf eine Analyse heterogener und diskontinuierlicher „Regierungskünste" (vgl. Foucault 2000, S. 42).

Im Kern steht dabei die interessante Beobachtung, dass der moderne westliche Staat das Ergebnis einer Liaison „politischer" und „pastoraler" Machttechniken ist (vgl. Foucault 1987, S. 248). Was bedeutet das?

„Pastoralmacht" ist nach Foucault eine christlich-religiöse Konzeption, bei der es um die Führungsbeziehung zwischen „Hirt" und „Herde", gewissermaßen um die „Regierung der Seelen", geht (ebd., S. 249). Historisch lässt sich die Entstehung dieser Idee damit erklären, dass das Christentum aus einer Gemeinschaft religiöser Virtuosen im frühen Mittelalter zu einer Massenkirche geworden war, in der eine christliche Lebensführung nur dann langfristig gesichert zu sein schien, wenn der Einzelne für sein Seelenheil persönliche Verantwortung zu übernehmen bereit war. Das Institut der Beichte, zunächst nur einmal jährlich, dann immer öfter, „schulte" diese neu übernommene Selbstkontrolle. Die „Pastoralmacht" bestand also darin, dass das Subjekt in ihrem Sinne sich selbst zu „regieren" anfing (vgl. dazu auch Hahn 1982, 1987; Alheit/Hanses 2003).

Dieses Gouvernementalitäts-Konzept wird nach Foucault im Zuge des 16. und 17. Jahrhunderts säkularisiert und ausgeweitet (vgl. Foucault 2000). Die Souveränität des Regierens löst sich von der Gestalt des „Fürsten" und wird zur abstrakten Aufgabe aller. Foucault interessiert besonders, wie sich Disziplinartechnologien verändern, wie Sicherheitsmechanismen entstehen und wie das Verhältnis von Staat und Ökonomie sich verändert. Seine abschließende Diagnose bezieht sich auf eine, wie er sagt, „Generalisierung der ökonomischen Form" (vgl. ebd., S. 261), die zwei drastische Effekte hat: Sie unterwirft auch die nicht-ökonomischen Bereiche sozialer Beziehungen und individueller Bedürfnisse, natürlich auch der Entwicklung und des Lernens, ökonomischen Kalkülen, und sie stellt auch die aktuelle staatliche Politik, wie Foucault formuliert, unter „eine Art permanentes ökonomisches Tribunal" (Vorlesung vom 21.3.1979; zit. nach Lemke o.J., S. 9).

Das Besondere des Gouvernementalitäts-Phänomens aber bleibt die Tatsache, dass in der Moderne die sich entwickelnden, immer neuen Macht- und Herrschaftstechniken nur dann funktionieren, wenn die davon betroffenen Subjekte ihrerseits komplementäre „Selbsttechniken" ausbilden, die an die Herrschaftstechniken anschließen. Und genau an dieser Nahtstelle scheinen *Diskurse* von großer Bedeutung zu sein. Dies lässt sich exemplarisch an einem ausgewählten Beispiel belegen. Ein Abschnitt des prominenten Bund-Länder-Konferenz-Modellprogramms zum lebenslangen Lernen von 2001, und zwar der Teil über *„Eigenverantwortung und Selbststeuerung der Lernenden"* (BLK 2001, S. 8ff.) gibt erstaunlich präzise Auskünfte darüber, was aktuell unter „Lernen in Selbsthilfe" verstanden wird. Ein Zitat der Eingangspassage erscheint symptomatisch:

> „Mit dem Bekenntnis zum lebenslangen Lernen ist mehr gefordert als die Überwindung der Vorstellung, dass man am Ende der Berufsausbildung ‚ausgelernt' hat. [...] Die Aufforderung zum lebenslangen Lernen ist vielmehr mit einer Veränderung der Sichtweise des Lernens selbst und mit einem Einstellungswandel der Lehrenden ihrem professionellen Handeln und der Lernenden ihrem Lernen gegenüber verbunden" (BLK 2001, S. 8).

Man muss die Form des Textes ernst nehmen: Es ist von einem „Bekenntnis zum lebenslangen Lernen" die Rede. Auch ohne religionswissenschaftliche Expertise wird unmittelbar deutlich, dass in diesen Formulierungen etwas von jener „Pastoralmacht" aufscheint, die Foucault beschreibt. Bekenntnisse sind religionssoziologisch periodisch zu wiederholende Akte, sich einem Kontext (religiöse Gemeinschaft), einer Ideologie (religiöse Überzeugung) und einer Praxis (z.B. einem Gottesdienst) immer wieder zugehörig zu fühlen und damit sowohl die persönliche wie die kollektive Basisorientierung zu stabilisieren (vgl. stellvertretend Hahn 1982). Mit „Lernen" hat das zunächst relativ wenig zu tun. Von den beteiligten Protagonisten wird außerdem ein „Einstellungswandel" verlangt – im pseudo-religiösen Kontext des gesetzten Rahmens könnte man legitim sagen: eine „Bekehrung". Wir wollen diese erstaunliche Nähe zum Religiösen interpretativ nicht überdehnen, aber was hier rekonstruierbar ist, hat wenig mit wissenschaftlichen Überlegungen zum lebenslangen Lernen, freilich eine Menge mit den Foucaultschen „Selbsttechniken" zu tun, die die Herrschaftstechniken ergänzen sollen, also mit einer subtilen Form von „Gouvernementalität" (vgl. Foucault 1993, 2000). Sehen wir weiter:

> „Die Fragen nach der bestmöglichen Organisation des Lernens, nach der qualitätsorientierten Aufgabenteilung zwischen den Lehrenden und den Lernenden und danach, wer für welche Prozesse bei den verschiedenen Anlässen und Formen des Lernens Verantwortung für die Gestaltung des Lernprozesses und die erzielten Lernergebnisse übernimmt, übernehmen kann oder übernehmen muss, müssen im Rahmen des Modellversuchsprogramms neu beantwortet werden." (BLK 2001, S. 8)

Fast ungeplant wechselt nun der Ton. Es geht um „bestmögliche Organisation des Lernens" oder um „qualitätsorientierte Aufgabenteilung", d.h. im Foucaultschen Kontext um Herrschaftstechniken: Beurteilung, Messung, Differenzierung. – Wer eigentlich bestimmt die Standards? Der „Rahmen" wird eingeführt, und er verweist gewissermaßen auf eine Instanz außerhalb des Lernprozesses. Es geht um abzuarbeitende Aufträge. Verantwortungen „müssen" übernommen, Fragen „müssen neu" beantwortet werden. D.h. wir entdecken eine gouvernementale Grundtendenz: „Bekenntnis" und „Bekehrung" einerseits (säkularisierte „Pastoralmacht" nach Foucault), Subordination andererseits (die Entwicklung spezifischer „Selbsttechniken"). Passt dies eigentlich zur Zielperspektive: zum *„selbstgesteuerten Lernen"*?

Blicken wir auf den Text: „Selbstgesteuertes Lernen ist kein Gegenbegriff zu fremdgesteuertem Lernen" (ebd., S. 9). Schon dieses Votum ist sprachlogisch verräterisch. Es bedeutet ja wohl, dass Menschen „fremdgesteuert" sozusagen „selbstorganisiert" lernen können – eine merkwürdige, aber offensichtlich durchaus realisierbare Vorstellung. Der Originaltext klärt uns auf:

> „Auch in fremdgesteuerten Unterrichts-, Seminar- oder anderen Lernsituationen entscheiden grundsätzlich die Lernenden (…) Fremdsteuerbarkeit des Lernens [ist] eine Illusion" (ebd., S. 9).

Heißt dies nun, Lernende lernen ohnehin, was sie wollen – ihr Leben lang? Wird hier der konstruktivistische Paradigmenwechsel zumal in der Erwachsenenbildung (vgl. Alheit/Dausien 1996) definitiv auch politisch „ratifiziert"? Oder heißt es nicht sehr viel mehr: „Selbstgesteuertes Lernen ist kein beliebiges Lernen. Auch selbstgesteuertes Lernen ist immer kontextgebunden. Über die Gestaltung des Kontexts, z.B. durch ergebnisorientierte Rahmenbedingungen für den Lernprozess, wird die Selbststeuerung der Lernenden nicht aufgehoben, und dennoch ist weder der Lernprozess noch das Lernergebnis beliebig. Über die Gestaltung der Rahmenbedingungen für das Lernen wird selbstgesteuertes Lernen ergebnis- und zielorientiert" (vgl. BLK 2001, S. 9).

Hier wird noch einmal die Macht der „Rahmeninstanz" deutlich. Symptomatischerweise bleibt sie anonym. Die vermeintlich neutrale Ergebnis- und Zielorientierung – wer stellt sie eigentlich her? Wer sorgt dafür, dass Beliebigkeit vermieden wird? Wer kontrolliert, dass die Selbststeuerungsprozesse nicht aus dem Rahmen fallen? – Selbstgesteuertes Lernen in verwertbaren, fremdgesteuerten Kontexten, dies scheint eine der heimlichen Pointen des deutschen Lifelong-Learning-Diskurses zu sein. Das besonders in der amerikanischen Diskussion inflationär verwendete Label vom „self-directed learning" (vgl. dazu schon Knowles 1975; zum aktuellen Diskussionsstand vgl. Reischmann 1997) macht auf diesen Trend aufmerksam. Selbsthilfe in Lernprozessen kann auch zur erzwungenen „Selbsttechnologie" werden. Foucaults Analyseinstrumentarium ist hier außergewöhnlich nützlich.

7 Ausblick

Wir sehen also, dass „Selbsthilfekonzepte" im Bildungsbereich eine mehr als zwiespältige Karriere hinter sich haben. Sie verlieren ihre organisatorische Unschuld; und sie verfehlen zweifellos jenes utopische Inklusivitätsversprechen, Bildung „für jedermann zu jeder Zeit" zugänglich zu machen. Und doch nimmt ihre Bedeutung nicht ab, sondern zu. Die Chance, Lernprozesse selbst zu bestimmen, dringt – auch wegen der zunehmenden Prominenz konstruktivistischer Ansätze (vgl. stellvertretend Arnold/Siebert 1995; Siebert 1999) – in die etablierten Institutionen vor und wird zu einem Normalitätskonstrukt nicht nur in der politischen und soziokulturellen Weiterbildung.

Die Erklärung für diese Entwicklung erscheint zunächst relativ naheliegend: Was den „Konsumenten" des quartären Bildungssektors widerfährt, die Individualisierung ihres Qualifikationsrisikos (vgl. dazu schon Beck 1986), trifft in unbedeutender Variation auch die „Produzenten" alternativer Bildungsangebote. Ihr Reproduktionsrisiko wird individualisiert (vgl. Effinger 1990, S. 337f.; Körber/Effinger 1995; Körber 1998). Mit der zunehmenden Entkoppelung von Bildungs- und Beschäftigungssystem nivellieren sich die Problemlagen der mit Bildung befassten sozialen Akteure innerhalb und außerhalb etablierter Bildungseinrichtungen (vgl. Alheit 1994).

Dies schafft auch neue „Passungsprobleme" für die Abnehmer von Qualifikationen. Die Individualisierung von Bildungsverläufen verlangt eine hochflexible Form von Akkreditierungsprozeduren, die Modularisierung und Elementarisierung von Lernprozessen. Das britische Konzept des „Assessment of Prior Experiential Learning" (APEL) ist dafür symptomatisch (vgl. stellvertretend Saxton 1998). Lernprozesse werden von institutionellen Arrangements gelöst und „informalisiert" (Alheit 1998, S. 14ff.). So genannte „selbstgesteuerte" Qualifikationszyklen treten an die Stelle von außengesteuerter Zertifizierung (vgl. kritisch Reischmann 1997). Allerdings ist damit möglicherweise nicht im Geringsten Autonomiegewinn verbunden, sondern im Gegenteil: jene „Selbsttechnologien", die Foucault (1993; 2000) mit seinem Konzept der „Gouvernementalität" assoziiert.

Damit erhielte auch die Selbsthilfe-Idee ein völlig neues Problemprofil. Gerade die Politik des „lebenslangen Lernens" könnte – im Foucaultschen Sinne – zur Konstitution einer postmodernen Variante jener „Subjektivität" beitragen, die zur freiwilligen Selbstinstrumentalisierung gezwungen wird. Das utopische Projekt der frühen 1970er Jahre schiene gleichsam in sein Gegenteil verkehrt. Kritische Resistenz hätte sich aufgelöst. Selbsthilfe in Lernprozessen wäre zum gut integrierten Teil des ökonomisch bestimmten Mainstreams geworden.

Literatur

Alheit, P. (1983a): Alltagsleben. Zur Bedeutung eines gesellschaftlichen „Restphänomens". Frankfurt a.M./New York: Campus.

Alheit, P. (1983b): „Lebensweltorientierung" – Symptom einer Krise in der Weiterbildung? In: Schlutz, E. (Hrsg.): Erwachsenenbildung zwischen Schule und sozialer Arbeit. Bad Heilbrunn: Julius Klinkhardt, S. 155-167.

Alheit, P. (1993): Die Ambivalenz von Bildung in modernen Gesellschaften: Strukturprinzip kumulativer Ungleichheit oder Potential biographischer Handlungsautonomie? In: Pädagogische Rundschau 14, H. 1, S. 53-67.

Alheit, P. (1994): Zivile Kultur. Verlust und Wiederaneignung der Moderne. Frankfurt a.M./New York: Campus.

Alheit, P. (1998): Erfahrung versus akkreditiertes Wissen? Der Stellenwert nichtformalen Lernens im Bildungssystem der BRD. In: Alheit, P. (Hrsg.): Dokumentation APEL. Nationaler Workshop im Projekt „Assessment of Prior Experiential Learning“ (APEL). Bremen: Universität, S. 14-21.

Alheit, P./Dausien, B. (1996): Bildung als „biographische Konstruktion“? Nichtintendierte Lernprozesse in der organisierten Erwachsenenbildung. In: Report, H. 37, S. 33-45.

Alheit, P./Hanses, A. (2003): Biographie und Institution: Zur Selbstreflexivität personenbezogener Dienstleistungen. In: Hanses, A. (Hrsg.): Biographie und Soziale Arbeit. Hohengehren: Schneider, S. 8-28.

Alheit, P. (Hrsg.) (1998): Dokumentation APEL. Nationaler Workshop im Projekt „Assessment of Prior Experiential Learning“ (APEL). Bremen.

Arnold, R./Siebert, H. (1995): Konstruktivistische Erwachsenenbildung. Baltmannsweiler: Schneider.

Artelt, C./Baumert, J./Julius-McElvany, N./Peschar, J. (2003): Learners for Life: Student Approaches to Learning. Results from PISA 2000. Paris: OECD.

Axmacher, D. (1989): „Widerstand gegen Erwachsenenbildung“ als historische und theoretische Kategorie. Fallstudien und Forschungsperspektiven. In: Zeitschrift für Sozialisationsforschung und Erziehungssoziologie 9, H. 1, S. 23-40.

Beck, U. (1986): Risikogesellschaft. Auf dem Weg in eine andere Moderne. Frankfurt a.M: Suhrkamp.

Berger, P.A./Hradil, S. (Hrsg.) (1990): Ungleichheit und Lebensverlauf. Soziale Welt, Sonderbd. 7. Göttingen: Schwartz.

Bourdieu, P. (1988): Homo academicus. Frankfurt a.M.: Suhrkamp.

Bund-Länder-Kommission (2001): Lebenslanges Lernen. Programmbeschreibung und Darstellung der Länderprojekte. Deutsches Institut für Erwachsenenbildung (DIE). Materialien zur Bildungsplanung und zur Forschungsförderung, H. 88. Bonn: BMBF.

Dauber, H./Verne, E. (Hrsg.) (1976): Freiheit zum Lernen. Alternativen zur lebenslänglichen Verschulung. Reinbek: Rowohlt.

Dohmen, G. (1996): Das lebenslange Lernen. Leitlinien einer modernen Bildungspolitik. Bonn: BMBF.

Effinger, H. (1990): Individualisierung und neue Formen der Kooperation. Bedingungen und Wandel alternativer Arbeits- und Angebotsformen. Wiesbaden: DSV.

Elias, N. (1969): Über den Prozeß der Zivilisation, 2 Bde., Frankfurt a.M.: Suhrkamp.

Forneck, H.J. (1987): Alltagsbewußtsein in der Erwachsenenbildung. Zur legitimatorischen und didaktischen Konkretisierung einer alltagsweltlich-orientierten Erwachsenenbildung. Bad Heilbrunn: Julius Klinkhardt.

Foucault, M. (1976): Überwachen und Strafen. Die Geburt des Gefängnisses. Frankfurt a.M.: Suhrkamp.

Foucault, M. (1977): Der Wille zum Wissen. Sexualität und Wahrheit 1. Frankfurt a.M.: Suhrkamp.

Foucault, M. (1987): Das Subjekt und die Macht. In: Dreyfus, H.L./Rabinow, P./Foucault, M.: Jenseits von Strukturalismus und Hermeneutik. Frankfurt a.M.: Suhrkamp.

Foucault, M. (1993): Technologien des Selbst. In: Martin, L.H./Gutmann, H./Hutton, P.H. (Hrsg.): Technologien des Selbst. Frankfurt a.M.: Suhrkamp, S. 24-62.

Foucault, M. (2000): Die Gouvernementalität. In: Bröckling, U./Krasmann, S./Lemke, Th. (Hrsg.): Gouvernementalität der Gegenwart. Studien zur Ökonomisierung des Sozialen, Frankfurt a.M.: Suhrkamp, S. 41-67.

Gorz, A. (1980): Abschied vom Proletariat. Jenseits des Sozialismus. Frankfurt a.M.: EVA

Hahn, A. (1982): Zur Soziologie der Beichte und anderer Formen institutionalisierter Selbstbekenntnisse: Selbstthematisierung und Zivilisationsprozeß. In: Kölner Zeitschrift für Soziologie und Sozialpsychologie 34, H. 3, S. 408-434.

Hahn, A. (1987): Identität und Selbstthematisierung. In: Hahn, A./Kapp, V. (Hrsg.), Selbstthematisierung und Selbstzeugnis: Bekenntnis und Geständnis, Frankfurt a.M.: Suhrkamp, S. 9-24.

Illich, I. (1972): Entschulung der Gesellschaft. München: C.H. Beck.

Illich, I.(1976): Vorwort. In: Dauber, H./Verne, E. (Hrsg.): Freiheit zum Lernen. Alternativen zur lebenslänglichen Verschulung. Reinbek: Rowohlt, S. 7-9.

Kade, S. (1983): Methoden des Fremdverstehens. Bad Heilbrunn: Julius Klinkhardt.

Kaiser, A. (1981): Alltagswende in der Pädagogik – Programm und Kritik. In: Pädagogische Rundschau 2, H. 3, S. 111-122.

Killait, B./Burr, M. (1980): Alternative Organisationsformen der Erwachsenenbildung: Das Selbstlernzentrum. In: Weymann, A. (Hrsg.): Handbuch für die Soziologie der Weiterbildung. Darmstadt/Neuwied: Luchterhand, S. 323-337.

Knowles, M. S. (1975): Self-Directed Learning. A Guide for Learners and Teachers. Chicago: Englewood Cliffs.

Körber, K. (1998): From Social Movement to Professionalisation – New Tasks and New Institutions Between Market, State and Communities. In: Alheit, P./Kammler, E. (Eds.): Lifelong Learning and it s Impact on Social and Regional Development. Collected Papers. Bremen: Donat, pp. 671-706.

Körber, K./Effinger, H. (1995): Zur Professionalisierung von personenbezogenen Dienstleistungen in intermediären Organisationen. In: Grundlagen der Weiterbildung 6, H. 6, S. 347-352.

Lemke, Th. (o.J.): Gouvernementalität. Internetpublikation (http://www.thomaslemkeweb.de/publikationen/Gouvernementalit%E4t%20_Kleiner-Sammelband_.pdf). Download 8.10.2007.

Mayer, K. U. (Hrsg.) (1990): Lebensläufe und sozialer Wandel. Kölner Zeitschrift für Soziologie und Sozialpsychologie. Sonderheft 31. Köln: Westdeutscher Verlag.

Reischmann, J. (1997): Selfdirected Learning – Die amerikanische Diskussion. In: Report. Literatur- und Forschungsreport Weiterbildung. 39. S.125-137.

Runkel, W. (1976): Alltagswissen und Erwachsenenbildung. Analyse der subjektiven und gesellschaftlich vermittelten Voraussetzungen erwachsenen-spezifischen Lernens. Braunschweig: Westermann.

Sanctis, F. de (1988): Verso un duemila educativo. Progetto di educazione degli adulti à Prato: 1987-1999. Prato: Selbstverlag.

Saxton, J. (1998): The APEL Discourse in the UK. In: Alheit, P. et al. (Hrsg.): Dokumentation APEL. Nationaler Workshop im Projekt „Assessment of Prior Experiential Learning" (APEL). Bremen: Universität Bremen, S. 23-35.

Siebert, H (1999): Pädagogischer Konstruktivismus. Eine Bilanz der Konstruktivismusdiskussion für die Bildungspraxis. Neuwied/Kriftel: Luchterhand.

Werder, L. v. (1999): Alltägliche Erwachsenenbildung. Aspekte einer bürgernahen Pädagogik. Weinheim/Basel: Beltz 1980

Werder, L. v. (1981): Zur Theorie außerinstitutioneller Erwachsenenbildung. In: Pöggeler, F. (Hrsg.): Handbuch der Erwachsenenbildung. Bd. 8: Neue Theorien der Erwachsenenbildung. Stuttgart/Berlin/Köln/Mainz: Kohlhammer, S. 207-224.

Weymann, A. (Hrsg.) (1987a): Bildung und Beschäftigung. Soziale Welt, Sonderband 5. Göttingen: Schwartz.

Weymann, A. (1987b): Strukturwandel im Verhältnis von Bildung und Beschäftigung. In: Weymann, A. (Hrsg.): Bildung und Beschäftigung. Soziale Welt. Sonderband 5. Göttingen: Schwartz, S. 3-24.

Willis, P. (1979): Spaß am Widerstand. Gegenkultur in der Arbeiterschule. Frankfurt a.M.: EVA.

Andrea Reupold | Claudia Strobel |Rudolf Tippelt

Vernetzung in der Weiterbildung: Lernende Regionen

1 Einleitung: Organisationen und Netzwerke

Neue Herausforderungen der Institutionalisierung (z.B. Qualitäts- und Professionalisierungsansätze) führen dazu, dass Umgestaltungen der Organisation von (Weiter-) Bildungseinrichtungen notwendig werden. Die Einrichtungen reagieren darauf mit der Herausbildung neuer institutioneller Ordnungen und optimieren die organisationsinternen Prozesse und Abläufe.

Eine wichtige Form der Bewältigung dieser Organisationsveränderungen stellt die Bildung von Netzwerken dar, die auch international als erfolgreiche neue Organisationsform in der Bildung und Weiterbildung gilt (vgl. Longworth 2006; v. Küchler 2007). In der Analyse von Netzwerken wird Handeln als eine in soziale Beziehungen eingebundene Aktion betrachtet. Diese Einbindung der Akteure in die soziale Struktur muss berücksichtigt werden, da direkte und indirekte soziale Beziehungen Möglichkeiten eröffnen, aber auch zielgerichtetes Handeln behindern können (vgl. Jütte 2002).

Im Kontext der Organisationsentwicklung kommt der Vernetzung und den damit entstehenden Netzwerken eine wachsende Bedeutung zu. Sowohl vorhandene Beziehungsnetze, die projektbezogen aktiviert werden, als auch Netzwerke, die aus neuen Kooperationsstrukturen entstehen, sind dabei angesprochen. Für die eigene (Bildungs-) Einrichtung sind eine deutliche Profilbildung und die Selbstwahrnehmung als komplexes internes Netzwerk notwendig, um auch vorhandene Beziehungsnetze (in Hinblick auf das Sozialkapital bzw. ein Unterstützungssystem) zu erfassen und einzubeziehen (vgl. Schäffter 2004). Im Sinne reflexiver Organisationsentwicklung lässt sich aus Sicht der jeweiligen Interessensperspektive die Rekonstruktion des Gesamtverlaufs beurteilen. So werden analytische Selbstbeobachtung und interessengeleitete Bewertung verbunden und ein aktiver Mitvollzug des strukturellen Wandels einer Einrichtung unterstützt (vgl. v. Küchler/Schäffter 1997). Die komplementäre Ergänzung einzelner Akteure in sozialen Netzwerken prägt neue formale Organisationsstrukturen und bedingt die Erhaltung des Netzwerks als wichtige Verwaltungsaufgabe innerhalb jeder einzelnen Bildungseinrichtung. Die Vielfalt des Programms einer Weiterbildungseinrichtung sowie die produktive Verknüpfungsfähigkeit bislang getrennter Bereiche können für die Herausbildung des institutionellen Profils und der besonderen Stärke der jeweiligen Einrichtung zentrale Elemente darstellen. Diese interne Netzwerkbildung kann auch im kommunalen Umfeld als Strukturierungsleistung gesehen werden, die nicht nur durch nebeneinander existierende inhaltliche Einzelangebote, sondern als Verknüpfungskompetenz öffentlicher Einrichtungen beschrieben wird. Für die Erarbeitung eines übergeordneten kommunalen oder regionalen Netzwerks bietet sich eine Bildungseinrichtung als Integrationsinstanz nicht im Sinne eines Zentrums, sondern als ‚mitwirkender Mittler und Moderator‘ an. Die interne Reflexion der Netzwerkstrukturen fördert dabei ihre Anschlussfähigkeit und Strukturierungsleistung nach außen (vgl. Schäffter 2004, S. 43ff.).

Die Bedeutung von Netzwerkbildungen wird besonders in bildungs- und regionalpolitischen Entwicklungen und Programmen deutlich, die Lebenslanges Lernen umsetzen wollen und einen Funktionswandel von Bildungseinrichtungen fordern. Dabei sollen sich diese in Netzwerken zusammenschließen und gleichzeitig ihre Profile schärfer herausarbeiten. Es wird erwartet, dass die Entwicklung von Kooperationsverbünden und Netzwerken in der Region, die quer über die einzelnen Bildungssegmente hinweg aufgebaut werden, es erlaubt, neue institutionelle Ordnungen herzustellen und so auch Organisationsentwicklungsprozesse zu erleichtern. Neue institutionalisierte Kooperationsformen – wie Netzwerke – stellen offensichtlich eine geeignetere Reaktion auf Komplexität dar als andere Strukturen (vgl. v. Küchler 2007). Netzwerke basieren immer auf interorganisatorischen Kooperationen (vgl. Jütte 2002; Tippelt/Mandl/Straka 2003), die qualitativ eigenständige Organisationsformen entwickeln und auf einen längeren Zeitraum hin angelegt werden, damit durch die Kooperation mehrerer Organisationen die Erreichung gemeinsam festgelegter Ziele möglich wird. Darüber hinaus wird der Gewinn eines Mehrwerts für die einzelnen Akteure angestrebt. Netzwerke sind durch eine Vielfalt an strukturellen und inhaltlichen Eigenschaften gekennzeichnet, wie die folgende Auswahl zeigt:

Netzwerke besitzen eine horizontale, heterarchische Struktur , die Akteure behalten ihre Selbstbestimmung und Unabhängigkeit und zeigen ein hohes Maß an Selbstverantwortung und Engagement, Kompetenzen und Ressourcen werden – gemäß gemeinsamer Übereinkünfte und Konsensbildungen – zwischen den Organisationen ausgetauscht und verteilt. Darüber hinaus sind im Netzwerk oftmals sehr heterogene Partner einbezogen, die aber dennoch nach einem hohen Maß an Transparenz, Informationsdurchlässigkeit und Flexibilität streben, was auch dazu beiträgt, eine möglichst dezentrale Risikostreuung für alle Beteiligten durchzusetzen (vgl. Hagedorn/Meyer 2001; Jütte 2002).

Netzwerke sind keine schnell zu vergessende modernistische Erscheinung (vgl. Minderop/Solzbacher 2007) und ihren sozial- und erziehungswissenschaftlichen wie auch bildungspolitischen Bedeutungszuwachs verdanken sie neben gesellschaftlichen und globalen Entwicklungen v. a. der Zusammenarbeit unterschiedlicher Disziplinen. Als Anwendungsbereich des Netzwerkbegriffs wird neben Theorie, Technik und Natur v.a. die Gesellschaft gesehen. Dabei können personelle, intraorganisationale und interorganisationale Netzwerke unterschieden werden (vgl. Institut für Strukturpolitik und Wirtschaftsförderung 1995). Naturwissenschaftliche und mathematische Konzepte sowie die Informationstechnologie prägten die Begriffe und das Alltagsverständnis von ‚Netzen' (IT-Netzwerke, Telefonnetz, Internet usw.), so dass sich festhalten lässt, dass die Attraktivität des Netzwerkbegriffs aus der Faszination entstand, die durch die globale informationstechnologische Vernetzung aller Gesellschaftsbereiche ausgelöst wurde (vgl. Schäffter 2004). Durch die Übertragung in soziale Zusammenhänge wird das Netzwerk zu einem zentralen Aspekt gesellschaftlicher Modernisierung (vgl. v. Küchler 2007). Sozialen Netzwerken wird bei der Generierung von Problemlösungen große Leistungsfähigkeit und gegenüber anderen Organisationsformen eine bedeutsame Überlegenheit zugesprochen (vgl. Tippelt 2005). Insbesondere kann die Zusammenarbeit möglichst vieler und einschlägiger Akteure innovative Maßnahmen im Bereich des lebensbegleitenden Lernens hervorbringen und damit die konzeptionelle Antwort auf die Komplexität gegenwärtiger Erfahrungen in der Transformationsgesellschaft sein (vgl. Schäffter 2004).

2 Definitionen und Merkmale

Netzwerke sind dadurch gekennzeichnet, dass die Arbeit mehrerer Akteure durch abgestimmte Strategien zur Durchsetzung von Zielen führt und zwar entweder durch locker gebundene oder vertraglich verfestigte organisatorische Strukturen (vgl. Minderop/Solzbacher 2007). Im Zentrum der Netzwerkbildung stehen die Elemente Beziehung, Kommunikation, Kooperation und Unterstützung, die bei Aktivierung zu Ressourcenpools werden (vgl. Miller 2001).

Während ein Netz eine bestehende Struktur bezeichnet, wird unter einem Netzwerk ein Prozess der Arbeit innerhalb netzförmiger Strukturen verstanden. Für regionale Netzwerke im Bildungsbereich ist in erster Linie der Begriff des Netzwerks zutreffend, „denn die Zusammenhänge zwischen den Akteuren, Institutionen und Beteiligten, welche zum Zustandekommen einer Lernenden Region beitragen müssen, sind vielfach erst über den Weg der Aktivität zu schaffen“ (Bretschneider/Nuissl 2003, S. 47).

Soziale Netzwerke sind „Formen der Koordination von Aktivitäten, deren Kern immer die vertrauensvolle Zusammenarbeit eigenständiger, auch gleichzeitig interdependenter Akteure ist, die für einen begrenzten (durchaus auch längeren) Zeitraum zusammenarbeiten und dabei auf die Interessen des jeweiligen Partners Rücksicht nehmen“ (Tippelt 2005, S. 235).

Sie lassen sich von verwandten und gegensätzlichen Konzepten klar abgrenzen (vgl. Schäffter 2004, S. 32ff.): Ein Beziehungsgeflecht ist erst dann ein Netzwerk, wenn es ein Mindestmaß an Dauerhaftigkeit und Belastbarkeit sowie akteursübergreifende und kollektive Strukturen einschließt. Kooperationen sind nicht grundsätzlich Netzwerke, da sie meist bilaterale, aktivierte Beziehungen darstellen, ein Netzwerk dagegen durch multilaterale Strukturen gekennzeichnet ist. Daraus ergibt sich auch, dass Netzwerke im Vergleich zu einfachen bilateralen Kooperationsstrukturen als eine „logisch höher stufige Form sozialer Strukturierung“ (Schäffter 2004, S. 33) begriffen werden können. Bezogen auf die Akteure wird nicht, wie das z. B. der Begriff des „Bundes“ vorsieht, eine bereits vorhandene Gemeinsamkeit vorausgesetzt, sondern die Autonomie der Netzwerkknoten betont. So beruht die Partizipation in Netzwerken nicht in erster Linie auf Gemeinschaft sondern auf Differenz.

Im Vergleich zu einzelnen Organisationen ist der Grad der Formalisierung von Netzwerken niedrig, der Grad des persönlichen Vertrauens und der sozialen Nähe zwischen den Akteuren in sozialen Netzen ist dagegen höher. Von einem Organisationsverbund unterscheidet das Netzwerk sich, da es aus autonom bleibenden Einzelakteuren zusammengesetzt ist (vgl. Neugebauer/Beywl 2006). Netzwerke sind beinahe nie frei von Macht- und Konkurrenzbeziehungen, wenn Machtgefälle sich in Netzwerken durch Interessenskonflikte zwischen den unterschiedlichen Akteuren zeigen. Der wechselseitige Nutzen wird als unverzichtbare Bedingung vorausgesetzt (Reupold/Kuwan/Strobel 2009). Netzwerke werden koordiniert und können sich selbst steuern, sie werden selten geführt oder geleitet. Ein Netzwerk bezeichnet auch die Verschiedenheit und einen lebhaften Wettbewerb der Akteure und ihrer Institutionen um ihre Position im Netzwerk, der nur mit erkennbar unterscheidbaren Identitäten dieser stattfinden kann (vgl. Schäffter 2004).

Es lassen sich sechs Merkmalsdimensionen eines Netzwerks anführen, die sich gegenseitig in unterschiedlicher Intensität beeinflussen (vgl. Neugebauer/Beywl 2006, S. 251ff.):

- *Komplementarität:* Dieses Merkmal umfasst die Homogenität, bzw. Heterogenität der Netzwerkpartner. Dabei führt eine sehr homogene Partnerzusammensetzung lediglich zur Addition der Effekte und Leistungen. Heterogene Partner dagegen ergänzen sich bei gelingender

Kooperation und multiplizieren ihre Gesamtleistungsfähigkeit, sind aber auch störungsanfälliger. Der Grad der Komplementarität wird darüber hinaus auch durch die Komplexität beeinflusst (Branchen und Berufgruppen, vor Netzwerkgründung bereits bestehende Beziehungen, rechtliche und finanzielle Bedingungen).
- *Gemeinsame Netzwerkvision:* Die Definition des gemeinsamen Bezugsproblems und dessen Wahrnehmung durch die einzelnen Akteure gelten als Basis für gelingende Vernetzungsprozesse. Dabei kann die gemeinsame Netzwerkdefinition als Orientierung für die gemeinsamen Ziele gesehen werden, sowie als kontinuierlicher Prozess, der je nach Phase des Netzwerks, die gemeinsam getragene Wertebasis einschränkt oder ausweitet.
- *Netzwerkkoordination:* Die Steuerung von Netzwerken erfolgt in Abstimmung mit und zwischen den Partnern. Koordination findet statt, indem eine Stelle oder Person damit betraut wird, sowie durch Gremien und informelle Absprachen. Netzwerke werden dabei u.a. beeinflusst von der Anzahl ihrer Steuerungsebenen, ihren bevorzugten Arbeitsformen und der Koordination des Ressourceneinsatzes.
- *Interaktionsdichte und -frequenz:* Hierbei geht es um die Kommunikationsintensität und -häufigkeit, sowie um den Austausch von Dienstleistungen, Produkten und Informationen. Die Offenheit des Netzwerks, sowie die Verknüpfung zu weiteren Netzwerken beeinflussen darüber hinaus die Interaktionsdichte. Interaktion kann auf drei Ebenen stattfinden: operative Kooperation (Zusammenarbeit der Akteure), strategische Kooperation (Beeinflussung von politischer, sozialer und ökonomischer Umwelt) und gelegentliche Kooperation mit beratenden und begleitenden Partnern.
- *Nutzen:* Der Nutzen der Netzwerkarbeit für die beteiligten Akteure muss vorhanden sein und ist wichtig für die Nachhaltigkeit des Netzwerks. Nutzen entsteht z.B. durch Bündelung von Ressourcen, Schaffen von Synergien, Flexibilität in der Realisierung von Projekten, Austausch von Wissen und Erfahrungen, usw..
- *Nachhaltigkeit:* Nachhaltigkeit wird beeinflusst durch die entwickelten Strukturen, die Konstanz der Verknüpfungen, die Intensität, die Funktionalität und angestrebte Dauer der Kooperationen. Daneben wirkt auch die Form der Partnereinbindung (schriftlich oder informell) und die Weiterführung der über das Netzwerk generierten Innovationen auf die Nachhaltigkeit des Netzwerks.

3 Netzwerke in Bildung und Weiterbildung

Vernetzung von Akteuren aus unterschiedlichen Bereichen der Bildung und Weiterbildung ist im Sinne des Lebenslangen Lernens eine professionelle Handlungsstrategie, an die hohe Erwartungen gestellt werden. So soll die Wahrnehmungsfähigkeit für bestehende soziale Netze im Hinblick auf ungenutzte Potenziale erhöht werden. Dazu müssen sich die einzelnen (Weiter-) Bildungsanbieter profilieren und die Besonderheiten ihrer Bildungsarbeit herausstellen, um gezielte Arrangements in Bildung und Weiterbildung zu erreichen und die Professionalität und Kompetenz der Akteure zu steigern. Durch Netzwerke kann die Anschlussfähigkeit an andere Bildungsanbieter bzw. mit der Alltagswelt der Adressaten hergestellt und eine genauere Kenntnis von Lernbedarfen und -bedürfnissen, die verbesserte Beratung von Individuen und Organisationen, die Förderung von innovativen Lernstrukturen und die Kosten sparende gemeinsame Nutzung von Ressourcen ermöglicht werden. Die Beteiligung von Bildungsnutzern am Netzwerk ermöglicht es, ‚Lernwege' und Nutzerprofile quer zu den regionalen Anbietern aufzunehmen, um für Teilnehmer- oder Lernernetzwerke eine höhere Transparenz der Lernmöglichkeiten zu erreichen (vgl. Meisel 2003; Schäffter 2004).

Bei der Übertragung des Netzwerkkonzepts auf die Weiterbildung soll v.a. Lebenslanges Lernen ermöglicht werden und strukturelle Voraussetzungen für einen offenen Zugang zu den regionalen Lernwelten geschaffen werden. Bildungsanbieter wirken so bei der Gestaltung des Strukturwandels für das Lebenslange Lernen aktiv mit. Dies erlaubt die Förderung von Innovationen, die einzelne, meist kleinere Anbieter alleine nicht hervorbringen können. Durch die Zusammenführung von Akteuren (Personen wie Institutionen) aus unterschiedlichen Bildungsbereichen können gemeinsame innovative Angebote im Bereich des lebenslangen Lernens erarbeitet werden (vgl. Tippelt u.a. 2006).

Die Zusammenarbeit in Netzwerken basiert auf unterschiedlichen Faktoren (vgl. Baitsch/Müller 2001; Bretschneider/Nuissl 2003; Tippelt 2005):

- *Netzwerkidentität:* Das Netzwerk wird von Außen als Einheit wahrgenommen und alle Beteiligten identifizieren sich mit dem Netzwerk, so dass das Netzwerk als dauerhafter Kommunikations- und Veränderungsprozess verstanden wird. Zentrale Basis dafür sind Vertrauen und erfolgreiche Kooperationserfahrungen.
- *Umweltbezug:* Einmal etablierte Problemlösekompetenzen können auf andere Probleme übertragen werden, der Transfer von entsprechenden Kompetenzen wird also gefördert.
- *Anschlussfähigkeit:* Eine Anpassung an unterschiedliche Routinen innerhalb des jeweiligen Netzwerks und der beteiligten Institutionen ist erforderlich.
- *Adressierbarkeit:* Die Leistungen müssen von außen wahrgenommen werden und ein zielgerichtetes Ansprechen muss möglich sein.
- *Potenzialität:* Das Vorhandensein eines konstituierenden Elements macht die Identifikation der Kernkompetenzen der beteiligten Partner, sowie eine Vereinbarung, welche Leistungen und Beiträge einzubringen sind, erforderlich.
- *Lernende Organisationen:* Die Herausbildung von Regeln und Routinen kann netzwerkinterne Abläufe unterstützen (Selbstorganisation).
- *Vertrauen im Netzwerk:* Vertrauen gilt als zentraler Aspekt der Netzwerkarbeit. Voraussetzung ist eine „von allen geteilte Erwartung über die Reaktionen einzelner Netzwerkakteure wie auch des Gesamtsystems Netzwerk auf Störung" (Bretschneider/Nuissl 2003, S. 50).
- *Mitsprache und Zugriffsrechte:* Unterschiedliche Aktivitätsgrade bestimmen die Intensität der Mitsprache- und Zugriffsrechte.
- *Konflikt:* Wichtig sind der Aufbau und Einsatz von Routinen und Verfahren zur Konfliktbewältigung im Netzwerk.
- *Entscheidungen:* Kernelemente der Netzwerkarbeit sind Entscheidungen, da sie hinsichtlich inhaltlicher Ausrichtung und aufzuwendender Ressourcen immer wieder zu treffen und auch zu professionalisieren sind.
- *Entwickelte Kommunikationsstrukturen:* Für eine kontinuierliche Netzwerkarbeit sind dauerhafte und tragfähige Strukturen nötig, wobei das Feedback eine zentrale Rolle einnimmt.
- *Stabilität:* Im Vordergrund stehen Definitionen des gemeinsamen Zieles, des Programms und des Leitbilds, die Auswahl geeigneter Partner, die Regulation der Aktivitäten und Beziehungen zwischen Partnern, die Allokation der Ressourcen zwischen den Organisationen und die kontinuierliche Evaluation der Kooperationen (zirkulär angelegter Netzwerkprozess).

Durch die gemeinsame Arbeit der am Netzwerk beteiligten Partner entstehen Synergien und Ansätze, die für einen einzelnen Akteur nicht realisierbar sind. Die zentralen Stärken in diesem Zusammenhang sind Wissen, Kompetenzen, Ressourcen und Engagement (vgl. Bretschneider/Nuissl 2003; Stahl 2003).

Im Programm „Lernende Regionen – Förderung von Netzwerken“ wird die Gründung von Netzwerken als Strategie gefördert, um hierüber im Sinne eines ganzheitlichen Entwicklungsansatzes die in der Region endogenen Potenziale zu mobilisieren und so Lebenslanges Lernen zu verankern. Über ein regionsspezifisches Vorgehen können Bedarfe und Potenziale der Region in Bezug auf Qualifizierung und Wirtschaftsentwicklung transparent gemacht und bei Planungen berücksichtigt werden. Durch die gezielte Förderung von bildungsbereichsübergreifender Vernetzung und Kooperation auf regionaler Ebene werden seit 2001 in über 80 Regionen in Deutschland neue Lerninfrastrukturen gestaltet und damit auch eine neue Lernkultur initiiert (vgl. Bundesministerium für Bildung und Forschung 2000). Diese innovativen Impulse, die sich durch die Netzwerke einstellen sollen, erwachsen aus der Zusammenarbeit von regionalen Institutionen in komplexen Beziehungssystemen. Zur Gründung, zum systematischen Aufbau und zur Steuerung und Weiterentwicklung solcher komplexen und regional eingebetteten sozialen Systeme gibt es bisher kaum umfassende Kenntnisse, daher nimmt die Wissenschaftliche Programmbegleitung und das Monitoring eine besondere Feedbackrolle ein. In diesem Artikel werden einige der vor diesem Hintergrund publizierten Ergebnisse thematisiert (vgl. Tippelt/Reupold/Strobel/Kuwan et al. 2009). So muss z.B. als Grundlage erfolgreicher Netzwerkarbeit und jeglichen vernetzten Handelns (vgl. Tippelt u.a. 2006, S. 284) zunächst auf alle zur Verfügung stehenden regionalen und sozialen Ressourcen zurückgegriffen werden. Dabei nahmen die Netzwerke der Lernenden Regionen aktuelle Probleme und Gegebenheiten der jeweiligen Region auf. Bereits vorhandene Netzwerke konnten in vielen Fällen zunächst durch unterschiedliche Formen des Coaching gestärkt und erweitert werden bzw. konnten diese mit in das neu entstehende Netzwerk als kooperierende Akteure aufgenommen werden. Grundsätzlich müssen alle Netzwerke, die bereits vorhanden sind, immer wieder Veränderungen zulassen.

Im Sinne eines professionellen Change Managements sollten dabei gemeinsam klare Veränderungsziele entwickelt werden. Darüber hinaus sollte auch das vorhandene Problembewusstsein der einzelnen Akteure anerkannt und berücksichtigt werden. Change Management ist stets als offener Prozess zu gestalten, damit Vertrauen und Glaubwürdigkeit auf allen beteiligten Seiten entstehen. Dies ist auch die Grundlage dafür, dass ausreichend Engagement für die Analyse und letztlich auch die Lösung der gemeinsamen Probleme vorhanden ist. Die (Weiter-)Arbeit im Netzwerk ist abhängig von der Herausbildung sozialer Kohäsion (z.B. gemeinsame Visionen und institutionenübergreifende Zielplanung). Für jede einzelne Institution ist es wichtig, dass die individuellen Stärken herausgearbeitet werden können (empowerment). Erst dadurch ist es möglich, integrative pädagogische Prozesse zu fördern und unterschiedliche Projekte gemeinsam zu etablieren (vgl. Tippelt u.a. 2006).

4 Kooperation und Konkurrenz im Netzwerk

Allgemein ist jede Form zielgerichteter und abgestimmter gesellschaftlicher Zusammenarbeit zwischen Personen, Gruppen und Institutionen eine Kooperation. In Netzwerken unterscheidet sich Kooperation von anderen Formen der Koordination bspw. in hierarchischen oder auch marktförmigen Organisationen. Die zentrale Annahme, die mit dem Thema Netzwerkbildung stets verknüpft wird, ist, dass Differenz und Unterschiede einen synergetischen Vorteil enthalten.

4.1 Strukturelle Ebene: Akteurskombinationen und Kooperationsformen

Die interorganisationale Kooperation (Zusammenarbeit von Institutionen), wird zur Notwendigkeit, wenn (Weiter-)Bildungsanbieter auf die zunehmend komplexer werdenden Anforderungen des Marktes angemessen reagieren wollen (vgl. Tippelt 2001). Eine Einrichtung alleine ist oftmals nicht mehr in der Lage, diese Anforderungen zu erfüllen und das eigene Weiterbestehen somit ganz aus eigener Kraft zu sichern. Der Entschluss zur Kooperation ist daher auch einem wachsenden Problembewusstsein und Leidensdruck der handelnden Akteure geschuldet. An die Kooperation sind aber auch große Hoffnungen und hohe Erwartungen geknüpft. Um jedoch tragfähige interorganisationale Kooperationsbeziehungen entwickeln zu können, ist eine gezielte und bewusste Veränderung von potenziell vorhandenen Konkurrenzbeziehungen nötig. Nach Kahle (1999) bezeichnet Kooperation „(…) nicht das Leugnen von konkurrierenden Interessen, sondern die Suche nach Möglichkeiten ihrer – wenigstens teilweise – gemeinsamen Befriedigung." (ebd., S. 14).

Netzwerkartige Kooperationen können auf horizontaler Ebene (Vernetzung zwischen Anbietern eines Bildungsbereichs), also beispielsweise zwischen verschiedenen Weiterbildungsanbietern, oder auf vertikaler Ebene (Vernetzung zwischen Anbietern mehrerer Bildungsbereiche), z.B. zwischen Kindergärten und Schulen, stattfinden. Bereits durch die Verteilung von kooperierenden Akteuren auf diesen Ebenen ergeben sich verschiedenartige Konkurrenzbeziehungen. Zudem variiert auch die Intensität der Konkurrenz, was v. a. durch die Art der kooperierenden Einrichtungen und die gemeinsamen Ziele gesteuert wird. Je nach Ausrichtung der Ziele lassen sich drei verschiedene Akteurskombinationen (vgl. Dobischat/Stuhldreier/Düsseldorff 2005) ausmachen:

a. Eine typidentische Partnerschaft, die eine horizontale Kooperation zum Ergebnis hat und bei der das Risiko einer direkten Konkurrenzsituation am höchsten ist. Hier würde also beispielsweise eine Weiterbildungseinrichtung mit einer anderen kooperieren.
b. Eine typübergreifende Partnerschaft, die eine vertikale Kooperationsstruktur bildet und die potenziell wenig Konkurrenzbeziehungen hat, wie z. B. Schulen und Hochschulen.
c. Eine komplementäre Partnerschaft, die, abhängig von der Art der Einrichtungen, sowohl horizontale als auch vertikale Kooperationsstrukturen herausbilden kann und deren Partner bedingt in Konkurrenz zueinander stehen können, wie z.B. eine Weiterbildungseinrichtung und eine Hochschule oder eine Bildungseinrichtung und ein Betrieb. Die mit solchen Kooperationen verknüpften handlungsleitenden strategischen Ziele der einzelnen Einrichtungen bedingen wiederum eine spezifische Form der Zusammenarbeit (vgl. Tippelt/Eckert/Barz 1996).

Neben dieser Betrachtung von interorganisationalen Kooperationsstrukturen spielt auch die Ebene der interpersonalen Kooperationen eine wichtige Rolle in Netzwerken, denn die handelnden Akteure sind zwar eingebunden in ihre jeweilige Organisation, aber die aktive konkrete Zusammenarbeit findet zwischen Personen statt.

4.2 Beziehungsebene: starke und schwache Bindungen

Für das Gelingen von Kooperationsbeziehungen in regionalen Bildungsnetzwerken wie den Lernenden Regionen können unterschiedliche Faktoren herangezogen werden. So sollen möglichst alle zentralen Akteure gemeinsame Ziele formulieren und Entscheidungen treffen, wodurch diesen große Einfluss- und Mitgestaltungsmöglichkeiten eingeräumt werden (vgl. Dobischat/Stuhldreier/Düsseldorff 2006). Zu Beginn der Netzwerkarbeit sollten bereits vorhandene Strukturen genutzt und auch weiterentwickelt werden. Von großer Bedeutung für das spätere Netzwerk sind die zu Beginn beteiligten Partner. In der ersten Phase der wissenschaftlichen Begleitung des Programms „Lernende Regionen – Förderung von Netzwerken" konnte festgestellt werden, dass 40% aller späteren Akteure bereits bei den ersten Überlegungen beteiligt und knapp 85% beim Start der Netzwerke eingebunden waren (vgl. Dobischat/Stuhldreier/Düsseldorff 2006).

Von großer Bedeutung ist auch eine gemeinsame Kommunikationsbasis zwischen allen wichtigen Institutionen und Akteuren der Region. Zu Beginn der Netzwerkarbeit ist von allen beteiligten Partnern und Akteuren ein hoher Aufwand nötig, sowohl zeitliche Faktoren als auch notwendige Ressourcen und Energien. Die Kommunikationsprozesse zwischen den beteiligten Partnern müssen im Laufe der Netzwerkzusammenarbeit intensiviert werden. Dabei kann das anfangs häufig im Vordergrund stehende Konkurrenzdenken kontinuierlich abgebaut werden, denn die Kommunikation und Kooperation in Netzwerken ist eng verbunden mit einer wachsenden Vertrauensbasis zwischen den Partnern. Vertrauen ist Voraussetzung für den Abbau von Konkurrenzdenken im Netzwerk, für das Finden einer gemeinsamen Kommunikationsbasis und die Planung und Durchführung von gemeinsamen bedarfsorientierten Aktivitäten und Projekten (vgl. Tippelt 2005).

Eine entscheidende Rolle im Netzwerk kommt dem/der Netzwerkmanager/-in zu, was sich in verschiedenen Funktionen ausdrückt (vgl. Dobischat/Stuhldreier/Düsseldorff 2006): Selektionsfunktion (Auswahl der geeigneten Akteure für das Netzwerk, Pflege von persönlichen Kontakten zu den handelnden Akteuren, hohe Entscheidungs- und Kooperationskompetenz), Allokationsfunktion (Verteilung der Aufgaben, Ressourcen und Zuständigkeiten, personelle wie auch institutionelle Neutralität), Regulationsfunktion (Entwicklung und Durchsetzung von Regeln zur Zusammenarbeit, klares Organisations- und Wissensmanagement), Evaluationsfunktion (Bewertung von Aktivitäten, Aufweisen von Motivations- und Moderationskompetenzen, Anwenden eines systematischen und autoritativen, also ‚leitenden' Projektmanagements).

Neben diesen Erfolgsfaktoren spielt auch die Stärke von Beziehungen (vgl. Granovetter 1973) eine wichtige Rolle. Diese wird durch das Zusammenspiel von emotionaler Intensität, der in die Beziehung investierten Zeit, dem gegenseitigen Vertrauen und der Reziprozität bestimmt. Starke Beziehungen können durch ihre Dauerhaftigkeit charakterisiert werden, sind mit starker Beharrungskraft ausgestattet und daher auch emotional bindend. Sie beruhen auf Gegenseitigkeit und die verschiedenen vernetzten Institutionen nehmen wechselseitig eine unterstützende Funktion füreinander ein. Schwache Beziehungen dagegen zeichnen sich durch weniger intensive und reziproke Kooperationen aus und dienen eher dem Informationsgewinn und der Arbeitserleichterung.

Sowohl starke als auch schwache Beziehungen haben also ihre je spezifischen Vorteile und können in der Praxis strategisch sinnvoll eingesetzt werden. Innerhalb von Netzwerken kann zwischen relativ lockeren Informationsbeziehungen, intensiven Austauschbeziehungen, verschmelzenden Organisationsbeziehungen und emotional getönten Freundschaftsbeziehungen unterschieden werden. Wobei diese Beziehungen zum Teil durch schriftliche Verträge formalisiert sind oder aber bewusst informell gehalten werden. Hier führt eine stärkere Formalisierung zu mehr Sicherheit und Kontrolle im Umgang mit den Partnern. Andererseits erlauben informell gehaltene Netzwerkverbindungen eine stärkere Beziehungsorientierung, die durch gegenseitiges Vertrauen auch den Austausch von implizitem Wissen befördert. Diese schwachen und starken Beziehungen eignen sich entsprechend ihrer Merkmale für je spezifische Situationen im Netzwerk. Erst in Kombination kann das volle Potenzial ausgeschöpft werden: „In the absence of strong ties between these informal groups, little tacit knowledge or expertise is likely to flow“ (Kilduff/Tsai 2003, S. 54).

4.3 Synergieeffekte

Diese verschiedenen Akteurskombinationen und Kooperationsarten werden in erster Linie eingegangen, weil sich dadurch Synergien herstellen lassen. Synergieeffekte werden dabei als positive Wirkungen verstanden, die sich aus der Zusammenarbeit von Institutionen bzw. aus dem verbesserten Zusammenspiel von didaktischen Feldern ergeben (vgl. Brödel 2004; Reich/Tippelt 2004; Tippelt 2005). Diese Synergien potenzieren sich, wenn nicht nur zwei Partner oder drei involviert sind, sondern wenn Kooperationsbeziehungen zu Netzwerken weiterentwickelt werden. Dabei wird speziell bei Synergieeffekten in Netzwerken angenommen, dass Netzwerke besser in der Lage sind, Ressourcen zu generieren und dass ihre Wirkung auf Veränderungsprozesse generell stärker sind als dies durch einzelne Personen oder Organisationen möglich wäre. Strategien und Rahmenbedingungen ermöglichen den Akteuren der Netzwerke Verbesserungen des Bildungsangebots einer Region und deuten auf eine langfristige Kooperation von Institutionen auf Basis starker, dauerhafter Beziehungen (strong ties) hin.

Der Netzwerkansatz selbst zielt auch darauf ab, durch die Vernetzung Produktivitätsvorteile zu erzielen. Der Wissenstransfer zwischen den Institutionen bewirkt, dass Wissen und Informationen, die in einer Organisation gebunden sind (und normalerweise auch dem Interesse der Organisation entsprechend gebunden bleiben sollen, denn Wissensvorsprung sichert Wettbewerbsvorteile), explizit anderen Organisationen im Netzwerk zur Verfügung gestellt werden. So kommen einzelne Akteure auf relativ kurzen Wegen zu wichtigen Informationen. Die zugrunde liegende Idee für den Output von Netzwerkarbeit kann zusammenfassend feldtheoretisch mit K. Lewin (1963) formuliert werden: Das Ganze ist mehr als die Summe seiner Teile oder numerisch ‚1 + 1 > 2‘ (vgl. dazu Taschereau/Bolger 2007).

5 Regionale Aspekte von Bildungsnetzen

Die Frage, ob Regionen lernen können und wenn ja, wie sie das tun, steht im Zentrum seit deutlich wurde, „dass nationalstaatliche oder gar supranationale Interventionen und Programme nicht die erhofften Resultate erzielten, weil sie in ihren Ausrichtungen die Unterschiedlichkeit der regionalen Rahmenbedingungen, die Ungleichzeitigkeiten regionaler Entwicklungen, die Verschiedenheit der infrastrukturellen Voraussetzungen u.a. nicht hinreichend berücksichtigen konnten und somit in ihren Wirkungen entsprechend hinter den Erwartungen zurück blieben“ (Matthiesen/Reutter 2003, S. 8).

Region ist ein sozialwissenschaftliches Konstrukt, das auf unterschiedliche Realitäten angewendet werden kann (vgl. Benz/Fürst 2003). Bildung wird als Standort- und Entwicklungsfaktor einer Region verstanden. Die Erzeugung von (zusätzlichen) Bildungsmöglichkeiten ist eine kommunale und regionale Aufgabe, da die Relevanz der Bildungs- und Qualifikationsstruktur für die Entwicklung von Regionen besonders wichtig erscheint (vgl. Bretschneider/Nuissl 2003). Bildungsnetzwerke auf regionaler Ebene, so genannte Lernende Regionen, können dabei als prozedurale Leitbilder gesehen werden, die allein „den globalen Strukturwandel in regional und lokal angemessener Form meistern können" (Matthiesen 1998, S. 2).

> „A learning city, town or region recognises and understands the key role of learning in the development of basic prosperity, social stability and personal fulfilment, and mobilises all its human, physical and financial resources creatively and sensitively to develop the full human potential of all its citizens. It provides both a structural and mental framework which allows its citizens to understand and react positively to change" (Longworth 2006, S. 23).

Der Gestaltungsspielraum für Bildungsnetzwerke ist von Offenheit und Flexibilität gegenüber einer geografisch sinnvollen räumlichen Abgrenzung abhängig. Die Grenzen sind dabei nicht statisch festgelegt bzw. nicht festlegbar. Bildungsnetzwerke mit Partnern aus Wirtschaft und Schulen können am effektivsten in der jeweiligen Region organisiert werden. Geringe Ausbildungschancen oder Integrationsprobleme von Jugendlichen mit Migrationshintergrund sind dabei als besondere regionale Herausforderungen anzusehen. Um den regionalen Bedarfen zu entsprechen, ist ein zielgerichteter und systematischer Ansatz notwendig, der nicht ausschließlich auf akute Probleme reagiert, sondern eine mittel- und langfristige Perspektive einbezieht (vgl. Minderop/Solzbacher 2007).

Die Region als Bildungsraum kann Voraussetzungen für Bildung schaffen, die sich auf folgende Aspekte beziehen:

- die Existenz von Bildungseinrichtungen/Lernangeboten,
- Lernberatung, Zugänge und Informationen,
- Lernwege/Lernanreize,
- Lehrende, sowie deren Kompetenzen, Interessen und Aktivitäten,
- die Verknüpfung von Bildung, Kultur und Arbeit,
- Lernrelevanz von Arbeitsplätzen,
- Lernmöglichkeiten informeller Art (vgl. Bretschneider/Nuissl 2003, S. 37).

Lern- und Bildungsnetzwerke reagieren auf die räumlichen Ausgangsbedingungen und stärken somit den Zusammenhang zwischen Raum und Bildung, zwischen räumlicher Struktur und lernender Struktur (Lernen in der Region, Lernende Region).

Aus steuerungspolitischer Perspektive können Lernende Regionen nicht als alleiniges Mittel gegen ökonomische Probleme und das ‚qualifikatorische und demokratische Ausbluten' der Region gesehen werden, sondern eher in ein umfassendes Regionalentwicklungskonzept münden (vgl. Meisel 2003).

Funktionsfähige Netzwerke (speziell Lernende Regionen) zeichnen sich aus durch eine Kooperation unter Wettbewerbsbedingungen, einen intensiven Wissensaustausch, die Preisgabe von erfolgskritischen Informationen zwischen den Partnern, die Orientierung an der Reziprozitätsnorm (bzgl. Austausch/Vertrauen/Kontrolle), geeignete Organisationsstrukturen, Stabilität und Langfristigkeit der Beziehungen (vgl. Baitsch/Müller 2001). Der Ansatz der Lernenden Regionen fokussiert die Aktivierung der endogenen Potenziale aller regionalen Akteure, um lokale Entwicklungen selbstorganisiert und selbstverantwortlich anzustoßen. Im Sinne der Regionalisierung erweisen sich die handelnden Akteure als Kenner der Problemlagen der Region und Experten bei der Formulierung strukturpolitischer Leitbilder (vgl. Tippelt u.a. 2006).

In der aktuellen Regionalisierungsdiskussion spielen Netzwerke eine zentrale Rolle. Neben der Herausbildung des theoretischen Konzepts sind Netzwerke v.a. ein Modell für die Strukturierung regionaler Politik. Die Einbindung bisher voneinander getrennter Handlungsfelder der Weiterbildung und deren Träger in einen Prozess der Kommunikation und Kooperation führt zur Optimierung vorhandener Ressourcen und zur Nutzung von Synergien. Netzwerke dienen in diesem Zusammenhang als notwendiger Unterbau einer regionalen Weiterbildungspolitik. Die optimale und effektive Zusammenarbeit ist in diesem Kontext abhängig von der gegenseitigen Akzeptanz und dem Interessensausgleich der Akteure und der Ermöglichung von Partizipation. Es ist allerdings hervorzuheben, dass diese Voraussetzungen und Effekte immer wieder neu in ihren tatsächlichen Wirkungen empirisch evaluiert werden müssen.

6 Bilanz: Neue Erfahrungspotenziale durch vernetzte Organisationen

Vernetzten Organisationen und sozialen Netzwerken werden in modernen Gesellschaften zu Recht große Leistungsfähigkeit bei der Generierung von Problemlösungen zugeschrieben, weil sich kooperierende Partner wechselseitig auf die Erfahrungsbasis des jeweils anderen beziehen können. Somit werden in Netzwerken die Risiken innovativen Handelns kalkulierbarer sowie soziale Handlungen transparenter. Ein Grundgedanke der ‚vertikalen' und ‚horizontalen' Vernetzung von Organisationen besteht darin, das Erfahrungspotenzial von Akteuren zu bündeln, damit selbstorganisierte und selbstverantwortliche Prozesse initiiert, stabilisiert und später auch institutionalisiert werden können. Vor dem Hintergrund einer wachsenden Ausdifferenzierung und Pluralisierung von Bildungseinrichtungen und speziell des Weiterbildungsmarkts ist es zunehmend wichtiger, die mikro- und makrodidaktischen Erfahrungen der sich teilweise ergänzenden aber auch konkurrierenden Akteure in Regionen zu koordinieren.

Wenngleich die Typen der Steuerung, Erfahrung und Bildung jeweils in Mischformen auftreten, dominiert in der modernen Gesellschaft – besonders in Deutschland – eine rationale und bisweilen bürokratische Organisationsform (vgl. Weber 1922). Hervorzuheben ist, dass in vernetzten Organisationen der wechselseitige Bezug auf die Erfahrungen des Anderen Handlungsfreiheit erfordert und dass – trotz der Ambivalenz von Bürokratisierungstendenzen – zu starke Regulierung, Uniformierung und Formalisierung den Austausch und den interorganisationalen Aufbau eines erweiterten Erfahrungshorizonts behindern würden. Die rationale Steuerung auf regionaler Ebene ist u.a. auf die Stärke dezentraler Beziehungen und Netzwerkstrukturen angewiesen. Zur Stärkung der Nachhaltigkeit von Netzwerken in der Bildung und Weiterbildung ist die Unterstützung der Umwelt, insbesondere der Kommunen, von nicht zu unterschätzender Bedeutung.

Literatur

Baitsch, C./Müller, B. (Hrsg.) (2001): Moderation in regionalen Netzwerken. München/Mering: Hampp.

Benz, A./Fürst, D. (2003): Region – „Regional Governance" – Regionalentwicklung. In: Adamaschek, B./Pröhl, M. (Hrsg.): Regionen erfolgreich steuern. Gütersloh: Bertelsmann Verlag, S. 11-66.

Bretschneider, M./Nuissl, E. (2003): „Lernende Region" aus Sicht der Erwachsenenbildung. In: Matthiesen, U./Reutter, G. (Hrsg.): Lernende Region – Mythos oder lebendige Praxis? Bielefeld: Bertelsmann Verlag, S. 35-55.

Brödel, R. (2004): Weiterbildung als Netzwerk des Lernens – Hinführung. In: Brödel, R. (Hrsg.): Weiterbildung als Netzwerk des Lernens. Differenzierung der Erwachsenenbildung. Bielefeld: Bertelsmann Verlag, S. 9-25.

Bundesministerium für Bildung und Forschung (2000): Bekanntmachung von Förderrichtlinien für das Programm „Lernende Regionen – Förderung von Netzwerken". Bonn. Verfügbar unter: http://www.lernende-regionen.info/dlr/2_7_10.php, (21.01.2008).

Dobischat, R/Stuhldreier, J./Düsseldorff, C. (2005): Netzwerkbildung und Netzwerkstruktur. In: Nuissl, E./Dobischat, R./Hagen, K./Tippelt, R. (Hrsg.): Regionale Bildungsnetze. Bielefeld: Bertelsmann Verlag, S. 59-89.

Granovetter, M (1973): The strength of weak ties. American Journal of Sociology 78. S. 1360-1380.

Hagedorn, F./Meyer, H.H. (2001): Netzwerke. In: Arnold, R./Nolda, S./Nuissl, E. (Hrsg.): Wörterbuch der Erwachsenenbildung. Bad Heilbrunn: Klinkhardt, S. 234-235.

Institut für Strukturpolitik und Wirtschaftsförderung (1995): Netzwerke in Sachsen-Anhalt. Studie im Auftrag des Ministeriums für Wirtschaft und Technologie des Landes Sachsen-Anhalt. Halle.

Jütte, W. (2002): Soziales Netzwerk Weiterbildung. Analyse lokaler Institutionenlandschaften. Bielefeld: Bertelsmann Verlag.

Kahle, E. (1999): Konkurrenz oder Kooperation. Vertrauen als grundlegendes Element kooperativen Verhaltens. In: Fritzsche, A./Kwiran, M. (Hrsg.): Wirtschaft und Sozialpolitik. München: Don Bosco, S. 46- 62.

Kilduff, M/Tsai, W. (2003): Social Networks and Organizations. London: Sage.

Küchler, F. von (2007): Von der Rechtsform zur Neupositionierung – Organisationsveränderungen als zeitgenössische Herausforderungen in der Weiterbildung. In: Küchler, F. von (Hrsg.): Organisationsveränderungen von Bildungseinrichtungen. Bielefeld: Bertelsmann Verlag, S. 7-29.

Küchler, F. von/Schäffter, O. (1997): Organisationsentwicklung in Weiterbildungseinrichtungen. Reihe: Studientexte für Erwachsenenbildung. Frankfurt/Main: DIE.

Lewin, K. (1963): Feldtheorie in den Sozialwissenschaften. Bern: Huber.

Longworth, N. (2006): Learning Cities, Learning Regions, Learning Communities. Lifelong learning and local government. London: Routledge.

Matthiesen, U. (1998): „Die lernende Region": ein mögliches Leitbild in das 21. Jahrhundert hinein? In: IRS aktuell 20. S. 1-3.

Matthiesen, U./Reutter, G. (2003): Einleitung. In: U. Matthiesen/G. Reutter (Hrsg.): Lernende Region – Mythos oder lebendige Praxis? Bielefeld: Bertelsmann Verlag, S. 7-10.

Meisel, K. (2003): Vorbemerkungen. In: Matthiesen, U./Reutter, G. (Hrsg.): Lernende Region – Mythos oder lebendige Praxis? Bielefeld: Bertelsmann Verlag, S. 5-6.

Miller, T. (1997): Netzwerke: Begriff und ausgewählte Forschungslinien. In: GdWZ 8, H. 1, S. 38-40.

Miller, T. (2001): Netzwerke – ein überstrapaziertes Konzept. In: GdWZ 12, H. 3, S. 112-115.

Minderop, D./Solzbacher, C. (2007): Ansätze und Dimensionen – eine Einführung. In: Minderop. D./Solzbacher, C. (Hrsg.): Bildungsnetzwerke und regionale Bildungslandschaften. Ziele und Konzepte, Aufgaben und Prozesse. München: Luchterhand, S. 3-13.

Neugebauer, U./Beywl, W. (2006): Methoden zur Netzwerkanalyse. In: Zeitschrift für Evaluation, 2006, H. 2, S. 249-286.

Reich, J./Tippelt, R. (2004): Gestaltung didaktischer Handlungsfelder im Kontext der Milieuforschung. In: Hessische Blätter für Volksbildung. Zeitschrift für Erwachsenenbildung in Deutschland 54, H. 1, S. 23-36.

Reupold, A./Kuwan, H./Strobel, C. (2009): Kooperation in Netzwerken. In: Tippelt, R./Reupold, A./Strobel, C./Kuwan, H. u.a. (Hrsg.): Lernende Regionen – Netzwerke gestalten. W. Bertelsmann Verlag, Bielefeld, S. 151-170.

Röhrle, B. (1994): Soziale Netzwerke und soziale Unterstützung. Weinheim: Psychologie Verlags Union.

Schäffter, O. (2004): Auf dem Weg zum Lernen in Netzwerken – Institutionelle Voraussetzungen für lebensbegleitendes Lernen. In: Brödel, R. (Hrsg.): Weiterbildung als Netzwerk des Lernens. Differenzierung der Erwachsenenbildung. Bielefeld: Bertelsmann, S. 29-48.

Senge, C./Hellmann, K.-U. (2006): Einleitung. In: Senge, K./Hellmann, K.-U. (Hrsg.): Einführung in den Neoinstitutionalismus. Wiesbaden: Verlag für Sozialwissenschaften, S. 5-31.

Solzbacher, C./Minderop, D. (Hrsg.) (2007): Bildungsnetzwerke und regionale Bildungslandschaften. Ziele und Konzepte, Aufgaben und Prozesse. München: Luchterhand.

Stahl, T. (2003): Regional development networks in Europe. In: Cedefop (Hrsg.): Agora XI. The learning region. Luxembourg: Cedefop, S. 11-31.

Taschereau, S./Bolger, J. (2007): "Capacity, Change and Performance". Discussion paper no. 58C: Networks and capacity. Maastricht: European Centre for Development Policy Management.

Tippelt, R. (2001): Bildungsprozesse über die Lebensspanne. Institutionelle Kooperation und individueller Aufbau von Kompetenzen. In: Österreichische Gesellschaft für Forschung und Entwicklung im Bildungswesen (Hrsg.): Erziehung und Bildung zwischen Selbstverantwortung und Rechenschaftspflicht: Kompetenz - Kooperation - Professionalisierung. Salzburg.

Tippelt, R. (2005): Pädagogische Netzwerkarbeit und interorganisationales Kompetenzmanagement – Anmerkungen zur innovativen Praxis am Beispiel Lernender Regionen und Metropolen. In: Göhlich, M./Hopf, C./Sausele, I. (Hrsg.): Pädagogische Organisationsforschung. Wiesbaden: Verlag für Sozialwissenschaften, S. 233-244.

Tippelt, R./Eckert, T./Barz H. (1996): Markt und integrative Weiterbildung. Zur Differenzierung von Weiterbildungsanbietern und Weiterbildungsinteressen. Theorie und Praxis der Erwachsenenbildung. Bad Heilbrunn: Klinkhardt.

Tippelt, R./Mandl, H./Straka, G. (2003): Entwicklung und Erfassung von Kompetenz in der Wissensgesellschaft – Bildungs- und wissenstheoretische Perspektiven. In: Gogolin, I./Tippelt, R. (Hrsg.): Innovation durch Bildung, 18. Kongress der DGfE, Opladen: Leske + Budrich, S. 349-370.

Tippelt, R./Kasten, C./Dobischat, R./Federighi, P./Feller, A. (2006): Regionale Netzwerke zur Förderung lebenslangen Lernens – Lernende Regionen. In: Fatke, R./Merkens, H. (Hrsg.): Bildung über die Lebenszeit. Wiesbaden: Verlag für Sozialwissenschaften, S. 279-290.

Tippelt, R./Reupold, A./Strobel, C./Kuwan, H. u.a. (Hrsg.) (2009): Lernende Regionen – Netzwerke gestalten. W. Bertelsmann Verlag, Bielefeld.

Weber, M. (1922): Wirtschaft und Gesellschaft. Grundriss der verstehenden Soziologie. Tübingen: Mohr.

Christine Zeuner

Internationale Perspektiven der Erwachsenenbildung

1 Einleitung

Während in den letzten Jahren die internationale Bildungsforschung vor allem über die Diskussion der Ergebnisse internationaler Schulvergleichsforschungen in Wissenschaft und Öffentlichkeit hohe Aufmerksamkeit erzielte, werden die vielfältigen internationalen Perspektiven der Erwachsenenbildung vor allem von einem Fachpublikum zur Kenntnis genommen, obwohl Traditionen der international-vergleichenden Erwachsenenbildungsforschung bis zum Beginn des 20. Jahrhunderts zurück zu verfolgen sind und sich in der Praxis der Erwachsenenbildung ebenfalls seit langem eine ausgeprägte Kultur des Austauschs und der Rezeption internationaler Bildungsansätze etabliert hat (vgl. Titmus 1996).

Ziel des Beitrags ist es, die vielfältigen internationalen Perspektiven und Dimensionen der Erwachsenenbildung überblicksartig darzustellen. Im einleitenden zweiten Kapitel wird zunächst der Stellenwert der internationalen Erwachsenenbildung in Bezug auf Forschung, Theorie und Bildungspolitik diskutiert. Das dritte Kapitel beschäftigt sich mit dem Einfluss der Bildungspolitik inter- und supranationaler Organisationen auf die internationale Entwicklung der Erwachsenenbildung, Kapitel vier stellt ausgewählte Themen vor. Das fünfte Kapitel setzt sich mit methodischen Fragen der international-vergleichenden Erwachsenenbildungsforschung auseinander und skizziert den Stand der deutschen Forschung. Abschließend werden zukünftige Fragestellungen, Aufgaben und Zielsetzungen der internationalen Erwachsenenbildung diskutiert.

2 Internationale Erwachsenenbildung

Internationale Erwachsenenbildung bezieht sich auf diejenigen Aspekte der Bildung Erwachsener, die internationale Dimensionen von Theorie und Praxis und ihren Vergleich einschließen. Ihre Anfänge sind mindestens bis in das 19. Jahrhundert zurück zu verfolgen, als sie interkulturelles Interesse auszeichnete. „Lernen am Modell" entstand „im Spannungsfeld von Annäherung und Abgrenzung, Fremdorientierung und Eigenbehauptung, internationaler Offenheit und nationaler Bezogenheit" (Meilhammer 2000, S. 1). Nach dem zweiten Weltkrieg bis in die 1970er Jahre konzentrierte sie sich auf die Unterstützung von Entwicklungsländern beim Auf- und Ausbau von Programmen zur Erwachsenenbildung durch Information und Beratung nationaler Gruppen oder Regierungen nach dem Ende von Kolonialherrschaften. In der Zeit des Ost-Westkonflikts standen Fragen zur Förderung demokratischer Entwicklungen in den osteuropäischen Staaten im Mittelpunkt, seit den 1990er Jahren der Aufbau eigenständiger Erwachsenenbildungssysteme in den Transformationsstaaten (vgl. Duke 1996).

Viele Aktivitäten der internationalen Erwachsenenbildung sind bis heute im Rahmen sozialer und teilweise politischer Bewegungen verankert, mit dem Ziel, die Lebenssituation der Menschen zu verbessern, ihnen politische Teilhabe zu eröffnen sowie die ökonomische Entwicklung und das friedliche Zusammenleben der Völker zu fördern (vgl. Hinzen u.a. 1981; Kane 2001; Tippelt 2002). Dass die politischen Zielsetzungen auf der einen Seite zu Interessenkonflikten mit Regierungen und/oder herrschenden Klassen führten, liegt nahe. Auf der anderen Seite kritisieren die betroffenen Länder die Tendenz der nordamerikanischen und westeuropäischen Entwicklungshilfe, mit ihrer Politik hegemoniale Machtansprüche zu vertreten und damit in den Ländern den Aufbau eigener Bildungsstrukturen mit selbst definierten Zielsetzungen und Inhalten zu verhindern (vgl. Youngman 2000; Kane 2001).

Im Rahmen des sich beschleunigenden sozialen Wandels, der Internationalisierung der Märkte und der internationalen Vernetzung haben seit den 1990er Jahren internationale Perspektiven der Erwachsenenbildung in der Theorie, vor allem aber in der Bildungspolitik an Bedeutung gewonnen. Supranational agierende Organisationen wie die Europäische Union oder internationale wie die OECD (Organization for Economic Co-operation and Development) und die UNESCO (United Nations Educational, Scientific and Educational Society) beeinflussen über ihre bildungspolitischen Erhebungen, Empfehlungen und Stellungnahmen sowie die Implementierung von Bildungsprogrammen die bildungspolitischen Diskussionen und die Bildungspolitik der Mitgliedstaaten zum Teil in erheblichen Maße (vgl. Schemmann 2007). In den 1970er Jahren, auf europäischer Ebene verstärkt in den 1990er Jahren, entfalteten sich als Reaktion auf den spürbaren ökonomischen und sozialen Wandel internationale Diskussionen zur Rolle des lebenslangen Lernens und zur Erwachsenenbildung (vgl. Sellin 2002). Seit einigen Jahren wirken bei dieser Entwicklung auch verstärkt Nichtregierungsorganisationen (NGOs) mit (vgl. Comings 1996).

Ausgangspunkt des breiten thematischen Spektrums der internationalen Erwachsenenbildung ist die (Bildungs-)situation der Menschen, die bestimmt wird von unterschiedlichen politischen Systemen und ihren sozialen und ökonomischen Bedingungen. Diese bestimmen als Kontext die organisatorisch und strukturell sehr differenten Bildungssysteme einzelner Staaten und damit auch die Bildungschancen der Menschen. Um dieser Ausgangslage Rechnung zu tragen, legt die internationale Erwachsenenbildung einen weiten Begriff von Bildung und Weiterbildung für Erwachsene zu Grunde, der verschiedene Formen des Lernens Erwachsener einschließt: formales Lernen, non-formales Lernen und informelles Lernen, also Lernen im Lebenszusammenhang (vgl. Knoll 1996, S. 6).

Die internationale Erwachsenenbildung bezieht sich also zum einen auf die Ebene der Praxis: auf die Bildungspolitik, ihre organisatorischen Strukturen und die Umsetzung von Angeboten. Bei der Beschäftigung mit der Erwachsenenbildungspraxis geht es nicht primär um die pauschale Übernahme von Strukturen und Organisationsformen, sondern um gegenseitigen Austausch und internationale Verständigung, um den Aufbau sowie die Erweiterung/Ergänzung/Reflexion der Praxis. Beispiele für die Rezeption bestimmter konzeptioneller und organisatorischer Angebotsformen und – in manchen Fällen – ihre Adaption und Integration sind die Heimvolkshochschulen nach den Ideen des Dänen Nikolas Severin Grundtvig, die deutschen Abendvolkshochschulen, die schwedischen Studienzirkel, die britische Open University.

Zum anderen bezieht sich der Begriff internationale Erwachsenenbildung auf die Erwachsenenbildungsforschung: theoretisch auf einen Diskurs über Zielsetzungen, Inhalte, Begründungen und Strukturen der Erwachsenenbildung. Es werden methodische und inhaltliche Fragestellungen erarbeitet und diskutiert, die in einer sehr differenzierten Forschungspraxis münden. International-*vergleichende* Forschungsansätze bedeuten, dass nicht mehr nur die Erwachsenenbildung eines Staates untersucht wird, sondern Zielsetzungen, Strukturen, Inhalte usw. von mindestens zwei Staaten analysiert und miteinander verglichen werden (vgl. Titmus 1996; Reischmann 2000; vgl. Kap. 5).

Die Vielschichtigkeit internationaler Erwachsenenbildung erlaubt es kaum, eine einheitliche Definition zu formulieren, allerdings besteht Konsens darüber, dass – im Einklang mit dem entsprechenden Abschnitt der Menschenrechtskonvention der Vereinten Nationen – das Ziel der Erwachsenenbildung die Bildung der Menschen im weitesten Sinn ist. Ausgehend vom Recht auf Grundbildung sollen Menschen die Möglichkeit haben, ihre Persönlichkeit zu entfalten, um ihre Umwelt aktiv zu gestalten und an der demokratischen Veränderung und Verbesserung der Gesellschaft teilhaben zu können. Dies schließt Qualifizierung und Weiterbildung für berufliche Tätigkeiten zum Erwerb des Lebensunterhalts mit ein, ist aber nicht primäres Ziel.

3 Internationale Bildungspolitik und ihr Einfluss auf die Erwachsenenbildung

Die ökonomischen Veränderungen, die seit den 1960er Jahren zunächst in den Industrienationen des Westens neue Strukturierungen der industriellen Produktion u.a. durch Automatisierung, Neue Technologien und Managementmethoden einleiteten, führten zu gesellschaftlichen Transformationen: bezeichnet als Wandel der Industriegesellschaft zur Dienstleistungsgesellschaft, in den 1990er Jahren wurden Dimensionen der Wissensgesellschaft entworfen. Diese – in Bezug auf ihre Relevanz und Konsequenzen durchaus kontrovers diskutierten Gesellschaftsentwürfe – führten international zu Überlegungen, wie Menschen befähigt werden könnten, sich dem Wandel anzupassen, aber auch, ihn im eigenen Interesse aktiv und antizipativ zu gestalten.

Die politischen und ökonomischen Transformationen beschränkten sich nicht auf die westlichen Industrienationen, sondern riefen globale Veränderungen hervor, die internationale Organisationen wie die UNESCO, die ILO (International Labour Organization), die WHO (World Health Organization), die intergouvernementale OECD, den Europarat und später die Europäische Union als supranationale Organisation sowie zahlreiche NGOs veranlassten, Initiativen zur Unterstützung des Lernens Erwachsener ins Leben zu rufen. Zunächst, d.h. in den 1950er und 1960er Jahren, konzentrierten sich Programme auf die Bereiche der Literalität und Grundbildung[1], spätestens seit den ökonomischen Veränderungen in den 1970er Jahren rückten Fragen der allgemeinen und berufsbezogenen Erwachsenenbildung in den Blick mit der Zielsetzung der Bewältigung des Wandels (vgl. Bélanger u.a. 1996).

Vor allem von kritischen Wissenschaftlern und Praktikern wird die Arbeit der inter- und supranationalen Organisationen und NGOs nicht nur positiv eingeschätzt: Sie sehen zum einen die Tendenz, den weiten Begriff von Erwachsenenbildung, der politische, allgemeine und kulturelle Bildung einschließt, tendenziell auf einen instrumentellen Weiterbildungsbegriff zu reduzieren und die Funktion der Erwachsenenbildung primär auf beruflich und ökonomisch

1 Vgl. den Beitrag von Volker Lenhart in diesem Band.

verwertbare Kenntnisse zu beziehen. Zum anderen wird den Organisationen vorgeworfen, die Besonderheiten und Bedürfnisse der Staaten, die auf spezifischen Traditionen und kulturellen Gegebenheiten beruhen, weitgehend einzuebnen und sie damit zu kolonialisieren (vgl. Youngman 2001).

3.1 Internationale und intergouvernementale Organisationen: UNESCO und OECD

Die beiden supranationalen Organisationen, deren internationaler Einfluss auf die Erwachsenenbildungspolitik am ausgeprägtesten ist, sind die UNESCO und die OECD.

Die Rolle der UNESCO, gegründet 1945 als Sonderorganisation der Vereinten Nationen, hat die Aufgabe, Erziehung, Wissenschaft und Kultur zu fördern und sich für die Durchsetzung der Menschenrechte einzusetzen. Ihr kommt besondere Relevanz für die internationale Wahrnehmung, Berücksichtigung und Entwicklung der Erwachsenenbildung zu, da sie bereits frühzeitig auf die Marginalisierung der Erwachsenenbildung in den meisten Bildungssystemen der Welt aufmerksam machte.

Die Empfehlungen der UNESCO zur Unterstützung und Entwicklung des Lernens Erwachsener reichen von Empfehlungen zu Grundbildung und Alphabetisierung bis hin zur Deklaration eines „Rechts auf Lernen" („The right to Learn") auf der vierten internationalen Konferenz zur Erwachsenenbildung 1985 in Paris, das sich explizit auf das 1946 in der Menschenrechtsdeklaration der UN verankerte Recht auf Bildung (§26) bezieht:

> „Recognition of the right to learn is now more than ever a major challenge for humanity. The right to learn is: the right to read and write; the right to question and analyze; the right to imagine and create; the right to read about one's own world and to write history; the right to have access to educational resources; the right to develop individual and collective skills (...)The act of learning, lying as it does at the heart of all educational activity, changes human beings from objects at the mercy of events to subjects creating their own history" (UNESCO 1985, S. 67-68).

Die UNESCO übernimmt also, nicht zuletzt über die regelmäßig veranstalteten internationalen Konferenzen zur Erwachsenenbildung (Elsinore, DK 1949; Montreal, CA 1960; Tokyo, Japan 1972; Paris, F 1985; Hamburg, D 1997; Brasilien 2009) eine normative Rolle bei der Gestaltung der Erwachsenenbildung. Sie beeinflusst die Entwicklung und Gestaltung nationaler Erwachsenenbildungsangebote, -programme und -systeme, indem sie die Erwachsenenbildung auf die politische Agenda setzt. Die Mitgliedstaaten der UN sind angehalten, den Empfehlungen entsprechend bildungspolitische Maßnahmen einzuleiten. Über Initiativen wie die Internationale Weltalphabetisierungskampagne in den 1960er Jahren, die UN-Dekade für Alphabetisierung (2003-2013), das Jahr des Lebenslangen Lernens (1996); und die UN-Dekade zur Bildung für nachhaltige Entwicklung (2005-2014) werden nationale Bildungsberichterstattungen eingefordert und die Staaten indirekt gezwungen, sich mit dem Thema auseinanderzusetzen (vgl. Bélanger 1996).

Die OECD wurde 1961 als Nachfolgeorganisation der OEEC[2] gegründet und hat heute 30 Mitglieder. Sie zielt darauf, die Wirtschaftsentwicklung und das Wirtschaftswachstum ihrer

---

2 OEEC (Organization for European Economic Co-peration) wurde 1948 von 18 europäischen Staaten mit dem Ziel gegründet, ein Konzept zum wirtschaftlichen Wiederaufbau und zur Zusammenarbeit zu erarbeiten und gemein-

Mitgliedstaaten zu fördern, den Lebensstandard zu heben und Handelsbeziehungen mit anderen Staaten zu unterstützen. Da die Durchsetzung der wirtschaftlichen Zielsetzungen der OECD im Zusammenhang mit dem Bildungsniveau der Bevölkerung der Mitgliedstaaten gesehen wird, diskutiert die Organisation seit Beginn der 1970er Jahre auch Probleme der Aus- und Weiterbildung und veröffentlichte viel beachtete Vorschläge zur Entwicklung und Unterstützung des Lebenslangen Lernens (vgl. Kap. 4.1), zum Zugang zum Bildungswesen und zur Bildungsfinanzierung. Zuständig für diese Fragen ist vor allem das „Directorate for Education" und das 1968 gegründete „Centre for Educational Research and Innovation" (CERI).

Um den Zusammenhang von Bildungsteilnahme und Investitionen in die Bildung zu klären, veröffentlicht die OECD seit den 1970er Jahren zahlreiche Länderstudien und seit den 1990er Jahren international-vergleichende Untersuchungen über Effizienz und Effektivität der Bildungssysteme ihrer Mitglieder und anderer Staaten. Die OECD unterstreicht die Bedeutung der Literalität und Grundbildung für die wirtschaftliche Entwicklung. Hierzu wurden seit 1995 internationale Vergleichsstudien untern dem Oberbegriff „International Adult Literacy Survey" durchgeführt (vgl. OECD 2005b). Für die Jahre 2008 bis 2013 ist im Anschluss daran eine Erhebung geplant, die auch als „PISA für Erwachsene" bezeichnet wird: PIAAC („Programme of international Assessment of Adult Competencies") (vgl. OECD 2007a).

Zwei vergleichende Erhebungen „Beyond Rhetoric: Adult Learning Policies and Practices" (vgl. OECD 2003) und „Promoting Adult Learning" zur Teilnahme an, Motivation für und Finanzierung von Erwachsenenbildung verdeutlichen den Ansatz der OECD, Bildung primär als notwendige Investition in das Humankapitel zu verstehen (vgl. OECD 2005a).

3.2 Supranationale Organisation: Europäische Union

Obwohl die Bildungspolitik laut EU-Vertrag von Lissabon vom 13.12.2007 (Inkrafttreten: 1.1.2009) Aufgabe der Mitgliedstaaten ist und unter das Subsidiaritätsprinzip fällt, hat die Europäische Gemeinschaft und seit dem Vertrag von Maastricht 1992 die Europäische Union über die Förderung von Bildungsprogrammen und -projekten indirekt auf die Gestaltung der Bildungspolitik der Mitgliedstaaten Einfluss genommen (vgl. Berggreen-Merkel 2006). Ursprünglich war die Bildungspolitik in die Arbeits- und Sozialpolitik der EG integriert. Mitte der 1970er Jahre wurde die Berufsförderung für Jugendliche ausgebaut, seit 1992, angestoßen durch den Maastrichter Vertrag, zahlreiche Programme über die Generaldirektion 23 (Bildung und Kultur) initiiert (vgl. Sellin 2002). Von 2007 bis 2013 gilt die Programmreihe „Lebenslanges Lernen", in die die alten Programme integriert wurden (vgl. EU 2006).

Der tatsächliche Effekt der Programme wird kritisch bewertet, erfolgreich ist das Austauschprogramm Erasmus. Für die im Rahmen des Socrates- und Leonardo-Programms durchgeführten Projekte gilt, dass sie zumeist positive Resultate und Erfahrungen für die beteiligten Wissenschaftler, Praktiker und Teilnehmenden zeitigten, die Verbreitung ihrer Ergebnisse und deren Transfer in die Praxis über den unmittelbaren Projektzusammenhang hinaus aber als weniger erfolgreich eingeschätzt werden (vgl. Sellin 2002, S. 210).

Zudem hat die EU über die Verabschiedung zahlreicher Weißbücher zum gesellschaftlichen und ökonomischen Stellenwert von Lernen (vgl. Kommission der EG 1994; 1996), das Memorandum zum Lebenslangen Lernen (2000) und 2007 mit der Veröffentlichung des „Aktions-

sam Entscheidungen über die Verteilung der Mittel des „European Recovery Program" („Marshallplan") zu treffen (vgl. Knoll 1996, S. 172ff.).

plans Weiterbildung. Zum Lernen ist es nie zu spät“ (vgl. Mitteilung der Kommission 2007) Einfluss auf die Bildungspolitik der Mitgliedstaaten und damit auch auf die Erwachsenenbildung genommen.

3.3 Internationale Organisationen der Erwachsenenbildung

Die Entwicklung internationaler Perspektiven der Erwachsenenbildung wird neben den großen inter- und supranationalen Organisationen, denen auch NGOs zuzurechnen sind, von internationalen Verbänden und Einrichtungen der Erwachsenenbildung selbst unterstützt. Sie sind teilweise als Forschungsnetzwerke organisiert wie z.B. ESREA („European Society for Research on the Education of Adults“, gegr. 1991); ISCAE („International Society for Comparative Adult Education“, gegr. 1960), im Sinne von NGOs, die weltweit (ICAE („International Council of Adult Education, gegr. 1973) oder auf europäischer Ebene EAEA („European Association for the Education of Adults“, gegr. 1953 als das „European Bureau of Adult Education“) die Anliegen der Erwachsenenbildung auf politischer Ebene vertreten und dabei Lobbyarbeit betreiben. Eine Organisation, die seit ca. 40 Jahren unter großer internationaler Anerkennung den Auf- und Ausbau von Erwachsenenbildungsstrukturen in Entwicklungsländern unterstützt und sich durch intensive Forschungstätigkeit auszeichnet, ist das Institut für Internationale Zusammenarbeit des Deutschen Volkshochschulverbandes (IIZ-DVV), das 1969 gegründet wurde. Die Sektion Erwachsenenbildung der Deutschen Gesellschaft für Erziehungswissenschaft (DGfE) widmete bisher zwei Tagungen internationalen und interkulturellen Themen (vgl. Derichs-Kunstmann u.a. 1992; Faulstich u.a. 2000; Wiesner u.a. 2006; Hof u.a. 2008).

4 Thematische Dimensionen der internationalen Erwachsenenbildung

Die thematischen Dimensionen internationaler Erwachsenenbildung in ihrer Breite dazustellen ist im Zusammenhang dieses Überblicks nicht möglich. Dennoch soll auf drei Themenfelder etwas genauer eingegangen werden, da sie – in unterschiedlicher Intensität – seit Jahren die Debatte der internationalen Bildungspolitik bestimmen und auch in der Erwachsenenbildungsdiskussion eine Rolle spielen. Zwei der Themen, Lebenslanges Lernen und Kompetenzen, stehen im direkten Zusammenhang mit dem gesellschaftlichen und ökonomischen Wandel und den Auswirkungen der Globalisierung der letzten Jahrzehnte. International wird die Überzeugung vertreten, dass diese Veränderungen nur mit stetigen Bildungsanstrengungen bewältigt werden können. Das dritte Thema „Education for Citizenship“ führt diese Gedanken indirekt weiter: Die Menschen müssen diese Transformationen nicht nur wirtschaftlich, sondern auch politisch aktiv gestalten.

4.1 Lebenslanges Lernen

Als Ausgangspunkt des internationalen Diskurses über „lifelong education“ gilt der 1972 im Auftrag der UNESCO veröffentlichte „Faure-Report“, der als Reaktion auf die weltweiten politischen, gesellschaftlichen und wirtschaftlichen Umbrüche der 1960er Jahre veröffentlicht wurde (vgl. Faure u.a. 1973). Der Report vertritt einen integrativen Bildungsansatz, das heißt, Planungen und Strategien zur Durchsetzung des Lebenslangen Lernens werden nicht auf die Erwachsenenbildung reduziert, sondern beziehen sich organisatorisch auf vorschulische, schulische, nachschulische, formale und informelle, organisierte, partiell organisierte und nicht organisierte Bildungsprozesse. Inhaltlich geht es neben dem Erwerb formaler beruflicher Qualifikationen auch immer um die Entfaltung der Person und die Unterstützung individueller und gesellschaftlicher Gestaltungsmöglichkeiten.

Einen Report, der auf internationaler Ebene Bedeutung erlangte, veröffentlichte die OECD 1972: „Recurrent Education. A Strategy for Lifelong Learning. A Clarifying Report". Unter dem Stichwort „recurrent education" wird größeres Gewicht auf berufsbezogenes Lebenslanges Lernen gelegt und der beruflichen Weiterbildung ein höherer Stellenwert beigemessen. Recurrent Education setzt auf alternierende Formen zwischen beruflicher Weiterbildung und Arbeit, um Schwächen der Ausbildung abzufedern und technologische Entwicklungen und organisatorischen Wandel der Arbeitswelt zu antizipieren. Weiterbildung soll in diesem Zusammenhang ein größeres, eigenständiges organisatorisches und strukturelles Gewicht innerhalb des Bildungssystems erhalten (vgl. Schreiber-Barsch 2007).

Die Berichte stehen für die Antipoden der Diskussionen um das Lebenslange Lernen: Während der UNESCO-Bericht Lebenslanges Lernen auf das gesamte menschliche Leben bezieht, fokussiert es der OECD-Report auf unterschiedliche Formen der beruflichen Fortbildung. Im UNESCO-Report werden sowohl formale Bildungsgänge, non-formale Bildung als auch die informelle Aneignung von Wissen mit einbezogen. Lernen zielt nicht nur auf berufliches Fortkommen, sondern soll im lebensweltlichen und gesellschaftlichen Zusammenhang eine weitere Demokratisierung der Gesellschaften unterstützen. In diesem Sinn ist es als ein bildungstheoretisches Konzept Lebenslangen Lernens zu verstehen, während der Ansatz der OECD bildungsökonomisch begründet wird (vgl. Schreiber-Barsch u.a. 2007).

Diese Dichotomie besteht in den neueren Ansätzen zum Lebenslangen Lernen fort: Während der OECD Bericht „Qualifications Systems, Bridges to Lifelong Learning" (2007b) unter den Vorzeichen von Globalisierung und wachsender wirtschaftlicher Konkurrenz die Notwendigkeit von Investitionen in die „Humanressourcen" und das „Humankapital" hervorhebt, unterstreichen die Dokumente der EU (2000, 2006) und der UNESCO (2005) die Relevanz fachlichen/technischen Wissens ebenso wie die Aneignung politischer Kenntnisse, um so die gesellschaftliche und politische Handlungsfähigkeit der Menschen zu unterstützen.

Lebenslanges Lernen in Theorie und Praxis ist also vielfach zu verorten: als bildungswissenschaftliches Theoriekonzept, als bildungspolitisches Handlungskonzept, als institutionelles Didaktikkonzept und als subjektives Aneignungskonzept[3]. Diese Ebenenvielfalt erklärt, warum Lebenslanges Lernen nicht in einem singulären Konzept repräsentiert wird. Die Idee wurde immer adaptiert und den gesellschafts- und bildungspolitischen Interessen der jeweiligen Gesellschaft und Zeit angepasst. Zudem wurden Konzepte zum Lebenslangen Lernen unter Rückgriff auf die unterschiedlichsten theoretischen Positionen der Erziehungswissenschaft entwickelt

3 Darstellungen der vielfältigen und vielschichtigen Debatten, Konzepte und Umsetzungsversuche zum Lebenslangen Lernen finden sich in Knoll (1996); Gerlach (2000); Kraus (2001); Medel-Anonuevo (2003); Schemmann (2007); Schreiber-Barsch (2007) und Kuhn (2007). Ein früher Beitrag von Malcolm Knowles (1973; deutsch 2007) konzentriert sich auf die psychologischen und andragogischen Voraussetzungen und Bedingungen Lebenslangen Lernens, ebenso Illeris (2004), während Peter Jarvis (2007) kritisch die Idee des Lebenslangen Lernens unter den Bedingungen der Globalisierung diskutiert. Nationale und internationale Praxiskonzepte zur Etablierung und Verstetigung lebenslanger Lernstrukturen werden vorgestellt in: Longworth (1999); Jütte (2002); Nuissl u.a (2006); Sutherland u.a. (2006); Stang u.a. (2006); Schreiber-Barsch (2007).

und interpretiert. Grundlegende Variablen der Theorien wie Überlegungen zur gesellschaftlichen und individuellen Zielsetzung von Bildung und/oder Qualifikation, zum Menschenbild, zur Rolle des Staates, zu den Inhalten und zu lerntheoretischen Begründungen sind jeweils sehr unterschiedlich und prägen die Konzepte entsprechend (Schreiber-Barsch u.a. 2007).

4.2 Schlüsselqualifikationen und Kompetenzen

Die internationale Debatte um Schlüsselqualifikationen und Kompetenzen stellt sich heterogen dar, die Diskurse in den Einzelstaaten orientieren sich eher an den eigenen Bedürfnissen, die vor allem abhängig sind von der Struktur der Berufsbildungssysteme. Über die Definition von zu erreichenden Kompetenzen und deren Validierung und Zertifizierung wird versucht, die Ergebnisse von Qualifikationen einzuschätzen, die auf sehr unterschiedlichen Wegen erreicht wurden (vgl. Achatz/Tippelt 2001).

Es gibt keine international gültige Definition von Schlüsselqualifikationen und Kompetenzen. Konsens besteht erstens darin, zeitunabhängige, transferierbare Fertigkeiten und Fähigkeiten zu vermitteln, auf die die Menschen unabhängig von bestimmten Berufen in beliebigen Tätigkeiten zurückgreifen können. Zweitens sind internationale Diskussionen um die zur Kompetenzaneignung und -entfaltung notwendigen Lernformen, -methoden und -strategien entstanden, die eine zunehmende Bedeutung des „selbstgesteuerten Lernens“ signalisieren. Es geht um die Fähigkeit der Menschen, Inhalte, Methoden und Strategien des Lernens entsprechend der eigenen Interessen selbst festzulegen. – Dass dieser Anspruch nicht von allen Menschen gleichermaßen erfüllt werden kann, wird ausgiebig und auch sehr kritisch diskutiert (vgl. Illeris 2004).

Das Problem der gezielten Entwicklung von Kompetenzen wurde in den 1990er Jahren von UNESCO, OECD und EU in verschiedenen Zusammenhängen in Dokumenten und Empfehlungen aufgegriffen. Sie beschränken sich nicht mehr auf die nachschulische Entwicklung von Kompetenzen im Sinne von mess- und zertifizierbaren Qualifikationen, sondern favorisieren eine frühe Unterstützung der Kompetenzentwicklung. Die jüngste Entwicklung ist die Verabschiedung des „Europäischen Qualifikationsrahmens“, der vor allem Kompetenzstufen misst (vgl. Europäisches Parlament 2007).

Noch deutlicher als bei den Konzepten um das Lebenslange Lernen geht es primär um Durchsetzung ökonomischer Interessen: Die Frage ist, wie Menschen unter den Bedingungen des beschleunigten technologischen Wandels, der Ausweitung wissenschaftlichen Wissens, der sich durchsetzenden Internationalisierung der Ökonomie und Politik (Globalisierung) und den sich vor diesem Hintergrund ändernden Inhalten der Berufs- und Arbeitsstrukturen mit dem für ihren Arbeits- und Lebenszusammenhang notwendigen Wissen Schritt halten können. Im Mittelpunkt stehen Fragen der Konkurrenz und der Erhalt der wirtschaftlichen Wettbewerbsfähigkeit. Bildung bzw. Qualifizierung, die den Begriff der Bildung teilweise ersetzt, werden definiert aus der Perspektive des ökonomischen Systems, weniger aus der Sicht der Individuen, die diese Anpassungsleistungen erbringen sollen (vgl. Bolder 2002).

Kompetenzen, wie sie seit den 1990er Jahren diskutiert werden, beziehen sich primär auf die Entwicklung und Messbarkeit von Fähigkeiten, die beruflich verwertbar sind. Neben Fach- und Methodenkompetenzen werden vor allem soziale Kompetenzen als unerlässlich für den modernen Arbeitnehmer angesehen. Im Gegensatz zu diesen eher instrumentell einzuschätzenden Kompetenzen wurden aber auch Konzepte entwickelt, in denen Kompetenzentwicklung verstanden wird als die Aneignung von Wissen und Fähigkeiten, die die politische Urteilsfähigkeit und gesellschaftliche Handlungsfähigkeit der Menschen mit dem Ziel der Demokratisierung von Gesellschaften unterstützen soll (vgl. Zeuner 2004, 2007).

4.3 Education for Citizenship

Ein weiteres Thema, das in der internationalen Bildungsdiskussion an Bedeutung gewinnt und durch Migration und Globalisierung auch zunehmend für die Erwachsenenbildung relevant wird, ist „Education for Citizenship“ oder „Citizenship Education“. Während traditionelle Einwandererstaaten wie die USA, Kanada oder Australien und Neuseeland bereits seit Jahrzehnten Konzepte zur Citizenship Education entwickelt haben, deren primäres Ziel die Integration von Einwanderern ist (vgl. Banks 2003), wird das Thema in Europa erst seit einigen Jahren intensiver diskutiert (Osler u.a. 2002).

Wie bereits beim Lebenslangen Lernen und bei der Kompetenzentwicklung hat die Europäische Union über einen Passus im Memorandum zum Lebenslangen Lernen von 2000 wesentlich dazu beigetragen, die Frage einer „European Citizenship“ in das öffentliche Bewusstsein zu rücken und damit auch eine Diskussion um ihre Vermittlung und Aneignung anzustoßen. So erklärte der Europäische Rat 2005 zum Jahr der „Citizenship through Education“ und initiierte zahlreiche Aktivitäten, die in dem Programm „Europa für Bürgerinnen und Bürger zur Förderung einer aktiven europäischen Bürgerschaft“ mündeten, das von der EU von 2006 bis 2013 durchgeführt wird (vgl. Euro. Komm. 2007).

Citizenship Education soll die Integration von Immigranten in den jeweiligen Einwanderungsstaat fördern. Damit wird häufig die Erwartung verbunden, dass sie Elemente nationaler Identität des aufnehmenden Staates annehmen oder zumindest als politische Handlungsgrundlage anerkennen. – Dass ein solcher Anspruch unter der Frage des Erhalts eigener kultureller Identität und hegemonialer Ansprüche kontrovers diskutiert wird, ist nahe liegend (vgl. Turner u.a. 2003). Auf der europäischen Ebene wird mit dem Versuch, eine „europäische Identität“ zu definieren, die sich in einer „European Citizenship“ spiegelt, die nationalstaatliche Zuschreibung von Identität überschritten und erfordert von den Europäern neben der nationalen den Entwicklung einer komplementären europäischen Identität (vgl. Zeuner 2006).

International werden unterschiedliche Konzepte zu Citizenship Education diskutiert. Abhängig davon, welchen Grad an Partizipation den Bürgerinnen und Bürger eine Demokratie ermöglicht (sie ist die einzige Staatsform, die „active citizenship“ – „aktive Staatsbürgerschaft“ überhaupt zulässt), wird zwischen Modellen unterschieden, bei denen es eher um individuelle oder um kollektive Verantwortungsübernahme geht (Westheimer u.a. 2004, S. 240).

In der Diskussion um das Nationale Schulcurriculum in Großbritannien wurden drei Elemente von Citizenship Education als unverzichtbar definiert, die in der internationalen Diskussion zustimmend rezipiert werden:

1. *Social and moral responsibility* (Die Vermittlung sozialer und moralischer Verantwortung).
   Ein solches Bewusstsein und Verständnis ist Voraussetzung für die beiden anderen Elemente:
2. *Community involvement* (aktive Beteiligung am Gemeinwesen).
3. *Political Literacy* (politische Literalität) (Arthur u.a. 2001, S. 14).

Auch wenn sich die internationalen theoretischen Diskussionen und Erhebungen zu politischen Kenntnissen, die über Citizenship Education vermittelt werden, vorwiegend auf Schüler beziehen (besonders die „Civic Education Study“ (1994-2002)[4], wird auf europäischer Ebene Citizenship Education als Aufgabe der Erwachsenenbildung diskutiert. Ursprünglich setzte sich vor allem eine Arbeitsgruppe von ESREA theoretisch mit dem Thema auseinander, das neue Programm der EU wird hierzu sicherlich in Zukunft weitere Diskussionsanstöße und auch Umsetzungsvorschläge entwickeln.[5]

5 Dimensionen und Perspektiven der internationalen Erwachsenenbildungsforschung

5.2 Methodische Ansätze der internationalen Erwachsenenbildungsforschung

Methodisch orientiert sich die international-vergleichende Erwachsenenbildungsforschung an der vergleichenden Erziehungswissenschaft, deren Ursprünge bis in das 18. Jahrhundert zurück zu verfolgen sind. Begründet wurde eine systematische vergleichende erziehungswissenschaftliche Forschung in den USA, wo bereits zu Beginn des 20. Jahrhunderts erste Lehrstühle an den Universitäten eingerichtet wurden. Die vergleichende Erwachsenenbildung entwickelte sich in den 1920er Jahren, erste internationale Vereinigungen wurden gegründet und Begegnungen und Tagungen organisiert (vgl. Titmus 1996).

Auch wenn in den 1920er Jahren bereits methodisch begründete international-vergleichende Forschungsarbeiten in der Erziehungswissenschaft und der Erwachsenenbildung veröffentlicht wurden, begann eine systematische Auseinandersetzung mit forschungsmethodischen Fragen erst nach dem 2. Weltkrieg. Die Gründung von Einrichtungen wie dem UNESCO-Institut für Pädagogik in Hamburg 1955, dem CERI der OECD 1961 und weiterer international ausgerichteter Bildungsforschungsinstitute führten in den 1970er Jahren zusammen mit den ersten internationalen Vergleichsstudien zu einer Intensivierung der Forschung und einer Verfeinerung der Methoden in den 1970er Jahren. Die Förderung internationaler Projekte durch die Europäische Union hat diese Entwicklung weiter unterstützt (vgl. Titmus 1996).

Zielsetzung vergleichender Forschung ist es, Kenntnisse über andere Gesellschaften zu vermitteln und die Sicht des Forschers über den engen nationalstaatlichen Rahmen hinaus zu erweitern, um zu einer neuen Bewertung des eigenen Bildungssystems zu kommen. Vorurteile gegenüber dem eigenen Land und auch dem ausländischen Forschungsgegenstand können durch den Vergleich eher bewusst gemacht und in der Analyse reflektiert werden. Im Mittelpunkt des Interesses steht also zunächst Erkenntnisgewinn und nicht die direkte Übertragung von Ansätzen und Konzepten (vgl. Reischmann 2000, S. 42).

Für vergleichende Untersuchungen werden drei Formen der Darstellung definiert: Bei der „subjektiv-impressionistischen“ Form handelt es sich hauptsächlich um Reisebeschreibungen und Berichte über Bildungssysteme anderer Länder, ländermonographische Studien werden

4 International Association for the Evaluation of Educational Achievement. Verfügbar unter: http://www.iea.nl/cived.html (9.1.2008)

5 Veröffentlichungen der Arbeitsgruppe: Bron u.a. 2001, Schemmann u.a 2001. Ein europäisches Netzwerk von Praktikern und Wissenschaftlern zur Citzenship wird über die Bundeszentrale für politische Bildung moderiert: „Networking European Citizenship“ (NECE).

als „objektiv-deskriptiv“ bezeichnet (vgl. Anweiler 1967). Erst die dritte, bis heute eher selten zu findende Form der „analytisch-expressiven“ Darstellung, in der pädagogische Phänomene zweier oder mehrerer Nationen in ihrer gesellschaftlichen Dimension analysiert und verglichen werden, gilt als international-vergleichend:

> „The real value of comparative study emerges only from stage three – the attempt to understand why differences and similarities occur and what their significance is for adult education in the countries under examination and in other countries where the findings of the study may have relevance“ (Charters u.a. 1981, S. 3).

Mit dieser Darstellungssystematik lassen sich die Forschungserträge der internationalen Erwachsenenbildung ordnen. Methodisch orientiert sich die international-vergleichende Erwachsenenbildungsforschung an Verfahren der vergleichenden Erziehungswissenschaft und der Sozialwissenschaften. Dabei werden interpretativ-hermeneutische Auswertungsverfahren und sozialwissenschaftliche statistische Verfahren genutzt. Generell ist festzustellen, dass große, international-vergleichende Studien wie z.B. die Erhebungen zur Alphabetisierung und Grundbildung eher von international besetzten und agierenden Forschergruppen durchgeführt werden, die quantitative und ergänzend qualitative Methoden anwenden, während einzelne Forscher – vor allem auch mit Rücksicht auf zeitliche und finanzielle Ressourcen – eher qualitative Methoden anwenden, wenn im Sinne eines „topic“- oder „problem approach“ ein eingegrenztes Thema vergleichend analysiert wird.

5.2 Tendenzen der internationalen Erwachsenenbildungsforschung

Im Rahmen dieses Überblicks können nur einige Tendenzen der internationalen Erwachsenenbildungsforschung pointiert sowie Entwicklung und Stand der deutschen Forschung etwas genauer skizziert werden. Insgesamt ist festzustellen, dass nur wenige Forscher/innen international-vergleichende Untersuchungen durchführen. Forschungsergebnisse werden auf unterschiedliche Weisen verbreitet: Die neuesten Ergebnisse werden in Fachzeitschriften veröffentlicht[6]. Überblicke erscheinen in internationalen Handbüchern zur Erwachsenenbildung (vgl. Tuijnman 1996; English 2005), Qualifikationsarbeiten (Promotionen, Habilitationen) widmen sich ebenfalls häufiger international-vergleichenden Themen. Die historische Entwicklung des Forschungsstrangs ist zurückzuverfolgen bis in die 1960er Jahre, ihre wissenschaftliche Institutionalisierung erfolgte über die Gründung eigener Fachverbände und -gruppen (vgl. Knoll 1981; vgl. Kap. 3.3).

Festzustellen ist, dass der Anspruch, international-*vergleichend* zu forschen, selten eingelöst wird auf Grund des methodischen Aufwands (vgl. Titmus 1996). Entsprechend lag auch in Deutschland seit Beginn ein Schwerpunkt der Forschung auf internationalen Länderstudien, in denen entweder Erwachsenenbildungssysteme ausgewählter Länder dargestellt wurden oder bestimmte Probleme (z.B. Pöggler u.a. 1979; Jütte 1994; Schemmann 2007). Ein weiterer Schwerpunkt sind historische Perspektiven (vgl. Künzel 1974; Seitter 1993; Vogel 1994; Bech-

6 Hierzu gehören: Die Zeitschrift „Convergence“ veröffentlicht in Kanada für die ICAE; „International Journal of University Adult Education“; IIZ-DVV: „Adult Education and Development“ und „Internationale Perspektiven der Erwachsenenbildung“ als Publikationsreihe; das „International Journal of Lifelong Learning“ veröffentlicht in Großbritannien; „Internationales Jahrbuch der Erwachsenenbildung/International Yearbook of Adult Education“ (vgl. Knoll 1969ff.).

tel u.a. 2005; Volkmann 1994; Friedenthal-Haase 1998; Meilhammer 2000). Arbeiten, die dem „topic"- oder „problem-approach" zuzuordnen sind, verfahren am häufigsten international-vergleichend. Themen sind die universitäre Weiterbildung in England und Deutschland (vgl. Wörmann 1985); die akademische Arbeiterbildung in den USA und Deutschland (Zeuner 1991); die internationale Kompetenzdiskussion (vgl. AG QUEM 2005); die Umsetzung lebenslanger Lernstrategien in regionalen Netzwerken (vgl. Schreiber-Barsch 2007).

Die europäische Einigung und die durch die EU-Kommission geförderten Programme unterstützten seit Beginn der 1990er Jahre zunächst im Bereich der beruflichen Weiterbildung und später auch in der allgemeinen und politischen Weiterbildung internationale Projekte, die teilweise Forschungscharakter hatten. Allerdings wurden hier zumeist Länderstudien angefertigt, die wieder in die europäische Diskussion eingespeist wurden, so dass Vergleiche erst in einer zweiten Stufe entstanden (vgl. Sellin 2002).

Der kurze Überblick zeigt, dass in der deutschen Erwachsenenbildungswissenschaft mit international-vergleichender Perspektive geforscht wird. Er bestätigt aber bis heute die Einschätzungen von Knoll (1996) und Reischmann (2000), die dieser Forschungsrichtung quantitativ ein eher randständiges Dasein bescheinigen.

6 Internationale Erwachsenenbildung: Perspektiven im 21. Jahrhundert

Zusammenfassend ist festzustellen, dass sich internationale Erwachsenenbildung erstens mehrperspektivisch auf Zielsetzungen, Akteure und Länder bezieht. Zweitens ist ihre Entwicklung und Perspektive abhängig vom politischen und ökonomischen Kontext des jeweiligen Landes, seiner internationalen Einbettung und damit auch von den jeweiligen Interessen und Machtverhältnissen. Drittens ist zu berücksichtigen, dass primäres Ziel der Auseinandersetzung mit internationalen Perspektiven der Erwachsenenbildung nicht die Übertragbarkeit von Strukturen und die Harmonisierung von Bildungssystemen ist, sondern dass es im Idealfall um fruchtbare Auseinandersetzungen mit dem Ziel gegenseitigen Verstehens und der Erweiterung des jeweils national geprägten Horizonts geht – was in einigen Ländern die Unterstützung beim Aufbau eines eigenständigen Erwachsenenbildungswesens mit einschließt.

Auch wenn die internationale Erwachsenenbildung wissenschaftlich und politisch von Organisationen und Verbänden unterstützt wird, erfährt sie weder auf der Ebene der Bildungspolitik noch innerhalb der Scientific Community die Aufmerksamkeit, die ihr in einer globalisierten Welt geschenkt werden müsste. Aus verschiedenen Gründen erscheint dies notwendig:

Die Berichte und Untersuchungen der UNESCO, die sich kritisch mit internationalen politischen und gesellschaftlichen Trends auseinandersetzen und hinterfragen, welche Bedeutung diese für die Bildungschancen der Weltbevölkerung haben, diskutieren die Ansprüche und möglichen Folgen, mit denen die Menschheit im Rahmen der Entwicklung einer globalen Wissensgesellschaft konfrontiert wird. So werden in der Studie „Towards Knowledge Societies" auf der einen Seite positive Konsequenzen für den Einzelnen bei der Aneignung von Wissen, das beispielsweise durch technologische Entwicklungen wie das Internet erleichtert wird, festgestellt. Auf der anderen Seite wird für alle Länder vor sozialer und ökonomischer Ausgrenzung bestimmter Bevölkerungsgruppe gewarnt auf Grund fehlender oder schlechter Schulbildung und formaler Aus- und Weiterbildung, geringen finanziellen Ressourcen und der fortschreitenden „Digital Divide". Prognostiziert wird eine Öffnung der Schere zwischen Menschen, die Zugang zu Wissen und Bildung haben und denjenigen, deren Entwicklungsperspektiven immer weiter eingeschränkt werden – in Bezug auf politische und ökonomische gesellschaftliche Teilhabe (vgl. UNESCO 2005, S. 5).

Nimmt man diese Entwicklungen ernst, können daraus auch Aufgaben und Konsequenzen für die internationale Erwachsenenbildung und ihre Forschung abgeleitet werden:

Im Sinne einer politischen Ökonomie der Erwachsenenbildung (vgl. Youngman 2000) wären Diskussionen und Untersuchungen zu Fragen der Abhängigkeit der Erwachsenenbildung im Zusammenhang von politischen und ökonomischen Interessen, Macht- und Herrschaftsverhältnissen, struktureller Ungleichheit, Diskriminierung bestimmter Gruppen bei der Teilnahme an Erwachsenenbildung und die Rolle der Erwachsenenbildung innerhalb dieser Strukturen notwendig. Über die Sichtbarmachung dieser Ursachen und Wirkungen könnte eine internationale Diskussion über die gesellschaftlichen Aufgaben und Zielsetzungen der Erwachsenenbildung eingeleitet und Strategien für eine offene, gesellschaftlich und politisch emanzipatorisch agierende Erwachsenenbildung entworfen werden. In diesem Zusammenhang wären internationale Forschungsvorhaben sinnvoll, die sich mit einer möglichen globalen Konvergenz von Erwachsenenbildungssystemen auf Grund ähnlicher politischer und ökonomischer Entwicklungen und Zielsetzungen auseinandersetzen und nach dem Einfluss der internationalen Bildungspolitik und der supranationalen Organisationen sowie internationaler Staatenzusammenschlüsse auf die Erwachsenenbildung fragen.

Der Klimawandel und die damit verbundenen globalen politischen und ökonomischen Prognosen müssten in der internationalen Erwachsenenbildung zu intensiven Diskussionen und Forschungen zu Fragen der Umweltbildung und ökologischen Literalität führen. Umweltgerechtes Verhalten ist nicht über politische Maßnahmen zu erzwingen, vielmehr setzt es Aufklärung über Ursachen und Wirkungen der Klimaveränderungen voraus sowie Bereitschaft, individuelles wie kollektives Verhalten zu verändern.

Ein weiteres inhaltliches Feld, das durch internationale Diskussionen gefördert werden könnte und das in einer globalisierten Welt eine große Rolle spielt, ist der Umgang mit Medien und die Aneignung einer kritischen Medienkompetenz.

Angesichts der globalen Wanderungsbewegungen und der damit verbundenen Notwendigkeit, Menschen unterschiedlichster Herkunft und Erfahrungen in existierende Gesellschaften zu integrieren, bedarf es zum einen der Entwicklung interkultureller Kompetenz und zum anderen zu einer intensivierten – vor allem auch für die wirtschaftliche Integration von sozialen Randgruppen relevanten, theoretisch begründeten Diskussion zum Verhältnis von formalem und non-formalem Lernen und dessen Anerkennung sowie einer Neubestimmung des Verhältnisses zwischen Jugend- und Erwachsenenbildung.

Die bildungspolitische Reichweite der international-vergleichenden Erwachsenenbildungsforschung soll nicht überschätzt werden. Aber in internationalen Bildungsdiskussionen und Forschungskooperationen liegen Möglichkeiten der Verständigung und der Entwicklung von Perspektiven und Alternativen, die im Sinne der Deklaration der Menschenrechte die Entwicklung einer globalen, auf demokratischen Grundsätzen beruhenden Weltgesellschaft unterstützen können.

Literatur

Achatz, M./Tippelt R. (2001): Wandel der Erwerbstätigkeit und Begründungen kompetenzorientierten Lernens in internationaler Perspektive. In: Bolder, A./Walter R.H./Kutscha, G. (Hrsg.): Deregulierung der Arbeit – Pluralisierung der Bildung? Jahrbuch Bildung und Arbeit 1999/2000. Opladen: Leske + Budrich, S. 111-127.

Anweiler, O. (1967): Konzeptionen der Vergleichenden Pädagogik. In: Zeitschrift für Pädagogik 13. S. 305-314.

Arbeitsgemeinschaft Betriebliche Weiterbildungsforschung e.V. (Hrsg.) (2005): Internationale Trends des Erwachsenenlernens. Monitoring zum Programm ‚Lernkultur Kompetenzentwicklung'. Studien zur beruflichen Weiterbildung im Transformationsprozess, Bd. 19. Münster: Waxmann.

Arthur, J./Davies, I./Wrenn, A./Haydn, T./Kerr, D. (2001): Citizenship through Secondary History. Citizenship Education in Secondary Schools. London: Routledge Falmer.

Banks, J.A. (Hrsg.) (2003): Diversity and Citizenship Education: Global Perspectives. San Francisco: Jossey-Bass.

Bechtel, M./Lattke, S./Nuissl, E. (2005). Porträt Weiterbildung Europäische Union. Bielefeld: Bertelsmann.

Berggreen-Merkel, I. (2006): Nationale Identität und ein gemeinschaftlicher Bildungsanspruch der EU – ein unauflöslicher Widerspruch? In: Tertium Comparationis. Journal für International und Interkulturell Vergleichende Erziehungswissenschaft 12, H. 1, S. 24-47.

Bolder, A. (2002): Arbeit, Qualifikation und Kompetenzen. In: Tippelt, R. (Hrsg.): Handbuch der Bildungsforschung. Opladen: Leske+Budrich, S. 651-674.

Bron, A./Schemmann, M. (Hrsg.) (2001): Civil Society, Citizenship and Learning. Bochum Studies in International Adult Education Vol. 2. Münster: Lit-Verlag.

Charters, A. u.a. (1981): Comparing Adult Education Worldwide. San Francisco: Jossey-Bass Publ.

Comings, J.P. (1996): Nongovernmantal Organizations. In: Tuijnman A.C. (Hrsg.): International Encyclopedia of Adult Education and Training. Oxford: Elsevier, S. 709-712.

Derichs-Kunstmann, K./Schiersmann, C./Tippelt, R. (Hrsg). (1993): „Die Fremde – das Fremde – der Fremde." Dokumentation der Jahrestagung 1992 der Kommission für Erwachsenenbildung der Deutschen Gesellschaft für Erziehungswissenschaft. Beiheft zum Report. Frankfurt a.M.: Päd. Arbeitsstelle des DVV.

Duke C. (1996): International Adult Education. In: Tuijnman, A.C. (Hrsg.): International Encyclopedia of Adult Education and Training. Oxford: Elsevier, S. 696-701.

English, L.M. (Hrsg.) (2005): International Encyclopedia of Adult Education. New York: Palgrave Macmillan.

Europäische Union (2006): Beschluss Nr. 1720/2006/EG des Europäischen Parlaments und des Rates vom 15. November 2006 über ein Aktionsprogramm im Bereich des lebenslangen Lernens. Amtsblatt der Europäischen Union L 327/45 vom 24.11.2006. Verfügbar unter: http://eur-lex.europa.eu/LexUriServ/site/de/oj/2006/l_327/l_32720061124de00450068.pdf (1.1.2008).

Europäische Kommission (2007): Programmleitfaden – Programm ‚Europa für Bürgerinnen und Bürger zur Förderung einer aktiven europäischen Bürgerschaft (2007-2013). Brüssel. Verfügbar unter. http://eacea.ec.europa.eu/citizenship/guide/documents/programme_guide_de.pdf (9.1.2008).

Europäisches Parlament (2007): Legislative Entschließung des Europäischen Parlaments vom 24. Oktober 2007 zu dem Vorschlag für eine Empfehlung des Europäischen Parlaments und des Rates zur Einrichtung eines Europäischen Qualifikationsrahmens für lebenslanges Lernen. Straßburg. Verfügbar unter: http://www.europarl.europa.eu/sides/getDoc.do?pubRef=-//EP//TEXT+TA+P6-TA-2007-0463+0+DOC+XML+V0//DE (4.1.2008).

Faulstich, P./Wiesner, G./Wittpoth, J. (Hrsg.) (2000): Internationale Erwachsenenbildung. Dokumentation der Jahrestagung 1999 der Sektion Erwachsenenbildung der Deutschen Gesellschaft für Erziehungswissenschaft. Literatur- und Forschungsreport. Beiheft. Bielefeld: Bertelsmann.

Faure, E./Herrera, F./Kaddoura, A.-R./Lopes, H./Petrovski, A.V./Ward, F.C. (1973): Learning to be: The World of Education Today and Tomorrow. Paris: UNESCO. Deutsch: Wie wir leben lernen. Der UNESCO-Bericht über Ziele und Zukunft unserer Erziehungsprogramme. Reinbek bei Hamburg: Rowohlt Taschenbuch Verlag 1973.

Friedenthal-Haase, M. (Hrsg.) (1998): Personality and Biography: Proceedings of the Sixth international Conference on the History of Adult Education. Frankfurt a.M.: Lang.

Gerlach, C. (2000): Lebenslanges Lernen. Konzepte und Entwicklungen 1972 bis 1997. Köln: Böhlau.

Hinzen, H./Leumer, W. (Hrsg.) (1982): Erwachsenenbildung in der dritten Welt. Braunschweig: Westermann.

Hof, C./Ludwig,J./Zeuner, C. (Hrsg.) (2008): Lebenslanges Lernen. Dokumentation der Jahrestagung der Sektion Erwachsenenbildung der Deutschen Gesellschaft für Erziehungswissenschaft (DGfE) 2007. Hohengehren: Schneider.

Illeris, K. (2004): Adult Education and Adult Learning. Malabar, Fl.: Krieger Publ..

Jarvis, P. (2007): Globalisation, Lifelong Learning and the Learning Society. Sociological Perspectives. Lifelong Learning and the Learning Society Vol. 2. London: Routledge.

Jütte, W. (2002): Soziales Netzwerk Weiterbildung. Analyse lokaler Institutionenlandschaften. Bielefeld: W. Bertelsmann.
Jütte, W. (1994): Erwachsenenbildung in Spanien. Ihre Entwicklung im Kontext gesamtgesellschaftlicher Modernisierung (1978-1992). Münster: Waxmann.
Kane, L. (2001): Popular Education and Social Change in Latin America. London: Latin American Bureau.
Knoll, J. (1996): Internationale Weiterbildung und Erwachsenenbildung. Konzepte, Institutionen, Methoden. Darmstadt: Wissenschaftliche Buchgesellschaft.
Knoll, J.H./Künzel, K. (1981): Internationale Erwachsenenbildung in Geschichte und Gegenwart. Braunschweig: Westermann.
Knoll. J.H. (Hrsg.) (1969): Internationales Jahrbuch der Erwachsenenbildung. International Yearbook of Adult Education. hrsg. von Klaus Künzel (seit 1999). Köln: Böhlau.
Knowles, M.S. (2007): Lebenslanges Lernen. Andragogik und Erwachsenenbildung. München: Elsevier.
Kommission der Europäischen Gemeinschaften (1994): Wachstum, Wettbewerbsfähigkeit, Beschäftigung. Herausforderungen der Gegenwart und Wege ins 21. Jahrhundert. Weißbuch. Brüssel: o.V.
Kommission der Europäischen Gemeinschaften (1996): Lehren und Lernen. Auf dem Weg zu einer Gesellschaft des Wissens. Weißbuch zur allgemeinen und beruflichen Bildung. Brüssel: o.V.
Kommission der Europäischen Gemeinschaften (2000): Memorandum über Lebenslanges Lernen. Brüssel. Verfügbar unter: www.na-bibb.de/uploads/zusatz2/memorandum_lebenslangeslernen.pdf
Kraus, K. (2001): Lebenslanges Lernen – Karriere einer Leitidee. Bielefeld: Bertelsmann.
Künzel, K. (1974): Universitätsausdehnung in England. Stuttgart: Ernst Klett Verlag.
Kuhn, M. (Hrsg.) (2007): New Society Models for a new Millennium: The Learning Society in Europe and Beyond. Frankfurt a.M.: Lang.
Longworth, N. (1999): Making Lifelong Learning work: Learning Cities for a Learning Century. London: Kogan Page.
Medel-Anonuevo, C. (Hrsg.) (2003): Lifelong Learning Discourses in Europe. Hamburg: UNESCO Institute.
Meilhammer, E. (2000): Britische Vor-Bilder. Interkulturalität in der Erwachsenenbildung des Deutschen Kaiserreichs 1871 bis 1919. Köln: Böhlau.
Mitteilung der Kommission an den Rat, das Europäische Parlament, den Europäischen Wirtschafts- und Sozialausschuss und den Ausschuss der Regionen (2007): Aktionsplan Erwachsenenbildung. Zum Lernen ist es nie zu spät. Brüssel. Verfügbar unter: http://ec.europa.eu/education/policies/adult/com558_de.pdf (4.1.2008).
Nuissl, E./Dobischat, R./Hagen, K./Tippelt R. (Hrsg.) (2006): Regionale Bildungsnetze. Ergebnisse zur Halbzeit des Programms ‚Lernende Regionen – Förderung von Netzwerken'. Bielefeld: Bertelsmann.
OECD (1972): Recurrent Education. A Strategy for Lifelong Learning. Paris: OECD.
OECD (2003): Beyond Rhetoric: Adult Learning Policies and Practices. Paris: OECD.
OECD (2005a): Promoting Adult Learning. Paris: OECD.
OECD (2005b): Learning a Living. First Results of the Adult Literacy and Life Skills Survey. Statistics Canada. Paris. Verfügbar unter: http://www.oecd.org/dataoecd/44/7/34867438.pdf (31.12.2007).
OECD (2007a): Call for Tender. PIAAC 2008-2013. Paris: OECD. Verfügbar unter: http://www.oecd.org/dataoecd/38/33/39676313.pdf (31.12.2007).
OECD (2007b): Qualifications Sytems. Bridges to Lifelong Learning. Paris: OECD.
Osler, A./Vincent K. (2002): Citizenship and the Challenge of Global Education. Stoke on Trent: Trentham Books.
Pöggeler, F./Leirmann, W. (Hrsg.) (1979): Erwachsenbildung in fünf Kontinenten. Bestandsaufnahme und Vergleich. Handbuch für Erwachsenenbildung, Bd. 5. Stuttgart: Kohlhammer.
Reischmann, J. (2000): Internationale und vergleichende Erwachsenenbildung: Beginn einer Konsolidierung. In: Faulstich, P./Wiesner, G./Wittpoth, J. (Hrsg.). Beiheft zum Report Internationalität in der Erwachsenenbildung. Jahrestagung der Sektion Erwachsenenbildung der DGfE 1999. Bielefeld: Bertelsmann, S. 39-50.
Schemmann, M. (2007): Internationale Weiterbildungspolitik und Globalisierung. Orientierungen und Aktivitäten von OECD, EU, UNESCO und Weltbank. Bielefeld: Bertelsmann.
Schemmann, M./Bron, M. (Hrsg.) (2001): Adult Education and Democratic Citizenship. Kraków: Impuls Publisher.
Schreiber-Barsch, S. (2007): Learning Communities als Infrastruktur Lebenslangen Lernens. Vergleichende Fallstudien europäischer Praxis. Bielefeld: Bertelsmann.
Schreiber-Barsch, S./Zeuner, C. (2007): International – supranational – transnational? Lebenslanges Lernen im Spannungsfeld von Bildungsakteuren und Interessen. In: Zeitschrift für Pädagogik 53. S. 686-703.
Stang, R./Hesse, C. (Hrsg.) (2006): Learning Centres. Neue Organisationskonzepte zum lebenslangen Lernen in Europa. Bielefeld: Bertelsmann.
Seitter, W. (1993): Volksbildung und Educación Popular. Systembildungsprozesse und Vereinskulturen in Barcelona und Frankfurt am Main zwischen 1850 und 1920. Bad Heilbrunn: Klinkhardt.

Sellin, B. (2002): Bildung in Europa. In: Tippelt, R. (Hrsg.): Handbuch der Bildungsforschung. Opladen: Leske+Budrich, S. 201-216.
Sutherland, P./Crowther J. (Hrsg.) (2006): Lifelong Learning. Concepts and Contexts. London: Routledge.
Tippelt, R. (2002): Bildung in Entwicklungsländern und internationale Bildungsarbeit. In: Tippelt, R. (Hrsg.): Handbuch der Bildungsforschung. Opladen: Leske+Budrich, S. 217-240.
Titmus, C.J. (1996): Comparative Studies: Adult Education. In: Tuijnman, A.C. (Hrsg.): International Encyclopedia of Adult Education and Training. Oxford: Elsevier, S. 682-686.
Tuijnman, A.C. (Hrsg.) (1996): International Encyclopedia of Adult Education and Training. Oxford: Elsevier.
Turner, B./Ridden, J. (2003): Balancing Universialism and Diversity on Cultural Citizenship, Civil Society and Adult Education. In: Bron, A./Schemmann, M. (Hrsg): Knowledge Society, Information Society and Adult Education. Bochum Studies in International Adult Education Vol. 4. Münster: Lit, S. 29-59.
UNESCO (1985): Final Report of the Fourth International Conference on Adult Education. Paris: UNESCO.
UNESCO (1997): Confintea. Adult Education. The Hamburg Declaration the Agenda for the Future. Fifth International Conference on Adult Education 14-18 July 1997. Verfügbar unter: http://www.unesco.org/education/uie/confintea/pdf/con5eng.pdf (12.1.2008).
UNESCO (2005): Towards Knowledge Societies. Verfügbar unter: http://unesdoc.unesco.org/images/0014/001418/141843e.pdf (4.1.2008).
Vogel, N. (1994): Grundtvigs Bedeutung für die deutsche Erwachsenenbildung: Ein Beitrag zur Bildungsgeschichte. Bad Heilbrunn: Klinkhardt.
Volkmann, M. (1994). Neuorientierung in Palästina 1933 bis 1948. Studien zur internationalen Erwachsenenbildung, Bd. 9. Köln: Böhlau.
Westheimer, J./Kahne, J. (2004): What Kind of Citizen? The Politics of Education for Democracy. In: American Educational Research Journal 41. S. 237-269.
Wiesner, G./Zeuner, C./Forneck, H. (Hrsg.) (2006): Teilhabe an der Erwachsenenbildung und gesellschaftliche Modernisierung. Dokumentation der Jahrestagung der Sektion Erwachsenenbildung der Deutschen Gesellschaft für Erziehungswissenschaft (DGfE) 2005. Hohengehren: Schneider.
Wörmann, H.-W. (1985): Zwischen Arbeiterbildung und Wissenschaftstransfer. Universitäre Erwachsenenbildung in England und Deutschland im Vergleich. Berlin: Argument.
Wangoola, P./Youngman, F. (Hrsg.) (2002): Towards a Transformative Political Economy of Adult Education: Theoretical and Practical Developments. De Kalb, Illinois: Northern Illinois University LEPS Press.[3]nicht im Text zitiert[3]
Youngman, F. (2000): The Political Economy of Adult Education and Development. London: Zed Books.
Zeuner, C. (1991): Erfahrung und Wissenschaft – Arbeiterbildung an amerikanischen und deutschen Hochschulen. Forschungsschwerpunkt Arbeit und Bildung 21. Bremen: Universität.
Zeuner, C. (2004): Entwicklung ‚zukunftsfähiger Kompetenzen'. In: Hessische Blätter für Volksbildung. Zeitschrift für Erwachsenenbildung in Deutschland 54, H. 2, S. 154-163.
Zeuner. C. (2006): „Citizenship Education – Brücke zu einer europäischen Identität?“ In: Tertium Comparationes 12, H. 1, S. 73-97.
Zeuner, C. (2007): Gerechtigkeit und Gerechtigkeitskompetenz: Diskurs und Praxis für eine kritische politische Bildung. In: Report. Zeitschrift für Weiterbildungsforschung, Jahrgang 30, H. 4, S. 39-50.

Volker Lenhart

Erwachsenenbildung und Alphabetisierung in Entwicklungsländern[1]

1 Definitionen, Statistik

Alphabetisierung ist keine klassische Aufgabe der Erwachsenenbildung. Diese setzt Alphabetisiertsein üblicherweise voraus. Damit werden aber historische Erfahrungen europäischer Gesellschaften seit der zweiten Hälfte des 19. Jahrhunderts verallgemeinert. Dass die Schulpflicht bis ins kleinste Dorf und die letzte Gasse großstädtischer Proletarierviertel realisiert, dass die Bevölkerung durchgängig schreib-lesefähig sei, war implizite Voraussetzung reformpädagogischer Erwachsenenbildung, in Deutschland z.B. der „neuen Richtung" in den zwanziger Jahren.

Schon damals war die Annahme vollständiger Alphabetisiertheit auch für Mitteleuropa wahrscheinlich irrig. In den 1980er Jahren wurde der Analphabetismus auch in den europäischen Industriestaaten wieder „entdeckt". Die Mehrzahl der Illiteraten aber lebt in der Dritten Welt.

Im Deutschen kann zwischen Alphabetisiertsein und Leseverständnis/Textproduktion unterschieden werden. Im englischen literacy – Begriff fließen beide Bedeutungen zusammen. „Literacy" hat in den letzten Jahren eine enorme Ausweitung erfahren (Collins 2002). Abgesehen von Bildungen wie computer literacy, information literacy, media literacy, visual literacy, scientific literacy bezeichnet das Wort auch im sprachlichen Bereich nicht mehr nur die Fähigkeit zum Kodieren und Dekodieren schriftlicher Texte, sondern Sinnverstehen von und Sinnproduktion durch sprachliche Kommunikation, die in schriftlicher Form erfolgt. Sprachsinnverstehen, wie es als Leseverständnis besonders in den internationalen Schulleistungsstudien gemessen wird, kann auf unterschiedlichen Kompetenzniveaus bewertet werden (Messung bei Erwachsenen in Europa OECD 1995). Für die Messung der Kompetenzen zur Textproduktion, die jede Lehrkraft bei der Beurteilung von Aufsätzen vornehmen muss, gibt es noch kaum hinreichend elaborierte Testinstrumente. Die Bedeutung von literacy im Sinne von Alphabetisiertheit lässt sich am besten durch den Gegenbegriff illiteracy erläutern. Illiterate, analphabetisch, ist eine Person, die die Kodierungs- und Dekodierungsleistung gar nicht oder nur sehr unvollkommen erbringen kann. Literacy im Sinne von Alphabetisiertsein wird auch mit dem Verfügen über „basic literacy skills" umschrieben (Literacy for Life 2006, S. 148-159). In alle Bestimmungen grundlegender Alphabetisiertheit sind auch elementare Rechenkenntnisse (numeracy), wie die Kenntnis der Zahlenzeichen, der für die Grundrechenarten und die einfacher Rechenoperationen, eingeschlossen. Auch in dem durch die Ausdehnung des literacy-Begriffes unübersichtlicher gewordenen Feld hat sich die Unterscheidung zwischen basaler Alphabetisiertheit (d.h. einem Niveau unter dem Analphabetismus zu konstatieren ist) und funktionaler Alphabetisiertheit bzw. funktionalem Analphabetismus erhalten.

---

1 An den Versionen in früheren Auflagen war Martina Maier als Mitautorin beteiligt.

Nach einer weithin akzeptierten Definition der UNESCO gilt als analphabetisch oder illiterat eine Person, die eine einfache Bemerkung über ihr Alltagsleben nicht verstehend lesen oder schreiben kann. Die meisten Illiteraten in der Dritten Welt sind sogenannte primäre Analphabeten, d.h. Menschen, denen in ihrer Kindheit und Jugend keine Gelegenheit zum Erlernen des Lesens und Schreibens geboten wurde. In Entwicklungsländern gibt es aber auch sekundäre Analphabeten, die eine Einführung in die Kulturtechniken erhielten, in Lebensumständen, die nicht zum Schriftgebrauch aufforderten, die Schreiblesefähigkeit jedoch weitgehend wieder verloren haben. Als funktional analphabetisch gilt eine Person, die schriftsprachliche Anforderungen ihrer Umwelt nicht angemessen erfüllen kann. Ein Bauer z.B., der die Gebrauchsanleitung mit Mengenangaben auf einem Düngemittelsack nicht entziffern kann, gehört in diese Kategorie.

Die UNESCO-Statistik für 2006 zeigt folgendes Bild (Literacy for life 2006, S. 63):

Table 2.6: Estimates of adult illiterates and literacy rates (population aged 15+) by region, 1990 and 2000–2004

	Number of illiterates (thousands)		Literacy rates (%)		Change from 1990 to 2000–2004 in: Number of illiterates		Literacy rates
	1990	2000-2004	1990	2000-2004	(thousand)	(%)	(percentage points)
World	871 750	771 129	75.4	81.9	-100 621	-12	6.4
Developing countries	855 127	759 199	67.0	76.4	-95 928	-11	9.4
Developed countries	14 864	10 498	98.0	98.7	-4 365	-29	0.7
Countries in transition	1 759	1 431	99.2	99.4	-328	-19	0.2
Sub-Saharan Africa	128 980	140 544	49.9	59.7	11 564	9	9.8
Arab States	63 023	65 128	50.0	62.7	2 105	3	12.6
Central Asia	572	404	98.7	99.2	-168	-29	0.5
East Asia and the Pacific	232 255	129 922	81.8	91.4	-102 333	-44	9.6
South and West Asia	382 353	381 116	47.5	58.6	-1 237	-0.3	11.2
Latin America and the Caribbean	41 742	37 901	85.0	89.7	-3 841	-9	4.7
Central and Eastern Europe	11 500	8 374	96.2	97.4	-3 126	-27	1.2
North America and Western Europe	11 326	7 740	97.9	98.7	-3 585	-32	0.8

Note: Figures may not add to totals because of rounding.
Source: Statistical annex, Table 2A.

Im Jahr 2004 gab es immer noch 771 Millionen erwachsene Personen, die nicht lesen und schreiben konnten, das ist ein knappes Fünftel der erwachsenen Weltbevölkerung. Nahezu alle Analphabeten leben in Entwicklungsländern mit besonders hohen Anteilen in Süd- und Westasien, im subsaharischen Afrika und in den arabischen Ländern. Ostasien und die pazifische Region haben zwar die höchste Alphabetisierungsrate unter den Entwicklungsländern (91%), aber wegen der großen Bevölkerungszahl leben hier immerhin 17% der Illiteraten der Welt. Weltweit ist die Alphabetisierungsrate von 1990 75% auf 2004 82% gestiegen. Besonders wegen der Fortschritte in China hat sich auch die absolute Zahl der Analphabeten um 100 Millionen verringert. Im subsaharischen Afrika und den arabischen Ländern hat sich zwar die Alphabetisierungsrate erhöht, zugleich ist aber wegen starken Bevölkerungsanstiegs die absolute Zahl der Illiteraten gestiegen. Frauen machen 64% der analphabetischen Weltbevölkerung aus, d.h. der Wert ist im Vergleich zu 1990 fast unverändert. Der Index der Geschlechter-Gleichstellung (gender parity index GPI) ist für West- und Südasien nur 0,66; für die Staaten des subsaharischen Afrika 0,76; für die arabischen Länder 0,69; für Ostasien und die Pazifikregion 0,92; in den übrigen Weltregionen ist bei der Alphabetisierung Geschlechtergleichheit erreicht. Freilich gibt es einige Länder, in denen der Index zugunsten der Frauen und zum Nachteil der Männer ausfällt: Botswana 1,07; Jamaica 1,09; Lesotho 1,23; Vereinigte Arabische Emirate 1,07. Da sich dieser Trend besonders bei den jüngeren Jahrgängen zeigt, muss von besonderen

Bildungsanstrengungen der Mädchen und jungen Frauen in den betreffenden Staaten ausgegangen werden.

Trotz dieser Zahlen sind forcierte Alphabetisierungsmaßnahmen bei westlichen Erwachsenenbildnern auf Widerspruch gestoßen (vgl. Hinzen 1985). Überzogener Alphabetisierungseifer zeige sich in der Sprache der Alphabetisierungsexperten, sie sei instrumentell-agressiv. „Kampagne" bedeute ja ursprünglich Feldzug, man müsse darauf achten, dass die Betroffenen nicht zu Überwältigten werden. Alphabetisierung stehe in der Gefahr, mit sozialer Diskriminierung einherzugehen. Klienten von literacy-Programmen würden in eben dieser Rolle als unwissend und belehrungsbedürftig definiert. Alphabetisierung habe auch keine Priorität im Rahmen von Entwicklungsmaßnahmen. Ausbau der materiellen Infrastruktur, Gesundheitsversorgung, Einkommensschaffung habe Vorrang und sei auch mit illiteraten Bevölkerungsteilen zu bewerkstelligen. In nichtliteraten Umwelten könne Alphabetisierung schließlich kulturelle Entfremdung verursachen, die Kultur oraler Tradition werde zerstört.

Diese Einwände zeigen freilich eher Gefahren auf, als dass sie Alphabetisierungsanstrengungen delegitimieren könnten. Vor aller bildungs- und entwicklungstheoretischen Begründung – von der kommunikativen Kompetenz in der verschriftlichten Welt bis zu schriftlich fixierten Verträgen des internationalen Wirtschaftsaustausches – sind es vor allem die Motive der TeilnehmerInnen selbst, die Alphabetisierungsmaßnahmen fundieren. Die Beweggründe sind erhoben worden und beinhalten u.a.:

- den eigenen Kindern beim Lernen in der Schule helfen
- eine berufliche Position mit besserer Bezahlung erreichen
- höheres soziales Ansehen gewinnen
- Verträge lesen und sich so vor Betrug schützen
- selbstbewusster werden
- eine Grundlage für Weiterbildung schaffen
- soziale Rechte wahrnehmen
- an kulturellen und politischen Aktivitäten teilnehmen
- Gedanken und Erfahrungen schriftlich formulieren
- andere im Lesen und Schreiben unterrichten. (vgl. Lind/Johnston 1990/1996; S. 61; Chlebowska 1990, S. 55; Street ed. 2001)

2 Geschichte der Alphabetisierungsbemühungen

Bei den internationalen Alphabetisierungsbemühungen lassen sich in historischer Perspektive sechs Phasen unterscheiden, deren Beginn jeweils durch große Konferenzen markiert ist.

2.1 Das Konzept der „fundamental education" (1945–1964)

Die UNESCO veranstaltete 1949 die erste internationale Weltkonferenz über Erwachsenenbildung in Helsingor (Elsinore). In den darauffolgenden Jahren rückte die Erwachsenenbildung immer mehr ins öffentliche Interesse.

Die Themen in Elsinore waren – bedingt durch die vornehmlich aus Industrieländern stammenden Teilnehmer – auf die Erwachsenenbildung in Europa konzentriert (vgl. Günther 1982; Bhola 1989).

In der 1948 verkündeten „Allgemeinen Erklärung der Menschenrechte“ wurde die Selbstbestimmung gefordert, wobei die (zum Teil noch im Kolonialstatus stehenden) Entwicklungsländer die Formel auch als Ziel für Bildungsmaßnahmen aufnahmen (vgl. Dias 1981).

Das sehr breite Konzept der „fundamental education“ betrachtete die Alphabetisierung als ein Element von mehreren Entwicklungsaktivitäten. Sie wird als erster Schritt zur selbständigen Entwicklung der Gemeinde und ihrer Bürger erachtet. Hierbei wird davon ausgegangen, dass einzelne Aktivitäten den Anstoß zur selbständigen Entwicklung geben. Die Inhalte der Alphabetisierung richten sich sehr nach den Bedürfnissen und Interessen der Erwachsenen. Demnach lernen die Menschen Lesen und Schreiben erst, wenn sie selbst die Notwendigkeit dazu erkennen (vgl. Gray 1969).

Myrdal fasst die Aktivitäten in jener Zeit wie folgt zusammen:

> „Diese Organisationen machten sich bald das Konzept der ‚Fundamental- oder Sozial-Erziehung‘ zu eigen, das schwer von dem zu trennen ist, was in Indien und zumeist in der Literatur als ‚Gemeinde-Entwicklung‘ bezeichnet wird“ (Myrdal 1980, S. 377).

Alphabetisierung sollte dabei von praktischem Nutzen sein, das heißt die „Kenntnisse, Fertigkeiten und Einstellungen“, die Menschen im Zuge von Alphabetisierungsaktivitäten erwerben, (Myrdal 1980, S. 377) sollten der Entwicklung der Gemeinde dienen.

> „Dies gilt natürlich ebenso für den (schulischen) Unterricht auf allen Ebenen und in allen Formen. Aber es ist beunruhigend, dass vergleichsweise wenig getan wurde, um die Schulen zu reformieren und stärker an den praktischen Bedürfnissen zu orientieren, während die Erwachsenenbildung entweder völlig vernachlässigt oder in etwas so ‚Praktisches‘ verwandelt wurde, dass es nicht mehr als ernsthafter Versuch der Alphabetisierung der Menschen gelten kann“ (Myrdal 1980, S. 377).

In den folgenden Jahren wurde bereits die Unterscheidung zwischen den „minimum standards of literacy“ und der „functional literacy“ getroffen. Die Schüler können ein niedriges Niveau der Schriftsprachlichkeit schnell erreichen, die Minimalstandards schützen freilich nicht vor dem Rückfall in den Analphabetismus. In einer Umgebung, die nicht zum Gebrauch der Schreiblesefähigkeit zur Bewältigung von Alltagssituationen auffordert, werden die Kulturtechniken wieder verlernt.

Das Konzept der „functional literacy“, wie es damals definiert wurde als

> „(...) a person is functionally literate when he has acquired the knowledge and skills in reading and writing which enable him to engage effectively in all those activities in which literacy is normally assumed in his culture or group“ (Gray 1969, S. 24),

ist dem gegenwärtigen Verständnis des Begriffes sehr ähnlich, mit der Ausnahme allerdings, dass das Rechnen nicht eingeschlossen war. Dem Erlernen des Lesens und Schreibens in der Muttersprache wurde dabei der Vorzug gegeben.

Die Diskussion über Dauer, Inhalte, Methode und Evaluierung der durchgeführten „functional literacy" wurde kontrovers geführt. Die Äquivalenz zu dem an einer Schule erlangten Wissen wurde gesucht. Hierbei erachtete man eine vierjährige Schulzeit als untere Grenze. Doch könne sich dies entsprechend dem jeweiligen gesellschaftlichen Entwicklungsstand verändern; eine generelle Empfehlung könne nicht gegeben werden.

Die Forderung nach einem möglichst hohen Bildungsniveau wurde u.a. auch damit begründet, dass es für Erwachsene und deren Bedürfnisse nur wenig geeignetes Bildungsmaterial gibt, das von jedem Alphabetisierten gelesen werden kann, der nicht die Schule durchlaufen hat.

„So much time and energy are expended in preparing less difficult material that it cannot be produced in sufficient quantity to supply adult needs" (Gray 1969, S. 27).

Obwohl das Ziel eines hohen Bildungsniveaus schwer zu erreichen ist und viele Erwachsene von den mit der Realisierung verbundenen Mühen abgeschreckt werden, ist es für den führenden Theoretiker der Phase, Gray (1969), erstrebenswert, funktionale Alphabetisiertheit stufenweise zu erreichen.

2.2 Das Konzept der „functional literacy" (1965-1974) vs. Alphabetisierung als „Bewusstseinsbildung"

Nachdem die Programme der vorausgehenden Jahre recht erfolglos waren, initiierte die UNESCO 1964 das „Experimental World Literacy Programme" (EWLP) mit der Absicht, die Alphabetisierung zur sozialen und wirtschaftlichen Entwicklung zu nutzen. Ein Fortschritt sollte durch die Vermittlung von Lesen, Schreiben und Rechnen auch in Verbindung mit beruflichen Fertigkeiten erzielt werden (vgl. Müller 1990, S. 13).

Auf der Weltkonferenz der Erziehungsminister in Teheran (1965) unter dem Thema „Ausrottung des Analphabetismus" wurde dieser Ansatz diskutiert. Das Alphabetisierungsprogramm sollte

> „(...) be regarded as a way of preparing man for a social, civic and economic role that goes far beyond the limits of rudimentary literacy training consisting merely in the teaching of reading and writing (...) an opportunity for acquiring information (...) to improve living standards; reading and writing should lead not only to elementary general knowledge but to training for work, increased productivity, a greater participation in civil life and a better understanding of the surrounding world, and should ultimately open the way to basic human culture" (UNESCO/UNDP 1976, S. 10).

Die Konferenz stand deutlich im Zeichen einer Diskussion zwischen einer mehr arbeitsorientierten Alphabetisierung und einem eher kulturell orientierten Ansatz.

> „Unfortunately, those subscribing to the concept of work-oriented functional literacy predominated and later controlled the implementation process. Cultural and social concerns were forgotten: The concept of work-oriented literacy, surrendered the norms of democratization and talked of selective and intensive approaches to literacy to cover those who were already working in formal sectors of the economy where the value of literacy was immediate and

> obvious. The approach turned out to be no more than the professionalization of labour in the interests of industrialization processes. Ideologically, it was clearly regressive“ (Bhola 1989, S. 485).

Die Kritik von Bhola (1989, S. 486) richtet sich gegen die dem Alphabetisierungskonzept zugrundeliegende Idee von Entwicklung.

Der Fortschrittsgedanke war in jenen Jahren fast ausschließlich mit dem Gedanken des wirtschaftlichen Wachstums sowie mit der Modernisierung gekoppelt. Entwicklung wurde mit Wachstum, dieses mit Industrialisierung gleichgesetzt. Doch erfüllten sich all die Erwartungen bzgl. wirtschaftlicher Zuwächse (sogenannter „take off“ nach Rostow 1960) und der vermuteten unterstützenden Wirkung der Bildungsaktivitäten nicht.

Ein Anzeichen für den Misserfolg der damaligen Bildungspolitik kann im Protest der Sekundarschüler und Studenten gegen die eher konservativen und an die kolonialen Strukturen anknüpfenden Ideen, die den Erziehungssystemen und der Erziehungspolitik zugrunde lagen, gesehen werden. In der „weltweiten Erziehungskrise“ kämpfte die junge Generation um ihre Anerkennung, ihre Beteiligung an politischen Entscheidungen. Gerade in Entwicklungsgesellschaften handelte es sich auch um eine grundsätzliche Auseinandersetzung über die intergenerationale innergesellschaftliche Verteilung der Herrschaftspositionen.

Das Alphabetisierungsprogramm der UNESCO führte zwar zu einer Verringerung des relativen Anteils der Analphabeten, doch stieg deren absolute Zahl weiterhin an (vgl. Dias 1981).

Bei dem vor allem von der UNESCO getragenen EWLP wurde deutlich: Die von internationalen Organisationen durchgeführte Alphabetisierung und Entwicklungszusammenarbeit kann nicht erfolgreich sein, wenn sie die politischen und sozialen Gegebenheiten des jeweiligen Landes vernachlässigt (vgl. Bataille 1976; UNESCO/UNDP 1976). Dem sehr funktionsorientierten Ansatz des EWLP hatte sich freilich schon in den sechziger Jahren mit dem Alphabetisierungsmodell Paulo Freires eine Alternative entgegengestellt. Er war ein Vertreter des Konzepts der „Bewusstseinsbildung“. Sein Alphabetisierungsansatz wurde auf dem Hintergrund der Situation im Brasilien der sechziger Jahre entwickelt. Seine Methoden sind modifiziert aber inzwischen in vielen Ländern, besonders in Lateinamerika, zur Alphabetisierung angewendet worden (vgl. Tippelt 1998).

Die erkenntnistheoretischen Wurzeln seiner Pädagogik sind vielfältig. Freire (1972) verbindet den Existentialismus Sartres mit der existentialistisch-christlichen Philosophie G. Marcels, greift die anthropologische Philosophie von Martin Buber auf und verwendet Ideen von Ortega y Gasset, Unamuno, Husserl und Jaspers. Deutlich erkennbar sind daneben Gedanken so unterschiedlicher politischer Personen, wie Guevara und Martin Luther King auf der Ebene der praktischen Politik, aber auch von Marx, Fromm und Marcuse hinsichtlich der Analyse ideologischer und psychosozialer Prozesse (vgl. Bendit/Heimbucher 1977).

Im Weiteren soll nicht näher auf Philosophie und Politikverständnis Freires eingegangen, sondern sein Alphabetisierungskonzept dargestellt werden. Die Praxis findet bei ihm stets ihren Ausgangspunkt und Endpunkt in den Fähigkeiten und Interessen des Bevölkerungsteils, den er als die Unterdrückten, die ihres Selbstwertgefühls beraubt wurden, die psychisch Domestizierten, die Abhängigen bzw. die Armen definiert (vgl. Zimmer/Geisler 1973).

Elemente der Praxis sind für Freire Aktion und Reflexion, die für ihn eng zusammengehören, denn Aktion ohne Reflexion würde zu blindem Aktivismus und Reflexion ohne Aktion zu bloßem Verbalismus führen (vgl. Freire 1972).

Die Alphabetisierung wird zu einem kritischen und aktiven Prozess, durch den der Mensch seine gewohnte Resignation überwindet. Die Unterdrückten sollen nicht weiterhin nach dem Bankier-Prinzip, dem bloßen Vermitteln von abstrakten Lehrinhalten, unterrichtet werden, sondern die Erziehung wird zu einem schöpferischen Akt, wobei die eigene, konkrete Situation der Lernenden die Grundlage des Unterrichts bildet. Ziel ist es, die eigene Realität und die gesellschaftliche Wirklichkeit zu erkennen, kritisch zu hinterfragen und aktiv zu verändern.

Erziehung allein kann keine Gesellschaft verändern, doch sie kann einen wesentlichen Beitrag zur Befreiung leisten, denn „Naives transitives Bewusstsein kann sich zu kritischer Transitivität entwickeln, die für eine wirklich demokratische Mentalität kennzeichnend ist" (Freire 1974, S. 30).

Wandel und Veränderung sowohl des Individuums als auch der Gesellschaft werden beabsichtigt. Kernelemente dieses Prozesses sind der Dialog und die Partizipation. Der Lernende wird aktiv in den Lernprozess miteinbezogen; Diskussion, Kritik und die Auflösung des Widerspruchs von Lehrer und Schüler führen letztlich zur Intervention des Einzelnen, zur Beteiligung an gesellschaftlichen und sozialen Prozessen.

„Partizipatives Lernen ist auch ein dialogisches Lernen. (...) Der Dialog dient zur Benennung der Welt und zur Benennung der Probleme und der gesellschaftlichen Widersprüche (...)" (Schroeder 1989, S. 139).

Umgesetzt in die Alphabetisierungsanstrengungen bedeutet dies, dass an die Stelle der herkömmlichen Bildungsinstitutionen der Kulturzirkel tritt, anstelle des Lehrers unterrichtet der Koordinator, Unterrichtsinhalte werden durch neu hergestellte „Codierungen" ersetzt, und das Medium ist der Dialog, die Diskussion.

Die problemformulierende Methode wird in drei Phasen unterteilt:

1) Das Lernmaterial wird durch die Gruppenteilnehmer und den Koordinator gemeinsam erarbeitet. Grundlage hierfür ist der jeweilige Kontext, die konkrete Lebenssituation, der Lebensstil und die Sprache des Dorfes/Stadtteils. Dabei werden für die zu Alphabetisierenden in städtischen und ländlichen Gebieten – ja sogar für verschiedene Einzelorte – unterschiedliche Themen und Situationen erfasst.
2) Die Fülle der Daten wird reduziert und ausgewählte Themen, die Kernprobleme, werden kodiert und zum Thema des Unterrichts gemacht. Folgende Kriterien sind dabei maßgebend:
   - die Wörter müssen Grundlaute der Sprache enthalten (im brasilianischen Kontext fand Freire günstige linguistische Bedingungen vor. Die portugiesische Sprache besteht aus Silben, die wenig Vokal-Variation und konsonantische Verbindungsmöglichkeiten enthalten. Es reichen 16 bis 20 Wörter aus, um die Phoneme vorzustellen; vgl. Sanders 1975);
   - das Vokabular muss es dem Lernenden ermöglichen, von einfachen Lauten zu komplexen Lautverbindungen überzugehen;
   - die Wörter sollen für die Auseinandersetzung mit sozialen, politischen und kulturellen Problemen geeignet sein;
3) Das aufbereitete Lernmaterial wird den Teilnehmern vorgelegt und im Unterricht werden die Probleme „decodiert". In Form von Bildern, Dias oder Plakaten werden die generativen Themen zum didaktischen Material, und in Rollenspielen werden Konfliktsituationen dargestellt und durch Diskussion und Reflexion Lösungsmöglichkeiten gesucht. An das Bild schließt sich das schriftliche Festhalten der Situation an. Von dem erschriebenen und erlesenen Vokabular ausgehend werden durch Rekombination von Silben weitere Schreib-Lesemöglichkeiten erschlossen. Dabei ist die konkrete Wirklichkeit immer Gegenstand des

Unterrichts. Probleme werden nicht isoliert betrachtet, sondern immer in Verbindung mit anderen; ein kritisches Begreifen wird möglich. Wird eine Antwort von den Teilnehmern gefunden, so schafft diese gleichzeitig neue Fragen auf die der Teilnehmer erneut Antworten suchen muss.

Es können viele kritische Argumente gegen den Ansatz von Freire vorgebracht werden, wie z.B. dass

- die Aussagen über Ziele der Befreiung und der Bewusstseinsbildung vage und ungenau sind; sie entwickeln sich, so Freire, erst während der Alphabetisierung; der Prozess wird somit leicht manipulierbar;
- die gesellschaftstheoretische Fixierung des Konzepts klare Zuordnungen (Unterdrücker-Unterdrückte) postuliert, die nicht nur notwendig politische Wertungen voraussetzen, sondern in manchen konkreten gesellschaftlichen Kontexten nicht eindeutig vorgenommen werden können;
- für eine Umsetzung in großangelegten Projekte die nötigen Richtlinien fehlen;
- eine Übertragung in andere Entwicklungsländer schwierig ist, da sich die Durchführung und Organisation sehr aufwendig und anspruchsvoll gestaltet;
- keinerlei Kriterien zur Evaluierung der Programme geboten werden;

Es ist allerdings trotz aller Einwände zu bemerken, dass Freire einen großen Einfluss auf die Alphabetisierung weltweit genommen hat. Seine Ideen zum Verhältnis zwischen Lehrer und Schüler oder zur Gewinnung von Unterrichtsthemen haben die Arbeit von vielen staatlichen und nichtstaatlichen Organisationen beeinflusst.

2.3 Alphabetisierung und Befreiung (1975-1980)

Genau zehn Jahre nach der Konferenz in Teheran (s.o.) wurde vom 3. bis 8. September 1975 ein Internationales Symposium zur Alphabetisierung in Persepolis (Iran) veranstaltet.

In der „Declaration of Persepolis" wurde ein neuer Ansatz zur Alphabetisierung vorgestellt, der deutlich über die bisherigen Vorstellungen des Lesen- und Schreibenlernens hinausging und eine ganzheitliche gesellschaftliche Entwicklung anstrebte. Es wurden Ziele benannt, die politische, kulturelle und soziale Elemente beinhalten.

Ausgehend von der Erfahrung, dass Alphabetisierungsprogramme erfolgreich waren, wenn sie

> „... [were] linked to meeting man's fundamental requirements, ranging from his immediate vital needs to effective participation in social change (...) were not restricted to learning the skills of reading, writing and arithmetic, and when they did not subordinate literacy to the short-term needs of growth unconcerned with man" (Bataille 1976, S. 273),

wurden bei der Konferenz folgende Ziele für zukünftige Alphabetisierungsprogramme gesetzt:

> „(...) to be not just the process of learning the skills of reading, writing and arithmetic, but a contribution to the liberation of man and to his full development. Thus conceived, literacy creates the conditions for the acquisition of a critical consciousness of the contradictions of

society in which man lives and of its aims; it also stimulates initiatives and his participation in the creation of projects capable of acting upon the world, of transforming it, and of defining the aims of an authentic human development. It should open the way to a mastery of techniques and human relations. Literacy is not an end in itself. It is a fundamental human right" (Bataille 1976, S. 273-274).

Alphabetisierung wird als „first stage of basic education" betrachtet, die all diejenigen Menschen fördert, die durch das formale System nicht erfasst werden und

„(...) it will imply a radical reform of the structures of the education system as a whole" (Bataille 1976, S. 275).

Bei all diesen Erläuterungen der „Declaration of Persepolis" wird deutlich, dass sie den Alphabetisierungsbegriff sehr weit fasste und nicht nur funktional auf wirtschaftliche Entwicklung, sondern auf politische und kulturelle Partizipation ausrichtete. Ihre Ziele waren geprägt durch die zunehmende Kritik an den bisherigen Strategien zur Überwindung der Unterentwicklung, durch Konzepte der in der zweiten Hälfte der siebziger Jahre beginnenden Diskussion der Befriedigung der Grundbedürfnisse, durch eine Kritik der ungleichen Verteilung der Macht und des Kapitals und durch die Theorien von Paulo Freire.

Zentrales Leitmotiv war, dass ein auch über Schriftsprachlichkeit vermitteltes Bewusstsein über die eigene Situation zur Voraussetzung für die Bewältigung der gesellschaftlichen Missstände wird.

2.4 Der Kampagnenansatz der Udaipur-Konferenz als Impuls für die 1980er Jahre

Unter dem Thema „Alphabetisierungskampagnen und ihre Auswirkungen auf den Entwicklungsprozess" veranstaltete die Deutsche Stiftung für Internationale Entwicklung in Zusammenarbeit mit dem International Council for Adult Education (ICAE) und der nichtstaatlichen indischen Bildungseinrichtung SEVA MANDIR vom 4.-11. Januar 1982 eine internationale Tagung in Udaipur/Indien, an der Fachleute aus aller Welt teilnahmen.

„Campaining for Literacy", so der englische Titel, sah in dem weltweit verbreiteten Analphabetismus eine ernsthafte „Bedrohung der wirtschaftlichen und sozialen Entwicklung" der Länder und letztlich ein „Zeichen mangelnder Entwicklungschancen".

Eine „Ausrottung des Analphabetismus bis zum Jahr 2000" sollte mit Hilfe von „Massenkampagnen" erreicht werden; die Schaffung „sozialer Gerechtigkeit, Kampf gegen Armut und Überwindung von Ungerechtigkeit" sollte damit einhergehen.

Alphabetisierungskampagnen sollten nach dem Vorbild der sozialistischen Länder „politische Priorität" haben, das Problem der „weiterführenden Grundbildung" beachten, keine „isolierte Maßnahme" sein, sondern „Teil eines umfassenden Konzepts zu einer Entwicklung des Landes", und dem Lernenden „Anleitung zu Selbsthilfe und eigenständigem Weiterlernen geben". Dabei sollten die Kampagnen durch den „Ausbau des Schulsystems" ergänzt werden und es sollte eine „Gleichwertigkeit außerschulischer Abschlüsse" gewährleistet sein. Eine „Mobilisierung breiter Bevölkerungsschichten", Mitbestimmung der Lernenden über den „Lernprozessen" und ein Unterricht in der „Muttersprache" sollte im „Rahmen größerer Erziehungs- und Entwicklungsprogramme" angestrebt bzw. erreicht werden.

> „(...) Alphabetisierung ist ein notwendiger, wenn auch nicht unbedingt der erste Baustein (...)“ zur Grunderziehung (Müller 1982, S. 4).

Auf dem internationalen Seminar in Udaipur wurde über den Zusammenhang zwischen Alphabetisierung und Entwicklung diskutiert, dabei unterschieden die Teilnehmer zwischen dem „Motivational-Development Model“ und dem „Structural-Development Model“.

Zusammenfassend wird festgestellt, dass

> „(...) literacy and development connection actualized itself differently in different settings, depending upon the political and ideological framework within which development is planned and literacy is taught“ (Bhola 1983, S. 205).

Der Zusammenhang zwischen Alphabetisierung und Entwicklung wird als bedeutsam erachtet, doch zieht Alphabetisierung weder automatisch Entwicklung nach sich, noch ist der Zusammenhang deterministisch (vgl. Bhola 1983). Der evolutionäre Wandel der Politik und Wirtschaft wird durch Bildung unterstützt.

Die Teilnehmer des Seminars in Udaipur nahmen das in Teheran vorgestellte Konzept der „functional literacy“ auf und schlossen sich den in Persepolis vertretenen Definitionen an.

War die „Declaration of Persepolis“ in ihren Ideen stark durch die Theorien Paulo Freires (1972) geprägt, so legt die „Udaipur Literacy Declaration“ zwar auch großen Wert auf die Befreiung der Unterdrückten, auf Bewusstseinsbildung, auf politische Prioritäten usw., doch stellt sie die Methode, Durchführung und Evaluierung der Massenkampagnen zum Kampf gegen den Analphabetismus weit mehr in den Mittelpunkt.

Die Ausrufung eines internationalen Alphabetisierungsjahres schien den Teilnehmern in Udaipur dabei ein wesentlicher Beitrag zur Erreichung ihres Zieles und ein Zeichen für die internationale Solidarität zu sein.

Im Ganzen waren die 1980er Jahre freilich durch eine Diversifizierung der Alphabetisierungsansätze gekennzeichnet. Neben staatlich getragenen Massenkampagnen standen nationsweite Angebotsprogramme und viele kleine lokale Projekte.

2.5 Weltbildungskonferenz 1990 – das Konzept der Grundbildung

Im Umfeld der Weltbildungskonferenz in Jomtien/Thailand, und des Internationalen Alphabetisierungsjahrs 1990 versuchten die UNESCO und andere internationale Organisationen die auseinanderstrebenden Ansätze und Konzeptionen wieder zu bündeln. In den Mittelpunkt rückte dabei der Gedanke der Grundbildung. Über die Konstatierung „grundlegender Lernbedürfnisse“ ist der Begriff in den Kontext der Grundbedürfnisstrategie eingeordnet, einer entwicklungs-politischen Vorgehensweise, die schon in den 1970er Jahren insbesondere von der International Labour Organization formuliert worden war. Dabei geht es um

1. „die Gewährung einer Mindestausstattung mit Gütern des privaten Verbrauchs, vor allem angemessene Ernährung, Kleidung und Wohnung sowie bestimmte Haushaltsgegenstände und Möbel;
2. die Bereitstellung grundlegender öffentlicher Dienstleistungen, wie Trinkwasserversorgung, sanitäre Anlagen, Transport, Gesundheitsdienste und Bildungseinrichtungen“ (Sangmeister 1989, S. 278).
3. Soziale und politische Partizipationschancen benachteiligter Bevölkerungsgruppen.

Die aus dependenztheoretischer Sicht – d.h. einer die Außenverursachung von Unterentwicklung heraushebenden Perspektive – vorgebrachten Einwände richteten sich auch gegen das Konzept der Grundbildung, haben sich jedoch international nicht durchgesetzt. Insbesondere wurden keine realisierbaren Alternativen zu „basic education" aufgezeigt.

Die Bildungseinrichtungen der Dritten Welt hatten unter der sich insgesamt verschlechternden wirtschaftlichen Situation zu leiden. Innerhalb der Entwicklungsdekade zwischen 1980 und 1990 nahm die Verschuldung der Dritte-Welt-Länder auf insgesamt rund 1.400 Mrd. US $ zu, das Bruttosozialprodukt fiel in Lateinamerika und im Subsaharischen Afrika um 10 bis 25%, die Preise für verschiedene Produkte (vor allem bestimmte Rohstoffe oder Kaffee) fielen, das Bevölkerungswachstum hielt an, die Umweltzerstörung nahm zu und die Situation der marginalen Gruppen verschlechterte sich. Es kam zu einer „competition of resources to meet various social needs", und unter den „austerity measures" der Regierungen hatten besonders die Einrichtungen des Bildungs- und Gesundheitssektors zu leiden (vgl. WCEFA 1990a, S. 4; WCEFA 1990b).

Obwohl in der zweiten Hälfte der 1990er Jahre zuweilen bezweifelt wurde (vgl. Müller 1997; Jones 1997), dass außerschulische Grundbildung für Erwachsene in der Praxis der Donor-Organisationen noch die Priorität habe, die ihr in Jomtien zugesprochen wurde, lassen sich die Debatten der zu Ende gehenden 1990er Jahre als Konkretisierung des Grundbildungskonzepts verstehen. Da Frauen von Analphabetismus mehr betroffen sind als Männer, wird der gender-Aspekt von Alphabetisierung stärker betont (vgl. Medel-Anonuevo 1996; Malmquist 1998; Stromquist 1998). Frauen erscheinen dabei einerseits als eine Gruppe besonderer (mit einem Ausdruck aus den Menschenrechtsdokumenten) Vulnerabilität (vgl. Yates 1997), andererseits soll Grundbildung sie gesellschaftlich „mächtig machen" (empowerment lautet das Stichwort, International Institute for Environment and Development 1998). Die funktionalen Aspekte von literacy werden ausdifferenziert, z.B. für produktive Arbeit im Sinne von Arbeitsplatzliteralität (vgl. Bhola 1996), für soziale Partizipation an den Aushandlungsprozessen der Zivilgesellschaft (vgl. Stromquist 1994). Schließlich werden die Effizienzsicherung und -steigerung von Alphabetisierungsmaßnahmen im Hinblick auf die Evaluation von Projekten (Smith u.a. 1998), die Materialerstellung für spezifische Zielgruppen (vgl. Asia/Pacific Cultural Centre for UNESCO 1998a), die Nachalphabetisierung (vgl. Asia/Pacific Centre for UNESCO 1998b) und nicht zuletzt die Verbindung der Schreiblesefähigkeit mit den neuen Kommunikationsmedien (vgl. Mehta 1996) und damit das Verhältnis von allgemeiner zu „computer literacy" Gegenstand entwicklungsbezogener, erwachsenenpädagogischer Abhandlungen.

2.6 Das World Education Forum Dakar 2000

Auf der Weltbildungskonferenz in Dakar wurden die Alphabetisierungsbemühungen in den Kontext der Education for All-Anstrengungen eingeordnet. Literacy für Erwachsene war eines der bildungsbezogenen Millenniumsziele:

- „Ausweitung und Verbesserung der frühkindlichen Betreuung und Erziehung, insbesondere für gefährdete und benachteiligte Kleinkinder;
- Einführung der kostenfreien Grundschulpflicht bis 2015 für alle Kinder, Jungen und Mädchen;
- Absicherung der Lernbedürfnisse von Jugendlichen durch Zugang zu Lernangeboten und Training von Basisqualifikationen („life skills");

- Reduzierung der Analphabetenrate bei Erwachsenen um die Hälfte bis zum Jahr 2015 und Sicherung eines angemessenen Grundbildungsniveaus für Erwachsene;
- Ausgleich der Geschlechterdisparitäten im Bildungswesen insgesamt bis 2015
- Verbesserung der Bildungsqualität" (Deutsche UNESCO-Kommission 2005).

In der Erläuterung wird betont, dass Erwachsenenbildung sowohl in der Form nachholender Grundbildung als auch der Weiterbildung stärker in den „mainstream" nationaler Bildungssysteme einzubeziehen ist.

> „The vital role literacy plays in life long learning, sustainable livlihoods, good health, active citizenship, and the improved quality of life for individuals, communities and societies must be more widely recognized" (Education for All 2000; kritisch Brock-Utne 2000).

Bedeutsam ist ferner, dass die Erwachsenenalphabetisierung nahe mit dem Erwerb von life skills zusammengebracht wird, besonders solchen, die wirtschaftliches Überleben und Selbstbehauptung auf dem Arbeitsmarkt ermöglichen (vgl. Oxenham 2004).

3 Alphabetisierungsdebatte und forschungsgestützte Theoriebildung

Wie so häufig unter bildungsbezogenem Handlungsdruck überschneiden sich bei der Alphabetisierung Reformdiskurs und Theoriediskurs.

Auf der Reformseite werden mehr gefordert als konstatiert

- nachhaltige politische Unterstützung
- partnerschaftliche Institutionalisierung, also Beteiligung der Medien, Universitäten, der Ministerien außerhalb des Bildungsbereichs, lokaler Behörden, des privaten Sektors, der ganzen Zivilgesellschaft (vgl. Duke/Hinzen 2005)
- Orientierung an Interessen und Wünschen der Lernenden
- Erhöhung der Qualifikation der AlphabetisierungslehrerInnen besonders hinsichtlich erwachsenendidaktischer Methoden (vgl. Beder 2003)
- Einbeziehung neuer Lehr-Lerntechnologien, insbesondere der elektronischen Möglichkeiten.

Auf der Theorieseite werden normativ Alphabetisiertheit als (Menschen-)recht (vgl. Lenhart 2006) herausgestellt, und die Wechselwirkung zwischen literaten Individuen und literaten Gesellschaften (vgl. Olsen/Torrance 2001) plausibel gemacht.

Unterstützt von einer ganzen Reihe von Forschungsbeiträgen (vgl. Barrett/Frank 1999; Psacharopoulos/Patrinos 2002; Fahrah 2005; Hanemann 2005; Stromquist 2005), wird für die Alphabetisiertheit der

- humane Nutzen eingeschätzt in den Dimensionen politischer Partizipation, ethnischer Gleichstellung, Wiederaufbau nach Konflikten
- kulturelle Nutzen abgeschätzt in den Dimensionen progressiven Kulturwandels und Erhalt kultureller Vielfalt

- soziale Nutzen vermessen in den Dimensionen Gesundheit, reproduktives Verhalten, Bildung und Geschlechtergerechtigkeit
- der ökonomische Nutzen kalkuliert in den Dimensionen der privaten und der gesellschaftlichen rate of return.

Trotz einiger Gegenevidenzen scheinen sich in der Tendenz, wenngleich je nach Kontextbedingungen in sehr unterschiedlichem Ausmaß, die erwarteten Auswirkungen einzustellen.

3.1 Schrift und Sprache als bedingende Faktoren

Die meisten Sprachen der Welt werden heute in der europäischen (lateinischen) Buchstabenschrift notiert. Dies gilt aber längst nicht für alle Sprachen. Mit dem kyrillischen Alphabet des Russischen oder Serbischen und mit dem griechischen Alphabet liegen z.B. auch in Europa autochthone Sonderschriftsysteme vor. Die ca. 1,13 Milliarden Inder sprechen 1600 verschiedene Sprachen, die in zehn unterschiedlichen Schriftsystemen aufgezeichnet werden. Es ist ein vernünftiges Prinzip, die Vermittlung der Schreiblesefähigkeit in dem Schriftsystem vorzunehmen, in dem die jeweilige Sprache kodiert wird. Dies kann jedoch unter Umständen verlängerte Lernzeiten – die Schriftsysteme haben unterschiedliche Rationalisierungsgrade, die differierende Schwierigkeiten bei ihrem Erlernen bedingen – und das Abgeschnittensein von der intergesellschaftlichen Kommunikation bedeuten, die sich in einem anderen Schriftmedium vollzieht.

Was für Schrift gilt, stellt sich als noch gravierenderes Problem bei der Sprache: In welcher Sprache soll alphabetisiert werden?

Auf der Erde gibt es (je nach der linguistischen Definition der Begriffe Sprache und Dialekt) 3.000 bis 9.000 Sprachen. Wie Indien sind auch einige kleinere Entwicklungsländer in hohem Ausmaß multilinguale Gesellschaften. Das westafrikanische Kamerun zählt 236 Sprachen.

> „In der jeweiligen Konstellation von Beweggründen haben sich Länder wie Kenia, Indonesien, Thailand für monolinguale Alphabetisierungsprogramme entschieden. Verschiedene westafrikanische Länder, wie Benin, Burkina Faso oder Mali trugen der Multilingualität in Form von parallelsprachlichen Programmen Rechnung. Die tansanische Alphabetisierung begann mit fünf Sprachen und wurde schließlich auf Kiswaheli als einzige Sprache umgestellt (Giere/Ouane/Ranaweera 1990, S. 95-96). Die Entscheidungen sind zu rechtfertigen, wenn sie als Bestandteil einzelstaatlicher Bildungspolitik demokratisch legitimiert waren“ (Lenhart 1993, S. 72).

Dieses pragmatische Statement bleibt bestehen, da die kognitionspsychologischen Studien zur Alphabetisierung (vgl. Bernardo 1998; Burgess 1999) noch nicht zu belastbaren Handlungsanleitungen geführt haben.

4 Maßnahmeformen

4.1 Der Kampagnenansatz

Nach der weltpolitischen Epochenschwelle um 1990 hat dieser Maßnahmentyp nur noch historische Bedeutung (vgl. Arnove/Graff 1987).

Die Alphabetisierung der Bevölkerung in Massenkampagnen wurde hauptsächlich, wenn auch nicht ausschließlich – z.B. in Ecuador – von (real)sozialistischen Einparteienstaaten durchgeführt. Die Alphabetisierung war ein erfolgreicher Politikbereich der Länder, der korrespondierende allgemeine Entwicklungsweg ist Anfang der 1990er Jahre jedoch in der Regel gescheitert. Eine Sonderstellung nahm die Alphabetisierungs-Strategie im demokratisch-sozialistischen Tansania ein, die in 15 Jahren die Analphabetenrate des Landes von 69% auf 9,6% zu senken vermochte.

Der anfänglich von internationalen Organisationen wenig beachtete Ansatz erlebte eine Aufwertung, nachdem 1979 die UNESCO H.S. Bhola den Auftrag gab

> „... [to] undertake a critical analysis of six to eight reputedly successful mass literacy campaigns of the 20th century“ (Bhola 1983, S. 15).

Erfolgreich konnten die untersuchten Massenkampagnen insofern sein, als der „political will” in der oben genannten Staatsform eindeutig definiert ist.

Setzen nun die politischen Entscheidungsträger die Alphabetisierung zur Erreichung ihrer ideologischen Ziele ein, kommt es zu einer Mobilisierung der ganzen Bevölkerung; freiwillig oder unter Zwang nimmt diese an der Kampagne teil.

Die Zeugnisse, die nach Abschluss der Kurse gegeben werden, hatten allerdings eher symbolischen Charakter. Den Teilnehmern wurden, damit sie das Erlernte nicht vergessen, im Anschluss an die Klassen Aktivitäten im sozialen, politischen oder wirtschaftlichen Bereich angeboten.

Die Lehrer wurden aus ganz unterschiedlichen Gruppen gewonnen.

> „Teachers have been drawn from different pools of manpower. The campaigns of Cuba, Somalia and Nicaragua were able to close schools for several months to deploy students as teachers of illiterates and thus to eradicate illiteracy from their midst in one big effort. Typically volunteers have been used from the population-primary school teachers, school leavers, literate farmers and workers, retired civil and army officers, young people on national service and religious people“ (Bhola 1983, S. 243).

Für das Lehrertraining führt Cairns (1989) an, dass politische und psychologische Elemente wichtiger erschienen als pädagogische.

Das Lehrmaterial wurde zentral entwickelt und schloss politische und ideologische Inhalte ein.

> „Where different regional and occupational differentiations are to be reflected, primers may be best produced by teams closest to the situation of special learner groups“ (Bhola 1983, S. 242).

Ein allgemeines Modell für die Planung und Durchführung einer Kampagne wird wie folgt dargestellt:

> „The basic processes involved are:
> - Articulation of the nation's political will
> - Temporary institutionalization of the first policy initiative, and later
> - Development of a comprehensive policy making and legitimizing organ
> - Study and diagno[s]is of preconditions
> - General mobilization of the public, and
> - Establishment of structures of mass participation
> - Development of inter-ministerial and inter-agency structures: (i) administrative, and (ii) technical
> - Pre-operational preparation
> - Implementation of development and instructional actions
> - Evaluation of context, processes and results, and
> - design and establishment of post-literacy programs" (Bhola 1983, S. 222).

Deutlich wird bei dieser Aufzählung, welcher Wert dem politischen, institutionellen, organisatorischen und technischen Aspekt beigemessen und wie wenig Beachtung den bildungsbezogenen Methoden und Inhalten geschenkt wird.

Zusammenfassend kann festgestellt werden, dass sich die Kampagnen in vielen Aspekten gleichen; dies betrifft die Ziele, die die Beseitigung des Analphabetismus – gepaart mit einer politischen Mobilisierung, teilweise aber auch Ideologisierung – verfolgten, die Inhalte, die sich deutlich auf politische Themen wie die Staatsgründung oder die jüngere Geschichte bezogen oder auch die Organisation, die durch die Gründung von Komitees auf lokaler und zentraler Ebene geprägt war, die sich um die Mobilisierung von Ressourcen oder um die Lehrer (Freiwillige mit kurzer Ausbildung und Studenten) kümmerten. Die Methoden waren traditional und meist „lehrerzentriert".

4.2 Umfassende nationale Angebotsprogramme

Die im Folgenden beschriebenen Programme sind nach Bhola (1983, S. 206)

> „(...) politically ‚cool'. It is developmental action without political passion; urgent, but without dash and a certain impatience. It is one of the many ‚most important tasks' the nation must accomplish. It gets its share of resources, and is expected to get the most returns from resources budgeted for the program.

Durchgeführt wurden diese Programme in Bangla Desh, Botswana, Brasilien, Indien, Kenia, Mexiko, Zimbabwe und auf den Kapverdischen Inseln, um nur einige Länder zu nennen. Die Ziele waren, wie schon zuvor erwähnt, nicht ausschließlich politischer Natur; die Motive für das Auflegen der Programme gründeten sich vielmehr auf unterschiedlichen Ansätzen, wie der Durchsetzung der allgemeinen Menschenrechte, der Förderung der Kulturpolitik oder wirtschaftlichen Strategien.

Die Organisation oblag gewöhnlich einer Abteilung des Erziehungsministeriums, dessen Unterbehörden in den jeweiligen Provinzen sowie lokalen Beamten. Sie waren im wesentlichen für lokale organisatorische und pädagogische Aufgaben verantwortlich.

Da diese Programme wenig sozialen Druck zur Teilnahme ausübten, meldeten sich zu Beginn viele Erwachsene für die Kurse an, doch war die Zahl derjenigen, die die Kurse abbrachen, erschreckend hoch. In diesem Zusammenhang sei auch erwähnt, dass Erfahrungen in Kenia zeigten, dass dort dezentral gesteuerte Projekte die erfolgreichsten waren;

> „Where planning and implementation is done at the national level, the local community tends to view the literacy programme as something from the outside, and belonging to the Government, or even the officer in charge“ (Kebathi 1985, S. 127).

Die Berücksichtigung der lokalen Gegebenheiten führte dazu, dass in manchen Ländern neben den allgemeinen Programmen für Schreiben, Lesen und Rechnen zusätzliche praktische Kurse eingeführt wurden. Sie sollten Erwachsenen bei ihrer Lebensbewältigung helfen, darüber hinaus dazu beitragen, die auftretenden Kosten zu minimieren.

Dies hatte oft zur Folge, dass die Programme überladen waren; zu viele Inhalte wurden als wichtig erachtet und hinzugenommen: Gesundheitserziehung, Familienplanung, Landwirtschaft, andere einkommenschaffende Maßnahmen usw. In Teilbereichen waren oft lokale NGOs tätig. Die Zusammenarbeit zwischen den Ministerien und nichtstaatlichen Organisationen gestaltete sich oft schwierig, da – bedingt u.a. durch schlechte Kommunikation – die jeweiligen Ziele und Maßnahmen nicht immer kompatibel waren. Ist ein Ministerium richtungsweisend für die Organisation des Programms, und die NGO führt den Kurs durch, so ist eine effektive Nutzung der Mittel durchaus möglich.

Positiv ist die Arbeit der NGOs auch zu bewerten hinsichtlich der Mobilisierung von Lehrern und in deren Ausbildung in dynamischen erwachsenenzentrierten Lehrmethoden. Waren die Lehrer allerdings zu jung, so verließen oft die älteren Teilnehmer die Klassen.

Lehrer waren sehr schwer zu engagieren, vor allem wenn die Programme sehr umfangreich waren. Auch arbeiteten sie meist nicht mehr ohne Entgelt, sondern erhielten von staatlicher Seite einen geringen Lohn.

Das Lehrertraining war kurz. Wie Kebathi (1985) aufführt, waren in Kenia zwei Wochen vorgesehen. Doch reichte dies natürlich nicht aus; „pre-service training“ und „on-the-job training“ wurde gefordert.

Zwar wurde im Vorfeld sehr viel Wert auf die Methode und den Unterrichtsplan gelegt, in der Durchführungsphase ergaben sich allerdings häufig Probleme, die sich in der Unterrichtsqualität niederschlugen. Der Wahl der Sprachen, den angestrebten Tätigkeiten der Alphabetisierten nach Ende des Kurses, den Zertifikaten usw. wurde zu wenig Bedeutung beigemessen. Die Vernachlässigung all dieser Punkte ließ die Motivation der Bevölkerung zur Teilnahme an den Kursen sinken.

Als aktuelles Beispiel eines nationalen Angebots, das gleichwohl um Dezentralisierung bemüht ist, kann das brasilianische Literacy-Partnerschaftsprogramm (vgl. Literacy for Life 2006, S. 233; Massagao Ribeiro/Gomes Batista 2005) gelten. Der in seine Heimat zurück gekehrte und in Sao Paulo in bildungspolitischer Verantwortung stehende Paulo Freire organisierte in den frühen 1990er Jahren Partnerschaften von lokalen Gemeinschaftsinitiativen mit der Stadtverwaltung der Millionenstadt. Die Gemeindeorganisationen waren für die Gewinnung der Teilnehmenden und die Anstellung der „Lernermöglicher“ zuständig. Die Stadt finanzierte und übte eine gewisse Supervision der Aktivitäten aus. In späteren Jahren weitete sich das Modell auf andere Städte aus und neue Partner, z.B. Firmen und Gewerkschaften kamen hinzu. Die brasilianische Regierung nahm das Projekt in ihr Programm Solidarität für Alphabetisierung auf und trat nachhaltig in die Mitfinanzierung ein. Im Jahre 2004 umfasste die Partnerschaft 2050 Kommunen, 144 Firmen und 209 Hochschulinstitutionen.

4.3 Kleine, lokale Schwerpunktprogramme

Die in vielen Ländern durchgeführten kleinen Projekte können hinsichtlich der durchführenden Organisationen, ihrer beabsichtigten Zwecke und dadurch bedingten Eigenarten unterschieden werden.

Es werden einerseits Projekte in einem bestimmten Gebiet durch staatliche Institute, nicht jedoch durch das Erziehungsministerium durchgeführt; sie werden zum Zweck der Entwicklung oder in Form eines Pilotprojekts in einem bestimmten Gebiet durchgeführt. Darüber hinaus werden andererseits Projekte durch nichtstaatliche Organisationen initiiert oder durch Gruppen innerhalb der Gemeinde selbst. Hierbei unterscheiden sich die Programme z.B. kirchlicher Träger von den Kursen, die durch Gewerkschaften organisiert wurden. Allen gemeinsam ist aber, dass sie sowohl die Teilnehmerzahl betreffend als auch im Hinblick auf die angesprochenen Zielgruppen begrenzt sind.

Lokale Projekte weisen folgende Vorteile auf:

- sie haben die Möglichkeit intensiver Arbeit, wodurch lokale Gegebenheiten durch die Anwesenheit der Projektmitarbeiter vor Ort besser genutzt werden können;
- sie sind weniger bürokratisiert und sowohl zeitlich als auch von ihrer Kapazität her in der Lage, ihre Aktivitäten flexibel zu gestalten und dadurch besser auf die Anforderungen der jeweiligen Gegebenheiten einzugehen;
- sie sind durch ihre gemeindenahe Arbeit eher in der Lage, die Motivation der Teilnehmer zu erhöhen. Dadurch wird die Qualität der pädagogischen Maßnahmen verbessert und die Organisation erleichtert;
- sie verwenden Lehrmaterialien, die eng an die lokale Situation gekoppelt sind;
- die Lehrenden können die Bedürfnisse der Teilnehmer aufgreifen und selbst in ihrer eigenen Arbeit durch Hinweise oder zusätzliche Fortbildung unterstützt werden.

Für alle diese Vorteile gilt freilich:

> „The social context, the degree of individual motivation, and the human and material resources for the project remain determinant" (Lind/Johnston 1990, S. 102).

5 Ausblick

Sowohl durch die Verallgemeinerung der Grundbildung für Kinder, als auch durch Erwachsenenbildungsmaßnahmen schreitet die Literalität der Weltbevölkerung voran. Das in Dakar gesetzte Ziel einer Halbierung der Analphabetenrate der Erwachsenen bis 2015 wird wahrscheinlich zwar nicht erreicht werden, aber wie die zweite Hälfte des 19. Jahrhunderts für die Industrieländer kann die erste Hälfte des 21. Jahrhunderts für die Entwicklungsländer die Epoche umfassender Alphabetisierung werden.

Literatur

Arnove, R./Graff, H. (Hrsg.) (1987): National Literacy Campaigns: Historical and Comparative Perspectives. New York: Plenum Press.

Asia/Pacific Cultural Center for UNESCO (ACCU) (Hrsg.) (1998a): Preparation of literacy follow-up materials for adults in rural areas in Asia and the Pacific. 15th regional workshop on the Preparation of Literacy Follow-up Materials in Asia and the Pacific, Kota Kinabalu, Malaysia. 20.-29. November 1997. Tokyo: Final report.

Asia/Pacific Cultural Center for UNESCO (ACCU) (Hrsg.) (1998b): Development of basic literacy learning materials of unreached population in urban areas: East and southeast region. Final report of the fourth sub-regional workshop, Antipolo, Philippines, 8.-19. April 1997. Tokyo.

Barrett, D./Frank, D.J. (1999): Population control for national development: from world discourse to national policies. In: Boli, J./Thomas, G.M. (Hrsg.), Constructing World Culture: International Nongovernmental Organizations Since 175. Stanford/California: Stanford University Press.

Bataille, L. (Hrsg.) (1976): A Turning Point for Literacy. Adult Education for Development. The Spirit and Declaration of Persepolis. Oxford: Pergamon Press.

Beder, H. (2003): Quality Instruction in Adult Literacy Education: Summaries of Papers Presented at Twentieth Annual Rutgers Invitational Symposium on Education (RISE), National Center for the Study of Adult Learning and Literacy (NCSALL). Cambridge/Mass.: Harvard Graduate School of Education.

Bendit,R./Heimbucher, H. (1977): Von Paulo Freire lernen. Ein neuer Ansatz für Pädagogik und Sozialarbeit. München: Juventa Verlag.

Bernardo, A.B.I. (1998): Literacy and the Mind: The Contexts and Cognitive Consequences of Literacy Practice. Hamburg: Luzac Oriental.

Bhola, H.S. (1983): The promise of literacy: campaings, programs and projects; report of the Internat. Seminar on Campaigning for Literacy, Udaipur, India, January 4-11, 1982. Baden-Baden: o.V.

Bhola, H.S. (1989): Adult literacy: from concepts to implementation strategies. In: Prospects Vol. XIX, H. 4, S. 479-490.

Bhola, H.S. (1990): Literacy for survival and for more than mere survival. Literacy Lessons. Genf: International Bureau of Education.

Bhola, H.S. (1996): Functional literacy, workplace literacy and technical and vocational education: interfaces and policy perspectives. In: Indian Journal of Adult Education 57, H. 3, S. 5-18.

Brock-Utne, B. (2000): Whose education for all? The Recolonization of the African Mind. New York: Falmer Press.

Burgess, S. R. (1999): The development of phonological sensitivity. Reading Research Quarterly, H. 34, S. 2-4.

Chlebowska, K. (1990): Literacy for rural women in the Third World. Paris: UNESCO

Carron, G./Bordia, A. (1985): Introduction. In: Carron,G./Bordia, A. (Hrsg.): Issues in planning and implementing national literacy programmes. Paris: UNESCO/IIEP, S. 11-43.

Collins, J./Blot, R. (2002): Literacy and Literacies: Texts, Power and Identity. New York: Cambridge University Press.

Deutsche UNESCO-Kommission 2005. Bildung für alle. Verfügbar unter: http://www.unesco.de (01.07.2006)

Dias, P. (1981): Erziehungswissenschaft, Bildungsförderung und Entwicklung in der Dritten Welt. In: Goldschmidt, D. (Hrsg.): Die Dritte Welt als Gegenstand erziehungswissenschaftlicher Forschung. In: Zeitschrift für Pädagogik 16, Beiheft, S. 33-48.

Dighe, A. (2004): Pedagogical approaches to literacy acquisition and effective programme design. Background paper for EFA Global Monitoring Report 2006.
Duke, C./Hinzen, H. (2005): Basic and continuing adult education policies. Background paper for EFA Global Monitoring Report 2006.
Farah, I. (2005): The cultural benefits of literacy. Background paper for EFA Global Monitoring Report 2006, through the University of East Anglia, Norwich: UNESCO.
Education for all, 2000 Assessment. Global Synthesis. Paris: UNESCO.
Freire, P. (1972): Pädagogik der Unterdrückten. Stuttgart: Kreuz-Verlag.
Freire, P. (1974): Erziehung als Praxis der Freiheit. Stuttgart: Kreuz-Verlag.
Giere, U./Ouane, A./Ranaweera, A.M. (1990): Literacy in developing countries: an analytical bibliography. Bulletin du Bureau International d'Education 64. Lousanne/Paris: o.V.
Gray, W.S. (1969): The Teaching of Reading and Writing. Paris: UNESCO.
Günther, U. (1982): Erwachsenenbildung als Gegenstand der internationalen Diskussion: dargestellt am Beispiel der UNESCO -„Recommendation on the development of adult education" und der Überlegungen zum Prinzip des lebenslangen Lernens. Köln: Böhlau.
Hamadache, A. (1990): Literacy, human rights and peace. Literacy Lessons. Genf: International Bureau of Education.
Hanemann, U. (2005): Literacy in Conflict Situations. Background paper for EFA Global Monitoring Report 2006, through UNESCO Institute for Education. Hamburg: UNESCO.
Hinzen, H. (1985): Alphabetisierung und Fortschritt. Skizzen, Materialien, Meinungen und Dokumente. In: Wulf, Ch./ Schöfthaler, Th. (Hrsg.): Im Schatten des Fortschritts. Saarbrücken/Fort Lauterdale: Breitenbach, S. 143-159.
International Institute for Environment and Developement (IIED) (1998): Participation, literacy and empowerment. London.
Kebathi, J. (1985): Decentralization of educational administration for literacy programmes: the case of Kenya. In: Carron, G./Bordia, A. (Hrsg.): Issues in planning and implementing national literacy programmes. Paris: UNESCO/IIEP, S. 123-137.
Lenhart, V. (1993): „Bildung für alle". Zur Bildungskrise in der Dritten Welt. Darmstadt: Wissenschaftliche Buchgesellschaft.
Lenhart, V. (2006): „Pädagogik der Menschenrechte". (In Zusammenarbeit mit Volker Druba und Katarina Batarilo). Wiesbaden: VS-Verlag.
Lind, A./Johnston, A. (1990): Adult Literacy in the Third World. A Review of Objectives and Strategies. Stockholm: Swedish International Development Authority (SIDA).
Lind, A./Johnston, A. (1996): Adult Literacy programs in developing nations. In: Tuijnman A. (Hrsg.): International Encyclopedia of Adult Education and Training. Oxford/UK: Pergamon Press.
Literacy for life. EFA Global Monitoring Report (2006): Paris: UNESCO.
Malmquist, E. (Hrsg.) (1998): Woman and literacy developement in the third world. Linköping: UNESCO
Masagao Ribeiro, V./Gomes Batista, A.A. (2005): Commitments and challenges towards a literate Brazil. Background paper for EFA Global Monitoring Report 2006.
Medel-Anonuevo, C. (1996): Woman reading the world. Policies and practices of literacy in Asia. Hamburg: UNESCO.
Mehta, A.C. (1996): Development and Utilisation of Database for Non-Formal Literacy Programmes and Networking of Computers. In: Indian Journal of Adult Education 57, H. 2, S. 35-45.
Müller, J. (1982): Alphabetisierung und Entwicklung. Campaining for Literacy. Alphabetisierungskampagnen und ihre Auswirkung auf den Entwicklungsprozess. Kurzbericht über ein internationales Seminar 4.-11. Januar 1982 Udeipur/Indien. Bonn: o.V.
Müller, J. (1990): Grundbildung-UNESCO-Schwerpunkte der 90er Jahre. Bonn: DSE
Myrdal, G. (1980): Asiatisches Drama. Eine Untersuchung über die Armut der Nationen. Frankfurt/M: Suhrkamp.
OECD (1995): Literacy, Economy and Society. Results of the first International Adult Literacy Survey. Paris: OECD.
Olson, D./Torrance, N. (Hrsg.) (2001). The Making of Literate Societies. Oxford/UK: Blackwell.
Oxenham, J. (2004): The quality of programmes and policies regarding literacy and skills development. Background paper for EFA Global Monitoring Report 2005.
Psacharopoulos, G./Patrinos, H. (2002): Returns to investment in education: a further update. Washington/DC: World Bank. (Policy Research Working Paper 2881).
Sanders, T.G. (1975): Die Paulo Freire-Methode. Alphabetisierung und „concientizacion". In: Stückrath-Taubert, E. (Hrsg.): Erziehung zur Befreiung. Volkspädagogik in Lateinamerika. Paulo Freire: Rezeption und Kritik. Reinbek: Rowohlt, S. 20-36.

Sangmeister, H. (1989): Grundbedürfnisse, grundbedürfnisorientierte Entwicklungsstrategien. In: Nohlen, D. (Hrsg.): Lexikon Dritte Welt. Länder, Organisationen, Theorien, Begriffe, Personen. Reinbek b. Hamburg: Rowohlt, S. 277-280.

Schroeder, J. (1989): Arbeit, Selbstbestimmung, Befreiung. Lateinamerikanische Gegenentwürfe zur europäischen Schule. Frankfurt/M: Verlag für Interkulturelle Kommunikation.

Smith, C.A./Comings, J.P./Shrestha, C.K. (Hrsg.) (1998): Effectiveness and achievement in the Nepal national literacy program. World Education. Boston.

Street, B. (Hrsg.) (2001). Literacy and Development: Ethnographic Perspectives. London: Routledge.

Stromquist, N.P. (1998): The institutionalization of gender and its impact on educational policy. In: Comparative Education 34, H. 1, S. 85-100.

Stromquist, N.P. (1994): Literacy for citizenship. Gender and grassroots dynamics in Brazil. New York: State University of New York Press.

Stromquist, N. (2005): The political benefits of adult literacy. Background paper for EFA Global Monitoring Report 2006.

Tippelt, R. (1998): Pädagogik der Befreiung/Pädagogische Theorien in der Dritten Welt. In: Nohlen, D. (Hrsg.): Lexikon Dritte Welt. Länder, Organisationen, Theorien, Begriffe, Personen. Reinbek b. Hamburg: Rowohlt, S. 594-596.

UNESCO (Deutsche UNESCO-Kommission) (1991): Weltdeklaration „Bildung für alle" und Aktionsrahmen zur Befriedigung der grundlegenden Lernbedürfnisse. Beschlüsse der Weltkonferenz „Bildung für Alle" – Befriedigung der grundlegenden Lernbedürfnisse, Jomtien, Thailand, 5. bis 9. März 1990. Bonn: UNESCO.

UNESCO/UNDP (1976): The Experimental World Literacy Programme: a critical assessment. Paris: UNESCO/ UNDP.

Universal Declaration of Human Rights. Source: United Nations Department of Public Information. Verfügbar unter: http://www.unhchr.ch/udhr/lang/eng.htm (22.04.2002).

Wagner, D.A. (2000): EFA 2000: Thematic Study on Literacy and Adult Education. Paris: UNECSO, International Literacy Institute.

World Conference on Education for All (WCEFA) (1990a): Meeting Basic Learning Needs: A Vision for the 1990s. Background Document. UNDP/UNESCO/UNICEF/World Bank. New York.

World Conference on Education for All (WCEFA) (1990b): Final Report. UNDP/UNESCO/UNICEF/World Bank. New York.

World Education Forum (2000): The Dakar Framework for Action. Paris: UNESCO.

Yates, R. (1997): Literacy, gender and vulnerability. In: IDS Bulletin 28, H. 3, S. 112-121.

Zimmer, J./Geisler, W. (1973): Die Methode von Paulo Freire. In: betrifft: Erziehung Heft 7, S. 14-15.

Bereiche der Erwachsenenbildung/Weiterbildung

Erhard Schlutz

Weiterbildung und Kultur

1 Erscheinungsbild und Begriffe

Bildung und Kultur stehen offensichtlich in einem besonderen und engen Wechselverhältnis zueinander. Aus Sicht der Weiterbildung erscheint Kultur zunächst als Angebotsfeld und Zielbereich, wie etwa Beruf und Wirtschaft, Politik und Gesundheit auch, für die Weiterbildung Kompetenzen zu vermitteln sucht. Was kann Weiterbildung leisten für die Kultur oder für die kulturelle Bildung ihrer Adressaten? fragen Weiterbildungsanbieter. Dass Weiterbildung selbst – mit allen Bildungsaktivitäten der Menschen und all ihren Institutionalformen – aber zu einer besonderen kulturellen Praxis, zum Bestandteil heutiger Kultur geworden ist, gerät seltener in den Blick. Zusätzlich und zugleich kann man Weiterbildung aber auch als Reflex auf eine sie umgebende Kultur betrachten. *Instrument, Praxisform, Spiegel*: All das stellt Weiterbildung für Kultur oder innerhalb der Kultur dar. Was aber damit in ein Verhältnis gesetzt wird, Bildung und Kultur, diese Begriffe selbst scheinen im Laufe der Zeit an Kontur zu verlieren.

Kultur war dem Bildungsbürgertum ein Ensemble wertvoller Werke, vor allem aus Kunst und Wissenschaft, Bildung die subjektive Aneignung dieses Erbes und der pflegliche Umgang damit. Kultur wird zum Medium von Bildung und verleiht dieser kaum besitzenden Schicht damit etwas vom adeligen Glanz (vgl. Bollenbeck 1994). Heute wird unter Bildung gemeinhin die Aneignung und Weiterentwicklung jeder Art Wissen, Erfahrung und Fähigkeit verstanden, also Lernen eigentlich, dem vielleicht zusätzlich ein gewisser Identitätsgewinn zugesprochen wird. Noch weiter und fließender wird der Begriff der Kultur gebraucht.

In den Wissenschaften soll der Blick vorurteilsfrei auf die Gesamtheit aller gestaltenden Leistungen der Menschen oder einer Gruppe gerichtet werden. Kulturpolitik und Pädagogik geht es darum, gerechtigkeitshalber allen Schichten und Völkern Kultur zuzusprechen (und sie als Zielgruppen von Kultur- und Bildungsarbeit zu betrachten). Gegen die Dominanz von Hochkultur wurden Arbeiterkultur, Alltagskultur, elementare Soziokultur (Unterhaltung, Gestaltung, Erotik), Subkultur und Einwandererkultur ins Feld geführt. Inzwischen scheint ein inflationärer Gebrauch des Kulturbegriffs diesem jedoch jede spezifische Aussagekraft zu nehmen: Kulturszene und Kulturtourismus, politische Kultur und Streitkultur, Esskultur, Yuppiekultur, Unternehmenskultur und sogar „rechte" Kultur, aber auch Lernkultur. Und doch sind darin Reste der hochkulturellen Konnotationen wiederzuerkennen: ein pfleglicher und wiedererkennbarer Umgang mit etwas, ein Gestaltungswille, denn nicht, *dass* man lebt und arbeitet, sondern *wie*, macht Kultur aus. Und oft wirft die Verwendung des Wortes „Kultur" einen auratischen Schimmer auf die damit genannten Objekte, Ereignisse, Verhaltensweisen; Kultur adelt immer noch, obwohl der weite Kulturbegriff die ehemalige Spannung zwischen oben und unten, zwischen dominanter Kultur und Subkultur doch eingeschliffen hat.

Im Hinblick auf diesen weiten Kulturbegriff mit seinem Doppelaspekt von Glanz und Veralltäglichung erscheinen dem Verfasser drei Momente heutiger Kultur als besonders augenfällig:

a) die Ausweitung und anscheinende Vervielfältigung der kulturellen Bedürfnisse und Möglichkeiten,
b) die Ästhetisierung weiter Lebensbereiche und die Erlebnisorientierung,
c) der verstärkte Umgang mit Simulationen und unterschiedlichen Realitätsangeboten.

Zu a) Es sind auch heterogene Erscheinungen, die zum Eindruck von Vielfalt beitragen: etwa die Zuwanderung von Menschen mit unterschiedlichen Herkunftskulturen; die medienvermittelte Allgegenwart vieler historischer und globaler Kulturen; das zunehmende „Crossover" zwischen E- und U-Kultur (Kürzel für *e*rnste und *u*nterhaltende Kultur) , zwischen lokalen und globalen Stilen; das gewaltig gestiegene Angebot an kulturellen Produkten und Dienstleistungen in den Großstädten (wozu auch der enorme Zuwachs an Weiterbildung beiträgt). Wurde vor Jahren noch beklagt, dass die Reduktion zyklisch auftretender Höhepunkte (z.B. Feste) und räumlicher Kristallisationspunkte (z.B. Kneipen) eine Verarmung der Alltagskultur mit sich gebracht habe, so zeigt heute ein Blick in jede Stadtillustrierte, dass kein Mangel mehr an solchen Gelegenheiten besteht, ob sie nun öffentlich, „alternativ" oder zunehmend kommerziell angeboten werden. Der Alltag, so scheint es, könnte durch einen ewigen Feiertag ersetzt werden.

Zu b) Mit der Entgrenzung des Kulturbegriffs hat die des Ästhetischen stattgefunden. Der Drang zur Ästhetisierung und Stilisierung von Gebrauchsobjekten, persönlicher Erscheinung und Lebensräumen scheint mehr als schmückendes Beiwerk oder Ausdruck von Reichtum. Die ästhetischen Signale, die durch die Steigerung des Ausdruckswillens hervorgebracht werden, laden gleichsam rückwirkend auch die Trivialität des alltäglichen Lebens mit einer unbestimmten Bedeutsamkeit auf, ohne dass nach Bedeutung im traditionellen Sinne gefragt werden muss. Dem entspricht die Hoffnung auf ein überschüssiges Erlebnis oder das häufige Versprechen von „Event". Dieser Allgegenwart des Ästhetischen wird die Kunst einverleibt. Zwar wird der Neuigkeits- und Marktwert von Werken der bildenden Kunst stärker denn je akzeptiert. Zugleich scheint kaum noch Irritation davon auszugehen; vom Design ist Kunst oft nur noch zu unterscheiden durch Etikettierung der jeweiligen Aussteller.

Zu c) Mögliche Realitätsabstufungen „flachen" im wortwörtlichen Sinne ab, weil der zweidimensionale Bildschirm zum wichtigsten Medium des Umgangs mit Realität geworden ist. Dabei: macht das ältere Massenmedium Fernsehen die Adressaten noch zu passiv Vereinzelten, spielt auf der Mattscheibe mit unterschiedlichen Realitätsbehauptungen; wobei die ständige Realitätsmischung von Fiktion, Entertainment und Information im Werbespot ihren deutlichsten Ausdruck findet. Immer doppelbödiger wird dieses Spiel mit Fiktion und vorgeblicher Realität, wenn die Programme selbstreferenziell werden, sich selbst zitieren oder über eine eigens für sie inszenierte „Außenrealität" informieren.

Die neueren digitalen Medien, wie PC, Internet, Videospiele, Digitalkamera, Handy fordern anscheinend zu größerer Aktivität heraus, ermöglichen Kontakt mit vielen Menschen, Ereignissen und Informationen, wenn auch unter Verzicht auf leibliche Präsenz. Mit der Möglichkeit größerer Orientierung durch leicht erreichbare Information erhöht sich aber auch das Problem ihrer Verlässlichkeit; mit der Möglichkeit der eigenen Selbstdarstellung vor einer vernetzten „Öffentlichkeit", etwa durch Blogging, nimmt auch die Unwahrscheinlichkeit zu, dabei als Einzelner noch wahrgenommen zu werden (Lovink 2008). Schwindet uns die „Wirklichkeit" oder lernen wir einen kreativeren Umgang mit vielen Realitäten?

2 Hintergründe: Kulturphilosophie und -soziologie

Die neuere Kulturphilosophie, insbesondere die der sogenannten Postmoderne, neigt dazu, Tendenzen wie die beschriebenen als angemessenen Ausdruck einer Gesellschaft zu betrachten, der eine naive Fortschrittsgläubigkeit an die Aufklärbarkeit des Menschen und an eine mögliche Vernunft der Verhältnisse abhanden gekommen ist. Die großen Erklärungsmuster und Utopien verfingen nicht mehr, so bliebe der Pluralismus kleiner Lösungsversuche und mannigfaltiger Lebensstile (vgl. Lyotard 1986). Die heutige Wirklichkeit sei eine der Simulation, wobei die Frage nach der Realität dahinter einem veralteten dualistischen Denken entspringe (Baudrillard 1985). Die Wahrnehmungsdynamik und die vagabundierende Aufmerksamkeit, wie sie das Fernsehen verlange, sei durchaus unserem Lebensrhythmus und möglichen Überlebensstrategien angemessen (vgl. Groys 2002). Entsprechend kann sich Richard Rorty (1993) eine künftige liberale Kultur als eine ironisch-ästhetische vorstellen, die mit den Mitteln des Ästhetischen spielt, statt ihnen eine besondere historisch-theoretische Wertigkeit zuzusprechen, die im Grunde nicht in die Kultur einer nachmetaphysischen Zeit passe.

Solche postmoderne Deutung steht in starkem Widerspruch zur Tradition der Kulturkritik, etwa der sogenannten Frankfurter Schule für Sozialforschung. Deren Begründer, Horkheimer und Adorno, haben bereits gegen Ende des zweiten Weltkrieges in den USA eine Kulturkritik entworfen, die die damals schon in den USA sich abzeichnenden Tendenzen ebenfalls als Ausdruck des Scheiterns der Aufklärung, aber durchweg negativ bewertet. Die dominante Kultur sei keineswegs mehr die Hochkultur des Bürgertums, sondern die „Kulturindustrie". Mit diesem Begriff bezeichnen die Verfasser, kurzgefasst, die Massenherstellung und den Massenkonsum von standardisierten kulturellen Produkten und Dienstleistungen. Die Kulturindustrie prägt zunehmend die gesamte Weltkultur. Eine anscheinende Vielfalt von Produkten täuscht ein Eingehen auf individuelle Bedürfnisse vor, verschleiert aber in Wirklichkeit nur notdürftig das einheitliche Skelett der dahinter stehenden industriellen Maschinerie und den totalen Waren-Charakter des Angebotenen: „Kultur heute schlägt alles mit Ähnlichkeit (...). Für alle ist etwas vorgesehen, damit keiner ausweichen kann, die Unterschiede werden eingeschliffen und propagiert" (Horkheimer/Adorno 1967, S. 108 und S. 110). Merkmale kulturindustrieller Produkte sind vor allem: Schematismus der Reiz-Effekte, Illusionierung durch Verdoppelung der Realität, Erfüllen von Erwartungsklischees. Der Konsument wird zur augenblicklichen Aufmerksamkeit gezwungen und in eine Sucht zum leichten Amüsement gezogen. Das Amüsement verdrängt sowohl den Widerstand der einstmaligen hohen Kultur (insbesondere in Gestalt der avantgardistischen Kunst) als auch das Aufsässige der Volkskultur. Es verspricht müheloses Abgelenktsein, imitiert in Wahrheit aber Hektik und Schematismus des Arbeitsrhythmus und setzt ihn fort. Es betrügt den Menschen um das Glück, in dem es ihn bei der Vorlust festhält. Die Lust am Produkt erzwingt auf sanfte Weise Einverständnis mit dem Gegebenen, das die ständige Realitätssimulation zudem als das einzig Wahre erscheinen lässt. Reklame und Kultur verschmelzen so, dass beide Propaganda für die ökonomisch-technische Maschinerie machen, zu deren Anhängsel der entindividualisierte Mensch degradiert wird.

Einen Vermittlungsversuch zwischen Kulturkritik und Postmoderne macht unter anderen Kondylis (2007): Die Kritik an der Massenkultur sei im besten Sinne Ausdruck der Trauer über den Niedergang der bürgerlichen Geistes- und Kunstkultur, während die sie ablösende demokratische Massenkultur in der postmodernen Betrachtungsweise angemessener interpretiert werde. Massenkultur entstehe mit dem Ende des materiellen Mangels, sie setze beim Konsum, nicht bei der Produktion an, fördere deshalb die Neigung zum Hedonismus und führe – angesichts des Schwindens der großen Sinn- und Lebenspläne – zur Intensivierung des eigenen Lebens durch Erlebnisse. Indem Kultur für alle zugänglicher werde, würden bestimmte Gehalte sicherlich unzureichend ausgeschöpft, aber es werde auch nicht alles unzulässig popularisiert.

Umberto Eco (1984) u.a. fordern darüber hinausgehend, dass die Kulturanalyse nicht bei den vorhandenen Institutionen und Produkten halt machen dürfe, sondern genauer nach deren tatsächlichen Wirkungen und nach ihrer Bedeutung für die Abnehmer fragen müsse, auch um mögliche Ansätze zu Widerspenstigkeit und Eigensinn überhaupt ausmachen zu können.

Wie Menschen denn Kultur wirklich wahrnehmen und nutzen, könnte eine empirisch vorgehende Kultursoziologie aufzeigen. Dabei scheinen sich zwei unterschiedliche Strömungen abzuzeichnen: die der amerikanischen Kulturwissenschaft und die der europäischen Kulturforschung. Die amerikanischen „cultural sciences", die die klassische Soziologie dort nahezu beiseite gedrängt haben, versuchen „dichte Beschreibungen" (Geertz 1997) unterschiedlicher kultureller Praktiken vorzulegen, vor allem von Alltagspraktiken und „exotischen" Ritualen. Damit reagieren sie auf die Wahrnehmung von Multikultur im eigenen Land und in der Welt und geben einer prinzipiellen Gleichberechtigung unterschiedlicher Kulturen Ausdruck. Zugleich wird freilich weitgehend auf Fragen der Macht und auf Maßstäbe verzichtet, wie man denn politisch, pädagogisch, praktisch mit der Vielfalt umgehen könne.

Für die europäische Kultursoziologie hat dagegen die Frage nach den sozialen Unterschieden noch einen wichtigen Stellenwert. Nach Pierre Bourdieus klassisch-empirischen Untersuchungen (z.B. 1982, S. 277ff.) orientieren sich Menschen in ihrer kulturellen Praxis – wie im Handeln überhaupt – mit Hilfe ihres Habitus, einem Satz erlernter und einverleibter Wahrnehmungs- und Kompetenzschemata, die weitgehend kollektiv vorgeformt sind. Dieser Habitus ist eng verbunden mit den Anforderungen der jeweiligen Lebenspraxis und der Stellung des einzelnen im sozialen Raum. Weil der Habitus sich dort bewährt hat, wirkt er oft „konservativ" und retardierend, d.h. er wandelt sich unter Umständen langsamer als die Lebensverhältnisse. Was jemand für seinen persönlichen Lebensstil und eigenwilligen „Geschmack" hält, ist also zum großen Teil vorbestimmt durch seine gesellschaftliche Position und durch die Notwendigkeit, seine soziale Identität darzustellen und durch Unterscheidung von anderen zu behaupten. Sichtbare Unterscheidung ist nach Bourdieu wesentliche Funktion von Kultur. Unterschiede sind vor allem in unterschiedlichen materiellen Zwängen begründet. Danach lassen sich Notwendigkeitsgeschmack (populärer Geschmack), mittlerer Geschmack und Luxusgeschmack der oberen Klassen („legitimer", dominanter Geschmack) unterscheiden. Menschengruppen können sich innerhalb ihrer Klasse noch einmal dadurch voneinander abgrenzen, dass sie in unterschiedlicher Weise über ökonomisches, soziales oder kulturelles Kapital verfügen (in der Oberschicht etwa: Unternehmer mit ökonomischem, Ärzte mit sozialem, Professoren mit kulturellem Kapital); zu unterscheiden sind auch Absteiger oder Aufsteiger in derselben Klasse. Eine aufsteigende Gruppe ist für Bourdieu etwa das „neue Kleinbürgertum": Dessen Mitglieder haben höhere Bildungsabschlüsse erworben als ihre Eltern, können dieses kulturelle Kapital aber nicht umsetzen in ökonomisches, z.B. aufgrund einer „Akademikerschwemme". Diese Gruppen werden nun versuchen, für ihre kulturellen Kompetenzen Arbeitsmärkte oder Nischen zu schaffen, z.B. indem sie Kulturarbeit und „Kultur für alle" als gesellschaftlich wichtiges Ziel propagieren.

Nach Gerhard Schulze („Die Erlebnisgesellschaft" 1996) ist die feste, herkunftsbestimmte Zugehörigkeit zu einer bestimmten sozialen Gruppe, wie sie Bourdieu noch voraussetzt, infolge der zunehmenden Individualisierung im Schwinden begriffen. *Individualisierung* verlangt u.a. die Wahl von Lebensstilen oder Kulturformen. Anstelle eines für alle verlässlichen Standards wird deshalb das gelungene oder erhoffte Erlebnis (s.o.) zum Entscheidungskriterium. Wie kann man aber sicher sein, dass ein Erlebnis auch wirklich eines ist? Aufgrund dieser Unsicherheit werden die Menschen zu einer neuen Konformität gezwungen, zur mehr oder minder engen Anpassung an den Lebensstil eines bestimmten kulturellen Milieus. Die Jüngeren, insbesondere die wohlhabenderen mit höherem Bildungsabschluss („Selbstverwirklichungsmilieu"), sind dabei „Trendsetter" auf dem Weg zur „Erlebnisgesellschaft", einer Gesellschaft also, für die das Erlebnis die Gewissheit einer angemessenen eigenen Lebensgestaltung erhöht und die Zugehörigkeit zu einem Stilmilieu zum Ausdruck bringt. Schulze zeigt vor allem, dass die beobachtbare Neigung zum Ästhetizismus und zur Selbststilisierung eine wichtige soziale und individuelle Stabilisierungsfunktion hat. In ihrer repräsentativen Untersuchung zum Weiterbildungsverhalten verwenden Barz/Tippelt (2004) konsequent eine sehr viel differenziertere Zuordnung der Befragten zu „sozialen Milieus", deren Bestimmung auch kulturelle Vorlieben und Praktiken umfasst. Noch deutlicher als bei Schulze wird hier, dass alle Milieus sich an Erwachsenenbildung beteiligen, aber bestimmte „moderne" Milieus (z.B. Experimentalisten, moderne Performer, Postmaterielle) viel stärker als z.B. Traditionsverwurzelte, wobei die Bürgerliche Mitte eine mittlere Position einnimmt.

Die philosophischen Überlegungen sowie die soziologischen und erziehungswissenschaftlichen Untersuchungen lassen viele Fragen für die Weiterbildungspraxis offen. Sind Milieus eigentlich offen, lässt der Habitus des Einzelnen Veränderungen durch (kulturelle) Bildung zu? Ist es überhaupt legitim, wenn Weiterbildung kulturell interveniert, da nach Meinung der Kulturwissenschaftler und vieler Kulturpädagogen (s.u.) alle Menschen doch die Kultur haben, die zu ihren Lebensumständen passt? Oder kann auch Bildungsarbeit nur den jeweiligen Erlebnishunger bedienen?

Legitime Arbeitsansätze ergeben sich zumindest aus der steigenden Notwendigkeit kultureller Koexistenz und aus dem Bedürfnis der Adressaten nach Steigerung von Wahrnehmungsfähigkeit und kulturellen Kompetenzen allgemein. Dabei liefert Bourdieu bei allem sozialen Engagement gleichsam nebenher einen m.E. wichtigen Denkansatz: Der aktive Umgang mit den besonders differenzierten Produkten der Hochkultur erzeuge auch eine besondere Differenzierung der Wahrnehmungsfähigkeit (vgl. Bourdieu 1974). So könnte beispielsweise ein Verzicht auf die Auseinandersetzung mit Kunst auch als ein Verzicht auf oder Vorenthalten von kulturellem Reichtum und von Lebensqualität bewertet werden.

3 Kulturpolitik und Bildungskonzepte

Betrachtet man schlaglichtartig die Entwicklung von kulturpolitischen Optionen und Bildungskonzepten in der alten Bundesrepublik, so zeigt sich, dass diese in ihren Zielsetzungen immer breiter geworden sind.

Nach 1945 und bis in die 1960er Jahre hinein standen die Pflege von *Hoch- und Geisteskultur* im Vordergrund, was allein schon daran abzulesen ist, dass die klassischen Kulturinstitute (Theater-, Konzert-, Museumsbetrieb, Archive und Denkmalspflege) besonders gefördert oder doch abgesichert wurden. Man sollte dies nicht einfach einem konservativen Willen zur Restauration zuschreiben, sondern sich bewusst machen, dass durch den Nationalsozialismus große Teile dieser Kultur vernichtet oder verbannt worden waren. Bedürfnisse, sich des kulturellen Bestandes zu vergewissern und Versäumtes nachzuholen, mussten zu einem intensiveren Umgang mit den künstlerischen Werken aus Vergangenheit und Gegenwart führen. In der Praxis der Erwachsenenbildung, weitgehend repräsentiert durch die Volkshochschulen, ging die Beschäftigung mit Kunst und Wissenschaft allerdings schon von 1948 an auffällig zurück, während praktische Angebote wie die des „manuellen und musischen Arbeitens" unerhört an Zulauf gewannen (vgl. Schlutz 1995).

Allerdings war daneben die – auch aus der Geschichte der Arbeiterbildung stammende – Forderung nach *Demokratisierung von Kultur* nie verstummt. Im Laufe der 1960er Jahre wurde aus diesem Ansatz dann die Forderung nach „Kultur für alle", besonders gefördert von sozialdemokratischen Kulturdezernenten (u.a. Hoffmann 1979), von den Gewerkschaften, von Teilen der rebellischen Studenten, aber auch von den Volkshochschulen. Vor allem sollten Zugänge zur sogenannten Hochkultur erleichtert werden durch Popularisierung und Bildung. Dass eine solche Zielsetzung für die stärkere Institutionalisierung und Expansion von Erwachsenenbildung sprach und daher mit dieser einherging, liegt auf der Hand.

Obwohl die im Laufe der siebziger und achtziger Jahre entwickelten Konzepte von *Alltagskultur oder Soziokultur* (vgl. Kolfhaus 1986) auch aus diesem Demokratisierungsansatz hervorgegangen waren, profilierten sie sich zunehmend als Alternative zur Popularisierung von Kunst und Hochkulturen. Sie beziehen Stellung gegen etablierte Kunst und für die nicht arrivierte und „alternative", gegen bloße Rezeption und für eigene Produktion, gegen zentrale Prachtbauten und für Kulturzentren in funktionslos gewordenen Fabriken sowie für Kulturläden in den Stadtteilen, gegen einen engen Kulturbegriff und für die Wertschätzung, den Erhalt, die Revitalisierung von Alltagskultur im Sinne einer „Kultur von unten".

Das Verhältnis des soziokulturellen Ansatzes zur Weiterbildung muss als ambivalent bezeichnet werden: Einerseits setzen bestimmte Vertreter der Soziokultur „Kulturarbeit" und alternative Kulturpraxis schroff ab von einer für sie überholten Bildungsarbeit, die angeblich nicht auf Selbstverwirklichung und eigene kulturelle Identität setze, andererseits greifen viele Initiativen und Kulturläden sogar auf kursförmige Angebotsformen zurück, insbesondere dann, wenn sie in Schwierigkeiten der Finanzierung oder der Programmkontinuität geraten. Und schließlich hat sich die Weiterbildung an vielen Tendenzen des Alltagskultur-Ansatzes beteiligt: etwa mit der Öffnung von Veranstaltungsformen, mit spartenübergreifenden Angeboten, mit der Förderung von historischer Spurensicherung, von Ausstellungen und Festen, mit der Schaffung von bewohnernahen Lernorten, mit Mischformen von kultureller Bildung, Praxis und Darstellung, beispielsweise durch Theatergruppen für Ältere, Ausstellungen von Arbeitslosen usw. (vgl. Ahlheim 1986).

In konzeptioneller Hinsicht ist der Ansatz der „Alltagskultur" weitgehend eine Präzision schuldig geblieben. Sowohl bei der Frage, was die professionelle Intervention in den Alltag, also in das eigentlich Selbstverständliche, rechtfertigt, wie bei der Frage, was die professionell organisierte Alltagskultur im Einzelnen bewirken soll und kann. Praktisch hat der Ansatz der Soziokultur zu einer Vielzahl an Orten und Initiativen der kulturellen Sozialarbeit und sozialen Kulturarbeit mit bis dahin vernachlässigten Bereichen, Wohngegenden, Zielgruppen geführt. Dazu hat auch das Interesse der Politik (vgl. BMBW 1989) beigetragen, die Kultur aus der Perspektive von Sozialpolitik und Kommunalpolitik wiederentdeckt hat, eben als „Soziokultur". Der drohenden Verrottung neuerer Stadtteile wollte man durch aktive, möglichst kostenneutrale Sanierung entgegentreten; „Stadtteilkultur" sollte der Wiederbelebung der zu Verwaltungsbezirken reduzierten Stadt- und Ortsteile dienen. Eine solche Politik steht allerdings zum Teil in einem Spannungsverhältnis zu einer Stadtpolitik, die Standortvorteile zu erhöhen sucht durch eine partielle Förderung von repräsentativer Hochkultur oder doch von attraktiver Ereigniskultur in den Stadtzentren (vgl. Häußermann/Siebel 1987).

Mit der stärkeren Privatisierung von Kulturpolitik und Kultur konnten viele Ansätze der Soziokultur nicht mehr auf Dauer gestellt werden. Erhalten blieb die öffentliche Forderung nach „Teilhabe an Kultur“, jetzt aber weniger im Sinne der ausdrücklichen Förderung bildungsferner Schichten, sondern im Sinne eines gewollten *Pluralismus der Lebensstile*, der Ausdrucksvielfalt und der kulturellen Koexistenz (vgl. Stang/Peez u.a. 2003). Politisch vertreten wird ein solch breiter Ansatz zum Schutz und zur Förderung von „Diversity of Cultural Expressions“ vor allem durch die UNESCO (2005), deren Entschießung von der EU übernommen wurde.

4 Programmschwerpunkte

Wenn Weiterbildung inzwischen als eine eigene kulturelle *Praxis* betrachtet wird, dann wären alle Angebote der Weiterbildung daran beteiligt. Fragt man aber enger, welche Kompetenzen für die Teilhabe an Kultur durch Weiterbildung (als *Instrument*) vermittelt werden, so wird man zunächst auf die *allgemeine Weiterbildung* sehen. Nach der repräsentativen Erhebung zur Weiterbildung (vgl. BMBF 2006) haben 26% der Befragten an allgemeiner Weiterbildung teilgenommen (ebenso viele an beruflicher Weiterbildung). Am meisten besucht (vgl. Barz/Tippelt 2004) werden dabei vor allem die Volkshochschulen, dann die Betriebe, schließlich private Institute, aber auch kirchliche, gewerkschaftsnahe oder verbandliche Anbieter. Zwar gibt es keine gültige Definition, was zur allgemeinen Weiterbildung gehört: u.a. weil Teilnehmer dieselben Angebote oft zu kulturellen oder beruflichen Zwecken nutzen können. Von den meisten Angebots- und Teilnahme-Untersuchungen werden aber – grob gefasst – solche Angebote, die nicht eindeutig einer speziellen Berufsbildung zuzuordnen sind, der allgemeinen Weiterbildung zugerechnet. Um daraus kein gestaltloses Konglomerat werden zu lassen, hat die Bremer Programmanalyse (vgl. Körber u.a. 1995; Schlutz/Schrader 1999), versucht, diesen Bereich nach *drei Funktionen* zu gliedern:

(1) Kompensatorische Grundbildung (z.B. Alphabetisierung, Schulabschlüsse);
(2) Kommunikations- und Schlüsselfähigkeiten (einschließlich Fremdsprachen);
(3) Allgemeinwissen und Alltagskompetenzen Erwachsener (ihre Rollen und Erfahrungsräume, z.B. Person/ Familie, Natur/Umwelt, Gesundheit, Kultur, Politik)

Hieran wird vielleicht etwas deutlicher, dass es unterschiedliche Kompetenzformen sind, durch die Erwachsene bei ihrer Teilhabe an Kultur und Gesellschaft unterstützt werden. Diese eröffnen zugleich auch unterschiedliche Zeitdimensionen: Um Nachholen dessen, was andere früh in der Schule gelernt haben (1), geht es, um die lebenslange Weiterentwicklung von Schlüsselqualifikationen (2) und um die Auseinandersetzung mit Erfahrungen, Rollen, Themen, die erwachsenenspezifisch sind (3) oder doch im Erwachsenenalter eine neue Bedeutung bekommen. Insgesamt ist die Zuordnung zu den drei Funktionen auch von der biographischen, sozialen und historischen Lage und deren Wandel abhängig (vgl. die Differenzierung nach sozialen Milieus in der Weiterbildungsbefragung von Barz/Tippelt 2004). So haben wir z.B. die grundlegende Kenntnis von Informationstechnik schon Anfang der 1990er Jahre (vgl. Körber u.a. 1995) als neues Feld der Allgemeinbildung (3) eingestuft, aber heute wäre es an der Zeit zu überlegen, ob es nicht um eine lebenslang zu erweiternde Schlüsselqualifikation geht (2) oder eine nachzuholende Grundbildung (1) für Menschen ohne rudimentäre Kenntnisse („informationstechnische Alphabetisierung").

Hatte man das *Nachholen von Grundbildung* (1) schon für ein Relikt aus den Anfängen der Erwachsenen- und Arbeiterbildung gehalten, so bekommt dieses Feld gegenwärtig nicht erst durch den technischen Fortschritt eine erneute Bedeutung. Vielmehr haben die PISA-Untersuchungen (vgl. Deutsches PISA-Konsortium 2001) schlagend deutlich gemacht, dass die Verbesserung von Grundbildung und Basiskompetenzen ein dringendes Desiderat darstellt, und zwar nicht nur für die künftigen Test-Kandidaten, sondern vor allem auch für die PISA-Gescheiterten und für solche Erwachsene mit geringer Grundbildung, für die es künftig kaum noch sogenannte „einfache Berufe" mehr geben wird. Die vom Bundesverband für Alphabetisierung (vgl. Döbert/Hubertus 2000) geschätzte Zahl von 4 Millionen Analphabeten, ist nach den schlechten Ergebnissen im PISA-Lesetest als sehr vorsichtige Aussage einzuordnen, denn die Lesekompetenz ist in der Regel immer noch höher als die Schreibkompetenz. Andere Länder schaffen es laut PISA allerdings besser, die durchschnittlichen Kompetenzen aller Schüler anzuheben, vor allem aber einen geringeren Leistungsabstand zwischen den besten und den schwächsten Schülern entstehen zu lassen, ihre Schullaufbahn weniger abhängig von ihrer Schichtzugehörigkeit zu gestalten. In Deutschland gelingt dies weniger zufriedenstellend, was auch eine große Zahl von Zuwanderern betrifft. Anderseits könnte der Erfolg der anderen Länder der deutschen Bildungspolitik auch Mut machen. Im Hinblick auf die Erwachsenenbildung gab es bisher aber kaum direkte Förderung, so dass es den Bildungsinstiutionen oder ihren Trägern überlassen blieb, die vielen betroffenen Erwachsenen beim Nachholen von Grundbildung zu unterstützen (vgl. Schlutz 2006b, das Bundesministerium wird angesichts des zu erwartenden Fachkräftemangels nun ein Qualifizierungsprogramm auflegen). Dass die Anbieter organisatorisch und pädagogisch dazu in der Lage sind, zeigt die Zahl von gegenwärtig fast 30.000 Teilnehmern, die allein an Alphabetisierungskursen im Jahr teilnehmen (vgl. DIE 2007). Bei dieser Aufgabe geht es um nicht weniger als die Verbesserung von Chancengleichheit für den Einzelnen, um ein Ausschöpfen von Begabungsreserven für die Volkwirtschaft und um die Eindämmung der Gefahr einer weiteren sozialen und kulturellen Spaltung der Gesellschaft.

Aus dem Bereich der Kommunikations- und Schlüsselfähigkeiten (2) müssen *Fremdsprachenkenntnisse* als die Kompetenzen hervorgehoben werden, die für eine kulturelle Teilhabe und die interkulturelle Kommunikation in Europa und der Welt besonders wichtig erscheinen. Sprachenkenntnisse sind laut Bevölkerungsumfrage (vgl. BMBF 2006) neben informationstechnischen Qualifikationen die am meisten nachgefragten Zielsetzungen der allgemeinen Weiterbildung. Sprachunterricht wird in der Erwachsenenbildung seit Jahrzehnten gepflegt, was sich auch an einer elaborierten Bereichsdidaktik (vgl. Quetz/von der Handt 2002), an empirischen Untersuchungen (vgl. Eschmann u.a. 2001) sowie an einer gewissen politischen Unterstützung, zumindest auf europäischer Ebene, erkennen lässt. Schon seit der realistischen Wende der Erwachsenenbildung in den sechziger Jahren arbeiteten die großen privaten Sprachenschulen mit Methoden des einsprachigen Unterrichts, schufen die Volkshochschulen ein eigenes System von standardisierten Zertifikaten, die Kommunikationsfähigkeit in Verwendungssituationen bescheinigten und bald auf dem Wege zur europaweiten Anerkennung waren.

Die europäischen Gremien haben, vor allem seit der Jahrtausendwende (Europäisches Jahr der Sprachen 2001), das Sprachenlernen und den Gedanken der Sprachenvielfalt in Europa nachdrücklich unterstützt (vgl. Europäische Kommission 2003). Das sprachenpolitische Ziel wird in der Formel „1+2“, Muttersprache und zwei Fremdsprachen, zusammengefasst, Empfehlungen für die Förderung werden ausgesprochen. Ein gemeinsamer Referenzrahmen für Sprachen wird geschaffen, der in die Erwachsenenbildungsprogramme Eingang findet (Europarat 2001). Eine empirische Untersuchung zum Sprachenstand der Bevölkerung zeigt allerdings, wieweit man noch von den politischen Zielen entfernt ist: Nur 53% der Bevölkerung gibt an, mindestens mit einer Fremdsprache vertraut zu sein (wieweit diese beherrscht wird, wird nicht festgestellt, vgl. INRA 2001).

Die Nachfrage nach Sprachunterricht stagniert in Deutschland seit der Jahrtausendwende (allerdings auf hohem Niveau und während andere Bereiche zurückgehen). Innerhalb des Angebots haben sich zugleich auffällige Veränderungen ergeben: So hat Englisch als immer noch führende Sprache um etwa ein Zehntel abgenommen, während Deutsch als Fremdsprache um etwa ein Fünftel zugenommen hat (und im Unterrichtsvolumen Englisch sogar überholt). Bildungspolitisch muss diese Nachfrage durch Ausländer und Zugewanderte selbstverständlich begrüßt werden; diese wird durch die neuen „Integrationskurse“ im Rahmen der Einbürgerungsbestimmung inzwischen noch stärker geworden sein. Allerdings ist die Frage, ob diese Förderung unter eingeengten Bedingungen ausreicht zur sprachlichen Ausstattung, und ob sie auch beiträgt zur interkulturellen Bildung, die für unsere Gesellschaft ebenso wichtig erscheint wie für die Lebens- und Berufssituation der Einzelnen.

Interkulturelle Bildung sollte zwar über das Fremdsprachenlernen hinausgehen, aber dieses böte eine natürliche oder realistische Möglichkeit, damit zu beginnen. Dafür dürfte das Sprachenangebot nicht auf das Ziel der formalen Kommunikationsfähigkeit für Migranten und Auslandsreisende beschränkt bleiben. Zudem besteht bei uns, im Gegensatz zu manchen ausländischen Veröffentlichungen (vgl. z.B. Demetrio/Favaro 2002), die Neigung, interkulturelle Bildung und Kommunikation zu theoretisch und allzu idealistisch zu erörtern. Realistischer sind wahrscheinlich Ansätze, die von natürlichen Orten und Aufgaben des Aufeinander-Treffens ausgehen, wie es etwa ein international dargestelltes Beispiel aus Pflegeaufgaben zeigt (vgl. Friebe/Zalucki 2003) oder eine empirisch-vergleichende Arbeit über interkulturelle Trainings (vgl. Kainzbauer 2002). Aber statistisch ist das interkulturelle Erwachsenenbildungsangebot noch nicht ausgeprägt nachweisbar, sondern bleibt künftige Aufgabe der Förderung und der Innovation.

Das Feld der *kulturellen Bildung* im engeren Sinne ist traditionell eine Säule des Volkshochschulangebots neben den Fremdsprachen gewesen. Daneben muss man aber die Vielzahl von Angeboten und organisierten Aktivitäten sehen, die von kleineren öffentlichen und privaten Bildungsanbietern oder von Museen ausgehen (vgl. John/Dauschek 2008) sowie in Vereinen, Chorwesen, Musikgruppen praktiziert werden und damit das Feld erheblich erweitern. Mit der Bildungsreform sollte im Laufe der 1970er Jahre auch das bisherige „musisch-kreative“ Angebot umfassender und systematischer angelegt werden. Mit der Zusammenfassung von Kunstbetrachtung und kreativer Kompetenz zu einem Fachbereich „Kulturelle Bildung“ (Schlutz 1985, heute „Kultur – Gestalten“) wollten die Volkshochschulen das einst als Hausfrauen- und Rentnerhobby in der Öffentlichkeit etwas herablassend betrachtete Laien-Schaffen aufwerten und konzeptionell in eine umfassendere moderne ästhetische Bildung einfügen (vgl. zu Praxisperspektiven heute Stang/Peetz u.a. 2003; zur wissenschaftlichen Analyse Gieseke u.a. 2005; zur internationalen Perspektive Depta u.a. 2005; zur kunstpädagogischen Theorie Selle 2003).

Bis Mitte der 1990er Jahre stieg das Angebot an kultureller Bildung in der Statistik der Volkshochschulen stetig an, sank dann leicht ab in der Zeit des wirtschaftlichen Konjunkturtiefs, ohne sich sofort danach wieder zu erholen (im Gegensatz zu anderen Angebotsbereichen). Auffällig ist auch, dass sich zugleich der jahrelange Trend zum „praktischen Tun“ (z.B. von der Kunstgeschichte zum plastischen Gestalten) verlangsamt oder gar gewendet hat. Die Gestaltungskurse machen gegenüber den Reflexions- und Wahrnehmungskursen aber immer noch ein Vielfaches aus. Deshalb bleibt abzuwarten, ob sich in den Veränderungen neue Bedarfe ankündigen oder ob sie eher gegenwärtige Finanzierungsschwierigkeiten andeuten (hohe Stundenzahlen und Raumkosten beim Übungsangebot). Seit Jahrzehnten stellt die Fachgruppe „Malen/Zeichnen/Drucktechniken“ mit 20-25% den größten Anteil an kultureller Bildung dar, aber der „Tanz“ hat mit erheblichen Zuwächsen fast dieselben Belegungszahlen erreicht (DIE 2002, 2007). Dem entspricht eine allgemeine Tendenz zu mehr Körperlichkeit, Rhythmik, vielleicht Selbstdarstellung, wie sie sich auch in der Gesundheitsbildung zeigt (s.u.). Insgesamt stellt sich der Bereich der kulturellen Bildung heute als ein mit der übrigen kulturellen Praxis stark vernetzter Lernbereich dar, in dessen Zentrum die Vermittlung von Wahrnehmungs- und Gestaltungskompetenzen steht, die die Teilhabe an vielfältigen kulturellen Praxen ermöglichen, ohne eine „Zielkultur“ normativ festzulegen.

Wie sich *Zielgruppen-, Stadtteil- und Projektarbeit* entwickelt haben, die seit Ende der 1970er Jahren gerade in der kulturellen Bildung als Mittel betrachtet und eingesetzt wurden, um die engen Grenzen von Sparten- und Kursorganisation zu überschreiten und mehr zur Alltagskultur oder zur kulturellen Identität beizutragen, müssten gezielte Untersuchungen verfolgen. Die Statistik (vgl. DIE 2007) zeigt nur, dass Angebote für Ausländer und Ältere insgesamt zunehmen, während solche für Frauen rückläufig sind. Insgesamt wird die abnehmende öffentliche Förderung den Spielraum für solche Angebotstypen verringern.

In diesem Handbuch werden an anderen Stellen neben unterschiedlichen Zielgruppen auch weitere Angebotsfelder behandelt, die in unserem Zusammenhang wichtig wären, wie etwa Politik, Umwelt, Technik und Gesundheit. Nur das letztere soll hier kurz aufgegriffen werden, weil damit wesentliche Veränderungen im kulturellen Bildungsbedarf und in den dadurch nachgefragten Wissensstrukturen angedeutet werden können. *Gesundheitsbildung* ist (neben informationstechnischer Bildung) der Bereich, der seit Mitte der achtziger Jahre die steilste Aufwärtsentwicklung erfahren hat. Es sind drei Lernbereiche, die zusammen über 80% der Gesundheitsangebote ausmachen, in abfallender Rangfolge: 1. Bewegung/Gymnastik, Körpererfahrung, 2. Entspannung, wie Yoga u.a., 3. Ernährung (vgl. DIE 2007). Reine Informationen zu Erkrankungen, Abhängigkeiten, Krankenpflege stellen einen geringen Anteil und nehmen tendenziell weiter ab. Es werden eher praktische Wege der Selbsthilfe, vielleicht auch zur Stärkung von Selbstheilungskräften gesucht.

Warum das Stichwort „Gesundheit“ seit über 20 Jahren zu so anhaltender Bildungsnachfrage führt, ist nicht gründlich genug erforscht. Plausible Gründe dafür mögen auch in der zunehmenden öffentlichen Thematisierung der Krise des Gesundheitssystems und der Bedeutung der Prävention liegen (und in der partiellen Förderung solcher Kurse durch die Krankenkassen). Gesundheit ist ebenso wie Kultur ein Lernbereich, der überwiegend von Frauen nachgefragt wird. Es ist ein Thema, das immer schon unmittelbar zur Lebensführung gehörte; heute zeigt sich ein gestiegenes Verantwortungsgefühl für die eigene Gesundheit, aber auch die wachsende Schwierigkeit, dem noch gerecht zu werden, angesichts der widersprüchlichen Informationen und der mehr oder weniger verlässlichen Ratschläge zu diesem Thema. Studiert man viele Ankündigungen zu entsprechenden Bildungsangeboten, so scheinen sie auch Bedürfnisse anzusprechen, die über das Ziel der Gesunderhaltung hinausgehen. In den Ankündigungstexten wird Gesundheit mit Wohlbefinden assoziiert, auch mit einer ausgeglicheneren Lebenshaltung als Teil der Persönlichkeit. Dazu soll durchaus auch Wissen vermittelt werden, aber nicht mit Hilfe theoretischer medizinischer Belehrung, sondern durch wechselseitige Verständigung und durch ein Übungsangebot, eine körperliche Erfahrung, die ein Evidenzerleben ermöglichen.

Wenn die Kultursoziologen recht haben damit, dass die Einzelnen zunehmend selbst ihr Leben planen müssen, sich selbst vor Risiken schützen wollen (vgl. Beck 1986) und dass sie angesichts der damit verbundenen Unsicherheit ein Erleben (vgl. Schulze 1996) als Selbstvergewisserung suchen, dann scheint es nahezuliegen, an Bildungsangeboten teilzunehmen, die der unmittelbaren Stabilisierung von Identität, ihrer leiblichen Basis gleichsam, sowie der Sensibilisierung für das eigene Wollen und Erleben dienen (vgl. Körber u.a. 1995, S. 154ff.).

5 Perspektiven

Vor allem gesundheitsbezogene und kulturelle Bildung, aber auch Fremdsprachen und andere Angebotssektoren, zeigen einige übergreifende Trends der Weiterbildung an, die vielleicht auch als symptomatisch für die Kulturentwicklung verstanden werden können (Weiterbildung als *Spiegel*, aber auch eigene *Praxisform* von Kultur). Während bis weit in die 1970er Jahre hinein die allgemeine Erwachsenenbildung ihren Fokus geradezu in der Vermittlung von Bildungswissen, wohl auch in der Popularisierung von Wissenschaft hatte, hat sich die Nachfrage seitdem immer stärker orientiert an Kriterien, wie Alltag, Aktivität und Anwendung. Gesucht werden Kompetenzen für die alltägliche (auch sonntägliche) Lebensführung und Lebensgestaltung, deren Vermittlung eine hohe Eigenaktivität der Lernenden voraussetzt und einschließt. Dieser Trend geht einher mit einem *„Kursturz der klassischen Wissensvermittlung“* (Schlutz 2002, S. 126). Unter „Alltagskompetenzen“ verstehen wir Fähigkeiten der Orientierung und Lebensführung, die in der Regel im Umgang erworben und eingeübt werden und habituell geworden sind. Dazu reicht die mögliche Erfahrung aus erster Hand heute wohl nicht mehr aus. Wissenschafts- und Expertenwissen bieten immer mehr Informationen als vermeintliche Lösungsangebote, die zugleich die eigene Orientierung und Entscheidung weiter erschweren. Das Bewusstsein davon, so die These, erzeugt einen *Bedarf an neuem verwendbaren Allgemeinwissen,* das aber anschlussfähiger an eigene Erfahrungsformen und -inhalte bleibt, in gemeinsamer Verständigung vermittelt und in bestimmten Handlungsformen eingeübt werden kann – wie etwa eine Erfahrung aus erster Hand. Eine zusätzliche Begründung für diesen Angebotstrend könnte darin gesehen werden, dass die Adressaten – im heutigen Bewusstsein, dass man auch autodidaktischer und kostengünstiger lernen kann – sich auf solche Weiterbildungsangebote konzentrieren, die leibliche Präsenz, Prozess-Anleitung, Lernpartner, sozialen Austausch, spezielle Räume benötigen und ermöglichen.

Im Hinblick auf die Kulturentwicklung bedeuten diese Programmverschiebungen vermutlich: *Teilhabe an „Höherem“ und Hochkultur,* an avancierter Kunst stellt kein überall verbreitetes maßgebendes Bildungsmotiv mehr dar. Was keineswegs ausschließt, künstlerische Techniken als Mittel der individuellen Persönlichkeitsbildung zu benutzen (vgl. Kahl 1997) oder klassische Musik zur Erlebnissteigerung. Der Glanz großer Namen füllt ebenso Sonderausstellungen der Museen wie Musik-Hallen, aber kleine Kunstmuseen mit einzelnen Bildern derselben Meister bleiben leer. Was an Kultur genutzt und welche Rolle Bildungsangebote darunter spielen, scheint arbiträr, unterscheidet sich aber gewiss auch nach sozialen Milieus, wenn auch nicht mehr so strikt wie bei den früheren Klassen und Schichten (vgl. Bourdieu 1982; zum Milieumarketing für die Weiterbildung heute vgl. Barz/Tippelt 2004; Tippelt et al. 2008).

Gegenüber dieser denkbaren Vielfalt scheint sich Weiterbildung auf die Vermittlung solcher Wahrnehmungs- und Gestaltungskompetenzen zu konzentrieren, die für unterschiedliche kulturelle Vorlieben genutzt werden können. Eine mögliche Ausdifferenzierung nach unterschiedlichen Bedarfen könnte von einem anderen Trend unterstützt werden: der Schaffung oder *Entdeckung neuer Lernorte* und Dienstleistungsformen (vgl. Schlutz 2006a). Da Teilnehmer an kultureller Weiterbildung nicht erst vom Lernergebnis, sondern immer schon vom erlebten Lernprozess profitieren, spielt der Ort als Medium solcher Prozesse eine besondere Rolle: Neben Unterrichtsräumen hat die kulturelle Bildung deshalb immer schon Werkstätten genutzt, Ateliers, Ausstellungen, Kirchen, Natur- und Stadträume, fremde Länder. Inzwischen bieten sich klassische Kulturinstitutionen stärker auch als Bildungsorte an und werden als solche genutzt (vgl. John/Dauschek 2008; Stang/Puhl 2001). Industriedenkmale (vgl. z.B. Behrens u.a. 2002), öffentliche und verborgene Plätze werden als Lernarrangements gedeutet. Es werden aber auch neue Lernorte geschaffen, z.B. Learning Centres mit gemischten Funktionen (vgl. zu europäischen Beispielen: Stang/Hesse 2006) oder Science Center mit Mitmachgelegenheiten. Vergnügungsparks, Themenparks und Brandlands bieten sich an als Stätten von Erleben und Bildung, wobei das Erlebnis garantiert wird durch Landschaftseinbettung, bauliche Attraktionen, Fahrgeschäfte, Schaustücke, interaktive Installationen usw., während das Lernen sich gleichsam mit dem Erleben einstellen soll.

Die in diesem Schlusskapitel angedeuteten Entwicklungen könnte man aus der Sicht der Kulturkritik rundweg negativ bewerten, etwa als Trivialisierung von Kultur, Bildung und Wissen, als Aufwertung des Amüsements durch Bildungselemente („Edutainment“) oder als Zurichtung eines narzisstischen Konsumententypus für die fortschreitende Kulturindustrie. So bedenkenswert die darin enthaltene Kritik an Monopolen und an der zunehmenden Warenform von Kultur auch wäre, so wenig klärt sie doch darüber auf, wie eigenwillig und produktiv Menschen mit Kultur- und Bildungsangeboten umgehen mögen und was solche Praxis für sie bedeutet. Dazu brauchte es in der Weiterbildung *Wirkungsforschung* in einem substantiellen Sinne.

Weiterbildungspraxis stellt heute eine Dienstleistung dar, die weder ihre Adressaten erziehen will noch die Kulturentwicklung grundlegend ändern kann. Ihr Dienstleistungscharakter schließt aber ein, dass Adressaten nicht auf einen allgemeinen Käufertypus reduziert, sondern in ihrem besonderen Bildungsinteresse ernst genommen werden (vgl. Schlutz 2006a). Unter diesen Bedingungen könnte Weiterbildung ihre Adressaten beispielsweise dabei unterstützen, die eingangs skizzierten ambivalenten Tendenzen der Kulturentwicklung für sich zu modifizieren: die Tendenz zur unendlichen kulturellen Vielfalt (a) etwa durch eigenständigere Wahl und „interkulturelles“ Lernen; die Tendenz zur Ästhetisierung der Kulissen (b) durch lebendige ästhetische Erfahrung; die Tendenz zum Medienkonsum (c) durch aktiven Umgang damit im Sinne selbstbestimmterer Information und vernetzter Kommunikation.

Trotz des wohl kaum umkehrbaren Trends zur Privatisierung muss *Bildungs- und Kulturpolitik* zur gezielten Förderung solcher Aufgaben bewegt werden, die nicht allein über den Markt zu lösen sind, wie u.a. die Grundausstattung mit Bildung, die (kulturelle) Teilhabe von Minderheiten und die interkulturelle Verständigung.

Literatur

Ahlheim, K. (1986): Neue Technik und Kulturarbeit. Bad Heilbrunn: Klinkhardt.

Barz, H./Tippelt, R. (Hrsg.) (2004): Weiterbildung und soziale Milieus, Bd.1: Praxishandbuch Miilieumarketing, Bd. 2: Adressaten- und Milieuforschung zu Weiterbildungsverhalten und -interessen. Bielefeld: W. Bertelsmann.

Baudrillard, J. (1985): Die fatalen Strategien. Berlin: Matthes & Seitz.

Beck, U. (1986): Risikogesellschaft. Auf dem Weg in eine andere Moderne. Frankfurt: Suhrkamp.

Behrens, H./Ciupke, P./Reichling, N. (2002): Neue Lernarrangements in Kultureinrichtungen. Essen: Bildungswerk der Humanistischen Union.

Bundesministerium für Bildung und Forschung (BMBF) (Hrsg.) (2006): Berichtssystem Weiterbildung IX. Integrierter Gesamtbericht zur Weiterbildungssituation in Deutschland. Berlin: BMBF.

Bundesministerium für Bildung und Wissenschaft (BMBW) (Hrsg.) (1989): Soziokultur. Innovation für Kultur, Bildung und Gesellschaft. Bonn: BMBW.

Bollenbeck, G. (1994): Bildung und Kultur. Glanz und Elend eines deutschen Deutungsmusters. Frankfurt: Suhrkamp.

Bourdieu, P. (1982): Die feinen Unterschiede. Kritik der gesellschaftlichen Urteilskraft. Frankfurt: Suhrkamp.

Bourdieu, P. (1974): Zur Soziologie der symbolischen Formen. Frankfurt: Suhrkamp.

Döbert, M./Hubertus, P. (2000): Ihr Kreuz ist die Schrift. Analphabetismus und Alphabetisierung in Deutschland. Münster/Stuttgart: Ernst Klett.

Demetrio, D./Favaro, G. (2002): Didattia interculturale. Nuovi sguardi, competenze, percorsi. Milano: Franco Angeli.

Depta, H./Kargul,J./Polturzycki, J. (Hrsg.) (2005): Kulturelle Erwachsenenbildung in Polen. Münster: Waxmann.

Deutsches Institut für Erwachsenenbildung (DIE) (2002): Volkshochschulstatistik Arbeitsjahr 2001. Bielefeld: W. Bertelsmann.

Deutsches Institut für Erwachsenenbildung (DIE) (2007): Volkshochschul-Statistik. Arbeitsjahr 2006. Bonn: DIE, Verfügbar unter: www. die-bonn.de/doks/reichart0702.pdf (22.12.2007).

Deutsches PISA-Konsortium (Hrsg.) (2001): PISA 2000. Basiskompetenzen von Schülerinnen und Schülern im internationalen Vergleich. Opladen: Leske&Budrich.

Eco, U. (1984): Apokalyptiker und Integrierte. Zur kritischen Kritik der Massenkultur. Frankfurt: Fischer.

Eschmann, D. u.a. (2001): Fremdsprachen-Lernende an Volkshochschulen. München: Hueber.

Europäische Kommission (2003): Förderung des Sprachenlernens und der Sprachenvielfalt; Aktionsplan 2004-2006. Brüssel: Kommission der Europäischen Gemeinschaft.

Europarat (Hrsg.) (2001): Gemeinsamer europäischer Referenzrahmen für Sprachen: lernen, lehren, beurteilen. Berlin u.a.: Langenscheidt.

Friebe, J./Zalucki, M. (Hrsg.) (2003): Interkulturelle Bildung in der Pflege. Bielefeld: W. Bertelsmann.

Geertz, C. (19975): Dichte Beschreibung. Beiträge zum Verstehen kultureller Systeme. Frankfurt: Suhrkamp.

Gieseke, W. u.a. (2005): Kulturelle Erwachsenenbildung in Deutschland. Münster: Waxmann.

Groys, B. (2002): Über das Neue. Versuch einer Kulturökonomie. München: Hanser.

Häußermann, H./Siebel, W. (1987): Neue Urbanität. Frankfurt: Suhrkamp.

Hoffmann, H. (1979): Kultur für alle. Frankfurt: Fischer.

Horkheimer, M./Adorno, Th.W. (1967): Dialektik der Aufklärung. Philosophische Fragmente. Frankfurt/M.: Fischer.

International Research Associates (INRA) (2001): Die Europäer und die Sprachen. Eurobarometer 54. Verfügbar unter: eu.europa.eu/opinion/archives/eb/eb54_de.pdf (15.01.2008).

John, H./Dauschek, A. (Hrsg.) (2008): Museen neu denken. Perspektiven der Kulturvermittlung und Zielgruppenarbeit. Bielefeld: Transcript.

Kahl, I. (1997): Der Bildungswert von Mal- und Zeichenkursen. Frankfurt: DIE.

Kainzbauer, A. (2002): Kultur im interkulturellen Training. Der Einfluss von kulturellen Unterschieden in Lehr- und Lernprozessen an den Beispielen Deutschland und Großbritannien. Frankfurt: IKO.

Kolfhaus, S. (1986): Von der musischen zur soziokulturellen Bildung. Köln: Böhlau.

Kondylis, P. (2007): Der Niedergang der bürgerlichen Denk- und Lebensformen. Weinheim: Akademischer Verlag.

Körber K./Kuhlenkamp, D./Peters, R./Schlutz, E./Schrader, J./Wilckhaus, F. (1995): Das Weiterbildungsangebot im Lande Bremen. Strukturen und Entwicklungen in einer städtischen Region. Bremen: Universität/Institut für Erwachsenen-Bildungsforschung (IfEB).

Lovink, G. (2008): „zero comments“. Elemente einer kritischen Internetkultur. Bielefeld: Transkript.

Lyotard, J.-F. (2005): Das postmoderne Wissen. Graz: Passagen.

Quetz, J./von der Handt, G. (Hrsg.) (2002): Neue Sprachen lehren und lernen. Fremdsprachlicher Unterricht in der Weiterbildung. Bielefeld: W. Bertelsmann.

Rorty, R. (1993): Eine Kultur ohne Zentrum. Leipzig: Reclam.

Schlutz, E. (1985): Kulturelle Bildung. In: Raapke, H.-D./Schulenberg, W. (Hrsg.): Didaktik der Erwachsenenbildung. Stuttgart: Kohlhammer, S. 118-132.
Schlutz, E. (1995): Die Bremer Volkshochschule. Geschichte, Programmentwicklung, Perspektiven. Bremen: VHS.
Schlutz, E. (2002): Alltagskompetenz statt Bildungswissen? Zur Empirie des Allgemeinwissens in der Erwachsenenbildung. In: Künzel, K. (Hrsg.): Allgemeinbildung zwischen Postmoderne und Bürgergesellschaft. Köln: Böhlau/ Internationales Jahrbuch der Erwachsenenbildung, Bd. 30, S. 117-139.
Schlutz, E. (2006a): Bildungsdienstleistungen und Angebotsentwicklung. Münster: Waxmann.
Schlutz, E. (2006b): PISA für Erwachsene – Kompetenzerweiterung und zweite Chance? In: Grotlüschen, A./Linde, A. (Hrsg.): Literalität, Grundbildung oder Lesekompetenz? Literacy, Basic Education or Reading Competencies? Münster: Waxmann.
Schlutz, E./Schrader, J. (1999): Veränderungen im Angebot diesseits und jenseits von Arbeit. In: Gieseke, W./Arnold, R. (Hrsg.): Weiterbildungsgesellschaft. Bd. 2, Neuwied/Kriftel: Luchterhand, S. 27-44.
Schulze, G. (1996[6]): Die Erlebnisgesellschaft. Kultursoziologie der Gegenwart. Frankfurt/M./New York: Campus.
Selle, G. (2003): Kunstpädagogik und ihr Subjekt. Entwurf einer Praxistheorie. Oldenburg: Isensee.
Stang, R./Puhl, A. (Hrsg.) (2001): Bibliotheken und lebenslanges Lernen. Bielefeld: W. Bertelsmann.
Stang, Richard/Peez, Georg u.a. (2003): Kulturelle Bildung. Ein Leitfaden für Kursleiter und Dozenten. Bielefeld: W. Bertelsmann.
Stang, R./Hesse, C. (Hrsg.) (2006): Learning Centres. Neue Organisationskonzepte zum lebenslangen Lernen in Europa. Bielefeld: W. Bertelsmann.
Tippelt, R./Reich, J./Hippel, A. von/Barz, H./Baum, D. (Hrsg.) (2008): Weiterbildung und soziale Milieus, Bd. 3: Milieumarketing implementieren. Bielefeld: W. Bertelsmann.
UNESCO (2005): Convention on the Protection and Promotion of the Diversity of Cultural Expressions. Verfügbar unter: http://unesdoc.unesco.org/images/0014/001429/142919.e.pdf (15.1.2008).

Helle Becker | Thomas Krüger

Weiterbildung und Politik

1 Politische Bildung und Politik

1.1 Politische Bildung in Deutschland

Die politische Bildung ist in Deutschland ein eigenständiger Bildungsbereich mit Bezug auf die Politik-, Sozial- und Erziehungswissenschaften. Sie wird institutionell getragen und praktisch umgesetzt von einer breiten, pluralen Landschaft von freien und öffentlichen Trägern, die weitgehend – wenn auch immer wieder durch Kürzungen bedroht – strukturell abgesichert sind durch eine etablierte öffentliche Förderung. Politische Bildung in Deutschland bezeichnet damit vor allem im Vergleich zu anderen europäischen Ländern einen hoch entwickelten und identifizierbaren Bereich der nicht-formalen Jugend- und Erwachsenenbildung.

Ihren gegenwärtigen, institutionell und fachlich identifizierbaren und (förder)politisch abgesicherten Status verdankt die politische Bildung vor allem ihrer Entwicklung nach dem 2. Weltkrieg. So setzten die westlichen Alliierten nach 1945 gezielte (Bildungs-)Maßnahmen, zum Teil auch (Bildungs-)Einrichtungen, für eine systematische Demokratisierung der Bevölkerung ein (‚Entnazifizierung', ‚Re-Education'). An diese Arbeit knüpfte die Bundesrepublik Deutschland ab 1949 an. ‚Politische Bildung' wurde zu einem eigenen, von der wissenschaftlichen Forschung und Lehre gestützten, schulischen und außerschulischen Jugend- und Erwachsenenbildungsbereich. Im Zuge dieser Entwicklung wurden in den 1950er Jahren der Bundesrepublik Deutschland die Bundeszentrale für politische Bildung und die Landeszentralen für politische Bildung als staatliche Träger sowie zahlreiche spezialisierte Bildungseinrichtungen, -organisationen und Stiftungen als unabhängige Träger der politischen Bildung gegründet. Nach der Wiedervereinigung der beiden deutschen Staaten 1989 entwickelte sich auch in den neuen Bundesländern eine allerdings noch lückenhafte Trägerlandschaft nach diesem Vorbild (vgl. Gagel 2005; Hufer 1999; Ciupke/Jelich 1999).

Auf der Grundlage der Erfahrungen mit nationalsozialistischer Gleichschaltung und Indoktrination ist es kennzeichnend für die deutsche, nicht-staatliche Bildungslandschaft, dass die Unabhängigkeit und Pluralität der Träger sowie die Vielfalt der Angebote, Themen und Vermittlungsformen die vorhandenen Wertorientierungen spiegeln und deren Berücksichtigung im politischen Meinungs- und Willensbildungsprozess sicherstellen soll.

Heute engagiert sich eine bundesweite, vielfältige Trägerlandschaft für politische Bildung und Kultur. Auf der Seite der staatlichen Träger sind dies die Bundeszentrale für politische Bildung (bpb) sowie 15 Landeszentralen für politische Bildung. Sie sind neben eigener politischer Bildungsarbeit für die Weitergabe von Fördermitteln des Bundes und der Länder an die freien Träger zuständig. Die selbständigen und eigenverantwortlichen, bundesweit arbeitenden Träger und Verbände haben sich im Bundesausschuss politische Bildung (bap) zusammengeschlossen. Sie repräsentieren Einrichtungen und Organisationen, die Angebote politischer Bildung machen, wie beispielsweise Bildungsstätten, konfessionell und nicht-konfessionell orientierte

Akademien und Bildungswerke, parteinahe Stiftungen, Volkshochschulen und Jugendverbände. Darüber hinaus machen auf landesweiter, regionaler und lokaler Ebene weitere Einrichtungen und Organisationen der außerschulischen Jugend- und Erwachsenenbildung politische Bildungsangebote. Die Träger und ihre Bildungsangebote werden über verschiedene Ministerien, Behörden und andere Institutionen auf Bundes-, Landes- und kommunaler Ebene finanziell unterstützt (vgl. Beer/Cremer 1999). Die finanzielle Absicherung ist dabei – analog zu anderen Bereichen der Erwachsenbildung – sehr unterschiedlich geregelt.

Die Arbeit der Träger ist nicht auf Deutschland beschränkt. Schon in der Zeit nach dem 2. Weltkrieg, verstärkt aber seit der Entwicklung der Europäischen Gemeinschaften und dann der Europäischen Union, engagieren sich die Träger inhaltlich und organisatorisch in internationalen und europäischen Zusammenhängen und beteiligen sich an transnationalen Projekten und Netzwerken.

1.2 Politik im Wandel

Wiewohl es keine allgemeingültige Definition von politischer Bildung gibt, kann die Definition der Aufgabe der Bundeszentrale für politische Bildung (bpb) aus dem Erlass des Bundesinnenministers stellvertretend für einen praktischen Konsens des Arbeitsfeldes stehen: Demnach will politische Bildung die Bürgerinnen und Bürger darin unterstützen, ein Verständnis für politische Sachverhalte zu entwickeln, ihr demokratisches Bewusstsein zu festigen und ihre Bereitschaft zur politischen Mitarbeit zu stärken (vgl. Bundesminister des Innern 2001). Diese formale Aufgabendefinition wird in der Realität nicht nur durch die Vielfalt der Ansätze unterschiedlicher Träger variiert, sondern auch je nach der gegenwärtigen politischen, gesellschaftlichen oder sozialen Situation unterschiedlich interpretiert. Prinzipiell beziehen sich die Themen politischer Bildung auf die vorhandenen Politikbereiche und auf jeweils aktuelle politische Themen (z.B. Deutschlandpolitik/Wiedervereinigung, Ökologie, Europa, Integration, vgl. Körber 1999); zunehmend weiten sie sich jedoch über herkömmliche politische Themen aus auf lebensweltlich und alltagspraktisch orientierte Fragen (vgl. Fritz et al 2006; Schröder et al 2004). Die Themenvielfalt ist daher potenziell so groß wie politische Anschlussmöglichkeiten denkbar sind[1]. Damit ist eine für die politische Bildung konstitutive Herausforderung benannt: Sie ist in ihren Inhalten und pädagogischen Fragestellungen auf ihren Gegenstand – die Politik bzw. das Politische – und dessen ‚Konjunkturen' verwiesen und aufgefordert, sich in dieser ‚Schicksalsgemeinschaft' zu positionieren und die eigene Praxis zu legitimieren.

Die Diagnosen zur Lage der Politik sind bekannt. Tiefgreifende gesellschaftliche Veränderungen, verbunden mit dem Voranschreiten der elektronischen Kommunikation und der Globalisierung der Märkte, haben vor allem eine Individualisierung, Fragmentierung und Segregation der Gesellschaft zur Folge. Die gesellschaftliche und politische Entwicklung hat offenbart, dass nur ein Teil der gesellschaftlichen Entscheidungskompetenzen im politischen System gebündelt und den Prinzipien der parlamentarischen Demokratie unterworfen ist. Ulrich Beck spricht von einem „Funktionsverlust des politischen Systems" (Beck 1986, S. 357). Die Folge sei eine „Entgrenzung von Politik" (a.a.O., S. 304) in einem doppelten Sinne: Einerseits entstehen Ansprüche auf politische Partizipation außerhalb des politischen Systems (Bürgerinitiativen, soziale Bewegungen, bürgerschaftliches Engagement), andererseits gewinnen Wirtschaft und

1 Der Webkatalog der Bundes- und Landeszentralen zu Angeboten politischer Bildung weist allein über 100 Themen auf; Verfügbar unter: http://www.politische-bildung.net/links/voll.php?viewCat=12 (12.02.2008).

Technik politische Macht mit dem Anwachsen „der Reichweite ihrer Veränderungs- und Gefährdungspotentiale“ (a.a.O., S. 304), die sich durch die Politik, vor allem die nationale Politik, nur wenig kontrollieren lassen.

Dieser objektiv beschreibbare „Strukturwandel des Politischen“ (vgl. Scharenberg/Schmidtke 2003) verleiht der Politik in den Augen vieler Bürgerinnen und Bürger den Eindruck von Unfähigkeit, möglichst breit akzeptierte Lösungen – zum Wohle aller – für aktuelle Probleme zu finden. Diese Skepsis trifft auch die politische Bildung, die dafür wirbt und helfen will, sich als mündige Bürgerinnen und Bürger politisch zu beteiligen.

1.3 Das Ringen um die Politik

Diese Zustandsbeschreibung mag zugleich die Gründe benennen, warum die Profession wie keine andere Bildungsdisziplin so unerbittlich darum streitet, was denn ihr Bezugsgegenstand, in diesem Fall ‚das Politische‘ ist. Die Antwort auf die Frage, wie politische Bildung mit der schwieriger werdenden Kommunikation politischer Zusammenhänge umgehen soll, wird verknüpft mit der Frage nach dem Maß der Thematisierung von Politik in den Bildungsangeboten überhaupt, dem Anteil von ‚Politik‘ einerseits und ‚Pädagogik‘ andererseits: „Es gibt eine Fülle von Vorschlägen zur Bewältigung dieses Bildungsdilemmas. Sie lassen sich danach gruppieren, ob sie den Fokus eher auf die Psychologik der Subjekte oder eher auf die Sachlogik der Politik legen“ (Detjen 2007).

So argumentieren die einen, es sei „eine Kernaufgabe politischer Bildung, unserer demokratischen Ordnung etwas mehr Strahlkraft zu verleihen“ (Schiele 2004), und es sei „beschönigend“, wenn von einer „Entgrenzung der Politik“ sowie von einem „breiten Verständnis von Politik“ gesprochen werde, während man es doch nur mit der „Thematisierung der Politik nicht allzu ernst“ nehme (Detjen 2007). Eine andere Position besteht darauf, sich „unbedingt von der Politik (zu) emanzipieren“, und „sich nicht auf die aktuellen institutionellen Gegebenheiten festlegen (zu) lassen“ (Krüger 2003, S.10).

Verbesserungsvorschläge reichen von einer Elementarisierung der politischen Inhalte2, über die Konzentration auf die Darstellung der Prinzipien der freiheitlichen demokratischen Grundordnung (vgl. Schiele 2004) bis zur Forderung, die „Kritikfähigkeit wieder als zentrale Kategorie politischer Bildung (zu) begreifen“ (vgl. Ahlheim/Mathes 2005).

Diese lebhafte Debatte, die – daran soll hier kein Zweifel gelassen werden – richtig und wichtig ist, sollte jedoch nicht den Blick auf die noch lange nicht ausdiskutierten Probleme verstellen, um deren Lösung es überhaupt geht. Und dies sind keineswegs nur Probleme der Politik, sondern ebenso der politischen Bildung. Sie sollen im Folgenden skizziert werden, bevor wir wieder auf die Frage, wie die politische Bildung darauf reagieren kann, zurückkommen.

---

2 Elementarisierung wird hier verstanden im Sinne einer „didaktisch zu verantwortenden Vereinfachung von (Unterrichts-)Inhalten im Sinne einer Konzentration auf das Wesentliche (das Elementare)“ (Mette/Rickers 2001, S. 382).

2 Herausforderungen politischer Bildung

2.1 Ungleichheiten

Für eine Demokratie ist es lebenswichtig, dass alle Bevölkerungsgruppen ihre Belange in den politischen Diskurs und die Willensbildung einbringen können. Im Zuge der allgemeinen Skepsis gegenüber der Wirkungsmacht von Politik, ganz zu schweigen von der Erfahrung individueller Machtlosigkeit, drohen aber ganze Bevölkerungsgruppen das Vertrauen in die politische Gestaltbarkeit des Gemeinwesens zum Wohle des Einzelnen wie der Allgemeinheit zu verlieren. Hinzu kommt, dass der zu lange wirksame Glaube an eine Selbstregulierung der Gesellschaft und der Bildungssysteme dazu geführt hat, die Ungleichheiten in der Gesellschaft, ihre Fragmentierung und Segregation zu verschärfen. Nicht erst seit PISA, und unabhängig davon, wie man die PISA-Studie beurteilt, ist Konsens, dass eindeutige Verlierer dieser Entwicklung ausgemacht werden können. „Die Höhe des Bildungsniveaus schlägt sich nicht nur in der grundsätzlichen Bereitschaft zum Engagement, sondern auch in der tatsächlichen Teilnahme und Realisierung nieder. Mit solchen bildungsbezogenen Unterschieden in der politischen Teilhabe variieren allerdings auch die Chancen zur Artikulation und Durchsetzung von Interessen. Dies kann dazu beitragen, Ungleichheiten zu verfestigen" (Konsortium Bildungsberichterstattung 2006, S. 188; vgl. auch Thöne 2007; Neugebauer 2007).

Die öffentliche Diskussion um die krassen Bildungsunterschiede in Deutschland, die deutlich auszumachende Abhängigkeit von sozialer Herkunft und Bildungschancen wie -interessen wird zu Recht als Skandal identifiziert, dem sich alle Bildungsbereiche stellen müssen. Politische Bildung steht daher vor der Herausforderung, auch diejenigen zu erreichen, die im Abnehmerspektrum in der Regel fehlen: Dies sind vor allem politisch indifferente Jugendliche und junge Erwachsene (vgl. Schneekloth 2006; Gaiser et al. 2006; Burdewick 2003), Bürgerinnen und Bürger in den neuen Bundesländern mit tiefgreifendem Misstrauen gegenüber der etablierten Institutionenlandschaft sowie Migranten und Migrantinnen. Ein besonderes zu betrachtendes Problem stellen politisch extreme Randgruppen dar, deren Frust und Enttäuschung, gepaart mit antidemokratischen Ressentiments, im äußersten Fall in einen politischen Extremismus umschlagen, der mit Gewalt durchsetzen will, was über etablierte Strukturen und Wege nicht erreichbar ist oder gleich das ganze System treffen will, das als falsch und in Widerspruch zu den eigenen Interessen angesehen wird.

Bürgerinnen und Bürger, die als ‚politikfern' zu bezeichnen sind, machen laut sozialwissenschaftlicher Forschung ungefähr ein Drittel der Gesamtbevölkerung aus[3]. Als Konsequenz hat auch die politische Bildung seit geraumer Zeit die Herausforderung angenommen und denkt darüber nach, wie mehr Menschen erreicht und dabei unterstützt werden können, sich als politische Subjekte zu begreifen und sie stärker in das politische Gemeinwesen zu integrieren.

3 Die Studie im Auftrag der Friedrich-Ebert-Stiftung nennt neun politische Milieus, wobei die drei letzten („selbstgenügsame Traditionalisten", „autoritätsorientierte Geringqualifizierte" und „abgehängtes Prekariat") als deutlich „politikfern" ausgemacht werden (vgl. Neugebauer 2007). Vgl. auch die Studien (und die Sinus-„Kartoffel-Grafik") des Heidelberger Instituts Sinus Sociovision. Das neueste Modell weist als „untere Mittelschicht" bzw. „Unterschicht" inzwischen über 30 % der Bevölkerung aus (vgl. hierzu Sinus Sociovision 2007a).

2.2 Wissen über Zielgruppen

Die Herausforderung für die politische Bildung fängt nicht erst mit der Entdeckung derjenigen Zielgruppen an, die qua Forschung aktuell im Fokus stehen. Im Gegenteil: Eine Neuorientierung der politischen Bildung hat mit der Liberalisierung von Tradition und Werten, der Erosion traditioneller sozialer Milieus und damit der Auflösung so genannter ‚angestammter' Zielgruppen im Laufe der 1980er Jahre begonnen. Eine eindeutige Zuordnung von Formaten und Inhalten zu fest definierten Zielgruppen und entsprechenden Trägern politischer Bildung gelang immer weniger. Für alle Anbieter politischer Bildung stellte und stellt sich die Frage, welche Zielgruppen wie erreicht werden sollen. Diese Frage – die weniger ein Marketingproblem als eigentlich eine pädagogische Frage ist – verschärft sich in der nicht-formalen, zumal der Erwachsenenbildung, die keinen Pflichtcharakter hat, sondern Angebote zur Unterstützung macht und freiwillige Möglichkeiten zur Selbstbildung bietet.

Entscheidungen über das pädagogische Angebot, das herzustellende pädagogische Setting sowie die Mittel und Wege der Vermittlung sind aber nur auf der Grundlage von Kenntnissen über die potentiellen Nutzer und Nutzerinnen dieser Angebote zu treffen. Die grobe Einteilung von Zielgruppen in Sozialmilieus, in Alterskohorten oder nach Bildungsabschlüssen ist jedoch keineswegs hinreichend, um Aussagen über angemessene, gar ‚richtige' oder ‚falsche', Angebotsformen zu machen.

Eine spezialisierte empirische Forschung, die etwas über die Interessen, Vorlieben und Bedingungen einzelner Zielgruppen, und hier speziell über erwachsene Zielgruppen, aussagt, ist noch äußerst rar (vgl. Becker 2006b). Zwar gibt es vor allem im Rahmen der Sozialforschung und Bildungsforschung – hier vor allem in der Teilnehmerforschung allgemeiner Erwachsenenbildung einschließlich der Weiterbildungsstatistik des DIE – eine Fülle von Daten. Die spezielle Nutzbarmachung für die politische Bildung aber steht noch aus. Parallel zu einer in letzter Zeit vor allem politisch geforderten Forschung zu Bildungswirkungen müssen wissenschaftlich gestützte Differenzierungen im Hinblick auf die Interessen und Anschlussmöglichkeiten von Zielgruppen vorgenommen werden, welche die Diskussion vor unzulässiger Vereinfachung und Ideologisierung schützen helfen (vgl. Toyka-Seid 2007). Beispielhaft zeigt die sozialwissenschaftliche und pädagogische Forschung, die sich mit Migrantinnen und Migranten beschäftigt, wie stark differenziert werden sollte. Denn, abgesehen davon, dass „nach wie vor (...) sehr wenig über die Teilnehmenden an politischen Bildungsaktivitäten aus den Kreisen der Migranten bekannt [ist] (...): Die Zielgruppe ‚Migranten' gibt es nicht. Dafür sind die potenziellen Zielgruppen viel zu heterogen" (Wolf/Reiter 2007). Auch die neueste Sinus-Studie (vgl. Sinus Sociovision 2007b) bestätigt, dass „Menschen mit Migrationshintergrund in Deutschland (...) keine soziokulturell homogene Gruppe" sind (a.a.O.). Vielmehr zeigt sich eine vielfältige und differenzierte Milieulandschaft, in der insgesamt acht Migranten-Milieus mit jeweils ganz unterschiedlichen Lebensauffassungen und Lebensweisen identifiziert werden: „Die Migranten-Milieus unterscheiden sich weniger nach ethnischer Herkunft und sozialer Lage als nach ihren Wertvorstellungen, Lebensstilen und ästhetischen Vorlieben. Dabei finden sich gemeinsame lebensweltliche Muster bei Migranten aus unterschiedlichen Herkunftskulturen. Mit anderen Worten: Menschen des gleichen Milieus mit unterschiedlichem Migrationshintergrund verbindet mehr miteinander als mit dem Rest ihrer Landsleute aus anderen Milieus" (a.a.O.).

Ihr Bedarf an politischer Bildung, also das, was diese Zielgruppen nicht vermeintlich objektiv haben ‚müssten', sondern was sie subjektiv auch für ihr privates wie gesellschaftliches Leben wirklich ‚brauchen' können, ist ebenso differenziert, aber auch fragmentiert, wie die sozialen Wirklichkeiten dieser Gruppen. Um entsprechende Angebote machen zu können, steht politische Bildung vor der Forderung, diese Wünsche und Anforderungen an Bildungsangebote zu kennen und dafür die eigenen pädagogischen Möglichkeiten auszuloten.

Dazu bedarf es aber nicht nur der Wissenschaft, sondern auch der Gelegenheiten, die Betroffenen selbst zu Wort kommen zu lassen. Unbestritten ist dies keine leicht zu nehmende Anforderung, da die zu Befragenden a) nicht leicht zu erreichen sind und b) Auskunft geben sollen über etwas, was sie ja gerade (noch) nicht kennen. Möglich und zu erwarten auch, dass Menschen an Politik nicht immer das interessiert, was politische Bildung als notwendig empfindet. Dennoch müssen entsprechende Versuche unternommen werden.

Eine zentrale Anforderung an Theorie wie Praxis in der Frage, wie welche Zielgruppen zu erreichen sind, die als ‚politikfern' und/oder ‚bildungsfern' nur grob beschrieben werden können, ist also die a) nach einer Verstärkung der Forschung in diesem Bereich und der Nutzbarmachung vorhandener Forschungsergebnisse und b) nach einem zunächst vor voreiligen Schlüssen geschützten Austausch von Erfahrungen gelingender Praxis und der gemeinsamen Suche nach Bedingungen für eine solche Praxis sowie c) der direkten Auseinandersetzung mit den betroffenen Zielgruppen und deren Interessen.

2.3 Entwicklung geeigneter Vermittlungsformen

Vor diesem Hintergrund erscheint es nun paradox, über geeignete Vermittlungsformen nachzudenken, die sich doch erst aus der Analyse der Interessen, Bedarfe und Kommunikationsvorlieben der Zielgruppen ergeben können. Aber natürlich gibt es bereits Ansatzpunkte, die Anforderungen an vorhandene oder neue Vermittlungsformen beschreiben und Vorschläge vor dem Hintergrund der Profession diskutieren. Je nach Prämisse, an welche Erkenntnisse und Erfahrungen bezüglich der jeweiligen Zielgruppen die politische Bildung anknüpfen sollte, werden unterschiedliche Vorschläge gemacht[4], deren Vor- und Nachteile bzw. Reichweiten in der Tat kritisch diskutiert werden müssen.

2.3.1 Politische Bildung muss sich den Kommunikationsgewohnheiten der Zielgruppen anpassen

Angelehnt an sozialwissenschaftliche Analysen der Kommunikationsgewohnheiten unterschiedlicher Sozialmilieus kann man davon ausgehen, dass vor allem den audiovisuellen und digitalen Medien ein großer Raum im Alltagsleben eingeräumt wird. Eine aktuelle Anpassungsstrategie der politischen Bildung ist es daher, diese Medien ebenfalls zu nutzen, um politische Zusammenhänge leicht verständlich, und wenn möglich mit Unterhaltungswert, zu vermitteln (vgl. Ruprecht 2002). Kritiker dieser Strategie geben zu bedenken, dass der Anspruch an die notwendige Darstellung von Komplexität der Sachverhalte nicht gesenkt und die Gefahr einer unkritischen Beeinflussung (Indoktrination statt Bildung) nicht erhöht werden dürfe[5]. Hier wird es eine Herausforderung sein, Möglichkeiten zu erproben, die sowohl an vorhandene Kommunikationsvorlieben anknüpfen, als auch sie kritisch überschreiten. Beispiele in der politischen

4 Eine gute Zusammenfassung dieser Vorschläge, wenn auch mit anderer Bewertung, bietet Detjen 2007.

5 Als Beispiel sei die Kritik am Wahl-O-Mat der Bundeszentrale für politische Bildung (bpb) genannt, die sogar Eingang in einen entsprechenden Eintrag im Wikipedia-Lexikon fand. Verfügbar unter: http://de.wikipedia.org/wiki/Wahl-O-Mat (22.01.2008).

Jugendbildung zeigen, wie der Umgang mit Medien, vor allem deren Nutzung für die Herstellung eigener Produkte (PC, Video, Fotografie) die Auseinandersetzung mit politischen und gesellschaftlichen Fragen nicht nur erleichtert, sondern gleichzeitig Kommunikationsräume eröffnen kann, die über die private Verständigung hinausgehen.

2.3.2 Politische Bildung muss Spaß machen

Nicht nur bei den Zielgruppen, die politische Bildung bisher nicht erreicht, auch bei denjenigen, die zu ihren ‚Kunden' zählt, steht der ‚Spaß' als Motiv, Angebote wahrzunehmen, hoch im Kurs. Dieser kann sich je nach Zielgruppe auf einen Zusatznutzen beziehen und zum Beispiel in der Möglichkeit bestehen, anlässlich gemeinsamer Unternehmungen Kontakte zu knüpfen oder sich in der Gruppe oder der Einrichtung „wohl zu fühlen"[6]. Er kann aber auch kulturelle Ausdrucksformen und Projektionsflächen meinen wie Veranstaltungen mit Eventcharakter oder den Einsatz von Identifikationspersonen (‚Testimonials'). Auch spielerische Formen wie beispielsweise das interaktive Wahltool „Wahl-O-Mat" zählen dazu[7], inzwischen auch eine Fülle von unterschiedlichen Spielen wie „Last Exit Flucht"[8], die „Internet-Rallye Föderalismus"[9] oder das Kartenspiel „fit in politik"[10]. Freilich sollte der Spaß nicht Selbstzweck sein, sondern einen unmittelbaren Zusammenhang zum Gegenstand politischer Bildung haben und also eine ernsthafte und inhaltliche Auseinandersetzung fördern.

2.3.3 Politische Bildung muss ‚nützlich sein'

Bildungsanstrengungen werden neben einem als immer mehr belastend empfundenen Alltag der Menschen von vielen eben vor allem als anstrengend empfunden. Ein wichtiges Motiv, diese Anstrengung dennoch auf sich zu nehmen, ist die Einsicht in den Nutzen von Bildungserfolgen. Unglücklicherweise kämpft die politische Bildung hier nicht nur mit individuellen Vorlieben, sondern auch mit politischem und gesellschaftlichem Gegenwind. Denn in der öffentlichen und politischen Diskussion, gerade auch in der Erwachsenenbildung, werden Bildungsziele zurzeit in starker Abhängigkeit von Erwerbstätigkeit gesehen und einem deutlichen ökonomischen Verwertungsinteresse untergeordnet. Diese Betrachtungsweise – als Notwendigkeit für den Einzelnen subjektiv nachvollziehbar – leistet jedoch der fortschreitenden Ökonomisierung aller Lebensbereiche und damit einer sozial ungerechten, von Marktgesetzen regierten Fragmentierung der Gesellschaft Vorschub.

Politische Bildung muss daher genau abwägen, wenn sie mit ihrem beruflichen oder gar monetären Nutzen werben will. Sie sollte stattdessen den persönlichen und gesellschaftlichen Nutzen in den Mittelpunkt stellen. Politische Bildung, so eine Überlegung und Forderung, müsse dem Bedarf an ‚Hilfen zum Durchblick' entgegenkommen. Kritiker merken dazu an, dass diese Tendenz aber nicht dazu führen dürfe, „den Begriff der politischen Bildung [zu]

6 Vgl. Fritz et al. 2006, S. 112ff.: Hier nennen 94,6% der Befragten, die erstmalig Teilnehmer von Bildungsmaßnahmen sind, als ein Motiv für eine Teilnahme an den Angeboten politischer Bildung „Spaß haben" als „sehr wichtig" oder „wichtig".

7 Die hohen „Spaßwerte" des Wahl-O-Mats wurden durch die wissenschaftliche Begleitung der Universität Düsseldorf nachgewiesen. Verfügbar unter: http://www.wahl-o-mat.uni-duesseldorf.de/ (22.01.2008).

8 Verfügbar unter: http://www.lastexitflucht.org/againstallodds/ (22.01.2008).

9 Verfügbar unter: http://www.bpb.de/methodik/WK5HRN,0,Internetrallye:_Föderalismus.html (22.01.2008).

10 Verfügbar unter: http://www.lpb-bw.de/publikationen/spiele/fip.php (22.01.2008).

reduzieren und [zu] banalisieren, bis zur Unkenntlichkeit zu ,entgrenzen' (Ahlheim 2003, S. 37f.). Das Potenzial politischer Bildung im Sinne ihres Bildungsauftrags, der jenseits einer bloßen Ratgeberschaft liegt, dürfe nicht verwechselt werden mit einer „bunten Mischung aus Bildungsinteressen und Bedürfnissen nach Information, Orientierungshilfen und Alltagsratgebern" (a.a.O., S. 38). An diese, vor allem in der Folge von Karsten Rudolfs „Bericht politische Bildung" (Rudolf 2002) vielfach geäußerten Bedenken schließen auch diejenigen an, die eine ,Sozialpädagogisierung' und damit einen Profilverlust der Profession befürchten, wenn der Schwerpunkt politischer Bildungsarbeit in einer stark lebensweltlich orientierten Pädagogik unter Vernachlässigung des Bildungsgegenstands ,Politik' bzw. des ,Politischen' liege.[11]

2.4 Imageprobleme

Eng verbunden mit der Frage nach geeigneten Vermittlungsformen der Angebote ist diejenige danach, wie man die Angebote überhaupt bekannt und erreichbar machen kann. Vor jeder zielgruppenadäquaten Vermittlung steht die Herausforderung, auch diejenigen für ein Angebot zu interessieren, die zunächst an keine (positive) politische Erfahrung anknüpfen können und auch keinen Bedarf artikulieren. Hier ist sicherlich viel zu tun. Denn bedenkt man die beliebtesten ,Werbearten' (vgl. Fritz u.a. 2006) für politische Bildungsangebote, so sind diese nach wie vor sehr beschränkt und wenig geeignet, neue Teilnehmerkreise zu erschließen: Mund-zu-Mund-Propaganda, Werbung in den Veranstaltungen oder über das Programmheft sind die verbreitetsten Formen, die allesamt bereits ein Vorwissen oder eine Zugehörigkeit zur ,Szene' voraussetzen. Nur das Internet erweist sich als ein modernes und weiter reichendes Medium der Öffentlichkeitsarbeit. Hier gibt es noch viel Spielraum, um auch diejenigen zu erreichen, die sich nicht innerhalb einer interessierten ,Community' bewegen.

Aber die Aufgabe ist größer: Politische Bildung sieht sich regelmäßig veranlasst, um ihre öffentliche Anerkennung und eine angemessene finanzielle Ausstattung zu ringen (vgl. exemplarisch Peter Dudek 2004; Bundesausschuss politische Bildung (bap) 2004; und aktuell: Niedersächsischer Bund für freie Erwachsenenbildung 2007)

Dabei werden häufig Bildungsforderungen und Bildungsinteressen in Politik und Öffentlichkeit artikuliert, die ganz zentral die politische Bildung betreffen, ohne dass diese allerdings namentlich adressiert würde. So wird zwar von Politikern[12] und Bildungsforschern nach Kompetenzen gerufen, die dabei helfen, die Komplexität politischer Zusammenhänge zu durchdringen und Verständigung und Teilhabe zu ermöglichen[13] sowie die Akzeptanz von Politik zu

11 Ausführlich werden die Bedenken politischer Bildnerinnen und Bildner dargelegt in Fritz 2005. Vgl. auch Widmaier 2007, der das Problem an der Diskussion der Bezugswissenschaft von politischer Bildung festmacht.

12 Vgl. exemplarisch: Grundsatzprogramm der CDU, (Punkt 266): „Demokratische Beteiligung des Bürgers drückt sich nicht nur in Wahlen und Abstimmungen, sondern auch in anderen Formen der Teilhabe am Gemeinwesen, wie das Ehrenamt, aus. Unsere lebendige Demokratie baut auf aktive Bürger" (CDU 2007, S. 84). Oder Grundsatzprogramm der SPD (Punkt 3.3): „Die Demokratie lebt durch das Engagement der Bürgerinnen und Bürger. Darum wollen wir eine starke, lebendige Bürgergesellschaft, in der die Menschen die Freiheiten der Meinung, der Vereinigung und Versammlung nutzen. Der demokratische Staat ist die politische Selbstorganisation der Bürgerinnen und Bürger" (SPD 2007, S. 30).

13 Vgl. das Programm der Bund-Länder-Kommission für Bildungsforschung und Forschungsförderung „Bildung für eine nachhaltige Entwicklung" (1999-2004) bzw. „Transfer 21" (2004-2008): http://www.transfer-21.de/.

erhöhen[14], auch schlagen sie vor, Demokratie lebendig erfahrbar zu machen[15] und Partizipationsfähigkeiten bei Kindern und Jugendlichen zu fördern (vgl. Bundesministerium für Familie, Senioren, Frauen und Jugend 2005), ohne dass dies explizit als Aufgabe der Profession Politische Bildung benannt würde.

Einen besonderen Fall stellt die Bildungspolitik der Europäischen Union dar. Schon das „Memorandum über Lebenslanges Lernen" der Europäischen Kommission aus dem Jahr 2000 definierte „Basisqualifikationen (...) als Kompetenzen, die Voraussetzung sind für eine aktive Teilhabe an der wissensbasierten Gesellschaft und Wirtschaft" (Europäische Kommission 2000, S. 13). Inzwischen schließt deren Bildungspolitik im Rahmen des Konzepts für ein „Lebenslanges Lernen" und des Arbeitsprogramms „Bildung und Ausbildung 2010" an die Definition von Schlüsselkompetenzen an, in denen als eine unter acht Kompetenzen „interpersonelle, interkulturelle und soziale Kompetenz und Bürgerkompetenz" (Europäische Kommission 2005, S. 15) gefordert wird. Bildung wird in diesem Zusammenhang auch als Befähigung zur politischen Teilhabe verstanden, Bürgerkompetenz als Voraussetzung für eine ‚europäische Bürgerschaft' und ein Engagement der Bürger für das Einigungsprojekt Europas. Sie soll

> „alle Formen von Verhalten betreffen, die es Personen ermöglichen, in effizienter und konstruktiver Weise am gesellschaftlichen und beruflichen Leben teilzuhaben, insbesondere in zunehmend heterogenen Gesellschaften, und gegebenenfalls Konflikte zu lösen. Bürgerkompetenz rüstet den Einzelnen dafür, umfassend am staatsbürgerlichen Leben teilzunehmen, ausgehend von der Kenntnis der gesellschaftlichen und politischen Konzepte und Strukturen und der Verpflichtung zu einer aktiven und demokratischen Beteiligung" (a.a.O., S. 20).

Und in ihrer Mitteilung „Unsere gemeinsame Zukunft aufbauen: Politische Herausforderungen und Haushaltsmittel der erweiterten Union 2007-2013" (Europäische Kommission 2004, S. 6ff.) schlug die Kommission vor, die Förderung der Unionsbürgerschaft zu einer Hauptpriorität für EU-Maßnahmen zu machen. Seitdem ist die Europäische Union auch in der Neukonzeption der Förderprogramme ab 2007 bei der Idee und Diskussion einer ‚Education for Democratic Citizenship' angekommen (vgl. Becker 2006a).

Diese europäische Aufwertung wird jedoch sowohl von der deutschen Politik als auch von der deutschen politischen Bildung eher als marginale Erscheinung, wenn nicht sogar mit Skepsis, wahrgenommen. Immerhin hat die Europäische Union mit dem Verdikt zu kämpfen, kein Vorbild in Sachen Demokratie zu sein, warum dann eine in Sachen politische Bildung? Und so verweist die Politik höchstens darauf, dass die deutschen Schülerinnen und Schüler mehr über die Institutionen der EU wissen sollten, damit diese manche Entscheidungen deutscher Parlamente besser verstehen könnten (vgl. Becker 2004).

So steht die politische Bildung vor einem klassischen Dilemma: Sie hat mit Vorurteilen und Nichtbeachtung zu kämpfen, und wird doch als Profession dauernd gefordert. Kein Wunder also, dass sie um ihr Profil fürchtet. Womit wir wieder bei der eingangs dargestellten Diskussion angelangt wären, wie viel Politik denn in politischer Bildung sein sollte.

---

14 Diese Forderung wird vor allem gern von Europapolitikern vorgebracht, aber auch von deutschen Politikerinnen und Politikern, beispielsweise von Angela Merkel in ihrer Rede vor dem Bundesrat am 16. Februar 2007, in der sie es für „nachdenkenswert" hält, „an den Schulen mehr Wissen über Europa zu vermitteln" (Die Bundesregierung 2007)

15 Vgl. das Programm der Bund-Länder-Kommision für Bildungsforschung und Forschungsförderung „Demokratie lernen und leben" .(2002-2006): http://www.blk-demokratie.de/

3 Neue Wege

Politische Bildung hat die Aufgabe, Bürgerinnen und Bürger als Akteure im politischen Prozess zu unterstützen und zu ermutigen. Sie geht dabei von der Unterstellung aus, dass die Lernenden Akteure ihres eigenen (Selbst-) Bildungsprozesses sind, dessen Ende prinzipiell offen ist.[16] Das gilt allerdings auch für den Anfang: Wo, wann, warum und mit welcher Intention sich Menschen als politische Akteure begreifen (lernen), zählt zum je individuellen Prozess. Politische Bildung muss daher zumindest theoretisch in der Lage sein, auf jeweils individuelle Ausgangssituationen zu reagieren. Motive potentiell Lernender vorab als unangemessen oder nicht hinreichend zu begreifen, hieße das pädagogische Prinzip der Anerkennung (vgl. Brumlik 2002) zu unterlaufen: „Ich meine (...) dass wir, weil das Interesse der Menschen sich nicht einfach segmentieren lässt, mit der kulturellen Bildung oder der Sozialarbeit kooperieren. Um die Menschen zu erreichen, muss politische Bildung durchaus auch ihre Grenzen überformen" (Länge 2003, S. 24). Diskussionen um potentielle Zielgruppen oder das Image, das Angebote politischer Bildung haben, betreffen daher zunächst gar nicht ihren fachwissenschaftlichen Kern. Es handelt sich dabei eher um Überlegungen, wie der Zugang zu (nicht nur) politischen Bildungsprozessen gestaltet werden sollte, wie diese flankiert und innerhalb welcher Kontexte und Settings sie platziert werden können. Für solche Überlegungen, welche ‚neuen Wege' die politische Bildung gehen könnte, möchten wir im Folgenden drei Beispiele anführen.

3.1 ‚Empowerment': Politische Bildung aktiviert

Betrachtet man politische Bildung als einen Prozess, der Möglichkeiten eröffnet, die Rolle des mündigen, mitgestaltenden Bürgers anzunehmen, so sind auch vorsichtige Annäherungen, die Schaffung von Voraussetzungen, Umwege und Experimente erlaubt, die dazu beitragen, für den jeweilig sich Bildenden das Feld seines eigenen politischen Verständnisses zu erforschen. Ob und ab wann es sich dabei um ‚lupenreine' politische Bildung handelt oder erst um Information, Training, Beratung oder soziale Arbeit, muss diesem Anspruch nachgeordnet sein. Die Nachordnung kann als reale Arbeitsteilung verstanden werden (zum Beispiel in Form von Kooperationsprojekten von Trägern, die unterschiedliche, aber verzahnte und intentional abgestimmte Angebote machen, von denen politische Bildung ein Teil ist), sie kann aber auch chronologisch, als zu unterscheidende Schritte eines Gesamtprozesses, angesehen werden.

Dabei muss politische Bildung nicht immer gleichgesetzt werden mit direkter pädagogischer Intervention. Auch das absichtsvoll gestaltete Setting, in dem Selbstbildung im und am System evoziert wird, kann als Form eines politischen Bildungsangebots gelten und dies selbst und gerade dann, wenn es sich um politisch konnotierte ‚Echtsituationen' handelt. Ein Beispiel ist das Stadtbüro Leipzig, dessen Arbeit seit 1998 von der Erziehungswissenschaftlichen Fakultät der Universität Leipzig begleitet wird.[17] Das dem Oberbürgermeister und dem Rat zugeordnete

16 Nichts anderes postuliert der „Beutelsbacher Konsens", eine Selbstverpflichtung der schulischen wie außerschulischen politischen Bildung. Der Beutelsbacher Konsens besagt, dass es nicht erlaubt ist, Jugendliche und Erwachsene im Sinne erwünschter Meinungen zu überrumpeln und an der „Gewinnung eines selbständigen Urteils" zu hindern, dass alles, was in Wissenschaft und Politik kontrovers ist, auch als kontrovers dargestellt werden muss, und dass die Zielgruppen in die Lage versetzt werden müssen, eine politische Situation und ihre eigene Interessenlage zu analysieren und „nach Mitteln und Wegen zu suchen, die vorgefundene politische Lage im Sinne ihrer Interessen zu beeinflussen". Verfügbar unter: www.lpb.bwue.de/beutels.htm (22.01.2008).

17 Verfügbar unter: http://www.leipzig.de/de/buerger/politik/buergerbeteilig/stadtbuero/ (22.01.2008).

Stadtbüro soll nicht nur die Beteiligung von Bürgern an städtischen Planungsprozessen ermöglichen, sondern diese sollen hier Raum und Unterstützung bekommen, um Ressourcen für eine Beteiligung erst zu entwickeln. In der Konzeption für das Stadtbüro wurde daher zwischen drei Varianten von Beteiligung unterschieden:

1. Beteiligung durch Informieren (zur Verbreitung von Kenntnissen über Sachverhalte, Probleme, getroffene Entscheidungen und ggf. zur Förderung von Akzeptanz)
2. Beteiligung durch Erheben von Meinungen/Anregungen/Hinweisen (zur Anreicherung von internen Vorgängen der Meinungsbildung, Entscheidung und Variantenentwicklung)
3. Beteiligung durch gemeinsames Entwickeln von Ideen und Lösungen (zur Anreicherung von noch offenen Vorgängen der Problemklärung und Entscheidungsvorbereitung).

> „Die Situation des angesprochenen Bürgers ist jeweils eine andere: Beim Informieren geht es darum, Darstellungen, Mitteilungen, Erläuterungen usw. entgegenzunehmen bzw. zu ‚empfangen'. Bei der Erhebung von Meinungen, Anregungen und Hinweisen ist der Bürger in der Rolle, etwas zu ‚geben'. Beim gemeinsamen Entwickeln von Ideen und Lösungen geht es um Mitgestalten" (Wittig 2003).

Für unseren Zusammenhang relevant ist die Beobachtung der Universität Leipzig, dass Kontakte vom Typ ‚Anfragen/Nachfragen' – zunächst an erster Stelle – allmählich zurückgingen und demgegenüber diejenigen Kontakte zunahmen, in denen Einzelbesucher des Stadtbüros Anregungen und Hinweise gaben. Relevant ist auch, dass es sich hier nicht um ein Modell ‚bloßer' Information oder Beratung handelt, sondern dass die Nutzung des Stadtbüros nach pädagogischen Gesichtspunkten als ‚Möglichkeitsraum' und ‚Ressource' (also auch als Setting) intentional gestaltet wurde. Zu dieser Gestaltung gehört auch, dass nicht nur Selbstbildung qua Beteiligung ermöglicht wird, sondern zugleich auch verhindert wird, dass das Stadtbüro als quasi-politischer Entscheidungsraum (neben den demokratisch legitimierten politischen Gremien) fungiert, und statt dessen darauf beschränkt bleibt, qualifiziert zur Meinungsbildung (beider Seiten) beizutragen. Diese Beschränkung unterscheidet es als Bildungsprojekt von der bloßen Schaffung von politischen Diskursräumen.

Initiieren, aktivieren, beteiligen – politische Bildung muss das Politische in die Reichweite von Normalbürgerinnen und -bürgern bringen und die Möglichkeiten eigener Aktivität ins Bewusstsein heben. Dafür sollte sie verstärkt diejenigen Bereiche ins Bewusstsein und in das pädagogische Setting rücken, die sich auch über das Politiksystem hinaus als politikrelevant und öffentlich regelungsbedürftig erweisen, wie die Gestaltung der unmittelbaren Lebenswelt. Dieses alternative Politikverständnis, die Eröffnung ungewohnter Politikbereiche und neuer Beteiligungsformen werden zum politischen Handlungsraum, in dem eine Beteiligung mit pädagogischer Unterstützung bildend wirken kann.

‚Selbstorganisation', ‚Community'-Bildung, ‚Open Source'- oder ‚Peer to Peer-Technologie' (Systeme des gleichberechtigten Tausches von Informationen und Ressourcen), das Aufstellen von Bürgerhaushalten, Runde Tische oder Agenda-21-Beschlüsse sind vielversprechende Partizipationsbereiche, die es politischer Bildung ermöglichen, alternative Ansätze zu erproben und neue Anschlussmöglichkeiten und Perspektiven zu eröffnen. Zugleich erhält sie die Chance, aus dem Dunstkreis negativer Konnotationen etablierter Politik herauszutreten.

3.2 Politische Bildung gestaltet öffentliche Räume

Konstitutiv für eine Aktivierung und für politisches Handeln ist Öffentlichkeit. Demokratie braucht öffentliche Räume, in denen Meinungen ausgetauscht und Entscheidungen ausgehandelt und transparent gemacht werden können. Den universalen Raum aber, in dem sich die etablierte Politik abspielt, stellen die Medien:

> „Medien sind für die politische Bildung nicht nur deshalb von Interesse, weil sie die Schlüsselinstanz der Politikvermittlung sind. Vielmehr haben sie sich insofern selbst zu einem Teil des Politikprozesses entwickelt, als die Medien nicht mehr nur ‚Medium', sondern auch ‚Faktor' gesellschaftlicher und politischer Entwicklung geworden sind" (Wessely 2004).

Das stellt politische Bildung weiterhin vor die Aufgabe, Medienkompetenz im Sinne der Fähigkeit eines kritischen Umgangs mit der medialen Präsentation und gleichzeitig der eigenen Nutzung zur Mitgestaltung von Öffentlichkeit und Politik zu vermitteln.

Medienöffentlichkeit hat aber auch eine „Entterritorialisierung" (Abu-Hammoud, M. 2007, S. 160) von Öffentlichkeit zur Folge. Was fehlt, sind reale Räume der Auseinandersetzung, der Begegnung und des Austauschs. Alternativen bieten neue Formen von Öffentlichkeit, die den Unterschied zwischen ‚öffentlicher Meinung' und ‚veröffentlichter Meinung' erfahrbar machen. Es gibt also Gründe, der politischen Bildung die Aufgabe zuzuschreiben, eine ‚Gegenöffentlichkeit' zu schaffen. Erscheint diese Aufgabe vielleicht etwas zu groß – zumal man nicht eigentlich von einer Einheitlichkeit von Öffentlichkeit, sondern vielmehr von vielen parallelen Öffentlichkeiten ausgehen muss –, so ist sie doch in der Lage, an vielen ‚Korrektivöffentlichkeiten' mitzuwirken und diese als Lernräume zu gestalten. Das gilt sowohl für reale als auch für virtuelle Räume. So muss die politische Bildung auch im und am Internet Bildungsmöglichkeiten aufspüren und nutzen.

Dabei reicht es aber nicht, nur den Raum zu bieten, der dann wildwüchsig ausgefüllt wird. Dann würden sich die Ungleichheiten der Eingangsvoraussetzungen, zum Beispiel soziale Segregation oder herrschaftsförmige Kontexte, in Form von Wissen, Kommunikationsfähigkeit oder Status eins zu eins reproduzieren. Politisch bildend wird die öffentliche Auseinandersetzung als Erfahrung erst dann, wenn a) die Auseinandersetzung unter der Prämisse gegenseitig akzeptierter Diskursregeln stattfindet, b) das Gefühl der eigenen Bürger-Relevanz unterstützt und gegen (vermeidbare) Frustration geschützt wird und c) die Erfahrung von Gestaltungsmöglichkeiten nicht in der Durchsetzung individueller, privater Interessen aufgeht, sondern zu „kollektiv verbindlichen" (und akzeptierten!) Entscheidungen führt.[18]

Nicht jede Möglichkeit von alternativer Öffentlichkeit und ‚Partizipation' ist daher auch politisch bildend oder gar legitimierbar. Die vielerorts zu beobachtende regellose, ‚wilde' Partizipation – klassisches Beispiel ist die unregulierte ‚E-Partizipation' – ist in dieser Hinsicht zumindest ambivalent, wie Erfahrungen aus dem Bereich der kommunalen Stadtplanung in

---

18 In diesem Sinne unpolitisch (und politisch nicht bildend) handelt derjenige, der die Folgen eigener Entscheidungen nicht über sein eignes Interesse hinaus bedenkt. Das Gegenmodell eines politisch Denkenden und Handelnden sind die so genannten „Nimbys" (Mazmanian/Morell 1990; Miller 2007). „Nimbys", das Akronym für „Not in my back yard", argumentieren gegen politische Entscheidungen aus reinem Eigeninteresse: Autobahnen müssen sein, aber bitte nicht hinter meinem Haus. Sie sind damit nicht per se gegen die Folgen von Entscheidungen, sofern sie diese nicht selbst tragen müssen.

Hamburg zeigen.[19] Hier setzt man ein breites Informations- und Diskussionsangebot im Internet ein, um interessierte Laien in die Stadtplanung einzubeziehen. In einem von der Technischen Universität Hamburg moderierten Forum „Bürgerdialog Living Bridge" (www.belebte-bruecke.de) werden städtebauliche Konzepte diskutiert. Diese Art von öffentlicher Debatte, an der sich jeder beteiligen kann, ist formal nicht entscheidungsrelevant. Indirekt aber schon, wenn der Souverän meint, die Voten nicht gänzlich ignorieren zu können: „Falls das geschieht, wäre eine Diskussion über die demokratische Legitimation solcher Foren dringend geboten", zitiert Till Briegleb Axel Gedaschko, Präses der Behörde für Stadtentwicklung und Umwelt der Freien und Hansestadt Hamburg (Briegleb 2007, S. 13). „Denn wenn eine kleine Schar noch so kompetenter, aber anonymer Laien in Zukunft die Würde von Entscheidungsträgern erhält, ist das Tor für Missbrauch weit geöffnet" (a.a.O., S. 13).

Politische Bildungsprozesse werden also durch derartige Aktivitäten nur dann initiiert, wenn ihre Gestaltung die realen Möglichkeiten, aber auch die legitimatorischen Grenzen solchen politischen Handelns deutlich macht. Der politischen Bildung kommt also die wichtige Aufgabe zu, diese neuen Formen der Beteiligung kritisch zu begleiten, indem sie die, die sich beteiligen, unterstützt und jeweils die Legitimation und Reichweite solcher Verfahren transparent macht.

3.4 Politische Bildnerinnen und Bildner in neuen Rollen

Das oben geschilderte Bildungs-Szenario entspricht nicht zufällig dem (prognostizierten) Charakter vom ‚Lebenslangem Lernen', das „weg von den stark institutionalisierten Formen des Lernens hin zum einzelnen Menschen, der in formalen und informellen Lernprozessen Bildung erfährt" geht, wie ihn Uli Wessely beschrieben hat (Wessely 2004):

- „Bildung wird zunehmend außerhalb formaler Lernprozesse und herkömmlicher Bildungsinstitutionen erworben; Lernen wird in den Arbeitsprozess und in die Freizeit verlagert.
- Lernen durchdringt viele Lebensbereiche und erfolgt im öffentlichen Raum.
- Selbst gesteuertes, multimediales und interaktives Lernen findet beispielsweise im Internet statt.
- Die Beziehung zwischen Lernenden und Lehrenden ist einem fundamentalen Wandel unterworfen. Die Rolle des Lernenden wandelt sich immer mehr zu der eines eigeninitiativen Forschers, der sich gemeinsam mit anderen neues Wissen erschließt. Die Lehrenden werden zu Moderatoren im Lernprozess".

Nach diesem Verständnis müssen sich Bildnerinnen und Bildner weitaus mehr als Gestalterinnen und Gestalter von Settings und als Moderatorinnen und Moderatoren von Lernprozessen verstehen als bisher (vgl. Schröder et al 2004). Grundvoraussetzung ist die Unterstellung politischer Mündigkeit ungeachtet ihrer realen Umsetzung. Politische Bildnerinnen und Bilder müssen die Fähigkeit haben, Menschen zu ‚ermächtigen' (‚empowern'), ihnen Rüstzeug für Beteiligung zu bieten, sie aber auch zu ermutigen, ihnen Möglichkeiten und Wege und vor

19 Auch die in letzter Zeit zahlreicher werdenden Konsultationsverfahren der Europäischen Kommission lassen sich hier als Beispiel subsumieren, vgl. die Diskussion um „Europas soziale Wirklichkeit: eine Bestandsaufnahme". Die Bürger-Reaktionen sollen in die neue Sozialagenda einfließen, die die EU-Kommission Mitte 2008 vorlegen möchte; Verfügbar unter: http://ec.europa.eu/citizens_agenda/social_reality_stocktaking/index_de.htm (22.01.2008).

allem Lust an der Selbstgestaltung und Einmischung zu vermitteln. Das ist nicht nur eine Frage der Inhalte und Methoden, sondern auch der eigenen – professionellen – Haltung.

4 Noch einmal: Das Ringen um Politik II

Nach dem oben Gesagten lässt sich die Frage nach ‚dem Politischen' in der politischen Bildung vorläufig so beantworten:

- Politische Bildung sollte überall dort anknüpfen, wo sie dazu beitragen kann, die Bereitschaft und das Vermögen der Menschen, sich Politik und Politischem zuzuwenden, zu erhöhen. Sie sollte sich jedoch auch und gerade in ‚fachfremden' Zusammenhängen zu erkennen geben und den Anspruch auf ihren Anteil am Bildungsangebot kenntlich machen: „Politische Bildung braucht ein Gesicht, sie braucht ein Profil, aber sie muss in der Praxis die Grenzen der Disziplin überschreiten, um wirksam zu werden".[20]
- Die Emanzipation von der negativen Konnotierung von Politik gelingt politischer Bildung am ehesten, wenn sie mithilft, Modelle ‚guter' Politik und ‚guter' Demokratie, politischer Beteiligungs- und Entscheidungsmodelle mitzugestalten und sie als Gegenentwurf zur bestehenden ‚Politikabstinenz der Politik' darzustellen. Ihre angestammte Aufgabe besteht darin, diese Zusammenhänge aktiv zu Lerngelegenheiten zu machen.

Diese politische Bildung braucht allerdings Rahmenbedingungen, die oft über das hinaus gehen, was im Moment zur Verfügung steht oder leistbar ist:

- Sie braucht mehr spezifische wissenschaftliche Forschung und Diskussion, um einerseits Wissen zur Verfügung zu haben, das die oben geforderte Analyse flankiert, und damit sich andererseits ideologische Grabenkämpfe entspannen, indem die Diskussion auf Fragen der differenzierten Umsetzung gerichtet wird.
- Sie braucht damit – auch vor dem Hintergrund wissenschaftlicher Forschung – aufwändigere, weil spezifische Analysen der Zielgruppen und deren Lebensumfelder und Interessen.
- Sie braucht multidisziplinär kompetentes Personal, das in der Lage ist, mit anderen Bildungsakteuren gemeinsam zu agieren, ohne darin aufzugehen.
- Gleichzeitig ist es notwendig, die Einheit der Profession und die Kontinuität von Trägern und Angeboten zu erhalten. Diese Kontinuität schafft sowohl eine Wiedererkennbarkeit, wer welche Angebote macht, als auch Netzwerke und Kooperationen zum Austausch von Erfahrungen und für ein arbeitsteiliges Zusammenwirken. Dazu tragen auch die gemeinsamen Maßnahmen der freien wie staatlichen Träger der politischen Bildung zur Qualitätssicherung bei.

Insgesamt wird es damit aufwändiger, politische Bildungsangebote zu gestalten. Diese oben genannten Rahmenbedingungen zu erlangen, ist eine schwierige wie lohnende aktuelle Aufgabe der politischen Bildung.

---

20 Thomas Krüger, zitiert bei: Schillo, J.(2003): Editorial. In: Praxis Politische Bildung 7, H.2, S. 83; vgl. auch die Beiträge zum Schwerpunktthema „Schnittstellen der Bildungsarbeit" im gleichen Heft..

Literatur

Abu-Hammoud, M. (2007): Globalisierung, Global Governance und Demokratie. Diss. TH Aachen. Verfügbar unter http://darwin.bth.rwth-aachen.de/opus3/volltexte/2007/2103/pdf/Abu_Hammoud_Muwafaq.pdf (31.08.2008)

Ahlheim, K. (2003): Vermessene Bildung? Wirkungsforschung in der politischen Erwachsenenbildung, Bad Schwalbach: Wochenschau Verlag.

Ahlheim, K./Mathes, H. (2005): Plädoyer für eine kritische politische Bildung. Ein Streitaufruf. In: Sozialismus (25.04.2005) Ein Streitaufruf für eine kritische politische Bildung mit und in den Gewerkschaften. Verfügbar unter: http://www.linksnet.de/artikel.php?id=1647 (22.01.2008).

Beck, U. (1986): Risikogesellschaft. Auf dem Weg in eine andere Moderne. Frankfurt/Main: Suhrkamp.

Becker, H. (2004): Das Interesse an Europa liegt im Kühlschrank. Ein Curriculum auch. In: Praxis Politische Bildung 8, H.2, S.85-88.

Becker, H. (2006a): Das hinreißende ABC der Europäischen Union: Arbeit, Bildung, Citizenship – auf dem Weg zur europäischen Bildungs- und Bürgergesellschaft? In: Außerschulische Bildung 1. S.33–39.

Becker, H. (2006b): Stock-taking study on lifelong learning for democratic citizenship through adult education (LLL-EDC Study), National Report Germany: Work Package 1 – Research Review, Berlin (pdf). Verfügbar unter: URL: http://www.dpu.dk/site.aspx?p=11349 (22.01.2008).

Beer, W./Cremer, W. (1999): Die Träger außerschulischer politischer Bildung. In: Bundeszentrale für Politische Bildung (Hrsg.): Politische Erwachsenenbildung. Ein Handbuch zu Grundlagen und Praxisfeldern, Bundeszentrale für politische Bildung, Bonn: o.V., S.111–144.

Briegleb, T. (2007): Der Klick zum Bau. „E-Partizipation": Soll das Volk über Architektur abstimmen? In: Süddeutsche Zeitung vom 27. November 2007, S. 13.

Brumlik, M. (2002): Anerkennung als pädagogische Idee. In: Hafeneger, B./Henkenborg, P./Scherr, A. (Hrsg.): Pädagogik der Anerkennung. Grundlagen, Konzepte, Praxisfelder, Bad Schwalbach: Wochenschau Verlag, S.13–25.

Bundesminister des Innern (2001): Erlass über die Bundeszentrale für politische Bildung vom 24. Januar 2001, Z 2a - 006 101 BpB/3, GMBl 2001, S. 270.

Bundesministerium für Familie, Senioren, Frauen und Jugend (2005): Bericht über die Lebenssituation junger Menschen und die Leistungen der Kinder- und Jugendhilfe in Deutschland – Zwölfter Kinder- und Jugendbericht Bildung, Betreuung und Erziehung vor und neben der Schule. Verfügbar unter: http://www.bmfsfj.de/RedaktionBMFSFJ/Abteilung5/Pdf-Anlagen/zwoelfter-kjb,property=pdf.pdf (22.01.2008).

Bundesausschuss politische Bildung (bap) (2004): Erhöhung versprochen – Kürzung beschlossen? Der Bundestag plant, die Mittel für die politische Bildung der freien Träger drastisch abzusenken. Verabschiedet durch die Mitgliederversammlung Bonn am 3. November 2004.

Burdewick, I. (2003): Jugend – Politik – Anerkennung. Eine qualitative empirische Studie zur politischen Partizipation 11- bis 18-jähriger, Bundeszentrale für politische Bildung. Bonn: o.V.

CDU (2007): Freiheit und Sicherheit. Grundsätze für Deutschland. Das Grundsatzprogramm. Beschlossen vom 21. Parteitag, Hannover, 3.–4. Dezember 2007. Verfügbar unter: http://www.grundsatzprogramm.cdu.de/doc/071203-beschluss-grundsatzprogramm-6-navigierbar.pdf (31.08.2008)

Ciupke, P./Jelich, F.-J.(1999): Ein neuer Anfang: politische Jugend- und Erwachsenenbildung in der westdeutschen Nachkriegsgesellschaft, Essen: Klartext Verlag.

Detjen, J. (2007): Politische Bildung für bildungsferne Milieus. In: Aus Politik und Zeitgeschichte 32. Verfügbar unter: http://www.bundestag.de/dasparlament/2007/32-33/Beilage/001.html (22.01.2008).

Die Bundesregierung (2007): Rede von Bundeskanzlerin Dr. Angela Merkel zur deutschen EU-Ratspräsidentschaft vor dem Bundesrat am 16. Februar 2007 in Berlin, in: Die Bundesregierung: Bulletin Nr. 19-3vom 16.02.2007. Verfügbar unter: http://www.bundesregierung.de/nn_1514/Content/DE/Bulletin/2007/02/19-3-bk-bundesrat.html

Dudek, P. (2004): Notwendig, aber in der Defensive. Politische Bildung in der Bundesrepublik. In: Aus Politik und Zeitgeschichte 48. Verfügbar unter: http://www.bundestag.de/dasparlament/2004/48/daspolitischebuch/004.html (12.02.2008).

Europäische Kommission (o.J., 2000): Memorandum über Lebenslanges Lernen, SEK(2000) 1832.

Europäische Kommission (2004): Mitteilung: „Unsere gemeinsame Zukunft aufbauen: Politische Herausforderungen und Haushaltsmittel der erweiterten Union 2007-2013", KOM (2004) 101 endgültig.

Europäische Kommission (2005): Schlüsselkompetenzen für lebenslanges Lernen. Vorschlag für eine Empfehlung des Europäischen Parlaments und des Rates (von der Kommission vorgelegt), KOM (2005) 548 endgültig.

Fritz, K. (2005): Selbstverständnis und Wirklichkeit Politischer Erwachsenenbildung. Eine empirische Evaluationsstudie, Dresden. Verfügbar unter: hsss.slub-dresden.de/documents/1109840063338-8861/1109840063338-8861.pdf, (22.01.2008).

Fritz, K./Meier, K./Böhnisch, L. (2006): Politische Erwachsenenbildung Trendbericht zur empirischen Wirklichkeit der politischen Bildungsarbeit in Deutschland, Weinheim: Juventa Verlag.
Gaiser, W./Gille, M./de Rijke, J./Sardei-Biermann, S. (Hrsg.) (2006): Jugendliche und junge Erwachsene in Deutschland. Lebensverhältnisse, Werte und gesellschaftliche Beteiligung 12- bis 29-jähriger, Schriften des Deutschen Jugendinstituts: Jugendsurvey, Wiesbaden: VS-Verlag.
Gagel, W. (2005): Geschichte der politischen Bildung in der Bundesrepublik Deutschland 1945 x 1989/90, Wiesbaden: VSVerlag.
Hufer, K.-P. (1999): Historische Entwicklungslinien: politische Erwachsenenbildung in Deutschland von 1945 bis zum Ende der 90er Jahre. In: Bundeszentrale für politische Bildung (Hrsg.): Politische Erwachsenenbildung. Ein Handbuch zu Grundlagen und Praxisfeldern, Bundeszentrale für politische Bildung, S. 87–110.
Körber, K. (1999): Inhaltliche Schwerpunkte. In: Bundeszentrale für Politische Bildung (Hrsg.): Politische Erwachsenenbildung. Ein Handbuch zu Grundlagen und Praxisfeldern. Bonn: Bundeszentrale für politische Bildung, S.221–255.
Konsortium Bildungsberichterstattung (Hrsg.) (2006): Bildung in Deutschland. Ein indikatorengestützter Bericht mit einer Analyse zu Bildung und Migration. Im Auftrag der Ständigen Konferenz der Kultusminister der Länder in der Bundesrepublik Deutschland und des Bundesministeriums für Bildung und Forschung. Bielefeld: Bertelsmann Verlag.
Krüger, T. (2003): „Es müsste zwischen Politik und politischer Bildung mal wieder richtig krachen...“. Thomas Krüger, Präsident der Bundeszentrale für politische Bildung, im Gespräch mit dem BAP-Vorsitzenden Theo W. Länge. In: Praxis Politische Bildung 7, H. 1, S. 5–15.
Länge, T.W. (2003): Junger Wilder trifft alten Hasen. „Bericht politische Bildung 2002“ in der Diskussion mit Theo W. Länge und Karsten Rudolf. In: DIE Zeitschrift für Erwachsenenbildung, H. 2, S. 24–28.
Mette, N./Rickers, F. (2001): Elementarisierung. In: Mette, N./Rickers, F. (2001): Lexikon für Religionspädagogik. Neukirchen: Neukirchener Verlag. S. 382-388
Mazmanian, D./Morell, D. (1990): The “NIMBY” Syndrome: Facility Siting and the Failure of Democratic Discourse. In: Vig, N. J./Kraft, M.E. (Hrsg.): Environmental Policy in the 1990s: Reform or Reaction? Congressional Quarterly Books, S. 139–141.
Miller, G. (2007): Understanding the NIMBY and LULU Phenomena: Reassessing Our Knowledge Base and Informing, Journal of Planning Literature 21. S. 255–266.
Neugebauer, G. (2007): Politische Milieus in Deutschland. Die Studie der Friedrich-Ebert-Stiftung, Bonn 2007. Hrsg. von der Friedrich-Ebert-Stiftung. Bonn: Dietz.
Niedersächsischer Bund für freie Erwachsenenbildung (2007): Politische Bildung in der niedersächsischen Erwachsenenbildung. Hannover: 11. Juni 2007.
Rudolf, K. (2002): Politische Bildung und Markt Band II. Bericht politische Bildung 2002 – Was wollen die Bürger? Eine Marktanalyse zur außerschulischen politischen Bildung in Deutschland. Institut Junge Bürgergesellschaft (IJBG). Büdingen/H: Dissertation.
Ruprecht, G. (2002): Politische Bildung im Internet. Bad Schwalbach: Wochenschau Verlag.
Scharenberg, A./Schmidtke, O. (Hrsg.) (2003): Das Ende der Politik? Globalisierung und der Strukturwandel des Politischen. Münster: Verlag Westfälisches Dampfboot.
Schiele, S. (2004): Ein halbes Jahrhundert staatliche politische Bildung in Deutschland. In: Aus Politik und Zeitgeschichte 8, H. 7-8,. Verfügbar unter: http://www.bundestag.de/dasparlament/2004/07-08/Beilage/001.html (22.01.2008).
Schillo, J. (2003): Editorial. In: Praxis Politische Bildung 7, H. 2, S. 83.
Schneekloth, U. (2006): Politik und Gesellschaft: Einstellungen, Engagement, Bewältigungsprobleme. In: Shell Deutschland (Hrsg.): Jugend 2006. Eine pragmatische Generation unter Druck, Frankfurt/M.: Fischer Taschenbuch Verlag, S. 103–144.
Schröder, A./Balzter, N./Schroedter, T. (2004): Politische Jugendbildung auf dem Prüfstand. Ergebnisse einer bundesweiten Evaluation. Weinheim und München: Juventa Verlag.
Sinus Sociovision (2007a): Die Sinus-Milieus® in Deutschland 2007 – Soziale Lage und Grundorientierung. Verfügbar unter: http://www.sinus-sociovision.de (19.02.2008).
Sinus Sociovision (2007b): Die Milieus der Menschen mit Migrationshintergrund in Deutschland. Eine qualitative Untersuchung. Auszug aus dem Forschungsbericht. Heidelberg, 16. Oktober 2007. Verfügbar unter: http://www.sinus-sociovision.de/Download/Report_Migranten-Milieus_16102007_Auszug.pdf (Auszug der Studie), (19.02.2008).
SPD (2007): Hamburger Programm. Grundsatzprogramm der Sozialdemokratischen Partei Deutschlands. Beschlossen auf dem Hamburger Bundesparteitag der SPD am 28. Oktober 2007. Herausgeber: SPD-Parteivorstand Willy-Brandt-Haus, 10963 Berlin, 1. Auflage 11-2007. Verfügbar unter: http://www.parteitag.spd.de/servlet/PB/show/1731523/Hamburger%20Programm_final.pdf (31.08.2008)

Thöne, A. (2007): Das Portal ich-will-lernen.de. Grundbildungsangebote für benachteiligte Jugendliche und junge Erwachsene. In: Praxis Politische Bildung 11, H. 4, S. 277.

Toyka-Seid, C. (2007): Politische Bildung für bildungsferne Jugendliche. Die Profession berät eine Neuausrichtung. In: Praxis Politische Bildung 11, H. 4, S. 273–277.

Wessely, U. (2004): Politische Bildung in der globalen Wissensgesellschaft. In : Aus Politik und Zeitgeschichte, H. 7-8. Verfügbar unter: http://www.bpb.de/publikationen/KRICR3,0,Politische_Bildung_in_der_globalen_Wissens gesellschaft.html, (22.01.2008).

Widmaier, B. (2007): Politische Jugend- und Erwachsenenbildung – lost in space? In: Praxis Politische Bildung 11, H. 3, S. 178–185.

Wittig, J. (2003): Die „Kultur der Beteiligung" lernen. Das Leipziger „Stadtbüro" unter erwachsenenpädagogischer Beobachtung. In: DIE Zeitschrift für Erwachsenenbildung, H. 2. Verfügbar unter: http://www.diezeitschrift.de/22003/wittig03_01.htm, (22.01.2008).

Wolf, R./Reiter, S. (2007): Politische Bildung für Migrantinnen und Migranten. In : Aus Politik und Zeitgeschichte, H. 32. Verfügbar unter: http://www.bundestag.de/dasparlament/2007/32-33/Beilage/003.html (22.01.2008).

Rolf Arnold | Henning Pätzold

Weiterbildung und Beruf

1 Weiterbildung und Beruf

Berufliche Weiterbildung ist offenkundig – sonst würde sie anders heißen – auf die Kategorie des Berufs bezogen. Gleichwohl gibt es hier keine klare Vorordnung der Art etwa, dass erst der Beruf da sein müsse, bevor berufliche Weiterbildung gedacht werden kann. Die Verhältnisse sind komplexer: nicht nur die Weiterbildung reagiert auf Veränderungen in der Beruflichkeit, sondern auch Berufsstrukturen reagieren darauf, ob sie beispielsweise durch Weiterbildung stabilisiert und entwickelt werden können oder nicht. Diesen Verhältnissen geht der folgende Artikel nach. Im ersten Teil wird die Situation der Weiterbildung beschrieben. Bereits hier lässt sich festhalten, dass diese zwar eine stabile Position in der Bildungslandschaft herausgebildet hat, im internationalen Vergleich aber durchaus ausbaufähig erscheint. Überdies verändern sich die Beteiligungsmuster, insbesondere die Verbindung zwischen Weiterbildung und Ausbildung, gegenwärtig substanziell.

Im zweiten Teil folgen wir über eine gewisse Strecke der These vom Ende des Berufs, um hieraus Folgerungen für die berufliche Weiterbildung zu gewinnen. So ist unumstritten, dass das Berufskonzept in der überkommenen Form des Weber'schen Fachmenschentums nicht mehr ohne weiteres gültig ist, die vielfältigen Versuche einer Neukonzeption haben jedoch ebenfalls noch nicht zu Alternativen geführt, die auf breiter Linie überzeugen. Eher haben wir es gegenwärtig mit einem Flickenteppich aus Charakteristika von Beruflichkeit zu tun, denen – in Ansprüche der Berufstätigkeit gewendet – vielfach durch Weiterbildung begegnet wird.

Stabile Berufsbilder führen zu stabilen Anforderungsprofilen in Aus- und Weiterbildung. Entsprechend führt die Auflösung solcher Konstrukte zu einer entsprechenden Diffusität bei den Anforderungen, denen auch durch Weiterbildung begegnet wird. Diese Entwicklung wird im dritten Teil genauer betrachtet. Indem nämlich auf der Ebene der Inhalte die Bedeutung der fachlichen (Weiter-)Bildung relativiert wird, steigt das Gewicht persönlichkeitsbildender Gegenstände, sodass sich Domänen der beruflichen und der allgemeinen Bildung, die auch zeitlich einmal recht scharf getrennt waren, mehr und mehr vermischen.

Das eigentliche Gegenstück zur Fachbildung liegt allerdings nicht in der Persönlichkeitsbildung sondern – empirisch beobachtbar – in der Grundbildung. Immer mehr kommt der Weiterbildung auch die Aufgabe zu, einem dynamischen Konzept von Grundbildung entsprechend Qualifikationen zu entwickeln, die in traditioneller Sichtweise die Voraussetzung von Beruflichkeit wären. In den abschließenden Betrachtungen wird überlegt, wie unter diesen Umständen das Verhältnis von Bildung, Qualifikation und Persönlichkeit im Rahmen der Kategorien berufliche Bildung und Beruf zeitgemäß bestimmt werden kann.

1.1 Die Bedeutung der Weiterbildung für den Beruf

Weiterbildung – schon seit vielen Jahren mit wachsender Bedeutung und entsprechendem Prestigegewinn versehen – hat sich inzwischen von einer möglichen Option zum festen Bestandteil beruflicher Biografien entwickelt. Einen Beruf in einem westlichen Industrieland auszuüben, ohne sich in diesem Zusammenhang weiter zu bilden, stellt die Ausnahme dar. Gleichwohl bleibt der Begriff auch eine „Wärmemetapher“: Mit dem Verweis auf notwendige Weiterbildung lässt sich nicht zuletzt auch von strukturellen Defiziten etwa in Ausbildungssystemen, Organisationen oder bei der Verteilung von Verantwortung in unterschiedlichen Führungsstilen ablenken. Und auf Länder- oder gar Teilnehmerebene betrachtet stellt sich die Weiterbildungsbeteiligung immer noch sehr heterogen dar. In Deutschland hat sich die Beteiligung an beruflicher Weiterbildung von 1979 bis 1997 etwa verdreifacht, ist seitdem jedoch wieder zurückgegangen. Im internationalen Vergleich liegt sie damit recht niedrig, unter den 15 alten EU-Staaten auf dem viertletzten Platz. Sie ist weniger als halb so hoch, wie etwa in Österreich (vgl. Konsortium Bildungsberichterstattung 2006, S. 126). Dennoch: die Vorstellung des deutschen Bildungsrates (1970, S. 26) von der Weiterbildung als gleichwertigem Teil des Bildungssystems, die 1970 noch eher utopisch schien, ist inzwischen, zumindest gemessen an den Ausgaben für Weiterbildung, sogar übererfüllt (vgl. Faulstich/Zeuner 1999).

Mit dieser Entwicklung korrespondiert, dass der beruflichen Weiterbildung von weiten Teilen der Bevölkerung eine hohe Bedeutung zugesprochen wird. Etwa 51% der Erwerbspersonen in einer Repräsentativbefragung sehen für sich selbst in den nächsten Jahren Bedarf an beruflicher Weiterbildung und weitere 14% sind hier unsicher (vgl. Schiersmann 2006, S. 44). Hier – wie auch bei der Weiterbildungsbeteiligung selbst, zeigen sich allerdings erhebliche Unterschiede je nach sozio-demografischen Merkmalen wie Alter, Einkommen usw. So wird der Weiterbildungsbedarf von jüngeren Personen und solchen mit höherem Bildungsniveau tendenziell höher eingeschätzt. Damit einher geht, dass Personen mit Hochschulabschluss ihren Weiterbildungsbedarf am höchsten einschätzen (ca. 69%), gefolgt von Personen mit Meister- bzw. Technikerabschluss (ca. 65%). Den geringsten Weiterbildungsbedarf diagnostizieren bei sich selbst Personen ohne qualifizierte Berufsausbildung (ca. 42%), aber auch unter jenen mit Ausbildungsabschluss gehen nur ca. 48% davon aus, sich in den nächsten Jahren weiter bilden zu müssen (vgl. ebd., S. 46). Die ‚klassische‘ Vorstellung von Weiterbildung als „als Fortsetzung oder Wiederaufnahme organisierten Lernens nach Abschluss einer unterschiedlich ausgedehnten ersten Bildungsphase“ (Deutscher Bildungsrat 1970, S. 197), die schon damals in Richtung einer ‚education permanente‘ bzw. „ständigen Weiterbildung“ (ebd., S. 51) relativiert wurde, hat also kaum noch Gültigkeit. Ein konstanteres Muster bildet etwa die Weiterbildung als kontinuierliche Aufnahme von Bildungsaktivitäten über den Lebenslauf.

In der Tendenz zeigt sich hier ein Entkopplungsprozess, bei dem die Weiterbildungsbereitschaft nicht (mehr) allein an einen einigermaßen erfolgreichen Verlauf der ersten Phase der Bildungsbiografie geknüpft ist. Die abgeschlossene Berufsausbildung ist kein brauchbarer Indikator für die Weiterbildungsaffinität, verglichen etwa mit einem Hochschulabschluss (vgl. Schiersmann 2006, S. 80).

Diese quantitativen Trends gehen einher mit qualitativen Strukturverschiebungen, die unser Bildungswesen als Ganzes grundlegend zu verändern scheinen. Allgemein bahnt sich auf allen Ebenen des Bildungssystems ein Wandel an, der sich im Bereich der beruflichen Bildung bereits sehr deutlich vollzieht: Der Wandel von der „Schulbildungs- zur Weiterbildungsgesellschaft“ (Geißler/Wittwer 1989, S. 93; vgl. Arnold/Gieseke 1998). An die Stelle der ‚Bildung auf Vorrat‘ für die späteren Rollen in Beruf und Gesellschaft tritt im Bereich der Berufsbildung – aber nicht nur dort – zunehmend die Weiterbildung als eine Form der ‚just-in-time‘-Qualifizierung, die neuerdings vermehrt durch Konzepte der Grund- bzw. Basisqualifikationen unterfüttert wird. Dabei verliert auch der ‚Beruf‘ mehr und mehr seine einstmals vorherrschende Funktion als kalkulierbares Muster für individuelle und gesellschaftliche Entwicklung. Nicht selten ist in diesem Zusammenhang vom ‚Ende des Berufs‘ und einer Entwicklung von der Berufs- zur Arbeitsgesellschaft die Rede (vgl. Arnold 2003a). Weil die technologischen, wirtschaftlichen und arbeitsorganisatorischen Entwicklungen einmal erworbene Qualifikationen immer rascher veralten lassen, gerät nämlich auch das traditionelle Berufsbildungskonzept immer stärker ins Wanken. „Eine berufliche Erstausbildung (stellt) nur noch selten eine Vorbereitung für einen Lebensberuf dar“ (Tippelt 1990, S. 66f.). Gerade die Zunahme der Wertschätzung von und Teilnahme an Weiterbildung zeigt dies in augenfälliger Weise. Dies führt jedoch letztlich auch dazu, dass sowohl der ‚Erstberuf‘ als auch der ‚Lebenslauf‘ und schließlich das ‚Erwachsensein‘ – im Sinne eines ‚Entwachsenseins‘ aus gesellschaftlichen Lern- und Entwicklungsanforderungen – als Bezugsgrößen für eine Theorie beruflicher Weiterbildung fragwürdig werden müssen. Der mit der Expansion der Weiterbildung verbundene bildungspolitisch grundlegende Strukturwandel geht somit notwendigerweise einher mit einer Neubestimmung des Verhältnisses von Berufsbildung und Erwachsenenbildung (vgl. Arnold 2003b). Welche Funktion kann – so lautet die konzeptionelle Leitfrage – die berufliche Weiterbildung erfüllen, wenn ‚der‘ Beruf und ‚das‘ Erwachsensein im herkömmlichen Sinne unsere gesellschaftliche und ökonomische Situation immer weniger zu strukturieren vermögen. Und welche Konsequenzen ergeben sich für das Konzept *berufliche Weiterbildung*, wenn der Beruf nicht mehr eine der großen Sicherheiten ist, die dem Menschen „Innenstabilität“ (Schelsky) verleiht (vgl. Beck 1986, S. 211)? Auch eine Theorie beruflicher Weiterbildung muss, will sie aktuell sein und den gesellschaftlichen Modernisierungs- und Differenzierungsschüben gerecht werden, dem gewandelten Verhältnis zwischen Beruf und Weiterbildung Rechnung tragen. Dabei ist es längst nicht mehr möglich, berufliche Weiterbildung aus einem bestehenden Berufskonzept heraus als dessen Ergänzung bzw. Begleiterscheinung abzuleiten, vielmehr ist zu fragen, ob Beruflichkeit selbst nicht in immer größerem Umfang ein Merkmal – wenn nicht eine Folge – der Verwirklichung einer Berufsbiografie ist, die sich unter Umständen in Merkmalen wie der ‚einschlägigen‘ Weiterbildungsbeteiligung stärker manifestiert, als in der irgendwann einmal getroffenen Entscheidung für eine Berufsausbildung.

Unterstützt wird diese Beobachtung durch eine umfassende Neudefinition der Inhaltlichkeit beruflicher Bildung, die ebenfalls seit einigen Jahrzehnten erfolgt. Beruflichkeit hat sich in erheblichem Umfang ‚geweitet‘ und ein umfassenderes Verständnis von beruflicher Handlungskompetenz hervorgebracht. Am Anfang dieser Entwicklung stand das Konzept der „Schlüsselqualifikationen“ (vgl. Mertens 1974), dass in der berufs- wie erwachsenenpädagogischen Debatte weiten Widerhall gefunden hat (vgl. Arnold 1988; Lisop 1988; Negt 1988; Gonon 1996; Arnold/Müller 2002). Mit diesem Konzept wurde eine Entwicklung eingeläutet, die eine dramatische Veränderung der Bewertung enger fachbezogener Kenntnisse einerseits und allgemeiner Fähigkeiten andererseits mit sich brachte. Fachwissen wird durch Datenbanken und andere Hilfsmittel immer leichter verfügbar, betriebliche Erfahrung bei der Beurteilung von Sachverhalten kann in immer komplexeren technischen Modellen abgebildet werden und ‚fachmännische‘ Verfahrensweisen verlieren innerhalb weniger Jahre ihre Bedeutung. Gleichzeitig nehmen die allgemeinen, durch soziale, persönlichkeitsbezogene und handlungstheoretische Begriffe zu beschreibenden Anforderungen in der Berufswelt auf allen Ebenen zu.

Im Begriff der Schlüsselqualifikationen wie auch als Handlungskompetenzen, Basisqualifikationen usw. wurden diese Anforderungen aufgenommen und inhaltlich differenziert. Unabhängig vom jeweiligen Modell erscheint dabei unstrittig, dass neben die Fachkompetenzen bestimmte methodische und persönlich-zwischenmenschliche Fähigkeiten treten, wobei letztere beiden oft mehr Einfluss auf erfolgreiches berufliches Handeln zu haben scheinen, als erstere. Die internationale Diskussion ist zum Teil in ähnlicher Weise verlaufen. Auch hier spielen „key skills“ (Reece/Walker 2003, S. 219) eine besondere Rolle. Ein weiterer wichtiger Beitrag der internationalen Debatte liegt darin, die schon bei Mertens angelegten Kompetenzbereiche als fundamental einzuordnen. Die Literacy-Konzepte verschiedener internationaler (Schul-)Leistungsvergleichsstudien (PISA, IALS, ALL, PIAAC) eint die Idee, grundlegende Kompetenzen zu identifizieren, die nicht nach beruflicher oder außerberuflicher Verwertbarkeit getrennt sind, sondern gleichermaßen die Grundlage für erfolgreiches Handeln in beiden Domänen bilden. Ein wichtiger Fortschritt liegt dabei darin, das Vorhandensein solcher Kompetenzen nicht dezesionistisch in die Zuständigkeit des allgemein bildenden Schulwesens zu stellen, sondern durch die Thematisierung von Basiskompetenzen (und hier bestehenden Defiziten) bei Jugendlichen und Erwachsenen Hinweise auch auf Aufgaben beruflicher Weiterbildung zu geben, die zentral für die Reproduktion von Arbeitskraft sind (vgl. auch Pätzold 2002). In letzter Konsequenz wird beruflicher Bildungsbedarf dann gar nicht mehr als Relation zwischen den Qualifikationen des ‚Fachmenschen‘ und aktuellen technischen, ökonomischen oder gesellschaftlichen Bedingungen bestimmt, sondern als ganzheitlicher Entwicklungsbedarf einer *„Person in the world“* (Jarvis 2006, S. 13; vgl. z.B. auch Gnahs 2007, S. 95), die (auch) eine berufliche Aufgabe wahrnimmt: Persönlichkeitsbildung wird so „in einer globalisierten Wirtschaft und Gesellschaft aufgrund raschen Wandels und großer Vielfalt und Widersprüchlichkeit der zu verarbeitenden Erfahrungen und Informationen erforderlich, um Stabilität der Persönlichkeit zu fördern und zu erhalten“ (Schneeberger 2006, S. 19).

1.2 Das „Ende des Berufs“ als Motiv beruflicher Weiterbildung

‚Beruf‘ als Form und Ausdruck des „Fachmenschentums als Lebensstil“, wie es der Soziologe Max Weber ausdrückte (Weber 1973, S. 37), scheint in den modernen Industriegesellschaften im Verschwinden begriffen. Konnte Weber noch feststellen: „Der Puritaner wollte Berufsmensch sein, wir müssen es sein“ (ebd.), so hat sich diese Situation heute eher dahingehend verändert, dass wir (wieder) Berufsmenschen sein möchten, es aber in vielen Bereichen des Beschäftigungssystems kaum noch sein können. In der Arbeitswelt entstehen zunehmend differenzierte, widersprüchliche und facettenreiche Arbeits- und Beschäftigungsformen und „das, was bislang antithetisch gegenübergestellt wurde – formelle und informelle Arbeit, Beschäftigung und Arbeitslosigkeit – wird in Zukunft zu einem neuartigen System flexibler, pluraler, risikovoller Formen der Unterbeschäftigung verschmolzen“ (Beck 1986, S. 228). Die Gegenwart zeigt, dass der Gehalt von Becks Prognose nicht ganz von der Hand zu weisen ist. Interessanterweise korrespondiert mit der Beobachtung formeller und informeller Arbeit auch die wachsende Bedeutung der Unterscheidung von formellem und nicht-formellem Lernen (vgl. EU-Kommission 2000, S. 14f.). Speziell letzteres, in den 1990er-Jahren zum Teil noch als ungenutzte Ressource emphatisiert (vgl. Dohmen 2001), erweist sich heute nicht zuletzt als eine nahe liegende Antwort auf differenzierte und unberechenbare Qualifizierungsanforderungen, die sich überdies immer weniger in beruflichen Kategorien beschreiben lassen. In dem Maße, in dem Berufsbiografien nicht mehr durch Selektionen gesteuert werden, die auf anerkannten Abschlüssen und Zertifikaten begründet sind, ist es funktional, formalen Abschlüssen weniger Bedeutung beizumessen.

Die alte berufspädagogische Idee, dass das Berufskonzept das zentrale Moment einer Spezialdisziplin sei, und damit auch der Analysegegenstand einer Disziplin, die die lernende Vorbereitung auf die Reproduktion durch Erwerbstätigkeit analysiert, bekommt also Schlagseite. Sie wurde bereits verschiedentlich infrage gestellt, so im Anschluss an die „Theorie von der sozialen Konstitution der Berufe" (vgl. Beck/Brater/Tramsen 1976), aber auch durch internationale berufspädagogische Betrachtungen, die die spezifisch deutsche Sicht auf Beruflichkeit relativieren. Die Vorstellung, dass die berufliche Organisation per se und in jedem Fall die effizienteste Form gesellschaftlicher Arbeitsteilung sei, kann jedenfalls nicht mehr aufrecht erhalten werden, sodass der Blick geöffnet ist für die Suche nach anderen, geeigneteren Formen beruflicher Fähigkeitskombinationen. Diese führt in der berufspädagogischen Diskussion auch immer wieder zu der Extremposition eines Plädoyers für die ‚Abschaffung des Monopols der Berufsarbeit und der Berufsausbildung'. Je nach Orientierung sollen unterschiedliche Konzepte an ihre Stelle treten. Aus ökologischer und gesellschaftskritischer Sicht wurde vorgeschlagen, in einen „Prozess der Entprofessionalisierung und Laisierung [einzutreten] (...), der Verallgemeinerung beruflicher Qualifikationen und der schrittweisen Substitution beruflicher durch subsistenzorientierte Qualifikationen. Eine derartige lebenspraktische Grundbildung aller würde landwirtschaftliche und ernährungswissenschaftliche, ökologische und medizinische, energietechnische, rohstoff- und abfallwirtschaftliche, handwerkliche, industrielle und kaufmännische Grundqualifikationen umfassen müssen" (Franzke 1983, S. 315). Diese Kritik gelangte zwar nicht zu überzeugenden Alternativkonzepten, doch schärfte sie das berufspädagogische Bewusstsein dafür, dass von der ‚Konstruktion' des Berufs positive oder negative Auswirkungen auf die Umwelt ausgehen können und dass das Berufskonzept nicht losgelöst werden kann von seiner Verankerung in einem umfassenderen Modell industriegesellschaftlicher Entwicklung, dessen Grenzen immer deutlicher sichtbar werden. Dieser Aspekt ist in der Debatte seither verschiedentlich aufgegriffen, aber nicht konsequent fortgeführt worden. Zwar versuchte die gewerkschaftliche Bildungspolitik mit dem Konzept der Humanisierung der Arbeitswelt immer auch gleichzeitig, die soziale Konstruktion des Berufs zu beeinflussen (vgl. Crusius/Wilke 1979), doch floss in diese Konstruktion keine grundlegende Infragestellung des westlichen Industrialisierungsansatzes mit einem ihm eigenen Konzept der beruflichen Spezialisierung ein. Die interkulturelle Berufspädagogik integrierte – auch im Zusammenhang mit der allgemein stärkeren Bedeutung der Ökologie als Interpretationsfolie für die Nord-Süd-Beziehungen – ökologische Gedanken in den entwicklungspolitischen Anspruch:

> „Die Entwicklung eines die interkulturelle Kooperation ‚leitenden' Berufsbegriffs steht erst am Anfang. Und es spricht viel dafür, dass das abendländische Berufsverständnis sich selbst verändern und technokratische Spezialisierung überwinden muss, um sich die Gestaltung der eigenen Lebenswelt in einer verantwortbaren Weise ‚wieder anzueignen'. Viele Kulturen der Länder der Dritten Welt weisen, nimmt man sie ‚unvoreingenommen' wahr, in vielfacher Hinsicht bereits seit jeher schon eine größere Nähe zu einem solchen ganzheitlichen Berufsverständnis auf. Einer Ausbreitung des abendländischen Berufsethos stehen sie deshalb eher skeptisch gegenüber" (Arnold 1991, S. 14).

Implizit fand sich hier die Verbindung westlicher Berufsvorstellungen mit einem korrespondierenden gesamtgesellschaftlichen Fortschrittsmodell und in der Tat gewinnt die Frage nach dem Zusammenhang zwischen Berufs- und Fortschrittsvorstellung im Angesicht der begrenzten Wachstumsmöglichkeiten globaler Ökonomie neue Aktualität.

Der Begriff der Ganzheitlichkeit ist im Zuge dieser Debatte sehr deutlich in die Nähe spezifisch ökologischer und sozialkritischer Ansätze gerückt, sodass er bisweilen die Anschlussfähigkeit für andere Kontexte verloren zu haben scheint. In der Sache selbst hingegen hat ‚Ganzheitlichkeit' – als Alternative zu ‚Partikularisierung' und ‚Spezialisierung' – an Bedeutung nicht verloren. Bereits in den 1980er-Jahren legten Kern und Schumann eine Studie mit dem Titel „Ende der Arbeitsteilung?" vor, in der sie einen grundlegenden Wandel beim Einsatz betrieblicher Arbeitskräfte konstatierten: „Das Credo der neuen Produktionskonzepte" lautet u.a.: „Der restringierte Zugriff auf Arbeitskraft verschenkt wichtige Produktivitätspotenziale. Im ganzheitlicheren Aufgabenzuschnitt liegen keine Gefahren, sondern Chancen; Qualifikationen und fachliche Souveränität auch der Arbeiter sind Produktivkräfte, die es verstärkt zu nutzen gilt" (Kern/Schumann 1984, S. 19). Von dieser zunehmenden Integration beruflichen Handelns profitierten allerdings nicht alle Beschäftigten gleichermaßen. Nicht von ungefähr weisen auch Kern und Schumann in ihrer Untersuchung, die sich auf die Neuentwicklungen in der Automobilindustrie, dem Werkzeugbau und der chemischen Industrie bezieht, auf die Segmentierungen hin, die sich für die Randbelegschaften aus den neuen Produktions- und Kooperationskonzepten ergeben und „moderne Varianten der Polarisierung" (ebd., S. 300) darstellten, bei denen Arbeitsmärkte sich entlang der Linie zwischen hoch- und dequalifizierten Arbeitsplätzen spalten. Der Arbeitsmarkt für eine gering qualifizierte Randbeschäftigung ist seitdem weitgehend zusammengebrochen, während das Anspruchsniveau auf der Facharbeiterebene tendenziell weiter gewachsen ist. So weisen auch neuere Untersuchungen darauf hin, dass integrierende Fähigkeiten auf der Ebene von Facharbeitern einen wichtigen Bestandteil des Kompetenzprofils ausmachen. Spöttl und Windelband stellen (in einer Untersuchung in der Kreislaufwirtschaft und im Maschinenbau) als Herausforderungen für das Personal „geschäftsprozessstützendes Verhalten (...), ‚Management-Fähigkeit' (...), Kooperieren, Organisieren, Planen (...), Selbstreflexion" (Spöttl/Windelband 2006, S. 87) und andere Aufgaben mehr fest, die keineswegs im Portfolio des klassischen Facharbeiters aufgehen, deutlich aber dem oben angesprochenen ‚ganzheitlichen Aufgabenzuschnitt' entsprechen. Ungeklärt ist dabei allerdings die Frage, aus welcher Richtung die beobachtbare Veränderung des Qualifikationsbedarfs stammt. Während traditionell mit veränderten Umgebungsbedingungen, etwa technischem Wandel, einer Zunahme des internationalen Wettbewerbs usw. argumentiert wird, sind beispielsweise auch beim Personal selbst veränderte Ansprüche an Arbeitsplätze in den Blick zu nehmen. Die euphorische Begeisterung, die etwa teilweise den Entwicklungsmöglichkeiten in der so genannten ‚new economy' entgegengebracht wurden, führte auch dazu, dass Menschen sich gezielt entschließen, in diesem Arbeitsfeld und unter den ihm zugeschriebenen Bedingungen (vgl. Schüßler/Weiss 2001) zu arbeiten. Veränderungen in der beruflichen Wirklichkeit sind also mehr als Reaktionen auf ‚schicksalhafte' Prozesse einer Umwelt, die dem eigenen Zugriff entzogen wäre. Sie geschehen nicht nur, sondern werden auch gemacht. In diesem Zusammenhang ist der Gestaltungsansatz der Berufspädagogik von besonderem Interesse, der bereits früh – im Anschluss an die gewerkschaftliche These von der Technikgestaltung – von der Gruppe um Felix Rauner ausgearbeitet (vgl. Rauner 1987) und auch von der Erwachsenenpädagogik aufgegriffen worden ist (vgl. Faulstich/Apek/Zimmer 1991). Dieser Ansatz kehrt das Verhältnis zwischen Arbeitsmarktbedarf und beruflicher Qualifikation um: Es ist nicht mehr der Arbeitsmarkt allein, an dem sich Umfang, Art und Inhalt der beruflichen Qualifikationen orientieren muss; vielmehr sollen die in einer Gesellschaft vorhandenen beruflichen Qualifikationen auf die Formen der Arbeit und der Arbeitsorganisation einwirken. Damit wird in einer ‚offensiven' Weise der z.B. auch durch internationale Vergleichsuntersuchungen erhellten Tatsache der Qualifikationsabhängigkeit von Technikanwendung, Arbeit und Arbeitsgestaltung Rechnung getragen (vgl. Lutz 1979). Die Zuschneidung der Tätigkeitsbereiche und die Gestaltung der Arbeitsplätze ist somit direkt abhängig von dem Tätigkeitsangebot, welches beruflich qualifizierte Menschen machen können; in Segmenten mit Arbeitskräftemangel kommt hinzu, dass sie dem Interesse der adressierten Arbeitnehmer entsprechen oder ihrer Gestaltung zugänglich sein muss. Berufliche Qualifizierung, so die Folgerung, darf deshalb auch nicht nur an den gerade vorfindbaren oder den prognostizierten Qualifikationsanforderungen orientiert werden. Es bedarf vielmehr eines übergreifenden Verständnisses beruflicher Bildung, das sich nicht nur darauf beschränkt, berufliche Tüchtigkeit zu vermitteln und zu erhalten. Bedeutsam ist der Gesichtspunkt, dass auch die Tüchtigkeit im Beruf gesellschaftlich verantwortet und persönlich integriert werden muss. Das Ziel ist die Förderung „beruflicher Mündigkeit" (vgl. Lipsmeier 1982, S. 232f.), die sich darin äußert, dass ein Mensch in kritischer Distanz seine eigene berufliche Lage reflektieren und zu ihren gesellschaftlichen Voraussetzungen und Folgen in Beziehung setzen kann, schließlich, dass er in der Lage ist, vor diesem Hintergrund berufliche bzw. berufsbiografische Entscheidungen, etwa hinsichtlich der Teilnahme an beruflicher Weiterbildung, zu treffen. Nicht zuletzt ist bei einer Weiterbildungsbedarfsanalyse in Form eines Soll-Ist-Vergleichs vor diesem Hintergrund fraglich, ob zukünftige Qualifikationsanforderungen überhaupt hinreichend prognostizierbar sind. Sinnvoller erscheint häufig die Ausrichtung der Qualifizierung an der (allgemeineren) zukunftsorientierten Fähigkeit, Wandlungsprozesse eigenständig bewältigen zu können. Bedarfsanalyse wird dann zu einem Bestandteil systemischer Personalentwicklung im Unternehmen (vgl. Arnold/Lermen 2004).

1.3 Berufsbildung und lebenslanges Lernen

Die gestiegene Wertschätzung der Weiterbildung findet gegenwärtig eine Limitierung in der wieder wachsenden Konzentration auf den allgemeinbildenden Bereich des Bildungssystems. Im Zuge der PISA-Debatte rückt insbesondere der Sekundarbereich I in den Fokus bildungspolitischer Aufmerksamkeit. Die Schulleistungsvergleichsstudien der vergangenen Jahre haben aber auch einer Perspektive auf Bildungspolitik Bahn gebrochen, die über den nationalen Bezugsrahmen hinausgeht, sodass verstärkt nach alternativen, international erprobten Ansätzen gesucht wird, den Herausforderungen des Bildungssystems zu begegnen. Im Bereich der Sekundarbildung spielen hier Steuerungssysteme eine besondere Rolle, die helfen sollen, durch ein Monitoring bzw. Controlling schulische Wirklichkeit auch in ihren Ergebnissen mess- und steuerbar zu machen. Die Kritik an solchen Konzepten ist differenziert (vgl. Bos/Schwippert 2003; Arnold/Pätzold 2004), gleichwohl werden sie nicht ohne Folgen für den Sekundarbereich bleiben. In gewissem Sinne stellen die verschiedenen Ansätze der Kompetenzbilanzierung und -zertifizierung (vgl. Gnahs 2007) im Bereich der Weiterbildung ein logisches Pendant zu derartigen Steuerungsansätzen dar. Mit Blick auf die vorherrschende Freiwilligkeit ist hier allerdings weniger an direkte Steuerung zu denken, als an eine kontinuierliche und oft quantifizierte Abbildung individuellen wie gesellschaftlichen Aufwandes und Ertrags in der Weiterbildung. Zwischen diesen Bereichen, einer aufgewerteten allgemeinen Sekundarbildung und einer ebenso als wichtig eingeschätzten beruflichen Weiterbildung droht allerdings die Berufsausbildung als Kernbestandteil des beruflichen Bildungssystems in Deutschland, an Bedeutung zu verlieren – was in vielen bildungspolitischen Diskursen noch nicht recht reflektiert wird. Immer noch folgt die Neuordnung beruflicher Ausbildungsansätze dem Anspruch der fachlichen Vollständigkeit. Auch heute ist selten erkennbar, dass, wie bereits vor fast 25 Jahren gefordert, „bei allen Neuregelungen von Ausbildungsgängen sorgfältig geprüft werden (sollte), ob Teile der Ausbildung, die für einen anschließende Berufsausübung nicht unbedingt erforderlich sind, in die berufliche Weiterbildung verlagert werden könnten" (Bundesministerium 1984, S. 23). Bildungs- und beschäftigungspolitisch ist diese Entwicklung insofern folgenreich, als sie einer Verlagerung des beruflichen Bildungswesens weg vom dualen Ausbildungssystem und hin zu einerseits tertiären und andererseits privaten Formen der Zuteilung von Berechtigungen Vorschub leistet. Tertiäre berufsbezogene Bildungsgänge (insbesondere Bachelor- und Masterstudiengänge) nehmen deutlich an Bedeutung zu. Gleichzeitig sind sie, trotz starker curricularer Strukturierung, inhaltlich flexibler, zumal sie in der Regel in größerem Umfang exemplarische Inhalte und Kompetenzen anvisieren, deren Übertragbarkeit als hoch eingeschätzt wird. Die Master-Studiengänge sind dabei, der Grundidee gestufter Ausbildungsgänge folgend, auch in Deutschland inzwischen teilweise dem Bereich der Weiterbildung zuzuordnen (etwa in postgradualen Fernstudiengängen, zunehmend aber auch bei Angeboten an Präsenzhochschulen). Berufliche Weiterbildung kann – nicht zuletzt durch die zunehmende Tendenz der Zertifizierung ausbildungsunabhängig erworbener Kompetenzen (vgl. CEDEFOP 2002) – eine gangbare Alternative zu formalen Ausbildungsabschlüssen bieten. Dies bedeutet, dass nicht nur die fachliche Qualifizierung ihren Schwerpunkt tendenziell von der Phase der Jugendbildung in die der Erwachsenenbildung verlagert, sondern auch die Funktion der gesellschaftlichen Allokation, also der Zuweisung bzw. Sicherung des gesellschaftlichen Status wird in der Weiterbildungsgesellschaft in immer stärkerem Maße auch von der Erwachsenen- bzw. Weiterbildung wahrgenommen. Einher geht damit, dass traditionelle Zuweisungsmuster, etwa das des ‚Akademikers', an Kontur verlieren. Diese Ausweitung der Statuszuweisungsfunktion ist für den Einzelnen mit einer „mehrfachen Verunsicherung" (Arnold 1990, S. 341) verbunden, die auch zu einer Erosion seiner Identität als Erwachsener beitragen kann. Die Bedeutungszunahme des lebenslangen Lernens bringt schließlich auch mit sich, dass Erwachsenensein weniger denn je verstanden werden kann als *Entwachsensein* aus gesellschaftlichen Lernanforderungen. Dagegen erfüllte Fachkompetenz bislang eine Art biografischer Schutzfunktion, die in zweierlei Weise ausgehöhlt wird. Zum einen verliert sie an Stabilität und kann immer weniger als konstantes Element beruflicher Kompetenz dienen. Zum anderen wird neben die kontinuierliche Erneuerung von Fachkompetenz im Rahmen der neueren Qualifizierungs- und Bedarfsdebatten immer deutlicher der berufspädagogisch begründete Anspruch nach *persönlicher* Entwicklung im Rahmen beruflicher Weiterbildung artikuliert. Gleichzeitig entsteht ein ebenso umfangreiches wie schwer durchschaubares Angebot an Weiterbildungsmöglichkeiten, sodass Qualifikation mehr und mehr zum lebenslangen Risiko des Einzelnen wird.

Das gewandelte Verhältnis zwischen Erstausbildung und Weiterbildung führt dazu, dass die Qualifikations-Biografie eines Individuums eine neue Bedeutsamkeit für seine Identitätsentwicklung erhält. Je ‚knapper' und ‚vorübergehender' der Identitätsbaustein Beruf wird, desto bedeutsamer wird die Frage nach einem veränderten Umgang oder nach funktionalen Äquivalenten für die Identität und den Lebenslauf des Einzelnen. Dieser neuen Bedeutung des Identitätsthemas muss sowohl in der beruflichen Erstausbildung als auch in der beruflichen Weiterbildung Rechnung getragen werden. Berufspädagogik und Erwachsenenbildung müssen ihre Konzepte in Zukunft vor dem Hintergrund der „doppelten Sozialisation“ (Hoff 1990) Jugendlicher und Erwachsener neu begründen. Dabei wird auch die in der Berufs- und Erwachsenenbildung gleichermaßen bestehende Dualität zwischen Allgemeinbildung und Berufsbildung, Identitätslernen und Qualifikationslernen sowie Bildung und Qualifikation zu überwinden sein.

1.4 Bildung – Qualifikation – Persönlichkeit: Die aktuelle Orientierung beruflicher Weiterbildung

Sozial- und bildungsgeschichtlich betrachtet ist das Verhältnis von Beruf und Weiterbildung bzw. von Berufsbildung und Erwachsenenbildung durch ein Schisma gekennzeichnet, welches seinen Ursprung in einer doppelten Spannungslage hat, nämlich dem Vorrang der Allgemeinbildung vor der Berufsbildung sowohl in der Bewertung als auch in zeitlicher Hinsicht (vgl. Arnold 1990): „Was das Bedürfnis des Lebens oder des einzelnen seiner Gewerbe erheischt, muss“ – so die Forderung Wilhelm von Humboldts – „abgesondert und nach vollendetem allgemeinen Unterricht erworben werden“ (ebd., S. 353). Durch diese Forderung sahen sich die Berufsbildung und die Erwachsenenbildung gleichermaßen betroffen. Beide waren bildungstheoretisch zu nachrangigen Bildungsformen degradiert. Die Allgemeinbildung ging als Jugendbildung der Erwachsenenbildung voraus, und dem allgemeinen Lernen folgte – im fortgeschrittenen Jugend- und Erwachsenenalter – die Berufsbildung. Die dabei zugrunde liegenden Vorstellungen von Jugend und Erwachsensein orientierten sich allerdings an einer chronologischen Gesellschaftsstruktur, die in vielerlei Hinsicht überholt scheint (vgl. Arnold/Pätzold 2008, S. 20ff.). Dennoch ist der Bedeutungsgewinn der Weiterbildung nicht gleichzusetzen mit einer Ausdehnung der Jugendphase. Durch die Möglichkeit der Weiterbildung verschieben sich nicht nur Statuspassagen (etwa der vormals relativ präzise definierte Übergang von der Ausbildung zur Berufstätigkeit mit dem ‚Auslernen‘), es entstehen auch Möglichkeiten des Zugriffs auf die Person als Lernender, die in einem traditionellen Verständnis Erwachsenen gegenüber als geradezu ungehörig aufgefasst würden. Indem die Förderung der Persönlichkeit explizit Gegenstand der Weiterbildung wird, wird bei gleichzeitiger Ausweitung des ‚Qualifikationsrisikos‘ faktisch in einen Bereich eingegriffen, der bisher wesentlich stärker der Verfügung durch den Einzelnen vorbehalten war. Die Reihenfolge der (allgemeinbildenden) Entwicklung und Festigung einer kompetenten Persönlichkeit und der anschließenden (berufsbildenden) Qualifizierung in einem bestimmten fachlichen Bereich ist also faktisch aufgehoben. Gerade deshalb zeigen sich allerdings die Spuren dieser die Bildungsrealität in Deutschland nachhaltig prägenden Vorstellung besonders veränderungsresistent. So ist die Verbindung allgemeiner und beruflicher Inhalte in Bildungsgängen nach wie vor eine Domäne von Modellversuchen, ohne dass eine wirkliche Integration auf breiter Basis erreicht würde. Auch die beschriebene Durchdringung berufsbezogener Bildungsgänge mit allgemeinen Inhalten findet zwar statt, ist aber bildungstheoretisch kaum hinreichend reflektiert, was mitunter dazu führt, dass die wichtigen persönlichkeitsorientierten Themen eher als Beigabe wahrgenommen werden.

Dabei kann als unstrittig angesehen werden, dass persönlichkeitsbildenden Inhalten in der beruflichen Weiterbildung eine große und noch wachsende Bedeutung zukommt. Dies zeigt sich an der hohen Wertschätzung, die entsprechenden Kursangeboten grundsätzlich entgegen gebracht wird (vgl. Kuwan/Graf-Cuiper/Tippelt 2004, S. 46ff.), wird aber auch mit der gesamtwirtschaftlichen und -gesellschaftlichen Entwicklung begründet: „Persönlichkeitsbildung ist in einer globalisierten Wirtschaft und Gesellschaft aufgrund raschen Wandels und großer Vielfalt und Widersprüchlichkeit der zu verarbeitenden Erfahrungen und Informationen erforderlich, um Stabilität der Persönlichkeit zu fördern und zu erhalten“ (Schneeberger 2006, S. 19). Ein nicht zu unterschätzender Grund besteht dabei in dem Ziel, die Lebensarbeitszeit in westlichen Ländern auszudehnen (vgl. ebd.).

Das ‚Gegenstück‘ zur Persönlichkeitsentwicklung bildet allerdings nicht die fachliche Ausbildung (die ja selbst schon aus Gründen der Anpassung an Veränderungen zu großen Teilen in die Weiterbildung verlegt wird), sondern die Grundbildung, verstanden als allgemeine, fachübergreifende Kompetenz, mit elementaren kulturellen Aneignungs- und Interaktionsformen selbstbestimmt und allgemeinverträglich umzugehen. Hierher gehören die elementaren Kulturtechniken, aber auch die Fähigkeit, diese in sozialen Zusammenhängen angemessen einzusetzen. Die OECD definiert Grundbildung („Literacy“) im Rahmen des International Adult Literacy Survey (IALS) als „eine bestimmte Fähigkeit und ein bestimmtes Verhalten: die Fähigkeit, geschriebene Information in alltäglichen Handlungen, zu Hause, am Arbeitsplatz und in der Gemeinschaft, zu verstehen und zu verwenden, um eigene Ziele zu erreichen und das eigene Wissen und Potenzial zu erweitern“ (OECD 2000, S. x, Ü.d.A.). Bemerkenswert ist dabei, dass das Kriterium der Literacy eben nicht im Sinne eines Zielkanons schulischer Grundbildung verwendet wird, sondern zur Beurteilung grundlegender Kompetenzen Erwachsener herangezogen wird (wobei die berufliche Bedeutung solcher Kompetenzen stets betont wird). Die Grundbildungsdebatte ist seitdem weiter vorangeschritten und es wird immer deutlicher, dass sie keinesfalls auf die Schule begrenzt werden kann. Vielmehr gibt es „breite empirische Evidenz dafür, dass die Veränderungen in der Berufswelt dazu geführt haben, dass die herkömmliche Pflichtschulbildung die allgemeinen Grundlagen der Erwerbsbeteiligung und aktiver Bürgerschaft nicht mehr selbstverständlich sichert“ (Schneeberger 2006, S. 13). Das Stufenmodell der Bildung aus der Vergangenheit ist also durch die modernen und globalisierten Bedingungen endgültig überholt und „wer zum Beispiel die Alphabetisierung Erwachsener nicht genauso finanziert wie die der Kinder, ist immer noch im Denken des 18. Jahrhunderts zuhause“ (Fiebig 2006, S. 20).

Zu fragen ist unter diesen Umständen abschließend, welchen Ort der Beruf im Feld arbeits-, erwerbs- und eben berufsbezogener Prozesse finden kann. Innerhalb der europäischen Konzepte zur beruflichen Bildung ist die Kategorie Beruf selbst ein Orientierungspunkt, der besonders für das deutsche Modell des dualen Systems entscheidend ist. „Mittels der Kategorie ‚Beruf‘ entwickelt ein Qualifizierungsmodell die Fähigkeit, ökonomische, soziale und pädagogische Gegebenheiten bzw. Probleme in eine systemeigene Logik zu übersetzten und produktiv zu bearbeiten. Dieses von der modernen Systemtheorie als ‚Selbstreferenz‘ bezeichnete Vermögen kann zur Ausprägung eines selbständigen Ausbildungs*systems* führen“ (Greinert 2003, S. 18). Es überrascht also nicht, wenn diese Kategorie in dem Maße an Zentralität verliert, in dem – sei es durch die Übernahme von ‚Best Practice‘ aus dem Ausland oder durch internationale Harmonisierungsbemühungen – solche Qualifizierungskonzepte implementiert werden, die sich primär aus anderen Konzepten legitimieren (Greinert nennt hier die Konzepte ‚Markt‘ und ‚Wissenschaft‘). Vor allem aber fällt ins Auge, dass die Kategorie Beruf eine besonderes Potenzial für die Fundierung von *Ausbildungen* hat, während sich etwa marktmäßige Organisation verstärkt in der Weiterbildung und wissenschaftliche Konzepte ebenso hier, weiterhin aber auch in staatlich verantworteten schulischen Bildungsgängen finden. So gerät die Kategorie Beruf zwar durch den Bedeutungszuwachs der Weiterbildung nicht unter Druck, aber sie verändert sich. Berufe lassen sich immer weniger über Ausbildungsgänge definieren und ein zeitgemäßes Berufskonzept muss die Tatsache der lebenslangen Weiterbildung konstruktiv in sich aufnehmen. Die oben angeführten Urteile von Erwerbspersonen zur Weiterbildung bilden diese Entwicklung ab. Weiterbildung wird damit zu einer Ressource, die nicht nur zur individuellen Berufsbiografie beiträgt, sondern mehr und mehr zur Substanz für die inhaltliche und formale Bestimmung von Berufen selbst wird.

Literatur:

Arnold, R. (Hrsg.) (2003a): Berufsbildung ohne Beruf. Baltmannsweiler: SchneiderVerlag Hohengehren.

Arnold, R. (2003b): Berufspädagogik ist Erwachsenenpädagogik und umgekehrt. In: ders. (Hrsg.): Berufs- und Erwachsenenpädagogik. Baltmannsweiler: SchneiderVerlag Hohengehren, S. 4-41.

Arnold, R. (1991): Interkulturelle Berufspädagogik. Oldenburg: Klinkhardt.

Arnold, R. (1990): Zum Verhältnis von Berufsbildung und Erwachsenenbildung. Systematische, bildungspolitische und didaktische Überlegungen. In: Pädagogische Rundschau 10, H. 3, S. 333-348.

Arnold, R. (1988): Was (v)erschließen die Schlüsselqualifikationen? Zu den bildungstheoretischen Defiziten eines neuen (?) Bildungskonzeptes. In: Literatur- und Forschungsreport Weiterbildung Jg. 21, H. 22, S. 85-88.

Arnold, R./Gieseke, W. (Hrsg.) (1999): Weiterbildungsgesellschaft, 2 Bd. Neuwied, Kriftel: Luchterhand.

Arnold, R./Lermen, M. (2004): Die Systemik des Bedarfs. In: Literatur- und Forschungsreport Weiterbildung, H. 2, S. 9-16.

Arnold, R./Müller, H.-J. (Hrsg.) (20022): Kompetenzentwicklung durch Schlüsselqualifizierung. Baltmannsweiler: SchneiderVerlag Hohengehren.

Arnold, R./Pätzold, H. (2008): Bausteine zur Bildung Erwachsener. Baltmannsweiler: SchneiderVerlag Hohengehren.

Arnold, R./Pätzold, H. (2004): PISA und Erwachsenenbildung – Verlockungen und offene Fragen. In: Literatur- und Forschungsreport Weiterbildung Jg. 27, H. 4, S. 9-18.

Beck, U./Brater, M./Tramsen, E. (1976): Beruf, Herrschaft und Identität. Ein subjektbezogener Ansatz zum Verhältnis von Bildung und Produktion. Teil II: Kritik des Berufs. In: Soziale Welt³Jahrgang³, H. 2, S. 180-205.

Beck, U. (1986): Risikogesellschaft. Auf dem Weg in eine andere Moderne. Frankfurt a.M.: Suhrkamp.

Bos, W./Schwippert, K. (2003): The Use and Abuse of International Comparative Research on Student Achievement. In: European Educational Research Journal Jg. 2, H. 4, S. 559-573.

Bundesministerium für Bildung und Wissenschaft (1988): Thesen zur Weiterbildung. Bonn 1984. In: Knoll, J. (Hrsg.): Erwachsenenbildung vor der 3. industriellen Revolution. Befunde und Zukunftsprogrammatik in Quellen und Dokumenten. Ehningen: Expert, S. 22-50.

Bundesministerium für Bildung und Forschung / Kultusministerkonferenz der Länder (BMBF/KMK) (o.J.): OECD-Veröffentlichung „Bildung auf einen Blick" Wesentliche Aussagen in der Ausgabe 2006. Bonn. Verfügbar unter: http://www.bmbf.de/pub/bildung_auf_einen_blick_06_wesentliche_aussagen.pdf (20.08.2008)

CEDEFOP (Hrsg.) (2002): AGORA V. Identification, evaluation and recognition of non-formal learning. Luxemburg: CEDEFOP.

Crusius, R./Wilke, M. (1979): Plädoyer für den Beruf. In: Aus Politik und Zeitgeschichte. Beilage zur Zeitschrift „Das Parlament", H. 48, S. 3-13.

Deutscher Bildungsrat (1970): Strukturplan für das Bildungswesen. Empfehlungen der Bildungskommission. Stuttgart: Klett.

Dohmen, G. (2001): Das informelle Lernen. Bonn: BMBF.

EU-Kommission (2000): Memorandum über Lebenslanges Lernen. Brüssel: EU-Kommission.

Faulstich, P./Apek, H./Zimmer, G. (Hrsg.) (1991): Erwachsenenbildung als Ansatz zur Technikgestaltung. Frankfurt a.M.: Pädagogische Arbeitsstelle des Deutschen Volkshochschulverbandes.

Faulstich, P./Zeuner, C. (1999): Erwachsenenbildung. Weinheim: Beltz.

Fiebig, C. (2006): Das Versprechen der Schrift. Wortmacht und Medien. In: Knabe, Ferdinande (Hrsg.): Bewährte und neue Medien in der Alphabetisierung und Grundbildung. Stuttgart: Klett, S. 19-23.

Franzke, R. (1983): Plädoyer für die Abschaffung des Monopols der Berufsarbeit. Allseitige Betätigung als pädagogisches Leitkonzept der postindustriellen Gesellschaft. In: Zeitschrift für Berufs- und Wirtschaftspädagogik Jg. 79, H. 4, S. 311-316.

Geißler, Kh./Wittwer, W. (1989): Die Entwicklung der beruflichen Aus- und Weiterbildung. In: Arnold, R./Lipsmeier, A. (Hrsg.): Betriebspädagogik in nationaler und internationaler Perspektive. Baden-Baden: Nomos, S. 93-102.

Gnahs, D. (2007): Kompetenzen – Erwerb, Erfassung, Instrumente. Bielefeld: W. Bertelsmann.
Gonon, P. (Hrsg.) (1996): Schlüsselqualifikationen kontrovers. Aarau (CH): Sauerländer.
Greinert, W.-D. (2003): Das Berufsprinzip als Orientierungsmuster in den europäischen Modellen der Erwerbsqualifizierung. In: Arnold, R. (Hrsg.): Berufsbildung ohne Beruf. Baltmannsweiler: SchneiderVerlag Hohengehren, S. 10-22.
Hoff, E.-H. (Hrsg.) (1990): Die doppelte Sozialisation Erwachsener. Zum Verhältnis von beruflichem und privatem Lebensstrang. München: Verlag Deutsches Jugendinstitut.
Jarvis, P. (2006): Towards a Comprehensive Theory of Human Learning. London, New York: Routledge.
Kern, H./Schumann, M. (1984): Das Ende der Arbeitsteilung. Rationalisierung in der industriellen Produktion. München: C.H. Beck.
Konsortium Bildungsberichterstattung (2006): Bildung in Deutschland. Ein indikatorengestützer Bericht mit einer Analyse zu Bildung und Migration. Bielfeld: W. Bertelsmann.
Kuwan, H./Graf-Cuiper, A./Tippelt, R. (2004): Weiterbildungsnachfrage in Zahlen. Ergebnisse der Repräsentativbefragung. In: Barz, H./Tippelt, R. (Hrsg.): Weiterbildung und soziale Milieus in Deutschland, Bd. 2: Adressaten- und Milieuforschung zu Weiterbildungsverhalten und -interesse. Bielefeld: W. Bertelsmann, S. 19-86.
Lutz, B. (1979): Das Verhältnis von Technik, Bildung und Arbeit als Problem politischen Handelns. In: Berufsbildung in Wissenschaft und Praxis 7. Jg., H. 5, S. 8-11.
Lisop, I. (1988): Schlüsselqualifikationen – Zukunftsbewältigung ohne Sinn und Verstand. In: Literatur- und Forschungsreport Weiterbildung, H. 22, S. 78-83.
Lipsmeier, A. (1982): Die didaktische Struktur des beruflichen Bildungswesens. In: Blankertz, H. (Hrsg.): Sekundarstufe II – Jugendbildung zwischen Schule und Beruf. Enzyklopädie Erziehungswissenschaft, Bd. 9.1. Stuttgart: Klett-Cotta, S. 227-249.
Mertens, D. (1974): Schlüsselqualifikationen. In: Mitteilungen aus der Arbeitsmarkt- und Berufsforschung 21. Jg., H. 1, S. 36-43.
Negt, O. (1988): Alternative Schlüsselqualifikationen. In: Literatur- und Forschungsreport Weiterbildung 21. Jg., H. 22, S. 84.
OECD (2000): Literacy in the Information Age. Final Report of the International Adult Literacy Survey. Paris: OECD.
Pätzold, H. (2002): PISA – Konsequenzen für die Erwachsenenbildung. In: PÄDForum 30. Jg., H. 3, S. 209-213.
Rauner, F. (1996): Gestaltungsorientierte Berufsbildung. In: Dedering, H. (Hrsg.): Handbuch zur arbeitsorientierten Bildung. München/Wien: Oldenbourg, S. 411-430.
Reece, I./Walker, S. (20035): Teaching, Training and Learning. Sunderland, UK: Business Education Publishers.
Schiersmann, C. (2006): Profile lebenslangen Lernens. Weiterbildungserfahrungen und Lernbereitschaft in der Erwerbsbevölkerung. Bielefeld: Bertelsmann.
Schneeberger, A. (2006): Qualifiziert für die Wissensgesellschaft. Über Trends, die den zukünftigen Aus- und Weiterbildungsbedarf bestimmen. In: Europäische Zeitschrift für Berufsbildung 38. Jg., H. 2, S. 7-26.
Schüßler, I./Weiss, W. (2001): Lernkulturen in der New Economy. In: Arnold, R./Bloh, E. (Hrsg.): Personalentwicklung im lernenden Unternehmen. Baltmannsweiler: SchneiderVerlag Hohengehren, S. 254-286.
Spöttl, G./Windelband, L. (2006): Berufswissenschaftlicher Ansatz zur Früherkennung von Qualifikationsbedarf. In: Europäische Zeitschrift für Berufsbildung 38. Jg., H. 3, S. 72-91.
Tippelt, R. (1990): Bildung und sozialer Wandel. Eine Untersuchung von Modernisierungsprozessen am Beispiel der Bundesrepublik Deutschland seit 1950. Weinheim: Beltz.
Weber, M. (1973): Asketischer Protestantismus und kapitalistischer Geist. In: ders.: Soziologie. Universalgeschichtliche Analysen. Politik. Stuttgart: Alfred Kröner, S. 357-381.

Peter Faulstich

Weiterbildung und Technik

Es scheint Konsens darüber zu bestehen, dass Technik sowohl für die weitere Entwicklung der Gesellschaft als auch für die Chancen individueller Emanzipation zentrale Relevanz besitzt. Unterhalb dieser scheinbaren Übereinstimmung verbergen sich allerdings kontroverse Positionen. Weder ist ausgemacht, welche Entwicklungsrichtungen resultieren, noch sind die Konsequenzen für Emanzipationschancen eindeutig angebbar. Vielmehr sind die Standpunkte, von denen aus die Diskussion geführt wird, diametral entgegengesetzt, und die Reichweite der Argumente ist höchst unterschiedlich. Nichtsdestoweniger drängt sich das Thema in den Vordergrund. Einerseits hat sich ein Bewusstsein von Krise verbreitet, welches nach neuen Perspektiven suchen lässt. Andererseits werden – verglichen mit den technologisch induzierten Umbrüchen – das ökonomische System, die politischen Apparate und die kulturellen Institutionen als eher unbeweglich und erstarrt erfahren. Die Beschwörung immer neuer „technologischer Revolutionen" erzeugt die Erwartung eines bevorstehenden gehemmten, aber ungelenkten und unbegriffenen Umbruchs (vgl. Postman 1992).

Nicht verwunderlich ist, dass Technikprobleme, wie viele andere gesellschaftliche Fragen z.B. des Arbeitsmarktes, der Sozialpolitik, der Ökologie usw., der Erwachsenenbildung angedient werden. Gerade angesichts der sich beschleunigenden Dynamik der Technikgenese scheint die Erwachsenenbildung im Bildungsbereich als der geeignetste Ort, um neu entstandene Fragestellungen zu bearbeiten. Der „technische Wandel" ist geradezu das Paradeargument für die Notwendigkeit „lebenslangen Lernens". Angesichts der Geschwindigkeit, in der im technischen Kontext neues Wissen generiert wird, scheinen die Inhalte des Schulwesens und der Hochschule immer schneller obsolet (Verein Deutscher Ingenieure 1992). Es wäre demnach angebracht, statt einer Expansion der Erstausbildung immer neue Phasen des Neu- und Umlernens zu institutionalisieren. Die oft wiederholte Behauptung, nach vier Jahren sei die Hälfte des Wissens, das ein Ingenieur während seines Studiums erwirbt, veraltet, unterstellt allerdings eine merkwürdige Bildungsvorstellung. Es sieht so aus, als ob Wissen wie Bausteine in das Gedächtnis eingefüllt, von der Wirklichkeit überholt wird und sich zersetzt. Es ist schon im „common sense" deutlich, dass eine solche banale Theorie des Lernens nicht greift. Nichtsdestoweniger ist feststellbar, dass die Lernanforderungen an die Erwachsenen erheblich gestiegen sind, dass die Weiterbildungslandschaft durch Expansion besonders schnell auf die Informationstechnik reagiert hat, und dass gleichzeitig die immer wichtiger werdenden Fragestellungen bisher nicht hinreichend bearbeitet worden sind.

Unbestritten ist, dass die technisch induzierte Entwicklung dramatische Bildungsfragen aufwirft. Wie diese Fragen zu stellen sind und wie darauf die Antworten lauten könnten, wird ebenso kontrovers behandelt wie das Thema Technik insgesamt. Immer noch wird oft bezweifelt, dass Technik überhaupt etwas mit Bildung zu tun habe. Es ist ungeklärt, wie ein den Technikproblemen angemessener Bildungsbegriff aussehen könnte. Es werden sehr unterschiedliche Begriffe von Technik unterstellt; es wird sehr unterschiedlich beurteilt, wie sich technische Probleme auf gesellschaftliche Verhältnisse auswirken; und es werden verschiedenste Bildungsbegriffe in diesem Kontext verfolgt.

Es ist deshalb notwendig, 1. einen Überblick über die bisherigen Angebote im Bereich der Erwachsenenbildung zur Technikproblematik zu versuchen; 2. die dabei unterstellten divergierenden Technikkonzepte zu überprüfen; 3. die Frage nach einem angemessenen Bildungsbegriff aufzuwerfen und die Aufgabenstellungen der Erwachsenenbildung zusammenzufassen. Dazu wird zunächst der gegenwärtige Stand technikorientierter Erwachsenenbildung rekapituliert. Dieser ist gekennzeichnet durch die Widersprüchlichkeit, dass zum einen dualistische Konzepte der Desintegration von „allgemeiner" und „beruflicher" Bildung fortwirken und sich bezogen auf die Rekrutierung des Personals wie auch in der Aufteilung der Inhalte spiegeln. Zum anderen fügt sich die tatsächliche Komplexität der Programme und Kurse dieser Konstruktion nicht. Die Realität bleibt aber, da tragfähige Konzepte nicht entwickelt oder zumindest nicht aufgenommen worden sind, weitgehend unbegriffen. Voraussetzung für eine angemessene Interpretation ist ein Technikkonzept, das die verschiedenen Aspekte dieses Gegenstands – Technikimages, -konzepte, -genese und -konsequenzen – umfasst. Daran kann dann auch ein Bildungsbegriff anknüpfen, der auf aktive Aneignung und Gestaltung abzielt.

1 Ziele, Inhalte und Formen bisheriger Ansätze der Erwachsenenbildung im Kontext der Technik

Im Gegenstandsbereich Technik potenziert sich für die Erwachsenenbildung die insgesamt bestehende Vielfalt und Unübersichtlichkeit der verschiedenen Kurse und Programme, Modelle, Konzepte und Theorien. Dies liegt auch daran, dass der Gegenstand selbst hochgradig segmentiert und partialisiert ist. Außer in einigen Ansätzen der Arbeitslehre/Polytechnik wird Technik im Bildungsbereich nirgendwo als Ganzes behandelt. Das Thema ist immer schon differenziert in seine Partialprobleme wie Bauwesen, Maschinenbau, Elektrotechnik usw. Auch die Ingenieure als Spezialisten wissen meist nicht, was Technik ist. In der Konsequenz hat das dazu geführt, dass Erwachsenenbildungsangebote zu Technikproblemen extrem intransparent und diffus sind. Das Spektrum reicht von Programmierkursen in den Volkshochschulen, CNC-Schulungen in der betrieblichen Weiterbildung, Hydraulik-Lehrgängen in Lehrwerkstätten, Seminaren zu Rationalisierungskonsequenzen in der gewerkschaftlichen Bildungsarbeit bis zur Behandlung von Fragen einer „Technikethik" bei kirchlichen Bildungsträgern usw. So stehen einerseits Kenntnisse und Fertigkeiten bezogen auf Instrumente, Maschinen und Systeme im Vordergrund; andererseits werden Fragen der Entstehung, Folgeabschätzung und Gestaltung diskutiert.

Es besteht – und wird in der technikorientierten Erwachsenenbildung besonders deutlich – eine „Desintegration" der Ansätze, welche sich zeigt in der Aufspaltung des Personals, der Abschottung der Inhalte und auf bildungstheoretischer Ebene durch das Fortbestehen der Trennung von „beruflicher" und „allgemeiner" Bildung.

Die „Technikszene" in der Erwachsenenbildung ist nach wie vor geprägt durch die „Zwei-Kulturen"-Debatte (Snow 1987), die das Verhältnis von naturwissenschaftlich-technischer und geisteswissenschaftlich-literarischer Intelligenz als nachhaltig gestört kennzeichnet. Eine der Ursachen dafür liegt in der Zweiteilung des Personals selber. So lehrt auf der einen Seite bei den

Volkshochschulen, den Gewerkschaften, den Kirchen usw. oft ein Dozentenstamm, der sich aus Absolventen gesellschafts-, geistes- oder erziehungswissenschaftlicher Ausbildung rekrutiert. Diese verfügen in den seltensten Fällen oder nur über nachgeholte „technische“ Kompetenz. Vielfach ist ihre Grundhaltung geprägt durch Vorbehalte oder Ängste gegenüber einer unbegriffenen, scheinbar unsteuerbaren Technik. Zusätzlich besteht unter Geisteswissenschaftlern oft ein erhebliches Vorurteil gegenüber den „ungebildeten“ Technikern. Auf der anderen Seite befinden sich besonders in der betrieblichen Weiterbildung, in AFG-Maßnahmen und in der berufsbezogenen Weiterbildung Fachspezialisten. Diese sind meistens Absolventen technischer Disziplinen und verfügen kaum über „andragogische“ Kompetenz. Insofern sind solche Veranstaltungen vorrangig auf die Vermittlung von Stoff abgestellt. Eine didaktische Reflektion findet höchstens am Rande statt. Die Frage nach „Bildung“ wird gar nicht erst gestellt. Zusätzlich begreifen sich Techniker oft als die eigentlichen Fachkenner. Der Anschein, es handele sich bei technischen Kompetenzen um „harte“ Kenntnisse – mit mathematischer Genauigkeit formuliert – und um exakte Fertigkeiten, macht es möglich, sich abzusetzen gegenüber dem „Geschwätz“ der Geisteswissenschaftler, die offenbar nie zu Ergebnissen kommen, welche den Kriterien „gilt“, „geht“, „passt“ und „hält“ standhalten (Faulstich/Faulstich-Wieland 1989).

Für die Behandlung von „Technik“ als Gegenstand der Erwachsenenbildung besteht also die Gefahr, in eine fatale Zweigleisigkeit auch der Inhalte zu geraten. Auf der einen Seite ginge es dann um den Erwerb instrumenteller Kompetenzen, auf der anderen Seite um kritische Reflektion. So finden sich z.B. zum einen spezielle Programme für Handwerker: „Antennentechnik: Elektromagnetische Wellen, Frequenzbereiche, Planung und Aufbau von Einzel- und Gemeinschaftsanlagen, Satellitenempfang, VDE-Vorschriften“. Daneben zum anderen wird für Akademiker angeboten: „Prinzip Verantwortung: Wege zu einem anderen Technikverständnis. In Zusammenarbeit mit dem Fachbereich Evangelische Theologie“. Mit den „Machern“ wird also ein instrumenteller Umgang mit Technik trainiert; das Nachdenken über Technik bleibt den Geisteswissenschaftlern vorbehalten. Solche Programme sind im Spektrum der Angebote durchaus repräsentativ.

Dies ist, wenn man die institutionalisierten Lernformen der gegenwärtigen Gesellschaft betrachtet, keineswegs nur ein Defizit der Erwachsenenbildung, sondern die „Desintegration“ findet sich in allen Bereichen des Bildungswesens. Der Hintergrund hierfür ist einerseits, dass in der deutschen Diskussion immer noch im Begriff Bildung ein Verständnis vorherrscht, das auf die Entwicklung isolierter Individualität abhebt und mit der Trennung von „allgemeiner“ und „beruflicher“ Bildung ein dualistisches Modell konzipiert hat. Dabei werden Technikprobleme auf ihren instrumentellen Aspekt verkürzt und vorwiegend dem „Beruflichen“ zugewiesen. Voraussetzung für ein neues Verständnis wäre es gerade, diesen Dualismus zu überwinden (Faulstich 1991).

Die Realität der Kurse, Programme und Institutionen der Erwachsenenbildung, welche sich mit Technikproblemen beschäftigen, ist sowieso schon wesentlich differenzierter, als dass sie in eine solche Zweiteilung passen würde. So ist zunächst das Angebot, wie es sich in einer Programmanalyse darstellt, oft auf sehr unterschiedliche Gruppen von Adressaten bezogen:

- für die Fachkräfte in den Kernberufen der Techniker und Ingenieure unter dem Aspekt ihrer instrumentellen Kompetenz,
- für die Arbeitnehmer bei den Herstellern und Anwendern durch die Veränderung ihrer Arbeitstätigkeiten aufgrund veränderter Technik und Organisation am Arbeitsplatz,

- für die Nutzer und Betroffenen als Elemente ökonomischer und politischer Bildung in der Auseinandersetzung um die Gestaltung künftiger Arbeits- und Lebensbedingungen und entsprechender Entscheidungsmöglichkeiten.

Insofern sind Technikfragen von Anfang an nicht nur für die Arbeits- sondern insgesamt für die Lebensbedingungen ausschlaggebend; sie sind also Probleme nicht nur der „Berufs-“, sondern immer auch schon der „Allgemein“-Bildung.

Als Zielsetzungen für die Aufgaben der Erwachsenenbildung, wie sie in den Programmen genannt werden, resultieren daraus:

- Spezialqualifikationen zu vermitteln,
- übergreifende Grundlagen, ausgehend von relevanten Problemkomplexen, zu vertiefen und neu aufzugreifen,
- Lücken der Erstausbildung auszugleichen,
- Qualifikationen den technologischen und ökonomischen Innovationen anzupassen,
- Prozesse der Technikgenese und -konsequenzen zu begreifen,
- Gestaltungsmöglichkeiten zu entwickeln,
- Einstellungen und Verhaltenseigenschaften zu reflektieren und zu trainieren.

Daraus ergibt sich mit unterschiedlicher Gewichtung für die jeweiligen Adressaten ein umfassendes Profil von Kompetenzen und Motivationen, welche sich auf die folgenden Inhaltsbereiche beziehen:

- technische und andere wissenschaftliche Grundlagen,
- Gestaltungsmöglichkeiten von Maschinen, Apparaten, Systemen und Anlagen, unterschiedliche arbeitsorganisatorische Einsatzprinzipien,
- betriebs- und verwaltungswissenschaftliche Grundlagen der Gestaltung der Arbeitstätigkeiten und Abläufe,
- Auswirkungen der Technik auf Belastung und Beanspruchung, Qualifikation und Arbeitsverhalten,
- volkswirtschaftliche und gesamtgesellschaftliche Auswirkungen von technisch induzierten Rationalisierungsprozessen,
- juristische und politische Ansatzpunkte für die Veränderung von technisch-organisatorischen Systemen,
- soziale und ökologische Konsequenzen und Gestaltungsmöglichkeiten technischer Systeme.

Die Palette des Weiterbildungsangebots resultiert aus der gezeigten Vielfalt der Adressaten, Ziele und Inhalte. Für Technikprobleme gilt besonders, dass das System der Weiterbildung hochgradig differenziert ist und unterschiedliche Funktionen erfüllt (Faulstich et al. 1991, S. 54). Das vielfältige Träger- und Einrichtungsspektrum hat sich auf einzelne Aufgabensegmente spezialisiert. Die wichtigsten Weiterbildungseinrichtungen für Technikthemen sind sicherlich die Unternehmen und Betriebe selbst. Darüber hinaus zeigen zahlreiche Berufsverbände, Kammern, Akademien jeweils Spezialprofile. Eine Vielfalt kommerzieller Institutionen bietet einschlägige Weiterbildung an. Die großen arbeitgebernahen, gewerkschaftsnahen und kirchlichen Erwachsenenbildungsträger sind in diesem Bereich aktiv. Die Fachhochschulen und Universitäten wenden sich verstärkt diesem Thema zu. Die Volkshochschulen bieten in ihren verschiedenen Fachbereichen, nicht nur im Bereich Mathematik – Naturwissenschaft – Technik, sondern z.B. auch im Bereich Politik entsprechende Angebote an. Die berufsbildenden Schulen, hier besonders die Fachschulen, entwickeln zunehmend Verbindungen zwischen Erst- und Weiterbildung.

Der größte Teil aller Weiterbildungsveranstaltungen auch zu technischen Aspekten wird zweifellos innerbetrieblich durchgeführt. Solche Angebote werden von rund drei Mill. Arbeitnehmern wahrgenommen. Davon sind eine große Zahl Führungskräfte, zu denen auch Ingenieure und Techniker gehören. Große Firmen, wie AEG, AUDI (Umsatz 2006: 27,2 Millionen); Deutsche Bahn DB (Umsatz 2006: 92,8 Millionen); Daimler-Benz, IBM, Siemens (Umsatz 2006: 26,3 Millionen), Volkswagen u.a. haben geradezu als interne Universitäten zu bezeichnende Weiterbildungsabteilungen. AUDI, DB und Siemens gehören zu den größten Weiterbildungsanbietern in Deutschland. Die Mitarbeiterschulung umfasst das gesamte Spektrum möglicher Inhalte, wobei technische Thematiken nicht nur für Ingenieure und Techniker, sondern besonders auch für Kaufleute, Betriebswirte, Juristen u.a. angeboten werden.

Solche breit angelegten Programme sind für Klein- und Mittelbetriebe verständlicherweise nicht in eigener Regie durchführbar. Die wichtigste Teilnehmergruppe für externe Anbieter stammt daher aus dieser Betriebsgröße. Diese werden oft für die Lehrgangsdauer von den Betrieben freigestellt und die Lehrgangskosten werden oft vom Arbeitgeber getragen. Wichtigste Institution externer technikorientierter Weiterbildung sind die technisch-wissenschaftlichen Vereine in ihrer breiten Vielfalt. Diese sind im Deutschen Verband Technisch-Wissenschaftlicher Vereine (DVT) zusammengeschlossen. Über die Hälfte solcher Institutionen bieten auch fachübergreifende Grundlagen an. Traditionelle ingenieurwissenschaftliche Spezialinhalte treten eher in den Hintergrund. Von den technisch-wissenschaftlichen Vereinen ist besonders das VDI-Bildungswerk aktiv, das seit seiner Gründung 1957 ständig an Bedeutung und Umfang zugenommen hat. Das VDI-Wissensforum, Düsseldorf, bietet jährlich rund 650 Veranstaltungen zu ca. 300 Themen an. In den Tagungen, Seminaren und Konferenzen, die zur berufsbegleitenden Weiterbildung für Ingenieure und Naturwissenschaftler dienen, werden alle Segmente des Ingenieurberufs sowie Themen wie Management, Recht und Wirtschaft behandelt. Jährlich nehmen rund 10.000 Ingenieure das Fortbildungsangebot wahr. Ein weiteres Beispiel ist der Verein Deutscher Eisenhüttenleute (VDEH), der vorwiegend technische und betriebswirtschaftliche Spezialseminare durchführt. Standard auf dem Weiterbildungsmarkt zu Technikthematiken sind auch die Programme des Rationalisierungskuratoriums der Deutschen Wirtschaft (RKW), des Deutschen Instituts für Normung (DIN), das Refa, das eine Reihe von Spezialisierungen ermöglicht.

Als maßgebliche Weiterbildungseinrichtungen für Ingenieure gelten die Technische Akademie in Esslingen (TAE) und die Technische Akademie Wuppertal (TAW), sowie das Haus der Technik in Essen. Die TAW bietet speziell für den technischen Bereich ein vielfältiges Weiterbildungsangebot. Die ca. 2.500 Seminar- und Lehrgangsveranstaltungen pro Jahr werden von rund 30.000 Teilnehmern besucht. Die TAW ist ein Außeninstitut der RWTH Aachen, gleichzeitig aber auch das Kontaktstudien-Institut der Universität Wuppertal sowie eine Weiterbildungseinrichtung der Universität Düsseldorf. Sie bietet Veranstaltungen in den Weiterbildungszentren Wuppertal, Altdorf bei Nürnberg, Bochum, Cottbus, Frankfurt/Oder, Lübben und Wildau/Berlin an. Die Dauer der Kurse bewegt sich dabei zwischen einem Tag und dreieinhalb Jahren. Die Technische Akademie Esslingen (TAE) wurde schon 1955 gegründet. Sie bietet Weiterbildungen im technischen und im nichttechnischen Bereich der Wirtschaft an. Seit

Bestehen der TAE haben sich hier über 750.000 Teilnehmer fortbilden lassen. Über 2.000 Referenten und Berater führen pro Jahr über 1.000 Lehrgänge durch, entwickeln Weiterbildungskonzepte und beraten Unternehmen zum Thema Mitarbeiterqualifizierung. Die TAE ist zudem Veranstalter von internationalen Kolloquien und Symposien. Mit Dresden und Sarnen/Schweiz verfügt sie über zwei weitere Weiterbildungszentren. Das „Haus der Technik" leistet seit über 75 Jahren einen Beitrag zum Technologietransfer. Es wird als eingetragener Verein von über 600 Einzel- und Firmenmitgliedern getragen. Es ist Außeninstitut der Rheinisch-Westfälischen Hochschule Aachen in Kooperation mit der Universität Essen und der Westfälischen Wilhelms-Universität Münster. Der Verein soll in zweckmäßiger Ergänzung von Hochschulen und anderen fachwissenschaftlichen Einrichtungen die Fortbildung in den technischen und diesen nahestehenden Wissenschaften darlegen und sie an die Berufsangehörigen von Technik und Wirtschaft vermitteln mit besonderer Berücksichtigung derjenigen, die eine höhere Ausbildung erfahren haben – besonders Fach- und Führungskräfte der klassischen Ingenieurwissenschaften. Die mehr als 2.000 Veranstaltungen pro Jahr werden von rund 5.000 Referenten geleitet.

Die Außenstehenden weniger bekannte DEKRA-Akademie zählt zu den größten Anbietern auf dem Aus- und Weiterbildungsmarkt. Das Programm wird auf der Basis von Stellenmarktanalysen gestaltet und ständig aktualisiert. Das Angebot reicht von eintägigen Seminaren bis zur mehrjährigen Umschulung, von der individuellen Qualifizierung bis zum unternehmensspezifischen Aus- und Weiterbildungskonzept, die jährlich rund 100.000 Teilnehmer besuchen. An über 100 Standorten in Deutschland werden Qualifizierungsprogramme der Akademie angeboten – in Zusammenarbeit mit Unternehmen aus Industrie, Handwerk und Dienstleistung sowie mit der Bundesagentur für Arbeit, den Berufsgenossenschaften, Kommunen und Verbänden. Das Aus- und Weiterbildungsangebot der Akademie kann berufsbegleitend oder auch als Qualifizierung für Arbeit suchende Fach- und Führungskräfte genutzt werden. Die Dekra Akademie GmbH, Stuttgart, hatte 2006 einen Umsatz von 114,0 Millionen.

Wichtigste Weiterbildungseinrichtung auf der „mittleren" Ebene der Meister und Techniker sind zweifellos die Kammern mit ihren verschiedenen Profilen. An den Weiterbildungsprüfungen der IHKs nahmen 2003 an gewerblich-technischen Prüfungen 15521 Personen teil. Davon waren Lehrgänge zum Industriemeister 8835; darunter Chemie 1090, Druck 277, Elektrotechnik 1396, Kraftverkehr 288, Kunststoff und Kautschuk 283, Metall 4001 und Poliere 421. Die IHKs boten 2001 insgesamt 720 industriell-technische Lehrgänge an; darunter Industriemeister 616, Buchbinderei 3, Chemie 45, Druck 17, Elektrotechnik 130, Glas 1, Hüttentechnik 3, Holz 2, Kraftverkehr 4, Kunststoff und Kautschuk 18, Lack 2, Lebensmittel 3, Metall 370, Papiererzeugung 3 Pharmazie 5, Polsterei 2 und Textil 8.

Zum Weiterbildungsbereich gehören auch die Fachschulen, welche abschlussbezogene Programme zum staatlich geprüften Techniker durchführen. Einführende Veranstaltungen zu Technikproblemen werden von den Volkshochschulen angeboten. Sie sind meist grundlagenbezogen und erreichen ein breites Spektrum. Die Hochschulen haben bisher ihre Weiterbildungsaufgabe im Bereich der Technikprobleme höchstens ansatzweise aufgenommen, obwohl gerade dies durch die Verbindung von Forschung und Lehre besonders wichtig wäre. Fernlehrgänge im Bereich Mathematik, Naturwissenschaften, Technik belegten 2005 12.502 Teilnehmende.

Eine sehr breite und intensive Angebotspalette zur Weiterbildung für Technikprobleme wird von den Herstellern selber erzeugt. Besonders im Bereich der IT-Technik sind IBM (Weiterbildungsumsatz 2006: 72,0 Millionen) und Siemens (Weiterbildungsumsatz 2006: 26,3 Millionen) die größten Anbieter. Während traditionell die Mitarbeiterschulung immer schon für die Sicherung eines innovativen Produktspektrums besonders relevant war, expandiert in den letzten Jahren die Gruppenschulung sehr stark. Die Weiterbildungsangebote der großen Konzerne, welche sich auch an Externe richten, streuen breit.

Resultierend aus der Lage auf dem Arbeitsmarkt ist die Bundesanstalt für Arbeit zu einem der größten Geldgeber auch für technikorientierte Weiterbildung avanciert. Auftragmaßnahmen der Arbeitsämter sind die Haupteinnahmequelle für eine ganze Reihe von Weiterbildungsinstitutionen. Dies gilt besonders für die privaten kommerziellen Träger, wie z.B. GfBA (Gesellschaft für berufsbezogene Ausbildung e.V.), das Berufsfortbildungswerk des DGB (bfw), das Bildungswerk der DAG u.a.

Für die Gewerkschaften bedeutet die Technikthematik eine Herausforderung sowohl hinsichtlich der Arbeitsbedingungen ihrer Mitglieder als auch bezogen auf betriebliche, tarifliche und politische Handlungsmöglichkeiten. Zentrales Ziel gewerkschaftlicher Bildungsarbeit ist es, zur Einflussnahme auf verbesserte Arbeits- und Lebensbedingungen zu befähigen. Damit wird auch die Inhaltsauswahl gesteuert. In vorliegenden Seminarkonzepten und Leitfäden steht weniger instrumentelle Kompetenz für den Umgang mit den Apparaten und Systemen im Vordergrund, sondern gewerkschaftliche Konsequenzen und Strategien. Die Stichwörter, unter denen diskutiert wird, sind: „Rationalisierung“ als Kennzeichen für die Auswirkungen, „Humanisierung“ als Forderung nach menschenwürdiger Gestaltung. Für die Gewerkschaften gilt als Zielsetzung, Kompetenzen zur sozialen und ökologischen Beherrschung und perspektivischen Gestaltung des technisch-industriellen Wandels zu erwerben.

Wenn Technikprobleme auch von Kirchen und anderen Einrichtungen aufgenommen werden, so zeigt dies, wie tief solche Fragestellungen nicht nur instrumentell provozieren, sondern auch das Selbstverständnis der Gesellschaft aufwerfen.

Überblickt man das Programm- und Institutionenspektrum technikorientierter Erwachsenenbildungsangebote, so zeigt sich, dass jeweils nur Partialaspekte aufgenommen werden. Es werden unterschiedliche Teilbereiche aufgegriffen, die allerdings meist keineswegs den Horizont ihres Kontexts reflektieren. So gilt sicherlich für die meisten Veranstaltungen, dass sie ihre Ziele nicht in den gesellschaftlichen Zusammenhang technischer Prozesse einordnen, dass sie ihre Inhalte auf Einzelfragen beschränken und dass sie methodisch meistens auf kognitive Aspekte abstellen und motivationale und emotionale Probleme ausblenden. Damit wird das Problem Bildung auf Qualifikationssegmente verkürzt und die Chance für alternative Konzepte vertan.

2 Technikimages, -konzepte, -genese, -konsequenzen

Um solche Ansätze zu entwickeln, wäre es nötig, einen Begriff von Technik zu entfalten, der sich loslöst von der scheinbaren Bestimmtheit und Sachlichkeit des Redens über diesen Gegenstand. Wenn man an Technik denkt, so fallen zunächst technische Artefakte ein: Bohrer, Rasierapparate, Plattenspieler, Kaffeemaschinen, Autos, Computer, Hämmer, Atomkraftwerke usw. Neben diesem Dingaspekt wird gleichzeitig der Verfahrensaspekt aktualisiert. Technik wird im Sinne von Kunstfertigkeit gebraucht, wie etwa Redetechnik, Maltechnik, Überredungstechnik, Operationstechnik usw. Sicherlich sind alle diese Artefakte und Methoden nur Repräsentanten für Teilbereiche von Technik, werden jeweils nur Ausschnitte des Problems aktualisiert. Schon wenn man nur den Dingaspekt betrachtet, besteht eine „Tendenz, Werkzeuge und Maschinen mit Technologie gleichzusetzen, den Teil für das Ganze zu nehmen“ (Mumford

1977, S. 15). Selbst wenn man nur die materielle Komponente von Technik betrachtet, übersieht man die nicht minder wichtige Rolle der Behälter, „anfangs Herde, Höhlen, Fallen, Seilwerk; später Körbe, Schränke, Ställe und Häuser, gar nicht zu reden von noch späteren kollektiven Behältern wie Reservoirs, Kanälen und Städten" (ebd., S. 15).

Bemerkenswert ist, dass solche Technikvorstellungen erst hervorgehoben werden durch die Anschauung des Betrachters. „Techniken haben jenseits des Bereichs menschlicher Interpretationen keine eigenständige Existenz" (Bardmann et al. 1992, S. 201). Erst über menschliche Handlungszusammenhänge gewinnen Techniken soziale Realität. Sie sind verortet innerhalb der gesellschaftlichen Konstruktion und Interpretation von Wirklichkeit und Entwürfen von Sinnhaftigkeit. Eine angemessene Behandlung des Technikproblems steht vor der Schwierigkeit, dass diese Diskussion immer schon mit vielfältigen Ängsten, Befürchtungen aber auch Hoffnungen belastet ist. Es ist keineswegs verwunderlich, dass die Frage, welche Rolle der Technik für mögliche Zukünfte zukommt, kontroverse Positionen provoziert. Es hat sich zwar unbestritten, wenn auch widersprüchlich, in den Köpfen festgesetzt, dass Technik für weitere gesellschaftliche Entwicklung einen hohen Stellenwert besitzt. Die Frage nach den Einstellungen zu Technik provoziert Dichotomien. Technik sei Fluch oder Segen, Chance oder Risiko, Heil oder Verderben, Weg oder Irrweg, Gefahr oder Verheißung, Befreiung oder Bevormundung, Dämonie oder Ethos, Lebensmittel oder Todesmittel (vgl. Detzer 1987, S. 1).

Solche dichotome Fragemuster werden auch von der Meinungsforschung verwendet (vgl. Scharioth/Uhl 1988; Kistler/Jaufmann 1990). So wird vom Allensbacher Institut für Meinungsforschung seit Mitte der 1960er Jahre den Interviewpartnern die Schwarz-Weiß-Frage: „Glauben Sie, daß die Technik alles in allem eher ein Segen oder ein Fluch für die Menschheit ist?" vorgelegt (Noelle-Neumann/Hansen 1988, S. 33-110). Übersieht man die Ergebnisse, so ist frappierend, dass 1966 immerhin 72% die Technik eher als Segen bezeichneten, 1986 aber nur noch 41%. „Eher ein Fluch" meinten 1966 3%, 1986 immerhin 12%. Am deutlichsten angewachsen ist in diesen 20 Jahren aber der Anteil derjenigen, die „weder noch" urteilen. Insofern wird auch schon in dieser Fragestellung die bloß dichotomisierende Bewertung von Technik aufgelöst und ein eher ambivalentes Verhältnis gewonnen. Das Ansteigen der teils-teils-Antworten könnte ein Kompromiss sein zwischen einer grundsätzlichen Technikakzeptanz und Vorbehalten gegenüber einzelnen Bereichen von Technik (vgl. Huber 1989). Schon durch die Fragestellung wird die Technikdiskussion aber auch begrenzt und eingeschränkt erstens durch ihre Pauschalität, indem vom Rasierapparat in der gleichen Kategorie wie vom Atomkraftwerk geredet wird, und zweitens durch eine Personifizierung, indem der Technik ein aktives Potential zugesprochen wird. Bei solchen in der Meinungsforschung nachgefragten Einschätzungen geht es nie nur um Sachaussagen, sondern diese sind immer schon verbunden mit Werthaltungen, letztlich auch mit unterschiedlichen Interessenpositionen. Ludwig Huber hat zu Recht darauf hingewiesen, dass es sich dabei nicht nur um individuelle psychische Einstellungen, sondern um kulturelle Konstellationen handelt.

Diese Syndrome von Wissen und Gefühlen können unter dem Begriff „Technikimage" zusammengefasst werden. Solche Vorstellungen können wie in der Meinungsforschung durch entsprechende Fragebogenerhebungen, Interviews u.ä. zu erfassen versucht werden. Diese Methoden sind durch stark verbalisierende Vorgaben geprägt. Die Ergebnisse sind also immer schon über Sprache vermittelt und gefiltert. Eine andere Möglichkeit ist es, Technik-Bilder zeichnen zu lassen, wobei es darum geht, nur die Ideen zu skizzieren, ohne Details auszumalen (vgl. zum Folgenden Faulstich 1992). Mit dem extrem abstrakten Begriff Technik werden durchaus angebbare konkrete Vorstellungen verbunden. Die Aufgabe, Technik zu zeichnen, provoziert ein breites Spektrum: Zahnräder, Autos, Telefone, Fernseher, Bauwerke, Raketen, Computer und Roboter. Es werden technische Artefakte sowohl aus der Arbeitswelt und dem Haushalt als auch Spielzeuge dargestellt. Trotz des breiten Horizontes fällt auf, dass „Technik" identifiziert wird mit einer dann doch beschränkten Zahl von Instrumenten und Apparaten. Es gibt typische Realisationen, die als repräsentativ wahrgenommen werden: Computer, Autos, Fernsehen, Raketen, Zahnräder usw. Dabei wird deutlich, dass Technik zwar zunächst mit dem einzelnen Gegenstand gekennzeichnet wird, gleichzeitig aber immer schon einbezogen ist in Gefühle und Zusammenhänge.

Auch wird Technik immer schon in Beziehung gesetzt zu ihrem Nutzen für den Menschen. Wie schon das Spektrum der Technikimages insgesamt, ist der wahrgenommene Horizont „positiver Technik" ebenfalls sehr breit. Dargestellt werden Autos, Eisenbahnen, Raketen, Fahrräder, Waschmaschinen, Staubsauger, Föhne, Fernseher und Radios, Telefone, Computer, aber auch singulär Glühlampen, Gabelstapler, elektrische Zahnbürsten, Bagger und Kräne, Waschbecken, chemische Apparate, medizinische Geräte, Kraftwerke, Zeichenbretter. Am häufigsten finden sich Autos, Waschmaschinen und Computer. Diese sind offensichtlich bei vielen Erwachsenen positiv belegt.

Angesichts der Ambivalenz der Einsatzverhältnisse ist es nicht erstaunlich, dass technische Apparate und Systeme, die von vielen als positiv empfunden werden, auch als negativ belegt auftauchen (z.B. Autos). Zum Teil die gleichen Gegenstände, welche als erleichternd behandelt werden, werden auch als mit Gefahren verbunden gesehen. „Negative Technik" sind vor allem Kriegsgeräte, Waffen, Panzer, Kanonen und Raketen.

Hauptsächlich die Atomkraft und die resultierenden Gefahren sind negativ besetzt. Sie ist die am meisten wiedergegebene „negative Technik". Besonders großtechnische Systeme werden als gefährlich eingeordnet. Dies sind zum einen Kraftwerke, zum anderen auch die Chemieproduktion.

Es ist keineswegs verwunderlich, dass die Frage, welche Rolle der Technik für mögliche Zukünfte zukommt, kontroverse Positionen provoziert. Nicht nur weitreichende Hoffnungen, sondern auch vielfältige Ängste und Befürchtungen sind mit ihrem Einsatz verbunden. Merkwürdig ist, dass dabei ein Selbstlauf der Technikdynamik, eine Autonomie technischer Prozesse unterstellt wird. Dieses Technikkonzept hat zwei dichotomische Varianten:

- Fortschrittsglaube: Technik wird als Motor der Zukunft betrachtet. Ihre Anwendung befreie von Last und Plage, Elend und Krankheit. Sie sei Garant des Fortschritts und des menschlichen Glücks.
- Technikpessimismus: Mit der Technik entstehe eine Macht der Zerstörung, des Niedergangs. Sie entfremde die Menschen untereinander und von der Natur und ersetze die menschliche Arbeit durch den Selbstlauf der Maschinerie. Unaufhaltsam zerlege Technik die alten Traditionen und ersetze sie durch eine kalte, unmenschliche Rationalität.

Für den traditionellen Fortschrittsglauben war es grundlegend, Technik als Mittel der Befreiung von der Natur zu sehen. Descartes beschrieb 1637 in der „Abhandlung über die Methode des richtigen Vernunftgebrauchs, wie die Kraft und die Tätigkeit des Feuers, des Wassers, der Luft, der Sterne, der Himmel genutzt werden könne, um Menschen zu Herren und Eigentümern über die Natur zu machen" (Descartes 1961, S. 58). Durch mehr Technik hoffte man zu einer besseren Gesellschaft aufzusteigen. Nicht nur neue Maschinen, sondern Gold, Glück, das ewige Leben sollten durch Technik herstellbar sein. Der Begriff des Fortschritts ist seitdem mit dem der Technik aufs Engste verbunden. Technik impliziert demgemäß ein zeitliches Vorwärts auf eine bessere Zukunft.

Es ist aber heute nicht mehr zu leugnen, dass scheinbare Fortschritte dieser Naturbeherrschung tatsächliche Rückschritte hinter gesellschaftliche Befreiung darstellen können. Technisch produzierte Gebrauchsmittel sind immer öfter Todesmittel, die Produktionstechnik verkehrt sich zur Destruktionstechnik. Die Erfahrungen von Rüstungswahnsinn und Umweltzerstörung spätestens machen es möglich, neu über Technik nachzudenken. Nicht erst die Katastrophe von Tschernobyl, sondern die dauernde Strahlenbelastung in der Umgebung von Brunsbüttel ist Lebensbedrohung. Nicht erst das Unglück von Ramstein, sondern die tagtägliche Lärmbelastung durch Tiefflüge zerstört Heimat. Nicht erst die Hormonbelastung, sondern die dauernde Vergiftung in allen Lebensmitteln macht das Essen lebensgefährlich. Nicht erst die Zahl der Arbeitslosen, sondern der tägliche Druck im Betrieb verhindert, dass Freude und Zufriedenheit in der Arbeit entstehen. Naiver Fortschrittsglaube und Technikoptimismus sind spätestens nach diesen Erfahrungen zusammengebrochen.

Aber auch der Technikpessimismus hat frühe Wurzeln. Auf die Frage „Hat der Wiederaufstieg der Wissenschaften (...) zur Vervollkommnung beigetragen?" hat Jean-Jacques Rousseau im Jahr 1750 geantwortet: „Unsere Seelen korrumpieren in dem Maß, in dem unsere Wissenschaften und Künste fortschreiten zur Vollkommenheit" (Rousseau 1971, S. 15). Schon früh haben die gesellschaftlichen Folgen des Kapitalismus ein Umschlagen in den Haltungen zur Technik bewirkt (vgl. Klems 1988; Sieferle 1984). Zum einen gab es die Ausbrüche der Maschinenstürmer, zum anderen entwickelte sich eine rückwärts gewandte Ideologie, welche vorkapitalistische Verhältnisse und deren Sozialstruktur als Heilmittel gegen eine als unmenschlich empfundene Realität idealisierte. Dem Wunsch nach Harmonie zwischen Mensch und Natur entsprach ein zivilisationskritischer Technikpessimismus.

Sowohl Kritiker als auch Apologeten sehen aber jeweils nur eine Seite des Fortschritts. Sie begreifen Technik nicht als das, was sie ist, nämlich ein gesellschaftliches Verhältnis zur Natur und der Menschen untereinander. Es wird in beiden Positionen ein Selbstlauf technischer Entwicklung unterstellt, von dem entweder Heil oder Verderben erwartet wird. Technikkritik schießt über das Ziel hinaus, wenn sie die Maschinen dämonisiert und die dann unkontrollierbare Eigendynamik zuschreibt. Sie greift allerdings zu kurz, wenn unterstellt wird, es gäbe neutrale Instrumente, die mit anderem Zweck eingesetzt durchaus sinnvoll seien.

Wenn man eine Beliebigkeit des Einsatzes unterstellt, immunisiert man Technik gegenüber gesellschaftlicher Verantwortung. So argumentiert die Neutralitätsthese: Technik sei ein nach den Zielen der Menschen beliebig einsetzbares Instrument, ein Mittel, dessen Resultate abhängig seien von den jeweiligen Vorgaben. Dabei wird der instrumentelle Charakter von Technik hervorgehoben. Die Neutralitätsillusion übersieht aber, dass technische Resultate eine Größenordnung erreicht und Veränderungen in der Gesellschaft bewirkt haben, in der sie nicht mehr nur als Mittel gebraucht werden, sondern selber die wünschbaren und erreichbaren Ziele mitbewirken. Technische Strukturen sind aus der Dimension bloßer Dienstbarkeit herausgetreten und zu einem zentralen gesellschaftlichen Verhältnis geworden. Um das Wesen der Technik zu verstehen, darf man nicht ausschließlich von den Werkzeugen, Maschinen, Systemen, Methoden ausgehen. In den Instrumenten und Apparaten vergegenständlichen sich gesellschaftliche Verhältnisse und Beziehungen zwischen Gesellschaft und Natur. „Neutralistische" Positionen verkennen die strukturelle Prägung von Technik durch Gesellschaft und umgekehrt die Rückwirkung von Technik auf die gesellschaftlichen Möglichkeiten. Es ist das Ziel, eine bestimmte Schiffsform zu bauen, nur möglich, wenn das Mittel, bestimmte Holzverbindungen mit Hammer und Nagel herzustellen, schon realisiert ist. Es ist nur möglich, auf Atomenergie zu setzen, wenn dabei gleichzeitig in Kauf genommen wird, dass gesellschaftliche Verhältnisse durch Kontrolle und Unterdrückung bestimmt werden. Ziele und Mittel stehen demnach keineswegs in einem Ableitungsverhältnis, sondern erhalten sich interdependent. Angemessen ist also eine Strukturthese, welche Technik als Aspekt gesellschaftlicher Arbeit begreift, als Resultat und Instrument sowie als Struktur gleichzeitig. Dies bewahrt die Technikdiskussion vor illusionärem Fortschrittsglauben ebenso wie vor lamentierendem Kulturpessimismus. Konsequente Technikkritik ist demnach eine Auseinandersetzung mit gesellschaftlichen Verhältnissen, von denen die Technik selbst ein Teil ist. Ein Umschlagen von Fortschrittsglauben zu Kulturpessimismus würde aber die Hoffnung auf eine Gesellschaft aufgeben, in welcher materielle Not, ökonomische Abhängigkeit und soziale Ungleichheit beseitigt werden könnten. Technik garantiert keineswegs gesellschaftlichen Fortschritt. Ein Verzicht auf Technik aber würde bedeuten, die gesellschaftlichen Lebensprozesse auf ein Niveau zu senken, auf welchem die Abhängigkeit von kontrollierten Naturprozessen wieder hergestellt wird und die bewusste Aneignung von Wirklichkeit und die humane Potenz einer Entfaltung der Persönlichkeit zurückfallen müssten. Es ist festzustellen, dass „Technik“ schon immer ein philosophisches Problem darstellte, das permanent zu neuem Nachdenken zwingt. Fast ohne Ausnahme haben sich die großen Systematiker damit abgegeben, wenn auch nicht in der Form einer eigenständigen Technikphilosophie (vgl. zum Überblick Brinckmann 1946; Sachsse 1974, 1976). Die Reihe beginnt in der Neuzeit mit Roger Bacon und erreicht einen ersten Höhepunkt in dem Grundsatz von Galileo Galilei, dass der Mensch die natürlichen Vorgänge und Zustände nur soweit erkennen könne, als er sie selbst herzustellen imstande sei. Francis Bacon fasste im „Novum organum“ das menschliche Erkenntnisvermögen vollends nach dem Muster technischer Instrumentalität auf. Gefolgt sind die Rationalisten von Descartes bis Leibniz.

Das erste Buch mit dem Titel „Grundlegende Philosophie der Technik“ wurde erst 1877 von Ernst Kapp veröffentlicht. Hier wird Technik einbezogen in eine anthropologische Perspektive. Diese ist dann von Arnold Gehlen (1957) in „Die Seele im technischen Zeitalter“ ausgebreitet worden. Er nimmt Bezug auf Max Scheler und legt dar, dass

> „der Mensch infolge seines Mangels an spezialisierten Organen und Instinkten in keine artbesondere, natürliche Umwelt eingepasst, und infolgedessen darauf angewiesen ist, beliebige vorgefundene Naturumstände intelligent zu verändern. Sinnesarm, waffenlos, nackt, in seinem gesamten Habitus embryonisch, in seinen Instinkten verunsichert, ist er das existentiell auf die Handlung angewiesene Wesen“ (ebd., S. 8).

Die Techniknotwendigkeit wird also aus den Organmängeln des Menschen hergeleitet. Dieses weit verbreitete „Organdefizienz-Konzept“ sieht Technik als Kompensation physischer und psychischer Defizite der menschlichen Spezies. Die fehlende Ausstattung mit speziellen Organen machte den Menschen zu einem Mängelwesen, das gezwungen ist, diese durch Technik auszugleichen. Demgegenüber wird aber auch die umgekehrte Position vertreten, dass nämlich die fehlende Spezialisiertheit gerade die Überlegenheit des Menschen ausmache und seine Fähigkeit begründe, in verschiedensten Umwelten zu überleben. Dies wird von Anthropologen wie z.B. André Leroi-Gourhan vertreten, die davon ausgehen, dass Technik durch die Auslagerung geistiger Fähigkeiten entstanden sei. Aber auch dieses Externalisierungskonzept sieht nur die Hälfte der Beziehungen zwischen Mensch und Natur, indem es die menschlichen Individuen und natürliche sowie gesellschaftliche Verhältnisse als getrennt gegenüberstellt. Der „Mensch drin“ und die „Natur da draußen“ erscheinen einander fremd und gegeneinander kämpfend. Um die Relationalität zu betonen, hat Gernot Böhme als Grundbegriff, der es ermöglicht, den besonderen Stellenwert von Technik zu verstehen, den bereits von Marx und Gottl-Ottlilienfeld verwendeten Begriff des Stoffwechsels wiederbelebt. „Die materielle Beziehung des Menschen zu der Natur stellt sich als Stoffwechsel dar, d.h. wenn man den Ausdruck im engeren Sinne nimmt, als Austausch von Stoffen, im weiteren dann auch als Austausch von Energie und Information“ (Böhme/Schramm 1985, S. 29). Technik vermittelt demnach den Stoffwechsel Mensch-Natur, der als gesellschaftlich organisierter, natürlicher Prozess verstanden werden muss. Dabei ist der Eingriff des Menschen in die Natur unvermeidlich, der Mensch selbst ist Teil dieser Natur. Diesen Grundgedanken nimmt auch die „Strukturthese“ zum Ausgangspunkt. Ein entsprechend umfassender Begriff von Technik beinhaltet dann sowohl die Prozesse und Instrumente als auch deren Genese und Konsequenzen. Dabei muss deutlich werden, dass Technik vielfältige Systeme umfasst, welche geschichtlich entstanden und nicht allein von den Handlungen einzelner Personen, sondern auch von den jeweiligen Systemkonstellationen abhängig sind. Damit sind nicht nur die Bedeutungskontexte und Verwertungsprinzipien (vgl. Hörning 1989, S. 101) gemeint, sondern auch die technik-vermittelten natur-eingreifenden Handlungszusammenhänge, -mittel und -gegenstände. Technik formt die Art und Weise, wie handelnde Menschen in den Kontext von Gesellschaft und Natur jeweils historisch konkret einbezogen sind von der materiellen Seite. Die kulturellen Muster von Deutungs- und Handlungszusammenhängen, Symbol und Technik, sind vielfältig ineinander verwoben. Bemerkenswert ist, dass die industrielle Produktion und das Generieren von theoretischem Wissen sich gegenseitig voraussetzen. Um industrielle Produktionssysteme und -methoden herzustellen und entwerfen zu können, ist es notwendig, aus dem unmittelbaren Erfahrungswissen der Produzenten theoretisch formulierte Aussagen über Gesetzmäßigkeiten zu abstrahieren. An die Stelle der unmittelbaren Tätigkeit des Handwerkers tritt die Entwurfsarbeit des Ingenieurs.

Indem Technik in den Zusammenhang mit Wissenschaftsentwicklung und industrieller Produktion gestellt wird, ist klar, dass es sich dabei eben nicht um isolierte Artefakte handelt, sondern dass sie von Anfang an eingebunden ist in die gesellschaftliche Wirklichkeit (vgl. Fleischmann/Esser 1989). In dem notwendigen Strukturkonzept ist es zwingend, sich von der Pauschalität der Technikdiskussion zu lösen und einzugehen auf konkrete Determinanten und Faktoren technischer Prozesse. Zu fragen bleibt, wie der Prozess der sozialen Technikgenese erfasst werden kann (vgl. Rammert 1992). Wenn die Tatsache einer gesellschaftlichen Bedingtheit von Technik hervorgehoben wird, muss auch erklärt werden, wie diese soziale Konstruktion funktioniert. Dabei ist es notwendig deutlich zu machen, dass die kulturelle Determination von Technikdynamik jeweils nur durch Entscheidungen und Handlungen individueller Akteure zustande kommt. Eine neue Technik entsteht nicht von selbst, sondern sie wird gemacht. Die aktuellen Handlungsspielräume sind festgelegt durch die historisch konkreten Rahmenbedingungen. Technikgenese folgt weder einer Systemlogik determinierter Prozesse, noch resultiert sie umstandslos und unmittelbar aus den Interessen sozialer Akteure. Vielmehr müssen Aktionen und Systemstrukturen als Determinanten technischen Fortschritts zueinander in Beziehung gesetzt werden (Abb. 1).

Fragt man zunächst nach den potentiellen und realen Akteuren, welche Technikgenese provozieren, so fallen selbstverständlich zunächst die Techniker und Ingenieure ein. Diese sind mittlerweile immer stärker eingebunden in den Kontext von Wissenschaftlichkeit. Forschung und Entwicklung (FuE) findet statt im Zusammenhang sowohl staatlicher als auch unternehmerischer Einrichtungen Dass diese nicht umstandslos einem autonomen Selbstlauf unterliegen ist einsichtig. Vielmehr wirken verschiedenste Interessen auf die FuE-Institutionen ein. Dies sind direkt die Hersteller von Technik, welche in industriellen Unternehmen entsprechende Anforderungen formulieren. Es gibt dabei einen unmittelbaren Zusammenhang zu den Technik-Anwendern, d.h. denjenigen Institutionen, welche Technik implementieren, um Technik zu produzieren. Demgegenüber ist die Beziehung zu den Verbrauchern, d.h. den Konsumenten von Technik, eher lose, und ebenso sind die Betroffenen von Technikanwendung nur sehr vermittelt in die Steuerungsprozesse der Technikgenese eingebunden. Vielfältige Akteure setzen Rahmenbedingungen. Dies sind zunächst Parlamente und Regierungen sowie Bürokratien, welche durch finanzielle und juristische Instrumente in den Prozess der Technikgenese eingreifen. Darüber hinaus sind auch die Institutionen der Jurisprudenz als Akteure relevant, da sie im Zusammenhang von juristischen Normierungen, Standardisierungen und Entscheidungen über „Kunstfehler" auf die Akteure Einfluss nehmen. Gesellschaftliche Machtgruppen versuchen durch Einflussnahme den Prozess der Technikgenese auf ihre Interessen zu beziehen.

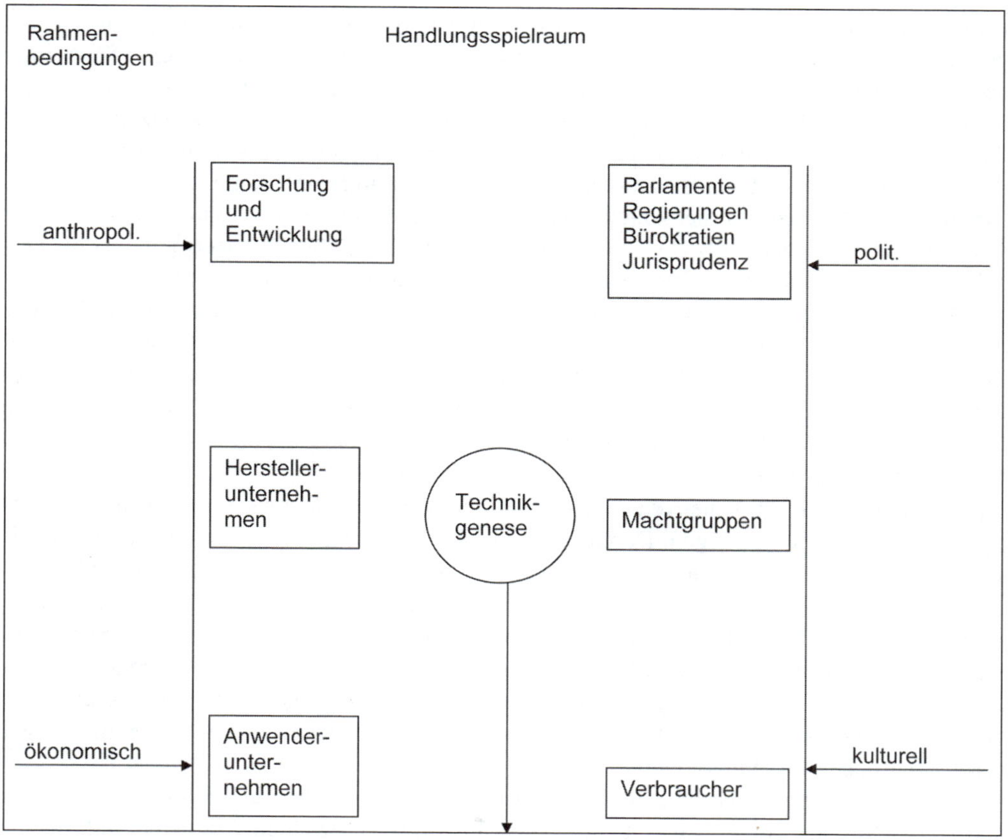

Abbildung 1: Determinanten technischen Fortschritts

Betrachtet man diese Gruppen von Akteuren, so wird wohl am häufigsten das Augenmerk auf die FuE-Aktivitäten der Unternehmen gelenkt. Dies ist besonders dann naheliegend, wenn man die entsprechenden Finanzströme berücksichtigt. Das Gesamtbudget für Forschung in der Bundesrepublik Deutschland 2005 betrug 56,5 Milliarden Euro. Dabei wurde von den Unternehmen 39,6 Milliarden Euro aufgebracht, von Bund und Ländern 16,8 Milliarden. So wird deutlich, dass von den Finanzquellen die FuE-Abteilungen der privaten Unternehmen am stärksten dastehen. Es gibt zumindest für die Bundesrepublik eine „zentrale Stellung des Wirtschaftssektors" im nationalen Forschungs- und Innovationssystem (Grande/Häusler 1992, S. 9).

Allerdings ist auch im Unternehmenskontext die Technikentwicklung nur eine Variable im Zusammenhang betrieblicher Umstellung. Innovationen werden in drei Teilbereichen angesetzt: der Technik, der Organisation und dem Personal. Dies sind prinzipiell drei Variablen der Arbeitsgestaltung. Weder erzwingt ein bestimmter Entwicklungsstand der Technik eine vorgegebene Organisation und Qualifikation, noch können sich jeweils aktuelle Interessen ungebrochen durchsetzen. Es gibt – gegenüber einem Technik-Determinismus – immer Handlungsfelder von Mensch-Maschine-Beziehungen, welche es ermöglichen, auszugehen von den Personen und ihren Qualifikationen. Leitlinie für eine solche Technikentwicklung ist die Gestaltung persönlichkeitsfördernder Arbeitsstrukturen (vgl. Ulich 1980).

Für die Steuerung technisch-ökonomischer Komplexe ergibt sich für die einzelnen Unternehmen ein „Innovationsdilemma" (Rammert 1988a). Forschungsprozesse sind gekennzeichnet durch hohe Unbestimmtheit. Demgegenüber verlangt ökonomische Effizienz eine Steigerung der Berechenbarkeit. So entsteht eine Schere zwischen Unternehmenszielen und Entwicklungsaufgaben, welche durch Verwertungsrisiko und Loyalitätsunsicherheiten gekennzeichnet sind. Aus der Offenheit forschungsstrategischer und -organisatorischer Entwicklungen ergeben sich, da sich diese nur als Ergebnis unternehmensinterner Konflikte und Kompromisse darstellen, Einflussmöglichkeiten externer Akteure. Hier liegen die Entscheidungs- und Handlungsfelder staatlicher Forschungspolitik. Der Einfluss auf die technische Entwicklung erfolgt über die Vergabe von Geldmitteln, z.B. für Rüstungsentwicklungen, neuere technologiepolitische Prioritäten sind Atom-Informationstechnik und Weltraumforschungsprogramme. Gleichzeitig beeinflusst der Staat indirekt durch rechtliche Normierung die technische Entwicklung z.B. durch Grenzwerte und Sicherheitsregelungen. Aufgrund der Offenheit technischer Dynamik besteht auch die Möglichkeit, dass Anwender- und Verbraucherinteressen Einfluss nehmen auf mögliche technische Entwicklungen. Diese können auch in kulturell-politischen Kontexten artikuliert werden durch Machtgruppen und Verbände.

Allerdings ist klar, dass die Akteure sich nur innerhalb veränderbarer aber jeweils vorgegebener Systemkontexte bewegen. Durch ökonomische, politische, kulturelle und anthropologische Strukturen sind Rahmenbedingungen gegeben, welche die Handlungsspielräume begrenzen. Es ist ein erster Schritt, die herrschende Form von Technik zu durchschauen und dann auch zu verändern, dass festgestellt wird, dass es immer alternative Entwicklungslinien gab und gibt, die keineswegs von Anfang an in Reichweite und Entwicklungsfähigkeit entscheidbar waren und sind. Letztlich sind Technikgeneseprozesse nicht zentral gesteuert, sondern sie setzen sich oft „hinter dem Rücken" der Akteure bei der Implementation technischer Systeme im Kontext gesellschaftlicher Verhältnisse durch.

Für die Entfaltung „wünschbarer" Techniklinien kommt es daher darauf an, die Interessen und Aktivitäten der beteiligten Akteure ebenso im Blick zu behalten wie deren anthropologischen, ökonomischen, sozialen, politischen und kulturellen Kontext. Die technischen Artefakte sind Resultate von Aushandlungsprozessen unterschiedlicher Akteursgruppen in konkret-historischen Konstellationen. Um Technik zu „gestalten", bedarf es also eines möglichst komplexen Modells der Technikgenese. Dies ermöglicht, in betriebliche und gesellschaftliche Innovationssysteme einzugreifen und die Technik zu gestalten. Ein solcher Gestaltungsansatz setzt sich allerdings ab sowohl gegen die reduktionistische Illusion vollständiger Machbarkeit als auch gegen die Resignation angesichts eines unterstellten Selbstlaufes von Technik.

Um ein Urteil über Innovation treffen zu können, müsste man die Technikkonsequenzen kennen, also wissen

- welche Bedürfnisse mit variierenden Produktionen und Produkten oder Leistungen befriedigt oder entwickelt werden können,
- welche monetären, materiellen und immateriellen Kosten entstehen,
- welche Missbrauchs- und gegebenenfalls Überwachungsmöglichkeiten es gibt (vgl. Meyer-Abich 1988, S. 118).

Technikfolgeabschätzung setzt zu spät an, wenn sie nur die negativen Konsequenzen ermitteln und auffangen will (vgl. Bungard/Lenk 1988; Huisinga 1985). Demgegenüber käme es darauf an, Anforderungen an die weitere Entwicklung von Technik schon vorab zu stellen. Dazu kann man einige – zunächst noch pauschale – Kriterien benennen:

- Fehlerfreundlichkeit: Bisherige Standards von Sicherheit gingen aus von der Wahrscheinlichkeit von Risiken und deren Auswirkungen. Große technische Katastrophen haben aber gezeigt, dass auch extrem kleingehaltene Wahrscheinlichkeiten unzumutbar sein können. Es käme deshalb darauf an, eine Technik zu entwickeln, die von Anfang an mit der Möglichkeit von Fehlern rechnet und daher in ihren Auswirkungen beschränkt ist.
- Eingriffstiefe: Durch technische Artefakte wird immer in natürliche Systeme eingegriffen. Die Frage ist dann, wie weit entsprechende Regulationsprozesse durcheinander gebracht oder zerstört werden. Unterschiedliche technische Systeme sind durch unterschiedliche Naturnähe gekennzeichnet. Entsprechend ist zu bedenken, wieweit natürliche Abläufe zerschlagen oder gedrosselt werden können.
- Rückholbarkeit: Entscheidend ist es, ob entsprechende Systeme nichtwiedergutzumachende Schäden anrichten, oder ob sie einzubinden sind in regenerative Prozesse.

Diese Anforderungen stellen sich bei der Entwicklung jeweils konkreter technischer Systeme. Ein möglichst vollständiges Raster von Kriterien hat z.B. das Institut für Angewandte Systemforschung und Prognose vorgelegt (vgl. Müller-Reißmann et al. 1989). Solche Kriterien wirken selbstverständlich nicht von sich aus, sondern erst, wenn sie in die Entscheidungen und Handlungen der Akteure einfließen.

Kriterien der **Funktionsfähigkeit**

(F1) Brauchbarkeit
(F2) Technische Machbarkeit
(F3) Ressourcenaufwand/Ressourceneffizienz
(F4) Steuerungsaufwand
(F5) Sicherheit
(F6) Flexibilität und Zukunftsoffenheit der primären Zweckerfüllung für die Gesellschaft

Kriterien der **Sozialverträglichkeit** (für die eigene Gesellschaft)

(V1) Kulturelle Identität der Gesellschaft
(V2) Lebensstandard und Komfortniveau
(V3) Leistungsfähigkeit der Gesellschaft
(V4) Erhaltung/Entwicklung humaner Arbeit
(V5) Beherrschbarkeit von Umweltstörungen
(V6) Nationale Souveränität
(V7) Demokratie (Verträglichkeit)
(V8) Erhaltung der natürlichen Lebensgrundlagen
(V9) Erhaltung der internationalen Lebensgrundlagen
(V10) Weniger Verwundbarkeit der Gesellschaft
(V11) Verträglichkeit mit Leben und Gesundheit des Menschen
(V12) Klare und zuverlässige Lebensorientierung
(V13) Innovations- und Anpassungsfähigkeit
(V14) Innergesellschaftliche Gerechtigkeit und Solidarität

Kriterien der **Solidarität** (über die eigene Gesellschaft hinaus)

(S1) Solidarität mit der Mitkreatur
(S2) Solidarität mit anderen Völkern
(S3) Nachweltverträglichkeit

Kriterien der **Volkswirtschaftlichkeit**

(W) Volkswirtschaftlichkeit

Kriterien der **Realisierbarkeit**

(R1) Wirtschaftliche Durchführbarkeit
(R2) Politische Durchführbarkeit
(R3) Rechtliche Durchführbarkeit

(vgl. Müller-Reißmann u.a. 1989)

3 Technikfragen als Bildungsproblem

Solange die Grundlagen technischer Prozesse, ihre Genese und ihre Konsequenzen, weitgehend unbegriffen bleiben, droht ein Orientierungsverlust, welcher umschlagen kann in Perspektivlosigkeit. Damit wird aber die Chance verspielt, gestaltend in den Prozess der Technikentwicklung und -anwendung einzugreifen und humane Potenzen zu nutzen. Demgegenüber muss angesichts drohender Katastrophen versucht werden, technologische Aufklärung zu betreiben. Mit der „Strukturthese“ und dem „Gestaltungsansatz“, welche sich aus der Kritik an der Neutralitätsillusion und dem technizistischen Determinismus ergeben, rückt die Frage ins Zentrum, wie entsprechende Handlungsmöglichkeiten entwickelt und die dazu nötigen Kompetenzen erworben werden können. Für das Begreifen von Technik und damit für technische Bildung ist es wesentlich, Veränderbarkeit und Gestaltbarkeit deutlich zu machen. Um überhaupt Handlungsmöglichkeiten zu denken, ist es notwendig, Technik nicht als unveränderbaren Gegenstand oder als Sachgesetzlichkeit zu begreifen, sondern Alternativen technischer Prozesse zu sehen. Es geht darum zu begreifen, warum eine konkrete Technik so geworden ist und aufgrund welcher Interessen sie in Bezug auf ihren gesellschaftlichen Nutzen zu bewerten ist. Dazu muss die verbreitete Scheu gegenüber Technik aufgebrochen und Souveränität gegenüber Technikkonsequenzen gewonnen werden. Ein solches Konzept ist durchaus der Tradition von Aufklärung verpflichtet, wobei damit allerdings nicht nur Popularisierung von Wissensbeständen gemeint ist, sondern Kritik an vorgefassten, scheinbar sachgesetzlich sich durchsetzenden Entwicklungen. Dazu bedarf es Entwürfen über wünschbare Zukünfte und entsprechende Leitlinien.

In der konkreten Technikkritik hat sich als mögliches Leitbild die Vorstellung einer sozial-ökologischen Produktion herausgestellt. Technikeinsatz wäre demnach von Anfang an zu überprüfen in bezug auf seine Konsequenzen für Natur und Gesellschaft. Dies ist keineswegs nur eine Frage der Experten – der Technikkonstrukteure und Produktionsingenieure. Deren Hauptaufgabe ist es, wissenschaftliches Wissen von den unmittelbaren Arbeitstätigkeiten zu abstrahieren und in technische oder organisatorische Konzepte umzusetzen. Die Geschichte des Industriesystems beweist durchaus, wie weit dies erfolgreich betrieben werden kann. Nichtsdestoweniger wird gerade in den fortgeschrittensten, informationstechnisch gestützten Arbeitstätigkeiten deutlich, dass diese nicht vollständig in erfassbare Daten aufgehen. Viele Tätigkeiten beruhen auf „schweigendem Wissen“, das mit wissenschaftlichen Verfahren nicht vollständig beschrieben werden kann und sich immer wieder neu herstellt. Insofern ist bezogen auf die gesellschaftliche Arbeit das Verhältnis von Technik und Persönlichkeit keineswegs einlinig ein Fortschreiten des technischen Imperialismus, sondern in diesem Prozess stellen sich zwangsläufig immer neue Identitätschancen her. Ob diese genutzt werden können, ist auch abhängig von Interessenkonstellationen und Machtzusammenhängen. Wenn es also darum gehen soll, bei der Technikgestaltung Einfluss zu nehmen und Technikfolgen zu begrenzen, ist eine breitere Beteiligung von Anfang an notwendig. Insofern müssen die verschiedenen Akteure im Prozess der Technikgenese als Adressaten für technische Bildung betrachtet werden.

Sicherlich sind es zunächst die Ingenieure und Techniker, welche ohne spezialistische Technikkompetenz nicht auskommen. Es wird aber immer deutlicher, dass gesellschaftswissenschaftliche und ökologische Kompetenzen gefordert sind. So haben Ingenieure oft, obwohl sie vielfach abschließend über viele Fragen urteilen, keinerlei Kompetenz in Bezug auf die Einschätzung von Techniklinien und deren Konsequenzen. In der Erstausbildung findet dies höchstens am Rande einen Stellenwert. Entsprechende Programme in der Erwachsenenbildung existieren bisher ebenfalls nur wenige.

Auf der anderen Seite der technischen Prozesse stehen die Verbraucher und Betroffenen. Sie werden mit scheinbar fertigen Ergebnissen konfrontiert. Erst über ihre Rolle als aktive Konsumenten können sie auf die Technikgenese rückwirken. Dazu ist es notwendig, eine verstärkte Verbraucheraufklärung über Gestaltungsmöglichkeiten und alternative Produkte breiter durchzuführen.

Zwischen den Konstrukteuren und den Anwendern gibt es oft dichte Beziehungsnetze. Hier ist die Abstimmung in Bezug auf die geforderten Produkte und Produktionen am dichtesten. Allerdings sind die Kosten-Nutzen-Horizonte der Anwender oft sehr eng und ausschließlich auf das einzelne Unternehmen bezogen. Allerdings steigt der Außendruck auf veränderte Entwicklungen, je deutlicher die Technikkonsequenzen werden. Von daher gibt es sicherlich einen Nachholbedarf bezogen auf soziale und ökologische Technikkonsequenzen, welche den Anwendern bewusst machen, dass langfristig ihre Absatzmöglichkeiten von einem veränderten Einsatz von Technik abhängen.

Eine solche Internalisierung bisher als extern abgewälzter Kosten wäre Aufgabe der staatlichen Administration und der Parlamente sowie der Verbände im politischen Raum. Durch eine veränderte Finanzierungs- und Normsetzungsstrategie könnten andere Entwicklungen in Gang gesetzt werden. Dazu muss aber den politischen Akteuren deutlich sein, dass sie erhebliche Verantwortung für die Zukunft von Gesellschaft und Natur tragen.

Wenn Erwachsenenbildung also nicht nur dazu dienen soll, instrumentelle Qualifikation zu vermitteln oder Akzeptanz zu schaffen, ist ein Konzept notwendig, das für alle Akteure technische Kompetenz mit gesellschaftlicher Einsicht und Handlungsbereitschaft verbindet. Außer einem umfassenden Verständnis von Technik braucht es dazu auch einen angemessenen Bildungsbegriff, der diesen sperrigen Gegenstand Technik aufnehmen kann. Technikfragen auf Bildungskonzepte zu beziehen bleibt ein heikles Vorhaben. Technik wird in einer dominanten Tradition deutscher Geisteswissenschaft immer noch als Kontrapunkt von Selbstverwirklichung und Emanzipation begriffen. Es ist üblich, besonders bei denjenigen, die die Bedeutung von Technik als Lernaufgabe betonen, das gestörte Verhältnis zu diesem Gegenstand der neuhumanistischen Bildungstheorie anzulasten. Diese Geschichtskonstruktion, die nach dem Weltbezug der Aufklärung einen romantischen Rückzug auf Innerlichkeit und Abkehr von den „Realien" sehen will, trifft das Problem aber höchstens partiell. Vielmehr tendiert das Konzept Bildung von Anfang an dazu, technische und ökonomische Fragen zugunsten eines höheren, außenliegenden Menschenbildes zu verdrängen. Der Dualismus des Bildungsdenkens, welcher Ökonomie und Technik aus dem „Allgemeinen" herauslässt, war im Denken der Klassiker der neuhumanistischen Bildungstheorie keineswegs zwingend erforderlich, wurde aber angesichts der gesellschaftlichen Prozesse gleich real. Während die Hauptvertreter der neuhumanistischen Bildungstheorie gegenüber Technik einen skeptischen Abstand erzeugten, trieben ihre Epigonen einen dicken Keil zwischen Technik und Bildung.

Resultat ist die nach wie vor vorherrschende Ausgrenzung des Technischen aus dem Bildungsbegriff. Technik gilt immer noch nicht als „Bildungsgut" (Ropohl 1976, S. 10). Das „Bildungsbürgertum" wertete als „Schande, wenn man beim Zitieren aus der alten oder neueren Literatur passen musste, aber durchaus nur als Kavaliersdelikt, wenn nicht geradezu als Zeichen echter Bildung, wenn man sich als mathematischer oder erst recht als naturwissenschaftlicher Ignorant ausließ" (Maier 1986, S. 30). Immer noch wirkt der Geltungsanspruch eines verkürzten Bildungsbegriffes fort. „Nichts zeigt dies deutlicher als die manchmal, wie etwa bei Theodor Litt (1955), sicherlich sehr anspruchsvollen, manchmal auch eher rührenden Versuche von Bildungstheoretikern, Bildungsinhalte etwa naturwissenschaftlich-technischer oder berufspraktischer Art, die im Kanon humanistischer Bildung nicht vorkamen, in ihrem „Bildungswert, zu rechtfertigen, und damit auch implizit jenen humanistischen Anspruch anzuerkennen" (Ropohl 1976, S. 14).

Dabei ist der Beitrag von Theodor Litt sicherlich einer der herausragendsten Versuche einer positiven Verknüpfung von technischem Denken und menschlicher Bildung, der in der Wiederaufbauphase der „BRD" vorgelegt worden ist. Das Bildungsverständnis soll um die Ansprüche erweitert werden, wie sie das Leben an die einzelnen richtet. Bildung erwächst demnach in der Auseinandersetzung der Menschen mit der vorgefundenen und gemachten Welt. Litt profiliert seinen Ansatz durch die Abrechnung mit einem „klassischen" Bildungsideal, indem er Humboldt eine Abkehr von der Welt unterschiebt. Demgegenüber versucht er sich einzulassen auf eine Interpretation des Werdegangs zur gegenwärtigen Welt als Prozess der „Versachlichung". Technik wird einbezogen in ein Zweck-Mittel-Verhältnis, wobei die Zwecke in den Kontext humanen Umgangs gestellt werden. Demgegenüber wird Mittelhaftigkeit zum Kern des Littschen Verständnisses von Technik.

Es ist frappierend, wie ähnlich – bei völlig verschiedenen Grundlagen – dieses Konzept dem zweiten großen Vorstoß zur Rückgewinnung des Technischen in den Bildungsbegriff ist, nämlich im Kontext einer rezipierten und pragmatisch gewendeten „kritischen Theorie" besonders in der Habermas'schen Fassung (vgl. Sachs 1981). Für die Berufspädagogik wurde dies vor allem von Wolfgang Lempert vorangetrieben. In der Gegenüberstellung von Arbeit und Interaktion und der Betonung des emanzipatorischen Interesses wird aber der Naturbezug von Technik verfehlt und Kommunikation zur eigentlichen Praxis erklärt. Ausgehend vom Habermas'schen Entwurf ist es nur schwer möglich, einen Technikbegriff zu entwickeln, der die Bildungsidee aufnimmt.

Erst ein entfalteter und umfassender Technikbegriff erlaubt es, ein entsprechendes Bildungskonzept zu formulieren. Nach der Kritik eines technizistischen Determinismus und der Neutralitätsillusion rückt die Frage ins Zentrum, wie entsprechende Handlungsmöglichkeiten entwickelt und die dazu nötigen Kompetenzen erworben werden können. Dies meint das Bildungsziel „Technikgestaltung" (Rauner/Heidegger 1989). Ein angemessenes Konzept technischer Bildung enthält mindestens drei wesentliche Aspekte:

- Die Frage nach der Technik als Vermittlungsglied zwischen Mensch und Natur, Stellung des Menschen im Produktionsprozess, d.h. die Frage nach dem Mensch-Maschine-Verhältnis.
- Das Verständnis der historischen Gewordenheit von Technik. Erst wenn man begreift, wie die gegenwärtigen Instrumente, Maschinen und Systeme entstanden sind, kann man ihre bewegenden Ursachen und entsprechende Alternativen aufdecken.
- Das Verhältnis von instrumenteller, arbeitsplatzbezogener Qualifikation einerseits und sozialen Kompetenzen andererseits.

Obwohl der Arbeitsbegriff wie auch die damit verbundene Technikkonzeption ihre Selbstverständlichkeit verloren haben, bleibt die Vorstellung einer Technik als Zentrum des Austauschfeldes zwischen Mensch und Natur und zwischen Menschen als Form, in der dieser Stoffwechsel gestaltet wird, tragfähig. Dieser Stoffwechselprozess ist immer eine Einheit von technischen und sozialen Beziehungen. Dabei wird auch deutlich, dass Technik immer etwas von Menschen Gemachtes darstellt und insofern einem jeweils historisch erreichten Stand entspricht. Ein historisch-genetischer Ansatz technischer Bildung leistet zweierlei: Erstens wird durch die Verbindung von logischer Entwicklung und historischer Bewegung ermöglicht, einen angemessenen Begriff der konkreten Technik zu entwickeln. Zweitens wird, indem die Gewordenheit technischer Instrumente und Strukturen deutlich gemacht wird, auch klar, dass niemals Endzustände vorliegen und eine weitere Gestaltbarkeit möglich ist. Damit wird auch die Reflektion des Verhältnisses von instrumentellen Qualifikationen und einem umfassenden Begriff von Bildung begründet. Von hier aus ist die Aufhebung der begrifflichen Trennung von „allgemeiner“ und „beruflicher“ Bildung zwingend. Hier kann angeknüpft werden an die Diskussion um „Synthese“ oder „Integration in der Erwachsenenbildung“ (Faulstich 1991).

Die genannten drei Aspekte: die Entfaltung eines ganzheitlichen Menschenbildes im Verhältnis zur Natur und zur Gesellschaft, die historisch-genetische Herangehensweise und die Einheit von „beruflicher“ und „allgemeiner“ Bildung sind Grundlage für eine angemessene Konzeption technischer Bildung. Ein solcher Bildungsbegriff steckt weiter voller utopischer Potentiale. Er knüpft an die Vorstellung einer polytechnischen Bildung an, welche die allgemeinen Prinzipien aller Produktions- und Reproduktionsprozesse vermittelt, einführt in den Gebrauch und die Handhabung grundlegender Instrumente und Apparate, sowie die kulturellen Entstehungs- und Verwendungszusammenhänge aufdeckt.

Die gegenwärtige Realität des Lernens technischer Inhalte wird dem weder in Schule, Hochschule noch Erwachsenenbildung gerecht. In den Schulen spielt die Arbeitslehre nach wie vor eine Randrolle und ist dazu oft auf verkürzte Ansätze z.B. aus der Tradition des Werkunterrichts orientiert. An den Hochschulen kann man „Technik“ nicht studieren, sondern nur die jeweiligen instrumentellen Sektoren wie Bauwesen, Maschinenbau, Elektrotechnik usw. Eine umfassende Theorie der Technik existiert im Studium höchstens in Ansätzen. Diese unbefriedigende Situation setzt sich fort bei der Durchsicht der Programme und Kurse der Erwachsenenbildung. Während aber didaktische Konzepte in der Schule und in der beruflichen Erstausbildung oft durch Rahmenbedingungen – Lehrpläne, Ausbildungsordnung und -organisation, Lehrkörper usw. – festgelegt sind, sind Ansätze im Rahmen der Erwachsenenbildung weitgehend hinsichtlich curricularer Entscheidungen über die Lernziele, Lerninhalte, Methoden und Organisation offener. Deshalb können neue Konzepte technischer Bildung hier auf einen größeren Spielraum zurückgreifen. Gerade in der Erwachsenenbildung wäre es möglich, ein Diskussionsforum bereitzustellen, in dem Probleme artikuliert, Dialoge organisiert und Alternativen entwickelt werden können.

Literatur

Alemann, U. v./Schatz, H. (1986): Mensch und Technik. Opladen: Westdeutscher Verlag.
Arthur, W.B. (1990): Positive Rückkopplung. In: Spektrum der Wissenschaft 12, H. 4, S. 122-129.
Bacon, F. (1974): Neues Organon der Wissenschaften. Darmstadt: Wissenschaftliche Buchgesellschaft.
Bardmann, T.M. u.a. (1992): Technik als Parasit sozialer Kommunikation. In: Soziale Welt 43. S. 201-216.
Biervert, B./Monse, K. (Hrsg.) (1990): Wandel durch Technik. Opladen: Westdeutscher Verlag.
Blankertz, H. (1969): Bildung im Zeitalter der großen Industrie; Pädagogik, Schule und Berufsbildung im 19. Jahrhundert. Hannover: Schroedel.
Bloch, E. (1982): Das Prinzip Hoffnung. Frankfurt a.M.: Suhrkamp.
Boehm, L./Schönbeck, C. (Hrsg.) (1989): Technik und Bildung. Düsseldorf: o.V.

Böhme, G./Daele, W. van den/Krohn, W. (1978): Die Verwissenschaftlichung von Technologie. In: Böhme, G. u.a. (Hrsg.): Die gesellschaftliche Orientierung des wissenschaftlichen Fortschritts. Frankfurt a.M.: Suhrkamp, S. 339-375
Böhme, G./Schramm, E. (Hrsg.) (1985): Soziale Naturwissenschaft. Frankfurt a.M.: Fischer Taschenbuch Verlag.
Bonz, B./Lipsmeier, A. (Hrsg.) (1980): Allgemeine Technikdidaktik – Bedingungen und Ansätze des Technikunterrichts. Stuttgart: Holland & Josenhaus.
Brackert, H./Wefelmeyer, F. (Hrsg.) (1990): Kultur. Frankfurt a.M.: Suhrkamp.
Brinckmann, D. (1946): Mensch und Technik. Bern: o.V.
Bundesminister für Bildung und Wissenschaft (Hrsg.) (1986): Allgemeinbildung im Computerzeitalter. Überlegungen zu einem zeitgemäßen Bildungsverständnis. Bonn: o.V.
Bungard, W./Lenk, M. (Hrsg.) (1988): Technikbewertung. Frankfurt a.M.: Suhrkamp.
Bunk, G./Lassahn, R. (Hrsg.) (1979): Technik und Bildung. Heidelberg: Quelle & Meier.
Daele, W. van den (1989): Kulturelle Bedingungen der Technikkontrolle. In: Weingart, P. (Hrsg.): Technik als sozialer Prozeß. Frankfurt/M.: Suhrkamp, S. 197-230.
Descartes, R. (1961): Abhandlungen über die Methode des richtigen Vernunftgebrauchs. Stuttgart: Reclam.
Detzer, K.A. (1987): Technik im Widerstreit. Düsseldorf: o.V.
DIHT (1992): Berufsbildung, Weiterbildung, Bildungspolitik 1991/92. Bonn: o.V.
Dirkes, M. u.a. (1992): Leitbild und Technik. Berlin: edition sigma.
Enzensberger, H.M. (1981): Der Untergang der Titanic. Frankfurt a.M.: Suhrkamp.
Faulstich, P. (1991): Integration allgemeiner und beruflicher Bildung, Schlüsselqualifikationen und das Bedürfnis nach Ganzheit. In: Hess. Bl. f. Volksbildung, H. 3, S. 193-198.
Faulstich, P. (1992): Technikimages gezeichnet. Kassel: GhK.
Faulstich, P./Faulstich-Wieland, H. (1989): Informationstechnik und Weiterbildung. Kassel: GhK.
Faulstich, P./Teichler, U. (1991): Weiterbildung in Hessen. Kassel: GhK.
Fleischmann, G./Esser, J. (Hrsg.) (1989): Technikentwicklung als sozialer Prozeß. Frankfurt a.M.: o.V.
Gehlen, A. (1957): Die Seele im technischen Zeitalter. Hamburg: Rowohlt.
Gottl-Ottlilienfeld, F. v. (1914): Wirtschaft und Technik. Tübingen: o.V.
Grande, E./Häusler, J. (1992): Forschung in der Industrie. MPIFG. Köln: o.V.
Grüner, G. (1960): Technische Volksbildung. Weinheim: Beltz.
Habermas, J. (1970): Technik und Wissenschaft als „Ideologie". Frankfurt a.M.: Suhrkamp.
Hampel, J. u.a. (1991): Alltagsmaschinen. Berlin: Ed. Sigma.
Hörning, K.H. (1985): Technik und Symbol. In: Soziale Welt. S. 186-207.
Hörning, K.W. (1989): Vom Umgang mit den Dingen. In: Weingart (Hrsg.): ohne weiter Angabe, S. 90-127.
Huber, J. (1989): Technikbilder. Opladen: Westdeutscher Verlag.
Huisinga, R. (1985): Technikfolgenbewertung – Bestandsaufnahme, Kritik, Perspektiven. Frankfurt a.M.: o.V.
Humboldt, W. v. (1956): Schriften zur Anthropologie und Bildungslehre, hrsg. von Andreas Flitner. Düsseldorf: Helmut Küpper.
Immler, H. (1984): Damit die Erde Heimat werde. Köln: Bund.
Joerges, B. (Hrsg.) (1988): Technik im Alltag. Frankfurt a.M.: Suhrkamp.
Jokisch, R. (Hrsg.) (1982): Techniksoziologie. Frankfurt a.M.: Suhrkamp.
Kade, J. (1983): Bildung oder Qualifikation. In: Zeitschrift für Pädagogik 29, H. 6, S. 859-876.
Kade, J. u.a. (1990): Fortgänge der Erwachsenenbildungswissenschaft. Bonn: o.V.
Kapp, E. (1978): Grundlinien einer Philosophie der Technik. Braunschweig/Düsseldorf : o.V.
Kistler, E./Jaufmann, D. (Hrsg.) (1990): Mensch, Technik, Gesellschaft. Opladen: o.V.
Klems, W. (1988): Die unbewältigte Moderne. Frankfurt a.M.: Suhrkamp.
Krause, M. (Hrsg.) (1989): Poesie und Maschine. Köln: Kösler.
Kreibich, R. (1986): Die Wissenschaftsgesellschaft. Frankfurt a.M.: Suhrkamp
Kroeber, A.L./Kluckhohn, C. (1951): Culture. Cambridge/Mass: MIT Press.
Lempert, W. (1971): Leistungsprinzip und Emanzipation. Frankfurt a.M.: Suhrkamp
Lenk, H. (1982): Zur Sozialphilosophie der Technik. Frankfurt a.M.: Suhrkamp
Lenk, H. (1992): Zwischen Wissenschaft und Ethik. Frankfurt a.M.: Suhrkamp
Lenk, H./Moser, S. (Hrsg.) (1973): Techne – Technik – Technologie. Pullach: Ullstein Taschenbuchverlag.
Lenk, H./Repohl, G. (1987): Technik und Ethik. Stuttgart: Reclam.
Leroi-Gourhan, A. (1980): Hand und Wort. Frankfurt a.M.: Suhrkamp.
Lipsmeier, A. (1991): Technik und Schule. Wiesbaden: o.V.
Litt, T. (1955): Das Bildungsideal der deutschen Klassik und die moderne Arbeitswelt. Bonn: o.V.
Litt, T. (1957): Technisches Denken und menschliche Bildung. Heidelberg: o.V.

Lutz, B. (Hrsg.) (1985): Soziologie und gesellschaftlicher Wandel. Frankfurt a.M.: Suhrkamp
Lutz, B. (Hrsg.) (1987): Technik und sozialer Wandel. Frankfurt a.M.: Suhrkamp
Mai, M. (1990): Die Rolle professioneller Leitbilder von Juristen und Ingenieuren. In: Soziale Welt. S. 498-516.
Maier, H. (1986): Allgemeinbildung in der arbeitsteiligen Industriegesellschaft. In: Bundesminister für Bildung und Wissenschaft, S. 17-33.
Malsch, T. (1987): Die Informatisierung des betrieblichen Erfahrungswissens. In: Zeitschrift für Soziologie, S. 77-91.
Menze, C. (1977): Zur Entstehung der Disjunktion von allgemeiner und beruflicher Bildung und ihrer Auswirkung auf die Bildungsorganisation. In: Vierteljahresschrift für wissenschaftliche Pädagogik. S. 75-89.
Messmer, H. (1990): Die Polytechnikmalaise. In: Pädagogische Forschung. S. 158-170.
Meyer-Abich, K.M. (1988): Wissenschaft für die Zukunft. München: Beck.
Müller-Reißmann, K.F. u.a. (1989): Kriterien der Sozialverträglichkeit. Düsseldorf: o.V.
Mumford, L. (1977): Mythos der Maschine. Frankfurt a.M.: Fischer
Niethammer, F.I. (1808): Der Streit des Philanthropinismus und Humanismus in der Theorie des Erziehungs-Unterrichts unserer Zeit. Jena 1808. Nachdruck Weinheim 1968: Beltz.
Noelle-Neumann, E./Hansen, J. (1988): Medienwirkung und Technikakzeptanz. In: Scharioth, J./Uhl, M. (Hrsg.): Medien und Technikakzeptanz. München: Oldenbourg, S. 33-76.
Nölker, H. (1973): Didaktik der Technik. In: DtBFsch, H. 5, S. 321-345.
Polanyi, M. (1985): Implizites Wissen. Frankfurt a.M.: Suhrkamp.
Postman, N. (1992): Das Technopol. Frankfurt a.M.: Fischer.
Rammert, W. (1988a): Das Innovationsdilemma. Opladen: Westdeutscher Verlag.
Rammert, W. (1988): Technikgenese. In: KZfSS, H. 4, S. 747-761.
Rammert, W. (1992): Wer oder was steuert den technischen Fortschritt. In: Soziale Welt. S. 7-25.
Rauner, R./Heidegger, G. (1989): Soziale Technikgestaltung als Bildungsaufgabe. In: Hessisches Blatt für Volksbildung. S. 211-219.
Röhrs, H. (Hrsg.) (1963): Die Bildungsfrage in der modernen Arbeitswelt. Frankfurt a.M.: Akadem.
Ropohl, G. (1976): Technologische Sprachkompetenz – ein Ziel der Ingenieurausbildung. In: Lenk, H./Ropohl, G. (Hrsg.): Technische Intelligenz im systemtechnologischen Zeitalter. Düsseldorf: o.V. S. 119-137.
Ropohl, G. (1976): Technik als Bildungsaufgabe allgemeinbildender Schulen. In: Traebert W./Spiegel, H.-R. (Hrsg.): Technik als Schulfach, Bd. 1. Düsseldorf: o.V. S. 7-25.
Ropohl, G. (1985): Die unvollkommene Technik. Frankfurt a.M.: Suhrkamp.
Rousseau, J.J. (1971): Schriften zur Kulturkritik. Hamburg: o.V.
Sachs, B. (1981): Legitimation und Strukturen von Technikunterricht. In: Traebert, W. (Hrsg.): Technik als Schulfach. Naturwissenschaft und Technik im Unterricht, Bd. 4. Düsseldorf: VDI-Verlag. , S. 51-69.
Sachs, B. (1987): Der Stellenwert der neuen Technologien im Technikunterricht. In: Traebert, W. (Hrsg.): Technik als Schulfach. Die neuen Technologien in Schule und Unterricht, Bd. 6. Düsseldorf: VDI-Verlag, S. 93-115.
Sachsse, H. (1974): Technik und Gesellschaft. 3 Bde. Pullach/München 1974 und 1976: o.V.
Schmayl, W. (1989): Pädagogik und Technik. Bad Heilbrunn: Klinkhardt.
Scharioth, J./Uhl, H. (1988): Medien und Technikakzeptanz. München: Oldenbourg.
Schumacher, E.F. (1977): Die Rückkehr zum menschlichen Maß. Alternativen für Wirtschaft und Technik. Reinbek b. Hamburg: Rowohlt.
Shelley, M.W. (1970): Frankenstein. München: o.V.
Sieferle, R.P. (1984): Fortschrittsfeinde. München: Beck.
Snow, C.P. (1987): Die zwei Kulturen. Literarische und naturwissenschaftliche Intelligenz. Stuttgart: Klett.
Stütz, G. (1970): Berufspädagogik unter ideologiekritischem Aspekt. Frankfurt a.M.: Suhrkamp.
Tenorth, H.-E. (Hrsg.) (1986): Allgemeine Bildung – Analysen zu ihrer Wirklichkeit. Weinheim/München: o.V.
Ulich, E. (1980): Zum Begriff der persönlichkeitsförderlichen Arbeitsplätze. In: Zeitschrift für Arbeitswissenschaft, S. 210-219.
Ulrich, O. (1979): Technik und Herrschaft. Frankfurt a.M.: Suhrkamp.
Verein Deutscher Ingenieure (1992): Weiterbildung für Ingenieure und Naturwissenschaftler. Düsseldorf: VDI-Verlag.
Wagenschein, M. (1989): Verstehen lernen. Weinheim: Beltz.
Zöpel, Chr. (Hrsg.) (1988): Technikgestaltung durch den Staat. Bonn: Verlag Neue Gesellschaft.

Aiga von Hippel

Erwachsenenbildung und Medien

1 Einführung und Überblick

1.1 Erwachsenenbildung und Medien – mehrere Bezüge

Die Erwachsenenbildung setzt sich auf mehreren Ebenen mit Medien auseinander. Es können daher mehrere Bezüge zwischen Medien und Erwachsenenbildung ausgemacht werden: auf *Organisations-, Lehr-/Lern- und Gegenstandsebene*. Auf der *Organisationsebene* verändern Medien – insbesondere die so genannten Neuen Medien wie Computer und Internet – Verwaltung[1], Angebotsplanung[2] und Marketing[3] (vgl. Stang 2003). Nach einer Untersuchung an Volkshochschulen hängt eine medienorientierte Entwicklung von Weiterbildungsorganisationen nur zum Teil von den strukturellen Rahmenbedingungen (wie Organisationsgröße und Personalausstattung), sondern vielmehr vom Engagement der Akteure und von der Organisationskultur ab (vgl. ebd., S. 229ff.). Dass die Neuen Medien für die Entwicklung der Volkshochschulen von besonderer Bedeutung sind, liegt an der großen Nachfrage der Teilnehmenden (vgl. Stang 2003, S. 86; vgl. zur Organisationsebene auch Schöll und Meisel in diesem Band).

Auf *Lehr-/Lernebene* können Medien als didaktische Mittel in der Erwachsenenbildung eingesetzt werden – hiermit beschäftigt sich die Mediendidaktik als ein Teilbereich der Medienpädagogik (vgl. ausführlich hierzu Issing/Klimsa 2002; de Witt/Czerwionka 2007; vgl. zur Lehr-/Lernebene auch Kollar/Fischer und Schüller-Zwierlein/Stang in diesem Band). Verstärkt wurden in den letzten Jahren Internet-Cafés, Selbstlernzentren und Telelearningmöglichkeiten auch bei Volkshochschulen eingerichtet (vgl. Stang 2001), wie dies früher schon von der betrieblichen Aus- und Weiterbildung umgesetzt wurde (vgl. Weidenmann 1997, S. 405). Auf der Lehr-/Lernebene bringen die Neuen Medien Veränderungen in der Rolle der Lehrenden und Lernenden mit sich (vgl. Heuer 2002). Während Medien hier bewusst als didaktische Mittel eingesetzt werden, sind die Massenmedien selbst informelle Lernangebote für Erwachsene (vgl. Baacke 1999a). Dabei wird die Unterscheidung zwischen Massen- und Unterrichtsmedien zunehmend diffus – zum einen ist aus Sicht der Lernenden (informelles) Lernen mit beiden möglich, zum anderen verschwimmen die Gestaltungsformen. Die Begriffe Infotainment und Edutainment beispielsweise zeigen Entgrenzung zwischen Unterhaltung und Information in den Neuen Medien und im Fernsehen auf.

Auf der *Gegenstandsebene* stellen Medien das Thema von Erwachsenenbildungsangeboten dar – hiermit beschäftigt sich die Medienerziehung als zweiter Teilbereich der Medienpädagogik. Im Gegensatz zur Mediendidaktik, die sich auf den didaktischen Einsatz von Medien zum Lehren und Lernen bezieht, hat die Medienerziehung „die Massenmedien zum Gegenstand

---

1 z.B. Möglichkeit der Online-Anmeldung; Intranet zur internen Kommunikation.
2 z.B. Neue Medien als Inhalt von Veranstaltungen; Selbstlernzentren.
3 z.B. Internetauftritte von Erwachsenenbildungsinstitutionen.

und interessiert sich für die durch Medien induzierten Veränderungen der Gesellschaft und den Einfluss von Medien auf die Sozialisation" (Pietraß 2006, S. 19).

Medienpädagogische Erwachsenenbildungsangebote, mit dem Ziel der Förderung von Medienkompetenz Erwachsener, sind Thema des vorliegenden Beitrags.

1.2 Förderung von Medienkompetenz von Erwachsenen

Medienkompetenz ist für Erwachsene – sei es als Individuen, Bürger oder Arbeitnehmer – im Kontext der Wissensgesellschaft (vgl. Kübler 2005; Steinbicker 2001) eine grundlegende Kompetenz. Mit Medien und den dort angebotenen Informationen kompetent umzugehen, ist für das Berufsleben wie für die alltägliche Lebensgestaltung bedeutsam (vgl. Tippelt/Cleve 1995; Meyen 2001). Denn Medienkompetenz wird zu einer

> „Voraussetzung zur Bewältigung zukünftiger Anforderungen im Alltag (...). In diesem Sinne ist es auch von elementarer gesellschaftlicher Bedeutung, den Erwerb der hier notwendigen Kompetenzen und Qualifikationen allen zu ermöglichen. Dabei kommt der Erwachsenenbildung eine besondere Bedeutung zu" (Projektgruppe Neue Medien 2001, S. 2).

Von wirtschaftlicher Seite wird der medienkompetente Mitarbeiter, der technisch versiert mit Neuen Medien umgeht, gefordert. Pädagogen wiederum betonen den medienkompetenten, medienmündigen Bürger. Sie stellen neben dem technischen Umgang die gestalterische und vor allem kritische Dimension heraus: „critical analysis of media texts is an essential life skill in a media-saturated society" (Hobbs 1998, S. 27). Medienkompetenz ist dabei immer als Teil einer umfassenden sozialen Handlungskompetenz zu verstehen (vgl. Baacke 1999b). Baacke legte einen „Lernzielkatalog einer kritischen Kommunikationskunde" vor (Baacke 1973, S. 360), aus dem dann später u.a. die vier Dimensionen der Medienkompetenz, nämlich Medienkritik, Medienkunde (mit den Unterdimensionen informative und instrumentell-qualifikatorische Medienkunde), Mediennutzung und Mediengestaltung abgeleitet wurden (vgl. Baacke 1998). Medienkritik ist dabei eigentlich die Zielkategorie innerhalb der vier Dimensionen.

„Medienkompetent" oder „medienmündig" verweist auf Mündigkeit als eine pädagogische Zielvorstellung. Medienkompetenz entwickelt sich im Lauf des gesamten Lebens – auf je neue Anforderungen reagierend – ein Prozess, der nie abgeschlossen ist. Die Förderung von Medienkompetenz ist daher eine wichtige gesellschaftliche und pädagogische Aufgabe.

Neben Kindergarten, Schule, außerschulischer Kinder- und Jugendbildung ist die Erwachsenenbildung ein bedeutsames Feld, in dem Medienkompetenz vermittelt werden kann und soll. „Medienkompetenz ist (...) eine Aufgabe lebenslangen Lernens" (Baacke 1998, S. 2) – sie muss in alle Bildungsbereiche integriert werden und ihre Vermittlung ist nicht mit der Schule abgeschlossen. Die Förderung von Medienkompetenz Erwachsener hat dabei eine historische Tradition in der Medienpädagogik, die bis in die Aufklärung zurückgeht.

Medienpädagogische Angebote sollen Medienkompetenz für den Umgang und das Lernen mit Medien vermitteln, und zwar lebensbegleitend über alle Altersstufen hinweg, da Medienkompetenz jeweils altersspezifisch, nach gesellschaftlicher Rolle des Individuums und nach der Medienfunktion für den Einzelnen zu differenzieren ist (vgl. Theunert 1996; Bickelmann/Sosolla 2002). Medienkompetenz wird neben dem formalen oft im informellen Bereich, in pädagogisch ungeplanten und unstrukturierten Lernprozessen, erworben (vgl. Gapski 2001, S.

107). Im Fokus des vorliegenden Beitrags steht das nonformale Lernen von Medienkompetenz in Einrichtungen der Erwachsenenbildung.

Die Zweckbestimmung lebenslangen Lernens kann man auch auf die medienpädagogische Erwachsenenbildung anlegen: es geht

> „darum, 1. in der grundlegenden Bildung Erreichtes kumulativ weiterzuführen, 2. in der grundlegenden Bildung Versäumtes nachzuholen, 3. im Laufe der Zeit ‚überholte' Qualifikationen durch neue zu ‚ersetzen' und 4. durch Weiterbildung Ermöglichtes oder zu Ermöglichendes in der grundlegenden Bildung ‚einzusparen'" (Heid 2000, S. 23).

Einleuchtend wird dies, wenn man bedenkt, dass zum einen technische Entwicklungen neue Herausforderungen an den Erwachsenen stellen und zum anderen der Erwachsene neue und veränderte Zugänge zu Medien haben kann. Medienpädagogische Erwachsenenbildung erfüllt damit, je nach allgemeinem oder beruflichem Kontext, im Wesentlichen drei gesellschaftliche Funktionen: eine Qualifizierungsfunktion (Steigerung der beruflichen Leistungsfähigkeit), eine Individualisierungsfunktion (sich mit Medien ausdrücken können, für sich das Relevante in den Medien suchen) und eine Demokratisierungsfunktion in Form von kultureller und politischer Teilhabe. Medienpädagogische Erwachsenenbildung ist damit für die individuelle Kompetenz, ökonomische Innovation, soziale Integration sowie politische und kulturelle Partizipation wichtig (vgl. Tippelt 1990, S. 339).

1.3 Überblick

Der Beitrag analysiert nach einem historischen Abriss sowohl die Angebots- wie die Nachfrageseite in der medienpädagogischen Erwachsenenbildung. Er gibt einen Einblick in den aktuellen Forschungs- und Erkenntnisstand in der empirischen Bildungsforschung zur Vermittlung von Medienkompetenz in der Erwachsenenbildung. Die vorgelegten empirischen Untersuchungen geben im Sinne der Adressatenforschung sowohl subjektorientierte als auch institutionenorientierte Hinweise (vgl. Tippelt 2006) für die Gestaltung medienpädagogischer Erwachsenenbildung und stellen damit bedeutsames Wissen für Institutionen medienpädagogischer Erwachsenenbildung bereit.

2 Medien als Herausforderung und Chance für die Erwachsenenbildung – ein historischer Abriss

Gesellschaftliche Veränderungen – darunter auch die Medienentwicklungen – wurden und werden von der Erwachsenenbildung zum einen als Herausforderung, zum anderen als Chance begriffen. Erwachsenenbildung wird insofern zum „Seismograph für gesellschaftliche Veränderungen" (Schäfer 2001, S. 57). Anders ausgedrückt sind es oft

> „dieselben Umbruchsituationen, die Erwachsenenbildung und Medienpädagogik gleichermaßen zur Reaktion zwingen und sie in Kooperation bringen, indem entweder die Erwachsenenbildung vorhandene medienpädagogische Konzeptionen aufgreift (...) oder indem

sich Medienpädagogik in Problem- und Bedarfslagen der Erwachsenenbildung einbringt" (Hüther 1994, S. 290).

Im Folgenden soll anhand eines kurzen historischen Abrisses die Entwicklung der medienpädagogischen Erwachsenenbildung aufgezeigt werden. Die Erwachsenenbildung reagiert seit Anfang des 20. Jahrhunderts durch „medienbezogenes und medieneinbeziehendes Handeln" (ebd., S. 289) auf Herausforderungen durch neue Medienentwicklungen – dabei wurde dieses Medienhandeln erst im Nachhinein als Medienpädagogik definiert. Beweggründe waren insbesondere das Abwehren antizipierter möglicher Gefahren durch Medien sowie die Nutzung der Medien als didaktische Hilfsmittel. Bereits Anfang des letzten Jahrhunderts wurde in der Mediennutzung (insbesondere in der Nutzung von so genannten Schmutz- und Schundfilmen) eine Konkurrenz zur Ausübung von Hochkultur gesehen, die man durch Bewahrpädagogik schützen und die man durch die Kinoreformbewegung pflegen wollte. Gleichzeitig sah man in („gutem") Film und Hörfunk ein geeignetes Mittel zur Volksbildung. In den 1920er Jahren existierten bereits Formen alternativer Medienarbeit wie z.B. in der Arbeiter-Radio-Bewegung (vgl. ebd., S. 293). Nach der Zeit des Nationalsozialismus, in der Medien vor allem der Propaganda dienten, wurde an die bewahrpädagogische Tradition – verbunden mit Medienskepsis – erneut angeknüpft.

Bereits die Göttingen-Studie (vgl. Strzelewicz/Raapke/Schulenberg 1966) widmete sich unter anderem der Frage der Konkurrenz zwischen Kino und Volkshochschule. Damit untersuchten die Autoren die damalige Annahme (zu einer Zeit, als es noch kein Privatfernsehen gab), dass „das Kino ein zeittypischer Ersatz für sinnvolle Freizeitbeschäftigungen und eine gefährliche Konkurrenz für kulturelle und bildende Veranstaltungen sei" (ebd., S. 72). Diese Befürchtung bestätigte sich jedoch nicht: die meisten der erklärten Besucher der Volkshochschule waren auch Kinogänger – Volkshochschulbesucher gingen häufiger als die übrigen Befragten ins Kino und bevorzugten neben unterhaltenden auch anspruchsvollere Filme. Die Autoren führen aktiven Weiterbildungsbesuch und Mediennutzung darauf zurück, dass „es sich um einen Personenkreis handelt, der sich durch Beweglichkeit, Aktivität, Interesse und Vorbildung vom Durchschnitt abhebt" (ebd., S. 187). Auch in einer aktuellen Studie in der Tradition der Göttingen-Studie (vgl. Barz/Tippelt 2004a, 2004b) unterscheiden sich die Teilnehmer und Nicht-Teilnehmer an allgemeiner Weiterbildung in ihrem Kinoverhalten: Während 44,5% der Weiterbildungsteilnehmer regelmäßig ins Kino gehen, tun dies nur 30,3% der Nicht-Teilnehmer.[4]

In den 1970er Jahren erfolgte dann eine stärkere Förderung der kritischen Mediennutzung und der Bildungstechnologie. Medien wurden nicht mehr nur als didaktische Hilfsmittel eingesetzt, sondern wurden auch zu Trägern eigener Weiterbildungsmaßnahmen in Form von Medienverbundprojekten (vgl. Baacke 1999a). Ab den 1980er Jahren erfolgte aus Arbeitsmarktgründen eine starke Förderung der informationstechnischen Bildung (vgl. ebd., S. 299).

Verschiedene medienpädagogische Ansätze existierten geschichtlich immer nebeneinander, wobei jedoch entweder bewahrpädagogische oder alternative Tendenzen dominant waren (vgl. ebd., S. 291f.). Die Diskussionen in der Erwachsenenbildung um die „Bewahrung vor der Kulturfeindlichkeit neuer Massenmedien", um „Medien als Instrumente zur Effektivierung von Unterricht" und um Medien als „Mittel zur Demokratisierung" sind nicht neu, sondern werden bei jeweils aktuellen Medienentwicklungen neu aufgelegt (vgl. ebd., S. 292). So wurde beispielsweise in jüngster Zeit das Internet als neue Möglichkeit politischer Partizipation

4 Eigene Berechnungen.

diskutiert. Besonders in der politischen Erwachsenenbildung wurden Medien immer wieder aufgegriffen. Bereits das Gutachten des deutschen Ausschusses für das Erziehungs- und Bildungswesen von 1960 „Zur Situation und Aufgabe der deutschen Erwachsenenbildung" (vgl. Deutscher Ausschuss für das Erziehungs- und Bildungswesen 1966) nennt Medienkompetenzaspekte (wenngleich der Begriff der Medienkompetenz noch nicht fällt) als Teil der politischen Grundbildung:

> „Zur politischen Grundbildung gehört auch der rechte Umgang mit Rundfunk, Fernsehen, Film und Presse. Sie können nur dann zur selbständigen Urteils- und Willensbildung beitragen, wenn der Bürger fähig und bereit ist, sich ihrer in freier Auswahl zu bedienen, ihre Informationen und Darstellungen kritisch aufzunehmen und selbständig zu verarbeiten" (ebd., S. 884).

Hier werden insbesondere die Auswahl der Medien (Mediennutzung) und die Medienkritik angesprochen. Das Dokument spricht in diesem Zusammenhang auch die Aufgabe der Erwachsenenbildung an, Orientierung zu geben, (massenmediale) Information deuten zu helfen und diese auf das Leben des Einzelnen zu beziehen:

> „Die bloße Lektüre einer Zeitung reicht nicht aus, um zu einer zuverlässigen Orientierung zu gelangen. Jeder braucht heute die Hilfe von Sachverständigen, wenn er politisch auf dem laufenden bleiben will. Die sachgerechte und sachlich deutende Information ist daher zu einer Aufgabe der Erwachsenenbildung geworden" (ebd., S. 885).

Einer befürchteten Konkurrenz zwischen Fernsehen und Volkshochschulen begegneten die Volkshochschulen mit der Einrichtung eines Fernsehreferats im deutschen Volkshochschulverband, der Stiftung des Adolf-Grimme-Preises (seit 1964) und des Adolf-Grimme-Instituts (1974) (vgl. Krüger 2005). Hinzugekommen ist 2001 der Grimme Online Award für herausragende Internetangebote mit Bezug zum Fernsehen bzw. zu Medienkompetenz. In der heutigen Diskussion scheinen insbesondere die Neuen Medien – auch aufgrund von Finanzierungsengpässen und Legitimationsdruck – in der öffentlichen Erwachsenenbildung als besondere Herausforderung gesehen zu werden.

> „Die Ausweitung der multimedialen Möglichkeiten bedeutet eine Herausforderung für das Lernen Erwachsener von bisher nicht gekannter Dringlichkeit. So stellt sich die Frage, ob und in welcher Weise die Volkshochschulen dem Selbstanspruch gerecht werden, auf gesellschaftliche Anforderungen schnell und angemessen zu reagieren" (Tietgens 1998, S. 132).

Durch die Konzepte des lebenslangen Lernens und die Beachtung des informellen Lernens hat die Erwachsenenbildung zwar „Konkurrenten" – z.B. Neue Medien – bekommen, aber gleichzeitig auch die Herausforderung „einer notwendigen Neuprofilierung unter den Bedingungen eines erweiterten Gegenstandsbereichs" (Kreimeyer 2004, S. 43). Medienentwicklungen stellen also auch eine Chance dar, wenn sie als Herausforderung in der Erwachsenenbildung angenommen werden.

Eine mögliche Konkurrenz zwischen Medien und Erwachsenenbildung kann sich dabei sowohl auf Massenmedien beziehen, die nicht allein einen pädagogischen Auftrag haben, als auch auf medial gestützte Lernangebote. Nolda diskutiert insbesondere die Konkurrenz zwischen Neuen Medien und Erwachsenenbildung – sie spricht von den Neuen Medien sogar als einem „Simulationsäquivalent von Erwachsenenbildung“ (Nolda 2004, S. 75), wenn Neue Medien Angebote der Erwachsenenbildung ersetzen und gegenüber diesen die Vorteile grafischer Professionalität, unbegrenzter Verlinkungen und Effizienz in Bezug auf die Kosten haben. Durch die Popularisierung von Wissenschaft in den Medien werden diese im Bereich der Wissensvermittlung – und nicht nur im Bereich der Unterhaltung – zu einer möglichen Konkurrenz der Erwachsenenbildung (vgl. Conein/Schrader/Stadler 2004). Konkurrenz zwischen Medien und Erwachsenenbildung bezieht sich auf strukturelle Rahmenbedingungen (wie Zeit, Ort, Zertifikate, Kosten), Präsentationsformen (wie audiovisuell, unterhaltungsorientiert, personengebunden) und Inhalte (Information, Aktualität) – dabei lassen sich je unterschiedliche „Vorteile“ sowohl für die Medien als auch für die Erwachsenenbildung verzeichnen. Auch das Verhältnis von personal angeleitetem (in Erwachsenenbildungsveranstaltungen) versus selbstgesteuertem Lernen (mit Medien) wird diskutiert (vgl. Holm 2003, S. 14). Das selbstgesteuerte Lernen bedarf jedoch durchaus auch einer Lernberatung, so kommt der Erwachsenenbildung neben der Wissensvermittlung verstärkt die Funktion der Beratung und Orientierung zu – auch um massenmediale Informationen einordnen zu können (vgl. ebd., S. 159). Das personal angeleitete Lernen erfüllt außerdem das Bedürfnis von Adressaten nach direkter Kommunikation und Geselligkeit (vgl. ebd., S. 19).

Während die historische Diskussion um ein Konkurrenzverhältnis zwischen Medien und Erwachsenenbildung vor allem polarisierend „die kulturkritische Einstufung der Massenmedien einerseits und die Betonung des reflexiven Moments von organisierten Bildungsveranstaltungen andererseits“ (Holm 2003, S. 18) betrachtete, kann heute auch von einer Komplementarität zwischen Medien und Erwachsenenbildung gesprochen werden. Medien und Erwachsenenbildung können nicht nur als Gegenpole, sondern auch als komplementär zueinander betrachtet werden:

> „Versteht man Erwachsenenbildung als komplementär zur Nutzung der Massenmedien, dann ist ihre Stärke darin zu sehen, dass sie etwas anderes bieten kann, nämlich curricular aufgebaute Lerneinheiten, persönliche Ansprache, kognitive Herausforderungen, aber zugleich direkte Erfahrungen, Gespräche, die Möglichkeit des Nachfragens, die Zeit, einer Sache auf den Grund zu gehen. In dieser Komplementarität liegt die Chance der Erwachsenenbildung zur Förderung der Medienbildung Erwachsener“ (Pietraß 2006, S. 150).

Die Frage, ob Medien eine Konkurrenz zur Weiterbildung darstellen, kann nicht abschließend geklärt werden, da keine Studien dazu existieren, ob Menschen, wenn es weniger Mediennutzungsmöglichkeiten gäbe, tatsächlich öfter formal organisierte Weiterbildungsangebote wahrnehmen würden. Bereits die Göttingen-Studie kam jedoch zu dem Schluss, dass aktiver Weiterbildungsbesuch und Mediennutzung sich nicht ausschließen (vgl. Strzelewicz/Raapke/Schulenberg 1966).

Fasst man das Gros des massenmedialen Angebots eher als Unterhaltung auf, kann man Weiterbildung, die meistens bildungsorientierter ist, allerdings durchaus als Gegenpol interpretieren. In Entgrenzungsperspektive (vgl. Kade/Seitter 2002) verschwimmen jedoch die Grenzen zwischen Unterhaltung und Information, zwischen Pädagogischem und primär Nicht-Pädagogischem. Die lange praktizierte Kooperation zwischen Weiterbildung und Rundfunk – und Neuen Medien – kann ausgebaut werden, wenn Erwachsenenbildner das Pädagogische in primär nicht-pädagogischen Bereichen gestalten und dies nicht anderen Professionen überlassen.

Nach Nolda muss sich die Erwachsenenbildung zwar von der Idee des Monopols als Anbieterin verabschieden, „nicht aber von der Idee einer speziellen Kompetenz zur Beurteilung und Abschätzung von (erwachsenen-)pädagogischen Elementen und Prozessen: expliziten und impliziten, institutionellen und außerinstitutionellen" (Nolda 2004, S. 87). Als Mehrwert der formal organisierten Weiterbildung gegenüber den Medien bleibt auch bei Entgrenzungstendenzen die Rolle des Dozenten – Moderators – Lernberaters, das individuelle Aufzeigen von Handlungsmöglichkeiten und die Möglichkeit zur sozialen Interaktion.

Nach diesem Einblick in Herausforderungen und Chancen durch Medien in der Erwachsenenbildung wird im Folgenden zunächst die Angebotsseite der Erwachsenenbildung analysiert. Hier werden mehrere Programmanalysen zu medienpädagogischen Angeboten miteinander verglichen und zentrale Trends herausgearbeitet.

3 Medienpädagogische Angebote in der Erwachsenenbildung

Die Erwachsenenbildung in Deutschland ist durch eine plurale und heterogene sowie ausdifferenzierte Trägerstruktur gekennzeichnet. Die Entstehung von spezialisierten Erwachsenenbildungsanbietern zur Vermittlung von Medienkompetenz belegt dies[5]. „Gesellschaften tendieren dazu, die wachsende Kompliziertheit der Aufgaben durch steigende Komplexität und Differenzierung zu bewältigen" (Baacke 1973, S. 342). Wie bereits Podehl in den 1980er Jahren konstatierte, stellt sich „medienpädagogische Arbeit in der Erwachsenenbildung als ein nur schwer überschaubarer Bereich" dar (ebd. 1984, S. 13), da zahlreiche Einrichtungen in unterschiedlicher Trägerschaft medienpädagogische Programme anbieten und innerhalb einer Trägerschaft die Ausgestaltung auf Institutionenebene sowie regional stark variiert.

Medienpädagogische Erwachsenenbildung wird von zahlreichen Institutionen angeboten. Es sind dies Volkshochschulen, Kirchen, Landesmedienanstalten, Gewerkschaften, politische Stiftungen, private Anbieter, Vereine u.a. (vgl. ausführlich von Hippel 2007, S. 104ff.). Es werden unterschiedliche Themenschwerpunkte zu verschiedenen Medien (wie Rundfunk, Video, Fotografie, Computer, Internet) an ausdifferenzierte Zielgruppen (z.B. Eltern, Frauen, Senioren) vermittelt. Es gibt einige Studien, die medienpädagogische Ansätze einzelner Träger oder Themen analysieren (vgl. z.B. Halefeldt 1999; Burkhardt 2001).

Medienpädagogische Erwachsenenbildungsangebote realisieren sich im Spannungsfeld von pädagogischem Auftrag (der die Medienmündigkeit betont), gesellschaftlichem Bedarf (der die berufliche Qualifizierung im Bereich Medien fokussiert) sowie Motiven und Interessen der Teilnehmenden.

Medienpädagogische Angebote lassen sich in allen Bereichen der Erwachsenenbildung, also in der beruflichen, allgemeinen und politischen, verorten (vgl. zur Untergliederung Nuissl/Pehl 2004, S. 17). Dabei sind berufliche und allgemeine Weiterbildung nicht immer trennscharf zu unterscheiden: die Verwendungsinteressen der Teilnehmer bei einer Veranstaltung können unterschiedlich sein und auch verschieden von den Absichten der Anbieter (z.B. Sprachkurs für Beruf oder Urlaub) (vgl. Faulstich 2003b, S. 643). Dies trifft besonders auf medienbezogene

5 Siehe z.B. die Gründung des MedienKompetenzZentrums der Landesmedienanstalt Saarland im Jahr 2001; MedienKompetenzZentrums des Erzbischöflichen Generalvikariats in Köln im Jahr 1999.

Veranstaltungen zu, da medienbezogene Fertigkeiten oftmals sowohl beruflich wie privat eingesetzt werden.

Weiterbildung kann – anders als andere Bildungsbereiche – zeitnah neue Anforderungen an Lernformen und Lerninhalte umsetzen. Programmanalysen können daher Thementrends im Sinne einer Seismografen-Funktion abbilden. Programmanalysen ergänzen und konkretisieren das Bild der Weiterbildungsstatistik (wie es zum Beispiel das Berichtssystem Weiterbildung liefert), insbesondere in Fragen der Programminhalte und auch der Zielgruppen (vgl. Nolda 2003, S. 215; Nolda in diesem Band). Es gibt insgesamt nur wenige Programmanalysen, die Medien zum Thema haben. Im Folgenden wird der Forschungsstand hierzu anhand einer Programmanalyse zu kirchlichen Angeboten sowie dreier Analysen zu medienbezogenen Angeboten an Volkshochschulen aufgezeigt. Darüber hinaus werden eine institutionenübergreifende Programmanalyse zu medienpädagogischen Angeboten in der Erwachsenenbildung vorgestellt und abschließend gemeinsame Trends herausgearbeitet.

3.1 Programmanalyse kirchlicher Angebote (Heuer/Robak 2000)

In einer exemplarischen Programmanalyse von kirchlichen Programmangeboten – die nicht auf Medien fokussiert war – kommen Heuer und Robak (2000, S. 129) zu dem Ergebnis, dass auch in der katholischen Erwachsenenbildung die EDV-Grundbildung zu einem profiltragenden Bereich gehört – die katholischen Bildungsanbieter scheinen hier mehr als die evangelischen anzubieten. Dies wird erst über eine genauere Analyse verständlich. Heuer und Robak unterteilen das Programmangebot der kirchlichen Bildungsanbieter in drei lebensweltlich orientierte Kategorien: „A christlich-religiöse Bildung und bürgerliche Kultur in der Lebenswelt“, „B Abstützen der sozialen Lebenswelt“ und „C Gesellschaftspolitische und persönliche Lage verbinden, um Handlungsorientierung zu finden“. Es zeigt sich, dass die Kategorie A sowohl bei katholischer wie auch bei evangelischer Erwachsenenbildung an erster Stelle steht, die Kategorie B bei der katholischen an zweiter, jedoch bei der evangelischen an dritter Stelle steht:

> „Während die Evangelische Erwachsenenbildung einen aufklärerischen Bildungsansatz favorisiert und damit einen an Selbstbestimmung orientierten Akzent setzt, sieht die Katholische Erwachsenenbildung ihre Aufgabe im Abstützen der sozialen Lebenswelt“ (Heuer/Robak 2000, S. 133).

Zum Abstützen der sozialen Lebenswelt gehört auch die EDV-Grundbildung als Bewältigung veränderter sozialer und beruflicher Anforderungen, die dementsprechend bei der katholischen Erwachsenenbildung einen höheren Stellenwert einnimmt, wohingegen die politische Bildung stärker bei der evangelischen Erwachsenenbildung zu finden ist.

3.2 Medienbezogene Veranstaltungen an Volkshochschulen (Knaller 1993; Mader 1998; Stang 2003)

Knaller (1993) konstatiert für die österreichischen Volkshochschulen für das Kursjahr 1991/92 eine Unterrepräsentanz von Veranstaltungen, die sich inhaltlich mit Medien befassen. Hiermit sind Veranstaltungen gemeint, die sich inhaltlich mit Medien beschäftigen und eine „allgemeinbildende Zielsetzung“ haben (vgl. ebd., S. 146). Computerkurse sind demgegenüber ähnlich wie in Deutschland durchaus vorhanden und vor allem mit der beruflichen Weiterbildung assoziiert. Die vorgefundenen Veranstaltungen wiederum betrachten jedoch auch nicht die gesellschaftliche Einbettung von Medien: „Das Eindringen neuer Medientechnologien in die Freizeitkultur und in die Arbeitswelt wird in keiner Veranstaltung problematisiert“ (ebd.). Ursachen für die Randständigkeit von Volkshochschulangeboten in Österreich zum Thema Medien sieht Knaller in ähnlichen Gründen der Randständigkeit politischer Bildung: hohe Anforderungen an Kursleiter und zum Teil mangelnde Nachfrage (vgl. Knaller 1993, S. 149f.). Als Handlungsmöglichkeiten nennt Knaller hier insbesondere die Professionalisierung der Erwachsenenbildner, d.h. die Weiterbildung von Dozierenden. Zu ergänzen wäre hier die Adressatenorientierung, um einer mangelnden Nachfrage, die vielleicht auch auf einer mangelnden Nutzenerwartung beruht, zu begegnen.

Mader (1998) untersuchte die Ankündigungstexte zu Multimedia-Angeboten von 55 Volkshochschulen (Datengrundlage: Frühjahrssemester 1996 bis Frühjahrssemester 1997). In dieser Untersuchung machen Angebote zur „kritischen theoretischen Auseinandersetzung mit dem Phänomen Multimedia unter gesellschaftspolitischen Aspekten“ nur 4% aus (ebd., S. 57). Mader kritisiert zu Recht, dass viele medienkritische Angebote auf einer theoretischen Ebene bleiben:

> „Während die technisch orientierten EDV-Angebote sich im wesentlichen auf die praktische Annäherung beschränken und die gesellschaftliche Einbettung der neuen Kommunikationstechniken höchstens streifen, wird hier der gegenteilige Weg beschritten: Wünschenswert wäre eine stärkere Verschränkung beider Perspektiven“ (Mader 1998, S. 61).

Bei der Analyse, in welchen Fachbereichen Multimedia-Angebote zu finden sind, stellte sich heraus, dass die meisten Angebote im Fachbereich „Berufliche Bildung“ bzw. darunter im Bereich „EDV“ zu finden waren (vgl. ebd., S. 61). Mader konstatiert darüber hinaus: „Das in seinen Möglichkeiten geradezu nach Interdisziplinarität verlangende Werkzeug Multimedia entzieht sich der Einordnung in die traditionelle Fachbereichsstruktur der Volkshochschule“ (Mader 1998, S. 64). Aufgrund der Konvergenzbestrebungen in den Medien, der Interdisziplinarität der Medienthemen und der unterschiedlichen Zuschreibung beruflicher und/oder privater Relevanz für die Teilnehmenden erscheint es schwierig, Angebote mit Medienbezug in eine Fachbereichs- oder ähnliche Struktur zu integrieren.[6]

Ähnlich stellt Stang in seiner Untersuchung fest, dass Angebote der Volkshochschulen im Bereich Neue Medien zu mehr als 90% im Programmbereich „Arbeit-Beruf“ verortet sind. Seine These in diesem Zusammenhang lautet: „Dadurch, dass die technische Infrastruktur mit den Programmschulungen in der Regel ausgelastet ist, bleibt kaum Raum für Experimente in anderen Programmbereichen“ (Stang 2003, S. 140f.).

3.3 Ergebnisse einer institutionenübergreifenden Programmanalyse (von Hippel 2007)

Für diese institutionenübergreifende Programmanalyse wurden sechs Institutionen, die medienpädagogische Erwachsenenbildung anbieten, als Beispiele exemplarisch ausgewählt. Es gingen

---

6 Z.B. könnte man Angebote zum Videoschnitt am Computer in die Rubrik Film- und Videoproduktion aber auch in die Rubrik Computer einordnen.

676 medienbezogene Veranstaltungen in die Analyse ein. Auswahlkriterien waren die Offenheit des Zugangs für alle Adressaten und der gesellschaftliche Auftrag, da hier eine besonders große Bandbreite an medienbezogenen Themen in gesellschaftlicher und pädagogischer Verantwortung erwartet wurde.[7] Angelehnt an das theoretical sampling (vgl. Strauss/Corbin 1996) wurde eine größtmögliche Heterogenität angestrebt und nicht eine Stichprobe aus einer Institutionenform (z.B. nur Volkshochschulen).

Diese Auswahl erhebt keinen Anspruch auf Repräsentativität – es gibt viele verschiedene Anbieter, die auch medienbezogene Veranstaltungen anbieten, die jedoch nicht in die Analyse mit aufgenommen werden konnten (allein in der offenen Weiterbildung ca. 1000 Volkshochschulen mit unterschiedlichen Profilen, weitere politische Stiftungen, Gewerkschaften, kirchliche Anbieter, Hochschulen, Vereine, kommerzielle Einrichtungen, Bürgermedien etc.). Dennoch kann auf Basis der Analyse der Einzelfälle, einer institutionenübergreifenden Auswertung und eines Vergleichs mit den oben genannten Programmanalysen etwas über Breite und Schwerpunkte der medienbezogenen Themen, über Entwicklungspotenziale sowie über Profile der Einrichtungen in Bezug auf Medien gesagt und gemeinsame Trends herausgearbeitet werden.

Datengrundlage für die Analyse waren die schriftlichen Jahresprogramme der Institutionen aus dem Jahr 2004. Wie sich in den Einzelfallanalysen der sechs Institutionen zeigte, gibt es ein breites Themenspektrum im Bereich medienpädagogischer Angebote und unterschiedlicher Angebotsprofile. Es wird der gesellschaftliche Bedarf in Form von Kursen zum technischen Umgang (instrumentell-qualifikatorische Medienkunde) stark in den Programmen abgebildet, etwas weniger der pädagogische Auftrag im Bereich der Förderung einer kritischen Medienkompetenz.

Um die Institutionen miteinander zu vergleichen, wurden die Anteile der Medienkompetenzdimensionen nach Baacke – also Medienkritik, Mediengestaltung, Mediennutzung, instrumentell-qualifikatorische Medienkunde und informative Medienkunde (die inhaltsanalytisch den Angeboten zugeordnet worden waren) – innerhalb einer Institution in nachfolgender Grafik verdeutlicht. Dabei geht es nicht um die quantitative Verteilung weder innerhalb einer Institution, noch zwischen den Institutionen, sondern rein um die relative Verteilung der Medienkompetenzdimensionen, die das Angebotsprofil der jeweiligen Institution widerspiegelt. Auf eine Darstellung der genauen Zahlen wird verzichtet, da es nicht um exakte quantitative Verteilungen, sondern um Anteile und Richtungen geht. Die Unterschiede in der absoluten Anzahl der Medienkompetenzdimensionen (z.B. VHS Stadtverband Saarbrücken sehr viel, FES weniger) liegen in der jeweiligen Anzahl der medienbezogenen Angebote begründet.

7 Aus diesem Grund wurde auch keine kommerzielle Einrichtung in die Auswahl mit aufgenommen und die betriebliche berufliche Bildung nicht mit eingeschlossen.

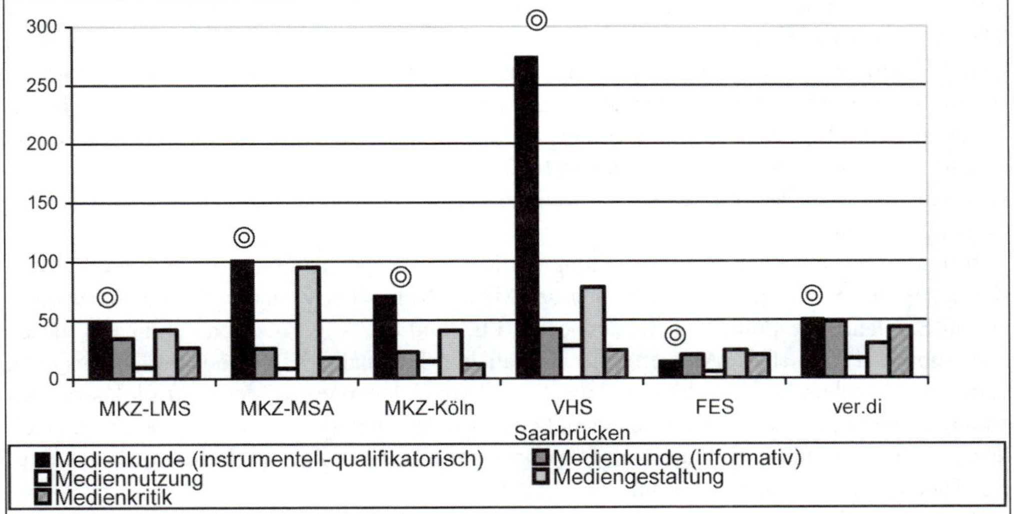

◎ = Anzahl der medienbezogenen Angebote

Anzahl der medienbezogenen Angebote (insgesamt 676 Angebote)					
MKZ-LMS[8] 70 Angebote	MKZ-MSA[9] 114 Angebote	MKZ-Köln[10] 83 Angebote	VHS Saarbrücken 300 Angebote	FES[11] 41 Angebote	ver.di Bildungsangebote 68 Angebote

Abbildung 1: Verteilung der Medienkompetenzdimensionen in den sechs untersuchten Institutionen (vgl. von Hippel 2007, S. 237)

Den Programmausschreibungen konnte, wie aus obiger Grafik ersichtlich, vergleichsweise selten die Dimension der Mediennutzung zugeordnet werden. Möglicherweise handelt es sich hier um ein forschungsmethodisches Problem, das auf die mangelnde Trennschärfe der Medienkompetenzdimensionen nach Baacke (1999a) verweist. Gleichzeitig kann dies auch darauf hindeuten, dass die Institutionen weniger Angebote hierzu anbieten. Außerdem handelt es sich vielleicht auch eher um eine „implizite" Dimension, die nicht explizit in den Ankündigungstexten verschriftlicht wird. Hierin könnte sich widerspiegeln, dass Medienkompetenzdimensionen eher selten an einem Inhalt vermittelt wurden. Sieht man Medienkompetenz als Schlüsselqualifikation, sollte sie stärker an Inhalten und in problemorientierten Veranstaltungen vermittelt werden (vgl. Tippelt/Cleve 1995, S. 190). Dies ließe sich auch mit der Teilnehmerorientierung verknüpfen. Es fehlen Angebote, die explizit den Medienumgang begleiten in der Form, dass sie die Teilnehmenden in einem selbstbestimmten Umgang mit Medien stärken. Hier könnten Teilnehmende in der Entscheidung, zwischen einem genussvollen und einem analytischen Umgang situationsadäquat zu wählen, unterstützt werden. Allerdings fehlt hierfür möglicherweise ein bewusst wahrgenommener Bedarf bei den Adressaten (s. Punkt 4).

8 MedienKompetenzZentrum der Landesmedienanstalt Saarland
9 MedienkompetenzZentrum der Medienanstalt Sachsen-Anhalt
10 MedienKompetenzZentrum des Erzbistums Köln
11 Politische Akademie der Friedrich-Ebert-Stiftung

Die Dimension der Medienkunde (instrumentell-qualifikatorisch) ist insbesondere bei der VHS Stadtverband Saarbrücken dominierend. In etwas abgeschwächter Form spielt sie auch beim Medienkompetenzzentrum der Medienanstalt Sachsen-Anhalt (zusammen mit der Mediengestaltung) sowie beim MedienKompetenzZentrum des Erzbistums Köln eine große Rolle. Man könnte das Ergebnis des Vorherrschens der instrumentell-qualifikatorischen Medienkunde so interpretieren, dass hier dem aktuellen Bedarf und den Interessen der Adressaten nachgekommen wird (vgl. Punkt 4), es jedoch weniger darum geht, Bedarf bzw. neue Bildungsinteressen zu wecken.

Besonders ausgewogen in der Verteilung der Medienkompetenzdimensionen (ohne Berücksichtigung der Mediennutzung) scheinen das MedienKompetenzZentrum der Landesmedienanstalt Saarland, die Politische Akademie der FES und die Angebote von ver.di. Bei diesen drei Anbietern ist auch die Medienkritik in ähnlichem Ausmaß wie die anderen Dimensionen vertreten. Ursachen für die relativ geringe Anzahl von Angeboten zu Medienkritik lassen sich empirisch nicht eindeutig ausmachen. Mögliche Gründe könnten eine geringe Nachfrage (vielleicht auch aufgrund mangelnder Nutzenerwartungen), keine geeigneten Lehrkräfte oder aktuelle Thementrends anderer Art sein.

Hier zeigt sich auch wieder das Problem der mangelnden konzeptionellen Trennschärfe der Kompetenzdimensionen, Kritik sollte nicht eine Angebotsdimension, sondern sie sollte das Ziel jeder medienpädagogischen Erwachsenenbildung sein. Vergleichbar ist diese Forderung nach Integration von Medienkritik in alle medienpädagogischen Veranstaltungen mit der Forderung nach Integration allgemeiner, politischer und beruflicher Lernziele und Lerninhalte.

Als methodische Kritik ist zu formulieren, dass durch eine Programmanalyse nicht erhoben werden kann, inwiefern die Kursleitenden Medienkritik mit einbrachten auch ohne dass dies im Ankündigungstext vorkam.

Bei der Programmanalyse hat sich gezeigt, dass typischerweise die Dimension Medienkunde (instrumentell-qualifikatorisch) in Kombination mit Mediengestaltung auftritt, sowie die Medienkunde (informativ) mit Medienkritik. Darin spiegeln sich zwei Linien der Medienpädagogik: die Tradition der Förderung von Partizipation durch Mediengestaltung und die Förderung eines kritischen Umgangs mit Medien aufgrund von Wissen über sie (vgl. Punkt 2). Als innovativ waren demnach Angebote zu betrachten, die die Dimensionen anders kombinierten (siehe Beispielangebote der Einzelfallanalysen in von Hippel 2007, S. 213ff.). Insbesondere Angebote, die Mediengestaltung und Medienkritik verknüpfen, können potenziell den pädagogischen Anspruch einlösen, durch das Selbsttun auch anders zu rezipieren, was allein durch Mediengestaltung nicht vorausgesetzt werden kann.

Betrachtet man die Ergebnisse der Studie von von Hippel (2007), so könnte weiteres Interesse auf der Nachfrageseite geweckt werden, wenn die Programmplanung mögliche Mediennutzungsmotive stärker in Betracht ziehen und diese in Form von Nutzenbeschreibungen den Adressaten verdeutlichen würde. Die Sensibilität für die Wichtigkeit des kritischen Umgangs mit Medien könnte durch Weiterbildungsangebote in diesem Bereich (ebenfalls mit konkreter Nutzenbeschreibung) erhöht werden, sowie durch den Einbezug des kritischen Umgangs auch in technik- bzw. gestaltungsorientierte Angebote. Durch solche Veranstaltungen ließen sich das Interesse der Teilnehmenden an Technik und Gestaltung, der gesellschaftliche Bedarf sowie die pädagogische Forderung nach Medienmündigkeit auf Angebotsebene verknüpfen.

3.4 Vergleich der Ergebnisse der Programmanalysen – Trends

Insgesamt zeigt sich, dass die institutionenübergreifende Programmanalyse in eine ähnliche Richtung wie die anderen Studien verweist (was für die Generalisierbarkeit der Ergebnisse spricht) darüber hinaus jedoch detaillierte Angaben zu Themen und Medienkompetenzdimensionen – und dies im Vergleich verschiedener Institutionen – machen kann.

Bei der institutionenübergreifenden Untersuchung lassen sich Schwerpunkte in der Vermittlung der Medienkompetenzdimensionen (nach Baacke 1999b) ausmachen: Es überwiegt die instrumentell-qualifikatorische Medienkunde, die stark mit dem gesellschaftlichen Bedarf assoziiert ist. Ähnliche Ergebnisse ergab auch eine Befragung der Anbieterseite. So stellten Treumann et al. 1999 bei einer Befragung von 14 nordrhein-westfälischen Erwachsenenbildungsanbietern fest, dass insbesondere die Dimensionen Medienkunde und Mediennutzung aus Sicht der Programmverantwortlichen angeboten wurden, während die Dimensionen Mediengestaltung und Medienkritik eher unterrepräsentiert waren. Als Erklärung gaben die Interviewten an, dass „im Bereich der Medienkritik und der Mediengestaltung keine kostendeckende Teilnehmergröße zustande“ komme (Treumann et al. 2002, S. 342f.).

Weiterhin zeigt sich ein typisches Muster der Kombination von Medienkompetenzdimensionen auf Angebotsebene: die instrumentell-qualifikatorische Medienkunde wird häufig mit der Mediengestaltung und die informative Medienkunde oft mit Medienkritik verbunden angeboten. Gleichzeitig zeigt sich, dass Medien in ihrer Interdisziplinarität schwer in eine traditionelle Fachbereichsstruktur zu integrieren sind.

Dass die Dimension „Mediennutzung“ im Vergleich zu den anderen Dimensionen in der institutionenübergreifenden Programmanalyse eher selten vergeben wurde, deckt sich mit den Ergebnissen von Mader (1998), die konstatiert, dass die inhaltliche Nutzung der Medien eher selten im Vordergrund steht, sondern meist die Vermittlung von technischen Fertigkeiten ohne den inhaltlichen Bezug.

Vergleicht man das Angebot des katholischen Bildungsanbieters MedienKompetenzZentrum des Erzbistums Köln mit der exemplarischen Programmanalyse von Heuer und Robak (2000) zeigen sich ebenfalls Parallelen. Heuer und Robak (2000) stellten fest, dass die katholischen Anbieter neben christlich-religiösen Themen Angebote zum Abstützen der sozialen Lebenswelt vorhalten – z.B. in Bezug auf Medien die zahlreichen Computerkurse, da Computer mittlerweile als fester Bestandteil der sozialen Lebenswelt gesehen werden können. Das Abstützen der sozialen Lebenswelt spiegelt sich außerdem in der Alltagsnähe mehrerer Angebote des MedienKompetenzZentrums.

Ähnlich wie in der Volkshochschulprogrammanalyse von Mader (1998) fand sich auch bei der institutionenübergreifenden Analyse bei der VHS Stadtverband Saarbrücken die größte Zahl der Medienangebote im Fachbereich „Berufliche Bildung“, wo sich auch Angebote zur Digitalfotografie fanden (und nicht, wie vielleicht zu erwarten gewesen wäre im Fachbereich „Kultur, Kunst und Gesundheit“). Die quantitative Assoziierung von Medienangeboten mit der beruflichen Weiterbildung scheint – bei sicher vorhandenen Abweichungen – ein typisches Merkmal für Volkshochschulen zu sein (vgl. auch ähnliche Ergebnisse bei Stang 2003 und für österreichische Volkshochschulen Knaller 1993). Schon vor mehr als zwanzig Jahren merkte Faulstich an:

> „Curricular geht es demnach darum, Ansätze zu entwickeln, welche technische Kompetenzen mit gesellschaftlicher Einsicht und Handlungsbereitschaft verbinden, d.h. der vorfindlichen

> Trennung „beruflicher“ und „allgemeiner“ Bildung, welche auch die Angebote der Erwachsenenbildung zur IT durchzieht, gegenzusteuern“ (Faulstich 1985, S. 129).

Die Trennung in allgemeine und berufliche Weiterbildung findet sich bei vielen der untersuchten medienbezogenen Angebote. Ganz anders sieht dies jedoch die Teilnehmendenseite: hier zeichnet sich eine Vermischung privater und beruflicher Verwertungsinteressen und eine Entgrenzung an (s.u.). Was fehlt, ist mithin die gesellschaftliche Einbettung von Medien und die Einbindung von Medienkritik in Veranstaltungen, was wiederum von den Kursleitenden eine besondere Kompetenz erfordern würde.

In diesem Kapitel ging es um die medienpädagogischen Veranstaltungen – also um die Angebotsseite, im nächsten geht es komplementär um die Nachfrageseite, um Teilnahmefälle und stattgefundene Unterrichtsstunden, in dem sich Teilnehmerinteressen manifestieren. Hier werden mehrere repräsentative und explorative Studien zu Weiterbildungsinteressen im Medienbereich diskutiert.

4 Weiterbildungsinteressen im Bereich Medien

Die folgenden Daten aus verschiedenen Erhebungen der Weiterbildungsstatistik – so das Berichtssystem Weiterbildung und die Volkshochschulstatistik – geben Aufschluss über Teilnahmefälle und Kursstunden in der (non)formal organisierten medienpädagogischen Erwachsenenbildung. In ihnen spiegelt sich die Nachfrage nach medienbezogenen Veranstaltungen. Darüber hinaus wird eine explorative Studie zu Weiterbildungsinteressen im Bereich Medien vorgestellt. Erwachsene erwerben Medienkompetenz auf informelle Weise und durch (non)formale Angebote (vgl. Livingstone/Thumin 2003, S. 10). Die folgenden Studien zur Beteiligung und zum Interesse an (non)formaler Weiterbildung bilden also nur einen Teil des Lernens Erwachsener im Umgang mit Medien ab.

4.1 Ergebnisse der Weiterbildungsstatistik

4.1.1 Ergebnisse des Berichtssystem Weiterbildung

Das Berichtssystem Weiterbildung IX zeigt die Wichtigkeit von Veranstaltungen mit Medienbezug in der allgemeinen und beruflichen Weiterbildung. Der Themenbereich „Computer, EDV, Internet“ ist auch 2003 der quantitativ größte Themenbereich der allgemeinen Weiterbildung nach Teilnahmefällen mit 16%, darauf folgen Sprachkenntnisse mit 15% und Gesundheitsfragen mit 13% (vgl. BMBF 2006, S. 303; BMBF 2008, S. 14). Im Jahr 2000 lagen die Teilnahmefälle im besagten Themenbereich noch bei 21%, es ist also ein Rückgang um 5% zu verzeichnen (vgl. BMBF 2006, S. 304). Der Themenbereich „Computer, EDV, Internet“ umfasst vermutlich insbesondere Angebote mit Betonung der instrumentell-qualifikatorischen Medienkunde, weitere Veranstaltungen mit Medienbezug sind sicher unter anderem unter den Rubriken „Kunst, Literatur“ und „Aktive Freizeitgestaltung“ zu finden, die jedoch dort nicht einzeln ausgewiesen werden. In der beruflichen Weiterbildung machen Kurse, in denen die EDV im Vordergrund steht, 17% der Teilnahmefälle aus – die Quote wäre wahrscheinlich noch höher, wenn alle Veranstaltungen einbezogen würden, die EDV-Elemente enthalten. Im Gegensatz zur allgemeinen Weiterbildung hat sich in der beruflichen Weiterbildung der Anteil der EDV-Kurse seit dem Jahre 2000 nicht nennenswert verändert (vgl. ebd. S. 320).

Auch der Bedarf an Weiterbildung zum Thema EDV-Anwendungen liegt hoch: 1997 äußerten 67% der Studienabgänger Bedarf an Weiterbildung zu diesem Thema, damit steht auch beim Bedarf das Thema an erster Stelle. 1993 lag der Prozentsatz mit 73% sogar noch höher – Gründe für die Abnahme liegen vermutlich im Einbezug der EDV bereits in studentische Zusammenhänge (vgl. ebd., S. 323). Obwohl die unterschiedlichen Datenquellen nur eingeschränkt miteinander vergleichbar sind, zeichnet sich der Bereich der Informations- und Kommunikationstechnologien als ein besonders wichtiger Bereich der Weiterbildung ab (vgl. ebd., S. 327).

4.1.2 Ergebnisse der Volkshochschulstatistik

Die Volkshochschulstatistik weist sechs Programmbereiche aus (in Klammern der Anteil an den Unterrichtsstunden insgesamt der VHS): Politik – Gesellschaft – Umwelt (4,4%), Kultur – Gestalten (12,2%), Gesundheit (17,5%), Sprachen (40,1%), Arbeit – Beruf (17,7%), Grundbildung – Schulabschlüsse (8,1%) (vgl. Pehl/Reitz 2005, S. 8)[12]. Im ersten, zweiten und fünften Programmbereich sind medienbezogene Veranstaltungen zu erwarten. Im Programmbereich „Politik – Gesellschaft – Umwelt“ gibt es kein extra ausgewiesenes Fachgebiet zu Medien, es ist jedoch anzunehmen, dass innerhalb der Fachgebiete auch Angebote mit Medienbezug gemacht werden[13]. Im Programmbereich „Kultur – Gestalten“ gibt es eigene Fachgebiete wie „Medien“ und „Medienpraxis“. Im Programmbereich „Arbeit – Beruf“ gibt es drei medienbezogene Fachgebiete: IuK-Grundlagen/allg. Anwendungen, Kaufmännische IuK-Anwendungen und Technische IuK-Anwendungen. Bundesweit fallen 29,3% der Unterrichtsstunden auf das Fachgebiet IuK-Grundlagen/allg. Anwendungen, weitere 5,4% auf Kaufmännische IuK-Anwendungen und 3,1% auf Technische IuK-Anwendungen. Über alle Bundesländer hinweg machen die Kurse[14] aus dem Fachgebiet „IuK-Grundlagen/allg. Anwendungen“ den größten Anteil innerhalb des Programmbereichs „Arbeit-Beruf“ aus (Durchschnitt BRD: 49,1%). Im Programmbereich „Kultur – Gestalten“ entfielen 2004 bundesweit nur 3,1% der Unterrichtstunden auf das Fachgebiet „Medienpraxis“ und 0,6% auf das Fachgebiet „Medien“[15]. Im Bundesdurchschnitt machen Kurse aus dem Fachgebiet Medien 0,6% innerhalb des Programmbereichs aus, Kurse aus dem Fachgebiet Medienpraxis einen größeren Anteil, nämlich 2,9%. Dabei bestehen deutliche regionale Unterschiede: so machen in Hamburg Kurse aus dem Fachgebiet „Medienpraxis“ 11,3% aus, in Mecklenburg-Vorpommern nur 1,2%. Im Programmbereich „Arbeit – Beruf“ sind die Kurse und Unterrichtsstunden des Fachgebiets „IuK-Grundlagen/ allg. Anwendungen“ seit den 1970er Jahren kontinuierlich bis 2001 angestiegen, um dann bis 2004 leicht abzusinken. Jedoch gibt es auch 2004 doppelt so viele Kurse in diesem Fachgebiet als 1991, des weiteren ist der Anteil des Fachgebiets am Programmbereich seit dem Jahr 2000 annähernd gleich hoch geblieben. Besonders in den Jahren 2000 und 2001 war die höchste Anzahl von Kursen absolut in diesem Fachgebiet zu verzeichnen (dies könnten Auswirkungen der Wiedervereinigung und des Internet-Booms seit Mitte der 1990er Jahre sein, im Jahr 2000 dann

12 Alle folgenden Daten in diesem Unterkapitel beruhen auf Pehl/Reitz 2005, Datengrundlage ist das Jahr 2004.

13 z.B. unter Politik: Medienpolitik, und Erziehungsfragen/Pädagogik: Medienerziehung für Eltern.

14 D.h. Veranstaltungen mit mehr als 3 Unterrichtsstunden.

15 Den größten Anteil machen hier Malen/Zeichnen/Drucktechniken mit 24,9%, Musikalische Praxis mit 13,9% und Tanz mit 13,6% aus.

der Börsencrash). Im Programmbereich „Kultur – Gestalten" schwankt die Anzahl der Kurse des Fachgebiets „Medien" (Film, Fernsehen, Video, Multimedia) seit 1977 bis 2004 zwischen 317 (1990) und 743 (1998) absolut. Der Anteil des Fachgebiets „Medienpraxis" (praktische Entsprechung des Fachgebiets „Medien") am Programmbereich „Kultur – Gestalten" hat seit 1977 bis 2004 fast kontinuierlich abgenommen (1977: 4,8%; 2004: 2,9%). Auch die absolute Anzahl an Kursen nimmt seit 1994 ab (besonders stark zwischen 2000 und 2001). Eventuell hat eine Verlagerung der Medienpraxis in den Programmbereich „Arbeit – Beruf" bei Veranstaltungen zur Internetgestaltung stattgefunden, dies lässt sich aufgrund der Daten jedoch nicht belegen.

4.1.3 Zusammenfassung der Ergebnisse der Weiterbildungsstatistik

Zusammenfassend lässt sich sagen, dass Medien – insbesondere Computer und Internet – sowohl in der beruflichen als auch in der allgemeinen Weiterbildung eine bedeutende Rolle spielen und hier – trotz eines geringen Rückgangs – weiterhin eine starke Nachfrage besteht. Die berufliche Weiterbildung in Form einer instrumentell-qualifikatorischen Medienkunde überwiegt, allerdings lassen die Forschungsergebnisse aufgrund der Aggregation der Daten keine Auskunft über das Interesse an „kleinen" Themengebieten zu. Sie geben keinen Aufschluss über konkrete Themen auf Kursebene und über die Entstehung der Interessen der Teilnehmer. Die Interessen und Motive der Teilnehmenden, medienpädagogische Angebote zu besuchen, wurden erstmals in einer Studie von von Hippel (2007) in den Blick genommen.

4.2 Explorative Studie zu Weiterbildungsinteressen im Bereich Medien

In einer explorativen Studie zu Weiterbildungsinteressen im Bereich Medien wurden Teilnehmer eines Medienkompetenzzentrums (MKZ des Landesmedienanstalt Saarland) in einer Fragebogenerhebung (N=82) und problemzentrierten Interviews (vgl. Witzel 2000) (N=19) unter anderem zu ihren Weiterbildungsinteressen im Bereich Medien befragt.

Die offene Frage im Fragebogen nach den Lernwünschen in Bezug auf Medien haben 64 Befragte beantwortet (mithin mehrere Antworten möglich). Die meisten Nennungen betreffen den Bereich Fernsehen/Film, Internet, Computer und Hörfunk. Ein Großteil der Nennungen (75 Nennungen) bezieht sich auf den eher technischen Umgang mit Medien (Nutzung und Gestaltung), ein geringerer Anteil (16 Nennungen) bezieht sich explizit auf den eher analytischen und kritischen Umgang (vgl. folgende Tabelle).

Tabelle 1: Weiterbildungsinteressen im Bereich Medien (vgl. von Hippel 2007, S. 185)

Weiterbildungsinteressen im Bereich Medien	Anzahl der Nennungen
Eher Nutzung und Gestaltung (darunter digitale Video- und Bildbearbeitung, MS Office Anwendungen, Film und Fernsehen)	75
Eher Analyse und Kritik (darunter Filmanalyse, Sicherheit im Internet, Medienpsychologie, Politik)	16
Gesamt	91

In den Interviews wurden die Gesprächspartner gefragt, welche Weiterbildungsinteressen sie im Bereich Medien aktuell hätten. Wie auch bei der quantitativen Erhebung wird deutlich, dass ein Großteil der Interviewpartner Weiterbildungsinteressen im Bereich des eher technischen (auch organisatorischen und gestalterischen) Umgangs mit Medien nennt. Ein kleinerer Teil nennt von sich aus Interessen im Bereich des eher analytischen Umgangs mit Medien.

Das in der vorliegenden Untersuchung empirisch konkretisierte größere Interesse an technikorientierten Kursen lässt sich möglicherweise so erklären:

> „Die (…) erworbenen Kompetenzen reichen dem Nutzer im Allgemeinen aus, einen Lernbedarf wird er erst bemerken, wenn seine Kenntnisse unzureichend sind. Doch liegt gerade im eigenen Spüren eines Lernbedarfs die Crux des Medienumgangs, die die Notwendigkeit von Medienpädagogik begründet. Manipulation, Fehlinformation und Wirklichkeitsverzerrung, durch Emotionalisierung und Trivialisierung bestehende Qualitätsmängel fallen nicht immer auf. Der Bedarf, die eigene Medienkompetenz zu verbessern, wird vor allem bei technischen Neuerungen geweckt, die es erfordern, sich gezielt mit Anwendungs- und Nutzungsfunktionen auseinanderzusetzen" (Pietraß 2006, S. 112).

Medienpädagogische Erwachsenenbildung kann jedoch hier die Bildungsbereitschaft insbesondere im medienkritischen Bereich fördern (vgl. ausführlich von Hippel 2007).

5 Ausblick

Bezieht man die Ergebnisse von Angebots- und Nachfrageseite aufeinander, fällt insbesondere die übereinstimmende Fokussierung auf den technischen Umgang mit Medien auf. Damit bleibt es eine Herausforderung, Medienkritik in alle medienpädagogischen Veranstaltungen zu integrieren und neue Interessen bei den Adressaten zu wecken. Bei vielen der befragten Teilnehmenden überlappten sich berufliche und private Verwertungsinteressen der medienbezogenen Seminare. Gerade im Bereich der medienpädagogischen Erwachsenenbildung deutet sich somit eine Entgrenzung zwischen allgemeiner und beruflicher Erwachsenenbildung an. Wünschenswert wäre hier eine weitere Entgrenzung auf Kursebene, beispielsweise durch Integration von Medienkritik in technikorientierte Veranstaltungen.

Es ist nicht der Lerngegenstand selber, der per se interessant/uninteressant, beruflich oder allgemein bildend konnotiert ist, sondern der Erwachsene gibt dem Gegenstand eine Bedeutung. Je nach dem, welche Bedeutung Medien im Alltag des Erwachsenen haben, hat er Interesse an verschiedenen medienpädagogischen Angeboten. Menschen nutzen Medien gemäß ihrer Interessen, die wiederum von ihrer Lebenswelt, ihrer sozialen Lage, ihren Werteinstellungen und Persönlichkeitseigenschaften beeinflusst sind. Dies hat sich auch empirisch bei der Analyse des Besuchs von medienpädagogischen Veranstaltungen in der Erwachsenenbildung gezeigt. Wenn für den Erwachsenen die Vermittlung von Medienkritik in seinem Alltag nicht relevant ist oder sich die Relevanz nicht erschließt beziehungsweise, wenn er sich bereits für medienkritisch hält, wird er an pädagogisch intendierten Bemühungen zur Förderung einer kritischen Medienkompetenz von sich aus kein Interesse zeigen. Interpretiert mit dem Symbolischen Interaktionismus (vgl. Blumer 1972) sind diese Bedeutungen auch sozial konstruiert und veränderbar und wie sich in den Interviews zeigte, kann die Erwachsenenbildung prinzipiell die Bildungsbereitschaft der Teilnehmenden auch für andere Themen fördern und neue Bedeutungsnuancen in sozialer Interaktion fördern (z.B. im Bereich Medienkritik). Aufgabe der Erwachsenenbildung kann es hier sein, Interesse zu wecken und Relevanz aufzuzeigen.

Sowohl in der quantitativen als auch in der qualitativen Befragung zeigte sich, dass die Teilnehmenden von sich aus eher Interesse an Veranstaltungen zeigen, in denen es um den Gebrauch von und den Umgang mit Medien geht (vgl. von Hippel 2007). Gleichzeitig hatten Teilnehmende aufgrund des weiterführenden Angebots des MedienKompetenzZentrums ihre Interessen auch auf Angebote zur Medienkritik ausgeweitet. Erwachsenenbildung ist also durchaus in der Lage, die Sensibilität für die Wichtigkeit des kritischen Umgangs mit Medien zu erhöhen. Dies kann zum einen durch Weiterbildungsangebote in diesem Bereich geschehen sowie zum anderen durch den Einbezug von Medienkritik in technik-/gestaltungsorientierte Kurse. Dazu bedarf es allerdings kompetenter Dozenten und Mitarbeiter (vgl. auch Knaller 1993).

Wie die Studien zeigen, verfügen Kursleitende oftmals weder über medienpädagogisches noch über didaktisches Berufswissen, die meisten werden aufgrund ihrer Fachkenntnisse in anderen Bereichen angestellt (vgl. Meueler 1999, S. 680). Es besteht hier ein steigender Fortbildungsbedarf (vgl. Kade et al. 1999, S. 164). Wie sich in der Studie von von Hippel (2007) gezeigt hat, besteht nicht nur ein medienbezogener Fortbildungsbedarf in Mediendidaktik, sondern auch in der Planung von medienpädagogischen Angeboten in der Erwachsenenbildung, um hier insbesondere medienkritische Aspekte zielgruppenorientiert in Veranstaltungen einbringen zu können. Für Erwachsenenbildner kann es bei der Planung medienpädagogischer Angebote hilfreich sein, auch die Mediennutzungsmotive der Adressaten – neben ihren Weiterbildungsinteressen und -barrieren – in Betracht zu ziehen. Die Integration von Medienkunde, Mediengestaltung und Medienkritik – mit dem Ziel einer umfassenden Förderung der Medienkompetenz Erwachsener – stellt eine zentrale Herausforderung für die medienpädagogische Erwachsenenbildung dar.

Literatur

Baacke, D. (1973): Kommunikation und Kompetenz. Grundlegung einer Didaktik der Kommunikation und ihrer Medien. München: Juventa.

Baacke, D. (1998): Zum Konzept und zur Operationalisierung von Medienkompetenz. Bielefeld: Bertelsmann. Verfügbar unter: http://www.uni-bielefeld.de/paedagogik/agn/ag9/Texte/MKompetenz1.htm [16.09.08].

Baacke, D. (1999a): Massenmedien. In: Tippelt, R. (Hrsg.): Handbuch der Erwachsenenbildung/Weiterbildung. Opladen: Leske + Budrich. S. 508-515.

Baacke, D. (1999b): Medienkompetenz als zentrales Operationsfeld von Projekten. In: Baacke, D./Kornblum, S./Lauffer, J./Mikos, L./Thiele, G. (Hrsg.): Handbuch Medien: Medienkompetenz – Modelle und Projekte. Bonn: Bundeszentrale für politische Bildung, S. 31-35.

Barz, H./Tippelt, R. (Hrsg.) (2004a): Weiterbildung und soziale Milieus in Deutschland, Bd. 1: Praxishandbuch Milieumarketing. Bielefeld: Bertelsmann.

Barz, H./Tippelt, R. (Hrsg.) (2004b): Weiterbildung und soziale Milieus in Deutschland, Bd. 2: Adressaten- und Milieuforschung zu Weiterbildungsverhalten und -interessen. Bielefeld: Bertelsmann.

Bickelmann, K./Sosolla, W. (2002): Medienkompetenz. Voraussetzungen, Förderung, Handlungsschritte. hrsg. von Landesmedienanstalt Saarland (LMS). Studie im Auftrag der Bundestagsfraktion Bündnis 90/Die Grünen. Berlin: VISTAS Verlag.

Blumer, H. (1972): Der methodologische Standort des symbolischen Interaktionismus. In: Arbeitsgruppe Bielefelder Soziologen (Hrsg.): Alltagswissen und Interaktion. Reinbek: Rowohlt. S. 80-101.

Bundesministerium für Bildung und Forschung (BMBF) (Hrsg.) (2006): Berichtssystem Weiterbildung IX. Integrierter Gesamtbericht zur Weiterbildungssituation in Deutschland. Bonn: BMBF.

BMBF (Hrsg.) (2008): Weiterbildungsbeteiligung in Deutschland – Eckdaten zum BSW-AES 2007. München: Infratest.

Burkhardt, W. (2001): Förderung kindlicher Medienkompetenz durch die Eltern – Grundlagen, Konzepte und Zukunftsmodelle, Bd. 40. Schriftenreihe Medienforschung der Landesanstalt für Rundfunk Nordrhein-Westfalen. Opladen: Leske + Budrich.

Conein, S./Schrader, J./Stadler, M. (Hrsg.) (2004): Erwachsenenbildung und die Popularisierung von Wissenschaft. Probleme und Perspektiven bei der Vermittlung von Mathematik, Naturwissenschaften und Technik. Bielefeld: Bertelsmann.

Deutscher Ausschuss für das Erziehungs- und Bildungswesen (1966): Empfehlungen und Gutachten 1953-1965 – Gesamtausgabe. Stuttgart: Ernst Klett Verlag.

Faulstich, P. (1985): Notwendigkeit einer informationstechnischen Alphabetisierung mit Hilfe der Erwachsenenbildung. In: ders. (Hrsg.): Informationstechnologie – eine Bildungsfrage für alle. München: Lexika. S. 127-130.

Faulstich, P. (2003): Weiterbildung. In: Cortina, K. et al. (Hrsg.). Das Bildungswesen in der Bundesrepublik Deutschland. Strukturen und Entwicklungen im Überblick. Reinbek: Rowohlt. S. 625-660.

Gapski, H. (2001): Medienkompetenz – Eine Bestandsaufnahme und Vorüberlegungen zu einem systemtheoretischen Rahmenkonzept. Wiesbaden: Westdeutscher Verlag.

Halefeldt, E. (1999): Medienpädagogische Aktivitäten im Rahmen der Erwachsenenbildung der Katholischen Kirche. Ohne Ortsangabe: o.V.

Heid, H. (2000): Über die Qualität der Argumente, mit denen das Erfordernis lebenslangen Lernens begründet wird. In: Achtenhagen, F./Lempert, W. (2000): Lebenslanges Lernen im Beruf. Seine Grundlegung im Kindes- und Jugendalter. Bd. V. Opladen: Leske + Budrich. S. 22-29.

Heuer, U./Robak, S. (2000): Programmstruktur in konfessioneller Trägerschaft – exemplarische Programmanalysen. In: Gieseke, W. (Hrsg.): Programmplanung als Bildungsmanagement? Qualitative Studie in Perspektivverschränkung. Bonn: o. V., S. 115-209.

Heuer, U. (2002): Neue Lehr- und Lernkulturen als Herausforderung der Profession zwischen gewohnter Lernhaltung und gefordertem neuen Lernverhalten. In: Dewe, B./Wiesner, G./Wittpoth, J. (Hrsg.): Professionswissen und erwachsenenpädagogisches Handeln. Bielefeld Dewe, B./Wiesner, G./Wittpoth, J. (Hrsg.): Professionswissen und erwachsenenpädagogisches Handeln. Bielefeld: Bertelsmann. S. 209-219.

Hippel, A. von (2007): Medienpädagogische Erwachsenenbildung. Eine Analyse von pädagogischem Auftrag, gesellschaftlichem Bedarf und Teilnehmendeninteressen, Bd. 14. Schriftenreihe der Landesmedienanstalt Saarland. Saarbrücken: Landesmedienanstalt Saarland.

Hobbs, R. (1998): The seven great debates in the media literacy movement. Journal of Communication 48, H. 1, S. 16-32, Verfügbar unter: http://interact.uoregon.edu/MediaLit/mlr/readings/-articles/debates.html (07.02.2006).

Holm, U. (2003): Medienerfahrungen in Weiterbildungsveranstaltungen – Zur Rolle massenmedialen Hintergrundwissens in der allgemeinen und beruflichen Weiterbildung. Reihe: DIE, Theorie und Praxis der Erwachsenenbildung. Bielefeld: Bertelsmann.

Hüther, J. (1994): Medienpädagogische Konzepte in der Bildungsarbeit mit Erwachsenen – Historische und aktuelle Aspekte der Kooperation von Medienpädagogik und Erwachsenenbildung. In: Hiegemann, S./Swoboda, W. (Hrsg.): Handbuch der Medienpädagogik. Opladen: Leske + Budrich, S. 289-302.

Issing, L.J./Klimsa, P. (Hrsg.) (2002): Information und Lernen mit Multimedia und Internet. Weinheim: Beltz.

Kade, J./Seitter, W. (2002): Pluralisierung und Entgrenzung des Lernens Erwachsener. In: Grundlagen der Weiterbildung, H. 6, S. 283-285.

Kade, J./Nittel, D./Seitter, W. (1999): Einführung in die Erwachsenenbildung/Weiterbildung. Stuttgart: Kohlhammer.

Knaller, H. (1993): Programmangebote zum Thema Medien an österreichischen Volkshochschulen oder: Nachdenken über ihre Abwesenheit. In: Aufderklamm, K./Filla, W./Leichtenmüller, E. (Hrsg.): No sex, no crime. Volkshochschule und Medien. Wien: Promedia-Dr.-und-Verl.-Ges., S. 143-152.

Kreimeyer, J. (2004): Lebensbegleitendes Lernen – zur „informellen" Dimension einer erwachsenenpädagogischen Aufgabe. In: Brödel, R./Kreimeyer, J. (Hrsg.): Lebensbegleitendes Lernen als Kompetenzentwicklung. Analysen – Konzeptionen – Handlungsfelder. Bielefeld: Bertelsmann, S. 43-62.

Krüger, J. (2005): Dokumentation über die Geschichte des Adolf-Grimme-Instituts. Marl. Verfügbar unter: http://www.marl.de/marl_willkommen/marl_historisch/Chronik.pdf (04.05.2006).

Kübler, H.-D. (2005): Mythos Wissensgesellschaft. Gesellschaftlicher Wandel zwischen Information, Medien und Wissen – eine Einführung. Wiesbaden: VS Verlag für Sozialwissenschaften.

Livingstone, S./Thumin, N. (2003): Assessing the media literacy of UK adults. A review of the academic literature. London: o.V. Verfügbar unter: http://www.ofcom.org.uk/static/archive/bsc/pdfs/ research/litass.pdf [06.02.2006].

Mader, A. (1998): Multimedia als Angebot – Programmanalyse ausgewählter Einrichtungen. In: Nispel, A./Stang, R./Hagedorn, F. (Hrsg.): Pädagogische Innovation mit Multimedia. Reihe Perspektive Praxis. Bd. 1: Analysen und Lernorte. Frankfurt a.M.: DIE, S. 51-76.

Meueler, E. (1999): Didaktik der Erwachsenenbildung/Weiterbildung als offenes Projekt. In: Tippelt, R. (Hrsg.): Handbuch Erwachsenenbildung/Weiterbildung. Opladen: Leske + Budrich, S. 677-690.

Meyen, M. (2001): Mediennutzung. Mediaforschung, Medienfunktionen, Nutzungsmuster. Konstanz: UVK.

Nolda, S. (2003): Paradoxa von Programmanalysen. In: Gieseke, W. (Hrsg.): Institutionelle Innensichten der Weiterbildung. Bielefeld: Bertelsmann. S. 212-227.

Nolda, S. (2004): Medialisierung und Pädagogisierung – Folgeabschätzungen für die Erwachsenenbildung. In: Brödel, R./Kreimeyer, J. (Hrsg.): Lebensbegleitendes Lernen als Kompetenzentwicklung. Analysen – Konzeptionen – Handlungsfelder. Bielefeld: Bertelsmann, S. 75-90.

Nuissl, E./Pehl, K. (2004): Portrait Weiterbildung Deutschland. Bielefeld: Bertelsmann.

Pehl, K./Reitz, G. (2005): Volkshochschul-Statistik. 43. Folge, Arbeitsjahr 2004. Bonn: DIE.

Pietraß, M. (2006): Mediale Erfahrungswelt und die Bildung Erwachsener. Bielefeld: Bertelsmann.

Podehl, B.R. (1984): Medienpädagogik und Erwachsenenbildung. Frankfurt a.M.: R. Fischer.

Projektgruppe Neue Medien (2001): Neue Medien in der Erwachsenenbildung. Positionspapier des DIE. Bonn: o.V. Verfügbar unter: http://www.die-frankfurt.de/esprid/dokumente/doc-2001/projektgruppe-neue-medien01_01.pdf [16.09.08].

Schäfer, E. (2001): Auf dem Weg zum Edutainment? Medien und Erwachsenenbildung – historische und aktuelle Entwicklungen. In: Friedenthal-Haase, M. (Hrsg.): Erwachsenenbildung im 20. Jahrhundert – was war wesentlich? München: Rainer Hampp Verlag, S. 57-82.

Stang, R. (Hrsg.) (2001): Lernsoftware in der Erwachsenenbildung. Reihe: DIE – Perspektive und Praxis. Bielefeld: Bertelsmann.

Stang, R. (2003): Neue Medien und Organisation in Weiterbildungseinrichtungen. Anregungen für eine medienorientierte Organisationsentwicklung. Bielefeld: Bertelsmann.

Steinbicker, J. (2001): Zur Theorie der Informationsgesellschaft. Ein Vergleich der Ansätze von Peter Drucker, Daniel Bell und Manuel Castells. Opladen: Leske + Budrich.

Strauss, A./Corbin, J. (1996): Grounded Theory: Grundlagen Qualitativer Sozialforschung. Weinheim: Beltz.

Strzelewicz, W./Raapke, H.-D./Schulenberg, W. (1966): Bildung und gesellschaftliches Bewusstsein. Stuttgart: o.V.

Theunert, H. (1996): Perspektiven der Medienpädagogik in der Multimedia-Welt. In: Rein, A. von (Hrsg.): Medienkompetenz als Schlüsselbegriff. Reihe: DIE – Theorie und Praxis der Erwachsenenbildung. Bad Heilbrunn: Klinkhardt, S. 60-69.

Tietgens, H. (1998): Zur Auswertung von Arbeitsplänen der Volkshochschulen. In: Nolda, S./Pehl, K./Tietgens, H. (Hrsg.): Programmanalysen – Programme der Erwachsenenbildung als Forschungsobjekte. Frankfurt am Main: DIE, S. 61-138.

Tippelt, R. (1990): Bildung und sozialer Wandel. Eine Untersuchung von Modernisierungsprozessen am Beispiel der Bundesrepublik Deutschland seit 1950. Weinheim: Beltz.

Tippelt, R. (2006): Adressaten und Adressatenforschung der Erwachsenenbildung. In: Meisel, K./Schiersmann, C. (Hrsg.): Zukunftsfeld Weiterbildung. Standortbestimmungen für Forschung, Praxis und Politik. Bielefeld: Bertelsmann, S. 41-52.

Tippelt, R./Cleve, B. van (1995): Verfehlte Bildung? – Bildungsexpansion und Qualifikationsbedarf. Darmstadt: Wiss. Buchges. o.V.

Treumann, K.P./Baacke, D./Haacke, K./Hugger, K.U./Vollbrecht, R. (2002): Medienkompetenz im digitalen Zeitalter – Wie die neuen Medien das Leben und Lernen Erwachsener verändern. Opladen: Leske + Budrich.

Witzel, A. (2000): Das problemzentrierte Interview. Forum Qualitative Sozialforschung. Verfügbar unter: http://qualitative-research.net/fqs (25.11.2003).

De Witt, C./Czerwionka, T. (2007): Mediendidaktik. Bielefeld: Bertelsmann.

Weidenmann, B. (1997): Medien in der Erwachsenenbildung. In: Weinert, F./Mandl, H. (Hrsg.): Psychologie der Erwachsenenbildung. Göttingen: Hogrefe, S. 405-436.

Maya Kandler | Rudolf Tippelt

Weiterbildung und Umwelt: Bildung für nachhaltige Entwicklung

Umweltbildung gewinnt im Rahmen der Bildung für nachhaltige Entwicklung (BNE) und damit als Bildung für die zukunftsorientierte Entwicklung unserer Gesellschaft zunehmend an Bedeutung. Mit dem Begriff der nachhaltigen Entwicklung kann in Deutschland jedoch nur etwa jeder zehnte Erwachsenen konkret etwas anfangen (vgl. Kuckartz/Rheingans-Heintze 2006). Daraus bereits kann großer Weiterbildungsbedarf abgeleitet werden. Ohne Bildung besteht keine Chance für Partizipation, d.h. einer aktiven Mitwirkung an der Gestaltung einer ökologisch verträglichen, ökonomisch leistungsfähigen und sozial gerechten Gesellschaft (auf lokaler und globaler Ebene). Im Laufe der letzten Jahrzehnte haben sich umweltbezogene Bildungsziele von der reinen Wissensvermittlung und der Erziehung zu umweltbewusstem Verhalten weiterentwickelt zum Leitziel der Gestaltungskompetenz. Bildung für nachhaltige Entwicklung betrifft alle Bereiche des Bildungssystems, in diesem Beitrag werden die Erwachsenen- und Weiterbildung sowie die berufliche Bildung im Vordergrund stehen.

1 Phasen der Umweltbildungsdiskussion

Seit Anfang der 1970er Jahre hat sich eine Umweltbildungsdiskussion entwickelt, die korrespondierend zur Umweltpolitik in vier Phasen untergliedert werden kann (zu den ersten drei Phasen vgl. Michelsen 1998b, S. 27ff.).

In einer ersten *„programmatischen Phase"* in den 1970er Jahren wurden zahlreiche Erklärungen zur *Umwelterziehung und -bildung* in Deutschland und im internationalen Kontext verabschiedet. Die „United Nations Conference on the Human Environment" in Stockholm (1972), die Anregung des „International Environmental Education Programme" durch die UNESCO (1975), die Verabschiedung eines Umweltprogrammes der Bundesregierung mit Forderungen zur Umwelterziehung (1971) und die UNESCO-Folgekonferenz in München (1978) erzeugten Aufmerksamkeit für die Frage des verantwortlichen Umgangs mit Umweltproblemen. Die Umweltpolitik versuchte gleichzeitig die gesetzlichen Regelungen im Umweltbereich zu verdichten.

In einer zweiten *„pragmatischen Phase"* in den 1980er Jahren entstanden Initiativen und Aktivitäten, die auf die praktische Umsetzung von *Umweltbildung* in den verschiedenen Bildungsbereichen abzielten. Die Rahmenrichtlinien der Kultusministerkonferenz zur Umwelterziehung (1980), der wichtige Brundtland-Bericht „Our Common Future" (1987), das Programm der Bund-Länder-Kommission (BLK) „Umweltbildung" (1987), die Empfehlungen des Bundesinstituts für Berufsbildung (BIBB) zur beruflichen Umweltbildung (1988), die EU-Entschließung zur Umweltbildung (1988), der Entwurf eines Gesamtkonzepts zur Umweltbildung durch das

BMBW (1989), die internationale Erklärung zur „World Decade for Environmental Education" (1989) etc. regten zahlreiche Modellprojekte und die Realisierung neuer Umweltbildungskonzepte an (vgl. Cube/Storch 1988). Die Umweltpolitik verstärkte ihre Interventionen zur Vermeidung von Umweltschäden und wirkte durch ein verbessertes Krisenmanagement angesichts bedrohlicher Umweltkatastrophen (z.B. Tschernobyl, Rheinverseuchung und Chemieunfälle) auf Schadensbegrenzung hin (vgl. Michelsen 1998a, S. 14).

In der dritten *„reflexiven" Phase* der Umweltbildung in den 1990er Jahren rückte die Forderung „sustainable development" bzw. *„Nachhaltigkeit"* in den Vordergrund und es wurden verstärkt zukunftsorientierte Strategien der Umweltbildung, die über das Jahr 2000 hinaus Wirkungen zeigen sollten, entwickelt. Zentraler Anstoß hierfür war die „United Nations Conference on Environment and Development" (UNCED) in Rio de Janeiro (1992) bei der auch die Agenda 21 zur „nachhaltigen umweltgerechten Entwicklung" weltweit anerkannt wurde. In Rio wurde nach Lösungswegen gesucht, die die zivilisationsbedingte Umweltzerstörung in den nördlichen Industrieländern und gleichzeitig die armutsbedingte Umweltzerstörung der südlichen Entwicklungsländer bekämpfen (vgl. United Nations 1992, S. 31f.). Die Konferenz hatte sich zum Ziel gesetzt, die Entwicklung in Nord und Süd für das 21. Jahrhundert aufzuzeigen und die Erkenntnisse über das Ausmaß globaler Zerstörung und der weltweiten sozialen Verelendung durch konkrete Maßnahmen aufzuhalten, damit die vom Club of Rome (1972) prognostizierten Grenzen des Wachstums in ihrer dramatisch vernichtenden Form nicht auftreten müssen.

Im Anschluss daran konnten sich zahlreiche kontinentale und regionale Umweltinitiativen entfalten, die in Deutschland durch Abschlussberichte von Enquete-Kommissionen des Deutschen Bundestags (1991, 1994, 1998, 2000, 2002) und durch Bundestags-Drucksachen (1992, 1997, 2001) bei ihrem Weg zur „globalen nachhaltigen Entwicklung" zusätzlichen Anschub erhielten. Im Jahr 1995 wurde innerhalb der Deutschen Gesellschaft für Erziehungswissenschaft (DGfE) eine Arbeitsgruppe zur Umweltbildung gegründet, welche 1998 den Status einer Kommission erhielt (vgl. Apel 2006).

Die vierte Phase wollen wir als Phase der *Institutionalisierung der Bildung für nachhaltige Entwicklung (BNE)* bezeichnen und entsprechend der UN-Weltdekade „Bildung für nachhaltige Entwicklung" 2005-2014 (vgl. UNESCO 2005) symbolisch mit dem Jahr 2005 beginnen lassen. Ebenfalls im Jahre 2005 wurde der Nationale Aktionsplan für Deutschland zur UN-Dekade 2005-2014 (vgl. Deutsche UNESCO-Kommission 2005a und b) beschlossen, der in allen Bildungsbereichen konkrete Vorhaben fördert, um nachhaltige Entwicklung deutschlandweit voranzubringen. Die UN-Dekade in Deutschland ist mit verschiedenen Gremien ausgestattet, darunter befinden sich u.a. drei ständige Arbeitsgruppen, welche für die Weiterbildung relevant sind: „Außerschulische und Weiterbildung", „Berufliche Aus- und Weiterbildung" und „Informelles Lernen".

Die empirische pädagogische Forschung hat Nachhaltigkeit zunehmend als Thema entdeckt; die oben erwähnte DGfE-Kommission wurde dementsprechend in „Bildung für nachhaltige Entwicklung" umbenannt und hat inzwischen die ersten Ergebnisse ihres Forschungsprogramms veröffentlicht (vgl. Rieß/Apel 2006).

Im Jahr 2007 wurde eine gemeinsame Empfehlung der Ständigen Konferenz der Kultusminister der Länder in der Bundesrepublik Deutschland (KMK) und der Deutschen UNESCO-Kommission (DUK) zur „Bildung für nachhaltige Entwicklung in der Schule" verabschiedet, so dass diese nun im schulischen Bereich auch über die Grenzen der Bundesländer hinweg fest verankert ist. Weiterhin wird von der KMK gefordert, die Nachhaltigkeitsthematik in alle

Phasen der Lehrerbildung einzubeziehen sowie die Vernetzung mit den außerschulischen Bildungseinrichtungen auszubauen.

Im Jahr 2009 wird die Weltkonferenz zur Bildung für nachhaltige Entwicklung unter dem Motto „Startschuss für die zweite Halbzeit der UN-Dekade" (World Conference on Education for Sustainable Development – Moving into the Second Half of the UN Decade) in Berlin stattfinden (vgl. UNESCO 2008).

2 Bildung für nachhaltige Entwicklung (BNE) als Modernisierungskonzept der klassischen Umweltbildung

Nachhaltige Entwicklung

Nachhaltige Entwicklung (sustainable development) kann als Leitbild, als ‚regulative Idee' und als Aktionsprogramm verstanden werden, welches die *ökologische, ökonomische und soziale Nachhaltigkeit* umfasst. Mit nachhaltiger Entwicklung wird ein andauernder und gesamtgesellschaftlicher Wandlungs- und Gestaltungsprozess bezeichnet (und gefordert), welcher die Lebensqualität der gegenwärtigen Generation sichern und gleichzeitig zukünftigen Generationen die Wahlmöglichkeit zur Gestaltung ihres Lebens erhalten soll. Im Zentrum stehen dabei ökologische Verträglichkeit, ökonomische Leistungsfähigkeit und soziale Gerechtigkeit als gleichrangige Ziele (vgl. Deutsche UNESCO-Kommission 2005a, 2008).

Die in Abbildung 1 dargestellten Dimensionen des Leitbildes der nachhaltigen Entwicklung können hier nur kurz erläutert werden (vgl. ausführlicher Hauenschild/Bolscho 2005, S. 35ff.), sie zeigen jedoch auf, wie breit gefächert die entsprechenden Bildungsinhalte und -aufgaben verstanden werden müssen. *Globalität* bedeutet, dass Nachhaltigkeit als weltweiter Prozess zu verstehen ist; der Begriff der *Retinität* beschreibt die Vernetzung der verschiedenen Bereiche der Kulturwelt mit der Natur.

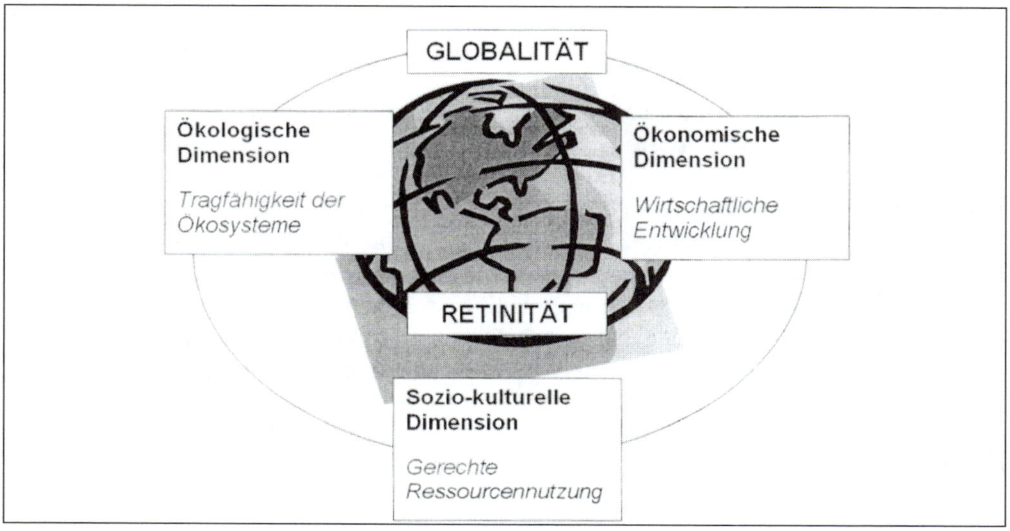

Abb. 1: Dimensionen des Leitbildes nachhaltige Entwicklung (vgl. Hauenschild/Bolscho 2005, S. 34)

Ökologische Nachhaltigkeit bezieht sich auf die Tragfähigkeit der Ökosysteme und schließt alle Aspekte des Umwelt-, Natur- und Artenschutzes sowie des Eingriffs von Menschen in natürliche Abläufe (z.B. Ressourcenverbrauch, Ausstoß von Emissionen etc.) mit ein. Dabei werden von verschiedenen Akteuren unterschiedliche Perspektiven vertreten, wobei ein funktionales Verständnis vorherrschend ist:

- *Anthropozentrische Sichtweisen* begründen den Erhalt der Natur mit ihrer Funktion als Lebensgrundlage des Menschen, während
- *biozentrische Sichtweisen* ein eigenes Lebensrecht der Natur anerkennen und für den Schutz bzw. Erhalt der Natur oberste Priorität fordern (vgl. z.B. Reichholf 2007, 2008).

Ökonomische Nachhaltigkeit zielt auf nachhaltige Wirtschaftsentwicklung auf der Basis eines nachhaltigen Umgangs mit Ressourcen. Auch hier werden – je nach weltanschaulichem Standpunkt – verschiedene Strategien bevorzugt:

- Umweltfolgen des (als notwendig betrachteten) Wachstums sollen mit *Effizienzstrategien* (z.B. mittels technischer Neuerungen zur Optimierung der Ressourcennutzung) reduziert werden
- Wenn der Erhalt der Natur im Vordergrund steht, werden das Schonen von Ressourcen, eine Veränderung von konsumorientierten Lebensstilen und ein entsprechender Umbau ökonomischer Strukturen als notwendig erachtet. *Konsistenzstrategien* fokussieren dabei auf die Anpassung des Verbrauchs an die Regenerationsfähigkeit der Natur, *Suffizienzstrategien* auf Selbstbegrenzung und Sparsamkeit bzw. Genügsamkeit. Letztere sind in Deutschland derzeit eher unpopulär (vgl. Kuckartz/Rheingans-Heintze 2006).

Sozio-kulturelle Nachhaltigkeit setzt soziale Gerechtigkeit zwischen den Geschlechtern, zwischen Gruppen, Ethnien, Staaten und Kontinenten sowie zwischen den Generationen voraus. Häufig wird hinsichtlich der Zeitperspektive folgende Unterscheidung getroffen:

- *Intragenerative Gerechtigkeit* meint die Verteilungsgerechtigkeit innerhalb einer Gesellschaft und zwischen Gesellschaften, dazu gehört z.B. die Überwindung von Benachteiligungen und das gleiche Anrecht auf die Nutzung natürlicher Ressourcen. Voraussetzung dafür ist eine Einigung auf gleiche Wertmaßstäbe sowie das Recht auf politische Partizipation der Betroffenen.
- *Intergenerative Gerechtigkeit* bezieht sich auf den Erhalt der natürlichen Lebensgrundlagen auch für künftige Generationen.

Der Weg zur Nachhaltigkeit führt über Bildung

Die Realisierung von nachhaltiger Entwicklung setzt die Veränderung von Einstellungen, Denkstilen und Verhaltensweisen der gesamten Bevölkerung voraus. Nachhaltiges Denken und Handeln, wirkungsvolle Partizipation und qualifiziertes Engagement entwickeln sich jedoch nicht von selbst. Nur umfassende und globale Bildungsanstrengungen bieten die Chance, die dazu erforderlichen (Gestaltungs-)Kompetenzen für alle Menschen zu erreichen. Aus diesem Grund haben die Vereinten Nationen für die Jahre 2005 – 2014 die Weltdekade „Bildung für nachhaltige Entwicklung“ ausgerufen und der UNESCO (2005) die Federführung übertragen (vgl. Kapitel 1).

Bildung für nachhaltige Entwicklung (BNE)

> „Bildung für eine nachhaltige Entwicklung ist mehr als Umweltbildung. Sie unterscheidet sich von der Umweltbildung ebenso wie von der entwicklungspolitischen Bildungsarbeit durch einen breiteren und umfassenderen Ansatz (…) und hat zum Ziel, die Menschen zur aktiven Gestaltung einer ökologisch verträglichen, wirtschaftlich leistungsfähigen und sozial gerechten Umwelt unter Berücksichtigung globaler Aspekte zu befähigen“ (Bundesministerium für Bildung und Forschung 2002, S. 4).

Inhalte und Themenfelder der nachhaltigen Entwicklung wie z.B. Lebensstile, Konsumgewohnheiten und ökologisch verträgliches Wirtschaften, Begrenztheit der natürlichen Ressourcen und rasante Zunahme der Weltbevölkerung, Klimawandel und Erhalt der biologischen Vielfalt, Verminderung von Armut und Gesundheitsrisiken, Partizipation und globale Gerechtigkeit müssen daher zum Gegenstand von Lehr- und Lernprozessen in allen Bildungseinrichtungen gemacht werden.

Wolfgang Klafki hat bereits in den 1980er Jahren die Auseinandersetzung mit solchen „epochaltypischen Schlüsselproblemen“ als zentrale Aufgabe in seiner Bildungskonzeption bezeichnet, dies sollen zwei Zitate verdeutlichen:

> „Allgemeinbildung bedeutet (...) ein geschichtlich vermitteltes Bewußtsein von zentralen Problemen der Gegenwart und – soweit vorhersehbar – der Zukunft zu gewinnen, Einsicht in die Mitverantwortlichkeit aller angesichts solcher Probleme und Bereitschaft, an ihrer Bewältigung mitzuwirken. Abkürzend kann man von der Konzentration auf *epochaltypische Schlüsselprobleme* unserer Gegenwart und der vermutlichen Zukunft sprechen“ (Klafki 1993, S. 56).

> „Die Anzahl solcher Schlüsselprobleme ist keineswegs beliebig erweiterbar, sofern man das Kriterium beachtet, dass es sich um epochaltypische Strukturprobleme von gesamtgesellschaftlicher, meistens sogar übernationaler bzw. weltumspannender Bedeutung handelt, die gleichwohl jeden einzelnen zentral betreffen. Mit dem Stichwort epochaltypisch wird zugleich angedeutet, dass es sich um einen in die Zukunft hinein wandelbaren Problemkanon handelt“ (ebd., S. 60).

Eine Orientierung am Leitbild der nachhaltigen Entwicklung schließt heute im pädagogischen Bereich nahtlos daran an, gibt somit Empfehlungen für die Auswahl der Bildungsinhalte und eröffnet Zielperspektiven für die Gewinnung von Kompetenzen zur Gestaltung einer weitgehend offenen Zukunft.

Bildung für nachhaltige Entwicklung (BNE) verfolgt daher als übergeordnetes Ziel die Ermöglichung und Förderung von *Gestaltungskompetenz*. „Mit Gestaltungskompetenz wird die Fähigkeit bezeichnet, Wissen über nachhaltige Entwicklung anwenden und Probleme nicht nachhaltiger Entwicklung erkennen [und bewerten] zu können. Das bedeutet, aus Gegenwartsanalysen und Zukunftsstudien zur ökologischen, ökonomischen und sozialen Entwicklung in ihrer wechselseitigen Abhängigkeit Schlussfolgerungen ziehen und darauf basierende Entscheidungen treffen und gemeinschaftlich und politisch umsetzen zu können“ (KMK 2007, S. 5).

BNE stellt somit ein *umfassendes Modernisierungskonzept* der klassischen Umweltbildung (vgl. Apel 2006, S. 129) dar und betrifft alle Bereiche des Bildungssystems: Kindertagesstätten, Schulen, Jugend- und Kultureinrichtungen, die berufliche Bildung, die Erwachsenen- und Weiterbildung, Hochschulen und Forschungsinstitute. Außerhalb von Bildungseinrichtungen gewinnt – gerade im Bereich der Erwachsenen- und Weiterbildung sowie im Hinblick auf Lebenslanges Lernen – die informelle Bildung zunehmend an Bedeutung.

3 Ergebnisse der Umweltbildungsforschung: Bekanntheit und Zustimmung zum Leitbild der nachhaltigen Entwicklung – neue Potenziale

Bekanntheit und Zustimmung

Vom Umweltbundesamt werden seit Mitte der 1990er Jahre repräsentative Studien zum Umweltbewusstsein in Deutschland herausgegeben, welche geeignete Anknüpfungspunkte zur Verbesserung der Nachhaltigkeitskommunikation aufzeigen sollen.

In der aktuellen Studie (vgl. Kuckartz/Rheingans-Heintze 2006) wurden 18-75-Jährige Erwachsene nach ihren Vorstellungen von Lebensqualität und der Bereitschaft, sich für eine nachhaltige Umweltpolitik zu engagieren, befragt. Es wurden Einflussfaktoren (z.B. auch das Bildungsniveau) untersucht sowie das Spannungsverhältnis zwischen den Vorstellungen von Lebensqualität und dem Leitbild der nachhaltigen Entwicklung. Daraus lassen sich wertvolle Hinweise für die Erwachsenen- und Weiterbildung ableiten, deshalb seien im Folgenden einige Ergebnisse dargestellt.

Selbst über ein Jahrzehnt nach der Konferenz für Umwelt und Entwicklung in Rio de Janeiro (vgl. United Nations 1992) haben im Jahr 2004 nur 22% der Deutschen angegeben, von dem Begriff der nachhaltigen Entwicklung bereits gehört zu haben (2002 waren es etwas mehr, nämlich 28% gewesen). Dabei variierte der Bekanntheitsgrad je nach Bildungshintergrund zwischen 40% (höhere Schulbildung) und 10% (niedrige Schulbildung) (vgl. Kuckartz/Rheingans-Heintze 2006, S. 16). Nur jeweils etwa die Hälfte dieser Personen konnte jedoch mit dem Begriff auch passende Inhalte verbinden, so dass man davon ausgehen kann, dass nur etwa jeder zehnte Deutsche tatsächlich über das Leitbild der nachhaltigen Entwicklung Bescheid weiß (vgl. ebd., S. 17). Allein daraus wird schon deutlich, dass noch großer Bedarf an Bildung für nachhaltige Entwicklung besteht.

Wenn man allerdings konkret nach den Kerngedanken des Nachhaltigkeitskonzepts fragt, ist die Zustimmung doch relativ hoch und seit 2002 sogar noch etwas gestiegen. Die Generationen-Gerechtigkeit erhält – zumindest teilweise – Zustimmung von insgesamt 88%, der faire Handel zwischen reichen Ländern und Entwicklungsländern von 84% und die Sorge um die Ressourcen von 82% der Befragten, wie Tabelle 1 zeigt.

Tab.1: Einstellung zu den Prinzipien der Nachhaltigkeit (vgl. Kuckartz/Rheingans-Heintze 2006, S. 17)

Angaben in %	stimme voll und ganz zu	stimme weitgehend zu	teits/teils	stimme eher nicht zu	stimme überhaupt nicht zu
Es sollte Gerechtigkeit zwischen den Generationen bestehen, wir sollten die Umwelt nicht auf Kosten der nachkommenden Generation ausplündern.	51	37	10	2	0
Es sollte fairen Handel zwischen den reichen Ländern dieser Erde und den Entwicklungsländern geben.	43	41	13	2	1
Wir sollten nicht mehr Ressourcen verbrauchen als nachwachsen können.	44	38	15	3	0

Auch wenn man nur den Prozentsatz derjenigen betrachtet, die „voll und ganz" zugestimmt haben, kann man erkennen, dass der Gedanke der Verantwortung für die Nachgeborenen (intergenerationelle Gerechtigkeit) mit 51% wiederum deutlich an erster Stelle steht. In der Vorsorge für die nächsten Generationen sieht die Bevölkerungsmehrheit demnach eines der wichtigsten Motive für den Schutz der Umwelt. „Man denkt nicht primär an sich selbst und die Verbesserung heutiger Umweltverhältnisse, wenn man pro Umweltschutz eingestellt ist, sondern betrachtet Umweltschutz vor allem als eine Zukunftsaufgabe" (ebd.).

Im Hinblick auf das tatsächliche Nachhaltigkeitsengagement zeigen die Ergebnisse, dass insgesamt 17% der Befragten in irgendeiner Form ehrenamtlich tätig sind. Von den zum Zeitpunkt der Befragung nicht aktiven Personen konnte sich immerhin etwa ein Drittel vorstellen, für den Natur- und Umweltschutz aktiv zu werden und stellt damit eine Zielgruppe der potenziell Engagierten dar. Ein Viertel aller Befragten hat darüber hinaus angegeben, im letzten Jahr mindestens einmal Geld für den Natur- oder Umweltschutz gespendet zu haben (vgl. ebd., S. 170ff.).

Analyse von Einflussfaktoren: Geschlecht, Bildungshintergrund, Alter und soziales Umfeld

Untersucht man *Bildungshintergrund und Geschlecht*, so kann man feststellen, dass Frauen und darunter vor allem solche mit höherer Bildung deutlich am häufigsten zu den Umweltbewussten gehören, während die Männer und speziell diejenigen mit niedriger Bildung sich weniger dafür interessieren (siehe Abb. 2).

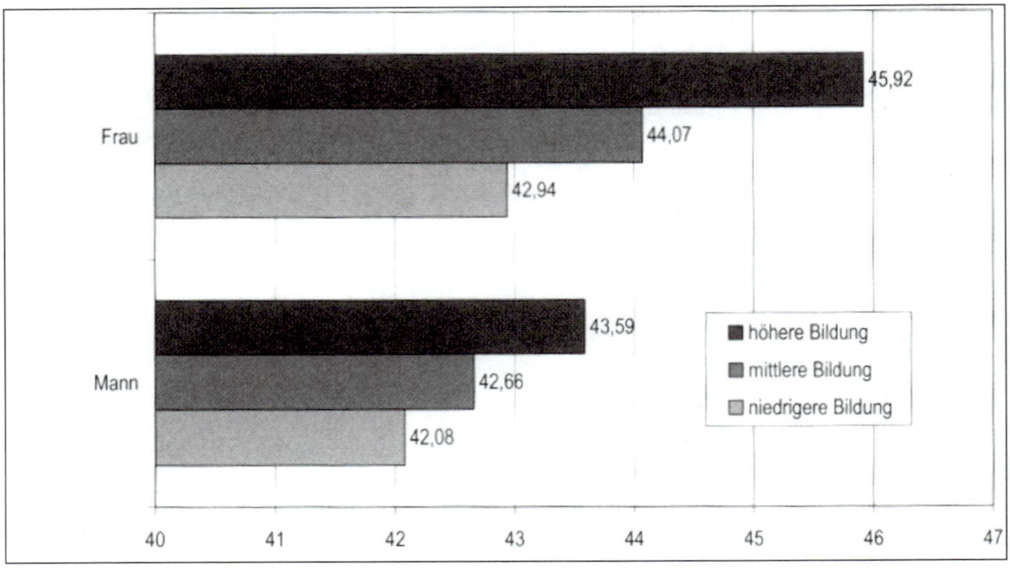

Abb. 2: Mittelwerte auf der Skala Pro-Umwelteinstellungen nach Geschlecht und Bildungsgrad (vgl. Kuckartz/Rheingans-Heintze 2006, S. 60)

Nach Kuckartz und Rheingans-Heintze (2006, S. 127) sind *junge Erwachsene* unter 30 Jahren (und darunter vor allem Singles) diejenige Gruppe, die am liebsten in der Stadt wohnt bzw. wohnen möchte und dadurch potenziell nachhaltige Wohnformen bevorzugen könnte. Junge Menschen stellen damit eine wichtige Zielgruppe gerade im Hinblick auf die Förderung nachhaltiger Stadt- und Siedlungsentwicklung dar (ebd., S. 67).

Auffällig im Vergleich zu früheren Ergebnissen zeichnen sich die jungen Erwachsenen jedoch zunehmend als *Problemgruppe* hinsichtlich des Umweltbewusstseins und des ökologischen Engagements ab. In der jüngsten Gruppe der Befragten (18-24-Jährige) zählten 42% zum Typ der sog. „Umweltignoranten" (niedrige Pro-Umwelteinstellung plus geringes Engagement), während es beim Rest der Bevölkerung nur 29% waren (vgl. Kuckartz/Rheingans-Heintze 2006, S. 63). Die Autoren vermuten, dass ein Aufwachsen mit umweltbelastenden Konsumgewohnheiten diese als Selbstverständlichkeit erleben lasse und dass der Konsum „angesagter" Produkte inzwischen Bestandteil der Alltagskultur junger Menschen sei. Weiterhin weisen sie darauf hin, dass für Jugendliche Umwelt(bewusstsein) vorwiegend medienvermittelt sei. Den Ergebnissen der Shell-Studie nach waren sowohl 2002 als auch 2006 unter Jugendlichen folgende Bereiche besonders „in" und erhielten die höchsten Prozentwerte: „Toll aussehen", „Karriere machen", „Technik" und „Markenkleidung tragen" (Gensicke 2006, S. 173).

In diesem Zusammenhang ist bemerkenswert, dass unter den „Umweltignoranten" wiederum vor allem die *männlichen jungen Erwachsenen mit niedriger Schulbildung* zu finden sind, junge Frauen liegen hingegen im Stichprobendurchschnitt (vgl. Kuckartz/Rheingans-Heintze 2006, S. 65). Nachdem sich unter männlichen Jugendlichen die meisten Vielseher und die meisten Vielspieler von Computerspielen befinden und deren Schulleistungen im Durchschnitt schlechter sind (vgl. Mößle/Kleimann/Rehbein 2007), überraschen die Ergebnisse von Zubke (2006, S. 131ff.) nicht, die einen signifikanten negativen Zusammenhang zwischen der Orientierung an Materiellem, häufiger Fernseh- und Computernutzung einerseits und Umweltwissen bzw. Umwelthandeln andererseits bei Jugendlichen belegen. Diese Gruppe dürfte auch nur schwer durch schulische Maßnahmen (solange Deutschland an der Halbtagsschule festhält) und durch Weiterbildungsangebote zu erreichen sein.

Der Vergleich der Ergebnisse der Shell-Studien seit Anfang der 1990er Jahre zeigt allgemein sinkende engagementbezogene Wertorientierungen (ökologisch, politisch, sozial), im Vergleich zu steigender Bedeutung von Selbstdurchsetzung, Macht und Einfluss, wobei sich diese Trends vor allem bei den männlichen Jugendlichen bemerkbar machen. Insgesamt geben 2006 (ähnlich wie 2002) immerhin 33% der Jugendlichen an, „oft", und weitere 42%, „gelegentlich" für soziale oder gesellschaftliche Zwecke in ihrer Freizeit aktiv zu sein, wobei Freizeitgestaltung und Interessen von Jugendlichen an erster Stelle stehen; Studierende und Gymnasiasten sind unter den Engagierten überrepräsentiert. Das Engagement für Umwelt- oder Tierschutz hat insgesamt abgenommen (vgl. Gensicke 2006; Hurrelmann/Albert 2002, 2006).

Neben Alter, Geschlecht und Bildungshintergrund hat sich der *Einfluss von Freunden und Peers* als ein weiterer starker Faktor herausgestellt, im Hinblick auf das *tatsächliche Umweltengagement* scheint es der stärkste Faktor zu sein. Für die Handlungsentscheidung spielen natürlich auch Pro-Umwelteinstellungen eine wichtige Rolle, aber „das Engagement muss auch von Freunden und Bekannten goutiert werden, sonst wird es schwer, sich tatsächlich für ein Engagement zu entscheiden" (Kuckartz/Rheingans-Heintze 2006, S. 193).

Bei den bereits aktiv in einer Organisation, in einem Verein oder einer Initiative zu Umweltthemen Engagierten waren die vermuteten positiven Einstellungen ihrer Freunde und Bekannten zu ihrer Tätigkeit mit Abstand am häufigsten zu finden (vgl. Kuckartz/Rheingans-Heintze 2006, S. 181). Abbildung 3 zeigt nun nicht diese Gruppe, sondern vergleicht die potenziell Engagierten mit den Nicht-Interessierten hinsichtlich der Reaktion des Freundes- und Bekanntenkreises.

Die Nicht-Interessierten antizipieren am seltensten positive Rückmeldung und erscheinen damit auch über informelle Wege nur schwer erreichbar. Eine wenig ökologisch orientierte Einstellung von Freunden und Bekannten bzw. der vorhandenen sozialen Netzwerke scheint nicht nur ein Engagementhemmnis sondern auch ein Bildungshemmnis darzustellen, denn informelle Bildungsmöglichkeiten, Anregung und Unterstützung beim Finden, Aufsuchen und Wahrnehmen von entsprechenden Bildungsangeboten ist hier eher unwahrscheinlich. Wenn eine Person sich dennoch aufraffen sollte, muss sie mit „Zurückhaltung" oder evtl. sogar Ablehnung im Freundeskreis rechnen.

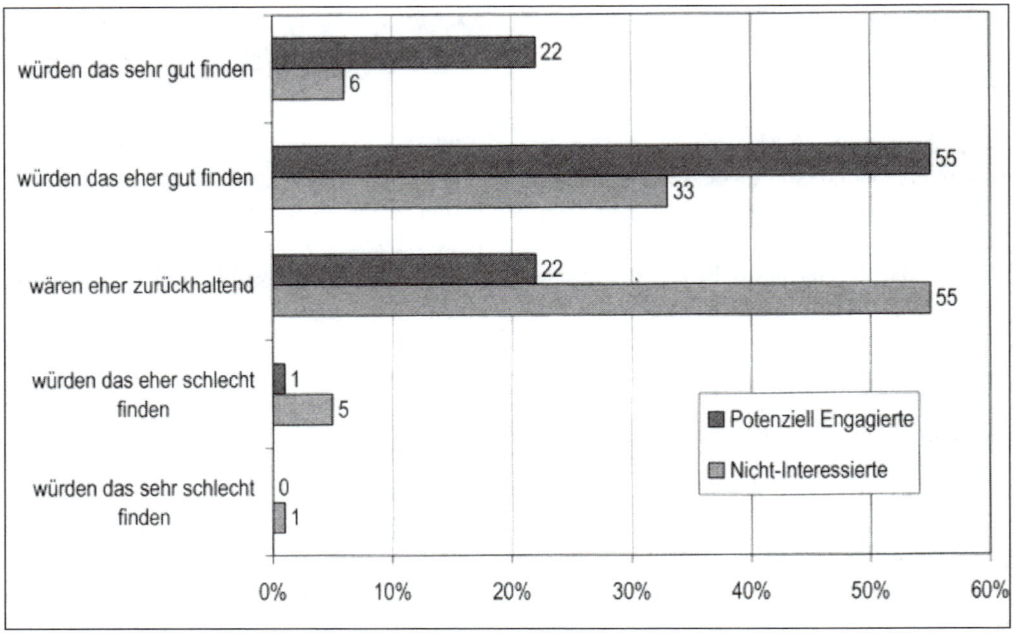

Abb. 3: Einstellung von Freunden und Bekannten zum Umweltengagement bei potenziell Engagierten im Vergleich mit Nicht-Interessierten (vgl. Kuckartz/Rheingans-Heintze 2006, S. 190).

Potenziale für Umweltbildung

Die Gruppe der möglichen Interessenten, die immerhin ein knappes Drittel aller Befragten umfasst und als naheliegende *zukünftige Zielgruppe für Umweltbildung und -engagement* wichtig ist, könnte überwiegend mit positiver Anteilnahme im persönlichen Nahumfeld rechnen (vgl. Abb. 3). Interessanterweise ließen sich bei der Unterscheidung der beiden Gruppen (potenziell Engagierte versus Nicht-Interessierte) keine Unterschiede hinsichtlich Haushaltseinkommen, Wohnortgröße, Vorhandensein von Kindern, Wohlfühlen in Deutschland und Einschätzung der Umweltqualität finden (ebd., S. 193).

Die Autoren (ebd.) leiten aus den in diesem Kapitel dargestellten Ergebnissen folgende Strategien für die Nachhaltigkeitskommunikation sowie für das Halten bisheriger und für die Gewinnung neuer Zielgruppen ab: Zunächst sollte der Gedanke, sich gemeinsam mit Freunden zu engagieren und evtl. auch neue Freunde zu gewinnen, im Vordergrund stehen („Gemeinsam mit Freunden für eine lebenswerte Zukunft"). Weiterhin sollte auf die Dringlichkeit hingewiesen werden („Es ist notwendig, dass du dich engagierst. Wir brauchen dich") und an das Bewusstsein für Gerechtigkeit appelliert werden („Wenn du für Gerechtigkeit bist, dann engagiere dich").

Ein weiterer Forschungsansatz, um *Nachfragepotenziale für Umweltbildung* sichtbar zu machen, beruht auf der Analyse von Weiterbildungsverhalten und -interessen auf der Basis der Sinus-Milieus (vgl. Sinus Sociovision 2007). Deutschlandweite Studien (z.B. Barz/Tippelt 2004b) weisen allerdings häufig Umweltthemen nicht gesondert aus, da der prozentuale Teilnehmer-Anteil diesbezüglich bisher eher gering ist (vgl. BMBF 2006, S. 29). Best-Practice-Beispiele der Umsetzung von Milieumarketing in Weiterbildungsorganisationen (vgl. Tippelt et al. 2008) sowie ein Milieuhandbuch (vgl. Barz/Tippelt 2004a) geben jedoch grundlegende

Hinweise zur milieuorientierten Gestaltung von Weiterbildungsangeboten. Ergänzend gibt es zu den Umwelteinstellungen sozialer Milieus einige Studien des Marktforschungsinstitutes Sinus Sociovision, die jedoch erst noch für die Weiterbildungspraxis fruchtbar gemacht werden müssen. Aus diesem Grund hat beispielsweise das Bayerische Staatsministerium für Umwelt, Gesundheit und Verbraucherschutz (2005) eine eigene explorative Studie in Auftrag gegebenen, um einen Milieuatlas für die Umweltbildung zu erstellen. Zieht man dessen Daten zu Rate, könnten Zuwächse vor allem weiterhin im Milieu der „Postmateriellen", daneben aber auch in den traditionellen Milieus, bei den Etablierten und den Experimentalisten zu erzielen sein. Dies setzt natürlich eine entsprechend differenzierte Nachhaltigkeitskommunikation, speziell zugeschnittene Angebote und milieuspezifische Zielgruppenansprache voraus (vgl. Kap. 6).

4 Ziele, Aufgaben und Methoden einer (Weiter-)Bildung für nachhaltige Entwicklung

Ziele und Aufgaben

Im Bereich der Erwachsenen- und Weiterbildung liegen die *Ziele* zunächst darin, das Leitbild der nachhaltigen Entwicklung über den Kreis der etwa 10% bereits informierten Erwachsenen hinaus weiter bekannt zu machen sowie Nachhaltigkeits-Engagement und die in Kapitel 2 bereits als grundlegend beschriebene *Gestaltungskompetenz* zu fördern. Hierzu ein häufig zitierter Abschnitt aus der bereits 1992 verabschiedeten Agenda 21:

> „Bildung ist eine unerläßliche Voraussetzung für die Förderung einer nachhaltigen Entwicklung und die Verbesserung der Fähigkeit des Menschen, sich mit Umwelt- und Entwicklungsfragen auseinanderzusetzen. (...) Sowohl die formale als auch die nichtformale Bildung sind unabdingbare Voraussetzungen für die Herbeiführung eines Bewußtseinswandels bei den Menschen, damit sie in der Lage sind, ihre Anliegen in bezug auf eine nachhaltige Entwicklung abzuschätzen und anzugehen. Sie sind auch von entscheidender Bedeutung für die Schaffung eines ökologischen und eines ethischen Bewußtseins sowie von Werten und Einstellungen, Fähigkeiten und Verhaltensweisen, die mit einer nachhaltigen Entwicklung vereinbar sind, sowie für eine wirksame Beteiligung der Öffentlichkeit an der Entscheidungsfindung" (United Nations 1992, Agenda 21, Kapitel 36).

Die Agenda 21 mit ihren Teilkapiteln stellt insgesamt ein sehr wertvolles Kompendium dar, das Sach- und Einzelthemen der Umwelt- und Entwicklungspolitik breit und informativ darstellt und so auch ein breites Spektrum an Inhalten und Themen für die Erwachsenen- und Weiterbildung eröffnet. In Zukunft werden Erwachsenen- und Weiterbildung und entsprechend auch die berufliche Bildung noch besser an Bildungsprozesse anschließen und diese vertiefen können, welche bereits in der Schule angeregt worden sind. Die Konferenz der Kultusminister (KMK) hat 2007 ihren Empfehlungen für die schulische Bildung folgende anspruchsvolle Zielvorstellungen vorangestellt, die letztlich nur im Rahmen von Lebenslangem Lernen realisierbar erscheinen, d.h. auch außerhalb und nach der Schule Bildungsanstrengungen erfordern werden:

> „Mit BNE wird eine Vision von Bildung und Erziehung formuliert, die allen Menschen helfen soll, die Welt, in der sie leben, besser zu verstehen und im Sinne der Nachhaltigkeit zu verändern. Dies gilt speziell für das Verständnis der Komplexität des Zusammenhangs zwischen Globalisierung, wirtschaftlicher Entwicklung, Konsum, Umweltbelastungen, Bevölkerungsentwicklung, Gesundheit und sozialen Verhältnissen. Mit BNE wird eine ganzheitliche, interdisziplinäre Vision von Bildung und Erziehung formuliert, die dazu dient, Wissen und Handlungsmöglichkeiten zu vermitteln, die für eine nachhaltige Zukunft unserer Erde wichtig sind. Das Konzept der BNE hat zum Ziel, Schülerinnen und Schüler zur aktiven Gestaltung einer ökologisch verträglichen, wirtschaftlich leistungsfähigen und sozial gerechten Umwelt unter Berücksichtigung globaler Aspekte, demokratischer Grundprinzipien und kultureller Vielfalt zu befähigen“ (KMK 2007, S. 2).

Der Tatsache, dass isolierte Bildungsmaßnahmen wenig erfolgreich erscheinen, trägt auch der Nationale Aktionsplan für Deutschland zur UN-Dekade 2005-2014 (vgl. Deutsche UNESCO-Kommission 2005b) Rechnung, indem er vier übergeordnete strategische Ziele verfolgt, um sein Hauptziel zu erreichen, nämlich „den Gedanken der nachhaltigen Entwicklung in allen Bereichen der Bildung in Deutschland zu verankern“:

1. Weiterentwicklung und Bündelung der Aktivitäten sowie Transfer guter Praxis in die Breite
2. Vernetzung der Akteure der Bildung für nachhaltige Entwicklung
3. Verbesserung der öffentlichen Wahrnehmung von Bildung für nachhaltige Entwicklung
4. Verstärkung internationaler Kooperationen

Dabei wird BNE als Querschnittsaufgabe mit integrierender Funktion definiert. Aus den oben dargestellten Zielsetzungen werden für die nächsten Jahre im Hinblick auf die *Erwachsenen- und Weiterbildung* u.a. folgende *Teilziele* und *Aufgaben* abgeleitet:

- Nutzbarmachen guter Praxisbeispiele, z.B. aus Modellvorhaben und Forschungsergebnissen der betrieblichen und schulischen Berufsbildung, aber auch solcher aus anderen Ländern
- Integration von BNE in die Ausbildungsordnungen sowie in die Aus- und Fortbildung für Lehrkräfte
- Lokale Agenda-21-Inititativen und andere Formen bürgerschaftlichen Engagements zur Gestaltung von Lebensraum und Zukunft werden ausgebaut
- Verstärkte Berücksichtigung von Nachhaltigkeitsthemen im Bereich der informellen Bildung (z.B. in den Massenmedien, am Arbeitsplatz, im Freizeitbereich)
- Ausweitung lokaler Netzwerke als Public-Private-Partnerships (Einbeziehung von Kommunen, Wirtschaft, außerschulischen Jugend- und Erwachsenenbildungseinrichtungen etc.), wie z.B. das Modell „Lernende Regionen“
- Unterstützung durch das Bonner Sekretariat, durch zentrale fachliche Servicestellen und geschulte Multiplikatoren auch im Bereich der beruflichen Bildung, der Hochschulen, der außerschulischen Bildung und des informellen Lernens
- Einrichtung und laufender Unterhalt einer Internetseite als Kommunikations- und Vernetzungsplattform (www.dekade.org).

Die UN-Dekade „Bildung für nachhaltige Entwicklung“ soll dezentral umgesetzt werden und in ganz Deutschland sichtbar werden. Lokale Aktivitäten und Projekte sollen weiterhin als „Offizielle Dekadeprojekte“ in die „Allianz Nachhaltigkeit Lernen“ aufgenommen und auf der o.g. Internetplattform veröffentlicht werden. Die vielfältige Bildungslandschaft Deutschlands sowie lokales Engagement sollen damit weiter unterstützt werden.

Methodische Prinzipien

Das Ziel der Gestaltungskompetenz erfordert auch neue Lernformen. *„Innovatives Lernen“* hat bereits der Club of Rome 1979 (S. 35ff.) in seinem Bericht „Das menschliche Dilemma – Zukunft und Lernen“ angesprochen. Innovatives Lernen beruht auf der Förderung von antizipatorischem Denken und partizipatorischem Handeln.

Antizipatorisches Denken soll auf das mögliche Eintreffen von Ereignissen vorbereiten und langfristig Alternativen für die Zukunft in Betracht ziehen. Antizipatorisches Lernen berücksichtigt künftige Konsequenzen und mögliche negative Nebenfolgen von gegenwärtigen Entscheidungen und macht auf die globalen Implikationen nationaler, regionaler und lokaler Entwicklungen aufmerksam. Simulationen, Szenarien und Prognosen sind geeignete Techniken von antizipatorischem Lernen.

Partizipatorisches Handeln zielt darauf, Verantwortung nicht auf Eliten oder konventionelle Entscheidungsinstanzen zu beschränken, sondern die Lösung von Umweltaufgaben an die Kooperation, den Dialog und die Empathie breiter Bevölkerungsgruppen zu binden.

In der allgemeinen, der beruflichen und auch der schulischen Umweltbildung werden im Wege der Realisierung neuer Lernformen besondere *pädagogisch-methodische Prinzipien* diskutiert, wenn auch nicht immer berücksichtigt. Ausdrücklich ist darauf hinzuweisen, dass es in der pädagogischen Arbeit kein methodisches Primat geben kann, d.h. die Inhalte (wie oben dargestellt) sind von größter Bedeutung.

Erfolgreiche Konzeptionen ökologischer Bildung basieren auf der Trias aus Erleben, Erkennen und Handeln. Folgende didaktische Kriterien einer ökologisch orientierten Lernkonzeption können genannt werden (vgl. Michelsen/Siebert 1985; Mikelskis 1988; Stoltenberg/Michelsen 1998, S. 8f.):

Umweltbildung basiert auf *persönlich zurechenbarer Verantwortung:* Wissen wird oft gelernt, wiederholt, geprüft, ohne dass die Triftigkeit oder Bedeutung des Gelernten eingesehen wird. Andere, ferne Instanzen und Autoritäten sind verantwortlich. Umweltbildung schafft dagegen im Nahbereich der persönlichen Einflusssphäre die Motivationsgrundlage für das Handeln und die politische Beteiligung – auch bei den globalen ökologischen Themen. Lokales Handeln und globale Herausforderungen müssen als Bedingungen nachhaltigen Lernens erkannt werden: „Ich fühle mich zuständig, und auch ich bin persönlich verantwortlich.“ Umweltbildung soll also versuchen, Verantwortlichkeit anzusprechen. Erwachsenenbildung kann nicht zu einem vorgegebenen Zeitpunkt für alle Teilnehmer eines Seminars Betroffenheit erzeugen oder gar voraussetzen, aber durch den Einstieg in Problembereiche, die von Bürgern als lokale Umweltbeeinträchtigungen bewertet werden, kann sie an den Nahbereich der persönlichen Verantwortung anschließen: Altlastensanierung, Verkehrssysteme in meinem Wohnort, private Bausanierung, alternative Energiesysteme sind Beispiele (vgl. Pädagogische Arbeitsstelle 1992, S. 31). In neuerer Zeit haben sich aus diesem Ansatz verschiedene Varianten von Umwelt- oder Nachhaltigkeits-Audits entwickelt, welche häufig in Schulen, aber auch in Unternehmen angewandt werden (vgl. Bormann 2006).

Umweltbildung ist mit *geschichtlichem und historischem Lernen und Wissen* zu verbinden: Die Einsicht in die Entwicklung der heutigen Situation vermittelt gleichzeitig Perspektiven der Veränderung. Die komplizierte Vernetzung von funktionalen Selbstregulierungsmechanismen hat nicht verhindern können, dass das Verhältnis des Menschen zu seiner Umwelt in Schwierigkeiten geriet (vgl. Luhmann 1989, 1986). Eine dynamische Weltsicht muss daher eine statische ersetzen. Geschichte vermittelt Erfahrungen der Menschheit und schafft Lernmöglichkeiten, etwa auch aus Erfolgen und Misserfolgen von Umweltschutzbewegungen der letzten Jahre Konsequenzen zu ziehen.

Umweltbildung heißt *Entwicklung der Sinne, Schulung der Wahrnehmungen und konstruktivistische Deutung*: Dem Erkennen ist das Erleben komplementär. Im Einklang mit der reformpädagogischen Bildungskritik, die eine zunehmende Entsinnlichung festgestellt und die erfahrungsverdünnte Übernahme von Wissen anstelle direkter Wahrnehmungen kritisiert hat, ist für die Umweltbildung die direkte Anschauung und die selbstverantwortliche Deutung besonders relevant. Formen der sinnlichen Annäherung an die Natur und ihrer Gesetze sind im Zeitalter der Informations- und Medienflut wichtig, um dem Verlust der konkreten sinnlichen Erfahrung (u.a. der Natur) entgegenzuwirken.

Umweltbildung heißt *ganzheitlich lernen*: In allen Lebensbereichen ist das Lernen mit Entfremdung verbunden, die Separierung von Fächern, das Lernen im 45-Minuten-Takt, die Atomisierung von Vormittagen oder Abenden stehen im Widerspruch zu einer ganzheitlichen Behandlung von Umweltproblemen. Die Systemforschung und der Begriff der Vernetzung sind gerade im Zusammenhang mit ökologischem Lernen weiter entwickelt worden und stellen die Erwachsenenbildung vor die Aufgabe, Umweltprobleme interdisziplinär zu thematisieren. Zum ganzheitlichen Lernen gehört auch die Integration von natur- und sozialwissenschaftlichem Wissen, sowie die Fähigkeit, theoretisches Lernen (also die kognitiven Aspekte) und emotionales Engagement (die affektiven Aspekte) aufeinander zu beziehen (vgl. Michelsen/Siebert 1985, S. 85).

Umweltbildung heißt Ausbildung der *Urteilskraft*: Urteilskraft entwickeln heißt, die wichtigen von den unwichtigen Argumenten trennen zu können, die richtigen von den falschen Aussagen zu unterscheiden, sich selber Wissen anzueignen und letztlich ein abgesichertes Urteil zu formulieren. Es ist notwendig, Experten anzuhören, aber sich nicht von Expertenurteilen abhängig zu machen. Rational begründende Urteilsfähigkeit ist ein schwierig zu erreichendes Ziel, aber interesseloses Konstatieren von Sachverhalten ist wie das moralisierende Appellieren in der Umweltbildung ungeeignet.

Umweltbildung heißt *Handeln* lernen: Die Kluft zwischen Urteil und Realität, zwischen Einsicht und Handeln, zwischen Wissen und Verhaltenskonsequenzen ist gerade im Umweltbereich sehr groß. Umweltbildung ist in besonderer Weise auf kreative Projekte, die in den Alltag eingreifen, angewiesen. Der Einsatz für eine Fahrrad-Initiative, die Mobilisierung für die Sauberkeit eines Gewässers vor Ort (vgl. Brückmann/Cramer-Konrad 1992) kann daher sinnvoller sein als noch so elaboriertes Faktenwissen über ökologische Zusammenhänge. Ökologische Bildung zielt nicht auf den passiv, den Handlungsabläufen zuschauenden, sondern auf den aktiv eingreifenden Menschen. Die Verknüpfung von Bildungsveranstaltung und handlungsorientierter Bürgerinitiative fördert diesen Handlungsbezug (vgl. Apel/Brückmann 1992). Hier bieten sich Zukunftswerkstatt und Szenariotechnik als Lernformen in besonderer Weise an (vgl. Club of Rome 1979; Wolf 2006). Auch das Lernen und Gestalten mit neuen Medien kann eigene Aktivitäten fördern (vgl. Apel/Wolf 2005).

Umweltbildung heißt *Probleme lösen* lernen: *Problemlösungskompetenz* schließt neben dem Aneignen von Umweltwissen auch das Lernen von Konfliktfähigkeit im Umgang mit unterschiedlichen Interessenkonstellationen ein. „Anstelle einer harmonisierenden Umweltbildung (...) muß es heute vor allem und vordringlich um die Entwicklung von Konzepten (...) gehen, bei der offen und realitätsnah auch widerstreitende Interessen einbezogen werden und neue Formen der Verträglichkeit von Ökonomie und Ökologie gesucht und entwickelt werden" (Deutscher Bundestag 1992, S. 4).

Moderne *Erlebnispädagogik* beispielsweise verfügt über ein (für verschiedenste Zielgruppen) erprobtes Set an problemlösenden und handlungsorientierten Methoden und versucht alle die oben genannten Aspekte des Lernens zu integrieren. Die Natur stellt bei der klassischen Form im Sinne von Outward Bound (vgl. Heckmair/Michl 2008) das Medium und den Erfahrungsraum für Lernprozesse dar und bildet häufig auch den Gegenstand des Lernens. Der Zugang über (subjektiv empfundene) Abenteuer kann dabei gerade auch die oben als Problemgruppe beschriebenen männlichen Jugendlichen bzw. junge Männer ansprechen und für Natur(erfahrung) gewinnen helfen. Zusätzlich gibt es neuere Ansätze wie City Bound, welche den ökologischen Nahraum der Stadt zum Ausgangspunkt für soziales, (inter-)kulturelles und kommunikatives Lernen machen (vgl. Deubzer/Feige 2004) und damit die sozio-kulturelle Dimension der Bildung für nachhaltige Entwicklung ins Zentrum stellen.

5 Bildung für nachhaltige Entwicklung im beruflichen Bereich

Einen besonderen Stellenwert hat Bildung für nachhaltige Entwicklung im beruflichen Bereich. Die in der beruflichen Bildung Verantwortlichen gehen heute davon aus, dass jede Berufsausübung ein Gefahrenpotenzial für die Umwelt in sich birgt und dass daher aktiver Umweltschutz in der beruflichen Bildung bereits heute vorrangig ist (vgl. Balli/Gessenich 1998).

> „Alle beruflichen Qualifizierungen müssen die Bereitschaft zu umweltgerechten beruflichem Handeln in allen Berufsbereichen wecken (...) Dies erfordert umgehend entsprechende Anstrengungen aller berufsbildungspolitisch Verantwortlichen in Ausbildung und Weiterbildung" (Enquete-Kommission 1991, S. 10).

Der Lernort Betrieb gilt in besonderer Weise geeignet, das Spannungsverhältnis zwischen Ökonomie und Ökologie deutlich zu machen (vgl. Adler/Krampe 1991, S. 8). Verbraucherschutz, Alltagsökologie, umweltfreundliche Produkte und Herstellungsverfahren, schonender Umgang mit Ressourcen, gesundes Arbeiten und Leben sowie soziale Gerechtigkeit sind beispielsweise wichtige Stichworte für die berufliche Umweltbildung. In den folgenden Bereichen wird derzeit BNE vorangetrieben:

Die UN-Dekade in Deutschland (vgl. Deutsche UNESCO-Kommission 2005a) hat unter ihren Gremien eine ständige *Arbeitsgruppe „Berufliche Aus- und Weiterbildung"* eingerichtet, die vom Bundesinstitut für Berufsbildung (BIBB) koordiniert und moderiert wird. Die Mitglieder sollen einen Querschnitt der fachlichen Kompetenz und der maßgeblichen Akteure der Berufsbildung in Deutschland abbilden. Die Arbeitsgruppe befasst sich mit allen Aspekten der beruflichen Erstausbildung und der immer wichtiger werdenden beruflichen Weiterbildung, z.B. der Entstehung neuer Berufsbilder, der Überarbeitung von Ausbildungsordnungen und dem Auswerten von Erfahrungen aus Theorie und Praxis.

Der Nationale Aktionsplan für Deutschland zur UN-Dekade 2005-2014 (vgl. Deutsche UNESCO-Kommission 2005b) fördert in allen Bildungsbereichen konkrete Vorhaben. Hier seien exemplarisch einige Beispiele für die berufliche Aus- und Weiterbildung dargestellt, für welche jeweils das BIBB federführend ist:

- Good-Practice-Agentur für Berufsbildung
  Die Best-Practice-Beispiele im Bereich der beruflichen Aus- und Weiterbildung und die dadurch gewonnenen Erfahrungen werden in einer Good-Practice-Agentur zusammengeführt und in das vom BIBB aufgebaute Internet-Portal „Berufsbildung für nachhaltige Entwicklung" (www.bibb.de/nachhaltigkeit) integriert und ständig aktualisiert.
- Ordnungen der beruflichen Aus- und Weiterbildung
  Das Leitbild der nachhaltigen Entwicklung wird in Aus- und Fortbildungsordnungen und in den jeweiligen Prüfungen der beruflichen Aus- und Weiterbildung verankert. Das BIBB entwickelt einen ständig fortzuschreibenden Katalog nachhaltigkeitsrelevanter berufs- bzw. berufsfeldspezifischer Tätigkeiten sowie Module für eine ‚nachhaltige' Qualifizierung und Sensibilisierung des Berufsbildungspersonals, wobei auch neue Chancen durch Lernen mit neuen Medien genutzt werden sollen.
- Modellversuche der beruflichen Aus- und Weiterbildung (BIBB und BMBF)
  Im Rahmen des vom BIBB betreuten und vom BMBF mit finanzierten Förderschwerpunktes zur „Berufsbildung für nachhaltige Entwicklung" werden branchen- und themenspezifische regionale und überregionale (Lern-)Netzwerke entwickelt. Das berufliche Spektrum reicht von Erneuerbaren Energien über Nachwachsende Rohstoffe, Sportstättenmanagement bis zur Fortbildung von Führungskräften für nachhaltiges Wirtschaften in Klein- und Mittelbetrieben. Die in den Modellversuchen und übrigen Projekten zur BNE entwickelten Standards, Konzepte und Materialien werden bundesweit zur Verfügung gestellt.
- Internationale Kooperation in der beruflichen Aus- und Weiterbildung
  Deutsche Aktivitäten und Erfahrungen sollen in die internationalen Diskurse um BNE und zukunftsfähiges Arbeiten und Wirtschaften eingebracht werden. Umgekehrt gilt es, Erfahrungen anderer Länder in den deutschen Diskurs zu integrieren.

Wie in anderen Bereichen der Weiterbildung nimmt die Teilnahme an umweltbezogenen Veranstaltungen mit der Formalqualifikation deutlich zu und mit dem Alter ab. Die Qualität der Umweltbildung in einzelnen Betrieben hängt in hohem Maße vom Umweltbewusstsein der jeweiligen Führungskräfte ab, insbesondere von deren Langfristigkeit im Rentabilitätsdenken und der Bereitschaft zur „Flexibilität" und der „multiplen Ansprache von betrieblichen Umweltproblemen". Betriebsübergreifendes, allgemeines und problembezogenes Umweltwissen sowie Prinzipien umweltorientierter Unternehmensführung sind zunehmend in die Personal- und Organisationsentwicklung integriert (vgl. Weiß 1998, S.187).

Zusammenfassend ist für die Berufsausbildung und die berufliche Weiterbildung festzustellen: Anspruchsvolle Lernansätze, die pädagogische Prinzipien des Umweltlernens gegenüber den ökonomischen Imperativen der knappen Zeit und knappen Frist hervorheben, existieren, haben aber noch einen zu geringen Stellenwert. Tendenziell wird eine Polarisierung der umweltbezogenen Qualifikationsansätze beobachtet, die sich am Spezialisierungsgrad, an der „Unternehmenskultur", am Umweltbewusstsein der Führungskräfte, am Alter und der Lernmentalität der Teilnehmer festmachen lässt (vgl. Enquete-Kommission 1991; Balli/Gessenich 1998).

6 Bildung für nachhaltige Entwicklung in der Weiterbildung

Seit Mitte der 1980er Jahre ist Umweltbildung auch in der *Erwachsenenbildung* zum Thema geworden.Mittlerweile werden in vielen Einrichtungen der Erwachsenenbildung ökologische Themen zwar regelmäßig angeboten, doch hat sich gezeigt, dass Angebote zu Umweltthemen an Teilnehmermangel leiden und oft gar nicht zustande kommen, während praktische Kurse zur Gesundheit und zur Ernährung meist überfüllt sind. Hier ist zu fragen, wie die Integration allgemeiner, politischer und beruflicher Lernziele und Lerninhalte gefördert werden könnte. Siebert zeigt beispielsweise eindrücklich auf, dass nur wenige Erwachsene Veranstaltungen über Weltwirtschaft, Umwelt- und Entwicklungspolitik besuchen wollen, sich ökologische Fragen jedoch in Koch- und Diätkursen eigentlich geradezu aufdrängen (vgl. Siebert 1999, S. 714). Siebert konstatiert dazu: „Es ist kein missionarischer Übereifer, wenn Pädagogen/-innen auf Gefährdungen des Friedens, der Gerechtigkeit und der Umwelt aufmerksam machen“ (ebd.). Die Nachfragesituation erscheint schwierig und die Ausfallquote der Angebote ist gleichzeitig beträchtlich (vgl. Pädagogische Arbeitsstelle 1992, S. 32; BMBF 2006, S. 29). Es ist zu fragen, inwieweit Ökologieverdrossenheit und eine gewisse Sättigung an ökologischen Informationen eine Rolle spielen, oder ob potenzielle Interessenten als Ort ihres Engagements andere (als wirkungsvoller eingestufte) Einrichtungen und Organisationen wählen. Durch die regionalen Initiativen zur Agenda 21 ließen sich in den 1990er Jahren erneut viele Menschen aktivieren. Vom Jahr 1991 bis zum Jahr 2003 haben die Teilnehmerquoten an Weiterbildungsangeboten zu den Themen Umweltschutz/Ökologie von 3% auf 1-2% abgenommen (vgl. BMBF 2006, S. 29).

Im Bereich der allgemeinen Weiterbildung, welcher – im Gegensatz zur schulischen und auch einem Großteil der beruflichen Bildung – freiwillig von den Teilnehmern aufgesucht wird, erscheint es daher und auch auf dem Hintergrund der in Kapitel 3 dargestellten Ergebnisse besonders wichtig, *milieuspezifische Strategien* der Nachhaltigkeitskommunikation und der zielgruppenspezifischen Ansprache potenzieller Interessenten und Teilnehmer für Weiterbildungsangebote zu Nachhaltigkeitsthemen zu entwickeln.

Dies versucht beispielsweise der bayerische Milieuatlas für Umweltbildungseinrichtungen (vgl. Bayerisches Staatsministerium 2004). Im Milieuatlas werden die Ergebnisse einer für Bayern explorativen Analyse der Milieupotenziale auf über 90 Seiten detailliert dargestellt. Dabei werden für jedes einzelne der insgesamt 10 Sinus-Milieus die gegenwärtig vorherrschende Einstellung zu Umweltthemen, das Konsumverhalten im Alltag, (Weiter-)Bildungsinteressen (aus Barz/Tippelt 2004a), bisherige Teilnahme an Angeboten und vor allem die Gründe, weshalb Umweltbildung diese Gruppe bisher erreicht bzw. nicht erreicht dargelegt. Aus allen diesen Informationen werden konkrete Strategien abgeleitet, wie Menschen in den jeweiligen Milieus in Zukunft besser angesprochen und für welche Art von Bildungsangeboten sie potenziell gewonnen werden können.

Die UN-Dekade in Deutschland (vgl. Deutsche UNESCO-Kommission 2005a) hat unter ihren Gremien zwei ständige *Arbeitsgruppen „Außerschulische und Weiterbildung“* und *„Informelles Lernen“* eingerichtet:

- Außerschulische und Weiterbildung
  Diese AG hat nach eigener Darstellung eine sehr heterogene Mitgliederstruktur (z.B. namhafte Unternehmen, Kirchen, Verbände, Vereine, Arbeitsgemeinschaften, NGO's, Akademien, Forschungsinstitute sowie Landes- und Bundesministerien), um die vielfältige Landschaft der außerschulischen Bildungseinrichtungen zumindest annähernd widerzuspiegeln.

Als interne Diskussions- und *Arbeitsschwerpunkte* sind z.B. folgende Punkte vorgesehen:
- Qualitätskriterien zu Beurteilung von BNE-Angeboten der außerschulischen Bildung
- Aufdecken von Defizitbereichen (z.B. des Maßnahmenplans), Entwicklung von Strategien zur speziellen Förderung
- Entwicklung spezieller Förderziele für Stiftungen und Förderprogramme zu außerschulischer BNE
- Aufbau eines Netzwerks zur Qualifizierung und Verbreitung von BNE

- Informelles Lernen
  Die AG Informelles Lernen beschäftigt sich mit einem noch weitgehend unerschlossenen Wirkungs- und Handlungsfeld der BNE, da vermutlich der größte Teil unseres für das Leben relevanten Wissens informell erworben wird. Ziele sind beispielsweise die Einrichtung eines Forschungsverbundes und die Förderung informellen Lernens in der nachhaltigen Regionalentwicklung. Hierbei werden *akteursbezogene Maßnahmen* (Qualifikation der mit der Regionalentwicklung befassten Personen, sog. „Change Agents", Förderung bürgerschaftlichen Engagements etc.) und *regionsbezogene Maßnahmen* (Informationsbereitstellung, Schaffung von Interaktionsräumen etc.) unterschieden. Regionales Wissensmanagement, Förderung einzelner Lernereignisse in der Region und die Unterstützung lokaler Agenda-21-Gruppen spielen ebenfalls eine wichtige Rolle.

Der Nationale Aktionsplan für Deutschland zur UN-Dekade 2005-2014 (vgl. Deutsche UNESCO-Kommission 2005b) fördert auch im Bereich der Weiterbildung konkrete Vorhaben. Hier seien exemplarisch einige Beispiele genannt:

- Außerschulische und Weiterbildung, Informelles Lernen: *Servicestelle Kommunen in der Einen Welt (SKEW)*
  Unter Federführung der Internationalen Weiterbildung und Entwicklung GmbH (InWEnt) werden Kommunen in ihrem Handlungsspielraum gestärkt. Dabei sollen u.a. folgende Schwerpunktthemen bearbeitet und im Rahmen von Qualifizierungsmaßnahmen umgesetzt werden:
  - Bürger- und Beteiligungshaushalt, neue Steuerungsmodelle im Bereich nachhaltige Finanzwirtschaft
  - Stärkung und Ausbau internationaler Partnerschaften zwischen Kommunen; Vermittlung interkultureller Kompetenz für kommunale Entscheider (z.B. Sprachen, Landeskunde usw.)
  - Entwicklung und Stärkung internationaler Kulturarbeit der Kommunen
  - Faires Beschaffungswesen, d.h. nachhaltige Beschaffung kommunaler Güter und Dienstleistungen

- Außerschulische und Weiterbildung: *Global Education Network Europe (GENE)*
  Ebenfalls von InWEnt angeleitet soll über Modelle der Qualitätssicherung ein europäischer Benchmark-Vergleich durchgeführt werden, wobei vor allem die osteuropäischen EU-Beitritts- und Transformationsländer in diesen Lern- und Erfahrungszusammenhang eingebunden werden sollen.

- Informelles Lernen: *„Kommunale Agenda-21-Prozesse und Informelles Lernen“*
  In Bayern wurden auf der Basis einer Evaluation der Qualität der Agenda-Prozesse in den Kommunen 21 Best-Practice Kommunen für nachhaltige Entwicklung ausgewählt. Je drei Kommunen werden zu einem thematischen Qualitätszirkel zusammengefasst, z.B. zu Klimaschutz oder Flächensparen. Insgesamt wird es solche Qualitätszirkel zu sieben Best-Practice-Themen geben.

- Informelles Lernen: *„Mediennetzwerk Bildung für nachhaltige Entwicklung“*
  Die Arbeitsgemeinschaft Natur- und Umweltbildung Bundesverband e.V. (ANU) ist hier federführend.

Diese Beispiele illustrieren das gemeinsame Ziel, die Resonanz der Nachhaltigkeitskommunikation sowie die Gestaltungskompetenz in verschiedenen gesellschaftlichen Teilbereichen zu steigern. Der Erfolg wie der Misserfolg mancher Bürgerinitiativen und mancher Umweltbildungsprojekte hat deutlich werden lassen, wie schwer es zu lernen ist, dass nur der kritische Erwerb relevanter Informationen und das solidarische Handeln vieler zu einer Kraft führen kann, die dazu beiträgt, eine nachhaltige Entwicklung lokal und global voranzubringen. Nicht die Delegation der Problemlösungen an Politiker und ihre Experten, keine Ethikkommissionen, nicht das Lernen nach einem – durch Umweltkatastrophen hervorgerufenen – Schock können Nachhaltigkeit und Gerechtigkeit herstellen, sondern *antizipierendes* und *partizipatives Lernen*, verstanden als *Lebenslanges Lernen*. Durch dieses Lernen kann, wie es bereits der Club of Rome (1979) als Ziel formuliert hat, die Achtung der Menschheit als Ganzes, die gegenseitige Achtung der Individuen in kulturell verschiedenen Gesellschaften und die Selbstachtung gestärkt werden.

> „Die globale Vision der Weltdekade ‚Bildung für nachhaltige Entwicklung‘ ist es, allen Menschen Bildungschancen zu eröffnen, die es ermöglichen, sich Wissen und Werte anzueignen sowie Verhaltensweisen und Lebensstile zu erlernen, die für eine lebenswerte Zukunft und positive gesellschaftliche Veränderung erforderlich sind“ (Deutsche UNESCO-Kommission 2005a).

Literatur

Adler, T./Krampe, M. (1991): Umweltschutz in der beruflichen Bildung. In: Durchblick – Info-Dienst für Ausbildungs- und Beschäftigungsprojekte, H. 3, S. 8-11.

Apel, H./Brückmann, S. (1992): Umweltmessen im Arbeitskreis – Bilanzierung eines Projektjahres. Reihe: Arbeitshilfen für die Erwachsenenbildung. Frankfurt: DVV.

Apel, H. (2006): Qualitätssicherung im Kontext einer Bildung für nachhaltige Entwicklung (BNE). In: Rieß, W./Apel, H. (Hrsg.): Bildung für eine nachhaltige Entwicklung. Wiesbaden: VS Verlag für Sozialwissenschaften, S. 129-138.

Apel, H./Wolf, G. (2005): Multimedia in der Umweltbildung. Wiesbaden: VS Verlag für Sozialwissenschaften.

Balli, C./Gessenich, S. (1998): Arbeitsplatznahe Umweltqualifikation. Eine Auswahlbibliographie zu Weiterbildungsmaterialien. hrsg. vom Bundesinstitut für Berufsbildung. Bielefeld: Bertelsmann.

Barz. H./Tippelt, R. (Hrsg.) (2004a): Weiterbildung und soziale Milieus in Deutschland, Bd. 1: Praxishandbuch Milieumarketing. Bielefeld: Bertelsmann.

Barz. H./Tippelt, R. (Hrsg.) (2004b): Weiterbildung und soziale Milieus in Deutschland, Bd. 2: Adressaten- und Milieuforschung zu Weiterbildungsverhalten und -interessen. Bielefeld: Bertelsmann.

Bayerisches Staatsministerium für Umwelt, Gesundheit und Verbraucherschutz (Hrsg.) (2005): Der Milieuatlas für Umweltbildungseinrichtungen, ausgehend von den Lebensstilen 2005. Ein Ausblick auf die Milieupotenziale 2015. München.

Beck, U. (1986): Risikogesellschaft. Auf dem Weg in eine andere Moderne. Frankfurt: Suhrkamp.

Bormann, I. (2006). Nachhaltigkeitsaudit als Innovationsstrategie. In: Rieß, W. v./Apel, H. (Hrsg.): Bildung für eine nachhaltige Entwicklung. Aktuelle Forschungsfelder und -ansätze. VS Verlag für Sozialwissenschaften, S. 115-127.

Brückmann, S./Cramer-Konrad, U. (1992): Lebensmittel Wasser. Trinkwasser-Messung als Handlungsansatz in der Umweltbildung. Arbeitshilfen für die Erwachsenenbildung. Frankfurt: DVV.

Bundesinstitut für Berufsbildung (BIBB) (Hrsg.) (1992): Umweltschutz in der beruflichen Bildung. Berlin: BIBB.

Bundesminister für Umwelt, Naturschutz und Reaktorsicherheit (Hrsg.) (1992): Umweltpolitik. Bericht der Bundesregierung über die Konferenz der Vereinten Nationen für Umwelt und Entwicklung im Juni 1992 in Rio de Janeiro. Bonn.

Bundesministerium für Bildung und Forschung (BMBF) (2002): Bericht der Bundesregierung zur Bildung für eine nachhaltige Entwicklung. Verfügbar unter: http://www.bmbf.de/pub/bb_bildung_nachhaltige_entwicklung.pdf (6.6.2008).

Bundesministerium für Bildung und Forschung (BMBF) (2006): Berichtssystem Weiterbildung IX - Integrierter Gesamtbericht zur Weiterbildungssituation in Deutschland. Verfügbar unter: http://www.bmbf.de/pub/berichtssystem_weiterbildung_neun.pdf (13.6.2008).

Club of Rome (1972): Die Grenzen des Wachstums. Stuttgart: Deutsche Verlagsanstalt.

Club of Rome (1979): Zukunftschance Lernen. Bericht für die achtziger Jahre. Wien u.a.

Cube, v. F./Storch, V. (Hrsg.) (1988): Umweltpädagogik. Ansätze, Analysen, Ausblicke. Heidelberg: Schindele.

Deubzer, B./Feige, K. (Hrsg.) (2004): Praxishandbuch City-Bound. Erlebnisorientiertes soziales Lernen in der Stadt. Augsburg: Ziel.

Deutsche UNESCO-Kommission (DUK) (2005a): Weltdekade der Vereinten Nationen 2005 – 2014. Internet-Portal: „Bildung für nachhaltige Entwicklung". Verfügbar unter: http://www.dekade.org bzw. http://www.bne-portal.de (13.6.2008).

Deutsche UNESCO-Kommission (DUK) (2005b): Nationaler Aktionsplan für Deutschland. UN-Dekade. „Bildung für nachhaltige Entwicklung 2005 - 2014". Berlin, Verfügbar unter: http://www.bne-portal.de/coremedia/generator/unesco/de/Downloads/Dekade__Publikationen__national/Der_20Nationale_20Aktionsplan_20f_C3_BCr_20Deutschland.pdf (6.6.2008).

Deutsche UNESCO-Kommission (DUK) (2008): Homepage, Stichwörter „Bildung" und „Bildung für nachhaltige Entwicklung", Verfügbar unter: http://www.unesco.de/esd.html (13.6.2008).

Deutscher Bundestag (1992): Umwelt und Umweltwissenschaften (Antrag). Drucksache 12/3768. Bonn.

Deutscher Bundestag (Hrsg.) (1998): Abschlussbericht der Enquete-Kommission „Schutz des Menschen und der Umwelt". Konzept Nachhaltigkeit. Vom Leitbild zur Umsetzung. Bonn: ³Verlag³.

Enquete-Kommission (1991): Umweltlernen in der Berufsbildung und der beruflichen Weiterbildung. Diskussionspapiere der Enquete-Kommission „Zukünftige Bildungspolitik – Bildung 2000" des 11. Deutschen Bundestages. Bonn: Economica.

Gensicke, T. (2006): Zeitgeist und Wertorientierungen. In: Hurrelmann, K./Albert, M. (Hrsg.): Jugend 2006. 15. Shell Jugendstudie. Eine pragmatische Generation unter Druck. Frankfurt a.M.: Fischer (TB), S. 169-202.

Hauenschild, K./Bolscho, D. (2005): Bildung für nachhaltige Entwicklung in der Schule. Frankfurt a.M.: Peter Lang.

Heckmair, B./Michl, W. (2008): Erleben und lernen, Einführung in die Erlebnispädagogik. München: Ernst Reinhardt Verlag.

Hurrelmann, K./Albert, M. (Hrsg.) (2002): Jugend 2002: 14. Shell Jugendstudie. Frankfurt: Fischer (TB).

Hurrelmann, K./Albert, M. (Hrsg.) (2006): Jugend 2006. 15. Shell Jugendstudie. Eine pragmatische Generation unter Druck. Frankfurt a.M.: Fischer (TB).

Klafki, W. (1993[3]): Neue Studien zur Bildungstheorie und Didaktik. Zeitgemäße Allgemeinbildung und kritisch-konstruktive Didaktik. Weinheim: Beltz.

Konferenz der Kultusminister der Länder in der Bundesrepublik Deutschland (KMK) (2007): Empfehlung der Ständigen Konferenz der Kultusminister der Länder in der Bundesrepublik Deutschland (KMK) und der Deutschen UNESCO-Kommission (DUK) vom 15.06.2007 zur „Bildung für nachhaltige Entwicklung in der Schule", Verfügbar unter: http://www.bne-portal.de/coremedia/generator/unesco/de/Downloads/Hintergrundmaterial__national/Empfehlung_20der_20Kultusministerkonferenz_20und_20der_20Deutschen_20UNESCO-Kommission.pdf (6.6.2008).

Kuckartz, U./Rheingans-Heintze, A. (2006): Trends im Umweltbewusstsein. Umweltgerechtigkeit, Lebensqualität und persönliches Engagement. Wiesbaden: VS Verlag für Sozialwissenschaften.

Luhmann, N. (1986): Ökologische Kommunikation. Kann die moderne Gesellschaft sich auf ökologische Gefährdungen einstellen? Opladen: Westdeutscher Verlag.

Luhmann, N. (1989): Ökologie und Kommunikation. In: Criblez, L./Gonon, P. (Hrsg.): Ist Ökologie lehrbar? Bern: Zytglogge, S. 17-30.

Michelsen, G. (1998a): Umweltpolitik und Umweltbildung. In: Beyersdorf u.a. (Hrsg.): Umweltbildung. Neuwied: Luchterhand, S. 13-20.

Michelsen, G. (1998b): Umweltbildung im internationalen Kontext. In: Beyersdorf u.a. (Hrsg.): Umweltbildung. Neuwied: Luchterhand, S. 27-40.

Michelsen, G./Siebert, H. (1985): Ökologie lernen. Anleitungen zu einem veränderten Umgang mit Natur. Frankfurt: Fischer.

Mikelskis, H. (1988): Ökologische Bildung als Neugestaltung des Verhältnisses der Menschen zur Natur im Erleben, Erkennen und Handeln. In: Cube, v. F./Storch, V. (Hrsg.): Umweltpädagogik. Heidelberg: Schindele, S. 108-119.

Mößle, T./Kleimann, M./Rehbein, F. (2007): Bildschirmmedien im Alltag von Kindern und Jugendlichen. Problematische Mediennutzungsmuster und ihr Zusammenhang mit Schulleistungen und Aggressivität. Baden-Baden: Nomos.

Pädagogische Arbeitsstelle des Deutschen Volkshochschul-Verbandes (1992): Jahresbericht 1992. Frankfurt: DVV.

Reichholf, J.H. (2007): Der Bär ist los. Ein kritischer Lagebericht zu den Überlebenschancen unserer Großtiere. München: Herbig.

Reichholf, J.H. (2008): Ende der Vielfalt? Gefährdung und Vernichtung von Biodiversität. Frankfurt a.M.: Fischer (TB).

Rieß, W. v./Apel, H. (Hrsg.). (2006): Bildung für eine nachhaltige Entwicklung. Aktuelle Forschungsfelder und -ansätze. Wiesbaden: VS Verlag für Sozialwissenschaften.

Siebert, H. (1999): Seminarplanung und -organisation. In: Tippelt, R. (Hrsg.): Handbuch der Erwachsenenbildung/Weiterbildung. Opladen: Leske + Budrich, S. 704-717.

Sinus Sociovision (2007): Die Sinus-Milieus®. Verfügbar unter: http://www.sinus-sociovision.de (14.6.2008).

Stoltenberg, U./Michelsen G. (1998): Lernen nach der Agenda 21. Überlegungen zu einem Bildungskonzept für eine nachhaltige Entwicklung. In: PAE-Arbeitshilfen für die Erwachsenenbildung, H. 1, S. 2-15.

Tippelt, R. (1985): Jugend und Region. Freizeit, Sozialleben und Politik auf dem Lande und in großstädtischen Wohngebieten. In: Aus Politik und Zeitgeschichte. Beilage zur Wochenzeitung „Das Parlament", Bd. 38, S. 3-15.

Tippelt, R./Krauß, J./Baron, S.M. (1986): Jugend und Umwelt. Soziale Orientierungen und soziale Basisprozesse im regionalen Vergleich. Weinheim/Basel: Beltz.

Tippelt, R./Reich, J./Hippel, A. von/Barz, H./Baum, D. (2008): Weiterbildung und soziale Milieus, Bd. 3: Milieumarketing implementieren. Bielefeld: Bertelsmann.

UNESCO (2005): UN Decade for Education for Sustainable Development (2005-2014). Verfügbar unter: http://portal.unesco.org/education/en/ev.php-URL_ID=23279&URL_DO=DO_TOPIC&URL_SECTION=201.html (14.6.2008).

UNESCO (2008): World Conference on Education for Sustainable Development - Moving into the Second Half of the UN Decade 2009. Verfügbar unter: www.unesco.org/education/desd (14.6.2008) und unter: http://portal.unesco.org/education/en/ev.php-URL_ID=55176&URL_DO=DO_TOPIC&URL_SECTION=201.html (14.6.2008).

United Nations (1992): Report of the United Nations Conference on Environment and Development. Rio de Janeiro, Verfügbar unter: http://www.un.org/esa/sustdev/agenda21.htm (13.6.2008).

Weiß, R. (1998): Betriebliche Umweltbildung. In: Beyersdorf, M. u.a. (Hrsg.): Umweltbildung. Neuwied: Luchterhand, S. 185-194.

Wolf, G. (2006): Wir sind was wir machen. Zum Problem pädagogischer Professionalität in der Bildung für nachhaltige Entwicklung. In: Rieß, W./Apel, H. (Hrsg.): Bildung für eine nachhaltige Entwicklung. Wiesbaden: VS Verlag für Sozialwissenschaften, S. 139-148.

Zubke, G. (2006): Umwelthandeln und jugendtypische Lebensstile. Kröning: Asanger.

Ruth Hoh | Heiner Barz

Weiterbildung und Gesundheit

1 Der veränderte Gesundheitsbegriff

Der Begriff „Gesundheitsbildung“ steht für das „Lernen von Erwachsenen am Thema Gesundheit in Einrichtungen der Erwachsenenbildung“ (Blättner 1998, S. 17). Er wurde Mitte der achtziger Jahre von Praktikerinnen und Praktikern an Volkshochschulen geprägt und hat sich zwischenzeitlich in der Erwachsenenbildung allgemein durchgesetzt. Gemeinhin gilt Gesundheitsbildung als ein vergleichsweise neuer Bereich der Erwachsenenbildung mit stark expansiver Tendenz. Wenn auch unter anderen Oberbegriffen, so lässt sich das Anliegen der Gesundheitsbildung der Sache nach allerdings weit zurückverfolgen – an Volkshochschulen stellte es bereits im Zuge der Lebensreformbewegung Anfang des 20. Jahrhunderts ein beachtetes Phänomen dar. Gymnastik und Tanz etwa bildeten schon in den 1920er und 1930er Jahren wichtige Elemente der Volksbildung – meist in Verbindung mit politischen und erzieherischen Absichten, deren Ursprung in den sozialen Bewegungen (Arbeiter-, Jugend-, Frauenbewegung) lag.[1]

Trotz der großen Bedeutung, die Gesundheit und Krankheit sowohl in individueller als auch in gesellschaftlicher Perspektive zukommt, gibt es keine wissenschaftlich begründbaren, eindeutigen Definitionen. Das Verständnis von Gesundheit verändert sich mit dem gesellschaftlichen Wandel. Das vorwissenschaftliche heutige Gesundheitsverständnis lässt sich anhand von fünf Wurzelmetaphern beschreiben (vgl. Faltermaier 1991; Herzlich 1991):

- *Gesundheit als Vakuum* bestimmt durch die Abwesenheit von Krankheit („das Schweigen der Organe“),
- *Gesundheit als Reservoir* von biologisch-organischer Robustheit, Stärke und Widerstandskräften,
- *Gesundheit als Gleichgewicht*, das sich im Erleben körperlichen und psychischen Wohlbefindens äußert,
- *Gesundheit als Fitness*, die die Erfüllung der Alltagsanforderungen möglich macht,
- *Gesundheit als Kontrolle* des körperlichen und geistigen Befindens durch das Individuum.

Zimmermann (1996) schließt von der „Verborgenheit der Gesundheit“ (vgl. Gadamer 1993), also der Tatsache, dass man Gesundheit – im Unterschied zu Krankheit – nicht fühlen kann, auf die Notwendigkeit ihrer metaphorischen Repräsentation, „um die Anwesenheit von Gesundheit in einem menschlichen Körper zu bezeugen. Wir haben Codes entwickelt, die Gesundheit er-

1 Ein Abriss der in den verschiedenen historischen Epochen vorherrschenden Vorstellungen von Gesundheit und Krankheit, von individueller und öffentlicher Gesundheitspflege findet sich bei Haug (1991, S. 60-175) und Labisch/Woelk (1998).

lebbar machen. (...) Die durch und durch metaphorische und symbolische Repräsentation der Gesundheit (...) entspricht dabei in hohem Maße der Ästhetik der Warenwelt“ (Zimmermann 1996, S. 115) (vgl. Abbildung 1).

„Gesund“ meint ursprünglich vollständig („heil und ganz“; vgl. ital./span. sano, engl. whole). Während die Philosophiegeschichte den Begriff der Gesundheit auf Leib, Seele und Geist, sowie auf deren Einheit anwendet und seine Bezüge zu Ordnung, Gesetz, Tugend und Wahrheit herausarbeitet, setzt im 19. Jahrhundert die Infragestellung der Gesundheitsmetapher ein (vgl. Vonessen 1974). Wie so oft ist es Nietzsche, der die radikalste Umwertung vornimmt (vgl. Giesz 1990). „Gesundheit an sich“, insbesondere die mit der Tugend identische und für alle Menschen verbindliche „Gesundheit der Seele“ gebe es nicht: Gesundheit und Krankheit sind für Nietzsche „nichts wesentlich Verschiedenes“, ja der freie Geist gelangt „zu jener ungeheuren überströmenden Sicherheit und Gesundheit, welche der Krankheit selbst nicht entrathen mag, als eines Mittels und Angelhakens der Erkenntnis“ (Nietzsche KSA 2, S. 17).

Mit der Entwicklung der Industriegesellschaft etablierte sich ein vorwiegend naturwissenschaftlich-technischer Krankheitsbegriff. Gegen die damit verbundene Definitionsmacht der Ärzteschaft entwickelte sich die Gesundheitsbewegung, für die Ivan Illichs Pamphlet gegen die „Enteignung der Gesundheit“ und gegen die „Medikalisierung des Lebens“ eine Art Credo formulierte: „Die Zunft der Ärzte ist zu einer Hauptgefahr für die Gesundheit geworden. (...) In den reichen Ländern hat die medizinische Kolonisierung des Menschen gesundheitsschädigende Ausmaße erreicht“ (Illich 1975, S. 9). Inzwischen hat sich an der Wende zur postindustriellen Gesellschaft der Trend zur Medikalisierung – und damit auch: Fremdbestimmung – umgekehrt. Das Bild vom idealen Arbeitnehmer und Staatsbürger ist heute weniger das „Rädchen im Getriebe“, sondern eher das „sich selbstoptimierende“ Individuum. Damit einher geht die „Pflicht zur Eigenverantwortung“; Gesundheit wird tendenziell gleichgesetzt mit ‚Fitness‘ im Sinne von optimalem Angepasstsein an berufliche und private Aufgaben. Seit den 1990er Jahren hat das Streben nach einer Balance von Leistungsorientierung und rekreativer Entspannung unter dem Etikett „Wellness“ großen gesellschaftlichen Widerhall erlangt (vgl. Horx u.a. 1999; Focus Medialine 2002; Mühlhausen 2003).

Besonders einflussreich geworden ist die „Ottawa-Charta für Gesundheitsförderung“ der WHO von 1986, die Gesundheit als „Zustand eines umfassenden körperlichen, geistigen und sozialen Wohlbefindens und nicht allein als das Fehlen von Krankheit und Gebrechen“ definiert. Der von Antonovsky vollzogene Paradigmenwechsel vom pathogenetischen (Entstehung und Vermeidung von Krankheit) zum salutogenetischen Ansatz (Entstehung und Erhaltung von Gesundheit) hat vor allem für die Konzepte der Gesundheitsbildung große Bedeutung erlangt (vgl. Bengel/Strittmatter/Willmann 1998). Antonovsky (1987) geht von einem Kontinuum zwischen Gesundheit und Krankheit aus und interessiert sich in erster Linie für die Faktoren (Widerstandsquellen), die es einem Individuum ermöglichen, trotz der Konfrontation mit einer Vielzahl von Gesundheitsrisiken gesund zu bleiben, statt krank zu werden (Resilienz). In Antonovskys salutogenetischem Modell ist unter den Widerstandsquellen (u.a. materielle, körperliche, emotionale, kognitive, kulturelle, soziale, ökologische Ressourcen) der sog. Kohärenzsinn das Schlüsselkonzept: Das Vertrauen des Einzelnen, dass er Ereignisse verstehen, Anforderungen bewältigen und auf künftige Entwicklungen Einfluss nehmen kann.

Visuelle Signale

Entspannung	**Leistung**
Segeln Angeln Sonnenuntergänge sanfter Wind	Becker-Faust Sprung Trimmtrab/Jogging Bogenschießen Rudern Bergsteigen
Ernährung	**Lebensfreude**
Obst/Gemüse Getreide authentisch Milch Kräuter Holztische	Schwung Lachen Umarmen Geselligkeit Federball/Boule Spielen

Verbale Signale

Entspannung	**Leistung**
tief gleichmäßig bewusst sanft	Dynamik Fitness Ausdauer/Kondition Grenzen Spannkraft Energie
Ernährung	**Lebensfreude**
ausgewogen Ballaststoffe Spurenelemente Vitamine Stoffwechsel Mineralien natürlich/frisch	Vitalität Wohlbefinden Aktiv sein Schwung Lust/Genuss

Ur-Symbole

Entspannung	**Leistung**
Atem	Laufen Bergsteigen
Ernährung	**Lebensfreude**
Milch Pflanzen	Spiel Wasser

Abbildung 1: Symbole und Signale der Gesundheit (nach: Zimmermann 1996, S. 113f.)

2 Public Health und Gesundheitsbildung

Gesundheitsbildung ist sowohl ein Teilbereich des Bildungswesens als auch des Sozialwesens und des Gesundheitssystems, wenn man als Gesundheitssystem die staatlichen, öffentlich-rechtlichen und privaten Einrichtungen zusammenfasst, die explizit die Gesundheit der Bevölkerung erhalten, fördern oder wiederherstellen sollen.[2]

Die immer größere Bedeutung von Gesundheitsförderung im Sinne von Prävention ergibt sich aus der Tatsache, dass die kurative Medizin und das „klassische" medizinische Forschungsprinzip, das nach der entscheidenden Ursache einer Krankheit, etwa nach „dem" Krankheitserreger, fragt, in vieler Hinsicht an ihre Grenzen gelangt sind. Infolge der Verbesserung der Lebensbedingungen in den Bereichen Hygiene, Wohnung, Ernährung und Technik haben sich in den westlichen Industrieländern Lebensstandard und Lebenserwartung deutlich erhöht. Damit sind zugleich die akuten Krankheiten, vor allem Infektionen (Ausnahme: Aids), zurückgedrängt worden und chronische Erkrankungen sowie psychosomatische Beschwerdebilder in der Vordergrund getreten. Für viele der heute quantitativ bedeutsamen Krankheiten gelten die Lebens-,

2 Überblicke zum Gesundheitszustand der Bevölkerung und zum Gesundheitswesen in Deutschland bieten das Statistische Bundesamt (1998 und 2006), Hurrelmann/Laaser/Razum (2006) und Schwartz (2002).

Arbeits- und Umweltverhältnisse, sowie die Art und Weise, wie die Menschen auf diese reagieren, als die entscheidenden Ursachen.

Entsprechend dem oben zitierten „positiven" Verständnis von Gesundheit fordert die „Ottawa-Charta" der WHO: „Gesundheitsförderung zielt auf einen Prozess, allen Menschen ein höheres Maß an Selbstbestimmung über ihre Gesundheit zu ermöglichen und sie damit zur Stärkung ihrer Gesundheit zu befähigen. Um ein umfassendes körperliches, seelisches und soziales Wohlbefinden zu erlangen ist es notwendig, dass sowohl einzelne als auch Gruppen ihre Bedürfnisse befriedigen, ihre Wünsche und Hoffnungen wahrnehmen und verwirklichen sowie ihre Umwelt meistern bzw. sie verändern können" (WHO 1986).

Unter dem Oberbegriff „Public Health" hat sich seit einigen Jahrzehnten in den USA sowie in einigen europäischen Ländern die Lehre, die Forschung und die Praxis der Förderung, Erhaltung und Wiederherstellung von Gesundheit etabliert (vgl. Schwartz 2002). Gesundheit wird dabei (entsprechend der Weltgesundheitsorganisation) sowohl physisch als auch sozial verstanden. „Public Health" meint all jene Aktivitäten, die über die individualmedizinische Betrachtung von Gesundheit und Krankheit hinausgehen und sich auf die Gesunderhaltung ganzer Populationen und die dazu notwendigen Maßnahmen in allen wichtigen, also auch nichtmedizinischen Versorgungsbereichen beziehen. Seit den 1990er Jahren befinden sich die mit dem Begriff Public Health gemeinten interdisziplinären Bemühungen um öffentliche Gesundheitsförderung auch in Deutschland im Aufschwung.

Gesundheitserziehung wurde – nachdem die ursprünglich mit ihr verbundenen sozialreformerischen Intentionen durch die nationalsozialistische Ideologie eines „gesunden und wehrhaften Volkes" pervertiert worden waren – seit den 1950er Jahren in der Erwachsenenbildung als „eine Art Gruppensprechstunde beim Arzt" (Blättner 1998, S. 25) praktiziert. Gesundheitsbildung war auf die Vermittlung medizinischer Erkenntnisse reduziert; unterrichtet wurde die „richtige" Art zu atmen, zu sitzen, sich zu bewegen etc. Im Zuge der „68er-Bewegung" vollzog sich ein – damals noch kaum beachteter – Aufschwung von Angeboten, die sich um ein neues Körperbewusstsein, Selbsterfahrung und teilweise auch um eine neue Spiritualität zentrierten. Einen ersten Niederschlag findet das neu entstehende Interesse für Fragen der Gesundheit etwa im Funkkolleg „Umwelt und Gesundheit" von 1979 oder im ersten „Gesundheitstag", der 1980 in Berlin als explizite Gegenveranstaltung zum Ärztetag organisiert wurde.

Gesundheitsbildung konstituiert sich dann im Laufe der achtziger Jahre in den Programmangeboten der Erwachsenenbildung sowie in programmatischen Entwürfen als eigenständiger Themenbereich. Wie schon zu Anfang des 20. Jahrhunderts war auch die Gesundheitsbewegung der achtziger Jahre eng mit sozialen Bewegungen verknüpft, die sich kritisch gegen herrschende Ideologien und Machtverhältnisse richteten. Das Misstrauen gegenüber Expertentum und (Natur-)Wissenschaftsgläubigkeit, das Infragestellen technischer („männlicher") Machbarkeitsutopien und materieller Wohlstandsversprechen, die Sehnsucht nach Natur, Ursprünglichkeit und Authentizität speisen Frauen- und Ökologiebewegung ebenso wie die alternative Gesundheitsbewegung.

Für die Herausbildung des Angebotsschwerpunkts Gesundheitsbildung im „informellen Sektor der Gesundheitskultur" (Andritzky 1997), aber auch in den etablierten Trägern der Erwachsenenbildung ist die kritische Distanz zum medizinischen und naturwissenschaftlichen Wissenschaftsverständnis charakteristisch: Ein verbreitetes Unbehagen am medizinisch-industriellen Komplex, die Suche nach Alternativen zur Schulmedizin, Psychoboom und neues Körperbewusstsein indizieren den Abschied vom linearen Fortschrittsglauben der Wirtschaftswunderjahre. Ein erster programmatischer Niederschlag findet sich im „Rahmenplan Gesundheitsbildung an Volkshochschulen" des Arbeitskreises Gesundheitsbildung der Pädagogischen Arbeitsstelle des Deutschen Volkshochschul-Verbands (1985).

Als Eckpunkte des neuen Verständnisses von Gesundheitsbildung gelten:

- Orientierung an gesundheitserhaltenden Faktoren im Alltag statt Krankheitsorientierung;
- Selbstbestimmung der Subjekte in Abgrenzung zum medizinischen Expertentum;
- Offenheit für alternative, unkonventionelle Methoden; Skepsis gegenüber der „Schulmedizin".

Der Begriff der Gesundheitsbildung lässt sich im Blick auf die Adressaten (Erwachsene) von „Gesundheitserziehung" (Schüler) abgrenzen, wobei auch im schulischen Kontext heute unter dem Motto „gesunde Schule" eine Abkehr von den traditionellen, auf Aufklärung und Abschreckung gerichteten Konzepten vollzogen wird (vgl. Brägger/Posse/Israel 2008). Ein zweiter Unterschied liegt darin, dass Gesundheitsbildung stark die Selbstbestimmung und Eigenaktivität als komplexe Persönlichkeitsentwicklung betont, wogegen Konzepten der Gesundheitserziehung oft ein auf fremdbestimmtes Training reduzierter Lernbegriff zugrunde lag. Drittens wird auf die Einbeziehung und gegebenenfalls Veränderung der sozialen, ökonomischen und ökologischen Rahmenbedingungen von Gesundheit hingewiesen. Gesundheitsbildung geht insofern weit über Information und Aufklärung etwa über gesundheitsrelevantes Verhalten hinaus.

Das Verständnis von Gesundheitsbildung als Teilbereich der Erwachsenenbildung ist bewusst transdisziplinär ausgerichtet und steht damit freilich in prekären Spannungsverhältnissen der Nähe und Abgrenzung zu Medizin (Hygiene, Gesundheitsförderung, -vorsorge), Gesundheitswesen (Krankenkassen), Sport (Vereine, Fitnessstudios), Philosophie/Religion (Ethik, Lebenskunst) und sozialen Bewegungen (Alternativszene, Selbsthilfegruppen) und neuerdings der „Wellness-Industrie" (private Anbieter, auch Esoterik-Szene).

3 Zur praktischen Bedeutung der Gesundheitsbildung

Quantitativ stellten Angebote der Gesundheitsbildung in den 1980er und 1990er Jahren einen starken Wachstumsbereich dar. In den 2000er Jahren hat sich die Expansion auf hohem Niveau abgeschwächt. Mit „Sprachen" und „Computer, EDV, Internet" zählen „Gesundheitsfragen" inzwischen jedenfalls zu den wichtigsten Themenbereichen hinsichtlich der Teilnahmefälle (jeweils ca. 15%) in der Allgemeinen Weiterbildung (vgl. Kuwan u.a. 2006). In der VHS-Statistik (vgl. zuletzt Reichart/Huntemann 2007) liegt der Programmbereich Gesundheit bei den Belegungen seit Jahren mit über 30% deutlich vor Sprachen, die allerdings einen wesentlich höheren Anteil an Unterrichtsstunden absorbieren. Mit ca. 84% übertrifft der Frauenanteil die durchschnittlich im VHS-Bereich seit Jahren üblichen 75%. Nach Gymnastik/Bewegung/Körpererfahrung bildet Yoga/Autogenes Training/Entspannung das zweitgrößte Fachgebiet in der Gesundheitsbildung.

Auch in den Erwachsenenbildungsangeboten der Kirchen weisen Angebote zur Gesundheitsbildung stark zunehmende Tendenzen auf. In der Katholischen Erwachsenenbildung war Gesundheitsbildung in den 1990er Jahren mit einem Anteil am Unterrichtsvolumen von 20% nach Erziehungs- und Schulfragen mit 22% zu einem der quantitativ wichtigsten Themenbereiche geworden (vgl. Kuwan u.a. 1996, S. 270f.). Blättner (1998, S. 38ff.) verweist darauf, dass die gut besuchten Angebote zur Gesundheitsbildung in erheblichem Maße zur wirtschaftlichen Stabilität der großen Erwachsenenbildungsträger beitragen.

Die Altersgruppe der 25-49-Jährigen ist stärker vertreten als Jüngere oder Ältere. Dass der Frauenanteil je nach Träger mit 70% bis 90% deutlich überwiegt, verweist auf tief sitzende Unterschiede in den Gesundheitseinstellungen der Geschlechter. Demnach sind bei den teilnehmenden Frauen obere Schichten anteilsmäßig fast doppelt so häufig vertreten wie untere. Bei den teilnehmenden Männern dagegen lässt sich keine Schichtspezifik feststellen. Das mag daran liegen, dass Männer „zumeist erst bei Vorliegen von Beschwerden zur Teilnahme an den Veranstaltungen der Kassen motiviert sind" (Bundesvereinigung für Gesundheit e.V. 1997, S. 63), was die Frage aufkommen lässt, „ob Männer unter dem Stichwort Gesundheit überhaupt erreichbar sind, ohne dass ihre Geschlechtsrolle in Frage gestellt ist, ob es ihnen überhaupt möglich ist, sich sorgend mit ihrer Gesundheit zu beschäftigen" (Sonntag/Blättner 1998).

Für die Beschreibung der im Alltag relevanten Einstellungen zu Gesundheit hat sich ein fünf Dimensionen umfassendes Modell in der Public Health-Forschung bewährt (s.u.). Nach den Befunden der Studie „Weiterbildung und soziale Milieus in Deutschland" (vgl. Barz/Tippelt 2004, Bd. 2, S. 125ff.) zeigen die unterschiedlichen Gesundheitsorientierungen – neben den bekannten geschlechtsspezifischen Ausprägungen – deutliche Milieuschwerpunkte (vgl. Abb. 2 und Abb. 3).

Alltagsorientierungen zu Gesundheit	Milieuschwerpunkte
1. Abwesenheit von Krankheit: Gesundheit als Vakuum	Traditionsverwurzelte (TRA) Konsum-Materialisten (MAT)
2. Zustand biologisch-organischer Fitness: Gesundheit als Reservoir	Hedonisten (HED)
3. Körperliches und seelisches Wohlbefinden: Gesundheit als Gleichgewicht	Postmaterielle (PMA), Experimentalisten (EXP) Bürgerliche Mitte (BÜM)
4. Erfolgreiche Erfüllung von Alltagsanforderungen: Gesundheit als Fitness	Moderne Performer (PER) Etablierte (ETB)
5. Kontrollierte körperliche und geistige Befindlichkeit: Gesundheit als Kontrolle	Konservative (KON) DDR-Nostalgiker (DDR)

Abbildung 2: Gesundheitsorientierungen und Milieus

Während in einigen Milieus ein bewusstes und eigenverantwortliches Gesundheitsverhalten selbstverständlich ist, scheinen andere Gesundheitsfürsorge als eher nebensächlich anzusehen. Vor allem zeigen sich erhebliche Unterschiede zwischen traditionellen und modernen Milieus. Experimentalisten und Postmaterielle verfügen über ein auffallend hohes Gesundheitsbewusstsein, ein ganzheitliches Gesundheitsverständnis sowie die Einstellung, dass Genuss und gesunde Lebensführung keine Widersprüche darstellen. Sie erstreben ein neues Körperbewusstsein, teilweise eine „neue Spiritualität" sowie einen eigenverantwortlichen, Leistung und Genuss integrierenden Lebensstil. Im Gegensatz dazu stehen die traditionellen und neokonservativen, aber auch die jüngeren Milieus. Hier wird Gesundheit eher als Mittel zum Zweck betrachtet. Getreu dem Motto „Leben gefährdet Ihre Gesundheit" steht Health Correctness teilweise im

Widerspruch zum Anspruch auf ein genussvolles Leben. Ein bewusstes, gesundheitlich vorsorgendes Verhalten ohne unmittelbaren Anlass gilt häufig als übertrieben.

Ihr gesundheitsbezogenes Wissen beziehen die Unterschichtmilieus fast ausschließlich über Gespräche mit dem Arzt, niedrigschwellige Informationskampagnen („Ernährungspyramide auf der Cornflakes-Packung") oder Unterhaltungsformate („Arztserien"). Hedonisten informieren sich vornehmlich über sportliche Aktivitäten, der übrige gesundheitsbildende Bereich gilt ihnen als „langweilig" und bleibt den Älteren vorbehalten. Die eher technokratisch orientierten Milieus der Modernen Performer und der Etablierten interessieren sich für Gesundheitsthemen fast ausschließlich wissenschaftlich und informieren sich in erster Linie über den Wissenschaftsteil allgemein bildender Printmedien. Gezielte Informationen, z.B. über Bücher, werden kaum genutzt. Besonders intensiv informieren sich demgegenüber die Postmaterielle: Fachzeitschriften, Bücher und informelle Gespräche mit im Fach versierten Freunden und Bekannten werden häufig genannt.

Die Interessen an gesundheitsbildenden Kursinhalten differieren dementsprechend stark: Etablierte und Hedonisten interessieren sich für Sport-Seminare, Etablierte außerdem für Kurse zur Entspannung und Stressabbau. Ganzheitliche, ursprüngliche und alternative Seminarangebote (wie Tai Chi, Yoga, traditionelle chinesische Medizin, Homöopathie) stoßen bei Postmaterielle, Angehörigen der Bürgerlichen Mitte, Modernen Performern und Experimentalisten auf besonderes Interesse. Für Experimentalisten und Postmaterielle ist dabei ein hohes Maß an Authentizität der Einrichtung und des Dozenten und eine deutliche Distanz zu Signalen der Kommerzialisierung von Bedeutung. Moderne Performer sind stärker dem Außergewöhnlichen zugeneigt. In den traditionellen Milieus bevorzugt man Bekanntes und Bodenständiges wie „Gesundheit und Ernährung". An konkreter Problembewältigung („Was tun bei Kopf- und Nackenschmerzen") zeigen sich Traditionsverwurzelte und Konsum-Materialisten besonders interessiert.

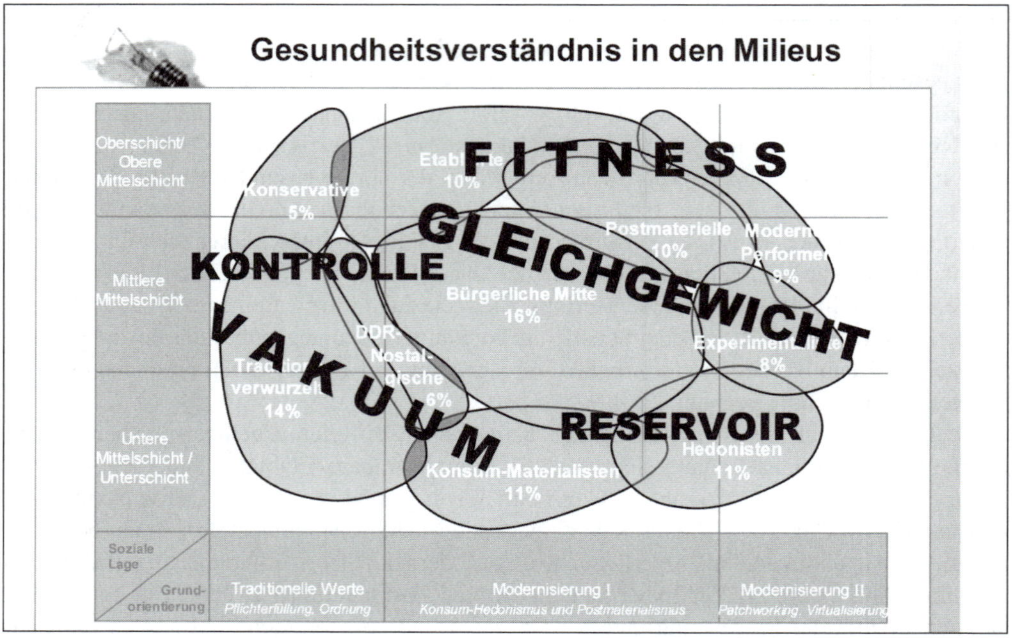

Abbildung 3 (eigene Darstellung, Copyright für die Sinus-Milieu-Grafik: Sinus-Sociovision)

4 Alternative Gesundheitskultur, Selbsthilfe und informelles Lernen

Die Suche nach Alternativen zur in Misskredit geratenen Schulmedizin hat zu einem enormen Anwachsen des Interesses an Ganzheitsmedizin, Naturheilkunde und Erfahrungsmedizin geführt (vgl. schon Nüchtern 1998; Bundesvereinigung für Gesundheit e.V. 1997, S. 90ff.; Stiftung Warentest 1996). In einer detaillierten und umfangreichen Studie beschreibt Andritzky (1997) Grundlagen, Ausprägungen und Teilnehmerkreise der alternativen Gesundheitskultur und zeigt darin den wachsenden Einfluss von Elementen der sogenannten New Age Kultur. Andritzky (1997, S. 251ff.) befragte 1135 Teilnehmer von Seminaren, die von der Volkshochschule, der Arbeiterwohlfahrt sowie privaten Anbietern (z.B. Reiki-Zentrum) veranstaltet wurden. Zentrale Befunde: Über drei Viertel der Stichprobe sind weiblich, sie sind im Vergleich zum Bevölkerungsdurchschnitt häufiger ledig oder geschieden, haben ein überdurchschnittliches Bildungsniveau und sind klar spirituell orientiert. Sie glauben häufiger an ein Leben nach dem Tod, an Geister und außerirdische intelligente Wesen, an die Wirkung von Fernheilung und magischen Ritualen. Im Gruppenvergleich zeichnen sich die Reiki- und Bachblüten-Anhängerinnen als besonders

„gläubig", die Teilnehmer der Aerobic-Gruppen dagegen als eher skeptisch aus. Gesundheitliche Probleme stellen offenbar nur *eine* wichtige Motivation für den Besuch alternativer Kurse dar. Als Anlass für die Teilnahme nennen die Aerobic-Kursteilnehmerinnen vorwiegend ein „allgemeines Interesse", wogegen die Mitglieder der Gruppen zur Persönlichkeitsentwicklung in erster Linie Hilfe bei der „Überwindung persönlicher Schwierigkeiten" sowie „Unterstützung bei einer Gesundheitsstörung" erwarten. Bei den Reiki-Schülern ist das Motiv „besondere vorausgehende Erfahrungen" (z.B. „Arbeit mit magischen Ritualen") von Bedeutung.

Aber Kurse in der Grauzone zwischen Bildung, Therapie und Religion sind nicht nur auf diesen weitgehend autonomen Bereich der Bildungs- und Selbsterfahrungsangebote beschränkt, ihr Einfluss reicht vielmehr bis weit in die traditionellen Institutionen – etwa Krankenkassen, Volkshochschulen, Bildungsurlaubsangebote (vgl. Andritzky 1997, S. 73f.) – hinein. Selbst die Bildungswerke der großen Kirchen haben sich auf die diesbezügliche Nachfrage eingestellt: Das Bildungswerk der Erzdiözese Freiburg bot beispielsweise u.a. an: „Enneagramm-Seminar", „Träume – Wegweiser und Lebensbegleiter aus dem Unbewußten", „Zenmeditation", „Bach-Blüten-Seminar", „Fußreflexzonentherapie", „Yoga", „Alexandertechnik", „Tai Chi". *Daneben* zwar ebenfalls noch „Mit der Bibel vertraut werden" oder kritisch-apologetische Vorträge wie „Heilsuche im New Age", aber auch die „Selbstfindung durch Fasten" wird bereits durch Yoga, Meditation und Massage angereichert. Im Programm des ebenfalls katholischen Edith-Stein-Hauses in Neuss findet sich ähnliches, ergänzt um Angebote wie „Qi Gong", „Selbsterfahrung durch Farben", „Atem ist Leben". Schließlich ähnelte das Programm des wiederum katholischen[3] Hauses der Begegnung in Frankfurt in den 1990er Jahren in Teilen dem autonomer New Age-Zentren: „Shiatsu-Massage mit ätherischen Ölen", „Bioenergetik, Atem und Massage", „Selbstheilung", „Das Gesicht, das zu mir paßt – Kosmetik und Visagistik", „Das Auge im Bauch", „Focusing", „(M)ICH-Management" waren einige Stichworte aus dem Programmangebot.

Auch innerhalb der Volkshochschulen haben derartige Angebote inzwischen einen beträchtlichen Anteil erreicht; Yoga, Autogenes Training und Bioenergetik sind heute selbstverständlich und machen einen erheblichen Teil des Gesundheitsbildungsangebots aus. Lobo fragt bereits Ende der siebziger Jahre angesichts der anhaltenden Esoterik-Nachfrage: „Sollen die Volkshochschulen sich hintan stellen und passiv zuschauen oder kommt hier eine Aufgabe auf sie zu (...)?" (Lobo 1979, S. 302) Als Aufgabe beschrieb er in erster Linie die Aufklärung der Interessenten über Yoga und Meditation.

Der große Einfluss von unkonventionellen Körpertherapie- und Psychohygienemethoden mit oft esoterischem Hintergrund war dann für den Münchner VHS-Vorstand Anlass, eine „Selbstverpflichtung zu kritischer Rationalität" zu formulieren (vgl. Notz 1988). Immer wieder setzen sich die Volkshochschulen mit den Grenzbereichen des Angebots in der Gesundheitsbildung und der Psychologie auseinander und versuchen Kriterien zur Qualitätssicherung und Angebotsauswahl zu entwickeln (vgl. z.B. Landesverband der Volkshochschulen Schleswig-Holsteins e.V. 1997).

---

3 Da die Angebote aus dem Umkreis von New Age in der wissenschaftlichen Literatur zur Erwachsenenbildung bisher kaum eine Würdigung erfahren haben, können hier nur sporadische, freilich nicht systematische Beobachtungen wiedergegeben werden. Dass sich indessen Einrichtungen der katholischen Erwachsenenbildung besser zur Illustration der These eignen, mag dennoch mehr als ein Zufall sein, insofern im katholischen Raum traditionell eine größere Nähe zu Sinnlichkeit und Emotionalität gegeben ist.

Der Hinweis auf die enorme Verbreitung von Angeboten dieser Art bis tief hinein in die offiziellen Institutionen der Erwachsenenbildung[4] wird hier keinesfalls in denunziatorischer Absicht formuliert. Im Gegenteil muss mit Klaus-Josef Notz (1988) von der Münchner VHS festgehalten werden: „Die Nachfrage seitens einer größeren Teilnehmerschaft erwartet, ja fordert solche Angebote." Notz betont, dass es ausgeschlossen ist, „daß die Erwachsenenbildung zur Seite schaut und so tut, als gäbe es dieses alles nicht oder als sei dieser Bereich von vorneherein unsauber, unredlich und halbseiden" (ebd., S. 81).

Selbsthilfe, also „alle die Leistungen, die für die Erhaltung und Sicherung der Gesundheit wichtig sind, aber unentgeltlich erbracht werden" (Ferber 1996, S. 123), dürfte in ihrer Bedeutung im Gesundheitsbereich schwerlich zu überschätzen sein (vgl. Andritzky 1997, S. 75). Denn dazu zählen

1. Das Gesundheitsverhalten des Einzelnen
2. Die familiale Selbsthilfe („die Familie – der Welt größter Pflegedienst")
3. Die freiwillige Hilfe für andere in Verbindung mit oder im Auftrage von Trägerorganisationen (ehrenamtliche Hilfe)
4. Die gegenseitige Hilfe in Selbsthilfegruppen Selbstbetroffener
5. Die Hilfe für andere durch Selbsthilfegruppen und Selbsthilfeorganisationen, die nicht Trägerorganisationen sind

Selbsthilfe im engeren Sinne ist insofern ein wichtiges Thema der Erwachsenenbildung, als sie nicht nur ein Spiegel individueller Betroffenheit, sondern ebenfalls von gesellschaftlichen Defiziten ist. Selbsthilfegruppen konkurrieren nicht mit dem professionellen Versorgungssystem; sie stellen vielmehr Ergänzungen und konstruktive Herausforderungen dar. Ihre enorme Bedeutung gerade für den Gesundheitsbereich ist schon länger erkannt (vgl. Badura/Ferber 1981).

Die durch Selbsthilfegruppen abgedeckten Bedürfnisse lassen sich aufgrund einschlägiger Forschungsergebnisse so beschreiben: „Es sind elementare Bedürfnisse wie das nach Information, nach emotionaler Geborgenheit, nach (neuen) Kontakten zu anderen Menschen, nach gegenseitiger praktischer Hilfe sowie das Bedürfnis nach Sicherung des Selbstwertgefühls in kritischen Situationen, die übereinstimmend wiederkehrend genannt werden" (Ferber 1996, S. 128f.). Selbsthilfegruppen versuchen darüber hinaus oft einen Platz in der Gesellschaft zu erkämpfen und zu behaupten. Zu den bekannten Gruppen wie Anonyme Alkoholiker, Weight-Watchers, Overeaters Anonymous, AIDS-Hilfen oder Nichtraucher-Initiativen kommen Gruppen, die sich z.B. beschäftigen mit Atemgymnastik (Training für Eltern asthmatischer Kinder), An- und Entspannung bei Multipler Sklerose, Gesundheitstraining und Vollwerternährung zur Stabilisierung bei Krebserkrankungen, Gesprächskreise für Angehörige psychisch Kranker und Behinderter, Hospiz-Seminare (Umgang mit Sterbenden), Diabetikerschulung. Für viele dieser Gruppen bieten sich Krankenkassen, Wohlfahrtsverbände oder Volkshochschulen als Selbsthilfekontaktstellen sowie zur logistischen und konzeptionellen Unterstützung an.

Die Relevanz von informellem Lernen wird auch für den Gesundheitsbereich betont, denn es werden „die meisten Fragen und Aktivitäten der Erhaltung, Förderung und Wiederherstellung

4 Wobei wir einen weiteren klassischen Bereich der Erwachsenenbildung, die betriebliche Weiterbildung hier nicht eigens thematisiert haben. Es ließe sich dort aber ebenfalls zeigen, dass die aus der humanistischen und transpersonalen Psychologie kommenden Einsichten und Techniken hinsichtlich Gruppendynamik, Selbsterkenntnis und Alltagstranszendenz seit den 1990ern einen breiten Raum, insbesondere im „Management-Coaching" einnehmen (vgl. z.B. Ulsamer 1994; Hemminger 1996; Schwertfeger 1998).

von Gesundheit nicht im professionellen System besprochen und geregelt, sondern im Laienkommunikationssystem“ angegangen (Broesskamp-Stone u.a. 1998, S. 193). Auch die Auflagehöhen auf dem Lebenshilfe-Buchmarkt legen die These nahe, dass hier eine enorme Selbstlernbewegung im Gange ist. Bücher zur Gewichtsreduktion und Stressbewältigung, für Partnerschafts- und Eheprobleme, zur Stärkung des Selbstwertgefühls, fürs Gedächtnistraining etc., kurz: Literatur zur Selbsttherapie bei so gut wie allen körperlichen und psychischen Leiden wird im Überfluss angeboten. Hinzu kommen die entsprechenden Ratgeber-Artikel und -Beiträge in Illustrierten und Fernsehmagazinen. Weiter knüpft ein beträchtlicher Teil des Esoterikangebotes („Heilen mit Edelsteinen“ etc.) am Gesundheitsverlangen an – teilweise mit krankheitsspezifischen Heilungsaussichten, teilweise aber auch mit umfassenden Wohlfühl- und Glücksversprechen. Auch werden naturheilkundliche Therapie- und Prophylaxe-Ratgeber („Hildegard-Medizin“, „Maria Treben“ etc.) seit Jahren sehr gut verkauft. Der esoterisch inspirierte Versuch, eine neue Sicht und Bewertung von Erkrankungen zu vermitteln und „Krankheit als Weg“ (vgl. Dethlefsen/Dahlke 1990) zu rehabilitieren erzielt ebenso Bestsellerauflagen wie Louise L. Hays Übungen, Meditationen und Affirmationen zur populärpsychologisch aufbereiteten Selbsttherapie (vgl. Hay 1992).

Mit der wachsenden Bedeutung des Internets gewinnen auch Websites unterschiedlichster Anbieter, die sich mit Gesundheitsfragen beschäftigen, an Einfluss. Das Spektrum reicht von selbstorganisierten Patientenforen über z.T. kostenpflichtige ärztliche Ratgeberseiten bis hin zu – oft auf den ersten Blick nicht als solche erkennbare – Werbeseiten der Pharma-Industrie. Die Trendforschung geht von einer für die Zukunft noch deutlich stärker akzentuierten Selbstverantwortung durch verbesserte Informations- und Kommunikationsmöglichkeiten aus. „Dr. Dotcom“ (vgl. Zukunftsletter 2005) dürfte nicht nur für die jüngeren, technikaffinen Jahrgänge, sondern für immer größere Gruppen der Gesellschaft eine neue Dimension auch in Gesundheitsfragen eröffnen. Ob es tatsächlich zu „Diagnosen via Internet und Therapien per Newsletter“ kommen wird, wie sie das Zukunftsinstitut, Kelkheim, voraussagt, bleibt abzuwarten. Dass sich Patienten mehr und mehr via Internet über ihre Leiden informieren werden und der Informationsvorsprung der Ärzte in einer vernetzten Welt dahinschmilzt, ist indessen bereits heute absehbar. Damit verschiebt sich das Handlungszentrum im Gesundheitssystem weg vom Arzt und hin zum Patienten selbst.

5 Betriebliche Gesundheitsförderung

Betriebliche Gesundheitsförderung setzt individuelle und gesellschaftliche Anstrengungen zur Schaffung gesundheitsfördernder Arbeits- und Lebensbedingungen voraus. Unter anderem sollen Verbesserungen erreicht werden durch die Einhaltung und konsequente Fortschreibung der Arbeitschutzmaßnahmen (z.B. Lärmschutzbestimmungen, Unfallverhütungsgesetze, Arbeitszeitregelungen), die Sicherung arbeitsmedizinischer Betreuung für alle Arbeitnehmer, der Förderung und Schaffung von Arbeitsverfahren, die der Gesundheit und dem Wohlbefinden der Arbeitnehmer zuträglich sind sowie der Förderung gesunder Lebensweisen.

Der Gedanke der betrieblichen Gesundheitsförderung ist nicht neu. So wurden schon Anfang des 20. Jahrhunderts betriebseigene Erholungsheime eingerichtet und viele Industrieunternehmen hatten eigene Gesundheitsförderungsprogramme (vgl. Pluto u.a. 1996). Seit dem 1. April 2007 ist die betriebliche Gesundheitsförderung als eine eigenständige Pflichtleistung der gesetzlichen Krankenversicherung in §20a SGB V als ein so genannter Setting-Ansatz der Prävention verankert. Durch die Aufnahme der Leistungen zur Gesundheitsförderung in das Krankenversicherungsrecht wurde das Aufgabenspektrum der Krankenkassen um Angebote und Maßnahmen zur individuellen und gruppenspezifischen Gesundheitsförderung, auch im betrieblichen Bereich, erweitert.

Grundsätzlich werden der personenbezogene (verhaltensbezogene) und der organisationsbezogene (verhältnisbezogene) Ansatz betrieblicher Gesundheitsförderung unterschieden (vgl. Abb. 4). Bis in die 1980er Jahre dominierte das personenbezogene Modell: „Mit Hilfe von Belastungsreduktionen, Erziehungsprogrammen, und präventiven Angeboten sollten Lernprozesse initiiert werden, die die jeweiligen Personen zu einer risikoärmeren, gesundheitsbewussteren und -schonenderen Lebensweise motivieren sollten" (Schwendenwein 1997, S. 104). Angeboten wurden vor allem Fortbildungen und Programme zur gesunden, ausgewogenen Ernährung, dem verantwortungsvollen Umgang mit Alkohol, Nikotin und Medikamenten, Bewegungsschulungen und Körpertrainings sowie Strategien zur Stressbewältigung. Die Schwäche des verhaltensbezogenen Ansatzes zeigt sich vor allem dann, wenn durch die Fortbildungsmaßnahmen verändertes Bewusstsein und unveränderte Rahmenbedingungen in den Betrieben aufeinandertreffen (vgl. Schwendenwein 1997).

Heute werden zunehmend personen- und organisationsbezogene Maßnahmen im Sinne einer systemischen Gesundheitsförderung konzipiert. Maßnahmen verhältnisorientierter betrieblicher Gesundheitsförderung sind u.a. das Initiieren und Etablieren von Gesundheitszirkeln und die Schaffung salutogener Unternehmensstrukturen durch gesundheitserhaltende und -fördernde Arbeitsplatz-, Arbeitszeit- und Arbeitsgestaltung.

Unterstützung bei der Initiierung und Steuerung eines umfassenden Gesundheitsförderungsprozesses können die Betriebe z.B. bei den Gewerkschaften, den Trägern der gesetzlichen Kranken- und Unfallversicherung, den Arbeitsschutzbehörden der Länder, gesundheitswissenschaftlichen Studiengängen, der Bundeszentrale für gesundheitliche Aufklärung, der Bundesvereinigung für Gesundheit und den Anbietern von Weiterbildungsangeboten zur Gesundheitsförderung finden.

Kategorien	Maßnahmen
1. Organisationsgestaltung	Äußere Rahmenbedingungen wie das Existieren von Gesundheitszirkeln, Gesundheitskommissionen und baulichen Maßnahmen zur Gesundheitsförderung
2. Ernährungsangebote	Angebote in Kantinen und Verpflegungsautomaten
3. Arbeitsergonomie	Einstellen von Stühlen und Schreibtischen, die Anordnung der Bildschirme usw.
4. Arbeitszeitgestaltung	Gleitende Arbeitszeit, Breitbandmodelle und Schichtplangestaltung
5. Laufbahnberatung	Informationen über die beruflichen Möglichkeiten im Betrieb
6. Lohngestaltung	Beteiligung der Gesundheitskosten über den Lohn der Mitarbeitenden
7. Formen der Zusammenarbeit	Selbstkontrolle und Entscheidungsspielraum in der Arbeit
8. Arbeitsgestaltung	Job-enrichement, Job-enlargement, Job-rotation und aufgabenorientierte Maßnahmen

Abbildung 4: Kategorien der verhältnisorientierten Maßnahmen (nach Schwager/Udris 1998, S. 439)

Der Nutzen betrieblicher Gesundheitsförderung wird immer noch fast ausschließlich über die Reduzierung der Fehlzeiten (krankheits- und unfallbedingt) belegt (vgl. Zangemeister/Nolting 1997). Krankheitsbedingte Fehlzeiten stellen eine erhebliche Kostenbelastung für die Unternehmen dar. Im Jahr 2002 waren in der deutschen Wirtschaft 491 Mio. Arbeitsunfähigkeitstage zu verzeichnen, die nach Schätzung der Bundesanstalt für Arbeitsschutz und Arbeitsmedizin volkswirtschaftliche Kosten in Höhe von ca. 35 Mrd. Euro verursachten (vgl. Wissenschaftliches Institut der AOK 2008). Zwar sind diese Zahlen rückläufig (im Jahr 1990 wurden noch ca. 628 Mio. krankheits- und unfallbedingte Fehltage abhängig Beschäftigter verzeichnet). Dies entsprach einem Ausfallvolumen des „Produktionsfaktors Arbeit" von ca. 44 Mrd. Euro (vgl. Priester 1998, S. 258). Nachdem die krankheitsbedingten Fehlzeiten in den Betrieben in den letzten Jahren stetig zurückgegangen waren und im Jahr 2006 den tiefsten Stand seit zehn Jahren erreicht hatten, wurde im Jahr 2007 erstmals wieder ein Anstieg der krankheitsbedingten Ausfallzeiten in fast allen Branchen gemeldet.

Die meisten Ausfalltage waren auf

- Muskel- und Skeletterkrankungen (24%);
- Atemwegserkrankungen (13%);
- Verletzungen und Vergiftungen (13%) sowie auf
- psychische Erkrankungen (8%)

zurückzuführen.

Die Anzahl der Ausfalltage aufgrund psychischer Erkrankungen hat in den letzten Jahren stark zugenommen; seit 1997 stieg sie um 62,3% (vgl. Badura et. al. 2008).

Zu diesen krankheitsbedingten Kosten sind noch die Kosten des so genannten Präsentismus, der verminderten krankheitsbedingten Produktivität bei Anwesenheit am Arbeitsplatz hinzu zu rechnen (vgl. Bödeker/Hüsing 2008).

Bisher gibt es keine zuverlässigen Daten oder Repräsentativerhebungen über die konkrete Praxis, den tatsächlichen Umfang und die Qualität der betrieblichen Gesundheitsförderung in Deutschland. Es kann allerdings davon ausgegangen werden, dass die Maßnahmen zur Gesundheitsförderung und das Gesundheitsmanagement vor dem Hintergrund der demographischen Entwicklung und dem drohenden Fachkräftemangel in vielen Betrieben in den nächsten Jahren einen höheren Stellenwert bekommen werden.

Angesichts einer immer noch zu geringen Verbreitung von Betrieblicher Gesundheitsförderung in Deutschland soll die Kooperation zwischen allen nationalen Akteuren verbessert werden. Diesem Ziel dient das im Jahr 2002 gegründete „Deutsche Netzwerk für Betriebliche Gesundheitsförderung" (DNBGF), das vom Bundesministerium für Arbeit und Soziales sowie vom Bundesministerium für Gesundheit unterstützt wird. Der Bundesverband der Betriebskrankenkassen (BKK), die Deutsche Gesetzliche Unfallversicherung (DGUV), der AOK-Bundesverband sowie der Verband der Arbeiter Ersatzkassen (AEV) sind Kooperationspartner des DNBGF bei der gemeinsamen Initiative Gesundheit und Arbeit (IGA), in deren Rahmen regelmäßige Befragungen zum Stand der betrieblichen Gesundheitsförderung durchgeführt werden.

Die Ergebnisse des IGA-Barometer 2007 zeigen deutlich, dass die betriebliche Gesundheitsförderung und Prävention trotz nachgewiesener Wirksamkeit nicht gleichmäßig über alle Branchen und Betriebsgrößen verbreitet ist.

Beschäftigte kleiner Betriebe finden am häufigsten, dass ihre Arbeit sie fit hält und ihnen Anerkennung bringt. So schöpfen z.B. 35 Prozent der befragten Männer und fast 47 Prozent der befragten Frauen aus Kleinstunternehmen (Betriebe mit höchstens neun Beschäftigten) besondere Anerkennung aus ihrer Arbeit. Das gilt nur für 19 Prozent der Männer bzw. 26 Prozent der Frauen in Großunternehmen mit über 250 Mitarbeitern. Beschäftigte in Kleinst- und Kleinunternehmen (bis 49 Mitarbeiter) sind auch in höherem Maße der Auffassung, dass ihr Unternehmen sich um ihre Gesundheit kümmert und ihre Arbeit vielseitig und abwechslungsreich ist. Deutlich zurückhaltender sind mit einer solchen Einschätzung Mitarbeiter in Großunternehmen und mittleren Unternehmen (50 bis 249 Beschäftigte). In Kleinstunternehmen können sich 61 Prozent der Mitarbeiter (Männer 64%, Frauen 59%) vorstellen, ihre Tätigkeit bis zum regulären Rentenalter auszuüben. In kleinen Unternehmen sind es nur noch 48% (Männer 50%, Frauen 47%), in mittelgroßen sogar nur 44% (Männer 48%, Frauen 41%) und in großen Konzernen 47% (Männer 52%, Frauen 43%).

Die Senkung des Krankheitsstandes ist ein legitimer Ausgangspunkt, kann aber nicht das alleinige Ziel betrieblicher Gesundheitsförderung sein. Dass sich betriebliche Gesundheitsförderung auf einzelbetrieblicher Ebene durchaus ‚rechnet', zeigte die Managementbefragung von Bonitz et.al. (2007). Neben der Kostensenkung durch niedrigere Krankenstände gaben die Unternehmen Produktivitätssteigerungen als messbaren Erfolg der betrieblichen Gesundheitsförderung sowie eine Verbesserung der internen Kommunikationsprozesse an.

6 Stand und Probleme der Professionalisierung im Bereich der Gesundheitsbildung

Auf die quantitative Bedeutung der Gesundheitsbildung für den Arbeitsmarkt wurde bereits hingewiesen. Bezüglich der Qualifikation der haupt- und nebenberuflich Tätigen in der Gesundheitsbildung liegen keine repräsentativen Bestandsaufnahmen für die Bundesrepublik vor. Auch eine vom bmb+f in Auftrag gegebene Studie kommt zu dem Schluss: „Der Bereich Mitarbeiter/innen-Qualifikation in der Gesundheitsbildung lässt sich nur grob skizzieren, denn nur im Einzelfall führen Träger entsprechende Informationen auf Bundesebene zusammen" (Bundesvereinigung für Gesundheit e.V. 1997, S. 68). Diesem Bericht zufolge kann davon ausgegangen werden, dass hauptberuflich in den Bildungsstätten vor allem Personen mit einem Hochschulabschluss aus dem sozialwissenschaftlichen, sozialpädagogischen oder psychologischen Bereich, bei den Krankenkassen „Fachleute aus dem Ernährungs- Sport-, Bewegungs- sowie Stressreduktions- und Entspannungsbereich" (ebd.) beschäftigt werden. Noch unspezifischer wird die Qualifikation der nebenberuflich Beschäftigten angegeben: „Als nebenberufliche Mitarbeiter und Mitarbeiterinnen im Bereich der Gesundheitsbildung werden Personen mit diversen fachlichen Qualifikationen und Abschlüssen eingestellt." (ebd. S. 69)

Um den Qualitätsstandard der Gesundheitsbildung an den Volkshochschulen zu gewährleisten, wurden vom Arbeitskreis Gesundheitsbildung der Volkshochschul-Landesverbände und des Deutschen Instituts für Erwachsenbildung (DIE) – Pädagogische Arbeitsstelle des Deutschen Volkshochschul-Verbandes 1994 die „Empfehlungen zur Qualifikation von Kursleiterinnen und Kursleitern in der Gesundheitsbildung an Volkshochschulen" herausgegeben. In diesen Empfehlungen werden Anforderungen für die Bereiche:

- Qualifikationsmerkmale im Rahmen der Erwachsenenbildung,
- Qualifikationsmerkmale entsprechend dem Verständnis von Gesundheitsbildung an Volkshochschulen und
- fachliche Qualifikationsmerkmale beschrieben.

Gleichzeitig wird darauf hingewiesen, dass nicht alle genannten Kriterien durch Bescheinigungen nachgewiesen werden können und müssen: „So können z.B. bei langjährigen Kursleiter/-innen vielfältig gestaltete Lebensläufe, eigene Erfahrungen und Selbststudium sowie der Nachweis einer steten Fortbildung als ausreichende Fachqualifikation gelten. Sie sind manchmal sogar wertvoller als lange, aber fachlich enge Ausbildungen“ (Arbeitskreis Gesundheitsbildung 1994, S. 2).

Als fachliche Basisqualifikation im Bereich „Bewegung, Entspannung und Körpererfahrung“ wird z.B. eine Ausbildung zum Physiotherapeuten, zum Sport- und Gymnastiklehrer, zum Tanzpädagogen oder in einem Gesundheitsberuf gefordert. Im Bereich „Gesunde Ernährung“ werden Ernährungsfachleute (wie Oecotrophologen, Diätassistenten) und Kursleiter aus einem Gesundheitsberuf empfohlen. Bei speziellen Heilverfahren, Entspannungstechniken oder Ernährungs- und Lebensphilosophien wird eine spezifische Qualifikation, die bei einem anerkannten Ausbildungsinstitut erworben wurde, vorausgesetzt. Daneben wird von den Dozenten die kontinuierliche Bereitschaft zur Fort- und Weiterbildung im fachlichen, im überfachlichen sowie im methodisch-didaktischen Bereich erwartet.

Viele Institutionen bieten trägerinterne Fort- und Weiterbildungsangebote für ihrer Kursleiter/-innen an. Daneben gibt es eine Vielzahl externer Weiterbildungsmöglichkeiten. Eine Bestandsaufnahme und vor allem eine qualitative Einschätzung der Qualifizierungsmöglichkeiten, vor allem auch derjenigen Angebote, die sich speziell an nebenberuflich in der Gesundheitsbildung Tätige wenden, liegen bislang nicht vor.

7 Einrichtung gesundheitsbezogener Studiengänge

Seit Ende der 1980er Jahre wurden zunehmend neue Strukturen zur Entwicklung der Forschung und Lehre auf dem Gebiet der Gesundheitswissenschaften an den deutschen Hochschulen aufgebaut. Mit Beginn der 1990er Jahre begann ebenfalls der Prozess der Akademisierung der Pflege durch die Einrichtung grundständiger Studiengänge. Die Anzahl und das Spektrum nichtmedizinischer gesundheitsbezogener Studienangebote an deutschen Hochschulen ist heute kaum mehr zu überblicken. Das Register „Studiengangsbezeichnungen“ in dem von Kälble und von Troschke 1998 herausgegebenen „Studienführer Gesundheitswissenschaften“ umfasst allein 117 verschiedene Einträge. Es finden sich darunter grundständige Studiengänge, postgraduale und Aufbaustudiengänge, die als Vollzeitstudium, als Teilzeitstudium oder als Fernstudium mit Präsenzphasen organisiert sind. In den universitären postgraduierten Studiengängen der Gesundheitswissenschaften können die Abschlußgrade: Magister Public Health, Diplom Gesundheitswissenschaftler, Magister des öffentlichen Gesundheitswesens (M. scan.), Master of Science in Community Health in Developing Countries oder ein Zertifikat der Medizinischen Fakultät erworben werden (vgl. Reschauer/Kälble 1997).

In der akademischen Ausbildung in den Gesundheits- und Sozialberufen ist es seit Ende der 1990er Jahre zu einer außerordentlich dynamischen Entwicklung bei der Konzeption neuer Studiengänge gekommen. Im Jahr 2003 gab es bereits knapp 300 grundständige und weiterqualifizierende gesundheitsbezogene Studienangebote an Deutschen Hochschulen. Darunter finden sich auch neue thematische Schwerpunkte und Zielgruppen wie z.B. Gesundheitskommunikation an der Universität Bielefeld (vgl. Gusy 2003). Berufsbilder und potenzielle Arbeitsfelder für die Absolventen sind auf Grund der derzeitigen Dynamik im Gesundheitswesen nur schemenhaft erkennbar. Hierdurch ergibt sich ein besonderer Bedarf nach einheitlicher Gewährleistung von Qualität bzw. der standardisierten, systematischen Überprüfung von Qualitätsstandards. Die frühere Einengung auf technologische und medizinische Grundlagen und Fragestellungen hat sich mit der Einführung der neuen Studienabschlüsse Bachelor (BA) und Master (MA) in das deutsche Hochschulsystem verändert. Deutlich konturiert sind nun auch pädagogische Bezüge.

Mit dem Akkreditierungsverfahren der neuen Studienabschlüsse wurden die Zuständigkeit und Verantwortung von Hochschule und Staat neu bestimmt. Die staatliche Genehmigung bezieht sich auf die Gewährleistung der Ressourcenbasis, die Einbindung der Studiengänge in die Hochschulplanung, die Einhaltung von Strukturvorgaben und die Aufsicht. Die Akkreditierung von Studiengängen in einem eigenständigen System hat demgegenüber die Gewährleistung fachlich inhaltlicher Qualitätsstandards, die Überprüfung der Berufsrelevanz der Abschlüsse zum Gegenstand und Transparenz und Qualität der Ausbildungen zum Ziel. Ein weiteres Kriterium ist die internationale Kompatibilität dieser Studiengänge, um damit die Mobilität der Studierenden zu fördern und die gegenseitige Anerkennung von Studienleistungen zu erleichtern (vgl. http://www.ahpgs.de).

Im Gesundheitsbereich qualifizierte Pädagogen werden zurzeit vor allem als Multiplikatoren und zur Konzeption und Implementierung von gesundheitsfördernden Programmen im Bildungs- und Erziehungsbereich eingesetzt. Die Frage des professionellen Handelns, der Aus-, Fort- und Weiterbildung von Dozenten/-innen wird in den nächsten Jahren, vor allem auch unter den Aspekten der Evaluierung und der Qualitätssicherung noch weiter an Bedeutung gewinnen.

Literatur

Andritzky, W. (1997): Alternative Gesundheitskultur. Eine Bestandsaufnahme mit Teilnehmerbefragung. Berlin: VWB – Verlag für Wissenschaft und Bildung.

Antonovsky, A. (1987): Unraveling the Mystery of Health. How People Manage Stress and Stay Well. San Francisco: Jossey-Bass Publishers.

Arbeitskreis Gesundheitsbildung der Pädagogischen Arbeitsstelle des Deutschen Volkshochschul-Verbands (1985): Rahmenplan Gesundheitsbildung an Volkshochschulen. Bonn: o.V.

Arbeitskreis Gesundheitsbildung der Volkshochschul-Landesverbände und des Deutschen Instituts für Erwachsenenbildung (DIE) – Pädagogische Arbeitsstelle des Deutschen Volkshochschul-Verbandes (Hrsg.) (1994): Empfehlungen zur Qualifikation von Kursleiterinnen und Kursleitern in der Gesundheitsbildung an den Volkshochschulen. Frankfurt a.M: o.V..

Badura, B./Schröder, H./Vetter, C. (Hrsg.) (2008): Fehlzeiten-Report 2007: Schwerpunkt: Arbeit, Geschlecht und Gesundheit. Berlin – Heidelberg: Springer.

Badura, B./von Ferber, C. (Hrsg.) (1981): Selbsthilfe und Selbsthilfeorganisation im Gesundheitswesen. München – Wien: Oldenbourg.

Barz, H./Tippelt, R. (Hrsg.) (2004/2007): Weiterbildung und soziale Milieus, 2 Bde. Bielefeld: Bertelsmann.

Bengel, J./Strittmatter, R./Willmann, H. (1998): Was erhält Menschen gesund? Antonovskys Modell der Salutogenese – Diskussionsstand und Stellenwert. (hrsg. von der Bundeszentrale für Gesundheitliche Aufklärung [BZgA]) Köln: Bundeszentrale für Gesundheitliche Aufklärung.

Blättner, B. (1998): Gesundheit läßt sich nicht lehren. Bad Heilbrunn: Klinkhardt.

Brägger, G./Posse, N./Israel, G. (2008): Bildung und Gesundheit. Argumente für eine gute und gesunde Schule. Bern: Hep.

Broesskamp-Stone, U./Schmacke, N./Walter, U./Kickbusch, I. (1998): Strukturen der Gesundheitsförderung. In: Schwartz, F.W. u.a. (Hrsg.): Das Public Health Buch. Gesundheit und Gesundheitswesen. München/Wien/Baltimore: Urban & Fischer, S. 189-199.

Bonitz, D./Eberle, G./Lück, P. (2007): Wirtschaftlicher Nutzen von Betrieblicher Gesundheitsförderung aus Sicht der Unternehmen. (hrsg. von AOK-Bundesverband). Bonn: Wido.

Bödeker, W./Hüsing, T. (2008): IGA-Report 12: Einschätzung der Erwerbsbevölkerung zum Stellenwert der Arbeit, zur Verbreitung und Akzeptanz von betrieblicher Prävention und zur krankheitsbedingten Beeinträchtigung der Arbeit 2007. Essen: BKK Bundesverband.

Bundesvereinigung für Gesundheit e.V. (1997): Gesundheit und allgemeine Weiterbildung. Beitrag zu einer neuen Perspektive der Gesundheitsförderung. Bonn: Bundesministerium für Bildung, Wissenschaft, Forschung und Technologie.

Dethlefsen, Th./Dahlke, R. (1990): Krankheit als Weg. Deutung und Be-Deutung der Krankheitsbilder. München: Goldmann.

Faltermaier, T. (1991): Subjektive Theorien von Gesundheit: Stand der Forschung und Bedeutung für die Praxis. In: Flick, U. (Hrsg.): Alltagswissen über Gesundheit und Krankheit. Subjektive Theorien und soziale Repräsentationen. Heidelberg: Asanger, S. 45-58.

Ferber, Ch. von (1996): Zur gesellschaftlichen und sozialpolitischen Bedeutung von Selbsthilfe und Selbsthilfeunterstützung. In: GesundheitsAkademie Bremen/Landesinstitut für Schule und Weiterbildung, NRW (Hrsg.): Neue Provokationen zur Gesundheit. Beiträge zu aktuellen Themen aus der Gesundheitsförderung und -bildung. Frankfurt a.M.: Mabuse, S. 123-131.

Focus Medialine (2002): Der Markt für Fitness und Wellness. Daten – Fakten – Trends. München.

Gadamer, H.-G. (1993): Über die Verborgenheit der Gesundheit. Frankfurt a.M.: Suhrkamp.

Giesz, L. (1990): Nietzsche – Die große Gesundheit. In: Ders.: Philosophische Spaziergänge. Stuttgart: Metzler, S. 86-102.

Gusy, B. (2003): Gesundheitsbezogene Bachelor und Masterstudiengänge. In: IGP-Newsletter 2, H. 1, S. 3.

Haug, Ch. von (1991): Gesundheitsbildung im Wandel. Bad Heilbrunn: Klinkhardt.

Hay, L.L. (199212): Gesundheit für Körper und Seele. Wie Sie durch mentales Training Ihre Gesundheit erhalten und Krankheiten heilen. München: Heyne.

Hemminger, H. (1996): Eine Erfolgspersönlichkeit entwickeln? Psychokurse und Erfolgstechniken in der Wirtschaft. In: EZW-Texte Nr. 132. Stuttgart: Evangelische Zentralstelle für Weltanschauungsfragen.

Herzlich, C. (1991): Soziale Repräsentationen von Gesundheit und Krankheit und ihre Dynamik im sozialen Feld. In: Flick, U. (Hrsg.): Alltagswissen über Gesundheit und Krankheit. Subjektive Theorien und soziale Repräsentationen. Heidelberg: Asanger, S. 293-302.

Horx, M.//Horx, O./Gaspar, C (Hrsg.) (August 1999): Trenddossier: Was ist Wellness? Anatomie und Zukunftsperspektiven des Wohlfühl-Trends. Kelkheim: Zukunftsinstitut.

Hurrelmann, K./Laaser, U./Razum, O. (Hrsg.) (2006[4]): Handbuch Gesundheitswissenschaften. Weinheim: Juventa.

Illich, I. (1975): Die Enteignung der Gesundheit. Reinbek: Rowohlt.

Kuwan, H./Gnahs, D./Kretschmer, I./Seidel, S. (1996): Berichtssystem Weiterbildung VI. Integrierter Gesamtbericht zur Weiterbildungssituation in Deutschland. Bonn: BMBF.

Kuwan, H./Bilger, F./Gnahs, D./Seidel, S. (2006): Berichtssystem Weiterbildung IX. Integrierter Gesamtbericht zur Weiterbildungssituation in Deutschland. Bonn: BMBF.

Labisch, A./Woelk, W. (1998[2]): Geschichte der Gesundheitswissenschaften. In: Hurrelmann, K./Laaser, U. (Hrsg.): Handbuch Gesundheitswissenschaften. Neuausgabe. Weinheim/München: Juventa, S. 49-89.

Landesverband der Volkshochschulen Schleswig-Holstein e.V. (1997): Grenzbereiche des Angebots in der Gesundheitsbildung und der Psychologie. Rundschreiben 4, Anlage 11. Kiel.

Lobo, R. (1979): Zum Transfer des Yoga in den Westen. In: Volkshochschule im Westen, H. 6, S. 302-303.

Mühlhausen, C. (2003): Megamarkt Gesundheit. Die Schlüsselbranche der Zukunft – 14 Trends für das Health-Business von morgen. Kelkheim: Zukunftsinstitut.

Nietzsche, F. (1988): Menschliches, Allzumenschliches I. In: Ders.: Kritische Studienausgabe (KSA) 2; (hrsg. von Giorgio Colli und Mazzino Montinari). München: dtv, S. 9-366.

Notz, K.-J. (1988): Esoterik und New Age in der Erwachsenenbildung. In: Materialdienst der Evangelischen Zentralstelle für Weltanschauungsfragen 51. S. 79-87.

Nüchtern, E. (1998): Was Alternativmedizin populär macht. In: EZW-Texte Nr. 139. Berlin: Evangelische Zentralstelle für Weltanschauungsfragen.

Pluto, R.-P. u.a. (1996): Betriebliche Gesundheitsförderung in einem Unternehmen der chemischen Industrie. In: Bundesanstalt für Arbeitsmedizin (Hrsg.): Betriebliche Gesundheitsförderung ein neues Aufgabenfeld des Betriebsarztes; Workshop vom 18. November 1995 in der Bundesanstalt für Arbeitsmedizin. Berlin: Springer.

Priester, K. (1998): Betriebliche Gesundheitsförderung: Voraussetzungen – Konzepte – Erfahrungen. Frankfurt a.M.: Mabuse.

Reichart, E./Huntemann, H. (2007): Volkshochschul-Statistik Arbeitsjahr 2006. Bonn.

Reschauer, G./Kälble, K. (1997): Postgraduierten Studiengänge an Universitäten. In: Kälble, K./Troschke, J. v. (Hrsg.): Aus- und Weiterbildung in den Gesundheitswissenschaften/Public Health. Freiburg: Koordinierungsstelle für Gesundheitswissenschaften, S. 56-67.

Schwager, Th./Udris, I. (1998): Gesundheitsförderung in Schweizer Betrieben. In: Bamberg, E./Ducki, A./Metz, A.-M. (Hrsg.): Handbuch betriebliche Gesundheitsförderung: arbeits- und organisationspsychologische Methoden und Konzepte. Göttingen: Verlag für angewandte Psychologie, S. 437-444.

Schwartz, F.W./Badura, B./Busse, R./Leidl, R./Raspe, H./Siegrist, J. (Hrsg.) (2002[2]): Das Public Health Buch. Gesundheit und Gesundheitswesen. München/Wien/Baltimore: Urban & Fischer.

Schwendenwein, J. (1997): Gesundheitsförderung durch Organisationsentwicklung: der Krankenstand als Evaluationsindikator. München/Wien: Profil.

Schwertfeger, B. (1998): Der Griff nach der Psyche. Was umstrittene Persönlichkeitstrainer in Unternehmen anrichten. Frankfurt a.M.: Campus.

Sonntag, U./Blättner, B. (1998): Gesundheitshandeln von Frauen und Männern. Eine Literaturrecherche. In: GesundheitsAkademie/Landesinstitut für Schule und Weiterbildung, NRW (Hrsg.): Die Gesundheit der Männer ist das Glück der Frauen? Chancen und Grenzen geschlechtsspezifischer Gesundheitsarbeit. Frankfurt a.M.: Mabuse, S. 149-237.

Statistisches Bundesamt (Hrsg.) (1998): Gesundheitsbericht für Deutschland, Stuttgart:Metzler-Poeschel.

Statistisches Bundesamt (2006): Gesundheit. (8. Kapitel) In: Dass. (Hrsg.): Datenreport 2006. Zahlen und Fakten über die Bundesrepublik Deutschland. Bonn: o.V., S. 179-194.

Stiftung Warentest (1996): Die Andere Medizin. Nutzen und Risiken sanfter Heilmethoden. Berlin: Stiftung Warentest.

Ulsamer, B. (1994): Management und Meditation: Zwei Gegensätze nähern sich – Meditation als Übung für den beruflichen Alltag. In: Lehmann, R.G. (Hrsg.): Weiterbildung und Management: Planung, Praxis, Methoden, Medien. Landsberg/Lech: Moderne Industrie, S. 299-308.

Vonessen, F. (1974): Gesund, Gesundheit. In: Ritter, J. (Hrsg.): Historisches Wörterbuch der Philosophie, Bd. 3. Darmstadt: Schwabe, Sp. 559-561.

World Health Organisation (WHO): Ottawa-Charta for Health Promotion. Genf 1986 (abgedruckt z.B. auch in: Koddenberg, K./Papenkort, U. (Hrsg.) (1997): Gesundheit in der Weiterbildung: Erkenntnisse, Erfahrungen und Empfehlungen zur Gesundheitsbildung. (hrsg. im Auftrag der Katholischen Bundesarbeitsgemeinschaft für Erwachsenenbildung, KBE) Bonn: o.V., S. 14-18.

Wissenschaftliches Institut der AOK (WIDO): Betriebliche Gesundheitsförderung. Verfügbar unter: http://wido.de/betriebliche_gesundh.html (04.09.2008)

Zangemeister, Ch./Nolting, H.-D. (1997): Kosten- Wirksamkeits-Analyse im Arbeits- und Gesundheitsschutz: Einführung und Leitfaden für die betriebliche Praxis. Dortmund/Berlin: Wirtschaftsverlag NW, Verlag für neue Wissenschaft.

Zimmermann, R. (1996): Symbolisation und Vermarktung von Gesundheit. In: GesundheitsAkademie Bremen/Landesinstitut für Schule und Weiterbildung, NRW (Hrsg.): Neue Provokationen zur Gesundheit. Beiträge zu aktuellen Themen aus der Gesundheitsförderung und –bildung. Frankfurt a.M.: Mabuse, S. 109-122.

Zukunftsletter (2005): Dr. DotCom – Die Telemedizin setzt zum Quantensprung an. In: Zukunftsletter Nr. 7; Bonn: Fachverlag für Marketing und Trendinformationen, S. 9.

Christiane Schiersmann

Beratung im Kontext lebenslangen Lernens

1 Einleitung

Vor dem Hintergrund der Individualisierung von Bildungs- und Berufsbiographien und der Programmatik des lebenslangen Lernens hat Beratung für das Feld Bildung, Beruf und Beschäftigung enorm an Bedeutung gewonnen. Angesichts der vielfältigen Bildungs- und Berufsentscheidungen im Lebenslauf ist es sinnvoll und erforderlich, von einem Beratungsverständnis auszugehen, das für die unterschiedlichen Beratungsanlässe des Lernens im Lebenslauf gleichermaßen geeignet ist. Angesichts des Schwerpunktes dieses Handbuchs wird gleichwohl an verschiedenen Stellen des Beitrags die Situation in der Weiterbildung vertiefend betrachtet. Zunächst werden die aktuellen Beratungsanlässe auf einer allgemeinen Ebene skizziert (Abschnitt 2). Im Mittelpunkt steht die Charakteristik des Beratungsprozesses im engeren Sinne sowie seiner institutionellen und gesellschaftlichen Kontexte. Diese Darstellung erfolgt unter Rekurs auf ein systemisches Modell von Beratung (Abschnitt 3). Im Abschnitt 4 werden aus den vorausgegangenen Überlegungen für die Kompetenzen bzw. die Professionalität der Berater gezogen.

2 Beratungsanlässe, Zielperspektiven und Aufgabenfelder von Beratung

2.1 Bedeutungszuwachs von Beratung im Lebenslauf

Betrachtet man aktuelle bildungspolitische Äußerungen zum lebenslangen Lernen – gleich welcher politischer Couleur – so lässt sich feststellen, dass der Beratung in diesem Zusammenhang weitgehend übereinstimmend eine zentrale Rolle zugewiesen wird. Im internationalen Kontext hat die Entschließung der Europäischen Union (EU) zur lebensbegleitenden Beratung (8448/04 EDUC 89 SOC 179) neben einer Vielzahl politikbezogener sowie wissenschaftlicher Dokumente (vgl. Sultana/Watts 2005) die Bedeutung von Beratung nachhaltig untermauert. Für die deutsche Diskussion ist exemplarisch hervorzuheben, dass sich in dem von der Bundesministerin für Bildung und Forschung 2006 eingerichteten Innovationskreis Weiterbildung, der politische Handlungsempfehlungen und Forschungsschwerpunkte für diesen Bildungsbereich erarbeitet hat, einer von vier Arbeitskreisen dem Thema der Beratung im Kontext von Bildung, Beruf und Beschäftigung widmete und dem Thema Beratung bei den Empfehlungen des Innovationskreises eine Schlüsselstellung für die Realisierung des Lernens im Lebenslauf zugewiesen wird (vgl. Bundesministerium für Bildung und Forschung 2008). In die gleiche Richtung weist die Tatsache, dass sich 2006 das Nationale Forum Beratung (nfb) gegründet hat, ein

Netzwerk relevanter Akteure im Bereich der Bildungs- und Berufsberatung. Dieser Zuwachs der bildungspolitischen Beachtung von Beratung lässt sich inhaltlich vielfältig begründen:

2.2 Anlässe für Beratung

Normierte Bildungs- und Berufsverläufe verlieren an Bedeutung. Die Individuen stehen vor der Herausforderung, ihre jeweiligen *Bildungs- und Berufsbiographien* weitgehend *individuell und in eigener Verantwortung* zu *gestalten* bzw. zu ‚konstruieren'. Dies beginnt bei der Entscheidung über die Schullaufbahn, geht über die Wahl einer Berufsausbildung oder eines Studium bis zur Teilnahme an Weiterbildung. Begriffe wie der der employability, d.h. der Erwartung von Seiten der Betriebe, dass die (potentiellen) Arbeitskräfte für ihre eigene Beschäftigungsfähigkeit sorgen, oder der Begriff des Arbeitskraftunternehmers (vgl. Pongratz/Voß 2003) charakterisieren diesen Trend in Bezug auf die Erwerbspersonen. Diese Entwicklung eröffnet einerseits Handlungsspielräume für die Individuen, beinhaltet andererseits aber auch Unsicherheiten und Risiken. Beides führt dazu, dass Beratung als personenspezifische Orientierungshilfe für ‚passende' Bildungs- und Berufsentscheidungen wichtiger wird.

Hinzu kommt, dass seit einiger Zeit *non-formalen bzw. informellen Lernprozessen* ebenso wie *selbstgesteuerten* bzw. selbstorganisierten Lernprozessen (vgl. Schiersmann 2001) eine größere Bedeutung für das Lernen im Lebenslauf zugewiesen wird. Hierbei spielen arbeitsbegleitende sowie computer- bzw. netzbasierte Lernkontexte eine zentrale Rolle (vgl. Schiersmann/Remmele 2002). Auch in diesem Zusammenhang steigt der Bedarf an Unterstützung durch Beratung.

Quer zu den Bildungs- und Berufsentscheidungen im Prozess des Lebenslaufs und den informell und selbstgesteuert erworbenen Kenntnissen und Fähigkeiten – aber dennoch konzeptionell eng damit verbunden – stellt die gegenwärtige Umorientierung bei der Gestaltung und Bewertung von Lernprozessen von der Input- zur Outputorientierung eine Veränderung dar, die als Paradigmenwechsel charakterisiert werden kann. Diese Entwicklung ist in engem Zusammenhang mit der Orientierung am Kompetenzbegriff anstelle des Bildungs- oder Qualifikationsbegriffs zu sehen. Setzt sich diese Entwicklung durch, so wird es zukünftig weniger um die Frage gehen, welche Bildungsangebote eine Person besucht hat, sondern darum, welche Kompetenzen sie nachweisen kann – unabhängig davon, wie und wo diese erworben wurden. Auch in diesem Kontext wächst die bildungspolitische Herausforderung, sich Gedanken darüber zu machen, wie Kompetenzen nachgewiesen und zertifiziert werden können. Wie erste Erfahrungen zeigen, ist die individuelle Bilanzierung erworbener Kompetenzen, die Identifizierung von Entwicklungspotentialen und die Ableitung zukünftiger *Kompetenzentwicklungsstrategien* in vielen Fällen nicht ohne professionelle Unterstützung, d.h. ohne Beratung möglich (vgl. Neß 2005).

Nicht nur Individuen müssen ihre Kenntnisse und Fähigkeiten ständig aktualisieren und erweitern, dies betrifft in gleicher Weise *Betriebe als soziale Systeme*. Die Optimierung der Wissens- und Kompetenzentwicklung stellt in einer Wissensgesellschaft eine strategische Ressource für eine erfolgreiche Unternehmenspolitik dar. Um dafür optimale Strategien zu entwerfen und umzusetzen, sind Unterstützungsstrategien im Sinne von Beratung erforderlich. Großbetriebe bauen dafür betriebsinterne Strukturen auf, die kompetentes Personal erfordern, insbesondere Klein- und Mittelbetriebe sind dabei vielfach auf externe professionelle Beratung angewiesen.

2.3 Beratungsverständnis

Angesichts der skizzierten Anforderungen an das Lernen im Lebenslauf liegt es nahe, sich an einem Beratungsverständnis zu orientieren, das die Bereiche Bildung, Beruf und Beschäftigung umfasst und damit dem englischen Begriff der career guidance bzw. career development entspricht. Als Aufgabengebiete gehören dazu Bratungsanliegen, die die Wahl von Bildungs- und Berufswegen betreffen, aber auch den Umgang mit Arbeitsplatz- oder Berufswechsel, Arbeitslosigkeit, Wiedereinstieg in das Berufsleben nach familienbedingter Unterbrechung und beruflichen Aufstieg. Dieses Beratungsverständnis umfasst alle mit dem Bildungs- und Erwerbsverlauf verbundenen Informations-, Orientierungs- und Beratungsaktivitäten (vgl. dazu auch die Entschließung der EU von 2004). Die Ausweitung der Beratungsanlässe im Lebenslauf macht ein Beratungsverständnis notwendig, dass sich – wie es auch in der bereits erwähnten Entschließung der EU betont wird – auf eine Vielzahl von Angeboten erstreckt, die die Bürger[1] in jedem Lebensabschnitt dazu befähigen, sich Aufschluss über ihr Kompetenzprofil zu verschaffen und fundierte Bildungs-, Ausbildungs- und Berufsentscheidungen zu treffen. Dies geht über eine tradierte Aufgabenbeschreibung von Beratung hinaus, die den Focus vorrangig auf Übergangssituationen richtete.

2.4 Zielperspektiven von Beratung

Bildungs- und Berufsberatung[2] ist verschiedenen Zielen verpflichtet. Sie trägt zunächst auf der *individuellen Ebene* dazu bei, die bildungs- und berufsbiographische Gestaltungskompetenz und damit u.a. die persönliche Beschäftigungsfähigkeit zu erhöhen. Darüber hinaus spielen aber auch *bildungs- und arbeitsmarktpolitische politische Ziele* eine Rolle: Eine gute Bildungs- und Berufsberatung kann die Effektivität und Effizienz des Bildungssystems erhöhen, z.B. indem sie Fehlallokationen und Abbruchquoten verringern hilft, auf der arbeitsmarktpolitischen Ebene stärkt sie die Funktionsfähigkeit des Arbeitsmarktes durch die Bereitstellung eines optimal qualifizierten Arbeitskräftepotentials. Auf der *gesellschaftspolitischen Ebene* kann sie die Chancen zur gesellschaftlichen Teilhabe erhöhen und die soziale Integration tendenziell ausgegrenzter Gruppen (z.B. Arbeitslose, Geringqualifizierte, Migranten) fördern.

2.5 Aufgabenbereiche von Beratung im Rahmen der Weiterbildung

Für die Weiterbildung lassen sich die in der Abbildung 1 dargestellten Aufgaben von Beratung unterscheiden, wobei es sich bei dieser Ausdifferenzierung um eine analytische handelt. In der Praxis sind die Übergänge fließend bzw. auch Mischformen anzutreffen.

1 Aus sprachästhetischen Gründen wird lediglich die männliche Form verwandt. Dabei sind jedoch jeweils Männer und Frauen gleichermaßen gemeint.

2 Die Begriffe Beratung in Bildung, Beruf und Beschäftigung sowie Bildungs- und Berufsberatung werden synonym gebraucht. Als korrekter ist die erste Formulierung anzusehen, sie ist nur sprachlich recht umständlich.

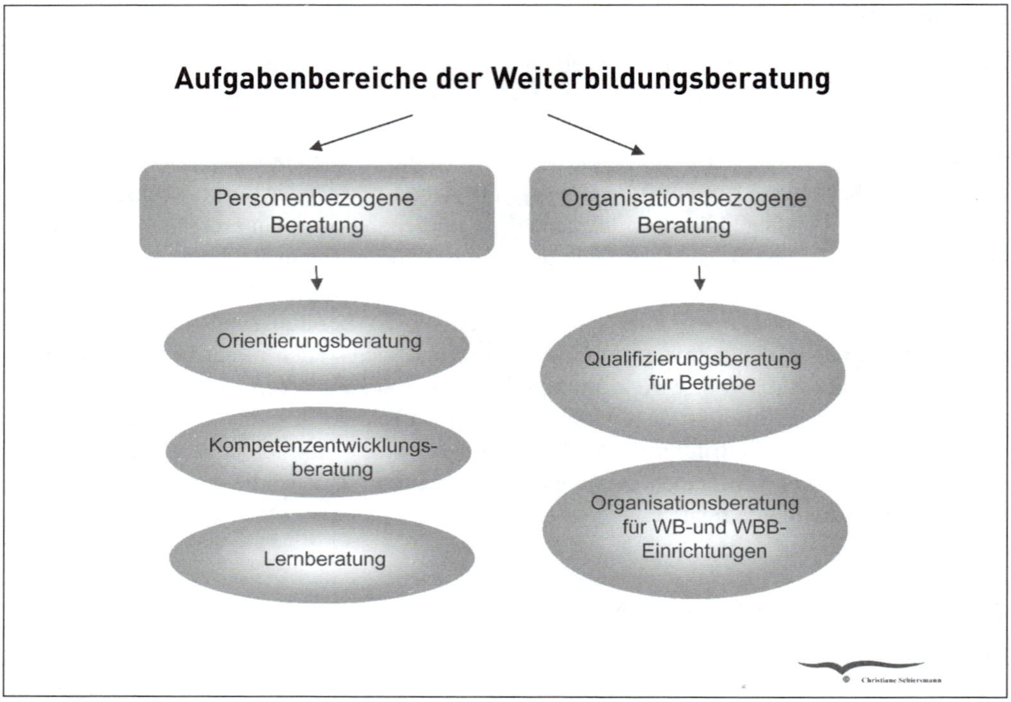

Abb. 1: Aufgabenbereiche der Weiterbildungsberatung

Personenbezogene Beratung

Die personenbezogene Weiterbildungsberatung lässt sich weiter ausdifferenzieren in die drei Bereiche der Orientierungsberatung, der Kompetenzentwicklungsberatung sowie der Lernberatung.

Bei der *Orientierungsberatung* geht es in erster Linie um eine Unterstützung bei Weiterbildungs- bzw. Berufsentscheidungen, die aus der bereits charakterisierten Individualisierung von Bildungs- und Berufsbiographien resultieren.

Als neues Aufgabenfeld kristallisiert sich zur Zeit ein Bereich heraus, der am ehesten mit dem begriff der *Kompetenzentwicklungsberatung* erfasst werden kann. Dabei geht es darum, Personen darin zu unterstützen, ihre vorhandenen Kompetenzen zu dokumentieren, zu bilanzieren und Strategien zu deren Weiterentwicklung zu identifizieren. Diese Anforderung hat zum einen aufgrund der bereits erwähnten stärkeren Beachtung non-formaler bzw. informeller Lernprozesse an Bedeutung gewonnen, zum anderen im Kontext der insbesondere auf der europäischen Ebene geführten Diskussion um die Erhöhung der Mobilität von Arbeitskräften und die internationale Anerkennung von Kompetenzen.

Davon abgrenzen lässt sich die *Lernberatung*. Sie richtet sich in erster Linie an diejenigen, die sich bereits in einer konkreten Lernsituation befinden bzw. unmittelbar davor stehen. Letzteres bezieht sich z.B. auf den Einstufungsbedarf im Sprachenbereich. Die Lernberatung war schon immer mehr oder weniger expliziter Bestandteil der alltäglichen Arbeit von Weiterbildnern. Beraten stellt insofern eine integrale Funktion pädagogischen Handelns dar. Konzeptionelle Überlegungen zur Lernberatung wurden in den achtziger Jahren in erster Linie für Zielgruppen entwickelt, die aufgrund ihrer Bildungsferne und ihrer prekären sozialen Lage Lernprobleme aufwiesen (vgl. Fischer 1987; Fuchs-Brünninghoff/Pfirrmann 1991; Tröster 2000).

Mit der Orientierung am Leitbild des ressourcenorientierten selbstgesteuerten Lernens und der den Individuen zugewiesenen Selbstverantwortung für ihre Lernprozesse sowie dem zunehmenden Einsatz neuer Technologien hat sich die Lernberatung konzeptionell verändert. Lernberatung wird dabei als intensive Reflexion des Lernprozesses sowohl individuell als auch in der Lerngruppe verstanden (vgl. Kemper/Klein 1998; Klein u. a. 2002). Als Elemente werden Lerntagebücher, Lernkonferenzen, Lernquellenpools, Fachreflexion und Feedback eingesetzt. Neben der Lernberatung in organisierten Lerngruppen erlangen Formen der Lernberatung für stärker individualisierte Lernsituationen zunehmende Bedeutung, z.B. in Lernzentren oder im Kontext von E-Learning bzw. Blended Learning-Konzepten.

Organisationsbezogene Beratung

In Bezug auf die Beratung sozialer Systeme lassen sich die Qualifizierungsberatung und die Organisationsberatung für Weiterbildungs- und Weiterbildungsberatungseinrichtungen tendenziell voneinander abgrenzen.

Der Begriff der *Qualifizierungsberatung* ist zunächst im Rahmen von Modellprojekten in den 1980er Jahren geprägt worden. Dabei ging es darum, vorrangig Klein- und Mittelbetriebe im Hinblick auf die Ausgestaltung ihrer Qualifizierungsstrategien – insbesondere hinsichtlich des Einsatzes neuer Technologien – zu beraten (vgl. Koch/Kraak 1994; Döring u.a. 1989). Heute erwarten Betriebe prinzipiell in zunehmendem Maße individuell zugeschnittene Weiterbildungsangebote, um die Effizienz der Lernprozesse und deren Transfer in den betrieblichen Alltag zu erhöhen. Die Unternehmen müssen ihren Qualifikationsbedarf – möglichst präventiv – ermitteln und ihre personellen Ressourcen optimieren. Hierzu bedarf es entsprechend geschulter Personen. Es dürfte gerade für Klein- und Mittelbetriebe schwierig bleiben, eigenständige Weiterbildungsplanung zu betreiben, da sie in der Regel über kein spezielles Weiterbildungspersonal verfügen. Hinzu kommt, dass Weiterbildungsbedarfserhebungen und daraus abzuleitende Planungsprozesse angesichts der Dynamisierung des ökonomischen Wandels immer schwieriger werden. Allerdings zeigen die Erfahrungen, dass in Klein-und Mittelbetrieben häufig zunächst andere als Qualifizierungsfragen einen Beratungsbedarf auslösen. Die Analyse zeigt dann aber in der Regel, dass gezielte Kompetenzentwicklungsstrategien erforderlich sind, um Probleme wie Veränderungen der Arbeitsorganisation oder der Schärfung des Unternehmensprofils erfolgreich zu bewältigen. In diesem Kontext kann die Qualifizierungsberatung die konkreten betrieblichen Problemsituationen ermitteln und maßgeschneiderte Lösungsstrategien entwickeln.

Ein besonderer Schwerpunkt der Organisationsberatung im Kontext der Beratung für Bildung, Beruf und Beschäftigung bezieht sich angesichts sich schnell ändernder Teilnehmerinteressen sowie veränderter Rahmen- und Marktbedingungen auf die *Beratung von Weiterbildungs- sowie Beratungsinstitutionen.* Der Weiterbildungsmarkt expandiert und verändert sich laufend, das tradierte Selbstverständnis muss hinterfragt werden, das Programmangebot muss profiliert werden, die klassischen institutionellen Strukturen erweisen sich als teilweise dysfunktional, die Arbeitsabläufe müssen effizienter gestaltet, betriebswirtschaftliche Steuerungsinstrumente eingeführt und die Kultur der Einrichtung reflektiert werden. Auch eigenständige Weiterbildungsberatungsstellen müssen ihre Position im Beratungsfeld kontinuierlich ausloten. Daher sehen sich die Einrichtungen der Weiterbildung sowie der Weiterbildungsberatung auch häufiger als früher veranlasst, zur Unterstützung dieser Veränderungen gezielte Organisationsentwicklungsprozesse zu initiieren und Organisationsberatung in Anspruch zu nehmen (vgl. Zech/Ehse 2000; von Küchler/Schäffter 1997; Meisel 1997; Kil 2002). Für die Bedeutung von Organisationsberatung für diese Einrichtungen spricht, dass fast die Hälfte (48%) der Weiterbildungseinrichtungen und nahezu ebenso viele Weiterbildungsberatungsstellen (45%) in einer Untersuchung angaben, in den letzten drei Jahren eine Organisationsberatung in Anspruch genommen zu haben (vgl. Schiersmann/Remmele 2004). Die Außenperspektive der professionellen Berater trägt dazu bei, zwischen den unterschiedlichen Perspektiven der Betroffenen zu vermitteln, tabuisierte Muster und Rituale aufzudecken und die Beteiligten bei der Entwicklung gemeinsamer Problemlösestrategien im Interesse der Selbstorganisation zu unterstützen. Dabei kommt es darauf an, die vorhandenen Konzepte der Organisationsberatung feldspezifisch auszugestalten. Dies betrifft beispielsweise bei sozialwirtschaftlichen Weiterbildungs- bzw. Weiterbildungsberatungseinrichtungen die Berücksichtigung deren spezifischer Personalsituation mit einem geringen Anteil unbefristet beschäftigter Personen und einem weit überwiegenden Anteil freiberuflich Tätiger.

Zur organisationsbezogenen Beratung von Weiterbildungs- und Beratungseinrichtungen zählt auch die Unterstützung bei der Einführung von Qualitätsmanagementkonzepten, die ebenfalls vorrangig die institutionellen Strukturen, Abläufe und Kulturen einer qualitätsbezogenen Analyse und Veränderung unterziehen. Da die Implementation dieser Verfahren spezifische Qualifikationen erfordert und grundsätzlich die Analyse der Muster und Regeln der eigenen Organisation den Beteiligten nur bedingt zugänglich sind, erweist es sich als sinnvoll und in vielen Fällen notwendig, für diese Form des Qualitätsmanagements – zumindest in begrenztem Umfang – externe professionelle Beratung bereitzustellen (vgl. Schiersmann/Thiel/Pfizenmaier 2001).

3 Eckpunkte einer systemisch-ressourcenorientierten Theorie der Beratung

Angesichts der gestiegenen Bedeutung wachsen auch die Anforderungen an eine adäquate Beratungstheorie. Wie bereits erläutert, vollzieht sich Beratung gegenwärtig in einer sehr komplexen gesellschaftlichen Situation, die den Umgang mit Unsicherheit, Unvorhersagbarkeit, Nichtwissen, Vieldeutigkeit und Paradoxien erfordert. Daher ist davon auszugehen, dass die Suche nach einfachen Ursache-Wirkungszusammenhängen keine geeignete Grundlage mehr für den Entwurf von Handlungsstrategien und Entscheidungen darstellt. Den aktuellen Herausforderungen wird ein systemisches Modell von Beratung am besten gerecht, das die Funktion einer Rahmentheorie übernimmt. Charakteristisch für den systemischen Ansatz ist die Suche nach Zusammenhängen, Mustern, Regeln und zirkulärer Kausalität anstelle der Suche nach linearen Ursachen und monokausalen Erklärungen.

Es lassen sich drei Dimensionen bzw. Kontexte des Beratungsgeschehens unterscheiden, und zwar der Beratungsprozess im engeren Sinne, der institutionelle sowie der gesellschaftliche Kontext (s. Abb. 2). Die drei Dimensionen werden im Folgenden unter Rückgriff auf die jeweiligen Theoriebezüge charakterisiert.

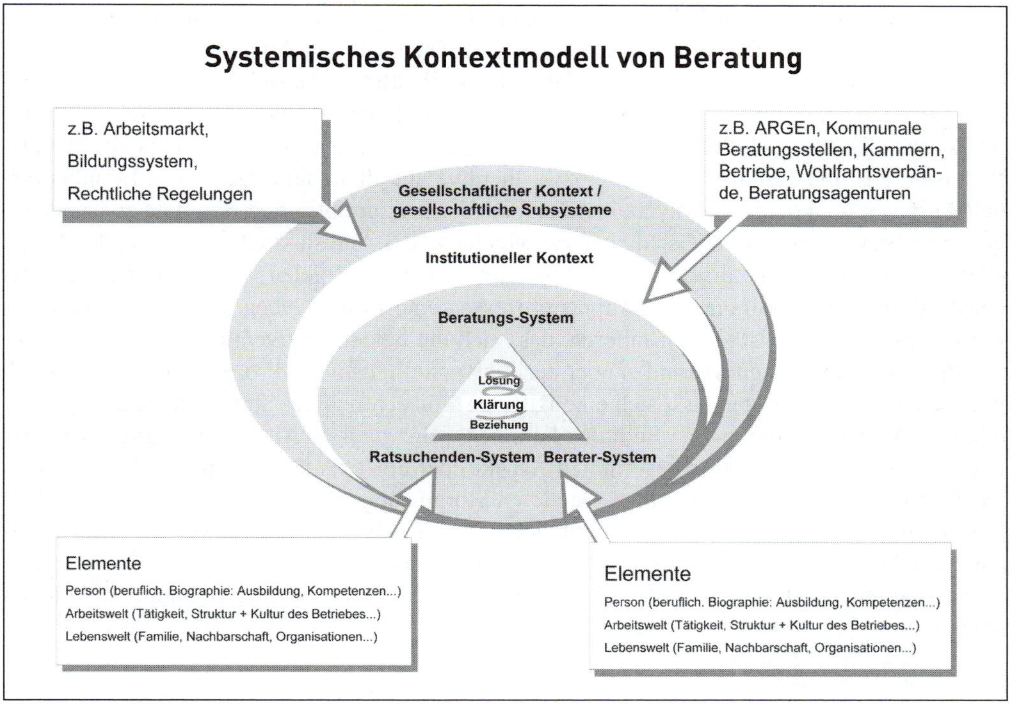

Abb. 2: Systemisches Kontextmodell von Beratung

3.1 Das Beratungssystem

Im Mittelpunkt der personenbezogenen sowie der organisationsbezogenen Beratung steht der Beratungsprozess, der sich durch die spezifische Kommunikation zwischen Ratsuchendem und Berater konstituiert. Dabei ist davon auszugehen, dass zwei unterschiedliche Systeme (Ratsuchender und Berater) zusammenfinden müssen. Daraus konstituiert sich das Beratungssystem, innerhalb dessen sich der Beratungsprozess vollzieht. Für diese Ebene des Beratungsmodells sind psychologisch, therapeutisch, aber auch bildungswissenschaftlich fundierte Theorien von besonderer Bedeutung.

3.1.1 Schulenorientierte Beratungsansätze

Bislang orientiert sich die Ausgestaltung des Beratungsprozesses weitgehend an ‚Beratungsschulen' wie der personzentrierten Beratung (vgl. Rogers/Schmid 1998), der kognitiven Verhaltensberatung (vgl. Thiel 2007a), der lösungsorientierten Beratung (vgl. Bamberger 2005; Thiel 2007b) sowie systemischer Ansätze (vgl. Schiersmann 2007) – sofern denn das Beratungsgeschehen überhaupt theoriegeleitet erfolgt. Eine empirische Untersuchung für den Bereich der Weiterbildungsberatung ergab, dass lediglich 45% der Berater ihr Beratungshandeln an einem theoretischen Konzept orientieren. Dabei dominierte der personzentrierte Ansatz, gefolgt vom systemischen und lösungsorientierten Ansatz (vgl. Schiersmann/Remmele 2004, S. 72ff.).

Dabei ist anzumerken, dass sich insgesamt der Beratungsbereich in Deutschland erst in den 1960er Jahren aus der Therapie entwickelt hat (vgl. Thiel u.a. 1991). Die Unterscheidung zwischen Therapie und Beratung erscheint dabei unter inhaltlichen Gesichtspunkten als nachrangig (vgl. dazu auch Borg-Laufs 2004). Als Grund dafür lässt sich anführen, dass die den Beratungs- bzw. Therapieschulen zugrunde liegenden Theorien nicht interventionsspezifisch sind. So basiert z.B. die Verhaltensberatung bzw. -therapie vor allem auf allgemeinen Lerntheorien und Ansätzen der kognitiven Psychologie und die der personzentrierten Beratung zugrundeliegenden Überlegungen zur menschlichen Entwicklung (z.B. Selbstaktualisierungstendenz) sind ebenso nicht spezifisch für eine Interventionsform, sondern spielen beispielsweise auch bei der Analyse und Gestaltung von Gruppenprozessen eine Rolle. Neben den identischen theoretischen Grundlagen ist zu konstatieren, dass sich die beiden Interventionsformen auch hinsichtlich der eingesetzten Methoden oder der Zielvorstellungen des Prozesses nicht prinzipiell unterscheiden. Am ehesten lässt sich eine Differenz hinsichtlich der Störungstiefe ausmachen, d.h. dass Menschen, die in eine Beratung kommen, prinzipiell im Alltags handlungsfähig sind und ‚nur' in Bezug auf einen bestimmten Aspekt oder ein Thema Unterstützung nachfragen, während eine Therapie bei einer umfassenderen Störung angezeigt wäre.

Seit einiger Zeit zeichnen sich nun Entwicklungen ab, die eine Abkehr von der schulenorientierten Ausrichtung der Beratungsprozesse nahe legen und m. E. als zukunftsweisend anzusehen sind, da sie in angemessener Weise auf die Komplexität heutiger Beratungssituationen reagieren.

3.1.2 Schulenorientierte Kombination von Beratungskonzepten

Schon seit den 1960er Jahren wurde das Märchen, dass einzelne Therapierichtungen einen alleinigen Wahrheitsanspruch besäßen und ihre Theoriegebäude in sich geschlossen seien, zerstört (vgl. Beispiele dazu bei Thiel 2007c, S. 3ff.). Gegenwärtig ist der ‚Methoden-Mix' in vielen Veröffentlichungen fast zur Selbstverständlichkeit geworden (vgl. Klein 2005). Allerdings ist zu bemängeln, dass in vielen jüngeren Veröffentlichungen zur Beratung theoretische Versatzstücke und Einzelverfahren ohne nähere Begründung und ohne Angabe ihrer Herkunft kombiniert bzw. integriert werden (vgl. Winiarski 2004).

3.1.3 Wirkprinzipien als Grundlage für ein allgemeines Beratungskonzept

Einen anderen Weg als den Versuch, Einzelmethoden bzw. Verfahren aus bestimmten Beratungsschulen in andere zu integrieren, ist Grawe (vgl. Grawe u.a. 1994; Grawe 2000) gegangen. Er identifizierte auf der Basis der Sekundärauswertung zahlreicher empirischer Studien zu unterschiedlichen Therapierichtungen nach ausgewiesenen Gütekriterien zentrale Faktoren bzw. allgemeine Prinzipien der Wirksamkeit von Therapieverfahren, die sich mit der bereits erwähnten Begründung auf die Beratung übertragen lassen. In der Veröffentlichung von 2000 benennt Grawe als zentrale Wirkprinzipien die

- Ressourcenaktivierung und die prozessuale Aktivierung/Problemaktualisierung (Dieses doppelte Wirkprinzip tritt an die Stelle des in der Veröffentlichung von 1994 als Beziehungsperspektive benannten Wirkfaktors.)
- Intentionsveränderung und
- Intentionsrealisierung

Grawe geht davon aus, dass die *Ressourcenaktivierung* die gute Beziehung im Therapie- bzw. hier Beratungssetting fördert, direkte Auswirkungen auf das Wohlbefinden des Ratsuchenden hat und zu selbstwerterhöhenden Wahrnehmungen führt. Dies wiederum beeinflusst insgesamt die eigenen Bewältigungsversuche positiv, wodurch ein diesbezüglicher Rückkopplungsprozess in Gang gesetzt wird. Beim Wirkprinzip der *‚prozessualen Aktivierung‘* bzw. *‚Problemaktualisierung‘* steht die *unmittelbare* Erfahrung des Ratsuchenden im Mittelpunkt. Die Aufmerksamkeit wird auf das gelenkt, was gerade im Ratsuchenden abläuft, was er wahrnimmt, denkt, fühlt, tut oder vermeiden möchte; seine emotionale Beteiligung, den Bezug auf eigene Werte und Intentionen, die Aufmerksamkeit auch auf den Bearbeitungsprozess selber, seine Bearbeitungsweise der Inhalte seines Erlebens. Im Interesse der sprachlichen Vereinfachung wird dieses Wirkprinzip in der Abbildung 2 mit dem Begriff ‚Beziehung‘ erfasst – in Anlehnung an die in der Veröffentlichung von 1994 von Grawe gewählte Formulierung.

Das Wirkprinzip der *Klärungsperspektive* bzw. der *Intentionsveränderung* (in Abb. 1 als Klärung bezeichnet) bezieht sich auf das klärungs- und motivationsorientierte Vorgehen, bei dem Ziele, Werte, Bedürfnisse und damit einhergehende Konflikte im Erleben und Verhalten des Ratsuchenden gemeinsam von Berater und Ratsuchenden bearbeitet werden.

Das Wirkprinzip der *Intentionsrealisierung* (in Abb. 2 als Lösung bezeichnet) fokussiert die Problembewältigungsperspektive, d.h. die Umsetzung von Absichten. Die Realisierung von Intentionen setzt – über die Veränderung von Erwartungen hinaus – als handlungsorientiertes Herangehen das Können und Vorhandensein der Möglichkeiten zur Veränderung voraus. Der Professionelle unterstützt den Ratsuchenden dabei, durch geeignete Maßnahmen Lösungswege zu realisieren.

3.1.4 Synergetisches Prozessmanagement als Grundlage für eine systemische Beratungstheorie

Einen weiteren Ansatz für eine integrierte Beratungstheorie liefert das von Haken/Schiepek (2006) entwickelte Modell des Synergetischen Prozessmanagements. Es weist gegenüber dem Ansatz von Grawe (2000) den Vorteil auf, konsequenter einen systemischen Ansatz zu realisieren und wird daher mit der oben erläuterten Begründung der Angemessenheit systemischer Ansätze für komplexe Kontexte favorisiert. Dabei ist anzumerken, dass Haken/Schiepek (2006) den Ansatz von Grawe (2000) intensiv rezipiert haben, in einer Reihe von Punkten damit übereinstimmen und an verschiedene Aspekte explizit anknüpfen. Die von Haken/Schiepek (2006) zu Grunde gelegte Variante der Systemtheorie rekurriert insbesondere auf die Chaostheorie und die Theorie der Selbstorganisation.

Die Autoren betrachten Beratung, d.h. sowohl personen- als auch organisationsbezogene Beratung als ‚Förderung selbstorganisierender Prozesse‘. Damit ist Beraten ‚prozessuales Schaffen von Bedingungen‘ bzw. ‚Möglichkeiten für systeminterne Prozesse‘. In einem selbstorganisierenden System geht es um das letztlich nicht planbare, wechselseitige Zusammenwirken von vielen Elementen und Prozessen im Sinne einer Synergie. Durch Prozesse der positiven Rückkopplung bzw. Selbstverstärkung minimaler Anfangsunterschiede entsteht diesem Ansatz zu Folge eine neue Ordnung, ein verändertes Muster bzw. ein anderer Attraktor (z.B. von Kognition, Emotion und Verhalten). Relativ kleine Veränderungen können durch positive Rückkopplungsprozesse ein schlummerndes Veränderungspotential wecken und zu weitreichenden Veränderungen führen – wie es das berühmte Beispiel der Chaosforschung signalisiert, demzufolge der Flügelschlag eines Schmetterlings einen heftigen Karibiksturm auslösen kann. Die neue Ordnung bildet sich also von selbst aufgrund der Wechselwirkung verschiedener Elemente heraus. Ein ‚selbstorganisierendes System' besitzt folglich keine zentrale Steuerungsinstanz.

Ein solches Theoriemodell steht dem Wunsch nach schneller Machbarkeit und einfacher Steuerbarkeit von Prozessen auf der individuellen, organisationalen und gesellschaftlichen Ebene tendenziell entgegen und impliziert große Unsicherheiten. Allerdings bringt eine solche Betrachtung auch eine gewisse Erleichterung mit sich: In selbstorganisierenden sozialen Systemen ruht die Verantwortung auf ‚mehreren Schultern'.

Haken/Schiepek (2006, S. 436-441) haben aus der Theorie der Synergetik als Wissenschaft der Selbstorganisation und den Befunden der Psychotherapieforschung sog *„generische Prinzipien"* abgeleitet. Die durchgängige Berücksichtigung dieser Prinzipien fördert und unterstützt wesentlich selbstorganisierende Entwicklungsprozesse. Dies bedeutet, dass die Aufgabe des Beraters darin besteht, diese die Selbstorganisation fördernden Rahmenbedingungen zu schaffen.

Die Orientierung an generischen Prinzipien erlaubt es, Methoden bzw. Verfahren aus den unterschiedlichen therapeutischen bzw. beraterischen Schulen situationsspezifisch einzusetzen. Die Selbstorganisation fördernden Prinzipien dienen der Auswahl und Begründung der jeweils eingesetzten speziellen Techniken und Methoden (vgl. Haken/Schiepek 2006, S. 440). Dabei ist das Verhältnis zwischen Methoden/Techniken und selbstorganisationsfördernden Prinzipien mehrdeutig: eine Methode kann sowohl der Umsetzung mehrerer Prinzipien dienen, und ein Prinzip kann durch verschiedene konkrete Methoden realisiert werden (vgl. Haken/Schiepek 2006, S. 440f.). Im Folgenden werden diese Prinzipien knapp skizziert (vgl. Haken/Schiepek 2006, S. 436ff., S. 628ff.):

- *Schaffen von Stabilitätsbedingungen*
  Da die Bearbeitung von Anliegen des Ratsuchenden, wobei es sich in der Terminologie der Synergetik um Ordnungsübergänge handelt, mit Instabilität bzw. Destabilisierung gewohnter Muster einhergeht, besteht eine zentrale Aufgabe von Beratern darin, stabile Rahmenbedingungen für den Veränderungsprozess zu schaffen und so für strukturelle und emotionale Sicherheit bei den Beteiligten zu sorgen.
  - Hierzu zählen alle Maßnahmen zur Schaffung eines ‚sicheren Ortes'. Dabei geht es um eine angenehme Ausgestaltung des Settings und das Bemühen des Beraters, das geplante Vorgehen zu erläutern und damit transparent zu machen.
  - Ebenso geht es im Kontext dieses Prinzips um die Beziehungsqualität und das Vertrauen des Ratsuchenden zum Berater (in dessen Kompetenz, Glaubwürdigkeit, emotionale Standfestigkeit) sowie die Unterstützung, die der Ratsuchende aus sich selbst bezieht (Erfahrung von Selbstwirksamkeit, Zugang zu persönlichen Ressourcen).

Dieses generische Prinzip stimmt weitgehend mit dem überein, was von Grawe in der Veröffentlichung von 1994 (vgl. Grawe u.a. 1994) als Beziehungsperspektive und in der Veröffentlichung von 2000 (vgl. Grawe 2000) als Ressourcenaktivierung und Problemaktualisierung bezeichnet wird. Bei der Realisierung dieses generischen Prinzips sind die zentralen Variablen der personzentrierten Beratung, nämlich Empathie, Wertschätzung, Kongruenz von großer Bedeutung.

- *Muster des relevanten Systems identifizieren*
  Bei diesem Prinzip geht es darum, das System zu identifizieren, auf welches sich die Beratung bzw. die zu fördernden Selbstorganisationsprozesse beziehen sollen. Hierzu gehört die Identifikation von Systemgrenzen sowie die Erfassung und Analyse von dynamischen Mustern, Systemprozessen bzw. Attraktoren. Diese schaffen ein Bezugssystem für die Bewertung von Veränderungen (vgl. Haken/Schiepek 2006, S. 629).
  Zur Realisierung dieses generischen Prinzips eignen sich insbesondere Visualisierungsmethoden bzw. systemische Modellierungen der Ausgangssituation im Sinne der Konstruktion eines Netzwerkes von Einflussfaktoren (vgl. Näheres dazu bei Schiersmann 2007). Aus einer derartigen Systemmodellierung können Entscheidungen für die weitere Bearbeitungsweise generiert werden.

- *Sinnbezug herstellen*
  Persönliche Entwicklungsprozesse müssen von den Ratsuchenden als sinnvoll erlebt werden und mit ihren eigenen Zielvorstellungen und zentralen Lebenskonzepten korrespondieren. Dies stellt eine wichtige Voraussetzung für die Wiedergewinnung oder Steigerung der persönlichen Leistungsfähigkeit bzw. der des sozialen Systems dar. Dies gilt um so stärker, je krisenhafter die aktuelle Situation erlebt wird, da dem Ratsuchenden innere Stimmigkeit und zielorientiertes Handeln dann kaum zur Verfügung stehen.

- *Energetisierungen ermöglichen*
  Selbstorganisation setzt eine energetische Aktivierung des jeweiligen Systems voraus. Kontrollparameter sind im Konzept der Synergetik jene Größen, „welche die inneren Wechselwirkungen der Prozesse und Elemente modulieren und das System aktivieren" (Haken/Schiepek 2006, S. 438). Es geht in diesem Zusammenhang um die Herstellung motivationsfördernder Bedingungen, um die Aktivierung von Ressourcen, um die Herausarbeitung der emotionalen und motivationalen Bedeutung von Zielen, Anliegen und Visionen des Ratsuchenden (vgl. Haken/Schiepek 2006, S. 438).

- *Fluktuationsverstärkungen realisieren*
  Beratung zielt darauf ab, dem Ratsuchenden neue Erfahrungsmöglichkeiten zu eröffnen. Um dies zu erreichen, werden bestehende Muster der Kognition, des Erlebens und des Verhaltens destabilisiert. Häufig besteht bei den Betroffenen selbst schon der Eindruck, dass die bestehenden Regeln und Abläufe, Wirklichkeitskonstruktionen nicht mehr passend sind.
  Um bestehende Muster zu unterbrechen, können unterschiedliche Techniken eingesetzt werden, z.B. Übungen und Rollenspiele, Verhaltensexperimente, Fokussierung auf die Ausnahmen von einem Problemmuster, Kraftfeldanalysen, Einführung bisher nicht benutzter Unterscheidungen und Differenzierungen, Erarbeitung von veränderten Verständniszusammenhängen und Deutungen (Reframing), konfrontative und provokative Verfahren. Dabei ist es wichtig, begonnene Lernprozesse zu verstärken, Anreize zu identifizieren, veränderte Symbole, Sprachspiele und Interpretationen anzuregen (vgl. Haken/Schiepek 2006, S. 439).

- *Synchronisation beachten*
  Im Beratungsprozess angewandte Methoden und Verfahren müssen dem aktuellen kognitiv-emotionalen Zustand (state of mind) des Ratsuchenden entsprechen, um vom Ratsu-

chenden verstanden und aufgegriffen zu werden. Die zeitliche Passung und Koordination der Vorgehensweisen und des Kommunikationsstils des Beraters mit den psychischen und physiologischen Prozessen und Rhythmen des Ratsuchenden kann als Voraussetzung sowie als Merkmal einer gelingenden Beratung gelten. Hierzu zählen Körperhaltung, Sprechgeschwindigkeit, das Aufgreifen von Bildern, ideosynkratischen Begriffen oder Redewendungen. Es macht kaum Sinn, einen neuen Input anzubieten, wenn der Ratsuchende mit inneren Such- und Bearbeitungsprozessen beschäftigt ist, es sei denn, man möchte diese gezielt unterbrechen. Das Finden einer angemessenen Bearbeitungstiefe bezieht sich auch auf die emotionale Dimension.

- *Gezielte Symmetriebrechung ermöglichen*
  ‚Symmetrie' bedeutet in der Sprache der Synergetik, „dass zwei oder mehrere Attraktoren (bzw. ‚Ordner') eines Systems im Zustand kritischer Instabilität potentiell mit gleicher oder ähnlicher Wahrscheinlichkeit realisiert werden können" (Haken/Schiepek 2006, S. 439). Da kleine Fluktuationen über ihre Realisation entscheiden, ist die Vorhersagbarkeit gering. Es geht darum, diese Entscheidung nicht dem Zufall zu überlassen, sondern als Berater sinnvolle Hilfestellungen zur Symmetriebrechung zu geben, um einige Strukturelemente eines neuen Ordnungszustandes mit den dazu gehörigen Emotionen umzusetzen. Hierzu zählen Rollenspiele, Ausnahme-Fragen, Anker und Symbole. Gezielte Zustandsrealisierungen setzen dabei insbesondere auf die Intentionalität und Antizipationsfähigkeit des Menschen (z.B. über imaginierte Zustände oder die kognitive Antizipation von Verhaltensweisen).

- *Re-Stabilisierung*
  Werden im Zuge des Beratungsprozesses positiv bewertete Kognitions-, Emotions-, oder Verhaltensmuster erreicht, so gilt es, diese zu stabilisieren. Der Ratsuchende soll sich idealerweise mit der neuen Ordnung und ihren Rahmenbedingungen identifizieren. Psychologisch gesehen geht es darum, neue Muster in das bestehende Selbstkonzept zu integrieren und mit bestehenden kognitiv-emotionalen Schemata zu vernetzen, z.B. zu akzeptieren, dass eine langfristige Umschulung wenig Erfolgsaussichten bietet. Hierin besteht ein wesentlicher Erfolgsfaktor von Veränderungsprozessen. Maßnahmen zur Stabilisierung bzw. Generalisierung können sein: Feedbackschleifen, Wiederholungen, Variation, Nutzung in unterschiedlichen Situationen und Kontexten oder positive Verstärkung.

Die selbstorganisationsfördernden Prinzipien werden von Haken und Schiepek (2006, S. 631) nicht als ein explizites Phasenmodell verstanden, wenngleich sie einräumen, dass die Umsetzung mancher Prinzipien die Realisierung anderer voraussetzt. So dürften Bemühungen um Fluktuationsverstärkungen weitgehend erfolglos bleiben, wenn es nicht gelungen ist, Stabilitätsbedingungen herzustellen. In Bezug auf die Abb. 2 unterlegen sie gewissermaßen die drei sprachlich einfacher darzustellenden Phasen Beziehung, Klärung und Lösung.

Die generischen Prinzipien können auch als ethische Maßstäbe für verantwortungsvolles Beratungshandeln, d.h. als Kriterien guter Beratung verstanden werden.

3.1.5 Berater und Ratsuchender als Subsysteme des Beratungsprozesses

Als Bestandteil des Beratungsprozesses können die Subsysteme des Beraters auf der einen und des Ratsuchenden auf der anderen Seite ausdifferenziert werden. Der Berater bringt sich in das Beratungsgeschehen mit dem jeweiligen individuellen Hintergrund ein, z.B. aufgrund der jeweiligen Ausbildung sowie persönlicher Erfahrungen und Einstellungen.

Auf der Seite der Ratsuchenden stellen u.a. personenbezogene Elemente (z.B. Selbstkonzepte, Motivation) sowie die bisherige Entwicklung (Bildungs- und Berufsbiographie, kultureller Hintergrund) die aktuelle Lebenssituation (Beschäftigungssituation, privates Lebensumfeld etc.) zentrale Einflussfaktoren auf den Beratungsprozess dar. Relevante Theorien für die Auseinandersetzung mit diesen Subsystemen sind Theorien des Lernens, der Lernmotive und der Nutzenerwartungen in Bezug auf diese Lernprozesse, daneben aber auch Theorien über Lebensläufe und Lebenssituationen verschiedener Zielgruppen etc.

Dabei ist für die Gestaltung und Bewertung des Beratungsprozesses von zentraler Bedeutung, dass die ‚Kunden' bei sozialen Dienstleistungen an der Herstellung der Leistung aktiv beteiligt sind und ‚das Produkt', d.h. das Beratungsergebnis, ohne deren Mitarbeit nicht entstehen könnte. Soziale Dienstleistungen zeichnen sich dadurch aus, dass sie nicht fertig sind, wenn sie angeboten werden und auch weniger standardisierbar sind als gewerbliche Produkte. Beide Seiten, Anbieter sowie Nachfrager der Dienstleistung der Beratung, erbringen die Leistung gemeinsam, wenn auch nicht unbedingt in der gleichen Gewichtung. Um diese Überlegungen für eine Theorie der Beratung fruchtbar zu machen, muss auf Ansätze der Managementforschung sowie der Forschung über soziale Dienstleistungen zurückgegriffen werden.

3.2 Institutionelle Kontexte von Beratung

Professionelle Beratung findet immer in einem institutionellen Kontext statt und wird durch diesen nachhaltig beeinflusst. Dabei spielen Elemente wie das Selbstverständnis und Strategie der Einrichtung, spezifische Strukturen, Funktionen und Prozesse, die Art der kommunikativen Beziehungen und die Professionalität der Mitarbeiter, Fragen der Ausstattung und Finanzierungsaspekte, Zugänglichkeit der jeweiligen Beratungseinrichtung, Professionsaspekte eine zentrale Rolle. Um diese Ebene angemessen erfassen zu können, ist auf Organisationstheorien ebenso wie auf Managementtheorien zurückzugreifen.

Gerade für das Feld Bildung, Beruf, Beschäftigung erweist sich die institutionelle Einbindung von Beratungsdienstleistungen als sehr vielfältig. Die Übersicht über das sehr heterogene Beratungsfeld im Weiterbildungsbereich wird dadurch noch vielschichtiger, dass die analytisch ausdifferenzierbaren Aufgaben nicht eindeutig bestimmten Anbietern zuzuordnen sind. Dennoch lassen sich folgende Schwerpunktsetzungen konstatieren. Die Abbildung 3 gibt einen Überblick über das Zusammenspiel von Anbietern und Beratungsanlässen für den Bereich der personenbezogenen Beratung für Erwerbspersonen sowie die organisationsbezogene Beratung.

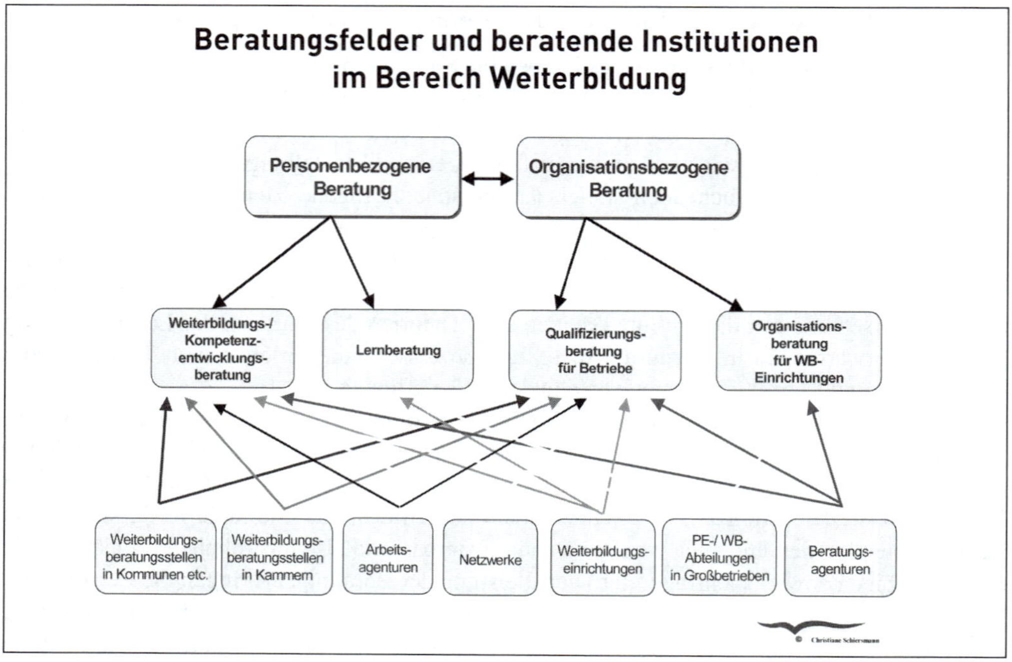

Abb. 3: Beratungsfelder und beratende Institutionen im Bereich Weiterbildung

Die Weiterbildungsberatung der *Agenturen für Arbeit* richtet sich laut gesetzlichem Auftrag (Sozialgesetzbuch III) an alle Erwerbspersonen, faktisch allerdings fast ausschließlich an Arbeitslose. Im Rahmen des gesetzlichen Auftrags zur Arbeitsmarktberatung wird von den Arbeitsagenturen auch Arbeitgebern bzw. Betrieben Beratung angeboten.

Im Interesse der Gewinnung bildungsferner Bevölkerungsgruppen für Weiterbildung wurden in den 1980er Jahren in Westdeutschland und in den 1990er Jahren in Ostdeutschland – überwiegend im Rahmen von Modellprojekten – Stellen eingerichtet, deren explizite und einzige Aufgabe die Weiterbildungsberatung war und ist. Diese bezeichne ich im Folgenden als *eigenständige Weiterbildungsberatungsstellen*. Das originäre Aufgabenfeld der überwiegend in kommunaler Trägerschaft befindlichen Beratungsstellen liegt in der personenbezogenen Weiterbildungs- bzw. Kompetenzentwicklungsberatung. Sie öffnen sich zum Teil aber auch für die Qualifizierungsberatung von Betrieben (vgl. Harke/Krüger 1999). Gegenwärtig ist von gut 100 solcher Stellen in Deutschland auszugehen.

Die von den *Industrie- und Handelskammern* sowie den *Handwerkskammern* angebotene Beratung wendet sich traditionell gleichermaßen an Beschäftigte – insbesondere Personen mit Aufstiegsambitionen – sowie an Betriebe.

Der Schwerpunkt der Beratungsarbeit von *Weiterbildungseinrichtungen* liegt in der Lernberatung im oben beschriebenen Sinne. Gleichwohl bieten einige von ihnen auch eine sich trägerübergreifend verstehende Orientierungsberatung an.

Personal- bzw. Weiterbildungsabteilungen von *Großbetrieben* schließlich richten ihre Beratung in Sachen Weiterbildung sowohl an die Beschäftigten im Sinne der Orientierungshilfe für die Laufbahngestaltung, aber auch an Abteilungen oder abteilungsübergreifende Organisationseinheiten.

Die Beratungsangebote im Rahmen von *regionalen Netzwerken* (z.B. im Rahmen der Lernenden Regionen) richten sich ebenfalls sowohl an Personen als auch an Betriebe.

Schließlich existieren *kommerzielle Beratungsagenturen*, die sich auf die Karrierereberatung konzentrieren.

3.3 Gesellschaftliche Kontexte

In Bezug auf den gesellschaftlichen Kontext, der ebenfalls das konkrete Beratungshandeln nachhaltig beeinflusst, sind für das Feld Bildung, Beruf und Beschäftigung, die Struktur des Bildungssystems, die Arbeitsmarktsituation sowie (gesetzliche) Regulierungen von besonderer Bedeutung. Eine Beratungstheorie muss diesbezüglich auf Theorien über das Bildungssystem, Arbeitsmarkttheorien etc. zurückgreifen.

4 Kompetenz und Professionalität von Beratern

Vor dem Hintergrund der wachsenden Bedeutung von Beratung für das Feld Bildung, Beruf, Beschäftigung stellt sich schließlich verschärft die Frage nach den Kriterien und Standards der Professionalität der in diesem Bereich Tätigen. Dies gilt insbesondere angesichts des internationalen Vergleichs: Dieser zeigt, dass die Beratung für diesen Sektor in anderen europäischen und angloamerikanischen Ländern stärker professionalisiert ist als in Deutschland (vgl. Ertelt 2007). Eine Analyse der in Deutschland bestehenden Aus- und Fortbildungen (vgl. Schiersmann u.a. 2008) ergab, dass das vorhandene Angebot sehr heterogen ist und sich vorrangig auf die Dimension des Beratungsprozesses im engeren Sinne konzentriert. Die institutionellen und gesellschaftlichen Kontexte von Beratung spielen in den Angeboten eine untergeordnete Rolle – wenn sie denn überhaupt vorkommen. Vor diesem Hintergrund stellt sich die Frage nach einem systematischen, theoriegeleiteten Kompetenzprofil.

4.1 Elemente eines Kompetenzprofils

Der im Folgenden skizzierte Vorschlag zu einem konsistenten Kompetenzprofil bezieht neben der theoretischen Grundlegung, wie sie im Abschnitt 3 vorgestellt wurde, auch bereits vorliegende Kompetenzkataloge ein, die durch internationale Organisationen wie der AIOSP[3] oder das CEDEFOP[4] sowie durch nationale Akteure in verschiedenen Ländern, z.B. dem dvb[5] in Deutschland, der NICEC[6] in Großbritannien, der NBCC[7] in den USA oder in Kanada[8] entwickelt wurden.

Bewusst wird vor dem Hintergrund der aktuellen bildungspolitischen Diskussion der Kompetenz- und nicht der Qualifikationsbegriff als Bezugspunkt für die Anforderungen an Berater

3 Verfügbar unter: http://www.iaevg.org/IAEVG/
4 Verfügbar unter: http://www.trainingvillage.gr/etv/Projects_Networks/Guidance/
5 Verfügbar unter: http://www.dvb-fachverband.de/
6 Verfügbar unter: www.nicec.org.uk
7 Verfügbar unter: www.http://www.nbcc.org/
8 Verfügbar unter: www.career-dev-guidelines.org

gewählt (vgl. Schiersmann 2007, S. 50ff.). Als Kompetenzen werden die individuellen Voraussetzungen bezeichnet, die benötigt werden, um in einer konkreten Situation (z.B. in einem Beratungsgespräch) erfolgreich agieren zu können. Kompetenz ist also immer auf eine Handlungssituation bezogen. Kompetenzen umfassen neben den kognitiven Fähigkeiten und Fertigkeiten im Umgang mit Aufgaben insbesondere auch die motivationalen Voraussetzungen dafür. Kompetenzen sind darüber hinaus auch eingebettet in emotionale und soziale Kontexte. Damit wird deutlich, dass Kompetenzerwerb mehr bedeutet, als Fachwissen zu erlernen und reproduzieren zu können.

Berater benötigen Kompetenzen, um den *Beratungsprozess* mit einzelnen Personen, Gruppen oder Teams oder Organisationen gestalten zu können. Sie müssen in der Lage sein, eine konstruktive Arbeits- und Vertrauensbeziehung zum Ratsuchenden aufzubauen, zu entscheiden, wann sie eher emotional unterstützende, Reflexionen anregende, lenkende oder konfrontative Impulse geben, wann sie welche Ressourcen des Ratsuchenden ansprechen und externe Unterstützungssysteme aktivieren, wie sie mit Konflikten bzw. Widerständen umgehen, auf welchen Wegen sie Veränderungen anregen, wie sie kulturelle Vielfalt angemessen berücksichtigen und wie sie den Prozess evaluieren (vgl. Nestmann 2004). Dies bedeutet zusammenfassend, die in Abschnitt 3.1.3 charakterisierten, die Selbstorganisation fördernden Prinzipien in angemessener Form umsetzen zu können.

Außerdem benötigen Berater die Kompetenz, die Lebenssituation des *Ratsuchenden*, sein Wissen und Können und seine Einstellungen, seine Lern- und Lebensbedingungen angemessen wahrzunehmen und im Beratungsprozess zu berücksichtigen und vor diesem Hintergrund personenspezifische Chancen und Entwicklungsmöglichkeiten sowie Begrenzungen des Ratsuchenden ausloten zu können. Dazu ist u.a. Wissen über Bildungsbiographien und Lebenslaufgestaltung erforderlich, über Lernprozesse, berufliche Entwicklungspfade, Formen der privaten Lebensgestaltung, Persönlichkeitstheorien sowie zielgruppenspezifische Unterschiede in Bezug auf die genannten Faktoren oder soziale Netzwerke.

Ebenso bringt sich der *Berater* als Person mit seiner individuellen Biographie und seinen spezifischen Einstellungen und seinen persönlichen Erfahrungen in das Beratungsgeschehen ein. Um professionell handeln zu können, d.h. z.B. persönliche Wertungen möglichst aus dem Beratungsprozess herauszuhalten, ist ein hohes Maß an Reflexionskompetenz auf Seiten des Beraters erforderlich. Dies schließt die Bereitschaft zu kontinuierlicher Weiterentwicklung – sei es durch (kollegiale) Supervision, sei es durch informelle oder formale Fortbildungskontexte – ein.

Weiter benötigt der Berater die Kompetenz, den *institutionellen Kontext*, in dem seine Beratung stattfindet, zu reflektieren und zu gestalten. Dies betrifft insbesondere das Spannungsverhältnis zwischen der ausschließlichen Orientierung an der Person des Ratsuchenden und seinen Zielen auf der einen und möglichen institutionellen Vorgaben und Sanktionsmöglichkeiten (wie beispielsweise die Beachtung der Voraussetzungen für die Förderung von Weiterbildung bei den Bundesagenturen für Arbeit) andererseits. In diesen Kontext gehört ebenso die Kompetenz, die institutionellen Rahmenbedingungen der Beratung aktiv mitzugestalten. Dies bezieht sich u.a. auf das Selbstverständnis und die Strategien einer Beratungseinrichtung, auf die Optimierung der Strukturen und Prozesse der Organisation, auf eine produktive und angemessene Kommunikationskultur, darauf, die vorhandenen Sach- und Finanzmittel ressourcenschonend einzusetzen und den Kontakt zu anderen Institutionen zu pflegen.

Schließlich sind *gesellschaftliche Rahmenbedingungen* für die Ausgestaltung des Beratungsprozesses zu berücksichtigen. Dies setzt Kenntnisse z.B. über die Arbeitsmarktsituation, die politische Steuerung von Beschäftigungsverhältnissen, die gesellschaftliche Unterstützung der Vereinbarkeit von Familie und Beruf, die Entwicklung von Qualifikationsanforderungen und Berufsbildern, rechtliche Voraussetzungen u.a. für die Teilnahme an Bildungsangeboten sowie über Förderprogramme voraus. Ebenso spielt die gesellschaftliche Wertschätzung von Beratung und Professionalität der Berater eine Rolle für die konkrete Beratungssituation.

Neben den genannten Kompetenzen, die auf die einzelnen Dimensionen der in Kapitel 3 dargestellten Beratungstheorie ausgerichtet sind, sind *übergreifende Kompetenzen* erforderlich, die sich im Prinzip auf alle Elemente dieses Modells gleichermaßen beziehen. Hierzu zählt die Kompetenz, das Beratungshandeln kundenorientiert zu gestalten und – damit verbunden – die Anerkennung des Ratsuchenden als kompetentes und mit vielen Ressourcen ausgestattetes Individuum. Dazu gehört auch die Kompetenz, das gesamte Beratungsgeschehen transparent zu gestalten, die Bereitschaft, das Beratungshandeln an ethischen Standards auszurichten sowie die Kompetenz zu Weiterentwicklung der Qualität des Beratungshandelns.

4.2 Zukünftige Aus- bzw. Fortbildung von Beratern

Zwar ist es nicht sehr wahrscheinlich, dass für den Bereich der Beratung im Feld Bildung, Beruf und Beschäftigung eine neue Profession im klassischen Verständnis entsteht. Diese Prognose resultiert zum einen daraus, dass angesichts der tendenziellen Erosion des Konstrukts Berufs generell kaum mehr davon ausgegangen werden kann, dass neue Professionen entstehen. Zum anderen erschwert die sehr heterogene Einbindung von Beratungsaufgaben in unterschiedliche organisationale Kontexte die Herausbildung eines einheitlichen Berufsbildes. So stellt das Beratungshandeln in vielen Fällen nur einen, aber keineswegs den einzigen Bestandteil der jeweiligen Berufsrolle dar und es ist nicht zu erwarten, dass sich diese Situation grundlegend verändert. Trotz dieser schwierigen Rahmenbedingungen erscheint es außerordentlich wichtig, die Professionalität des Beratungspersonals im Sinne professionellen beruflichen Handelns zu stärken. Der Ausgangspunkt, Beratung als anspruchsvolle soziale Dienstleistung zu begreifen, legt mittel- und langfristig nahe, für Berater ein Kompetenzniveau auf akademischem Level vorzusehen – wie dies auch international üblich ist. Gleichwohl dürfte dieses Ziel nicht unmittelbar erreichbar sein. Für ein Kompetenzentwicklungskonzept lassen sich u.a. die folgenden Kriterien formulieren (s. dazu auch Schiersmann u.a. 2008).

4.2.1 Europäischer bzw. deutsche Qualifikationsrahmen (EQR/DQR) als Bezugspunkt

In Bezug auf eine zukünftige systematische Struktur der Aus- und Fortbildung für Berater liegt eine (frühzeitige) Orientierung an dem europäischen bzw. deutschen Qualifikationsrahmen (vgl. Kommission der Europäischen Gemeinschaft 2005) nahe. Dies böte zugleich den Rahmen für ein gestuftes Modell der Kompetenzentwicklung und ermöglicht dadurch eine Durchlässigkeit zwischen den Kompetenzentwicklungsstufen. Eine solche Strukturierung für Aus- und Weiterbildungsangebote könnte folgendermaßen ausgestaltet sein:

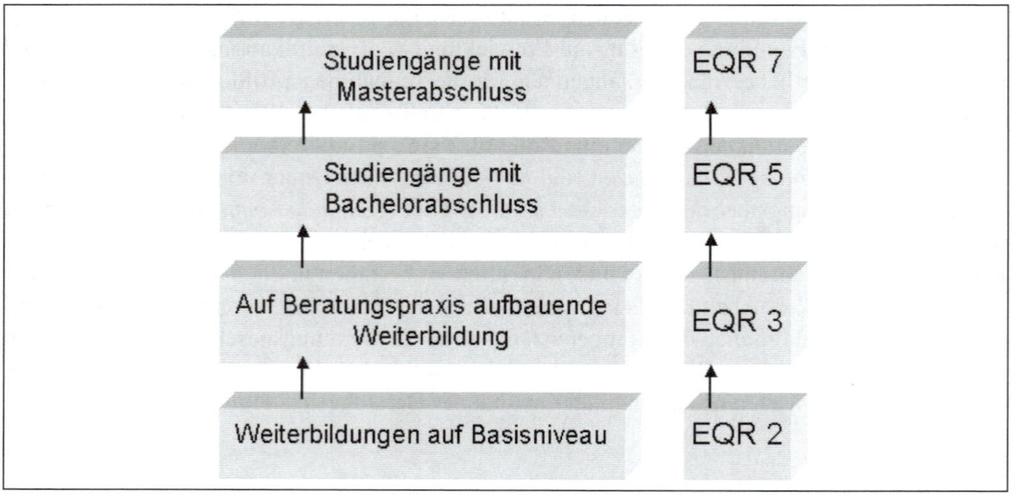

Abb. 4: Strukturierung der Aus- und Fortbildung in der Beratung

Im Interesse der Stärkung der Professionalität von Beratung und deren gesellschaftlicher Anerkennung erscheint es (zumindest mittelfristig) unverzichtbar, das alle Personen, die in organisationalen Kontexten Beratung durchführen, über eine beratungsspezifische *Basisqualifikation* verfügen. Diese könnte sich in einem Stundenumfang von ca. 100 Stunden Fortbildung bewegen, die ohne spezifische Voraussetzungen einen Einstieg in die Beratungspraxis ermöglichen und sich z.B. an Personen wenden, die im betrieblichen oder gewerkschaftlichen Kontext für Fragen der Aus- und Fortbildung Beratungsaufgaben übernehmen (vgl. die Projekte Komzu, Lea oder Beratungsoffensive im Handwerk). Im Mittelpunkt eines solchen Qualifizierungsangebotes sollten der Erwerb von Gesprächskompetenzen sowie auf *ein* Anwendungsfeld bezogene Kenntnisse über Zielgruppen, Beratungsanlässe etc. stehen. Diese Angebote wären im Rahmen des EQR auf der Stufe 2 zu verorten.

Die folgende Ebene (EQR 3) umfasst Angebote, die auf bereits vorhandene Kompetenzen und praktische Beratungserfahrung aufbauend Beratungskompetenz im Sinn des oben eingeführten Kompetenzprofils weiter entwickeln. Angebote auf dieser Ebene zeichnen sich dadurch aus, dass sie sich an Personen richten, die einerseits bereits einschlägige Vorkenntnisse (z.B. durch eine pädagogische, psychologische oder andere geeignete sozialwissenschaftliche Vorbildung), d.h. in der Regel auch einen Hochschulabschluss, mitbringen und die andererseits bereits Erfahrungen im Beratungsbereich haben. Beispiele hierfür sind Mitarbeiterinnen in der Weiterbildungsberatung, der Studienberatung usw., die bisher häufig ohne systematische Aus- oder Fortbildung tätig sind. In dieser Stufe verorten sich auch die Angebote, die im Rahmen der Lernenden Regionen entwickelt und wissenschaftliche Weiterbildungen ohne Studienabschluss.

Als wichtige Kompetenz auf diesen beiden ersten Kompetenzstufen ist auch die Fähigkeit einzubeziehen, bei entsprechenden Beratungsanlässen, die nicht der Bildungs- bzw. Berufsberatung zuzuordnen sind, adäquat an andere Beratungsanbieter verweisen zu können. Diese Stufe sollte mittelfristig auch den Einstieg in weiterführende Studienangebote ermöglichen. In Verbindung mit einem bereits abgeschlossenen Studium ergibt sich eine höhere Einordnung als EQR 3.

Auf der dritten Ebene (EQR 5) lassen sich Bachelorstudiengänge verorten. Sie ermöglichen durch Kombination von Wissenserwerb und Praxiserfahrung einen grundständigen Einstieg in die Beratung. Auf dieser Ebene werden umfassende Kompetenzen erworben, die zur professionellen Tätigkeit in unterschiedlichen Teilfeldern befähigen. Der grundständige Einstieg in die Beratung erlaubt Personen mit Beendigung der Sekundarstufe 2 oder Berufspraktikern aus anderen Feldern (ggf. auch ohne allgemeine Hochschulzugangsberechtigung) eine fundierte Ausbildung als Beraterin. Bisher ist dieser Weg in Deutschland z.B. innerhalb der Hochschule der Bundesagentur für Arbeit in Mannheim und Schwerin vorgesehen. Zukünftig könnte eine solche Ausbildung für breitere Gruppen von Beraterinnen attraktiv sein.

Auf der vierten Ebene (EQR 7) sind weiterbildende Masterstudiengänge anzusiedeln. Diese bauen auf vorhandene Beratungserfahrung auf und bieten eine breite wissenschaftliche Fundierung für das professionelle Beratungshandeln. Neben der Beratungspraxis bieten sich für Absolventen von Masterstudiengängen als Tätigkeitsfelder auch die Leitung von Beratungseinrichtungen, die Fortbildung von Beratern, die Konzept- bzw. Programmentwicklung sowie die Beratungsforschung an.

Auf allen vorgeschlagenen Niveaustufen sollte die Fortbildung ein je spezifisch ausgewogenes Verhältnis von Theorievermittlung und Praxis im Sinne des Trainings von Beratungssituationen umfassen, da die Handlungsfähigkeit die eigentliche Spezifik eines Kompetenzansatzes darstellt und für die Interaktion mit Menschen eine rein theoretische Vermittlung von Wissen als unangemessen angesehen werden muss. Die Orientierung am Kompetenzkonzept erfordert folglich eine spezifische Didaktik, die über das bloße Vermitteln von Wissen hinausgeht und Handlungssituationen zur Umsetzung des Wissens und Könnens impliziert.

4.2.2 Modularisierung der Bildungsangebote für Beraterinnen, Durchlässigkeit und Anerkennung von Kompetenzen

Ein für die Beratung zu etablierendes Kompetenzentwicklungsmodell sollte sich konsequent an den Prinzipien der Durchlässigkeit und der Anerkennung – auch informell – erworbener Kompetenzen orientieren. Außerdem ist die durchgängige Modularisierung der Qualifizierungsangebote anzustreben. Dabei geht es darum, dass

- die einzelnen Kompetenzstufen aufeinander aufbauen,
- eine Weiterentwicklung der Berater parallel zur beruflichen Tätigkeit ermöglicht wird und
- der Schwerpunkt nicht auf formal qualifizierenden Abschlüssen, sondern – im Interesse der Outcome-Orientierung – auf tatsächlich vorweisbaren Kompetenzen liegt.

5 Fazit und Ausblick

Fasst man die bisherigen Ausführungen in Bezug auf zukünftige Handlungsanforderungen zusammen, so lassen sich die folgenden Aspekte hervorheben:

Im Interesse einer kohärenten Beratungsstrategie ist die *Struktur der Beratungsangebote* zu optimieren, d.h. auf der lokalen, der regionalen und der nationalen Ebene besser aufeinander abzustimmen. In diesem Zusammenhang ist die *Transparenz des Beratungsangebots* zu verbessern. Beides hebt auf das Ziel ab, dass jedem Bürger zu jeder Zeit im Lebenslauf ein Beratungsangebot offen stehen sollte. Weiter ist die *Qualität* der Beratung zu optimieren und die *Professionalität* des Beratungspersonals zu stärken, um den gestiegenen Anforderungen des Beratungshandelns in einem komplexen gesellschaftlichen Umfeld gerecht werden zu können. Schließlich ist die Theorieentwicklung für das Feld sowie deren empirische Fundierung zu stärken. Es sind dringend mehr Kenntnisse u.a. über die konkrete Ausgestaltung von Beratungsprozessen erforderlich sowie die detailliertere Eruierung der Wirkungen von Beratung. Wenn im Sinne eines systemischen Verständnisses von Beratung davon auszugehen ist, dass der Berater das System verstehen und irritieren, aber nicht direkt beeinflussen bzw. steuern kann, dann müssen auch Konzepte empirischer Forschung entsprechend komplex angelegt sein, denn es kann nicht darum gehen, lineare Ursache-Wirkungsverhältnisse zu beschreiben. Beratungsprozesse und Entscheidungen der Ratsuchenden werden vielmehr in einem Feld vielfältiger Einflussfaktoren getroffen.

Literatur

Bambeck, J. (1985): Verhaltenstherapie – die Quadratur des Kreises? In: Verhaltenstherapie & psychosoziale Praxis 1. S. 75-80.

Bamberger, G. (2005[3]): Lösungsorientierte Beratung. Praxishandbuch. Weinheim/Basel: Beltz Verlag.

Borg-Laufs, M. (2004): Verhaltensberatung nach dem kognitiv-behavioristischen Modell. In: Nestmann, F./Engel, F./ Sickendiek, U. (Hrsg.): Das Handbuch der Beratung. Bd. 2: Ansätze, Methoden und Felder. Tübingen: dgvt Verlag, S. 629-640.

Bundesministerium für Bildung und Forschung (Hrsg.) (2008): Empfehlungen des Innovationskreises Weiterbildung für eine Strategie zur Gestaltung des Lernens im Lebenslauf. Bonn/Berlin: BMBF.

Dietrich, St. (Hrsg.) (2001): Selbstgesteuertes Lernen in der Weiterbildungspraxis. Bielefeld: W. Bertelsmann Verlag.

Döring, O. u.a. (1989): Qualifizierungsberatung in der Praxis: Vorgehensweise, Methoden und Bedarfserhebungen. Kassel: Gesamthochschul-Bibliothek.

Ertelt, B.-J. (2007): Wissenschaftliche Aus- und Weiterbildung zur Berufberatung im internationalen Vergleich. In: Report 30, H. 1, S.20-32.

Fischer, T. (1987): Didaktische Konzepte der Lernförderung bei Lernproblemen in der Berufsbildung Erwachsener – Materialien und Praxiserfahrungen. (Sonderveröffentlichung des BIBB) Berlin/Bonn: BIBB.

Fuchs-Brünninghoff, E./Pfirrmann, M. (1991): Beratung. Bonn, Frankfurt a.M.: DIE.

Grawe, K. (2000[2]): Psychologische Therapie. Göttingen: Hogrefe Verlag.

Grawe, K. u. a. (1994): Psychotherapie im Wandel. Von der Konfession zur Profession. Göttingen : Hogrefe.

Haken, H./Schiepek, G. (2006): Synergetik in der Psychologie. Selbstorganisation verstehen und gestalten. Göttingen u.a.: Hogrefe Verlag.

Harke, D./Krüger, H. (1999): Weiterbildungsberatung in den neuen Bundesländern. Entwicklung und Leistungen unterstützender Strukturen für die Weiterbildung. Berlin: BIBB.

Kemper, M./Klein, R. (1998): Lernberatung. Gestaltung von Lernprozessen in der beruflichen Weiterbildung. Baltmannsweiler: Schneider Verlag Hohengehren GmbH.

Kil, M. (2002): Organisationsveränderungen in Weiterbildungseinrichtungen. (Theorie und Praxis der Erwachsenenbildung). Bielefeld: W. Bertelsmann Verlag.

Klein, R. u.a. (2002): Fallbeschreibungen realisierter Konzepte beruflicher Lern- und Weiterbildungsberatung, QUEM-Materialien 40. In: Arbeitsgemeinschaft Betriebliche Weiterbildungsforschung e.V.(Hrsg.): Berlin: QUEM.

Klein, S. (2005): Methoden mixen mit Methode. In: managerSeminare, H. 82, S. 46-52.

Koch, J./Kraak, R. (1994): Qualifizierungsberatung als Dienstleistung für die regionale Wirtschaft. In: Kailer, N. (Hrsg.): Beratung bei Weiterbildung und Personalentwicklung. Konzepte und Praxisbeispiele von Bildungsträgern und Unternehmen. Wien: Linde Verlag, S. 141–161.

Kommission der Europäischen Gemeinschaft (2005): Auf dem Weg zu einem europäischen Qualifikationsrahmen für lebenslanges Lernen. Arbeitsunteralge der Kommissionsdienstellen. Brüssel: Kommission der Europäischen Gemeinschaft.

Küchler, F. von/Schäffter, O. (1997): Organisationsberatung in Weiterbildungseinrichtungen. (Studientexte für Erwachsenenbildung). Frankfurt: DIE.
McLeod, J. (2004): Counselling – eine Einführung in die Beratung. Tübingen: dgvt Verlag.
Meisel, K. (1997): Beratung der Einrichtung. In: DIE II, 4. S. 28–31.
Ness, H. (2005): Der deutsche ProfilPASS: Ausbaufähiges Instrument zur Selbststeuerung. In: Künzel, K. (Hrsg.): Informelles Lernen – Selbstbildung und soziale Praxis. Internationales Jahrbuch der Erwachsenenbildung. 31/32. Köln u.a: Böhlau, S. 232-243.
Pongratz, H.J./Voß, G.G. (2003): Arbeitskraftunternehmer: Erwerbsorientierung in entgrenzten Arbeitsformen. Berlin: Edition sigma Verlag.
Rogers, C./Schmid, P.F. (1998³): Person-zentriert. Grundlagen von Theorie und Praxis. Mit einem kommentierten Beratungsgespräch von Carl Rogers. Mainz: Matthias-Grünewald-Verlag.
Schiersmann, C. (2001): Selbststeuerung von Lernprozessen als Leitbild der Erwachsenenbildung: In: Forum Bildung (Hrsg.): Bildungs- und Qualifikationsziele von morgen. (Materialien des Forum Bildung 5). Bonn: Arbeitsstab Forum Bildung, S. 84–93
Schiersmann, C. (2007): Systemische Beratung. Studienbrief Heidelberg: Unviersität Heidelberg.
Schiersmann, C./Remmele, H. (2004): Beratungsfelder in der Weiterbildung – eine empirische Bestandsaufnahme. Baltmannsweiler: Schneider Verlag Hohengehren.
Schiersmann, C./Remmele, H. (2002): Neue Lernarrangements in Betrieben. Theoretische Fundierung – Einsatzfelder – Verbreitung. Quem-Report. Heft 75. Berlin: Arbeitsgemeinschaft Betriebliche Weiterbildungsforschung.
Schiersmann, C./Thiel, H. U. (2008a): Organisationsentwicklung – Prinzipien und Strategien von Veränderungsprozessen. Wiesbaden: VS-Verlag (im Druck).
Schiersmann, C./Thiel, H.-U. (Hrsg.) (2008): Kompetenzen für die Zukunft – Lernen im Betrieb. Baltmannsweiler: Schneider Verlag Hohengehren (im Druck).
Schiersmann, Ch./Bachmann, M./Dauner, A./Weber, P. (2008): Qualität und Professionalität in der Bildungs- und Berufsberatung. Bielefeld: W. Bertelsmann.
Schiersmann, C./Thiel, H.-U./Pfizenmaier, E. (2001): Organisationsbezogenes Qualitätsmanagement. Opladen: Leske Budrich Verlag
Sultana, R.G./Watts, A.G. (2005): Career Guidance in Europe's Public Employment Services: Trends and Challenges (Draft), EU-Commission – DG Employment and Social Services. Brussels: EU-Kommission.
Thiel, H.-U. (2007a): Die kognitive Verhaltensberatung. Studienbrief: Universität Heidelberg.
Thiel, H.-U. (2007b): Lösungs- und ressourcenfokussierte Beratung. Studienbrief: Universität Heidelberg.
Thiel, H.-U. (2007c): Eckpunkte eines integrierten Beratungskonzepts. Studienbrief: Universität Heidelberg.
Thiel, H.-U./Brückner, G./Beck, M. (1991): Beratung: Momentaufnahmen eines professionellen pädagogisch-psychologischen Handlungsfeldes. In: Beck, M./Brückner, G./Thiel, H.U. (Hrsg.): Psychosoziale Beratung. KlientInn/en – HelferInnen – Institutionen. Forum für Verhaltenstherapie und psychosoziale Praxis, Bd. 18. Tübingen: dgvt Verlag, S. 11-19.
Tröster, M. (2000): Lernberatung in der Alphabetisierung/Grundbildung. Zwischen brüchiger Tradition und neuen Herausforderungen. In: Literatur- und Forschungsreport Weiterbildung, H. 46, S. 127–133.
Winiarski, R. (2004): Beratung und Kurztherapie mit Kognitiver Verhaltenstherapie. Weinheim u.a.: Beltz Verlag.
Zech, R./Ehse, C. (Hrsg.) (2000): Organisation und Innovation. Hannover: Ethressum-Verlag.

Adressaten, Teilnehmer und Zielgruppen

Jürgen Wittpoth

Beteiligungsregulation in der Weiterbildung

Die Argumentation des folgenden Beitrags verläuft in drei Schritten: Zunächst werden soziodemographische und milieuspezifische *Personenmerkmale,* die seit geraumer Zeit im Zentrum des Interesses stehen, skizziert und auf ihren Erklärungswert für Weiterbildungsbeteiligung hin befragt. Im zweiten Teil werden verschiedene Lebensumstände in den Blick genommen, die darüber hinaus als *Kontextfaktoren* regulierend wirksam werden. Abschließend wird der Frage nachgegangen, warum auch eine derart erweiterte Betrachtungsweise rasch an Grenzen stößt.

1 Soziodemographische und milieuspezifische Faktoren der Weiterbildungsbeteiligung

Das systematische Bemühen um Informationen über Teilnehmende an Weiterbildung ist seit dem Ende des 19. Jahrhunderts dokumentiert (vgl. Born 1994; Bremer 2007, S. 31ff.). 1895 wurden von Ludo Hartmann in Wien erstmals die Teilnehmenden an volkstümlichen Universitätsvorträgen in einer Hörerstatistik erfasst. Diese wurde bald um Befragungen ergänzt, in denen man neben Geschlecht, Alter, Vorbildung und Beruf auch den Wohnbezirk, die Gründe für die Teilnahme und den daraus gewonnenen Nutzen erhob. Diese Aktivitäten fanden Nachahmer in unterschiedlichen Bildungseinrichtungen in Hamburg und Berlin und wurden dort um zusätzliche Dimensionen erweitert: Man interessierte sich auch für den literarischen Geschmack und die geistigen Interessen der Teilnehmenden. Angesprochen waren vor allem Angehörige der unteren Schichten, also die Adressaten der Volksbildungsarbeit.

Unterbrochen durch den ersten Weltkrieg wurde der Faden erst Mitte der 1920er Jahre wieder aufgenommen, diesmal mit Schwerpunkt in Leipzig (von Walter Hofmann und Paul Hermberg). Die eingesetzten statistischen Verfahren wurden theoretisch allmählich weiter fundiert und modifiziert. Bemerkenswert ist, dass bereits zu dieser Zeit ein erster Schritt in Richtung ‚qualitative' Forschung gemacht wird. Während bis dahin allein mit standardisierten, ‚quantitativen' Methoden gearbeitet wurde, stellt Gertrud Hermes (vgl. Faulstich/Zeuner 2001, S. 111ff.) das ‚Verstehen' in den Mittelpunkt ihrer einschlägigen Forschungsarbeit. Sie interessierte sich für die Einbettung der Vorstellungen und Motive der Arbeiterschaft in allgemeine Orientierungsmuster.

Während des Nationalsozialismus waren die Teilnehmenden nicht als Subjekte oder Kollektive mit eigenen Interessen und Erwartungen, sondern als Adressaten für Ideologievermittlung im Blick. Daher wurden erst in den 1950er Jahren die einschlägigen Forschungsbemühungen wieder aufgenommen. Zum Ende der 1950er Jahre wurde eine Untersuchung in Gang gesetzt, die die zeitgenössischen methodischen Standards sprengte und bis heute in Ansatz und Breite kaum wieder erreicht wurde. Es ist die so genannte ‚Göttinger Studie' über Bildung und gesellschaftliches Bewusstsein von Strzelewicz, Raapke und Schulenberg (1966)[1]. In einem mehrstufigen Verfahren – repräsentative Umfrage/Gruppendiskussionen/Intensiv-Interviews – wurden allgemeine Vorstellungen von Bildung, Erwartungen an Weiterbildung sowie fördernde und hemmende Faktoren für Beteiligung ermittelt. Seitdem ist bekannt, dass Teilnahme an Weiterbildung nach Geschlecht, Alter, Schulbildung, Schichtzugehörigkeit und beruflicher Stellung variiert (vgl. ebd., S. 125).

1.1 Soziodemographische Faktoren

Auf diese *soziodemographischen Faktoren* konzentriert sich dann für längere Zeit das Interesse[2]. Im seit 1979 in regelmäßigen Abständen vom Bundesbildungsministerium vorgelegten ‚Berichtssystem Weiterbildung' (BSW) bilden sie den zentralen Bezugspunkt der Aussagen zur Teilnahme an Weiterbildung[3]. Dabei bleiben die von Strzelewicz, Raapke und Schulenberg 1966 gewonnenen Befunde im Grundsatz weithin stabil: Menschen mittleren Alters mit höherer Schulbildung und gesicherten verantwortungsvollen Berufspositionen beteiligen sich stärker an organisierter Weiterbildung als ältere gering qualifizierte Arbeiter[4]. Veränderungen ergeben sich allenfalls in der Größenordnung weniger Prozentpunkte. Diese Stabilität mag ein Grund dafür sein, dass die Befunde oft missverstanden werden. Es entsteht der Eindruck, dass Menschen nicht bzw. weniger an Weiterbildung teilnehmen, *weil* sie die genannten demographischen Merkmale tragen. Ein solcher Blick verstellt aber wichtige Erkenntnismöglichkeiten, denn offensichtlich regulieren die genannten Faktoren Teilnahme nicht *allein*.

Betrachtet man etwa die Faktoren Schulabschluss und berufliche Stellung, so ergibt sich folgendes Bild:

1 Die Studie wurde inhaltlich und vom Erscheinungsdatum her ‚eingerahmt' von zwei weiteren: der so genannten ‚Hildesheim-Studie' von Wolfgang Schulenberg (1957) und der ‚Oldenburg-Studie' von Schulenberg und anderen (1978). Während Erstgenannte unter anderem die Hypothesenbildung für die Göttinger Studie anregte, differenzierte Letztgenannte einige ihrer Ergebnisse weiter aus.

2 In diesem Teil erfolgt die Argumentation in Anlehnung an Wittpoth 2006.

3 Auch in anderen europäischen Ländern stehen diese Faktoren im Vordergrund; vgl. etwa für Finnland: Adult Education Survey 2000 (http://www.stat.fi/tup/julkaisut/isbn_952-467-140-9_en.pdf); für Norwegen: Adult Education Survey 2007 (http://www.ssb.no/vol_en/); für England: National Adult Learning Survey (NALS) (http://www.dfes.gov.uk/research/data/uploadfiles/RR415.pdf); alle: Zugriff 25.2.08.

4 Entgegen den in jüngerer Zeit verbreiteten Hoffnungen, über das informelle Lernen gerade denjenigen Weiterbildung zugute kommen zu lassen, die sich an formellen, institutionalisierten Angeboten nicht beteiligen (vgl. etwa Dohmen 1996), stellt sich die Situation in diesem Bereich ähnlich dar. Auch am Selbstlernen beteiligen sich erwerbstätige Beamte häufiger als erwerbstätige Arbeiter, Erwerbstätige in Großbetrieben häufiger als Beschäftigte in Kleinbetrieben, Personen mit einem Hochschulabschluss öfter als diejenigen ohne Berufsausbildung, Personen mit Abitur häufiger als Personen mit niedriger Schulbildung, 19-34 Jährige häufiger als 50-64 Jährige usw. (vgl. Kuwan u.a. 2006, S. 194f., 202).

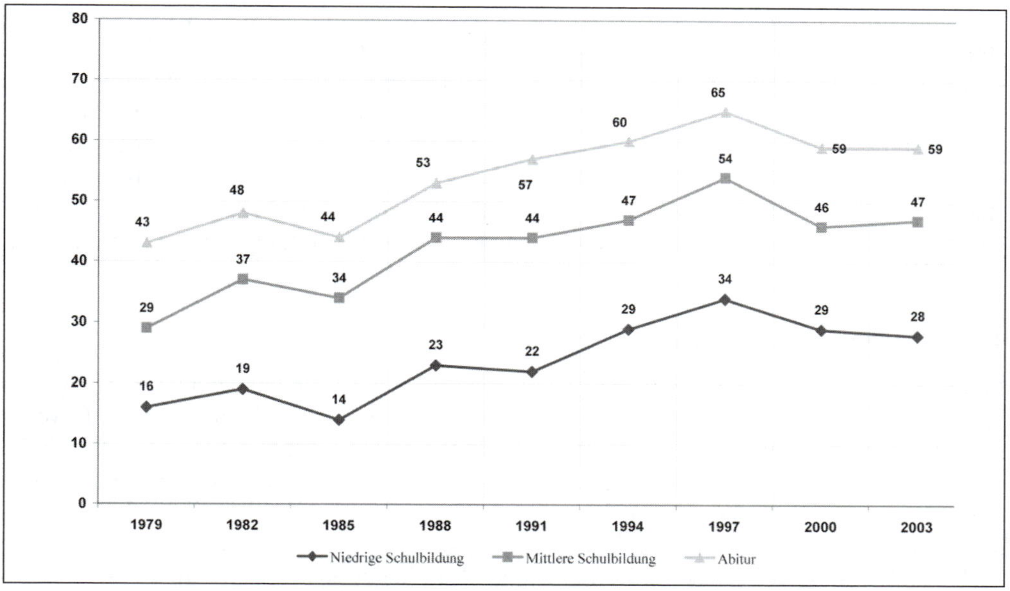

Abb. 1: Teilnahme an Weiterbildung 1979 – 2003 nach Schulbildung (in Prozent); Quelle: Kuwan/Thebis 2004, S. 28.

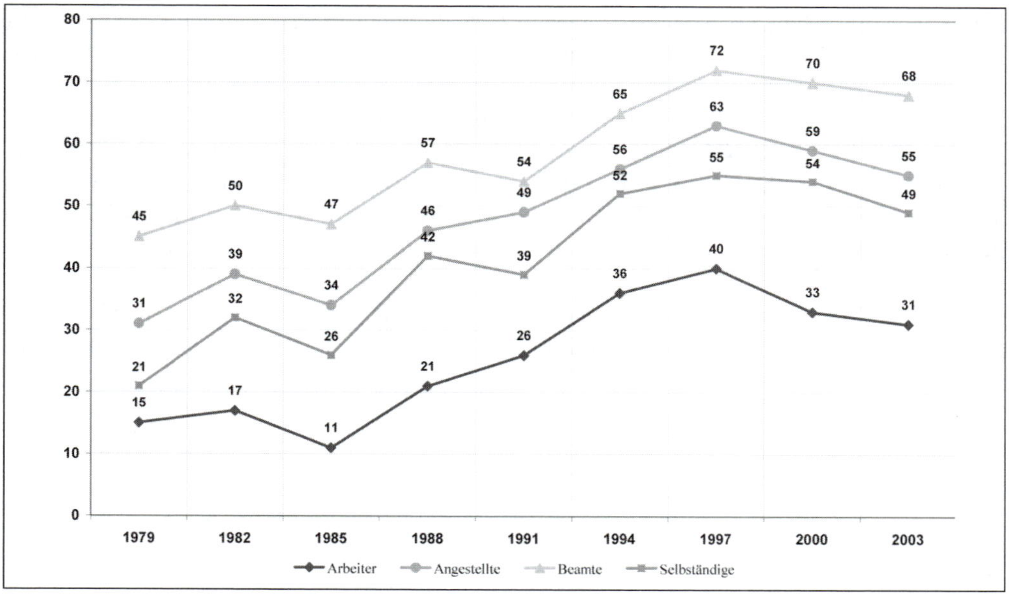

Abb. 2: Teilnahme an Weiterbildung 1979 – 2003 bei Erwerbstätigen nach Berufsstatusgruppen (in Prozent); Quelle: Kuwan/Thebis 2004, S. 34.

Es gibt am unteren wie am oberen Ende der Hierarchie durchaus nennenswerte Abweichungen, die sich keineswegs von selbst verstehen: von den Menschen mit Abitur beteiligen sich mehr als 40% nicht und bei den Arbeitern lässt sich knapp ein Drittel durch vielfältige Benachteiligungen nicht von der Teilnahme abhalten. Es müssen also hemmende und begünstigende Faktoren anderer Art im Spiel sein. Davon abgesehen ergeben sich aus der Gleichförmigkeit der Entwicklung (die Abstände bleiben auf verschiedenen Beteiligungsniveaus erstaunlich stabil) mehr Fragen als Antworten. Auf jeden Fall ist davon auszugehen, dass sich Teilnahme/Nicht-Teilnahme *allein* unter Bezug auf soziodemographische Faktoren nicht erklären lassen.

1.2 Milieuspezifische Ansätze

In jüngerer Zeit stark beachtete ‚*Milieu*'-Ansätze nehmen die soziodemographischen Faktoren in sich auf und fügen vor allem den Aspekt der Wertorientierungen hinzu. Für diese Erweiterung der Perspektive waren zunächst Bourdieus Arbeiten von zentraler Bedeutung. Durch die Unterscheidung verschiedener Kapitalarten konnten über Einkommen und damit verbundenen Status hinaus kulturelle Praxen, Vorlieben, Geschmack, eben: ‚Lebensstile' in den Blick genommen werden, die gerade auch für das Bildungsverhalten relevant sind (vgl. etwa Bourdieu 1983). Für Teile der deutschen Diskussion ist dann Schulzes zeitdiagnostische Arbeit über die so genannte ‚Erlebnisgesellschaft' wichtig geworden (vgl. Schulze 2000). Um seine eigene Perspektive zu profilieren, grenzt Schulze sich explizit von Bourdieu ab. Die Kontroverse kreist letztlich um die Frage, ob die soziale Position *oder* der Lebensstil letztlich wichtiger ist für Fremd- und Selbstpositionierungen der Menschen in der Gesellschaft. Schulze vertritt die Auffassung, dass die Dimension des Lebensstils deutlich in den Vordergrund getreten ist. *Alle* Menschen (in ‚Erlebnisgesellschaften') haben sich vor allem dem Verdikt zu beugen, ihr Leben zu genießen, sich selbst zu inszenieren usw. Diese Position ist vielfach wegen mangelnder Differenzierung kritisiert worden (vgl. Funke 1997). Erwähnenswert ist sie vor allem deshalb, weil das Heidelberger SINUS-Institut, dessen Arbeiten seit geraumer Zeit in der Erwachsenenpädagogik stark beachtet werden (vgl. Barz/Tippelt 2004), eher an Schulze als an Bourdieu anschließt. Auch hier wird die Bedeutung der Alltagsästhetik, des Lebensstils gegenüber der Zugehörigkeit zu einer Klasse oder Schicht (im traditionellen Sinne) stark gemacht (vgl. Flaig/Meyer/Ueltzhöffer 1993).

Das SINUS-Institut legt in unregelmäßigen Abständen im Sinne einer je aktuellen Bestandsaufnahme der Gesellschaft seine ‚Milieulandschaften' vor. An zwei dieser ‚Landschaften' lassen sich Probleme aufzeigen:

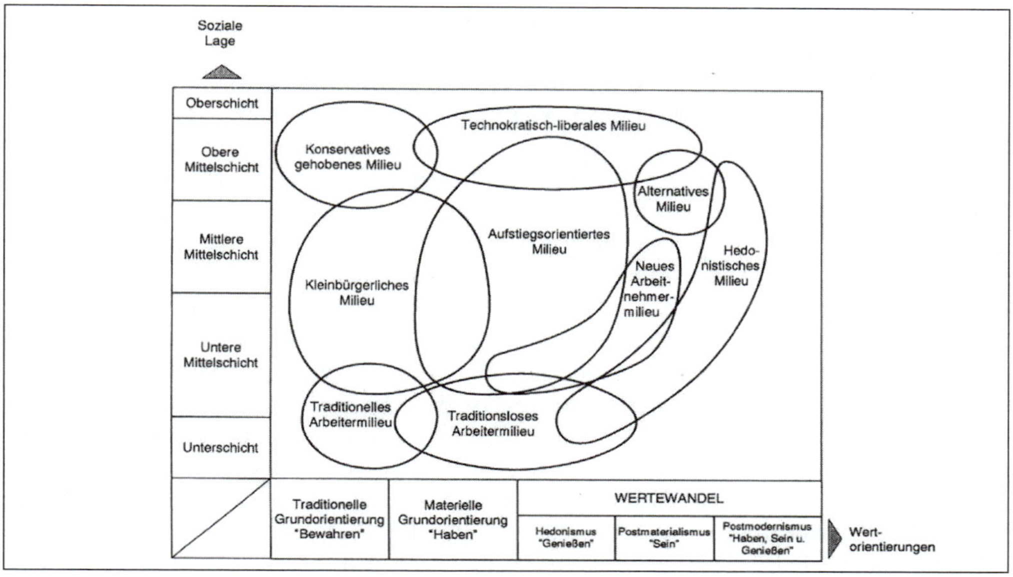

Abb. 3: Sinus-Milieulandschaft 1992; Quelle: Flaig/ Meyer/ Ueltzhöffer 1993, S. 74.

Das im Vergleich mit traditionellen Klassen- und Schichtmodellen auffälligste Milieu der ‚Hedonisten' ist in seiner Platzierung bzw. Ausdehnung zugleich das ‚unwahrscheinlichste' es reicht in der Bourdieuschen Terminologie beinahe durch den gesamten ‚Raum der sozialen Positionen'. Kritisch ist eingewandt worden, dass hier nicht hinreichend zwischen ‚echten' und ‚Freizeit'-Hedonisten unterschieden worden ist. Etwa zehn Jahre später, und seitdem beinahe unverändert, ergibt sich – nicht allein in dieser Hinsicht – ein verändertes Bild:

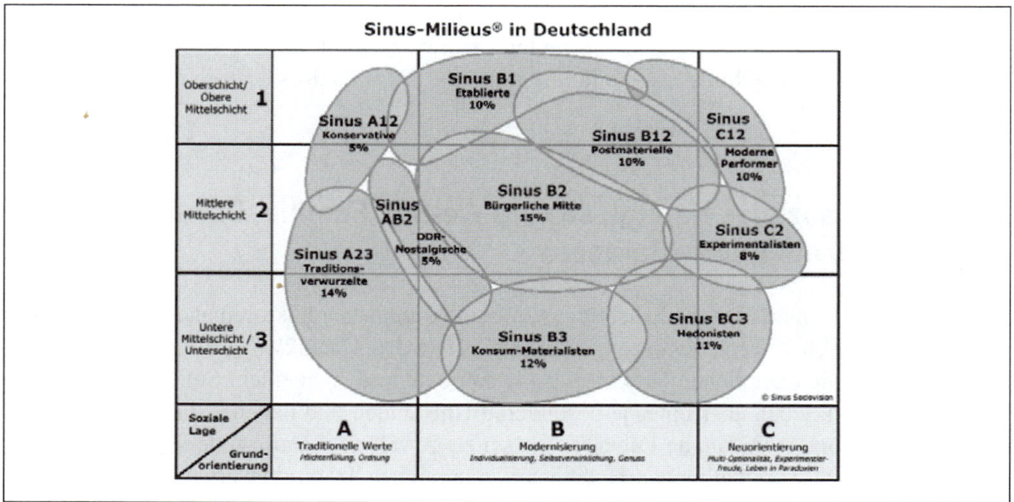

Abb. 4: Sinus-Milieulandschaft 2007; Quelle: http://www.sinus-sociovision.de/

Auffällig ist nun (neben der Annahme, die Bevölkerung der ehemaligen DDR sei weithin ‚integriert'), dass im Wesentlichen drei Schichten in der Generationenfolge abgebildet werden: die Repräsentanten der traditionellen Milieus sind 60 Jahre alt und älter, die der ‚Modernisierung' zwischen 30 und 60, die der ‚Neuorientierung' durchweg unter 30 Jahre alt. Das Modell nähert sich also dem, wovon es sich entschieden abzugrenzen versucht, nämlich dem klassischen Schichtmodell in seiner gröbsten Variante (Unter-/Mittel-/Oberschicht) unversehens wieder an. Dass die alltagsästhetischen Vorlieben und Lebensentwürfe der Jüngeren von denen der Älteren abweichen, ist selbst im Alltagswissen seit der Zeit verankert, seit der sich unterschiedliche Lebensphasen sinnvoll voneinander unterscheiden lassen. Insofern ist weniger klar als weithin unterstellt, wie sich die klassischen soziodemographischen und die Milieufaktoren zueinander verhalten, zumal das SINUS-Institut als privatwirtschaftliches Marktforschungsinstitut nicht offenlegt, wie es mit verschiedenen erhobenen Variablen bei der Milieukonstruktion verfährt. Unbefriedigend bleibt auf jeden Fall die Grobkörnigkeit der Typisierungen. Studierende etwa kommen lediglich in zwei Varianten vor: als Experimentalisten oder Moderne Performer. Demgegenüber haben etwa Vögele, Bremer und Vester (2002) gezeigt, dass sich die einzelnen Milieus aus verschiedenen Fraktionen zusammensetzen, die sich unter dem Gesichtspunkt der sozialen Laufbahn deutlich voneinander unterscheiden. Es gibt solche, die sich gewissermaßen auf angestammten Plätzen bewegen, und solche, die (durch Auf- oder Abstiege) neu hinzukommen. Gerade im Blick auf die Bedeutung der Weiterbildung ergeben sich in den Orientierungen markante Differenzen, die durch die besondere Art der Milieukonstruktion verdeckt werden. Auch anzunehmende regionale Besonderheiten werden nivelliert: alle Deutschen etwa im Alter zwischen 20 und 30 Jahren sind nach SINUS (lediglich) drei Milieus zuzuordnen, ob sie nun auf Rügen oder in Frankfurt, in Gelsenkirchen oder im Allgäu leben.

Selbst wenn es keinerlei Anlass für kritische Einwände gäbe, könnte man mit Hilfe des SINUS-Milieumodells wiederum lediglich feststellen, dass Angehörige des ‚Aufstiegsorientierten Milieus' oder der ‚Bürgerlichen Mitte' sich *stärker* bzw. *mit einer größeren Wahrscheinlichkeit* an Weiterbildung beteiligen als solche des ‚Traditionslosen Arbeitermilieus', der ‚Konsum-Materialisten' usw. Auch hier gibt es wieder viele Abweichungen analog zur Perspektive der soziodemographischen Faktoren. Dies ist ein weiterer Hinweis darauf, dass es wenig aussichtsreich ist, Regulative der Weiterbildungsbeteiligung mit Hilfe *eines* Faktors bestimmen zu wollen.

2 Raum, soziales Kapital, soziale Welten, Familie, Beruf und Betrieb als Kontextfaktoren

Informationen, die man über die Erhebung soziodemographischer Faktoren und die Typisierung (milieu-) spezifischer Wertorientierungen erhält, haben den Charakter von *Personenmerkmalen*. Menschen, die männlichen Geschlechts, 45 Jahre alt und nach einem Studium als Beamte erwerbstätig sind, leben aber unter je besonderen Umständen und haben – diesen Umständen entsprechend – unterschiedliche Lebensaufgaben zu bewältigen. Darin unterscheiden sie sich grundsätzlich nicht von weiblichen Hedonisten, männlichen Traditionsverwurzelten usw. Solche Lebensumstände sind im Sinne statistischer Regelmäßigkeit nicht beliebig, sie sind aber ebenso wenig gleichartig. Weitere Aufklärung über Regulative der Weiterbildungsbeteiligung kann man also erwarten, wenn man Zusammenhänge (*Kontextfaktoren*) untersucht, die *relativ* unabhängig von Personenmerkmalen bei der Entscheidung für/gegen eine Beteiligung an Weiterbildung bedeutsam sind.

2.1 Raum

Einen Kontextfaktor dieser Art stellt der *Raum* dar, dessen Bedeutung für die Weiterbildungsbeteiligung in der Erwachsenenpädagogik nur kurz und sehr punktuell in den 1970er und 1980er Jahren untersucht worden ist. Vereinzelte Studien zur Weiterbildungslandschaft in Hessen sowie Untersuchungen in Bochum konnten zeigen, dass der Faktor Raum Einfluss auf die Weiterbildungsbeteiligung hat. Demnach bleiben – neben den so genannten bildungsfernen Schichten – vor allem jene fern, die keine Weiterbildungseinrichtung in ihrer näheren Umgebung wissen (vgl. Klaus-Roeder 1983; Amt für Statistik und Stadtforschung 1974).

Eine aktuelle Bochumer Studie zeigt, dass dieser Strang voreilig aufgegeben worden ist (vgl. Feldmann/Schemmann 2006, Wittpoth 2007a, 2007b). Dem Projekt liegen die Teilnehmendendaten der Volkshochschule und der fünf Bochumer Familienbildungsstätten des Jahres 2004 zugrunde. Diese Daten (ca. 40.000 Belegfälle) werden auf der Grundlage einer aktuellen Sozialraumanalyse für die Stadt Bochum, die die insgesamt 30 Ortsteile nach sozialen und demographischen Indikatoren typisiert (vgl. Hartkopf 2006), ausgewertet. Im Prinzip geht es darum, Beteiligungsintensitäten nach Sozialraumtypen zu ermitteln und soweit möglich im Blick auf das Gesamtprogramm einer Einrichtung sowie auf einzelne Segmente zu bestimmen, welche Faktoren für Beteiligung relevant sind. Die Grundannahme war dabei, dass Stadtteile, die von einer gut situierten und gebildeten Bevölkerung geprägt sind, eine höhere Beteiligungsquote aufweisen als solche, in denen vorwiegend ärmere Menschen mit geringerem Bildungsgrad leben. Insbesondere für die Volkshochschule ist das dezidiert *nicht* der Fall: gerade einer der Stadtteile mit deutlich unterdurchschnittlichem Sozialindex weist die höchste Beteiligungsquote auf. Dies lässt sich zum Teil mit Besonderheiten des Angebots erklären; unabhängig davon sind jedoch räumliche Muster in der Teilnahmeintensität – hier am Beispiel der Bochumer VHS – erkennbar:

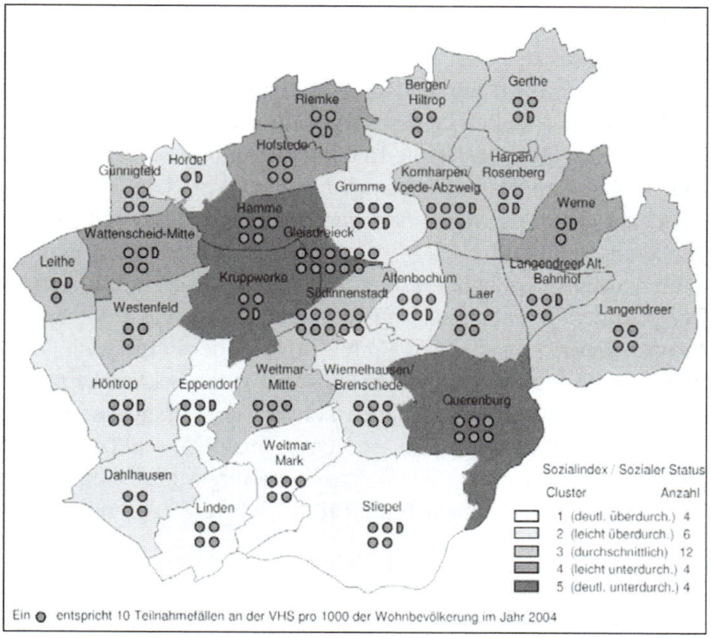

Abb. 5: Teilnahmequoten der Bochumer Volkshochschule nach Sozialraumtypen; Eigene Berechnungen.

Lässt man sich von Annahmen leiten, die unter Bezug auf soziodemographische Faktoren bzw. Milieu formuliert werden, wäre eine sektorale Struktur in Abhängigkeit vom Sozialindex zu erwarten (wie sie sich etwa für Besucher der Bochumer Symphoniker und des Bochumer Schauspielhauses zeigen lässt). Abweichend von dieser Erwartung ist ein räumliches Muster (in der Tendenz konzentrische Kreise; das VHS-Gebäude liegt im Stadtzentrum (Gleisdreieck)) erkennbar. Man kann von einer Art ‚Gelegenheitsstruktur' (vgl. Friedrichs 1977) sprechen, die die – gängigerweise unterstellte – Bedeutung von Status bzw. Milieu zumindest relativiert[5]. Die Dimension Raum müsste also bei Versuchen, Weiterbildungsbeteiligung zu erklären, wieder stärker berücksichtigt werden.

2.2 Soziales Kapital

Einen weiteren Kontextfaktor stellt das *soziale Kapital* im Sinne der Zugehörigkeit zu sozialen Gemeinschaften, der Kooperation und wechselseitigen Unterstützung dar. Diese Perspektive spielt in der deutschen Diskussion bislang vor allem in den Sozial- und Politikwissenschaften eine wichtige Rolle. Dabei wird der Begriff des sozialen Kapitals eher im Sinne Colemans (vgl. Coleman 1988, 1991) und Putnams (vgl. Putnam 1995, 2000) als im Sinne Bourdieus verwandt. Meist geht es in diesen Arbeiten darum, wie der soziale Kitt, der die Gesellschaft zusammenhält, beschaffen ist bzw. wie man diesen Kitt verstärken kann (vgl. Haus 2002). In die Bildungsforschung hat diese Perspektive zunächst vor allem mit Blick auf die Institution Schule Eingang gefunden. Untersucht wurde in erster Linie der Zusammenhang zwischen dem Sozialkapital einer Person und deren individuellem Schulerfolg (vgl. Dika/Singh 2002).

In der Erwachsenenpädagogik wird die Bedeutung sozialen Kapitals eher im angelsächsischen Raum und dort insbesondere von Schuller und Field thematisiert. Als ein zentrales Ergebnis ihrer Arbeiten kann die These der funktionalen Äquivalenz von Sozialkapital und Weiterbildung im Blick auf die Eröffnung von Karrieren angesehen werden: ein hohes Maß an sozialem Kapital erübrigt die Teilnahme an *formeller* beruflicher Weiterbildung. Außerdem können sie zeigen, dass hohe Beteiligung an *informellen* Bildungsprozessen mit einem hohen Maß an sozialem Kapital zusammenhängen (vgl. Schuller/Field 1998). Schließlich zeigt Field, dass man von einer wechselseitigen Beeinflussung zwischen Lernen und Sozialkapital ausgehen kann (vgl. Field 2005).

Im deutschsprachigen Raum gibt es lediglich vereinzelte Arbeiten, die mit unterschiedlichen Perspektiven Sozialkapital und Erwachsenenbildung aufeinander beziehen. So ging etwa das Projekt ‚Lernen im sozialen Umfeld' (LisU) der Frage nach, welche Rolle freiwillige Vereinigungen und sonstige Organisationen des Dritten Sektors beim Auf- und Ausbau von (beruflich relevanten) Kompetenzen spielen können, um Arbeitslose und von Arbeitslosigkeit bedrohte Personen vor dem Verfall dieser Kompetenzen zu schützen. Möglichkeiten des Kompetenzerhalts wurden in der Mitarbeit in Vereinen, Bürgerinitiativen u.Ä. gesehen (vgl. Hartmann 1999; LisU 1999; mit ähnlichem Tenor für die Schweiz vgl. Freitag 2000).

5 Soziale Segregation wird erst wieder sichtbar, wenn man einzelne Fachbereiche der Volkshochschule betrachtet: etwa Sprachen und Nachholen von Schulabschlüssen.

2.3 Soziale Welten

Kleine *soziale* Lebens-*Welten* weisen als Kontextfaktoren für die Regulation von Weiterbildungsbeteiligung verschiedene Berührungspunkte mit ‚sozialem Kapital' auf, insofern dieses nicht zuletzt über die Eingebundenheit in solche ‚Welten' gewonnen wird. Gemeinsam ist beiden Perspektiven auch, dass sie in der deutschsprachigen Erwachsenenpädagogik kaum thematisiert werden.

Anselm Strauss versteht unter einer ‚social world' ein Universum regulierter wechselseitiger Reaktionen, ein kulturelles Areal, das nicht über formelle Mitgliedschaft, sondern über Kommunikation begrenzt wird (vgl. Strauss 1991). Beispiele für solche Welten sind etwa Oper, Ballett, Baseball, Surfing, Kunst, Briefmarkensammeln, Bergsteigen, Homosexualität, Medizin usw. (vgl. ders. 1982, S. 172). Eines ihrer wichtigsten Merkmale ist, dass sie sich ständig in Subwelten untergliedern, die dann wiederum neue Verbindungen eingehen – sie stellen also das Gegenteil von stabilen Formationen dar. Im Blick auf Abgrenzungen nach außen und interne Regulierung geht es ständig um Fragen der Authentizität von Praxen und Produkten, von Echtheit und Fälschung, Schicklichkeit und Zulässigkeit, schließlich darum, wer wann was auf legitime Weise tun kann. Um sich in diesen sozialen Welten ‚angemessen' bewegen zu können, benötigen die Akteure ein hohes Maß an Expertise, die sie auf unterschiedlichen Wegen erwerben können. Es ist nicht unwahrscheinlich, dass die Verbundenheit mit einer solchen Welt auch zur Teilnahme an kursförmiger Weiterbildung in Einrichtungen der Erwachsenenbildung oder solchen, die der jeweiligen Welt eng verbunden sind, motiviert – entsprechende Untersuchungen stehen allerdings noch aus.

Anne Honer, die in ihren Arbeiten stärker an Benita Luckmann anschließt, versteht ‚kleine soziale Lebenswelten' ähnlich, sie erscheinen aber ein wenig stabiler, fester gefügt. Ihre Merkmale sind:

- definierbare Zwecksetzung,
- technisches und legitimatorisches Sonderwissen,
- Interaktionsgelegenheiten,
- freiwillige teilzeitliche Partizipation,
- Passageriten und ‚Karriere'-Muster.

„Eine kleine soziale Lebens-Welt ist ein intersubjektiv konstruierter Zeit-Raum situativer Sinnproduktion und -distribution, der im Tagesab- und Lebenslauf aufgesucht, durchschritten, gestreift wird, und der mehr oder minder wesentliche Elemente für das spezifisch moderne ‚Zusammenbasteln' (…) persönlicher Identität bildet" (Honer 1985, S. 131). Am Beispiel des Bodybuilding kann sie nicht nur – insbesondere für die ‚echten' Bodybuilder – zeigen, dass die Zugehörigkeit zu dieser kleinen sozialen Welt erhebliche Bedeutung für Identitätsbildungsprozesse hat, sondern dass auch hier auf verschiedenen Wegen ein hohes Maß an Expertise erworben wird. Kleinere Forschungsarbeiten Bochumer Studentinnen bestätigen dies für verschiedene Sportstudios, Saunen, Stammtische, ein Seniorenkino bis hin zu so genannten ‚Liferollenspielen'.

Auch *Vereine*, deren Struktur unter Umständen noch ein wenig stärker formalisiert ist, gehören in diesen Kontext. Jütting u.a. haben sich im Zusammenhang ihrer Untersuchung von Vereinslandschaften ausgewählter Regionen mit den in Vereinen vorfindbaren Lernformen beschäftigt (vgl. Jütting u.a. 2003). Identifizierbar sind sowohl formelle als auch informelle

Formen der Bildung Erwachsener, wobei letztere quantitativ überwiegen (vgl. Oshege 2001, 2002).

Social worlds, kleine soziale Lebenswelten und Vereine sind somit als Formen identifiziert, die einerseits selbst wichtige ‚Lernorte' darstellen und andererseits starke Anlässe und Motive für ‚lebenslanges Lernen' liefern. Sie gehören damit zweifellos in den Reigen der Faktoren, die Weiterbildungsbeteiligung regulieren und insofern bei Erklärungsversuchen (deutlich stärker als bisher) zu beachten sind. Dies bestätigt auch eine Arbeit von Harney, Fuhrmann und Weischet, die auf der Basis von SOEP-Daten zeigen, dass verschiedene Formen sozialer Partizipation einen Faktor darstellen, der die Teilnahme an beruflicher Weiterbildung *begünstigt*. Dieses Beteiligungsregulativ wird dabei als unabhängig von Milieufaktoren betrachtet (vgl. Harney/Fuhrmann/Weischet 2003, S. 100). Insgesamt zeichnet sich der Faktor Partizipation an/in sozialen Welten aber – wie der des sozialen Kapitals – durch seine Uneindeutigkeit aus: ein hohes Maß an Verfügung kann – von Fall zu Fall – Teilnahme *und* Nichtteilnahme erklären.

2.4 Familie

Der (Kontext-) Faktor *Familie* ist in verschiedenen Hinsichten relevant, die eng miteinander verwoben sind (vgl. Wittpoth 2007c). Zum einen prägt die *Herkunfts*familie Lebensumstände, die das Weiterbildungsverhalten der Menschen direkt beeinflussen, etwa die Region, in der sie leben, die Art der Erwerbstätigkeit, die Stellung im Beruf und die Erwartungen an das eigene Leben. Zum anderen werden in der Herkunftsfamilie Entscheidungen vorbereitet, die im Blick auf die Gründung und Gestaltung einer *eigenen* Familie getroffen werden. Diese können ihrerseits wiederum direkt oder indirekt relevant sein für das Weiterbildungsverhalten, insofern die gewählte Lebensform anhaltende Qualifizierungsbemühungen und Karrieren nahe legt bzw. erleichtert oder erschwert.

Familie kommt als Ressource gewissermaßen ‚zweimal vor', und beide Male stehen in einer engen Beziehung zueinander. Handlungsspielräume bzw. Hemmnisse kumulieren: Familiale Sozialisation bereitet (mehr oder weniger aussichtsreiche) Berufskarrieren *und* Präferenzen für familiale Konstellationen vor, die ihrerseits beruflichen Erfolg mehr oder weniger wahrscheinlich machen. Dies kann mit einigen Hinweisen auf die Gestaltung familial-beruflicher Ereignisse und lebenszyklischer Phasen verdeutlicht werden.

Von zentraler Bedeutung für Familiengründung und Elternschaft sind – insbesondere für Frauen – die (Miss-) Erfolge im Bildungssystem:

Längere Ausbildungszeiten haben eine spätere (oder gar keine)[6] Eheschließung zur Folge, stärken die berufsbezogene Perspektive von Frauen und begünstigen so eine Erosion familienbezogener Orientierungen (vgl. Höpflinger u.a. 1991, S. 200). Den lebenszyklisch besonders ungünstigen Pfad – Verzicht auf eine berufliche Ausbildung, frühe Heirat (und Mutterschaft) – ‚wählen' vor allem junge Frauen mit den schlechtesten Schulabschlüssen (vgl. Huinink 1989, S. 156).

Frauen mit Abitur haben im Durchschnitt deutlich weniger Kinder als Frauen mit Real- oder Hauptschulabschluss. Wenn Frauen mit hohen Bildungsabschlüssen ihre Erwerbstätigkeit un-

6 Es gibt starke geschlechtsspezifische Unterschiede in der Ledigenquote: der geschätzte Anteil niemals verheirateter Frauen mit Hochschulabschluss liegt bei ca. 15%, bei den Männern bei knapp 3% (vgl. Diekmann 1990, S. 267).

terbrechen, um Kinder zu bekommen, so ist dies im Lebensverlauf eher später der Fall (vgl. Klein/Lauterbach 1994, S. 280).

Diese unterschiedlichen Voraussetzungen wirken sich im Weiteren auf den Zusammenhang zwischen Elternschaft und Weiterbildung aus:

Entscheiden Frauen sich gegen Kinder und für Beruf(-skarriere), so dürfte damit (bei mindestens mittleren Bildungsabschlüssen) zugleich ein hohes Maß an ermöglichten und erwarteten berufsbezogenen Weiterbildungsaktivitäten verbunden sein.

Werden Kinder geboren und gewährleistet der Mann die materielle Versorgung, so wird dies zu einer stärkeren Beteiligung des Mannes führen, mit deren Hilfe im Interesse der Familienversorgung auf hohem Niveau Karrieren eröffnet oder Positionen gesichert werden sollen. Für Frauen ergeben sich in diesem Fall Weiterbildungsinteressen begleitend (im Sinne der ‚subjektiven Karriere', also der allgemeinen, personenbezogenen Bildung) oder dann, wenn sie erneut erwerbstätig werden wollen bzw. müssen.

Auch in der Phase der Beendigung aktiver Mutterschaft und Wiederaufnahme von Erwerbsarbeit wird Weiterbildung in unterschiedlicher Weise in Anspruch genommen:

Frauen mit biographisch bedingt gering entwickelten Autonomiepotentialen bleiben – solange sie nicht erneut erwerbstätig werden *müssen* – einer beruflichen Weiterbildung eher fern; es gelingt ihnen kaum, eigene Ansprüche über ihr ‚Dasein für andere' zu stellen (vgl. Herlyn u.a. 1993, S. 150).

Frauen mit einem dringlichen Erwerbsinteresse, die über eine Wiederaufnahme der Berufstätigkeit die Unzufriedenheit mit ihrer Lebenssituation überwinden wollen, nutzen Weiterbildung gezielt in diesem Sinne, verzichten aber auch darauf, wenn es nicht notwendig ist.

Je größer die Entscheidungsspielräume sind, desto mehr kommt Weiterbildung als Bestätigung eigener Leistungsfähigkeit in Betracht und dient als Vehikel zum Erreichen durchaus anspruchsvoller Ziele (vgl. ebd., S. 150ff.).

Familie ist somit als Ressource und (Lebens-) Form ein wichtiges Regulativ der Weiterbildungsbeteiligung. Es wirkt

- einseitig: führt insbesondere bei Frauen zu Einschränkungen im (berufsbezogenen) Weiterbildungsverhalten und
- sekundär: bedeutet *zusätzliche* Restriktionen im Rahmen der, durch soziale Lage bestimmten Weiterbildungschancen (vgl. Loeber-Pautsch 1993, S. 167).

Unter Berücksichtigung des – in der Generationenfolge reproduzierten – familialen Bildungsklimas werden also Faktoren sichtbar, die gewissermaßen ‚hinter' soziodemographischen, Milieu- und anderen Faktoren liegen.

2.5 Beruf

Als Weiterbildungsbeteiligung regulierender Faktor ist der *Beruf* gemeinhin bei den soziodemographischen Faktoren (und damit bei den Personenmerkmalen) eingereiht. Es geht dann vor allem um formale Aspekte des Ranges in der Berufehierarchie, des allgemeinen Anstellungsmodus (Selbständige, Beamte, Angestellte (mit und ohne Leitungsfunktionen), Arbeiter). Als Kontextfaktor wird Beruf insofern relevant, als seine Ausübung von je spezifischen Normen angeleitet wird, u.a. solchen, die Weiterbildung betreffen. So gibt es Berufsgruppen unterschiedlicher Stufen, die einer Fortbildungspflicht unterliegen (Ärzte, Physiotherapeuten, Berufe in sicherheitsrelevanten Bereichen u.ä.), und solche, in denen Formen der Nicht-Beteiligung kultiviert werden, die bislang kaum untersucht sind. Aber auch die ‚stoffliche' Seite des Berufs hat – bislang kaum wahrgenommene – Folgen für die (Art der) Weiterbildung. So bilden sich etwa Köche und Uhrmacher, deren berufliche Identität stark an die verwendeten Materialien geknüpft und mit einer sinnlichen Komponente ausgestattet ist, vorzugsweise am Arbeitsplatz weiter (vgl. Marti 2004). Vorgesetzte und Kollegen sind Vorbilder; Karrieren ergeben sich (gerade bei Köchen) über den Wechsel der Arbeitsstelle. Schließlich sind Modalitäten der Anstellung von Bedeutung: zumindest bei Hochqualifizierten gibt es bei der Ermöglichung und Förderung von Weiterbildung erhebliche Differenzen etwa zwischen unbefristet bzw. befristet Vollzeit- bzw. Teilzeit-Beschäftigten usw. (vgl. Willich/Minks/Schaeper 2002, S. 6f.).

2.6 Betrieb

Der Faktor *Betrieb* ist in der Regel unter den Gesichtspunkten Größe und Branche im Blick; demnach können sich Beschäftigte großer Banken und Versicherungen der Weiterbildungs*pflicht* kaum entziehen, wohingegen es in kleinen Gastronomie- und landwirtschaftlichen Betrieben wenig aussichtsreich ist, ein Weiterbildungs*recht* zu reklamieren. Der genauere Blick in einzelne Betriebe hinein hat aber auch hier differenziertere Befunde zur Folge. So wird die viel beklagte Nichtbeteiligung der kleinen und mittelständischen Unternehmen unter Umständen durch ein hohes Aktivitätsniveau bei der Versorgung mit benötigtem Wissen kompensiert, in Formen, die seitens der Erwachsenenpädagogik noch wenig Beachtung gefunden haben (vgl. Dörner 2006). Auch der Anregungsgehalt der Tätigkeit, das Ausmaß der Veränderungen in den Arbeitsanforderungen und der Institutionalisierungsrad betrieblicher Weiterbildung sind als regulierende Faktoren empirisch belegt (vgl. Kuwan u.a. 2006, S. 222ff.)

Die Bedeutung berufs- und betriebsspezifischer Kontextfaktoren in Relation zu Personenmerkmalen zeigt eine Kontrastgruppenanalyse, mit deren Hilfe das *Gewicht* einzelner Faktoren ermittelt werden sollte (vgl. Kuwan u.a. 2006, S. 142ff.). Dabei zeigt sich für die berufliche Weiterbildung:

Den stärksten Einfluss auf die Teilnahme hat die (Art der) *Erwerbsbeteiligung*.

Zweitstärkste Einflüsse haben für Vollzeitbeschäftigte die *Betriebsgröße*, für Teilzeitbeschäftigte das *Haushaltseinkommen* und für Nichterwerbstätige die *Berufsbildung*.

Auf der dritten Ebene werden, je nach Ausgangsgruppe, die Faktoren Ländergruppe (Nord/Mitte & Süd/Ost), berufliche Position, öffentlicher Dienst, Berufsbildung, Haushaltseinkommen wirksam.

Das ‚soziale Milieu' ist auf den ersten drei Analyseebenen in keiner Teilgruppe als Einflussfaktor zu finden, gehört also dieser Untersuchung zufolge nicht zu den stärksten Einflussfaktoren auf die Teilnahmequoten an beruflicher Weiterbildung (das gilt – bei anderen Faktoren auf den ersten drei Ebenen – auch für die allgemeine Erwachsenenbildung; vgl. ebd., S. 147).

2.7 Weiterbildungssystem

Schließlich wird dem Zustand des *Weiterbildungssystems* eine wichtige Rolle bei der Teilnahmeregulierung zugeschrieben. Im Vordergrund stehen dabei die Intransparenz und Lücken des Angebotes sowie die Segmentierung des so genannten ‚Weiterbildungsmarktes' (vgl. Faulstich 1993; Friebel 1993). So plausibel die Argumentationen hierzu sind, so gibt es doch auch Anlass zur Skepsis gegenüber ihrer Tragweite. Zum einen gibt seit 1991 konstant mehr als die Hälfte der erwachsenen Bevölkerung an, einen guten Überblick über Weiterbildungsmöglichkeiten zu haben. Zum anderen nimmt die Zahl derer, die mehr Information und Beratung wünschen, ab (von 48% 1991 zu 35% 2003; vgl. Kuwan/Thebis 2004, S. 79). Die *tatsächliche Nutzung* von Informations- und Beratungsangeboten verharrt seit zehn Jahren auf einem sehr niedrigen Niveau (vgl. ebd. S. 81). Schließlich lässt sich im internationalen Vergleich zeigen, dass Weiterbildungssysteme, die in manchen Hinsichten anders geartet sind als das deutsche, eine sehr ähnliche Beteiligungsstruktur aufweisen (vgl. Weber/Wittpoth 1999). Insofern bleibt unentschieden, wie bedeutsam die konkrete Gestalt eines nationalen Weiterbildungssystems für die Regulierung der Beteiligung ist.

3 Der blinde Fleck des pädagogischen Blicks

Die Auseinandersetzung mit ausgewählten Kontextfaktoren hat gezeigt, dass sie die Beteiligung an Weiterbildung *auch* unabhängig von soziodemographischen und milieuspezifischen Faktoren beeinflussen. Man kann wohl noch weiter gehen und festhalten, dass sich *ohne* die Berücksichtigung solcher Faktoren *auf keinen Fall* erklären lässt, warum Menschen mit bestimmten Personenmerkmalen mehr oder weniger an Weiterbildung teilnehmen. Aber reicht es aus, diese beiden Arten von Faktoren aufeinander zu beziehen?

Denkt man etwa an einen 34jährigen (+)[7] Koch (-), der seine Schulausbildung mit dem Fachabitur (+) abgeschlossen hat, eher hedonistischen (+) als kleinbürgerlichen Neigungen nachgeht, verheiratet ist (+) mit einer berufstätigen Frau (-), zwei Kinder hat, Teile seiner Freizeit mit Vereinsaktivitäten (+/-) verbringt, einseitige körperliche Belastungen durch gezieltes Training im Sportstudio (+/-) auszugleichen versucht, in der Mensa einer größeren Universität (+) beschäftigt ist und in der Nähe einer Weiterbildungseinrichtung wohnt (+), dann bleibt man trotz all diesen Wissens letztlich ratlos gegenüber seiner Entscheidung, die sowohl für als auch gegen eine Teilnahme an Weiterbildungsveranstaltungen ausfallen kann.

Der Gang der Argumentation hat damit in eine eigentümliche Situation geführt: die Zahl der berücksichtigten Faktoren hat sich gegenüber der gängiger Betrachtungsweisen deutlich erhöht, und die Ausgangsfrage nach der Beteiligungsregulation lässt sich dennoch nicht beantworten. Die *These* der abschließenden Überlegungen ist, dass dies auf eine spezifische Verengung der Perspektive zurückzuführen ist, in der Regulative der Weiterbildung bislang betrachtet werden.

Bereits bei den ersten dokumentierten Bemühungen, sich von den Teilnehmenden ein Bild zu machen, ging es neben dem eher legitimatorischen Gesichtspunkt, Rechenschaft über die geleistete Arbeit zu geben, wesentlich darum, Orientierungshilfen für die Weiterentwicklung

---

7 Die Zeichen + und – stehen hier für begünstigende und hemmende, +/- für ambivalente Faktoren einer Beteiligung.

des Bildungsangebotes zu bekommen und zwar *in dem Sinne, dass immer mehr Personen zur Teilnahme animiert werden.* Diese bis heute maßgebliche Grundkonstellation führt dazu, dass der Blick auf Beteiligungsregulative spezifisch ‚gerichtet' und gegen nahe liegende Einwände imprägniert ist.

Dieser Blick richtet sich aus der Welt der Weiterbildung hinaus in andere Welten und interessiert sich für diese nur insoweit, als ihnen ein Angebot unterbreitet werden kann. Weiterbildung wird dabei nicht als eine *beliebige* Form kultureller Aktivität *neben vielen anderen* verstanden, sondern als eine ‚ausgezeichnete': die Sorge ihrer Protagonisten richtet sich ausschließlich darauf, dass sie zustande kommt, gelingt und letztlich auch ausdehnt. Dies gilt unmittelbar für diejenigen, die durch ihre pädagogisch-praktische Tätigkeit Weiterbildungseinrichtungen am Leben halten. Es gilt aber auch für diejenigen, die als *Bildungs*forscher oder als *Bildungs*politiker mit dem Milieu eng verbunden sind und Studien über Teilnehmende durchführen bzw. veranlassen. Dabei geht es nicht um die strategische Durchsetzung institutioneller oder individueller Eigeninteressen im Sinne der Sicherung von Existenzgrundlagen. Vielmehr wird das Handeln von der fraglosen Gewissheit geleitet, dass Weiterbildung den Menschen mindestens nützt, wenn nicht gar zur Persönlichkeitsentwicklung unabdingbar ist. Vor diesem Hintergrund sind die Teilnehmenden diejenigen, die erkannt haben, worauf es ankommt, die das Richtige tun. Die Nichtteilnehmenden erscheinen dann als diejenigen, die in ihrem eigenen, aber auch im Interesse der Gesellschaft zu Teilnehmenden werden müssen. Sich weiterzubilden (die Persönlichkeit zu entwickeln) wird dabei schließlich gleichgesetzt mit der Teilnahme an Veranstaltungen von Weiterbildungsinstitutionen.

Diese normativen Implikationen des Blicks auf Weiterbildungsbeteiligung gründen zunächst in einem säkularen gesellschaftspolitischen Programm, das seit Beginn des 19. Jahrhunderts darauf gerichtet war, den ‚Massen' Teilhabe am gesellschaftlichen Leben über Teilnahme an institutionalisierten Bildungsprogrammen zu eröffnen – ohne Teil*nahme* gäbe es demnach keine Teil*habe*. Sie gründen aber auch in der eher impliziten Deutung eines durchschlagenden empirischen Befundes, demzufolge sich insbesondere die Gebildeten, in höheren Berufspositionen Agierenden, anspruchsvollere Tätigkeiten Ausübenden an Weiterbildung beteiligen und diejenigen, die in den genannten Hinsichten am anderen Ende stehen, eher von Weiterbildung ‚ausgeschlossen' sind. Dass dieser Befund so oft mit Verweis auf das Mathäusprinzip (‚Wer hat, dem wird gegeben') kommentiert wird oder dass seit den 1990er Jahren verstärkt lebenslanges Lernen ‚für alle' gefordert wird, ergibt nur einen Sinn, wenn man unterstellt, dass Beteiligung an Weiterbildung *Ausdruck und Folge* des Bessergestelltseins der Person wie des Werts von Weiterbildung ist. Beides versteht sich aber keineswegs von selbst, gilt vor allem für diejenigen, die über die Inanspruchnahme von Bildungsangeboten in die verhältnismäßig komfortable soziale Position gelangt sind, Bildungsangebote zu unterbreiten.

Richtet man einen weniger pädagogischen als vielmehr ethnographischen oder soziologischen Blick auf Weiterbildungsbeteiligung, dann bleibt die Frage nach dem Wert der Weiterbildung eingeklammert. Sie muss nicht entschieden werden, wenn *beobachtet* werden soll, was geschieht. Dementsprechend wird ‚sich weiterbilden' als Form kultureller Aktivität nicht länger vor anderen ausgezeichnet. Das hat für den Versuch, zu verstehen, was Menschen dazu bringt, sich (nicht) an institutionalisierter Weiterbildung zu beteiligen, erhebliche Konsequenzen. Die zentrale Frage ist dann nämlich, *in welchen Formen und unter Rückgriff auf welche Ressourcen Menschen ihre Lebensaufgaben bewältigen.* Bedienen sie sich der Form Weiterbildung, wird das nicht als selbstverständlich angesehen, entspricht nicht der Norm(alität), sondern ist erklärungsbedürftig wie die Entscheidung für alle anderen denkbaren Formen.

Die Differenz der Aufmerksamkeitsrichtung und ihre Folgen lassen sich an konkreten Befunden deutlich machen:

Dass im Jahre 2003 31% der Arbeiter, 55% der Angestellten, 68% der Beamten und 49% der Selbständigen an Weiterbildung teilgenommen haben, kommentiert das BSW wie folgt: „Mit steigender beruflicher Position nimmt auch die Beteiligung an Weiterbildung zu", um dann im weiteren ‚mit Sorge' auf die im Zeitverlauf sinkende Quote bei den ‚hierarchisch niedrigsten Berufsstatusgruppen' zu schauen (Kuwan u.a. 2006, S. 82). Das ist das verbreitete Muster: die Teilnehmenden nehmen teil, weil sie besser gestellt sind, und solange sie teilnehmen, bleiben sie besser gestellt (und umgekehrt).

Gefragt wird *nicht*,

- wodurch sich die durchaus nennenswerten Anteile der ‚Bessergestellten', die *nicht* an Weiterbildung teilnehmen, auszeichnen und wie sie ihre beruflichen Anforderungen bewältigen;
- aus welchen *Gründen* diejenigen, die teilnehmen, dies tun;
- ob der *Verzicht* auf Teilnahme bei Angehörigen der niedrigsten Statusgruppen nicht sehr ‚vernünftig' sein kann.

Mögliche und in vielen Fällen auch nahe liegende Antworten auf diese Fragen sind:

- Je höher man in der Hierarchie und im Anspruchsniveau der Tätigkeiten steigt, desto selbstverständlicher wird es für die Betroffenen, sich in allen nur erdenklichen Formen Anregungen und Problemlösungen zu suchen, nur eben *nicht* in der Form der Teilnahme an Kursen.
- In vielen Fällen geht die Teilnahme an Weiterbildung entweder auf einen starken sozialen Druck, auf eine informelle Pflicht, in manchen Fällen auch auf eine gesetzliche oder berufsverbandliche oder betriebsinterne formelle Verpflichtung zurück. Was in entsprechenden ‚Maßnahmen' mit welchen Konsequenzen für die Teilnehmenden geschieht, bleibt dabei völlig offen.
- Es gibt eine Vielzahl von Lebensumständen und Aufgaben, für deren Bewältigung der Besuch eines Kurses keine adäquate Form darstellt.

Der grundlegende Unterschied in den Perspektiven besteht also darin, dass Weiterbildungsteilnahme nicht *a priori* positiv konnotiert ist. Denn offensichtlich gibt es Menschen, die ihre Lebensaufgaben erfolgreich ohne jede Inanspruchnahme von Weiterbildungsangeboten bewältigen, und gibt es Kurse, die in Ermangelung von Alternativen, gewissermaßen als zweite Wahl besucht werden. Insofern steht dem gesamten Weiterbildungsmilieu das, was die gesellschaftliche ‚Modernisierung' und die ‚Verwissenschaftlichung' bereits hinter sich haben, nämlich ihr ‚Reflexivwerden', erst noch bevor. So wenig wie wir davon ausgehen können, dass ‚Wissenschaft gut und mehr Wissenschaft besser' ist, können wir weiterhin unterstellen, dass Weiterbildung gut und mehr Weiterbildung besser ist. Vielmehr steht ein ‚Befremden gegenüber der eigenen Kultur' an, das als eine wichtige Voraussetzung dafür betrachtet werden kann, zu *verstehen*, warum und wie Weiterbildung aus der Vielfalt möglicher Formen Lebensaufgaben zu bewältigen (nicht) ausgewählt wird.

Dass Befremden den Blick verändert und eine eigene Produktivität zur Folge hat, lässt sich an der Unterschiedlichkeit erkennen, in der man sich der Teilnahme und der Nichtteilnahme als

Untersuchungsgegenständen nähert. Teilnahme ist vertraut, vor dem Hintergrund der normativen Aufladung ‚richtig' und deshalb nicht weiter erklärungsbedürftig. Insofern gibt man sich schnell mit der bloßen ‚Registrierung' von Personen- (Alter, Bildungsgrad etc.) oder Gruppenmerkmalen (Milieu) zufrieden. ‚Gründe' müssen nicht ermittelt werden, weil es eben *fraglos* ‚gute' sind. Nichtteilnahme ist demgegenüber fremd, wird a priori als problematisch eingestuft, muss erst verständlich *gemacht* werden. Daher beginnt man in jüngerer Zeit bei den *Nicht*teilnehmenden verstärkt nach Gründen zu fragen.

Erste Ergebnisse (für den Bereich der beruflichen Weiterbildung) lassen sich folgendermaßen zusammenfassen:

- Annähernd 60% geben an, dass es für sie keine Notwendigkeit zu einer Weiterbildung gibt. Gründe im Detail liegen in der Art der Arbeitsanforderungen, im Grad der Möglichkeit, Kenntnisse im Vollzug zu entwickeln u.ä.
- 45% geben an, keine ihren Bedürfnissen entsprechenden Angebote gefunden zu haben.
- Bei 40% gab es berufliche bzw. betriebliche, bei 28% Kosten- und bei 27% familiäre u.ä. Hindernisse (vgl. Schröder/Schiel/Aust 2004, S. 63ff.).

Hält man zunächst die Skepsis gegenüber dem Zustandekommen der Befunde zurück (standardisierte Befragungen sind wenig geeignet, Handlungsgründe zu ermitteln), kann dann durchaus bis auf Weiteres von der (so schlichten wie plausiblen) These ausgegangen werden, dass Teilnahme erfolgt, wenn sie notwendig und unter den genannten Gesichtspunkten möglich ist. Was wir dann über die Teilnehmenden bisher wissen bzw. annehmen können, ist, dass *diese Bedingungen* nach Alter, Geschlecht, Bildungsstand, Beruf, Betrieb, Milieu etc. variieren. Die vermeintlichen Antworten geben dann vor allem Fragen auf: wie genau sind die Voraussetzungen und Bedingungen beschaffen, die Personen mit bestimmten Merkmalen und in bestimmte Kontexten dazu veranlassen, Lebensaufgaben in der besonderen Form Weiterbildung oder in (welchen) anderen Formen zu bearbeiten? Es ist dann nicht länger plausibel, Nichtteilnahme zu skandalisieren. Denn sie zieht sich grundsätzlich durch alle Gruppen der Gesellschaft, geht auf die Unterschiedlichkeit von Konstellationen zurück, die mit Weiterbildung zunächst nichts zu tun haben. Ob Nichtteilnahme oder Teilnahme die ‚problematische' Form ist, ist eine lediglich (fallbezogen) empirisch zu klärende Frage. Dabei werden dann zwangsläufig Verfahren der rekonstruktiven Sozialforschung ein höheres Gewicht erlangen als bisher.

Literatur

Amt für Statistik und Stadtforschung (1974): Die Volkshochschule Bochum. Untersuchung über die Rekrutierung der Hörerschaft unter Berücksichtigung gruppenspezifischer und regionaler Kriterien. Bochum.

Barz, H./Tippelt, R. (Hrsg.) (2004): Weiterbildung und soziale Milieus in Deutschland, 2 Bde. Bielefeld: W. Bertelsmann.

Born, A. (19941): Geschichte der Erwachsenenbildungsforschung. In: Tippelt, R. (Hrsg.): Handbuch Erwachsenenbildung/Weiterbildung. Opladen: Leske+Budrich. S. 285-295.

Bourdieu, P. (19832): Die feinen Unterschiede. Frankfurt: Suhrkamp.

Bremer, H.(2007): Soziale Milieus, Habitus und Lernen. Weinheim/München: Juventa.

Coleman, J.S. (1988): Social Capital in the Creation of Human Capital. In: Winship, C./Rosen, S. (Hrsg.): American Journal of Sociology 94. S. 95-120.

Coleman, J.S. (2001): Grundlagen der Sozialtheorie. Bd. 1: Handlungen und Handlungssysteme. München.

Diekmann, A. (1990): Der Einfluss schulischer Bildung und die Auswirkungen der Bildungsexpansion auf das Heiratsverhalten. In: Zeitschrift für Soziologie 19, H. 4, S. 265-277.

Dika, S.L./Singh, K. (Jg. 2002): Applications of Social Capital in Educational Literature: A Critical Synthesis. In: Review of Educational Research 72, H. 1, S. 31-60.

Dörner, O. (2006): Umgang mit Wissen in betrieblicher Praxis. Bad Heilbrunn: Klinkhardt

Dohmen, G. (1996): Das lebenslange Lernen. Bonn: Bundesministerium für Bildung, Wissenschaft, Forschung und Technologie.

Faulstich, P. (1993): ‚Mittlere Systematisierung' der Weiterbildung. In: Meier, A./Rabe-Kleberg, U. (Hrsg.): Weiterbildung, Lebenslauf, sozialer Wandel. Neuwied/Kriftel/Berlin: Luchterhand S. 29-46.

Faulstich, P./Zeuner, Ch. (2001): Erwachsenenbildung und soziales Engagement. Bielefeld: W. Bertelsmann.

Feldmann, H./Schemmann, M. (2006): Raum als vergessene Kategorie zur Erklärung von Weiterbildungsverhalten. In: Erwachsenenbildung. Vierteljahresschrift für Theorie und Praxis 52, H. 4, S. 189-193.

Field, J. (2005): Social Capital and Lifelong Learning. Bristol: Policy Press.

Flaig, B.B./Meyer, T./Ueltzhöffer, J. (1993): Alltagsästhetik und politische Kultur. Zur ästhetischen Dimension politischer Bildung und politischer Kommunikation. Bonn: J.H.W. Dietz Nachf.

Freitag, M. (2000): Soziales Kapital und Arbeitslosigkeit. Eine empirische Analyse zu den Schweizer Kantonen. In: Zeitschrift für Soziologie 29, H. 3, S. 186-201.

Friebel, H./Epskamp, H./Friebel, R./Toth, S. (1993): Der gespaltene Weiterbildungsmarkt und die Lebenszusammenhänge der Teilnehmer/-innen. In: Friebel, H. u.a. (Hrsg.): Weiterbildungsmarkt und Lebenszusammenhang. Bad Heilbrunn: Klinkhardt, S. 1-53.

Friedrichs, J. (1977): Stadtanalyse. Soziale und räumliche Organisation der Gesellschaft. Reinbeck: Rowohlt.

Funke, H.: Erlebnisgesellschaft. In: Kneer, G./Nassehi, A./Schroer, M. (Hrsg.) (1997): Soziologische Gesellschaftsbegriffe. München: Fink, S. 305-331.

Harney, K./Fuhrmann, C./Weischet, M. (2003): Dimensionalisierung, Gruppenbildung und Wahrscheinlichkeitsübergang. Zur Identifizier- und Interpretierbarkeit multivariater Beziehungen zwischen Milieu, Beruf und Weiterbildung an SOEP-Daten. In: ZA-Information 53. S. 97-135.

Hartkopf, E. (2006): Sozialräumliche Strukturen und Disparitäten in Bochum. Diskussionspapier Nr. 06-2 der Fakultät für Sozialwissenschaft der Ruhr-Universität. Bochum.

Hartmann, T. (1999): Das Regionale Modellprojekt. Lernen im sozialen Umfeld – Kompetenzentwicklung im Auf- und Ausbau regionaler Infrastrukturen (LisU). In: QUEM (Hrsg.): Lernen im sozialen Umfeld. Zwischenbilanz zum regionalen Modellprojekt. QUEM-Report, H. 59, S. 23-53.

Haus, M. (Hrsg.) (2002): Bürgergesellschaft, soziales Kapital und lokale Politik. Theoretische Analysen und empirische Befunde. Opladen: Leske+Budrich.

Herlyn, I. (1993): Begrenzte Freiheit – Familienfrauen nach ihrer aktiven Mutterschaft. Eine Untersuchung von Individualisierungschancen in biografischer Perspektive. Bielefeld: Kleine.

Höpflinger, F./Charles, M./Debrunner, A. (1991): Familienleben und Berufsarbeit. Zum Wechselverhältnis zweier Lebensbereiche. Zürich: Seismo.

Honer, A. (1985): Beschreibung einer Lebens-Welt – Zur Empirie des Bodybuilding. In: Zeitschrift für Soziologie 14, H. 2, S. 131-139.

Huinink, J. (1989): Ausbildung, Erwerbsbeteiligung von Frauen und Familienbildung im Kohortenvergleich. In: Wagner, G./Ott, N./Hoffmann-Nowotny, H.-J. (Hrsg.): Familienbildung und Erwerbstätigkeit im demographischen Wandel. Berlin/Heidelberg: Springer, S. 136-158.

Jütting, D. H./Bentem, N. v./Oshege, V. (2003): Vereine als sozialer Reichtum. Empirische Studie zu lokalen freiwilligen Vereinigungen. Münster u.a. : Waxmann.

Klaus-Roeder, R. (1983): Sozialräumliche Strukturen und Weiterbildung. Am Beispiel der Volkshochschulen in Hessen. Baden-Baden: Nomos.

Klein, T./Lauterbach, W. (1994): Bildungseinflüsse auf Heirat, die Geburt des Kindes und die Erwerbsunterbrechung von Frauen. Eine empirische Analyse familienökonomischer Erklärungsmuster. In: Kölner Zeitschrift für Soziologie und Sozialpsychologie 46, H. 2, S. 278-299.

Kuwan, H./Thebis, F. (2004): Berichtssystem Weiterbildung IX. Ergebnisse der Repräsentativbefragung zur Weiterbildungssituation in Deutschland. München.

Kuwan, H./Bilger, F./Gnahs, D./Seidel, S. (2006): Berichtssystem Weiterbildung IX. Bonn, Berlin: o.V.

LisU (1999): Lernen im sozialen Umfeld – Kompetenzentwicklung für den Auf- und Ausbau regionaler Infrastrukturen. Verfasst von den Mitarbeitern und dem wissenschaftlichen Beirat des Projektes LisU. In: QUEM (Hrsg.): Lernen im sozialen Umfeld. Zwischenbericht zum regionalen Modellprojekt. QUEM-report, H. 59, S. 227-242.

Loeber-Pautsch, U. (1993): Familie und Weiterbildung. Die familiale Situation Erwachsener und ihre Bedeutung für die Weiterbildung. Oldenburg: Bibliotheks- und Informationssystem der Univ. Oldenburg.

Marti, L. (2004): Participation et non-participation à la formation continue professionnelle. L'exemple des horlogers et horlogères ainsi que des cuisiniers et cuisinières. NFPNR 43. Nationales Forschungsprogramm Bildung und Beschäftigung. Synthesis 5. Bern.

Oshege, V. (2001): Lernpotentiale in freiwilligen Vereinigungen. Ausgewählte Ergebnisse einer qualitativen Studie. In: Strob, B. (Hrsg.): Vereintes Lernen. Regionale Lernkulturen und Vereinslandschaften in den alten und neuen Bundesländern. Münster u.a.: Waxmann, S. 45-59.

Oshege, V. (2002): Freiwillige: Produzenten und Träger sozialen Kapitals. Eine empirisch-qualitative Untersuchung zum Engagement in freiwilligen Vereinigungen. Münster u.a.: Waxmann.

Putnam, R.D. (1995): Bowling alone. In: Journal of Democracy 6, H. 1, S. 65-78.

Putnam, R. (2000): Bowling alone. The Collapse and Revival of American Community. New York u.a.: Simon & Schuster.

Schröder, H./Schiel, S./Aust, F. (2004): Nichtteilnahme an beruflicher Weiterbildung. Bielefeld: Bertelsmann.

Schulenberg, W. (1957): Ansatz und Wirksamkeit der Erwachsenenbildung. Stuttgart: Ferdinand Enke.

Schulenberg, W./Loeber, H.-D./Loeber-Pautsch, U./Pühler, S. (1978): Soziale Faktoren der Bildungsbereitschaft Erwachsener. Stuttgart: Klett-Cotta.

Schuller, T./Field, J. (1998): Social capital, human capital and the learning society. In: International Journal of Lifelong Education 17, H. 4, S. 226-235.

Schulze, G. (2000): Die Erlebnisgesellschaft. Kultursoziologie der Gegenwart. Frankfurt: Campus.

Strauss, A. (1982): Social Worlds and Legitimation Processes. In: Studies in Symbolic Interaction, H. l. Bd. 4, S. 171-190.

Strauss, A. (1991): Creating Sociological Awareness. New Brunswick/London: Transaction Publ.

Strzelewicz, W./Raapke, H.D./Schulenberg, W. (1966): Bildung und gesellschaftliches Bewusstsein. Stuttgart: Ferdinand Enke.

Vögele, W./Bremer, H./Vester, M. (Hrsg.) (2002): Soziale Milieus und Kirche. Würzburg: Ergon.

Weber, K./Wittpoth, J. (1999): Zum Verhältnis von bildungspolitischem Diskurs, Strukturentwicklung und Partizipation in der Weiterbildung. In: Derichs-Kunstmann, K. u.a. (Hrsg.): Politik, Disziplin und Profession in der Erwachsenenbildung. Frankfurt: o.V. (Beiheft zum Literatur- und Forschungsreport Weiterbildung), S. 152-158.

Willich, J./Minks, K.-H./Schaeper, H. (2002): Was fördert, was hemmt die Teilnahme an beruflicher Weiterbildung. Die Rolle von Familie, Betrieb und Beschäftigungssituation für die Weiterbildung von jungen Hochqualifizierten. Kurz-Information 4 HIS.

Wittpoth, J. (2006): Große Fragen, kleine Antworten. Probleme und Perspektiven der Weiterbildungsforschung am Beispiel der Beteiligungsregulation. In: Meisel, K./Schiersmann, Ch. (Hrsg.): Zukunftsfeld Weiterbildung. Bielefeld: W. Bertelmann, S. 53 - 68.

Wittpoth, J. (2007a): Weiterbildung im Raum: Beteiligungsregulation und Angebotsentwicklung. In: Heuer, U./Siebers, R. (Hrsg.): Weiterbildung am Beginn des 21. Jahrhunderts. Münster:Waxmann, S. 197-206.

Wittpoth, J. (2007b): Kulturelle Bildung im kommunalen Raum. In: Weiterbildung. Zeitschrift für Grundlagen, Praxis und Trends H. 1, S. 33-35.

Wittpoth, J. (2007c): Familie und Weiterbildung. In: Ecarius, J. (Hrsg.): Handbuch Familie. Wiesbaden: VS, S. 342-365.

Internetadressen

http://www.sinus-sociovision.de/ (26.08.2008)

http://www.stat.fi/tup/julkaisut/isbn_952-467-140-9_en.pdf (25.02.2008)

http://www.ssb.no/vol_en/ (25.02.2008)

http://www.dfes.gov.uk/research/data/uploadfiles/RR415.pdf (25.02.2008)

Horst Weishaupt | Oliver Böhm-Kasper

Weiterbildung in regionaler Differenzierung

1 Einleitung

Der Weiterbildungsbereich ist inzwischen, gemessen an den Teilnehmerzahlen, der größte Bildungssektor in Deutschland (vgl. BMBF 2000). Die Entwicklung der Teilnahme an Maßnahmen der Weiterbildung zwischen 1979 und 2007 bestätigt eindrucksvoll die wachsende Bedeutung dieses Bildungsbereichs. Von der 19- bis 64-jährigen deutschen Bevölkerung hatten im Jahr vor der Befragung 2007 insgesamt 44 Prozent an Weiterbildungsmaßnahmen teilgenommen (vgl. Kuwan u.a. 2006; Autorengruppe Bildungsberichterstattung 2008). Damit hatte sich gegenüber 1979 (23 Prozent) die Teilnahmequote nahezu verdoppelt. Die langfristige Zunahme der Weiterbildungsbeteiligung zeigt sich auch, wenn nur die allgemeine Weiterbildung betrachtet wird (von 16% im Jahr 1979 auf 27% im Jahr 2007). Stärker ist noch der Anstieg der Teilnahme an beruflicher Weiterbildung, die sich fast verdreifachte und von 10 Prozent (im Jahr 1979) auf 26 Prozent (im Jahr 2007) zunahm.

Die Bedeutung des Weiterbildungsbereiches resultiert zum einen aus einer immer kürzer werdenden „Halbwertzeit" des Wissens und den damit verbundenen Innovationen in der Arbeitswelt. Eine in diesem Zusammenhang notwendige ständige Ergänzung und Erneuerung beruflicher Kompetenzen kann über Weiterbildungsprozesse schnell und flexibel erreicht werden. Daneben führte die zunehmende Freizeit zum Ausbau der kulturellen und freizeitbezogenen Weiterbildung. Einige Experten sehen gar einen Wandel von der Schulbildungs- zur Weiterbildungsgesellschaft (vgl. Geißler/Wittwer 1989; Arnold/Gieseke 1999). An die Stelle einer Bildung „auf Vorrat" für die späteren Anforderungen in Beruf und gesellschaftlicher Teilhabe tritt zunehmend die Weiterbildung als eine Form der „just-in-time"-Qualifizierung (vgl. Arnold 1999).

Trotz des Bedeutungszuwachses ist der Bereich der Weiterbildung wenig strukturiert. Er hat sich aus unterschiedlichen gesellschaftlichen Gruppen heraus entwickelt und ist dadurch traditionell durch eine Vielfalt und Vielzahl von Anbietern (Trägerpluralität) gekennzeichnet. Neben den kommunal getragenen Volkshochschulen stehen die kirchliche Erwachsenenbildung der evangelischen und katholischen Kirche, die aus der Arbeiterbewegung herzuleitende gewerkschaftliche Erwachsenenbildung, die aus dem unternehmerischen Bereich entstandene berufliche Weiterbildung der Industrie- und Handels- sowie der Handwerkskammern, die politische Erwachsenenbildung und die von lokalen „alternativen" Gruppen. Zu diesen Weiterbildungsträgern kommen Fernlehrinstitute, die innerbetrieblichen Weiterbildungsangebote größerer Unternehmen und die steigende Zahl kommerzieller Weiterbildungsanbieter hinzu. Übersichten sprechen inzwischen von mehr als 35.000 Einrichtungen in der Bundesrepublik. Die Hochschulen leisten durch wissenschaftliche Weiterbildung in Kooperation mit Partnern aus der Wirtschaft zusätzlich einen Beitrag zur regionalen ökonomischen Entwicklung (vgl. KMK 2001).

Dadurch ist Weiterbildung in Deutschland in geringerem Umfang durch den Staat geregelt als die anderen Bildungsbereiche. Durch die Pluralität der Trägerschaft soll den vielfältigen Interessen der Weiterbildungsteilnehmer entsprochen werden. Die Freiwilligkeit der Teilnahme an Weiterbildung ist leitender Grundsatz. Die Tätigkeit des Staates beschränkt sich im Bereich der Weiterbildung auf die Festlegung von Grundsätzen sowie auf Regelungen zur Ordnung und Förderung. Im Bereich der allgemeinen, öffentlich verantworteten und gestalteten Weiterbildung sind es vor allem die gesetzlichen Regelungen auf Landesebene (Weiterbildungsgesetze), die eine rechtliche, organisatorische und finanzielle Absicherung der Weiterbildung sicherstellen. In zwei Ländern der Bundesrepublik (Berlin, Hamburg) bestehen jedoch bis heute keine gesetzlichen Regelungen, über die eine gesellschaftliche Verantwortung für diesen Bildungsbereich zum Ausdruck gebracht wird.

Die Trägerpluralität in der Weiterbildung spiegelt sich auch in der statistischen Erfassung von Weiterbildungsaktivitäten. Pehl (vgl. 2001) spricht gar von einem „Flickenteppich" der zur Verfügung stehenden Statistiken. Neben der amtlichen Statistik (z.B. Förderung der beruflichen Weiterbildung durch die Bundesagentur für Arbeit) geben Erhebungen durch Forschungsinstitute, Träger- und Geschäftsstatistiken (z.B. Volkshochschulstatistik) sowie Sonderstatistiken (z.B. Bildungsurlaubsstatistiken der Länder) in unterschiedlichem Umfang und Differenzierungsgrad Auskunft über Angebot und Nachfrage auf dem Weiterbildungssektor (vgl. Bellmann 2003). Unter den Daten sind das vom Bundesministerium für Bildung und Forschung regelmäßig in Auftrag gegebene „Berichtssystem Weiterbildung" (vgl. Kuwan u.a. 2006) und der seit 2007 europaweit durchgeführte Adult Education Survey (AES) die einzigen Studien, die die Teilnahme an allgemeiner und beruflicher Weiterbildung erfassen und damit die Möglichkeit bieten, die Entwicklung des gesamten Bereichs der Weiterbildung zu verfolgen. Diese repräsentativen Bevölkerungsbefragungen sind deshalb besonders wichtig, weil die Träger- und Geschäftsstatistiken der Weiterbildungsanbieter nur Teilnehmerfälle erfassen und durch die daraus resultierenden Mehrfachzählungen kein zuverlässiges Bild über die Weiterbildungsnachfrage geben, sondern nur über das Weiterbildungsvolumen (Teilnehmerfälle und -stunden) der Träger.

Allerdings gestatten diese Befragungen keine regionalen Vergleiche. Selbst die Daten des Mikrozensus und der Erwerbstätigenbefragung des BIBB gestatten nur eine Regionalisierung auf Länderebene (vgl. Böhm-Kasper/Weishaupt 2002). Auch die Trägerstatistiken sind meist nicht regional aufbereitet. Dadurch gestattet auch das verfügbare Datenangebot der Trägerstatistiken meist nur Ländervergleiche (vgl. Bellmann 2003; Kuwan u.a. 2006, S. 157-168; Weiland/Ambos 2007). Wenn Angaben über die Situation der Weiterbildung in regionaler Differenzierung angestrebt werden, stehen unterhalb der Länderebene – vornehmlich auf Kreisebene – nur die Daten der Bundesagentur für Arbeit über die Maßnahmen nach dem Sozialgesetzbuch (SGB) II, die Volkshochschulstatistik und über die Fachschulen (im Rahmen der Berufsschulstatistik) zur Verfügung. Trotz langjähriger intensiver Bemühungen der Kultusministerkonferenz ist es bisher nicht gelungen, eine bundeseinheitliche Weiterbildungsstatistik aufzubauen, die wenigstens Grundinformationen über alle öffentlich geförderten Einrichtungen bereitstellt. Von den Bundesländern verfügt nur Bayern über eine Weiterbildungsstatistik auf Kreisebene (bis 2002 entsprechend veröffentlicht; Bayerisches Landesamt für Statistik und Datenverarbeitung 2004) mit Angaben über die nach dem Weiterbildungsgesetz geförderten Landesorganisationen der Weiterbildung.

2 Regionale Disparitäten des Weiterbildungsangebots

Erste umfangreiche Untersuchungen zu den regionalen Strukturen der Weiterbildung in Baden-Württemberg und Bayern (vgl. Meister 1971; Schwerdtfeger/Andräs 1970) konzentrierten sich auf das Stadt/Land-Gefälle und hatten zum Ziel, auf die Benachteiligung ländlicher Regionen in der Weiterbildung hinzuweisen und die besonderen Ausbauerfordernisse für diese Regionen hervorzuheben. Den Hintergrund für diese Motive lieferte die schon im Zusammenhang der Reformdiskussion der 1960er Jahre des letzten Jahrhunderts geführte Diskussion um eine aus öffentlichen Mitteln zu gewährleistende Grundversorgung in der Weiterbildung. In den 1970er Jahren wurden die Träger der Weiterbildung in den meisten Bundesländern durch die Weiterbildungsgesetze zu einem flächendeckenden, nutzernahen Angebot verpflichtet (vgl. Deutscher Bildungsrat 1975, S. 372). Teilweise wurde die Sicherstellung eines Grundangebots durch öffentliche Träger in den Gesetzen vorgesehen, in den anderen Ländern sollte über eine lokal-regionale Kooperation öffentlicher und nicht-öffentlicher Träger dieses Ziel erreicht werden. „Vorschriften über die inhaltliche Mindestausgestaltung eines flächendeckend anzubietenden Grundangebots“ (Deutscher Bildungsrat 1975, S. 373) fehlten in allen Weiterbildungsgesetzen. Deshalb forderte der Deutsche Bildungsrat die Sicherstellung eines flächendeckend verfügbaren Mindestprogramms der Weiterbildung, dessen inhaltliche Ausgestaltung mit Elementen der allgemeinen, politischen und beruflichen Weiterbildung den regionalen Erfordernissen angepasst – gleichwertig variierbar – sein kann (vgl. Deutscher Bildungsrat 1975, S. 375f.). Als Konkretisierung dieser Vorstellung lässt sich der ebenfalls 1975 vorgelegte Ausbauplan für ein öffentlich verantwortetes Weiterbildungssystem verstehen, der als langfristige Zielstufe jährlich 500 Unterrichtseinheiten auf 1.000 Einwohner vorsah. Mit einer Weiterbildungsdichte (Unterrichtseinheiten je 1.000 Einwohner) von 500 Unterrichtsstunden pro 1.000 Einwohner kann jedem Erwachsenen durchschnittlich alle drei Jahre ein Platz in einem öffentlichen Weiterbildungskurs gewährleistet werden (vgl. Schulenberg u.a. 1975). Vor allem die Volkshochschulen als öffentlich getragene Weiterbildungseinrichtungen sollten dieses Ziel verwirklichen (siehe Abb. 1).

Dass dieses Ziel bis heute über das Angebot der Volkshochschulen bei weitem nicht erreicht ist, zeigt die Weiterbildungsdichte in den Ländern und Kreisen der Bundesrepublik (vgl. Böhm-Kasper/Weishaupt 2002; Blaschek 1995). Zwar hat sich in den alten Bundesländern die Weiterbildungsdichte seit Beginn der 1970er Jahre deutlich erhöht, aber kein Bundesland erreichte 2001 im Durchschnitt die mittlere Zielstufe von 300 Unterrichtseinheiten je 1.000 Einwohnern. Die neuen Bundesländer weisen aufgrund der wenig ausgebauten Volkshochschulen zu Beginn des neuen Jahrtausends eine Versorgungssituation auf, die den frühen 1970er Jahren der alten Bundsrepublik entspricht. Nahezu 20% der Kreise in der Bundesrepublik erreichen noch nicht einmal eine Grundversorgung mit jährlich 100 Unterrichtseinheiten auf 1.000 Einwohner (siehe Tab. 1). Insbesondere der unzureichende Ausbaugrad der Volkshochschulen in den Kreisen der neuen Bundesländer trägt zu dieser geringen Weiterbildungsdichte überproportional bei.

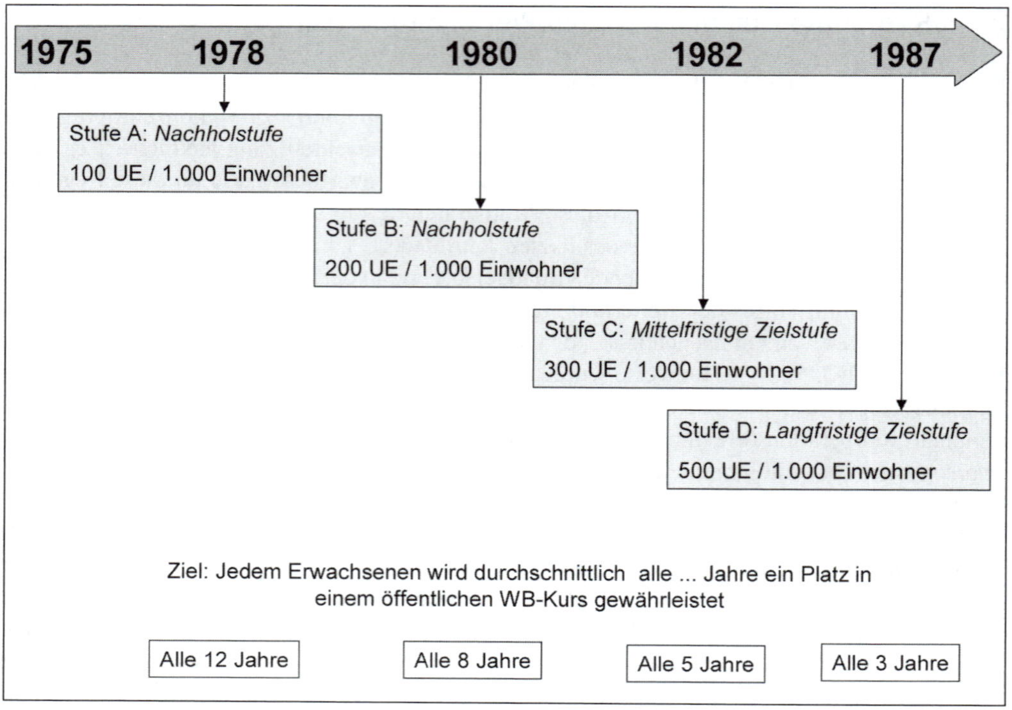

Abbildung 1: Die Zielstufen des Strukturplans für den Aufbau des öffentlichen Weiterbildungssystem in Deutschland (Quelle: Schulenberg u.a. 1975, S. 21ff.; eigene Darstellung)

Die mittelfristige Zielstufe von jährlich 300 Unterrichtseinheiten je 1.000 Einwohner übertrafen im Jahr 2001 nur rund 13 Prozent der Landkreise und kreisfreien Städte, die sich zudem ausnahmslos in den alten Bundesländern befinden. Diese räumliche Zuordnung gilt auch für die zehn Kreise mit einer Weiterbildungsdichte über der langfristigen Zielstufe von 500 Unterrichtseinheiten je 1.000 Einwohner. Doch auch in den alten Bundesländern sind zwischen den Landkreisen und kreisfreien Städten deutliche Unterschiede zu erkennen. Vor allem die Ballungsräume weisen ein relativ gutes Angebot an öffentlicher Weiterbildung auf. Zwar wäre denkbar, dass durch den Ausbau des Angebots nicht-öffentlicher Träger diese Situation abgeschwächt wird. Doch haben nach wie vor die anderen Träger allgemeiner Weiterbildung nur eine geringe Bedeutung im Vergleich zur Volkshochschule (vgl. Weiland/Ambos 2007, S. 63).

Tabelle 1: Prozentualer Anteil an Kreisen der Bundesrepublik Deutschland innerhalb der jeweiligen Zielstufen der Weiterbildungsdichte für das Jahr 2001 (in Klammern absolute Zahlen)

Zielstufen des Bildungsrates	Kreise in den alten Bundesländern	Kreise in den neuen Bundesländern (+ Berlin)	Deutschland Gesamt
unter Nachholfstufe A (< 100 UE/1.000 EW)	12,3% (40)	41,2% (47)	19,8% (87)
unter Nachholstufe B (100 bis unter 200 UE/1.000 EW	45,1% (147)	50,9% (58)	46,6% (205)
unter der mittelfristigen Zielstufe (200 bis unter 300 UE/1.000 EW)	26,4% (86)	7,9% (9)	21,6% (95)
unter der langfristigen Zielstufe (300 bis unter 500 UE/1.000 EW)	13,2% (43)		9,8% (43)
über der langfristigen Zielstufe (500 und mehr UE/1.000 EW	3,1 % (10)		2,3% (10)

Quelle: Deutsches Institut für Erwachsenenbildung: Volkshochschulstatistik 2001; eigene Berechnungen.

Nur von wenigen Trägern der allgemeinen Weiterbildung werden die Veranstaltungen stark dezentralisiert angeboten. Neben den von den Landkreisen und Städten unterhaltenen Volkshochschulen, die Schulgebäude für ihre Veranstaltungen nutzen, sind es vor allem die Weiterbildungseinrichtungen der Kirchen, die über die Gemeindehäuser ein flächendeckendes, wohnortbezogenes Angebot anstreben. Am Beispiel Bayerns lässt sich illustrieren, dass das kirchliche Angebot allgemeiner Weiterbildung an die konfessionelle Struktur der Wohnbevölkerung gebunden ist und damit die Trägerpluralität zur Vielfalt des Angebots beiträgt. Die Volkshochschulen bieten unabhängig von der konfessionellen Struktur der verglichenen Kreise und kreisfreien Städte in Bayern das vergleichsweise größte Angebot an Doppelstunden an (75% des gesamten Angebots an Doppelstunden von VHS und Kirchen 2001), während die kirchliche Erwachsenenbildung eine eher regional ergänzende Funktion in Abhängigkeit von der regionalen Verteilung der Konfessionen in Bayern (KLE überwiegend in katholischen (r=.35), AEEB noch konzentrierter in weniger katholischen (r=-.64) Regionen) hat. Bemerkenswert ist zusätzlich, dass die Korrelationen zwischen den Weiterbildungsträgern (AEEB, BVV und KLE) nicht signifikant sind, sie folglich unterschiedliche regionale Schwerpunkte bei ihrem Angebot setzen ohne dabei ein flächendeckendes Angebot zu vernachlässigen (Tab. 2). Der über die Einwohnerzahl der Kreise und Städte erfasste Urbanisierungsgrad verdeutlicht, dass immer noch das Erwachsenenbildungsangebot in ländlichen Regionen niedriger ist (r = -.25) als in den Städten und deren einwohnerstarken Randkreisen. Insbesondere das Angebot der evangelischen Erwachsenenbildung konzentriert sich auf die einwohnerstarken Regionen Bayerns (r = .36)

Tabelle 2: Doppelstunden der Landesorganisationen der Erwachsenenbildung je Einwohner nach Kreisen, Korrelationen nach Pearson, N=71

	Einwohnerzahl	Katholikenanteil	AEEB	BVV	KLE	Landesorganisationen insgesamt
Einwohnerzahl	1,00					,25*
Katholiken an der Wohnbevölkerung 1987	-,14	1,00				-,21
AEEB	,36**	-,64***	1,00			,27*
BVV	,23*	-,25*	,15	1,00		,92***
KLE	-,04	,35**	-,16	,22	1,00	,52***

*** Die Korrelation ist auf dem Niveau von 0,001 (2-seitig) signifikant.
** Die Korrelation ist auf dem Niveau von 0,01 (2-seitig) signifikant.
* Die Korrelation ist auf dem Niveau von 0,05 (2-seitig) signifikant

AEEB: Arbeitsgemeinschaft Evangelische Erwachsenenbildung
BVV: Bayerischer Volkshochschulverband
KLE: Katholische Landesarbeitsgemeinschaft Erwachsenenbildung

Am Beispiel von Frankfurt am Main konnte auch für eine Großstadt gezeigt werden, dass sich in der allgemeinen Weiterbildung die Trägervielfalt positiv auf die regionale Streuung das Angebots auswirkt, da jeder Träger einen anderen regionalen Schwerpunkt seines Angebots hat. Nicht zuletzt aufgrund der geringen fachlichen Differenzierung des Angebots gelingt es den kirchlichen Trägern noch mehr als der Volkshochschule, ihr Angebot zu dezentralisieren (vgl. Meulemann/Weishaupt 1976, S. 102-103; Weishaupt 1989, S. 36). Insgesamt bedingt aber die Zentralität der Innenstadt auch eine Konzentration des Weiterbildungsangebots im Stadtzentrum.

Regionale Disparitäten des Angebots an beruflicher Weiterbildung sind nur indirekt über die Schüler an Fachschulen, die Teilnahme an Weiterbildungsmaßnahmen der Industrie- und Handels- und Handwerkskammern und die Maßnahmen der Bundesanstalt für Arbeit abzulesen (vgl. Weishaupt/Steinert 1991). Aufgrund der verfügbaren Daten ist die Analyse der regionalen Verteilung der beruflichen Weiterbildung meist nur auf Landesebene möglich. Der Rückgriff auf die von der Bundesanstalt für Arbeit veröffentlichen Statistiken zur Förderung der beruflichen Weiterbildung nach SGB III und SGB II ermöglicht jedoch auch kleinräumigere Betrachtungen auf der Ebene der Arbeitsagenturbezirke und Kreise. Die Daten und ebenso Kartendarstellungen sind über das Internet zugänglich (vgl. www.pub.arbeitsamt.de/hst/services/statistik/000200/html-/sgb2/index.shtml). Auch die Industrie- und Handelskammern leisten einen wichtigen Beitrag zur außerbetrieblichen beruflichen Weiterbildung, allerdings werden die Daten nicht regionalisiert veröffentlicht. Die regionale Analyse anhand der Kammerbezirke zeigt aber auch in diesem Weiterbildungsbereich bedeutsame Disparitäten (vgl. Böhm-Kasper/Weishaupt 2002). Bundesweite Analysen zur Angebotssituation bei den Fachschulen werden durch Unterschiede in der Erfassungssystematik zwischen den Ländern erschwert. Aktuelle Analysen liegen dazu nicht vor.

3 Einflussfaktoren auf die Weiterbildungsteilnahme

Der häufig beobachtete Zusammenhang zwischen der regionalen Sozialstruktur und der Bildungsbeteiligung, der auch bezogen auf die Weiterbildungsbeteiligung beobachtet wurde (vgl. Meister 1971; Meulemann/Weishaupt 1976; Stadt Bochum 1974; Weishaupt/Steinert 1991; siehe auch Wittpoth in diesem Band) wurde seit den 1970er Jahren zunehmend hinsichtlich seiner „sozialökologischen" Einbettung untersucht. Kontextgebundene Bedingungen der sozialen Lage und die durch die Nachbarschaftsbeziehungen und sozialen Milieus gegebenen familiären Umgebungsbedingungen, fanden dadurch stärkere Beachtung (vgl. Bertram 1982). Über sogenannte „Soziotope" wurde versucht, typische sozialräumliche Bedingungen zu identifizieren, mit denen spezifische kollektive Lebenslagen verbunden sind (vgl. Bargel/Kuthe/Mundt 1977). Das Konzept der Soziotope unterscheidet die zwei Dimensionen „Lebenslage" und „Lebensstil" – in Anlehnung an Max Weber – und siedelt die Unterschiede im Lebensstil auf dem Stadt-Land-Kontinuum an (vgl. Bargel/Kuthe/Mundt 1977). Dieser Ansatz der Sozialisationsforschung bezieht sich explizit auf das Konzept der Sozialraumanalyse (vgl. Friedrichs 1977), einer Richtung der Stadtsoziologie, die sich nicht nur mit dem Zusammenhang von räumlicher und sozialer Ungleichheit, sondern in einem umfassenderen Sinne mit der räumlichen Organisation sozialer Differenzierung und sozialer Schichtung befasst. Die von Shevky und Bell (1974) unterschiedenen Faktoren: Soziale Position (Beruf, Ausbildung, Miete), Verstädterung (Veränderungen in der Funktion und Struktur der Familie) und Segregation (Veränderungen in den Alters- und Geschlechtsverteilungen und Isolierung einzelner sozialer Gruppen) wurden in der Tradition dieses Konzepts vielfach faktorenanalytisch über Daten amtlicher Vollerhebungen, die gut regionalisierbar sind, überprüft (vgl. Friedrichs 1977, S. 203-215).

Zusammenhänge zwischen sozialräumlichen Umgebungsbedingungen in administrativ festgelegten Gebietseinheiten (Gemeinden, Landkreise, Stadtbezirke usw.) und dem Bildungsverhalten sind nur interpretierbar, wenn sinnvolle Annahmen über den Wirkungszusammenhang bestehen. Meist wird als sozialpsychologische Hypothese formuliert, dass mit den erfassten Merkmalen bestimmte Interaktionsformen verbunden sind, die Bildungsentscheidungen in der beobachtbaren Weise beeinflussen. Diese Erklärung wird auch herangezogen, um den sehr häufig belegten Gruppen-Kompositionseffekt auf Bildungsentscheidungen zu erklären. Deutliche Unterschiede im gruppenspezifischen Bildungsverhalten in Abhängigkeit von sozialen Kontexten zeigen sich auch in der allgemeinen Weiterbildung. Schon eine ältere Untersuchung in der Stadt Dortmund hatte zum Ergebnis, „dass die nachbarschaftliche Umgebung eine Volkshochschulteilnahme stärker bedingt als die Nähe der Bildungsstätte" (Götte 1959, S. 17). Bei gleicher Entfernung zum Veranstaltungsort war die gruppenspezifische Belegungsquote der Arbeiter aus der „Bürgerstadt" dreimal so hoch wie die der Arbeiter aus der „Arbeiterstadt", während sich bei den Angestellten die Volkshochschulteilnahme zwischen den beiden Wohngebietstypen nicht unterschied (vgl. auch Meulemann/Weishaupt 1976, S. 113-114; Göschel u.a. 1980, S. 177).

Die Befunde zur Weiterbildungsbeteiligung sind Hinweise darauf, dass die Aggregatkorrelationen zwischen Sozialstruktur und Bildungsverhalten nicht allein als aggregierte Individualkorrelationen – also als im Aggregat wieder erscheinende Beziehungen zwischen individueller sozialer Lage und individueller Bildungsbeteiligung – zu interpretieren sind, sondern das Bildungsverhalten vom „sozialen Klima", „sozialer Telepathie" oder „gemeinsamem Schicksal" (Esser 1988, S. 47) abhängt. Welche sozialen Mechanismen diese Effekte bewirken, konnte durch sozialökologische Untersuchungen zunehmend erhellt werden.

Für die allgemeine Weiterbildungsbeteiligung scheinen Kontakte in der Nachbarschaft und mit in der Nähe wohnenden Bekannten von Bedeutung zu sein. Eine Untersuchung an einer mittelstädtischen Volkshochschule hatte beispielsweise zum Ergebnis, dass 60% der Kursteilnehmer von Bekannten begleitet wurden (vgl. Pfeiffer 1990, S. 31-32). In neueren Studien wird an das Konzept der sozialen Milieus (vgl. Hradil 2006) angeknüpft, um weiterführende Aspekte lebenslangen Lernens zu erfassen (vgl. Barz/Tippelt 2003; Barz/Tippelt 2004).

Bezogen auf den Bereich der allgemeinen Weiterbildung war Ende der 1980er Jahre in Frankfurt am Main eine Konzentration des Angebots der Volkshochschule in Wohngebieten der Mittelschicht (vgl. Weishaupt 1989) nicht mehr beobachtbar, die Mitte der 1970er Jahre noch bestand (vgl. Meulemann/Weishaupt 1976, S. 113; Stadt Bochum 1974). In anderen Städten, die weniger systematisch eine Planung des Volkshochschulangebots auch unter Beachtung sozialer Gesichtspunkte betrieben haben, mag die Situation anders sein. Es fehlt aber an ähnlichen Studien für andere Städte, um zur Standortverteilung der Weiterbildungsangebote umfassendere Aussagen treffen zu können. Im Stadt-Land-Vergleich ergab sich hinsichtlich des Volkshochschulangebots eine Bevorzugung finanzkräftiger Städte und Landkreise (vgl. Weishaupt/Steinert 1991, S. 65-66).

Die Angebotsverteilung von Weiterbildungsangeboten ist nur dann ein bedeutsames Kriterium für die Nutzung, wenn in der Regel wohnungsnahe Bildungseinrichtungen besucht werden und das Fehlen eines Angebots sich negativ auf die Nutzung auswirkt. Untersuchungen zur Nutzung öffentlicher Einrichtungen zeigen bei Arbeitern generell eine besonders stark ausgeprägte „Quartiersorientiertheit der Infrastrukturnutzung" (Göschel u.a. 1980, S. 198). Andere soziale Gruppen sind in ihrem Nutzungsverhalten zwar vom Angebot beeinflusst, verzichten aber nicht in dem starken Maße wie Arbeiter auf die Nutzung öffentlicher Einrichtungen, wenn sie nicht im Nahbereich verfügbar sind (vgl. Friedrichs 1990, S. 167). Zu vermuten ist, dass dieses Verhalten auch auf Migranten aus unteren Sozialgruppen zutrifft.

Im Bereich der allgemeinen Weiterbildung wurde beobachtet, dass zwar mit der Gesamtzahl der durchgeführten Veranstaltungsangebote die Nachfrage variiert (also ein Angebot Nachfrage induziert). Im Einzelfall dürfte aber das thematische Interesse gewichtiger sein, als die Erreichbarkeit eines beliebigen Angebots. 1987 betrug beispielsweise in Frankfurt am Main der Anteil von Kursbelegungen im Wohnstadtteil bei einem stark dezentralisierten Volkshochschulangebot nur 20% (vgl. Weishaupt 1989, S. 52). Bedeutsam sind in diesem Zusammenhang ebenfalls die schichtenspezifischen Unterschiede in den thematischen Interessen (vgl. Meulemann/Weishaupt 1976, S. 116-118), die die Bedeutung eines beliebigen Angebots für die Nachfrage in Frage stellen. Ein an den wohnquartiersspezifischen Lebenslagen orientierte Angebotsplanung wäre die Voraussetzung, um eine zielorientierte Dezentralisierung des Angebots zu erreichen, die auch die sozialgruppenspezifische Nachfrage beeinflussen könnte (vgl. Meulemann/Weishaupt 1983). Dennoch kann dem dezentralisierten Angebot von Weiterbildungskursen nicht die Bedeutung beigemessen werden, wie der regionalen Verteilung von Kindergarten- und Schulstandorten. Davon unabhängig sollte aber prinzipiell ein für alle zugängliches, regionalisiertes Grundangebot an Weiterbildungsmöglichkeiten bestehen.

Trotz der zunehmenden Trennung von Wohnen und Arbeiten wird der Standortverteilung der Weiterbildungsangebote für Erwerbstätige wenig Aufmerksamkeit geschenkt. Die Verteilung der Teilnehmer an beruflicher Weiterbildung lässt in der Tendenz jedoch eine Bevorzugung der Verdichtungsräume gegenüber dem ländlichen Raum erkennen (vgl. Böhm-Kasper/Weishaupt 2002). Auf die regionale Verteilung der betrieblichen Weiterbildung wirkt sich vor allem negativ aus, dass im ländlichen Raum überwiegend Kleinbetriebe angesiedelt sind, in denen im

Vergleich zu Großbetrieben Weiterbildung weniger gefördert wird (vgl. Behringer 1997, S. 282-283). Die geringere Weiterbildungsaktivität von Kleinbetrieben bestätigt erneut die aktuelle europaweite Unternehmensbefragung zur beruflichen Weiterbildung (vgl. Statistisches Bundesamt 2008).

Selbst im Ländervergleich bleiben regionale Disparitäten der beruflichen Weiterbildung bestehen, wenn das Bildungsniveau und der Wirtschaftsbereich der Erwerbstätigen berücksichtigt werden. Die niedrigste Weiterbildungsbeteiligung in den letzten zwei Jahren gaben 1998 in jedem Bundesland die Erwerbstätigen ohne Hochschulreife an, die in der Industrie, dem Handwerk oder Handel beschäftigt sind. Diese Quote variiert bereits stark zwischen den Ländern. Noch vielfältiger wird das Bild, wenn die Erwerbstätigen mit Hochschulreife und der Dienstleistungsbereich vergleichend berücksichtigt werden. Offensichtlich wirken sich weitere Faktoren, wie beispielsweise Betriebsgröße, Branche und das „Weiterbildungsklima" in Unternehmen und Regionen, auf die Teilnahme an beruflicher Weiterbildung aus (vgl. Böhm-Kasper/Weishaupt 2002).

Vor diesem Hintergrund sind die Bemühungen zu verstehen, über berufliche Weiterbildung die Wirtschaftsstruktur und endogenen Wachstumskräfte von (ländlichen) Regionen zu stärken (vgl. Akademie für Raumforschung und Landesplanung 1993; v. Bardeleben u.a. 1990; Derenbach 1987). Ein in den letzten Jahren intensiv verfolgtes Konzept ist der Auf- und Ausbau von Netzwerkstrukturen (vgl. Tippelt/Schmidt 2007) und in diesem Zusammenhang von interinstitutionellen Kooperationsformen, damit Maßnahmen der Weiterbildung auch für die Entwicklung einer Region förderlich sind.

4 Fazit

Ein regional ausgeglichenes Angebot allgemeiner und beruflicher Weiterbildung wurde in den 1970er Jahren noch gefordert und über ein flächendeckend zugängliches Mindestangebot nachgedacht (vgl. Deutscher Bildungsrat 1975). Die regionalen Disparitäten der Weiterbildung waren ein Ausgangspunkt für die Weiterentwicklung dieses Bildungsbereichs. Dann führten die wachsenden Schwierigkeiten der öffentlichen Finanzierung der Weiterbildung dazu, wenigstens den erreichten Stand zu erhalten und einen Finanzierungsspielraum für neue Bedarfe z.B. durch die sich ausweitende Computertechnologie zu sichern. Durch die neuen Bundesländer wurde dann Weiterbildung zunehmend zu einem Instrument der Umqualifizierung für einen veränderten Arbeitsmarkt mit hoher Arbeitslosigkeit. Dies ändert aber nichts an der fortbestehenden Ungleichheit des Zugangs zur Weiterbildung in Abhängigkeit von der Wohn- und Arbeitsregion. Damit sind ungleiche Bildungschancen mit nachhaltigen Unterschieden in den Lebens- und Berufschancen verbunden. Durch die Zunahme der Migranten in Deutschland hat sich diese Situation noch verschärft.

Mit dem Hinweis auf die Trägerpluralität in der Weiterbildung und fehlender finanzieller Mittel sollte sich der Staat – angesichts der gesellschaftlichen Bedeutung des Qualifikationsniveaus der Bevölkerung – nicht aus seiner Verantwortung für eine Gleichwertigkeit der Bildungschancen auch im Erwachsenenalter entziehen können. Bisher versäumt er es bereits, für eine Datenbasis zu sorgen, die eine umfassende Analyse der regionalen Weiterbildungssituation gestattet. Selbst über das Angebot der Träger, die öffentliche Zuschüsse für ihr Bildungsangebot erhalten, liegen nur unzureichende statistische Informationen vor. Es ist zu hoffen, dass der Ausbau der internationalen Statistik und die Ansätze für eine nationale Bildungsberichterstattung auch das Datenangebot für Deutschland verbessern und ein weniger lückenhaftes Bild über die Situation der Weiterbildung (auch unter regionaler Perspektive) ermöglicht wird. Der Staat ist nicht nur gefordert, wenn es um ein verbessertes Datenangebot für Analysen zur Situation der Weiterbildung geht. Auch der Abbau regionaler Unterschiede in den Weiterbildungsmöglichkeiten wird ohne die Unterstützung des Staates kaum gelingen.

Literatur

Akademie für Raumforschung und Landesplanung (Hrsg.) (1993): Berufliche Weiterbildung als Faktor der Regionalentwicklung (Forschungs- und Sitzungsberichte, 191). Hannover: Vincentz.

Arnold, R./Gieseke, W. (Hrsg.) (1999): Weiterbildungsgesellschaft, Bd. 1 und 2. Neuwied: Luchterhand.

Arnold, R. (1999): Weiterbildung und Beruf. In: Tippelt, R. (Hrsg.): Handbuch Erwachsenenbildung/Weiterbildung. Opladen: Leske+Budrich, S. 245-256.

Autorengruppe Bildungsberichterstattung (2008): Bildung in Deutschland 2008. Ein indikatorengestützter Bericht mit einer Analyse zu Übergängen im Anschluss an den Sekundarbereich I. Bielefeld: Bertelsmann.

Bardeleben, R. v./Boell, G./Drieling, C./Gnahs, D./Seusing, B./Walden, G./Holzschuh, J./Ruebsaat, R. (1990): Strukturen beruflicher Weiterbildung. Analyse des beruflichen Weiterbildungsangebots und -bedarfs in ausgewählten Regionen. Bonn/Berlin: Bundesinstitut für Berufsbildung.

Bargel, T./Kuthe, M./Mundt, J. W. (1977): Zur Bestimmung sozialisationsrelevanter Areale (Soziotope) – Modelle, Verfahren und Probleme. In: Hoffmann-Nowotny, H.J. (Hrsg.): Politisches Klima und Planung. Soziale Indikatoren, Bd. 5. Frankfurt a.M.: campus, S. 119-154.

Barz, H./Tippelt, R. (2003): Bildung und soziales Milieu: Determinanten des lebenslangen Lernens in einer Metropole. In: Zeitschrift für Pädagogik 48, H. 3, S. 323-340.

Barz, H./Tippelt, R. (Hrsg.) (2004): Weiterbildung und soziale Milieus in Deutschland. Bielefeld: Bertelsmann.

Bayerisches Landesamt für Statistik und Datenvereinbarung (2004): Erwachsenenbildung in Bayern 2002 mit Kreisergebnissen (Statistische Berichte, B IV 1j 2002). München: Bayrisches Landesamt für Statistik und Datenvereinbarung.

Behringer, F. (1997): Regionale Disparitäten in der Beteiligung an beruflicher Weiterbildung und Ansatzpunkte ihrer Erklärung. In: Dobischat, R./Husemann, R. (Hrsg.): Berufliche Bildung in der Region. Zur Neubewertung einer bildungspolitischen Gestaltungsdimension. Berlin: Ed. Sigma, S. 277-294.

Bellmann, L. (2003): Datenlage und Interpretation der Weiterbildung in Deutschland. Schriftenreihe der Expertenkommission Finanzierung Lebenslangen Lernens, Bd. 2. Bielefeld: Bertelsmann.

Blaschek, H. (1995): Erwachsenenbildung und regionale Entwicklung. Eine empirische Untersuchung der ArGe Salzburger Erwachsenenbildung. In: Erwachsenenbildung in Österreich 46, H. 5, S. 28-33.

Böhm-Kasper, O./Weishaupt, H. (2002): Regionale Strukturen der Weiterbildung. In: Institut für Länderkunde/Mayr, A./Nutz, M. (Hrsg.): Nationalatlas Bundesrepublik Deutschland, Bd. 6: Bildung und Kultur. Heidelberg: Spektrum, S. 52-55.

Bundesministerium für Bildung und Forschung (Hrsg.) (2008): Berufsbildungsbericht 2008. Bonn: BMBF.

Bundesministerium für Bildung und Forschung (Hrsg.) (2000): Berichtssystem Weiterbildung VII. Integrierter Gesamtbericht zur Weiterbildungssituation in Deutschland. Bonn: BMBF.

Derenbach, R. (1987): Bildung, Qualifikation und Forschung. Die Aufgaben der regionalen Bildungsforschung zugunsten der Entwicklung ländlicher Regionen. In: Bundesminister für Raumordnung, Bauwesen und Städtebau (Hrsg.): Stand und Perspektiven der Forschungen über den ländlichen Raum. Bonn: Bundesministerium für Raumordnung, Bauwesen und Städtebau, S. 178-186.

Deutscher Bildungsrat. Die Bildungskommission (1975): Bericht `75. Entwicklungen im Bildungswesen. Bonn: Deutscher Bildungsrat.

Dobischat, R./Husemann, R. (Hrsg.) (1997): Berufliche Bildung in der Region. Zur Neubewertung einer bildungspolitischen Gestaltungsdimension. Berlin: Ed. Sigma.

Esser, H. (1988): Sozialökologische Stadtforschung und Mehr-Ebenen-Analyse. In: Friedrichs, J. (Hrsg.): Soziologische Stadtforschung. Kölner Zeitschrift für Soziologie und Sozialpsychologie, Sonderheft 29, S. 35-55.

Friedrichs, J. (1977): Stadtanalyse. Soziale und räumliche Organisation der Gesellschaft. Hamburg: Rowohlt.

Friedrichs, J. (1990): Aktionsräume von Stadtbewohnern verschiedener Lebensphasen. In: Bertels, L./Herlyn, U. (Hrsg.): Lebenslauf und Raumerfahrung. Opladen: Leske + Budrich, S. 161-178.

Geißler, K./Wittwer, W. (1989): Die Entwicklung der beruflichen Aus- und Weiterbildung. In: Arnold, R./Lipsmeier, A. (Hrsg.): Betriebspädagogik in nationaler und internationaler Perspektive. Baden-Baden: Nomos, S. 93-102.

Göschel, A./Herlyn, U./Krämer, J./Schardt, T./Wendt, G. (1980): Zum Gebrauch von sozialer Infrastruktur im städtebaulichen und sozialen Kontext. In: Herlyn, U. (Hrsg.): Großstadtstrukturen und ungleiche Lebensbedingungen in der Bundesrepublik. Frankfurt a.M.: Campus, S. 129-201.

Götte, M. (1959): Volkshochschule in einer Industriegroßstadt am Beispiel der Volkshochschule Dortmund. Dortmund: Wulff.

Hradil, S. (2006): Soziale Milieus – eine praxisorientierte Forschungsperspektive. In: Aus Politik und Zeitgeschichte 44-45. S. 3-10.

KMK (2001): Das Bildungswesen in der Bundesrepublik Deutschland. Bonn: Sekretariat der Kultusministerkonferenz.

Kuwan, H./Bilger, F./Gnahs, D./Seidel, S. (2006): Berichtssystem Weiterbildung. IX. Integrierter Gesamtbericht zur Weiterbildungssituation in Deutschland. Bonn: BMBF.

Meister, J.-J. (1971): Erwachsenenbildung in Bayern. Empirisch-statistische Analyse einer kritischen Bestandsaufnahme in Bayern, Stuttgart: Klett.

Meulemann, H./Weishaupt, H. (1976): Determinanten des Bildungsgefälles in Großstädten. Eine exemplarische Analyse von Angebot und Nachfrage in vier Bildungsbereichen, mit besonderer Berücksichtigung der Weiterbildung. In: Deutscher Bildungsrat (Hrsg.): Zur Standortplanung von Bildungseinrichtungen. Gutachten und Studien der Bildungskommission, Bd. 58. Stuttgart: Klett, S. 57-130.

Meulemann, H./Weishaupt, H. (1983): Regionale Strukturen der Weiterbildung in Großstädten. In: Otto, V./Senzky, K. (Hrsg.): Volkshochschule in der Großstadt. Bad Heilbrunn: Klinkhardt, S. 285-292.

Pehl, K. (2001): Weiterbildungsstatistik – Datenlage und Perspektiven. Dokument aus dem Service „Texte online" des Deutschen Instituts für Erwachsenenbildung. Frankfurt. Verfügbar unter: http://www.die-bonn.de/esprid/dokumente/doc-2001/pehl01_01.pdf [29.08.08].

Pfeiffer, W. (1990): Adressatenorientierte Programmplanung in der Erwachsenenbildung. Teilnehmeranalysen und Freizeituntersuchungen einer mittelstädtischen Volkshochschule. Münster: Waxmann.

Schulenberg, W./Dikau, H.-D./Strzelewicz, W./Weinberg, J./Wiebecke, F. (1975): Strukturplan für den Aufbau des öffentlichen Weiterbildungssystems in der Bundesrepublik Deutschland. Köln: Kohlhammer.

Schwerdtfeger, J./Andräs, H.-J. (1970): Bestandsaufnahme zur Erwachsenenbildung. Eine empirisch-statistische Untersuchung. Bildung in neuer Sicht. Reihe A, Nr. 22. Villingen: Neckar-Verlag.

Shevky, E./Bell, W. (1974): Sozialraumanalyse. In: Atteslander, P./Hamm, B. (Hrsg.): Materialien zur Siedlungssoziologie. Köln: Kiepenheuer&Witsch, S. 125-139.

Stadt Bochum (1974): Die Volkshochschule Bochum. Untersuchung über die Rekrutierung der Hörerschaft unter Berücksichtigung gruppenspezifischer und regionaler Kriterien. Stadtentwicklungsplanung, Beitrag zu H. 14.

Statistisches Bundesamt (2008): Berufliche Weiterbildung in Unternehmen. Dritte Europäische Erhebung über die berufliche Weiterbildung in Unternehmen (CUTS3). Wiesbaden: Statistisches Bundesamt.

Tippelt, R./Schmidt, B. (2007): Pädagogische Netzwerkarbeit im Kontext Lernender Regionen und Metropolen – Herausforderungen bei „Übergängen". In: Böhm-Kasper, O./Schuchart, C./Schulzeck, U. (Hrsg.): Kontexte von Bildung. Erweiterte Perspektiven in der Bildungsforschung, Münster: Waxmann, S. 159-176.

Weiland, M./Ambos, I. (2007): Weiterbildungsstatistik im Verbund 2005 – Kompakt. Bonn: Deutsches Institut für Erwachsenenbildung.

Weishaupt, H. (1989): Strukturen von Angebot und Nachfrage nach allgemeiner Weiterbildung am Beispiel von Frankfurt am Main. Frankfurt a.M.: Deutsches Institut für Internationale Pädagogische Forschung.

Weishaupt, H./Steinert, B. (1991): Regionale Disparitäten in Hessen: statistische Merkmale, Bezüge zur Weiterbildung. Gutachten für die Gutachtergruppe „Bestand und Perspektiven der Weiterbildung in Hessen" an der Gesamthochschule Kassel/Frankfurt a.M.: Deutsches Institut für Internationale Pädagogische Forschung.

Aiga von Hippel | Rudolf Tippelt

Adressaten-, Teilnehmer- und Zielgruppenforschung

1 Einleitung

Erwachsenen- und Weiterbildungsforschung lässt sich in die Bereiche Lehr-/Lernforschung und Kursforschung, die Institutionen- und Organisationsforschung, die Professionsforschung und schließlich die Adressaten- und Teilnehmerforschung gliedern (vgl. Egloff/Kade 2004, S. 138; Nuissl/Pehl 2000). Adressaten-, Teilnehmer- und Zielgruppenforschung sind damit ein wichtiger Bereich der Weiterbildungsforschung. Der Erwachsene steht im Mittelpunkt dieser Forschungsrichtung, es geht um Interessen und Motive von Erwachsenen Weiterbildungsangebote zu nutzen (siehe dazu auch Born in diesem Band), um ihre Erwartungen an organisierte Lernkontexte und um mögliche Barrieren. Die Adressatenforschung analysiert in einer subjektorientierten Sichtweise subjektive und gruppenbezogene Perspektiven gegenüber dem lebenslangen Lernen, den typischen Weiterbildungsinteressen und -barrieren, den Formen des Bildungsverständnisses, den Forderungen an die Persönlichkeitsbildung und an das persönliche informelle Lernen. Sie differenziert damit Adressaten. In einer institutionenorientierten Perspektive generiert dieser Bereich der Forschung Wissen darüber, wie Weiterbildungsinstitutionen die Nachfrage in ihrer Region einschätzen können, um dann mit ihren jeweiligen Profilen und Weiterbildungsangeboten erfahrungsnah und interessenbezogen auf diese zu reagieren (vgl. Tippelt 2006). Diese institutionenorientierte Perspektive der Adressatenforschung mündet in Fragen und Problemstellungen des Marketings von Einrichtungen (siehe auch Schöll in diesem Band).

Adressatenforschung liefert damit wichtige Erkenntnisse für die Programm- und Angebotsplanung (siehe auch Höffer-Mehlmer und Reich-Claassen/von Hippel in diesem Band). Programmplanungshandeln in der Erwachsenenbildung ist die Vermittlung zwischen gesellschaftlichem Bedarf, Interessen der Adressaten und pädagogischem Auftrag (vgl. Siebert 2000, S. 48 und 67) und kann als „Angleichungshandeln" (Gieseke 2006, S. 72) gesehen werden. Die Erwartungen unterschiedlicher Institutionen und Akteure gehen damit in die Programmplanung ein (vgl. von Hippel/Fuchs/Tippelt 2008). Das Programmangebot einer Weiterbildungseinrichtung ist somit „die Scharnierstelle zwischen Institution, Öffentlichkeit und Individuum" (Gieseke/Opelt 2002, S. 2). Der Erwachsenenbildungsmarkt ist nachfrageorientiert, gleichzeitig hat aber die Erwachsenenbildung auch die Aufgabe „auf gesellschaftlich relevante Entwicklungen und Zukunftsprobleme frühzeitig aufmerksam zu machen und neue Bildungsbedürfnisse zu wecken" (Siebert 2000, S. 68).

Im vorliegenden Beitrag wird zunächst auf Begriffe und Aufgaben der Adressaten- und Teilnehmerforschung eingegangen, sowie ein kurzer historischer Überblick gegeben (Punkt 2). Daraufhin werden einige ausgewählte Ergebnisse der Adressaten- und Teilnehmerforschung in Bezug auf soziodemografische und motivationale Einflussfaktoren auf das Weiterbildungsverhalten vorgestellt (Punkt 3). Unter Marketinggesichtspunkten sind diese Ergebnisse wichtiger Bestandteil der Informationsanalyse (vgl. Sarges/Haeberlin 1980). Punkt 4 diskutiert darauf aufbauend Adressaten-, Teilnehmer- und Zielgruppenorientierung als didaktische Prinzipien der Erwachsenenbildung. Ihre Umsetzung auf Programm- und Angebotsebene erfolgt mit den Aktionsinstrumenten der Angebots-, Preis-, Distributions- und Kommunikationspolitik (die Umsetzung wird ausführlich in Reich-Claassen/von Hippel in diesem Band erläutert).

2 Adressaten- und Teilnehmerforschung: Begriffe, Aufgaben und historischer Rückblick

2.1 Begriffsklärung

Adressaten, Teilnehmer und Zielgruppen lassen sich begrifflich wie folgt unterscheiden: „*Adressaten* sind (…) diejenigen Personen, die Erwachsenenbildung erreichen soll. Sofern sie durch gemeinsame sozialstrukturelle Merkmale beschrieben werden können, geht es um *Zielgruppen. Teilnehmende* sind diejenigen, die zu einem Angebot gekommen sind“ (Hervorhebung im Original) (Faulstich/Zeuner 1999, S. 99). Die terminologische Begrifflichkeit ist hier nicht ganz eindeutig, so definieren Mader und Weymann die Zielgruppe als die potentiellen Teilnehmer in der Sprache der Weiterbildungspraxis, die Weiterbildungsforschung nennt dies den Adressaten (vgl. 1979, S. 348). Eine Zielgruppe ist ein Konstrukt, eine Klassifikation nach einem herausragenden Merkmal (z.B. Alter) (vgl. Siebert 2000, S. 93) (siehe zu einzelnen Zielgruppen die Beiträge in diesem Band von Heimlich/Behr; Kruse; Faulstich-Wieland; Nuissl; Minsel; Müller-Dietz; Hamburger; Abraham/Linde; Brödel; u.a.). Dabei ist „Zielgruppe“ ein „wissenschaftlich problematischer Begriff, weil meist unklar bleibt, wie sich die Personenkonglomerate zur Gruppe konstituieren“ (Faulstich/Zeuner 1999, S. 108). Das Milieumarketing ist in diesem Zusammenhang eine Form der Zielgruppendifferenzierung, weil unterschiedliche Milieus entsprechend ihren Erwartungen, die durch Lebensstile und Lebenslagen geprägt sind, durch die entsprechende Gestaltung der Weiterbildung (Angebots-, Distributions-, Kommunikations- und Preispolitik) angesprochen werden (siehe ausführlich der Beitrag von Barz/Tippelt in diesem Band; Tippelt et al. 2008).

2.2 Aufgaben der Adressaten- und Teilnehmerforschung

Adressatenforschung dient dazu, Erwachsenenpädagogen Informationen für die Programm- und Angebotsplanung zur Verfügung zu stellen und damit das Angebot den Voraussetzungen und Bedürfnissen potentieller Teilnehmer anzupassen (vgl. Landeck 1986, S. 35). Das Wissen um Motive und Interessen kann helfen Angebote zielgruppenorientierter zu gestalten. Milieuforschung unterstützt mit konkretem Wissen über Weiterbildungseinstellungen, -barrieren und -interessen der sozialen Milieus ein differenziertes Zielgruppenmarketing (vgl. Barz/Tippelt 2007).

Die Ergebnisse der Adressaten- und Teilnehmerforschung können als Grundlage für die Entwicklung von makro- und mikrodidaktischen Konzepten der Adressaten-, Teilnehmer-, Zielgruppen- und Milieuorientierung dienen. Dabei kann die Adressatenforschung mehr zur makrodidaktischen, die Teilnehmerforschung mehr zur mikrodidaktischen Handlungsebene beitragen (vgl. auch Bremer 2007, S. 31). Die Teilnehmerforschung wiederum untergliedert sich in zwei Bereiche: „Es geht zum einen um Fragen der Teilnehmerorientierung in aktuellen Lehr- und Lernprozessen; zum anderen um die Aufarbeitung individueller Bildungsbiographien" (Zeuner 1998, S. 164).

Die Perspektiven und Konzepte der Adressatenforschung haben sich in den letzten zwanzig Jahren differenziert. Einflussreich sind die Konzepte der Zielgruppenforschung (vgl. Schiersmann 1999; Nuissl 1999), die soziodemografische Adressaten- und Teilnehmerforschung wie das Berichtssystem Weiterbildung und die Volkshochschulstatistik (vgl. BMBF 2005), die Biographieforschung (vgl. Nittel/Marotzki 1997; Seitter 1999; Herzberg 2004) und die adressatenbezogene Milieuforschung (vgl. Vester u.a. 1993; Bremer 2007; Barz/Tippelt 2007).

2.3 Adressaten- und Teilnehmerforschung in einem kurzen historischen Überblick

Die Adressatenforschung untersucht seit Anfang des letzten Jahrhunderts die gesellschaftlichen Bedingungen für die (Nicht-)Teilnahme an Erwachsenenbildung, die Teilnehmerforschung analysiert eher die individuellen Lernvoraussetzungen und -motive (vgl. Faulstich/Zeuner 1999, S. 99). Zentrales Thema der Adressatenforschung ist die Frage nach Gleichheit und Ungleichheit in der Erwachsenenbildung (vgl. Bremer 2007, S. 31). Bremer (2007, S. 37ff.) legt eine differenzierte chronologische Übersicht verschiedener Studien der Adressatenforschung vor. Er unterscheidet

- eine frühe Adressaten- und Teilnehmerforschung mit quantitativen (Hörer- und Bücherausleihstatistiken; standardisierte Teilnehmerbefragungen) und qualitativen Untersuchungen vor dem 2. Weltkrieg.
- erste Analysen zur Bildungsbeteiligung nach 1945,
- die Leitstudien der Adressatenforschung: die Hildesheim- (vgl. Schulenberg 1957), die Göttinger- (vgl. Strzelewicz et al. 1966) und Oldenburgstudie (vgl. Schulenberg et al. 1978),
- das Berichtssystem Weiterbildung gewissermaßen als „Fortsetzung" dieser Leitstudien seit 1979 (vgl. Bremer 2007, S. 107),
- Analyse der sozialen Selektivität auch innerhalb der betrieblichen Weiterbildung
- sowie die Forschungen zu Milieu und Weiterbildung als Ergänzung der Untersuchung soziodemografischer Einflussfaktoren.

Schon Ende des 19. Jahrhunderts begann man Hörerstatistiken zu erstellen, und mit dem Ausbau der institutionellen Erwachsenenbildung wandte man sich Anfang des 20. Jahrhunderts der differenzierenden Beschreibung der Teilnehmer auf der Basis einfacher soziodemografischer Merkmale und später der Erstellung sogenannter „sozialer Profile" der Hörerschaft zu (vgl. Radermacher 1932). Ziel war es zum Einen, Planungsdaten für den Ausbau des Bildungswesens zu erhalten; zum Anderen sollte Rechenschaft über finanzielle Aufwendungen abgelegt werden.

Nach dem zweiten Weltkrieg thematisierte man immer intensiver den Zusammenhang zwischen sozialer Herkunft und Bildungsverhalten, Bildungsinteressen sowie Bildungseinstellungen. Im Mittelpunkt standen hier – in Anlehnung an die damalige Diskussion um Chancengleichheit im Bildungswesen – nicht nur aktuelle, sondern auch potentielle Weiterbildungsteilnehmer. Man begann sich auch für jene zu interessieren, die Erwachsenenbildung zwar als wichtig einschätzen, aber dennoch nicht aktiv daran teilnehmen. Die Differenzierung von „gesellschaftlichen Teilgruppen" sowie die Analyse von Bildungseinstellungen im Kontext sozialer Herkunft erfolgte dabei auf der Basis klassischer Schichtmodelle. In dieser Forschungstradition gilt die Göttinger Studie (vgl. Strzelewicz et al. 1966), die erstmals das Bildungsinteresse und Bildungsverhalten aller Bevölkerungsschichten erfasste, zu Recht bis heute als „Leitstudie" der Bildungs- und Adressatenforschung. Das Wissen über Interessen, Motive und Barrieren in Bezug auf Weiterbildung konnte hier auf der Basis der Zugehörigkeit zu hierarchisch angeordneten Schichten der Gesellschaft differenziert werden.

3 Ausgewählte Ergebnisse der Adressaten- und Teilnehmerforschung

Es ist bekannt, dass die Teilnahmequoten in der beruflichen und in der allgemeinen Weiterbildung in Deutschland deutlich unter 50 Prozent bei den 18-75jährigen liegen. Gleichzeitig hat die Bevölkerung generell eine äußerst positive Einstellung gegenüber Erwachsenen- und Weiterbildung, denn beispielsweise sind 94% der Deutschen der Meinung, dass jeder Weiterbildung nutzen sollte (vgl. BMBF 2005). Dieser Widerspruch zwischen positiver Einstellung und tatsächlich eher niedriger aktiver Weiterbildungsbeteiligung bleibt daher eine Herausforderung.

Im Folgenden sollen einige ausgewählte Ergebnisse zu soziodemografischen Einflussfaktoren auf die Weiterbildungsbeteiligung sowie Erkenntnisse zu Weiterbildungsbarrieren, zu Motiven und Interessen dargestellt werden. Die Weiterbildungsteilnahme wird von verschiedenen Faktoren beeinflusst, u.a. durch motivationale, soziodemografische und kontextbezogene Faktoren (vgl. BMBF 2005; Barz/Tippelt 2007). „Die Entscheidung zur Teilnahme bzw. Nicht-Teilnahme an Weiterbildung hängt von Faktoren auf unterschiedlichen Ebenen ab" (Brüning 2002, S. 23). Auf Mikroebene sind dies subjektive[1] und soziodemografische Faktoren, auf Mesoebene finanzielle und inhaltliche Merkmale der Lernangebote und auf Makroebene strukturelle Rahmenbedingungen (ebd.). Die Göttingen-Studie stellte fest, dass „Bildungshindernisse nicht auf einer Ebene liegen, sondern sich stufenweise aufeinander aufbauen und dabei womöglich in ihrer Zwanghaftigkeit noch verstärken" (Strzelewicz et al. 1966, S. 608). Die erste Ebene – in die man hineingeboren wird – ist das eigene Geschlecht, das Bildungsniveau der Eltern, das Aufwachsen in einer bestimmten Region, die zweite Stufe ist die fehlende weiterführende Schule und die dritte sind Frustrationserlebnisse bei Gefühlen der Benachteiligung und mangelnder Schulbildung. Benachteiligungsprozesse sind somit kumulativ.

3.1 Soziodemografische Einflussfaktoren auf die Weiterbildungsbeteiligung

Wie auch in den vorherigen Untersuchungen des Berichtssystems Weiterbildung (BSW) zeigen sich im Jahre 2007 gruppenspezifische Unterschiede in der Weiterbildungsbeteiligung (vgl. BMBF 2008). Zentrale Einflussfaktoren auf die Weiterbildungsteilnahme sind die soziodemo-

1 Hierzu gehören Lerninteresse, Verwertungsinteresse, Einstellungen sowie die Motivationsstruktur.

grafischen Merkmale Alter, Schul- und Berufsbildung, Erwerbstätigkeit, berufliche Stellung, Geschlecht und Nationalität, sowie regionale Aspekte (vgl. BMBF 2005, S. 25ff.). Für die Teilnahme an allgemeiner Weiterbildung ist das Alter der stärkste Einflussfaktor. Über 50jährige (ausgenommen Akademiker) weisen geringere Teilnahmequoten auf als Jüngere. Zweitstärkster Einflussfaktor ist bei den über 60jährigen die Berufsbildung, bei der mittleren Altersgruppe das Haushaltseinkommen und bei den 18-24jährigen das Geschlecht (vgl. Barz/Tippelt 2007). Entsprechend dem sogenannten „Matthäus-Prinzip" („wer hat, dem wird gegeben") nimmt mit steigender Schul-/Berufsbildung die Beteiligung an allgemeiner und beruflicher Weiterbildung zu (vgl. BMBF 2005). Außerdem beteiligen sich Personen mit höherem Haushaltseinkommen öfter an beruflicher und allgemeiner Weiterbildung (vgl. Barz/Tippelt 2007). Die Geschlechterdifferenz in der Weiterbildungsbeteiligung hat sich in den letzten drei Jahrzehnten weiter verringert. Frauen beteiligen sich allerdings etwas häufiger als Männer an allgemeiner und seltener an beruflicher Weiterbildung.

Die Teilnahme an beruflicher Weiterbildung wird am stärksten durch das Merkmal Erwerbsbeteiligung beeinflusst. Als zweitstärkster Einflussfaktor ist bei Vollzeitbeschäftigten die Betriebsgröße, bei Teilzeitbeschäftigten das Haushaltseinkommen und bei Nicht-Erwerbstätigen die Berufsbildung zu nennen (vgl. ebd.). Erwerbstätige nehmen häufiger an Weiterbildung teil als Nichterwerbstätige, Angestellte und Beamte häufiger als un- und angelernte Arbeitskräfte. Nicht nur die soziodemografischen Faktoren beeinflussen die Weiterbildungsteilnahme, sondern auch die Lernförderlichkeit eines Arbeitsplatzes spielt eine wichtige Rolle für die Entwicklung von Lernkompetenzen, der Arbeitsplatz kann als „zweite Chance" gesehen werden, Benachteiligungen abzubauen, solche aber auch bei mangelnder Lernförderlichkeit verstärken (vgl. Baethge/Baethge-Kinsky 2004, S. 140).

Ergebnisse zum Zusammenhang von soziodemografischen Variablen und Weiterbildungsverhalten sind wichtig für die Planung von Erwachsenenbildung auf gesellschaftlicher Ebene, für die Praxis der Erwachsenenbildung jedoch schwer umsetzbar. Die Erforschung des Zusammenhangs zwischen soziokulturellen Merkmalen und Einstellungen – z.B. die Milieuforschung – kann hier weiterhelfen. Milieus können als eine Form gesehen werden, die soziale Realität in Zielgruppen zu unterteilen, sie befinden sich nah an der Lebenswelt dieser und können daher detaillierte Hinweise für die didaktische Planung geben (vgl. Reich/Tippelt 2004). Die weiterhin wichtigen vertikalen Lebenslagenmodelle mit den soziodemografischen Merkmalen Bildung, Berufsstatus und Einkommen werden durch die horizontalen lebensweltlichen milieutheoretischen Differenzierungen ergänzt (vgl. Hradil 1999).

3.2 Motivationale Einflussfaktoren auf das Weiterbildungsverhalten

Neben den genannten soziodemografischen Faktoren zählen auch motivationale Aspekte – die wiederum eng mit soziokulturellen Merkmalen zusammen hängen – zu den Weiterbildungsbarrieren. „Trotz der Schwierigkeiten bei der quantitativen Erhebung, ist es notwendig, unter den Aspekten Reduzierung von Benachteiligung und Anforderungen des lebenslangen Lernens, die nicht nur Erwerbstätigkeit oder erwerbsnahe Beschäftigung im Auge haben, den Stellenwert motivationaler Faktoren für eine Weiterbildungsbeteiligung genauer zu bestimmen" (Brüning 2002, S. 27). Haeberlin spricht von einer „verwirrenden Vielfalt der in der Diskussion zur Weiterbildungsmotivation verwendeten Begriffe" (Haeberlin 1986b, S. 591). Bisweilen werden die Begriffe Motive, Zwecke, Bedürfnisse, Gründe, Interessen und Erwartungen synonym verwendet. Teilnahmemotive und Bildungsbedürfnisse sind eingebettet in biografische Entwicklungen und gesellschaftliche Kontexte, daher spricht Siebert auch von Lernmotivation als Lebensmotivation (vgl. ausführlich zu Lernmotivation Siebert 2006, S. 58ff.). „Die Teilnahme an einem Seminar der Erwachsenenbildung lässt sich nicht linear auf ein Motiv zurückführen. Dieser Beteiligung liegen unterschiedliche endogene Erfahrungen und Erwartungen und exogene Anreize und Zwänge zugrunde." (Hervorhebung im Original) (Siebert 2000, S. 61). Eine Weiterbildungsbeteiligung ist ein „komplexes Geflecht unterschiedlicher, z.T. widersprüchlicher und unbewusster Bedürfnisse und Erwartungen, Anreize und Anforderungen, Hoffnungen und Befürchtungen, Primär- und Sekundärmotive" (ebd., S. 56). Bildungsbedürfnisse sind somit schwierig zu beschreiben und nicht „ohne weiteres ‚vorhanden'" (ebd.). Aus Sicht der Motivationspsychologie erwarten Personen von der Teilnahme an organisierter Weiterbildung das Erreichen eines positiv bewerteten Ziels, wie z.B. die Sicherung des Arbeitsplatzes oder das Kennenlernen neuer Menschen (vgl. Haeberlin 1986a, S. 76). Teilnahmemotive können in sieben Kategorien unterteilt werden, die meist in Kombination auftreten: Kontaktmotive, Interesse an Allgemeinbildung, Berufsmotive, Behauptungsmotive („mitreden können"), Orientierungsmotive („etwas Neues lernen"), Spezialinteressen („interessantes Thema"), Erkundungsmotive („eine Institution kennen lernen") (Untersuchung von Barres 1972, vgl. in Siebert 2000, S. 57). Siebert kritisiert an Motivationsstudien, dass sie oftmals für die Programmplanung nicht ergiebig seien, „da sie meist inhaltsneutral primäre und sekundäre, aktuelle und habituelle, intrinsische und extrinsische Motive unterscheiden" (2004, S. 11). Neben den subjektiven Bildungsbedürfnissen – z.T. nicht von ihnen getrennt – steht der gesellschaftliche Bildungsbedarf (vgl. Siebert 2000, S. 63). „Aufgabe der Erwachsenenbildung ist es nicht, politische Problemlösungen vorzuschlagen, sondern zu einem lernenden Umgang mit solchen Problemen zu befähigen" (ebd., S. 64). Siebert merkt an, dass weder Bildungsbedürfnisse noch Bildungsbedarf direkt abgefragt werden können, sondern dass die Erwachsenenbildung gerade auch die Aufgabe hat Interesse zu wecken und die Bildungsbereitschaft zu erhöhen (vgl. Siebert 2000, S. 67). Bildungsbereitschaft bedeutet die Aufgeschlossenheit von Individuen gegenüber Bildungsoptionen und ihre Bereitschaft, ein Leben lang zu lernen. Sie kann durch den Abbau von Bildungsbarrieren erhöht werden. Barrieren, Motive und Interessen hängen, wie die Milieuforschung zeigt, mit vertikalen und horizontalen Merkmalen, mit der sozialen Heterogenität, zusammen. Manche Weiterbildungsbarrieren können auch als Lernwiderstände gesehen werden (vgl. Faulstich/Bayer 2006). Lebenslanges Lernen kann positiv bedeuten, sich Kompetenzen für das eigene Leben anzueignen, andererseits aber auch den Zwang „lebenslänglich" zu lernen bedeuten (vgl. ebd., S. 9). Faulstich differenziert Lernwiderstände in Schranken (institutionenbezogen, wie z.B. die Erreichbarkeit eines Angebots), Hemmnisse (soziale Strukturen) und Gründe (aus der Biographie und Situiertheit abgeleitet). „Hemmnisse und Schranken werden aber erst wirksam durch ihre Erfahrung, Deutung und Bewertung durch die mit Gründen handelnden Personen" (Faulstich/Bayer 2006, S. 19). „Barrieren verhindern, daß eine Person mit dem Mittel der Weiterbildungsteilnahme versucht, ihre Lage in Richtung auf ein für sie erstrebenswertes Ziel hin zu verändern" (Haeberlin 1986a, S. 77). Haeberlin nahm bereits in den 1980er Jahren auch „die andere Seite der Barriere" in den Blick, nämlich die der Weiterbildner selbst: „Auch dort grenzen z.B. schichtspezifische Denk-, Sprach- und Handlungsmuster den eigenen Horizont gegenüber Mitgliedern anderer Herkunftsgruppen (...) bedeutsam ein" (ebd., S. 78). Im Folgenden werden einige Weiterbildungsbarrieren aufgezeigt.

Fehlende Nutzenerwartungen. Eine besonders häufig von Nichtteilnehmenden genannte Barriere sind fehlende Nutzenerwartungen, sowohl was den beruflichen als auch privaten Nutzen und die Verwertbarkeit anbelangt (vgl. Barz/Tippelt 2007). Im Berichtssystem Weiterbildung 2003 geben 38% der Erwerbstätigen als eine mögliche Weiterbildungsbarriere an, auch ohne Weiterbildung gute Chancen im Beruf zu haben (vgl. BMBF 2005, S. 95). 31% der Befragten einer weiteren repräsentativen Studie nannten den fehlenden Nutzen als wichtige Weiterbildungsbarriere (vgl. Schiersmann/Strauß 2006, S. 48ff.). Die Beteiligung an Weiterbildung ist also „nicht durch äußere Anstöße hinreichend erklärbar, sondern erst durch die vom Individuum selbst hergestellten Bedeutungszusammenhänge zu verstehen" (Faulstich/Zeuner 1999, S. 31). Dabei liegen Grenzen der Lernmöglichkeiten oder Lernwiderstände nicht nur in den dem Lerngegenstand zugewiesenen Bedeutungen, sondern auch in dem „darin nicht aufgehenden eigenen lebenspraktischen Bedeutungszusammenhang", von dem abhängt, was „in welcher Weise überhaupt erst zum Lerngegenstand werden kann" (Holzkamp 1993, S. 267).

Mangel an Ressourcen. Der Mangel an finanziellen und zeitlichen Ressourcen stellt ebenfalls eine Weiterbildungsbarriere dar (vgl. Faulstich 2003, S. 650ff.). Im Berichtssystem Weiterbildung 2003 geben 34% der Erwerbstätigen als eine mögliche Weiterbildungsbarriere an, dass Weiterbildung zu teuer sei, sowie mangelnde Zeit aufgrund von beruflichen (30%) oder familiären Verpflichtungen (25%) (vgl. BMBF 2005, S. 95). 37% der Befragten einer repräsentativen Studie nannten ebenfalls „Belastung/Zeitmangel" als wichtigste Weiterbildungsbarriere (vgl. Schiersmann/Strauß 2006, S. 48ff.).

Ablehnung formal organisierter Weiterbildung. Personen ohne berufliche Ausbildung stimmen öfter der Aussage zu, besser anders als in Kursen zu lernen als Personen mit Hochschulabschluss (34% zu 17%) (vgl. BMBF 2005, S. 98). Während gleichzeitig auch junge Akademikerinnen und Akademiker mit großer Techniknähe und hoher Leistungsbereitschaft (z.B. das Milieu der Modernen Perfomer) das selbstorganisierte informelle Lernen bevorzugen – für sie sind formal organisierte Weiterbildungsveranstaltungen sogar eine Weiterbildungsbarriere – es sei denn diese sind von höchster Qualität (vgl. Barz/Tippelt 2007).

Negative Lernerfahrungen. Eine Weiterbildungsbarriere ist die mangelnde Freude am Lernen und negative Lernerfahrungen in der Schule (vgl. Barz/Tippelt 2007). Im Berichtssystem Weiterbildung 2003 geben 71% der Erwerbstätigen als eine mögliche Weiterbildungsbarriere an, dass Weiterbildung anstrengend sei (vgl. BMBF 2007).

Angst vor Misserfolg. Die Angst vor Prüfungen und Misserfolg ist eine weitere Weiterbildungsbarriere, die eng mit negativen Lernerfahrungen zusammenhängt. So fragen sich Personen mit niedriger Schulbildung häufiger als Personen mit Abitur, ob sie es auch schaffen werden, wenn sie etwas Neues lernen sollen (47% zu 19%) (vgl. BMBF 2005, S. 100).

Beratungs- und Unterstützungsbedarf. Eine Teilnahmeschwelle kann weiterhin die Intransparenz des Weiterbildungsmarktes darstellen, Lern- und Weiterbildungsberatung ist daher von großer Bedeutung. Auch werden mangelnde Weiterbildungsmöglichkeiten in der näheren Umgebung als Barriere genannt (vgl. BMBF 2005, S. 95). Hierbei handelt es sich um eine strukturelle Weiterbildungsbarriere.

Insgesamt gibt es bei Personen mit niedriger Schulbildung deutlich ausgeprägtere Weiterbildungsbarrieren. Nichtteilnehmende mit Hauptschulabschluss erwarten gegenüber Abiturientinnen und Abiturienten weniger beruflichen Nutzen, fühlen sich zu alt für Weiterbildung, werden durch Prüfungen abgeschreckt, haben ein geringeres Selbstbewusstsein, befürchten Benachteiligungen durch Dozentinnen und Dozenten und sehen sich bei der Lerngeschwindigkeit häufiger überfordert (vgl. Barz/Tippelt 2007). Dabei zeigte sich, dass Zeitmangel insbesondere von Weiterbildungsaktiven genannt wird. Dahingegen wird der fehlende Nutzen vor allem von weniger weiterbildungsaktiven Gruppen als Argument gebracht: am häufigsten von Personen mit Hauptschulabschluss, von Nichtteilnehmenden und weniger häufig von Personen mit überdurchschnittlich ausgeprägtem selbstgesteuertem Lernverhalten (vgl. Schiersmann/Strauß 2006, S. 48ff.).

4 Adressaten-, Teilnehmer- und Zielgruppenorientierung als didaktische Prinzipien in der Erwachsenenbildung

Adressaten-, Teilnehmer- und Zielgruppenorientierung gehören zu den wichtigsten didaktischen Prinzipien in der Erwachsenenbildung, da das Lernen Erwachsener fast immer Anschlusslernen beinhaltet (vgl. Siebert 2000, S. 14 und S. 101). Die genannten Orientierungen implizieren die Aufforderung sich empathisch auf die „signifikanten Anderen“ der Erwachsenenbildung zu beziehen und von einer monologischen Angebotsplanung Abschied zu nehmen. Ähnlich wie dem Symbolischen Interaktionismus geht es auch dem sozialen Konstruktivismus um die subjektive Wirklichkeits- und Bedeutungskonstruktion. Beide sind für die Erwachsenenbildung von großer Bedeutung beispielsweise für die Bestätigung der Subjektorientierung und damit für die Adressaten- und Teilnehmerorientierung in der Bildungsarbeit (vgl. Siebert 2000, S. 18ff.).

Siebert bezieht Zielgruppenarbeit auf die didaktische Planung und Teilnehmerorientierung auf die Durchführung der Veranstaltung und damit auf die mikrodidaktische Ebene (vgl. Siebert 2000, S. 89). Nach Siebert können Teilnehmer- und Zielgruppenorientierung jedoch auch als in einem Spannungsfeld stehend gesehen werden, da Zielgruppenorientierung auf eine soziale Gruppe verweist, während Teilnehmerorientierung auf individuelle Lerninteressen eingehen soll (vgl. ebd., S. 95). „Teilnehmerorientierung zielt letztlich auf individualisierende Bildungsarbeit, für die Adressaten- und Zielgruppenforschung Orientierung liefert, indem sie typische Muster von Bildungsmotiven und -interessen bündelt“ (Bremer 2007, S. 31). Nach Schiersmann liegt das Konzept der Zielgruppenorientierung vermittelnd zwischen dem der Adressaten- und dem der Teilnehmerorientierung. Zielgruppenorientierung betont die Orientierung der Erwachsenenbildung an „potentiellen Lernenden, an deren Lebenssituation und deren Interessen an Verwendungszusammenhängen des Gelernten“ (Schiersmann 1999, S. 564). Zielgruppenorientierung wurde in den 1970er Jahren als Möglichkeit gesehen, die Qualität der Erwachsenenbildung im Rahmen einer Erwachsenenbildungsreform zu verbessern (vgl. Mader/Weymann 1979, S. 347). Während früher Zielgruppenorientierung die Ansprache von Problem- oder Randgruppen und damit Defizite fokussierte, ist heute allgemein eine Adressaten- und Teilnehmerorientierung intendiert. Dem liegt die Erkenntnis zugrunde, dass alle sozialen Gruppen – Bildungsaktive wie Bildungsferne – spezifische Erwartungen an Weiterbildung haben und dementsprechend unterschiedlich angesprochen werden müssen (vgl. Tippelt

2006). Teilnehmerorientierung ist ein wichtiges Prinzip der Erwachsenenbildung, das sich bis in die 1920er Jahre zurückverfolgen lässt (vgl. Luchte 2001, S. 11). Teilnehmer- und Adressatenorientierung bedeutet bei der Planung und Ausgestaltung der mikro- und makrodidaktischen Handlungsfelder die Orientierung am Adressaten und Teilnehmenden, an seinen Bedürfnissen und Interessen. Die Pluralisierung von Lebenslagen, Lebensphasen und Lebensstilen führte zu einer diversifizierten Teilnehmerschaft und erfordert damit eine erhöhte Teilnehmer- und Zielgruppenorientierung auf Seiten der Weiterbildungsanbieter (vgl. Tippelt/von Hippel 2005).

In Abgrenzung zu den obigen Begriffen liegt die Kundenorientierung. Hier wird der Kunde betont, der eine Dienstleistung in Anspruch nimmt. Der Begriff Kunde „bezieht sich lediglich auf die Rolle eines Menschen in der (potenziellen) Kaufsituation" (Möller 2002, S. 19). Ebenso wie der Begriff der Kundenorientierung betont Marktorientierung als Begriff des Marketings den Wandel von einem Verkäufer- zu einem Käufermarkt, der durch eine höhere Kundenorientierung gekennzeichnet ist, da das Angebot größer als die Nachfrage ist. Dies wird in der Weiterbildung überschrieben als Wandel von der Angebots- zur Nachfrageorientierung. Marketing in der Weiterbildung zielt jedoch – entgegen dem klassischen Marketing – nicht allein auf das Erreichen absatzmarktorientierter Unternehmensziele. In der Weiterbildung wurde und wird daher diskutiert, ob diese Marktorientierung nicht einer „Vermarktung" gleichkomme (vgl. Schlutz 1994). Da Weiterbildung nicht notwendigerweise verkauft werden muss, ist vielmehr die Beratung der Adressaten und Teilnehmenden zentral. Schlutz führt aus, dass Teilnehmerorientierung daher nicht mit Kunden- oder Marktorientierung gleichzusetzen ist. Teilnehmerorientierung steht für die Orientierung an erwachsenenpädagogischer Qualität, für das Vorhalten eines umfassenden Bildungsangebots und für die Orientierung auch an benachteiligten Zielgruppen: „Eine völlig marktorientierte Erwachsenenbildung würde nur das anbieten, was erfahrungsgemäß sehr stark nachgefragt und von den Teilnehmern finanziert wird" (Schlutz 1994, S. 184).

5 Ausblick

Adressaten- und Teilnehmerorientierung auf makro- und mikrodidaktischer Ebene umzusetzen erfordert professionelle Erwachsenenbildner. Die Förderung von Kompetenzen von ErwachsenenbildnerInnen im Bereich der Adressatenorientierung ermöglicht ein stärkeres Eingehen auf die Interessen der Adressaten (vgl. Tippelt/von Hippel 2007). Um „Equity and good learning outcomes" (EU-Memorandum 2006) gleichermaßen zu stärken, ist die Förderung des lebenslangen Lernens aller Personengruppen nicht nur eine ökonomische, sondern auch eine moralische, die Chancengerechtigkeit betreffende Frage. Die statistischen Ergebnisse zur (eher bescheidenen) Weiterbildungsbeteiligung in Deutschland können in diesem Kontext als Herausforderung für eine deutlich stärkere Teilnehmer- und Zielgruppenorientierung interpretiert werden. Weiterbildung kann nur dann kompensierend und chancenausgleichend wirken, wenn ErwachsenenbildnerInnen adressaten- und teilnehmerorientiert arbeiten, indem sie bei der Planung und Gestaltung verschiedener pädagogischer Handlungsfelder auf die pluralen Wünsche und Erwartungen verschiedener sozialer Gruppen (z.B. Altersgruppen, Bildungsgruppen, MigrantInnengruppen, soziale Milieus, verschiedene Lebenslagen und Lebensphasen) eingehen. Differenzierte Planungen auf den Handlungsebenen der Mikrodidaktik (Lehren und Lernen auf Kursebene) und der Makrodidaktik (Programmplanung, Weiterbildungsberatung) ermöglichen spezifische Anspracheformen für Zielgruppen. Neben der Aufgabe Adressaten zu differenzieren und spezifisch anzusprechen, bleibt jedoch auch die Herausforderung, verschiedene Adressatengruppen zu integrieren und adressatenübergreifende Erfahrungsräume anzubieten. Eine pluralisierte Adressaten- und Teilnehmerschaft und durch den demografischen Wandel veränderte Zielgruppen können demnach nur durch eine verbesserte nachfrageorientierte Weiterbildungsplanung erreicht werden. Durch ein vertieftes Eingehen auf Teilnehmerinteressen – wozu Rollenübernahmefähigkeiten und sozial-kommunikative Kenntnisse notwendig sind – kann die Weiterbildungsbeteiligung sowohl von Weiterbildungsaktiven gestärkt wie auch von Weiterbildungsfernen erhöht werden. Die Erwartungen an die Weiterbildung, Adressaten und insbesondere die benachteiligten sozialen Gruppen sozial zu integrieren, wurden in der Vergangenheit jedoch eher enttäuscht. Zentrale Herausforderung ist damit die Umsetzung von Erkenntnissen der Adressaten- und Teilnehmerforschung in die Praxis als Adressaten- und Teilnehmerorientierung und damit eine stärkere Verbindung von Forschung und Praxis. Hierzu ist weitere Implementations- und Transferforschung nötig, um zu untersuchen, wie Ergebnisse und Konzepte in der Praxis umgesetzt werden können. Gleichzeitig stellt dies auch eine Herausforderung für die Erwachsenenbildungsforscher dar, Fragestellungen aus der Praxis aufzunehmen und ihre Ergebnisse so aufzubereiten, dass sie für die Praxis anschlussfähig sind.

Literatur

Baethge, M./Baethge-Kinsky, V. (2004): Der ungleiche Kampf um das lebenslange Lernen. Münster: Waxmann.

Barz, H./Tippelt, R. (2007): Weiterbildung und soziale Milieus in Deutschland, 2 Bde. Bielefeld: Bertelsmann.

Bourdieu, P. (1982): Die feinen Unterschiede. Kritik der gesellschaftlichen Urteilskraft. Frankfurt a.M.: Suhrkamp.

Bremer, H. (2007): Soziale Milieus, Habitus und Lernen. Zur sozialen Selektivität des Bildungswesens am Beispiel der Weiterbildung. Weinheim: Juventa.

Brüning, G. (2002): Benachteiligte in der Weiterbildung. In: Brüning, G./Kuwan, H.: Benachteiligte und Bildungsferne – Empfehlungen für die Weiterbildung. Bielefeld: Bertelsmann, S. 7-117.

Bundesministerium für Bildung und Forschung (BMBF) (Hrsg.) (2005): Berichtssystem Weiterbildung IX. Berlin.

Bundesministerium für Bildung und Forschung (BMBF) (Hrsg.) (2008): Weiterbildungsbeteiligung in Deutschland – Eckdaten zum BSW-AES 2007. München.

Egloff, B./Kade, J. (2004): Erwachsenenbildungsforschung. In: Krüger, H.-H./Grunert, C. (Hrsg.): Wörterbuch Erziehungswissenschaft. Wiesbaden: VS Verlag für Sozialwissenschaften, S. 135-141.

EU-Memorandum (2006): Lifelong learning, equity and efficiency. EU presidency conference. Helsinki.

Faulstich, P. (2003): Weiterbildung. In: Cortina, K. et al. (Hrsg.). Das Bildungswesen in der Bundesrepublik Deutschland. Strukturen und Entwicklungen im Überblick. Reinbek: Rowohlt, S. 625-660.

Faulstich, P./Zeuner, C. (1999): Erwachsenenbildung – eine handlungsorientierte Einführung. Weinheim: Juventa.

Faulstich, P./Bayer, M. (Hrsg.) (2006): Lernwiderstände – Anlässe für Vermittlung und Beratung. Hamburg: vsa.

Gieseke, W. (2006): Programmforschung als Grundlage der Programmplanung unter flexiblen institutionellen Kontexten. In: Meisel, K./Schiersmann, C. (Hrsg.): Zukunftsfeld Weiterbildung. Standortbestimmungen für Forschung, Praxis und Politik. Bielefeld: Bertelsmann, S. 69-88.

Gieseke, W./Opelt, K. (2002): Programmanalyse zur kulturellen Bildung in Berlin/Brandenburg. Erste Fassung. Verfügbar unter: http://www2.hu-berlin.de/kubi/Kulturelle Bildung Programmanalyse.pdf (03.02.2006).

Haeberlin, F. (1986a): Barrieren. In: Sarges, W./Fricke, R. (Hrsg.): Psychologie für die Erwachsenenbildung/Weiterbildung. Ein Handbuch in Grundbegriffen. Göttingen: Verlag für Psychologie, Hogrefe, S. 74-78.

Haeberlin, F. (1986b): Weiterbildungsmotivation. In: Sarges, W./Fricke, R. (Hrsg.): Psychologie für die Erwachsenenbildung/Weiterbildung. Ein Handbuch in Grundbegriffen. Göttingen. S. 589-595.

Herzberg, H. (2004): Biographie und Lernhabitus. Eine Studie im Rostocker Werftarbeitermilieu. Frankfurt a.M.: Campus.

Hippel, A. von/Fuchs, S./Tippelt, R. (2008): Weiterbildungsorganisationen und Nachfrageorientierung – neo-institutionalistische Perspektiven. In: Zeitschrift für Pädagogik (ZfPäd) 54, H. 5, S. 663-678.

Holzkamp, K. (1993): Lernen. Subjektwissenschaftliche Grundlegung. Frankfurt a.M.: Campus.
Hradil, S. (1999): Soziale Ungleichheit in Deutschland. Opladen: Leske + Budrich.
Hradil, S. (2001[8]). Soziale Ungleichheit in Deutschland. Opladen: Leske + Budrich.
Landeck, K. (1986): Adressatenforschung. In: Sarges, W./Fricke, R. (Hrsg.): Psychologie für die Erwachsenenbildung/Weiterbildung. Ein Handbuch in Grundbegriffen. Göttingen: Verlag für Psychologie, Hogrefe S. 35-40.
Luchte, K. (2001): Teilnehmerorientierung in der Praxis der Erwachsenenbildung. Weinheim: Dt. Studienverlag.
Mader, W./Weymann, A. (1979): Zielgruppenentwicklung, Teilnehmerorientierung, Adressatenforschung. In: Siebert, H. (Hrsg.): Taschenbuch der Weiterbildungsforschung. Baltmannsweiler: Burgbücherei Schneider, S. 346-376.
Möller, S. (2002): Marketing in der Weiterbildung. Bielefeld: Bertelsmann.
Nittel, D./Marotzki, W. (Hrsg.) (1997): Berufslaufbahn und biographische Lernstrategien. Hohengehren: Schneider Verlag Hohengehren.
Nuissl, E. (1999): Männerbildung. In: Tippelt, R. (Hrsg.): Handbuch Erwachsenenbildung/Weiterbildung. Opladen: Leske + Budrich, S. 595-602.
Nuissl, E./Pehl, K. (2000): Portrait Weiterbildung: Deutschland. Bielefeld: Bertelsmann.
Radermacher, L. (1932): Zur Sozialpsychologie des Volkshochschulhörers. In: Zeitschrift für angewandte Psychologie 43. S. 461-486.
Reich, J./Tippelt, R. (2004): Gestaltung didaktischer Handlungsfelder im Kontext der Milieuforschung. In: Hessische Blätter für Volksbildung. Zeitschrift für Erwachsenenbildung in Deutschland 54, H. 1, S. 23-36.
Sarges, W./Haeberlin, F. (1980): Marketing für die Erwachsenenbildung. Hannover: Schroedel.
Schiersmann, C. (1999): Zielgruppenforschung. In: Tippelt, R. (Hrsg.): Handbuch Erwachsenenbildung/Weiterbildung. Opladen: Leske + Budrich, S. 557-565.
Schiersmann, C./Strauß, H.C. (2006): Profile lebenslangen Lernens. Weiterbildungserfahrungen und Lernbereitschaft der Erwerbsbevölkerung. Bielefeld: Bertelsmann.
Schlutz, E. (1994): Markt und Bildung. Entwicklungen und Gefährdungen des pädagogischen Denkens und Handelns in der öffentlichen Weiterbildung der Bundesrepublik Deutschland. In: Meisel, K. u.a.: Marketing für Erwachsenenbildung. Bad Heilbrunn: Klinkhardt. S. 181-191.
Schulenberg, W. (1957): Ansatz und Wirksamkeit der Erwachsenenbildung. Stuttgart: Enke.
Schulenberg, W./Loeber, H.-D./Loeber-Pautsch, U./Pühler, S. (1978): Soziale Faktoren der Bildungsbereitschaft Erwachsener. Eine empirische Untersuchung. Stuttgart: Enke.
Seitter, W. (1999): Riskante Übergänge in der Moderne. Vereinskulturen, Bildungsbiographien, Migranten. Opladen: Leske + Budrich.
Siebert, H. (2000): Didaktisches Handeln in der Erwachsenenbildung. Didaktik aus konstruktivistischer Sicht. Neuwied: Luchterhand.
Siebert, H. (2004): Weiterbildungsbeteiligung und Lernmotivation. In: ders. (Hrsg.): Beteiligung und Motivation. Report 3. S. 9-14.
Strzelewicz, W./Raapke, H.-D./Schulenberg, W. (1966): Bildung und gesellschaftliches Bewusstsein. Eine mehrstufige soziologische Untersuchung in Westdeutschland. Stuttgart: Enke.
Tippelt, R. (2006): Adressaten und Adressatenforschung der Erwachsenenbildung. In: Meisel, K./Schiersmann, C. (Hrsg.): Zukunftsfeld Weiterbildung. Bielefeld: Bertelsmann, S. 41-52.
Tippelt, R./Hippel, A. von (2005): Weiterbildung: Chancenausgleich und soziale Heterogenität. In: Aus Politik und Zeitgeschichte (APuZ) Ungleichheit – Ungerechtigkeit 37, S. 38-45.
Tippelt, R./Hippel, A. von (2007): Kompetenzförderung von ErwachsenenbildnerInnen im Bereich Teilnehmer-, Adressaten- und Milieuorientierung als Beitrag zur Professionalisierung in der Erwachsenenbildung. In: Heuer, U./Siebers, R. (Hrsg.): Weiterbildung am Beginn des 21. Jahrhunderts. Festschrift für Wiltrud Gieseke. Münster: Waxmann, S. 118-129.
Tippelt, R./Reich, J./Hippel, A. von/Barz, H./Baum, D. (2008): Weiterbildung und soziale Milieus, Bd. 3: Milieumarketing implementieren. W. Bielefeld: Bertelsmann.
Vester, M./Oertzen, P. v./Geiling, H./Hermann, T./Müller, D. (1993): Soziale Milieus im gesellschaftlichen Strukturwandel. Zwischen Integration und Ausgrenzung. Köln: Bund-Verlag.
Zeuner, C. (1998): Von der unbekannten Adressatin zum „Teilnehmer als Konstrukt“: Teilnehmerforschung in der Erwachsenenbildung. In: Derichs-Kunstmann, K./Faulstich, P./Wittpoth, J. (Hrsg.): Politik, Disziplin und Profession in der Erwachsenenbildung. Beiheft zum Report. Frankfurt a.M. S. 159-167.

Ulrich Heimlich | Isabel Behr

Inklusion von Menschen mit Behinderung in der Erwachsenenbildung/Weiterbildung

Vorbemerkung

Die Integration von Menschen mit Behinderung in die Gesellschaft weist inzwischen deutlich über die Lebensphasen Kindheit und Jugend hinaus. Kindertageseinrichtungen und Schulen schaffen zwar wichtige Voraussetzungen für gesellschaftliche Teilhabe im Rahmen eines selbstbestimmten Lebens. Doch auch Erwachsene mit Behinderung sind auf Unterstützung angewiesen. Gerade bei der Betrachtung von Bildungsaufgaben über die Lebensspanne (vgl. Tippelt 2007) fällt auf, dass Menschen mit Behinderung in zunehmendem Maße den Anspruch auf Einbeziehung artikulieren. Das Europäische Jahr der Menschen mit Behinderung 2003 hat zudem gezeigt, wie weit der Grundsatz der Integration von Menschen mit Behinderungen in allen gesellschaftlichen Bereichen europaweit konsensfähig geworden ist. Zugleich ist allerdings die Erfahrung unübersehbar, wie wenig die Gesellschaft bislang auf die Integrationsaufgabe vorbereitet ist. Nach wie vor dominiert die Vorstellung, dass Menschen mit Behinderung in spezifisch für sie zugeschnittenen Angeboten in separierten Einrichtungen am besten aufgehoben sind. Gerade in der Erwachsenenbildung/Weiterbildung haben sich diese Tendenzen zur Exklusion sogar eher verstärkt. Letztlich ergibt sich damit eine grundlegende Herausforderung an Konzepte der allgemeinen Erwachsenenbildung/Weiterbildung. Unter der Perspektive der Inklusion von Menschen mit Behinderung als gesellschaftliche Aufgabe wird sie sich fragen lassen müssen, inwieweit sie in ihren regulären Bildungsinhalten, in den Methoden und den Organisationsformen in der Lage ist, Menschen mit unterschiedlichen Bedürfnissen und Interessen anzusprechen und deren Teilhabe zu gewährleisten (vgl. Faulstich-Wieland/Faulstich 2006). Inklusion ist damit weniger als eine besondere Methode oder Organisationsform zu verstehen, sondern vielmehr als eine veränderte Philosophie, die insbesondere eine neue normativ-ethische Orientierung beinhaltet. „Es ist normal verschieden zu sein", mit diesen Worten des ehemaligen Bundespräsidenten Richard von Weizsäcker[1] lässt sich diese inklusive Grundhaltung zusammenfassend kennzeichnen. Unter dieser Maxime sollen im folgenden Beitrag nun zunächst die wesentlichen konzeptionellen Entwicklungslinien auf dem Weg zu einer inklusiven Erwachsenenbildung/Weiterbildung im deutschsprachigen Raum aufgezeigt werden. In einem zweiten Schritt erfolgt dann die Analyse einer exemplarischen Auswahl derzeit vorhandener Praxisprojekte zur inklusiven Erwachsenenbildung/Weiterbildung, wobei auch internationale Erfahrungen mit einbezogen werden. Da das Arbeitsfeld der inklusiven Erwachsenenbildung/Weiterbildung gegenwärtig allerdings noch generiert wird, sind empirische Forschungsbefunde zu dieser neuen Perspektive wenn überhaupt bislang allenfalls in kleinen, regional bedeutsamen

1 Aus einer Ansprache des ehemaligen Bundespräsidenten Richard von Weizsäcker zur Eröffnungsveranstaltung der Bundesarbeitsgemeinschaft Hilfe für Behinderte am 1. Juli 1993 im Gustav-Heinemann-Haus in Bonn. Vgl. http://www.dvbs-oline.de/horus/1993-3-2014.htm (22.08.2008).

Studien vorgelegt worden. Insofern haben die folgenden Überlegungen vor allem die Intention, die bisherige konzeptionelle Entwicklung zu bilanzieren und einen weiteren Ausbau der Angebote inklusiver Erwachsenenbildung/Weiterbildung anzuregen.

1 Auf dem Weg zur inklusiven Erwachsenenbildung/Weiterbildung – konzeptionelle Entwicklungslinien

Die Anfänge der Integrationsbemühungen im Bereich der Erwachsenenbildung/Weiterbildung reichen in der BRD bis in die siebziger Jahre zurück. Ein Praxisbeispiel aus dieser Zeit soll zunächst veranschaulichen, wie diese „ersten Gehversuche" sich konkret gestalten ließen.

In der Zeit von 1980 bis 1983 veranstaltete die Volkshochschule (VHS) Dortmund einen Gesprächskreis für Menschen mit und ohne Behinderung (Leitung: Brigitta und Ulrich Heimlich). Einmal wöchentlich kamen hier nachmittags Erwachsene aus der Werkstatt für behinderte Menschen (WfB) mit Menschen ohne Behinderung zusammen, um ihre Lebenssituation in der Freizeit gemeinsam zu verändern. Ausgangspunkt dafür bildete die Erfahrung, dass besonders Menschen mit Behinderung in der Freizeit häufig soziale Isolation noch deutlicher erleben und ohne Unterstützung von außen auch in der Realisierung von Alternativen beeinträchtigt werden. Der Gesprächskreis war dem Themengebiet „Mit der Behinderung leben" zugeordnet und wurde von dem zuständigen Sachbearbeiter der VHS zusammen mit weiteren Angeboten für die Zielgruppe „Menschen mit Behinderung" organisatorisch begleitet. Als grundlegende Zielsetzung stand die Integration von Menschen mit Behinderung im Vordergrund. Der Gesprächskreis fand in den Räumen einer Kirchengemeinde statt, die auch von anderen Gruppen der Gemeinde genutzt wurden.

In dem Gesprächskreis entwickelten sich um die Freizeitgestaltung herum mehrere Arbeitsschwerpunkte. So hatten die TeilnehmerInnen die Gelegenheit, in Gesprächsrunden und bei gemeinsamen Festen und Feiern ihre sozialen Kompetenzen zu erweitern. Um eine handlungsorientierte Grundlage für die Bildungsangebote bezogen auf Erwachsene mit einer geistigen Behinderung zu schaffen, wurden regelmäßig kreative Angebote in den Kurs einbezogen. Dabei ging es vor allem darum, Alltagsgegenstände mit einfachen Mitteln kreativ umzugestalten. Schließlich fanden im Laufe des Kurses in regelmäßigen Abständen gemeinsame Erkundungsgänge statt. So wurden Ausstellungen und Museen sowie verschiedene Einrichtungen im Stadtteil besucht und größere Studienfahrten zu weiter entfernten Zielen (z.B. Besuch des Freilichtmuseums in Hagen als Tagesausflug) unternommen. Für diese Erkundungen wurden bewusst nur öffentliche Verkehrsmittel genutzt, um alltägliche Integrationserfahrungen zu ermöglichen, auch wenn diese erwartungsgemäß nicht immer konfliktfrei verliefen (z.B. die Ablehnung neben einem Menschen mit Behinderung in der Straßenbahn zu sitzen). Auch die Überwindung von Barrieren konnte dabei erprobt werden, wenn beispielsweise die Kursgruppe gemeinsam ein öffentliches Café besuchte. Durch die Anbindung des VHS-Kurses an die Räume der Kirchengemeinde kam es überdies immer wieder zu Kontakten bei Gemeindefesten und anderen Feierlichkeiten, wobei sich zeigte, dass die Anwesenheit von Menschen mit Behinderung durchaus nicht selbstverständlich war. Auch wenn hier die Zielgruppenorientierung des Angebotes und damit die Menschen mit Behinderung als TeilnehmerInnen noch überwogen, so konnten doch erste Ansätze von Integration realisiert werden.

In dieser Phase der Entwicklung von integrativen Angeboten in der Erwachsenenbildung/Weiterbildung ging es vor allem um die Ermöglichung von sozialer Begegnung. Erst im Laufe der achtziger Jahre wurde jedoch deutlich, dass Integration in der Erwachsenenbildung auf mehreren Ebenen verankert werden muss und nicht nur auf der Ebene der sozialen Interaktion. Unter der Zielperspektive der Inklusion wird schließlich ersichtlich, dass die Integrationsaufgabe im Bereich der Erwachsenenbildung/Weiterbildung ein grundlegendes Umdenken in der Gestaltung aller regulären Angebote erforderlich macht.

1.1 Erwachsenenbildung/Weiterbildung als Begegnung

Im Rahmen des bis heute in der Erwachsenenbildung/Weiterbildung zentralen Ansatzes der Zielgruppenorientierung (vgl. Dewe 2004; Tippelt 2004) wurden in den siebziger Jahren auch Menschen mit Behinderungen als Zielgruppe entdeckt. Der Anspruch einer Weiterbildung für alle, wie er im Strukturplan für das Bildungswesen des Deutschen Bildungsrates von 1970 formuliert ist, galt zwar prinzipiell auch für Menschen mit Behinderung. Die Praxis war jedoch weit von diesem Anspruch entfernt (vgl. den Rückblick bei Lindmeier 1998a, b). Wenn überhaupt Bildungsangebote für erwachsene Menschen mit Behinderung existierten, so waren sie an die klassischen Sonderinstitutionen (Werkstatt für Behinderte, Wohnheim für Behinderte) angegliedert. Es ist jedoch eher davon auszugehen, dass über die Anleitung am Arbeitsplatz der Werkstatt für Behinderte (im weitesten Sinne also im Bereich der beruflichen Weiterbildung) hinaus, erwachsene Menschen mit Behinderungen kaum in Bildungsangebote einbezogen waren. Zu sehr dominierte der Ansatz der spezifischen Betreuung. Ein erster Schritt der Integration von Menschen mit Behinderung in die Erwachsenenbildung/Weiterbildung muss also zweifellos darin gesehen werden, dass überhaupt entsprechende Angebote für Menschen mit Behinderung geschaffen wurden, auch wenn diese Angebote zunächst eher separierenden Charakter hatten. Allerdings führte dies bis heute nicht zu Bemühungen um eine „Sonder-Andragogik" oder eine „Sonder-Volkshochschule" (vgl. Schuchardt 2002, S. 268; Arnold/Nolda/Nuissl 2001).

Ende der siebziger Jahre wird in der BRD die Forderung nach Bildungsangeboten zur Unterstützung der sozialen Integration von Menschen mit Behinderungen laut. Sonderinstitutionen im Bildungsbereich werden in dieser Zeit zunehmend in ihrer Tendenz zur Verstärkung von Stigmatisierung und Vorurteilsbildung erkannt. Erika Schuchardt hat die in diesem Zusammenhang sich stellende Aufgabe der humanen Annahme als Prozess der Krisenverarbeitung dargestellt. Auf der Basis der Ergebnisse eines umfassenden Biografieforschungsprojektes (vgl. die Übersicht bei Schuchardt 2002, S. 270ff. und die weiterführende Literatur dort) unterscheidet sie acht Spiralphasen dieser Krisenverarbeitung: 1. Ungewissheit, 2. Gewissheit, 3. Aggression, 4. Verhandlung, 5. Depression, 6. Annahme, 7. Aktivität, 8. Solidarität. Dabei erweitert sich im Laufe dieses Verarbeitungsprozesses die eher kognitiv-reaktive Dimension der Fremdsteuerung um eine eher ungesteuerte emotionale Dimension, bis das Ziel der reflexiv-aktionalen Selbststeuerung erreicht ist. Aus diesem sonderpädagogischen Beitrag zur Weiterbildungsforschung heraus entwickelt Schuchardt schließlich die Konzeption einer integrativen Weiterbildung, in der die soziale Interaktion im Mittelpunkt steht, um den Prozess der Krisenverarbeitung wirksam zu begleiten. Vorausgegangen ist dieser Konzeptentwicklung unter anderem auch eine Analyse des Angebotes der Weiterbildung in den Jahren 1979, 1981 und 1983. Die so entstandene „Zielgruppen-Interaktions-Konzeption (ZIP)" soll Menschen mit Behinderung als AdressatInnen von Erwachsenenbildung/Weiterbildung in drei Schritten didaktisch-methodische Unterstützung bei der Realisierung von mehr Begegnung anbieten. Ausgehend von Angeboten zur Stabilisierung (1) der Betroffenen bezogen auf den Krisenverarbeitungsprozess mit dem Ziel der Selbstfindung und Selbstbestimmung erfolgt die bewusste institutionalisierte Zusammenführung mit Menschen ohne Behinderung im Sinne der Integration (2), um so eine selbstständige und selbstbestimmte Teilhabe von Menschen mit Behinderung als umfassende Partizipation (3) zu gewährleisten.

Als besonders problematisch erweist sich in diesem Zusammenhang die intervenierende Variable der Abwehrmechanismen gegenüber Behinderungen und dem Anderssein allgemein. Voraussetzung für einen gemeinsamen Prozess der Krisenverarbeitung von Menschen mit und ohne Behinderung bleibt die Bereitschaft zum Lernen auf beiden Seiten. Diese kann jedoch nicht prinzipiell vorausgesetzt werden, da gerade das Leid des Anderen und das abweichende Verhalten nicht selten Verdrängungen unterliegt, die einer bewussten Auseinandersetzung eher abträglich sind. Gerade in Verbindung mit dem Prinzip der Freiwilligkeit in der Erwachsenenbildung/Weiterbildung kann die erforderliche soziale Begegnung naturgemäß nicht auf dem Verordnungswege erreicht werden. Mitteleinsparungen im Bereich der Erwachsenenbildung/Weiterbildung und eine nach wie vor unzureichende Schulung der MitarbeiterInnen bezogen auf die Zielgruppe „Menschen mit Behinderung“ mögen zusätzliche Gründe dafür liefern, dass die soziale Begegnung von Menschen mit und ohne Behinderung in der Erwachsenenbildung/Weiterbildung nach wie vor als defizitär betrachtet werden muss. Auch Schuchardt (2002, S. 275) weist darauf hin, dass soziale Integration sich nicht nur in der Begegnung erschöpft, sondern darüber hinaus auf weiteren Ebenen verankert werden muss.

1.2 Erwachsenenbildung/Weiterbildung als Normalisierung

Nachhaltige Impulse erhielt diese Forderung nach einem Mehrebenenmodell der integrativen Erwachsenenbildung/Weiterbildung aus dem Normalisierungsprinzip, wie es sich ausgehend von einer veränderten Sozialgesetzgebung für Menschen mit Behinderung in den fünfziger Jahren des letzten Jahrhunderts in Dänemark über die skandinavischen Länder und Nordamerika auch in der BRD ausgewirkt hat (vgl. Thimm 1994). Bengt Nirje (1924-2006), der schwedische Sozialpolitiker, formulierte Ende der sechziger Jahre unter der Maxime „Ein Leben so normal wie möglich“ die Perspektive eines Lebens für Menschen mit Behinderung, das sich durch Selbstbestimmung und soziale Integration auszeichnet. Mit den Möglichkeiten der Zeitgestaltung (Tagesverlauf, Jahresrhythmus, Lebenszyklus), der ökonomischen und kulturellen Teilhabe sowie der Gestaltung von sozialen Beziehungen benennt er wesentliche Dimensionen von Normalität vor allem in kritischer Auseinandersetzung mit den restriktiven Lebensbedingungen in großen Behinderteneinrichtungen. Damit ist allerdings keine Anpassung von Menschen mit Behinderung an die Gesellschaft gemeint (im Sinne von Normalmachung), sondern vielmehr die Normalität der Inanspruchnahme gesellschaftlicher Einrichtungen und Rechte, wie das für andere Mitglieder der Gesellschaft ebenfalls ‚normal‘ ist.

Die hier zugrunde liegende Idee der sozialen Integration hat auch die integrative Erwachsenenbildung/Weiterbildung in der BRD stark beeinflusst. Christian Lindmeier (2003, S. 189ff.) entwickelt in kritischer Distanzierung zum Zielgruppenkonzept vor dem Hintergrund des Normalisierungsprinzips ein Mehrebenenmodell der integrativen Erwachsenenbildung. Über die Ebene der *sozialen Integration* hinaus ist es demnach erforderlich, auch für eine *räumliche*

Integration der Angebote in die Lernorte der regulären Erwachsenenbildung/Weiterbildung zu sorgen. Von daher besteht die Notwendigkeit, Verbesserungen im Bereich der *funktionalen Integration* vorzunehmen und die Einrichtungen der Erwachsenenbildung beispielsweise barrierefrei zu gestalten sowie entsprechende Lernhilfen bereitzuhalten, die auch Menschen mit Behinderung einen Zugang zu den Kursangeboten ermöglichen. Ebenso darf die *personale Integration* nicht vernachlässigt werden, damit die Chance auf „sinngebende und identitätsfördernde Beziehungen“ (a.a.O., S. 194) für Menschen mit Behinderungen gewahrt bleibt. Integrative Erwachsenenbildung/Weiterbildung gewinnt in dieser Hinsicht die Rolle eines Gegengewichts (vgl. ebd.) zu Arbeitstätigkeiten, die möglicherweise als monoton und fremdbestimmt erfahren werden. *Gesellschaftliche Integration* wirkt als Anspruch ebenfalls auf die Erwachsenenbildung/Weiterbildung zurück und richtet das Augenmerk insbesondere auf Prozesse der Mitbestimmung, Wahlfreiheit und Freiwilligkeit (vgl. ebd.), die auch für Menschen mit Behinderung gelten. Um dieses Mehrebenenmodell der Integration zu realisieren, ist es letztlich erforderlich, eine *organisatorische Integration* der integrativen Erwachsenenbildung/Weiterbildung zu erreichen und sie in ein umfassendes Qualitätskonzept einzubinden, um so den Qualitätsstandards der regulären Angebote in diesem Bereich ebenfalls Geltung zu verschaffen. Inwieweit ein Angebot tatsächlich in der Einzelveranstaltung den Anspruch der Teilhabe von Menschen mit Behinderung erfüllt, entscheidet sich wiederum auf der Ebene der *didaktischen Integration* (vgl. a.a.O., S. 195ff.). Nicht nur die Angebotsplanung sondern ebenso die konkrete Kurs- und Unterrichtsplanung sind vor die Aufgabe gestellt, Integration durch entsprechende didaktisch-methodische Arrangements zu ermöglichen. Besonders bedeutsam ist in diesem Zusammenhang die praktische Erfahrung, dass Menschen mit Behinderung häufig nur dann an Kursen teilnehmen können, wenn für sie die Möglichkeit besteht, auf persönliche Assistenz zurückzugreifen, die sie bei der Überwindung der zahlreichen noch vorhandenen Barrieren unterstützen (vgl. a.a.O., S. 197).

Auch wenn dieses Konzept besonders bei Lindmeier (2003) mittlerweile bis hinein in die organisatorische und didaktische Feinplanung ausgearbeitet worden ist und an konkrete Projekte angebunden werden kann (s. Punkt 2), so lässt sich doch nicht übersehen, dass viele Dimensionen dieses Mehrebenenmodells integrativer Erwachsenenbildung/Weiterbildung Programm geblieben sind. Es gilt zu fragen, warum ein als konsensfähig erkanntes und praxisnah ausgearbeitetes Konzept nicht zu einem Ausbau der integrativen Erwachsenenbildung/Weiterbildung geführt hat? Eine der zahlreichen möglichen Antworten dazu zielt darauf ab, dass wir es möglicherweise versäumt haben, die erforderlichen Einstellungsänderungen direkt anzugehen. Diesen Weg beschreitet die internationale Bewegung der *inclusive education*, die auch der Erwachsenenbildung/Weiterbildung neue Impulse zu geben vermag.

1.3 Erwachsenenbildung/Weiterbildung als Inklusion

Inklusion bedeutet zunächst einmal in der wörtlichen Übersetzung soviel wie Einbezogensein oder Einschluss. Im Unterschied zum Begriff Integration, der noch von der Aufteilung in Menschen mit und ohne Behinderung lebt und die Aussonderung gleichsam voraussetzt, postuliert die Inklusion eine Aufhebung der Grenzen zwischen sog. ‚behinderten und nichtbehinderten Menschen‘ (vgl. Schnell/Sander 2003; Heimlich 2003, S. 141ff.). Es wird vielmehr von einer Gruppe von Menschen mit unterschiedlichen Bedürfnissen (*special needs*) ausgegangen, die in ihrer Heterogenität wahrgenommen wird und die in ihrer gesamten Vielfalt die Basis jeglicher

Bildungsangebote darstellen. Heterogenität ist im inklusiven Zusammenhang deshalb auch nicht eine erschwerende Bedingung für Bildungsprozesse, die durch die Einrichtung möglichst homogener Gruppen umgangen werden soll, sondern ganz im Gegenteil konstitutive Voraussetzung für Bildung schlechthin. In inklusiven Bildungseinrichtungen werden Hilfsangebote nicht mehr nur für spezifische Gruppen (z.B. Behinderte) vorgehalten. Vielmehr werden die Systeme insgesamt so ausgestattet, dass sie stets in der Lage sind, auf eine große Vielfalt von Bedürfnissen und Interessen einzugehen. Erfahrungen im Bereich Kindertageseinrichtungen und Schulen zeigen im globalen Maßstab, dass damit keineswegs ‚exklusive' Rahmenbedingungen der Bildungsangebote reicher Industrieländer gemeint sind. Das macht zugleich die wichtigste Ressource inklusiver Prozesse deutlich: die Bereitschaft, eine veränderte Einstellung zu Heterogenität und Unterschiedlichkeit zwischen Menschen einzunehmen, und diese veränderte Haltung direkt gemeinsam zu entwickeln.

Die Idee der Inklusion ist sicher ohne das Normalisierungsprinzip nicht denkbar. Personale und soziale Aspekte der Teilhabe sind zweifellos auch für inklusive Bildungssituationen eine unabdingbare Voraussetzung. In den ersten Praxisprojekten einer inklusiven Erwachsenenbildung zeigt sich jedoch bereits, dass sich Inklusion ebenfalls auf die Gestaltung des Umfeldes auswirkt. Dieses ökologische Denken liegt beispielsweise dem Konzept „*Promoting a Lifetime of Inclusion*" (Renzaglia u.a. 2003) zugrunde. Ganz im Sinne der Kind-Umfeld-Analyse, die sich in der BRD bereits für die sonderpädagogische Förderdiagnostik als zentrales Handlungskonzept erwiesen hat, wird hier danach gefragt, wie das jeweilige *setting* eines Bildungsangebotes so gestaltet werden kann, dass alle potentiellen Nutzer/-innen mit einbezogen sind (*environmental considerations*). Um Inklusion als Bestandteil eines lebenslangen Lernprozesses zu etablieren wird darüber hinaus eine personenzentrierte Zukunftsplanung (*person-centered planning*) angeregt und ein Umfeldinventar (*ecological inventory*) angelegt, in dem die vorhandenen Ressourcen zur Umsetzung der persönlichen Zukunftsplanung aufgelistet sind. Hinzu treten schließlich unmittelbare Hilfen zur Entwicklung von Selbstbestimmungsfähigkeiten (*self-determination*) und zur Unterstützung entsprechender Verhaltensansätze (*positive behavior support*). Auch bei Durchsicht des entsprechenden Leitfadens zeigt sich, dass Inklusion ein Prozess ist, in dem ganz im Sinne des Normalisierungsprinzips Chancengleichheit, Lebensqualität und Menschenrechte für Menschen mit Behinderung verwirklicht werden sollen.

Die Übertragung der Idee der Inklusion auf die Weiterbildung deutet auf die Notwendigkeit einer stärkeren Öffnung von Angeboten der Erwachsenenbildung/Weiterbildung hin (vgl. Babilon/Goeke/Terfloth 2007). In jedem Fall wird die Bedeutung von informellen und nicht-formalen Bildungsprozessen im Rahmen einer inklusiven Erwachsenenbildung steigen. Im Gegensatz zur weiter dominanten Zielgruppenorientierung in der Erwachsenenbildung/Weiterbildung erfordert der Gedanke der Inklusion eher eine *Themenorientierung* als zentrales Prinzip (vgl. a.a.O., S. 19). So würde das gemeinsame Interesse an einem Thema für eine sicher heterogene Gruppe von TeilnehmerInnen zum konstituierenden Prinzip. Schließlich müsste sich der Umgang mit Heterogenität durch den Ansatz der *offenen Didaktik* (vgl. a.a.O., S. 20) auszeichnen:

> „Grundsätzlich förderlich für Inklusion können offene Lernangebote sein, die flexibel auf die Lernenden (zeitlicher Umfang, konkrete Auswahl und Schwerpunktsetzung der Themen, Art der Bearbeitung) abgestimmt werden können" (ebd.).

Dazu gehören dann auch Wahlmöglichkeiten bezogen auf verschiedene Teilthemen sowie unterschiedliche Lernwege und Sprachniveaus. Sicher weist die Idee einer inklusiven Erwachsenenbildung/Weiterbildung noch weit in die Zukunft. Gleichwohl zeigt sich in vielen Praxisprojekten bereits, dass der Weg zur inklusiven Erwachsenenbildung/Weiterbildung beschritten wird (vgl. Lindmeier 2000).

2 Erfahrungen mit inklusiver Erwachsenenbildung/Weiterbildung – ein internationaler Überblick

Im Folgenden sollen einzelne Projekte aus verschiedenen Ländern der Welt exemplarisch vorgestellt werden, einerseits um die Erfahrungen dieser Initiativen sichtbar zu machen, andererseits auch um Bedingungen aufzuzeigen, die für erfolgreiche Inklusion in diesem Bereich notwendig sind. Besonders zur Integration von Menschen mit Behinderung an Universitäten liegen mittlerweile zahlreiche Berichte vor.

2.1 Inklusive Erwachsenenbildung/Weiterbildung an Universitäten

> „[U]niversity is an environment that encourages growth and self-development while making changes and adjustments along the way. It is a valued place to move along with one's peers from one stage of life to another" (Bowman/Skinner 1994, S. 47).

Durch eine Öffnung der Universitäten für Menschen mit Behinderung sollen diese vielfältigen Entwicklungsanregungen diesen Menschen nicht mehr vorenthalten werden.

Ho veröffentlichte 2004 eine Übersicht zum aktuellen Stand der inklusiven Hochschulbildung in *Taiwan*. Einbezogen werden in diese Metaanalyse eine Literatur- und Dokumentenanalyse, sowie Feldbeobachtungen. Diese sollen im Folgenden zusammenfassend dargestellt werden: In Taiwan werden seit ca. 45 Jahren StudentInnen mit Behinderung in die Hochschulbildung mit einbezogen. Generell haben Menschen mit Behinderung in Taiwan nach Abschluss ihrer Schulausbildung die Möglichkeit, über das schulische Abschlusszeugnis und eine nationale Aufnahmeprüfung zu einem regulären Studium zugelassen zu werden. Ist ihnen dies nicht möglich, können sie auch an einem speziellen universitären Unterstützungsprogramm für StudentInnen mit Behinderung teilnehmen (vgl. a.a.O., S. 4). Durch dieses Programm soll die Eingliederung der StudentInnen erleichtert werden. Für die Umsetzung dieses speziellen Unterstützungsprogramms wurden zunächst Universitäten ermittelt, die sich dazu bereit erklärten, Studenten mit Behinderung zu immatrikulieren. Auch die Anzahl der Aufnahmeplätze wurde reglementiert, eine Fächerauswahl getroffen sowie Aufnahmekriterien festgelegt. Das Aufnahmeverfahren besteht aus allgemeinen Prüfungen in Chinesisch und Englisch sowie Leistungstests in den von ihnen ausgewählten Fächerverbindungen. Der finanzielle Mehraufwand des spezifischen Unterstützungsprogramms wird durch das Bildungsministerium geleistet, abhängig von der Anzahl der StudentInnen mit Behinderung pro Universität. Die Finanzierung umfasst dabei folgende zusätzliche Unterstützungsleistungen:

- „part-time guidance personnel,
- assisting students,
- teaching materials,
- resource room counselors,
- teaching allowance for extra hours,
- student activities,
- field trip,
- Braille making,
- vocational guidance activities,
- conferencing, etc.
- (...) costs for setting up resource room and
- administration facilities“ (a.a.O., S. 6).

Auch stellt das Bildungsministerium zusätzliche Mittel für Stipendien und die Reduzierung von Studiengebühren für StudentInnen mit Behinderung zur Verfügung. 2003 immatrikulierten sich beispielsweise 21 StudentInnen mit Behinderung an der Nanhua Universität. Elf StudentInnen schrieben sich regulär ein, weitere zehn nutzten das zusätzliche Unterstützungsprogramm.

Ein ebenso gut dokumentiertes integratives Programm an Universitäten ist das „On Campus“-Projekt in *Kanada*, das 1987 angelaufen ist (vgl. Saloviita 2000). Dieses Programm wurde durch eine Elterninitiative sowie von Mitgliedern der „Alberta Association for Community Living“ ins Leben gerufen. Zunächst wurden StudentInnen mit einer geistigen Behinderung dabei unterstützt, an angepassten Studiengängen der Universität von Alberta teilzunehmen. Vier „program facilitators“ sowie zwei persönliche Helfer unterstützten insgesamt elf Studierende mit Behinderung. Eine anschließende Evaluation des Programms belegte eine hohe Zufriedenheit mit der Durchführung des Projekts. So wirkte sich die Möglichkeit eines Studiums an der Universität für die Studierenden mit Behinderung sowohl positiv auf die Anzahl der sozialen Kontakte als auch auf die Zunahme neu erworbener Kenntnisse aus. Fast alle StudentInnen mit Behinderung gaben an, neue Freundschaften geknüpft zu haben, zudem konnten sie ihre Selbstwahrnehmung und Selbstachtung durch ihre Teilnahme am Projekt verbessern. Mittlerweile ist dies auch an weiteren Universitäten Kanadas ein akzeptiertes Angebot. 2005 veröffentlichten Hughson, Moodie und Uditsky eine qualitative Studie zu den Ergebnissen der Integration von Menschen mit Behinderung an der Universität in Alberta.

Auch in den *USA* wird von universitären Integrationsbemühungen berichtet. Allerdings variieren die Studien zur Erfassung der Häufigkeit der Teilnahme von Menschen mit Behinderung an universitärer Ausbildung in den USA stark (vgl. Ticoll 1995, S. 3). Zusammenfassend lässt sich sagen, dass sich seit den 1980er eine deutliche Zunahme der Studenten mit Behinderung an den Universitäten Amerikas ergab. Allerdings zeigt sich auch, dass diese StudentInnen insgesamt immer noch stark unterrepräsentiert sind. Auch wird in den Studien ersichtlich, dass die Teilnahmezahl von Menschen mit Behinderung sehr stark davon abhängt, welcher Art ihre besonderen Bedürfnisse sind. So nehmen Menschen mit einer geistigen Behinderung am wenigsten daran teil.

Spezifische Faktoren zu analysieren, die eine Teilnahme an universitären Veranstaltungen für StudentInnen mit einer geistigen Behinderung ermöglichen, scheinen bisher in der Forschungslandschaft eher vernachlässigt worden zu sein (vgl. a.a.O., S. 21).

Blickt man zu den skandinavischen Ländern, finden sich auch hier einige gut dokumentierte erwachsenenpädagogische Integrationsprojekte. Eine ähnliche Vorgehensweise wie in den bereits beschriebenen Projekten zeigt Saloviita auf, der im Jahre 2000 ein Versuchsprojekt in *Finnland* startete, das 15 Menschen mit einer geistigen Behinderung in die Universität integrierte. Ihnen wurde gestattet, an ausgewählten Seminaren oder Vorlesungen teilzunehmen, allerdings ohne offiziell immatrikuliert zu sein. Durch zwei sogenannte „program facilitators" oder StudentInnen, die sich freiwillig gemeldet hatten, erhielten die StudentInnen mit Behinderung individuelle Unterstützung. Es zeigte sich allerdings, dass der „facilitator" häufig eher eine Barriere zwischen den Studierenden mit und ohne Behinderung darstellte. So wurde versucht, vor allem freiwillige StudentInnen als AssistentInnen einzubeziehen. Bei Belegung der zur Verfügung stehenden Plätze wurden die StudentInnen nicht auf Grundlage der Art ihrer Behinderung ausgesucht. Vielmehr wurden alle Studierenden mit Behinderung aufgenommen, sofern ein persönlicher Assistent für sie gewonnen werden konnte. Die stärkste Intention, eine Universität zu besuchen, war sozialer Natur. So erhofften sich die Studierenden mit Behinderung dadurch am häufigsten eine Erweiterung ihrer sozialen Beziehungen sowie eine Stärkung ihrer Selbstachtung. Als weitere Gründe wurden eine verbesserte Selbstregulierung, Selbstdisziplin sowie der Erwerb von Kompetenzen, die sie für die Bewältigung ihres alltäglichen Lebens benötigen, genannt. Wissenschaftliche Fertigkeiten wurden weniger häufig erwähnt. Eine Evaluation dieses Programms zeigte eine hohe Zufriedenheit bei den StudentInnen mit Behinderung, deren Familien sowie den „facilitators". Die DozentInnen und regulär Studierenden hatten teils sehr unterschiedliche Meinungen über das Programm. So war vielen der eigentliche Grund der Teilnahme von Studierenden mit Behinderung am universitären Programm nicht umfassend deutlich geworden. Allerdings hatten die regulär Studierenden häufig zum ersten Mal Kontakt mit Menschen mit Behinderung. Am „Jyväskylä Institute of Health and Social Care" wurde ein ähnliches Projekt realisiert. Für die Studierenden mit Behinderung wurden individualisierte Ausbildungspläne („individualized education plans"), sowie ein detaillierter Stundenplan erstellt. Die Auswertung eines Fragebogens zu den Einstellungen der StudentInnen ohne Behinderung gegenüber den StudentInnen mit Behinderung zeigte, dass diese zwischen hoher und oberflächlicher Akzeptanz variierten. In einigen Fällen wurden auch negative Einstellungen gegenüber den StudentInnen mit Behinderung sichtbar. Dauerhafte Freundschaften zwischen Studierenden mit und ohne Behinderung entwickelten sich durch das Projekt nicht, jedoch waren zahlreiche soziale Interaktionen zu beobachten. Fast alle StudentInnen mit Behinderung erwarben in der Zeit ihres Universitätsstudiums zahlreiche neue Fertigkeiten und wurden in der Entwicklung ihrer Selbstständigkeit gestärkt (vgl. ebd.). Die meisten StudentInnen verbesserten sich auch in der Schreib- und Lesefähigkeit, sowie in der Benutzung neuerer Informationstechnologien. Viele konnten ihre anfängliche Zurückhaltung und Schüchternheit überwinden und entwickelten zunehmend mehr Selbstvertrauen und Selbstbewusstsein. Fast alle StudentInnen mit Behinderung waren während der Teilnahme hoch motiviert und mit großem Interesse dabei. Nur ein Student brach die Teilnahme aufgrund psychischer Probleme vorzeitig ab.

Der Weg von der anfänglichen Separation zu mehr Inklusion findet sich auch in *Island*. Dort werden nach der offiziellen Schulbildung durch eine unabhängige Einrichtung („Fjölmennt") spezielle Kurse für Menschen mit Behinderung angeboten. Menschen mit Behinderung durchlaufen in Island mittlerweile jedoch häufig einen inklusiven Lebensweg (d.h. bereits in der Primar- und Sekundarschule werden sie in die regulären Schulen integriert). Das separierende Angebot von Fjölmennt entsprach infolgedessen nicht mehr ihrem Bedürfnis nach Kontakt zu Menschen ohne Behinderung und damit der Teilhabe am regulären gesellschaftlichen Leben. Um dem Bedarf dieser jungen Menschen gerecht zu werden, bot Fjölmennt angepasste Kurse an der regulären Universität Islands an. Beispielsweise konnten Menschen mit einer geistigen

Behinderung u.a. an Kursen in Englisch und Gemeinschaftskunde teilnehmen (vgl. Ringsmose 2007, S. 2). Durch die Teilnahme an den Seminaren entwickelten sich zahlreiche soziale Kontakte, diese wurden auch durch die Möglichkeit des Austausches in den Bibliotheken, während des Mittagessens etc. mit den regulären StudentInnen verstärkt.

Auch in den regulären Erwachsenenbildungseinrichtungen, wie z.B. der Volkshochschule, gibt es vielfältige Erfahrungen inklusiver Erwachsenenbildung/Weiterbildung. Deshalb sollen diese im Weiteren anhand einiger Beispiele ausgeführt werden.

2.2 Inklusive Erwachsenenbildung/Weiterbildung in regulären Erwachsenenbildungseinrichtungen

In *Schweden* werden Erwachsene mit Behinderung innerhalb derselben gesetzlichen Rahmenbedingungen unterrichtet wie andere Erwachsene. Allerdings können sich dort nicht alle Menschen mit Behinderung für die Themen und Kurse ihrer Wahl entscheiden, vielmehr werden diese je nach Behinderungsart zugeteilt (vgl. ebd.).

Blickt man nach *Dänemark* findet sich wiederum eine etwas andere Situation. „Seit dem Normalisierungsprinzip war die Integration [von Menschen mit Behinderung] in allen Lebensbereichen Programm" (Merz 2004, S. 325). Doch im Bereich der Erwachsenenbildung werden paradoxerweise hauptsächlich segregierende Programme, wie beispielsweise kompensierender Spezialunterricht für Menschen mit Behinderung, angeboten. Teilweise gibt es die Möglichkeit für Einzelne, in die regulären Erwachsenenbildungseinrichtungen integriert zu werden (Einzelintegration), allerdings ohne besondere zusätzliche Unterstützungsmaßnahmen. Integration in die Gesellschaft soll somit eher durch einen indirekten Weg ermöglicht werden.

„Adapted education" ist in *Norwegen* ein grundsätzliches Recht in der Erwachsenenbildung. Deshalb würde man sicherlich erwarten, dass auch in einem Land wie Norwegen die Inklusion von Menschen mit Behinderung besonders weit verbreitet ist. Blickt man in die praktische Ausgestaltung dieses Grundsatzes, so zeigt sich, dass sich der größte Teil der Ausbildung für Erwachsene mit Behinderung in einer separierenden Umgebung vollzieht (vgl. Ringsmose 2007, S. 1).

Im Rahmen der organisatorischen Integration wird die Erwachsenenbildung für Menschen mit einer geistigen Behinderung in den *Schweizer* Bildungsklubs, die von Pro Infirmis seit den 1980er Jahren aufgebaut wurden, dem Vorbild der regulären Erwachsenenbildungseinrichtungen angepasst (vgl. Bucher 2000, S. 40f.). Die Kurse des Bildungsklubs finden in den Räumen der regulären Erwachsenenbildung statt, auch die KursleiterInnen kommen überwiegend aus der allgemeinen Erwachsenenbildung. Bereits seit Begründung der Bildungsklubs ist die Integration von Menschen mit Behinderung in das Angebot der regulären Erwachsenenbildung Ziel der Bemühungen. Allerdings wurde erst durch das Projekt „integrierte Erwachsenenbildung" (Lindmeier u.a. 2000, S. 79) ein Lernen in gemeinsamen Kursen möglich. Den Anfang machte 1996 der Bildungsklub im Kanton Zürich. Im Vordergrund standen u.a. folgende Ziele:

- Aufbau eines Kursangebotes für Menschen mit und ohne Behinderung,
- Unterstützung der KursleiterInnen sowie der Menschen mit Behinderung,
- Evaluation der Kurse,
- weiterführende Erarbeitung optimaler Rahmenbedingungen.

Pro Kurs sollten nicht mehr als zwei Menschen mit Behinderung teilnehmen. Die Kursleitungen erhielten fachliche und persönliche Unterstützung sowie Begleitung seitens des Bildungsklubs (vgl. a.a.O., S. 92). Die „Begleitung" hatte dabei drei Aufgabenbereiche abzudecken. Neben der Beratung der Kursleitungen war sie bei Bedarf auch für die Unterstützung der TeilnehmerInnen sowie für die Evaluation des Kurses zuständig (vgl. a.a.O., S. 104). In allen Kursen zeigte sich, dass die Menschen mit Behinderung positiv aufgenommen wurden und dass Kontakte zwischen den TeilnehmerInnen entstanden. Auch zeigten sich positive Auswirkungen auf das Sozialverhalten einiger KursteilnehmerInnen. Die Einstellung der Menschen ohne Behinderung gegenüber den TeilnehmerInnen mit Behinderung war grundsätzlich positiv, dies änderte sich bei der überwiegenden Anzahl auch nach Kursbeendigung nicht. Auch würden mehr als 75% wieder ein integratives Kursangebot besuchen. In den Kursen wurde von einigen LeiterInnen die Erfahrung gemacht, dass die TeilnehmerInnen mit Behinderung nicht per se „die ungeschicktesten oder schwierigsten" (a.a.O., S. 101) waren. Für einige KursleiterInnen war die Leitung des Kurses durch die Neuausrichtung etwas schwieriger geworden (z.B. durch zeitlichen Mehraufwand). Resümierend würden alle 15 KursleiterInnen auch in Zukunft integrative Kurse anbieten.

In Österreich wurde 2004 das Netzwerk „Erwachsenenbildung Integrativ" (Netweb.In) gegründet. Mitglied ist jeweils ein/e Vertreter/in der allgemeinen Erwachsenenbildung aus allen Bundesländern Österreichs, sowie ein/e Vertreter/in der verschiedenen Behinderungsgruppen. Das Ziel dieses Netzwerkes ist es durch eine Öffnung des Zugangs zur allgemeinen Erwachsenenbildung, die Integration von Menschen mit besonderen Bedürfnissen in die allgemeine Erwachsenenbildung zu unterstützen. Auch die Öffentlichkeit soll zunehmend für das Themengebiet „Menschen mit besonderen Bedürfnissen und Erwachsenenbildung" sensibilisiert werden. Dies soll beispielsweise durch die Entwicklung von Broschüren2, Kriterienkatalogen, Fortbildungen und Informationsveranstaltungen unterstützt werden (Eder-Gregor 2007, S. 2f.).

Anfang der 1980er Jahre wurde durch die Organisation MENCAP (Royal Society for mentally handicapped Children and Adults) in *England* ebenfalls ein Erwachsenenbildungs-Integrations-Projekt durchgeführt. Nach Anregung der Londoner Filiale wurde 1980 ein Ausschuss begründet, der aus VertreterInnen der Erwachsenenbildungseinrichtungen, der Sozialdienste sowie MENCAP MitarbeiterInnen bestand. Initiiert wurden anschließend zwei Integrationsmodelle, „separate classes" und „mainstream classes". In beiden Modellen wurden Menschen mit einer geistigen Behinderung durch AssistentInnen unterstützt. Durch diese wurden sie zum Kursort und wieder nach Hause gebracht, auch stellten sie wenn notwendig eine Verbindung zu anderen KursteilnehmerInnen her (vgl. Lindmeier u.a. 2000, S. 21ff.). Im Folgenden soll lediglich auf das Projekt der „mainstream classes" näher eingegangen werden, da hier der inklusive Gedanke besonders zum Tragen kommt. Bei diesem Angebot wurden Menschen mit einer geistigen Behinderung in reguläre Erwachsenenbildungskurse integriert. Die AssistentInnen wurden hier direkt aus den integrativen Kursen ausgewählt. Die Anzahl der Menschen mit Behinderung war pro Kurs auf zwei TeilnehmerInnen beschränkt. Begleitend wurde eine Untersuchung durchgeführt, die die soziale Integration sowie die Akzeptanz der TeilnehmerInnen näher untersuchte. Die Untersuchungsgruppe der „mainstream classes" umfasste dabei 23 TeilnehmerInnen der Kurse, sowie die Eltern der Menschen mit Behinderung und Personal der Einrichtungen. Zudem wurde anhand eines strukturierten Beobachtungsbogens die Häufigkeit

---

2 2007 wurde beispielsweise die Broschüre „Erwachsenenbildung barrierefrei" veröffentlicht (Verfügbar unter: http://www.biv-integrativ.at/pdf/Erwachsenenbildung_barrierefrei.pdf). Diese gibt zahlreiche Hinweise, wie Barrieren in unterschiedlichsten Bereichen der Erwachsenenbildungsinstitutionen abgebaut werden können.

der Interaktionen erfasst. Die Mehrheit der TeilnehmerInnen war der Meinung, durch dieses Angebot profitiert zu haben, auch hat sich die Selbständigkeitsentwicklung der Menschen mit Behinderung in einigen Fällen stark entwickelt. Die BegleiterInnen äußerten Schwierigkeiten vor allem im Bereich des Verhaltens der TeilnehmerInnen mit einer geistigen Behinderung (z.B. mangelnde Konzentration), einige nannten auch Transportprobleme oder Kommunikationsschwierigkeiten mit den TeilnehmerInnen. Die meisten gaben jedoch an, inhaltlich in jedem Falle profitiert zu haben sowie die sozialen Kontakte genossen zu haben. Kontakte entstanden teilweise auch außerhalb des Kurses. Einige KursleiterInnen berichteten über didaktische Schwierigkeiten, einige hatten auch Schwierigkeiten mit einigen Verhaltensweisen der TeilnehmerInnen. Zukünftig erklärten sich jedoch alle bereit, auch weiterhin Menschen mit Behinderung in ihre Kurse aufzunehmen (vgl. a.a.O., S. 25ff.).

In Anlehnung an dieses Projekt wurde das Erwachsenenbildungs-Integrations-Projekt (EIP) in *Deutschland* angeregt. Das EIP wurde von der Universität Würzburg initiiert und unterstützt seit dem Jahre 1994 die Einzelintegration von Menschen mit einer geistigen Behinderung in die allgemeine Erwachsenenbildung der Volkshochschule in Würzburg[3]. Bisher blieben Menschen ohne Behinderung integrierten Angeboten an der Würzburger Volkshochschule, die spezifisch unter der Bezeichnung „Kurse für Behinderte und Nichtbehinderte" (Lindmeier 1996, S. 26) angeboten worden sind, eher fern. Ebenso nutzten auch Menschen mit Behinderung Kurse der übrigen Fachbereiche, die für sie durchaus geeignet wären, in der Regel nicht. Gründe sind beispielsweise „Informationsdefizite, Ängste und sonstige Hemmschwellen, finanzielle Schwierigkeiten, organisatorische Probleme (z.B. Fahrprobleme), Identifikation mit der Behindertenrolle in Abgrenzung zur ‚Normalenrolle'" (a.a.O., S. 26f.). Um diese Hindernisse bewältigen zu können, hat sich das EIP zum Ziel gesetzt, eine Teilnahme von Menschen mit einer geistigen Behinderung in für sie geeigneten Kursen zu ermöglichen. Dazu wurden freiwillige Begleitpersonen aus den jeweiligen Kursen, die als AssistentenInnen fungieren sollten, mit einbezogen (vergleichbar mit dem ‚Mentorenmodell'). Angestrebt wird, dass die Menschen mit Behinderung in Zukunft dazu befähigt werden, auch selbstständig an den Kursen teilzunehmen. Für einen kleineren Personenkreis wird es jedoch auch in Zukunft notwendig sein, ihnen persönliche AssistentenInnen an die Seite zu stellen. Die Entwicklung der Einstellungen etc. wird durch einen ausführlichen Fragebogen bzw. ein Leitfadeninterview jeweils vor und nach den Kursen erhoben. Ziel war es, das Angebot für alle Beteiligten möglichst zu optimieren (vgl. a.a.O., S. 27). Die Ergebnisse beziehen sich auf sieben befragte TeilnehmerInnen mit einer geistigen Behinderung. Als Gründe für den Kursbesuch waren beinahe gleich häufig Kontakt mit nichtbehinderten TeilnehmerInnen und der thematische Bezug angegeben worden. Das Verhalten der TeilnehmerInnen ohne Behinderung wurde als „nett, gut, hilfsbereit, normal" (a.a.O., S. 59) bezeichnet. Wirkliche Kontakte (Hilfe, Gespräche) wurden eher als selten angegeben, trotzdem wurde der Kontakt durchweg als positiv empfunden. Alle Befragten würden auch in Zukunft wieder einen Kurs zusammen mit TeilnehmerInnen ohne Behinderung belegen. Zur Begründung wurde in den überwiegenden Nennungen „Spaß am Kurs und am Zusammensein mit nicht behinderten Menschen" genannt, außerdem das größere Angebot, mögliche Kontakte und der Wunsch „weil ich irgendwann mal integriert werden möchte" (a.a.O., S. 61). Sechs befragte BegleiterInnen schätzten ihre Rolle als reguläre Kursteilnehmer/in, Helfer/in oder Partner/in ein. Weiterhin nannten sie Betreuung und Vermittlung als ihre Aufgabe (vgl. a.a.O., S. 71). Eine der Begleiterinnen fühlte sich durch ihre besondere Aufgabe in der Intensität der Beschäftigung

3 Auch an der VHS Schweinfurt konnte mittlerweile ein ähnliches Projekt initiiert werden.

mit dem Kursthema eingeschränkt, vier jedoch bemerkten keinen Unterschied. Eine Begleiterin erlebte starke Unterschiede zwischen den Kursabenden. Fünf der sechs Befragten würde auch in Zukunft wieder eine Begleitung übernehmen. Zusammenfassend hat das Projekt gezeigt, dass auch unter nicht optimalen Bedingungen (z.B. waren die KursleiterInnen vor Kursbeginn nicht über das Projekt informiert) gemeinsames Lernen von erwachsenen Menschen mit und ohne Behinderung möglich ist.

Fazit

Resümierend lässt sich festhalten, dass die genannten Ergebnisse der beschriebenen Projekte eine Vielzahl positiver Ansatzpunkte zeigen, inklusive Erwachsenenbildungs- bzw. Weiterbildungsangebote in die Realität umzusetzen. Das gemeinsame Interesse an einem Thema kann auf Grundlage der Berücksichtigung der individuellen Lernpotentiale vielfältige gemeinsame Lernprozesse anregen. Inklusive Erwachsenenbildung/Weiterbildung berücksichtigt die individuellen Bedürfnisse aller Teilnehmer, Heterogenität wird somit als Normalität und nicht als Ausschlusskriterium betrachtet.

Die genannten Projekte zeigen allesamt auf, dass durch die Integration von Menschen mit Behinderung in die reguläre Erwachsenenbildung/Weiterbildung Veränderungsprozesse auf allen Ebenen angestoßen werden. Damit gelingende integrative Prozesse stattfinden können, sind die passenden Rahmenbedingungen zu schaffen. Dazu muss die Integration von Menschen mit Behinderung vor allem gesellschaftlich gewollt sein. Menschen mit Behinderung sollten als gleichberechtigte Mitglieder anerkannt werden (vgl. Bücheler 2006, S. 219). Bildung würde so für alle optimiert, d.h. auch die reguläre Erwachsenenbildung könnte von diesen Umwandlungsprozessen profitieren.

Literatur

Arnold, R./Nolda, S./Nuissl, E. (Hrsg.) (2001): Wörterbuch Erwachsenenpädagogik. Bad Heilbrunn: Klinkhardt.

Babilon, R./Goeke, S./Terfloth, K. (2007): Inklusion und Exklusion im Kontext von Lebenslangem Lernen. In: Erwachsenenbildung und Behinderung 18, H. 1. S. 12-21.

Bowman, P./Skinner, L. (1994): Inclusive education: seven years of practice. In: Developmental Disabilities Bulletin 22. S. 47-52.

Bücheler, H. (2006): Der lange Weg zur inklusiven Erwachsenenbildung – Entwicklung, aktuelle Situation und Visionen. In: Platte, A./Seitz, S./Terfloth, K. (Hrsg.): Inklusive Bildungsprozesse. Bad Heilbrunn: Julius Klinkhardt, S. 214-221.

Bucher, T. (2000): Integrative Kurse für Menschen mit und ohne Behinderung in Luzern. In: Erwachsenenbildung und Behinderung 11, H. 2, S. 39-41.

Dewe, B. (2004): Erwachsenenbildung/Weiterbildung. In: Krüger, H.H./Grunert, K. (Hrsg.): Wörterbuch Erziehungswissenschaft. Wiesbaden: Verlag für Sozialwissenschaften, S. 122-129.

Eder-Gregor, B. (2007): Bildung für alle - Menschen mit Behinderungen als KundInnen der Erwachsenenbildung. In: ÖSB Consulting GmbH (Hrsg.): Bildungs- und Berufsberatung für besonders benachteiligte Personengruppen (bib-news). Verfügbar unter: http://www.gruenderfoerderung.at/fileadmin/oesb_daten/Kompetenzen_relaunch07/CCLM/newsletter_11_A4.pdf (15.04.2008).

Faulstich-Wieland, H./Faulstich, P. (2006): BA-Studium Erziehungswissenschaft. Ein Lehrbuch. Reinbek b. Hamburg: Rowohlt, S. 217-230.

Heimlich, U. (2003): Integrative Pädagogik. Eine Einführung. Stuttgart: Kohlhammer.

Ho, H.K. (2004): Inclusive Higher Education for Students with Disabilities in Taiwan. Taiwan: Nanhua University.

Hughson, A.E./Moodie, S./Uditsky, B.(2005) : The Story of Inclusive Post Secondary Education in Alberta. Final Research Report 2004-2005. Verfügbar unter: http://www.aacl.org/what/story.pdf (1.5.2008)

Lindmeier, B. (2000): Inklusive Bildung für erwachsene Menschen mit Lernschwierigkeiten in England. In: Hans, M./Ginnold, A. (Hrsg.): Integration von Menschen mit Behinderung – Entwicklungen in Europa. Neuwied: Luchterhand, S. 270-291.

Lindmeier, B./Lindmeier, C./Ryffel, G./Skelton, R. (2000): Integrative Erwachsenenbildung für Menschen mit Behinderung. Praxis und Perspektiven im internationalen Vergleich. Neuwied: Luchterhand.

Lindmeier, C. (1996): Erwachsenenbildungs-Integrations-Projekt (EIP). In: Erwachsenenbildung und Behinderung 7, H. 2, S. 26-27.

Lindmeier, C. (1998a): Integrative Erwachsenenbildung im Interesse von Menschen mit (geistiger) Behinderung. In: VHN 67, H. 2, S. 149-164.

Lindmeier, C. (1998b): Erwachsenenbildung für Menschen mit geistiger Behinderung unter integrativem Aspekt. In: Geistige Behinderung 37, H. 2, S. 132-144.

Lindmeier, C. (2003): Integrative Erwachsenenbildung. Auftrag, Didaktik, Organisationsformen. In: DIE Magazin Nr. IV. S. 28-35.

Merz, K. (2004): Im Spannungsfeld von Integration und Eigenkultur. Erwachsenbildungsangebote für Menschen mit geistiger Behinderung im deutsch-dänischen Vergleich. In: Geistige Behinderung 43, H. 4, S. 322-338.

Renzaglia, A./Karvonen, M./Drasgow, E./Stoxen, C.C. (2003): Promoting a Life-time of Inclusion. In: Focus on Autism and other Developmental Disabilities 18, H. 3, S. 140-149.

Ringsmose, C. (2007): Inclusion in the Nordic countries. Aarhus: The Danish School of Education, University of Arhus. Verfügbar unter: http://www.dpu.dk/Everest/Publications/Om%20DPU%5CInstitutter%5CP%C3%A6dagogisk%20Psykologi%5CNordisk%20Inklusion/20071004114229/CurrentVersion/Summary%20in%20english%20Nordisk%20Inklusion.pdf?RequestRepaired=true (30.04.2008).

Saloviita, T (2000).: An inclusive adult education program for students with mild and severe developmental disabilities: A pilot project in Finland. In: Developmental Disabilities Bulletin 28, H. 2, S. 27-39. Verfügbar unter: http://www.steps-forward.org/Research-Finland.html (15.4.2008).

Schnell, I./Sander, A. (Hrsg.) (2003): Inklusive Pädagogik. Bad Heilbrunn: Klinkhardt.

Schuchardt, E. (2002): Integrative Aspekte der Erwachsenenbildung/Weiterbildung. In: Eberwein, H./Knauer, S. (Hrsg.): Integrationspädagogik. Kinder mit und ohne Beeinträchtigung lernen gemeinsam. Ein Handbuch. Weinheim: Beltz, S. 264-279.

Thimm, W. (1994): Leben in Nachbarschaften. Hilfen für Menschen mit Behinderungen. Freiburg i.Br.: Herder.

Ticoll, M. (1995): Inclusion of Individuals with Disabilities in Post-Secondary Education: A Review of the Literature. North York/Ontario/Canada: The Roeher Institute. Verfügbar unter: http://eric.ed.gov/ERICDocs/data/ericdocs2sql/content_storage_01/0000019b/80/14/4d/8d.pdf (27.04.2008).

Tippelt, R. (2004): Erwachsenenbildung/Weiterbildung, Institutionen der. In: Krüger, H.H./Grunert, K. (Hrsg.): Wörterbuch Erziehungswissenschaft. Wiesbaden: Verlag für Sozialwissenschaften, S. 129-134.

Tippelt, R. (2007): Lebenslanges Lernen. In: Tenorth, H.E./Tippelt, R. (Hrsg.): Beltz Lexikon Pädagogik. Weinheim: Beltz, S. 444-447.

Andreas Kruse

Bildung im Alter

1 Alter

Es gibt keine einheitliche Definition von Alter. Vielmehr unterscheiden sich die einzelnen wissenschaftlichen Disziplinen in ihrem Verständnis von Alter. Dies hat damit zu tun, dass Alter ein komplexes Phänomen bildet, das – je nachdem, welche Dimension menschlichen Lebens angesprochen ist – auf unterschiedlichen Entwicklungsgesetzen gründet (vgl. Baltes 1987; Thomae 2002).

1.1 Altern als multidimensionaler Prozess

Das *körperliche Altern* folgt anderen Entwicklungsgesetzen als das *seelische* und *geistige Altern*: Das körperliche Altern ist mit einem Rückgang der Anpassungsfähigkeit des Organismus und einer – damit einhergehenden – Zunahme des Krankheitsrisikos verbunden, während das seelische und geistige Altern durchaus mit Wachstumsprozessen verbunden sein kann, wie zum Beispiel einem Zuwachs an Lebenswissen und Lebenserfahrung, an Kompetenz im Umgang mit den Anforderungen des Lebens, an Überblick über spezifische Lebensbereiche (vgl. Lehr 2006). Bildung – hier vor allem im Sinne des regelmäßigen Trainings kognitiver Funktionen – trägt dazu bei, dass die Plastizität der Neuronen länger erhalten bleibt.

Von dem körperlichen und seelisch-geistigen Altern ist das *soziale Altern* abzugrenzen, das heißt, die Art und Weise, wie die Gesellschaft die verschiedenen Lebensalter deutet und welche Aufgaben und Rollen sie diesen zuordnet (vgl. Backes 2004). Wann die Lebensphase Alter beginnt und welche sozialen Rollen und Aktivitäten in dieser Lebensphase als angemessen oder nicht mehr angemessen angesehen werden, ist – ebenso wie das Ausmaß, in dem sich ältere Menschen in bestimmten Rollen und Aktivitäten engagieren – in hohem Maße von gesellschaftlichen Überzeugungen und Konventionen beeinflusst (vgl. Kohli 1994). Dabei ist allerdings zu beachten, dass ältere Menschen das Potenzial zur Modifikation gesellschaftlicher Überzeugungen und Konventionen in sich tragen: Durch Engagement, Produktivität, Innovationsfähigkeit und Kreativität können ältere Menschen dazu beitragen, dass sich in einer Gesellschaft eine veränderte Sicht von Alter und eine veränderte Rollen- und Statuszuweisung durchzusetzen beginnt (vgl. Riley/Kahn/Foner 1994).

1.2 Potenziale des Alters

Der heutigen Generation älterer Menschen wird das Potenzial zu einer Aufwertung der gesellschaftlichen Stellung des Alters (vgl. Rosenmayr 2003) wie auch zu einem Wandel der sozialen Repräsentationen des Alters (vgl. Kruse/Schmitt 2006a) zugeordnet. Dies hat vor allem damit zu tun, dass ältere Menschen heute in vielen sozialen Kontexten ein hohes Maß an ideeller Produktivität (vgl. Staudinger/Schindler 2002) wie auch an Engagement für nachfolgende Generationen (vgl. Künemund 2006) zeigen. Diese Produktivität und dieses Engagement bilden eine Grundlage für die stärkere Betonung der Potenziale des Alters in unserer Gesellschaft wie auch in der Politik (vgl. Kommission 2006). Zu nennen sind weiterhin die zufrieden stellenden materiellen Ressourcen (vgl. Fachinger/Schmähl 2004) sowie die erhaltene Gesundheit und die Selbstständigkeit (vgl. Kruse 2002) bei einem hohen Anteil älterer Menschen. In diesem Kontext gewinnt die Tatsache an Bedeutung, dass in den höheren Sozialschichten älterer Menschen eine Kompression der Morbidität, das heißt, eine signifikante Verkürzung der Krankheitsphase vor dem Tod, beobachtet werden kann (vgl. Fries 2005). Zudem wurde in den vergangenen Jahrzehnten ein statistisch signifikanter Anstieg der durchschnittlichen *aktiven* Lebenserwartung nachgewiesen, das heißt der Lebensjahre in Selbstständigkeit (vgl. Klein 2004). Daraus folgt die Forderung, dass Bildungseinrichtungen ältere Menschen vermehrt als kompetente, mitverantwortlich handelnde Bürgerinnen und Bürger ansprechen.

Differenzierte Wissenssysteme und effektive Handlungsstrategien im Alter sind als Ergebnis eines Bildungsprozesses im Sinne der aktiven Auseinandersetzung des Menschen mit Aufgaben und Herausforderungen in früheren Lebensaltern zu verstehen; der biografische Bezug ist hier eindeutig. Auch im Alter besteht in der Regel ein ausreichend hohes Maß an Lern- und Veränderungskapazität, um neuen Aufgaben und Herausforderungen, die sich aus veränderten sozialen Rollen ergeben, gerecht zu werden und damit soziale Teilhabe zu sichern – gerade in diesem Kontext kommt der Bildung eine bedeutende Funktion zu (vgl. Kruse/Schmitt 2006b). Ältere Menschen sind im Allgemeinen nicht weniger, sondern *auf andere Art und Weise* kreativ und innovativ als jüngere Menschen; dies zeigt sich zum Beispiel in der Erwerbsarbeit. Hier wird deutlich, dass sich ältere Mitarbeiterinnen und Mitarbeiter in ihrem Denken von aktuellen Arbeitsabläufen und Arbeitsstrukturen eher lösen und alternative Strategien einsetzen. Darüber hinaus kann der Überblick über das Arbeitsgebiet auch die Synthese von Handlungsstrategien fördern. Die kreativen und innovativen Potenziale älterer Menschen sind gleichermaßen im Bereich des bürgerschaftlichen Engagements erkennbar; hier wird vielfach das im hohen Alter ausgeprägte Lebenswissen offenbar.

Empirische Studien zeigen, dass es dem größeren Teil der hoch betagten Menschen gelingt, trotz gesundheitlicher Belastungen, sozialer Verluste und begrenzter Lebenszeit eine tragfähige Lebensperspektive aufrechtzuerhalten. Diese Widerstandsfähigkeit (Resilienz) im Alter geht auf das Zusammenwirken von personalen und umweltbezogenen Ressourcen zurück. Zu den umweltbezogenen Ressourcen, die in der gerontologischen Forschung zur Resilienz ermittelt wurden, gehören soziale und kulturelle Angebote, die Anregungen geben (im kognitiven, emotionalen, alltagspraktischen und sozialen Bereich) und die bei der Bewältigung von Anforderungen im Alltag sowie bei der Verarbeitung von Belastungen unterstützen (vgl. Staudinger/Schindler 2002). Ganz in diesem Sinne ist die in der Bildungsforschung getroffene Aussage zu interpretieren, wonach Bildung eine unterstützende Funktion im Prozess der Auseinandersetzung mit kritischen Lebensereignissen habe – zum Beispiel durch die Vermittlung von Informationen über effektive Bewältigungstechniken und über Möglichkeiten institutioneller Hilfe (vgl. Kruse 1997).

2 Bildung

Bildung beschreibt zum einen den Prozess der Aneignung und Erweiterung von Fähigkeiten, Fertigkeiten, Erfahrungen und Wissenssystemen in formellen und informellen Kontexten, zum anderen das Ergebnis dieses Prozesses. Zum Bildungsbegriff gehört weiterhin die Ausbildung einer Motivstruktur, die das Interesse an Bildungsinhalten weckt und die die aktive Auseinandersetzung mit Bildungsinhalten fördert, wie auch die Fähigkeit des Menschen, das eigene Handeln zu reflektieren sowie zukünftige Entwicklungsaufgaben und Herausforderungen zu antizipieren. Bildung ist ein lebenslanger Prozess: Die Tatsache, dass Menschen in den verschiedenen Lebensaltern vor neue Entwicklungsaufgaben und Entwicklungschancen gestellt sind, wie auch die Tatsache, dass Menschen in einer sich wandelnden sozialen, kulturellen und technischen Welt leben, erfordert zum einen die Offenheit des Individuums für neue Anforderungen und Möglichkeiten, zum anderen dessen Bereitschaft und Fähigkeit, sich konstruktiv mit diesen neuen Anforderungen und Möglichkeiten auseinanderzusetzen. Dabei ist zu bedenken, dass die Bildungsfähigkeit des Menschen über den gesamten Lebenslauf gegeben ist, wobei die Bildungsinteressen wie auch die Lernkapazität und die Lernformen des Individuums in hohem Maße durch die Biografie beeinflusst sind.

2.1 Formales, non formales und informelles Lernen

Ein umfassender Bildungsbegriff beschränkt sich nicht auf die Vermittlung und Aneignung von kodifizierten Wissenssystemen, sondern berücksichtigt ausdrücklich auch Fähigkeiten, Fertigkeiten und Erfahrungen, die den kreativen Einsatz von Wissen im Sinne einer effektiven Auseinandersetzung mit aktuellen oder (potenziell) zukünftigen Aufgaben und Anforderungen fördern. Dabei kann man zwischen formalem, non formalem und informellem Lernen unterscheiden (vgl. Kommission 2006; Kruse/Schmitt 2006b). Formales Lernen ist hierbei typischerweise an institutionelle Kontexte gebunden, ist auf der Grundlage von Lernzielen, Dauer, Inhalt, Methode und Beurteilung strukturiert und wird nicht selten in Form von Zeugnissen oder Zertifikaten dokumentiert. Non formales ist ebenso wie formales Lernen intendiertes Lernen, unterscheidet sich aber in der Lernform. Es ist nicht auf der Grundlage von Lernzielen, Inhalten, Methoden etc. strukturiert, sondern beruht auf Erfahrungslernen vor allem im Kontext von Arbeit. Typische Formen des non formalen Lernens sind Praktika, Lernen am Arbeitsplatz oder Jobrotation. In dem intendierten Lernerfolg liegt der Unterschied zum informellen Lernen, der sich ebenfalls auf Lernprozesse in Alltagssituationen außerhalb von klassischen Bildungsinstitutionen in allen Lebensbereichen bezieht. Ein gutes Beispiel für informelles Lernen ist der Austausch von Erfahrungen in sozialen Interaktionen, wie er natürlicher Bestandteil gleichberechtigter Kommunikation über Alltag und Lebenswelt ist. Unter der Voraussetzung, dass die Erfahrungen der älteren Generation ernst genommen werden, bieten zum Beispiel bereits alltägliche, scheinbar beiläufige intergenerationelle Kontakte für Angehörige jüngerer Generationen die prinzipielle Möglichkeit, von den in konkreten Auseinandersetzungsformen und Problemlösungen zum Ausdruck kommenden kreativen Potenzialen Älterer zu profitieren.

2.2 Bildung und Kompetenz

Ein umfassendes Verständnis von Bildung steht in enger Beziehung zu einem Verständnis von Kompetenz, das die Bedeutung der Umwelt für die Erhaltung der Leistungsfähigkeit des Menschen hervorhebt. Kompetenz umfasst dabei Fähigkeiten und Fertigkeiten des Menschen zur Erhaltung oder Wiederherstellung eines selbstständigen, selbstverantwortlichen und sinnerfüllten Lebens in einer anregenden, unterstützenden, zur selbstverantwortlichen Auseinandersetzung mit Anforderungen motivierenden sozialen, räumlichen und infrastrukturellen Umwelt (vgl. Kruse 2007; Kruse/Schmitt 2006b).

Für ein umfassendes Verständnis von Bildung im Alter kann sich eine derartige Definition von Kompetenz in dreifacher Hinsicht als hilfreich erweisen.

Erstens: In dieser Definition wird zwischen Selbstständigkeit, Selbstverantwortung und sinnerfülltem Leben differenziert. Selbstständigkeit bildet zwar ein bedeutsames Merkmal der Kompetenz, doch keinesfalls das einzige Merkmal. Hinzu kommt die Selbstverantwortung des Menschen, die als Fähigkeit und Bereitschaft verstanden wird, das Leben in einer den eigenen Leitbildern eines guten Lebens folgenden Weise zu gestalten (vgl. Kruse 2005). In der Selbstverantwortung kommt nicht nur eine Fähigkeit zum Ausdruck (Reflektion eigenen Handelns), sondern auch eine Motivlage (Bereitschaft, Ziele zu definieren und diese zu verwirklichen). Wie kann es gelingen, den Menschen dazu zu motivieren, seine Fähigkeiten (im kognitiven, im alltagspraktischen, im physischen Bereich) einzusetzen und aufrechtzuerhalten? In der angeführten Definition wird neben der Selbstständigkeit und der Selbstverantwortung die sinnerfüllte Lebensgestaltung als bedeutsames Merkmal der Kompetenz gewertet. Auch hier haben wir es nicht nur mit einer Fähigkeit, sondern zudem mit einer Motivlage zu tun: Sinnerfahrung ist nur möglich, wenn Menschen offen für den Aufforderungscharakter, den Anregungsgehalt einer Situation sind. Bei der sinnerfüllten Lebensgestaltung wird deswegen von einer Fähigkeit gesprochen, da Menschen zum einen in der Lage sein müssen, zu beurteilen, in welchen Lebenssituationen sich die Erfahrung der Stimmigkeit einstellen kann, da sie zum anderen über Techniken verfügen müssen, solche Situationen aktiv aufzusuchen oder herzustellen (vgl. Staudinger 2005; Thomae 1996).

Zweitens: In dieser Definition wird die große Bedeutung der Umwelt für die Fähigkeiten und Fertigkeiten des Menschen zu einem selbstständigen, selbstverantwortlichen und sinnerfüllten Leben betont. In der vorgeschlagenen Kompetenzdefinition wird hervorgehoben, dass die Umwelt – die räumliche, die soziale wie auch die infrastrukturelle Umwelt – durch Anregungen, Unterstützung und Motivation einen wichtigen Beitrag zur Erhaltung und Weiterentwicklung von Fähigkeiten leistet. Die empirisch nachgewiesenen Zusammenhänge zwischen einer Umwelt, die zur selbstständigen Ausführung von Aktivitäten des täglichen Lebens motiviert, und dem Gewinn an Selbstständigkeit im Alltag (vgl. Baltes 1996) weist auf die große Bedeutung der Umwelt für die Erhaltung und Weiterentwicklung von Fertigkeiten sowie – umgekehrt betrachtet – für die Vermeidung, Linderung oder Überwindung von Einschränkungen hin. Speziell im Hinblick auf die Erhaltung von Selbstständigkeit bei chronischer Erkrankung ist dem *Frailty-Konzept* hoher theoretischer und praktischer Wert zuzuordnen (vgl. Ding-Greiner/Lang 2004). Dieses Konzept postuliert (und diese Annahme konnte empirisch gestützt werden), dass der Übergang von chronischen Erkrankungen zu Hilfebedarf auch durch den Unterstützungs-, Anregungs- und Motivationsgehalt der sozialen und räumlichen Umwelt vermittelt ist (vgl. Rockwood u.a. 2000).

Drittens: In dieser Definition wird betont, dass sich die Funktion der Umwelt nicht allein auf die Unterstützung des Menschen beschränkt, sondern auch anregende und motivierende Aspekte einschließt. Alle drei Funktionen der Umwelt (Unterstützung, Anregung und Motivation) sind auch als zentrale Komponenten eines umfassenden Bildungsbegriffs zu verstehen.

2.3 Bildung und die Verwirklichung von Entwicklungspotenzialen

Die für die Verwirklichung individueller Entwicklungspotenziale – bzw. allgemeiner für den Erfolg einer bestimmten Kultur – jeweils relevanten Bildungsinhalte sind sowohl durch individuelle Reifungsprozesse und lebensaltersspezifische Entwicklungsaufgaben wie auch durch sozialen Wandel und gesellschaftlichen Fortschritt definiert. Bildungsaktivitäten dürfen sich weder auf einen bestimmten Lebensabschnitt konzentrieren noch auf diesen beschränken. Die Partizipation an kulturellen, sozialen und technischen Innovationen setzt – unabhängig vom Lebensalter – die Fähigkeit und Bereitschaft voraus, Neues zu lernen. Die Notwendigkeit lebenslangen Lernens im Erwachsenenalter beschränkt sich dabei nicht auf die berufliche Weiterbildung. Auch die allgemeine Erwachsenenbildung ist von hohem Wert für die Verwirklichung der Entwicklungspotenziale des Einzelnen.

Die in früheren Lebensjahren gegebenen Bildungsmöglichkeiten und die im Kontext von Bildungsangeboten und Bildungsinstitutionen jeweils gewonnen Erfahrungen sind entscheidend für die Bildungsmotivation und für Bildungsaktivitäten in späteren Lebensjahren. Erworbene Bildungsdefizite benachteiligen Menschen in späteren Lebensjahren erheblich – zu nennen sind hier Benachteiligungen im Hinblick auf berufliche Tätigkeiten, auf Existenzsicherung, auf die Lebensgestaltung allgemein. Zudem besteht im Falle von früh erworbenen Bildungsdefiziten die Gefahr, dass die bildungsbezogenen Benachteiligungen im Lebenslauf weiter kumulieren. Aus diesem Grunde ist alles zu tun, um solche Bildungsdefizite möglichst zu vermeiden. Entsprechend ist eine *präventive Bildungspolitik* zu fordern, die auf eine Vermeidung möglicher oder Beseitigung gegebener Ungleichheit mit Blick auf Bildung zielt (vgl. Kommission 2006).

3 Bildung als eine zentrale Grundlage der Prävention – veranschaulicht am Beispiel der Zusammenhänge zwischen Bildungsstand, Morbidität und Mortalität

Ein zentraler Befund sozialmedizinischer und gerontologischer Studien deutet darauf hin, dass ältere Menschen – unabhängig von den im Einzelnen betrachteten Merkmalen: Altersgruppe, Geschlecht und ethnische Gruppenzugehörigkeit – mit höherem Bildungsniveau ein geringeres Morbiditäts- und Mortalitätsrisiko aufweisen, als jene mit niedrigerem Bildungsniveau (vgl. Christenson/Johnson 1995). Des Weiteren wurde gezeigt, dass ein niedrigeres Bildungsniveau mit schwereren körperlichen Erkrankungen und Behinderungen und mit stärker ausgeprägten Belastungen infolge chronischer Krankheit verbunden ist. Schließlich lässt sich aus Ergebnissen empirischer Studien folgern, dass ein niedriger Bildungsstand einen Indikator für den Schweregrad bestimmter chronischer Erkrankungen bildet – zu nennen sind hier vor allem kardiovaskuläre Erkrankungen, Schlaganfall, Arthritis, Demenz und Morbus Parkinson.

Die Tatsache, dass das Bildungsniveau in empirischen Studien sowohl mit der Mortalität als auch mit dem Ausmaß an körperlichen Einschränkungen und Behinderungen einen negativen Zusammenhang aufweist, kann nach Amaducci u.a. (1998) darauf zurückgeführt werden, dass Krankheiten bei Menschen mit geringerem Bildungsniveau früher auftreten und/oder dann, wenn sie diagnostiziert werden, schon weiter fortgeschritten sind und einen höheren Schweregrad aufweisen. Anhand der Daten von 1.817 Männern und 1.643 Frauen wurde die Hypothese geprüft, dass Menschen mit geringerem Bildungsniveau ein höheres Risiko körperlicher Behinderung haben, der Bildungsstand aber kein bedeutsamer Prädiktor der Mortalität ist, sofern bestehende Behinderungen und chronische Krankheiten bereits berücksichtigt sind. Die Ergebnisse sind als eindeutiger Beleg für den protektiven Effekt eines höheren Bildungsniveaus auf das Behinderungsrisiko zu werten: Je länger die Schule besucht wurde, desto größer der Anteil an Frauen und Männern, die keine körperliche Einschränkung aufweisen, und desto geringer der Anteil von Frauen und Männern mit einem geringeren oder mittleren bis höheren Ausmaß an körperlicher Einschränkung/Behinderung.

Mirowsky und Ross (1998) gehen bei ihrer empirischen Analyse der Zusammenhänge zwischen Bildung, Kontrollüberzeugungen, Lebensstil einerseits und Gesundheit andererseits von der – in der Literatur als Humankapitalhypothese bezeichneten – Annahme aus, dass Bildung zur Entwicklung von Gewohnheiten, Fertigkeiten und Fähigkeiten beiträgt, die Menschen in die Lage versetzen, persönlich bedeutsame Ziele zu erreichen und ihr Leben in diesem Sinne effektiv zu gestalten. Unter der Voraussetzung, dass Menschen bereit sind, in die Erhaltung ihrer Gesundheit materiell wie immateriell zu investieren, werden durch Bildung Mittel bereitgestellt, dieses Ziel durch einen gesundheitsförderlichen Lebensstil zu erreichen. Die Autoren grenzen sich ausdrücklich gegenüber einer Perspektive ab, die Gesundheit lediglich als angenehme, aber nicht intendierte Folge eines mit höherer Bildung assoziierten relativen Wohlstandes betrachtet, und heben hervor, dass die Humankapitalhypothese einen vom sozioökonomischen Status unabhängigen Effekt des Bildungsstandes auf die Gesundheit impliziert. Diese Hypothese ist von besonderer Bedeutung, als sie den großen Einfluss von Bildung – und zwar in allen Phasen des Lebenslaufs – auf Gesundheit postuliert. Folgen wir den Annahmen von Mirowsky und Ross, so kann Bildung sogar als die entscheidende Einflussgröße von Gesundheit angesehen werden.

Auf der Grundlage des Surveys *Aging, Status, and the Sense of Control*, an dem 2.592 Personen im Alter zwischen 18 und 95 Jahren teilgenommen haben, wurden drei Varianten der Humankapitalhypothese in einem Strukturgleichungsmodell geprüft: (1.) Bildung ermöglicht es Menschen, gesundheitsförderliches Verhalten in einen kohärenten Lebensstil zu integrieren, (2.) die Überzeugung, Entwicklungen im eigenen Lebenslauf kontrollieren zu können, motiviert zu einem gesundheitsförderlichen Lebensstil und erklärt aus diesem Grund einen erheblichen Teil der positiven Auswirkungen von Bildung auf die Gesundheit, (3.) Eltern mit höherem Bildungsniveau tragen dazu bei, dass ihre Kinder einen gesundheitsförderlichen Lebensstil entwickeln. Konsistent mit den drei geprüften Hypothesen zeigen die Ergebnisse, dass höhere Bildung – operationalisiert als Dauer formaler Erziehung in Jahren – mit besserer Gesundheit – operationalisiert über den subjektiven Gesundheitszustand, muskuloskeletale Behinderung sowie sensorische Einschränkungen – assoziiert ist und diese Beziehung zum größten Teil auf einen stärker gesundheitsförderlichen Lebensstil – operationalisiert über die Indikatoren Bewegung, sportliche Aktivität, Gewicht, Rauchen, Alkoholkonsum – zurückgeführt werden kann. Es zeigte sich ein positiver Zusammenhang zwischen Bildungsstand und internaler Kontrolle wie auch zwischen internaler Kontrolle und gesundheitsförderlichem Lebensstil. Die Hypothese, der zufolge ein positiver Zusammenhang zwischen dem Bildungsstand der Eltern und dem gesundheitsförderlichen Lebensstil ihrer Kinder besteht, konnte ebenfalls bestätigt werden. Zudem zeigte sich, dass Menschen mit höherem Bildungsniveau im Durchschnitt über ein höheres Ausmaß an sozialer Unterstützung verfügen, wobei dieser Unterschied ebenso wenig wie die anderen erwähnten Unterschiede zwischen Personen mit höherem und niedrigerem Bildungsniveau durch die Einkommenssituation erklärt werden kann. Auch dieser Befund stimmt mit der vorgeschlagenen Humankapitalhypothese überein.

3.1 Die Bedeutung körperlicher und geistiger Aktivität für die Entwicklung der kognitiven Leistungsfähigkeit

In einer Studie von Carmelli u.a. (1997) war der Einfluss der körperlichen Aktivität auf die kognitive Leistungsfähigkeit auch dann erkennbar, wenn der Einfluss der Variablen Alter, Schulbildung und Gesundheit kontrolliert wurde. Die Bedeutung der körperlichen Aktivität für die kognitive Leistungsfähigkeit kann mit Spirduso (1982) dadurch erklärt werden, dass Bewegung den Stoffwechsel und Kreislauf anregt und deshalb vor Schädigungen des neuronalen Gewebes schützt. Sogar einzelne Trainingseinheiten können positive Auswirkungen haben: Erhöhte körperliche Aktivität kann zu einer spontanen Verbesserung von Gedächtnisleistungen um 35 Prozent führen (vgl. Stones/Dawe 1993).

In einer im Kontext der Interdisziplinären Langzeit-Studie des Erwachsenenalters über die Bedingungen zufriedenen und gesunden Alterns (vgl. Martin u.a. 2000) durchgeführten sportwissenschaftlichen Untersuchung wurde zwischen Sportlern und Nichtsportlern, regelmäßiger und unregelmäßiger Ausübung von Sport und Bewegung, Trainingsumfang in Stunden je Woche, unterschiedlichen Sportarten sowie nach Höhe des Kalorienverbrauchs differenziert (zum ersten Messzeitpunkt wurden insgesamt 1.390 Personen der Kohorten 1930/32 und 1950/52 untersucht). Die Ergebnisse stützen die Annahme, dass sportlich aktive Personen Informationen effektiver verarbeiten können als sportlich nicht aktive Personen: Insbesondere visuelle und motorische Reize wurden von sportlich aktiven Personen besser wahrgenommen, enkodiert und abgerufen. Sportliche Aktivität trägt neben dem Bildungs- und Gesundheitszustand signifikant zur Vorhersage der geistigen Leistungsfähigkeit bei. Der Einfluss von sportlicher Aktivität auf die geistige Leistungsfähigkeit ist zu einem guten Teil über den Gesundheitszustand vermittelt: Insbesondere durch Ausdauertraining kann arteriosklerotischen Veränderungen vorgebeugt, das Schlagvolumen erhöht und die Vitalkapazität gesteigert werden. Die Ergebnisse der Studie rechtfertigen die Annahme, dass die Förderung von sportlicher Aktivität als effektive Interventionsstrategie zur Steigerung der kognitiven Leistungsfähigkeit angesehen werden kann und sportliche Aktivität sowohl auf die körperliche und psychische Gesundheit als auch auf unterschiedliche Einstellungs- und Verhaltensmaße positive Auswirkungen hat (vgl. Eichberg/Schulte 1999).

In einer Studie von Wilson u.a. (1999) wurden 6.162 Personen im Alter von 65 Jahren und mehr darüber befragt, inwieweit sie kognitiven Aktivitäten (wie zum Beispiel Zeitung lesen, Radio hören und Museum oder Kino besuchen) nachgehen, sowie hinsichtlich ihrer kognitiven Leistungsfähigkeit getestet. Zwischen dem über sieben verschiedene Aktivitäten gemittelten Ausmaß an kognitiver Aktivität und dem Lebensalter bestand nur ein schwacher Zusammenhang, stärkere Zusammenhänge bestanden dagegen mit dem Bildungsstand und dem Einkommen. Nach Kontrolle des Einflusses soziodemografischer Variablen zeigte sich eine statistisch bedeutsame Beziehung zwischen dem Ausmaß an kognitiver Aktivität und der kognitiven Leistungsfähigkeit.

Dieses Ergebnis wird durch weitere Untersuchungen gestützt. Befunde der MacArthur-Studie lassen die Folgerung zu, dass die Dominanz monotoner Tätigkeiten im Berufsleben dazu beitragen kann, dass die geistige Flexibilität zurückgeht, während Problemlösefähigkeiten von Menschen, die sich im Beruf kontinuierlich mit neuen Aufgaben und Herausforderungen auseinandersetzen mussten und die auch nach Austritt aus dem Beruf neue Aufgaben und Herausforderungen gesucht haben, im Alter keine wesentliche Veränderung zeigen. Rowe/Kahn (1998) fassen ihre Ergebnisse wie folgt zusammen:

„Just as we must keep our physical selves active, so we must keep our minds busy in our later years if we want it to continue to function well. (...) ‚Use it or lose it' is a mental, not just a physical phenomenon" (ebd., S. 63f.).

Befunde aus der Victoria Longitudinal Study deuten darauf hin, dass ein hohes Maß an kognitiver Aktivität Gedächtnisfunktionen im Alter positiv beeinflusst. Ein Nachlassen von kognitiver Aktivität bewirkt auch das Nachlassen von kognitiven Fähigkeiten im Bereich des Gedächtnisses. Ältere Menschen hingegen, die kognitiv herausfordernden Tätigkeiten nachgehen, weisen nur in geringerem Maße kognitive Einbußen auf; jene Menschen, die auch weiterhin kognitiv aktiv bleiben, zeigen im Längsschnitt nur vergleichsweise geringe kognitive Einbußen (vgl. Hultsch u.a. 1999).

3.2 Inwieweit profitieren ältere Menschen von der Teilnahme an kognitiven Trainings?

Die Trainierbarkeit von Aspekten der fluiden Intelligenz ist durch zahlreiche empirische Untersuchungen belegt (vgl. Lindenberger/Kray 2005). Bereits im Kontext der von Baltes und Willis Mitte der 1970er Jahre an der Pennsylvania State University initiierten ADEPT-Studie, die Mitte der 1980er in Berlin repliziert wurde, konnte gezeigt werden, dass Menschen im Alter von 60 bis 80 Jahren durch ein gezieltes Training von Fähigkeiten, wie sie üblicherweise in Testaufgaben zur fluiden Intelligenz erfasst werden, eine Leistungsverbesserung erzielen können, die in ihrem Ausmaß der in Längsschnittstudien zwischen dem 60. und 80. Lebensjahr beobachtbaren Veränderung entspricht (vgl. Baltes/Willis 1982; Schaie/Willis 1986).

In einer Untersuchung von Kliegl u.a. (1989) wurden 20 gesunde ältere Menschen zwischen 65 und 83 Jahren in der Loci-Methode unterwiesen, bei der neue Stimuli mit einer vertrauten Sequenz von Orten innerhalb einer kognitiven Landkarte assoziiert werden sollen. Nach der Erhebung ihrer Ausgangsleistung lernten die Teilnehmerinnen und Teilnehmer zunächst 40 Stationen einer imaginären Stadtrundfahrt durch West-Berlin. Im Anschluss daran wurden sie aufgefordert, das zu einem späteren Zeitpunkt in der präsentierten Reihenfolge zu erinnernde Gedächtnismaterial (historische Ereignisse, historische Daten, Listen von Substantiven) mit Hilfe der gelernten Orte zu kodieren. Die einzelnen Orte und die später zu erinnernden Items sollten nach und nach in umfassendere Vorstellungen integriert werden, wobei der Zeitraum, in dem die einzelnen Vorstellungen generiert und eingeprägt wurden, individuell gestaltet werden konnte. Beim Abrufen der zu erinnernden Items sollten sich die Teilnehmerinnen und Teilnehmer vorstellen, die Stationen der imaginären Stadtbesichtigung zu besuchen, und die einzelnen Items mit Hilfe der eingeprägten Vorstellungen rekonstruieren. Diese Gedächtnisstrategie wurde in einem auf die individuelle Leistungsfähigkeit abgestimmten Trainingsprogramm in bis zu 26 Trainingssitzungen kontinuierlich geübt. Vor dem Erlernen der Loci-Methode lag die Durchschnittsleistung bei 3.1 in ihrer Reihenfolge korrekt wiedergegebenen Substantiven. Dieser Durchschnittswert für Lern-Leistungen konnte im Verlauf des Trainingsprogramms auf 32.4 gesteigert werden. (Für die 40 Orte wurden 40 Substantive vorgegeben.) Neben dieser eindrucksvollen Verbesserung der Gedächtnisleistung älterer Menschen durch Vermittlung und Übung einer effektiven Abrufstrategie zeigte sich in dieser Studie allerdings auch, dass die Trainingsgewinne einer Vergleichsgruppe jüngerer Menschen (20 bis 24 Jahre) signifikant höher ausfielen: Hier waren fast alle Teilnehmerinnen und Teilnehmer nach dem Training in der Lage, die komplette Sequenz korrekt wiederzugeben; die Durchschnittsleistung bei selbst gewählter Darbietungszeit verbesserte sich von 4.8 auf 39.8. Testet man die Teilnehmerinnen und Teilnehmer nun unter zunehmend schwierigeren Trainingsbedingungen – so zum Beispiel unter längeren Trainingsprogrammen und schnelleren Darbietungsraten –, dann vergrößern sich die Altersunterschiede im Sinne eines Schereneffekts: Nun überlappen sich die Leistungsverteilungen von in ihren Intelligenzwerten vergleichbaren jungen und alten Teilnehmern und Teilnehmerinnen nicht mehr.

In einer Arbeit von Cavallini u.a. (2003) wurde überprüft, inwieweit 20-35-Jährige, 60-70-Jährige und 70-80-Jährige von zwei unterschiedlichen Gedächtnistrainings profitieren, wobei zusätzlich der Alltagsbezug der verwendeten Aufgaben variiert wurde. Insgesamt 60 Personen – 20 aus jeder der drei Altersgruppen – nahmen an neun 90-minütigen Sitzungen teil, von denen vier der Testung von Gedächtnisleistungen wie auch der Erfassung von gedächtnisbezogenen Selbstwirksamkeitsüberzeugungen dienten. Ausgehend von Befunden, die dafür sprechen, dass die Testleistungen älterer Menschen in stärkerem Maße von den gegebenen Kontextfaktoren abhängen als die Testleistungen jüngerer – Kruse und Rudinger (1997) nennen hier vor allem Problemzentriertheit, Erfahrungsbezug, Freiwilligkeit und Selbstsetzung der Lernziele –, wurden neben vier klassischen Aufgaben zur Erfassung der Kapazität des Arbeitsgedächtnisses (Zahlen nachsprechen vorwärts und rückwärts, Erinnern von Gegenständen und Wortlisten) fünf alltagsnahe Gedächtnisaufgaben (Erinnern einer Kurzgeschichte, einer Einkaufsliste, geplanter Aktivitäten, der Zuordnung von Namen zu Gesichtern sowie der Lage von Sehenswürdigkeiten auf einem Stadtplan) vorgelegt. Zusätzlich wurden drei Fragebögen zur Erfassung von Metagedächtnis, alltäglicher Gedächtnisleistung und gedächtnisbezogener Selbstwirksamkeitsüberzeugungen eingesetzt. Eine Hälfte der Stichprobe erlernte die Loci-Methode, die andere ein Strategientraining, in dem die Teilnehmerinnen und Teilnehmer im Gebrauch von visualisierend-assoziativen und verbalen Strategien (wie zum Beispiel Strategien zur Kategorisierung) angeleitet wurden.

Die Ergebnisse der Untersuchung zeigen eine signifikante Abnahme der Gedächtnisleistung mit zunehmendem Alter. Dabei unterschieden sich allerdings lediglich die 20-35-Jährigen von den beiden älteren Gruppen. Die Tatsache, dass sich die 60-70-Jährigen in ihrer Gedächtnisleistung nicht von den 70-80-Jährigen unterscheiden, führen die Autoren darauf zurück, dass die verwendeten Gedächtnisaufgaben keine aktive Veränderung des Originalmaterials erfordern und dass sich ausgeprägte Alterseffekte wahrscheinlich nur für Aufgaben finden, an deren Lösung exekutive Funktionen des Arbeitsgedächtnisses stärker beteiligt sind (vgl. Vecchi/Cornoldi 1999). Die eingesetzten Fragebögen erwiesen sich sowohl für die Erklärung von Alterseffekten als auch für die Aufklärung interindividueller Unterschiede als unbedeutend. Beide Trainings erwiesen sich als effektiv, wobei sich im Ausmaß der Verbesserung keine Unterschiede zwischen den drei Gruppen zeigten. Unabhängig vom Alter der Untersuchungsteilnehmer zeigte sich in den alltagsnahen Gedächtnisaufgaben eine deutlich stärkere Verbesserung als in den klassischen Aufgaben zur Kapazität des Arbeitsgedächtnisses. Ein bedeutsamer Unterschied in der Effektivität der beiden Trainings ergab sich lediglich für die Erinnerung der Lage von Sehenswürdigkeiten auf einem Stadtplan – die einzige Aufgabe, die eine Übertragung erworbener Strategien auf neuartige Anforderungen verlangt. Hier zeigten Personen, die das Strategientraining absolviert hatten, deutlichere Verbesserungen als jene, die die Loci-Methode erlernt hatten. Dieser Befund spricht nach Cavallini u.a. (2003) dafür, dass ältere Menschen nach einem angemessenen Training kognitive Strategien effektiv einzusetzen und auf neue Situationen und Aufgaben zu übertragen in der Lage sind.

Derwinger u.a. (2003) sind der Frage nachgegangen, inwieweit das Erinnern vierstelliger Zahlen durch eine spezielle mnemonische Technik sowie durch Gedächtnistraining, in dessen Verlauf die Teilnehmer selbstständig Strategien generieren und anwenden, gefördert wird. An dieser Untersuchung haben insgesamt 90 Personen im Alter zwischen 60 und 84 Jahren teilgenommen. Diese wurden aus einer Gesamtstichprobe von 220 Teilnehmern auf der Grundlage ihres Alters, Geschlechts, Bildungsstands, ihrer Leistung in einem Wortschatztest sowie ihrer Werte auf einer Depressionsskala ausgewählt und auf drei bezüglich der genannten Merkmale vergleichbare Gruppen von jeweils 30 Personen aufgeteilt. Die erste Gruppe erlernte über einen Zeitraum von fünf Wochen in zehn einstündigen Sitzungen zunächst die Zuordnung von Konsonanten zu einstelligen Zahlen. In einem zweiten Schritt wurde die Verwendung von Vokalen als nicht-numerische Information geübt. Dabei sollten die vierstelligen Zahlen zunächst als zwei Wörter eingeprägt werden, wobei das erste Wort aus den Konsonanten, die den ersten beiden Ziffern entsprechen, das zweite Wort aus den letzten beiden Ziffern gebildet wird (zum Beispiel VeRy BuSy für 8490). In einem dritten Schritt ging es darum, bedeutungshaltige Phrasen zu bilden und sich diese einzuprägen, wobei Visualisierung und Assoziation als zusätzliche Strategien genutzt werden sollten (zum Beispiel MooRe FooD für 3481, wobei die Vorstellung, mehr und mehr Nahrung einzukaufen, zur Unterstützung eingesetzt wurde). Die zweite Gruppe wurde lediglich aufgefordert, zu reflektieren, welche Strategien sie normalerweise zur Verbesserung ihrer Gedächtnisleistung einsetzen, über zusätzliche Möglichkeiten der Steigerung ihrer Gedächtnisleistung nachzudenken und entsprechende Strategien zu erproben. Dabei sollten die Teilnehmer besonders auf die Einprägephase achten und auf einem Monitor die jeweils angewandte Strategie notieren (zum Beispiel „Ich bin am 24. geboren und 68 Jahre alt“ oder „Mit 2 beginnende Sequenz, wobei jeweils 2 hinzu addiert wird“ für 2468). Die dritte Gruppe diente als Kontrollgruppe. Als Kriterium für den Trainingserfolg diente das Erinnern von vierstelligen Zahlen mit und ohne kognitive Unterstützung (in der Bedingung mit Unterstützung durften etwa Konsonanten oder generierte Phrasen auf den Bildschirm geschrieben werden), zur Abschätzung von Transfereffekten sollten zusätzlich jeweils Listen von konkreten und abstrakten Wörtern erinnert werden.

Beide Trainings erwiesen sich als für das Erinnern numerischer Information effektiv, wobei die Unterschiede gegenüber der Kontrollgruppe dann zunahmen, wenn die Erinnerungsleistung das Arbeitsgedächtnis weniger beanspruchte. Für die Erinnerung der verbalen Information zeigte sich lediglich ein Retest-Effekt, in der Kontrollgruppe traten hier zwischen den beiden Messzeitpunkten vergleichbare Verbesserungen auf wie in den beiden Trainingsgruppen. Dieses Ergebnis ist umso bedeutsamer, als die spezifische mnemonische Technik die Verbindung von Zahlen und Wörtern verlangt und damit auch das Erinnern von Wörtern notwendig macht. Die Untersuchung von Derwinger u.a. (2003) stützt damit in besonderem Maße die These einer im Allgemeinen hohen Spezifität bzw. geringen Übertragbarkeit von Trainingseffekten (vgl. auch Lindenberger 2000).

4 Aktives Altern als Zielsetzung umfassender Bildungspolitik

Walker (2002) sieht im Konzept des aktiven Alterns eine Grundlage für die Überwindung der bislang für westliche Industrienationen charakteristischen Tendenz, auf Herausforderungen des demografischen Wandels lediglich bruchstückhaft und isoliert für traditionelle Politikbereiche zu reagieren. Während das Konzept des aktiven Alterns in Europa erst in den letzten Jahren, insbesondere durch die Bemühungen der Weltgesundheitsorganisation (vgl. WHO 2002), populär geworden ist, erlebt es in den Vereinigten Staaten bereits seine zweite Renaissance. Bereits in den 1960er Jahren wurde unter dem Einfluss der Aktivitätstheorie die Beibehaltung von Rollen des mittleren Erwachsenenalters und – wo dies nicht möglich schien – die Suche nach neuen Aktivitäten im Alter als via regia zu Lebenszufriedenheit und erfolgreichem Alter propagiert. Auch wenn Einigkeit darüber besteht, dass eine in dieser Weise pointierte theoretische Position zum einen die Bedeutung ökonomischer, politischer und sozialer Strukturen verfehlt und ältere Menschen in unzulässiger Weise homogenisiert, sind die in der entsprechenden Tradition nachgewiesenen Zusammenhänge zwischen Aktivität und Wohlbefinden bis heute gültig. Nachdem sich in den 1980er Jahren der Fokus gerontologischer Forschung zunehmend von Fragen des Alters auf Fragen des Alterns verlagerte, wobei Altern zugleich als lebenslanger Prozess konzeptualisiert wurde, wurde zunehmend deutlich, dass sich Leistungsfähigkeit auf der Grundlage des chronologischen Alters nicht prognostizieren lässt. Gleichzeitig wurde von immer größeren Teilen der älteren US-amerikanischen Bevölkerung immer deutlicher artikuliert, dass Freizeit und familiäre Verpflichtungen allein die Menschen im ‚traditionellen Ruhestand‘ nicht befriedigen können: „Productive ageing became a rallying for elder advocates and others looking for a more positive approach to ageing“ (vgl. Walker 2002, S. 114). Die Forderung nach Möglichkeiten einer aufgabenbezogenen Lebensführung im Ruhestand wurde von politischen Entscheidungsträgern ausdrücklich unterstützt, nicht zuletzt auch weil die Finanzierung der Alters- und Gesundheitsversorgung zunehmend an politischer Bedeutung gewann. Es muss allerdings festgestellt werden, dass sich der Diskurs über Möglichkeiten einer produktiven Lebensführung im Alter nach wie vor an einem instrumentalistischen und ökonomistischen Verständnis von Produktivität orientierte, dass die Produktion von Gütern und in ihrem materiellen Wert eindeutig quantifizierbare Dienstleistungen einseitig in den Vordergrund rückte (vgl. Bertelsmann Stiftung 2007).

Ein modernes Verständnis von aktivem Altern entwickelte sich unter dem Einfluss der Weltgesundheitsorganisation in den 1990er Jahren. Ausgehend von dem in empirischen Studien nachgewiesenen Zusammenhang zwischen gesundem Altern und Aktivität beruht dieses Verständnis von aktivem Altern auf der Berücksichtigung eines Aktivitätsspektrums, das weniger eng mit der Produktion von Gütern und dem Arbeitsmarkt assoziiert ist und insbesondere die soziale Partizipation und Integration älterer Menschen in den Vordergrund rückt.

Die Förderung aktiven Alterns steht unter der übergeordneten Zielsetzung, eine Gesellschaft für alle Lebensalter zu verwirklichen. Während die Gesellschaft geeignete Rahmenbedingungen für die Entwicklung und Entfaltung der Potenziale älterer Menschen zu schaffen hat, werden diese als verpflichtet angesehen, von der Gesellschaft bereitgestellte Möglichkeiten zu nutzen und vorhandene Potenziale im Sinne einer mitverantwortlichen Lebensführung zu verwirklichen. Neben dem Kernelement der Produktivität betont das Konzept des aktiven Alterns auch Aspekte von Lebensqualität sowie geistigem und körperlichem Wohlbefinden im Alter (vgl. European Commission 1999). Walker (2002) nennt sieben Leitprinzipien aktiven Alterns, deren Verwirklichung eine Integration von bislang weitgehend voneinander isolierten Politikbereichen gestatten sollte.

1. Der Begriff aktives Altern umfasst alle sinnvollen Unternehmungen, die zum Wohlbefinden des jeweiligen Individuums, seiner Familie, der Kommune oder der Gesellschaft als ganzes beitragen. Der Begriff ist ausdrücklich nicht für den Bereich der bezahlten Arbeit oder die Produktion von Gütern zu reservieren: „Activity means more than paid work" (Walker 2002, S. 114).
2. Der Begriff der Aktivität ist auf alle alten Menschen anzuwenden, unabhängig davon ob sie im dritten oder vierten Lebensalter stehen oder hilfs- und pflegebedürftig sind.
3. Aktives Altern ist primär als präventives Konzept aufzufassen. Entsprechend ist Aktivität in allen Altersgruppen zu fördern.
4. Die Wahrung intergenerationeller Solidarität ist ein zentrales Anliegen, insofern es nicht allein um die Zukunft älterer Menschen, sondern vielmehr um aller Menschen Zukunft geht.
5. Das Konzept verweist gleichermaßen auf Rechte und Pflichten; zu den Rechten zählen unter anderem das Recht auf soziale Fürsorge sowie das Recht auf lebenslange Bildung und Training, zu den Pflichten die Wahrnehmung von Bildungs- und Trainingsmöglichkeiten oder die Aufrechterhaltung von Aktivität.
6. Das Konzept ist eng mit dem Begriff Empowerment verbunden, Strategien zur Förderung aktiven Alterns haben ihren Ausgangspunkt nicht allein in administrativem politischen Handeln, vielmehr sollten Menschen auch die Möglichkeit haben, individuelle Vorstellungen von aktivem Altern zu verwirklichen.
7. Konzepte aktiven Alterns haben nationale und kulturelle Besonderheiten zu respektieren, entsprechend gibt es keine optimale Aktivität (vgl. European Commission 2000).

Der gegenüber klassischen Aktivitätspositionen vielfach erhobene Vorwurf, das Bestehen auf Aktivitätspotenzialen sei mit einer Stigmatisierung der von Einschränkungen betroffenen älteren Menschen gleichzusetzen, trifft die moderne Aktivitätsauffassung insofern nicht, als nationale und kulturelle Besonderheiten ausdrücklich respektiert werden und davon ausgegangen wird, dass es eine optimale Aktivität nicht gibt. Die Verwirklichung von Aktivität ist ausdrücklich auch im Kontext intergenerationeller Solidarität zu sehen, sodass das Ausmaß, in dem Menschen in riskanten Lebenslagen Potenziale und Barrieren einer mitverantwortlichen Lebensführung wahrnehmen, unmittelbar auf die in einer gegebenen Gesellschaft vorhandenen integrativen Potenziale verweist.

Literatur

Amaducci, L./Maggi, S./Langlois, J./Minicuci, N./Baldereschi, M./Di Carlo, A./Grigoletto, F. (1998): Education and the risk of physical disability and mortality among men and women aged 65 to 84: The Italian Longitudinal Study on Aging. In: Journal of Gerontology: Medical Sciences 55. S. 484-490.

Backes, G. (2004): Alter und Altern im Kontext der Entwicklung von Gesellschaft. In: Kruse, A./Martin, M. (Hrsg.): Enzyklopädie der Gerontologie. Bern: Huber, S. 82-96.

Baltes, M.M. (1996): The many faces of dependency in old age. New York: Cambridge University Press.

Baltes, P.B. (1987): Theoretical propositions of life-span developmental psychology: On the dynamics between growth and decline. In: Developmental Psychology 23. S. 611-626.

Baltes, P.B./Willis, S. (1982): Plasticity and enhancement of intellectual functioning in old age. Penn State's Adult Development and Enrichment Project (ADEPT). In: Craik, F.I.M./Trehub, S.E. (Hrsg.): Aging and cognitive processes. New York: Plenum Press, S. 353-389.

Bertelsmann Stiftung (Hrsg.) (2007): Alter neu denken. Gütersloh: Verlag der Bertelsmannstiftung.

Carmelli, D./Swan, G.E./La Rue, A./Eslinger/P.J. (1997): Correlates of change in cognitive function in survivors from the Western Collaborative Study. In: Neuroepidemiology 16. S. 285-295.

Cavallini, E./Pagnin, A./Vecchi, T. (2003): Aging and everyday memory: the beneficial effect of memory training. In: Archives of Gerontology and Geriatry 37. S. 241-257.

Christenson, B.A./Johnson, N.E. (1995): Educational inequality in adult mortality: an assessment with death certificate from Michigan. In: Demography 32. S. 215-229.

Derwinger, A./Stigsdotter Neely, A./Persson, M./Hill, R./Bäckman, L. (2003): Remembering numbers in old age: Mnemonic training versus self-generated strategy training. In: Aging Neuropsychology and Cognition 3. S. 202-214.

Ding-Greiner, C./Lang, E. (2004): Alternsprozesse und Krankheitsprozesse – Grundlagen. In: Kruse, A../Martin, M. (Hrsg.): Enzyklopädie der Gerontologie. Bern: Huber, S. 182-206.

Eichberg, S./Schulte, U. (1999): Das Projekt „Interdisziplinäre Langzeit-Studie des Erwachsenenalters über die Bedingungen zufriedenen und gesunden Alterns" (ILSE). In: Sportwissenschaft 29. S. 311-323.

European Commission (1999): Towards a Europe of all Ages. Brussels: European Commission.

European Commission (2000): Social Report. Brussels: European Commission.

Fachinger, U./Schmähl, W. (2004): Ökonomische Sicherung im Alter von heutigen und künftigen Generationen. In: Kruse, A./Martin, M. (Hrsg.): Enzyklopädie der Gerontologie. Bern: Huber, S. 535-549.

Fries, J.F. (2005): The compression of morbidity. In: The Milbank Quarterly 83. S. 801-823.

Hultsch, D.F./Hertzog, C./Small, B.J./Dixon, R.A. (1999): Use it or lose it: Engaged lifestyle as a buffer of cognitive aging? In: Psychology and Aging 14. S. 245-263.

Klein, T. (2004): Lebenserwartung – gesellschaftliche und gerontologische Bedeutung eines demografischen Konzepts. In: Kruse, A./Martin, M. (Hrsg.): Enzyklopädie der Gerontologie. Bern: Huber, S. 66-81.

Kliegl, R./Smith, J./Baltes, P.B. (1989): Testing-the-Limits and the study of adult age differences in cognitive plasticity and mnemonic skill. In: Developmental Psychology 25. S. 247-256.

Kohli, M. (1994): Altern in soziologischer Perspektive. In: Baltes, P.B./Mittelstraß, J./Staudinger, U. (Hrsg.): Alter und Altern: Ein interdisziplinärer Studientext zur Gerontologie. Berlin: de Gruyter, S. 231-259.

Kommission (2006): Fünfter Altenbericht der Bundesregierung. Potenziale des Alters in Wirtschaft und Gesellschaft. Berlin: Deutscher Bundestag.

Kruse, A. (1997): Bildung und Bildungsmotivation im Erwachsenenalter. In: Weinert, F.E./Mandl, H. (Hrsg.): Psychologie der Erwachsenenbildung. Göttingen: Hogrefe, S. 117-178.

Kruse, A. (2002): Gesund Altern. Stand der Prävention und Entwicklung ergänzender Präventionsstrategien. Baden-Baden: Nomos.

Kruse, A. (2005): Selbstständigkeit, Selbstverantwortung, bewusst angenommene Abhängigkeit und Mitverantwortung als Kategorien einer Ethik des Alters. In: Zeitschrift für Gerontologie & Geriatrie 38. S. 273-286.

Kruse, A. (2007): Veränderbarkeit geistiger und körperlicher Fähigkeiten im Alter. In: Brandtstädter, J./Lindenberger, U. (Hrsg.): Entwicklungspsychologie. Stuttgart: Kohlhammer, S. 622-649.

Kruse, A./Rudinger, G. (1997): Lernen und Leistung im Erwachsenenalter. In Weinert, F.E./Mandl, H. (Hrsg.): Psychologie der Erwachsenenbildung. Göttingen: Hogrefe, S. 45-85.

Kruse, A./Schmitt, E. (2006a): A multidimensional scale for the measurement of agreement with age stereotypes and the salience of age in social interaction. In: Ageing & Society 26. S. 393-411.

Kruse, A./Schmitt, E. (2006b): Adult education. In: Birren, J.E. (Hrsg.): Encyclopedia of Gerontology. Oxford: Elsevier, S. 312-332.

Künemund, H. (2006): Tätigkeiten und Engagement im Ruhestand. In: Tesch-Römer, C./Engstler, H./Wurm, S. (Hrsg.): Altwerden in Deutschland. Wiesbaden: Verlag für Sozialswissenschaften, S. 155-230.

Lehr, U. (2006): Psychologie des Alterns. Wiebelsheim: Quelle & Meyer.

Lindenberger, U. (2000): Intellektuelle Entwicklung über die Lebensspanne: Überblick und ausgewählte Forschungsbrennpunkte. In: Psychologische Rundschau 51. S. 135-145.

Lindenberger, U./Kray, J. (2005): Kognitive Entwicklung. In: Filipp, S.H./Staudinger, U. (Hrsg.): Entwicklungspsychologie des mittleren und höheren Erwachsenenalters. Göttingen: Hogrefe, S. 300-342.

Martin, P./Ettrich, U./Lehr, U./Roether, D./Martin, M./Fischer-Cyrulies, A. (Hrsg.) (2000): Aspekte der Entwicklung im mittleren und höheren Lebensalter. Ergebnisse der Interdisziplinären Längsschnittstudie des Erwachsenenalters. Darmstadt: Steinkopff.

Mirowsky, J./Ross, C.E. (1998): Education, personal control, lifestyle and health. In: Research on Aging 20. S. 415-449.

Riley, M.W./Kahn, R.L./Foner, A. (Hrsg.) (1994): Age and structural lag. New York: Wiley.
Rockwood, K./Hogan, D.B./MacKnight, C. u.a. (2000): Conceptualization and measurement of frailty in elderly people. In: Drugs Aging 17. S. 295-302.
Rosenmayr, L. (2003): Entwicklungen im späten Leben: Realitäten und Pläne. In: Rosenmayr, L./Böhmer, F. (Hrsg.): Hoffnung. Alter, Forschung – Theorie – Praxis. Wien: WUV Wiener Universitätsverlag, S. 314-329.
Rowe, J.W./Kahn, R.L. (1998): Successful aging. New York: Pantheon Books.
Spirduso, W.W. (1982): Exercise and the aging brain. In: Research Quarterly for Exercise and Sports 35. S. 850-865.
Schaie, K.W./Willis, S.L. (1986): Can decline in adult intellectual functioning be reversed? In: Developmental Psychology 22. S. 223-232.
Staudinger, U. (2005): Lebenserfahrung, Lebenssinn und Weisheit. In: Filipp, S.H./Staudinger, U. (Hrsg.): Entwicklungspsychologie des mittleren und höheren Erwachsenenalters. Göttingen: Hogrefe, S. 740-763.
Staudinger, U./Schindler, I. (2002): Produktives Leben im Alter: Aufgaben, Funktionen und Kompetenzen. In: Oerter, R./Montada, L. (Hrsg.): Entwicklungspsychologie. Weinheim: Psychologie Verlags Union, S. 955-982.
Stones, M.J./Dawe, D. (1993): Acute exercise facilitates semantically cued memory in nursing home residents. In: Journal of American Geriatric Society 41. S. 531-534.
Thomae, H. (1996): Das Individuum und seine Welt. Göttingen: Hogrefe.
Thomae, H. (2002): Psychologische Modelle und Theorien des Lebenslaufs. In: Jüttemann, G./Thomae, H. (Hrsg.): Persönlichkeit und Entwicklung. Weinheim: Beltz, S. 12-45.
Vecchi, T./Cornoldi, C. (1999): Passive storage and active manipulation in visuo-spatial working memory: further evidence from the study of age differences. In: European Journal of Cognitive Psychology 11. S. 391-406.
Walker, A. (2002): The principals and potential of active ageing. In: Pohlmann, S. (Hrsg.): Facing an ageing world – recommendations and perspectives. Regensburg: Transfer Verlag, S. 113-118.
Wilson, R.S./Bennett, D.A./Beckett, L.A./Morris, M.C./Gilley, D.W./Bienais, J.L./Scherr, P.A./Evans, D.A. (1999): Cognitive activity in older persons from a geographically defined population. In: Journal of Gerontology 54. S. 155-160.
World Health Organization (WHO) (2002): Active Ageing. A policy framework. Geneva: World Health Organization.

Hannelore Faulstich-Wieland

Frauenbildung/Gender Mainstreaming

1 Einleitung

„Frauenbildung“ ist dem Bereich der „Adressaten, Teilnehmer und Zielgruppen“ zugeordnet. Insofern wird die Behandlung des Themas die Besonderheiten von Frauen als Teilnehmerinnen oder auch Nicht-Teilnehmerinnen von Erwachsenenbildung klären. Woran machen sich die Besonderheiten – wenn es sie gibt – fest? Dies soll im Folgenden in vier Schritten bearbeitet werden:

Zunächst geht es um eine Bestandsaufnahme, um Antworten darauf, zu welchen Anteilen an welchen Bildungsmaßnahmen Frauen partizipieren. Die verfügbaren Daten zeigen deutliche Unterschiede zwischen Männern und Frauen auf. Im zweiten Schritt wird deshalb untersucht, wie die Teilhabe begründet ist: Welche Bedürfnisse gehen in die Nachfrage ein, wie kommt es zu dem entsprechenden Angebot? Zur Beantwortung dieser Frage muss auf die Entwicklung der Frauenbildung im Kontext der neuen Frauenbewegung zurückgegangen werden. Die Forderungen nach expliziten Angeboten „nur“ für Frauen spiegelten Emanzipationsansprüche und waren von konkreten Utopien einer veränderten Gesellschaft getragen. Zugleich beinhalteten sie explizite oder implizite Annahmen über Geschlecht. In einem dritten Teil wird es folglich um die gendertheoretische Begründung von Frauenbildung gehen. Abschließend wird zu fragen sein, welches der aktuelle Stand und die Perspektiven einer Frauenbildung in der Erwachsenenbildung sind bzw. sein können.

2 Teilhabe von Frauen an Erwachsenenbildung

Weltweit gibt es keine verlässlichen Daten darüber, welche Geschlechterdisparitäten in den Angeboten der Erwachsenenbildung bestehen. Der UNESCO-Weltbildungsbericht 2008 enthält zwar ein Kapitel zum Thema „Gender parity and equality“, weil eines der Ziele ist, bis 2015 Geschlechterparität im Bildungsbereich zu erhalten. Die verfügbaren Statistiken weisen für 2005 aus, dass noch immer in nur etwa einem Drittel der Länder (59 von 181 Ländern) Chancengleichheit im primären und sekundären Bildungssystem erreicht ist (vgl. UNESCO 2008, S. 79). In vielen Ländern sind Mädchen und junge Frauen nach wie vor benachteiligt, in europäischen und amerikanischen Ländern zeigen sich im sekundären und tertiären Bereich allerdings zunehmend Benachteiligungen von Jungen bzw. jungen Männern. Die Erwachsenenbildung wird jedoch nicht quantitativ erfasst und stellt ein gravierendes Problem für Bildungsberichterstattungen dar (vgl. ebd., S. 59ff.). Ein überzeugendes Argument für die Wichtigkeit von Erwachsenenbildung liefert die Angabe der Analphabetenrate: Sie wird weltweit für den Zeitraum von 1995-2004 auf 18% geschätzt, bei den Männern liegt sie bei 13%, bei den Frauen bei 23%.

In Teilen von Afrika und Asien liegen die Raten am höchsten, hier können nur etwa die Hälfte der Frauen lesen (ebd., S. 63; siehe auch Abraham/Linde und Lenhart in diesem Band).

Für die Bundesrepublik Deutschland gibt es regelmäßige Statistiken, die von den Volkshochschulen, aber auch von der Arbeitsverwaltung bereitgestellt werden. Das BMBF gibt seit 1979 alle drei Jahre das „Berichtssystem Weiterbildung" (BSW) heraus, in dem auch die Beteiligungen von Frauen und Männern an Weiterbildungen analysiert werden (zuletzt Kuwan u.a. 2006; von Rosenbladt/Bilger 2008). Dies soll mit dem Bericht 2007 in eine europäische Berichterstattung „Adult Education Survey" (AES) eingehen (von Rosenbladt/Bilger 2008, S. 3). Dem „Berichtssystem Weiterbildung" kann man eine Annäherung der Teilnahmequoten von Frauen und Männern an Weiterbildung entnehmen. Bestehen bleibt aber eine Differenz zwischen der Teilnahme an „allgemeiner" bzw. an „beruflicher" Bildung. An Letzterer nehmen nach wie vor deutlich mehr Männer, an Ersterer deutlich mehr Frauen teil (vgl. Tabelle 1).

Differenziert man die Daten jedoch aus, so zeigen sich komplexe Muster:

> „Die Weiterbildungsbeteiligung von Frauen ist im Zusammenhang mit Lebens- bzw. Berufssituationen zu sehen, die im Vorfeld von Weiterbildung liegen und die vor allem die Teilnahme an beruflicher Weiterbildung beeinflussen." (Kuwan u.a. 2006, S. 122)

Frauen sind seltener erwerbstätig, häufiger in Teilzeitbeschäftigung, häufiger in beruflich weniger qualifizierten Positionen und öfter ohne berufliche Vorbildung – diese Gruppen sind jeweils zu geringeren Anteilen an Weiterbildung beteiligt. Stellt man jedoch diese Einflussfaktoren in Rechnung, dann zeigt sich, dass sich „Frauen im Jahr 2003 innerhalb vergleichbarer Gruppen etwas häufiger als Männer an beruflicher Weiterbildung beteiligen" (vgl. Kuwan u.a. 2006, S. 122). Auch der neue OECD-Bericht „Education at a glance" zeigt auf, dass arbeitslose Frauen in vielen Ländern an non-formaler beruflicher Weiterbildung etwas häufiger teilnehmen als Männer. Für erwerbstätige Frauen gilt dies in Frankreich, Ungarn und Finnland ebenfalls, während in allen anderen Ländern Frauen weniger Stunden für Weiterbildung aufwenden als Männer (vgl. OECD 2007, S. 351, Grafik C5.4).

Tabelle 1: Weiterbildungsbeteiligung nach Geschlecht und Erwerbstätigkeit, Bundesgebiet 1979-2007

Teilnahmequoten in %	Jahr									
	1979	1982	1985	1988	1991	1994	1997	2000	2003	2007
Weiterbildung insgesamt										
Männer	27	32	28	37	39	44	49	45	42	44
Frauen	19	25	22	32	35	40	47	40	40	42
Erwerbstätige										
Männer	27	33	29	39	41	49	55	52	47	49
Frauen	25	34	27	40	41	51	59	51	49	49
Nichterwerbstätige										
Männer	25	28	22	30	28	28	32	27	26	27
Frauen	14	17	17	25	28	30	36	27	26	30
Allgemeine Weiterbildung										
Männer	17	22	18	20	21	24	28	25	24	26
Frauen	16	21	19	24	23	28	34	28	27	29

Teilnahmequoten in %	Jahr									
	1979	1982	1985	1988	1991	1994	1997	2000	2003	2007
Erwerbstätige										
Männer	16	18	18	20	21	25	30	28	26	27
Frauen	17	26	19	27	24	33	39	32	30	32
Nichterwerbstätige										
Männer	21	24	19	21	20	22	23	18	19	22
Frauen	15	17	17	22	22	24	30	22	22	25
Berufliche Weiterbildung										
Männer	14	17	15	23	25	28	35	34	28	29
Frauen	6	7	8	13	17	19	26	23	24	24
Erwerbstätige										
Männer	17	20	18	27	29	35	43	42	34	35
Frauen	12	14	15	21	24	31	41	37	35	34
Nichterwerbstätige										
Männer	3	4	3	9[1]	10	8	15	12	12	9
Frauen	1	1	2	5[1]	8	8	11	7	6	8

Quelle: von Rosenbladt/Bilger 2008, S. 75

Das Bundesinstitut für berufliche Bildung hat 2002 die Teilnehmenden an beruflicher Bildung um eine Einschätzung der Wichtigkeit unterschiedlicher Weiterbildungsziele gebeten. Die größten Unterschiede zwischen Frauen und Männern zeigen sich in zwei Items: 56% der Frauen gegenüber 47% der Männer finden eine „Verbesserung der beruflichen Leistungsfähigkeit" sehr wichtig. Noch deutlicher sind die Differenzen in Bezug auf die Bedeutung von persönlicher Weiterentwicklung: 63% gegenüber 50% der Männer finden dieses Ziel sehr wichtig (vgl. Stürzer 2005, S. 93).

Betrachtet man die allgemeine Weiterbildung – vor allem die Volkshochschulen – genauer, dann handelt es sich hier nahezu um eine Frauendomäne. In allen Fachbereichen, außer beim Nachholen von Schulabschlüssen, stellen Frauen fast zwei Drittel bis weit über drei Viertel der Teilnehmenden. Am höchsten sind sie mit fast 84% im Bereich Gesundheit vertreten (Reichard/Huntemann 2007, S. 37, Tabelle 13).

Wie lassen sich nun die Differenzen zwischen den Geschlechtern bewerten, die sich in der Erwachsenenbildung zeigen? Das „Berichtssystem Weiterbildung" zielt primär auf die berufliche Bildung ab (vgl. Kuwan 2006, S. 134). Angela Venth argumentiert, dass dies nur eine Lesart sei, nämlich die „Variante A", die sich zusammenfassen lässt mit: „Die Teilnahme von Frauen an beruflicher Weiterbildung ist auf ihre Position im System beruflicher Ausbildung und Erwerbsarbeit zurückzuführen" (Venth 2006, S. 149). Als „Variante B" ließe sich aber auch zusammenfassen: „Die Distanz von Männern gegenüber der allgemeinen Weiterbildung entspricht der geschlechtsspezifischen Arbeitsteilung" (ebd., S. 154). Angela Venth kritisiert die Konzentration auf die Lesart A:

1 Die Teilnahmequote an beruflicher Weiterbildung von noch nie Erwerbstätigen wurde 1988 erstmals erhoben. Ohne diese Gruppe läge 1988 die Quote bei den nicht erwerbstätigen Männern bei 7% und bei den nicht erwerbstätigen Frauen bei 4%.

> „Im Effekt entsteht der Eindruck, als sei ausschließlich jenes Lernen der Geschlechter von öffentlicher Relevanz, das in die Berufswelt mündet oder sich aus ihr rekrutiert. Im gleichen Atemzug wird so nicht nur die Präsenz von Frauen in der allgemeinen Bildung, sondern vor allem auch die Absenz der Männer missachtet“ (Venth 2007, S. 218).

Damit aber würde eine Sichtweise auf Weiterbildung festgeschrieben, die nicht nur einseitig sei, sondern auch von den Perspektiven her als problematisch gelten muss, da sie nach wie vor die bestehende geschlechtsspezifische Arbeit und das Geschlechterverhältnis stabilisiert.

Im Bericht zur „Weiterbildungsbeteiligung in Deutschland – Eckdaten zum BSW – AES 2007“ von Bernhard von Rosenbladt und Frauke Bilger wird dagegen die Angleichung der Bildungsbeteiligung insgesamt ebenso wie in der beruflichen Bildung betont und auf die bestehenden Unterschiede in der allgemeinen Weiterbildung verwiesen:

> „Nach den aktuellen Zahlen des BSW 2007 gibt es praktisch keinen Unterschied mehr in der Beteiligung an beruflicher Weiterbildung (…).Veranstaltungen der allgemeinen Weiterbildung werden bereits seit Mitte der 80er Jahre von Frauen eher mehr genutzt als von Männern. In den aktuellen Zahlen liegt die Teilnahmequote der Männer bei 26%, die der Frauen bei 29%“ (von Rosenbladt/Bilger 2008, S. 63).

3 Entwicklung der Frauenbildung im Kontext von Erwachsenenbildung

Die Kritik der bestehenden Geschlechterverhältnisse und damit zusammenhängend die „patriarchale“ Ausrichtung der Erwachsenenbildung spielte eine zentrale Rolle in der Entwicklung jener Frauenbildung, die heute mit diesem Begriff verbunden ist, nämlich einer explizit an Interessen und Bedürfnissen von Frauen orientierten Bildung. Diese entstand primär im Zuge der neuen Frauenbewegung in den 1970er Jahren.

Einige großstädtische Volkshochschulen boten bereits zu Beginn der 1970er Jahre „Frauenforen“ an, die damit eine „neue Frauenbildungsarbeit“ initiierten. In den Frauenforen wurden die vor allem aus den USA kommenden Veröffentlichungen zur Frauenbefreiung vorgestellt und diskutiert. Parallel dazu und zum Teil aus den Frauenforen hervorgehend entwickelten sich – in autonomen Frauenbewegungskontexten wie in institutionalisierten Formen – Frauengesprächskreise als zentrale Form der Frauenbildung. Ziel dieser Art von Bildungsarbeit war „die bewusste Auseinandersetzung mit ‚bis dahin unbegriffenen Abhängigkeiten‘ (…), um sich von ihnen befreien zu können“ (Derichs-Kunstmann 2001, S. 37).

Ende der 1970er/Anfang der 1980er Jahre entstanden eine Reihe von autonomen Frauenbildungsinitiativen. Für die neue Frauenbewegung war Autonomie, d.h. Unabhängigkeit von existierenden gesellschaftlichen Institutionen ein wesentliches Kriterium. Mit ihr verband man die Durchsetzung von Selbstbestimmung und damit Befreiung aus patriarchalen Abhängigkeiten. Es entstanden dennoch sehr unterschiedliche Angebotsformen:

Zum einen gab es Frauenbildungshäuser in ländlichen Gegenden, die als „Orte für Frauen“ ihren Besucherinnen „Spaß und Lust“ ermöglichen wollten. Dafür setzten sie in der Regel auf naturnahe Unterbringung, ökologische Orientierung in den Versorgungen und Spiritualität in den Angeboten. In der Regel waren sie auf überregionale Einzugsgebiete angelegt.

Zum anderen gab es Institutionen, deren Anliegen es war, Frauen in ihrem Bedürfnis nach sozialer, wirtschaftlicher und politischer Gleichberechtigung zu unterstützen. Im Vordergrund standen dabei Angebote der beruflichen Qualifizierung, häufig verbunden mit Hilfen zur persönlichen Identitätsfindung. Diese Frauenbildungsstätten verfügten im Allgemeinen über eine regionale Vernetzung mit kommunalen und staatlichen Einrichtungen, ihre Zielgruppe waren die Frauen in der Region.

Schließlich bildeten sich Bildungseinrichtungen heraus, die als Kompromiss zwischen dem eigenen Anspruch, Frauen mit politischen und ökologischen Themen zu qualifizieren, und den Notwendigkeiten, wirtschaftlich zu arbeiten, – das hieß, den Wünschen der Nachfragenden insbesondere nach Selbsterfahrungsgruppen gerecht zu werden – eine vertretbare Balance suchten.

Die verschiedenen Angebote und Einrichtungen standen für durchaus unterschiedliche Verständnisse von Frauenbildung. Zum Teil erbitterte Auseinandersetzungen drehten sich vor allem um drei Aspekte:

- Spiritismus in der Frauenbildung versus Frauenbildung als Teil von Frauenpolitik;
- Kreativität und Körperkraft als Bestandteile der Frauenbildung;
- Technik als Gegenstand in der Frauenbildung.

Während die Anfänge der Frauenbildung in der Erwachsenenbildung untrennbar mit der Entstehung der neuen Frauenbewegung verbunden waren und insofern einen explizit politischen Anspruch auf gesellschaftliche Veränderungen erhoben, ging die Entwicklung jener Frauenbildungshäuser, die vor allem auf spirituelle Angebote setzten, in eine andere Richtung. Sie verstanden sich als utopischen Ort für Frauen und wollten angenehme Frauenräume schaffen. Demgegenüber interessierte die außerhalb dieser Orte liegende Realität wenig oder gar nicht. Im Mittelpunkt stand der weibliche Körper und die vermeintlich natürliche Kraft, die von ihm ausgeht und zu ihm zurückgeführt werden sollte. Esoterik und Magie bestimmten viele dieser Angebote.

Eine derartige Orientierung mit ihrem Rückzug auf Innerlichkeit beinhaltete zugleich eine Abkehr von politischen Kämpfen, wie sie die Frauenbewegung für unabdingbar hielt. Lynne Segal lässt sich als scharfe Kritikerin dieser Bewegung zitieren:

> „Feminismus dieser Art fördert eine defensive, ja reaktionäre Politik, da er die Frauen aus dem Hauptstrom des politischen Kampfes gegen Klassen-, Rassen- und Geschlechterunterdrückung mit seinen Fortschritten und Rückschlägen entfernt. Ein solcher Feminismus leugnet alle die Widersprüche und Spannungen in den vorhandenen Beziehungen zwischen verschiedenen gesellschaftlichen Gruppen, obwohl wir gerade diese identifizieren müssen, um uns erfolgreicher für Änderungen einsetzen zu können" (Segal 1989, S. 60).

Diejenigen Frauenbildungseinrichtungen, deren Ziel die Unterstützung einer – auch ökonomischen – Eigenständigkeit von Frauen war, setzten nach wie vor auf feministische Strategien zur politischen Veränderung. Ihr theoretischer Ansatzpunkt war die grundlegende Kritik von Bildung, Kultur und Wissenschaft als patriarchalisch, der es eigene Inhalte und Methoden entgegenzusetzen galt. Die Aufarbeitung der Frauengeschichte ebenso wie die Analyse des gegenwärtigen Frauenlebens waren zentrale Mittel dafür. Frauenbildungszentren sollten ein Ort sein,

„an dem alles an Wissen und Information, was uns wichtig ist, zusammengetragen, verarbeitet und weitergegeben wird“ (Denk(t)räume 1983, S. 7).

Die Einrichtung von Bibliotheken und Archiven war ein wichtiger Weg dafür. Die Bildungsangebote selbst wurden sehr breit angelegt: Neben der Bearbeitung von aktuellen Themen aus der Frauenbewegung gab es praktische Kurse zur Lebensbewältigung sowie zur beruflichen Qualifizierung. Ein wichtiger Schwerpunkt waren auch Kurse zur Selbstverteidigung, da sie als zentrales Mittel gegen Bedrohungen von Frauen durch Männer, vor allem aber gegen die daraus folgende Furcht der Frauen und die Einschränkung ihrer Bewegungsmöglichkeiten geeignet waren. Körperkraft widersprach dem geltenden Frauenbild der 1970er und 1980er Jahre, so dass ein Ansetzen an sportlicher Befähigung ein in mehrfacher Hinsicht emanzipatorisches Anliegen war.

Die berufliche Qualifizierung von Frauen stand für Bildungsinitiativen dieser Ausrichtung außer Frage. Auch hier aber gab es heftige Debatten, die insbesondere um das Verhältnis von Frauen und Technik kreisten.

Bereits in den 1970er Jahren gab es „offizielle“, d.h. nicht notwendigerweise von frauenbewegten Frauen organisierte Angebote, Frauen für gewerblich-technische Berufe zu qualifizieren. Zugleich entwickelte und verbreiterte sich in den 1980er Jahren die Informationstechnik, die nicht nur in feministischen Kreisen heftige Auseinandersetzungen provozierte. Verweigerung oder Aneignung waren die diskutierten Alternativen. Von den eher in spiritistische Richtungen gehenden Bildungsangeboten wurde die existierende Technik als „männlich“ abgelehnt. Gefordert wurde stattdessen eine „weibliche Technik“, für die wiederum Magie, Rituale und Religion herangezogen wurden.

Ansonsten waren die Bildungsangebote jedoch durch ein breites Spektrum der Beschäftigung mit Technik gekennzeichnet. Insbesondere kreative Annäherungen und künstlerische Beschäftigungen – vor allem mit Foto und Video – bestimmten einen Teil der Veranstaltungen. Weiterhin wurden Angebote gemacht, in denen handwerkliche Fertigkeiten vermittelt wurden – z.B. zu technischen Problemen im Haushalt, zu Kraftfahrzeugtechnik, sowie zum Umgang mit Computern. Schließlich gab es politische Auseinandersetzungen mit Technik, insbesondere mit Gentechnik, Atomtechnik, aber auch mit der Informationstechnik.

Eine Reihe von Frauenbildungsinstitutionen entwickelte Aus- und Fortbildungsangebote, die auf anerkannte Qualifizierungen oder Weiterbildungen in technischen Bereichen zielten. Oft waren diese ökologisch orientiert. Schließlich gab es verstärkt auch EDV- bzw. Computerbildungen von Frauen für Frauen.

Kennzeichnend für die Angebote – unabhängig von ihrer konkreten Ausrichtung – war die Tatsache, dass sie sich explizit nur an Frauen wendeten und der Bearbeitung von im weitesten Sinne frauenpolitischen Belangen dienten. Elisabeth de Sotelo charakterisiert diese Angebote „als die überfällige Aneignung der eigenen Biographie und der Bildungsgeschichte der Frauen, um so zukunftsorientiert und aktiv mit dem eigenen Leben innerhalb eines gesellschaftlichen Kontextes umgehen zu können“ (Sotelo 2000, S. 29).

Ein solches Verständnis von Frauenbildung entspricht heute nicht mehr unbedingt dem Interesse der nachfragenden Frauen, die vielmehr mit einer „Gebrauchswertorientierung“ und einer „Freizeitorientierung“ an die Bildungsangebote herangehen (Derichs-Kunstmann 2000, S. 84). Insofern sind auch Angebote beispielsweise im Volkshochschulbereich, die sich explizit dem Genderthema widmen und/oder die sich nur an Frauen (oder nur an Männer) richten, deutlich seltener anzutreffen. Angela Venth hat eine Analyse solcher Angebote vorgenommen und identifiziert fünf verschiedene „Gendermuster“ (Venth 2006, S. 50ff.):

„Muster 1: Frauen und Männer im traditionellen Ergänzungsverhältnis"
Die Angebote für Frauen, die diesem Muster entsprechen, zielen vor allem auf eine Stärkung des Selbstvertrauens, z.B. auf die Fähigkeit „nein" zu sagen. Auch wenn eine positive, Frauen unterstützende Haltung hinter dem Angebot steht, setzt es doch an den vermeintlichen Defiziten an und weist das unterlegte Fähigkeitspotential nicht aus. Parallele Angebote für Männer sind ebenfalls kompensatorisch angelegt (wie z.B. „Waldspiele"). Dennoch setzen sie nicht an Defiziten an, sondern appellieren an vorhandene, bisher nicht ausgelebte Fähigkeiten von Männern.

„Muster 2: Frauen und Männer als passagere Zielgruppe"
Als Beispiel zitiert Angela Venth einen Kurs „Optimieren Sie Ihren persönlichen Auftritt". Solche Angebote sind in ihrer Genderrelevanz sehr unklar, es gab sie allerdings auch nach 2001 nicht mehr.

„Muster 3: Männliche Identität in privaten Sphären"
Dieses Muster kennzeichnet eine als komplementäre Angebote entwickelte „Männerbildung", und zwar jene Variante, die sich gegen hegemoniale Männlichkeitsbilder wendet. Venth unterscheidet zwei Ausprägungen dieses Musters: Zum einen gibt es Angebote, die sich letztlich auch gegen die vermeintlich negativen Folgen der Frauenemanzipation richten und Männern neue männliche Identität vermitteln wollen. Zum anderen gibt es auf konkrete Erfahrungs- und Handlungsalternativen zielende Formen, die z.B. Vätern neue Möglichkeiten eröffnen können.

„Muster 4: Weibliche Kompetenz in Sphären der Öffentlichkeit"
Ein Beispiel für solche Angebote ist ein Kurs „Arbeitsgemeinschaft Frauen und Stadtplanung". Gegenüber dem Muster 1 geht es hier um Kompetenzen von Frauen, die zur Geltung kommen und ins öffentliche Leben eingebracht werden sollen. D.h., es wird nicht ein Defizit der Frauen unterstellt, sondern eine mangelnde Gelegenheitsstruktur. Kritisch merkt Venth jedoch an:

> „In der Tendenz stellen allerdings alle Ausschreibungstexte die Erscheinungsformen von Öffentlichkeit nicht kritisch in Frage, sie wollen Frauen lediglich den Zutritt dazu ermöglichen. Zwar wird diejenige Maßregel im komplementären Geschlechterverhältnis angegriffen, die Frauen aus männlichem Herrschaftsgebiet ausgrenzt oder sie dort zum Schweigen bringen will, aber der hegemoniale Maßstab in Symbolen und Strukturen des öffentlichen Ambientes bleibt unangetastet." (ebd., S. 61).

„Muster 5: Frauen und Männer zwischen Differenz und Dialog"
Die wenigen Angebote, die sich hier zuordnen lassen, wollen explizit den Umgang der Geschlechter miteinander fördern. Unklar bleibt dabei, mit welchem Verständnis von Geschlecht dies geschieht. In einigen Fällen wird eine grundlegende Differenz unterstellt, die es durch gemeinsame Kommunikation zu überwinden gilt. In anderen Fällen werden vor allem therapeutisch-partnerschaftliche Formen gesucht.

Angela Venth fasst ihre Analysen der Volkshochschulprogramme wie folgt zusammen:

> „Die fürs Lernen aufgegriffene Relation zwischen den Geschlechtern pendelt von massiven Traditionalismen – (...) – bis zu vorsichtigen Versuchen partnerschaftlicher Konfliktlösung. Alte Mythen von männlicher Dominanz und Macht über weibliche Unterlegenheit werden revitalisiert, darüber hinaus reduziert sich die Geschlechterfrage letztlich auf Probleme der privaten Beziehung zwischen Mann und Frau. (...) Die binär codierte Geschlechterdifferenz

> im Lernangebot verhindert – so muss aus der Analyse gefolgert werden – gleichwertiges und multiples Differenzieren, neigt zur ontologischen Verhärtung und schließt mit Lernpotenzialen auch Lebenspotenziale aus." (ebd., S. 64 f.)

Entscheidend für diese Einschätzung ist das unterlegte gendertheoretische Verständnis, das in die Angebote jeweils eingegangen ist. Ohne seine Explizierung bleiben die Perspektiven der Frauenbildung folglich unklar.

4 Gendertheoretische Grundlagen

Das Konzept des Gender Mainstreaming als „ein" für alle Politikbereiche verpflichtendes Prinzip erfordert für die Erwachsenenbildung, zum einen die spezifischen Angebote für Frauen bzw. für Männer in die allgemeine Struktur einzuordnen – d.h. ihren Stellenwert zu reflektieren –, zum anderen die Genderdimensionen des „normalen" Angebotes zu erkennen und sie auf Benachteiligungen von Frauen oder von Männern hin zu analysieren. Die Reaktionen auf diese Anforderungen sind laut Gerrit Kaschuba höchst unterschiedlich, wobei dies besonders für diejenigen Personen gilt, die in geschlechterbezogener Bildung aktiv sind. „Männerbildner" verbinden mit der neuen Genderdiskussion und der „geschlechtergerechteren Ausrichtung der Erwachsenenbildung" eher „ökonomische und strategische Hoffnungen: Möglicherweise gelängen dann mehr Männer in allgemeine, politische, kulturelle Angebote der Erwachsenenbildungseinrichtungen" (Kaschuba 2001, S. 117). Frauen dagegen befürchten eher eine neutralisierende Wirkung: „Der frauenpolitische Standpunkt drohe hinter ‚gender' zu verschwinden, der Geschlechtergerechtigkeitsdiskurs eine männliche Ausrichtung zu bekommen" (ebd., S. 117).

Am Landesinstitut für Schule und Weiterbildung in Nordrhein-Westfalen hat eine Arbeitsgruppe „Geschlechterverhältnis"-Materialien zum Thema „Mit der Genderperspektive Weiterbildung gestalten" herausgegeben. Schaut man genauer auf das theoretische Konzept dieser Perspektive, so ist es nach wie vor eher dem Differenzansatz – der Annahme grundlegender „natürlicher" Unterschiede zwischen Männern und Frauen – verpflichtet. So wird z.B. „die Berücksichtigung der Kultur der Zweigeschlechtlichkeit in jeglicher Hinsicht und Ausformung" gefordert (Landesinstitut für Schule und Weiterbildung 2001, S. 8). Während dies noch nichts darüber aussagt, wie die Berücksichtigung zu erfolgen hat, lässt sich doch vermuten, dass eine starke Betonung von Unterschieden – die Behauptung Frauen und Männer dächten, fühlten und handelten in fast jeder Hinsicht anders (ebd., S. 75) – nicht auf deren Abbau zielt, sondern auf deren Anerkennung. Damit im Einklang steht auch das Verständnis von „geschlechtsbezogener Bildungsarbeit" als geschlechtshomogene Räume, d.h. getrennte Frauen- und Männerbildung (ebd., S. 75). Zusätzlich allerdings soll auch der Dialog zwischen den Geschlechtern gefördert werden (ebd., S. 76).

Im erziehungswissenschaftlichen Bereich fanden sich die Differenzkonzepte beispielsweise in dem von Barbara Schaeffer-Hegel (1987) vorgebrachten „Plädoyer für ein feministisches Bildungskonzept", das der „Wiedergewinnung eines starken weiblichen Selbstverständnisses" (ebd., S. 127) dienen sollte und sich insbesondere auf weibliche Sexualität, Gebären und Stillen bezog (zur detaillierten Nachzeichnung dieser Forderungen und ihrer Kritik vgl. Faulstich-Wieland 1995, Kap. 2). Verschwunden sind solche Ansätze allerdings auch heute noch nicht:

So kritisiert Wiltrud Gieseke im Jahr 2000 an den neuen Positionen, dass diese die Gebärfähigkeit von Frauen nicht berücksichtigten bzw. verleugneten. Die Benachteiligung von Frauen bei der Vergabe von höheren Positionen sei Folge eines „Gebärneids" (Gieseke 2000, S. 335).

Gegen solche Differenzpositionen hat sich theoretisch weitgehend ein Verständnis von Geschlecht als sozialer Konstruktion durchgesetzt – praktisch allerdings dominieren noch vielfach Differenzkonzepte wie bereits an dem Konzept aus Nordrhein-Westfalen gezeigt. Mit sozialer Konstruktion ist zum einen der Blick auf strukturelle Formen von Ungleichheit verbunden, d.h. auf Mechanismen, die sich „hinter dem Rücken der Akteure" durchsetzen. In der Erwachsenenbildung gehören z.B. Regelungen dazu, die den Zugang zu Weiterbildungen von Voraussetzungen abhängig machen, die nur bestimmte Personen erreichen: Wenn Aufstiegsfortbildungen eine bestimmte berufliche Position erfordern und deutlich weniger Frauen in solchen Positionen sind, dann können sie auch nur zu geringeren Anteilen an den Weiterbildungsmaßnahmen teilnehmen. Wie im ersten Teil gezeigt, gehören noch bestehende Ungleichheiten zwischen den Geschlechtern in der Teilhabe an Weiterbildung zu solchen strukturell verursachten, d.h. sozial konstruierten. Zum anderen meint soziale Konstruktion von Geschlecht aber auch die interaktive Herstellung der Geschlechtszugehörigkeit, das „doing gender" (West/Zimmerman 1991; für die Erweiterung des Konzepts auf anderen soziale Aspekte, auf „doing differences": vgl. West/Fenstermaker 1995): Man hat nicht einfach ein Geschlecht, sondern man sorgt gemeinsam mit allen an sozialen Prozessen Beteiligten dafür, dass eine Einordnung der Personen in das Raster der Zweigeschlechtlichkeit möglich ist. Interaktionen sind deutlich erschwert, wenn wir nicht wissen, ob es sich beim Gegenüber um eine gleich- oder gegengeschlechtliche Person handelt. Deshalb sorgen wir – durch Kleidung, Haartracht, Schmuck, Namen, aber eben auch durch unser Verhalten – dafür, ein Erkennen sofort zu ermöglichen und wir erwarten dieses auch von unserem Gegenüber. Die Bewertung des Verhaltens als „geschlechtsangemessen" ist der zentrale Steuerungsmechanismus. Allerdings erfordert dieser nicht, sich einer männlichen oder weiblichen Idealvorstellung anzupassen, sondern nur „im Rahmen" zu bleiben – oder bewusst gegen diesen zu verstoßen mit dem Risiko der geschlechtlichen Ausgrenzung (als „Mannweib" oder als „weibischer Mann" u.ä.). Die Spielräume für geschlechtsangemessenes Verhalten sind in unterschiedlichen Kontexten (historisch, regional, sozial) mehr oder weniger groß und in den seltensten Fällen exakt definiert. Erwachsenenbildungsangebote werden vor diesem Hintergrund von den potentiellen Teilnehmenden auch als gegenderte Angebote wahrgenommen: Kann ein Mann einen VHS-Kurs zum Thema „Wie schminke ich mich?" belegen? Formal kann er das natürlich, aber welches soziale Risiko er damit eingeht, kann man sich durchaus vorstellen. Darüber hinaus sind Erwachsenenbildungseinrichtungen durch die Art ihrer Angebote selbst am doing gender beteiligt (vgl. Venth 2006).

Gendertheoretisch kann man eine Entwicklung von der Betonung der Differenzen und der Suche nach dem „natürlichen" Geschlecht zur Dekonstruktion solcher Vorstellungen und der Rekonstruktion der sozialen Herstellungsmechanismen erkennen. Insgesamt ist die wissenschaftliche Genderdiskussion mittlerweile Positionen der Offenheit und Heterogenität verpflichtet (vgl. Faulstich-Wieland 2006; Glaser/Klika/Prengel 2004):

> „Geschlechterforschung/Gender-Studien fragen nach der Bedeutung des Geschlechts für Kultur, Gesellschaft und Wissenschaften. Sie setzen keinen festen Begriff von Geschlecht voraus, sondern untersuchen, wie sich ein solcher Begriff in den verschiedenen Zusammenhängen jeweils herstellt bzw. wie er hergestellt wird, welche Bedeutung ihm beigemessen wird und welche Auswirkungen er auf die Verteilung der politischen Macht, die sozialen

> Strukturen und die Produktion von Wissen, Kultur und Kunst hat (Stephan/von Braun 2000, S. 9).

Ilse Lenz (2002) sieht die neuere Frauenbewegung eingebettet in Internationalisierungen und Neuorientierungen, bei denen es durch einen multikulturalistischen Feminismus gelang, den generellen Opfermythos zu durchbrechen, durch „men's feminism" den Blick auf die „männliche Dividende" (vgl. Connell 1998; 1999; 2002) zu richten und durch „Queer theory" die Ordnungskategorie Geschlecht überhaupt in Frage zu stellen. Seit den 1990er Jahren haben wir es mit Prozessen des Mainstreaming und einer Entwicklung der Geschlechterforschung zu tun, die sich auf die Suche nach neuen Konzepten macht:

> „Nicht mehr Anerkennung von Verschiedenheit, sondern *gender-free*, die Aufhebung des Geschlechts als kollektive Zwangszuschreibung wird an den Horizont geschrieben" (Lenz 2002, S. 63).

Trotz aller Ausdifferenzierungen und Weiterentwicklungen bleibt jedoch der ursprüngliche, politisch intendierte Ausgangspunkt erhalten: nach wie vor geht es um den Abbau von Hierarchien, um die Verwirklichung von Demokratie. Gender sei eine „grundlegende wissenschaftliche Analysekategorie, mit der ‚die fragwürdig gewordene Opposition zwischen Männern und Frauen' dekonstruiert, gleichzeitig aber die in der Praxis weiterbestehende Opposition ‚in ihren sozialen, kulturellen und politischen Realitäten als Mechanismus der Hierarchisierung' (...) ernstgenommen werden könne" (Stephan 2000, S. 68). Dabei steht mittlerweile keine Suche nach einer wie immer definierbaren „Weiblichkeit" im Vordergrund, sondern die Suche nach den Mechanismen, die zur Produktion und Reproduktion von Geschlecht und Geschlechterverhältnissen führen.

> „Feministische Theorie kann ‚nicht über ihren Gegenstandsbereich definiert werden, sondern eher über ein gemeinsames Erkenntnisinteresse, das heißt, die Produktion von Wissen zur Aufdeckung und Transformation von epistemischen und sozialen Geschlechterhierarchien' (...). Feministische Theorie zeichnet sich also durch eine spezifische Erkenntnisperspektive aus: Sie fokussiert in herrschaftskritischer Absicht auf die Verfasstheit von Geschlechterverhältnissen" (Hark 2001, S. 10).

Mit solchen Ansätzen lässt sich folglich danach fragen, welche Perspektiven es für eine Frauenbildung heute noch gibt.

5 Perspektiven der Frauenbildung

Der herrschaftskritische Blick auf Geschlechterverhältnisse als Kriterium für die Frage nach Möglichkeiten von Frauenbildung steht insbesondere in internationalen Ansätzen im Vordergrund. So findet sich in vielen Ländern eine ausgeprägte Frauenarmut, die mit Hilfe von Erwachsenenbildung überwunden werden soll. Mandakini Pant (2004) berichtet über eine Studie, die zeigt, wie Frauen u.a. mit Hilfe von Bildungsprogrammen zu „change agents" in ihrer Gesellschaft werden konnten.

Pant bezieht sich auf Forschungen in drei verschiedenen Distrikten in Indien, die gemeinsam mit den Entwicklungsorganisationen HARC (Himalayan Action Research Center), PEACE (People's Action for Creative Education) und SAHAYI (Centre for Collective Learning and Action) durchgeführt wurden. Der zentrale Ansatz der Arbeit dieser Organisationen zielt auf Empowerment von Frauen:

> „Organizing poor women in self-help groups and empowering them with capacities would enhance their competence to access and manage resources, expand their options for sustainable livelihoods and enable them to participate actively in community development" (Pant 2004, S. 3).

Einen zentralen Beginn bildete die Organisation von Frauengruppen, die gemeinsam zu sparen begannen. Ausschlaggebend war darüber hinaus die Vergabe von Kleinkrediten an diese Gruppen. Entscheidend für den Erfolg jedoch waren die Bildungsmaßnahmen. Pant listet sechs Schlüsselbereiche auf, in denen Kenntnisse und Fähigkeiten vermittelt wurden (vgl. Tabelle 2).

Tabelle 2: Key Capacity Building Areas of PEACE, SAHAYI and HARC (Quelle: Pant 2004, S. 5)

SHG (= Selbsthilfegruppen – HFW)	Formation, management, leadership development, problem solving and conflict resolution
Federation	Financial management, resource mobilization, decision-making
Accounts and documentation	Maintenance of records, annual plans, budgets, documenting the minutes of meetings
Enterprise development	Enterprise promotion, feasibility, other technical and management aspects, information and training on techniques to enhance existing livelihoods.
Empowerment	Awareness raising on women's issues
Basic literacy	Reading, writing and numeracy skill enhancement

Erreicht wurde dies durch partizipatorisches, interaktives und inklusives Lernen in einer Vielzahl von Lerngelegenheiten. So wurden Studienfahrten organisiert, best practice-Projekte besucht, Hands-on-Trainings durchgeführt ebenso wie Demonstrationsprojekte studiert, Gespräche mit Experten, Praktikern, Regierungspersonen durchgeführt, usw. Diese Lerngelegenheiten erlaubten den Frauen, ihren Alltag zu reflektieren, sowie Bedürfnisse und Forderungen zu artikulieren. Die Selbsthilfegruppen ermöglichten es den Frauen bald nicht nur an Veränderungen beteiligt zu sein, sondern selbst andere Gruppen zu unterstützen. Zudem trugen die Lernerfahrungen dazu bei, den Wert von Bildung auch für die eigenen Kinder, insbesondere die Töchter, höher einzuschätzen. Durch den Erfolg der Selbsthilfegruppen erzielten die Frauen Einkommen und konnten ihren Lebensstil verändern. Sie erlangten so Selbstbewusstsein auch gegenüber den eigenen Ehemännern. Schließlich mischten sie sich in kommunale Entwicklungen ein und trugen so zur Verbesserung der Infrastruktur ihrer Region bei.

Pant (2004) fasst die Effekte der Erwachsenenbildung als Empowerment folgendermaßen zusammen:

> „The learning programme has had a significant impact at three levels of empowerment: power within, power to, and power with. At the power within level, a key impact is the observation that women have developed an awareness of their own potential to fight against poverty.

> They are confident, sensitive and informed persons. At the power to level, the projects have expanded women's control over their labour, resources and decision-making processes. Access to their own savings, access to networks of women outside their family and access to leadership positions have empowered them. At the power with level, women have intervened collectively in many institutions: family, market (labour and financial), community and local self-governance institutions" (ebd., S. 10).

Empowerment ist nicht nur das Stichwort für Frauenbildung in Ländern mit hoher Frauenarmut. Auch in „westlichen" Ländern kann die Entwicklung von Empowerment-Konzepten in Verbindung mit Aktionsforschung zur Verbesserung von Chancengleichheit dienen (vgl. Heiskanen 2006). Ein von Teilnehmerinnen der Konferenz „feministisch regieren" im Oktober 2002 in Wien erarbeitetes feministisches Regierungsprogramm hält dies im „feministischen Bildungsbegriff" fest:

> „Bildung ist nicht orientiert an Defizitreduktion, sondern an der Förderung von Fähigkeiten und Teilnahme. Bildung ist Befähigung zum Sprechen. Sie unterstützt Frauen darin, sich als Person und Trägerin von Meinung zum Vorschein zu bringen. (…) Feministische Bildung beschränkt sich dabei nicht auf die Auseinandersetzung mit der Konstruktion von Geschlecht, sondern nimmt auch rassistische, ‚behinderten'feindliche, klassizistische, heterosexistische etc. Konstruktionen in den Blick." (Feministisches Regierungsprogramm 2002, S. 10)

Es lassen sich verschiedene Aspekte für entsprechende Bildungskonzeptionen benennen: Die Stärkung von Selbstorganisation (vgl. Zitzelsberger/Latorre 2007) gehört ebenso dazu wie eine Lebensweltorientierung, die nicht auf Zweigeschlechtlichkeit zielt, sondern Prozesse des doing gender selbst zum Ausgangspunkt nimmt (vgl. Lerch 2007). Analysen von sozialstrukturellen Ungleichheiten sind nötig (vgl. Gouthro 2007), sie sollten in regionale Bildungsnetzwerke einmünden (vgl. Fleige 2007, S. 230). Solche Konzepte erfordern – sollen sie Empowerment von Frauen sichern – auf Seiten der Erwachsenenbildnerinnen und Erwachsenenbildner selbst entsprechende Genderkompetenzen (vgl. von Felden 2004; Kaschuba 2007). Insofern liegen zentrale Perspektiven für die Weiterentwicklung von Frauenbildung in der Implementierung von Gender Mainstreaming in Weiterbildungsorganisationen und vor allem in deren Management (vgl. Macha/Fahrenwald 2007). Gerade in Leitungs- und Führungspositionen sind Frauen bisher unterrepräsentiert und hier vermag die Erwachsenenbildung – z.B. in Form von Mentoringprogrammen (vgl. Sobehart 2007) – wichtige Hilfestellungen zu leisten. Die Erwachsenenbildung ist darüber hinaus als berufliche Fort- und Weiterbildung zugleich der Ort, an dem Genderkompetenz vermittelt werden kann, d.h. Gendertrainer und -trainerinnen sind sowohl im Feld der Erwachsenenbildung tätig und werden zusätzlich dort für ihre Tätigkeit qualifiziert". Die Güte der Konzepte für Gendertrainings (vgl. Blickhäuser/Bargen 2001; 2006; Glücks/Ottemeier-Glücks 2001) hängt allerdings wiederum stark mit den gendertheoretischen Fundierungen zusammen.

Literatur

Blickhäuser, A./Bargen, H. von (2001): Gendertrainings als Instrument der Personalentwicklung und Profilentwicklung von Einrichtungen. In: Landesinstitut für Schule und Weiterbildung (Hrsg.): Mit der Genderperspektive Weiterbildung gestalten. Reihe Weiterbildung Materialien NRW. Bönen: Verlag für Schule und Weiterbildung, S. 125-136.

Blickhäuser, A./Bargen, H. von (2006): Mehr Qualität durch Gender-Kompetenz. Ein Wegweiser für Training und Beratung im Gender Mainstreaming. Königstein im Taunus: Ulrike Helmer Verlag.

Braun, Ch. von/ Stephan, I. (Hrsg.) (2000): Gender Studies. Eine Einführung. Stuttgart: J.B. Metzler.

Connell, R.W. (1998): Männer in der Welt: Männlichkeiten und Globalisierung. In: Widersprüche 67. S. 91-105.

Connell, R.W. (1999): Der gemachte Mann. Konstruktion und Krise von Männlichkeiten. Opladen: Leske+Budrich.

Connell, R.W. (2002): The globalization of gender relations and the struggle for gender democracy. In: Breitenbach, E./Bürmann, I./Liebsch, K./Mansfeld, C./Micus-Loos, C. (Hrsg.): Geschlechterforschung als Kritik. Bielefeld: Kleine Verlag, S. 87-98.

Denk(t)räume (1983): Frauenbildungszentrum, Archiv/Bibliothek in Hamburg, Broschüre.

Derichs-Kunstmann, K. (2000): Frauenbildungsarbeit in der Weiterbildung. In: Sotelo E. de (Hrsg.) (2000): Frauenweiterbildung. Innovative Bildungstheorien und kritische Anwendungen. Weinheim: Deutscher Studien Verlag, S. 70-90.

Derichs-Kunstmann, K. (2001): Zum Verhältnis von Frauenbildungsarbeit und Frauenbewegung. In: Gieseke, W. (Hrsg.) (2001): Handbuch zur Frauenbildung. Opladen: Leske+Budrich, S. 35-45.

Faulstich-Wieland, H. (1995): Geschlecht und Erziehung. Grundlagen des pädagogischen Umgangs mit Mädchen und Jungen. Darmstadt: Wissenschaftliche Buchgesellschaft.

Faulstich-Wieland, H. (2006): Gender-Studies. Opladen: Barbara Budrich-Verlag.

Feministisches Regierungsprogramm 2002. Verfügbar unter: http://weiterwissen.at/frauenbildung/fb_femregieren.htm (17.1.08)

Felden, H. von (2004): Von der Frauenbildung über das Gender Mainstreaming zur Genderkompetenz. Geschlecht als Kategorie in der Erwachsenenbildung. In. Report 27, H. 3, S. 40-47.

Fleige, M. (2007): Veränderungen des Geschlechterverhältnisses in der Weiterbildung in Deutschland – Weiterbildungsbeteiligung und Angebotsentwicklung 1980-2003. In: Hessische Blätter für Volksbildung 57, H. 3, S. 221-231.

Gieseke, W. (2000): Erziehungswissenschaft. In: Braun, C. von/Stephan, I. (Hrsg.): Gender Studies. Eine Einführung. Stuttgart: J.B. Metzler, S. 328-343.

Gieseke, W. (Hrsg.) (2001): Handbuch zur Frauenbildung. Opladen: Leske+Budrich.

Glaser, E./Klika, D./Prengel, A. (Hrsg.) (2004): Handbuch Gender in der Erziehungswissenschaft. Bad Heilbrunn/ Obb.: Klinkhardt.

Glücks, E./Ottemeier-Glücks, F.-G. (2001): Das Geschlechterverhältnis als Bildungsauftrag. In: Landesinstitut für Schule und Weiterbildung (Hrsg.): Mit der Genderperspektive Weiterbildung gestalten. Reihe Weiterbildung Materialien NRW. Bönen: Verlag für Schule und Weiterbildung, S. 189-198.

Gouthro, P.A. (2007): Active and Inclusive Citizenship for Women: Democratic Considerations for Fostering Lifelong Learning. In: International Journal of Lifelong Education 26, H. 2, S. 143-154.

Hark, S. (Hrsg.) (2001): Dis/Kontinuitäten: Feministische Theorie. Opladen: Leske + Budrich.

Heiskanen, T. (2006): Gender Issues in Action Research: Implications for Adult Education. In: International Journal of Lifelong Learning 25, H. 5, S. 519-533.

Kaschuba, G. (2001): Frauenbildung und Genderansätze in der Erwachsenenbildung - Feministische Perspektiven? In: Landesinstitut für Schule und Weiterbildung (Hrsg.): Mit der Genderperspektive Weiterbildung gestalten. Reihe Weiterbildung Materialien NRW. Bönen: Verlag für Schule und Weiterbildung, S. 111-124.

Kaschuba, G. (2007): Gender-Qualifizierung für die Praxis der Erwachsenenbildung. In: Hessische Blätter für Volksbildung 57, H. 3, S. 263-271.

Kuwan, H./Bilger, F./Gnahs, D./Seidel, S. (2006): Berichtssystem Weiterbildung IX. Integrierter Gesamtbericht zur Weiterbildung in Deutschland. Bonn/Berlin: BMBF.

Landesinstitut für Schule und Weiterbildung (Hrsg.) (2001): Mit der Genderperspektive Weiterbildung gestalten. Reihe Weiterbildung Materialien NRW. Bönen: Verlag für Schule und Weiterbildung.

Lenz, I. (2002): Neue Frauenbewegung, Feminismus und Geschlechterforschung. In: Schäfer, E./Fritzsche, B./Nagode, C. (Hrsg.): Geschlechterverhältnisse im sozialen Wandel. Interdisziplinäre Analysen zu Geschlecht und Modernisierung. Opladen: Leske + Budrich, S. 31-66.

Lerch, S. (2007): Frauenbildung als lebensweltorientierter Ansatz der Erwachsenenbildung. In: Hessische Blätter für Volksbildung 57, H. 3, S. 256-262.

Macha, H./Fahrenwald, C. (Hrsg.) (2007): Gender Mainstreaming und Weiterbildung – Organisationsentwicklung durch Potentialentwicklung. Opladen: Barbara Budrich Verlag.

OECD (2007): Education at a Glance 2007. Verfügbar unter: http://www.oecd.org/dataoecd/4/55/39313286.pdf (07.06.2008).

Pant, M. (2004): Adult Education and Livelihood: Women as Agents of Change. In: Adult education and development. H 63, S. 121-144. Verfügbar unter: http://www.iiz-dvv.de/index.php?article_id=306&clang=1 (19.08.2008).

Reichart, E./Huntemann, H. (2006): Volkshochschul-Statistik 2006. Verfügbar unter: http://www.die-bonn.de/doks/reichart0702.pdf (07.06.2008).

Rosenbladt, B. von/Bilger, F. (2008): Weiterbildungsbeteiligung in Deutschland – Eckdaten zum BSW und AES 2007. TNS Infratest Sozialforschung München. Verfügbar unter: http://www.bmbf.de/pub/weiterbildungsbeteiligung_in_deutschland.pdf (07.06.2008).

Schaeffer-Hegel, B. (1987): Plädoyer und Thesen für ein feministisches Bildungskonzept. In: Prengel, A. u.a. (Hrsg.): Schulbildung und Gleichberechtigung. Frankfurt a.M.: Selbstverlag, S. 121-129.

Segal, L. (1989): Ist die Zukunft weiblich? Frankfurt/Main: Suhrkamp.

Sobehart, H. (2007): Mentoring and Women in Educational Leadership: Theory and Practice. In: Macha, H./Fahrenwald, C. (Hrsg.) (2007): Gender Mainstreaming und Weiterbildung – Organisationsentwicklung durch Potentialentwicklung. Opladen: Barbara Budrich Verlag, S. 148-159.

Sotelo, E. de (2000): Feministische Impulse in der Frauenweiterbildung. In: Sotelo, E. de (Hrsg.) (2000): Frauenweiterbildung. Innovative Bildungstheorien und kritische Anwendungen. Weinheim: Deutscher Studien Verlag, S. 15-31.

Stephan, I. (2000): Gender, Geschlecht und Theorie. In: Braun, C. von/Stephan, I. (Hrsg.) (2000): Gender Studies. Eine Einführung. Stuttgart: J.B. Metzler, S. 58-96.

Stephan, I./Braun, C. von (2000): Einleitung. In: Braun, C. von/Stephan, I. (Hrsg.) (2000): Gender Studies. Eine Einführung. Stuttgart: J.B. Metzler, S. 9-15.

Stürzer, M. (2005): Bildung, Ausbildung und Weiterbildung. In: Cornelißen, W. (Hrsg.): Gender-Datenreport. 1. Datenreport zur Gleichstellung von Männern und Frauen in der Bundesrepublik Deutschland. Berlin: BMFSFJ, S. 21-98.

UNESCO (2008): Education for All. Will we make it by 2015? EFA Global Monitoring Report 2008. Oxford: Oxford University Press.

Venth, A. (2006): Gender-Porträt Erwachsenenbildung. Bielefeld: wbv.

Venth, A. (2007): Arbeiten – Lernen – Leben. Potenziale der Erwachsenenbildung im Kontext geschlechtsspezifischer Arbeitsteilung. In: Hessische Blätter für Volksbildung 57, H. 3, S. 213-220.

West, C./Zimmerman, D.H. (1991): Doing Gender. In: Lorber, J./Farrell, S.A. (Hrsg.): The Social Construction of Gender. Newbury Park: Sage, S. 13-37.

West, C./Fenstermaker, S. (1995): Doing Difference. In: Gender & Society 9, H. 1, S. 8-37.

Zitzelsberger, O./Latorre, P. (2007): Migrantische Selbstorganisation von Frauen und ihr Beitrag zur Erwachsenenbildung. In: Hessische Blätter für Volksbildung 57, H. 3, S. 272-278.

Ekkehard Nuissl

Männerbildung

1 Männerbildung – Frauenbildung

Frauenbildung ist ein Begriff des 19. Jahrhunderts, ein Kampfbegriff, mit dem Frauen dafür stritten, ihre gesellschaftlichen Interessen und politischen Rechte gleichberechtigt wahrnehmen zu können. Frauenbildung ist eingebunden in Frauenbewegung und Frauenforschung, sie wird getragen von Frauen, welche die Interessen, Wünsche und Ansprüche des Geschlechtes sichtbar machen und patriarchale Strukturen verändern wollen. Frauenbildung ist per definitionem emanzipatorisch. Frauenbildung gibt es in vielfältigen Ansätzen, an vielen Institutionen und Initiativen, theoretisch und praktisch sehr entwickelt und differenziert.

Männerbildung als eine Bildungsarbeit, die spezifisch männliche Probleme und Defizite aufgreift und bearbeitet, existiert demgegenüber praktisch nicht. Es gibt zwar gerade in der Weiterbildung vielfältige Angebote, an denen Männer teilnehmen: Managementschulungen, Anpassungs- und Umschulungskurse, soziokulturelle und politische Angebote. Es gibt auch zielgruppenbezogene Angebote, die Männer einschließen, etwa für Arbeitslose, Ältere, Analphabeten, Ausländer oder Strafgefangene (letzteres eine fast ausschließlich männliche Zielgruppe), und es gibt einige Ansätze von Männerbildung, die sich seit Ende der 1980er Jahre vermehren. Männerbildung kann sich aber nicht auf eine entsprechende Männerbewegung beziehen, sondern nur auf eine kleinere Anzahl von Pädagogen, „welche die Beschädigungen und Einschränkungen, die ein gesellschaftlich definiertes männliches Denken und Handeln auch den Jungen und Männern zufügt, nicht länger hinnehmen wollen oder können“ (Hessische Jugend 1992, S. 14).

Männerbildung befindet sich in der Schwierigkeit, den objektiven Nutzen ihrer „Zielgruppe“ von den bestehenden Verhältnissen und das subjektive Leid derselben unter männlich-patriarchalen Strukturen nur schwer ohne Zielkonflikt emanzipatorisch definieren zu können. Die vielfältigen Anleihen der Männerbildung bei der Frauenbildung (vgl. Wieck 1987) greifen von daher zu kurz. Die geringe Akzeptanz der Notwendigkeit von Männerbildung liegt vor allem in der verbreiteten Auffassung, Männer hätten – qua Geschlecht – „eigentlich keine Probleme“ (Mitscherlich/Dierichs 1985, S. 47). Diese Auffassung widerspricht aber nahezu allen empirischen Tatsachen: Es gibt kaum eine Statistik, die nicht belegt, dass die Zahl der Jungen mit messbaren Problemen die der Mädchen erheblich übersteigt, was vor allem auf die Probleme der Jungen mit ihrer Geschlechtsrolle zurückzuführen ist (vgl. Stecklina 2007). Das „männerdominante Verhalten“ (Aggressivität, Konkurrenz, Außenorientierung u.a.) steht im engen Zusammenhang mit der Unfähigkeit der Männer, Hilfsbedürftigkeit auszudrücken und zu akzeptieren. „Die Lebensschwierigkeiten von Männern werden sich häufen in dem Maße, in dem die Geschlechterrolle zur Bewältigung des Lebens notwendig wird (...) Die männliche Gewalttätigkeit ist auch eine Form der Hilflosigkeit im Umgang mit der Geschlechterrolle“ (Böhnisch 1992, S. 16).

In einer Zeit, wo im Nachklang der Frauenbewegung Frauen in privilegierte Lebensräume und Positionen von Männern „eindringen", könnten Männer von der Herrscherfunktion Abschied nehmen und sich selbst aus inneren Zwängen befreien. Sie stecken jedoch aus Furcht vor Veränderung und mangelndem Ansehen meist fest in der verinnerlichten traditionellen Rolle. Diese wird aber auch durch die Erwartungen von außen weiterhin bestätigt (vgl. Lenz 2000).

Männerbildung steht also im engsten Zusammenhang mit der gesellschaftlichen Herrschaftsstruktur sowie deren materiellen und ideologischen Voraussetzungen. Das Emanzipatorische an Männerbildung ist schon ihr Name, weil sie eine männliche Geschlechtsidentität formuliert. Darin liegt auch zugleich ihr Problem: die Herauslösung spezifisch männlicher Interessen und Bedürfnisse aus ihrer gesellschaftlichen Verallgemeinerung.

2 Männliche Identität

Der Mann, so Arthur Schopenhauer, ist „der eigentliche Mensch", Mater gleich Materie, Mann gleich Mensch – diese einfache Gleichung gilt ideengeschichtlich seit Aristoteles. Karl Scheffler (1908, S. 20) meint, für den Mann sei „die Harmonie überhaupt nur symbolisch vorhanden. Die passive Harmonie der Frau heißt Natur, die bewusste und gewollte des Mannes heißt Kultur". Was Frauen an sich sind, ganze Personen, eins mit der Natur und privat, das schaffen Männer gezielt und öffentlich: Die Harmonie in der Kultur. Die Identität des Mannes lässt sich danach gesellschaftlich und öffentlich, die Identität der Frau privat und individuell definieren. Dies ist gewissermaßen die „Normalverteilung" patriarchaler Herrschaftsverhältnisse.

Grundlage gesellschaftlicher Machtstrukturen ist der Begriff der *Normalität*. Männer setzen Normen, Frauen tun dies aber auch. Die Differenz liegt darin, dass die männliche Norm die herrschende ist. Der Mann ist der Mensch, es wird geherrscht und nicht „gefrauscht", und die gesellschaftliche Norm ist das „man".

Mann sagt nicht, welches die gesellschaftliche Norm ist, mann repräsentiert sie. Was und wie man *ist*, das ist normal, alles andere ist auf die eine oder andere Weise defizitär. Probleme, welche diese Normen in Frage stellen könnten, werden ausgegrenzt und zum Stigma einzelner Bevölkerungsgruppen gemacht. Dies gilt natürlich gerade dann, wenn es sich auch um Männer handelt; die Arbeitslosen und die Homosexuellen sind dafür ein gutes Beispiel. Je realer die Gefahr solcher Defizite für jedermann ist, je substanzieller sie Bestandteil seiner eigenen Normalität sind, desto energischer bekämpft man sie.

Mann hat keine Probleme. Probleme des Mannes sind gesellschaftliche Probleme, also auch solche der Frauen, eben Probleme der Allgemeinheit. Individuell gesehen sind Probleme des Mannes keine solchen des männlichen Geschlechts – die kennt man gar nicht, Männer sind immer nur Individuen, haben überhaupt keine Geschlechtsidentität. Defizite des Mannes sind individuelle Defizite gegenüber der männlichen Norm. Das männliche Bewusstsein hat „die objektiven Determinanten seines eigenen subjektiven Handlungsvermögens systematisch verdrängt" (Wartmann 1982, S. 16).

Der objektive Mann formuliert die Ziele und Normen der Gesellschaft logisch, daher legitim, er entwickelt rationale und objektive Kriterien. Objektivität gleich Männlichkeit ist danach Ordnung, Subjektivität gleich Weiblichkeit ist Chaos. Das Primat rationaler und objektiver Kriterien lässt Subjektivität und Chaos zu, aber nur in einer instrumentell verwendbaren und eingebundenen Weise. Dies gilt auch heute, wo Subjektivität und Chaos in der Person der Frauen aus dem privaten in den öffentlichen Raum drängen; sie sind integrierbar (auch im Rahmen eines formalisierten Quotensystems), weil es ein Kampfmittel herrschender Normen ist, Bewegungskräfte integrativ zu subsumieren.

Objektivität und Rationalität sind gebunden an die zugrunde liegenden Normen, diese wiederum an die Ziele. In unserer Gesellschaft wird nicht nur die Natur unterdrückt, sondern auch das Natürliche und damit auch das Natürliche im Menschen; gerade in der Diskussion um Umwelt- und Gesundheitsbildung zeigt sich, dass der Zusammenhang innerer und äußerer Natur zerrissen ist.

Die Geschlechtsidentität des Mannes ist in der gesellschaftlichen Norm des allgemeinen Menschen aufgegangen. Das männliche Geschlecht zieht daraus den Nutzen, durch diese verallgemeinerte eigene Identität gesellschaftlich zu herrschen, männliche Normen als allgemeine Normen zu setzen. Aber die Männer beherrschen sich auch mit ihrer eigenen Norm. Dies ist umso gravierender, als der Mann immer an der gesellschaftlichen Norm orientiert war und ist, nicht an deren Realität. Dies gilt für die individuelle und soziale Wirklichkeit der Männer selbst, aber natürlich auch für die Realität der Frauen. Männer beherrschen sich selbst mit ihrer eigenen Norm.

Eine kritische Männerforschung liefert jedoch zunehmend Befunde und zeigt: Mann ist heute nicht mehr gleich Mann; nach Zulehner werden z.B. 4 Männertypen unterschieden (vgl. Zulehner 2003).

Bemerkbar machen sich z.B. auch Unterschiede zwischen Lebensstilen in Ost und West. So fühlen sich laut einer Studie zu Lebensläufen und Familienplanung im Osten 47% gegenüber im Westen 26% der Männer im gleichen Maße wie die Partnerin für Haushalt und ggf. Kinderversorgung zuständig. Allerdings ist hier auch die Position des Mannes als Allein- oder Besserverdienender nicht so ausgeprägt wie im Westen (vgl. BZgA 2004).

Auch Alter und Bildungsabschluss sind wesentlich für das eigene Bild von Mann und Frau und das damit verbundene Rollenverständnis (vgl. BMBF 2007).

Durch die Regelung der Erziehungszeiten können Männer, die mehr Zeit für Familie haben und sich mehr um Erziehung kümmern wollen, heute neue Wege gehen. Die Frage der Vereinbarkeit von Beruf und Familie ist also zunehmend auch ein Thema für Männer.

Hier spricht man vom Typus des „modernen“ Mannes, der aber trotzdem kein „Softie“ werden soll. Denn Männer, die sich nicht normgerecht verhalten, werden sanktioniert, individuell wie gesellschaftlich, oft auch gerade von Frauen, die ihren Sohn oder Mann vor gesellschaftlichen Misserfolgen schützen wollen. Es gibt aber auch eine innere Angst der Männer vor dem Verlust der Norm. Auch wenn sie diese individuell nicht erfüllen, so dient sie doch gewissermaßen als ein äußeres Skelett von Geschlechtsidentität. Daher bedeutet ein Angriff auf die gesellschaftliche Norm auch einen Angst einflößenden Angriff auf die Identität des Mannes. Männer haben keine Alternative, wenn sie der gesellschaftlichen Norm verlustig gehen, da sie keine eigene Geschlechtsidentität ausgebildet haben.

Da sich Männer primär über die Arbeit definieren, erwuchs hier in den letzten Jahren durch die erhöhte Arbeitslosenquote ein Problem, da damit vielen Männern die Grundlage von Identität und Existenz entzogen wurde. Auch im familialen Gefüge kommt es zur Sinnkrise, wenn der Mann die Rolle als Ernährer nicht mehr ausfüllen kann. „Die Krise männlicher Identitätsmuster in der Dienstleistungs- und Wissensökonomie, in der die traditionell-hegemonialen Männlichkeitskonstruktionen weitgehend dysfunktional geworden sind, rütteln ebenso am traditionellen Bild von Väterlichkeit, zu dem der Mann als Hauptenährer und Familienvorstand gehört“ (Thissen 2007, S. 9).

3 Männer als Väter

In der Diskussion um die Rolle der Männer in der Gesellschaft wird zunehmend die Frage wichtig, welches ihre Rolle als Väter ist. Die Suche nach dem Vaterbild (vgl. Lenzen 1991) ist in zweierlei Hinsicht bedeutsam: zum einen als zentrale Kategorie der Geschlechtsidentität, der Herausbildung der eigenen Persönlichkeit in Partnerschaft und Erziehung, zum anderen unter dem Aspekt intergenerativen Lernens, des Vaterbildes in der Abgrenzung zum Mutterbild und in der Bedeutung für Söhne und Töchter. In der Bildungspraxis wird die Vaterrolle vor allem in konfessionellen Zusammenhängen und in Bildungseinrichtungen diskutiert, die Eltern- und Familienbildung betreiben.

Im Verlaufe des 18. Jahrhunderts hat sich die Stellung der Väter in der Familie verändert. Zugleich mit der Herausbildung der bürgerlichen Öffentlichkeit (vgl. Habermas 1962) verlagerte der Mann seine produktive Tätigkeit zunehmend außer Hauses, das Zusammenfallen häuslicher und gesellschaftlicher Herrschaft löste sich auf. Der Vater wurde privat als soziale, emotionale und arbeitende Person kaum mehr präsent, zunehmend zum Gast im eigenen Haus. Er gab fast alle häuslichen Funktionen an die Frau und Mutter ab.

Dazu zählt in erster Linie die gesamte Hausarbeit; noch heute wird sie weit überwiegend von den Frauen geleistet (vgl. Süßmuth 1985; Zulehner/Volz 1998), obwohl diese – wie schon immer zuvor als „Reservearmee" – zu erheblichen Anteilen selbst berufstätig sind. Die Nicht-Arbeit des Mannes im Haushalt bedeutet nicht nur die Doppelbelastung der Frau, sondern auch die gesellschaftlich weitgehend reale Entkoppelung des Vaterbildes von der Dimension der *Fürsorge*. Kleidung, Ernährung und Pflege der alltäglichen Lebensumwelt sind Aktivitätsbereiche, die Vätern bis heute weitgehend verloren sind. Die Daten der Zeitbudgetstudie 2001/2002 des Statistischen Bundesamtes zeigen zwar, dass sich Väter mehr an der Hausarbeit beteiligen. Allerdings scheint sich an der klassischen Arbeitsteilung insgesamt nichts geändert zu haben (vgl. Döge/Volz 2004).

Dies gilt auch für den größten Bereich, die *Erziehung* der Kinder. Noch heute ist es so, dass die Anteile von Hege, Gefühl, Wärme und Vertrauen weitgehend den Müttern vorbehalten sind, während Väter hauptsächlich an den Anteilen Gerechtigkeit, Strafe und Entscheidung partizipieren. Das Vaterbild enthält wenig Anteile von Gefühl, viel Anteile von Norm und abstrakter Rationalität. Die realen Vaterbilder sind letztlich auch Abbild der gesellschaftlichen Situation der Männer: Ohne Identität als Mann verkörpern sie dessen gesellschaftliche Norm. In der von Mitscherlich (1967) konstatierten „verlorenen Gesellschaft" ist „der Vater ein Fachidiot", dem es an Identität und Identifikationsangeboten mangelt.

Eine Veränderung des gesellschaftlichen und überwiegend realen privaten Vaterbildes (vgl. Herrmann 1989) steht vor der Schwierigkeit, sich mit gültigen Zuständigkeits-, Identitäts- und Machtansprüchen von Frauen auseinandersetzen zu müssen, aber auch vor der Schwierigkeit, nicht nur im Bewusstsein, sondern vor allem in der materiellen Struktur von Freizeit, Familie und Privat-Sein regelbar zu sein (vgl. Gesterkamp 2007). Die Entwicklung eines neuen Vaterbildes hängt also mit einer Veränderung der gesellschaftlichen Arbeitsteilung zwischen Frauen und Männern im privaten Bereich zusammen. Dazu gehört eine andere Verteilung der Arbeit zwischen den Geschlechtern, ein Bewusstsein der Männer um ihre eigene Identität als Vater und eine Definition der familialen Rolle. Formale Gleichstellung ist dabei eine wichtige, aber noch unzureichende Voraussetzung; so nehmen z.B. in nur 4,9% der Paarhaushalte, in denen die Elternzeit genutzt wird, auch die Männer diesen (geschlechtsneutral formulierten) Anspruch wahr, in nur 0,2% dieser Haushalte als nichtberuflicher Hauptverantwortlicher für die Kinderbetreuung (vgl. IfD 2005). Trotzdem wird ein differenziertes Vaterbild durch tief greifende Strukturveränderungen (vgl. Nuissl 1993) immer mehr präsent (vgl. Wolde 2007).

4 Männer als Söhne

Vor allem psychologisch und psychoanalytisch orientierte Ansätze stellen Zusammenhänge zwischen der fehlenden Geschlechtsidentität der Männer und ihrer kindlichen Sozialisation her. Untersuchungen konzentrieren sich dabei vor allem auf die verbreitete Unfähigkeit von Männern, einen individuellen Zusammenhang zwischen Gefühlen und Gedanken herzustellen. Dem Mann mangelt es an dem, was Frauen ausprägen können: eine Beziehung zwischen Gefühl und Gedanken, Verständnis des eigenen Geschlechts, ein Kontakt zu sich selbst. Der Mann kann das nicht ausbilden, da er sich – wie viele neuere Untersuchungen belegen – über die *Abgrenzung* definiert. Was *man* ist, ergibt sich für ihn individuell wie gesellschaftlich aus der Abgrenzung vom weiblichen als dem „nicht-männlichen“, da es ihm von frühester Jugend an als stark und (widersprüchlich genug) gesellschaftlich schwach bewertet entgegentritt. „Das Unterfutter der männlichen Erziehung ist nach wie vor die Angst vor der mangelnden Durchsetzungsfähigkeit der Jungen“ (Schnack/Gesterkamp1996, S. 159).

Der Mann ist ein selbst-referenzielles System, ohne Körperlichkeit und Sinnlichkeit, vor allem aber ohne geschlechtsspezifische Eigeninteressen, deshalb ist er das Objektive, die Frau das Subjektive. Der Mann unterdrückt individuell seine Triebe, um sie als *Vaterland* und *Gerechtigkeit* zu akzeptieren (vgl. Theweleit 1986).

Unterstützt wird dies von der Abwesenheit des Mannes als Vater, sowohl real als auch in der Vateridentität (vgl. auch Matzner 2004). Beziehungen, Kommunikation und Liebe werden von den Söhnen mit weiblicher Identität gleichgesetzt und als Welt des anderen Geschlechts definiert. Die Abspaltung der Söhne von der Mutter bedeutet damit auch immer eine innere Spaltung, die auch verdrängt wirkungsvoll bleibt und als Frauengeringschätzung oder Schwulenhass wiederkehrt (vgl. Hessische Jugend 1992, S. 5). Schnack und Neutzling (1990) haben zusammengefasst, dass die Zahl der Jungen mit messbaren Problemen die der Mädchen erheblich übersteigt, dies bestätigt nahezu jede Statistik. Jungen sind häufiger physisch und psychisch krank als Mädchen, haben in der Schule mehr Probleme (schlechtere Noten, höherer Anteil von Sitzenbleibern und höherer Anteil in Sonderschulen), sind in 28 von 32 untersuchten Krankheitsbildern auffälliger als Mädchen, begehen häufiger Selbstmord, stottern häufiger, sind häufiger autistisch usw. Jungen haben Schwierigkeiten, mit ihrer Geschlechtsrolle zurecht zu kommen, und Schwierigkeiten, ihre Bedürftigkeit nach Hilfe zu artikulieren und Hilfe anzunehmen (vgl. auch Stecklina 2007).

In der neueren Diskussion wird zunehmend auch von einer Mittäterschaft der Frauen dabei gesprochen, Männern ihre bedauernswerte Rolle aufzudrängen. Weder in der Frauenbildung noch in der Familienbildung gibt es aber bislang ausreichend Anätze, die Probleme der geschlechtsspezifischen Sozialisation von Jungen aufzugreifen.

5 Männer im Beruf

Im arbeitsteiligen System von Branchen, Berufen und Tätigkeiten unserer Gesellschaft (industrialisiert und kapitalistisch) ist eine im Einzelfall unterschiedliche, insgesamt jedoch gültige Segmentierung und Parzellierung vorhanden. Die Normen des bestehenden Beschäftigungssystems sind nach Lempert (1981) vor allem Gleichgültigkeit gegenüber Arbeitsinhalten, Konformität mit fremd gesetzten Zielen, Verantwortungslosigkeit gegenüber sozialen und ökologischen Folgen, Egoismus, Konkurrenz und Unsolidarität. Berufstätigkeit entspricht einem System „lizensierter Expertokratie" (vgl. Metz-Göckel/Müller 1986).

Die Männer sind es, die dieses System der lizensierten Expertokratie ausfüllen. In Bezug auf Entlohnung, Arbeitszeit, berufliche Bildung, Karriere, Qualifikation ist das System von Berufstätigkeit auf die Männer zugeschnitten. In der Arbeitsteilung zwischen Mann und Frau funktioniert dieses System nur, wenn und so lange Frauen die gesamte Reproduktions- und soziale Arbeit übernehmen.

Für die Männer bedeutet die „Passung" von Mann und Arbeitswelt Funktionalisierung, Segmentierung und Versachlichung. „Arbeitsteilung aber ist, wie die ganze Geschichte der Arbeit zeigt, offenbar dem männlichen Wesen unvergleichlich adäquater als dem weiblichen" (Simmel 1911, S. 100).

Die Parzellierung des Mannes im Beruf führt dazu, dass ihm seine Identität entgleitet, und dazu, dass er sein Interesse von sich selbst weg auf die Dinge lenkt; die anderen Menschen (in der Arbeit: Männer) sind dabei Konkurrenten. Die Dinge werden zu den Gesprächspartnern der Männer, was nicht nur das Schweigen der Männer erklärt, sondern auch ihre ungebrochene Akzeptanz von Sachgesetzlichkeiten, Technikfaszination und technologischem Fortschritt. Damit ist die „individuelle Problematik vorgegeben: Die persönliche Identifikation mit dem übergeordneten Prinzip, genannt Fortschritt, muss gelingen, anderenfalls fällt das zur männlichen Identitätsbildung wesentliche Erfolgserlebnis aus" (Wartmann 1982, S. 18).

Männer und von ihnen besetzte und verkörperte Kategorien wie Rationalität, Konkurrenz, Erfolg und Wert bestimmen nach wie vor die Arbeits- und Berufswelt; in Führungspositionen sind Frauen bislang nur zu verschwindend kleinen Anteilen vorhanden. Dieses wohlgestaltete System verändert sich jedoch auf dem Weg von der Industrie- zur Dienstleistungs- und Wissensgesellschaft. Nicht mehr nur Ratio sondern auch Beziehungsmanagement ist gefragt, und hier halten die Frauen Einzug in die bisherige Männerdomäne. Es kristallisieren sich geschätzte „typisch weibliche" Arbeitstugenden heraus, die in manchen Bereichen dazu führen, dass Frauen sogar als kompetenter gelten, als Männer (vgl. Höhler 2004).

Was also in der politischen Diskussion von der „Frauenfrage als Männerfrage" (Schmidt 1989) nicht weiter gebracht wurde, hat sich im ökonomischen Bereich von selbst weiter entwickelt und auf die sozialen Beziehungen ausgestrahlt. Zunehmend wird der Begriff „Gender" gebraucht. Dabei geht es um die Diskussion der Ursachen und Folgen geschlechtsspezifischer Sozialisation und um das Herausbilden eines Blicks auf geschlechtsspezifische Aspekte im Alltag und Beruf. Die europaweit gültige Strategie des gender mainstream (Amsterdamer Vertrag 1999) gibt darüber hinaus in diesem Sinne Instrumente an die Hand, um die Gleichstellung von Mann und Frau in institutionellen Zusammenhängen zu überprüfen.

Die „Spätzeit" der Frauenbildung kommt mit der „Frühzeit" der Männerbildung zusammen. Vielfach ergibt sich dabei ein Gefälle in der Diskussion, da Frauenbildung wesentlich weiter entwickelt und differenziert ist (vgl. Fiab 1996).

6 Männerbildung: Ansätze und Probleme

Männlichkeit wurde in den letzten zwanzig Jahren überwiegend von homosexuellen Männern problematisiert, Männerbewegung und Männerbildung trägt daher vielerorts noch das (männliche) Stigma von Homosexualität. Erst seit Ende der 1980er Jahre hat sich diese Zuordnung verändert. In der Enquete-Kommission „Zukünftige Bildungspolitik – Bildung 2000“ ist (im Minderheitenvotum) als Aufgabe von Bildung auch genannt, „für ein neues Geschlechterverhältnis in Bildung und Arbeit“ einzutreten. Das von der EU und dem BMBF geförderte Forschungsprojekt „Work changes gender – Neuorientierung männlicher Lebensweisen“ untersucht die Veränderung männlichen Selbstverständnisses, ausgelöst durch die „Erosion des Normalarbeitsverhältnisses“ (vgl. www.work-changes-gender.org). Auch hier geht es um die Frage der Gleichstellung der Geschlechter.

In einigen Einrichtungen und Organisationen für Erwachsenenbildung und außerschulische Jugendbildung hat sich die Diskussion über die Notwendigkeit und die Ansätze von Männerbildung konsolidiert und auch inhaltlich entwickelt. Nach wie vor jedoch steckt die Praxis von Männerbildung erst in den Anfängen.

Das Hauptproblem ist dabei, Männer zur Männerbildung zu motivieren. Es scheint, als sei das männliche System der Konstitution gesellschaftlicher Normen so gestaltet, dass auch Widersprüche und eigenes Leid nicht zu Lernanlässen werden.

Wenn man sich im gesamtgesellschaftlichen Kontext vorstellt, dass Männer ja nicht auf den Rollenverlust als Verdiener und Ernährer vorbereitet waren und so Möglichkeiten zur Kompensation fehlten, hätte es eine Nachfrage geben müssen. Oder gab es keine Angebote, um die Krisen zu begleiten?

Dass es keine Hilfestellungen für das Verarbeiten von Veränderungen gibt, merken auch Höyng/Riesenfeld an: „Deutlich wird, dass der Umgang mit den gesellschaftlichen Veränderungen in die Verantwortung des einzelnen Mannes gelegt wird“ (Höyng/Riesenfeld 2003, S. 7). Analysen von Bildungsprozessen bestätigen, dass weder Eigenmotivation noch Fremdmotivation zur Bildungsbereitschaft vorhanden ist, sondern dass diese eigentlich nur über „Prozessmotivation“ möglich sei, in einer Atmosphäre, in der traditionelles Konkurrenzverhalten abgebaut ist, in der vertrautes Umgehen miteinander möglich ist, in der nicht verbal, sondern sinnlich neue Wahrnehmungen ermöglicht werden (vgl. Stapelfeld/Krichbaum 1995). So nennt Stapelfeld auch langfristig angelegte Selbsterfahrungsgruppen als Desiderat für Bildungsangebote in der Familienbildung, um Fragen von Selbstwahrnehmung, Selbstbewusstsein und Identität zu beleuchten (Stapelfeld 2001).

Bildungsanlässe verarbeiten Männer meist auf dreierlei Art:

- über eine erhöhte Aggressivität, z.B. gegenüber Frauen und Ausländern als den Konkurrenten um Arbeitsplätze und Lebenschancen, aber auch den vermeintlich Schlechteren;
- über erhöhte Leistung, leistungssichernde und leistungssteigernde Fortbildung, Erlernen weiterer spezieller Kenntnisse und Fähigkeiten;
- über das Vertrauen auf Mutter und Frau, das im Rahmen der Kollektiverfahrung des herrschenden Mannes deren Gesamtverantwortung betrifft, wenn der Mann bestehende funktionale Probleme nicht mehr lösen kann.

Ansätze für Männerbildung insbesondere an Volkshochschulen, kirchlichen Einrichtungen und in Initiativen zeigen die bestehenden Schwierigkeiten und Erfahrungen mit inhaltlich und methodisch verschränkten Bildungsangeboten (vgl. Themenhefte Volkshochschule; Hessische Jugend; Das Forum; Winter/Willems 1991; Lenz 1994). Es mangelt jedoch nach wie vor an Bildungskonzepten, in denen der Kompetenzbegriff entinstrumentalisiert ist und der selbstbestätigende Kreislauf von Normenkonstitution und Normenübernahme der Männer durchbrochen wird. Hier ist kritisch anzumerken, ob mit den derzeit typischen Bildungsangeboten für den traditionellen Macht- und Erwerbsmann (vgl. Döge 2000) das traditionelle Männerbild nicht weiter gefestigt wird. Auch schichtspezifische Unterschiede in der Wahrnehmung von Kompetenzen und Defiziten sind in Männerbildungs-Konzepten umzusetzen; die bestehenden Ansätze von Männerbildung sind – anders als etwa einige Ansätze emanzipatorischer Jungenbildung – fast ausschließlich mittelschichtorientiert.

Es scheint, dass die Zielgruppe nicht wahrgenommen wird, so dass Männer für „ihre" Themen nicht adressiert werden. So umfasst z.B. in der Erwachsenenbildung der Programmbereich „Familienbildung" sowohl Frau, als auch Mann:

„Ziel von Familienbildung ist, Familien, d.h. die Menschen, die sie, in welcher Formen auch immer, leben, durch bildende Angebote zu unterstützen sowie die nötigen Alltagskompetenzen, Handlungsfähigkeiten und Autonomie zu vermitteln" (Herre 2000, S. 27). Auch heute noch wird Familienbildung inhaltlich primär als Frauenbildung verstanden und vermarktet. Hier wird die Chance vertan, den Mann als Teil der Familie, zumal in sich wandelnden Paar-Beziehungen, mit zu berücksichtigen (Stapelfeld 2000) und bei Themen wie Familiengründung oder Trennung ausdrücklich mit anzusprechen.

Von den für die Bildung Verantwortlichen wäre also im Sinne des gender mainstreaming zukünftig eine geschlechterdemokratische Bildung zu berücksichtigen.

Generell muss man sich in der Männerbildung aber auch fragen, ob es „den Mann" überhaupt noch als Zielgruppe gibt.

Die Evangelische Erwachsenen- und Familienbildung in Württemberg nennt z.B. folgende Strategien zur Verstärkung einer Teilnahme von Männern an Bildungsangeboten (vgl. Klink 2001):

- Zielgruppe differenziert ansprechen
- Weiterbildungsbedarf von Männern beobachten
- Keine überzogene Einschätzung von Teilnehmerzahlen
- Kooperationen mit anderen Trägern für ein attraktives Angebot
- Profil der eigenen Institution als „männertauglich" hinterfragen
- Konkrete Ansprache von Männern in der Programmbeschreibung

Ein weiteres Problem für die Entwicklung der Männerbildung ist vor allem der Mangel an männlichen Pädagogen, welche die emanzipatorischen Ansätze der Männerbildung vertreten und dies mit ihrem eigenen Ringen um männliche Identität verbinden.

Literatur

BMBF (2007): 20-Jährige Frauen und Männer heute. Lebensentwürfe, Rollenbilder, Einstellungen zur Gleichberechtigung. Berlin: BMBF.
Böhnisch, L. (1992): Für ein neues Mann-Sein. In: Das Forum, H. 1, S. 14-18.
Helfferich, C./Klindworth, H./Wunderlich, H. (2004): Männer leben. Studie zu Lebensläufen und Familienplanung. Basisbericht. Köln: BZgA.
Das Forum (1992): Aus der Rolle fallen – Die Zukunft von Mann und Frau. Themenheft 1.
Döge, P. (2000): Männerbildung als Beitrag zur Geschlechterdemokratie. In: DIE-Zeitschrift 7, H. 4, S. 28-30.
Döge, P./Volz (2004): Männer – weder Paschas noch Nestflüchter. In: Das Parlament, 46.
Fiab (Forschungsinstitut für Arbeiterbildung) (Hrsg.) (1996): Jahrbuch Arbeit–Bildung–Kultur, Bd. 14: Schwerpunkt Geschlechterverhältnis in der Erwachsenenbildung. Recklinghausen: FIAB-Verlag.
Gesterkamp, T. (2007): Die neuen Väter zwischen Kind und Karriere: so kann die Balance gelingen, Freiburg im Breisgau (u.a.): Herder.
Habermas, J. (1962): Strukturwandel der Öffentlichkeit. Untersuchungen zu einer Kategorie der bürgerlichen Gesellschaft Neuwied/Berlin: Luchterhand.
Herre, P. (2000): Familienbildung 2000 – Herausforderungen und Aufgaben. In: Forum 3. S. 27-28.
Herrmann, H. (1989): Vaterliebe – Ich will ja nur Dein Bestes. Reinbeck bei Hamburg: Rowohlt.
Hessische Jugend (1992): Jungenarbeit. Themenheft 1-2.
Höhler, G. (2004): Neue Mädels. In: Das Parlament, 46.
Höyng, S./ Riesenfeld, V (2003): „Normal" ist heute nichts mehr. Tiefgreifende Veränderungen auf dem Arbeitsmarkt beeinflussen auch das Selbstbild der Männer. In: männerforum 29. S. 4-7.
IfD (2005): Einstellungen junger Männer zu Elternzeit, Elterngeld und Familienfreundlichkeit im Betrieb. Allensbach.
Klink, S. (2001): Väter und Männer in der Evangelischen Erwachsenen- und Familienbildung in Württemberg. In: forum EB 2. S. 54-59.
Lempert, W. (1981): Berufliche Bildung und gesellschaftliche Arbeit. In: Hoppe, M. u.a. (Hrsg.): Berufsbildung. Frankfurt a.M./New York: Campus-Verlag.
Lenz, H.-J. (Hrsg.) (1994): Auf der Suche nach den Männern, Frankfurt/M.: DIE.
Lenz, H.-J. (2000): Ein ‚hot topic' im sozialen Abseits. Männerbildung zwischen herrschender Männlichkeit und aufstrebender Frauenbildung. In: DIE-Zeitschrift 7, H. 4, S. 25-27.
Lenzen, D. (1991): Vaterschaft. Vom Patriarchat zur Alimentation. Reinbeck bei Hamburg: Rowohlt.
Matzner, M. (2004): Vaterschaft aus der Sicht von Vätern. Wiesbaden: VS-Verlag für Sozialwissenschaften.
Metz-Göckel, S./Müller, U. (1986): Der Mann. Die Brigitte-Studie. Weinheim.
Mitscherlich, M./Dierichs, S. (1984): Männer. Frankfurt a.M: Fischer.
Nuissl, E. (1993): Männerbildung. Vom Netzwerk bildungsferner Männlichkeit. Frankfurt a.M.: VAS.
Scheffler, K. (1908): Die Frau und die Kunst: eine Studie. Berlin: Bard.
Schmidt, R. (Hrsg.) (1989): Die Frauenfrage als Männerfrage: Gleichstellungspolitik zwischen Lippenbekenntnis u. Verweigerung; Dokumentation der Anhörung vom 28.-29 Juni. Deutschland (BRD), Bundestag. Fraktion der SPD (Hrsg.), Bonn.
Schnack, D./Neutzling, R. (1990): Kleine Helden in Not: Jungen auf der Suche nach Männlichkeit. Reinbek bei Hamburg: Rowohlt.
Schnack, D./Gesterkamp, T. (1996): Hauptsache Arbeit. Männer zwischen Beruf und Familie. Reinbek: Rowohlt.
Simmel, G. (1911): Philosophische Kultur. Leipzig: Klinkhardt.
Sozialmagazin (1990): Die neue Männerarbeit. Themenschwerpunkt 9. S. 12-25.
Stapelfeld, H./Krichbaum, E. (1995): Männer verändern sich. Bielefeld: Kleine.
Stapelfeld, H. (2000): Familienbildung – Frauenbildung oder Genderarbeit? In: forum EB 3, H. 3,S. 28-32.
Stapelfeld, H. (2001): Bindung und Trennung. Ein Thema von Frauen und Männern in der Familienbildung. In: forum EB, H. 2, S. 48-53.
Stecklina, G. (2007): „Ich bin doch nur cool." Zur Sozialisation von Jungen. In: medien+erziehung, S.13-21.
Süßmuth, R. (1985): Frauen – Der Resignation keine Chance. Sammlung wissenschaftl. u. polit. Texte 1980-1985. Düsseldorf: Schwann.
Theweleit, K. (1986): Männerphantasien. Frankfurt/M/Basel (u.a.): Stroemfeld/Roter Stern..
Thissen, B. (2007): Das „Risiko-Kind" und die Partnerfalle. In: männerforum 37, S. 7-9.
Trömel-Plötz, S. (Hrsg.) (1986): Gewalt durch Sprache – Die Vergewaltigung von Frauen in Gesprächen. Frankfurt a.M.: Fischer-Taschenbuch- Verlag.
Volkshochschule (1991): Männer in der Volkshochschule. Themenheft 5.

Wartmann, B. (1987): Die Grammatik des Patriarchats. Zur „Natur“ des Weiblichen in der bürgerlichen Gesellschaft. In: Ästhetik und Kommunikation 47, S. 19-28.
Wieck, W (1987).: Männer lassen lieben: die Sucht nach d. Frau Stuttgart: Kreuz-Verlag.
Winter, R./Willems H. (1991): Was fehlt, sind Männer! Ansätze praktischer Jungen- und Männerarbeit. Schwäbisch Gmünd: Neuling-Verlag.
Wolde, A. (2007): Väter im Aufbruch? Deutungsmuster von Väterlichkeit und Männlichkeit in Kontext von Väterinitiativen. Wiesbaden: VS Verlag für Sozialwissenschaftler.
Zulehner, P.M./Volz, R. (1998): Männer im Aufbruch. Wie Deutschlands Männer sich selbst und wie Frauen sie sehen. Ostfildern: Schwaen-Verlag.

Beate Minsel

Eltern-und Familienbildung

Einleitung

Unter Elternbildung wird allgemein die Optimierung elterlichen Erziehungsverhaltens verstanden. Optimierung (enrichment, enhancement) zielt auf die Verbesserung von bereits positiv Vorhandenem, sie kann zusätzlich auch präventive Wirkung haben (vgl. Perrez 1993). Es werden drei Formen der Elternbildung unterschieden, nämlich die institutionelle, die informelle und die funktionelle Elternbildung (vgl. Minsel 1986a). Institutionelle Elternbildung ist Elterninformation bzw. -training durch einen Dozenten innerhalb einer Institution (z.B. Wohlfahrtsverband, konfessionelle Einrichtung). Informelle Elternbildung wird durch Druckmedien und Massenmedien verbreitet. Funktionelle Elternbildung hat eine politische Zielsetzung: die Eltern werden zur Mitarbeit und Mitbestimmung in der Betreuungseinrichtung ihrer Kinder herangezogen und gestalten so die Veränderungen im innerfamiliären und außerfamiliären Bereich selbst. Familienbildung wird im politischen Kontext synonym mit Elternbildung verwendet (vgl. Achter Jugendbericht 1990). Im anglo-amerikanischen Schrifttum bedeutet Familienbildung, dass die Kinder in die Bildungsmaßnahme einbezogen werden; z.B. können Jugendliche an Trainings teilnehmen, in denen partnerschaftliche Interaktion innerhalb der Familie geübt wird (vgl. L'Abate 1978).

Eltern- und Familienbildungsmaßnahmen lassen sich unterscheiden nach ihren Zielen, den Adressatengruppen, den Interventionssettings (eigene häusliche Umgebung oder psychologische Praxis oder die Gemeinde als Ganze) und den Interventionsmethoden (vgl. Perrez 1993).

1 Voraussetzungen für Eltern- und Familienbildung

Das Leben in einer Familie, mit Partner und Kindern, ist einer der wenigen Bereiche, auf die das formelle Bildungssystem nicht vorbereitet. Auf der anderen Seite ist es allgemein üblich, bei psychischen und sozialen Störungen die Ursache immer auch in der Familie zu suchen. Alle psychologischen Entwicklungstheorien erkennen die Bedeutung der (frühen) Kindheit für die weitere Entwicklung an und betrachten die Familie, vor allem die Eltern, als einen der wichtigsten Einflussfaktoren für die psychische, soziale und physische Entfaltung des Kindes. In einer funktionierenden Familie entwickeln sich die Kinder besser als in einer gestörten Familie oder bei Eltern, denen die Erziehungskompetenz fehlt. Entsprechend hat in Deutschland das neue Kinder- und Jugendhilfegesetz (KJHG) den Rechtsanspruch für Eltern auf Hilfe bei der Erziehung in zwei Paragraphen[1] festgelegt. Dabei ist sowohl die kurative („wenn (...) die Hilfe für seine [des Kindes] Entwicklung geeignet und notwendig ist“) als auch die präventive Hilfe gemeint („allgemeine Förderung der Erziehung in der Familie“).

2 Ziele von Eltern- und Familienbildung

Eltern- und Familienbildung soll die Erziehungskompetenz der Eltern verbessern und dadurch die gesunde Entwicklung von Kindern unterstützen, das Auftreten von Störungen verhindern bzw. bereits bestehende Störungen abmildern. Schneewind (2005) unterscheidet vier Arten von Kompetenzen, nämlich selbstbezogene Kompetenzen (pädagogisches Wissen und Erziehungsziele der Eltern), kindbezogene Kompetenzen (Voraussetzungen für die Eltern-Kind-Interaktion), kontextbezogene Kompetenzen (Gestaltung und Aufrechterhaltung einer entwicklungsförderlichen Umgebung für das Kind) und handlungsbezogene Kompetenzen (Maßnahmen und Strategien der Eltern für die pädagogische Förderung der Kinder).

Untersuchungen zeigen, dass nicht die stabile Betreuungsperson, sondern die (oder mehrere) Person(en) mit einer guten Beziehung zum Kind der wirksamste protektive Faktor zum Schutz vor seelischer Erkrankung trotz sonst ungünstiger Bedingungen beim Kind ist (vgl. Wustmanns 2004). Es kommt also bei der Elternbildung darauf an, die Eltern zu solchen guten Bezugspersonen zu machen. Variablen, die eine „gute“ Mutter bzw. einen „guten“ Vater ausmachen, sind vor allem: nicht an Bedingungen gebundene Wertschätzung, Verständnis bzw. Feinfühligkeit dem Kind gegenüber, ein autoritativer Erziehungsstil und fassadenfreies Verhalten (vgl. Tausch/Tausch 1977; Köhle/Köhle 1986; Steinberg/Belsky/Meyer 1991; Fuhrer 2007). Die Eltern wirken aber nicht nur jeder für sich auf das Kind ein, sondern die Übereinstimmung in ihren Erziehungseinstellungen und die Qualität ihrer Partnerbeziehung wirken sich ebenfalls auf das Wohlbefinden und das Verhalten des Kindes aus (vgl. Hofer/Wild/Noack 2002).

Soziale Netzwerke und Stützsysteme gelten als positive Beeinflussungsfaktoren für die seelische Gesundheit in der Familie (vgl. Röhrle/Stark 1985). Aus diesem Grund (und aus ökonomischen Gründen) wird Eltern- und Familienbildung fast immer in Gruppen durchgeführt: Es sollen sich Freundschaften zwischen den Teilnehmern entwickeln, die über die Bildungsmaßnahme hinaus weiterbestehen.

---

1 §16: Allgemeine Förderung der Erziehung in der Familie
(1) Müttern, Vätern, anderen Erziehungsberechtigten und jungen Menschen sollen Leistungen der allgemeinen Förderung der Erziehung in der Familie angeboten werden. Sie sollen dazu beitragen, dass Mütter, Väter und andere Erziehungsberechtigte ihre Erziehungsverantwortung besser wahrnehmen können.
(2) Leistungen zur Förderung der Erziehung in der Familie sind insbesondere
1. Angebote der Familienbildung, die auf Bedürfnisse und Interessen sowie auf Erfahrungen von Familie in unterschiedlichen Lebenslagen und Erziehungssituationen eingehen, die Familie zur Mitarbeit in Erziehungseinrichtungen und in Formen der Selbst- und Nachbarschaftshilfe besser befähigen sowie junge Menschen auf Ehe, Partnerschaft und das Zusammenleben mit Kindern vorbereiten.
2. Angebote der Beratung in allgemeinen Fragen der Erziehung und Entwicklung junger Menschen. ...
§ 27 Hilfe zur Erziehung
(1) Ein Personensorgeberechtigter hat bei der Erziehung eines Kindes oder eines Jugendlichen Anspruch auf Hilfe (Hilfe zur Erziehung), wenn eine dem Wohl des Kindes oder Jugendlichen entsprechende Erziehung nicht gewährleistet ist und die Hilfe für seine Entwicklung geeignet und notwendig ist. (KJHG, 4. Abschnitt)

3 Inhalte und Methoden von Eltern- und Familienbildung

Ein typisches Elterntrainingsprogramm (institutionelle Elternbildung) klärt mit den Teilnehmern die Ziele hinsichtlich des eigenen Erziehungsverhaltens und des Verhaltens der Kinder, lässt die Teilnehmer über Erziehungseinstellungen sprechen, vermittelt Wissen über Zusammenhänge erzieherischer Maßnahmen mit kindlichen Verhaltensweisen, lässt bestimmte Erziehungsmaßnahmen üben, z.B. wie man mit einem Kind in einer Konfliktsituation spricht, auf welche Weise man belohnen oder bestrafen soll oder wie man sich mit Kindern unterschiedlicher Altersgruppen beschäftigt. Häufig wird auch die selbst erfahrene Erziehung in der Herkunftsfamilie thematisiert (vor allem bei den psychodynamisch orientierten Programmen), oder es wird darüber gesprochen, was es für die einzelnen bedeutet, Vater bzw. Mutter zu sein. Welche konkrete Erziehungsphilosophie vermittelt wird, und welche dazugehörigen erzieherischen Verhaltensweisen eingeübt werden, hängt von der zugrundeliegenden theoretischen Orientierung des jeweiligen Programms und der Trainer ab. Z.B. werden in den verhaltenstherapeutisch orientierten Programmen kontingente positive Bekräftigungen auf erwünschte Verhaltensweisen des Kindes eingeübt. Andere Programme lehnen den Einsatz von Lob und Strafe in der Erziehung grundsätzlich ab (z.B. das PET – Parent Effectiveness Training von Gordon 1996). Die Programme sind sich allerdings im Wesentlichen darüber einig, dass die gute Beziehung zum Kind vorrangig ist vor bestimmten erzieherischen Interventionen.

Falls es sich bei den Teilnehmern um Eltern handelt, die dysfunktionales Erzieherverhalten zeigen oder deren Kinder bereits problematische Verhaltensweisen entwickelt haben, so wird auf diese Probleme gezielt eingegangen. Z.B. gibt es Programme, bei denen die Eltern darin geschult werden, als Kotherapeuten für ihre eigenen Kinder zu wirken (Mediatorenprogramme; vgl. Guerney/Maxson 1990).

Die meisten Elterntrainings sind mehr oder weniger eklektisch orientiert und beziehen Begründungsaspekte und Beeinflussungsmethoden unterschiedlicher psychologischer Theorien in ihr Vorgehen ein. Eine theorienübergreifende Zusammenstellung kompetenzfördernder Methoden liefert Strayhorn (vgl. Minsel 1989). Die zugrundeliegenden Theorien sind vor allem der Behaviorismus, die humanistische Psychologie und die Psychoanalyse, bei den neueren Programmen auch das ökopsychologische Konzept von Bronfenbrenner (vgl. Perrez 1993).

Vorwiegend auf verhaltenstherapeutischen Prinzipien aufgebaut ist z.B. das PBT (Parent Behavioral Training; vgl. Egel/Powers 1989; Graziano/Diament 1992). Es werden die Prinzipien der klassischen Lerntheorien (Lernen am Erfolg, Wirkungen von positiven und negativen Verstärkungen und von Strafen, Modellernen) vermittelt und entsprechende Verhaltensweisen eingeübt. Andere Programme basieren auf der humanistischen Psychologie; am bekanntesten ist das PET (vgl. Gordon 1996), sowie die Trainings und Mediatorenprogramme (Filial Therapy) von Guerney und Mitarbeitern (vgl. Levant 1983). Diese Programme betonen vor allem die Beziehungsgestaltung innerhalb der Familie und trainieren das Einfühlungsvermögen der Eltern. Auf der Grundlage psychodynamischer Theorien sind Programme entstanden, die vor allem auf den Überlegungen von Alfred Adler aufbauen (vgl. Dreikurs/Soltz 1970; für einen Überblick vgl. Dinslage 1982). Die psychodynamisch orientierte Elternbildung hat das Ziel, durch die Bearbeitung der Probleme, die die Eltern mit ihren eigenen Eltern gehabt haben, das „Wiederholungsdrama“, das Erziehung zur Weitergabe selbst erlittener Demütigungen macht, zu unterbrechen.

Von diesen psychologisch orientierten Programmen abzugrenzen sind die projektgebundenen Ansätze, die die solidarische Veränderung pathologischer Lebensbedingungen durch Gruppenleiter oder Erzieher, Eltern und Kinder gemeinsam anstreben. Die projektgebundenen Ansätze sind vor allem im Rahmen funktioneller Eltern- und Familienbildung sinnvoll.

Als Vermittlungsmethoden kommen in Frage: Kurzvortrag des Trainers mit anschließender Diskussion im Teilnehmerkreis, Gruppengespräch, Rollenspiele, Arbeit an schriftlichen Materialien, Beobachten des Kindes im häuslichen Kontext und Protokollieren bestimmter kindlicher Verhaltensweisen (als Hausaufgabe). Elternbildung kann auch durch schriftliche Materialien allein erfolgen (informelle Elternbildung), etwa durch Bücher, Zeitschriften oder Elternbriefe. Diese Medien haben den Vorteil, dass sie ohne große Kosten sehr breit eingesetzt werden können, dass die Lerner ihr Lerntempo und die Lernzeitpunkte selbst bestimmen können und dass kein organisatorischer Aufwand (Terminabsprachen, Kinderbetreuung) betrieben werden muss. Ein Nachteil der informellen Elternbildung besteht allerdings darin, dass die Effekte dieser Maßnahmen nicht abgeschätzt werden können. Eine kritische Auseinandersetzung mit Elternbildung in Form von Fernsehprogrammen findet sich bei Wahl und Hees (2006).

Bei der funktionellen Elternbildung nehmen die Eltern an den Entscheidungsprozessen und der täglichen Arbeit in der Kinderbetreuungseinrichtung teil. Neuerdings soll auch die Möglichkeit gegeben werden, dass Eltern mit den Erzieherinnen zusammen Fortbildungsveranstaltungen besuchen können.

4 Adressaten institutioneller Eltern- und Familienbildung

Bildungsangebote, die zum Ziel haben, die Erziehungskompetenz der Eltern zu stärken, werden in drei Gruppen eingeteilt, nämlich in universelle Programme, die sich an alle Eltern richten, egal, ob diese zu einer Risikogruppe gehören oder nicht, selektive Programme, die für bestimmte Risikogruppen gedacht sind, unabhängig davon, ob bereits Symptome aufgetreten sind und indizierte Programme für Familien, in denen bereits Symptome erkennbar sind, welche aber noch nicht im klinischen Sinne als Störung bezeichnet werden können. Übergangssituationen im Familienlebenszyklus gelten als sensible Perioden für Aufnahme- und Veränderungsbereitschaft. Die erste Schwangerschaft (vgl. Halpern/Larner 1987), die ersten Lebensjahre des Kindes (vgl. Greenspan/White 1985; Worobey 1985; Sturmey 1991) oder der bevorstehende Kindergarten- oder Schuleintritt des Kindes sind geeignete Zeitpunkte für präventive Elterntrainings. Außerdem gibt es Programme für Risikogruppen bzw. Familien mit besonderen Problemlagen, nämlich für Eltern, deren Kind eine Frühgeburt ist oder ein besonders niedriges Geburtsgewicht hat (vgl. Patterson/Barnard 1990; Hantsche/Henze/Piechotta 1992; Brisch et al. 2003; Jotzo 2004), für Mütter im Teenageralter (vgl. Panzarine 1988; Merrill 1989), für misshandelnde Eltern (vgl. van Eickels 1983; Barham/Holmstrom 1988; Altepeter/Walker 1992; Willis/Holden/Rosenberg 1992), Programme, die Drogenmissbrauch bei den Kindern verhindern sollen (vgl. Maier 1986; Fox 1991) oder Drogenmissbrauch bei den Müttern abzubauen versuchen. Ein häufiger Grund für Eltern, ein Training zu besuchen, ist der, dass die Kinder Verhaltensprobleme zeigen, z.B. Enuresis, Schlafstörungen, Essstörungen, widersetzliches/ungehorsames Verhalten[2] (vgl. Kernberg/Chazan 1991; Heinrichs et al. 2002), antisoziales Verhalten bzw. Delinquenz (vgl. Bank/

2 Die meisten dieser Probleme sind freilich entwicklungsbedingt und nach einigen Jahren bei fast allen Kindern verschwunden. Ein Eltern- oder Familientraining ist dennoch sinnvoll, weil das symptomatische Verhalten des Kindes als eine (beginnende) Beziehungsstörung aufgefasst werden kann.

Patterson/Reid 1987). Ferner gibt es Programme für Eltern, die Kinder mit besonderen Bedürfnissen haben, z.B. Körperbehinderung (vgl. Zirpoli/Hancox/Wieck/Skarnulis 1989), chronische Krankheiten, Hyperaktivität (vgl. Schaugency/Walker/Lahey 1988; Braswell/Bloomquist 1991). Schließlich wurden auch Programme entwickelt, die die spezifischen Probleme von Adoptiv- und Pflegeeltern aufgreifen (vgl. Singer/Irvin 1989). Projektgebundene Ansätze wenden sich nicht nur an leibliche Eltern, sondern auch an Tagesmütter. Für letztere ist der Anspruch auf eine fachliche Beratung gesetzlich festgelegt (vgl. §23 KJHG).

5 Anbieter institutioneller Eltern- und Familienbildung

Je nachdem welcher inhaltliche Schwerpunkt bei einem Programm gesetzt wird, ist die anbietende Institution unterschiedlich. Programme, die eher kurativen Charakter haben, werden von Kliniken, Beratungsstellen, Frühförderstellen oder Vereinen angeboten (z.B. „Intakte Elternschaft trotz Ehescheidung" oder „Gesellschaft zur Erforschung des plötzlichen Säuglingstods"). Programme, die eher informativen Charakter haben und im engeren Sinne primär-präventiv sind, werden vor allem von den Familienbildungsstätten/Mütterzentren/Nachbarschaftshilfen angeboten, ferner von den Volkshochschulen und den Kirchen. Die Kirchen und die jüdischen Gemeinden sind vor allem in den USA wichtige Anbieter von Eltern- und Familienbildung sowie von Kursen, die die Partnerschaft optimieren sollen (vgl. Minsel 1986b). In Deutschland werden Kurse, die den Übergang zur Elternschaft und die ersten beiden Lebensjahre des Kindes betreffen, vor allem von Mütterzentren und Familienbildungsstätten angeboten, Veranstaltungen, die sich an Eltern von Kindern ab ca. drei Jahren wenden, auch von den Volkshochschulen. Die Kurse hier werden meistens in den Abendstunden und/oder an den Wochenenden angeboten und sind damit auch berufstätigen Eltern zugänglich. Die Titel von typischen Kursen lauten z.B. „Geburtsvorbereitung mit Yoga", „Kinderfragen – Pubertät", „Eltern-Kind-Treffpunkt" oder „Eltern-Baby-Kompetenz"[3].

6 Effekte von Eltern- und Familienbildung

In der Evaluation von Eltern- und Familienbildung möchte man wissen, in welchen Bereichen sich Eltern, Kinder bzw. die Familie als System verändert haben, wobei sowohl positive als auch negative Effekte untersucht werden sollten. Ferner möchte man wissen, auf welche Familien welche Programme wie wirken (differentielle Effekte), wie lange die Effekte vorhalten und ob die Programme einen positiven Nutzen haben, d.h. ob der Nutzen höher zu bewerten ist als die Kosten, die ein Programm verursacht.

Perrez (1993) gibt einen Überblick zu den Evaluationsstudien von präventiven Interventionen im Bereich der Erziehung, einschließlich einer Diskussion der Versuchspläne und Kosten-Nutzen-Berechnungen. Er kommt zu dem Schluss, dass die Psychologie über fundiertes Wissen über Möglichkeiten der Entwicklungsunterstützung verfügt.

3 aus dem Programm der katholischen Familienbildungsstätte München , Frühjahr 2008

Graziano/Diament (1992) diskutieren 155 Studien zum PBT (Parent Behavioral Training) und stellen fest, dass ein Teil der Eltern Wissen und Fertigkeiten, mit dem Kind umzugehen, erworben und ihre Einstellungen zum Kind verbessert hatten. Dies betraf Eltern von Kindern, die ungehorsam waren oder abgegrenzte Verhaltensprobleme hatten, z.B. Phobien, Enuresis. Bei Eltern von hyperaktiven Kindern sowie bei misshandelnden Eltern war das Programm nicht wirksam. Bei den Kindern zeigten sich robuste Effekte für folgende Probleme: Ungehorsam, Entwicklungsverzögerung, Übergewicht und abgegrenzte Verhaltensprobleme. Dagegen war das Programm für folgende Probleme nicht wirksam: Hyperaktivität, Autismus und Retardierung.

Eine Reihe von Metaanalysen, in denen die Evaluationen von Programmen für bestimmte Zielgruppen zusammenfassend betrachtet werden, berichten über Effektstärken sowie Faktoren, die die Effekte positiv oder negativ beeinflussen (vgl. zusammenfassend Minsel 2007). Die Programme wirken sich sowohl auf die Eltern, als auch auf die Kinder positiv aus, vor allem dann, wenn sie frühzeitig beginnen, von gut ausgebildeten Trainern durchgeführt werden und wenn sie verschiedene Trainingsmethoden kombinieren.

Literatur

Altepeter, T.S./Walker, C.E. (1992): Prevention of Physical Abuse of Children through Parent Training. In: Willis, D.J./ Holden, E.W./Rosenberg, M.S. (Eds.): Prevention of Child Maltreatment: Developmental and Ecological Perspectives. New York, S. 226-248.

Bank, L./Patterson, G.R./Reid, J.B. (1987): Delinquency Prevention through Training Parents in Family Management. In: Behavior Analyst, S. 75-82.

Barham, M./Holmstrom, S. (1988) Parenting for the 80s: Key Elements of a Parent Support Program. In: Journal of Child Care, 3, H. 5, S. 21-30.

Braswell, L./Bloomquist, M.L. (1991): Cognitive-Behavioral Therapy with ADHD Children: Child, Family, and School Interventions. New York .

Brisch, K./Bechinger, D./Betzler, S./Heinemann, H. (2003): Early preventive attachment-oriented psychotherapeutic intervention program with parents of a very low birthweight premature infant: Results of attachment and neurological development. In: Attachment & Human Development Vol. 5. S. 120-135.

Bundesministerium für Jugend, Familie, Frauen und Gesundheit (BMJFFG) (1990): Achter Jugendbericht. Bonn

Dinslage, A. (1982): Was soll aus dem Kind werden? Ist Prävention psychischer Probleme in der Familie möglich? In: Psychologie heute, 7 H. 2, S. 30-36.

Dreikurs, R./Soltz, V. (1970): Kinder fordern uns heraus. Wie erziehen wir sie zeitgemäß? Stuttgart: Klett.

Egel, A.L./Powers, M.D. (1989): Behavioral Parent Training: A View at the Past and Suggestions for the Future. In: Cipani, E. (Hrsg.): The Treatment of Severe Behavior Disorders: Behavior Analysis Approaches Monographs of the AAMR. No. 12. Washington, S. 153-173.

Fox, T.A. (1991): Parent Drug Education Programs: Reasons, Problems and Implications. In: Canadian Journal of Counselling, 25, 1, S. 50-55

Fuhrer, U. (2007):.Erziehungskompetenz: was Eltern und Familien stark macht. Bern: Huber.

Gesetz zur Neuordnung des Kinder- und Jugendhilferechts (Kinder- und Jugendhilfegesetz- KJHG) (1990). In: Sozialgesetzbuch (SGB) Achtes Buch – Kinder- und Jugendhilfe. www.kinder.de

Gordon, T. (1996[21]): Familienkonferenz: die Lösung von Konflikten zwischen Eltern und Kind. München: Heyne.

Graziano, A.M./Diament, D.M. (1992): Parent Behavioral Training: An Examination of the Paradigm. In: Behavior Modification. S. 3-38.

Greenspan, S.I./White, K.R. (1985): The Efficacy of Preventive Intervention: A Glass Half Full? In: Zero to Three, 6, H. 4, S. 1-5.

Guerney, B.G./Maxson, P. (1990): Marital and Family Enrichment Research: A Decade Review and Look Ahead. In: Journal of Marriage and the Family, 52, S. 1127-1135.

Halpern, R./Larner, M. (1987): Lay Family Support during Pregnancy and Infancy: The Child Survival/Fair Start Initiative. In: Infant Mental Health Journal, 8. S. 130-143.

Hantsche, B./Henze, K.H./Piechotta, G. (1992): Psychosoziale Aspekte bei der Frühgeburt eines Kindes – eine Bestandsaufnahme. In: Praxis der Kinderpsychologie und Kinderpsychiatrie, 41. S.129-139.

Heinrichs, N./Saßmann, H./Hahlweg, K./Perrez, M. (2002): Prävention kindlicher Verhaltensstörungen. In: Psychologische Rundschau 53, H. 4, S. 170-183.

Hofer, M./Wild, E./Noack, P. (2002): Familienbeziehungen. Eltern und Kinder in der Entwicklung. Göttingen: Hogrefe.

Jotzo, M. (2004): Trauma Frühgeburt? Ein Programm zur Krisenintervention bei Eltern; Entwicklung und Evaluation eines Interventionsprogramms für Eltern Frühgeborener während des Klinikaufenthaltes des Kindes. Frankfurt a.M.: Lang.

Kernberg, P.F./Chazan, S.E. (1991): Children with Conduct Disorders: A Psychotherapy Manual. New York: BasicBooks.

Köhle, C./Köhle, P. (1986): Partnerschaft. Ein Familienkurs. Leipzig: Urania-Verlag.

L'Abate, L. (1978): Enrichment: Stuctured Intervention with Couples, Families and Groups. Washington: University Press of America.

Levant, R.F. (1983): Client-Centered Skills-Training Programs for the Family: A Review of the Literature. In: Counseling Psychologist, 11. S. 29-46.

Maier, E. (1986): Die Bedeutung der Familie für eine prophylaktische Kinder- und Jugendhilfe. In: Unsere Jugend 38. H.2, S. 46-56.

Merrill, M.A. (1989): Teenage Pregnancy and Parent Education. In: Fine, M.J. (Hrsg.): The Second Handbook on Parent Education: Contemporary Perspectives. San Diego: Academic Press, S. 173-195.

Minsel, B. (1986a): Die Förderung seelischer Gesundheit in Partnerschaften. In: Becker, P./Minsel,B.: Psychologie der seelischen Gesundheit: Persönlichkeitspsychologische Grundlagen, Bedingungsanalysen und Förderungsmöglichkeiten, Bd. 2. Göttingen: Hogrefe, S. 334-417.

Minsel, B. 1986b: Elterntraining. In: Becker, P./Minsel, B.: Psychologie der seelischen Gesundheit: Persönlichkeitspsychologische Grundlagen, Bedingungsanalysen und Förderungsmöglichkeiten, Bd. 2. Göttingen: Hogrefe, S. 334-417.

Minsel, B. 1989: Beratung für Familien. In: Paetzold, B./Fried, L. (Hrsg.): Einführung in die Familienpädagogik. Weinheim: Beltz, S. 280-296.

Minsel, B. (2007): Stichwort: Familie und Bildung. In: Zeitschrift für Erziehungswissenschaft, H. 3, S. 299-316.

Panzarine, S. (1988): Teen Mothering: Behaviors and Interventions. In: Journal of Adolescent Health Care, 9. S. 443-448.

Patterson, D.M./Barnard, K.E. (1990): Parenting of Low Birth Weight Infants: A Review of Issues and Interventions. In: Infant Mental Health Journal, 11. S. 37-56.

Perrez, M. (1994): Optimierung und Prävention im erzieherischen Bereich. In: Schneewind, K.A. (Hrsg.): Psychologie der Erziehung und Sozialisation. Enzyklopädie der Psychologie, Bd. 1. Göttingen: Hogrefe, S. 585-687.

Röhrle, B./Stark, W. (1985): Soziale Netzwerke und Stützsysteme. Perspektiven für die klinisch-psychologische und gemeindepsychologische Praxis. Tübingen: Dt. Ges. für Verhaltenstherapie, Verl.-Abt.

Schaugency, E.A./Walker, J./Lahey, B.B. (1988): Attention Deficit Disorder and Hyperactivity: Psychological Therapies. In: Matson, J.L. (Hrsg.): Handbook of Treatment Approaches in Childhood Psychopathology. New York: Plenum Press, S. 195-213.

Schneewind, K.A. (2005): „Freiheit in Grenzen" – Plädoyer für ein integratives Konzept zur Stärkung von Elternkompetenzen. In: M. Cierpka (Hrsg.): Möglichkeiten der Gewaltprävention. Göttingen: Vandenhoeck & Ruprecht, S. 173-200

Singer, G.H.S./Irvin, L.K. (1989): Support for Caregiving Families: Enabling Positive Adaptation to Disability. Baltimore: Brookes.

Steinberg, L./Belsky, J./Meyer, R.B. (1991): Infancy, Childhood, and Adolescence. Development in Context. New York:. McGraw Hill Higher Education.

Sturmey, P. (1991): Early intervention in the United Kingdom: Historical perspectives and current provision. In: Marfo, K. (Hrsg.): Early intervention in transition: Curent perspectives on programs for handicapped children. New York: Praeger, S. 299-324.

Tausch, R./Tausch, A. (1977[8]): Erziehungspsychologie. Begegnung von Person zu Person. Göttingen: Verlag für Psychologie, Hogrefe.

van Eickels, N. (1983): Präventive Elternarbeit. In: Belschner, W./ Ernst, H./Kaiser, P./Koppelmann-Baillieu, M./Rudeck, R./Sommer, G. (Hrsg.): Gemeindepsychologische Perspektiven, Bd. 1. Tübingen: Dt. Ges. für Verhaltenstherapie, S. 82-88.

Wahl, K. /Hees, K. (2006): Helfen „Super Nanny“ und Co? Weinheim: Beltz.
Willis, D.J./Holden, E.W./Rosenberg, M.S. (Hrsg.) (1992): Prevention of Child Maltreatment: Developmental and Ecological Perspectives. New York: Wiley.
Worobey, J. (1985): A review of Brazelton-based interventions to enhance parent-infant interaction. In: Journal of Reproductive and Infant Psychology, 3, H. 3, S. 64-73.
Wustmann, C. (2004): Resilienz. Widerstandsfähigkeit von Kindern in Tageseinrichtungen fördern. Weinheim: Beltz.
Zirpoli, T.J./Hancox, D./Wieck, C./Skarnulis, E.R. (1989): Partners in Policy Making: Empowering People. In: Journal of the Association for Persons with Severe Handicaps, 14. S. 163-167.

Heinz Müller-Dietz

Weiterbildung von Strafgefangenen

1 Grundlagen der Erwachsenenbildung im Strafvollzug

1.1 Zur Bedeutung von (Aus-)Bildung für Strafgefangene

Im Strafvollzug nimmt die Aus- und Weiterbildung Strafgefangener aus mehreren Gründen zunehmende Bedeutung ein. Auf Grund der Strafrechtsentwicklung und Verurteilungspraxis konzentriert sich die Insassenstruktur vielfach auf Vorbestrafte und Rückfalltäter, deren gesellschaftliche Integration durch erhebliche berufliche und soziale Defizite beeinträchtigt ist, sowie auf Gefangene mit langen Strafen. Empirische Erhebungen und praktische Erfahrungen weisen auf überproportionale Anteile an Sonderschülern, Schulabbrechern und Personen ohne abgeschlossene Berufsausbildung hin (vgl. Matt 2007). Das erschwert es Straffälligen angesichts der wirtschaftlichen Entwicklung, namentlich gestiegener Anforderungen auf dem Arbeitsmarkt häufig, einen Arbeitsplatz zu finden, der den Lebensunterhalt zu sichern vermag. Die Folge sind meist gewichtige finanzielle Schwierigkeiten, nicht zuletzt Abhängigkeit von der Sozialhilfe (vgl. Wirth 2006). Oft treffen solche Probleme, begünstigt durch Störungen in der Sozialisation und im familiären Umfeld (z.B. in Form von Alkohol- oder Drogensucht), mit geringer Belastbarkeit und Frustrationstoleranz, also mangelnder sozialer Handlungskompetenz, zusammen. Sozialisationsdefizite dieser Art fallen umso mehr in einer gesellschaftlichen Entwicklung ins Gewicht, als soziale Teilhabe in wachsendem Maße von der Fähigkeit und Bereitschaft lebenslangen Lernens abhängt (vgl. Benz 2007). Eine besondere Problemgruppe bilden nichtdeutsche Gefangene anderer soziokultureller Herkunft, die einen Anteil von über 22% ausmachen (vgl. Feest 2006). Nach alledem laufen viele Gefangene schon von ihrer Vorgeschichte und Persönlichkeitsentwicklung Gefahr, in den verhängnisvollen Kreislauf von Strafverbüßung, mangelnder sozialer Integration und erneuter Straffälligkeit zu geraten. Freilich lässt sich (wiederholte) Kriminalität nicht einfach auf (Aus-)Bildungsdefizite und Arbeitslosigkeit zurückführen; sie ist vielmehr in komplexeren Zusammenhängen zu sehen (vgl. Mey 1986). Insofern darf auch Erwachsenenbildung (EB) im Strafvollzug nicht auf die Funktion bloßer Rückfallprophylaxe verkürzt werden. Sie muss vielmehr zunächst einmal von ihrer Aufgabe der Identitätsfindung und Persönlichkeitsstabilisierung her begriffen werden, die ihren eigenständigen (verfassungsrechtlichen) Wert in der Anerkennung und Respektierung der Menschenwürde hat (vgl. Rehn 1998; Kobbé 2004).

1.2 Inhalt und Methoden der Erwachsenenbildung im Strafvollzug

Sowohl Insassenstruktur als auch Eigenart der Strafanstalt als „totaler Institution" (Goffman 1972, S. 13), die praktisch in sämtliche Lebensbereiche der Gefangenen eingreift, erfordern Modifikationen allgemeiner Konzepte der EB. Relativ unproblematisch erscheinen noch deren Gegenstandsbereiche. Sie bestehen vor allem in schulischer und beruflicher Bildung, Vermittlung von Allgemeinbildung und sozialer Kompetenz. Damit geht es um die Aufarbeitung wissensmäßiger Defizite und die Schaffung (aus-)bildungsmäßiger Voraussetzungen für die Integration in das Arbeits- und Wirtschaftsleben. Besondere Bedeutung kommt dem sozialen Training zu, das Bereitschaft und Fähigkeit zur Problemlösung, Lebensbewältigung und Persönlichkeitsentfaltung wecken und fördern soll (vgl. Rehn 1998; Kobbè 2004). Nicht zuletzt sind dem Bestreben, lebensgeschichtliche Fehlentwicklungen zu korrigieren, sozial abweichende oder unrealistische Einstellungs- und Verhaltensmuster abträglich. Angesichts der institutionellen und personellen Besonderheiten muss die Vollzugspädagogik vor allem Anleihen bei den verschiedenen humanwissenschaftlichen Methoden und Konzepten der Heilpädagogik, Sozialpsychiatrie und (Tiefen-)Psychologie aufnehmen (vgl. Kobbé 2004). Trotz ermutigender Ansätze sind weitere Anstrengungen zur Entwicklung eines theoretisch überzeugenden und praktikablen Gesamtkonzepts erforderlich, an dem sich Tätigkeiten und Zusammenarbeit einschlägiger Fachdienste (pädagogischer, psychologischer und sozialer Dienst) orientieren können. Weiterführende Perspektiven dürften etwa eine Verknüpfung allgemeiner Bildungskonzepte mit Ansätzen der Sozialpädagogik und Sozialarbeit eröffnen (vgl. Calliess 1992; Calliess/Müller-Dietz 2008). Dem entspricht zum einen die (menschenrechtliche) Anerkennung der Subjektstellung des Gefangenen, dessen Anspruch auf Ichfindung und Selbstentfaltung zu respektieren ist, zum anderen die Vermittlung sozialer Handlungskompetenz, die ihn dazu befähigt, die Wahrnehmung individueller Freiheit in Einklang mit den normativen Anforderungen der Rechts- und Sozialordnung zu bringen (vgl. Eberle 1989). Dabei haben in der Situation des Freiheitsentzugs die affektiv-emotionale Komponente und subjektive Interessen des Gefangenen besonderes Gewicht. Mit diesem Anspruch kommt EB dem Vollzugsziel der (Re-)Sozialisierung insofern entgegen, als soziale Handlungskompetenz gerade Voraussetzung für gesellschaftliche Integration ist (vgl. Calliess/Müller-Dietz 2008).

1.3 Institutionelle und personelle Hemmnisse der Erwachsenenbildung im Strafvollzug

Inhalt und Anspruch der EB stoßen in der Vollzugspraxis vor allem auf zwei Grenzen: Zum einen steht die skizzierte Persönlichkeits- und Motivationsstruktur vieler Gefangener der Realisierung von Bildungsangeboten sowie sozialem Lernen hindernd im Wege. Die lebensgeschichtlich, altersmäßig und durch den Freiheitsentzug selbst bedingten Lernbarrieren sind deutlich höher als in der freien Gesellschaft. Als besonderes Hemmnis erweist sich auch die Heterogenität der Klientel im Vollzug (vgl. Matt/Maul 2005). Zum anderen erschwert die Strafanstalt schon von ihren institutionellen Rahmenbedingungen, ihrer Aufgabenstellung und Organisationsstruktur her Bildungsarbeit. Die Gefangenen unterliegen – jedenfalls im geschlossenen Vollzug – dem Prinzip der Totalversorgung hinsichtlich der Ernährung, Kleidung und Unterbringung. Sie werden ferner aus Gründen der Sicherheit und Ordnung (der Anstalt) weitgehenden Reglementierungen und Kontrollen ihres Verhaltens und ihrer Lebensführung unterworfen. Ausbrüche, Entweichungen und Aggressionen (gegen Mitgefangene und Bedienstete) sollen möglichst verhindert sowie ein ungestörter Ablauf des Vollzugs gewährleistet werden. So stehen Angebote und Maßnahmen der EB stets unter dem Vorbehalt von Sicherheit und Ordnung. Vielfach sind sie im dreiteiligen Tagesablauf (Arbeits-, Frei- und Ruhezeit) auf die Freizeit verwiesen. Dies schränkt die Bildungsarbeit der Fachdienste in jeder, also zeitlicher, räumlicher, organisatorischer und personeller Hinsicht ein (vgl. Bierschwale 1997). Zusätzliche Probleme ergeben sich im Falle einer „multikulturellen" Insassenstruktur, die es erfordert, divergierenden Interessen und Bedürfnissen verschiedener ethnischer Gruppen in der Anstalt gerecht zu werden, sowie einer Überbelegung von Anstalten, die etwa Folge vermehrter Verhängung längeren Freiheitsentzugs und steigender Vollzugsdauer ist. In der Summe kann der Strafvollzug solchen Schwierigkeiten nur in relativ engen Grenzen begegnen – und dadurch den Entfaltungsspielraum der EB erweitern. Mittel hierzu stellen namentlich die „Öffnung des Vollzugs" (vgl. Dünkel 1996) im Ganzen (z.B. in Gestalt des offenen Vollzugs) und im Einzelfall (z.B. durch Gewährung von Vollzugslockerungen und Hafturlaub) sowie die Realisierung von Konzepten „interkultureller Weiterbildung" (vgl. Böse/Schiffer 2000) dar (vgl. Calliess/Müller-Dietz 2008; Feest 2006).

2 Die rechtliche Ausgestaltung der Erwachsenenbildung im Strafvollzug

Die rechtlichen Grundlagen der EB im Strafvollzug weisen eine bipolare Struktur auf: Zum einen hat sie sich an den normativen Vorgaben des Strafvollzugsrechts zu orientieren. Sie haben bis zur Neuregelung der Gesetzgebungskompetenz auf dem Gebiet des Strafvollzugs im Jahre 2006 in der Hauptsache im Strafvollzugsgesetz (StVollzG) bestanden. Seit der Übertragung dieser Zuständigkeit auf die Länder durch die Föderalismusreform gilt das StVollzG nur dort weiter, wo noch kein (abweichendes) Landesgesetz ergangen ist (vgl. Schüler-Springorum 2007). Dies ist bisher in den meisten Bundesländern der Fall.

Zum anderen sind für die EB die Regelungen des für alle Bürger geltenden Berufsbildungs- und Berufsförderungsrechts – namentlich das Berufsbildungsgesetz (BBiG) und das Sozialgesetzbuch (SGB III) – maßgebend (vgl. Calliess/Müller-Dietz 2008; Feest 2006). Im Grundsatz eröffnet dieses Recht einem Strafgefangenen unter den gleichen Voraussetzungen wie einem freien Bürger die Möglichkeit der Teilnahme an Bildungs- und Berufsförderungsmaßnahmen, soweit nicht das Strafvollzugsrecht Sonderregelungen – etwa zum Schutz der Allgemeinheit oder zur Gewährleistung von Sicherheit und Ordnung der Anstalt – getroffen hat (vgl. Calliess/Müller-Dietz 2008).

Das StVollzG regelt inhaltliche Aspekte der EB im Titel „Arbeit, Ausbildung und Weiterbildung" (§§37-52), institutionelle Aspekte in seinem Organisationsteil (§§148, 149). Ferner sind etliche weitere Vorschriften, die die Stellung und Behandlung des Gefangenen betreffen (§§2-4, 6, 7, 67-70) und die organisatorische, personelle und räumliche Struktur der Vollzugsanstalt zum Gegenstand haben (§§143, 145, 154, 155) unmittelbar oder mittelbar für die Ausgestaltung der EB relevant (vgl. Calliess/Müller-Dietz 2008). Danach sind zu Beginn des Vollzugs im Rahmen einer Behandlungsuntersuchung Persönlichkeit und soziales Umfeld des Gefangenen im Hinblick auf seine spätere Behandlung zu erforschen (§6). Auf dieser Grundlage ist der Vollzugsplan zu erstellen, in den als „Rahmencurriculum" (Calliess 1992, S. 87) alle für die (Re-)Sozialisierung im Einzelfall bedeutsam erscheinenden ‚Behandlungsmaßnahmen' aufzunehmen sind. Zu ihnen zählen nicht zuletzt „Maßnahmen der beruflichen Ausbildung oder Weiterbildung", „die Teilnahme an Veranstaltungen der Weiterbildung" sowie „besondere Hilfs- und Behandlungsmaßnahmen" (§7). Das StVollzG kennt drei Bereiche der Weiterbildung: Zum einen regelt es im Sinne des BBiG erwerbsbezogene Ausbildungsmaßnahmen, die auf Erhaltung oder Schaffung einer beruflichen Existenz gerichtet sind (§37 Abs. 1); dazu gehört auch berufsbildender Unterricht (§38). Zum zweiten sieht das StVollzG die „Teilnahme an anderen ausbildenden oder weiterbildenden Maßnahmen" vor (§37 Abs. 3). Dazu zählt vor allem die schulische Aus- und Weiterbildung, die auf den Hauptschulabschluss gerichtet ist oder wenigstens Wissen auf dem Niveau der Sonderschule vermitteln soll (§38). Dabei soll berufliche und sonstige Förderung allen hierfür geeigneten Gefangenen offen stehen (§37 Abs. 3). Zum dritten geht es um die Vermittlung konkreter Lebenshilfen, namentlich sozialer Kompetenz (vgl. §71).

In sämtlichen Bereichen sind Weiterbildung und soziales Lernen auf Konzepte und Erfahrungen der allgemeinen EB angewiesen. Demgemäß ist die Wahrnehmung solcher Angebote für den Gefangenen freiwillig; jedoch trifft die Anstalt insoweit eine Motivierungspflicht (§4 Abs. 1). Dem grundsätzlichen Gleichrang von Weiterbildung und Arbeit entspricht es, dass aus- und weiterbildende Maßnahmen anstelle der Arbeit treten können (§37 Abs. 3) und dann während der Arbeitszeit stattfinden (§38 Abs. 2). Dementsprechend erhält der Gefangene, der an solchen Maßnahmen teilnimmt, eine Ausbildungsbeihilfe, die an die Stelle des Arbeitsentgelts tritt, das ihm durch die Teilnahme entgeht (§44). Ihm steht es auch frei, seine Freizeit für Weiterbildung zu nutzen, z.B. am (Fern-)Unterricht, an Lehrgängen und Kursen sowie sonstigen Veranstaltungen dieser Art teilzunehmen (§67). Eine hinreichende Ausstattung der Anstalt mit Fachkräften (§155), die zur Zusammenarbeit mit allen auf dem Feld der (Re-)Sozialisierung tätigen Diensten und Personen verpflichtet sind (§154), soll die Wahrnehmung dieser Aufgaben sicherstellen. Die Einrichtung des sogenannten Wohngruppenvollzugs soll Gefangenen einen Erfahrungsraum sozialen Lernens bieten (§143 Abs. 2). Nach der Konzeption des StVollzG soll EB keineswegs nur in Händen des Strafvollzugs und seiner Mitarbeiter liegen. Vielmehr sollen es institutionelle und personelle Vorkehrungen Gefangenen ermöglichen, Bildungsangebote externer Fachkräfte in der Anstalt oder von Einrichtungen außerhalb des Vollzugs wahrzunehmen. Dem dient zum einen die Zusammenarbeit mit Vereinigungen und Stellen des Arbeits- und Wirtschaftslebens, die vorrangig zur beruflichen Integration beitragen können (z.B. Bundesagentur für Arbeit, vgl. §148), sowie die Durchführung von Maßnahmen der beruflichen Bildung in Betrieben der freien Wirtschaft (§149 Abs. 3). Zum anderen kann es Gefangenen, die sich auf Grund entsprechender Eignung und Zuverlässigkeit im offenen Vollzug befinden (§10) oder im Wege des sogenannten Freigangs tagsüber die Anstalt unüberwacht verlassen dürfen (§11), ermöglicht werden, staatliche oder freie Bildungseinrichtungen (z.B. Schulen, Volkshochschulen, Universitäten) zu besuchen.

3 Zur tatsächlichen Situation der Erwachsenenbildung im Strafvollzug

Repräsentative empirische Erhebungen zur Lage der EB im deutschen Strafvollzug existieren bisher nicht. Nur für Teilbereiche liegen umfassendere Informationen vor. Das gilt etwa für die in Vollzugsanstalten vorhandenen Einrichtungen zur beruflichen Bildung sowie für Art und Umfang der Bildungsmaßnahmen und der Abschlüsse in einzelnen Bundesländern (vgl. für Baden-Württemberg ZfStrVo 2005, 234ff.; 2006, 358ff.). Im Übrigen beschränken sich einschlägige Studien vor allem auf Projekt- und Erfahrungsberichte, die einzelne Ansätze, Anstalten oder Einrichtungen der Weiterbildung betreffen (z.B. Nohl 2000; Zitzer 2000; Matt 2007; Häßler/Preusche 2004). Danach weist EB vor allem drei Schwerpunkte auf: berufliche Förderung, schulische und allgemeinbildende Angebote sowie Vollzugsgruppenarbeit und soziales Training. Darüber hinaus existieren (Weiter-)Bildungsangebote, die besonderen Zielgruppen – wie etwa weiblichen und ausländischen Gefangenen – gelten.

Im Zuge der Strafvollzugsreform und der allmählichen Einbeziehung der Vollzugsanstalten in das System der EB in der freien Gesellschaft wurden – namentlich mit Unterstützung der Bundesagentur für Arbeit und des Berufsförderungswerks des DGB – Schwerpunkteinrichtungen zur beruflichen und schulischen Förderung geschaffen. Dadurch konnte das Angebot an Ausbildungsplätzen erhöht, stärker ausdifferenziert, vor allem modernisiert und mehr als bisher auf die Anforderungen des Arbeitsmarkts zugeschnitten werden. Beispiele für solche Schwerpunkteinrichtungen – deren Einzugsbereich meist ein ganzes Land oder mehrere Länder umfasst – stellen Berufsförderungsstätten und Berufsbildungszentren in den Vollzugsanstalten Bochum-Langendreer, Geldern und Zweibrücken dar. Im Hinblick auf den häufigen Schulabbruch und die vielfältigen Wissensdefizite wurde auch die schulische Ausbildung intensiviert. Nicht selten muss freilich angesichts eines relativ hohen Anteils an Analphabeten im Vollzug erst einmal Elementarwissen vermittelt werden (vgl. Vogel 1992).

Neben der Möglichkeit der Teilnahme an berufsbegleitendem (Fach- und Berufsschul-) Unterricht wird geeigneten und entsprechend motivierten Gefangenen auch Gelegenheit zu schulischer Weiterbildung mit dem Ziel der mittleren Reife, des Fachoberschulabschlusses und des Abiturs gegeben; gegebenenfalls kommt auch ein Fernstudium an der Fernuniversität Hagen in Betracht (vgl. Ommerborn/Schuemer 1999). Insgesamt ist der Strafvollzug aus personellen und institutionellen Gründen aber zu einem erheblichen Teil auf Angebote externer Bildungsträger angewiesen (vgl. Gerhart 1988; Pendon 1988). In zunehmendem Maße werden inzwischen Projekte der EB durch die EU und den Europäischen Sozialfonds (finanziell) gefördert (vgl. Pendon 1996; Graf 1997). Die Dringlichkeit solcher Unterstützung liegt angesichts der Öffnung der Grenzen, wachsender Migrationsbewegungen in Europa und begrenzter Haushaltskapazitäten der Länder auf der Hand (vgl. Calliess/Müller-Dietz 2008). In der Zeit von 1991 bis Ende 2007 wurde die Zusammenarbeit auf europäischer Ebene im Bereich der vollzuglichen Bildung, Beschäftigung und beruflichen Resozialisierung von Straffälligen durch eine Vielzahl von Projekten gefördert. Im Mittelpunkt standen grenzüberschreitender Erfahrungsaustausch sowie die fachliche Begleitung und Rückkoppelung hinsichtlich solcher Integrationsprogramme (vgl. Hilmer 2007; Sagel-Grande 2007). Zu den EU-Förderprogrammen, die der europäische Sozialfonds auf den Gebieten der Bildung, Qualifizierung und beruflichen Wiedereingliederung Straffälliger finanziert hat, zählen namentlich die Gemeinschaftsinitiativen HORIZON (1991-1994), BESCHÄFTIGUNGS-INTEGRA (1995-1999) und EQUAL (2000-2006) (vgl. Hilmer 2007; Mercer 2007). Sie waren und sind – wie neuere Projekte – vielfach über den engeren Bereich der EB auf umfassende Hilfen zur sozialen Integration angelegt. Bei alledem haben sich die Vernetzung der an der Wiedereingliederung beteiligten Institutionen sowie durchgehende Hilfeangebote von der Haft- bis zur Nachentlassungssituation als notwendig erwiesen. Zunehmend ist die Intensivierung der Nachsorge als Beitrag zur beruflichen und sozialen Integration (und zur Rückfallprophylaxe) ins Blickfeld getreten (vgl. Wirth 2006; Matt 2007). Auf der gleichen Linie liegen Aktivitäten der seit 1991 bestehenden European Prison Education Association (EPEA), die sich Weiterbildung der auf dem Gebiet vollzuglicher Bildung tätigen Akteure sowie die einschlägige Forschung zum Ziel gesetzt hat (vgl. Costelloe 2007).

Freilich erreichen vorhandene Bildungsangebote – entweder mangels persönlicher Eignung oder institutioneller Möglichkeiten – nach wie vor nur einen Teil der jeweils Inhaftierten. Mit zunehmender Rezeption von Methoden und Konzepten allgemeiner EB tragen auch Didaktik und Inhalte der EB im Strafvollzug stärker Lernbarrieren und -defiziten sowie emotionalen Bedürfnissen der Teilnehmer Rechnung. Im Wege dialogischen Gesprächs sowie von Gruppenarbeit sollen Lernfähigkeit vermittelt, Ängste und Aggressionen abgebaut werden. Auf solcher konzeptionellen Basis arbeiten nunmehr verschiedene Einrichtungen (z.B. Pädagogisches Zentrum Münster). Das soziale Training, das in vielen Anstalten fest etabliert ist, zielt vor allem auf angemessenen Umgang mit Alltagskonflikten und sinnvolle Lebensbewältigung ab. Teils auf gruppendynamischer Basis, teils in themenzentrierter Weise werden Kontakt- und Kommunikationsprobleme behandelt, Konfliktsituationen durchgespielt und Lösungsansätze vermittelt. Insofern dient das soziale Training auch dem Abbau von Persönlichkeits- und Sozialisationsdefiziten sowie der Ich-Stabilisierung (vgl. Rehn 1998; Kobbé 2004).

4 Zukunftsperspektiven der Erwachsenenbildung im Strafvollzug

Die weitere Entwicklung der EB im deutschen Strafvollzug hängt namentlich von folgenden Umständen ab: dem künftigen Strafvollzugsrecht der Länder, der weiteren Gestaltung der Anstaltsstruktur, der personellen und sachlichen Ausstattung der Justizvollzugsanstalten, den Veränderungen der Insassenstruktur, der Ausgestaltung des kriminalrechtlichen Sanktionensystems, der gerichtlichen Sanktionspraxis, der Kriminalitätsentwicklung (im Gefolge gesellschaftlichen Wandels) sowie den Auswirkungen internationaler, insbesondere europäischer Tendenzen auf dem Felde der Kriminal- und Vollzugspolitik. Dabei sind diese Faktoren mehr oder minder eng – nicht zuletzt i.S. von Wechselwirkungen – miteinander verflochten. Darüber hinaus gilt es in den neuen Bundesländern den Prozess der Integration des Strafvollzugs in das rechts- und sozialstaatliche Konzept weiter voranzutreiben (vgl. Borchert 2007).

Schwierigkeiten bereiten der EB gegenwärtig vor allem die Zunahme sozial schwieriger Gefangener, die erhöhte Anforderungen an Lernkonzepte stellt, und die Erhöhung der Sicherheitsschwelle in den Vollzugsanstalten, die den Handlungsspielraum einschränkt. Nachteilig bemerkbar macht sich nach wie vor das Fehlen eines Gesamtkonzepts, das die verschiedenen Bereiche der Vollzugsanstalt – von der Arbeit über die Ausbildung und Therapie bis hin zur Entlassungsvorbereitung – zu einem in jeder Hinsicht konsistenten und differenzierten „sozialen Lernfeld" zusammenschließt. Grenzen ergeben sich für die EB vor allem in Anstalten des geschlossenen Vollzugs, in denen weiterhin traditionelle Zielsetzungen (z.B. Sicherheit und Ordnung, Arbeits- und Anstaltsdisziplin) vorherrschen. Nur dort, wo schulische und/oder berufliche Förderung die Arbeit substituiert, gewinnt EB auch im Vollzugsalltag größere Bedeutung. Insgesamt verkörpern Vollzugsanstalten auf Grund ihrer überkommenen Struktur keineswegs etwa die schon früher postulierten „Erwachsenenbildungseinrichtungen" besonderer Art, die den Bildungsanspruch Gefangener einzulösen suchen (Calliess 1992, S. 4). Noch am ehesten ließe sich dieses Ziel durch eine weitere, kontrollierte „Öffnung des Vollzugs" (Dünkel 1996, S. 51), die Gefangenen zunehmend die Bildungsangebote der freien Gesellschaft erschließt, erreichen. Freilich steht der Strafvollzug vor dem Problem, der wachsenden Zahl schwieriger Gefangener und dem Schutz der Allgemeinheit durch stärkere Differenzierung in Unterbringung und Behandlung gerecht werden zu müssen.

Die Zukunft der EB wird mehr denn je durch internationale, namentlich europäische Entwicklungen beeinflusst. Die neuen Europäischen Strafvollzugsgrundsätze von 2006, welche die Mitgliedsstaaten es Europarates zur Verwirklichung gemeinsamer Standards in der Vollzugsgestaltung verpflichten (vgl. Feest 2006; Bundesministerium der Justiz 2007), messen der Aus- und Weiterbildung gewichtige Bedeutung bei. Danach soll jede Justizvollzugsanstalt „allen Gefangenen Zugang zu möglichst umfassenden Bildungsprogrammen gewähren, die ihren individuellen Bedürfnissen entsprechen und gleichzeitig ihren Ambitionen Rechnung tragen" (R 28.1). Vorrangig sollen Defizite in der Grund- und Berufsausbildung behoben werden (R 28.2). Der Gleichrang von Aus- und Weiterbildung und Arbeit wird eigens betont (R 28.4). Die Aus- und Weiterbildung im Vollzug soll möglichst in das Bildungs- und Berufsbildungssystem des Landes – mit dem Ziel einer kontinuierlichen Fortsetzung nach der Entlassung aus der Haft – integriert und unter Federführung externer Bildungseinrichtungen organisiert werden (R 28.7). In diese Richtung weisen denn auch die von der EU geförderten Projekte zur beruflichen und sozialen Integration Straffälliger.

Literatur

Benz, E. (2007): Auf dem Weg zum lebenslangen Lernen? Die Berufsbildungspolitik der Europäischen Union und die tatsächliche und rechtliche Situation der beruflichen Weiterbildung in der Bundesrepublik Deutschland. Frankfurt a.M.: Lang.

Bierschwale, P. (1997): Wohin treibt es den Justizvollzug? Bemerkungen zur Verschränkung von Sicherheit und Pädagogik. In: Zeitschrift für Strafvollzug und Straffälligenhilfe (ZfStrVo) 46. S. 67-76.

Böse, G./Schiffer, J. (2000): Möglichkeiten interkultureller Weiterbildung im Strafvollzug. In: ZfStrVo 49. S. 12-18.

Borchert, J. (2007): Schule und Sozialarbeit im sächsischen Strafvollzug. Leipzig: Leipziger Universitätsverlag.

Bundesarbeitsgemeinschaft der Lehrer im Justizvollzug (Hrsg.) (2001): Justizvollzug & Pädagogik. Tradition und Herausforderung. Herbolzheim: Centaurus.

Bundesministerium der Justiz Berlin/Bundesministerium für Justiz Wien/Eidgenössisches Justiz- und Polizeidepartement Bern (Hrsg.) (2007): Europäische Strafvollzugsgrundsätze. Die Empfehlung des Europarates REC (2006) 2. Mönchengladbach: Forum.

Calliess, R.-P. (1992[3]): Strafvollzugsrecht. München: Beck.

Calliess, R.-P./Müller-Dietz, H. (2008[11]): Strafvollzugsgesetz. Kurzkommentar. München: Beck.

Costelloe, A. (2007): EPEA – European Prison Education Association – Die Europäische Vereinigung für Bildung im Strafvollzug. In: Forum Strafvollzug (FS) 56. S. 119-120.

Dünkel, F. (1996): Empirische Forschung im Strafvollzug. Bestandsaufnahme und Perspektiven. Bonn: Forum.

Eberle, H.-J. (1989): Die Planung und Organisation von Weiterbildungsangeboten in einer Haftanstalt. In: ZfStrVo 38. S. 15-24.

Education in Prison (1990): Recommendation No. R 2 (89), adopted by the Committee of Ministers of the Council of Europe on 13 October 1989 and explanatory memorandum. Strasbourg.

Feest, J. (2006): Europäische Maßstäbe für den Justizvollzug. In: ZfStrVo 55. S. 259-261.

Feest, J. (Hrsg.) (2006[5]): StVollzG. Kommentar zum Strafvollzugsgesetz. Neuwied: Luchterhand.

Gerhart, G. (1988): Externe Bildungsträger im Strafvollzug. In: ZfStrVo 37. S. 131-135.

Goffman, E. (1972): Asyle. Über die soziale Situation psychiatrischer Patienten und anderer Insassen. Frankfurt a.M.: Suhrkamp.

Graf, G. (1997): Abschlußbericht des transnationalen Projektes New Choices. In: ZfStrVo 46. S. 340-343.

Häßler, H./Preusche, E. u.a. (2004): Einführung der modularen Berufsausbildung und Aufbau eines Berufsintegrationsdienstes in sächsischen Justizvollzugsanstalten. In: ZfStrVo 53. S. 276-279.

Hillmer, J. (2007): Die ESF Gemeinschaftsinitiativen in Deutschland. In: Forum Strafvollzug (FS), 56. S. 111-112.

Kobbé, U. (2005): Struktur, Dynamik, Standards und Ethik vollzugsspezifischer Erwachsenenbildung. In: Wischka, B./Rehder, U./Specht, F./Foppe, E./Willems, R. (Hrsg.): Sozialtherapie im Justizvollzug. Aktuelle Konzepte, Erfahrungen und Kooperationsmodelle. Lingen: Kriminalpädagogischer Verlag, S. 80-91.

Maetze, W. (2001): Berufseinstieg statt ‚Kriminelle Karriere'. In: ZfStrVo 50. S. 289-291.

Matt, E./Maul, K. (2005): Das Problem der Heterogenität der Klientel für Bildungsmaßnahmen im Strafvollzug. In: ZfStrVo 54. S. 198-202.

Matt, E. (2007): Integrationsplanung und Übergangsmanagement. Konzepte zu einer tragfähigen Wiedereingliederung für (Ex-) Strafgefangene. In: Forum Strafvollzug (FS) 56. S. 26-31.

Mercer, A. (2007): Die EQUAL-Gemeinschaftsinitiative zur Wiedereingliederung von (Ex-) Strafgefangenen. In: Forum Strafvollzug (FS) 56. S. 106-110.

Mey, H.-G. (1986): Auswirkungen schulischer und beruflicher Bildungsmaßnahmen während des Strafvollzuges. In: ZfStrVo 35. S. 265-269.

Nohl, F. (2000): Lern- und Methodentraining im Stafvollzug? In: ZfStrVo 49. S. 18-21.

Ommerborn, R./Schuemer, R. (1999): Fernstudium im Strafvollzug. Eine empirische Untersuchung. Pfaffenweiler: Centaurus.

Pendon, M. (1988): Berufliche Bildung im Vollzug durch externe Träger. In: ZfStrVo 37. S. 140-142.

Pendon, M. (1996): Europäische Dimensionen der Berufsausbildung im Strafvollzug. In: ZfStrVo 45. S. 337-339.

Rehn, G. (1998): Zur Zukunft der Sozialtherapie. In: ZfStrVo 47. S. 203-211.

Rohwedder, J. (2003): Thesen zur Didaktik der beruflichen Bildung männlicher Gefangener in Justizvollzugsanstalten. In: ZfStrVo 52. S. 158-161.

Sagel-Grande, I. (2007): EU-Projekte zum Thema Bildung im Strafvollzug. Ein Erfahrungsbericht. In: FS 56. S. 115-118.

Schüler-Springorum, H. (2007): Strafvollzug und Föderalismus. In: Schöch, H./Helgerth, R./Dölling, D./König, P. (Hrsg.): Recht gestalten – dem Recht dienen. Festschrift für Reinhard Böttcher zum 70. Geburtstag am 29. Juli 2007. Berlin: De Gruyter Recht, S. 403-410.

Vogel, K.-D. (1992): Zum Stand der Alphabetisierung im Justizvollzug der Bundesrepublik Deutschland. In: ZfStrVo 41. S. 112-116.

Wirth, W. (2006): Arbeitslose Haftentlassene: Multiple Problemlagen und vernetzte Wiedereingliederungshilfen. In: Bewährungshilfe (BewH) 53. S. 137-152.

Wirth, W. (2007): Von Cambridge über Brüssel nach Düsseldorf. Die Förderung nordrhein-westfälischer Wiedereingliederungsprojekte für Strafgefangene und Haftentlassene aus Europäischen Programmen. In: Forum Strafvollzug (FS) 56. S. 113-114.

Zitzer, H.-G. (2000): Aspekte der Aus- und Weiterbildung im niedersächsischen Justizvollzug. In: Zeitschrift für Strafvollzug und Straffälligenhilfe (ZfStrVo) 49. S. 265-270.

Franz Hamburger

Weiterbildung von Migranten

1 Definitionen

Migration wird als dauerhafter – nach den Empfehlungen der Vereinten Nationen mindestens für die Dauer eines Jahres geltender – Wohnortwechsel verstanden (vgl. Han 2005). Da die Nationalstaaten die Grenzziehungen errichtet haben, die die Lebensbedingungen der Menschen besonders stark regulieren, ist die Unterscheidung *internal migration* und *international migration* bedeutsam. Das öffentliche Interesse richtet sich vornehmlich auf die Migration, die Staatsgrenzen überschreitet, und definiert solche Migranten als fremd. Deshalb sind in Deutschland besonders Ausländer und (Spät-)Aussiedler Gegenstand der Aufmerksamkeit.

Die Begriffe *Ausländer* und *Aussiedler* sind politische Rechtsbegriffe, die im Staatsbürgerverständnis des Grundgesetzes festgelegt sind. Nach diesem ist das den demokratischen Staat konstituierende Staatsvolk das deutsche Volk, dessen Identität durch Abstammungsgemeinschaft, danach auch durch gemeinsame Sprache, Kultur, politisches Schicksal u.Ä. bestimmt sei. Diese Definition der Staatsbürgerschaft hat zur Folge, dass Personengruppen, die außerhalb des Territoriums der Bundesrepublik leben, zum Staatsvolk gehören und gleichzeitig andere Personengruppen, die in diesem Territorium leben, selbst wenn sie dauerhaft dort leben, von den Staatsbürgerrechten ausgeschlossen sind.

Die erste Gruppe sind die Aussiedler, die auf der Grundlage von Art. 116 Grundgesetz („Deutscher im Sinne dieses Grundgesetzes ist vorbehaltlich anderweitiger gesetzlicher Regelung, wer die deutsche Staatsangehörigkeit besitzt oder als Flüchtling oder Vertriebener deutscher Volkszugehörigkeit oder als dessen Ehegatte oder Abkömmling in dem Gebiet des Deutschen Reiches nach dem Stande vom 31. Dezember 1937 Aufnahme gefunden hat“) zum deutschen Volk gehören und deshalb ein Recht auf Einreise in die BRD und Anspruch auf staatlichen Schutz und Fürsorge haben. Aussiedler kamen in den 1980er Jahren zunächst vor allem aus Polen und Rumänien, in den 1990er Jahren überwiegend aus den Ländern der ehemaligen Sowjetunion. Durch die Erhöhung der sprachlichen Anforderungen und weitere Restriktionen ist die Zuwanderung im 1. Jahrzehnt des 21. Jh. erheblich zurückgegangen. Durch die Änderung des Staatsangehörigkeitsrechts (2000) können auch andere Migranten und ihre in Deutschland geborenen Kinder eingebürgert werden.

Die zweite Gruppe sind die Ausländer, die als nicht-deutsche Zuwanderer sich dauerhaft oder vorübergehend in der BRD aufhalten. Im Allgemeinen werden Touristen und Geschäftsreisende, Sportler und Künstler, die sich nur kurzfristig in der BRD aufhalten, nicht dieser Gruppe (im Sinne eines gesellschaftspolitischen Handlungsbedarfs) zugerechnet. Bei Stationierungsstreitkräften, ausländischen Studierenden, Saisonarbeitern, Vertragsarbeitnehmern und illegal sich aufhaltenden Personen gibt es dagegen unterschiedliche politische und statistische Zuordnungen. Die größte Ausländergruppe sind die angeworbenen Arbeitnehmer, ihre Familien und Nachkommen; ein Teil von ihnen gehört zur Gruppe der Ausländer, die sich auf der Grundlage der EU-internen Freizügigkeit in der BRD aufhalten. Noch erwähnenswert ist die Gruppe der Flüchtlinge, die je nach Rechtsstatus unterschieden wird in Asylbewerber, anerkannte politische Flüchtlinge und De-facto-Flüchtlinge, die zwar kein Recht auf Asyl haben, jedoch auf der Grundlage der Genfer Flüchtlingskonvention vorübergehend nicht abgeschoben werden. Durch die Änderung des Grundgesetzes im Jahr 1993 ist die Zahl der Asylsuchenden in Deutschland erheblich reduziert worden.

2 Migration und Politik

Die *Migration* ist ein selbstverständlicher Bestandteil menschlicher Lebensweise; auch zur Geschichte Deutschlands gehören Ein- und Auswanderung als andauernde Prozesse dazu (vgl. Bade 1992). Die neuere Einwanderung wurde durch das Anwerbeabkommen mit Italien im Jahr 1955 eingeleitet und dauerte bis zum Anwerbestopp 1973 an. Die Zahl der ausländischen Beschäftigten hat zu diesem Zeitpunkt mit 2,5 Millionen den höchsten Stand erreicht und bleibt ab 1975 unter der 2-Millionen-Grenze; erst 1992 sind wiederum zwei Millionen Ausländer in Deutschland beschäftigt. Die ausländische Wohnbevölkerung hat bis 1974 zunächst parallel zur Beschäftigtenentwicklung zugenommen und ist seitdem nicht mehr unter die 4-Millionen-Grenze gesunken. Seit 1998 leben ca. 7,3 Millionen Ausländer in Deutschland (8,9% der Gesamtbevölkerung).

Erweitert man diese Gruppe um die Gruppe der Eingebürgerten, dann ergibt sich ein Migrantenanteil von 13,1%. Werden die mit diesen Personen in einem Haushalt lebenden Menschen hinzugezählt, dann ergibt sich ein Bevölkerungsanteil „mit Migrationshintergrund" von 21,1% (Hamburger 2007).

Das Migrationsvolumen ist für Deutschland sehr hoch: Von 1954 bis 1999 sind 54 Millionen Fort- und Zuzüge zu verzeichnen. Jährlich wandern ca. 550.000 Ausländer ein und aus, so dass eine Fluktuationsrate der Ausländer von ca. 15% jährlich entsteht.

Die deutsche Ausländerpolitik zeichnet sich dadurch aus, dass der in soziologischen Analysen festgestellte Einwanderungsprozess abgewehrt wird, die Bundesrepublik sich nicht als Einwanderungsland versteht und auch für die dauerhaft anwesenden Ausländer keine Gleichberechtigungspolitik betreibt. Die Einbürgerungspolitik sollte nach dem Willen der rot-grünen Koalition 1999 neu geordnet werden. Das seit dem 1.1.2000 geltende Staatsangehörigkeitsrecht ermöglicht, dass in Deutschland geborene Kinder von Migranten unter bestimmten Bedingungen deutsche Staatsangehörige werden können. Im Alter zwischen 18 und 23 Jahren müssen sich diese Personen allerdings entscheiden, ob sie die deutsche oder die Staatsangehörigkeit ihres Herkunftslandes behalten wollen; die doppelte Staatsangehörigkeit soll nämlich unterbunden bleiben. Während innerhalb der EU die Freizügigkeit ausgeweitet wird, werden gleichzeitig die Grenzen nach außen abgedichtet („Festung Europa"). Im Verlauf der 1980er und 1990er Jahre haben sich in Europa manifeste Ausländerfeindlichkeit und Rassismus ausgebreitet. Auch wenn diese Phänomene begrifflich unterschiedlich gefasst werden (Ethnozentrismus, Eurozentrismus, Fremdenfeindlichkeit u.Ä.), verschärfen sie die segregierenden Prozesse zwischen deutschen und ausländischen Bürgern. Solidarisierungsprozesse werden ernsthaft nur von Minderheiten der deutschen Bevölkerung, vor allem auch in Angeboten der Erwachsenenbildung, betrieben, während die öffentlichen Bekenntnisse gegen Ausländerfeindlichkeit der ritualisierten Ablenkung von ihren politischen Zusammenhängen dienen. Dennoch lässt sich im Alltag der Menschen „Normalisierung“ in dem Sinne beobachten, dass vertraute Nachbarschaften entstehen. Gewalttätige Aktionen gegen Migranten werden besonders in den ostdeutschen Bundesländern verzeichnet; als Dauerproblem werden Stadtteile mit einem „hohen Anteil an Menschen mit Migrationshintergrund“ diskutiert.

Mit dem Zuwanderungsgesetz (2007) wurden die Regulierungsmechanismen für eine Feinsteuerung der Zuwanderung und der Integration differenziert und gleichzeitig mehrere EU-Richtlinien in deutsches Recht umgesetzt; dies zeigt sich an unterschiedlichen Regeln für Flüchtlinge, Saisonarbeitskräfte, Heiratsmigration u.a. Nach dem 11. 9. 2001 hat sich eine starke Islamophobie ausgebreitet, der die identitätssichernde Qualität des Antikommunismus zukommt (vgl. Heitmeyer 2007).

Die prinzipielle und rechtlich abgesicherte Ungleichheit zwischen Deutschen und Ausländern, die Konfrontation mit dem Islam und die Abwehr seines „Heimischwerdens“ sowie die Tendenzen zum resignativen Rückzug von Migranten in eine ethnische Kolonie sind die wichtigsten Rahmenbedingungen für die Weiterbildung von Ausländern.

3 Bildungs- und Berufssituation

Bildung und Beruf sind auch bei Migranten die Faktoren, die zentral die soziale Lage bestimmen. Die bei der Migration nach Deutschland mitgebrachten Bildungsvoraussetzungen sind unterschiedlich, wobei die Herkunftsländer die erheblichen Sozialisationsleistungen und Bildungsinvestitionen für das jeweils ausgebildete Arbeitsvermögen getragen haben. Für die angeworbenen Arbeitskräfte war der Abschluss einer allgemeinen Grundbildung und Berufs- und Arbeitserfahrung charakteristisch, bei den Aussiedlern ist eine berufliche Qualifikation weitverbreitet. Die Gruppe der Flüchtlinge ist heterogen, insoweit „Armutsflüchtlinge“ und akademisch qualifizierte Gruppen gleichermaßen vertreten sind. Problematische Folgen für die Herkunftsländer hat ein zunehmender *„Braindrain“* sowohl in der Süd-Nord- als auch der Ost-West-Wanderung. Dieser wird durch gelegentliche Anwerbung hochqualifizierter Arbeitskräfte *(blue card)* oder spezifischer Gruppen (IT-Fachkräfte) und durch Arbeitserlaubnis für ausländische Studierende nach erfolgreichem Studienabschluss verstärkt. Das „entwicklungspolitische“ Paradigma hat sich vom Bildungsexport durch Ausländerstudium gewandelt hin zum Bildungsimport in weltweiter Konkurrenz (vgl. Hahn 2004).

Die beruflichen Tätigkeiten der *ausländischen Arbeitnehmer* unterscheiden sich weiterhin deutlich von denen der deutschen Arbeitnehmer. 53% besetzen Arbeiterpositionen (Beauftragte 2005, S. 84), 36% werden als Angestellte beschäftigt. Die Differenz zur deutschen Arbeitnehmerschaft wird daran erkennbar, dass ca. ein Drittel der deutschen Männer und drei Fünftel der deutschen Frauen als Angestellte tätig sind (Gesamtanteil der Angestellten bei Deutschen: 53%). Berufliche Aufstiegsprozesse finden nur begrenzt statt. Auch von der Zweiten Generation bleibt fast die Hälfte ohne abgeschlossene Berufsausbildung, während sich die Bildungs- und Berufssituation der anderen Hälfte verbessert hat (ca. 12% der ausländischen Schulabgänger erwerben die Hochschulreife; vgl. ebd., S. 53). Die rapide Zunahme von Arbeitserlaubnissen ab 1990 (1991: 926.000; 1996: 1,1 Millionen; 2000: 1,08 Millionen; 2003: 886 000; vgl. Beauftragte 2005, S. 76) und die Erweiterung der Saisonarbeit sowie illegaler Beschäftigungsverhältnisse belegen eine neuerliche Verschiebung auf dem gespaltenen Arbeitsmarkt, der für schlecht bezahlte, befristete, anstrengende, verachtete und teilweise illegale Arbeitsverhältnisse Ausländer braucht.

Die Berufs- und Bildungssituation der *Aussiedler* stellt sich weitaus differenzierter dar. Zwar weisen ihre Berufskenntnisse häufig einen Modernisierungsrückstand auf, doch passten ihre Alters- und Berufsstruktur, ihre Arbeitsorientierung und Leistungsmotivation bis Mitte der 1990er Jahre auf die unterschiedlichen Bedürfnisse des Arbeitsmarkts. Problematisch ist teilweise die Integration der Gruppe mit Dienstleistungsberufen wegen der sprachlichen Anforderungen. Die Integration in Bildung und Beruf wird durch die speziellen Maßnahmen der Eingliederungsprogramme und die umfassende Teilhabe an allen Ansprüchen der sozialen Leistungsgesetze gefördert. Auch wenn durch das Eingliederungsanpassungsgesetz (gültig ab 1.1.1990) verschiedene Einschränkungen vorgenommen wurden (vgl. Haberland 1990), wird der schulische und berufliche Eingliederungsprozess durch staatliche Regulierung systematisch gefördert. Die „Hilfen für Spätaussiedler" (vgl. BMI 1998) umfassen 25 verschiedene Hilfesysteme, von den „Rückführungskosten", wie bis heute die Kosten der Aussiedlung bezeichnet werden, bis hin zur Integration in die Rentenversicherung.

Ein Stereotyp der Ausländerpolitik und der öffentlichen Meinung behauptet, in der zweiten und dritten Ausländergeneration würde die berufliche und schulische Benachteiligung aufgelöst werden. Zunächst ist jedoch eher das Gegenteil der Fall. In den 1970er Jahren haben ausländische Kinder überwiegend keinen allgemeinbildenden Schulabschluss erreicht, in den 1980er Jahren hat sich die Gruppe erheblich ausdifferenziert. Während eine Minderheit weiterführende Schulen besucht und teilweise erfolgreich abschließt, ist auch der Ausländeranteil an den Sonderschulen kontinuierlich gewachsen. Im Jahr 2003 verlassen die ausländischen Schüler die allgemeinbildenden Schulen mit deutlich geringeren Qualifikationen als die deutschen Schüler: 41,5% mit dem Hauptschulabschluss, 29,1% mit dem Realschulabschluss und 10,2% mit der Hochschulreife. 19,2% verlassen die Schule ohne Abschluss (von den Deutschen: 7,9%; vgl. Beauftragte 2005, S. 53). Dramatisch ist der Rückgang der Beteiligung an beruflicher Ausbildung (vgl. Konsortium Bildungsberichterstattung 2006, S. 153ff.). Der Faktor Diskriminierung wiegt dabei schwer, weil bei gleichen Leistungen ausländische Jugendliche keinen Ausbildungsplatz erreichen (ebd., S. 156). 39,7% der jungen Ausländer zwischen 24 und 29 Jahren haben keine abgeschlossene Berufsausbildung (10,4% der altersgleichen Deutschen; Beauftragte 2005, S. 60).

Nach den Untersuchungen der OECD (2007a) ist die Bildungs- und Beschäftigungssituation der Migranten in Deutschland besonders schlecht. Über lange Zeit hat Deutschland vor allem Arbeiter angeworben (erst Gast-, dann Saisonarbeiter), so dass der geringe Bildungserfolg der Zweiten Generation nicht überrascht. Aber auch die zugewanderten Akademiker haben in Deutschland eine dreifach erhöhte Arbeitslosigkeit im Vergleich zu den einheimischen Akademikern (vgl. OECD 2007a).

Da Aussiedler und ihre Kinder eingebürgert werden, werden sie in den Bildungsstatistiken nicht als eigene Gruppe ausgewiesen. Ihre Situation ist dadurch gekennzeichnet, dass den intensiven politischen Fördermaßnahmen auch Diskriminierung und Diskreditierung auf der Ebene alltäglicher Interaktion gegenüberstehen. Da für diese Generation – ebenso wie für die Zweite Generation der Arbeitsmigranten – die anomische Differenz zwischen sich schnell entfaltenden Konsumbedürfnissen und beruflich erreichbaren Statuspositionen bzw. Qualifikationsniveaus zu erwarten ist, wird dieser Prozess nicht friktionslos verlaufen. Die Berichte zur Lage der Zweiten Aussiedlergeneration verweisen unisono auf Integrationsschwierigkeiten, abweichendes Verhalten und soziale Konflikte (vgl. Dietz 1997).

4 Weiterbildungsangebote

Sowohl im Bericht der Migrationsbeauftragten der Bundesregierung (2005) als auch im Bildungsbericht Deutschland (vgl. Konsortium Bildungsberichterstattung 2006) kommt die Weiterbildung von Migranten nicht vor. Der Skandal wird noch nicht einmal thematisiert. Angesichts der politischen Relevanz von Migration und des besonderen Bedarfs an höher qualifizierten Zuwanderern (vgl. OECD 2007b) ist dieser Umstand besonders überraschend.

Die Inanspruchnahme von Angeboten der Weiterbildung ist bei Migranten ähnlich stark ausgeprägt wie bei Einheimischen mit einem vergleichbaren sozio-ökonomischen Status. Der Befund der Repräsentativuntersuchung aus dem Jahr 1985 lautet:

> „Die Chancen ausländischer Arbeitnehmer und Arbeitnehmerinnen, durch die Teilnahme an beruflichen Fortbildungsmaßnahmen ihre Qualifikationen zu erhöhen und dadurch in höhere berufliche Positionen aufzusteigen, sind relativ gering. 9,3% aller befragten Arbeitnehmer und Arbeitnehmerinnen nahmen an beruflichen Fortbildungsmaßnahmen teil. Die Teilnahmequoten von Angestellten (23,0%), Facharbeitern (17,2%) und Vorarbeitern/Meistern (27,4%) lagen deutlich über denen von ungelernten (2,1%) und angelernten Arbeitern (6,3%)" (Schultze 1990, S. 127f.).

Auch in den Statistiken der Bundesanstalt für Arbeit sowie den innerbetrieblichen Weiterbildungsbilanzen sind die benachteiligten Beschäftigtengruppen – und mit ihnen die Ausländer – unterrepräsentiert (vgl. Kühne 1990). Trotz hoher Arbeitslosigkeit sind Migranten auch in den nach dem Arbeitsförderungsgesetz bzw. dem SGB III unterstützten beruflichen Weiterbildungsmaßnahmen unterrepräsentiert.

Als Quellen für eine genauere Beschreibung der Weiterbildungsbeteiligung von Migranten stehen das Berichtssystem Weiterbildung (BSW; vgl. BMBF 2005) und das Sozioökonomische Panel (SOEP, vgl. Bilger 2006) zur Verfügung. Im BSW wird die Beteiligung der Migranten, und zwar nur der Ausländer, seit 1997 gesondert erhoben. Bei allen Erhebungen (1997, 2000, 2003) zeigt sich, dass Ausländer deutlich weniger (29% im Jahr 2003) an Weiterbildung teilnehmen als Deutsche (42%). Besonders niedrig liegt die Teilnahme an beruflicher Weiterbildung (13%). Bei der „allgemeinen" Weiterbildung steht der Spracherwerb im Vordergrund. Eingebürgerte Migranten („Migrationshintergrund") unterscheiden sich lediglich bei der beruflichen Weiterbildung, die sie etwas intensiver nachfragen (19%) als die Ausländer (13%; BMBF 2005, S. 42-46). Die Daten aus dem SOEP ergeben ein ähnliches Bild: Deutsche haben sich in den letzten drei Jahren vor dem Befragungszeitpunkt zu 25% an kursbezogener beruflicher Weiterbildung beteiligt, Personen mit Migrationshintergrund zu 12%. Differenziert man diese Gruppe nach „familiärem Migrationshintergrund" (23%), nach Deutschen, die nach 1948 zugewandert sind (13%), und Ausländern (10%), dann ergeben sich beachtliche Unterschiede (vgl. Bilger 2006, S. 27ff.). Auch die Migranten verhalten sich also im Hinblick auf Weiterbildung wie andere Gruppen auf gleichem sozio-ökonomischem Niveau.

Die Migranten sind dennoch oder auch deshalb zur „Zielgruppe" der Erwachsenenbildung/Weiterbildung geworden, die sich allerdings so weit ausdifferenziert hat (von Akademikern der Zweiten Generation bis hin zu Analphabeten ohne Deutschkenntnisse), dass die Voraussetzungen zur Formierung *einer* Zielgruppe entfallen sind. Die Trägerstruktur der Angebote hat sich ebenso „naturwüchsig" herausgebildet wie in anderen Bereichen der Erwachsenenbildung. Im Zentrum stehen die Volkshochschulen, die in den Großstädten eigenständige Fachbereiche eingerichtet haben. Daneben sind Initiativgruppen, Wohlfahrtsverbände (im Umkreis der Sozialberatung), Ausländerorganisationen der verschiedensten Art, Gewerkschaften und die Betriebe Anbieter von Erwachsenenbildung (vgl. Meisel 1984). Das tatsächliche Angebot resultiert aus einer politischen Programmsteuerung und bezieht sich überwiegend auf Sprachkurse und Berufsvorbereitung bzw. Ausbildungsvorbereitung und -unterstützung für junge Migranten. Das Zuwanderungsgesetz 2005 hat mit den „Integrationskursen" für Zuwanderer einen neuen Akzent gesetzt (vgl. Dollhausen 2006). Alphabetisierungskurse, Hauptschulabschlusskurse, spezielle Angebote für Frauen kommen zu diesem Kernangebot hinzu.

In der betrieblichen Weiterbildung dominieren nach wie vor kurzzeitige Anlernprozesse, Sicherheitsunterweisungen und andere Formen der unmittelbaren Anpassungsweiterbildung. Von einzelnen speziellen Formen abgesehen (Sprachkurse durch die „Revierarbeitsgemeinschaft für kulturelle Bergmannsbetreuung"–REVAG oder die „Lernstatt" bei BMW in München, gelegentliche Modellversuche der Remigrationsvorbereitung durch Weiterbildung) nehmen ausländische Arbeitnehmer – wie die un- und angelernten Arbeiter generell – fast nicht an betrieblicher Weiterbildung teil. Dies kann überzeugend auf „strukturelle Barrieren in der betrieblichen und berufsbezogenen Weiterbildung" zurückgeführt werden, während die individuellen Bildungsvoraussetzungen durch didaktisch-methodische Arrangements entwickelt werden können (vgl. Brucks/Wahl 1986). Unter der Voraussetzung eines gesellschafts- und betriebspolitischen Qualifizierungswillens können die Modellversuche im Rahmen des Programms „Humanisierung des Arbeitslebens" eine erstaunliche betriebliche Weiterbildungspraxis entfalten (vgl. Projektträger „Humanisierung des Arbeitslebens" 1986). Die Kombination von sprachlichen und beruflichen Qualifizierungsangeboten lässt sich insgesamt als funktional für die Integration in den Arbeitsmarkt bei optimaler Nutzung der vor der Migration erworbenen Qualifikationen interpretieren. Ausländer sind als Migranten auf einem bestimmten Arbeitsmarktsegment platziert worden, und die Programmatik für ihre Weiterbildung wie auch das tatsächliche Verhalten stabilisieren weitgehend diese Allokation.

Asylberechtigte und Kontingentflüchtlinge erhalten für Sprachkurse Unterstützung. Diese Gruppe der Ausländer ist in dieser Hinsicht den Aussiedlern gleichgestellt, weil ihre Anwesenheit – im Unterschied zu der aller übrigen Ausländer – als dauerhaft angesehen wird. Asylbewerbern stehen nur Leistungen nach dem Asylbewerberleistungsgesetz als reduzierte Sozialhilfe zu; die Arbeit mit ihnen enthält viele praktische Elemente der Weiterbildung, ist konzeptionell aber nur als „Betreuung" bestimmt (vgl. Boumans/Ünal 1997).

In konzeptioneller Hinsicht hat sich in der Pädagogik einschließlich der Erwachsenenbildung nach der „Ausländerpädagogik" die „interkulturelle" Option etabliert, die auch die pädagogische Kommunikation vor allem als Interaktion zwischen Repräsentanten verschiedener Kulturen begreift (vgl. Banning 1995; Jonach 1998). Mit dieser Option ist jedoch prinzipiell die Gefahr verbunden, dass Kulturalität (als Kulturgebundenheit) auch dort zugeschrieben wird, wo normalerweise Individualität unterstellt wird. In pädagogischen Situationen kann die Behandlung als bloßer „Kulturträger" zur kränkenden Unterwerfung werden, wenn die interkulturell „aufgeklärten" Pädagogen und Pädagoginnen immer schon besser als ihre Adressaten wissen, was diese meinen. Eine pädagogische Reflexion auf Migration und Migrationsfolgen muss deshalb die kulturelle Dimension integrieren in eine mehrdimensionale Betrachtungsweise (vgl. Hamburger 1994). Die konzeptionellen Überlegungen haben deshalb unterschiedliche Ansätze hervorgebracht: Sie legen Wert auf die „interkulturelle Öffnung" der Weiterbildungseinrichtungen (vgl. Grünhage-Monetti 2006), auf die Entwicklung von „Migrationssensibilität" (vgl. Dollhausen 2006) oder auf eine spezifische Bildungsberatung (vgl. Schmidt/Tippelt 2006).

Weiterbildung wird als „interkulturelle“ (vgl. Freise 2006) oder als „integrationsorientierte“ (vgl. Brüning 2006) verstanden und soll auch der Auseinandersetzung mit dem Rassismus dienen (vgl. Hormel/Scherr 2004).

5 Perspektiven

Die Perspektiven der Erwachsenenbildung mit Ausländern und Aussiedlern sind sich ähnlicher geworden und werden dies noch mehr tun. Das politisch-administrative Steuerungsinstrumentarium für die Migrationspolitik wurde durch das Aussiedleraufnahmegesetz von 1990, das Ausländergesetz von 1991, die faktische Beseitigung des Asylrechts 1993 und das Kriegsfolgenbereinigungsgesetz erheblich erweitert, und zwar unter dem gemeinsamen Gesichtspunkt der Abwehr und Steuerbarkeit der Zuwanderung. Dieses System der verfeinerten Steuerung setzt sich fort über das Zuwanderungsgesetz 2005 und das Zuwanderungsänderungsgesetz von 2007. Über die Ausgliederung aus den sozialstaatlichen Sicherungssystemen (verminderte Sozialhilfe für Asylbewerber nach dem Asylbewerberleistungsgesetz 1993) wird die grundlegende Statusdifferenzierung zwischen den Einheimischen und den Migranten verstärkt und durch ein System von Berechtigungsabstufungen (Deutsche Aussiedler – EU-Ausländer – Ausländer aus Nicht-EU-Anwerbestaaten – Kontingentflüchtlinge – De-facto-Flüchtlinge – Asylbewerber – Illegale) herrschaftstechnisch optimiert. Allerdings werden gleichzeitig Instrumente entwickelt, die für eine kontrollierte Zuwanderungsdosierung zweckmäßig sind (Integrationskurse, Migrationserstberatung, Jugendmigrationsdienste) und von denen erwartet werden kann, dass sie sich positiv auf die Weiterbildungsbeteiligung auswirken.

Die Migrationspolitik selbst folgt nach wie vor beschäftigungspolitischen Imperativen, auf die hin alle staatlich finanzierten Bildungs- und Ausbildungsprogramme orientiert bleiben. Eine alternative Orientierung – als politische Bildung – ist nur möglich in den Angeboten der Gewerkschaften und Ausländerorganisationen. Migrationspolitik als Arbeitsmarktpolitik wird zusätzlich mit Konfliktpotenzial aufgeladen durch die Ethnisierung sozialer Probleme. Der Einwanderungsprozess wird zur Herrschaftssicherung politisch instrumentalisiert, gerade indem er abgewehrt und die Loyalität der deutschen Bevölkerung durch Abgrenzung und Vorenthaltung der Gleichberechtigung für die Migranten gesichert wird. Insbesondere die durch die Politik sozialer Ungleichheit benachteiligten Bevölkerungsgruppen können sich über die Mobilisierung des Sündenbockmechanismus von den Quellen ihrer Benachteiligung ablenken. Dieser Mechanismus macht dann auch vor den „deutschen“ Aussiedlern nicht halt. Der dem völkischen Reinheitsgebot verpflichtete Rahmen der Gesellschaftspolitik setzt der Bildung von Erwachsenen einen engen Rahmen, insbesondere für Programme interkulturellen Lernens und antirassistischer Erziehung. In der kritischen Reflexion dieses Rahmens und durch eine Orientierung an Gleichberechtigung kann die Erwachsenenbildung mit Inländern und Ausländern immer schon den gesetzten Rahmen in dem Sinne überschreiten, dass ihr Anspruch auf „Bildung“ die Gleichheit der Menschen voraussetzt.

Literatur

Bade, K.J.(1992): Deutsche im Ausland – Fremde in Deutschland. Migration in Geschichte und Gegenwart. München: Beck.

Baumeister, H.P. (Hrsg.) (1991): Integration von Aussiedlern. Eine Herausforderung für die Weiterbildung. Weinheim: Deutscher Studienverlag.

Banning, JH. (1995): Bessere Kommunikation mit Migranten. Weinheim/Basel: Beltz.

Beauftragte der Bundesregierung für Migration, Flüchtlinge und Integration (2005): Bericht über die Lage der Ausländerinnen und Ausländer in Deutschland. Berlin.

Bilger, F. (2006): Migranten und Migrantinnen – eine weitgehend unbekannte Zielgruppe in der Weiterbildung. In: REPORT 29, H. 2. S. 21-31.

Boumans, E./Ünal, A. (1997): Die geteilte Menschenwürde. Frankfurt am Main: IKO.

Brucks, U./Wahl, W.-B. (1986): Berufliche Weiterbildung für ausländische ArbeitnehmerInnen. Erfahrungen, Modelle und Perspektiven der betrieblichen und berufsbezogenen Arbeiterbildung. Bremerhaven: Wirtschaftsverlag NW.[3]

Brüning, G. (2006): Weiterbildung für Migrantinnen und Migranten – Tradition ohne Nachhaltigkeit. In: REPORT 29, H. 2, S. 43-54.

Bundesministerium des Innern (BMI) (1998): Hilfen für Spätaussiedler. In: Info-Dienst Deutsche Aussiedler, H. 97, S. 38-55.

Bundesministerium für Bildung und Forschung (Hrsg.) (2005): Berichtssystem Weiterbildung IX. Ergebnisse der Repräsentativbefragung zur Weiterbildungssituation in Deutschland. Bonn: BMBF.

Dietz, B. (1997): Aussiedler in der Bundesrepublik Deutschland. In: Zeitschrift für Migration und Soziale Arbeit 1. S. 58-61.

Dollhausen, K. (2006): Integrationsförderung als Herausforderung für Weiterbildungsorganisationen. In: REPORT 29, H. 2, S. 9-20.

Fijalkowski, J. (Hrsg.) (1990): Transnationale Migranten in der Arbeitswelt. Studien zur Ausländerbeschäftigung in der Bundesrepublik und zum internationalen Vergleich. Berlin: Ed. Sigma.

Freise, J. (2006): Interkulturelle Bildung in der Einwanderungsgesellschaft. In: REPORT 29, H. 2, S. 55-64.

Grünhage-Monetti, M. (2006): Interkulturelle Kompetenz in der Zuwanderungsgesellschaft. Bielefeld: Bertelsmann.

Haberland, J. (1990): Das Eingliederungsanpassungsgesetz. Änderungen im Recht der Eingliederung von Aussiedlern und Übersiedlern. In: Nachrichtendienst des Deutschen Vereins für öffentliche und private Fürsorge. S. 69-73.

Hahn, K. (2004): Die Internationalisierung der deutschen Hochschulen. Kontext, Kernprozesse, Konzepte und Strategien. Wiesbaden: VS Verlag für Sozialwissenschaften.

Hamburger, F. (2007): Angeworben – angekommen? In: Treffpunkt – Magazin für Migration und Integration 1. S. 19-28.

Hamburger, F. (1994): Pädagogik der Einwanderungsgesellschaft. Frankfurt am Main. Cooperative Verlag.

Han, P. (2005²): Soziologie der Migration. Stuttgart: Lucins und Lucins.

Heitmeyer, W. (2007): Deutsche Zustände. Folge 5. Frankfurt a.M.: Suhrkamp.

Hormel, U./Scherr, A. (2004): Bildung für die Einwanderungsgesellschaft.Wiesbaden: VS Verlag für Sozialwissenschaften.

Jonach, I. (Hrsg.) (1998): Interkulturelle Kommunikation. München/Basel: E. Reinhardt.

Konsortium Bildungsberichterstattung (2006): Bildung in Deutschland. Ein indikatorengestützter Bericht mit einer Analyse zu Bildung und Migration. Bielefeld: Bertelsmann.

Kühne, P. (1990): Rahmenbedingungen und Modelle beruflicher Weiterbildung für ausländische Arbeitnehmer. In: Fijalkowski, J. (Hrsg.): Transnationale Migranten in der Arbeitswelt. Studien zur Ausländerbeschäftigung in der Bundesrepublik und zum internationalen Vergleich. Berlin: Ed. Sigma, S. 133-157.

Meisel, K. (1984): Erwachsenenbildung. In: Auernheimer, G. (Hrsg.): Handwörterbuch Ausländerarbeit. Weinheim/Basel: Beltz, S. 117-122.

OECD (2007a): Jobs for Immigrants. Volume 1. Labour Market Integration in Australia, Denmark, Germany and Sweden. Paris.

OECD (2007b): International Migration Outlook 2007. Paris.

Projektträger „Humanisierung des Arbeitslebens" (Hrsg.) (1986): Alternativen zum „Heuern und Feuern". Qualifizierung ausländischer Arbeitnehmer im Betrieb. Bonn.

Schmidt, B./Tippelt, R. (2006): Bildungsberatung für Migrantinnen und Migranten. In: REPORT 29, H. 2, S. 32-42.

Schultze, G. (1990): Die berufliche Situation ausländischer ArbeitnehmerInnen in der Bundesrepublik Deutschland – Ergebnisse der Repräsentativbefragung '85 der Friedrich-Ebert-Stiftung. In: Fijalkowski, J. (Hrsg.) 1990, S. 123-131.

Ellen Abraham | Andrea Linde

Alphabetisierung/Grundbildung als Aufgabengebiet der Erwachsenenbildung

1 Alphabetisierung ist mehr ...!

Weiterbildung für die üblicherweise als Analphabeten bezeichnete Zielgruppe – um es gleich vorweg zu sagen: Gemeint sind nicht jene ca. 774 Millionen Menschen weltweit (vgl. UIS), die nie oder nur kurz zur Schule gegangen sind. Gemeint sind jene 4 Millionen in Deutschland lebenden Menschen, die nicht ausreichend lesen und schreiben können, *obwohl* sie das deutsche Schulsystem durchlaufen haben.

Schon die in der Überschrift verwendete Doppelbezeichnung Alphabetisierung/Grundbildung deutet darauf hin, dass der Arbeitsbereich sich in Bewegung befindet[1]. Nach einer Skizzierung der verschiedenen Begriffe und Konzepte werden wir exemplarisch das Konzept und die Arbeitsweise des Grundbildungszentrums der Hamburger Volkshochschule vorstellen, bevor beispielhaft Strategien aus dem internationalen Kontext aufgezeigt werden und wir abschließend auf durch Grundbildung mögliche Lernchancen eingehen.

2 Begriffe und Konzepte

Nach heutiger Auffassung (vgl. u.a. Street 1995; Barton/Hamilton 2000; Linde 2007) greift es zu kurz, Lesen und Schreiben lediglich als Kultur*technik,* als bloße Fertigkeit und Funktion zu begreifen, die hilfreich für individuelle kognitive Prozesse ist. Vielmehr wird Literalität als ein Set sozialer Praxen verstanden, die die ganze Breite von Lebensbereichen berücksichtigen, in denen Menschen in Gesellschaft, Familie und am Arbeitsplatz agieren. Aus diesem Verständnis von Literalität heraus wird klar, dass es um mehr geht, gehen muss, als (besser) lesen und schreiben zu lernen, wenn funktionale Analphabeten sich aufmachen, um an einem Lese-/Schreibkurs teilzunehmen. Es geht um den Erwerb von Grundbildungskompetenzen[2].

Damit ist bereits auf die Frage hingedeutet, worum genau es geht, wenn über Bildungsangebote für Menschen mit Schriftsprachproblemen nachgedacht wird. Zunächst gilt es die verschiedenen Begriffe zu ordnen: War Ende der 1970er Jahre von Alphabetisierungskursen die Rede, wird seit den 1990er Jahren zunehmend von Grundbildung gesprochen und seit den

1 So hat sich beispielsweise auch der Bundesverband Alphabetisierung e.V. in 2006 umbenannt in: Bundesverband Alphabetisierung und Grundbildung e.V.

2 Grundbildungskompetenzen sind u.a. ausführlich beschrieben in der Sokrates Projektdokumentation des DIE »TAGG – Trainingsmodul zur Qualifizierung des Ausbildungspersonals von Personen mit geringer Grundbildung« (2000) und in »Meine Stärken - Fragebogen für Erwachsene zur Selbsteinschätzung im Bereich Grundbildung/ Berufsfähigkeit« (2004), Dienstleistungsnetzwerk Bildung und Lernkultur-Hamburger Volkshochschule, BMBF Förderprogramm Lernende Regionen: www.lernende-region-hamburg.de.

internationalen Vergleichsstudien International Adult Literacy Survey (IALS) und Programme for International Student Assessment (PISA) findet zunehmend der Begriff Literalität Verwendung.

2.1 Von der Alphabetisierung zur Grundbildung

In Deutschland haben sich beginnend mit der Alphabetisierungsarbeit seit Ende der 1970er Jahre drei Begriffe etabliert, die die Auseinandersetzung mit dem Phänomen des funktionalen Analphabetismus trotz Schulbesuchs nachzeichnen: Analphabetismus bzw. Alphabetisierung, Grundbildung und Literalität (vgl. Linde i.E.). Die Alphabetisierung/Grundbildung/Literalität ist sowohl hinsichtlich der Terminologie als auch der daran geknüpften Konzepte in den internationalen Kontext eingebunden. Die Suche nach dem passenden Begriff war beispielsweise auch präsent auf der 2005 in Lyon gemeinsam vom UNESCO-Institut für Pädagogik (UIP)[3], der Agence Nationale de Lutte Contre L´Illetrisme (ANLCI) und der französischen UNESCO-Kommission organisierten Tagung „Literacy and the Promotion of Citizenship: The Challenge of Learning", an der 145 Vertreter von Regierungen, Universitäten, Nichtregierungsorganisationen sowie öffentlichen und privaten Anbietern von Alphabetisierungskursen aus 38 Ländern teilnahmen. Nicht zuletzt bedingt durch die verschiedenen Perspektiven der Konferenzteilnehmer umspannte das Treffen eine Bandbreite an Definitionen: von Literalität als technischer Erwerb von grundlegenden kognitiven Fertigkeiten über die Berücksichtigung praktischer Fertigkeiten zur Einbeziehung weiterer Dimensionen wie Einstellungen, Werte, Emotionen und Motivation bis hin zu einem breiteren Verständnis von Literalität als Entwicklung von Schlüsselkompetenzen (vgl. UIE 2005, S. 1, S. 4). Zur Nachvollziehbarkeit der terminologischen Verschiebungen werden hier die drei zentralen Begriffe definiert:

Analphabetismus

Der Begriff Analphabetismus steht für die Bestimmung eines Mangels[4], es mangelt an der Beherrschung der Schriftsprache. Es werden verschiedene Formen des Analphabetismus unterschieden (vgl. Döbert/Hubertus 2000, S. 20ff.), wobei die vier gängigen Formen einer *Zeitebene* und einer *Kenntnisebene* zugeordnet werden können (vgl. Linde 2007, S. 91f.):

Zeitebene

Primäre Analphabeten hatten in ihrer Kindheit und Jugend i.d.R. wegen des Mangels an ausgebauten Schulsystemen nicht die Möglichkeit, lesen und schreiben zu lernen. Dieses Phänomen tritt überwiegend in Entwicklungsländern auf (siehe auch Lenhart in diesem Band). Bedingt durch Zuwanderer, die weder im Herkunftsland Lesen und Schreiben gelernt haben noch die Sprache des Aufnahmelandes beherrschen, sind jedoch auch die Industrienationen mit dem primären Analphabetismus konfrontiert (vgl. DIE 1996, S. 6).

Von *sekundärem Analphabetismus* wird dann gesprochen, wenn die am Ende der Schulzeit zumindest rudimentär vorhandene Beherrschung der Schreib- und Lesefähigkeit im Laufe der Zeit verlernt wurde (vgl. Döbert/Hubertus 2000, S. 23). Mit dem Verlernen der Kenntnisse und

3 Mit der Umwandlung in ein internationales Institut am 01. Juli 2006 wurde der Name des Instituts geändert in: UNESCO Institute for Lifelong Learning (UIL).

4 In der internationalen Diskussion geht bereits seit den 1980er Jahren im Kontext der UNESCO der Trend dahin, die Perspektive des Defizitansatzes zu verlassen.

Fähigkeiten fällt die Person schließlich hinter den gesellschaftlich bestimmten Mindeststandard zurück.

Kenntnisebene

Personen ohne jegliche Lese- und Schreibkenntnisse werden als *totale Analphabeten* bezeichnet. Beim *funktionalen Analphabetismus* hingegen sind verschiedene Kenntnisstufen zu unterscheiden. Die UNESCO definierte 1978, dass eine funktional literate Person nicht nur des Lesens und Schreibens einfacher Äußerungen mächtig ist, sondern ebenso in der Lage „to engage in all those activities in which literacy is required for the effective functioning of the group or the community" (UIE 2005, S. 4). Ein funktionaler Analphabet ist demnach eine Person, „die sich nicht beteiligen kann an all den zielgerichteten Aktivitäten ihrer Gruppe und Gemeinschaft, bei denen Lesen, Schreiben und Rechnen erforderlich ist und an der weiteren Nutzung dieser Kulturtechniken für ihre weitere Entwicklung und die ihrer Gemeinschaft" (zit. n. Hubertus 1995, S. 251f.). Anhand des historisch-gesellschaftlichen Bezugs wird deutlich, dass »funktionaler Analphabetismus« ein relativer Begriff ist (vgl. Linde 2004, S. 27). Die Zuschreibung hängt nicht nur von den individuellen Lese- und Schreibkenntnissen ab. Entscheidend ist der Grad an Schriftsprachbeherrschung, der innerhalb der konkreten Gesellschaft als erforderlich gilt (vgl. Döbert/Hubertus 2000, S. 21).

Grundbildung

Konzepte von Grundbildung stehen in Zusammenhang mit der traditionellen Alphabetisierungsarbeit, wobei Grundbildung der umfassendere Begriff ist. Der Sachstandsbericht der BLK für Bildungsplanung und Forschungsförderung zum funktionalen Analphabetismus in Deutschland stellte bereits 1991 fest, dass sich neue Entwicklungen in Richtung Erweiterung des elementaren Grundbildungsbereichs abzeichnen. Die angeführte Richtungsänderung wird mit der Annahme begründet, dass Lesen, Schreiben und Rechnen als nicht mehr ausreichend zu bewerten und eine stärkere Berücksichtigung allgemeiner und berufsrelevanter Inhalte zur Förderung sowohl der Lernmotivation als auch des langfristigen Lernerfolgs notwendig sei für die Eingliederung in den Arbeitsmarkt (vgl. Huck/Schäfer 1991, S. 34). In Deutschland wird seit den 1990er Jahren entsprechend der international diskutierten »Adult Basic Education« die Alphabetisierung in eben diesem größeren Rahmen von Grundbildung verortet. Im Kommunikations- und Informationszeitalter sind zunehmend komplexe Fähigkeiten und Fertigkeiten in nahezu allen Lebensbereichen erforderlich. Die von unterschiedlichen gesellschaftlichen Gruppen (Wirtschaftsverbände, Gewerkschaften, Pädagogen etc.) mit Grundbildung assoziierten Anforderungen bzw. Zuschreibungen spiegeln die Relativität des Begriffs wider (vgl. Tröster 2000, S. 17). Es besteht bisher kein Konsens über eine eindeutige Abgrenzung bzw. das Zusammenspiel von Alphabetisierung und Grundbildung.

Zur Orientierung kann auf die Grundbildungsdefinition der anlässlich der 1997 in Hamburg durchgeführten UNESCO-Weltkonferenz CONFINTEA verfassten Hamburger Deklaration zum Lernen Erwachsener Bezug genommen werden:

> „Grundbildung für alle bedeutet, dass Menschen ungeachtet ihres Alters die Möglichkeit haben, als Einzelne oder in der Gemeinschaft ihr Potential zu entfalten. Sie ist nicht nur ein Recht, sondern auch eine Pflicht und eine Verantwortung gegenüber anderen und der Gesellschaft als Ganzes. Es ist wichtig, dass die Anerkennung des Rechts auf lebenslanges Lernen

> von Maßnahmen flankiert wird, die die Voraussetzungen für die Ausübung dieses Rechts schaffen (...)“ (CONFINTEA 1998, S. 4)

Hervorzuheben ist die Verortung von Grundbildung im Kontext des lebenslangen Lernens. Diese Perspektive ist wesentlich, da ohne Grundbildung ein Großteil der Bevölkerung in weiten Teilen vom lebenslangen Lernen ausgeschlossen bliebe.

Literalität

Durch die OECD-Studien IALS und PISA ist Literacy bzw. Literalität Teil des allgemeinen Sprachgebrauchs geworden. Der Begriff Literalität wird als Entsprechung des englischen Wortes ‚Literacy‘ benutzt, womit im engeren Sinne dieser Studien die Fähigkeit des Lesens und Schreibens bezeichnet wird. Darunter wird weiterhin all das gefasst, was Menschen zur Teilhabe an der in der jeweiligen Gesellschaft üblichen Schriftkultur befähigt, sei es das Lesen eines Fahrplanes, die Benutzung eines Lexikons oder das Schreiben eines Briefes (vgl. Groeben 2001, S. 6).

In vielen Industrieländern sieht man sich mit dem Problem konfrontiert, dass eine nicht unbeträchtliche Anzahl von Erwachsenen nicht literat genug ist, um in modernen Ökonomien zu ‚funktionieren‘. Wenn dieselben Literalitäts-Standards an die Entwicklungsländer angelegt würden, hätte dies dort ein Absinken des gegenwärtigen Literalitäts-Levels zur Folge (vgl. Wagner 1999, S. 5). Darin liegt wiederum der Hinweis auf das notwendige Anerkennen dessen, dass es nicht die eine Literalität für alle gibt. Dem Ansatz von Komplexität folgt – wenn auch nicht durchgängig – die IALS-Studie, in der die Position vertreten wird, dass das bisherige Begriffskonzept Analphabetismus zu eng sei. Hier wird die Notwendigkeit der Beherrschung der Lese- und Schreibfähigkeit nicht bestritten, sie wird vielmehr in ein erweitertes Konzept gestellt, um die Komplexität der als notwendig erachteten Grundqualifikationen erfassen zu können. Literalität ist nicht mehr die Fähigkeit, die ein Individuum entweder besitzt oder nicht, sondern „die Verwendung von gedruckten und geschriebenen Informationen, um in der Gesellschaft zurechtzukommen, eigene Ziele zu erreichen und eigenes Wissen sowie die individuellen Möglichkeiten zu entwickeln“ (OECD 1995, S. 16). Literalität wird definiert als eine bestimmte Bedingung des Verhaltens bezogen auf die Verwendung von gedruckten und geschriebenen Informationen[5] am Arbeitsplatz, zu Hause oder im sonstigen sozialen Umfeld. Die Aussage wird damit begründet, dass die Zuschreibung »Fähigkeit« die Komplexität von Literalität bzw. Grundqualifikation[6] nicht erfasst. Die Studie wendet sich vom Begriff Analphabetismus ab, „der noch immer in vielen Ländern weit verbreitet ist“, da dieser nicht zu verdeutlichen vermag, „daß alle Menschen bis zu einem bestimmten Grad mit symbolisch verschlüsselter Information umgehen können und daß daher kein eindeutiger Mindeststandard für die Literalität gesetzt werden kann“ (OECD 1995, S. 3). Diese Aussage ist nachvollziehbar, aber implizit werden doch (Mindest-)Standards gesetzt, da ansonsten eine Erhebung und deren Auswertung unmöglich würden. Dennoch bietet das dort zugrunde liegende Verständnis von Literalität einen Anknüpfungspunkt für die Diskussion um geeignete Begriffskonzepte.

Schriftsprachanforderungen sind kontextabhängig. Damit stellt sich die Frage, ob es überhaupt sinnvoll ist, von Literalität im Singular zu sprechen, oder ob es nicht vielmehr Literalitäten heißen muss. Dieser Frage sind u.a. Barton/Hamilton (2000) in ihrer Studie „Local Literacies“

---

5 Weitere Qualifikationen, wie z.B. Teamarbeit und andere Kommunikationsfähigkeiten wurden zwar auch als bedeutsam eingestuft, konnten aber mit den verfügbaren Instrumenten in der Studie nicht gemessen werden.

6 Die OECD-Studie verwendet die Begriffe Grundqualifikation und Literalität synonym (vgl. OECD 1995, S. 16).

nachgegangen. Literalität kann dazu dienen, gesprochene Sprache zu ersetzen, Kommunikation zu ermöglichen, ein praktisches Problem zu lösen oder als Erinnerungshilfe fungieren. Barton/Hamilton (2000, S. 9) beschreiben die Bindung des Begriffs „Literacy" an partikulare Aspekte des kulturellen Lebens, was z.B. in Bezeichnungen wie „academic literacy" oder „work-place-literacy" zum Ausdruck kommt. In einer Kultur existieren in je verschiedenen Lebensbereichen verschiedene Literalitäten, wie z.B. zu Hause, in der Schule oder am Arbeitsplatz. Damit steht Literacy für Schriftsprache, die in verschiedenen Lebensbereichen in unterschiedlichen Formen zum Einsatz kommen kann. Ungeachtet solch bewusst vorgenommener Differenzierungen wird der Begriff Literalität oftmals losgelöst von Schriftsprache bzw. darüber hinausgehend eingesetzt, was in der Konsequenz zu einer Entwertung des Begriffs führen kann. Um der Inflation bei der Begriffsverwendung von Literalität zu begegnen, ist Konkretion hinsichtlich der jeweiligen Deutung notwendig. Wenn beispielsweise vom Computer-Illiteraten/Analphabeten gesprochen wird, bezieht sich Analphabetismus nicht auf Schriftsprache, sondern auf die Benutzung des Computers. Ein solch metaphorischer Gebrauch des Begriffs Literacy entzieht ihm letztlich den bedeutungstragenden Kern (vgl. Kress 1997, S. 115).

Die Definitionen von Analphabetismus/Alphabetisierung, Grundbildung und Literalität sind relativ und entsprechend vielfältig. In der Diskussion um die zukünftige Ausgestaltung des Arbeitsbereichs Alphabetisierung/Grundbildung ist es deshalb notwendig, eine möglichst klare Definition der jeweiligen Anforderungen zu bestimmen.

2.2 Das Hamburger Modell: Das VHS-Zentrum Grundbildung und Drittmittelprojekte

Hauptanbieter aller Grundbildungskurse in Deutschland sind mit 80-90% auch heute noch die Volkshochschulen. Dennoch muss kritisch gesagt werden: Es sind nur ca. 30% aller Volkshochschulen, die Grundbildung anbieten – hier bestehen deutlich Nachholbedarfe.

Aus Sicht der Hamburger Volkshochschule gehört Grundbildung in das Programm einer öffentlich subventionierten Einrichtung, deren Auftrag – bei allem Wandel – immer die „Bildung für alle" war. Dass auch Volkshochschulen unter einem verschärften ökonomischen Druck stehen, darf keine Entschuldigung dafür sein, sich nicht in einem Feld zu engagieren, in dem es so offenkundig um einen ganz grundlegenden Bildungsauftrag für eine von Ausgrenzung betroffene/bedrohte Gruppe geht.

Das „VHS-Zentrum Grundbildung und Drittmittelprojekte" (GBZ) der Hamburger Volkshochschule ist *ein* mögliches Modell, wie Alphabetisierung/Grundbildung, auch in Verbindung mit Drittmittelprojekten, organisiert werden kann. Das reguläre Grundbildungsprogramm bietet pro Semester rund 40 Kurse und erreicht ca. 200 Teilnehmende pro Semester. Hinzu kommen spezielle Angebote im Sommerprogramm.

Die Kurse richten sich an Menschen,

- die keinen Schul- und/oder Berufsabschluss haben oder deren Schulzeit lange zurückliegt
- denen das Lernen schwer fällt und/oder die viel Zeit zum Lernen brauchen
- die gering qualifiziert, un- oder angelernte Arbeitskräfte sind
- die schon sehr lange arbeitslos sind oder nie gearbeitet haben
- die Angst haben, dass jemand merkt, dass sie unsicher im Lesen und/oder Schreiben sind

- die aufgrund von Misserfolgen mit organisiertem Lernen Sorge haben, ob sie ausreichend lernfähig sind
- die sich nicht mehr verstecken, „es“ endlich können wollen.

Für sie gibt es folgende Angebote:
Einstiegskurs: für diejenigen, die sich langsam (wieder) an das Lernen gewöhnen wollen
Stufe 1: für die, die so gut wie nicht lesen und schreiben können
Stufe 2: die zwar lesen, aber wenig schreiben können
Stufe 3: die lesen können, die aber so schreiben, wie sie sprechen, also viele Fehler machen
Stufe 4: die lesen und schreiben können, aber in der Rechtschreibung unsicher sind und deshalb das Schreiben besonders in der Öffentlichkeit umgehen
Stufe 5: für Menschen, die eigentlich wenig Fehler machen, aber trotzdem noch sehr unsicher sind

Die Lese-/Schreibangebote sind das breiteste (berufsrelevante) Grundbildungsangebot; es wird ergänzt durch Grundkurse in Rechnen, Englisch, Computer, Umgang mit Selbstlernprogrammen aber auch Kreativ- und Gesundheitsangebote, Lernangebote am anderen Ort.

Die Weiterbildung in diesen Fachgebieten darf sich jedoch nicht allein auf die „Vermittlung kognitiver und berufsfachlicher Fertigkeiten beschränken, sie muss auch ‚weiche‘ Kompetenzen vermitteln“ (vgl. Brüning/ Kuwan 2002, S. 98).

Diese Forderung wird erfüllt, wenn die Kurse u.a. auch die Anbahnung, Sicherung und Stärkung personaler und sozialer Kompetenzen, die Veränderung des Selbstbildes, die Stärkung des Selbstwertgefühls, das Lernen lernen fördern.

Letztendlich sind es das offene Curriculum und die Methoden, die einen „normalen“ Lese-/Schreibkurs zu einem Grundbildungskurs machen. Das heißt, der Unterricht in diesen Kursen orientiert sich insgesamt an den Lernvoraussetzungen, den formulierten Lernbedürfnissen und den offensichtlichen Lernbedarfen der jeweiligen Teilnehmer[7]. Dies setzt voraus, dass die Kursleitenden den aktuellen Wissens- und Könnensstand der einzelnen Lerner umfassend einschätzen und deren Fehler diagnostisch interpretieren können, dass sie die zu erwerbenden Grundbildungskompetenzen im Hinterkopf haben und deren Erwerb zeitgleich ermöglichen. „Wirksam wird eine solche Diagnose aber nicht als Zuschreibung ‚von oben', sondern nur im Austausch mit der betroffenen Person über ihre Sicht der Leistungsfortschritte, der Lernprobleme und Entwicklungsmöglichkeiten“ (Backhaus, 2007, S. 1) und der erkannten Entwicklungsnotwendigkeiten.

Dazu ist es erforderlich, dass Kursleitende Lernsituationen differenziert gestalten, aktivierende Lernformen einsetzen, die, ebenso wie die selbstbestimmten Lerninhalte und die Einbeziehung der Lebenswelt der Teilnehmenden, dazu führen, dass die Teilnehmer die Verantwortung für den eigenen Lernprozess übernehmen und das Gelernte in ihr je eigenes Leben transferieren können. Die Sicherung des Transfers des Gelernten und die Erweiterung der Erfahrungswelt wird zusätzlich unterstützt durch Angebote wie „Lernen am anderen Ort“ (vgl. Learning Outdoors, www.limproject.org), die Selbstlernkompetenz erweiternde computergestützte Lernprogramme und spezielle, zeitlich befristete Kursangebote wie *Malen und Schreiben, Kreatives Schreiben, Entspannt im Alltag, Unsere Zeitung* und ein Sommerprogramm, das

7 Im Folgenden sprechen wir der besseren Lesbarkeit halber nur von Lernenden/Lerner/n, Teilnehmenden/Teilnehmer/n, Kursleitenden/Kursleiter/n.

die Teilnehmer ermutigt auch in anderer Kurszusammensetzung, bei einer anderen Kursleitung zu lernen.

Unterstützt werden diese Bemühungen, wenn die Kursleiter sowohl die Kursgruppe als auch die Kursleiter der anderen Grundbildungskurse und die hauptamtlich tätigen Pädagogen als ein Netzwerk begreifen und nutzen. Durch das sich Einbringen in den Kurs, die dort stattfindenden biografischen Rekonstruktionen, das gegenseitige Profiling und das dialogische Unterrichtskonzept können innovative und effektive Lernergebnisse produziert werden. Im Sinne eines Monitorings werden Ursachen von Ungleichheiten/Benachteiligung/Erschwernissen analysiert und die Notwendigkeit und Wirksamkeit spezifischer im Kurs eingesetzter Maßnahmen/Mittel/Methoden überprüft (vgl. Baumgarten/Lahusen 2006, S.178). Regelmäßige Zwischenevaluation mit den Kursteilnehmern, Kursleitertreffen und Supervision für die Kursleiter wie auch gemeinsam gefeierte Feste unterstützen diesen Prozess.

Dass Weiterbildungsangebote für die Zielgruppe zum Erfolg werden und nachhaltig wirken, wird gefördert durch die außerkursmäßige Einbindung der Teilnehmer: Neben der Wahl der Kursleitersprecher und ihrer regelmäßigen Zusammenkunft ist hier insbesondere der Fokus-Gruppen Ansatz zu erwähnen. Er ist im Bereich benachteiligter und bildungsferner Menschen noch keine Selbstverständlichkeit, wird jedoch vom GBZ als wirkungsvoller Beitrag zur Integrationsarbeit, zur Veränderung des Selbstbildes der Beteiligten, zur Erfassung authentischer Bedarfslagen und Sichtweisen gesehen: In einer kleineren Gruppe, die sich aus Teilnehmern verschiedener Kurse zusammensetzt, wird über Projektideen beraten, die praktische Arbeit besprochen und nach Wegen gesucht, jene zu erreichen, die sich bisher nicht getraut haben, einen Kurs zu besuchen. (siehe zu Produktkliniken auch Reich-Claassen/von Hippel in diesem Band)

Die Hinführung zur Selbstlernkompetenz und die Nutzung elektronischer Medien, die diesen Prozess bestens unterstützen, ist ein weiterer Teil des Konzeptes des Grundbildungszentrums.[8] Hier sei besonders die Nutzung des DVV „Portal Zweite Chance Online" erwähnt, das speziell für die Zielgruppe funktionaler Analphabeten erstellt wurde und sowohl in Präsenz- als auch in durch Tutoren begleiteten Selbstlernphasen die Teilnehmer zum Selbstlernen ermutigt und sie dabei unterstützt.

Die Vertriebs*einheit* Grundbildung und Drittmittelprojekte hat sich als überaus sinnvoll erwiesen. Auch die Drittmittelprojekte des GBZ wenden sich an Bildungsbenachteiligte, Bildungsferne, Menschen mit geringer und/oder negativer Schulerfahrung und an Multiplikatoren, die mit dieser Zielgruppe beruflich zu tun haben. Ziel ist es auch hier, Menschen an Bildung heranzuführen, sie positive Erfahrung mit organisiertem Lernen (wieder) machen zu lassen, sie zu lebenslangem und selbstorganisiertem Lernen zu befähigen, ihnen gleichberechtigte soziale Teilhabe zu ermöglichen, ihre Chancen auf Arbeit zu erhöhen und ihre Arbeitsplätze durch den Erwerb oder die Erweiterung berufsrelevanter Grundbildung zu sichern.

Die Drittmittelprojekte werden als Investment in Entwicklung genutzt, die weder in dem Umfang, noch in der Qualität und der transnationalen Bedeutung vom GBZ allein geleistet werden könnte. Impulse und Know-How aus den Projekten gehen in das Grundbildungskonzept und die -angebote ein. Mit den Drittmittelprojekten werden Menschen erreicht, die sonst nicht erreicht würden, weil die Rahmenbedingungen ausschließlich auf sie abgestimmt sind: Kleinstgruppen, Pauschalanmeldungen, geringe oder gar keine Kosten, Erprobungskurse, Einbeziehung in die

8 Siehe hierzu auch Schüssler 2005

Bestimmung dessen, was gelernt werden möchte, Unterstützung der Selbstlernprozesse durch ausgebildete Lernbegleiter, Vernetzung innerhalb einer definierten Region.

2.3 Perspektiven

Lebenslanges Lernen ist heute eine bildungspolitisch verfolgte Zielvorstellung. Neben der organisierten allgemeinen und beruflichen Weiterbildung gewinnen informelle Lernprozesse am Arbeitsplatz und Selbstlernprozesse in der Freizeit eine immer größere Bedeutung. Jedoch gibt es im Weiterbildungsverhalten und der -bildungsbeteiligung signifikante gruppenspezifische Unterschiede sowohl beim informellen beruflichen Lernen als auch im Bereich der formal-organisierten Weiterbildung. Bei bildungsfernen Gruppen, Menschen mit niedrigem oder keinem Schulabschluss, un-/angelernten Arbeitern, die das überwiegende Klientel unserer Grundbildungskurse stellen, liegt die prozentuale Weiterbildungsquote an Weiterbildung insgesamt und an beruflicher Weiterbildung speziell deutlich niedriger als bei Menschen mit höherem Schulabschluss oder qualifizierter Berufsausbildung (vgl. Kuwan/Bilger/Gnahs/Seidel (2006), S. 25 ff. und S. 73 ff.).

Gleichwohl wird die Wirtschaft im Zeichen des demographischen Wandels zunehmend auch auf die Arbeitskompetenz derjenigen angewiesen sein, die bisher noch über schwach ausgebildete Grundbildungskompetenzen verfügen. Sind sie bereits in den Arbeitsprozess eingegliedert, ist zu fragen, was die Betreffenden brauchen, um den zunehmenden Anforderungen am Arbeitsplatz gewachsen zu sein. Haben sie noch keine Arbeit, ist zu verfolgen, wie es gelingen kann, sie dem Arbeitsmarkt zuzuführen. Dabei wird sehr genau der Beitrag, den die Wirtschaft dazu leisten kann, in den Focus zu nehmen sein, Konzepte auf Arbeitsplatzanalysen aufgebaut, vor Ort erprobt und evaluiert und die Zielgruppe einbezogen werden müssen[9].

Wer die Not von Grundbildungs-Kursteilnehmern erlebt hat, muss jedoch auch ausdrücklich darauf hinweisen, dass nicht allein die Sorge vor einem sozialen Auseinanderfallen der Gesellschaft noch die berufliche Verwertbarkeit Motiv sein dürfen, die Zielgruppe an lebenslanges Lernen heranzuführen und die Weiterbildungsbemühungen dieser Zielgruppe zu unterstützen. Umfassende Öffentlichkeitsarbeit durch Netzwerke und ein kostenloser Zugang zu den Kursen sind humanitäre Verpflichtung.

3 Alphabetisierung/Grundbildung im internationalen Kontext

Die Entwicklung deutscher Alphabetisierungsbemühungen ist in internationale Trends und Politiken eingebunden. Besonders deutlich tritt dies in den Anfängen der deutschen Alphabetisierungsarbeit hervor, wenn z.B. auf Entwicklungen und Erfahrungen der Alphabetisierung in den so genannten Entwicklungsländern Bezug genommen wird; so diente der Ansatz von Paulo Freire gerade in der Entstehungszeit als Referenz für die Gestaltung von Alphabetisierungskursen (vgl. Linde 2001, S. 13). Aktuell ist die Weltalphabetisierungsdekade der Vereinten Nationen (2003-2012) als Einflussgröße auch für das Vorgehen in Deutschland hervorzuheben. Es wurde

---

9 Das Verbundprojekt Hamburger Volkshochschule/J.W. Goethe Universität Frankfurt „GRAWIRA – Grundbildung, Alphabetisierung, Wirtschaft und Arbeit“, gefördert vom BMBF, Start 10.2007, geht diesen Fragestellungen nach, siehe hierzu auch: www.grawira.de.

ein Bündnis für Alphabetisierung initiiert, um die Umsetzung der mit der Dekade verbundenen Ziele zu unterstützen (vgl. DUK 2003; Baaden 2003). Es ist erklärtes Ziel dieses Bündnisses, die Alphabetisierung und Grundbildung verstärkt in die öffentliche Diskussion zu bringen und die Bildungssituation durch geeignete Maßnahmen zu verbessern. Das BMBF schrieb 2006 eine mit 30 Mio. Euro ausgestattete Förderinitiative zur Verbesserung des Forschungsstandes im Bereich Alphabetisierung/Grundbildungsarbeit mit Erwachsenen aus und leistet damit einen Beitrag zur Durchführung der UNO-Dekade für Alphabetisierung (vgl. BMBF 2007).

Unabhängig davon haben einige unserer europäischen Nachbarn z.T. bereits Ende des 20. Jahrhunderts auf nationaler Ebene Strategien entwickelt, um dem funktionalen Analphabetismus zu begegnen; hier werden exemplarisch Strategien aus Frankreich und Schottland vorgestellt. Frankreich findet in der deutschen Grundbildungsdiskussion besondere Beachtung, weil dort mit der Gründung einer nationalen Agentur die Grundbildungsarbeit auf politischer, wissenschaftlicher und bildungspraktischer Ebene nachhaltig unterstützt wird. Auch die Entwicklung und Durchführung einer repräsentativen Erhebung auf nationaler Ebene ergänzend zu den internationalen Vergleichsstudien wie PISA oder IALS sind von besonderem Interesse. Schottland tritt mit der curricularen Umsetzung des theoretisch begründeten Verständnisses von Literalität als soziale Praxis hervor. Auch hier wurde nach der kritischen Auseinandersetzung mit der IALS-Studie ein eigener Weg im Umgang mit Kompetenzmessungen eingeschlagen.

Frankreich gründet eine nationale Agentur: Agence Nationale de Lutte Contre l´Illetrisme (ANLCI)

Die nationale Agentur zur Bekämpfung des Analphabetismus ANLCI wurde 2000 zur Bündelung der Kräfte aller beteiligten Interessengruppen eingerichtet; maßgeblich waren die Schlussfolgerungen aus dem zur selben Zeit an das Ministerium für Arbeit und Soziales ergangenen Bericht „Lutter contre l´Illetrisme". In 2002 wurde der Kampf gegen Analphabetismus zu einer Priorität der Regierung erklärt (vgl. ANLCI 2003, S. 81). In 2005 wurde die Mission der ANLCI auf Grundbildung allgemein ausgeweitet (vgl. Jeantheau 2007, S. 57).

Frankreich hat zwar an der IALS-Erhebung teilgenommen, zog sich jedoch vor Veröffentlichung der Ergebnisse zurück, da gemäß IALS etwa 40% der Franzosen im erwerbsfähigen Alter lediglich die niedrigste Stufe erreichten (vgl. Jeantheau 2007, S. 58). In der Folge wurde ein eigenes Untersuchungsdesign entwickelt. Eine Gruppe von Experten entwickelte in Zusammenarbeit mit dem nationalen Institut für Statistik und Wirtschaftsuntersuchungen INSEE das als IVQ bekannt gewordene Erhebungsinstrument. IVQ steht für Information et Vie Quotidienne, d.h. im Zentrum stehen die Bereiche Information und Alltagsleben. Die ANLCI trat der Arbeitsgruppe im Jahr 2000 bei und steuerte ein Evaluierungsinstrument bei, mit dem auch Menschen mit Leseproblemen in der Untersuchung berücksichtigt werden können: „Die IVQ-Erhebung ermöglichte es Menschen, denen es wegen früherer Erfahrungen in formalen Testumgebungen (etwa in der Schule) an Selbstvertrauen mangelt, in mündlicher Form Fragen zum Leseverständnis zu beantworten, anstatt schroff mit schriftlich gestellten und schriftlich zu beantwortenden Fragen konfrontiert zu werden" (Jeantheau 2007, S. 68). Der IVQ 2004/05 (vgl. ANLCI o.J.) ergab, dass etwa ein Fünftel der Bevölkerung Schwierigkeiten mit dem Verständnis geschriebener Inhalte hat, die meisten jedoch alltägliche Aufgaben bewältigen können, solange sie nicht in neue Lebenssituationen geraten, die entsprechend neue Anforderung an Schriftsprachkenntnisse stellen. Als Analphabeten gelten 9% der französischen Bevölkerung (vgl. ANLCI o.J., S. 3); dazu ist anzumerken, dass man in Frankreich Analphabetismus als Situation beschreibt, in der der Betreffende über 16 Jahre alt ist, eine französischsprachige Schule besucht hat und trotzdem einen mit dem Alltagsleben zusammenhängenden Text nicht lesen oder verstehen kann und/oder unfähig ist, einfache Informationen aufzuschreiben (vgl. Jeantheau 2007, S. 69). Eingebettet sind die Aktivitäten der ANLCI in das auf europäischer Ebene formulierte Ziel, Grundbildung weiter auszubauen. Die Diagnose und Evaluation werden als grundlegend für eine aktive Bildungspolitik verstanden.

Schottland distanziert sich von den großen internationalen Vergleichsstudien und entscheidet sich für das Konzept von Literalität als soziale Praxis
Nach einer kritischen Auseinandersetzung mit den Ergebnissen und der Anlage der IALS-Studie, wobei insbesondere das mechanistische und dekontextualisierte Verständnis von Literalität bemängelt wird, beteiligte sich Schottland nicht mehr an Folgestudien, sondern entwickelte eine eigene Strategie: Adult Literacy and Numeracy in Scotland (ALNIS 2001). Diese Strategie setzt konsequent an den Lebenskontexten der Menschen an, d.h. es geht beispielsweise um die erforderlichen Wissens- und Kenntnisstände, um den Kindern bei den Hausaufgaben helfen zu können oder medizinische Hinweise auf Beipackzetteln zu verstehen. Die Strategie beinhaltet die Aspekte Ziel, Curriculum und Evaluation:

Ziel: Die Initiative soll 150.000 Erwachsene unterstützen, ohne dabei auf vorgegebene Literalitäts-Level abzuzielen.

Curriculum: Anstelle eines zwingenden Curriculums wird ein Rahmencurriculum bevorzugt, wobei neben einem qualitativ hochwertigen Bildungsangebot die Lernerzentrierung im Mittelpunkt steht.

Evaluation: Ausgehend von einem individuellen Lernplan wird der Erfolg als zurückgelegter Weg („Distance travelled") gemessen, d.h. entlang der in den verschiedenen Lebenskontexten (Privat, Familie, Community, Arbeitswelt) durch das Lernen erfahrenen Veränderungen (vgl. MacLachlan 2006; Scottish Executive 2005, S. 29f.).

Das Strategiepapier hebt die Kontextgebundenheit von Literalität als soziale Praxis ausdrücklich hervor:

> „Literacy and numeracy are skills whose sufficiency may only be judged within a specific social, cultural, economic or political context. Our own definition (...) tries to take account of this: The ability to read, write and use numeracy, to handle information, to express ideas and opinions, to make decisions and solve problems, as family members, workers, citizens and lifelong learners" (Scottish Executive 2001, S. 7).

Damit wird die Bedeutsamkeit des realen Lebens der Lernenden einschließlich der darin vorkommenden alltäglichen Literalitäts-Praxen als Ausgangspunkt für die Gestaltung von Bildungsangeboten hervorgehoben.

4 Lernchancen durch Alphabetisierung/Grundbildung

Teilnehmende der Grundbildungskurse sind in der Regel an einer Stelle des Bildungs-/Ausbildungssystems gescheitert und finden nach einer bestimmten Zeit des Leidens und mit dem Wunsch nach Veränderung den Weg in die Grundbildungskurse. Dort sind sie, auch in Abhängigkeit von ihrem Lernvermögen, nach einer mehr oder weniger langen Zeit in der Regel erfolgreich:

Sie halten den Anforderungen stand, verändern ihr durch negative Erfahrungen mit organisiertem Lernen gewonnenes Selbstbild, erfahren Lernzuwachs, erleben (endlich) Lernen als Chance und Möglichkeit zur individuellen Selbstentwicklung, setzen Lernen nicht mehr mit Zwang, Druck, negativ empfundener Arbeit gleich, durchbrechen ggf. das System ihrer Familie, lösen sich von der oftmals negativen Einstellung der Herkunftsfamilie zum Lernen, zur Bildung, zur Weiterbildung, entwickeln für sich eine (neue) Lebens-, Ausbildungs-, Berufsperspektive.

Im Folgenden werden Faktoren, Methoden und Instrumentarien benannt, die erfahrungsgemäß den Lernprozess funktionaler Analphabeten positiv unterstützen, ihre Weiterbildung verbessern und neue Lernchancen ermöglichen.

- Die Teilnehmer erfahren über die Kursleiter, wo sie Hilfe für ein nicht im Kurs zu lösendes Problem, z.B. Schuldnerberatung, erhalten und erarbeiten für diese Situation Satz- und Handlungsmuster.
- Die Kursleitenden geben mit ihrer Persönlichkeit und ihren Handlungen Orientierungsmuster.
- Sie wissen, dass der Ausspruch eines Teilnehmers „Dazu habe ich keine Lust" ggf. ein verdeckter Ruf nach Hilfe ist und eigentlich meint: „Das kann ich nicht".
- Sie setzen dort an, wo der einzelne Teilnehmer steht, nutzen eine andere Methode als die, mit der dieser in der Schule gescheitert ist.
- *Lernen* und *Lernen lernen* werden zum Thema gemacht

Der Prozess des Erkennens von informell Gelerntem und unbewusst gewonnenen Lernerfahrungen wird in Gang gesetzt. Der Begriff *Lernen* wird in der Gruppe assoziativ betrachtet: *Was ist Lernen für mich? Was fällt mir ein, wenn ich das Wort höre?* Die auftauchenden Begriffe werden gesprächsweise geklärt, die Vielfalt von Erfahrungen, Bedürfnissen, Ideen aufgegriffen und nutzbar gemacht.

In einer Lernkurve wird festgehalten: Wann hat mir Lernen in der Schule Spaß gemacht? Gab es außerschulische Anlässe, wo ich mit Freude/Spaß etwas gelernt habe?[10]

Ein weiterer Zugang, in Anlehnung an den Profilpass oder die Self-Assessment-Materialien für Erwachsene[11], ist die Betrachtung dessen *was sie alles in ihrem Leben gelernt haben* und *was sie gut können*, was sie trotz ihres Lese-/Schreibhandicaps bisher geleistet haben (zu Kompetenzen siehe auch Edelmann in diesem Band). Vielen Teilnehmern fällt es schwer zu sagen, was sie *gut* können, leichter fällt es ihnen zu sagen, was sie *nicht* gut können. Die Auseinandersetzung in der Gruppe trägt dazu bei, dass jeder für sich Anregungen durch die anderen Teilnehmer bekommt, wodurch konkrete Lernimpulse ausgelöst werden. Prozesshaft entwickelt sich ein ganz anderes Selbstbild.

Die Frage *Wie hast du gelernt?* rückt die vom Lernenden oft unbewusst angewandte Methode ins Bewusstsein. Er gewinnt so ein „Werkzeug", das wieder eingesetzt werden kann. Der Diskurs in der Gruppe verdeutlicht die Vielfalt möglicher einsetzbarer tools und kann damit

10 Die langfristige Auswertung von ausgefüllten Lernkurven zeigt, dass praktisch alle Teilnehmer mit Freude die Schule beginnen, ein Großteil aber relativ früh die Freude am Lernen in der Schule verliert, sie jedoch durchaus im außerschulischen Bereich erlebt.

11 Siehe auch Fußnote 1 „ Meine Stärken"...

weitere Lernprozesse erleichtern, weil jemand eine Methode kennen lernt, die er vorher nicht kannte, und die ihm den Zugang erleichtert. Es wird geklärt *Welcher Lerntyp bin ich, welche Rahmenbedingungen brauche ich, um gut lernen zu können*?

Die Frage *Wann hast du gelernt – nicht mehr gelernt?* hebt bis dahin unbewusste Lernanlässe ins Bewusstsein, die Antworten liefern einen realistischen Mosaikstein für das eigene Selbstbild. An welcher Stelle ist es gekippt und warum? Bekam ich Zuwendung durch Nichtkönnen, brauchte die Familie ein »schwarzes Schaf«? Warum sehe ich immer nur das, was ich falsch schreibe?

Die Frage *Warum hast du gelernt?* (Motivation) verdeutlicht den engen Zusammenhang zwischen dem Bedürfnis zu lernen, ein Lernziel zu haben und der Lernmotivation. Sie ist bedeutsam, damit der Lerner am Ball bleibt, ihm das Lernen langfristig Freude macht.

Bei der Frage nach dem *Wo* wird dann sinnvoller Weise unterschieden zwischen Lernen *en passant* und strukturiertem *Lernen im Kurs* (vgl. Roth-Hunkeler 1996, S. 6-8).

- Dem Kursleiter ist bewusst, dass das Erkennen von früherem und informellem Lernen beim Teilnehmer die Bereitschaft voraussetzt, Erfahrungen mitzuteilen, den u.U. schmerzhaften Blick zurück zu wagen, zurückliegende Ereignisse neu zu bewerten, z.B früheres Nicht-Lernen als systemische Abhängigkeit zu erkennen und es nicht unbedingt auf bildungspolitische Komponenten und falsche Methoden zurückzuführen.
- Die Erfahrung zeigt, dass die Motivation der Teilnehmer zum Kursbesuch im Willen zur Veränderung liegt, dass die Lerner jedoch zugleich die sich u.U. ergebenden Veränderungen fürchten, dass sie dafür Zeit und Rat brauchen und nicht jeder in der Lage ist, das System, in das er eingebunden ist, zu verändern. Entsprechend behutsam ist die Vorgehensweise im Kurs.
- Es ist von außerordentlicher Bedeutung, dass der Kursleiter den in den 1990er Jahren stattgefundenen Paradigmenwechsel von der Belehrungs- zur Ermöglichungsdidaktik (vgl. Dohmen 1999, S. 28) vollzogen hat und aus diesem Rollen- und Didaktik-Verständnis heraus nicht mehr der Be-Lehrende ist, sondern der Tutor, der Facilitator, der Unterstützende, der das Lernen Ermöglichende, ein *Ausbilder und Berater mit hohem Kundenverständnis* (vgl. Hüning 1996, S. 28-29).
- Er tritt nicht auf als derjenige, der alles weiß, sondern nutzt die Kräfte der anderen Kursteilnehmer indem er sie zu Mit-Tutoren macht, die mitteilen, wie sie lernen, sich etwas merken, deren Methode ggf. für einen Teilnehmer besser geeignet ist als die Methode des Kursleiters und die gemeinsam erkennen, dass es nicht den einen besten Weg gibt.
- Der Kursleiter entwickelt gemeinsam mit dem Teilnehmer individuelle Ziele, lässt in der gemeinsamen Rückschau erreichte Lernfortschritte erkennen, wissend, dass Menschen mit negativer Lernbiografie, die sich ein relativ hohes Ziel gesetzt haben, häufig nur auf das noch nicht Erreichte schauen und bereits erreichte Etappen nicht wahrnehmen. Den Lernprozess hemmende Suggestionen Dritter „Das lernst du nie, was Hänschen nicht lernt…" und Lernblockaden werden aufgelöst.
- Er berichtet von eigenen Lernerfahrungen, Stolpersteinen, Mühen und gibt zu, wenn er ratlos ist.
- Er sieht die Lebenswelt der Teilnehmer als didaktisch bedeutsam, nutzt sie für den Unterricht und verknüpft sie mit dem erforderlichen Fachwissen. Wortschatz und Ausdrucksfähigkeit der Teilnehmer werden erweitert und die Lese-/ Schreibfertigkeit gefördert, indem Begebenheiten aus dem Leben der Teilnehmer erzählt und verschriftlicht und z.B. Wortbe-

deutungen in Gebrauchsanweisungen, Rezepten, Zeitungsartikeln, Beipackzetteln, geklärt und durch die Anwendung in neuem Zusammenhang gesichert werden.

- Neue mediale Lern- und Kommunikationshilfen, z.B. aktuell umgesetzt im online „Lernportal zweite Chance" werden eingesetzt, der Teilnehmer kann selbst bestimmen was, wann und wie er mit ihnen lernen will.
- Je vielfältiger die eingesetzten Methoden sind, wie z.B. Gliederungen, Mind-Mapping, Moderationsmethode, Einbeziehung aller Sinne, Konzentrationstraining, Kurzentspannungen, Atemübungen, Re-Stimulierung einer positiven Lernerfahrung, Mnemotechniken, die unterschiedlich von den Teilnehmer geschätzt werden, desto mehr Teilnehmer werden erreicht.
- Lernen am anderen Ort, *learning outdoors*, wie es im EU-Projekt *Learning in Motion*, genannt wird, sollte zum Kursrepertoire gehören. Es bietet die Chancen, den Erfahrungsraum zu erweitern, in der Außenwelt Verschriftlichtes zu entdecken, es emotional positiv zu belegen, es in den Kursraum mit hinein zu nehmen und andererseits im Kursraum Gelerntes zu transferieren. Dazu gehören auch kleine Projekte, kleine Feste, die u.a. das Gruppengefühl und die Teamfähigkeit stärken.

Angesichts der schnellen Veränderungen in Beruf, Gesellschaft, in der Medienlandschaft sowie in den Lern- und Kommunikationsstrukturen wird täglich deutlich und erfahrbar, dass der Mensch die damit verbundenen Anforderungen nur bewältigen kann, wenn er zu lebenslangem Lernen fähig ist.

Die Erfolge in der Grundbildungsarbeit zeigen, dass es bei Berücksichtigung der dargestellten Faktoren, Methoden und Instrumentarien gelingt, auch die *Zielgruppe Funktionale Analphabeten* mit auf den Weg zu nehmen, soziale Teilhabe zu befördern und sozialen Ausschluss zu verhindern.

Literatur

Abraham, E. (1993): Fremdsein im eigenen Land – Forderungen an ein Konzept Grundbildung. In: Derichs-Kunstmann, K./Schiersmann, C./Tippelt, R (Hrsg.): Die Fremde – Das Fremde – Der Fremde. Dokumentation der Jahrestagung 1992 der Kommission Erwachsenenbildung der Deutschen Gesellschaft für Erziehungswissenschaften, Reihe: Beiheft zum Report, DIE: Frankfurt a.M., S. 189ff.

Abraham, E. (1998): paper held on conference „Continuing Education for Continuing Employablity". Penrith, GB, 8-10 July 1998; Session 4: Assessing Prior Learning Across Europe; Case Study of Single Institution 'Hamburger Volkshochschule'; F.A.C.E./Socrates Project „The Learning Bridge".

Abraham, E. (2002): Dienstleistungsnetzwerk Bildung und Lernkultur – Ansätze der Alphabetisierung – Muster für eine veränderte Lernkultur. In: Alphabetisierung und Sprachenlernen, Dok 7, Stuttgart: Ernst Klett Verlag.

Agence Nationale de Lutte Contre l´Illetrisme ANLCI (o.J.): Illettrisme: les chiffres. Exploitation par l´Agence Nationale de Lutte Contre l´Illetrisme de l´enquête Information et Vie Quotidienne conduite en 2004-2005 par l´INSEE. Lyon: ANLCI.

Agence Nationale de Lutte Contre l´Illetrisme ANLCI (2003): Fighting Illiteracy Together. ANLCI National Guidelines. Lyon: ANLCI.

Baaden, A. (2003): Die Ausgegrenzten integrieren. Die UNO-Alphabetisierungsdekade ist auch ein Thema für Deutschland. In: Alfa-Forum 17. Jg., H. 52, S. 8-9.

Backhaus, A. (2007): Diagnose von Leseschwierigkeiten bei Erwachsenen. Pressemitteilung vom 28.11.2007. Verfügbar unter: http://www.idw-online.de/pages/de/news?print=1&id=237742 (12.2007)

Barton, D./Hamilton, M. (2000): Local Literacies. Reading and writing in one community. London, New York: Routledge.

Baumgarten, B./Lahusen, C. (2006): Politiknetzwerke – Vorteile und Grundzüge einer qualitativen Analysestrategie. Wiesbaden: VS Verlag für Sozialwissenschaften, S. 177-197. Verfügbar unter: http://www.springerlink.com/content/u35268q578571w74/.

Betz, D./Breuninger, H. (1998): Teufelskreis Lernstörungen. Weinheim: Psychologie Verlags Union.

Bundesministerium für Bildung und Forschung (BMBF) (2007): Pressemitteilung 174/2007: Schavan: „Alphabetisierung gehört zu den wichtigsten Aufgaben des Bildungssystems". (07.09.2007)

Kuwan, H./Bilger, F./Gnahs, D./Seidel, S. (2006) Berichtssystem Weiterbildung IX. Bonn/Berlin: BMBF, S. 25ff und 73ff.

Bojanowski, A. (2007): Was bedeutet das Leitbild der ‚Individualisierung' in der Integrationsförderung für die Lehrer-, Sozialpädagogen- und Ausbilderrolle. Verfügbar unter: www.lernorte-im-dialog.de (11.2007). → Professionsentwicklung → Kompetenzen der Pädagogik

Brüning,G./Kuwan, H. (2002): Benachteiligte und Bildungsferne –Empfehlungen für die Weiterbildung. Bielefeld: Bertelsmann Verlag.

CONFINTEA (1998): Hamburger Deklaration zum Lernen im Erwachsenenalter. Agenda für die Zukunft. Fünfte Internationale Konferenz über Erwachsenenbildung 14.-18. Juli 1997. Hamburg: UNESCO-Institut für Pädagogik.

Deutsches Institut für Erwachsenenbildung (DIE) (1996): Alphabetisierung, Elementarbildung: Stand und Perspektiven. Materialien für die Erwachsenenbildung. Frankfurt/Main: DIE.

Deutsche UNESCO-Kommission (DUK) (2003): Unesco aktuell. Pressemitteilung Nr. 03. Bonn.

Dohmen, G. (1999): Selbstgesteuertes Lernen. In: ders. (Hrsg.): Weiterbildungsinstitutionen, Medien, Lernumwelten – Rahmenbedingungen und Entwicklungshilfen für das selbstgesteuerte Lernen. Bonn: BMBF. S. 28.

Döbert, M./Hubertus, P. (2000): Ihr Kreuz ist die Schrift. Analphabetismus und Alphabetisierung in Deutschland. Herausgegeben vom Bundesverband Alphabetisierung e.V. Stuttgart: Klett.

Fuchs-Brüninghoff E./Pfirrmann, M. (1992): Lernprobleme – Lernberatung. Bonn/Frankfurt/M.: Pädagogische Arbeitsstelle, Deutscher Volkshochschulverband.

Groeben, A. von der (2001): Literalität: Modewort, alter Hut oder neue Aufgabe? In: Pädagogik 53. Jg., H. 6, S. 6-9.

Gut, E. (2005): Unterstützung und Beratung für die Schule von heute. Diplomarbeit, Hochschule für angewandte Psychologie, Zürich.

Hubertus, P. (1995): Wo steht die Alphabetisierungsarbeit heute? In: Brügelmann, H./Balhorn, H./Füssenich, I. (Hrsg.): Am Rande der Schrift. Zwischen Sprachenvielfalt und Analphabetismus. Lengwil: Libelle, S. 250-262.

Huck, G./Schäfer, U. (1991): Funktionaler Analphabetismus in der Bundesrepublik Deutschland. Deutsches Institut für Internationale Pädagogische Forschung. Bonn: Bund-Länder-Kommission für Bildungsplanung und Forschungsförderung.

Hünig, St. (1996): Die Zukunft der Ausbildungsleitenden in Unternehmungen und Betrieben. In: Education Permanente, H. 1, S. 28-29.

Hünig, St. (2007): in ORGANISATOR, „Unternehmenskultur", Verfügbar unter: www.organisator.ch/index.asp?topic_id=1303, (12.2007).

Jeantheau, J. (2007): IVQ-Erhebung 2004/2005: Schwerpunkt ANLCI-Modul und erste Ergebnisse. In: Grotlüschen, A./Linde, A. (Hrsg.): Literalität, Grundbildung oder Lesekompetenz? Beiträge zu einer Theorie-Praxis-Diskussion. Münster: Waxmann, S. 57-69.

Kress, G. (1997): Before Writing. Rethinking the paths to literacy. London, New York: Routledge.

Linde, A. (2001): Analphabetismus und Alphabetisierung in Deutschland: Kein Thema für die Erwachsenenbildung? Hamburger Hefte der Erwachsenenbildung.

Linde, A. (2004): Sind Sie funktional alphabetisiert? Auf der Suche nach geeigneten Begriffen und Konzepten. In: Alfa-Forum. Zeitschrift für Alphabetisierung und Grundbildung, 18. Jg., H. 54-55, S. 27-29.

Linde, A. (2007): Alphabetisierung, Grundbildung oder Literalität? In: Grotlüschen, A./Linde, A. (Hrsg.): Literalität, Grundbildung oder Lesekompetenz? Beiträge zu einer Theorie-Praxis-Diskussion. Münster: Waxmann, S. 90-99.

Linde, A. (im Erscheinen): Literalität und Lernen. Eine Studie über das Lesen- und Schreibenlernen im Erwachsenenalter. Münster u.a.: Waxmann.

Ludwig, J.; Bräsel, H. (2005): Didaktik der Grundbildung. Verfügbar unter: www.brandenburg.vhs-bildungsnetz.de. (11.2007)

MacLachlan, Kathy (2006): Adult Literacies: Policy and Practice in Scotland. Vortrag im Rahmen der internationalen Woche der Universität Bremen (unveröffentlichter Reader).

Organisation für wirtschaftliche Zusammenarbeit und Entwicklung (OECD) (1995): Grundqualifikationen, Wirtschaft und Gesellschaft. Ergebnisse der ersten Internationalen Untersuchung von Grundqualifikationen Erwachsener. Paris: OECD.

Roth-Hunkeler, Th. (1996): Leben ist Lernen. In: Education permanente, H. 1, S. 6-8:

Schroeder, J. (2007): Erfolge und Wirksamkeit von Netzwerkansätzen. In: Dokumentation der Fachtagung „Netzwerke nutzen! Ergebnisse transferieren!" (2007), S. 9.
Schüßler, I. (2005): Nachhaltiges Lernen. Verfügbar unter: www.uni-kl.de/FB-SoWi/FG-Paedagogik/Personen/schuessler/hp/text6.htm (11.2005).
Scotish Executive (2001): Adult Literacy and Numeracy in Scotland.
Scotish Executive (2005): An Adult Literacy and Numeracy Curriculum Framework for Scotland.
Street, B. (1995): Social Literacies. Critical Approaches to Literacy in Development, Ethnography and Education. London/New York: Longman.
Tröster, M. (Hrsg.) (2000): Spannungsfeld Grundbildung. Bielefeld: Bertelsmann.
UNESCO-Institute for Education (UIE) (2005): Why Literacy in Europe? Enhancing Competencies of Citizens in the 21st Century. Hamburg.
UNESCO-Institute for Statistics (UIS) (2008): Literacy Topic UNESCO Institute for Statistics (3.14). Verfügbar unter: http://www.uis.unesco.org (31.08.2008).
Wagner, D.A. (1999): Rationales, Debates and New Directions: An Introduction. In: Wagner, D.A./Venezky, R.L./ Street, B.V. (Hrsg.): Literacy. An International Handbook. Colorado/Oxford: Westview Press, S. 1-8.

Rainer Brödel

Weiterbildung von Arbeitslosen

1 Arbeitslosigkeit als erwachsenenbildnerischer Aufgabenbereich

1.1 Begriff und Spannbreite des Aufgabenbereichs

Die „Weiterbildung mit Arbeitslosen" zählt seit Mitte der 1970er Jahre zu einem der wichtigsten Aufgabenfelder der Erwachsenenbildung/Weiterbildung. Es handelt sich um einen pädagogischen Aufgabenbereich, für den allerdings keine feste Bezeichnung und auch keine einheitliche Institutionalisierung besteht. So kommt die Weiterbildung mit Arbeitslosen sowohl als eine Teilaufgabe in öffentlich geförderten Weiterbildungseinrichtungen als auch als alleinige Hauptaufgabe in kommerzialisierten Firmen der arbeitsmarktnahen Weiterbildung vor. Auch Wirtschaftsbetriebe gelten als wichtige Lernorte für die berufliche Qualifizierung Arbeitsloser.

Die Ausdrücke „Arbeitslosenbildung" oder „Erwerbslosenbildung" sind in der Weimarer Zeit geprägt worden, haben aber als kommunikationsleitende Foki an Bedeutung verloren. Beide Termini suggerieren eine sozialgruppen- oder gar milieuspezifische Homogenität, die bei den von Arbeitslosigkeit Betroffenen weder durch die Existenz gemeinschaftlicher sozialer Interaktion noch durch ein einheitliches Lage- oder Bildungsbewusstsein gegeben ist. Im Unterschied zur klassischen Moderne des ersten Drittels des 20. Jahrhunderts, wo Teile der Erwerbslosenbildung noch in eine klassentheoretisch fundierte Arbeiterkulturbewegung eingebunden waren (vgl. Heller 1924, S. 143ff.; Will/Burns 1982), ist Anfang des 21. Jahrhunderts eine Gemeinsamkeit Erwerbsloser hinsichtlich Interessenlage, berufsbiografischer Deutungsmuster und Erwerbsarbeitschancen geringer denn je zu veranschlagen. Katalytisch im Sinne einer Individualisierung von Lerninteressen und erwerbsarbeitsbiografischer Gestaltung wirkt auch der sozialisatorisch einschneidende Übergang von der industriellen Arbeits- in die weniger kollektiv strukturierte Wissensgesellschaft.

In begrifflicher Hinsicht ist das erwachsenenbildnerische Arbeitsfeld des Lehrens und Lernens mit Arbeitslosen stark durch die Semantik und zielgruppenspezifischen Definitionen der jeweiligen staatlichen bzw. öffentlichen Förder- und Finanzierungsprogramme geprägt. In einer wechselnden Terminologie gelangt zum Ausdruck, wie sich bereits in der alten Bundesrepublik die Strategien und Ansatzpunkte pädagogischer Gegensteuerung gegenüber der massenhaften Arbeitslosigkeit strukturiert und auch modifiziert haben. Dieser Wandel beruht zum einen darauf, dass sich die wirtschaftlichen Rahmenbedingungen sowie die Zielgruppen aus der heterogenen Großgruppe der Arbeitslosen und deren Probleme geändert haben. Zum anderen sind die eingesetzten wohlfahrtsstaatlichen pädagogischen Interventionsformen auch durch die Wirklichkeit der beruflichen Reintegrationschancen evaluiert worden und trugen zur Revision des jeweils bestehenden arbeitsmarktpolitischen Instrumentariums bei. So gewinnen gegenwärtig – um eine kommende Tendenz beim Lernen Erwachsener anzusprechen – Selbststeuerungsstrategien an Gewicht. Dem entspricht eine Bedeutungszunahme der pädagogischen Interventionsform der Beratung sowohl im Rahmen der öffentlich geförderten als aber auch im Kontext einer durch Selbsthilfe geleisteten Problembearbeitung von Arbeitslosigkeit (vgl. Kossack 2005; Kuhnert 2004; Ludwig 2007).

1.2 Entstehungshintergrund

Die Expansion der Erwerbslosenbildung hat eine Vorgeschichte, die bis in die ersten Jahrzehnte des 20. Jahrhunderts zurückreicht (vgl. Brödel 2001). Es kommen evolutionäre Voraussetzungen zum Tragen, die aufs engste mit dem sozialgeschichtlichen Konstituierungsprozess der Moderne als Arbeitsgesellschaft verbunden sind (vgl. Zimmermann 2006).

Die diachrone Vergewisserung unterstreicht, dass Arbeitslosigkeit nur in der Kultur einer Arbeitsgesellschaft existiert. Ihr Wertesystem ist in unserem Falle am Ideal der biografischen Vollerwerbstätigkeit ausgerichtet, woraufhin sich Arbeitslosigkeit als soziales Phänomen erst abhebt und den Charakter einer Störung annehmen kann. In historischen Prozessen bedurfte es eines gesellschaftlichen Bewusstseinswandels im Sinne einer aktiven Auffassung von Arbeitslosigkeit, so dass sich wiederum eine spezifisch pädagogische Interventionsform gegenüber den tradierten Formen von Armenpflege oder der einer kurativen Fürsorge ausdifferenzieren konnte.

Die wohlfahrtspflegerischen Problembearbeitungen stellen auf Arbeitslosigkeit unter dem Aspekt der Reduktion von Armut und psychosozialer Deprivation ab, und sie haben in der „Hilfe" einen gemeinsamen Fokus professionellen Handelns (vgl. Niemeyer 1989). Demgegenüber ist die hier interessierende Interventionsform des Lernens und der Erwachsenenbildung/Weiterbildung funktional als weniger einheitlich und weniger einsinnig charakterisierbar. Dieser professionstheoretische Befund rührt vor allem daher, dass in unserem Bildungsbereich entstehungsgeschichtlich „von einander getrennte(n) Kulturen und Traditionen" (Harney 1998, S. 190) gesellschaftlicher Reproduktion hineinspielen: die Tradition öffentlich-allgemeiner Erwachsenenbildung, die berufserzieherische Tradition in Form beruflicher Weiterbildung und die sozialpolitisch-wohlfahrtsstaatliche Intervention.

Empirisch betrachtet kann deshalb in Bezug auf Arbeitslosigkeit die erwachsenenpädagogische Interventionsform durch ein Nebeneinander heteronomer Ziele und Ansätze bestimmt sein. Das trifft nach meinen Untersuchungen etwa für die Weiterbildung mit Arbeitslosen in der Weimarer Republik zu (vgl. Brödel 1984). So kommt für die damalige Erwerbslosenbildung ein Spektrum von Interventionsmodi in Betracht, die für sich oder in gemischter Form auftreten können. Paradigmatisch sind (Allgemein-)Bildung, Arbeitserziehung und berufliche Qualifizierung, staatliche Arbeitsförderung und Schulung, popularisierende Unterhaltung oder geselliger Zeitvertreib. Des Weiteren ist auch die professionelle Begleitung von Selbstbildungsprozessen Arbeitsloser anzutreffen (z.B. bibliothekarische Betreuung), die sich heute etwa in der Förderung von Strategien selbstgesteuerten Lernens für Arbeitslose in Lernzentren wiederfindet.

2 Zielgruppe

Als Zielgruppe zeichnet den von unfreiwilliger Arbeitslosigkeit betroffenen Personenkreis aus, dass er außerhalb des offiziellen Systems der Erwerbsarbeit steht. Dadurch sind in vielfacher Hinsicht Möglichkeiten gesellschaftlicher Teilhabe vorenthalten. Von Ausnahmen abgesehen,

– etwa die Massenentlassung bei erfolgter Betriebsschließung – verstehen sich Arbeitslose nicht als eine durch Gemeinsamkeit des Handelns zusammen gehaltene soziale Gruppe. Arbeitslose gelten vielmehr als eine statistische Kategorie, die unter Zugrundelegung amtlicher Definitionskriterien zusammengestellt wird. In dieser Hinsicht differenzieren sich Arbeitlose nach sozialstatistischen Merkmalen wie Alter, Geschlecht, Bildungsstand, Berufsausbildung, letzte berufliche Tätigkeit oder Dauer der Arbeitslosigkeit.

Darüber hinaus muss konstatiert werden, dass Arbeitslosigkeit zunehmend weniger identifizierbar und statistisch erfassbar erscheint. Voraussetzung dafür wäre, dass „Erwerbstätigkeit und Nichterwerbstätigkeit als Phasen in der individuellen Biographie wie als Rollen in der Arbeitsteilung des Haushalts klar unterschieden" (Bartelheimer 2005, S. 100) sind. Weitgehend gegeben waren diese Bedingungen während der Weimarer Epoche und in der Industriegesellschaft der 1960er und 1970er Jahre, als das wohlfahrtsstaatliche Institutionensystem der alten Bundesrepublik ausgebaut wurde. Demgegenüber schlägt sich der angelaufene Wandel zu einer wissensbasierten Dienstleistungsgesellschaft in qualitativ neuen Beschäftigungsformen nieder. Dadurch verliert der industriegesellschaftlich geprägte Typus von Arbeitslosigkeit an Geltung. Entstanden ist eine Zone beruflich prekärer Tätigkeiten, die einerseits nicht das Kriterium der offiziellen Arbeitslosigkeit erfüllen, anderseits aber auch nicht dem Typus einer sozial abgesicherten Erwerbstätigkeit entsprechen (vgl. Bosch/Weinkopf 2007; Dörre 2008).

Für die Bildungsbedarfsfeststellung und die Veranstaltungsplanung von Weiterbildungseinrichtungen ist die Identifizierung und Analyse der regionalen Struktur der Arbeitslosigkeit grundlegend. Es interessiert das tatsächliche Ausmaß der Betroffenheit von Arbeitslosigkeit sowie die soziale Struktur des von diesem Risiko erfassten Personenkreises. Programmplanerische Aufschlüsse geben darüber hinaus die generelle Lage auf dem Arbeitmarkt und das Einstellungsverhalten der Beschäftigungsbetriebe, aber auch die Frage der Finanzierbarkeit von zielgruppenbezogenen Weiterbildungsveranstaltungen.

Die deutschlandweite Arbeitsmarktlage im Jahre 2008 kennzeichnet eine paradoxe Gleichzeitigkeit von hoher Arbeitslosigkeit einerseits und einem großen Fachkräftemangel andererseits. Dabei dürfte sich in ansehbarer Zeit der Fehlbestand an fachspezifisch qualifizierten Arbeitkräften aus demografischen Gründen noch verschärfen. Mit dieser Entwicklung geht wiederum eine Zunahme der Langzeitarbeitslosigkeit einher, die in der ersten Hälfte 2008 bundesweit bei rund 40 Prozent rangiert. Insofern liegt ein Schwerpunkt erwachsenenbildnerischer Zielgruppenarbeit bei dieser – in sich noch heterogenen – Gruppe.

Lernbereitschaft, Weiterbildungsfähigkeit und aktuelles Bildungsverhalten Arbeitsloser stehen in einem engen Zusammenhang mit deren psycho-sozialer Situation. Diese ist einerseits durch den Verlust der Erwerbsarbeit bestimmt. Die für die individuelle Lebensführung hauptsächlichen Funktionen regelmäßiger Erwerbsarbeit liegen im Bereich der Einkommenssicherung, der sozialen Integration und kollegialen Kontakte, der Tages- und Zeitstrukturierung, der sozialen Anerkennung und des Selbstwertgefühls. Der Zugang zum System und zur Tätigkeitsform der Arbeit ist in unserer Kultur nicht zuletzt für die individuelle Sinnstiftung und Lebensplanung zentral (vgl. Wulf 2001, S. 105f.). Andererseits lässt sich nicht von einer einheitlichen Verarbeitung im Falle des Verlusts individueller Erwerbsarbeit ausgehen. Vielmehr dokumentiert die empirische Forschung, dass die psycho-sozialen Verarbeitungs- und Bewältigungsstrategien von Arbeitslosigkeit höchst unterschiedlich ausfallen (vgl. Wacker 2001). Dabei können bildungsbiografische Ressourcen, aber auch die Einbindung in (noch) bestehende soziale Netzwerke und Gelegenheitsstrukturen des privaten und sozialen Umfelds eine begünstigende Rolle spielen (vgl. Kielselbach 1996, 2003).

Wenngleich die Bildungsforschung belegt, dass das Bildungsverhalten in der Lebensspanne durch die einst genossene Schulbildung vorgeprägt ist, kommt der spezifischen Lebenssituation Arbeitsloser im Vergleich zur Gruppe der Erwerbstätigen ein eigenes Gewicht zu, sowohl für den Zugang zur Weiterbildung als auch für die Lernmotive und Bildungsinteressen. So weist Rudolf Tippelt anhand von Forschungsbefunden für die Teilnahme an beruflicher Weiterbildung darauf hin, dass diese am stärksten durch das Merkmal Erwerbsbeteiligung beeinflusst wird und dass bei Vollzeitbeschäftigten die Betriebsgröße als zweitstärkster Einflussfaktor gilt (vgl. Tippelt 2007, S. 115).

Vor dem Hintergrund, dass Arbeitslose keinen Zugang zum Betrieb als einem verwertungsorientierten Lernfeld haben, ist nach Befunden von Christiane Schiersmann höchst aufschlussreich, dass für diese Gruppe „das private und gesellschaftliche Umwelt als informeller Lernkontext von überdurchschnittlicher Bedeutung" (Schiersmann 2007, S. 146) ist. Gleichwohl bleibt zu konstatieren, dass in Phasen der Nichterwerbstätigkeit die Beteiligung an Weiterbildung deutlich geringer ausfällt (vgl. Iller 2008, S. 79). Arbeitslose sind in ihren Weiterbildungschancen auch insofern benachteiligt, als sie kaum einen Zugang zu arbeitsintegrierten Lernkontexten eines informellen betrieblichen Erwachsenenlernens haben.

3 Rechtliche und förderungspolitische Rahmenbedingungen

3.1 Rechte, Pflichten und Förderungspraktiken im Überschneidungsbereich von pädagogischem Handeln und Arbeitsverwaltung

Für die Weiterbildung mit Arbeitslosen gibt es spezifische rechtliche Grundlagen. Deren Beachtung sowie ein kontextgerechter Umgang mit den arbeitsförderungsrechtlichen Vorgaben tragen zur Professionalität in diesem pädagogischen Handlungsfeld bei. Dabei lässt sich zwischen einem teilnehmer-klientenbezogenen und einem institutionell-förderungspolitischen Wirkungsbereich unterscheiden.

Hinsichtlich des erst genannten Wirkungs- und Aufmerksamkeitsbereichs interessiert die Lebenslage von Weiterbildungsteilnehmenden, die bei der Arbeitsverwaltung als „arbeitslos" gemeldet gelten und die zugleich Leistungsbezieher (z.B. Erhalt von Lohnersatzleistungen bzw. Finanzierung des Lebensunterhalts) sind. Der Lebensalltag von arbeitslosen Leistungsempfängern ist durch bestimmte Rechte und – behördlich kontrollierte – Pflichten bestimmt. Um deren Wirkungen und Handlungsimplikationen müssen Weiterbildner, die Veranstaltungen mit arbeitslos gemeldeten Teilnehmenden durchführen, wissen. So gilt es im Sinne einer klientenorientierten Professionalität zu berücksichtigen, dass Spannungen zwischen dem Status des Arbeitslosen und der pädagogisch-sozialen Rolle des Teilnehmenden auftreten können und diese möglichst gering gehalten werden sollten (vgl. schon Keiser 1928, S. 176). Ein kritischer Punkt im Zusammenhang mit einer Weiterbildungsbeteiligung kann die gesetzliche Forderung nach Verfügbarkeit für den Arbeitsmarkt darstellen. Letzteres Konfliktfeld ist potenziell gegeben, wenn Arbeitslose an zeitlich bindenden Bildungsveranstaltungen ohne einen direkt erkennbaren integrationsförderlichen Arbeitsmarktnutzen teilnehmen und wenn zudem der Veranstaltungsbesuch nicht mit dem zuständigen Arbeitsberater abgestimmt wurde.

Zum anderen hat die Arbeitsverwaltung eine unmittelbare, nicht selten existenzielle Bedeutung für die Institutionen der arbeitsmarktnahen Weiterbildung selbst. Dabei geht es um die

Finanzierung von Qualifizierungsmaßnahmen und angrenzenden pädagogischen Dienstleistungen. Während bei der Arbeitslosenweiterbildung die regionalen Arbeitsämter noch bis Anfang 2000 eng mit bewährten Weiterbildungsträgern kooperierten und diese weitgehend die angebotsorientierte Förderung von zielgruppenorientierten „Auftragsmaßnahmen" übernahmen, setzt mit der „Umstellung auf das Bildungsgutschein-Verfahren" (Kühnlein 2005, S. 117) in Folge der „Hartz-Gesetze" ab 2002 ein grundlegend veränderter Steuerungs- und Finanzierungsmodus in der (primär) sozialversicherungsrechtlich finanzierten beruflichen Weiterbildung ein (vgl. Sauter 2004, S. 110f.). Es kommt zu einer problematischen Entwicklung im Feld der arbeitsmarktnahen Weiterbildungsanbieter – insbesondere dadurch, dass die Umsetzung des Gutscheinverfahrens mit einem erhöhten Planungsrisiko für die Bildungseinrichtungen einhergeht und eine anschwellende Insolvenzquote zu beobachten ist (vgl. Kühnlein 2005, S. 123).

Zur Dynamisierung des Verhältnisses von fördernder Arbeitsagentur, Bildungsträgern und arbeitslosen „Weiterbildungskunden" trägt auch bei, dass alle Instrumente und Maßnahmearten aktiver Arbeitsmarktpolitik einer regelmäßigen Evaluation unterzogen werden. So geht mit Implementierung der Verfahren von „Monitoring und Wirkungsforschung" (Brinkmann 2000, S. 483) auch eine laufende Modifizierung der Förderungspraxis im Bereich der beruflichen Weiterbildung für Arbeitslose einher.

3.2 Weiterbildung und aktivierende Arbeitsmarktpolitik

Die nach dem Automobilmanager Peter Hartz benannten Gesetze folgen dem individualisierenden Leitbild einer „aktivierenden" Politik des „Förderns und Forderns" und intendieren im Sinne marktliberaler Staatsmodernisierung die Schaffung einer „kundenorientierten" Dienstleistungsinfrastruktur (vgl. Seifert 2005). Umgestaltet werden soll die bisherige Arbeitsverwaltung zu einem Dienstleistungsbetrieb, für den der Gedanke des „Arbeitsservice" und eine betriebswirtschaftlich-mobilisierende Terminologie wie „JobCenter" oder „Profiling" stehen. Hauptziel ist es, durch flexible und fallspezifische Förderungspraktiken nicht nur zu einem schnelleren Abbau von Arbeitslosigkeit, sondern auch zur generellen Erhöhung der Erwerbsquote beizutragen (vgl. Bieback 2006, S. XXVIIff.). Zugleich wird auf eine verstärkte „Eigenverantwortung" der um zügige Aufnahme von Erwerbsarbeit gehaltenen Personen hingewirkt (vgl. Bescherer u.a. 2008). Im Falle der innovativen Gutscheinregelung bedeutet ein eigenverantwortliches Tätigwerden, dass Arbeitslose nach individueller Bedarfsfeststellung (für eine inhaltlich bestimmte Weiterbildung in einem zeitlich definierten Rahmen bei Festlegung eines Förderhöchstbetrags) und einem Gespräch mit dem zuständigen Arbeitsvermittler einen Weiterbildungsgutschein erhalten können. Dieses Wertpapier berechtigt dazu, binnen drei Monaten selbständig einen Weiterbildungsträger oder Betrieb auszusuchen und eine berufliche Qualifizierung zu beginnen. Die durchführende Qualifizierungsinstanz wiederum bekommt die Kosten von der Arbeitsagentur gegen Vorlage des Bildungsgutscheins erstattet, sofern diese selbst als Weiterbildungsträger wie auch die beabsichtigten Maßnahmen zugelassen sind. „Die Steuerung der Agentur beschränkt sich nun auf die Planung der Bildungsziele, die Vorgabe von Wiedereingliederungsquoten und die Qualitätskontrolle der Bildungsträger." (Schmid 2006, S. 496).

3.3 Weiterbildungsförderung Arbeitsloser nach dem Sozialgesetzbuch

Wichtigste Rechtsquelle für die Förderung der beruflichen Weiterbildung von Arbeitslosen ist das 1998 installierte Sozialgesetzbuch III (SGB III). Es definiert die Interventionsbreite der aktiven Arbeitsmarktpolitik (Beratung, Vermittlung, Förderung der Weiterbildung, Maßnahmen zur Schaffung und Erhaltung von Arbeitsplätzen). Das SGB III bildet auch den Referenzrahmen für die auf arbeitsmarktpolitische Neuausrichtung drängenden Hartz-Gesetze. Als weitere Grundlage für die einzelfallbezogene berufliche Weiterbildungsförderung auf Bundesebene dient das Sozialgesetzbuch II (SGB II), welches hauptsächlich den Lebensunterhalt von Arbeitslosen (Empfänger des Arbeitslosengeldes II) und vermittlungsbezogene Maßnahmen nach dem Fürsorgeprinzip regelt (vgl. Koch/Walwei 2005). Das Arbeitslosengeld II (ALG II) – aus der Zusammenlegung von Arbeitslosen- und Sozialhilfe entstanden – greift nach Auslaufen oder bei Nichterhalt des (einkommensabhängigen) ALG I. Zur Erwerbsarbeit fähige ALG II-Empfänger – gewissermaßen eine „qualifikatorische Elite" dieses arbeitsmarktferneren Zweigs sozialer Sicherung – können im Rahmen von einzelfallspezifischen „Eingliederungsvereinbarungen" in die Förderung der beruflichen Weiterbildung nach dem SGB III, welche primär für die Empfänger des ALG I vorgesehen ist, einbezogen werden.

Ähnlich wie das 1969 implementierte Arbeitsförderungsgesetz (AFG) – in seiner ursprünglichen Fassung geradezu Inbegriff einer dem Präventionsgedanken und beruflichen Aufstieg verpflichteten aktiven Arbeitsmarktpolitik – versteht sich dessen Rechtsnachfolger, das SGB III, als ein Instrument der Arbeitsförderung und des qualitativen Arbeitsmarktausgleichs. Allerdings verfolgt das SGB III einen auf Sparsamkeit getrimmten Typus von Arbeitsmarktpolitik, welcher die Möglichkeiten einer öffentlichen Förderung zugunsten der Aufforderung nach individueller Anpassung an die Gegebenheiten des Arbeitsmarktes zurückfährt. So besteht gegenüber dem AFG nicht mehr ein Rechtsanspruch auf die Teilnahme an Weiterbildungsmaßnahmen. Nunmehr sind fast alle Förderungsleistungen „Kann"- bzw. Ermessungsleistungen, die zwar dem Gebot der Gleichbehandlung unterliegen, aber der Arbeitsverwaltung eine starke Position mit einem erheblichen Maß an Flexibilität einräumen. Dieser partiell paternalistischen Philosophie einer dem Primat des kurzfristigen Vermittlungserfolgs und des strikt arbeitsmarktpolitisch Notwendigen verpflichteten Politik entspricht, dass die SGB-II/III-geförderte berufliche Weiterbildung mit allen zur Verfügung stehenden Mitteln einzudämmen versucht wurde und es zu einem drastischen Rückgang der Teilnehmerzahlen kommt (vgl. DIE 2008, S. 48f.).

Die Konzentration auf die versicherungsrechtliche Kernaufgabe „Vermittlung" durch die Bundesagentur für Arbeit bringt für die Weiterbildungsförderung keineswegs bloß quantitative Einbußen (vgl. Severing/Döring 2003). Darüber hinaus wirkt sich in problematischer Weise die förderungspolitische Umstrukturierung auch auf die didaktisch relevante Institutionalisierung von Weiterbildungsprozessen aus. So etabliert man Förderkriterien, die auf kurzfristige Wirksamkeit und statistisch ausweisbaren Erfolg bedacht sind. Dieserart Streben nach Effizienz und „Schaufenstererfolgen" führt dazu, dass bereits bei der Zusammensetzung von Weiterbildungsveranstaltungen auf die Wahrscheinlichkeit des Erreichens hoher Eingliederungsquoten, geringer Abbruchquoten und rascher Einmündung in möglichst unbefristete Beschäftigung geachtet wird. Zu den Hauptadressaten der auf eine Bestenauslese („Creaming") hinauslaufenden Förderungspraxis werden nun solche stellungslosen Arbeitnehmer, die bereits über Qualifikationen und Kompetenzen verfügen, um kurzfristig in eine neue Erwerbsarbeit einsteigen zu können (vgl. Sauter 2004, S. 111).

Noch verstärkt wird die sozialselektive Weiterbildungsförderung durch das neue Steuerungsinstrument der Bildungsgutscheine. Mit ihm kann die Arbeitsverwaltung den registrierten Arbeitslosenbestand nach Graden von Markt- und Weiterbildungsfähigkeit sortieren und die Zuweisung der knappen Weiterbildungsressourcen zielgenauer steuern . Problematisch im Sinne eines niedrigschwelligen Zugangs zur beruflichen Weiterbildung ist auch, dass viele Arbeitslose mit der Nutzung der Gutscheine überfordert sind. Vor allem „nicht marktfähige Kunden" (DIE 2008, S. 50), zu denen gering Qualifizierte und größere Teile der ALG-II-Empfänger zählen dürften, stoßen hier leicht an die Grenzen ihrer Selbststeuerungskompetenz. Beeinträchtigend wirkt zudem, dass es in vielen Regionen noch an einem passgenauen Beratungsangebot fehlt, um mit einer Situation der Intransparenz auf dem Bildungsmarkt klar zu kommen (vgl. Kühnlein 2004, S. 125).

Gegenüber der Förderungspraxis zu AFG-Zeiten kommt eine weitere Dimension der Bedeutungsrücknahme von beruflicher Weiterbildung als Instrument aktiver Arbeitsmarktpolitik in der zeitlichen Verkürzung einzelner genehmigter Maßnahmen und in der Senkung des pädagogisch qualitativen Anspruchs zum Tragen. Vor allem wird gegenüber längerfristigen Weiterbildungskursen gerade kürzeren Trainingsmaßnahmen der Vorzug gegeben. Weitgehend ausgeschlossen bleiben dabei die Problemgruppen des Arbeitsmarktes, wie auch insgesamt festgestellt werden muss, dass die Zielgruppenorientierung als Prinzip der Weiterbildungsförderung bei der Arbeitsverwaltung verloren gegangen ist.

3.4 Weiterbildung für Arbeitslose im Mehrebenensystem ausdifferenzierter Arbeitsmarktpolitik

Grundsätzlich zuständig für die qualifikationsbezogene Arbeitsmarktpolitik ist die Bundesagentur für Arbeit. Mit ihr handelt der Bund im Rahmen seiner verfassungsrechtlichen Kompetenz für die Pflege der beruflichen Bildung. Jedoch lässt sich keineswegs mehr von einem Alleinstellungsmerkmal der bundesweit aufgestellten Arbeitsverwaltung hinsichtlich der Initiierung und Förderung von beruflicher Weiterbildung für Arbeitslose ausgehen. Vielmehr ist es im Laufe der Massenarbeitslosigkeit, die mit Schwankungen seit Mitte der 1970er Jahre anhält, zu einer Entgrenzung und Ausdifferenzierung aktiver Arbeitsmarktpolitik auf verschiedenen politisch-administrativen Handlungsebenen gekommen. Darüber hinaus haben sich neben der Arbeitsmarkt- und Bildungspolitik auch andere Politikfelder der Bekämpfung der Arbeitslosigkeit angenommen oder sind ressortpolitisch gemischte Kooperationen eingegangen. Insofern fungieren heute als Weiterbildungsförderer für arbeitslose Zielgruppen neben der Bundesagentur für Arbeit auch die Europäische Union (EU), die Bundesländer, die Kommunen und wiederum die Bundesregierung mit einzelnen Ressorts in Form von Sonderförderungsprogrammen (z.B. im Rahmen von Projekten der Frauen-, Technologie- oder Wirtschaftsstrukturpolitik).

Eine breit genutzte Variante der Arbeitslosenweiterbildung auf Bundes- und insbesondere auf Länderebene stellt die Beteiligung an diversen Förderprogrammen der EU dar (vgl. Bechtel/Lattke/Nuissl 2005). Dadurch lassen sich mittels Kofinanzierung regionalbezogene Akzente beim Abbau von Arbeitslosigkeit oder bei der Stärkung von Beschäftigungsfähigkeit setzen. An diesen meist transnationalen Projekten beteiligen sich neben Wirtschaftsbetrieben oder kommerziellen Bildungsunternehmen zunehmend auch die von den Ländern anerkannten und gesetzlich geförderten Weiterbildungseinrichtungen wie Volkshochschulen oder gewerkschaftliche und kirchliche Bildungswerke. Die Vielzahl der in derartige Programmaktivitäten inkludierten Zielgruppen wird keineswegs (mehr) durchgängig mit dem Oberbegriff „Arbeitslosigkeit“ in Verbindung gebracht (vgl. Brüning/Kuwan 2002). Gleichwohl sind deren psychosoziale Lebenssituation und die Perspektiven persönlicher Entwicklung meist durch die Tatsache der Erwerbslosigkeit und durch den verhinderten Zugang zum offiziellen Beschäftigungssystem gekennzeichnet (vgl. Schiersmann 1999).

Ein treffendes Beispiel, wie sich die Länder in Kooperation mit dem Europäischen Strukturfonds für die berufliche Wiedereingliederung von Arbeitslosen engagieren und dabei innovativ wirken können, stellt das Thema „Existenzgründung“ dar. Ausgehend von der These, dass der Übergang in die Selbständigenexistenz als ein erwerbsbiografischer Lernprozess verstanden werden kann, erweist es sich als hilfreich, situationsbezogene Beratungs- und Informationsangebote zu entwickeln und vorzuhalten (vgl. Bölke/Kleinen/Strob 2008).

Schon während der 1980er Jahre entdeckten die Kommunen die Arbeitsmarktpolitik als ein nützliches Handlungsfeld (vgl. Wagner 2007, S. 320). Als lebensweltnahe Akteure der Daseinsgestaltung besitzen sie ein originäres Interesse an der Minimierung von Erwerbslosigkeit. Damals expandierte die Zahl der im Erwerbsalter stehenden Sozialhilfeempfänger. Um ihren Etat zu entlasten und um arbeitsfähige Hilfeempfänger wieder in den Erwerbsprozess zu integrieren, begannen die Kommunen u.a. Qualifizierungsprogramme zu installieren und können durch unkonventionelles Vorgehen erstaunliche Erfolge vorweisen (vgl. Schulze-Böing 2000).

Auch in dem 2008 auslaufenden Programm „Lernende Regionen – Förderung von Netzwerken“, welches gemeinsam vom BMBF und der EU finanziert wird, spielt die Bekämpfung und Verhinderung von Arbeitslosigkeit eine zentrale Rolle (vgl. Nuissl/Dobischat/Hagen/Tippelt 2006). Dafür steht im übergeordneten Rahmen einer Politik lebenslangen Lernens ganz generell das Leit- und Strategiekonzept der „Beschäftigungsfähigkeit“ (vgl. Kraus 2004; Schemmann 2004). Unter einer derartigen Maßgabe schuf man in den Lernenden Regionen mittels einer unterstützenden wissenschaftlichen Begleitung bildungsbereichsübergreifende regionale Netzwerke (vgl. Tippelt/Kasten u.a. 2006; Dobischat 2007). Zu ihren wichtigsten Aufgaben zählt die Entwicklung kooperativ angelegter pädagogischer Infrastrukturen bzw. innovativer Dienstleistungsangebote wie Lernzentren, Kompetenzentwicklungsberatung oder Übergangsmanagement (vgl. Brödel 2007, S. 10f.; Edelmann/Tippelt 2008; Gnahs 2007).

4 Didaktische Entwicklungen und Bildungsangebote

Betrachtet man die Weiterbildung mit Arbeitslosen von der didaktischen Seite der Angebotsentwicklung und -realisierung, ist eine Breite und Vielfalt anzutreffen. Differenzierend wirken Förderprogramme, Finanzierungsquellen, Marktposition der Bildungsträger, Leitbild und pädagogische Grundkonzeptionen, Veranstaltungsthemen, jeweilige Zielgruppenorientierung und Struktur der Teilnehmerschaft. Gerade das hier betrachtete Arbeitsfeld erfordert ein professionelles Akquisitions- und Projektmanagement, einen aufwendigen didaktischen Planungsvorlauf sowie eine durchweg hohe Kooperations- und Vernetzungsbereitschaft. Derartige erwachsenenpädagogische Anforderungen begründen sich nicht allein aus den häufig ungünstigen Bildungsvoraussetzungen der Adressatengruppe; darüber hinaus ist die Weiterbildung mit Arbeitslosen im Einflussfeld unterschiedlicher Institutionen von Arbeits- und Sozialverwaltung oder Kommune angesiedelt. Bedeutung hat daneben auch die lokale Infrastruktur im Bereich

Betriebe, Kultur, Selbsthilfe oder regionalspezifischer Netzwerke (vgl. Wolski-Prenger 1996; Wolski-Prenger/Rothardt 1996).

Insbesondere Zielgruppenarbeit stellt einen erprobten Ansatz dar. Er hebt pädagogisch differenzierend auf die Heterogenität von biografischen Lebenslagen, Bildungsbedürfnissen und Arbeitsmarktchancen ab (vgl. Schiermann 1999; Epping/Klein/Reutter 2001).

Von der Erwerbslosenbildung sind wesentliche Impulse für die Entwicklung subjektorientierter Lernkonzepte in der Weiterbildung ausgegangen (vgl. z.B. Ebert/Hester/Richter 1986). Gleichzeitig profitierte die Erwerbslosenbildung aber auch vom didaktischen und theoretischen Erkenntnisfortschritt der allgemeinen Erwachsenenpädagogik. Besondere Beachtung finden denn handlungsorientierte und integrative Ansätze, Deutungsmusteransatz, Biografieorientierung, ganzheitliches Lernen, sozialpädagogische Begleitelemente, Blended Learning oder frauenspezifische Bildungsansätze (vgl. exemplarisch Buschmeyer u.a. 1987; Grotlüschen 2003; Meisel u.a. 1987; Sauer 1990; Schlutz/Voigt 1986).

Insgesamt hat in den zurückliegenden 30 Jahren eine konzeptionelle Fundierung von Erwerbslosenbildung stattgefunden, wobei freilich ein Wandel der gesellschaftlichen Problementwicklung, der wohlfahrtsstaatlichen Förderungsstrukturen und auch der Nachfrageentwicklung zu berücksichtigen ist (vgl. z.B. Bayer/Dobischat/Kohsiek 1998). Während heute etwa neben beruflich-qualifizierenden gerade auch alltags- und lebensphasenbezogene Angebote Resonanz finden oder zumindest einem größeren Bedürfnis entsprechen, waren in den späten 1970er Jahren noch Veranstaltungen zur politischen Aufklärung über die Ursachen von Arbeitslosigkeit, wenn nicht nachgefragt, so doch von den Weiterbildungsanbietern für nützlich gehalten worden.

Im Laufe der 1980er Jahre findet auch eine Entgrenzung und Pluralisierung der Erwerbslosenbildung statt. Darunter ist hier zu verstehen, dass neben den für arbeitslose Zielgruppen vorgesehenen Maßnahmeschwerpunkten zunehmend auch andere Fachbereiche Bildungsaufgaben für Erwerbslose übernehmen. Allerdings handelt es sich eher um latente oder implizite Funktionen von Erwerbslosenbildung, was auch einem basalen Bedürfnis der Teilnehmenden nach kultureller Teilhabe entsprechen dürfte: Diese müssen sich nicht als Problemfälle „outen", und zudem erschöpft sich das tatsächliche Bildungsbeteiligungsinteresse Arbeitsloser nicht in der Bearbeitung individueller Mangelerfahrung beruflicher Desintegration.

Die soeben aufgezeigte Entwicklung lässt sich thesenförmig dahingehend charakterisieren, dass eine Diffundierung und funktionale Diversifizierung der Erwerbslosenbildung stattfindet und dass Arbeitslosigkeit zu einer Querschnittsaufgabe des gesamten Weiterbildungsbereichs geworden ist. Damit erscheint es indes immer fragwürdiger, die Kompetenz und den Problemlösungsbeitrag des Weiterbildungsbereichs gegenüber der gesellschaftlich vielgestaltigen Massenarbeitslosigkeit mit der Identifikation oder dem Aufweis eines separierten Arbeitsbereichs der Erwerbslosenbildung gleichzusetzen. Dieser zunächst bildungsinterne Vorgang spiegelt sich in einer sozialgruppenspezifischen Ausweitung der gesellschaftlichen Arbeitslosigkeit seit den 1980er Jahren wider– und damit verbunden auch in einer Verschiebung der Bildungsbedarfslage.

Im wiedervereinigten Deutschland ist Arbeitslosigkeit zur gesellschaftlichen Normalität geworden. Sie verliert den einst dominierenden Problemgruppen-Bias. Allerdings differenziert in den einzelnen sozialen Milieus Problemdeutung und -angang. Dabei verkoppelt sich die Erfahrung beruflicher Diskontinuität zusehends mit der kulturell übergreifenden Individualisierungs- und erwerbsbiografischen Gestaltungsarbeit in der Wissensgesellschaft, so dass Bildung auf insgesamt vielfältige Weise in die lebenspraktische Problembearbeitung einbezogen wird.

Vor allem dürfte die Zahl derjenigen unter der Erwerbsbevölkerung zugenommen haben, die für sich gar keine andere Chance sehen, als unfreiwillige Arbeitslosigkeit als biografisch-rekonstruktive Suchbewegung anzunehmen und die als potentielle Weiterbildungsinteressenten „wegen der Anschlussfähigkeit des vermittelten Wissens an ihre Biographie" (Kade 1997, S. 59) auf ein intaktes Bildungsangebot jenseits standardisierter Maßnahmen-/Zielgruppenprogramme angewiesen sind (vgl. Gieseke/Siebers 1996).

Literatur

Bartelheimer, P. (2005): Teilhabe, Gefährdung, Ausgrenzung. In: Soziologisches Forschungsinstitut u.a./Baethge, M./ Bartelheimer, P. u.a (Hrsg.): Berichterstattung zur sozioökonomischen Entwicklung in Deutschland – Arbeit und Lebensweisen. Erster Bericht. Wiesbaden: VS Verlag für Sozilawissenschaften, S. 85-123.

Bayer, M./Dobischat, R./Kohsiek, R. (1998): Die Zukunft der AFG-AFRG geförderten beruflichen Weiterbildung. Vom Arbeitsförderungsgesetz zum Sozialgesetzbuch III. Reihe „Berufliche Bildung und Weiterbildung", Bd. 5, hrsg. v. d. Gewerkschaft Erziehung und Wissenschaft. Frankfurt a.M.: GEW.

Bechtel, M./Lattke, S./Nuissl, E. (2005): Portrait Weiterbildung – Europäische Union. Bielefeld: Bertelsmann.

Bescherer, p./Röbenack, S./Schierhorn, K. (2008): Nach Hartz IV: Erwerbsorientierung von Arbeitslosen. In: Aus Politik und Zeitgeschichte, 58.Jg.,Nr. 33-34, S. 19-24.

Bieback, K.-J. (200611): Einführung. In: Sozialgesetzbuch (SGB) Drittes Buch III – Arbeitsförderung. München: Beck, S. IX-XLVI.

Bölke, G./Kleinen, H./Strobl, E.-M. (2008): Gründung aus der Arbeitslosigkeit – Evaluation der Gründungs- und Begleitzirkel. Kurzbericht. Arbeitspapier 20. Bottrop: Gesellschaft für innovative Beschäftigungsförderung (G.I.B).

Bogen, H. (1932): Grundlinien zu einer Sozialpsychologie des Arbeitslosen. In: Psychotechnische Zeitschrift 7, Nr.2/3, S. 33-38.

Bosch, G./Weinkopf, C. (2007) (Hrsg.): Arbeiten für wenig Geld. Frankfurt a.M.:Campus.

Brinkmann, C. (2000): Zur Evaluation der aktiven Arbeitsförderung nach dem SGB III – Monitoring und Wirkungsforschung im Umbruch. In: Mitteilungen aus der Arbeitsmarkt- und Berufsforschung 33, H. 3, S. 483-499.

Brödel, R. (2007): Lebenslanges Lernen – Erwachsenenpädagogische Verschränkungen mit einem ‚nachhaltigen' Diskurs. In: Künzel, K. (Hrsg.): Internationales Jahrbuch der Erwachsenenbildung – International Yearbook of Adult Education, Bd. 33/34: „Bildung durch das ganze Leben – Europäische Beiträge zur Pädagogik der Lebensspanne". Köln: Böhlau, S. 1-24.

Brödel, R. (1984): Volksbildung und Erwerbslosigkeit in der Weimarer Republik. In: Ebert, G./Pflüger, A. (Hrsg.): Arbeitslosigkeit und berufliche Bildung. Reihe „Berichte Materialien Planungshilfen". Bonn: Deutscher Volkshochschul-Verband, S. 26-40.

Brödel, R. (2001): Zwischen Arbeitserziehung, Unterhaltung und Kompetenzentwicklung – Kontexte und Evolution der Erwerbslosenbildung eines Jahrhunderts. In: Friedenthal-Haase, M. (Hrsg.). Erwachsenenbildung im 20. Jahrhundert – Was war wesentlich? München: Rainer Hampp, S. 155-170

Brüning, G./Kuwan, H. (2002): Benachteiligte und Bildungsferne – Empfehlungen für die Weiterbildung. Bielefeld: W. Bertelsmann.

Buschmeyer, H. u.a. (1987): Erwachsenenbildung im lebensgeschichtlichen Zusammenhang. Bonn: Deutscher Volkshochschul-Verband.

Delors, J. u.a., Deutsche UNESCO Kommission (Hrsg.) (1997): Lernfähigkeit: Unser verborgener Reichtum. UNESCO- Bericht zur Bildung für das 21. Jahrhundert. Neuwied: Luchterhand.

Deutsches Institut für Erwachsenenbildung (DIE) (2008): Trends der Weiterbildung – DIE-Trendanalyse 2008. Bielefeld: W. Bertelsmann.

Dobischat, R. (2007): „Lernende Regionen – Förderungen von Netzwerken". Zur Bedeutung regionalorientierter Bildungspolitik und –forschung. In: Solzbacher, C./Minderup, D. (Hrsg.): Bildungsnetzwerke und Regionale Bildungslandschaften – Ziele und Konzepte, Aufgaben und Prozesse. München: Luchterhand, S. 159-168.

Dörre, K. (2008): Armut, Abstieg, Unsicherheit: Die soziale Frage am Beginn des 21. Jahrhunderts. In: Aus Politik und Zeitgeschichte 58, Nr.33-34, S. 3-6.

Ebert, G./Hester, W./Richter, K. (Hrsg.) (1986): Subjektorientiertes Lernen und Arbeiten – Ausdeutung einer Gruppeninteraktion. Bonn: Deutscher Volkshochschul-Verband.

Edelmann, D./Tippelt, R. (2008): Kompetenzentwicklung in der beruflichen Bildung und Weiterbildung. In: Prenzel, M./Gogolin, I./Krüger, H.-H. (Hrsg.): Kompetenzdiagnostik. Sonderheft 8/2007. Zeitschrift für Erziehungswissenschaft. Wiesbaden: VS Verlag für Sozialwissenschaften, S. 129-146.

Epping, R./Klein, R./Reutter, G. (2001): Langzeitarbeitslosigkeit und berufliche Weiterbildung. Bielefeld: o.V.

Gieseke, W./Siebers, R. (1996): Umschulung für Frauen in den neuen Bundesländern. In: Zeitschrift für Pädagogik 42, H. 5, S. 687-702.

Gnahs, D. (2007): Übergänge als Testfall – Das Konzept lebenslangen Lernens und die Durchlässigkeit des Bildungssystems. In: DIE – Zeitschrift für Erwachsenenbildung 14, H. 1, S. 28-31.

Grotlüschen, A. (2003): Widerständiges Lernen im Web – virtuell selbstbestimmt? Münster: Waxmann.

Harney, K. (1998): Krise öffentlicher Trägerschaft in der Weiterbildung: Betrieblichkeit als Referenzproblem. In: Brödel, R. (Hrsg.): Lebenslanges Lernen – lebensbegleitende Bildung. Neuwied: Luchterhand, S. 184-195.

Heller, H. (1924): Freie Volksbildungsarbeit – Grundsätzliches und Praktisches vom Volksbildungsamte der Stadt Leipzig. Leipzig: Verlag der Werkgemeinschaft.

Iller, C. (2008): Berufliche Weiterbildung im Lebenslauf – bildungswissenschaftliche Perspektiven auf Weiterbildungs- und Erwerbsbeteiligung Älterer. In: Kruse, A. (Hrsg.):Weiterbildung in der zweiten Lebenshälfte. Bielefeld: W. Bertelsmann, S. 67-91.

Kade, J. (1997): Vermittelbar/Nicht-Vermittelbar: Vermitteln: Aneignen – Im Prozeß der Systembildung des Pädagogischen. In: Lenzen, D./Luhmann, N. (Hrsg.): Bildung und Weiterbildung im Erziehungssystem. Frankfurt a.M.: Suhrkamp, S. 30-70.

Keiser, G. (1928): Bildungsarbeit an Erwerbslosen. In: Freie Volksbildung Jhrg. 3. S. 174-189.

Kieselbach, T. (1996): Arbeitslosigkeit und Entfremdung: Zur psychosozialen Bedeutung von Arbeitslosenarbeit als Aufbrechen von Entfremdungsphänomenen. In: Wolski-Prenger, F. (Hrsg.): Arbeitslosenarbeit. Opladen: Leske+Budrich, S. 187-210.

Kieselbach, T. (2003): Psychologie der Arbeitslosigkeit: Von der Wirkungsforschung zur Begleitung beruflicher Transitionen. In: Bolder, A./Witzel, A. (Hrsg.): Berufsbiographien – Beiträge zu Theorie und Empirie ihrer Bedingungen, Genese und Gestaltung. Opladen: Leske+Budrich, S. 178-194.

Koch. S./Walwei, U. (2005): Hartz IV: Neue Perspektiven für Langzeitarbeitslose? In: Aus Politik und Zeitgeschichte 55, H. 16, S. 10-17.

Kossack, P. (2005): Lernberatung in der Erwachsenen- und Weiterbildung. In: Forneck, H. J./Klingovsky, U./Kossack, P. (Hrsg.): Selbstlernumgebungen: Zu Didaktik des selbstsorgenden Lernens und ihrer Praxis. Baltmannsweiler: Schneider Verlag Hohengehren, S. 49-62.

Kraus, K. (2004): Employability als Thema der betrieblichen Weiterbildung im Kontext gesellschaftlicher Individualisierung. In: Gonon, P./Stolz, S. (Hrsg.): Betriebliche Weiterbildung. Bern: hep, S. 169-194.

Kuhnert, P. (2004): Arbeitslosenberatung: Entwicklung und Perspektiven. In: Nestmann, F./Engel, F./Sickendieck, U. (Hrsg.): Das Handbuch der Beratung, Bd. 2: Ansätze, Methoden, Felder. Tübingen: dgvt, S. 959-975.

Kühnlein, G. (2005): Bildungsgutscheine in der SGB III-geförderten beruflichen Weiterbildung. In: Faulstich, P./Bayer, M. (Hrsg.): Lerngelder. Hamburg: VSA Verlag, S. 117-127.

Kühnlein, G. (2004): Neuausrichtung der Finanzierung der SGB III-geförderten beruflichen Weiterbildung – Erfahrungen mit dem Einsatz von Bildungsgutscheinen. In: Hessische Blätter für Volksbildung 54, H. 2, S. 122-129.

Ludwig, J. (2007): Kompetenzentwicklung und Bildungsberatung als reflexiver Selbstverständigungsprozess. In: Heuer, U./Siebers, R. (Hrsg.): Weiterbildung am Beginn des 21. Jahrhunderts. Münster: Waxmann, S. 183-196

Meisel, K. u.a. (1987): Berufliche Bildung Erwachsener in der Krise der Arbeitsgesellschaft. Bonn: Deutscher Volkshochschul-Verband.

Niemeyer. C. (1989): Sozialpädagogik – Sozialarbeit. In: Lenzen, D. (Hrsg.): Pädagogische Grundbegriffe, Bd. 2. Reinbek: rororo, S. 1416-1432.

Nuissl, E./Dobischat, R./Hagen, K./Tippelt, R. (Hrsg.) (2006): Regionale Bildungsnetze – Ergebnisse zur Halbzeit des Programms „Lernende Regionen – Förderung von Netzwerken". Bielefeld: Bertelsmann.

Reichskuratorium für Wirtschaftlichkeit (1931): Der Mensch und die Rationalisierung I. Jena: Gustav Fischer.

Sauer, U. (1990): Das schönste Jahr ihres Lebens. Münster: Waxmann.

Sauter, E. (2005): AFG- und SGB III-finanzierte Weiterbildung. In: Faulstich, P./Bayer, M. (Hrsg.): Lerngelder. Hamburg: VSA-Verlag, S. 106-116.

Schemmann, M. (2004): Bedeutung und Funktion des Konzepts „Beschäftigungsfähigkeit" in bildungspolitischen Dokumenten der Europäischen Union. In: Literatur- und Forschungsreport Weiterbildung 27, H. 1, S. 110-116.

Schiersmann, C. (2007): Berufliche Weiterbildung. Wiesbaden: VS Verlag für Sozialwissenschaften.

Schiersmann, C. (1999): Zielgruppenforschung. In: Tippelt, R. (Hrsg.): Handbuch Erwachsenenbildung/ Weiterbildung. Opladen: Leske+Budrich, S. 557-565.

Schlutz; E./Voigt, W. (2006): Arbeitslosigkeit und Kreativität. Bonn: o.V.

Schmid, G. (2006): Gewährleistungsstaat und Arbeitsmarkt: Zur Wirksamkeit neuer Steuerungsformen in der Arbeitsmarktpolitik. In: Leviathan – Berliner Zeitschrift für Sozialwissenschaft, Jhrg. 34, H. 4, S. 487-513.

Schulze-Böing, M. (2000): Leitbild „aktivierende Stadt“ – Konzepte zur aktivierenden Sozialpolitik und Arbeitsförderung auf kommunaler Ebene. In: Mezger, E./West, K.-W. (Hrsg.)2: Aktivierender Sozialstaat und politisches Handeln. Marburg: Schüren, S. 51-62.

Seifert, H. (2005): Was bringen die Hartz-Gesetze? In: Aus Politik und Zeitgeschichte 55, H. 16, S. 17-24.

Severing, E./Döring, O. (2003): Die Krise der arbeitsmarktnahen Weiterbildung. In: Grundlagen der Weiterbildung – Zeitschrift 14, H. 5, S. 220-225.

Tippelt, R./Kasten, C./Dobischat, R./DFederighi, P./Feller, A. (2006): Regionale Netze zur Förderung lebenslangen Lernens – Lernende Regionen. In: Fatke, R./Merkens, H. (Hrsg.): Bildung über die Lebenszeit. Wiesbaden: VS Verlag für Sozialwissenschaften, S. 279-290.

Tippelt, R. (2007): Lebenslanges Lernen im Prozess vertikaler und horizontaler Differenzierung. In: Brumlik, M./ Merkens, H. (Hrsg.): Bildung – Macht – Gesellschaft. Beiträge zum 20. Kongress der Deutschen Gesellschaft für Erziehungswissenschaft. Opladen: Barbara Budrich, S. 109-127.

Vonderach, G./Siebers, R./Barr, U. (1992): Arbeitslosigkeit und Lebensgeschichte. Opladen: Leske+Budrich.

Wacker, A. (2001): Marienthal und die sozialwissenschaftliche Arbeitslosenforschung – ein historischer Rückblick und Ausblick. In: Zempel, J./Backer, J./Moser, K. (Hrsg.): Erwerbslosigkeit – Ursachen, Auswirkungen und Interventionen. Opladen: Leske+Budrich, S. 397-414 .

Wagner, A. (2007): Beschäftigungsperspektiven für Langzeitarbeitslose – ABM, Arbeitsgelegenheiten und öffentlich finanzierte Beschäftigung. In: WSI-Mitteilungen 60, H. 6, S. 320-327.

Will, W. van der/Burns, R. (1982): Arbeiterkulturbewegung in der Weimarer Republik. Frankfurt a.M.: Ulstein.

Wolski-Prenger, F. (Hrsg.) (1996): Arbeitslosenarbeit. Erfahrungen, Konzepte, Ziele. Opladen: Leske+Budrich.

Wolski-Prenger, F./Rothardt, D. (1996): Soziale Arbeit mit Arbeitslosen – Beratung, Bildung, Selbstorganisation. Weinheim: Beltz.

Wulf, C. (2001): Einführung in die Anthropologie der Erziehung. Weinheim: Juventa.

Zimmermann, B. (2006): Arbeitslosigkeit in Deutschland – Zur Entstehung einer sozialen Kategorie. Frankfurt a.M.: Campus.

Rolf Dobischat | Karl Düsseldorff

Personalentwicklung und Arbeitnehmer

1 Personalentwicklung – begriffliche Einordnung

Betriebe und Unternehmen unterliegen in Zeiten dynamischer Entwicklungen an nationalen und internationalen Märkten einem erheblichen Veränderungsdruck. Die Sicherstellung von Innovations- und Anpassungsfähigkeit im Konkurrenzwettbewerb zählt daher zu den zentralen Aufgaben einer strategischen Unternehmensplanung, in der die *Personalpolitik* eine wichtige Funktion übernimmt. Unter dem Begriff des *Human Ressource Management* (HRM) hat sich die betriebliche Personalpolitik in ihren Inhalten, Methoden, Instrumenten wie auch in der strategischen Ausrichtung seit den 1990er Jahren des letzten Jahrhunderts deutlich verändert (vgl. Barthel 2004; Pawlowsky/Bäumer 1996). Zentrales Anliegen des HRM-Konzeptes ist es, durch Investitionen in das Humankapital, definiert als die Kombination von Wissen, Fähigkeiten, Erfahrungen, Fertigkeiten, Motivationen, Verhaltensdispositionen u.a. (vgl. Anwander 2002) der Belegschaftsmitglieder, dem Betrieb langfristige Wettbewerbsvorteile am Markt zu verschaffen, was durch das Alleinstellungsmerkmal eines spezifischen Humankapitalbestands durchaus realisierbar erscheint. Wichtige Aufgabe des HRM-Ansatzes ist es, die erfolgten Humankapitalinvestitionen in langfristig wirkendes strukturelles Kapital zu überführen, d.h., dafür Sorge zu tragen, dass die investierten Kosten in den Humankapitalbestand nicht durch einen Betriebswechsel des Mitarbeiters abwandern. Beim HRM geht es darum, die sogenannten weichen Faktoren wie z.B. die Dynamik der Organisation, die Qualität der Betriebsführung und letztlich die Kompetenzpotenziale der Belegschaft zu stärken, um damit das gesamte betriebliche Leistungsvermögen zu optimieren. Insbesondere die individuellen Entfaltungskorridore durch Qualifizierung und Weiterbildung der betrieblichen Mitarbeiter werden dabei nicht primär unter dem Blickwinkel eines Kostenfaktors gesehen, sondern unter der Perspektive einer Investition zwecks Erhöhung des betrieblichen Leistungspotenzials betrachtet.

Die betriebliche Personalpolitik als Gegenstand des HRM beschäftigt sich mit allen vergangenheits-, gegenwarts- und zukunftsbezogenen Aspekten der betrieblichen Personalversorgung. Sie kann auf ein breites Spektrum von Maßnahmen und Instrumenten zurückgreifen und sie ist in der Regel in die zentralen betrieblichen Entscheidungsprozesse eingebettet bzw. flankiert sie. Die *Personalplanung* als ein spezielles Teilsegment der Personalpolitik widmet sich eher der zukunftsbezogenen und vorausschauenden betrieblichen Perspektive, denn durch sie soll gewährleistet werden, den Reaktionszeitraum auf sich verändernde Rahmenbedingungen durch die Entwicklung eines jeweils situationsangepassten personalpolitischen Profils bei der wechselseitigen Zuordnung von Arbeitsplätzen und Arbeitskräften zu verringern. Eingebettet in die Personalplanung ist die *Personalentwicklung* (PE), deren originäre Aufgabe es ist, das betriebliche Arbeitskraftpotential den veränderten Anforderungen und Strukturen möglichst in prospektiver Perspektive anzupassen. An der begrifflichen Definition bzw. der Nomenklatur von PE herrscht kein Mangel, denn es existiert eine Vielzahl von Gegenstandsbeschreibungen mit unterschiedlichen aufgabenbezogenen und vor allem strategischen Reichweiten in der Unternehmenspolitik (vgl. Becker 2006; Stiefel 2008).

Nach Hentze ist PE „die personalwirtschaftliche Funktion, die darauf abzielt, Belegschaftsmitgliedern aller hierarchischen Stufen Qualifikationen zur Bewältigung der gegenwärtigen und zukünftigen Anforderungen zu vermitteln" (1994, S. 315). Für Münch stellt sich die PE als das Feld derjenigen Maßnahmen dar, „die geeignet sind, die Handlungskompetenz der Mitarbeiter weiterzuentwickeln, zu erhalten und ständig zu erneuern, und zwar mit dem Ziel, den Unternehmenserfolg unter weitestgehender Berücksichtigung der Mitarbeiterinteressen zu sichern" (1995, S. 15f.). Zu diesem Zweck muss sie den „entstehenden Bedarf identifizieren oder nach Möglichkeiten prognostizieren, geeignete Methoden und Konzepte zur Weiterentwicklung des vorhandenen Personals ausarbeiten, das passende Personal auswählen, die entsprechenden Maßnahmen organisieren oder durchführen sowie deren Erfolg kontrollieren", wobei „nicht nur fachliche Fertigkeiten, sondern ein ausreichendes fachlich-funktionales Wissen und Können, methodische Fähigkeiten, soziale Kompetenz sowie Motivation" (Bosch/Kohl/Schneider 1995, S. 212) zu berücksichtigen sind. Nach Becker (2005, S. 3) umschließt die PE „alle Maßnahmen der Bildung, der Förderung und der Organisationsentwicklung, die von einer Person oder Organisation zur Erreichung spezieller Zwecke zielgerichtet, systematisch und methodisch geplant, realisiert und evaluiert werden". Nach Geißler (2006, S. 205) konstituiert sich die PE „im Spannungsfeld zwischen Soll-Anforderungen und Ist-Qualifikationen. Diese Differenz definiert den Personalentwicklungsbedarf. Er ist für die PE von größter Bedeutung nicht nur deshalb, weil sich auf ihn argumentationslogisch alle Personalentwicklungsmaßnahmen beziehen und begründen müssen, sondern auch deshalb, weil es sich hierbei um eine politische Größe handelt, die von gegensätzlichen Interesse und Vorstellungen bestimmt ist. So können die subjektiv normierten Gestaltungsansprüche der Arbeitnehmer an und in den Arbeitsvollzügen wie auch bei der Artikulation des Qualifikationsbedarfs mit den Organisationsinteressen kollidieren, so dass durch PE die betrieblichen Interessen (der Kapitalverwertung) mit den individuellen Ansprüchen auf Entfaltung und Qualifizierung ausbalanciert werden müssen, was durchaus problembehaftet und zum Konfliktfeld für die betrieblichen Interessenvertreter werden kann (vgl. Baethge 1991, 1992).

Der Begriff Personalentwicklung hat seit Mitte der 1970er Jahre verstärkt Eingang in die wissenschaftliche Literatur gefunden und in der Folge die Praxis der betrieblichen Personalpolitik vornehmlich in Großbetrieben stimuliert (vgl. Olfert 2006; Schwuchow/Gutmann 1999; Thom 1987). Demgegenüber haben Klein- und Mittelbetriebe (KMU) Probleme in der strategischen Ausrichtung ihrer Personalentwicklung und fallen aus diesem Grund in ihren Qualifizierungs- und Weiterbildungsaktivitäten – zumindest in quantitativer Hinsicht – gegenüber Großbetrieben zurück (vgl. Düsseldorff 2006; Allespach/Novak 2005; Gonon u.a. 2005).

Mit dem Begriff der Personalentwicklung verbindet sich eng der Begriff *Organisationsentwicklung* (OE) (vgl. Thom/Wenger 2006). Organisationsentwicklung meint die Veränderung von Einstellungen und Verhaltensformen der Organisationsmitglieder, so dass damit in erster Linie Verhaltensänderungen durch organisationales Lernen erforderlich sind (vgl. Schulte-Zurhausen 2005, S. 5ff.). Die Gesellschaft für Organisationsentwicklung hat den Begriff definiert als „längerfristig angelegten organisationsumfassenden Entwicklungs- und Veränderungsprozess von Organisationen und der in ihnen tätigen Menschen. Der Prozess beruht auf Lernen aller Betroffenen durch direkte Mitwirkung und Erfahrung. Sein Ziel besteht in einer gleichzeitigen Verbesserung der Leistungsfähigkeit der Organisation und der Qualität des Arbeitslebens" (Blank, 2004). In dieser definitorischen Bestimmung versteht sich OE als gezielte

Veränderung der Organisation (des Betriebs), in dem die PE eine Mittel-Zweck-Funktion einnimmt, d.h. durch ihre Konzepte, Methoden und Instrumente das Lernen der Belegschaftsmitglieder zur Organisationsveränderung ermöglicht und unter der normativen Setzung gleichfalls Entfaltungschancen für die Arbeitnehmer verspricht. Seit den 1990er Jahren sind zahlreiche Managementkonzepte vorgelegt worden, in denen eine Verknüpfung von Innovation, Effizienzsteigerung, Prozessoptimierung und Organisationsentwicklung thematisiert wird und in denen das betriebliche Lernen für die Realisierung der Ziele einen besonderen Stellenwert zur Lösung von Management- und Personalaufgaben erhält (vgl. Laske/Orthey/Schmid 2008). Zeichnet man die historischen Entwicklungsphasen des Konzeptes von Organisationsentwicklung nach (vgl. Geißler 2006, S. 207ff.), so kann man für den, in diesem Beitrag abzuhandelnden Kontext von PE und Arbeitnehmer(interessen) feststellen, dass die klassischen OE-Konzepte eine Harmonisierung von wirtschaftlichem Interesse und personaler Entfaltung per se unterstellten (weitgehend ohne theoretisch-empirische Absicherung der angenommenen Grundthese einer Interessenharmonie). Mit der Hinwendung der OE im Vollzug der Entwicklung sozialtechnologisch orientierter managementtheoretischer Konzepte wie dem Change-, Lean- und dem systemischen Management geriet jedoch die unterstellte Zielharmonie zwischen ökonomischem und personellem Interesse angesichts der Forderung nach mehr wirtschaftlicher Effizienzsteigerung zunehmend in den Hintergrund, wobei aber beide Zielkategorien nunmehr deutlicher und offenkundiger in Widerspruch zueinander gerieten. Mit der begrifflichen Wendung der OE zum *Organisationslernen* (OL) (Lernende Organisation) blieb trotz des begrifflichen Wandels die konzeptionelle Oberflächlichkeit infolge fehlender empirischer Fundierungen erhalten. Die Weiterentwicklung der Theorie des Organisationslernens hat ihren Ausdruck im Konzept des *Wissensmanagements* (WM) mit der Relevanz des impliziten Wissens und der Gestaltung kommunikativer Prozesse im Betrieb gefunden. Wissensmanagement kann als strategisches Mittel zum Abbau von Widerständen in der Organisation gegen Problemlösungslernen (organisationales Lernen) verstanden werden (vgl. Bleicher 2002, S. 126), was scheinbar einen Akzeptanzgewinn des „Subjektfaktors" im Entwicklungsprozess von Organisationen suggeriert. Organisationslernen bzw. Wissensmanagement als subjektiv mit zu gestaltender Prozess, quasi als individuelle Optionen zur Gestaltung der eigenen Lern- und Bildungsstrategie im Betrieb, ist jedoch unmittelbar an die (empirisch zu überprüfenden) Kriterien einer Gewährleistung von *Antizipation* (zukünftige Problemlösung), *Partizipation* (aktive Mitgestaltung) und *Emanzipation* (verantwortungsbewusste Selbst- und Mitbestimmung) gebunden (vgl. Geißler 2006, S. 208f.).

2 Organisationslernen – Lernende Organisation – Referenzpunkte einer Lernkultur

Gleich von mehreren Seiten erhielt der Kontext veränderte Arbeitswelt, Personalentwicklung und beruflich/betriebliche Weiterbildung seit dem Beginn der 1990er Jahre entscheidende Impulse, die ihre Ausrichtung bis heute nachhaltig beeinflusst (vgl. Geißler 1996). Der angedeutete Wandel ist mit den Stichworten Organisationslernen und Lernende Organisation als Modell und Leitbild für wettbewerbsrelevante Unternehmensmodernisierungen verbunden und signalisiert damit korrespondierende inhaltliche Wandlungsprozesse und ein erheblich erweitertes Aufgabenverständnis für die Personalentwicklung.

Intern, also aus Weiterbildungssicht, verlagerte sich die Perspektive zunehmend hin zu einer arbeitsprozessorientierten Weiterbildung, die sich inhaltlich zunehmend auch Organisationsfragen stellte. Dies war modernen betrieblichen Arbeitsorganisationsformen geschuldet, deren für den Wettbewerb notwendige Flexibilisierung und Optimierung sich in prozessgebundenen (nicht strukturgebundenen) Zuständigkeiten und Verantwortlichkeiten äußerte und sich auf die Arbeit der direkt wertschöpfenden Produktions- und Dienstleistungskräfte in ihrer unmittelbaren Arbeitsumgebung bezog, wobei die lernenden Subjekte selbst zum (scheinbaren) Erzeuger der Ziel- und Inhaltsvorgaben für Qualifizierungs- und Aneignungsprozesse wurden. Die Prozessperspektiven fokussierten sich zunehmend auch auf betriebliche und arbeitsplatznahe Steuerungsperspektiven. U.a. entsprach das einer Reaktion darauf, dass berechtigte Kritik an institutionalisierten und seminarförmig organisierten Formen der Weiterbildung geübt wurde, deren Transfererfolge in Zweifel standen, da Lernen im arbeitsfernen Kontext und somit nicht in arbeitsauthentischen Lernumgebungen stattfand (vgl. Staudt/Kriegesmann 2000), was oft bedeutete, dass sich PE gezwungenermaßen auf idealtypisch unterstellte Struktur- und Organisationsformen der Arbeit bezog und die organisations- und prozessgebundenen Veränderungs- und Steuerungsoptionen in großen Teilen ausblendete.

Der angedeutete Wandel bezog sich aber auch, und zu Beginn des breit einsetzenden Diskurses besonders, auf externe Referenzpunkte. So etwa auf veränderte Sichtweisen aktualisierter und modernisierter Organisationstheorien und auf neuere Managementmodelle. Neue Organisationstheorien standen im Gegensatz zum klassischen Bürokratieansatz von *Max Weber* und der dort vertretenen Auffassung, nach der Organisationen idealtypisch durch allgemeine Organisationsregeln, -prinzipien, -strukturen und typisierbare, genormte Funktionen geprägt seien. Hier, so die tradierte Sicht, böten Standardisierungen, bezogen auf fixe Funktionen, Strukturen und Hierarchien, für die Leistungserstellung von Organisationen eine optimale Lösung. Die neuen Theorien nahmen von diesem Bild Abstand. Sie interpretierten Organisationen (also Betriebe, Unternehmen, Institutionen) als umweltoffene, sich selbst regulierende Systeme, deren Gestaltungsoffenheit, Kontingenz und situative Flexibilität von den Organisationsmitgliedern zu nutzen und grundsätzlich i.S. einer permanenten Optimierung zu verändern sein würde (vgl. Kieser 2002).

Ein weiterer Referenzpunkt für die Diskussion und den Wandel entsprang dabei aus dem Managementmodell des Organisational Learning von Chris Argyris und Donald A. Schön (1978, 1996), in der deutschen Übersetzung bekannt geworden unter dem inzwischen ein Missverständnis kultivierenden Titel: „Die Lernende Organisation“ (Argyris/Schön 1999), sowie durch Peter M. Senge „The Fifth Discipline“ (1990, deutsch 1996), auch durch die Publikation von Pedler, Burgoyne und Boydell „Das lernende Unternehmen“ (1994) und weitere, dem Organizational Learning gewidmete Veröffentlichungen (vgl. Albach u.a. 1998).

In der Folge der Rezeption und der Diskussion der Schriften, so Argyris und Schön, habe sich die Gewissheit breit durchgesetzt,

> „dass Wirtschaftsunternehmen, Regierungen, nichtstaatliche Organisationen, Schulen, (…) sich veränderten Bedingungen anpassen, aus vergangenen Erfolgen und Misserfolgen Lehren ziehen, Irrtümer der Vergangenheit aufspüren und korrigieren, bevorstehende Bedrohungen erahnen und darauf reagieren, experimentieren, ständig innovativ sein und Bilder einer erstrebenswerten Zukunft aufzeigen und realisieren müssen. Es herrscht praktisch Einvernehmen darüber, dass wir alle einem ‚Imperativ des Lernens‘ unterliegen, und in der

theoretischen und in der praktischen Welt ist das Lernen in Organisationen zu einer allgemeingültigen Vorstellung geworden" (1996, S. 9).

Dem von Argyris und Schön festgestellten Konsens standen unterschiedliche disziplinäre Zugänge, paradigmatische Setzungen und Entwicklungen in der Organisationstheorie und in der Organisationspraxis als Referenzpunkte Pate, die begrifflich „Organisationslernen als Metapher für Prozesse" (Antal 1998, S. 32) etablierte, in denen Organisationsmitglieder zum Impulsgeber für Lernprozesse in Organisationen wurden, um auf interne und externe Veränderungsanforderungen (Optimierungsanforderungen als Resultat von Marktanforderungen und Anforderungen des Wettbewerbs) angemessen reagieren und über organisationale Neuausrichtungen diese umsetzen zu können. Herkunftstheorien zum Organisationslernen sind dabei in der Psychologie (Psychologische Lerntheorien) zu finden, und zwar sowohl in ihren verhaltensorientierten als auch in ihren kognitionsorientierten Varianten (vgl. Antal 1998, S. 32). In der Soziologie finden wir die Bezugswissenschaft für Theorien zum Organisationslernen vor allem in systhemtheoretischen Ansätzen und hier in nachfolgend beschrieben wenigstens drei besonders relevanten Forschungsrichtungen. Diese betonen a) dass Unternehmen als Teil eines Makrosystems ihre Beziehung zur Unternehmensumwelt strategisch neu definieren und operativ optimal gestalten müssen, was sowohl organisationale Fragen einschließt als auch die dafür notwendigen Qualifizierungsprozesse (für den Aufbau neuer Informations- und Wissensbestände) berücksichtigt (vgl. Pawlowsky 1992). b) wird betont, dass und wie es Organisationen gelingen kann, die unterschiedlichen Anforderungen der Teilsysteme im Gesamtsystem zu identifizieren, auszutarieren und in abgestimmte Lernprozesse einzubinden, wobei eine heterogene Zusammensetzung der Beteiligten eine möglichst komplette Dechiffrierung der Anforderungen und nachfolgend ihre operative Übersetzung erst einmal ermöglicht (vgl. Dierkes/Hähner/Antal 1997). c) Hier wird aus systemtheoretischer Perspektive zum Organisationslernen der Prozess der Selbstorganisation der prozessgestaltenden Akteure beobachtet und nach den Modalitäten und Handlungsmustern der Selbstorganisation selbst gefragt. Weitere soziologische Varianten der Forschungen zum Thema „Organisationslernen" können hier nicht genannt und beschrieben werden, allein es bleibt, dass das Feld sich zunehmend auch der Fragestellung nach der „Machtstellung des Top-Managements in der Festlegung des Lernbedarfs und der Lernorientierung einer Organisation" (Antal 1998, S. 36) gegenüber geöffnet hat, was übersetzt heißt, nach der tatsächlichen Lernfreiheit und den real verfindbaren Beschränkungen oder Reichweiten der Selbstorganisations- und Selbstlernfähigkeiten der betrieblichen Akteure und ihrer Definitionsmacht über den Lernbedarf zu sehen.

Aus den Wirtschaftswissenschaften entwickelte sich das Forschungsfeld des Organisationslernens in einem längeren Zeitraum und kontinuierlich, „(...) die Theorieentwicklung zum Organisationslernen ist jedoch eher indirekter Art und weniger durch die aktive Mitwirkung von Forschern aus dieser Disziplin zustande gekommen" (Antal 1998, S. 36). Zentral ist die Fragestellung danach, wie durch erfolgreiche Lernprozesse in Organisationen (Unternehmen) ihre Leistungs- und Wettbewerbsfähigkeit erhöht und optimiert werden können. Lernen und Leistungssteigerung hier simpel gleichzusetzen, bedeutet aber den Kontext zu kurz zu fassen: Eher wäre zu fragen, welche lernförderlichen Faktoren in einem Unternehmen notwendig sind, wie diese (Lern-) Bedingungen herzustellen sind, welche positiven Lernerfahrungen korrespondieren welche Strukturelemente einer Organisation u.ä.? Sicher ist, dass Theorien des Organisationslernens aus wirtschaftswissenschaftlicher Sicht nur dann gehaltvoll sind, wenn sie interdisziplinär gefasst sind, konkret auf die notwendigen Bedingungen für die Herausbildung von Aufnahmefähigkeiten und Lernpotenzialen sowohl der Einzelakteure als auch der spezifischen Unternehmen rekurrieren und wenn die Theorien nicht auf eine einfache Kausalbeziehung setzen, in der Unternehmenserfolge schlicht mit generellen oder spezifischen Lernerfolgen gleichgesetzt werden.

In diesem Sinne ist Organisationslernen ambivalent zu betrachten: Einerseits signalisiert es den oben zitierten „permanenten Zwang" – andererseits signalisiert es nur zweifelhafte Entscheidungsfreiheiten der Lernakteure, da sich diese dem Diktat der kontinuierlichen betrieblich-organisationalen Optimierung aber wohl kaum dem davon isolierten eigenen Lernbedarf zuwenden dürfen, was für betriebliche Kontexte durchaus funktional, für die Subjekte aber gegebenenfalls extrem dysfunktional werden kann, und zwar immer dann, wenn diese sich durch das betriebliche Rationalitätskalkül im Rahmen der mit Reorganisation verbundenen Lernprozesse selbst gefährden müssen. Wenn aber ein „lernendes Unternehmen" tatsächlich im Sinne des Idealtyps funktioniert, kann es ausgesprochen hilfreich im Rahmen der PE die Weiterbildungsbedarfsanalyse befruchten (vgl. Schnitger/Röben/Bauer 2006).

3 Betriebliche Weiterbildung – betriebliches Lernen im Wandel

3.1 Trotz Expansion weiterhin Selektion

Die in Kapitel 1 skizzierten Entwicklungsstadien konzeptioneller Ansätze von PE, OE, OL und WM korrespondieren mit der quantitativen Expansion der betrieblichen Weiterbildung seit den 80er Jahren des vorherigen Jahrhunderts. Für die Expansion der betrieblichen Weiterbildung sprechen die Zahlen des Berichtssystems Weiterbildung (BSW). Konzentrierten sich im Jahr 1991 noch insgesamt 44 Prozent der registrierten Teilnahmefälle an beruflicher Weiterbildung auf den Lernort Betrieb als Veranstalter, so hat sich die Vergleichszahl im Jahr 2003 auf 51 Prozent erhöht (vgl. BMBF 2006, S. 297; Rosenbladt/Bilger 2008). Nach einer Studie des Instituts der deutschen Wirtschaft gaben die Betriebe und Unternehmen in Deutschland im Jahr 2004 insgesamt 26,8 Mrd. Euro für die betriebliche Weiterbildung aus, was pro Mitarbeiter durchschnittlich 1.072,00 Euro an Kosten verursachte (vgl. Werner 2006). Deutlich geringer hingegen wurden die finanziellen Aufwendungen der Betriebe im Rahmen einer vergleichenden europäischen Studie aus dem Jahr 2005 mit 504,00 Euro Weiterbildungskosten je Beschäftigten ausgewiesen (vgl. Behringer u.a. 2008, S. 12).

Die Realität der betrieblichen Weiterbildung hinter diesen Zahlen ist – durch viele Studien empirisch belegt – bekanntlich durch starke Selektionsprozesse charakterisiert. Die Partizipationschancen an betrieblicher Weiterbildung variieren dabei im Wesentlichen in Abhängigkeit von der individuellen Platzierung in der betrieblichen Statushierarchie (in Abhängigkeit von der Betriebsgröße, Branche, von der Vorbildung und dem Geschlecht). Betriebliche Innovationen im Kontext mit der Notwendigkeit betrieblicher Weiterbildung zeigen ein heterogenes Bild sozialer Differenzierung in den Beteiligungsquoten an betrieblichen Qualifizierungsprozessen. Dies geht insbesondere zu Lasten der Un- und Angelernten, der Frauen, der älteren Arbeitnehmer und denjenigen Arbeitnehmern, die einen Migrationshintergrund besitzen, während mittlere und höhere Statusgruppen positive Weiterbildungseffekte im Betrieb verzeichnen können. Im Ergebnis sind die Polarisierungstendenzen in der betrieblichen Weiterbildungsbeteiligung über die letzten dreißig Jahre relativ stabil geblieben, so dass sich die qualifikationsspezifischen Differenzen in den Teilhabechancen stark verfestigt haben (vgl. BMBF 2006).

3.2 Triebkräfte des Wandels von betrieblicher Weiterbildung

Die betriebliche Weiterbildungspolitik bzw. die Organisation betrieblichen Lernens im Kontext der personalpolitischen Aktivitäten in den Betrieben stand in den letzten 30 Jahren unter dem Druck permanenter Modernisierung. Mit der sukzessiven Implementation neuer Techniken in den Betrieben und den ihnen innewohnenden arbeitsorganisatorischen Entwicklungspotenzialen, begannen in den 1970er und 1980er Jahren die traditionellen Rationalisierungsmuster tayloristisch-fordistischer Produktion ihre prägende Kraft und Leitbildfunktion für Rationalisierungsprozesse zu verlieren. Denn Produktivitätsfortschritte ließen sich überwiegend nicht mehr über technische Rationalisierung bzw. Strategien technischer Vernetzung realisieren, da die technische Ausstattung am Arbeitsplatz kaum noch Restriktionen für die Vernetzung oder Erweiterung von Arbeitsaufgaben bot. Da die Rentabilitätserwartungen nicht mehr erfüllt wurden, mussten die Betriebe neue Strategien der Produktivitätssteigerung durch Prozesse der Restrukturierung und Reorganisation entwickeln, wobei in diesem Vollzug die Personalentwicklung (der Faktor Humankapital) einen veränderten Aufgabenhorizont erhielt. Dieses Aufgabenprofil wurde durch Begriffe wie „neue Produktionskonzepte", „systemische Rationalisierung", „Reprofessionalisierung der Arbeit" und „Ganzheitlichkeit der Arbeit" konturiert. Sie standen für einen Paradigmawechsel, der einen substantiellen Umbruch in den Konturen traditioneller Arbeitsformen signalisierte und damit die Kontinuitätslinien jahrzehntelanger tayloristischer Rationalisierung durchbrach. Sukzessiv begann sich ein neuer Typ von Arbeit zu etablieren, der die rigiden qualifikatorischen Markierungslinien zwischen unterschiedlichen arbeitsplatzbezogenen Aufgabenzuschnitten sowohl auf horizontaler wie auch vertikaler Ebene aufweichte und bestehende fragmentierte und partikulare Elemente von Arbeit zu komplexeren und integrativen Aufgabenkomplexen verbindungsfähig machte und damit konsequenterweise eine veränderte betriebliche Qualifizierungspolitik einforderte.

Der sozio-ökonomische Wandel, beschrieben als Übergang von einer Industrie- zur postindustriellen Informations-, Dienstleistungs- oder Wissensgesellschaft, markierte in den 1990er Jahren veränderte Wettbewerbs- und Strukturbedingungen für die Betriebe, denen sie mit neuen Organisationskonzepten begegneten. Dieser Prozess in seiner Bedeutung für die betriebliche Weiterbildung kann als Tendenz von einer berufs- und funktionsbezogenen zu einer prozessbezogenen Arbeitsorganisation interpretiert werden (vgl. Baethge/Baethge-Kinsky 2006; Baethge/Schiersmann 2000). Das Zusammenwirkungen von betrieblich-arbeitsorganisatorischer Dynamik, die Unkalkulierbarkeit der Entwicklung auf den Produkt- und Arbeitsmärkten wie auch die erhöhte Innovations- und Wissensdynamik stellte die betriebliche Weiterbildung zunehmend vor Prognoseprobleme über zukünftig notwendige Weiterbildungsangebote (vgl. Baethge u.a. 2003). Kühnlein (1999, S. 19ff.) hat den „neuen Typ von betrieblicher Weiterbildung" wie folgt charakterisiert: „Dessen wichtigstes Merkmal stellt die konsequente Integration in den betrieblichen Arbeitsalltag dar. Generell bildet sich damit ein neues Verständnis von Weiterbildung heraus: Weiterbildung zielt auf die umfassende und ganzheitliche Aktivierung der Arbeitskraft für das Unternehmen („Kompetenzentwicklung"). Im Unterschied zur traditionellen Weiterbildung verspricht der neue Typ von Weiterbildung vor allem mehr Aktualität und Flexibilität, einen starken Anwendungsbezug, raschere Verwertbarkeit und somit eine enge Verzahnung von Arbeits- und Lernprozessen. Damit erweitern sich die Zielsetzungen, die mit Hilfe von Schulungsmaßnahmen erreicht werden sollen ebenso wie das Spektrum der zu vermittelnden Inhalte. Zudem verändern sich die Formen der betrieblichen Weiterbildung. Die traditionelle Aufteilung in Maßnahmen der Anpassungs- und Aufstiegsfortbildung wird als überholt, weil zu eng angesehen. Die bisherigen, überwiegend seminarförmig organisierten Lehrveranstaltungen werden zunehmend ergänzt, teilweise sogar abgelöst durch neue „offene" Lehr- und Lernformen". Geißler und Orthey (2008, S. 4ff.) sehen die betriebliche Weiterbildung als Rationalisierungsstrategie, die über die pädagogische Indienstnahme des Lernens die Mitarbeitersubjektivität als neue „Rationalisierungsqualität" erschließt. Lernen ist für sie die zentrale „Kategorie reflexiver systemischer Rationalisierung" im Vollzug der Durchsetzung und Flankierung posttayloristischer Arbeit-, Betriebs- und Organisationsformen, wie sie z.B. in Team- und Gruppenarbeitsmodellen, Projektarbeit und jüngst auch in fraktalen und virtuellen Unternehmenskonzepten ihren Niederschlag gefunden haben. In diesem Kontext geht es nicht nur um Qualifizierung, sondern um Reflexion, Kompensations-, Legitimierungs- und Koordinationsleistungen, funktional also um die Lösung von Selektionsproblemen (in der Karriere und in den Kommunikations- und Beziehungsgestaltungen). Lernprozesse werden durch die Verwendung von „Sprachspielen" wie z.B. Personalentwicklung, lebenslanges Lernen, Wissensmanagement und Kompetenzmanagement in Form reflexiver Rationalisierung (Stichwort Metakognition) auf Dauer zur Anpassung an sich verändernde betriebliche Umwelten gestellt (vgl. Geißler/Orthey 2008). PE wird in diesem Kontext zum Vehikel, die entstehende Last der Autonomie organisations- und weiterbildungsstrategisch über eine permanente Selbst-Thematisierung der Belegschaften, die den Organisationsblick auf die Arbeitsprozessinteraktionen und die darin eingebauten Freiheitsgrade und Refugien der Arbeitnehmer lenkt, aufzufangen (vgl. Harney 1992).

3.3 Neue Formen des betrieblichen Lernens – Funktion von Personalentwicklung

An die Veränderung der Arbeit sind neue Anforderungen an die Qualifikationsbasis der Beschäftigten geknüpft. Vernetztes, system- und handlungsbezogenes Denken in komplexen Kontexten, Kommunikations-, Kooperations- und Teamfähigkeit, Abstraktionsfähigkeit, intellektuelle Flexibilität sowie Kreativität, Innovationskraft, methodische Kompetenz, Phantasie und Gestaltungsfähigkeit werden dabei als die modernen Qualifikationsprofile angesehen. Die wachsende Bedeutung dieser – auch als Schlüsselqualifikationen bezeichneten – extrafunktionalen Qualifikationen wird daran deutlich, dass insbesondere innovative Unternehmen sich dadurch auszeichnen, dass sie auf der Basis einer ganzheitlichen Strategie die betriebliche Organisation optimieren und flexibel gestalten, neue technisch-organisatorische wie auch kommunikative Schnittstellen implementieren und hierzu „kompatible" Qualifikationen erzeugen. Qualifikationen sind hier eingebunden in eine strategisch integrale Ausrichtung. Gruppenarbeit, Qualitätsmanagement, logistische Integration und andere Merkmale „moderner Produktions- und Dienstleistungserstellungsprozesse" finden sich in diesen Unternehmen mehr oder weniger stark ausgeprägt wieder. Unternehmen dieses Typs definieren eine komplexe Anforderungsstruktur an die Beschäftigten. In ihr sind fachliche (funktionale), fachübergreifende (funktionsübergreifende) und soziale bzw. personale (extrafunktionale) Qualifikationsmomente in besonderer Weise aufeinander bezogen. Mit dem Bedeutungsgewinn extrafunktionaler Qualifikationen, die als „Produkt" im Arbeitsprozess permanent durch individuelle Kompetenzentwicklung erzeugt werden können, kann der Bedarf an externer Personalrekrutierung in bestimmten Segmenten der Stammbelegschaften reduziert werden. Die Relevanz der externen Personalrekrutierung bleibt hingegen dort explizit bestehen, wo spezifische Qualifikationen nur temporär benötigt werden und deren Beschaffung kurzfristig, z.B. über Leiharbeit und Arbeitnehmerüberlassung abgesichert werden kann (Stichwort „atmendes Unternehmen").

Begreift man den neuen Typ prozessorientierter Arbeitsorganisation als einen langfristig kontinuierlichen Entwicklungstrend, so müssen die betriebliche Qualifizierung und Weiterbildung innerhalb der PE zum integralen und strategischen Bestandteil des gesamten Innovationsprozesses werden. Dies erfordert für die betriebliche Seite die Entwicklung neuer Steuerungsfunktionen bei der organisatorischen Einbindung der Qualifizierung bzw. dem Lernen in die Personalplanung. Dies betrifft einerseits den Aspekt der Organisation bezüglich der kontinuierlichen Ermöglichung des Lebenslangen Lernens, andererseits den Aspekt des Subjekts im Sinne der Erhaltung der Beschäftigungsfähigkeit (employability). Fraglich ist jedoch, ob die Betriebe hierauf ausreichend vorbereitet sind. In der personalwissenschaftlichen Literatur wird dies skeptisch beurteilt (vgl. Staudt/Kriegesmann 1999; Staudt/Kröll/Hören v., 1993) und es wird auf drei in der Praxis vorfindbare Betriebstypen hingewiesen, die beim Einsatz der PE unterschiedliche Strategien und Planungshorizonte verfolgen (vgl. Stiefel 2008). Während Betriebe mit *reaktivem* Handlungsmuster in der Regel nur geringen Planungsaufwand betreiben und daher die Qualifizierung erst als letztes pragmatisches Mittel zur Behebung betrieblicher Probleme einsetzen, nutzen *strategisch-innovative* Betriebe, die sich als „lernende Unternehmen" begreifen, die PE als integrierte Strategie der gesamten Unternehmens- und Organisationsentwicklung, in dem sie einen entsprechenden Planungsaufwand vornehmen und Probleme kooperativ im Betrieb kommunizieren. Zwischen diesen beiden „extremen" Handlungsmustern (pragmatisch versus strategisch) liegend und in der Praxis weit verbreitet sind Betriebe vorfindbar, die über eine „eingeschränkt planende PE" verfügen. In ihrem Selbstverständnis von PE ist die Qualifizierungspolitik im Set betrieblicher Strategiekonzepte nachgeordnet. Hieraus folgt, dass Qualifizierungsmaßnahmen ihre vordringliche Aufgabe daraus beziehen, personalpolitische Fehlentwicklungen nachgelagert zu kompensieren. Im Kern verweist dies auf das strukturelle Dilemma einer fehlenden Proaktivität der Personal- und Bildungsplanung. Es dominieren nach wie vor „top-down-Modelle" mit reaktivem Muster, die bestenfalls mit Hilfe klassischer quantitativer Bedarfsermittlungsverfahren operieren. Idealtypisch hierfür steht das anforderungsorientierte Modell, welches von einem definierten Ist-Zustand ausgeht und Veränderungen mit einem nachgelagerten Soll-Konzept einfängt. Aus dem Abgleich zwischen Ist und Soll kristallisieren sich nach diesem Modell die notwendigen Qualifikationsprofile heraus, die mit Bildungsangeboten bearbeitet werden können. Dem anforderungsorientierten steht das Konzept der integrierten potenzialoriertierten PE (Potenziale erkennen, ausschöpfen, erweitern, rekrutieren) gegenüber (vgl. Anwander 2002; Staudt 1995), das die Bildungsbedarfsermittlung ins Entscheidungszentrum der Verknüpfung von Arbeitsstrukturierung und Qualifizierung rückt. Der Qualifizierungsbedarf wird dabei als dynamisch-flexibler Prozess begriffen, der einerseits Investitions- und Personalplanung durch bessere Prognostik in den Entscheidungsparametern parallelisieren hilft, andererseits Handlungs- und Gestaltungsspielräume der Arbeitnehmer im Rahmen verstärkter Selbstregulierung für nicht steuerbare bzw. nicht standardisierte Probleme erschließt (vgl. Geißler/Orthey 2008; Staudt/Kröll/Hören 1993) wie auch auf wachsende Gestaltungswünsche der Arbeitnehmer im Arbeitsprozess reagiert.

Mit der Dynamisierung der Arbeitsorganisation und der auf dezentrale Verrichtung von Aufgaben und Verantwortung gerichtete Transformation haben sich auch die Koordinaten der Lernorganisation und der Lernformen verändert. Seit geraumer Zeit ist eine Renaissance von nicht formalen und informellen Lernformformen zu verzeichnen, die gegenüber den klassischen Formen des organisierten Lernens an Bedeutung und vor allem an wissenschaftlicher Aufmerksamkeit gewonnen haben. So werden z.B. auch die Beteiligungsquoten an diesen Lernformen – trotz definitorischer Unschärfen und vor allem statistischer Erfassungsprobleme – in

„offiziellen“ Studien über die Weiterbildungsbeteiligung ausgewiesen (vgl. von Rosenbladt/Bilder 2008; Grünewald/Moraal/Schönfeld 2003). In diesem Kontext hat zugleich der Begriff der Kompetenz(entwicklung) unter der Chiffre „Von der Weiterbildung zur Kompetenzentwicklung“ Eingang in die Weiterbildungsdebatte gefunden (vgl. Arnold 1988), wobei mit dem Begriff die Architektur im Verhältnis von „Lernen und Arbeiten“ neu justiert wird. Die proklamierte „konzeptionelle Wende“ (vgl. Arbeitsgemeinschaft QUEM 1997), die den Begriff der „Kompetenzentwicklung“, der in erster Linie in einem personalwirtschaftlichen und arbeitspsychologischen Duktus gehalten ist, als „neues Paradigma“ und zugleich als Substitut für den Qualifikations- und Weiterbildungsbegriff vorschlägt, rekurriert in der Argumentation auf die zuvor skizzierten veränderten Bedingungen und Realitäten in den berufsbezogenen Qualifizierungs- und Lernprozessen. Erst der Kompetenzbegriff, so wird von seinen Protagonisten konstatiert, thematisiere die individuelle Fähigkeit zur Selbstorganisation und Selbstverantwortung adäquat, gehe er doch über die den Begriffen Weiterbildung und Qualifikation anhängenden Konnotationen der Vermittlung von Wissen, Können und Fertigkeiten, die das Konstrukt des Berufs und seiner Ausbildungsstruktur wie auch die Weiterbildung charakterisieren, hinaus. Die Aufwertung des Arbeitsprozesses als Lernfeld, die unter dem Stichwort „dezentrales Lernen“ bzw. „Lernen im Prozess der Arbeit“ (vgl. Dehnbostel/Elsholz/Gillen 2007) die Diskussion um die betriebliche Personal- und Organisationsentwicklung maßgeblich mitbestimmt, deuten eine tendenzielle Ortsveränderung des Lernens an. Der eingeschlagene Veränderungspfad signalisiert einen Bedeutungsverlust des institutionalisierten, organisierten Lernens in systematisierten und „verschulten“ Curricula. Damit wird eine Entwicklung forciert, die die betriebliche Qualifizierung aus der „Exklusivität“ der klassischen Lehrgänge und traditionellen Lernortkonfigurationen tendenziell herauslöst. Die Hoffnung ist, hierdurch auftretende Transferprobleme vom Lernfeld ins betriebliche Funktionsfeld zu reduzieren. Die Rückführung des Lernens in die Arbeitsvollzüge durch entsprechend konfigurierte Lehr-/Lernkonzepte orientiert sich demzufolge daran, Aneignungsform und Verwendungssituation zu integrieren, um erworbenes Fachwissen selbständig und in selbstregulierten Handlungssituationen wirksam werden zu lassen. Konsequenterweise wird die Figur des dezentralen Lernens von der individuellen Ebene auf die Organisation gehoben und mit dem Begriff des „lernenden Unternehmens“ oder der „lernenden Organisation“ verbunden (vgl. Dehnbostel/Erbe/Novak 1998). Der Trend zu einer „Entgrenzung“ und „Verflüssigung“ institutionalisierter Formen des Lernens und die in diesem Zusammenhang auftretenden veränderten Aneignungsformen beim Lernen im Prozess der Arbeit haben den Diskurs um den Kompetenzbegriff und vor allem die Frage der Messung, Zertifizierung bzw. Dokumentation von Kompetenzen deutlich befeuert.

4 Personentwicklung – Aktionsfeld für Arbeitnehmer(interessen)?

4.1 Rechtlicher Rahmen

Fragen der Personalplanung und der betrieblichen Qualifizierung und Weiterbildung sind zum Gegenstand von rechtlicher Normierung in *Tarifverträgen geworden*. Bereits Ende der 1960er Jahre wurden tarifliche Regelungen zur beruflichen Qualifizierung im Rahmen von Rationalisierungsschutzabkommen getroffen. In den 1980er Jahren entwickelte sich die tarifpolitische Sichtweise hinsichtlich der betrieblichen Weiterbildung und Qualifizierung. Nicht mehr das reaktive und defensive Schutzargument von Weiterbildung als flankierende oder nachgelagerte Maßnahme im Vollzug von Rationalisierungs(kündigungs)prozessen stand zur Debatte, sondern die proaktive Planung von Qualifizierung- und Weiterbildung im Rahmen der Personalpolitik mit entsprechend vertraglich verankerten Anspruchsgrundlagen der Arbeitnehmer geriet in den Interessenfokus der Gewerkschaften. Der VW-Tarifvertrag aus dem Jahr 1987 wie auch der Lohn- und Gehaltsrahmentarifvertrag für die Metall- und Elektroindustrie Baden-Württembergs sind Beispiele in dieser Entwicklungsetappe. Zu Beginn der 1990er Jahre wurde das Thema betriebliche Qualifizierung auch im Rahmen neuer Entgeltabkommen aufgegriffen. In der Folgezeit sind unterschiedliche Tarifabkommen auf betrieblicher Ebene (z.B. bei der Deutschen Telekom) abgeschlossen worden, wobei das jüngste Beispiel der Qualifizierungstarifvertrag bei VW ist (vgl. Schumann u.a. 2005). Auf Branchenebene sind die Tarifverträge für die Land- und Forstwirtschaft (1995) und die Textil- und Bekleidungsindustrie vereinbart worden. (vgl. Dobischat/Fischell/Rosendahl 2008; Bahnmüller/Fischbach 2006, S. 17ff.). Man muss konstatieren, dass vorliegende Tarifverträge zur Weiterbildung sehr heterogen sind, da sie sich in ihren Geltungsbereichen, in ihrem Begriffsverständnis und ihrer Regelungsdichte deutlich unterscheiden (vgl. Bispinck 2001; Weiß 2005, S. 47). Gleichwohl weisen sie u.a. Gemeinsamkeiten bezüglich der Bedeutung von Qualifizierung für die allgemeine berufliche Förderung, der Bewältigung des technisch-organisatorischen Wandels und der Sicherstellung von Beschäftigungsfähigkeit auf (vgl. Bispinck 2001, S. 156ff.). Regelungsfelder beziehen sich auf die Planung und Bedarfserhebung, die Finanzierung, die Freistellung von Arbeit (vgl. Dobischat/Seifert 2007) und die Teilnehmerauswahl (vgl. Weiß 2005). Dass das Thema Weiterbildung als Regulierungsgegenstand in Tarifverträgen generell einen Bedeutungszuwachs erhalten hat, kann auch daran abgelesen werden, dass z.B. die Gewerkschaft ver.di wie auch der Europäische Metallgewerkschaftsbund die Regulierung der betrieblichen Weiterbildung in ihren tarifpolitischen Forderungskatalog aufgenommen haben (vgl. Bahnmüller/Fischbach 2006). Die Betriebsverfassung als Grundlage der betrieblichen Zusammenarbeit von Arbeitgeber und Arbeitnehmer reguliert im *Betriebsverfassungsgesetz* (BetrVG) eine Vielzahl von Beteiligungsrechten des Betriebsrates. Dies betrifft soziale Angelegenheiten (§§87-89), die Gestaltung von Arbeitsplätzen, Arbeitsabläufen und Arbeitsumgebungen (§§90-91), personelle (§§92-105) und wirtschaftliche Angelegenheiten (§§106-113). Durch die Neufassung des BetrVG im Jahr 2001 sind der Betriebsrat bzw. die Arbeitnehmervertretungen in die Lage versetzt, bei Maßnahmen der Personalplanung und -entwicklung wie auch der betrieblichen Weiterbildung mitzuwirken, ja sogar initiativ zu werden und Qualifizierungsmaßnahmen auch gegen den Willen des Arbeitgebers durchzusetzen (z.B. §92 in Satz 1). Neben tarifvertraglichen Regulierungen und den rechtlichen Bestimmungen des Betriebsverfassungsgesetzes existieren als weiteres Gestaltungselement für Fragen der betrieblichen Personalplanung und Qualifizierung *Betriebsvereinbarungen*. Betriebsvereinbarungen sind als betriebliche Bündnisse jenseits tariflicher Regulierungen zu sehen und können als Krisen-, Wettbewerbs- oder Präventionsbündnisse verstanden werden (vgl. Massa-Wirth/Seifert 2004; Berthold/Brischke/Stettes 2003), entwickeln sich aber zunehmend zu einer reglungspolitischen Normalität (vgl. Mauer/Seifert 2001) und tragen zugleich zur Dezentralisierung des Tarifsystems im Prozess der Erosion des Flächentarifvertrags durch die Nutzung der „Exit-Option für Unternehmen“ (vgl. Bosch 2008) bei. In Betriebsvereinbarungen wurden in einer Studie (vgl. Busse/Heidemann 2005) 244 Fälle zu Qualifizierungsregelungen ermittelt, wenngleich festzustellen ist, dass die Fallzahlen im Zeitvergleich rückläufig sind (vgl. Heidemann 2000, 2002). Betriebsvereinbarungen mit dem expliziten Ziel der Weiterbildungsförderung konzentrieren sich auf die Themenfelder der betrieblichen Bildungsplanung (Bedarfsanalysen), der Durchführung von Veranstaltungen (zeitliche Lage, Personalauswahl im Rahmen von PE, Kostenbeteiligung) sowie dem generellen Ziel der Personal- und Kompetenzentwicklung im Rahmen veränderter Lernorganisation und Lernanforderung (Selbstorganisation, Lernen im Prozess der Arbeit etc.) innerhalb der Betriebs- und Arbeitsorganisation (vgl. Busse/Heidemann 2005, S. 20ff.).

4.2 Reichweiten in den Gestaltungschancen durch Arbeitnehmer(interessen)

Veränderte Rationalisierungsstrategien und neue Formen der Betriebsorganisation im Einklang mit neuen Managementphilosophien sehen PE im Kontext von Organisationsentwicklung, wobei betriebliches Lernen und Qualifizierung diesem Primat untergeordnet sind. Das notwendige permanente, auf die Prozesse bezogene „Change-Management" bildet die konzeptionelle Klammer, um alte, gewachsene Strukturen, Prinzipien, Hierarchien, Machtkonstellationen, Werte, Normen, Regeln und Symbole aufzubrechen und sie in veränderte Lösungs- und Gestaltungsverfahren für die Bewältigung neuer (Lern-)Anforderungen zu überstellen. Mit dem Konzept und der Förderung unternehmenskultureller Integrationsansätze (corporate identity) verbindet sich die Perspektive, Personal- und Organisationsentwicklung als wechselseitigen Prozess zu begreifen, der das individuelle Lernen der Belegschaftsmitglieder ermöglicht, Identifikation stiftet und gleichzeitig die Voraussetzungen für das Lernen in der (Betriebs-)Organisation schafft. Auf der Seite der Arbeitnehmer bzw. Belegschaften erfordert diese Option nicht nur die generelle Erhöhung von Akzeptanz gegenüber betrieblichen Lernanforderungen, sondern auch die Ausrichtung der subjektiven Lerninteressen und -motivationen auf veränderte Rahmensetzungen. Daran sind die Ziele geknüpft, die auf der Ebene von Veränderungen in den Verhaltensdispositionen der Arbeitnehmer wie z.B. die Herstellung überdauernder Arbeits- und Leistungsmotivationen, der betrieblichen Mobilitäts- und Weiterbildungsbereitschaft wie auch der Wahrnehmung individueller Entfaltungspotentiale (Partizipation) im Arbeitsprozess abstellen. Strategische PE-Konzepte als Ausformung des „Human Ressources Management" nehmen dies auf und betrachten die Ganzheitlichkeit des menschlichen Arbeitspotentials und dessen Integration in die Unternehmensorganisation als Ausgangspunkt einer Bewältigungsstrategie, die dauerhafte Lernfähigkeit und -bereitschaft ohne Wenn und Aber voraussetzt (vgl. Dybowski/Haase/Rauner 1993).

Im dominanten Leitbild betrieblicher Personalpolitik werden die Beschäftigten als disponible Größe betrachtet und Veränderungsprozesse erscheinen als „naturwüchsiger" und nur zum Teil als gestaltbarer Faktor. Betriebliche Weiterbildung ist nach wie vor „top down" und angebotsorientiert organisiert und erfolgt in der Regel durch betriebliche Anordnung oder durch Vorschlag des Vorgesetzten (vgl. von Rosenbladt/Bilger 2007, S. 48). Die dahinterstehende zentrale Erklärungsfigur ist der „sachlich-funktionale" Bildungsbedarf, der sich aus den beschriebenen Leistungsanforderungen betrieblicher Arbeitsorganisation ergibt, der aber auch die subjektiven Ansprüche an die Gestaltung von Arbeit und Lernen berücksichtigen kann. Die Stärkung einer beteiligungsorientierten partizipativen Personal- und Bildungsplanung im Sinne eines „bottom-up-Ansatzes", in dem die individuellen Lerninteressen und die Lernansprüche der Belegschaften im Sinne einer nachfrageorientierten dialogischen Personal- und Bildungsplanung aufgenommen werden (vgl. Allespach/Novak 2005, S. 48ff.), hat sich in der Praxis bislang kaum durchsetzen können, da die betriebliche Personalpolitik und die darunter rangierende Qualifizierungspolitik im Vergleich zu anderen betrieblichen Politikfeldern nach wie vor unterschwellig akzeptiert wird (vgl. Allespach 2005, S. 166ff.). Dass aber auch Belegschaftsmitglieder „Lernwiderstände" gegen verordnetes und „nicht Sinn gebendes" Lernen auf Grund abstrakter Bedarfsfestlegungen leisten können, haben Bolder und Hendrich (2002, S. 19ff.) aufgearbeitet und kommen zum Ergebnis, das Lernen als Form eines „subjektiven Wissensmanagements" im weitesten Sinne an erwerbsbiografische Erfahrungen gebunden sein und einen konkreten Sinnkontext (u.a. auch Kosten-Nutzenkalkülen folgend) aufweisen muss, um überhaupt anschlussfähig an notwendig gewordene betriebliche Lernanstrengungen sein zu können. Das Prinzip einer dialogischen Entwicklung (bottom-up) zwecks Artikulation eines subjektiven Weiterbildungsbedarfs und dessen Umsetzung in adäquate Maßnahmen der PE liegt den abgeschlossenen Qualifizierungstarifverträgen in der Metall- und Elektro- wie auch der chemischen Industrie zugrunde. Basierend auf den Erfahrungen, dass das Vorhandensein eines Betriebsrates noch keine betriebliche Weiterbildungsintensität auslöst (vgl. Jirjahn 2006, S. 219), ja dass Betriebsräte die Weiterbildung als Teil der PE und einer vorausschauenden Bildungsplanung als relevantes Aktionsfeld noch nicht erschlossen haben (vgl. Breissig 1999, S. 194ff.), lieferten die Qualifizierungstarifverträge einen Ansatzpunkt für die betriebliche Regulierung von PE und Qualifizierung. Doch trotz der erreichten Fortschritte einer tariflichen Regulierung spielt der genannte Gegenstandsbereich bislang nur eine untergeordnete Rolle und in der Geschichte der tariflichen Regulierungspolitik ist er ein „Huckepack-Thema" geblieben (vgl. Bahnmüller 2002, S. 42). Und selbst die Wirkungen der erzielten tarifpolitischen Einigung blieben begrenzt, denn qualitativ und quantitativ konnten nur bedingt Verbesserungen erzielt werden. Weder die Systematik der Bedarfsermittlung oder der Weiterbildungsplanung noch die Anzahl und Vielfalt der Weiterbildungsangebote konnten sich durch die tariflichen Qualifizierungsregelungen deutlich verbessern (vgl. Bahnmüller/Fischbach 2006ff.; Bahnmüller/Fischbach/Jentgens 2006). Was für die tarifvertragliche Ebene konstatiert werden kann, bleibt auch für die Ebene der Betriebsvereinbarungen festzustellen, denn das Instrument der Betriebsvereinbarungen speziell zu Fragen der betrieblichen Personalentwicklung und Qualifizierung ist ebenfalls bislang eher nur ein als peripheres Aktionsfeld für die betrieblichen Sozialpartner identifizierbar, da es mit seinem Themenfokus hinter anderen Regulierungsaspekten zurücksteht, es somit (noch) nicht zu einem exponierten betriebspolitischen Handlungsfeld insbesondere für die Betriebsräte bzw. betriebliche Arbeitnehmervertreter avancierte (vgl. Busse/Heidemann 2005, S. 77). So fällt die Diagnose hinsichtlich der Generierung von regulierten Ansprüchen der Belegschaften auf Lernen im Betrieb bzw. auf Weiterbildung und Qualifizierung über die Instrumente des Tarifvertrags und der Betriebsvereinbarung deutlich kritisch aus und es gibt wenig Wahrscheinlichkeit, dass die Arbeitgeberseite regulierten Verfahren zustimmt (vgl. Baethge/Baethge-Kinsky 2004, S. 43). Mit der Diskussion um die Etablierung von Lernzeitkonten, als Verknüpfung bzw. Brückenschlag zwischen Arbeitszeit- und Weiterbildungspolitik ist ein weiteres Aushandlungsfeld in der betrieblichen Interessenpolitik eröffnet worden. Bei Lernzeitkonten handelt es sich um Konten, auf denen Zeitguthaben aus unterschiedlichen Quellen angespart und für betriebliche Weiterbildungszwecke eingesetzt werden können (vgl. Seifert 2001; Dobischat/Seifert 2007). Wenngleich die Expertenkommission Finanzierung der Weiterbildung (vgl. Expertenkommission 2004, S. 237) dieses Modell als Konzept zur Weiterentwicklung in Tarifverträgen und Betriebsvereinbarungen vorgeschlagen hat, ist es gegenwärtig bei den betrieblichen Akteuren umstritten und stößt auf Vorbehalte und Skepsis, da konfliktreiche verteilungspolitische Spielräume ausgelotet und austariert werden müssen (vgl. Dobischat/Seifert 2007).

Die Frage der Regulierung von Weiterbildung im Rahmen von PE korrespondiert immer mit dem Aspekt, welche Lernform regulierungsfähig ist. Sind organisierte Lernformen unter

Regulationsansprüchen noch durchaus vorstellbar, nimmt mit zunehmender Verflüssigung und sich öffnender Grenzziehung zu informellen und erfahrungsbasierten Lernformen die Regulierungschance deutlich ab. Insbesondere die Prozesse arbeitsplatznahen Lernens, die in vielfältigen Konzepten ihren Niederschlag gefunden haben, lenken auf die Frage, wie in modernen Unternehmens- und Organisationskonzepten aus Sicht der Arbeitnehmer Arbeit so gestaltet werden kann, dass sie Lernförderlichkeit sicherstellt und Kompetenzentwicklung ermöglicht. Aus den Analysen über die Eckpunkte einer lern- und kompetenzförderlichen Arbeitsgestaltung sind konzeptionelle Begründungen für eine arbeitnehmerorientierten Weiterbildung ableitbar. Für die betriebliche Weiterbildung in ihren vielfältigen Formen der Verknüpfung von Arbeiten und Lernen bedeutet dies einerseits, Anschlussfähigkeit zum Bildungssystem insgesamt herzustellen (vgl. dazu auch Baethge/Baethge-Kinsky 2004). Für die betrieblichen Arbeitnehmervertreter bedeutet dies andererseits, mehr Engagement für die Einführung partizipativer Arbeits- und Lernformen über eine konsistente betriebliche Bildungsarbeit zu zeigen, und gerade auf Konzepte der Bildungsbedarfsanalyse aus der Perspektive von Arbeitnehmerinteressen Einfluss zu nehmen (vgl. Dehnbostel 2008; Dehnbostel/Elsholz/Gillen 2007).

Die Forderung nach Einflussnahme und Partizipation ist insbesondere für Beschäftigtengruppen notwendig, die weder im Zentrum der PE stehen noch zu der privilegierten Zielgruppe der Qualifizierung zählen, aber hohe Risikobelastungen infolge des arbeits- und lernorganisatorischen Wandels tragen. Die betriebliche Qualifizierungspolitik hat in der Vergangenheit mit dazu geführt, die Spaltungslinien und Qualifikationsgräben zwischen Stamm- und Randbelegschaften zu befördern, so dass das „Segmentions-Dilemma" bzw. die „Weiterbildungsspirale" mit den diskriminierenden Wirkungen an den Lernteilhabechancen und Ausschließlichkeitstatbeständen (Exklusion) im arbeitsprozesslichen informellen Lernen (vgl. Kuwan 2003) für die Randbelegschaften nicht nachhaltig aufgelöst werden konnte. Problematisch ist dies deshalb, da diese Belegschaftensgruppe, die jahrelang als „Opfer der fordistisch-tayloristischen Arbeitsorganisation" an Arbeitsplätzen mit reduktionistischen Arbeitsinhalten und geringen lernförderlichen Arbeitsplatzumgebungen quasi „entalphabetisiert" wurden, nunmehr infolge arbeitsprozessbedingter Innovation mit Lernanforderungen, Lernstimulanzen und Motivationsvoraussetzungen konfrontiert werden, die zwar an die subjektiven Arbeitserfahrungen anknüpfen, die aber bezüglich der notwendigen extrafunktionalen Qualifikationsanforderungen wie auch der Forderung nach Selbstorganisation des Lernens nur unzureichende Anschlussfähigkeit zur individuell verlaufenen Lern- und Arbeitsbiographie aufweisen. Für das Individuum bleibt letztlich die prekäre Situation eines „Qualifikationsparadoxons". Die individuelle Akzeptanz notwendiger Lernanstrengungen ist zwar uneingeschränkte Voraussetzung von subjektiver Employability, die durch die PE vorgezeichneten Korridore des notwendigen Lernens liefern jedoch keine verlässliche Garantie für Kompetenzentwicklung, Statussicherung und die Eröffnung von Mobilitätsspielräumen innerhalb einer betrieblich-beruflichen Karriere, subjektiver „Lernwiderstand" kann hingegen zu einer Erhöhung des generellen Risikos von Dequalifizierung und Destabilisierung führen. Dem plakativen Versprechen von zunehmender Gestaltungsautonomie, die die Figur der subjektiv selbst definierbaren und selbst zu organisierenden Architektur von Lernen und Arbeit als Ausgangspunkt von Kompetenzentwicklung begründen helfen, stehen jedoch erkennbare Entwicklungen der Reprivatisierung der Kosten, der Zeit und des Risikos von betrieblicher Weiterbildung gegenüber, was die Vermutung nährt, die Lasten der Veränderungen sukzessiv auf die Arbeitnehmer zu transformieren (Stichwort Arbeitskraftunternehmer bei Voß/Pongratz 1998).

5 Zusammenfassendes Resümee

Es konnte aufgezeigt werden, dass die Personalentwicklung im Rahmen der betrieblichen Personalpolitik speziell als Ansatz im Kontext des HRM in seinen diversen Teilsegmenten und in toto seit dem Beginn der 1990er Jahre einen tief greifenden und nicht als abgeschlossen zu verstehenden Wandel durchlaufen hat. Dieser Wandel wird ursächlich auf globalisierte Märkte und den damit korrespondierenden verschärften Wettbewerbsbedingungen einerseits und auf ein darauf bezogenes umfassenderes Aufgabenverständnis andererseits zurückgeführt und schließt zunehmend organisationale Aufgaben in die Perspektiven der PE ein, die beispielsweise aus den unterschiedlichen Facetten des Change-Managements resultieren. Damit erhöhen sich die (Selbst-) Entwicklungspflichten der Arbeitnehmerinnen und der Arbeitnehmer für den betrieblichen Wandel, die unterstellte Interessenharmonie zwischen ökonomischen betrieblichen Interessen und den Interessen der Selbstentfaltungen der Beschäftigten indessen ist weder vorfindbar noch deutet sich eine entsprechende Auflösung des Zielkonflikts bislang an. Dieser Zielkonflikt besteht auch in den einschlägigen Maßnahmen der betrieblichen Weiterbildung, als Teil der PE und der OE, und zwar insofern, als Qualifizierungs- und Weiterbildungsaktivitäten in der Regel an betriebliche Interessen gebunden sind und individuelle Gestaltungs- und Entwicklungsansprüche nicht genügend Berücksichtigung finden (Kapitel 1). Im Gegenteil: Versteht man in diesem Zusammenhang das Konzept des „Organisational Learning“, wie gezeigt, als sich permanent verstärkenden Zwang zur Beteiligung der Mitarbeiter an betrieblicher Rationalisierung (Kapitel 2) und berücksichtigt, dass hier unterschiedliche Möglichkeiten der Partizipation, diverse Differenzierungsmechanismen (Branchen, Betriebsgrößen, Regionen etc.) und eine starke soziale Differenzierung Praxis sind, gestattet sich die Einschätzung einer deutlichen Polarisierung der Beteiligung sowie der eintretenden Effekte (Kapitel 3.1). Identifiziert man daneben unterschiedliche Triebkräfte für den Wandel der betrieblichen Weiterbildung, verbindet diese mit neueren Konzepten (von der Qualifizierung zur Kompetenzentwicklung), neuen Inhalten (Reflexion anstelle von okkasioneller Schulung) und neuen Lehr-Lernarrangements, verstärkt sich der Eindruck, dass betriebliche Weiterbildung stetig umfassender als Teil der Unternehmensrationalisierung zu begreifen ist, in der zwar der einzelne Mitarbeiter permanent eingebunden ist, aber dies lediglich als Funktionsträger für Rationalisierungsvorgaben, nicht als tatsächlich integrierter Mitgestalter (Kapitel 3.2 und 3.3). Gerade der Bedeutungsverlust des institutionalisierten und organisierten Lernens im Rahmen der Weiterbildung, die aktuell durch Stichworte wie „dezentrales Lernen“ bzw. „Lernen im Prozess der Arbeit“ und somit durch prozesshafte Entwicklungspflichten gekennzeichnet ist, birgt in sich eine spezielle Ambivalenz: Denn wiewohl hier Transferverluste sicherlich minimiert werden konnten, wuchs die Belastung durch das Kombinationsprimat von Aneignung, Verwendung, Selbstkontrolle und Selbstregulation, was nicht nur als Autonomisierung der Lernsubjekte, sondern als permanentes Belastungssyndrom, als umfassende „Entgrenzung“ der Aufgabenzuweisungen zu interpretieren ist (Kapitel 3.3). Mit den Möglichkeiten im Rahmen des Betriebsverfassungsgesetzes sind zwar tendenziell Möglichkeiten der Mitbestimmung für die Gestaltung der Arbeit und für die betriebliche Weiterbildung gesetzlich garantiert, und mit der Integration von Qualifizierungsstrategien in Tarifverträgen haben Mitspracherechte partizipative Garantien erreicht, allein kompensiert das nicht die o.g. skeptischen Einschätzungen, da in der betrieblichen Realität Mitarbeiterinteressen insgesamt nach wie vor wenig Berücksichtigung finden.

Die Vernachlässigung der strategischen Dimension durch die Betriebe begründet sich im kurzfristigen betriebswirtschaftlichen Kosten-Nutzen-Denken im Sinne des „shareholder-value". Investitionen in die Humanressourcen entfalten ihre Wirkungen erst nach längerer Zeit. Im kurzfristigen Kalkül hingegen verursachen sie Kosten, so dass das „return-on-investment" durch die Kurzfristperspektive aus dem Blickwinkel fällt und die Kostenargumente verstärkte Berücksichtigung bei der Entscheidung finden. Die fehlende strategische Ausrichtung der PE stellt die Arbeitnehmervertretung daher vor die Aufgabe, sich als Promotoren einer auf die Zukunft gerichteten PE im Sinne der Durchsetzung von Arbeitnehmerinteressen bezüglich der Qualifizierung, der Arbeitsgestaltung, der Arbeitsorganisation, der Arbeitsplatzsicherheit und nicht zuletzt höherer Einkommen und Aufstiegschancen aktiv zu profilieren.

Ob jedoch die modernistisch verpackten Formeln und Konzepte der PE, die für die Bewältigung des notwendigen Wandels vorgeschlagen werden, das halten, was sie versprechen, ist eher fraglich. Viele dieser Konzepte transportieren „alten Wein in neuen Schläuchen", lediglich die Begrifflichkeit ist semantisch gewendet aufgeladen. Dies aber nur als Ausdruck einer neuen Modewelle oder sogar als „Sprachregelungsanästhesie" anzusehen, käme einer Ignoranz gegenüber real innovativen Ansätzen gleich. Ein Unbehagen bleibt dennoch: In vielen Konzepten wird ein Bild suggeriert, das wenig Realitätsgehalt besitzt, denn Betriebe und Unternehmen sind keine zweckfreien Institutionen. Die Zielsetzungen begründen sich auf ökonomische Zweckbestimmungen im Kontext hierarchisch-organisierter, sozio-technischer Systeme. Partizipative Ansätze der Gestaltung betrieblicher Arbeitsbeziehungen unterliegen per se dem Verdacht, Interessenkonflikte zu verdecken. Gestaltung von Technik, Arbeit und Qualifizierung heißt, die Interessenkonflikte transparent werden zu lassen. Die Wiederentdeckung des „ganzheitlichen Subjekts" (Archäologie der subjektiven Kompetenzdechiffrierung) durch die Betriebe mit der Betonung der Arbeitstugenden wie Eigeninitiative, Eigenverantwortung, Kreativität und Loyalität – auch der Forderung nach Persönlichkeitsbildung – hat der berufs-, betriebs- und erwachsenenpädagogischen Diskussion neue Impulse verliehen. Persönlichkeitsentwicklung in der Arbeit als Metapher der Wiederentdeckung des Menschen entspringt aber auch einem zutiefst ökonomischen Kalkül technologischer und ökonomischer Rationalisierung. Das Streben nach mehr Autonomie und Individualismus als Wesensmerkmale des gesellschaftlichen Wertewandels kollidiert letztlich mit disziplinären Arbeitsstrukturen; insofern ist die partielle Befreiung vom Dirigismus der Arbeitsbeziehungen eine Chance zur Gestaltung. Mehr individuell planende statt auf den Moment ausgerichtete Handlungsspielräume in der Arbeit werfen aber Probleme für die Strukturen betrieblicher Organisationen auf. Nicht verwunderlich ist also, dass durch Konzepte zur „Unternehmenskultur" dem System reglementierender Steuerung und Organisation seine Legitimation abhanden kommt. Betriebliche Postulate nach der Etablierung einer neuen „Organisationskultur", die auch das veränderte Lernen einschließt (Lernkultur), sind als Gegenstrategien zu werten, die dem Ziel verhaftet sind, die Bestrebungen zur Individualisierung durch eine stärkere Bindung an ein Kollektiv zu kanalisieren. Zugleich stellen sie den Versuch dar, der „Erosion des Berufsprinzips" und der damit korrespondierenden „Auszehrung" berufsbezogener Identitätsbildung ein Konzept von betrieblicher Identität, Identifikation und Integration entgegenzustellen, das auf die spezifischen Bedingungen betrieblicher Restrukturierungserfordernisse Bezug nimmt.

Es ist nicht ausgemacht, ob die gegenwärtige Praxis der Personalentwicklung den an sie gestellten Anforderungen gerecht werden kann. Überschaut man einen Zeitraum von 30 Jahren Konzeptentwicklung und Empirie, so kann man beobachten, dass die Betriebe mit einer den eigenen Bedarfen und den Interessen der Arbeitnehmer gerecht werdenden Personalentwicklung nicht weitergekommen sind. Nach wie vor ist offen, ob Bedarf an Weiterbildung nur innerbetrieblich allein an den Geschäftsprozessen orientiert zu klären ist, ob Zieldefinitionen aus technisch-organisatorischen Entwicklungsperspektiven ableitbar sind, und ob die eingesetzten

Methoden den Umstand berücksichtigen, dass auch für Lernprozesse in der betrieblichen Weiterbildung die subjektiven Einstellungen der Teilnehmer unverzichtbar zu berücksichtigen sind. Dies gilt umso mehr, je umfangreicher Subjektivität im Arbeitsprozess erwartet wird. Angesichts dieser ungelösten Fragen ist es nicht verwunderlich, dass sich die Betriebe bei der systematischen Befassung mit Weiterbildung zurückhalten und sich mehr der breiter angelegten Personalentwicklung zuwenden.

Es wird ja, wie im Handbuchartikel mehrfach angedeutet, offensichtlich suggeriert, dass im Rahmen der Reorganisation der Arbeit und der Betriebe sowie im Zusammenhang der Einführung neuer/moderner Managementkonzepte die betrieblichen Sozialbeziehungen einen eindeutigen Wandel vollzogen haben. Dieser legt nahe, dass in Unternehmen im Gegensatz zu hierarchisch und arbeitsteilig strukturierten Prozessen partizipative und kooperative Prozess- und Handlungsstrukturen gelebt werden, sich also ggf. die betrieblichen Machtbeziehungen verschoben hätten. Träfe letzteres zu, dann hätte ein tatsächlich partizipativer Wandel stattgefunden, der auch und vielleicht sogar besonders die Personalentwicklung beeinflusst haben müsste. Partizipatorische Freiräume, so scheint unser Fazit, werden nach wie vor vom Management „gewährt" – eine Mitentscheidung der Beschäftigten darüber, ob und an welchen Stellen betrieblicher Prozessbildung und Strukturierung tatsächliche Gestaltungs- und Entscheidungsfreiheit in großem Maße realisiert werden, ist immer noch weitgehend eine Ausnahme denn eine Regel. Dies betrifft auch die PE und die betriebliche Weiterbildung. In den seltensten Fällen existieren hier grundlegende Mitspracherechte, weswegen die Aneignungsprozesse, die Felder der Kompetenzentwicklung, Qualifizierungsprozesse etc. nur bedingt unter individuellen Entfaltungs- und Entwicklungsperspektiven gesehen werden müssen. Vielmehr ist auch der angesprochene Kontext dominant betrieblich-ökonomisch kalkuliert.

Literatur

Albach, H./Dierkes, M./Antal, A.B./Vaillant, K. (Hrsg.) (1998): Organisationslernen. Institutionelle und kulturelle Dimensionen. WZB- Jahrbuch. Berlin.

Alespach, M. (2005): Betriebliche Weiterbildung als Beteiligungsprozess. Subjektive Bedeutsamkeit als Grundlage für eine partizipative Bildungsplanung. Marburg: o.V.

Allespach, M./Novak, H. (2005): Bildungsplanung: Mit oder ohne die Beschäftigten. In: Berufsbildung in Wissenschaft und Praxis 34, H. 6, S. 48-51.

Antal, A. (1998): Die Dynamik der Theoriebildungsprozesse zum Organisationslernen. In: Albach, H./Dierkes, M./ Antal, A.B./Vaillant, K. (Hrsg.): Organisationslernen. Institutionelle und kulturelle Dimensionen. WZB-Jahrbuch. Berlin: Ed. Sigma, S. 31-52.

Anwander, A. (2002)2: Strategien erfolgreich verwirklichen: Wie aus Strategien echte Wettbewerbsvorteile werden. Berlin/Heidelberg: Springer.

Arbeitsgemeinschaft Qualifikations-Entwicklungs-Management (QUEM) (Hrsg.) (1997): Kompetenzentwicklung '97. Berufliche Weiterbildung in der Transformation – Fakten und Visionen. Münster: Waxmann.

Argyris, C./Schön, D.A. (1978): Organizational Learning. A Theory of Aktion Perspective. Addison: Wesley Pub Co Inc.

Argyris, C./Schön, D.A.(1996): Organizational Learning II. Theory, Method, and Practice. Addison: Wesley Pub Co Inc.

Argyris, C./Schön, D.A. (1999): Die Lernende Organisation. Grundlagen, Methode, Praxis. Stuttgart: Klett-Cotta.

Arnold, R. (1988): Kompetenzentwicklung. Anmerkungen zur Proklamation einer konzeptionellen Wende in der Berufs- und Erwachsenenpädagogik. In: Zeitschrift für Berufs- und Wirtschaftspädagogik 94, H. 4, S. 496-504.

Baethge, M./Baethge-Kinsky, V. (2006): Ökonomie, Technik, Organisation. Zur Entwicklung von Qualifikationsstruktur und Qualifikationsprofilen von Fachkräften. In: Arnold, R./Lipsmeier, A. (Hrsg.): Handbuch der Berufsbildung, Wiesbaden: VS Verlag, S. 153-173.

Baethge, M./Baethge-Kinsky, V. (2004): Der ungleiche Kampf um das lebenslange Lernen: Eine Repräsentativ-Studie zum Lernbewusstsein und -verhalten der deutschen Bevölkerung. Münster: Waxmann.

Baethge, M./Baethge-Kinsky, V./Holm, R./Tullius, K. (2003): Anforderungen und Probleme beruflicher und betrieblicher Weiterbildung. Expertise im Auftrag der Hans-Böckler-Stiftung. Arbeitspapier Nr.76. Düsseldorf: o.V.

Baethge, M./Dobischat, R./Husemann, R./Lipsmeier, A./Schiersmann, Ch./Weddig, D. (1990): Forschungsstand und Forschungsperspektiven im Bereich betrieblicher Weiterbildung – aus der Sicht von Arbeitnehmern. In: Bundesminister für Bildung und Wissenschaft (Hrsg.): Betriebliche Weiterbildung. Forschungsstand und Forschungsperspektiven. Bonn: Bock.

Baethge, M./Oberbeck, H. (1986): Zukunft der Angestellten. Neue Technologien und berufliche Perspektiven in Büro und Verwaltung. Frankfurt/Main/New York : Campus.

Baethge, M./Schiersmann, Ch. (1998): Prozessorientierte Arbeits- und Betriebsorganisation – Konseqeunzen für die Anforderungen an „Lebensbegleitendes Lernen". In: Achtenhagen, F./Lempert, W. (Hrsg.): Lebenslanges Lernen im Beruf, Bd. II. Opladen: Leske+Budrich, S. 25-54.

Baethge, M. (1991): Arbeit, Vergesellschaftung, Identität – zur zunehmenden normativen Subjektivierung der Arbeit. In: Zapf, W. (Hrsg.): Die Modernisierung moderner Gesellschaften. Frankfurt/M./New York: Campus, S.260-278.

Baethge, M. (1992): Die vielfältigen Widersprüche beruflicher Weiterbildung. In: WSI-Mitteilungen 45, H. 6, S. 313-321.

Bahnmüller, R./Fischbach, S./Jentgens, B. (2006): Was nützen und was bewirken Qualifizierungstarifverträge. In: WSI-Mitteilungen 59, H. 2, S. 71-78.

Bahnmüller, R./Fischbach, S. (2006): Qualifizierung und Tarifvertrag. Befunde aus der Metallindustrie Baden-Württembergs. Hamburg: vsa.

Bahnmüller, R./Fischbach, S. (2004): Der Qualifizierungsvertrag für die Metall- und Elektroindustrie in Baden-Württemberg. In: WSI-Mitteilungen 57, H. 4, S. 182-189.

Bahnmüller, R. (2002): Tarifpolitik und Weiterbildung – neue Entwicklungen und alte Frage. In: WSI-Mitteilungen 55, H. 1, S. 38-44.

Bahnmüller, R./Bispinck, R./Schmidt, W. (1992): Betriebliche Personalpolitik, Weiterbildung und betriebliche Interessenvertretung. In: WSI-Mitteilungen 45, H. 6, S. 338-348.

Bahnmüller, R. (1995): Tarifliche Regulierung beruflicher Weiterbildung. Stand, Umsetzungsprobleme und Perspektiven. In: Dobischat, R./Husemann, R. (Hrsg.): Berufliche Weiterbildung als freier Markt. Berlin: Ed. Sigma, S.167-190.

Barthel, W./Gierig, R./Kühn, I.-W. (2004): Humankapital im Unternehmen – Ansätze zur Bewertung. In: Hasebrook, J./Zawacki-Richter, O./Erpenbeck, J. (Hrsg.): Kompetenzkapital. Verbindung zwischen Kompetenzbilanzen und Humankapital. Frankfurt a.M.: Frankfut School Verlag, S. 17-50.

Becker, M. (2005): Personalentwicklung. Bildung, Förderung und Organisationsentwicklung in der Praxis. Stuttgart: Schäffer-Poeschel.

Becker, M. (2006): Personalentwicklung. In: Handelsblatt (Hrsg.): Wirtschaftslexikon, Das Wissen der Betriebswirtschaftslehre, Bd. 8: Mediananalyse und Mediaselektion – Personalwesen. Stuttgart: Schäffer-Poeschel S. 4412-4420.

Behringer, F./Moraal, D./Schönfeld, G. (2008): Betriebliche Weiterbildung in Europa. Deutschland weiterhin nur im Mittelfeld. Aktuelle Ergebnisse aus CVTS3. In: Berufsbildung in Wissenschaft und Praxis, H. 1, S. 9-14.

Berthold, N./Brischke, M./Stettes, O. (2003): Betriebliche Bündnisse für Arbeit – Gratwanderung zwischen Tarifbruch und Tariftreue. Wirtschaftswissenschaftliche Beiträge des Lehrstuhls für Volkswirtschaftslehre, Wirtschaftsordnung und Sozialpolitik. Prof. Dr. Norbert Berthold. Nr.64. Würzburg: o.V.

Binkelmann, P./Braczyk, H.-J./Seltz, R. (Hrsg.) (1993): Entwicklung der Gruppenarbeit in Deutschland. Frankfurt a.M./New York: Campus.

Bispinck, R. (2001): Qualifizierung und Weiterbildung in Tarifverträgen. In: Dobischat, R./Seifert, H. (Hrsg.): Lernzeiten neu organisieren – Lebenslanges Lernen durch Integration von Bildung und Arbeit. Berlin: Ed. Sigma, S. 153-180.

Bispinck, R. (2000): WSI-Tarifarchiv. Qualifizierung und Weiterbildung in Tarifverträgen – bisherige Entwicklung und Perspektiven, Elemente qualitativer Tarifpolitik, Nr. 42. Düsseldorf: o.V.

Bispinck, R. (1992): Qualifikation und Qualifizierung in Tarifverträgen. In: WSI-Mitteilungen 45, H. 6, S. 329-338.

Blank, V. (2004): Die Rolle der betrieblichen Weiterbildung in der Organisationsentwicklung. In: Gonon, P./Stolz, S. (Hrsg.): Betriebliche Weiterbildung. Empirische Befunde, theoretische Perspektiven und aktuelle Herausforderungen. Bern : hep, S. 213-228.

Bleicher, K. (2002): Paradigmawechsel zur Wissensgesellschaft – Veränderte Spielregeln erfordern neue Strategien, Strukturen und Kulturen. In: Bleicher, K./Berthel, J. (Hrsg.): Auf dem Weg in die Wissensgesellschaft. Frankfurt a.M.: Frankfurter Allgemeine Buch.

Bolder, A./Hendrich, W. (2002): Widerstand gegen Maßnahmen beruflicher Weiterbildung: Subjektives Wissensmanagement. In: WSI-Mitteilungen 55, H. 1, 2002, S. 19-24.
Bosch, G. (2008): Auflösung des deutschen Tarifsystems. In: Wirtschaftsdienst 88, H. 1, S. 16-20.
Breisig, T. (1997): Personalentwicklung und Qualifizierung als Handlungsfeld des Betriebsrates. Baden-Baden : Nomos.
Breisig, T. (1999): Personalentwicklung – noch immer kein Handlungsfeld für den Betriebsrat? In: Hendrich, W./Büchter, K. (Hrsg.): Politikfeld betriebliche Weiterbildung. München: Hampp, Mering, S 187-210.
Bundesministerium für Bildung und Forschung (BMBF) (Hrsg.) (2006): Berichtssystem Weiterbildung IX. Integrierter Gesamtbericht zur Weiterbildungssituation in Deutschland. BMBF.
Busse, G./Heidemann, W. (2005): Betriebliche Weiterbildung: Analyse und Handlungsempfehlungen. Frankfurt: Bund.
Dedering, H./Feig, G. (1993): Personalplanung und Weiterbildung im Betrieb. Ein Lehr- und Arbeitsbuch. Wiesbaden: Deutscher Univ.-Verlag.
Dehnbostel, P. (2008): Lern- und kompetenzförderliche Arbeitsgestaltung. In: Berufsbildung in Wissenschaft und Praxis, H. 2, 2008, S. 5-8.
Dehnbostel, P./Elsholz, U./Gillen, J. (2007): Konzeptionelle Begründungen und Eckpunkte einer arbeitnehmerorientierten Weiterbildung. In: Dehnbostel u.a. (Hrsg.): Kompetenzerwerb in der Arbeit. Perspektiven arbeitnehmerorientierter Weiterbildung. Berlin: Ed. Sigma, S. 13-27.
Dehnbostel, P./Erbe, H.-H./Novak, H. (Hrsg.) (1998): Berufliche Bildung im lernenden Unternehmen. Zum Zusammenhang von betrieblicher Reorganisation, neuen Lernkonzepten und Persönlichkeitsentwicklung. Berlin: Ed. Sigma.
Dehnbostel, P. (1995): Bedeutungszuwachs des Lernens im Arbeitsprozess. Regulierungsbedarf oder Deregulierungsnotwendigkeit beruflicher Weiterbildung. In: Dobischat, R./Husemann, R. (Hrsg.): Berufliche Weiterbildung als freier Markt. Berlin: Ed. Sigma, S. 191-209.
Dierkes, M./Hähner, K./Antal, A. (1997): Das Unternehmen und sein Umfeld. Wahrnehmungsprozesse und Unternehmenskultur am Beispiel eines Chemiekonzerns. Frankfurt a.M.: Campus.
Dobischat, R./Husemann, R. (Hrsg.) (1995): Berufliche Weiterbildung als freier Markt. Regulationsanforderungen der beruflichen Weiterbildung in der Diskussion. Berlin: Ed. Sigma.
Dobischat, R./Seifert, H. (2007): Die Suche nach einer neuen zeitorganisatorischen Verteilung lebenslangen Lernens. Konzept und Erfahrungen zu Lernzeitkonten. In: Hildebrandt, E. (Hrsg.): Lebenslaufpolitik im Betrieb. Optionen zur Gestaltung der Lebensarbeitszeit durch Langzeitkonten. Berlin: Ed. Sigma, S. 105-118.
Dobischat, R./Fischell, M./Rosendahl, A. (2008): Rechtliche Rahmenbedingungen der Erwachsenenbildung. Kaiserslautern, (unveröffentlicht).
Düsseldorff, K. (2006): Betriebliche Weiterbildung in KMU: Zum Stand der Forschung. In: Gonon, P./Klauser, F./Nickolaus, R. (Hrsg.): Kompetenz, Qualifikation und Weiterbildung im Berufsleben. Opladen: Leske+Budrich, S. 179-193.
Dybowski, G./Haase, P./Rauner, F. (Hrsg.) (1993): Berufliche Bildung und betriebliche Organisationsentwicklung. Bremen: Donat.
Dybowski, G./Pütz, H./Rauner, F. (Hrsg.) (1995): Berufsbildung und Organisationsentwicklung: Perspektiven, Modelle, Forschungsfragen. Bremen: Donat.
Expertenkommission „Finanzierung Lebenslangen Lernens“ (Hrsg.) (2004): Finanzierung Lebenslangen Lernens – der Weg in die Zukunft. Bielefeld: Bertelsmann.
Faulstich, P. (1996): Qualifikationsbegriff und Personalentwicklung. In: Zeitschrift für Berufs- und Wirtschaftspädagogik 92, H. 4, S. 366-379.
Geißler, H. (Hrsg.) (1996): Arbeit – Lernen – Organisation. Weinheim : Beltz.
Geißler, H. (2006): Integration von Personal- und Organisationsentwicklung in der beruflichen Bildung. In: Arnold, R./Lipsmeier, A. (Hrsg.): Handbuch der Berufsbildung. Wiesbaden: VS Verlag. S. 204-224.
Geißler, K.A./Orthey, F.M. (2008): Lernen in Unternehmen als Modernisierungsstrategie. Situation und Perspektive betrieblicher Bildungspolitik. In: Laske, S./Orthey, A./Schmid, M. (Hrsg.): Handbuch Personalentwicklung und Training. Köln: Deutscher Wirtschaftsdienst.
Gonon, P./Hotz, H.-P./Weil, M./Schläfli, A. (2005): KMU und die Rolle der Weiterbildung. Bern: hep.
Grünewald, U./Moraal, D./Schönfeld, G. (Hrsg.) (2003): Betriebliche Weiterbildung in Deutschland und Europa. Bonn: Bertelsmann.
Hammer, U. (1990): Berufsbildung und Betriebsverfassung. Begriff und Grenzen der Beteiligungsrechte des Betriebsrats bei betrieblichen Bildungsmaßnahmen. Baden-Baden: Nomos.
Harney, K.: Berufliche Weiterbildung als Medium sozialer Differenzierung und sozialen Wandels. Theorie-Analyse-Fälle, Studien zur Erwachsenenbildung Bd. 7. Frankfurt a.M./Bern/New York/Paris 1990.

Harney, K.: Handlungslogik betrieblicher Weiterbildung. Stuttgart 1998.
Harney, K. (1992): Rationalisierung zwischen Beruf und Betrieb: Zum Problem der Zugänglichkeit von Arbeit und Arbeitszeit. In: Kipp, M. u.a. (Hrsg.): Paradoxien in der beruflichen Aus- und Weiterbildung: Zur Kritik ihrer Modernitätskrisen. Frankfurt a.M.: Verlag der Gesellschaft zur Förderung Arbeitsorientierter Forschung und Bildung, S.35-43.
Heidemann, W. (2000): Betriebliche Vereinbarungen zur Weiterbildung. In: Hoffmann, T. u.a. (Hrsg.): Weiterbildung als kooperative Gestaltungsaufgabe. Neuwied: Luchterhand, S. 107-119.
Heidemann, W. (2002): Absicherung lebenslangen Lernens durch Tarifverträge und Betriebsvereinbarungen. In: Recht der Jugend und des Bildungswesens 50, H. 3, S. 282-294.
Hentze, J. (1994): Personalwirtschaftslehre: Grundlagen, Personalbedarfsermittlung, -beschaffung, -entwicklung und –einsatz, Bd. 1. Bern/Stuttgart/Wien: UTB für Wissenschaft.
Herzer, H./Dybowski, G./Bauer, H. G. (Hrsg.): Methoden betrieblicher Weiterbildung. Eschborn 1990.
Jirjahn, U. (2006): Ökonomische Wirkungen der Mitbestimmung in Deutschland. In: Sozialer Fortschritt 55, H. 9, S. 215-226.
Kadritzke, U. (Hrsg.) (1997): „Unternehmenskulturen unter Druck". Neue Managementkonzepte zwischen Anspruch und Wirklichkeit. Berlin: Ed. Sigma.
Kieser, A. (2002): Organisationstheorien. Stuttgart: Kohlhammer.
Klein, R./Körzel, R. (1993): Schlüsselqualifikationen – Desiderate und Operationalisierungsprobleme einer berufspädagogischen Kategorie. In: Staudt, E. (Hrsg.): Personalentwicklung für die neue Fabrik. Opladen: Leske+Budrich, S.147-164.
Kropp, W.: Systematische Personalwirtschaft. Wege zu vernetzt-kooperativen Problemlösungen. München/Wien 1997.
Kuwan, H./Thebis, F./Gnahs, D./Sandau. E./Seidel, S. (2003): Berichtssystem Weiterbildung VIII. Berlin: BMBF.
Kühnlein, G. (1999): Neue Typen betrieblicher Weiterbildung. Düsseldorf: Edition der Hans-Böckler-Stiftung.
Laske, S./Orthey, A./Schmid, M. (Hrsg.) (2008): PersonalEntwickeln. Köln: Dt.Wirtschaftsdienst.
Massa-Wirth, H./Seifert, H. (2004): Betriebliche Bündnisse für Arbeit nur mit begrenzter Reichweite. In: WSI-Mitteilungen 57, H. 5, S. 246-254.
Mauer, A./Seifert, H. (2001): Betriebliche Beschäftigungs- und Wettbewerbsbündnisse – Strategien für Krisenbetriebe oder neu regelungspolitische Normalität. In: WSI-Mitteilungen 54, H. 8, S. 490-500.
Münch, J. (1995): Personalentwicklung als Mittel und Aufgabe moderner Unternehmensführung. Bielefeld: Bertelsmann.
Neuberger, O. (1994): Personalentwicklung. Stuttgart: Lucius+Lucius.
Olfert, K. (2006): Personalwirtschaft. Ludwigshafen: Kichl.
Pawlovsky, P. (1992): Betriebliche Qualifikationsstrategien und organisationales Lernen. In: Staehle, W./Conrad, P. (Hrsg.): Managementforschung, Bd. 2. Berlin: Gabler. S. 177-238.
Pawlowsky, P./Bäumer, J. (1996): Betriebliche Weiterbildung. Management von Qualifikation und Wissen. München: Beck.
Pedler, M./Burgoyne, J./Boydell, T. (1991): The Learning Company. A Strategy for Sustainable Development. London: McGraw-Hill.
Pedler, M./Burgoyne, J./Boydell, T. (1994): Das lernende Unternehmen. Frankfurt a.M./New York: Campus.
Rosenbladt, v. B./Bilger, F. (2007): Weiterbildungsbeteiligung in Deutschland – Eckdaten zum BSW-AES 2007. München: BMBF.
Schnitger, M./Röben, P./Bauer, W. (2006): Berufliche Weiterbildung im lernenden Unternehmen – eine empirische Studie. In: Gonon, P./Klauser, F./Nickolaus, R. (Hrsg.): Kompetenz, Qualifikation und Weiterbildung im Berufsleben. Opladen: Leske+Budrich, S. 223-234.
Schumann, M./Baethge-Kinsky, V./Kuhlmann, M./Kurz, C./Neumann, U. (1994): Trendreport Rationalisierung. Berlin: Ed. Sigma.
Schumann, M. (1997): Frißt die shareholder-value-Ökonomie die moderne Arbeit? In: Frankfurter Rundschau 268, vom 18.11.1997.
Schumann, M./Kuhlmann, J./Sanders, F./Sperling, H.-J. (2005): Anti-tayloristisches Fabrikmodell – Auto 5000 bei Volkswagen. In: WSI-Mitteilungen 58, H. 1, 2005, S. 3-10.
Schulte-Zurhausen, M. (2005)4: Organisation: München: Vahlen.
Schwuchow, Kh./Gutmann, J. (Hrsg.) (1999): Jahrbuch Personalentwicklung und Weiterbildung 1999/2000. Neuwied: Luchterhand.
Seifert, H. (2001): Lernzeitkonten für lebenslanges Lernen. Bonn: Hauspublikation der Friedrich-Ebert-Stiftung.
Senge, P.M. (1990): The Fifth Discipline: The Art and Practice of Learning Organisation. New York: Currency Doubleday.

Senge, P.M. (1996): Die fünfte Disziplin. Kunst und Praxis der lernenden Organisation. Stuttgart: Klett-Cotta.

Staudt, E./Kriegesmann, B. (1999): Weiterbildung. Ein Mythos zerbricht. Der Widerspruch zwischen überzogenen Erwartungen und Misserfolgen der Weiterbildung. In: Arbeitsgemeinschaft QUEM (Hrsg.): Kompetenzentwicklung „99". Aspekte einer neuen Lernkultur. Berlin: Waxmann, S. 17-59.

Staudt, E./Kröll, M./Hören M. von (1993): Personalentwicklung und Qualifizierung als strategische Ressource betrieblicher Innovation. In: Dybowski, G./Haase, P./Rauner, F. (Hrsg.): Berufliche Bildung und betriebliche Organisationsentwicklung. Bremen: Donat, S. 34-67.

Staudt, E. (1995): Integration von Personal- und Organisationsentwicklung in der beruflichen Weiterbildung. In: Arnold, R./Lipsmeier, A. (Hrsg.): Handbuch der Berufsbildung. Opladen: Leske+Budrich, S. 183-199.

Staudt, E. (1989): Unternehmensplanung und Personalentwicklung – Defizite, Widersprüche und Lösungsansätze. In: Mitteilungen aus der Arbeitsmarkt- und Berufsforschung 22, H. 3, S. 374-387.

Stiefel, R. (2008): Strategieumsetzende Personalentwicklung. In: Laske/Orthey/Schmidt (Hrsg.): ohne nähere Angaben.

Thom, N./Wenger, A.P. (2006): Organisationsmanagement und Organisationsabteilung. In: Handelsblatt (Hrsg.): Wirtschaftslexikon, Das Wissen der Betriebswirtschaftslehre, Bd. 8: Mediananalyse und Mediaselektion – Personalwesen. Stuttgart: Schäffer-Poeschel., S. 4184-4190.

Thom, N. (1987): Personalentwicklung als Instrument der Unternehmensführung. Stuttgart: Schäffer-Poeschel.

Voß, G.G./Pongratz, H.J. (1998): Der Arbeitskraftunternehmer. In: Kölner Zeitschrift für Soziologie und Sozialpsychologie 05, H. 1, S. 131-158.

Weiß, R. (2005): Tarifvertragliche Regelungen zur Finanzierung der betrieblichen Weiterbildung – zentrales zukünftiges Handlungsfeld oder Mythos? In: Friedrich-Ebert-Stiftung (Hrsg.): Finanzierung der Beruflichen Weiterbildung. Bonn: Hauspublikation der Friedrich-Ebert-Stiftung, S. 45-57.

Werner, D. (2006): Trends und Kosten der betrieblichen Weiterbildung – Ergebnisse der IW-Weiterbildungserhebung 2005. In: IW-Trends 33, H. 1.

Knut Diekmann

Innovative Personalpolitik – der Beitrag der betrieblichen Weiterbildung

1 Einführung

Betriebliche Personalpolitik umfasst einen administrativen und einen innovierenden Teilaspekt: zum einen beschäftigen sich Personalverwaltung und -arbeit mit Personalangelegenheiten, wie Anstellung, Entlohnung, Ausfällen, usw.; zum anderen aber konzentriert sich die Personalentwicklung auf Kompetenzaufbau und -entwicklung der Führungskräfte und Beschäftigten.

Definitionen von Personalentwicklung, kurz PE, unterscheiden sich in ihrer Reichweite, aber nicht im Kern. Wikipedia gibt eine gelungene breite Definition wider, die alle Facetten zeigt: Demnach zielt Personalentwicklung darauf, Menschen, Teams und Organisationen dazu zu befähigen, ihre Aufgaben in betrieblichen Arbeitssystemen erfolgreich und effizient zu bewältigen und sich neuen Herausforderungen selbstbewusst und motiviert zu stellen. Sie umfasst die gezielte Förderung von Humankapital, um die Unternehmensziele unter Berücksichtigung der Bedürfnisse und Qualifikationen des Mitarbeiters oder einer Gruppe von Mitarbeitern optimal zu erreichen" (Wikipedia, unter „Personalentwicklung" 2007). Betriebliche Personalentwicklung hat dabei einen ganzheitlichen Blick auf den Beschäftigten, einerseits als Persönlichkeit über seine bloßen fachlichen Fähigkeiten und Funktionen hinaus, andererseits als Teil des organisatorischen Ganzen.

Das Verhältnis von Personalentwicklung zu Erwachsenenbildung, zu Weiterbildung, zu Qualifizierung oder zu Kompetenzentwicklung lässt sich damit kennzeichnen, dass die *communities* oder Akteure separiert sind, in Sprache, in Sozialisierung, in Professionalisierung, beim Erfahrungsaustausch, bei berufsgenossenschaftlicher Organisierung usw. Man kann behaupten, dass die Personalentwicklung eine eigene Welt ist, die aus dem Blickwinkel der Bildung eigenen Gesetzlichkeiten folgt und somit weitgehend unabhängig von der bildungspolitischen Debatte ist.

Welchen Personenkreis umfasst Personalentwicklung in den Betrieben? Meist profitieren die Kernbelegschaften von Maßnahmen der Personalentwicklung. Das bedeutet im Umkehrschluss, dass Leiharbeiter, Praktikanten, Honorarkräfte, Berater usw. kaum eingebunden sind. In manchen Branchen werden Beschäftigte von Zulieferbetrieben in Maßnahmen der Personalentwicklung eingebunden. Auszubildende stellen einen Sonderfall dar; sie werden meist organisatorisch gesondert erfasst und betreut. Die wichtigsten Zielgruppen der Personalentwicklung sind Führungs- und vor allem Nachwuchskräfte.

Statistische Zahlen liegen nur vereinzelt vor, so dass Gesamtangaben zu absoluten Zahlen und relativen Anteilen durch Schätzungen generiert werden müssen. Von Schwankungen ist bei der Größenordnung von betroffenen Personen stets auszugehen, da Personalentwicklung oft kurzfristigen unternehmerischen Entscheidungen unterliegt, von Branchenzugehörigkeit und Betriebsgröße abhängig ist und durch konjunkturelle Bewegungen beeinflusst werden kann.

Innovative Personalpolitik umfasst also ebenso Personalarbeit oder -management wie Personalentwicklung. Die betriebliche Weiterbildung ist traditionell ein Teil der Personalentwicklung, wird aber mit zunehmender Erweiterung eines ganzheitlichen Blicks auf die Mitarbeiterförderung in ihrer Bedeutung relativiert. Da sie untrennbar mit der innovativen Personalpolitik verbunden ist, sollen im Folgenden deren Grundzüge gezeichnet werden.

2 Die wissenschaftlichen Rahmenbedingungen

Der Versuch einer wissenschaftlichen Verortung macht schnell deutlich, dass sich die Theoriebildung und die Erforschung der betrieblichen Personalpolitik einer Vielfalt von Instrumenten und Disziplinen bedienen. Sie steht im Kreuzungspunkt vieler Wissenschaften, die sich unterschiedlichen Fragestellungen verpflichtet fühlen:

- Arbeitswissenschaften: Wie kann die Qualifizierung der Beschäftigten zur Wertschöpfung und zur Erhöhung der Produktivität des Unternehmens beitragen? Die Arbeitswissenschaften bemühen sich daher um eine empirische Untersuchung der Rolle bzw. der Chance von Qualifizierung im betrieblichen Alltag.
- Erziehungswissenschaften: Wie lässt sich im betrieblichen Rahmen nach besten erwachsenenbildnerischen Erkenntnissen Wissens- und Kompetenzvermittlung betreiben?
- Betriebswirtschaft: Wie lässt sich Qualifizierung ökonomisch erfassen, darstellen, steuern und verbessern?

Weitere relevante Forschungsbereiche sind u.a. die Wirtschaftspsychologie, die Innovationsforschung und die Anthropologie.

Die wissenschaftliche Begleitung und Unterstützung innovativer Personalpolitik erfolgt dabei auf unterschiedlichen Ebenen. Erstens sind hier die Hochschulen zu nennen, die in klassischer Form die Forschung vorantreiben. Internet-basierte Recherchen ergeben, dass in Deutschland 68 Lehrstühle Personalentwicklung wissenschaftlich betreiben. Daneben bestehen an 76 Standorten universitäre Schwerpunkte und Institute zu Arbeitswissenschaften. Zudem lassen sich rund 45 Lehrstühle für Weiterbildung/Erwachsenenbildung zählen. Eine weitere Spezialisierung erfährt der thematische Komplex in ausgegründeten Einrichtungen, wie dem Institut für angewandte Innovationsforschung/Bochum oder dem Fraunhofer-Institut für Arbeitswirtschaft und Organisation/Stuttgart (Auskunft von Hochschulrektorenkonferenz; vgl. Verzeichnis der Lehrstühle zur Erwachsenenbildung in Deutschland, in: www.bildungsserver.de).

Zweitens aber hat sich auf dem Feld innovativer Personalpolitik ein Forschungsbereich neben den Hochschulen etabliert. So werden in großer Anzahl Studien von unabhängigen Forschungseinrichtungen und von Unternehmensberatungen durchgeführt, in der Regel im Auftrag von größeren Unternehmen. Starken Einfluss entfalten auch Meinungsforschungsinstitute, wie beispielsweise Gallup, das jährlich Umfragen zur Arbeitszufriedenheit veröffentlicht. Immer wieder sorgen solche Studien, die meist auf Erhebungen mit einer Grundgesamtheit von 50-500 Betrieben basieren, für kurzfristiges Aufsehen.

Drittens sind größere Unternehmen selbst mit der Erforschung ihrer personalpolitischen Grundlagen beschäftigt. Dabei stehen vor allem Mitarbeiterumfragen im Vordergrund, die häufig auch in den wissenschaftlichen Diskurs eingespeist werden.

Schließlich existiert seit 1952 mit der Deutschen Gesellschaft für Personalführung (DGFP) in Deutschland ein Forum, das einen Austausch über die wichtigsten praktischen Fragestellungen mit langfristigen Forschungsinteressen verbindet. Von besonderer Bedeutung ist dabei, dass mit der DGFP zum einen nachhaltige organisatorische Strukturen bestehen, zum anderen eine Plattform für den Austausch zwischen Praxis und Theorie gewährleistet wird. Die DGFP ist darüber hinaus eine Service-Einrichtung für den „Berufsstand" Personalentwicklung, da sie für Firmen Beratungsleistungen anbietet, jährlich eine große Messe für Personaler durchführt und eine eigene Zeitschrift herausgibt.[1]

Den neuesten Forschungsstand referiert eine Reihe von Standardwerken: Manfred Becker (2005), Personalentwicklung; Karlheinz Schwuchow und Joachim Gutmann (2008), Jahrbuch Personalentwicklung; Wolfgang Mentzel (2004), Personalentwicklung. Einzelne Periodika haben es geschafft, einen größeren Leserkreis anzuziehen, wie ManagerSeminare, Personal, Personalführung, Personalwirtschaft, Wirtschaft und Berufserziehung, Wirtschaftspsychologie, Zeitschrift für Berufs- und Wirtschaftspädagogik usw. Darüber hinaus ist eine vielfältige Ratgeberliteratur entstanden, die allein in Deutschland über 1.000 Titel zählt. Davon profitieren einzelne privatwirtschaftliche Verlage, die sich auf Schwerpunkte rund um die Personalentwicklung spezialisiert haben. Die Forschungsergebnisse stoßen heute bei einem breiten Publikum auf Interesse (vgl. Weidner 2005).

Einige Forschungsarbeiten haben in den letzten Jahren für große Aufmerksamkeit gesorgt und können bereits als Klassiker gelten. Sennett (2006) hat die Herausforderungen an den heutigen Arbeitnehmer in das Zentrum gestellt. Der moderne Arbeitnehmer konstituiert sich zunehmend als Arbeitskräfteunternehmer, dem die gesamte Verantwortung für seine Beschäftigungsfähigkeit obliegt (vgl. Voß/Pongratz 1998). Damit zieht der Autor die Konsequenz aus den Folgen der Globalisierung, die mit Entmachtung und Rückzug des Staats aus sozialstaatlicher Verantwortung, mit kurzlebigen Beschäftigungsverhältnissen bzw. sog. Patchwork-Biografien und mit schnellerem technologischem Wandel einhergeht (vgl. Sennett 2000).

Einen kritischen Blick auf den positiven Effekt und die Steuerungsfähigkeit von Weiterbildung werfen mit dem *Mythos Weiterbildung* Staudt und Geißler. Demnach kann man ihr keine nachweisbare Auswirkung auf die Steigerung von Produktivität zuschreiben, da klare Belege fehlen und eine empirische Isolierung unmöglich ist (vgl. Staudt/Kriegesmann 1999; Geißler/Orthey 1998).

Das heutige Forschungsinteresse hat sich dabei in den letzten Jahren vervielfältigt. Klassisch wurden Organisationsformen und bildungsökonomische Fragestellungen in den Blick genommen. Aktuell dominieren Themen der Qualitätssicherung, psychische Faktoren, die demografische Herausforderung, Innovationsforschung, Motivation und Mitarbeiterzufriedenheit, Führungsleitbilder, neurophysiologische Aspekte der Lern-Lerntheorie, Wissensarbeit usw.

Das Verhältnis zwischen Theorie und Praxis ist äußerst komplex. Innovative Personalpolitik ist insoweit stark der Praxis verpflichtet, als wissenschaftliche Studien fast ausschließlich aus angewandter Forschung bestehen. Grundlagenorientierung hingegen ist nur rar entwickelt. Weiter bezieht sich Theoriebildung meist auf die Formulierung von Leitbildern. Dies kann so weit gehen, dass eine Objektivierung von einzelbetrieblichen Erfolgsstories erfolgt, diese zu generalisierenden Aussagen erhoben werden. Die Unabhängigkeit der Forschung nach dem Humboldt'schen Diktum der Freiheit von Forschung und Lehre ist nicht immer gewährleistet.

---

1 vgl. http://www.dgfp.com

Eine starke Praxisorientierung zeigt sich in unterschiedlichen Facetten innovativer Personalpolitik: Unternehmen treten häufig als Auftraggeber von Forschungen auf. Forschungsleitendes Interesse ist daher meist die Verbesserung der Leistungskraft des Personals. Im Kern handelt es sich also um ein ökonomisches Interesse, das dem Forscher eine kritische Fragestellung nur im Rahmen seines Auftrags erlaubt. Daneben werden konkrete Instrumente für die Personalarbeit von Wissenschaftlern erarbeitet, wie beispielsweise Formeln zum Bildungscontrolling, Qualitätssicherungssysteme oder Bedarfsanalysen.

In den letzten Jahren nimmt die normative Formulierung von Leitbildern stärker zu. Das hat auch mit dem zunehmenden Interesse der Politik zu tun, die damit droht, die Personalpolitik als Handlungsfeld zu entdecken. Hintergrund sind Schlagworte wie Erhaltung der Beschäftigungsfähigkeit, Standortsicherung über Humankapital oder die Fachkräftesicherung. Der moderne Staat zeigt sich hier weiter dem Ideal der Steuerung von wirtschaftlichem Handeln verpflichtet. Besondere Kraft entfaltet zudem die Lissabon-Strategie der Europäischen Union, die beim Übergang in die sog. Wissensgesellschaft den Beschäftigten als einen wesentlichen Faktor entdeckt hat (vgl. Europäischer Rat 2000). Gleichzeitig demonstriert die Formulierung von Leitbildern eine gewisse Verunsicherung unter den Praktikern, die auf strategische Visionen für ihre betriebliche Arbeit angewiesen sind.

Ein Spannungsfeld öffnet sich zwischen Theorie und Praxis dann, wenn innovative Personalpolitik als Kostenfaktor betrachtet wird. Denn obgleich in der Theorie ein Konsens über Personalarbeit als Investition besteht, verstehen viele Unternehmensführungen Personalarbeit eher als Belastung. Im betrieblichen Autoritätsgefüge haben somit auch Personalabteilungen und Personalvorstände einen schwierigen Stand, da sie permanent zur Rechtfertigung des eigenen Handelns aufgerufen werden. Als natürliche Gegner der Personalarbeit entpuppen sich dann Controller.

Weiter sind Wissenschaft und Praxis innovativer Personalpolitik von einem schnellen Wechsel der Leitbilder betroffen. In rascher Folge von nur wenigen Jahren wechseln die Betriebe, vor allem international agierende Großunternehmen ihre strategischen Leitlinien und Visionen. Die Forschung befindet sich in einer gewissen Abhängigkeit von solchen Wellen populärer Leitbilder.

Ein grundsätzliches Problem besteht bei vielen kleineren Betrieben, die die Ergebnisse von Forschungen selten wahrnehmen. Dort dominieren entweder eingespielte und traditionelle Routinen oder aber es herrscht eine absolute Meinungshoheit des Geschäftsführers bzw. des Eigentümers vor.

Schließlich handelt es sich um ein kaum abgrenzbares Forschungsfeld. Dies hat zur Folge, dass aus dem grundsätzlich interdisziplinären Charakter eine Beliebigkeit in der Auswahl stützender Forschungshypothesen und Instrumente folgen kann.

Neben der Forschung hat die Wissenschaft auch die Funktion der Ausbildung. Die Rekrutierung der betrieblichen Personalarbeiter vollzieht sich jedoch auf vielen unterschiedlichen Wegen, die nicht automatisch eine hochschulische Ausbildung voraussetzen. Wegen ihres praxisorientierten Charakters nehmen dennoch Fachhochschulen eine Vorreiterrolle bei der Ausbildung von Personalern ein. Quereinstiege sind ein durchaus übliches Phänomen. Auch die berufliche Bildung bietet Aus- und Weiterbildungsmöglichkeiten. So bestehen Prüfungsangebote wie der Personaldienstleistungskaufmann und der Personalfachkaufmann. Der freie Weiterbildungsmarkt bietet zudem eine große Vielfalt von Angeboten für innovative Personalpolitik an.

Die Verortung der Personalarbeit in betrieblicher Organisation und Gefüge ist stark von der Betriebsgröße abhängig: je größer ein Unternehmen, desto arbeitsteiliger und differenzierter vollzieht sich Personalarbeit, und desto mehr hierarchische Stufen bestehen. Sie geben die Spreizung des Ausbildungsstandes wieder.

So vielfältig und schillernd die Begrifflichkeit der innovativen Personalpolitik ist, so schwierig ist es auch, den Kernbestand einer Tätigkeitsbeschreibung zu definieren. Die meist klassische Personalarbeit und das Personalmanagement sind jedenfalls von strategischen Überlegungen der Personalentwicklung zu trennen.

3 Die internationale Dimension

Innovative Personalpolitik setzt einen gewissen Reifegrad in der wirtschaftlichen und gesellschaftlichen Entwicklung einer Volkswirtschaft voraus. Denn Personalentwicklung ist gebunden an den relativen Bedeutungswandel der Produktivfaktoren von Boden, Maschinen und Kapital hin zum Mitarbeiter und Mensch. Die dritte industrielle Revolution mit der Durchsetzung von Informations- und Kommunikationstechnologien hat der neuen Bedeutung des menschlichen Faktors zum Durchbruch verholfen.

Innovative Personalpolitik ist somit auch ein junger Themenkomplex, der aus den konkreten Bedingungen und der Arbeitsweise in den postindustriellen Volkswirtschaften hervorgeht. Motoren dieser Entwicklung sind die spezialisierten Wissensarbeiter und die Führungskräfte, die als rares Gut auf den Arbeitsmärkten gehandelt werden, – und das in einem immer breiterem geographischen Raum. Während der ersten industriellen Revolution hat sich das unternehmerische Leitbild eines menschlichen Arbeitseinsatzes in Form des sog. Taylorismus niedergeschlagen. Die Massenproduktion zwang die Menschen in eintönige Routinetätigkeiten, die heute zunehmend durch die technologische Rationalisierung ersetzt werden. Tayloristische Arbeitsbedingungen gibt es daher meist dort, wo menschliche Arbeitskraft im Überfluss vorhanden ist und die Volkswirtschaften in einer globalisierten Ökonomie dadurch Wettbewerbsvorteile erringen können. Prominentes Beispiel dafür ist die Herstellung von Massenwaren in der Volksrepublik China.

Für die wissenschaftliche Begleitung der Personalentwicklung bedeutet dies, dass sie sich geografisch im Wesentlichen auf die industrialisierte Welt beschränkt – soweit man von den Bemühungen für den öffentlichen Dienst absieht, der in allen Staaten existiert.

Die Forschungsgemeinschaft in den USA nimmt eine gewisse Vorreiterrolle ein. Das lässt sich durch eine andere Mentalität sowie durch andere Grundbedingungen der Professionalisierung erklären. So ist zunächst die pragmatische Herangehensweise die Ursache dafür, dass Handeln – und im spezielleren Sinne Unternehmertum - nicht automatisch eine formale Ausbildung voraussetzt. Vielmehr besteht der Leitbegriff in Deweys Formel vom *learning by doing*. Und ähnlich verhält es sich auch mit der Rekrutierung und Anstellung von Mitarbeitern, die nicht vornehmlich auf Basis einer qualifizierten Ausbildung erfolgt, sondern der eingeschätzten Leistungsfähigkeit und Passgenauigkeit nach dem Grundsatz „Hauptsache, der Neue passt in das soziale und menschliche Gefüge im Betrieb – Wissen und Fertigkeiten wird er sich schon aneignen".

Aus dieser Grundeinstellung ergeben sich mehrere Konsequenzen, die für die innovative Personalpolitik eine große Bedeutung haben: Erstens legt sie ein Selbstverständnis einer dynamischen Persönlichkeit zugrunde und unterstellt dem Mitarbeiter eine grundsätzliche Entwicklungsfähigkeit. Zweitens wird der ganze Mensch in den Fokus genommen, ohne sich auf seine geistigen Fähigkeiten oder handwerklichen Fertigkeiten zu beschränken. Drittens schält sich als zentraler Begriff die *Kompetenz* heraus, der eine prinzipielle Mehrdimensionalität aufweist. Mit Kompetenz wird darüber hinaus ein essentiell internationaler Terminus genutzt. Denn Qualifikationen sind im Gegensatz zu Kompetenz eng mit den nationalen Bildungssystemen und mit den Traditionen der Arbeitsmärkte verknüpft. Und schließlich pflegen die US-Amerikaner einen unverkrampften Umgang mit der menschlichen Leistungskraft als Produktivfaktor. So wird Kompetenz folglich auch in den wirtschaftswissenschaftlichen Ressourcenbegriff integriert. Im kontinentalen Europa dagegen ist der breitere Bildungsbegriff eher an Traditionen gebunden, die eine ökonomische Betrachtung verbieten bzw. tabuisieren. Kennzeichnend dafür ist die zweifelhafte Würdigung von *Humankapital* als Unwort des Jahres 2004. Daraus dürfte sich auch erklären, dass Bildungsökonomie in Deutschland nur einen kleinen Kreis an Forschern beschäftigt. Ein letzter Höhepunkt der bildungsökonomischen Debatte in Deutschland war die Vorlage von Empfehlungen durch die Expertenkommission zur Finanzierung des lebenslangen Lernens (vgl. Expertenkommission 2004).

Die US-amerikanische Forschungsgemeinschaft hat daher auch im Wesentlichen die prominentesten Theorien hervorgebracht, die heute das Themenfeld der innovativen Personalpolitik bereichern. Dazu zählen beispielsweise die Begründung der Balanced Scorecard durch Robert Kaplan und David Norton (vgl. Kaplan/Norton 1997), die ein strategisches betriebliches Steuerungsinstrument darstellt; oder die Theorie des Humankapitals nach Gary Becker, die menschliches Verhalten dem Grundsatz der ökonomischen Rationalität unterwirft (vgl. Becker 1993); sowie die Big Five bzw. das Fünf-Faktoren-Modell zur Analyse menschlicher Charaktere nach Gordon Allport (vgl. Allport 1932).

Mit dem qualitativ-psychologischen Konzept der Führungsforschung hat sich ebenso die Beschäftigung mit den sog. *soft skills* herausgebildet. Dominiert in Kontinentaleuropa noch immer Fachwissen als Grundlage für Führungsverantwortung, ist die Praxis in der angloamerikanischen Welt einen Schritt weiter: spezifische soziale und psychologische Führungsqualitäten werden dort als Grundlage für erfolgreiches unternehmerisches Handeln angesehen. Von der Ebene der Führungskräfte hat sich die *soft skills*-Forschung auf alle Ebenen der Belegschaften ausgedehnt. Die Beschäftigung mit den *soft skills* ist aber nicht zu verwechseln mit der theoretischen Auseinandersetzung um den Kompetenzbegriff, die in Deutschland derzeit wieder – angetrieben durch die Diskussion um den Deutschen Qualifikationsrahmen - neu entflammt (vgl. Erpenbeck/Rosenstiel 2003).

Zudem demonstriert die US-Forschungswelt auch, dass sie selbst einer eigenen konjunkturellen Entwicklung unterliegt. Denn es bilden sich geradezu Moden aus, die sich durch das Feld der innovativen Personalpolitik ziehen. Ihnen folgt nach einer gewissen Zeitverzögerung die Einführung in die Praxis. Beispiele dafür sind Zielvereinbarungssysteme, Matrix-Organisationen oder neuerdings *talent management*. Manche dieser Konzepte etablieren sich, andere verschwinden nach einigen Jahren wieder.

Letztlich hat die US-amerikanische Vormachtstellung in Forschung und Praxis dazu geführt, dass in der betrieblichen Welt der Personalentwicklung Anglizismen vorherrschen - wobei auch die Sprache der multinationalen Unternehmen prägend sein dürfte. Ganz selbstverständlich werden Begrifflichkeiten wie Human Resources, kurz HR, oder Management auch in der übrigen Welt genutzt. Das Französische hat keine eigenen Akzente setzen können.

4 Organisationsformen in Betrieben

Innovative Personalarbeit vollzieht sich in Unternehmen auf unterschiedlichen Ebenen. Auf unterer Ebene sind das alltägliche Umfeld und die Arbeitsbedingungen für die Sammlung von Erfahrungswissen und das sog. informelle Lernen die entscheidenden Grundbedingungen. Abgesehen von den Routinehandlungen spielen für die Personalentwicklung die sozialen Beziehungen am Arbeitsplatz (wie zum Vorgesetzten oder im Team) und die benötigte Ausrüstung samt ihrer Fortentwicklung eine wichtige Rolle. Die Herstellung neuer Produkte und Dienstleistungen, die Öffnung neuer Kundenkreise und die Einführung neuer Technologien führen zu notwendigen Lernfortschritten und Kompetenzentwicklung. Auch die moderne Organisationsentwicklung mit einer immanent enthierarchisierenden Tendenz in Bezug auf ein Vorgaben-Régime schafft neue Räume für Selbstverantwortung und Selbsttätigkeit, die mit neuen Anforderungen einhergeht. Und der Einzug der Projektarbeit stellt ein wesentliches Moment mit Blick auf Kompetenzentwicklung und Problemlösung dar, weil hierarchische laterale Arbeitsbeziehungen weichen, Prozesswissen zunimmt und die selbstständige Erledigung des eigenen Aufgabenbereiches zum Normalfall wird.

Als mittlere Ebene lässt sich eine geplante Personalentwicklung ausmachen. Zu ihr gehören die Teilnahme an Weiterbildungen jeglicher Form, verschiedene Reflexionsformen der eigenen Arbeit (Q-Zirkel, Rücksprache, Abteilungsgespräch) sowie Zielvereinbarungsmechanismen (einschließlich Rücksprachen und Personalentwicklungsgesprächen).

Auf oberer Ebene ist die strategische Definition und Fortentwicklung der Personalarbeit angesiedelt. Nur dort kann die Personalentwicklung in den Katalog der Gesamtziele eines Unternehmens integriert werden. In größeren Unternehmen erhalten Mitglieder des geschäftsführenden Vorstandes die zentrale Personalverantwortung zugewiesen. Ihre wichtigste Aufgabe besteht in der Steuerung des Personalbudgets.

Oft werden zusätzliche Leitbilder für die Belegschaft formuliert. Leitbilder haben die Funktion, Einstellungsmuster der Mitarbeiter auszurichten, ethische Grundlagen zu definieren und Zielsetzungen zu konkretisieren. Darüber hinaus kommen weitere Funktionen hinzu: Ergänzung des Markenleitbildes; Erhöhung der Attraktivität für Investoren; *employer branding*; usw. Das bekannteste Beispiel ist das *diversity management*, das die Vielfalt der Belegschaft zum Ordnungsprinzip erhebt. Die Formulierung von Leitbildern entspringt der US-Tradition und wird meist nur von international agierenden Großunternehmen aufgegriffen.

Alle Ebenen werden ergänzt durch die eigenverantwortliche Fortbildung des Mitarbeiters und des Selbstständigen. Denn sein eigenes Interesse führt ihn permanent zur Aufnahme relevanter Informationen, um seine beruflichen Arbeitsaufgaben besser bewältigen zu können. Aber auch die gezielte Informationsaufnahme, z.B. durch die Lektüre von Fachzeitschriften, den Austausch mit Arbeitskollegen und die Massenmedien, zählt dazu.

Neben der Verortung auf verschiedenen Unternehmensebenen existieren jedoch auch gesonderte und professionelle Formen der Personalpolitik. Aktuell lässt sich ein verstärktes Outsourcing beobachten. Personalmanagement wird zunehmend aus Gründen potenzieller Einsparungen an externe Dienstleister delegiert. Mittelständische Unternehmen gewinnen dadurch zusätzliche Professionalität. Sog. HR-Portale wiederum sind Formen von Informationsquellen, die passgenau für das Personalmanagement genutzt werden können. Der Markt der Personalberater spielt dabei eine signifikante Rolle.

Weiterbildung wird nur noch selten von fest angestellten Mitarbeitern in speziellen Weiterbildungsabteilungen organisiert und von firmeneigenen Dozenten ausgeführt. Meist verlässt man sich auf externe Dienstleister. Gerade in jüngster Zeit zeigt sich, dass auch hier die Rationalisierung eine besondere Effektivität erzwingt, die sich in immer kürzeren und betriebspezifischeren Trainings niederschlägt.

Größere Unternehmen haben für die Förderung ihrer Führungskräfte ausgereifte Formen der Kompetenzentwicklung entwickelt. Es handelt sich dabei um besondere Programme, die den Nachwuchskräften vor allem das Unternehmen näher bringen sollen. Zunehmend werden aber auch betriebsspezifische Formen der Aus- und Weiterbildung professionalisiert. Zu nennen sind hier duale Studiengänge, von denen in Deutschland bereits 700 existieren. Die Studiengänge richten sich vor allem an leistungsstärkere Jugendliche, die in komprimierter Form die Chance erhalten, einen Berufs- und Studienabschluss zu erlangen. Die sind nicht mit sog. *corporate universities* zu verwechseln: sie sind keine Hochschulen, wie der Name vermuten ließe, sondern Weiterbildungsabteilungen. Zudem versuchen einige größere Unternehmen, sich auch durch Bildungsarbeit öffentlich zu platzieren. Sponsoring, eigene öffentliche Initiativen und die Beauftragung von Studien gehören ebenso dazu wie das Ausloben von Preisen oder die Zusammenarbeit mit Schulen.

Weiter halten sich die internen Anstrengungen um die Kompetenzentwicklung und die externen Bemühungen um die Rekrutierung geeigneter Mitarbeiter die Waage. Es ist jedoch mittel- und langfristig mit einer verstärkten Zunahme von Dienstleistungen an Personalbeschaffern (wie Headhuntern) zumindest für Führungs- und Fachkräfte zu rechnen, da sich die Spezialisierung erhöht, die Arbeitsmärkte internationalisieren und durch den demografischen Wandel eine Verknappung entstehen wird.

Rechtliche Rahmenbedingungen der Personalpolitik sind tief im Arbeitsrecht verankert. Spezifische Qualifizierungskomponenten finden sich im tariflichen Bereich. Dazu gehören zunächst die individuellen Arbeitsverträge und die Betriebsvereinbarungen. Obgleich Tarifverträge schon länger Bestimmungen zu qualifikatorischen Aspekten aufweisen, sind spezifische Qualifizierungsverträge ein relativ neues Phänomen, das im Vertrag der Metallindustrie in Baden-Württemberg 2001 seinen Ausgangspunkt hat. Schließlich enthält das novellierte Betriebsverfassungsgesetz Bestimmungen zur Zusammenarbeit zwischen der Arbeitgeber- und Arbeitnehmervertretung. Mit dieser Novelle wurde die Mitbestimmungspflicht ausgeweitet, wenngleich sich in der Praxis der Grundsatz zu halten scheint, dass der Betriebsrat eher über das Wie denn das Ob mitentscheidet. Die Gewerkschaften erblicken in einer stärkeren und selbstbewussteren Arbeit der Betriebsräte ein Zukunftsfeld (vgl. Weiß 2007).

Die Bemühungen um die Qualitätssicherung der Personalpolitik sind vielfältig. Es dominieren dabei Weiterbildungen für die Mitarbeiter und die Einführung von neuen Informationssystemen. Daneben bilden sich zusehends internationale Standards für unterschiedlichste Bereiche der Personalarbeit heraus: Ein Beispiel dafür ist die Formulierung der DIN 33430 zu Anforderungen an Verfahren und deren Einsatz bei berufsbezogenen Eignungsbeurteilungen. Ein weiteres Beispiel ist das Entstehen von übernationalen Begrifflichkeiten für Tätigkeitsprofile genauso wie für die Definition von Kompetenzen (vgl. *the big five*).

Eine Besonderheit ergibt sich durch die existentielle Frage nach dem Nachweis der eigenen Wirksamkeit. Denn solange das Angebot an geeigneten Arbeitskräften auf dem Arbeitsmarkt besteht, ließe sich nach betriebswirtschaftlicher Maxime schließen, dass Investitionen in die eigenen Belegschaften unwirtschaftlich sind: sie sind teuer, eine Rendite ist aufgrund der Kündigungsgefahr ungesichert und sie erhöhen die Arbeitskosten.

Unterschiedliche Antworten werden darauf gegeben, die einem weiteren Verständnis von Qualitätssicherung geschuldet sind: Erstens versucht das Bildungscontrolling, den Nachweis für die Erhöhung der Produktivität und der Wettbewerbsfähigkeit zu erbringen, indem mit betriebswirtschaftlicher Logik Input und Output einander gegenüber gestellt werden. Zweitens verdichten sich in den letzten Jahren die Hinweise, dass das psychologische Moment eine große Rolle bei der Leistungsfähigkeit eines Unternehmens spielt: denn Personalentwicklung trägt zu Loyalität und längerfristiger Betriebsbindung, Mitarbeiterzufriedenheit, Verantwortungsgefühl, höherem Erfahrungswissen usw. bei, was wiederum Engagement und Kreativität der Belegschaft fördert. Gerade im Vergleich zu den steigenden Personalbeschaffungskosten ist die Investition in den Mitarbeiter auch aus Gründen der Qualitätssicherung erforderlich.

5 Verbreitung und Volumen

So vielfältig die quantitativen Erhebungen sind, so schwierig ist auch ihre Vergleichbarkeit. Das gilt für die nationale wie für die internationale Ebene. Die Erhebungen und Berechnungen unterscheiden sich stark in ihren Konzeptionen, in ihrer Reichweite, ihren Zielgruppen, ihren Erhebungsgrößen, der Interpretation der zentralen Begriffe usw. Daher ist es derzeit unmöglich, ein genaues und präzises Bild zu zeichnen, das betriebliche Weiterbildung und innovative Personalpolitik quantitativ eingrenzen könnte. Es kann also nur um qualifizierte grobe Schätzungen gehen.

Im Wesentlichen werden unterschiedliche Größen erhoben, wie die Anzahl an Teilnehmern, ihre soziografische Differenzierung, die Kosten und der zeitliche Umfang. Ein besonderes Problem beim Vergleich der Ergebnisse und der Erhebung von Daten besteht in der schieren Menge und somit dem Aufwand, der für ein flächendeckendes Bild in Deutschland erforderlich wäre. Dazu treten das Verhältnis zwischen formalem und sog. informellem Lernen bzw. auch dem Lernen im Prozess der Arbeit, die Zugehörigkeit von Maßnahmen zu einem erweiterten Begriff von Weiterbildung, der Umgang mit Freistellungs- und Opportunitätskosten entgangener Einnahmen, usw. Darüber hinaus liegen für spezifische und neue Erscheinungen keinerlei Daten vor, wie für den Umfang des Coachings oder des Mentorings. Eine gute Übersicht bietet Bellmann (2003).

Trotz der Unsicherheiten über die statistischen Grundlagen besteht aber in einigen Punkten Konsens:

- In internationalen Vergleichsstatistiken zur betrieblichen Weiterbildung wird Deutschland aufgrund der hohen qualifizierten Ausbildung und der Vernachlässigung der spezifischen Bedingungen in mittelständischen Unternehmen strukturell benachteiligt. Im Mittelstand sind Arbeitsteilung und Spezialisierung aufgrund der geringeren Personalstärke eingeschränkt, somit der Lerngehalt der breiteren Tätigkeitsprofile wesentlich größer. Weiterbildung vollzieht sich unter diesen Bedingungen informell.
- Die Unternehmen werden infolge der stagnierenden Qualifikationsentwicklung, der besonderen demografischen Herausforderung und der Weiterbildungsmüdigkeit noch stärkere Verantwortung übernehmen müssen.
- Die Bildungsarmut übt zunehmenden Einfluss auf die Standortsicherung der deutschen Volkswirtschaft aus. Denn Ausbildungsfähigkeit und Weiterbildungsreife sind unterdurchschnittlich.

- Die Konzentration auf die Zielgruppen mit der höchsten Bildungsrendite (guter Ausbildungsstatus, mittleres und höheres Management) führt dazu, dass die Personen- und Belegschaftsgruppen mit dem geringsten Qualifikationsstand eher weniger berücksichtigt werden.
- Die Unternehmen fördern die betriebliche Weiterbildung in einem Verhältnis von 2:1 mit internen:externen Maßnahmen.
- Vor allem die Betriebsgrößenklasse der sog. mittleren Unternehmen weist im Vergleich zu Kleinst- und Großunternehmen unterdurchschnittliche Werte für Weiterbildung auf.

Um ein grobes Bild zu zeichnen, dienen folgende Fakten zum Status Quo als Raster:

- Die deutschen Betriebe bezeichnen sich zu 69% als weiterbildungsaktiv.
- Die gesamte Investitionssumme der deutschen Unternehmerschaft in Weiterbildung beträgt rund 27 Mrd. (Werner 2006).
- Der größte Anteil an den Investitionen entfällt auf Personalausfallkosten.
- Die Unternehmen bezahlen betriebsspezifische Maßnahmen komplett.
- Ein Viertel der deutschen Unternehmen führt Bedarfsanalysen aus.
- An Tarifverträge zur Qualifizierung sind 5% der Betriebe gebunden; in 29% der Betriebsvereinbarungen ist Qualifizierung Regelungstatbestand.
- Cost-sharing ist bei Maßnahmen der allgemeinen beruflichen Weiterbildung akzeptiert.
- Lernzeitkonten bietet ein Zehntel der Betriebe an.
- Etwa 40% der Belegschaft profitiert jährlich von Weiterbildungsmaßnahmen.
- Die durchschnittliche Weiterbildungszeit von Teilnehmern beträgt jährlich rund 30 Stunden.

Eine kleine Anzahl von Referenzuntersuchungen vermittelt Daten über dieses Feld: Die Erhebungen des Instituts der deutschen Wirtschaft zur betrieblichen Weiterbildung erfolgen alle drei Jahre; Die internationale Erhebung des Continuing Vocational Training Survey wurde bereits dreimal durchgeführt und nun per gesetzlicher Grundlage als Regelinstrument eingerichtet; Das Referenz-Betriebs-System des Bundesinstituts für Berufsbildung greift auf ein Panel von 1.500 Betrieben zur Erhebung von Informationen zu aktuellen Fragestellungen zurück.

6 Zukünftige Herausforderungen

Die innovative Personalpolitik wird zukünftig mehr Aufmerksamkeit erfahren. Ausgelöst wird das vor allem durch Fragen der Praxis, die auf eine wissenschaftliche Begleitung und Innovationen angewiesen ist. Daher ist es wichtig, die Praxisorientierung beizubehalten.

Die erste Herausforderung ist die Nutzung innovativer Personalpolitik für die Standortsicherung von Betrieben und Volkswirtschaften. Diese Funktion könnte man als Versorgung mit Fachkräften bezeichnen. Sie ist auf unterschiedlichen Ebenen angesiedelt: Auf Makro-Ebene sind die wichtigsten Rahmenbedingungen der technologische Fortschritt und die steigenden betrieblichen Anforderungen, die weitere Internationalisierung der Wirtschafts- und Arbeitswelt, der demografische Wandel in den Industriestaaten und die Organisationsentwicklung. Es gilt, darauf die richtigen Reaktionen zu finden.

Verschiedene Strategien müssen entwickelt werden. So wird die Qualifikationsentwicklung der Erwerbstätigen eine noch größere Bedeutung erlangen. Dabei sind unterschiedliche Facetten zu beachten: Zunächst muss die grundständige Ausbildung im Hinblick auf die moderne betriebliche Arbeitsweise verbessert werden. Damit sind die Höhe und die Tiefe der Qualifizierung angesprochen. Dafür müssen die formalen Bildungsinfrastrukturen flexibler und ausgereifter mit Blick auf die Passgenauigkeit und Effizienz der Angebote sowie die Entwicklung von selbstgesteuertem Lernen gestaltet werden. Hier stellt sich besonders für rohstoffarme Staaten die Frage, ob für die Stärkung ihrer Wirtschaftskraft Bildungsinvestitionen zu erhöhen sind. Zudem ist bedingt durch Alterung und prognostizierte zahlenmäßige Reduzierung der Belegschaften das lebenslange Lernen zu fördern. Für eine hoch entwickelte Volkswirtschaft, deren Wohlstand auf der Exzellenz von Produkten und Dienstleistungen im globalen Maßstab basiert, ist es von großer Bedeutung, die Spitzenstellung zu halten und die dafür notwendigen Voraussetzungen zu schaffen.

Auf Mikro- oder betrieblicher Ebene muss der innovativen Personalpolitik größeres Gewicht beigemessen und somit die Professionalität gesteigert werden. Das bezieht sich zunächst auf die Einbettung von Personalentwicklung in die Unternehmensstrategie. Um auch zukünftig auf den internationalen Arbeitsmärkten die notwendigen Fachkräfte rekrutieren zu können, sind angemessene Strategien erforderlich: Für die Attrahierung von Fachkräften sind besondere Leistungen zu entwickeln wie Karrieremöglichkeiten, gute Arbeits- und Lebensbedingungen (Vereinbarkeit von Beruf und Familie vor allem für Frauen), herausfordernde Arbeitsumfelder, Weiterbildungsmöglichkeiten usw. Der sog. *war for talents* wird vermutlich neue Wege der Personalrekrutierung erzwingen. Schon heute beginnen größere Unternehmen, ihre Attraktivität mittels eines gezielten Markenimages zu erhöhen, dem sog. employer branding. In Großbritannien beispielsweise entfaltet die Initiative *Investors in People* große Wirkung: Betriebe mit dem Nachweis eines Mindestmaßes an Personalentwicklung können sich dort mit einem Gütesiegel schmücken (vgl. http://www.investorsinpeople.co.uk).

Gleichzeitig setzt bei größeren Betrieben ein Umdenken in Bezug auf den eigenen Vermögenswert ein: Waren früher Ausrüstung und Maschinenpark, Immobilienbesitz und Finanzrücklagen die zentralen Indikatoren für ein gesundes Unternehmen, geraten heute zusehends die Qualifikationen der Mitarbeiter in den Blick. Die neuen Möglichkeiten der Wissensbilanzen im Handelsgesetzbuch zeugen von der neuen Wertschätzung für die Leistungsstärke und das Kompetenzniveau einer Mitarbeiterschaft.

Die innerbetriebliche Kompetenzentwicklung wird zu einem Schlüsselfaktor bei der Unternehmenspolitik. Das setzt ein breites Spektrum von Aufgaben voraus: so muss der richtige Einsatz des geeigneten Mitarbeiters an der optimalen Arbeitsstelle unter best geeigneten Arbeitsbedingungen erfolgen können. Das *Matching* ist daran gebunden, die Anforderungs- und Tätigkeitsprofile mit den Leistungsprofilen der Mitarbeiter abgleichen und verbinden zu können. Anpassungsmaßnahmen bei der Organisations- wie bei der Personalentwicklung werden notwendig.

Das muss durch Unterstützungsmaßnahmen flankiert werden. Viele Themenfelder sind dem zuzuordnen: So ist die zweifelsohne schwierige Prognostik methodisch zu verbessern; des weiteren sollten die Betriebe ein Wissens- und Kompetenzmanagement aufbauen; dazu gehören Formen des Wissenstransfers, der besonders wichtig bei dem Ausscheiden älterer Mitarbeiter wird.

Als zweite Herausforderung ist die Effizienz- und Qualitätssteigerung der innovativen Personalpolitik zu nennen. Gerade vor dem Hintergrund der zunehmenden Arbeitsverdichtung und somit der Belastung für den Einzelnen ist es notwendig, die zeitlichen Ressourcen richtig einzusetzen. Spielraum besteht dabei durch die grundlegende Beweglichkeit von Auftragslage und Konjunktur. Die Kompetenzentwicklung sollte auf Phasen geringerer zeitlicher Beanspruchung konzentriert werden. Dafür bieten sich neue Instrumente wie Lernzeitkonten an (vgl. Seifert 2002).

Das Bildungscontrolling kann bei der Qualitäts- und Effizienzsteigerung eine wichtige Rolle spielen, indem es zunächst als Nachweis für das betriebswirtschaftliche Controlling genutzt wird. Dann sind Investition und Rendite einander gegenüberzustellen. Darüber hinaus kommt dem Bildungscontrolling aber auch als Steuerungsinstrument einer geeigneten Personalentwicklung Bedeutung zu, indem es in die Formulierung der Unternehmensstrategie integriert wird (vgl. Hummel 2001). Neuere Steuerungssysteme wie die *Balanced Scorecard* haben sich in der Praxis schon ausbreiten können.

Zudem gilt es, einen erweiterten Begriff von Beschäftigungsfähigkeit umzusetzen. Dazu gehören neben der Qualifizierung auch die Erhaltung der Gesundheit und die Steigerung der Motivation (vgl. Bellmann 2003). Der Aufbau eines Gesundheitsmanagements richtet sich dabei auf der einen Seite gegen Ausfallzeiten, Berufsunfähigkeit und Vorruhestand. Auf der anderen Seite kann es helfen, die Steigerung der Leistungsfähigkeit und die längere Lebensarbeitszeit zu befördern.

Die dritte Herausforderung ist die psychosoziale Dimension der Arbeits- und Unternehmenskultur. Unter dem angelsächsischen Einfluss sind die Forschungsbemühungen geradezu explodiert. Diese psychologische Wende zeigt sich eindrucksvoll bei der Betrachtung der Neuerscheinungen und bei den Themenfeldern der Fachzeitschriften. So ist eine neue Spezialisierung auf die bislang eher zweitrangigen weichen Faktoren entstanden. Die Sozialpsychologie entfaltet hierbei eine immer größere Bedeutung.

Sichtbar wird dadurch die Relevanz von Einstellungen, von Motivation, sozialen Beziehungen, von Alter usw. auf die Leistungsfähigkeit von Mitarbeitern und somit auf die Produktivität eines Unternehmens. Viele Untersuchungen versuchen daher, die Korrelation von Mitarbeiterzufriedenheit und Unternehmenserfolg nachzuweisen. Die Trennschärfe zum normativen Konstrukt einer erforderlichen *Wende zum Mitarbeiter* ist jedoch nicht immer nachzuzeichnen, da sich unter den Veröffentlichungen viele populärwissenschaftliche Arbeiten (oft Lebensratgeber) finden und Wertediskussionen geführt werden. Eine stärkere theoretische Grundlegung der Wirtschaftspsychologie ist daher wünschenswert.

Daneben ist eine neue Debatte um das *richtige* Führungsverhalten entbrannt. Eine Mehrheitsmeinung schält sich dabei heraus, die das geeignetste Führungsverhalten in den Dienst der Motivationsförderung und der strategischen Vorgaben stellt. Es zeigen sich dabei große nationale Unterschiede hinsichtlich der jeweiligen kulturellen Werte (vgl. Culture and Leadership 2007).

Die Belegschaft kann mit Blick auf die psychologische Dimension weniger durch ihr Qualifikationsniveau als vielmehr durch ihre Altersgruppen differenziert werden. Zemke et. al. haben dafür ein Generationenmodell vorgelegt, das zunehmende Akzeptanz erhält. Dabei werden mit steigendem Alter die Nexters, die Generation x, die Baby Boomer und die Erfahrenen unterschieden. Ihre Arbeitseinstellungen weichen stark voneinander ab (vgl. Zemke/Raines/Filipczak 2000). Gleichzeitig ist die Altersforschung mit Blick auf das Ein- und Anstellungsverhalten durch neue Forschungsergebnisse den deutschen Betrieben mit ihrer vorherrschenden Defizit-Theorie des Alters entgegengetreten. Zwischenzeitlich hat sich das Bild eines typischen altersgerechten Profils und das des geeigneten Einsatzes älterer Mitarbeiter präzisiert (vgl. Mayer/ Baltes 1996; Staudinger 2007).

Zudem wird der vorherrschenden Konzentration auf die Fachkenntnisse ein differenziertes Kompetenzmodell gegenübergestellt, indem die sog. *soft skills* wichtiger werden. Das entspricht der Haltung der Unternehmer, die immer größeres Gewicht auf die weichen Faktoren legen. Das zeigt sich praktisch zum einen in den Stellenausschreibungen, zum anderen in ihren Präferenzen für Weiterbildungsinhalte.

7 Entwicklung zum politischen Themenfeld

Innovative Personalpolitik hat das Potenzial, als politisches Thema entdeckt zu werden. Denn Wissen und Kompetenz werden vermehrt als strategische Faktoren für die Erhaltung von Schlüsselindustrien und somit für die Standortsicherung anerkannt. Gerade die Szenarien der Arbeitswissenschaften über die bedeutende Rolle von sog. Wissensarbeitern für die Beschäftigungssicherung tragen dazu bei, dass auch die Politik ein Handlungserfordernis erblicken wird. Möglicherweise werden zukünftig Wissensträger wie militärische Geheimnisträger behandelt.

Vor allem die Initiativen der EU-Kommission haben seit 1996 dazu beigetragen, einen erweiterten und wirtschaftsorientierten Bildungsbegriff zu etablieren (vgl. Kommission der Europäischen Union 1995; Europäische Kommission 2000). Das hat in Deutschland wesentlich dazu beigetragen, sich von einem ausschließlichen Humboldt'schen Bildungsverständnis als Persönlichkeitsentwicklung zu entfernen. Die Lissabon-Strategie der Europäischen Union hat die Entwicklung der Humanressourcen ins Zentrum ihrer Politikformulierung gestellt (Europäischer Rat 2000). Daneben profitiert das Themenfeld auch von Strukturvorschlägen und öffentlichen Finanzierungen. Damit könnte sich die Humankapital-Perspektive durchsetzen, welche die OECD bereits in den 1980er Jahren formuliert hat und derzeit mit der internationalen Vergleichsforschung vorantreibt.

Die makroökonomische Forschung hat besonders die Korrelation zwischen Wirtschafts- und Qualifizierungsentwicklung aufgegriffen und zunehmend Gehör in der Politik gefunden. Daher gehen nun auch zusehends Überlegungen über den investiven Charakter von Bildungsinvestitionen in den politischen Dialog ein sowie Reflektionen über die Entwicklung der Humanrenditen, über Globalziele bei der Entwicklung von Bildungsabschlüssen oder die Bildungsforschung und -berichterstattung.

Auf einzelnen Feldern ist die EU-Kommission schon aktiv geworden: Sie hat entscheidend die Begrifflichkeiten geprägt, mit denen heute die Bildungsreformdebatte in allen Mitgliedsländern geführt wird, wie lebenslanges Lernen oder Beschäftigungsfähigkeit. Zudem ist die EU-Kommission für die Definition eines Katalogs von Schlüsselkompetenzen sowie eines Referenzmodells für die Zertifizierung informellen Lernens – einschließlich beruflicher Erfahrungen – in Vorleistung gegangen. Die Anerkennung von beruflichen Qualifikationen aus dem Ausland ist durch die Richtlinie zur Anerkennung von Berufsqualifikationen, die Idee des Europäischen Qualifikationsrahmens und die Richtlinie über die Zulassung von Drittstaatsangehörigen zur Absolvierung eines Studiums aufgegriffen worden. Und schließlich hat sie die Perspektive einer Nachhaltigkeit von Personalentwicklung mit dem Konzept des Corporate Social Responsibility (CSR) gestärkt.

Besonders hervorzuheben ist aber, dass es die EU-Kommission vermocht hat, mit dem Bologna- und dem Kopenhagen-Prozess binnen weniger Jahre eine *Kompetenzwende* einzuleiten, indem nicht mehr die institutionellen Regeln und Traditionen der nationalen Bildungssysteme als Ausgangs- und Angelpunkt gelten, sondern nur noch die tatsächliche Leistungsfähigkeit unabhängig vom Bildungsweg. Das provoziert neue Verfahren der Feststellung und der Prüfungsformen. Die Debatte darüber ist jedoch noch lange nicht abgeschlossen.

In Deutschland hat sich die Politik noch weitgehend einer Einmischung in innovative Personalpolitik enthalten. Dennoch gibt es vereinzelte Beispiele dafür, dass ein Bewusstsein für das Themenfeld besteht. Ein prägnantes Beispiel ist die Diskussion um den temporären Zuzug von Fachkräften, die die deutsche Wirtschaft benötigt. Das Lager für die Öffnung der Arbeitsmärkte über Zuwanderungsregeln und das Lager für eine Präferenz einheimischer Arbeitskräfte stehen sich weiterhin unversöhnlich gegenüber. Zur vermeintlichen Beseitigung von bestehenden Missständen wird die Bundesregierung aktiv bei der Erwerbslosenqualifizierung oder bei der mangelnden Insolvenzsicherung von Lernzeitkonten. Außerdem haben die letzten Bundesregierungen Programme ins Leben gerufen, um die innovative Personalpolitik zu befördern (Initiative Neue Qualität der Arbeit (INQA), Qualifikations-Entwicklungs-Management (QUEM)); in der Durchführung der Programme zeigt sich aber, wie schwierig es ist, umsetzbare Instrumente zu erarbeiten und erfolgreich zu verbreiten.

Die weitere Entwicklung des Themenfeldes wird auch davon abhängen, wieweit sich die Forschungspraktiken und -linien einander annähern können. Der Effizienzsteigerung innovativer Personalpolitik hilft es nicht, wenn sich die Erwachsenenbildner abwenden, indem sie die Ökonomisierung von Bildung ablehnen oder gar tabuisieren. Und es hilft ebenso wenig, wenn sich die Personalentwickler ihrerseits der Schulbildung nicht nähern wollen, weil die sich von einer lebens- und berufsweltlichen Ausrichtung entfernt hat. Vielmehr scheint es, dass die beiden Lager sich gegenseitig von Nutzen sein könnten, indem die Personalpolitik die Didaktik aufgreift und die Erwachsenenbildung sich dem Bedarf der Wirtschafts- und Arbeitswelt öffnet, beispielsweise über *soft skills*.

Literaturverzeichnis

Allport, G./Odbert, H. (1936): Trait-names: A psycho-lexical study. Psychological Monographs, Whole No. 211.

Auhagen, A. E. (2004): Positive Psychologie, Weinheim: Beltz

Bahnmüller, R.: Liste von Studien auf Webseite des Forschungsinstituts für Arbeit, Technik und Kultur, Tübingen: o.V.

Becker, G. (1993): Ökonomische Erklärung menschlichen Verhaltens, Tübingen: Mohr Siebeck.

Becker, M. (2005): Personalentwicklung, Stuttgart: Schäffer-Pöschel.

Bellmann, L. (2003): Datenlage und Interpretation der Weiterbildung in Deutschland (Schriftenreihe der Expertenkommission Finanzierung Lebenslangen Lernens). Bielefeld: Bertelsmann.

Bellmann, L./Kistler, E./Wahse, J. (2007): Betriebe müssen sich auf alternde Belegschaften einstellen, IAB-Kurzbericht 21. Verfügbar unter: http://doku.iab.de/kurzber/2007/kb2107.pdf (6.5.2008).

Chhokar, J.S./Brodbeck, F.C./House, R.J. (2007): Culture and Leadership Across the World. The GLOBE Book of In-Depth Studies of 25 Societies. Lawrence Erlbaum Associates.

Erpenbeck, J./von Rosenstiel, L. (2003): Handbuch Kompetenzmessung. Stuttgart: Schäffer-Poeschel.

Expertenkommission (2004): Finanzierung Lebenslangen Lernens. Bielefeld.

Geißler, K.A./Orthey, F.M. (1999): Der große Zwang zur kleinen Freiheit. Berufliche Bildung im Modernisierungsprozess. In: Die Österreichische Volkshochschule 50, H. 192, S. 54-55.

Hummel, T. (2001): Erfolgreiches Bildungscontrolling, Heidelberg: Sauer.

Kaplan, R./Norton, D. (1997): Balanced Scorecard – Strategien erfolgreich umsetzen, Stuttgart: Schäffer-Pöschel.

Kommission der Europäischen Union (Hrsg.) (1995): Lehren und Lernen . Auf dem Weg zur kognitiven Gesellschaft. Weißbuch zur allgemeinen und beruflichen Bildung, Luxemburg: Amt für Veröffentlichungen der europäischen Gemeinschaften.

Europäischer Rat (Lissabon) (2000): Lissabon-Strategie: Schlussfolgerungen des Vorsitzes, Tagung vom 23. und 24. März 2000, Nr.100/01/00.

Mayer, K.U./Baltes, P.B. (1996): Die Berliner Altersstudie, Berlin: Akademie Verlag.

Europäische Kommission (2000): Memorandum über lebenslanges Lernen, Brüssel. Verfügbar unter: http://www.na-bibb.de/uploads/zusatz2/memorandum_lebenslangeslernen.pdf (06.05.2008).

Mentzel, W. (2004): Personalentwicklung, München: DTV.

Lüders, C./Kade, J./Hornstein, W. (1995): Entgrenzung des Pädagogischen, In: Krüger, H.-H./Hesper, W. (Hrsg.): Einführung in Grundbegriffe und Grundfragen der Erziehungswissenschaft, Opladen: Leske und Budrich, S. 207-15.

Schwuchow, K./Gutmann, J. (2008): Jahrbuch Personalentwicklung, Köln: Luchterhand.

Seifert, H. (2002): Lernzeitkonten für lebenslanges Lernen, Düsseldorf: Hans-Böckler-Stiftung.

Sennett, R. (2000): Der flexible Mensch, Berlin: btb.

Staudinger, U. M. (2007): Dynamisches Personalmanagement als eine Antwort auf den demografischen Wandel, In: Dokumentation des 30. Deutschen Betriebswirtschaftler-Tages. Verfügbar unter: http://www.demographie-netzwerk.de/upload/Downloads/KnowHowKongress2007/ws1-staudinger.pdf (06.05.2008).

Staudt, E./Kriegesmann, B. (1999): Weiterbildung: Ein Mythos zerbricht. Der Widerspruch zwischen überzogenen Erwartungen und Misserfolgen der Weiterbildung. In: AG QUEM (Hrsg.): Kompetenzentwicklung '99. Münster: Waxmann, S. 17-59.

Weidner, J. (2005): Die Peperonie-Strategie, Köln: Campus.

Werner. D. (2006): Trends und Kosten der betrieblichen Weiterbildung – Ergebnisse der IW-Weiterbildungserhebung 2005. In: IW-Trends, 33. Jg, H. 1.

Voß, G.G./Pongratz, H.J. (1998): Der Arbeitskraftunternehmer. Eine neue Grundform der Ware Arbeitskraft? In: Kölner Zeitschrift für Soziologie und Sozialpsychologie 50. Jahrgang, H. 1, S. 131-158.

Weiß, R. (2007): Betriebliche Weiterbildung. In: Praxishandbuch Weiterbildungsrecht, Loseblattsammlung. Köln: Luchterhand.

Zemke, R./Raines, C./Filipczak, B. (2000): Generations at Work, New York: AMA.

Lutz von Rosenstiel

Weiterbildung von Führungskräften

Der sich beschleunigende Wandel auf nahezu allen Gebieten menschlichen Lebens trifft die Organisationen der Wirtschaft und Verwaltung – und hier wiederum die dort handelnden Führungskräfte – in besonderem Maße. Eine Antwort der Unternehmen auf diese Herausforderungen besteht darin, die Führungskräfte beständig im Sinne eines lebenslangen Lernens zu qualifizieren. In diesem Beitrag wird gezeigt, warum man was auf welche Weise durch Weiterbildungsmaßnahmen zu erreichen sucht, was getan werden könnte, um den gelegentlich fraglichen Transfer des Gelernten in die Praxis zu sichern, und wie man evaluieren könnte, ob die Ziele erreicht wurden. Dabei soll deutlich werden, dass Weiterbildung nur eine Facette der Personalentwicklung von Führungskräften ist.

1 Der Wandel beruflicher Anforderungen

Wandel hat es stets gegeben. „Alles ist im Fluss" sagte bereits Heraklit, doch waren diese Prozesse in der Frühgeschichte der Menschheit fast ausschließlich naturgegeben. Seit sich jedoch Menschen aufgrund ihrer Befähigung zu lernen und zu denken über den gesamten Erdball ausbreiteten und die Gestaltung ihrer Welt – teils bewusst, teils unbedacht – in die Hand nahmen, hat sich dieser Wandel in einer sich beschleunigenden Weise geradezu dramatisch intensiviert. Die Menschen sind dabei Täter und Opfer zugleich, wobei allerdings die Täter- und Opferrollen höchst unterschiedlich verteilt sind.

Für die Unternehmen zeigen sich diese Veränderungen unter anderem in einer geradezu explosionsartigen Zunahme des Wissens bei ständig sinkender Halbwertszeit der Wissensinhalte, in technologischen Revolutionen, insbesondere in der Elektronisierung nahezu aller internen und externen Prozesse, in einer mit der Globalisierung der Wirtschaft verbundenen ständig wachsenden internationalen Konkurrenz, in einem Wachsen staatlicher Reglementierungen und Kontrollen, in einer Verknappung natürlicher Ressourcen, in der ökologischen Bedrohung der Erde, in einem massivem demografischem Wandel und – wohl eine Folge davon – in Veränderungen gesellschaftlicher Werte. All dies lässt sich als Bündel neuer Herausforderungen für die Unternehmen interpretieren, die diesen mithilfe ihrer Mitarbeiter und Mitarbeiterinnen, insbesondere aber der Fach- und Führungskräfte, zu bewältigen haben.

2 Anforderungen an Führungskräfte

Vereinfacht man grob, so ergab sich früher – sieht man von Besonderheiten des Familienunternehmens ab – die Legitimation von Führung in Organisationen aus dem in der Ausbildung erworbenen Wissen und der in den ersten Berufsjahren gewonnenen praktischen Erfahrung. Dieser fachliche Vorsprung war ausreichend, um den nachgeordneten Mitarbeitern angemessene Weisungen zu erteilen. Aufgrund der angesprochenen Wissensvermehrung stehen heute die meisten Führungskräfte vor dem Problem, Menschen führen zu müssen, die auf ihrem Spezialgebiet dem Führenden überlegen sind, dessen Aufgabe entsprechend vermehrt darin besteht, seine Spezialisten zu koordinieren. Sein Fachwissen reicht hierbei nicht aus, ja, es ist sogar gelegentlich hinderlich, denn Führende haben häufig „das Wissen von gestern und die Macht von heute". Um also den gewandelten Anforderungen gerecht zu werden, müssen die Führungskräfte neben einem Grundbestand fachlichen Generalistenwissens über Managementfertigkeiten, soziale Kompetenz und die Befähigung sich selbst zu führen, um auf diese Weise Vorbild zu sein, verfügen (vgl. Comelli/v. Rosenstiel 2009; v. Rosenstiel/Comelli 2003).

Sucht man sich die Anforderungen an Führungskräfte, die ihr Team zu koordinieren haben (personale Führung), ein wenig systematischer zu verdeutlichen, so hilft eine Modellvorstellung des Führungsprozesses in Anlehnung an Gebert und v. Rosenstiel (2002) und v. Rosenstiel (2007). Abbildung 1 visualisiert dieses Modell.

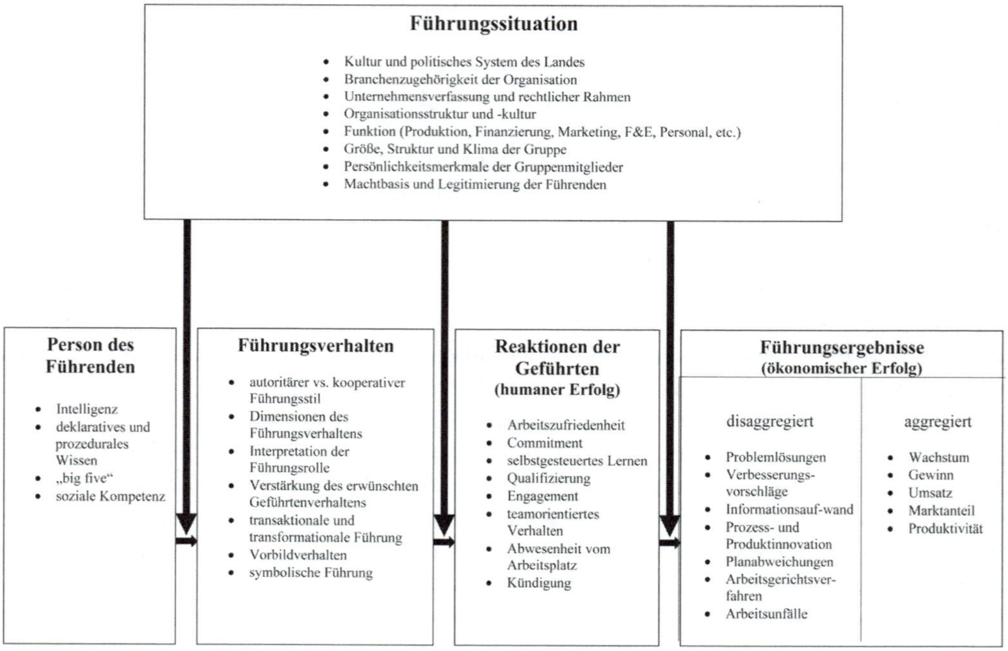

Abbildung 1: Bedingungen des Führungserfolgs

Interpretiert man diese Darstellung, so lässt sich das Führungsverhalten als instrumentelles Handeln interpretieren. Es geht um die Realisierung des Führungserfolgs. Wie dieser zu operationalisieren ist, beruht auf (unternehmens-) politischen Entscheidungen. Erreicht wird dieser Erfolg vom Führenden mit Hilfe der von ihm Geführten, wobei ein ganz bestimmtes Führungsverhalten zielführend sein kann. Welches Verhalten aber angemessen erscheint, ergibt sich zum einen aus der Qualität und Quantität der politisch festgelegten Erfolgsindikatoren und zum anderen aus den besonderen Bedingungen der Führungssituation. So ist es offensichtlich etwas anderes, wenn ein Führender vor die Aufgabe gestellt wird, einen in tief roten Zahlen steckenden Betrieb innerhalb eines Jahres wieder in die Gewinnzone zu bringen, als wenn von ihm erwartet wird, ein heillos zerstrittenes Team wieder zu einem konstruktiven und sachlichen Miteinander zu bringen, und es ist natürlich ebenfalls schwer zu vergleichen, wenn sich diese Aufgaben auf ein Produktionsunternehmen in einer hoch entwickelten westlichen Industrienation beziehen oder aber auf ein Dienstleistungsunternehmen in einem von politischen Unruhen geschüttelten schwarzafrikanischem Staat (vgl. Gebert 1992). Die Anforderungen an den Führenden ergeben sich entsprechend aus den Kriterien des Erfolgs, der von ihm erwartet wird, sowie aus den spezifischen Bedingungen der Führungssituation. Daraus leiten sich auch die Anforderungen an die künftigen Führungskräfte ab. Diese gilt es jeweils – nach Erfolgskriterien und Situation differenziert – für die Aufgaben von Morgen auszuwählen und zu entwickeln.

Konkret: Es gibt weder eine ideale Führungsperson noch ein generell optimales Führungsverhalten. Entsprechend gilt es

- die Kriterien des Erfolgs präzise zu benennen und konsequent zu beachten
- die Geführten zielorientiert zu fordern und zu fördern
- die Führungssituation valide zu erkennen und führungsförderlich zu gestalten
- das Führungsverhalten durch Personalentwicklung, z.B. durch Fort- Weiterbildungsmaßnahmen, flexibel zu modellieren, sowie
- die Führungsperson anforderungsgerecht auszuwählen.

3 Zu den Begriffen Personalentwicklung und Weiterbildung

Von Personalentwicklung wird in Deutschland seit den 1980er Jahren des vergangenen Jahrhunderts (vgl. Conradi 1983; Comelli 1985) – wohl in Analogie zum bereits eingeführten Begriff der Organisationsentwicklung (vgl. Gebert 1974) – gesprochen. Es wird aber jeweils recht Unterschiedliches darunter verstanden (vgl. Neuberger 1994).

So definiert etwa Rüter (1988, S. 3), dass Personalentwicklung „die systematisch vorbereitete, durchgeführte und kontrollierte Förderung der Anlagen und Fähigkeiten des Mitarbeiters in Abstimmung mit seinen Erwartungen und unter besonderer Berücksichtigung der Veränderung des Arbeitsplatzes und der Tätigkeiten" sei. Die Maßnahmen stehen hier sowohl im Interesse der Person, als auch des Unternehmens, sie beziehen sich auf den einzelnen Mitarbeiter. Ganz anders bei Neuberger (1994), der definiert: „Personalentwicklung ist die Umformung des unter Verwertungsabsicht zusammengefassten Arbeitsvermögen" (ebd., S. 3). Hier steht allein das Interesse des Unternehmens im Vordergrund, und es geht auch nicht um den einzelnen Mitarbeiter, sondern um das Personal insgesamt.

Während also bei Rüter vor allem Fort- und Weiterbildungsmaßnahmen der Personalentwicklung dienen, ist bei Neuberger auch eine Strategie „hire and fire" durchaus zielführend.

Hat man weiterhin vor Augen, dass Personalentwicklung mit Lernprozessen verbunden ist, so stellt sich die Frage, ob diese implizit oder explizit erfolgte. Tatsächlich gehen ja aktuelle Schätzungen (vgl. Staudt/Kriegesmann 1999) dahin, dass ca. 80% dessen, was durch gewandelte Arbeitsanforderungen gefordert wird, implizit erlernt wird, insbesondere im Prozess der Arbeit und durch soziale Kontakte, so dass ca. nur 20% durch explizites Lernen innerhalb der institutionalisierten Weiterbildung, um die es hier geht, erreicht werden. Klassifiziert man entsprechend Weiterbildungsmaßnahmen nach den soeben angesprochenen Dimensionen, so ergibt sich ein Würfel, wie ihn Abbildung 2 zeigt.

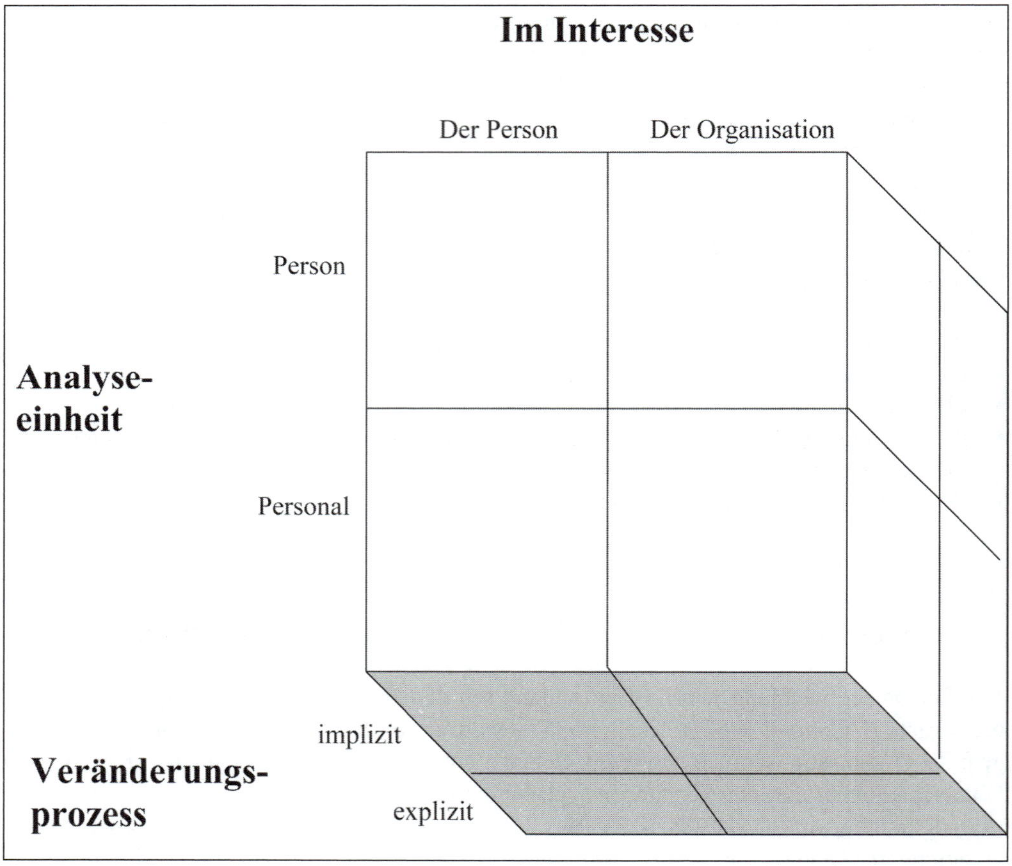

Abbildung 2: Dimensionen der Personalentwicklung

Weiterbildung als eine explizite Strategie der Veränderung von Verhaltenspotenzialen der Person sei dabei hier weit verstanden, obwohl ja gelegentlich eine begriffliche Abhebung von der Fortbildung vorgenommen wird. Berufliche „Weiterbildung baut auf einem Basisberuf auf und führt zu einer Spezialisierung im Basisberuf. Fortbildung soll Kenntnisse im Basisberuf aktualisieren und Kenntnisse auf den neuesten Stand bringen oder das Wissen in einer durch Weiterbildung erreichten Spezialisierung vertiefen“ (Bieling 1980, S. 256). Nachfolgend sollen beide Konzepte mit dem Wort Weiterbildung zusammengefasst werden.

4 Weiterbildung: Investition in Menschen

Aus den zuvor skizzierten tiefgreifenden Veränderungen ergibt sich die Notwendigkeit für die davon betroffenen Menschen – insbesondere für Führungskräfte – lebenslang zu lernen. Dies erfolgt vielfach in einer institutionalisierten Weise, geplant und finanziert durch das Unternehmen, durch explizite lernzielorientierte Weiterbildungsmaßnahmen. Die dabei investierten Aufwendungen sind erheblich. Man schätzt, dass für Weiterbildungsmaßnahmen insgesamt in Deutschland mehr als 50 Milliarden Euro im Jahr ausgegeben werden, wobei ca. 20 Milliarden auf betriebliche Weiterbildungsmaßnahmen entfallen (vgl. Weiß 1990; Pawlowsky/Bäumer 1996; v. Rosenstiel 2007). Differenziert man nun weiter (vgl. Bäumer/Pawlowsky 1994), so lässt sich zeigen, dass umso mehr investiert wird, wenn eine Person

- bereits hochqualifiziert und
- jung ist
- über die deutsche Staatsangehörigkeit verfügt und
- männlich ist.

Pointiert gesagt, sind es also die durch ein akademisches Studium bereits hochqualifizierten, jungen, männlichen Hochschulabsolventen, die einerseits den künftigen Führungsnachwuchs bilden und in die andererseits auch investiert wird. Dass Ältere, Ausländer oder Frauen hier offensichtlich benachteiligt werden, mag zum einen mit stereotypen Vorurteilen oder sogar mit Diskriminierung zu tun haben, andererseits aber auch mit einem ökonomischen Vorbehalt: Man vermutet, dass das in Ältere (die bald aus dem Berufsleben ausscheiden), in Ausländer (die möglicherweise in ihre Heimatländer zurückkehren), oder in Frauen (die sich nach der Geburt ihrer Kinder den Familienaufgaben zuwenden) investiert Geld zu keinem „return of/on invest" führt und es darum im Regelfall auch wenig lohnend sei, diese Personengruppen besonders zu fördern. Hier sollten allerdings moderierende Effektte und Interaktionen bedacht werden. So dürften ältere Personen und Ausländer seltener über eine höhere formale Ausbildung verfügen als junge Deutsche; Frauen seltener in Vollzeit und in höheren Positionen beschäftigt sein etc.

5 Führungskräfteentwicklung

Bildungsinvestitionen im beruflichen Feld kommen also insbesondere (künftigen) Führungskräften zugute, wobei manche Unternehmen durchschnittlich im Jahr mehr als 3000 Euro in jede Führungskraft investieren. Es erscheint jedoch kaum sinnvoll, auf diesem Feld auf Mittelwerte zu verweisen, da die Streuung sehr hoch ist. Als Moderatoren wirken hier nicht nur das Qualifikationsniveau, das Lebensalter, das Geschlecht, die Nationalität, sondern auch der berufliche Status, die hierarchische Position, die Branche, die „Lernkultur" des Unternehmens und vieles andere mehr (Pawlowsky/Bäumer 1996; Becker 2005). Warum aber werden Führungskräfte entwickelt, was wird dort entwickelt und wie geht man dabei vor?

5.1 Warum?

Die Frage nach dem Warum scheint müßig. Es ist doch offensichtlich, dass angesichts gewandelter Anforderungen Weiterbildungsmaßnahmen als adäquater Weg erscheinen, den heutigen oder gar den künftigen Herausforderungen gewachsen zu sein. Die notwendige fachliche, motivational-emotionale, soziale und strategische Qualifizierung ist das Ziel. Vielfach wird man dem auch zustimmen können, doch zeigen detaillierte Analysen (vgl. Neuberger 1994), dass es nicht selten auch um andere, vielfach mikropolitische (vgl. Neuberger 2006) Zielsetzungen geht, z.B. will das Unternehmen sich durch derartige Maßnahmen in seinem Image verbessern oder eine günstigere Positionierung auf dem Personalmarkt sichern, es will sich der Personalvorstand oder Personalleiter ein „Denkmal" setzen; Weiterbildungsmaßnahmen können – je nach Kultur des Unternehmens – als Belohnungen oder Bestrafungen der jeweils zum Training entsandten Führungskräfte interpretiert werden. Weiterbildungsmaßnahmen werden als Event mit hohem Vergnügens- und Erholungswert inszeniert, sie stellen ein Forum dafür dar, bestimmte Personen oder Projekte zu präsentieren, etc. So nennt Neuberger – nicht ohne Ironie – 50 verschiedenartige Gründe für Führungstrainings im Unternehmen, von denen die Qualifikation nur einer ist.

5.2 Was?

Geht man vereinfacht von der ja nahe liegenden Annahme aus, dass Weiterbildungsmaßnahmen von Führungskräften vor allem deren Qualifizierung für künftige Aufgaben dienen sollen, so lässt sich fragen, was überhaupt gelehrt wird und gelernt werden soll. Dies ist nun keineswegs ausschließlich aktuelles Inhalts- und Prozesswissen, sondern es können letztlich sämtliche psychischen Kräfte und Funktionen (vgl. Rohracher 1988) betroffen sein, also z.B. auch motorische oder sprachliche Fertigkeiten, das Lernen selbst, soziale Kompetenzen, Einstellungen und Werthaltungen, Gefühle (Gefühlsarbeit im Sinne eines Managements eigener und fremder Emotionen gehört ja in der Dienstleistungsgesellschaft zu einer bedeutsamen Herausforderung), Motivation und Volition, und vieles andere mehr. Je nach Inhalt und Lernziel erfordert dies selbstverständlich jeweils andere Methoden des Vorgehens (vgl. Heyse/Erpenbeck 2004; Sonntag 2006).

5.3 Wie?

Obwohl die Vermittlung der Lerninhalte durch Instruktion, Erleben, Beobachtung oder eigenes Verhalten erfolgt und sich die Inhalte neben dem Wissen auf all jene Felder beziehen, die soeben knapp skizziert wurden, scheint ein Großteil der Weiterbildungsmaßnahmen darin zu bestehen, Wissen durch Instruktion zu vermitteln, was dann angesichts der großen Zahl potenzieller Vorgehensweisen und der Vielzahl relevanter unterschiedlicher Inhalte leicht zu der Diagnose führen kann, dass es sich bei der Weiterbildung um einen Mythos handle, „der zerbricht" (vgl. Staudt/Kriegesmann 1999). Geht man nun stark vereinfachend davon aus, dass inhaltsorientierte Techniken (z.B. der Vortrag), prozessorientierte Techniken (z.B. das Rollenspiel) und vermischte Techniken (z.B. Gruppendiskussionen mit nachträglicher Diskussion), zum Einsatz kommen können (vgl. Hinrichs 1976; Stocker-Kreichgauer 1978), so dominieren fraglos die inhaltsorientierten Vorgehensweisen noch immer. Dabei sollten – als eine einfache

Formel – Kopf, Herz und Hand gleichermaßen angesprochen werden, also Wissen vermittelt, eigenes Erleben provoziert und neue Handlungskompetenz eintrainiert werden.

6 Schritte des Vorgehens

Weiterbildungsmaßnahmen bestehen nicht nur aus der methodisch adäquaten Vermittlung der Lehrinhalte sondern sollten als ganzheitlicher Prozess verstanden werden, der mehrere Phasen (vgl. Pawlowsky/Bäumer 1996) umfasst. Als derartige Phasen dürfen gelten:

- die Erhebung des Bildungsbedarfs, was durch eine Analyse der Aufgaben, der Fähigkeiten, Fertigkeiten und der Neigungen des Einzelnen sowie durch eine Analyse der Organisation, insbesondere ihrer in die Zukunft gerichteten Strategie erfolgen kann
- die Ermittlung des Lernpotenzials der zu Trainierenden, wobei differenzierte, psychologisch begründete Methoden der Potenzialanalyse erforderlich sind, innerhalb derer insbesondere die Lernfähigkeit und Lernbereitschaft der Einzelnen erfasst werden
- die Bestimmung der Lernziele, wobei diese so zu formulieren sind, dass sie einerseits die Inhalte des Lernstoffes repräsentativ abbilden und sich zum anderen für die Evaluierung operationalisieren lassen
- Planung der Intervention, wobei für das Unternehmen die Frage zu beantworten ist, ob diese von ihm selbst oder von externen Institutionen durchgeführt werden soll, ob im Unternehmen oder an einem anderen Ort, ob in einem homogenen Kreis – z.B. nur für Führungskräfte der zweiten Ebene des eigenen Unternehmens – oder in einer heterogenen Zusammensetzung, also mehrere Führungsebenen umfassend oder sogar andere Unternehmen mit einbeziehend, und welche Methoden dabei zum Einsatz kommen sollen, ob interne oder externe Trainer die Aufgabe zu erledigen haben, etc.
- bei der Durchführung der Maßnahmen ist dann darauf zu achten, ob und inwieweit dies in der konkreten Situation der Planung entsprechend gelingt
- die Sicherung des Transfers setzt ein Bewusstsein dafür voraus, dass das im Training Gelernte keineswegs selbstverständlich von den Trainierten am Arbeitsplatz angewandt wird (vgl. Neudecker 1987). Ist das Bewusstsein gegeben, dass im Transfer ein höchst ernstzunehmendes Problem besteht, so gilt es ganz konkrete Maßnahmen (vgl. 8.) zu ergreifen, um es zu überwinden und den Transfer schließlich zu sichern (vgl. Baldwin/Ford 1988; Sonntag 2006).
- die Evaluation der Maßnahmen – konkret der Weiterbildung – sollte angesichts der Investitionen eigentlich eine Selbstverständlichkeit sein (vgl. Wesseler in diesem Band). Umso überraschender ist es, dass in der Praxis die Weiterbildung von Führungskräften vielfach gar nicht und wenn, dann mit unbefriedigenden Methoden evaluiert wird.

Im Rahmen der umfangreichen empirischen Analysen von Pawlowsky und Bäumer (1996) in deutschen Unternehmen stimmt ein Ergebnis bedenklich: weniger als die Hälfte dieser Unternehmen betreiben explizit die Ermittlung des Lernpotenzials der Mitarbeiter, die Sicherung des Transfers und die Evaluation der Maßnahmen.

7 Ein Beispiel

In einem Unternehmen des Maschinenbaus ging es darum, Führungskräfte der untersten Ebene (Meister und Gruppenleiter, nahezu alle dem technischen Bereich zugehörig) in „Kommunikation und Kooperation" zu trainieren. Dabei sollte besonderer Wert auf die Sicherung des Transfers und auf die Evaluation der Maßnahmen gelegt werden (vgl. Berthold/Gebert/Rehmann/v. Rosenstiel 1980). Das gesamte Training wurde im Sinne eines Trainingsgruppen-Kontrollgruppen(„waiting list")-Designs konzipiert. Wesentlich für die Struktur des Trainings war die Verteilung der Lerninhalte über mehrer Wochen, wobei das zunächst Erlernte erprobt und die dabei gewonnenen Erfahrungen in der Folgewoche reflektiert und diskutiert wurden.

Aus einer größeren Zahl von Kollegen der Mitglieder der Trainings- und der Kontrollgruppe wurden 4 Monate nach Abschluss des Trainings einige per Zufall ausgewählt, die die Gruppenmitglieder danach beurteilten, wie sie deren Verhalten hinsichtlich der Zielverhaltensweisen wahrnahmen. Dabei wussten jene Beurteiler, die die Mitglieder der Kontrollgruppe einzustufen hatten, nicht, dass diese kein Kooperations- und Kommunikationstraining erhalten hatten. Acht Monate nach Beendigung des Trainings wurden dann andere Beurteiler ausgewählt, denen die gleiche Aufgabe gestellt wurde. Die Ergebnisse der Untersuchung zeigt Tabelle 1.

Tabelle 1: Follow-Up Erfragung zur Verhaltensänderung

Verhaltensänderung	nach 4 Monaten	nach 8 Monaten
sie unterbrechen weniger	-	-
sie hören besser zu	+	-
sie stellen mehr Rückfragen	+	+
sie ertragen die Meinung anderer	+	+
sie zeigen mehr Eigeninitiative in Konferenzen und Besprechungen	+	+
sie sprechen häufiger Konflikte an	+	+
sie äußern mehr Anerkennung	+	-
sie äußern mehr Kritik	+	+
sie vertragen mehr Kritik	+	+
sie beziehen Mitarbeiter in ihre Entscheidungen mit ein	-	-
sie suchen das Gespräch	+	-
sie geben mehr Informationen weiter	+	-
sie urteilen behutsamer	+	-
sie zeigen mehr Ruhe und Gelassenheit	+	-

+ bedeutet signifikante Veränderung im Vergleich zur Kontrollgruppe
– bedeutet keine signifikante Veränderung im Vergleich zur Kontrollgruppe

Man erkennt, dass vier Monate nach dem Training in nahezu allen Kategorien die Mitglieder der Trainingsgruppe besser als jene der Kontrollgruppe eingestuft wurden, worin man einen Erfolg der Trainingsmaßnahmen sehen kann. Man erkennt aber auch, dass weitere vier Monate später vielfach dieser Effekt verloren ging, also eine „Vergessenskurve" wirkte. Man darf daraus ableiten, dass, soll Nachhaltigkeit erreicht werden, eine Trainingsmaßnahme keine einmalige Aktion sein darf.

Eine andere vielfach erfolgreiche Form der Modellierung des Führungsverhaltens (vgl. v. Hornstein/v. Rosenstiel 2000; Jöns/Bungard 2005) sieht wie folgt aus:

- Erfassung des Führungsverhaltens der Führenden durch die Beschreibung dieses Verhaltens mit Hilfe eines standardisierten Erhebungsinstruments durch die Mitarbeiter und Mitarbeiterinnen (Aufwärtsbeurteilung)
- Besprechung der Ergebnisse – Mittelwerte, Streuungsmaße, Distanzen zu „Benchmarks" oder zu den entsprechenden Werten anderer Führungskräfte im Unternehmen – zwischen dem Führenden und einem neutralen Moderator
- Workshop des Führenden mit den Geführten unter der Leitung eines neutralen Moderators; gemeinsame Interpretation und Diskussion der Ergebnisse
- Erarbeitung eines konkreten Aktionsplans für den Führenden und die Geführten, was sie bis wann anders als bisher machen wollen. Symbolische öffentliche Unterzeichnung durch alle Teilnehmer des Aktionsplanes am Ende des Workshops
- Durchführung der gleichen Befragung nach einer überschaubaren Zeit, in der Regel nach einem Jahr
- Durchführung eines weiteren Workshops, innerhalb dessen die alten Ergebnisse mit den neuen verglichen, die Differenzen diskutiert und neue Ziele vereinbart werden.

Über Weiterbildungsmaßnahmen für Führungskräfte, in denen es um andere Inhalte wie z.B. den Wissenserwerb, die Rhetorik, den Umgang mit Gefühlen oder mit Stress, die Verbesserung von Motivation und Volition, das Teamverhalten oder den Umgang mit Angehörigen anderer Kulturen, etc. geht, berichtet die einschlägige Literatur (vgl. v. Rosenstiel/Regnet/Domsch 2003; Heyse/Erpenbeck 2004; Schuler 2006; Sonntag 2006).

8 Sicherung des Transfers

Eine Vielzahl von Untersuchungen zeigt, dass zwar eine Weiterbildungsmaßnahme bei Führungskräften hohe Akzeptanz finden kann und dass diese auch mit dem neu erworbenen Wissen und mit den eingeübten Verhaltensfertigkeiten in der Trainingssituation sicher umgehen können, dass aber sodann das Erlernte in der konkreten Arbeitssituation nicht oder nicht ausreichend angewandt wird. Es kam nicht oder nur unzureichend zum Transfer (vgl. Baldwin/Ford 1988; Lemke 1995; Bergmann/Sonntag 2006). Einer der Gründe dafür liegt darin, dass im Zuge der Weiterbildungsmaßnahme der Transfer selbst nicht geplant wurde, etwa in der Hoffnung darauf, dass sich dieser schon „von alleine" einstellen werde. Dies ist aber fast niemals der Fall. Transfer muss explizit vorbereitet und die Umsetzung dann auch gezielt gefördert werden, was jedoch häufig in der Praxis nicht der Fall ist (vgl. Pawlowsky/Bäumer 1996).

Man sollte in diesem Zusammenhang bedenken, dass menschliches Verhalten – und das gilt auch für das Zielverhalten einer Weiterbildungsmaßnahme – unterschiedlich determiniert ist. Bei grober Klassifikation lassen sich vier Bedingungen nennen (vgl. v. Rosenstiel 1982, 2007):

- das persönliche Wünschen und Wollen (Motivation und Volition)
- das individuelle Können (Wissen, Erfahrung, Fertigkeiten, Fähigkeiten)
- das soziale Dürfen und Sollen (informelle oder formelle Normen der Arbeitsgruppe oder des Unternehmens, Aufgabenstellungen, die Organisationskultur, die Bewertung durch den Vorgesetzten) und
- die situative Ermöglichung (Materiale oder soziale Barrieren und Widerstände in der Organisation bzw. förderliche Ressourcen).

Erreicht also eine Weiterbildungsmaßnahme bei einem bestimmten Führenden die Ziele nicht, so sollte man bei der Analyse des Misslingens jeweils fragen, ob er nicht wollte, nicht konnte, nicht durfte oder nicht über die notwendigen äußeren Ressourcen verfügte. Die vier genannten Einflussfaktoren müssen dabei in ihrer Interaktion und in ihrer Vernetzung gesehen werden.

Aber auch die Gestaltung der Lernsituation selbst kann mehr oder weniger lernförderlich sein. Mandl und Reinmann-Rothmeier (1995) fordern in diesem Sinne: (1) Authentizität, d.h. die Lernumgebung sollte die reale Situation widerspiegeln, Situiertheit, d.h. der Lernende wird in Situationen versetzt, die ihm den Anwendungskontext anschaulich vor Augen führen, (2) multiple Kontexte, d.h. es wird vermieden, dass das Wissen nur auf eine Situation bezogen sondern vielmehr auf verschiedenen Kontexte angewandt wird, (3) multiple Perspektiven, d.h. die Inhalte und Probleme sollen aus unterschiedlicher Sicht reflektiert werden, (4) sozialer Kontext, d.h. es sollte das neue Wissen zumindest teilweise gemeinsam und in kooperativer Weise erworben werden.

Weinert (2004) formuliert für die Sicherung des Transfers die folgenden Forderungen: Die Übung in der Lernsituation sollte möglichst viel Elemente der Tätigkeit in der Arbeitssituation umfassen, es sollte ausdrücklich auf Anwendungsmöglichkeiten des Gelernten in der alltäglichen Berufstätigkeit hingewiesen werden, die Bedeutung und Wichtigkeit des Gelernten für die Praxis sollte explizit aufgewiesen werden, das Gelernte sollte möglichst rasch nach der Vermittlung erprobt, an die Arbeitssituation angepasst und dabei habitualisiert werden, über den Lernerfolg sollte rasch Feedback während des Trainings und danach in der Praxis gegeben werden, die Lerninhalte sollten auch als verteiltes Lernen angeboten werden, es sollte Gelegenheit geboten werden, Konflikte zwischen dem Zielverhalten und der bisherigen Handlungspraxis zu diskutieren, es sollte schließlich auf interindividuelle Unterschiede bei der Planung und Durchführung der Weiterbildungsmaßnahme geachtet werden.

Auf etwas abstrakterer Ebene haben Baldwin und Ford (1988) ein viel zitiertes Modell zur Beschreibung des Transferprozesses entwickelt, das Abbildung 3 zeigt.

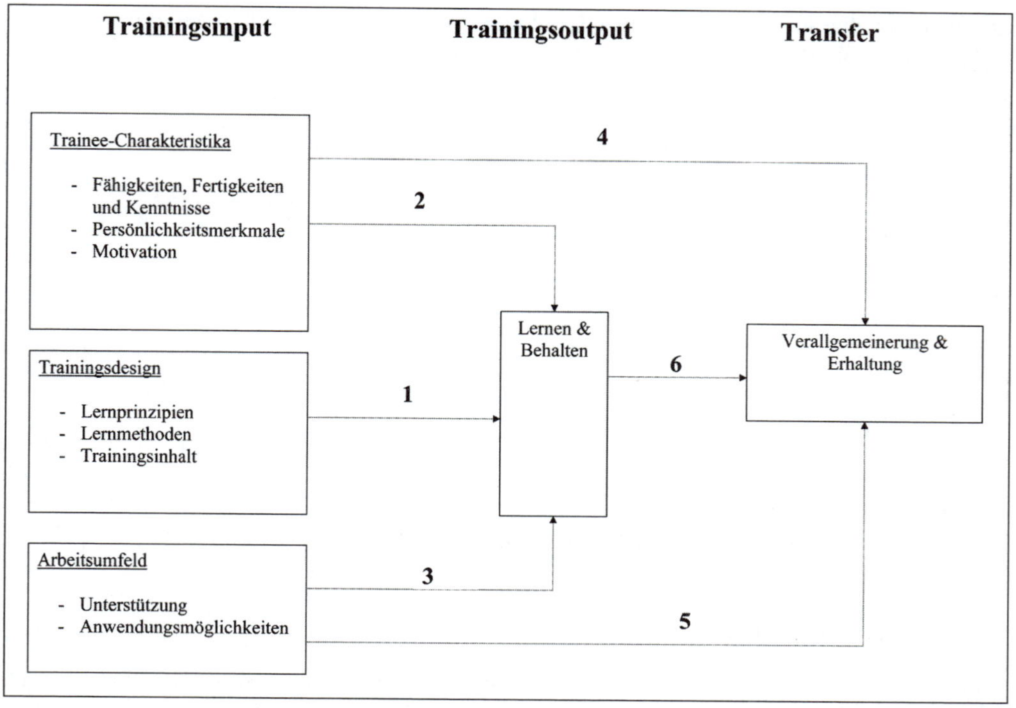

Abbildung 3: Ein Modell zur Beschreibung des Transferprozesses (nach Baldwin/Ford, 1988)

Nach diesem Modell hängt der Transfer ab (1) vom Trainingsinput, d.h. Merkmalen der zu Trainierenden, dem Trainingsdesign und der Arbeitsumgebung, (2) dem Trainingsoutput, d.h. dem Gelernten und Behaltenen, (3) den Trainingsbedingungen, d.h. den Möglichkeiten zur Generalisierung und Aufrechterhalten des Gelernten. Man erkennt dabei im Detail, dass hierbei Merkmale der Person (1), der Maßnahmen (2), und des Arbeitsumfeldes (3) als Input gelten, dass sich daraus der Lernprozess ergibt (1, 2, 3) und der Transfer nun darin besteht, dass das Gelernte nun verallgemeinert und erhalten bleibt (6). Diese Transferergebnisse werden in besonderem Maße gefördert, wenn die Lernumgebung (5) entsprechend gestaltet wird. Man erkennt also, dass Transfer gezielt geplant und gefördert werden kann. Der Misserfolg vieler Weiterbildungsmaßnahmen für Führungskräfte in der Praxis lässt sich durch entsprechende Mängel erklären.

9 Evaluierung

Zu einer professionellen Gestaltung von Weiterbildungsmaßnahmen gehört deren Evaluierung. Diese hat – was Wottawa und Thierau (1990, S. 9) betonen – unterschiedliche Funktionen, über die der Beitrag von Wesseler in diesem Handbuch berichtet.

Ein rein betriebswirtschaftliches Bildungscontrolling beschränkt sich häufig auf die Analyse der Kosten. Das erscheint aus pädagogischer und psychologischer Sicht inadäquat. Es wird nicht die Effektivität, d.h. die Wirkung in Relation zu den entstehenden Kosten gesetzt und so die Effizienz abgeschätzt, sondern man beschränkt sich fast ausschließlich auf ein Kostencontrolling, wie Abbildung 4 nach Friedel-Howe (1999) zeigt.

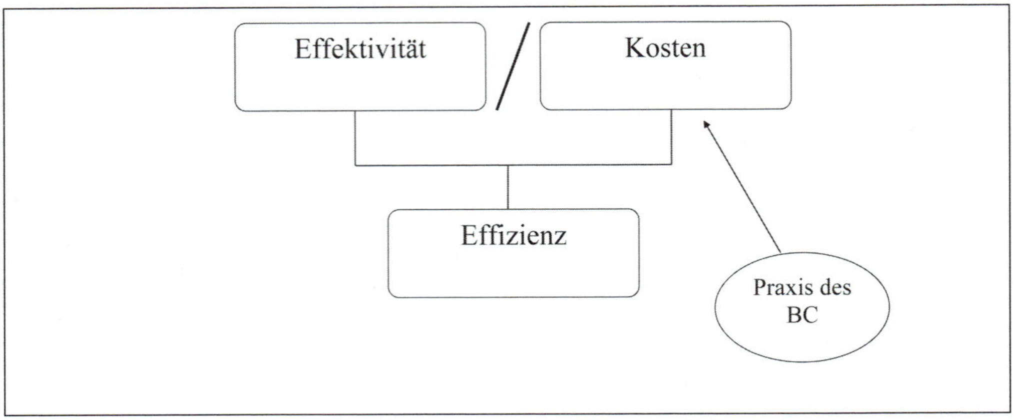

Abbildung 4: Die verbreitete Praxis des Bildungscontrollings (BC) nach Friedel-Howe (1999)

9.1 Kriterien der Erfolgsmessung

Will man den Erfolg einer Maßnahme messen, so bedarf es operationalisierbarer Kriterien, an denen der Erfolg bzw. Misserfolg festgestellt wird. In Anlehnung und Ausweitung von Kirkpatrick (1987) lassen sich fünf derartige Kriterien voneinander abheben:

- subjektive Wertung (z.B. Hat Ihnen die Maßnahme gefallen? Glauben Sie, dass Sie das Gelernte in die Praxis übertragen können?) Derartige Erhebungen bei den Trainierten nach der Maßnahme sind die in der Praxis am häufigsten
- Wissen bzw. Wissenszuwachs (z.B. Kenntnis neuer Bestimmungen des Arbeits- bzw. Betriebsverfassungsrechts nach der entsprechenden Informationsveranstaltung)
- Verhalten in der Lernsituation (z.B. Differenz des beobachteten Verhaltens im Kritikgespräch – z.B. beim Rollenspiel – vor oder nach einschlägigen Trainingsmodulen)
- Verhalten am Arbeitsplatz (z.B. Beurteilung des Verhaltens der Trainierten durch Vorgesetzte, Kollegen, Mitarbeiter oder Kunden vor und nach der Bildungsmaßnahme)
- Resultate (z.B. Umsatzsteigerung, Zahl/Qualität der Verbesserungsvorschläge, Fehlzeiten, Fluktuation nach der Maßnahme).

Es war gelegentlich angenommen worden, dass diese Kriterien in einer hierarchischen Ordnung aufeinander aufbauen, also z.B. eine positive subjektive Bewertung der Maßnahme die Voraussetzung für den Wissenszuwachs sei, etc. Diese Annahme erscheint jedoch zweifelhaft. Zum einen ist die Interkorrelation der genannten Kriterien relativ gering (vgl. Alliger/Janak 1989), zum anderen ist es ja überaus plausibel, dass ein unterhaltsames und amüsantes Training zwar höchst positive subjektive Bewertungen auslöst ohne jedoch irgendwelche Wirkungen auf das Verhalten oder die Ergebnisse zu haben.

9.2 Designs von Evaluationsuntersuchungen

Fisch und Fiala (1984) haben im Rahmen eines kritischen Sammelreferates über 100 empirische Untersuchungen zur Wirkung von Führungstrainings untersucht und dabei – allerdings bei einem sehr kritischen Maßstab – letztlich nur zwei Untersuchungen gefunden, die methodischen Ansprüchen gerecht werden (vgl. Bronner/Schröder 1983; Nork 1989; Thierau-Brunner/Wottawa/Stangel-Meseke 2006). Einen exemplarischen Einblick in einige der vielen möglichen Untersuchungsdesigns vermittelt Abbildung 5.

9.3 Ergebnisse

Staudt und Kriegesmann (1999) haben in ihrem provokanten und viel beachteten Beitrag die Weiterbildung als einen Mythos bezeichnet, der zerbricht. Letztlich seien nennenswerte Lerneffekte nur im Zuge des impliziten Lernens im Prozess der Arbeit und im sozialen Umfeld zu erreichen. Fisch und Fiala (1984) haben in ihrem Sammelreferat davor zurückgescheut belastbare Aussagen zur Wirkung von Führungstrainings zu machen, da – wie bereits betont – die Anlage der Untersuchungen unzureichend sei. Heute – angesichts der Möglichkeiten der Metaanalyse – lässt sich jedoch durchaus Fundiertes zum Stand des einschlägigen Wissens sagen. So haben Arthur, Benett, Edens und Bell (2003) 636 Untersuchungen zur Wirkung von Trainings in Organisationen zwischen 1960 und 2000 gefunden, jedoch in ihre Analyse nur 165 dieser Studien einbezogen, da sie ein Kontrollgruppendesign als Mindestqualitätskriterium voraussetzten. So konnten sie 1152 Ergebnisdaten verwerten. Die Effekte wurden an den klassischen Kirkpatrick-Kriterien „reactions", „learning", „behavior" und „results" gemessen.

Es zeigte sich nun bei allen vier Kriterien eine mittlere bis gute Wirkung der Weiterbildungsmaßnahmen (Standardabweichung zwischen der Trainingsgruppe und der Kontrollgruppe zwischen 0.6 und 0.7 bei allerdings großer Streuung der Werte). Als Überraschung darf man registrieren, dass selbst der „vielgeschmähte" Vortrag mit Diskussion im Durchschnitt keineswegs schlechter als die anderen Methoden wirkt, wobei allerdings die besten Effekte dann erzielt wurden, wenn eine Kombination verschiedener Methoden gewählt wurde.

Man darf also festhalten, dass die These, Weiterbildung sei ein Mythos, der zerbricht (vgl. Staudt/Kriegesmann 1999), in dieser radikalen Form nicht bestätigt werden kann. Gut konzipierte theoretisch begründete Weiterbildungsmaßnahmen können durchaus zu beachtlichen Effekten führen und zwar nicht nur hinsichtlich der positiven subjektiven Reaktionen und des Lernens, sondern auch mit Blick auf das Verhalten und die harten Ergebnisverbesserungen. Der an sich ernst zu nehmende Einwand, dass die publizierten Studien eine unrepräsentative Auswahl der durchgeführten Evaluationen seien und entsprechend Erfolge von den Autoren eher als Misserfolge publiziert und auch von den Zeitschriftenherausgebern und deren Reviewern bevorzugt angenommen würden, ist wohl zumindest nicht generalisierbar. Dies zeigt eine Metaanalyse von Taylor, Russ-Eft und Chan (2005), in der die Wirkung von Weiterbildungsmaßnahmen auf das deklarative und prozedurale Wissen, die Einstellungen und das Arbeitsverhalten in veröffentlichten und unveröffentlichten Studien überprüft wurde. Dabei konnten keineswegs durchgehend die stärkeren Effekte in den veröffentlichten Studien nachgewiesen werden.

Nachhermessung ohne Kontrollgruppe

TG			PE	→	M							

Nachhermessung mit Kontrollgruppe

TG			PE	→	M							
KG			–	→	M							

Vorher-Nachhermessung mit Kontrollgruppe

TG	M_1	→	PE	→	M_2							
KG	M_1	→	–	→	M_2							

Nachhaltigkeitsprüfung mit Kontrollgruppe

TG	M_1	→	PE	→	M_2	→	M_3	→	M_4	...		
KG	M_1	→	–	→	M_2	→	M_3	→	M_4	...		

Vorher-Nachhermessung mit zwei Kontrollgruppen

TG	M_1	→	PE	→	M_2							
KG_1	M_1	→	–	→	M_2							
KG_2			–	→	M							

„Solomon-Design" (2 Versuchs-, 2 Kontrollgruppen)

VG_1	M_1	→	PE	→	M_2							
KG_1	M_1	→	–	→	M_2							
VG_2			PE	→	M							
KG_2			–	→	M							

M = Messung
PE = Personalentwicklungsmaßnahme
TG = Trainingsgruppe
KG = Kontrollgruppe

Abbildung 5: Verschiedene Untersuchungsdesigns bei der Evaluierung von Personalentwicklungsmaßnahmen

10 Weiterbildung – nur ein Bestandteil von Personalentwicklung

Orientiert man sich an einem Forschungs- und Entwicklungsprogramm der Deutschen Bundesregierung „Lernkultur Kompetenzentwicklung" (vgl. Erpenbeck/Sauer 2000), so lernen Menschen das, was künftig von ihnen gefordert wird,

- im Prozess der Arbeit
- im sozialen Umfeld
- im Zuge der Weiterbildung sowie
- im Netz und durch Multimedia.

Dabei sind die wohl stärksten Effekte dort zu erwarten, wo Menschen implizit aus ihren Arbeitserfahrungen und aus mehr oder weniger informellen sozialen Kontakten lernen. Hier werden insbesondere auch Kompetenzen, zu verstehen als Dispositionen zum selbstorganisierten Handeln (vgl. Erpenbeck/v. Rosenstiel 2007), entwickelt. Da nun in der Regel Erfahrung allein den Menschen kaum qualifiziert, sondern nur dann, wenn diese Erfahrung auch reflektiert wird und mit emotionaler Verunsicherung verbunden ist, bietet es sich an, ganz konkret zur Weiterqualifikation durch Projekte, Job rotation, Auslandsentsendungen etc. Arbeitserfahrung zu vermitteln. Diese sollte dann gemeinsam mit Anderen unter Moderation des Weiterbildners reflektiert werden.

In mehreren Unternehmen wird bereits in dieser Weise gearbeitet (vgl. Hauser 2008). Die Führungs- und Führungsnachwuchskräfte werden gezielt in kleinen Gruppen „echten" Projekten des Unternehmens zugeordnet und setzen sich dann mit dem Trainer zusammen, um mit diesem die dabei gewonnenen Erfahrungen zu diskutieren, zu reflektieren und möglicherweise zu generalisieren. Überspitzt könnte man formulieren, man solle statt eines Curriculums von Weiterbildungsmaßnahmen eine Folge systematisch aufeinander aufbauender Arbeitserfahrungen vermitteln. So betrachtet ist die ‚formal organisierte' Weiterbildung ein wesentlicher Bestandteil der Qualifizierung von Führungskräften für Aufgaben, mit denen sie sich künftig auseinanderzusetzen haben, aber sie ist eben nur ein Teilaspekt einer breiter zu verstehenden Personalentwicklung.

Literatur

Alliger, G.M./Janak, E.A. (1989): Kirkpatrick's levels of training criteria: Thirty years later. In: Personnel Psychology 42, S. 331-342.

Arthur, W. jr./Benett, W. jr./Edens, P.S./Bell, S.T. (2003): Effectiveness of training in organizations: A meta-analysis of design and evaluation features. In: Journal of Applied Psychology 88. S. 234-245.

Bäumer, J./Pawlowsky, P. (1994): Planung und Steuerung betrieblicher Weiterbildung – Ergebnisse einer empirischen Analyse über betrieblicher Weiterbildungsaktivitäten, Bd. 1, Jg. 1994. Berlin: Forschungsstelle Ökonomie der Arbeit.

Baldwin, T.T./Ford, J.K. (1988): Transfer of training: A review and directions for future research. In: Personnel Psychology 41. S. 63-105.

Becker, M. (2005): Personalentwicklung. Stuttgart: Schäffer-Poeschel.

Bergmann, B./Sonntag, K. (2006³): Transfer: Die Umsetzung und Generalisierung erworbener Kompetenzen in den Arbeitsalltag. In: Sonntag, K. (Hrsg.): Personalentwicklung in Organisationen. Göttingen: Hogrefe, S. 355-388.

Berthold, H.-J./Gebert, D./Rehmann, B./Rosenstiel, L. v. (1980): Schulung von Führungskräften – eine empirische Untersuchung über Bedingungen und Effizienz. In: Zeitschrift für Organisation 49. S. 221-229.

Bieling, G. (1980): Bildungsprobleme der Diplompsychologen aus der Sicht der Praxis. In: Stephan, E. (Hrsg.): Aus- und Weiterbildung in Psychologie. Weinheim: Beltz, S. 256-265.

Bronner, R./Schröder, W. (1983): Weiterbildungserfolg. Modelle und Beispiele systematischer Erfolgssteuerung. München: Hanser.

Comelli, G. (1985): Training als Beitrag zur Organisationsentwicklung. Handbuch der Weiterbildung für die Praxis in Wirtschaft und Verwaltung. München: Hanser.

Comelli, G./Rosenstiel, L. v. (2008⁴): Führung durch Motivation. Mitarbeiter für Organisationsziele gewinnen. München: Beck.

Conradi, W. (1983): Personalentwicklung. Stuttgart: Enke.

Erpenbeck, J./Rosenstiel, L. v. (Hrsg.) (2007²): Handbuch der Kompetenzmessung. Stuttgart: Schäffer-Poeschel.

Erpenbeck, J./Sauer, J. (2000): Das Forschungs- und Entwicklungsprogramm „Lernkultur Kompetenzentwicklung". In: Arbeitsgemeinschaft Qualifikations-Entwicklungs-Management (Hrsg.): Kompetenzentwicklung 2000. Münster: Waxmann, S. 289-337.

Fisch, R./Fiala, S. (1984): Wie erfolgreich ist Führungstraining? In: Die Betriebswirtschaft 44. S. 193-203.

Friedel-Howe, H. (1999): Bildungscontrolling. In: Rosenstiel, L. v./Hockel, M./Molt, W. (Hrsg.): Handbuch der Angewandten Psychologie. Grundlagen – Methoden – Praxis. Landsberg: ecomed, VI Aufgabenfeld: Institutionen. Abschnitt 11.1.

Gebert, D. (1974): Organisationsentwicklung. Stuttgart: Kohlhammer.

Gebert, D. (Hrsg.) (1992): Traditionsorientierung und unternehmerischer Erfolg. Saarbrücken: Breitenbach, S. 1-10.

Gebert, D./Rosenstiel, L. v. (2002[5]): Organisationspsychologie. Stuttgart: Kohlhammer.

Hauser, B. (2008[2]): Action Learning im Management Developement. Eine vergleichende Analyse von Action-Learning-Programmen zur Entwicklung von Führungskräften in drei verschiedenen Unternehmen. In: Neuberger, O. (Hrsg.): Schriftenreihe Organisation und Personal, Bd. 16. München/Mering: Rainer Hampp Verlag.

Heyse, V./Erpenbeck, J. (2004): Kompetenztraining. Stuttgart: Schäffer-Poeschel.

Hinrichs, J.R. (1976): Personnel training. In: Dunnette, M.D. (Hrsg.): Handbook of industrial and organizational psychology. Chicago: Rand McNally, S. 829-860.

Hornstein, E. v./Rosenstiel, L. v. (2000): Ziele vereinbaren – Leistungen bewerten. München: Langen Müller.

Jöns, I./Bungard. W. (2005): Feedbackinstrumente im Unternehmen. Wiesbaden: Gabler.

Kirkpatrick, D. (1987): Evaluation of training. In: Craig, R.L. (Hrsg.): Training and development handbook: A guide to human resource development. New York: McGraw-Hill, S. 301-319.

Lemke, S. (1995): Tranfermanagement. Göttingen: Hogrefe.

Mandl, H./Reinmann-Rothmeier, G. (1995): Unterrichten und Lernumgebung gestalten. In: Forschungsbericht, Bd. 60. München: LMU München, Inst. für Päd. Psychologie.

Neuberger, O. (1994[2]): Personalentwicklung. Stuttgart: Enke.

Neuberger, O. (2006): Mikropolitik und Moral. Stuttgart: Lucius.

Neudecker, M. (1987): Die innerbetriebliche Führungskräfteschulung – eine explorative Studie ihrer Effizienz. Berlin: Duncker & Humblot.

Nork, M. (1989): Management Training: Evaluation, Probleme, Lösungsansätze. München: Hampp.

Pawlowsky, P./Bäumer, J. (1996): Betriebliche Weiterbildung. München: Beck.

Rohracher, H. (1988[13]): Einführung in die Psychologie. München: Psychologie Verlags Union.

Rosenstiel, L. v. (1982): Motivationsänderung in Organisationen. In: Schuler, H. /Stehle, W. (Hrsg.): Psychologie in Wirtschaft und Verwaltung. Stuttgart: Poeschel, S. 289-305.

Rosenstiel, L. v. (2003): Betriebliche Personalentwicklung – „ein blinder Fleck" für die Evaluation. In: Zeitschrift für Evaluation 1. S. 151-174.

Rosenstiel, L. v. (2007[6]): Grundlagen der Organisationspsychologie. Stuttgart: Schäffer-Poeschel.

Rosenstiel, L. v./Comelli, G. (2003): Führung zwischen Stabilität und Wandel. München: Vahlen.

Rosenstiel, L. v./Regnet, E./Domsch, M. (Hrsg) (2009[4]): Führung von Mitarbeitern. Stuttgart: Schäffer-Poeschel.

Rüter, H.D. (1988): Personalentwicklung bei der Landesbank Rheinland-Pfalz. In: Wirtschaft und Gesellschaft im Beruf, Sonderheft Oktober, S. 35-41.

Schuler, H. (Hrsg.) (2006[2]): Lehrbuch der Personalpsychologie. Göttingen: Hogrefe.

Sonntag, K.H. (Hrsg.) (2006[3]): Personalentwicklung in Organisationen. Göttingen: Hogrefe.

Staudt, E./Kriegesmann, B. (1999): Weiterbildung: Ein Mythos zerbricht. In: Arbeitsgemeinschaft Qualifikations-Entwicklungs-Management (Hrsg.): Kompetenzentwicklung 99. Münster: Waxmann, S. 17-60.

Stocker-Kreichgauer, G. (1978): Ausbildung und Training in der Unternehmung. In: Mayer, A. (Hrsg.): Organisationspsychologie. Stuttgart: Poeschel, S. 170-200.

Taylor, P./Russ-Eft, D./Chan, D. (2005): The effectiveness of behavior modeling training across settings and feature of study desings. In: Journal of Applied Psychology 80. S. 692-709.

Thierau-Brunner, H./Wottawa, H./Stangel-Meseke, M. (2006[3]): Evaluation von Personalentwicklungsmaßnahmen. In: Sonntag, K. (Hrsg.): Personalentwicklung in Organisationen. Göttingen: Hogrefe, S. 329-354.

Weinert, A.B. (2004[5]): Organisations- und Personalpsychologie. Weinheim: Beltz.

Weiß, R. (1990): Die 26-Mrd.-Investition – Kosten und Strukturen betrieblicher Weiterbildung. Köln: Deutscher Instituts Verlag.

Wottawa, H./Thierau, H. (1990): Lehrbuch der Evaluation. Bern: Huber.

Lehren und Lernen in der Erwachsenenbildung/Weiterbildung

Erhard Meueler

Didaktik der Erwachsenenbildung – Weiterbildung als offenes Projekt

Es gibt bislang keine allseits bekannte und bewährte Didaktik als Lehre vom Lehren und Lernen in der Erwachsenenbildung/Weiterbildung (EB/WB). Das verwundert nicht, ist doch der Begriff der Didaktik vor allem schulpädagogisch signiert und getauft. Didaktisches Denken und Handeln (Didaktik: von griech. didáskein, aktiv: lehren; passiv: lernen; substantivisch: Lehre, Unterricht, Schule; adjektivisch: lehrbar) hat in der praktischen Ausbildung angehender Lehrer[1] an öffentlichen Schulen seine feste Verankerung. Bei staatlicher Lehrplanhoheit wird von Lehrern erwartet, dass sie die in Lehrplänen und Richtlinien politisch vorgegebenen Erziehungsziele und -inhalte des öffentlichen Schulwesens als prinzipiell sinnvoll anerkennen, sich um die Auswahl, die Auslegung und Entfaltung ihres Bildungssinns bemühen und sich für ihr optimales Gelerntwerden verantwortlich wissen. Didaktiker sollen dies intensiv unterstützen, indem sie zum einen für die alters- und situationsgemäße Auswahl und Reduktion der Lerninhalte wissenschaftlich-sachliche wie pädagogisch legitimierte Hinweise geben. Zum anderen sollen sie die unübersehbare Vielfalt der für erfolgreiches Lernen wichtigen methodischen, sozialen, emotionalen und gruppendynamischen Bedingungen auf einige wenige unterrichtswirksame Faktoren reduzieren und diese in einen in der Schulpraxis realisierbaren Bezug zueinander setzen. Vor weitaus mehr als 40 Jahren entwickelten vor allem Wolfgang Klafki (bildungstheoretische Didaktik) und Paul Heimann und Wolfgang Schulz (lerntheoretische Didaktik) Prototypen komprimierter Didaktik-Modelle im Rahmen der Lehrerausbildung an den Pädagogischen Hochschulen Hannover und Berlin (vgl. Blankertz 1969). Sie erarbeiteten für die Unterrichtsbeobachtung inklusive Analyse von Unterricht didaktische Fragen und Gesichtspunkte, die vor allem auch für die Unterrichtsvorbereitung (Unterricht als Realisierung didaktischer Planung) normatives Gewicht gewannen. Aus ihren Konzepten entwickelten sich in Zellteilung und konkurrierender Neuproduktion eine Fülle heute nebeneinander in Geltung stehender ‚Didaktischer Modelle' (vgl. Gudjons et al. 1991). Sie erweisen sich für die zweite Ausbildungsphase angehender Lehrer, das Referendariat in staatlichen Studienseminaren, als in doppelter Hinsicht funktional: Die Referendare werden strikt aufgefordert, sich in ihren schriftlichen Unterrichtsentwürfen an die für sie verbindlich erklärten ‚Didaktischen Modellen' als Konstruktionsleitfaden für antizipierte Unterrichtsverläufe zu halten. Zugleich dienen dieselben ‚Modelle' den kontrollierenden Mentoren und Fachleitern des Studienseminars als griffiger Maßstab, um das Verhältnis von geplantem und tatsächlich zustande gekommenem Unterrichtsgeschehen zu bewerten.

Haben die Lehrer ihre Staatsexamen hinter sich, sehen sie sich nicht mehr an diese didaktischen Normvorstellungen gebunden und entwickeln ihren je eigenen praktikablen Stil der Unterrichtsvorbereitung und -durchführung.

---

1 Nur aus Gründen der Lesbarkeit wird im Folgenden in der Regel die männliche Form benutzt.

Bislang entwickelte didaktische Konzepte der EW/WB (vgl. Lehner 1989; Siebert 2006) gewannen bislang keine normative Bedeutung für die Berufskarriere der Praktiker. Für die berufliche Arbeit im Handlungsfeld EB/WB gibt es bislang weder allgemein gültige Ausbildungsverordnungen, noch ein grundsätzlich abverlangtes und für die vielfältige Praxis ausreichend vorbereitendes pädagogisches Fach-Studium. Es gibt für diesen ungeregelten Beruf im Gegensatz zu den zuverlässig geregelten Ausbildungsverläufen für Schullehrer keine wissenschaftlich begleitete Berufseinführung (Referendariat) und damit keine Verpflichtung auf normative didaktische Schemata. Jeder Lehrende ist in einem offenen Feld des freien Experimentierens und beruflichen Überlebens in der EB/WB auf sich gestellt. Die Aufrechterhaltung der beruflichen Funktionalität, mit der der Ausschluss vom Arbeitsmarkt verhindert werden soll, muss selbst organisiert und selbst finanziert werden (siehe auch Kraft in diesem Band).

Unter diesen strukturellen Bedingungen wird die Ermittlung verlässlicher erwachsenenpädagogischer Grundsätze didaktischen Denkens und Handelns wohl noch auf längere Zeit ein offenes Projekt bleiben, dem die folgenden Erwägungen unter subjekttheoretischer Perspektive gewidmet sind.

1 Lernen und Lehren vom Standpunkt des Subjekts aus betrachtet

Das Subjekt wird im allgemeinen Sprachgebrauch als bewusste Person gedacht, dem Ich gleichgestellt und als Zentrum und Quelle von Denkprozessen angesehen, als Ort des Willens, bezogen auf das aktive Handeln und die freie Entscheidung (vgl. Biard 1990, S. 474 u. S. 477). Beim Lernen richten sich die Akte der Wahrnehmung, Vorstellungen, Gefühle, Urteile, Erkenntnisse, des Wollens und Handelns des aktiv tätigen und erkennenden Subjekts auf von ihm bislang getrennte Objekte, als etwas, das fraglich, nicht gewusst, nicht gekannt ist und als so bedeutsam angesehen wird, dass das Interesse entsteht, sich ihm lernend anzunähern. Bei erfolgreicher Aneignung gliedert das Subjekt die als neu erlebten Informationen, Wahrnehmungen, Eindrücke, Fertigkeiten in den Zusammenhang des schon vorhandenen eigenen Wissens und Könnens ein.

Erkenntnistheoretisch steht der Begriff der ‚Vermittlung' dafür, dass Subjekt und Objekt in Berührung miteinander geraten und ihre Trennung voneinander befristet oder unbefristet durch Bewusstseinsakte überwunden wird. Die Vermittlung von Einzelnem und Allgemeinem, von Physis und Geist geschieht allein im erkennenden Subjekt und vollzieht sich in jedem Erkenntnisakt, angetrieben vom Willen (vgl. Türcke 1986, S. 32f. u. S. 87). Die im Erkenntnisakt geglückte Vermittlung gleicht einem „Erleuchtungsblitz, der sich jeder Begründung und Ableitung entzieht" (a.a.O., S. 92).

Verstehen und Lernen als Aneignung von bislang nicht Verstandenem, bislang nicht Gewusstem und nicht Gekonntem stellen unverwechselbare Subjektleistungen dar. Der Strom gelingender Vermittlung zwischen dem Einzelnen als Subjekt der Wahrnehmung, der Reflexion, des Erkennens, der Entdeckung von Lösungen, des Urteilens und Handelns und den Objekten dieser Suchbewegungen fließt immer dann besonders gut, wenn das Subjekt den in den Blick genommenen Gegenständen aktiver Erschließung und Aneignung Bedeutung für die Bewältigung der sozialen Wirklichkeit, mithin einen Sinn, zuschreiben kann.

Erfolgreiche pädagogische Versuche, die hoch flüchtige Vermittlung zwischen Subjekt und Objekt als das nicht beliebig Bewirkbare anzuregen und in den Ergebnissen möglichst vorhersehbar zu steuern, werden als ‚Kunst' bezeichnet. Didaktik als Lehrkunst, als „Lehre von den zu lehrenden Dingen wie von den Lehrmethoden" (Türcke 1986, S. 8), entspringt dem Interesse, von den jeweiligen Objekten des Lernens her, den gesellschaftlich benötigten Qualifikationen und Kompetenzen, einen Erfolg versprechenden Zugang zu den Subjekten, denen das zu Lernende als Defizit und von ihnen zu lösende Aufgabe zugeschrieben wird, zu finden.

Lehrende jedweder Prägung erhalten ihren Lohn dafür, dass sie mit messbaren Ergebnissen der gesellschaftlichen Erwartung Genüge tun, den ihnen anvertrauten Gruppen von Kindern, Jugendlichen oder Erwachsenen institutionell vorgegebene Kenntnisse, Haltungen und Fertigkeiten ‚beibringen' zu können. Das Dilemma besteht freilich darin, dass sie die erwarteten Subjektleistungen der Aneignung bislang unbekannter Informationen und bislang nicht beherrschter Fertigkeiten von den ‚Schülern' allenfalls erbitten, nicht aber erzwingen können. Wenn ihr Gegenüber nicht lernen will oder kann, sind alle Kraftanstrengungen der Lehrenden umsonst.

Es gilt daher als Ausweis von Professionalität, wenn es Lehrenden in unablässiger didaktischer, methodischer und sozial-emotionaler Bemühung gelingt, so zu Mittlern zwischen den Lernsubjekten und den Lerngegenständen zu werden, dass die Lernenden sich der zu erlernenden Sache interessiert zuwenden und sich andererseits die Lerngegenstände für die Lernenden erfolgreich aufschließen lassen.

Lehrende haben es vor allem mit formalisiertem Wissen zu tun, von dem sie sich wünschen, dass es bei ihrem Gegenüber Neugierde weckt, dass es von ihm angenommen und verinnerlicht wird. Ihre Lehre überzeugt aber nur dann, wenn in das didaktische Handeln der Lehrenden ihr eigenes lebendiges Wissen eingeht, jener eigentümliche Zusammenhang von grundsätzlichen Kenntnissen, Fertigkeiten, Haltungen, Erfahrungen und persönlichen Einsichten, der in ganz unterschiedlichen Kontexten lebenslang erworben, im Subjekt zur Gänze mit Emotionen verknüpft ist, sich ständig als Prozess verändert, aber nicht auf Dritte übertragbar ist. Die Forderung an Lehrende, ‚Wissens-Vermittlung' oder sogar ‚Kompetenz-Vermittlung' zu betreiben, bleibt pures Wunschdenken, denn was immer das Lehr-Subjekt Dritten gegenüber aus seinem Wissen mitteilt oder vorführt, für die Empfänger dieser Botschaften besteht das Mitgeteilte zunächst nur aus Informationen. Aus ihnen wählen sie unbewusst oder bewusst je nach aktuellem Interesse aus. Was die Informationen für die Zuhörer und Zuschauer jeweils bedeuten, hängt von ihrem eigenen je unterschiedlichen Vorwissen und den mitgebrachten sozialen Deutungsmustern ab. Die Informationen seitens der Lehrenden bleiben daher, so der Wissensforscher Heinz Mandl, nicht mehr als nur „der Rohstoff für die Bildung von Wissen. Damit daraus Wissen wird, muss man sie mit Erfahrungen verknüpfen. Man muss auswählen, vergleichen, bewerten, Konsequenzen ziehen" (Buschek 2000, S. 29).

2 Selbstbestimmtes Lernen

In Lehr-Lern-Verhältnissen läuft, das dürfte deutlich geworden sein, nichts ohne das interessierte und selbsttätige Subjekt (vgl. Meueler 1998b). Die Aneignung von Kenntnissen, Haltungen und Fertigkeiten ist und bleibt die ureigenste Sache der Subjekte selbst, die sie mitunter bewusst betreiben wollen, die zu betreiben sie von den Lebensumständen gezwungen werden oder der sie sich zur Gänze verweigern. Die unbestreitbare Souveränität der Lern-Subjekte anzuerkennen, erfordert ein Umdenken in der traditionell patriarchalischen Didaktik, die ja stets als Berufsanleitung für Lehrende daher kommt. Schon im griechischen Ursprungswort von Didaktik ‚didáskein' ist das Lernen dem Lehren untergeordnet, wenn es im Aktiv „lehren, belehren, unterrichten", im Passiv (!) „lernen" als „unterrichtet werden, sich belehren lassen" heißt. Nun wartet aber erfreulicherweise das griechische ‚didáskein' nicht nur mit Aktiv und Passiv, sondern noch mit einem dritten Genus auf: Im medialen Gebrauch bedeutet didáskein „aus sich selbst lernen, ersinnen, sich aneignen, sich selbst ein Lehrer sein". Während für „lehren" und „lernen" im Deutschen kaum Synonyme aufzufinden sind, kommt mit „sich aneignen" ein großes Wortfeld in den Blick, das ganz vielfältige Weisen selbständiger Bemühung um Verstehen, Aneignung und Lernen beinhaltet: „wahrnehmen, bemerken, beobachten, denken, ausdenken, nachdenken, bedenken, erkennen, verstehen, in Betracht ziehen, abwägen, sich bewusst machen, forschen, austüfteln, sich vorstellen, sich erkundigen, sich vergewissern, fragen, sehen, tasten, schmecken, fühlen, riechen, usw." All diese Formen selbst gesteuerten Umgangs mit der Umwelt und sich selbst nutzen Kinder wie Erwachsene im Alltag ganz selbstverständlich. Sie ermöglichen die erfolgreiche tägliche Selbsterhaltung, inklusive autodidaktischen Lernprozessen. (siehe auch Alheit in diesem Band)

3 Inszenierung von Lern-Möglichkeiten

Die didaktische Folgerung aus den bisherigen Überlegungen lautet: Unter subjekttheoretischer Perspektive muss es auf der Lehrenden-Seite darum gehen, im Gegenüber die Hauptperson der Lehr-Lern-Zusammenhänge zu sehen. Das heißt, Abschied zu nehmen von dem Missverständnis, Lehre würde automatisch Lernen zur Folge haben, es heißt, sich zu verabschieden von reinen Lehr-Veranstaltungen, wie z.B. Vorlesungen, ellenlangen Referat-Monologen, Frontalunterricht oder Powerpoint-Präsentationen. Stattdessen gilt es, auf die Kraft der denkbaren Lern-Subjekte zu setzen und für sie Lern-Möglichkeiten zu inszenieren, in denen sie dazu angeregt werden, sich im Hinblick auf die in Frage stehenden Kenntnisse und Fertigkeiten selbst auf die Lernreise zu machen. In solchen Lern-Gelegenheiten sollten selbständiges Denken, gemeinsame Ideenproduktion, neugieriges Lernen sowie der Erfahrungsaustausch über die Lebenspraxis der Beteiligten zum Zuge kommen.

4 Kollektives Lernen

Das individuelle Lernen kann in Gruppen Gleich-Interessierter kräftige Unterstützung finden. Durch das Argumentieren im Kollektiv der Lern-Gruppe wird fundamentales Lernen vorangetrieben, da alle Prozesse des gedanklichen und moralischen Lernens im Wesentlichen kollektive Prozesse sind, an denen jeweils mindestens zwei Individuen beteiligt sind (vgl. Miller 1986, S. 15ff.).

In der Gruppe wird die Fortentwicklung des eigenen Bestands an Einsichten, Deutungsmustern und Wissen vor allem durch Fragen anderer in Gang gesetzt, die den eigenen Denk-Gepflogenheiten widersprechen (vgl. Miller 1986, S. 18 u. 26). Entsteht in der Gruppe ein Konsens über die Beantwortung einer strittigen Frage, von dem die eigene inhaltliche Sicht der Dinge erheblich abweicht, sieht sich das Subjekt herausgefordert, die erlebten Widersprüche „auf einer strukturell höherstufigen Wissensebene aufzulösen (...) Argumentative Lernprozesse lassen sich in diesem Sinne als sich selbst potenzierende Lernprozesse verstehen“ (Miller 1986, S. 30).

5 Autodidaktisch erlernte Didaktik und benötigte Theorie

Wie sind in der Regel Erwachsenenlehrer auf die Bewältigung der ihnen zugeschriebenen didaktischen Aufgaben vorbereitet? Eine Stichprobe: Mitte April 2007 sind in der Volkshochschule München (in Vollzeitstellen gerechnet) 220 Hauptberufliche inklusive Verwaltungsangestellten und 2.500 ‚Nebenberufliche‘ für die im Jahresverlauf anstehenden rd. 14.000 Kurse verantwortlich.

Nicht nur in München, sondern überall in den Volkshochschulen (VHS) werden die meisten Veranstaltungen von ‚Nebenberuflichen‘ (Honorarlehrkräften) durchgeführt. Ihre Lehrtätigkeit wird von hauptberuflichen pädagogischen Mitarbeitern (HPM) organisiert und koordiniert. Die HPM entstammen unterschiedlichsten fachlichen Ausbildungsverläufen. Sie verfügen zu Beginn ihrer Berufstätigkeit in der Regel weder über pädagogisches Berufswissen, noch über Erfahrungen mit Verwaltung. Es gibt für sie kein Referendariat. Jeder HPM muss aber sofort nach Berufsantritt funktionieren.

Die Honorarlehrkräfte oder ‚Nebenberuflichen‘ sehen sich, um ihr Leben zu fristen, gezwungen, gegen ein nur geringes Entgelt so viele Kurse wie möglich in einer beruflichen Grauzone, ohne jede soziale und tarifrechtliche Absicherung, anzubieten. Sie erleben sich oft genug als ‚Bildungs-Tagelöhner‘ und ‚pädagogische Wanderarbeiter‘. Wie Subunternehmer von den Bildungseinrichtungen angeheuert, sind sie als Scheinselbständige, amtlich schön geredet als ‚Neue Selbständige‘, an Weisungen gebunden. Ohne systematische Berufseinführung allein gelassen, müssen sie praktizierbare Lösungen zur Aufrechterhaltung ihres fachlichen wie pädagogischen Arbeitsvermögens auf individuelle Art selbst herausfinden. Sollen sich die an der VHS gezahlten Honorare und der Vorbereitungsaufwand in einem halbwegs vernünftigen Verhältnis zueinander verhalten, müssen ausführliche und systematische Selbststudien zu didaktischen, methodischen und sozialen Fragen zurücktreten. Die meisten Erwachsenenlehrer werden grundsätzlich ihrer schon mitgebrachten Fachkenntnisse wegen auf Honorarbasis angeheuert. Unter dem Druck erfolgreich zu absolvierender Seminare und Kurse reduziert sich für sie als pädagogische Autodidakten Pädagogik oft genug auf ein instrumentelles Wissen um bewährte Techniken effizienter Lehre. Sie merken häufig bei der Beschäftigung mit didaktischer Literatur, dass es in der Seminarvorbereitung vor allem darauf ankommt, die zu lehrenden Sachverhalte verstehen und so zergliedern zu können, dass die ihrer Meinung nach zentralen Probleme, Gedanken und Einsichten deutlich werden. Sie machen die Erfahrung, dass diese Sachanalyse mit naturwüchsig pädagogischem Blick geschieht und sich sehr schnell die zentralen Kategorien ergeben, von denen aus nach entsprechenden Voraussetzungen (Erlebnissen, Erfahrungen) bei den ‚Teilnehmern‘ als Anknüpfungspunkte gefragt werden kann.

Jeder autodidaktisch vorbereitete Erwachsenenlehrer hat in der Alltagsbewältigung von früh an Erfahrungen damit gesammelt, wie man jemand anderem etwas berichtet und erläutert. Jeder hat in seiner Schulzeit und in der nachfolgenden Berufs-Ausbildung Vorstellungen vom idealen Lehrer in sich ausgebildet. Niemand möchte als Lehrer gerne hinter seinem Lehrer-Ideal zurückbleiben und doch scheint Professionalität im erwachsenenpädagogischen Handeln einem Regenbogen zu gleichen, der, selten in seiner ganzen Farbigkeit sichtbar, nie zu fassen ist. Je mehr man sich ihm nähert, desto weiter rückt das optische Ereignis weg. Trotz solcher Erfahrungen bemüht sich der autodidaktisch vorbereitete Erwachsenenlehrer um Professionalität. Er verfügt über berufliches und systematisches Fach-Wissen. Er macht die Erfahrung, dass in der erwachsenenpädagogischen Veranstaltung, die für ihn immer wieder neu mit Versagensängsten besetzt ist, für die lernenden Erwachsenen seine eigene fachliche Versiertheit von großer Wichtigkeit ist. Die Lernenden stellen oft genug im Verhältnis zu den anzueignenden Objekten eine Schranke individueller Isolation fest. Im Lehrer beobachten sie jemanden, für den eine solche Schranke nicht mehr existiert. Sie trauen ihm einiges zu und vertrauen ihm. Sie gehen den Weg zum anzueignenden Objekt über den Lehrer als Subjekt einer erkennbar geglückten Vermittlung zwischen Subjekt und Objekt. Der Lehrer versucht seinerseits, bei den Lernenden Neugier zu erwecken, ihnen Wege zu zeigen, wie sie selbst in die Lage kommen können, die Sache zu verstehen. Verfügt er über Einfühlsamkeit und das Vermögen, zum Suchen, Forschen, Finden anzuregen, strahlt er zudem Zuversicht und Unterstützungsbereitschaft aus, sagen die Lernenden von ihm, dass er sich auf sein erwachsenenpädagogisches Handwerk versteht. Der autodidaktische Erwachsenenlehrer sieht sich stärker als der didaktisch angelernte Lehrer auf das große Potential an breit gefächerten intuitiven Kräften angewiesen, das jeder von uns besitzt, aber zumeist wenig nutzt. Der eine ist von seiner Subjektentwicklung und positiven Erfahrungen mit der eigenen Ausstrahlung her frei genug, methodisch zu experimentieren. Der andere nimmt stärker auf seine Sicherheitsbedürfnisse Rücksicht und vermeidet allzu offene sozial-emotionale Situationen. Sie alle aber können als Theoretiker des praktischen Wissens jederzeit ihre Arbeit erläutern und die getroffenen Entscheidungen begründen, wenn auch nicht immer in didaktischen Fach-Begriffen.

Die Praxis der Erwachsenenbildung erweist sich als eine nie auszulernende Kunst. Keine Veranstaltung gleicht der anderen aufs Haar. Die Gegenstände wechseln. Die Teilnehmer stellen jeweils neue und andere Ansprüche. Der Zeitgeist fließt, wohin er will. Die Rahmenbedingungen verändern sich immer wieder. Irritationen gibt's zuhauf, Widersprüche und Erlebnisse des Scheiterns müssen ausgehalten und verarbeitet werden. In dieser Kunst gibt es keine Fortschritte, wenn sich die hier tätigen Pädagogen nicht in einer selbstinstruktiven Fortbildung immer wieder bewusst mit den Erfahrungen und Einsichten anderer Fachleute auseinandersetzen. Sie sind auf wissenschaftliche Begleitung angewiesen, um etwas über die unverwechselbaren eigenen Person-Anteile und all die übrigen historisch entstandenen und strukturell bedingten Faktoren, die das Lernen Erwachsener in unserer Kultur bedingen, herauszufinden und um den zumeist schmalen Grundbestand erfolgreicher Arbeitsformen weiterzuentwickeln. Zur Orientierung, Selbstvergewisserung und Selbstentzifferung bedarf es fremder Fragen von außen, anderer Kategorien als nur der vertrauten eigenen Standards, die die tägliche Veranstaltungsplanung und -realisierung bestimmen. Autodidaktisch erworbenes Wissen lässt ein Interesse daran entstehen, es ständig zu erweitern und anzureichern. Der versierte Autodidakt verschließt sich aber zumeist für weitschweifige sondersprachliche Analysen und idealtypische Anleitungs-Literatur von Wissenschaftlern, um das Selbstkonzept und die mühsam erarbeiteten beruflichen Gewissheiten zu schützen.

Das didaktische Denken und Handeln in der Alltagspraxis der EB/WB bedarf der wissenschaftlichen Fundierung, aber die wechselseitigen Zuschreibungen und Erwartungen der Wissenschaftler einerseits, der Praktiker andererseits verhindern zumeist den Erfahrungsaustausch. Die Kluft zwischen Wissenschaft und Praxis ist in der EB/WB besonders tief, was der ganzen

Profession schadet. Wissenschaftler haben berufsbedingt die Verpflichtung, aber auch die dazu benötigte Muße, die Praxis unter systematischen Kategorien zu beobachten und zu analysieren. Die Ergebnisse ihrer Studien geraten für den Praktiker, wenn er sie denn überhaupt zu Gesicht bekommt, oft genug zur Provokation. Er steht unter alltäglichem Handlungsdruck und muss, auch wenn die Zeit für ausführliche Analysen fehlt, für sein Handeln immer Verantwortung übernehmen. Folgt er den fremden, oft komplizierten und verästelten theoretischen Überlegungen zu dieser Praxis, wird es für ihn oft noch schwieriger, angemessene praktische Entscheidungen zu treffen. Wenn freilich Fortbildungs-Möglichkeiten zustande kommen, in denen das wechselseitige Aufeinanderhören klappt, können diejenigen, die sich als Hochschullehrer mit dem Lernen Erwachsener beschäftigen, ihre kritischen Beobachtungen der erwachsenenpädagogischen Praxis im Hinblick auf typische Abläufe und Stärken, Paradoxien und Fehler mitteilen. Sie können zur theoretischen Orientierung der Praktiker beitragen und sich insofern als ein Moment der Praxis selbst verstehen. Das zu Erklärende steckt zwar in der praktischen Realität, aber die Erklärung kommt aus der Theorie.

6 Institutionelle Interessen

Bei allen Veranstaltern von EB/WB – auch bei den Volkshochschulen, die im öffentlichen Auftrag handeln – wirkt sich das jeweilige institutionelle Interesse normierend auf didaktisches Denken und Handeln aus. Ebenso, wie im betrieblichen Qualifikationslernen die Ziele und Inhalte durch die jeweiligen Betriebsziele bestimmt sind, achten insbesondere die Leitungsgremien derjenigen Institutionen, für die Erwachsenenbildung ein wichtiges Funktionselement institutioneller Selbsterhaltung ist, wie z.B. für die Kirchen, Gewerkschaften und andere Verbände und Körperschaften, darauf, dass ihr weltanschauliches oder politisches Selbst- und Aufgabenverständnis kulturell und thematisch in der angestrebten Bildungsarbeit erkennbar bleibt. Zu den grundsätzlichen institutionellen Zielen treten betriebswirtschaftliche und sonstige Bedingungen, die sich ebenfalls auf der Ziel- und Inhaltsebene auswirken. So gewinnen sich neu ergebende Finanzierungsmöglichkeiten für Sondermaßnahmen, ausgelobt aus öffentlichen Mitteln auf Bundes- oder Europa-Ebene, eingeworben in Konkurrenz zu anderen Anbietern, oft größeren Einfluss auf Ziel- und Inhaltsentscheidungen als pädagogische Argumentationen. Das, was unter institutionellen Interessen als aktuell notwendig, betriebswirtschaftlich gesehen als finanzierbar erscheint, wird oft genug als didaktisch geboten behauptet. In diesem pragmatischen Gedankenkreis wird Didaktik als Wissenschaft vom Lehren und Lernen in ihrer Reichweite oft so verkürzt, dass selbst die globale Programmplanung seitens der institutionellen Leitungsgremien zur „Institutionsdidaktik“ (Tietgens 1992, S. 13; siehe auch Höffer-Mehlmer in diesem Band) veredelt wird. Da auf dieser Ebene grundsätzlicher Programmausrichtung zumeist ohne konkrete Bedarfsanalysen entschieden wird, bleibt der wirkliche und endliche Teilnehmer an der Einzelveranstaltung oft nur eine Rechengröße und Wunschfigur. Hinzu kommt, dass die Institutionen und Einzeleinrichtungen der EB/WB seit einigen Jahren einem immer stärker anwachsenden Druck ausgesetzt sind, sich zertifizieren oder die ‚Qualität‘ ihrer Arbeit bemessen zu lassen. Die damit einhergehende rein instrumentelle Sicht von Bildung als ‚Produkt‘, ‚Ware‘ und ‚Dienstleistung‘ und der Standardisierungsdruck seitens der öffentlichen Hand lassen erwachsenenpädagogische Kreativität und Spontaneität immer mehr ersticken.

Die Entscheidungen, die, hierarchisch gesehen, eine Stufe tiefer im regionalen Arbeitszusammenhang (Planungskonferenz einer VHS, einer kirchlichen Familienbildungsstelle) getroffen werden, beziehen sich zumeist auf Ziele und thematische Schwerpunkte der Einzeleinrichtung, die Zuordnung und Differenzierung von Veranstaltungen, auf Teilnehmerwerbung, die Auswahl und Beratung von Dozenten, sowie Veranstaltungsformen (vgl. Siebert 1982, S. 101). Hier geht es um die pädagogische und arbeitsteilige Strukturierung einzelner Problemfelder als Lernbereiche, um Organisations- und Verwaltungsfragen.

Auf der Ebene individueller Vorbereitung und konkreter Gestaltung von Seminareinheiten und einzelnen Lehr-Lern-Situationen, z.B. durch Honorarlehrkräfte, müssen sich schließlich die planerischen Entscheidungen all der leitenden Gremien bewähren. Erst hier geht es im Seminar oder Kurs um Zusammenarbeit zwischen Kursleitern und interessierten Erwachsenen. Hier findet die persönliche und damit die eigentliche Auseinandersetzung mit der Sache statt. Je nach dem Grad der Dominanz und normativen Verbindlichkeit institutioneller Ziele reicht der Handlungsspielraum derjenigen, die im Namen der Institution an der Basis die eigentlichen Veranstaltungen durchführen, von relativer Selbständigkeit bis hin zur rigiden Verpflichtung auf bindende institutionelle Vorgaben. Die Kontrollinteressen der ‚öffentlichen Hand' sowie der institutionellen Leitungsgremien werden ständig stärker. Spannungen und Konflikte sind oft unausweichlich. So sehen sich z.B. in der katholischen Familienbildung die pädagogischen Mitarbeiter bei der Vorbereitung und Durchführung von Seminaren genötigt, sich zwischen sozialwissenschaftlich ermittelten Fakten und Einsichten zur aktuellen Realsituation von Familien, sich daraus aufdrängenden Lernerfordernissen und der lehramtlichen Sicht von Familie und daraus theologisch abgeleiteten Lehrzielen zu entscheiden oder mühsam Kompromisse zu suchen.

Alles didaktische Denken enthält immer eigene Entscheidungen der pädagogisch Verantwortlichen darüber, zu wessen Gunsten die Vermittlung zwischen den denkbaren Lern-Subjekten und den Objekten des Wahrnehmens, Erkennens, Verstehens und Lernens angeregt und begleitet werden soll. Wird Didaktik nur instrumentell als Bemühung um die Erhöhung der Effizienz von Lehren und Lernen verstanden, dann sind die Anlässe und Zwecke, denen sie dient, beliebig. Da zum Guten wie zum Schlechten gelehrt und gelernt werden kann, ist daher nach der jeweiligen erwachsenenpädagogischen ‚Philosophie' als einer die didaktischen Einzelentscheidungen übergreifenden Wert-Orientierung zu fragen. Es erscheint unerlässlich, einen Zielbegriff der pädagogischen Tradition zu rekonstruieren, der quer liegt zur bloßen Funktionalität des Lernens und Lehrens für die je obsiegenden institutionellen Interessen – den Begriff der Bildung.

7 Bildung

‚Bildung' wird heute, ganz verdinglicht, als Verwaltungsbegriff für alle organisierten Lehr-Lern-Aktivitäten, die für die Erfüllung der funktionellen Arbeitsteilung der Marktgesellschaft nötig sind, verwendet (Bildungsplanung, Bildungspolitik, Bildungszentren etc.), auch wenn er von der aufklärerischen Tradition her für den kreativen Widerstand gegen die pure ökonomische Verzweckung des Subjekts steht. Die als Pädagogen tätigen Personen sehen sich beruflich verpflichtet, für die vorgegebene Wirtschafts- und Gesellschaftsform, die von Konkurrenz und rigider Selbstdurchsetzung durch und durch geprägt ist, zu erziehen und auszubilden. Sie können aber zugleich darauf hinarbeiten, dass durch die von ihnen angestrebten Qualifikationen hindurch und über sie hinaus Bildung zustande kommt. Bildung als bewertetes und bewertendes Lernen ist ein offener Prozess subjektbestimmter Aneignung lebensnotwendigen Wissens und menschlicher Verständigungsmöglichkeiten mit einer besonderen Qualität informierter, kritischer Auseinandersetzung mit der Umwelt, den sie prägenden Traditionen, Strukturen und mit sich selbst.

In der Begriffsgeschichte von ‚Bildung' sind zwei entgegen gesetzte Auffassungen auszumachen: Der sprachgeschichtliche älteste Bedeutungskern der Wortfamilie ‚Bild, bilden, Bildung' ist der des ‚Gestalteten', des ‚Gestaltens', der ‚Gestaltung'. Daher steht bilden als ‚Gestalten' eines Naturstoffs seit dem Mittelalter im Wechsel- und Übersetzungsverhältnis zum lateinischen Begriff ‚formare' (‚bilden, gestalten, unterrichten, unterweisen'; Habel 1959, S. 157). Bildung im Sinne der Formung, Beeinflussung und Gestaltung wird bis heute mit der Sozialform der Erziehung gleichgesetzt, in der sich der Erzieher als Subjekt und der Zögling als Objekt gestaltender Einwirkung gegenüberstehen. Dabei wird von vielen als selbstverständlich vorausgesetzt, dass der Mensch sein ganzes Leben lang ein erziehungs- und belehrungsbedürftiges Mängelwesen bleibe. Der gängige Begriff des ‚Erwachsenenbildners' ist Ausdruck dieser patriarchalischen Sichtweise. Das von ihm zu formende Gegenüber wird als ‚Teilnehmer' bezeichnet. Da Teilnahme die Beteiligung an einer Aktion ist, deren Zentrum außerhalb von einem selbst liegt, wird mit dem Begriff ‚Teilnehmer' nur unter der Verwaltungsperspektive eines von Dritten geplanten Kurses und Seminars gedacht.

Mit der Perspektive, dass der ‚Teilnehmer' als Subjekt seines Lernens der eigentliche Souverän der EB/WB ist, kommt der zweite Traditionsstrang von ‚Bildung' in den Blick: Seit der Aufklärung wird Bildung als Selbstdenken, als Selbstaneignung und Selbstschöpfung verstanden. In Immanuel Kants Schriften taucht zum ersten Mal der Begriff der ‚Selbstbestimmung' auf. Das Programm der Aufklärung lautet nicht: ‚Kläre andere auf!', sondern ‚Ich kläre mich auf' , ‚Ich denke selbst', ‚Ich bilde mich selbst', ‚Ich gestalte mich selbst', ‚Ich bilde meine Fähigkeiten aus und erweitere schöpferisch meine Möglichkeiten'. Damit ist der unablässige Versuch gemeint, vom eigenen Verstand, den eigenen Fähigkeiten ohne Bevormundung durch andere Gebrauch zu machen. Immer wieder wird danach gefragt, wie der Mensch zum Menschen werde, welche intellektuellen, sittlichen, physischen und sozialen Kräfte er bewusst auszubilden habe, um sich als „Werk meiner selbst" (J. G. Fichte 1800, vgl. Fichte 1845/46, II, S. 256) zu einer sittlichen Persönlichkeit zu entwickeln, durch Lehre allenfalls herausgefordert und unterstützt (vgl. Meueler 1998b, S. 151ff.). In zustande kommender Bildung sind die Ansprüche der sozialen Umwelt und die Ansprüche des Subjekts auf Selbstdenken, eigene Standpunkte, eigene Entscheidungen und selbstbestimmtes Handeln in einer dialektischen Weise miteinander vermittelt: Der Mensch wird als Zweiheit in der Einheit gesehen – Objekt und Subjekt zugleich, unterworfen und doch frei zugleich. Das lateinische Adjektiv ‚subiectus' bedeutet ‚unterworfen, untertan'. Von dieser Tradition her ist das Subjekt das Unterliegende, das Preisgegebene. Das Unterworfensein gegenüber der äußeren Natur (genetischen Vorgaben; Sterblichkeit), der inneren Natur (Triebängsten und Triebwünschen) und der sozialen Welt (Anpassungsdruck) ist und bleibt aber nicht total. Der Mensch widersetzt sich der bedrückenden Welt des Vorgegebenen. Er ist erkenntnis- und handlungsfähig. Die Freiheit, die er sich handelnd nimmt, ist Ergebnis seiner Selbstreflexivität und der sie bestimmenden Bildung.

Beide Traditionen des Bildungsbegriffs, Bildung als Erziehung und Bildung als selbstbestimmte Subjektentwicklung, schließen sich nicht aus, sondern stehen in Wechselwirkung: Das Kind und der Heranwachsende bedürfen der Erziehung. Eltern und andere Erzieher – wie z.B. Lehrer – befreien die heranwachsenden Lernenden zu ihrem Können und der Befähigung, gesellschaftlich zu überleben. Sie leiten dazu an, vorhandene Fähigkeiten zu entdecken, auszubauen und zu nutzen. Sie regen die Lernenden an, sich in der verhandelten Sache wie der Lehrer auskennen zu wollen. Zugleich ist aber der durch überkommene soziale Traditionen geregelte erzieherische Umgang mit Kindern und Heranwachsenden in den Gestalten von Über- und Unterordnung, von Benotung, grundsätzlicher Bewertung und sozialer Einstufung immer von Herrschaft geprägt. Auch Erwachsene noch erziehen zu wollen, bedeutet einen Angriff auf deren Würde. Bildung entwickelt sich im Widerstand gegen Herrschaft, mit der alle Erziehung kontaminiert ist. So kommt die Selbst-Bildung Erwachsener als Subjektentwicklung vor allem in der Spannung von gesellschaftlichen Zwängen und eigenen Freiheits-Interessen zustande, als „Selbstentfaltung und Selbstbestimmung der Person in Auseinandersetzung mit der ökonomischen, kulturellen und sozialen Lebenswelt", ermöglicht durch „den Aufbau von Fähigkeiten und Kompetenzen der Selbststeuerung" (Hurrelmann/Engel 1989, S. 90). Der Einzelne muss, um zu überleben, gesellschaftlichen Qualifikationserwartungen gerecht werden, ohne aber in diesen gänzlich aufgehen zu müssen.

Bildung als Selbstbildung ist auf Verstehen ausgerichtet. Um etwas erklären zu können, ist Wissen vonnöten. Bildung ist auf Verständigung über das Wissenswerte angewiesen, ist Suche nach Wahrheit, was nicht ohne Anstrengung des Begriffs und Ausdauer möglich ist. Verstehen zielt auf einen selbst (Selbstverständnis), auf den Umgang mit Fremdem (soziale Kompetenz) und Weltverständnis (fachliche Qualifikation). Bildung bedarf immer des Wissens, aber es wird mittels kritischer Reflexion durchdrungen. So verstanden erscheinen Subjektivität und Bildung untrennbar miteinander verknüpft, auslegbar als Fähigkeit zur Selbstreflexion, als Mitmenschlichkeit und damit als soziales Ereignis, als Verantwortlichkeit für sich, seinen Lebenszusammenhang, die Gesellschaft und deren Fortentwicklung, wie für den Widerstand gegen die Zerstörung der Natur. Bildung zum Subjekt erfolgt immer dann, wenn es zum Wachstum all jener Kräfte, Fähigkeiten und Fertigkeiten, zur Zunahme von Kenntnissen, Einsichten und Einstellungen kommt, die die bloße Funktionalität des Subjekts in der totalen Marktgesellschaft übersteigen. Welches Wissen und welche Fähigkeiten, welches Verhalten in Eigenregie bewusst ausgebildet werden müssen, das hängt u.a. davon ab, welche Aufgaben und Probleme jeweils in historisch konkreten Situationen zu lösen sind.

8 Lernen aus eigener Kraft

In der Rede von ‚Human-' oder ‚Wissenskapital' zeichnen sich erste kräftige Konturen einer ‚Wissensgesellschaft' ab, in der insbesondere das lebendige Wissen der lohnabhängigen Subjekte zur wichtigsten Quelle kapitalistischer Wertschöpfung zu werden scheint (vgl. Gorz 2004, S.15 u. S. 21). Auf der Kapitalseite wird es als ideal angesehen, wenn der Lohnabhängige sowohl in vertrauten wie unerwartet neuartigen Arbeitssituationen in der Lage ist, sein gesamtes kreatives Subjekt-Potential ‚selbst gesteuert' zu aktivieren, um selbstsicher alle ihm zugewiesenen Aufgaben und Probleme zu bewältigen. Dies erfordert von jedermann unaufhörliches Lernen, häufig genug als ganz bewusstes und zielstrebiges Lernen. Die vermeintliche Alltagsfloskel vom ‚lebenslangen Lernen' erweist sich als realer Zwang, sich um des Überlebens willen lebenslänglich lernend fremden und immer neuen Anforderungen anzupassen.

Die meisten Erwachsenen benötigen für die unmittelbare Lebensbewältigung keine Lehrer. Der größte Teil aller nennenswerten Lernbemühungen um Lebensunterhalt, soziale Beziehungen und Sinnproduktion geschieht selbständig und eigenverantwortlich. Die alltägliche Orientierung im Spannungsfeld von Sachnotwendigkeiten, Anpassungsforderungen der Umwelt und zwischen-menschlichen Beziehungen basiert auf Alltagstheorien als einem theoretischen Wissen, das z.B. dazu genutzt wird, sich das Verhalten von Personen in wechselnden Situationen zu erklären. Da solche Deutungsmuster, wenn auch reduziert und selbständig ergänzt, die Funktionen wissenschaftlicher Theorien, nämlich zur Analyse und Prognose von Entwicklungen dienlich zu sein, erfüllen, sind oft genug höchstens qualitätsmäßige Unterschiede zwischen Alltagstheorien und wissenschaftlichen Sätzen festzustellen. Als Theoretiker und Praktiker zugleich nimmt der Alltagsmensch fremdes Wissen nur in Anspruch, wenn er es dringend benötigt, wenn er seine Fähigkeiten und Fertigkeiten vermehren und verbessern will.

Da Erwachsenenbildung im eigentlichen Sinne von den Lernenden selbst zustande gebracht wird, tut didaktische Planung für organisierte Lerngelegenheiten gut daran, an alltägliche Lernstrategien anzuknüpfen und die Erfahrungen, die die Beteiligten mit kleineren oder größeren selbst initiierten und selbstinstruktiven Lernaktivitäten und -projekten im Alltagsleben gemacht haben (vgl. Nezel 1992, S. 225ff.), wahrzunehmen und konstruktiv zu nutzen. Das von den Lernenden erarbeitete Wissen, der selbst entdeckte und selbständig beschrittene Weg, die selbst produzierte Einsicht, dies alles sind ja Ergebnisse selbst verantworteten Suchens, Denkens, Assoziierens, Findens und Interpretierens. Die vom Erwachsenenlehrer eingesetzten Methoden können allenfalls Lernprozesse anregen, beschleunigen und kritisch begleiten, nicht aber sie hervorbringen. Die entscheidenden Antriebe müssen von den Lernenden selbst ausgehen (vgl. Holzkamp 1993; Meueler 1998a).

9 Methoden und Sozialformen

Jeder Erwachsenen-Lehrer hätte ihn gern in Händen, den Zauberstab der Methodik der EB/WB, mit dem nach Belieben alles bewirkt werden kann: hohe Motivation, erfolgreiches Lernen, Faszination, Begeisterung, rasches und doch tiefgründiges Verstehen, zugleich aber auch Beruhigung der eigenen sozialen Ängste vor der Gruppe und Schutz vor den immer wieder aufbrechenden Unsicherheits- und Kleinheitsgefühlen. Je selbständiger das Gegenüber in Veranstaltungen der EW/WB ist, desto weniger präzise einschätzbar sind seine Reaktionen auf die methodischen Vorschläge des Erwachsenenlehrers. Eine Methode kann – wie im griechischen Ursprungswort ‚methodos' schon ausgedrückt – nie mehr als ein denkbarer ‚Weg' zu dem in den Blick genommenen Ziel sein, ein Weg zu mehr Erkenntnis, die jeweils neue Fragen hervorbringt, aber auch Umweg und Sackgasse. Methoden sind Arbeitsformen, die dazu dienen, günstige Voraussetzungen für ein gelingendes Lernen zu schaffen, aber sie sind keine Passepartout-Schlüssel, mit denen man alle Lernsituationen, Personentypen und Stimmungen aufschließen kann. Noch so ausgeklügelte Verfahren finden ihre Begrenzung im sich verweigernden Subjekt, das sich gegen aufgedrängte Lerninhalte oder ungewohnte Arbeitsformen wehrt.

Wenn sich einzelne ‚Teilnehmer' gegen die Anwendung dialogischer Methoden, mit denen die Lernstrategien der beteiligten Erwachsenen berücksichtigt werden sollen, sperren, dann hat dies nachvollziehbare Gründe: Die hier erlebte soziale Situation gleicht in etwa der einst durchlebten Schule. Die groß gewordenen Schüler wollen nicht wieder in die Situation geraten, eine falsche Antwort zu geben und dafür öffentlich gerügt zu werden. Da in jeder Gruppe, sei sie noch so klein, die Dynamik des sozialen Vergleichs und der damit verknüpften sozialen Kontrolle abläuft, gehen sie daher kein soziales Risiko ein und halten sich bedeckt. Es gilt daher, Erwachsene aus der Regression der groß gewordenen Schüler, die sich nun endlich mal bedienen lassen wollen, herauszulocken, sie zum eigenen Denken anzuregen, anstatt ihnen stellvertretend das Denken abzunehmen. Geschähe dies nicht, würden die besonderen Chancen und Möglichkeiten des Lernens mit Erwachsenen verschenkt. Damit sich Lehren und Lernen in Form eines Erfahrungsaustausches wechselseitig ergänzen, gilt es, aus dem großen Methoden-Repertoire der EW/WB (vgl. z.B. Rabenstein et al. 1989; Meueler 2001, S. 198ff.; Dürrschmidt u.a. 2007; Funcke/Rachow 2007; Klein 2007) vor allem problemorientierte und aktivierende Arbeitsformen vorzuschlagen, die den Beteiligten vielerlei Formen aktiver Aneignung abfordern: analysieren, vergleichen, herausfinden, bezweifeln, phantasieren, weiterschreiben, gegendenken, über-alle-Grenzen-hinaus-denken, Gegenwelten ausdenken etc. Dialogische Sozial- und Arbeitsformen leben vom sokratischen Talent des Lehrers – immer auf Frage und Antwort, auf Wechselrede erpicht. Er fragt sich in seiner Vorbereitung, wie die Lernenden in der zu verhandelnden Sache, dem zu bearbeitenden Problem vorkommen. Er nimmt die Alltags-Erfahrungen und -theorien der Erwachsenen ernst, leitet sie an, zu erfahrenen Widersprüchen und aufgebrochenen Fragen nach relevanten theoretischen Erklärungen zu suchen. So wird Didaktik zur Organisation von Erfahrungen, die als zurückliegende jetzt gedeutet werden, und von neuen Erfahrungen, die in gemeinsam gestalteten Interaktionen zwischen den Fachleuten, den Lernenden und der sie beschäftigenden Sache zustande kommen können.

10 Bewusste Gestaltung von Beziehungen

Laut Joachim Bauer (2006, S. 7) lässt in jüngster Zeit eine Serie neurobiologischer Beobachtungen den Menschen als ein Wesen erscheinen, „dessen zentrale Motivation auf Zuwendung und gelingende mitmenschliche Beziehungen gerichtet ist".

„Die Motivationssysteme schalten ab, wenn keine Chance auf soziale Zuwendung besteht, und sie springen an, wenn das Gegenteil der Fall ist, wenn also Anerkennung und Liebe im Spiel ist" (a.a.O., S. 34). Wer Menschen nachhaltig motivieren wolle, müsse ihnen, so Bauer, die Möglichkeit geben, mit anderen zu kooperieren und Beziehungen zu gestalten. Überall dort, wo Menschen Verantwortung für andere trügen (Medizin, Pädagogik, Führungspersonal, Psychotherapie, Seelsorge), müsse „die Fähigkeit, Beziehungen zu gestalten, zur Meisterschaft entwickelt sein" (a.a.O., S. 196).

Als die wichtigsten Komponenten einer gelingenden Beziehung oder eines kooperativen Projekts nennt Bauer folgende für didaktisches Handeln relevanten Faktoren:

„1. Sehen und Gesehenwerden, 2. gemeinsame Aufmerksamkeit gegenüber etwas Drittem, 3. emotionale Resonanz, 4. gemeinsames Handeln und 5. das wechselseitige Verstehen von Motiven und Absichten" (a.a.O., S. 190).

11 Didaktik als Soziallehre

Diese neurobiologischen Einsichten lassen sich leicht mit der alten pädagogischen Weisheit verknüpfen, dass alles individuelle Verstehen auf Verständigung mit anderen angewiesen ist. Wird Didaktik als Soziallehre verstanden, genügt es nicht, nur von der Seite vorgegebener Lerninhalte her nach Bedingungen für deren optimales Gelerntwerden zu fragen, sondern es gilt, offen zu sein für die sozialen und emotionalen Bedürfnisse der potentiellen Lern-Subjekte. Mündigkeit wird nicht als zukünftig einzulösendes Ziel beschworen, sondern hier und jetzt vorausgesetzt.

Als Ausdruck wechselseitiger Anerkennung kann ein Lehr-Lern-Vertrag fungieren, in dessen Aushandlung die Lernsubjekte ihre Lernbedürfnisse und -wünsche, die Lehrsubjekte ihre Auffassung von den je spezifischen Lernerfordernissen als dem notwendigerweise zu Lernenden einbringen (vgl. Meueler 1998b, S. 229ff.). Alle sind potenzielle Subjekte der gemeinsamen Arbeit und Objekte der daraus erwachsenden inhaltlichen wie psychosozialen Anforderungen zugleich. Lehre als Erfahrungsaustausch und die gemeinsame Bearbeitung der für die Gruppe bedeutsamen Themen und Probleme ersetzen das alte Belehrungskonzept. Das Verhältnis der Beteiligten zueinander ist im Idealfall dialogisch. Es zielt auf Gleichheit bei gleichzeitiger Differenz im mitgebrachten Wissen, pädagogischen Kompetenzen und den hier gelebten sozialen Rollen. Die Pädagogen geben zwar die methodische Grundanregung zum Aushandeln des Lehr-Lern-Vertrags, bleiben aber Teil des gemeinsam zu gestaltenden sozialen Systems, das permanent jene Bedingungen zu schaffen versucht, die für die Bewältigung der gemeinsam definierten Aufgaben notwendig sind.

Das Vermögen der Fachleute, ihr Wissen und ihre methodischen Erfahrungen werden als Potenzen ins Spiel gebracht und mit den Erwartungen, Bedürfnissen, Wünschen und dem Vermögen der Gruppe durch das Aushandeln von Zielen und Verfahren der gemeinsamen Arbeit vernetzt.

Der Lehrende kann sich auf die gemeinsame didaktische und methodische Strukturierung der geplanten Lernmöglichkeit z.B. so vorbereiten, dass er sich folgende grundsätzlichen didaktischen Fragen beantwortet:

1. Wer ist mein Gegenüber (Teilnehmende)?
2. Welches sind die von ihnen zu bewältigenden Probleme/Situationen?
3. Wie geht es den Teilnehmenden angesichts dieser Aufgaben?
4. Wie bedeutsam ist für mich selbst dieser Problembereich?
5. Welche ‚objektiven' Lernerfordernisse ergeben sich meiner fachlichen Kenntnis nach aus der Problemanalyse unter Punkt 2?
6. Welche subjektiven Lernbedürfnisse und Lernwünsche vermute ich auf Seiten der Teilnehmenden und wie ermittle ich sie konkret zu Beginn des Seminars?
7. Wie balanciere ich mit den Teilnehmenden die von mir identifizierten Lernerfordernisse und die von ihnen genannten Lernwünsche so miteinander aus, dass wir uns auf einlösbare Ziele einigen können (Lehr-Lern-Vertrag)?
8. Welche Methoden und Sozialformen (Einzelarbeit, Kleingruppenarbeit etc.), die zur Erreichung der verabredeten Ziele hilfreich erscheinen, wollen wir einsetzen?
9. Womit wollen wir beginnen und was folgt als zweites, was als drittes (Aufbau des Seminars, Zeitgestaltung)?

10. Wer wird für was verantwortlich sein (Aufteilung von Aufgaben zwischen Lehrenden und Lernenden)?
11. Was wollen wir als praktischen Erfolg unserer Bemühungen (Handlungskonsequenzen) anstreben?

Wird der Abschluss eines Lehr-Lern-Vertrags als Form dialogischer Verständigung über Ziele und Verfahren der gemeinsamen Arbeit wirklich ernst genommen und im Rahmen der Veranstaltung gegebenenfalls korrigiert oder erneuert, ist die Didaktik alten Verständnisses als dogmatisches und hierarchisches Planungs-Instrument des Lehrers, die Lernenden zu berechenbaren Objekten der eigenen Einwirkung zu machen, ihrer Machtanteile beraubt. Durch die bewusste Erweiterung der Entscheidungsfreiheit der ‚Teilnehmer' wird die Lernveranstaltung demokratisiert. Die Hierarchie wird durchlöchert, auch wenn Widersprüche und Paradoxien des im Lehren und Lernen wechselseitigen Aufeinander-Angewiesenseins nicht grundsätzlich aufgelöst werden. Es kann aber von Anfang an deutlich werden, dass mit dieser Methode das Ganze des zu Lernenden als allmählich sich entwickelnder Prozess verstanden wird und dass die Auseinandersetzung zwischen den Lehrervorstellungen und den Lernwünschen und -bedürfnissen der Teilnehmenden in der gesamten gemeinsamen Lernarbeit als Spannung erhalten bleiben soll.

Literatur

Bauer, J.(2006): Prinzip Menschlichkeit. Warum wir von Natur aus kooperieren. Hamburg: Hoffmann und Campe.
Biard, J. (1990): Subjekt. In: Sandkühler, H.J. (Hrsg.): Europäische Enzyklopädie zu Philosophie und Wissenschaften, 4 Bd. Hamburg: Felix Meiner, S. 474-480.
Blankertz, H. (1969): Theorien und Modelle der Didaktik. München: Juventa.
Buschek, O. (2000): Klüger durch Klicken. In: com!online 8. S. 27-30.
Dürrschmidt, P. u.a. (2007³): Methodensammlung für Trainerinnen und Trainer. Bonn: managerSeminare.
Fichte, J.G. (1845-1846): Die Bestimmung des Menschen (1800): In: J.H. Fichte (Hrsg.): Sämtliche Werke, I-VIII. Berlin.
Funcke, A./Rachow, A. (2007⁴): Rezeptbuch für lebendiges Training. Bonn: managerSeminare.
Gorz, A. (2004): Wissen, Wert und Kapital. Zur Kritik der Wissensökonomie. Zürich: Rotpunkt.
Gudjons, H./Teske, R./Winkel, R. (Hrsg.) (1991⁶): Didaktische Theorien. Hamburg: Bergmann + Helbig.
Habel, E. (1959²): Mittellateinisches Glossar. Paderborn: Ferdinand Schöningh.
Holzkamp, K. (2003): Lernen. Subjektwissenschaftliche Grundlegung. Frankfurt/New York: Campus.
Hurrelmann, K./Engel, U. (1989): Bildungssoziologie. In: Endruweit, G./Trommsdorf, G. (Hrsg.): Wörterbuch der Soziologie, 1. Bd. Stuttgart: dtv/Enke, S. 90-98.
Klein, Z.M. (2007²): Kreative Geister wecken. Bonn: managerSeminare
Lehner, M. (1989): Didaktik und Weiterbildung. Zur historischen Rekonstruktion des didaktischen Denkens in der Erwachsenenbildung. Weinheim: Deutscher Studienverlag.
Meueler, E. (1998a⁵): Erwachsene lernen. Beschreibung Anstöße Erfahrungen. Stuttgart: Klett-Cotta 5.
Meueler, E.(1998b²): Die Türen des Käfigs. Wege zum Subjekt in der Erwachsenenbildung. Stuttgart: Klett-Cotta.
Meueler, E. (2001): Lob des Scheiterns. Methoden- und Geschichtenbuch zur Erwachsenenbildung an der Universität. Baltmannsweiler: Schneider Hohengehren.
Miller, M. (1986): Kollektive Lernprozesse. Studien zur Grundlegung einer soziologischen Lerntheorie. Frankfurt: Suhrkamp.
Nezel, I. (1992): Allgemeine Didaktik der Erwachsenenbildung. Bern/Stuttgart/Wien: Paul Haupt.
Rabenstein, R./Reichel, R./Thanhoffer, M. (1989³): Das Methoden-Set 5. Bücher für Referenten und Seminarleiterinnen. Münster: Ökotopia.

Siebert, H. (1982): Programmplanung als didaktisches Handeln. In: Nuissl, E. (Hrsg.): Taschenbuch der Erwachsenenbildung. Baltmannsweiler: Pädagogischer Verlag Burgbücherei Schneider, S. 100-121.

Siebert, H. (1996): Didaktisches Handeln in der Erwachsenenbildung. Didaktik aus konstruktivistischer Sicht. Neuwied: Luchterhand.

Tietgens, H. (1992): Reflexionen zur Erwachsenendidaktik. Bad Heilbrunn: Julius Klinkhardt.

Türcke, Ch. (1986): Vermittlung als Gott. Metaphysische Grillen und theologische Mucken didaktischer Wissenschaft. Lüneburg: Dietrich zur Klampen.

Markus Höffer-Mehlmer

Programmplanung und -organisation

1 Einleitung

Programmplanung und -organisation wird im Folgenden aus der Mesoperspektive des Bildungsmanagements betrachtet, also weder aus der Mikrosicht von Lehrenden und Lernenden, noch aus der Makrosicht politischer Akteure. Im Mittelpunkt stehen die Bedingungs- und Entscheidungsfelder planend-disponierender Aktivitäten. Wichtige Dimensionen von Programmen wie beispielsweise unterschiedliche curriculare Grundlagen, spezifische Themenfelder oder Teilnehmergruppen bleiben daher systematisch ausgeblendet oder werden allenfalls mit Blick auf Grundfragen des Planungs- und Organisationsprozesses gestreift. Gleiches gilt für die politischen, rechtlichen und finanziellen Bedingungen wie auch für die historischen Wurzeln der Weiterbildung. Im Rahmen eines Handbuchs, in dem zwar alles gesagt werden soll, aber nicht unbedingt von allen, fällt diese Beschränkung nicht weiter schwer.

Die Weiterbildung ist nicht nur in thematischer, sondern auch in institutioneller Hinsicht ein buntes und komplexes Feld. Nun ist dies zunächst nichts Besonderes, sind die Bildungssysteme moderner Gesellschaften generell durch dauernde Balanceakte zwischen zunehmender Differenzierung und notwendiger Integration gekennzeichnet. Jeder, der einmal versucht hat, sich einen Überblick über Wahlmöglichkeiten und Fächerkombinationen in der gymnasialen Oberstufe zu verschaffen, wird dies bestätigen können. Die Weiterbildung ist aber komplexer als andere Bildungsbereiche, da unter der definitorischen Klammer „Fortsetzung oder Wiederaufnahme organisierten Lernens" nach der ersten Bildungsphase (vgl. Deutscher Bildungsrat 1970, S.197) außerordentlich unterschiedliche Bereiche versammelt sind. Aussagen über *die* Programmplanung in der Weiterbildung geraten daher schnell zur Ansammlung von Trivialitäten und Allgemeinplätzen.

Im Folgenden wird zunächst ein grober Überblick über wesentliche Programmbereiche der allgemeinen und beruflichen Weiterbildung gegeben. Danach wird die Programmplanung in Schule, Berufsbildung und Hochschule betrachtet, da einige Bereiche der Weiterbildung strukturell teilweise oder vollständig in diese anderen Bildungsbereiche eingelagert sind und sich die Besonderheiten der Programmplanung in den übrigen Weiterbildungsbereichen zudem klarer herausarbeiten lassen. Eine wesentliche Besonderheit besteht darin, dass die staatliche Finanzierung in großen Teilen der Weiterbildung eine geringere Rolle spielt als in den übrigen Bildungsbereichen. Programme werden daher häufig mit Blick auf den jeweiligen ‚Weiterbildungsmarkt' geplant und organisiert. Mit dem ‚Markt in der Weiterbildung' als Bezugsgröße der Programmplanung setzen wir uns im dritten Teil auseinander. Daran schließt sich jeweils ein Überblick über die Bedingungen für die Programmplanung in der allgemeinen sowie in der beruflichen Weiterbildung an. Der eigentliche Planungsprozess unter besonderer Berücksichtigung der Bedarfserhebung wird danach behandelt.

2 Programmbereiche im Überblick

Die Datenlage in der Weiterbildung ist in Deutschland trotz erheblicher Verbesserungen in den letzten Jahren letztlich nicht zufriedenstellend. Einige Bereiche sind durch Förder-, Träger- bzw. Verbundstatistiken gut erschlossen, in anderen ist man auf Hochrechnungen bzw. Stichproben angewiesen. Für einen übergreifenden Blick auf die Themenfelder bzw. Programmbereiche der Weiterbildung stellen die repräsentativen Befragungen der Bevölkerung im erwerbsfähigen Alter, die seit 1979 unter der Bezeichnung Berichtssystem Weiterbildung durchgeführt wurden, eine zentrale Quelle dar (vgl. hierzu und zum Folgenden BMBF 2006). Die Teilnahmequote an organisierter Weiterbildung insgesamt, also an Seminaren, Kursen oder Lehrgängen, beträgt über 40%. Sie ist seit Ende der siebziger Jahre kontinuierlich gestiegen, seit einem Höchststand von 48% im Jahre 1997 aber wieder gesunken. Dabei betraf der Rückgang vor allem die berufliche, aber kaum die allgemeine Weiterbildung und er war in den Neuen Bundesländern ausgeprägter als in den Alten.

In der Allgemeinen Weiterbildung sind die Themenbereiche Computer, EDV, Internet und Sprachen die stärksten, gefolgt vom Bereich Gesundheit, der in den letzten Jahren erheblich an Bedeutung gewonnen hat. Weitere wichtige, wenn auch deutlich schwächer nachgefragte Themenbereiche sind Versicherungen/Steuern, Praktische Kenntnisse und Freizeitgestaltung. In den letzten Jahren haben sich im Ost-West-Vergleich die Themenschwerpunkte angeglichen.

In der beruflichen Weiterbildung sind im Hinblick auf Teilnahmefälle formalisierte Einarbeitungen die häufigste Form der Weiterbildung, gefolgt von Einarbeitung und, mit erheblichem Abstand, Aufstiegsfortbildung sowie Umschulung. In thematischer Hinsicht ist in der beruflichen Weiterbildung der Bereich ‚Erziehung, Pädagogik, Psychologie, Sozialpädagogik' der mit 10% der Teilnahmefälle größte, gefolgt von medizinischen und Gesundheitsfragen sowie EDV-Anwendungen im kaufmännischen Bereich (jeweils 9%), kaufmännischer Weiterbildung mit 8% sowie Führungs- und (Selbst-) Management-Training mit 7% der Teilnahmefälle (vgl. BMBF 2006, S. 316).

3 Schnittmengen: Programmplanung in Schule, Berufsbildung und Hochschule

Die Einrichtungen des Zweiten Bildungswegs sind definitorisch der Weiterbildung, strukturell aber dem Schulbereich zugeordnet. Dort ist die Programmplanung generell genauen Vorgaben unterworfen. Schulische Angebote werden in den einzelnen Bundesländern (bundesweit in Grundzügen abgestimmt im Rahmen der Kultusministerkonferenz) durch Gesetze, Lehrpläne und Stundentafeln im Wesentlichen geregelt. Das zur Durchführung benötigte Lehrpersonal wird von den Bundesländern (mit haushalts- und arbeitsmarktbedingten Schwankungen) bereitgestellt. Die Kommunen und Kreise, zuständig für die sogenannten ‚äußeren Schulangelegenheiten', beeinflussen die Rahmenbedingungen der Programmentwicklung im Kleinen bei der Versorgung mit Fachräumen oder Materialien, im Großen durch Gründung oder Schließung von Schulen. Dies trägt dazu bei, dass sich die Schulstrukturen nicht nur von Bundesland zu Bundesland zum Teil erheblich unterscheiden, sondern auch in großem Maße durch die jeweiligen regionalen und die dortigen sozialen wie wirtschaftlichen Bedingungen geprägt sind.

Die Erstellung von Stundenplänen ist die ‚klassische' Form der Programmplanung in der Schule. Innerhalb der jeweiligen Schulform und der gegebenen Stundentafeln kann die einzelne Schule durch spezielle weiterführende oder fördernde Angebote, Fächerkombinationen, Projekte oder gebündelten Epochalunterricht Akzente setzen. Einen größeren Spielraum zur Profilbildung besitzt sie bei den ‚außerunterrichtlichen Aktivitäten' von Arbeitsgemeinschaften bis zu Schulveranstaltungen. In den letzten Jahren ist der Gestaltungsspielraum der einzelnen Schulen unter den Gesichtspunkten ‚Schulqualität' und ‚Schulautonomie' stärker in den Mittelpunkt gerückt (vgl. hierzu Rürup 2007).

Die Bedingungen für die Programmplanung im schulischen Teil der Berufsbildung ähneln denen der allgemeinbildenden Schulen, da die gleichen Strukturprinzipien gelten (Bildungsföderalismus, kommunale Schulträgerschaft). Die Rahmenpläne wie auch die Ausbildungspläne für den nichtschulischen Ausbildungsteil werden im korporativen Zusammenwirken von Bund (Arbeitsministerium, jeweilige Fachministerien, Bundesinstitut für Berufsbildung) und Verbänden (insbesondere Industrie- und Handelskammern bzw. Handwerkskammern und Gewerkschaften) konzipiert. Die administrative Steuerung von außerschulischer Ausbildung und Prüfung liegt meist in Händen der Kammern. Umschulung und Teile der Aufstiegsfortbildung sind die beiden Bereiche der Weiterbildung, in denen gleiche bzw. ähnliche Bedingungen für Programmplanung wie in der Berufsbildung bestehen.

Aufgrund des föderalen Prinzips üben die Bundesländer wie im Schul-, so auch im Hochschulbereich großen Einfluss auf die Programmplanung aus. Dieser wird hier allerdings durch das Prinzip der Hochschulautonomie gebremst. Die Hochschulen können Studiengänge und -abschlüsse selbst konzipieren, auch wenn sie dabei häufig an Rahmenpläne oder -vereinbarungen gebunden sind und immer ministerieller Genehmigung bedürfen. Die im Rahmen des so genannten Bologna-Prozesses stattfindende Einführung von Bachelor- und Masterstudiengängen folgt unter anderem auf Grund der dabei notwendigen Akkreditierung einem anderen Schema als die Einrichtung von Diplom- und Magisterstudiengängen.

Die Planung und Organisation der Programme (Vorlesungsverzeichnisse) liegt aufgrund der Freiheit von Lehre und Forschung innerhalb der Hochschule weitgehend in den Händen der einzelnen Abteilungen oder Professoren. Die Hochschulen besitzen zwar den zuständigen Ministerien gegenüber eine recht große Unabhängigkeit bei der Programmplanung, doch wird diese gleichsam nach unten weitergereicht, so dass die Leitung der Hochschulen wie auch die der Fachbereiche und Institute im allgemeinen nur grobe Koordinierungsfunktionen übernimmt. Die modularisierten Bachelor- und Masterstudiengänge bestehen im Schnitt allerdings aus einem dichteren Netz curricularer Vorgaben, was sich für die Studierenden als ‚Verschulung' des Studiums und für die Lehrenden bzw. die Programm planenden Einheiten als Einschränkung des Planungs- und Entscheidungsspielraums auswirkt.

Die wissenschaftliche Weiterbildung ist mittlerweile neben Forschung und Lehre zu einem anerkannten und gesetzlich verankerten Aufgabenbereich der Hochschulen avanciert. Dies soll zum Wissens- und Technologietransfer beitragen, wird aber auch als Beitrag zur Studienreform diskutiert (verkürzte Studiengänge -- Weiterbildung als Aufbau- und Aktualisierungsangebot). Wenn Hochschulen und nicht nur einzelne Institute oder Professoren Programme wissenschaftlicher Weiterbildung entwickeln wollen, sind dem durch die ansonsten vorherrschende dezentralisierte Struktur der Programmplanung und die damit verbundenen rechtlichen und finanziellen Bedingungen (Deputatsanrechnung, Besoldungsrecht etc.) Grenzen gesetzt. Häufig wird versucht, diese Grenzen durch Auslagerungen, Gründung externer Institute oder Vereine und andere Lösungen zu umgehen (zu verschiedenen Geschäftsmodellen vgl. den Überblick bei Knust 2006).

4 Von der Metapher zur Macht: Markt und Programmplanung

Die Tradition der Marktorientierung reicht bis in die Anfänge der Erwachsenenbildung zurück. Wenn Erwachsene sich den Zumutungen organisierter Bildung aussetzten, taten sie dies in vielen Fällen freiwillig. Bildungseinrichtungen mussten daher vor allem außerhalb der betrieblichen Weiterbildung stets bestrebt sein, mit ihren Themen das Interesse, mit ihren Ankündigungstexten den Nerv und mit der Gestaltung ihrer Programme den Geschmack des mehr oder minder „widerspenstigen" Publikums zu treffen. Bis heute ist die Beziehung zwischen der einzelnen Bildungseinrichtung und ihren Nutzern in keinem anderen Bildungsbereich so fragil und pflegebedürftig wie in der Weiterbildung. Jedes beliebige Volkshochschulprogramm längst vergangener Zeiten dürfte daher mehr werbenden Charme entfalten als das Vorlesungsverzeichnis einer heutigen Durchschnitts-Universität (zur Illustration vgl. bspw. die Überlegungen zur Öffentlichkeitswirkung von Programmtexten bei Sattler 1948). Wo Abnahmegarantien für Bildungsangebote fehlen, sind wie auch immer rudimentäre Marketing-Strategien nötig, um mit dem Wandel von Interessen und Vorlieben Schritt zu halten. Dies bedeutet allerdings nicht, dass alles erlaubt ist, was gefällt, denn der Auftrag und die Ziele der einzelnen Bildungseinrichtung prägen den Korridor, in dem man Veränderungen beobachtet und auf sie reagiert. Immer wieder wird und wurde im Volkshochschulbereich beispielsweise diskutiert, ob esoterisch-psychologische Angebote mit dem rationalistisch aufklärerischen Selbstverständnis der Volkshochschulen vereinbar seien (vgl. bspw. aus der Nachkriegszeit Dietrich 1948). Vom ‚Markt' war in der allgemeinen Weiterbildung daher, wenn überhaupt, eher verschämt und im Sinne einer Metapher die Rede. Dies hat sich in den letzten Jahrzehnten grundlegend gewandelt.

Mittlerweile ist die Weiterbildung zu einem Markt geworden, auf dem über 40% der erwachsenen Bevölkerung als ‚Abnehmer' der „Ware Bildung" auftreten, mit deren Verkauf Milliarden-Umsätze erzielt werden. Die in Teilen der Weiterbildung längere Zeit noch verbreitete Zurückhaltung gegenüber dem Markt-Begriff ist vielerorts der bereitwilligen Aufnahme von betriebswirtschaftlichen Marketing-Konzepten in die Programmplanung gewichen. Dies ist allerdings nicht allein auf das Wachstum der Weiterbildung zurückzuführen.

- Finanzierung: Die Weiterbildung wurde und wird in erheblichem Umfang vom Markt geprägt und über ihn durch Teilnahmeentgelte oder von Firmen finanziert. Die öffentlichen Ausgaben für die Weiterbildung sind seit Beginn des neuen Jahrtausends stark zurückgegangen (vgl. hierzu die Zusammenstellung in Konsortium Bildungsberichterstattung 2006, S. 128f.). Die relativ geringe Bedeutung staatlicher Finanzierung sichert der Weiterbildung nicht nur bei Bildungs-, sondern auch bei Finanzpolitikern große Beliebtheit. Je stärker die einzelne Bildungseinrichtung von der unsichtbaren Hand des Marktes abhängt, desto mehr muss sie versuchen, deren Bewegungen zu erahnen, will sie nicht Ohrfeigen statt Streicheln kassieren.
- Konkurrenz: Die Weiterbildung hat sich zu einem oft nur noch schwer überschaubaren Markt entwickelt, auf dem sich die alt eingeführten Träger und Einrichtungen einer in der Vergangenheit rasch gewachsenen Konkurrenz neuer Anbieter und Angebote gegenüber

sehen. Dies gilt nicht nur für die berufliche, sondern auch für die allgemeine Weiterbildung, insbesondere in expandierenden Themenfeldern wie Sprachen oder Gesundheitsbildung. Um auf dem breiter werdenden Markt der Weiterbildungsangebote wahr- und ernst genommen zu werden, ist die professionelle Gestaltung und Präsentation von Angeboten unerlässlich. Unter dem Stichwort ‚Entgrenzung' wird in der Weiterbildung seit längerem darüber diskutiert, welche Herausforderungen sich aus technisch-medialen, sozialen und kulturellen Veränderungen für die Weiterbildung ergeben, bzw. umgekehrt, inwieweit veränderte Angebotsprofile und Mischformen neue Bildungsmöglichkeiten erschließen können (vgl. hierzu Kade/Seitter 2005; Tippelt/von Hippel 2005).

- Verwaltungsreform: Bereits seit längerem werden Teile der öffentlichen Verwaltung aus bislang geltenden Ablauf- und Aufbauordnungen ausgegliedert und zur mehr oder minder weitgehenden Marktadaption freigegeben. Die Spannbreite reicht von der Zusammenführung von Fach- und Ressourcenverantwortung und der Lockerung kameralistischer Prinzipien bis zum kompletten ‚Outsourcing' von Verwaltungsbereichen (für einen Überblick vgl. Baunack-Bennefeld 2006). Der Begriff ‚Verwaltung' ist dabei gerade in diesem Zusammenhang irreführend, da „die realen Tätigkeitsfelder der öffentlichen Verwaltung nur zu einem relativ geringen Teil Tätigkeiten im Büro" (Ellwein/Hesse 1987, S. 347) umfassen, und sich zudem die Reformbemühungen vor allem auf Dienstleistungs- und wirtschaftende Verwaltung, also eben nicht auf die ‚klassischen' Bürotätigkeiten konzentrieren, die man zunächst mit dem Begriff ‚Verwaltung' assoziiert. Soweit Weiterbildungseinrichtungen Teil öffentlicher Verwaltungen sind, werden sie häufig in entsprechende Umstrukturierungen einbezogen. Je weiter sie dabei in die Unabhängigkeit entlassen werden, um so mehr können und müssen sie sich mit ihren Programmen am Markt orientieren.

Diese Entwicklungen tragen dazu bei, dass heute auch in denjenigen Bereichen der Weiterbildung mit größerer Unbefangenheit vom ‚Markt' und ‚Marketing' oder gar vom ‚Bildungsmarketing' gesprochen wird, in denen dies früher obsolet war. Eine Stichprobe mag dies illustrieren: Gab man Ende 2007 in der Suchmaske der Literaturdatenbank des Deutschen Instituts für Erwachsenenbildung das Stichwort ‚Marketing' ein, erhielt man 446 Treffer. Erst ab dem Ende der 1970er beginnt Marketing überhaupt zum Thema zu werden, wie einzelne Veröffentlichungen zeigen (bspw. Kotler 1978 noch allgemein zu Non-Profit-Organisationen, der Sammelband von Sarges/Haeberlin 1980 dann zum ‚Marketing in der Weiterbildung'). Das Gros der Veröffentlichungen, in denen es häufig um die Übertragung von Konzepten und Instrumenten des Marketings auf die Weiterbildung geht, erscheint dann ab den 1990er Jahren (als Beispiele vgl. Meisel u.a. 1994; Geißler 1997).

Zur Attraktivität von Marketingkonzepten dürfte beitragen, dass sie über die bloße Frage nach der Vermarktung hinausgehen. Die dabei entwickelten Strategien sollen dem einzelnen Betrieb Orientierung und Absatz in den angesteuerten Teilmärkten sichern. Marketing beginnt daher schon bei der Konzipierung von Produkten oder Dienstleistungen. Weiterbildungseinrichtungen können dementsprechend nicht nur bei der sprachlichen und grafischen Gestaltung des Programms und bei seiner Plazierung in der Öffentlichkeit Zuflucht zum Marketing nehmen, sondern bereits bei der Bedarfserhebung und Planung (Beispiele für Marketingkonzepte und Handreichungen sind u.a. Schlutz 2006; Schöll 2005 (Schwerpunkt öffentliche Weiterbildung); Stahl/Stölzl 1994 (berufliche/betriebliche Weiterbildung); Merk 1997 (hauptsächlich kleinere und überwiegend kommerzielle Anbieter)). Gerade in der öffentlich geförderten Weiterbildung muss die Übernahme von Marketing-Ansätzen keineswegs zwangsläufig zur völligen Marktorientierung führen. Hier werden häufig Mischformen gefordert wie etwa „Marktsegmentierung mit Optimierung des Kostendeckungsgrades wo möglich und gesellschaftliche Moderatorenfunktion ohne Kostendruck wo nötig“ (Schöll 1996, S. 96).

Vor allem für die allgemeine Weiterbildung sind in den letzten Jahren Konzepte des Milieumarketings entwickelt worden (vgl. hierzu und zum Folgenden Barz/Tippelt 2007a und 2007b; Tippelt u.a. 2008; Barz 2000). Dabei wird der so genannte Milieu-Ansatz für Zwecke des Bildungsmarketings aufgegriffen. Unter dem Oberbegriff ‚Milieu‘ werden Gesellschaften nicht nur im Hinblick auf soziale Schichtung, also gewissermaßen in vertikaler Richtung unterteilt, betrachtet, sondern zusätzlich im Hinblick auf Wertorientierungen und kulturelle Praktiken. Vor diesem Hintergrund werden einzelne Milieugruppen unterschieden, die nicht nur durch gewisse Ähnlichkeiten der Einkommenshöhe und des sozialen Status, sondern auch durch gemeinsame Einstellungsmuster etc. gekennzeichnet sind. Konzepte des Milieumarketings in der Weiterbildung zielen darauf ab, diese unterschiedlichen Milieus zu identifizieren, die ihnen jeweils typischen Muster von Bildungseinstellungen, -erwartungen und -entscheidungen zu erforschen und daraus Konsequenzen für die Entwicklung und Bewerbung von Programmangeboten abzuleiten. Die bereits in früheren Zeiten spannende Frage danach, welche Bildungsinteressen auf Seiten potenzieller bzw. tatsächlicher Teilnehmer bestehen (als deutscher Klassiker kann hier Große 1932 gelten), soll hier unter Rückgriff auf Ergebnisse der Markt- und Sozialforschung beantwortet werden. Der ‚Markt‘ der Weiterbildung wird hier in Teilmärkte unterteilt betrachtet.

5 Programmplanung in der allgemeinen Weiterbildung

Die allgemeine Weiterbildung lässt sich in ihren Grundzügen zunächst recht gut als Markt beschreiben. Hier wenden sich Weiterbildungseinrichtungen mit ihren Programmen in der Regel an einzelne potenzielle Teilnehmer. Diese werden nicht zur Teilnahme verpflichtet oder abgeordnet. Wenn sie teilnehmen, geschieht dies freiwillig und auf eigene Rechnung, auch wenn die Teilnehmerbeiträge zum Teil durch Zuschüsse von Kommunen, Ländern und/oder der Träger ergänzt werden und daher nicht alle Kosten decken müssen.

Der staatliche Einfluss geht in diesem Bereich vor allem von den Bundesländern aus. In ihren Weiterbildungsgesetzen regeln sie die Anerkennung und Förderung der allgemeinen Weiterbildung. Über die trägerbezogenen Kriterien (Vorleistungen, hauptamtliches pädagogisches Personal, landesweite Präsenz etc.) hinaus werden an die Programmangebote meist nur allgemeine Anforderungen gestellt. Damit Veranstaltungen förderungsfähig sind, müssen sie öffentlich angekündigt und frei zugänglich sein, muss das organisierte Lernen (also weder ein reines Training noch pure Unterhaltung) im Mittelpunkt stehen und dürfen die Angebote nicht Trägerzwecken wie etwa der Nachwuchs- oder Funktionärsschulung dienen. In der Regel wird nur geprüft, ob die Angebote die Förderbedingungen erfüllen. Programme und Angebotstexte stellen dabei die wesentliche Grundlage für die Beurteilung dar. Dies gilt in ähnlicher Weise auch für die Ländergesetze über Bildungsurlaub oder Bildungsfreistellung, bei denen es allerdings nicht um Förderung, sondern Anerkennung geht, und in denen die Genehmigung an ‚härtere‘ Kriterien (zeitlicher Umfang, Ziele etc.) gebunden ist. Detaillierte Anträge oder Qualitätsüberprüfungen, wie sie etwa in der nach Sozialgesetzbuch geförderten beruflichen Weiterbildung üblich sind, gibt es hier nicht. Ein vergleichbarer Aufwand wäre aufgrund der wesentlich geringeren Förderung auch kaum gerechtfertigt. Umfangreichere Finanzierungen wie auch detailliertere Überprüfungen/Evaluationen gibt es bei Modellprojekten, in denen Programminnovationen entwickelt und ausprobiert werden sollen.

Unter den Trägern und Einrichtungen der allgemeinen Weiterbildung sind die Volkshochschulen die quantitativ wichtigste Gruppe. Sie werden von den Kreisen und Gemeinden entweder als formell eigenständiger Verein mit starker Präsenz kommunaler Verwaltung und Politik getragen oder direkt als Verwaltungseinheit und Bestandteil des Kulturdezernates geführt. Bei der zweiten Organisationsform gibt es im Gefolge der Verwaltungsreform verschiedene Formen der Verselbständigung von der Einführung der Budgetierung und neuer Steuerungsmodelle bis zur Umwandlung in einen kommunalen Eigenbetrieb oder in eine gemeinnützige GmbH. Der Abschied von der herkömmlichen Aufbau- und Ablauforganisation wirkt sich (durch die Verkürzung von Entscheidungswegen, die Verringerung und Vergröberung von Zielvorgaben etc.) direkt auf die Programmplanung aus (zur Illustration vgl. bspw. den Planungsablauf in einer kommunalen VHS herkömmlichen Zuschnitts bei Merk 1992, S. 185). Die oben skizzierten Entwicklungen hin zum Weiterbildungsmarkt (Finanzierung, Konkurrenz, Verwaltungsreform) machen sich gerade bei den Volkshochschulen deutlich bemerkbar. Die für die Programmplanung in Volkshochschulen prägenden ‚klassischen' Spannungen, etwa zwischen breiter Themenpalette und fundiertem Angebot in den einzelnen Themenfeldern werden durch das Spannungsverhältnis von öffentlichem Auftrag und Marktorientierung ergänzt und modifiziert.

Unter den Trägern allgemeiner Weiterbildung spielen auch kirchliche Einrichtungen und Verbände eine wichtige Rolle. Die Programme dieser Träger sind thematisch konzentrierter als die der Volkshochschulen, beispielsweise spielt der insgesamt größte Bereich der Fremdsprachen in kirchlichen Einrichtungen überhaupt keine Rolle, während nicht nur religiöse, sondern auch politische Themen weitaus stärker vertreten sind als in den Volkshochschulen oder der Weiterbildung insgesamt. Die weltanschauliche Orientierung setzt der Anpassung der Programme an die Interessen und Vorlieben potenzieller Teilnehmer engere Grenzen, als dies der öffentliche Auftrag bei den Volkshochschulen vermag. Ein gewisser Trend zu größerer ‚Marktabhängigkeit' ist dennoch auch in der kirchlichen Erwachsenenbildung unverkennbar (vgl. hierzu bspw. die Stellungnahme der EKD 1997, bes. S. 43ff.). Aufgrund sozialer und kultureller Veränderungen ist die Bindungskraft von Großorganisationen, also nicht nur der Kirchen sondern beispielsweise auch der Gewerkschaften, offenbar zugunsten kleinerer und unsteterer Gruppierungen zurückgegangen. Dies wirkt sich direkt thematisch und indirekt finanziell (Rückgang der Kirchensteuern) auf die Programmplanung aus. Wenn kirchliche Einrichtungen durch die Veränderung von Themen, Titeln und Präsentationsformen in ihren Programmen darauf reagieren, können sich daraus Legitimationsprobleme ergeben. Wird bei anpassungsbereiten Volkshochschulen schnell die Frage gestellt, ob sie nicht letztlich zum kommerziellen Anbieter mutiert seien, lautet die entsprechende Frage bei kirchlichen Einrichtungen: Machen Sie hier nicht ein Volkshochschulprogramm?

6 Programmplanung in der beruflichen Weiterbildung

In der beruflichen Weiterbildung sind die Arbeitgeber/Betriebe die größte Trägergruppe (vgl. BMBF 2006, S. 297ff.). Den zweiten Platz belegen private Institute, gefolgt von Kammern und Berufsverbänden. Die große Bedeutung der Betriebe zeigt sich auch daran, dass in „fast drei von vier Teilnahmefällen der betrieblichen Weiterbildung (…) der Anlass für die Teilnahme eine betriebliche Anordnung oder der Vorschlag von Vorgesetzten“ war (vgl. BMBF 2006, S. 336). Die Betriebe stellen also nicht nur die größte Trägergruppe der beruflichen Weiterbildung dar, sondern sind auch in vielen Fällen die über Wohl und Wehe entscheidenden ‚Abnehmer‘ von Angeboten, während dies in der allgemeinen Weiterbildung überwiegend die Teilnehmer selbst sind.

Die betriebliche Weiterbildung wird systematisch in der Regel nach dem Verhältnis von Arbeitsplatz und Lernort, nach Einzel- und Gruppenlernen sowie nach Formalisierungsgrad unterschieden. Daraus ergibt sich folgende Gliederung:

- Off-the-job-Angebote sind a.) ‚klassische‘ Seminare und andere Veranstaltungen jenseits des Arbeitsplatzes, die intern oder extern stattfinden können und b.) Angebote individuellen Lernens (computergestützt, mit Hilfe von Printmedien, durch Fernunterricht usw.),
- On-the-job-Angebote, bei denen am Arbeitsplatz entweder a.) das Lernen in Gruppen (Lernstatt, Gruppenarbeit, Qualitätszirkel etc.) organisiert wird oder b.) individuell durch Einarbeitung, Unterweisung oder Austauschprogramme gelernt wird.

Systematische Bedarfsermittlung stützt sich in betrieblichen Kontexten unter anderem auf Mitarbeiter- bzw. Zielvereinbarungsgespräche, Befragungen von Vorgesetzten, Erhebung von Weiterbildungswünschen der Mitarbeiter sowie auf Anforderungsanalysen.

In struktureller Hinsicht gibt es allerdings in der betrieblichen Weiterbildung erhebliche Unterschiede. Vor allem in Großbetrieben finden wir eigene Weiterbildungsabteilungen, die mehr oder minder systematisiert und vorausschauend um die Ermittlung von Bedarf und die Programmentwicklung bemüht sind. In Klein- und Mittelbetrieben gibt es derartige Abteilungen oft nicht, Programmplanung wird in diesen Fällen oft eher punktuell als umfassend, eher reaktiv als proaktiv betrieben.

Die Vorgaben und Planungen der Bundesagentur für Arbeit bzw. der örtlichen Arbeitsagenturen sind für diejenigen Teilbereiche der beruflichen Weiterbildung von großer Bedeutung, bei denen eine Förderung auf der Grundlage des Sozialgesetzbuchs III stattfinden kann. Die ab 1990 stark gestiegenen Mittel für die Weiterbildung, berufliche wurden in den letzten Jahren stark verringert. „Lagen sie im Jahr 1996 noch bei fast 8 Mrd. Euro, so wurden sie bis 2004 auf gut 3,6 Mrd. Euro reduziert. Dies spiegelt sich in deutlich geringeren Teilnehmerzahlen wider“ (Konsortium Bildungsberichterstattung 2006, S. 129).

7 Der Planungsprozess: Vom Bedarf zum Programm und zurück

Bei der Organisation und Planung von Weiterbildungsprogrammen geht es nicht nur darum, zeitliche, thematische, methodische und andere Strukturen vorzubereiten und herzustellen, in denen sich Erwachsenenlernen entfalten kann, sondern gleichzeitig um die Entwicklung und Balance institutioneller Identität. Die Proportion der verschiedenen Programmdimensionen ist die praktische Antwort auf die Frage danach, was die Institution ist. Das gedruckte bzw. im Internet und in Datenbanken präsentierte Programm schließlich ist ein wichtiger Bestandteil des „Identity Mix“ (Olins 1990, S. 7) der Institution, unabhängig davon, ob es im Sinne des Corporate-Identity-Konzeptes den Unisono-Chor der Institution verstärkt oder ob es ihrer Polyphonie eine weitere Stimme hinzufügt. Grundlegende Veränderungen des Programmprofils korrespondieren mit entsprechenden Veränderungen der Institution. Programmentwicklung ist daher tendenziell auch Organisationsentwicklung.

Bevor der Blick auf den Planungsprozess gerichtet wird, ist es sinnvoll kurz nach deren Akteuren zu fragen, also nach denjenigen, die an diesem Prozess aktiv beteiligt sind. Dies können je nach institutionellen Gegebenheiten und auch nach Stufe des Prozesses unterschiedliche Personen sein. „Education and training programs for adults are planned and coordinated by people in numerous roles who have varied backgrounds and experiences.“ stellt Caffarella (2002, S. 3) in ihrer Handreichung für die Programmplanung fest.

Der Ablauf der Programmplanung und -organisation lässt sich idealtypisch in mehrere Phasen gliedern. Am Anfang steht die Ermittlung des Weiterbildungsbedarfs. Auf den Bedarf hin wird sodann eine Grobplanung vorgenommen, bei der eine Auswahl von Themen zu einem ersten Programmentwurf zusammengestellt wird. Daran schließt sich die Feinplanung an. In dieser Phase werden die Details des Programms festgelegt, verplant die Institution die verfügbaren zeitlichen, finanziellen, personellen und materiellen Ressourcen entlang der Prioritätenliste, die sich aus der Grobplanung ergibt. Während der Vorbereitungsphase werden die Voraussetzungen dafür geschaffen, dass die Realisierung gelingt. Die Auswertung soll Aufschluss darüber geben, ob die Ziele und die Zielgruppen der einzelnen Veranstaltungen erreicht wurden. Damit wird dieser Organisationszyklus beendet und gleichzeitig der nächste eingeleitet, in dem die hier verarbeiteten Erfahrungen die Grundlage weiterer Planung darstellen. Auf dem Weg über diese verschiedenen Stufen werden die jeweils bedeutsamen Institutionen bzw. Stellen einbezogen. In der betrieblichen Weiterbildung gehören hierzu bspw. nicht nur die jeweils zuständigen Abteilungen, sondern ggf. auch der Betriebs- oder Personalrat.

Da die verschiedenen Phasen der Planung aufeinander aufbauen, wird Programmplanung häufig als „Regelkreis“ (Arnold 1996, S. 201) dargestellt, in dem die Bedarfserhebung die „erste ‚Station‘“ (ebd.) darstellt. Nun könnte man eine Reihe von Versuchen unternehmen, ‚Weiterbildungsbedarf‘ zu definieren. Für die Planung kann sich die Institution mit einer pragmatischen Definition begnügen. ‚Bedarf‘ ist für sie all das, was sich in Nachfrage nach ihren Weiterbildungsangeboten ummünzen lässt. Fragt man danach, wie es zu dieser 'Nachfrage', das heißt: zur Teilnahme kommt, ist es sinnvoll, freiwillige Teilnahme von (objektiv gegebener bzw. subjektiv empfundener) Teilnahmepflicht zu unterscheiden. Bis zur freiwilligen Teilnahme müssen einige Voraussetzungen erfüllt sein:

1. Es müssen Lerninteressen bestehen, die
2. nicht in anderer als organisierter Form, etwa durch Selbststudium, Ausprobieren oder in informellen Zusammenhängen (zum Verhältnis von organisiertem und selbstgesteuerten Ler-

nen vgl. Höffer-Mehlmer 2004) verfolgt werden, die also zur Weiterbildungsabsicht führen und zudem stark genug sind, sich

3. gegen konkurrierende Interessen durchzusetzen und die
4. nicht an Bildungsbarrieren scheitern dürfen. Neben sozialen Barrieren wie etwa ‚Bildungsferne' oder ‚Schwellenangst' können zu hohe Teilnahmekosten, schlechte Erreichbarkeit oder fehlende Transparenz von Angeboten wie auch Zeitprobleme den Zugang behindern (vgl. hierzu die Studie von Kuwan/Graf-Cuiper/Hacket 2001 und ‚klassisch' Schulenberg 1957 bzw. Schulenberg u.a. 1978).
5. Nicht zuletzt müssen die jeweilige Institution und ihr Angebot für geeignet und sinnvoll gehalten werden. Bei Teilnahmepflicht verändern sich die Voraussetzungen insofern, als es hier nicht so sehr um Lerninteressen als um Lernnotwendigkeiten geht. Dabei stellt die Feststellung eines Qualifikationsdefizits eine wichtige Voraussetzung dar. Diese kann individuell (auf einzelne Beschäftigte bezogen) oder gruppenbezogen (Abteilungen, Sachgebiete, Berufsgruppen etc.) erfolgen und sich entweder auf gegenwärtige oder in Zukunft nötige Anforderungen beziehen.

Den Bedarf (ersparen wir uns den hier eigentlich nötigen, aber hässlichen Plural des Wortes) zu ermitteln, bedeutet zunächst nichts weiter, als Prognosen darüber anzustellen, welche Angebote zustande kommen könnten, um sie ins Programm aufzunehmen. Bedarfserhebung in diesem weiten Sinne findet daher immer statt. Programme werden nicht ständig neu erfunden, sondern in großen Teilen und oft über längere Zeiträume fortgeschrieben. Wenn Veranstaltungen ausgebucht sind, Aufbau- und Fortsetzungskurse nachgefragt werden oder wenn Beschwerden ausbleiben, wird die Institution dies meist als Bedarfsindikation interpretieren. Wenn systematisch Daten erhoben und ausgewertet werden, kann dies eine wichtige Grundlage für die Programmplanung darstellen (für einen Überblick hierzu vgl. die Anregungen bei Pehl 2007).

Von Bedarfserhebung im engeren Sinne kann man sprechen, wenn sich die Institution bei Prognose und Planung nicht mit diesem bloßen Blick in den Rückspiegel begnügt, weil sie Neues ausprobieren will oder muss. Die Methoden der Bedarfserhebung lassen sich unter anderem danach unterscheiden, welche der fünf Voraussetzungen für die Teilnahme vor allem im Mittelpunkt steht, ob es bei der Bedarfserhebung bspw. eher um die Entwicklung von Themen/Lerninteressen oder um die Senkung von Zugangsbarrieren geht.

In allen Bereichen der Weiterbildung scheinen Probeangebote eine häufige Methode der Bedarfserhebung zu sein (vgl. hierzu bspw. die Ergebnisse der Weiterbildungsumfrage in Schleswig-Holstein bei Faulstich/Teichler/Döring 1996, S. 29ff.). Wird das Angebot akzeptiert, folgen ihm weitere mehr oder minder variierte Versionen. In systematischer Hinsicht kann man drei Varianten von Probeangeboten unterscheiden: a.) neue Veranstaltungsformen für bereits eingeführte Themen (Bsp.: zeitlich synchronisierte Parallelangebote im Fremdsprachenbereich speziell für Schichtarbeiter), b.) neue Themen innerhalb bereits bestehender Themenbereiche und c.) Angebote in Themenbereichen, die bislang überhaupt nicht im Programm vertreten waren. Die Initiative geht bei Probeangeboten häufig von Lehrenden, bzw. von dann im Rahmen dieser Angebote Lehrenden aus. Die Personalsituation in der Weiterbildung ist grundsätzlich durch einen sehr hohen Anteil nebenberuflich bzw. freiberuflich Lehrender gekennzeichnet. Die Autoren einer Pilotstudie zur Lage des Personals in der Weiterbildung resümieren ihre Ergebnisse: „Nur 12% der Lehrenden haben sich (…) um ihre Tätigkeit vor dem Hintergrund einer Ausschreibung oder Stellenanzeige beworben (…). Vielmehr haben die meisten der Einrichtung selbst ein Angebot für eine Veranstaltung unterbreitet (45%) oder wurden gebeten, eine Lehrtätigkeit (…) zu übernehmen (44%)“ (BMBF 2004, S. 42) (siehe auch Kraft in diesem Band).

In zur Qualitätssicherung eingesetzten Fragebögen für Teilnehmer bzw. Absolventen von Weiterbildungsveranstaltungen wird häufig danach gefragt, ob Interesse an anderen Veranstaltungen oder Themen besteht. Da bei solchen Befragungen in der Regel die Evaluation im Mittelpunkt steht, sind sie eher für die mehr oder minder modifizierte Fortschreibung der bisherigen Angebote geeignet. Anregungen für die Bedarfserhebung im engeren Sinne dürften eher selten sein. Um die Teilnehmer nicht mit überlangen Fragebögen zu belästigen, beschränkt man sich meist auf wenige allgemeine Fragen nach dem Bedarf. Darauf erhält man normalerweise wiederum nur allgemeine Antworten. Die in diesem Zusammenhang formulierten Interessen sind zudem nicht gleichzusetzen mit einer hinreichenden Teilnahme-Wahrscheinlichkeit. Von Teilnehmerbefragungen am Ende von Veranstaltungen werden meist die später erfolgenden Absolventen-Befragungen unterschieden. Diese sind aufwändiger (Verschickung von Bögen ggf. auch in elektronischer Form oder telefonische Befragung) und ihr Rücklauf ist geringer. Da es dabei aber mehr um eine summarische Evaluation bzw. um eine Transfer-Evaluation geht, bleibt mehr Raum für ausdrückliche Bedarfsfragen. Mit derartigen Befragungen ruft sich die Weiterbildungseinrichtung bei ihren Absolventen in Erinnerung, so dass hier Bedarfserhebung in Bedarfsweckung übergeht (siehe auch Wesseler in diesem Band).

Die Beratung von einzelnen Interessierten wie auch von Betrieben (Betriebsabteilungen) oder Verbänden kann mehr oder minder konkrete Hinweise auf Bedarfsentwicklungen liefern. Dies gilt insbesondere dann, wenn die Beratung in eine „dialogische Bedarfsanalyse“ (Arnold 1996, S. 213) übergeht, bei der in strukturierten Gesprächen der Bedarf erhoben, präzisiert und eingegrenzt wird.

Die Auswertung von anderen Programmen innerhalb wie außerhalb des geographischen oder auch thematischen Umfeldes liefert nicht nur Hinweise auf Themen, sondern auch auf einige Details der Programmplanung. Man kann diese Angebote mehr oder minder variiert übernehmen, sie als Anregung nutzen oder aber auch versuchen, Angebotslücken zu entdecken, in die eigene Angebote passen könnten. (siehe auch Gieseke in diesem Band).

Für die Analyse von Bedarfsfeldern im Sinne von Lernanforderungen und -notwendigkeiten sind Trendanalysen von entscheidender Bedeutung. Es gibt eine Reihe von Möglichkeiten, Veränderungen in einzelnen Themenfeldern zu erfassen. Aus der Sichtung und Auswertung von Zeitungen, Zeitschriften, Fernsehsendungen etc. können sich mehr oder minder allgemeine Hinweise auf Themenentwicklungen und mögliche Bedarfsfelder ergeben. Die Palette reicht hier von der Auswertung von Stellenanzeigen, um den Wandel von Anforderungsprofilen zu erfassen, bis zu Anregungen hinsichtlich der Entwicklung des ‚Zeitgeistes‘. Aufwändiger als die allgemeine Medienanalyse ist die gezielte Beobachtung der Fachdiskussion und -literatur in einzelnen Bereichen etwa im Hinblick auf neue Forschungsergebnisse, technische und arbeitsorganisatorische Entwicklungen oder rechtliche Veränderungen. Daraus kann sich jeweils direkter oder indirekter Bedarf ergeben. Wenn bestimmte Personengruppen mit wissenschaftlichen, technischen oder rechtlichen Neuerungen vertraut gemacht werden sollen, wäre dies direkter Bedarf. Angebote, die sich auf Konsequenzen aus diesen Neuerungen beziehen, antworten demgegenüber auf indirekten Bedarf.

Für die verschiedenen Bereiche beruflicher Weiterbildung sind umfassende Trendanalysen für spezifische Berufsfelder oder Branchen wichtig. Bei der Erstellung solcher Analysen wird in der Regel mit unterschiedlichen, sich ergänzenden Vorgehensweisen gearbeitet. Befragungen von Betrieben, Beratern, Beschäftigten oder Weiterbildungsanbietern, Stellenanzeigenanalysen sowie Befragungen ihrer Inserenten, aber auch Struktur- und Längsschnittanalysen des beruflichen Weiterbildungsangebots, das in den einschlägigen Datenbanken wie KURS erfasst ist, liefern Daten für Bestandsaufnahmen und Prognosen im Hinblick auf verschiedene Berufsfelder. Wirtschaftliche, fachliche und organisatorische Veränderungen in diesen Bereichen werden in diesen Analysen im Hinblick auf den Arbeitskräfte- und Qualifizierungsbedarf betrachtet (vgl. hierzu verschiedene Beiträge in Bullinger 2006). Die Analysen bieten Planungs- und Orientierungshilfen sowohl für Betriebe in den betreffenden Bereichen, als auch für Weiterbildungseinrichtungen, die Angebote entwickeln bzw. weiterentwickeln wollen (als Beispiel vgl. die Analyse des Gesundheitsbereichs von Abicht/Baldin/Freikamp 2002).

In vielen Weiterbildungsbereichen zeichnet sich seit Jahren eine Entwicklung ab, die man neudeutsch als ‚Blended planning' bezeichnen könnte und die in Teilen den oben angesprochenen Entgrenzungstendenzen geschuldet ist. In den Planungsprozessen werden organisierte Lehr-Lern-Veranstaltungsangebote mit medialen Lernmöglichkeiten bzw. Formen selbstgesteuerten Lernens verbunden oder die Planung von Weiterbildungsangeboten wird mit Beratungs- und Organisationsentwicklungsangeboten verknüpft.

8 Abschließende Zwischenbilanz

In der Erstauflage dieses Handbuchs schloss der Beitrag über Programmplanung und -organisation mit dem kritischen Hinweis darauf, dass „die Organisation von Programmen nicht gerade zu den Themen zählt, die intensiv behandelt und diskutiert werden" (Höffer-Mehlmer 1994, S. 638). Dies wurde darauf zurückgeführt, dass in den Veröffentlichungen zur Weiterbildung der Blick eher auf das direkte Lehr-Lern-Geschehen als auf das Management von Einrichtungen gelenkt werde. Dieser Befund ließe sich heute nicht aufrecht erhalten. Sowohl Management-Fragen im Allgemeinen als auch die Programmplanung im Besonderen sind deutlich stärker in den Mittelpunkt gerückt, als dies früher der Fall war. Es ist vermutlich weniger die Binnendynamik von Weiterbildungstheorie und -forschung, sondern es sind stärker die Veränderungen der Weiterbildung selbst, die Fragen der Programmplanung als Programm-, aber auch als Organisationsentwicklung stärker in den Mittelpunkt rücken lassen.

Literatur

Abicht, L./Baldin, K.-M./Freikamp, H. (2002): Trendqualifikationen im Bereich des Gesundheitswesens. Branchenbericht als Basis zur Früherkennung von Qualifikationsentwicklungen. Halle a.d.S./Leipzig: ISW. Verfügbar unter http://www.frequenz.net/pool/EF%5FBB%5FGesundheit%2EPDF (18.12.07).

Arnold, R. (1996): Weiterbildung. Ermöglichungsdidaktische Grundlagen. München: Vahlen.

Barz, H. (2000): Weiterbildung und soziale Milieus. Neuwied/Kriftel: Luchterhand.

Barz, H./Tippelt, R. (Hrsg.) (2007a): Weiterbildung und soziale Milieus in Deutschland. Praxishandbuch Milieumarketing, Bd 1. Bielefeld: Bertelsmann.

Barz, H./Tippelt, R. (Hrsg.). (2007b): Weiterbildung und soziale Milieus in Deutschland, Bd 2: Adressaten und Milieuforschung. Milieuforschung zu Weiterbildungsverhalten und -interessen. Bielefeld: Bertelsmann.

Baunack-Bennefeld, U. (2006): Verwaltungsmodernisierung, neue Steuerungsmodelle: Darstellung. Wiesbaden: Kommunal- und Schul-Verlag.

Bergler, R. (1980): Marksegmentierung: Finden und Bilden von Zielgruppen. In: Sarges, W. (Hrsg.): Marketing für die Erwachsenenbildung. Hannover u.a.: Schroedel, S. 151-168.
BMBF (Bundesministerium für Bildung und Forschung) (Hrsg.) (2004): Berufliche und soziale Lage der Lehrenden in der Weiterbildung. Bericht zur Pilotstudie. Bonn/Berlin: Bundesministerium für Bildung und Forschung.
BMBF (Bundesministerium für Bildung und Forschung) (Hrsg.) (2006): Berichtssystem Weiterbildung IX. Integrierter Gesamtbericht zur Weiterbildungssituation in Deutschland. Bonn/Berlin: Bundesministerium für Bildung und Forschung.
Bullinger, H.-J. (Hrsg.) (2006): Qualifikationen im Wandel- Nutzen und Perspektiven der Früherkennung. Bielefeld: Bertelsmann.
Caffarella, R.S. (2002): Planning Programs for Adult Learners: A Practical Guide for Educators, Trainers, and Staff Developers. San Francisco: Jossey-Bass.
Deutscher Bildungsrat, Empfehlungen der Bildungskommission (1970): Strukturplan für das Bildungswesen. Stuttgart: Klett.
Dietrich, W. (1948): Astrologie in der Volkshochschule? Zur Frage der psychischen Grenzgebiete im Lehrplan der Volkshochschulen. In: Freie Volksbildung 2. Jahrgang, H. 7, S. 403-410.
EKD (Evangelische Kirche in Deutschland, Kammer für Bildung und Erziehung) (Hrsg.) (1997): Orientierung in zunehmender Orientierungslosigkeit. Evangelische Erwachsenenbildung in kirchlicher Trägerschaft. Eine Stellungnahme der Kammer der Evangelischen Kirche in Deutschland für Bildung und Erziehung. Gütersloh: Gütersloher Verlagshaus 1997.
Ellwein, Th./ Hesse, J.J. (1987): Das Regierungssystem der Bundesrepublik Deutschland. Opladen: Westdeutscher Verlag.
Faulstich, P./Teichler, U./Döring, O. (1996): Bestand und Entwicklungsrichtungen der Weiterbildung in Schleswig-Holstein. Weinheim: Deutscher Studienverlag.
Geißler, H. (Hrsg.) (1997): Weiterbildungsmarketing. Neuwied: Luchterhand.
Große, F. (1932): Die Bildungsinteressen des großstädtischen Proletariats: untersucht an der Zusammensetzung und Interesseeinrichtung der Hörerschaft an den Volkshochschulen Leipzig und Dresden. Breslau: Neuer Breslauer Verl.
Höffer-Mehlmer, M. (1994): Programmplanung und -organisation. In: Tippelt, R. (Hrsg.): Handbuch Erwachsenenbildung/Weiterbildung. Opladen: Leske + Budrich, S. 629-639.
Höffer-Mehlmer, M. (2004): „Prinzipien subjektiver Didaktik“. In: Grundlagen der Weiterbildung. Praxishilfen. Loseblattsammlung. Neuwied/Kriftel/Berlin: Luchterhand.
Kade, J./Seitter, W. (2005): Entgrenzung. Zum Formwandel des Lernens Erwachsener. In: DIE- Zeitschrift für Erwachsenenbidung 12, H 1, S. 24-25.
Knust, M. (2006): Geschäftsmodelle der wissenschaftlichen Weiterbildung: eine Analyse unter Berücksichtigung empirischer Ergebnisse. Lohmar: Eul.
Konsortium Bildungsberichterstattung (2006): Bildung in Deutschland. Ein indikatorengestützter Bericht mit einer Analyse zu Bildung und Migration. Im Auftrag der Ständigen Konferenz der Kultusminister der Länder in der Bundesrepublik Deutschland und des Bundesministeriums für Bildung und Forschung. Bielefeld: Bertelsmann.
Kotler, Ph. (1978): Marketing für Nonprofit-Organisationen. Stuttgart: Poeschel.
Kuwan, H./Graf-Cuiper, A./Hacket, A. (2001): Weiterbildung von „bildungsfernen“ Gruppen. Im Auftrag des Bundesministeriums für Bildung und Forschung. München: o.A. Verfügbar unter: http://www.die-bonn.de/esprid/dokumente/doc-2001/kuwan01_01.pdf. (18.12.07).
Meisel, K. (Hrsg.) (1994): Marketing für die Erwachsenenbildung? Bad Heilbrunn: Klinkhardt.
Meisel, K. (2003): Weiterbildungsmanagement und Programmplanung. In: Gieseke, W. (Hrsg.): Institutionelle Innensichten der Weiterbildung. Bielefeld: Bertelsmann, S. 98-110.
Merk, R. (1992): Weiterbildungsmanagement. Bildung erfolgreich und innovativ managen. Neuwied; Kriftel; Berlin: Luchterhand.
Möller, S. (2002). Marketing in der Weiterbildung. Eine empirische Studie an Volkshochschulen. Bielefeld: Bertelsmann.
Olins, W. (1990): Corporate Identity. Strategie und Gestaltung, Frankfurt a.M./New York: Campus.
Pehl, K. (2007): Strategische Nutzung statistischer Weiterbildungsdaten. Leitfaden für Einrichtungen und Verbände. Bielefeld: Bertelsmann.
Rürup, M. (2007): Innovationswege im deutschen Bildungssystem: die Verbreitung der Idee ‚Schulautonomie im Ländervergleich‘. Wiesbaden: VS Verlag für Sozialwissenschaften.
Sarges, W./Haeberlin, F. (Hrsg.) (1980): Marketing für die Erwachsenenbildung. Hannover u.a. : Schroedel.
Sattler, R. (1948): Arbeitsplan und Öffentlichkeitsarbeit. Die Themenformulierung in den VHS Arbeitsplänen. In: Freie Volks-Bildung 2. Jahrgang, H. 8, S. 454-460.

Schlutz, E. (2006): Bildungsdienstleistungen und Angebotsentwicklung. Münster u.a.: Waxmann.
Schöll, I. (1996): Weiterbildungsmarketing. Frankfurt a.M.: Dt. Inst. für Erwachsenenbildung.
Schöll, I. (2005). Marketing in der öffentlichen Weiterbildung. Bielefeld: Bertelsmann.
Schulenberg, W. (1957): Ansatz und Wirksamkeit der Erwachsenenbildung. Eine Untersuchung im Grenzgebiet zwischen Pädagogik und Soziologie. Stuttgart: Enke.
Schulenberg, W./Loeber, H.-D./ Loeber-Pautsch, U./Pühler, S. (1978:. Soziale Faktoren der Bildungsbereitschaft Erwachsener. Eine empirische Untersuchung. Stuttgart: Kohlhammer.
Stahl, Th./Stölzl, M. (Hrsg.) (1994): Bildungsmarketing im Spannungsfeld von Organisationsentwicklung und Personalentwicklung. Hg. vom Bundesinstitut für Berufsbildung. Der Generalsekretär. Bielefeld: Bertelsmann.
Tippelt, R./Hippel, A. von (2005): Lebenslagen – Lebensphasen – Lebensstile. Entgrenzung der Teilnehmerschaft. In: DIE – Zeitschrift für Erwachsenenbildung 12, H 1, S. 33-35.
Tippelt, R./Reich, J./Hippel, A. von/Barz, H./Baum, D. (2008): Weiterbildung und soziale Milieus in Deutschland, Bd. 3: Milieumarketing implementieren. Bielefeld: Bertelsmann.

Jutta Reich-Claassen | Aiga von Hippel

Angebotsplanung und -gestaltung

Der vorliegende Beitrag beleuchtet Grundlagen, Voraussetzungen und Vorgehensweise der Angebotsplanung und -gestaltung in der Erwachsenenbildung, wobei die Angebotsplanung als Bestandteil professionellen pädagogischen Handelns in der Erwachsenenbildung verortet wird. Nach der Klärung von Grundbegriffen und Haupttermini der Programm- und Angebotsplanung soll die Begrifflichkeit des „Weiterbildungsangebots" an sich konkretisiert und charakterisiert werden. Kapitel drei widmet sich den einzelnen Aspekten der Angebotsplanung und -entwicklung – von den Dozenten bis hin zu den gewählten Methoden. Die Schnittstelle zwischen Angebotsentwicklung und Marketing ist Gegenstand der beiden folgenden Kapitel, die auch die mögliche Innovationsfunktion eines Weiterbildungsangebots in den Blick nehmen. Der Beitrag schließt mit einem Einblick in ein praxisrelevantes und innovatives Instrument der zielgruppenspezifischen Angebotsplanung und -entwicklung: die Methode der so genannten Produktkliniken.

1 Angebots- und Programmplanung als Bestandteil didaktischen Handelns

Unbestritten gelten Angebots- und Programmentwicklung als umfangreichste wie auch als inhaltlich wichtigste Aufgaben professioneller Erwachsenenbildner – schließlich macht das Bildungsprogramm den Kern des Profils einer Bildungseinrichtung aus (vgl. Sarges/Haeberlin 1980; Gieseke 2006; zur Professionalisierung siehe auch Gieseke in diesem Band).

Der Begriff der Angebotsplanung wird häufig synonym zu dem der Programmplanung verwendet, stellt allerdings eher eine „Unterform" (Gieseke 2000, S. 32) der Programmplanung dar. Während sich das „Angebot" im erwachsenenpädagogischen Kontext eher auf die konzeptionelle Arbeit am einzelnen Projekt oder an einem Curriculum bezieht – und damit die mikro- und mesodidaktische Planungsebene in den Blick nimmt – zielt das „übergeordnete" Programmplanungshandeln auf die Koordination und Durchführung der Angebote aus einer Makroperspektive heraus ab (vgl. auch Höffer-Mehlmer in diesem Band).

Ein Angebot bezieht sich darüber hinaus – anders als die Antizipation von Teilnehmervoraussetzungen im Rahmen der Programmplanung – stärker auf die Interaktion mit den Teilnehmern und deren Leistungen. Der Angebotsbegriff wird also verstärkt auch auf mikrodidaktische Planungsprozesse angewandt, wobei die „Passung" zwischen Weiterbildungsinteressen, Weiterbildungsabsicht und einem entsprechenden Weiterbildungsangebot im Mittelpunkt steht.

Die Angebots- und Programmplanung und damit das Programmangebot sind Teil des didaktischen Handelns professionell Planender in Erwachsenenbildungseinrichtungen (vgl. Siebert 2000, S. 3). Didaktik ist dabei die Theorie und Praxis von den Lehr- und Lernprozessen (s.

auch Meueler in diesem Band). Sie befasst sich mit der Analyse und Planung von Unterricht und Rahmenbedingungen. Nach Siebert können die didaktischen Handlungsebenen der Makrodidaktik (Entscheidungs- und Planungsebene) sowie der Mikrodidaktik (Lehr- und Lernebene) unterschieden werden (vgl. 2000). Zur Makrodidaktik gehören u.a. die pädagogischen Handlungsfelder Programmplanung, die Ansprache von Zielgruppen, die Erhebung von Bildungsbedarf, Werbung und Marketing, die Profilbildung, die Gestaltung von Kooperationen, die Finanzierung, die Rekrutierung des Personals sowie die Auswahl von Räumlichkeiten. Die Mikrodidaktik umfasst die Auswahl von Inhalten, Medien und Methoden und die Kursgestaltung. Seltener verwendet wird der Begriff der Mesodidaktik, der die Konzeption, Vorbereitung und Auswertung einzelner Seminare beinhaltet. Der Begriff der Mikrodidaktik zielt eher auf die konkrete Durchführung der Lehr- und Lernprozesse ab (vgl. Raapke 1985) (siehe Abbildung 1). Mit der Planungsebene – der Makrodidaktik – ist vor allem die Tätigkeit der hauptberuflichen pädagogischen Mitarbeiter (HPM) assoziiert, mit der der Mikrodidaktik diejenige der Kursleitenden (s. Kraft in diesem Band). Zunehmend müssen jedoch auch Kursleitende makrodidaktische Tätigkeiten übernehmen, um sich neue Arbeitsmöglichkeiten zu erschließen (vgl. Weinberg 2000, S. 124). Gleichzeitig gibt es HPM, die auch Kurse durchführen. Hier deutet sich eine Entgrenzung der Tätigkeiten in der Erwachsenenbildung an. Die Gestaltung der Makro-, Meso- und Mikrodidaktik gehören zum professionellen Handlungszyklus.

Im professionellen Handlungszyklus (vgl. Weinberg 2000, S. 94, vgl. folgende Abbildung) (vgl. auch Faulstich/Zeuner 2006, S. 71) steht am Anfang die Bedarfsermittlung, auf die die eigentliche Programmplanung folgt (s. Höffer-Mehlmer in diesem Band). Die Veröffentlichung der Angebote dient der Bedarfsweckung und der Werbung. Veröffentlichte Programme können das Interesse und die Weiterbildungsbereitschaft bei Adressaten erhöhen (vgl. Körber et al. 1995). Darauf folgt die Vorbereitung, Realisierung und Evaluation (s. Wesseler in diesem Band) des Lehr-Lernprozesses. Die Ergebnisse der (Programm-)Evaluation können wiederum Erkenntnisse über den Bedarf bringen. Der professionelle Handlungszyklus ist eingebettet in ein umfassendes Weiterbildungsmanagement (s. Meisel in diesem Band) und Marketing (s. Schöll in diesem Band). Er ist dabei sowohl für „eine starke Verbindungslinie zwischen Organisation und Einzelveranstaltung“ wie für „die Verbindung zwischen der Weiterbildungseinrichtung und ihrem Publikum“ zentral (Weisser 2002, S. 205).

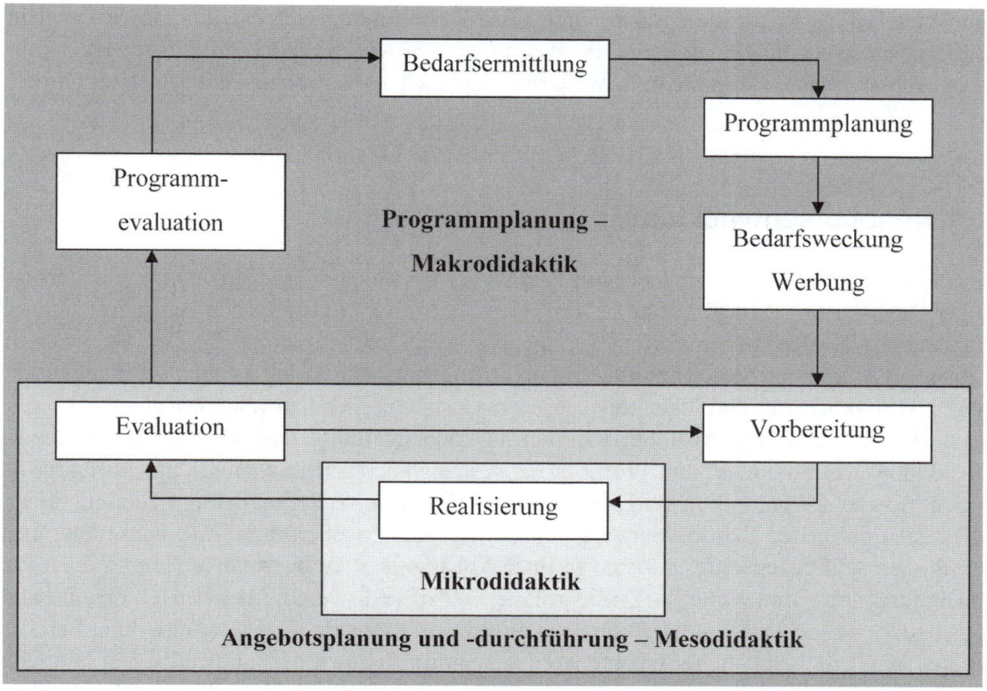

Abbildung 1: Professioneller Handlungszyklus (Quelle: nach Weinberg 2000, S. 94 und eigene Darstellung)

2 Angebot – Bildungsangebot – Weiterbildungsangebot

Was ist aber genau unter einem „Angebot" im Kontext der Erwachsenenbildung zu verstehen? Welche Teilschritte umfasst typischerweise eine Angebotsplanung?

Unter einem Angebot ist zunächst ganz allgemein eine Gütermenge zu verstehen, die ein Anbieter auf einem Markt „absetzen" möchte. Speziell auf den (Weiter-)Bildungsbereich bezogen besteht ein Angebot in einer Zusage, ein „vorhandenes Leistungspotential in Form einer bestimmten Bildungsdienstleistung zu realisieren und dabei Eigenleistungen der Abnehmer einzubeziehen" (Schlutz 2006, S. 75). Unter dieser „Zusage" ist im Bildungsbereich allerdings eher eine Art „Versprechen" zu verstehen, da es sich mit Bildungs(dienst)leistungen um so genannte „immaterielle" Güter handelt, die in ihrer Qualität und ihrem Leistungsanspruch nur schwer dargestellt und kommuniziert werden können. Das Leistungsversprechen wird häufig in Form eines Prospektes oder eines Programmheftes vorgelegt, wobei jedoch die tatsächliche Durchführung sowie der tatsächliche Effekt dieser Veranstaltung von einer Reihe hochkomplexer, vorab schwer abschätzbarer Faktoren abhängt – u.a. beispielsweise von der einzubringenden Eigenleistung des Teilnehmers, mit der er maßgeblich zum persönlichen Erfolg und zum allgemeinen Gelingen einer Bildungsveranstaltung beiträgt. Damit ist die Qualität einer Bildungsleistung nicht vorab festzulegen und stark von der subjektiven Wahrnehmung des jeweiligen Nutzers abhängig. Anders als im Bereich von Konsumgütern ist aufgrund der hochkomplexen Einflussfaktoren ein realer „Test“ einer Weiterbildungsveranstaltung im Vorab nicht möglich; statt einer im Bedarfsfall einlösbaren Garantie wird lediglich ein Leistungsversprechen gegeben, weshalb Bildung bzw. Weiterbildung auch als Vertrauensgut bezeichnet wird.

3 Angebotsentwicklung

Die Angebotsentwicklung bezeichnet den Prozess der Entwicklung und Verbesserung angebotsfähiger Dienstleistungen (vgl. Schlutz 2006). Typischerweise umfasst sie den Dreischritt „Angebotsplanung“ – „Angebotsrealisierung“ – „Angebotsverbesserung“ (ebd., S. 75). Von besonderem Interesse sind die ersten beiden Schritte, wobei die Angebotsrealisierung weniger verallgemeinerbar ist und stark von der jeweiligen (erwachsenen-)pädagogischen Umwelt abhängt.

Erste Angebotsideen und Anstöße als Initiierung können mithilfe eines Modells der Angebotsentwicklung, das Findungs- und Prüfkriterien systematisiert auf ihre Tragfähigkeit überprüft werden. Schlutz (2006, vgl. Abbildung 2) differenziert dabei zwischen sechs Kriterien, die es im Rahmen der ersten Schritte der Angebotsentwicklung zu überprüfen gilt. Diese Faktoren beeinflussen sich gegenseitig und sind in ihrer Abhängigkeit zu begründen. Es sind dies: (1) Verwendungssituation (Wofür?), (2) Zielgruppe, Bedarf (Für wen?), (3) Lernziel, Qualifikation (Wozu?), (4) Inhalte (Was?), (5) Organisationsform, Methode (Wie?), (6) Medien, Lernort (Womit? Wo?). Ganz ähnliche Aspekte werden auch im Rahmen der Lasswell'schen Massenkommunikationsformel betrachtet, mit deren Hilfe die didaktischen Handlungsfelder der Angebotsentwicklung und Seminarplanung systematisiert werden (vgl. Siebert 1999, S. 706; auch Weinberg 2000, S. 119). Zu ergänzen wäre das Modell der Angebotsentwicklung noch durch die wichtige Frage nach dem „wer“, also die Frage nach den Dozenten bzw. Kursleitern, die als ausschlaggebender Faktor subjektiv empfundener Qualität von Bildungsdienstleistungen gelten (vgl. Tippelt u.a. 2008).

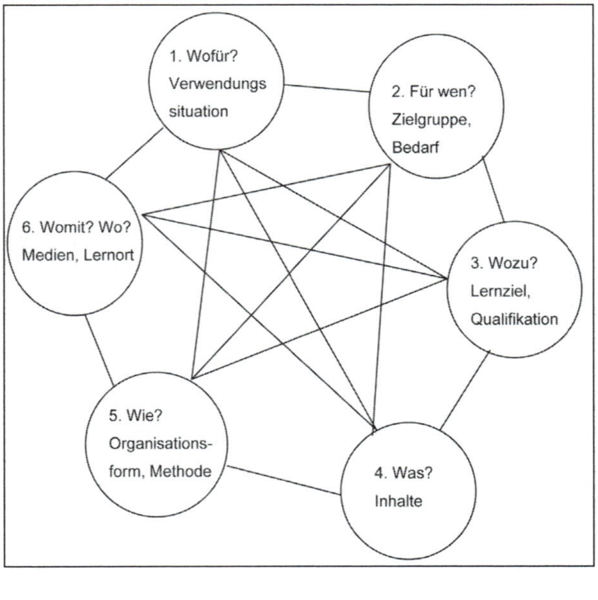

Abbildung 2: Modell der Angebotsentwicklung (vgl. Schlutz 2006, S. 78)

Im Folgenden werden die sechs für die Angebotsentwicklung zentralen Kriterien näher charakterisiert und mit Beispielen erläutert.

3.1 Verwendungssituation

Inwieweit das Gelernte im Lebenszusammenhang anwendbar ist, gilt als eines der zentralen Motive, an Bildungsveranstaltungen zu partizipieren. Dabei kann sich der so genannte „Verwertungsaspekt" sowohl auf berufliche, persönliche als auch soziale Ziele beziehen. Auch wenn die Teilnehmenden letztendlich den konkreten „Verwertungsaspekt" während und auch nach der Veranstaltung modifizieren und anpassen, gilt er doch als wesentliche Planungsgröße, die über Sinn und Zweck des Angebots entscheidet. Die Definition von Verwendungssituationen wird durch den Einsatz von Bedarfsfeststellungen (vgl. Höffer-Mehlmer in diesem Band) vorstrukturiert und erleichtert und ist selbstverständlich in direktem Zusammenhang mit den Zielgruppen zu sehen (Punkt 2). So ist bspw. aus der Milieuforschung bekannt, dass insbesondere die Unterschichtmilieus der Hedonisten und Konsum-Materialisten eine direkte Verwertbarkeit auf dem Arbeitsmarkt in den Vordergrund stellen, während bspw. für das junge, erlebnis- und erfahrungsorientierte Milieu der Experimentalisten persönliche Ziele (Selbstfindung, Persönlichkeitsentwicklung) weitaus höher bewertet werden als berufliche Umsetzbarkeit (vgl. Barz/Tippelt 2007). Die Frage nach dem Lebenshintergrund und möglichen Bildungsbedürfnissen der Zielgruppe wird dann wichtiger, wenn man nicht von einer speziellen Verwertbarkeit ausgehen kann (z.B. Persönlichkeitsbildung, breiteres Grundlagenwissen; vgl. Schlutz 2006).

3.2 Zielgruppe, Bedarf

Zielgruppen in dem hier verwendeten Sinne bezeichnen potenzielle Teilnehmende, die sich durch ein oder mehrere gemeinsame weiterbildungsrelevante Merkmale charakterisieren lassen (z.B. Berufsrückkehrerinnen; Mitarbeiter vor einem Auslandsaufenthalt; Spanisch-Interessierte; junge Mütter; Führungskräfte in Altersteilzeit u.s.w.). Neben allgemeinen sozio-demographischen, sozio-ökonomischen und soziokulturellen Faktoren sind (kognitive/erfahrungsbasierte) Lernvoraussetzungen sowie Bildungsbedürfnisse und Motivationen bereits bei der Planung von Weiterbildungsveranstaltungen von Interesse (vgl. Schlutz 2006). Über die anvisierte Zielgruppe kann bereits viel bekannt sein – bspw. aufgrund von Vorerfahrungen mit ähnlichen Gruppen oder aufgrund von Bedarfserhebungen. Auch Studien, die die Nachfrageseite des Weiterbildungsmarktes genauer beschreiben, liefern Anhaltspunkte über Struktur und Eigenschaften bestimmter Teilnehmergruppen (vgl. Barz/Tippelt 2007).

Weniger Informationen erhält man in der Regel über die unterschiedlichen Lerntypen und Lernstile, die auch innerhalb einer Veranstaltung sicherlich nicht für jeden Teilnehmer empirisch ermittelt werden können. Dennoch sollten die wichtigsten Stile und Typen zumindest im Hinterkopf behalten werden, alleine um den Lernern Anhaltspunkte zur Selbstreflexion ihres Lernverhaltens geben zu können oder auch, um bei Problemen Alternativen andiskutieren zu können. Zur möglichen Differenzierung und Charakterisierung sei an dieser Stelle auf den Beitrag von Kollar und Fischer in diesem Band verwiesen.

3.3 Lernziel, Qualifikation

Als Dreh- und Angelpunkt der didaktischen Planung stellt die Formulierung von Lehr- und Lernzielen die Schnittstelle zwischen den externen Anforderungen an das Angebot und seiner inneren Gestaltung dar (vgl. Siebert 1999). Nach Schlutz (2006) haben Zielsetzungen innerhalb der Angebotsentwicklung die Funktion, das Angebot zielgerichtet zu planen (1), mögliche Teilziele zu eruieren, die nicht innerhalb der Veranstaltung, sondern in besonderen Organisationsformen oder in Eigenleistung erbracht werden sollen (2) sowie den Stoff sinnvoll zu straffen (3). Darüber hinaus wird der „Erfolg" einer Bildungsveranstaltung erst dann kontrollierbar, wenn im Vorfeld klare Lehr- und Lernziele formuliert wurden (4) – idealerweise unter Angabe möglicher „Ergebniskontrollen" (Schlutz 2006, S. 97); ebenso helfen sinnvolle Zielsetzungen einzuschätzen, inwieweit die Planung in Bezug auf die gewählten Zeitfenster, Inhalte und Methoden realistisch ist (5). Weiterhin sollten Teilnehmer und Auftraggeber an der Zielsetzung beteiligt werden (6). Lernziele geben an, was die Teilnehmer am Ende einer Bildungsveranstaltung oder eines Lehr-/Lernprozesses in Bezug auf die kognitive Ebene (kennen, wissen, verstehen…), auf den Affekt (Interessen, Freude am Lernen, Zusammenarbeit…) sowie den psychomotorischen Bereich (beherrschen, koordinieren…) erreicht haben sollen. Grundsätzlich sollten insbesondere kognitive Lernziele so konkret wie möglich formuliert werden; eine Hilfestellung gibt hier bspw. die Lernzieltaxonomie nach Bloom (1956), die die Ebenen des Wissens, des Verstehens, der Übertragung, der Analyse, der Synthese sowie der Bewertung unterscheidet und in der angegebenen Reihenfolge hierarchisch stuft (vgl. auch Siebert 1999).

3.4 Lerninhalte

Lernziele werden i.d.R. über Lerninhalte umzusetzen gesucht. Im Vergleich zur Schulpädagogik gibt es in der Erwachsenenbildung keine allgemein verbindlichen Rahmenbedingungen, Lehrpläne oder Ziele. Die Definition des Curriculums einer Veranstaltung ist eingebunden in das gesamte Programm einer Weiterbildungsinstitution. Die Lerninhalte, auch „Stoff", „Thema" oder „das zu Lernende" genannt, bezeichnen „Wissens- oder Fähigkeitenausschnitte aus einem sehr viel größeren Wissens- oder Fähigkeitenbestand" (Weinberg 2000, S. 119). Zentral ist daher eine didaktische Reduktion, bei der aus dem Lernstoff exemplarisch Themen teilnehmer- und situationsorientiert ausgewählt werden. Ebenfalls bedarf es dann einer didaktischen Rekonstruktion, bei der der reduzierte Lernstoff teilnehmerorientiert aufbereitet wird (vgl. Siebert 1999, S. 707f.). Mit der Festlegung der Lerninhalte werden gleichzeitig weitgehende Vorentscheide in Bezug auf Räumlichkeiten, Methoden und Medien getroffen (vgl. Weisser 2002, S. 212). Die festgelegten Lerninhalte spiegeln sich in Veranstaltungstiteln und Ankündigungstexten und sind im Sinne der Teilnehmerorientierung an den Bedürfnissen und Interessen der Adressaten orientiert.

3.5 Organisationsform und Methoden

Organisationsformen bezeichnen die Art der Veranstaltung. Es kann sich hierbei beispielsweise um ein Seminar, einen Vortrag oder eine Exkursion handeln. Die Organisationsform beinhaltet auch Fragen der Zeitplanung und der gewählten Zeitfenster – z.B. die Frage, ob eine Veranstaltung kompakt im Block, mehrmals die Woche für mehrere Stunden oder im wöchentlichen, einabendlichen Rhythmus stattfindet. Dabei gilt es, die Veränderungen von Zeitpräferenzen der jeweiligen Zielgruppe zu berücksichtigen (vgl. auch Nahrstedt/Brinkmann 1998). So ist bspw. insgesamt eine deutliche Zurückhaltung in Bezug auf die Bindung an längerfristige Angebote zu verzeichnen; großen Zulauf hingegen erfahren die Veranstaltungen, die kurzfristig buchbar sind und nicht über längere Zeiträume verpflichten (vgl. Ambos/Reichart 2008). Neben diesen allgemeinen Trends ist aus der Milieuforschung bekannt, dass zeitliche Präferenzen je nach Lebenswelt variieren. So sprechen sich bspw. Angehörige der Bürgerlichen Mitte stärker für regelmäßige, „wohldosierte“ Veranstaltungen aus, die gut im Voraus in den wöchentlichen Terminplan einkalkuliert werden können und die Freizeit nicht all zu sehr beschneiden; die gesellschaftlichen Leitmilieus jedoch (Etablierte, Postmaterielle, Moderne Performer) bevorzugen Veranstaltungen „en bloque“, um sich voll und Ganz den Lerninhalten widmen zu können – auch wenn dieser Präferenz in der Realität häufig die starke Eingebundenheit im beruflichen Alltag entgegensteht (vgl. Barz/Tippelt 2007).

Die Auswahl der Methoden orientiert sich an didaktischen Prinzipien der Erwachsenenbildung (wie Erfahrungsorientierung, Teilnehmerorientierung und Handlungsorientierung) und knüpft an die oben genannte didaktische Reduktion an (vgl. zu den didaktischen Prinzipien Siebert 2000, S. 87ff.; ausführlich zu Methoden vgl. Siebert 2008). Auch hier kann die Milieuforschung exemplarisch das Prinzip der Teilnehmerorientierung im Hinblick auf die Methodenwahl verdeutlichen: während sich bspw. Konsum-Materialisten und teilweise auch Traditionsverwurzelte vehement gegen interaktive Methoden wie Rollenspiele und Gruppenarbeiten – nicht zuletzt aufgrund von Schwellen- und Berührungsängsten – wehren, werden interaktive Elemente insbesondere von Experimentalisten und auch Postmateriellen im Rahmen eines Methodenmixes sehr geschätzt. Der klassische Frontalvortrag findet im Milieu der Konservativen, teilweise auch bei den Etablierten, seine stärksten Anhänger (vgl. Barz/Tippelt 2007).

3.6 Lernorte und Medien

Lernorte und -räume bezeichnen die Orte und Räumlichkeiten, wo eine Veranstaltung stattfinden soll – dies kann ein Seminarraum, ein Museum ebenso wie der heimische PC und Schreibtisch beim selbstgesteuerten Lernen sein. Lernorte enthalten selbst Lernpotential und unterstützen Lernprozesse über Kontextmerkmale (vgl. Neidhart 2006; siehe zur Ökologie der Lernorte auch Reck-Hog/Eckert in diesem Band). Es besteht ein Zusammenhang zwischen den Räumlichkeiten und den eingesetzten Methoden (vgl. Siebert 1999, S. 711) – da sich nicht alle Methoden in allen Räumlichkeiten gleich gut umsetzen lassen (z.B. Kleingruppenarbeit in einem Vortragssaal). Die gewählten Räumlichkeiten sollten funktional in Bezug auf die eingesetzten Methoden – die wiederum von den Lernzielen und -inhalten abhängen – sein. Dabei haben unterschiedliche soziale Milieus differenzierte Erwartungen an die Lernräume (vgl. Barz/Tippelt 2007). Auch die Medien sollten gemäß der didaktischen Prinzipien der Erwachsenenbildung eingesetzt werden, wie an den folgenden drei Beispielen aufgezeigt werden soll:

Erfahrungsorientierung

Dieses Prinzip betont die Verantwortlichkeit des lernenden Subjekts für den Lernprozess und die Individualität des Lernens als personenspezifische Auseinandersetzung mit und Aneignung von Inhalten. Die bereits vorhandenen Erfahrungen wirken auf den Aneignungsprozess ein, denn „Erwachsenenbildung ist immer schon Anschlusslernen“ (Faulstich/Zeuner 2006, S. 52).

Eine Aufgabe der Erwachsenenbildung ist es, die subjektiven Vorerfahrungen, wozu auch „Alltagswissen" und „Deutungsmuster" gehören, „öffentlich" zu machen und zu bearbeiten. Mit diesem didaktischen Prinzip verknüpft ist z.B. das methodische Konzept des „situationsorientierten Lernens" – hierbei sollen die Situationen der Bildungsveranstaltungen einen Bezug zur Lebens- und Berufswelt der Teilnehmer aufweisen. Typische Medien zur Unterstützung der Erfahrungsorientierung sind z.B. teilnehmererstellte Poster, Tondokumente, aktive Videoarbeit (vgl. Weidenmann 1993).

Teilnehmerorientierung

Leitprinzip der Teilnehmerorientierung ist es, „eine Vereinbarung darüber herzustellen, was angezielt und wie verfahren werden soll" (Tietgens 1981, zitiert nach Weidenmann 1993, S. 6). Und zwar gemeinsam mit den Lernenden (in einem Lehr-/Lernvertrag), so dass die individuellen Bedürfnisse, Erwartungen, Kenntnisstände, Lernstile, Milieus und Biografien beachtet werden. Selbstgesteuertes und kooperatives Lernen spielt hier eine große Rolle. Typische Medien zur Unterstützung der Teilnehmerorientierung können z.B. multimediale Lernumgebungen sein (vgl. Weidenmann 1993).

Handlungsorientierung

Handlungsorientierung zielt auf eine enge Verbindung von Arbeiten und Lernen, dabei soll die Lernsituation möglichst die Struktur der Ernstsituation haben, auf die die Bildungsmaßnahme vorbereitet. Von den Konstruktivisten wird die Handlungsorientierung und die Situierung des Lernens in den Vordergrund gestellt. Typische Medien zur Unterstützung der Handlungsorientierung stellen z.B. Computersimulationen und multimediale Applikationen (z.B. Pilotentraining) sowie Rollenspiele mit Videoaufzeichnung dar (vgl. Weidenmann 1993).

3.7 Dozent

Oftmals sind es in der Weiterbildungspraxis die Kursleiter selbst, die die Idee für ein neues Angebot liefern und wesentlich an der Planung und Vorbereitung beteiligt sind – die Frage nach der Auswahl des „geeigneten" Dozenten wird in dieser Situation meist nicht gestellt. Dennoch ist die „Passung" zwischen Dozent, Thema und v.a. der anvisierten Zielgruppe ein nicht zu unterschätzender Planungsaspekt, wie Befunde verschiedener empirischer Erhebungen die zentrale Rolle des Dozenten als Qualitätsmerkmal herausstellen (vgl. zusammenfassend: von Hippel/Reich-Claassen/Tippelt 2008). So stellt der Dozent mit seinen fachlichen, didaktischen und pädagogischen Kompetenzen nicht nur im Vorfeld einer Veranstaltung das wichtigste didaktische Handlungsfeld dar, sondern auch die rückblickende Gesamtzufriedenheit der Teilnehmer mit einer Veranstaltung hängt wesentlich von der Bewertung der fachlichen und didaktischen Kompetenzen des Kursleitenden ab (vgl. von Hippel/Reich-Claassen/Tippelt 2008). Ob jeweils didaktische, pädagogische, fachliche oder ggf. auch „menschliche" Kompetenzen als besonders wichtig eingeschätzt werden oder aber auch Aspekte der Persönlichkeit, des Auftretens oder auch der fachlichen Qualifikation und Reputation im Vordergrund stehen, ist von Adressatengruppe zu Adressatengruppe verschieden. Studien in der Tradition der Milieuforschung belegen jeweils erheblich milieuspezifisch gefärbte Ansprüche an die Kursleitenden – wobei der Stellenwert des „optimalen Dozenten" für das Gelingen der gesamten Veranstaltung allerdings milieuübergreifend als äußerst wichtig beurteilt wird (vgl. Tippelt u.a. 2008). Um eine optimale „Passung“ zwischen Angebot und Zielgruppe herzustellen, sollten demnach nicht nur Planer und Entwickler, sondern insbesondere auch Dozenten Vorkenntnisse im Hinblick auf die anvisierte Zielgruppe und deren Präferenzen haben. In der Praxis weisen allerdings Kursleiter, die ja in direktem Kontakt zu den Teilnehmern stehen, eine erhebliche „Milieudifferenz“ auf, d.h. sie zeigen im Hinblick auf ihre Milieuzugehörigkeit eine meist größere Distanz im sozialen Raum zu den Teilnehmenden- und insbesondere Adressatenmilieus. So konnte bspw. im Rahmen des Projektes ImZiel gezeigt werden, dass Weiterbildner – vor allem hauptamtlich pädagogische Mitarbeiter – sich zum Großteil aus dem Milieu der Postmateriellen und angrenzenden Milieus rekrutieren, während ihnen – je nach Veranstaltungsart – ein breites Spektrum an Teilnehmenden gegenübersteht (vgl. Tippelt u.a. 2008). Mit Schulze (1992) und auch dem Forschungsinstitut Sinus Sociovision ist davon auszugehen, dass die Kommunikation über Milieugrenzen hinweg schwierig zu bewerkstelligen ist, während die Binnenkommunikation innerhalb eines oder auch benachbarter Milieus relativ leicht fällt.

4 Angebotsentwicklung und Marketingstrategie

Der Angebotsentwicklung kommt nicht nur im Rahmen der professionellen erwachsenenpädagogischen Tätigkeit insgesamt, sondern auch im Speziellen innerhalb des Weiterbildungsmarketings eine zentrale Rolle zu. Marketing gilt mittlerweile als unverzichtbares Instrument zur Optimierung von Planung und Abläufen in der Weiterbildungspraxis (vgl. dazu ausführlich: Schöll in diesem Band). Die so genannte „Angebotspolitik“ ist dabei als Herzstück der Marketingstrategie zu verstehen und stellt als einer der vier „Aktionsparameter“ den zentralen Bezugspunkt nicht nur für die Gestaltung der drei weiteren Marketinginstrumente (Preis-, Kommunikations- und Distributionspolitik), sondern auch den Ausgangspunkt bei der Formulierung von Basisstrategien zur Zielerreichung dar.

Inhaltlich umfasst die Produkt- bzw. Angebots- oder auch Leistungspolitik sowohl den Titel der Veranstaltung als auch Inhalte, Methoden, Materialien sowie Aspekte der Personalrekrutierung und -qualifizierung. Hier ist anzumerken, dass es hinsichtlich des Leistungs- oder Produktcharakters des Gutes Bildung keine Einigkeit gibt. Während Schlutz (2006) allenfalls dem Lernergebnis Produktcharakter zuschreiben würde, sehen Meisel (1994) und auch Schöll (2005) einzelne Programm- oder Fachbereiche innerhalb einer Weiterbildungseinrichtung als Produkt an. Zu den Aufgaben einer Angebotspolitik zählt bspw. die Innovation von Leistungen (s. folgender Abschnitt), die Pflege von bereits bestehenden Bildungsleistungen im Sinne der Anpassung an Veränderungen sowie die Eliminierung von Bildungsleistungen bei sinkenden Teilnehmerzahlen, steigender Teilnehmerunzufriedenheit oder sinkender Kostendeckung (vgl. Bernecker 2001).

5 Innovationen als Sonderform von Angeboten und Aufgabe der Angebotspolitik

Bei Innovationen handelt es sich um Neuerungen, die mit dem technischen, sozialen und wirtschaftlichen Wandel einhergehen. Je nach wissenschaftlichem Kontext muss die Innovation zumindest innerhalb eines definierten Bezugsrahmens eine neuartige Herangehensweise sein, die zur fortschrittlichen Lösung eines Problems entwickelt und herangezogen wird (vgl. Barz 2006). Im Bereich Berufs- und Weiterbildung lassen sich Innovationen grundsätzlich in zweifacher Hinsicht beleuchten: Zum Einen fungiert Lernen und Weiterbildung als zwingend notwendige Grundlage der Innovations- und Wettbewerbsfähigkeit von Unternehmen und Organisationen jeglicher Branche. Dabei vermitteln Weiterbildungsmaßnahmen „(…) das Anfangswissen und sorgen für ständige Anpassung. Viele Studien und Analysen zeigen, dass besser ausgebildete, geschulte, sensibilisierte Mitarbeiter zu mehr Innovation führen" (Europäische Kommission 1995, S. 2). Zum Anderen sind auch Innovationen im Weiterbildungsbereich selbst von wachsender Bedeutung. Die „Innovation" von Bildungsangeboten gilt im Rahmen der Marketingstrategie als zentrale Aufgabe der Angebotspolitik und fungiert als Schnittstelle zwischen Angebotsentwicklung und Angebotsvermarktung bzw. zwischen didaktischen und betriebswirtschaftlichen Fragestellungen.

Im hochkomplexen Weiterbildungsmarkt kann der Innovationsbegriff – anders als im Kontext der reinen Dienstleistungen oder gar der Produktion – nicht über einen ersten Marktauftritt definiert werden; eher muss man von Innovationen für Teilbereiche (regional – themenspezifisch – adressatenbezogen – institutionenspezifisch) ausgehen. Nach Schlutz (2006, S. 115) sind unter Innovationen im Bereich der Weiterbildung „neu konzipierte Dienstleistungen, die über die Grenzen bisheriger Angebotsformen und -inhalte hinausgehen, so dass für den Abnehmer ein gewichtiger Nutzenvorteil entsteht", zu verstehen. Dementsprechend wäre auch unter einer Reformulierung bestehender Angebotssegmente im Hinblick auf zentrale Aspekte der Angebotsentwicklung (vgl. Abbildung 2) dann eine Innovation zu verstehen, wenn sich aus den Veränderungen ein „neuer" Verwertungsaspekt oder Nutzenvorteil ergibt. So könnte bspw. die Reformulierung eines gut laufenden Senioren-Computerkurses für ältere Führungskräfte (unter der jeweiligen Berücksichtigung der teilnehmerspezifischen Ansprüche an Methode, Dozent und Räumlichkeiten) unter Beibehaltung der zentralen inhaltlichen und didaktischen Elemente als Innovation verstanden werden. Tatsächlich haben sich in der Praxis Innovationen als wirklich neuartige, „plötzliche" Angebotsform nur selten auf Dauer durchgesetzt, sondern entstehen meist als Modifikation oder Weiterentwicklung des Alten oder auch durch die Entdeckung von Lücken im bisherigen Programm (vgl. Schlutz 2006).

Während insbesondere im Bereich neuer Technologien die strategische Entwicklung neuartiger, innovativer Produkte als selbstverständlich gilt, kann man im Dienstleistungs- und insbesondere im Bildungsbereich nicht von einer systematischen Innovationspolitik ausgehen. Hindernisse, Neuerungen systematisch zu erforschen und zu entwickeln, liegen in der Weiterbildung meist in den Besonderheiten des Gutes „Bildung" sowie des Weiterbildungsmarktes begründet. So sind die Hemmnisse zum einen in dem „Kaufrisiko", das dem Vertrauensgut Bildung ohnehin immanent ist, sowie in der erforderlichen Eigenleistung des Teilnehmers zu sehen; diese Punkte beziehen sich vornehmlich auf die Position der Nachfrager, die insbesondere bei Pilotprojekten eine noch größere Kaufunsicherheit verspüren dürften. Zum anderen sind Barrieren auf der Anbieterseite zu konstatieren, wie zum Beispiel die Schwierigkeit, Angebotsinnovationen rechtlich schützen zu können – Bildungsleistungen sind kaum standardisierbar und somit auch leicht durch andere Anbieter imitierbar. Eine weitere, zentrale Barriere zeigt sich in der Schwierigkeit, Innovationen im Vorfeld zu erproben. Da eine Bildungsdienstleistung in ihrem Gelingen wesentlich von der eingebrachten Eigenleistung der Teilnehmer abhängt, scheint es kaum möglich, Innovationen – bspw. wie in der Autoindustrie – systematisch zu „testen" und weiterzuentwickeln (vgl. Barz 2006). Eine Möglichkeit, Weiterbildungsangebote in ihrer „Zielgruppenpassung" und ihrer möglichen Wirkung zu überprüfen, sieht Schlutz (2006) in der Etablierung einfacher „Planungsrunden" oder auch „Entwicklungsseminaren", in denen Planer und Dozenten gemeinsam mit potenziellen Teilnehmern ein Angebotskonzept diskutieren und weiterentwickeln. Eine deutlich ausgefeiltere Methode, Innovationen zu testen und systematisch weiterzuentwickeln, stammt aus der Industrie. Mit Hilfe so genannter „Produktkliniken" werden bspw. Automobil-Prototypen von möglichen Kunden vor der Markteinführung beurteilt und im Hinblick auf Einzelaspekte (Farbgebung, Funktionalität, Innenausstattung) optimiert. Dieses Instrument der Produktkliniken kann durchaus Anregungen für die Belange der Weiterbildungsforschung bieten, es kann sogar für die Weiterbildungsforschung adaptiert und fruchtbringend eingesetzt werden, wie nicht nur die Erkenntnisse des Praxisprojekts „ImZiel" (Tippelt u.a. 2008), sondern zahlreiche, dadurch angestoßene Aktivitäten in der Weiterbildungspraxis, zeigen. Als Abschluss dieses Beitrags soll ein praxisorientierter Blick auf Konzept, Instrumente und Umsetzung von Produktkliniken im Weiterbildungsbereich dienen. Aktuelle Beispiele aus der Weiterbildungspraxis verdeutlichen dabei Potenzial und Fruchtbarkeit dieser Methode.

6 Produktkliniken als Instrument zur Planung und Überprüfung von Angebots(neu-)entwicklungen

„Produktkliniken" sind in der Industrie sowie der Markt- und Marketingforschung bereits seit Langem etabliert und werden vornehmlich zur Optimierung von Produkten und Produktentwürfen eingesetzt. In verschiedenen Stadien der Entwicklung von Konsum- und/oder Investitionsgütern können Erwartungen und Bedürfnisse der aktuellen und potenziellen Nachfrager systematisch in die Produktentwicklung einbezogen werden. Darüber hinaus dienen Produktkliniken auch dazu, die Positionierungschancen von Neuentwicklungen im Kontext des eigenen Images, aber auch im Konkurrenzumfeld auszuloten.

Diese Funktionen wurden erstmals im Kontext des Praxisprojekts „ImZiel" (vgl. Tippelt et al. 2008) für den Bereich der Weiterbildung fruchtbar gemacht. Ziel war es, bereits entwickelte Pilotangebote auf ihre Zielgruppen- bzw. ihre Milieuspezifität zu überprüfen und im Hinblick auf milieuspezifische Bedürfnisse und Erwartungen zu optimieren. Generell geht es darum, Veranstaltungen bzw. Veranstaltungsformen und Veranstaltungskonzepte in Produktkliniken von der anvisierten Zielgruppe testen zu lassen bzw. die anvisierten Zielgruppen in den Entwicklungs- und Konzeptionsprozess einzubeziehen. Dabei können die Teilnehmer einer Produktklinik unterschiedliche Aufgaben übernehmen. Als „Anspruchsformulierer" können aktuelle und potenzielle Zielgruppen ganz zu Beginn der Entwicklung eines Weiterbildungsangebots oder einer Programmlinie ihre Bedürfnisse, Interessen und Anforderungen formulieren, die dann in die Angebotskonzeption mit einfließen. Indirekt geschah dies im Rahmen von „ImZiel" dadurch, dass die zielgruppenspezifischen Angebote auf Basis detaillierter und trennscharfer Milieuprofile entwickelt und auf diese zugeschnitten wurden. Einen Entwicklungsschritt weiter können Teilnehmer einer Produktklinik als „Ko-Entwickler“ Angebotsentwürfe mit- und weiterentwickeln. In die Rolle der „Angebotstester“ schlüpfen die Teilnehmer aus der anvisierten Zielgruppe dann, wenn das nahezu fertig entwickelte Angebot in Bezug auf die Akzeptanz ausgewählter didaktischer Handlungsfelder überprüft wird. Diese Überprüfung der „Zielgruppenpassung“ war Hauptbestandteil der Produktkliniken im Rahmen von ImZiel. Die aus den Produktkliniken hervorgegangenen Hinweise und Optimierungsvorschläge der anvisierten Zielgruppen erwiesen sich als sehr konkret und wurden in die Angebote eingearbeitet, bevor diese in das reguläre Programm aufgenommen wurden.

Insgesamt können Produktkliniken in unterschiedlicher Komplexität durchgeführt werden; dabei ist die milieuhomogene Zusammensetzung der Teilnehmerschaft nur eine von vielen Möglichkeiten, effektive Produktkliniken durchzuführen. Ebenso ist es möglich, andere zielgruppenspezifische Differenzierungen für die Rekrutierung von Teilnehmern anzuwenden (bspw. Alter, Berufsstatus, Lebenslage) oder auch innerhalb der eigenen Teilnehmerschaft Interessenten für die Teilnahme an einer Produktklinik zu gewinnen. So entwickelte bspw. die Universität Zürich ihr Weiterbildungsangebot „IT Project-Management“ zusammen mit an diesem Programm Interessierten weiter (vgl. von Hippel 2008); das Bildungszentrum Nürnberg passt den Entwurf seines Studium Generale an die Bedürfnisse grundsätzlich an dieser Veranstaltungsform interessierter Teilnehmerinnen und Teilnehmer an. Das Instrument der „Produktklinik“ erweist sich so als probates Mittel insbesondere für die Planer, Angebote zielgruppenspezifisch auszurichten und diese Ausrichtung letztendlich mit der anvisierten Zielgruppe weiterzuentwickeln und zu überprüfen. Mit der Konzeption und Durchführung dieser Produktkliniken wird die Zielgruppen- und Teilnehmerorientierung der Mitarbeiter geschult und weiterentwickelt, indem die relevanten mikro- und makrodidaktischen Handlungsfelder zusammen mit der anvisierten Teilnehmerschaft zielgruppenspezifisch gestaltet werden. Dabei wird sowohl die Sensibilisierung für unterschiedliche soziale Gruppen als auch das empathische Hineindenken in deren Interessenslagen durch unmittelbares Feedback gefördert.

Literatur

Ambos, I./Reichart, E. (2008): Kürzer und kompakter. Veränderungen von Zeitstrukturen bei VHS-Veranstaltungen. In: DIE Zeitschrift für Erwachsenenbildung 1. S. 46-48.

Barz, H. (2006): Innovation in der Weiterbildung. Was Programmverantwortliche heute wissen müssen. Augsburg: Ziel Verlag.

Barz, H./Tippelt, R. (Hrsg.) (2007): Weiterbildung und soziale Milieus in Deutschland, 2 Bde. Bielefeld: Bertelsmann.

Bloom, B. (1956): Taxonomy of Educational Objectives. New York: David McKay Publishers.

Europäische Kommission (1995): Grünbuch zur Innovation. Verfügbar unter: http://europa.eu/documents/comm/green_papers/pdf/com95_688_de.pdf (05. März 2008).

Faulstich, P./Zeuner, C. (2006²): Erwachsenenbildung: eine handlungsorientierte Einführung in Theorie, Didaktik und Adressaten. Weinheim/München: Juventa.

Flechsig, K.-H. (1989): Ebenen didaktischen Handelns in der Weiterbildung. In: GdW-Ph, Kap. 5.10.

Gieseke, W. (2000): Programmplanung und Bildungsmanagement. In: Hessische Blätter für Volksbildung 3. S. 242–252.

Gieseke, W. (2006): Programmforschung als Grundlage der Programmplanung unter flexiblen institutionellen Kontexten. In: Meisel, K./Schiersmann, Ch. (Hrsg.): Zukunftsfeld Weiterbildung. Bielefeld: Bertelsmann, S. 69–88.

Gieseke, W./Opelt, K. (2002): Programmanalyse zur kulturellen Bildung in Berlin/Brandenburg. Erste Fassung. Verfügbar unter: http://www2.hu-berlin.de/kubi/Kulturelle Bildung Programmanalyse.pdf (03.02.2006).

Heuer, U./Robak, S. (2000): Programmstruktur in konfessioneller Trägerschaft – exemplarische Programmanalysen. In: Gieseke, W. (Hrsg.): Programmplanung als Bildungsmanagement? Qualitative Studie in Perspektivverschränkung. Recklinghausen: Bitter, S. 115–209.

Hippel, A. von (2008): Nachfrageorientierte Planung von Angeboten wissenschaftlicher Weiterbildung durch die Methode der Produktklinik. In: REPORT – Zeitschrift für Weiterbildungsforschung 2. S. 42-51.

Hippel, A. von/Reich-Claassen, J./Tippelt, R. (2008): Dozenten sichern Qualität. Teilnehmer- und adressatenorientierte Perspektiven auf Kursleitende und Mitarbeiter. In: Hessische Blätter für Volksbildung 2, S. 145-155.

Körber, K./Kuhlenkamp, D./Peters, R./Schlutz, E./Schrader, J./Wilckhaus, F. (1995): Das Weiterbildungsangebot im Lande Bremen – Strukturen und Entwicklungen in einer städtischen Region. Bremer Texte zur Erwachsenen-Bildungsforschung. Bremen: Universität Bremen.

Meisel, K. (Hrsg.) (1994): Marketing für Weiterbildung? Bad Heilbrunn: Klinkhardt.

Nahrstedt, W./Brinkmann, D. (1998): Neue Zeitfenster für Weiterbildung. Temporale Muster der Angebotsgestaltung und Zeitpräferenzen der Teilnehmer im Wandel. Bielefeld: IFKA.

Neidhart, E. (2006): Wie Kontextmerkmale Lernprozesse unterstützen. In: DIE Zeitschrift 4. S. 39–45. Stichwort „Lernorte“

Raapke, H.-D. (1985): Didaktik der Erwachsenenbildung. In: Raapke, H.-D./Schulenberg, W. (Hrsg.): Didaktik der Erwachsenenbildung. (Handbuch der Erwachsenenbildung Bd. 7). Stuttgart/Berlin/Köln/Mainz: Kohlhammer, S. 17–32.

Sarges, W./Haeberlin, F. (1980): Marketing für die Erwachsenenbildung. Hannover: Schroedel.

Schöll, I. (2005): Marketing in der öffentlichen Weiterbildung. Bielefeld: Bertelsmann.

Schulze, G. (1992): Die Erlebnisgesellschaft. Kultursoziologie der Gegenwart. Frankfurt a.M: Campus.

Schlutz, E. (1991): Erschließen von Bildungsbedarf. Hrsg. vom Deutschen Volkshochschul-Verband. Bonn: Paedag. Arbeitsstelle des DVV.

Siebert, H. (1999): Seminarplanung und -organisation. In: Tippelt, R. (Hrsg.): Handbuch der Erwachsenenbildung/Weiterbildung. Opladen: Leske + Budrich, S. 704–717.

Siebert, H. (2000): Didaktisches Handeln in der Erwachsenenbildung. Didaktik aus konstruktivistischer Sicht. Neuwied: Luchterhand.

Siebert, H. (2008): Methoden für die Bildungsarbeit. Bielefeld: Bertelsmann.

Tippelt, R./Reich, J./Hippel, A. von/Barz, H./Baum, D. (2008): Milieumarketing implementieren. Bielefeld: Bertelsmann.

Weidenmann, B. (1993): Medien in der Erwachsenenbildung (mit Ausnahme des Computers). Gelbe Reihe – Arbeiten zur Empirischen Pädagogik und Pädagogischen Psychologie. Nr. 28. München.

Weinberg, J. (2000): Einführung in das Studium der Erwachsenenbildung. Bad Heilbrunn: Klinkhardt.

Weisser, J. (2002): Einführung in die Weiterbildung. Weinheim: Beltz.

Wildemann, H. (1999): Produktklinik. Wertgestaltung von Produkten und Prozessen. München: TCW.

Ingo Kollar | Frank Fischer

Mediengestützte Lehr-, Lern- und Trainingsansätze für die Weiterbildung

1 Einleitung

Als ein wesentlicher Erfolgsfaktor für Weiterbildungsmaßnahmen gilt die inhaltliche und didaktische Kompetenz der Lehrpersonen, die neben Expertise im jeweiligen Inhaltsbereich zahlreiche Kompetenzen im Umgang mit erwachsenen Lernenden und der Wahl geeigneter Methoden aufweisen müssen. Zur Didaktik in der Weiterbildung oder allgemeiner der Erwachsenenbildung existieren inzwischen einige Lehrbücher (vgl. z.B. Döring/Ziep 1989; Siebert 2003), aber vor allen Dingen auch eine schier unüberblickbare Zahl an Praxisratgebern, die Lehrenden Tipps zur Durchführung entsprechender Veranstaltungen geben. Die Effektivität dieser Ratgeber bezüglich eines verbesserten Wissens- und Kompetenzerwerbs auf Seiten der Lernenden ist allerdings kaum wissenschaftlich untersucht und somit oft zumindest fragwürdig. Hinzu kommt, dass in entsprechenden Ratgebern häufig den neuen Technologien ein erhebliches Potenzial zur Verbesserung von Bildungsprozessen in der Weiterbildung zugeschrieben wird. Die Hoffnung, dass der Einsatz neuer Technologien per se zu einer Verbesserung der Weiterbildungspraxis führen könnte, hat sich in der Vergangenheit allerdings mehrfach als trügerisch erwiesen. Eine wichtige Erkenntnis aus der so genannten Mediendebatte (vgl. Clark 1994; Kozma 1994) war, dass eine Verbesserung des Lehrens und Lernens in der Praxis durch den Einsatz digitaler Medien nur gelingen kann, wenn der Medieneinsatz durch Lehr-Lernansätze gestützt ist, die theoretisch und empirisch fundierte Vorstellungen über Natur und Bedingungen von Lernprozessen formulieren. Deren Erforschung ist das wesentliche Ziel einer kognitiv orientierten Lehr-Lernforschung, in der in den letzten drei Jahrzehnten immer wieder elaborierte mediengestützte Lehr-, Lern- und Trainingsansätze formuliert, mehr oder weniger systematisch empirisch untersucht und auf das Lernen im Erwachsenenalter angewandt wurden. Dazu zählen unter anderem der Cognitive Apprenticeship-Ansatz (vgl. Collins/Brown/Newman 1989), das problemorientierte Lernen (vgl. Hmelo-Silver 2004), der 4C/ID-Ansatz (vgl. van Merrienboer/Kirschner 2007), der Goal-based Scenarios-Ansatz (vgl. Schank u.a. 1993/1994) sowie der Knowledge-Building-Ansatz (vgl. Scardamalia/Bereiter 2006). Anhand der Darstellung dieser ausgewählten Ansätze soll im vorliegenden Beitrag gezeigt werden, wie (vor allem digitale) Medien bei der Gestaltung von Lernumgebungen für erwachsene Lerner eingesetzt werden können. Hierzu wird zunächst ein selektiver Überblick über für das Lehren und Lernen in der Weiterbildung potenziell interessante Technologien gegeben, bevor die einzelnen Ansätze genauer vorgestellt und auf Beispiele in der Weiterbildung angewendet werden. Abschließend wird diskutiert, inwiefern diese Ansätze den besonderen Anforderungen des Lernens im Erwachsenenalter begegnen und inwiefern neue Medien zu ihrer Umsetzung geeignet erscheinen.

2 Neue Medien mit Potenzial zur Unterstützung des Lernens von Erwachsenen

Oft gründen sich die Hoffnungen, die mit dem Einsatz neuer Medien verbunden sind, auf der Idee einer zeit- und ortsunabhängigen Teilhabe an Bildungsprozessen. Dabei spielen sowohl Medien eine Rolle, die das individuelle Lernen unterstützen, als auch solche, die die Zusammenarbeit mehrerer Lerner ermöglichen und strukturieren. Im Folgenden werden einige Typen neuer Medien vorgestellt, die in Weiterbildungssettings bereits eingesetzt werden oder aber ein beträchtliches Potenzial zur Ermöglichung neuer Trainingsformen in der Weiterbildung bergen.

2.1 Neue Medien zur Unterstützung individuellen Lernens

Zur Unterstützung individuellen Lernens werden seit Jahren große Hoffnungen in die Effekte von *Hypertext- und Hypermedialernumgebungen* gesetzt (vgl. Dillon/Gabbard 1998). Ihr zentrales Merkmal ist die Verknüpftheit von Lerninhalten mithilfe so genannter Hyperlinks, die im Falle von Hypertextumgebungen textbasierte Internetseiten miteinander verbinden, während in Hypermediaumgebungen Verknüpfungen auch zwischen anderen repräsentationalen Formaten wie Bildern, Videos oder Audiodokumenten bestehen. Lernende können somit Inhalte nach persönlichem Interesse auswählen und in einer selbstgewählten Reihenfolge sowie einem eigenen Tempo explorieren. Vor diesem Hintergrund werden entsprechende Lernumgebungen häufig als Prototypen für eine Ermöglichung selbstgesteuerten Lernens angesehen (vgl. Pieschl/Stahl/Bromme 2008). Bei den Hypermedia-Umgebungen im Weiterbildungskontext dominieren derzeit so genannte Content (oder Learning) Management Systeme, über die Lernende Zugang zu Texten und multimedialen Lernmaterialien haben, die sie herunterladen und so Präsenzveranstaltungen vor- und nachbereiten können.

In empirischen Studien erwies sich das Lernen aus Hypertexten häufig dem Lernen mit linearen Texten als überlegen (vgl. Chen/Rada 1996). Andere Befunde deuten aber darauf hin, dass das Lernen mit Hypertext- und Hypermedialernumgebungen auch problematisch sein kann. Zum Beispiel sind Lernende häufig nicht in der Lage, die Selbststeuerungsmöglichkeiten, die ihnen Hypertext- und Hypermediaumgebungen bieten, effektiv zu nutzen und „verirren" sich insbesondere bei komplexeren Umgebungen im „Informationsgestrüpp" („lost-in-hyperspace"-Phänomen; z.B. Dillon/Gabbard 1998). Entsprechend befassen sich zahlreiche empirische Studien mit der Frage, wie Lernende im Umgang mit Hypertext- und Hypermedialernumgebungen unterstützt werden können. Als wirksam haben sich etwa metakognitive Unterstützungsmaßnahmen in Form von Prompts erwiesen, die Lernende zu Planungs-, Monitoring- und Reflexionsprozessen anregen (vgl. Bannert 2005), insbesondere dann, wenn sich Prompts auf den ausdrücklichen Wunsch der Lernenden anzeigen lassen (vgl. Azevedo u.a. 2005).

Eine zweite interessante, wenngleich technisch deutlich aufwändigere Möglichkeit zum Einsatz in individuellen Lernsettings stellen so genannte *Cybermedien* dar. Diese zeichnen sich dadurch aus, dass sie Inhalte in Form graphischer und häufig dreidimensionaler Repräsentationen bereitstellen, die von Lernenden virtuell manipuliert werden können. In solchen „virtuellen Realitäten" (VR) können Lernende Handlungen wirklichkeitsnah in einem geschützten Umfeld ausführen und deren Effekte nachvollziehen. Dies ist insbesondere dann hilfreich, wenn Fehler in den zu lernenden Tätigkeiten in der Realität lebensgefährliche oder kostspielige Folgen haben würden (z.B. im Operationssaal oder beim Fliegen eines Flugzeugs). Schwan und Buder (2002) sehen das lernförderliche Potenzial entsprechender Umgebungen vor allem in einer Intensivierung der Lernerfahrung, die durch die „Verräumlichung" des Lernens, der gleichzeitigen Ansprache mehrerer Sinneskanäle sowie durch ein hohes Ausmaß an Interaktivität erreicht wird. Für die Medizinerausbildung entwickelten Kulscár u.a. (2007) eine VR-Umgebung zum Erwerb von Fertigkeiten zur Durchführung von Lumbalpunktionen. Dieser nicht ungefährliche Eingriff ist vor allem deshalb schwierig, weil sich der durchführende Arzt weitgehend lediglich an haptisch wahrnehmbaren Informationen orientieren kann, die sich während der Einführung der Nadel in den Rücken des Patienten ergeben. In der von Kulcsár u.a. (2007) entwickelten VR-Umgebung erhalten die Lernenden mit Hilfe einer speziellen Brille, über die sie die virtuelle Realität visuell wahrnehmen können, und eines Geräts, das die Nadel und den Widerstand des Körpergewebes simuliert, die Möglichkeit, die entsprechenden Fertigkeiten in einem risikofreien Umfeld wirklichkeitsnah zu trainieren. Problematisch ist jedoch auch in VR-Umgebungen, dass die Vielzahl an Handlungsmöglichkeiten zur Überforderung des Lernenden führen kann. Daher weisen Schwan und Buder (2002) darauf hin, dass auch beim Lernen mit Cybermedien der Lernprozess stärker strukturiert werden sollte, was beispielsweise dadurch erreicht werden kann, dass nur einzelne Teile der Lernumgebung bearbeitet werden können und weitere Abschnitte erst nach einiger Zeit zugänglich gemacht werden. Ebenso ist es möglich, Tutoren einzusetzen, die dem Lernenden unterstützend zur Seite stehen.

Ein drittes Beispiel zur Ermöglichung individuellen Lernens sind *Onlinevorträge und Onlinevorlesungen*, in denen Live-Videos oder Videomitschnitte des Vortragenden häufig mit weiteren repräsentationalen Formaten verknüpft werden (z.B. mit dem Foliensatz, den der Vortragende präsentiert). Das Massachusetts Institute of Technology (2008) bietet z.B. etwa 1800 Kurse und Vorlesungen incl. Handouts, Notizen und Videos aus unterschiedlichsten Disziplinen frei zugänglich im Internet an, die von Studierenden orts- und zeitunabhängig genutzt werden können. Obwohl derartige Lernangebote didaktisch relativ eng an traditionellen Formen des Lehrens und Lernens orientiert sind, können sie zusätzliche Handlungsoptionen für die Lernenden eröffnen. Möglichkeiten zur Selbststeuerung ergeben sich z.B. dadurch, dass der Lernende frei entscheiden kann, wann und wo er die Aufzeichnung ansehen möchte und ob er sie in Abschnitten oder an einem Stück verfolgen möchte. Um weitere Selbststeuerungsmöglichkeiten zu bieten, entwickelten Sesink u.a. (2004) ein „interaktives Skript", das die Onlineaufzeichnung einer Vorlesung ergänzte und neben einem in Schriftform dargebotenen Vortragsskript und Möglichkeiten zur Annotation auch Elemente zur Unterstützung kooperativen Lernens enthielt. Zum Beispiel hatten die Lernenden die Möglichkeit, Fragen an den Referenten zu stellen oder ein Diskussionsforum zur Kommunikation mit den anderen Veranstaltungsteilnehmern zu nutzen. Ähnliches wird auf der Webseite e-teaching.org (2008) umgesetzt, die vom Tübinger Institut für Wissensmedien angeboten wird. Hier halten in regelmäßigen Abständen Experten Vorlesungen zum Thema E-Learning, die per Video-Stream ausgestrahlt werden. Dabei haben Zuhörer die Möglichkeit, dem Dozenten während der Vorlesung per Chat Fragen zu stellen, auf die dieser unmittelbar antworten kann. Eine andere Richtung schlägt dagegen das Projekt WIL-MA von der Universität Mannheim ein (vgl. Wessels u.a. 2007). Dort werden Vorlesungen zwar immer noch traditionell als Face-to-face-Veranstaltungen angeboten, doch sind alle Hörer mit mobilen Computern ausgestattet, über die sie untereinander Nachrichten verschicken können und den Dozierenden Fragen stellen können. Zudem bietet WIL-MA dem Dozenten die Möglichkeit, im Plenum Multiple-Choice-Fragen zu stellen, die von den Studierenden online beantwortet werden können. Der Dozent erhält dann umgehend eine Auswertung und kann z.B. bei vielen fehlerhaften Antworten mit der Wiederholung des entsprechenden Inhaltsbereichs reagieren. Sowohl bei Sesink u.a. (2004) als auch im WIL-MA-Projekt zeigten sich in empirischen Studien positive Ergebnisse im Hinblick auf unterschiedliche Indikatoren der Akzeptanz und des selbsteingeschätzten Lernerfolgs (vgl. Wessels u.a. 2007).

2.2 Neue Medien zur Unterstützung kooperativen Lernens

Zur Unterstützung kooperativen Lernens wird häufig zwischen synchronen und asynchronen Medien unterschieden. Synchrone Medien erlauben eine Zusammenarbeit „in Echtzeit", während asynchrone Medien zeitversetztes Kommunizieren und Kooperieren ermöglichen.

Als Beispiel für synchrone Medien sind zunächst *Chatsysteme* zu nennen. Über Chat können zwei oder mehr Personen textbasiert miteinander kommunizieren. In ein Textfeld kann der Lernende Nachrichten an die anderen Gruppenmitglieder eintippen und dann abschicken, während in einem weiteren Textfeld alle bisher erstellten und verschickten Nachrichten untereinander angezeigt werden. Ein Vorteil des Lernens per Chat ist, dass durch das Fehlen nonverbaler Hinweisreize und Informationen über Alter und Aussehen der Lernpartner eine Statusnivellierung eintreten kann, die dazu führen kann, dass die einzelnen Diskurspartner gleichberechtigt an der Diskussion teilnehmen können (vgl. Hesse/Garsoffky/Hron 2002). Als Nachteil kann dagegen gewertet werden, dass es mit einer steigenden Anzahl von Teilnehmern zunehmend schwerer fällt, die Bezüge zwischen den einzelnen abgeschickten Nachrichten nachzuvollziehen, da bei herkömmlichen Chatsystemen keine inhaltliche Gruppierung der Beiträge erfolgt. Aus diesen Gründen befassen sich einige Studien mit der empirischen Überprüfung der Wirksamkeit von Strukturierungsmaßnahmen in Chatsystemen. Zum Beispiel entwickelten Pfister, Mühlpfordt und Müller (2003) ein Chatsystem, das Lernende u.a. dazu anhielt, per Ziehen von Pfeilverbindungen deutlich zu machen, auf welche der vorherigen Beiträge sie sich mit ihrem neuen Beitrag bezogen, und ihre eigenen Beiträge als „Kommentar", „Frage" oder „Erklärung" zu klassifizieren. Die empirische Wirksamkeit dieser Strukturierungsmaßnahmen erwies sich allerdings als uneinheitlich. Offensichtlich müssen bestimmte Rahmenbedingungen erfüllt sein, damit diese und ähnliche Strukturierungsmaßnahmen in Chatsystemen ihre lernförderliche Wirkung entfalten können.

Ein weiteres Beispiel für synchrone Kommunikations- und Kooperationsmedien sind *Videokonferenzsysteme*. Während entsprechende Systeme noch vor einigen Jahren mit einem hohen technischen Aufwand verbunden und dementsprechend oft nur in Großkonzernen im Einsatz waren, ist es mit neuen webbasierten Technologien (z.B. mit der Software Skype) inzwischen für jedermann auch privat mit geringem Aufwand möglich, mit anderen Personen über eine synchrone Video- und Audioverbindung zu kommunizieren. Dank zunehmend größerer Bandbreiten gehören größere Verzögerungen zwischen den Beiträgen der einzelnen Sprecher inzwischen weitgehend der Vergangenheit an, sodass Koordinationsschwierigkeiten beim Sprecherwechsel heute ein weit geringeres Problem darstellen als noch vor einigen Jahren (vgl. O'Connaill/Whittaker/Wilbur 1997). Zu Lernzwecken werden Videokonferenzsysteme häufig mit weiteren Computerprogrammen angereichert, mit deren Hilfe Lernende Objekte gleichzeitig miteinander betrachten oder manipulieren können („application sharing"; vgl. Ertl/Kopp/Mandl 2006; Rummel/Spada 2005). In empirischen Studien zeigte sich, dass Videokonferenzen herkömmlichen Formen der Face-to-Face-Kooperation im Hinblick auf den individuellen Wissenserwerb nicht unterlegen sein müssen und dass der zusätzliche Einsatz geteilter Applikationen (z.B. Concept Maps, die von mehreren Lernenden innerhalb einer Kleingruppe bearbeitet werden können) die Entwicklung einer gemeinsamen Perspektive (Prozesskonvergenz) zwischen den Lernenden erleichtern kann (vgl. Fischer/Mandl 2005).

Das vermutlich nach wie vor am meisten verbreitete Medium zur Unterstützung asynchronen kooperativen Lernens sind *webbasierte Diskussionsforen und Newsgroups*. Im Internet existieren derartige Foren zu fast allen erdenklichen Themen – von Medizinforen, in denen User Informationen zu möglichen Krankheiten erfragen können bis hin zu Foren, in denen sich die Teilnehmer über Unterhaltungssendungen im Fernsehen austauschen. Bei aller inhaltlichen Diversität zeichnen sich Onlineforen in der Regel durch eine Threadstruktur aus. Jeder Teilnehmer kann jederzeit ein neues Thema einbringen und so einen neuen „Thread" beginnen. Andere Diskussionsteilnehmer können auf das erste Posting reagieren und fügen ihm weitere Nachrichten an. Zahlreiche Onlineforen sehen über die Bereitstellung dieser Struktur und die ein oder andere Themeneingrenzung keine weiteren Diskussionsbeschränkungen vor. Häufig wird jedoch über die Einbeziehung eines Moderators versucht, ein hohes inhaltliches Diskussionsniveau sicherzustellen, das Off-Topic-Beiträge und Beleidigungen unterbindet. In der pädagogisch-psychologischen Forschung wurden die Potenziale von Onlineforen zur Förderung selbstgesteuerten und kooperativen Lernens bereits erkannt – allerdings werden auch hier schwerpunktmäßig Möglichkeiten zu deren weiteren Strukturierung untersucht. In einer Serie von Studien untersuchten beispielsweise Weinberger und Kollegen (2005) die Effekte unterschiedlicher Kooperationsskripts, die sie in ein Onlineforum für Pädagogikstudenten integriert hatten, und durch die die Lernenden per Prompting z.B. explizit dazu aufgefordert wurden, deutlich zu machen, welche Teile einer vorangegangen Nachricht sie kritisierten, was im Vergleich zu einem unstrukturierten Diskussionsforum zu einem höheren domänenspezifischen Wissenserwerb und zu einer höheren wechselseitigen Bezugnahme zwischen den Lernenden beitrug. Zur Unterstützung stärker informeller Lernprozesse entwickelten Nückles u.a. (2006) sowie Runde, Bromme und Jucks (2006) im Kontext der Experten-Laien-Kommunikation ähnlich effektive Unterstützungsmaßnahmen.

Im Zuge der Diskussion um das so genannte Web 2.0 wird in letzter Zeit auch das lernrelevante Potenzial neuer *sozialer Technologien* – gerade auch für das Lernen Erwachsener – diskutiert. Weblogs (oder kurz *Blogs*) bieten die Möglichkeit, private oder berufsbezogene Nachrichten im Internet als Webseite zu publizieren und so einer weiteren Öffentlichkeit zugänglich zu machen. Auch beinhalten die meisten Blogs Möglichkeiten zur Kontaktaufnahme mit dem jeweiligen Eigentümer, sodass gemeinsame Wissenskonstruktionsprozesse zwischen Eigentümer und Leser initiiert werden können. Eine noch stärker den sozialen Aspekt des Internets berücksichtigende Technologie sind *Wikis*. Auch diese stellen sich für den Rezipienten als Webseiten dar, die per Browser, Suchmaschine und URL erreicht werden können. Im Unterschied zu Blogs eröffnen Wikis jedoch die Möglichkeit, dass eine Vielzahl von Nutzern Inhalte verbessern oder verändern oder gar neue Inhalte erstellen kann, die wiederum von anderen Nutzern rezipiert, überarbeitet und modifiziert werden können. Das wohl bekannteste Beispiel für eine Wiki-Umgebung stellt wikipedia.org dar – eine Online-Enzyklopädie, die inzwischen in rund 30 Sprachen verfügbar ist und von jedermann mitgestaltet werden kann. Die deutschsprachige Version wikipedia.de beinhaltet inzwischen über 700.000 Einträge. Die Potenziale von Blogs und Wikis für die Ermöglichung und Unterstützung des Aufbaus von Expertennetzwerken und somit kooperativer Lernprozesse ist inzwischen an verschiedener Stelle erkannt worden (vgl.

z.B. Bold 2005). Empirische Studien zu pädagogischen Nutzungsformen und Wirksamkeit sind allerdings bisher noch Mangelware.

Während Wikis zwar durchaus auch Möglichkeiten zur Kontaktaufnahme zwischen an bestimmten Inhalten oder Wissensgebieten interessierten Personen bieten, sind in den letzten Jahren zahlreiche *Onlinecommunities* entstanden, deren primäres Ziel das Zusammenbringen von Menschen mit ähnlichen Interessen und weniger das Erstellen von Informationsangeboten im Internet ist. Beispiele sind facebook.com (mit etwa 70 Millionen Nutzern), myspace.com (mehr als 180 Millionen Mitglieder) oder im deutschen Sprachraum studivz.de (über acht Millionen Mitglieder) oder xing.de (über fünf Millionen Mitglieder). In solchen Communities haben die Teilnehmer die Möglichkeit, sich selbst und ihre Interessen und Stärken anderen Mitgliedern darzustellen und sich auf die Suche nach anderen Teilnehmern mit ähnlichen oder komplementären Eigenschaften und Interessen zu begeben. Obwohl dabei sehr häufig soziale Affiliationsbedürfnisse im Vordergrund stehen dürften, ist anzunehmen, dass gerade in Business-orientierten Onlinecommunities signifikante Wissenskonstruktions- und damit Lernprozesse ablaufen oder zumindest stimuliert werden können. Für den Weiterbildungskontext sind Onlinecommunities seit einigen Jahren als viel versprechend diskutiert worden (z.B. Winkler 2004). Unter anderem ist eine wichtige Erkenntnis entsprechender Forschung, dass Online Learning Communities mit Präsenztreffen kombiniert werden sollten, um die Gemeinschaftsbildung und die gemeinsame Wissenskonstruktion zu unterstützen (im Sinne des *blended learning;* vgl. Mandl/Kopp 2006).

3 Medienunterstützte Lehr-Lern-Ansätze zur didaktischen Gestaltung von Trainings in der Weiterbildung

In wissenschaftlichen pädagogisch-psychologischen und medienpsychologischen Publikationen zum Lernen mit neuen Medien ist inzwischen weitgehend Konsens, dass der Einsatz von Medien ohne ein Lehr-Lern-Konzept, das auf Erkenntnissen über die Natur des Lernens und der Informationsverarbeitung beruht, häufig wirkungslos oder gar schädlich für den individuellen Wissens- und Kompetenzerwerb sein kann. Vor diesem Hintergrund werden im Folgenden fünf Lehr-Lern-Ansätze präsentiert, die auf kognitionspsychologischen Annahmen und Modellen zur Natur des Lernens und Lehrens beruhen und die die Potenziale neuer Medien für eine Verbesserung des Lehrens und Lernens auf unterschiedliche Art und Weise auszuschöpfen versuchen. Es handelt sich dabei um den Cognitive Apprenticeship-Ansatz (vgl. Collins/Brown/Newman 1989), den Ansatz des problemorientierten Lernens (vgl. Gräsel 1997; Hmelo-Silver 2004), den 4C/ID-Ansatz (vgl. van Merrienboer/Kirschner 2007), den Goal-based Scenarios-Ansatz (vgl. Schank u.a. 1993/1994) und den Knowledge-Building-Ansatz (vgl. Scardamalia/Bereiter 2006). Die ausgewählten Ansätze haben alle ein großes Potenzial für eine Veränderung der Weiterbildungspraxis und sind zum größten Teil mehr oder weniger systematisch empirisch untersucht worden. Für jeden Ansatz werden exemplarisch Möglichkeiten zu ihrer medienbasierten Umsetzung in Weiterbildungsmaßnahmen aufgezeigt.

3.1 Der Cognitive Apprenticeship-Ansatz

Die Grundidee des Cognitive Apprenticeship-Ansatzes (vgl. Collins u.a. 1989) ist, dass Lernende Domänenwissen, heuristische Strategien, Kontroll- und Lernstrategien ähnlich wie in der traditionellen Handwerkslehre am besten dann erwerben können, wenn sie sich mit authentischen Problemstellungen befassen, die eine steigende Komplexität und Diversität aufweisen und in ihrem Problemlöseprozess angeleitet werden. Instruktionale Unterstützung wird dabei in Form von sechs Methoden realisiert. Erstens spielt die *Modellierung* von Lernprozessen durch eine externe Instanz (z.B. eine Lehrperson oder einen Experten in einem Onlinevideo) eine zentrale Rolle. Durch die Beobachtung eines Modells wird den Lernenden demonstriert, wie ein Experte im jeweiligen Fachgebiet vorgeht und welche Strategien er dabei anwendet und warum. Beispielsweise könnte in einem Softwaretraining die Lehrkraft demonstrieren, wie sie ein spezifisches Problem mit der neuen Software löst und dabei die eigene Vorgehensweise erläutern. Die zweite didaktische Methode ist das *Coaching* bzw. die Beratung der Lernenden durch den Lehrenden während des Lernprozesses. Sollten einzelne Lernende oder Lerngruppen etwa Schwierigkeiten bei der Softwarenutzung haben, sollte die Lehrperson mit Tipps und Ratschlägen helfend zur Seite stehen. *Scaffolding* als dritte instruktionale Methode beschreibt Hilfestellungen, die stärker vor der eigentlichen Lernphase entwickelt werden. Zum Beispiel können Lernende computerbasierte Werkzeuge erhalten, die sie während ihres Problemlöseprozesses nutzen können. Im genannten Beispiel könnten die Lernenden etwa Zugang zu einem hypertextbasierten Hilfeprogramm haben, in dem sie Hinweise zur Bewältigung typischer Probleme bei der Softwarenutzung erhalten. Allerdings sollten entsprechende Unterstützungsmaßnahmen mit steigender Expertise der Lernenden ausgeblendet werden (Fading), bis die Lernenden schließlich Probleme auch ohne Hilfestellungen erfolgreich bewältigen können. Die vierte didaktische Methode stellt die *Artikulation* dar und bezeichnet Maßnahmen, durch die Lernende ihr häufig implizites Wissen und ihre Strategien externalisieren und so in den gemeinsamen Wissenskonstruktionsprozess einbringen. Z.B. könnten die Teilnehmer des Softwaretrainings dazu aufgefordert werden, ihr Vorgehen bei der Bearbeitung bestimmter Aufgaben vor den anderen Teilnehmern zu demonstrieren und dabei laut auszusprechen, warum sie bestimmte Handlungen ausführen. Die fünfte didaktische Methode (*Reflexion*) weist darauf hin, dass den Lernenden Gelegenheiten gegeben werden sollen, ihren eigenen Problemlöseprozess mit dem ihrer Mitlernenden oder anderer Personen (z.B. Experten) zu vergleichen und so ein mentales Modell eines erfolgreichen Problemlöseprozesses zu konstruieren. Auf Phasen der Demonstration einzelner Programmierungsprozesse durch einen Mitlernenden könnten die Teilnehmer des Softwaretrainings vom Lehrenden also aufgefordert werden, die eigene Vorgehensweise mit der beobachteten Strategie zu vergleichen und so Probleme am eigenen Problemlöseprozess erkennen. Die sechste didaktische Methode der *Exploration* soll schließlich dann eingesetzt werden, wenn die Lernenden sicher genug im Einsatz der angezielten Problemlösestrategien sind und genügend Domänenwissen besitzen, um neue Probleme selbständig zu lösen.

3.2 Problemorientiertes Lernen

Das problemorientierte Lernen wurde Mitte der 1980er Jahre von Barrows (1985) als ein instruktionaler Ansatz zur Verbesserung der Medizinerausbildung entwickelt. Seither wurde es in einer Vielzahl unterschiedlichster Domänen und Altersgruppen erfolgreich eingesetzt (vgl. Dochy u.a. 2003; Hmelo-Silver 2004). In einer zusammenfassenden Arbeit sieht Hmelo-Silver

(2004) den folgenden Lernzyklus als repräsentativ für das problemorientierte Lernen an: In einem ersten Schritt wird den Lernenden ein Problemszenario präsentiert. Im Falle der Medizinerausbildung kann dies etwa eine videobasierte Beschreibung eines Patienten sein, der bestimmte Gesundheitsbeschwerden aufweist. Wichtig ist, dass das Problem für die Lernenden und ihre Ausbildung relevant, motivierend und so komplex ist, dass unterschiedlichstes Wissen und zahlreiche Strategien nötig sind, um das Problem lösen zu können. Im zweiten Schritt sollen die Lernenden das Problem genauer erfassen, indem sie aus der Problembeschreibung die relevanten Fakten herausfiltern, d.h. zum Beispiel relevante Schilderungen von irrelevanten Äußerungen zu unterscheiden. Dies könnte etwa im Rahmen eines asynchronen Diskussionsforums geschehen, in dem die Lernenden dazu aufgefordert werden, relevante Aspekte der Patientenaussagen aus dem Video zu extrahieren und den anderen Lernenden ihre Ansicht mitzuteilen. Im dritten Schritt sollen die Lernenden erste Lösungshypothesen (in der Medizin etwa Verdachtsdiagnosen) entwickeln. Auch diese könnten in einem Diskussionsforum anderen Lernenden zugänglich gemacht und so diskutiert werden. Danach sollen die Lernenden Defizite in ihrem Wissen aufspüren und versuchen, diese Lücken nach und nach zu füllen. Dabei trennen sich die Gruppenmitglieder häufig und arbeiten individuell und weitgehend selbstgesteuert, um ihre Ergebnisse später wieder in der Gruppe zu präsentieren und sich wechselseitig zu kritisieren. Hier kann auf die Vorteile des Lernens mit Hypertext- oder Hypermediaumgebungen gebaut werden. Im fünften Schritt geht es dann darum, das neue Wissen auf das vorliegende Problem anzuwenden und die eigenen ursprünglichen Hypothesen neu zu bewerten. Dies sollte nach Möglichkeit in Kooperation zwischen den Lernenden stattfinden, wofür sich etwa Audio-Videokonferenzsysteme eignen würden. Am Ende jeder Problembearbeitung reflektieren die Lernenden gemeinsam über ihren Lernprozess. Zum Beispiel werden hier unterschiedliche Lernstrategien auf ihre Tauglichkeit hin bewertet. Dies kann in einem computergestützten problemorientierten Lernangebot z.B. per Chat realisiert werden. Während des kompletten Lernprozesses erhalten die Lernenden zudem kontinuierliche Unterstützung durch einen Tutor, der ebenfalls Zugang zum Chat und zu eventuell eingesetzten Diskussionsforen haben kann.

3.3 Der 4C/ID-Ansatz

Auch für den Four Components/Instructional Design (4C/ID)-Ansatz (vgl. van Merrienboer/Kirschner 2007) ist die Vorgabe alltagsnaher Problemstellungen kennzeichnend. Zur Gestaltung einer entsprechenden Lernumgebung sieht das 4C/ID-Modell vier Komponenten vor. *Lernaufgaben* als erste Komponente stellen im 4C/ID-Ansatz so genannte „real-life tasks" dar, die für die Lernenden authentisch, reichhaltig und bedeutungsvoll sein und den Erwerb und die Integration einer Vielzahl angezielter Strategien und Routinen ermöglichen sollen, die die Voraussetzung für einen erfolgreichen Einsatz der betreffenden Fertigkeiten im wahren Leben darstellen. In einer Lernumgebung für Lernende im Kfz-Bereich kann es etwa darum gehen, zu lernen, wie man bei der Durchführung einer routinemäßigen Serviceuntersuchung vorgeht. Dies macht etwa Teilfertigkeiten wie die Überprüfung der Bremsbeläge oder die Durchführung eines Abgastests notwendig. Charakteristisch für den 4C/ID-Ansatz ist die Zusammenfassung von Aufgaben zu so genannten „Aufgabenklassen", für deren erfolgreiche Bearbeitung jeweils der Einsatz einer bestimmten Anzahl gleichartiger Fertigkeiten notwendig ist. Die Aufgaben innerhalb einer Aufgabenklasse unterscheiden sich jedoch im Umfang instruktionaler Unterstützung. Während die erste Aufgabe innerhalb einer Aufgabenklasse den Lernenden das

Vorgehen erst einmal verdeutlichen soll, wird in den folgenden Aufgaben von den Lernenden zunehmend mehr Eigenaktivität gefordert. Beispielsweise könnte auf die Betrachtung eines Onlinevideos, in dem ein Experte die zu lernende Tätigkeit demonstriert und dabei Erklärungen abgibt, ein textbasiertes, teilweise ausgearbeitetes Beispiel, in dem die Lernenden zumindest einige Schritte selbst durchführen müssen, und schließlich eine offene Problemlöseaufgabe folgen, in der die Lernenden die Tätigkeit in einer VR-Umgebung simulieren müssen. *Unterstützende Informationen* als zweite Komponente des 4C/ID-Ansatzes bezeichnen alle Informationen, die höherwertige Problemlöse- und Denkprozesse in einer Domäne erleichtern. Diese Informationen sollen den Lernenden jederzeit zur Verfügung stehen, vor allem aber zu Beginn einer neuen Aufgabenklasse. Im genannten Beispiel kann der Lernende etwa eine Hypermedialernumgebung bearbeiten, die eine Animation enthält, in der die Funktionsweise einer Bremse dargestellt wird und die er nach Belieben unterbrechen und wiederholen kann. *Prozedurale Informationen* als dritte Komponente des 4C/ID-Ansatzes repräsentieren solche Informationen, die eine Voraussetzung dafür darstellen, Routineaspekte einer bestimmten Aufgabe durchführen zu können. Derartige Informationen werden den Lernenden am besten genau dann präsentiert, wenn sie benötigt werden („just-in-time-Informationen"). Im genannten Beispiel könnten prozedurale Informationen etwa in Form eines Quick Guides zu den einzelnen Bestandteilen einer Bremse innerhalb der genutzten Hypermedialernumgebung zugänglich gemacht werden. Die vierte Komponente des 4C/ID-Modells sieht vor, den Lernenden Gelegenheiten zur *Übung von Teilschritten* zu geben. Dabei handelt es sich um zusätzliche Möglichkeiten, Routineaspekte der Aufgabe losgelöst vom Aufgabenkontext zu üben. In Bezug auf das Beispiel könnte dem Lernenden etwa die Möglichkeit eröffnet werden, in einer Simulations-Umgebung wiederholt die Installation von Bremsbelägen zu üben und darauf Feedback von einem Tutor zu erhalten.

3.4 Goal-based Scenarios

Der Goal-based Scenarios (GBS)-Ansatz wurde Mitte der 1990er Jahre von Schank und seinen Kollegen (1993/1994) entwickelt. Beispiele zum Einsatz des GBS-Ansatzes bei Erwachsenen finden sich bei Bell, Bareiss und Beckwith (1993/1994) sowie bei Macpherson, Berman und Joseph (1996). Die Grundidee dieses Ansatzes ist, dass fruchtbares Lernen stets auf das Erreichen persönlich relevanter *Ziele* ausgerichtet ist. Erst wenn ein Ziel persönliche Relevanz für den Lernenden hat, ist zu erwarten, dass er sich in einem elaborierten Lernprozess engagiert und so Fertigkeiten erwirbt, die für die Bewältigung ähnlicher Probleme im Alltag notwendig sind. Ein Beispiel für ein persönlich relevantes Ziel eines erwachsenen Lernenden könnte etwa sein, sich mit einem kleinen Unternehmen selbständig zu machen, weswegen er ein Existenzgründungsseminar besucht. Aus dem GBS-Ansatz können eine Reihe von Gestaltungshinweisen für die Gestaltung dieses Seminars abgeleitet werden. Neben dem Ziel (Gründung eines kleinen Unternehmens) sollte das Seminar um eine so genannte *Mission* herum organisiert sein, die einen authentischen Auftrag darstellt, der für die Lernenden motivierend ist. Dieser könnte zum Beispiel im Rahmen eines Onlinevideos formuliert werden und lauten: „Entwickeln Sie ein wirtschaftlich tragfähiges Konzept für die Eröffnung einer Bäckerei in der Innenstadt". Zu den Zielen und der Mission tritt im GBS-Ansatz eine *Rahmenhandlung* hinzu, die dem Lernenden den narrativen Hintergrund liefert, vor dem er die Mission erfüllen soll. Diese Rahmenhandlung könnte etwa beinhalten, dass in der Innenstadt bereits mehrere Bäckereien vorhanden sind und dass der Vormieter eines Ladens in der Müllerstraße beim Versuch gescheitert ist, eine neue Bäckerei zu etablieren. Die Rahmenhandlung sollte dabei nach Schank u.a. (1993/1994) so gestaltet sein, dass sie dem Lernenden genügend Handlungsspielräume zu einer produktiven und kreativen Herangehensweise bietet. Weiterhin legt das GBS für den Lernenden eine *Rolle* fest (hier: Bäcker und Existenzgründer), die hinreichend komplex ist, dass ihre Ausübung gleichzeitig der Ausübung zahlreicher angezielter *Aktivitäten* dient. In dem genannten Beispiel könnten dies etwa das Aufstellen eines Businessplans, die Entwicklung eines Konzepts zur Kundenwerbung oder die Einstellung von Verkaufspersonal sein. Diese Aktivitäten könnten mithilfe einer Computersimulation durchgespielt und auf ihre Effekte hin analysiert werden. Damit die Ausübung dieser Aktivitäten erleichtert wird, soll der Lernende zudem Zugang zu reichhaltigen *Ressourcen* erhalten. Diese können sowohl von anderen Personen (etwa Coachs oder Tutoren, die entweder face-to-face oder computervermittelt über Chat, Videokonferenz etc. konsultiert werden können) oder auch aus technischen Quellen (zum Beispiel einem Hypertext mit Hinweisen zur Existenzgründung) bezogen werden. Schließlich sieht der GBS-Ansatz vor, dass die Lernenden immer wieder *Rückmeldung* zu ihrem eigenen Lernprozess erhalten sollen. Diese Rückmeldung kann entweder von anderen Personen (z.B. Tutoren) oder von technischen Medien (z.B. der Rückmeldung einer Computersimulation auf Eingaben des Lernenden) stammen.

3.5 Knowledge Building

Der Knowledge-Building-Ansatz wurde von Scardamalia, Bereiter und Kollegen (vgl. Hewitt/Scardamalia 1998; Scardamalia/Bereiter 2006) in Erweiterung traditioneller kognitionspsychologischer Ansätze des Wissens- und Kompetenzerwerbs entwickelt und basiert auf einer soziokulturell-situierten Sichtweise des Lernens. Diese kritisiert eine individuumszentrierte Auffassung von Wissen als „etwas, das im Kopf ist“ und operiert stattdessen mit einem kollektiven Wissensbegriff, demzufolge Wissen stets in Gemeinschaften (Communities of practice; Lave/Wenger 1991) durch Diskurs und in Auseinandersetzung mit physischen Artefakten konstruiert wird. Dies bringt auch eine von einem traditionellen Verständnis radikal unterschiedliche Auffassung des Bildungsbegriffs mit sich. Nicht der individuell-kompetitive Erwerb von Wissen steht im Vordergrund des Ansatzes, sondern der Erwerb von Kompetenzen zum „Knowledge Building“, die unterschiedlichsten Communities of Practice, in denen sich das Individuum bewegt, zu Gute kommen. Lernende sollen sich nach Scardamalia und Bereiter (2006) als Akteure in einem zivilisatorischen Streben nach Wissenserweiterung verstehen, und das Internet bietet vielfältige Möglichkeiten, diesen Prozess zu unterstützen. Mit CSILE (Computer-Supported Intentional Learning Environment) und dem Nachfolger KnowledgeForum (vgl. Scardamalia/Bereiter 2006) haben die Autoren selbst eine webbasierte Plattform mitentwickelt, die die beschriebenen Annahmen zu Lernen und Wissenserwerb in die Praxis umsetzen hilft. Auch wenn diese Plattform bislang vorwiegend in Schulen eingesetzt wird, ist eine Nutzung auch im Erwachsenenbildungskontext vorstellbar, insbesondere beim nicht-institutionalisierten Lernen am Arbeitsplatz außerhalb einer eigens entwickelten Erwachsenenbildungsmaßnahme. KnowledgeForum fungiert im Wesentlichen als riesiger Datenspeicher mit integrierter theoretisch fundierter Unterstützung für die gemeinsame Wissensbildung von größeren Gruppen. Dabei kann jedes Individuum jederzeit unterschiedlichste Inhalte wie Texte, Filme oder Graphiken erstellen und anderen zur Verfügung stellen. Außerdem erlaubt es KnowledgeForum, einander ähnliche Postings in einer Netzwerkdarstellung graphisch nah zueinander zu positionieren und per Ziehen von Verknüpfungen inhaltliche Berührungspunkte anzuzeigen. Auch können alle Beiträge jederzeit von anderen Usern kommentiert werden. Zur Unterstützung bei der Erstellung neuer Inhalte oder neuer Kommentare haben die Lernenden zudem die Möglichkeit, sich fakultativ mit Hilfe von Prompts unterstützen zu lassen (z.B. „Was mir bisher noch unklar ist…"). Im Kontext der Erwachsenenbildung könnte eine entsprechende Plattform zum Beispiel in einem großen Konzern zur Unterstützung des unternehmensinternen Wissensmanagements (vgl. Reinmann/Mandl 2004) eingesetzt werden. Im Unternehmen vorhandenes Wissen kann so für alle über Internet zugänglich gemacht und kontinuierlich erweitert werden, sodass auf dieses Wissen in neuen Projekten zurückgegriffen und auf ihm aufgebaut werden kann. Dies ist allerdings nur in dem Maße effektiv, in dem die innerorganisationale Konkurrenz zwischen einzelnen Mitarbeitern oder verschiedenen Abteilungen reduziert werden kann (vgl. Cress/Kimmerle 2007). Dabei kommt es auf die Entwicklung von Wissensmanagementleitlinien an, die ein Teilen von Wissen honorieren und so den Informationsfluss innerhalb des Unternehmens erhöhen, sodass die Grenzen zwischen formellem und informellem Lernen zunehmend verschwimmen und ein permanentes Engagement in bedeutsamen Lernprozessen zur Normalität wird.

4 Fazit

Das Lernen im Erwachsenenalter unterscheidet sich in einer Vielzahl von Aspekten vom Lernen im Kindes- und Jugendalter. Im Erwachsenenalter spielen Problemorientierung, Kooperation und Selbststeuerung eine entscheidende Rolle, während Bildungsprozesse im Kindes- und Jugendalter häufig durch ein höheres Ausmaß an Fremdsteuerung und individuumszentrierten Lernformen geprägt sind (vgl. Gruber/Harteis 2008). Dennoch bedeutet Lernen aus kognitionspsychologischer Sicht in jeder Lebensphase letztlich v.a. die Veränderung kognitiver Strukturen im Langzeitgedächtnis des Individuums. Die Kenntnis über die Natur kognitiver und metakognitiver Prozesse ist also eine notwendige Voraussetzung für die didaktische Gestaltung von Lehr-Lernprozessen, auch im Erwachsenenalter. Mit den vorgestellten Lehr-Lernansätzen wurden in diesem Kapitel didaktische Möglichkeiten präsentiert, die auf Erkenntnissen der Kognitionspsychologie beruhen und die wissenschaftlich begründete Vorschläge zur Gestaltung von Weiterbildungsmaßnahmen machen. Von zentraler Bedeutung bleibt jedoch die didaktische Kompetenz des Lehrenden, der die beschriebenen Ansätze flexibel umsetzen und auf die vorfindbaren Rahmenbedingungen abstimmen können muss. Dies schließt explizit auch informelle Lernszenarien mit ein, da immer wieder gezeigt worden ist, dass gerade spontan ablaufende Lernprozesse häufig suboptimal sind (vgl. Kirschner/Sweller/Clark 2006). Lehrende sind somit gerade auch in solchen Situationen gefordert, Lernprozesse angemessen zu unterstützen und so zu einer hohen Qualität von Lernprozessen beizutragen. Dabei geht es nicht etwa darum, einzelne der genannten Lehr-Lern-Ansätze in toto umzusetzen, sondern vielmehr einzelne aus unterschiedlichen Ansätzen ableitbare didaktische Strategien und Methoden unter Wahl geeigneter Medien so miteinander zu kombinieren, dass der individuelle Wissens- und Kompetenzerwerb optimal gefördert wird. Zur Professionalisierung Lehrender im Bereich der Erwachsenenbildung/Weiterbildung (vgl. Gieseke in diesem Buch; Kraft in diesem Buch) werden also dringend neue Ansätze benötigt, die Lehrende auch bei der Auswahl und bei der Nutzung geeigneter Medien unterstützen (vgl. Lawless/Pellegrino 2007). Dass derartige Medien ein großes Potenzial zur Umsetzung innovativer Lehr-Lernansätze in der Erwachsenenbildung besitzen, ist im vorliegenden Beitrag gezeigt worden. Während Hyper- und Cybermedien vor allem Möglichkeiten zur Selbststeuerung und Erfahrungserweiterung in individuellen Lernsituationen bieten, ermöglichen Kooperations- und Kommunikationsmedien wie Newsgroups, Diskussionsforen, Blogs, Wikis und Onlinecommunities bedeutsame kollektive Wissenskonstruktionsprozesse. Während auf der einen Seite also durch den Ruf nach Möglichkeiten zur Anpassung von Lernumgebungen an individuelle Bedürfnisse (vgl. Leutner 2002) eine stärkere Individualisierung des Lernens angemahnt wird, werden auf der anderen Seite die Möglichkeiten neuer Medien zur Unterstützung sozialer Wissensbildungsmechanismen hervorgehoben. Die gleichzeitige Betonung der Wichtigkeit individueller und sozialer Wissenskonstruktionsprozesse lässt individuumsbezogene Wissenserwerbsmodelle ebenso aktuell erscheinen wie Modelle der gemeinsamen Wissenskonstruktion (vgl. Fischer 2002). Mehrere der hier dargestellten Lehr-Lernansätze berücksichtigen diese beiden Gruppen von Modellen explizit. In ihrer Berücksichtigung und Nutzung bei der Gestaltung von Lernumgebungen für erwachsene Lernende liegt ein hohes und bislang zu wenig realisiertes Potenzial.

Literatur

Azevedo, R./Cromley, J./Winters, F.I./Moos, D.C./Greene, J.A. (2005): Adaptive human scaffolding facilitates students' self-regulated learning with hypermedia. In: Instructional Science 33. S. 381-412.

Bannert, M. (2005): Designing metacognitive support for hypermedia learning. In: Okamoto, T./Albert, T./Honda, T./Hesse, F.W. (Hrsg.): The 2nd Joint Workshop of Cognition and Learning through Media-Communication for Advanced e-Learning. Sophia University/Tokyo/Japan:o.V., S. 11-16.

Barrows, H.S. (1985): How to design a problem-based curriculum for the preclinical years. New York, NY: Springer.

Bell, B./Bareiss, R./Beckwith, R. (1993/1994): Sickle Cell Counselor: A prototype goal-based scenario for instruction in a museum environment. In: The Journal of the Learning Sciences 3, H. 4, S. 347-386.

Bold, M. (2005): Use of Wikis in graduate course work. In: Journal of Interactive Learning Research 17, H. 1, S. 5-14.

Chen, C./Rada, R. (1996): Interacting with hypertext: a meta-analysis of experimental studies. In: Human Computer Interaction 11. S. 126-156.

Clark, R.E. (1994): Media will never influence learning. In: Educational Technology Research and Development 42, H. 2, S. 21-29.

Collins, A./Brown, J.S./Newman, S.E. (1989): Cognitive apprenticeship: Teaching the crafts of reading, writing and mathematics. In: Resnick, L.B. (Hrsg.): Knowing, learning and instruction: Essays in honor of Robert Glaser. Hillsdale/NJ: Erlbaum, S. 453-494.

Cress, U./Kimmerle, J. (2007): Guidelines, feedback and co-operation: The impact of behavioral anchors and social norms in the information-exchange dilemma. In: Group Dynamics: Theory , Research, and Practice 11. S. 42-53.

Dillon, A./Gabbard, R. (1998): Hypermedia as an educational technology. A review of the quantitative research literature on learner comprehension, control, and style. In: Review of Educational Research 68. Jahrgang, H. 3, S. 322-349.

Dochy, F./Segers, M./van den Bossche, P./Gijbels, D. (2003): Effects of problem-based learning: a meta-analysis. In: Learning and Instruction 13. S. 533-568.

Döring, K. W./Ziep, K.-D. (1989): Mediendidaktik in der Weiterbildung. Weinheim: Deutscher Studien Verlag.

Ertl, B./Kopp, B./Mandl, H. (2006): Supporting collaborative learning in videoconferencing using collaboration scripts and content schemes. In: Fischer, F./Kollar, I./Mandl, H./Haake, J.M. (Hrsg.): Scripting Computer-Supported Collaborative Learning – cognitive, computational and educational perspectives. New York, NY: Springer, S. 213-236.

e-teaching.org (2008): Verfügbar unter: http://www.e-teaching.org (23.5.2008).

Fischer, F. (2002): Gemeinsame Wissenskonstruktion – theoretische und methodologische Aspekte. In: Psychologische Rundschau 53, H. 3, S. 119-134.

Fischer, F./Mandl, H. (2005): Knowledge convergence in computer-supported collaborative learning: the role of external representation tools. In: The Journal of the Learning Sciences 5, H. 2, S. 405-441.
Gräsel, C. (1997): Problemorientiertes Lernen. Strategieanwendung und Gestaltungsmöglichkeiten. Göttingen: Hogrefe.
Gruber, H./Harteis, C. (2008): Lernen und Lehren im Erwachsenenalter. In: Renkl, A. (Hrsg.): Lehrbuch Pädagogische Psychologie. Bern: Huber, S. 205-262.
Hesse, F.W./Garsoffky, B./Hron, A. (2002): Netzbasiertes kooperatives Lernen. In: Issing, L.J./Klimsa, P. (Hrsg.): Informationen und Lernen mit Multimedia und Internet. Weinheim: Beltz PVU, S. 282-299.
Hewitt, J./Scardamalia, M. (1998): Design principles for the support of distributed processes. In: Educational Psychology Review 10, H. 1, S. 75-96.
Hmelo-Silver, C.E. (2004): Problem-based learning: what and how do students learn? In: Educational Psychology Review 16, H. 3, S. 235-266.
Kirschner, P.A./Sweller, J./Clark, R.E. (2006): Why minimal guidance during instruction does not work: an analysis of the failure of constructivist, discovery, problem-based, experiential, and inquiry-based teaching. In: Educational Psychologist 41, H. 2, S. 75-86.
Kozma, R. (1994): Will media influence learning; Reframing the debate. In: Educational Technology Research and Development 42, H. 2, S. 7-19.
Kulcsár, Z./Aboulafia, A./Hall, T./Sabova, D./Shorten, G. (2007): A qualitative approach to defining learning determinants of spinal anaesthesia. *Euroanaesthesia (ESA)*, Third Annual Meeting of the European Society of Anaesthesiology. Munich: Germany, 9-12 June 2007.
Lave, J./Wenger, E. (1991): Situated learning: legitimate peripheral participation. New York, NY: Cambridge University Press.
Lawless, K.A./Pellegrino, J.W. (2007): Professional development in integrating technology into teaching and learning: knowns, unknowns, and ways to pursue better questions and answers. In: Review of Educational Research 77. S. 575-614.
Leutner, D. (2002): Adaptivität und Adaptierbarkeit multimedialer Lehr- und Informationssysteme. In: Issing, L.J./Klimsa, P. (Hrsg.): Information und Lernen mit Multimedia. Weinheim: Beltz, S. 115-125.
MacPherson, K./Berman, T./Joseph, D. (1996): Cases to Courses: Mentored Case-Based Training Courses. In: Edelson, D.C./Domeshek, E.A. (Hrsg..): Proceedings of the International Conference on the Learning Sciences 1996. Association for the Advancement of Computing in Education, S. 211-218.
Mandl, H./Kopp, B. (2006): Blended Learning: Forschungsfragen und Perspektiven (Forschungsbericht 182). München: Ludwig-Maximilians-Universität, Department Psychologie, Institut für Pädagogische Psychologie.
Massachusetts Institute of Technology (2008): MIT Open Courseware. Verfügbar unter: http://ocw.mit.edu (23.5.2008)
Nückles, M./Ertelt, A./Wittwer, J./Renkl, A. (2006): Scripting laypersons' problem descriptions in internet-based communication with experts. In: Fischer, F./Kollar, I./Mandl, H./Haake, J. M. (Hrsg.): Scripting Computer-Supported Collaborative Learning – cognitive, computational and educational perspectives. New York, NY: Springer, S. 73-89.
O'Connaill, B./Whittaker, S./Wilbur, S. (1993): Conversations over video conferences: An evaluation of the spoken aspects of video-mediated communication. In: Human Computer Interaction 8, H. 4, S. 389-428.
O'Donnell, A.M./Dansereau, D.F. (1992): Scripted Cooperation in student dyads: A method for analyzing and enhancing academic learning and performance. In: Hertz-Lazarowitz, R./Miller, N. (Hrsg.): Interaction in cooperative groups: The theoretical anatomy of group learning. New York: Cambridge University Press, S. 120-141.
Pfister, H.-R./Mühlpfordt, M./Müller, W. (2003): Lernprotokollunterstütztes Lernen – ein Vergleich zwischen unstrukturiertem und systemkontrolliertem diskursivem Lernen im Netz. In: Zeitschrift für Psychologie 211, H. 2, S. 98-109.
Pieschl, S./Stahl, E./Bromme, R. (2008): Epistemological beliefs and self-regulated learning with hypertext. In: Metacognition and Learning 3, H. 1, S. 17-37.
Reinmann, G./Mandl, H. (Hrsg.) (2004): Psychologie des Wissensmanagements. Göttingen: Hogrefe.
Rummel, N.,/Spada, H. (2005): Learning to collaborate: An instructional approach to promoting collaborative problem-solving in computer-mediated settings. In: The Journal of the Learning Sciences 14, H. 2, S. 201-241.
Runde, A./Bromme, R./Jucks, R. (2006): Scripting in net-based medical consultation: the impact of external representations on giving advice and explanations. In: Fischer, F./Kollar, I./Mandl, H./Haake, J.M. (Hrsg.): Scripting Computer-Supported Collaborative Learning – cognitive, computational and educational perspectives. New York, NY: Springer, S. 57-72.
Scardamalia, M./Bereiter, C. (2006): Knowledge building: theory, pedagogy, and technology. In: Sawyer, R. K. (Hrsg.): The Cambridge handbook of the Learning Sciences. Cambridge, NY: Cambridge University Press, S. 97-118.

Schank, R. C./Fano, A./Bell, B./Jona, M. (1993/1994): The design of goal-based scenarios. In: The Journal of the Learning Sciences 3, H. 4, S. 305-345.

Schwan, S./Buder, J. (2002): Lernen und Wissenserwerb in Virtuellen Realitäten. In Bente, G. (Hrsg.): Digitale Welten. Virtuelle Realität als Gegenstand und Methode der Psychologie. Göttingen: Hogrefe, S. 109-132.

Sesink, W./Geraskov, D./Göller, S./Rüsse, W./Trebing. T. (2004): Transformation einer Vorlesung durch E-Learning-Elemente. In: MedienPädagogik 2. S. 1-26.

Siebert, H. (2003): Didaktisches Handeln in der Erwachsenenbildung. Didaktik aus konstruktivistischer Sicht. München: Luchterhand.

van Merriënboer, J.J.G./Kirschner, P.A. (2007): Ten steps to complex learning: a systematic approach to Four-Components Instructional Design. Mahwah, NJ: Lawrence Erlbaum Associates.

Weinberger, A./Ertl, B./Fischer, F./Mandl, H. (2005): Epistemic and social scripts in computer-supported collaborative learning. In: Instructional Science 33, H. 1, S. 1-30.

Wessels, A./Fries, S./Horz, H./Scheele, N./Effelsberg, W. (2007): Interactive lectures: Effective teaching and learning in lectures using wireless networks. In: Computers in Human Behavior 23. S. 2524-2537.

Winkler, K. (2004): Wissensmanagementprozesse in face-to-face und virtuellen Communities. Kennzeichen, Gestaltungsprinzipien und Erfolgsfaktoren. Berlin: Logos.

Matthias Wesseler

Evaluation und Evaluationsforschung

Evaluation ist viel mehr als Erfolgskontrolle.

Evaluieren bedeutet entdecken, den verborgenen Wert eines Programms, einer Methode oder eines Lernergebnisses wahrnehmen.

Evaluieren bedeutet auch benennen, aus der Vielzahl möglicher Variablen dem Wesentlichen einen Namen geben.

Evaluation macht einen Wert sichtbar und gibt einem Wert Wirksamkeit. Evaluation beschreibt Qualität, erschafft Qualität und vermag sie zu legitimieren. Evaluieren heißt registrieren und konstruieren: „Program evaluation is a process by which society learns about itself" (Cronbach u.a. 1980, S. 2).

Auch im Bereich von Evaluation und Evaluationsforschung ist in den letzten 10 Jahren viel geschehen: Es gab – und gibt – große Diskussionen zwischen ‚kritischen Wissenschaftlern' und ‚naiven Pragmatikern', zwischen Vertretern positivistischer und konstruktivistischer Zugänge, zwischen der wachsenden Komplexität der Erwachsenenbildung und der Notwendigkeit, in der Praxis der Evaluation einen klaren Fokus zu bilden. Es gibt die kritische Sorge der „Untersuchungsobjekte", durch Evaluationen für undurchsichtige Interessen manipuliert zu werden, und es gibt Vermutungen, dass Widerstände gegen Evaluation vor allem eigene Unfähigkeiten oder Ängste vor Veränderung verschleiern sollen.

Und doch wird eine generelle Tendenz immer sichtbarer: Evaluation wird nicht mehr als eine lästige Aufgabe, als zusätzliche Belastung der ‚eigentlichen' Arbeit oder bestenfalls als eine notwendige Herausforderung gesehen, wie noch vor einem Jahrzehnt. Evaluation ist heute für viele engagierte Kolleginnen und Kollegen zu einem neuen Potenzial geworden. Evaluation ist zu einer entscheidenden Quelle von Informationen geworden, die Qualität sichern und verbessern können. Auf dem Weg in die „Wissensgesellschaften" (vgl. UNESCO 2005) bekommen Informationen über Qualität entscheidende Bedeutung: Sie werden zur strategischen Ressource für weitere innovative Entwicklungen.

Natürlich gibt es immer noch ziemlich schlecht gemachte Evaluationen. Es gibt auch – immer noch – Versuche, Evaluationen zu missbrauchen, um Macht auszuüben, um verborgene Interessen, wie z.B. Mittelkürzungen oder Entlassungen unliebsamer ReferentInnen, angeblich auf der Basis von ‚objektiven Daten', rechtfertigen zu können. Dennoch wird die zentrale Leistung von Evaluation heute nicht mehr darin gesehen, Qualität zu beobachten und zu messen, sondern vor allem darin, Qualität zu fördern.

Ohne Zweifel verdient die Kritik an Evaluation Aufmerksamkeit, wie z.B. der Vorwurf, es handele sich auf der Systemebene um eine „listige Strategie zur Umverteilung von Verantwortlichkeiten im Bildungsbereich" (Künzel 1999). Der Kern dieses Beitrages konzentriert sich jedoch vor allem darauf, Evaluation in ihrem Potenzial, Qualität zu fördern, noch sichtbarer werden zu lassen. Dazu gehören auch das schwierige Feld von Vergleichen, z.B. zwischen einzelnen Lehrenden oder zwischen Programmen, und – nicht zuletzt – die für viele von uns in der Erwachsenenbildung oft unangemessen erscheinenden Herausforderungen des Wettbewerbs. Das eigentliche Potenzial von Evaluationen liegt nicht in den Standards der Vergleichbarkeit, so notwendig sie mit dazu gehören, sondern in dem Engagement für das je eigene Profil. Die eigenständige ‚Kultur' und die Identität eines Programms, einer Institution, aber auch eines Teams – oder insbesondere auch einer Person – sichtbar zu machen und mit ihren Entwicklungschancen überzeugend darzustellen, darauf konzentriert sich die Kernleistung konstruktiver Evaluation. Und deshalb wird sie zu einem produktiven Medium, durch das wir lernen können. Evaluation wird zu einer Quelle, aus der wir Potenzial für weitere Entwicklung schöpfen.

1 Das weite Feld der Evaluation

Jedes Jahr erscheinen noch immer zahlreiche Werke, die die Komplexität der internationalen Evaluationsdiskussion weiter ausdifferenzieren: Der naive Glaube an die wissenschaftliche Macht von Evaluierungen weicht einer aufgeklärten Bescheidenheit. Hinzu kommen die jüngsten neurophysiologischen Forschungen über die ungeheure Komplexität von individuellen Lernprozessen und die überraschenden Einsichten über die Lernleistungen von Teams, von Programmen und von ganzen Organisationen, die so lange außerhalb der wissenschaftlichen Aufmerksamkeit lagen. Auch dadurch erhalten Evaluation und Evaluationsforschung neue Bedeutung.

1.1 Viele Generationen

Sieht man von den frühen Tests zur Messung von Lernleistungen im späten 19. Jahrhundert und von den experimentellen Untersuchungen insbesondere in den 1930er Jahren des vergangenen Jahrhunderts (vgl. Kurt Lewin) ab, beginnt die Geschichte der Evaluation im engeren Sinne nach dem Zweiten Weltkrieg. Guba und Lincoln (1989) unterscheiden vier Generationen: In der ersten Generation werden Kosten und Nutzen eines Programms aufeinander bezogen (cost-benefit analysis); aus dem jeweiligen Verhältnis wird auf die Qualität und den Wert der Arbeit geschlossen. Für den Bildungsbereich erwies sich jedoch bald, dass der ‚Nutzen' zum einen oftmals kaum ökonomisch exakt erfasst werden konnte und zum anderen keineswegs nur von den Kosten eines Programms abhängig war. Es entwickelte sich daher in den späten sechziger Jahren eine zweite Generation von Evaluierungen, in denen – neben ‚input' und ‚output' – der bislang vernachlässigte Lehr-/Lernprozess in den Mittelpunkt gerückt wurde. Die Qualität des Prozesses wurde zum entscheidenden Indikator für die Qualität eines Programms. Diese Differenzierung führte zu verstärkten Bemühungen, nicht nur die Ergebnisse, sondern auch die Qualität des Lehr/Lernprozesses zuverlässig – und das hieß damals möglichst auch quantitativ – zu erfassen. Die dritte Generation von Evaluierungen konzentrierte deshalb ihre Aufmerksamkeit auf die Entwicklung und Anwendung von zuverlässigen Methoden und Instrumenten. Dies führte vielfach dazu, dass eine Fülle quantitativer Daten erhoben wurde, deren Bedeutung für die Bewertung eines Programms nicht mehr hinreichend gültig und plausibel war. Damit geriet Evaluation in den achtziger Jahren vorübergehend an den Rand von Bedeutungslosigkeit. Eine vierte Generation bemühte sich deshalb verstärkt, die praktischen Wirkungen von Evaluierungen auf die Programmsteuerung wieder in den Vordergrund zu rücken.

Übersicht 1: Vier „frühe“ Generationen von Evaluierungen (Guba/Lincoln 1989)

	Zugang der Evaluierung	Kriterium
1. Generation	Kosten-Nutzen-Analyse	Ökonomische Effizienz
2. Generation	Prozess-Orientierung	Validität der Bewertung
3. Generation	Methoden-Orientierung	Zuverlässigkeit der Verfahren
4. Generation	Wirkungs-Orientierung	Überzeugungskraft der Ergebnisse

Vor 10 Jahren bildete sich eine weitere Generation von Evaluierungen heraus, deren Gültigkeit und Zuverlässigkeit sich an den Interessen der Beteiligten (‚stake holder approach‘) orientierten. Es ging nicht mehr um das abstrakte Ideal einer objektiven Bewertung, sondern um eine neue Balance zwischen der Notwendigkeit, zu klaren Entscheidungen beizutragen, und dem Bemühen um ein tieferes Verständnis der komplexeren Qualitäten eines Programms. Deshalb wurde vielfach auch von Evaluationsforschung gesprochen, um die Distanz zu einem primär entscheidungsorientierten Evaluationsbegriff (Management-Instrument) deutlich zu machen. Heute haben Evaluierungen nicht nur einen neuen ‚Sinn‘ als zentrale Informationsquelle für die Förderung von Qualität bekommen, sie haben auch den Fokus ihrer Aufmerksamkeit weiter entfaltet. In der UN Dekade „Bildung für nachhaltige Entwicklung“ (2005 – 2014) konzentrieren sich auch Evaluationen vielfach auf die Ergebnisse, Resultate und nachhaltigen Wirkungen eines Programms oder eines bestimmten Lehr-Verhaltens und nicht mehr so sehr auf die Erfassung von Input- oder Prozess-Variablen, wie z.B. die Zahl von Lehr-/Lerneinheiten, die Qualität von Lehrmaterialien oder den Grad momentaner Zufriedenheit der Lernenden.

Mitunter tendieren Evaluationen dazu, mit ihren Verfahren und Instrumenten Gültigkeit jenseits aller Zweifel einzufordern. Dann kann es hilfreich sein, nicht zu vergessen, dass auch Evaluationen eine wechselvolle Geschichte und einen Kontext haben. Sie haben sich in ihren Konzeptionen, Verfahren und Instrumentarien entwickelt – und werden sich weiter entwickeln. Es gibt immer ein Davor, ein Danach und oft genug auch ein Daneben.

1.2 Einige Definitionen

Bis heute gibt es in der wissenschaftlichen Diskussion keine präzise Definition von Evaluation, die allgemeine Zustimmung gefunden hätte. Seit Langem hat es den Anschein, dass es so viele Definitionen wie Evaluatoren gibt (vgl. Wottawa/Thierau 1998, S. 9)

In der nordamerikanischen Literatur, die die Entwicklungen in Deutschland entscheidend beeinflusst hat, sind u.a. die folgenden Definitionen breiter diskutiert worden:

> „Educational evaluation is the process of delineating, obtaining, and providing useful information for judging decision alternatives“ (Stufflebeam u.a. 1971, S. 43);
>
> „Evaluation als „a judgement of value, worth and impact“ (Scriven 1974, S. 4);
>
> „Evaluation als „systematic examination of events occurring in and consequent on a contemporary program“ (Cronbach u.a. 1980, S. 14);
>
> „Evaluation research is the systematic application of social research procedures for assessing the conceptualization, design, implementation, and utility of social intervention programs“ (Rossi/Freeman 1989, S. 18).

In Deutschland liegt der Akzent oft anders:
„Evaluation sollen alle jene Handlungen heißen, die dazu dienen, den Grad der Reflexivität von oder in Lernsituationen zu erhöhen“ (Gerl/Pehl 1983, S. 19). Die Polarität zwischen Evaluation als „Steuerungsmittel“ und Evaluation als „Forschungsaufgabe“ (Tietgens u.a. 1986, S. 5f.) bestimmt jedoch auch hier die Debatte. Es gibt kein allgemein anerkanntes oder gar verbindliches Paradigma. Es gibt keinen Konsens über die spezifische Qualität von Evaluierungen, der über die generelle Zustimmung zu den Kriterien der Gültigkeit (Validität) und Zuverlässigkeit (Reliabilität), mitunter auch dem – in konstrukivistischen Zusammenhängen zweifelhaften – Kriterium der Objektivität hinausginge, wie sie für jede Form empirischer Sozialforschung anerkannt worden sind. Schon 1980 galt:

> „Evaluation – more than any science – is what people say it is, and people currently are saying it is many different things“ (Glass/Ellett 1980, S. 211).

Diese Offenheit der Begriffe und Verfahren trägt mitunter dazu bei, dass Evaluation und Evaluationsforschung als generell fragwürdig angesehen werden. Es ist jedoch wesentlich zu sehen, dass sich gerade in dieser Offenheit die Pluralität gesellschaftlicher Wertungen widerspiegelt und dass die Vielfalt von Evaluationsansätzen den – politisch-demokratisch notwendigen – Raum lässt, Ergebnisse von Evaluierungen zu ‚verhandeln‘. Es gibt heute nicht mehr den absoluten Wert eines Programms; der Glaube an die objektive Wahrheit von Qualität ist in der globalen Gesellschaft tief erschüttert worden. Dies bedeutet jedoch nicht einen Umschlag in ebenso absolute Indifferenz (‚anything goes‘): Evaluierungen bemühen sich um die Einschätzung des Wertes von Programmen und deren Leistungen in einem gegebenen historischen, sozio-kulturellen und ökonomisch-politischen Kontext. Genau darin liegt eine wesentliche Bedeutung aufgeklärter Evaluation, nämlich in der oftmals beobachtbaren ‚Ratlosigkeit‘ des Lehr-Lernalltags tragfähige Orientierungen anzubieten: „Sensibilisierung durch Evaluation“ (Tietgens u.a. 1986, S. 24).

In diesem Zusammenhang ist auch auf den neueren Diskurs zur Qualitätsfrage zu verweisen. Es entwickelt sich in den Netzwerken der großen internationalen Evaluations- und Akkreditierungsgesellschaften (z.B. European Evaluation Society – EES; International Network for Quality Assurance Agencies in Higher Education – INQAAHE; etc.) ein Konsens, dass es zumindest zwei Arten von Qualität gibt: Vertikale Qualität, d.h. jene Qualität, die mit gemeinsam und für alle verbindlich vereinbarten Standards und Methoden wie ‚benchmarking‘ erfasst werden kann und deren Ergebnisse sich vielfach in Vergleichen oder Rankings niederschlagen können, und – auf der anderen Seite – horizontale Qualität; dabei geht es um das je spezifische Profil einer Dozentin, eines Programms oder einer Bildungsinstitution, d.h. um die nur schwer vergleichbare, mitunter sogar kaum bewusste, aber nicht minder wichtige Dimension der ‚Identität‘. Die Aufgabe von Evaluationen ist dementsprechend, eine gute Balance zu finden zwischen diesen beiden Dimensionen, der eher messenden vertikalen, vergleichenden und der eher entdeckenden, horizontalen identitätsfördernden Aufgabe.

Eine sehr pragmatische Unterscheidung wird vielfach zwischen „formativen“ und „summativen“ Evaluierungen getroffen, d.h. zwischen Evaluierungen, die „formativ“ während des Ablaufs eines Programms durchführt werden und „formenden“ Einfluss nehmen können auf dessen Qualität, und – andererseits – Evaluierungen, welche die „Summe“ eines Porgramms bewerten. Das berühmte Beispiel dafür ist der Koch, der die Suppe kostet („formativ“) und noch nachsalzen kann, im Unterschied zum Gast, der sie – „summativ" – kostet und abschließend bewertet.

1.3 Funktionen

Evaluationen können vielfältige Aufgaben haben: Sie können durchgeführt werden, um unter einer Reihe konkurrierender Programme das beste herauszufinden, um eine bessere Feinsteuerung eines schon laufenden Programms zu erreichen, um Untergebene zum Gehorsam anzuhalten, um nachzuweisen, dass ein Projekt sein Geld wert ist, um Unterstützung für eine Innovation zu bekommen, um den Argwohn gegen die Politik der Gegenseite zu verstärken etc.. In der Regel wird dies alles zu drei übergreifenden Funktionen zusammengefasst. Evaluationen können dienen zur:

- Rechtfertigung/Legitimierung;
- Verbesserung/Optimierung;
- Überwachung/Kontrolle.

In der Praxis sind diese Funktionen oft nicht wirklich präzise voneinander getrennt. Häufig ist eine exakte Differenzierung auch gar nicht möglich, wenn z.B. ein ‚stake holder' Ansatz verfolgt wird, d.h. eine Evaluation, die für Lernende, Lehrende, Vertreter der Institution und des ‚Marktes' gleichermaßen informativ sein soll. Es gibt eine Dimension, die allen drei genannten Funktionen gemeinsam ist: Im Kern tragen Evaluationen dazu bei, etwas Neues sichtbar zu machen, d.h. Lernen zu fördern und damit ein verborgenes Wissen, ein „tacit knowledge" (vgl. Nonaka/Takeuchi 1995), explizit und wirksam zu machen.

1.4 Gegenstände

Zu der Frage nach den wesentlichen Gegenständen von Evaluation hat sich ein allgemeiner Konsens zu der Einteilung von Stufflebeam (1971) herausgebildet, die von Windham (1988) noch weiter differenziert wurde:

Übersicht 2: Gegenstände von Evaluation (Stufflebeam/Windham)

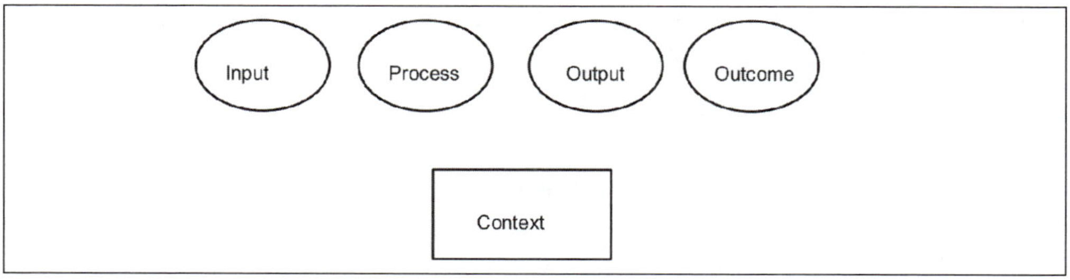

Zum Kontext eines Programms zählen z.B. die sozialen, kulturellen und ökonomischen Rahmenbedingungen, die „Kulturen" der beteiligten Institutionen, das politische Klima etc..

Beim „Input“ werden nicht nur materielle und finanzielle Ressourcen evaluiert; es werden z.B. auch die Eingangsqualifikationen der Programmteilnehmer, die Kompetenzen der Lehrenden, die übergreifenden Zielvorgaben und Planungsverfahren, die vorgegebenen curricularen Elemente etc. erfasst.

Zum Prozess eines Programms werden die didaktischen Medien, die Methoden und Arbeitsformen, die Informations- und Kommunikationsstrukturen, die sich herausbildenden Beziehungen zwischen den Beteiligten (Lehrenden – Lernenden), mögliche Interventionen von außen etc. gezählt.

Die Ergebnisse (output) umfassen alle kurzfristig beobachtbaren Resultate, unabhängig davon, ob sie als Ziele beabsichtigt waren oder sich unbeabsichtigt, evtl. sogar im Widerspruch zu den manifesten Zielvorgaben ergeben haben; dabei geht es nicht allein um die unmittelbaren Lernresultate der Programmteilnehmer, sondern auch um evtl. institutionspolitische Ergebnisse oder um Einstellungsveränderungen bei den Lehrenden.

Die Wirkungen (outcome oder impact) schließlich beziehen sich auf längerfristige Folgen der Ergebnisse, z.B. auf die tatsächliche Anwendung des Gelernten, auf die Karriere oder das Einkommen der Lernenden (tracer studies) bzw. auf soziale oder kulturelle, evtl. auch politische Auswirkungen eines Programms. Den beiden letztgenannten ‚Gegenständen‘ von Evaluation kommt heute eine besondere Aufmerksamkeit zu, nicht zuletzt weil auch den ökonomischen Wirkungen eines Programms vielfach wachsendes Gewicht zukommt.

Bei der Beschreibung der Gegenstände von Evaluation und Evaluationsforschung im Bildungsbereich muss jenseits der oben skizzierten Merkmale eines Programms noch eine zweite wesentliche Ebene gegenwärtig gehalten werden: Die Beziehungen der einzelnen Merkmale untereinander. Inwiefern verhindert oder unterstützt z.B. ein spezifisches didaktisches Vorgehen die spätere nachhaltige Anwendung des Gelernten? Oder: Wie homogen müssen die Eingangsqualifikationen der Lernenden sein, um ein bestimmtes Lernziel in der gegebenen Zeit erreichen zu können?

Diese – und ähnliche – Fragen machen deutlich, dass noch eine weitere entscheidende Dimension hinzukommt: Die Zuordnung von Werten. Der Erfassung (Messung) eines spezifischen Programm-Merkmals folgt die Erfassung oder Beschreibung seiner Beziehungen bzw. Abhängigkeiten und Interaktionen mit anderen Merkmalen, deren Qualität dann in einer Evaluation zu bewerten ist. In der Regel werden dafür zwei Kriterien herangezogen:

- Effektivität: Beitrag eines Merkmals zum Grad der Zielerreichung;
- Effizienz: Erfassung des (ökonomischen) Aufwandes, der mit einem Merkmal verbunden ist, in Bezug auf den Grad der Zielerreichung.

Mitunter finden sich auch Begriffe wie Relevanz, Signifikanz oder Angemessenheit, denen jeweils unterschiedliche Bedeutungen zugeordnet werden. Eine gewisse Diffusität im Prozess der Bewertung ist – wie bereits oben angedeutet – keineswegs nur negativ zu sehen, denn sie beurteilt einerseits, eröffnet aber andererseits auch die Möglichkeit zu Dialog und Verhandlung über das Urteil.

Im Kontext der „pragmatischen Wende“ werden die klassischen o.g. Gegenstände oft modifiziert, so dass sich der Schwerpunkt einer Evaluation häufig auf Vergleichbarkeit von Programmdaten oder auf Generalisierbarkeit von Evaluationsergebnissen richtet.

Die Entscheidungsorientierung einer Evaluation wird dadurch noch stärker betont. Eine Akzentuierung erfährt dieser Ansatz durch die – immer mehr zunehmenden – Versuche, die aus der Industrie kommenden Standards und Verfahren wie z.B. TQM, ISO oder EFQM auch auf Bildungsprogramme und -institutionen anzuwenden und sie für Akkreditierungen zu verwenden.

Die bisher erwähnten ‚Gegenstände' von Evaluationen sind zudem in ihrer je spezifischen Auswahl abhängig von der gewählten Evaluationsebene. Hier wird häufig unterschieden zwischen Evaluation von Personen (Fähigkeiten, Verhalten, Leistungen etc.), Programmen, Institutionen und dem übergeordneten ‚System'. Die Evaluation jeder dieser Handlungsebenen erfordert besondere Zugänge, Verfahren und Instrumente. Der Fokus dieses Beitrages liegt auf der Evaluation von Programmen der Erwachsenen- oder Weiterbildung. Hier liegen in der Regel die größten Potenziale; aber häufig können in diesem Bereich auch die unglücklichsten Fehler begangen werden.

2 Evaluation in der Weiterbildung/Erwachsenenbildung

Im „Handbuch der Erwachsenenbildung" (vgl. Pöggeler 1974-1981) findet sich das Schlagwort ‚Evaluation' nicht im Sachregister des betreffenden Bandes (Band 2, 1974). Dort dominiert der Begriff der ‚Kontrolle'. Heute gibt es im Kontext von Weiterbildung und Erwachsenenbildung zu Fragen der Evaluation eine sehr lebhafte Debatte. Im Umfeld der UNESCO hatte sich Evaluation schon vor 10 Jahren als Planungs- und Steuerungsinstrument auf nahezu allen Ebenen durchgesetzt: „Evaluation is what policy makers, planners, development workers, educators and communicators, today, swear by" (Bhola 1988, S. 152). Auch in Deutschland hat sich inzwischen eine klare Tendenz zur Professionalisierung von Evaluationen mit eigenen Verbänden, Ausbildungsangeboten, Netzwerken und Publikationsorganen entwickelt (siehe die Internetseiten von degeval; evanet.his; univation etc., aber auch international: european evaluation society; seval; ed.gov; policy-evaluation etc.; oder auch ZfEv etc.).

2.1 Komplexität vs. Eindeutigkeit

In den Institutionen, die näher an der konkreten Programmarbeit operieren, findet sich häufig noch immer eine gewisse Skepsis gegenüber Evaluierungen. Diese Reserve gründet in einer Reihe von Problemen, die für Programme der Erwachsenenbildung in besonderer Weise charakteristisch sind: Auf der einen Seite erscheinen Weiterbildung und Erwachsenenbildung in einer schwierigen Polarität zwischen Arbeitsmarkt-orientierten Programmen, die oftmals betriebswirtschaftlich auf spezifische Kompetenzvermittlung ausgerichtet sind und Programmen zur Findung der eigenen Identität oder zur Unterstützung individueller Emanzipationsbemühungen. Auf der anderen Seite wird die Leistungsfähigkeit von Evaluationen nicht selten vor allem im Bereich linearer Verbesserungen gesehen und nicht in dem Bereich einer vielfach wichtigeren wirklichen Innovation. Die Beziehung zwischen Lehren und Lernen erscheint – trotz aller neurophysiologischer Forschungsaktivitäten – gerade bei Erwachsenen noch immer weitgehend als eine black box: Gute Lehre ist in der Praxis nur schwer identifizierbar. Die Unzufriedenheit einer Teilnehmergruppe kann z.B. in der unzureichenden Didaktik des Dozenten begründet sein, aber genauso auch in der fehlenden Relevanz des Curriculums, in der Heterogenität der Teilnehmergruppe selbst, in der unglücklichen Wahl der Kurszeit, in den unklaren Materialien, in einem destruktiven Interaktionsklima etc.. Alle diese Faktoren können jedoch u.U. auch zu sehr konstruktiven, tiefer reichenden Lernergebnissen beitragen; diese mögen zwar mit den manifesten Zielen der Veranstaltung kaum etwas zu tun haben, als ‚outcome' jedoch, d.h. als Wirkungen, können sie außerordentlich positiv für die einzelne Teilnehmerin oder den einzelnen Teilnehmer sein.

Hält man außerdem neuere Lernforschungen gegenwärtig, die nachweisen, wie begrenzt das eigene Bewusstsein der Lernenden über ihre Lernprozesse und deren Ergebnisse ist, wird jede Evaluation, die Lernerfolge aus einem Programm exakt zu messen vorgibt, außerordentlich fragwürdig. Wenn derartige Evaluierungen dann auch noch im Auftrag der Administration – unter Umständen sogar mit impliziten Kontroll- und Disziplinierungsintentionen – durchgeführt werden, ist die defensive Position vieler Personen, die in Institutionen oder Programmen der Erwachsenenbildung tätig sind, nicht nur verständlich, sondern kann auch gerade im Sinne der Sicherung von Qualität als legitim erscheinen. Die Komplexität der Erwachsenen- bzw. Weiterbildung kann nicht durch angeblich eindeutige Evaluierungen reduziert werden, ohne dass ihre besondere Qualität in Gefahr gerät. Es ist jedoch gerade diese Komplexität oder oft auch Diffusität, die nicht selten ein kaum entdecktes ‚unsichtbares' Potenzial enthält, welches durch Evaluationen explizit, sichtbarer und damit wirkungsvoll gemacht werden kann.

2.2 Evaluation zur Sicherung von Qualität

Das Dilemma zwischen der Komplexität von Qualität pädagogischer Arbeit und dem Ideal der Eindeutigkeit von Evaluierungen enthält die positive Herausforderung, die notwendige Identifikation und Sicherung von Qualität gerade mit den Instrumentarien der Evaluation anzustreben. Diese zentrale Leistungsfähigkeit von Evaluation wurde schon vor beinahe 20 Jahren in den Blick genommen: „Si la recherche de la qualité a toujours été une préoccupation des acteurs de la formation, elle est maintenant une nécessité économique ... L'évaluation s'en trouve totalement renouvelée" (Leplatre 1991, S. 29).

Die wachsende Notwendigkeit des Nachweises der Qualität von Weiterbildungsprogrammen erfordert von Evaluierungen eine angemessene Umsicht und eine große Behutsamkeit angesichts der Vielfalt nur qualitativ zu erfassender Variablen. Das traditionsreiche ‚normative' Paradigma, dem entsprechend Evaluierungen – als ‚Befragungsindustrie' – objektiv quantifizierbare Daten zu liefern hätten, ist schon vor geraumer Zeit ergänzt und weitgehend abgelöst worden durch einen „interpretativen" Ansatz (vgl. Tietgens u.a. 1986, S. 12). In ihm bleibt die notwendige Sensibilität in einem Konzept „naturalistischer Evaluation" (im Unterschied zur „rationalistischen Evaluation", vgl. Bhola 1988, S. 156) gewahrt. Dieser Form von Evaluation geht es nicht so sehr darum, ein bestimmtes Wissen über ein Weiterbildungsprogramm zu beweisen, sondern die wesentlichen Elemente in dem komplexen System ihrer Interaktionen klarer verständlich werden zu lassen. Es ist offensichtlich, dass sich in dieser Debatte der generelle ‚Paradigmenstreit' aus der empirischen Sozialforschung reflektiert.

Die Auseinandersetzung um die Validität unterschiedlicher Evaluationskonzepte konzentriert sich vor allem auf die Handlungsebene politischer Entscheidungen über Programme und Institutionen sowie auf die Funktion der Legitimation, die z.B. bei Modellversuchen in der Weiterbildung von besonderer Bedeutung ist. Auf der Handlungsebene der Planung und Steuerung von Programmen oder Programmsystemen, mit dem Ziel der Optimierung der Lehr-

Lernprozesse und deren Ergebnisse, hat sich eine große Vielfalt von Evaluationsformen längst durchgesetzt.

Wesentlich dabei ist es, das Profil eines Programms in seinem jeweiligen Kontext, d.h. seine Identität, klar zu beschreiben und die Evaluationsverfahren danach auszurichten. Die folgenden sechs Leitfragen haben bei vielen ‚audits' generell Anerkennung gefunden:

- Was versuchen wir zu tun?
- Warum tun wir es?
- Wie tun wir dies?
- Warum glauben wir, dass dies die beste Art ist?
- Wie stellen wir fest, ob die angestrebten Ergebnisse tatsächlich erreicht werden?
- Wie können wir noch besser werden?

Evaluation – z.B. als „empowerment evaluation" (vgl. Fetterman 1997) – kann dann auch dazu beitragen, ungewöhnliche und innovative Programme in ihrem Wert verständlicher zu machen und zu legitimieren.

2.3 Evaluation als Planungsinstrument

Programmwicklung in der Erwachsenenbildung ist schon seit langem ohne Evaluation nicht mehr denkbar. Über den Prozess der Einschätzung z.B. kleinerer oder größerer Sequenzen, der Erfassung der inputs, der Beobachtung der Interaktionsformen, der Erhebung zu Lernleistungen und deren Wirkungen etc. stellt Evaluation die erforderlichen Informationen zur Programmplanung und -steuerung zur Verfügung. Dabei entsteht nicht selten ein Rückkoppelungseffekt, der zu zusätzlichen positiven – aber ggf. auch negativen – Verstärkungen im Steuerungsprozess führen kann. Die Prioritäten der Evaluierung werden zu Prioritäten des Programms: „What gets measured, gets done" (Patton 1998, S. 230). Die Wirksamkeit einer Evaluation kann nicht nur über ihre Ergebnisse beobachtet werden; bereits die Entscheidung für eine Evaluation und die damit verbundenen Diskussionen über Verfahren, Instrumente und Informationsquellen, d.h. der Evaluationsprozess selbst hat nachweisliche Wirkungen auf die Programmarbeit.

Systematisch begleitende Evaluation wird oft auch als Monitoring bezeichnet oder als Management Information Systems (vgl. Bhola 1988, S. 156). Folgende Erhebungsfelder erscheinen dabei von besonderer Bedeutung:

- Lernleistungen der Teilnehmer (ggf. Prüfungen),
- Lehrleistungen der Dozenten (fachliche, kommunikative Performanz),
- Merkmale der Curricula bzw. Kursprogramme (Design und Durchführung, Qualitätssicherung),
- Resultate und Wirkungen (Absolventenverbleib, „tracer studies"),
- Rahmenbedingungen, Ressourcen und Kontexte (Institutionen).

In dem Abschnitt zur Praxis der Programmevaluation in der Erwachsenenbildung wird näher darauf eingegangen werden.

Evaluierungen werden die Komplexität der Programmwirklichkeit immer reduzieren. Worauf es jedoch ankommt, ist das Bemühen um eine Balance zwischen Gültigkeit und Zuverlässigkeit der Evaluationsaussage, die in einer konkreten Situation – eines Programms oder einer Institution – soviel Überzeugungskraft („credibility") ausstrahlt, dass sie wirksam wird auf Entscheidungen.

3 Zur Praxis der Programmevaluation

Fast alle verantwortlich tätigen Personen in der Erwachsenenbildung – Dozenten, Kursleiter, AbteilungsleiterInnen etc. – stehen regelmäßig vor expliziten, aber nicht selten auch impliziten Evaluationsaufgaben. Dabei geht es im Regelfall um die Evaluierung eines Kurses oder eines Programms. Die Frage nach ‚facts and figures', vor allem nach dem Grad der Zielerreichung und nach den Ressourcen spielt dann oft eine entscheidende Rolle: Wie viele KursteilnehmerInnen erreichen in der vorgesehenen Zeit die jeweiligen Programmziele, wie wirkt sich dies in der Praxis aus und wie hoch liegen die ‚pro Kopf' Kosten?

Der folgende Abschnitt gibt konkrete Anregungen, wie diese besondere Form von Evaluationen – d.h. die Programmevaluation – angelegt werden kann. Es werden einige Möglichkeiten und Beispiele dargestellt, die sich in bestimmten Praxiszusammenhängen bewährt haben. Dabei darf nicht vergessen werden, dass Programmqualität vielfach abhängig ist z.B. von der ‚Kultur' einer Institution und von den Merkmalen des jeweiligen Kontextes.

In der Praxis werden oft Berge von Daten – ‚Daten-Friedhöfe' – gesammelt, die dann nicht sinnvoll ausgewertet werden können: Gründliche Planung und Vorbereitung sind deshalb eine wichtige Voraussetzung brauchbarer und leistbarer Evaluationen.

Normalerweise wird es vier Phasen einer Programmevaluation geben:

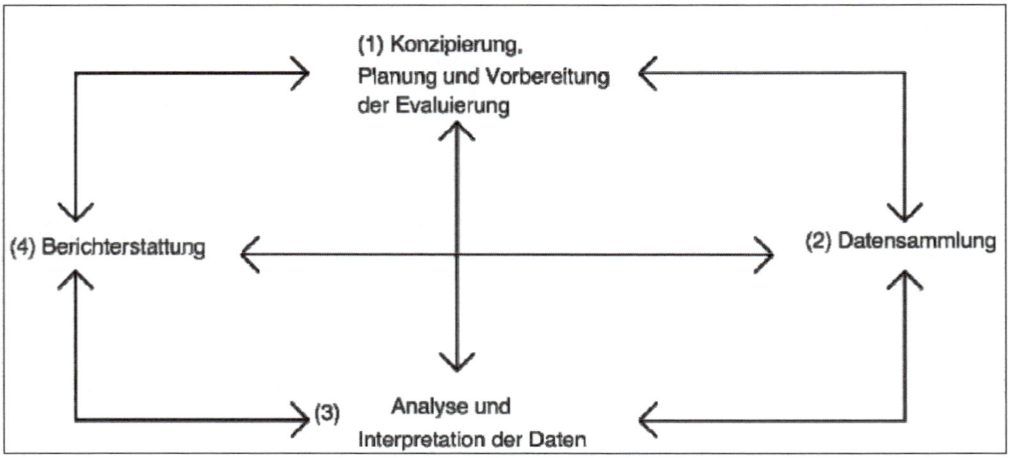

3.1 Planung und Vorbereitung

In der Praxis werden oft Berge von Daten – ‚Daten-Friedhöfe' – gesammelt, die dann nicht sinnvoll ausgewertet werden können: Gründliche Planung und Vorbereitung sind deshalb eine wichtige Voraussetzung brauchbarer und leistbarer Evaluationen. Normalerweise wird es vier Phasen einer Programmevaluation geben:

Bei der Planung (1) einer Programmevaluation gibt es eine Reihe von Aufgaben, die zu bedenken sind:

- Klarheit gewinnen über bestehende, oft auch verborgene Interessen; Konzentration auf Resultate und Wirkungen: Wozu soll die Evaluierung dienen (Verwendungszweck)? Gibt es Interessenkonflikte? Keine Evaluierung kann alle Interessenten zufrieden stellen.
- Entscheidung für eine Evaluationskonzeption: Welchen Orientierungen – z.B. qualitativen vs. quantitativen, formativen vs. summativen – soll die Evaluierung folgen? Wie flexibel – „responsive" (vgl. Beywl 1989; Stake 1990) – soll die Planung angelegt sein? Wie kann mit auftretenden unvermeidbaren Ambivalenzen umgegangen werden? Wie können implizite Relevanzentscheidungen bewusst gemacht werden?
- Auswahl der Gegenstände und Kriterien: Was soll erhoben werden? Was kann realistischerweise zuverlässig erhoben werden? Welche Daten aus welchen Quellen zu welchen Kriterien? Wie soll mit hoch validen, aber schwer erfassbaren (messbaren) Kriterien umgegangen werden? Wie können zu hohe Ansprüche und Erwartungen vermieden werden?
- Auswahl der Verfahren und Instrumente: Wie sollen die Informationen gesammelt werden? Nach welchen Kategorien werden sie geordnet, wie analysiert und interpretiert? Wie soll mit vielfältigen Interpretationsmöglichkeiten umgegangen werden?
- Detailplanung des Vorgehens: Wer soll wann zu welchen Gegenständen befragt werden (Teilnehmer, Dozenten, Berufsverbände, Unternehmensberater ... ‚stake holder')? Was soll wo beobachtet werden?
- Welche Ressourcen – Personal, Material, Zeit, Geld, Fahrzeuge etc. – sind erforderlich? Welche EDV-Programme (SPSS, Atlas.ti) können die Datenanalyse erleichtern?
- Entscheidung über Adressaten und Form der Berichterstattung: Wer soll wie über welche Ergebnisse der Evaluierung informiert werden (ggf. Rechtsfragen klären)? Wie lassen sich – wenn überhaupt – absehbare persönliche Kränkungen durch die Berichterstattung konstruktiv wenden? Welche Berichtsform – schriftlich, mündlich – wird die größtmöglichen Wirkungen haben? Wem ‚gehören' die Daten?
- Analyse des Kontextes: Wo gibt es Hindernisse, wo Unterstützung für die Evaluation? Wie aufnahmefähig ist die institutionelle ‚Kultur' eines Programms für kritische Informationen? Welche Absprachen sind vorab erforderlich?

Die hier gewählte Reihenfolge muss nicht die tatsächliche Abfolge der Bearbeitung sein. Zu viele Fragen hängen zu eng miteinander zusammen, als dass sie einzeln und unabhängig voneinander abschließend gelöst werden könnten. Jedes Weiterbildungsprogramm bildet ein System interagierender Variablen, nicht eine lineare Kette von Ursachen und Wirkungen, und Evaluation muss versuchen, wesentliche Elemente in ihren Beziehungen zueinander abzubilden. Wichtig ist, um eine gewisse Stimmigkeit, Kohärenz oder Glaubwürdigkeit, in der die einzelnen Schritte zueinander passen, bemüht zu sein.

3.2 Was soll evaluiert werden?

Die beste Evaluation nützt nichts, wenn sie die falschen Fragen stellt. In vielen Programmen wird oft über Jahre hin allein die Zufriedenheit der Teilnehmer mit den einzelnen Dozenten erhoben. Dabei geht es nicht selten um ein verdecktes Disziplinierungsinteresse, das fast nie zur Verbesserung der Arbeit der Lehrenden führt. Im Gegenteil; es kann zudem auch das Klima für die Entfaltung der Lernenden erheblich belastet werden (vgl. Levenig 1991), weil eine rezeptive, passive Orientierung des eigenen Lernprozesses verstärkt wird. Im Übrigen glaube ich, dass jedes Programm auch einige wenige sog. ‚schlechte' Lehrende braucht: Da können oftmals jenseits aller Inhalte wichtige Schlüsselqualifikationen wie Toleranz, Geduld, Verarbeitung von Frustrationen, aber auch Widerstand gelernt werden.

Neben einer Vielzahl spezifischer anderer Elemente sind es immer wieder zwei Variablen, die im Zentrum von Programmevaluierungen stehen: Der Grad der Zielerreichung und/oder die Programmwirkungen, unabhängig davon, ob sie beabsichtigt oder unbeabsichtigt auftreten.

Eine Möglichkeit, den Grad der Zielerreichung (Effektivität) zu erheben, besteht darin, jedes genannte Kursziel auf seine ‚Wichtigkeit' und auf den Grad seiner Erreichung hin einschätzen zu lassen (voll erreicht – halbwegs erreicht – weiß nicht – kaum erreicht – gar nicht erreicht). Man erhält dann ein grobes Bild von den Einstellungen der Teilnehmer, aber ggf. auch der Lehrenden oder anderer Beteiligter, zu dem jeweiligen Ziel. Dieses Bild kann etwa mit den folgenden Fragen an die Teilnehmer weiter erhellt und differenziert werden:

- Was habe ich gelernt?
- Wie wichtig ist das Gelernte für mich?
- Inwieweit half mir oder behinderte mich das Kursprogramm?
- Was hat mir gefehlt?
- Welchen Rat gebe ich den Veranstaltern, damit das Programm verbessert werden kann?

Die Antworten können Input-, Prozess-, Output- (Outcome-) und Kontextvariablen zugeordnet werden und führen damit zu einem deutlicheren Bild. Befragt man die Lehrenden eines Kurses zu den von den Teilnehmenden erhobenen Ergebnissen oder stellt man ihnen vergleichbare Fragen, wird sich das Bild weiter ergänzen und modifizieren.

Bisher haben sich Evaluationen oft allein auf den kognitiven Lernzuwachs im Kontext professioneller Kompetenzen beschränkt. Es wird immer deutlicher, dass auch darüber hinausreichende Schlüsselqualifikationen – ‚soft skills' – mit ihren oft affektiven Dimensionen ausdrücklich mit einbezogen werden müssen: „Theorists are once again beginning to argue that affect must be included in accounts of learning and cognition" (Lohman 1998, S. 360). Die Diskussion um die „emotionale" und „soziale" Intelligenz (vgl. Goleman 1996 und 2006) betrifft auch das Feld der Evaluierungen.

Dennoch bleibt auch das sorgfältigste Bild, zu dem eine Evaluierung führen kann, ein Bild des Programms; es bleibt eine ‚Landkarte' und wird nicht das ‚Gelände' – die Programmwirklichkeit – selbst.

Neuere Forschungen haben zudem gezeigt, dass das Bewusstsein über den eigenen Lernprozess äußerst begrenzt ist. Jene entscheidenden Kräfte (Muster, Gewohnheiten, Habitus), die die aktuellen ‚oberflächlichen', fachspezifischen Lernprozesse steuern und die gleichfalls einmal erlernt worden sind und somit durch weiteres Lernen ergänzt und verändert werden können, geraten nur selten in das Licht bewusster Wahrnehmung. Die Problematik der Nachhaltigkeit des Gelernten bzw. der ‚Transfersicherung' hat mit dieser mitunter zu beobachtenden Vernachlässigung tiefer reichender Lernprozesse zu tun.

Ähnliches scheint auch für Lehrprozesse zu gelten. Die wichtigen Wirkungen von Lehre oder Unterricht gerade auf die Entfaltung von ‚strategischen', meta-kognitiven Qualifikationen sind außerordentlich schwer zu erfassen: „Worauf das Forschungsinteresse zu richten ist oder zu richten wäre, geht nicht im Messbaren auf" (Tietgens u.a. 1986, S. 18). Dennoch kann es immer wieder gelingen, wichtige Annäherungen an Programmelemente zu identifizieren und in ihren Bedeutungen auf ‚deep learning' zu beobachten.

Der Wert einer Evaluation sollte nicht allein daran gemessen werden, wie nah sie der Wirklichkeit des Programms kommt, sondern vor allem auch daran, wie weit sie in der Lage ist, Lernprozesse anzustoßen, die das mitunter eng begrenzte Bewusstsein der Lernenden, Lehrenden und Leitenden erweitern. Dieser innovativen Funktion von Evaluation gerade im Kontext der heraufkommenden Wissensgesellschaft gilt wachsende Aufmerksamkeit.

3.3 Mit welchen Verfahren soll evaluiert werden?

Nicht nur die Wirklichkeit der Programme bestimmt die Ergebnisse einer Evaluation, sondern auch – und häufig viel entscheidender – die verwendeten Verfahren: „The methodological debate is by no means settled" (Bhola 1988, S. 155; vgl. a. Chelimsky/Shadish 1997). Die Debatte um die jeweils „richtigen" Verfahren und Instrumente folgte lange Zeit den Diskussionen der empirischen Sozialforschung. Entsprechend reichen die Möglichkeiten über traditionelle Formen von Fragebogen und Interview bis zu „creative writing", Bilder malen, Lerntagebücher, Videographie oder gelenkten Phantasien. In jüngster Zeit haben auch Methoden des Qualitätsmanagements wie z.B. ‚balanced scorecards' oder ‚benchmarking' zunehmend an Bedeutung gewonnen. Evaluationsverfahren sind wie Fischernetze: Man bekommt nur zu sehen, was die Maschen des Netzes zu ‚fangen' vermögen.

Es gibt weitgehend Konsens, dass qualitative und quantitative, non-formale und formalisierte Verfahren einander nicht ausschließen, sondern sich viel eher sinnvoll – und oftmals notwendigerweise – ergänzen. Eine besondere Schwierigkeit der Programmevaluation im Bereich der Erwachsenenbildung liegt in der oft sehr großen Heterogenität der Teilnehmergruppen. Die Verwendung eines einzigen Instruments führt zu ganz unterschiedlichen Reaktionen und Deutungen von Seiten der Teilnehmer, so dass nicht nur die Vergleichbarkeit zwischen einzelnen Gruppen bzw. Kursen problematisch wird, sondern auch insgesamt die Zuverlässigkeit der erhobenen Daten in Zweifel gezogen werden muss, insbesondere dann, wenn Mittelwerte gebildet werden.

Die Erhebungsverfahren sollten deshalb, wenn die Ressourcen dies erlauben, so ausgewählt werden, dass sie eine hohe Frequenz von Rückkopplung und Interaktion ermöglichen und sich mit einer gewissen Redundanz ergänzen; d.h. es sollten unterschiedliche Verfahren zur Erhebung derselben Information ggf. aus unterschiedlichen Informationsquellen (Lernende, Lehrende, Institutsleitungen etc.) kombiniert werden, die Raum lassen für eine kontinuierliche Überprüfung, inwieweit die einzelne Frage überhaupt richtig verstanden worden ist. Dies gilt insbesondere für Programme, die in interkulturellen Kontexten stattfinden.

3.4 Datensammlung und Analyse (2) & (3)

Eine wichtige Frage von „formativen“ Programmevaluationen richtet sich auf das angemessene ‚timing‘, auf den Zeitpunkt, zu dem evaluiert wird; denn er – genau so wie die verwendeten Verfahren – kann ganz wesentlich die Ergebnisse beeinflussen.

Übersicht 3: Mögliche Zeitpunkte von Programmevaluation

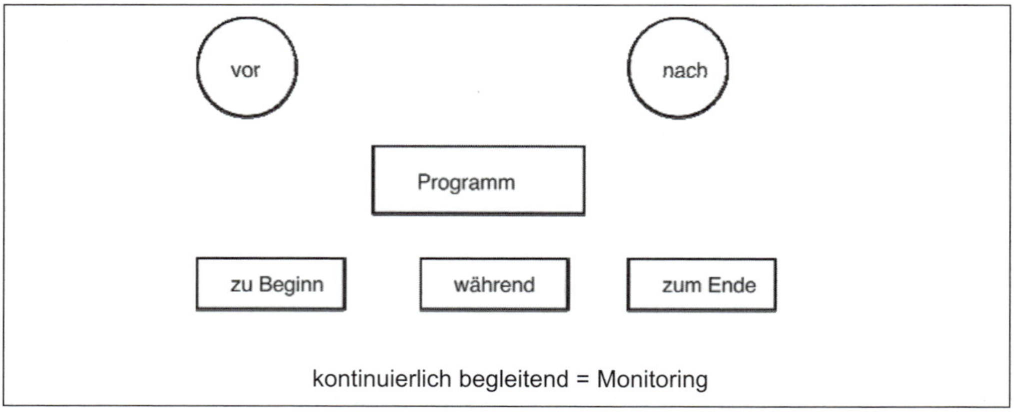

Jeder Programmablauf ist bestimmt durch eine spezifische innere Dynamik. Diese wird nicht allein durch den im Curriculum angestrebten Lernfortschritt beeinflusst, sondern durch eine Fülle von Faktoren – z.B. Lehrverhalten, politische Veränderungen, Krankheiten von Teilnehmenden etc. –, deren unterschiedliche Qualität im Programmverlauf von einer Evaluation beachtet werden muss; gleichzeitig nehmen solche Faktoren oft ihrerseits erheblichen Einfluss auf die Evaluationsergebnisse.

Nicht nur für die Verantwortlichen eines Programms, auch für die Teilnehmer können Evaluierungen lästig sein. Es gibt deshalb oft eine Tendenz, die Aufgabenstellungen möglichst ohne großen Aufwand hinter sich zu bringen: „... war schon o.k. – Tschüs.“ Programmevaluation ist, wenn sie halbwegs gültig und zuverlässig sein will, auf die besondere Mitwirkung der Beteiligten angewiesen. Sie sind wesentliche Quellen von Information. Es ist wichtig, dass Evaluatoren ein Klima des gegenseitigen Respekts und Vertrauens schaffen. Nur so kann jene Offenheit gefördert werden, die – auch divergierende – Einsichten möglich macht.

Ein Evaluator, der sich selbst für klüger und unabhängiger hält als seine Partner, ist eine Belastung für die Qualität der Evaluation. Kontakt, Transparenz und Partizipation, aber auch Vielfalt der Quellen und Verfahren sind zentrale Orientierungen, an die sich eine Datenerhebung halten sollte. Wenn eben möglich, sollte auch das Prinzip der Freiwilligkeit bei der Beantwortung von Fragebögen oder Mitwirkung in Interviews gelten.

Für die Datenanalyse quantitativer Art haben sich viele statistische Verfahren etabliert, auf die hier nicht eingegangen zu werden braucht. Aber auch qualitative Analysen sind bereits seit längerer Zeit besonders aufmerksam diskutiert worden (vgl. Mohr 1992; das Konzept der „grounded theory“ bei Strauss/Corbin 1991).

Die Entdeckung und genaue Beschreibung von Unterschieden zwischen einzelnen Kategorien, aber auch von Ähnlichkeiten, bekommen für die Analyse zentrale Bedeutung; gleichfalls wird ein dynamischer Prozess, der Induktion (Phantasie, Kreativität, Imagination) und Deduktion (Überprüfung, Nachweis, Absicherung) miteinander verbindet, als wesentliches Element qualitativer Analysen angesehen. Schließlich werden unterschiedliche Codierungsverfahren und deren graphische Darstellung (z.B. „Checklist Matrix", „Time-Ordered Matrix" oder „Role-Ordered Matrix"; Miles/Huberman 1984, S. 95ff., oder auch Atlas.ti) die Überzeugungskraft qualitativer Interpretationen entscheidend verstärken können.

Kürzlich gab es in NEWSWEEK (24. Sept. 2007) eine interessante Werbung der Beratungsfirma Accenture mit einem großen Bild von dem berühmten Golf Spieler, Tiger Woods: „We know what it takes to be a Tiger: Information – 40%; Interpretation – 60%". Die zentrale Bedeutung der Interpretation der gewonnenen Daten wird in vielen Evaluationen noch immer unterschätzt. Evaluationen können dazu beitragen, dass der Weg in die Wissensgesellschaft nicht zu einem Weg in eine Datensammlungsgesellschaft wird.

3.5 Bericht und Berichterstattung

Trotz hoher Validität und Zuverlässigkeit haben viele Evaluierungen nur geringe Wirkung gehabt, weil sie der Berichterstattung (4) zu wenig Aufmerksamkeit geschenkt haben. Um die Wirksamkeit von Evaluierungen auf Programmentscheidungen zu erhöhen, ist es wesentlich, genau zu bedenken, wem welche Ergebnisse in welcher Form berichtet werden sollen und welche Konflikte und Widerstände sie evtl. auslösen können.

Ideale Entscheidungsalternativen sind selten; meist sind die absehbaren positiven und negativen Folgen gegeneinander abzuwägen. Die Zahl der relevanten Kriterien dafür ist oft hoch; besonders wichtige Kriterien sind meistens besonders schwer – wenn überhaupt – quantitativ zu erfassen. Auch die Vergleichbarkeit der einzelnen Kriterien kann problematisch sein. Der Art der Berichterstattung kommt deshalb eine entscheidende Bedeutung zu: Hier können die Ergebnisse ggf. noch einmal durch Interpretation akzentuiert werden. Wie bei der Datenerhebung ist auch hier eine Kombination von Verfahren – schriftlich und mündlich, fortlaufende Texte, Fotos und Graphiken – besonders wirksam. Es empfiehlt sich, wenn möglich zunächst einen Bericht als Entwurf vorzulegen, der mit den jeweiligen Adressaten diskutiert werden kann und diese in die abschließende Interpretation der Ergebnisse mit einbezieht: „The evaluator is an educator; his success is to be judged by what others learn" (Cronbach 1980, S. 11).

Kritische Informationen, besonders wenn sie sich auf einzelne Personen beziehen, sollten nach dem Prinzip der positiven Verstärkung formuliert werden: „Herr X. sollte noch effektivere Medien einsetzen", statt: „Herr X. setzt mangelhafte Medien ein". Evaluation wird dadurch ihrer prospektiven und innovativen Dimension eher gerecht.

3.6 Wie kann man sich vor ‚Unheil' schützen?

Bisher wurde über Programmevaluation aus der ‚aktiven' Position derer, die Evaluationen durchführen, berichtet. Zum Abschluss dieses Teils soll noch ganz kurz auch die eher ‚passive' Position derer, die ggf. unter Evaluationen ‚leiden', angesprochen werden.

Evaluationen können – und sollen mitunter sogar – zu Irritationen führen. Diese können eine fruchtbare Quelle neuen und wichtigen Lernens sein. Evaluationen können aber auch persönlich verletzen, sie können Programme und deren Kernwerte missverstehen und sie können mitunter gezielt bemüht sein, durch ihre Anlage und Verfahren anstehende Entscheidungen zu manipulieren. Dadurch können konstruktive Lernprozesse schwer belastet und Programmwerte vernichtet werden.

Zunächst gilt es zu prüfen, ob schwere Verzerrungen von Evaluationsergebnissen nicht auf irgendwelchen Fehlern im Prozess beruhen. Ein extremes Beispiel erlebte ich, als wir eine großangelegte Programmevaluation zur Datenauswertung an eine auswärtige Firma vergaben. Dabei passierte, dass die Bewertung (1 = sehr gut; 5 = ungenügend) genau umgedreht wurde mit dem Resultat, dass z.B. die ‚besten' Dozenten die ‚schlechtesten' wurden: ... und fast hätten wir das gar nicht bemerkt. So etwas kann immer passieren. Es ist deshalb bei spannungsreichen Ergebnissen immer gut, zunächst einmal nicht so sehr die Ergebnisse selbst zu kritisieren, sondern die Verfahren anzuschauen und die Instrumente und Formen der Datenanalyse, die zu diesen Ergebnissen geführt haben.

Ein anderer Grund für weitreichende Irritationen kann eine grundlegend unterschiedliche Sicht verschiedener Betroffener auf die Programmwirklichkeit sein. Da kann es wichtig sein, die Unterschiedlichkeiten zunächst aufmerksam wahrzunehmen und anzuerkennen und darüber in einen konstruktiven Dialog mit der anderen Seite einzutreten. Dabei ist die Frage nach der empirischen Evidenz der Grundlagen für die Unterschiede oder Spannungen von zentraler Wichtigkeit. Das kann zu überraschenden Klärungen und zu neuen Gemeinsamkeiten führen; ggf. können auch ganz neue Alternativen angestoßen werden.

Zuletzt kann mitunter Evaluation auch in konfliktreichen Situationen eingesetzt werden, in denen es um grundlegend unterschiedliche Interessen geht. Evaluation hat neben der wissenschaftlich empirischen Seite immer auch eine Dimension von Macht. Um in einer solchen Situation die eigene Position zu stärken, kann es hilfreich sein, Vergleiche heranzuziehen, krasse ‚Fehleinschätzungen' transparent und öffentlich zu machen und nicht zuletzt nach starken Partnern zu suchen und strategische Allianzen zu bilden. Im Grunde geht es dabei immer um die Evaluation der Evaluation bzw. um ‚Meta-Evaluation'. In einer Form „reflexiver" Evaluation (vgl. Wesseler 1991) können auch oftmals tief verborgene und wenig bewusste Kräfte und Regelsysteme, welche über die Auswahl von Konzeptionen und Instrumentarien einer Evaluierung entscheiden, klarer sichtbar werden. Die Gründe, aus denen einzelne Merkmale eines Programms positiv oder negativ beurteilt werden, können durch eine solche Form der ‚Evaluation einer Evaluation' noch deutlicher werden.

4 Evaluation als Element einer ‚Kultur der Qualität'

Nach der Durchführung einer Evaluation stellt sich oft für die Evaluierer, die Evaluierten, aber auch für die Auftraggeber die Frage, was die ganze Mühe eigentlich gebracht hat? Was hat sich verändert? Lange Zeit hat man diese Fragen konzentriert auf die Wirkungen der Evaluationsergebnisse. Und in der Tat zeigt sich, dass die vielfach als Empfehlungen formulierten Evaluationsergebnisse mitunter nur sehr bruchstückhaft, wenn überhaupt in der Praxis umgesetzt werden. Dafür gibt es viele – schlechte, aber auch oft gute – Gründe. Trotzdem führt diese Erfahrung häufig zu einem tiefen Zweifel an der Sinnhaftigkeit von Evaluierungen.

Jenseits der Wirksamkeit der Evaluationsergebnisse lässt sich jedoch eine – oft viel weiterreichende – Wirksamkeit des Evaluationsgeschehens selbst beobachten. Oft führt die Tatsache, dass eine Evaluation angekündigt oder durchgeführt wird – mit all den damit verbundenen Überlegungen und Gesprächen, nicht selten auch Konflikten – bereits zu beobachtbaren Veränderungen. Diese sind keineswegs immer positiv. Patton (1998, S. 231) berichtet von einem aus der Industrie kommenden Evaluator, der beauftragt worden war, die Leistung von Lehrern eines Bildungszentrums zu untersuchen. Er plante, die Lehrleistungen an den Leistungen der Lernenden in den Prüfungen zu messen. Die „schwächsten" Lehrer sollten dann entlassen werden. Die unmittelbare Wirkung dieser Evaluation war, dass die Lehrenden ihre Schüler vorab über Details der Prüfungen informierten, dass sie selbst die Prüfungsbögen ausfüllten oder sogar Prüfungsergebnisse fälschten.

Unabhängig von derartigen Fehlentwicklungen, hat der Evaluationsprozess vielfach eine direkte Wirkung auf die Praxis der Programme und die Einstellungen und Verhaltensweisen der Lehrenden und Lernenden. Dabei können Lernprozesse z.B. über die Ziele eines Kurses oder die Effektivität einer bestimmten Methode angestoßen und gestärkt werden, die über individuelles Lernen hinausgehen und die zum Lernen einer ganzen Organisation beitragen (vgl. Senge 1996). Nicht nur Individuen, auch Programme und Organisationen entwickeln je eigene Handlungsgrammatiken; diese geben Sicherheit, aber grenzen auch Freiheitsräume ein und können notwendige Innovationen erschweren. Darin liegt die Bedeutung konstruktiver Evaluation und Evaluationsforschung: Sie lässt das Potenzial eines Programms sichtbarer werden, und sie ist sich zugleich der Grenzen ihrer Wertungen bewusst. Gerade dadurch vermag sie beizutragen zur weiteren innovativen Entwicklung des professionellen Potenzials und der professionellen Kompetenz in der Erwachsenenbildung.

Evaluation ist immer auch Intervention. Sie kann mit ihren Prozessen und mit ihren Ergebnissen zu einer Veränderung der ‚Kultur' einer ganzen Institution beitragen. Evaluation kann wirksam werden auf die längerfristige Entwicklung einer institutionellen Kultur der Qualität: Evaluation ist nicht das ‚Ziel', sie ist viel mehr eine ‚Reise', – eine lange Reise.

Literatur

Bhola, H.S. (1998): World Trends and Issues in Adult Education. Verlag: London.

Chelimsky, E./Shadish, W.R. (Hrsg.) (1997): Evaluation for the 21st Century. A Handbook. Thousand Oaks u.a.: Sage.

Cronbach, L.J./Ambron, S.R./Dornbusch, S.M./Hess, R.D./Hornik, R.C./Phillips, D.C./Walker, D.F./Weiner, S. S. (1980): Toward Reform of Program Evaluation. San Francisco: Jossey Bass.

Gerl, H./Pehl, K. (1983): Evaluation in der Erwachsenenbildung. Bad Heilbrunn: Klinkhardt.

Glass, G.V./Ellett, F.S. (1980): Evaluation Research. In: Annual Review of Psychology 31. Jg. S. 211-228.

Goleman, D. (1996): Emotionale Intelligenz. München: Knaur.

Goleman, D. (2006): Soziale Intelligenz. München: Droemer Knaur.

Guba, E.G./Lincoln, Y.S. (1989): Fourth Generation Evaluation. London: Sage Publications.

Künzel, K. (Hrsg.) (1999): Evaluation der Weiterbildung. Internationales Jahrbuch der Erwachsenenbildung, Bd. 27. Universität Köln.

Leplatre, F. (1991): La qualité en formation. In: Actualité de la Formation Permanente, S. 27-71.

Levenig, H. (1991): Der Dozenten-Fragebogen als Evaluationshilfe für Fortbildungsveranstaltung. In: Verwaltung und Fortbildung 19. Jg., H. 2, S. 65-77.

Lohman, D.F. (1998): Human Intelligence: An Introduction to Advances in Theory and Research. In: Review of Educational Research 59. Jg., H. 4, S. 333-373.

Miles, M.B./Huberman, A.M. (1984): Qualitative Data Analysis. London: Sage.

Mohr, L.B. (1992): Impact Analysis for Program Evaluation. London: Sage.

Nonaka, I./Takeuchi, H. (1995): The Knowledge Creating Company. Oxford: Oxford University Press.

Patton, M.Q. (1998): Discovering Process Use. In: Evaluation 4. Jg., H. 2, S. 225-233.

Pöggeler, F. (Hrsg.) (1971-1981): Handbuch der Erwachsenenbildung. Stuttgart: Kohlhammer.

Rossi, P.H./Freeman, H.E. (1998): Evaluation A systematic approach. Newbury Park: Ort.
Scriven, M.: Evaluation Perspectives and Procedures. In: Popham, W.J. (Hrsg.) (1974): Evaluation in Education. Los Angeles: University. of California Press, S. 1-94.
Senge, P. (1996): Die fünfte Disziplin. Kunst und Praxis der lernenden Organisation. Stuttgart: Klett Cotta.
Stake, R.E. (1990): Responsive Evaluation In: Walberg, H.J./Haertel, G.D. (Hrsg.): The International Encyclopedia of Educational Evaluation. Oxford u.a: o.V., S. 75-77.
Strauss, A./Corbin, J. (1991): Basics of Qualitative Research. Grounded Theory – Procedures and Techniques. London: Sage.
Stufflebeam, D.L./Foley, W.J./Gephart, W.J./Guba, E.G./Hammond, R.L./Merriman, H.O./Provus, M.M. (1971): Educational Evaluation and Decision Making. Itasca, Illinois: Peacock Verlag.
Tietgens, H. u.a. (1986): Aufgaben und Probleme der Evaluation in der Erwachsenenbildung. Bonn: Deutscher Volkshochschul-Verb.
UNESCO (2005): Towards Knowledge Societies. Paris: UNESCO.
Walberg, H.J./Haertel, G.D. (Hrsg.) (1990): The International Encyclopedia of Educational Evaluation. Oxford u.a.: o.V.
Wesseler, M. (1991): „Aus Evaluierungen lernen“: Für eine Praxis reflexiver Evaluation. In: Nestvogel, R. (Hrsg.): Interkulturelles Lernen oder verdeckte Dominanz? Frankfurt: IKO, S. 127-138.
Will, H./Winteler, A./Krapp, A. (Hrsg.) (1987): Evaluation in der beruflichen Aus- und Weiterbildung Heidelberg: Sauer.
Windham, D.M. (1988): Improving the Efficiency of Educational Systems. Albany: Ministry of Education, Government of Liberia.
Wottawa, H./Thierau, H. (1998): Lehrbuch Evaluation. Bern: Hans Huber.

Gabi Reinmann | Heinz Mandl

Wissensmanagement und Weiterbildung

1 Einleitung

Zwischen Wissensmanagement und Weiterbildung lassen sich viele verschiedene Verbindungen herstellen. Der vorliegende Beitrag beleuchtet die Beziehung zwischen Wissensmanagement und Weiterbildung unter vier Gesichtspunkten:

Wissensmanagement als Gegenstand von Weiterbildung ist die erste und einfachste Beziehung; sie eignet sich dazu, die Bedeutung des Wissensmanagements und dessen Entwicklungslinien zu verdeutlichen.

Die *Organisation von Weiterbildung mit Wissensmanagement* ist die zweite und bereits komplexere Beziehung; sie bietet sich dazu an, beispielhaft einige Wissensmanagement-Modelle vorzustellen und auf die Weiterbildung anzuwenden.

Weiterbildung im Prozess des Wissensmanagements ist die dritte und komplexeste Beziehung; hier lässt sich zeigen, dass und inwieweit das persönliche Wissensmanagement eine eigene Berechtigung hat *und* Impulse für die Weiterbildung geben kann.

Mit der wachsenden Verbindung von *Wissensmanagement und E-Learning in der Weiterbildung* schließlich wird deutlich, dass speziell über den Einsatz digitaler Medien der Umgang mit Wissen im Arbeitsprozess einerseits und der Aufbau von Wissen in expliziten Lernumgebungen andererseits zunehmend miteinander verzahnt werden können.

2 Wissensmanagement als Gegenstand von Weiterbildung

In den 1990er Jahren war Wissensmanagement ein beliebtes Thema für die Weiterbildung. In der Ausgabe des vorliegenden Handbuchs von 1999 haben wir unter dem Titel „Wissensmanagement in der Weiterbildung" sowohl ein Seminarkonzept zum persönlichen Wissensmanagement als auch ein Weiterbildungsangebot zum organisationalen Wissensmanagement beschrieben (vgl. Reinmann-Rothmeier/Mandl/Erlach 1999). Das war auch nur konsequent, waren doch die 1990er Jahre *das* Jahrzehnt des Wissensmanagements, das mit Anbruch des neuen Jahrtausends dann jedoch eine starke Ernüchterung erfuhr (vgl. Howaldt/Kopp 2005). Seit kurzem zeigt sich von praktischer wie auch von wissenschaftlicher Seite neues Interesse am Thema; auch zeigt sich derzeit eine Konsolidierung der Aufmerksamkeit seitens Wissenschaft und Praxis auf einem mittleren Niveau, was die folgende Grafik grob veranschaulichen kann (vgl. Heisig 2007; Riempp/Smolnik 2007).

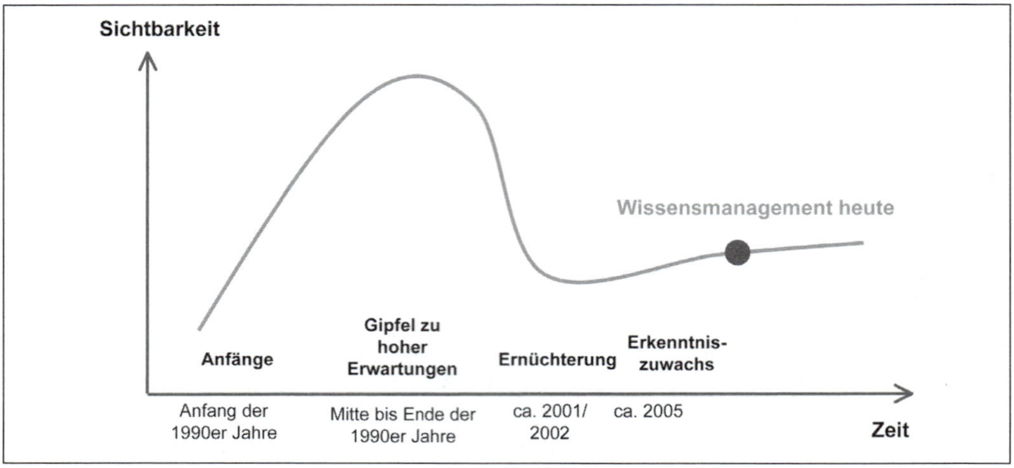

Abb. 1: Wissensmanagement-Entwicklung (in Anlehnung an Riempp/Smolnik 2007, S. 2)

Wie bei nahezu allen Konstrukten darf man auch beim Wissensmanagement keine allgemein gültige Definition erwarten. Weitgehenden Konsens gibt es allerdings in der Kernidee und den notwendigen Merkmalen, die Aktionen im Umgang mit Wissen vorweisen müssen, wollen sie als Wissensmanagement gelten: Wissensmanagement bezeichnet den *systematischen* und *begründeten* Umgang mit Wissen als Wirtschafts-, Arbeits- oder Humanressource, wobei „Umgang" sowohl die Bereitstellung und Gestaltung von Rahmenbedingungen, Methoden und technischen Werkzeugen als auch die Optimierung von technischen, organisationalen und mentalen Prozessen meint (vgl. z.B. Schneider 2001; Lehner 2006). Wissensmanagement gilt in diesem Sinne nach wie vor als Voraussetzung für eine lernende, ja intelligente Organisation (z.B. Willke 2001). Dabei ist aber die Frage nach dem „Wozu" noch nicht geklärt, denn die hängt wesentlich davon ab, in welchem Kontext Wissensmanagement praktiziert wird: In Unternehmen muss Wissensmanagement an die Geschäftsziele und den Markt gekoppelt werden; im öffentlichen Sektor dominieren Kunden-, Wirkungs- und Qualitätsorientierung die Zielrichtung; Bildungsinstitutionen wiederum müssen die Kompetenz- und Persönlichkeitsentwicklung von Lernenden im Blick haben (vgl. Hasler Roumois 2007).

Von den Anfängen bis zum Gipfel der (zu) hohen Erwartungen konnten Mitarbeiter und Führungskräfte aus einer Vielzahl von Weiterbildungsangeboten zum Wissensmanagement auswählen; auch ganze Ausbildungsprogramme zum Wissensmanager waren zu finden. Heute taucht das Thema Wissensmanagement eher als *eines* von mehreren Modulen in Weiterbildungsangeboten z.B. im Rahmen wissenschaftlicher Weiterbildungsprogramme wie MBAs auf, die mitunter parallel zu neuen Lehrstühlen oder Forschungsschwerpunkten eingerichtet wurden. Oft wird der Begriff Wissensmanagement auch gar nicht mehr genannt, sondern es werden spezifische Themen und Lösungen angeboten wie Wissenskommunikation (vgl. Reinhardt/Eppler 2004), Wissensvisualisierung (vgl. Tergan/Keller 2005), Einsatz von Web 2.0-Anwendungen wie Wikis, Weblogs, Podcasts[1] (vgl. Hüttenegger 2006) etc. Dies ist weniger als Zeichen abnehmender Bedeutung des Wissensmanagements zu sehen, sondern eher als Signal dafür, dass sich die Wissensorientierung in handfesten Aufgaben konkretisiert, als selbstverständlicher Be-

1 Erläuterungen hierzu finden sich in Abschnitt 5.1

standteil in die Führung von Organisationen eingeht und dass Managementhandeln den Umgang mit Wissen *immer* im Blick hat (vgl. North 2005; Howaldt/Kopp 2005).

So wie es verschiedene Entwicklungsstränge des Wissensmanagements (vgl. Roehl 2000; vgl. auch Lüthy/Voit/Wehner 2002) gibt, so heterogen sind auch mögliche Themen und Ziele von Weiterbildung zum Wissensmanagement. Zu den Vorläufern des Wissensmanagements zählt der ingenieurswissenschaftliche Ansatz, der infolge der großen Bedeutung digitaler Technologien nach wie vor integraler Bestandteil jedes modernen Wissensmanagements ist. Viele Weiterbildungsangebote beziehen sich denn auch auf Fragen der *Technik* im Wissensmanagement. Die bis heute „stärkste Fraktion" im Wissensmanagement ist der betriebswirtschaftliche Ansatz, in den sich auch die meisten verfügbaren Modelle einordnen lassen (siehe Abschnitt 3). Weiterbildung zu Themen, die im weitesten Sinne der *Organisation* zuzuordnen sind, fächern sich wiederum vielfältig auf: Wissenscontrolling und Fragen des „Messens" von Wissen und Wissensprozessen fallen ebenso darunter wie wissensbasierte Führung bzw. Führung von Wissensarbeitenden (s.u.) oder die Verbindung von Wissensmanagement mit anderen Managementansätzen. Dabei stellt sich u.a. die Frage, ob und inwieweit betriebswirtschaftliche Modelle auch auf Non-Profit-Organisationen und den öffentlichen Sektor einschließlich Bildungsinstitutionen tatsächlich übertragen werden können. Als drittes kommt der soziologische Ansatz dazu: Vor allem akademische Weiterbildungsangebote widmen sich aus der soziologischen Perspektive eher abstrakten Themen wie Wissensgesellschaft, Wissensökonomie und Fragen der *Kultur* in wissensbasierten Organisationen, wobei eine systemtheoretische Betrachtungsweise dominiert (vgl. Wilkesmann 2005). Die jüngste Entwicklungslinie im Wissensmanagement ist der psychologische Ansatz, der sich explizit auch mit den mentalen Prozessen beim Management von Wissen auseinander setzt. Zu den Komponenten Organisation, Technik und Kultur gesellt sich auf diese Weise der *Mensch*, dem man in der Weiterbildung verschiedene Strategien und Werkzeuge für den persönlichen Umgang mit Wissen vermitteln kann (vgl. Reinmann/Eppler 2008; siehe Abschnitt 3).

Die folgende Tabelle gibt einen kursorischen Überblick über die verschiedenen Facetten des Wissensmanagements, die alle Gegenstand von Weiterbildung sind bzw. sein können.

Tab.1: Verschiedene Facetten des Wissensmanagements (eigene Tabelle)

Entwicklungs-strang	Wissensmanagement-Komponente	Konzepte/Technologien/Themengebiete (für die Weiterbildung)
Ingenieurswissen-schaftlich	Technik	Daten-/Informations-/Kommunikationsmanagement; Groupware- und Workflow-Systeme; Expertensysteme; Social Software (Blogs, Wikis etc.) u.a.
Betriebswirt-schaftlich	Organisation	Prozess-/Qualitäts-/Asset-/Ressourcenmanagement; Wissensstrategie/-ziele; Wissenscontrolling; Personalentwicklung u.a.
Soziologisch	Kultur/Gesellschaft	Wertemanagement; Wissensökonomie; Wissensarbeit; organisationales Lernen; Organisationsentwicklung; Systemtheorie; systemische Beratung u.a.
Psychologisch	Mensch	Selbst-/Beziehungs-/Lern-/Stressmanagement; Kompetenzentwicklung; lebenslanges Lernen; Lernstrategien; Emotion/Motivation; soziale Interaktion u.a.

3 Organisation von Weiterbildung mit Wissensmanagement

Ob es sich nun um Unternehmen, Non-Profit-Organisationen oder speziell um den öffentlichen Sektor einschließlich staatlicher Bildungsinstitutionen handelt: Weiterbildung muss geplant, koordiniert und in Bezug auf Wirkungen kontrolliert – im weitesten Sinne also „organisiert“ – werden und ist demnach selbst Gegenstand des Managements einer Organisation. In diesem Zusammenhang ist auch das Weiterbildungsmanagement (siehe Meisel in diesem Band) zu sehen, welches sich mit der systematischen Planung, Umsetzung und Bewertung von Lern- und Bildungsangeboten wie auch mit Weiterbildungsberatung beschäftigt. In einer Wissensgesellschaft und Wissensökonomie ist Weiterbildung ein Wirtschafts- und Wettbewerbsfaktor (z.B. Merk 2006). Dabei handelt es sich um eine in hohem Maße wissensbasierte Dienstleistung oder anders formuliert: Weiterbildung kann man auch als komplexes „Wissensprodukt“ verstehen und sie fällt damit auf jeden Fall *auch* unter die Domäne des Wissensmanagements. Weiterbildungsmanagement und Organisation von Weiterbildung mit Wissensmanagement sind jedoch nicht gleichzusetzen, auch wenn es Überlappungen gibt. Wissensmanagement bietet für die Weiterbildung spezielle Chancen, die über einfache Planungs- und Steuerungsprozesse hinausgehen: Ein gezielter Einsatz von Wissensmanagement kann Organisationen dabei helfen, Wissen und Erfahrungen bei der Planung und Durchführung von Weiterbildung aufzubauen, festzuhalten, für weitere Vorhaben fruchtbar zu machen etc. Ob sich gängige Wissensmanagement-Modelle hierfür eignen, soll im Folgenden exemplarisch anhand der beiden meist verbreiteten Modelle diskutiert werden. Ergänzt wird dies durch Hinweise auf pädagogisch-psychologische Modelle.

3.1 Bausteine des Wissensmanagement

Das Modell „Bausteine des Wissensmanagements“ von Probst und Mitarbeitern stammt aus der „Blütezeit“ des Wissensmanagements und wurde Mitte der 1990er Jahre zusammen mit Wirtschaftsvertretern entwickelt (vgl. Probst/Raub/Romhardt 1997). Das dazugehörige Buch „Wissen managen. Wie Unternehmen ihre wertvollste Ressource optimal nutzen“ liegt aktuell in der fünften Auflage vor (vgl. Probst/Raub/Romhardt 2006); das Modell selbst sowie dessen Kernannahme aber blieben weitgehend unverändert. Diese Kernannahme ist, dass Wissensmanagement auf Veränderungsprozesse der organisationalen Wissensbasis gestaltend und lenkend Einfluss nehmen soll (vgl. Probst et al. 2006, S. 33). Die operativen Bausteine des Wissensmanagements, nämlich Wissensidentifikation, Wissenserwerb, Wissensentwicklung, Wissens(ver)teilung, Wissensnutzung und Wissensbewahrung, liefern Ansatzpunkte für Analysen und Interventionen und werden als die sechs Kernprozesse des Wissensmanagements bezeichnet. Eingebettet werden diese in den Managementkreislauf bestehend aus den beiden strategischen Bausteinen „Wissensziele“ und „Wissensbewertung“ (siehe Abb. 2).

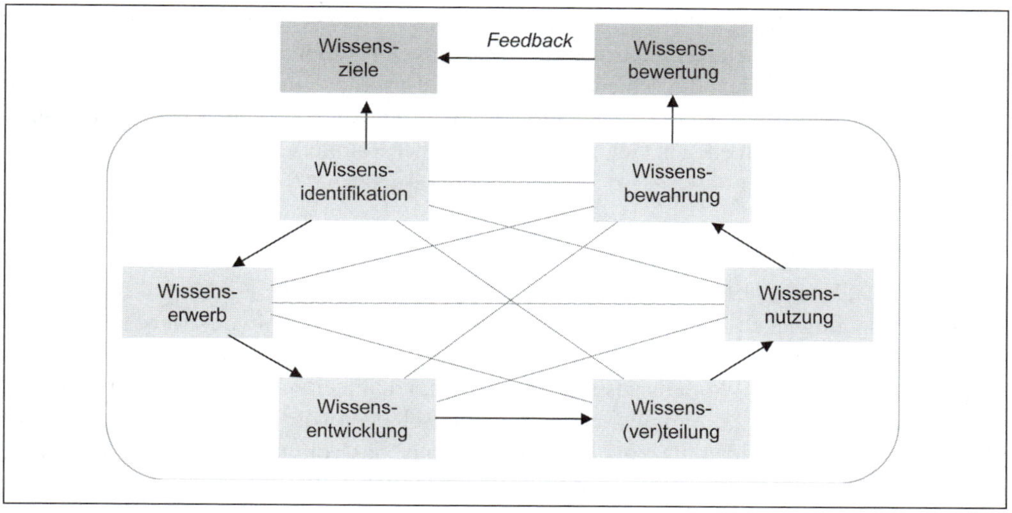

Abb. 2: Baustein-Modell (nach Probst et al. 2006, S. 32)

Das Baustein-Modell erfreut sich nach wie vor großer Beliebtheit, weil es plausibel ist, vor allem Einsteigern in das Wissensmanagement eine gute Orientierung über mögliche Probleme wie auch Anker zum Handeln liefert und das Thema vor allem handhabbar darstellt. Vor diesem Hintergrund kann das Modell auch für die Organisation von Weiterbildung pragmatische Impulse liefern. Dies ist beispielsweise bei folgenden Herausforderungen in einer Weiterbildungsabteilung oder einem Weiterbildungsteam der Fall:

- Transparenz schaffen über bestehende (formale) Qualifikationen und Erfahrungen von Referenten, Trainern etc. ebenso wie über dokumentiertes Wissen (*Wissensidentifikation*).
- Über die Anstellung/Akquise neuer Referenten, Trainer etc. oder den „Einkauf" externer Konzepte und Technologien entscheiden (*Wissenserwerb*).
- Neues Wissen z.B. mit Entwicklungs- oder Evaluationsprojekten schaffen oder das persönliche Wissen der Beteiligten bei neuen Anforderungen (z.B. Einsatz digitaler Medien) erweitern (*Wissensentwicklung*).
- Relevante (administrative, didaktische oder thematische) Informationen an den rechten Ort bringen oder den Austausch von neu erworbenem/geschaffenem Wissen und Erfahrungen intern ankurbeln (*Wissens(ver)teilung*).
- Von außen kommendes und intern generiertes Wissen bei der Planung, Durchführung und Verbesserung von Weiterbildungsangeboten auch anwenden (*Wissensnutzung*).

In welche Richtung Wissensmanagement-Aktivitäten dieser Art mittel- und langfristig gehen sollen (*Wissensziele*) und wie sich der Erfolg gewählter Maßnahmen erfassen und beurteilen lässt (*Wissensbewertung*), sind Fragen, die sich in das oben erwähnte Weiterbildungsmanagement einbetten lassen. Hier gilt es zu fragen, *warum* man Wissen managen sollte und wie man betriebswirtschaftliche Modelle wie das Baustein-Modell (gemacht für gewinnorientierte Wirtschaftsunternehmen) an Bildungsinstitutionen anpassen kann. Vor allem dann, wenn diese dem öffentlichen Sektor angehören oder als Non-Profit-Organisationen agieren, ist eine solche

Anpassung zwingend, denn: Bildungsinstitutionen bieten eine Dienstleistung im Interesse der Gesellschaft an, sehen sich zahlreichen Anspruchsgruppen in Öffentlichkeit und Politik gegenüber, erbringen Leistungen, die schlecht oder gar nicht messbar sind, und erwirtschaften ihre Finanzgrundlage nicht primär durch den Verkauf von Produkten, sondern sichern sich diese in Abhängigkeit von verschiedenen Geldgebern (vgl. Hasler Roumois 2007, S. 144ff.).

3.2 Die Wissensspirale

Nonaka und Takeuchi (1997) haben ebenfalls Mitte der 1990er Jahre ein Modell für die Wissensschaffung entwickelt, welches theoretisch verankert ist und dabei von zwei Dimensionen ausgeht: einer ontologischen Dimension, auf der Individuen, Gruppen und Organisationen als mögliche Quellen neuen Wissens ausgemacht werden, und einer epistemologischen Dimension, auf der das explizite vom impliziten Wissen unterschieden wird. Die Bezeichnungen „implizit“ und „explizit“ bilden die Pole eines Kontinuums, das von unbewusstem Wissen (tacit knowledge) über latentes (zunächst nicht bewusst zugängliches) Wissen bis zu bewusstem (und damit auch artikulierbarem) Wissen reicht. Die Diskussion um dieses Kontinuum ist vielfältig und theoretisch keineswegs abgeschlossen (vgl. z.B. Seiler/Reinmann 2004; Schreyögg/Geiger 2005). In der Wissensspirale wird diese allerdings vereinfacht und Wissen auf zwei Wissensarten (implizit und explizit) reduziert, die in unterschiedlicher Form kombinierbar bzw. ineinander überführbar sind, nämlich:

- vom impliziten zum impliziten Wissen über Beobachten, Imitieren und Sammeln von Erfahrungen in der sozialen Interaktion (Sozialisation),
- vom impliziten zum expliziten Wissen durch Artikulieren des Beobachteten, Gedachten oder Erkannten (Externalisierung),
- vom expliziten zum expliziten Wissen, indem man es mittels Technologien zueinander in Beziehung setzt und miteinander verknüpft (Kombination) und
- vom expliziten zum impliziten Wissen infolge von Informationsaufnahme, Verstehen und Lernen aus primären und medienvermittelten Erfahrungen (Internalisierung).

Der entscheidende Prozess zur Wissensschaffung in einer Organisation besteht laut Nonaka und Takeuchi (1997) aus der Externalisierung sowie aus der kontinuierlichen Transformation individuellen Wissens in kollektives Wissen. Die oben skizzierte Interaktion verschiedener Wissensformen bildet zusammen mit der Überführung personengebundenen Wissens in allgemein zugängliches Wissen die *Wissensspirale* (Abb. 3). Damit sich die Wissensspirale in Gang setzt, müssen laut Modell einige Bedingungen erfüllt sein: Neben Zielen einschließlich einer weitreichenden Vision werden autonomiefreundliche Arbeits- und Lernumgebungen angemahnt, die es Teams ermöglichen, selbstorganisiert und funktionsübergreifend zusammenzuarbeiten. Gefordert werden zudem eine kritische Einstellung gegenüber Bestehendem, die Bereitschaft zum Überdenken des Gewohnten sowie Redundanzen (die aus einer rein betriebswirtschaftlichen Perspektive dem Effizienzstreben entgegenstehen)

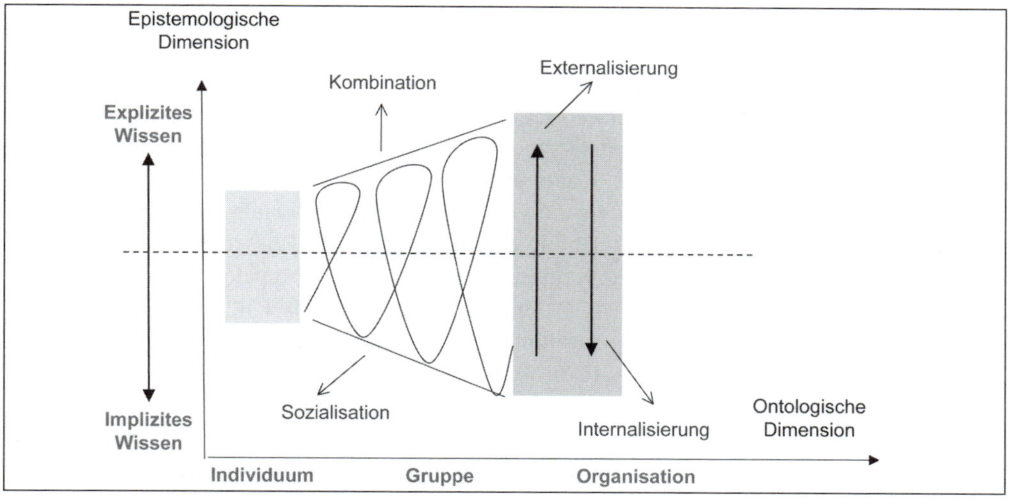

Abb. 3: Wissensspirale (nach Nonaka/Takeuchi 1997, S. 87)

Die Wissensspirale ist eher deduktiv entstanden und nicht nur an konkreten ökonomischen Bedürfnissen von Unternehmen orientiert. In der Folge sind tendenziell weniger spezielle Anpassungen an Bildungsinstitutionen erforderlich (vgl. Sporer 2007) als z.B. beim Baustein-Modell. Der Kernaspekt der Externalisierung – also der Prozess, durch den individuelle Erfahrungen allgemein zugänglich gemacht werden – spielt in der Weiterbildung immer dann eine wichtige Rolle, wenn in neue Konzepte, Methoden und Medien investiert wurde und diese Investitionen angesichts knapper Kassen möglichst nachhaltige Wirkungen haben sollten. Ein gutes Beispiel hierfür sind E-Learning-Innovationen an Hochschulen, für deren Verstetigung Wissensmanagement-Modelle bereits zum Einsatz kommen (z.B. Troitzsch et al. 2007)[2]. Autonomie, Selbstorganisation und Kooperation sind Wissensmanagement-Bedingungen, die gut mit den Anforderungen an Weiterbildungsabteilungen und Weiterbildungsteams (auch an Universitäten) harmonieren (vgl. Bobrow/Fuchs-Kittowski 2005). Was jedoch bleibt, sind eine Reihe genereller theoretischer Probleme der Wissensspirale und deren Übertragung auf genuine Wissenskontexte wie z.B. Hochschulen (z.B. Nullmeier 2005).

3.3 Pädagogisch-psychologische Modelle

Erste explizit pädagogisch-psychologische Konzepte hat Schüppel (1996) in seinem Modell „Vier Akte des Wissensmanagement“ aufgenommen. Die Kernannahme besteht darin, dass Wissensmanagement nur gelingen kann, wenn typische individuelle und kollektive Lern- und Wissensbarrieren überwunden werden. Neben der Rekonstruktion der Wissensbasis einer Organisation (1. Akt) gilt es daher, Lernprozesse zu analysieren (2. Akt), Wissens- und Lernbarrieren zu identifizieren (3. Akt) und erst daraufhin Wissensmanagement-Maßnahmen zu gestalten

2 Ob es sich dabei wirklich um implizites Wissen handelt, welches hier für neue Kontexte und weitere Personen festgehalten und ausgetauscht wird (vgl. Schreyögg/Geiger 2005), kann man aus einer rein praktischen Sicht wohl eher vernachlässigen.

(4. Akt). Allerdings stehen die postulierten Wissens- und Lernbarrieren und die daraus abgeleiteten praktischen Folgen wissenschaftlich eher auf unsicherem Boden (vgl. Roehl 2000).

Auf den ersten Blick nah am Baustein-Modell ist unser eigenes Wissensmanagement-Modell (vgl. Reinmann-Rothmeier/Mandl 2001), das in den vergangenen Jahren mehrere Veränderungen erfahren hat. Kern des Modells sind vier Prozessbereiche im Umgang mit Wissen, nämlich die Repräsentation, Nutzung, Kommunikation und Generierung von Wissen.

Diese sind so konzeptualisiert, dass sie individuelle *und* organisationale Vorgänge und Belange gleichzeitig tangieren und der Tatsache Rechnung tragen, dass Wissensprozesse ohne psychologische Voraussetzungen (Motive, Kenntnisse, Fertigkeiten, Kompetenzen, Einstellungen) undenkbar sind. Eine erste Erweiterung erfuhr das „Münchener Modell" mit Senges „Essenz und Architektur einer lernenden Organisation" (Senge et al. 1997, S. 19ff.), das den „tiefen Lernzyklus" des Individuums (Aufbau von Kompetenzen, Steigerung der Wahrnehmung und Veränderung von Haltungen) mit der Entwicklung der Organisationsarchitektur verknüpft (vgl. Reinmann-Rothmeier 2001; vgl. Abb. 4). Die letzte Modifikation betrifft den zugrunde liegenden Wissensbegriff, dessen zunächst praktisch ausgerichtete Konzeptualisierung in Form von Informations- und Handlungswissen[3] strukturgenetisch verankert wurde (vgl. Seiler/Reinmann 2004).

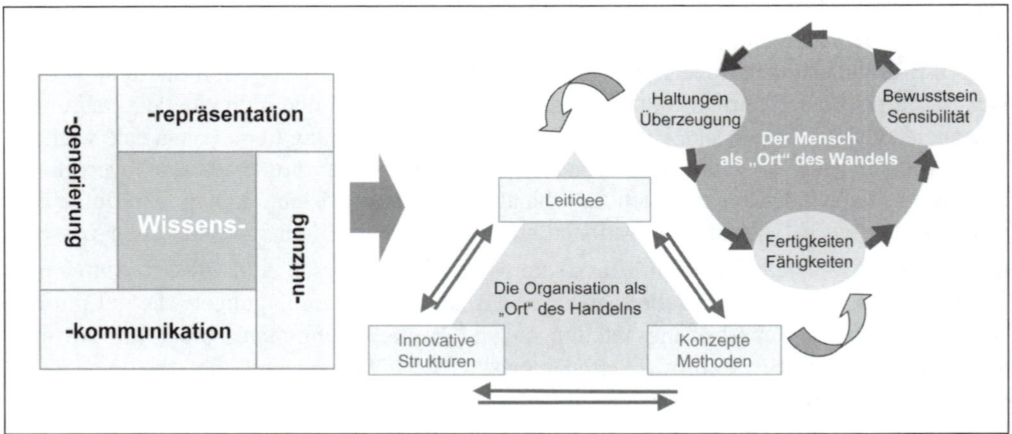

Abb. 4: Das Münchener Modell (Reinmann-Rothmeier 2001, S. 53)

Pädagogisch-psychologische Wissensmanagement-Modelle können ähnlich wie das Baustein-Modell und die Wissensspirale die Organisation von Weiterbildung unterstützen bzw. genauer: Personal- und Angebotsplanung verbessern, innovative Methoden- oder Medienentwicklungen anstoßen, die Zusammenarbeit fördern etc. Sie dürften darüber hinaus weniger Widerstände vor allem in Bildungsinstitutionen provozieren, weil sie sich anschlussfähiger an den Gegenstand des Managements (nämlich die Weiterbildung) erweisen und darüber hinaus ein Sprach- und Konzeptangebot machen, das naturgemäß näher an deren Denkweise liegt.

3 und deren analoge Umschreibung als verschiedene Aggregatszustände von Wasser (Eis und Dampf).

4 Weiterbildung im Prozess des Wissensmanagements

Organisationen, in denen Organisationsmitglieder die Möglichkeit haben und dazu angeregt werden, mit ihrem Wissen bewusst umzugehen, es in Projekte einzubringen, weiterzugeben und auch das Wissen der anderen zu nutzen etc., machen aus Arbeitsumgebungen im Idealfall Lernumgebungen. Dies ist – wie gesagt – ein Idealfall, der theoretisch dann eintritt, wenn man Menschen als Wissens- und Erfahrungsträger versteht, die sich eben *nicht* mithilfe ausgeklügelter Wissensmanagement-Strategien und -Methoden ersetzen oder austauschen lassen[4]. In diesem Sinne kann Wissensmanagement eine informelle Weiterbildungskomponente sein und zum persönlichen Wissensmanagement werden. Darüber hinaus kann die Perspektive des persönlichen Wissensmanagements der Weiterbildung Anregungen geben – sowohl was die Planung, als auch die Methoden für den selbstorganisierten Umgang mit Wissen betrifft.

4.1 Persönliches Wissensmanagement

Ebenso wie beim organisationalen Wissensmanagement steckt auch hinter dem persönlichen Wissensmanagement ein vielfältiges Bündel von Konzepten, Methoden und Werkzeugen, die dem Einzelnen dazu dienen sollen, systematisch auf Information und Wissen zuzugreifen, handlungsrelevante Informationen auszuwählen, zu reflektieren, in das eigene Wissen zu integrieren und das persönliche Wissen weiterzuentwickeln (vgl. Probst et al. 2000; Lembke 2004; Röll 2006). Metawissen, Lernstrategien und Problemlösekompetenz gehören zu den Voraussetzungen für persönliches Wissensmanagement; entsprechend wichtig sind die Erkenntnisse, welche die Metakognitions-, die Lern- und die Problemlöseforschung liefern (z.B. Mandl/Friedrich 2006). So gesehen ist persönliches Wissensmanagement nicht nur ein Ableger der Wissensmanagement-Bewegung in Organisationen. Vielmehr stellt persönliches Wissensmanagement ein genuin psychologisches Thema dar, zu dem es bereits zahlreiche Konzepte, empirische Befunde und Empfehlungen für die Praxis gibt. Diese müssen allerdings für das persönliche Wissensmanagement sinnvoll zusammengestellt, begründet, integriert und auf Herausforderungen der Wissensarbeit (s.u.) hin spezifiziert werden.

Ein aktueller Modellvorschlag geht davon aus, dass eine Reihe grundlegender Unterscheidungen dabei hilft, sich im persönlichen Wissensmanagement zu orientieren (vgl. Reinmann/Eppler 2008). Eine erste Unterscheidung ist die zwischen Innen und Außen im persönlichen *Erleben* der Person. Forschungen zur Frage, wie wir unser Selbst konstruieren, zeigen (vgl. Krampen 2002): Es ist für den Menschen essenziell, zwischen dem Ich (Innen) und den Anderen/Gegenständen (Außen) zu unterscheiden *und* sich gleichzeitig mit der Umwelt aktiv auseinander zu setzen, die Grenzen also durchlässig zu machen. Darauf aufbauend wird zum einen zwischen Personen (Wissensträger/Subjekte) und Gegenständen (Wissensobjekte/Artefakte) in der *Wissensumwelt* unterschieden, mit der die Person interagiert. Zum anderen kann man Rezeption (z.B. Text- oder Tondokumenten recherchieren, lesen/hören und verstehen) und Produktion (z.B. einen Artikel schreiben oder einen Podcast erstellen) als zwei Formen von konstruktiver *Aktivität* der Person im Austausch mit der Wissensumwelt voneinander trennen – natürlich mit allen Übergängen, die man sich dazu denken kann (Reinmann 2008). Dazu kommen mentale Basisprinzipien, die die Grundlage dafür bilden, dass eine Person zu all die-

4 Diese Annahme von den Grenzen der Effizienzsteigerung im Humanbereich läuft in einem gewissen Sinne vor allem dem betriebswirtschaftlichen Entwicklungsstrang des Wissensmanagements zuwider.

sen Austauschprozessen überhaupt in der Lage ist. Die folgende Abbildung (Abb. 5) visualisiert den Teil des Modells, der als „Beschreibungssprache" bezeichnet werden kann.

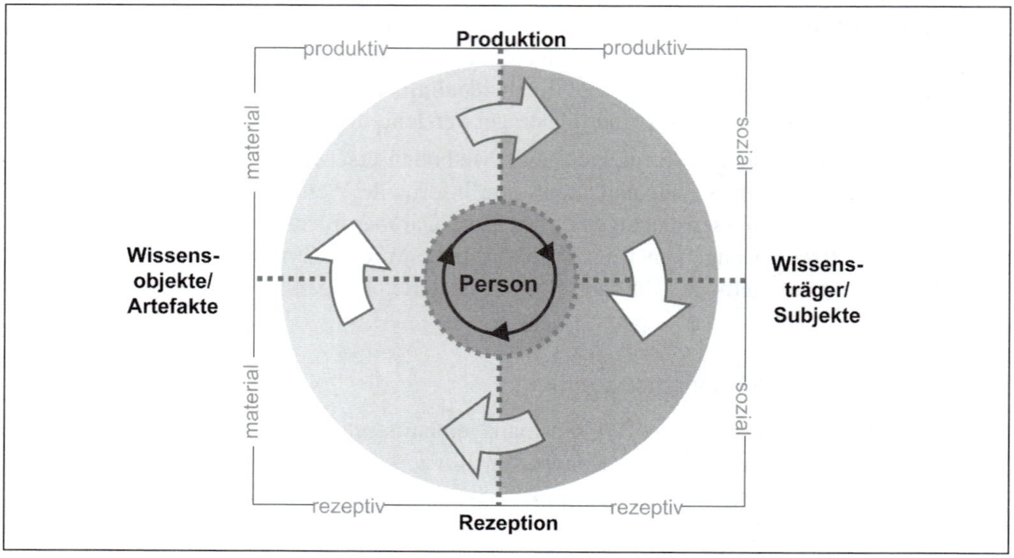

Abb. 5: Modell zum persönlichen Wissensmanagement (Reinmann/Eppler 2008, S. 42)

Wer einen wissensintensiven Arbeitsplatz hat oder gar als Wissensarbeitender gelten kann und im obigen Sinne persönliches Wissensmanagement praktiziert, kann in hohem Maße informell lernen. Dies wird traditionelle Weiterbildung nicht ersetzen, aber sehr wohl ergänzen (müssen). Allerdings: Nicht alle Tätigen, auch nicht alle klassischen Kopfarbeiter (versus Handarbeiter) sind Wissensarbeitende, sondern nur die, deren Tätigkeiten komplex und wenig planbar sind, immer wieder neue Anforderungen stellen und einen hohen Grad an Informiertheit, Koordination und Kooperation, aber auch Entwicklung und andere kreative Leistungen erfordern (vgl. Hube 2005). In der Wissensarbeit – so Willke (2001) – begreift man Wissen als einen Prozess, der niemals abgeschlossen ist, der kontinuierlich erneuert werden muss, der nicht als Wahrheit, sondern als Ressource gilt und darüber hinaus untrennbar mit dem Nichtwissen verbunden ist. Wissensarbeitende in diesem Sinne kann man nicht *einmal* ausbilden; Wissensarbeitende leben gewissermaßen vom lebensbegleitenden Lernen. Zusammen mit Kommunikation ist Lernen Teil der Arbeitstätigkeit (vgl. Hasler Roumois 2007).

4.2 Weiterbildung aus der Perspektive des persönlichen Wissensmanagements

Neben der oben kurz angerissenen Beschreibungssprache für persönliches Wissensmanagement muss ein Modell, will es neben theoretischer Fundierung auch handlungswirksam werden, Vorschläge für Entscheidungen etwa für verschiedene Methoden des persönlichen Wissensmanagements machen (vgl. Reinmann/Eppler 2008). Persönliches Wissensmanagement wird in aller Regel anforderungsbezogen praktiziert und fungiert daher als allgemeiner Problemlöseansatz in Situationen, in denen man den Umgang mit Wissen verbessern muss oder will. Was das im Einzelnen genau heißt und welche Ziele letztlich erreicht werden sollen, ist

– unabhängig von den konkreten Inhalten – zunächst einmal davon beeinflusst, ob ein akutes Problem gelöst werden soll oder ob es darum geht, langfristig nutzbare Problemlösefähigkeiten aufzubauen. Im ersten Fall steht man vor einem operativen Ziel, das in eine unmittelbare Leistung (Performanz) mündet; im zweiten Fall hat man es mit einem strategischen Ziel zu tun, nämlich mit Kompetenzentwicklung. Zu erkennen, was jeweils wichtig und primär ist, erhöht die Chance auf einen gelungenen Methodeneinsatz. Des Weiteren spielt es für das persönliche Wissensmanagement eine nicht unerhebliche Rolle, ob man vor Anforderungen steht, die in gewisser Weise kalkulierbar sind und effiziente Lösungen ermöglichen, oder vor solchen, die sich erst noch aktuell und wenig vorhersehbar entwickeln, also eher emergent sind und nach innovativen Lösungen verlangen. Erstere erfordern eine gezielte, man kann sagen: eine konvergente Problemlösung oder aber – im Falle der Kompetenzentwicklung – eine klar definierbare Entwicklung fachlicher Kenntnisse und Fähigkeiten. Die Zweitgenannten dagegen sprechen für divergentes Problemlösen bzw. für den Aufbau von Schlüsselkompetenzen, die vielseitig einsetzbar sind.

Das resultierende Vier-Felder-Schema (siehe Abb. 6) ist als „Anforderungsraster" eine Entscheidungshilfe; es bildet keine Phänomene ab, denn: Natürlich bedingen sich Performanz und Kompetenz gegenseitig und Entscheidungen in Richtung Effizienz- und Innovationsziele sind subjektiver Natur und nur tendenziell voneinander abzugrenzen. Konvergentes und divergentes Problemlösen sowie Fach- und Schlüsselkompetenzentwicklung bilden aber in jedem Fall vier mögliche Anforderungsfelder beim persönlichen Wissensmanagement *und* sie können Grundlage individueller Entscheidungen für Weiterbildungsziele und -prozesse sein. Umgekehrt kann eine solche Perspektive auch Impulse für die Gestaltung von Weiterbildungsprogrammen und -angeboten vor allem in wissensintensiven Arbeitsbereichen geben.

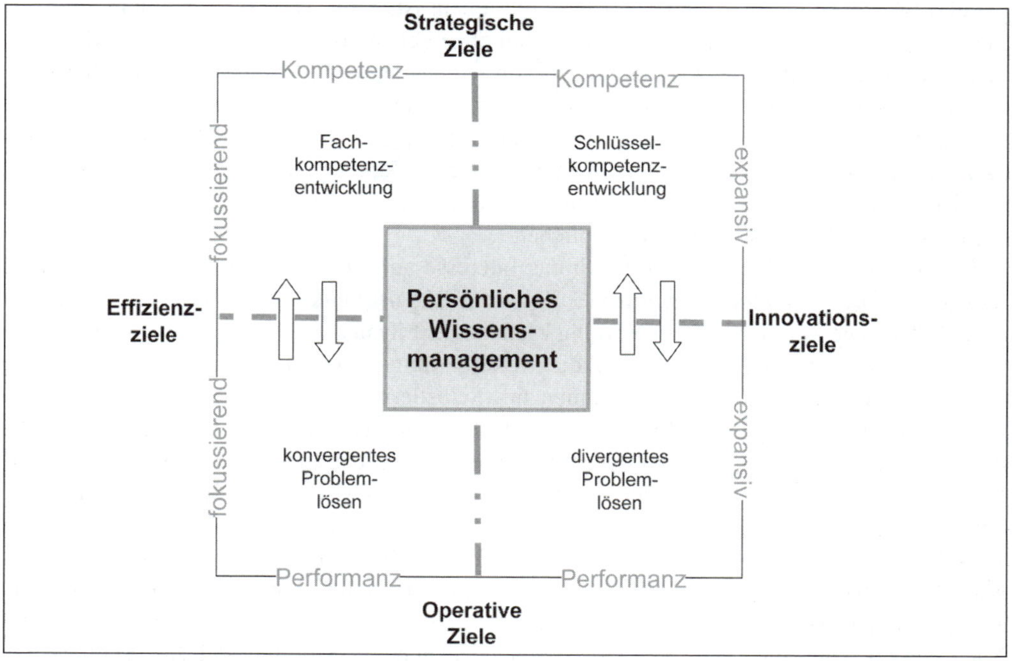

Abb. 6: Anforderungsraster für das persönliche Wissensmanagement (Reinmann/Eppler 2008, S. 54)

5 E-Learning und Wissensmanagement in der Weiterbildung

Lange Zeit haben sich E-Learning und Wissensmanagement in der Forschung wie auch in der Praxis eher auf Distanz gehalten, was deutlich etwa auf Tagungen, in Handbüchern und Projekten erkennbar war. Nun aber stellen sich immer mehr Entgrenzungsphänomene ein, bei denen nicht mehr ganz klar ist, ob der Aspekt des Lernens oder des Wissensmanagements im Vordergrund steht (vgl. Reinmann 2007a): Wer z.B. *Mobile Learning* praktiziert, nutzt mobile Endgeräte und drahtlose Netzwerke zum Lernen und schafft sich damit Lernbedingungen, wie sie im Wissensmanagement schon lange bekannt sind (vgl. Döring/Kleeberg 2006). Beim *Micro Learning* strebt man ein Lernen eng umgrenzter Inhalte innerhalb kurzer Zeiteinheiten an, was auch auf der Agenda von Wissensmanagern zu finden ist (vgl. Hug/Linder 2007). *Rapid E-Learning* ist eine Wortkonstruktion, die eigentlich etwas anderes meint, als es zunächst scheint: Hier geht es um die kostengünstige und schnelle Produktion von Lerninhalten – ganz im Sinne des Wissensmanagements. Die Schlagwörter *Web 2.0 und E-Learning 2.0* (s.u.) schließlich verweisen darauf, dass zunehmend mehr Internet-Nutzer ihr persönliches Wissen und gesammelte Informationen öffentlich machen, Erfahrungen austauschen und gemeinsam neue Inhalte produzieren – und dabei eine Menge (informell) lernen. Verständlich werden diese Entgrenzungsprozesse nur, wenn man sich die Entwicklung beim E-Learning vor Augen hält und versteht, welche neuen Potenziale in den letzten Jahren entstanden sind.

5.1 Entwicklung im E-Learning

Die Bedeutung der digitalen Medien in der Weiterbildung wächst unaufhörlich (siehe von Hippel und Fischer in diesem Band), was nur konsequent ist, denn: Wir leben in einem digitalen Zeitalter; Information und Kommunikation sind ohne Technologieeinsatz nicht mehr denkbar; viele, hier nur angedeutete, Veränderungen von Arbeitstätigkeiten sind durch Virtualisierung zumindest mit bedingt. Ähnlich wie beim Wissensmanagement haben wir es aber auch beim E-Learning *nicht* mit einer linearen Entwicklung zu tun: Ende der 1980er, Anfang der 1990er Jahre stürzten sich die ersten Pioniere in Sachen digitale Medien in der Weiterbildung vor allem auf deren Potenziale, Information multimedial zu präsentieren und Interaktionsmöglichkeiten mit technischen Lernsystemen zu ermöglichen.

Ende der 1990er Jahre verlagerte sich das Interesse auf die speziellen Netzpotenziale und die Chancen des *Computer Supported Collaborative Learning*, kurz: CSCL (vgl. Niegemann et al., 2004). Die Zeit der großen Learning Management Systeme (LMS) begann, die bis heute wichtige administrative Werkzeuge für die Weiterbildung sind (vgl. Baumgartner/Häfele/Häfele 2002; Schulmeister 2003). Zusammen mit Selbstlernszenarien dank multimedialer und interaktiver Medienangebote (Phase 1) und Kollaborationsszenarien mit Seminarcharakter mittels CSCL-Systemen (Phase 2) bildeten sie die erste E-Learning-Generation. Vor allem im Unternehmenskontext erhoffte man sich mit dieser Art des E-Learning Kosteneinsparungen und andere Effizienzvorteile, die dann aber aus verschiedenen Gründen – ähnlich wie beim Wissensmanagement – enttäuscht wurden (vgl. KPMG 2001; Unicmind 2001). In Hochschulen gestaltete sich die Geschwindigkeit, in der man versuchte, den technischen Neuerungen nachzukommen, äußerst unterschiedlich (vgl. Seufert/Euler 2005; Kleimann/Wannemacher 2005). Nach wie vor kann man nicht von einer flächendeckenden Versorgung der Hochschulen mit Lern- und Bildungstechnologien der ersten Generation sprechen. Im Bereich der Erwachsenenbildung sieht es ähnlich aus (siehe Fischer in diesem Band).

Beinahe zeitgleich zum Wissensmanagement war auch beim E-Learning in den ersten Jahren des neuen Jahrtausends die Talsohle erreicht. Der mehr oder weniger (un-)erwartete Aufschwung begann mit dem „Web 2.0“, das erst seit kurzem die zweite Generation des E-Learning einleitete – also eine Art „E-Learning 2.0“, das mit folgenden Zielen aufwartet: An die Stelle großer LMS, die in einer Organisation zentral gesteuert werden und wie „Inseln“ alle zum Lernen erforderlichen Ressourcen bereithalten, sollen persönliche Lernportale treten, die von den Lernenden selbst gestaltet werden und als „Tor“ ins weltweite Netz mit seinen vielfältigen Ressourcen dienen (vgl. Kerres 2006). Web 2.0 ist ein metaphorischer Begriff, der das Update einer Software als Analogie benutzt, um darauf hinzuweisen, dass vor allem Wahrnehmung und Nutzungsformen des Internet u.a. dank vereinfachter Handhabbarkeit technischer Werkzeuge eine neue Qualitätsstufe erreicht haben: Potenziell werden Nutzer etwa mit eigenen Weblogs[5] oder durch Partizipation an Wikis[6] selbst zu Autoren. Das soziale Netzumfeld und der gegenseitige Austausch werden wichtiger, was sich beispielsweise beim Social Bookmarking[7] und in Foto- oder Video-Portalen[8] zeigt. Das Web wird zur Plattform auch einzelner Nutzer, die (tendenziell) immer mehr Dienste direkt aus dem Netz beziehen und eigene Inhalte von der lokalen Festplatte auf virtuelle Speicher verlegen, worauf hier im Detail nicht weiter eingegangen werden kann (vgl. Alby 2007). Web 2.0 ist derzeit ein zwar viel diskutiertes, letztlich aber noch nicht allgemein verbreitetes Phänomen, wie aktuelle Mediennutzungsdaten zeigen (vgl. zusammenfassend Seufert 2007; Reinmann 2007b). Allerdings verweisen diese Daten gleichzeitig *auch* darauf, dass die Web 2.0-Nutzung – nicht unerwartet – vor allem durch die junge Generation be- und vorangetrieben wird. Fragen, wie man Web 2.0-Anwendungen im Bereich des E-Learning erfolgreich einsetzt (und die Entwicklung zum „E-Learning 2.0“ fördert), welche neuen oder veränderten Szenarien daraus resultieren und wie gut sich diese in Bildungskontexte implementieren lassen, können derzeit noch nicht befriedigend beantwortet werden (vgl. Seiler Schiedt/Kälin/Sengstag 2006; Merkt et al. 2007).

5.2 Verknüpfungsmöglichkeiten zwischen Wissensmanagement und E-Learning

Theoretische Überlegungen dazu, wie man E-Learning und Wissensmanagement verbinden könnte, gibt es derzeit nur wenige: Von einem *Reifeprozess des Wissens* in Organisationen geht Schmidt (2005 a; b) aus und postuliert fünf Stufen in diesem Prozess: Auf Stufe 1 entstehen neue Ideen, die allenfalls informell weitergegeben werden, ohne dass man auf einen einheitlichen Sprachgebrauch zurückgreifen kann (z.B. Blogging). Auf Stufe 2 bilden sich Netzgemeinschaften (Communities), die zielgerichtet und auf der Basis eines gemeinsamen Vokabulars auf CSCL-Plattformen oder in Wikis zusammenarbeiten; die Ergebnisse sind eher unstrukturiert. Erst auf Stufe 3 entstehen strukturierte Dokumente (z.B. Fallstudien und Projektberichte), die einen gewissen Formalisierungsgrad aufweisen, aber noch keine Lernmaterialien im eigentlichen Sinne sind. Auf Stufe 4 werden didaktisch aufbereitete Lernobjekte generiert, die sich vor allem für „Ad-hoc-Fortbildungen“ (Micro Learning) eignen; die Zielgruppe

5 Ein Weblog (kurz Blog) ist ein im Internet öffentlich geführtes „Tagebuch“, das verschiedene Zwecke haben kann; die Einträge sind chronologisch sortiert, die dazugehörige Technologie ist einfach zu bedienen.

6 Ein Wiki ist eine Sammlung von Web-Seiten, die online und kollaborativ bearbeitet werden kann.

7 Social Bookmarking bezeichnet den Prozess, Lesezeichen im Internet öffentlich zu machen und gemeinsam zu verschlagworten.

8 Beispiel für Foto-Portal: Flickr ; Beispiele für Videoportale: YouTube und MyVideo.

des dokumentierten Wissens wird damit größer. Schließlich entstehen auf Stufe 5 Lernobjekte in einem größeren Zusammenhang zur formellen Bildung; erst hier handelt es sich um in sich geschlossene Kurse, die auch für Anfänger geeignet sind (siehe Abb. 7).

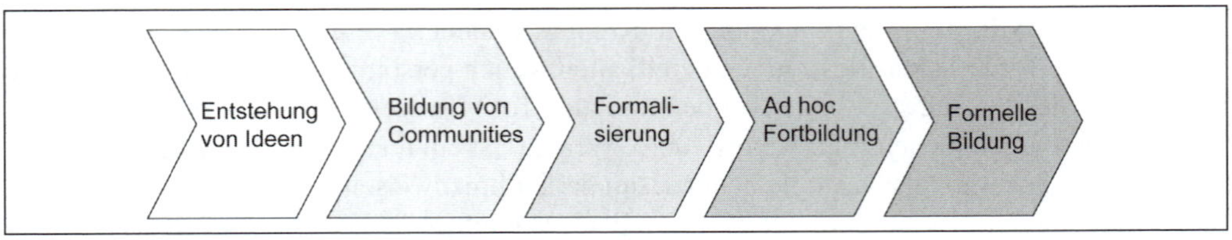

Abb. 7: Der Wissensreifungsprozess (in Anlehnung an Schmidt 2005a)

Bönnighausen und Wilkesmann (2005) skizzieren ein *Entwicklungsmodell* zur Verbindung von E-Learning und Wissensmanagement, das ein Entwicklungskonzept vom Novizen zum Experten zur Basis hat und davon ausgeht, dass dieser Prozess mit einer Bewegung von der Qualifikations- zur Kompetenzentwicklung einhergeht. Qualifikation wird definiert als von außen an Personen herangetragene Erwartungen (formale Bildungsabschlüsse). Kompetenz dagegen beschreibt die meist informell erworbene Fähigkeit des Experten, Probleme zu lösen und das eigene Wissen bei Bedarf umzustrukturieren. Dem Modell zufolge brauchen Novizen zunächst Qualifikationen, wozu klare Anleitungen und regelgebundenes Wissen notwendig sind; dies solle und könne E-Learning leisten. Kompetenzen dagegen entwickeln sich, wenn sich Menschen eigenverantwortlich mit ihrem Umfeld auseinander setzen. Hier ist Lernen eher informell; statt um regelgebundenes Wissen geht es dem Experten mehr um praktisches Transferwissen – wie im Wissensmanagement. Der Weg vom E-Learning zum Wissensmanagement entspricht also dem Weg vom Novizen zum Experten bzw. vom formalen zum informellen Lernen oder von der Qualifikation zur Kompetenz (siehe Abb. 8).

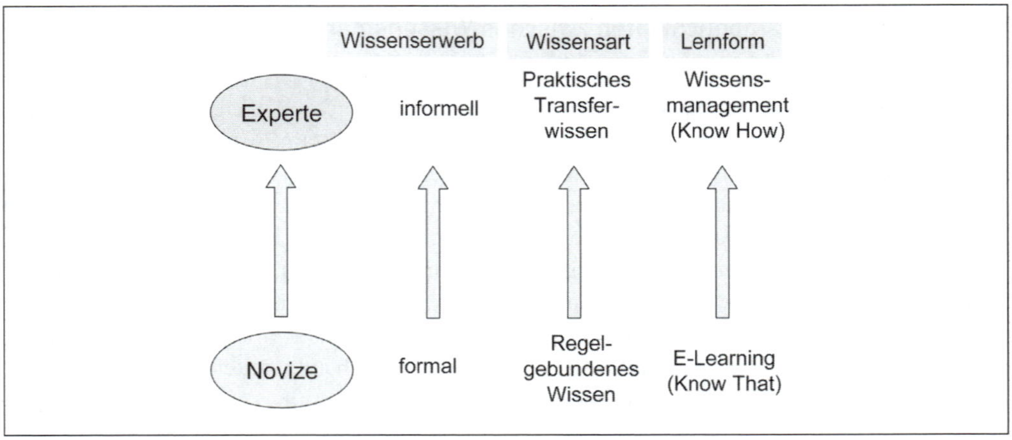

Abb. 8: Vom Novizen zum Experten (in Anlehnung an Bönnighausen/Wilkesmann 2005)

Beide Modelle zur Verbindung von E-Learning und Wissensmanagement enthalten mehr oder weniger explizite Bewertungen der verschiedenen Grade von Explizierung und Aufbereitung von Wissen, wobei dies interessanterweise in gegenläufiger Richtung geschieht: Während

Schmidt als Zielrichtung seines Reifeprozesses (von Wissen) E-Learning und formale Bildung im Blick hat, postulieren Bönnighausen und Wilkesmann in ihrem Entwicklungsprozess (von Personen) das Wissensmanagement und informelle Kompetenzentwicklung als Zielrichtung. Aktuell und mit wachsendem Erfahrungsstand zum Einsatz von Web 2.0-Anwendungen aber nehmen Versuche zu, die Trennung aufzuweichen, die in beiden Modellen vorgenommen wird; das heißt: E-Learning *ist* persönliches Wissensmanagement, wenn damit vor allem informelles Lernen (etwa im Rahmen von Arbeitstätigkeiten) jenseits der klassischen „Schulung" gemeint ist („E-Learning 2.0"; vgl. Abschnitt 4). Wissensmanagement wiederum kann viele Potenziale zum Lernen – vor allem zum Lernen mit digitalen Medien (also E-Learning) – bieten, wenn die Komponente „Mensch" mit geeigneten pädagogisch-psychologischen Konzepten einen zentralen Stellenwert in organisationalen Bemühungen erhält. Komplementaritäten schließlich ergeben sich, wenn Wissensmanagement zum Metamodell für die Planung und Durchführung von Weiterbildung wird (vgl. Abschnitt 3).

6 Zusammenfassung

Mit dem vorliegenden Beitrag wollten wir mehrere mögliche Beziehungen zwischen Wissensmanagement und Weiterbildung deutlich machen: Im einfachsten Fall ist *Wissensmanagement* der *Gegenstand von Weiterbildung*. Man kann davon ausgehen, dass – mit der üblichen Verzögerung – Weiterbildungsangebote die aktuelle Situation des Wissensmanagements ebenso widerspiegeln wie die Vielfalt an Ansätzen, Konzepten und Methoden, die sich hinter diesem Begriff verbirgt. Wir haben diesen Umstand dazu genutzt, verschiedene Entwicklungslinien von Wissensmanagement und deren Bedeutung für Gesellschaft und Wirtschaft zumindest anzureißen. Praktisch relevant und konkret wird es im Falle der *Organisation von Weiterbildung mit Wissensmanagement*: Weiterbildung ist eine wissensintensive Dienstleistung und so gesehen ein für Wissensmanagement prädestinierter Gegenstand, dessen Gestaltung in hohem Maße von Wissen und Erfahrung aller Beteiligter abhängig ist. Es ist nahe liegend, Wissensmanagement-Modelle auf die Planung, Konzeption und Durchführung von Weiterbildungsprogrammen und -angeboten anzuwenden. Wir haben exemplarisch drei Modelle vorgestellt, die sich erstens für die Weiterbildung prinzipiell eignen und zweitens einen Eindruck von der existierenden Modell-Landschaft vermitteln. Eine gewisse Umkehrung der Blickrichtung betreibt man, wenn man *im Prozess des Wissensmanagements* nach Möglichkeiten für *Weiterbildung* sucht: Diesen komplexen „Beziehungsfall" haben wir herangezogen, um das organisationale Wissensmanagement mit dem persönlichen Wissensmanagement zu erweitern und die Verbindung zwischen Lernprozessen in der Weiterbildung und Prozessen beim individuellen Umgang mit dem eigenen Wissen (in der Arbeitstätigkeit) aufzuzeigen. Schließlich lassen sich anhand der derzeitigen Entwicklungen von Web-Technologien und deren Nutzung (Stichwort Web 2.0) zahlreiche Verschmelzungsphänomene zwischen Wissensmanagement und Weiterbildung finden. Unter dem Dach der „Verbindung von E-Learning und Wissensmanagement" wollten wir zum einen auf die teilweise parallel verlaufenden Entwicklungen im E-Learning und Wissensmanagement aufmerksam machen und zum anderen einen Einblick in die aktuelle „E-Learning 2.0"-Diskussion ermöglichen.

Literatur

Alby, T. (2007): Web 2.0. Konzepte, Anwendungen, Technologien. München: Hanser.

Baumgartner, P./Häfele, H./Maier-Häfele, K. (2002): E-Learning Praxishandbuch –Auswahl von Lernplattformen. Innsbruck: Studienverlag.

Bobrow, W./Fuchs-Kittowski, K. (2005): Wissensmanagement in Wirtschaft und Wissenschaft. In: Fuchs-Kittowski, K./Umstätter, W./Wagner-Döbler, R. (Hrsg.): Wissensmanagement in der Wissenschaft. Wissenschaftsforschung Jahrbuch 2004. Berlin: Gesellschaft für Wissenschaftsforschung, S. 43-68.

Bönnighausen, M./Wilkesmann, M. (2005): E-Learning meets Wissensmanagement. Wie Qualifikations- und Kompetenzentwicklung in Betrieben zugleich erfolgen. DIE Zeitschrift für Erwachsenenbildung. Verfügbar unter: http://www.diezeitschrift.de/22005/boennighausen05_01.htm (01.11.2007).

Döring, N./Kleeberg, N. (2006): Mobiles Lernen in der Schule. Entwicklungs- und Forschungsstand. In: Unterrichtswissenschaft 34, H. 1, S. 70-92.

Hasler Roumois, U. (2007): Studienbuch Wissensmanagement. Zürich: Orrell Füssli.

Heisig, P. (2007): Professionelles Wissensmanagement in Deutschland. Erfahrungen, Stand und Perspektiven des Wissensmanagements. In: Gronau, N. (Hrsg.): 4. Konferenz Professionelles Wissensmanagement – Erfahrungen und Visionen. Berlin: GITO, S. 3-19.

Howaldt, J./Kopp, R. (2005): Paradoxien und Dysfunktionalitäten des betrieblichen Wissensmanagements. Vom Ende einer Managementmode. In: Ciesinger, K.-C./Howaldt, J./Klatt, R./Kopp, R. (Hrsg.): Modernes Wissensmanagement in Netzwerken. Perspektiven, Trends und Szenarien. Wiesbaden: Deutscher Universitäts-Verlag, S. 3-20.

Hube, G. (2005): Beitrag zur Analyse und Beschreibung der Wissensarbeit. Heimsheim: Jost-Jetter.

Hug, T./Lindner, M. (Hrsg.) (2007): Didactics of Microlearning. Münster: Waxmann.

Hüttenegger, G. (2006): Open Source Knowledge Management. Berlin: Springer.

Kerres, M. (2006): Potenziale von Web 2.0 nutzen. In: Hohenstein, A./Wilbers, K. (Hrsg.): Handbuch E-Learning. München: DWD.

Kleimann, B./Wannemacher, K. (2005): E-Learning-Strategien deutscher Universitäten. Fallbeispiele aus der Hochschulpraxis. HIS-Kurzinformation B5. Hannover. Verfügbar unter: http://www.his.de/pdf/Kib/kib200504.pdf (01.11.2007).

KPMG (2001): eLearning zwischen Euphorie und Ernüchterung. KPMG. München. Verfügbar unter: http://www.kpmg.de/about/press-office/2001/11/28.html (01.11.2007).

Krampen, G. (2002): Persönlichkeits- und Selbstkonzeptentwicklung. In: Oerter, R./Montada, L. (Hrsg.): Entwicklungspsychologie. Weinheim: Beltz, S. 675-710.

Lehner, F. (2006): Wissensmanagement. Grundlagen, Methoden und technische Unterstützung. München: Hanser.

Lembke, G. (2004): Persönliches Wissensmanagement. Verfügbar unter: http://www.c-o-k.de/cp_artikel.htm?artikel_id=180 (01.11.2007).

Lüthy, W./Voit, E./Wehner, T. (Hrsg.) (2002): Wissensmanagement – Praxis. Zürich: vdf Hochschulverlag.

Mandl, H./Friedrich, H.F. (Hrsg.) (2006): Handbuch Lernstrategien. Göttingen: Hogrefe.

Merk, R. (2006): Weiterbildungsmanagement. Bildung erfolgreich und innovativ managen. Augsburg: ZIEL.

Merkt, M./Mayrberger, K./Schulmeister, R./Sommer, A./van den Berk, I. (Hrsg.) (2007): Studieren neu erfinden – Hochschule neu denken. Münster: Waxmann.

Niegemann, H.M./Hessel, S./Hochscheid-Mauel, D./Aslanski, K./Deimann, M./Kreuzberger, G. (2004): Kompendium E-Learning. Berlin: Springer.

Nonaka, I./Takeuchi, H. (1997): Die Organisation des Wissens. Wie japanische Unternehmen eine brachliegende Ressource nutzbar machen. Frankfurt: Campus.

North, K. (2005): Wissensorientierte Unternehmensführung. Wertschöpfung durch Wissen. Wiesbaden: Gabler.

Nullmeier, E. (2005): Wissensbasierte Systeme. In: Fuchs-Kittowski, K./Umstätter, W./Wagner-Döbler, R. (Hrsg.): Wissensmanagement in der Wissenschaft. Wissenschaftsforschung Jahrbuch 2004. Berlin: Gesellschaft für Wissenschaftsforschung, S. 69-88.

Probst, G./Deussen, A./Eppler, M.J./Raub, S. (2000): Kompetenz-Management – Wie Individuen und Organisationen Kompetenzen entwickeln. Wiesbaden: Gabler.

Probst, G./Raub, S./Romhardt, K. (1997): Wissen managen. Wie Unternehmen ihre wertvollste Ressource optimal nutzen. Wiesbaden: Gabler.

Probst, G./Raub, S./Romhardt, K. (2006[5]): Wissen managen. Wie Unternehmen ihre wertvollste Ressource optimal nutzen. Wiesbaden: Gabler.

Reinhardt, R./Eppler, M.J. (2004): Wissenskommunikation in Organisationen. Methoden, Instrumente, Theorien. Berlin: Springer.

Reinmann, G. (2007a): Wissen – Lernen – Medien: E-Learning und Wissensmanagement als medienpädagogische Aufgaben. In: Sesink, W./Kerres, M./Moser, H. (Hrsg.): Jahrbuch Medienpädagogik 2006. Wiesbaden: VS Verlag, S. 179-197.

Reinmann, G. (2007b): Bologna in Zeiten des Web 2.0. Assessment als Gestaltungsfaktor (Arbeitsbericht Nr. 16). Augsburg: Universität Augsburg, Medienpädagogik. Verfügbar unter: http://imb.phil.uni-augsburg.de/imb/system/files/Arbeitsbericht16.pdf (01.11.2007).

Reinmann, G. (2008): Lehren als Wissensarbeit? Persönliches Wissensmanagement mit Weblogs. Information. Wissenschaft & Praxis, 59 (1), 49-57.

Reinmann, G./Eppler, M. (2008): Wissenswege. Methoden für das persönliche Wissensmanagement. Bern: Huber.

Reinmann-Rothmeier, G./Mandl, H. (2001): Wissensmanagement. In: Psychologie in Erziehung und Unterricht 1, S. 76-77.

Reinmann-Rothmeier, G. (2001): Münchener Modell: Eine integrative Sicht auf das Managen von Wissen. Wissensmanagement 5, S. 51-55.

Reinmann-Rothmeier, G./Mandl, H./Erlach, C. (1999): Wissensmanagement in der Weiterbildung. In: Tippelt, R. (Hrsg.): Handbuch Erwachsenenbildung/Weiterbildung. Opladen: Leske + Budrich, S. 753-768.

Riempp, G./Smolnik, S. (2007): Wissensunterstützung: Was bleibt nach dem Hype? Economics 64 (Deutsche Bank Research). Verfügbar unter: http://www.dbresearch.de/PROD/DBR_INTERNET_DE-PROD/PROD0000000000215491.pdf (01.11.2007).

Roehl, H. (2000): Instrumente der Wissensorganisation. Perspektiven für eine differenzierende Interventionspraxis. Wiesbaden: Gabler.

Röll, M. (2006): Knowledge blogs. Persönliche Weblogs im Intranet als Werkzeug im Wissensmanagement. In: Picot, A./Fischer, T. (Hrsg.): Weblogs professionell. Grundlagen, Konzepte und Praxis im unternehmerischen Umfeld. Heidelberg: dpunkt.verlag, S. 95-110.

Schmidt, A. (2005a): Der Wissensreifungsprozess: E-Learning und Wissensmanagement verbinden. Verfügbar unter: http://www.competence-site.de/elearning.nsf/E91A4800E3D2207EC12570530051AD29/$File/wissensreifungsprozess.pdf (01.11.2007).

Schmidt, A. (2005b): Bridging the gap between knowledge management and e-learning with context-aware corporate learning solutions Berlin: Springer, S. 203-213.

Schneider, U. (2001): Die 7 Todsünden im Wissensmanagement. Frankfurt a. M.: Frankfurter Allgemeine Buch.

Schreyögg, G./Geiger, D. (2005): Zur Konvertierbarkeit von Wissen – Wege und Irrwege im Wissensmanagement. In: Zeitschrift für Betriebswirtschaft 5. S. 433-454.

Schulmeister, R. (2003): Lernplattformen für das virtuelle Lernen: Evaluation und Didaktik. München: Oldenbourg.

Schüppel, J. (1996): Wissensmanagement. Wiesbaden: Deutscher Universitäts-Verlag.

Seiler, Th.B./Reinmann, G. (2004): Der Wissensbegriff im Wissensmanagement: Eine strukturgenetische Sicht. In: Reinmann, G./Mandl, H. (Hrsg.): Psychologie des Wissensmanagements. Perspektiven, Theorien und Methoden. Göttingen: Hogrefe, S. 11-23.

Seiler Schiedt, E./Kälin, S./Sengstag Ch. (Hrsg.) (2006): E-Learning – alltagstaugliche Innovation? Münster: Waxmann.

Senge, P.M./Kleiner, A./Smith, B./Roberts, C./Ross, R. (1997): Das Fieldbook zur Fünften Disziplin. Stuttgart: Klett-Cotta.

Seufert, S./Euler, D. (2005): Nachhaltigkeit von eLearning-Innovationen: Fallstudien zu Implementierungsstrategien von eLearning als Innovationen an Hochschulen. SCIL-Arbeitsbericht 4. Universität St. Gallen. Verfügbar unter: http://www.scil.ch/publications/docs/2005-09-seufert-euler-learning-design.pdf (01.11.2007).

Seufert, S. (2007): Ne(x)t Generation Learning - Was gibt es Neues über das Lernen? In: Seufert, S./Brahm, T. (Hrsg.): Ne(x)t Generation Learning: Wikis Blogs, Mediacasts & Co. – Social Software und Personal Broadcasting auf der Spur (S. 2-19). SCIL-Arbeitsbericht 4. Universität St. Gallen. Verfügbar unter: http://www.scil.ch/publications/reports/2007-02-euler-seufert-next-generation-learning.pdf (01.11.2007).

Sporer, T. (2007): Re-Konzeptualisierung der Hochschulinitiative Knowledgebay. In: Zeitschrift für E-Learning 1. S. 50-61.

Tergan, S.O. /Keller, T. (Eds.) (2005): Knowledge and information visualization – Searching for synergies. Heidelberg: Springer.

Troitzsch, H./Clases, C./Sengstag, C./Miller, D. (2007): Erfahrungen und Wissen zum Einsatz von E-Learning nutzen. In: Zeitschrift für E-Learning. 1, S. 36-49.

Unicmind (2001): eLearning und Wissensmanagement in deutschen Großunternehmen. Göttingen. Verfügbar unter http://www.unicmind.de/elearningstudie.pdf (01.11.2007).

Wilkesmann, U. (2005): Lässt sich Wissensarbeit managen? Eine institutionelle Lösung des strategischen Dilemmas. In: Ciesinger, K.-C./Howaldt, J./Klatt, R./Kopp, R. (Hrsg.): Modernes Wissensmanagement in Netzwerken. Perspektiven, Trends und Szenarien. Wiesbaden: Deutscher Universitäts-Verlag, S. 43-63.
Willke, H. (2001): Systemisches Wissensmanagement. Stuttgart: Lucius und Lucius.

Informationsmaterialien

Axel Kühnlenz | Doris Hirschmann

Kommentierte Internetquellen zum Handbuch Erwachsenenbildung/Weiterbildung

Der Deutsche Bildungsserver (www.bildungsserver.de) hat in Kooperation mit dem Verlag eine Begleitseite zum Handbuch Erwachsenenbildung/Weiterbildung eingerichtet, die unmittelbaren Zugang zu der vorliegenden Auswahl einschlägiger Internetquellen sowie weiteren Informationsmaterialien bietet. Die redaktionell gepflegte Seite ist unter der folgenden Internet-Adresse kostenfrei zugänglich:

Begleitseite zum Handbuch Erwachsenenbildung/Weiterbildung
www.bildungsserver.de/link/handbuch_erwachsenenbildung

Einrichtungen der Erwachsenenbildung

www.bildungsserver.de/link/Weiterbildungsinstitutionen
Die Übersichtsseite des Deutschen Bildungsservers bietet eine ausführliche Zusammenstellung außeruniversitärer – öffentlich geförderter wie privater – Einrichtungen, die sich mit Erwachsenenbildung, Weiterbildung und Forschung befassen und auch Dienstleistungen in diesem Feld anbieten (Verzeichnisse von Lehrstühlen und Hochschuleinrichtungen s.w.u.).

Geschichte der Erwachsenenbildung

Das Archiv für Erwachsenenbildung
www.ibe.uni-oldenburg.de/archiv/archiv_eb/index.htm
Das Archiv für Erwachsenenbildung ist eine Einrichtung des Wolfgang-Schulenberg-Institutes für Bildungsforschung und Erwachsenenbildung. Das Internetangebot umfasst u.a. Verzeichnisse der Archiv-Publikationen mit Kurzinhaltsbeschreibungen sowie der Bestände und Informationsmittel.

Archiv zur Geschichte der Erwachsenenbildung
www.die-bonn.de/service/bibliothek_archive/archive.htm
Das Deutsche Institut für Erwachsenenbildung betrachtet „die Archivierung bedeutender Nachlässe von Erwachsenenbildner/inne/n als eine Kernaufgabe des Instituts (…).“ Ein großer Teil der Bestände kann über eine Datenbank recherchiert werden. Die Internetseite bietet ferner Lebensläufe von Erwachsenenbildnern und Findebücher zu deren Nachlässen.

Bildungshistorische Archive
www.bildungsserver.de/link/archive_bildungsgeschichte
Die Übersichtsseite des Deutschen Bildungsservers verzeichnet bildungsgeschichtlich relevante staatliche, private, kirchliche und institutionelle Archive und Dokumentationsstellen.

Forschungsführer Historische Bildungsforschung
www.bildungsserver.de/link/bildungsgeschichte_forschung
Der Katalog des *Fachportal Pädagogik* bietet Informationen zu Institutionen, Personen und Projekten aus den Datensammlungen des Deutschen Bildungsservers und der Projekte-Datenbank SOFIS des Informationszentrums Sozialwissenschaften.

Historische Bildungsforschung Online (HBO)
www.fachportal-paedagogik.de/hbo/
HBO ist eine Website für die bildungshistorische Forschung. Sie wird getragen von der Bibliothek für Bildungsgeschichtliche Forschung des Deutschen Instituts für Internationale Pädagogische Forschung und von der Sektion Historische Bildungsforschung in der Deutschen Gesellschaft für Erziehungswissenschaft.

Knowledgebase Erwachsenenbildung Österreich
www.adulteducation.at/
Das Portal des Verbandes Österreichischer Volkshochschulen und des Österreichischen Volkshochschularchivs bietet in seiner Rubrik „Historiographie“ u.a. umfangreiche bibliographische Nachweise und eine Linksammlung zu internationalen Informationsquellen im Bereich der historischen Erwachsenenbildungsforschung.

Memorandum zur historischen Erwachsenenbildungsforschung
www.die-bonn.de/esprid/dokumente/doc-2002/ciupke02_01.pdf
Das im Auftrag des Deutschen Instituts für Erwachsenenbildung durch eine Projektgruppe unter der Leitung von Hans Tietgens erarbeitete Memorandum hat „u.a. die Aufgabe, Fragen der Sicherung und Dokumentation historischer Quellen zu diskutieren, Schwerpunkte und Defizite historischer Erwachsenenbildungsforschung zu identifizieren, zukünftige Forschungsperspektiven zu benennen (…).“

Studium und Lehre

Einführung in die Erwachsenenbildung - Gegenstandskonstituierung und Theorieperspektiven im Medium einer spezifischen Literaturgattung
www.die-bonn.de/doks/seitter0501.pdf
Vier „Einführungen in die Erwachsenenbildung“ werden hier vorgestellt und dabei untersucht, wie der Gegenstand Erwachsenenbildung jeweils konstituiert wird. Es geht um folgende vier Bücher: Nuissl, Ekkehard: Einführung in die Weiterbildung. Zugänge, Probleme und Handlungsfelder. Neuwied 2000; Faulstich, Peter; Zeuner, Christine: Erwachsenenbildung. Eine handlungsorientierte Einführung in Theorie, Didaktik und Adressaten. Weinheim 1999; Kade, Jochen; Nittel, Dieter; Seitter, Wolfgang: Einführung in die Erwachsenenbildung-Weiterbildung. Stuttgart 1999; Wittpoth, Jürgen: Einführung in die Erwachsenenbildung. Opladen 2003.

Studienführer Erwachsenenbildung/Weiterbildung
www.die-bonn.de/service/hochschulen/
Dieser Online-Studienführer ist ein Angebot des Deutschen Instituts für Erwachsenenbildung (DIE). Er bietet einen Überblick über alle Studiengänge der Richtung Erwachsenenbildung/ Weiterbildung bundesweit. Mit der Suchfunktion kann nach Studiengängen, Personen und Abschlüssen sowie sortiert nach Städten oder Bundesländern recherchiert werden. Darüber hinaus sind Hinweise zu weiterführender Literatur sowie Informationen zum Bologna-Prozess verfügbar.

Studiengänge Pädagogik/Erziehungswissenschaften
www.studienwahl.de/index.aspx?bykapid=81
Das Portal Studien- und Berufswahl bietet ein Verzeichnis aller pädagogischen und erziehungswissenschaftlichen Studiengänge bundesweit. Dieses umfasst Übersichten u.a. auch zu Andragogik, Erwachsenenbildung und Bildungsmanagement. Das Verzeichnis kann nach Studienort, Hochschule oder auch nach Studiengang/-fach sortiert werden.

Verzeichnis der Lehrstühle zur Erwachsenenbildung in Deutschland
www.uni-bamberg.de/fileadmin/andragogik/08/andragogik/links/links.htm#lsanfang
Ein Verzeichnis aller Lehrstühle zur Erwachsenenbildung findet sich auf dieser Internetseite der Otto-Friedrich-Universität Bamberg, Lehrstuhl Andragogik. Weiterführende Informationen führen z.B. auch zu einem Verzeichnis von Lehrstühlen zur Erwachsenenbildung in den USA und in Kanada.

Theorie und Forschung

Forschungsmemorandum für die Erwachsenen- und Weiterbildung
www.die-bonn.de/oear/forschungsmemorandum/forschungsmemorandum.htm
Das Memorandum wurde im Auftrag der Sektion Erwachsenenbildung der Deutschen Gesellschaft für Erziehungswissenschaft (DGfE) entwickelt. Vor dem Hintergrund des erreichten Forschungsstandes zur Erwachsenenbildung reflektiert das Memorandum Schwerpunkte und desiderate Fragestellungen eines wichtigen Bereiches der Bildungsforschung. Dadurch wird ein Koordinaten- und Koordinationssystem für die Entwicklung der Erwachsenenbildungsforschung entworfen, welches der Scientific Community zunächst dazu dienen kann, vielfältige Forschungsaktivitäten konzeptionell einzuordnen und sich über Relevanz und Priorität von Fragestellungen zu verständigen. Es werden fünf zentrale empirische Forschungsfelder benannt: Lernen Erwachsener, Wissensstrukturen und Kompetenzbedarfe, professionelles Handeln, Institutionalisierung, System und Politik.

Handbuch der Berufbildungsforschung: Weiterbildungsforschung (Auszug)
www.erzwiss.uni-hamburg.de/personal/Faulstich/Weiterbildungsforschung.pdf
Der Auszug aus dem Handbuch der Berufsbildungsforschung umreißt die wichtigsten Aspekte und den derzeitigen Stand der Weiterbildungsforschung. Der Beitrag stammt von Prof. Peter Faulstich und berücksichtigt u.a. die Themen: Entwicklung, Probleme, Aspekte und Institutionen der Weiterbildungsforschung sowie Themen und Perspektiven arbeitsorientierter Weiterbildungsforschung.

Literatur zur Theorie der Erwachsenenbildung
www.bildungsserver.de/link/DIE_EB_Theorien
Dieses Verzeichnis des Deutschen Instituts für Erwachsenenbildung (DIE) stellt Veröffentlichungen zur Theorie in der Erwachsenenbildung vor, die zum Teil online und zum Teil als Printpublikationen erschienen sind.

Sektion Erwachsenenbildung der Deutschen Gesellschaft für Erziehungswissenschaft (DGfE)
www.bildungsserver.de/link/dgfe_sektion_erwachsenenbildung
Die Deutsche Gesellschaft für Erziehungswissenschaft ist eine Vereinigung der in Forschung und Lehre tätigen Erziehungswissenschaftlerinnen und Erziehungswissenschaftler und hat derzeit ca. 2.000 Mitglieder. Zweck der DGfE ist die Förderung von Wissenschaft und Forschung, Bildung und Erziehung auf dem Gebiet der wissenschaftlichen Pädagogik. Ihre weitgefächerte Arbeit wird insbesondere in den 13 Sektionen und 21 Kommissionen durchgeführt.
Die Sektion 9 vereinigt alle Vertreterinnen und Vertreter aus dem Feld der Erwachsenenbildungsforschung. Die Homepage bietet Übersichten über Forschungsfelder, Mitgliederlisten und Kommunikationsangebote.

Didaktik in der Erwachsenenbildung

Didaktische Dimensionen der Erwachsenenbildung
www.die-frankfurt.de/esprid/dokumente/doc-1991/tietgens91_02.pdf
Diese von Hans Tietgens 1991 zusammengestellte und eingeleitete Publikation gibt einen Überblick über verschiedene Aspekte einer Didaktik der Erwachsenenbildung, die u.a. als Analyse von Lernsituationen und Intervention in diese Lernsituationen aufgefasst wird. (PDF-Dokument, 176 Seiten, 1991).

Geschlechtergerechte Didaktik für die Bildungsarbeit mit Erwachsenen
www.ruhr-uni-bochum.de/fiab/pdf/onlinetexte/online5.pdf
Die Autorin Karin Derichs-Kunstmann befasst sich in diesem Beitrag mit der Frage, welche Konsequenzen aus der Umsetzung von Geschlechterdemokratie bzw. Geschlechtergerechtigkeit für die Bildungsarbeit in der Erwachsenenbildung abzuleiten sind. Geschlechtergerechte Didaktik impliziert eine umfassende Berücksichtigung von Geschlechterdifferenz und Geschlechtergerechtigkeit bei Planung und Gestaltung von Bildungsveranstaltungen und umfasst damit auch – unter dem Gesichtspunkt der Makrodidaktik – die Rahmenbedingungen innerhalb der Bildungsinstitutionen. (PDF-Dokument, 6 Seiten, 2002)

Kleines Handbuch Didaktischer Modelle
www.ikud.de/handbuch.htm
Das „Kleine Handbuch Didaktischer Modelle“ ist hervorgegangen aus dem Forschungsprojekt „Göttinger Katalog Didaktischer Modelle“, das im Institut für Interkulturelle Didaktik der Universität Göttingen langfristig durchgeführt wird. In dem Handbuch werden 20 verschiedene didaktische Modelle ausführlich vorgestellt mit Vorgehensvorschlägen von Lernaufgaben bis Raumgestaltung und Literaturhinweisen zu jeder Methode.

Der verlorene Zusammenhang – Eine Analyse sich auseinanderentwickelnder Praktiken der Wissensproduktion
www.weiterbildung.uni-giessen.de/dokumente/hbv_2004_Promo.pdf
Veränderungen in den Formen des Zusammenhangs zwischen didaktischer Theoriebildung und der Wissenschaft der Erwachsenenbildung sind das Thema dieses Artikels von Prof. Dr. Hermann J. Forneck, der in den Hessischen Blättern für Volksbildung im Heft 1/2004 erschienen ist. (PDF-Dokument, 17 Seiten, 2004)

Professionalisierung – Erwachsenenbildung als Beruf

Aufgaben und Tätigkeiten von WeiterbildnerInnen – Herausforderungen und Perspektiven einer weiteren Professionalisierung in der Weiterbildung
www.die-bonn.de/esprid/dokumente/doc-2006/kraft06_02.pdf
In diesem Bericht wird die Professionalisierung als eine zentrale Herausforderung der Weiterbildung im Kontext von Qualitätsentwicklung diskutiert. Themen sind neben der Situation des Weiterbildungspersonals, gegenstandsbezogene Ergebnisse empirischer Studien und zentrale Problemfelder wie beispielsweise die Vielfalt der Aus- und Fortbildungsangebote für WeiterbildnerInnen, die heterogenen Abschlüsse und deren mangelnde Vergleichbarkeit sowie die unklaren Aufgaben- und Kompetenzbeschreibungen. Aufgezeigt werden Perspektiven, wie eine weitere notwendige Professionalisierung in der Weiterbildung unterstützt und umgesetzt werden kann. Innovative Modelle aus der Schweiz und Österreich werden vorgestellt und ein Konzept für einen Qualifizierungsrahmen für Weiterbildner/innen in Deutschland beschrieben. (PDF-Dokument, 42 Seiten, 2006).

Berufliche und soziale Lage von Lehrenden in der Weiterbildung. Bericht zur Pilotstudie.
www.bmbf.de/pub/berufliche_und_soziale_lage_von_lehrenden_in_der_weiterbildung.pdf
Über kaum eine Gruppe im Bildungswesen gibt es so wenig statistisch fundierte Informationen wie über das pädagogische Personal in der Weiterbildung. Das Bundesministerium für Bildung und Forschung (BMBF) hat daher im August 2003 an das Münchener Institut TNS Infratest Sozialforschung eine Pilotstudie unter dem Titel "Berufliche und soziale Lage von Lehrenden in der Weiterbildung" vergeben.

Dokumentation der Fachtagung „Qualifizierung des Bildungspersonals - Neue Wege in Deutschland und Europa"
www.bildungsserver.de/link/qualifizierung_personal
An der im Auftrag des Bundesministeriums für Bildung und Forschung (BMBF) am 29. und 30. Mai 2006 in Bonn durchgeführten Fachtagung „Qualifizierung des Bildungspersonals - Neue Wege in Deutschland und Europa" nahmen über 150 Fachleute der allgemeinen und beruflichen Bildung teil. Die Tagung fokussierte das zentrale und zukunftsrelevante Thema der beruflichen Entwicklung von Lehrkräften und Ausbildern in der deutschen und europäischen Berufsbildungsdiskussion. Auf der Internetseite stehen das Programm und alle Tagungsbeiträge zur Verfügung.

Erhebungen zur beruflichen und sozialen Lage von Lehrenden in Weiterbildungseinrichtungen
www.bildungsserver.de/link/BMBF_Erhebungen
Die WSF Wirtschafts- und Sozialforschung wurde im Dezember 2004 vom Bundesministerium für Bildung und Forschung (BMBF) mit der Durchführung dieser Untersuchung zur beruflichen und sozialen Lage von Lehrenden in Weiterbildungseinrichtungen beauftragt. Mit dieser Studie soll erstmals für die in Deutschland im Bereich der politischen, beruflichen und allgemeinen Weiterbildung tätigen festangestellten, auf Honorarbasis beschäftigten und ehrenamtlich Lehrenden ein Überblick über deren soziale und berufliche Lage gegeben werden. Gleichzeitig soll ermittelt werden, wie groß die Zahl der Weiterbildungseinrichtungen in Deutschland ist, wieviele Personen diese beschäftigen und welche Struktur diese nach Geschlecht, Art der Beschäftigung etc. haben. (PDF-Dokument, 95 Seiten, 2005).

Berufliche Weiterbildung

Berufliche Weiterbildung in Deutschland (Diskussionspapier des BIBB)
www.bibb.de/de/30130.htm
Lebensbegleitendes Lernen steht zunehmend im Mittelpunkt der Bildungspolitik. Weiterbildung ist ein zentrales Element lebensbegleitenden Lernens. Vor allem die berufliche Weiterbildung soll dazu beitragen, nicht nur den beschleunigten technischen und wirtschaftlichen Wandel zu bewältigen, sondern ebenso die gesellschaftlichen Veränderungen, die insbesondere aufgrund der demographischen Entwicklung eintreten. Das vorliegende Diskussionspapier ist eine Überarbeitung der Stellungnahme zum Fragenkatalog zur Anhörung des Bundestagsausschusses für Bildung, Forschung und Technikfolgenabschätzung am 29.1.2007 in Berlin zum Thema „Lebenslanges Lernen - Bedarf und Finanzierung“.

Betriebliche Weiterbildung - Ergebnisse einer IW-Erhebung (Dokumentation)
www.iwkoeln.de/data/pdf/content/trends01-03-2.pdf
Zusammenfassung der wichtigsten Ergebnisse einer Befragung zu Weiterbildungsaktivitäten im Jahr 2001, die das Institut der deutschen Wirtschaft Köln in Zusammenarbeit mit dem Kuratorium der Deutschen Wirtschaft für Berufsbildung bei insgesamt 1.087 kammerzugehörigen Unternehmen durchgeführt hat. (PDF-Datei, 17 Seiten, 2003)

Geringqualifizierte und berufliche Weiterbildung. Empirische Befunde zur Weiterbildungssituation in Deutschland.
www.die-bonn.de/esprid/dokumente/doc-2005/ambos05_01.pdf
Der Bericht beschäftigt sich im Wesentlichen mit der Frage, inwieweit gegenwärtig in der Bundesrepublik Geringqualifizierte in Maßnahmen beruflicher Weiterbildung einbezogen werden. Besonderes Augenmerk gilt in diesem Zusammenhang den verschiedenen Einflussfaktoren auf die Beteiligung, d.h. sowohl den strukturellen Rahmenbedingungen des Weiterbildungsbereichs als auch den individuellen Weiterbildungseinstellungen und -motivationen. Der Beitrag ist als Nationaler Report des DIE im Kontext des von der EU geförderten Projektes „Motivation zur Weiterbildung bei Geringqualifizierten“ entstanden. (PDF-Datei, 20 Seiten)

InfoWeb Weiterbildung (IWWB)
www.iwwb.de
Transparenz in der Weiterbildungslandschaft herzustellen, gilt im Rahmen der Förderung der Weiterbildung durch das Bundesministerium für Bildung und Forschung (BMBF) als eine der vordringlichen Aufgaben, um den Zugang zu Bildungsangeboten zu verbessern. Das IWWB ist eine Metasuchmaschine, über die bundesweit Weiterbildungsangebote gesucht werden können. Dabei können mit einer Suchabfrage parallel verschiedene überregionale und regionale Weiterbildungsinformationssysteme gleichzeitig abgefragt werden.

Was fördert, was hemmt die Teilnahme an beruflicher Weiterbildung? Die Rolle von Familie, Betrieb und Beschäftigungssituation für die Weiterbildung von jungen Hochqualifizierten.
www.his.de/pdf/pub_kia/kia200204.pdf
Vor dem Hintergrund des Stellenwertes von lebenslangem Lernen wird in dem vorliegenden Beitrag der Frage nachgegangen, in welchem Maße, unter welchen Bedingungen und auf welche Art und Weise sich Hochschulabsolventen an beruflicher Weiterbildung beteiligen. (PDF-Dokument, 24 Seiten, 2002)

Wissenschaftliche Weiterbildung - Weiterbildung an Hochschulen

Bundesministerium für Bildung und Forschung (BMBF): Wissenschaftliche Weiterbildung
www.bmbf.de/de/349.php
Eine Informationsseite des BMBF zum Thema wissenschaftliche Weiterbildung.

International vergleichende Studie zur Teilnahme an Hochschulweiterbildung
www.bmbf.de/pub/internat_vergleichsstudie_teilnahme_hochschulweiterbildung.pdf
In dieser Studie wurden sowohl das Weiterbildungsverhalten von Hochschulabsolventen als auch die Entwicklungen auf den Weiterbildungsmärkten in sieben Ländern (Deutschland, Finnland, Frankreich, Vereinigtes Königreich, Kanada, Österreich, USA) vergleichend untersucht. Die Studie wurde im Auftrag des Bundesministeriums für Bildung und Forschung (BMBF) erstellt. (PDF-Dokument, 427 Seiten, 2006)

Internationale Vergleichsstudie zur Struktur und Organisation der Weiterbildung an Hochschulen
www.bmbf.de/pub/internat_vergleichsstudie_struktur_und_organisation_hochschulweiterbildung.pdf
In der vorliegenden Studie werden Struktur und Organisation der Weiterbildung an Hochschulen in sechs Vergleichsländern untersucht: Deutschland, Finnland, Frankreich, Großbritannien, Österreich und die USA. Der Fokus ist dabei über die in den Hochschulen bestehenden Weiterbildungseinrichtungen hinaus auf die gesamte Hochschule sowie ihr Umfeld gerichtet. Weiterhin wird der Anspruch erhoben, von einem rein nationalen Verständnis abzurücken und sich dem Thema Hochschulweiterbildung aus einer internationalen Perspektive zu nähern. Ein Ergebnis der Studie ist, dass die deutschen Hochschulen in der Entwicklung, Etablierung und professionellen Durchführung der Weiterbildung international gesehen in nahezu allen Bereichen hinter den Vergleichsländern zurückbleiben. (PDF-Dokument, 516 Seiten, 2007)

Perspektiven wissenschaftlicher Weiterbildung in Deutschland aus Sicht der Einrichtungen an Hochschulen
www.dgwf.net/docs/EinwW_DGWF.pdf
Die Deutsche Gesellschaft für wissenschaftliche Weiterbildung und Fernstudium e.V. sieht insbesondere aufgrund der durch den Bologna-Prozess in Gang gekommenen Entwicklungen an Hochschulen die Notwendigkeit einer koordinierten Strategie der wissenschaftlichen Weiterbildung in Europa. Daher wurden von der DGWF am 17.9.2005 in Wien Empfehlungen zur Weiterentwicklung der wissenschaftlichen Weiterbildung beschlossen, die folgende Schwerpunkte haben: Ausgangslage und Selbstverständnis wissenschaftlicher Weiterbildung, Aufgaben der Einrichtungen für Weiterbildung an Hochschulen, Empfehlungen zur Weiterentwicklung wissenschaftlicher Weiterbildung, Struktur der Angebote und Zertifikate, Qualität und Akkreditierung der Angebote, Kapazitäts- und die Deputatswirksamkeit wissenschaftlicher Weiterbildung, Kosten und Finanzierung wissenschaftlicher Weiterbildung, Organisation der Weiterbildung, Stärkung des wissenschaftlichen Profils.

Wissenschaftliche Weiterbildung: Zukunftsfähig Lernen und Organisieren im Verbund - Weiterbildung und Hochschulreform. Auftaktveranstaltung zum BLK-Programm „Wissenschaftliche Weiterbildung" am 17. und 18. Mai 2004 an der Universität Rostock.
www.blk-bonn.de/papers/heft119.pdf
Tagungsdokumentation. Leitthese der Veranstaltung war, dass „Wissenschaftliche Weiterbildung keineswegs nur ein Angebot ist, das die Hochschulen auf Grund aktueller gesellschaftlicher und wirtschaftlicher Anforderungen ‚en passant' betreiben. Sie ist vielmehr neben Lehre und Forschung die dritte Hauptaufgabe der Hochschulen und muss in der laufenden Diskussion über die curriculare und institutionelle Modernisierung an den Hochschulen strategisch stets im Blick bleiben. Der besondere Vorzug der Wissenschaftlichen Weiterbildung ist ihre schnelle Verfügbarkeit, ihre Flexibilität, ihre Praxisnähe und ihr hochschulübergreifendes Vernetzungspotential überall dort, wo es, aufbauend auf einer akademischen Erstqualifikation, auf dauernde Erweiterung des Wissens ankommt. Nicht zuletzt erlangt die Wissenschaftliche Weiterbildung auch unter dem Gesichtspunkt der gebührengetragenen Hochschulfinanzierung eine zunehmende Bedeutung." Die Seite dokumentiert die Impulsreferate und Workshopberichte der Tagung. (PDF-Dokument, 114 Seiten, 2004)

Lehren und Lernen in der Erwachsenenbildung

Aktuelle theoretische Ansätze und empirische Befunde im Bereich der Lehr-Lern-Forschung – Schwerpunkt Erwachsenenbildung
www.die-bonn.de/esprid/dokumente/doc-2004/mandl04_01.pdf
Dieses Gutachten informiert über Befunde im Bereich des Lehrens und Lernens mit Schwerpunkt auf der Erwachsenenbildung. Neuere Ansätze zum Lehren und Lernen aus der empirischen Pädagogik und der pädagogischen Psychologie werden vorgestellt, ferner spezifische Aspekte der Weiterbildung wie Communities, berufliche Weiterbildung und Blended Learning dargelegt. (PDF-Dokument, 100 Seiten, 2004).

Das informelle Lernen
www.bmbf.de/pub/das_informelle_lernen.pdf
In dieser Studie wird der Begriff „informelles Lernen“ definiert und seine Relevanz für das Lebenslange Lernen analysiert. Prof. Dr. Günther Dohmen hat den Untersuchungsbericht im Auftrag des Bundesministeriums für Bildung und Forschung (BMBF) erstellt. (PDF-Dokument, 204 Seiten, 2001)

Lehr- und Lernkonzepte der 1970er und 1980er Jahre - vier Studien
www.abwf.de/content/main/publik/report/2003/Report-81.pdf
Die Veröffentlichung entstand im Rahmen des Forschungs- und Entwicklungsprogramms „Lernkultur Kompetenzentwicklung“ der Arbeitsgemeinschaft Betriebliche Weiterbildungsforschung e.V./Projekt Qualifikations-Entwicklungs-Management (QUEM). Lehr- und Lernkonzepte der 1970er und 1980er Jahre waren das Thema eines Workshops im September 2002, der das Ziel verfolgte, über retrospektive Betrachtung einen Beitrag zu zukünftigen, innovativen Lernkonzepten zu leisten. (QUEM Report Heft 81, PDF-Datei, 344 S., 2003)

Lebenslanges Lernen

EU-Bildungsprogramm für Lebenslanges Lernen (PLL) in Deutschland
www.lebenslanges-lernen.eu
Die nationalen Agenturen für Lebenslanges Lernen in Deutschland bieten über diese gemeinsame Internetseite Informationen zu ihrer Arbeit. Die Website bietet als Einstiegsportal für allgemein am PLL (EU-Bildungsprogramm für lebenslanges Lernen) interessierte Bürgerinnen und Bürger einen ersten Überblick über die Bildungsprogramme der Europäischen Union.

Lifelong Learning Programme 2007-2013 - European Commission
http://eacea.ec.europa.eu/static/en/llp/index_en.htm
Das 2007 neu gestartete EU-Förderprogramm zu Lebenslangem Lernen fördert Projekte aus allen Bildungsbereichen von der frühen Förderung in der Kindheit bis zur Weiterbildung Älterer und in allen Lebenssituationen.

Berichterstattung in der Erwachsenenbildung/Weiterbildung

Adult Education Survey (AES)
www.bildungsserver.de/link/adult_education_survey
Das Statistische Amt der Europäischen Union (EUROSTAT) hat eine Task Force (TF AES) eingerichtet, deren Hauptaufgabe es ist, europaweit vergleichbare statistische Daten über Erwachsenenbildung und das Lernen Erwachsener zu erstellen. Die Task Force entwickelte ein Konzept zu einem Adult Education Survey (AES) und zeigte Wege zur Umsetzung auf. Die Internetseite zum AES beinhaltet Informationen zur Entwicklung des AES, Datenmaterial und Hinweise zur Handhabung.

Berichte und Expertisen zur Weiterbildung allgemein
www.bildungsserver.de/link/EB_Berichte
Eine Informationsseite des Deutschen Bildungsservers. Die Seite enthält eine ausführliche Sammlung an nationalen und internationalen Berichten und Erhebungen zur Erwachsenenbildung.

Berichtssystem Weiterbildung (BSW) des Bundesministeriums für Bildung und Forschung (BMBF)
www.bildungsserver.de/link/BMBF_Berichtssystem
Das Berichtssystem Weiterbildung, das TNS Infratest Sozialforschung im Auftrag des Bundesministeriums für Bildung und Forschung (BMBF) in Kooperation mit dem IES Hannover sowie der Sozialwissenschaftlichen Forschung und Beratung München durchführt, ist ein Instrument zur kontinuierlichen Beobachtung des Weiterbildungsgeschehens in Deutschland. Durch die bislang neun Erhebungen von 1979 bis 2006 ist es möglich, die Weiterbildungsbeteiligung im Zeitvergleich zu betrachten. Der Bericht 2006 ermöglicht zum einen eine Fortführung der bundesweiten Trendanalysen zur Weiterbildungsbeteiligung und zur weiteren Entwicklung des Weiterbildungsverhaltens im Ost-West-Vergleich auf Basis der Repräsentativerhebungen. Zum anderen enthält er neben der Berechnung von Teilnahmequoten und hochgerechneten Teilnehmerzahlen auch Aussagen zu den Angebotsstrukturen der allgemeinen und beruflichen Weiterbildung, zum Volumen der beruflichen Weiterbildung sowie eine Dokumentation sonstiger Datenquellen zur Weiterbildungssituation in Deutschland. Ab dem Bericht VII stehen alle Berichte online zur Verfügung.

Internationales Monitoring zur Erwachsenenbildung
www.bildungsserver.de/link/abwf_monitoring
Anliegen des Internationalen Monitorings ist es, mit hoher Aktualität internationale Entwicklungen des Erwachsenenlernens aufzuspüren, um Forschern und Bildungspraktikern in Deutschland Hinweise auf wichtige bildungspolitische und -praktische Vorhaben und ihre Resultate zur Verfügung zu stellen. Auf der Homepage stehen die Befunde und Informationen des Monitorings zur Verfügung. Die Arbeitsgemeinschaft betriebliche Weiterbildungsforschung e.V. (ABWF - QUEM) ist mit dem Monitoring beauftragt und berichtet in quartalsweise erscheinenden kurzgefassten Statusberichten und einem jährlichen Sachstandsbericht.

Nationaler Bildungsbericht für Deutschland
www.bildungsbericht.de
Das Berichtssystem ‚Bildung in Deutschland' stellt Stand und Entwicklung des deutschen Bildungswesens im Gesamtzusammenhang dar – von der frühkindlichen Bildung, Betreuung und Erziehung bis hin zum Lernen im Erwachsenenalter. Der Bericht ist eine problemorientierte Analyse auf der Grundlage von Indikatoren. Diese basieren auf fortschreibbaren Datensätzen, die – soweit möglich – länderspezifische und internationale Vergleiche zulassen. Er wird regelmäßig im Abstand von zwei Jahren fortgeschrieben.
Der Bericht wird von der Kultusministerkonferenz und dem Bundesministerium für Bildung und Forschung gemeinsam in Auftrag gegeben und von einem Konsortium unter Federführung des Deutschen Instituts für Internationale Pädagogische Forschung erarbeitet.

wbmonitor - Weiterbildungsreferenzsystem des Bundesinstituts für Berufsbildung (BIBB) und des Deutschen Instituts für Erwachsenenbildung (DIE)
www.bibb.de/redaktion/wbmonitor/
Um Entwicklungen in der Weiterbildung zu beobachten, hat das BIBB als staatliche Einrichtung für den Informationsaustausch mit Bildungsanbietern seit 2001 den „wbmonitor" aufgebaut. Seit der 7. Umfrage 2007 werden die Daten online erhoben. Neben der beruflichen Weiterbildung wird seither in Kooperation mit dem Deutschen Institut für Erwachsenenbildung (DIE) auch die Entwicklung im Bereich der allgemeinen Weiterbildung berücksichtigt.

Weiterbildungsbeteiligung in Deutschland. Eckdaten zum BSW-AES 2007
www.bmbf.de/pub/weiterbildungsbeteiligung_in_deutschland.pdf
Das im Auftrag des BMBF durch TNS infratest Sozialforschung im Verbund u.a. mit dem Deutschen Institut für Erwachsenenbildung (DIE) durchgeführte Forschungsprojekt BSW-AES schließt an die Fragestellungen des Berichtssystem Weiterbildung (BSW) an und erweitert diese um die Erprobung von Komponenten des europäischen Berichtskonzeptes im Umfeld der deutschen Bildungslandschaft. Die Studie soll in das projektierte nationale Berichtssystem einfließen, das künftig in einen europäischen Berichtsrahmen zum Lebenslangen Lernen eingebettet wird, der sich auf einen „Adult Education Survey (AES)" stützt. Damit werden international vergleichbare Zahlen zum Weiterbildungsverhalten in allen Mitgliedsstaaten der EU vorliegen.

Qualitätsentwicklung

BLK-Verbundprojekt „Qualitätstestierung in der Weiterbildung"
www.die-bonn.de/esprid/dokumente/doc-2006/quatest06_01.pdf
Das Verbundprojekt der Bund-Länder-Kommission (BLK) zielte auf die Etablierung eines nicht staatlichen, bundesweit akzeptierten, auf Organisationsentwicklung ausgerichteten Testierungsverfahrens. Das Projekt lief in zwei Phasen von 2003 bis 2007. In der vorliegenden Dokumentation stellen das Deutsche Institut für Erwachsenenbildung (DIE) und die Universität Tübingen die über den Praxisbezug und die Systemevaluation gewonnenen Ergebnisse, Eindrücke und Erfahrungen aus der zweiten Durchführungsphase vor.

Deutsches Institut für Erwachsenenbildung (DIE): Qualität
www.bildungsserver.de/link/die-bonn_qualitaet
Liste der Materialien des Deutschen Instituts für Erwachsenenbildung (DIE) zum Thema Qualität, Qualitätsentwicklung, Qualitätssicherung, die zum Teil auch online zur Verfügung stehen.

ProfilPASS - Weiterbildungspass mit Zertifizierung informellen Lernens
www.profilpass-online.de/
Neben den bekannten Zertifikaten für Kursteilnehmende werden in der Weiterbildung Wege gesucht, um die im Laufe eines Lebens erworbenen Kompetenzen zu dokumentieren. Der ProfilPASS war ein Forschungs- und Entwicklungsvorhaben der Bund-Länder-Kommission für Bildungsplanung und Forschungsförderung (BLK) zur Erfassung persönlicher Kompetenzen.

Qualitätsentwicklung in der Weiterbildung
www.bibb.de/dokumente/pdf/wissenschaftliche_diskussionspapiere_62.pdf
Wissenschaftliches Diskussionspapier, das im Auftrag des Bundesinstituts für Berufsbildung (BIBB) erstellt wurde. Christel Balli, Elisabeth M. Krekel und Edgar Sauter sind Herausgeber dieser Schrift zum Stand der Anwendung von Qualitätssicherungs- und Qualitätsmanagementsystemen bei Weiterbildungsanbietern. Die Publikation ist 2002 erschienen und steht zum Download zur Verfügung.

Qualitätsmodelle für Weiterbildungseinrichtungen im Überblick
www.die-bonn.de/esprid/dokumente/doc-2006/veltjens06_01.pdf
Qualitätsentwicklung und Qualitätsmanagement sind zentrale Themen der bildungspolitischen Diskussion. Neben der Qualität von Zertifikaten für Kursteilnehmende und der Qualifizierung des Personals in Weiterbildungseinrichtungen, sind die Weiterbildungseinrichtungen selbst Qualitätsüberprüfungen unterworfen. Neben einer Einführung in das Thema Qualitätsmanagementmodelle bietet der Text eine tabellarische Zusammenstellung von Qualitätsmanagementverfahren. (PDF-Dokument, 7 Seiten, 2006)

Zertifikate für Weiterbildungseinrichtungen und Weiterbildungsteilnehmer/-innen
www.meine-vhs.de/cgi-bin/zertifikat_uebersicht.pl
Die vom Deutschen Volkshochschul-Verband e.V. beauftragten Betreiber der Datenbank meine-vhs.de haben ein Verzeichnis von Zertifikaten zusammengestellt, das für Weiterbildungseinrichtungen und für Kursteilnehmende interessant ist.

Alphabetisierung

Grundbildung für Erwachsene - Module für ein Grundbildungsangebot an Weiterbildungseinrichtungen im Land Brandenburg (Broschüre)
www.bildung-brandenburg.de/index.php?id=304
Kernstück der Veröffentlichung sind sechs thematische Module, die zusammen mit einem didaktischen Leitfaden ein Gesamtkonzept bilden, das speziell für die Kursarbeit mit einer lernungewohnten Zielgruppe entwickelt wurde. Die Broschüre wurde von einer Expertengruppe, dem Ministerium für Bildung, Jugend und Sport und dem Landesinstitut für Schule und Medien Brandenburg erarbeitet. Der Leitfaden und die thematischen Module stehen als PDF-Dokumente zur Verfügung.

Hauptakteure der Alphabetisierung Erwachsener in Deutschland
Bundesverband Alphabetisierung und Grundbildung e.V.
www.alphabetisierung.de
Deutsches Institut für Erwachsenenbildung (DIE)
www.die-bonn.de
Deutscher Volkshochschul-Verband e.V. (DVV)
http://dvv.vhs-bildungsnetz.de/
Stiftung Lesen
www.stiftunglesen.de/

International Reading Association (IRA)
www.reading.org/
Die Organisation widmet sich der Förderung der Lesekompetenz für alle, indem sie die Qualität des Leseunterrichts fördert, Informationen und Forschungsergebnisse zum Lesen verbreitet und zu lebenslangem Lesen ermutigt. Neben Neuigkeiten und „top stories" finden sich auf der Homepage Programme und Online-Ressourcen, die weltweit zur Verfügung stehen, z.B. eine Linkliste zur Alphabetisierung, Bücherlisten, Medien, Diskussionsforen usw.

UNESCO-Weltbericht „Bildung für alle" 2007
www.unesco.de/efareport2007.html?&L=0
Der Weltbildungsbericht gibt einen Zwischenstand, inwieweit die Ziele einer „Bildung für alle" (EFA), die auf dem Weltbildungsforum 2000 in Dakar beschlossen wurden, erreicht sind.

Von der Praxis für die Praxis - Kursleiter-Berichte über Erfahrungen mit Lernsoftware in Grundbildung und Alphabetisierung
www.die-bonn.de/esprid/dokumente/doc-2004/troester04_02.pdf
Der Beitrag diskutiert den Einfluss von Neuen Medien auf das Lernen Erwachsener im Kontext von Grundbildung und Alphabetisierung. Acht Erfahrungsberichte aus der Praxis geben Hinweise, wie Einsatzmöglichkeiten eruiert, Schwierigkeiten überwunden und Chancen eines computergestützten Lernprozesses genutzt werden können. (PDF-Dokument, 69 Seiten, 2004)

Zweite Chance: Grundbildung für Erwachsene
www.bmbf.de/de/426.php
Das Bundesministerium für Bildung und Forschung (BMBF) unterstützt die nationale Umsetzung der Weltalphabetisierungsdekade, die die Vereinten Nationen für den Zeitraum bis 2012 ausgerufen haben. Ziel ist es, die Anzahl der Menschen, die nicht ausreichend lesen und schreiben können, weltweit zu halbieren und jedem eine Grundbildung zu ermöglichen. Der Schwerpunkt der Förderung der Alphabetisierungs- und Grundbildungsarbeit durch das BMBF liegt bei der Förderung von Forschungs- und Entwicklungsprojekten.

Politische Weiterbildung

Dossier der Bundeszentrale für politische Bildung: Politische Bildung
www.bpb.de/publikationen/LWLN3Q,0,0,B_782004.html
Ausgehend von einer Reflexion der Geschichte staatlicher politischer Bildung der vergangenen 50 Jahre diskutieren die Beiträge den derzeitigen Stand und die Perspektiven der politischen Bildung.

Überlegungen zur politischen Weiterbildung
www.kmk.org/aktuell/miinf598.htm#polbild
Die Länder in der Kultusministerkonferenz haben mit Beschluss vom 18. September 1998 grundsätzliche „Überlegungen zur politischen Weiterbildung" verabschiedet, die Zielsetzungen, Schwerpunkte und Rahmenbedingungen der politischen Weiterbildung definieren.

Weiterbildungspolitik - Politische Positionen zum quartären Bildungssektor
www.die-frankfurt.de/esprid/dokumente/doc-1999/droell99_01.doc
Der Autor analysiert das sich wandelnde Verständnis von politischer Bildung. Im 1. Abschnitt („Eine schwer überschaubare Debatte") fasst er rechtliche, politische und wissenschaftliche Bedingungen für politische Bildung zusammen. Im 2. Abschnitt („Wandel und Weiterbildung") geht er der Frage nach, was das Schlagwort der „Wissensgesellschaft" für die politische Bildung bedeutet. Im 3. Abschnitt („Grundsätzliche Streitpunkte") erörtert er den Konflikt zwischen Markt und Staat und im abschließenden 4. Abschnitt („Aktuelle Streitpunkte") verweist er auf aktuelle Diskussionen wie „selbstgesteuertes Lernen" oder Medieneinsatz (e-learning). (Word-Dokument, 43 Seiten, 1999)

Erwachsenenbildung international

Adult Literacy – Informationen und Studien der OECD
www.bildungsserver.de/link/OECD_Adult_Literacy
Auf dieser Internetseite stehen Informationen u.a. zum International Adult Literacy Survey (IALS) zur Verfügung.

Bildungs- und Weiterbildungsstatistik der OECD
www.bildungsserver.de/link/OECD_Bildungsstatistik
Die OECD bietet ein spezielles Statistik-Portal an, in dem u.a. Veröffentlichungen zu Bildungs- und Weiterbildungsthemen zum Download zur Verfügung stehen.

Bildung weltweit
www.bildungsserver.de/link/bildung_weltweit
Im Zentrum des Informationsangebots stehen Offline- und Online-Ressourcen, die die europäische und die außereuropäische Bildungsentwicklung reflektieren. Die Informations- und Beratungsdienste ermöglichen den Zugang u.a. zu Internetinformationen, Literaturnachweisen, Glossaren, Auftragsrecherchen und thematischen Dossiers. Zum Angebot gehört z.B. die Datenbank „BildungsSysteme international" (BiSy). Diese Datenbank ist ein Internet-Wegweiser zu Bildungssystemen weltweit, der Links zu Bildungsministerien, Bildungseinrichtungen, Fachgesellschaften, nationalen und internationalen Organisationen, zu Datenbanken, Volltexten und Fakteninformationen aus mehr als 230 Ländern und Regionen dokumentiert.

European Association for the Education of Adults (EAEA)
www.eaea.org/de/
Der Europäische Verband für Erwachsenenbildung ist auf europäischer Ebene der größte Zusammenschluss von Verbänden und Institutionen im Bereich der allgemeinen Erwachsenenbildung. 2007 zählte der Verband 120 Mitgliedsorganisationen in 41 Ländern.

EERA – European Educational Research Association
http://www.eera.ac.uk
Ziel dieser europäischen Forschungsvereinigung ist es, den Ideenaustausch unter den Forschenden zu fördern, für die Zusammenarbeit unter den Wissenschaftlern im europäischen Raum zu werben, die Qualität der Forschung zu verbessern und europäischen Politikern, Planern und

Praktikern Unterstützung im Bereich der Bildungsforschung anzubieten. Die Homepage bietet Informationen zur EERA selbst, eine Linksammlung zur europäischen Bildungsforschung, Zugang zu den elektronisch verfügbaren Ausgaben des European Educational Research Journal (EERJ), Informationen zu den jährlich stattfindenden EERA-Konferenzen und eine ausführliche Darstellung der Netzwerk-Arbeit.

European Society for Research on the Education of Adults (ESREA)
www.esrea.org
Ziel dieser Einrichtung ist es, durch gegenseitige Information das europäische Forschungsnetzwerk zu pflegen und weiterzuentwickeln. Die Geschäftsstelle der Fachgesellschaft ist am Fachbereich Verhaltenswissenschaften der Universität Linköping in Schweden angesiedelt.

Lifelong Learning Programme 2007-2013 – Sectoral programme: Grundtvig
http://ec.europa.eu/education/programmes/llp/guide/structure/grundtvig_en.html
Die Förderprogramme für die einzelnen Bildungsbereiche der Europäischen Kommission wurden für den Förderzeitraum von 2007-2013 dem Programm zum Lebenslangen Lernen untergeordnet, so auch das Förderprogramm Grundtvig, das die Förderung der Erwachsenenbildung beinhaltet. Die Internetseite bietet Informationen, welche Ziele im Bereich der Erwachsenenbildung für den Förderzeitraum verfolgt werden. Schwerpunkte hierbei sind u.a. Erwachsenenbildung in einer alternden Gesellschaft, Verbesserung des Zugangs zu Bildung und Bildung Benachteiligter.

Programme for the International Assessment of Adult Competencies (PIAAC) der OECD
www.oecd.org/els/employment/piaac
Parallel zu den PISA-Erhebungen hat die OECD ein Programm entwickelt, das sich ländervergleichend mit den Kompetenzen von Erwachsenen befasst und der Entwicklung einer Strategie für diesbezügliche ländervergleichende Untersuchungen dient.

Thematic Review Adult Learning Germany
www.bildungsserver.de/link/adult_learning_GE
Als eines von fünf Ländern der OECD, das sich für eine thematisch spezifizierte Untersuchung der Erwachsenenbildung entschieden hat, nahm die Bundesrepublik Deutschland im Dezember 2003 an einer Studie teil. Diese konzentriert sich auf die Weiterbildung gering qualifizierter Erwachsener. Es wird aufgezeigt, unter welchen Rahmenbedingungen junge Erwachsene eine berufliche Qualifizierung erhalten. Ein Zusammenhang von Qualifikationen und Perspektiven auf dem Arbeitsmarkt wird konstatiert. An Beispielen wird aufgezeigt, wie Hürden für niedrig qualifizierte Erwachsene abgebaut und Finanzierungskonzepte entwickelt werden können.

Erwachsenenbildung für einzelne Gruppen

Frauen – Gleichstellung

Frauen fördern. Empfehlungen zur Verwirklichung von Chancengleichheit im Hochschulbereich
www.hrk.de/de/download/dateien/Empfehlung_Frauen.pdf
Im Bereich der Professuren wie der Leitungspositionen an Hochschulen und Forschungseinrichtungen gibt es trotz einer Verbesserung der Beteiligungswerte im letzten Jahrzehnt nach wie vor zu wenige Frauen. Nach einer Analyse der seinerzeit aktuellen Lage hat das 209. Plenum der Hochschulrektorenkonferenz (HRK) vom 14.11.2006 diese Empfehlungen beschlossen.

Frauenbewegung und Genderpolitik - Thematische Dokumentation der Virtuellen Fachbibliothek Sozialwissenschaften (ViBSoz)
www.bildungsserver.de/link/GENDER_frauenbewegung
Die vorliegende thematische Dokumentation bietet verschiedene Informationsressourcen zu ausgewählten Aspekten von Frauenbewegung und Genderpolitik. Die Virtuelle Fachbibliothek Sozialwissenschaften (ViBSoz) ist ein Dienst des Informationszentrum (IZ) Sozialwissenschaften und bietet Dokumentationen dieser Art zu vielfältigen Themen an.

GenderkompetenzZentrum
www.genderkompetenz.info
Das vom Bundesministerium für Familie, Senioren, Frauen und Jugend (BMFSFJ) geförderte GenderkompetenzZentrum an der Humboldt-Universität zu Berlin soll die Einführung von Gender Mainstreaming in allen Bereichen der Gesellschaft, Wirtschaft, Politik und Verwaltung unterstützen. Es soll beraten, Forschung initiieren und koordinieren, Wissen bündeln sowie Expertinnen und Experten ausbilden.

Kompetenzzentrum Frauen in Wissenschaft und Forschung (CEWS)
www.cews.org
Das Zentrum ist eine nationale Koordinierungs-, Informations- und Beratungsstelle mit internationaler Ausrichtung für alle, die mit Chancengleichheit in Wissenschaft und Forschung befasst sind. Ziel ist die deutliche Erhöhung des Frauenanteils in Führungspositionen von Wissenschaft und Forschung.

Kompetenzzentrum Technik-Diversity-Chancengleichheit e.V.
www.kompetenzz.de
Das Kompetenzzentrum fördert mit bundesweiten Projekten die verstärkte Nutzung der Potenziale von Frauen zur Gestaltung der Informationsgesellschaft und Technik sowie die Verwirklichung der Chancengleichheit von Frauen und Männern.

Qualifizierung Älterer

AgeQual - Betriebliche Weiterbildung von älteren Arbeitnehmerinnen und Arbeitnehmern in KMU und Entwicklung von regionalen Supportstrukturen (Leonardo-Projekt)
www.bibb.de/de/wlk17583.htm
Das Ziel des Projekts ist die Förderung der beruflichen Qualifizierung älterer Arbeitnehmer und Arbeitnehmerinnen im kleinbetrieblichen Segment zur Stabilisierung der Alterserwerbstätigkeit. Das Bundesinstitut für Berufsbildung (BIBB) ist Partner und Mitkoordinator des Projekts.

Altern gestalten – berufliche Entwicklungsprozesse und Weiterbildung im Lebenslauf
www.die-bonn.de/esprid/dokumente/doc-2005/iller05_12.pdf
Carola Iller geht in ihrer Habilitationsschrift der Frage nach, ob und wie Individuen auf den Alternsprozess im Verlauf ihrer Erwerbs- und Bildungsbiographie einwirken können. (Habilitationsschrift, PDF-Dokument, 380 Seiten, 2005.)

Beschäftigung Älterer in Deutschland: Der unvollständige Paradigmenwechsel
ftp://ftp.iza.org/dps/dp1985.pdf
Die Arbeitsmarktintegration älterer Erwerbspersonen ist in Deutschland nach wie vor unbefriedigend. Die vorliegende Analyse versucht diesen Befund mit institutionellen Einflussgrößen wie Arbeitsmarktregulierung, Transferleistungen, aktiver Arbeitsmarktpolitik sowie Entlohnungsstrukturen und Weiterbildung zu erklären. (Studie des Forschungsinstituts zur Zukunft der Arbeit (IZA), PDF-Dokument, 32 Seiten, 2006).

Weiterbildung als Zweite Chance

Auswahlbibliografie „Benachteiligtenförderung"
www.bildungsserver.de/link/BIBB_benachteiligte
Die Literaturnachweise zum Thema Benachteiligtenförderung wurden aus der vom Bundesinstitut für Berufsbildung (BIBB) im Auftrag der AG Berufsbildungsforschungsnetz erstellten Literaturdatenbank Berufliche Bildung (LDBB) zusammengestellt.

Erwachsenenbildung auf dem Weg nach Europa - Thematische Trends bei europäischen Kooperationsprojekten und -netzen im Rahmen von Sokrates/Grundtvig
www.bildungsserver.de/link/EW_Europa
Das Dokument benennt die wichtigsten Themenfelder, die im Rahmen der europäischen Förderung der Weiterbildung in Socrates-Grundtvig-Programmen berücksichtigt werden. Weiterbildung als „Zweite Chance" wird hier ebenso aufgeführt wie Weiterbildung im Strafvollzug oder Weiterbildung zur sozialen Integration. (PDF-Dokument, 12 Seiten, 2005)

Weiterbildung als Zweite Chance. Informationssammlung des Deutschen Bildungsservers
www.bildungsserver.de/link/Zweite_Chance
Weiterbildung als „Zweite Chance" ist insbesondere für Menschen gedacht, die aus sozialen und/oder politischen Gründen bislang keinen chancengleichen Zugang zu Bildungsmöglichkeiten hatten und daher als Benachteiligte gelten. Damit sind Möglichkeiten zum Erwerb von

Lese- und Schreibkenntnissen, zum Nachholen von Schulabschlüssen ebenso gemeint wie Weiterbildung im Strafvollzug oder Bildungsangebote zur Integration von Migranten.

Weiterbildung mit behinderten Menschen

Erwachsenenbildung und Behinderung
www.bildungsserver.de/link/EW_behinderung
In einer Zeit, in der sich Wirtschaft und Gesellschaft rasch verändern, gewinnen verbesserte Qualifikationen und die Notwendigkeit der lebensbegleitenden Weiterbildung für alle Menschen an Bedeutung. Derzeit wird eine große heterogene Gruppe von Menschen großteils von den Weiterbildungsanbietern vernachlässigt, nämlich die Menschen mit Behinderungen. Nicht nur bauliche Barrieren hindern am Besuch von Weiterbildungsveranstaltungen, auch die Methodik und Didaktik muss auf die Zielgruppe abgestimmt werden.
Die Informationssammlung des Deutschen Bildungsservers bietet Nachweise thematisch relevanter Informationsangebote, Institutionen und Konzepte.

Gesellschaft Erwachsenenbildung und Behinderung
www.geseb.de
Die Gesellschaft ist in erster Linie ein Forum für alle, die an der zentralen Thematik Erwachsenenbildung für Menschen mit geistiger Behinderung interessiert oder in ihr eingebunden sind. Sie unterstützt alle „Maßnahmen und Einrichtungen, die zur Realisierung von Erwachsenenbildungsangeboten für Menschen mit geistiger Behinderung beitragen, sie erweitern, vertiefen und stabilisieren". Sie informiert u.a. über theoretische und praxisbezogene Erkenntnisse sowie über Forschungsergebnisse zur Erwachsenenbildung bei geistiger Behinderung. Sie setzt sich für die „gesetzliche Verankerung und damit auch für die finanzielle Absicherung der Erwachsenenbildung für Menschen mit geistiger Behinderung ein".

Literatur, Zeitschriften, Kommunikation

Literaturdatenbanken

Bibliothek und Literaturdatenbank des Deutschen Instituts für Erwachsenenbildung (DIE)
www.die-bonn.de/service/literatur/litdoku.htm
Die Bibliothek des DIE ist mit über 68.000 Bänden die größte wissenschaftliche Spezialbibliothek für Erwachsenenbildung im deutschsprachigen Raum. Sie sammelt seit 1958 Literatur aus der Erziehungswissenschaft mit dem Schwerpunkt Erwachsenenbildung/Weiterbildung und aus den wichtigsten Bezugswissenschaften (Psychologie, Soziologie, Philosophie, Betriebswirtschaft). Auch graue Literatur aus dem Bereich der Erwachsenenbildung ist vertreten. Die ca. 80 000 Dokumente umfassende Literaturdatenbank steht als kostenloser Service im Internet zur Verfügung. Die Dokumente sind über die Datenbank recherchierbar und können in der Bibliothek des DIE vor Ort eingesehen werden.

British Education Index (BEI)
www.leeds.ac.uk/bei/bei.htm
Der British Education Index ist eine Datenbank mit Nachweisen englischsprachiger Publikationen in den Bereichen Bildungsforschung, -politik und -praxis. Der als Recherchehilfe verfügbare Thesaurus des BEI umfasst eine Vielzahl einschlägiger Termini aus den Bereichen der Erwachsenen-/Weiterbildung.

ERIC (Educational Resources Information Center) Database
www.eric.ed.gov/
ERIC ist eine englischsprachige Datenbank aus den USA, die vom Institute of Education Sciences (IES) und vom U.S. Department of Education verantwortet und betrieben wird. Sie bietet umfangreiche Literaturhinweise zur Erwachsenenbildungsforschung im englischsprachigen – vorwiegend us-amerikanischen – Raum. Neben diesen Nachweisen bietet ERIC inzwischen auch Volltexte, die online zur Verfügung stehen, und weitere bildungs- und forschungsrelevante Materialien.

Fachportal Pädagogik und FIS Bildung Literaturdatenbank
www.fachportal-paedagogik.de/
Das Fachportal Pädagogik ist der zentrale Einstieg in die pädagogische Fachinformation in Deutschland. In der FIS Bildung Literaturdatenbank können Zeitschriftenaufsätze, Sammelwerkbeiträge und Monografien recherchiert werden und ermittelt werden, wo und wie diese erhältlich sind. Die Metasuche ermöglicht die kombinierte gleichzeitige Suche in einer Vielzahl pädagogisch relevanter Fachdatenbanken. Kontextinformationen finden Nutzer dagegen im Forschungsführer des Fachportals.

Literaturdatenbank Berufliche Bildung (LDBB)
www.bibb.de/de/wlk8002.htm
Die LDBB weist die relevante, überwiegend deutschsprachige Fachliteratur zum Themenbereich Berufsbildung und Berufsbildungsforschung ab dem Erscheinungsjahr 1988 nach und ermöglicht damit einen umfassenden, strukturierten Überblick über den Wissensbestand. Interessenten können selbst in der Literaturdatenbank im Internet recherchieren oder eine Recherche bei der Dokumentationsstelle des BIBB in Auftrag geben.

Zeitschriften und Pressedokumentationen

EZB - Elektronische Zeitschriftenbibliothek
www.bibliothek.uni-regensburg.de/ezeit/ezb.phtml
Die Elektronische Zeitschriftenbibliothek bietet Zugang zu wissenschaftlichen Volltextzeitschriften im Internet. Dieser Dienst wurde im Rahmen eines Projektes von der Universitätsbibliothek Regensburg in Kooperation mit der Bibliothek der Technischen Universität München entwickelt und erfährt laufende Weiterentwicklung. Inzwischen wird die Elektronische Zeitschriftenbibliothek als Nutzerservice im Routinebetrieb in 399 Bibliotheken bzw. Forschungseinrichtungen angeboten. Die Titel werden kooperativ gesammelt und die Daten gemeinsam in einer zentralen Datenbank gepflegt. Für jede teilnehmende Einrichtung wird ein auf ihre

lokalen Bedürfnisse zugeschnittenes Angebot an elektronischen Zeitschriften erzeugt. Jede beteiligte Institution kann ihre lizenzierten Zeitschriften eigenständig verwalten und eigene Benutzerhinweise integrieren. Abonnierte Volltextzeitschriften können zusammen mit frei zugänglichen E-Journals in einer einheitlichen Oberfläche angeboten werden.

Fachzeitschriften online für Erwachsenenbildung und Weiterbildung
www.die-bonn.de/service/bibliothek_archive/zeitschriften_online.asp
Dieses Verzeichnis online verfügbarer Fachzeitschriften ist ein Service des Deutschen Instituts für Erwachsenenbildung (DIE). Das Verzeichnis bietet den direkten Zugriff auf die aktuellen Inhaltsverzeichnisse von rund 40 relevanten und im Internet erreichbaren Fachzeitschriften aus dem Bezugsfeld Erwachsenenbildung/Weiterbildung und wird monatlich aktualisiert. Es stehen ein alphabetisch nach Zeitschriftentiteln sowie ein thematisch gegliederter Zugang zur Verfügung.

Zeitschriftendatenbank - ZDB
www.zeitschriftendatenbank.de/
Die Zeitschriftendatenbank wird von der Abteilung „Überregionale Bibliographische Dienste der Staatsbibliothek zu Berlin" – Preußischer Kulturbesitz – getragen. Für die Systembetreuung zeichnet die Deutsche Nationalbibliothek verantwortlich. Die Zeitschriftendatenbank enthält die Titel fortlaufender Sammelwerke (Zeitschriften, Zeitungen, eJournals usw.) aus allen Ländern, in allen Sprachen und ohne jede zeitliche Einschränkung. Innerhalb des deutschen Bibliothekswesens stellt die ZDB das maßgebliche Instrument für den Fernleihverkehr dar.

Zeitungsdokumentation Bildungswesen
www.bildungsserver.de/zd/index.html
In dieser Datenbank des Deutschen Instituts für Internationale Pädagogische Forschung (DIPF) sind rund 140.000 bildungsrelevante Artikel aus 39 in- und ausländischen Zeitungen und Newsletters nachgewiesen und mit Schlagwörtern erschlossen. Dabei werden alle Bildungsbereiche – vom Kindergarten über Schule, Berufliche Bildung, Hochschule, Weiterbildung bis hin zu bildungspolitischen Diskussionen und Entscheidungen – abgedeckt. Kopien der nachgewiesenen Zeitungsartikel können online bestellt werden.

Aktuelle Internetkommunikation

l3lab - Lifelong Learning Lab des Bundesinstituts für Erwachsenenbildung (Österreich)
http://l3l.erwachsenenbildung.at/
Das „Lifelong Learning Lab" (L3Lab) versteht sich als ein Kompetenzpool der Erwachsenenbildung zur Förderung des Lebenslangen Lernens. Es möchte einen fachlichen Raum für Diskurse und für konkrete Gestaltungsprojekte eröffnen. Das L3Lab schenkt dem Experimentellen und dem Neuen kritische Aufmerksamkeit. Der Werkstatt- und Produktcharakter wird durch die spezifischen Werkzeuge, das lab-blog und das lab-wiki unterstrichen.

weiterbildungsblog.de
www.weiterbildungsblog.de
Beispiel für ein Weblog, das sich mit aktuellen Themen der Weiterbildung und des Lebenslangen Lernens beschäftigt. Der Schwerpunkt liegt auf e-Learning, Knowledge Management, Online-Communities und Lernen am Arbeitsplatz.

Autorenangaben

Ellen Abraham, Oberstudienrätin an Sonderschulen, Leiterin VHS-Zentrum Grundbildung und Drittmittelprojekte der Hamburger Volkshochschule. Arbeitsschwerpunkte: Erwachsenenbildung, Alphabetisierung/Grundbildung, Integration, lebenslanges Lernen, EU/ESF/BMBF Projekte für benachteiligte Zielgruppen.

Peter Alheit, Prof. Dr. Dr.; Lehrstuhl für Allgemeine Pädagogik mit dem Schwerpunkt außerschulische Pädagogik am Pädagogischen Seminar der Georg-August-Universität Göttingen. Arbeitsschwerpunkte: Bildungssoziologie, international vergleichende Bildungsforschung, Hochschulforschung, Mentalitätsforschung, Biographieforschung, Alternsforschung.

Rolf Arnold, Prof. Dr.; Lehrstuhl für Pädagogik, insbesondere Berufs- und Erwachsenenpädagogik, Technische Universität Kaiserslautern; Leiter des Zentrums für Fernstudien und Universitäre Weiterbildung der TU Kaiserslautern. Arbeitsschwerpunkte: Systemische Berufs- und Erwachsenenbildung, emotionales Lernen, internationale Berufsbildung.

Ursula Bade-Becker, Dr.; wissenschaftliche Mitarbeiterin der Kontaktstelle Wissenschaftliche Weiterbildung der Universität Bielefeld; Geschäftsführerin des Zentrums für wissenschaftliche Weiterbildung an der Universität Bielefeld e.V. Arbeitsschwerpunkte: Wissenschaftliche Weiterbildung (insbesondere: Struktur, Organisation, Bedarfsermittlung, Qualitätsmanagement).

Heiner Barz, Prof. Dr. habil.; Abteilung für Bildungsforschung und Bildungsmanagement an der Heinrich-Heine-Universität Düsseldorf, dort Beauftragter für Weiterbildung der Philosophischen Fakultät. Arbeitsschwerpunkte: Weiterbildung, eLearning, Reformpädagogik, Bildungsmarketing, Bildungsfinanzierung.

Helle Becker, Dr. phil.; Büro, Expertise und Kommunikation für Bildung, Essen, wissenschaftliche Autorin und Publizistin, Projektmanagerin und in der Fortbildung tätig. Arbeitsschwerpunkte: politische und kulturelle Jugend- und Erwachsenenbildung, europäische und internationale Bildungs- und Kulturarbeit.

Isabel Behr, M.A.; Wissenschaftliche Mitarbeiterin im Fachbereich Lernbehindertenpädagogik an der Ludwig-Maximilians-Universität München. Arbeitsschwerpunkte: Qualität in Kindertageseinrichtungen, integrative Pädagogik, Lerntherapie, Erwachsenenbildung.

Oliver Böhm-Kasper, Prof. Dr. phil.; Juniorprofessor für Erziehungswissenschaftliche Forschungsmethodik am Zentrum für Bildungsforschung und Lehrerbildung der Bergischen Universität Wuppertal. Arbeitsschwerpunkte: Schulforschung, Erziehungswissenschaftliche Forschungsmethoden

Armin Born, Dr.; Dipl.-Psychologe, Dipl.-Pädagoge und psychologischer Psychotherapeut.

Rainer Brödel, Prof. Dr. habil.; Lehrstuhl für Erwachsenenbildung/Außerschulische Jugendbildung an der Westfälischen Wilhelms-Universität Münster. Arbeitsschwerpunkte: Weiterbildungsforschung, lebenslanges Lernen, Entwicklung der Weiterbildung in Theorie und Praxis.

Karin Derichs-Kunstmann, Dr. phil., M.A.; Direktorin des Forschungsinstituts Arbeit, Bildung, Partizipation e.V., Recklinghausen. Arbeitsschwerpunkte: (politische) Erwachsenenbildung, Frauenbildungsarbeit, Geschlechterverhältnisse in der Bildungsarbeit, Gender Mainstreaming-Prozesse in der Weiterbildung.

Knut Diekmann, Dr.; DIHK, Grundsatzfragen zur Weiterbildung, Weiterbildungspolitik, Berlin. Interessens- und Arbeitsschwerpunkte: Systemfragen der Weiterbildung, Finanzierung, Beratung, Agenda der EU zur beruflichen Bildung.

Jörg Dinkelaker, Dr.; Institut für Sozialpädagogik und Erwachsenenbildung, Fachbereich Erziehungswissenschaften, Johann Wolfgang-Goethe Universität Frankfurt am Main. Arbeitsschwerpunkte: Formen des Lernens Erwachsener, Wissenskommunikation, hybride Lernsettings, Kurs- und Interaktionsforschung, qualitative Videoanalyse.

Rolf Dobischat, Prof. Dr. rer. pol.; Jahrgang 1950, Studium der Wirtschafts- und Sozialwissenschaften, seit 1991 Professor für Wirtschaftspädagogik mit dem Schwerpunkt Berufliche Aus- und Weiterbildung. Arbeitsschwerpunkte: empirische Bildungsforschung im Bereich der Aus- und Weiterbildung und regionale Berufsbildungsforschung.

Olaf Dörner, Dr. phil., M.A.; wissenschaftlicher Mitarbeiter am Lehrstuhl für Erwachsenenbildung/Weiterbildung an der Universität der Bundeswehr München. Arbeitsschwerpunkte: Formen und Bedingungen der Teilhabe an Erwachsenenbildung, Umgang mit Wissen in Kontexten der Bildung Erwachsener, qualitativ-empirische Erwachsenenbildungsforschung.

Karl Düsseldorff, PD Dr. phil.; Wissenschaftlicher Mitarbeiter am Fachgebiet Wirtschaftspädagogik der Universität Duisburg-Essen; z. Zt. Gastprofessor an der TU- Berlin für Berufspädagogik. Arbeitsschwerpunkte: Berufsbildungsforschung, Beruflich-betriebliche Weiterbildungsforschung, Forschungen zur Personal- und Organisationsentwicklung (Schwerpunkt: KMU), Übergangsforschung.

Thomas Eckert, Prof. Dr. habil.; Professor am Institut für Pädagogik, Bildungs- und Sozialisationsforschung an der Ludwig-Maximilians-Universität, München. Arbeitsschwerpunkte: Bildungsforschung, Erwachsenen/Weiterbildung, Schulqualität.

Doris Edelmann, Dr. phil.; Departement Erziehungswissenschaften an der Universität Fribourg (CH); Oberassistentin. Arbeitsschwerpunkte: Bildungsforschung, Bildung und Migration, Kompetenzdiskurs.

Peter Faulstich, Prof. Dr.; langjähriger Leiter der Kontaktstelle für Weiterbildung und des Zentrums für Wissenschaftstransfer an der Universität Kassel, seit 1995 Professor für Erwachsenenbildung an der Universität Hamburg. Vorsitzender der Deutschen Gesellschaft für wissenschaftliche Weiterbildung und Fernstudium (DGWF). Arbeitsschwerpunkte: Erwachsenenbildung, berufliche und betriebliche Weiterbildung, Personalentwicklung, kulturelle Bildung, Bildungspolitik.

Hannelore Faulstich-Wieland, Prof. Dr. phil. habil.; Universitätsprofessorin für Erziehungswissenschaft mit Schwerpunkt Sozialisationsforschung; Fachkollegiumsmitglied für Erziehungswissenschaft bei der DFG. Arbeitsschwerpunkte: Sozialisation, Geschlechterverhältnisse im Bildungssystem, naturwissenschaftliche Bildung und Geschlecht.

Hildegard Feidel-Mertz, Prof. emer.; Dr. phil. für Jugend- und Erwachsenenbildung, Fachbereich Sozialwesen, Universität Kassel. Arbeitsschwerpunkte: Geschichte der Erwachsenen-, insbesondere Arbeiterbildung, Pädagogik und Sozialarbeit im Exil nach 1933, Jüdische Jugend- und Erwachsenenbildung im NS, Frauenbildung.

Frank Fischer, Prof. Dr. habil.; Lehrstuhl für Empirische Pädagogik und Pädagogische Psychologie der Ludwig-Maximilians-Universität München. Arbeitsschwerpunkte: Lehr-/Lernforschung, Gestaltung mediengestützter Lernumgebungen, Wissenserwerb, Computerunterstütztes Kooperatives Lernen.

Jochen Gerstenmaier, Prof. Dr.; Professor am Institut für Pädagogische Psychologie an der Ludwig-Maximilians-Universität München. Arbeitsschwerpunkte: Wissenserwerb, berufliche Weiterbildung, Beratung.

Wiltrud Gieseke, Prof. Dr. habil.; Lehrstuhl für Erwachsenenpädagogik an der Humboldt-Universität zu Berlin, Philosophische Fakultät IV, Institut für Erziehungswissenschaften, Abt. Erwachsenenbildung/Weiterbildung. Arbeitsschwerpunkte: Beratungsforschung, Programmforschung, Professionsforschung im Bereich Erwachsenenbildung.

Dieter Gnahs, PD Dr. Dipl.-Volkswirt, Dipl.-Soziologe; Senior Researcher beim DIE, Privatdozent an der Universität Duisburg-Essen. Arbeitsschwerpunkte: empirische Weiterbildungsforschung, Weiterbildungsstatistik, Qualitätsentwicklung, Kompetenzerfassung.

Bianca Gorys, Dipl.-Päd.; wissenschaftliche Mitarbeiterin der Kontaktstelle Wissenschaftliche Weiterbildung der Universität Bielefeld. Arbeitsschwerpunkte: Wissenschaftliche Weiterbildung (insbesondere: Struktur, Organisation, Weiterbildungsbenchmarking).

Gernot Graeßner, Dr.; Akademischer Direktor an der Universität Bielefeld, Fakultät für Erziehungswissenschaft; Rektoratsbeauftragter für die wissenschaftliche Weiterbildung und Leiter der Kontaktstelle Wissenschaftliche Weiterbildung der Universität Bielefeld. Arbeitsschwerpunkte: Wissenschaftliche Weiterbildung, Erwachsenen- und Weiterbildung (insbesondere: Didaktik, Methodik, Institutionen, Recht).

Anke Grotlüschen, Prof. Dr.; Juniorprofessur für Lebenslanges Lernen im Institut für Erwachsenen-Bildungsforschung der Universität Bremen; Leitung des Verbundvorhabens „Workforce Literacy Development – Literalitätsentwicklung von Arbeitskräften". Arbeitsschwerpunkte darüber hinaus: Lern- und Interesseforschung, Kompetenzdiagnostik, E-Learning.

Hartmut M. Griese, Prof. Dr. phil. habil., M.A.; Hochschuldozent am Institut für Soziologie und Sozialpsychologie der Philosophischen Fakultät der Leibniz Universität Hannover. Arbeitsschwerpunkte: (Erwachsenen-)Sozialisation und Erwachsenenbildung; Jugendsoziologie und Migrationsforschung; Interkulturelle Pädagogik; Gesellschaftstheorie.

Erik Haberzeth, Dipl.-Päd.; wissenschaftlicher Mitarbeiter im Arbeitsbereich Erwachsenen-/Weiterbildung der Universität Hamburg. Arbeitsschwerpunkte: Didaktik, Lernen Erwachsener, Umgang mit wissenschaftlichem Wissen in der Erwachsenenbildung, Weiterbildungsrecht.

Franz Hamburger, Prof. Dr.; Professor für Erziehungswissenschaft mit dem Schwerpunkt Sozialpädagogik an der Johannes Gutenberg-Universität Mainz. Arbeitsschwerpunkte: Migration und Minderheiten, Interkulturelle Pädagogik, Internationaler Vergleich in der Sozialpädagogik, Jugendhilfe, Öffentlichkeit der Sozialen Arbeit, Europäische Integration und Soziale Arbeit.

Ulrich Heimlich, Prof. Dr. paed.; Lehrstuhl für Sonderpädagogik (Lernbehindertenpädagogik) an der Ludwig-Maximilians-Universität München, Arbeitsschwerpunkte: Integrations-/Inklusionsforschung, Präventive Förderung und Spielpädagogik.

Hermann Josef Heinz, Dr.; Direktor des Bildungswerks der Erzdiözese Freiburg.

Doris Hirschmann, M.A.; Wissenschaftliche Mitarbeiterin am Deutschen Institut für Internationale Pädagogische Forschung (DIPF), Frankfurt a.M. Arbeitsschwerpunkte: Erwachsenenbildung und Weiterbildung beim Deutschen Bildungsserver (DBS), Weiterbildungssuchmaschine InfoWebWeiterbildung (IWWB). Herausgeberin und Autorin des Newsletter des Deutschen Bildungsservers. Redakteurin und Autorin der ständigen Rubrik „Online“ in der Fachzeitschrift „Weiterbildung – Zeitschrift für Grundlagen, Praxis und Trends“.

Aiga von Hippel, Dr.; Wissenschaftliche Mitarbeiterin am Lehrstuhl für Allgemeine Pädagogik und Bildungsforschung, Ludwig-Maximilians-Universität München; Redaktion der Zeitschrift für Pädagogik. Arbeitsschwerpunkte: Erwachsenenbildung, Medienpädagogik, Kompetenzförderung des pädagogischen Personals, Internationale Bildungszusammenarbeit, Bildungsforschung.

Markus Höffer-Mehlmer, PD Dr. phil.; Diplompädagoge, Diplomsozialpädagoge (FH), FB 02, Päd. Institut, Johannes Gutenberg Universität Mainz. Arbeitsschwerpunkte: Bildungsmanagement und Bildungspolitik, historische und vergleichende Sozial- und Bildungsforschung, Erwachsenenbildung/Weiterbildung.

Ruth Hoh, Dr. phil.; seit 2005 Leitung der Abteilung Strategische Personalentwicklung, Städtisches Klinikum München GmbH. Zuvor wissenschaftliche Mitarbeiterin am Lehrstuhl für allgemeine Pädagogik und Bildungsforschung der LMU München. Arbeitschwerpunkte: Führungs- und Fachkräfteentwicklung, Potenzialbeurteilung, Kompetenzmanagement, Leistungsbeurteilung.

Jochen Kade, Prof. Dr.; Institut für Sozialpädagogik und Erwachsenenbildung, Fachbereich Erziehungswissenschaften, Johann Wolfgang-Goethe Universität Frankfurt. Arbeitsschwerpunkte: Theorie der Erwachsenenbildung und des Lebenslangen Lernens, erziehungswissenschaftliche Biographie- und Teilnehmerforschung, videobasierte Kurs- und Interaktionsforschung, Pädagogik der Medien, erziehungswissenschaftliche Zeitdiagnose.

Maya Kandler, Dr.; Institut für Pädagogik, Lehrstuhl für Allgemeine Pädagogik und Bildungsforschung, Universität München. Arbeitsschwerpunkte: Interessenentwicklung und -förderung, Geschlechtsdifferente Sozialisation, Informationstechnische Bildung: Computer im Unterricht, Medienpädagogik: Jugend und Neue Medien.

Katrin Kaufmann, Dipl.-Päd.; Wissenschaftliche Mitarbeiterin im Arbeitsbereich Weiterbildung und Bildungsmanagement an der Freien Universität Berlin.

Ingo Kollar, Dr.; Akademischer Rat a. Z. am Lehrstuhl für Empirische Pädagogik und Pädagogische Psychologie der Ludwig-Maximilians-Universität München. Arbeitsschwerpunkte: Computerunterstütztes Kooperatives Lernen, forschendes Lernen, instruktionale Gestaltung von Lernumgebungen.

Axel Kühnlenz, M.A.; Wissenschaftlicher Mitarbeiter des Deutschen Instituts für Internationale Pädagogische Forschung (DIPF), Frankfurt a.M. Koordinator der Geschäftsstelle des Deutschen Bildungsservers. Redaktion der Rubrik „Linktipps für Erziehungswissenschaftler und Pädagogen" in Zeitschrift für Pädagogik. Arbeitsschwerpunkte: Deutscher Bildungsserver, Online-Magazin „Bildung + Innovation", Bildungsinformation.

Harm Kuper, Prof. Dr.; Leiter des Arbeitsbereich Weiterbildung und Bildungsmanagement an der Freien Universität Berlin. Arbeitsschwerpunkte: Bildungsforschung, Evaluation, Weiterbildung.

Susanne Kraft, Dr.; Deutscher Volkshochschul-Verband. Arbeitsschwerpunkte: Professionalisierung und Professionalität, Berufsfeld Weiterbildung, Aufgaben- und Tätigkeitsfelder in der Weiterbildung, Lehren und Lernen in der Erwachsenenbildung, Grundbildung und Alphabetisierung in der Erwachsenenbildung.

Peter Krug, Dr.; Ministerialdirigent a.D., vormals Abteilungsleiter Weiterbildung MWWFK-RLP.

Thomas Krüger, Präsident der Bundeszentrale für politische Bildung (bpb).

Andreas Kruse, Univ.-Prof. Dr. phil.; Ordinarius, Direktor des Instituts für Gerontologie der Universität Heidelberg, Dekan der Fakultät für Sozial- und Empirische Kulturwissenschaften, Vorsitzender der Altenberichtskommission der Bundesregierung. Arbeitsschwerpunkte: Formen produktiven Alterns, Folgen des demographischen Wandels, Rehabilitation, Interventionsforschung und Palliativmedizin.

Volker Lenhart, Prof. emer. Dr.; emeritierter Professor der Erziehungswissenschaft an der Universität Heidelberg, Leiter der Forschungsstelle für Vergleichende Erziehungswissenschaft am Erziehungswissenschaftlichen Seminar der Universität Heidelberg.

Doris Lewalter, Prof. Dr. habil.; Fachgebiet Gymnasialpädagogik an der Technischen Universität München. Arbeitsschwerpunkte: Motivationsforschung, Lehr-Lernforschung, Lernen mit Medien, Bildung im Museum.

Andrea Linde, Dr. phil.; Wissenschaftliche Mitarbeiterin an der Helmut-Schmidt-Universität/Universität der Bundeswehr Hamburg; Mitbegründerin der Arbeits- und Forschungsstelle Literacy an der Universität Bremen. Arbeitsschwerpunkte: Erwachsenenbildung, Alphabetisierung/Grundbildung, Internationale Literacy-Forschung.

Heinz Mandl, Prof. Dr.; Professor am Lehrstuhl für Empirische Pädagogik und Pädagogische Psychologie. Forschungsschwerpunkte: Wissen und Handeln; Wissensmanagement; Transfer von Wissen; Selbstgesteuertes und kooperatives Lernen; Qualitätssicherung in der Weiterbildung.

Klaus Meisel, Prof. Dr.; Managementdirektor der Münchner Volkshochschule (MVHS), Honorarprofessor an der Philipps Universität Marburg, 2 Vorsitzender des Deutschen Volkshochschul Verbandes (DVV). Arbeitsschwerpunkte: Weiterbildungsmanagement, Organisationsentwicklung, Professionalisierung.

Erhard Meueler, Prof. Dr. theol. et phil. habil.; von 1981 bis 2003 Professor für Erwachsenenbildung und außerschulische Jugendbildung am Pädagogischen Institut der J. Gutenberg-Universität Mainz.

Beate Minsel, Dr. Dipl.-Psychologin; wissenschaftliche Referentin am Staatsinstitut für Frühpädagogik.

Heinz Müller-Dietz, Prof. Dr. jur. Dr. h.c.; em. Univ.-Prof., bis 1997 Lehrstuhl für Strafrecht, Strafprozessrecht, Strafvollzug und Kriminologie an der Universität des Saarlandes. Arbeitsschwerpunkte: Strafvollzug, Literatur und Recht.

Dieter Nittel, Prof. Dr. habil.; Fachgebiet Erwachsenenbildung/Weiterbildung. Arbeitsschwerpunkte: Erziehungswissenschaftliche Professionstheorie, Biographieforschung, qualitative Methoden.

Sigrid Nolda, Prof. Dr.; Lehrstuhl für Erwachsenenbildung an der Technischen Universität Dortmund. Arbeitsschwerpunkte: Diskurs-, Interaktions- und Videoanalyse, Pädagogik der Medien.

Annette Noschka-Roos, Dr.; Leiterin der Hauptabteilung Bildung im Deutschen Museum; freiberufliche Mitarbeiterin am Institut für Museumsforschung. Arbeitsschwerpunkte: Besucherforschung, Bildung im Museum, Museologie.

Ekkehard Nuissl von Rein, Prof. Dr. Dr. h.c.; Professor für Erwachsenenbildung an der Universität Duisburg-Essen und Wissenschaftlicher Direktor des Deutschen Instituts für Erwachsenenbildung (DIE). Arbeitsschwerpunkte: Lehr und Lernforschung, internationale Bildungspolitik, Evaluationsforschung, Institutionenforschung.

Henning Pätzold, Jun.-Pof. Dr.; Juniorprofessur für Erwachsenenbildung und Lernberatung, Technische Universität Kaiserslautern. Arbeitsschwerpunkte: Lernen Erwachsener, pädagogische Verantwortung, Medienpädagogik, Lernberatung.

Ursula Reck-Hog, Dr.; Institut für Sozialforschung und Organisationsberatung in Freiburg (www.reck-hog.de). Arbeitsschwerpunkte: Qualitätsmanagement in den Bereichen Bildung, Verwaltung und Gesundheit; Evaluation in der Weiterbildung.

Jutta Reich-Claassen, M.A.; wiss. Mitarbeiterin am Lehrstuhl für Allgemeine Pädagogik und Bildungsforschung an der Ludwig-Maximilians-Universität München. Arbeitsschwerpunkte: Adressaten- und Milieuforschung, Weiterbildung und soziale Ungleichheit, Bildungsmarketing, Bildungsbeteiligung und Bildungsmotivation.

Gabi Reinmann, Prof. Dr.; Professorin für Medienpädagogik an der Universität Augsburg. Arbeitsschwerpunkte: E-Learning/Blended Learning, Wissensmanagement in Schule, Hochschule, Non-Profit-Organisationen und Industrie.

Andrea Reupold, M.A.; Projektmitarbeiterin am Lehrstuhl für Allgemeine Pädagogik und Bildungsforschung an der Ludwig-Maximilians-Universität München. Arbeitsschwerpunkte: Netzwerkforschung, Bildungsforschung, Internationale Bildungsentwicklung, Kompetenzentwicklung.

Paul Röhrig, Prof. Dr.; emeritierter Direktor des Seminars für Pädagogik, Abteilung für allgemeine Pädagogik an der Universität zu Köln, verstorben am 24.04.2007.

Lutz von Rosenstiel, Prof. Dr. phil., Dr. rer. pol. h.c. emer.; langjähriger emeritierter Inhaber des Lehrstuhls für Organisations- und Wirtschaftspsychologie an der Ludwig Maximilians-Universität München, jetzt Gastprofessor für Personal- und Organisationsentwicklung an der Wirtschaftsuniversität Wien. Arbeitsschwerpunkte: Arbeits- und Organisationspsychologie, Führungskräfteauswahl und -entwicklung, Kompetenzforschung, Marktpsychologie.

Burkhard Schäffer, Prof. Dr. habil.; Lehrstuhl für Erwachsenenbildung/Weiterbildung an der Universität der Bundeswehr München. Arbeitsschwerpunkte: Milieu-, geschlechts- und generationsspezifische sowie biographische Voraussetzungen der Bildung Erwachsener; generationsspezifische Medienpraxiskulturen und Weiterbildung; Alter(n)sbilder und Weiterbildungsorientierungen; Methoden und Methodologien qualitativer Erwachsenenbildungsforschung.

Christiane Schiersmann, Prof. Dr. habil.; Professur für Bildungswissenschaft mit Schwerpunkt Weiterbildung und Beratung an der Ruprecht-Karls-Universität Heidelberg. Arbeitsschwerpunkte: Berufliche Weiterbildung, Beratung im Feld Bildung, Beruf, Beschäftigung, Kompetenzentwicklung, Bildungsaspiration und -beteiligung.

Erhard Schlutz, Prof. Dr.; Institut für Erwachsenen-Bildungsforschung, Universität Bremen; Vorsitzender des wissenschaftlichen Beirats des Deutschen Instituts für Erwachsenenbildung (DIE), Bonn. Arbeitsschwerpunkte: Erwachsenen-Bildungsforschung, Bildungsmanagement, Bildungsgeschichte und Kulturtheorie.

Sabine Schmidt-Lauff, Prof. Dr. phil.; Lehrstuhl für Erwachsenenbildung und Weiterbildung an der Technischen Universität Chemnitz. Arbeitsschwerpunkte: Betriebliche und Berufliche Weiterbildung, Professionalisierung und Professionalität in der Erwachsenenbildung, Europäische Perspektiven der Erwachsenenbildung, Zeitfragen der Erwachsenenbildung; Temporalität und Bildung.

André Schüller-Zwierlein, Dr.; Fachreferent für Europäische Philologien an der Universitätsbibliothek München; Mitglied der Arbeitsgemeinschaft Informationskompetenz im Bibliotheksverbund Bayern und der Redaktion des Portals www.informationskompetenz.de. Arbeitsschwerpunkte: Bibliotheksmanagement, Vermittlung von Informationskompetenz.

Ingrid Schöll, Dr.; Direktorin der Volkshochschule Bonn. Arbeitsschwerpunkte: Volkshochschulen, Marketing.

Wolfgang Seitter, Prof. Dr.; Institut für Erziehungswissenschaft, Fachbereich Erziehungswissenschaften, Philipps-Universität Marburg. Forschungs- und Arbeitsschwerpunkte: Historische Erwachsenenbildungsforschung, Biographie- und Adressatenforschung, Professionsforschung, Theorie des lebenslangen Lernens.

Horst Siebert, Prof. Dr.; Institut für Berufspädagogik und Erwachsenenbildung, Abteilung Erwachsenenbildung und außerschulische Jugendbildung, Universität Hannover. Arbeitsschwerpunkte: Lehr- und Lernforschung (empirische Untersuchungen über Lehren und Lernen Erwachsener), Lern- und Erkenntnistheorien (Kognitionswissenschaft, Konstruktivismus, Systemtheorie), Internationale Erwachsenenbildung.

Rolf Sprink, Dipl.-Ethnologe; Leiter der Volkshochschule Leipzig.

Richard Stang, Prof. Dr.; Professor für Medienwissenschaft in der Fakultät „Information und Kommunikation“ der Hochschule der Medien Stuttgart und Leiter des Instituts für angewandte Kindermedienforschung (IfaK); bis 2006 wissenschaftlicher Mitarbeiter beim Deutschen Institut für Erwachsenenbildung (DIE) in Bonn. Arbeitsschwerpunkte: Medienwissenschaft, Organisationsforschung, Lebenslanges Lernen, Kulturelle Bildung.

Claudia Strobel, M.A.; Projektmitarbeiterin am Lehrstuhl für Allgemeine Pädagogik und Bildungsforschung an der Ludwig-Maximilians-Universität München. Arbeitsschwerpunkte: Bildungsforschung, Bildungsberatung, Organisationsforschung, Netzwerkforschung.

Rita Süssmuth, Prof. Dr.; Prof. für Erziehungswissenschaften, Honorarprofessorin der Universität Göttingen, Expertin für Migration und Integration, Präsidentin des Deutschen Volkshochschulverbandes, Bundesministerin und Bundestagspräsidentin.

Hans Tietgens, Prof. emer. Dr.; Honorarprofessor an der Universität Marburg; von 1960 bis 1991 Leiter der Pädagogischen Arbeitsstelle des Deutschen Volkshochschul-Verbandes.

Rudolf Tippelt, Prof. Dr.; Lehrstuhl für Allgemeine Pädagogik und Bildungsforschung an der Ludwig-Maximilians-Universität München; Vorsitzender der Deutschen Gesellschaft für Erziehungswissenschaft (DGfE); geschäftsführender Herausgeber Zeitschrift für Pädagogik. Arbeitsschwerpunkte: Bildungsforschung, Erwachsenenbildung/Weiterbildung, internationale Bildungsentwicklung.

Horst Weishaupt, Prof. Dr. phil.; Leiter der Arbeitseinheit „Steuerung und Finanzierung des Bildungswesens" am Deutschen Institut für Internationale Pädagogische Forschung (DIPF) in Frankfurt am Main und Professor für Empirische Bildungsforschung an der Bergischen Universität Wuppertal. Arbeitsschwerpunkte: Regionale Bildungsforschung, Schulentwicklungs- und Planungsforschung.

Reinhold Weiß, Prof. Dr.; ständiger Vertreter des Präsidenten und Forschungsdirektor im Bundesinstitut für Berufsbildung (BIBB); Honorarprofessor an der Universität Duisburg – Essen. Arbeitsschwerpunkte: Berufsbildung und Berufsbildungsforschung, Bildungsökonomie und Bildungsfinanzierung, Weiterbildung.

Matthias Wesseler, Dr. phil.; seit 2006 im Ruhestand, vorher Geschäftsführer des Instituts für soziokulutrelle Studien, Universität Kassel. Arbeitsschwerpunkte: Qualitätssicherung, internationale Hochschulentwicklung, Lernen und Lehren in interkulturellen Kontexten.

Jürgen Wittpoth, Prof. Dr. phil. habil.; Lehrstuhl für Erziehungswissenschaft mit dem Schwerpunkt Erwachsenenbildung an der Ruhr-Universität Bochum. Arbeitsschwerpunkte: Kulturwissenschaftliche Grundlagen der Bildung Erwachsener, Funktionen von Weiterbildung im gesellschaftlichen Wandel, Struktur- und Organisationsentwicklung in der Weiterbildung.

Christine Zeuner, Prof. Dr.; Prof. für Erziehungswissenschaft unter besonderer Berücksichtigung der Erwachsenenbildung an der Helmut Schmidt Universität Hamburg/Universität der Bundeswehr Hamburg. Arbeitsschwerpunkte: Erwachsenenbildung/Weiterbildung; international-vergleichende Forschung, Politische Bildung, historische Erwachsenenbildungsforschung, Zielgruppen- und Institutionenforschung, Beratung.

Stichwortregister